Diccionario
ESPASA ESCOLAR
de la lengua
española

Diccionario ESPASA ESCOLAR de la lengua española

ESPASA

Director Editorial: Juan González Álvaro
Director de Producción: Antonio Merodio
Editores: Marisol Palés Castro y Juan Ignacio Alonso Campos
Equipo Lexicográfico: Guadalupe Chozas, Alegría Gallardo y Celia Villar
Coordinación de Producción: Arturo Rodríguez y Rafael Vicente
Documentación Gráfica: Juan Miguel Sánchez Vigil
Maquetación: Francisco de Diego Aguado
Corrección: Fernando González y Juan Manuel Jiménez
Diseño de Cubierta: Juan Pablo Rada

© Espasa Calpe, S. A., 1997

Depósito legal: M. 12.295-1997
ISBN: 84-239-6670-4

Reservados todos los derechos. No se permite reproducir, almacenar en sistemas de recuperación de la información ni transmitir alguna parte de esta publicación, cualquiera que sea el medio empleado –electrónico, mecánico, fotocopia, grabación, etc.–, sin el permiso previo de los titulares de los derechos de la propiedad intelectual.

Impreso en España / Printed in Spain
Impresión: Mateu Cromo, S. A.

Editorial Espasa Calpe, S. A.
Carretera de Irún, km 12,200. 28049 Madrid

PRÓLOGO

Espasa Calpe presenta a sus lectores una edición totalmente renovada del diccionario ESPASA ESCOLAR. *Con ello sólo pretendemos cumplir, con más rigor si cabe, nuestro principal objetivo: ofrecer a los estudiantes y profesores un diccionario de la lengua española útil y manejable para las tareas escolares.*

Pionera en el campo de los diccionarios y enciclopedias, nuestra editorial ha tenido siempre presente que los cimientos de una auténtica cultura deben ponerse ya en los años más tempranos, y que para ello es imprescindible el conocimiento y buen uso del idioma.

En sus más de 30.000 voces ordenadas alfabéticamente y 75.000 acepciones dispuestas por su importancia de uso y numeradas correlativamente, el ESPASA ESCOLAR *recoge lo más esencial del vocabulario de hoy día, incluyendo un buen número de americanismos, extranjerismos y voces familiares, así como las palabras que la técnica, los medios de comunicación y los avances del tratamiento de la información han convertido en usuales en el habla actual. Siguiendo la decisión aprobada en abril de 1994 por el X Congreso de la Asociación de Academias de la Lengua Española, la* ch *y la* ll *han sido englobadas en la* c *y la* l, *según las normas de alfabetización universal.*

El tratamiento lexicográfico escolar de esta obra se manifiesta en su redacción clara y precisa, así como en los diversos elementos adicionales que incorpora: categorías gramaticales, ejemplos de uso, sinónimos y antónimos numerados en el mismo orden que las acepciones a que corresponden, locuciones y locuciones adverbiales, términos compuestos, aclaraciones gramaticales, atribuciones de materia, cuadros de las conjugaciones modelo de los verbos irregulares, etc. Su cuerpo de entradas y acepciones incluye gran número de grupos taxonómicos de animales y plantas, abundantes especies de los reinos animal y vegetal, elementos y compuestos químicos, gentilicios de las principales ciudades de España y el Mundo, aparatos e ingenios mecánicos, movimientos artísticos, culturales e históricos, instrumentos musicales, conceptos de sociología, psicología y filosofía, y otras muchas voces en las que lo léxico se aúna con lo enciclopédico, en busca de satisfacer las necesidades de lenguaje a las que el escolar debe hacer frente en su labor diaria.

La obra incorpora una variada y vistosa ilustración a todo color, con dibujos, esquemas y fotografías, que no solamente alegra y ameniza la lectura, sino que constituye una fuente adicional de información que complementa el texto y facilita su comprensión.

El apéndice de normas ortográficas constituye un elemento auxiliar de la mayor importancia, por cuanto aclara aspectos básicos para el habla y la escritura correctas del español: uso de las grafías consonánticas b/v, c/z, g/j, r/rr; uso de la h, la k, la m o la x; uso de las mayúsculas, normas de acentuación, normas de puntuación y normas de partición de palabras. Se complementa con un apéndice de los modelos de conjugación de los verbos regulares y un repertorio de las principales siglas usadas en la actualidad.

El nuevo ESPASA ESCOLAR *nace para dar respuesta a todas las dudas y vacilaciones que en el uso del idioma se le plantean al estudiante: el término preciso que busca, el significado de una palabra culta, el sinónimo adecuado, la conjugación del tiempo complejo de un verbo irregular..., de manera que constituya una herramienta eficaz y precisa, imprescindible para el trabajo diario del alumno.*

ESPASA CALPE

CÓMO CONSULTA[R]

Lema o entrada — **participar.** intr. **1** Entrar junto con otros en u[n]
Definición — asunto, negocio o cuestión. | tr. **2** Dar parte, comun[i]-
car. **Sin.** 2 notificar.

partir. tr. **1** Dividir algo en dos o más partes
2 Hender, rajar. También prnl.: *partirse la madera.* **3**
Repartir. **4** Tomar algo como base o punto de arran-
que: *partieron de un supuesto falso.* **5** Desbaratar
Acepciones numeradas — desconcertar, anonadar. | intr. **6** Irse, ponerse e[n]
camino. | **partirse.** prnl. **7** Desternillarse de risa
Sinónimos — **Sin.** 2 abrir, cortar 3 distribuir 6 salir □ **Ant.**
Antónimos — 1 unir.

pasaje. m. **1** Billete de barco o avión. **2** Totalidad
de los pasajeros de un buque o avión. **3** Fragmento
Americanismo — de un libro o escrito. **4** Paso entre dos calles. **5** *amer.*
Boleto, billete. **Sin.** 4 pasadizo.

pedir. tr. **1** Rogar o demandar a uno que dé o
haga una cosa: *pedir permiso.* **2** Poner precio. **3** Re-
querir una cosa, exigirla. **4** Querer, desear, apetecer:
Ejemplos de uso — *sólo pido que esto termine pronto.* | intr. **5** Mendigar.
|| **Irreg.** Conjugación modelo:

> **Indicativo**
> Pres.: *pido, pides, pide, pedimos, pedís, piden.*
> Imperf.: *pedía, pedías,* etc.
> Pret. indef.: *pedí, pediste, pidió, pedimos, pedis-*
>   *teis, pidieron.*
> Fut. imperf.: *pediré, pedirás,* etc.
> **Potencial:** *pediría, pedirías,* etc.
> **Subjuntivo**
> Pres.: *pida, pidas, pida, pidamos, pidáis, pidan.*
> Imperf.: *pidiera, pidieras,* etc., o *pidiese, pidie-*
>   *ses,* etc.
> Fut. imperf.: *pidiere, pidieres,* etc.
> **Imperativo:** *pide, pedid.*
> **Participio:** *pedido.*
> **Gerundio:** *pidiendo.*

Modelo de conjugación irregular

permanecer. intr. Mantenerse en un mismo lugar,
estado o condición: *permaneció allí todo el verano;*
Indicación de verbo irregular y remisión al modelo — *permanecen enfadados.* || **Irreg.** Se conj. como *agra-*
decer.

persona. f. **1** Individuo de la especie humana.
2 En ling., accidente del verbo y del pronombre que
denota si el sujeto de la oración es el que habla
(primera persona), aquel a quien se habla (segunda
persona), o aquel de quien se habla (tercera persona).
Términos compuestos — **3 persona física.** Cualquier individuo con derechos
y obligaciones. **4 persona jurídica.** Entidad con
derechos y obligaciones. **5 en persona.** loc. adv. Por
uno mismo o estando presente.

EL ESPASA ESCOLAR

personalidad. f. **1** Diferencia individual que distingue a una persona de otra. **2** Persona que destaca en una actividad o ambiente. **3** En der., aptitud legal.

pertinente. adj. **1** Perteneciente a una cosa. **2** Que procede, oportuno: *deberá presentarse con la documentación pertinente*. **3** En ling., se dice de los rasgos que distinguen un elemento de otro. **Sin.** 1 relativo 2 apropiado.

píldora. f. **1** Pieza de medicamento, más o menos redondeada. **2** Anticonceptivo oral. **3 dorar la píldora.** loc. Suavizar una mala noticia. **4** Adular.

pique. m. **1** Resentimiento, enfado. **2** Empeño por amor propio. **3 irse a pique.** loc. Hundirse una embarcación; fracasar alguna cosa.

pólipo. m. **1** Nombre con que se designa a los celentéreos marinos de cuerpo tubular, rematado por tentáculos, que viven fijos al fondo por un pedúnculo. **2** Tumor que se forma en las mucosas, sujeto a ellas por medio de un pedúnculo.

Pólipos

prêt à porter. (loc. fr.) adj. Se dice de la ropa que se vende ya confeccionada.

proscribir. tr. **1** Echar a alguien del territorio de su patria. **2** Excluir, prohibir. ‖ Su p. p. es irreg.: *proscrito*. **Sin.** 1 desterrar, expatriar.

prótesis. f. **1** Procedimiento para sustituir un órgano o parte de él, por una pieza o aparato artificial. **2** Esta pieza o aparato. ‖ No varía en pl.

ABREVIATURAS EMPLEADAS EN ESTE DICCIONARIO

a

a.	alemán.
a. C.	antes de Cristo.
abl.	ablativo.
abr. / abrev.	abreviatura.
abs.	absoluto.
ac.	acusativo.
acep.	acepción.
adj.	adjetivo.
adv.	adverbio o adverbial.
adv. a.	adverbio de afirmación.
adv. c.	adverbio de cantidad.
adv. correlat. cant.	adverbio correlativo de cantidad.
adv. d.	adverbio de duda.
adv. interrog. l.	adverbio interrogativo de lugar.
adv. l.	adverbio de lugar.
adv. lat.	adverbio latino.
adv. m.	adverbio de modo.
adv. n.	adverbio de negación.
adv. o.	adverbio de orden.
adv. relat. cant.	adverbio relativo de cantidad.
adv. relat. l.	adverbio relativo de lugar.
adv. t.	adverbio de tiempo.
adverb.	adverbial.
advers.	adversativo.
afirm.	afirmativo.
álg.	álgebra.
alt.	altitud o altura.
amb.	ambiguo.
amer.	americanismo.
angl.	anglicismo.
ant.	anticuado, antiguamente, antiguo, antónimo o antonomasia.
Ant.	antónimo.
apl.	aplica.
apóc.	apócope.
aprox.	aproximadamente.
ár.	árabe.
Ar.	Aragón.
arauc.	araucano.
arc.	arcaico.
arit.	aritmética.
arquit.	arquitectura.
art.	artículo.
astron.	astronomía.
aum.	aumentativo.
aux.	verbo auxiliar.
azt.	azteca.

b

biol.	biología.
bot.	botánica.

c

c.	como.
C.	grados centígrados.
carp.	carpintería.
cast.	castellano.
cat.	catalán.
célt.	céltico.
cin.	cinematografía.
cir.	cirugía.
cm	centímetro.
colect.	colectivo.
com.	género común.
comp.	comparativo.
conc.	concesivo.
cond.	condicional.
conj.	conjuga o conjunción.
conj. ad.	conjunción adversativa.
conj. comp.	conjunción comparativa.
conj. cond.	conjunción condicional.

conj. cop.	conjunción copulativa.
conj. dist.	conjunción distributiva.
conj. disy.	conjunción disyuntiva.
conj. il.	conjunción ilativa.
conjug.	conjugación.
contr.	contracción.
cop. / copul.	copulativo.

d

d. C.	después de Cristo.
dat.	dativo.
defect.	verbo defectivo.
dem.	demostrativo.
dep.	deporte.
depon.	deponente.
der.	derecho.
deriv.	derivado.
des.	desinencia.
desp.	despectivo.
desus.	desusado.
det.	determinado.
dialec.	dialectal.
dim.	diminutivo.
distrib.	distributivo.
disy. / disyunt.	disyuntivo.
dm	decímetro.

e

E.	Este.
econ.	economía.
ej.	ejemplo.
elec.	electricidad.
electrón.	electrónica.
epic.	epiceno.
esc.	escultura.
escand.	escandinavo.
esp.	español.
estad.	estadística.
etc.	etcétera.
etim.	etimología.
excl.	exclamación o exclamativo.
expl.	expletivo.
expr.	expresión.
expr. adv.	expresión adverbial.
expr. prov.	expresión proverbial.

f

f.	sustantivo o género femenino.
f. pl.	femenino plural.
fam.	familiarmente.
farm.	farmacia.
fest.	festivo.
fil. / filos.	filosofía.
fís.	física.
fisiol.	fisiología.
flam.	flamenco.
fon.	fonética.
fot.	fotografía.
fr.	frase, francés.
fr. prov.	frase proverbial.
fut.	futuro.

g

g.	griego.
galic.	galicismo.
gén.	género.
genit.	genitivo.
geog.	geografía.
geol.	geología.
geom.	geometría.
ger.	gerundio.
germ.	germánico.
gram.	gramática.
grecolat.	grecolatino.
guar.	guaraní.

h

h.	hacia.
hist.	historia.
hom.	homónimo.
homóf.	homófono.

i

íd.	ídem.
ilat.	ilativo.
imperat.	imperativo.
imperf.	imperfecto.
impers.	verbo impersonal.
impr.	imprenta.
in.	infijo.
incoat.	verbo incoativo.
indef.	indefinido.
indet.	indeterminado.
indic.	indicativo.
inf.	infinitivo.
inform.	informática.
ingl.	inglés.
insep.	inseparable.
intens.	intensivo.
interj.	interjección o interjectiva.

terr.	interrogativa.
tr.	verbo intransitivo.
var.	invariable.
ón.	irónico.
reg.	irregular.
	italiano.
erat.	iterativo.

k

cal	kilocaloría.
g	kilogramo.
l	kilolitro.
m	kilómetro.
w	kilovatio.

l

l	litro.
lat.	latín o latino.
leng.	lengua.
ling.	lingüística.
lit.	literatura.
loc.	locución.
loc. adj.	locución adjetiva.
loc. adv.	locución adverbial.
loc. conjunt.	locución conjuntiva.
loc. interj.	locución interjectiva.
loc. prepos.	locución prepositiva.
long.	longitud.

m

m	metro.
m.	sustantivo o género masculino.
m. pl.	masculino plural.
m. y f.	sustantivo masculino y femenino.
mar.	marina.
mat.	matemáticas.
med.	medicina.
mit.	mitología.
mod.	moderno.
mús.	música.

n

n.	neutro.
n. p.	nombre propio.
N.	Norte.
NE.	Nordeste.
neerl.	neerlandés.
neg.	negociación.
negat.	negativo.
neol.	neologismo.
NO.	Noroeste.
nom.	nominativo.
núm.	número.

o

O.	Oeste.
onomat.	onomatopeya u onomatopéyico.
or.	oración.

p

p.	participio.
p. ant.	por antonomasia.
p. ej.	por ejemplo.
p. ext.	por extensión.
p. p.	participio pasivo.
p. us.	poco usado.
P.G.M.	Primera Guerra Mundial.
pág.	página.
part.	participio o partícula.
part. comp.	partícula comparativa.
part. conj.	partícula conjuntiva.
part. insep.	partícula inseparable.
pers.	persona.
pint.	pintura.
pl.	plural.
poét.	poético.
port.	portugués.
pot.	potencial.
pref.	prefijo.
prep.	preposición.
prep. insep.	preposición inseparable.
pres.	presente.
pret.	pretérito.
prnl.	pronominal o verbo pronominal.
pron.	pronombre.
pron. correlat. cant.	pronombre correlativo de cantidad.
pron. dem.	pronombre demostrativo.
pron. exclam.	pronombre exclamativo.
pron. indef.	pronombre indefinido.
pron. interrog.	pronombre interrogativo.
pron. pers.	pronombre personal.
pron. pos.	pronombre posesivo.
pron. relat.	pronombre relativo.
pron. relat. cant.	pronombre relativo de cantidad.
prov.	provincia.

proverb.	proverbial o proverbio.
psicol.	psicología.

q

quím.	química.

r

rec.	verbo recíproco.
reg.	regular.
rel. / relat.	relativo.

s

s.	siglo (delante de un número romano) o sustantivo.
S.	Sur.
S.G.M.	Segunda Guerra Mundial.
SE.	Sudeste.
sent.	sentido.
sep.	separativo.
sept.	septentrional.
sign.	significa o significación.
símb.	símbolo.
Sin.	sinónimo.
sing.	singular.
SO.	Sudoeste.
subj.	subjuntivo.

suf.	sufijo.
sup. / superl.	superlativo.
sust.	sustantivo.

t

t.	temporal o tiempo.
taurom.	tauromaquia.
telev.	televisión.
teol.	teología.
term.	terminación.
topog.	topografía.
tr.	verbo transitivo.

u

unip.	unipersonal.

v

voc.	vocativo.
vulg.	vulgarismo.

z

zool.	zoología.

a. f. **1** Primera letra del abecedario y primera de las vocales. **2** Símbolo del *área*. ‖ pl. *aes*.

a. prep. **1** Denota el complemento de la acción del verbo: *respeta a los ancianos*. **2** Indica dirección o término: *voy a Madrid;* lugar o tiempo en que sucede alguna cosa: *le cogieron a la puerta;* situación de personas o cosas: *a oriente;* distribución: *dos a dos*.

ababol. m. Amapola.

abacá. m. Planta tropical de cuyas hojas se obtiene una fibra textil.

abacería. f. Tienda de comestibles.

ábaco. m. **1** Tablero de madera con alambres y bolas para hacer cálculos. **2** Parte superior del capitel.

abad, abadesa. m. y f. Superior de un monasterio, colegiata o comunidad religiosa.

abadejo. m. **1** Bacalao. **2** Reyezuelo, pájaro. **3** Cantárida, insecto. **4** Pez del mar de las Antillas, de color oscuro y carne muy apreciada.

abadía. f. Iglesia, monasterio, territorio, jurisdicción o bienes de un abad o abadesa.

abajo. adv. l. **1** Hacia lugar o parte inferior: *echar abajo*. **2** En lugar posterior o inferior: *estar abajo.* | interj. **3** Indica desaprobación: *¡abajo la violencia!* Sɪɴ. 2 debajo.

abalanzarse. prnl. **1** Lanzarse: *se abalanzó a la comida, hacia la puerta, sobre nosotros.* |tr. **2** Lanzar con fuerza. Sɪɴ. 1 arrojarse, tirarse.

abalizar. tr. Señalar con balizas.

abalorio. m. **1** Cuentecilla de vidrio agujereada. **2** Adorno de poco valor.

abanderado. m. **1** Que lleva la bandera. **2** Portavoz o representante de una causa, movimiento u organización.

abanderar. tr. y prnl. Matricular un buque bajo la bandera de un Estado.

abandonar. tr. **1** Dejar, desamparar. **2** Desistir, renunciar. **3** Dejar un lugar. | **abandonarse.** prnl. **4** Confiarse. **5** Dejarse dominar. **6** Descuidar uno sus intereses y obligaciones: *se ha abandonado mucho.* Sɪɴ. 3 irse 5 someterse ☐ Aɴᴛ. 1 amparar 2 continuar 3 quedarse 4 desconfiar 5 rebelarse.

abandono. m. Desamparo, desaliño.

abanicar. tr. y prnl. Hacer aire con el abanico.

abanico. m. **1** Instrumento semicircular con un armazón de varillas que se pliegan y despliegan, utilizado para hacer aire. **2** Conjunto de ideas, opciones, etc.: *abanico de posibilidades.*

abanto. m. **1** Ave rapaz semejante al buitre, blanca con las remeras negras. | adj. y com. **2** Atontado, torpe.

abaratar. tr. y prnl. Disminuir el precio. Aɴᴛ. encarecer.

abarca. f. Calzado rústico, de cuero o esparto, que se sujeta con cuerdas.

abarcar. tr. **1** Ceñir, rodear. **2** Comprender, contener: *abarca todo el saber.* Sɪɴ. 1 abrazar 2 englobar, incluir.

abarloar. tr. y prnl. Arrimar un buque al costado de otro o a un muelle.

abarquillado, da. adj. Combado, curvo.

abarquillar. tr. y prnl. Encorvar un cuerpo delgado y ancho. Sɪɴ. combar, arquear.

abarrancar. tr. **1** Hacer barrancos. **2** Meter en un barranco. También prnl. | intr. y prnl. **3** Varar, encallar.

abarrotar. tr. Llenar completamente. Sɪɴ. atestar, colmar.

abarrote. m. **1** En mar., fardo pequeño. | pl. **2** *amer.* Artículos de comercio como comestibles, papel, etc. **3** *amer.* Establecimiento donde se vende este tipo de artículos.

abastardar. intr. Bastardear.

abastecer. tr. y prnl. Proveer, aprovisionar. ‖ **Irreg.** Se conj. como *agradecer*.

abastecimiento. m. Aprovisionamiento, suministro.

abasto. m. **1** Provisión de víveres. También en pl. **2 dar abasto.** loc. Poder, ser capaz de hacer algo: *no doy abasto*.

abatanar. tr. **1** Batir el paño en el batán. **2** Maltratar.

abatí. m. **1** *amer.* Maíz. **2** *amer.* Bebida alcohólica destilada del maíz.

abatimiento. m. Decaimiento, postración, desaliento.

abatir. tr. y prnl. **1** Derribar. **2** Humillar. **3** Desalentar, hacer perder el ánimo. | tr. **4** Hacer que baje una cosa: *abatir las velas de la embarcación*. **5** Tumbar lo que estaba vertical: *abatió los palos de un buque*. | **abatirse.** prnl. **6** Descender el ave de rapiña sobre su presa. **Sin.** 1 derrumbar 3 desfallecer ◻ **Ant.** 1 levantar 3 animarse 4 izar.

abazón. m. Cada uno de los dos sacos o bolsas que muchos monos y algunos roedores tienen dentro de la boca para depositar los alimentos antes de masticarlos.

abdicación. f. Acción de abdicar. **Sin.** dimisión, renuncia.

abdicar. tr. **1** Renunciar al trono: *abdicó el reino en su hijo*. **2** Ceder, abandonar: *abdicó de sus creencias*. **Sin.** 1 dimitir 2 renegar, abjurar ◻ **Ant.** 1 asumir.

abdomen. m. **1** Cavidad que contiene el estómago y los intestinos. **2** En muchos invertebrados se llama así a la región que está a continuación del tórax. **Sin.** 1 vientre, barriga.

abdominal. adj. Relativo al abdomen.

abducción. f. Movimiento por el cual un miembro u otro órgano se aleja del plano medio del cuerpo: *abducción del brazo*.

abductor, ra. adj. y m. Se aplica al músculo que efectúa una abducción.

abecé. m. **1** Rudimentos de una ciencia o actividad: *sólo conoce el abecé de la física*. **2** Abecedario.

abecedario. m. Serie de las letras de un idioma. **Sin.** alfabeto.

abedul. m. Árbol de corteza plateada y ramas flexibles y colgantes. Su madera ligera se utiliza para fabricar utensilios.

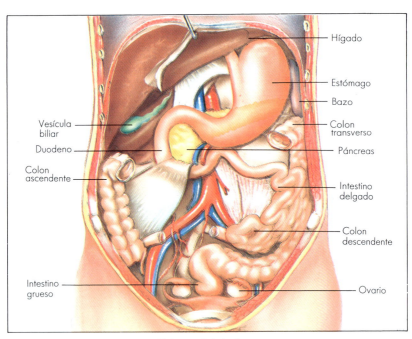

Abdomen: principales órganos

Abeja

abeja. f. Insecto himenóptero que produce la cera y la miel. Vive en colonias, cada una de las cuales consta de una sola hembra fecunda (reina), muchos machos (zánganos) y numerosísimas hembras estériles (obreras).

abejaruco. m. Ave trepadora de colores brillantes, con el pico y la cola largos, que se alimenta sobre todo de abejas.

abejorro. m. Insecto velludo con trompa larga que zumba mucho al volar.

abencerraje. adj. y com. Individuo de una familia del reino musulmán granadino.

aberración. f. **1** Desviación, extravío. **2** Imperfección de un sistema óptico por la que no puede establecer una exacta correspondencia entre un objeto y su imagen. **3** Desvío aparente de los astros, que proviene de la velocidad de la luz combinada con la de la Tierra en su órbita.

aberrante. adj. Que se desvía de lo normal o usual.

aberrar. intr. Errar, equivocarse.

abertura. f. **1** Acción de abrir o abrirse. **2** Hendidura o grieta. Sᴉɴ. 1 apertura 2 agujero, boquete.

abeto. m. Árbol conífero de tronco recto y muy elevado, ramas horizontales y copa cónica, de madera blanca, blanda y resinosa.

abierto, ta. adj. **1** No cerrado, no cercado. **2** Llano, dilatado. **3** Sincero, espontáneo. **4** Tolerante. **5** En fon., se dice de los sonidos pronunciados con una mayor abertura de los órganos articulatorios.

abietáceo, a. adj. y f. **1** Se dice de los árboles coníferos como el abeto, pino, cedro, etc. | f. pl. **2** Familia de estos árboles.

abigarrado, da. adj. **1** De varios colores mal combinados. **2** Heterogéneo: *se encontró ante una abigarrada multitud.* Sᴉɴ. 2 confuso.

abigarrar. tr. Hacer abigarrado.

abigeato. m. Robo de ganado.

abintestato. m. Procedimiento judicial sobre la herencia y la adjudicación de bienes del que muere sin hacer testamento.

abiogénesis o **abiogenesia.** f. Generación espontánea. || La primera forma no varía en pl.

abiótico, ca. adj. Medio o ambiente donde no es posible la vida de ninguna o sólo de alguna especie animal o vegetal.

abisal. adj. **1** Abismal. **2** Se dice de las zonas del mar que corresponden a profundidades mayores de 2.000 m. **3** Relativo a estas zonas: *fauna abisal.*

abismal. adj. **1** Relativo al abismo. **2** Profundo: *existe una diferencia abismal.*

abismar. tr. y prnl. **1** Hundir en un abismo. **2** Confundir, abatir. | **abismarse.** prnl. **3** Ensimismarse, sumirse.

abismo. m. **1** Profundidad grande, imponente y peligrosa. **2** Cosa inmensa, insondable o incomprensible.

abjurar. tr. Retractarse con solemnidad: *abjuró la promesa.* También intr.: *abjuró de la fe.* Aɴᴛ. reafirmarse.

ablación. f. Extirpación de una parte del cuerpo.

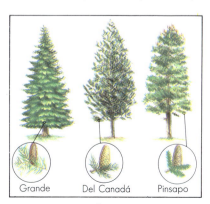

Abetos

ablandar. tr. y prnl. **1** Poner blanda una cosa. **2** Suavizar el enfado de alguien o hacerle ceder: *le ablandaron sus súplicas.* | **ablandarse.** prnl. **3** Acobardarse. **Ant.** 1 y 2 endurecer 3 envalentonarse.

ablande. m. *amer.* Rodaje de un automóvil.

ablativo. adj. y m. Caso de la declinación gramatical que expresa relaciones de procedencia, situación, modo, tiempo, instrumento, materia, etc.

ablución. f. **1** Lavado. **2** Purificación ritual por medio del agua. | pl. **3** Vino y agua con que se hace esta purificación. **Sin.** 1 lavatorio.

abnegación. f. Renuncia de lo propio en beneficio de los demás. **Sin.** altruismo □ **Ant.** egoísmo.

abnegar. tr. y prnl. Renunciar, sacrificarse. || **Irreg.** Se conj. como *acertar*.

abocado, da. adj. **1** Expuesto, amenazado: *tu relación está abocada al fracaso.* **2** Se dice del vino que no es seco ni dulce.

abocar. tr. **1** Acercar, aproximar. **2** Verter el contenido de un recipiente en otro uniendo las bocas.

abocardar. tr. Ensanchar la boca de un tubo o de un agujero.

abocetar. tr. **1** Trazar las líneas fundamentales de una obra artística o literaria, como base para su realización definitiva. **2** Configurar, insinuar o apuntar vagamente. **Sin.** 1 y 2 esbozar.

abochornar. tr. **1** Causar bochorno. **2** Avergonzar, sonrojar. También prnl. **Sin.** 1 sofocar.

abocinado, da. adj. **1** De forma de bocina. **2** Se dice del arco que tiene más luz en un paramento que en el opuesto.

abocinar. tr. Dar forma de bocina.

abofetear. tr. Dar de bofetadas.

abogacía. f. Profesión y ejercicio del abogado.

abogaderas. f. pl. *amer.* Argumentos engañosos.

abogado, da. m. y f. **1** Persona legalmente autorizada para defender en juicio los derechos o intereses de los litigantes. **2** Defensor, interceder. **Sin.** 1 letrado.

abogar. intr. **1** Defender en un juicio. **2** Interceder. **Sin.** 1 y 2 mediar □ **Ant.** 1 y 2 acusar.

abolengo. m. **1** Ascendencia de una persona, especialmente si es ilustre: *una familia de rancio abolengo.* **2** Herencia procedente de los antepasados.

abolición. f. Acción de abolir.

abolicionismo. m. Doctrina que propugna la abolición de la esclavitud.

abolicionista. adj. y com. Partidario del abolicionismo.

abolir. tr. Suprimir un precepto o costumbre: *abolir la pena de muerte.* **Ant.** implantar. || **Defect.** Conjugación modelo. Sólo se usan las formas cuya desinencia empieza con la vocal *i*:

Indicativo
Pres.: *abolimos, abolís.*
Imperf.: *abolía, abolías,* etc.
Pret. indef.: *abolí, aboliste,* etc.
Fut. imperf.: *aboliré, abolirás,* etc.
Potencial: *aboliría, abolirías,* etc.
Subjuntivo
Imperf.: *aboliera* o *aboliese, abolieras* o *abolieses,* etcétera.
Fut. imperf.: *aboliere, abolieres,* etc.
Participio: *abolido.*
Gerundio: *aboliendo.*

---

abolladura. f. Acción de abollar.

abollar. tr. y prnl. Producir un hundimiento en una superficie con un golpe.

abombar. tr. **1** Dar forma convexa. También prnl.: *la chapa se ha abombado.* **2** Aturdir. **Sin.** 1 combar 2 atontar.

abominar. tr. Condenar o detestar algo o a alguien: *lo abomina.* || Normalmente se usa en construcciones intr. con *de*: *abomina de sus ideas.* **Sin.** aborrecer, detestar, odiar □ **Ant.** amar.

abonado, da. m. y f. Persona que, mediante el pago del abono correspondiente, disfruta de un servicio o asiste a un espectáculo.

abonanzar. intr. Calmarse la tormenta o serenarse el tiempo.

abonar. tr. **1** Fertilizar la tierra con sustancias naturales o artificiales. **2** Pagar. **3** Inscribir a una persona, mediante pago, para que pueda asistir a algún lugar o recibir algún servicio. Más c. prnl.: *se abonó a la ópera.* **4** Ingresar una cantidad en el haber de una cuenta bancaria. **5** Acreditar de bueno: *lo abona un pasado glorioso.*

abonero, ra. m. y f. *amer.* Comerciante ambulante que vende por abonos o pagos a plazos.

abono. m. **1** Acción de abonar o abonarse. **2** Derecho del que se abona y documento en que consta. **3** Lote de entradas o billetes que se compran conjuntamente y que permiten el uso periódico o limitado de algún servicio: *abono de temporada.* **4** Sustancia natural o artificial con que se fertiliza la tierra. **5** *amer.* Pago, plazo.

abordaje. m. **1** Acción de abordar. **2 al abordaje.** loc. adv. Pasando de una nave a otra.

abordar. tr. **1** Rozar o chocar una embarcación con otra. También intr. **2** Asaltar una nave. **3** Acercarse a alguien para tratar un asunto con él: *no sé cuál será el mejor momento para abordarle.* **4** Emprender un asunto, sobre todo si plantea dificultades. | intr. **5** Tomar puerto. **Sin.** 4 acometer, afrontar □ **Ant.** 4 eludir.

aborigen. adj. **1** Originario del lugar en que vive. **2** Se dice del primitivo morador de un país. Más c. s.

aborrecer. tr. **1** Tener odio, aversión. **2** Abandonar las aves el nido, los huevos o las crías. ‖ **Irreg.** Se conj. como *agradecer*. **Sin.** 1 odiar, detestar.

aborrecimiento. m. Odio, aversión.

aborregarse. prnl. **1** Cubrirse el cielo de nubes como mechones de lana. **2** Volverse vulgar una persona. **Sin.** 2 adocenarse.

abortar. intr. **1** Parir antes del momento en que el feto puede vivir. **2** Fracasar, malograrse. También tr.: *la policía abortó la fuga*. **Sin.** 2 frustrar ☐ **Ant.** 2 lograr.

abortivo, va. adj. y s. Que hace abortar.

aborto. m. **1** Acción de interrumpirse el embarazo por causas naturales o medios artificiales. **2** Aquello que se aborta. **3** Engendro, monstruo.

abotagarse o **abotargarse.** prnl. **1** Hincharse el cuerpo. **2** Embrutecerse, atontarse. **Ant.** 1 deshincharse 2 despabilarse.

abotonar. tr. y prnl. Cerrar una prenda con botones. **Sin.** abrochar.

abovedar. tr. **1** Cubrir con bóveda. **2** Dar forma de bóveda.

abra. f. **1** Bahía no muy extensa. **2** Abertura ancha entre dos montañas. **Sin.** 1 cala, ensenada 2 desfiladero.

abracadabra. m. Palabra cabalística que se escribía en 11 renglones, con una letra menos en cada uno de ellos, formando un triángulo, y a la que se atribuían propiedades curativas.

abrasar. tr. y prnl. **1** Reducir a brasa, quemar. **2** Secar el excesivo calor o frío una planta. │intr. **3** Estar muy caliente una cosa: *el agua abrasa*. │ **abrasarse.** prnl. **4** Estar muy agitado por una pasión: *abrasarse en odio*. **Sin.** 1 calcinar 2 agostar 4 consumirse ☐ **Ant.** 1 enfriar 4 calmarse.

abrasión. f. **1** Acción de raer o desgastar por fricción. **2** Acción irritante que producen los purgantes enérgicos.

abrasivo, va. adj. **1** Relativo a la abrasión. **2** Producto que sirve para desgastar o pulir por fricción.

abrazadera. f. Pieza que sujeta algo rodeándolo.

abrazar. tr. **1** Ceñir con los brazos. También prnl.: *se abrazaron con cariño*. **2** Rodear, ceñir. **3** Contener, incluir: *abraza toda la filosofía oriental*. **4** Adoptar, seguir: *abrazó el cristianismo*. **Sin.** 1 estrechar ☐ **Ant.** 4 renegar, abjurar.

abrazo. m. Acción de abrazar o abrazarse.

abrecartas. m. Utensilio cortante para abrir cartas. ‖ No varía en pl.

ábrego. m. Viento sur o sudoeste.

abrelatas. m. Instrumento de metal para abrir latas de conserva. ‖ No varía en pl.

abrevadero. m. Lugar donde abreva el ganado.

abrevar. tr. **1** Dar de beber al ganado. │ intr. **2** Beber el ganado.

abreviar. tr. **1** Acortar, reducir a menos tiempo o espacio. │ intr. **2** Acelerar, apresurar: *abrevia, que es tarde*. **Ant.** 1 alargar 2 retardar.

abreviatura. f. Representación abreviada de una palabra: *sra.* por *señora*.

abridor, ra. adj. **1** Que abre. │ m. **2** Instrumento para abrir latas o botellas.

abrigadero. m. **1** Abrigaño. **2** Refugio para las naves por estar resguardado del viento.

abrigaño. m. Lugar abrigado.

abrigar. tr. **1** Defender, resguardar del frío. También prnl. **2** Auxiliar, amparar. **3** Tener ideas o sentimientos: *abriga buenas intenciones*. **Sin.** 1 arropar, tapar 2 proteger 3 albergar ☐ **Ant.** 1 destapar.

abrigo. m. **1** Prenda exterior que abriga. **2** Defensa contra el frío. **3** Refugio. **4** Amparo, auxilio.

abril. m. **1** Cuarto mes del año: consta de 30 días. │ pl. **2** Años de la primera juventud: *cumple veinte abriles*.

abrillantar. tr. Dar brillo.

abrir. tr. **1** Descubrir lo que está cerrado u oculto. También prnl. **2** Separar del marco la hoja, o las hojas de una puerta o ventana. También intr. y prnl.: *esta puerta no abre, la puerta se ha abierto*. **3** Romper, despegar. **4** Extender lo doblado. **5** Horadar, hacer accesible. **6** Inaugurar. **7** Empezar un negocio su actividad periódica: *abrimos de ocho a tres*. **8** Ir a la cabeza o delante. │ intr. **9** Empezar a clarear el tiempo: *el día ha abierto*. │ **abrirse.** prnl. **10** Sincerarse: *se abrió a su amigo*. ‖ Tiene p. p. irreg.: *abierto*. **Sin.** 1 destapar 4 desdoblar 8 encabezar ☐ **Ant.** 1 cubrir 2, 4, 5, 7, 8, 9 y 10 cerrar(se) 6 clausurar.

abrochar. tr. y prnl. Cerrar, ajustar con broches, botones, corchetes, etc. **Sin.** abotonar.

abrogar. tr. Abolir, revocar: *abrogaron el decreto*. **Sin.** anular, derogar ☐ **Ant.** restablecer.

abrojo. m. Planta leñosa de tallos largos y flores amarillas, con fruto espinoso del mismo nombre. **Sin.** tríbulo.

abroncar. tr. **1** Reprender con dureza. **2** Abuchear. **Sin.** 1 reñir 2 pitar.

abroquelar. tr. y prnl. Escudar, defender, resguardar.

abrótano. m. Planta herbácea, de flores amarillas y agradable olor, cuya infusión se emplea para fortalecer el pelo.

abrumar. tr. **1** Agobiar. **2** Oprimir, incordiar. **Sin.** 1 atosigar 2 importunar ☐ **Ant.** 1 aliviar.

abrupto, ta. adj. **1** Escarpado. **2** Áspero, violento: *tiene un carácter muy abrupto*.

absceso. m. Acumulación de pus en los tejidos orgánicos.

abscisa. f. Coordenada horizontal en un plano cartesiano rectangular. Es la distancia entre un punto y el eje vertical, medida sobre una paralela al eje horizontal.

absentismo. m. **1** Falta de asistencia al trabajo practicada habitualmente. **2** Costumbre de los propietarios de residir lejos de sus tierras.

ábside. amb. Parte abovedada y semicircular o poligonal, que sobresale en la fachada posterior de un templo.

absolución. f. Acción de absolver.

absolutismo. m. **1** Sistema de gobierno en el que el monarca ostenta todo el poder del Estado sin limitación. **2** Autoritarismo, totalitarismo.

absolutista. adj. y com. Partidario del absolutismo.

absoluto, ta. adj. **1** Que excluye toda relación: *valor absoluto.* **2** Ilimitado, sin restricción: *tiene poder absoluto.* **3** Completo, total: *el silencio era absoluto.* **4** Absolutista: *monarquía absoluta.* **5 en absoluto.** loc. adv. De manera general, terminante. **6** De ninguna manera. **Ant.** 1 relativo 2 restringido 3 parcial.

absolver. tr. **1** Liberar de algún cargo u obligación. **2** Declarar no culpable a un acusado. **3** Perdonar los pecados. ‖ **Irreg.** Se conj. como *mover.* **Sin.** 1 eximir 1 y 2 exculpar ▫ **Ant.** 2 y 3 condenar.

absorbente. adj. **1** Dominante. | m. **2** Sustancia o materia que absorbe.

absorber. tr. **1** Atraer un cuerpo y retener entre sus moléculas las de otro que está en estado líquido o gaseoso. **2** Llamar la atención, ensimismar: *la película le absorbió por completo.* **3** Asumir, incorporar: *absorber una empresa a otra.* **Sin.** 1 y 2 atraer ▫ **Ant.** 1 repeler.

absorción. f. Acción de absorber.

absorto, ta. adj. Concentrado, abstraído. **Ant.** distraído.

abstemio, mia. adj. y s. Que no consume bebidas alcohólicas. **Ant.** bebedor.

abstención. f. Acción de abstenerse.

abstencionismo. m. Doctrina o práctica que propugna la no participación en unas elecciones.

abstencionista. adj. y com. Partidario del abstencionismo.

abstenerse. prnl. **1** Privarse de alguna cosa. **2** Dejar de hacer algo: *se abstuvo de votar.* ‖ **Irreg.** Se conj. como *tener.* **Ant.** 2 participar.

absterger. tr. Limpiar, purificar, desinfectar.

abstinencia. f. **1** Acción de abstenerse de algo, por motivos religiosos o morales. **2** Específicamente, privación de comer carne en determinados días por precepto de la Iglesia católica.

abstracción. f. Acto de abstraer o abstraerse: *es un ejercicio de abstracción.*

abstracto, ta. adj. **1** No concreto, que no tiene realidad propia. **2** Que no se comprende fácilmente. **3** Se aplica al arte o artista no figurativo.

abstraer. tr. **1** Considerar aisladamente las cualidades de un objeto, o el mismo objeto en su pura esencia o noción. | **abstraerse.** prnl. **2** Prescindir alguien de lo que le rodea, para concentrarse en su pensamiento: *se abstrae fácilmente.* ‖ **Irreg.** Se conj. como *traer.* **Sin.** 1 generalizar, conceptualizar 2 ensimismarse ▫ **Ant.** 2 distraerse.

absuelto, ta. adj. Exculpado, perdonado.

absurdo, da. adj. **1** Contrario y opuesto a la razón. **2** m. Dicho o hecho disparatado.

abubilla. f. Ave insectívora de unos 30 cm de longitud, con el pico largo y un penacho de plumas eréctiles en la cabeza.

abuchear. tr. Mostrar desagrado o desaprobación con ruidos y silbidos.

abucheo. m. Acción de abuchear.

abuelo, la. m. y f. **1** Padre o madre del padre o de la madre. **2** Anciano. | pl. **3** El abuelo y la abuela.

abulense. adj. y com. De Ávila.

abulia. f. Falta o disminución de voluntad. **Sin.** apatía, desgana ▫ **Ant.** entusiasmo.

abúlico, ca. adj. **1** Que padece abulia. **2** Propio de la abulia.

abultar. tr. **1** Aumentar el bulto de algo. **2** Hacer un bulto o relieve. **3** Exagerar la importancia de algo:

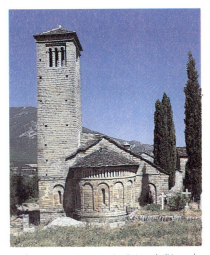

Ábside y torre de San Pedro de Lárrede (Huesca)

Abubilla

abultaron la noticia. | intr. **4** Tener o hacer bulto: *el bolso no abulta nada*. **Sin.** 1 hinchar 3 acentuar ☐ **Ant.** 1 reducir 3 atenuar.

abundamiento. m. Abundancia.

abundancia. f. Gran cantidad de algo. **Sin.** copia ☐ **Ant.** escasez.

abundante. adj. Copioso, en gran cantidad. **Ant.** escaso.

abundar. intr. **1** Existir algo en gran cantidad. **2** Tener en abundancia: *abunda en elocuencia*. **3** Referido a una idea u opinión, persistir en ella: *abundó en la misma cuestión toda la tarde*. **Sin.** 3 insistir ☐ **Ant.** 1 escasear 2 carecer.

aburguesarse. prnl. Adquirir cualidades de burgués.

aburrimiento. m. Fastidio, tedio, cansancio. **Ant.** diversión.

aburrir. tr. **1** Cansar algo o alguien a una persona por no interesarle. También prnl.: *me aburren los toros*. **2** Molestar, fastidiar: *le aburrió con sus preguntas*. **Sin.** 1 hastiar ☐ **Ant.** 1 entretener, divertir.

abusar. intr. **1** Usar excesiva o indebidamente de algo o alguien: *abusa de su amistad*. **2** Violar a alguien o propasarse con él. **Sin.** 1 extralimitarse 2 pasarse.

abuso. m. Acto de abusar: *es un abuso de poder*.

abusón, na. adj. y s. Que abusa.

abyección. f. **1** Bajeza, envilecimiento. **2** Humillación.

abyecto, ta. adj. Despreciable, vil. **Sin.** infame ☐ **Ant.** digno.

acá. adv. l. Indica el lugar en que está el que habla, pero más imprecisamente que *aquí*.

acabado, da. adj. **1** Perfecto, completo, consumado. **2** Fracasado, destruido: *este hombre está acabado*. | m. **3** Perfeccionamiento final de una obra o labor: *tiene acabado mate*. **Sin.** 2 consumido 3 remate.

acabar. tr. **1** Dar fin a una cosa. También intr. y prnl. **2** Apurar, consumir. **3** Rematar, perfeccionar. | intr. **4** Terminar un objeto de una determinada forma: *por este lado acaba en punta*. **5** Extinguirse, aniquilarse. También prnl. **6 acabar con.** Poner fin, destruir, exterminar: *los disgustos acabaron con Pedro*. **7 acabar de** (+ inf.). Indica que la acción del inf. ha ocurrido poco antes: *acaban de llegar*. **8 acabar por** (+ inf.). Hacer, como consecuencia de algo, lo que indica el inf.: *acabará por ceder*. **Sin.** 1 ultimar, terminar 2 agotar 3 pulir ☐ **Ant.** 1 iniciar 2 conservar.

acacia. f. Árbol o arbusto de flores olorosas en racimos colgantes. De algunas de sus especies se obtiene la goma arábiga. En España es común la *falsa acacia*, conocida por sus flores blancas llamadas *pan y quesillo*.

academia. f. **1** Sociedad científica, literaria o artística establecida con autoridad pública. **2** Edificio que la alberga. **3** Conjunto de personas que la componen. **4** Establecimiento docente: *academia de informática*.

academicismo. m. Seguimiento riguroso de las normas clásicas.

académico, ca. adj. **1** Acorde con las normas clásicas: *estilo académico*. **2** Relacionado con las academias o los estudios oficiales: *año, expediente académico*. | m. y f. **3** Miembro de una academia.

acaecer. intr. Suceder, ocurrir. || **Irreg.** Se conj. como *agradecer*. Sólo se usa en inf. y en las terceras personas.

acahual. m. *amer.* Especie de girasol.

acalefo, fa. adj. y s. **1** Se dice del animal marino celentéreo, que tiene un ciclo de desarrollo con fases muy diversas y en estado adulto presenta forma de medusa. | m. pl. **2** Clase de estos animales.

acallar. tr. **1** Hacer callar. **2** Aplacar, sosegar: *acallar la conciencia*. **Sin.** 1 silenciar 2 serenar, calmar ☐ **Ant.** 2 exaltar.

acaloramiento. m. **1** Ardor, arrebato de calor. **2** Apasionamiento. **Sin.** 1 sofocación 2 enardecimiento.

acalorar. tr. **1** Dar o causar calor. | **acalorarse.** prnl. **2** Fatigarse con algún esfuerzo físico. **3** Enardecerse, excitarse. **4** Perder la calma. **Sin.** 3 y 4 exaltarse ☐ **Ant.** 1 enfriar 3 calmarse 4 serenarse.

acampada. f. **1** Acción de acampar. **2** Campamento.

acampanado, da. adj. De forma de campana.

acampanar. tr. y prnl. Dar forma de campana.

acampar. intr. Instalarse en el campo, al aire libre o alojándose en tiendas de campaña.

acanalado, da. adj. **1** Que pasa por un canal. **2** De forma larga y abarquillada.

acanalar. tr. **1** Hacer estrías en alguna cosa. **2** Dar forma de canal o teja.

acanelado, da. adj. De color o sabor de canela.

acantáceo, a. adj. y f. **1** Se dice de plantas con tallo y ramos nudosos, hojas opuestas, flores de cinco pétalos y fruto en caja que contiene varias semillas sin albumen; como el acanto. | f. pl. **2** Familia de estas plantas.

acantilado, da. adj. y s. **1** Se dice de la costa rocosa cortada verticalmente o del fondo del mar cuando forma escalones. | m. **2** Inclinación casi vertical en un terreno.

acantilar. tr. **1** Echar o poner un buque en un cantil. Más c. prnl. **2** Dragar un fondo para que quede acantilado.

acanto. m. **1** Planta perenne, de hojas largas y espinosas. **2** En arquit., adorno típico del capitel corintio que imita las hojas de esta planta.

acantonamiento. m. **1** Acción de acantonar. **2** Sitio en que hay tropas acantonadas. S<small>IN</small>. 1 cantón.

acantonar. tr. y prnl. Alojar las tropas en varios lugares.

acantopterigio, a. adj. y m. **1** Se dice de los peces, cuyas aletas, por lo menos las impares, tienen radios espinosos inarticulados. | m. pl. **2** Suborden de estos peces.

acaparar. tr. **1** Disfrutar o apropiarse de todo o la mayor parte de una cosa: *acapara todas las miradas*. **2** Adquirir y retener mercancías no necesarias para especular o prevenir la escasez.

acaramelado. adj. Muy cariñoso y dulce con alguien.

acaramelar. tr. **1** Bañar de azúcar a punto de caramelo. | **acaramelarse.** prnl. **2** Estar o ponerse acaramelado.

acariciar. tr. **1** Hacer caricias. También prnl. **2** Tratar con amor y ternura. **3** Rozar suavemente: *la brisa acarició su rostro*. **4** Pensar con esperanza en hacer o conseguir algo: *acaricia la idea de dejar de trabajar*.

ácaro. m. Tipo de arácnidos microscópicos o de pequeño tamaño, como la garrapata; algunos de ellos son parásitos del hombre.

acarrear. tr. **1** Transportar en carro o de otra manera. **2** Ocasionar o provocar algún daño: *su sinceridad sólo nos acarrea problemas*. S<small>IN</small>. 1 conducir, llevar 2 causar, ocasionar.

acarreo. m. Acción de acarrear.

acartonarse. prnl. Ponerse como cartón.

acaso. m. **1** Casualidad, suceso imprevisto. | adv. m. **2** Por casualidad. | adv. duda. **3** Quizá. **4 por si acaso.** loc. adv. Por si ocurre algo. S<small>IN</small>. 1 azar.

acatamiento. m. **1** Aceptación. **2** Veneración.

acatar. tr. **1** Obedecer. **2** Reconocer y respetar la autoridad de algo o alguien: *acato el precepto, pero*

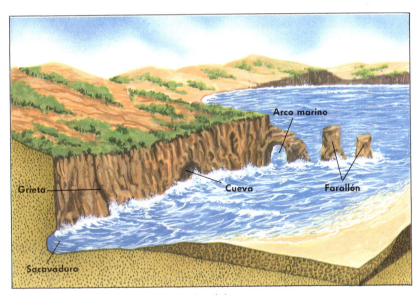

Acantilado

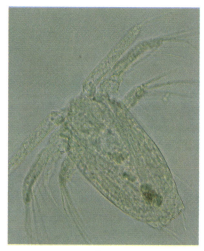

Ácaro

no lo cumplo. Sin. 1 cumplir 2 aceptar □ Ant. 1 desobedecer.

acatarrarse. prnl. Coger un catarro. Sin. resfriarse.

acaudalado, da. adj. Que tiene mucho dinero, rico.

acaudalar. tr. Reunir caudal. Sin. atesorar.

acaudillar. tr. 1 Mandar algo o a alguien como jefe. 2 Guiar, conducir.

acceder. intr. 1 Consentir en lo que otro quiere: *accedió a hablar en su nombre.* 2 Ceder uno a la idea de otro. 3 Tener entrada o paso a un lugar: *por esta puerta se accede al patio.* 4 Tener acceso a una situación, o llegar a alcanzarla: *pudo acceder a la plaza.* Sin. 1 aceptar 2 condescender 4 obtener □ Ant. 1 y 2 rehusar.

accesible. adj. 1 Que tiene acceso. 2 De trato fácil: *es bastante accesible.* 3 Inteligible, comprensible: *este planteamiento resulta más accesible.* Sin. 2 cordial 3 sencillo □ Ant. 1 inalcanzable 2 intratable 3 incomprensible.

accésit. m. Recompensa inferior al premio. || No varía en pl.

acceso. m. 1 Acción de llegar o acercarse. 2 Entrada o paso: *están cortados todos los accesos.* 3 Posibilidad de llegar a algo o a alguien: *tiene acceso directo al ministro.* 4 Aparición súbita de un arrebato o de un ataque: *le dio un acceso de fiebre.*

accesorio, ria. adj. 1 Que no es necesario o principal. | m. 2 Utensilio auxiliar, complemento. Sin. 1 accidental □ Ant. 1 fundamental.

accidentado, da. adj. 1 Agitado, con muchos incidentes: *recorrido accidentado.* 2 Escabroso, abrupto. 3 Que es víctima de un accidente. Más c. s.

accidental. adj. 1 No esencial. 2 Casual, contingente. 3 Se dice del cargo provisional. Sin. 1 accesorio 3 eventual □ Ant. 1 necesario 3 perpetuo.

accidente. m. 1 Suceso eventual del que involuntariamente resulta daño: *accidente de tráfico.* 2 Calidad o estado no esencial de algo. 3 Cada uno de los elementos que configuran la geografía de un lugar: ríos, montes, etc. 4 Variación gramatical de las palabras: género, número, tiempo, etc. Sin. 1 percance 2 contingencia □ Ant. 2 esencia.

acción. f. 1 Ejercicio de la facultad de actuar que tiene un ser. 2 Efecto de hacer. 3 Influencia o impresión producida por la actividad de cualquier agente sobre algo: *tiene un radio de acción de cinco metros.* 4 Postura, ademán, gesto. 5 Cada una de las partes en que está dividido el capital de una empresa: *vendió todas sus acciones.* 6 Título de una de esas partes del capital. 7 Sucesión de hechos, en las obras narrativas, dramáticas y cinematográficas: *la acción se desarrolla en el desierto.* 8 En cine, voz con que se advierte que empieza una toma. Sin. 1 actividad 2 acto □ Ant. 1 pasividad.

accionar. tr. 1 Poner en funcionamiento un mecanismo. | intr. 2 Gesticular.

accionista. com. Dueño de una o varias acciones de una empresa.

acebo. m. Árbol de hojas perennes y frutos en baya de color rojo. Su madera se emplea en ebanistería y tornería y sus ramas sirven como adorno navideño.

acebuche. m. Olivo silvestre.

acechanza. f. Acecho, persecución sigilosa.

Acebo

acechar – aceitero

acechar. tr. Observar, vigilar cautelosamente.
acecho. m. **1** Acción de acechar. **2 al acecho.** loc. adv. Observando y mirando a escondidas y con cuidado.
acecinar. tr. y prnl. Salar y ahumar la carne para su conservación.
acedar. tr. y prnl. Poner agrio. **Sin.** acidificar, agriar.
acedera. f. Planta que se usa como condimento por su sabor ácido.
acedía. f. Acidez de estómago.
acedo, da. adj. Ácido, agrio.
acéfalo, la. adj. Falto de cabeza.
aceite. m. **1** Grasa líquida que se obtiene por presión de las aceitunas, de otros frutos o semillas y de algunos animales. **2** Líquido oleaginoso que se encuentra formado en la naturaleza o que se obtiene de ciertos minerales bituminosos.
aceitero, ra. adj. **1** Relativo al aceite. | m. y f. **2** Persona que vende aceite. | f. **3** Frasco en el que se

Aceite: orígenes y fabricación

tiene una pequeña cantidad de aceite para su consumo diario. **Sin.** 3 alcuza.

aceituna. f. Fruto del olivo.

aceitunero, ra. m. y f. **1** Persona que coge, acarrea o vende aceitunas. | m. **2** Sitio para tener la aceituna.

aceleración. f. **1** Acción de acelerar o acelerarse. **2** Incremento de la velocidad en la unidad de tiempo.

acelerador, ra. adj. **1** Que acelera. | m. **2** Mecanismo que permite aumentar las revoluciones del motor de explosión. **3** Pedal o dispositivo para accionarlo. **4** Cualquier mecanismo destinado a acelerar el funcionamiento de otro. **5 acelerador de partículas.** Máquina que al imprimir gran velocidad a partículas atómicas cargadas de electricidad adquiere una elevada energía cinética con la que puede producir reacciones nucleares.

acelerar. tr. e intr. **1** Aumentar la velocidad. También prnl. **2** Accionar el mecanismo acelerador. | tr. **3** Aligerar algo o a alguien. **Sin.** 1 y 3 apresurar, activar ▢ **Ant.** 1 y 3 retardar.

acelga. f. Planta de huerta comestible, de hojas grandes verdes y tallo grueso.

acémila. f. **1** Bestia de carga. **2** Persona ruda. **Sin.** 2 bruto.

acendrar. tr. **1** Purificar los metales con fuego. **2** Depurar, limpiar, acrisolar.

acento. m. **1** Mayor intensidad con que se pronuncia determinada sílaba de una palabra. Se llama también *acento prosódico* y *acento tónico*. **2** Signo ortográfico que se coloca en ciertos casos sobre alguna letra, para dar a la pronunciación algún matiz. También se conoce con el nombre de *acento ortográfico*. Los principales son: el *agudo*, el *grave* y el *circunflejo*. **3** Particulares inflexiones de voz de una región: *tiene acento sevillano*. **4** Modulación de la voz.

acentuación. f. Acción de acentuar.

acentuar. tr. **1** Poner acento a una palabra. **2** Recalcar las palabras al pronunciarlas. **3** Realzar, destacar. También prnl. | **acentuarse.** prnl. **4** Cobrar importancia algo: *este mes se ha acentuado la crisis*.

aceña. f. Molino harinero de agua situado dentro del cauce de un río.

acepción. f. Cada uno de los significados que puede tomar una palabra o frase.

aceptable. adj. Digno de ser aceptado.

aceptación. f. **1** Acción de aceptar. **2** Aprobación, aplauso.

aceptar. tr. **1** Recibir voluntariamente algo. **2** Aprobar: *la junta aceptó la subida*. **3** Admitir. **4** Obligarse por escrito a pagar una letra o libranza. **Sin.** 1 acoger ▢ **Ant.** 1 y 3 rechazar 2 desaprobar.

acequia. f. Canal por donde se conducen las aguas, generalmente para el riego.

acera. f. Orilla de la calle o de otra vía pública, con pavimento adecuado para el paso de los peatones.

acerado, da. adj. **1** De acero o parecido a él. **2** Incisivo, mordaz: *crítica acerada*.

acerar. tr. **1** Dar al hierro las propiedades del acero. **2** Dar un baño de acero. | tr. y prnl. **3** Fortalecer, vigorizar. **Ant.** 3 debilitar.

acerbo, ba. adj. **1** Áspero al gusto. **2** Cruel, riguroso, desapacible: *le hizo un acerbo comentario*. **Sin.** 1 agrio ▢ **Ant.** 1 suave 2 benigno, agradable.

acerca de. loc. prep. En cuanto a, respecto a, a propósito de.

acercar. tr. y prnl. **1** Poner a menor distancia de lugar o tiempo. **2** Llevar algo o a alguien a algún lugar: *acércame al cine*. **Sin.** 1 aproximar, arrimar ▢ **Ant.** 1 alejar.

acerería o **acería.** f. Fábrica de acero.

acerico o **acerillo.** m. Almohadilla para clavar alfileres y agujas.

acero. m. **1** Aleación de hierro que, sometida a determinada temperatura y enfriada con cierta velocidad, adquiere, por el temple, gran flexibilidad y dureza. **2** Arma blanca: *manejar el acero*.

acérrimo, ma. adj. Sup. de *acre,* muy firme y entusiasta: *es su acérrimo defensor*.

acertar. tr. **1** Dar en el punto a que se dirige algo. **2** Hallar el medio apropiado para lograr algo. **3** Dar con lo cierto en algo que se dudaba o se desconocía. | tr. e intr. **4** Encontrar, hallar: *acertó con la casa*. **5** Hacer algo con acierto. | intr. **6** Con la prep. *a,* y un infinitivo, suceder por casualidad: *acertó a pasar por allí un policía*. **Sin.** 1, 2 y 5 atinar 3 adivinar, descifrar ▢ **Ant.** 1, 2 y 5 errar. || **Irreg.** Conjugación modelo:

Indicativo
Pres.: *acierto, aciertas, acierta, acertamos, acertáis, aciertan*.
Imperf.: *acertaba, acertabas,* etc.
Pret. indef.: *acerté, acertaste,* etc.
Fut. imperf.: *acertaré, acertarás,* etc.
Potencial: *acertaría, acertarías,* etc.
Subjuntivo
Pres.: *acierte, aciertes, acierte, acertemos, acertéis, acierten*.
Imperf.: *acertara* o *acertase, acertaras* o *acertases,* etc.
Fut. imperf.: *acertare, acertares,* etc.
Imperativo: *acierta, acertad*.
Participio: *acertado*.
Gerundio: *acertando*.

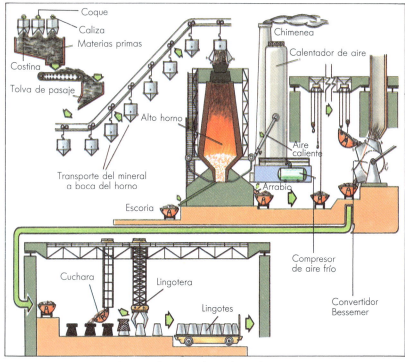

Acero: producción por el procedimiento Bessemer

acertijo. m. Especie de enigma para entretenerse en acertarlo. Sın. adivinanza.

acervo. m. **1** Conjunto de bienes morales, culturales o materiales de una colectividad de personas: *acervo espiritual*. **2** Montón de cosas menudas.

acetato. m. Sal formada por el ácido acético con una base.

acético, ca. adj. **1** Relacionado con el vinagre. **2** Se dice del ácido que se produce por oxidación del alcohol del vino y que da lugar al vinagre.

acetileno. m. Hidrocarburo gaseoso que se obtiene de la acción del agua sobre el carburo de calcio. Se emplea como combustible para dar luz.

acetona. f. Líquido incoloro, inflamable y de olor penetrante característico, que se obtiene por destilación seca de la madera. Se emplea domésticamente para disolver el esmalte de uñas.

acetre. m. **1** Caldero pequeño con el que se saca agua de las tinajas o pozos. **2** Caldero pequeño para llevar el agua bendita.

acezar. intr. **1** Jadear. **2** Sentir deseo o codicia.

achacar. tr. Atribuir, imputar.

achacoso, sa. adj. **1** Que padece achaques, sobre todo por la edad. **2** Levemente enfermo. Sın. 1 y 2 enfermizo □ Ant. 1 y 2 saludable.

achampañado o **achampanado, da.** adj. Se dice de la bebida que imita al champán.

achantar. tr. **1** Intimidar, apabullar. | **achantarse.** prnl. **2** Esconderse mientras dura un peligro. **3** Callarse por resignación o cobardía. **4** Abstenerse de intervenir. Ant. 1 animar, envalentonar.

achaparrado, da. adj. Rechoncho.

achaque. m. Indisposición o enfermedad habitual o leve. Sın. dolencia.

achares. m. pl. Celos.

achatar. tr. y prnl. Poner chata una cosa.

achicar. tr. **1** Extraer el agua de un dique, barco, etc. | tr. y prnl. **2** Disminuir el tamaño. **3** Humillar, hacer de menos a alguien. Sın. 2 acortar, menguar 3 amilanar □ Ant. 2 agrandar.

achicharrar. tr. y prnl. **1** Freír, cocer, asar o tostar demasiado. **2** Calentar demasiado. | **achicharrarse.** prnl. **3** Experimentar un calor excesivo. **Sin.** 3 quemarse, abrasarse.

achicoria. f. Planta de hojas ásperas y comestibles. Su infusión se usa como tónico aperitivo y sus raíces tostadas se utilizan como sucedáneo del café.

achuchar. tr. **1** Azuzar. **2** Aplastar, estrujar. También prnl.

aciago, ga. adj. Infausto, infeliz, de mal agüero: *fue un día aciago para todos*. **Ant.** venturoso, feliz.

acial. m. Instrumento para sujetar a los animales.

aciano. m. Planta compuesta, de tallo erguido, de 60 a 80 cm de alt., con flores generalmente azules.

acíbar. m. **1** Áloe. **2** Amargura, disgusto.

acicalado, da. adj. Pulcro, arreglado.

acicalar. tr. Arreglar o adornar mucho algo o a alguien. Mas c. prnl.: *se acicaló para la fiesta*. **Sin.** aderezar, componer ☐ **Ant.** desarreglar.

acicate. m. **1** Espuela con una sola punta. **2** Incentivo: *el dinero es un buen acicate*.

acicular. adj. De forma de aguja.

acidez. f. **1** Cualidad de ácido. **2** Sensación de ácido en la boca o ardor de estómago.

ácido. adj. **1** De sabor agrio. **2** Áspero, desagradable: *carácter ácido*. | m. **3** Sustancia química que contiene hidrógeno y reacciona con las bases formando sales. **Ant.** 1 y 2 dulce.

acidosis. f. Estado patológico producido por exceso de ácidos en los tejidos y en la sangre. || No varía en pl.

acierto. m. **1** Acción de acertar. **2** Habilidad. **3** Cordura, prudencia, tino: *actuó con acierto*. **4** Coincidencia, casualidad. **Sin.** 1 clarividencia 2 destreza.

acimut. m. Ángulo que, en el meridiano, forma el círculo vertical que pasa por un punto de la esfera celeste o del globo terráqueo. || No varía en pl.

ación. f. Correa del estribo.

aclamación. f. Acto de aclamar.

aclamar. tr. **1** Dar voces la multitud en honor y aplauso de alguna persona. **2** Conceder, por unanimidad, algún cargo u honor: *fue aclamado presidente*. **Sin.** 1 ovacionar 2 proclamar ☐ **Ant.** 1 abuchear.

aclaración. f. Acción de aclarar.

aclarar. tr. **1** Eliminar lo que oculta la claridad o transparencia de algo. También prnl. **2** Explicar: *aclárame la respuesta*. **3** Hacer algo menos denso o tupido: *aclara la salsa con agua*. **4** Quitar el jabón a la ropa. **5** Hacer más perceptible la voz. | intr. **6** Disiparse las nubes o la niebla: *el tiempo ha aclarado*. | **aclararse.** prnl. **7** Poner uno en claro su mente: *a ver si te aclaras*. **Sin.** 1 y 2 clarificar 3 diluir 4 enjuagar 7 clarear ☐ **Ant.** 1 oscurecer 2 confundir 3 espesar.

aclimatación. f. Acción de aclimatar o aclimatarse.

aclimatar. tr. y prnl. Acostumbrar a un ser orgánico a un clima, ambiente o situación que no le son naturales: *aclimatarse a un nuevo país*. **Sin.** adaptar.

acné o **acne.** f. Enfermedad de la piel caracterizada por la aparición de espinillas, causada por una inflamación crónica de las glándulas sebáceas.

acobardar. tr., intr. y prnl. Amedrentar, causar miedo. **Ant.** envalentonar.

acodar. tr. **1** Apoyar el codo. También prnl.: *me acodé en la ventana*. **2** Doblar en forma de codo. **3** Enterrar parte de un vástago sin separarlo de la planta para que eche raíces.

acodo. m. Acción y efecto de acodar.

acogedor, ra. adj. Hospitalario, agradable: *tienes una casa muy acogedora*. **Ant.** inhóspito.

acoger. tr. **1** Admitir a alguien en su casa o compañía. **2** Dar refugio y protección. **3** Admitir con un sentimiento determinado un hecho o a una persona: *acogieron la noticia con recelo*. | **acogerse.** prnl. **4** Refugiarse. **5** Invocar para sí los beneficios que concede una disposición: *se acogió a la ley de extranjería*. **Sin.** 1 y 2 amparar, cobijar 2 guarecer, proteger 3 recibir ☐ **Ant.** 1 y 2 rechazar, repeler.

acogida. f. **1** Acción de acoger de cierta manera: *la novela tuvo una mala acogida*. **2** Hospitalidad que ofrece una persona o un lugar. **Sin.** 1 aceptación 2 recibimiento, resuelto.

acogotar. tr. **1** Acoquinar, dominar: *no me acogotes*. **2** Sujetar a una persona por el cogote.

acojonar. tr. y prnl. vulg. Acobardar, atemorizar.

acolchar. tr. Poner algodón, lana, etc., entre dos telas y coserlas después.

acólito. m. **1** Monaguillo. **2** Persona que depende de otra: *le gusta rodearse de acólitos*. **Sin.** 1 ayudante.

acollar. tr. Tapar con tierra el pie de las plantas. || **Irreg.** Se conj. como *contar*.

acometedor, ra. adj. y s. Que acomete. **Sin.** emprendedor, resuelto.

acometer. tr. **1** Atacar, embestir. **2** Emprender, intentar. **3** Empezarle a alguien repentinamente determinado estado físico o moral: *le acometió la melancolía*. **Ant.** 1 retroceder 2 abandonar 3 desaparecer.

acometida. f. **1** Ataque, embestida. **2** Lugar de un conducto principal de fluido donde se instala una salida secundaria: *la acometida del agua*.

acometividad. f. **1** Agresividad. **2** Determinación para realizar algo.

acomodadizo, za. adj. Acomodaticio.

acomodado, da. adj. Que disfruta de una buena posición económica. **Sin.** rico, acaudalado ☐ **Ant.** pobre.

acomodar. tr. **1** Ajustar o adaptar una cosa a otra. **2** Disponer o arreglar de modo conveniente. **3** Colocar en un lugar cómodo. **4** Amoldar o ajustar a una norma. También intr. y prnl. **5** Colocar en un estado o cargo. También prnl. | **acomodarse.** prnl. **6** Avenirse, conformarse: *me acomodo a lo que decida la mayoría*.

acomodaticio, a. adj. Que se adapta fácilmente a lo nuevo o a lo ajeno. S<small>IN.</small> transigente, conformista □ A<small>NT.</small> intransigente.

acomodo. m. **1** Colocación, ocupación o conveniencia: *le han buscado un buen acomodo*. **2** Sitio donde se vive: *encontró acomodo en casa de su tío*.

acompañamiento. m. **1** Gente que va acompañando a alguno. **2** Conjunto de personas que en las representaciones teatrales figuran y no hablan. **3** Conjunto armónico de notas que acompaña a la melodía principal. S<small>IN.</small> 1 comitiva, séquito.

acompañar. tr. y prnl. **1** Estar o ir en compañía de otro. **2** Existir una cosa junto a otra o simultáneamente con ella. | tr. **3** Juntar una cosa a otra: *con la carta acompaño la solicitud de empleo*. S<small>IN.</small> 1 escoltar 3 adjuntar □ A<small>NT.</small> 1 abandonar.

acompasado, da. adj. **1** Hecho o puesto siguiendo el compás. **2** Que habla, anda o se mueve con reposo y compás. S<small>IN.</small> 1 rítmico 2 lento, pausado.

acompasar. tr. Adaptar, proporcionar, ajustar una cosa a otra: *acompasar los gastos a las ganancias*.

acomplejar. tr. y prnl. Provocar en alguien complejos.

acondicionar. tr. **1** Dar a algo cierta condición o cualidad para un determinado fin: *han acondicionado el local para la fiesta*. **2** Climatizar. S<small>IN.</small> 1 preparar, disponer.

acongojar. tr. y prnl. Oprimir, fatigar, afligir. A<small>NT.</small> aliviar.

acónito. m. Planta de hojas palmeadas y flores azules o blancas. Tiene un fuerte veneno.

aconsejar. tr. **1** Dar consejo. **2** Indicar una cosa algo a alguien: *su estado aconsejaba ingresarlo*. | **aconsejarse.** prnl. **3** Tomar consejo o pedirlo a otro: *aconséjate de/con un buen abogado*. S<small>IN.</small> 1 y 2 sugerir.

aconsonantar. intr. **1** Ser una palabra consonante de otra. **2** Utilizar la rima consonante.

acontecer. intr. Suceder. || **Irreg.** Se conj. como *agradecer*. Sólo se usa en tercera persona.

acontecimiento. m. Suceso de alguna importancia.

acopiar. tr. Juntar, reunir en cantidad. A<small>NT.</small> esparcir.

acopio. m. Acción de acopiar.

acoplar. tr. **1** Encajar entre sí dos piezas o cuerpos. **2** Adaptar algo o a alguien a un fin determinado distinto del original: *ha acoplado a su coche un motor de competición*. También prnl. **3** Agrupar dos aparatos para que funcionen combinadamente. | **acoplarse.** prnl. **4** Llevarse bien dos personas. S<small>IN.</small> 1 ensamblar 4 armonizar □ A<small>NT.</small> 1 desacoplar 3 discrepar.

acoquinar. tr. y prnl. Amilanar, acobardar. A<small>NT.</small> envalentonar.

acorazado. m. Buque de guerra blindado y de grandes dimensiones.

acorazar. tr. **1** Revestir con planchas de hierro o acero. **2** Proteger, defender. También prnl.

acorcharse. prnl. **1** Ponerse una cosa como el corcho, especialmente un alimento. **2** Insensibilizarse una parte del cuerpo.

acordar. tr. **1** Decidir algo de común acuerdo o por mayoría de votos: *la junta acordó la subida de la cuota*. | **acordarse.** prnl. **2** Recordar: *no me acuerdo de su nombre*. || **Irreg.** Se conj. como *contar*.

acorde. adj. **1** Conforme. | m. **2** Conjunto de tres o más sonidos combinados armónicamente.

acordeón. m. Instrumento musical de viento, compuesto de lengüetas de metal, un teclado y un fuelle que se acciona con el brazo izquierdo.

acordeonista. com. Persona que toca el acordeón.

acordonar. tr. **1** Ceñir o sujetar con un cordón. **2** Aislar un sitio, rodeándolo con un cordón de gente: *los militares acordonaron el estadio*. S<small>IN.</small> 2 cercar.

acorralar. tr. **1** Llevar a alguien a un sitio o situación de la que no pueda escapar. **2** Encerrar el ganado en el corral. También prnl. S<small>IN.</small> 1 arrinconar.

acortar. tr., intr. y prnl. Disminuir la longitud, duración o cantidad de algo. A<small>NT.</small> alargar.

acosar. tr. **1** Perseguir sin tregua. **2** Importunar, molestar.

acoso. m. Acción de acosar.

acostar. tr. y prnl. **1** Echar o tender a alguno para que duerma o descanse. **2** Pararse la balanza en posición que el fiel no coincida con el punto o señal de equilibrio. **3** Acercar un barco a otro o a la costa. | **acostarse.** prnl. **4** Mantener relación sexual una persona con otra. || **Irreg.** Se conj. como *contar*. S<small>IN.</small> 1 tumbar □ A<small>NT.</small> 1 levantar.

acostumbrar. tr. **1** Hacer que alguien adquiera un hábito o costumbre: *acostumbró a los niños a vestirse solos*. | intr. **2** Tener costumbre de algo: *acostumbro a salir los jueves por la noche*. | **acostumbrarse.** prnl. **3** Adquirir costumbre de una cosa: *ya me he acostumbrado al nuevo horario*. S<small>IN.</small> 1 y 3 habituar.

acotación. f. **1** Acción de acotar. **2** Nota o señal que se pone al margen de algún escrito o impreso. **3** Cota de un plano topográfico.

acotar. tr. **1** Señalar los límites de un terreno para reservarlo a un uso determinado. **2** Delimitar cualquier otra cosa. **3** Poner cotas, en los planos. **4** Citar textos. **5** Poner notas a un texto. **6** Cortar a un árbol todas las ramas por la cruz. **Sin.** 5 anotar.

acotiledóneo, a. adj. y f. Se aplica a la planta cuyo embrión carece de cotiledones.

acracia. f. Doctrina que propugna la supresión de toda autoridad. **Sin.** anarquía.

ácrata. adj. y com. Partidario de la acracia.

acre. adj. **1** Áspero, picante. **2** Desabrido. | m. **3** Medida inglesa de superficie equivalente a 40 áreas y 47 centiáreas.

acrecentar. tr. Aumentar la calidad o cantidad de algo. También prnl. || **Irreg.** Se conj. como *acertar*. **Sin.** incrementar ☐ **Ant.** disminuir, mermar.

acrecer. tr., intr. y prnl. Hacer mayor. || **Irreg.** Se conj. como *agradecer*. **Sin.** incrementar, agrandar.

acreditado, da. adj. Con crédito o reputación.

acreditar. tr. y prnl. **1** Dar credibilidad a algo, demostrar su realidad: *su sinceridad acredita sus palabras*. **2** Afamar: *un buen servicio acredita cualquier restaurante*. | tr. **3** Asegurar de que algo o alguien es lo que parece. **4** Testimoniar con documentos que una persona tiene facultades para desempeñar un cometido: *acreditar a un embajador*. **Sin.** 1 demostrar 3 avalar 4 autorizar ☐ **Ant.** 1 y 2 desprestigiar 4 desautorizar.

acreedor, ra. adj. **1** Merecedor. **2** Que tiene derecho a pedir el cumplimiento de alguna obligación o a que se le satisfaga una deuda. Más c. s. **Ant.** 1 indigno 2 deudor.

acribillar. tr. **1** Abrir muchos agujeros. **2** Hacer muchas heridas o picaduras.

acrílico, ca. adj. y m. Se dice de las fibras y los materiales plásticos que se obtienen por polimerización del ácido acrílico o de sus derivados.

acrisolar. tr. **1** Depurar en el crisol. **2** Purificar. También prnl.

acristalar. tr. Poner cristales.

acritud. f. **1** Aspereza en el gusto y en el olfato. **2** Aspereza en el carácter.

acrobacia. f. **1** Cada uno de los ejercicios que realiza un acróbata. **2** Cualquiera de las evoluciones espectaculares que efectúa un aviador en el aire.

acróbata. com. Persona que, con gran habilidad, salta, baila o hace cualquier otro ejercicio sobre el trapecio, la cuerda floja, etc.

acromático, ca. adj. **1** Que no tiene color. **2** Se dice del cristal o del sistema óptico que no descompone la luz blanca.

acrónimo. m. Palabra formada por las iniciales, y a veces por más letras, de otras palabras: RE(*d*) N(*acional*) (*de*) F(*errocarriles*) E(*spañoles*).

acrópolis. f. Parte más alta y fortificada de las ciudades griegas. || No varía en pl.

acróstico, ca. adj. y m. Se aplica a la composición poética en que las letras iniciales, medias o finales de los versos, forman un vocablo o una frase.

acrotera o **acroteria.** f. En arq., cualquiera de los pedestales que sirven de remate en los frontones.

acta. f. **1** Relación escrita de lo sucedido, tratado o acordado en una junta. **2** Certificación en que consta la elección de una persona.

actinio. m. Elemento químico metálico radiactivo hallado en algún compuesto del uranio. Su símbolo es *Ac*.

actitud. f. **1** Postura del cuerpo humano o del animal: *posaba en actitud provocativa*. **2** Manifiesta disposición del ánimo: *tiene una actitud insolidaria*. **Sin.** 1 ademán.

activar. tr. y prnl. **1** Avivar, excitar. **2** Poner en marcha un mecanismo: *la bomba se activará en cinco minutos*. **Ant.** 1 y 2 desactivar, parar.

actividad. f. **1** Facultad de obrar: *se mantiene en constante actividad*. **2** Diligencia, eficacia. **3** Conjunto de operaciones o tareas propias de una persona o entidad. Más en pl.: *actividades agrarias*. **Sin.** 1 movimiento ☐ **Ant.** 1 y 2 pasividad.

activista. com. Miembro activo de un partido.

activo, va. adj. **1** Que obra o tiene facultad de obrar: *es un órgano activo*. **2** Diligente y eficaz: *era un hombre muy activo*. **3** Se dice del funcionario mientras presta servicio: *todavía está en activo*. **4** En quím., se dice de los materiales de radiactividad media o baja, así como de los lugares donde se manipulan. | m. **5** Importe total del haber de una persona natural o jurídica: *el activo de una empresa*. **Ant.** 1 inactivo 2 pasivo, indolente.

acto. m. **1** Hecho o acción. **2** Hecho público o solemne: *al acto acudieron los reyes*. **3** División importante de una obra escénica: *drama en tres actos*.

actor, ra. adj. y s. Se dice de la persona que demanda en un juicio: *parte actora*. **Sin.** demandante.

actor, actriz. m. y f. Persona que interpreta un papel en el teatro, cine, televisión, etc. **Sin.** intérprete.

actuación. f. **1** Acción de actuar. | pl. **2** Autos o diligencias de un procedimiento judicial.

actual. adj. **1** Del presente, contemporáneo: *es una obra actual*. **2** De moda: *tiene un diseño muy actual*. **Ant.** 1 y 2 anticuado.

actualidad. f. **1** Tiempo presente. **2** Cosa o suceso que atrae la atención de la gente en un momento dado.

actualización. f. Acción de actualizar.

actualizar. tr. **1** Poner al día: *actualizar una obra*. **2** Hacer actual algo o a alguien: *el nuevo formato actualiza la representación*. **Sin.** 1 y 2 modernizar.

actuar. intr. **1** Comportarse de una determinada manera: *actuaste correctamente.* **2** Ponerse en acción. **3** Ejercer una persona o cosa actos propios de su naturaleza o función: *actúa de fiscal.* **4** Producir una cosa efecto sobre algo o alguien: *el veneno actuó con rapidez.* **5** Interpretar un papel en una obra teatral, cinematográfica, etc. SIN. 1 obrar 3 desempeñar.

actuario, ria. m. y f. **1** Auxiliar judicial que da fe en los autos procesales. **2** En las compañías de seguros, perito que asesora en sus operaciones.

acuarela. f. **1** Pintura realizada con colores diluidos en agua. | pl. **2** Colores con los que se realiza esta pintura.

acuario. m. **1** Depósito de agua donde se tienen vivos animales o vegetales acuáticos. **2** Edificio destinado a la exhibición de animales acuáticos vivos. **3** Con mayúscula, undécimo signo del Zodiaco que el Sol recorre aparentemente entre el 20 de enero y el 18 de febrero. | com. **4** Persona nacida bajo este signo.

acuartelar. tr. **1** Poner la tropa en cuarteles. También prnl. **2** Obligar a la tropa a permanecer en los cuarteles.

acuático, ca o **acuátil.** adj. **1** Que vive en el agua. **2** Relacionado con el agua.

acuatizar. intr. Posarse un hidroavión en el agua.

acuchillar. tr. **1** Cortar con el cuchillo, y p. ext., con otras armas blancas. **2** Alisar un entarimado o muebles de madera: *hay que acuchillar el parqué.*

acuciar. tr. **1** Estimular: *le acucia el hambre.* **2** Ser urgente una cosa a alguien: *me acucia encontrar trabajo.* SIN. 1 apurar 2 anhelar.

acudir. intr. **1** Ir uno al sitio adonde le conviene o es llamado. **2** Venir, sobrevenir algo: *aquellas escenas acudían a mi mente una y otra vez.* **3** Recurrir a alguien o algo. SIN. 1 dirigirse 2 surgir 3 apelar.

acueducto. m. Conducto artificial para llevar agua.

ácueo, a. adj. De agua.

acuerdo. m. **1** Resolución tomada por varias personas: *por fin llegaron a un acuerdo.* **2** Conformidad, armonía entre varias personas: *hubo acuerdo entre los participantes.* SIN. 1 convenio 2 unanimidad ☐ ANT. 2 desacuerdo.

acuífero, ra. adj. Se dice de la capa, vena o zona del terreno que contiene agua.

acullá. adv. l. A la parte opuesta del que habla.

acumulador, ra. adj. **1** Que acumula. | m. **2** Pila reversible que almacena energía durante la carga y la restituye parcialmente durante la descarga.

acumular. tr. Juntar, amontonar. ANT. esparcir.

acunar. tr. Mecer al niño en la cuna o en los brazos.

Acueducto romano de Tarragona

acuñar. tr. **1** Imprimir y sellar una pieza de metal por medio de cuño o troquel. **2** Hacer o fabricar moneda. **3** Dar forma a expresiones o conceptos: *acuñar un lema.* SIN. 1 troquelar.

acuoso, sa. adj. **1** Abundante en agua. **2** Parecido a ella. **3** De agua o relativo a ella. SIN. 1 aguado ☐ ANT. 1 seco.

acupuntura. f. Técnica terapéutica, de origen chino, que consiste en clavar una o más agujas en el cuerpo humano para curar ciertas enfermedades.

acurrucarse. prnl. Encogerse.

acusado, da. adj. **1** Que destaca de lo normal: *respondió con acusada acritud.* | m. y f. **2** Persona a quien se acusa.

acusar. tr. **1** Imputar a uno algún delito, culpa, etc. **2** Denunciar, delatar: *lo acusó ante todos.* También prnl. **3** Manifestar, revelar: *sus ojos acusan cansancio.* **4** Notificar, avisar la recepción de cartas, oficios, etc.: *acusó recibo de la citación.* SIN. 1 culpar ☐ ANT. 1 defender 2 encubrir.

acusativo. m. Uno de los casos de la declinación. Indica el complemento directo; en castellano lleva la preposición *a* si se refiere a persona.

acuse. m. Acción de notificar la recepción de cartas, oficios, etc.

acusica o **acusón, na.** adj. Chivato, se dice del que tiene el vicio de acusar. También com. o s.: *eres un acusica.*

acústico, ca. adj. **1** Perteneciente o relativo al órgano del oído o a la acústica. | f. **2** Calidad sonora de un local. **3** Parte de la física, que trata de la formación y propagación de los sonidos.

acutángulo. adj. Se dice del triángulo que tiene los tres ángulos agudos.

adagio. m. **1** Sentencia breve, y la mayoría de las veces moral. **2** En mús., composición o parte de ella que se ha de ejecutar con movimiento lento.

adalid. m. **1** Caudillo militar. **2** Guía y cabeza de algún partido, corporación, etc.

adamascar. tr. Fabricar telas con labores parecidas a las del damasco.

adán. m. Hombre desaliñado, sucio o haraposo.

adaptación. f. Acción y efecto de adaptar o adaptarse: *tiene una gran capacidad de adaptación*.

adaptador, ra. adj. **1** Que adapta. | m. **2** Cualquier dispositivo que sirve para acomodar elementos de distinto uso, diseño, tamaño, finalidad, etc.

adaptar. tr. **1** Hacer que una cosa encaje con otra o sea apropiada para cierto fin o circunstancia. También prnl. **2** Modificar. | **adaptarse.** prnl. **3** Acomodarse, avenirse. **Ant.** 1 desajustar 3 deshabituarse.

adarga. f. Escudo de cuero.

adarme. m. **1** Unidad de peso que equivalía a 1,79 gr. **2** Cantidad o porción mínima de una cosa.

adarve. m. **1** Camino detrás del parapeto y en lo alto de una fortificación. **2** Protección, defensa.

adecentar. tr. y prnl. Poner decente. **Sin.** asear □ **Ant.** desarreglar, ensuciar.

adecuar. tr. y prnl. Proporcionar, acomodar. **Ant.** desajustar.

adefesio. m. Persona, traje o adorno ridículo y extravagante: *estás hecho un adefesio*.

adelantado, da. adj. **1** Precoz, avanzado: *tu hijo está muy adelantado*. | m. **2** Cargo del que estaba al mando de una región fronteriza. **Ant.** 1 atrasado.

adelantamiento. m. Acción y efecto de adelantar o adelantarse: *el adelantamiento es una maniobra muy peligrosa*.

adelantar. tr. **1** Mover o llevar hacia adelante. **2** Ganar la delantera a alguien o algo. También prnl. **3** Acelerar, apresurar: *si te quedas, adelantaremos el trabajo*. **4** Anticipar: *han adelantado la salida*. **5** Correr hacia adelante las agujas del reloj. | intr. **6** Funcionar un reloj más deprisa de lo debido: *este reloj adelanta*. **Sin.** 2 superar 3 avanzar □ **Ant.** 1 retroceder 2, 3 y 4 retrasar 5 y 6 atrasar.

adelante. adv. l. **1** Más allá: *no podemos ir adelante*. | adv. t. **2** En tiempo futuro: *para más adelante*.

adelanto. m. **1** Progreso: *esta técnica es un gran adelanto*. **2** Anticipo. **Ant.** 1 atraso.

adelfa. f. Arbusto muy ramoso y de hojas parecidas a las del laurel, flores rojizas, blancas o amarillas y savia venenosa.

adelgazar. tr. y prnl. **1** Poner delgada a una persona o cosa: *adelgazó el muro*. | intr. **2** Enflaquecer: *ha adelgazado mucho*. **Ant.** 1 y 2 engordar.

ademán. m. **1** Movimiento o actitud con que se manifiesta un estado de ánimo. | pl. **2** Modales: *tiene unos ademanes un poco groseros*.

además. adv. c. Indica que se añade algo a lo ya expresado: *es tarde y, además, no sé ir*.

adenitis. f. Inflamación de los ganglios linfáticos. || No varía en pl.

adenoides. f. pl. Hipertrofia del tejido ganglionar.

adenología. f. Parte de la anatomía, que trata de las glándulas.

adentrarse. prnl. **1** Penetrar en el interior de una cosa. **2** Profundizar en algo: *se adentró en el mundo de la parapsicología*. **Sin.** 1 y 2 ahondar.

adentro. adv. l. **1** Hacia o en lo interior: *ve adentro*. | m. pl. **2** Lo interior del ánimo: *lo pensé para mis adentros*.

adepto, ta. adj. y s. **1** Afiliado a alguna secta o asociación. **2** Partidario de alguna persona o idea.

aderezar. tr. **1** Condimentar los alimentos para darles sabor. **2** Acompañar una acción con algo que le añade gracia o adorno: *aderezaron el espectáculo con unos cuantos chistes*. | tr. y prnl. **3** Componer, adornar. **4** Disponer o preparar.

aderezo. m. **1** Condimento. **2** Adorno.

adeudar. tr. **1** Deber, tener deudas: *ya no te adeudo nada*. **2** Cargar, anotar en el debe. | **adeudarse.** prnl. **3** Endeudarse.

adeudo. m. **1** Deuda. **2** Cantidad que se ha de pagar en las aduanas por una mercancía. **3** Cargo en una cuenta bancaria.

adherencia. f. **1** Acción de pegarse una cosa con otra. **2** Cualidad de adherente: *estos neumáticos tienen una buena adherencia*.

adherir. tr., intr. y prnl. **1** Pegar una cosa a otra: *este polvillo se adhiere a todo*. | **adherirse.** prnl. **2** Unirse a una idea, causa u opinión: *se adhirieron a la causa*. || **Irreg.** Se conj. como *sentir*.

adhesión. f. Acción de adherirse a una idea o causa: *mandó un mensaje de adhesión*.

Adelfa

adhesivo – adolescencia

adhesivo, va. adj. **1** Capaz de adherirse o pegarse. | m. **2** Sustancia que pega dos cuerpos. **3** Objeto que se pega a otro.

adicción. f. Hábito en el uso de alguna droga. **Sin.** dependencia.

adición. f. **1** Acción de añadir o agregar. **2** Añadidura que se hace en alguna obra o escrito. **3** Operación de sumar. **Sin.** 1 aumento 3 suma □ **Ant.** 3 resta.

adicionar. tr. Añadir, sumar. **Ant.** restar.

adicto, ta. adj. y s. **1** Dedicado, muy inclinado, apegado. **2** Asociado a otro en algún asunto. **3** Drogadicto.

adiestrar. tr. y prnl. **1** Hacer diestro. **2** Enseñar, instruir.

adinerado. adj. Que tiene mucho dinero. **Sin.** rico □ **Ant.** pobre.

adintelado, da. adj. **1** Con forma de dintel. **2** Se dice del arco cuya parte interior forma una línea recta.

¡adiós! interj. **1** Se emplea para despedirse. | m. **2** Despedida.

adiposo, sa. adj. Grasiento, lleno de grasa o gordura.

aditamento. m. Añadidura.

aditivo, va. adj. **1** Que puede o debe añadirse. | m. **2** Sustancia que se añade a un producto para conservarlo o mejorarlo.

adivinanza. f. Acertijo.

adivinar. tr. **1** Predecir lo futuro o descubrir las cosas ocultas o ignoradas. **2** Acertar el significado de un enigma. **3** Vislumbrar, distinguir: *a lo lejos adivino su silueta*. También prnl. **Sin.** 1 pronosticar 2 descifrar.

adivino, na. m. y f. Persona que adivina.

adjetivar. tr. **1** Aplicar adjetivos. **2** Dar al nombre valor de adjetivo. También prnl.

adjetivo, va. adj. **1** Perteneciente al adjetivo, o que participa de su naturaleza: *oración adjetiva*. **2** Secundario. | m. **3** Clase de palabra que acompaña al sustantivo, concordando con él en género y número, para limitar o completar su significado: *esta casa, casa grande*.

adjudicar. tr. **1** Declarar que una cosa corresponde a una persona: *le han adjudicado la plaza*. | **adjudicarse.** prnl. **2** Apropiarse uno alguna cosa: *se adjudicó el trozo mayor*. **3** En algunas competiciones, ganar: *se adjudicó la liga de fútbol*. **Sin.** 1 conferir, entregar □ **Ant.** 1 quitar 3 perder.

adjuntar. tr. Enviar, juntamente con una carta u otro escrito, notas, facturas, etc.: *adjunto el currículum*.

adjuntía. f. Plaza que desempeña un profesor y que está normalmente adscrita a una determinada cátedra o departamento.

adjunto, ta. adj. **1** Que va o está unido con otra cosa. **2** Se dice de la persona que acompaña a otra para algún asunto, o comparte con ella un cargo o función. También s. | m. y f. **3** Persona que ocupa una adjuntía.

adlátere. com. desp. Persona subordinada a otra, de la que parece inseparable.

administración. f. **1** Acción de administrar: *administración empresarial*. **2** Empleo de administrador. **3** Oficina donde se administra.

administrador, ra. adj. y s. **1** Que administra. | m. y f. **2** Persona que administra bienes ajenos.

administrar. tr. y prnl. **1** Ordenar, organizar, en especial la hacienda o los bienes. **2** Racionar, dosificar algo. **3** Suministrar, proporcionar o distribuir alguna cosa: *le administró la extremaunción*. | tr. **4** Gobernar un territorio y su comunidad. **5** Desempeñar un cargo o dignidad. **Ant.** 2 despilfarrar, derrochar.

admiración. f. **1** Acción de admirar o admirarse. **2** Signo ortográfico (¡ !) que acompaña a una exclamación.

admirar. tr. **1** Causar sorpresa la vista o consideración de alguna cosa extraordinaria o inesperada. También prnl.: *me admiro de tu valor*. **2** Ver, contemplar o considerar con estima o agrado. **Sin.** 1 sorprender 2 maravillar.

admisible. adj. Que puede admitirse.

admitir. tr. **1** Recibir, dar entrada. **2** Aceptar. **3** Permitir, tolerar: *no admito su desvergüenza*. **Ant.** 1 expulsar 2 rehusar 3 negar.

adobar. tr. **1** Poner en adobo las carnes u otros alimentos para sazonarlos y conservarlos. **2** Curtir las pieles.

adobe. m. Masa de barro moldeada en forma de ladrillo y secada al sol.

adobera. f. **1** Molde de hacer adobes. **2** Lugar donde se hacen adobes.

adobo. m. **1** Caldo o salsa con que se sazona un manjar: *pescado en adobo*. **2** Mezcla de varios ingredientes que se hace para curtir las pieles. **Sin.** 1 aliño, condimento.

adocenado, da. adj. Vulgar, de escaso mérito. **Sin.** mediocre, ordinario.

adocenar. tr. **1** Ordenar o dividir por docenas. **2** Hacer vulgar. También prnl. **Sin.** 2 vulgarizar.

adolecer. intr. **1** Caer enfermo o padecer alguna enfermedad habitual. **2** Tener alguien o algo la cualidad negativa o el defecto que se expresa: *el escrito adolece de incoherente*. || **Irreg.** Se conj. como *agradecer*.

adolescencia. f. Edad que sucede a la infancia y que transcurre desde la pubertad hasta el pleno desarrollo. **Sin.** mocedad.

adolescente. adj. y com. Que está en la adolescencia.

adonde. adv. relat. l. **1** A qué parte, o a la parte que. ‖ Con antecedente: *la casa adonde vamos;* sin antecedente: *van a donde les dijeron.* | adv. **2** interrog. A qué lugar. ‖ Lleva acento ortográfico: *¿adónde vas?*

adondequiera. adv. l. **1** A cualquier parte. **2** Dondequiera.

adonis. m. Hombre bello. ‖ No varía en pl.

adopción. f. Acción de adoptar.

adoptar. tr. **1** Recibir como hijo al que no lo es naturalmente. **2** Hacer propios, pareceres, métodos, ideologías, etc., creados por otros: *adoptó la moda francesa.* **3** Tomar resoluciones o acuerdos con previo examen: *la junta adoptó medidas restrictivas.* **4** Adquirir una configuración determinada: *adoptó una forma aerodinámica.* S<small>IN</small>. 1 prohijar 3 acordar ❑ A<small>NT</small>. 2 y 3 rechazar, descartar.

adoptivo, va. adj. **1** Se dice de la persona adoptada y de la que adopta. **2** Se dice de lo que uno elige, y considera como propio sin serlo: *nacionalidad adoptiva.*

adoquín. m. **1** Piedra labrada para empedrados. **2** Persona torpe.

adoquinado, da. adj. **1** Hecho de adoquines. | m. **2** Suelo empedrado con adoquines.

adoquinar. tr. Empedrar con adoquines.

adoración. f. Acción de adorar.

adorar. tr. **1** Reverenciar a un ser u objeto, que se considera divino: *adoraban a la Luna.* **2** Reverenciar y honrar a Dios. **3** Gustar o querer algo o a alguien extremadamente: *adoro los pasteles de chocolate.* A<small>NT</small>. 3 odiar.

adormecer. tr. **1** Dar o causar sueño: *la televisión me adormece.* También prnl. **2** Calmar, sosegar: *el calmante adormecerá el dolor.* | **adormecerse.** prnl. **3** Empezar a dormirse. **4** Entorpecerse, dormirse un miembro. ‖ **Irreg.** Se conj. como *agradecer.* A<small>NT</small>. 1 despabilar 2 avivar 3 despertarse 4 desentumecerse.

adormidera. f. **1** Planta originaria de Oriente, de cuyo fruto se extrae el opio. **2** Fruto de esta planta.

adormilarse o **adormitarse.** prnl. Dormirse a medias. A<small>NT</small>. despabilarse.

adornar. tr. **1** Embellecer con adornos. También prnl. **2** Servir de adorno una cosa a otra. También intr.: *ese jarrón adorna mucho.* **3** Dotar a un ser de perfecciones: *la naturaleza la adornó con una gran belleza.* S<small>IN</small>. 1 ornamentar ❑ A<small>NT</small>. 1 afear.

adorno. m. Lo que se pone para embellecer algo o a alguien. S<small>IN</small>. ornamento.

adosar. tr. Poner una cosa contigua a otra.

adquirir. tr. **1** Ganar, llegar a tener algo: *adquirió la experiencia que necesitaba.* **2** Comprar: *adquirió todas sus acciones.* S<small>IN</small>. 1 obtener, conseguir ❑ A<small>NT</small>. 1 perder 2 vender. ‖ **Irreg.** Conjugación modelo:

Indicativo
Pres.: *adquiero, adquieres, adquiere, adquirimos, adquirís, adquieren.*
Imperf.: *adquiría, adquirías,* etc.
Pret. indef.: *adquirí, adquiriste,* etc.
Fut. imperf.: *adquiriré, adquirirás,* etc.
Potencial: *adquiriría, adquirirías,* etc.
Subjuntivo
Pres.: *adquiera, adquieras, adquiera, adquiramos, adquiráis, adquieran.*
Imperf.: *adquiriera* o *adquiriese, adquirieras* o *adquirieses,* etc.
Fut. imperf.: *adquiriere, adquirieres,* etc.
Imperativo: *adquiere, adquirid.*
Participio: *adquirido.*
Gerundio: *adquiriendo.*

---

adquisición. f. **1** Acción de adquirir. **2** La cosa adquirida. **3** Persona o cosa que se considera valiosa por alguna de sus cualidades: *este chico es una verdadera adquisición.*

adrede. adv. m. A propósito, con deliberada intención.

adrenalina. f. Hormona segregada principalmente por las glándulas suprarrenales que aumenta la presión sanguínea.

adscribir. tr. **1** Inscribir, atribuir. **2** Agregar a una persona al servicio de un cuerpo o destino: *me adscribieron al departamento de administración.*

adscrito, ta. p. p. irreg. de *adscribir.*

adsorbente. adj. **1** Que adsorbe. | **2** m. Sustancia con una gran capacidad para absorber.

adsorber. tr. Atraer un cuerpo y retener en su superficie moléculas o iones de otro cuerpo en estado líquido o gaseoso.

aduana. f. Oficina pública en la que se registran los géneros y mercancías que se importan o exportan, y donde se cobran los derechos a este respecto.

aduanero, ra. adj. **1** Relacionado con la aduana. | m. y f. **2** Empleado de aduana.

aducción. m. Movimiento por el cual un miembro u otro órgano se acerca a su plano medio.

aductor, ra. adj. Se aplica al músculo que efectúa una aducción.

aducir. tr. Presentar o alegar pruebas, razones, etc. ‖ **Irreg.** Se conj. como *conducir.*

adueñarse. prnl. Hacerse uno dueño de algo, apoderarse de ello. S<small>IN</small>. apropiarse.

adulación. f. Acción de adular. S<small>IN</small>. halago.

adular. tr. Alabar excesivamente a alguien, generalmente con fines interesados. **Sin.** halagar ☐ **Ant.** ofender.

adulteración. f. Acción de adulterar.

adulterar. tr. y prnl. **1** Viciar, falsificar: *han adulterado la leche.* | intr. **2** Cometer adulterio.

adulterino, na. adj. **1** Procedente de adulterio. También s. **2** Relacionado con el adulterio.

adulterio. m. Relación sexual de una persona casada con otra que no sea su cónyuge.

adúltero, ra. adj. y s. Que comete adulterio.

adulto, ta. adj. **1** Llegado a su mayor crecimiento o desarrollo. También s.: *ya se le puede considerar adulto.* **2** Llegado a su mayor grado de perfección: *una nación adulta.*

adunar. tr. y prnl. **1** Unir, juntar. **2** Unificar.

adusto, ta. adj. **1** Se dice de la persona seria, huraña. **2** Quemado, tostado, ardiente. **3** Seco, severo: *prosa adusta.* **Ant.** 1 cordial 2 exuberante 3 recargado.

advenedizo, za. adj. Se dice del que llega a una posición que no le corresponde o a un lugar en el que le consideran extraño.

advenimiento. m. **1** Venida, llegada. **2** Ascenso al trono.

advenir. intr. Venir, llegar. || **Irreg.** Se conj. como *venir.*

adventicio, cia. adj. Extraño o que sobreviene accidentalmente. **Ant.** premeditado.

adventismo. m. Doctrina de un grupo de iglesias protestantes que creen que un segundo advenimiento de Cristo está próximo.

adventista. adj. **1** Se dice del grupo de iglesias que siguen el adventismo. | com. **2** Partidario del adventismo.

adverbial. adj. Perteneciente al adverbio o que participa de su naturaleza.

adverbio. m. Parte invariable de la oración cuya función consiste en modificar el significado del verbo, de un adjetivo o de otro adverbio. Hay adverbios de: *lugar, tiempo, modo, cantidad, orden, afirmación, negación, duda, comparativos,* etc.

adversario, ria. m. y f. **1** Contrario, enemigo. | m. **2** Conjunto de personas contrarias o enemigas. **Sin.** 1 rival, competidor 2 antagonista ☐ **Ant.** 1 seguidor 2 simpatizante.

adversidad. f. **1** Cualidad de adverso. **2** Suerte adversa, infortunio. **Sin.** 2 desgracia, fatalidad ☐ **Ant.** 2 suerte.

adverso, sa. adj. Contrario, enemigo, desfavorable.

advertencia. f. Acción de advertir. **Sin.** aviso, observación.

advertido, da. adj. Capaz, experto, avisado.

advertir. tr. **1** Fijar en algo la atención: *advertí que no llevaba sombrero.* **2** Llamar la atención o no sobre algo. || Se puede construir con *de: le advertí de su llegada.* **3** Aconsejar, recomendar, prevenir: *te advierto que hace mucho frío.* || **Irreg.** Se conj. como *sentir.* **Sin.** 1 notar, observar 2 avisar.

adviento. m. Tiempo que comprende las cuatro semanas anteriores a la Navidad.

advocación. f. Título que se da a una iglesia, altar o a una imagen: *la advocación de Nuestra Señora del Carmen.*

adyacente. adj. Inmediato o próximo a otra cosa. **Sin.** contiguo, inmediato ☐ **Ant.** distante, separado.

aeración. f. **1** Acción del aire atmosférico en el tratamiento de las enfermedades. **2** Introducción del aire en las aguas potables o medicinales.

aéreo, a. adj. **1** De aire. **2** Relacionado con el aire. **3** Sutil, fantástico.

aero-. Elemento compositivo que significa *aire: aerodeslizador, aerofagia, aerofotografía, aeroterrestre.*

aeróbic o **aerobic.** (voz ingl.) m. Técnica gimnástica acompañada de música y basada en el control del ritmo respiratorio.

aerobio, bia. adj. y s. Se aplica al ser vivo que necesita el oxígeno del aire para subsistir.

aerobús. m. Avión dedicado al transporte de pasajeros en trayectos medios y cortos.

aeroclub. m. Centro de formación y asociación de pilotos civiles.

aerodeslizador. m. Vehículo que se desplaza sobre un colchón de aire que él mismo produce.

aerodinámico, ca. adj. **1** Relacionado con la aerodinámica. **2** Que tiene una forma adecuada para disminuir la resistencia del aire. | f. **3** Parte de la mecánica, que estudia el movimiento de los gases y los movimientos relativos de gases y sólidos.

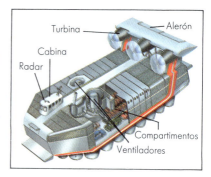

Aerodeslizador

aeródromo. m. Campo provisto de pistas e instalaciones para el despegue y aterrizaje de aviones.

aeroespacial. adj. Relacionado con la aviación y la aeronáutica conjuntamente.

aerofagia. m. Acumulación excesiva de aire en el intestino, por ingestión involuntaria, que provoca dolores y otras molestias.

aerofobia. f. Temor al aire.

aerofotografía. f. Fotografía tomada desde un vehículo aéreo.

aerógrafo. m. Instrumento de dibujo que lanza pintura en forma de aerosol.

aerolínea. f. Organización o compañía de transporte aéreo. Más en pl.

aerolito. m. Meteorito compuesto esencialmente de silicatos, que cae sobre la Tierra.

aerómetro. m. Instrumento para medir la densidad del aire o de otros gases.

aeromodelismo. m. Deporte que consiste en la construcción y prueba de pequeños modelos de aeronaves.

aeromoza. f. *amer.* Azafata.

aeronauta. com. Piloto o tripulante de una aeronave.

aeronáutica. f. **1** Ciencia o arte de la navegación aérea. **2** Conjunto de medios destinados al transporte aéreo.

aeronaval. adj. Que se refiere conjuntamente a la aviación y a la marina.

aeronave. f. Vehículo capaz de navegar por el aire o el espacio.

aeronavegación. f. Navegación aérea.

aeroplano. m. Avión.

aeropuerto. m. Aeródromo dotado de instalaciones y servicios para el tráfico regular de aviones.

aerosol. m. **1** Suspensión de partículas muy finas en un medio gaseoso. **2** Aparato utilizado para producir esta dispersión con cualquier líquido.

aerostación. f. Navegación aérea por medio de aeróstatos.

aerostática. f. Parte de la mecánica que estudia el equilibrio de los gases y de los cuerpos en ellos inmersos, cuando sólo actúa sobre éstos la fuerza de la gravedad.

aeróstato o **aerostato.** m. Cualquier tipo de aeronave llena de algún gas más ligero que el aire; p. ej., un dirigible.

aerotaxi. m. Avión o helicóptero que se alquila a particulares.

aeroterrestre. adj. Se dice de las operaciones militares que se realizan combinando fuerzas aéreas y terrestres.

aerotransportar. tr. Transportar por vía aérea.

aerotrén. m. Vehículo que se desplaza sobre un raíl especial, flotando sobre un colchón de aire.

aerovía. f. Ruta aérea para los aviones comerciales.

afabilidad. f. Calidad de afable.

afable. adj. Agradable, dulce, suave. **Ant.** brusco.

afamar. tr. y prnl. Hacer famoso, dar fama.

afán. m. **1** Anhelo vehemente: *llegó con el afán de verla*. **2** Actitud de entregarse alguien a una actividad con todo su interés: *lo leyó con afán*. **Sin.** 1 ansia, deseo 2 ahínco, empeño.

afanar. tr. **1** Hurtar: *afanó el radiocasete.* | **afanarse.** prnl. **2** Entregarse a alguna actividad con solicitud y empeño: *se afana en/por conseguir un ascenso.*

afaníptero. adj. y m. **1** Se dice de los insectos que carecen de alas, con las patas posteriores adaptadas para el salto, como la pulga y la nigua. | m. pl. **2** Orden de estos insectos.

afanoso, sa. adj. **1** Que se afana. **2** Que cuesta mucho esfuerzo. **Ant.** 2 fácil.

afasia. f. Pérdida del habla como consecuencia de un trastorno cerebral.

afear. tr. **1** Hacer o poner feo. También prnl. **2** Tachar, criticar: *le afeó su conducta.* **Ant.** 1 embellecer 2 elogiar.

afección. f. **1** Enfermedad: *afección cardíaca.* **2** Impresión que hace una cosa en otra: *afección del ánimo.* **3** Afición o inclinación: *afección paternal.*

afectación. f. **1** Acción de afectar. **2** Falta de naturalidad: *habla con afectación.*

afectado, da. adj. **1** Falto de naturalidad. **2** Aparente, fingido: *muestra una afectada sencillez.* **3** Aquejado, molestado, enfermo: *está muy afectado por la noticia.* **Ant.** 2 espontáneo.

afectar. tr. **1** Atañer, concernir. **2** Hacer impresión una cosa en una persona, causando en ella alguna sensación. También prnl.: *se afectó mucho al saberlo.* **3** Fingir: *afecta ignorancia.* **4** Hablar o actuar con demasiado estudio o cuidado, perdiendo la naturalidad. **5** Perjudicar, producir daño. También prnl.: *además le ha afectado el hígado.*

afectividad. f. Conjunto de sentimientos y emociones de una persona: *tiene una compleja afectividad.*

afectivo, va. adj. **1** Relativo al afecto: *relación afectiva.* **2** Que se emociona con facilidad. **3** Sensible, cariñoso. **Ant.** 3 insensible, duro.

afecto, ta. adj. **1** Inclinado a una persona o cosa. | m. **2** Cariño, simpatía hacia una persona o cosa: *le tengo un afecto especial.* **Sin.** 1 inclinación 2 apego.

afectuosidad. f. Cualidad de afectuoso.

afectuoso. adj. Amoroso, cariñoso.

afeitado. m. Acción de afeitar.

afeitar. tr. **1** Cortar con navaja o maquinilla la barba, el bigote o el pelo en general. También prnl. **2** Cortar los extremos de los cuernos al toro. **Sin.** 1 rapar, rasurar.

afeite. m. Cosmético.

afelio. m. Punto que en la órbita de un planeta dista más del Sol.

afelpar. tr. **1** Dar a la tela el aspecto de felpa. **2** Recubrir con felpa.

afeminado, da. adj. **1** Que se parece a las mujeres. También s. **2** Que parece de mujer: *voz afeminada.* **Sin.** 1 amanerado.

afeminar. tr. y prnl. Hacer que un hombre se parezca a las mujeres en sus modales o características.

aferente. adj. **1** Se dice de la formación anatómica que transmite un líquido o un impulso desde el exterior al interior de un órgano. **2** Se dice de los estímulos y las sustancias así transmitidas.

aféresis. f. Supresión de algún sonido al principio de un vocablo, como *norabuena* por *enhorabuena.* ‖ No varía en pl.

aferrar. tr. **1** Agarrar fuertemente. También prnl. | **aferrarse.** prnl. **2** Insistir con tenacidad, obstinarse. **3** Adoptar a alguien o algo como única esperanza: *se aferró a sus amigos.* **Ant.** 1 soltar 2 ceder.

affaire. (voz fr.) m. **1** Negocio, caso, asunto. **2** Aventura amorosa.

afianzamiento. m. Acción de afianzar.

afianzar. tr. y prnl. **1** Afirmar o asegurar algo. **2** Asir, agarrar: *se afianzó en el trampolín.* **3** Hacer firme, consolidar algo: *el ejército se afianzó en sus posiciones.* **Sin.** 1-3 reforzar ☐ **Ant.** 2 soltar.

afición. f. **1** Inclinación, amor. **2** Actividad o cosa hacia la que se siente tal inclinación: *sus aficiones son el cine y la lectura.* **3** Conjunto de personas aficionadas a las corridas de toros u otros espectáculos.

aficionado, da. adj. y s. **1** Que tiene afición a algo. **2** Que cultiva algún arte, deporte, etc., sin tenerlo por oficio: *es un equipo formado por aficionados.*

aficionar. tr. **1** Inclinar, inducir. | **aficionarse.** prnl. **2** Adquirir afición por algo o alguien. **Ant.** 1 y 2 aburrir(se).

afijo, ja. adj. y m. Se dice de la partícula o preposición que se adjunta a una palabra para formar otras derivadas o compuestas.

afilado, da. adj. **1** Delgado. **2** Hiriente, irónico, mordaz: *lengua afilada.*

afilador, ra. adj. **1** Que afila. | m. y f. **2** Persona que tiene por oficio afilar instrumentos cortantes. | m. **3** Correa para afinar el filo.

afilalápices. m. Instrumento para sacar punta a los lápices. ‖ No varía en pl. **Sin.** sacapuntas.

afilar. tr. **1** Sacar filo o punta: *afiló la navaja.* **2** Aguzar. También prnl. | **afilarse.** prnl. **3** Adelgazarse, enflaquecerse. **Sin.** 1 amolar ☐ **Ant.** 2 embotar.

afiliación. f. Acción de afiliar o afiliarse.

afiliado, da. adj. y s. Que pertenece a una asociación, partido político, etc. **Sin.** adepto.

afiliar. tr. y prnl. Asociar una persona a otras que forman corporación.

afiligranar. tr. **1** Hacer filigrana. **2** Pulir, hermosear.

afín. adj. **1** Que tiene afinidad con algo o alguien: *lenguas afines.* | com. **2** Pariente por afinidad. **Sin.** 1 parecido, semejante ☐ **Ant.** 1 distinto.

afinador, ra. adj. **1** Que afina. | m. y f. **2** Persona que tiene por oficio afinar instrumentos músicos.

afinar. tr. **1** Poner algo más fino y suave. **2** Perfeccionar, dar el último retoque a algo. También prnl. **3** Hacer fina o cortés a una persona. Más c. prnl. **4** Poner en tono los instrumentos musicales: *hay que afinar el piano.* | intr. **5** Cantar o tocar entonando con perfección los sonidos. **Ant.** 1 engordar 3 embrutecer 4 y 5 desafinar.

afincar. tr. Arraigar, fijar la residencia en algún lugar, establecer. Más c. prnl.: *se afincó en Madrid.* **Sin.** establecer.

afinidad. f. **1** Semejanza de una cosa con otra. **2** Adecuación de caracteres, gustos, etc., entre dos o más personas. **3** Parentesco entre un cónyuge y los deudos del otro. **Sin.** 1 analogía ☐ **Ant.** 1 diversidad.

afirmación. f. Acción de afirmar. **Sin.** aserción.

afirmar. tr. **1** Asegurar o dar por cierta alguna cosa. **2** Poner firme, dar firmeza. También prnl. | **afirmarse.** prnl. **3** Asegurarse en algo: *se afirmó en los estribos.* **4** Ratificarse uno en lo que ha dicho. **Sin.** 1 aseverar 2 consolidar 3 y 4 afianzarse ☐ **Ant.** 1 negar 2 debilitar.

afirmativo, va. adj. Que afirma o da por cierta una cosa.

aflautar. tr. y prnl. Hacer más suave y fino un sonido.

aflicción. f. Efecto de afligir o afligirse.

aflictivo, va. adj. Que causa aflicción.

afligir. tr. y prnl. Causar pena, dolor. **Sin.** entristecer ☐ **Ant.** alegrar.

aflojar. tr. **1** Disminuir la presión o la tirantez. También prnl. **2** Entregar uno dinero u otra cosa, frecuentemente contra su voluntad. | intr. **3** Perder fuerza: *aflojó la fiebre.* **Sin.** 1 soltar 2 pagar 3 disminuir, amainar ☐ **Ant.** 1 apretar 3 arreciar.

aflorar. intr. **1** Asomar a la superficie del terreno un filón o capa mineral. **2** Surgir, aparecer lo que estaba oculto o en gestación: *al final afloraron sus nervios.* **Ant.** 1 y 2 desaparecer.

afluencia. f. **1** Acción de afluir. **2** Abundancia. **3** Facilidad de palabra. **Sin.** 1 flujo 2 profusión 3 facundia.

afluente. m. Río secundario que desemboca en otro principal.

afluir. intr. **1** Acudir en abundancia o concurrir en gran número a un lugar o sitio. **2** Verter un río sus aguas en las de otro, o en un lago o mar. ‖ **Irreg.** Se conj. como *huir*. **Sin.** 1 concurrir 2 desaguar.

aflujo. m. Afluencia excesiva de líquidos a un tejido orgánico.

afocal. adj. **1** Que no tiene foco. **2** Se dice del sistema óptico de dos o más elementos cuyos focos están en el infinito.

afonía. f. Falta de voz. **Sin.** ronquera.

afónico, ca. adj. Que tiene afonía.

aforar. tr. **1** Calcular los géneros o mercaderías para el pago de derechos. **2** Medir la cantidad de agua que lleva una corriente. **3** Calcular la capacidad de algo: *han aforado el local*. **4** Dar o tomar, mediante el pago de un canon, alguna heredad.

aforismo. m. Sentencia breve y doctrinal. **Sin.** máxima.

aforo. m. Capacidad total de las localidades de un teatro u otro recinto de espectáculos públicos.

afortunado, da. adj. **1** Que tiene buena suerte. También s.: *es uno de los afortunados*. **2** Que produce felicidad o resulta de ella: *hogar afortunado*. **3** Oportuno, acertado, inspirado: *sus palabras fueron afortunadas*. **Sin.** 1 venturoso 2 dichoso ☐ **Ant.** 1 desgraciado 2 infeliz 3 inoportuno.

afrancesado, da. adj. y s. **1** Que imita a los franceses. **2** Partidario de los franceses.

afrancesamiento. m. Tendencia exagerada a las ideas o costumbres de origen francés.

afrancesar. tr. y prnl. Dar carácter francés a una persona o cosa.

afrecho. m. Salvado.

afrenta. f. **1** Vergüenza, deshonor. **2** Dicho o hecho que causa vergüenza o deshonor. **Sin.** 1 deshonra 2 agravio, ofensa.

afrentar. tr. **1** Causar afrenta. ‖ **afrentarse.** prnl. **2** Sentirse ofendido. **Sin.** 1 agraviar, ofender.

africado, da. adj. y m. Se dice del sonido cuya articulación consiste en una oclusión y una fricación formadas rápida y sucesivamente entre los mismos órganos; como en el fonema *ch*.

africanismo. m. **1** Influencia de las costumbres africanas. **2** Vocablo o modismo de origen africano.

africanista. com. Persona que estudia y fomenta los asuntos de África.

africanizar. tr. y prnl. Dar carácter africano.

afrikaans. m. Variedad del neerlandés, que es, junto con el inglés, lengua oficial de Sudáfrica.

afrikáner. adj. y com. Se dice del descendiente de los colonos holandeses de Sudáfrica o de la persona integrada con ellos.

afro. adj. Africano: *peinado, música afro*. También pref.: *afrocubano*.

afroamericano, na. adj. y s. Individuo descendiente de los negros africanos llevados a América.

afroasiático, ca. adj. y s. Relativo a África y Asia.

afrodisiaco, ca o **afrodisíaco, ca.** adj. y m. Que excita el apetito sexual.

afrodita. adj. Que se reproduce sin necesidad de otro sexo.

afrontar. tr. **1** Hacer frente al enemigo, a un peligro, etc.: *no quiere afrontar su pérdida*. **2** Poner una cosa enfrente de otra. También intr. **Sin.** 1 arrostrar 2 enfrentar ☐ **Ant.** 1 eludir.

afta. f. Úlcera pequeña, blanquecina, que se forma en las mucosas durante el curso de ciertas enfermedades.

afuera. adv. l. **1** Fuera del sitio en el que uno está: *salgamos afuera*. **2** En la parte exterior. ‖ f. pl. **3** Alrededores de una población.

afuste. m. Armazón en que se montan las piezas de artillería.

agachadiza. f. Ave zancuda semejante a la chocha.

agachar. tr. **1** Inclinar o bajar alguna parte del cuerpo. ‖ **agacharse.** prnl. **2** Encogerse. **Sin.** 2 acurrucarse ☐ **Ant.** 1 levantar.

aga kan, khan o **jan.** m. Título del jefe religioso de los ismaelitas.

agalactia. f. Falta o disminución de leche después del parto.

agalla. f. **1** Cada una de las branquias que tienen los peces. Más en pl. **2** Excrecencia redonda que se forma en algunos árboles por la picadura de ciertos insectos. **3** Amígdala. Más en pl. ‖ pl. **4** Valentía, audacia: *no tienes agallas para hacerlo*. **Ant.** 4 cobardía.

agamí. m. Ave zancuda, del tamaño de una gallina, originaria de América meridional.

agamia. f. **1** Carencia de órganos sexuales. **2** Reproducción asexual.

ágamo, ma. adj. **1** Se dice de las plantas sin estambres ni pistilos. **2** Que carece de órganos sexuales.

ágape. m. **1** Banquete. **2** Convite en el que los primeros cristianos celebraban la Última Cena.

agareno, na. adj. y s. **1** Descendiente de Agar. **2** Mahometano.

agaricáceo, a. adj. **1** Se dice de una variedad de hongo del tipo de seta. ‖ f. pl. **2** Familia de estos hongos.

agárico. m. Hongo agaricáceo.

agarrada. f. Altercado, riña: *tuvieron una fuerte agarrada*.

agarradero, ra. m. y f. **1** Asa, mango. | f. pl. **2** Favor, influencias: *tener buenas agarraderas*. Sin. 1 agarrador.

agarrado, da. adj. **1** Mezquino o miserable: *¡mira que es agarrado!* **2** Se dice del baile en que la pareja va enlazada. También m. Ant. 1 generoso.

agarrar. tr. **1** Asir fuertemente. **2** Coger, tomar. **3** Contraer una enfermedad. | intr. **4** Arraigar las plantas, prender. | **agarrarse.** prnl. **5** Asirse fuertemente. **6** Pegarse, quemarse los guisos.

agarrotado, da. adj. Tieso, rígido. Ant. desentumecido.

agarrotamiento. m. Acción de agarrotar o agarrotarse.

agarrotar. tr. y prnl. **1** Dejar rígido un miembro o inmovilizado un mecanismo. **2** Estrangular en el garrote. Sin. 1 entumecer, anquilosar.

agasajar. tr. Atender a alguien ofreciéndole regalos o grandes expresiones de cariño y afecto: *agasajar a los invitados*. Sin. obsequiar, regalar.

agasajo. m. **1** Acción de agasajar. **2** Regalo o muestra de afecto o consideración.

ágata. f. Variedad de cuarzo, duro y traslúcido, con franjas de colores.

agavillador, ra. m. y f. **1** Persona que agavilla. | f. **2** Máquina que siega las mieses y forma las gavillas.

agavillar. tr. Hacer o formar gavillas.

agazaparse. prnl. Agacharse, encogiendo el cuerpo contra la tierra: *se agazapó debajo de la escalera*.

agencia. f. **1** Empresa destinada a gestionar asuntos ajenos o a prestar determinados servicios: *agencia de viajes*. **2** Oficina del agente. **3** Sucursal de una empresa: *lo destinaron a la agencia de Valencia*.

agenciar. tr. **1** Hacer las diligencias necesarias para el logro de una cosa. | **agenciarse.** prnl. **2** Conseguir algo con maña: *se ha agenciado un coche estupendo*. **3 agenciárselas.** Actuar con habilidad para conseguir algo: *siempre se las agencia para que no le elijan*.

agenda. f. **1** Libro o cuaderno donde se apunta lo que se va a hacer para no olvidarlo. **2** Relación de los temas que han de tratarse en una reunión.

agenesia o **agénesis.** f. **1** Imposibilidad de engendrar. **2** Desarrollo defectuoso: *agenesia del maxilar*. || La segunda forma no varía en pl.

agente. adj. **1** Que obra o tiene virtud de obrar. **2** Se dice de la persona, animal o cosa que realiza la acción del verbo. También com. | com. **3** Persona o cosa que produce un efecto: *los agentes atmosféricos*. **4** Persona que actúa con poder de otro: *agente de seguros*.

agerasia. f. Vejez exenta de achaques.

agestión. f. Agregación de materias.

ageusia o **ageustia.** f. Pérdida del sentido del gusto.

agigantar. tr. y prnl. Dar proporciones gigantescas.

ágil. adj. **1** Capaz de moverse con ligereza y facilidad: *tiene las piernas ágiles*. **2** De inteligencia rápida y aguda. **3** Aplicado al estilo o al lenguaje, vivo, fluido. Ant. 1 pesado 2 obtuso 3 farragoso.

agilidad. f. Cualidad de ágil. Sin. ligereza.

agilizar. tr. y prnl. **1** Hacer ágil. **2** Facilitar y acelerar la ejecución de algo: *nos agilizó los trámites del divorcio*.

agilización. f. Acción de agilizar.

agio. m. **1** Beneficio que se obtiene del cambio de la moneda o de descontar letras, pagarés, etc. **2** Especulación sobre los fondos públicos. **3** Agiotaje, especulación abusiva.

agiotaje. m. **1** Agio. **2** Especulación abusiva con perjuicio de terceros.

agitación. f. Acción de agitar o agitarse.

agitador, ra. adj. **1** Que agita. | m. **2** Instrumento que sirve para revolver líquidos. | m. y f. **3** Persona que provoca agitaciones o conflictos de carácter político y social.

agitanado, da. adj. Parecido a los gitanos.

agitanar. tr. y prnl. Dar a alguien o algo aspecto o carácter gitano.

agitar. tr. y prnl. **1** Mover violentamente: *el mar agitaba el barco*. **2** Inquietar: *se agitó mucho con la noticia*. | tr. **3** Provocar la inquietud política o social: *su discurso agitó a la población*. Sin. 1 remover, sacudir ☐ Ant. 1-3 calmar.

aglomeración. f. **1** Acción de aglomerar o aglomerarse. **2** Cúmulo o multitud de personas o cosas. **3 aglomeración urbana.** Conjunto formado por una gran ciudad y su correspondiente área suburbana. Sin. 1 amontonamiento.

Ágata

aglomerado. m. **1** Material utilizado en carpintería, compuesto por trozos de madera prensados: *este mueble es de aglomerado.* **2** Roca formada por fragmentos de otras rocas, unidas por cemento.

aglomerante. adj. y m. **1** Que aglomera. **2** Se dice del material capaz de unir y dar cohesión.

aglomerar. tr. **1** Amontonar, juntar. También prnl. **2** Unir. **Ant.** 1 disgregar 2 separar.

aglutinación. f. **1** Acción de aglutinar o aglutinarse. **2** Procedimiento en virtud del cual se unen dos o más palabras para formar una sola.

aglutinante. adj. y m. **1** Que aglutina. **2** Se dice de las lenguas que yuxtaponen varias palabras que expresan ideas simples, para formar otras que expresen ideas compuestas; p. ej., el vasco, el finés.

aglutinar. tr. y prnl. **1** Pegar una cosa con otra. **2** Reunir, aunar. **Ant.** 1 y 2 separar.

aglutinina. f. Anticuerpo del suero de la sangre que provoca la aglutinación de las bacterias.

aglutinógeno. m. Sustancia aglutinable de las bacterias y otros organismos que, al ser introducida en otro ser vivo, estimula en éste la formación de la aglutinina correspondiente.

agnación. f. Parentesco de consanguinidad entre agnados.

agnado, da. adj. y s. Pariente por consanguinidad respecto de otro, cuando ambos descienden de un tronco común de varón en varón.

agnato, ta. adj. **1** Se dice de ciertos peces que carecen de mandíbulas, como las lampreas. También m. | m. pl. **2** Clase de estos peces.

agnosia. f. Pérdida de la facultad de reconocer a las personas o a las cosas: *agnosia auditiva.*

agnosticismo. m. Doctrina filosófica que niega al entendimiento humano la capacidad de llegar a comprender lo absoluto y sobrenatural. **Sin.** escepticismo.

agnóstico, ca. adj. **1** Relativo al agnosticismo. **2** Que profesa esta doctrina. También s.

agobiado, da. adj. Angustiado.

agobiante. adj. Que agobia.

agobiar. tr. y prnl. **1** Causar gran molestia o fatiga: *no me agobies con tus preguntas.* **2** Imponer a alguien actividad o esfuerzo excesivos, preocupar gravemente, causar gran sufrimiento: *le agobian los años.* **Sin.** 1 y 2 atosigar, angustiar □ **Ant.** 1 y 2 aliviar.

agobio. m. **1** Acción y efecto de agobiar o agobiarse. **2** Sofocación, angustia.

agolpamiento. m. Acción y efecto de agolparse.

agolpar. tr. **1** Juntar de golpe en un lugar personas, animales o cosas. Más c. prnl.: *los trastos se agolpan en el desván.* **2** Venir juntas y de golpe ciertas cosas: *los recuerdos se agolpaban en mi mente.*

agonal. adj. Relativo a los certámenes, luchas y juegos públicos.

agonía. f. **1** Estado previo a la muerte. **2** Pena o aflicción extremada: *vive en una profunda agonía.* **3** Agotamiento que indica el final de algo: *presenciamos la agonía de la empresa.* | pl. com. **4** Persona apocada y pesimista. || Se usa con valor sing.: *¡hija, eres una agonías!* **Ant.** 3 comienzo 4 optimista.

agónico, ca. adj. **1** Que está agonizando. **2** Propio de la agonía. **Sin.** 1 agonizante.

agonística. f. **1** Arte de los atletas. **2** Ciencia de los combates.

agonizante. adj. y com. **1** Que agoniza. **2** Se dice del religioso que tiene por misión auxiliar a los moribundos.

agonizar. intr. **1** Estar en la agonía. **2** Extinguirse o terminarse una cosa: *su imperio agonizaba.*

ágora. f. **1** Plaza pública en las ciudades griegas. **2** Asamblea que en ellas se efectuaba.

agorafobia. f. Sensación de angustia ante los espacios despejados y extensos. **Ant.** claustrofobia.

agorar. tr. Presentir y anunciar desdichas con poco fundamento. || **Irreg.** Se conj. como *contar.*

agorero, ra. adj. y s. **1** Que adivina por agüeros o cree en ellos. **2** Que predice sin fundamento males o desdichas: *no seas agorero.*

agostar. tr. **1** Secar el excesivo calor las plantas. También prnl.: *los prados se han agostado.* **2** Arar o cavar la tierra en el mes de agosto. **3** Hacer que se extinga algo: *el sufrimiento agostó su alegría.* | intr. **4** Pastar el ganado en rastrojeras o en dehesas durante el verano. **Sin.** 1 abrasar 3 marchitar.

agosteño, ña. adj. De agosto.

agostero, ra. adj. **1** Se dice del ganado que pace en los rastrojos. | m. y f. **2** Persona que se contrata para las faenas del campo durante la recolección de cereales.

agosto. m. **1** Octavo mes del año; consta de 31 días. **2 hacer uno su agosto.** loc. Hacer un buen negocio: *hacen el agosto con los turistas.*

agotador, ra. adj. y s. Que agota.

agotamiento. m. Acción y efecto de agotar o agotarse.

agotar. tr. y prnl. **1** Extraer todo el líquido que hay en una capacidad cualquiera: *la fuente se agotó.* **2** Gastar del todo: *se han agotado las entradas.* **3** Cansar extremadamente: *me agotas.* **Sin.** 1 acabar 2 consumir 3 extenuar □ **Ant.** 1 colmar.

agote. adj. y com. Se dice del individuo de una raza que habita en el valle de Baztán, en Navarra.

agracejo. m. **1** Uva que se queda muy pequeña y no llega a madurar. **2** Arbusto de flores amarillas y bayas rojas y agrias.

agraciado, da. adj. **1** Guapo, atractivo. **2** Que

agraciar – agresivo

tiene gracia o es gracioso. **3** Afortunado en un sorteo: *ha sido agraciado en el sorteo de la Cruz Roja*. **Sin.** 1 bonito, hermoso ☐ **Ant.** 1 feo.

agraciar. tr. **1** Dar gracia o belleza a una persona o cosa. **2** Hacer o conceder alguna gracia o premio: *los agraciaron con el primer premio*. **Sin.** 1 favorecer 2 premiar ☐ **Ant.** 1 afear.

agradable. adj. Que agrada.

agradar. intr. Complacer, contentar, gustar: *me agrada leer un rato antes de dormir*.

agradecer. tr. **1** Sentir o mostrar gratitud por algo recibido. **2** Corresponder una cosa al trabajo empleado en conservarla o mejorarla: *la tierra agradece la lluvia; estos zapatos agradecerían unas suelas nuevas*. ‖ **Irreg.** Conjugación modelo:

Indicativo
Pres.: *agradezco, agradeces*, etc.
Imperf.: *agradecía, agradecías*, etc.
Pret. indef.: *agradecí, agradeciste*, etc.
Fut. imperf.: *agradeceré, agradecerás*, etc.
Potencial: *agradecería, agradecerías*, etc.
Subjuntivo
Pres.: *agradezca, agradezcas, agradezca, agradezcamos, agradezcáis, agradezcan*.
Imperf.: *agradeciera* o *agradeciese, agradecieras* o *agradecieses*, etc.
Fut. imperf.: *agradeciere, agradecieres*, etc.
Imperativo: *agradece, agradeced*.
Participio: *agradecido*.
Gerundio: *agradeciendo*.

---

agradecido, da. adj. **1** Que agradece. **2** Se dice de la persona que muestra agradecimiento por lo que recibe. También s. **3** Se dice de lo que responde bien a un tratamiento: *es una planta muy agradecida*. **Sin.** 1 obligado, reconocido ☐ **Ant.** 2 y 3 ingrato.

agradecimiento. m. Acción de agradecer.

agrado. m. **1** Voluntad o gusto: *lo escuchó con agrado*. **2** Afabilidad en el trato: *nos atendió con agrado*. **Sin.** 1 satisfacción 2 amabilidad ☐ **Ant.** 1 molestia 2 antipatía.

agrafia. f. Pérdida de la capacidad de escribir debida a una lesión cerebral.

ágrafo, fa. adj. Que tiene agrafia.

agramadera. f. Instrumento para agramar.

agramar. tr. **1** Majar el cáñamo o el lino para separar del tallo la fibra. **2** Tundir, golpear.

agramiza. f. Desperdicio que queda después de agramado el cáñamo o lino.

agramontés, sa. adj. y s. Individuo de una antigua facción de Navarra.

agrandamiento. m. Acción de agrandar.

agrandar. tr. y prnl. Hacer más grande algo: *han agrandado el salón*. **Sin.** ampliar, aumentar ☐ **Ant.** reducir.

agrario, ria. adj. Relativo al campo.

agrarismo. m. Conjunto de intereses referentes a la explotación agraria.

agravación. f. Agravamiento.

agravamiento. m. Acción de agravar o agravarse.

agravante. adj. y m. Que agrava: *circunstancia agravante*.

agravar. tr. y prnl. Aumentar la gravedad de una situación o de un enfermo.

agraviar. tr. y prnl. Hacer agravio.

agravio. m. **1** Ofensa que se hace a alguien en su honra o fama. **2** Hecho o dicho con que se hace esta ofensa. **3** Perjuicio que se hace a alguien en sus derechos o intereses: *esto es un agravio comparativo*. **Sin.** 1 afrenta 2 insulto ☐ **Ant.** 1 desagravio.

agravioso, sa. adj. Que implica o causa agravio.

agraz. m. **1** Uva sin madurar. **2** Zumo de esta uva. **3** Amargura, sinsabor, disgusto.

agrazada. f. Bebida compuesta de agraz, agua y azúcar.

agrazón. m. **1** Uva silvestre. **2** Enfado.

agredir. tr. Cometer agresión. ‖ **Defect.** Se conj. como *abolir*.

agregación. f. Acción y efecto de agregar o agregarse.

agregado, da. m. y f. **1** Empleado adscrito a un servicio del cual no es titular. **2** Funcionario diplomático encargado de asuntos de su especialidad: *agregado cultural*. **3** Profesor numerario inferior al catedrático: *agregado de instituto*. │ m. **4** Conjunto de cosas homogéneas que forman un cuerpo. **5** Añadidura.

agregaduría. f. **1** Cargo y oficina de un agregado diplomático. **2** Cargo de un profesor agregado.

agregar. tr. **1** Unir unas personas o cosas a otras. También prnl.: *se agregó a la comitiva*. **2** Añadir algo a lo ya dicho o escrito. **3** Destinar a alguna persona a un cuerpo u oficina sin plaza efectiva.

agremán. m. Labor de pasamanería en forma de cinta.

agremiar. tr. y prnl. Reunir en gremio.

agresión. f. **1** Acto de agredir a alguien o algo para dañarlo: *estos campos están sometidos a una constante agresión*. **2** Acto contrario al derecho de otro. **3** Ataque armado de una nación contra otra: *firmaron un pacto de no agresión*.

agresividad. f. Cualidad de agresivo. **Ant.** docilidad.

agresivo, va. adj. **1** Que tiende a atacar, provocar u ofender a los demás. **2** Que implica provocación y violencia: *la conducción en Madrid es muy agresiva*.

agresor – aguar

3 Emprendedor y decidido. **Sin.** 1 y 2 violento □ **Ant.** 1 y 2 dócil.

agresor, ra. adj. y s. Que comete agresión.

agreste. adj. **1** Perteneciente al campo. **2** Se dice del terreno sin cultivar, abrupto. **3** Se dice de las personas rudas y de modales toscos. **Ant.** 1 urbano 2 cultivado 3 culto.

agriar. tr. y prnl. **1** Poner agrio. **2** Exasperar. **Sin.** 1 acedar.

agrícola. adj. Concerniente a la agricultura o al que la ejerce.

agricultor, ra. m. y f. Persona que cultiva la tierra. **Sin.** labrador.

agricultura. f. Cultivo de la tierra.

agridulce. adj. Que tiene mezcla de agrio y de dulce.

agrietamiento. m. Acción de agrietar o agrietarse.

agrietar. tr. y prnl. Abrir grietas: *la pared se está agrietando*.

agrimensor, ra. m. y f. Persona dedicada y experta en medir tierras.

agrimensura. f. Arte de medir tierras y levantar los planos correspondientes.

agrimonia. f. Planta rosácea cuyas hojas se emplean como astringente.

agrio, gria. adj. **1** Que produce sensación de acidez. **2** Agriado: *leche agria*. **3** Acre, áspero: *tiene un genio muy agrio*. | m. pl. **4** Frutas como el limón, la naranja y otras semejantes: *en esta zona se cultivan agrios*. **Sin.** 1 ácido □ **Ant.** 1 y 3 dulce.

agrisado, da. adj. Grisáceo.

agro. m. Campo, tierra de labranza.

agrología. f. Parte de la agronomía que se ocupa en el estudio del suelo en sus relaciones con la vegetación.

agronomía. f. Conjunto de conocimientos aplicables al cultivo de la tierra.

agronómico, ca. adj. Relativo a la agronomía.

agrónomo, ma. adj. y s. Persona especializada en agronomía: *perito agrónomo*.

agropecuario, ria. adj. Que tiene relación con la agricultura y la ganadería.

agrupación. f. **1** Acción de agrupar o agruparse. **2** Conjunto de personas u organismos que se asocian con algún fin. **3** Particularmente, la unidad militar de armas diversas con una misión concreta.

agrupamiento. m. Acción de agrupar o agruparse.

agrupar. tr. y prnl. **1** Reunir en grupo. **2** Constituir una agrupación.

agua. f. **1** Sustancia líquida, inodora e insípida, formada por la combinación de un volumen de oxígeno y dos de hidrógeno. **2** Licor extraído por infusión, disolución o emulsión de flores, plantas o frutos, y usado en medicina y perfumería: *agua de azahar, de colonia*. | pl. **3** Visos u ondulaciones que tienen algunas telas, plumas, piedras, maderas, etc. **4** Destellos de las piedras preciosas.

aguacate. m. Fruto verde, en forma de pera grande, comestible y de sabor insípido, producido por el árbol de origen americano del mismo nombre.

aguacero. m. Lluvia repentina, impetuosa y de poca duración.

aguachirle. f. Bebida o alimento líquido, como vino, caldo, etc., sin fuerza ni sustancia.

aguada. f. **1** Color para pintar diluido en agua sola, acuarela. **2** Diseño o pintura que se ejecuta con colores preparados de esta manera.

aguadera. f. **1** Cada una de las cuatro plumas anchas que están después de las remeras del ala de las aves. | pl. **2** Armazón que se coloca sobre las caballerías para llevar cántaros u otras cosas. **Sin.** 2 angarillas.

aguado, da. adj. Mezclado con agua: *vino aguado*.

aguador, ra. m. y f. Persona que lleva o vende agua.

aguaducho. m. **1** Avenida impetuosa de agua. **2** Puesto donde se vendía agua y otras bebidas. **3** Acueducto. **4** Noria.

aguafiestas. com. Persona que estropea una diversión. || No varía en pl.

aguafuerte. amb. **1** Ácido nítrico diluido en corta cantidad de agua. **2** Lámina obtenida por el grabado al agua fuerte.

aguaje. m. **1** Creciente del mar. **2** Agua que entra en los puertos durante las mareas. **3** Corriente impetuosa del mar. **4** Estela que deja una embarcación.

aguamanil. m. **1** Palangana o pila para lavarse las manos. **2** Jarro con pico para echar agua en la palangana.

aguamanos. m. **1** Agua que sirve para lavar las manos. **2** Aguamanil. || No varía en pl.

aguamarina. f. Variedad de berilo, transparente, de color azul, muy apreciado en joyería.

aguamiel. f. Agua mezclada con miel.

aguanieve. f. Agua que cae de las nubes mezclada con nieve.

aguantaderas. f. pl. Aguante, paciencia.

aguantar. tr. y prnl. **1** Reprimir o contener: *no pudo aguantar el llanto*. **2** Tolerar a disgusto algo molesto. | tr. e intr. **3** Resistir, soportar: *¡cómo aguanta este hombre!* **4** Sujetar algo o a alguien para que no se caiga: *aguántame los libros un minuto*. **Sin.** 4 sostener □ **Ant.** 1 estallar 3 claudicar.

aguante. m. **1** Sufrimiento, paciencia. **2** Fortaleza, vigor.

aguar. tr. y prnl. **1** Mezclar vino u otro líquido con

aguardar – aguileña 28

agua: *has aguado la salsa*. **2** Estropear, interrumpir: *se nos aguó la fiesta*. **Sin.** 2 chafar □ **Ant.** 2 mejorar.

aguardar. tr. **1** Esperar a que venga o llegue alguien o algo. También intr.: *no puedo aguardar más*. | intr. **2** Ir a ocurrirle algo a alguien: *te aguarda una buena regañina*.

aguardentoso, sa. adj. **1** Que tiene aguardiente. **2** Que parece de aguardiente. **3** Se dice de la voz áspera y bronca.

aguardiente. m. Bebida que, por destilación, se saca del vino y otras sustancias.

aguarrás. m. Esencia volátil de trementina que se emplea como disolvente de pinturas y barnices.

aguatinta o **acuatinta.** f. **1** Dibujo o pintura que se realiza con tinta de un solo color. **2** Variedad de grabado al agua fuerte.

aguaturma. f. **1** Planta compuesta de raíz comestible. **2** Raíz de esta planta.

aguaverde. f. Tipo de medusa.

aguavientos. m. Planta labiada de flores encarnadas. | No varía en pl.

aguazal. m. Sitio bajo donde se detiene el agua procedente de lluvia.

aguazo. m. Pintura hecha con colores disueltos en agua que se aplica sobre papel o tela.

agudeza. f. **1** Cualidad de agudo. **2** Viveza, perspicacia. **3** Ligereza, prontitud.

agudizar. tr. **1** Hacer aguda una cosa. **2** Agravar, recrudecer. También prnl.: *la crisis económica se ha agudizado*. **Sin.** 1 afilar □ **Ant.** 2 suavizar, mejorar.

agudo, da. adj. **1** Delgado, afilado. **2** Sutil: *es un escritor muy agudo*. **3** Vivo, gracioso, oportuno: *hizo un agudo comentario*. **4** Se aplica al dolor vivo y penetrante y a la enfermedad grave y de no larga duración. **5** Se dice del sonido alto, por oposición al grave. **6** Se dice de la palabra cuyo acento carga en la última sílaba. **7** Se apl. al acento gráfico representado por el signo ('). **8** Se dice del ángulo cuyo valor no llega a los noventa grados.

aguedita. f. Árbol terebintáceo de América. Sus hojas y corteza, muy amargas, tienen propiedades febrífugas.

agüero. m. Presagio o señal supersticiosa: *ave de mal/buen agüero*.

aguerrido, da. adj. Ejercitado en la guerra. **Sin.** belicoso.

aguerrir. tr. y prnl. Ejercitar a los soldados a la guerra. || **Defect.** Se conj. como *abolir*.

aguijada o **aguijadera.** f. Vara larga con una punta de hierro con que los boyeros pican a la yunta.

aguijar. tr. **1** Picar con la aguijada: *aguijar a los bueyes*. **2** Estimular, incitar.

aguijón. m. **1** Extremo puntiagudo de la aguijada. **2** Órgano abdominal que poseen algunos insectos con el cual pican e inoculan veneno. **3** Espina de las plantas. **4** Estímulo, incitación. **Sin.** 1 pincho, rejo.

aguijonazo. m. **1** Punzada de aguijón. **2** Estímulo vivo. **3** Burla o reproche hiriente.

aguijonear. tr. **1** Aguijar. **2** Picar con el aguijón. **3** Incitar, atormentar: *me aguijoneaba el hambre*.

águila. f. **1** Ave rapaz diurna de gran envergadura, de vista muy aguda, fuerte musculatura, garras afiladas y vuelo rápido. **2** Persona viva y perspicaz: *este chico es un águila*. **3** Insignia de la legión romana y de algunos ejércitos modernos.

aguileña. f. Planta ranunculácea con flores de cinco pétalos de distintos colores según las especies. Se cultiva por adorno en los jardines.

Águilas

aguileño, ña. adj. **1** Se dice del rostro largo y delgado y de la nariz delgada y corva. **2** Perteneciente al águila.

agüilla. f. Líquido semejante al agua.

aguilucho. m. Pollo del águila.

aguinaldo. m. Regalo que se da en Navidad, sobre todo dinero.

agüista. com. Persona que asiste a un manantial de aguas medicinales.

aguja. f. **1** Barrita puntiaguda de metal u otra materia con un ojo para meter el hilo, que se utiliza para coser, bordar, tejer, etc. **2** Tubito metálico que se enchufa en la jeringuilla para poner inyecciones. **3** Barrita de metal, hueso, marfil, etc., que sirve para hacer medias y otras labores de punto: *se hace con agujas del cuatro.* **4** Manecilla del reloj. **5** Pastel largo y estrecho relleno de carne picada, crema, etc.: *una aguja de ternera.* **6** Riel movible que sirve para cambiar de vía al tren.

agujerear o **agujerar.** tr. y prnl. Hacer agujeros.

agujero. m. **1** Abertura más o menos redonda. **2 agujero negro.** Cuerpo celeste de extrema densidad y gran atracción gravitatoria que ni refleja ni emite ninguna radiación. **Sin.** 1 orificio, perforación.

agujetas. f. pl. Molestias dolorosas que pueden sentirse en los músculos después de un esfuerzo no habitual o reiterado.

¡aguri! interj. Se usa como despedida. **Sin.** adiós.

agusanarse. prnl. Criar gusanos alguna cosa.

agustinianismo. m. Doctrina teológica de San Agustín.

agustiniano, na. adj. **1** Agustino. **2** Perteneciente a la orden de San Agustín.

agustino, na. adj. y s. Se aplica al religioso o religiosa de la orden de Hermanos de San Agustín.

agutí. m. Mamífero roedor parecido al conejillo de Indias, pero de mayor tamaño, que vive en América Central y Meridional en regiones de bosque.

aguzado, da. adj. **1** Que tiene forma aguda. **2** Despabilado.

aguzadura. f. Aguzamiento.

aguzamiento. m. Acción de aguzar.

aguzanieves. f. Pájaro insectívoro de color ceniciento y blanco, que vive en sitios húmedos. | No varía en pl.

aguzar. tr. **1** Hacer o sacar punta. **2** Aguijar, estimular: *aquel aroma aguzó su apetito.* **3** Avivar el entendimiento, los sentidos, para que perciban mejor. **Sin.** 1 afilar 3 avivar □ **Ant.** 1 achatar 2 inhibir 3 embotarse.

¡ah! interj. Generalmente denota pena, admiración o sorpresa.

ahechadura. f. Desperdicio del trigo después de ahechado. Más en pl.

Representación figurada de un agujero negro

ahechar. tr. Cribar el trigo u otras semillas.

aherrojar. tr. **1** Encadenar a alguien con grilletes de hierro. **2** Oprimir, subyugar. **Ant.** 1 soltar 1 y 2 liberar.

aherrumbrar. tr. **1** Dar a una cosa color o sabor de hierro. | **aherrumbrarse.** prnl. **2** Tomar una cosa, especialmente el agua, color o sabor de hierro. **3** Cubrirse de herrumbre.

ahí. adv. l. **1** En ese lugar, o a ese lugar. **2** En esto, o en eso: *ahí está el problema.* **3** Precedido de las prep. *de* o *por*, esto o eso: *de ahí que no lo supiera; por ahí vienen los problemas.*

ahijado, da. m. y f. Cualquier persona, respecto de sus padrinos.

ahijar. tr. **1** Adoptar al hijo ajeno. **2** Acoger un animal la cría de otro.

ahilar. intr. Formar hilera.

ahínco. m. Actitud del que se ocupa de algo con empeño y eficacia: *trabaja con ahínco.* **Sin.** firmeza, tesón □ **Ant.** desgana.

ahitar. tr. e intr. **1** Causar indigestión. | **ahitarse.** prnl. **2** Comer hasta padecer indigestión. **Sin.** 1 y 2 hartar(se).

ahíto, ta. adj. **1** Harto por haber comido demasiado. **2** Cansado de algo o alguien. **Sin.** 2 aburrido □ **Ant.** 1 hambriento.

ahocicar. tr. **1** Castigar a los perros o gatos frotándoles el hocico en el lugar que han ensuciado. | intr. **2** Caer de bruces.

ahocinarse. prnl. Correr los ríos por sitios estrechos.

ahogadilla. f. Zambullida que se da a otro en broma.

ahogado, da. adj. **1** Estrecho y sin ventilación. | m. y f. **2** Persona que muere por falta de respiración, especialmente en el agua.

ahogamiento. m. **1** Acción de ahogar o ahogarse. **2** Ahogo.

ahogar. tr. y prnl. **1** Matar a alguien impidiéndole la respiración. **2** Extinguir, apagar: *ahogar las esperanzas*. **3** Inundar el carburador de gasolina. **4** Oprimir, fatigar: *me ahoga la pena*. También intr. **5** Sumergir en agua, encharcar. **Sin.** 1 asfixiar 2 sofocar ☐ **Ant.** 2 avivar 4 desahogar.

ahogo. m. **1** Asfixia, dificultad en la respiración. **2** Aprieto, congoja. **3** Apremio, prisa.

ahondar. tr. **1** Hacer más hondo. **2** Introducir más profundamente una cosa en otra. También intr.: *los cimientos ahondan varios metros*. **3** Profundizar en algo: *ahondar en los fundamentos de una teoría*.

ahora. adv. t. **1** A esta hora, en este momento, en el tiempo actual o presente. **2** Dentro de poco tiempo: *ahora lo hago*. | conj. advers. **3** Pero, sin embargo: *no lo quiero, ahora si me lo regalas...*

ahorcado, da. m. y f. Persona ajusticiada en la horca.

ahorcajarse. prnl. Ponerse o montar a horcajadas.

ahorcar. tr. Quitar la vida a uno colgándole del cuello en la horca u otra parte. Más c. prnl. **Sin.** colgar.

ahorita. adv. t. Ahora mismo.

ahormar. tr. y prnl. Ajustar una cosa a su horma o molde. **Sin.** amoldar.

ahornagarse. prnl. Abrasarse la tierra y sus frutos.

ahorquillar. tr. **1** Afianzar con horquillas. **2** Dar forma de horquilla. Más c. prnl.

ahorrador, ra. adj y s. Que ahorra.

ahorrar. tr. **1** Reservar parte del dinero de que se dispone. **2** Economizar, no malgastar algo. También prnl.: *ahórrate los elogios*. **3** Librar a alguien de una molestia o trabajo. También prnl.: *nos ahorramos un buen disgusto*. **Sin.** 1 guardar 3 librar ☐ **Ant.** 1 y 2 derrochar 3 afrontar.

ahorratividad. f. **1** Cualidad de ahorrativo. **2** Tacañería.

ahorrativo, va. adj. Que ahorra. **Ant.** derrochón.

ahorro. m. **1** Acción de ahorrar; economizar o evitar un trabajo. | pl. **2** Lo que se ahorra.

ahuecado, da. adj. **1** Hueco. | m. **2** Acción de ahuecar.

ahuecar. tr. y prnl. **1** Poner hueco o cóncavo. **2** Mullir o hacer menos compacto: *ahuecar una almohada*. | tr. **3** Dicho de la voz, hablar con afectación. | intr. **4** Ausentarse, irse. Sobre todo en la loc. *ahuecar el ala*. | prnl. **5** Engreírse. **Ant.** 2 apelmazar 4 llegar.

ahuehué o **ahuehuete.** m. Árbol conífero, originario de América del Norte, de madera semejante a la del ciprés; se cultiva como planta de jardín.

ahuesado, da. adj. De color o dureza parecidos a los del hueso.

ahuevar. tr. y prnl. Dar forma de huevo.

ahumado, da. adj. **1** Secado al humo. También m.: *me gustan los ahumados*. **2** Se dice de los cuerpos transparentes oscurecidos: *gafas de cristal ahumado*.

ahumar. tr. **1** Poner al humo. **2** Llenar de humo. También prnl.: *la habitación se ha ahumado*. | intr. **3** Despedir humo lo que se quema. | **ahumarse.** prnl. **4** Tomar los guisos sabor a humo.

ahuyentar. tr. **1** Hacer huir. **2** Desechar sentimientos o pensamientos: *ahuyentó sus malos deseos*. **Ant.** 1 atraer.

ailanto. m. Árbol originario de las Molucas, de madera dura y compacta.

aimara o **aimará.** adj. **1** Se dice del pueblo indio que habita en la región del lago Titicaca, entre Perú y Bolivia, y de lo relativo a él. También com. | m. **2** Lengua de este pueblo.

airado, da. adj. **1** Agitado, alterado. **2** Desordenado, vicioso.

airamiento. m. Acción de airar o airarse.

airar. tr. y prnl. Irritar, enfurecer. **Ant.** calmar.

aire. m. **1** Mezcla gaseosa que forma la atmósfera de la Tierra. Descontado del vapor de agua que contiene en distintas proporciones, se compone aproximadamente de 21 partes de oxígeno, 78 de nitrógeno y de argón y otros gases semejantes a éste y algunas centésimas de ácido carbónico anhídrido. **2** Atmósfera terrestre. También en pl. **3** Viento: *hace mucho aire*. **4** Parecido entre las personas: *Carlos y su hermano tienen un aire*. **5** Aspecto: *tiene un aire sereno*.

aireación. f. Acción de airear.

aireado, da. adj. **1** Ventilado. **2** Picado, agriado.

airear. tr. **1** Poner al aire. **2** Dar publicidad o actualidad a una cosa: *no debes airear la noticia*. | **airearse.** prnl. **3** Ponerse o estar al aire para refrescarse. **Sin.** 1 ventilar, orear 2 publicar 3 oxigenarse ☐ **Ant.** 2 silenciar, ocultar.

airón. m. **1** Garza. **2** Penacho de plumas que tienen en la cabeza algunas aves. **3** Adorno de plumas en cascos, sombreros, etc.

airoso, sa. adj. **1** Garboso o gallardo. **2** Se dice del que realiza algo con éxito: *salió airoso del concurso*. A<small>NT</small>. 1 desgarbado 2 fracasado.

aislacionismo. m. Tendencia opuesta al intervencionismo en los asuntos internacionales.

aislacionista. adj. y com. Relacionado con el aislacionismo o partidario de él.

aislado, da. adj. Solo, suelto, individual: *un caso aislado*.

aislador, ra. adj. y s. **1** Que aísla. **2** Aislante. | m. **3** Pieza de material aislante que sirve para soportar o sujetar un conductor eléctrico.

aislante. adj. **1** Que aísla. **2** Se dice de los cuerpos que interceptan el paso a la electricidad y al calor. También m.: *aislante térmico*.

aislar. tr. **1** Circundar, cercar por todas partes. **2** Dejar una cosa sola y separada de otras. También prnl. **3** Incomunicar.

¡ajá! interj. Denota complacencia o aprobación.

ajada. f. Salsa de aceite frito con ajos y pimentón.

ajar. m. Tierra sembrada de ajos.

ajar. tr. **1** Envejecer algo o a alguien manoseándolo y arrugándolo. | **ajarse.** prnl. **2** Deslucirse una cosa o una persona: *la planta se ha ajado por el calor*.

ajardinar. tr. Convertir en jardín un terreno.

ajedrecista. com. Persona diestra en el ajedrez.

ajedrez. m. **1** Juego entre dos personas, cada una de las cuales dispone de 16 piezas movibles que se colocan sobre un tablero dividido en 64 casillas llamadas *escaques*. **2** Conjunto de piezas de este juego.

ajedrezado, da. adj. Que forma cuadros de dos colores alternados, como los escaques del tablero de ajedrez.

ajenjo. m. Planta medicinal, amarga y aromática.

ajeno, na. adj. **1** Perteneciente a otro. **2** Extraño: *ajeno a lo nuestro*. **3** Ignorante: *era ajeno a los problemas que nos había ocasionado*. A<small>NT</small>. 1 y 2 propio 3 conocedor.

ajete. m. **1** Ajo tierno. **2** Puerro silvestre.

ajetrearse. prnl. Fatigarse yendo y viniendo de una parte a otra.

ajetreo. m. Exceso de trabajo o movimiento: *en esta oficina hay mucho ajetreo*.

ají. m. **1** Variedad de pimiento muy picante. **2** Ajiaco.

ajiaceite. m. Salsa de ajos machacados y aceite.

ajiaco. m. Salsa de ají.

ajilimoje o **ajilimójoli.** m. **1** Salsa para los guisados. | pl. **2** Añadidos de una cosa.

ajillo. m. Forma de cocinar algunos alimentos friéndolos con aceite y abundantes ajos.

ajimez. m. Ventana arqueada, dividida en el centro por una columna.

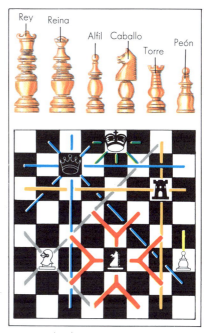

Ajedrez: las piezas y sus movimientos

ajipuerro. m. Puerro silvestre.

ajo. m. **1** Planta de bulbo blanco, redondo, de sabor picante y olor fuerte, que se usa mucho como condimento. **2** Cada una de las partes o dientes en que está dividido el bulbo de ajos. **3** Asunto conocido por poca gente. Se usa en la expresión **estar en el ajo**.

ajoarriero. m. Guiso de bacalao con ajos, aceite y huevos.

ajolote. m. Larva de anfibio de unos 30 cm de largo, típica de lagos de México y América del Norte, que puede reproducirse antes de tomar la forma adulta.

ajonje. m. **1** Sustancia pegajosa que se saca de la raíz de la ajonjera. **2** Ajonjera.

ajonjera. f. Planta perenne compuesta, de 30 a 40 cm de altura y flores amarillentas.

ajonjolí. m. **1** Planta de semillas amarillentas, aceitosas, muy menudas y comestibles, llamada también *alegría* y *sésamo*. **2** Semilla de esta planta.

ajorca. f. Adorno de metal, brazalete, pulsera.

ajornalar. tr. y prnl. Ajustar a uno para que trabaje por un jornal.

ajuar – alacrán

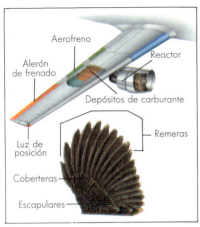

Alas de avión y de ave

ajuar. m. **1** Conjunto de muebles, enseres y ropas de uso común en la casa. **2** Conjunto de muebles, alhajas y ropas que aporta la mujer al matrimonio. S<small>IN</small>. 1 menaje.

ajustado, da. adj. Justo, recto.

ajustador, ra. adj. y s. **1** Que ajusta. **2** Se dice del operario que trabaja las piezas de metal ya acabadas, amoldándolas al sitio en que van a quedar colocadas.

ajustamiento. m. **1** Acción de ajustar. **2** Papel en que consta el ajuste de una cuenta.

ajustar. tr. y prnl. **1** Poner alguna cosa de modo que venga justa con otra. **2** Adaptar, acomodar. **3** Concertar: *han ajustado el matrimonio.* **4** Contratar a alguna persona para realizar algún servicio. | tr. **5** Liquidar una cuenta. **6** Concretar el precio de alguna cosa: *ajustaron el servicio en quince mil pesetas.*

ajuste. m. Acción de ajustar o ajustarse.

ajusticiado, da. m. y f. Reo a quien se ha aplicado la pena de muerte.

ajusticiamiento. m. Acción de ajusticiar.

ajusticiar. tr. Aplicar al reo la pena de muerte. S<small>IN</small>. ejecutar.

al. contr. de la prep. *a* y el art. *el: voy al cine.* || No se produce la contr. cuando el art. pertenece a un nombre propio: *voy a El Escorial.*

ala. f. **1** Parte del cuerpo de algunos animales, de la que se sirven para volar. **2** Hilera o fila. **3** Parte de una cosa que por su situación o forma se parece a un ala: *ala del sombrero.* **4** Parte lateral. **5** Alero del tejado.

alabanza. f. Acción de alabar o alabarse. S<small>IN</small>. elogio.

alabar. tr. y prnl. Elogiar, celebrar con palabras. S<small>IN</small>. encomiar □ A<small>NT</small>. criticar.

alabarda. f. Arma ofensiva, que consta de un asta de madera y de una cuchilla transversal.

alabardero. m. **1** Soldado armado de alabarda. **2** Soldado que constituía la guardia de honor de los reyes de España, y cuya arma distintiva era la alabarda.

alabastro. m. Mármol traslúcido, generalmente con visos de colores.

álabe. m. **1** Cada una de las paletas curvas de la rueda hidráulica. **2** Rama de árbol combada hacia la tierra. S<small>IN</small>. 1 leva.

alabeado, da. adj. Combado, curvo.

alabear. tr. y prnl. Dar a una superficie forma combada. S<small>IN</small>. combar □ A<small>NT</small>. enderezar.

alabeo. m. **1** Forma que toma una tabla u otra pieza de madera al alabearse. **2** Comba de cualquier superficie.

alacena. f. Hueco hecho en la pared, con puertas y anaqueles, que hace las veces de armario.

alacrán. m. Arácnido pulmonado, muy común en España, con abdomen en forma de cola terminada en un aguijón curvo y venenoso. S<small>IN</small>. escorpión.

Vasija de alabastro

aladar. m. Mechón de pelo que cae a los lados de la frente. Más en pl.

alado, da. adj. **1** Que tiene alas. **2** Veloz, ligero.

alalia. f. Pérdida del lenguaje, afonía.

alamán, na. adj. y s. Se dice de una confederación de tribus germánicas que, después del s. II, se establecieron en la región del Main.

alamar. m. **1** Presilla y botón que se cose en el borde de un vestido o capa. **2** Cairel, fleco.

alambicado, da. adj. **1** Dado con escasez, y muy poco a poco. **2** Sutil.

alambicar. tr. **1** Destilar. **2** Examinar atentamente. **3** Hacer excesivamente sutil. **4** Reducir todo lo posible el precio de una mercancía.

alambique. m. Aparato para extraer al fuego, y por destilación, la esencia de cualquier sustancia líquida. **SIN.** alquitara.

alambrada. f. Cerca o red de alambre.

alambrado. m. Cerco de alambres afianzados en postes.

alambrar. tr. Cercar con alambre.

alambre. m. Hilo de cualquier metal obtenido por trefilado.

alambrera. f. **1** Red de alambre que se pone en las ventanas y otras partes. **2** Cobertura de red de alambre que se pone sobre los braseros o para preservar los alimentos.

alambrista. com. Funámbulo, equilibrista.

alameda. f. **1** Sitio poblado de álamos. **2** Paseo con álamos u otros árboles.

álamo. m. Árbol de tronco alto de hojas alternas ovaladas o acorazonadas. Crece en zonas templadas, y su madera, blanca y ligera, se utiliza para fabricar papel.

alancear. tr. Dar lanzadas, herir con la lanza.

alano, na. adj. y s. **1** Se dice del individuo de un pueblo que, junto con los vándalos y suevos, invadió España en el año 409. **2** Se dice de un perro de raza cruzada, producida por la unión del dogo y del lebrel. Es corpulento y de tamaño medio.

alantoides. adj. y f. Se dice de las membranas que rodean al embrión de los reptiles, aves y mamíferos. || No varía en pl.

alar. m. Alero del tejado.

alarde. m. Ostentación que se hace de alguna cosa. **SIN.** jactancia.

alardear. intr. Hacer alarde, ostentación. **SIN.** presumir.

alargadera. f. Pieza que sirve para alargar algo, especialmente un cable.

alargar. tr. **1** Aumentar la longitud o duración de algo. También prnl.: *la reunión se alargó más de lo previsto.* **2** Estirar, desencoger. **SIN.** 1 prolongar ◻ **ANT.** 1 acortar 2 encoger.

alarido. m. Grito lastimero: *daba unos alaridos sobrecogedores.*

alarife. m. **1** Arquitecto o maestro de obras. **2** Albañil.

alarma. f. **1** Señal que avisa de un peligro o de alguna eventualidad. **2** Dispositivo que produce esta señal: *alarma de coche, alarma del despertador.* **3** Inquietud, susto o sobresalto: *cundir la alarma.*

alarmante. adj. Que alarma.

alarmar. tr. **1** Dar la alarma. **2** Asustar, sobresaltar, inquietar. También prnl.: *al enterarse de la noticia, se alarmaron.*

alarmismo. m. Tendencia a propagar rumores sobre peligros imaginarios o a exagerar los peligros reales.

alarmista. adj. y com. Que hace cundir noticias alarmantes.

alauita. adj. y s. Se dice de la dinastía reinante en Marruecos y que fue fundada por Muley al-Rachid en 1660.

alazán, na o **alazano, na.** adj. y s. Se dice del caballo o yegua que tiene el pelo de color canela.

alazor. m. Planta compuesta de flores de color de azafrán que se utilizan para teñir.

alba. f. **1** Amanecer: *salieron al alba.* **2** Primera luz del día antes de salir el sol. **3** Túnica blanca que los sacerdotes, diáconos y subdiáconos se ponen para celebrar los oficios divinos.

albacea. com. **1** Persona encargada por el testador o por el juez de cumplir la última voluntad del finado. **2** Testamentario.

albacora. f. Pez comestible parecido al bonito.

albahaca. f. Planta muy olorosa, de hojas pequeñas y flores blancas que se utiliza como condimento.

albanés, sa o **albano, na.** adj. y s. **1** De Albania. | m. **2** Lengua hablada en este país.

albañil. m. Maestro u oficial de albañilería.

albañilería. f. **1** Arte de construir edificios. **2** Obra de albañilería.

albar. adj. **1** Blanco: *tomillo albar.* | m. **2** Terreno de secano.

albarán. m. Relación de mercancías que se entregan al cliente.

albarda. f. Pieza principal del aparejo de las caballerías de carga, que se compone de dos almohadas rellenas de paja.

albardilla. f. **1** Silla para domar potros. **2** Caballete o tejadillo que se pone en los muros.

albardín. m. Mata gramínea, muy parecida al esparto.

albaricoque. m. **1** Fruto del albaricoquero. **2** Albaricoquero.

albaricoquero. m. Árbol rosáceo, de ramas sin

albarillo – alcahuete

espinas, hojas acorazonadas, flores blancas y cuyo fruto, el albaricoque, es amarillento y muy dulce.

albarillo. m. **1** Variedad de albaricoquero. **2** Fruto de este árbol.

albatros. m. Nombre de varias aves palmípedas de gran resistencia para el vuelo, excelentes nadadoras y muy voraces, que viven en los mares australes. || No varía en pl.

albayalde. m. Carbonato de plomo. Es sólido, de color blanco y se emplea en pintura.

albedrío. m. **1** Potestad de obrar por reflexión y elección: *libre albedrío*. **2** Antojo, capricho. **Sin.** 1 arbitrio.

alberca. f. **1** Depósito artificial de agua para el riego. **2** Poza, balsa.

albérchigo. m. **1** Fruto del alberchiguero. **2** Alberchiguero. **3** Albaricoque.

alberchiguero. m. **1** Árbol, variedad del melocotonero, cuyo fruto es el albérchigo. **2** Albaricoquero.

albergar. tr. y prnl. **1** Dar albergue, hospedaje. También prnl. **2** Tener una determinada idea o sentimiento sobre algo: *albergar esperanzas*. **Sin.** 1 alojar 2 abrigar.

albergue. m. **1** Lugar en que una persona halla hospedaje o resguardo. **2** Cueva en que se recogen los animales, especialmente las fieras. **Sin.** 1 cobijo 2 guarida, refugio.

albigense. adj. y com. **1** De Albi. **2** Se dice del individuo perteneciente a una secta religiosa, de carácter maniqueo, que se desarrolló en Francia en los siglos XII y XIII.

albinismo. m. Cualidad de albino.

albino, na. adj. y s. Falto, por anomalía congénita, del pigmento que da a ciertas partes del organismo de los hombres y animales los colores propios de cada especie, raza, etc.

albo, ba. adj. Blanco.

albóndiga. f. Bolita de carne o pescado picado, que se come guisada o frita.

albor. m. **1** Albura, blancura. **2** Luz del alba. **3** Comienzo, principio: *en los albores de la civilización*. **Sin.** 2 amanecer ☐ **Ant.** 1 negrura 3 final.

alborada. f. **1** Tiempo de amanecer. **2** Música o canción que se canta al aire libre, dedicada al alba.

alborear. intr. Amanecer o rayar el día.

alborga. f. Calzado parecido a las alpargatas. **Sin.** esparteña.

albornoz. m. **1** Bata de tela esponjosa que se utiliza después del baño. **2** Especie de capa o capote con capucha.

alboroque. m. Agasajo.

alborotado, da. adj. **1** Se dice del pelo revuelto o enmarañado. **2** Que obra sin reflexión. **3** Inquieto, díscolo, revoltoso.

alborotar. intr. **1** Causar alboroto: *no alborotéis*. | tr. y prnl. **2** Inquietar, alterar, perturbar. **3** Amotinar, sublevar. **Ant.** 2 y 3 tranquilizar, apaciguar.

alboroto. m. **1** Vocerío, ruido. **2** Desorden, tumulto.

alborozado, da. adj. Regocijado.

alborozar. tr. y prnl. Causar gran regocijo.

alborozo. m. Gran regocijo, placer o alegría que normalmente se manifiesta externamente.

albricias. interj. **1** Expresión de júbilo. | f. pl. **2** Regalo que se daba al que traía una buena noticia.

albufera. f. Laguna litoral, en costa baja, de agua salina o ligeramente salobre, separada del mar por una lengua o cordón de arenas.

álbum. m. **1** Libro en blanco cuyas hojas se llenan con breves composiciones literarias, piezas de música, fotografías, grabados, etc. **2** Disco de larga duración que contiene canciones de uno o varios autores: *ha sacado un nuevo álbum*. || pl. *álbumes*.

albumen. m. Tejido que envuelve el embrión de algunas plantas y le sirve de primer alimento. || pl. *albúmenes*.

albúmina. f. Proteína natural simple, soluble en agua, presente en todos los seres vivos: *seroalbúmina*, en el suero; *lactoalbúmina*, en la leche; *ovoalbúmina*, en la clara de huevo, etc.

albuminoide. m. Sustancia que, como ciertas proteínas, presenta en disolución el aspecto y las propiedades de la clara del huevo, de las gelatinas o de la cola de pescado.

albuminoideo, a. adj. Que tiene aspecto y propiedades de albuminoide.

albuminuria. f. Presencia de albúmina en la orina.

albur. m. **1** Mújol. **2** Contingencia o azar.

albura. f. **1** Blancura. **2** Clara de huevo. **3** Capa blanda de color blanquecino, que se halla inmediatamente debajo de la corteza en los troncos de los vegetales.

alcabala. f. Tributo que se cobraba en Castilla por los contratos de compraventa y permuta.

alcacer o **alcacel.** m. **1** Cebada verde y en hierba. **2** Cebadal.

alcachofa. f. **1** Planta compuesta que produce unas cabezuelas comestibles. **2** Cabezuela de esta planta, del cardo y otras semejantes. **3** Pieza agujereada por donde sale el agua de la regadera o de la ducha.

alcahuetear. intr. Ejercer de alcahuete.

alcahuetería. f. **1** Acción de alcahuetear. **2** Oficio de alcahuete. **3** Medio para engañar o seducir.

alcahuete, ta. m. y f. **1** Persona que procura, encubre o facilita amores ilícitos. **2** Correveidile, chismoso. **Sin.** 1 celestina.

alcaide. m. **1** El que en las cárceles custodiaba a los presos. **2** El que tenía a su cargo la defensa de una fortaleza.

alcaldada. f. Acción abusiva de una autoridad.

alcalde, alcaldesa. m. y f. Persona que preside un ayuntamiento.

alcaldía. f. Oficio, cargo, oficina, territorio o distrito de la jurisdicción del alcalde.

álcali. m. Cada uno de los óxidos, hidróxidos o carbonatos que se obtienen de la reacción del agua con metales alcalinos.

alcalímetro. m. Instrumento para apreciar la cantidad de álcali contenida en los carbonatos de sosa o potasa.

alcalinidad. f. Cualidad de alcalino.

alcalino, na. adj. **1** De álcali o que tiene álcali. **2** Se dice de los metales muy oxidables, como el litio, sodio, potasio, etc.

alcaloide. m. Cualquiera de los compuestos orgánicos que se extrae de ciertos vegetales y que tiene propiedades alcalinas, como la nicotina o la heroína.

alcalometría. f. Determinación del contenido de alcaloides en una solución.

alcalosis. f. Alcalinidad excesiva de la sangre. || No varía en pl.

alcance. m. **1** Distancia a que llega el brazo. **2** En las armas, distancia a que llegan: *el alcance de un proyectil*. **3** Trascendencia de algo: *el alcance de una noticia*. **4** Capacidad o talento. Más en pl.: *es un hombre de muy pocos alcances*.

alcancía. f. Hucha.

alcanfor. m. Producto sólido, cristalino, blanco, de olor penetrante característico, que se extrae del alcanforero y de otras plantas. Se utiliza en medicina y en la industria.

alcanforar. tr. Componer o mezclar con alcanfor alguna cosa.

alcanforero. m. Árbol de cuyas ramas y raíces se extrae alcanfor por destilación.

alcantarilla. f. **1** Acueducto subterráneo fabricado para recoger las aguas llovedizas o residuales y darles paso. **2** Cada uno de los sumideros de las calles, por los que entra el agua de lluvia.

alcantarillado. m. Conjunto de alcantarillas.

alcantarillar. tr. Poner alcantarillas.

alcanzado, da. adj. Falto, escaso, necesitado: *anda alcanzado de ropa*. **Ant.** sobrado.

alcanzar. tr. **1** Llegar a juntarse con una persona o cosa que va delante. **2** Coger algo alargando la mano. **3** Alargar, tender una cosa a otro: *¿me alcanzas ese bolígrafo?* **4** Llegar a percibir con la vista, oído u olfato. **5** Conseguir, lograr. | intr. **6** Llegar hasta cierto punto o término. **7** Ser suficiente o bastante una cosa para algún fin: *las provisiones no alcanzarán para todo el viaje*.

alcaparra. f. **1** Mata de tallos espinosos y flores grandes y blancas, cuyo fruto es el alcaparrón. **2** Botón de la flor de esta planta. Se usa como condimento, conservado en vinagre.

alcaparrón. m. Fruto de la alcaparra.

alcaraván. m. Ave zancuda de unos 40 cm de longitud, con cabeza redondeada, patas largas y amarillas, pico corto y grandes ojos amarillos. De costumbres crepusculares o nocturnas, habita en terrenos descubiertos, pedregosos o arenosos.

alcaravea. f. **1** Planta umbelífera, de 60 a 80 cm de altura, con tallos cuadrados y ramosos, raíz fusiforme, hojas estrechas y lanceoladas, flores blancas y semillas pequeñas que, por ser aromáticas, sirven para condimento. **2** Semilla de esta planta.

alcarraza. f. Vasija de arcilla porosa y poco cocida, que refresca el agua.

alcarria. f. Terreno alto, raso y de poca hierba.

alcatifa. f. Tapete o alfombra fina.

alcatraz. m. Pelícano americano blanco de unos 90 cm de longitud, pico largo y alas apuntadas con los extremos negros. Es ave propia de mares templados.

alcaucil o **alcaucí.** m. Alcachofa silvestre.

Alcatraz

Alce

alcaudón. m. Pájaro carnívoro empleado en cetrería, de unos 15 cm de altura, con plumaje ceniciento, pico robusto y ganchudo, y cola larga y de figura de cuña.

alcayata. f. Escarpia, clavo acodado.

alcazaba. f. Recinto fortificado, dentro de una población amurallada.

alcázar. m. **1** Fortaleza, recinto fortificado. **2** Casa o palacio real.

alce. m. **1** Mamífero rumiante de gran tamaño, hocico muy desarrollado y cornamenta en forma de palas ramificadas. **2** Porción de cartas que se corta de la baraja.

alcista. adj. **1** Relativo al alza de los valores en la bolsa. | com. **2** Persona que juega al alza de estos valores.

alcoba. f. **1** Habitación destinada para dormir. **2** Mobiliario de esta habitación: *se compraron una alcoba clásica*. **Sin.** 1 y 2 dormitorio.

alcohol. m. **1** Líquido incoloro, inflamable, de olor fuerte y agradable, que se obtiene por la destilación de productos de fermentación de sustancias azucaradas o feculentas, como uva, melaza, remolacha, patata. Forma parte de muchas bebidas, como vino, aguardiente, cerveza, etc., y tiene muchas aplicaciones industriales. **2** Cualquier bebida alcohólica: *bebe demasiado alcohol*.

alcoholemia. f. Presencia de alcohol en la sangre.

alcoholero, ra. adj. **1** Se dice de lo relativo a la producción y comercio del alcohol. | f. **2** Fábrica en la que se produce alcohol.

alcohólico, ca. adj. **1** Que contiene alcohol. **2** Referente al alcohol o producido por él. **3** Que abusa de las bebidas alcohólicas. También s.

alcoholimetría. f. Determinación de la riqueza alcohólica de un líquido.

alcoholímetro. m. Aparato que sirve para medir la graduación alcohólica de un líquido o gas.

alcoholismo. m. **1** Abuso de bebidas alcohólicas. **2** Enfermedad ocasionada por tal abuso.

alcoholización. f. Acción de alcoholizar o alcoholizarse.

alcoholizado, da. adj. y s. Que padece alcoholismo.

alcoholizar. tr. **1** Hacer alcohólico un líquido, añadiéndole alcohol. | **alcoholizarse.** prnl. **2** Intoxicarse con alcohol. **3** Contraer alcoholismo.

alcor. m. Colina, collado.

Alcorán. n. p. Código de Mahoma, Corán.

alcornoque. m. **1** Árbol de hoja persistente, fruto en bellota y madera muy dura, de cuya gruesa corteza se obtiene el corcho. **2** Madera de este árbol. **3** Persona ignorante, necia. También adj.

alcorza. f. **1** Pasta blanca de azúcar y almidón. **2** Dulce cubierto con esta pasta.

alcotán. m. Ave rapaz diurna, semejante al halcón.

alcurnia. f. Ascendencia, linaje.

alcuza. f. Aceitera.

alcuzcuz. m. Cuscús.

aldaba. f. **1** Pieza de metal que se pone en las puertas para llamar. **2** Barra o travesaño con que se

Alcornoques

aseguran los postigos o puertas. **Sin.** 1 aldabón, picaporte.

aldabilla. f. Gancho para cerrar puertas, ventanas, cofrecillos, etc.

aldabón. m. Aldaba para llamar.

aldea. f. Pueblo con pocos habitantes y sin jurisdicción propia.

aldeano, na. adj. 1 De una aldea. También s. 2 Inculto, rústico. **Sin.** 1 lugareño 2 pueblerino.

aldehído. m. Compuesto orgánico que se forma de la oxidación de ciertos alcoholes.

aleación. f. Producto homogéneo, de propiedades metálicas, compuesto de dos o más elementos, uno de los cuales, al menos, debe ser un metal; p. ej., el acero y el bronce.

alear. tr. 1 Hacer una aleación. 2 Mover las alas. **Sin.** 1 mezclar.

aleatorio, ria. adj. 1 Relativo al juego de azar. 2 Que depende de la suerte o el azar: *una muestra aleatoria*.

aleccionamiento. m. Acción de aleccionar o aleccionarse.

aleccionar. tr. y prnl. Instruir, amaestrar, enseñar.

aledaño, ña. adj. 1 Confinante, colindante: *los terrenos aledaños también son suyos.* | m. 2 Tierra o campo que se considera parte accesoria del pueblo o campo con que linda. 3 Confín, término, límite. Más en pl.: *Le gusta pasear por los aledaños del pueblo.*

alegación. f. 1 Acción de alegar. 2 Alegato.

alegar. tr. 1 Citar alguien hechos, dichos o méritos como prueba, defensa o base de algo: *alega que no estaba enterado del nuevo reglamento.* | intr. 2 Traer el abogado leyes y razones en defensa de su causa.

alegato. m. 1 Escrito en el que el abogado expone las razones en las que se basa el derecho de su cliente e impugna las del adversario: *realizó un brillante alegato de su defendido.* 2 Por ext., razonamiento, exposición. **Sin.** 1 defensa.

alegoría. f. 1 Ficción en virtud de la cual una cosa representa o significa otra diferente: *en este poema, la rosa es una alegoría de la belleza efímera.* 2 Obra o composición literaria o artística de sentido alegórico.

alegórico, ca. adj. Relativo a la alegoría.

alegrar. tr. Poner alegre: *alegrar la casa.* También prnl.: *me alegro de que te haya gustado el vestido.* **Sin.** regocijar, animar ☐ **Ant.** entristecer, apenar.

alegre. adj. 1 Que denota o produce alegría: *una casa alegre, una noticia alegre.* 2 Que siente o manifiesta de ordinario alegría: *es una chica muy alegre.* 3 Excitado por la bebida.

alegreto. adv. m. 1 En mús., con movimiento menos vivo que el alegro. | m. 2 Composición o parte de ella, con este movimiento.

alegría. f. 1 Sentimiento de placer y satisfacción, que normalmente se manifiesta externamente. 2 Irresponsabilidad, ligereza: *hizo el reparto con mucha alegría.* 3 Ajonjolí, planta. | pl. 4 Cante y baile andaluz: *remató la velada con unas alegrías.* **Ant.** 1 tristeza.

alegro. adv. m. 1 En mús., con movimiento moderadamente vivo. | m. 2 Composición o parte de ella, con este movimiento.

alegrón. m. Alegría intensa y repentina: *menudo alegrón se va a llevar al verte.*

alejamiento. m. Acción de alejar o alejarse.

alejandrino, na. adj. y s. 1 De Alejandría. 2 Se dice del verso de catorce sílabas, dividido en dos hemistiquios.

alejar. tr. y prnl. 1 Poner algo o a alguien lejos o más lejos de lo que se encuentra. 2 Apartar ciertas ideas o creencias: *no consigo alejar este mal recuerdo.* **Sin.** 1 separar, retirar 2 desviar ☐ **Ant.** 1 acercar.

alelado, da. adj. Lelo, tonto. **Sin.** atontado.

alelar. tr. y prnl. Poner lelo.

alelomorfo, fa. adj. 1 Que se presenta bajo diversas formas. 2 Se dice de los genes que tienen la misma función, pero distintos efectos, y que ocupan el mismo lugar en dos cromosomas homólogos. También s.

aleluya. interj. 1 Se emplea para demostrar júbilo. | amb. 2 Voz de júbilo que utiliza la Iglesia: *cantar el aleluya.* | m. 3 Tiempo de Pascua. | f. 4 Planta comestible que florece en verano.

alemán, na. adj. y s. 1 De Alemania. | m. 2 Idioma hablado en este país.

alentado, da. adj. Animoso, valiente. **Ant.** cobarde.

alentar. tr. y prnl. 1 Animar, infundir aliento o esfuerzo, dar vigor. | intr. 2 Respirar. || **Irreg.** Se conj. como *acertar*.

alerce. m. Árbol que adquiere considerable altura, de tronco derecho y delgado, cuyo fruto es una piña menor que la del pino; su madera es aromática.

alergia. f. 1 Reacción del organismo, de carácter respiratorio, nervioso o eruptivo, provocada por una sustancia a la que es muy sensible. 2 Susceptibilidad ante ciertos temas, personas o cosas: *me dan alergia estas conferencias.*

alérgico, ca. adj. Relativo a la alergia.

alergista. com. Médico especializado en afecciones alérgicas. También se dice *alergólogo.*

alero. m. 1 Parte inferior del tejado que sale fuera de la pared. 2 En baloncesto, jugador que ataca por los laterales.

alerón. m. 1 Cada una de las extremidades laterales del puente de un buque. 2 Aleta giratoria en la parte posterior de las alas de un avión.

alerta – alfóncigo

alerta. adv. m. **1** Con vigilancia y atención: *hay que estar siempre alerta.* | f. **2** Situación de vigilancia o atención. | interj. **3** Voz que se emplea para excitar a la vigilancia. También f.: *dar la alerta.* | adj. **4** Atento, vigilante.

alertar. tr. Poner a alguien en alerta: *el ruido alertó a los guardias de la finca.*

aleta. f. **1** Cada una de las membranas externas que tienen los peces para nadar. **2** Especie de calzado de goma empleado para impulsarse en el agua, al nadar o bucear. **3** Guardabarros que sobresale de los laterales de un automóvil. **4** Cada una de las partes laterales de la nariz.

aletargamiento. m. Acción de aletargar o aletargarse.

aletargar. tr. **1** Causar letargo: *el calor me aletarga.* | **aletargarse.** prnl. **2** Padecerlo. **Sin.** 1 y 2 adormecer(se) ☐ **Ant.** 1 y 2 despabilar(se).

aletazo. m. Golpe de ala o de aleta.

aletear. intr. **1** Mover las aves las alas sin echar a volar. **2** Mover los peces las aletas cuando se les saca del agua. **3** Mover los brazos.

aleteo. m. Acción de aletear.

alevilla. f. Mariposa muy parecida a la del gusano de seda pero con las alas enteramente blancas.

alevín. m. **1** Joven principiante que se inicia en una disciplina o profesión: *es un campeonato de alevines.* **2** Cría de ciertos peces de agua dulce que se utiliza para repoblar.

alevosía. f. **1** Circunstancia agravante de un delito cuando el que lo comete pone los medios necesarios para su consecución: *asesinato con alevosía.* **2** Traición, perfidia.

alevoso, sa. adj. y s. Se dice de lo que se comete con alevosía o del que actúa con alevosía. **Sin.** traidor.

alexia. f. Imposibilidad de leer causada por una lesión del cerebro. También se llama *ceguera verbal.*

alfa. f. Primera letra del alfabeto griego, que se corresponde con nuestra *a.* || Su grafía mayúscula es *A* y la minúscula α.

alfabético, ca. adj. Relativo al alfabeto.

alfabetización. f. Acción de alfabetizar.

alfabetizado, da. adj. y s. Persona que sabe leer y escribir.

alfabetizar. tr. **1** Ordenar alfabéticamente. **2** Enseñar a leer y a escribir: *ya se ha alfabetizado a la mayoría de la población.*

alfabeto. m. **1** Abecedario. **2** Conjunto de los símbolos empleados en un sistema de comunicación: *alfabeto Morse.* **3** Sistema de signos convencionales que sirve para sustituir al conjunto de las letras y de los números: *alfabeto Braille.*

alfalfa. f. Planta leguminosa que se cultiva para forraje.

alfalfar o **alfalfal.** m. Campo sembrado de alfalfa.

alfanje. m. Sable, corto y corvo, usado por los pueblos orientales.

alfanumérico, ca. adj. Relativo al alfanúmero.

alfanúmero. m. En inform., símbolo que expresa la representación de la información y que está compuesto de letras, números o signos o de una combinación de los tres.

alfaque. m. Banco de arena en la desembocadura de un río. Más en pl.: *los alfaques de Tortosa.*

alfar. m. **1** Taller de alfarero. **2** Arcilla. **Sin.** 1 alfarería.

alfarería. f. **1** Arte de fabricar vasijas de barro. **2** Taller donde se fabrican y tienda donde se venden. **Sin.** 1 cerámica 2 alfar.

alfarero, ra. m. y f. Fabricante de vasijas de barro.

alfarje. m. **1** La piedra baja del molino de aceite. **2** Techo con maderas labradas y entrelazadas artísticamente.

alféizar o **alfeiza.** m. Vuelta o entrante que hace la pared en el corte de una puerta o ventana.

alfeñique. m. **1** Persona delicada. **2** Pasta de azúcar cocida y estirada en barras muy delgadas y retorcidas. **Sin.** 1 enclenque.

alférez. m. Oficial del ejército español que sigue en categoría al teniente.

alfil. m. Pieza del juego del ajedrez, que se mueve diagonalmente.

alfiler. m. **1** Clavillo metálico con punta en un extremo y cabecilla en el otro. **2** Joya que se emplea para sujetar o adornar: *alfiler de corbata.*

alfiletero. m. Almohadilla para clavar alfileres y agujas o estuche para guardarlas. **Sin.** acerico.

alfombra. f. **1** Tejido de lana o de otras materias con que se cubre el suelo de las viviendas. **2** Cualquier cosa que cubre el suelo: *una alfombra de flores.*

alfombrar. tr. Cubrir el suelo con alfombra.

alfóncigo. m. Árbol de unos tres metros de altura, de hojas compuestas de color verde oscuro, flores en

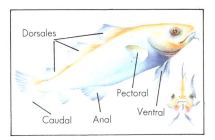

Aletas de un pez

Algas

maceta y fruto con una almendra pequeña, llamada pistacho.

alfonsino, na. adj. y s. Relativo a alguno de los reyes españoles llamados Alfonso, o partidario suyo.

alforfón. m. **1** Planta con hojas en forma de corazón y fruto negruzco y triangular. **2** Semilla de esta planta de la que se obtiene la harina con la que se fabrica el pan negro.

alforja. f. Especie de talega abierta por el centro y cerrada por los extremos. Más en pl.

alforza. f. Pliegue o doblez que se hace en ciertas prendas.

alfoz. amb. **1** Arrabal, afueras. **2** Conjunto de pueblos que forman una sola jurisdicción.

alga. f. Cualquiera de las plantas que viven preferentemente en el agua, y que, en general, están provistas de clorofila.

algaida. f. Bosque o sitio lleno de matorrales espesos.

algalia. f. Sustancia de color blanco y olor fuerte, que se emplea en perfumería.

algarabía. f. **1** Griterío confuso de varias personas que hablan a la vez. **2** Lengua o escritura ininteligible.

algarada. f. **1** Tumulto, alboroto. **2** Revuelta callejera.

algarroba. f. **1** Planta de flores blancas y semillas moteadas que se utilizan como pienso. **2** Fruto del algarrobo en forma de vaina.

algarrobo. m. Árbol mediterráneo, de hoja perenne, flores purpúreas y cuyo fruto es la algarroba.

algazara. f. Vocerío, griterío, ruido.

álgebra. f. Parte de las matemáticas, que estudia la cantidad considerada en general y representada por letras u otros signos.

algebraico, ca o **algébrico, ca.** adj. Relativo al álgebra.

algebrista. com. Persona que estudia o se dedica al álgebra.

algesia. f. Sensibilidad al dolor.

álgido, da. adj. **1** Muy frío. **2** Importante, culminante: *el momento álgido de la reunión*.

algo. pron. indet. **1** Designa una cosa que no se puede o no se quiere nombrar: *quisiera tomar algo, pero no sé qué*. **2** También denota cantidad indeterminada, o parte de una cosa. | adv. c. **3** Un poco, no del todo: *algo blando, algo despistado*. || No tiene pl.

algodón. m. **1** Planta de fruto capsular con varias semillas envueltas en una borra larga y blanca. **2** Esta misma borra: *algodón en rama*. **3** Hilo o tejido de esta borra: *camiseta de algodón*.

algodonal. m. Terreno plantado de algodón.

algodonar. tr. Rellenar con algodón.

algodonero, ra. adj. **1** Relativo al algodón. | m. y f. **2** Persona que cultiva o comercia con algodón. | m. **3** Algodón, planta.

algodonoso, sa. adj. Parecido al algodón: *tiene consistencia algodonosa*.

algonquino, na. adj. y s. **1** Se dice de una familia amerindia, hoy extinguida, que habitó en el norte de Estados Unidos y Canadá. También s. | m. **2** Idioma de esta familia.

algoritmia. f. Ciencia del cálculo aritmético y algebraico; teoría de los números.

algorítmico, ca. adj. Relativo al algoritmo.

Algodón

algoritmo. m. **1** Conjunto ordenado y finito de operaciones que permite la solución de un problema. **2** Método y notación de las distintas formas de cálculo.

alguacil. m. **1** Funcionario de los tribunales de justicia que está a las órdenes del juez. **2** Funcionario del ayuntamiento sometido a la autoridad del alcalde.

alguacilillo. m. Cada uno de los dos alguaciles que en las corridas de toros preceden a las cuadrillas y están a las órdenes del presidente de la plaza.

alguien. pron. indet. **1** Indica vagamente una persona cualquiera. | m. **2** Persona de importancia: *quiero llegar a ser alguien en la vida*. || No tiene pl.

algún. adj. Apóc. de *alguno*. Se usa sólo antepuesto a nombres masculinos: *algún hombre; algún tiempo*. **Ant.** ningún.

alguno, na. 1 Se apl. indeterminadamente a una persona o cosa con respecto de varias: *¿alguno de vosotros sabe su teléfono?* **2** En frases negativas, pospuesto generalmente al sustantivo, equivale a *ningún* o *ninguno*: *en modo alguno podemos admitirlo*. **3** Ni poco ni mucho, moderado: *de alguna importancia*. | pron. indet. **4** Alguien: *ya vendrá alguno que sepa de esto más que yo*. **Ant.** 1 y 4 nadie 3 ninguno.

alhaja. f. **1** Joya: *va cargada de alhajas.* **2** Adorno o mueble precioso: *este cuadro es una alhaja.* **3** De mucho valor o de excelentes cualidades: *esta chica es una alhaja*.

alharaca. f. Demostración excesiva de algún afecto. Más en pl.

alhelí. m. **1** Planta de flores olorosas de diversos colores que se cultiva para adorno. **2** Flor de esta planta. || pl. *alhelíes*.

alheña. f. **1** Arbusto de flores blancas y fruto en bayas negras. **2** Polvo para teñir que se obtiene de sus hojas secas.

alhóndiga. f. Casa pública para la compra, venta y depósito de trigo, granos y otras mercancías.

alhucema. f. Espliego.

aliáceo, a. adj. Relativo al ajo; que tiene su olor o sabor.

aliado, da. adj. y s. Unido o coligado con otro u otros para algún objetivo común: *país aliado*.

aliaga. f. Aulaga.

alianza. f. **1** Acción de aliarse. **2** Asociación, pacto. **3** Anillo matrimonial: *no lleva alianza*. **4** Conexión o parentesco que se contrae por medio del matrimonio.

aliar. tr. **1** Unir, coligar. También prnl.: *en él se alían la astucia y la maldad*. | **aliarse.** prnl. **2** Asociarse personas o países por medio de tratados para un fin determinado: *durante la S.G.M., Francia, Inglaterra y EE. UU. se aliaron para luchar contra los países del Eje*. **Sin.** 2 coligarse, confederarse ☐ **Ant.** 1 desunir 2 separarse.

alias. adv. lat. **1** De otro modo, por otro nombre: *Alfonso de Madrigal, alias 'el Tostado'*. **2** Apodo. || No varía en pl.

alicaído, da. adj. **1** Caído de alas. **2** Débil, falto de fuerzas. **3** Triste, desanimado. **Ant.** 2 fortalecido 3 animado.

alicante. m. Especie de víbora muy venenosa.

alicantina. f. Treta, astucia.

alicatado. m. Obra de azulejos o baldosines con la que se recubren ciertas superficies: *el alicatado del cuarto de baño ha quedado muy bien*.

alicatar. tr. Revestir de azulejos o baldosines.

alicate. m. Tenaza pequeña de acero que sirve para distintos usos. Más en pl.

aliciente. m. Atractivo, incentivo: *esta carrera ya no tiene alicientes para mí*. **Ant.** inconveniente.

alicorto, ta. adj. **1** De alas cortas. **2** De escasa imaginación o modestas aspiraciones.

alícuota. adj. **1** Se dice de cada una de las partes iguales en que se divide un todo. **2** Proporcional.

alidada. f. Regla, fija o móvil, con una pínula en cada extremo, para dirigir visuales.

alienación. f. Enajenación.

alienado, da. adj. y s. Loco, demente.

alienar. tr. y prnl. Enajenar.

alienista. adj. y com. Se dice del médico especializado en enfermedades mentales.

aliento. m. **1** Respiración, aire expulsado al respirar: *llegó al último piso sin aliento*. **2** Vigor para realizar algo: *no tiene aliento para terminar el proyecto*. **Sin.** 1 hálito 2 ánimo ☐ **Ant.** 2 desánimo.

alifafe. m. **1** Achaque. **2** Tumor sinovial que se desarrolla en los corvejones de las caballerías.

alifato. m. Serie de las consonantes árabes.

aligator o **aligátor.** m. Cocodrilo americano, de hocico ancho y redondeado, que puede llegar a medir 4 m de longitud.

Aligatores

aligeramiento. m. Acción de aligerar o aligerarse.

aligerar. tr. **1** Hacer ligero o menos pesado: *aligerar el peso*. También prnl. **2** Abreviar, acelerar. **3** Aliviar, moderar: *aligerar la pena*.

alígero, ra. adj. poét. **1** Con alas. **2** Rápido, veloz, ligero.

alijar. tr. **1** Aligerar de peso, o descargar una embarcación. **2** Transbordar o desembarcar géneros de contrabando.

alijo. m. **1** Acción de alijar. **2** Conjunto de géneros de contrabando: *han retenido un nuevo alijo de cocaína*.

alimaña. f. **1** Animal que se alimenta de caza menor o del ganado. **2** Persona cruel.

alimentación. f. Acción de alimentar o alimentarse.

alimentador, ra. adj. y s. **1** Que alimenta. | m. **2** Cable utilizado en la transmisión de energía eléctrica.

alimentar. tr. **1** Dar alimento. También prnl.: *yo me alimento sólo de vegetales*. **2** Suministrar a una máquina, sistema o proceso, la materia, la energía o los datos que necesitan para su funcionamiento: *alimentar una caldera*. **3** Fomentar el desarrollo, actividad o mantenimiento de cosas inmateriales: *alimentar un vicio, una pasión*. **Sin.** 1 y 3 nutrir 1 y 2 mantener.

alimentario, ria. adj. Relativo a la alimentación: *industria alimentaria*.

alimenticio, cia. adj. Que alimenta: *el pescado tiene un gran poder alimenticio*. **Sin.** nutritivo, sustancioso.

alimento. m. **1** Cualquier sustancia que sirve para nutrir o para mantener la existencia de algo. **2** Sostén, fomento. **Sin.** 1 comida, sustento.

alimón (al). loc. adv. **1** En colaboración, conjuntamente: *lo hicimos al alimón*. **2** Suerte del toreo en que dos lidiadores citan al toro con un solo capote.

alindar. tr. **1** Poner o señalar los lindes de una heredad. **2** Poner lindo o hermoso. También prnl. | intr. **3** Lindar.

alineación. f. **1** Acción de alinear o alinearse. **2** Formación de un equipo deportivo: *todavía no han dado la alineación definitiva*.

alineado, da. adj. Que ha tomado partido en un conflicto o disidencia. Se usa generalmente con negación y en referencia a colectividades que proclaman así su neutralidad: *países no alineados*.

alinear. tr. **1** Poner en línea recta. También prnl. **2** Componer un equipo deportivo.

aliñar. tr. **1** Echar condimentos a los alimentos: *aliña tú la ensalada*. **2** Adornar. También prnl. **Sin.** 1 condimentar 2 arreglar.

aliño. m. **1** Acción de aliñar o aliñarse. **2** Aquello con que se aliña: *esta carne tiene aliño*. **3** Adorno.

aliquebrado, da. adj. Alicaído, triste. **Ant.** contento.

alisar. tr. y prnl. **1** Poner lisa una cosa. **2** Arreglar ligeramente el cabello. **Sin.** 1 desarrugar 2 peinar ☐ **Ant.** 1 arrugar.

alisal o **alisar.** m. Sitio poblado de alisos.

alisios. adj. y m. pl. Se dice de los vientos regulares que soplan en dirección NE. o SE., según el hemisferio, desde las altas presiones subtropicales hacia las bajas del Ecuador.

alisma. f. Planta que crece en terrenos pantanosos.

aliso. m. Árbol de 10 a 12 m de alt., hojas caducas redondeadas, flores blancas, fruto parecido a una piña y madera muy dura de color amarillo rojizo.

alistamiento. m. **1** Acción de alistar o alistarse. **2** Jóvenes a quienes cada año obliga el servicio militar.

alistar. tr. y prnl. **1** Inscribir en lista a alguien. **2** Prevenir, aparejar, disponer. | **alistarse.** prnl. **3** Inscribirse en la milicia. **Sin.** 1 afiliar, apuntar.

aliteración. f. Figura retórica que consiste en la repetición del mismo o de los mismos sonidos, sobre todo consonánticos, en una frase: *leve lucía la luna*.

aliviadero. m. Vertedero de aguas sobrantes.

aliviar. tr. **1** Quitar parte de la carga o peso. **2** Disminuir, mitigar una enfermedad, una pena, una fatiga, etc.: *esto le aliviará el dolor*. También prnl. **3** Acelerar el paso. **Sin.** 1 aligerar 2 calmar ☐ **Ant.** 1 cargar 2 recrudecer.

alivio. m. Acción de aliviar o aliviarse. **Sin.** desahogo, respiro ☐ **Ant.** agobio.

aljaba. f. Caja portátil para flechas.

aljama. f. **1** Sinagoga o mezquita. **2** Barrio de moros o judíos.

aljamía. f. **1** Nombre que daban los moros a las lenguas de los cristianos peninsulares. **2** Texto judeoespañol transcrito con caracteres hebreos.

aljez. m. Mineral de yeso.

aljibe. m. **1** Cisterna. **2** Embarcación o buque para el transporte de agua dulce.

aljófar. f. **1** Perla pequeña. **2** Conjunto de estas perlas.

allá. adv. l. **1** Indica lugar lejano indeterminado. | adv. t. **2** Denota tiempo remoto: *allá por el siglo II*. **3 el más allá.** Tiempo y espacio después de la muerte.

allanamiento. m. **1** Acción de allanar o allanarse. **2 allanamiento de morada.** Acción delictiva que consiste en entrar a la fuerza y sin consentimiento en el domicilio de alguien.

allanar. tr. **1** Poner llano. También prnl. **2** Eliminar o vencer alguna dificultad. **3** Entrar a la fuerza en casa ajena y recorrerla contra la voluntad de su due-

allegado – almizcle

ño. **Sin.** 1 aplanar 2 resolver ☐ **Ant.** 1 desnivelar 2 obstaculizar.

allegado, da. adj. **1** Cercano, próximo. **2** Pariente. Más c. s.: *sólo fueron los allegados*. **Ant.** 1 alejado 2 extraño.

allegar. tr. **1** Recoger, juntar. **2** Arrimar o acercar una cosa a otra. También prnl. | **allegarse.** prnl. **3** Adherirse a un dictamen o idea, convenir con ellos: *se allegó a la decisión final*.

allende. adv. l. **1** De la parte de allá: *allende los mares*. | adv. c. **2** Además. | prep. **3** Más allá de, de la parte de allá de.

allí. adv. l. **1** En aquel lugar. **2** A aquel lugar: *voy allí*. | adv. t. **3** Entonces: *hasta allí todo se fue resolviendo bien*.

alma. f. **1** Parte espiritual e inmortal del hombre. **2** Principio sensitivo de los animales y vegetativo de las plantas. **3** Persona, individuo: *no se ve un alma*. **4** Lo que da vida y aliento a algo: *siempre has sido el alma del grupo*.

almacén. m. **1** Local donde se guardan mercancías o se venden al por mayor. **2** Establecimiento comercial. También pl.: *grandes almacenes*.

almacenaje. m. **1** Acción de almacenar. **2** Derecho de almacén.

almacenar. tr. **1** Poner o guardar las cosas en almacén. **2** Reunir o guardar cosas: *almacena periódicos en cajas*. **3** Registrar datos en la memoria de un ordenador.

almacenista. com. **1** Dueño o encargado de un almacén. **2** Persona que despacha los géneros en un almacén.

almáciga. f. **1** Resina aromática. **2** Lugar donde se siembran las semillas de las plantas para ser trasplantadas.

almácigo. m. Almáciga, resina.

almádena. f. Mazo de hierro con mango largo para romper piedras.

almadraba. f. **1** Pesca de atunes. **2** Lugar donde se hace esta pesca. **3** Red o cerco de redes para este tipo de pesca.

almadreña. f. Zueco de madera. **Sin.** madreña.

almagrar. tr. **1** Teñir de almagre. **2** Notar, señalar con alguna marca.

almagre. m. **1** Óxido de hierro que suele usarse en la pintura. **2** Marca, señal.

almanaque. m. Registro o catálogo de todos los días del año con datos astronómicos, meteorológicos, religiosos, etc. **Sin.** calendario.

almarada. f. **1** Puñal agudo de tres aristas y sin corte. **2** Aguja grande para coser alpargatas.

almazara. f. Molino de aceite.

almeja. f. Molusco que vive en aguas poco profundas y cuya carne comestible es muy apreciada.

almena. f. Cada uno de los prismas que coronaban los muros de las antiguas fortalezas.

almenado, da. adj. **1** Guarnecido o coronado de adornos en forma de almena. | m. **2** Almenaje.

almenaje. m. Conjunto de almenas.

almenar. tr. Guarnecer de almenas: *almenar una torre*.

almenara. f. Candelero.

almendra. f. **1** Fruto y semilla comestible del almendro. **2** Semilla de cualquier fruto drupáceo: *la almendra de la ciruela*.

almendrado, da. adj. **1** De figura de almendra. | m. **2** Pasta hecha con almendras, harina y miel o azúcar. | f. **3** Bebida de leche de almendras y azúcar.

almendral. m. Sitio poblado de almendros.

almendro. m. Árbol de 7 a 8 m de alt., flores blancas o rosadas, y cuyo fruto es la almendra, dulce o amarga según las variedades.

almendruco. m. Fruto del almendro con la primera cubierta verde y la semilla a medio cuajarse.

almete. m. Pieza de la armadura antigua que cubría la cabeza.

almez. m. Árbol de 12 a 14 m de alt. y copa ancha. Su fruto es la almeza.

almeza. f. Fruto comestible del almez.

almiar. m. Pajar al descubierto, con un palo largo en el centro, alrededor del cual se va apretando la paja o el heno.

almíbar. m. Azúcar disuelto en agua y espesado al fuego.

almibarado, da. adj. **1** Muy dulce. **2** Meloso, excesivamente dulce o suave.

almibarar. tr. **1** Bañar o cubrir con almíbar. **2** Suavizar las palabras o el trato para conseguir algo.

almidón. m. **1** Fécula blanca que se encuentra en las semillas de los cereales y otras plantas. **2** Compuesto químico líquido que se aplica a los tejidos para darles mayor rigidez.

almidonado, da. adj. **1** Planchado con almidón. **2** Se dice de la persona vestida con excesiva pulcritud.

almidonar. tr. Mojar la ropa con almidón.

almilla. f. Especie de jubón ajustado al cuerpo.

almimbar. m. Púlpito de las mezquitas.

alminar. m. Torre de las mezquitas desde la que se convoca a los fieles a la oración.

almirantazgo. m. **1** Alto tribunal o consejo de la armada. **2** Dignidad y jurisdicción del almirante.

almirante. m. Oficial que ostenta el cargo supremo de la armada.

almirez. m. Mortero de metal.

almizclar. tr. Aderezar o aromatizar con almizcle.

almizcle. m. Sustancia grasa, de olor intenso, que segregan algunos mamíferos.

Almizclero

almizcleño, ña. adj. **1** Que huele a almizcle: *pera almizcleña.* | f. **2** Planta liliácea cuyas flores despiden olor a almizcle.

almizclero. m. Rumiante cérvido, gris por el lomo y blanquecino por el vientre, donde el macho tiene una bolsa que segrega el almizcle.

almocafre. m. Instrumento para escardar la tierra y para trasplantar.

almófar. m. Especie de cofia.

almogávar. m. Soldado mercenario que en la Edad Media servía a las órdenes de la corona catalano-aragonesa.

almohada. f. Cojín, particularmente el alargado para apoyar la cabeza en la cama.

almohade. adj. y com. Se dice de la dinastía que destronó a los almorávides y fundó un nuevo imperio que dominó en el norte de África y España (1148-1269).

almohadilla. f. **1** Cojincillo unido a la caja de costura. **2** Cojincillo que se pone sobre los asientos de los campos de fútbol y plazas de toros. **3** Resalto abombado de un sillar. **4** Parte de la voluta del capitel jónico.

almohadillado, da. adj. **1** Acolchado. **2** En forma de almohadilla.

almohadillar. tr. **1** Labrar los sillares de modo que tengan almohadilla. **2** Acolchar.

almohadón. m. Cojín grande para sentarse o apoyarse en él.

almohaza. f. Instrumento de hierro para limpiar las caballerías.

almoneda. f. **1** Venta pública de bienes muebles con licitación y puja. **2** Venta de géneros a bajo precio. **3** Local donde se realiza esta venta.

almorávide. adj. y com. Se dice del individuo de una tribu del Atlas, que en el s. XI fundó un vasto imperio en el occidente de África y llegó a dominar toda la España árabe.

almorejo. m. Planta gramínea, de flores en espiga y hojas con un nervio blanco longitudinal.

almorrana. f. Dilatación de las venas en la extremidad del intestino recto o en el exterior del ano. Más en pl. Sin. hemorroide.

almorta. f. Planta de flores moradas y blancas, y fruto en legumbre con semillas en forma de muela.

almorzar. tr. **1** Comer en el almuerzo una u otra cosa: *almorzamos chuletas.* | intr. **2** Tomar el almuerzo: *almorzar tarde.* || **Irreg.** Se conj. como *contar.*

almotacén. m. **1** Persona encargada de contrastar las pesas y medidas. **2** Oficina donde se efectuaba esta operación.

almud. m. Medida para áridos equivalente a un celemín o a media fanega, según los sitios.

almuecín o **almuédano.** m. Musulmán que, desde el alminar, convoca al pueblo a la oración. Sin. muecín.

almuerzo. m. **1** Comida que se toma por la mañana. **2** Comida del mediodía o primeras horas de la tarde. Sin. 1 tentempié.

alocado, da. adj. y s. Poco sensato, que parece loco: *comportamiento alocado.* Sin. aturdido, irreflexivo □ Ant. juicioso.

alocar. tr. y prnl. **1** Causar locura. **2** Causar perturbación en los sentidos. Sin. 2 aturdir.

alocución. f. Discurso breve que, con ocasión de algún acontecimiento, pronuncia una autoridad o un superior.

áloe o **aloe.** m. **1** Planta de hojas largas y carnosas, de las que se extrae un jugo muy amargo y medicinal. **2** Jugo de esta planta. Sin. 1 y 2 acíbar.

alógeno, na. adj. Persona o cosa que procede de un lugar distinto de aquel en que se encuentra.

aloja. f. *amer.* Bebida compuesta de agua, miel y especias.

alojamiento. m. **1** Acción de alojar o alojarse. **2** Lugar donde está alojado alguien o algo.

alojar. tr. y prnl. **1** Hospedar, aposentar: *nos alojamos en el hotel de la esquina.* **2** Colocar una cosa dentro de otra: *la bala se alojó entre las costillas.* Ant. 1 desalojar 2 desencajar.

alón. m. Ala de ave sin plumas.

alondra. f. Pájaro insectívoro de color pardo, pico cónico y carne exquisita.

alópata. adj. y com. Que practica la alopatía.

alopatía. f. Terapéutica cuyos medicamentos producen, en un organismo sano, fenómenos diferentes de los que caracterizan las enfermedades que se desea curar.

alopecia. f. Caída o pérdida del pelo. Sin. calvicie.

aloque. adj. y m. Vino clarete o de la mezcla de tinto y blanco.

alotropía. f. Propiedad de algunos elementos quí-

alotrópico – alternante

micos de formar moléculas diversas por su estructura o número de átomos constituyentes que, en su aspecto o propiedades, puede presentar a veces un mismo cuerpo.

alotrópico, ca. adj. Relativo a la alotropía.

alpaca. f. **1** Mamífero rumiante sudamericano, de pelo largo, brillante y flexible. **2** Pelo de este animal. **3** Tejido hecho con este pelo o con algodón abrillantado: *traje de alpaca*. **4** Aleación de cobre, cinc y níquel. **5** Metal blanco plateado.

alpargata. f. Calzado de tela con suela de cáñamo o de caucho.

alpargatería. f. Tienda o fábrica de alpargatas.

alpargatero, ra. m. y f. Persona que hace o vende alpargatas.

alpax. m. Aleación de aluminio y silicio.

alpechín. m. Líquido que sale de las aceitunas apiladas y cuando se las exprime para extraer el aceite.

alpechinera. f. Tinaja o pozo donde se recoge el alpechín.

alpinismo. m. Deporte que consiste en la ascensión a las altas montañas.

alpinista. com. Persona que practica el alpinismo. **Sin.** montañero.

alpino, na. adj. **1** Relativo a los Alpes o a otras montañas. **2** Relativo al alpinismo.

alpiste. m. **1** Planta gramínea forrajera cuya semilla se utiliza como alimento de pájaros y como forraje. **2** Semilla de esta planta. **3** Cualquier bebida alcohólica.

alquería. f. **1** Casa de labranza lejos de un poblado. **2** Conjunto de estas casas. **Sin.** 1 cortijo, granja.

alquibla. f. Punto del horizonte, hacia la Meca, al que dirigen la vista los musulmanes cuando rezan.

alquicel o **alquicer.** m. Vestidura morisca con forma de capa.

alquilar. tr. **1** Dar o tomar alguna cosa para usarla durante un tiempo determinado a cambio de cierta cantidad de dinero. | **alquilarse.** prnl. **2** Ponerse al servicio de alguien a cambio de dinero. **Sin.** 1 arrendar.

alquiler. m. **1** Acción de alquilar. **2** Precio en que se alquila alguna cosa: *paga un alquiler altísimo*. **Sin.** 1 arrendamiento.

alquimia. f. Doctrina y experimentos con que se pretendía encontrar la piedra filosofal que convertiría cualquier metal en oro.

alquímico, ca. adj. Relativo a la alquimia.

alquimista. adj. y com. Persona que profesaba la alquimia.

alquitara. f. Alambique.

alquitarar. tr. **1** Destilar por alquitara. **2** Perfeccionar, aquilatar: *alquitarar el estilo*.

alquitrán. m. Sustancia untuosa, oscura, de olor fuerte y sabor amargo, que se obtiene como residuo de la destilación de la hulla y de la madera de pino y otras coníferas. **Sin.** brea.

alquitranado, da. adj. **1** De alquitrán. | m. **2** Acción de alquitranar.

alquitranar. tr. Cubrir con alquitrán: *están alquitranando la carretera*.

alrededor. adv. l. **1** Denota la situación de personas o cosas que rodean a otras. | m. **2** Contorno de un lugar. Más en pl: *se ha mudado a los alrededores del pueblo*. **3 alrededor de.** loc. adv. Precediendo a una expresión numérica, aproximadamente, poco más o menos: *alrededor de diez mil espectadores*.

álsine. f. Planta de flores blancas, que abunda en los parajes húmedos. **Sin.** pamplina.

alta. f. **1** Orden que da el médico al enfermo declarándolo oficialmente curado. **2** Documento que lo acredita: *tienes que llevar el alta al trabajo*. **3** Documento que acredita la entrada de un militar en servicio activo. **4 darse de alta.** Efectuar el ingreso en un cuerpo, profesión, carrera: *se dio de alta en el colegio de médicos*.

altanería. f. **1** Altivez, soberbia. **2** Caza con halcones y otras aves de rapiña de alto vuelo. **Sin.** 1 arrogancia ☐ **Ant.** 1 humildad.

altanero, ra. adj. **1** Altivo, soberbio. **2** De alto vuelo. **Ant.** 1 humilde, modesto.

altar. m. **1** Piedra sobre la que se ofrecen sacrificios a la divinidad. **2** Mesa sobre la que se celebra la misa. **Sin.** 1 y 2 ara.

altavoz. m. Aparato electroacústico que transforma la energía eléctrica en ondas sonoras y eleva la intensidad del sonido.

alteración. f. **1** Acción de alterar o alterarse. **2** Sobresalto, enfado. **3** Alboroto, tumulto.

alterado, da. adj. Perturbado, inquieto: *lo encontré muy alterado por la noticia*. **Ant.** calmado.

alterar. tr. y prnl. **1** Cambiar la esencia o forma de una cosa. **2** Perturbar, inquietar. **3** Estropear, descomponer: *este compuesto se altera muy fácilmente*. **Sin.** 1 modificar ☐ **Ant.** 2 tranquilizar 3 conservar.

altercado. m. Disputa encendida y violenta. **Sin.** riña, discusión.

altercar. intr. Disputar acaloradamente. **Sin.** discutir.

alteridad. f. Condición de ser otro.

alternación. f. Acción de alternar.

alternador. m. Máquina eléctrica generadora de corriente alterna.

alternancia. f. **1** Acción de alternar o alternarse. **2** Cambio de sentido de una corriente eléctrica.

alternante. adj. Que alterna o se alterna: *cultivos alternantes*.

alternar. tr. **1** Hacer, decir o colocar algo por turno y sucesivamente: *alternó las blancas con las negras.* | intr. **2** Sucederse unas cosas a otras repetidamente: *las alegrías alternan con las penas.* También prnl. **3** Mantener relación amistosa unas personas con otras: *alterna con sus compañeros.* **4** En ciertos bares o salas de fiesta, tratar los clientes con mujeres contratadas para estimularles a hacer gasto en su compañía. S<small>IN</small>. 1 y 2 turnar(se) 3 tratar.

alternativa. f. **1** Opción entre dos cosas o más. **2** Por ext., cada una de las cosas entre las cuales se opta: *no sé qué alternativa escoger.* **3** Efecto de alternar; hacer o decir algo por turno o sucederse unas cosas a otras repetidamente. **4** Ceremonia en la que un torero autoriza a un novillero a pasar a ser matador de toros: *mañana recibe la alternativa.* **5** Esta autorización.

alternativo, va. adj. Que se dice, hace o sucede con alternación.

alterne. m. Acción de alternar con los clientes en ciertos bares y salas de fiesta: *chicas de alterne.*

alterno, na. adj. **1** Alternativo. **2** En relación a días, meses, años, etc., uno sí y otro no: *viene a la oficina en días alternos.* **3** Se dice de las hojas y otros órganos de las plantas que están dispuestos a ambos lados del tallo sin coincidir nunca una enfrente de la otra.

alteza. f. **1** Tratamiento honorífico de los príncipes e infantes. **2** Elevación, sublimidad. S<small>IN</small>. 2 nobleza □ A<small>NT</small>. 2 vileza.

altibajos. m. pl. **1** Desigualdades de un terreno. **2** Alternativa de bienes y males, de sucesos prósperos y adversos.

altillo. m. **1** Armario que se construye rebajando el techo, o que está empotrado en lo alto del muro o pared. **2** Entreplanta, piso elevado en el interior de otro y que se usa como dormitorio, despacho, almacén, etc.

altimetría. f. Parte de la topografía que enseña a medir las alturas.

altímetro, tra. adj. **1** Relativo a la altimetría. | m. **2** Instrumento que indica la diferencia de altitud entre el punto en que está situado y un punto de referencia. Se emplea principalmente en la navegación aérea.

altiplanicie. f. Meseta de mucha extensión y a gran altitud. S<small>IN</small>. altiplano.

altisonante o **altísono, na.** adj. **1** Muy sonoro, retumbante. **2** Pomposo, exagerado: *estilo altisonante.*

altitud. f. Altura con respecto al nivel del mar.
altivez. f. Orgullo, soberbia. S<small>IN</small>. humildad.
altivo, va. adj. Orgulloso, soberbio. S<small>IN</small>. humilde.
alto. m. **1** Detención, parada o suspensión de una actividad cualquiera: *un alto en el camino.* **2** Voz con que se manda a alguien detenerse o dejar de hacer algo.

alto, ta. adj. **1** De gran estatura: *es un chico alto.* **2** De altura considerable: *una torre muy alta.* **3** Se dice de la porción de un territorio que se halla a mayor altitud: *las tierras altas.* **4** Levantado, elevado sobre la Tierra: *un monte alto.* **5** Parte de un río más próxima a su nacimiento. **6** Caro: *los precios están altos.* **7** Sonoro, ruidoso. **8** De gran dignidad o categoría: *alto ejecutivo.* | m. **9** Altura: *mide el alto del armario.* **10** Sitio elevado. **11** Detención, parada: *hacer un alto en el camino.* | adv. l. **12** En lugar o parte superior: *colócalo bien alto.* | adv. m. **13** En voz fuerte o que suene bastante: *dilo alto.* A<small>NT</small>. 1-7 bajo.

altozano. m. Monte de poca altura en terreno bajo.

altramuz. m. **1** Planta cuyo fruto es un grano achatado, como un botón, que se cultiva como alimento para el ganado. **2** Fruto de esta planta.

altruismo. m. Interés en procurar el bien ajeno aun a costa del propio. A<small>NT</small>. egoísmo.

altruista. adj. y com. Que profesa el altruismo.

altura. f. **1** Elevación de cualquier cuerpo sobre la superficie de la Tierra. **2** Dimensión de los cuerpos perpendicular a su base. **3** Cumbre de los montes o

Altramuz

parajes altos del campo. **4** Tono de un sonido por un aumento o disminución de las vibraciones: *altura de la voz.* | pl. **5** Dirección: *la petición llegó de las alturas.*

alubia. f. Judía, planta, fruto y semilla.

alucinación. f. **1** Acción de alucinar o alucinarse. **2** Sensación subjetiva falsa.

alucinante. adj. **1** Que alucina. **2** Asombroso, increíble.

alucinar. tr. **1** Padecer alucinaciones: *está alucinando por la fiebre.* También prnl. **2** Deslumbrar o impresionar vivamente a alguien. **3** Seducir o engañar con maña: *lo alucinó con sus trucos.*

alucine. m. Asombro, sorpresa: *¡qué alucine!*

alucinógeno, na. adj. y m. Se dice de la sustancia que provoca alucinaciones.

alud. m. Gran masa de nieve que se desprende de los montes con violencia y estrépito. S<small>IN</small>. avalancha.

aludir. intr. **1** Hacer referencia. | tr. **2** Referirse a personas o cosas, mencionarlas: *aludió a los invitados.* A<small>NT</small>. 1 omitir.

alumbrado. m. Conjunto o sistema de luces, iluminación.

alumbramiento. m. **1** Acción de alumbrar. **2** Parto.

alumbrar. tr. **1** Llenar de luz y claridad. También intr. **2** Poner luz o luces en algún lugar. **3** Acompañar con luz a otro: *alúmbrame el camino.* **4** Parir la mujer. También intr. S<small>IN</small>. 1-3 iluminar ☐ A<small>NT</small>. 1 y 2 oscurecer.

alumbre. m. Sulfato doble de alúmina y potasa, que se usa en tintorería y medicina.

alúmina. f. Óxido de aluminio que se halla en la naturaleza a veces puro y cristalizado, y que, en combinación con la sílice y otros cuerpos, normalmente forma los feldespatos y las arcillas.

aluminio. m. Elemento químico; metal de color y brillo similares a los de la plata, ligero y dúctil, muy maleable, buen conductor del calor y de la electricidad y resistente a la oxidación. Su símbolo es *Al.*

alumnado. m. Conjunto de alumnos de un centro docente.

alumno, na. m. y f. Persona que recibe enseñanza de otra. S<small>IN</small>. discípulo.

alunizaje. m. Acción de alunizar.

alunizar. intr. Posarse en la superficie de la Luna una astronave.

alusión. f. Acción de aludir: *no hizo ni una sola alusión.*

alusivo, va. adj. Que alude o implica alusión: *nota alusiva.* S<small>IN</small>. referente.

aluvión. m. **1** Avenida fuerte de agua, inundación. **2** Cantidad de personas o cosas agolpadas: *un aluvión de preguntas.*

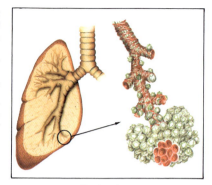

Alveolo pulmonar

alveolar. adj. **1** Relativo a los alveolos. **2** Se dice del sonido que se pronuncia acercando o aplicando la lengua a los alveolos de los incisivos superiores (*l, r, n, s*).

alveolo o **alvéolo.** m. **1** Cavidad en la que se insertan los dientes. **2** Cada una de las ramificaciones de los bronquiolos. **3** Celdilla.

alza. f. **1** Pedazo de suela con que se aumenta la altura o anchura del zapato. **2** Aumento o subida de precio, valor, intensidad, etc.: *han aprobado el alza de los precios de la gasolina.* **3** Regla graduada del cañón de las armas de fuego, que sirve para precisar la puntería.

alzacuello. m. Tira blanca y rígida que se ciñe al cuello, y que suelen llevar los eclesiásticos.

alzado, da. adj. **1** Se dice del ajuste o precio que se fija en determinada cantidad. | m. **2** Rebelde, sublevado. **3** Diseño de un edificio, máquina, aparato, etc., en su proyección geométrica y vertical, sin considerar la perspectiva. | f. **4** Altura del caballo y otros cuadrúpedos. **5** Recurso de apelación.

alzamiento. m. **1** Levantamiento o rebelión: *el alzamiento nacional.* **2** Acción de alzar o alzarse.

alzapaño. m. Pieza sujeta a la pared para recoger las cortinas.

alzaprima. f. **1** Palanca. **2** Cuña para realzar alguna cosa.

alzar. tr. **1** Levantar algo o a alguien. También prnl. **2** Quitar, recoger, guardar: *alzaron el campamento.* | **alzarse.** prnl. **3** Sublevarse, levantarse en rebelión. **4** Sobresalir en una superficie: *el monte se alzaba sobre el horizonte.* S<small>IN</small>. 1-4 levantar(se) ☐ A<small>NT</small>. 1 bajar.

ama. f. **1** Señora de la casa o familia. **2** Dueña de algo. **3** Criada principal de una casa. **4 ama de casa.** Mujer que organiza y administra su casa. **5**

ama de cría. Nodriza. **6 ama de llaves.** Criada que se encarga de las llaves y la administración de una casa.

amabilidad. f. Cualidad de amable.

amable. adj. Afable, complaciente, simpático.

amacigado, da. adj. De color amarillo.

amado, da. m. y f. Persona a quien se ama.

amadrigar. tr. **1** Acoger bien a uno sin merecerlo. | prnl. **2** Meterse en la madriguera. **3** Retraerse.

amadrinar. tr. Ser madrina de algo o alguien.

amaestramiento. m. Acción de amaestrar.

amaestrar. tr. y prnl. Enseñar, adiestrar. **Sin.** aleccionar, instruir.

amagar. tr. **1** Dejar ver la intención de hacer algo: *amagó un golpe.* | intr. **2** Estar a punto de suceder algo.

amago. m. **1** Acción de amagar. **2** Señal o indicio de alguna cosa que no llega a ocurrir: *le dio un amago de infarto.*

amainar. intr. **1** Perder fuerza e intensidad algún agente atmosférico: *el viento ha amainado.* **2** Aflojar en algún deseo o empeño. | tr. **3** Recoger las velas de una embarcación.

amalgama. f. **1** Aleación de mercurio con otro metal. **2** Mezcla: *una amalgama de sentimientos.*

amalgamación. f. **1** Acción de amalgamar o amalgamarse. **2** Método de extracción de metales nobles poniendo a los minerales de los que provienen en contacto con el mercurio.

amalgamar. tr. y prnl. **1** Combinar el mercurio con otro u otros metales. **2** Mezclar cosas de naturaleza distinta.

amamantamiento. m. Acción de amamantar.

amamantar. tr. Dar de mamar. **Sin.** criar.

amancebamiento. m. Vida marital de un hombre y una mujer que no están casados. **Sin.** concubinato.

amancebarse. prnl. Unirse en amancebamiento.

amanecer. impers. **1** Empezar a aparecer la luz del día. | intr. **2** Estar en un paraje, situación o condición determinados al aparecer la luz del día: *amanecimos en Segovia.* **3** Aparecer de nuevo o manifestarse alguna cosa al rayar el día: *amaneció lloviendo.* **4** Empezar a manifestarse alguna cosa: *amanecía una época de esplendor.* || **Irreg.** Se conj. como *agradecer.* **Sin.** 1 alborear ☐ **Ant.** 1 anochecer 4 acabar.

amanecer. m. **1** Tiempo durante el cual amanece: *un amanecer templado.* **2** Comienzo de algo: *el amanecer de la humanidad.*

amanerado, da. adj. y s. **1** No natural. **2** Afeminado. **Ant.** 1 espontáneo 2 viril.

amaneramiento. m. Acción de amanerarse.

amanerarse. prnl. **1** Perder alguien la naturalidad. **2** Afeminarse un hombre. **3** Volverse un artista, escritor u orador poco original, monótono y uniforme. También tr.

amansamiento. m. Acción de amansar o amansarse.

amansar. tr. y prnl. **1** Hacer manso a un animal. **2** Sosegar, mitigar. **3** Domar el carácter violento de una persona. **Sin.** 1 domesticar 2 y 3 aplacar.

amante. adj. y com. **1** Que ama: *amante del cine.* | com. **2** Persona que tiene relaciones sexuales periódicas con otra sin estar casados. | m. pl. **3** Hombre y mujer que se aman.

amanuense. com. **1** Persona que escribe al dictado. **2** Hasta la invención de la imprenta, persona que hacía copias a mano del original de un libro.

amañar. tr. **1** Componer mañosamente algo, normalmente para falsearlo: *amañaron el combate.* | **amañarse.** prnl. **2** Darse maña, adaptarse con facilidad a hacer algo. **Sin.** 1 trucar 2 apañarse.

amaño. m. **1** Maña para hacer algo. **2** Treta para lograr algo. **Sin.** 2 argucia, habilidad.

amapola. f. Planta silvestre, con flores rojas del mismo nombre y semilla negruzca.

amar. tr. y prnl. **1** Sentir amor por algo o alguien. **2** Hacer el amor. | tr. **3** Gustarle mucho algo a alguien.

amarantáceo, a. adj. y f. **1** Se dice de matas y arbolitos que tienen hojas opuestas o alternas, flores diminutas, y por frutos, cápsulas; como el amaranto y la perpetua. | f. pl. **2** Familia de estas plantas.

amarantina. f. Perpetua de flores encarnadas.

amaranto. m. **1** Planta ornamental, de flores terminales en espiga y de diversos colores. **2** Color carmesí.

amarar. intr. Posarse en el mar un hidroavión.

amargado, da. adj. Se dice de la persona que guarda algún resentimiento por frustraciones, disgustos, etc. **Sin.** malhumorado, resentido.

amargar. intr. **1** Tener alguna cosa sabor o gusto amargo. | tr. **2** Comunicar sabor desagradable a algo. **3** Causar aflicción o disgusto. También prnl.: *el despido la amargó.* **4** Estropear una situación: *nos amargó la velada.* **Sin.** 3 disgustar 4 aguar ☐ **Ant.** 2 endulzar 3 reconfortar.

amargo, ga. adj. **1** Se dice de lo que tiene el sabor característico de la hiel, de la quinina y de otros alcaloides. **2** Que causa aflicción: *una amarga despedida.* **3** Áspero y de genio desabrido. **4** Que implica amargura.

amargor. m. **1** Sabor amargo: *me gusta el amargor del café.* **2** Amargura, aflicción, disgusto. **Ant.** 1 dulzor.

amarguera – amaurosis

Amarilis: azucena de Santa Paula

amarguera. f. Planta de flores amarillas, tallo ramoso y frutos ovales; su nombre alude a su amargo sabor.
amargura. f. **1** Gusto amargo. **2** Aflicción. **Sin.** 1 amargor 2 pena, pesar ☐ **Ant.** 1 dulzor 2 alegría.
amariconado, da. adj. Afeminado.
amarilidáceo, a. adj. y f. **1** Se dice de las plantas con semillas de albumen carnoso, como el narciso, el nardo y la pita. | f. pl. **2** Familia de estas plantas.
amarilis. f. Nombre de varias plantas con flores de colores muy vivos, como la azucena de Santa Paula, la flor de lis y el lirio de Guernesey. || No varía en pl.
amarillear. intr. **1** Ir tomando una cosa color amarillo. **2** Palidecer.
amarillecer. intr. Ponerse amarillo.
amarillento, ta. adj. Que tira a amarillo.
amarillez. f. Cualidad de amarillo: *la amarillez de la muerte empezaba a aparecer*.
amarillo, lla. adj. **1** De color semejante al del oro, el limón, etc. También m. **2** Pálido, demacrado. **3** Se dice de los individuos de raza asiática. **4** Se dice de las organizaciones obreras que apoyan a la patronal. **5** Se dice de la prensa sensacionalista.
amariposado, da. adj. De forma parecida a la de la mariposa.
amaromar. tr. Amarrar.
amarra. f. **1** Cabo con que se asegura la embarcación en el puerto o paraje donde da fondo. | pl. **2** Protección, apoyo: *Pedro tiene buenas amarras*. **Sin.** 1 soga 2 agarraderas.
amarraco. m. Tanteo de cinco puntos en el juego del mus y figura, generalmente un garbanzo, en que se representa.

amarradero. m. **1** Poste, pilar o argolla donde se amarra alguna cosa. **2** Sitio donde se amarran los barcos.
amarrado, da. adj. **1** Atado. **2** Tacaño, avaro.
amarradura. f. Acción de amarrar.
amarraje. m. Impuesto que se paga por el amarre de las naves en un puerto.
amarrar. tr. **1** Atar con cuerdas, maromas, cadenas, etc., algo, sobre todo el buque en el amarradero. **2** Asegurar: *amarró la venta*. **Sin.** 1 sujetar 2 afianzar ☐ **Ant.** 1 soltar.
amarre. m. Acción de amarrar.
amartelado, da. adj. Que implica amartelamiento. **Sin.** acaramelado.
amartelamiento. m. Exceso de galantería o demostraciones amorosas.
amartelarse. prnl. Acaramelarse, ponerse muy cariñosos los enamorados.
amartillar. tr. **1** Martillar. **2** Poner un arma de fuego en disposición de funcionar. **3** Afianzar, asegurar: *amartilló el trato*.
amasadera. f. Artesa para amasar.
amasadura. f. Acción de amasar.
amasar. tr. **1** Hacer masa, mezclando harina, yeso, tierra, etc., con agua u otro líquido. **2** Acumular, atesorar: *amasó una verdadera fortuna*.
amasijo. m. **1** Porción de masa. **2** Mezcla desordenada de cosas heterogéneas.
amateur. (voz fr.) adj y com. Aficionado, no profesional. || pl. *amateurs*.
amatista. f. Cuarzo transparente, de color violeta, muy apreciado en joyería.
amatorio, ria. adj. **1** Relativo al amor: *poesía amatoria*. **2** Que induce a amar. **Sin.** 1 y 2 amoroso.
amaurosis. f. Privación total de la vista, ocasionada por lesión en la retina, en el nervio óptico o en el encéfalo. || No varía en pl.

Amatista

amazacotado, da. adj. **1** Pesado, compuesto como un mazacote. **2** Se dice de las obras literarias o artísticas, pesadas, confusas, faltas de orden, proporción, gracia y variedad.

amazona. f. **1** Mujer que monta a caballo. **2** Traje de falda que usan algunas mujeres para montar a caballo.

amazónico, ca o **amazonio, nia.** adj. Relativo a las amazonas o al río Amazonas.

ambages. m. pl. Rodeos de palabras. Más en la loc. *sin ambages: dilo sin ambages.*

ámbar. m. **1** Resina fósil, de color amarillo más o menos oscuro, con la que se fabrican adornos y barnices. **2** Color amarillo como el de esta resina.

ambarino, na. adj. Relativo al ámbar.

ambición. f. Deseo ardiente de conseguir poder, riquezas, dignidades o fama.

ambicionar. tr. Desear ardientemente. **Sin.** ansiar, codiciar.

ambicioso, sa. adj. Que tiene o demuestra ambición: *presentó un ambicioso proyecto.* También s.

ambidextro, tra o **ambidiestro, tra.** adj. Que usa igualmente la mano izquierda y la de la derecha.

ambientación. f. **1** Acción de ambientar. **2** Presentación de una obra, artística o literaria, de acuerdo con las circunstancias peculiares de la época en que se desarrolla la acción.

ambiental. adj. Relativo al ambiente, a las circunstancias o al medio que rodea a las personas, animales o cosas.

ambientar. tr. **1** Crear un ambiente determinado o proporcionarlo: *es una novela ambientada en el París de los años veinte.* **2** Introducir o adaptar a una persona a un ambiente, situación, etc. También prnl.: *se ambientó muy bien en el país.*

ambiente. m. **1** Condiciones o circunstancias (físicas, humanas, sociales, culturales, etc.) que rodean a las personas, animales o cosas. En algunas disciplinas se le llama *medio ambiente.* **2** Entorno propicio, agradable: *me fui del baile porque no había ambiente.* | adj. **3** Se apl. a cualquier fluido que rodea un cuerpo.

ambigú. m. **1** Bufé, comida. **2** Bar en locales públicos. || pl. *ambigús* o *ambigúes.*

ambigüedad. f. Cualidad de ambiguo.

ambiguo, gua. adj. **1** Que puede entenderse de varios modos. **2** Que no se muestra con claridad. **3** En ling., se apl. a los sustantivos que son usados tanto en m. como en f.: *el mar/la mar.* **Sin.** 1 equívoco 2 incierto ☐ **Ant.** 1 inequívoco 2 preciso.

ámbito. m. **1** Espacio comprendido dentro de unos límites determinados: *ámbito nacional.* **2** Esfera, campo de actividad: *ámbito teatral.*

ambivalencia. f. Condición de lo que se presta a dos interpretaciones opuestas: *los redactores de noticias deben evitar ambivalencias en el texto.*

ambivalente. adj. Relativo a la ambivalencia.

ambladura. f. Acción de amblar: *paso de ambladura.*

amblar. intr. Andar un animal moviendo a la vez el pie y la mano de un mismo lado, como hace, p. ej. la jirafa.

ambliopía. f. Debilidad o disminución de la vista, sin lesión orgánica del ojo.

ambos, bas. adj. pl. El uno y el otro; los dos.

ambrosía o **ambrosia.** f. **1** En mit., manjar de los dioses. **2** Cosa muy placentera: *esto es pura ambrosía.*

ambulacro. m. Cada uno de los apéndices en forma de tubo y eréctiles de los equinodermos dispuestos en series radiales, que les sirve para la locomoción.

ambulancia. f. Vehículo para el transporte de heridos y enfermos.

ambulante. adj. Que va de un lugar a otro sin tener un sitio fijo: *vendedor ambulante.* **Sin.** nómada ☐ **Ant.** estable.

ambulatorio, ria. adj. **1** Se dice del tratamiento de enfermedades que no requiere hospitalización. | m. **2** Dispensario, clínica.

ameba. f. **1** Protozoo unicelular de forma cambiante que se desplaza mediante unos falsos pies o seudópodos. Existen numerosas especies, de las que unas son parásitas de animales, otras viven en las aguas dulces o marinas y algunas en la tierra húmeda. | f. pl. **2** Orden de estos animales.

ameboide o **ameboideo, a.** adj. Relativo a las amebas.

amedrentar. tr. y prnl. Infundir miedo. **Sin.** atemorizar, intimidar.

amén. 1 Voz hebrea que se dice al final de las oraciones litúrgicas con el significado de *así sea.* **2** Conforme, de acuerdo: *decir amén a todo.* | adv. **3** Además. **4** Salvo, excepto.

amenaza. f. **1** Acción de amenazar. **2** Dicho o hecho con que se amenaza.

amenazador, ra o **amenazante.** adj. Que amenaza.

amenazar. tr. **1** Dar a entender con actos o palabras que se quiere hacer algún mal a otro. También intr. **2** Anunciar: *el cielo amenaza lluvia.* **Sin.** 1 amagar 2 presagiar.

amenguar. tr. e intr. Disminuir, menoscabar.

amenidad. f. Calidad de ameno.

amenizar. tr. Hacer ameno: *una orquesta amenizaba el local.*

ameno, na. adj. Grato, deleitable: *es un escritor muy ameno.* **Ant.** desapacible, desagradable.

amenorrea. f. Supresión del flujo menstrual.

amerengado, da. adj. **1** Como el merengue. **2** Afectado, remilgado.

americana. f. Chaqueta de tela.

americanismo. m. **1** Cualidad o condición de americano. **2** Vocablo, giro, rasgo fonético, gramatical o semántico procedente del español hablado en América o de alguna lengua indígena americana. **3** Inclinación o apego a lo americano.

americanista. com. Persona que estudia las lenguas y culturas de América.

americanización. f. Acción de americanizar o americanizarse.

americanizar. tr. **1** Dar carácter americano. | prnl. **2** Tomar este carácter.

americano, na. adj. y s. De América. Se emplea a veces, refiriéndose a los estadounidenses.

americio. m. Elemento radiactivo artificial que se obtiene bombardeando el plutonio con neutrones. Su símbolo es *Am.*

amerindio, dia. adj. y s. Indio americano.

amerizaje. m. Acción de amerizar.

amerizar. intr. Posarse en el agua un hidroavión, aeronave, etc.

ametrallador, ra. adj. **1** Que ametralla. | f. **2** Arma de fuego automática que dispara proyectiles por ráfagas.

ametrallamiento. m. Acción de ametrallar.

ametrallar. tr. **1** Disparar metralla contra el enemigo. **2** Disparar con ametralladora o fusil ametrallador. **3** Disparar con automaticidad y elevada frecuencia.

ametría. f. Falta de medida.

ametropía. f. Defecto de la refracción ocular que impide que las imágenes se formen debidamente en la retina.

amianto. m. Mineral de fibras blancas y flexibles, de aspecto sedoso, con el que se hacen tejidos incombustibles.

amida. f. Cada uno de los compuestos nitrogenados que resultan de sustituir uno, dos o los tres hidrógenos del amoníaco por radicales ácidos.

amigable. adj. Afable, que convida a la amistad. **Sin.** amistoso □ **Ant.** hostil.

amígdala. f. Cada uno de los dos cuerpos glandulares y rojizos que, situados a la entrada de la faringe, constituyen un sistema de defensa contra las infecciones. **Sin.** angina.

amigdaláceo, a. adj. y f. **1** Se dice de los árboles o arbustos de fruto drupáceo con hueso que encierra una almendra por semilla, como el almendro, melocotonero, albaricoque, guindo, cerezo, ciruelo, endrino, etc. | f. pl. **2** Familia de estas plantas.

amigdalitis. f. Inflamación de las amígdalas. || No varía en pl.

amigo, ga. adj. **1** Que tiene amistad. **2** Amistoso, agradable: *una voz amiga.* **3** Aficionado o inclinado a alguna cosa: *amigo de la buena vida.* **4** Amante.

amigote. m. desp. Compañero habitual de juergas y diversiones.

amiguete. m. Amigo.

amilanado, da. adj. Apocado, desanimado. **Ant.** animado.

amilanamiento. m. Acción de amilanar o amilanarse.

amilanar. tr. y prnl. **1** Desanimar. **2** Asustar tanto a alguien que quede aturdido y paralizado: *no se amilana ante el peligro.* **Sin.** 1 abatir 2 acobardar.

amilasa. f. Enzima que convierte el almidón en el disacárido maltosa.

amillaramiento. m. **1** Acción de amillarar. **2** Padrón en que constan los bienes amillarados.

amillarar. tr. Regular los caudales y granjerías de los vecinos de un pueblo para repartir entre ellos las contribuciones.

amilo. m. Radical monovalente de hidrocarburo saturado con cinco átomos de carbono en su cadena.

amina. f. Sustancia orgánica obtenida de la reacción del amoníaco con derivados de hidrocarburos.

aminar. tr. Introducir en una molécula orgánica un radical amínico.

amínico, ca. adj. Relativo a las aminas.

amino. m. Radical monovalente formado por un átomo de nitrógeno y dos de hidrógeno, que constituye el grupo fundamental de las aminas y otros compuestos orgánicos.

aminoácido. m. Sustancia orgánica en cuya composición molecular entran un grupo amínico y otro carboxílico; veinte de tales sustancias son los componentes básicos de las proteínas.

aminorar. tr. y prnl. Disminuir, reducir algo: *aminora la velocidad.*

amistad. f. **1** Afecto entre las personas, desinteresado y, generalmente, recíproco. | pl. **2** Personas con las que se tiene amistad: *conserva todas sus amistades.*

amistar. tr. y prnl. **1** Unir en amistad. **2** Reconciliar a los enemistados.

amistoso, sa. adj. **1** Que demuestra amistad. **2** En dep., partido que se juega fuera de competición.

amito. m. Lienzo fino que se pone el sacerdote sobre los hombros y espalda para celebrar la misa.

amitosis. f. División directa del núcleo celular, sin fases preparatorias como en la mitosis. || No varía en pl.

amnesia. f. Pérdida total o parcial de la memoria.

amnésico, ca. adj. **1** Relativo a la amnesia. **2** Que padece amnesia. También s.

amnios. m. Membrana interna que envuelve al feto. ‖ No varía en pl.

amniótico, ca. adj. Relativo al amnios: *líquido amniótico*.

amnistía. f. Perdón colectivo decretado por los gobiernos para determinados delitos, particularmente políticos.

amnistiar. tr. e intr. Conceder amnistía.

amo. m. **1** Dueño de alguna cosa. **2** Cabeza de familia. **3** Persona que posee criados. **4** Mayoral o capataz. **5** Persona que predomina sobre otros, o en algo: *es el amo de la situación*.

amodorrado, da. adj. Que tiene modorra.

amodorramiento. m. Acción de amodorrarse. **Sin.** modorra, sopor.

amodorrar. tr. y prnl. Adormecer.

amojamar. tr. **1** Hacer mojama. | **amojamarse.** prnl. **2** Adelgazar y consumirse algo o alguien.

amojonamiento. m. **1** Acción de amojonar. **2** Conjunto de mojones.

amojonar. tr. Señalar con mojones los límites de una propiedad.

amoladera. adj. y f. Piedra de amolar.

amolar. tr. **1** Afilar un arma o instrumento cortante. **2** Fastidiar, molestar. También prnl.: *¡no te amuele...!* ‖ **Irreg.** Se conj. como *contar*.

amoldamiento. m. Acción de amoldar o amoldarse.

amoldar. tr. y prnl. **1** Ajustar una cosa a un molde o a alguna forma conveniente. **2** Ajustar la conducta de alguien a una pauta determinada: *amoldarse a un nuevo maestro*.

amomo. m. Planta tropical, con flores en espiga, cuyas semillas, aromáticas y de sabor muy amargo y estimulante, se usan en medicina.

amonal. m. Explosivo de gran potencia.

amonedar. tr. Reducir a moneda algún metal. **Sin.** acuñar.

amonestación. f. **1** Acción de amonestar. **2** Notificación pública que se hace en la iglesia de los nombres de los que se van a casar u ordenar.

amonestar. tr. **1** Recriminar a alguien: Hacer presente alguna cosa para que se considere, procure o evite. **2** Advertir, prevenir. **3** Publicar en la iglesia los nombres de las personas que quieren casarse.

amoniacal. adj. Relativo al amoniaco.

amoniaco, ca o **amoníaco, ca.** m. Compuesto gaseoso, soluble en agua, y formado por tres átomos de hidrógeno y uno de nitrógeno. Se usa en artículos de limpieza, abonos, etc. (NH_3).

amónico, ca. adj. Relativo al amonio: *sales amónicas*.

amonio. m. Ion derivado del amoniaco y que está compuesto de un átomo de nitrógeno y cuatro de hidrógeno.

amonita. adj. y com. **1** Se dice de un pueblo bíblico de Mesopotamia, formado por descendientes de Amón, hijo de Lot. | f. **2** Mezcla explosiva cuyo principal componente es el nitrato amónico.

amonites. m. Cefalópodo fósil con la concha en espiral. ‖ No varía en pl.

amontonamiento. m. Acción de amontonar o amontonarse.

amontonar. tr. **1** Poner unas cosas sobre otras sin orden ni concierto: *amontonar libros en una esquina*. **2** Apiñar personas, animales o cosas. **3** Juntar cosas en abundancia: *amontonar datos*. | **amontonarse.** prnl. **4** Sobrevenir muchos sucesos en poco tiempo. **Sin.** 1 apilar 2 agolpar 3 reunir □ **Ant.** 1 y 2 dispersar.

amor. m. **1** Conjunto de sentimientos que ligan una persona a otra, o bien a las cosas, ideas, etc. **2** Persona amada, y p. ext., aquello que es especialmente querido: *su amor es la danza*. **3** Ternura. **4** Esmero con que se hace algo. **5** Acto sexual: *hacer el amor*. | pl. **6** Relaciones amorosas: *tenía amores con su vecina*.

amoral. adj. Desprovisto de sentido o finalidad moral.

amoralidad. f. Condición de amoral.

amoratado, da. adj. Que tira a morado. **Sin.** cárdeno.

Amonites

amoratarse – amura

amoratarse. prnl. Ponerse de color morado.

amorcillo. m. En las artes plásticas, niño desnudo y alado, que suele simbolizar al amor y a veces lleva sus atributos: flechas, carcaj, venda en los ojos, etc.

amordazamiento. m. Acción de amordazar.

amordazar. tr. **1** Poner mordaza. **2** Impedir, mediante coacciones, que alguien se exprese libremente.

amorfo, fa. adj. Sin forma regular o bien determinada.

amorío. m. **1** Enamoramiento. **2** Relación amorosa superficial y pasajera. Más en pl.: *ha tenido innumerables amoríos.*

amormío. m. Planta perenne de hojas largas y estrechas y flores blancas poco olorosas.

amoroso, sa. adj. **1** Que siente o manifiesta amor. **2** Perteneciente o relativo al amor: *novela amorosa.* Sɪɴ. 1 cariñoso.

amortajar. tr. **1** Poner la mortaja a un difunto. **2** Por ext., cubrir, envolver.

amortiguación. f. **1** Amortiguamiento. **2** Sistema de suspensión de un vehículo.

amortiguador, ra. adj. **1** Que amortigua. | m. **2** Dispositivo para evitar el efecto de las sacudidas bruscas, como la violencia de un choque, la intensidad de un sonido o la trepidación de una máquina o automóvil.

amortiguamiento. m. **1** Acción de amortiguar o amortiguarse. **2** Disminución progresiva, en el tiempo, de la intensidad de un fenómeno periódico.

amortiguar. tr. y prnl. Hacer menos intensa o viva alguna cosa: *amortiguar el fuego, la pasión, los colores.* Sɪɴ. atenuar □ Aɴᴛ. agudizar.

amortización. f. Acción de amortizar.

amortizar. tr. **1** Redimir o pagar el capital de un préstamo o deuda. **2** Recuperar o compensar los fondos invertidos: *todavía no he amortizado la reforma del local.* **3** Suprimir empleos o plazas en un cuerpo u oficina. **4** En der., pasar los bienes a manos muertas.

amoscarse. prnl. Enfadarse.

amostazar. tr. y prnl. Irritar, enojar.

amotinado, da. adj. y s. Se dice de la persona que toma parte en un motín.

amotinamiento. m. Acción de amotinar o amotinarse.

amotinar. tr. y prnl. Levantar a una multitud contra la autoridad establecida. Sɪɴ. sublevar □ Aɴᴛ. apaciguar.

amparar. tr. **1** Favorecer, proteger. | **ampararse.** prnl. **2** Valerse del favor o protección de alguien para hacer u obtener algo. **3** Defenderse, guarecerse. Aɴᴛ. 1 desasistir.

amparo. m. **1** Acción de amparar o ampararse. **2** Abrigo o defensa.

ampelografía. f. Descripción de las variedades de la vid y conocimiento de los modos de cultivarlas.

amperaje. m. Cantidad de amperios que actúan en un aparato o sistema eléctrico.

amperímetro. m. Aparato para medir el número de amperios de una corriente eléctrica.

amperio. m. Unidad de intensidad de corriente eléctrica, que corresponde al paso de un culombio por segundo. Su símbolo es *A*.

ampliación. f. **1** Acción de ampliar. **2** Fotografía ampliada: *te regalan una ampliación de la mejor fotografía.*

ampliador, ra. adj. y s. **1** Que amplía. | f. **2** Aparato para obtener copias fotográficas ampliadas.

ampliar. tr. **1** Extender, dilatar. **2** Profundizar: *ampliar los estudios.* **3** Reproducir fotografías, planos, textos, etc., en tamaño mayor del original.

amplificación. f. Acción de amplificar.

amplificador, ra. adj. y s. **1** Que amplifica. | m. **2** Aparato que aumenta la amplitud o intensidad de un fenómeno físico, especialmente del sonido.

amplificar. tr. **1** Ampliar, extender. **2** Aumentar la amplitud o intensidad de un fenómeno físico mediante un dispositivo o aparato. Aɴᴛ. 1 y 2 reducir.

amplio, plia. adj. Extenso, dilatado. Aɴᴛ. reducido.

amplitud. f. **1** Extensión, dilatación. **2** Capacidad de comprensión intelectual o moral: *amplitud de criterios.*

ampo. m. **1** Blancura resplandeciente. **2** Copo de nieve.

ampolla. f. **1** Vejiga de agua o sangre que se forma en la epidermis. **2** Pequeño recipiente de vidrio, cerrado herméticamente, que suele contener una dosis de algún medicamento. **3** Vasija de cuello largo y angosto y de cuerpo ancho y redondo. Sɪɴ. 1 vejiga.

ampolleta. f. Reloj de arena.

ampulosidad. f. Cualidad de ampuloso.

ampuloso, sa. adj. Hinchado y redundante: *lenguaje ampuloso.*

amputar. tr. Cortar y separar enteramente del cuerpo un miembro o parte de él.

amueblar. tr. Dotar de muebles un edificio, una habitación, una casa, etc.

amuleto. m. Medalla u otro objeto al que se atribuyen virtudes sobrenaturales. Sɪɴ. talismán.

amura. f. **1** Parte de los costados del buque a partir de donde empieza a estrecharse para formar la proa. **2** Cabo que hay en cada uno de los puños bajos de las velas.

amurallado, da. adj. Protegido o cercado por murallas.

amurallar. tr. Rodear con murallas.

amustiar. tr. y prnl. Poner mustio.

ana. f. Medida de longitud de un metro aproximadamente.

anabaptismo. m. Doctrina surgida en el s. XVI dentro de la reforma protestante que rechaza el bautismo antes del uso de razón.

anabaptista. adj. y com. Seguidor del anabaptismo.

anabolizante. adj. y m. Se dice de la sustancia química utilizada para suplir deficiencias en los procesos del metabolismo.

anacanto. adj. y m. Se dice de peces con aletas de radios blandos y flexibles, como la merluza, el bacalao, etc.

anacarado, da. adj. De color de nácar.

anacardiáceo, a. adj. y s. **1** Se dice de árboles o arbustos de corteza resinosa, hojas alternas, flores en racimo y fruto en drupa o seco. | f. pl. **2** Familia de estas plantas.

anacardo. m. **1** Árbol, originario de América, que crece hasta 20 m y cuyo pedúnculo se hincha en forma de pera comestible. **2** Fruto de este árbol.

anaco. m. Tela rectangular que se ciñen las indias a la cintura.

anaconda. f. Serpiente americana no venenosa que llega a tener 10 m de longitud. Vive en las orillas de los ríos.

anacoreta. com. Persona que vive en lugar solitario, entregada a la contemplación y a la penitencia. **SIN.** eremita, ermitaño.

anacreóntico, ca. adj. Se dice de un tipo de composición poética, cultivada por Anacreonte, en la que se canta a los placeres del amor y del vino.

anacrónico, ca. adj. Que adolece de anacronismo.

anacronismo. m. **1** Error que consiste en presentar algo como propio de una época a la que no corresponde. **2** Cosa impropia de las costumbres o ideas de una época: *su forma de vestir es un anacronismo.*

ánade. m. Pato.

anadiplosis. f. Figura retórica que consiste en repetir la palabra final de un verso o de una frase al principio de la frase o del verso siguiente. || No varía en pl.

anaerobio, bia. adj. y s. Ser vivo que puede vivir y desarrollarse sin oxígeno.

anafe. m. Hornillo portátil.

anafilaxia o **anafilaxis.** f. Sensibilidad exagerada del organismo a la acción de ciertas sustancias orgánicas después de haberle sido inyectadas por primera vez. || La segunda forma no varía en pl.

anáfora. f. **1** Repetición de una o varias palabras al comienzo de una frase o verso, o de varios: *¡mira, mira quién está aquí!* **2** Presencia en la oración de elementos que hacen referencia a algo mencionado con anterioridad.

anafrodisia. f. Disminución o falta del apetito sexual.

anafrodisiaco, ca o **anafrodisíaco, ca.** adj. y m. Se dice de la sustancia que modera el deseo sexual. **ANT.** afrodisiaco.

anafrodita. adj. y com. Que se abstiene de placeres sexuales.

anáglifo. m. **1** Obra tallada en relieve. **2** Procedimiento de visión estereoscópica de fotografías, basado en el uso de colores complementarios, generalmente el rojo y el verde.

anagliptografía. f. Escritura en relieve para los ciegos.

anagrama. m. Palabra que resulta de la trasposición de las letras de otra: *amor, Roma.*

anal. adj. Relativo al ano: *músculo anal.*

analectas. f. pl. Florilegio, antología.

analéptico, ca. adj. Que restablece las fuerzas.

anales. m. pl. **1** Relaciones de sucesos por años. **2** Publicaciones anuales generalmente de carácter científico o técnico.

analfabetismo. m. Falta de instrucción elemental en un país: *todavía hay un alto índice de analfabetismo.*

analfabeto, ta. adj. y s. Que no sabe leer ni escribir. **SIN.** iletrado, inculto □ **ANT.** culto.

analgesia. f. Ausencia de toda sensación dolorosa.

analgésico, ca. adj. y s. Que produce analgesia o calma el dolor.

análisis. m. **1** Distinción y separación de las partes de un todo hasta llegar a conocer sus principios, elementos, etc. **2** Estudio minucioso. **3** Examen cualitativo y cuantitativo de ciertos componentes o sustancias del organismo según métodos especializados, con un fin diagnóstico: *análisis clínico.* || No varía en pl. **SIN.** 2 investigación □ **ANT.** 1 síntesis.

analista. com. **1** Persona que hace análisis. **2** Psicoanalista. **3** En inform. y econ., persona que define un problema, determina exactamente lo que se requiere para resolverlo y establece las líneas generales de su solución, etc.

analítico, ca. adj. **1** Relativo al análisis. **2** Que procede por vía de análisis: *tiene una mente muy analítica.* **ANT.** 1 y 2 sintético.

analizador, ra. adj. y s. Que analiza.

analizar. tr. Hacer análisis de alguna cosa. **Sin.** examinar.

analogía. f. **1** Semejanza entre cosas distintas. **2** En ling., semejanza formal entre los elementos que desempeñan igual función: *estuve, tuve, anduve.* **Sin.** 1 similitud ☐ **Ant.** 1 diferencia.

analógico, ca. adj. **1** Análogo. **2** Relativo a la analogía lingüística.

análogo, ga. adj. Que tiene analogía con otra cosa. **Sin.** parecido ☐ **Ant.** diferente.

anamnesia o **anamnesis.** f. Examen clínico de los antecedentes patológicos del enfermo. ‖ La segunda forma no varía en pl.

anamorfosis. f. Pintura o dibujo que sólo ofrece una imagen regular desde un determinado punto de observación. ‖ No varía en pl.

ananá o **ananás.** m. **1** Planta tropical, de fruto grande en forma de piña, carnoso y suculento. **2** Fruto de esta planta. ‖ La segunda forma no varía en pl.

anapesto. m. Pie de la poesía griega y latina formado por dos sílabas breves y una larga.

anaplastia. f. Reconstitución de tejidos del cuerpo a base de otros del mismo individuo.

anaptixis. f. Desarrollo de la resonancia vocálica de las consonantes hasta convertirla en vocal, como en *corónica* por *crónica.* ‖ No varía en pl.

anaquel. m. Tabla colocada horizontalmente en muros, armarios, etc. **Sin.** balda, estante.

anaquelería. f. Conjunto de anaqueles.

anaranjado, da. adj. y s. De color semejante al de la naranja.

anarcosindicalismo. m. Forma de anarquismo que atribuye a los sindicatos un papel destacado en la emancipación de la clase obrera.

anarcosindicalista. adj. **1** Relacionado con el anarcosindicalismo. ǀ com. **2** Seguidor del anarcosindicalismo.

anarquía. f. **1** Falta de todo gobierno en un Estado. **2** Desorden, confusión, por ausencia o debilidad de la autoridad pública. **3** Desconcierto, incoherencia, barullo: *en el concurso reinaba la anarquía.* **Sin.** 1 acracia 2 y 3 caos ☐ **Ant.** 2 y 3 orden.

anárquico, ca. adj. Relativo a la anarquía. **Sin.** desordenado, caótico ☐ **Ant.** ordenado.

anarquismo. m. Doctrina política y social que preconiza la completa libertad del individuo, la abolición del Estado y la supresión de la propiedad privada.

anarquista. adj. **1** Propio del anarquismo o de la anarquía. ǀ com. **2** Persona que sigue la doctrina del anarquismo, o desea o promueve la anarquía. **Sin.** 2 ácrata, libertario.

anarquizar. intr. Propagar el anarquismo o la anarquía.

anastigmático, ca. adj. Relativo al anastigmatismo.

anastigmatismo. m. Propiedad que poseen ciertos sistemas ópticos de evitar el astigmatismo.

anástrofe. f. Alteración del orden de las palabras de una oración. **Sin.** hipérbaton.

anatema. amb. **1** Excomunión. **2** Maldición, imprecación.

anatematizar. tr. **1** Imponer un anatema. **2** Maldecir. **3** Reprobar, condenar. **Sin.** 1 excomulgar.

anatomía. f. **1** Rama de la biología y la medicina que estudia el número, estructura, situación y relaciones de las diferentes partes del cuerpo, especialmente el humano. **2** Disposición de los miembros externos del cuerpo humano o del de los animales.

anatómico, ca. adj. **1** Relacionado con la anatomía: *sillón anatómico.* ǀ m. y f. **2** Anatomista.

anatomista. com. Especialista en anatomía.

anca. f. **1** Cada una de las dos mitades laterales en que se divide la parte posterior de las caballerías y otros animales: *ancas de rana.* **2** Parte correspondiente en el cuerpo humano.

ancestral. adj. **1** Relativo a los antepasados. **2** Tradicional y de origen remoto: *es un baile ancestral.*

ancestro. m. Antepasado. Más en pl.: *lo heredó de sus ancestros.*

anchoa. f. Boquerón curado en salmuera.

ancho, cha. adj. **1** Que tiene más o menos anchura. **2** Que tiene una anchura excesiva. **3** Holgado, amplio: *es un vestido ancho.* **4** Desembarazado, libre. **5** Orgulloso: *estar* o *ponerse ancho.* ǀ m. **6** Anchura: *mide el ancho de la tela.* **Ant.** 1-3 estrecho 4 preocupado 5 insatisfecho.

anchura. f. **1** La menor de las dos dimensiones principales de los cuerpos. **2** Amplitud o capacidad suficiente para que quepa algo.

anchuroso, sa. adj. Muy ancho o espacioso.

ancianidad. f. Última etapa de la vida del hombre. **Sin.** senectud, vejez ☐ **Ant.** juventud.

anciano, na. adj. y s. Se dice de la persona que tiene muchos años. **Sin.** viejo.

ancla. f. Instrumento de hierro, en forma de arpón o anzuelo doble, con el que se sujetan las embarcaciones al fondo del mar.

anclaje. m. **1** Acción de anclar la nave. **2** Fondeadero. **3** Impuesto que se paga por fondear en un puerto. **4** Conjunto de elementos destinados a fijar algo firmemente al suelo: *el anclaje de un armario.*

anclar. intr. **1** Sujetar la embarcación por medio del ancla. **2** Sujetar algo firmemente. **Sin.** 1 fondear.

ancón. m. **1** Ensenada pequeña en que se puede fondear. **2** Cada una de las ménsulas que sostienen una cornisa.

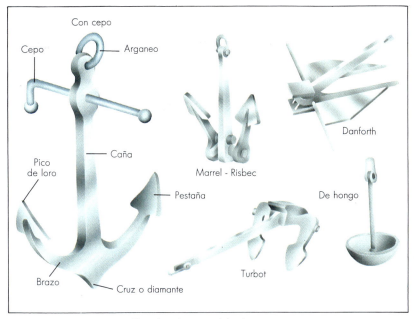

Tipos de ancla y partes del ancla con cepo

áncora. f. **1** Ancla. **2** Defensa, refugio.

andadas. f. pl. **1** Huellas de animales. **2 volver a las andadas.** loc. Reincidir en un vicio o mala costumbre.

andaderas. f. pl. Aparato para que el niño aprenda a andar. S<small>IN</small>. andador, tacataca.

andado, da. adj. **1** Transitado. **2** Común y ordinario. **3** Usado o gastado: *es un vestido muy andado.*

andador, ra. adj. y s. **1** Que anda mucho o con velocidad. **2** Aparato que utilizan niños o ancianos para ayudarse a andar. S<small>IN</small>. 1 andarín.

andadura. f. **1** Acción o modo de andar. **2** Camino que se ha recorrido: *una larga andadura.*

andalucismo. m. **1** Locución, giro o modo de hablar peculiar y propio de los andaluces. **2** Amor o apego a las cosas características o típicas de Andalucía.

andalucita. f. Silicato de alúmina natural.

andaluz, za. adj. y s. **1** De Andalucía. | m. **2** Se dice de la variedad de la lengua española hablada en Andalucía.

andamiaje. m. **1** Armazón para levantar un andamio. **2** Conjunto de andamios.

andamio. m. **1** Armazón de tablones o vigas para trabajar en la construcción o reparación de edificios, pintar paredes o techos, etc. **2** Tablado que se pone en las plazas o sitios públicos.

andana. f. Orden de algunas cosas puestas en línea: *navío con dos andanas de piezas de artillería.*

andanada. f. **1** Descarga cerrada de toda una andana o batería de cualquiera de los dos costados de un buque. **2** Localidad cubierta y con diferentes órdenes de gradas en las plazas de toros. **3** Represión: *le soltó una andanada.*

andante. adj. **1** Que anda: *caballero andante.* |m. **2** Movimiento musical moderadamente lento. | adv. m. **3** Con ese movimiento.

andantino. adv. m. Movimiento musical más vivo que el andante.

andanza. f. Peripecia, trance, aventura, correría. Más en pl.: *nos contó sus andanzas por Australia.*

andar. intr. **1** Ir de un lugar a otro dando pasos. También prnl. **2** Moverse lo inanimado. **3** Funcionar un mecanismo: *este reloj no anda.* **4** Transcurrir el tiempo: *andaban los años.* **5** Estar, encontrarse: *anda algo enfermo.* S<small>IN</small>. 1 caminar 4 pasar. || **Irreg.** Conjugación modelo:

> **Indicativo**
> Pres.: *ando, andas*, etc.
> Imperf.: *andaba, andabas*, etc.
> Pret. indef.: *anduve, anduviste, anduvo, anduvimos, anduvisteis, anduvieron.*
> Fut. imperf.: *andaré, andarás*, etc.
> **Potencial:** *andaría, andarías*, etc.
> **Subjuntivo**
> Pres.: *ande, andes*, etc.
> Imperf.: *anduviera* o *anduviese, anduvieras* o *anduvieses*, etc.
> Fut. imperf.: *anduviere, anduvieres*, etc.
> **Imperativo:** *anda, andad.*
> **Participio:** *andado.*
> **Gerundio:** *andando.*

andariego, ga. adj. y s. Que anda mucho. S<small>IN</small>. andarín.

andarín, na. adj. y s. Persona andadora.

andarivel. m. **1** Maroma tendida entre las dos orillas de un río o canal. **2** Cuerda colocada en diferentes sitios del buque, como pasamanos.

andas. f. pl. **1** Tablero sostenido por dos barras horizontales para transportar imágenes, personas o cosas. **2** Féretro con varas. S<small>IN</small>. 1 angarillas.

andén. m. **1** En las estaciones de los ferrocarriles, especie de acera a lo largo de la vía. **2** En los puertos de mar, espacio de terreno sobre el muelle.

andino, na. adj. Relativo a la cordillera de los Andes.

andoba o **andóbal.** com. Persona, individuo.

andorga. f. Vientre, barriga: *tiene bien llena la andorga.*

andrajo. m. Pedazo o jirón de ropa muy usada. S<small>IN</small>. harapo.

andrajoso, sa. adj. Cubierto de andrajos.

androceo. m. Conjunto de los estambres de una flor. Es el órgano reproductor masculino de las plantas fanerógamas.

andrógino, na. adj. Se dice del organismo animal o vegetal que reúne en un mismo individuo los dos sexos. S<small>IN</small>. hermafrodita.

androide. m. Autómata con figura de hombre.

andurrial. m. Paraje perdido o fuera del camino. Más en pl.: *me llevó por unos andurriales que yo no conocía.*

anea. f. Planta que crece en sitios pantanosos. Sus hojas, fuertes y largas, se emplean para hacer asientos de sillas, ruedos, etc. S<small>IN</small>. enea, espadaña.

anécdota. f. **1** Relato breve de un suceso curioso que se hace como ilustración, ejemplo o entretenimiento. **2** Este mismo suceso. **3** Detalle, aspecto secundario. S<small>IN</small>. 1 y 2 curiosidad.

anecdotario. m. Colección de anécdotas.

anecdótico, ca. adj. **1** Relativo a la anécdota. **2** Secundario, accidental.

anegadizo, za. adj. y s. Que se anega o inunda con frecuencia.

anegar. tr. **1** Inundar de agua o de cualquier otro líquido. También prnl.: *anegarse en lágrimas.* **2** Abrumar, agobiar. S<small>IN</small>. 1 encharcar.

anejo, ja. adj. y s. Agregado a otra cosa o dependiente de ella. S<small>IN</small>. anexo.

anélido, da. adj. y m. **1** Se dice de ciertos gusanos que tienen el cuerpo casi cilíndrico y segmentado por anillos o pliegues transversales externos, como la sanguijuela y la lombriz. | m. pl. **2** Clase de estos animales.

anemia. f. Empobrecimiento de la sangre, por disminución de su cantidad total, como ocurre después de las hemorragias, o por enfermedades que reducen la cantidad de hemoglobina y el número de glóbulos rojos.

anémico, ca. adj. **1** Relativo a la anemia. **2** Que padece anemia. También s.

anemócoro, ra. adj. Se dice de las plantas cuyas semillas o frutos se diseminan por medio del viento.

anemófilo, la. adj. Se dice de las plantas cuya polinización se produce por medio del viento.

anemógamo, ma. adj. Se dice de las flores cuya polinización se produce a través del aire.

anemografía. f. Parte de la meteorología, que trata de la descripción de los vientos.

anemógrafo, fa. m. y f. **1** Persona que profesa la anemografía. | m. **2** Anemómetro registrador gráfico.

anemometría. f. Parte de la meteorología, que enseña a medir la velocidad o la fuerza del viento.

anemómetro. m. Instrumento para medir la velocidad o la fuerza del viento.

anémona. f. **1** Planta herbácea, de flores de seis pétalos, grandes y vistosas. Se cultiva en los jardines.

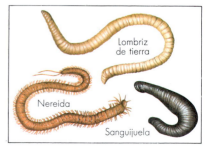

Anélidos

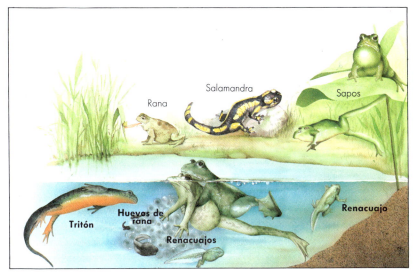

Anfibios

2 anémona de mar. Pólipo de colores vivos, cuya boca está rodeada por seis tentáculos.

anemoscopio. m. Instrumento para indicar los cambios de dirección del viento.

anestesia. f. **1** Falta o privación general o parcial de la sensibilidad producida por una enfermedad o por un anestésico. **2** Anestésico: *es alérgico a la anestesia*. S<small>IN</small>. 1 insensibilidad.

anestesiar. tr. Insensibilizar por medio de un anestésico.

anestésico, ca. adj. **1** Relativo a la anestesia. **2** Fármaco capaz de privar total o parcialmente de la sensibilidad. También m.

anestesiólogo, ga. m. y f. Especialista en anestesia.

anestesista. com. Persona experta en administrar anestesia.

aneurisma. f. **1** Dilatación anormal de un sector del sistema vascular. **2** Aumento anormal del volumen del corazón.

anexar. tr. Unir o agregar una cosa a otra con dependencia de ella. S<small>IN</small>. adjuntar □ A<small>NT</small>. separar.

anexión. f. Acción de anexar.

anexionar. tr. Unir, especialmente territorios.

anexionismo. m. Doctrina que propugna las anexiones, especialmente tratándose de territorios.

anexionista. adj. y com. Partidario del anexionismo.

anexo, xa. adj. y s. **1** Unido o agregado a otra cosa. | m. **2** Lo que se agrega: *está en el último anexo del libro*. S<small>IN</small>. 1 anejo.

anfeta. f. Anfetamina.

anfetamina. f. Amina aromática que se usa como estimulante de los sistemas nervioso y cardiovascular. Su abuso constituye una toxicomanía.

anfibio, bia. adj. **1** Se dice de los animales y plantas que pueden vivir en el agua y fuera de ella. También m. **2** Se dice de los vehículos que pueden trasladarse por tierra y por agua. **3** Se dice de los vertebrados que pasan la primera fase de su vida en el agua, y más tarde sufren una metamorfosis, como las ranas, sapos y salamandras. También s. y en pl.

anfíbol. m. Mineral compuesto de sílice, magnesia, cal y óxido ferroso.

anfibolita. f. Roca compuesta de anfíbol y algo de feldespato, cuarzo o mica.

anfibología. f. **1** Doble sentido o manera de hablar a la que puede darse más de una interpretación. **2** Figura retórica que consiste en emplear adrede voces o cláusulas de doble sentido. S<small>IN</small>. 1 ambigüedad.

anfibológico, ca. adj. Que tiene anfibología. S<small>IN</small>. ambiguo.

anfineuro, ra. adj. y m. **1** Se dice de moluscos marinos con simetría bilateral y sistema nervioso formado por una doble cadena ganglionar. | m. pl. **2** Clase de estos moluscos.

anfípodo, da. adj. y m. **1** Se dice de crustáceos acuáticos de pequeño tamaño, con el cuerpo comprimido lateralmente y el abdomen encorvado hacia abajo. | m. pl. **2** Orden de estos animales.

anfipróstilo. m. Edificio con pórtico y columnas en dos de sus fachadas.

anfiteatro. m. **1** Edificio de forma redonda u oval con gradas alrededor, y en el cual se celebraban varios espectáculos. **2** Conjunto de asientos colocados en gradas semicirculares en las aulas y en los teatros. Sin. 2 graderío.

anfitrión, na. m. y f. Persona que tiene invitados en su casa. Sin. huésped.

ánfora. f. Vasija alta y estrecha, de cuello largo, con dos asas. Sin. cántaro.

anfótero, ra. adj. Se dice del tipo de molécula que puede reaccionar como ácido y como base.

anfractuosidad. f. **1** Sinuosidad, desigualdad. **2** Surco o depresión sinuosa que separa las circunvoluciones cerebrales. Más en pl.

anfractuoso, sa. adj. Quebrado, sinuoso, tortuoso, desigual. Ant. uniforme, regular.

angarillas. f. pl. Andas para llevar carga.

ángel. m. **1** Espíritu celeste, servidor de Dios. **2** Gracia, simpatía: *tener ángel*. **3** Persona bondadosa: *esta niña es un ángel*. Ant. 1 y 3 demonio.

angélica. f. Planta herbácea, cuya semilla tiene aplicación en farmacia.

angelical. adj. **1** Relativo a los ángeles. **2** Parecido a los ángeles: *persona angelical*. **3** Que parece de ángel: *voz angelical*.

angélico, ca. adj. Angelical.

angelito. m. Niño de muy tierna edad.

angelote. m. **1** Figura grande de ángel. **2** Niño corpulento y de apariencia tranquila. **3** Persona muy sencilla y apacible. **4** Pez selacio de cuerpo en forma de huso y cola robusta.

ángelus. m. Oración en honor del misterio de la Encarnación. || No varía en pl.

angevino, na. adj. **1** De Angers o Anjou. También s. **2** Relativo a la casa de Anjou.

angina. f. **1** Inflamación de las amígdalas o de éstas y la faringe. Más en pl. **2 angina de pecho.** Insuficiencia coronaria, caracterizada por la aparición de dolor en la región izquierda del pecho con sensación acentuada de angustia. Sin. 1 amigdalitis.

anginoso, sa. adj. Relativo a la angina.

angiografía. f. Radiografía del sistema vascular.

angiología. f. **1** Parte de la anatomía que trata del sistema vascular. **2** Rama de la medicina que se ocupa del sistema vascular y de sus enfermedades.

angioma. m. Tumor de carácter benigno que aparece en la piel.

angiospermo, ma. adj. y f. **1** Se dice de plantas cuyos carpelos forman una cavidad cerrada u ovario, dentro de la cual están los óvulos. | f. pl. **2** Familia de estas plantas.

anglesita. f. Sulfato de plomo natural.

anglicanismo. m. Conjunto de doctrinas de la religión de inspiración protestante, predominante en Inglaterra.

anglicano, na. adj. **1** Relativo al anglicanismo. **2** Que profesa el anglicanismo. También s.

anglicismo. m. Palabra o giro propios y privativos de la lengua inglesa, empleados en otra.

anglicista. adj. y com. Que emplea anglicismos.

angloamericano, na. adj. **1** Se dice del individuo de origen inglés, nacido en América. También s. **2** Estadounidense, nacido en Estados Unidos. También s. **3** Relativo a este país.

anglofilia. f. Simpatía por lo inglés.

anglófilo, la. adj. y s. Que simpatiza con Inglaterra, con los ingleses o con lo inglés.

anglofobia. f. Aversión a lo inglés.

anglófobo, ba. adj. y s. Que odia a Inglaterra, a los ingleses o a lo inglés.

anglófono, na. adj. y s. De habla inglesa.

anglo, gla. adj. y s. **1** Individuo de una tribu germánica que se estableció en Inglaterra en el s. vi. **2** Inglés.

anglonormando, da. adj. y s. **1** Se dice de los normandos que se establecieron en Inglaterra en 1066. | m. **2** Dialecto francés normando hablado en Inglaterra.

angloparlante. adj y com. Que habla inglés.

anglosajón, na. adj. **1** Individuo procedente de los pueblos germanos que en el s. v invadieron Inglaterra. También s. **2** Se dice de los individuos y pueblos de procedencia y lengua inglesa. También s. **3** Perteneciente a los anglosajones. | m. **4** Lengua germánica de la que se deriva el inglés moderno.

angora. f. **1** Lana de pelo largo y sedoso. | adj. y s. **2** Se dice de las variedades de gato, conejo o cabra, originarias de Angora (Ankara, en Turquía), de pelo largo y sedoso.

angostar. tr., intr. y prnl. Hacer angosto. Sin. estrechar ☐ Ant. ensanchar.

angosto, ta. adj. Estrecho, reducido. Ant. ancho, espacioso.

angostura. f. **1** Cualidad de angosto. **2** Paso estrecho. **3** Estrechez intelectual o moral.

ángstrom o **angstromio.** m. Unidad de longitud equivalente a una diezmillonésima de milímetro (10^{-10}). Se utiliza especialmente para medir las longitudes de onda de las radiaciones luminosas. Su símbolo es Å.

anguila. f. Pez comestible de agua dulce, de cuerpo largo y cilíndrico.

angula. f. Cría de la anguila, comestible y muy apreciada.

angular. adj. **1** Relativo al ángulo. **2** De forma de ángulo.

ángulo. m. **1** Cada una de las dos porciones de plano limitadas por dos semirrectas que parten de un mismo punto. **2** Figura formada por dos líneas que parten de un mismo punto. **3** Rincón. **4** Esquina o arista. **5** Punto de vista: *lo analizamos desde todos los ángulos*. **Sin.** 5 perspectiva.

anguloso, sa. adj. Que tiene ángulos o esquinas. **Sin.** recortado ☐ **Ant.** liso, llano.

angustia. f. **1** Aflicción, congoja. **2** Opresión producida por ansiedad, temor o incertidumbre.

angustiado, da. adj. Que implica o expresa angustia.

angustiar. tr. y prnl. Causar angustia, afligir, acongojar.

angustioso, sa. adj. **1** Lleno de angustia. **2** Que la causa: *es un local angustioso*. **3** Que la padece.

anhelar. tr. Tener ansia o deseo vehemente de conseguir alguna cosa. **Sin.** ansiar ☐ **Ant.** desdeñar.

anhelo. m. Deseo vehemente. **Sin.** afán.

anheloso, sa. adj. Que tiene o siente anhelo.

anhídrido. m. En quím. denominación que se utilizaba antiguamente para referirse a los óxidos no metálicos.

anhidro, dra. adj. Se dice de los cuerpos que no contienen agua.

anidar. intr. **1** Hacer nido las aves o vivir en él. También prnl. **2** Morar, habitar. También prnl. **3** Hallarse o existir algo en una persona o cosa: *en su corazón anida la bondad*.

anilina. f. Líquido tóxico artificial que se extrae del nitrobenceno y que se emplea, sobre todo, como colorante.

anilla. f. **1** Cada uno de los anillos que sirven para colocar colgaduras o cortinas. **2** Anillo al cual se ata un cordón o correa para sujetar un objeto. | pl. **3** En gimnasia, aros en los que se hacen diferentes ejercicios.

anillado, da. adj. **1** Que tiene forma de anillo. **2** Se dice del cabello rizado. **3** Anélido. También m. | m. **4** Acción de anillar.

anillar. tr. **1** Atar con anillas o anillos. **2** Dar forma de anillo. **3** Poner a las aves anillas en las patas para identificarlas.

anillo. m. **1** Aro pequeño. **2** Aro de metal u otra materia que se lleva, principalmente por adorno, en los dedos de la mano: *anillo de boda*. **3** Moldura que rodea el fuste de las columnas. **4** Cornisa circular u ovalada que sirve de base a la cúpula o media naranja. **5** Cada uno de los segmentos en que está dividido el cuerpo de los gusanos o artrópodos. **6** Estructura molecular formada por una cadena cerrada de átomos. **7 como anillo al dedo.** loc. adj. Conveniente, oportuno: *tu excusa me viene como anillo al dedo*.

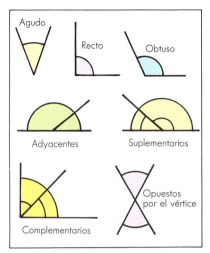

Tipos de ángulos

ánima. f. **1** Alma. **2** Alma del purgatorio. **3** Hueco del cañón de las piezas de artillería. | pl. **4** Toque de campanas en las iglesias a cierta hora de la noche para que se ruegue a Dios por las ánimas del purgatorio. **5** Hora de este toque.

animación. f. **1** Acción de animar. **2** Viveza. **3** Concurrencia de gente en algún lugar: *había una gran animación*. **4** Técnica cinematográfica con la que se dota de movimiento a dibujos o muñecos.

animado, da. adj. **1** Dotado de alma. **2** Alegre, divertido. **3** Concurrido. **Ant.** 1 inanimado 2 triste 3 aburrido, vacío.

animador, ra. adj. y s. **1** Que anima. | m. y f. **2** Cantante que actúa acompañado por una orquesta. **3** Persona que se dedica a organizar fiestas o reuniones. **4** Persona que se dedica a animar dibujos o figuras en el cine.

animadversión. f. **1** Enemistad, ojeriza. **2** Crítica o advertencia severa. **Ant.** 1 simpatía 2 apoyo.

animal. m. **1** Ser orgánico que vive, siente y se mueve por propio impulso. **2** Ser irracional por oposición a los humanos. | adj. **3** Relativo al animal: *reino animal*. **4** Relativo a la parte instintiva de un ser

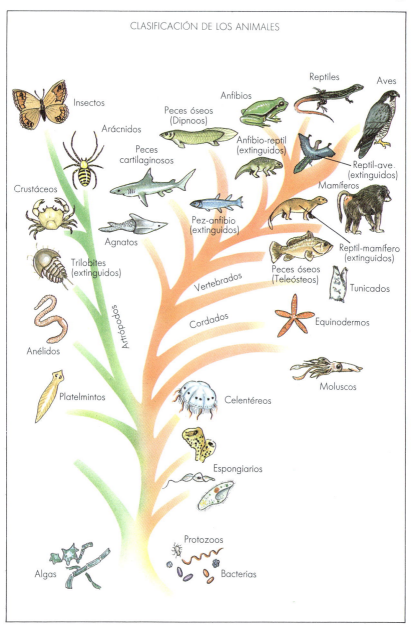

viviente frente a la racional o espiritual: *apetito animal.* **5** Se dice de la persona grosera o muy ignorante. También com. **Sin.** 2 bestia 5 tarugo.

animalada. f. **1** Burrada, barbaridad, salvajada. **2** Cantidad grande o excesiva.

animalidad. f. Cualidad de animal.

animalizarse. prnl. Embrutecerse.

animalucho. m. desp. Animal desagradable.

animar. tr. **1** Incitar a alguien a una acción: *la han animado a comprar un coche.* **2** Dar a alguien ánimo, energía moral o confianza: *venga, anímate.* También prnl. **3** Dotar de movimiento a cosas inanimadas. | **animarse** prnl. **4** Cobrar ánimo, atreverse. **Sin.** 1 empujar 2 alentar □ **Ant.** 1 y 2 desanimar.

anímico, ca. adj. Psíquico, relativo al alma.

animismo. m. **1** Doctrina que considera al alma como principio de acción de los fenómenos vitales. **2** Creencia en la actividad voluntaria de los seres orgánicos e inorgánicos y de los fenómenos de la naturaleza, que son adorados como divinidades. **3** Creencia en la existencia de espíritus que animan a todas las cosas.

animista. adj. **1** Relativo al animismo: *religiones animistas.* **2** Se dice de la persona partidaria del animismo. También com.

ánimo. m. **1** Alma o espíritu, en cuanto es principio de la actividad humana: *su estado de ánimo es excelente.* **2** Valor, esfuerzo, energía. **3** Intención, voluntad: *lo hizo con ánimo de ayudarte.* **4** Atención o pensamiento. **5** ¡ánimo! interj. para alentar o esforzar a alguien.

animosidad. f. **1** Aversión, antipatía. **2** Valor, ánimo. **Sin.** 1 ojeriza 2 entusiasmo □ **Ant.** 1 simpatía.

animoso, sa. adj. Que tiene ánimo. **Sin.** intrépido, valiente.

aniñado, da. adj. Que se parece a los niños por sus gestos o actitud: *rostro aniñado.* **Sin.** infantil, pueril.

aniñarse. prnl. Actuar como un niño el que no lo es.

anión. m. Ion negativo.

aniquilación. f. Acción de aniquilar.

aniquilar. tr. y prnl. **1** Reducir a la nada. **2** Destruir, arruinar. | **aniquilarse.** prnl. **3** Deteriorarse mucho algo.

anís. m. **1** Planta umbelífera de flores pequeñas y blancas, y de semillas aromáticas y de sabor agradable. **2** Semilla de esta planta. **3** Aguardiente anisado. **4** Dulce pequeño.

anisado, da. adj. **1** Que contiene anís. | m. **2** Aguardiente de anís.

anisar. tr. Echar anís a una cosa.

anisete. m. Licor compuesto de aguardiente, azúcar y anís.

anisótropo, pa. adj. En fís., se dice de la materia que no es isótropa.

aniversario. m. Día en que se cumplen años de algún suceso y el propio acto conmemorativo: *hoy celebran su aniversario de bodas.*

ano. m. Orificio del conducto digestivo por el cual se expele el excremento. **Sin.** culo.

anoche. adv. t. En la noche de ayer.

anochecer. impers. **1** Empezar a faltar la luz del día, venir la noche. | intr. **2** Llegar a estar en un paraje, situación o condición determinados al empezar la noche: *anochecí en la calle.* || **Irreg.** Se conj. como *agradecer.*

anochecer. m. Tiempo durante el cual anochece.

anochecido. adv. t. Al empezar la noche: *era anochecido cuando llegamos.*

anodino, na. adj. Insignificante, insustancial: *una película anodina.*

ánodo. m. Electrodo positivo.

anofeles. adj. y m. Se dice de un tipo de mosquitos, de largos palpos, cuya hembra es transmisora de los protozoos causantes del paludismo. || No varía en pl.

anomalía. f. Irregularidad, discrepancia de una regla.

anómalo, la. adj. Irregular, extraño.

anona. f. **1** Árbol de pequeño tamaño propio de países tropicales, aunque también se cultiva en las costas del sur de España. Su fruto es carnoso y agradable al paladar. **2** Fruto de este árbol.

anonadar. tr. **1** Apocar. | tr. y prnl. **2** Causar gran sorpresa o dejar muy desconcertada a una persona: *me has dejado anonadada con esa noticia.* **3** Humillar, abatir.

anonimato. m. Carácter o condición de anónimo: *vivir en el anonimato.*

anónimo, ma. adj. y m. **1** Se aplica a la obra o escrito que no lleva el nombre de su autor. **2** Se dice del autor cuyo nombre no es conocido.

anopluro. adj. y m. **1** Se dice de los insectos que viven como ectoparásitos en el cuerpo de algunos mamíferos, como el piojo. | m. pl. **2** Suborden de estos animales.

anorak. (voz esquimal) m. Prenda impermeable, generalmente con capucha.

anorexia. f. Falta de apetito, debida generalmente a causas psíquicas.

anormal. adj. **1** No normal, irregular. | com. **2** Vulgarmente, subnormal.

anormalidad. f. Cualidad de anormal.

anotación. f. Acción de anotar.

anotador, ra. adj. y s. Que anota.

anotar. tr. **1** Poner notas en un escrito o libro. **2** Apuntar: *voy a anotar tu número de teléfono en mi*

anovelado – antepenúltimo

agenda. **3** Hacer anotación en un registro público. **4** En deportes, marcar tantos.

anovelado, da. adj. Que participa de los caracteres de la novela.

anovulación. f. Cese o desaparición de la ovulación.

anovulatorio, ria. adj. y s. Medicamento que impide la ovulación.

anquilosar. tr. **1** Producir anquilosis. | **anquilosarse** prnl. **2** Detenerse una cosa en su progreso.

anquilosis. f. Imposibilidad de movimiento en una articulación normalmente móvil. || No varía en pl.

ánsar. m. **1** Ave palmípeda de la que procede el ganso, y cuyas plumas se usaron para escribir. **2** Ganso, ave.

ansia. f. **1** Anhelo intenso. **2** Congoja o fatiga que causa en el cuerpo inquietud o agitación violenta. | pl. **3** Náuseas. **Sin.** 1 anhelo 2 desazón.

ansiar. tr. Desear con ansia.

ansiedad. f. **1** Estado de inquietud del ánimo. **2** Angustia.

ansiolítico, ca. adj. y m. Se dice de los fármacos utilizados contra la ansiedad.

ansioso, sa. adj. **1** Acompañado de ansias. **2** Que tiene ansia o deseo vehemente de alguna cosa.

anta. f. Alce. **Sin.** ante.

antagónico, ca. adj. Que denota o implica antagonismo: *doctrinas antagónicas.*

antagonismo. m. **1** Oposición sustancial en doctrinas y opiniones. **2** Rivalidad.

antagonista. adj. **1** Persona o cosa opuesta o contraria a otra. También com. | com. **2** Personaje que se opone al protagonista en una obra literaria, cinematográfica, etc.

antaño. adv. t. En tiempos antiguos.

antártico, ca. adj. Se dice del polo sur y de las regiones que lo rodean. **Ant.** ártico.

ante. prep. **1** En presencia de, delante de. **2** En comparación, respecto de. **3** Se usa como prefijo: ante*ayer.*

ante. m. **1** Alce. **2** Piel curtida de este animal o de otros semejantes.

antealtar. m. Espacio contiguo a la grada del altar.

anteanoche. adv. t. En la noche de anteayer.

anteayer. adv. t. En el día que precedió inmediatamente al de ayer.

antebrazo. m. **1** Parte del brazo desde el codo hasta la muñeca. **2** Brazuelo de los cuadrúpedos.

antecámara. f. Pieza delante de la sala principal de un palacio. **Sin.** antesala.

antecedente. adj. **1** Que antecede. | m. **2** Circunstancia anterior que sirve para juzgar hechos posteriores.

anteceder. tr. Preceder.

antecesor, ra. adj. **1** Anterior en tiempo. | m. y f. **2** Persona que precedió a otra en una dignidad empleo u obra. | m. **3** Antepasado, ascendiente. Más en pl.: *sus antecesores fueron turcos otomanos.*

anteco, ca. adj. y s. Se aplica a los moradores del globo terrestre que ocupan puntos de la misma longitud y a igual distancia del ecuador.

antecocina. f. Pieza y habitación que precede a la cocina.

antedata. f. Fecha falsa de un documento, anterior a la verdadera.

antedía. adv. t. **1** Antes de un día determinado. **2** En el día precedente o pocos días antes.

antedicho, cha. adj. Dicho antes o con anterioridad.

antediluviano, na. adj. **1** Anterior al diluvio universal. **2** Antiquísimo.

antefirma. f. Denominación del empleo, dignidad o representación del firmante de un documento, puesta antes de la firma.

anteiglesia. f. **1** Atrio, pórtico o lonja delante de la iglesia. **2** En el País Vasco, pueblo o distrito municipal.

antelación. f. Anticipación con que sucede una cosa respecto a otra.

antemano. adv. t. Con anticipación, anteriormente.

antemeridiem. loc. lat. Antemeridiano. || Se abrevia *a.m.*

antemeridiano, na. adj. Anterior al mediodía.

antemural. m. Fortaleza, roca o montaña que sirve de defensa.

antena. f. **1** Dispositivo de formas muy diversas que, en los emisores y receptores de ondas electromagnéticas, sirve para emitirlas o recibirlas. **2** Apéndices articulados que tienen en la cabeza muchos animales artrópodos. | pl. **3** Orejas, oídos: *tiene las antenas puestas.*

anteojera. f. Cada una de las piezas de vaqueta que tapan lateralmente los ojos de una caballería para que vea sólo de frente.

anteojo. m. **1** Instrumento óptico para ver objetos lejanos, compuesto principalmente de dos tubos cilíndricos, entrante uno en otro, y de dos lentes: una, el *objetivo,* y otra, el *ocular.* **2** Instrumento óptico compuesto de cristales y armadura que permite tenerlos sujetos delante de los ojos.

antepasado, da. m. y f. **1** Ascendiente más o menos remoto de una persona o grupo de personas. Más en pl. | adj. **2** Dicho de tiempo, anterior a otro tiempo pasado ya. **Sin.** 1 antecesor, ancestro □ **Ant.** 1 descendiente.

antepecho. m. Pretil, baranda.

antepenúltimo, ma. adj. Inmediatamente anterior al penúltimo.

anteponer. tr. y prnl. **1** Poner delante. **2** Preferir, estimar más. ‖ **Irreg.** Se conj. como *poner*.

anteportada. f. Hoja que precede a la portada de un libro, y en la que sólo se pone el título de la obra.

anteproyecto. m. **1** Conjunto de trabajos preliminares para redactar el proyecto de una obra de arquitectura o de ingeniería. **2** Por ext., primera redacción sucinta de una ley, programa, etc.

antepuerta. f. Cortina que se pone delante de una puerta.

antepuerto. m. **1** Terreno elevado que precede al puerto. **2** Parte avanzada de un puerto artificial.

antepuesto, ta. adj. Puesto delante.

antera. f. Parte del estambre de las flores que contiene el polen.

anterior. adj. Que precede en lugar o tiempo. **Sin.** precedente, previo ◻ **Ant.** posterior.

anterioridad. f. Precedencia temporal de una cosa con respecto a otra.

antes. adv. t. y l. **1** Denota prioridad de tiempo o lugar: *antes de amanecer.* | adv. o. **2** Denota prioridad: *antes la felicidad que el dinero.* | conj. advers. **3** Denota idea de contrariedad y preferencia en el sentido de una oración respecto de otra: *el que está limpio de pecado no teme la muerte, antes la desea.* | adj. **4** Antecedente, anterior: *el día antes; la noche antes.*

antesala. f. Pieza delante de la sala principal de una casa.

antevíspera. f. Día inmediatamente anterior al de la víspera.

anti- Elemento compositivo que entra en la formación de algunas voces españolas con el significado de 'opuesto' o 'con propiedades contrarias': *antigripal, antiséptico.*

antiacadémico, ca. adj. Se dice de lo que va contra la autoridad de las Academias.

antiácido, da. adj. y s. **1** Sustancia que se opone o resiste a la acción de los ácidos. | m. **2** Sustancia que neutraliza el exceso de acidez gástrica, como el bicarbonato sódico.

antiaéreo, a. adj. Relativo a la defensa contra aviones militares.

antibiosis. f. Acción nociva de un ser vivo sobre otro, en especial cuando se trata de microorganismos. ‖ No varía en pl.

antibiótico, ca. adj. Sustancia química, como la penicilina, que destruye los microbios.

anticarro. adj. Se dice de los procedimientos o armas de fuego usados contra los vehículos blindados.

anticatarral. adj. Que combate el catarro.

anticátodo. m. Obstáculo, conectado al polo positivo, interpuesto al paso de las radiaciones emitidas por el cátodo, en un tubo de descarga eléctrica en el vacío.

anticatólico, ca. adj. Contrario al catolicismo.

anticiclón. m. Área de alta presión atmosférica. En ella, las isóbaras son curvas circulares u ovales, y la presión disminuye hacia la periferia.

anticiclónico, ca. adj. Relacionado con anticiclón, o a su área de acción.

anticipación. f. Acción de anticipar o anticiparse.

anticipar. tr. **1** Hacer que ocurra alguna cosa antes de tiempo. También prnl.: *se ha anticipado el verano.* **2** Fijar tiempo anterior al señalado para hacer alguna cosa: *anticipar el día de la marcha.* **3** Tratándose de dinero, darlo antes del tiempo señalado: *anticipar una paga.*

anticipo. m. **1** Anticipación. **2** Dinero anticipado: *este mes voy a necesitar un anticipo.*

anticlerical. adj. y s. Contrario al clero.

anticlericalismo. m. **1** Doctrina o procedimiento contra el clericalismo. **2** Animosidad con todo lo que se relaciona con el clero.

anticlímax. m. **1** Término más bajo de una gradación retórica. **2** Momento en que desciende o se relaja la tensión después del clímax. ‖ No varía en pl.

anticlinal. adj. Pliegue del terreno en el que los estratos descienden a ambos lados del eje.

anticoagulante. adj. Medicamento que impide la coagulación de la sangre.

anticoncepción. f. Acción de impedir el embarazo de las hembras.

anticonceptivo, va. adj. y m. Se dice del medio, práctica o agente que impide el embarazo.

anticongelante. adj. y m. Producto que, en los motores que tienen enfriamiento por agua, se mezcla a ésta para evitar que se congele.

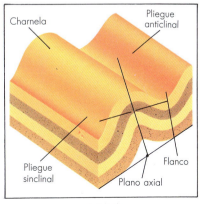

Anticlinal

anticonstitucional. adj. Contrario a la Constitución de un Estado.

anticristo. m. Nombre que da el evangelista San Juan al misterioso adversario, individual o colectivo, que antes de la segunda venida de Cristo intentará seducir a los cristianos y apartarlos de su fe.

anticuado, da. adj. Que no está en uso hace mucho tiempo.

anticuar. tr. **1** Declarar antigua y sin uso alguna cosa. | **anticuarse** prnl. **2** Hacerse antiguo.

anticuario. m. **1** El que estudia las cosas antiguas. **2** El que las colecciona o las vende.

anticuerpo. m. Sustancia existente en el organismo animal o producida en él por la introducción de un antígeno, que se opone a la acción de otros elementos como bacterias, toxinas, etc.

antidemocrático, ca. adj. Opuesto a la democracia.

antideportivo, va. adj. Que carece de deportividad.

antideslizante. adj. Que impide o disminuye el deslizamiento: *neumático, pavimento antideslizante.*

antidetonante. adj. Producto que se añade a la gasolina para evitar la explosión prematura de la mezcla carburante.

antidóping. adj. Control establecido para detectar el uso de drogas estimulantes por los deportistas.

antidotario. m. Libro que trata de la composición de los medicamentos.

antídoto. m. **1** Medicamento contra un veneno. **2** Medio para no incurrir en un vicio o falta: *el mejor antídoto contra el vicio es el trabajo.*

antiemético, ca. adj. y m. Que sirve para contener el vómito.

antiespasmódico, ca. adj. y m. Que sirve para calmar los espasmos o desórdenes nerviosos.

antiestético, ca. adj. Contrario a la estética.

antifascismo. m. Tendencia contraria al fascismo.

antifascista. adj. y com. Contrario al fascismo.

antifaz. m. Velo o máscara con que se cubre la cara. **Sin.** careta.

antifeminismo. m. Tendencia contraria al feminismo.

antifeminista. adj. y com. Contrario al feminismo.

antifernales. adj. pl. Se dice de los bienes que el marido donaba a la mujer en compensación y para seguridad de la dote.

antiflogístico, ca. adj. y m. Antiinflamatorio.

antífona. f. Breve pasaje, tomado de la Sagrada Escritura, que se canta o reza en las horas canónicas.

antífrasis. f. Figura que consiste en designar personas o cosas con voces que signifiquen lo contrario de lo que se debiera decir. || No varía en pl.

antifricción. m. Aleación con que se forra el interior de los cojinetes para disminuir el frotamiento.

antigás. adj. Se aplica a las cosas que sirven para protegerse de los gases tóxicos: *máscara antigás.*

antigénico, ca. adj. Relacionado con el antígeno.

antígeno. m. Toda sustancia que, penetrando en el medio interno de un organismo animal, forma anticuerpos y determina en él una reacción inmunitaria o de anafilaxis.

antigripal. adj. Que sirve para combatir la gripe.

antigualla. f. **1** Obra u objeto de antigüedad remota. **2** Mueble, traje, adorno o cosa semejante que ya no está de moda.

antigubernamental. adj. Contrario al gobierno constituido.

antigüedad. f. **1** Calidad de antiguo: *antigüedad de un edificio.* **2** Tiempo antiguo. **3** Lo que sucedió en tiempo antiguo. **4** Período histórico correspondiente a la época antigua de los pueblos situados en torno al Mediterráneo, especialmente los griegos y latinos. **5** Tiempo transcurrido desde el día en que se obtiene un empleo. | pl. **6** Monumentos u objetos artísticos de tiempo antiguo.

antiguo, gua. adj. **1** Que existe desde hace mucho tiempo: *esa taberna es muy antigua.* **2** Que existió o sucedió en tiempo remoto. **3** Viejo, desfasado. | m. pl. **4** Los que vivieron en siglos remotos. **Sin.** 1 arcaico ☐ **Ant.** 1 moderno.

antihelmíntico, ca. adj. y m. Que sirve para extinguir las lombrices.

antihigiénico, ca. adj. Contrario a los preceptos de la higiene.

antihistamínico, ca. adj. y s. Sustancia que impide la acción de la histamina y es eficaz, por tanto, contra las afecciones alérgicas.

antiimperialismo. m. Movimiento político que trata de liberar a un país de la sujeción política o económica de otro país.

antiimperialista. adj. y com. Partidario del antiimperialismo.

antiinflamatorio, ria. adj. y m. Que sirve para bajar la inflamación.

antílope. m. Mamífero rumiante bóvido, como la gacela.

antimagnético, ca. adj. Que está exento de la influencia magnética.

antimateria. f. Materia compuesta de antipartículas.

antimilitarismo. m. Tendencia contraria al militarismo.

antimilitarista. adj. y com. Que profesa o siente el antimilitarismo.

antimonárquico, ca. adj. y s. Contrario a la monarquía como sistema de gobierno.

antimonio. m. Elemento químico metálico, de color blanco azulado y brillante. Su símbolo es *Sb*.
antimoral. adj. Contrario a la moral.
antinomia. f. **1** Contradicción entre dos preceptos legales. **2** Contradicción entre dos principios racionales.
antinómico, ca. adj. Que implica antinomia.
antinuclear. adj. Contrario a la utilización de la energía nuclear.
antioxidante. adj. y m. Que evita la oxidación.
antipalúdico, ca. adj. Que sirve para combatir el paludismo.
antipapa. m. El que no está canónicamente elegido papa y pretende ser reconocido como tal.
antipara. f. Biombo.
antiparasitario, ria. adj. Que elimina, destruye o reduce los parásitos.
antiparlamentario, ria. adj. Contrario a los usos y prácticas parlamentarios.
antiparras. f. pl. Anteojos, gafas.
antipartícula. f. Partícula elemental que tiene carga eléctrica opuesta y momento magnético también de sentido contrario al de la partícula correspondiente.
antipatía. f. Sentimiento de aversión, repulsión o desacuerdo. **Sin.** desafecto, ojeriza □ **Ant.** simpatía.
antipático, ca. adj. Que causa antipatía.
antipatriota. com. El que actúa en contra de su patria.
antipatriótico, ca. adj. Contrario al patriotismo.
antipedagógico, ca. adj. Contrario a la pedagogía.
antipirético. m. Se dice del medicamento eficaz contra la fiebre. **Sin.** febrífugo.
antipirina. f. Compuesto orgánico que se presenta en forma de polvo blanco y se emplea en medicina como analgésico.
antípoda. adj. y m. **1** Se dice de cualquier habitante del globo terrestre con respecto a otro que viva en lugar diametralmente opuesto. Más en pl. **2** Se aplica a las personas y a las cosas totalmente opuestas entre sí.
antiprotón. m. Antipartícula del protón.
antiquísimo, ma. adj. Muy antiguo, remoto.
antirrábico, ca. adj. Medicamento que se emplea contra la rabia.
antirradar. adj. y m. Dispositivo adoptado para anular los efectos de la detección del radar.
antirreglamentario, ria. adj. Contrario a lo que dispone el reglamento.
antirreligioso, sa. adj. Irreligioso, que se opone al espíritu religioso.
antirrobo. adj. y m. Se dice de cualquier dispositivo destinado a impedir un robo.

antisemita. adj. y com. Enemigo de la raza hebrea.
antisemítico, ca. adj. Relativo al antisemitismo.
antisemitismo. m. Doctrina o tendencia antisemita.
antisepsia. f. Método empleado en medicina para destruir los microbios patógenos.
antisocial. adj. y com. Contrario a la sociedad, al orden social.
antisubmarino, na. adj. Se dice de los procedimientos y aparatos empleados en la lucha contra los submarinos.
antisudoral. adj. y m. Sustancia que evita o reduce el sudor excesivo.
antitanque. adj. Se dice de las armas destinadas a destruir tanques de guerra y otros vehículos semejantes. **Sin.** anticarro.
antítesis. f. **1** Oposición o contrariedad de dos afirmaciones. **2** Persona o cosa opuesta en sus condiciones a otra. **3** Figura que consiste en contraponer una frase o una palabra a otra de contraria significación. || No varía en pl.
antitetánico, ca. adj. y s. Se dice de los medicamentos y vacunas empleados contra el tétanos.
antitético, ca. adj. Que implica antítesis.
antitoxina. f. Anticuerpo que se forma en el organismo y destruye los efectos de las toxinas.
antivariólico, ca. adj. Que sirve para combatir la viruela.
antojadizo, za. adj. Que tiene antojos, caprichoso.
antojarse. prnl. **1** Apetecer o desear algo con fuerza: *se me antojó una flor*. **2** Considerar como probable alguna cosa: *se me antoja que va a llover*.
antojo. m. **1** Deseo vivo y pasajero de alguna cosa. **2** Lunar, mancha o tumor en la piel. **Sin.** 1 capricho.
antología. f. **1** Libro que contiene una selección de textos literarios de uno o varios autores y, p. ext., cualquier medio (libro, disco o colección de discos, exposición, etc.) que incluya una selección de obras artísticas. **2** Esta misma selección.
antológico, ca. adj. Propio o digno de una antología.
antonimia. f. Cualidad de antónimo.
antónimo, ma. adj. y m. Se dice de las palabras que expresan ideas opuestas o contrarias: *virtud* y *vicio*. **Ant.** sinónimo.
antonomasia. f. **1** Sinécdoque que consiste en poner el nombre apelativo por el propio, o viceversa: *un hércules* por *un hombre muy fuerte*. **2 por antonomasia.** loc. adv. Por excelencia.
antorcha. f. **1** Hacha, vela de cera. **2** Lo que sirve de guía: *la antorcha de la sabiduría*. **3** Lámpara eléc-

antozoo – aojar

trica de gran potencia que, en cinematografía, se usa para poder filmar en la oscuridad.

antozoo. adj. y m. **1** Se dice de los celentéreos que en estado adulto viven fijos sobre el fondo del mar; como la actinia y el coral. | m. pl. **2** Clase de estos animales.

antracita. f. Carbón fósil seco o poco bituminoso que arde con dificultad.

ántrax. m. Tumor inflamatorio localizado en el tejido laminoso subcutáneo y la dermis.

antro. m. **1** Caverna, cueva, gruta. **2** Local, establecimiento, vivienda, etc., de mal aspecto o reputación.

antropocéntrico, ca. adj. Relativo al antropocentrismo.

antropocentrismo. m. Doctrina que supone que el hombre es el centro de todas las cosas.

antropofagia. f. Costumbre de comer carne humana. SIN. canibalismo.

antropófago, ga. adj. y s. Que come carne humana.

antropoide. adj. y s. Se dice de los animales que externamente se asemejan al hombre.

antropología. f. Ciencia que tiene por objeto el estudio del hombre y considera sus variedades raciales y culturales.

antropológico, ca. adj. Relativo a la antropología.

antropólogo, ga. m. y f. Persona especializada en antropología.

antropometría. f. Tratado de las proporciones y medidas del cuerpo humano.

antropométrico, ca. adj. Relativo a la antropometría.

antropomorfismo. m. Conjunto de doctrinas que atribuyen a la divinidad, a los animales y a las cosas rasgos o forma humana.

antropomorfo, fa. adj. Que tiene forma o apariencia humana.

antropopiteco. m. Animal que vivió en el período pleistoceno y al que se considera como uno de los antepasados del hombre.

anual. adj. **1** Que sucede o se repite cada año. **2** Que dura un año.

anualidad. f. **1** Cualidad de anual. **2** Importe anual de una renta o carga.

anuario. m. **1** Libro que se publica al principio de cada año para que sirva de guía a las personas de determinadas profesiones. **2** Revista que se publica una vez al año.

anubarrado, da o **anubado, da.** adj. Cubierto de nubes.

anublar. tr. y prnl. Nublar.

anudar. tr. y prnl. **1** Hacer nudos. **2** Unir cuerdas, hilos, etc., con un nudo: *se anudó los cordones de los zapatos.* **3** Juntar, unir, estrechar: *anudar la amistad.*

anuencia. f. Consentimiento.

anuente. adj. Que consiente.

anular. adj. **1** Relativo al anillo. **2** De figura de anillo. **3** Se dice del cuarto dedo de la mano. También m.

anular. tr. Dar por nulo un precepto, contrato.

anunciar. tr. **1** Dar noticia o aviso de alguna cosa. **2** Pronosticar. **3** Hacer saber. **4** Dar publicidad. También prnl.

anuncio. m. **1** Acción de anunciar. **2** Conjunto de palabras o signos con que se anuncia algo. **3** Mensaje publicitario. **4** Pronóstico.

anuria. f. Supresión de la secreción urinaria.

anuro, ra. adj. y m. **1** Se dice de los anfibios que carecen de cola, como la rana y el sapo. | m. pl. **2** Orden de estos anfibios.

anverso. m. **1** En las monedas y medallas, cara principal. **2** Primera página impresa de un pliego. **3** Molde con que se imprime.

anzuelo. m. **1** Arponcillo o garfio que, pendiente de un sedal, sirve para pescar. **2** Atractivo, trampa.

añada. f. **1** Cosecha de cada año. **2** Discurso o tiempo de un año.

añadido, da. adj. **1** Agregado, aumentado. | m. **2** Añadidura, adición. **3** Postizo.

añadidura. f. Lo que se añade a alguna cosa.

añadir. tr. **1** Agregar, incorporar una cosa a otra. **2** Aumentar, acrecentar, ampliar. ANT. 1 restar.

añagaza. f. **1** Señuelo para atrapar aves. **2** Artificio para atraer con engaño. SIN. 2 artimaña.

añalejo. m. Calendario eclesiástico.

añejar. tr. **1** Hacer añeja alguna cosa. También prnl. | **añejarse.** prnl. **2** Mejorarse o deteriorarse algunas cosas con el transcurso del tiempo.

añejo, ja. adj. **1** Se dice de ciertas cosas que tienen uno o más años: *vino añejo.* **2** Que tiene mucho tiempo.

añicos. m. pl. Pedazos pequeños en que se divide alguna cosa al romperse.

añil. m. **1** Arbusto leguminoso. **2** Pasta de color azul oscuro obtenida de esta planta. **3** Este color.

año. m. **1** Tiempo que transcurre durante una revolución real de la Tierra en su órbita alrededor del Sol. **2** Período de doce meses. | **año bisiesto.** El de 366 días.

añojo, ja. m. y f. Becerro de un año.

añoranza. f. Acción de añorar, nostalgia.

añorar. tr. e intr. Recordar con pena la ausencia o pérdida de persona o cosa muy querida.

añoso, sa. adj. De muchos años.

aojar. tr. **1** Hacer mal de ojo. **2** Desgraciar o malograr una cosa.

aojo. m. Mal de ojo.

aoristo. m. Pretérito indefinido de la conjugación griega.

aorta. f. Arteria principal del cuerpo que nace en el ventrículo izquierdo.

aortitis. f. Inflamación de la aorta. ‖ No varía en pl.

aovado, da. adj. De figura de huevo. SIN. ovalado.

aovar. intr. Poner huevos.

apabullar. tr. Confundir, intimidar a una persona, haciendo exhibición de fuerza o superioridad: *le apabulló con sus comentarios*.

apacentar. tr. **1** Dar pasto al ganado. **2** Instruir, enseñar. ‖ **Irreg.** Se conj. como *acertar*. SIN. 1 pastorear.

apache. adj. y com. **1** Se dice del indio nómada de las llanuras de Nuevo México, que se caracterizaba por su gran belicosidad. **2** De los bajos fondos parisinos.

apacible. adj. **1** Manso, dulce, agradable. **2** De buen temple, tranquilo: *viento apacible*.

apaciguar. tr. y prnl. Poner en paz, sosegar, aquietar.

apadrinar. tr. **1** Asistir como padrino a una persona. **2** Patrocinar, proteger. |**apadrinarse.** prnl. **3** Ampararse, valerse, acogerse.

apagado, da. adj. **1** Que ya no arde. **2** De genio sosegado y apocado. **3** Tratándose del color, el brillo, etc., amortiguado.

apagar. tr. **1** Interrumpir el funcionamiento de un aparato desconectándolo de su fuente de energía: *acuérdate de apagar el gas antes de salir*. | tr. y prnl. **2** Extinguir el fuego o la luz. **3** Aplacar, disipar, extinguir: *apagar los rencores, un afecto*.

apagón. m. Extinción pasajera y accidental del alumbrado eléctrico.

apaisado, da. adj. Que es más ancho que alto: *un cuadro apaisado*.

apalabrar. tr. Concertar de palabra dos o más personas alguna cosa. SIN. convenir, pactar.

apalancamiento. m. Acción de apalancar.

apalancar. tr. Levantar, mover con palanca.

apalear. tr. **1** Dar golpes con un palo. **2** Varear el fruto del árbol.

apañado, da. adj. **1** Hábil, mañoso. **2** Adecuado para el uso a que se destina.

apañar. tr. **1** Coger, agarrar. **2** Recoger y guardar alguna cosa, o apoderarse de ella ilícitamente. **3** Remendar lo que está roto: *apañó la falda como pudo*. **4** Acicalar, asear, ataviar. También prnl. |**apañarse.** prnl. **5** Darse maña para hacer algo. **6** Arreglárselas, ingeniárselas: *se las apañó para que no le descubrieran*. **7** *amer.* Encubrir.

apaño. m. **1** Acción de apañar. **2** Compostura,

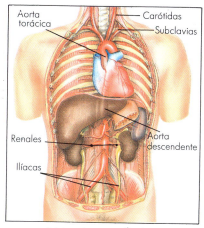

Arteria aorta y sus ramificaciones

reparo o remiendo. **3** Maña o habilidad para hacer alguna cosa. **4** Relación amorosa irregular.

aparador, ra. m. Mueble donde se guarda lo necesario para el servicio de la mesa.

aparato. m. **1** Instrumento o reunión de lo que se necesita para algún fin. **2** Pompa, ostentación. **3** Artificio mecánico. **4** Conjunto de órganos que en los animales o en las plantas desempeñan una misma función: *aparato reproductor, circulatorio*. **5** Conjunto de instituciones, leyes, etc., de un Estado.

aparatoso, sa. adj. Que tiene mucha ostentación. SIN. pomposo.

aparcamiento. m. **1** Acción de aparcar. **2** Lugar destinado a este efecto. SIN. 1 estacionamiento.

aparcar. tr. **1** Colocar transitoriamente en un lugar coches u otros vehículos. **2** Aplazar, postergar un asunto o decisión.

aparcería. f. Convenio entre el dueño de tierras y el que las cultiva, para repartirse entre ellos los productos o beneficios.

aparcero, ra. m. y f. **1** Persona que tiene aparcería con otra. **2** Comunero en una heredad o hacienda.

aparear. tr. **1** Juntar las hembras de los animales con los machos para que críen. También prnl. **2** Ajustar una cosa con otra, de forma que queden iguales.

aparecer. intr. y prnl. **1** Manifestarse, dejarse ver: *ha aparecido una nueva tendencia musical; se le apareció un espíritu*. **2** Parecer, encontrarse, hallarse. **3** Cobrar existencia o darse a conocer por primera vez: *el libro no apareció hasta su muerte*. ‖ **Irreg.** Se conj. como *agradecer*.

aparecido, da. m. Espectro de un difunto.
aparejador, ra. m. y f. Ayudante del arquitecto.
aparejar. tr. y prnl. **1** Preparar, disponer: *aparejarse para el trabajo.* **2** Vestir con esmero. | tr. **3** Poner el aparejo a las caballerías o a una embarcación.
aparejo. m. **1** Preparación, disposición para alguna cosa. **2** Arreo necesario para montar, uncir o cargar los animales. **3** Objetos necesarios para hacer ciertas cosas. Más en pl.: *aparejos de pesca.*
aparentar. tr. **1** Manifestar o dar a entender lo que no es o no hay. **2** Fingir, disimular, afectar. **3** Tener una persona el aspecto correspondiente a una edad: *aparenta unos treinta años.*
aparente. adj. **1** Que parece y no es. **2** Oportuno, adecuado. **3** Que se muestra a la vista.
aparición. f. **1** Acción de aparecer. **2** Visión de un ser sobrenatural o fantástico; espectro, fantasma.
apariencia. f. **1** Aspecto exterior de una persona o cosa. También pl.: *guardar las apariencias.* **2** Verosimilitud, probabilidad. **3** Cosa que parece y no es.
apartado, da. adj. **1** Retirado, remoto: *Luis trabaja en una zona apartada.* **2** Diferente, diverso. | m. **3** Párrafo o serie de párrafos en que se divide un texto, artículo, etc. **4** En correos, caja numerada que se alquila al usuario en donde se deposita su correspondencia.
apartamento. m. Piso, vivienda, generalmente pequeña, que forma parte de un edificio.
apartar. tr. y prnl. **1** Separar, dividir: *¿has apartado las botellas grandes de las pequeñas?* **2** Quitar a una persona o cosa del lugar donde estaba. **3** Reservar. **4** Disuadir a uno de alguna cosa; hacerle que desista de ella. También prnl.: *se apartó de las drogas.*
aparte. adv. l. **1** En otro lugar: *poner un libro aparte.* **2** A distancia, desde lejos. | adv. m. **3** Separadamente. **4** Con omisión: *esto aparte.* | m. **5** Lo que en la representación escénica dice cualquiera de los personajes, suponiendo que no le oyen los demás. **6** Párrafo. | adj. **7** Diferente, distinto, singular.
apartheid. (voz afrikaans) m. Sistema de discriminación racial aplicado en la República de Sudáfrica por la raza blanca frente a la negra.
apasionado, da. adj. **1** Poseído de alguna pasión. También s. **2** Partidario de alguien.
apasionar. tr. **1** Causar, excitar alguna pasión. | **apasionarse.** prnl. **2** Aficionarse con exceso a una persona o cosa. || Se construye con las preps. *con* y *por: apasionarse con la naturaleza; por la fotografía.*
apatía. f. **1** Impasibilidad del ánimo. **2** Dejadez, indolencia, falta de vigor o energía.
apático, ca. adj. Que adolece de apatía. **Sin.** impasible, indiferente.
apatito. m. Fosfato de cal natural.

apátrida. adj. y com. Que carece de nacionalidad.
apeadero. m. En los ferrocarriles, sitio de la vía para coger o dejar el tren, pero sin estación.
apear. tr. y prnl. **1** Desmontar o bajar de una caballería o carruaje. **2** Sondear, superar, vencer alguna dificultad. **3** Disuadir a alguien de sus opiniones, ideas, creencias, etc.: *no pude apearle de esa idea.*
apechugar. intr. Cargar con alguna obligación o circunstancia ingrata o no deseada. || Se construye con la prep. *con: apechuga con cualquier complicación.*
apedrear. tr. **1** Arrojar piedras. **2** Matar a pedradas. | impers. **3** Caer pedrisco. | **apedrearse.** prnl. **4** Sufrir daño con el pedrisco las viñas, los árboles frutales o las mieses.
apegarse. prnl. Cobrar apego.
apego. m. Afecto, cariño.
apelación. f. **1** Acción de apelar. **2** En derecho, recurrir contra el fallo de un tribunal.
apelar. intr. **1** Recurrir al juez o tribunal superior para que revoque la sentencia dada por el inferior. **2** Recurrir a una persona o cosa: *apelo a su honradez.* **3** Referirse.
apelativo, va. adj. y m. **1** Se dice del nombre común. | m. **2** Apellido, nombre de familia. **3** Sobrenombre.
apellidar. tr. **1** Nombrar a alguno por su apellido o nombre. Más c. prnl. **2** Nombrar, llamar. | **apellidarse.** prnl. **3** Tener tal nombre o apellido: *se apellida López.*
apellido. m. **1** Nombre de familia con que se distinguen las personas: *Fernández, Sánchez.* **2** Sobrenombre.
apelmazar. tr. y prnl. Hacer que una cosa esté menos esponjada o hueca de lo necesario.
apelotonar. tr. y prnl. Aglomerar, formar pelotones.
apenar. tr. y prnl. Causar pena, afligir.
apenas. adv. m. **1** Casi no: *apenas habla.* **2** Penosamente. | adv. t. **3** Luego que, al punto que.
apencar. intr. Apechugar.
apéndice. m. **1** Cosa adjunta o añadida a otras. **2** Prolongación delgada y hueca que se halla en la parte inferior del intestino ciego. **3** Anexo, suplemento: *el apéndice de una enciclopedia.* **Sin.** 1 prolongación 3 suplemento.
apendicitis. f. Inflamación del apéndice intestinal. || No varía en pl.
aperar. tr. **1** Componer, aderezar. **2** Hacer carros y aparejos para el acarreo del campo.
apercibimiento. m. Acción de apercibir o apercibirse.
apercibir. tr. **1** Prevenir, preparar lo necesario para algo. También prnl. **2** Amonestar, advertir, avisar.

apercibirse. prnl. **3** Darse cuenta, percatarse: *no me apercibí de su presencia*.

apergaminado, da. adj. Semejante al pergamino.

apergaminarse. prnl. Acartonarse.

aperitivo, va. adj. y m. **1** Que sirve para abrir el apetito. | m. **2** Bebida y alimentos que se toman antes de una comida principal.

apero. m. Conjunto de instrumentos de cualquier oficio. Más en pl.: *aperos de labranza*.

aperreado, da. adj. Trabajoso, molesto.

aperrear. tr. **1** Echar o azuzar perros contra personas o cosas. **2** Fatigar, molestar. Más c. prnl.

apertura. f. **1** Acción de abrir. **2** Inauguración de un local, asamblea pública, curso académico, etc. **3** Tendencia favorable a la comprensión de actitudes ideológicas, políticas, etc., distintas de las que se tiene.

aperturismo. m. Teoría o actitud que propugna la apertura o tolerancia de ideas.

aperturista. adj. **1** Relativo a la apertura o tolerancia. | com. **2** Partidario de ella.

apesadumbrar. tr. y prnl. Causar pesadumbre, afligir.

apestar. intr. **1** Despedir mal olor. **2** Fastidiar, cansar. | tr. y prnl. **3** Causar o comunicar la peste. Sin. 1 heder 2 hastiar.

apestoso, sa. adj. **1** Que apesta. **2** Pesado, molesto.

apétalo, la. adj. Se dice de la flor que carece de pétalos.

apetecer. intr. **1** Desear algo: *¿te apetece tomar postre?* También tr.: *no apetecía joyas ni riquezas*. **2** Gustar, agradar una cosa. || **Irreg.** Se conj. como *agradecer*.

apetecible. adj. Digno de ser apetecido.

apetencia. f. **1** Movimiento natural que inclina al hombre a desear alguna cosa. **2** Apetito.

apetito. m. **1** Impulso instintivo que nos lleva a satisfacer deseos y necesidades. **2** Ganas de comer. **3** Lo que excita el deseo de alguna cosa: *apetito carnal*.

apetitoso, sa. adj. **1** Que excita el apetito. **2** Gustoso, sabroso.

ápex. m. Punto de la esfera celeste hacia el cual aparentemente se dirige el Sol.

apiadar. tr. **1** Causar piedad. | **apiadarse.** prnl. **2** Tener piedad.

apical. adj. Relativo a un ápice.

ápice. m. **1** Extremo superior o punta de alguna cosa: *el ápice de la lengua*. **2** Parte pequeñísima o insignificante.

apícola. adj. Relativo a la apicultura.

apicultor, ra. m. y f. Persona que se dedica a la apicultura.

Apicultura: colmenas

apicultura. f. Arte de criar abejas y de aprovechar sus productos.

apilamiento. m. Acción de apilar o apilarse.

apilar. tr. y prnl. Amontonar, poner una cosa sobre otra, haciendo pila o montón.

apiñado, da. adj. **1** De forma de piña. **2** Apretado, junto.

apiñar. tr. y prnl. Juntar o agrupar estrechamente personas y cosas.

apio. m. Planta de huerta comestible.

apiolar. tr. **1** Atar. **2** Prender. **3** Matar.

apiparse. prnl. Atracarse de comida y bebida.

apirexia. f. **1** Falta de fiebre. **2** Intervalo que media entre dos accesos de fiebre intermitente.

apisonadora. f. Máquina montada sobre rodillos muy pesados que se emplea para allanar la tierra.

apisonar. tr. Apretar la tierra con la apisonadora.

aplacar. tr. y prnl. Amansar, mitigar, suavizar. Sin. moderar □ Ant. irritar.

aplanar. tr. **1** Allanar. **2** Dejar a uno pasmado. | **aplanarse.** prnl. **3** Desanimarse.

aplastante. adj. Abrumador, terminante, definitivo: *una victoria aplastante*.

aplastar. tr. **1** Deformar una cosa, aplanándola o disminuyendo su grueso. También prnl. **2** Derrotar, vencer, humillar. **3** Apabullar, abrumar.

aplatanado, da. adj. Indolente, inactivo.

aplatanar. tr. **1** Causar indolencia o restar actividad a alguien. | **aplatanarse.** prnl. **2** Entregarse a la indolencia o apatía.

aplaudir. tr. **1** Palmotear en señal de aprobación o entusiasmo. **2** Celebrar con palabras u otras demostraciones a personas o cosas.

aplauso. m. Acción de aplaudir, palmoteo.

aplazamiento. m. Acción de aplazar.

aplazar. tr. **1** Retardar, dejar algo para más tarde: *han aplazado el estreno.* | tr. **2** Convocar.

aplebeyar. tr. y prnl. Dar carácter plebeyo a una cosa.

aplicación. f. **1** Acción de aplicar. **2** Asiduidad con que se hace alguna cosa. **3** Ornamentación ejecutada en materia distinta de otra a la cual se sobrepone. Más en pl.: *una colcha con aplicaciones de ganchillo.*

aplicado, da. adj. **1** Estudioso. **2** Que muestra aplicación o asiduidad.

aplicar. tr. **1** Poner una cosa sobre otra: *aplicar una loción hidratante sobre la piel.* **2** Emplear alguna cosa para mejor conseguir un determinado fin: *aplicar una ley.* **3** Referir a un caso particular lo que se ha dicho en general: *ese refrán se aplica a vuestro caso.* **4** Asignar, adjudicar. | **aplicarse.** prnl. **5** Dedicarse a un estudio, esmerarse en una tarea.

aplique. m. **1** Añadido. **2** Aparato de luz que se fija en la pared.

aplomado, da. adj. **1** Que tiene aplomo. **2** Plomizo.

aplomar. tr. **1** Hacer que algo adquiera mayor peso. También prnl. **2** Examinar con la plomada si las paredes que se van construyendo están verticales o a plomo. También intr. **3** Poner las cosas verticalmente.

aplomo. m. **1** Gravedad, serenidad, circunspección. **2** Verticalidad.

apnea. f. Suspensión de la respiración.

apoastro. m. Punto en que un astro secundario se halla a mayor distancia de su principal.

apocado, da. adj. **1** De poco ánimo o espíritu. **2** Vil o de baja condición.

apocalipsis. m. **1** Último libro canónico del Nuevo Testamento. Contiene las revelaciones escritas por el apóstol San Juan, referentes en su mayor parte al fin del mundo. En esta acepción se escribe con mayúscula. **2** Fin del mundo. **3** Catástrofe. || No varía en pl.

apocalíptico, ca. adj. **1** Relativo al Apocalipsis. **2** Terrorífico, espantoso: *la película tuvo un final apocalíptico.*

apocamiento. m. **1** Cortedad o encogimiento del ánimo. **2** Abatimiento, postración.

apocar. tr. **1** Mermar, reducir a poco alguna cantidad. **2** Humillar, abatir. También prnl.

apocináceo, a. adj. **1** Se dice de las plantas angiospermas dicotiledóneas, como la adelfa y la hierba doncella. También f. | f. pl. **2** Familia de estas plantas.

apocopar. tr. Hacer apócope.

apócope. f. Supresión de letras al fin de un vocablo: *primer* por *primero.*

apócrifo, fa. adj. **1** Se dice de todo escrito que no es de la época o del autor a que se atribuye *Evangelios apócrifos.* **2** Falso.

apodar. tr. Poner o decir apodos: *a Luis le apodar el Enano.*

apoderado, da. adj. Que tiene poderes de otro para representarlo. También s.

apoderar. tr. **1** Dar poder una persona a otra para que la represente. | **apoderarse.** prnl. **2** Hacerse alguien o algo dueño de alguna cosa, ocuparla, dominarla: *el pánico se apoderó de los espectadores.*

apodíctico, ca. adj. Demostrativo, convincente, que no admite contradicción.

apodo. m. Nombre que suele darse a una persona, tomado de sus defectos corporales o de alguna otra circunstancia.

ápodo, da. adj. **1** Falto de pies. **2** Se dice de los anfibios sin extremidades y sin cola. También m. | m. pl. **3** Orden de estos anfibios.

apófisis. f. Parte saliente de un hueso. || No varía en pl.

apogeo. m. **1** Punto culminante o más intenso de un proceso: *en el apogeo de su belleza.* **2** Punto en que la Luna se halla a mayor distancia de la Tierra.

apolillar. tr. y prnl. Roer, penetrar o destruir la polilla las ropas u otras cosas.

apolíneo, a. adj. poét. **1** Relativo a Apolo. **2** Apuesto, hermoso.

apolítico, ca. adj. Ajeno a la política.

apologética. f. Ciencia que expone las pruebas y fundamentos de la verdad de la religión católica.

apologético, ca. adj. Relativo a la apología o que la implica.

apología. f. Discurso en alabanza de personas o cosas.

apologista. com. Persona que hace alguna apología.

apólogo. m. Fábula, composición literaria.

apoltronarse. prnl. Hacerse poltrón, perezoso.

aponeurosis. f. Membrana conjuntiva que sirve de envoltura a los músculos. || No varía en pl.

apoplejía. f. Suspensión súbita y completa de la acción cerebral, debida comúnmente a derrames sanguíneos en el encéfalo o las meninges.

apopléjico, ca. adj. **1** Relativo a la apoplejía. **2** Que padece apoplejía. También s.

apoquinar. tr. Pagar, generalmente con desagrado.

aporcar. tr. Cubrir con tierra ciertas plantas, como el apio, el cardo, la escarola, para que se pongan más tiernas y blancas.

aporía. f. Dificultad lógica que presenta un problema especulativo, por darse respecto a él soluciones encontradas.

aporrear. tr. **1** Golpear insistentemente: *aporrear*

una puerta para que abran. **2** Machacar, importunar, molestar.

aportación. f. **1** Acción de aportar. **2** Conjunto de bienes aportados.

aportadera. f. Recipiente para transportar uva.

aportar. tr. **1** Dar o proporcionar, sobre todo bienes. **2** Contribuir cada cual con lo que le corresponde. **3** Presentar pruebas, razones, etc.: *su informe aportó datos interesantes.* **4** Llevar.

aporte. m. **1** Aportación, bienes aportados. **2** Contribución, ayuda.

aportillar. tr. Romper, abrir, descomponer.

aposentamiento. m. **1** Acción de aposentar. **2** Aposento, cuarto, posada.

aposentar. tr. **1** Dar habitación y hospedaje. | **aposentarse.** prnl. **2** Establecerse en un lugar.

aposento. m. **1** Cuarto o pieza de una casa. **2** Posada, hospedaje.

aposición. f. Yuxtaposición de dos sustantivos en la que uno de ellos desempeña la función de especificar o explicar al primero: *Madrid, capital de España.*

apósito. m. Remedio que se aplica exteriormente sujetándolo con vendas.

aposta. adv. m. Adrede: *ha tirado el jarrón aposta.*

apostar. tr. **1** Pactar entre sí los que discrepan, que aquel que no tuviera razón, perderá la cantidad de dinero que se determine o cualquiera otra cosa: *apostaron una cena a que ella llegaba la última.* También prnl. **2** Arriesgar cierta cantidad de dinero en la creencia de que alguna cosa, como juego, contienda deportiva, etc., tendrá tal o cual resultado: *le gusta apostar a los caballos.* **3** Situar una o más personas en determinado lugar para algún fin. También prnl.: *el ladrón se apostó tras la puerta.* || **Irreg.** Se conj. como *contar.*

apostasía. f. Acción de apostatar.

apóstata. com. Persona que comete apostasía.

apostatar. intr. **1** Renegar de la fe cristiana o de las creencias en que uno ha sido educado. **2** Cambiar de opinión o doctrina.

apostema. m. Absceso que supura.

apostilla. f. Acotación que interpreta, aclara o completa un texto.

apostillar. tr. Poner apostillas.

apóstol. m. **1** Cada uno de los doce principales discípulos de Jesucristo. **2** P. ext., el que propaga alguna doctrina: *apóstol de la paz.*

apostolado. m. **1** Ministerio de apóstol. **2** Campaña de propaganda en pro de alguna causa o doctrina.

apostólico, ca. adj. **1** Relativo a los apóstoles. **2** Que dimana de la autoridad del Papa y de la Iglesia católica: *juez, indulto apostólico.*

apostrofar. tr. Dirigir apóstrofes.

apóstrofe. amb. **1** Figura retórica que consiste en cortar el hilo del discurso o narración para dirigir la palabra apasionadamente a una o varias personas presentes o ausentes, a seres abstractos o a cosas inanimadas o a sí mismo en iguales términos. **2** Dicterio.

apóstrofo. m. Signo ortográfico (') que indica la elisión de una o más letras.

apostura. f. **1** Gentileza, buena disposición en la persona. **2** Actitud, ademán, aspecto.

apotegma. m. Dicho breve y sentencioso. **Sin.** aforismo, máxima, sentencia.

apotema. f. **1** Perpendicular trazada desde el centro de un polígono regular a uno cualquiera de sus lados. **2** Altura de las caras triangulares de una pirámide regular.

apoteósico, ca. adj. Relativo a la apoteosis.

apoteosis. f. **1** Ensalzamiento de una persona con grandes honores y alabanzas. **2** Escena final de espectáculos teatrales, con intervención de todos los actores. || No varía en pl.

apoyar. tr. **1** Hacer que una cosa descanse sobre otra. También prnl.: *apóyate en mí.* **2** Basar, fundar. **3** Favorecer, ayudar: *apoyar a un candidato.* **4** Sostener alguna opinión o doctrina. | **apoyarse.** prnl. **5** Servirse de algo como apoyo: *se apoya en su propio prestigio.*

apoyatura. f. **1** En mús., nota pequeña y de adorno, cuyo valor se toma del signo siguiente para no alterar la duración del compás. **2** Apoyo, fundamento.

apoyo. m. **1** Lo que sirve para sostener. **2** Protección, auxilio o favor. **3** Fundamento, confirmación o prueba de una opinión o doctrina.

apreciable. adj. **1** Capaz de ser apreciado. **2** Digno de aprecio o estima.

apreciación. f. Acción de apreciar o tasar.

apreciar. tr. **1** Poner precio o tasa a las cosas. **2** Estimar el mérito de las personas o de las cosas. **3** Graduar el valor de alguna cosa.

aprecio. m. **1** Apreciación. **2** Estimación, cariño.

aprehender. tr. Coger, asir, prender: *aprehender al culpable.* **Sin.** apresar, capturar.

aprehensión. f. Acción de aprehender, captura.

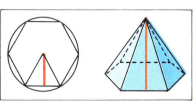

Apotema de un polígono y una pirámide

apremiar. tr. **1** Dar prisa: *me están apremiando para que firme el contrato.* También intr.: *el tiempo apremia.* **2** Imponer apremio o recargo.

apremio. m. **1** Acción de apremiar. **2** Mandamiento de autoridad judicial para compeler al pago de alguna cantidad. **3** Recargo de contribuciones o impuestos por causa de demora en el pago.

aprender. tr. **1** Adquirir el conocimiento de alguna cosa. **2** Fijar algo en la memoria. También prnl.: *no me costó nada aprenderme tu teléfono.*

aprendizaje. m. **1** Acción de aprender algún arte u oficio. **2** Tiempo que se emplea en ello.

aprendiz, za. m. y f. Persona que aprende algún arte u oficio.

aprensión. f. **1** Aprehensión. **2** Idea infundada o extraña. Más en pl.: *eso son aprensiones tuyas.*

aprensivo, va. adj. y s. Persona que ve en todo peligros para su salud: *es tan aprensivo que no come nada fuera de casa.* **Sin.** hipocondríaco.

apresar. tr. **1** Hacer presa con las garras o colmillos. **2** Aprisionar.

aprestar. tr. **1** Aparejar, preparar. También prnl. **2** Aderezar, preparar los tejidos.

apresto. m. **1** Prevención, disposición, preparación. **2** Acción de aprestar las telas.

apresuramiento. m. Acción de apresurar o apresurarse.

apresurar. tr. y prnl. Dar prisa, acelerar. **Sin.** aligerar, apurar.

apretado, da. adj. **1** Arduo, peligroso. **2** Estrecho, mezquino, miserable.

apretadura. f. Acción de apretar.

apretar. tr. **1** Poner una cosa sobre otra haciendo fuerza o comprimiendo: *apretar un tapón.* **2** Quedar los vestidos y otras cosas semejantes muy ajustadas. **3** Poner más tirante o más fuerte: *apretar una tuerca.* También prnl.: *apretarse el cinturón.* **4** Reducir a menor volumen: *si aprietas un poco, te cabrá todo en la maleta.* También prnl. | tr. e intr. **5** Acosar. **6** Activar, tratar de llevar a efecto con urgencia: *aprieta el paso.* || **Irreg.** Se conj. como *acertar.* **Sin.** 1 comprimir □ **Ant.** 1 y 3 soltar.

apretón. m. **1** Presión muy fuerte y rápida: *apretón de manos.* **2** Ganas repentinas de hacer de vientre. **Sin.** 1 estrujón.

apretujar. tr. **1** Apretar mucho y reiteradamente. | **apretujarse.** prnl. **2** Oprimirse varias personas en un recinto demasiado estrecho. **Sin.** 1 oprimir, estrujar.

apretujón. m. Acción de apretujar.

apretura. f. **1** Opresión causada por la excesiva concurrencia de gente. **2** Aprieto, apuro.

aprieto. m. **1** Apretura de la gente. **2** Conflicto, apuro.

a priori. loc. adv. lat. Con anterioridad.

apriorismo. m. Método en que se emplea sistemáticamente el razonamiento a priori.

aprisa. adv. m. Con rapidez, presteza y prontitud. **Ant.** despacio.

aprisco. m. Paraje donde los pastores recogen el ganado.

aprisionar. tr. **1** Atar, sujetar. **2** Poner en prisión.

aprobación. f. Acción de aprobar; consentimiento: *me dio su aprobación.*

aprobado. m. En los exámenes, calificación mínima de aptitud o idoneidad. **Sin.** suficiente □ **Ant.** suspenso.

aprobar. tr. **1** Obtener aprobado en una asignatura o examen. **2** Declarar hábil y competente a una persona. **3** Asentir a doctrinas u opiniones. || **Irreg.** Se conj. como *contar.* **Sin.** 3 admitir, consentir □ **Ant.** 1 suspender.

apropiación. f. Acción de apropiar o apropiarse.

apropiado, da. adj. Acomodado o proporcionado para el fin a que se destina: *una vestimenta apropiada para la ocasión.* **Ant.** inapropiado.

apropiarse. prnl. Tomar para sí alguna cosa haciéndose dueño de ella. **Sin.** apoderarse.

aprovechado, da. adj. **1** Bien empleado. **2** Se dice del que saca provecho de todo. **3** Aplicado, diligente: *es un alumno aprovechado.* **Sin.** 2 oportunista □ **Ant.** 2 desinteresado 3 perezoso.

aprovechamiento. m. Acción de aprovechar.

aprovechar. intr. **1** Servir de provecho alguna cosa. **2** Adelantar en estudios, virtudes, artes, etc. | tr. **3** Emplear útilmente alguna cosa: *aprovechar la tela; aprovechar el tiempo.* **4** Sacar utilidad de alguna cosa. También prnl.: *aprovecharse de alguien.* **Sin.** 1 beneficiar 2 progresar □ **Ant.** 1 perjudicar 3 desaprovechar.

aprovisionamiento. m. Acción de aprovisionar.

aprovisionar. tr. Abastecer, proveer.

aproximación. f. **1** Acercamiento. **2** Proximidad. **3** En mat., estimación. **Ant.** 1 alejamiento.

aproximado, da. adj. Que se aproxima o se acerca a lo exacto: *me dio un precio aproximado.*

aproximar. tr. Arrimar, acercar: *aproxima tu silla a la mesa.* También prnl.: *se aproxima el invierno.* **Ant.** alejar.

ápside. m. Cada uno de los dos extremos del eje mayor de la órbita de un astro. Más en pl.: *línea de los ápsides.*

áptero, ra. adj. **1** Se dice de los templos que carecen de columnas en las fachadas laterales. **2** Se dice de cualquier especie o grupo animal que carece de alas: *insecto áptero.*

aptitud. f. **1** Cualidad que hace que un objeto sea adecuado para cierto fin. **2** Idoneidad para ejercer

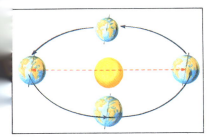

Ápside

una tarea, empleo, etc. También pl.: *tiene aptitudes para el deporte.* Sɪɴ. 1 adecuación □ Aɴᴛ. 2 ineptitud.

apto, ta. adj. Idóneo, hábil. Sɪɴ. capacitado □ Aɴᴛ. inepto, inadecuado.

apuesta. f. **1** Acción de apostar una cantidad. **2** Cosa que se apuesta. Sɪɴ. 1 y 2 envite.

apuesto, ta. adj. **1** De buena presencia. **2** Adornado. Sɪɴ. 1 atractivo □ Aɴᴛ. 1 feo.

apuntación. f. **1** Acción de apuntar. **2** Acción de escribir signos musicales. **3** Notación, escritura musical.

apuntador, ra. adj. y s. **1** Que apunta. | m. y f. **2** El que en el teatro se coloca en la concha para apuntar a los actores lo que han de decir.

apuntalamiento. m. Acción de apuntalar.

apuntalar. tr. **1** Poner puntales. **2** Sostener, afirmar.

apuntar. tr. **1** Dirigir un arma. **2** Señalar: *apuntar con el dedo.* **3** Tomar nota por escrito de algo. **4** En los teatros, ejercer el apuntador su tarea. | intr. **5** Empezar a manifestarse: *apuntar el día.* Sɪɴ. 1 encañonar 2 indicar 3 anotar.

apunte. m. **1** Nota que se hace por escrito de alguna cosa. **2** Pequeño dibujo tomado del natural rápidamente. | pl. **3** Extracto de las explicaciones de un profesor que toman los alumnos para sí. Sɪɴ. 2 esbozo.

apuntillar. tr. Rematar al toro con la puntilla.

apuñalar. tr. Dar puñaladas.

apurado, da. adj. **1** Pobre, falto de caudal. **2** Dificultoso, peligroso, angustioso. **3** Apresurado, con prisa. Sɪɴ. 3 peliagudo.

apurar. tr. **1** Acabar, agotar. **2** Apremiar, dar prisa. | **apurarse.** prnl. **3** Afligirse, preocuparse. **4** Sentir vergüenza.

apuro. m. **1** Escasez grande. **2** Aflicción, conflicto. **3** Apremio, prisa. **4** Vergüenza.

aquejar. tr. **1** Acongojar, afligir, fatigar. **2** Afectar a una persona o cosa enfermedades, vicios, defectos, etc.

aquel, lla, llo, llos, llas. 1 Formas de pron. dem. en los tres géneros m., f. y n. y en ambos números sing. y pl. Designan lo que física o mentalmente está lejos de la persona que habla o de la persona con quien se habla. Las formas m. y f. se usan como adj. y como s. | m. **2** Cualidad que no se quiere o no se acierta a decir; encanto o atractivo: *tener alguien su aquel.*

aquelarre. m. Reunión nocturna de brujos y brujas.

aqueménida. adj. Se dice de una dinastía persa fundada por Aquémenes h. 670 a. C. A ella perteneció Ciro, y terminó con Darío III en 330 a. C. También s. y en pl.

aquenio. m. Fruto seco, con una sola semilla, como el de la castaña y el girasol.

aquí. adv. l. **1** En este lugar. **2** A este lugar. **3** Equivale a veces a *en esto* o *en eso* y también *esto* o *eso*: *aquí* (en esto) *está la dificultad.* **4** En correlación con *allí*, indica sitio o paraje indeterminado: *por dondequiera se veían hermosas flores; aquí, rosas; allí, jacintos.* | adv. t. **5** Ahora, en el tiempo presente: *de aquí a tres días.*

aquiescencia. f. Autorización, consentimiento.

aquiescente. adj. Que consiente.

aquietar. tr. y prnl. Sosegar, apaciguar. Sɪɴ. calmar □ Aɴᴛ. alterar.

aquifoliáceo, a. adj. y s. **1** Se dice de los árboles y arbustos angiospermos dicotiledóneos, como el acebo y el mate. | f. pl. **2** Familia de estas plantas.

aquilatamiento. m. Acción de aquilatar.

aquilatar. tr. **1** Graduar los quilates del oro y de las perlas. **2** Apreciar el mérito de una persona o cosa.

aquilón. m. Polo ártico y viento que sopla de esta parte.

ara. f. **1** Altar en que se ofrecen sacrificios. **2** Piedra consagrada del altar. **3 en aras de.** loc. En obsequio, en honor o en favor de: *en aras de la paz.*

árabe. adj. y s. **1** De Arabia. **2** Islámico. | m. **3** Idioma árabe.

arabesco, ca. adj. **1** Arábigo. | m. **2** Adorno compuesto de figuras vegetales y geométricas usado en las construcciones árabes.

arábigo, ga o **arábico, ca.** adj. **1** Relativo a Arabia. | m. **2** Idioma árabe.

arabismo. m. **1** Giro o modo de hablar propio de la lengua árabe. **2** Vocablo de esta lengua empleado en otra.

arabista. com. Especialista en lengua y cultura árabes.

arabización. f. Acción de arabizar.

arabizar. intr. y prnl. Hacer que algo o alguien adquiera carácter árabe.

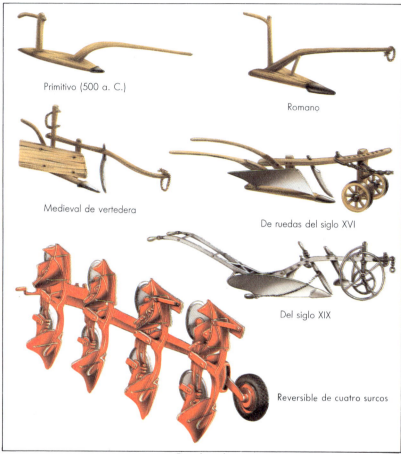

Tipos de arado

aráceo, a. adj. y f. **1** Se dice de las plantas herbáceas y leñosas, como el aro y la cala. | f. pl. **2** Familia de estas plantas.

arácnido, da. adj. y m. **1** Se dice de los artrópodos sin antenas, como la araña y los escorpiones. | m. pl. **2** Clase de estos animales.

aracnoides. adj. Una de las tres meninges, situada entre la duramadre y la piamadre.

aracnología. f. Parte de la zoología, que trata de los arácnidos.

arado. m. Instrumento de agricultura que sirve para arar la tierra.

arador. adj. y s. **1** Que ara. | m. **2** Ácaro parásito que produce la sarna.

aragonito. m. Mineral carbonato de cal.

araguato. m. Mono americano.

arahuaco, ca. adj. y s. **1** Se dice de un grupo de pueblos que habitó el Caribe y el N. de América del Sur. Más c. m. pl. | m. **3** Lengua hablada por estos pueblos.

aralia. f. Arbusto originario de Canadá, que se cultiva en Europa como planta de adorno.

araliáceo, a. adj. y f. Se dice de plantas derechas o trepadoras, como la aralia y la hiedra arbórea. | f. pl. **2** Familia de estas plantas.

arameo, a. adj. y s. **1** Descendiente de Aram. **2** Del país de Aram. | m. **3** Lengua semítica hablada por los arameos.

arana. f. Embuste, estafa.

arancel. m. **1** Tarifa oficial de derechos de aduanas, ferrocarriles, etc. **2** Tasa, valoración. **3** Impuesto sobre un bien importado de un país.

arancelario, ria. adj. Relativo al arancel: *derechos arancelarios*.

arándano. m. **1** Pequeño arbusto que vive al N. de España y en casi toda Europa. **2** Fruto de esta planta.

arandela. f. Anillo, generalmente metálico, como el que se usa en las máquinas para evitar el roce entre dos piezas.

arandillo. m. Pájaro insectívoro de color ceniciento en el lomo y las alas y blanco en el vientre y la frente.

araña. f. **1** Arácnido pulmonado de cuatro pares de patas y abdomen abultado, que segrega un hilo sedoso con el que teje unas telas para atrapar a sus víctimas. **2** Candelabro colgante y con varios brazos.

arañar. tr. **1** Rasgar ligeramente con las uñas, un alfiler u otra cosa afilada. También prnl. **2** Hacer rayas superficiales. Sɪɴ. 1 raspar.

arañazo. m. Rasgadura ligera. Sɪɴ. rasguño.

arar. tr. **1** Remover la tierra haciendo surcos con el arado. **2** Hacer rayas parecidas a surcos. Sɪɴ. 1 labrar.

araucano, na. adj. y s. **1** Se dice de un pueblo del centro y sur de Chile. Más en pl. | m. **2** Mapuche, lengua hablada por este pueblo.

araucaria. f. Árbol conífero de la familia de las abietáceas, que puede alcanzar hasta 50 m de altura, y cuyo fruto contiene una almendra dulce muy alimenticia. Es originario de América.

arbitraje. m. **1** Acción o facultad de arbitrar. **2** Juicio en el que las dos partes en litigio someten la resolución del pleito al juicio de un tercero. **3** Juicio emitido por árbitro deportivo. Sɪɴ. 2 mediación.

arbitral. adj. Relativo al árbitro: *juicio, sentencia arbitral*.

arbitrar. tr. **1** Hacer de árbitro en una competición o en un litigio. También intr. **2** Dar o proporcionar recursos: *el Gobierno ha arbitrado los fondos para la realización del proyecto*.

arbitrariedad. f. Acto contra la justicia, la razón o las leyes, dictado sólo por la voluntad o el capricho.

arbitrario, ria. adj. **1** Se dice de lo que está hecho por el gusto o capricho de alguien. **2** Se dice de la persona que actúa injusta o caprichosamente. **3** Convencional, acordado entre varias personas. Sɪɴ. 1 injustificado.

arbitrio. m. **1** Facultad humana de adoptar una resolución con preferencia a otra. **2** Voluntad que no responde a la razón. | pl. **3** Impuestos o derechos, generalmente municipales, para gastos públicos. Sɪɴ. 1 albedrío.

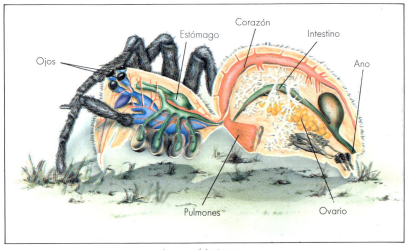

Araña: morfología interna

árbitro, tra. m. y f. **1** Persona que en las competiciones deportivas cuida de la aplicación del reglamento. | adj. y s. **2** Que puede hacer algo por sí solo sin dependencia de otro.

árbol. m. Planta perenne, de tronco leñoso y elevado, que se ramifica a cierta altura del suelo.

arbolado, da. adj. **1** Se dice del sitio poblado de árboles. | m. **2** Conjunto de árboles. **Sin.** 1 y 2 bosque.

arboladura. f. Conjunto de mástiles y vergas de un buque.

arboleda. f. Sitio poblado de árboles. **Sin.** bosque.

arborecer. intr. Hacerse árbol. || **Irreg.** Se conj. como *agradecer*.

arbóreo, a. adj. Relativo al árbol o parecido a él.

arborescencia. f. **1** Crecimiento o cualidad de las plantas arborescentes. **2** Semejanza de ciertos minerales o cristalizaciones con la forma de un árbol.

arborescente. adj. Planta que tiene caracteres parecidos a los del árbol: *helecho arborescente*.

arboricida. adj. y m. Que destruye los árboles.

arborícola. adj. Que vive en los árboles.

arboricultura. f. **1** Cultivo de los árboles. **2** Enseñanza relativa al modo de cultivarlos.

arborización. f. Dibujo natural en forma de ramas de árbol, que presentan ciertos minerales.

arbotante. m. **1** Arco que contrarresta el empuje de otro arco o de una bóveda. **2** Palo o hierro que sobresale del casco del buque.

arbustivo, va. adj. Que tiene la naturaleza o calidades del arbusto.

arbusto. m. Planta perenne, de tallos leñosos y ramas desde la base, como el muérdago, la jara, etc.

arca. f. **1** Caja, comúnmente de madera sin forrar y con tapa llana. **2** Horno secundario de las fábricas de vidrio. | pl. **3** Pieza donde se guarda el dinero en las tesorerías. **Sin.** 1 baúl.

arcabucero. m. Soldado armado de arcabuz.

arcabuz. m. **1** Arma antigua de fuego, semejante al fusil. **2** Arcabucero.

arcada. f. **1** Serie de arcos. **2** Ojo de un arco de puente. **3** Movimiento violento del estómago que excita a vómito. Más en pl. **Sin.** 3 náusea.

arcaduz. m. Caño por donde se conduce el agua.

arcaico, ca. adj. **1** Muy antiguo. **2** Relativo al arcaísmo. **Sin.** 1 viejo □ **Ant.** 1 actual, nuevo.

arcaísmo. m. Voz, frase o manera de decir anticuadas.

arcaizar. intr. **1** Usar arcaísmos. | tr. **2** Dar carácter de antigua a una lengua empleando arcaísmos.

arcángel. m. Espíritu bienaventurado que pertenece al octavo coro de los espíritus celestes.

arcangélico, ca o **arcangelical.** adj. Relativo a los arcángeles.

arcano, na. adj. **1** Secreto, recóndito, reservado. | m. **2** Misterio, cosa oculta y muy difícil de conocer.

arce. m. Árbol de madera muy dura.

arcediano. m. Dignidad en las iglesias catedrales.

arcén. m. **1** Margen u orilla. **2** En una carretera, cada uno de los márgenes reservados a un lado y otro de la calzada para uso de peatones, tránsito de vehículos no automóviles, etc.

archicofradía. f. Cofradía más antigua o que tiene mayores privilegios que otras.

archidiácono. m. Arcediano.

archidiócesis. f. Diócesis arzobispal. || No varía en pl.

archiducado. m. **1** Dignidad de archiduque. **2** Territorio perteneciente al archiduque.

archiducal. adj. Relativo al archiduque o al archiducado.

archiduque. m. Dignidad de los príncipes de la casa de Austria.

archiduquesa. f. Princesa de la casa de Austria, o mujer o hija del archiduque.

archimandrita. m. **1** En la Iglesia oriental, católica o no, superior de uno o varios monasterios. **2** Cargo honorario semejante al de algunas dignidades de la Iglesia latina.

archipiélago. m. **1** Parte del mar poblada de islas. **2** Conjunto, generalmente numeroso, de islas agrupadas en una superficie, más o menos extensa, de mar.

archisabido, da. adj. Muy sabido.

archivador, ra. adj. y s. **1** Que archiva. | m. **2** Mueble de oficina o carpeta para archivar documentos.

archivar. tr. **1** Poner y guardar papeles o documentos en un archivo o archivador. **2** Arrinconar o abandonar algo. **Sin.** 1 clasificar.

archivero, ra. m. y f. Persona que tiene a su cargo un archivo, o sirve como técnico en él.

archivo. m. **1** Local en que se custodian documentos. **2** Conjunto de estos documentos.

archivolta. f. Arquivolta.

arcilla. f. **1** Sustancia constituida por agregados de silicatos de aluminio, que se endurece al agregarle agua.

arcilloso, sa. adj. **1** Que tiene arcilla. **2** Semejante a ella.

arciprestazgo. m. **1** Dignidad o cargo de arcipreste. **2** Territorio de su jurisdicción.

arcipreste. m. **1** Dignidad en las iglesias catedrales. **2** Presbítero que, por indicación del obispo de la diócesis, tiene ciertas atribuciones sobre las iglesias de un determinado territorio.

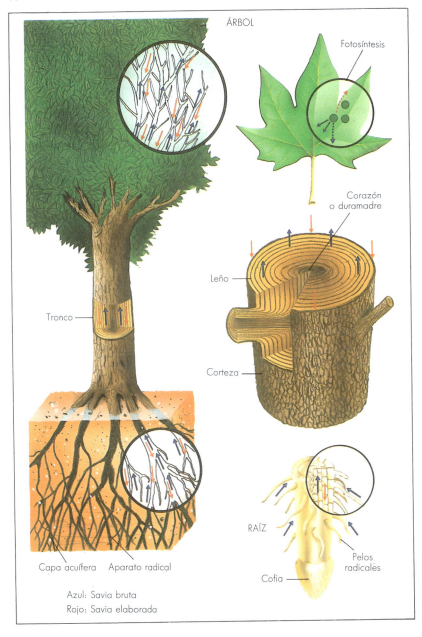

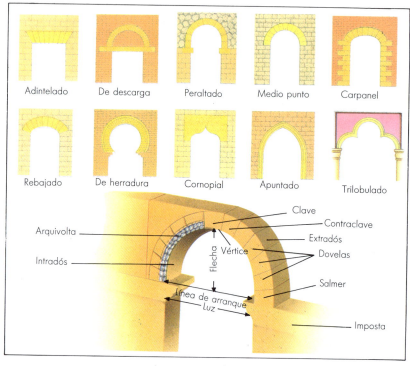

Arco: partes principales y tipos

arco. m. **1** En geom., porción de curva. **2** Arma que sirve para disparar flechas. **3** Construcción en forma de curva, que ocupa un espacio entre dos puntos. **4** Vara con cerdas para tocar el violín y otros instrumentos.

arcón. m. aum. de arca.

arcontado. m. Forma de gobierno que, en Atenas, sustituyó a la monarquía, y en la cual el poder supremo residía en nueve jefes, llamados arcontes, que cambiaban todos los años.

aconte. m. **1** Magistrado a quien se confió el gobierno de Atenas tras la muerte del rey Codro. **2** Cada uno de los nueve que después se crearon con el mismo fin.

arder. intr. **1** Estar encendido o incendiado: *el bosque está ardiendo.* **2** Estar muy agitado, apasionado. | tr. **3** Abrasar, quemar. S<small>IN</small>. 1 llamear.

ardid. m. Artificio empleado para el logro de algún intento. S<small>IN</small>. maña, treta.

ardiente. adj. **1** Que arde. **2** Que causa ardor o parece que abrasa: *sed, fiebre ardiente.* **3** Fervoroso, activo, eficaz. **4** Apasionado, vehemente. S<small>IN</small>. 2 abrasador □ A<small>NT</small>. 2 frío 4 desapasionado.

ardilla. f. Mamífero roedor de unos 20 cm de largo sin la cola, de color oscuro rojizo por el lomo y claro por el vientre. Vivo y ligero, se cría en los bosques.

ardite. m. **1** Antigua moneda castellana de poco valor. **2** Cosa insignificante, de poco o ningún valor: *no importar* o *no valer una cosa un ardite.* S<small>IN</small>. 2 bledo.

ardor. m. **1** Calor intenso. **2** Agitación, apasionamiento: *en el ardor de la disputa.* **3** Intrepidez, valentía: *luchar con ardor por algo.* **4** Brillo, resplandor. **5** Ansia, anhelo. S<small>IN</small>. 2 pasión □ A<small>NT</small>. 1 frío 2 desapasionamiento 3 desánimo.

ardoroso, sa. adj. **1** Que tiene ardor. **2** Ardiente, vigoroso, eficaz.

arduo, dua. adj. Muy difícil. S<small>IN</small>. complicado □ A<small>NT</small>. sencillo.

área. f. **1** Espacio de tierra comprendido entre ciertos límites. **2** Medida de superficie que equivale a cien metros cuadrados. **3** En algunos deportes, zona marcada delante de la meta. **4** Espacio en que se produce determinado fenómeno o que se distingue por ciertos caracteres geográficos, botánicos, zoológicos, económicos, etc.: *área geográfica, área lingüística*. **5** Conjunto de materias o ideas que están relacionadas entre sí: *el área de ciencias sociales*. SIN. 1 extensión 4 zona.

arefacción. m. Acción de secar o secarse.

arena. f. **1** Conjunto de partículas disgregadas de las rocas: *la arena de la playa*. **2** Metal o mineral reducido a partes muy pequeñas. **3** Lugar del combate o la lucha. **4** Redondel de la plaza de toros. SIN. 4 ruedo.

arenal. m. **1** Suelo de arena movediza. **2** Extensión grande de terreno arenoso.

arenga. f. Discurso pronunciado ante una multitud con el fin de enardecer los ánimos.

arengar. intr. y tr. Pronunciar una arenga.

arenilla. f. Arena menuda.

arenisca. f. Roca formada con granillos de cuarzo unidos por un cemento silíceo, arcilloso, calizo o ferruginoso.

arenoso, sa. adj. **1** Que tiene arena, o abunda en ella. **2** Que participa de la naturaleza y calidades de la arena.

arenque. m. Pez teleósteo, de unos 25 cm de longitud y color azulado por encima y plateado por el vientre. Se come fresco, salado o conservado al humo.

areola o **aréola.** f. Círculo rojizo algo moreno que rodea el pezón de la mama.

areómetro. m. Instrumento que sirve para determinar las densidades relativas o los pesos específicos de los líquidos, o de los sólidos por medio de los líquidos.

areópago. m. **1** Tribunal superior de la antigua Atenas. **2** Grupo de personas a quien se atribuye autoridad para resolver ciertos asuntos.

arepa. f. Pan de forma circular que se usa en América, compuesto de maíz salcochado, majado y pasado por tamiz, huevos y manteca, y cocido al horno.

arestín o **arestil.** m. Planta umbelífera de unos 30 cm de altura y hojas con púas en los bordes y en el cáliz de la flor; es de color azul bajo.

arete. m. Arillo de metal, pendiente.

arévaco, ca. adj. y s. Se dice de un pueblo hispánico prerromano que habitaba territorios correspondientes a parte de las actuales provincias de Soria y Segovia.

argali. m. Mamífero rumiante de la familia de los bóvidos, parecido a la oveja, pero de mayor tamaño,

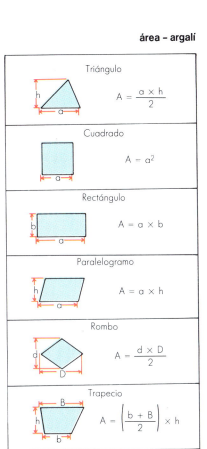

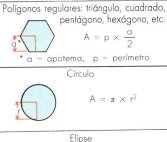

Áreas de diferentes figuras geométricas

argamasa – armadía

que llega a pesar 200 kg. Vive en las zonas montañosas del centro de Asia.

argamasa. f. Mortero hecho de cal, arena y agua, que se emplea en las obras de albañilería.

árgana. f. Máquina a modo de grúa para subir piedras o cosas de mucho peso.

argénteo, a. adj. De plata. **Sin.** argentino.

argentífero, ra. adj. Que contiene plata: *galena argentífera.*

argentino, na. adj. **1** Argénteo. **2** Que suena como la plata: *timbre argentino.* **3** De la República Argentina. También s. | f. **4** Planta rosácea, de flores amarillas en corimbo.

argentita. f. Mineral sulfuro de plata, Ag_2S, de color gris plomo. Excelente mena de la plata por su riqueza (87 %).

argolla. f. Aro grueso de hierro, que sirve para amarre o de asidero. **Sin.** anilla.

argón. m. Elemento químico que forma parte del grupo de los gases nobles o raros, incoloro e inerte; se emplea en tubos de iluminación y su símbolo es *Ar.*

argonauta. m. **1** Cada uno de los héroes griegos que, según la mitología, fueron a Cólquida en la nave Argos, acompañando a Jasón en la conquista del vellocino de oro. **2** Cierto molusco cefalópodo.

argot. m. **1** Jerga. **2** Lenguaje especial entre personas de un mismo oficio o actividad: *argot teatral.*

argucia. f. Sutileza, sofisma, argumento falso presentado con agudeza.

argüir. tr. **1** Dar argumentos a favor o en contra de algo. También intr.: *la oposición arguyó en contra del proyecto.* **2** Sacar en claro, deducir como consecuencia natural. **3** Descubrir, probar. **4** Acusar. || **Irreg.** Se conj. como *huir.* **Sin.** 1 alegar 2 concluir.

argumentación. f. **1** Acción de argumentar. **2** Argumento para convencer.

argumental. adj. Relativo al argumento: *no se percibe con claridad la trama argumental.*

argumentar. intr. Aducir, alegar, poner argumentos a favor o en contra de algo.

argumentativo, va. adj. Relativo a la argumentación o al argumento.

argumento. m. **1** Razonamiento empleado para demostrar algo. **2** Asunto de que se trata en una obra. **3** Indicio o señal. **Sin.** 2 trama.

aria. f. Composición musical sobre cierto número de versos para que la cante una sola voz. **Sin.** romanza.

aridez. f. Cualidad de árido.

árido, da. adj. **1** Seco, de poca humedad. **2** Falto de amenidad: *discurso árido.* | m. pl. **3** Granos, legumbres y otras cosas sólidas a que se aplican medidas de capacidad. **Sin.** 1 yermo 2 aburrido ☐ **Ant.** 1 fértil 2 ameno.

aries. m. **1** Con mayúscula, primer signo o parte del Zodiaco de 30° de amplitud, que el Sol recorre aparentemente del 21 de marzo al 20 de abril. **2** Persona nacida bajo este signo.

ariete. m. Viga larga que se empleó en la antigüedad para abatir murallas.

ario, ria. adj. y s. **1** Se dice de un primitivo pueblo de Asia central del que proceden los indoeuropeos. **2** Indoeuropeo. **3** Se dice de un pueblo de estirpe nórdica, formado por los descendientes de los antiguos indoeuropeos, que la ideología nazi consideraba superior y por ello destinado a dominar el mundo.

arisco, ca. adj. Áspero, intratable. **Sin.** hosco.

arista. f. **1** Línea que resulta de la intersección de dos superficies, considerada por la parte exterior del ángulo que forman. **2** Borde, esquina.

aristocracia. f. **1** Clase noble de una nación, provincia, etc. **2** Gobierno en que sólo ejercen el poder las personas más notables del Estado. **3** Por ext., clase que sobresale entre las demás por alguna circunstancia: *aristocracia del saber.* **Sin.** 1 nobleza ☐ **Ant.** 1 plebe.

aristócrata. com. **1** Persona de la aristocracia. **2** Partidario de la aristocracia.

aristocrático, ca. adj. **1** Relativo a la aristocracia. **2** Fino, distinguido.

aristón. m. Instrumento músico de manubrio.

aristotélico, ca. adj. **1** Relativo a Aristóteles. **2** Conforme con la doctrina de Aristóteles. **3** Partidario de esta doctrina. También s.

aristotelismo. m. Sistema filosófico de Aristóteles.

aritmética. f. Parte de las matemáticas, que estudia los números y las operaciones hechas con ellos.

aritmético, ca. adj. **1** Relativo a la aritmética. | m. y f. **2** Persona que tiene en ella especiales conocimientos.

arlequín. m. **1** Personaje cómico de la antigua comedia italiana, que llevaba mascarilla negra y traje de cuadros o rombos de distintos colores. **2** Persona vestida con este traje. **3** Persona informal, ridícula y despreciable.

arlequinesco, ca. adj. Relativo al arlequín.

arma. f. **1** Instrumento, medio o máquina destinados a atacar o a defenderse. **2** Medios para conseguir alguna cosa: *su sonrisa fue su mejor arma.*

armable. adj. Se dice de cualquier objeto adquirido en piezas separadas que puede ser armado o montado fácilmente.

armada. f. **1** Conjunto de fuerzas navales de un Estado. **2** Escuadra, conjunto de buques de guerra. **Sin.** 1 marina.

armadía. f. Conjunto de maderos unidos con otros para conducirlos fácilmente a flote.

Armadillo

armadillo. m. Mamífero americano del orden de los desdentados, con el cuerpo protegido por placas dérmicas; tiene patas cortas, hocico largo y puede enrollarse sobre sí mismo en caso de peligro.

armador, ra. m. y f. **1** Persona que arma un mueble o artefacto. | m. **2** El que por su cuenta arma o avía una embarcación.

armadura. f. **1** Conjunto de piezas de hierro con que se vestían para su defensa los que habían de combatir. **2** Pieza o conjunto de piezas unidas unas con otras en que, o sobre que, se arma alguna cosa. **S<small>IN</small>.** 2 estructura.

armamento. m. **1** Conjunto de armas y materiales bélicos. **2** Equipo y provisión de una embarcación.

armar. tr. **1** Juntar entre sí las varias piezas de que se compone un objeto: *armar una cama*. | tr. y prnl. **2** Poner o dar armas. **3** Preparar para la guerra. **4** Causar, formar, producir: *armar bronca*. | **armarse.** prnl. **5** Disponer del ánimo necesario para conseguir un fin o resistir una contrariedad: *armarse de paciencia*. **S<small>IN</small>.** 1 ensamblar □ **A<small>NT</small>.** 1 desmontar 2 desarmar.

armario. m. Mueble con puertas y anaqueles o perchas para guardar libros, ropa u otros objetos. **S<small>IN</small>.** ropero, alacena.

armatoste. m. Máquina o mueble tosco, pesado y mal hecho. **S<small>IN</small>.** trasto.

armazón. amb. Armadura, estructura sobre la que se arma alguna cosa.

armella. f. Anillo de metal que suele tener una espiga o tornillo para clavarlo en parte sólida.

armenio, nia. adj. y s. **1** De Armenia. | m. **2** Lengua hablada en este país.

armería. f. **1** Museo de armas. **2** Tienda en que se venden armas.

armero. m. **1** Fabricante o vendedor de armas. **2** El que está encargado de custodiar y limpiar las armas.

armiño. m. **1** Mamífero carnívoro de pequeño tamaño, cuerpo alargado y piel muy suave y delicada, parda en verano y blanquísima en invierno, excepto la punta de la cola, que es siempre negra. **2** Piel de este animal.

armisticio. m. Suspensión de hostilidades pactada entre pueblos y ejércitos beligerantes. **S<small>IN</small>.** tregua, paz.

armón. m. Juego delantero de la cureña de campaña.

armonía. f. **1** Conveniente proporción y correspondencia de unas cosas con otras: *armonía de colores*. **2** Combinación de sonidos simultáneos y diferentes, pero acordes. **3** En lit., grata variedad de sonidos y pausas que resulta en la prosa o en el verso por la adecuada combinación de las sílabas, voces y cláusulas. **4** Amistad y buena correspondencia: *vivir en armonía*. **S<small>IN</small>.** 1 concordia, consonancia □ **A<small>NT</small>.** 1 discordancia.

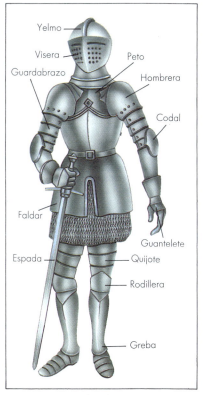

Armadura

armónico – arracada

armónico, ca. adj. **1** Relativo a la armonía: *instrumento armónico; composición armónica.* | f. **2** Instrumento músico provisto de una serie de orificios con lengüeta. **Ant.** 1 inarmónico, disonante.

armonio. m. Órgano pequeño, y al cual se da el aire por medio de un fuelle que se mueve con los pies.

armonioso, sa. adj. **1** Sonoro y agradable al oído. **2** Que tiene armonía o correspondencia entre sus partes.

armonización. f. Acción de armonizar.

armonizar. tr. **1** Poner en armonía dos o más partes de un todo. | intr. **2** Estar en armonía: *estos colores no armonizan.* **Sin.** 1 coordinar 2 combinar.

arnés. m. **1** Armadura, conjunto de piezas de hierro para protegerse. | pl. **2** Guarniciones de las caballerías. **Sin.** 2 arreos.

árnica. f. **1** Planta de la familia de las compuestas, cuyas flores y raíz tienen sabor acre y aromático, y olor fuerte que hace estornudar. Se emplea en medicina. **2** Tintura de árnica.

aro. m. **1** Pieza de hierro o de otra materia rígida, en figura de circunferencia. **2** Juguete en forma de aro, que los niños hacen rodar valiéndose de un palo. **3** Planta de raíz feculenta y frutos parecidos a la grosella. **Sin.** 1 argolla.

aroma. m. **1** Perfume, olor muy agradable. | f. **2** Flor de aromo. **Sin.** 1 fragancia ☐ **Ant.** 1 fetidez.

aromático, ca. adj. Que tiene aroma u olor agradable. **Sin.** fragante ☐ **Ant.** fétido, hediondo.

aromatización. f. Acción de aromatizar.

aromatizar. tr. Dar o comunicar aroma a algo. **Sin.** perfumar.

aromo. m. Árbol de las leguminosas, especie de acacia, cuya flor es la aroma.

arpa. f. Instrumento musical, de forma triangular, con cuerdas colocadas verticalmente y que se tocan con ambas manos.

arpar. tr. **1** Arañar o rasgar con las uñas. **2** Hacer tiras o pedazos algo.

arpegio. m. Sucesión más o menos acelerada de los sonidos de un acorde.

arpella. f. Ave rapaz diurna, de color pardo en el pecho y vientre y collar y moño amarillentos.

arpía. f. **1** Ave fabulosa con rostro de mujer y cuerpo de rapaz. **2** Persona codiciosa que con arte o maña saca cuanto puede. **3** Mujer perversa. **Sin.** 3 víbora, bruja.

arpillera. f. Tejido de estopa muy basta, usado para hacer sacos y cubiertas.

arpista. com. Persona que toca el arpa.

arpón. m. Astil de madera armado por uno de sus extremos con una punta de hierro que sirve para herir o penetrar, y de otras dos dirigidas hacia atrás para hacer presa.

arponar. tr. Herir con arpón.

arponear. tr. Cazar o pescar con arpón.

arponero. m. El que fabrica arpones o pesca o caza con arpón.

arquear. tr. **1** Dar figura de arco: *arquear un mimbre.* También prnl. **2** Medir la cabida de una embarcación. **Sin.** 1 combar ☐ **Ant.** 1 enderezar.

arqueo. m. **1** Acción de arquear o arquearse. **2** Capacidad de una embarcación. **3** Reconocimiento de los caudales y papeles que existen en la caja de una casa, oficina o corporación. **Sin.** 2 tonelaje.

arqueolítico, ca. adj. Relativo a la edad de piedra.

arqueología. f. Ciencia que estudia las artes y los monumentos de la antigüedad.

arqueológico, ca. adj. **1** Relativo a la arqueología. **2** Antiguo, desusado.

arqueólogo, ga. m. y f. Persona que profesa la arqueología o tiene en ella especiales conocimientos.

arquería. f. Serie de arcos. **Sin.** arcada.

arquero, ra. m. y f. **1** Persona que practica el deporte de tiro con arco. | m. **2** Soldado que peleaba con arco y flechas. **3** El que tiene por oficio hacer arcos o aros para toneles, cubas, etc. **4** Portero, jugador que, en algunos deportes, defiende la meta de su equipo.

arqueta. f. Arca pequeña. **Sin.** cofre.

arquetipo. m. Modelo.

arquipéndola. f. Nivel de albañil.

arquíptero, ra. adj. y m. **1** Se dice de los insectos masticadores, con cuatro alas membranosas y cuyas larvas son acuáticas. | m. pl. **2** Orden de estos animales.

arquitectónico, ca. adj. Relativo a la arquitectura: *estilos arquitectónicos*

arquitecto, ta. m. Persona que profesa o ejerce la arquitectura.

arquitectura. f. Arte de proyectar y construir edificios.

arquitrabe. m. Parte inferior del entablamento, la cual descansa inmediatamente sobre el capitel de la columna.

arquivolta. f. Conjunto de molduras que decoran un arco en su paramento exterior vertical.

arrabal. m. **1** Barrio fuera del recinto de la población a que pertenece. **2** Cualquiera de los sitios extremos de una población. | pl. **3** Afueras. **Sin.** 1 suburbio ☐ **Ant.** 1-3 centro.

arrabalero, ra. adj. y s. **1** Habitante de un arrabal. **2** Vulgar.

arrabio. m. Producto obtenido en el alto horno por reducción del mineral de hierro y que contiene un alto porcentaje de carbono.

arracada. f. Arete con adorno colgante. **Sin.** zarcillo.

arracimarse. prnl. Unirse o juntarse en figura de racimo. **Sin.** apiñarse ☐ **Ant.** dispersarse.

arraclán. m. Árbol de madera flexible, que da un carbón muy ligero.

arraigar. intr. **1** Echar o criar raíces. También prnl. **2** Hacerse muy firme y difícil de extinguir o extirpar un afecto, virtud, vicio, uso o costumbre. Más c. prnl. | **arraigarse.** prnl. **3** Establecerse, radicarse en un lugar. **Sin.** 1 enraizar.

arraigo. m. Acción de arraigar o arraigarse.

arramblar. tr. **1** Dejar los ríos, arroyos o torrentes cubierto de arena el suelo por donde pasan, en tiempo de avenidas. **2** Arrastrarlo todo con violencia. | tr. e intr. **3** Arramplar.

arramplar. tr. e intr. Llevarse codiciosamente todo lo que hay en algún lugar. **Sin.** saquear.

arrancada. f. **1** Partida o salida violenta de una persona o animal. **2** Comienzo del movimiento de una máquina o vehículo que se pone en marcha. **Sin.** 2 arranque.

arrancar. tr. **1** Sacar de raíz: *arrancar un árbol*. También prnl. **2** Sacar con violencia una cosa del lugar a que está adherida, o de que forma parte: *arrancar un sello*. También prnl. **3** Quitar con violencia: *le arrancó el arma de las manos*. **4** Obtener o conseguir algo de una persona con trabajo, violencia o astucia: *me arrancó las palabras de la boca*. **5** Separar con violencia o con astucia a una persona de alguna parte, o de costumbres, vicios, etc. | intr. **6** Partir de carrera para seguir corriendo. **7** Iniciarse el funcionamiento de una máquina o la traslación de un vehículo. También tr. **8** Empezar a hacer algo de modo inesperado: *arrancó a cantar*. También prnl. **9** Provenir. **Sin.** 1 sacar 3 arrebatar ☐ **Ant.** 1 insertar 5 acercar.

arranque. m. **1** Acción de arrancar. **2** Ímpetu, arrebato: *le perdonó en un arranque de piedad*. **3** Principio de un arco o bóveda. **Sin.** 1 salida 2 impulso.

arras. f. pl. **1** Lo que se da como prenda o señal en algún contrato. **2** Las trece monedas que, al celebrarse el matrimonio, entrega el desposado a la desposada.

arrasamiento. m. Acción de arrasar.

arrasar. tr. **1** Allanar la superficie de alguna cosa. **2** Destruir, arruinar. **3** Llenar o cubrir los ojos de lágrimas. También prnl. | intr. **4** Tener algo o alguien un éxito extraordinario: *su nuevo disco arrasará este verano*. **Sin.** 2 asolar, devastar.

arrastrado, da. adj. **1** Pobre, afligido de privaciones, molestias y trabajos: *Carlos lleva una vida arrastrada*. **2** Miserable. También s. **3** Se dice del juego de naipes en que es obligatorio servir a la carta jugada: *tute arrastrado*. **Sin.** 1 mísero, pobre ☐ **Ant.** 1 acomodado.

arrastrar. tr. **1** Llevar a una persona o cosa por el suelo, tirando de ella. **2** Llevar o empujar a alguien a un estado, condición, etc., negativos: *las amistades lo arrastraron a las drogas*. | **arrastrarse.** prnl. **3** Humillarse. **Sin.** 1 remolcar 2 atraer 3 rebajarse ☐ **Ant.** 3 crecerse.

arrastre. m. Acción de arrastrar. **Sin.** acarreo, transporte.

arrayán. m. Mirto.

arre. Voz que se emplea para estimular a las bestias.

arrear. tr. **1** Estimular a las bestias para que echen a andar o para que sigan caminando, o para que aviven el paso. **2** Dar prisa, estimular. También intr. **3** Dar tiros, golpes, etc. **4** Pegar o dar un golpe: *le arreó un puñetazo*. **Sin.** 1 espolear, aguijonear 2 apremiar 3 propinar.

arrebañaderas. f. pl. Ganchos de hierro destinados a sacar los objetos que se caen a los pozos.

arrebañar. tr. Rebañar.

arrebatado, da. adj. **1** Precipitado e impetuoso. **2** Se dice del color vivo: *un rojo arrebatado*. **Sin.** 1 atolondrado 2 intenso ☐ **Ant.** 1 reposado, reflexivo 2 apagado.

arrebatamiento. m. Arrebato.

arrebatar. tr. **1** Quitar o tomar algo con violencia. **2** Atraer alguna cosa: *arrebatar la atención, la vista*. **3** Conmover poderosamente excitando alguna pasión o afecto. También prnl.: *arrebatarse de amor*. | **arrebatarse.** prnl. **4** Enfurecerse. **5** Cocerse o asarse mal y precipitadamente un alimento por exceso de fuego. **Sin.** 1 arrancar 4 apasionarse ☐ **Ant.** 1 dar, devolver.

arrebato. m. **1** Acción de arrebatar o arrebatarse. **2** Furor, ataque. **3** Éxtasis. **Sin.** 2 arranque, pronto ☐ **Ant.** 2 sosiego.

arrebol. m. **1** Color rojo de las nubes. **2** Colorete.

arrebolada. f. Conjunto de nubes enrojecidas por los rayos del Sol.

arrebolar. tr. Poner de color de arrebol. Más c. prnl. **Sin.** ruborizar.

arrebujar. tr. **1** Arrugar alguna cosa flexible: *arrebujar la ropa*. | **arrebujarse.** prnl. **2** Cubrirse bien y envolverse con la ropa. **Sin.** 1 estrujar 2 taparse ☐ **Ant.** 1 estirar 2 desarroparse.

arrechucho. m. **1** Indisposición repentina y pasajera. **2** Ataque de cólera.

arreciar. tr. y prnl. Irse haciendo cada vez más recia, fuerte o violenta alguna cosa: *arreciar la fiebre, la cólera, la tempestad, el viento*. **Sin.** aumentar, crecer ☐ **Ant.** debilitar.

arrecife. m. Banco de rocas, corales, etc., en el mar, casi a flor de agua.

arrecirse. prnl. Entumecerse por exceso de frío.

arredramiento. m. Acción de arredrar o arredrarse.

arredrar. tr. y prnl. **1** Retraer, hacer volver atrás; amedrentar, atemorizar. **2** Apartar, separar. SIN. 1 retroceder □ ANT. 1 avanzar.

arreglado, da. adj. **1** Ordenado y aseado: *una habitación arreglada resulta más cómoda.* **2** Sujeto a regla. **3** Barato, económico.

arreglar. tr. **1** Ordenar, poner en orden: *arreglar los papeles del divorcio.* **2** Reparar algo roto o que no funciona: *ya arreglaron el equipo de música.* **3** Solucionar, enmendar: *arreglar un asunto.* **4** Acordar algo entre varias personas: *arreglar una cita.* **5** Acicalar, engalanar o asear: *arreglar un piso; arreglarse alguien para salir.* **6** En frases de futuro se usa como amenaza: *ya te arreglaré yo.* **7 arreglárselas.** loc. Componérselas: *ya me las arreglaré yo solo.* SIN. 2 componer 3 reparar □ ANT. 1 y 2 desarreglar.

arreglo. m. **1** Acción de arreglar o arreglarse. **2** Avenencia, conciliación. **3** En mús., transformación de una obra musical. SIN. 1 ajuste 2 acuerdo.

arrejacar. tr. Dar a los sembrados, cuando ya tienen bastantes raíces, una labor, que consiste en romper la costra del terreno con un almocafre, grada o rastra.

arrejuntar. tr. **1** Juntar. | **arrejuntarse.** prnl. **2** Amancebarse.

arrellanar. tr. **1** Nivelar un terreno. | **arrellanarse.** prnl. **2** Ensancharse y extenderse en el asiento con toda comodidad. SIN. 2 apoltronarse.

arremangar. tr. **1** Remangar. También prnl. | **arremangarse.** prnl. **2** Tomar enérgicamente una resolución.

arremeter. intr. **1** Acometer con ímpetu y furia: *arremeter contra el orden establecido.* **2** Arrojarse con presteza. SIN. 1 agredir, atacar 2 abordar, afrontar.

arremetida o **arremetimiento.** f. Acción de arremeter.

arremolinarse. prnl. **1** Amontonarse o apiñarse desordenadamente la gente. **2** Formarse remolinos. SIN. 1 aglomerarse □ ANT. 1 dispersarse.

arrendador, ra. m. y f. Persona que da en arrendamiento alguna cosa. SIN. casero.

arrendajo. m. Ave paseriforme, que se alimenta de frutos de diversos árboles y destruye asimismo los nidos de algunas aves canoras, cuya voz imita para sorprenderlas con mayor seguridad.

arrendamiento. m. **1** Acción de arrendar. **2** Contrato por el cual se arrienda. **3** Precio en que se arrienda. SIN. 1 alquiler, arriendo.

arrendar. tr. Ceder o adquirir por precio el goce o aprovechamiento temporal de cosas, obras o servicios. || **Irreg.** Se conj. como *acertar.* SIN. alquilar.

Arrendajo

arrendatario, ria. adj. y s. Que toma en arrendamiento algo. SIN. inquilino □ ANT. arrendador.

arrendaticio, cia. adj. Relativo al arrendamiento: *contrato arrendaticio.*

arreo. m. **1** Atavío, adorno. | pl. **2** Guarniciones o jaeces de las caballerías. SIN. 1 aderezo.

arrepentimiento. m. Pesar de haber hecho alguna cosa.

arrepentirse. prnl. Pesarle a uno haber hecho o haber dejado de hacer alguna cosa. || **Irreg.** Se conj. como *sentir.* SIN. lamentarse.

arrestado, da. adj. Preso, detenido.

arrestar. tr. Detener, poner preso. SIN. apresar □ ANT. liberar.

arresto. m. **1** Acción de arrestar. **2** Detención provisional del presunto reo. | pl. **3** Arrojo, determinación: *tener arrestos.* SIN. 1 y 2 prendimiento 3 resolución, valor □ ANT. 1 liberación 3 indecisión.

arriada. f. Acción de arriar.

arrianismo. m. Doctrina religiosa que consideraba a Jesucristo como no igual o consustancial al Padre, sino engendrado por Éste; se la consideró herejía en el s. IV.

arriano, na. adj. **1** Se aplicaba a los herejes seguidores de Arrio, que enseñaba que el Verbo o Hijo de Dios no es igual o consustancial al Padre. Más c. s. **2** Relativo al arrianismo.

arriar. tr. Bajar las velas, las banderas, etc., que estén en lo alto.

arriate o **arriata.** m. **1** Lugar estrecho para tener plantas de adorno junto a las paredes de los jardines y patios. **2** Calzada, camino o paso. **3** Encañado, enrejado de cañas.

arriba. adv. l. **1** A lo alto, hacia lo alto. **2** En lo alto, en la parte alta, o en esa dirección: *cuesta arriba*. **3** En un escrito, lugar anterior: *según se dijo más arriba*. **4** En cantidades o medidas, denota exceso indeterminado: *de mil pesetas para arriba*. **5** En situación de superioridad: *los de arriba decidirán lo mejor para el partido*. | interj. **6** Se emplea para animar a alguno a que se levante, a que suba, etc.: *¡arriba!* **Ant.** 1-3 abajo.

arribada. f. Acción de arribar.

arribar. intr. **1** Llegar la nave al puerto. **2** Llegar por tierra a cualquier paraje. **3** Llegar a conseguir lo que se desea. **Sin.** 1 atracar.

arribismo. m. Modo de pensar y actuar del arribista.

arribista. com. Persona que progresa en la vida por medios rápidos y sin escrúpulos. **Sin.** trepa.

arriendo. m. Arrendamiento.

arriero. m. El que trabaja con bestias de carga. **Sin.** mulero.

arriesgado, da. adj. **1** Aventurado, peligroso. **2** Osado, temerario. **Sin.** 1 audaz, expuesto 2 atrevido.

arriesgar. tr. y prnl. Poner a riesgo. **Sin.** aventurar, exponer.

arrimado, da. adj. Se dice del hombre y de la mujer que hacen vida marital sin estar casados.

arrimar. tr. **1** Acercar o poner una cosa junto a otra: *arrimar un armario a la pared; arrimarse a una hoguera*. **2** Dar un golpe: *arrimar un bofetón*. | **arrimarse.** prnl. **3** Apoyarse sobre algo, como para descansar o sostenerse: *arrimarse a una columna*. **4** Acogerse a la protección de alguien o de algo, valerse de ella. **Sin.** 1 aproximar 4 ampararse ☐ **Ant.** 1 alejar.

arrimo. m. **1** Acción de arrimar o arrimarse. **2** Proximidad, cercanía. **3** Apoyo, sostén. **4** Afición, inclinación. **Sin.** 3 amparo, protección.

arrinconado, da. adj. **1** Apartado. **2** Desatendido, olvidado.

arrinconamiento. m. Acción de arrinconar o arrinconarse.

arrinconar. tr. **1** Poner algo en un rincón o lugar retirado. **2** Estrechar a alguien hasta que halle obstáculo para seguir retrocediendo. **3** No hacer caso. **4** Abandonar: *arrinconar los libros, la carrera*. | **arrinconarse.** prnl. **5** Retirarse del trato de las gentes. **Sin.** 1 apartar 2 acorralar.

arritmia. f. **1** Falta de ritmo regular. **2** Irregularidad y desigualdad en las contracciones del corazón.

arrítmico, ca. adj. Relativo a la arritmia.

arroba. f. **1** Peso de 25 libras, equivalente a 11 kg. y 502 g. **2** Medida de líquidos que varía de peso según las provincias y los mismos líquidos.

arrobamiento. m. **1** Acción de arrobar o arrobarse, enajenarse, quedar fuera de sí. **2** Éxtasis.

arrobar. tr. **1** Embelesar. | **arrobarse.** prnl. **2** Enajenarse, quedar fuera de sí.

arrocero, ra. adj. **1** Relativo al arroz. | m. y f. **2** Persona que cultiva arroz.

arrodillamiento. m. Acción de arrodillar o arrodillarse.

arrodillar. tr. **1** Hacer que uno hinque la rodilla o ambas rodillas. | **arrodillarse.** prnl. **2** Ponerse de rodillas.

arrogación. f. Acción de arrogar o arrogarse.

arrogancia. f. Cualidad de arrogante. **Sin.** soberbia ☐ **Ant.** humildad, sencillez.

arrogante. adj. **1** Altanero, soberbio. **2** Valiente, brioso. **3** Apuesto, garboso.

arrogarse. prnl. Atribuirse, apropiarse: *se arrogó el poder*.

arrojadizo, za. adj. Que se puede arrojar o tirar: *arma arrojadiza*.

arrojado, da. adj. Resuelto, intrépido. **Sin.** audaz, valiente ☐ **Ant.** miedoso.

arrojar. tr. **1** Impeler con violencia una cosa. **2** Echar: *arrojar algo a la basura*. **3** Tratándose de cuentas, documentos, etc., presentar, dar como resultado. **4** Vomitar. También intr. | **arrojarse.** prnl. **5** Precipitarse, dejarse caer con violencia desde lo alto: *arrojarse al mar; arrojarse por una ventana*. **Sin.** 3 ofrecer 4 devolver.

arrojo. m. Osadía, valentía, intrepidez. **Sin.** atrevimiento, resolución ☐ **Ant.** cobardía.

arrollar. tr. **1** Envolver algo en forma de rollo: *arrollar un papel*. **2** Desbaratar o derrotar al enemigo. **3** Atropellar. **4** No hacer caso de leyes ni de otros miramientos. **5** Llevar rodando la violencia del agua o del viento alguna cosa sólida. **6** Confundir, dejar a una persona sin poder replicar: *su intervención le arrolló*. **Sin.** 1 enrollar 3 arrasar.

arropar. tr. y prnl. **1** Cubrir o abrigar con ropa. También prnl. **2** P. ext., proteger, amparar. **Sin.** 1 tapar.

arrope. m. Mosto cocido hasta que toma consistencia de jarabe.

arrostrar. tr. **1** Hacer cara, resistir. **2** Sufrir o tolerar a una persona o cosa desagradable. | **arrostrarse.** prnl. **3** Atreverse, enfrentarse cara a cara. **Sin.** 1 afrontar, desafiar 2 soportar ☐ **Ant.** 1 esquivar.

arroyada. f. **1** Valle por donde corre un arroyo. **2** Surco o hendedura producida por el agua.

arroyar. tr. y prnl. Formar la lluvia arroyadas, o hendeduras en la tierra.

arroyo. m. **1** Caudal corto de agua, riachuelo. **2** Cauce por donde corre.

arroz. m. **1** Planta gramínea que se cría en terrenos muy húmedos, y cuyo fruto es un grano oval y blanco después de descascarillado, que, cocido, es alimento de mucho uso. **2** Grano de esta planta.

arrozal. m. Tierra sembrada de arroz.

arruga. f. **1** Pliegue que se hace en la piel. **2** Pliegue deforme e irregular que se hace en la ropa o en cualquier tela o cosa flexible.

arrugar. tr. **1** Hacer arrugas: *arrugar el ceño; arrugarse una camisa.* | **arrugarse.** prnl. **2** Encogerse, apocarse. **Sin.** 1 doblar, estrujar ☐ **Ant.** 1 estirar, desarrugar 2 crecerse, envalentonarse.

arruinar. tr. **1** Causar ruina. También prnl: *Luis se arruinó de la noche a la mañana.* **2** Destruir, causar grave daño: *está arruinando su carrera.* **Sin.** 1 empobrecer 2 demoler, devastar ☐ **Ant.** 1 enriquecer 2 mejorar.

arrullar. tr. **1** Atraer con arrullos el palomo o el tórtolo a la hembra, o al contrario. **2** Adormecer al niño con arrullos. **3** Enamorar con palabras dulces. **Sin.** 3 cortejar.

arrullo. m. **1** Canto grave o monótono con que se atraen las palomas y las tórtolas. **2** Habla dulce con que se enamora a una persona. **3** Cantarcillo grave y monótono para adormecer a los niños.

arrumaco. m. Demostración de cariño, mimo. Más en pl. **Sin.** carantoña, caricia.

arrumar. tr. Distribuir y colocar la carga en un buque.

arrumbar. tr. **1** Desechar, abandonar. **2** Arrinconar. | intr. **3** Fijar el rumbo. **Sin.** 1 rechazar 2 apartar ☐ **Ant.** 1 adoptar.

arsenal. m. **1** Establecimiento en que se construyen, reparan y conservan las embarcaciones. **2** Almacén general de armas y otros efectos de guerra. **3** Conjunto o depósito de noticias, datos, etc.: *esa obra es el arsenal de donde Antonio saca sus noticias.* **Sin.** 1 astillero 2 polvorín.

arseniato. m. Sal formada por la combinación del ácido arsénico con una base.

arsenical. adj. Relativo al arsénico.

arsénico. m. Elemento químico, tri y pentavalente, metaloide, de color gris metálico. Su símbolo es *As.*

arte. amb. **1** Actividad mediante la cual imita o expresa el hombre lo material o lo invisible, valiéndose de la materia, de la imagen o del sonido, y crea copiando o imaginando; también, conjunto de obras, fruto de esta actividad. **2** Virtud e industria para hacer algo: *tiene mucho arte para escribir.* **3** Conjunto de reglas para hacer bien algo: *arte culinaria.* **4** Cautela, maña, astucia. **Sin.** 1 creación 2 destreza 3 ciencia, técnica ☐ **Ant.** 2 torpeza.

artefacto. m. Artificio, máquina, aparato.

artejo. m. **1** Nudillo de los dedos. **2** Cada una de las piezas articuladas que forman los apéndices de los artrópodos.

artemisa. f. Planta olorosa de las compuestas, con flores de color blanco amarillento.

arteria. f. **1** Cada uno de los vasos que llevan la sangre desde el corazón a las demás partes del cuerpo. **2** Calle de una población, a la cual afluyen muchas otras. **Sin.** 2 avenida.

artería. f. Amaño, astucia.

arterial. adj. Relativo a las arterias.

arteriosclerosis. f. Endurecimiento de las arterias. || No varía en pl.

arteriosclerótico, ca. adj. **1** Relativo a la arteriosclerosis. **2** Que padece arteriosclerosis. También s.

arteritis. f. Inflamación de las arterias. || No varía en pl.

artero, ra. adj. Mañoso, astuto, falso. **Ant.** ingenuo.

artesa. f. Cajón cuadrilongo de madera, para amasar el pan y para otros usos.

artesanado. m. **1** Conjunto de artesanos. **2** Actividad, ocupación u oficio del artesano.

artesanal. adj. Artesano, relativo a la artesanía.

artesanía. f. **1** Clase social de los artesanos. **2** Arte u obra de los artesanos. **Sin.** 1 artesanado.

artesano, na. adj. **1** Relativo a la artesanía. | m. y f. **2** Persona que ejercita un arte u oficio manual.

artesón. m. Adorno poligonal, cóncavo, moldurado y con adornos, que dispuesto en serie constituye el artesonado.

artesonado, da. adj. **1** Adornado con artesones. | m. **2** Techo, armadura o bóveda formado con artesones, generalmente de madera.

ártico, ca. adj. Se dice del polo norte y de las regiones que lo rodean: *círculo polar ártico; tierras árticas.*

articulación. f. **1** Enlace de dos partes de una máquina. **2** Pronunciación clara. **3** Unión de un hueso con otro. **4** En ling., posición y movimiento de los órganos de la voz para la pronunciación de una vocal o consonante. **Sin.** 1 junta.

articulado, da. adj. **1** Que tiene articulaciones. **2** Conjunto o serie de los artículos de un tratado, ley, reglamento, etc. **3** En der., conjunto o serie de los medios de prueba que propone un litigante.

articular. adj. Relativo a la articulación o a las articulaciones.

articular. tr. **1** Unir, enlazar. También prnl. **2** Pronunciar las palabras claras y distintamente. También intr. **Sin.** 1 relacionar, vincular.

articulista. com. Persona que escribe artículos para publicaciones periódicas.

artículo. m. **1** En gram., parte de la oración que expresa el género y número del sustantivo: *el, un.* **2** Mercancía con que se comercia: *artículo de moda.*

Artillería

3 Cada una de las partes en que se divide un escrito, tratado, ley, etc. **4** Cada una de las divisiones de un diccionario encabezada por una voz. **5** Escrito de cierta extensión de un periódico o revista. Sin. 2 producto 3 cláusula 4 entrada.

artífice. com. **1** Artista. **2** Autor.

artificial. adj. **1** Hecho por mano o arte del hombre. **2** No natural, falso, ficticio: *lago artificial*. Ant. 2 natural.

artificiero. m. Artillero especialmente instruido en proyectiles, cartuchos, espoletas, etc.

artificio. m. **1** Arte o habilidad con que está hecho algo. **2** Predominio de la elaboración artística sobre la naturalidad. **3** Artefacto. **4** Disimulo, doblez.

artificiosidad. f. Cualidad de artificioso.

artificioso, sa. adj. **1** Hecho con artificio. **2** Disimulado, cauteloso. Sin. 1 astuto, fingido.

artillar. tr. Armar de artillería.

artillería. f. **1** Material de guerra que comprende cañones, morteros y otras máquinas. **2** Cuerpo militar destinado a este servicio.

artillero, ra. adj. **1** Relativo a la artillería. | m. **2** Individuo que sirve en la artillería.

artilugio. m. **1** Mecanismo, artefacto; suele usarse con sentido despectivo. **2** Ardid o maña.

artimaña. f. **1** Trampa para cazar animales. **2** Artificio: *valerse de artimañas*. Sin. 2 treta, truco.

artiodáctilo, la. adj. y m. **1** Se dice de los mamíferos cuyas extremidades terminan en un número par de dedos. | m. pl. **2** Orden de estos mamíferos.

artista. com. **1** Persona que se dedica a algún arte. **2** Persona que trabaja en algún espectáculo, como el circo, el cine, etc. **3** Persona que hace alguna cosa con suma perfección: *es un artista de la cocina*. Sin. 3 maestro.

artístico, ca. adj. **1** Relativo a las artes. **2** De alto valor estético.

artrítico, ca. adj. **1** Relativo a la artritis o al artritismo. | m. y f. **2** Persona que padece artritis o artritismo.

artritis. f. Inflamación de las articulaciones. || No varía en pl.

artritismo. m. Conjunto de trastornos del metabolismo que predisponen a enfermedades de las articulaciones.

artrografía. f. **1** Descripción de las articulaciones. **2** Radiografía de una articulación.

artrología. f. Parte de la anatomía que trata de las articulaciones.

artropatía. f. Enfermedad de las articulaciones.

artrópodo. adj. y m. **1** Se dice de los animales invertebrados de cuerpo con simetría bilateral, formado por una serie lineal de segmentos y provisto de apéndices articulados o artejos. | m. pl. **2** Tipo formado por estos animales.

artrosis. f. Enfermedad crónica de las articulaciones, de naturaleza degenerativa no inflamatoria. || No varía en pl.

arzobispado. m. **1** Dignidad de arzobispo. **2** Territorio en que el arzobispo ejerce jurisdicción. Sɪɴ. 1 y 2 archidiócesis.

arzobispal. adj. Relativo al arzobispo.

arzobispo. m. Obispo de provincia eclesiástica de quien dependen otras sufragáneas. Sɪɴ. metropolitano.

arzón. m. Fuste de una silla de montar.

as. m. **1** Carta de la baraja o cara del dado que llevan el número uno. **2** Persona que destaca en su clase, profesión, etc.: *es un as en las matemáticas*. Sɪɴ. 2 campeón, figura.

asa. f. Parte que sobresale del cuerpo de una vasija, cesta, etc., y sirve para asirla.

asado, da. m. Carne o pescado cocinado al fuego. También adj.

asador. m. **1** Utensilio para asar. **2** Varilla en que se clava y se pone al fuego lo que se quiere asar. Sɪɴ. 2 espetón.

asadura. f. Conjunto de las entrañas del animal. También en pl.

asaetear. tr. **1** Disparar saetas. **2** Importunar: *asaetear a preguntas*.

asalariado, da. adj. y s. Que percibe un salario por su trabajo.

asalariar. tr. Señalar salario a alguien.

asaltar. tr. **1** Acometer una fortaleza para conquistarla. **2** Atacar a una persona. **3** Acometer repentinamente y por sorpresa: *la asaltaron los periodistas; asaltaron dos veces el banco*. **4** Sobrevenir, ocurrir de pronto alguna cosa; como una enfermedad, un pensamiento, etc.: *asaltar una duda*. Sɪɴ. 2 atracar 3 acosar 4 acudir.

asalto. m. **1** Acción de asaltar. **2** En boxeo, cada una de las partes de que consta un combate. Sɪɴ. atraco.

asamblea. f. **1** Reunión de personas para algún fin: *asamblea de padres y maestros*. **2** Cuerpo político y deliberante, como el Congreso o el Senado: *asamblea nacional*. Sɪɴ. 1 junta.

asambleísta. com. Persona que forma parte de una asamblea.

asar. tr. **1** Hacer comestible un manjar tostándolo al fuego. | **asarse.** prnl. **2** Sentir extremado ardor o calor. Sɪɴ. 2 asfixiarse.

asaz. adv. c. Bastante, muy. Se usa en lenguaje literario.

asbesto. m. Mineral del grupo de los anfíboles, fibroso y semejante al amianto, pero de fibras duras y rígidas.

ascendencia. f. Serie de ascendientes o antecesores de una persona. Sɪɴ. estirpe.

ascender. intr. **1** Subir. **2** Adelantar en empleo o dignidad: *Juan ascendió a director*. También tr.: *ascendió a sus empleados*. **3** Importar una cuenta. || **Irreg.** Se conj. como *entender*.

ascendiente. com. **1** Padre, madre, o cualquiera de los abuelos. | m. **2** Predominio moral o influencia: *tiene mucho ascendiente entre sus subordinados*. Sɪɴ. 1 antecesor, antepasado □ Aɴᴛ. 1 descendiente.

ascensión. f. **1** Acción de ascender. **2** Con mayúscula, la de Jesucristo a los cielos. **3** Fiesta con que

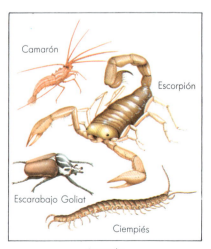

Artrópodos

celebra la Iglesia este misterio. **Sin.** 1 ascenso, elevación.

ascenso. m. 1 Subida. 2 Mejora de categoría en un empleo.

ascensor. m. 1 Aparato para subir o bajar en los edificios. 2 Montacargas.

ascensorista. com. Persona que tiene a su cargo el manejo o revisión del ascensor.

asceta. com. Persona que hace vida ascética. **Sin.** anacoreta, ermitaño.

ascético, ca. adj. 1 Que se dedica a la práctica de la perfección espiritual. 2 Relativo a esta práctica: *vida ascética.* 3 Que trata sobre ella: *escritor, libro ascético.* | f. 4 Ascetismo.

ascetismo. m. Doctrina que trata de la perfección del hombre por sus propios medios mediante la práctica de una vida austera y mortificante.

asclepiadáceo, a. adj. y s. 1 Se dice de hierbas, arbustos y árboles, con flores en racimo, corimbo o umbela, y fruto con semillas. | f. pl. 2 Familia de estas plantas.

asco. m. 1 Repugnancia causada por algo que incita al vómito. 2 Impresión desagradable. 3 Persona o cosa que provoca esta impresión. **Sin.** 1 náusea, repulsión ▫ **Ant.** 1 agrado.

ascomiceto, ta. adj. y m. 1 Se dice de hongos con los esporidios encerrados en saquitos. | m. pl. 2 Orden de estos hongos.

ascórbico, ca. adj. Se dice del ácido antiescorbútico o vitamina C.

ascua. f. Pedazo de materia sólida candente. **Sin.** brasa.

aseado, da. adj. Limpio, curioso.

asear. tr. y prnl. Limpiar, ordenar, asear. **Ant.** desasear.

asechanza. f. Engaño, trampa, artificio. Más en pl.

asechar. tr. Poner o armar asechanzas.

asediar. tr. 1 Cercar un lugar para impedir que salgan los que están en él o que reciban socorro de fuera. 2 Importunar: *los fotógrafos asediaron a la actriz durante toda la mañana.* **Sin.** 1 sitiar, cercar 2 acosar, molestar.

asedio. m. Acción de asediar. **Sin.** cerco.

asegurado, da. adj. y s. Se dice de la persona que ha contratado un seguro.

asegurador, ra. adj. y s. 1 Que asegura. 2 Persona o empresa que asegura riesgos ajenos.

asegurar. tr. 1 Dejar firme y seguro: *asegurar el clavo en la pared.* 2 Afirmar: *me aseguró que vendría.* También prnl. 3 Poner a cubierto por un contrato mediante el cual, una persona, natural o jurídica, previo pago de una prima, se obliga a resarcir las pérdidas o daños que ocurran a determinadas cosas. 4 Resguardar de daño a las personas y las cosas;

defenderlas e impedir que pasen a poder de otro: *asegurar el reino de las invasiones enemigas.* También prnl. **Sin.** 1 afianzar 2 aseverar 4 preservar ▫ **Ant.** 2 dudar.

aseidad. f. Atributo de Dios, por el cual existe por sí mismo o por necesidad de su propia naturaleza.

asemejar. tr. 1 Hacer una cosa con semejanza a otra. | intr. 2 Tener semejanza. | **asemejarse.** prnl. 3 Mostrarse semejante.

asenso. m. 1 Acción de asentir. 2 Conformidad, acuerdo. **Sin.** 1 aprobación.

asentaderas. f. pl. Nalgas.

asentador, ra. m. y f. Persona que contrata al por mayor víveres para un mercado público.

asentamiento. m. 1 Acción de asentar o asentarse. 2 Instalación provisional por la autoridad gubernativa, de colonos o cultivadores, en tierras destinadas a expropiarse.

asentar. tr. 1 Poner o colocar alguna cosa de modo que permanezca firme: *asentar una mesa.* 2 Aplanar o alisar, planchando, apisonando, etc.: *asentar una costura.* | **asentarse.** prnl. 3 Establecerse en un pueblo o lugar: *la tribu se asienta en la parte baja del monte.* 4 Posarse un líquido o fijarse un sólido: *el polvo se asentó con la humedad.* || **Irreg.** Se conj. como *acertar.*

asentimiento. m. 1 Asenso. 2 Consentimiento. **Ant.** 1 desacuerdo.

asentir. intr. 1 Admitir: *asintió a sus peticiones.* 2 Decir que sí con la cabeza. || **Irreg.** Se conj. como *sentir.* **Sin.** 1 afirmar, aprobar ▫ **Ant.** 1 disentir.

aseo. m. 1 Limpieza, esmero, cuidado. 2 Cuarto de baño.

asépala. adj. Se dice de la flor que carece de sépalos.

asepsia. f. 1 Ausencia de gérmenes patógenos. 2 Procedimiento destinado a preservar de gérmenes infecciosos al organismo. **Sin.** 1 y 2 desinfección ▫ **Ant.** 1 infección.

aséptico, ca. adj. 1 Relativo a la asepsia. 2 Desapasionado, neutro: *una mirada aséptica.*

asequible. adj. Que puede alcanzarse o comprenderse fácilmente. **Sin.** accesible, comprensible ▫ **Ant.** inaccesible, incomprensible.

aserción. f. Acción de afirmar algo. **Sin.** afirmación, aseveración.

aserradero. m. Paraje donde se asierra la madera u otra cosa.

aserrador, ra. adj. 1 Que sierra. | m. y f. 2 Persona que tiene por oficio aserrar. | f. 3 Máquina de aserrar. 4 Serrería.

aserradura. f. 1 Corte que hace la sierra. 2 Parte donde se ha hecho el corte. | pl. 3 Serrín.

aserrar. tr. Serrar. || **Irreg.** Se conj. como *acertar*.

aserto. m. Afirmación de la certeza de una cosa.

asertor, ra. m. y f. Persona que afirma, sostiene o da por cierta una cosa.

asesinar. tr. Matar a una persona alevosamente, por dinero, con premeditación o en las circunstancias que así estén determinadas por la ley.

asesinato. m. Acción de asesinar.

asesino, na. adj. y s. **1** Que asesina, homicida: *gente, mano asesina*. **2** Se dice de cosas hostiles o molestas: *una mirada asesina*. **SIN.** 2 dañino ◻ **ANT.** 2 beneficioso.

asesor, ra. adj. y s. Que asesora.

asesoramiento. m. Acción de asesorar o asesorarse.

asesorar. tr. **1** Dar consejo o dictamen. | **asesorarse.** prnl. **2** Tomar consejo de alguien. **SIN.** 1 aconsejar.

asesoría. f. **1** Oficio de asesor. **2** Su oficina: *la asesoría jurídica de la empresa está arriba*.

asestar. tr. Dirigir o descargar contra un objetivo un proyectil o un golpe. **SIN.** atizar.

aseveración. f. Acción de aseverar.

aseverar. tr. Afirmar o asegurar lo que se dice. **SIN.** ratificar ◻ **ANT.** negar.

aseverativo, va. adj. Que asevera o afirma.

asexuado, da. adj. Que carece de sexo.

asexual. adj. **1** Sin sexo; ambiguo, indeterminado. **2** Se dice de la reproducción que se lleva a cabo sin la intervención de los dos sexos; como la gemación.

asfaltado. m. **1** Acción de asfaltar. **2** Solado de asfalto.

asfaltar. tr. Revestir de asfalto.

asfáltico, ca. adj. **1** De asfalto. **2** Que tiene asfalto.

asfalto. m. Betún negro, sólido, que se emplea en el pavimento de carreteras, aceras, etc.

asfixia. f. **1** Suspensión o dificultad en la respiración: *asfixia por inmersión*. **2** Sensación de agobio producida por el excesivo calor o por el enrarecimiento del aire. **SIN.** 1 ahogo.

asfixiante. adj. **1** Que asfixia. **2** Se dice de lo que hace difícil la respiración: *olor, atmósfera asfixiante*. **SIN.** 2 agobiante, sofocante.

asfixiar. tr. y prnl. Producir asfixia. **SIN.** ahogar, sofocar.

así. adv. m. **1** De esta o de esa manera: *no me lo digas así*. **2** Denota extrañeza o admiración: *¿así que no me ayudas?* | adv. c. **3** Tan; seguido de la prep. *de* y de un adj.: *¿así de alto es?* | conj. **4** En consecuencia, por lo cual, de suerte que: *nadie quiso ayudarles y así se vieron obligados a actuar solos*. **5** En correspondencia con *como* y *cual*, tanto, de igual manera: *así en la tierra como en el cielo*. **6** Aunque, por más que: *no paso por su casa, así me paguen*.

asidero. m. Parte por donde se coge alguna cosa.

asiduidad. f. Cualidad de asiduo.

asiduo, dua. adj. y s. Frecuente, habitual, perseverante.

asiento. m. **1** Silla, taburete, banco u otra cualquier cosa destinada para sentarse en ella. **2** Emplazamiento. **3** Localidad de un espectáculo. **4** Poso, sedimento de un líquido. **5** Anotación, especialmente en libros de contabilidad. **6** Partida de una cuenta. **7** Estabilidad, permanencia.

asignación. f. **1** Acción de asignar. **2** Sueldo: *asignación mensual*.

asignar. tr. **1** Señalar lo que corresponde a una persona o cosa. **2** Nombrar para un cargo. **3** Destinar a un uso determinado. **SIN.** 1 adjudicar 2 adscribir.

asignatura. f. Cada uno de los tratados o materias que se enseñan en un centro docente, o forman un plan académico de estudios. **SIN.** disciplina.

asilar. tr. **1** Dar asilo: *asilar a un emigrado político*. **2** Albergar en un asilo. También prnl.

asilo. m. **1** Refugio. **2** Establecimiento benéfico en que se recogen ancianos y menesterosos.

asilvestrado, da. adj. **1** Se dice de la planta silvestre que procede de semilla de planta cultivada. **2** Se dice del animal doméstico o domesticado que se hace salvaje.

asimetría. f. Falta de simetría.

asimétrico, ca. adj. Que no guarda simetría.

asimilación. f. Acción de asimilar.

asimilar. tr. y prnl. **1** Asemejar, comparar. **2** Apropiarse los organismos de las sustancias necesarias para su conservación o desarrollo: *asimilar los alimentos*. **3** En ling., alterar la articulación de un sonido del habla asemejándolo a otro inmediato o cercano. | tr. **4** Conceder a los individuos de una profesión derechos iguales a los de otra: *asimilar el personal de Correos al de Telecomunicaciones*. **5** Comprender lo que se aprende; incorporarlo a los conocimientos previos.

asimismo. adv. m. Además, también.

asincronismo. m. Falta de coincidencia o simultaneidad.

asíntota. f. Línea recta asintótica.

asintótico, ca. adj. Se dice de la curva que se acerca continuamente a una recta o a otra curva sin llegar nunca a tocarla.

asir. tr. **1** Agarrar algo o a alguien: *le asió por la manga*. | **asirse.** prnl. **2** Tomar ocasión o pretexto, aprovecharse. **SIN.** 1 coger 2 valerse. || **Irreg.** Conjugación modelo:

Indicativo
Pres.: *asgo, ases,* etc.
Imperf.: *asía, asías,* etc.
Pret. indef.: *así, asiste,* etc.
Fut. imperf.: *asiré, asirás,* etc.
Potencial: *asiría, asirías,* etc.
Subjuntivo
Pres.: *asga, asgas, asga, asgamos, asgáis, asgan.*
Imperf.: *asiera* o *asiese, asieras* o *asieses,* etc.
Fut. imperf.: *asiere, asieres,* etc.
Imperativo: *ase, asid.*
Participio: *asido.*
Gerundio: *asiendo.*

asistencia. f. **1** Acción de estar presente: *para aprobar la asignatura se tendrá en cuenta la asistencia.* **2** Conjunto de personas que están presentes en un acto. **3** Ayuda, socorro: *asistencia en carretera.*

asistenta. f. Mujer que realiza las tareas de una casa que no es suya y que normalmente cobra por horas.

asistente. adj. y com. **1** Que asiste. | m. **2** Soldado al servicio personal de un oficial.

asistir. tr. **1** Socorrer, ayudar: *asistir a un herido.* **2** Servir o atender a una persona, especialmente de un modo eventual o desempeñando tareas específicas: *asistir a un profesor.* **3** Acompañar a alguien en un acto público. | intr. **4** Estar o hallarse presente. Aɴᴛ. 1 desasistir 4 faltar.

asma. f. Enfermedad de los bronquios, caracterizada por accesos de sofocación.

asmático, ca. adj. **1** Relativo al asma. **2** Que la padece. También s.

asnal. adj. Relativo al asno.

asnillo. m. Insecto coleóptero muy voraz.

asno, na. m. y f. **1** Animal parecido al caballo, pero de menor tamaño y de orejas largas; se emplea como animal de carga. **2** Persona bruta.

asociación. f. **1** Conjunto de personas asociadas para un mismo fin y entidad jurídica que forman. **2** Conjunto de personas, animales o plantas. Sɪɴ. 1 sociedad.

asociacionismo. m. En psicol., doctrina que explica todos los fenómenos psíquicos por las leyes de la asociación de las ideas.

asociado, da. m. y f. Persona que forma parte de alguna asociación o compañía.

asociar. tr. y prnl. Juntar para un mismo fin. Sɪɴ. agrupar ▫ Aɴᴛ. separar.

asociativo, va. adj. Que asocia o que resulta de una asociación o tiende a ella.

asolamiento. m. Acción de asolar.

asolanar. tr. y prnl. Dañar el viento solano las frutas, mieses, etc.

asolar. tr. **1** Destruir, arrasar: *la tormenta asoló los pueblos costeros.* **2** Secar los campos el calor, una sequía. || **Irreg.** Se conj. como *contar.*

asomar. intr. **1** Empezar a verse. | tr. **2** Dejar entrever por una abertura: *asomar la cabeza por la ventana.* También prnl. Sɪɴ. 1 aparecer ▫ Aɴᴛ. 1 y 2 esconder.

asombrar. tr. y prnl. Causar gran admiración o extrañeza: *me asombré al verle allí, no me lo esperaba.* Sɪɴ. maravillar.

asombro. m. **1** Susto, espanto. **2** Sorpresa, admiración.

asombroso, sa. adj. Que causa asombro.

asomo. m. **1** Acción de asomar. **2** Indicio o señal de alguna cosa. **3** Sospecha, presunción.

asonada. f. Levantamiento, revuelta, motín.

asonancia. f. **1** Correspondencia de un sonido con otro. **2** En métrica, correspondencia de vocales a partir del último acento.

asonantar. intr. **1** Ser una palabra asonante de otra. | tr. **2** Emplear en la rima una palabra como asonante de otra.

asonante. adj. y com. Se dice de la rima en asonancia.

aspa. f. **1** Objeto o signo en forma de X. **2** Mecanismo exterior del molino de viento y cada uno de sus brazos.

aspar. tr. Clavar a alguien en un aspa.

aspaviento. m. Gesto excesivo o afectado.

aspecto. m. Forma, rasgos exteriores de una persona o cosa.

aspereza. f. **1** Cualidad de áspero. **2** Desigualdad del terreno. **3** Dureza en el trato. Aɴᴛ. 1 suavidad 2 llaneza 3 afabilidad.

asperjar. tr. Rociar, esparcir en menudas gotas un líquido.

asperón. m. Arenisca empleada en construcción y para fregar.

áspero, ra. adj. **1** Poco suave al tacto, por tener la superficie desigual. **2** Escabroso. **3** Desapacible: *voz áspera.* **4** Desabrido, falto de afabilidad. Aɴᴛ. 1 suave 2 llano 3 agradable 4 afable.

aspersión. f. Acción de asperjar: *riego por aspersión.*

aspersor. m. Mecanismo para esparcir un líquido a presión.

áspid o **áspide.** m. Serpiente muy venenosa, especialmente una víbora europea que se asemeja a la culebra común.

aspillera. f. Abertura larga y estrecha en un muro, para disparar por ella.

aspiración. f. **1** Acción de aspirar. **2** En fon.,

aspirador – asunto

sonido del lenguaje que resulta del roce del aire espirado cuando se emite con relativa fuerza.

aspirador, ra. adj. **1** Que aspira. | m. o f. **2** Máquina que sirve para aspirar el polvo.

aspirante. adj. y com. **1** Que aspira. | com. **2** Persona que pretende un empleo, distinción, título, etc. **Sin.** 2 candidato, pretendiente.

aspirar. tr. **1** Atraer el aire exterior a los pulmones. **2** Pretender, ansiar: *aspira a una vida mejor.* **3** Succionar el polvo con una máquina. **4** En fon., pronunciar con aspiración. **Ant.** 1 espirar 2 renunciar.

aspirina. f. Ácido acetilsalicílico, muy usado como antipirético, antirreumático y analgésico.

asquear. tr. e intr. Sentir asco de alguna cosa; desecharla, repudiarla. **Sin.** repugnar, hastiar ☐ **Ant.** gustar.

asquerosidad. f. Suciedad que provoca asco.

asqueroso, sa. adj. **1** Repugnante. **2** Escrupuloso. **Sin.** 1 sucio, nauseabundo ☐ **Ant.** 1 limpio, aseado.

asta. f. **1** Palo de la bandera. **2** Cuerno.

astado, da. adj. Provisto de asta.

astato o **ástato.** m. Elemento químico radiactivo que pertenece al grupo de los halógenos. Su símbolo es *At.*

astenosfera. f. Zona interior de la Tierra, comprendida entre la litosfera y la parte exterior del núcleo.

asterisco. m. Signo ortográfico (*) empleado para llamada a notas, u otros usos convencionales.

asteroide. adj. **1** De forma de estrella. | m. **2** Planeta pequeño.

astigmatismo. m. **1** Defecto de la visión debido a curvatura irregular de superficies de refracción del ojo. **2** Defecto de un sistema óptico que le hace reproducir un punto como un segmento lineal.

astil. m. **1** Mango que tienen las hachas, azadas, picos y otros instrumentos semejantes. **2** Palillo o varilla de la saeta. **3** Barra horizontal, de cuyos extremos penden los platillos de la balanza.

astilla. f. Fragmento irregular de una pieza de madera o de un mineral.

astillar. tr. Hacer astillas.

astillero. m. **1** Establecimiento donde se construyen y reparan los buques. **2** Almacén de madera.

astracán. m. **1** Piel de cordero nonato o recién nacido, muy fina y con el pelo rizado. **2** Tejido de lana o de pelo de cabra.

astracanada. f. Farsa teatral disparatada y chabacana.

astrágalo. m. **1** Uno de los huesos del tarso. **2** Cordón en forma de anillo que rodea el fuste de la columna. **Sin.** 1 taba.

astral. adj. Relativo a los astros.

astreñir. tr. Astringir.

astringencia. f. Cualidad de astringente.

astringente. adj. y m. Que astringe o estriñe: *medicamento astringente.*

astringir. tr. **1** Estreñir, contraer alguna sustancia los tejidos orgánicos. **2** Sujetar, constreñir.

astro. m. **1** Cuerpo celeste. **2** Persona que sobresale, sobre todo en el mundo del espectáculo: *un astro de la pantalla.*

astrofísica. f. Parte de la astronomía, que estudia especialmente la constitución física de los astros.

astrofísico, ca. adj. **1** Relativo a la astrofísica. **2** Especialista en esta ciencia. También s.

astrolabio. m. Antiguo instrumento para observar las alturas, lugares y movimientos de los astros.

astrología. f. Pronóstico del porvenir a través de los astros.

astrológico, ca. adj. Relativo a la astrología.

astrólogo, ga. adj. m. y f. Persona que profesa la astrología.

astronauta. com. Tripulante de una astronave.

astronáutico, ca. adj. **1** Relativo a la astronáutica. | f. **2** Ciencia y técnica de la navegación interplanetaria.

astronave. f. Vehículo destinado a la navegación interplanetaria.

astronomía. f. Ciencia que trata de cuanto se refiere a los astros, y principalmente a las leyes de sus movimientos.

astronómico, ca. adj. **1** Relativo a la astronomía. **2** Muy cuantioso: *una cifra astronómica.*

astrónomo, ma. m. y f. Persona que se dedica a la astronomía.

astroso, sa. adj. Desastrado, sucio. **Ant.** arreglado, limpio.

astucia. f. Cualidad de astuto. **Sin.** Sagacidad, sutileza ☐ **Ant.** ingenuidad.

astur. adj. y com. **1** Se dice de un pueblo de la España prerromana. **2** Asturiano.

asturcón. m. Caballo salvaje de Asturias, de baja alzada.

asturianismo. m. Locución, vocablo o giro peculiar de los asturianos.

asturiano, na. adj. y s. **1** De Asturias. **2** Se dice de la variedad asturiana del dialecto asturleonés.

astuto, ta. adj. Hábil, sutil, sagaz. **Ant.** ingenuo.

asueto. m. Vacación corta: *me concedieron dos días de asueto.* **Sin.** descanso, recreo.

asumir. tr. **1** Tomar para sí. **2** Aceptar. **Sin.** 1 responsabilizarse ☐ **Ant.** 1 y 2 rechazar.

asunción. f. **1** Acción de asumir. **2** Elevación al cielo de la Virgen María. || Se escribe con mayúscula en su segunda acepción.

asunto. m. **1** Materia de que se trata: *en la cena*

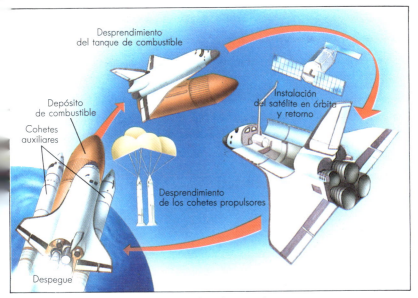

Astronáutica: lanzadera espacial

discutiremos el asunto. **2** Negocio. **3** Tema o argumento de una obra.

asustadizo, za. adj. Que se asusta con facilidad. **Sin.** espantadizo, miedoso.

asustar. tr. y prnl. Dar o causar susto o miedo. **Sin.** intimidar ☐ **Ant.** tranquilizar.

atabal. m. **1** Timbal semiesférico. **2** Tamborcillo o tamboril.

atacamita. m. Mineral de cobre.

atacante. adj. y com. Que ataca.

atacar. tr. **1** Acometer, embestir. **2** Venir de repente: *le atacó la gripe.* **3** Actuar una sustancia sobre otra. **Sin.** 2 sobrevenir 3 dañar ☐ **Ant.** 1 defender 3 preservar.

atadura. f. **1** Acción y resultado de atar. **2** Lo que sirve para atar, ligadura. **3** Sujeción, traba: *ataduras familiares.*

atajar. intr. **1** Tomar un atajo. | tr. **2** Impedir, detener: *atajar un incendio.* **3** Salir al encuentro de alguien por algún atajo. **Sin.** 1 acortar ☐ **Ant.** 2 activar.

atajo. m. **1** Senda o paraje por donde se acorta el camino. **2** Procedimiento o medio rápido.

atalaya. f. **1** Torre en lugar alto para vigilancia. **2** Altura desde donde se descubre mucho espacio de tierra o mar. | m. **3** Persona que vigila desde una atalaya. **Sin.** 3 centinela, vigía.

atalayar. tr. **1** Vigilar desde una atalaya o altura. **2** Observar o espiar las acciones de otros.

atanor. m. Cañería o tubo para conducir el agua.

atañer. intr. Corresponder, incumbir: *esto a ti no te atañe.* || **Irreg.** Se conj. como *tañer.* Se usa sólo en tercera persona.

atapasco, ca. adj. y s. **1** Se dice de una familia amerindia de América del Norte. | m. **2** Grupo lingüístico hablado por la familia atapasca.

ataque. m. **1** Acción de atacar o acometer. **2** Acometimiento repentino de algún mal o enfermedad: *ataque de asma, de tos.* **Sin.** 1 acometida, agresión.

atar. tr. **1** Sujetar con ligaduras: *atar un paquete.* También prnl: *se ató los zapatos.* **2** Impedir el movimiento. **3** Relacionar. | **atarse.** prnl. **4** Ceñirse o reducirse a una cosa o materia determinada: *atarse a las normas.* **Sin.** 1 amarrar, anudar 2 cohibir ☐ **Ant.** 1 soltar, desatar.

atarazana. f. Arsenal de embarcaciones.

atardecer. m. **1** Último período de la tarde. | intr. e impers. **2** Caer la tarde: *en invierno atardece muy pronto.* || **Irreg.** Se conj. como *agradecer.* **Ant.** 1 amanecer. .

atarear. tr. **1** Hacer trabajar mucho a alguien. | **atarearse.** prnl. **2** Entregarse mucho al trabajo.

atarjea. f. **1** Caja de ladrillo con que se revisten

atarugar – atigrado

las cañerías. **2** Conducto que conduce las aguas al sumidero.

atarugar. tr. **1** Tapar con tarugos los agujeros. **2** Atracar, hartar. También prnl.

atascar. tr. **1** Obstruir un conducto. También prnl. **2** Dificultar, impedir. | **atascarse.** prnl. **3** Quedarse detenido por algún obstáculo o en un razonamiento: *atascarse una llave; atascarse en medio de un discurso.* **Ant.** 1 desatascar.

atasco. m. **1** Impedimento, estorbo. **2** Obstrucción de un conducto. **3** Embotellamiento, congestión de vehículos. **4** Dificultad que retrasa la marcha de un asunto.

ataúd. m. Caja donde se lleva un cadáver a enterrar. **Sin.** féretro.

ataurique. m. Ornamentación árabe de figuras vegetales, hecha en yeso.

ataviar. tr. y prnl. Componer, asear.

atávico, ca. adj. Relativo al atavismo.

atavío. m. **1** Compostura, adorno. **2** Vestido.

atavismo. m. **1** Semejanza con los abuelos. **2** Tendencia a imitar o mantener formas de vida, costumbres, etc., arcaicas. **3** Tendencia en los seres vivos a la reaparición de caracteres propios de sus ascendientes más o menos remotos.

ataxia. f. Perturbación de las funciones del sistema nervioso: *ataxia locomotriz.*

atáxico, ca. adj. **1** Relativo a la ataxia. **2** Que la padece. También s.

ateísmo. m. Opinión o doctrina que niega la existencia de Dios.

ateles. m. Mono americano, llamado también *mono araña.* || No varía en pl.

atemorizar. tr. y prnl. Causar temor. **Sin.** acobardar, intimidar ☐ **Ant.** envalentonar.

atemperar. tr. y prnl. **1** Moderar, templar. **2** Acomodar una cosa a otra. **Sin.** 1 atenuar 2 ajustar.

atenazar. tr. **1** Sujetar con tenazas. **2** Paralizar: *le atenazó el terror.* **3** Torturar, afligir.

atención. f. **1** Cortesía, urbanidad, demostración de respeto. | interj. **2** Expresión con que se advierte a los soldados formados que va a empezar un ejercicio o con la que se pide especial cuidado a lo que se va a decir o hacer: *¡atención!* | pl. **3** Negocios, obligaciones. **Sin.** 1 cuidado, consideración.

atender. tr. e intr. **1** Aplicar el entendimiento a un objeto. **2** Tener en cuenta, escuchar: *¡atiéndeme!* | tr. **3** Cuidar a alguien u ocuparse de él: *nos atendió con esmero.* **4** Satisfacer un deseo o petición: *atender un pedido.* || **Irreg.** Se conj. como *entender.*

ateneo. m. **1** Asociación científica o literaria. **2** Local en donde se reúne.

atenerse. prnl. **1** Acogerse. **2** Ajustarse, sujetarse a alguna cosa. || **Irreg.** Se conj. como *tener.*

atentado. m. **1** Acto criminal contra el Estado, una autoridad, o contra cualquier persona o cosa, con la finalidad de alterar el orden establecido. **2** Acción contraria a un principio que se considera recto.

atentamente. adv. m. Con atención o respeto.

atentar. intr. Cometer un atentado. **Sin.** atacar, agredir.

atento, ta. adj. **1** Que tiene fija la atención en alguna cosa. **2** Cortés, amable. **Sin.** 2 considerado ☐ **Ant.** 2 descortés.

atenuación. f. Acción de atenuar.

atenuante. adj. y f. Que atenúa: *no ha tenido en cuenta las atenuantes.*

atenuar. tr. Disminuir, aminorar. **Sin.** mitigar ☐ **Ant.** aumentar.

ateo, a. adj. y s. Que niega la existencia de Dios.

aterciopelado, da. adj. Semejante al terciopelo.

aterecerse. prnl. Aterirse.

aterir. tr. y prnl. Pasmar de frío. || **Defect.** Sólo se usa en inf. y en p. p. **Sin.** helar.

aterrador, ra. adj. Que aterra o aterroriza.

aterrar. tr. Aterrorizar. También prnl.

aterrizaje. m. Acción de aterrizar.

aterrizar. intr. Establecer contacto con el suelo un avión, como resultado de una maniobra de descenso.

aterrorizar. tr. y prnl. Causar terror.

atesorar. tr. **1** Reunir y guardar dinero o cosas de valor. **2** Tener buenas cualidades.

atestación. f. Declaración del testigo o de la persona que testifica.

atestado. m. Documento oficial en que una autoridad o sus delegados hacen constar como cierta alguna cosa.

atestar. tr. Llenar de algo una cosa: *la gente atestaba la tienda.*

atestiguar. tr. **1** Declarar como testigo. **2** Testimoniar. **Sin.** 1 testificar 2 probar.

atezar. tr. y prnl. Ponerse moreno. **Sin.** broncear, curtir.

atiborrar. tr. **1** Llenar algo en exceso. **2** Atracar de comida: *se atiborró en la boda.* También prnl. **3** Atestar de algo un lugar, especialmente de cosas inútiles: *atiborraron el maletero.*

aticismo. m. Delicadeza, elegancia que caracteriza a los escritores y oradores atenienses de la edad clásica.

ático, ca. adj. **1** Del Ática o de Atenas. También s. **2** Relativo al aticismo. **3** Se dice de uno de los cuatro principales dialectos del antiguo griego. También m. | m. **4** Último piso de un edificio.

atiesar. tr. y prnl. Poner tiesa una cosa.

atigrado, da. adj. Manchado como la piel de tigre: *piel atigrada.*

atildado, da. adj. Pulcro, elegante.
atildamiento. m. Acción de atildar o atildarse.
atildar. tr. **1** Componer, asear. También prnl. **2** Poner tildes a las letras. **3** Censurar.
atinar. intr. Acertar, adivinar. **SIN.** hallar ☐ **ANT.** errar.
atípico, ca. adj. Que no se ajusta a un tipo o modelo: *neumonía atípica*.
atiplado, da. adj. Agudo, en tono elevado.
atiplar. tr. Elevar la voz o el sonido de un instrumento hasta el tono de tiple.
atirantar. tr. Poner tirante, tensar. **ANT.** aflojar.
atisbar. tr. Mirar, observar. **SIN.** acechar, espiar.
atisbo. m. **1** Vislumbre, conjetura. **2** Indicio.
¡atizal interj. Denota admiración o sorpresa.
atizador, ra. adj. y s. **1** Que atiza. | m. **2** Instrumento que sirve para atizar.
atizar. tr. **1** Remover el fuego. **2** Avivar, estimular. **3** Dar, pegar, golpear: *atizar un puntapié*. También prnl. | **atizarse.** prnl. **4** Beber con exceso: *atizarse un copazo*. **SIN.** 2 fomentar ☐ **ANT.** 2 sofocar.
atlántico, ca. adj. Perteneciente al monte Atlas o al océano Atlántico.
atlas. m. Colección de mapas geográficos. || No varía en pl.
atleta. com. **1** Persona que practica el atletismo. **2** Persona corpulenta y fuerte.
atlético, ca. adj. Relativo al atleta o a los juegos públicos o ejercicios propios de él.
atletismo. m. **1** Práctica de ejercicios deportivos basados en la carrera, el salto y los lanzamientos de peso. **2** Conjunto de normas que regulan las actividades atléticas.
atmósfera o **atmosfera.** f. **1** Masa de aire que rodea al globo terráqueo. **2** Masa gaseosa que rodea un cuerpo cualquiera. **3** Ambiente. **4** En fís., unidad de presión equivalente al peso de la columna de aire atmosférico de 1 cm^2 de base, en la latitud de 45°, al nivel del mar, a 0° centígrados.
atmosférico, ca. adj. Relativo a la atmósfera: *presión atmosférica*.
atocha. f. Esparto.
atochar. tr. Llenar de esparto o de cualquier otra materia.
atocinar. tr. **1** Partir el cerdo en canal; hacer los tocinos y salarlos. | **atocinarse.** prnl. **2** Aturdirse, ofuscarse. **ANT.** 2 despabilarse.
atole. m. Bebida muy usada en América, que se hace con harina de maíz, disuelta en agua o leche y hervida.
atolladero. m. **1** Atascadero. **2** Dificultad, apuro: *¿cómo saldremos de este atolladero?*
atolón. m. Arrecife coralífero de forma anular, con una laguna interior.

atolondrado, da. adj. Que actúa sin reflexión.
atolondramiento. m. Acción de atolondrar o atolondrarse. **SIN.** aturdimiento, irreflexión.
atolondrar. tr. y prnl. Aturdir, turbar los sentidos. **SIN.** aturullar.
atómico, ca. adj. **1** Relativo al átomo: *núcleo, número, peso atómico*. **2** Que utiliza la energía producida por la desintegración del átomo: *bomba atómica*.
atomismo. m. Doctrina filosófica, formulada por Leucipo y Demócrito, que explica la formación del mundo por la intervención fortuita de los átomos.
atomista. com. Partidario del atomismo.
atomístico, ca. adj. Relativo al atomismo.
atomización. f. Acción de atomizar.
atomizador. m. Pulverizador de líquidos. **SIN.** aerosol.
atomizar. tr. Dividir en partes sumamente pequeñas, pulverizar.
átomo. m. **1** Partícula más pequeña e indivisible de un elemento que conserva todavía sus propiedades como tal. **2** Cualquier cosa muy pequeña: *no encontré ni un átomo de suciedad*.
atonía. f. **1** Falta de energía o de capacidad de reacción. **2** Debilidad en los tejidos orgánicos.
atónito, ta. adj. Estupefacto, pasmado o espantado: *se quedó atónito cuando le conté lo que nos pasó*.
átono, na. adj. **1** Se apl. a la vocal, sílaba o palabra que se pronuncia sin acento prosódico. **2** Sin fuerza.
atontado, da. adj. Persona tonta o que no sabe conducirse.
atontamiento. m. Acción de atontar.
atontar. tr. y prnl. Aturdir, atolondrar. **SIN.** embobar ☐ **ANT.** despabilar.
atontolinar. tr. y prnl. Atontar.
atorar. tr., intr. y prnl. **1** Atascar, obstruir. | **atorarse.** prnl. **2** Atragantarse.
atormentar. tr. y prnl. **1** Causar dolor o molestia física. **2** Causar aflicción, pena: *le atormentaban los celos*.
atornillar. tr. **1** Sujetar con tornillos. **2** Mantener obstinadamente a alguien en un sitio, cargo, etc. También prnl.
atosigamiento. m. Acosamiento, apremio.
atosigar. tr. y prnl. Acuciar, apremiar.
atrabiliario, ria. adj. Destemplado, violento.
atracadero. m. Sitio donde atracan las embarcaciones.
atracador, ra. m. y f. Persona que atraca o saltea. **SIN.** bandido.
atracar. tr. **1** Arrimar unas embarcaciones a otras, o a tierra. **2** Acercar, arrimar. **3** Asaltar con propósito de robo. **4** Hacer comer y beber con exceso. También prnl.: *se atracó de galletas*. **SIN.** 1 abordar 3 atacar 4 atiborrar, hartar.

atracción – atufado

atracción. f. **1** Acción de atraer o atraerse. **2** Simpatía: *sentir atracción por alguien.* | pl. **3** Espectáculos variados que forman parte de un mismo programa.

atraco. m. Acción de atracar o saltear. **Sin.** robo.

atracón. m. Hartazgo, panzada.

atractivo, va. adj. **1** Que atrae. | m. **2** Cualidad física o moral de una persona que atrae la voluntad o el afecto de los demás. **3** Gracia, seducción.

atraer. tr. **1** Traer hacia sí alguna cosa: *el imán atrae el hierro.* **2** Captar la voluntad o el afecto. || **Irreg.** Se conj. como *traer.* **Sin.** 2 seducir ☐ **Ant.** 1 repeler.

atragantarse. prnl. **1** Atravesarse en la garganta. **2** Causar fastidio o enfado. **3** Cortarse en la conversación.

atramparse. prnl. **1** Caer en una trampa. **2** Cegarse un conducto.

atrancar. tr. **1** Cerrar la puerta con una tranca. **2** Atascar, obstruir. También prnl.

atrapar. tr. **1** Coger al que huye. **2** Agarrar. **3** Conseguir: *atrapar un empleo.* **4** Engañar. **Sin.** 1 pillar.

atraque. m. **1** Acción de atracar una embarcación. **2** Muelle donde se atraca.

atrás. adv. l. **1** En o hacia la parte posterior. **2** En las últimas filas de un grupo de personas congregadas: *no oyen bien los que están atrás.* **3** En el fondo de un lugar: *pongan atrás las sillas que sobran.* **4** Aplicado al hilo del discurso, anteriormente. **Ant.** 1-3 delante.

atrasado, da. adj. Poco desarrollado.

atrasar. tr. **1** Retardar. También prnl. **2** Hacer retroceder las agujas del reloj: *hay que atrasar la hora.* | intr. **3** No marchar el reloj con la debida velocidad. También prnl. | **atrasarse.** prnl. **4** Quedarse atrás. **5** Llegar tarde. **Sin.** 1 y 4 demorar 4 rezagarse ☐ **Ant.** 1-3 adelantar 4 evolucionar.

atraso. m. **1** Efecto de atrasar. **2** Falta de desarrollo. | pl. **3** Pagas o rentas vencidas y no cobradas.

atravesado, da. adj. **1** Bizco. **2** De mala intención. **Sin.** 1 estrábico 2 malintencionado.

atravesar. tr. **1** Poner algo de modo que pase de una parte a otra. **2** Pasar de parte a parte. **3** Pasar circunstancialmente por una situación favorable o desfavorable: *atraviesa un mal momento.* | **atravesarse.** prnl. **4** Interponerse. **5** Sentir antipatía hacia algo o alguien. || **Irreg.** Se conj. como *acertar.* **Sin.** 1 y 2 traspasar.

atreverse. prnl. Tener valor para hacer o decir algo que implique riesgo. **Sin.** osar, aventurarse.

atrevido, da. adj. **1** Que se atreve. También s. **2** Hecho o dicho con atrevimiento. **Sin.** 1 audaz, osado 2 provocativo.

atrevimiento. m. Acción de atreverse.

atribución. f. **1** Acción de atribuir. **2** Facultad que a una persona da el cargo que ejerce.

atribuir. tr. **1** Aplicar, conceder. También prnl. **2** Asignar algo a alguien como de su competencia. **3** Achacar, imputar. || **Irreg.** Se conj. como *huir.* **Sin.** 2 adjudicar.

atribular. tr. **1** Causar tribulación. | **atribularse.** prnl. **2** Padecer tribulación, entristecerse. **Ant.** 1 y 2 consolar(se).

atributo. m. **1** Cualidad de un ser: *la sinceridad es su mejor atributo.* **2** En arte, símbolo que denota el carácter de las figuras. **3** En gram., función que desempeña el adjetivo cuando se coloca en posición inmediata al sustantivo de que depende.

atrición. f. Dolor de haber ofendido a Dios, producido por el miedo al castigo. **Sin.** arrepentimiento.

atril. m. Mueble o armazón en forma de plano inclinado para sostener libros o papeles abiertos.

atrincheramiento. m. Conjunto de trincheras.

atrincherar. tr. **1** Fortificar una posición militar con atrincheramientos. | **atrincherarse.** prnl. **2** Ponerse en trincheras a cubierto del enemigo. **Sin.** 2 parapetarse.

atrio. m. **1** Patio interior cercado de pórticos. **2** Espacio cubierto que hay delante de algunos templos y palacios. **3** Zaguán.

atrocidad. f. **1** Crueldad grande. **2** Exceso. **3** Necedad.

atrofia. f. Falta de desarrollo de cualquier parte del cuerpo o de un órgano: *atrofia muscular.*

atrofiar. tr. **1** Producir atrofia. | **atrofiarse.** prnl. **2** Padecer atrofia.

atrófico, ca. adj. Relativo a la atrofia.

atronar. tr. **1** Ensordecer. **2** Aturdir. || **Irreg.** Se conj. como *contar.*

atropellado, da. adj. Que habla u obra con precipitación.

atropellamiento. m. Atropello.

atropellar. tr. **1** Pasar precipitadamente por encima de alguna persona. **2** Alcanzar violentamente un vehículo a alguien. **3** Proceder sin miramiento o respeto: *atropelló sus derechos.* **4** Apresurar. También prnl.: *no te atropelles.* **Sin.** 1 arrollar 2 pillar 3 avasallar.

atropello. m. Acción de atropellar.

atropina. f. Alcaloide que se extrae de la belladona y se emplea para dilatar las pupilas.

atroz. adj. **1** Fiero, cruel, inhumano. **2** Muy malo, grave. **3** Muy grande o desmesurado: *estatura atroz.*

attrezzo. (voz. it.) m. Conjunto de enseres necesarios para una representación teatral.

atuendo. m. Atavío, vestido.

atufado, da. adj. Enfadado, enojado.

atufar. tr. y prnl. **1** Marear o aturdir con vapores malos olores. **2** Enfadar, enojar. | intr. **3** Oler mal.
atún. m. Pez marino comestible, común en los mares de España, frecuentemente de 2 a 3 m de largo, negro azulado por encima y gris plateado por debajo.
atunero, ra. adj. y s. Que pesca atunes.
aturdido, da. adj. Atolondrado, irreflexivo.
aturdimiento. m. **1** Perturbación de los sentidos por efecto de un golpe, ruido, etc. **2** Falta de serenidad. S<small>IN.</small> 1 y 2 atolondramiento, turbación.
aturdir. tr. y prnl. **1** Causar aturdimiento. **2** Confundir, desconcertar.
aturullamiento. m. Atolondramiento.
aturullar. tr. y prnl. Confundir, turbar: *no te aturulles.*
atusar. tr. **1** Recortar e igualar el pelo con tijeras. **2** Alisar el pelo. | **atusarse.** prnl. **3** Adornarse demasiado.
audacia. f. Osadía, atrevimiento. A<small>NT.</small> timidez.
audaz. adj. Osado, atrevido.
audible. adj. Que se puede oír.
audición. f. **1** Acción de oír. **2** Función del sentido del oído. **3** Concierto en público. **4** Sesión de prueba de un artista.
audiencia. f. **1** Acto de oír la autoridad a quien acude a ella. **2** Tribunal de justicia de un territorio. **3** Este mismo territorio y el edificio del tribunal: *la audiencia provincial.* **4** Conjunto de personas que en un momento dado atienden un programa de radio o televisión: *es el programa de mayor audiencia.*
audífono. m. Aparato usado por los sordos para percibir mejor los sonidos.
audiofrecuencia. f. Cualquiera de las frecuencias de onda empleadas en la transmisión de los sonidos.
audiograma. m. Gráfico del grado de agudeza del oído.
audiometría. f. Medida de la agudeza auditiva.
audiómetro. m. Instrumento para medir la sensibilidad del aparato auditivo.
audiovisual. adj. Que se refiere conjuntamente al oído y a la vista: *técnica audiovisual.*
auditar. tr. Hacer la auditoría de una empresa.
auditivo, va. adj. Relativo al oído.
auditor, ra. m. y f. **1** Juez o asesor de algunos tribunales. **2** Persona colegiada que revisa las cuentas, interventor. **3** Persona que hace auditorías.
auditoría. f. **1** Empleo de auditor. **2** Tribunal o despacho del auditor. **3** Revisión del estado económico y administrativo de una empresa u organismo.
auditorio. m. **1** Concurso de oyentes. **2** Sala destinada a conciertos, recitales, conferencias, etc.
auge. m. Período o momento de mayor elevación o intensidad de un proceso o estado de cosas: *auge de las letras.* S<small>IN.</small> apogeo, plenitud.
augur. m. Adivino.
augurar. tr. Presagiar, predecir.
augurio. m. Presagio.
augusto, ta. adj. **1** Se dice de lo que infunde respeto y veneración. **2** Majestuoso.
aula. f. Sala destinada a la enseñanza. S<small>IN.</small> clase.
aulaga. f. Planta espinosa, de hojas lisas terminadas en púas y flores amarillas. S<small>IN.</small> aliaga.
aullador, ra. adj. **1** Que aúlla. | m. **2** Mono de América del Sur, que lanza sonidos semejantes a un aullido, que se oyen a gran distancia.
aullar. intr. Dar aullidos.
aullido. m. Voz triste y prolongada del lobo, el perro y otros animales.
aumentar. tr. y prnl. **1** Hacer mayor o más intenso. También intr. **2** Mejorar. S<small>IN.</small> 1 agrandar, ampliar ☐ A<small>NT.</small> 1 disminuir.
aumentativo, va. adj. **1** Que aumenta. **2** Se dice del sufijo que aumenta la magnitud del significado del vocablo al que se une: *-ón* en picar*ón* o *-azo* en golp*azo*.
aumento. m. **1** Acción de aumentar. **2** Potencia o facultad amplificadora de una lente, anteojo o telescopio. S<small>IN.</small> 1 avance, medro.
aun. adv. m. **1** Incluso. | conj. conc. **2** Seguido de gerundio, aunque: *aun no apeteciéndole, fue.*
aún. adv. t. **1** Todavía. | adv. m. **2** Denota idea de encarecimiento o ponderación en cuanto a la cantidad: *quiero aún más.*
aunar. tr. y prnl. **1** Unir, confederar para algún fin. **2** Unificar. **3** Armonizar.
aunque. conj. conc. Denota una oposición no absoluta: *aunque severo, es justo.*
¡aúpa! interj. que se usa para animar.
aupar. tr. y prnl. **1** Levantar, subir. **2** Ensalzar, enaltecer. A<small>NT.</small> 1 bajar.

Aulaga

aura. f. 1 Irradiación luminosa de ciertos seres. **2** Viento suave y apacible. **Sin.** 2 brisa.

áureo, a. adj. De oro o parecido a él.

aureola o **auréola. f. 1** Disco o círculo luminoso. **2** Fama de algunas personas por sus virtudes: *tenía aureola de sabio.* **Sin.** 1 corona 2 reputación.

aureolar. tr. Adornar con aureola.

aurícula. f. 1 Cada una de las dos cavidades de la parte superior del corazón, que reciben la sangre de las venas. **2** Prolongación de la parte inferior del limbo de las hojas.

auricular. adj. **1** Relativo al oído o a la aurícula. | m. **2** En los aparatos radiofónicos y telefónicos, pieza de los mismos que se aplica a los oídos.

aurífero, ra. adj. Que contiene oro.

auriga. m. **1** Cochero. **2** Con mayúscula, constelación boreal.

auriñaciense. adj. y m. Primera etapa del paleolítico superior. Se divide en dos períodos: auriñaciense propiamente dicho y perigordiense.

aurora. f. 1 Claridad que precede inmediatamente a la salida del Sol. **2** Principio de alguna cosa. | **3 aurora boreal.** Meteoro luminoso que se observa en el hemisferio septentrional.

auscultación. f. Acción de auscultar.

auscultar. tr. Aplicar el oído a la pared torácica o abdominal con estetoscopio o sin él, a fin de explorar los sonidos normales o patológicos producidos en las cavidades del pecho o vientre.

ausencia. f. 1 Resultado de ausentarse o de estar ausente. **3** Tiempo de la ausencia: *¿qué ha pasado durante mi ausencia?* **3** Privación de algo. **Ant.** 1 presencia 3 existencia.

ausentarse. prnl. **1** Separarse de una persona o lugar. **2** Desaparecer, marcharse. **Ant.** 1 y 2 quedarse.

ausente. adj. **1** Que está separado de alguna persona o lugar. **2** Distraído, no atento. **Ant.** 1 presente 2 atento.

auspiciar. tr. Patrocinar, favorecer.

auspicio. m. **1** Agüero. **2** Protección, favor: *bajo los auspicios de...* | pl. **3** Señales que presagian un resultado favorable o adverso.

austeridad. f. Cualidad de austero. **Sin.** severidad, templanza.

austero, ra. adj. **1** Severo, rígido. **2** Sobrio.

austral. adj. Relativo al polo y al hemisferio Sur. **Sin.** antártico, meridional ☐ **Ant.** boreal.

austriaco, ca o **austríaco, ca.** adj. y s. De Austria.

austro. m. Viento del Sur.

autarquía. f. 1 Poder para gobernarse a sí mismo. **2** Autosuficiencia económica. **Sin.** 1 autocracia.

autárquico, ca. adj. Relativo a la autarquía.

autenticar. tr. Autentificar.

autenticidad. f. Cualidad de auténtico.

auténtico, ca. adj. **1** Acreditado de cierto y positivo. **2** Autorizado o legalizado: *un manuscrito auténtico.*

autentificar. tr. Autorizar o legalizar una cosa.

autillo. m. Ave rapaz nocturna, algo mayor que la lechuza, de color pardo rojizo con manchas blancas.

autismo. m. Enfermedad psicológica infantil caracterizada por la tendencia a desinteresarse del mundo exterior y a encerrarse en su propio mundo.

autista. adj. **1** Relativo al autismo. **2** Que padece autismo. También com.

auto. m. **1** Abreviatura de automóvil. **2** Resolución judicial. | pl. **3** Conjunto de actuaciones o piezas de un procedimiento judicial. **4 auto de fe.** loc. Castigo público de los condenados por el tribunal de la Inquisición.

autobiografía. f. Vida de una persona escrita por ella misma.

autobiográfico, ca. adj. Relativo a la autobiografía.

autobombo. m. Elogio público que uno hace de sí mismo.

autobús. m. **1** Vehículo de gran capacidad dedicado preferentemente al transporte urbano de viajeros. **2** Autocar.

autocar. m. Autobús para transporte de pasajeros entre distintas poblaciones.

autoclave. f. Recipiente que cierra herméticamente y se emplea para esterilizar instrumental mediante vapor a presión y temperaturas elevadas.

autocracia. f. Sistema de gobierno en el cual una sola persona acumula todos los poderes. **Sin.** dictadura.

autócrata. com. Persona que ejerce por sí sola la autoridad suprema de un Estado. **Sin.** dictador.

autocrítica. f. Juicio crítico que uno realiza sobre sí mismo o sobre una obra suya.

autóctono, na. adj. y s. Originario del país en que vive. **Sin.** aborigen.

autodefensa. f. Defensa de sí mismo.

autodeterminación. f. Decisión de los pobladores de una unidad territorial acerca de su futuro estatuto político.

autodidacto, ta. adj. y s. Que se instruye por sí mismo, sin maestro. || Es corriente la utilización de *autodidacta* tanto para el masculino como para el femenino.

autoescuela. f. Escuela para enseñar a conducir automóviles.

autofinanciación. f. Financiación realizada por un agente económico de sus inversiones mediante los recursos propios.

autógeno, na. adj. Se dice de la soldadura de

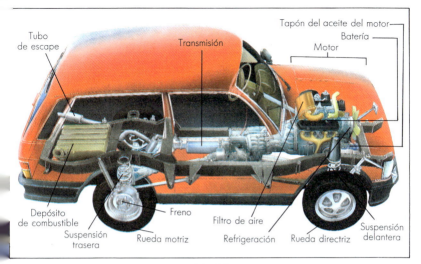

Automóvil

metales que se hace fundiendo con el soplete las superficies de contacto.

autogestión. m. Sistema de gestión de una empresa por sus trabajadores.

autogiro. m. Avión cuyas alas han sido sustituidas por una hélice horizontal que le sirve de sustentación. Fue inventado por Juan de la Cierva.

autogobierno. m. Sistema de administración de algunas unidades territoriales de un país que han alcanzado la autonomía.

autografía. f. Procedimiento por el cual se traslada un escrito a una piedra preparada al efecto, para sacar varios ejemplares del mismo.

autógrafo, fa. adj. y m. **1** Se dice de lo escrito por la mano de su autor. | m. **2** Firma de una persona famosa.

autómata. m. **1** Máquina que imita los movimientos de un ser animado. **2** Persona que se deja dirigir por otra o actúa de una forma mecánica, maquinal. SIN. **1** robot.

automático, ca. adj. **1** Se dice de lo que funciona en todo o en parte por sí mismo: *arma automática*. **2** Que ocurre involuntariamente o cuando se dan determinadas circunstancias: *un impulso automático*. | m. **3** Especie de corchete que cierra a presión. SIN. 1 mecánico 2 instintivo ◻ ANT. 1 manual 2 consciente.

automatismo. m. Ejecución de actos sin participación de la voluntad.

automatización. f. Acción de automatizar.

automatizar. tr. **1** Convertir movimientos corporales en automáticos. **2** Aplicar procedimientos automáticos a un proceso.

automotor, ra. adj. **1** Se dice del aparato que ejecuta movimientos sin la intervención directa de una acción exterior. | m. **2** Coche de ferrocarril propulsado por motor.

automóvil. adj. **1** Que se mueve por sí mismo. | m. **2** Vehículo movido por un motor de explosión.

automovilismo. m. **1** Conjunto de conocimientos relativos al automóvil. **2** Ejercicio y deporte del que conduce un automóvil.

automovilista. com. Persona que conduce un automóvil.

autonomía. f. **1** Condición de la persona que no depende de nadie. **2** Potestad que dentro del Estado goza un determinado territorio para regir su vida interior. **3** Ese mismo territorio. **4** Capacidad máxima de una máquina para desempeñar su función sin reponer combustible, recargar sus pilas, etc. SIN. 2 autogobierno.

autonómico, ca. adj. Relativo a la autonomía.

autonomista. adj. y com. Partidario de la autonomía política.

autónomo, ma. adj. Que goza de autonomía.

autopista. f. Carretera para alta velocidad, con dos direcciones separadas por un seto y desviaciones a distinto nivel.

autopropulsado, da. adj. Dotado de autopropulsión.

autopropulsión. f. Propulsión de una máquina por su propia fuerza motriz.

autopsia. f. Examen anatómico de un cadáver para conocer las causas de su muerte.

autor, ra. m. y f. Realizador de algo, especialmente el creador de una obra literaria o artística.

autoridad. f. **1** Potestad, facultad de mandar y hacerse obedecer. **2** Persona que las ejerce. **3** Especialista en determinada materia: *es una autoridad en física nuclear*.

autoritario, ria. adj. **1** Que se basa en la autoridad o abusa de ella: *padre autoritario*. **2** Partidario del autoritarismo.

autoritarismo. m. **1** Sistema fundado en la sumisión incondicional a la autoridad. **2** Abuso de autoridad. **Ant.** 1 democracia 2 tolerancia.

autorización. f. Permiso: *necesitas una autorización para poder salir del colegio antes de tiempo*.

autorizado, da. adj. **1** Respetado por sus cualidades o circunstancias. **2** En los espectáculos, se dice de los que están permitidos para menores.

autorizar. tr. **1** Conceder a alguien poder o facultad para hacer algo. **2** Permitir. **Sin.** 1 capacitar 2 consentir ◻ **Ant.** 1 desautorizar 2 prohibir.

autorretrato. m. Retrato de una persona hecho por ella misma.

autoservicio. m. **1** Sistema de venta en el que el mismo comprador toma los artículos que le interesan. **2** Establecimiento que utiliza este sistema.

autostop. m. Sistema de viajar que consiste en que un peatón solicita a un automovilista que le lleve de forma gratuita en su coche.

autosuficiencia. f. **1** Estado o condición del que se basta a sí mismo. **2** Suficiencia, presunción.

autosuficiente. adj. y com. Que se basta a sí mismo.

autosugestión. f. Sugestión que nace en una persona, independientemente de toda influencia extraña.

autótrofo, fa. adj. Organismo que es capaz de elaborar su propia materia orgánica a partir de sustancias inorgánicas.

autovacuna. f. Vacuna bacteriana preparada con cultivos microbianos del propio sujeto al que se aplica.

autovía. m. Especie de autopista con desviaciones al mismo nivel.

auxiliar. adj. **1** Que auxilia. **2** Se dice de verbos como *haber* y *ser* que sirven para conjugar los demás. También m. **3** Se dice de la persona encargada de ayudar a otra: *profesor auxiliar*. También com. | com. **4** Empleado subalterno.

auxiliar. tr. Socorrer, ayudar. **Ant.** desamparar.

auxilio. m. Ayuda, socorro, amparo. **Ant.** abandono.

aval. m. **1** Firma al pie de un escrito por la que una persona responde de otra. **2** Escrito con ese mismo fin. **Sin.** 1 garantía.

avalancha. f. Alud.

avalar. tr. Garantizar por medio de aval.

avalentar. tr. y prnl. Dar ánimos, envalentonar.

avalista. com. Persona que avala.

avance. m. **1** Acción de avanzar. **2** Fragmento de una película proyectado antes de su estreno con fines publicitarios. **3** Parte de una información que se adelanta y que tendrá ulterior desarrollo: *avance informativo*. **Sin.** 1 marcha, progreso ◻ **Ant.** 1 retroceso.

avanzada. f. Partida de soldados destacada del grupo principal.

avanzado, da. adj. Adelantado, audaz, nuevo en política, artes.

avanzar. intr. **1** Ir hacia adelante. **2** Progresar: *Luisa ha avanzado mucho en sus estudios*. | tr. **3** Desplazar algo hacia adelante: *avanza el brazo derecho*.

avaricia. f. Codicia, ansia de riquezas. **Ant.** generosidad.

avaricioso, sa. adj. Avariento. **Ant.** generoso.

avariento, ta. adj. y s. Que tiene avaricia. **Sin.** avaro, codicioso.

avaro, ra. adj. **1** Que acumula dinero y no lo emplea. **2** Tacaño, miserable. **Ant.** 1 generoso.

avasallar. tr. Sujetar, rendir o someter a obediencia.

avatar. m. Cambio, vicisitud. Más en pl.: *los avatares de la vida*.

ave. f. **1** Animal vertebrado, de respiración pulmonar y sangre caliente, cuerpo cubierto de plumas y con dos alas aptas, por lo común, para el vuelo. | pl. **2** Clase de estos animales.

avechucho. m. **1** Ave de figura desagradable. **2** Sujeto despreciable.

avecinar. tr. y prnl. Acercar, aproximar. **Ant.** alejar.

avecindar. tr. **1** Dar vecindad. | **avecindarse.** prnl. **2** Establecerse en algún pueblo en calidad de vecino. **3** Arraigar.

avefría. f. Ave limícola migratoria que en la cabeza tiene un moño de cinco o seis plumas que se encorvan en la punta.

avejentar. tr. y prnl. Envejecer antes de tiempo. **Ant.** rejuvenecer.

avellana. f. Fruto del avellano.

avellanar. m. Sitio poblado de avellanos.

avellano. m. Arbusto de hojas anchas, cuyo fruto es la avellana.

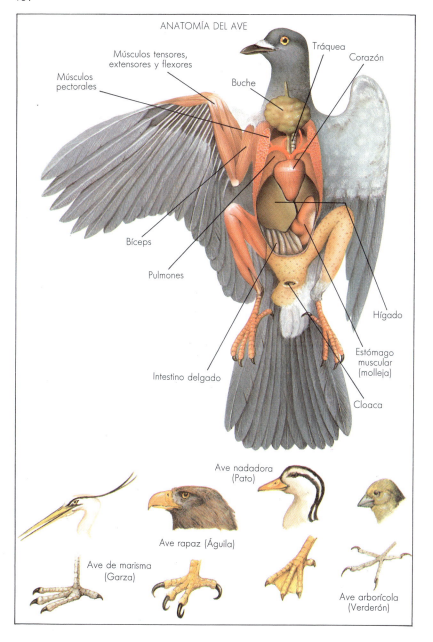

avemaría – avizorar

avemaría. f. **1** Oración cristiana que empieza con las palabras *Ave María*. **2** Cuenta pequeña del rosario.

avena. f. **1** Planta herbácea de tallos delgados y hojas estrechas. **2** Semilla de esta planta que se cultiva como alimento.

avenar. tr. Dar salida a las aguas muertas por medio de zanjas.

avenencia. f. Conformidad, acuerdo y unión.

avenida. f. **1** Calle muy ancha. **2** Crecida impetuosa de un río. **3** Concurrencia de varias cosas.

avenir. tr. y prnl. **1** Reconciliar. | **avenirse.** prnl. **2** Entenderse bien con alguien: *este grupo se aviene muy bien*. || **Irreg.** Se conj. como *venir*. **Ant.** 1 enemistar(se).

aventajado, da. adj. **1** Que aventaja a lo ordinario o común. **2** Adelantado. **Ant.** 1 mediocre.

aventajar. tr. Dar, llevar o sacar ventaja: *en ciencias, Pedro aventaja a todos sus compañeros*. **Sin.** superar.

aventamiento. m. Acción de aventar.

aventar. tr. Echar al viento los granos para limpiarlos en la era. || **Irreg.** Se conj. como *acertar*.

aventura. f. **1** Suceso extraño y peligroso. **2** Empresa arriesgada: *María es muy dada a la aventura*. **3** Relación amorosa ocasional.

aventurado, da. adj. Arriesgado, atrevido, inseguro.

aventurar. tr. **1** Arriesgar. **2** Expresar algo atrevido o dudoso: *aventurar una opinión*. **Sin.** 1 exponer.

aventurero, ra. adj. y s. **1** Que busca aventuras. **2** Se dice de la persona sin oficio ni profesión que, por medios desconocidos, trata de conquistar un puesto en la sociedad.

avergonzar. tr. y prnl. Causar vergüenza en alguien. || **Irreg.** Se conj. como *contar*.

avería. f. Daño, deterioro que impide el funcionamiento de algo: *anoche hubo una avería en la central telefónica*.

averiar. tr. y prnl. Dañar o deteriorar algo. **Sin.** estropear ☐ **Ant.** arreglar.

averiguación. f. Acción de averiguar.

averiguar. tr. Investigar hasta descubrir la verdad o la solución de algo. **Sin.** descubrir.

averno. m. Infierno.

aversión. f. Repugnancia, odio, antipatía.

avestruz. m. Ave corredora, la mayor de las conocidas; tiene el cuello muy largo y las patas largas y fuertes.

avezar. tr. y prnl. Acostumbrar.

aviación. f. **1** Navegación aérea con aparatos más pesados que el aire. **2** Cuerpo militar que utiliza este medio.

aviador, ra. adj. y s. Persona que tripula un aparato de aviación. **Sin.** piloto.

aviar. tr. **1** Disponer algo para el camino. **2** Arreglar, vestir. También prnl.

avícola. adj. Relativo a la avicultura.

avicultor, ra. m. y f. Persona que se dedica a la avicultura.

avicultura. f. Arte de criar las aves y de aprovechar sus productos.

avidez. f. Ansia, codicia.

ávido, da. adj. Ansioso, codicioso.

aviejar. tr. y prnl. Avejentar.

avieso, sa. adj. **1** Torcido, mal intencionado. **2** Malvado. **Ant.** 1 directo 2 bondadoso.

avinagrado, da. adj. **1** Agrio, áspero. **2** Acre, desapacible.

avinagrar. tr. y prnl. **1** Poner agrio. **2** Volver malhumorado a alguien. **Sin.** 2 amargar.

avío. m. **1** Preparativo. **2** Provisión de los pastores. **3** Conveniencia, interés personal. | pl. **4** Utensilios necesarios.

avión. m. **1** Vehículo más pesado que el aire, provisto de alas, que vuela propulsado por uno o varios motores. **2 avión de reacción.** Reactor, avión que usa motor de reacción.

avioneta. f. Avión pequeño y de poca potencia.

avisado, da. adj. y s. Prudente, discreto, sagaz.

avisar. tr. **1** Notificar, anunciar. **2** Advertir o aconsejar. **3** Llamar a alguien para que preste un servicio: *avisar al fontanero*.

aviso. m. **1** Anuncio, noticia. **2** Indicio, señal: *aviso de tormenta*. **3** Advertencia, consejo: *no hicieron caso de su aviso*.

avispa. f. Insecto de 1 a 1,5 cm de largo, provisto de aguijón, de color amarillo con fajas negras, que vive en sociedad.

avispado, da. adj. Vivo, despierto, agudo. **Ant.** torpe, atontado.

avispar. tr. **1** Despabilar, hacer despierto y avisado: *hay que avispar a este muchacho*. También prnl. **2** Avivar a las caballerías.

avispero. m. **1** Panal que fabrican las avispas. **2** Lugar en donde lo hacen. **3** Multitud de avispas. **4** Negocio enredado: *esto es un auténtico avispero*.

avistar. tr. Alcanzar con la vista. **Sin.** divisar.

avitaminosis. f. Carencia o deficiencia de vitaminas. || No varía en pl.

avituallamiento. m. Acción de avituallar.

avituallar. tr. Proveer de vituallas.

avivamiento. m. Acción de avivar.

avivar. tr. **1** Excitar, animar, hacer más intenso: *avivar los colores*. **2** Hacer que arda más el fuego. **Sin.** 1 reavivar 2 atizar ☐ **Ant.** 1 y 2 apagar.

avizor. adj. Atento, con cuidado. || Sólo se usa en la expresión **estar ojo avizor.**

avizorar. tr. Acechar, vigilar.

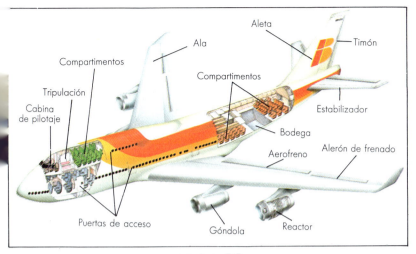

Avión Boeing 747

-avo, va. Elemento compositivo que entra pospuesto en la formación de algunas palabras, con el significado de *parte,* como en *octavo.*
avutarda. f. Ave zancuda de vuelo corto y pesado.
axial o **axil.** adj. Relativo al eje.
axila. f. Sobaco.
axilar. adj. Relativo a la axila.
axioma. m. Proposición tan clara y evidente que no necesita demostración.
axiomático, ca. adj. **1** Incontrovertible, evidente. | f. **2** Conjunto de definiciones, axiomas y postulados en que se basa una teoría científica.
axis. m. Segunda vértebra del cuello que permite el movimiento de rotación de la cabeza. || No varía en pl.
axoideo. adj. Relativo al axis: *músculo axoideo.*
¡ay! interj. **1** Expresa normalmente aflicción o dolor. | m. **2** Suspiro, quejido. || pl. *ayes.*
ayatola. m. Entre los chiítas, doctor en teología.
ayer. adv. t. **1** En el día que precedió inmediatamente al de hoy. **2** Hace poco tiempo. **3** En tiempo pasado. | m. **4** Tiempo pasado: *el ayer.*
ayo, ya. m. y f. Persona encargada de custodiar niños y jóvenes y de cuidar de su crianza y educación. Sin. pedagogo, preceptor.
ayocote. m. Fríjol bastante grueso.
ayuda. f. **1** Acción de ayudar. **2** Persona o cosa que ayuda: *María ha resultado una gran ayuda para mí.* **3** Lavativa. | m. **4** Criado: *ayuda de cámara.* Sin. 1 apoyo, auxilio 3 enema.

ayudante. com. **1** En algunos cuerpos y oficinas, oficial subalterno. **2** Maestro o profesor subalterno. **3** Oficial destinado personalmente a las órdenes de un general o jefe: *ayudante de campo.*
ayudantía. f. Empleo y oficina de ayudante.
ayudar. tr. **1** Cooperar. **2** Auxiliar, socorrer. También prnl. | **ayudarse.** prnl. **3** Valerse de la ayuda de algo o alguien: *se ayudaba con las muletas para andar.* Sin. 1 colaborar □ Ant. 1 perjudicar.
ayunar. intr. Abstenerse de comer o beber.
ayuno, na. adj. **1** Que no ha comido. **2** Que ignora o no comprende algo: *salir ayuno de una clase.* | m. **3** Acción de ayunar. **4 en ayunas,** o **en ayuno.** loc. adv. Sin haber desayunado. Sin. 2 ignorante.
ayuntamiento. m. **1** Corporación que administra el municipio. **2** Casa consistorial. **3** Acto sexual.
azabache. m. Variedad de lignito, bastante dura y compacta y de color negro intenso.
azacán, na. adj. y s. **1** Que se dedica a realizar trabajos humildes y penosos. **2** Aguador.
azada. f. **1** Instrumento a modo de pala que sirve para remover la tierra. **2** Azadón.
azadón. m. **1** Instrumento cuya pala es algo mayor que la de la azada. **2** Azada.
azafata. f. Mujer que atiende al público en congresos, exposiciones, o a los pasajeros de un avión, tren, autobús.
azafrán. m. Planta cuyos estigmas, de color rojo anaranjado, constituyen un apreciado condimento.

azahar. m. Flor blanca del naranjo, limonero y cidro.

azalea. f. Arbusto originario del Cáucaso, cuyas flores contienen una sustancia venenosa.

azamboa. f. Fruto del azamboero.

azamboero o **azamboo.** m. Árbol, variedad del cidro, cuya fruta es la azamboa.

azar. m. **1** Casualidad. **2** Hecho fortuito.

azaramiento. m. Acción de azarar o azararse.

azarar. tr. y prnl. Turbar, sobresaltar, avergonzar.

azaroso, sa. adj. Incierto, agitado, desgraciado. **ANT.** tranquilo, seguro.

azoar. tr. y prnl. Impregnar de ázoe o nitrógeno.

azoemia. f. Existencia de sustancias nitrogenadas en la sangre.

azogar. tr. **1** Cubrir con azogue. **2** Apagar la cal rociándola con agua. | **azogarse.** prnl. **3** Contraer la enfermedad producida por la absorción de los vapores de azogue. **4** Turbarse y agitarse mucho.

azogue. m. Mercurio.

azor. m. Ave rapaz diurna, con una banda blanca por encima de los ojos.

azoramiento. m. Acción de azorar o azorarse.

azorar. tr. y prnl. **1** Conturbar, avergonzar. **2** Irritar.

azotaina. f. Zurra de azotes. **SIN.** paliza, somanta.

azotamiento. m. Acción de azotar.

azotar. tr. **1** Dar azotes. También prnl. **2** Golpear con fuerza: *el mar azota los peñascos*. **3** Producir daños o destrozos de gran importancia: *el hambre azota el país*. **SIN.** 1 castigar, flagelar.

azote. m. **1** Golpe en las nalgas con la palma de la mano. **2** Golpe repetido del agua o del aire. **3** Instrumento de suplicio, parecido a un látigo. **4** Golpe dado con este instrumento. **5** Aflicción, calamidad. **6** Persona extremadamente violenta. **SIN.** 3 flagelo 5 desgracia.

azotea. f. **1** Cubierta llana de un edificio. **2** Cabeza.

azteca. adj. y com. **1** Se dice del antiguo pueblo, del grupo lingüístico nahua, invasor y dominador del territorio conocido después con el nombre de México. **2** Idioma azteca.

azúcar. amb. **1** Cuerpo sólido, cristalizable, perteneciente al grupo químico de los hidratos de carbono, de color blanco en estado puro, soluble en el agua y en el alcohol y de sabor muy dulce. Se extrae de la caña dulce en los países tropicales y de la remolacha y otros vegetales en los templados. **2** Nombre de diversos hidratos de carbono, de sabor dulce y solubles en agua, como la *glucosa*.

azucarado, da. adj. **1** Dulce. **2** Blando, afable.

azucarar. tr. **1** Bañar o endulzar con azúcar. **2** Suavizar. **SIN.** 1 edulcorar.

azucarero, ra. adj. Relativo al azúcar. | m. **2** Recipiente donde se guarda. **3** Ave trepadora de los países tropicales. | f. **4** Fábrica en que se elabora el azúcar.

azucarillo. m. **1** Masa esponjosa que se hace con almíbar, clara de huevo y zumo de limón. **2** Terrón de azúcar.

azucena. f. Planta de tallo alto y flores muy olorosas.

azuela. f. Herramienta de carpintero para desbastar.

azufaifa. f. Fruto del azufaifo. Se usa como medicamento pectoral.

azufaifo. m. Árbol originario de Oriente.

azufrado, da. adj. **1** Sulfuroso. **2** Parecido en el color al azufre.

azufrar. tr. **1** Echar azufre en alguna cosa. **2** Impregnar de azufre.

azufre. m. Elemento químico no metálico de color amarillo que por frotación se electriza fácilmente y da un olor agrio característico. Su símbolo es *S*.

azufroso, sa. adj. Que contiene azufre.

azul. adj. **1** Del color del cielo sin nubes. Es el quinto color del espectro solar. También s. | m. **2** El cielo, el espacio. **3 azul celeste.** El más claro. **4 azul de cobalto.** Materia colorante muy usada en pintura. **5 azul marino.** Azul oscuro.

azulado, da. adj. De color azul o que tira a él.

azular. tr. Dar o teñir de azul.

azulear. intr. Tirar a azul: *las sábanas azulean*.

azulejo. m. Ladrillo pequeño vidriado, de varios colores, que se usa para revestimientos, frisos, paredes, etc.

azulete. m. **1** Viso de color azul que se da a las prendas de ropa blanca lavadas. **2** Pasta de añil para blanquear la ropa.

azulón, na. adj. y m. **1** Azul muy intenso. | m. **2** Especie de pato de gran tamaño.

azumbre. amb. Medida de capacidad para líquidos, equivalente a 2 litros y 16 mililitros. Más c. f.

azur. adj. y m. Color heráldico que en pintura se corresponde con el azul oscuro.

azurita. f. Mineral muy duro de color azul, de textura cristalina o fibrosa. Es un bicarbonato de cobre.

azuzar. tr. **1** Incitar a los perros o a cualquier otro animal para que ataquen. **2** Irritar, estimular. **SIN.** 1 achuchar.

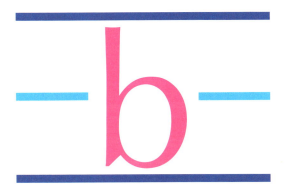

b. f. Segunda letra del abecedario español, y primera de sus consonantes. Su nombre es *be*.

baba. f. **1** Saliva espesa y abundante. **2** Líquido viscoso segregado por algunos animales y plantas. **3 caérsele** a uno **la baba.** loc. Ser bobo, o experimentar gran complacencia ante algo que resulta grato.

babear. intr. **1** Expeler o echar de sí la baba. **2** Hacer demostraciones de excesiva admiración ante una persona o cosa: *está babeando por ella*.

babel. amb. Desorden y confusión. **Ant.** orden, armonía.

babera. f. Pieza de la armadura antigua, que cubría la boca, la barbilla y el cuello.

babero. m. Prenda que se pone a los niños sobre el pecho para evitar que se manchen. **Sin.** servilleta.

babi. m. Bata que se pone a los niños para que no se manchen.

babieca. adj. y com. Persona boba. **Sin.** papanatas, simple, memo □ **Ant.** listo.

babilla. f. **1** En los cuadrúpedos, conjunto de músculos y tendones que articulan el fémur con la tibia y la rótula. **2** Rótula de los cuadrúpedos.

babirusa. m. Cerdo salvaje que vive en Asia.

bable. m. Dialecto derivado del leonés y hablado en Asturias.

babor. m. Lado izquierdo de la embarcación mirando de popa a proa.

babosa. f. Molusco gasterópodo pulmonado, terrestre, sin concha, que cuando se arrastra deja abundante baba. Es muy dañino en las huertas.

babosear. tr. Llenar de babas.

baboso, sa. adj. y s. **1** Que echa babas. **2** Se apl. al que no tiene edad ni condiciones para lo que hace, dice o intenta. **Sin.** 2 mocoso.

babucha. f. Zapato ligero y sin tacón, usado principalmente por los moros.

babuino. m. Mono africano de mandíbulas prominentes y callosidades en las nalgas.

baca. f. Armazón en la parte superior de los vehículos para transportar bultos.

bacalada. f. Bacalao curado.

bacaladero, ra. adj. **1** Relativo a la pesca y comercio del bacalao. | m. **2** Barco destinado a la pesca del bacalao.

bacaladilla. f. Pez gádido.

bacalao. m. Pez teleósteo, de cuerpo simétrico con tres aletas dorsales y dos anales; es muy apreciado como alimento, sobre todo en salazón.

bacanal. adj. **1** Perteneciente al dios Baco. | f. **2** Fiesta en honor de este dios. También pl. **3** Orgía.

bacante. f. Mujer que celebraba las fiestas bacanales.

bacará o **bacarrá.** m. Juego de naipes en que juega el banquero contra los puntos.

bacera. f. Enfermedad carbuncosa de los ganados que ataca el bazo.

Bacalao

bache. m. **1** Hoyo en el pavimento de calles o carreteras. **2** Desigualdad de la densidad atmosférica que determina un momentáneo descenso del avión. **3** Mal momento en la vida de una persona: *estar pasando un bache*. **Sin.** 1 socavón.

bachear. tr. **1** Rellenar los baches. | **bacharse.** prnl. **2** Llenarse una carretera de baches.

bachiller. com. **1** Persona que ha obtenido el grado que se concede al terminar la enseñanza media. **2** Persona que recibía el primer grado académico que se otorgaba antes a los estudiantes de facultad.

bachillerato. m. **1** Grado de bachiller. **2** Estudios necesarios para obtener dicho grado.

bacía. f. Recipiente cóncavo, particularmente el metálico, que usaban los barberos para remojar la barba.

báciga. f. Cierto juego de naipes.

bacilar. adj. **1** Relativo a los bacilos. **2** En mineralogía, de textura en fibras gruesas.

bacilo. m. Bacteria en forma de bastoncillo.

baciloscopia. f. Investigación de la presencia de bacilos en órganos o secreciones orgánicas, para establecer la etiología de una enfermedad.

bacilosis. f. Enfermedad causada por infección bacilar. || No varía en pl.

bacín. m. Orinal alto y cilíndrico.

bacineta. f. Bacía pequeña.

bacinete. m. **1** Pieza de la armadura antigua que cubría la cabeza. **2** Soldado que vestía coraza y bacinete. **3** Pelvis.

bacinica o **bacinilla.** f. **1** Bacineta. **2** Bacín bajo y pequeño.

bacon. (voz ingl.) m. Panceta ahumada.

baconiano, na. adj. Relativo al método y doctrina del filósofo inglés Bacon.

bacteria. f. Microorganismo unicelular, sin núcleo. Interviene en procesos como la fermentación, y puede causar enfermedades como el tifus, el cólera, enfermedades venéreas, etc.

bacteriano, na. adj. Relativo a las bacterias.

bactericida. adj. y m. Que destruye las bacterias.

bacteriología. f. Parte de la microbiología que estudia las bacterias.

báculo. m. **1** Cayado, especialmente el que llevan algunas dignidades eclesiásticas. **2** Alivio, consuelo: *báculo de la vejez*.

badajada. f. **1** Golpe que da el badajo en la campana. **2** Necedad.

badajazo. m. Golpe que da el badajo.

badajear. intr. Hablar mucho y neciamente.

badajo. m. Pieza que pende en el interior de las campanas, y con la cual se golpean éstas para hacerlas sonar.

badán. m. Tronco del cuerpo en el animal.

badana. f. **1** Piel curtida de carnero u oveja. **2** Tira de este cuero que se cose al borde interior de la copa del sombrero. | m. **3** Persona perezosa. Más en pl. **Sin.** 3 vago □ **Ant.** 3 trabajador.

badea. f. **1** Sandía, melón o pepino sosos, de mala calidad. **2** Persona floja. **3** Cosa sin sustancia.

badén. m. **1** Zanja que forma en el terreno el paso de las aguas llovedizas. **2** Cauce empedrado, que se hace en una carretera para dar paso a un corto caudal de agua. **3** Bache de la carretera.

badián. m. Árbol magnoliáceo de Oriente, con flores blancas y cuyas semillas se emplean en medicina y como condimento.

badil o **badila.** m. Paleta de metal para mover la lumbre en las chimeneas y braseros.

badilejo. m. Llana del albañil.

bádminton. m. Juego de raqueta semejante al tenis, que se practica con una pelota semiesférica de caucho en cuya cara plana está coronada por plumas.

badulaque. m. Persona de poco juicio. También adj. **Sin.** pánfilo.

bafle. m. **1** Pantalla acústica. **2** Caja que contiene los altavoces de un equipo de sonido.

baga. f. Cápsula que contiene las semillas del lino.

bagá. m. Árbol de fruto globoso que crece en Cuba, cuyas raíces se usan como corcho.

bagacera. f. Lugar donde se tiende a secar el bagazo del azúcar.

bagaje. m. **1** Conjunto de conocimientos o noticias de que dispone una persona: *bagaje artístico, cultural*. **2** Equipaje. **Sin.** 1 acervo.

bagar. intr. Echar el lino baga y semilla: *el lino ha bagado bien*.

bagatela. f. Cosa de poca importancia y valor: *sólo sabes comprar bagatelas*.

bagazo. m. **1** Cáscara que queda después de deshecha la baga del lino. **2** Residuo de las cosas que se exprimen para sacar zumo.

bagre. m. Pez abundante en los ríos de América. Su carne es sabrosa y con pocas espinas.

baguío. m. Huracán en el archipiélago filipino.

¡bah! interj. Denota incredulidad o desdén: *¡bah, no me cuentes tonterías!*

baharí. m. Ave rapaz diurna de unos 15 cm de altura, propia de Asia y África.

bahía. f. Entrada de mar en la costa, de extensión menor que el golfo. **Sin.** ensenada.

bailable. adj. **1** Se dice de la música compuesta para bailar. | m. **2** Danza que se ejecuta en algunas óperas u obras dramáticas.

bailador, ra. adj. y s. **1** Que baila. | m. y f. Bailarín o bailarina profesional.

bailar. intr. **1** Mover el cuerpo al compás de la música. También tr.: *bailar un bolero*. **2** Moverse una cosa sin salir de un espacio determinado: *le baila un diente*. También tr. **3** Girar rápidamente una cosa en torno de su eje, como la peonza, la perinola, etc. **4** Llevar algo demasiado ancho: *le bailan los pantalones*. **Sin.** 1 danzar 2 oscilar.

bailarín, na. adj. y s. **1** Que baila. | m. y f. **2** Persona que ejercita o profesa el arte de bailar.

baile. m. **1** Acción de bailar. **2** Danza. **3** Fiesta en que se baila: *me han invitado a un baile esta noche*. **4** Espectáculo teatral en que se ejecutan varias danzas. **5 baile de San Vito.** Nombre vulgar de varias enfermedades convulsivas.

bailete. m. Baile de corta duración en la representación de algunas obras dramáticas.

bailongo. m. Baile de muy baja categoría.

bailotear. intr. Bailar mucho.

bailoteo. m. Acción de bailotear.

baivel. m. Escuadra falsa con uno de sus brazos recto y el otro curvo.

baja. f. **1** Disminución del precio. **2** Cesación en industrias o profesiones sometidas a impuesto. **3** Formulario fiscal para tales declaraciones. **4** Cese de una persona en un cuerpo, profesión, carrera, etc.: *mañana le darán la baja a Pilar; el cardiólogo le ha firmado la baja temporal*. **5** Documento que acredita dicho cese. **6** Pérdida o falta de un individuo: *el enfrentamiento ocasionó muchas bajas en ambos ejércitos*. **Sin.** 1 bajada 6 muerte □ **Ant.** 1 subida, aumento 4 alta.

bajá. m. En Turquía, antiguamente, el que obtenía algún mando superior. Hoy es título de honor.

bajada. f. **1** Acción de bajar. **2** Camino por donde se baja desde alguna parte. **Sin.** 1 caída, descenso 2 pendiente □ **Ant.** 1 ascenso, subida.

bajalato. m. **1** Dignidad de bajá. **2** Territorio de su mando.

bajamar. f. **1** Marea baja. **2** Tiempo que dura.

bajante. adj. y f. **1** Que baja. | amb. **2** Tubería de desagüe. | f. **3** *amer.* Descenso del nivel de las aguas.

bajar. intr. **1** Ir a un lugar más bajo. También prnl.: *bajarse a la planta primera*. **2** Disminuir algo: *bajar el frío, la fiebre*. | tr. **3** Poner alguna cosa en lugar inferior. **4** Rebajar el nivel. **5** Apear. También intr. y prnl.: *bajarse del coche*. **6** Inclinar hacia abajo: *bajar la cabeza*. **7** Disminuir la estimación, precio o valor de alguna cosa. **8** Humillar, abatir. También prnl. **9** Descender en el sonido desde un tono agudo a otro más grave. | **bajarse.** prnl. **10** Inclinarse uno hacia el suelo: *bajarse a coger algo del suelo*. **Sin.** 1 y 2 descender.

bajel. m. Buque, barco.

bajelero. m. Dueño, patrón o fletador de un bajel.

bajete. m. **1** Voz de barítono. **2** Tema escrito en clave de bajo, que se da al discípulo de armonía para que se ejercite.

bajeza. f. **1** Acción indigna. **2** Abatimiento, humillación.

bajío. m. **1** Bajo en los mares, y más comúnmente el de arena. **2** *amer.* Terreno bajo. **Sin.** 1 banco.

bajista. adj. **1** Relativo a la baja de los valores en la bolsa. | com. **2** Persona que juega a la baja en la bolsa. **3** Persona que toca el bajo en un conjunto musical.

bajo, ja. adj. **1** De poca altura. **2** Que está en lugar inferior: *planta baja*. **3** Inclinado hacia abajo. **4** Hablando de colores, poco vivo. **5** Se dice del oro y de la plata, cuando tienen poca pureza. **6** Se dice de las últimas etapas de un determinado período histórico: *la baja Edad Media*. **7** Se dice de ciertas magnitudes físicas para indicar que, en determinada ocasión, tienen un valor inferior al ordinario: *baja frecuencia, bajas presiones*. **8** Humilde: *clase baja*. **9** Despreciable, vulgar. **10** Barato: *lo consiguió a bajo precio*. | m. **11** Lugar hondo. **12** Piso en la planta baja de un edificio: *alquilé un bajo*. **13** Parte inferior de una prenda de vestir: *el bajo de una falda*. **14** Voz e instrumento que produce sonidos más graves. **15** Persona que tiene esa voz o toca ese instrumento. | adv. **16** Abajo. **17** En voz baja o que apenas se oiga. | prep. **18** Debajo de: *estar bajo la tutela de alguien; bajo palabra; bajo techo*. **Sin.** 1 corto, pequeño 4 apagado 8 pobre 9 mezquino, rastrero □ **Ant.** 1, 6, 7 y 8 alto 4 brillante 10 caro.

bajón. m. **1** Instrumento musical de madera semejante al fagot, actualmente en desuso. **2** Músico que tocaba este instrumento.

bajón. m. **1** aum. de baja. **2** Notable menoscabo o disminución en el caudal, la salud, las facultades intelectuales, etc.: *dar un gran bajón*. **Sin.** 2 descenso, caída.

bajonado. m. Pez de Cuba parecido a la dorada.

bajonazo. m. **1** aum. de bajón. **2** Bajón en la salud, caudal, facultades, etc. **3** Estocada excesivamente baja.

bajoncillo. m. Instrumento músico parecido al bajón, pero más pequeño y de tono más agudo.

bajorrelieve. m. En escultura, obra cuyas figuras resaltan poco del plano. También se escribe *bajo relieve*. **Ant.** altorrelieve.

bajura. f. **1** Falta de elevación. **2** Refiriéndose a la pesca, la que se realiza por pequeñas embarcaciones en las proximidades de la costa.

bala. f. **1** Proyectil de armas de fuego. **2** Fardo. **3 como una bala.** loc. adv. A gran velocidad.

balada. f. **1** Composición poética de tono sentimental en la que se refieren sucesos legendarios o tradicionales. **2** Composición poética provenzal dividi-

baladí – baldosín

da en estrofas de rima variada que terminan en un mismo verso. **3** Composición musical de ritmo lento y carácter romántico.

baladí. adj. Insignificante, de poco valor. || pl. *baladíes* o *baladís*. **Sin.** fútil, trivial.

baladrón, na. adj. Fanfarrón, fantasma, bravucón. **Ant.** humilde.

baladronada. f. Hecho o dicho propio de baladrones. **Sin.** bravata, fanfarronada.

baladronear. intr. Hacer o decir baladronadas.

bálago. m. **1** Paja larga de los cereales después de quitarle el grano. **2** Paja trillada. **3** Espuma densa del jabón.

balaguero. m. Montón grande de bálago.

balalaica. f. Instrumento músico de origen ruso parecido a la guitarra, pero con caja de forma triangular.

balance. m. **1** Movimiento que hace un cuerpo, inclinándose a un lado y a otro. **2** Confrontación del activo y el pasivo para determinar el estado de un negocio. **3** Resultado de algún asunto: *el balance de los hechos*. **Sin.** 2 arqueo.

balancear. intr. **1** Mover a alguien o algo de un lado a otro. También prnl. **2** Dudar, estar perplejo en la resolución de alguna cosa. **3** Poner en equilibrio. **Sin.** 1 oscilar 3 igualar, equilibrar ☐ **Ant.** 3 desequilibrar.

balanceo. m. Acción de balancear. **Sin.** oscilación.

balancín. m. **1** Columpio. **2** En los jardines, playas, terrazas, etc., asiento colgante cubierto de toldo. **3** Barra paralela al eje de las ruedas delanteras de un vehículo. **4** Palo largo que usan los volatineros para mantenerse en equilibrio. **5** Mecedora.

balandra. f. Embarcación pequeña con cubierta y sólo un palo.

balandrán. m. Vestidura talar ancha y con esclavina que usaban los eclesiásticos.

balandro. m. **1** Balandra pequeña. **2** Barco pescador que se usa en Cuba.

bálano o **balano.** m. Parte extrema del pene. **Sin.** glande.

balanza. f. **1** Instrumento que sirve para pesar. **2 balanza comercial.** Estado comparativo entre las importaciones y las exportaciones de un país. **3 balanza de pagos.** Estado comparativo entre los cobros y pagos exteriores de una economía nacional. **Sin.** 1 báscula.

balanzario. m. El que en las casas de moneda tiene el oficio de pesar los metales.

balanzón. m. Vasija con mango de hierro que usan los plateros para blanquecer o limpiar la plata o el oro.

balar. intr. Dar balidos.

balarrasa. m. **1** Persona alocada o de poco juicio. **2** Aguardiente fuerte.

balastar. tr. Tender el balasto.

balasto o **balastro.** m. Capa de grava que se tiende para asentar y sujetar las traviesas de las vías férreas, o en las carreteras como base del pavimento.

balaustrado, da. adj. **1** En forma de balaustre o con balaustres. | f. **2** Serie de balaustres.

balaustre o **balaústre.** m. Cada una de las columnitas de las barandillas, balcones, etc.

balboa. m. Unidad monetaria de Panamá.

balbucear. intr. Balbucir.

balbucir. intr. Hablar o leer con pronunciación dificultosa, trastocando a veces las letras o las sílabas. **Sin.** titubear, farfullar ☐ **Ant.** articular, vocalizar.

balcánico, ca. adj. De los Balcanes.

balcón. m. **1** Hueco abierto al exterior desde el suelo de la habitación, con barandilla saliente: *el piso en el que vivo tiene tres balcones*. **2** Esta barandilla.

balconaje. m. Conjunto de balcones de un edificio.

balconcillo. m. **1** Balcón pequeño. **2** Galería que en los teatros está más baja y delante de la primera fila de palcos. **3** Localidad de la plaza de toros situada sobre la salida del toril.

balda. f. Anaquel de armario, estantería, alacena, etc. **Sin.** estante, repisa.

baldado, da. adj. **1** Tullido, impedido. **2** Muy cansado, agotado. **Sin.** 2 rendido ☐ **Ant.** 1 indemne 2 descansado.

baldaquín o **baldaquino.** m. **1** Especie de dosel hecho de tela de seda. **2** Pabellón que cubre el altar.

baldar. tr. **1** Privar una enfermedad o accidente del uso de algún miembro. También prnl. **2** Fallar en juegos de cartas. **3** Causar a uno gran contrariedad.

balde. m. **1** Cubo para sacar y transportar agua, sobre todo en las embarcaciones. **2** Cualquier recipiente parecido al cubo. **Sin.** 1 barreño.

balde (de). loc. adv. **1** Gratis. **2** Sin motivo, sin causa. **3 en balde** loc. adv. En vano, inútil: *todos mis esfuerzos fueron en balde*.

baldear. tr. **1** Regar con baldes. **2** Achicar con baldes el agua de una excavación.

baldío, a. adj. **1** Terreno que no se labra. **2** Vano, sin fundamento: *planteamiento baldío*. | m. **3** *amer.* Solar, terreno urbano sin edificar. **Sin.** 1 yermo, estéril ☐ **Ant.** 1 fértil 2 útil.

baldón. m. Deshonor, vergüenza. **Sin.** afrenta, mancilla, oprobio.

baldonar o **baldonear.** tr. y prnl. Causar baldón, deshonrar.

baldosa. f. Placa de barro cocido o de otro material, generalmente de poco grosor, que se emplea para solar.

baldosín. m. Baldosa pequeña y fina.

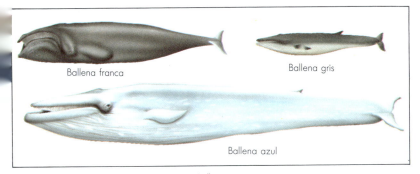

Ballenas

baldragas. m. Hombre sin carácter ni energía. || No varía en pl.

balea. f. Escobón para barrer las eras.

balear. adj. y com. **1** De las islas Baleares. **2** Se dice del pueblo indígena prerromano de las islas Gimnesias o Baleares en su antigua denominación. | m. **3** Variedad de la lengua catalana que se habla en las islas Baleares.

balear. tr. *amer.* Tirotear, disparar balas sobre alguien o algo.

balénido, da. adj. y m. **1** Se dice de los mamíferos cetáceos cuyo tipo es la ballena. | m. pl. **2** Familia de estos animales.

baleo. m. **1** Ruedo o felpudo. **2** Instrumento para aventar el fuego. **3** *amer.* Tiroteo.

balido. m. Voz de la oveja, la cabra, el gamo, el ciervo y animales semejantes.

balín. m. Bala de menor calibre que la de fusil.

balista. f. Antigua máquina de guerra para arrojar piedras de mucho peso.

balística. f. Ciencia que estudia la trayectoria de los proyectiles.

baliza. f. **1** Señal fija o flotante que se pone de marca en el agua. **2** Señal empleada para limitar pistas terrestres.

balizar. tr. Señalar con balizas.

ballena. f. **1** Cetáceo, el mayor de todos los animales conocidos, que alcanza más de 30 m de longitud. Vive en todos los mares, y generalmente en los polares. **2** Cada una de las láminas córneas y elásticas que tiene este animal en la mandíbula superior, y que, convertida en tiras, tiene varios usos: *ballena de paraguas.*

ballenato. m. Cría de la ballena.

ballenero, ra. adj. **1** Relativo a la pesca de la ballena. | m. **2** Barco especialmente destinado a la captura de ballenas. | m. y f. **3** Persona que pesca ballenas.

ballesta. f. **1** Máquina antigua de guerra para arrojar piedras o saetas gruesas. **2** Arma portátil antigua, para disparar flechas, saetas y bodoques. **3** Armadijo para cazar pájaros. **4** Cada uno de los muelles en los que descansa la caja de los coches.

ballestera. f. Tronera por donde se disparaban las ballestas.

ballestería. f. **1** Arte de la caza mayor. **2** Conjunto de ballestas. **3** Gente armada de ellas. **4** Casa en que se alojaban los ballesteros y se guardaban los instrumentos de caza.

ballestero. m. **1** El que usaba de la ballesta en la guerra. **2** El que hacía ballestas. **3** El que cuidaba de las escopetas de las personas reales.

ballestilla. f. **1** Balancín pequeño. **2** Cierta fullería en los juegos de naipes. **3** Antiguo instrumento para tomar las alturas de los astros.

ballet. m. **1** Danza escénica estilizada que desarrolla un argumento. **2** Música que acompaña esta danza: *Chaikovski compuso algunos de los ballets clásicos más famosos.* **3** Compañía que la interpreta. || pl. *ballets.*

ballico. m. Planta gramínea, buena para pasto y para formar céspedes.

ballueca. f. Especie de avena, que crece entre los trigos, a los cuales perjudica mucho.

balneario, ria. adj. **1** Perteneciente o relativo a baños públicos, especialmente a los medicinales: *le han recomendado una cura balnearia.* | m. **2** Edificio con baños medicinales y en el cual suele darse hospedaje.

balneoterapia. f. Tratamiento de las enfermedades por medio de baños.

balompié. m. Fútbol.

balón. m. **1** Pelota grande que se usa en varios

deportes. **2** Recipiente para contener cuerpos gaseosos: *balón de oxígeno.*

balonazo. m. Golpe dado con el balón.

baloncesto. m. Juego entre dos equipos de cinco jugadores cada uno, que, valiéndose de las manos, tratan de introducir el balón en un aro del que cuelga una red.

balonmano. m. Juego parecido al fútbol que se juega entre dos equipos de siete jugadores, los cuales, lanzando el balón con las manos, intentan introducirlo en la portería contraria.

balonvolea. m. Voleibol.

balsa. f. **1** Charca. **2** Conjunto de maderos que, unidos, forman una superficie flotante: *cruzaremos el río en balsa.* **3 balsa de aceite.** Lugar o reunión de gente muy tranquilo. SIN. 1 estanque.

balsadera. f. Sitio en la orilla de un río, donde hay balsa en que pasarlo.

balsadero. m. Balsadera.

balsámico, ca. adj. Que tiene bálsamo o cualidades de tal.

balsamina. f. Planta perenne, originaria del Perú, de la familia de las balsamináceas, con tallo ramoso como de medio metro de altura, hojas gruesas y alternas, y flores amarillas. Se emplea en medicina como vulneraria.

balsamináceo, a. adj. y f. **1** Se dice de plantas herbáceas angiospermas, dicotiledóneas, cuyo tipo es la balsamina de Perú. | f. pl. **2** Familia de estas plantas.

bálsamo. m. **1** Líquido aromático que fluye de ciertos árboles y que se espesa por la acción del aire. **2** Medicamento que se aplica como remedio en las heridas y llagas. **3** Consuelo, alivio: *has sido para mí como un bálsamo.*

balsear. tr. Pasar en balsa los ríos.

balsero. m. El encargado de conducir la balsa.

balso. m. Lazo grande para suspender pesos o elevar a los marineros a lo alto de los palos o de las vergas.

báltico, ca. adj. Relativo al mar Báltico y a los países que baña.

balto, ta. adj. y s. Linaje ilustre de los godos.

baluarte. m. Obra de fortificación de figura pentagonal, que sobresale en el encuentro de dos partes de una muralla. SIN. bastión.

balumba. f. Conjunto desordenado y excesivo de cosas. SIN. batiburrillo.

balumbo. m. Lo que abulta mucho y estorba más por su volumen que por su peso.

bamba. f. **1** Bollo redondo y relleno de crema, nata, etc. **2** Ritmo bailable latinoamericano.

bambalina. f. Cada una de las tiras de lienzo pintado que cuelgan del telar del teatro, completando la decoración.

bambarria. com. **1** Persona tonta o boba. También adj. **2** En el billar, acierto casual.

bambolear. intr. y prnl. Moverse alguien o algo a un lado y otro sin perder el sitio en que está.

bambolla. f. Boato de más apariencia que realidad. SIN. ostentación, pompa.

bambú. m. Planta gramínea, propia de países tropicales, de cañas ligeras y muy resistentes que se destinan a múltiples usos, como a la fabricación de muebles; la corteza sirve para la fabricación de papel. || pl. *bambúes* o *bambús.*

banaba. f. Árbol de Filipinas que crece hasta 10 ó 12 m de altura.

banal. adj. Trivial, común, insustancial. ANT. valioso, importante.

banalidad. f. **1** Cualidad de banal. **2** Dicho banal.

banana. f. Plátano, fruto del banano.

bananar. m. Conjunto de plátanos o bananos que crecen en un lugar.

bananero, ra. adj. **1** Relativo al banano. **2** Se dice del terreno poblado de bananos o plátanos. | m. **3** Plátano, planta. SIN. 2 platanera.

banano. m. Plátano.

banasta. f. Cesto grande formado de mimbres o listas de madera delgadas y entretejidas. SIN. canasta.

banastero, ra. m. y f. Persona que hace o vende banastas.

Baloncesto: encuentro España-EE.UU.

banasto. m. Banasta redonda.

banca. f. **1** Asiento sin respaldo. **2** Comercio de los bancos. **3** Conjunto de bancos o banqueros. **4** Juego de naipes. **5** *amer.* Banco, asiento.

bancada. f. **1** Tabla o banco donde se sientan los remeros. **2** Basamento firme para una máquina o conjunto de ellas.

bancal. m. **1** Rellano de tierra que se aprovecha para algún cultivo. **2** Pedazo de tierra rectangular preparado para la siembra. **3** Arena amontonada a la orilla del mar. **4** Árbol de Filipinas cuya madera es apreciada por su duración.

bancario, ria. adj. Relativo a la banca mercantil: *trámite bancario*.

bancarrota. f. Quiebra de una empresa o negocio. **Sin.** ruina.

banco. m. **1** Asiento en que pueden sentarse varias personas. **2** Entidad financiera constituida en sociedad por acciones. **3** En los mares, ríos y lagos navegables, bajo que se prolonga en una gran extensión: *banco de arena*. **4** Conjunto de peces: *banco de atunes*. **5** Tratándose de hielo, iceberg. **6 banco de datos.** Conjunto de datos almacenados en fichas, cintas o discos magnéticos, del cual se puede extraer información en cualquier momento.

banda. f. **1** Cinta ancha que se lleva atravesada desde un hombro al costado opuesto. **2** Cada una de las zonas delimitadas como tales en un campo deportivo. **3** Todas las frecuencias comprendidas entre dos límites definidos de frecuencia: *banda de frecuencia modulada*. **4** Grupo musical. **5** Cuadrilla de gente armada: *banda de ladrones*. **6** Bandada, manada. **7 banda sonora.** Franja longitudinal de la película cinematográfica, donde está registrado el sonido. P. ext., música de una película.

bandada. f. **1** Número crecido de aves que vuelan juntas y, por ext., conjunto de peces. **2** Tropel o grupo bullicioso de personas.

bandazo. m. **1** Tumbo o balance violento que da una embarcación hacia cualquiera de los dos lados. **2** Cualquier movimiento semejante: *dar bandazos un coche, un borracho*. **3** Cambio inesperado de ideas, opiniones, etc. **Sin.** 1 vaivén.

bandear. tr. **1** *amer.* Atravesar, pasar de parte a parte; taladrar. **2** *amer.* Cruzar un río de una banda a otra. | **bandearse.** prnl. **3** Saberse gobernar o ingeniar para satisfacer las necesidades de la vida o para salvar otras dificultades. **Sin.** 3 apañarse, arreglarse.

bandeirantes. m. pl. Exploradores y aventureros que actuaron en Brasil durante los s. xvi, xvii y xviii.

bandeja. f. **1** Pieza de metal o de otra materia, plana o algo cóncava, para servir, presentar o depositar cosas. **2** Pieza movible, en forma de caja descubierta y de poca altura, que divide horizontalmente el interior de un baúl, maleta, etc.

bandera. f. **1** Tela, de forma comúnmente rectangular, que se asegura por uno de sus lados a un asta o una driza, y se emplea como insignia y señal. Sus colores, o el escudo que lleva, indican la potencia, nación, etc.: *la bandera de la paz; la bandera de Marruecos*. **2** Nacionalidad a que pertenecen los buques mercantes. **Sin.** 1 enseña, estandarte 1 y 2 pabellón.

bandería. f. Bando o parcialidad.

banderilla. f. **1** Palo delgado armado de un arponcillo de hierro en uno de sus extremos, y que, adornado a veces con una banderita, usan los toreros para clavárselo al toro en la cerviz. **2** Tapa de aperitivo pinchada en un palillo. **Sin.** 1 rehilete.

banderillear. tr. Poner banderillas a los toros.

banderillero. m. Torero que pone banderillas.

banderín. m. **1** Bandera pequeña. **2** Cabo o soldado que sirve de guía a la infantería en sus ejercicios.

banderizo, za. adj. **1** Que sigue un bando o parcialidad. También s. **2** Fogoso, alborotado.

banderola. f. Bandera mediana o pequeña que se emplea para señalización y otros usos en las fuerzas armadas.

bandido, da. m. y f. **1** Bandolero, salteador. **2** Persona perversa. **Sin.** 1 delincuente.

bandín. m. Asiento que se pone alrededor de las bandas o costados que forman la popa en algunas embarcaciones.

bando. m. **1** Edicto o mandato solemnemente publicado de orden superior. **2** Facción, partido, parcialidad: *Pedro se ha pasado al bando contrario*.

bandolera. f. Correa que cruza por el pecho y la espalda y que en el remate lleva un gancho para colgar un arma de fuego.

bandolerismo. m. **1** Existencia continuada de bandoleros en una comarca. **2** Acciones realizadas por los bandoleros.

bandolero. m. **1** Ladrón, salteador de caminos. **2** Bandido, persona perversa.

bandolina. f. Instrumento músico pequeño de cuatro cuerdas y de cuerpo curvado como el del laúd.

bandurria. f. Instrumento músico semejante a la guitarra, pero de menor tamaño; tiene 12 cuerdas: seis de tripa y seis entorchadas. Se toca con púa.

banjo. m. Instrumento músico de cuerda, de origen africano, compuesto de una caja de resonancia circular, construida con una piel tersa sobre aro metálico, mástil largo con clavijas y de cinco a nueve cuerdas. Es típico de Estados Unidos.

banqueo. m. Desmonte de un terreno en planos escalonados.

banquero, ra. m. y f. **1** Persona que dirige o es dueña de un banco. **2** El que se dedica a operaciones bancarias.

banqueta. f. **1** Asiento pequeño y sin respaldo. **2** Banquillo muy bajo para poner los pies. S<small>IN</small>. 1 y 2 taburete.

banquete. m. **1** Comida a la que concurren muchas personas para celebrar algo. **2** Comida espléndida. S<small>IN</small>. 1 convite.

banquillo. m. **1** Asiento en que se coloca el procesado ante el tribunal. **2** En algunos deportes, banco donde se sientan los jugadores suplentes y los entrenadores.

banquisa. f. Capa continua de hielo formada en las regiones polares por la congelación directa del agua del mar.

bantú. adj. y com. **1** Se dice de una familia de lenguas habladas por un grupo de pueblos de África ecuatorial y meridional. **2** Se dice de los individuos que hablan esta lengua. ǁ pl. *bantúes* o *bantús*.

banzo. m. **1** Cada uno de los dos listones del bastidor para bordar. **2** Cada uno de los dos largueros que sirven para afianzar un armazón; como una escalera de mano, el respaldo de una silla, etc.

bañador. m. Prenda o conjunto de prendas para bañarse.

bañar. tr. **1** Meter el cuerpo o parte de él en agua o en otro líquido. También prnl.: *bañarse en una piscina*. **2** Sumergir algo en un líquido: *bañar de licor una tarta*. **3** Tocar algún paraje el agua del mar, de un río, etc.: *el río baña las murallas de la ciudad*. **4** Cubrir algo con una capa de otra sustancia: *bañar de oro un brazalete*. **5** Tratándose del sol, la luz o el aire, dar de lleno. S<small>IN</small>. 2 remojar 5 inundar.

bañera. f. Baño, pila para bañarse.

bañista. com. **1** Persona que va a tomar baños. **2** El que cuida o socorre a los que se bañan. S<small>IN</small>. 2 socorrista.

baño. m. **1** Acción de bañar o bañarse. **2** Acción de someter el cuerpo o parte de él a la acción intensa o prolongada de un agente físico: *baño de sol, de vapor*. **3** Agua o líquido para bañarse. **4** Pila que sirve para bañar o lavar el cuerpo o parte de él. **5** Cuarto de baño. **6** Sitio donde hay aguas para bañarse. **7** Capa de materia extraña con que queda cubierto lo bañado: *un baño de barniz, de azúcar*. ǁ pl. **8** Lugar con aguas medicinales. **9 baño de María** o **baño María.** Recipiente con agua puesto a calentar y en el cual se mete otra vasija para que su contenido reciba un calor suave y constante. S<small>IN</small>. 1 inmersión 4 bañera 5 servicio.

baobab. m. Árbol tropical africano de la familia de las bombacáceas, con ramas horizontales de 16 a 20 m de largo, flores grandes y blancas, y fruto comestible.

baptisterio. m. **1** Sitio donde está la pila bautismal. **2** Pila bautismal. **3** Edificio próximo a un templo y generalmente pequeño, donde se administraba el bautismo.

baquelita. f. Resina sintética de gran dureza; se emplea en la elaboración de productos industriales, especialmente en la preparación de barnices y lacas.

baqueta. f. **1** Vara delgada que sirve para limpiar o atacar las armas de fuego. **2** Varilla que usan los picadores para el manejo de los caballos. ǁ pl. **3** Palillos con que se toca el tambor.

baquetear. tr. **1** Incomodar demasiado. **2** Adiestrar, ejercitar.

báquico, ca. adj. **1** Relativo al dios Baco: *furor báquico*. **2** Relativo a la embriaguez.

baquio. m. Pie de las métricas griega y latina compuesto de una sílaba breve seguida de dos largas.

bar. m. **1** Establecimiento en que se despachan bebidas que suelen tomarse de pie, ante el mostrador. **2** Unidad de medida de la presión; equivale a 100 millones de pascales.

barahúnda. f. Ruido y confusión grandes. S<small>IN</small>. algarabía, jaleo.

baraja. f. Conjunto de naipes que sirven para varios juegos.

barajar. tr. **1** En el juego de naipes, mezclarlos unos con otros antes de repartirlos. **2** Manejar o citar varios nombres, posibilidades, etc.

baranda. f. **1** Barandilla. **2** Borde o cerco que tienen las mesas de billar.

barandal. m. Larguero superior o inferior en el que encajan los balaustres.

barandilla. f. Antepecho compuesto de balaustres y barandales. S<small>IN</small>. baranda, pretil.

baratija. f. Cosa menuda y de poco valor. Más en pl.: *sólo compras baratijas*.

baratillo. m. **1** Conjunto de cosas de poco precio que están de venta en un lugar público. **2** Lugar en que se venden.

barato, ta. adj. **1** Se dice de cualquier cosa de bajo precio. ǁ m. **2** Venta a bajo precio. ǁ adv. m. **3** Por poco precio: *este mercado vende barato*. S<small>IN</small>. 1 económico, asequible.

báratro. m. poét. Infierno.

baratura. f. Bajo precio de las cosas vendibles.

barba. f. **1** Pelo que nace en la parte inferior de la cara y en los carrillos: *a Javier aún no le ha salido la barba*. También pl. **2** Este mismo pelo crecido. **3** Parte de la cara que está debajo de la boca. **4** Mechón de pelo que crece en la mandíbula inferior del ganado cabrío. **5** P. ext., pelillos o filamentos que parecen una barba. Más en pl. **6 por barba.** loc. adv. Por cabeza o por persona. S<small>IN</small>. 3 mentón, perilla.

barbacana. f. **1** Obra de defensa avanzada y

aislada. **2** Muro bajo con que se suelen rodear las plazuelas que algunas iglesias tienen alrededor de ellas o delante de alguna de sus puertas. **3** Saetera o tronera.

barbacoa. f. Parrilla usada para asar al aire libre carne o pescado.

barbada. f. **1** Quijada inferior de las caballerías. **2** Cadenilla o hierro corvo que se pone a las caballerías por debajo de la barba. **3** Nombre vulgar de varios peces parecidos al abadejo.

barbado, da. adj. y s. **1** Que tiene barbas. | m. **2** Árbol o sarmiento que se planta con raíces. **3** Renuevo o hijuelo de árbol o arbusto. **Sin.** 1 barbudo.

barbaja. f. Planta herbácea perenne, de unos 30 cm de altura, que abunda en España.

barbaridad. f. **1** Cualidad de bárbaro. **2** Dicho o hecho necio o temerario. **3** Atrocidad, exceso. **4** Cantidad grande o excesiva: *te han cobrado una barbaridad por ese vestido*. **Sin.** 2 disparate 3 y 4 burrada.

barbarie. f. **1** Rusticidad, falta de cultura. **2** Fiereza, crueldad.

barbarismo. m. Vicio del lenguaje, que consiste en pronunciar o escribir mal las palabras, o en emplear vocablos impropios.

bárbaro, ra. adj. **1** Se dice de cualquiera de los grupos de pueblos que en el s. v invadieron el imperio romano y se extendieron por la mayor parte de Europa. **2** Fiero, cruel: *me cambié de trabajo porque tenía un jefe que era un bárbaro*. **3** Estupendo.

barbechar. tr. **1** Arar o labrar la tierra disponiéndola para la siembra. **2** Arar la tierra para que descanse.

barbecho. m. **1** Tierra labrantía que no se siembra durante uno o más años. **2** Acción de barbechar. **3** Porción de tierra arada para sembrar después.

barbería. f. Local donde trabaja el barbero. **Sin.** peluquería.

barbero. m. El que tiene por oficio cortar el pelo o afeitar la barba. **Sin.** peluquero.

barberol. m. Pieza que, con otras, forma el labio inferior de los insectos masticadores.

barbián, na. adj. y s. Desenvuelto, simpático.

barbilampiño. adj. Se dice del varón adulto que no tiene barba, o tiene poca. **Ant.** barbudo.

barbilla. f. **1** Punta o remate de la barba. **2** Parte de la cara que está debajo de la boca. **3** Apéndice carnoso que algunos peces tienen en la parte inferior de la cabeza. **4** En carpintería, corte dado oblicuamente en la cara de un madero para que encaje en el hueco poco profundo de otro. **Sin.** 2 mentón.

barbillera. f. Rollo de estopa que se pone alrededor de las cubas de vino para recoger el mosto que pueda salir al hervir en una vasija.

barbitúrico, ca. adj. **1** Ácido orgánico cristalino cuyos derivados tienen propiedades hipnóticas y sedantes. En dosis excesivas poseen acción tóxica. | m. **2** Cualquier derivado de este ácido.

barbo. m. Pez de río, oscuro por el lomo y blanquecino por el vientre; es comestible.

barboquejo o **barbuquejo.** m. Cinta con que se sujeta por debajo de la barbilla el sombrero o gorro para que no se los lleve el aire.

barbotear. intr. **1** Barbullar. **2** Mascullar.

barbudo, da. adj. **1** Que tiene muchas barbas. | m. **2** Árbol o sarmiento que se planta con raíces.

barbullar. intr. Hablar atropelladamente y a borbotones.

barbusano. m. Árbol de hasta 16 m de altura, que crece en las islas Canarias, de madera durísima, pero frágil.

barca. f. Embarcación pequeña. **Sin.** bote, lancha.

barcaje. m. Transporte en barca y precio o flete que se paga por él.

barcal. m. Artesa de una pieza, en la cual, al medir vino, se colocan las vasijas para recoger el que se derrame.

barcarola. f. **1** Canción popular de Italia, y especialmente de los gondoleros de Venecia. **2** Canto de marineros, en compás de seis por ocho, que imita por su ritmo el movimiento de los remos.

barcaza. f. Lancha grande para transportar carga de los buques a tierra, o viceversa.

barco. m. Vehículo flotante que se utiliza para transportar por el agua personas, animales o cosas. **Sin.** bajel, buque, nave, navío.

barda. f. Cubierta de paja, broza, etc., que se pone sobre las tapias para su resguardo.

bardar. tr. Poner bardas a los vallados o tapias.

bardo. m. **1** Poeta de los antiguos celtas. **2** P. ext., poeta heroico o lírico de cualquier época o país.

baremo. m. **1** Conjunto de normas establecidas convencionalmente para evaluar los méritos personales, la solvencia de empresas, etc. **2** Cuaderno o tabla de cuentas ajustadas. **3** Lista o repertorio de tarifas.

Barca

bargueño – barriada

bargueño. m. Mueble de madera con muchos cajoncitos y gavetas adornado con labores de talla o de taracea.

baria. f. En el sistema cegesimal, unidad de presión equivalente a una dina por cm^2.

bario. m. Elemento químico metálico de color blanco amarillento, dúctil y difícil de fundir. Su símbolo es Ba.

barisfera. f. Núcleo central del globo terrestre. SIN. nife.

barita. f. Óxido de bario, que en forma de polvo blanco se obtiene en los laboratorios.

baritina. f. Sulfato de barita, de formación natural, que se usa para falsificar el albayalde.

barítono. m. **1** Voz masculina que se encuentra entre la de tenor y la de bajo. **2** El que tiene esta voz.

barlovento. m. Parte de donde viene el viento con respecto a un punto o lugar determinado.

barman. m. Camarero encargado de la barra de cafeterías y bares. || pl. *barmans* o *bármanes*.

barniz. m. **1** Disolución de una o más resinas en un líquido que al aire se volatiliza o se deseca. **2** Baño que se da al barro, loza y porcelana. **3** Noción superficial de una ciencia: *un barniz de cultura*. SIN. 1 laca 1 y 2 esmalte.

barnizar. tr. Dar un baño de barniz. SIN. esmaltar, lacar.

barógrafo. m. Barómetro registrador.

barométrico, ca. adj. Relativo al barómetro: *escala, columna barométrica*.

barómetro. m. Instrumento que sirve para determinar la presión atmosférica.

barón, baronesa. m. y f. **1** Título nobiliario, que en España es inmediatamente inferior al de vizconde. | f. **2** Mujer del barón.

barquero, ra. m. y f. Persona que gobierna la barca.

barquilla. f. **1** Molde para hacer pasteles. **2** Cesto en que van los tripulantes de un globo.

barquillero, ra. m. y f. **1** Persona que hace o vende barquillos. | m. **2** Molde para hacer barquillos. | f. **3** Recipiente metálico en que el barquillero lleva su mercancía.

barquillo. m. Hoja delgada de pasta de harina sin levadura ni azúcar, generalmente en forma de canuto.

barquinazo. m. Tumbo o vaivén fuerte de un carruaje, y también vuelco del mismo.

barra. f. **1** Pieza generalmente prismática o cilíndrica y mucho más larga que gruesa. **2** Barandilla que, en la sala donde un tribunal, corporación o asamblea celebra sus sesiones, separa el lugar destinado al público. **3** Pieza de pan de forma alargada. **4** Mostrador de un bar. **5** En mús., línea que corta el pentagrama para separar los compases. SIN. 1 barrote 3 pistola.

barrabás. m. Persona mala o traviesa.

barrabasada. f. Travesura grave, acción atropellada: *no tolero una barrabasada más*. SIN. trastada.

barraca. f. **1** Albergue construido toscamente. **2** Vivienda rústica de las huertas de Valencia y Murcia, con cubierta de cañas. **3** *amer.* Edificio en que se almacenan cueros, lanas, maderas, etc. SIN. 1 chabola, choza.

barracón. m. Barraca grande.

barracuda. f. Pez de mares tropicales y templados, de cuerpo alargado y provisto de poderosos dientes; puede alcanzar 2 m de longitud y es muy voraz.

barragán. m. **1** Tela de lana impermeable. **2** Abrigo hecho de esta tela. **3** Mozo soltero.

barragana. f. Concubina, especialmente la de un clérigo.

barrancal. m. Sitio donde hay muchos barrancos.

barranco. m. **1** Despeñadero, precipicio: *Luis, no te acerques tanto a ese barranco*. **2** Erosión producida en la tierra por las corrientes de aguas de lluvia.

barrena. f. **1** Barra de hierro con uno o los dos extremos cortantes, que sirve para agujerear peñascos, sondear terrenos, etc. **2** Instrumento para taladrar o hacer agujeros.

barrenar. tr. **1** Abrir agujeros con una barrena. **2** Impedir maliciosamente el logro de alguna cosa. SIN. 1 horadar, taladrar.

barrendero, ra. m. y f. Persona que tiene por oficio barrer.

barrenillo. m. **1** Insecto que horada la corteza y come la albura de los árboles. **2** Enfermedad que produce este insecto en los árboles.

barreno. m. **1** Agujero que se hace con la barrena. **2** Agujero relleno de pólvora u otra materia explosiva, en una roca o en una obra de fábrica, para volarla.

barreño, ña. adj. **1** Vasija de barro más ancha por la boca que por la base. **2** Cualquier vasija de forma y tamaño análogos que se hace de metal, plástico u otros materiales. SIN. 1 y 2 balde.

barrer. tr. **1** Limpiar el suelo con la escoba. **2** Llevarse todo lo que había en alguna parte: *la gente barrió con toda la mercancía que estaba rebajada*. **3 barrer hacia,** o **para, dentro.** loc. Obrar interesadamente. SIN. 1 cepillar 2 arramblar.

barrera. f. **1** Valla, obstáculo. **2** Parapeto. **3** Antepecho de las plazas de toros. **4** En las mismas plazas, primera fila de ciertas localidades: *ver una corrida desde la barrera*.

barretina. f. Gorro usado en Cataluña.

barriada. f. **1** Barrio. **2** Parte de un barrio.

barrica. f. Tonel mediano. SIN. barril.

barricada. f. Parapeto improvisado para defenderse de algo. SIN. trinchera.

barrido. m. **1** Acción de barrer. **2** Proceso por el que un dispositivo explora sistemática y repetidamente un área o espacio reconociéndolo punto por punto para transformar la imagen de cada uno de ellos en señales eléctricas transmisibles a distancia, que, a su vez, por otro proceso inverso, se convierten en imágenes. Es el fundamento de la televisión, radar, etc.

barriga. f. **1** Vientre, cavidad abdominal de los vertebrados que contiene diversos órganos. **2** Parte abultada de una vasija, columna, pared, etc. SIN. 1 andorga, tripa, panza.

barrigudo, da. adj. Que tiene gran barriga.

barril. m. **1** Vasija de madera que sirve para conservar y transportar licores y géneros. **2** Medida de capacidad utilizada para los productos petrolíferos, equivalente a 159 litros aproximadamente. SIN. 1 tonel, barrica.

barrilete. m. **1** Instrumento que usan los carpinteros para asegurar sobre el banco los materiales que labran. **2** Pieza del revólver donde se colocan los cartuchos.

barrillo. m. Grano o espinilla en la cara.

barrio. m. **1** Parte de una población. **2** Arrabal. **3** Grupo de casas o aldea que depende de otra población.

barritar. intr. Emitir su voz el elefante o el rinoceronte.

barrito. m. Voz del elefante o el rinoceronte.

barrizal. m. Sitio o terreno lleno de barro o lodo.

barro. m. **1** Masa que resulta de la mezcla de tierra y agua. **2** Lodo que se forma cuando llueve. **3** Granillo que sale en el rostro. SIN. 1 cieno, fango, légamo.

barroco, ca. adj. **1** Se dice del estilo artístico caracterizado por la profusión de volutas, roleos y otros adornos en que predomina la línea curva, que se desarrolló, principalmente, en los s. XVII y XVIII. También m. **2** Excesivamente recargado de adornos: *lenguaje barroco.* SIN. 2 ampuloso, artificioso.

barrón. m. Planta gramínea que crece en los arenales marítimos y sirve para consolidarlos.

barroquismo. m. **1** Tendencia a lo barroco. **2** Cualidad de barroco.

barrote. m. **1** Barra gruesa. **2** Barra de hierro que sirve para afianzar o reforzar algo.

barrueco. m. **1** Perla irregular. **2** Nódulo esferoidal que suele encontrarse en las rocas.

barrumbada. f. **1** Dicho jactancioso. **2** Gasto excesivo hecho por jactancia.

barruntar. tr. Prever, conjeturar o presentir una cosa por alguna señal o indicio.

bartola (a la). loc. adv. Despreocupadamente, sin cuidado: *tumbarse a la bartola.*

bartolillo. m. Pastel en forma casi triangular, relleno de crema o carne.

bártulos. m. pl. Enseres que se manejan. SIN. útiles.

barullo. m. Confusión, desorden: *se organizó un barullo enorme a la salida del estadio.* SIN. lío, jaleo.

basa. f. **1** Asiento de la columna o estatua. **2** Base, fundamento, apoyo.

basáltico, ca. adj. Formado de basalto o que participa de su naturaleza.

basalto. m. Roca volcánica, de color negro o gris oscuro, de grano fino, muy dura y compuesta principalmente de feldespato y piroxena.

basamento. m. **1** Cuerpo de la columna que comprende la basa y el pedestal. **2** Soporte de una escultura, un arco, etc. SIN. 1 y 2 base, peana.

basar. tr. **1** Fundar, apoyar: *¿en qué te basas para afirmar eso?* También prnl. **2** Asentar algo sobre una base.

basáride. f. Mamífero carnicero algo mayor que la comadreja. De color leonado, tiene en la cola ocho anillos negros. Vive en México, California y en otros lugares de América.

basca. f. **1** Arcada, desazón en el estómago. Más en pl. **2** Ímpetu colérico o muy precipitado, en una acción o asunto: *actuar según le dé a uno la basca.* **3** Pandilla de amigos: *esta noche me iré de marcha con toda la basca.* SIN. 2 arrebato, ataque.

báscula. f. Aparato para medir pesos.

bascular. intr. **1** Moverse un cuerpo de un lado a otro girando sobre un eje vertical. **2** En algunos vehículos de transporte, inclinarse la caja, mediante un mecanismo adecuado, de modo que la carga resbale hacia afuera por su propio peso. SIN. 1 balancear, oscilar.

base. f. **1** Fundamento o apoyo principal en que descansa alguna cosa: *base de un edificio, de una teoría.* **2** Basa. **3** Línea o superficie en que descansa una figura. **4** En una potencia, cantidad a la que se eleva el exponente. **5** En quím., cuerpo orgánico o inorgánico, que tiene la propiedad de combinarse con los ácidos para formar sales. **6** Instalación en que se guarda material bélico o se entrena parte de un ejército. **7** En el juego de béisbol, cada una de las cuatro esquinas del campo que defienden los jugadores. **8 base de datos**. En informática, conjunto de datos almacenados y organizados con el fin de facilitar su acceso y recuperación mediante un ordenador. **9 a base de.** loc. prep. Tomando como fundamento, por medio de: *se ha recuperado a base de descanso.*

baseball. (voz ingl.) m. Béisbol.

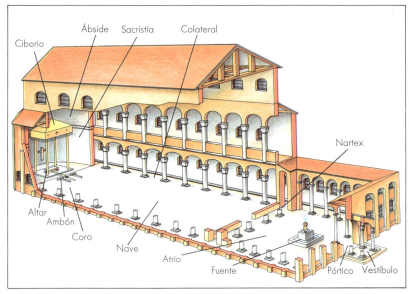

Basílica: alzado

BASIC. (Acrónimo de *Beginner's All-Purpose Symbolic Instruction Code:* Código de instrucciones simbólicas y de carácter general para principiantes.) En informática, lenguaje de programación de alto nivel, que, por su simplicidad, ha sido uno de los más utilizados en ordenadores personales.

básico, ca. adj. **1** Que constituye la base sobre la que se sustenta una cosa; fundamental. **2** En química, se dice de la sustancia en que predomina la base. **Sin.** 1 esencial, fundamental ☐ **Ant.** 1 secundario.

basidio. m. Célula en la que se originan las esporas de ciertos hongos.

basílica. f. **1** Cada una de las 13 iglesias de Roma que se consideran como las primeras de la cristiandad en categoría. **2** Iglesia notable. **3** Edificio público que servía a los romanos de tribunal y de lugar de reunión y de contratación.

basilisco. m. **1** Animal fabuloso, al que se atribuía la propiedad de matar con la vista. **2** Reptil americano de color verde y anillos negros, que posee cresta dorsal, o dos en el caso de los machos. **3** Persona furiosa o dañina: *estar hecho un basilisco.* **Sin.** 3 fiera, ogro.

basket o **basketball.** (voz ingl.) m. Baloncesto.

basquear. intr. **1** Tener o padecer bascas. **2** *amer.* Jugar varias personas al baloncesto de manera informal. | tr. **3** Producir bascas.

basset. (voz ingl.) adj. y com. Raza de perros de caza, originarios de Francia, de tronco largo, patas muy cortas y orejas grandes y caídas.

basta. f. **1** Hilván. **2** Cada una de las puntadas que suele tener un colchón para mantener el relleno en su lugar.

bastante. adj. **1** Que basta, suficiente: *tengo bastante trabajo.* | adv. **2** No poco: *es bastante tonto.* **3** Ni mucho ni poco, regular: *nos hemos divertido bastante.*

bastar. intr. **1** Ser suficiente. También prnl: *me basto sola, no necesito a nadie más.* **2** Abundar. **3** ¡**basta**! loc. Voz que sirve para poner término a una acción o discurso. **Sin.** 1 alcanzar, llegar ☐ **Ant.** 1 faltar.

bastarda. f. **1** Lima de grano fino. **2** Especie de culebrina.

bastardear. intr. **1** Degenerar algo de su naturaleza. | tr. **2** Apartar una cosa de su pureza primitiva.

bastardía. f. **1** Cualidad de bastardo. **2** Dicho o hecho que desdice o es indigno del estado u obligaciones de cada uno.

bastardilla. adj. y f. **1** Se dice de la letra de imprenta, inclinada hacia la derecha, que imita a la escrita a mano. | f. **2** Instrumento músico, especie de flauta.

bastardo, da. adj. y s. **1** Que degenera de su origen o naturaleza. **2** Se dice del hijo nacido fuera del matrimonio. **Sin.** 2 ilegítimo ❑ **Ant.** 2 legítimo.

baste. m. Cada una de las almohadillas que lleva la silla de montar o la albarda en su parte inferior, para evitar rozaduras y molestias a la caballería.

bastear. tr. Echar bastas.

bastedad. f. Cualidad de basto.

bastetano, na. adj. Se dice de un pueblo hispánico prerromano que habitó en parte de las actuales provincias de Granada, Jaén y Almería, con capital en Basti (hoy Baza). También s.

basteza. f. Grosería, tosquedad.

bastidor. m. **1** Armazón de madera o metal para fijar lienzos, vidrios, etc. **2** Armazón sobre la que se instala la decoración teatral. **3** Armazón metálica que soporta la caja de un vehículo: *bastidor de un camión*.

bastilla. f. Doblez que se hace en los extremos de una tela y se asegura con puntadas para que no se deshilache.

bastimentar. tr. Proveer de bastimentos.

bastimento. m. Provisión para sustento de una ciudad, ejército, etc.

bastión. m. Baluarte.

bastitano, na. adj. y s. De Baza, Granada.

basto, ta. adj. **1** Tosco, áspero, sin pulimentar: *tela basta, madera basta*. **2** Inculto, ordinario: *lenguaje basto*. | m. **3** Cierto género de aparejo o albarda. **4** As en el palo de naipes llamado bastos. **5** Cualquiera de los naipes del palo de bastos. | pl. **6** Uno de los cuatro palos de la baraja española. **Sin.** 1 burdo 2 zafio, soez ❑ **Ant.** 1 y 2 fino, delicado.

bastón. m. **1** Vara, por lo común con puño y contera, que sirve para apoyarse al andar. **2** Insignia de mando o de autoridad: *el bastón del comandante*. **3** En heráldica, cada una de las dos o más listas que parten el escudo de alto o bajo.

bastonazo. m. Golpe dado con el bastón.

bastoncillo. m. **1** Prolongación cilíndrica de ciertas células nerviosas de la retina. **2** Varita con algodón en sus extremos para la higiene de los oídos y otras partes del cuerpo.

bastonear. tr. **1** Dar golpes con bastón o palo. **2** Entre cosecheros de vino, moverlo con un palo en la vasija.

bastonera. f. Mueble para colocar en él paraguas y bastones.

bastonero. m. **1** El que hace o vende bastones. **2** El que dirigía ciertos bailes. **3** Ayudante del alcaide de la cárcel.

basura. f. **1** Inmundicia, suciedad. **2** Desecho, residuos: *anoche el camión no recogió la basura*. **3** Persona o cosa despreciable: *este libro es una basura*. **4** Estiércol de las caballerías. **Sin.** 1 y 2 porquería.

basurero, ra. m. y f. **1** Persona que recoge la basura. | m. **2** Sitio donde se arroja y amontona la basura. **Sin.** 2 vertedero.

bata. f. **1** Prenda para estar en casa. **2** Prenda de uso exterior a manera de blusa larga, que se ponen los que trabajan en laboratorios, clínicas, oficinas, peluquerías, etc.

batacazo. m. **1** Golpe fuerte y ruidoso que da alguna persona cuando cae. **2** Caída inesperada de un estado o condición: *no pongas demasiadas ilusiones en ello no vaya a ser que luego te pegues un batacazo*. **Sin.** 1 costalada, porrazo, trastazo.

batahola o **bataola.** f. Bulla, ruido grande. **Sin.** jaleo, jarana.

batalla. f. **1** Combate de un ejército con otro. **2** Lucha, pelea. **3** Agitación e inquietud interior del ánimo: *librar una batalla con uno mismo*. **4** Justa, torneo. **Sin.** 1 y 2 contienda, lid.

batallar. intr. **1** Pelear con armas. **2** Disputar, porfiar. **3** Luchar por conseguir algún propósito. **Sin.** 1 contender 2 reñir.

batallón. m. Unidad de tropa formada por varias compañías.

batán. m. Máquina para golpear y desengrasar los paños.

batanear. tr. Dar golpes a alguien. **Sin.** pegar.

batanero. m. El que cuida de los batanes.

batata. f. **1** Planta con tubérculos parecidos a las patatas, de sabor dulce. **2** Tubérculo comestible de las raíces de esta planta.

bate. m. Palo para golpear la pelota en el béisbol.

batea. f. **1** Bandeja. **2** Barco pequeño de figura de cajón. **3** Vagón descubierto, con los bordes muy bajos. **4** *amer.* Artesa para lavar.

bateador. m. El que maneja el bate.

batear. tr. e intr. **1** Dar a la pelota de béisbol con el bate. | intr. **2** Usar el bate.

batel. m. Bote, barco pequeño. **Sin.** barca, lancha.

batelero, ra. m. y f. Persona que gobierna el batel.

bateo. m. Acción de batear.

batería. f. **1** Conjunto de piezas de artillería. **2** Conjunto de instrumentos de percusión de una banda u orquesta. **3** Instrumento de percusión compuesto por tambor, bombo, platillos, etc. **4** Acumulador de electricidad: *batería de un coche*. **5** Conjunto de ollas, cazos y otros utensilios de cocina. **6** Obra de fortificación. **7** Conjunto de cañones de los barcos de guerra. **8** Unidad de tiro de artillería. | com. **9** Persona que toca la batería en un grupo musical.

batey. m. Lugar ocupado por las casas, almace-

batial – baya

nes, herramientas, etc., en las fincas agrícolas de las Antillas.

batial. adj. Se dice de las profundidades oceánicas comprendidas entre 200 y 2.000 m.

batiborrillo o **batiburrillo.** m. Mezcla de cosas. **Sin.** lío, revoltijo.

baticabeza. m. Coleóptero de cuerpo prolongado, estrecho y atenuado hacia atrás.

baticola. f. Correa sujeta al fuste trasero de la silla de montar, terminada en un ojal por donde pasa la cola.

batida. f. **1** Acción de batir el monte para que salga la caza. **2** Acción de explorar varias personas una zona buscando a alguien o algo. **3** Allanamiento y registro de algún local, que realiza la policía por sorpresa. **Sin.** 1 ojeo 3 redada.

batidera. f. **1** Instrumento parecido al azadón. **2** Instrumento con que se cortan los panales al catar las colmenas.

batidero. m. **1** Continuo golpear de una cosa con otra. **2** Lugar donde se golpea.

batido, da. m. **1** Bebida refrescante con leche y frutas, helado, etc.: *un batido de fresa.* | adj. **2** Se apl. al camino muy andado. **3** Se apl. a los tejidos de seda que resultan con visos distintos. **4** Se apl. a la tierra muy fina utilizada en algunas pistas de tenis: *el Roland Garros es un torneo que se disputa sobre tierra batida.*

batidor, ra. adj. **1** Que bate. | m. **2** Instrumento para batir. **3** Explorador que descubre y reconoce el campo o el camino. **4** Cada uno de los soldados de infantería que preceden al regimiento. **5** Peine de pocas púas muy separadas. | m. y f. **6** En una cacería, persona que realiza las batidas. | f. **7** Instrumento con que se baten o trituran los alimentos.

batiente. adj. **1** Que bate. | m. **2** Marco de las hojas de puertas, ventanas y otras cosas semejantes, en que se detienen y baten cuando se cierran. Más en pl. **3** Cada una de las hojas de una puerta o ventana. **4** Lugar donde la mar bate el pie de una costa o de un dique.

batimetría. f. Arte de medir y estudiar las profundidades del mar.

batimétrico, ca. adj. Relativo a la batimetría.

batimiento. m. **1** Acción de batir. **2** En fís., variación periódica de la amplitud de una oscilación.

batín. m. Bata corta de estar en casa.

batintín. m. Instrumento de percusión que consiste en un disco rebordeado de una aleación metálica muy sonora y que, suspendido, se toca con un mazo.

batipelágico, ca. adj. Relativo a las grandes profundidades marinas.

batir. tr. **1** Dar golpes: *las olas del mar baten la costa.* **2** Revolver alguna cosa para que se condense o para que se disuelva: *batir un huevo.* **3** Mover con fuerza algo: *batir las alas un pájaro.* **4** Derribar: *batir las murallas.* **5** Martillar una pieza de metal hasta reducirla a chapa. **6** Derrotar al enemigo o vencer a un contrincante. **7** Reconocer, explorar un terreno: *batir el campo de caza.* **8** Acuñar monedas. | **batirse.** prnl. **9** Combatir: *batirse en duelo.* **Sin.** 1 sacudir 2 y 3 agitar 7 inspeccionar 9 luchar.

batiscafo o **batíscafo.** m. Especie de embarcación para explorar las profundidades del mar.

batisfera. f. Cámara habitable de forma esférica, ideada por el zoólogo estadounidense William Beebe, para explorar las profundidades marinas.

batista. f. Tela muy fina de algodón.

batolito. m. Masa de roca eruptiva, de grandes dimensiones, consolidada en la corteza terrestre a gran profundidad.

batómetro. m. Aparato que sirve para medir la profundidad del mar.

batracio. adj. y m. **1** Se dice de los animales anfibios. | m. pl. **2** Antigua denominación de la clase de los anfibios.

batuda. f. Serie de saltos que dan los gimnastas por el trampolín.

baturro, rra. adj. y s. Rústico aragonés.

batuta. f. **1** Bastón corto con que el director de un grupo musical indica el compás. **2 llevar** uno **la batuta.** loc. Dirigir una corporación, un asunto, un conjunto de personas, etc.

batutsi. adj. y com. Se dice de un grupo racial africano, que habita en Ruanda y Burundi, cuyos individuos se caracterizan por su elevada estatura.

baúl. m. Mueble parecido al arca, que sirve generalmente para guardar ropa. **Sin.** cofre, arca.

bauprés. m. Palo horizontal fijado en la proa de los barcos.

bautismal. adj. Relativo al bautismo.

bautismo. m. Sacramento de la Iglesia católica y de otras iglesias cristianas que confiere el carácter de cristiano.

bautista. com. Persona que bautiza.

bautizar. tr. **1** Administrar el sacramento del bautismo. También prnl. **2** Poner nombre a una cosa: *bautizar una empresa, una calle.* **3** Tratándose de vino, mezclarlo con agua. **4** Arrojar sobre una persona agua u otro líquido. **Sin.** 1 cristianar 2 nombrar, denominar.

bautizo. m. Acción de bautizar y fiesta con que se celebra.

bauxita. f. Roca formada por óxido hidratado de aluminio.

baya. f. **1** Fruto carnoso y jugoso, que contiene semillas rodeadas de pulpa, como la uva. **2** Planta de raíz bulbosa con flores de color azul oscuro.

Bauxita

bayadera. f. Bailarina y cantora india.
bayeta. f. **1** Paño que sirve para fregar. **2** Tela de lana, floja y poco tupida.
bayo, ya. adj. y s. De color blanco amarillento, se dice especialmente de los caballos.
bayoneta. f. Arma blanca que se adapta exteriormente a la boca del fusil.
bayonetazo. m. **1** Golpe dado con la bayoneta. **2** Herida hecha con esta arma.
baza. f. **1** Número de cartas que en ciertos juegos de naipes recoge el que gana. **2** Beneficio, provecho: *sacar baza*. **3 meter baza.** loc. Intervenir en una conversación.
bazar. m. **1** En Oriente, mercado público. **2** Tienda donde se venden mercancías diversas. S<small>IN</small>. 1 zoco.
bazo, za. adj. **1** De color moreno y que tira a amarillo. | m. **2** Víscera de los vertebrados, de color rojo oscuro y forma variada, situada a la izquierda del abdomen. Su función es producir leucocitos y eliminar hematíes caducos.
bazofia. f. **1** Comida muy mal hecha o de muy mala calidad. **2** Cosa muy mala. S<small>IN</small>. 2 porquería, asquerosidad.
bazuca. f. Arma portátil para lanzar proyectiles o granadas.
be. f. Nombre de la letra *b*.
beatería. f. Acción de afectada virtud o devoción.
beatificación. f. Acción de beatificar.
beatificar. tr. **1** Declarar el Papa que alguien goza de la eterna bienaventuranza y se le puede dar culto. **2** Hacer feliz a alguno. **3** Hacer respetable alguna cosa.
beatífico, ca. adj. Tranquilo, sereno: *gesto beatífico*. S<small>IN</small>. plácido.
beatitud. f. **1** Para los cristianos, bienaventuranza eterna. **2** Felicidad, satisfacción, dicha.

beatnik. (voz ingl.) adj. Se dice del individuo de un movimiento juvenil caracterizado por el radical rechazo de la sociedad de consumo occidental y de la moral establecida. Pacifistas y apolíticos, aparecieron en EE. UU. hacia 1958 y se les considera como precursores de los *hippies*. También com.
beato, ta. adj. **1** Se dice de la persona beatificada. También s. **2** Piadoso. **3** Se dice de la persona que muestra una religiosidad exagerada. También s. **4** Feliz, bienaventurado. S<small>IN</small>. 3 santurrón, mojigato □ A<small>NT</small>. 3 ateo.
bebé. m. Niño muy pequeño.
bebedero, ra. adj. **1** Vaso en que se echa la bebida a las aves domésticas. **2** Paraje donde acuden a beber las aves, el ganado y otros animales. S<small>IN</small>. 2 abrevadero.
bebedizo. m. **1** Bebida medicinal. **2** Filtro de amor, elixir. **3** Bebida venenosa. S<small>IN</small>. 1 pócima.
bebedor, ra. adj. **1** Que bebe. **2** Que abusa de las bebidas alcohólicas. También s. S<small>IN</small>. 2 borracho □ A<small>NT</small>. 2 abstemio.
beber. tr. e intr. **1** Ingerir un líquido. **2** Informarse, recibir opiniones, ideas: *beber en fuentes fidedignas*. | intr. **3** Tomar bebidas alcohólicas: *Javier bebe demasiado*. **4** Brindar: *bebamos por el éxito*.
bebida. f. **1** Cualquier líquido que se bebe. **2** Acción de beber, en especial alcohol: *Juan está tratando de dejar la bebida*.
bebido, da. adj. Embriagado, beodo.
bebistrajo. m. Bebida desagradable. S<small>IN</small>. brebaje.
beca. f. **1** Ayuda económica para cursar estudios, realizar una investigación, etc. **2** Faja de paño que usaban como insignia los estudiantes. S<small>IN</small>. 1 subvención.

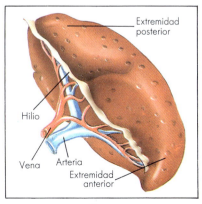

Bazo

becar – bellota

becar. tr. Conceder a alguien una beca. **Sin.** subvencionar.

becario, ria. m. y f. Persona que disfruta de una beca.

becerrada. f. Lidia o corrida de becerros. **Sin.** novillada.

becerrero. m. Peón que en los hatos cuida de los becerros.

becerrillo. m. Piel de becerro curtida.

becerro, rra. m. y f. **1** Cría de la vaca cuando es menor de un año. | m. **2** Piel de ternero o ternera curtida. **Sin.** 1 ternero.

bechamel. f. Besamel.

becqueriano, na. adj. Perteneciente o relativo al poeta Gustavo A. Bécquer, o propio de su estilo.

becuadro. m. En mús., signo que devuelve su sonido natural a las notas afectadas por el bemol o el sostenido.

bedel, la. m. y f. En los establecimientos de enseñanza, persona empleada subalterna cuyo oficio es cuidar del orden fuera de las aulas, anunciar la hora de entrada y salida de las clases, etc. **Sin.** ordenanza, ujier.

beduino, na. adj. y s. Se dice de los nómadas que viven esparcidos por la Península Arábiga, Siria y el N. de África.

befa. f. Burla, mofa.

befar. intr. **1** Mover los caballos el belfo. | tr. **2** Burlar, mofar, escarnecer. También prnl.

befo, fa. adj. y s. **1** Belfo. **2** De labios abultados y gruesos. **3** Zambo o zancajoso.

begonia. f. Planta perenne, originaria de América, con tallos carnosos, hojas grandes, acorazonadas, de color verde bronceado por encima, rojizas y con nervios muy salientes por el envés, y flores sin corola, con el cáliz de color de rosa.

begoniáceo, a. adj. y f. **1** Se apl. a plantas que pertenecen al género de la begonia. | f. pl. **2** Familia de estas plantas.

beige. (voz fr.) adj. y m. Color marrón claro; pajizo, amarillento. También se escribe *beis*.

béisbol. m. Juego entre dos equipos de nueve jugadores que se practica con una pelota y un bate, y en el que los jugadores han de recorrer ciertos puestos o bases de un circuito.

bejín. m. Hongo semejante a una bola, que encierra un polvo negro, que se emplea para restañar la sangre.

bejucal. m. Sitio donde se crían o hay muchos bejucos.

bejuco. m. Planta tropical de tallos largos, delgados y flexibles, que se emplean para ligaduras, jarcias, tejidos, muebles, bastones, etc.

bel. m. Belio en la nomenclatura internacional.

belcebú. m. Demonio.

beldad. f. **1** Belleza. **2** Mujer muy bella.

beldar. tr. Aventar con el bieldo para separar el grano de la paja.

belemnita. f. Fósil de figura cónica o de maza.

belén. m. **1** Representación del nacimiento de Jesucristo que se hace especialmente durante las fiestas navideñas. **2** Asunto complicado. Más en pl.: *siempre estás metido en belenes*. **3** Confusión, desorden. **Sin.** 1 nacimiento 2 y 3 embrollo, jaleo.

beleño. m. Planta arbustiva. Es narcótica, especialmente la raíz.

belesa. f. Planta de flores purpúreas en espiga. Tiene propiedades narcóticas.

belfo, fa. adj. y s. **1** Que tiene más grueso el labio inferior. | m. **2** Labio del caballo y otros animales.

belicismo. m. Tendencia a tomar parte en conflictos armados.

belicista. adj. y com. Partidario del belicismo.

bélico, ca. adj. Relativo a la guerra: *conflicto bélico*.

belicoso, sa. adj. **1** Que se inclina hacia los conflictos armados. **2** Agresivo: *carácter belicoso*. **Sin.** 1 guerrero 2 combativo.

beligerancia. f. Cualidad de beligerante.

beligerante. adj. y com. **1** Se apl. a la potencia, estado, grupo que está en guerra. Más en pl.: *naciones beligerantes*. **2** Belicoso: *actitud beligerante*. **Sin.** 1 contendiente.

belinógrafo. m. Aparato para la transmisión y recepción a distancia de fotografías, dibujos y textos. Se llama también facsímil.

belio. m. Unidad con la que se miden diversas magnitudes sonoras.

bellaco, ca. adj. y s. Malo, ruin, perverso. **Ant.** bueno, honesto.

belladona. f. Planta solanácea, con flores violetas por fuera y amarillas por dentro, que es muy venenosa y se utiliza con fines terapéuticos, principalmente por contener el alcaloide llamado atropina.

bellaquear. intr. Hacer bellaquerías.

bellaquería. f. **1** Cualidad de bellaco. **2** Acción o dicho propio de bellaco.

belleza. f. **1** Armonía y perfección exterior de una persona o cosa. **2** Persona muy hermosa, en especial, refiriéndose a la mujer: *Lucía es una belleza*. **Sin.** 2 beldad ☐ **Ant.** 1 fealdad.

bello, lla. adj. **1** Que tiene belleza. **2** Bueno, excelente: *es una bella persona*. **Sin.** 1 hermoso ☐ **Ant.** 1 feo.

bellota. f. Fruto de la encina, del roble y de otros árboles, de forma ovalada, algo puntiagudo, de dos o más cm de largo, dentro del cual está su única semilla. Se emplea como alimento del ganado de cerda.

bellotear. intr. Comer la bellota el cerdo.
bellotero, ra. adj. **1** Relativo a la bellota. | m. y f. **2** Persona que coge o vende bellotas.
bemol. adj. y s. **1** Nota cuya entonación es un semitono más baja que la de su sonido natural. | m. **2** Signo ( ) que representa esta alteración.
ben. m. Árbol de mediana altura, de cuyo fruto, del tamaño de una avellana, se obtiene un aceite que no se enrancia y se emplea en perfumería y relojería.
benceno. m. Hidrocarburo cíclico, aromático, de seis átomos de carbono. Es un líquido incoloro e inflamable, usado como disolvente y como reactivo en operaciones de laboratorio e industriales.
bencina. f. Líquido incoloro, volátil e inflamable, obtenido del petróleo, que se emplea como disolvente.
bendecir. tr. **1** Alabar, ensalzar, o mostrar agradecimiento: *bendigo el momento en que te cruzaste en mi camino*. **2** Consagrar al culto divino una cosa. **3** Formar cruces en el aire con la mano extendida: *bendecir el vino, el pan*. || **Irreg.** Se conj. como *decir*.
bendición. f. **1** Acción de bendecir. | pl. **2** Ceremonia del matrimonio: *bendiciones nupciales*. **Sin.** 1 alabanza ☐ **Ant.** 1 maldición.
bendito, ta. 1 p. p. irreg. de bendecir. | adj. **2** Santo, bienaventurado: *Santa Bárbara bendita*. También s. **3** Dichoso, feliz: *bendito viaje*. **Sin.** 3 afortunado.
benedícite. m. **1** Licencia que los religiosos piden para ir a alguna parte. **2** Oración que empieza con esta palabra para bendecir la mesa.
benedictino, na. adj. y s. **1** Relativo a la orden de San Benito. | m. **2** Licor que fabrican los frailes de esta orden.
benefactor, ra. adj. y s. Bienhechor. **Sin.** protector, favorecedor.
beneficencia. f. **1** Virtud de hacer el bien. **2** Conjunto de establecimientos y demás institutos benéficos que prestan servicios gratuitos a las personas necesitadas: *casa de beneficencia*. **Sin.** 1 caridad.
beneficiado, da. m. y f. **1** Persona en favor de quien se celebra un espectáculo público. | m. **2** El que goza un beneficio eclesiástico.
beneficiar. tr. Hacer bien, producir un beneficio: *tu manera de ser te beneficia mucho*. También prnl.: *nos hemos beneficiado con la bajada de las tarifas*. **2** Cultivar una cosa. **3** Trabajar un terreno para hacerlo productivo. **4** Extraer de una mina los materiales útiles. | **beneficiarse.** prnl. **5** Sacar provecho de algo. **Sin.** 1 favorecer, ayudar.
beneficiario, ria. adj. y s. Que goza de un beneficio o se beneficia de algo: *el beneficiario de un seguro*. **Sin.** beneficiado ☐ **Ant.** perjudicado.
beneficio. m. **1** Bien que se hace o se recibe. **2** Utilidad, provecho: *es una decisión en beneficio nuestro*. **3** Ganancia que se obtiene de una inversión: *la compra de este inmueble nos dejará grandes beneficios*. **4** Derecho que corresponde a uno por ley o privilegio. **5** Acción de beneficiar minas o minerales. **Sin.** 1 servicio 3 rendimientos ☐ **Ant.** 1 y 2 perjuicios.
beneficioso, sa. adj. Provechoso, útil. **Sin.** benéfico.
benéfico, ca. adj. **1** Que hace bien. **2** Relativo a la beneficencia: *fundación benéfica*. **Sin.** 1 beneficioso.
benemérito, ta. adj. **1** Digno de galardón. | **2 la benemérita.** La guardia civil. **Sin.** 1 honorable, insigne ☐ **Ant.** 1 indigno.
beneplácito. m. Aprobación, permiso: *sin el beneplácito del director, no podemos continuar con el proyecto*. **Sin.** asentimiento, autorización.
benevolencia. f. Bondad, tolerancia, simpatía. **Sin.** bondad, indulgencia ☐ **Ant.** rigor, malevolencia.
benevolente. adj. Que tiene benevolencia.
benévolo, la. adj. **1** Que tiene buena voluntad o afecto. **2** Indulgente: *crítica benévola*. **Sin.** 1 benigno 2 complaciente ☐ **Ant.** 1 malévolo 2 intransigente.
bengala. f. Fuego artificial que al arder produce chispas de distintos colores.
bengalí. adj. y com. **1** De Bengala. | m. **2** Lengua hablada en esta región. **3** Pájaro pequeño de vivos colores que vive en las regiones intertropicales del antiguo continente. || pl. *bengalíes* o *bengalís*.
benignidad. f. Cualidad de benigno. **Ant.** maldad.
benigno, na. adj. **1** Afable, benévolo, bondadoso: *carácter benigno*. **2** Templado, apacible: *clima benigno*. **3** Se dice de las enfermedades cuando no son graves. **Sin.** 2 apacible 3 leve ☐ **Ant.** 1 malévolo 2 riguroso 3 maligno.
benimerín. adj. y com. Se dice de una dinastía beréber que sustituyó a los almohades en el imperio de la España musulmana, y de lo relativo a esa dinastía.
benjamín, na. m. y f. **1** Hijo menor. **2** Persona de menor edad en cualquier grupo. **Sin.** 1 pequeño ☐ **Ant.** 1 primogénito.
benjuí. m. Bálsamo aromático que se obtiene por incisión en la corteza de ciertos árboles. Se emplea en medicina y perfumería.
bentónico, ca. adj. Animal o planta que vive habitualmente en contacto con el fondo del mar.
bentos. m. Conjunto de los seres bentónicos. || No varía en pl.
benzoe. m. Nombre dado por los botánicos al benjuí.
benzoico, ca. adj. **1** Relativo al benjuí. **2** Se dice un ácido orgánico derivado del benceno. También m.

benzol. m. Benceno.

beodo, da. adj. y s. Embriagado, borracho, ebrio. **Ant.** sobrio.

beorí. m. Tapir americano.

berberecho. m. Molusco bivalvo, de conchas estriadas casi circulares; muy apreciado como comestible.

berbiquí. m. Instrumento manual para hacer taladros. || pl.: *berbiquíes* o *berbiquís*.

beréber, bereber o **berebere.** adj. y com. **1** Se dice de un pueblo de África septentrional. | m. **2** Lengua hablada por este pueblo.

berenjena. f. **1** Planta solanácea, de fruto aovado de piel morada y pulpa blanca, comestible. **2** Fruto de esta planta.

berenjenal. m. **1** Sitio plantado de berenjenas. **2** Enredo, dificultad: *meterse uno en un berenjenal*. **Sin.** 2 embrollo.

bergamota. f. **1** Variedad de lima muy aromática, de la cual se extrae una esencia usada en perfumería. **2** Variedad de pera muy jugosa y aromática.

bergamoto o **bergamote.** m. Limero y peral que producen la bergamota.

bergante. m. Pícaro, bribón.

bergantín. m. Buque de dos palos y vela cuadrada o redonda.

beriberi. m. Enfermedad crónica provocada por la falta de vitamina B.

Bergantín

berilio. m. Elemento químico metálico, de color blanco y sabor dulce. Su símbolo es *Be*.

berilo. m. Silicato de aluminio y berilio, variedad de esmeralda, de color verde, amarillo, blanco o azul.

berkelio. m. Elemento químico radiactivo que se obtiene bombardeando el americio con partículas alfa. Su símbolo es *Bk*.

berlanga. f. Juego de naipes en que se gana reuniendo tres cartas iguales.

berlina. f. **1** Coche cerrado, de dos asientos comúnmente. **2** Departamento en los coches de ferrocarriles, que tiene sólo una fila de asientos.

berlinga. f. Pértiga de madera verde con que se remueve la masa fundida en los altos hornos.

berlingar. tr. Remover con la berlinga una masa metálica incandescente.

bermejo, ja. adj. Rubio, rojizo: *pelo bermejo*.

bermejuela. f. Pez de colores vivos y brillantes, de unos cinco cm de largo, común en algunos ríos de España.

bermellón. m. Cinabrio reducido a polvo, que toma color rojo vivo.

bermudas. m. pl. Pantalón que llega hasta la rodilla. También adj. y como f.

bernardo, da. adj. y s. Monje o monja de la orden del Císter.

bernegal. m. Taza ancha de boca y de forma ondeada.

berón, na. adj. y s. Se dice de un pueblo céltico que habitaba la actual provincia de La Rioja.

berquelio. m. Berkelio.

berraña. f. Variedad del berro común. No es comestible.

berrea. f. **1** Acción de berrear. **2** Brama del ciervo y algunos otros animales.

berrear. intr. **1** Dar berridos los becerros y otros animales. **2** Llorar o gritar desaforadamente un niño. **3** Gritar o cantar desentonadamente una persona. **Sin.** 2 y 3 bramar, chillar.

berrenchín. m. Berrinche.

berrendo, da. adj. **1** Manchado de dos colores: *toro berrendo*. | m. **2** Animal rumiante del N de México, parecido al antílope.

berreo. m. Acción de berrear.

berreón, na. adj. Que berrea mucho.

berrera. f. Planta de seis a siete decímetros de altura, que se cría en la orilla de los riachuelos y en las balsas.

berrido. m. **1** Voz del becerro y otros animales. **2** Grito, alarido. **Sin.** 2 chillido, bramido.

berrinche. m. Rabieta, enojo grande: *coger un berrinche*. **Sin.** pataleta, sofoco.

berro. m. Planta angiosperma que crece en luga-

berrocal – bi-

Berro

res húmedos; sus hojas, muy verdes y redondeadas, se comen en ensalada.

berrocal. m. Sitio lleno de berruecos graníticos.

berrueco. m. **1** Roca, peñasco granítico. **2** Tumorcillo que aparece en el iris de los ojos.

berza. f. Col.

berzal. m. Campo plantado de berzas.

berzotas. m. Persona ignorante o necia. || No varía en pl.

besamanos. m. **1** Acto público de saludo a las autoridades. **2** Modo de saludar a algunas personas acercando la mano derecha a la boca. || No varía en pl.

besamel o **besamela.** f. Salsa blanca que se hace con harina, leche y mantequilla.

besana. f. **1** Labor de surcos paralelos. **2** Primer surco que se abre. **3** Medida agraria catalana que equivale a 2.187 centiáreas.

besante. m. Antigua moneda bizantina de oro o plata.

besar. tr. **1** Tocar o acariciar con los labios, en señal de saludo, amistad, respeto, etc. También prnl. **2** Tocar unas cosas con otras: *el mar Caribe besa las costas de Venezuela.* | **besarse.** prnl. **3** Tropezar una persona con otra.

beso. m. **1** Acción de besar o besarse. **2** Ademán simbólico de besar. **3** Tropiezo, golpe. SIN. 1 ósculo.

best-seller. (voz ingl.) m. Libro, disco o cualquier otro producto que ha alcanzado un gran éxito de venta.

bestia. f. **1** Animal cuadrúpedo, especialmente el doméstico de carga. | com. **2** Persona ruda e ignorante: *es un bestia.* También adj. SIN. 2 zopenco.

bestial. adj. **1** Brutal o irracional: *un apetito bestial.* **2** Extraordinario, enorme: *un piso bestial.* SIN. 1 animal 2 tremendo.

bestialidad. f. **1** Brutalidad o irracionalidad. **2** Gran cantidad, enormidad.

bestiario. m. **1** Hombre que luchaba con las fieras en los circos romanos. **2** Colección de fábulas de animales reales o fantásticos.

besugo. m. **1** Pez teleósteo, con ojos de gran tamaño; es muy apreciado en gastronomía. **2** Persona torpe o necia. SIN. 2 zopenco, torpe, bestia.

besuquear. tr. Besar repetidamente.

besuqueo. m. Acción de besuquear.

beta. f. Segunda letra del alfabeto griego, que corresponde a nuestra *be*. La mayúscula es *B* y la minúscula *β*.

betarraga o **betarrata.** f. Remolacha.

betatrón. m. Acelerador de partículas destinado a dar a los electrones altas energías, en trayectorias circulares, dentro de un campo magnético de intensidad variable.

betel. m. Planta trepadora cuyas hojas tienen cierto sabor a menta.

betijo. m. Palito que se les pone a los chivos atravesado en la boca, de modo que les impida mamar.

betlemita. adj. y com. **1** De Belén. **2** Se dice del religioso profeso de la orden fundada por Pedro de Betencourt.

betlemítico, ca. adj. Relativo a Belén y a los betlemitas.

betónica. f. Planta herbácea perenne cuyas hojas y raíces son medicinales.

betuláceo, a. adj. y f. **1** Se dice de ciertas plantas leñosas que producen frutos en forma de aquenio, como el abedul, el aliso y el avellano. | f. pl. **2** Familia de estas plantas.

betún. m. **1** Crema o líquido para lustrar el calzado. **2** Nombre genérico de varias sustancias, compuestas de carbono e hidrógeno, que se encuentran en la naturaleza y arden con llama, humo espeso y olor peculiar.

bey. m. Gobernador del imperio turco. Hoy se emplea también como título honorífico.

bezo. m. Labio grueso.

bezoar. m. Concreción calculosa de las vías digestivas y urinarias de algunos mamíferos y que se ha considerado como antídoto y medicamento.

bezoárico o **bezoárdico, ca.** adj. y m. Se apl. a lo que contiene bezoar.

bi-. Prefijo que significa 'dos': *bicúspide, bilingüe;* o 'dos veces': *bimensual, bisnieto.*

biajaiba. f. Pez marino de las Antillas, muy apreciado por su carne.
bianual. adj. **1** Que ocurre dos veces al año. **2** Que se repite cada bienio.
biarrota. adj. y com. De Biarritz.
biauricular. adj. Relativo a ambos oídos.
bibelot. (voz fr.) m. Objeto, figurilla de poco valor.
biberón. m. **1** Botella pequeña, generalmente de cristal, con un pezón, para la lactancia artificial. **2** Alimento que contiene y que el niño toma cada vez.
Biblia. n. p. f. Conjunto de los libros del Antiguo y Nuevo Testamento; Sagradas Escrituras.
bíblico, ca. adj. Relativo a la Biblia.
bibliofilia. f. Pasión por los libros, y especialmente por los raros y curiosos.
bibliófilo, la. m. y f. Persona aficionada a las ediciones originales, más correctas o más raras de los libros.
bibliofobia. f. Temor o repugnancia a los libros.
bibliografía. f. **1** Relación de libros o escritos referentes a una materia determinada, autor, etc. **2** Descripción de los libros y manuscritos, sobre todo de sus ediciones, fechas de impresión, autor, compilador, etc.
bibliográfico, ca. adj. Relativo a la bibliografía.
bibliógrafo, fa. m. y f. **1** Persona especializada en libros, en especial antiguos, y que se dedica a localizarlos y describirlos. **2** Persona versada en libros, monografías, artículos, etc., que tratan sobre una cuestión determinada.
bibliología. f. Estudio general del libro en su aspecto histórico y técnico.
bibliomanía. f. Pasión de tener muchos libros, más por manía que por instruirse.
bibliómano, na. m. y f. Persona que tiene bibliomanía.
biblioteca. f. **1** Local donde se tiene considerable número de libros ordenados para su consulta o lectura: *Biblioteca del Congreso*. **2** Mueble, estantería, etc., donde se colocan libros. **3** Conjunto de estos libros. **4** Colección de libros o tratados análogos o semejantes entre sí, ya por las materias de que tratan, ya por la época y nación o autores a que pertenecen: *Biblioteca de Ciencias Naturales; Biblioteca de Clásicos Grecolatinos*. SIN. 2 librería, estantería.
bibliotecario, ria. m. y f. Persona que tiene a su cargo el cuidado, ordenación y servicio de una biblioteca.
bical. m. Salmón macho.
bicameral. adj. Se dice del poder legislativo compuesto de dos cámaras o asambleas parlamentarias.
bicarbonato. m. Cualquiera de las sales derivadas del ácido carbónico; entre ellas, el bicarbonato sódico, muy utilizado para neutralizar la acidez gástrica y facilitar la digestión.

bicéfalo, la. adj. Que tiene dos cabezas: *águila bicéfala*.
bíceps. adj. Se dice de los músculos pares que tienen por arriba dos porciones o cabezas, especialmente el del brazo. || No varía en pl.

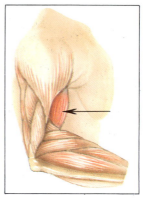

Bíceps

bicerra. f. Especie de cabra montés.
bicharraco. m. desp. de bicho.
bicho. m. **1** Animal pequeño. **2** Cualquier animal. **3** Animal doméstico. **4** Persona mala: *ten cuidado con él, es un bicho*. **5** Toro de lidia. SIN. 4 pécora, víbora.
bicicleta. f. Vehículo de dos ruedas generalmente iguales, movidas por dos pedales y una cadena.
bicoca. f. Ganga, cosa apreciable que se consigue con poco trabajo. SIN. chollo.
bicolor. adj. De dos colores: *una bandera bicolor*.
bicóncavo, va. adj. Se dice del cuerpo que tiene dos superficies cóncavas opuestas.
biconvexo, xa. adj. Se dice del cuerpo que tiene dos superficies convexas opuestas.
bicromía. f. Impresión en dos colores.
bicúspide. adj. Que tiene dos cúspides.
bidé. m. Lavabo bajo de forma ovalada empleado en la higiene íntima. || pl.: *bidés*.
bidente. adj. **1** De dos dientes. | m. **2** Palo largo con una cuchilla en forma de media luna que usaban los primitivos españoles.
bidón. m. Recipiente mayor que el bote o lata, con cierre hermético para transportar sustancias que requieren aislamiento.
biela. f. Barra que en las máquinas sirve para transformar el movimiento de vaivén en otro de rotación, o viceversa.
bieldo o **bielgo.** m. Instrumento agrícola, con púas y un mango largo para aventar la mies, separar el grano, etc.

Bicicleta

bien. m. **1** Lo que en sí mismo tiene el complemento de la perfección, o lo que es objeto de la voluntad. **2** Lo que es favorable, conveniente: *un bien para todos*. **3** Lo que enseña la moral que se debe hacer, o lo que es conforme al deber: *hay que saber distinguir entre el bien y el mal*. **4** Utilidad, beneficio, bienestar: *el bien de la familia*. | adj. **5** De buena posición social: *una persona bien*. | adv. m. **6** Perfecta o acertadamente, de buena manera: *Pedro lo hace todo bien*. **7** Con gusto, de buena gana: *yo bien accedería a tu súplica, pero no puedo*. **8** Sin inconveniente o dificultad: *afortunadamente, todo salió bien*. **9** Sano: *hoy no me encuentro bien*. **10** Mucho, muy: *bien se conoce que eres su amigo; bien temprano; bien rico*. **11** Repetido, hace las veces de conjunción distributiva: *lo haré, bien de una manera, bien de otra*. | m. pl. **12** Hacienda, riqueza: *administrar los bienes de otro*. **13 bienes comunes.** Utilidades, beneficios de todos los ciudadanos. **14 bienes raíces** o **inmuebles.** Se dice de aquellos bienes que no pueden trasladarse de un lugar a otro, como edificios, caminos, construcciones, etc. Sɪɴ. 3 virtud, bondad 4 provecho, prosperidad 5 acomodado 6 correctamente 11 ora 12 patrimonio, fortuna ◻ Aɴᴛ. 2 perjuicio 2-4 mal 3 maldad 5 pobre.

bienal. adj. **1** Que sucede o se repite cada dos años. También s. **2** Que dura un bienio. | f. **3** Exposición o manifestación artística o cultural que se repite cada dos años.

bienaventurado, da. adj. **1** Afortunado, feliz. **2** Que goza de Dios en el cielo. También s. Sɪɴ. 1 dichoso 2 beato, santo.

bienaventuranza. f. **1** Prosperidad, felicidad. **2** Vista y posesión de Dios en el cielo. | pl. **3** Las ocho bendiciones que manifestó Cristo a sus discípulos para que aspirasen a ellas. Sɪɴ. 1 ventura, fortuna ◻ Aɴᴛ. 1 desventura.

bienestar. m. **1** Comodidad: *siempre busco mi bienestar*. **2** Abundancia, riqueza. Sɪɴ. 2 desahogo ◻ Aɴᴛ. 1 malestar 2 estrechez.

bienhechor, ra. adj. y s. Que hace bien a otro. Sɪɴ. benefactor, protector ◻ Aɴᴛ. malhechor.

bienio. m. Tiempo de dos años.

bienmandado, da. adj. Obediente y sumiso.

bienmesabe. m. **1** Dulce de huevo y azúcar. **2** Pescado adobado y frito.

bienquistar. tr. y prnl. Poner a bien a una o varias personas con otra u otras.

bienvenido, da. adj. **1** Se dice de la persona o cosa cuya venida se acoge con agrado. | f. **2** Venida o llegada feliz. **3** Parabién que se da a uno por una feliz llegada: *dar la bienvenida*. Sɪɴ. 3 acogida, recibimiento.

bies. m. **1** Trozo de tela cortado en sesgo respec-

bifásico – bimestral

to al hilo, que se aplica a los bordes de prendas de vestir. **2 al bies.** loc. adv. En sesgo, en diagonal.

bifásico, ca. adj. Se dice de un sistema de dos corrientes eléctricas alternas iguales.

bífido, da. adj. Hendido en dos partes, bifurcado: *lengua bífida*.

bifloro, ra. adj. Que tiene o encierra dos flores.

bifocal. adj. Que tiene dos focos: *lente bifocal*.

bifurcación. f. Lugar en que un río, camino, etc., se bifurca.

bifurcarse. prnl. Dividirse en dos ramales, brazos o puntas una cosa: *bifurcarse un río, la rama de un árbol*. Sin. separarse, ramificarse.

big bang. (expre. ingl.) m. Hipótesis cosmológica, debida a G. Lemaître y a G. Gamov, según la cual el Universo se originó hace 10.000 millones de años, por la violenta explosión de un átomo inicial o bola de fuego superdensa y a una temperatura de $1.012°$, que contenía materia y energía.

bigamia. f. Estado de un hombre casado con dos mujeres a un mismo tiempo, o de la mujer casada con dos hombres.

bígamo, ma. adj. y s. Que comete bigamia.

bigardear. intr. Vaguear, holgazanear.

bigardía. f. Burla, fingimiento.

bigardo, da. adj. y s. **1** Vago, holgazán, vicioso. **2** De gran estatura.

bígaro. m. Caracol marino de pequeño tamaño y carne comestible.

bignonia. f. Planta bignoniácea trepadora de grandes flores encarnadas.

bignoniáceo, a. adj. y s. **1** Se dice de plantas arbóreas angiospermas, dicotiledóneas. | f. pl. **2** Familia de estas plantas.

bigornia. f. Yunque con dos puntas opuestas.

bigote. m. Pelo que nace sobre el labio superior. También en pl.

bigotera. f. **1** Bocera que queda en el labio superior cuando se bebe. Más en pl. **2** Compás pequeño.

bigotudo, da. adj. **1** Que tiene mucho bigote. | m. **2** Pájaro de pequeño tamaño, de color leonado por el dorso. El macho tiene una mancha negra a los lados del pico a modo de un llamativo bigote.

bigudí. m. Pequeño rulo macizo para rizar el cabello. || pl.: *bigudíes* o *bigudís*.

bija. f. **1** Árbol de poca altura, de flores rojas y olorosas y fruto oval, que se cultiva en las zonas cálidas de América. **2** Fruto de este árbol, del que se extraía una bebida medicinal. **3** Semilla de este fruto de la que se extrae una sustancia de color rojo que se usa en tintorería.

bilabiado, da. adj. Se dice del cáliz o corola cuyo tubo se halla dividido por el extremo superior en dos partes.

bilabial. adj. **1** Se dice del sonido en cuya pronunciación intervienen los dos labios. **2** Se dice de la consonante que se articula de esta forma, como la *b*, la *m*, y la *p*. También f.

bilateral. adj. **1** Relativo a ambos lados. **2** Se dice del acuerdo, contrato, o negociación en que intervienen dos partes. **3** Se dice de la consonante cuya expulsión de aire se produce a ambos lados del lugar de articulación. Ant. **1** unilateral.

bilbilitano, na. adj. y s. De la antigua Bílbilis o de la actual Calatayud.

biliar o **biliario, ria.** adj. Relativo a la bilis: *conductos biliares*.

bilingüe. adj. **1** Que habla dos lenguas. **2** Escrito en dos idiomas: *diccionario bilingüe*.

bilingüismo. m. Uso habitual de dos lenguas en una misma región.

bilioso, sa. adj. Abundante en bilis.

bilis. f. **1** Líquido amargo, de color amarillo o verdoso, segregado por el hígado. **2** Malhumor, irritación: *echar uno la bilis*. || No varía en pl. Sin. 1 hiel.

billar. m. **1** Juego que se ejecuta impulsando con tacos bolas de marfil en una mesa rectangular forrada de paño verde, rodeada de barandas elásticas y con troneras o sin ellas. **2** Lugar donde se juega. Más en pl: *está noche me iré a los billares*.

billarista. com. Jugador de billar.

billetaje. m. Conjunto o totalidad de los billetes de un teatro, tranvía, etc.

billete. m. **1** Tarjeta que da derecho para entrar u ocupar asiento en alguna parte o para viajar en un vehículo: *billete para entrar al teatro; billete de avión*. **2** Cédula que acredita participación en una rifa o lotería. **3** Papel moneda: *un billete de cien dólares*. **4** Carta breve. Sin. 1 entrada, pasaje 2 boleto, número 4 misiva.

billetero, ra. m. y f. Cartera pequeña de bolsillo para llevar billetes.

billón. m. **1** Un millón de millones, que se expresa por la unidad seguida de doce ceros. **2** En EE. UU., Italia y otros países, un millar de millones.

billonésimo, na. adj. y s. Se dice de cada una de las partes que resulta de dividir un todo por un billón.

bilobulado, da. adj. Que tiene dos lóbulos.

bilocarse. prnl. Según ciertas creencias, hallarse alguien en dos lugares distintos a la vez.

bimano, na o **bímano, na.** adj. y s. De dos manos. Se dice especialmente del hombre.

bimba. f. Chistera, sombrero de copa.

bimensual. adj. Que se hace u ocurre dos veces al mes.

bimestral. adj. **1** Que sucede o se repite cada bimestre. **2** Que dura un bimestre.

bimestre. m. **1** Tiempo de dos meses. **2** Renta, sueldo, pensión, etc., que se cobra o paga por cada bimestre.

bimetalismo. m. Sistema monetario que admite como patrones el oro y la plata.

bimetalista. adj. **1** Relativo al bimetalismo. | com. **2** Partidario del bimetalismo.

bimotor. m. Avión provisto de dos motores.

binar. tr. **1** Dar segunda reja a las tierras de labor. **2** Hacer la segunda cava en las viñas.

binario, ria. adj. Compuesto de dos elementos, unidades o guarismos: *los ordenadores utilizan un sistema binario.*

bingo. m. **1** Juego de azar parecido a la lotería, pero con cartones. **2** Premio que se entrega al ganador: *ha ganado el bingo.* **3** Sala donde se juega.

binocular. adj. Se dice de la visión con los dos ojos y de los aparatos que la permiten.

binóculo. m. Anteojo con lentes para ambos ojos. **Sin.** gemelos, prismáticos.

binomio. m. **1** Expresión compuesta de dos términos algebraicos separados por los signos de suma o resta. **2** Conjunto de dos nombres de personalidades que desempeñan un importante papel en la vida política, deportiva, artística, etc.

binza. f. **1** Película que tiene la cebolla por la parte exterior. **2** Cualquier telilla o panículo del cuerpo del animal.

bio-, -bio. pref. y suf. Elemento compositivo que antepuesto o pospuesto a otra voz, expresa la idea de 'vida': *biológico, bioquímica, anfibio, microbio.*

biocatalizador. m. Grupo de sustancias orgánicas indispensables para las reacciones químicas que tienen lugar en el metabolismo de los seres vivos. Comprende las hormonas, vitaminas y enzimas.

biocenosis. f. Asociación local de especies distintas, libres, parásitas o simbióticas, todas indispensables para la supervivencia de la comunidad. El ambiente físico ocupado por una biocenosis se denomina biotopo. El conjunto de biocenosis con sus biotopos forman un ecosistema. || No varía en pl.

bioclimatología. f. Ciencia que estudia las influencias del clima sobre los seres vivos.

biodegradable. adj. Se dice de las sustancias que se descomponen por un proceso natural biológico.

biodinámica. f. Ciencia de la actividad vital en general.

bioelectricidad. f. Corriente eléctrica que se origina en los órganos vivos: corazón, músculos, nervios, y que puede ser registrada, por aparatos especiales, en electroencefalogramas, electrocardiogramas, etc.

biofísica. f. Estudio de los fenómenos vitales mediante los principios y métodos de la física.

biogénesis. f. Teoría según la cual todo ser vivo procede de otro ser vivo. || No varía en pl.

biogeografía. f. Ciencia que estudia la distribución de los seres vivos sobre la tierra y las variaciones de esta distribución en las diferentes épocas geológicas.

biognosia o **biognosis.** f. Estudio o ciencia de la vida. || En la segunda forma no varía en pl.

biografía. f. Historia de la vida de una persona.

biografiado, da. m. y f. Persona cuya vida es el objeto de una biografía.

biografiar. tr. Escribir la biografía de alguien.

biográfico, ca. adj. Relativo a la biografía.

biógrafo, fa. m. y f. Escritor de biografías.

biología. f. Ciencia que trata de los seres vivos, considerándolos en su doble aspecto morfológico y fisiológico.

biológico, ca. adj. Relativo a la biología.

biólogo, ga. m. y f. Persona especializada en biología.

bioluminiscencia. f. Propiedad que tienen algunos seres vivos de emitir luz: hongos, bacterias, luciérnagas, peces, etc.

biomasa. f. Suma total de la materia de los seres que viven en un ecosistema determinado, expresada habitualmente en peso estimado por unidad de área o de volumen.

biombo. m. Mampara compuesta de varios bastidores articulados. **Sin.** cancel, mampara.

biometría. f. Estudio correlativo o estadístico de los fenómenos o procesos biológicos.

biométrico, ca. adj. Relativo a la biometría.

biónica. f. Ciencia que estudia los órganos especializados de los seres vivos para aplicar los principios de su funcionamiento a la fabricación de aparatos y sistemas electrónicos.

biopsia. f. Procedimiento de investigación clínica que consiste en separar del organismo vivo una porción de un órgano determinado para practicar su examen histológico.

bioquímica. f. Parte de la química que estudia la composición y las transformaciones químicas de los seres vivos.

bioquímico, ca. adj. **1** Relativo a la bioquímica o a la realidad que ésta estudia. | m. y f. **2** Persona especializada en bioquímica.

biosfera. f. **1** Conjunto de los medios en que se desenvuelve la vida vegetal y animal. **2** Conjunto que forman los seres vivos con el medio en que se desarrollan.

biosociología. f. Ciencia que relaciona la existencia biológica del hombre con su entorno sociocultural, valiéndose de análisis comparativos con el mundo animal.

biota – biso

biota. f. Conjunto de todos los seres vivos de una región.

biótico, ca. adj. Característico de los seres vivos, o que se refiere a ellos.

biotipo. m. **1** Prototipo de cada especie de planta o animal. **2** Conjunto de individuos con las mismas características.

biotita. f. Variedad de mica.

biotopo. m. Ambiente físico ocupado por una biocenosis. Los grandes biotopos son: el medio acuático marino, el dulceacuícola y el terrestre. Éstos se subdividen en otros por diferencias en el clima, presión, etc.

bióxido. m. Dióxido.

biozona. f. Lugar que se caracteriza por la presencia de restos fósiles comunes.

bipartidismo. m. Forma de gobierno basado en la existencia de dos grandes partidos políticos.

bípedo, da o **bípede.** adj. y m. De dos pies.

biplano. m. Avión con cuatro alas que, dos a dos, forman planos paralelos.

biplaza. adj. y m. Vehículo de dos plazas.

bipolar. adj. Que tiene dos polos.

bipontino, na. adj. y s. **1** De Dos Puentes, hoy Zweibrücken. **2** Relativo a esta ciudad alemana. Se dice especialmente de las ediciones de clásicos griegos y latinos publicadas en esta ciudad a partir de 1779.

biquini. m. **1** Bañador de mujer de dos prendas: un sujetador y una braga. **2** Braga pequeña.

birlar. tr. **1** Quitar algo, estafar: *me han birlado la billetera*. **2** Matar, derribar. **SIN.** 1 robar, hurtar.

birlocha. f. Cometa, juguete.

birlocho. m. Carruaje ligero y sin cubierta, de cuatro ruedas y cuatro asientos, abierto por los costados.

birreta. f. Bonete cuadrangular que usan algunos clérigos.

birrete. m. **1** Gorro de forma prismática con una borla de color determinado, que en algunos actos solemnes sirve de distintivo a los profesores de universidad, magistrados, jueces y abogados. **2** Birreta.

birretina. f. **1** Gorro o birrete pequeño. **2** Gorra de pelo de algunos regimientos de húsares.

birria. f. **1** Persona fea o ridícula. **2** Persona o cosa de poco valor o importancia: *el concierto fue una birria*.

bis. adv. c. **1** Se emplea para dar a entender que una cosa debe repetirse o está repetida. | m. **2** Ejecución o declamación repetida, para corresponder a los aplausos del público, de una obra musical o recitada o de un fragmento de ella.

bisabuelo, la. m. y f. Respecto de una persona, el padre o la madre de su abuelo o de su abuela.

bisagra. f. Herraje de dos láminas unidas o combinadas que, con un eje común, sujetan dos piezas y permiten que gire una de ellas o las dos. Se emplea en puertas, tapaderas, etc.

bisar. tr. Repetir, a petición de los oyentes, la ejecución de un número musical u otra actuación en público.

bisbisar o **bisbisear.** tr. Hablar muy bajo de forma que sólo se perciban las eses.

bisbiseo. m. Acción de bisbisar.

biscote. m. Pan de molde tostado al fuego.

biscuit. (voz fr.) m. Bizcocho helado.

bisecar. tr. Dividir en dos partes iguales.

bisector, bisectriz. adj. y s. **1** Que divide en dos partes iguales. | f. **2** Línea recta que divide a un ángulo en otros dos iguales.

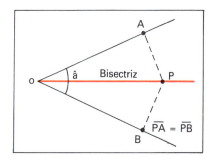

bisel. m. Corte oblicuo en el borde de una lámina o plancha.

biselador, ra. m. y f. Persona que se dedica a hacer biseles en espejos y lunas.

biselar. tr. Hacer biseles.

bisemanal. adj. **1** Que se hace u ocurre dos veces por semana. **2** Que sucede cada dos semanas.

bisexual. adj. y com. **1** Hermafrodita. **2** Se dice de la persona que mantiene relaciones sexuales con personas de su mismo sexo o del contrario, indistintamente.

bisiesto. adj. y m. Se dice del año que tiene 366 días, es decir, uno más que el resto, que se añade al mes de febrero y se repite cada cuatro años.

bisílabo, ba o **bisilábico, ca.** adj. y s. De dos sílabas.

bismuto. m. Elemento químico metálico muy brillante, de color gris rojizo, hojoso, muy frágil y fácilmente fusible. Se emplea en calderas, industrias farmacéuticas y en la fabricación de cierres de seguridad. Su símbolo es *Bi*.

bisnieto, ta. m. y f. Respecto de una persona, hijo o hija de su nieto o de su nieta.

biso. m. Producto de secreción de muchos moluscos lamelibranquios, que se endurece en contacto con el agua y sirve para fijar al animal a las rocas.

bisojo, ja. adj. y s. Bizco.

bisonte. m. Bóvido salvaje de gran tamaño, con la parte anterior del cuerpo muy abultada, cubierto de pelo áspero y con cuernos poco desarrollados. Habita en Europa y, sobre todo, en las grandes llanuras de América del Norte.

bisoñé. m. Peluca que cubre sólo la parte anterior de la cabeza.

bisoño, ña. adj. y s. **1** Se dice del soldado o tropa nuevos. **2** Inexperto en cualquier oficio o actividad. **SIN.** 1 y 2 novato ☐ **ANT.** 1 y 2 veterano.

bisté o **bistec.** m. Filete de carne de vaca a la parrilla o frita. ‖ pl. *bistés* o *bistecs.*

bisturí. m. Instrumento en forma de cuchillo pequeño, utilizado en cirugía para hacer incisiones. ‖ pl. *bisturíes* o *bisturís.*

bisulfito. m. Cualquiera de las sales ácidas del ácido sulfuroso, y en especial la de sodio.

bisurco. adj. Se dice del arado mecánico que abre dos surcos paralelos.

bisutería. f. **1** Industria que produce objetos de adorno, hechos de materiales no preciosos. **2** Local o tienda donde se venden dichos objetos. **3** Estos mismos objetos de adorno.

bit. (voz ingl., acrónimo de *binary digit.)* m. **1** En inform., unidad de información, la más pequeña, equivalente a la elección entre dos posibilidades igualmente probables. Puede tomar dos valores: 0 ó 1. **2** Unidad de medida de la capacidad de memoria de un ordenador, de un disco magnético, etc.

bita. f. Poste en las proximidades de la proa en el que se atan los cables del ancla cuando se fondea la nave.

bitácora. f. Especie de armario, fijo a la cubierta de la nave e inmediato al timón, en que se pone la brújula y otros instrumentos de navegación.

bitadura. f. Porción del cable del ancla que se tiene preparado sobre cubierta para fondear.

bíter. m. Bebida amarga que se toma como aperitivo.

bituminoso, sa. adj. Que tiene betún o semejanza con él.

bivalvo, va. adj. **1** Que tiene dos valvas. **2** Se dice de los moluscos, generalmente marinos, provistos de dos valvas unidas por un ligamento: almejas, mejillones, ostras, etc.

bizantinismo. m. **1** Cualidad de bizantino. **2** Afición a discusiones bizantinas.

bizantino, na. adj. **1** De Bizancio, hoy Constantinopla. También s. **2** Se dice de las discusiones inútiles, intempestivas o demasiado sutiles: *se enzarzaron en una discusión bizantina.*

bizarría. f. **1** Gallardía, valor. **2** Generosidad, lucimiento.

bizarro, rra. adj. **1** Valiente. **2** Generoso, espléndido.

bizcaitarra. adj. y com. En eusquera, vizcaíno.

bizco, ca. adj. y s. **1** Se dice del que padece estrabismo. También s. **2** Se dice del ojo y la mirada torcidos. **SIN.** 1 y 2 bisojo.

bizcochero, ra. m. y f. Persona que hace bizcochos o los vende.

bizcocho. m. **1** Bollo de harina, huevos y azúcar cocido al horno. **2** Pan sin levadura que se cuece dos veces para que se seque y dure mucho.

bizcotela. f. Bizcocho ligero, cubierto de un baño de azúcar.

bizna. f. Película que separa los cuatro gajitos de la nuez.

biznaga. f. **1** Planta de un metro de altura, de flores pequeñas y blancas. **2** Cada uno de los piececillos de las flores de esta planta, que se emplea en algunos sitios como mondadientes.

bizquear. intr. Padecer estrabismo o simularlo.

blanca. f. **1** Nota musical que equivale a dos negras en el compás de compasillo. **2** Antigua moneda española. **3 estar sin blanca.** loc. No tener nada de dinero.

blanco, ca. adj. **1** De color de nieve o leche. Es el color de la luz solar, no descompuesta en los colores del espectro. También m. **2** Se dice de las cosas de color más claro que otras de la misma especie: *vermut blanco.* **3** Se dice de la raza europea o caucásica. También s.: *los blancos son mayoría.* ‖ m. **4** Objeto para ejercitarse en el tiro y puntería. **5** Intermedio entre dos cosas: *hay que quitar los blancos del texto.* **ANT.** 1 y 3 negro.

blancura. f. Cualidad de blanco. **SIN.** albura.

blancuzco, ca. adj. Que tira a blanco, o es de color blanco sucio.

blandengue. adj. desp. Excesivamente blando. También com.: *eres un blandengue.*

blandir. tr. Mover un arma u otra cosa con movimiento trémulo o vibratorio. ‖ **Defect.** Se conj. como *abolir.*

blando, da. adj. **1** Tierno, suave, que cede fácilmente al tacto. **2** Falto de violencia, fuerza o intensidad. **3** Falto de energía o severidad: *tu profesor es muy blando.* **4** Débil de carácter. **SIN.** 2 tranquilo 3 benévolo ☐ **ANT.** 1 rígido 2 fuerte, duro 3 y 4 severo.

blanducho, cha. adj. Blando, con blandura excesiva o poco grata.

blandura. f. **1** Cualidad de blando. **2** Dulzura, afabilidad en el trato. **3** Palabra halagüeña o requiebro. **SIN.** 1 y 2 suavidad.

blanquear. tr. **1** Poner blanca una cosa. **2** Dar de cal o yeso blanco a las paredes, techos, etc. **3**

blanquecer – bloquear

Ajustar a la legalidad fiscal el dinero procedente de negocios delictivos. | intr. **4** Mostrar una cosa la blancura que tiene. **5** Ir tomando una cosa color blanco. **Sin.** 2 enjalbegar ☐ **Ant.** 1 oscurecer, ennegrecer 4 y 5 negrear.

blanquecer. tr. **1** Limpiar y sacar su color a los metales. **2** Blanquear. || **Irreg.** Se conj. como *agradecer*.

blanquecino, na. adj. Que tira a blanco.

blanqueo. m. Acción de blanquear.

blanquinegro, gra. adj. De color blanco y negro.

blanquizal o **blanquizar.** m. Terreno gredoso.

blasfemar. intr. **1** Decir blasfemias. **2** Maldecir, vituperar.

blasfemia. f. **1** Palabra o expresión injuriosa contra Dios o las personas o cosas sagradas. **2** Injuria grave contra una persona.

blasfemo, ma. adj. **1** Que contiene blasfemia: *un escrito blasfemo*. **2** Que blasfema. También s.

blasón. m. **1** Arte de explicar y describir los escudos de armas. **2** Figura de un escudo. **3** Escudo de armas. **4** Honor, fama: *para ellos era un blasón participar en las Cruzadas*.

blasonado, da. adj. Ilustre por sus blasones.

blasonar. tr. Jactarse, presumir. || Se construye con la prep. *de: blasona de su linaje*.

blastema. m. Conjunto de células embrionarias que, mediante su proliferación, llegan a formar un órgano determinado.

blastocele. m. Cavidad interna y cerrada de la blástula.

blastodermo o **blastoderma.** m. Conjunto de las células procedentes de la segmentación del huevo de los animales.

blastómero. m. Cada una de las células en que se divide el huevo para dar lugar a las primeras fases embrionarias.

blástula. f. Una de las primeras fases del desarrollo embrionario de los animales metazoos: la que sigue a la mórula.

blátido, da. adj. y m. **1** Se dice de los insectos omnívoros de cuerpo deprimido, comúnmente llamados cucarachas. Huyen de la luz y viven en agrupaciones aclimatadas en habitaciones húmedas. | m. pl. **2** Familia de estos insectos.

bledo. m. **1** Planta comestible, de hojas triangulares de color verde y flores rojas. **2** Cosa insignificante, de poco o ningún valor: *me importa un bledo*. **Sin.** 2 pito, comino.

blefaritis. f. Inflamación de los párpados. || No varía en pl.

blenda. f. Sulfuro de cinc, que forma cristales regulares brillantes de color pardo amarillento o negruzco.

Blenda

blénido, da. adj. y m. **1** Se dice de los peces teleóstomos de cuerpo alargado y aletas abdominales en posición yugular. Viven en mares templados y tienen vivos colores. | m. pl. **2** Familia de estos peces.

blenorragia. f. Exceso de flujo producido por la inflamación infecciosa de la uretra. Se transmite por contacto sexual.

blenorrea. f. Blenorragia crónica.

blindaje. m. **1** Acción y efecto de blindar. **2** Conjunto de materiales que se utilizan para blindar: *este modelo lleva un blindaje muy bueno*.

blindar. tr. Revestir con chapas metálicas de protección.

bloc. (voz fr.) m. Conjunto de hojas de papel en blanco. || pl. *blocs*.

blocar. tr. **1** En el fútbol y otros deportes, detener el balón el portero sujetándolo contra el cuerpo. **2** En boxeo y otros deportes de lucha, parar un golpe con los brazos para que no llegue a su objetivo.

blondo, da. adj. **1** Rubio, claro. | f. **2** Encaje de seda.

bloque. m. **1** Trozo grande de piedra u hormigón. **2** Agrupación ocasional de partidos políticos: *el bloque centrista*. **3** Conjunto de países que mantienen características ideológicas, políticas, militares y económicas comunes: *bloque del Este*. **4** Manzana de casas. **5** En los motores de explosión, pieza de fundición que contiene uno o varios cilindros.

bloquear. tr. **1** Cortar las comunicaciones de una ciudad, puerto, territorio, etc. **2** Frenar el funcionamiento de un mecanismo o el desarrollo de un proceso. También prnl.: *se bloquearon las negociaciones*. **3** Interrumpir la prestación de un servicio por la interposición de un obstáculo o por el exceso de demanda. También prnl.: *se bloqueó la centralita*. **4** Inmovilizar la autoridad una cantidad o crédito: *le han bloqueado las cuentas*. **Sin.** 1 incomunicar, sitiar 2 detener 4 congelar □ **Ant.** 1 liberar 2 reanudar.

bloqueo. m. **1** Acción de bloquear. **2** Aislamiento.

blues. (voz ingl.) m. Canto popular afroamericano, de carácter nostálgico y sensual. || No varía en pl.

bluff. (voz ingl.) m. Fanfarronada, baladronada.

blusa. f. Vestidura exterior holgada y con mangas, que cubre la parte superior del cuerpo.

blusón. m. Blusa larga y ancha.

boa. f. **1** Serpiente de gran tamaño, vivípara, no venenosa, que mata a sus presas comprimiéndolas con su fuerza y devorándolas después. **2** Especie de bufanda de plumas o piel.

boato. m. Ostentación de lujo o poder. **Sin.** fasto, pompa.

bobada. f. Bobería, necedad.

bobalicón, na. adj. y s. aum. de bobo.

bobear. intr. **1** Hacer o decir boberías. **2** Gastar el tiempo en cosas inútiles.

bobería o **bobera.** f. Dicho o hecho necio.

bobillo. m. **1** Jarro vidriado y barrigudo. **2** Encaje que llevaban las mujeres alrededor del escote.

bobina. f. **1** Carrete. **2** Rollo de hilo, cable, papel, etc. **3** Cilindro de hilo conductor devanado. **4** Cilindro con dos discos laterales, en el que se enrolla la película cinematográfica.

bobinado. m. **1** Acción de bobinar. **2** Conjunto de bobinas que forman parte de un circuito electrónico.

bobinadora. f. Máquina destinada a hilar y a bobinar.

bobinar. tr. Enrollar hilo, cable, papel, etc., en forma de bobina.

bobo, ba. adj. **1** De poco entendimiento y capacidad. **2** Candoroso, ingenuo. **3** De poca importancia: *se trata de algo tan bobo como esto*. **Sin.** 1, 2 y 3 simple 1 tonto □ **Ant.** 1 listo.

bobsleigh. (voz ingl.) m. Especie de trineo destinado al descenso rápido en pista de hielo o nieve, incluido, desde 1924, en los Juegos Olímpicos de Invierno.

boca. f. **1** Órgano del aparato digestivo de los animales, destinado a la recepción del alimento. **2** Entrada o salida: *boca de metro*. **3** Órgano de la palabra: *no abrió la boca*. **4** Persona o animal a quien se mantiene y se da de comer: *tiene que alimentar siete bocas*. **5** Pinza de las patas delanteras de los

Boa

crustáceos. **6** Parte afilada de algunas herramientas. **7 de boca en boca.** loc. adv. Denota la manera de propagarse de unas personas a otras, los rumores, noticias, etc. **8 no abrir** uno **la boca.** loc. Permanecer callado.

bocabajo. adv. m. Tendido con la boca hacia el suelo. También se escribe *boca abajo*.

bocacalle. f. Entrada o embocadura de una calle: *la plaza tiene tres bocacalles*.

bocacaz. m. Abertura en una presa para que salga cierta cantidad de agua.

bocadillo. m. **1** Panecillo partido longitudinalmente en dos mitades con una loncha de fiambre o de otro alimento en medio. **2** Pompa o globo que sale de la boca de los personajes de cómics y tebeos y que contiene sus palabras o pensamientos.

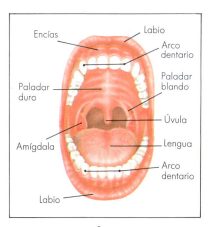

Boca

bocado – bogada

bocado. m. **1** Cantidad de comida que cabe de una vez en la boca. **2** Un poco de comida: *tomó sólo un bocado.* **3** Mordisco. **4** Pedazo que falta de cualquier cosa, arrancado con violencia. **5** Parte del freno que entra en la boca de las caballerías. SIN. 2 tentempié 3 dentellada 5 embocadura.

bocajarro (a). loc. adv. **1** Tratándose del disparo de un arma de fuego, a quemarropa, desde muy cerca. **2** De improviso, inopinadamente: *se lo preguntó a bocajarro.*

bocal. m. Jarro de boca ancha y cuello corto.

bocallave. f. Ojo de la cerradura.

bocamanga. f. Parte de la manga que está más cerca de la muñeca.

bocana. f. Paso estrecho de mar que sirve de entrada a una bahía o fondeadero.

bocanada. f. **1** Cantidad de aire, humo o líquido que se toma o se echa por la boca de una vez. **2** Cualquier porción de humo, aire, etc., que sale o entra de alguna abertura: *por la chimenea salen bocanadas de humo.*

bocarte. m. Boquerón, pez semejante a la sardina, pero mucho más pequeño.

bocazas. com. Persona que habla indiscretamente. ‖ No varía en pl.

bocel. m. Moldura convexa, lisa, de forma cilíndrica.

bocelar. tr. Dar forma de bocel.

bocera. f. **1** Lo que queda pegado a la parte exterior de los labios después de comer o beber. **2** Herida en la comisura de los labios. SIN. 2 calentura.

boceras. com. Bocazas, hablador. ‖ No varía en pl.

boceto. m. **1** Esbozo que hace el artista antes de empezar una obra que sirve de base a la definitiva. **2** Esquema, croquis. SIN. 1 bosquejo.

bocha. f. Petanca.

bochinche. m. Tumulto, barullo.

bochinchero, ra. adj. y s. Que participa en los bochinches o los provoca.

bochorno. m. **1** Aire caliente en el verano. **2** Calor sofocante. **3** Sofocación del rostro por el excesivo calor. **4** Rubor, vergüenza: *¡qué bochorno me hizo pasar!* SIN. 1 calima 4 apuro.

bochornoso, sa. adj. Que causa bochorno: *un calor bochornoso, una situación bochornosa.*

bocina. f. **1** Aparato de los automóviles con el que se produce un sonido para avisar de algo a los demás. **2** Instrumento cónico con el que se amplifican los sonidos. **3** Pabellón de los gramófonos. SIN. 1 claxon 2 megáfono.

bocinar. intr. Tocar la bocina o usarla para hablar.

bocinazo. m. **1** Ruido fuerte producido con una bocina. **2** Grito para reprender o amonestar a alguien: *le dio/pegó un bocinazo terrible.*

bocio. m. **1** Hipertrofia de la glándula tiroides. **2** Tumor en el cuerpo del tiroides que se caracteriza por el abultamiento de la parte anterior del cuello.

bock. (voz a.) m. Vaso con asa para beber cerveza.

bocoy. m. Barril grande.

boda. f. **1** Casamiento y fiesta con que se celebra. También en pl.: *noche de bodas.* **2 bodas de oro.** Quincuagésimo aniversario de un matrimonio o de cualquier acontecimiento: *mañana es la fiesta para celebrar las bodas de oro de la tienda.* **3 bodas de plata.** Vigesimoquinto aniversario. SIN. 1 desposorio, matrimonio.

bodega. f. **1** Lugar donde se guarda y cría el vino. **2** Almacén o tienda de vinos. **3** Cosecha de vino en algún lugar: *esta zona tiene la mejor bodega de Albariño.* **4** Despensa, granero. **5** Espacio interior de los buques.

bodegón. m. **1** Establecimiento en que se sirven comidas baratas. **2** Pintura en la que se representan cosas comestibles, cacharros y vasijas. SIN. 1 taberna, tasca.

bodeguero, ra. m. y f. **1** Dueño de una bodega de vinos. **2** Persona que tiene a su cargo la bodega.

bodoque. m. **1** Reborde con que se refuerzan los ojales del colchón. **2** Relieve que servía de adorno en algunos bordados. **3** Persona de cortos alcances. SIN. 3 simple, tonto.

bodorrio. m. **1** Boda en la que los novios pertenecen a clases sociales muy distintas. **2** Boda ostentosa y de mal gusto.

bodrio. m. **1** Cosa mal hecha: *esta película es un bodrio.* **2** Guiso mal aderezado. SIN. 1 chapuza 2 bazofia.

bóer. adj. Se dice de los descendientes de los colonos holandeses establecidos al N. de El Cabo en el s. XVII. También com. ‖ pl. *bóers.*

bofe. m. Pulmón, sobre todo de las reses destinadas al consumo. También pl.

bofetada. f. **1** Golpe que se da en el carrillo con la mano abierta. **2** Desaire, ofensa: *para él, la acusación fue una bofetada.* SIN. 1 bofetón.

bofetón. m. **1** Bofetada dada con fuerza. **2** En los teatros, tramoya giratoria que hace aparecer o desaparecer, ante los espectadores, personas u objetos.

boga. f. **1** Pez de río comestible, abundante en los cursos fluviales españoles. **2** Pez marino de cuerpo comprimido y color blanco azulado.

boga. f. **1** Acción de bogar. **2** Aceptación, fama: *este baile estuvo en boga en los cincuenta.* SIN. 2 auge, prosperidad.

bogada. f. Espacio que la embarcación navega por el impulso de un solo golpe de los remos.

bogador, ra. m. y f. Persona que boga.
bogar. intr. Remar.
bogavante. m. Crustáceo marino, parecido a la langosta, con dos grandes pinzas en las patas delanteras y de carne muy apreciada.
bohemio, mia. adj. y s. **1** De Bohemia. **2** Se dice de la persona inconformista, que lleva una vida libre y no convencional. **3** Se apl. a este tipo de vida. También f. **4** Gitano. | m. **5** Lengua checa.
bohío. m. Cabaña de América, hecha de madera y ramas, cañas y pajas y sin más respiradero que la puerta.
bohordo. m. **1** Junco de la espadaña. **2** Tallo herbáceo y sin hojas que sostiene las flores y el fruto de algunas plantas.
boicot o **boicoteo** m. Presión que se ejerce sobre una persona o entidad suprimiendo o dificultando cualquier relación con ella para obligarla a ceder en algo. || pl. *boicots*. **Sin.** obstrucción.
boicotear. tr. Privar a una persona o a una entidad de toda relación social o comercial para perjudicarla y obligarla a ceder en lo que de ella se exige. **Sin.** obstruir.
boina. f. Gorra sin visera, redonda y chata.
boîte. (voz fr.) f. Sala de fiestas. || pl. *boîtes*.
boj. m. Arbusto de madera amarilla, dura y compacta, muy utilizada en tornería y xilografía.
bojar o **bojear.** tr. **1** Medir el perímetro de una isla, cabo o porción saliente de la costa. | intr. **2** Tener una isla, cabo, etc., tal perímetro. **3** Rodear, recorrer navegando el contorno de un isla.
boje. m. Conjunto de dos pares de ruedas montadas sobre dos ejes próximos, paralelos y solidarios entre sí, que se utilizan en los dos extremos de los vehículos de gran longitud destinados a circular sobre carriles.
bol. m. Taza grande sin asas. **Sin.** cuenco.
bola. f. **1** Cuerpo esférico. **2** Particularmente los utilizados en los juegos de lotería o rifas. **3** La esfera que se lanza en el juego de los bolos. **4** Embuste, mentira: *no me metas bolas*. | pl. **5** vulg. Testículos. **Sin.** 1 pelota 4 trola.
bolchevique. adj. **1** Relativo al bolchevismo o a su doctrina. | com. **2** Partidario del bolchevismo.
bolchevismo. m. **1** Doctrina política, económica y social creada por Lenin, partidaria de la dictadura del proletariado. **2** Sistema de gobierno que se impuso en la U.R.S.S. a partir de la revolución de octubre de 1917. **Sin.** 1 y 2 comunismo.
boleadoras. f. pl. *amer.* Arma que se compone de dos o tres bolas de piedra u otra materia pesada, forradas de cuero y sujetas a una cuerda trenzada, que se emplean en América del Sur para cazar animales corredores.

bolear. intr. **1** Arrojar la bola en cualquier juego en que se la utiliza. **2** Derribar muchos bolos en el juego. | tr. **3** *amer.* Arrojar las boleadoras a un animal.
boleo. m. **1** Acción de bolear. **2** Sitio en que se bolea o tira la bola.
bolera. f. Establecimiento donde se juega a los bolos.
bolero, ra. adj. y s. **1** Que dice muchas mentiras. | m. **2** Canción melódica lenta, de tema amoroso, originaria de las Antillas. **3** Baile popular español de origen andaluz: *el Bolero de Ravel*. **4** Música y canto de este baile. **5** Chaquetilla corta de mujer.
boleta. f. **1** Cédula que se da para poder entrar en alguna parte. **2** Papeleta de una rifa. **3 dar la boleta.** loc. Despedir a alguien.
boletín. m. **1** Publicación especial de asuntos científicos, artísticos, históricos o literarios: *boletín médico*. **2** Publicación que recoge información oficial.
boleto. m. **1** Resguardo de participación en una rifa o sorteo: *hay dos boletos premiados*. **2** *amer.* Billete, entrada.
boliche. m. **1** Bola pequeña. **2** Remate o adorno de algunos muebles en forma de bola. **3** Juego de bolos. **4** Bolera. **5** *amer.* Establecimiento comercial de poca importancia, especialmente en el que se despachan y consumen bebidas y comestibles.
bólido. m. **1** Automóvil que alcanza gran velocidad, especialmente el que participa en carreras. **2** Masa mineral que atraviesa rápidamente la atmósfera y suele estallar en pedazos. **Sin.** 2 meteorito.
bolígrafo. m. Instrumento para escribir que tiene en su interior un tubo de tinta especial y, en la punta, en lugar de pluma, una bolita metálica que gira libremente.
bolillo. m. **1** Palito torneado que sirve para hacer encajes y pasamanería: *encaje de bolillos*. **2** Hueso a que está unido el casco de las caballerías.
bolinche o **bolindre.** m. **1** Bolita para jugar. **2** Remate o adorno redondeado. **Sin.** 1 canica.
bolívar. m. Unidad monetaria de Venezuela.
bollar. tr. **1** Poner un sello de plomo en los tejidos para que se conozca la fábrica de donde salen. **2** Repujar formando bollones.
bollén. m. Árbol chileno, rosáceo, cuya madera se emplea para hacer mangos y en la construcción. Sus hojas son febrífugas.
bollería. f. **1** Establecimiento donde se hacen o venden bollos o panecillos. **2** Conjunto de estos bollos: *le gusta mucho la bollería*.
bollero, ra. m. y f. Persona que hace o vende bollos.
bollo. m. **1** Pieza esponjosa de varias formas y tamaños, hecha con masa de harina y agua y cocida al horno. **2** Abolladura. **3** Hinchazón: *me ha salido un*

bollón – bombín

bollo en la pierna. **4 perdonar el bollo por el coscorrón.** Renunciar a algo que se desea por no compensar el esfuerzo que costaría conseguirlo.

bollón. m. **1** Clavo de cabeza grande, comúnmente dorada, que sirve para adorno. **2** Broquelillo o pendiente con solo un botón.

bolo. m. **1** Trozo de palo labrado, con base plana. | pl. **2** Juego que consiste en poner derechos sobre el suelo cierto número de bolos y derribar cada jugador los que pueda, arrojándoles sucesivamente las bolas que correspondan por jugada. Sin. 2 boliche.

bolometría. f. Técnica para medir las radiaciones térmicas emitidas por un cuerpo y en especial por los astros.

bolómetro. m. Instrumento muy sensible, descubierto por S. P. Langley en 1884, que, basándose en la variación de la resistencia de un circuito eléctrico, se utiliza para realizar bolometrías.

bolsa. f. **1** Especie de saco que sirve para llevar o guardar algo. **2** Cierta arruga del vestido o de la piel: *las bolsas de los ojos*. **3** Actividad mercantil que consiste en la compraventa de acciones, títulos y otros valores: *ha subido la bolsa*. **4** Lugar donde se celebran estas reuniones.

bolsillo. m. **1** Saquillo cosido en los vestidos y que sirve para meter en él algunas cosas usuales. **2** Bolsa en que se guarda el dinero. **3** Caudal de una persona: *lo he pagado de mi bolsillo*. **4 de bolsillo.** loc. adj. Se apl. a aquello que se realiza en tamaño reducido para poder llevarlo en un bolsillo: *libro de bolsillo*.

bolsín. m. **1** Reunión extraordinaria de bolsistas. **2** Sitio donde se hace.

bolsista. com. Persona que se dedica a especulaciones bursátiles.

bolso. m. **1** Bolsa pequeña de piel u otros materiales, frecuentemente usada por las mujeres para llevar dinero, documentos y objetos de uso personal. **2** Bolsillo del dinero y de la ropa: *este vestido tiene unos bolsos muy grandes*.

bolsón. m. **1** En los molinos de aceite, tablón de madera con que se forra el suelo del aljarfe. **2** Abrazadera de hierro usada en la armadura de las bóvedas para su mayor firmeza.

bomba. f. **1** Máquina para elevar, comprimir o transportar líquidos. **2** Artefacto explosivo, que puede lanzarse o prepararse para que estalle en el momento conveniente. **3** Información inesperada que se suelta de improviso y causa conmoción. También adj.: *declaración bomba*.

bombacáceo, a. adj. y f. **1** Se dice de los árboles y arbustos, normalmente de hojas palmeadas, flores en racimo o en panoja, fruto variado y semilla frecuentemente cubierta de lana o de pulpa; como el baobab y la ceiba. | f. pl. **2** Familia de estas plantas.

bombacho. adj. y m. Se dice del pantalón ancho por el muslo y ceñido por abajo, generalmente por debajo de la rodilla. Más en pl.: *Tintín casi siempre lleva bombachos*.

bombarda. f. **1** Cañón de gran calibre que se usaba antiguamente. **2** Antiguo instrumento musical de viento. **3** Registro del órgano, que produce sonidos muy fuertes y graves.

bombardear. tr. **1** Arrojar o disparar bombas: *están bombardeando el casco antiguo*. **2** En fís., lanzar radiaciones o partículas contra el átomo, p. ej. para desintegrarlo. **3** Acosar a preguntas, peticiones, etcétera.

bombardeo. m. Acción de bombardear.

bombardero. m. **1** Avión especialmente dispuesto y equipado para bombardear. **2** Artillero al servicio de las bombardas o del mortero.

bombardino. m. Instrumento musical de viento, que consiste en un tubo largo de latón, doblado por la mitad, con pistones o cilindros.

bombazo. m. **1** Impacto producido por una bomba al caer o estallar. **2** Explosión y estallido de este proyectil. **3** Noticia inesperada: *su boda fue un bombazo*.

bombear. tr. **1** Elevar agua u otro líquido por medio de una bomba. **2** Lanzar por alto una pelota o balón haciendo que siga una trayectoria parabólica: *bombeó el balón sobre el portero*. **3** Arrojar o disparar bombas de artillería.

bombeo. m. **1** Acción y efecto de bombear líquidos. **2** Comba, convexidad.

bombero, ra. m. y f. **1** Persona encargada de extinguir incendios y auxiliar en otro tipo de siniestros: *tuvieron que sacarla del ascensor los bomberos*. **2** Persona cuyo oficio consiste en trabajar con la bomba hidráulica.

bombilla. f. **1** Globo de cristal en cuyo interior va colocado un hilo de platino, carbón, tungsteno, etc., que al paso de una corriente eléctrica se pone incandescente y alumbra. **2** *amer.* Caña delgada, usada para sorber el mate en América, que termina en forma de almendra agujereada, para que pase la infusión y no la hierba del mate.

bombillo. m. **1** Aparato con sifón para evitar la subida del mal olor en las bajadas de aguas residuales. **2** Tubo de hojalata o de plata, con un ensanche en la parte inferior, para sacar líquidos. **3** Bomba pequeña que se destina principalmente a extinguir incendios. **4** *amer.* Bombilla eléctrica.

bombín. m. **1** Sombrero hongo. **2** Bomba de aire pequeña usada sobre todo para hinchar balones y neumáticos de bicicleta.

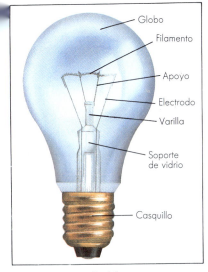

Bombilla

bombo. m. **1** Tambor muy grande que se emplea en las orquestas y en las bandas militares. **2** Persona que toca este instrumento. **3** Especie de jaula esférica giratoria en la que se introducen bolas o cualquier otra cosa para un sorteo. **4** Elogio exagerado y ruidoso con que se ensalza a una persona o se anuncia o publica alguna cosa: *se anuncia con mucho bombo.*

bombón. m. **1** Pieza pequeña de chocolate o azúcar, que en su interior puede contener licor, crema, etc. **2** Persona guapa y atractiva: *este chico es un bombón.*

bombona. f. **1** Vasija metálica muy resistente, que sirve para contener gases a presión y líquidos muy volátiles: *bombona de propano.* **2** Damajuana.

bombonaje. m. Planta tropical de hojas alternas que, cortadas en tiras, sirven para fabricar objetos de jipijapa.

bombonera. f. Caja para guardar bombones.

bonachón, na. adj. y s. De carácter bondadoso y amable. **Sin.** buenazo. ❏ **Ant.** malvado.

bonachonería. f. Calidad de bonachón.

bonaerense. adj. y com. De Buenos Aires.

bonanza. f. **1** Tiempo tranquilo en el mar. **2** Prosperidad: *vivimos tiempos de bonanza económica.* **Sin.** 1 calma 2 florecimiento ❏ **Ant.** 1 tempestad 2 ruina.

bondad. f. **1** Cualidad de bueno. **2** Natural inclinación a hacer el bien. **3** Amabilidad de carácter. **Sin.** 1 benignidad 2 y 3 benevolencia, humanidad ❏ **Ant.** 1 y 2 maldad.

bonete. m. **1** Especie de gorra de diferentes hechuras y normalmente de cuatro picos, que usan los eclesiásticos y los seminaristas. **2** Redecilla de los rumiantes.

bongo. m. **1** *amer.* Especie de canoa usada por los indios de América Central. **2** *amer.* Balsa de maderos para pasaje y carga.

bongó. m. Instrumento musical de percusión que consiste en un tubo de madera cubierto sólo en uno de sus extremos con un cuero de chivo muy tenso.

boniato. m. **1** Planta de raíces tuberculosas semejantes a la batata. **2** Tubérculo comestible de la raíz de esta planta.

bonificación. f. **1** Acción de bonificar. **2** En algunas pruebas deportivas, descuento en el tiempo empleado. **Sin.** 1 beneficio, mejora ❏ **Ant.** 1 recargo.

bonificar. tr. **1** Conceder un aumento en una cantidad que alguien ha de cobrar o un descuento en la que ha de pagar. **2** En algunas pruebas deportivas, descontar tiempo o conceder más puntos.

bonísimo, ma. adj. superl. irreg. Buenísimo.

bonitero, ra. adj. **1** Relativo al bonito. | f. **2** Pesca del bonito y temporada que dura.

bonito, ta. adj. **1** Lindo, agraciado. **2** Bueno: *¡qué día más bonito!* | m. **3** Pez parecido al atún, pero más pequeño y muy sabroso.

bono. m. **1** Vale que puede canjearse por dinero, o cualquier artículo de consumo. **2** Abono que permite disfrutar algún servicio durante una temporada: *bono de metro.* **3** En econ., título de deuda emitido comúnmente por una tesorería pública o por una empresa: *bonos del Estado.*

bonsai. m. **1** Técnica japonesa consistente en detener el crecimiento de los árboles. **2** Árbol que se obtiene con ella.

bonzo, za. m. y f. Sacerdote budista en Asia oriental.

boñiga. f. Excremento del ganado vacuno y el semejante de otros animales.

boñigo. m. Cada una de las porciones o piezas del excremento del ganado vacuno. **Sin.** boñiga.

boom. (voz ingl.) m. Crecimiento repentino de una actividad cultural, moda, etc.: *asistimos al boom de la electrónica.*

boqueada. f. Acción de abrir la boca. Se dice sólo de los moribundos y más en pl.: *dio las últimas boqueadas.*

boquear. intr. **1** Abrir la boca. **2** Estar expirando: *el pez boqueaba sobre la playa.* **3** Estar algo acabándose: *la botella está boqueando.*

boquera. f. **1** Pequeña herida en la comisura de los labios. **2** Boca o puerta de piedra que se hace en

boquerón – borra

el caz o cauce para regar las tierras. **3** Ventana por donde se echa la paja o el heno en el pajar. **Sin.** 1 bocera.

boquerón. m. Pez parecido a la sardina, aunque más pequeño, que es muy apreciado como comestible.

boquete. m. **1** Entrada estrecha de un lugar. **2** Abertura hecha en una pared: *hicieron un boquete por el que se veía la casa de al lado*. **Sin.** 2 agujero.

boquiabierto, ta. adj. **1** Que tiene la boca abierta. **2** Totalmente sorprendido o ensimismado: *me has dejado boquiabierta*. **Sin.** 2 asombrado, atónito, pasmado.

boquilla. f. **1** Pieza por donde se sopla en algunos instrumentos de viento. **2** Tubo pequeño en el que se introduce el cigarro para fumar. **3** Parte de la pipa que se introduce en la boca. **4** Extremo anterior del cigarro puro, filtro del cigarrillo. **5 de boquilla.** loc. adv. Sin pensar realizar lo que se está diciendo: *dijo que se enfrentaría a su jefe pero sólo era de boquilla*.

borato. m. Sal o éster del ácido bórico.

bórax. m. Sal blanca compuesta de ácido bórico, sosa y agua, que se emplea en medicina y en la industria. ‖ No varía en pl.

borbolla. f. Burbuja o borbotón en el agua.

borbollar o **borbollear.** intr. Borbotar.

borbollón. m. Borbotón.

borbónico, ca. adj. Relativo a los Borbones.

borbotar o **borbotear.** intr. Hervir el agua impetuosamente o haciendo ruido.

borbotón. m. **1** Erupción que hace el agua de abajo para arriba, elevándose sobre la superficie, al hervir, manar, etc. **2 a borbotones.** loc. adv. Violentamente y a golpes: *el petróleo manaba a borbotones*.

borceguí. m. Calzado que llega hasta más arriba del tobillo, abierto por delante y que se ajusta por medio de correas o cordones. ‖ pl. *borceguíes*.

borda. f. **1** Canto superior del costado de un buque: *se tiró por la borda*. **2** Vela mayor en las galeras.

bordada. f. Distancia que recorre una embarcación sin cambiar la orientación de las velas.

bordado, da. adj. **1** Perfecto, muy bien acabado: *te ha quedado un discurso bordado*. | m. **2** Acción de bordar. **3** Labor de relieve ejecutada en tela o piel con aguja y diversas clases de hilo.

bordador, ra. m. y f. Persona cuyo oficio consiste en bordar.

bordadura. f. Labor de relieve ejecutada en tela o piel con aguja y diversas clases de hilo.

bordar. tr. **1** Adornar una tela o piel con bordados. **2** Ejecutar algo con arte y primor: *el pianista bordó la interpretación de la sonata*.

borde. m. **1** Extremo u orilla de algo. **2** En las vasijas, orilla o labio que tienen alrededor de la boca.

borde. adj. y com. **1** Tosco, torpe. **2** Malintencionado o antipático.

bordear. tr. **1** Ir por el borde, o cerca del borde u orilla de algo: *la carretera bordea el monte*. **2** Hallarse una serie o fila de cosas, en el borde u orilla de otra.

bordelés, sa. adj. y s. De Burdeos.

bordillo. m. Borde de piedras estrechas de las aceras, o de los andenes: *se dio con la cabeza en el bordillo*.

bordo. m. **1** Lado o costado exterior de la nave. **2 a bordo.** loc adv. En la nave: *fuimos a bordo de un yate*.

bordón. m. **1** Bastón más alto que la estatura de un hombre. **2** Verso quebrado que se repite al fin de cada copla. **3** Conjunto de tres versos que se añade a una seguidilla. **4** Cuerda gruesa en los instrumentos musicales.

bordonear. intr. **1** Ir dando en la tierra con el bordón. **2** Dar palos con él. **3** Pulsar el bordón de la guitarra. **4** Andar vagando y mendigando.

bordoneo. m. Sonido ronco del bordón de la guitarra.

boreal. adj. **1** Relativo al polo y al hemisferio norte. **2** Perteneciente o relativo al bóreas. **Sin.** septentrional. **Ant.** austral.

bóreas. m. Viento norte. ‖ No varía en pl.

borgoñón, na. adj. y s. De Borgoña.

borinqueño, ña. adj. y s. Puertorriqueño.

borla. f. **1** Conjunto de hebras o cordoncillos sujeto por uno de sus cabos. **2** Insignia de los doctores y licenciados universitarios que consiste en una borla cuyo botón está fijo en el centro del bonete, y cuyos hilos se esparcen alrededor cayendo por los bordes.

borne. m. Cada uno de los botones de metal en que suelen terminar ciertas máquinas y aparatos eléctricos, y a los cuales se unen los hilos conductores.

bornear. tr. **1** Dar vuelta, torcer o ladear. **2** Labrar en contorno las columnas. **3** Disponer o mover los sillares hasta dejarlos colocados en su debido lugar.

borní. m. Ave rapaz diurna, que habita en lugares pantanosos y anida en la orilla del agua.

boro. m. Elemento químico de color pardo oscuro y muy duro, que se emplea como moderador de neutrones en las pilas nucleares y como sustituto del diamante. Su símbolo es *B*.

borra. f. **1** Parte más basta o corta de la lana. **2** Pelusa que se forma, por acumulación de polvo, en los bolsillos, rincones, alfombras.

borrachear. intr. Emborracharse con frecuencia.

borrachera. f. **1** Efecto de emborracharse. **2** Exaltación extremada en el modo de hacer o decir algo: *está viviendo la borrachera de la popularidad.* SIN. 1 cogorza.

borrachín, na. m. y f. Persona que se embriaga. Se suele emplear con matiz afectivo o despectivo.

borracho, cha. adj. **1** Que habitualmente consume bebidas alcohólicas y se embriaga. También s. **2** Se dice del bollo que está empapado en algún licor. También m. **3** Trastornado o excitado por alguna pasión: *está borracho de poder.* SIN. 1 alcohólico, ebrio, bebido □ ANT. 1 sobrio 3 sereno.

borrador. m. **1** Redacción provisional de un escrito en el que se hacen las correcciones para elaborar el escrito definitivo: *ya ha terminado el borrador de la novela.* **2** Libro de apuntes provisionales de los comercios. **3** Goma de borrar. **4** Utensilio para borrar la pizarra. SIN. 1 bosquejo.

borragináceo, a. adj. y f. **1** Se dice de las plantas dicotiledóneas, la mayor parte herbáceas, cuya flor es una corola monopétala dividida en cinco partes, y sus frutos cápsulas o bayas, con una sola semilla sin albumen, como por ejemplo la borraja y el heliotropo. | f. pl. **2** Familia de estas plantas.

borraja. f. **1** Planta borraginácea con pelos ásperos que se come en ensalada o cocida, y cuyas flores, azules o blancas, se emplean en infusión para hacer sudar. **2 quedar** algo **en agua de borrajas.** loc. No tener ninguna importancia.

borrajear. tr. **1** Escribir sin un tema determinado. **2** Hacer rúbricas, rasgos o figuras por mero entretenimiento. SIN. 1 emborronar.

borrajo. m. **1** Rescoldo, brasa bajo la ceniza. **2** Hojarasca de los pinos.

borrar. tr. y prnl. **1** Hacer desaparecer lo escrito, pintado: *se ha borrado la firma.* **2** Hacer borrosos los límites de algo. **3** Desvanecer: *he borrado esos recuerdos de mi mente.* **4** Dar de baja: *me he borrado de atletismo.*

borrasca. f. **1** Alteración atmosférica producida por bajas presiones: *hay una borrasca sobre la Península.* **2** Tempestad, temporal. **3** Discusión violenta. **4** Racha de contratiempos en algún asunto. SIN. 3 gresca, riña □ ANT. 1 y 2 bonanza, anticiclón.

borrascoso, sa. adj. **1** Que origina borrascas: *viento borrascoso.* **2** Propenso a ellas: *el cabo de Hornos es borrascoso.* **3** Vida, diversiones, etc., en que predomina el libertinaje.

borregada. f. Rebaño o conjunto numeroso de borregos o corderos.

borrego, ga. m. y f. **1** Cordero de uno a dos años. **2** Persona que se somete dócilmente a la voluntad ajena y no decide por sí misma. | m. **3** Nubecilla blanca, redondeada.

borreguero, ra. adj. **1** Se dice del coto, dehesa o terreno cuyos pastos son buenos para borregos. | m. y f. **2** Persona que cuida de los borregos.

borricada. f. **1** Conjunto de borricos. **2** Dicho o hecho necio: *no digas borricadas.*

borrico, ca. m. y f. **1** Asno. **2** Persona necia o terca. También adj. | m. **3** Borriqueta.

borriquero, ra. adj. **1** Perteneciente al borrico. **2** Se dice del cardo que llega a unos tres metros de altura con las hojas rizadas o espinosas, y flores color púrpura en cabezuelas terminales. | m. y f. **3** Persona que guarda o conduce borricos.

borriqueta o **borriquete.** f. o m. Armazón que sirve a los carpinteros para apoyar en ella la madera que trabajan.

borrón. m. **1** Mancha de tinta sobre el papel. **2** Imperfección que desluce o afea. **3** Acción indigna que mancha y oscurece la reputación o fama: *el escándalo financiero supuso un borrón en su carrera.*

borroso, sa. adj. **1** Se dice del escrito, dibujo o pintura cuyos trazos aparecen desvanecidos y confusos. **2** Que no se distingue con claridad. ANT. 1 y 2 claro, nítido.

borujo. m. Burujo.

boscaje. m. **1** Bosque reducido con árboles y matas espesas. **2** Cuadro o tapiz que representa un país poblado de árboles, matorrales y animales.

boscoso, sa. adj. Abundante en bosques.

bosnio, nia. adj. Natural de Bosnia-Herzegovina. || Perteneciente o relativo a este país de Europa.

bosque. m. Extensión de terreno poblado de numerosos árboles y matas. SIN. monte, selva.

bosquejar. tr. **1** Apuntar, diseñar sin precisión los elementos fundamentales de una obra de creación. **2** Disponer o trabajar cualquier obra, pero sin concluirla. **3** Exponer con vaguedad un concepto o plan.

bosquejo. m. **1** Traza primera y no definitiva de cualquier obra de creación. **2** Idea vaga de algo. SIN. 1 boceto, croquis, borrador 1 y 2 esbozo.

bosquimán o **bosquimano, na.** adj. y s. Se dice del individuo de una tribu de baja estatura, que se extiende por el sur de África, al norte de El Cabo.

bossa nova. (voz portuguesa) f. Denominación portuguesa de una variedad de samba brasileña con influencias del jazz.

bostezar. intr. Abrir mucho e involuntariamente la boca inspirando y espirando lenta y profundamente, como consecuencia de hambre, sueño o aburrimiento.

bostezo. m. Acción de bostezar.

bota. f. **1** Calzado que resguarda el pie y parte de la pierna. **2** Odre pequeño con una boquilla con

botadura – boxeo

pitorro por donde se llena de vino y se bebe: *todavía no sabe beber en bota*. **3** Recipiente de madera para guardar vino y otros líquidos.

botadura. f. Acto de echar al agua un buque: *asistimos a la botadura del nuevo buque insignia*.

botafumeiro. m. Incensario colgado del techo.

botalón. m. **1** Palo largo que se saca hacia la parte exterior de la embarcación cuando conviene. **2** Bauprés de una embarcación pequeña.

botánica. f. Rama de la biología que tiene por objeto el estudio de los vegetales. Se llama también *fitología*.

botánico, ca. adj. **1** Relativo a la botánica. | m. y f. **2** Persona que se dedica a la botánica.

botar. tr. **1** Salir disparado un objeto como una pelota, balón, etc., al chocar contra una superficie dura. **2** Dar botes: *está botando de alegría*. | tr. **3** Echar al agua un buque. **4** Arrojar, tirar, echar fuera: *le botaron de la sala*. **Sin.** 2 saltar 4 expulsar.

botarate. adj. y com. Se apl. a la persona alborotada y de poco juicio. **Sin.** atolondrado, irreflexivo ☐ **Ant.** juicioso.

bote. m. **1** Salto. **2** Vasija, normalmente pequeña, que se puede tapar y que sirve para guardar cosas. **3** En bares y otros establecimientos públicos, caja para recoger las propinas. **4** Dinero que no se ha repartido en un sorteo por no haber aparecido acertantes y que se acumula para el siguiente: *esta semana hay bote en la Primitiva*. **5** Barco pequeño y sin cubierta, cruzado de tablones que sirven de asiento a los que reman. **6 de bote en bote.** loc. adj. Completamente lleno: *la sala estaba de bote en bote*. **Sin.** 2 tarro 6 atestado.

botella. f. **1** Vasija de cristal, vidrio o barro cocido, con el cuello estrecho, que sirve para contener líquidos. **2** Líquido que cabe en una botella: *se bebió una botella de vino*.

botellazo. m. Golpe dado con una botella.

botellero, ra. m. y f. **1** Persona que hace o vende botellas. | m. **2** Aparato o mueble para llevar o colocar botellas.

botellín. m. Botella pequeña, especialmente la de cerveza.

botero, ra. m. y f. Persona que hace o vende botas o pellejos para vino, aceite, etc.

botica. f. Establecimiento donde se preparan y venden medicamentos. **Sin.** farmacia.

botija. f. Vasija de barro mediana, redonda y de cuello corto y angosto.

botijero, ra. m. y f. Persona que hace o vende botijas o botijos.

botijo. m. Vasija de barro poroso abultado por el medio, que lleva en la parte superior un asa y dos aberturas, una ancha para llenarla y otra en forma de pitorro para beber. Sirve para mantener fresca el agua.

botín. m. **1** Calzado antiguo de cuero, que cubría todo el pie y parte de la pierna. **2** Bota que llega hasta el tobillo. **3** Pertenencias del enemigo de las que se apropia el vencedor. **4** Producto de un robo: *se llevaron un botín de 100 millones de pesetas*.

botiquín. m. **1** Mueble para guardar o transportar medicinas y utensilios para curas de urgencia. **2** Conjunto de estas medicinas y utensilios.

boto. m. **1** Bota alta enteriza para montar a caballo. **2** Cuero pequeño para echar vino, aceite u otro líquido.

botón. m. **1** Pieza pequeña cosida a la ropa para abrocharla. **2** Pieza que, al oprimirla, hace funcionar algunos aparatos eléctricos. **3** Yema de un vegetal. **4** Flor cerrada y cubierta por las hojas. **Sin.** 3 brote 4 capullo.

botonadura. f. Juego de botones para un traje o prenda de vestir.

botonería. f. **1** Fábrica de botones. **2** Tienda en que se venden.

botonero, ra. m. y f. Persona que hace o vende botones.

botones. m. Muchacho que hace los recados, llamado así por las dos filas de botones que solía llevar su chaqueta. || No varía en pl.

botulismo. m. Intoxicación producida por alimentos envasados en malas condiciones. Puede llegar a producir la muerte.

bouquet. (voz fr.) m. Buqué.

boutique. (voz fr.) f. **1** Tienda pequeña para artículos de moda. **2** Tienda especializada en cualquier producto selecto: *boutique del pan*.

bóveda. f. Construcción arquitectónica en forma de arco que cubre el espacio entre dos muros o varios pilares.

bovedilla. f. Bóveda pequeña entre viga y viga del techo de una habitación.

bóvido, da. adj. y m. **1** Se dice de los mamíferos rumiantes con cuernos, como el toro, la vaca o la cabra. | m. pl. **2** Familia de estos animales.

bovino, na. adj. **1** Relativo al toro o a la vaca. **2** Se dice de los mamíferos rumiantes con los cuernos lisos, el hocico ancho y desnudo y la cola larga, con un mechón en el extremo. También m. | m. pl. **3** Subfamilia de estos animales.

boxeador. m. El que se dedica al boxeo. **Sin.** púgil.

boxear. tr. Practicar el boxeo.

boxeo. m. Deporte que consiste en la lucha de dos púgiles que sólo pueden emplear los puños, enfundados en guantes especiales, para golpear al contrario por encima de la cintura.

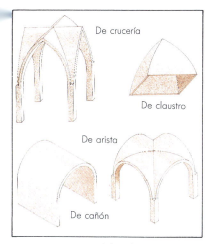

Tipos de bóveda

bóxer. adj. y com. Se dice de una raza de perros parecidos al dogo alemán, muy musculosos.

boy scout. (voz ingl.) m. Miembro de una asociación, originaria de Inglaterra, que organiza actividades al aire libre y fomenta la disciplina y el compañerismo.

boya. f. **1** Cuerpo flotante que se pone en el agua como señal. **2** Corcho que se pone en la red para que no se hunda. **Sin.** 2 flotador.

boyada. f. Manada de bueyes.

boyante. adj. **1** Próspero, favorable: *su economía nunca ha sido muy boyante* **2** Que boya. **3** Se dice del buque que no se hunde lo suficiente por llevar poca carga. **Sin.** 2 flotante.

boyar. intr. **1** Flotar una cosa en el agua. **2** Volver a flotar la embarcación que ha estado en seco.

boyera o **boyeriza.** f. Corral o establo donde se recogen los bueyes.

boyero, ra. m. y f. Persona que guarda bueyes o los conduce.

bozal. m. **1** Aparato que se pone en la boca a los perros y a otros animales para que no muerdan. **2** Esportilla que, colgada de la cabeza, se pone en la boca a los animales de labor y de carga, para que no deterioren los sembrados.

bozo. m. Vello que apunta sobre el labio superior antes de nacer el bigote.

bracear. intr. **1** Mover repetidamente los brazos, p. ej., para librarse de alguna sujeción. **2** Nadar sacando los brazos fuera del agua y avanzándolos. **3** Doblar el caballo los brazos con soltura al andar.

braceo. m. Acción de bracear.

bracero. m. Jornalero no especializado. **Sin.** peón.

braco, ca. adj. y s. **1** Se dice de una variedad de perro de caza. **2** Se dice de la persona que tiene la nariz roma y algo levantada.

bráctea. f. Hoja pequeña que nace del pedúnculo de las flores de ciertas plantas.

bradicardia. f. Lentitud anormal del pulso.

bradilalia. f. Articulación lenta de las palabras.

bradipepsia. f. Digestión lenta.

braga. f. Prenda interior que usan las mujeres y los niños pequeños, que cubre la parte inferior del tronco, con dos aberturas para las piernas. También pl.

bragado, da. adj. **1** Se apl. al buey y a otros animales que tienen la bragadura de diferente color que lo demás del cuerpo. **2** Se dice de la persona de resolución enérgica y firme. **Sin.** 2 atrevido □ **Ant.** 2 apocado.

bragadura. f. **1** Entrepierna. **2** Parte de las bragas, calzones o pantalones que cubre la entrepierna.

bragazas. adj. y m. Se dice del hombre que se deja dominar o persuadir con facilidad, especialmente por su mujer. || No varía en pl.

braguero. m. Aparato o vendaje que se utiliza para sujetar o contener las hernias.

bragueta. f. Abertura de los calzones o pantalones por delante.

braguetazo (dar un). loc. Casarse un hombre por interés con una mujer rica.

brahmán. m. Cada uno de los individuos de la primera de las cuatro castas en que se hallaba dividida la población de la India.

brahmanismo. m. Religión de la India que reconoce y adora a Brahma como al dios supremo y creador. Hoy se llama oficialmente hinduismo.

braille. m. Sistema de lectura y escritura para los ciegos que consiste en grabar los signos en relieve, para poder descifrarlos a través del tacto.

brama. f. Celo de los ciervos y algunos otros animales salvajes, y temporada en que se produce.

bramante. m. Cordel muy delgado hecho de cáñamo.

bramar. intr. **1** Dar bramidos. **2** Hacer ruido estrepitoso el viento, el mar, etc. **Sin.** 1 aullar 2 ulular, bufar.

bramido. m. **1** Voz del toro y de otros animales salvajes. **2** Grito emitido por una persona cuando está colérica y furiosa. **3** Ruido que producen el aire, el mar, etc., cuando están agitados. **Sin.** 1 mugido 2 bufido.

brandy. (voz ingl.) m. Licor elaborado con el mismo procedimiento que el coñac.

branquia – brecha

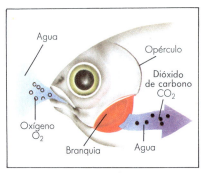

Branquia: situación y funcionamiento

branquia. f. Órgano respiratorio de muchos animales acuáticos, constituido por láminas o filamentos. Más en pl. S**in.** agalla.

branquial. adj. Relativo a las branquias.

braquial. adj. Relativo al brazo: *arteria braquial*.

braquicéfalo, la. adj. y s. **1** Se dice del cráneo cuyo diámetro anteroposterior es casi tan corto como el transversal. **2** Se dice de la persona o la raza que tiene este tipo de cráneo.

braquícero, ra. adj. y m. **1** Se dice de los insectos dípteros que tienen cuerpo grueso, alas anchas y antenas cortas. | m. pl. **2** Suborden de estos insectos, que se conocen con el nombre de moscas.

braquigrafía. f. Estudio de las abreviaturas.

braquilogía. f. Elipsis que consiste en suprimir, en una serie de oraciones con componentes idénticos, algunos de ellos tras la primera oración: *Pedro ha dejado de ir al cine, al fútbol y a cualquier otro espectáculo*.

braquiópodo, da. adj. y m. **1** Se dice de los animales moluscos bivalvos, con un pedúnculo con el que se adhieren a las rocas marinas. | m. pl. **2** Tipo formado por estos animales.

braquiuro, ra. adj. y m. **1** Se dice de los crustáceos decápodos, vulgarmente llamados cangrejos de mar. | m. pl. **2** Suborden de estos animales.

brasa. f. **1** Leña o carbón encendidos. **2 a la brasa.** loc. adj. Modo de cocinar los alimentos directamente sobre una parrilla encima de brasas.

brasero. m. **1** Pieza de metal, en la que se echan brasas para calentarse. **2** Aparato semejante pero con una resistencia eléctrica como fuente de calor.

brasil. m. Árbol papilionáceo a cuya madera se llama *palo de brasil*.

bravata. f. Amenaza arrogante con la que se pretende asustar: *no nos asustan tus bravatas*. S**in.** bravuconería.

bravío, a. adj. **1** Se dice de las personas o animales feroces, indómitos, rebeldes. **2** Se dice de los árboles y plantas silvestres. A**nt.** 1 manso, dócil.

bravo, va. adj. **1** Valiente, esforzado. **2** Hablando de animales, fiero o feroz. **3** Se dice del mar embravecido. **4** Colérico, de mucho genio. | interj. **5** Expresa aprobación o entusiasmo. También m.: *cuando terminó su actuación no oyó ningún bravo*. A**nt.** 1 cobarde 2 manso 3 calmado 4 bonachón.

bravuconada. f. Lo que dice o hace un bravucón.

bravuconear. intr. Echar o decir bravatas.

bravuconería. f. **1** Cualidad de bravucón. **2** Bravuconada.

bravucón, na. adj. y s. Valiente, fanfarrón.

bravura. f. **1** Fiereza de los animales, sobre todo referida a los toros de lidia. **2** Esfuerzo o valentía de las personas. S**in.** 1 ferocidad 2 valor, ánimo □ A**nt.** 1 mansedumbre 2 cobardía.

braza. f. **1** Medida de longitud equivalente a 2 varas ó 1,6718 metros. **2** Forma especial de natación en que los hombros se mantienen a nivel del agua y los brazos se mueven simultáneamente de delante hacia atrás al mismo tiempo que las piernas se encogen y estiran.

brazada. f. **1** Movimiento que se hace con los brazos, extendiéndolos y recogiéndolos. **2** Brazado.

brazado. m. Lo que se puede abarcar de una vez con los brazos: *un brazado de leña*.

brazalete. m. Aro de metal que rodea el brazo hacia la muñeca y se usa como adorno.

brazo. m. **1** Miembro del cuerpo humano que va desde el hombro hasta la mano. **2** Parte de este miembro desde el hombro hasta el codo. **3** Pata delantera de los cuadrúpedos. **4** Cada uno de los dos palos que salen desde la mitad del respaldo del sillón hacia adelante y sirven para descansar o apoyar los brazos el que está sentado en él. **5** Ramificación: *los brazos del río, del árbol*. **6** Sección dentro de una asociación: *el brazo político de la organización*.

brazuelo. m. Parte de las patas delanteras de los mamíferos comprendida entre el codo y la rodilla.

brea. f. Sustancia viscosa que se obtiene de varias coníferas y se utiliza para impermeabilizar las junturas de madera de los barcos. S**in.** alquitrán.

brear. tr. Maltratar, molestar, acribillar: *le brearon a preguntas*.

brebaje. m. Bebida de mal aspecto o compuesta de ingredientes desagradables.

breca. f. Pez teleósteo marino comestible con las aletas rojizas que vive en las costas de la península Ibérica.

brecha. f. **1** Cualquier abertura hecha en una pared o edificio. **2** Rotura de un frente de combate. **3** Herida, especialmente en la cabeza. S**in.** 1 fisura.

brécol. m. Col de color oscuro y cuyas hojas no se apiñan.

brega. f. **1** Acción y efecto de bregar. **2 andar a la brega.** loc. Trabajar con ahínco y pasando penalidades.

bregar. intr. **1** Trabajar con esfuerzo y afán. **2** Luchar contra las dificultades. **3** Pelear, reñir: *anda todo el día bregando con su jefe.* S<small>IN</small>. 1 afanarse 2 batallar.

breña. f. Tierra quebrada entre peñas y poblada de malezas.

breñal o **breñar.** m. Sitio de breñas.

bresca. f. Panal de miel.

brete. m. **1** Situación apurada: *sus preguntas me pusieron en un brete.* **2** Cepo o prisión que se pone a los reos en los pies. S<small>IN</small>. 1 aprieto, dificultad.

bretón. m. **1** Variedad de col, cuyo troncho echa muchos tallos. **2** Tallo de esta planta.

bretón, na. adj. y s. **1** De Bretaña. | m. **2** Lengua céltica hablada en Bretaña.

breva. f. **1** Primer fruto que anualmente da la higuera, mayor que el higo. **2** Bellota temprana. **3** Cigarro puro algo aplastado. **4** Provecho que se logra sin mucho esfuerzo ni sacrificio.

breve. adj. **1** De corta duración o extensión: *una breve pausa.* | m. **2** Documento pontificio menos solemne que la bula. **3 en breve.** loc. adv. t. Pronto. S<small>IN</small>. 1 corto, sucinto.

brevedad. f. Corta extensión o duración.

breviario. m. **1** Libro que contiene el rezo eclesiástico de todo el año. **2** Resumen sobre algún asunto. S<small>IN</small>. 2 compendio.

brezo. m. Arbusto de madera dura y raíces gruesas, que sirve para hacer carbón de fragua, carboncillo para dibujo y pipas de fumar.

bribón, na. adj. y s. **1** Estafador, granuja. **2** Pícaro, se suele decir en tono cariñoso de los niños.

bribonada. f. Picardía, bellaquería.

bribonear. intr. **1** Hacer vida de bribón. **2** Hacer bribonadas.

bricolaje. m. Serie de pequeños trabajos caseros realizados en los ratos de ocio.

brida. f. **1** Freno del caballo con las riendas y todo el correaje. **2** Reborde circular en el extremo de los tubos metálicos para acoplar unos a otros.

bridge. (voz ingl.) m. Juego de naipes para cuatro jugadores por parejas.

brigada. f. **1** Unidad integrada por dos o más regimientos de un arma determinada: *brigada de infantería.* **2** Categoría superior dentro de la clase de suboficial: *brigada del Ejército del Aire.* **3** Conjunto de personas reunidas para ciertos trabajos: *brigada de rescate.*

brigadier. m. Oficial general cuya categoría equivalía a la actual del general de brigada en el ejército y contraalmirante en la marina.

brigantino, na. adj. y s. De La Coruña.

brillante. adj. **1** Que brilla. **2** Admirable o sobresaliente en su línea: *es un estudiante brillante.* | m. **3** Diamante tallado: *le ha regalado un collar de brillantes.* A<small>NT</small>. 1 mate.

brillantina. f. Cosmético para dar brillo y sujeción al cabello.

brillar. intr. **1** Despedir o reflejar luz. **2** Lucir o sobresalir por alguna cualidad: *brilla por su belleza.* S<small>IN</small>. 1 resplandecer 2 destacar.

brillo. m. **1** Lustre o resplandor. **2** Cualidad de brillante: *el brillo de su sonrisa.*

brincar. intr. Dar brincos o saltos. S<small>IN</small>. saltar.

brinco. m. Movimiento que se hace levantando los pies del suelo con ligereza.

brindar. intr. **1** Manifestar el bien que se desea a personas o cosas al ir a beber vino u otro licor: *brindo a tu salud, por el éxito de la empresa.* | tr. **2** Ofrecer voluntariamente a uno alguna cosa: *te brindo el mejor sitio.* **3** Convidar las cosas a que alguien se aproveche de ellas o las disfrute: *su ausencia me brindó la oportunidad de hablar con el jefe.* **4** Dedicar el torero la faena que va a realizar a alguien del público. | **brindarse.** prnl. **5** Ofrecerse voluntariamente a hacer algo: *se brindó a ayudarnos.*

Brezo en flor

brindis. m. **1** Acción de brindar antes de beber. **2** Lo que se dice al brindar: *su brindis fue conmovedor*. || No varía en pl.

brío. m. **1** Energía, resolución con que se hace algo. **2** Garbo, gallardía, gentileza: *anda con brío y desenvoltura*. **Ant.** 1 desgana, dejadez.

briocense. adj. y com. De Brihuega.

briofito, ta. adj. y f. **1** Se dice de las plantas criptógamas que carecen de vasos y raíces, como los musgos. | f. pl. **2** Tipo de estas plantas.

brioso, sa. adj. Que tiene brío. **Sin.** garboso, airoso.

brisa. f. **1** Viento fresco y suave de las costas. **2** Cualquier viento suave.

brisca. f. Cierto juego de naipes.

británico, ca. adj. y s. De Gran Bretaña.

brizna. f. **1** Filamento o hebra. **2** Porción insignificante de algo: *hay que echar sólo una brizna de sal*. **Sin.** 2 pizca.

broca. f. Barrena que se usa con las máquinas de taladrar.

brocadillo. m. Tela de inferior calidad y más ligera que el brocado.

brocado. m. **1** Tela de seda entretejida con oro o plata. **2** Tejido fuerte de seda, con dibujo de distinto color que el del fondo.

brocal. m. **1** Antepecho alrededor de la boca de un pozo. **2** Boquilla de la vaina de las armas blancas. **3** Cerco de madera o de cuerno que se pone a la boca de la bota para beber más fácilmente.

brocense. adj. y com. De Brozas, patria del humanista Francisco Sánchez, llamado "El Brocense".

brocha. f. **1** Escobilla de cerda con mango que sirve para pintar. **2** Pincel para enjabonar la barba. **3 de brocha gorda.** loc. adj. Se aplica al pintor o a la pintura de paredes, puertas, etc.

brochazo. m. Cada una de las pasadas que se dan con la brocha: *esto lo termino yo con cuatro brochazos*.

broche. m. **1** Conjunto de dos piezas, normalmente metálicas, una de las cuales encaja o engancha en la otra. **2** Adorno de joyería que se prende en la ropa. **3 broche de oro.** Final feliz y brillante de un acto público, reunión, discurso, gestión, etc., o de una serie de ellos: *su actuación puso un broche de oro a la velada*.

broma. f. **1** Burla, dicho o hecho que se hace a alguien para reírse de él sin intención de molestarle: *no me gastéis este tipo de bromas*. **2** Bulla, algazara: *están de broma*. **3** Cosa sin importancia, pero con consecuencias inesperadas: *la broma de la caída me costó una operación*. **4** Molusco marino, cuyas valvas perforan las maderas sumergidas.

bromatología. f. Ciencia que trata de los alimentos.

bromatólogo, ga. m. y f. Persona que profesa la bromatología.

bromear. intr. Hacer, decir o gastar bromas. **Sin.** guasearse.

bromhídrico, ca. adj. Se dice del ácido formado por un átomo de hidrógeno y otro de bromo (BrH). Sus sales son los bromuros.

bromista. adj. y com. Aficionado a gastar bromas. **Sin.** burlón, guasón.

bromo. m. Elemento químico metaloide líquido, de color rojo pardusco y olor fuerte. Es corrosivo y tóxico. Su símbolo es *Br*.

bromuro. m. Combinación del bromo con un radical simple o compuesto.

bronca. f. **1** Disputa ruidosa: *se armó una bronca horrible*. **2** Represión dura: *te van a echar la bronca*. **3** Manifestación colectiva y ruidosa de desagrado: *las declaraciones del secretario motivaron la bronca de los asistentes al acto*. **Sin.** 1 riña 2 reprimenda.

bronce. m. **1** Aleación de cobre y estaño de color amarillo rojizo, muy tenaz y sonoro. **2** Escultura o estatua hecha de esta aleación. **3** En el deporte, tercer premio, inferior al oro y la plata.

bronceado, da. adj. **1** De color de bronce. | m. **2** Acción de broncear o broncearse.

broncear. tr. y prnl. **1** Dar color de bronce. **2** Poner morena la piel el sol o algún agente artificial.

broncíneo, a. adj. De bronce o parecido a él.

broncista. com. Persona que trabaja en bronce.

bronco, ca. adj. **1** Se dice del sonido desagradable y áspero: *tiene la voz bronca*. **2** Aplicado a los materiales, tosco, áspero. **3** Se dice de las personas de mal genio: *es de carácter bronco y desapacible*. **Sin.** 1 ronco.

bronconeumonía. f. Inflamación de los pulmones y bronquios.

broncopatía. f. Cualquier enfermedad de los bronquios.

bronquial. adj. Relativo a los bronquios.

bronquio. m. Cada uno de los dos conductos en que se bifurca la tráquea y que entran en los pulmones. Más en pl.

bronquiolo o **bronquíolo.** m. Cada una de las últimas ramificaciones de los bronquios. Más en pl.

bronquitis. f. Inflamación aguda o crónica de la membrana mucosa de los bronquios. || No varía en pl.

brontosaurio. m. Dinosaurio herbívoro cuyos restos se han encontrado en terrenos jurásicos de América del Norte. Tenía la cabeza pequeña, el cuello largo, el tronco muy voluminoso, terminado en una gran cola. Sobrepasaba los 30 m de longitud.

broquel. m. **1** Escudo pequeño. **2** Defensa o amparo.

Brontosaurio

brotar. intr. **1** Salir la planta de la tierra. **2** Salir en la planta renuevos, flores, hojas, etc.: *los geranios ya han brotado.* **3** Manar el agua de los manantiales. **4** Salir a la superficie, manifestarse repentinamente algo: *brotar el sarampión.*

brote. m. **1** Renuevo de una planta. **2** Acción de brotar. **Sin.** 1 pimpollo, retoño.

broza. f. **1** Conjunto de despojos de las plantas. **2** Desecho de alguna cosa. **3** Maleza. **Sin.** 1 hojarasca.

brucelosis. f. Enfermedad infecciosa transmitida al hombre por diversos animales, también llamada fiebre de Malta. ‖ No varía en pl.

bruces (a, o de). loc. adv. **1** Boca abajo: *el niño se cayó de bruces.* **2** De frente: *me lo encontré de bruces.*

brujería. f. Práctica supersticiosa atribuida a personas que se supone tienen pacto con el diablo o con espíritus malignos.

brujo, ja. m. y f. **1** Persona que practica la brujería. **2** Mago de una tribu. | f. **3** Mujer fea, gruñona o de malas intenciones. | adj. **4** Embrujador, que hechiza: *tiene una sonrisa bruja.* **Sin.** 4 seductor.

brújula. f. **1** Instrumento para determinar cualquier dirección de la superficie terrestre por medio de una aguja imantada que siempre marca la dirección Norte-Sur. **2** Instrumento que indica el rumbo de la nave.

brujulear. intr. **1** Buscar con diligencia y por todos los medios el logro de algo. **2** Vagar: *se pasa el día brujuleando.* **Sin.** 2 zascandilear.

bruma. f. Niebla, especialmente la que se forma sobre el mar. **Sin.** neblina.

brumoso, sa. adj. Con bruma.

bruno, na. adj. De color negro u oscuro.

bruñir. tr. Dar lustre, sacar brillo. ‖ **Irreg.** Se conj. como *mullir*.

brusco, ca. adj. **1** Áspero, desapacible. **2** Rápido, repentino. **Ant.** 1 suave 2 previsto.

bruselense. adj. y com. De Bruselas.

brusquedad. f. **1** Cualidad de brusco. **2** Acción brusca.

brutal. adj. **1** Propio de los animales por su violencia o irracionalidad: *un trato brutal.* **2** Enorme, muy fuerte o intenso: *tiene una fuerza brutal.* **Ant.** 1 educado, delicado 2 ligero.

brutalidad. f. **1** Cualidad de bruto. **2** Falta de razón. **3** Acción grosera y cruel.

bruto, ta. adj. **1** Necio, incapaz. También s.: *eres un bruto, no entiendes nada.* **2** Se dice del que emplea la fuerza física sin medida. **3** Se apl. a la persona que actúa sin moderación. **4** Se dice del peso total, sin descontar la tara: *peso neto y bruto.* **5** Referido al sueldo, cantidad sin descuentos: *le han aumentado el sueldo bruto un 5%.* | m. **6** Animal irracional. **7 en bruto.** loc. adj. Sin pulir o labrar: *diamante en bruto.*

Brújula

buba. f. Postilla o tumorcillo de pus. Más en pl.
bubón. m. Tumor purulento y voluminoso.
bucal. adj. Relativo a la boca.
bucanero. m. Pirata que en los s. XVII y XVIII saqueaba las posesiones españolas de ultramar.
bucare o **búcare.** m. Árbol americano de copa espesa, que sirve en Venezuela para defender los plantíos de café y cacao contra el rigor del sol.
búcaro. m. **1** Florero, recipiente. **2** Tierra roja arcillosa portuguesa. **3** Jarra para el agua hecha con esta arcilla.
buccinador. adj. y m. Se dice del músculo plano de la mejilla que interviene en el soplo y en la masticación.
bucear. intr. **1** Nadar debajo del agua. **2** Explorar en algún tema: *ahora está buceando en temas esotéricos.* SIN. 2 profundizar.
buceo. m. Acción de bucear.
buchaca. f. Bolsa, bolsillo.
buche. m. **1** Bolsa membranosa que comunica con el esófago de las aves en la que acumulan alimento para digerirlo lentamente. **2** Porción de líquido que cabe en la boca. **3** Estómago: *come de todo, tiene un buen buche.* SIN. 1 papo 2 sorbo.
bucle. m. **1** Rizo del cabello en forma de hélice. **2** Cualquier otra cosa de esta forma. **3** En inform., secuencia de instrucciones que se repite hasta que se cumple una condición prescrita.
bucólico, ca. adj. **1** Se dice del género de poesía en que se idealizan los asuntos y amores de los pastores y la vida campestre. También f. **2** Relativo a este género.
budín. m. Pudin.
budión. m. Pez muy abundante en las costas de España, de labios gruesos y cubierto de una sustancia pegajosa.
budismo. m. Doctrina filosófica, religiosa y moral fundada en el s. VI a. C. por Buda.
budista. adj. **1** Relativo al budismo. **2** com. Persona que lo profesa.
buen. adj. Apóc. de bueno. Se usa precediendo a sustantivos masculinos o a infinitivos: *buen hombre, buen vivir.*
buenaventura. f. **1** Buena suerte. **2** Adivinación que hacen las gitanas de la suerte de las personas.
buenazo, za. adj. y s. Persona pacífica y de poco carácter.
bueno, na. adj. **1** Que tiene bondad en su género: *estos alicates son buenos.* **2** Se dice de la persona que obra según su natural bondadoso. **3** Apropiado para algo: *este cuchillo es bueno para pelar patatas.* **4** Sano: *todavía no está bueno del todo.* **5** Bastante, suficiente: *ya tengo una buena cantidad.* **6** Se dice de la persona de gran atractivo físico: *ese chico está muy bueno.* | adv. **7** De acuerdo: *¿conduces tú?, bueno.* SIN. 2 afable, benévolo □ ANT. 1-4 malo.
buey. m. Toro castrado que, por su gran fortaleza, se empleaba en las tareas más duras del campo.
bufa. f. Burla, bufonada.
búfalo, la. m. y f. **1** Bóvido corpulento, de largos cuernos deprimidos, de Asia y África. **2** Bisonte americano.
bufanda. f. Prenda con que se abriga el cuello y la boca.
bufar. intr. **1** Resoplar con furor el toro, el caballo y otros animales. **2** Manifestar ira o enojo de algún modo. SIN. 1 bramar 2 refunfuñar.
bufé. m. **1** Comida compuesta de alimentos calientes y fríos, expuestos a la vez en una mesa para que los comensales se sirvan solos. **2** Local donde se sirve este tipo de comida.
bufete. m. **1** Mesa de escribir con cajones. **2** Estudio de un abogado. **3** Clientela del abogado. SIN. 1 escritorio 2 despacho.
bufido. m. **1** Voz del animal que bufa. **2** Expresión o demostración de enojo o enfado.
bufo, fa. adj. **1** Cómico, casi grotesco. **2** Bufón, chocarrero. **3** Se dice de un tipo de ópera cómica italiana del s. XVIII. | m. y f. **4** Persona que hace el papel de gracioso en esta ópera.
bufón. adj. **1** Persona vestida grotescamente que vivía en los palacios dedicada a hacer reír al rey y al resto de la corte. **2** Payaso, persona que intenta siempre hacer reír: *es el bufón de todas las reuniones.*
bufonada. f. **1** Lo que hace o dice el bufón. **2** Chanza satírica.
buganvilla. f. Arbusto trepador oriundo de América, cubierto de flores pequeñas y brácteas moradas o rojas.
bugle. m. Instrumento musical de viento provisto de pistones.
buhardilla. f. **1** Piso más alto de un edificio, que normalmente tiene el techo inclinado aprovechando el

Búfalo

hueco del tejado. Se utiliza como desván o como vivienda. **2** Ventana con forma de casita en el tejado, para dar luz al desván.

búho. m. Ave rapaz nocturna, de ojos grandes que sólo miran de frente, y unas plumas alzadas sobre la cabeza a modo de orejas.

buhonería. f. Baratijas de poca monta, como botones, peines, etc.

buhonero, ra. m. y f. Persona que lleva o vende cosas de buhonería.

buitre. m. **1** Ave rapaz de gran tamaño, con el cuello desnudo, que se alimenta de carroña y vive en bandadas. **2** Persona que se aprovecha de la desgracia, debilidad, etc., de otro.

buitrero, ra. adj. **1** Perteneciente al buitre. | m. **2** Cazador de buitres. | f. **3** Lugar en que los cazadores ponen el cebo al buitre.

buitrón. m. **1** Arte de pesca. **2** Cierta red para cazar perdices.

buje. m. Pieza cilíndrica que reviste por dentro el cubo de las ruedas de los vehículos.

bujía. f. **1** Vela de cera blanca o de parafina. **2** Pieza que en los motores de combustión sirve para que salte la chispa eléctrica. Sin. 1 candela.

bula. f. **1** Bola de plomo que acompañaba al sello de ciertos documentos. **2** El sello mismo y el documento. **3** Documento pontificio relativo a materia de fe o de interés general que suele llevar este sello en forma de bola.

bulbar. adj. Relativo al bulbo raquídeo.

bulbo. m. **1** Tallo subterráneo de algunas plantas, de forma de globo y cubierto de hojas; p. ej., el tulipán. **2** Abultamiento de la médula espinal en su parte superior, conocido como *bulbo raquídeo*.

buldog o **bulldog.** (voz ingl.) adj. y m. Se dice de una raza de perros originarios de Inglaterra, muy fuertes, con la nariz achatada y tamaño medio.

bulerías. f. pl. Cante o baile popular andaluz de ritmo vivo.

bulevar. m. Nombre de ciertas calles generalmente anchas y con árboles.

bulimia. f. Enfermedad cuyo principal síntoma es el hambre exagerada e insaciable.

bulla. f. **1** Griterío. **2** Concurrencia de mucha gente. Sin. 1 algarabía 2 bullicio □ Ant. 1 calma.

bullabesa. f. Sopa de pescado.

bullanga. f. Tumulto, bullicio.

bulldozer. (voz ingl.) m. Tractor sobre orugas con una pala delantera para desmonte y nivelación de terrenos.

bullicio. m. **1** Ruido y rumor de mucha gente. **2** Alboroto, tumulto.

bullicioso, sa. adj. **1** Se dice de lo que causa bullicio o que lo tiene: *barrio bullicioso*. **2** Inquieto,

Búho real

desasosegado, alborotador: *niño bullicioso*. Sin. 1 ruidoso □ Ant. 1 y 2 tranquilo.

bullir. intr. **1** Hervir un líquido. **2** Agitarse una masa de personas, animales u objetos, etc. Sin. 1 burbujear 2 pulular.

bulo. m. Noticia falsa divulgada con algún fin.

bulto. m. **1** Volumen de cualquier cosa: *este modelo tiene poco bulto*. **2** Cuerpo que por alguna circunstancia no se distingue lo que es: *a lo lejos sólo se ve un bulto*. **3** Elevación causada por cualquier hinchazón: *me ha salido un bulto en la pierna*. **4** Fardo, maleta, baúl, etc., hablando de transportes o viajes: *no permiten más que un bulto por pasaje*.

bumangués, sa. adj. y s. De Bucaramanga.

bumerán. m. Arma arrojadiza, característica de los indígenas australianos que, una vez lanzada, vuelve al punto de partida.

bungalow. (voz ingl.) m. Casa de campo o playa de una sola planta y construcción ligera. || pl. *bungalows* o *bungalós*.

búnker. m. **1** Fortificación, a menudo subterránea, para defenderse de los bombardeos. **2** Sector más inmovilista de una sociedad. || pl. *búnkers*.

buñuelo. m. Masa de harina y agua que frita queda en forma de bola hueca por dentro.

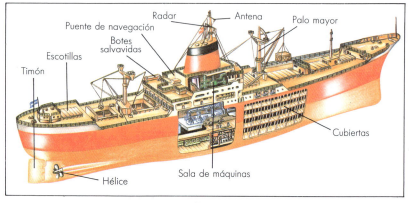

Buque

buque. m. Barco grande y sólido, adecuado para navegaciones de importancia. Sin. navío.

buqué. m. Equilibrio de aromas en los vinos de calidad.

burbuja. f. Globo de aire que se forma en los líquidos.

burbujear. intr. Hacer burbujas.

burdel. m. Casa de prostitución.

burdo, da. adj. Tosco, grosero. Ant. refinado.

bureo. m. 1 Entretenimiento, diversión: *vámonos de bureo*. 2 Murmullo en sitios concurridos: *en el comedor había mucho bureo*.

bureta. f. Recipiente de vidrio en forma de tubo graduado para análisis químicos.

burga. f. Manantial de agua caliente.

burgalés, sa. adj. y s. De Burgos.

burgo. m. 1 Aldea o población muy pequeña, dependiente de otra principal. 2 Castillo o recinto fortificado de la Edad Media.

burgomaestre. m. Primer magistrado municipal de algunas ciudades de Alemania, Países Bajos, Suiza, etcétera.

burgués, sa. adj. 1 Antiguamente, natural o habitante de un burgo. También s. 2 Perteneciente al burgo medieval. 3 Se dice del ciudadano de clase media alta y acomodada como contraposición a proletario. Más c. s.: *se han convertido en unos burgueses*. 4 Relacionado con él.

burguesía. f. Conjunto de ciudadanos de las clases acomodadas o ricas.

buril. m. Instrumento puntiagudo de acero para grabar sobre metal y otras materias.

burilar. tr. Grabar con el buril.

burla. f. 1 Acción o palabras con que se procura poner en ridículo a personas o cosas. 2 Engaño: *toda la operación fue una burla para conseguir el dinero*. 3 Broma. Sin. 1 escarnio, mofa.

burladero. m. Trozo de valla que se pone delante de las barreras de las plazas de toros para que pueda refugiarse el torero.

burlar. tr. 1 Esquivar algo o a alguien: *burló a la policía*. 2 Engañar, mentir. | **burlarse.** prnl. 3 Hacer burla de personas o cosas: *no os burléis de él*.

burlesco, ca. adj. Festivo, jocoso.

burlete. m. Tira de material esponjoso que se pone en el canto de las hojas de puertas, balcones o ventanas para que no pueda pasar el viento.

burlón, na. adj. 1 Inclinado a decir o hacer burlas. También s. 2 Que implica burla: *me lo dijo con voz burlona*.

buró. m. Mueble para escribir, a manera de cómoda.

burocracia. f. 1 Conjunto de normas, papeles y trámites necesarios para gestionar cualquier asunto en un despacho u oficina. 2 Complicación y lentitud excesiva en la realización de estas gestiones, particularmente las que dependen de la administración de un Estado. 3 Conjunto de funcionarios públicos.

burócrata. com. Persona que pertenece a la burocracia.

burocrático, ca. adj. Relativo a la burocracia.

burrada. f. 1 Manada de burros. 2 Dicho o hecho necio o disparatado. 3 Gran cantidad: *comieron una burrada*.

burro, rra. m. y f. 1 Asno, animal. 2 Persona laboriosa y de mucho aguante. 3 Persona de poco entendimiento. También adj. | m. 4 Borriqueta. 5 Juego de naipes.

bursátil. adj. Concerniente a la bolsa, y a sus operaciones y valores cotizables.

burujo. m. Bulto pequeño que se forma apretándose unas con otras las partes que debían estar sueltas: *burujo de lana, engrudo*, etc. SIN. grumo.

busca. f. **1** Acción de buscar. **2** Recogida, entre los desperdicios, de objetos aprovechables. | m. **3** Aparato con un determinado radio de acción que permite localizar al que lo lleva y darle un mensaje: *tengo estropeado el busca*.

buscapiés. m. Cohete sin varilla que corre por la tierra. ǁ No varía en pl.

buscar. tr. Hacer algo para hallar o encontrar algo o a alguien: *busco criada; el perro busca la caza*.

buscarla. m. Pájaro insectívoro, pequeño y de color pardo, que suele anidar entre juncales y cañaverales.

buscavidas. com. **1** Persona demasiado curiosa. **2** Persona diligente en buscarse el medio de vivir. ǁ No varía en pl.

buscón, na. adj. y s. **1** Que busca. **2** Persona que hurta rateramente. | f. **3** Ramera.

busto. m. **1** Escultura o pintura de la cabeza y parte superior del tórax. **2** Parte superior del cuerpo humano. **3** Pecho de la mujer.

butaca. f. **1** Silla de brazos con el respaldo inclinado hacia atrás. **2** Asiento de la planta baja de los cines o teatros: *me regaló dos entradas de butaca de patio*. **3** Entrada, tique, etc., para ocuparla: *sólo has comprado dos butacas para esta sesión*.

butano. m. Hidrocarburo gaseoso natural o derivado del petróleo que se emplea como combustible, envasado en bombonas a presión.

buten (de). loc. Excelente: *una cena de buten*.

butifarra. f. Tipo de embutido, con mucho tocino, que se hace principalmente en Cataluña, Baleares y Valencia.

butílico, ca. adj. Se dice del alcohol de cuatro átomos de carbono en su molécula.

butírico, ca. adj. Se dice del ácido en forma de líquido medianamente volátil, de olor desagradable, que recuerda al del queso rancio, y cuya fórmula es $C_4H_8O_2$.

butiro. m. Mantequilla obtenida de la leche batida.

buzar. intr. Inclinarse hacia abajo los filones o las capas del terreno.

buzo. m. **1** El que tiene por oficio trabajar sumergido en el agua. **2** Nombre dado a algunas prendas de vestir de una sola pieza.

buzón. m. **1** Abertura por donde se echan las cartas para el correo. **2** Caja donde quedan depositadas. **3** Boca enorme.

byte. (voz. ingl.) m. En inform., conjunto formado por ocho dígitos binarios o bits, que constituye la subdivisión de una palabra en el ordenador.

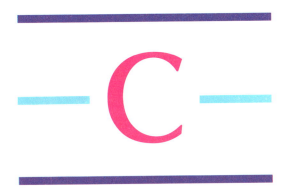

c. f. **1** Tercera letra del abecedario español y segunda de sus consonantes. Su nombre es *ce*. Ante las vocales *e, i (cena, cifra)* representa un sonido interdental como el de la *z*; seguida del resto de las vocales *(casa, codo, cuna)* su sonido es velar como la *k*; seguida de la *h* tiene sonido africado. **2** Letra numeral que tiene valor de ciento en la numeración romana.

C. abr. de *centígrado* en las indicaciones de temperatura de esta escala.

ca. abr. de *centiárea*.

cabal. adj. **1** Se dice de la persona íntegra, justa: *una mujer cabal*. **2** Exacto, preciso: *pesa tres kilos cabales*. **3** Completo, perfecto: *datos cabales*. **Sin.** 1 intachable 3 íntegro □ **Ant.** 1 vil, despreciable 3 incompleto.

cábala. f. **1** Conjetura, suposición. Más en pl.: *no hagas más cábalas, y espera a que te lo diga*. **2** Cálculo supersticioso para adivinar una cosa. **3** Intriga. **4** Conjunto de doctrinas que surgieron entre los judíos para explicar el sentido de los libros del Antiguo Testamento. **Sin.** 2 sortilegio 3 tejemaneje, trapicheo.

cabalístico, ca. adj. **1** Relativo a la cábala: *números cabalísticos*. **2** Misterioso.

cabalgada. f. **1** Acción de cabalgar. **2** Tropa que salía a recorrer el campo enemigo a caballo. **3** Jornada larga a caballo. **Sin.** 2 incursión, correría, razia.

cabalgadura. f. Animal para cabalgar o de carga. **Sin.** montura, caballería.

cabalgar. intr. **1** Montar a caballo. También tr.: *sólo lo cabalgaba su amo*. **2** Ir una cosa sobre otra.

cabalgata. f. Desfile de jinetes, carrozas, bandas de música, etc., con motivo de alguna fiesta. **Sin.** parada, comparsa.

caballa. f. Pez marino comestible, de color azul verdoso y rayas oscuras. Se consume preferentemente en conserva.

caballar. adj. **1** Relativo al caballo: *ganadería caballar*. **2** Parecido a él.

caballeresco, ca. adj. **1** Propio de caballero, galante, noble. **2** Relativo a la caballería medieval: *género caballeresco*. **Ant.** 1 vil, innoble.

caballería. f. **1** Caballo, mulo, asno o cualquier animal que sirve para cabalgar. **2** Cuerpo de soldados a caballo. **3** Servicio militar que se hacía a caballo. **4** Institución de los caballeros medievales que hacían profesión de las armas. **5** Orden militar española como las de la Banda, Santiago, Calatrava, etc.

caballeriza. f. **1** Sitio destinado para las caballerías. **2** Conjunto de animales que la ocupan y de los criados que la sirven. **Sin.** 1 cuadra.

caballero, ra. adj. **1** Que cabalga. | m. **2** El que se porta con nobleza, elegancia y generosidad: *se comportó como un caballero conmigo*. **3** Señor, tratamiento de cortesía: *¿desea algo más, caballero?* **4** Hombre. Se emplea para referirse a lo referente al hombre: *ropa de caballero*. **5** Hidalgo de calificada nobleza. **6** Miembro de una orden de caballería.

caballerosidad. f. Cualidad de caballeroso. **Sin.** dignidad, nobleza, pundonor.

caballeroso, sa. adj. **1** Propio de caballeros. **2** Noble. **3** Cortés. **Ant.** 1 y 2 plebeyo 3 grosero.

caballete. m. **1** Soporte con tres patas donde se coloca el cuadro para pintar. **2** Pieza formada por un madero horizontal apoyado en dos palos cruzados que sirve de soporte a un tablero. **3** Cartílago muy pronunciado de la nariz.

caballista. com. Persona que entiende de caballos y monta bien.

caballitos. m. pl. Tiovivo: *ya han instalado los caballitos de la feria*. **Sin.** carrusel.

caballo. m. **1** Mamífero équido, grande y fuerte, con la cabeza alargada, las orejas pequeñas y las

Caballos

patas terminadas en cascos. Es muy útil al hombre como montura, animal de tiro y alimento. **2** Pieza del juego de ajedrez, la única que salta sobre las demás. **3** Naipe que representa un caballo con su jinete. **4** Aparato gimnástico. **5** Heroína. Sɪɴ. 1 corcel, rocín.

caballón. m. **1** Lomo de tierra entre surco y surco de la tierra arada. **2** El que se dispone para contener las aguas o darles dirección en los riegos.

cabaña. f. **1** Construcción tosca en el campo hecha con ramas, cañas, troncos, etc. **2** Conjunto de cabezas de ganado de cierta clase o de una región determinada: *cabaña bovina*. Sɪɴ. 1 choza, chamizo.

cabaret. (voz fr.) m. Sala en que se puede bailar, comer, beber, mientras se asiste a un espectáculo, generalmente nocturno, de variedades. Se escribe también *cabaré*.

cabaretera. adj. y f. Mujer que trabaja en un cabaret.

cabás. m. Especie de caja con asa en que los niños llevan al colegio sus utensilios escolares.

cabe. prep. ant. Cerca de, junto a. Actualmente sólo se usa en lenguaje literario.

cabecear. intr. **1** Mover la cabeza. **2** Negar moviendo la cabeza. **3** Dar cabezadas el que se está durmiendo. **4** Moverse la embarcación bajando y subiendo la proa. **5** Inclinarse a una parte o a otra lo que debía estar en equilibrio: *la carga está cabeceando*. Sɪɴ. 4 y 5 oscilar, balancearse.

cabecera. f. **1** Parte de la cama donde se ponen las almohadas. **2** Cabecero. **3** Principio de alguna cosa: *cabecera de un río*. **4** Parte principal de algunas cosas: *cabecera de la mesa*. **5** Capital o población principal de un territorio. **6** Parte superior en la primera página de un periódico donde va su nombre, la fecha y otros datos. **7** Adorno en el margen superior de un escrito. Sɪɴ. 3 inicio, comienzo □ Aɴᴛ. 1 pies 3 término, final.

cabecero. m. Pieza que limita la cama por el lado de la cabecera.

cabecilla. m. **1** El que está al mando de un grupo de rebeldes. **2** Individuo más importante de un grupo o de una banda. Sɪɴ. 1 y 2 líder.

cabellera. f. **1** Conjunto de cabellos. **2** Ráfaga luminosa de algunos cometas. Sɪɴ. 1 melena, pelo.

cabello. m. **1** Cada uno de los pelos que nacen en la cabeza de una persona. **2** Conjunto de todos ellos. **3 cabello de ángel.** Dulce filamentoso hecho de calabaza y almíbar. Sɪɴ. 2 melena, cabellera.

cabelludo, da. adj. **1** De mucho cabello. **2** Referente al cabello: *cuero cabelludo*.

caber. intr. **1** Poder contenerse una cosa dentro de otra: *esta percha no cabe en el armario.* **2** Tener lugar o entrada: *el enchufe no cabe por la rejilla.* **3** Tocarle a uno o pertenecerle alguna cosa: *me cabe el honor de recibirle.* **4** Ser algo posible: *cabe que llegue en los próximos minutos.* ‖ **Irreg.** Conjugación modelo:

Indicativo
Pres.: *quepo, cabes, cabe,* etc.
Imperf.: *cabía, cabías, cabía,* etc.
Pret. indef.: *cupe, cupiste, cupo, cupimos, cupisteis, cupieron.*
Fut. imperf.: *cabré, cabrás, cabrá,* etc.
Potencial: *cabría, cabrías, cabría,* etc.
Subjuntivo
Pres.: *quepa, quepas, quepa, quepamos, quepáis, quepan.*
Imperf.: *cupiera* o *cupiese, cupieras* o *cupieses,* etcétera.
Fut. imperf.: *cupiere, cupieres,* etc.
Imperativo: *cabe, cabed.*
Participio: *cabido.*
Gerundio: *cabiendo.*

---

cabestrillo. m. Banda que se cuelga del cuello para sostener la mano o el brazo lastimados: *tiene el brazo en cabestrillo.*

cabestro. m. **1** Buey manso que sirve de guía a los toros. **2** Correa que se ata a la cabeza o al cuello de la caballería. S<small>IN</small>. 2 ronzal, brida.

cabeza. f. **1** Parte superior del cuerpo del hombre y de muchos animales. **2** Cráneo. **3** Principio, parte extrema o delantera de una cosa: *la cabeza del pelotón.* **4** Parte abultada de un objeto opuesta a la punta: *la cabeza del alfiler.* **5** Juicio, talento, intelecto: *tiene buena cabeza para las matemáticas.* **6** Persona, individuo: *tocamos a tres por cabeza.* **7** Res: *tiene un rebaño con 10.000 cabezas.* **8** Capital, población principal: *cabeza de partido.* **9** Pieza de algunos aparatos electrónicos que sirve para grabar, borrar o reproducir lo grabado: *de vez en cuando hay que limpiar las cabezas.* ∣ m. **10** Jefe de una familia, comunidad, corporación, etc.: *el cabeza de familia.* S<small>IN</small>. 1 testa 3 cabecera, comienzo 10 líder, director □ A<small>NT</small>. 3 cola.

cabezada. f. **1** Golpe dado con la cabeza o recibido en ella. **2** Cada movimiento que hace con la cabeza el que se va durmiendo sin estar acostado. S<small>IN</small>. 1 cabezazo.

cabezal. m. **1** Cabecero. **2** Almohada pequeña. **3** Almohada larga que ocupa toda la cabecera de la cama. **4** Correaje que se ciñe a la cabeza de una caballería. **5** Cabeza de algunos aparatos electrónicos. S<small>IN</small>. 2 almohadilla, cojín.

cabezazo. m. Golpe dado con la cabeza. S<small>IN</small>. cabezada.

cabezo. m. **1** Cerro alto o cumbre de una montaña. **2** Montecillo aislado. S<small>IN</small>. 2 collado.

cabezón, na. adj. y s. **1** De cabeza grande. **2** Terco, testarudo, obstinado. S<small>IN</small>. 2 cabezota.

cabezonada o **cabezonería.** f. Acción propia de persona terca u obstinada: *esto ha sido una cabezonada de tu hermano.*

cabezota. com. **1** Persona que tiene la cabeza muy grande. **2** Persona terca, testaruda. También adj. S<small>IN</small>. 1 y 2 cabezón.

cabezudo, da. adj. y s. **1** Que tiene grande la cabeza. **2** Terco, obstinado. ∣ m. **3** Figura de enano de gran cabeza que en algunas fiestas suele desfilar con los gigantones.

cabezuela. f. **1** Harina más gruesa del trigo después de sacada la flor. **2** Planta compuesta de tallos vellosos y flores purpúreas o blancas que se empleaba para hacer escobas. **3** Inflorescencia cuyas flores están insertadas en un receptáculo.

cabida. f. **1** Espacio o capacidad que tiene una cosa: *el nuevo estadio tiene una cabida inferior al viejo.* **2** Extensión de un terreno: *hay que determinar la cabida del coto.* S<small>IN</small>. 1 aforo 2 área.

cabila. f. Tribu de beduinos o de beréberes.

cabildada. f. Acción o resolución abusiva de una corporación o cabildo.

cabildear. intr. Intrigar para conseguir algo en un organismo público.

cabildo. m. **1** Comunidad de eclesiásticos capitulares de una iglesia. **2** Ayuntamiento, corporación. **3** Junta celebrada por esta corporación **4** Sala donde se celebra. **5 cabildo insular.** Corporación que, en Canarias, representa a los pueblos de cada isla.

cabina. f. **1** Cuarto pequeño, generalmente aislado, para usos muy diversos. **2** Locutorio telefónico de uso individual. **3** En los cines, pequeño departamento aislado que se reserva a los aparatos de proyección. **4** En los aviones, camiones y otros vehículos, espacio reservado al piloto, al conductor y al personal técnico. **5** En instalaciones deportivas, recinto para mudarse de ropa. S<small>IN</small>. 1 cámara 4 carlinga.

cabio. m. **1** Listón que se atraviesa a las vigas para formar suelos y techos. **2** Travesaño superior o inferior del marco de las puertas o ventanas.

cabizbajo, ja. adj. Persona que tiene la cabeza inclinada hacia abajo por abatimiento, tristeza o preocupación. S<small>IN</small>. cariacontecido, abatido.

cable. m. **1** Cordón más o menos grueso formado por uno o varios hilos conductores, que se emplea en electricidad, en las comunicaciones telegráficas o te-

cablegrafiar – cacatúa

lefónicas, etc. **2** Cablegrama: *me mandó un cable dándome la noticia.* **3** Maroma gruesa. **4** Pequeña ayuda que se presta a alguien para hacerle salir de un apuro: *echarle un cable a alguien.* SIN. 3 soga 4 mano, capote.

cablegrafiar. tr. Transmitir noticias por cable submarino.

cablegrama. m. Telegrama transmitido por cable submarino.

cablero, ra. adj. y m. Buque destinado a tender y reparar cables telegráficos submarinos.

cabo. m. **1** Punta o extremo de una cosa. **2** Parte pequeña que queda de alguna cosa: *sólo quedaba un cabo de mecha.* **3** Hilo o hebra. **4** Punta de tierra que penetra en el mar: *está estudiando los cabos de España.* **5** Fin, término de una cosa. **6** Cuerda. **7** Individuo de la clase de tropa inmediata superior al soldado. **8 estar al cabo de la calle.** loc. Estar enterado. **9 llevar a cabo** algo. loc. Hacerlo. SIN. 1 extremidad, fin 2 resto 4 espolón 6 soga, maroma ☐ ANT. 4 golfo.

cabotaje. m. Navegación o tráfico que hacen los buques entre los puertos de su nación sin perder de vista la costa.

cabra. f. **1** Mamífero rumiante doméstico, con cuernos huecos y vueltos hacia atrás, un mechón de pelos largos colgante de la mandíbula inferior y cola muy corta. Es muy ágil, por lo que puede trepar por sitios muy abruptos. **2 como una cabra.** loc. Loco, chiflado.

cabracho. m. Pez teleósteo de color naranja con la boca prominente y una aleta dorsal que recorre todo el cuerpo. Su carne es muy apreciada.

cabrahígo. m. **1** Higuera silvestre. **2** Fruto de este árbol.

cabrales. m. Queso de leche de vaca, oveja y cabra, con manchas verdosas y sabor muy fuerte.

cabrear. tr. Enfadar. Más c. prnl.

cabrería. f. **1** Lugar en que se vende la leche de cabras. **2** Redil en donde se recogen las cabras por la noche.

cabrerizo, za. adj. **1** Relativo a las cabras. | m. **2** Pastor de cabras. SIN. 2 cabrero.

cabrero, ra. m. y f. Pastor de cabras. SIN. cabrerizo.

cabrestante. m. Torno colocado verticalmente que se emplea para mover grandes pesos.

cabria. f. Máquina provista de una polea suspendida de un trípode o de un brazo giratorio, que se utiliza para levantar grandes pesos.

cabrilla. f. **1** Pez marino teleósteo comestible, de unos 20 cm, que salta mucho en el agua. **2** Trípode para sujetar maderos. | pl. **3** Manchas que se hacen en las piernas por permanecer mucho tiempo cerca del fuego. **4** Pequeñas olas espumosas.

cabrillear. intr. **1** Formarse cabrillas en el mar. **2** Rielar la luz.

cabrio. m. Madero colocado en la armadura de los tejados para apoyar la tablazón que sujeta las tejas.

cabrío, a. adj. Relativo a las cabras: *macho cabrío, ganado cabrío.*

cabriola. f. **1** Brinco que dan los que danzan, cruzando varias veces los pies en el aire. **2** Voltereta o salto en el aire. SIN. 1 y 2 pirueta.

cabriolar o **cabriolear.** intr. Dar o hacer cabriolas.

cabriolé. m. Carruaje ligero de cuatro ruedas y descubierto.

cabritilla. f. Piel curtida de cabrito, cordero u otro animal pequeño.

cabrito. m. **1** Cría de la cabra. **2** vulg. Cabrón.

cabrón, na. adj. **1** Se dice de la persona malintencionada, que hace malas pasadas. También s. | m. **2** Macho de la cabra, con grandes cuernos y un largo mechón debajo de la mandíbula inferior. **3** vulg. Marido al que engaña su mujer. SIN. 3 cornudo.

cabronada. f. vulg. Acción malintencionada con la que se pretende perjudicar a alguien. SIN. guarrada, cerdada, putada.

cabruno, na. adj. Relacionado con la cabra.

caca. f. **1** Excremento. **2** Cosa mal hecha: *este artículo es una caca.* **3** Palabra que se les dice a los niños para designar cualquier cosa sucia. SIN. 2 chapuza, birria.

cacahuete. m. **1** Planta procedente de América, con fruto en legumbre que penetra en el suelo para madurar. **2** Fruto de esta planta con una cáscara dura dentro de la cual hay varias semillas comestibles, de las que se extrae un tipo de aceite. SIN. 1 y 2 maní.

cacao. m. **1** Árbol de América cuyo fruto se emplea como principal ingrediente del chocolate. **2** Semilla de este árbol. **3** Polvo obtenido moliendo esta semilla, que se consume solo o disuelto en leche. **4** Jaleo, follón, escándalo: *¡qué cacao había en la sala!*

cacaotal. m. Terreno poblado de cacaos.

cacarear. intr. **1** Cantar el gallo o la gallina. | tr. **2** Contar algo a mucha gente: *no se lo digas porque todo lo cacarea.* **3** Exagerar, jactarse: *estuvo toda la tarde cacareando que ganaría.* SIN. 1 cloquear 2 pregonar 3 alardear, vanagloriarse.

cacastle. m. **1** *amer.* Armazón de madera para llevar algo a cuestas. **2** *amer.* Especie de banasta para transportar frutos, hortalizas, etc. **3** *amer.* Esqueleto de los vertebrados, especialmente del hombre.

cacatúa. f. **1** Ave prensora de Oceanía con un moño de grandes plumas. Domesticada, aprende a imitar la palabra humana. **2** Persona fea y ridícula, sobre todo si es mujer.

cacera. f. Canal para regar.
cacereño, ña. adj. y s. De Cáceres.
cacería. f. **1** Partida de caza. **2** Conjunto de animales muertos en la caza.
cacerina. f. Bolsa para llevar cartuchos y balas.
cacerola. f. Recipiente metálico para guisar provisto de asas o mango.
cacha. f. **1** Cada una de las dos piezas que forman el mango de las navajas y de algunos cuchillos. Más en pl. **2** Nalga. Más en pl. | **cachas.** adj. y com. **3** Se dice de la persona fuerte y musculosa: *¡vaya novio cachas que te has echado!*
cachada. f. **1** *amer.* Cornada de un animal. **2** Hacer objeto de una broma a una persona.
cachalote. m. Mamífero cetáceo de los mares templados y tropicales, de gran tamaño y enorme cabeza. Se aprovecha especialmente su grasa.
cachano. m. El diablo.
cachar. tr. **1** Hacer cachos o pedazos una cosa. **2** *amer.* Burlarse de una persona, hacerla objeto de una broma. **3** *amer.* Agarrar, asir, coger.
cacharrazo. m. Golpe, porrazo.
cacharrería. f. Tienda de cacharros o loza ordinaria.
cacharrero, ra. m. y f. Persona que vende cacharros o loza ordinaria.
cacharro. m. **1** Vasija tosca. **2** Pedazo de ella. **3** Aparato viejo, deteriorado o que funciona mal: *esta batidora es un cacharro.* **4** Vasija o recipiente para usos culinarios: *te toca fregar los cacharros.* Sin. 3 trasto, chisme, cafetera.
cachava. f. Bastón con la parte superior curvada. Sin. cayado.
cachaza. f. **1** Lentitud y sosiego en el modo de hablar o de obrar. **2** Aguardiente de melaza de caña. Sin. 1 parsimonia, pachorra ☐ Ant. 1 celeridad, prontitud.
cachazudo, da. adj. y s. Que tiene cachaza. Sin. parsimonioso, lento, calmoso.
cachet. (voz fr.) m. **1** Refinamiento. **2** Cotización de un artista en el mercado. Se escribe también *caché.*
cachear. tr. Registrar a alguien, por si lleva algo oculto, como droga o armas.
cachelos. m. pl. Trozos de patata cocida, arrancados, no cortados, que se sirven como guarnición o en algunos guisos gallegos.
cachemir. f. **1** Tela fabricada con el pelo de una cabra de Cachemira. **2** Tela muy fina de lana. **3** Cualquier tejido con dibujo de turquesas: *me he hecho una blusa de cachemir.*
cacheo. m. Acción de cachear.
cachete. m. **1** Golpe que se da con la mano abierta en la cabeza o en la cara. **2** Carrillo de la cara, y especialmente el abultado. Sin. 1 torta, sopapo, guantazo 2 moflete, papo.
cachetudo, da. adj. De carrillos abultados. Sin. mofletudo.
cachetero. m. **1** Especie de puñal corto y agudo. **2** Puñal de forma semejante con que se remata a las reses. **3** El que apuntilla al toro. Sin. 2 puntilla 3 puntillero.
cachicán. m. Encargado de una explotación agrícola o de una finca. Sin. capataz, mayoral.
cachimba. f. Pipa para fumar tabaco picado.
cachiporra. f. **1** Palo que termina en una bola. **2** adj. *Chile.* Farsante, vanidoso. Sin. **1** porra, garrote.
cachiporrazo. m. Golpe dado con una cachiporra.
cachirulo. m. Pañuelo anudado a la cabeza que forma parte del traje típico masculino de Aragón.
cachivache. m. desp. Vasija, utensilio u objeto arrinconado por inútil. Más en pl.: *este cuartito está lleno de cachivaches.* Sin. trasto, chisme, armatoste.
cacho. m. **1** Pedazo pequeño de alguna cosa. **2** *amer.* Racimo de bananas. **3** *amer.* Cuerno de animal. **4** *amer.* Cubilete de dados. Sin. 1 fragmento, trozo.
cachondearse. prnl. vulg. Burlarse, guasearse: *¿te estás cachondeando de mí?* Sin. pitorrearse, chotearse.
cachondeo. m. **1** vulg. Acción de cachondearse. **2** Situación poco seria, confusa: *esta oficina es un cachondeo.* Sin. 1 pitorreo, choteo 2 barullo, jaleo, lío.
cachondo, da. adj. **1** vulg. Excitado sexualmente. **2** Burlón, divertido. También s. Sin. 2 juerguista, gracioso.
cachorro, rra. m. y f. **1** Cría del perro. **2** Cría de otros mamíferos.
cachuela. f. **1** Guiso extremeño hecho con la asadura del cerdo. **2** Guiso compuesto de hígados, corazones y riñones de conejo. **3** Molleja de las aves.
cachupín, na. m. y f. Gachupín.
cacique. m. **1** Jefe de una tribu de indios. **2** Persona que en un pueblo o comarca ejerce excesiva influencia. **3** Déspota.
caciquear. intr. **1** Aprovechar indebidamente la autoridad o influencia que se posee en beneficio propio. **2** Mangonear.
caciquismo. m. **1** Dominación o influencia de los caciques en un pueblo o comarca. **2** P. ext., intromisión abusiva de una persona o una autoridad en determinados asuntos.
caco. m. Ladrón. Sin. chorizo, ratero.
cacofonía. f. Efecto desagradable producido por una combinación no armónica de sonidos.
cacofónico, ca. adj. Que tiene cacofonía.
cacoquimia. f. Caquexia.

cacosmia. f. **1** Olor repugnante. **2** Perturbación olfativa que hace agradables los olores repugnantes.

cactáceo, a. adj. y f. **1** Se dice de las plantas tropicales, como la chumbera y el cacto, de tallo carnoso, que tienen espinas en lugar de hojas. | f. pl. **2** Familia de estas plantas.

cacto o **cactus.** m. Cualquier planta cactácea. || En la segunda forma, no varía en pl.

cacumen. m. Agudeza, inteligencia. Sin. mollera, magín, caletre.

cada. adj. distrib. **1** Designa individualmente los elementos de una serie: *cada libro va con su cubierta*. **2** Designa los elementos de la serie considerados por grupos: *cada tres libros hay que poner un separador*. **3** Se usa con valor ponderativo en frases elípticas: *tiene cada salida*...

cadalso. m. Tablado que se levanta para un acto solemne, y en especial el que se utilizaba para ajusticiar a los condenados a muerte. Sin. patíbulo.

cadáver. m. Cuerpo sin vida. Sin. muerto, difunto, fiambre ☐ Ant. vivo.

cadavérico, ca. adj. **1** Relacionado con los cadáveres. **2** Pálido y desfigurado: *tiene un aspecto cadavérico*.

caddie. (voz ingl.) m. El que lleva los palos y pelotas del jugador de golf.

cadena. f. **1** Serie de eslabones enlazados entre sí. **2** Sucesión de cosas, acontecimientos, etc.: *una cadena de tragedias han asolado la región*. **3** Serie de montañas: *cadena pirenaica*. **4** Conjunto de establecimientos pertenecientes a una sola empresa o sometidos a una sola dirección: *cadena hotelera*. **5** Conjunto de instalaciones destinadas a la fabricación sucesiva de las distintas fases de un proceso industrial: *cadena de montaje*. **6** Sistema de reproducción del sonido, que consta básicamente de tocadiscos, magnetófono, radiorreceptor, amplificador y altavoces. **7** Conjunto de centros emisores que emiten simultáneamente el mismo programa de radio o televisión. **8** Cualquier atadura que quita libertad. **9** En quím., serie de átomos unidos linealmente.

cadencia. f. **1** Serie de sonidos, movimientos o acciones que se suceden de un modo regular. **2** Distribución armónica de los acentos y las pausas de un texto. **3** Ritmo, compás.

cadencioso, sa. adj. Que tiene cadencia.

cadeneta. f. **1** Labor en forma de cadena. **2** Adorno en forma de cadena, hecho con tiras de papel, que se usa en las fiestas.

cadera. f. Cada una de las dos partes salientes formadas por los huesos superiores de la pelvis.

caderamen. m. Caderas de mujer, por lo general, voluminosas.

cadete. m. Alumno de una academia militar.

Cacto

cadí. m. Entre musulmanes, juez civil. || pl. *cadíes*.

cadmio. m. Elemento químico metálico, de color blanco algo azulado, brillante y muy parecido al estaño. Su símbolo es *Cd*.

caducar. intr. **1** Desgastarse o estropearse algo por viejo o por mucho uso: *esta mantequilla ha caducado*. **2** Prescribir, perder su validez una ley, testamento, contrato, etc. **3** Extinguirse un derecho, una facultad, una instancia o recurso. Sin. 2 y 3 vencer.

caduceo. m. Vara delgada, lisa y cilíndrica, rodeada de dos culebras, atributo de Mercurio. Hoy suele emplearse como símbolo del comercio y de la medicina.

caducidad. f. **1** Acción de caducar. **2** Cualidad de caduco.

caducifolio, lia. adj. Se dice de los árboles y plantas de hoja caduca.

caduco, ca. adj. **1** Decrépito, muy anciano: *tu abuelo está ya un poco caduco*. **2** Perecedero, poco durable: *alimentos caducos*. **3** Gastado, obsoleto: *ideas caducas*. **4** Se dice de las hojas que se caen todos los años. Sin. 1 envejecido 2 efímero ☐ Ant. 1 joven 2 duradero 3 y 4 perenne.

caedizo, za. adj. Que cae fácilmente, que amenaza caerse.

caer. intr. **1** Venir un cuerpo de arriba abajo por la acción de su propio peso. También prnl. **2** Perder un cuerpo el equilibrio. También prnl. **3** Desprenderse una cosa del lugar u objeto a que estaba adherida. También prnl.: *caerse el pelo*. **4** Sentar bien o mal: *el café me ha caído fatal*. **5** Perder la prosperidad, fortuna, empleo o valimiento: *después de su éxito, cayó*. **6** Llegar a comprender algo: *ahora caigo en lo que me decía*. **7** Tocar o corresponder a alguno una alhaja, empleo, carga o suerte. **8** Estar situado en cierta parte: *la puerta cae a la derecha*. **9** Dejar de ser, desaparecer: *al final, cualquier imperio acaba cayendo*. || **Irreg.** Conjugación modelo:

> **Indicativo**
> Pres.: *caigo, caes, cae*, etc.
> Imperf.: *caía, caías, caía*, etc.
> Pret. indef.: *caí, caíste, cayó*, etc.
> Fut. imperf.: *caeré, caerás, caerá*, etc.
> **Potencial:** *caería, caerías, caería*, etc.
> **Subjuntivo**
> Pres.: *caiga, caigas, caiga*, etc.
> Imperf.: *cayera* o *cayese, cayeras* o *cayeses*, etc.
> Fut. imperf.: *cayere, cayeres*, etc.
> **Imperativo:** *cae, caed*.
> **Participio:** *caído*.
> **Gerundio:** *cayendo*.

café. m. **1** Cafeto: *plantación de café*. **2** Semilla del cafeto. **3** Bebida que se hace por infusión con esta semilla tostada y molida: *invítame a un café*. **4** Casa o sitio público donde se vende y toma esta bebida: *quedamos en el café de la esquina*.
cafeína. f. Alcaloide blanco, estimulante del sistema nervioso. Se encuentra en el café, el té, la cola, el mate, el cacao, y otros vegetales.
cafetal. m. **1** Sitio poblado de cafetos. **2** Vivienda que ocupan los encargados de su cultivo.
cafetería. f. Establecimiento donde se sirve café y otras bebidas, así como alimentos fríos o que requieran poca preparación, como sándwiches o platos combinados.
cafetero, ra. adj. **1** Perteneciente o relativo al café. **2** Se dice de la persona muy aficionada a tomar café. También s. | m. y f. **3** Persona que recoge la cosecha del café o que lo vende en sitio público. | f. **4** Recipiente donde se hace o se sirve café. **5** Vehículo viejo que no funciona bien: *tu coche es una cafetera*. **Sin.** 5 trasto.
cafeto. m. Árbol tropical, de hojas persistentes muy verdes y flores blancas, cuyo fruto en baya roja con dos semillas es el café.
caficultor. m. El que cultiva el café.
cafre. adj. y com. **1** Habitante de la parte oriental de África del Sur. **2** Bárbaro y cruel. **3** Tosco, grosero.

caftán. m. Especie de túnica sin cuello, abierta por delante, con mangas cortas, que cubre el cuerpo hasta la mitad de la pierna y es usada por turcos y moros.
cagaaceite. m. Zorzal de mayor tamaño que el común, con el dorso gris y la parte inferior de las alas blanca. También se conoce como *zorzal charlo*.
cagachín. m. **1** Mosquito mucho más pequeño que el común y de color rojizo. **2** Pájaro más pequeño que el jilguero.
cagada. f. **1** Excremento. **2** Equivocación, error, fracaso: *tu salida fue una cagada*. **Sin.** 1 mierda 2 disparate, desacierto □ **Ant.** 2 acierto.
cagado, da. adj. y s. Cobarde, apocado: *eres un cagado*. **Sin.** miedica, cagueta, gallina.
cagajón. m. Cada una de las porciones del excremento de las caballerías.
cagalera. f. Diarrea.
cagar. intr., tr. y prnl. **1** Evacuar el vientre. | tr. **2** Estropear, echar a perder alguna cosa: *ya la has cagado*. | **cagarse.** prnl. **3** Morirse de miedo. **Sin.** 1 defecar 2 fastidiar, jorobar □ **Ant.** 2 arreglar.
cagarruta. f. Cada una de las porciones del excremento del ganado menor y animales como el ciervo o el conejo.
cagón, na. adj. y s. Se dice de la persona muy miedosa y cobarde. **Sin.** miedica, gallina, cobardica.
caguama. f. Tortuga marina, algo mayor que el carey.
cagueta. adj. y com. Cagón.

Cafeto

caíd. m. Especie de juez o gobernador en algunos países musulmanes.

caída. f. **1** Acción de caer: *la caída del caballo.* **2** Bajada o declive. **3** Manera de plegarse o de caer los paños y ropajes: *esta falda tiene muy buena caída.* **4** Dicho oportuno. Más en pl.: *¡qué caídas tiene!* **SIN.** 2 cuesta, inclinación 4 golpe ❑ **ANT.** 2 subida, ascensión.

caído, da. adj. **1** Desfallecido, amilanado. **2** Muerto en una guerra. También m. pl.: *monumento a los caídos.* **SIN.** 1 decaído, débil, postrado 2 víctima, baja ❑ **ANT.** 1 animoso, lozano.

caimán. m. **1** Reptil muy parecido al cocodrilo, pero algo más pequeño, con el hocico chato y las membranas de los pies muy poco extensas. **2** Persona muy astuta.

cairel. m. **1** Adorno con flecos que cuelga en los extremos de algunas ropas. **2** Cerco de cabellera postiza. **3** Trozo de cristal de distintas formas, que adorna candelabros, lámparas, etc.

cairota. adj. y com. De El Cairo.

caja. f. **1** Pieza hueca de varias formas y tamaños que sirve para meter o guardar alguna cosa. **2** Mueble para guardar con seguridad dinero y objetos de valor. **3** Ataúd. **4** Parte exterior de madera que cubre y resguarda algunos instrumentos, como el órgano, el piano, etc., o que forma parte principal del instrumento, como en el violín, la guitarra, etc. **5** Ventanilla o dependencia destinada en los bancos, comercios u oficinas, para recibir o guardar dinero y para hacer pagos: *la caja abre a las diez.* **6** En impr., cajón con varias separaciones o cajetines, en cada uno de los cuales se ponen los caracteres que representan una misma letra o signo tipográfico. **7** En impr., espacio de la página lleno por la composición impresa.

cajero, ra. m. y f. **1** Persona que en los bancos, comercios, etc., está encargada de la caja. **2 cajero automático.** Máquina que, accionada por el cliente mediante una clave, permite realizar algunas operaciones bancarias.

cajetilla. f. Paquete de tabaco picado o de cigarrillos.

cajetín. m. **1** Listón de madera con dos ranuras en las que se alojan por separado los conductores eléctricos. **2** En impr., cada uno de los compartimientos de la caja. **3** Caja donde se recogen las monedas en los teléfonos públicos y otras máquinas. **4** Sello de mano con que en determinados documentos, se estampan diversas anotaciones. **5** Cada una de estas anotaciones.

cajista. com. Oficial de imprenta que compone y ajusta lo que se ha de imprimir.

cajón. m. **1** Caja grande: *compró un cajón de fruta.* **2** Cualquiera de los compartimientos de algunos muebles que se pueden sacar y meter en ciertos huecos donde se ajustan: *los cajones del armario.*

cajonera. f. **1** Cajón situado debajo de los pupitres de los niños para guardar el material escolar. **2** Mueble formado por cajones.

cajonería. f. Conjunto de cajones de un armario o estantería.

cal. f. Óxido de calcio, sustancia blanca que al contacto con el agua se hidrata o apaga hinchándose con desprendimiento de calor. Se usa parar fabricar cemento, mortero o argamasa y para neutralizar suelos ácidos.

cala. f. **1** Acción de calar un melón u otras frutas semejantes. **2** Pedazo cortado de una fruta para probarla. **3** Ensenada pequeña: *hemos recorrido todas las calas de la costa.* **4** Planta acuática de flores blancas en forma de cucurucho en cuyo interior se aloja un vástago amarillo. **5** Peseta: *me debes mil calas.* **SIN.** 1 cata 3 caleta 5 pela.

calabacera. f. Planta cucurbitácea, de tallos rastreros y flores amarillas, cuyo fruto es la calabaza.

calabacín. m. **1** Fruto cilíndrico de corteza verde y carne blanca, producido por una planta de la familia de las cucurbitáceas. **2** Persona torpe.

calabaza. f. **1** Fruto de la calabacera, de gran tamaño y formas variadas, las más comunes son de color amarillo o anaranjado. **2** Calabacera. **3** Persona torpe. **4** Suspenso en un examen. **SIN.** 3 zopenco 4 cate.

calabazate. m. Dulce de calabaza.

calabobos. m. Lluvia menuda y continua. ‖ No varía en pl.

calabozo. m. **1** Lugar subterráneo y lóbrego donde se encierra a determinados presos. **2** Celda de una cárcel. **3** Celda para presos incomunicados.

calabrés, sa. adj. y s. De Calabria.

calada. f. **1** Acción de calar, penetrar un líquido. **2** Cada vez que se aspira el humo del cigarro.

caladero. m. Sitio para calar las redes de pesca.

calado, da. 1 adj. Muy mojado, empapado: *tengo los zapatos calados.* **2** Con muchos agujeros: *blusa calada.* ‖ m. **3** Labor a modo de encaje que se hace en una tela. **4** Labor que consiste en taladrar el papel, tela, etc., formando dibujo. **5** Parte sumergida de un buque. **6** Profundidad que alcanza en el agua la parte sumergida de un barco. **7** Altura que alcanza la superficie del agua sobre el fondo.

calafate. m. Calafateador.
calafateado. m. Calafateo.
calafateador. m. El que calafatea.
calafatear. tr. **1** Cerrar las junturas de las maderas de las naves con estopa y brea para que no entre agua. **2** P. ext., cerrar otras junturas.

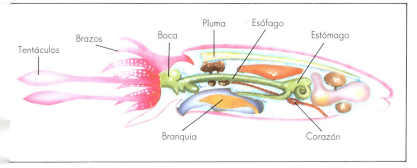

Anatomía de un calamar

calafateo. m. Acción de calafatear. **Sin.** calafateado.

calagurritano, na. adj. y s. Natural de la antigua Calagurris o de la moderna Calahorra, ciudad de La Rioja.

calamar. m. Molusco cefalópodo marino comestible, de cuerpo oval, con diez tentáculos y dos láminas laterales a modo de aletas. Posee una bolsa de tinta que, cuando le persiguen, suelta para enturbiar el agua.

calambac. m. Árbol leguminoso de Extremo Oriente, cuya madera es el palo áloe.

calambre. m. **1** Contracción espasmódica, involuntaria y dolorosa de ciertos músculos. **2** Sensación de temblor que experimenta el cuerpo humano al recibir una pequeña descarga eléctrica. **Sin.** 1 espasmo 2 sacudida.

calambuco. m. Árbol gutífero americano, cuya resina es el bálsamo de María.

calambur. m. Juego de palabras que consiste en variar el significado de una palabra o frase agrupando de modo diferente sus sílabas: *a este Lopico, lo pico* (Góngora).

calamento. m. Planta vivaz, labiada, que despide olor agradable.

calamidad. f. **1** Desgracia o infortunio que alcanza a muchas personas. **2** Persona incapaz, inútil o molesta: *eres una verdadera calamidad en la cocina*. **Sin.** 1 tragedia, catástrofe 2 inepto.

calamina. f. **1** Mineral silicato de cinc. **2** Cinc fundido.

calamita. f. **1** Imán, mineral. **2** Brújula.

calamite. f. Sapo pequeño, verde, con las uñas planas y redondas, que vive en las zonas pantanosas.

calamitoso, sa. adj. **1** Que causa calamidades o es propio de ellas. **2** Infeliz, desdichado.

cálamo. m. **1** Cañón de la pluma de un ave. **2** poét. Pluma para escribir.

calamón. m. **1** Ave zancuda, que habita en las orillas del mar. **2** Clavo de cabeza en forma de botón que se usa para tapizar o adornar. **3** Cada uno de los dos palos con que se sujeta la viga en el lagar y en el molino de aceite.

calandrado. m. Acción de calandrar.

calandrar. tr. Pasar el papel o la tela por la calandria.

calandria. f. **1** Máquina que sirve para prensar y satinar ciertas telas o el papel. **2** Cilindro hueco de madera, que funciona como un torno accionado por el peso de los hombres que se introducen en él. **3** Pájaro perteneciente a la misma familia que la alondra, de dorso pardo y vientre blanquecino. Anida en el suelo y es de canto fuerte y melodioso.

calaña. f. Índole, naturaleza de una persona o cosa. **Sin.** condición, ralea, pelaje.

cálao. m. Ave trepadora, que tiene sobre el pico un voluminoso apéndice córneo.

calar. tr. **1** Penetrar un líquido en un cuerpo permeable. También intr.: *el agua ha calado hasta mi piso*. **2** Atravesar un cuerpo con una espada, barrena, etc. **3** Cortar de un melón o de otras frutas un pedazo para probarlas. **4** Ponerse un sombrero o gorro metiéndolos bien en la cabeza. También prnl. **5** Colocar la bayoneta en el fusil. **6** Bordar una tela con calados. **7** Agujerear tela, papel, etc. **8** Penetrar, comprender el motivo, razón o secreto de algo o alguien: *ya te he calado*. | **calarse.** prnl. **9** Mojarse una persona. **10** Pararse bruscamente un motor: *si se te cala el coche, te suspenden*. **Sin.** 1 y 2 traspasar 8 ahondar.

calasancio, cia. adj. Escolapio.

calatraveño, ña. adj. y s. De Calatrava.

calatravo, va. adj. y s. Se dice de los caballeros, freires y personas de la orden de Calatrava.

calavera. f. **1** Conjunto de los huesos de la cabeza mientras permanecen unidos. **2** Mariposa que tiene en las alas unas manchas en forma de calavera. | m. **3** Hombre juerguista, vividor. **Sin.** 1 cráneo 3 libertino, mujeriego.

calaverada. f. Acción propia de un calavera.

calcado, da. adj. **1** Semejante, igual. | m. **2** Acción de calcar.

calcáneo. m. Uno de los huesos del tarso que, en el hombre, está situado en el talón.

calcañar, calcañal o **calcaño.** m. Parte posterior de la planta del pie.

calcar. tr. **1** Sacar copia de un dibujo, inscripción o relieve por medio de un papel transparente, o de calco, o a través de un aparato mecánico. **2** Imitar o reproducir con exactitud: *ha calcado la melodía*. **Sin.** 2 copiar, fusilar.

calcáreo, a. adj. Que tiene cal.

calce. m. **1** Calza que se pone para suplir la falta de altura: *se puso un calce en el zapato*. **2** Cuña para ensanchar un hueco: *pon un calce debajo del chasis para levantar el coche*. **3** *amer.* Pie de un documento: *el presidente firmó al calce*. **Sin.** 1 alza, calzo.

calcedonia. f. Ágata muy translúcida, de color azulado o lechoso.

calcedonio, nia. adj. y s. De Calcedonia.

calceolaria. f. Planta anual escrofulariácea, que se cultiva en jardines.

calceta. f. Media o tejido de punto: *se pasa el día haciendo calceta*.

calcetar. intr. Hacer calceta o media.

calcetería. f. **1** Oficio de calcetero. **2** Tienda donde se vendían calzas y calcetas.

calcetín. m. Media que cubre el tobillo y parte de la pierna.

calchaquí. adj. Se apl. al indio que habita en un valle de Tucumán, llamado de Calchaquí, y también al habitante del sur del Chaco.

calchín. adj. y s. Se apl. al indio de origen guaraní que habita al norte de Santa Fe.

calcicosis. f. Enfermedad crónica causada por la inhalación del polvo de la cal. || No varía en pl.

calcificación. f. **1** Acción de calcificar o calcificarse. **2** Transformación de los tejidos, por depositarse en ellos sales de cal.

calcificar. tr. **1** Producir por medios artificiales carbonato de cal. | **calcificarse.** prnl. **2** Modificarse o degenerarse los tejidos orgánicos por depositarse en ellos sales de calcio.

calcímetro. m. Aparato para determinar la cal de las tierras.

calcinación. f. Acción de calcinar.

calcinar. tr. **1** Quemar. También prnl.: *el bosque se ha calcinado*. **2** Reducir a cal viva los minerales calcáreos. **3** Someter al calor los minerales de cualquier clase para eliminar de ellos las sustancias volátiles.

calcinatorio. m. Vasija en que se calcina.

calcinosis. f. Depósitos de sales de calcio en los tejidos subcutáneos, musculares, etc. || No varía en pl.

calcio. m. Elemento químico metálico blanco, que, combinado con el oxígeno, forma la cal. Entra en la formación de huesos, conchas y espinas y se encuentra en la leche y las verduras. Su símbolo es *Ca*.

calciotermia. f. Técnica para obtener un metal, con empleo del calcio y elevación de temperatura.

calcita. f. Mineral constituido por carbonato cálcico cristalizado, principal componente de la roca caliza. Se usa como fertilizante y en metalurgia.

calco. m. **1** Acción de calcar, copiar o imitar. **2** Copia que se obtiene calcando. **3** Plagio, imitación servil. **4** Papel carbón para calcar.

calcografía. f. Arte de estampar con láminas metálicas grabadas.

calcografiar. tr. Estampar con calcografía.

calcomanía. f. **1** Papel o cartulina con una imagen preparada con trementina que puede estamparse en cualquier objeto pegándola y levantando el papel cuidadosamente. **2** Imagen obtenida por este medio. **3** La técnica misma de estampación.

calcopirita. f. Sulfuro natural de cobre y hierro, de color amarillo claro y brillante y no muy duro.

calcotipia. f. Procedimiento de grabado en cobre para reproducir en relieve sobre una plancha sólida una composición tipográfica de caracteres movibles.

calculable. adj. Que puede reducirse a cálculo.

calculador, ra. adj. y s. **1** Que calcula. **2** Interesado, previsor: *tiene una mente muy calculadora*. | m. y f. **3** Aparato o máquina que obtiene el resultado de cálculos matemáticos relativamente sencillos.

calcular. tr. **1** Hacer operaciones matemáticas. **2** Resolver las operaciones necesarias para un proyecto de arquitectura o ingeniería: *tengo que calcular las estructuras del edificio*. **3** Evaluar, considerar: *calcula y mira a ver si te compensa*. **4** Suponer: *calculo que el trabajo estará terminado en una semana*.

cálculo. m. **1** Acción de calcular. Con los adjetivos correspondientes designa las diferentes ramas de la matemática: *cálculo integral*. **2** Concreción anormal que se forma en el interior de algún tejido o conducto: *cálculos en el riñón*.

caldas. f. pl. Baños de aguas minerales calientes. **Sin.** termas.

caldaico, ca. adj. Perteneciente a Caldea.

caldario. m. Sala donde los antiguos romanos se tomaban los baños de vapor.

caldeamiento. m. Acción de caldear.

caldear. tr. y prnl. **1** Hacer que algo que antes

estaba frío aumente perceptiblemente de temperatura. **2** Excitar, acalorar el ánimo de quien estaba tranquilo e indiferente. **3** Animar, estimular el ánimo de un auditorio, de un ambiente, etc. **Ant.** 1 enfriar, helar 2 y 3 aplacar, calmar.

caldeo. m. Acción de caldear.

caldeo, a. adj. **1** De Caldea. También s. | m. **2** Lengua de los caldeos.

caldera. f. **1** Recipiente de metal, grande y redondo, que sirve para calentar o cocer alguna cosa. **2** Recipiente metálico donde se hace hervir el agua para algún servicio: *tenemos una caldera de propano para la calefacción*.

calderería. f. **1** Tienda donde se hacen o venden calderas. **2** Parte o sección de los talleres de metalurgia donde se trabajan las barras y planchas de hierro o acero. **3** Oficio del que se dedica a estas tareas.

calderero. m. **1** El que hace o vende obras de calderería. **2** Operario que cuida de una caldera.

caldereta. f. **1** Guisado de pescado o mariscos. **2** Guiso típico de pastores con carne de cabrito o cordero.

calderilla. f. Monedas de metal de poco valor.

caldero. m. **1** Caldera pequeña, con una sola asa. **2** Lo que cabe en él.

calderón. m. **1** En mús., signo (⌒) que representa la suspensión del movimiento del compás. **2** Esta suspensión. **3** Signo ortográfico (¶) que se emplea en impr. para marcar una parte no principal del texto. **4** Delfín de gran tamaño, de cabeza voluminosa y aletas pectorales estrechas y largas; es de color blanquecino por debajo y negro por encima.

calderoniano, na. adj. Propio y característico del dramaturgo Pedro Calderón de la Barca.

caldo. m. **1** Líquido que resulta de cocer en agua carne, pescado, legumbres, etc. **2** Parte líquida de algunos guisos: *el caldo del estofado*. **3** Cualquiera de los jugos vegetales destinados a la alimentación, como el vino, aceite, sidra, etc. Más en pl. **Sin.** 2 salsa, moje.

caldoso, sa. adj. Que tiene mucho caldo.

calé. adj. y com. Gitano.

caledonio, nia. adj. y s. De la Caledonia.

calefacción. f. **1** Sistema para producir calor. **2** Conjunto de aparatos destinados a calentar un edificio. **3 calefacción central.** La que con una sola caldera calienta todo un edificio.

calefactor, ra. m. y f. **1** Persona que construye, instala o repara aparatos de calefacción. | m. **2** Aparato de calefacción.

calefactorio. m. Lugar que en algunos conventos se destina para calentarse.

calendario. m. **1** Sistema de división del tiempo: *calendario solar*. **2** Almanaque, cuadro de los días, semanas, meses, fiestas, etc., del año. **3** Previsión y distribución de un trabajo o actividad: *calendario laboral, escolar*. **Sin.** 3 agenda, anuario.

calendas. f. pl. **1** En el antiguo cómputo romano y en el eclesiástico, el primer día de cada mes. **2** Época o tiempo pasado.

calentador, ra. adj. **1** Que calienta. | m. **2** Recipiente o aparato que sirve para calentar. Generalmente se aplica al que calienta el agua de una vivienda. **3** Calcetín sin pie para calentar los tobillos, usado principalmente en gimnasia. **Sin.** 1 calorífero.

calentamiento. m. **1** Acción de calentar. **2** Conjunto de ejercicios físicos que se realizan para preparar los músculos antes de algún esfuerzo deportivo, gimnástico, etc.

calentar. tr. y prnl. **1** Dar calor. También intr.: *ahora empiezan a calentar los radiadores*. **2** Avivar, animar, enardecer: *ya se está calentando la tertulia*. **3** Golpear, pegar: *te van a calentar tus padres*. **4** Ejercitar suavemente los músculos antes de hacer deporte. También intr. **5** Excitar sexualmente. | **calentarse.** prnl. **6** Acalorarse en una disputa. || **Irreg.** Se conj. como *acertar*. **Sin.** 1 caldear 2 y 6 exaltarse 3 zurrar ◻ **Ant.** 1 enfriar, refrescar 2 y 6 tranquilizarse, calmarse.

calentura. f. **1** Fiebre. **2** *amer.* Descomposición por fermentación lenta que sufre el tabaco apilado.

calenturiento, ta. adj. **1** Que tiene indicios de calentura o fiebre. **2** Se dice del pensamiento exaltado o retorcido: *mente calenturienta*. **Sin.** 1 destemplado, febril.

caleño, ña. adj. **1** Que puede dar cal. **2** Calizo.

calepino. m. Diccionario latino.

calera. f. **1** Cantera de donde se extrae piedra caliza. **2** Horno donde se calcina la piedra caliza.

calería. f. Sitio donde se muele y vende cal.

calero, ra. adj. **1** Perteneciente a la cal, o que participa de ella. | m. **2** El que hace o vende cal.

calesa. f. Carruaje abierto con capota, de dos o cuatro ruedas.

calesera. f. **1** Chaqueta con adornos que usan los caleseros andaluces. **2** Seguidilla sin estribillo que cantan los caleseros.

calesero. m. El que conduce calesas.

calesín. m. Carruaje ligero, de cuatro ruedas y dos asientos, tirado por una caballería.

calesita. f. *amer.* Tiovivo.

caleta. f. **1** Cala, ensenada pequeña. **2** *amer.* Barco que va tocando, en las calas, fuera de los puertos mayores. **3** *amer.* Gremio de porteadores de mercancías, especialmente en los puertos de mar.

caletre. m. Inteligencia, capacidad, talento. **Ant.** necedad, torpeza.

cálibe. m. Individuo de un pueblo que habitaba en el Ponto. Más en pl.

calibración. f. Acción de calibrar.

calibrador. m. Instrumento para calibrar.

calibrar. tr. **1** Medir el calibre de las armas de fuego o el de otros tubos, proyectiles, alambres, chapas, etc. **2** Dar el calibre que se desea. **3** Apreciar, juzgar o valorar algo: *hay que calibrar los riesgos de la empresa*.

calibre. m. **1** Diámetro interior o exterior de los cuerpos cilíndricos. **2** Instrumento que sirve para comprobar las medidas de las piezas. **3** Tamaño, importancia, clase. **Sin.** 1 anchura 3 trascendencia.

calicanto. m. Obra de mampostería.

calicata. f. Exploración que se hace en un terreno para determinar la existencia de minerales o la naturaleza del subsuelo.

caliche. m. **1** Piedrecilla que, introducida por descuido en el barro, se calcina al cocerlo. **2** Costrilla de cal que suele desprenderse del enlucido de las paredes. **3** *amer.* Sustancia arenosa de la que se extrae el nitrato de sodio.

caliciforme. adj. Que tiene forma de cáliz.

calículo. m. Conjunto de brácteas que simulan un cáliz alrededor del verdadero cáliz, o del involucro, como el clavel, la malva y la fresa.

calidad. f. **1** Propiedad o conjunto de propiedades inherentes a una persona o cosa. **2** Superioridad o excelencia: *la calidad de la tela salta a la vista*. **3** Nobleza del linaje. **4** Importancia, valor: *es una obra de calidad*. **Sin.** 1 índole, categoría, clase.

cálido, da. adj. **1** Que da calor. **2** Afectuoso: *recibimos una cálida acogida*. **3** Se dice de la pintura en la que predominan los tonos dorados o rojizos. **Sin.** 1 y 2 caluroso □ **Ant.** 1-3 frío.

calidoscopio. m. Tubo que contiene varios espejos y objetos de figura irregular; al moverlo y mirar por uno de sus extremos se ven infinitas combinaciones simétricas.

calientapiés. m. Calefactor destinado especialmente a calentar los pies. || No varía en pl.

calientaplatos. m. Aparato destinado a mantener calientes los platos ya cocinados. || No varía en pl.

caliente. adj. **1** Que tiene o produce calor. **2** Acalorado: *tuvieron una conversación muy caliente*. **3** Excitado sexualmente. **4** Se dice de los colores dorados o rojizos. **Sin.** 1 caldeado, caluroso 2 exaltado 3 cachondo □ **Ant.** 1-4 frío.

califa. m. Título de los príncipes musulmanes que, como sucesores de Mahoma, ejercieron la suprema potestad religiosa y civil en Asia, África y España.

califato. m. **1** Dignidad de califa. **2** Tiempo que duraba su gobierno. **3** Territorio gobernado por el califa.

calificación. f. **1** Acción de calificar. **2** Nota de un examen, concurso, etc.: *ha obtenido unas excelentes calificaciones*.

calificado, da. adj. **1** Se dice de la persona de autoridad y prestigio: *un especialista calificado*. **2** Que tiene todos los requisitos necesarios para algo. **Sin.** 1 acreditado 2 apto, idóneo □ **Ant.** 1 desprestigiado 2 inhábil.

calificar. tr. **1** Apreciar, expresar o determinar las cualidades o circunstancias de una persona o cosa. **2** Juzgar el grado de suficiencia de un alumno u opositor en un examen o ejercicio. **3** Manifestar, ilustrar, acreditar: *su actuación le calificó de cobarde*. **4** En gram., denotar un adjetivo la cualidad de un sustantivo.

calificativo, va. adj. Que califica.

californio. m. Elemento químico radiactivo artificial, que se usa principalmente como generador de neutrones en las reacciones nucleares. Su símbolo es *Cf*.

cáliga. f. **1** Especie de sandalias que usaban los soldados romanos. **2** Cada una de las polainas que usaron los monjes en la Edad Media y posteriormente los obispos. Más en pl.

calígine. f. Niebla, oscuridad.

caliginoso, sa. adj. Denso, nebuloso.

caligrafía. f. **1** Conjunto de rasgos que caracterizan la escritura de una persona, escrito, etc. **2** Arte de escribir con letra clara y bien formada.

calígrafo, fa. m. y f. **1** Persona que escribe a mano con letra excelente. **2** Persona que tiene especiales conocimientos de caligrafía.

caligrama. m. Denominación que se da a los poemas en que la línea escrita del verso adopta una disposición tipográfica especial para dar una sensación visual coherente con la composición.

calina o **calima.** f. Bruma, neblina por evaporación de agua que se produce en verano.

calinoso, sa. adj. Cargado de calina.

calitipia. f. Procedimiento fotográfico que da imágenes de color sepia o violado.

cáliz. m. **1** Vaso sagrado donde se consagra el vino en la misa. **2** poét. Copa o vaso. **3** Cubierta externa de las flores completas, formada por hojas verdes o sépalos.

caliza. f. Roca compuesta sobre todo de calcita, muy abundante en la naturaleza y utilizada en la construcción.

calizo, za. adj. Que tiene cal. **Sin.** calcáreo.

callado, da. adj. **1** Silencioso, reservado: *es un chico muy callado*. **2** Se dice de lo hecho con silencio o reserva: *hizo una callada labor de ayuda*. **3 dar la callada por respuesta.** loc. No responder, dando a entender así negativa o rechazo. **Sin.** 2 secreto □ **Ant.** 1 locuaz, hablador, extravertido.

callao. m. **1** Guijo, piedra de río. **2** Terreno llano y cubierto de cantos rodados.

Cálices

callar. intr. y prnl. **1** No hablar, guardar silencio. **2** Cesar de hablar, de gritar, de cantar, de hacer ruido, etc. **3** Abstenerse de manifestar lo que se siente o se sabe. También tr.: *no calles nada.* **Sin.** 1 enmudecer 3 silenciar □ **Ant.** 2 sonar 3 manifestar, declarar.

calle. f. **1** Vía pública en una población. **2** Todo lo que en una población está fuera de las viviendas: *si sales a la calle, compra el periódico.* **3** La gente, el público en general: *no quiero que me oiga toda la calle.* **4** Libertad, por contraste con cárcel, detención, etc.: *estar en la calle.* **5** En dep., franja por la que ha de desplazarse cada deportista: *está nadando por la calle central.*

calleja. f. Callejuela.

callejear. intr. Andar paseando por las calles.

callejeo. m. Acción de callejear.

callejero, ra. adj. **1** Relativo a la calle. **2** Se dice de la persona a la que le gusta callejear. | m. **3** Lista y plano de las calles de una ciudad.

callejón. m. **1** Paso estrecho y largo entre paredes, casas o elevaciones del terreno. **2** Espacio que hay entre las localidades y la barrera de las plazas de toros. **Sin.** 1 callejuela, calleja, pasaje 2 entrebarrera.

callejuela. f. Calle estrecha y corta.

callicida. m. Sustancia preparada para extirpar los callos.

callista. com. Persona que se dedica a extirpar o curar callos y otras dolencias de los pies. **Sin.** pedicuro.

callo. m. **1** Dureza que por roce o presión se forma en los pies, manos, rodillas, etc. **2** Persona muy fea: *esta mujer es un callo.* | pl. **3** Pedazos de estómago de la vaca, ternera o carnero, que se comen guisados.

callosidad. f. Endurecimiento de la piel, menos profunda que el callo.

calloso, sa. adj. **1** Que tiene callos o callosidades. **2** De textura áspera y dura, parecida a la del callo.

calma. f. **1** Estado de la atmósfera cuando no hay viento. **2** Cesación, interrupción: *estamos en un periodo de calma.* **3** Paz, tranquilidad: *lo más importante es no perder la calma.* **4** Cachaza, pachorra: *habla con una calma desesperante.* **Sin.** 1 bonanza, quietud □ **Ant.** 1 marejada 3 alteración, inquietud 4 rapidez, diligencia.

calmante. adj. y m. Se dice de los medicamentos que disminuyen o hacen desaparecer un dolor o una molestia.

calmar. tr. **1** Sosegar, adormecer, aliviar, templar. También prnl.: *le dimos una tila y se calmó.* | intr. **2** Estar en calma o tender a ella: *ha calmado el viento.* **Ant.** 1 excitar, inquietar.

calmo, ma. adj. **1** Terreno erial. **2** Que está en descanso.

calmoso, sa. adj. **1** Se apl. a la persona lenta y perezosa. **2** Que está en calma.

caló. m. Lenguaje de los gitanos.

calobiótica. f. Arte de vivir bien.

calocéfalo, la. adj. Que tiene hermosa cabeza.

calofilo, la. adj. Que tiene hermosas hojas.

calor. m. **1** Energía producida por la vibración acelerada de las moléculas, que se manifiesta elevando la temperatura y dilatando los cuerpos y llega a fundir los sólidos y a evaporar los líquidos. **2** Sensación que experimenta un cuerpo ante otro de temperatura más elevada. **3** Aumento de la temperatura del cuerpo: *tengo calor.* **4** Ardor, actividad, entusiasmo: *defendió sus ideas con calor.* **5** Afecto, buena acogida: *en su familia no encuentra el calor necesario para sentirse seguro.* **Ant.** 2 y 4 frío, frialdad 4 y 5 desinterés, apatía.

caloría. f. Unidad de energía térmica equivalente a la cantidad de calor necesaria para elevar la temperatura de un gramo de agua en un grado centígrado de 14,5º a 15,5º C a la presión normal. Su símbolo es *cal;* también se utiliza como medida del contenido energético de los alimentos.

caloriamperímetro. m. Aparato para medir la intensidad de una corriente eléctrica por el método calorimétrico.

caloricidad. f. Propiedad vital por la que los animales de sangre caliente conservan un calor independiente del ambiente en que viven.

calorífero, ra. adj. **1** Que conduce y propaga el calor. | m. **2** Aparato con que se calientan las habitaciones. **3** Calientapiés.

calorificación. f. Función del organismo vivo, de la cual procede el calor de cada individuo.

calorífico, ca. adj. **1** Que produce o distribuye calor. **2** Relativo al calor.

calorífugo. adj. 1 Que se opone a la transmisión del calor. 2 Incombustible.

calorimetría. f. Medición del calor que se desprende o absorbe en los procesos biológicos, físicos o químicos.

calorímetro. m. Instrumento con que se mide el calor.

calostro. m. Primera leche que da la hembra después de parir.

calta. f. Planta anual de flores grandes y amarillas.

calumnia. f. Acusación falsa, hecha maliciosamente para causar daño: *esta revista sólo publica calumnias*. SIN. difamación, falacia □ ANT. alabanza.

calumniar. tr. Levantar calumnias. SIN. difamar.

calumnioso, sa. adj. Que contiene calumnia.

caluroso, sa. adj. 1 Que siente o causa calor: *chaqueta calurosa*. También s. 2 Afectuoso, ardiente: *un caluroso apretón de manos*. ANT. 1 y 2 frío, gélido.

calvario. m. 1 Vía crucis. 2 Serie o sucesión de adversidades y padecimientos: *está viviendo un verdadero calvario*. SIN. 2 suplicio, amargura.

calva. f. 1 Parte de la cabeza de la que se ha caído el pelo. 2 Parte de una piel, felpa u otro tejido semejante que ha perdido el pelo por el uso: *esta alfombra tiene ya muchas calvas*. 3 P. ext., calvero.

calverizo, za. adj. Se apl. al terreno de muchos calveros.

calvero. m. Paraje desprovisto de vegetación en un bosque.

calvicie o **calvez.** f. Pérdida o falta de pelo en la cabeza. SIN. alopecia.

calvinismo. m. Doctrina protestante de Calvino, que defiende la predestinación y reconoce como únicos sacramentos el bautismo y la eucaristía.

calvinista. adj. y com. Relacionado con la doctrina de Calvino o seguidor de ella.

calvo, va. adj. 1 Que ha perdido el cabello. También s. 2 Pelado, sin vegetación. SIN. 1 pelón 2 ralo, yermo.

calza. f. 1 Cuña con que se calza. 2 Media. | pl. 3 Prenda de vestir que antiguamente cubría el muslo y la pierna, o sólo el muslo. SIN. 1 calce, calzo.

calzada. f. 1 Camino empedrado y ancho. Se usa para denominar sobre todo las grandes vías construidas por los romanos de las que aún quedan muchos restos en España. 2 Parte de la calle comprendida entre dos aceras, por donde circula el tráfico rodado: *prohibido estacionar en la calzada*.

calzado, da. adj. 1 Se dice de algunos religiosos porque usan zapatos, en contraposición a los descalzos: *religiosas trinitarias calzadas*. 2 Se dice del animal cuyas extremidades tienen, en su parte inferior, color distinto del resto. | m. 3 Cualquier prenda que sirve para cubrir y resguardar el pie.

calzador. m. Utensilio de forma acanalada, que sirve para ayudar a meter el pie en el zapato.

calzar. tr. 1 Cubrir el pie y algunas veces la pierna con el calzado: *calza el 36; siempre calza botas de montar*. También prnl. 2 Poner cuñas o calces: *hay que calzar la mesa*.

calzo. m. 1 Cuña que se introduce entre dos cuerpos. | 2 pl. Las extremidades de un caballo o yegua, sobre todo cuando son de un color distinto al del resto del cuerpo: *un caballo con calzos negros*. SIN. 1 calce, calza.

calzón. m. Especie de pantalón que cubre desde la cintura hasta el muslo o las rodillas.

calzonazos. m. Hombre débil y condescendiente que se deja manejar fácilmente. || No varía en pl.

calzoncillo. m. Prenda interior masculina, con o sin perneras. Más en pl.

cama. f. 1 Mueble para dormir o descansar, acondicionado con colchón, sábanas, mantas, almohada, etc., o el conjunto de todo ello: *tienes que hacer la cama*. 2 Plaza para un enfermo en el hospital: *lleva un mes esperando una cama*. 3 Sitio donde se echan los animales para su descanso. SIN. 1 lecho, catre.

camada. f. 1 Conjunto de crías que paren de una vez las hembras de los animales: *camada de perros*. 2 Banda de ladrones o conjunto de personas a los que se alude con desprecio. SIN. 2 caterva, panda, pandilla.

camafeo. m. 1 Figura tallada en relieve en una piedra preciosa. 2 La misma piedra labrada.

camal. m. 1 Cabestro o cabezón con que se ata a las bestias. 2 Palo grueso del que se suspende por las patas traseras al cerdo muerto.

camáldula. f. Orden monástica fundada por San Romualdo, bajo la regla de San Benito.

camaldulense. adj. y com. De la orden de la camáldula.

camaleón. m. 1 Reptil de unos 30 cm de longitud, cuya piel cambia de color para adaptarse al de

Camaleón

camaleónico – cambija

los objetos que le rodean. **2** Persona que cambia con facilidad de opinión o actitud. S‍ɪɴ. 2 veleta.
camaleónico, ca. adj. Voluble, cambiante.
cámara. f. **1** Máquina para hacer fotografías: *cámara fotográfica.* **2** Aparato destinado a registrar imágenes animadas para el cine, la televisión o el vídeo. **3** Habitación o recinto refrigerado donde se guardan o conservan alimentos en los comercios, almacenes, etc. **4** Habitación, pieza, espacio: *cámara real, cámara mortuoria.* **5** Anillo tubular de goma, que forma parte de los neumáticos. **6** En las armas de fuego, espacio que ocupa la carga. **7** Junta, asociación: *cámara de comercio.* | com. **8** Persona que maneja una cámara de cine o televisión. **9 cámara alta.** Senado. **10 cámara baja.** Congreso de los Diputados.
camarada. com. Compañero de estudios, de profesión, de ideología, etc.
camaradería. f. Amistad o relación cordial entre camaradas.
camaranchón. m. desp. Desván de la casa, o lo más alto de ella, donde se suelen guardar trastos viejos. S‍ɪɴ. buhardilla, sobrado, trastero.
camarero, ra. m. y f. **1** Persona que sirve a los clientes en bares, restaurantes, hoteles o establecimientos similares. | f. **2** Criada principal de una casa. **3** Dama que servía a la reina.
camareta. f. **1** Cámara de los buques pequeños. **2** Mortero para fuegos artificiales.
camarilla. f. Conjunto de personas que influyen en las decisiones de alguna autoridad superior o personaje importante: *la camarilla del presidente.* **2** Grupo de personas que acaparan un asunto sin dejar participar a los demás interesados en él.
camarillesco. adj. desp. Propio de una camarilla.
camarín. m. **1** Nicho que está detrás del altar y en el que se venera una imagen. **2** Cuarto en el que se guardan las alhajas y vestidos de una imagen.
camarista. m. **1** Miembro de la antigua Cámara de Castilla. | f. **2** Criada distinguida de la reina, princesa o infantas.
camarlengo. m. Título del cardenal presidente de la Cámara Apostólica, que gobierna provisionalmente la Iglesia a la muerte del Papa.
camarón. m. Crustáceo marino, muy parecido a la gamba, aunque algo más pequeño. Su carne es muy apreciada.
camarote. m. Habitación de un barco.
camastro. m. desp. Cama incómoda y de mal aspecto.
camastrón, na. m. y f. Persona falsa y doble, que actúa en su propio beneficio.
cambalache. m. Cambio de objetos de poco valor, a veces con intención de engañar.

Cámaras

cámbaro. m. Denominación que en algunas zonas se da a un tipo de crustáceos con grandes pinzas delanteras, muy apreciados como alimento, entre los que se encuentran la nécora, el centollo y el buey de mar.
cambiante. adj. **1** Que cambia. | m. pl. **2** Variedad de colores o visos que, según la luz, toman ciertas superficies, como el nácar, algunos tejidos, etc. S‍ɪɴ. 2 tornasol, aguas, reflejos.
cambiar. tr. **1** Dar o recibir una cosa por otra que la sustituya: *he cambiado la mesa por el sofá.* **2** Convertir en otra cosa. También prnl.: *la risa se cambió en llanto.* **3** Dar o tomar monedas o valores por sus equivalentes: *cambió los dólares en pesos.* **4** Intercambiar: *cambiaron unas palabras de saludo.* **5** Devolver algo que se ha comprado: *voy a cambiar este pantalón, porque me está pequeño.* | intr. **6** Alterar una persona o cosa su carácter o su apariencia: *ha cambiado mucho desde la separación.* También prnl. || Se usa con la prep. *de: se cambió de casa; cambió de idea.* **7** En los vehículos de motor, pasar de una marcha o velocidad a otra.
cambiario, ria. adj. Relativo al negocio de cambio o a la letra de cambio.
cambiazo. m. **1** aum. de *cambio.* **2 dar el cambiazo.** loc. Cambiar fraudulentamente una cosa por otra.
cambija. f. Arca de agua elevada sobre las cañerías que la conducen.

cambín. m. Nasa de junco.

cambio. m. **1** Acción de cambiar. **2** Moneda fraccionaria: *no tengo cambio.* **3** Dinero que se devuelve después de comprar algo: *no me has dado bien el cambio.* **4** Precio de cotización de los valores mercantiles: *el cambio de estas acciones no se ha modificado.* **5** Valor relativo de las monedas de países diferentes. **6** Mecanismo para cambiar el tren de vía, o el automóvil de velocidad.

cambista. com. Persona que cambia moneda.

cámbium. m. Meristemo secundario situado entre los haces leñosos y los liberianos.

camboyano, na. adj. y s. De Camboya.

cambriano, na o **cámbrico, ca.** adj. y s. Se dice del primero de los períodos geológicos en que se divide la era primaria o paleozoica o del terreno y los fósiles pertenecientes a él.

cambrón. m. **1** Arbusto con ramas torcidas, enmarañadas y espinosas, hojas pequeñas, flores solitarias blanquecinas y bayas casi redondas. **2** Zarza.

cambronera. f. Arbusto solanáceo, con ramas curvas y espinosas.

cambroño. m. Planta papilionácea, de flores amarillas, propia de las montañas del centro de España.

cambur. m. Planta parecida al plátano, pero con la hoja más ovalada y el fruto más redondeado, e igualmente comestible.

camedrio o **camedris.** m. Planta labiada, de hojas parecidas a las del roble y flores purpúreas.

camelar. tr. **1** Engañar o seducir a alguien adulándolo. **2** Enamorar. **Sin.** 1 embaucar, engatusar 2 atraer, encandilar, requebrar.

camelete. m. Pieza grande de artillería que se usó para derribar murallas.

camelia. f. Arbusto originario de Japón y China, de hojas perennes y flores grandes, del mismo nombre, inodoras, blancas, rojas o rosadas.

camélido. adj. y m. **1** Se dice de los mamíferos rumiantes que se caracterizan por tener una o dos jorobas, como el camello y el dromedario. | m. pl. **2** Familia de estos animales.

camelista. com. Embaucador, engatusador.

camellero. m. El que cuida de los camellos.

camello, lla. m. y f. **1** Rumiante, oriundo de Asia Central, de gran tamaño, que tiene el cuello largo, la cabeza proporcionalmente pequeña y dos gibas en el dorso. | m. **2** En argot, traficante o vendedor de droga en pequeñas cantidades.

camellón. m. Artesa de forma cuadrangular destinada a abrevar el ganado vacuno.

camelo. m. **1** Farsa, fingimiento. **2** Noticia falsa. **3** Chasco, burla. **4** Estafa, timo.

camembert. (voz fr.) m. Queso de pasta fermentada, fabricado originariamente en Normandía a partir de leche de vaca. || No varía en pl.

cameralismo. m. Predominio de las asambleas, que integran un sistema parlamentario, sobre el poder ejecutivo en la dirección política de un país.

camerino. m. En los teatros, cuarto donde los actores se visten, maquillan, etc.

camero, ra. adj. **1** Se dice de la cama de tamaño menor que la de matrimonio. **2** Relativo a ella: *sábana camera.*

camerunés, sa. adj. y s. De Camerún.

camilla. f. **1** Cama estrecha y portátil para trasladar enfermos o heridos. **2** Mesa redonda cubierta por una faldilla, debajo de la cual hay una tarima en la que se coloca el brasero. **Sin.** 1 angarillas, parihuelas.

camillero. m. Cada uno de los que transportan enfermos o heridos en la camilla.

caminante. adj. y com. Que camina.

caminar. intr. **1** Ir andando de un lugar a otro. **2** Seguir su curso los ríos, los planetas. | tr. **3** Andar determinada distancia: *camina tres kilómetros diarios.* **Ant.** 1 y 2 detenerse.

caminata. f. Paseo o recorrido largo y fatigoso.

caminero, ra. adj. Relativo a los caminos. Se dice sobre todo del peón que trabaja en la reparación de caminos y carreteras.

camino. m. **1** Vía de tierra por donde se transita habitualmente. **2** Vía que se construye para transitar. **3** Jornada, viaje, recorrido, ruta: *todavía no queda un largo camino.* **4** Dirección que ha de seguirse para llegar a un lugar. **5** Medio para hacer o conseguir alguna cosa: *el camino de la gloria.* **Sin.** 1 senda, vereda, sendero 5 procedimiento, método, manera.

camión. m. Vehículo automóvil destinado al transporte de mercancías pesadas.

camionero, ra. m. y f. Persona que conduce un camión.

camioneta. f. **1** Camión pequeño. **2** Autobús, sobre todo el interurbano.

camisa. f. **1** Prenda de vestir con cuello, botones y mangas, que cubre el torso. **2** Prenda interior que cubre el torso. **3** Piel de la serpiente, de la que se desprende periódicamente. **4** Revestimiento exterior o interior de algo, como una pieza mecánica o la cubierta de un libro. **Sin.** 1 blusa 2 camiseta 4 funda.

camisería. f. **1** Tienda en que se venden camisas. **2** Taller donde se hacen.

camisero, ra. adj. **1** Referente o relativo a la camisa. **2** Se dice particularmente de la blusa o vestido de mujer con corte parecido a una camisa de hombre. | m. y f. **3** Persona que hace o vende camisas.

camiseta. f. **1** Prenda interior, sin cuello, que se pone directamente sobre el cuerpo, debajo de la

camisa. 2 Prenda parecida, que se lleva externamente.

camisola. f. **1** Camisa fina que se ponía sobre la camiseta y solía llevar puntillas o encajes en la abertura del pecho y en los puños. **2** Camisón corto de estilo camisero.

camisón. m. Prenda que usan las mujeres para dormir; puede tener corte de vestido, entallado y escotado o de camisa amplia y larga.

camita. adj. y com. Descendiente de Cam.

camítico, ca. adj. Relativo a los camitas.

camomila. f. Manzanilla, hierba compuesta y su flor.

camón. m. **1** Trono real portátil. **2** Mirador, balcón encristalado. **3** Cada una de las piezas curvas que componen los anillos de las ruedas hidráulicas.

camorra. f. **1** Riña o pendencia. **2** Organización de tipo mafioso que opera en Nápoles y otras ciudades del sur de Italia.

camorrista. adj. y com. Que arma camorras fácilmente.

camp. (voz ingl.) adj. Que revitaliza nostálgicamente los gustos estéticos (plásticos, musicales, literarios, etc.) que se consideran pasados de moda: *música camp.*

campal. adj. **1** Se dice de la batalla que tiene lugar entre dos ejércitos enemigos en campo abierto. **2** P. ext., se aplica a cualquier pelea o disputa generalizada.

campamento. m. **1** Lugar donde se establecen temporalmente fuerzas del ejército o grupo de personas, con tiendas, barracas, etc.: *campamento de verano.* **2** Conjunto de estas personas e instalaciones.

campana. f. **1** Instrumento de metal, en forma de copa invertida, que suena al golpearlo con el badajo. **2** Cualquier cosa que tiene forma parecida: *campana de la chimenea.*

campanada. f. **1** Golpe que da el badajo en la campana. **2** Sonido que hace. **3** Escándalo o novedad ruidosa: *su embarazo fue una campanada.*

campanario. m. Torre, espadaña o armadura donde se colocan las campanas.

campanear. intr. **1** Tocar insistentemente las campanas. **2** Oscilar, balancear, contonearse. También prnl. **3** Divulgar al instante un suceso. **Sin.** 3 pregonar, publicar.

campanero, ra. m. y f. **1** Que tiene por oficio tocar las campanas. | m. **2** Artífice que vacía y funde las campanas.

campaniforme. adj. **1** De forma de campana. **2** Se dice de una cultura prehistórica, probablemente de origen ibérico, en la que abunda un tipo de vasija en forma de campana invertida.

Campanilla

campanilla. f. **1** Campana pequeña que se agita con la mano. **2** Parte media del velo del paladar, cónica y de textura membranosa y muscular, que divide su borde libre en dos mitades como arcos. **3** Flor de la enredadera y otras plantas, cuya corola tiene forma de campana. **Sin.** 2 úvula.

campanillazo. m. Toque fuerte de la campanilla.

campanillear. intr. Tocar reiteradamente la campanilla.

campanilleo. m. Sonido frecuente o continuado de la campanilla.

campante. adj. **1** Despreocupado, tranquilo: *le robaron y se quedó tan campante.* **2** Ufano, satisfecho. **Ant.** 1 preocupado 2 afligido, insatisfecho.

campanudo, da. adj. **1** De forma parecida a la campana. **2** Se dice del vocablo de sonido muy fuerte y lleno, y del lenguaje o estilo afectado. **3** Que se expresa en este estilo.

campanuláceo, a. adj. y f. **1** Se dice de plantas angiospermas dicotiledóneas, con flores de corola gamopétala y fruto capsular. | f. pl. **2** Familia de estas plantas.

campaña. f. **1** Conjunto de actos que se dirigen a conseguir un fin determinado de tipo político, económico, publicitario, etc.: *campaña electoral.* **2** Expedición militar: *la campaña de África.* **3** Campo llano sin montes ni aspereza.

campar. intr. **1** Sobresalir. **2** Acampar. **3 campar** alguien **por sus respetos.** loc. Actuar con libertad e independencia.

campeador. adj. y m. Se aplicaba al que destacaba en el campo de batalla por sus hazañas: *Cid Campeador.*

campear. intr. **1** Sobresalir: *en lo alto del ayuntamiento campeaba la bandera del partido.* **2** Salir los animales al campo. **Sin.** 1 descollar.

campechanía. f. Cualidad de campechano.

campechano, na. adj. Que se comporta y trata a los demás con llaneza y cordialidad, sin ceremonias ni formulismos. **Sin.** franco, afable ☐ **Ant.** seco, estirado.

campeón, na. m. y f. **1** Vencedor de un campeonato. **2** P. ext., defensor de una competición deportiva. **3** Defensor, paladín de una causa o idea: *campeón de la libertad.* **Ant.** 1 y 2 perdedor.

campeonato. m. **1** Certamen o competición en que se disputa el premio en ciertos juegos o deportes: *campeonato de atletismo.* **2** Triunfo obtenido en el certamen: *se alzó con el campeonato de tenis.* **3 de campeonato.** loc. adj. Excelente, muy grande: *le dio una bofetada de campeonato.*

campero, ra. adj. **1** Relativo al campo. **2** Que se hace en el campo: *fiesta campera.* | f. **3** *amer.* Chaqueta de uso informal o deportivo. | f. pl. **4** Botas de media caña.

campesinado. m. Conjunto o clase social de los campesinos.

campesino, na. adj. **1** Que es propio del campo o perteneciente a él: *costumbre campesina.* **2** Labrador. También s. **Sin.** 1 rural, campestre 2 labriego, agricultor ☐ **Ant.** 1 urbano.

campestre. adj. **1** Del campo. **2** Se dice de las fiestas, reuniones, comidas, etc., que se celebran en el campo.

camping. (voz ingl.) m. **1** Lugar acondicionado para vivir al aire libre en tiendas de campaña o caravanas. **2** Esta misma actividad. **Sin.** 1 campamento 2 acampada.

campiña. f. Campo llano, especialmente dedicado al cultivo. **Sin.** labrantío.

campista. com. Persona que hace camping.

campo. m. **1** Terreno extenso sin edificar fuera de las poblaciones. **2** Tierra cultivable. **3** Sembrados, árboles y demás cultivos. **4** Terreno contiguo a una población. **5** Terreno reservado para actividades determinadas: *campo de tiro, de fútbol.* **6** Ámbito real o imaginario propio de una actividad. **7** Conjunto determinado de materias, ideas o conocimientos: *el campo de la física.* **8** Espacio en que se manifiesta cualquier acción física a distancia: *campo gravitatorio.* **9 campo de concentración.** Recinto en que se obliga a vivir a cierto número de personas por razones políticas, sanitarias, etc. **Sin.** 2 campiña, labrantío 5 zona.

camposanto. m. Cementerio católico.

campurriano, na. adj. y s. De Campoo.

campus. m. Espacio, terreno, edificios y jardines pertenecientes a una universidad. || No varía en pl.

camueso. m. Especie de manzano, de fruto fragante y sabroso.

camuflaje. m. Acción de camuflar o camuflarse.

camuflar. tr. **1** Disimular la presencia de armas, tropas, etc., cubriéndolos con ramas, hojas o pintura. **2** Esconder algo o a alguien. También prnl.: *se camufló en el bosque.* **Ant.** 1 mostrar 2 desenmascarar, descubrir.

camuñas. m. Personaje fantástico con que se asusta a los niños.

can. m. **1** Perro. **2** Cabeza de una viga del techo interior, que carga en el muro y sobresale al exterior, sosteniendo la cornisa.

cana. f. Cabello blanco. Más en pl.

canaco, ca. m. y f. Nombre que se da a los indígenas de varias islas de Oceanía, Tahití y otras.

canadiense. adj. y com. **1** De Canadá. | f. **2** Especie de cazadora o chaquetón de piel con el pelo hacia el interior.

canal. m. **1** Estrecho marítimo, natural o artificial: *canal de Suez.* **2** Cada una de las bandas de frecuencia en que puede emitir una estación de televisión: *sólo recoge tres canales.* | amb. **3** Cauce artificial por donde se conduce el agua. **4** Parte más profunda y limpia de la entrada de un puerto. **5** Teja delgada y combada que, en los tejados, forma los conductos por donde corre el agua. **6** Cada uno de estos conductos. **7** Res muerta y abierta, sin despojos. || En todas las acepciones se suele usar en masculino. **Sin.** 3 acequia, cacera, reguera.

canaladura. f. Moldura hueca que se hace en algún elemento arquitectónico, en línea vertical. **Sin.** estría, ranura.

canalé. m. Tejido de punto que forma estrías o canales.

canaleja. f. **1** dim. de canal. **2** Pieza de madera unida a la tolva, por donde pasa el grano a la muela.

canalización. f. Acción de canalizar.

canalizar. tr. **1** Regularizar el cauce o la corriente de un río. **2** Abrir canales. **3** Encauzar, orientar: *han canalizado todas las quejas al mismo departamento.* **Ant.** 3 desviar, apartar.

canalla. com. **1** Persona despreciable y ruin. | f. **2** Gente baja, ruin: *lo encerraron con la canalla.* **Sin.** 1 indeseable, sinvergüenza 2 gentuza, chusma.

canallada. f. Acción o dicho propios de un canalla.

canallesco, ca. adj. Propio de un canalla o de la canalla.

canalón. m. **1** Conducto que recibe y vierte el agua de los tejados. **2** Sombrero de teja.

canana. f. Cinto dispuesto para llevar cartuchos.

cananeo, a. adj. y s. **1** De Canaán. | m. **2** Grupo

Canal de Suez (1904)

de lenguas semíticas que comprende el antiguo cananeo, hebreo, fenicio y moabita.

canapé. m. **1** Diván o sofá con el asiento y el respaldo acolchados. **2** Aperitivo que consta de una rebanadita de pan sobre la que se ponen otros alimentos.

canario, ria. adj. y s. **1** De Canarias. | m. **2** Pájaro cantor, originario de las islas Canarias, de cola larga y ahorquillada, pico cónico y delgado y plumaje amarillo, verdoso o blanquecino.

canasta. f. **1** Cesto de mimbre, ancho de boca, que suele tener dos asas. **2** Juego de naipes con dos o más barajas francesas entre dos bandos de jugadores. **3** Aro de hierro fijado a un tablero por el que hay que introducir el balón en el juego del baloncesto. **4** Cada tanto que se consigue en este juego: *ha metido una canasta de tres puntos*. **Sin.** 1 banasta, canasto.

canastilla. f. **1** Cestilla de mimbre. **2** Ropa para el recién nacido.

canastillo. m. Cesto pequeño de mimbre.

canasto. m. **1** Canasta de boca estrecha. | pl. **2** interj. que indica sorpresa.

cáncamo. m. Tornillo con cabeza en forma de anilla.

cancán. m. **1** Danza frívola y muy movida, de origen francés, que se baila levantando la falda para que se vean los movimientos de las piernas. **2** Prenda interior femenina para mantener holgada la falda.

cancel. m. **1** Contrapuerta para evitar ruidos o impedir la entrada del aire. **2** Armazón vertical de madera u otra materia, que divide espacios en una sala o habitación. **Sin.** 2 biombo, mampara.

cancela. f. **1** Rejilla que se pone en el umbral de algunas casas. **2** En algunas casas andaluzas, verja de hierro forjado que sustituye a la del portal, impidiendo el paso al patio pero permitiendo que se vea.

cancelación. f. Acción de cancelar.

cancelar. tr. **1** Anular, dejar sin validez: *le han cancelado el permiso*. **2** Suspender lo que se tenía previsto: *han cancelado todos los vuelos*. **3** Saldar, pagar una deuda. **Ant.** 1 y 2 ratificar, confirmar.

cáncer. m. **1** Tumor maligno originado por el desarrollo anormal e incontrolado de ciertas células que invaden y destruyen los tejidos orgánicos. **2** Mal moral que arraiga en la sociedad sin que se le pueda poner remedio: *el cáncer del consumismo*. **3** Cuarto signo del Zodiaco que el Sol recorre aparentemente al comienzo del verano. || En esta acepción, se escribe con mayúscula. | com. **4** Persona que ha nacido bajo este signo: *las mujeres cáncer son hogareñas*. **Sin.** 1 carcinoma.

cancerado, da. adj. **1** De naturaleza cancerosa. **2** Atacado de cáncer.

cancerar. intr. Padecer de cáncer o degenerar en canceroso alguna úlcera. También prnl.: *la llaga se ha cancerado.*

cancerbero. m. **1** Perro mitológico de tres cabezas que guardaba la puerta de los infiernos. **2** Portero de un equipo de fútbol.

canceriforme. adj. Que tiene forma o aspecto de cáncer.

cancerígeno, na. adj. Que causa o favorece el desarrollo del cáncer: *el tabaco es cancerígeno.*

canceroso, sa. adj. Afectado de cáncer o que participa de su naturaleza.

cancha. f. **1** Local o espacio destinado a la práctica de determinados deportes o juegos: *cancha de tenis.* **2** *amer.* En general, terreno, espacio, local o sitio llano y despejado. **3** *amer.* Corral o cercado espacioso para depositar ciertos objetos: *cancha de maderas.* **4** *amer.* Habilidad que se adquiere con la experiencia.

canchal. m. Peñascal o sitio de grandes piedras descubiertas.

canchear. intr. Trepar o subir por canchos o peñascos.

cancho. m. Peñasco grande.

cancilla. f. Puerta, hecha a manera de verja, que cierra los huertos, corrales o jardines.

canciller. m. **1** Empleado auxiliar en las embajadas, legaciones, consulados y agencias diplomáticas y consulares. **2** En algunos países, jefe de Gobierno o magistrado supremo. **3** En muchos países, ministro de Asuntos Exteriores. **4** Antiguamente, secretario encargado del sello real, con el que autorizaba los privilegios y cartas reales.

cancilleresco, ca. adj. Relativo a la cancillería.

cancillería. f. **1** Dignidad o cargo de canciller. **2** Oficina especial en las embajadas y otras representaciones diplomáticas. **3** Alto centro diplomático en el cual se dirige la política exterior.

canción. f. **1** Composición en verso, que se canta, o a la que se pueda poner música. **2** Música con que se canta esta composición. **3** Composición lírica amorosa de estilo petrarquista, dividida casi siempre en estancias largas, que se cultivó sobre todo en el s. XVI. **4** Cosa dicha con repetición insistente o pesada: *ya vuelve con la misma canción.* **5** Noticia, pretexto, etc., sin fundamento: *no me vengas con canciones.* **SIN.** 4 cantinela 5 pamplina, tontería.

cancionero. m. Colección de canciones y poesías, por lo común de diversos autores.

cancro. m. **1** Cáncer, tumor maligno. **2** Úlcera que se manifiesta por manchas blancas o rosadas en la corteza de los árboles.

cancroideo, a. adj. Que tiene aspecto de cáncer.

candado. m. Cerradura suelta contenida en una caja de metal, que por medio de anillas o armellas asegura puertas, cofres, etc.

candar. tr. **1** Cerrar con llave. **2** P. ext., cerrar de cualquier modo.

candeal. adj. y m. Se dice de una variedad de trigo más blanco y de mayor calidad, y del pan fabricado con él.

candela. f. **1** Vela para alumbrar. **2** Lumbre, fuego. **3** Unidad de intensidad luminosa. **SIN.** 1 cirio.

candelabro. m. Soporte de dos o más brazos, para poner velas, que se sostiene por su pie o sujeto en la pared.

candelero. m. Utensilio que sirve para mantener derecha la vela o candela.

candente. adj. **1** Se dice del cuerpo, generalmente metálico, cuando se enrojece o blanquea por la acción del calor: *hierro candente.* **2** Vivo, de actualidad, apasionante: *noticia candente.* **SIN.** 1 incandescente 2 palpitante.

candidación. f. Acción de cristalizarse el azúcar.

candidato, ta. m. y f. Persona que aspira a algún puesto o cargo, o que es propuesta para alguno de ellos. **SIN.** aspirante, pretendiente.

candidatura. f. **1** Reunión de candidatos a un empleo. **2** Aspiración a cualquier puesto o cargo: *presentó su candidatura a la presidencia.* **3** Propuesta de una persona para un cargo o dignidad. **4** Papeleta en que va escrito o impreso el nombre de uno o varios candidatos.

candidez. f. Cualidad de cándido.

cándido, da. adj. **1** Sencillo, ingenuo, sin malicia ni doblez. **2** Blanco, de color de nieve o leche. **ANT.** 1 malicioso, avispado.

candil. m. Lámpara para alumbrar formada por dos recipientes de metal superpuestos, cada uno con su pico; en el superior se pone el aceite y en el inferior una varilla con garfio para colgarlo. **2** *amer.* Araña, especie de candelabro colgado del techo.

candileja. f. **1** Vaso interior del candil. **2** Cualquier vaso pequeño en que se pone aceite u otra materia combustible para que ardan una o más mechas. | pl. **3** Línea de luces en el proscenio del teatro. **SIN.** 3 batería.

candombe. m. **1** *amer.* Baile de los negros de América del Sur y, p. ext., sitio donde se baila. **2** *amer.* Tambor prolongado, de un solo parche, con el que se acompaña.

candongo, ga. adj. y s. **1** Zalamero y astuto. **2** Vago, haragán. **ANT.** 2 trabajador.

candor. m. Ingenuidad, inocencia, pureza: *el candor de aquella chica conmovió a todos.* **SIN.** candidez □ **ANT.** malicia, picardía.

candoroso, sa. adj. Que tiene candor.

caneca. f. Frasco cilíndrico de barro vidriado, que sirve para contener ginebra u otros licores.

canéfora. f. Doncella que en algunas fiestas de la antigua Grecia llevaba en la cabeza un canastillo con flores, ofrendas y cosas necesarias para los sacrificios.

canela. f. **1** Corteza del canelo, de color rojo amarillento y de olor muy aromático y sabor agradable. **2** Cosa muy fina y exquisita: *esta crema es canela fina*.

canelácea, a. adj. y f. **1** Se dice de las plantas angiospermas dicotiledóneas, parecidas a las misticáceas, propias de países tropicales, y que se caracterizan por lo aromático de sus cortezas. | f. pl. **2** Familia de estas plantas.

canelo, la. adj. **1** De color de canela, aplicado especialmente a los perros y caballos. | m. **2** Árbol originario de Sri Lanka, de 7 a 8 m de altura, con tronco liso y hojas parecidas a las del laurel. La segunda corteza de sus ramas es la canela. **3 hacer el canelo.** loc. Hacer el tonto.

canelón. m. **1** Canalón de tejados. **2** Carámbano largo y puntiagudo que cuelga de las canales cuando se hiela el agua de lluvia o se derrite la nieve. **3** Pasta de harina de trigo, cortada de forma rectangular con la que se envuelve un relleno de carne, pescado, verduras, etc. Más en pl.

canesú. m. **1** Cuerpo de vestido de mujer corto y sin mangas. **2** Pieza superior de la camisa o blusa a la que se pegan el cuello, las mangas y el resto de la prenda. || pl. *canesúes* o *canesús*.

canga. f. Instrumento de suplicio chino. Es una tabla con tres agujeros en los que se aprisionan el cuello y muñecas del reo.

cangilón. m. Cada uno de los recipientes que sacan el agua en una noria o el fango en una draga. **Sin.** arcaduz.

cangreja. f. Vela en forma de trapecio que, en las embarcaciones, va a popa.

cangrejo. m. **1** Crustáceo de río o de mar; el de río tiene el caparazón negro verdoso y dos pinzas grandes en la patas delanteras; el de mar tiene el cuerpo redondo parecido al de la araña. Son muy apreciados como alimento. | adj. y f. **2** Se dice de la vela de forma trapezoidal que va en la popa del barco.

canguelo. m. Miedo, temor.

canguro. m. **1** Mamífero marsupial herbívoro de Australia, que anda a saltos, con las extremidades delanteras mucho más cortas que las posteriores, cola robusta en la que se apoya y, las hembras, una bolsa en el vientre para llevar a sus crías. | com. **2** Persona que se dedica a cuidar a niños pequeños, en su domicilio, y que cobra el servicio por horas.

caníbal. adj. y com. **1** Se dice del salvaje de las Antillas, del que se suponía que comía carne humana.

Canguro

2 Que come carne humana. **3** Salvaje, cruel, feroz. **Sin.** 2 antropófago.

canibalismo. m. Costumbre de comer carne humana atribuida a los caníbales. **Sin.** antropofagia.

canica. f. **1** Juego de niños que se hace con bolitas de barro, vidrio u otra materia dura, que consiste en chocarlas e introducirlas en un hoyo del suelo llamado *gua*. Más en pl. **2** Cada una de estas bolitas.

caniche. adj. y com. Se dice de una raza de perros generalmente de pequeño tamaño, de pelo rizado, ensortijado y lanoso.

canicie. f. Color blanco del pelo.

canícula. f. Período del año en que el calor es más fuerte.

canicular. adj. Relativo a la canícula: *calor canicular*.

cánido, da. adj. y m. **1** Se dice de los mamíferos carnívoros con cinco dedos en las patas anteriores y cuatro en las posteriores, como el perro y el lobo. | m. pl. **2** Familia de estos mamíferos.

canijo, ja. adj. y s. Débil y enfermizo o poco desarrollado: *se ha quedado canijo*. **Sin.** raquítico, enclenque □ **Ant.** robusto, fuerte.

canilla. f. **1** Cualquiera de los huesos largos de la pierna o del brazo y especialmente la tibia. **2** Parte más delgada de la pierna: *la falda me llega hasta las canillas*. **3** Carrete metálico en que se devana la seda o el hilo en las máquinas de coser. **4** Grifo o espita que se pone en la parte inferior de la cuba o tinaja. **5** *amer.* Pierna muy delgada o pantorrilla. **6** *amer.* Grifo. **Sin.** 1 espinilla 3 bobina.

canime. m. Árbol de Colombia y Perú, de la familia de las gutíferas, llamado también palo de aceite, del que se obtiene un aceite medicinal.

canino, na. adj. **1** Relativo al perro. **2** Se apl. a las propiedades que tienen semejanza con las del perro. | adj. y m. **3** Cada uno de los cuatro dientes, agudos y fuertes, situados entre los incisivos y los premolares. **4 hambre canina.** Hambre exagerada. **Sin.** 1 y 2 perruno 3 colmillo.

canje. m. Cambio, trueque o sustitución.

canjear. tr. Intercambiar recíprocamente algo o a alguien: *he canjeado el vale por un bolso*.

cannabáceo, a. adj. y f. **1** Se dice de las plantas angiospermas dicotiledóneas, herbáceas y con flores unisexuales dispuestas en cimas, como el cáñamo y el lúpulo. | f. pl. **2** Familia de estas plantas.

cánnabis. adj. Nombre científico de un género de cannabáceas, de una de cuyas especies se extrae el hachís. ‖ No varía en pl.

cannáceo, a. adj. y f. **1** Se dice de las plantas monocotiledóneas, perennes, con flores generalmente vistosas, irregulares en racimo o en panoja y fruto en cápsula, como el cañacoro *(canna índica)* o platanillo. | f. pl. **2** Familia formada por estas plantas.

cano, na. adj. Se dice del pelo, bigote o barba total o parcialmente blancos y de las personas que los tienen.

canoa. f. Embarcación de remo o con motor, estrecha, sin quilla y ordinariamente de una pieza. **Sin.** piragua.

canódromo. m. Lugar donde se celebran carreras de galgos.

canon. m. **1** Regla o precepto. **2** Catálogo o lista. **3** Modelo de características perfectas: *canon griego de belleza*. **4** Impuesto que se paga por algún servicio, generalmente oficial: *canon de exportaciones*. **5** Composición musical de contrapunto en que sucesivamente van entrando las voces, repitiendo o imitando cada una el canto de la que le antecede. | pl. **6** Derecho canónico.

canónico, ca. adj. Conforme a los sagrados cánones y demás disposiciones eclesiásticas.

canónigo. m. Sacerdote que forma parte del cabildo de una catedral.

canonista. com. Especialista en derecho canónico.

canonización. f. Acción de canonizar.

canonizar. tr. Declarar el Papa solemnemente santo a un venerable, ya beatificado, y autorizar su culto en la Iglesia católica. **Sin.** santificar.

canonjía. f. **1** Prebenda o dignidad del canónigo. **2** Empleo de poco trabajo y bien remunerado. **Sin.** 2 chollo, bicoca, momio.

canope. m. Vasija que se encuentra en las antiguas tumbas de Egipto y estaba destinada a contener las vísceras de los cadáveres momificados.

canoro, ra. adj. **1** Ave de canto grato y melodioso. **2** Grato y melodioso, dicho de cualquier sonido. **Ant.** 2 destemplado.

canoso, sa. adj. Que tiene muchas canas.

canotier. (voz fr.) m. Sombrero de paja, de alas rectas y copa baja y plana.

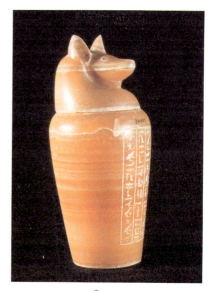

Canope

cansado, da. adj. Se apl. a la persona o cosa que produce cansancio: *es un trabajo muy cansado*.

cansancio. m. **1** Falta de fuerzas que resulta de haberse fatigado. **2** Aburrimiento, tedio: *sus charlas producen cansancio general*. **Sin.** 1 fatiga, agotamiento ☐ **Ant.** 1 vigor 2 diversión, entretenimiento.

cansar. tr. y prnl. **1** Causar cansancio, fatigar: *subir las escaleras ya me cansa menos*. **2** Aburrir: *comer todos los días pollo, cansa*. **3** Enfadar, molestar: *ya me estoy cansando de tus gritos*. **Ant.** 1 descansar 2 divertir.

cansino, na. adj. Lento, pesado, perezoso: *tiene el hablar cansino*. **Ant.** dinámico, vivo.

cantable. adj. Que se puede cantar.

cantábrico, ca. adj. Relativo a Cantabria.

cántabro, bra. adj. y s. De Cantabria.

cantal. m. **1** Canto de piedra. **2** Cantizal.

cantamañanas. com. Persona informal, fantasiosa, irresponsable. ‖ No varía en pl.

cantante. adj. **1** Que canta. | com. **2** Persona que canta profesionalmente. **Sin.** 2 vocalista.

cantaor, ra. m. y f. Persona que canta flamenco.

cantar. m. Breve composición poética puesta en música para cantarse, o adaptable a alguno de los aires populares, como el fandango, la jota, etc. **Sin.** copla, canción, canto.

cantar. intr. y tr. **1** Formar con la voz sonidos

melodiosos y variados. Se usa hablando de personas y también de animales. **2** Componer o recitar alguna poesía. **3** Celebrar, ensalzar: *esta obra canta al amor*. **4** En algunos juegos, declarar cierta jugada: *cantar las cuarenta, cantar bingo*. **5** Descubrir o confesar lo secreto: *ya ha cantado todo lo que sabía*. | tr. **6** Decir algo de forma entonada y rítmica: *cantar la tabla de multiplicar*. | intr. **7** Ser algo muy llamativo y evidente: *que te vayas ahora, canta mucho*.

cántara. f. Cántaro.

cantarada. f. Líquido que cabe en un cántaro.

cantarera. f. Poyo de fábrica o armazón de madera que sirve para poner los cántaros.

cantárida. f. Insecto coleóptero de color verde oscuro brillante, que vive en las ramas de los tilos y, sobre todo, de los fresnos.

cantarilla. f. Vasija de barro, del tamaño y forma de una jarra ordinaria y boca redonda.

cantarín, na. adj. **1** Que canta mucho. **2** Se dice de ciertos sonidos suaves y agradables propios de la naturaleza: fuentes, arroyos, etc.

cántaro. m. **1** Vasija grande de barro o metal, estrecha de boca, con una o dos asas. **2 llover a cántaros.** loc. Llover mucho y con fuerza.

cantata. f. Composición musical, profana o religiosa, para una o varias voces con acompañamiento.

cantautor, ra. m. y f. Persona que compone las canciones que canta.

cantazo. m. Pedrada o golpe dado con un canto.

cante. m. **1** Cualquier género de canto popular, especialmente el andaluz. **2 cante hondo** (pronunciado *jondo*). Modalidad de cante flamenco. **3 dar el cante.** loc. Llamar exageradamente la atención.

cantear. tr. **1** Labrar los cantos de una tabla, piedra u otro material. **2** Poner de canto los ladrillos.

cantera. f. **1** Sitio de donde se extrae piedra. **2** Lugar, institución, etc., que proporciona personas con una capacidad específica para una determinada actividad: *proviene de la cantera del Real Madrid*. SIN. 1 gravera, pedrera.

cantería. f. Arte de labrar las piedras para la construcción.

cantero. m. **1** El que labra las piedras para la construcción. **2** El que extrae piedra de las canteras.

cantero. m. **1** Extremo de algunas cosas duras que se pueden partir con facilidad. **2** *amer.* Cuadro de un jardín o de una huerta.

cántico. m. **1** Canto religioso para dar gracias o alabar a Dios. **2** Ciertas poesías profanas: *cántico de alegría*. SIN. 1 himno, salmo.

cantidad. f. **1** Propiedad de lo que es capaz de aumento y disminución y puede medirse y numerarse. **2** Cierto número de unidades. **3** Porción grande o abundante de algo: *hay cantidad de comida*. **4** Porción indeterminada de dinero: *me deben una cantidad astronómica*. **5** En fon., duración de un sonido: *esta marca indica la cantidad de la vocal*. **6 en cantidad.** loc. adv. Mucho, en abundancia: *necesitamos ayuda en cantidad*. ANT. 3 escasez, carencia.

cantiga o **cántiga.** f. Antigua composición poética destinada al canto.

cantil. m. Sitio o lugar que forma escalón en la costa o en el fondo del mar.

cantilena. f. Cantinela.

cantimplora. f. Frasco de plástico o metal aplanado para llevar la bebida en viajes o excursiones.

cantina. f. Local público donde se venden bebidas y algunos alimentos. SIN. taberna, tasca.

cantinela. f. **1** Cantar, copla, composición poética breve, hecha generalmente para que se cante. **2** Repetición molesta e importuna de algo: *siempre vienen con la misma cantinela*. SIN. 2 lata, tabarra.

cantinero, ra. m. y f. **1** Dueño o encargado de una cantina. | f. **2** Mujer que en las guerras acompañaba y servía bebidas a la tropa.

cantizal. m. Terreno donde hay muchos cantos y guijarros.

canto. m. **1** Acción de cantar: *el canto de la cigarra*. **2** Arte de cantar: *ha estudiado canto*. **3** Composición de música vocal. **4** Composición poética, especialmente de tema heroico.

canto. m. **1** Extremidad, lado, punta, esquina o remate de algo: *el canto de la mesa*. **2** En el cuchillo o en el sable, lado opuesto al filo. **3** Corte del libro, opuesto al lomo. **4 de canto.** loc. adv. De lado, no de plano: *hay que entrar de canto*.

canto. m. Trozo de piedra: *canto rodado*. SIN. guijarro, china.

cantón. m. **1** División administrativa de algunos países, como Suiza. **2** Esquina de un edificio. **3** Cada uno de los cuatro ángulos que pueden considerarse en el escudo, y que sirven para designar el lugar de algunas piezas.

cantonal. adj. Relativo al cantón o al cantonalismo.

cantonalismo. m. Sistema político que aspira a dividir el Estado en cantones confederados.

cantonera. f. Pieza que se pone en la esquina de libros, muebles u otros objetos como refuerzo o adorno.

cantor, ra. adj. y s. **1** Que canta, principalmente si es su oficio: *el cantor de jazz*. **2** Se dice de las aves que emiten sonidos melodiosos. SIN. 1 cantante 2 canoro.

cantoral. m. Libro de coro.

cantú. m. Planta arbustiva originaria de Perú, de 2 a 3 m de alto. Entre los incas tuvo carácter sagrado.

Cantueso en flor

cantueso. m. Planta perenne de la familia de las labiadas, semejante al espliego, con flores olorosas y de color morado.

canturrear. intr. y tr. Cantar a media voz: *ha estado todo el día canturreando la misma canción*.

canturreo. m. Acción de canturrear.

cánula. f. **1** Tubo corto que se emplea en aparatos de laboratorio y de medicina: *la cánula del irrigador*. **2** Tubo terminal o extremo de las jeringas en el que se coloca la aguja.

canular. adj. Que tiene forma de cánula.

canutas (pasarlas). loc. Verse en situación muy difícil, apurada o arriesgada.

canutillo. m. **1** Pequeño canuto de vidrio que se emplea en trabajos de pasamanería. **2** Hilo de oro o de plata rizado para bordar.

canuto. m. **1** Parte de una caña comprendida entre dos nudos. **2** Cañón de palo, metal u otra materia, corto y no muy grueso, que sirve para diferentes usos. **3** Porro, cigarrillo de marihuana o hachís.

caña. f. **1** Tallo de las plantas gramíneas. **2** Nombre de varias plantas gramíneas, por lo común de tallo hueco y nudoso. **3** Canilla del brazo o de la pierna. **4** Tuétano. **5** Parte de la bota o de la media que cubre la pierna. **6** Vaso, alto y estrecho generalmente, de vino o cerveza. Por ext., vaso de otra forma para cerveza. **7** Vara larga y flexible que se emplea para pescar. **8 caña de azúcar.** Planta gramínea de tallo relleno de un tejido esponjoso del que se extrae el azúcar de caña. **9 dar** (o **meter**) **caña.** loc. Meter prisa.

cañacoro. m. Planta herbácea cannácea, cuyo fruto es una caja dividida en tres celdas llenas de muchas semillas globosas sin albumen.

cañada. f. **1** Camino para el ganado trashumante. **2** Valle o paso estrecho entre dos montes de poca altura. **Sin.** 1 vereda 2 quebrada.

cañadilla. f. Molusco comestible, que produce una secreción líquida utilizada antiguamente para dar a las telas el color de púrpura.

cañafístula. f. **1** Árbol propio de países intertropicales, de unos 10 m de altura. **2** Fruto de este árbol.

cañaheja. f. **1** Planta umbelífera, de unos 2 m de alt., tallo recto, cilíndrico y hueco, y flores amarillas. **2** Tallo de esta planta cortado y seco.

cañamazo. m. **1** Tela de tejido ralo, dispuesta para ser bordada o para servir de guía a otra tela que llevará finalmente el bordado. **2** Tela tosca de cáñamo. **Sin.** 2 arpillera.

cañamero, ra. adj. Relativo al cáñamo: *industria cañamera*.

cáñamo. m. Planta anual cannabácea de unos 2 m de altura, con tallo erguido, ramoso, áspero, hueco y velloso, hojas lanceoladas y opuestas, y flores verdosas, cuya semilla es el cañamón. Con su fibra textil se hacen tejidos, cuerdas, alpargatas, etc.

cañamón. m. Simiente del cáñamo, que se usa principalmente para alimentar pájaros.

cañaveral. m. Sitio poblado de cañas.

cañear. tr. Beber cañas de manzanilla o cerveza.

cañeo. m. Acción de cañear.

cañería. Conducto por donde circulan o se distribuyen las aguas o el gas. **Sin.** tubería.

cañero, ra. adj. **1** Relativo a la caña de azúcar. | m. **2** Utensilio en forma de doble bandeja, con agujeros en la parte superior para sujetar las cañas o vasos del vino de manzanilla al servirlos.

cañí. adj. y com. De raza gitana. || pl. *cañís*.

cañizo. m. Armazón de cañas entretejidas que se usa para cobertizos, techos, etc.

caño. m. **1** Tubo corto de metal, vidrio o barro. **2** Tubo por el que sale el agua en una fuente. **3** Chorro de agua. **Sin.** 1 canuto.

cañón. m. **1** Pieza hueca y larga, a modo de caña: *los cañones del órgano*. **2** Tubo por donde sale el proyectil de un arma de fuego. **3** Pieza de artillería, larga, que puede estar fija o llevarse sobre ruedas, y se utiliza para lanzar balas, metralla o cierta clase de proyectiles huecos. **4** Parte córnea y hueca de la pluma del ave. **5** Paso estrecho o garganta profunda entre dos montañas, por donde suelen correr los ríos.

cañonazo. m. **1** Disparo hecho con el cañón. **2** Ruido originado por el mismo. **3** Daños producidos por el disparo del cañón. **4** En algunos deportes, lanzamiento muy fuerte del balón. Sɪɴ. 4 trallazo.

cañonear. tr. Disparar el cañón.

cañoneo. m. Acción de cañonear.

cañonería. f. Conjunto de cañones de una pieza de artillería o de un órgano.

caoba. f. **1** Árbol americano de hasta de 30 m de altura con tronco recto y grueso. Su madera es muy estimada para muebles, por su hermoso color rojizo y su fácil pulimento. **2** Color parecido al de esta madera: *se dio reflejos caoba en el pelo.* Sɪɴ. 2 cobrizo.

caobilla. f. Árbol silvestre de las Antillas, cuya madera es parecida a la caoba, y también imita algo al cedro por su color amarillento.

caolín. m. Arcilla blanca muy pura que se emplea en la fabricación de la porcelana y del papel.

caos. m. **1** Estado de confusión en que se hallaban las cosas en el momento de su creación. **2** Confusión, desorden. ‖ No varía en pl. Aɴᴛ. 2 orden.

caótico, ca. adj. Relativo al caos. Sɪɴ. confuso, desordenado.

capa. f. **1** Prenda de vestir larga y suelta, sin mangas, abierta por delante. **2** Tela encarnada con vuelo para torear. **3** Sustancia que se sobrepone en una cosa para cubrirla o bañarla: *dar una capa de barniz.* **4** Cada una de las partes superpuestas que forman algo: *el pastel tiene tres capas.*

capacho. m. Especie de espuerta de cuero o estopa para diferentes usos. Sɪɴ. capazo.

capacidad. f. **1** Posibilidad que tiene algo de contener en su interior otras cosas. **2** Extensión o espacio de algún sitio o local: *el teatro tiene una gran capacidad.* **3** Aptitud o suficiencia para algo: *tiene capacidad para dar la clase.* **4** Talento o inteligencia: *quedó patente su capacidad para los idiomas.* **5** En inform., máximo número de bits almacenables en una memoria. Aɴᴛ. 3 incapacidad, ineptitud.

capacitación. f. Acción de capacitar o capacitarse.

capacitar. tr. y prnl. Hacer apto, habilitar: *su experiencia debería capacitarle para tomar este tipo de decisiones.* Aɴᴛ. incapacitar.

capadocio, cia. adj. y s. De Capadocia.

capadura. f. Acción de capar.

capar. tr. Extirpar o inutilizar los órganos genitales. Sɪɴ. castrar.

caparazón. m. **1** Cubierta rígida que cubre el tórax y a veces todo el dorso de muchos crustáceos, insectos, tortugas, etc. **2** Esqueleto torácico del ave: *el caparazón del pollo.* **3** Coraza, protección.

caparidáceo, a. adj. y f. **1** Se dice de las plantas angiospermas dicotiledóneas, herbáceas o arbóreas, como la alcaparra. | f. pl. **2** Familia de estas plantas.

caparrosa. f. Sulfato de cobre, hierro o cinc.

capataz. m. **1** El que gobierna y vigila a cierto número de trabajadores. **2** Persona a cuyo cargo está la labranza y administración de las haciendas de campo. Sɪɴ. 1 encargado 2 mayoral, caporal.

capaz. adj. **1** Que tiene capacidad para contener algo. **2** Grande o espacioso. **3** Apto, con la preparación necesaria para hacer algo: *es muy capaz para el dibujo.* **4** Inteligente: *es un chico muy capaz.* **5** Atrevido, resuelto. ‖ En esta acepción se usa con la prep. *de: es capaz de enfrentarse a él.* Aɴᴛ. 3 y 4 inepto.

capazo. m. **1** Capacho, espuerta grande de esparto o de palma. **2** Cesto de mimbre que se acondiciona como cuna para niños recién nacidos.

capciosidad. f. Cualidad de capcioso.

capcioso, sa. adj. **1** Engañoso, artificioso. **2** Se dice de las preguntas, argumentaciones, sugerencias, etc., que se hacen para confundir o apurar al interlocutor, provocando una respuesta inconveniente o comprometedora para él.

capea. f. Fiesta en la que se lidian becerros o novillos por aficionados.

Capea

capear. tr. **1** Hacer suertes con la capa al toro. **2** Eludir hábilmente una dificultad, compromiso o problema: *capeó muy bien la situación después de la quiebra*. **3** Mantenerse el barco cuando el viento es fuerte. **4 capear el temporal.** Resolver o pasar de la mejor manera posible una situación complicada. SIN. 1 capotear 2 sortear, soslayar.

capelán. m. Pez salmónido que se utiliza como cebo para la pesca del abadejo.

capellán. m. **1** Sacerdote que ejerce sus funciones en una institución, comunidad o casa particular. **2** Titular de una capellanía.

capellanía. f. Fundación en la cual el capellán tiene derecho a cobrar el fruto de ciertos bienes a cambio de la obligación de celebrar misas y otros actos de culto.

capelo. m. **1** Sombrero rojo, insignia de los cardenales. **2** Dignidad de cardenal.

capeo. m. **1** Acción de capear. | pl. **2** Capea.

caperuza. f. **1** Gorro que termina en punta inclinada hacia atrás. **2** Cualquier funda que cubre y protege el extremo de algo: *la caperuza del rotulador*. SIN. 1 y 2 capucha.

capialzado. adj. y m. Arco más levantado por uno de sus frentes para formar declive.

capialzo. m. Pendiente o derrame del intradós de una bóveda.

capicatí. m. Planta americana cuya raíz sirve para fabricar un licor especial.

capicúa. adj. y com. Cifra que se lee igual de izquierda a derecha que de derecha a izquierda: *1991*.

capilar. adj. **1** Relativo al cabello o a la capilaridad. **2** Se aplica a los tubos muy angostos, comparables al cabello. | m. **3** Cada uno de los vasos muy finos que, en forma de red, enlazan en el organismo la terminación de las arterias con el comienzo de las venas.

capilaridad. f. **1** Cualidad de capilar. **2** Propiedad de atraer un cuerpo sólido el líquido que le moja, como el agua, y repeler al líquido que no le moja, como el mercurio.

capilarímetro. m. Aparato para graduar la pureza de los alcoholes.

capilla. f. **1** Iglesia pequeña. **2** Edificio contiguo a una iglesia o parte integrante de ella, con altar y advocación particular. **3** Oratorio privado en una casa particular, en un colegio, hospital, etc. **4 capilla ardiente.** Habitación o instalación en que se pone al difunto para velarlo en espera de ser enterrado. **5 estar en capilla.** loc. Estar el condenado a muerte a la espera de su ejecución. **6** Esperar el desenlace de algo importante o estar a punto de pasar una prueba. SIN. 1 ermita.

capirotazo. m. Golpe dado en la cabeza, haciendo resbalar con violencia, sobre la yema del pulgar, la uña de cualquier otro dedo de la misma mano. SIN. toba, papirotazo.

capirote. m. **1** Gorro en forma de cucurucho cubierto de tela que se lleva en las procesiones de Semana Santa. **2** Muceta con capucha que usan los doctores de las facultades en ciertos actos. **3** Caperuza de cuero que se pone a las aves de cetrería.

capisayo. m. Vestidura corta y abierta, que servía de capa y sayo.

capital. adj. **1** Fundamental, principal, muy importante: *es una asignatura capital en este curso*. **2** Se apl. a la letra mayúscula. También f. **3** Se dice de la pena de muerte: *pena capital*. | m. **4** Hacienda, caudal, patrimonio: *esto es todo mi capital*. **5** Valor de lo que, de manera periódica o accidental, rinde u ocasiona rentas, intereses o frutos. **6** Factor de la producción, constituido por el dinero frente al trabajo. | f. **7** Población principal y cabeza de un Estado o provincia: *la capital de España*. **8** Población importante en relación con algo que se expresa: *la capital del ajo*. SIN. 2 versal □ ANT. 1 secundario.

capitalidad. f. Condición de ser una población capital.

capitalino, na. adj. Relativo a la capital del Estado.

capitalismo. m. Régimen económico basado en el predominio del capital como elemento de producción y creador de riqueza sin apenas intervención del Estado.

capitalista. adj. **1** Propio del capital o del capitalismo. **2** Se dice del que contribuye con su capital a uno o más negocios: *socio capitalista*. | com. **3** Persona acaudalada. SIN. 2 socio.

capitalización. f. Acción de capitalizar.

capitalizar. tr. **1** Fijar el capital que corresponde a determinado interés, según un tipo dado. **2** Aumentar el capital con los intereses que ha producido. **3** Rentabilizar una situación en beneficio propio: *los sindicatos capitalizaron el descontento social y convocaron la huelga*.

capitán, na. m. **1** Oficial del ejército que tiene a su cargo una compañía, escuadrón o batería. **2** El que manda un buque mercante de cierta importancia. **3** Caudillo. | m. y f. **4** Jefe de un grupo, banda, equipo deportivo, etc. | adj. **5** Se apl. a la nave en la que va el jefe de la escuadra: *la nave capitana*. También f.

capitanear. tr. **1** Mandar una tropa armada. **2** Guiar o conducir a cualquier grupo de gente: *capitanea a los trabajadores*.

capitanía. f. **1** Empleo de capitán. **2** Oficina del capitán.

Tipos de capitel: Egipcio, Dórico, Jónico, Corintio, Románico, Islámico

capitel. m. Parte superior de la columna o la pilastra, de diferentes figuras y adornos según el estilo de arquitectura a que corresponde: *capitel jónico.*

capitolino, na. adj. **1** Relativo al Capitolio. | m. **2** Cada una de las puntas de piedras preciosas que se usan para adorno de ciertos objetos.

capitolio. m. **1** Edificio majestuoso y elevado. **2** Acrópolis.

capitoste. m. desp. Persona con influencia, mando, etc. Sin. mandamás, cacique.

capitulación. f. **1** Concierto o pacto establecido entre dos o más personas. **2** Convenio en que se estipulan las condiciones de la rendición de un ejército o plaza. | pl. **3** Acuerdo que firman los futuros esposos estableciendo el régimen económico de su matrimonio. Sin. 1 pacto, claudicación.

capitulado, da. adj. **1** Resumido, compendiado. | m. **2** Disposición capitular, capitulación.

capitular. intr. **1** Rendirse bajo determinadas condiciones. **2** Ceder, claudicar: *tuvo que capitular ante tus razonamientos.* Sin. 2 transigir □ Ant. 1 resistir.

capitular. adj. Relativo a un cabildo o al capítulo de una orden. **2** Se apl. a la letra mayúscula o a la inicial de un capítulo. Sin. 2 capital.

capítulo. m. **1** Cada división principal de un libro u otro escrito. **2** Asamblea o cabildo de religiosos o clérigos regulares. Sin. 1 título, sección 2 cabildo.

capnomancia o **capnomancía.** f. Adivinación supersticiosa hecha por medio del humo, que practicaban los antiguos.

capo. m. Jefe mafioso.

capó. m. Cubierta del motor del automóvil.

capón. m. **1** Pollo que se castra y se ceba para comerlo. **2** adj. y m. Se dice del animal castrado.

capón. m. Golpe dado en la cabeza con el nudillo del dedo del corazón.

caporal. m. **1** El que guía y manda un grupo de gente. **2** El que tiene a su cargo el ganado que se emplea en la labranza. Sin. 1 capataz, encargado 2 mayoral.

capota. f. **1** Techo plegable de algunos vehículos. **2** Sombrero femenino ceñido a la cabeza y sujeto con cintas por debajo de la barbilla.

capotar. intr. **1** Volcar un vehículo automóvil quedando en posición invertida. **2** Dar un avión con la proa en tierra.

capotazo. m. Pase de capote que hace el torero para atraer o despistar al toro.

capote. m. **1** Capa de abrigo con mangas y menos vuelo. **2** Especie de gabán ceñido al cuerpo y con faldones largos, que usan los militares. **3** Capa que usan los toreros: *capote de brega, capote de paseo.* **4 echar un capote.** loc. Ayudar a alguien, echarle una mano.

capotear. tr. **1** Torear con el capote al toro. **2** Evitar con maña los compromisos. Sin. 1 y 2 capear □ Ant. 2 afrontar.

capricho. m. **1** Idea o propósito que uno forma sin razón aparente: *lo compré por capricho.* **2** Antojo, deseo pasajero: *no le gusta, sólo es un capricho.* **3** Persona, animal o cosa que es objeto de tal antojo o deseo. **4** Obra de arte que se sale de la norma con ingenio, gracia y buen gusto: *los caprichos de Goya.*

caprichoso, sa o **caprichudo, da.** adj. **1** Que actúa por capricho. **2** Que se hace por capricho.

capricornio. m. **1** Décimo signo del Zodiaco, que el Sol recorre aparentemente entre el 21 de diciembre y el 20 de enero. **2** Constelación zodiacal que se halla delante del mismo signo y un poco hacia el Oriente. || En esta acepción se escribe con mayúscula. | com. **3** Persona nacida bajo este signo: *los capricornio van a tener un mal día.*

caprifoliáceo, a. adj. y f. **1** Se dice de las matas y arbustos angiospermos, como el saúco y la madreselva. | f. pl. **2** Familia formada por estas plantas.

caprino, na. adj. Cabruno.

Cápsula espacial

cápsula. f. **1** Envoltura soluble de ciertos medicamentos. **2** P. ext., el conjunto de la envoltura y el medicamento que va dentro. **3** Compartimiento de las naves espaciales, en la que van los cosmonautas y los aparatos de observación y transmisión. **4** Cajita cilíndrica de metal con que se cierran algunas botellas. **5** Fruto seco. **6** Envoltura membranosa que envuelve un órgano: *cápsula suprarrenal*.

capsular. adj. Perteneciente o semejante a la cápsula.

captación. f. Acción de captar.

captar. tr. **1** Percibir por medio de los sentidos. **2** Recibir, recoger sonidos o imágenes: *hemos captado una interferencia*. **3** Percatarse de algo: *no capto la intención del libro*. **4** Atraer a una persona: *no consiguió captar su interés*. **5** Recoger las aguas.

captor, ra. adj. y s. **1** Que capta. **2** Que captura.

captura. f. Acción de capturar. **Ant.** liberación.

capturar. tr. Apresar, aprehender, apoderarse de alguien o de algo: *capturaron al tigre*. **Ant.** liberar, soltar.

capucha. f. **1** Gorro puntiagudo que llevan algunas prendas de vestir en la parte superior de la espalda. **2** Objeto que protege el extremo de algo: *se pone una capucha en el dedo para pasar las hojas*. **Sin.** 1 y 2 caperuza.

capuchina. f. **1** Planta trepadora, originaria de Perú, con flores en forma de capucha. **2** Dulce de yema.

capuchino, na. adj. y s. **1** Se dice del religioso o religiosa descalzo de la orden franciscana. | m. **2** Café con leche que se sirve con espuma.

capuchón. m. **1** Capucha. **2** Caperuza.

capulí. m. **1** Árbol rosáceo de América, de unos 15 m de altura, especie de cerezo, que da un fruto oscuro de buen gusto y olor. **2** Fruto de este árbol. || pl. *capulíes* o *capulís*.

capúlido. adj. y m. Se dice de moluscos gasterópodos, cuya concha se distingue por su figura de bonete cónico.

capullo. m. **1** Envoltura del gusano de seda o de las larvas de otros insectos. **2** Flor que no ha acabado de abrirse. **3** vulg. Ingenuo, torpe. También adj. **4** vulg. Persona que hace faenas. **5** Prepucio, glande. **Sin.** 2 brote, pimpollo.

caquéctico, ca. adj. **1** Relativo a la caquexia. **2** Que padece caquexia. También s.

caquexia. f. **1** Decoloración de las partes verdes de las plantas por falta de luz. **2** Estado de extrema desnutrición producido por enfermedades, como la tuberculosis o el cáncer.

caqui. m. **1** Color que va desde el amarillo ocre al verde gris. **2** Tela de este color que se utiliza para uniformes militares. **3** Árbol originario del Japón y de la China, que produce un fruto del mismo nombre, parecido a un tomate, dulce y carnoso.

cara. f. **1** Parte anterior de la cabeza. **2** Semblante, expresión del rostro: *tiene cara de enfado*. **3** Aspecto, apariencia: *este plato tiene una cara estupenda*. **4** Fachada o frente de alguna cosa. **5** Superficie de alguna cosa: *cuatro folios a doble espacio por una cara*. **6** Anverso de las monedas: *elegí cruz y salió cara*. **7** En ciertas expresiones, descaro: *¡qué cara tienes!* **8** Cada una de las superficies que forman o limitan un poliedro: *esta figura tiene cuatro caras*. **Sin.** 1 rostro, faz 3 cariz 5 lado.

caraba (ser la). loc. Resultar sorprendente, desconcertante o molesto alguien o algo.

carabao. m. Rumiante parecido al búfalo, usado como animal de tiro en Filipinas.

carabela. f. Antigua embarcación muy ligera, larga y angosta, con tres palos y una sola cubierta.

carábido. adj. Se dice de insectos coleópteros que, por su voracidad, son beneficiosos para la agricultura.

carabina. f. **1** Arma de fuego de menor longitud que el fusil. **2** Señora de compañía que acompañaba a las parejas para que no estuvieran solos. **3** P. ext., cualquier persona que acompaña a una pareja.

carabinero. m. **1** Soldado que usaba carabina. **2** Guardia destinado a la persecución del contrabando. **3** Crustáceo parecido a la gamba, aunque de mayor tamaño y color rojo oscuro. Es muy apreciado en gastronomía.

cárabo. m. **1** Ave rapaz nocturna de unos 40 cm, plumaje pardo y sin penachos en la cabeza. **2** Insecto coleóptero.

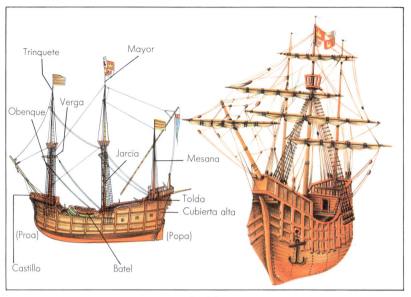

Carabela

caracol. m. **1** Molusco gasterópodo de concha en espiral. Algunas especies son comestibles. **2** Rizo del pelo. **3** Una de las cavidades del laberinto del oído interno de los vertebrados, que tiene forma de espiral. **4** Vuelta en redondo que da el caballo.

caracola. f. **1** Concha de forma cónica de un caracol marino grande. **2** El mismo caracol marino. **3** Bollo en forma de espiral.

caracolear. intr. Hacer movimientos en redondo el caballo.

caracoleo. m. Acción de caracolear.

caracolillo. m. **1** Planta leguminosa de jardín con flores aromáticas. **2** Flor de esta planta. **3** Café cuyo grano es más pequeño que el común. **4** Caoba que tiene muchas vetas.

carácter. m. **1** Conjunto de cualidades psíquicas y afectivas, que condicionan la conducta de cada individuo o de un pueblo: *carácter hispano*. **2** Rasgo distintivo. **3** Condición, índole, naturaleza de algo o alguien que lo distingue de los demás: *una reunión de carácter privado*. **4** Firmeza, energía: *es una mujer de carácter*. **5** Letra o signo de escritura. Más en pl.: *caracteres cirílicos*. **6** En inform., cada uno de los signos, dígitos o letras en que se subdivide una palabra o un registro de ordenador. || pl. *caracteres*.

característico, ca. adj. **1** Que caracteriza o determina. | f. **2** Cualidad peculiar de algo: *la claridad es una de las características del libro.* | m. y f. **3** Actor o actriz que representa papeles de personas de edad. **Ant.** 1 general, común.

caracterización. f. Acción de caracterizar o caracterizarse.

caracterizado, da. adj. Se dice del actor vestido y maquillado para representar un papel en teatro, cine, etc.

caracterizador, ra. adj. **1** Que caracteriza. | m. y f. **2** Maquillador.

caracterizar. tr. y prnl. **1** Acreditar a algo o alguien sus rasgos propios: *su diplomacia lo caracteriza*. **2** Determinar los rasgos distintivos de una persona o cosa: *han caracterizado un nuevo tipo de hongos*. | tr. **3** Representar un actor o actriz el personaje que interpreta: *ha caracterizado un Macbeth excelente*. **Sin.** 1 y 2 identificar.

caracterología. f. **1** Parte de la psicología que estudia el carácter y personalidad del hombre. **2** Conjunto de peculiaridades que forman el carácter de una persona.

caracterológico, ca. adj. Relativo a la caracterología.

caracul. adj. **1** Variedad de ganado ovino procedente de Asia de cola ancha y pelo rizado. | m. **2** Piel de los corderos de esta raza.

caradura. com. Persona descarada, sinvergüenza. **Ant.** tímido, vergonzoso, recatado.

carajillo. m. Café con coñac, anís u otro licor.

carajo. m. **1** vulg. Pene. | interj. **2** Indica sorpresa, disgusto, enfado, etc.

¡caramba! interj. Denota extrañeza, enfado o asombro: *¡caramba, qué tarde es!*

carámbano. m. Pedazo de hielo más o menos largo y puntiagudo que va formando al helarse el agua que gotea.

carambola. f. **1** Lance del juego de billar que consiste en conseguir que una de las bolas toque a las otras dos. **2** Doble resultado que se alcanza mediante una sola acción. **3** Casualidad: *acerté por carambola*. **Sin.** 3 chiripa, chamba.

carambolo. m. Árbol de las Indias Orientales, de flores rojas y bayas amarillas y comestibles.

caramelo. m. **1** Pasta de azúcar hecha de almíbar cocido y espesado al fuego que se endurece al enfriarse. Se presenta en pequeños trozos de diferentes colores y sabores. **2** Azúcar derretido que no cristaliza: *echa mucho caramelo al flan.*

caramillo. m. Flautilla de caña de sonido agudo.

caramujo. m. **1** Rosal silvestre. **2** Caracol pequeño que se pega a los fondos de los buques.

carantoña. f. Halago y caricia que se hacen a uno para conseguir de él alguna cosa. Más en pl.: *no conseguirás nada con tantas carantoñas*. **Sin.** zalamería, cucamonas.

caraña. f. **1** Resina medicinal de ciertos árboles gutíferos americanos. **2** *amer.* Nombre de estos árboles.

carapacho. m. Caparazón que cubre las tortugas, los cangrejos y otros animales.

carapopela. m. Lagarto muy venenoso de Brasil.

carapulca. f. Cierto guiso criollo, hecho de carne, papa seca y ají.

caraqueño, ña. adj. y s. De Caracas.

carátula. f. **1** Máscara para ocultar la cara. **2** Profesión de comediante. **3** Portada de un libro o funda de un disco: *diseñador de carátulas*. **Sin.** 1 careta 2 farándula.

carau. m. Ave zancuda de Argentina, Paraguay y Uruguay.

caravana. f. **1** Grupo de personas que viajan juntas con sus vehículos, animales, etc., especialmente por desiertos o lugares peligrosos. **2** Conjunto de automóviles que marchan lentamente y a poca distancia entre ellos: *el primer día de vacaciones se forman enormes caravanas*. **3** Semirremolque habitable. **Sin.** 3 remolque.

carbodinamita. f. Materia explosiva derivada de la nitroglicerina.

carbógeno. m. Polvo que sirve para preparar el agua de Seltz.

carbolíneo. m. Sustancia líquida que sirve para hacer impermeable la madera.

carbón. m. **1** Mineral sólido, negro y muy combustible, que resulta de la combustión incompleta de la leña. **2** Brasa o ascua después de apagada. **3** Carboncillo de dibujar.

carbonario, ria. adj. **1** Se dice de cada una de ciertas sociedades secretas fundadas en Italia en el s. xix con fines políticos o revolucionarios: *las logias carbonarias*. | m. y f. **2** Individuo afiliado a alguna de estas sociedades.

carbonarismo. m. Secta y doctrina de los carbonarios.

carbonatado, da. adj. Se apl. a toda base combinada con el ácido carbónico.

carbonatar. tr. y prnl. Convertir en carbonato.

carbonato. m. Sal resultante de la combinación del ácido carbónico con un radical.

carboncillo. m. **1** Palillo que, carbonizado, sirve para dibujar. **2** Dibujo hecho con él.

carbonear. tr. **1** Hacer carbón de leña. **2** Embarcar carbón en un buque.

carboneo. m. Acción de carbonear.

carbonería. f. Almacén donde se vende carbón.

carbonero, ra. adj. **1** Relativo al carbón. | m. y f. **2** Persona que hace o vende carbón. | f. **3** Lugar donde se guarda carbón. **4** Pila de leña cubierta de arcilla para ser convertida en carbón.

carbónico, ca. adj. Se apl. a las combinaciones en las que entra el carbono.

carbónidos. m. pl. Grupo de sustancias que comprenden los cuerpos formados de carbono puro o combinado.

carbonífero, ra. adj. **1** Que contiene carbón mineral. **2** Se dice del penúltimo periodo de la era paleozoica, anterior al pérmico. También m. **3** Relacionado con él.

carbonilla. f. **1** Carbón menudo. **2** Partícula de carbón a medio quemar.

carbonilo. m. Radical orgánico divalente formado por un átomo de carbono y otro de oxígeno.

carbonita. f. Sustancia explosiva.

carbonización. f. Acción de carbonizar.

carbonizar. tr. y prnl. **1** Reducir a carbón un cuerpo orgánico. **2** Calcinar, quemar. También prnl.: *se carbonizaron dentro del coche*. **Sin.** 1 carbonear.

carbono. m. Elemento químico no metálico, que se encuentra en todos los compuestos orgánicos y algunos inorgánicos. En su estado puro se presenta como diamante o grafito. Su símbolo es *C*.

carbonoso, sa. adj. **1** Que tiene carbón. **2** Parecido al carbón.

carborundo. m. Carburo de silicio que por su gran dureza, próxima a la del diamante, se usa para pulir.

carboxilo. m. Radical orgánico monovalente formado por un átomo de carbono, dos de oxígeno y uno de hidrógeno (CO_2H), propio de los ácidos orgánicos.

carbunco. m. Enfermedad contagiosa, frecuente en el ganado lanar y vacuno y transmisible al hombre.

carburación. f. **1** Acción de carburar. **2** Operación por la que se combinan el carbono y el hierro para producir el acero.

carburador. m. Aparato de los motores de explosión donde se mezcla el carburante con el aire.

carburante. m. Combustible, mezcla de hidrocarburos, que se emplea en los motores de explosión y de combustión interna: *necesita gasolina como carburante.*

carburar. tr. **1** Mezclar los gases o el aire atmosférico con los carburantes gaseosos o con los vapores de los carburantes líquidos, para hacerlos combustibles o detonantes. | intr. **2** Funcionar con normalidad: *parece que no carburas.*

carburo. m. Combinación del carbono con un metaloide o metal, que se utiliza para el alumbrado.

carca. adj. y com. desp. Persona de ideas retrógradas.

carcaj. m. Caja o saco en forma de tubo que se cuelga del hombro o la cadera para llevar las flechas.

carcajada. f. Risa impetuosa y ruidosa. S<small>IN</small>. risotada.

carcajear. intr. y prnl. **1** Reír a carcajadas. | **carcajearse.** prnl. **2** Burlarse de algo o alguien: *no te carcajees de su aspecto.*

carcamal. com. y adj. Persona decrépita y achacosa. Suele tener valor despectivo. S<small>IN</small>. vejestorio.

carcasa. f. **1** Armazón, estructura sobre la que se monta algo: *la carcasa del buque.* **2** Cierta bomba incendiaria.

cárcava. f. **1** Zanja que suelen hacer las corrientes de agua. **2** Foso.

cárcavo. m. Hueco en que juega el rodezno de los molinos.

cárcel. f. Edificio destinado a la custodia y reclusión de los presos. S<small>IN</small>. penitenciaría, penal, presidio, prisión.

carcelario, ria. adj. Relacionado con la cárcel: *recinto carcelario.*

carcelera. f. Canto popular andaluz.

carcelero, ra. m. y f. Persona que cuida la cárcel y a los presos.

carcinógeno, na. adj. Se dice de la sustancia o agente que produce cáncer. S<small>IN</small>. cancerígeno.

carcinología. f. Parte de la zoología, que trata de los crustáceos.

carcinológico, ca. adj. Relativo a la carcinología.

carcinoma. m. Tumor de naturaleza cancerosa.

carcoma. f. **1** Nombre de diversas especies de insectos coleópteros, muy pequeños y de color oscuro, cuyas larvas roen y taladran la madera produciendo a veces un ruido perceptible. **2** Polvo que produce este insecto después de digerir la madera que ha roído. **3** Preocupación continua que mortifica y consume.

carcomer. tr. **1** Roer la carcoma la madera. **2** Corroer, consumir poco a poco: *el odio le carcome.* También prnl.

carda. f. **1** Acción de cardar. **2** Cepillo con púas de hierro para cardar lana o limpiar fibras textiles.

cardador, ra. m. y f. **1** Persona cuyo oficio es cardar. | m. **2** Miriápodo de cuerpo cilíndrico y liso.

cardamomo. m. Planta medicinal de la India con semillas aromáticas y de sabor algo picante que se utiliza como carminativo.

cardar. tr. **1** Peinar con la carda una materia textil antes del hilado. **2** Peinar el pelo desde la punta a la raíz, para que quede más hueco. También prnl.

cardenal. m. **1** Cada uno de los prelados miembros del Sacro Colegio de consejeros del Papa. **2** Mancha amoratada en la piel a causa de un golpe. **3** Pájaro americano ceniciento, con una faja negra alrededor del pico, que se extiende hasta el cuello, y con un alto penacho rojo, al cual debe su nombre. S<small>IN</small>. 1 purpurado 2 moratón, equimosis.

cardenalato. m. Dignidad de cardenal.

cardenalicio, cia. adj. Relacionado con el cardenal: *capelo cardenalicio.*

cardencha. f. **1** Planta dipsacácea, cuyas flores forman cabezas que usan los pelaires para sacar el pelo a los paños. **2** Carda, instrumento para cardar la lana.

cardenillo. m. **1** Capa venenosa, verde o azulada, que se forma en los objetos de cobre. **2** Color verde claro. **3** Acetato de cobre que se emplea en la pintura. S<small>IN</small>. 1 verdín.

cárdeno, na. adj. **1** Morado. **2** Se dice del toro cuyo pelo tiene mezcla de negro y blanco. También m.

cardíaceo, a. adj. Que tiene forma de corazón.

cardiaco, ca o **cardíaco, ca.** adj. **1** Del corazón: *insuficiencia cardiaca.* **2** Se dice del enfermo del corazón. También s. S<small>IN</small>. 2 cardiópata.

cardialgia. f. Dolor agudo en el cardias, que oprime el corazón.

cardiálgico, ca. adj. Perteneciente a la cardialgia.

cardias. m. Orificio entre el estómago y el esófago. || No varía en pl.

cárdigan. m. Chaqueta de punto con escote en pico. || No varía en pl.

cardillo. m. Planta bienal compuesta que se cría en sembrados y barbechos, con flores amarillentas y hojas rizadas y espinosas, cuya penca tierna, se come cocida.

cardinal. adj. **1** Se dice de cada uno de los cuatro puntos del horizonte que sirven para orientarse: Norte, Sur, Este y Oeste. **2** Principal, fundamental: *virtud cardinal*. **3** Se dice del numeral que expresa el número, sin relación de orden. **Ant.** 2 secundario, accidental.

cardiografía. f. **1** Estudio y descripción del corazón. **2** Cardiograma.

cardiógrafo. m. Aparato que registra gráficamente la intensidad y el ritmo de los movimientos del corazón.

cardiograma. m. Gráfico que se obtiene con el cardiógrafo.

cardiología. f. Especialidad de la medicina que estudia el corazón, sus enfermedades y sus funciones.

cardiólogo, ga. m. y f. Persona especializada en las enfermedades del corazón.

cardiópata. adj. y com. Que padece alguna afección cardiaca. **Sin.** cardiaco.

cardiopatía. f. Enfermedad del corazón.

carditis. f. Inflamación del tejido muscular del corazón. || No varía en pl.

cardo. m. **1** Planta compuesta, con hojas espinosas, flores de diversos colores, y pencas que se comen crudas o cocidas. **2** Nombre genérico de diversas especies de plantas silvestres, compuestas y de hojas espinosas: *cardo borriquero, estrellado*. **3** Persona arisca.

cardumen o **cardume.** m. Banco de peces.

Cardo

carear. tr. Enfrentar a dos o más personas e interrogarlas a la vez para observar sus reacciones, confrontar sus opiniones y así averiguar la verdad.

carecer. intr. No tener algo. || Se construye con la prep. *de: carece de escrúpulos*. || **Irreg.** Se conj. como *agradecer*. **Ant.** poseer.

carena. f. **1** Reparación que se hace en el casco de la nave. **2** Recubrimiento de la estructura de un vehículo para protegerlo o darle una línea aerodinámica.

carenado. m. **1** Acción de carenar. **2** Estructura secundaria que se añade a la carrocería de un vehículo para mejorar su perfil aerodinámico.

carenar. tr. Reparar el casco de la nave.

carencia. f. Falta o privación de algo necesario: *tiene carencia de calcio*. **Ant.** abundancia.

carenóstilo. m. Insecto carábido.

carente. adj. Que carece, falto.

careo. m. Acción de carear o carearse.

carero, ra. adj. y s. Que vende caro.

carestía. f. **1** Precio alto de las cosas de uso común: *la carestía de la vivienda*. **2** Penuria o escasez. **Ant.** 2 abundancia.

careta. f. **1** Máscara para cubrir la cara o para protegerla. **2** Cualquier otra mascarilla que se usa para proteger la cara, como la que se ponen los colmeneros o los luchadores de esgrima.

careto, ta. adj. **1** Se dice del caballo o toro que tiene la cara blanca, y la frente y el resto de la cabeza de color oscuro. **2** Cara, rostro, jeta: *¿has visto qué careto trae hoy?*

carey. m. **1** Tortuga marina de aproximadamente 1 m de longitud que habita en los mares tropicales; las placas córneas de su caparazón se utilizan para la realización de diversos objetos decorativos. **2** Materia córnea obtenida de su caparazón.

carga. f. **1** Acción y resultado de cargar. **2** Cosa que pesa sobre otra: *hay que calcular bien la carga de cada pilar*. **3** Cosa transportada: *al camión se le cayó toda la carga*. **4** Impuesto: *cargas fiscales*. **5** Gravamen: *el piso está libre de cargas*. **6** Cantidad de energía eléctrica acumulada en un cuerpo: *carga positiva o negativa*. **7** Cantidad de pólvora, que se echa en el cañón de un arma de fuego. **8** Cantidad de sustancia explosiva con que se provoca la voladura de una mina o barreno. **9** Recambio de una materia que se consume con el uso: *carga de una pluma*. **10** Acción de cargar en algunos deportes. **11** Embestida o ataque militar resuelto contra el enemigo. **Ant .** 1 y 2 descarga.

cargadera. f. Cabo con que se facilita la operación de arriar o cerrar las velas volantes y de cuchillo.

cargadero. m. Lugar para cargar o descargar.

cargadilla. f. Aumento que, por la acumulación de intereses, va teniendo una deuda.

cargado, da. adj. **1** Se dice del tiempo pesado, bochornoso. **2** Se dice del ambiente impuro, viciado. **3** Saturado, concentrado: *no hagas el café muy cargado*.

cargador, ra. adj. **1** Que carga. También s. | m. y f. **2** Persona que embarca o conduce las mercancías. | m. **3** Estuche metálico con un muelle impulsor en el que se disponen los proyectiles para las armas automáticas ligeras. **Sin.** 2 estibador 3 peine.

cargamento. m. Conjunto de mercancías que carga un vehículo.

cargante. adj. Pesado, que molesta o incomoda.

cargar. tr. **1** Echar peso sobre algo o alguien. **2** Embarcar o poner en un vehículo mercancías para transportarlas. **3** Preparar un arma. **4** Proveer a algo de la carga que necesita para ser útil: *cargar el mechero*. **5** Acumular energía eléctrica en un aparato. **6** Gravar, imponer. **7** Anotar en una cuenta, adeudar. **8** Fastidiar: *este niño me carga*. | intr. **9** Tratándose del tiempo, el cielo, el horizonte, etc., irse aglomerando y condensando las nubes. | **cargarse.** prnl. **10** Matar: *se cargó al ladrón*. **11** Llenarse o llegar a tener abundancia de ciertas cosas: *se ha cargado de hijos*. **Ant.** 1 y 2 descargar.

cargazón. f. Pesadez de cabeza, estómago, etc.

cargo. m. **1** Empleo, puesto u oficio: *ocupa el cargo de inspector*. **2** Persona que lo desempeña: *es un alto cargo*. **3** Obligación, responsabilidad: *está a cargo de la cocina*. **4** Carga o peso. **5** Delito o falta de que se acusa a alguien: *no tienen cargos contra mí*. **6** Pago que se hace con dinero de una cuenta, y el apunte que se hace de él: *póngalo con cargo a mi cuenta*. **Ant.** 5 exculpación, descargo.

cargoso, sa. adj. **1** Penoso, fatigoso. **2** Gravoso, oneroso. **3** *amer.* Cargante.

carguero, ra. adj. y s. **1** Que lleva carga. | m. **2** Vehículo de carga: *en el puerto sólo queda un carguero*.

cariacontecido, da. adj. Con cara de tener preocupación o tristeza. **Sin.** abatido, apesadumbrado.

cariado, da. adj. Que tiene caries.

cariaquito. m. Arbusto propio de lugares cálidos y secos, que despide un olor agradable.

cariar. tr. y prnl. Producir caries.

cariátide. f. Estatua de mujer que sirve de columna.

caribe. adj. y com. **1** Se dice de un antiguo pueblo de las Antillas que se extendió por el norte de América del Sur. | m. **2** Lengua de este pueblo.

caribeño, ña. adj. **1** Se dice del habitante de la región del Caribe. También s. **2** Relacionado con el mar Caribe o los territorios que baña.

caribú. m. Mamífero rumiante del Canadá, parecido al reno europeo pero más grande. Su carne es comestible. || pl. *caribúes* o *caribús*.

caricáceo, a. adj. y f. **1** Se dice de los árboles angiospermos dicotiledóneos con tallo poco ramificado, como el papayo. | f. pl. **2** Familia de estos árboles.

caricato. m. **1** Cantante que en la ópera hace los papeles de bufo. **2** Por ext., cualquier artista que hace reír.

caricatura. f. **1** Retrato en el que se deforman o exageran las características de algo o alguien, con intención satírica. **2** Reproducción mala o ridícula de algo o alguien que se pretende emular: *no es más que una caricatura de su padre*.

caricaturesco, ca. adj. Relativo a la caricatura.

caricaturización. f. Acción de caricaturizar.

caricaturizar. tr. Representar a una persona o cosa por medio de caricatura.

caricia. f. **1** Demostración cariñosa que consiste en pasar suavemente la mano sobre la piel de una persona, animal, etc. **2** Sensación suave y agradable que produce el roce de algo: *la caricia del sol*. **Sin.** 1 mimo, carantoña.

caridad. f. **1** Una de las tres virtudes teologales, que consiste en amar a Dios y al prójimo. **2** Sentimiento que impulsa a ayudar a los demás e interesarse por ellos. **3** Limosna o auxilio que se da a los necesitados. **4** Tratamiento usado en ciertas órdenes y cofradías: *su caridad*. **Sin.** 2 altruismo, filantropía ☐ **Ant.** 1 egoísmo.

caries. f. Lesión de la dentadura producida por una infección bacteriana. || No varía en pl.

carilla. f. Plana o página.

carillón. m. **1** Grupo de campanas en una torre, que producen un sonido armónico. **2** Reloj con este sonido. **3** Instrumento de percusión consistente en un juego de tubos o planchas de acero que producen un sonido musical.

cariñena. m. Vino tinto muy dulce y oloroso, que procede de la ciudad de Cariñena, Zaragoza.

cariño. m. **1** Sentimiento de afecto que se siente hacia una persona, animal o cosa. **2** Expresión y señal de dicho sentimiento. Más en pl. **3** Esmero, cuidado con que se hace una labor o se trata una cosa: *trata con cariño mis libros*. **Sin.** 1 ternura, aprecio, apego 2 mimo, carantoña ☐ **Ant.** 1 odio, aversión 2 desaire.

cariñoso, sa. adj. Afectuoso, amoroso.

carioca. adj. y com. De Río de Janeiro.

cariocinesis. f. División del núcleo de la célula. || No varía en pl.

cariofiláceo, a. adj. y f. **1** Se dice de las hierbas o matas angiospermas dicotiledóneas, como el clavel. | f. pl. **2** Familia de estas plantas.

cariofilina. f. Sustancia contenida en el clavo de las Molucas.

cariópside. f. Fruto seco e indehiscente a cuya

cariotipo – carnosidad

única semilla está íntimamente adherido el pericarpio; como el grano de trigo.

cariotipo. m. Imagen cromosómica completa de un individuo.

carisma. m. Fascinación, encanto que ejercen algunas personas sobre las demás. SIN. magnetismo.

carismático, ca. adj. Relativo al carisma.

caristio, tia. adj. y s. Se dice de un pueblo hispánico prerromano que habitaba al oeste del río Deva.

caritativo, va. adj. **1** Que ejercita la caridad. **2** Relativo a la caridad.

cariz. m. Aspecto que va tomando algo: *no me gusta el cariz que está tomando este asunto.* SIN. aire, traza, cara, pinta.

carlanca. f. **1** Collar ancho y fuerte, erizado de puntas de hierro, que preserva a los perros de las mordeduras de los lobos. **2** *amer.* Grillete. **3** *amer.* Molestia causada por alguna persona machacona y fastidiosa.

carlinga. f. Espacio en los aviones para la tripulación y los pasajeros. SIN. cabina.

carlismo. m. Doctrina y partido político que surgió en 1833 para defender las aspiraciones al trono de Carlos María Isidro de Borbón, hermano de Fernando VII, y de sus descendientes.

carlista. adj. y com. Partidario del carlismo, o del moderno Partido Carlista.

carmañola. f. **1** Chaqueta de cuello estrecho. **2** Canción revolucionaria francesa de la época del Terror (1793).

carmelita. adj. y com. De la orden mendicante del Carmen o del Carmelo.

carmelitano, na. adj. Relativo a la orden de Hermanos de la Bienaventurada Virgen María del Monte Carmelo.

carmelo. m. Convento carmelitano.

carmen. m. En Granada, quinta con huerto o jardín.

carmenar. tr. y prnl. Desenredar, desenmarañar y limpiar el cabello, la lana o la seda. SIN. cardar.

carmesí. adj. **1** Se dice del color granate muy vivo producido por el insecto quermes. También m. **2** Se apl. también a lo que es de este color. | m. **3** Polvo de este color utilizado en pintura. || pl. *carmesíes* o *carmesís.* SIN. 1 grana, escarlata, carmín.

carmín. m. **1** Materia de color rojo encendido, que se saca principalmente del insecto llamado cochinilla. **2** Este mismo color. **3** Rosal silvestre cuyas flores, del mismo nombre, son de este color. **4** Lápiz de labios. SIN. 4 pintalabios.

carminativo, va. adj. y m. Se dice del medicamento que favorece la expulsión de los gases del tubo digestivo.

carmíneo, a. adj. De carmín.

carnada. f. Cebo animal para pescar o cazar.

carnadura. f. **1** Musculatura, abundancia de carnes. **2** Encarnadura, disposición de los tejidos para cicatrizar.

carnal. adj. **1** Relativo a la carne. **2** Sensual. **3** Terrenal, materialista. **4** Se dice de los parientes de primer grado: *primo, tío, sobrino carnal.* ANT. 2 casto 3 espiritual.

carnaval. m. Los tres días que preceden al miércoles de ceniza y fiesta popular que se celebra en esos días. Más en pl. SIN. carnestolendas.

carnavalada. f. Broma propia del tiempo de carnaval.

carnavalesco, ca. adj. Relativo al carnaval.

carnaza. f. **1** Carnada, cebo. **2** Cara de las pieles que ha estado en contacto con la carne.

carne. f. **1** Parte muscular del cuerpo humano o animal. **2** La de muchos animales terrestres, que se toma como alimento, en contraposición al pescado. **3** Parte comestible de la fruta, que está bajo la cáscara o el pellejo. **4** El cuerpo y los placeres relacionados con él, en oposición al alma y la espiritualidad: *los vicios de la carne.* SIN. 1 chicha, molla 3 pulpa 4 sensualidad.

carné. m. Documento de carácter personal que indica la identidad o la afiliación a una asociación, partido, etc.

carnero. m. Rumiante doméstico de la familia de los bóvidos, con cuernos huecos y enrollados en espiral. Es muy apreciado por su carne y por su espesa lana. SIN. morueco.

carnestolendas. f. pl. Carnaval.

carnicería. f. **1** Tienda donde se vende carne. **2** Matanza de gente. **3** Herida o lesión grave o con mucha sangre: *le hicieron una carnicería en la boca.* SIN. 2 masacre, degollina.

carnicero, ra. adj. y s. **1** Se dice del animal que mata a otros para devorarlos. **2** Cruel, sanguinario: *el carnicero de Lyon.* | m. y f. **3** Persona que vende carne. SIN. 1 carnívoro.

cárnico, ca. adj. Relacionado con las carnes dedicadas al consumo: *transportes cárnicos.*

carnificación. f. Modificación del tejido de ciertos órganos, como el del pulmón, que toma una apariencia carnosa.

carnina. f. Principio amargo contenido en el extracto de carne.

carnívoro, ra. adj. y s. **1** Que se alimenta de carne. **2** Se dice de ciertas plantas que se nutren de algunos insectos que cogen por medio de órganos dispuestos para ello.

carniza. f. Desperdicio de carne.

carnosidad. f. **1** Carne superflua en una herida.

2 Carne irregular que sobresale en alguna parte del cuerpo. **3** Gordura exagerada.

carnoso, sa. adj. **1** De carne o con su consistencia. **2** Que tiene muchas carnes. **Sin.** 2 gordo, rollizo.

caro, ra. adj. **1** De precio elevado. **2** Amado, querido: *mi caro amigo*. | adv. m. **3** A muy alto precio: *lo compré caro*. **Ant.** 1 barato.

carolingio, gia. adj. y s. Relativo a Carlomagno, a su dinastía o tiempo.

carolino, na. adj. **1** Del archipiélago de Carolinas. También s. **2** Relativo a Carlos I.

carota. f. com. Caradura, desvergonzado.

caroteno o **carotina.** m. Hidrocarburo de color rojo anaranjado, que forma parte del pigmento llamado clorofila y existe, además, en las células de ciertos órganos vegetales, como la raíz de la zanahoria.

carótida. adj. y f. Cada una de las dos grandes arterias del cuello.

carozo. m. **1** Corazón de la mazorca. **2** Hueso del melocotón y otras frutas. **3** *amer*. Diferentes partes más o menos duras de las frutas.

carpa. f. Pez teleósteo de agua dulce, de color pardo verdoso y una sola aleta dorsal.

carpa. f. **1** Toldo sobre un circo o mercado. **2** *amer*. Tienda de playa. **3** *amer*. Tenderete donde se despachan comestibles y bebidas.

carpanta. f. Hambre muy intensa.

carpelar. adj. Relativo al carpelo.

carpelo. m. En las plantas fanerógamas, estructura que encierra el órgano sexual femenino.

carpeta. f. Cartera grande formada por dos cartones unidos con gomas o cintas, para guardar papeles o escribir sobre ella.

carpetano, na. adj. y s. **1** Se dice de un pueblo prerromano del centro de España. **2** Natural del reino de Toledo.

carpetazo (dar). loc. Dar por terminado un asunto: *por fin dieron carpetazo a la investigación*.

carpiano, na. adj. Relativo al carpo.

carpintería. f. **1** Oficio y actividad de construir objetos de madera. **2** Taller donde se realizan estos trabajos. **Sin.** 1 y 2 ebanistería.

carpintero, ra. m. y f. Persona que por oficio trabaja la madera.

carpo. m. Conjunto de huesos de la muñeca.

carpología. f. Parte de la botánica que estudia el fruto de las plantas.

carquesa. f. Horno para templar objetos de vidrio.

carquesia. f. Mata leñosa papilionácea que se utiliza en medicina.

carraca. f. **1** Instrumento de madera de sonido seco y desagradable. **2** Nave antigua de transporte, y p. ext., cualquier artefacto deteriorado o caduco: *tu moto está hecha una carraca*.

Carpa

carraleja. f. Insecto coleóptero heterómero parecido a la cantárida.

carrasca. f. Encina pequeña o mata de ella.

carrascal. m. Sitio poblado de carrascas. **Sin.** carrasquera, encinar.

carrasco. m. **1** Carrasca, encina. **2** *amer*. Extensión grande de terreno cubierto de vegetación leñosa.

carrascoso, sa. adj. Se dice del terreno que abunda en carrascas.

carraspear. intr. **1** Sentir o padecer carraspera. **2** Toser levemente para limpiar la garganta y aclarar la voz.

carraspeo. m. Acción de carraspear.

carraspera. f. Aspereza o irritación de la garganta. **Sin.** ronquera.

carraspique. m. Planta de jardín, herbácea, crucífera, con hojas lanceoladas y flores moradas o blancas en corimbos.

carrasposo, sa. adj. y s. Que padece carraspera crónica.

carrasqueño, ña. adj. **1** Perteneciente a la carrasca. **2** Semejante a ella. **3** Áspero, duro.

carrasquera. f. Carrascal, sitio de carrascas.

carrera. f. **1** Acción de correr. **2** Competición deportiva de velocidad. **3** Recorrido de un vehículo de alquiler: *carrera de un taxi*. **4** Estudios universitarios repartidos en una serie de años con los que se obtiene un título profesional: *ha empezado la carrera de arquitectura*. **5** Profesión: *abandonó su carrera de cantante*. **6** Carretera que antes fue camino. **7** Línea de puntos sueltos de una media o prenda de punto: *tienes una carrera en la media*.

carrerilla. f. **1** Pequeña carrera para coger impulso y saltar. **2 de carrerilla.** loc. adv. De memoria, sin vacilar ni prestar atención: *repite las oraciones de carrerilla*.

carrero. m. Carretero, el que guía un carro.

carreta. f. Carro bajo y alargado, generalmente con dos ruedas.

carretada. f. Carga de una carreta o un carro.

carrete. m. **1** Cilindro taladrado por el eje en el que se enrolla algo. **2** Conjunto del cilindro y lo que se enrolla: *pon otro carrete en la cámara*. **Sin.** 1 rollo, bobina.

carretear. tr. Conducir una carreta o carro.

carretela. f. **1** Carruaje de cuatro asientos con cubierta plegable. **2** *amer.* Ómnibus. **3** *amer.* Carretilla.

carretera. f. Vía pública destinada a la circulación de vehículos.

carretero, ra. m. y f. Persona que conduce carros y carretas o los fabrica. **Sin.** carrero.

carretilla. f. Carro pequeño con una rueda delante y dos mangos detrás para agarrarla, con la que se transportan pequeñas cargas.

carretillero. m. **1** El que conduce una carretilla. **2** *amer.* Carretero, el que guía un carro.

carretón. m. **1** Carro pequeño. **2** Carrito del afilador. **3** En Toledo, carro en que se representaban los autos sacramentales el día del Corpus.

carricera. f. Planta perenne gramínea de flores blancas.

carricerín. m. Pequeño pájaro insectívoro de plumaje pardo manchado.

carricero. m. Pequeño pájaro insectívoro de color pardo casi uniforme.

carricoche. m. **1** Carruaje cubierto con la caja igual que la de un coche. **2** Coche viejo o malo.

carril. m. **1** En carreteras y vías públicas, cada una de las divisiones por las que circulan los vehículos, a veces, destinados a usos específicos: *carril de aceleración, carril bus*. **2** Cada una de las dos barras de acero laminado o hierro de las vías férreas. **3** Pieza sobre la que se desplaza otra: *carril de las cortinas*. **Sin.** 1 vía 2 y 3 raíl, riel.

carrillada. f. Parte grasa de la cara del cerdo.

carrillera. f. **1** Quijada de ciertos animales. **2** Cada una de las dos correas que forman el barboquejo del casco.

carrillo. m. Parte carnosa de la cara, desde el pómulo al mentón. **Sin.** mejilla, moflete.

carrizal. m. Sitio poblado de carrizos.

carrizo. m. Planta gramínea que se cría cerca del agua.

carro. m. **1** Carruaje de dos o cuatro ruedas, con lanza o varas para enganchar el tiro, y tablas para sostener la carga. **2** Pieza de la máquina de escribir en la que va el rodillo con el papel y que se desplaza a un lado y otro. **3** *amer.* Automóvil.

carrocería. f. Parte del vehículo que se asienta sobre las ruedas y en el que van los pasajeros o la carga.

carrocero, ra. adj. **1** Relacionado con la carrocería. | m. y f. **2** Persona que fabrica, monta o repara carrocerías. **3** Diseñador de automóviles.

carromato. m. Carro grande de dos ruedas con toldo, tirado por uno o más caballos.

carroña. f. Carne corrompida.

carroñero, ra. adj. y s. Se dice del animal que se alimenta principalmente de carroña.

carroza. f. **1** Coche grande tirado por caballos y lujosamente adornado utilizado en actos oficiales y solemnes: *carroza real*. **2** P. ext., cualquier carruaje adornado utilizado en desfiles y fiestas. **3** *amer.* Coche fúnebre. | com. **4** Viejo, antiguo, anticuado: *eres un carroza*.

carruaje. m. Vehículo montado sobre ruedas para transportar personas.

carrusel. m. **1** Tiovivo. **2** Reunión de varias manifestaciones de una misma actividad: *carrusel deportivo*.

cárstico, ca. adj. Se dice de diversas formaciones calizas, producidas por la acción erosiva o disolvente del agua, como en el torcal de Antequera o en la Ciudad Encantada de Cuenca.

carta. f. **1** Escrito, generalmente cerrado, que se envía a una persona para comunicarle algo. **2** Naipe. **3** Lista de ofertas de un restaurante. **4** Mapa. **5** Norma constitucional de una entidad u organización política. **Sin.** 1 epístola.

cartabón. m. Instrumento de dibujo lineal en forma de triángulo rectángulo.

cartagenero, ra. adj. y s. De alguna de las ciudades que, en España o América, se llaman Cartagena.

cartaginés, sa. adj. y s. **1** De Cartago. **2** Cartagenero.

cartapacio. m. **1** Carpeta grande para guardar libros y papeles. **2** Cuaderno de notas.

cartearse. prnl. Escribirse cartas con alguien: *nos carteamos durante años*.

cartel. m. **1** Anuncio o aviso en sitio público con fines informativos o publicitarios. **2** Reputación: *ese médico tiene muy buen cartel*. **Sin.** 1 bando, pasquín □ **Ant.** 2 desprestigio.

cártel. m. Convenio entre varias empresas similares para evitar la mutua competencia y regular la producción, venta y precios en determinado campo industrial. || pl. *cárteles*.

cartela. f. **1** Pedazo de cartón, madera u otra materia, a modo de tarjeta, para poner o escribir en él algo. **2** Cada uno de los hierros que sostienen los balcones cuando no tienen repisa de albañilería. **Sin.** 1 etiqueta.

cartelera. f. Sección de los periódicos o publicación independiente donde se anuncian espectáculos, restaurantes, etc.

cartelero, ra. adj. Se dice del espectáculo o artista que atrae al público. SIN. taquillero.

cartelista. com. Persona que diseña o pinta carteles, anuncios, etc.

carteo. m. Acción de cartear.

cárter. m. En un automóvil, envoltura protectora de algunos engranajes y piezas.

cartera. f. **1** Estuche rectangular de bolsillo plegado por la mitad para documentos, tarjetas, billetes, etc. **2** Objeto de forma cuadrangular que se usa para llevar en su interior documentos, papeles, libros, etc.: *hay que comprar al niño una cartera más grande*. **3** Carpeta. **4** Empleo y ejercicio de ministro: *cartera de Exteriores*. **5** Valores comerciales que forman parte del activo. **6** *amer.* Bolso de las mujeres. SIN. 1 billetero 2 portafolios.

cartería. f. Oficina de correos donde se despacha la correspondencia.

carterista. com. Ladrón de carteras de bolsillo. SIN. descuidero.

cartero, ra. m. y f. Persona que reparte el correo.

cartesianismo. m. Filosofía de Descartes y de sus discípulos.

cartesiano, na. adj. y s. Relativo al cartesianismo o que sigue esta filosofía.

cartilagíneo, a. adj. Se dice de los peces de esqueleto cartilaginoso.

cartilaginoso, sa adj. **1** Relativo a los cartílagos. **2** Semejante a ellos, o de su naturaleza.

cartílago. m. Tejido elástico adherido a ciertas articulaciones óseas de los animales vertebrados. SIN. ternilla.

cartilla. f. **1** Cuaderno pequeño que contiene el alfabeto. **2** Libreta o cuaderno donde se anotan ciertos datos que afectan a su titular: *cartilla de escolaridad*.

cartografía. f. Arte y técnica de trazar mapas geográficos.

cartografiar. tr. Trazar la carta geográfica.

cartográfico, ca. adj. Relativo a la cartografía.

cartógrafo, fa. m. y f. Persona que traza cartas geográficas.

cartomancia o **cartomancía.** f. Adivinación del futuro por los naipes de la baraja.

cartomántico, ca. adj. **1** Que practica la cartomancia. También s. **2** Relativo a la cartomancia.

cartometría. f. Medición de las líneas de las cartas geográficas.

cartómetro. m. Instrumento para medir las líneas trazadas en las cartas geográficas.

cartón. m. **1** Material formado por una o más láminas más gruesas que el papel hechas de pasta de trapo, papel viejo y otras materias. **2** Caja o envase hecho con este material. **3** Dibujo previo a una obra de pintura, mosaico, tapicería o vidriería. **4** Caja con diez paquetes de cigarrillos. **5 cartón piedra.** Pasta de cartón o papel, yeso y aceite secante que luego se endurece mucho y con la cual puede hacerse toda clase de figuras.

cartonaje. m. Obras de cartón.

cartoné. m. Encuadernación con tapas de cartón y forro de papel.

cartonería. f. **1** Fábrica de cartón. **2** Tienda en que se vende.

cartuchera. f. **1** Caja para llevar cartuchos. **2** Cinto para llevar cartuchos. SIN. 2 canana.

cartucho. m. **1** Tubo metálico que contiene una carga de pólvora. **2** Envoltorio cilíndrico de monedas de una misma clase. **3** Cucurucho. **4** Cajita de plástico que puede contener películas fotográficas, cinematográficas, cintas magnetofónicas. SIN. 1 casquillo.

cartuja. f. **1** Orden religiosa muy austera, que fundó San Bruno el año 1086. ǁ Se suele escribir con mayúscula. **2** Monasterio o convento de esta orden.

cartujano, na. adj. **1** Perteneciente a la Cartuja. **2** Cartujo. También s. **3** Se dice del caballo o yegua que ofrece las señales más características de la raza andaluza.

cartujo, ja. adj. **1** Religioso de la orden de la Cartuja. También m. **2** Se dice de la persona que vive apartada del trato con la gente. SIN. 2 retraído.

cartulina. f. Cartón delgado y terso.

carúncula. f. Carnosidad roja y eréctil de algunas aves, como la cresta del gallo y del pavo.

carurú. m. Planta americana cuyas hojas se usan para hacer lejía.

caruto. m. Planta rubiácea de la región del Orinoco.

cas. m. Árbol de las costas templadas de Costa Rica. Da buena madera, y su fruto es semejante a la guayaba.

casa. f. **1** Edificio o parte de él para vivir. **2** Conjunto de personas que viven juntas: *en casa no se come carne*. **3** Descendencia o linaje: *la casa de Saboya*. **4** Establecimiento industrial o mercantil: *casa fundada en 1880*. **5** Cada una de sus delegaciones. **6** Casilla de algunos juegos, como el parchís. SIN. 1 domicilio, morada, hogar 4 firma, empresa 5 agencia, filial.

casaca. f. Prenda ceñida, con mangas y faldones que llegan hasta la parte posterior de las rodillas. SIN. levita.

casación. f. Anulación de una sentencia judicial: *recurso de casación*. SIN. revocación.

casadero, ra. adj. Que está en edad de casarse. SIN. núbil.

casado, da. adj. y s. Que ha contraído matrimonio. SIN. desposado ❑ ANT. soltero, célibe.

casal. m. **1** Casa de campo. **2** Solar o casa solariega. **3** *amer.* Pareja de macho y hembra.

casamata. f. Reducto abovedado para piezas de artillería.

casamentero, ra. adj. y s. Aficionado a arreglar y concertar bodas.

casamiento. m. Matrimonio, acción de casarse.

casar. m. Conjunto de casas que no llegan a formar pueblo.

casar. intr. **1** Contraer matrimonio. Más c. prnl.: *se casó con una prima suya*. **2** Corresponder, ajustar, encajar, unir: *estas piezas no casan*. | tr. **3** Autorizar y llevar a cabo el matrimonio de dos personas el que tiene licencia para ello. **4** Disponer un padre o superior el casamiento de persona que está bajo su autoridad. **5** Anular una sentencia. **Sin.** 1 desposarse.

casca. f. **1** Hollejo de la uva después de pisada y exprimida. **2** Corteza de ciertos árboles que se usa para curtir las pieles y teñir artes y aparejos de pesca.

cascabel. m. Bola hueca de metal provista de una ranura, y con algo en su interior que la hace sonar.

cascabelada. f. **1** Fiesta ruidosa. **2** Dicho o hecho que denota poco juicio.

cascabelear. intr. **1** Hacer sonar cascabeles. **2** Portarse con ligereza y poco juicio.

cascabeleo. m. Ruido de cascabeles.

cascabelero, ra. adj. y s. Se dice de la persona desenfadada y de poco juicio.

cascabelillo. m. Variedad de ciruela, de color púrpura oscuro y de sabor dulce.

cascabillo. m. **1** Cascarilla del grano de cereales. **2** Cúpula de la bellota.

cascada. f. Caída desde cierta altura del agua de un río u otra corriente por un desnivel brusco del cauce. **Sin.** catarata, salto.

cascado, da. adj. **1** Se apl. a la persona o cosa muy gastada: *la batidora está ya muy cascada*. **2** Se dice de la voz sin sonoridad ni entonación. **Ant.** 1 nuevo.

cascajar. m. **1** Lugar en donde hay mucho cascajo o guijo. **2** Vertedero de la casca de la uva fuera del lagar.

cascajo. m. **1** Guijo, fragmentos de piedra y de otras cosas que se quiebran. **2** Conjunto de frutas de cáscaras secas, como nueces, avellanas, castañas, piñones, etc. **3** Persona o cosa vieja, inútil.

cascalote. m. Árbol americano mimosáceo, cuyo fruto abunda en tanino y se emplea para curtir.

cascanueces. m. Instrumento parecido a una tenaza para partir nueces. || No varía en pl.

cascar. tr. **1** Quebrar. También prnl.: *se cascó el huevo*. **2** Golpear: *te han cascado bien.* | intr. **3** Morir. **4** Charlar sin parar: *¡cómo casca este chaval!* **Sin.** 4 rajar, parlotear.

cáscara. f. Corteza exterior de los huevos y de varias frutas.

cascarilla. f. **1** Envoltura fina y quebradiza, como la de los granos de cereales o las almendras, cacahuetes, etc. **2** Laminilla de metal muy delgada que se emplea en cubrir o revestir varios objetos: *botones de cascarilla*.

cascarón. m. Cáscara de huevo de cualquier ave, y más particularmente la rota por el pollo al salir de él.

cascarrabias. com. Persona que se enfada fácilmente. || No varía en pl. **Sin.** quisquilloso, irritable.

cascarria. f. Barro que se seca en la parte de la ropa que va cerca del suelo. Más en pl.

casco. m. **1** Gorro de metal o plástico resistente que protege la cabeza: *casco de obra*. **2** Cuerpo de un barco o avión sin el aparejo y las máquinas. **3** Botella o envase para líquidos: *hay que devolver el casco*. **4** Cada uno de los pedazos de vasija o vaso que se rompe. Más en pl.: *cuidado no pises los cascos de la copa*. **5** Conjunto de edificios de una población: *casco urbano*. **6** Uña del pie o de la mano del caballo que se corta y alisa para poner la herradura. **Sin.** 6 pezuña.

cascote. m. **1** Fragmento de alguna construcción derribada o arruinada. **2** Conjunto de escombros, usado para otras obras nuevas.

caseación. f. Acción de cuajarse o endurecerse la leche.

caseificar. tr. Transformar en caseína.

caseína. f. Proteína de la leche que, con la manteca, forma el queso.

caseoso, sa. adj. Relativo al queso.

caserío. m. **1** Casa de campo y sus dependencias. **2** Conjunto de casas más pequeño que un pueblo.

caserna. f. Bóveda que se construye bajo los baluartes, para alojar soldados y almacenar cosas.

casero, ra. adj. **1** Que se hace o se cría en casa: *empanada casera*. **2** Que está mucho en casa: *es un hombre muy casero*. **3** Se dice del árbitro o arbitraje que favorecen al equipo que juega en su campo. | m. y f. **4** Dueño de alguna casa de alquiler: *el casero paga los gastos de comunidad*. **Sin.** 1 doméstico 2 hogareño 4 propietario, arrendador.

caserón. m. Casa muy grande y destartalada.

caseta. f. **1** Casilla de las playas para cambiarse de ropa. **2** Tenderete o barraca provisional de las ferias, exposiciones, etc. **3** Casita del perro guardián. **Sin.** 1 cabina 2 puesto.

casete. amb. **1** Cinta magnetofónica y la cajita de plástico que la contiene. | m. **2** Magnetófono: *se compró un casete estéreo*.

casi. adv. c. **1** Poco menos de, cerca de, con corta diferencia, por poco. | adv. m. **2** Indica indecisión: *casi me voy a quedar un rato*.

casia. f. Planta papilionácea de países cálidos.
casida. f. Composición poética árabe y persa.
casilla. f. **1** Casa pequeña. **2** División del papel rayado o del tablero de ajedrez. **Sin.** 1 garita, caseta 2 encasillado.
casillero. m. **1** Mueble con divisiones para clasificar o guardar papeles u otros objetos: *deja la llave en el casillero de recepción.* **2** Cada una de estas divisiones. **3** Marcador de puntos en algunos deportes.
casimir. m. Cachemir.
casinete. m. *amer.* Tela inferior al cachemir.
casinita. f. Feldespato de barita.
casino. m. **1** Casa de juego. **2** Club, sociedad de recreo. **3** Local de esta sociedad. **Sin.** 2 ateneo, círculo.
casiopiri. m. Arbusto que se cría en toda la India, y que se cultiva en los jardines europeos.
casis. f. **1** Planta parecida al grosellero. | m. **2** Molusco gasterópodo, con concha arrollada en espiral.
casitéridos. m. pl. Grupo de elementos que comprende el estaño, el antimonio, el cinc y el cadmio.
casiterita. f. Mineral brillante de color pardo, principal mena del estaño.
caso. m. **1** Suceso: *me contó el caso del chico desaparecido.* **2** Casualidad, oportunidad: *si llega el caso, lo haré.* **3** Asunto: *te voy a contar mi caso.* **4** Problema, pregunta. **5** Cada enfermo en que se manifiesta una enfermedad: *de momento hay tres casos de cólera.* **6** En ling., función sintáctica de una palabra en una oración y forma que adopta según esta función. **Sin.** 1 incidente, acontecimiento 2 ocasión, coyuntura.
casón, na. m. y f. Casa grande.
casorio. m. desp. Boda, casamiento.
caspa. f. Escamilla que se forma en la cabeza o en la raíz del cabello.
caspio, pia. adj. y s. Se dice de un antiguo pueblo de Hircania.
¡cáspita! interj. que indica extrañeza o admiración.
caspolino, na. adj. y s. De Caspe.
casposo, sa. adj. Lleno de caspa.
casquería. f. Tienda donde se venden los despojos de la res.
casquero, ra. m. y f. Dueño o empleado de una casquería.
casquete. m. Gorro ajustado para cubrir toda o parte de la cabeza.
casquijo. m. Piedra menuda que sirve para hacer hormigón y, como grava, para afirmar los caminos.
casquillo. m. **1** Cartucho vacío. **2** Soporte metálico de una bombilla con una rosca para conectarlo a la red eléctrica. **Sin.** 1 cápsula.

casquivano, na. adj. **1** Se dice de la persona insensata e informal. | f. **2** Mujer de trato frívolo con los hombres. **Sin.** 1 irreflexivo, alocado 2 coqueta, ligera □ **Ant.** 1 formal.
casta. f. **1** Generación, estirpe. **2** Parte de los habitantes de un país que forma clase especial, sin mezclarse con los demás: *la casta de los brahmanes.* **3** Raza animal formada por unos determinados caracteres que se transmiten por herencia: *un toro de casta.*
castaña. f. **1** Fruto del castaño del tamaño de una nuez, cubierto con una cáscara gruesa y correosa de color pardo oscuro. **2** Especie de moño que se hacen las mujeres en la parte posterior de la cabeza. **3** Golpe, bofetada: *se dio una buena castaña.* **4** Borrachera: *se agarró una castaña...* **5** Persona o cosa muy aburrida: *la función fue una verdadera castaña.* **Sin.** 5 petardo, rollo.
castañar. m. Sitio poblado de castaños.
castañazo. m. Golpetazo, puñetazo.
castañero, ra. m. y f. Persona que vende castañas.
castañeta. f. **1** Sonido que resulta de juntar la yema del dedo de en medio con la del pulgar, y hacerla resbalar con fuerza y rapidez para que choque con el pulpejo de la mano. **2** Castañuela.
castañetazo. m. **1** Golpe fuerte que se da con las castañuelas, o con los dedos. **2** Chasquido fuerte.
castañeteado. m. Sonido que se hace con las castañuelas.
castañetear. tr. **1** Tocar las castañuelas. | intr. **2** Sonar los dientes al chocarse los de arriba con los de abajo, por frío, miedo, etc. **3** Sonarle a uno las articulaciones al moverse; p. ej., la rótula al andar. **Sin.** 2 tiritar.
castañeteo. m. Acción de castañetear.
castaño, ña adj. y s. **1** Del color de la cáscara de castaña: *ojos castaños.* | m. **2** Árbol de copa ancha y redonda y fruto comestible; su madera es empleada en carpintería y en construcción.
castañola. f. Pez teleósteo marino. Abunda en el Mediterráneo y es comestible.
castañuela. f. Instrumento de percusión, con dos mitades cóncavas de madera, unidas por una cuerdecita por la que se sujetan a la mano para hacerlas sonar golpeando una contra otra.
castellanidad. f. Carácter y condición de castellano; peculiaridad de Castilla y de lo castellano.
castellanismo. m. **1** Palabra o modo de hablar propio de Castilla. **2** Palabra o modo de hablar castellanos en otra lengua.
castellanización. f. Acción de castellanizar o castellanizarse.
castellanizar. tr. **1** Dar carácter castellano. Tam-

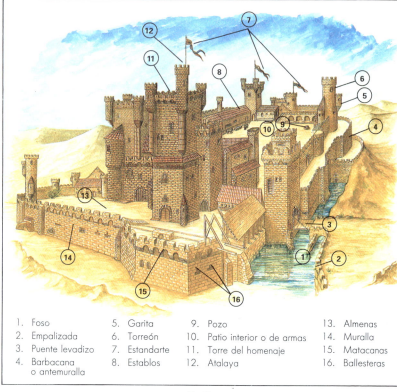

1. Foso
2. Empalizada
3. Puente levadizo
4. Barbacana o antemuralla
5. Garita
6. Torreón
7. Estandarte
8. Establos
9. Pozo
10. Patio interior o de armas
11. Torre del homenaje
12. Atalaya
13. Almenas
14. Muralla
15. Matacanes
16. Ballesteras

Castillo

bién prnl. **2** Enseñar el castellano a los que no lo saben. | **castellanizarse.** prnl. **3** Hacerse hablante del castellano.

castellano, na. adj. y s. **1** De Castilla. | m. **2** Lengua común de España e Hispanoamérica. **3** Dialecto románico de Castilla la Vieja, del que surgió la lengua española. **4** Alcaide o gobernador de un castillo.

castellonense. adj. y com. De Castellón.
casticidad. f. Cualidad de castizo.
casticismo. m. **1** Amor a lo castizo en las costumbres, usos y modales. **2** Actitud de los que al hablar o escribir evitan los extranjerismos y prefieren el empleo de voces y giros de su propia lengua. **Sin.** 1 purismo.
casticista. com. Persona que practica el casticismo idiomático o literario.

castidad. f. En la moral católica, renuncia total al placer sexual o sólo al que está fuera de sus principios morales o religiosos. **Sin.** continencia □ **Ant.** lujuria.
castigador, ra. adj. y s. **1** Que castiga. **2** Que enamora. **Sin.** 2 seductor.
castigar. tr. **1** Ejecutar un castigo en quien ha cometido una falta: *castigó al niño sin cenar.* **2** Estimular con el látigo o con las espuelas al caballo para que acelere la marcha. **3** Mortificar, dañar. **4** Seducir, enamorar. **Ant.** 1 absolver, perdonar, premiar.
castigo. m. **1** Sanción, pena impuesta. **2** Persona o cosa que causa continuas molestias o padecimientos: *estas zapatillas son un castigo.* **Sin.** 1 correctivo □ **Ant.** 1 premio, perdón.
castillete. m. Armazón para sostener algo.
castillo. m. **1** Edificio fortificado con murallas, fosos, etc. **2** Parte de la cubierta principal del buque,

comprendida entre el palo trinquete y la proa. **3** Cubierta parcial que tienen algunos buques a la altura de la borda. **Sin.** 1 fortaleza, alcázar.

castizo, za. adj. y s. **1** Se dice de las personas o cosas típicas y características de un país, raza, actividad, etc. **2** Se dice del lenguaje puro. **3** Se dice de la persona graciosa y ocurrente, en especial aplicado a los madrileños. **Ant.** 1 falso 2 adulterado.

casto, ta. adj. **1** Se dice del que practica la castidad o está de acuerdo con ella. **2** Honesto, puro, sin picardía ni sensualidad: *un beso casto*. **Ant.** 1 y 2 lujurioso, libidinoso.

castor. m. Mamífero roedor grueso, de pelo castaño muy fino, patas cortas, pies con cinco dedos palmeados, y cola aplastada, oval y escamosa. Construye sus viviendas en las orillas de ríos o lagos, haciendo verdaderos diques de gran extensión.

castoreño. adj. y m. Se dice del sombrero de los picadores de toros.

castración. f. Acción de castrar.

castrametación. f. Arte de ordenar los campamentos militares.

castrar. tr. **1** Extirpar o anular los órganos genitales. **2** Debilitar o inutilizar algo. **3** Quitar parte de la miel de las colmenas dejando solo la suficiente para que las abejas puedan seguir trabajando. **Sin.** 1 capar, emascular 3 catar.

castrense. adj. Relativo al ejército o a la profesión militar. **Sin.** militar.

castro. m. Sitio donde estaba acampado y fortificado un ejército.

castrón. m. Macho cabrío, morueco o puerco castrado.

casual. adj. **1** Que sucede por casualidad: *llamada casual*. **2** En ling., relacionado con el caso. **Sin.** 1 imprevisto, fortuito ☐ **Ant.** 1 previsto.

casualidad. f. Combinación de circunstancias imprevisibles e inevitables: *le conocí por casualidad*. **Sin.** azar, suerte, coincidencia.

casuárido, da. adj. y m. Se dice de las aves corredoras propias de Australasia, cuya especie típica es el casuario.

casuarina. f. Árbol de la familia de las casuarináceas. Su madera se emplea mucho en construcción.

casuarináceo, a. adj. y f. Se dice de las plantas angiospermas dicotiledóneas, de madera dura y densa y mucho tanino en la corteza.

casuario. m. Ave menor que el avestruz, incapaz de volar, con tres dedos en cada pie y plumas sedosas de llamativos colores. Vive en Nueva Guinea, Australia e islas vecinas.

casucha. f. desp. Casa pequeña y mal construida.

casuismo. m. Doctrina casuística.

casuista. adj. y com. **1** Autor que expone casos prácticos de teología moral. **2** P. ext., se apl. al que expone casos de ciencias morales o jurídicas.

casuística. f. Conjunto de los diversos casos particulares que se pueden prever en una determinada materia: *ha recogido toda la casuística existente sobre el tema*. **Sin.** pormenores.

casulla. f. Vestidura litúrgica que se pone el sacerdote encima de las demás cuando va a decir misa.

casuístico, ca. adj. Relativo al casuista o a la casuística.

cata. f. **1** Acción de catar. **2** Porción de alguna cosa que se prueba: *me dio una cata del melón*.

catabólico, ca. adj. Relativo al catabolismo.

catabolismo. m. Conjunto de procesos metabólicos que transforman las grandes moléculas orgánicas en otras más pequeñas, con liberación de energía.

cataclismo. m. **1** Catástrofe producida en la tierra por agentes de la naturaleza, como un terremoto o un diluvio. **2** Gran desastre social, económico o político: *el resultado de las elecciones desencadenó un cataclismo*. **Sin.** 1 y 2 hecatombe.

catacumbas. f. pl. Subterráneos en los que los primeros cristianos, especialmente en Roma, enterraban sus muertos y practicaban las ceremonias del culto.

catadióptrico, ca. adj. y m. Se dice del sistema o dispositivo compuesto de espejos y lentes para reflejar y refractar la luz.

catador, ra. m. y f. **1** El que cata. **2** El que cata colmenas. **3** Catavinos, el que tiene por oficio catar vinos.

catadura. f. Gesto, semblante, aspecto: *no me gusta su catadura*.

catafalco. m. Túmulo lujoso cubierto de paños negros que se instala en las iglesias para celebrar los funerales del difunto.

catalán, na. adj. y s. **1** De Cataluña. | m. **2** Lengua romance hablada en Cataluña y en otros territorios de la antigua Corona de Aragón: Valencia, Baleares, Andorra, Rosellón, etc.

catalanidad. f. Cualidad de catalán.

catalanismo. m. **1** Doctrina política que defiende la autonomía política de Cataluña. **2** Expresión, vocablo o giro propios de la lengua catalana.

catalanista. adj. **1** Relativo al catalanismo. | com. **2** Persona partidaria de todo lo catalán.

cataláunico, ca. adj. Relativo a la antigua Catalaunia, hoy Châlons de Marne. Se apl. a los campos en que fue derrotado Atila.

catalejo. m. Anteojo que sirve para ver a larga distancia.

catalepsia. f. Accidente nervioso repentino que suspende las sensaciones e inmoviliza el cuerpo.

cataléptico – categoría

cataléptico, ca. adj. **1** Relativo a la catalepsia. **2** Atacado de catalepsia. También s.

catalina. f. Excremento humano.

catálisis. f. Transformación química activada por cuerpos que al finalizar la reacción aparecen inalterados. ‖ No varía en pl.

catalizador. m. **1** Cuerpo capaz de producir la catálisis. **2** Lo que, con su presencia o intervención, es capaz de hacer reaccionar un conjunto de factores: *fue el catalizador de la reunión.* **SIN.** 2 impulsor.

catalogación. f. Acción de catalogar.

catalogador, ra. adj. **1** Que cataloga. ‖ m. y f. **2** Persona que forma catálogos.

catalogar. tr. **1** Apuntar, registrar o clasificar en un catálogo. **2** Encasillar, etiquetar a una persona. **SIN.** 1 inventariar.

catálogo. m. Lista ordenada o clasificada de personas o cosas. **SIN.** inventario, registro, índice.

catalpa. f. Árbol de adorno, de la familia de las bignoniáceas, de unos diez metros de altura.

catamarán. m. **1** Embarcación hecha de troncos de diferentes longitudes, usada en la India. **2** Embarcación deportiva de vela o motor formada por dos cascos alargados como patines unidos por un armazón rígido.

catamarqueño, ña. adj. y s. De Catamarca.

catamenial. adj. Se apl. a lo que tiene alguna relación con la función menstrual.

cataplasma. f. **1** Masa húmeda de consistencia blanda, aplicada como calmante. **2** Persona pesada y fastidiosa. **SIN.** 1 apósito, fomento 2 plasta, plomo, pelma.

catapulta. f. **1** Antigua máquina militar para arrojar piedras o saetas. **2** Mecanismo que impulsa el despegue de aviones en sitios reducidos. **SIN.** 1 trabuquete.

catapultar. tr. **1** Lanzar con la catapulta. **2** Promocionar a una persona: *esta película le catapultó al estrellato.* **ANT.** 2 hundir, arruinar.

catar. tr. **1** Probar algo. **2** Castrar las colmenas.

cataraña. f. Lagarto de las Antillas.

catarata. f. **1** Cascada grande de agua. **2** Opacidad del cristalino del ojo por exceso de albúmina en sus fibras. ‖ pl. **3** Lluvia abundante.

cátaro, ra. adj. y s. Se dice de varias sectas heréticas de la Edad Media que pregonaban una extremada sencillez en las costumbres como principal culto religioso. **SIN.** albigense.

catarral. adj. Relativo al catarro: *síntomas catarrales.*

catarrino. m. Catirrino.

catarro. m. Inflamación de la mucosa del aparato respiratorio con aumento de la secreción. **SIN.** resfriado, constipado.

catarroso, sa. adj. y s. Que habitualmente padece catarro.

catarsis. f. **1** Efecto purificador que causa cualquier obra de arte en el espectador. **2** Expulsión espontánea o provocada de sustancias nocivas al organismo. **3** P. ext., eliminación de recuerdos que perturban el equilibrio nervioso. ‖ No varía en pl.

catártico, ca. adj. Se aplica a algunos medicamentos purgantes.

catástasis. f. Punto culminante del asunto de un drama, tragedia o poema épico. ‖ No varía en pl.

catastral. adj. Relacionado con el catastro: *impuesto catastral.*

catastro. m. **1** Censo estadístico de las fincas rústicas y urbanas. **2** Contribución que se paga por la posesión de una finca.

catástrofe. f. **1** Desastre, suceso desgraciado e inesperado. **2** Cosa de mala calidad o mal hecha.

catastrófico, ca. adj. **1** Relativo a una catástrofe: *riesgos catastróficos.* **2** Desastroso, muy malo: *los jugadores tuvieron una actuación catastrófica.*

catatipia. f. Procedimiento fotográfico para obtener pruebas por medio de la catálisis.

catavino. m. **1** Copa para oler y catar el vino. **2** Especie de pipeta con un asa larga en la parte superior que se introduce en los barriles para extraer muestras de vino. ‖ pl. com. **3** Persona que cata vinos.

cate. m. **1** Golpe, bofetada. **2** Nota de suspenso en los exámenes.

catear. tr. **1** Suspender en los exámenes a un alumno: *le han cateado las matemáticas.* **2** *amer.* Explorar terrenos en busca de alguna veta minera.

catecismo. m. **1** Libro que contiene la explicación de la doctrina cristiana en forma de diálogo. **2** P. ext., cualquier obra que resume una doctrina o ciencia: *aquí tienes el catecismo de la astrología.*

catecúmeno, na. m. y f. Persona que se está instruyendo en la doctrina católica para bautizarse.

catecumenado. m. Tiempo durante el cual se preparaba el catecúmeno para recibir el bautismo.

cátedra. f. **1** Empleo, plaza y departamento de un catedrático. **2** Asignatura que enseña y aula donde lo hace. **3** Asiento elevado desde donde el maestro enseña a los alumnos.

catedral. f. Iglesia principal de una diócesis, sede del obispado.

catedralicio, cia. adj. Relativo a una catedral.

catedrático, ca. m. y f. Profesor o profesora titular de la más alta plaza docente universitaria o de instituto.

categoría. f. **1** Cada uno de los grupos de una clasificación de objetos: *la fruta se separa por categorías, según su calidad.* **2** Cada una de las jerarquías establecidas en una profesión o carrera: *categoría de* *administrativo.* **3** Clase, distinción, condición de algo o alguien: *todo lo hace con categoría.* **4** Uno de los diferentes elementos de clasificación que suelen emplearse en las ciencias. **5 de categoría.** loc. adj. Se dice de lo bueno, importante o valioso: *un coche de categoría.* **Sin.** 1 especie, género 2 nivel, rango ☐ **Ant.** 3 mediocridad.

categórico, ca. adj. Rotundo, terminante: *una afirmación categórica.* **Ant.** indeciso, ambiguo.

catequesis. m. Enseñanza de la doctrina cristiana, sobre todo para recibir el bautismo o la comunión. || No varía en pl.

catequista. com. **1** Persona que instruye a los catecúmenos. **2** La que ejerce el catecismo.

catequístico, ca. adj. Relativo al catecismo.

catequizar. tr. **1** Instruir en la doctrina de la fe católica. **2** Persuadir, convencer: *pretende catequizarme para que me quede a trabajar.*

catéresis. f. **1** Extenuación independiente de toda evacuación artificial. **2** Debilitación producida por un medicamento. **3** Acción cáustica moderada. || No varía en pl.

caterético, ca. adj. Se apl. a la sustancia que cauteriza superficialmente los tejidos.

caterva. f. Multitud desordenada o de poco valor: *una caterva de rufianes.* **Sin.** montón, muchedumbre.

catéter. m. Sonda que se introduce por cualquier conducto natural o artificial del organismo, para explorarlo o dilatarlo.

cateterismo. m. Acto quirúrgico o exploratorio, que consiste en introducir un catéter en un conducto o cavidad.

cateto. m. Cada lado del ángulo recto en el triángulo rectángulo.

cateto, ta. m. y f. desp. Persona paluda, torpe, inculta. **Sin.** paleto, patán ☐ **Ant.** refinado.

catetómetro. m. Instrumento que sirve para medir longitudes verticales.

catilinaria. adj. **1** Se dice de los discursos pronunciados por Cicerón contra Catilina. Más c. f. pl. | f. **2** Escrito o discurso vehemente contra alguna persona. **Sin.** 2 invectiva, diatriba, filípica.

catión. m. Ion electropositivo que en la electrólisis se dirige al cátodo.

catirrino, na. adj. y s. Se dice de los simios cuyas fosas nasales están separadas por un tabique cartilaginoso, tan estrecho que las ventanas de la nariz quedan dirigidas hacia abajo.

catódico, ca. adj. Relativo al cátodo.

cátodo. m. Electrodo negativo del que parten los electrones.

catolicismo. m. Religión que profesan los cristianos que reconocen al Papa como representante de Dios en la Tierra.

católico, ca. adj. **1** Que profesa el catolicismo. También s. **2** Sano, perfecto: *no me encuentro muy católico.*

catolizar. tr. Convertir a la fe católica; predicarla, propagarla.

catón. m. Censor severo.

catón. m. Libro con textos sencillos para aprender a leer.

catoniano, na. Se aplica a las virtudes de Catón y sus imitadores.

catonizar. intr. Censurar de forma severa, a la manera de Catón.

catóptrica. f. Parte de la óptica que trata de las propiedades de la luz refleja.

catoptromancia o **catoptromancía.** f. Arte supuesto de adivinar por medio del espejo.

catorce. adj. **1** Diez más cuatro. También m.: *el catorce de mayo.* **2** Decimocuarto. También pron. | m. **3** Conjunto de signos con que se representa el número catorce.

catorceavo, va. adj. Se dice de cada una de las catorce partes iguales en que se divide un todo. También m.

catre. m. Cama ligera para una sola persona.

cauba. f. Arbolito espinoso de Argentina; sirve de adorno y su madera se usa en ebanistería.

caucasiano, na. adj. Relativo al Cáucaso.

caucásico, ca. adj. y s. **1** De la raza blanca o indoeuropea. **2** Del Cáucaso.

cauce. m. **1** Lecho por donde corre un arroyo o río para regar o para otros fines. **2** Procedimiento, camino seguido: *los trámites siguen el cauce ordinario.* **Sin.** 1 madre, cacera.

caucense. adj. y com. De Coca.

cauchera. f. Planta de la cual se extrae el caucho.

caucho. m. Látex producido por varias plantas tropicales que, después de coagulado, es una masa impermeable muy elástica, y tiene muchas aplicaciones en la industria, como la fabricación de neumáticos, aislantes y tuberías.

caución. f. **1** Prevención, cautela. **2** Seguridad personal de que se cumplirá lo pactado.

caudal. adj. **1** Relativo a la cola: *aleta caudal.* | m. **2** Cantidad de agua de una corriente. **3** Hacienda, bienes. **4** Abundancia de algo: *ha llegado un caudal de cartas.* **Sin.** 3 fortuna, riqueza, capital 4 profusión ☐ **Ant.** 3 penuria, pobreza 4 escasez, carencia.

caudaloso, sa. adj. De mucha agua: *río caudaloso.*

caudillaje. m. **1** Mando. **2** *amer.* Caciquismo. **3** *amer.* Conjunto o sucesión de caudillos.

caudillo. m. Jefe de un ejército o comunidad.

caudimano o **caudímano.** adj. Animal que tiene cola prensil, como ciertos monos.

caulescente. adj. Se dice de la planta cuyo tallo se distingue bien de la raíz.

caulículo. m. Cada uno de los vástagos que nacen de lo interior de las hojas que adornan el capitel corintio.

caulífero, ra. adj. Se dice de las plantas cuyas flores nacen sobre el tallo.

cauliforme. adj. De forma de tallo.

caulinar. adj. Relativo al tallo.

cauri. m. Molusco gasterópodo, cuya concha sirvió de moneda en la India y costas africanas.

cauriense. adj. y com. De Coria.

causa. f. **1** Motivo, fundamento u origen. **2** Empresa o ideal: *está muy interesado por la causa misionera.* **3** Litigio, pleito judicial: *la causa se resolvió a mi favor.* S<small>IN</small>. 1 móvil.

causal. adj. **1** Relativo a la causa. **2** Se dice de la relación que se establece entre la causa y el efecto.

causalidad. f. **1** Causa, origen, principio. **2** En filos., ley por la que se producen efectos.

causante. adj. y com. **1** Que causa. | m. **2** En der., persona de quien proviene el derecho que alguno tiene.

causar. tr. Motivar, originar o producir algo: *me has causado muchas molestias.* S<small>IN</small>. motivar, originar.

causativo, va. adj. Que es origen o causa de alguna cosa.

causticar. tr. Dar causticidad a una cosa.

causticidad. f. **1** Cualidad de cáustico. **2** Malignidad, mordacidad.

cáustico, ca. adj. **1** Que quema o corroe los tejidos orgánicos. **2** Se dice del medicamento que cauteriza. También m. **3** Mordaz, agresivo: *lenguaje cáustico.* S<small>IN</small>. 1 corrosivo 2 cauterizante 3 punzante, incisivo, sarcástico.

cautela. f. Precaución, reserva con que se hace algo: *entró en la habitación con mucha cautela.* S<small>IN</small>. sigilo, prudencia ☐ A<small>NT</small>. imprudencia, descuido.

cautelar. adj. **1** Preventivo. **2** En der., se dice de las medidas o reglas para prevenir la consecución de algo o precaver lo que pueda dificultarlo: *acción cautelar.*

cauteloso, sa. adj. Que obra con cautela. S<small>IN</small>. prudente.

cauterio. m. **1** Acción de cauterizar. **2** Medio empleado en cirugía para quemar o destruir tejidos con fines curativos. **3** Lo que corrige o ataja eficazmente algún mal.

cauterización. f. Acción de cauterizar.

cauterizar. tr. Curar una herida quemándola con el cauterio.

cautivar. tr. **1** Aprisionar, privar de libertad. **2** Atraer, ganarse a alguien: *me cautiva su sonrisa.* A<small>NT</small>. 1 liberar 2 aburrir.

cautiverio. m. Estado de privación de libertad y tiempo que dura: *aprovechó su cautiverio para meditar.* S<small>IN</small>. prisión, cautividad.

cautivo, va. adj. y s. **1** Prisionero o retenido en un lugar a la fuerza. **2** Dominado por el atractivo de alguien o algo: *está cautivo de sus ojos.* S<small>IN</small>. 2 seducido, prendado.

cauto, ta. adj. Que obra con cautela.

cava. f. **1** Dependencia subterránea donde se elabora y conserva el vino. | m. **2** Vino espumoso que se cría en la misma botella en que luego se consume.

cava. adj. y f. Se dice de cada una de las dos venas que llevan la sangre a la aurícula derecha del corazón.

cavar. tr. **1** Levantar y mover la tierra. También intr.: *sólo se dedica a cavar.* | intr. **2** Ahondar, profundizar en algo. S<small>IN</small>. 1 remover, excavar.

cávea. f. **1** Jaula romana. **2** Cada una de las dos graderías de los teatros y de los circos romanos.

caverna. f. **1** Cueva, oquedad profunda, subterránea o entre rocas. **2** Cavidad que queda en algunos órganos después de perderse los tejidos dañados por una enfermedad; p. ej., la tuberculosis. S<small>IN</small>. 1 gruta, antro.

cavernario, ria. adj. **1** Propio de las cavernas. **2** Se dice del hombre prehistórico que vivía en las cavernas.

cavernícola. adj. y com. **1** Que vive en cavernas. **2** desp. De costumbres o ideas anticuadas. S<small>IN</small>. 1 troglodita 2 retrógrado.

cavernosidad o **cavernidad.** f. Oquedad natural de la tierra, cueva. Más en pl.

cavernoso, sa. adj. **1** Que tiene cavernas o se parece a ellas. **2** Se apl. especialmente a la voz, a la tos, a cualquier sonido sordo y bronco.

caviar. m. Alimento muy apreciado hecho con huevas de esturión, y p. ext., de otros peces.

cavicornio. adj. y m. Se dice de los rumiantes de la familia de los bóvidos porque tienen huecos los cuernos.

cavidad. f. Hueco que se abre dentro de un cuerpo o en su superficie. S<small>IN</small>. concavidad.

cavilación. f. Acción de cavilar.

cavilar. tr. Pensar en algo o sobre algo con insistencia y preocupación. S<small>IN</small>. discurrir, rumiar, meditar.

caviloso, sa. adj. Meditabundo, pensativo.

cayado. m. **1** Cachava que usan sobre todo los pastores. **2** Báculo de los obispos.

cayama. f. Ave zancuda, acuática.

cayo. m. Islote raso y arenoso muy común en el mar de las Antillas y en el golfo mexicano.

cayuco. m. Embarcación india de una pieza.

caz. m. Canal para tomar el agua y conducirla a donde es aprovechada. S<small>IN</small>. acequia, cacera.

caza. f. **1** Acción de cazar. **2** Animales que se cazan: *aquí hay mucha caza*. **3** Carne de estos animales: *no me gusta la caza.* | m. **4** Pequeño avión militar. **Sin.** 1 batida, cacería.

cazabombardero. m. Avión de guerra.

cazador, ra. adj. y s. **1** Que caza. | f. **2** Chaqueta deportiva ablusada que se ajusta a la cadera o a la cintura. **Sin.** 1 montero.

cazadotes. m. El que trata de casarse con una mujer rica. ‖ No varía en pl.

cazalla. f. Aguardiente fabricado en Cazalla de la Sierra.

cazar. tr. **1** Coger o matar animales. **2** Atrapar, pillar algo difícil con maña. **3** Sorprender en un descuido: *le cacé cogiendo el dinero*.

cazatorpedero. m. Buque de guerra destinado a la persecución de los torpederos enemigos.

cazcarria. f. Cascarria.

cazo. m. **1** Recipiente de cocina, metálico y con mango, utilizado sobre todo para cocer alimentos. **2** Especie de cucharón semiesférico y con un mango largo para pasar líquidos de un recipiente a otro. **3** Cantidad de líquido que puede contener: *calcula dos cazos por persona*. **4** Persona muy fea.

cazoleta. f. **1** Cazuela pequeña. **2** Pieza de la espada entre el puño y la hoja para proteger la mano. **3** Parte de la pipa donde se pone el tabaco.

cazón. m. Tiburón no muy grande, parecido al marrajo.

cazuela. f. **1** Recipiente de cocina más ancho que alto. **2** Guisado que se hace y se sirve en este recipiente: *cazuela de mariscos*. **Sin.** 1 cacerola, olla.

cazurrear. intr. Comportarse o proceder como cazurro.

cazurrería. f. Cualidad de cazurro.

cazurro, rra. adj. y s. **1** Reservado, de pocas palabras y desconfiado. **2** Tosco, zafio.

CD ROM. m. En inform., disco óptico utilizado para almacenar gran cantidad de datos, que sólo puede ser leído con una unidad lectora de luz láser y que no permite la grabación por parte del usuario.

ce. f. **1** Nombre de la letra *c*. **2 ce por be** o **ce por ce.** loc. adv. Con todo detalle: *se lo contó ce por ce*. **3 por ce** o **por be.** loc. adv. De un modo o de otro.

cearina. f. Pomada que sirve de excipiente de otras.

ceba. f. **1** Alimento abundante que se da al ganado para que engorde. **2** Acción de alimentar los hornos con combustible.

cebada. f. Planta gramínea anual, de semillas más alargadas que el trigo, que sirve de alimento a diversos animales, y se usa en la fabricación de algunas bebidas alcohólicas, como la cerveza.

cebadal. m. Terreno sembrado de cebada.

cebadar. tr. Dar cebada a las bestias.

cebadera. f. **1** Morral para dar cebada al ganado en el campo. **2** Arca o cajón para la cebada.

cebadero. m. **1** El que vende cebada. **2** Caballería que lleva la cebada para dar de comer a la recua.

cebado, da. adj. **1** Alimentado. | m. **2** Acción de cebar.

cebador. m. **1** Pequeño dispositivo para el encendido de los tubos fluorescentes. **2** Frasquito de pólvora para cebar las armas de fuego.

cebadura. f. *amer.* Cantidad de yerba que se pone en el mate cuando se prepara la infusión.

cebar. tr. **1** Engordar a un animal, y p. ext., a una persona: *tu madre te está cebando*. También prnl. **2** Poner cebo en una trampa para atraer y cazar animales. **3** Cargar de combustible una máquina o cualquier dispositivo para que funcione: *cebar una caldera*. **4** *amer.* Preparar mate. | **cebarse.** prnl. **5** Ensañarse: *se cebó con nosotros*. **Sin.** 1 hincharse 3 alimentar 5 encarnizarse □ **Ant.** 5 apiadarse.

cebiche. m. *amer.* Plato de pescado o marisco crudo preparado en un adobo de jugo de limón o naranja agria, cebolla, sal y ají.

cebo. m. **1** Comida para alimentar, engordar o atraer a los animales. **2** Persona o cosa que se pone como atractivo o inductor de algo o alguien: *la policía le utilizó como cebo para coger al ladrón*. **Sin.** 1 carnada 1 y 2 señuelo.

cebolla. f. **1** Planta de huerta liliácea, con tallo hueco, que nace de un bulbo esferoidal, blanco o rojizo, formado de capas tiernas y jugosas, de olor fuerte y sabor más o menos picante. **2** Bulbo comestible de esta planta.

Cebolla

cebollero, ra. adj. **1** Relativo a la cebolla. | m. y f. **2** Persona que vende cebollas.

cebolleta. f. Planta parecida a la cebolla pero con el bulbo más pequeño.

cebollino. m. **1** Especie de cebolla de flores rosadas, usada como condimento. **2** Persona torpe e ignorante.

cebollón. m. Variedad de cebolla menos picante y acre que la común.

cebolludo, da. adj. Se dice de las plantas y flores que son de cebolla o nacen de ella.

cebón, na. adj. y s. Se dice del animal cebado, especialmente el cerdo.

cebra. f. **1** Mamífero africano parecido al asno, de piel rayada. **2 paso de cebra.** Paso de peatones marcado por franjas blancas o amarillas en la calzada.

cebrado, da. adj. Se dice del animal que tiene manchas negras transversales.

cebrión. m. Insecto coleóptero.

cebú. m. Mamífero semejante al buey, pero con una o dos jorobas, según sea la variedad india o africana. || pl. *cebús* o *cebúes*.

ceca. f. **1** Antigua casa de moneda. **2 de la Ceca a la Meca.** loc. adv. De una parte a otra, de aquí para allí.

cecal. adj. Relativo al intestino ciego.

ceceante. adj. Que cecea.

cecear. intr. Pronunciar la *s* con sonido de *z*.

ceceo. m. Acción de cecear.

cecina. f. Carne salada y seca. **Sin.** tasajo.

cecografía. f. Escritura y modo de escribir de los ciegos.

cecógrafo. m. Aparato con que escriben los ciegos.

cedacear. intr. Referido a la vista, disminuir, oscurecerse.

cedacero. m. El que hace o vende cedazos.

cedacillo. m. Cierta planta gramínea.

cedazo. m. **1** Instrumento compuesto de un aro y de una tela, más o menos tupida, que se utiliza para separar las partes finas de las gruesas de algunas cosas; como la harina, el suero, etc. **2** Red grande para pescar. **Sin.** 1 tamiz.

ceder. tr. **1** Dar, transferir: *nos cedió su mesa.* | intr. **2** Rendirse alguien: *era evidente y tuvo que ceder.* **3** Cesar, disminuir la fuerza o resistencia: *la puerta ha cedido.* **Sin.** 1 traspasar, conceder 2 condescender 3 menguar, amainar ☐ **Ant.** 1 retener 2 resistir 3 redoblar, continuar.

cedilla. f. **1** Letra *c* con una virgulilla debajo *(ç).* **2** Esta virgulilla.

cédride. f. Fruto del cedro.

cedro. m. Árbol conífero de tronco grueso muy alto y de forma piramidal. Es de hoja perenne y su madera es duradera y muy aromática.

Cebras

cedróleo. m. Aceite esencial extraído del cedro.

cédula. f. Papel o documento en que se hace constar algo. **Sin.** ficha, papeleta.

cefalalgia. f. Dolor de cabeza.

cefalálgico, ca. adj. Relativo a la cefalalgia.

cefalea. f. Dolor de cabeza.

cefálico, ca. adj. Perteneciente a la cabeza.

cefalitis. f. Inflamación de la cabeza. || No varía en pl.

cefalópodo, da. adj. y m. **1** Se dice de los moluscos marinos de cabeza grande y boca rodeada de tentáculos, como el calamar. | m. pl. **2** Clase de estos moluscos.

cefalorraquídeo, a. adj. Se apl. al sistema nervioso de los vertebrados, porque sus órganos principales, el encéfalo y la médula espinal, se alojan en la columna vertebral.

cefalotórax. m. Parte del cuerpo de los crustáceos y arácnidos que está formada por la unión de la cabeza y el tórax.

cefeida. adj. Se dice de la estrella cuyo brillo varía periódica y específicamente.

céfiro. m. **1** Viento de poniente. **2** Cualquier viento suave y apacible. **3** Tela de algodón casi transparente y de colores variados. **Sin.** 2 brisa, aura.

cegador, ra. adj. Que ciega o deslumbra.

cegar. tr. **1** Quitar la vista: *le cegó la luz.* **2** Ofuscar. También intr. y prnl.: *se cegó por el odio.* **3** Cerrar, tapar algo que estaba hueco o abierto: *cegaron la entrada al túnel.* | intr. **4** Perder la vista. || **Irreg.** Se conj. como *acertar.* **Sin.** 3 taponar, obturar.

cegato, ta. adj. y s. Corto de vista.

cegesimal. adj. Del sistema métrico cuyas unidades fundamentales son el centímetro, el gramo y el segundo.

ceguedad. f. Ceguera.

ceguera. f. **1** Privación total de la vista. **2** Obcecación, ofuscación.

ceiba. f. **1** Árbol americano de unos 30 m de altura, con tronco grueso, copa extensa casi horizontal, ramas rojizas y espinosas, frutos cónicos que contienen semillas pequeñas envueltas en una especie de algodón, usado para rellenar almohadas.

ceibal. m. Lugar plantado de ceibas.

ceja. f. **1** Prominencia curva de pelo sobre la cuenca del ojo. **2** Pelo que la cubre. **3** Listón que tienen los instrumentos de cuerda entre el clavijero y el mástil, para apoyo y separación de las cuerdas. **4** Cejilla.

cejar. intr. Flaquear, aflojar o ceder. ‖Se usa más en frases negativas: *no ceja en su empeño de ir.* **Ant.** insistir, persistir.

cejijunto, ta. adj. De cejas muy pobladas y casi juntas. **Sin.** cejudo, ceñudo.

cejilla. f. Abrazadera que se pone en el mástil de la guitarra para subir el tono de las cuerdas.

cejudo, da. adj. De cejas muy pobladas.

cejuela. f. **1** dim. de *ceja*. **2** Cejilla.

celada. f. **1** Emboscada: *les tendieron una celada*. **2** Pieza de la armadura para cubrir la cabeza. **Sin.** 1 encerrona 2 yelmo, casco.

celador, ra. m. y f. Persona con autoridad para vigilar y mantener el orden y cuidar de algún sitio: *su padre es el celador del instituto.* **Sin.** vigilante, cuidador.

celaje. m. **1** Cielo cubierto con nubes tenues. **2** Conjunto de nubes.

celar. tr. **1** Procurar el cumplimiento de algo, cuidar, velar. **2** Ocultar: *celó sus verdaderos propósitos*. También prnl. **Sin.** 2 disimular, encubrir ☐ **Ant.** 2 revelar, descubrir.

celastráceo, a o **celastríneo, a.** adj. y f. Se dice de árboles y arbustos angiospermos dicotiledóneos.

celastro. m. Arbusto celastráceo.

celda. f. **1** Cuarto pequeño en un convento, una cárcel. **2** Celdilla.

celdilla. f. **1** Casilla de un panal. **2** Nicho en una pared.

celebérrimo, ma. adj. superl. de *célebre*.

celebración. f. **1** Acción de celebrar. **2** Aplauso, aclamación.

celebrante. adj. **1** Que celebra. | m. **2** Sacerdote que está diciendo misa.

celebrar. tr. **1** Conmemorar, festejar. También prnl.: *se celebra nuestro aniversario.* **2** Realizar un acto social con solemnidad o formalidad. También prnl.: *hoy se celebra la junta general de accionistas.* **3** Alabar: *fue un libro muy celebrado.* **4** Decir misa. También intr. **Ant.** 2 cancelar, suspender 3 criticar.

célebre. adj. **1** Famoso. **2** Ocurrente, gracioso: *son célebres sus dichos.* **Sin.** 1 renombrado, afamado ☐ **Ant.** 1 desconocido.

celebridad. f. **1** Fama, renombre. **2** Persona famosa: *se ha convertido en una celebridad.* **Sin.** 1 popularidad, notoriedad ☐ **Ant.** 1 anonimato.

celemín. m. Medida para áridos, equivalente a 4,625 litros.

celentéreo. adj. y m. **1** Se dice del animal del grupo de los metazoos inferiores, de simetría radiada, como el pólipo y la medusa. | m. pl. **2** Tipo constituido por estos animales.

celeridad. f. Prontitud, rapidez, velocidad. **Ant.** lentitud.

celescopio. m. Aparato para iluminar las cavidades de un cuerpo orgánico.

celesta. f. Instrumento de teclado en que los macillos producen el sonido golpeando láminas de acero.

celeste. adj. **1** Del cielo. **2** Se apl. al color azul claro parecido al del cielo. **Sin.** 1 celestial.

celestial. adj. **1** Del cielo o paraíso. **2** Delicioso: *un manjar celestial.* **Sin.** 1 celeste.

celestina. f. Intermediaria en asuntos amorosos. **Sin.** alcahueta, tercera.

celestinesco, ca. adj. Relativo a la celestina o alcahueta.

celiaco, ca o **celíaco, ca.** adj. Relacionado con el vientre o con los intestinos: *arteria celiaca.*

celibato. m. Estado del que no se ha casado, especialmente por motivos religiosos. **Sin.** soltería ☐ **Ant.** matrimonio.

célibe. adj. y com. Se dice de la persona que no se ha casado o que voluntariamente renuncia a las relaciones sexuales. **Sin.** soltero.

celidonia. f. Hierba papaverácea que segrega un jugo amarillo y cáustico.

cella. f. Espacio interior en los templos griegos y romanos.

cellisca. f. Temporal de agua y nieve muy menuda, con viento muy fuerte.

celo. m. **1** Cuidado, esmero, interés: *pone mucho celo en todo lo que hace* **2** Excitación sexual de los animales en el período propicio para el apareamiento. | pl. **3** Sospecha, inquietud por la fidelidad de la persona amada. **4** Envidia que siente alguien hacia otro que acapara todas las atenciones o todos los éxitos: *celos profesionales.* |m. **5** Papel adhesivo transparente. **Sin.** 3 achares 4 pelusa ☐ **Ant.** 1 negligencia, descuido.

celofán. m. Película transparente y flexible para envolver.

celoidina. f. Preparación que se emplea en los papeles fotográficos, que los hace sensibles a la luz.

celoma. m. Cavidad que en el hombre y ciertos grupos de animales se desarrolla entre la pared del cuerpo y las vísceras.

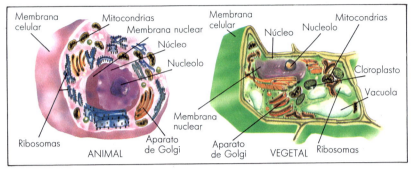

Estructura de una célula animal y una vegetal

celomado, da. adj. Se dice del organismo que presenta celoma.

celosía. f. Enrejado de pequeños listones de las ventanas u otros sitios. SIN. reja.

celoso, sa. adj. **1** Se dice del que hace alguna cosa con celo: *es muy celoso en el cumplimiento de sus deberes*. **2** Se apl. a la persona que siente celos o envidia. SIN. 1 cumplidor, diligente 2 envidioso, receloso ☐ ANT. 1 descuidado, negligente 2 confiado.

celota. com. Persona perteneciente a un grupo religioso rígido e integrista del pueblo judío.

celta. adj. y com. De un antiguo pueblo del centro y oeste de Europa del s. VI a. C.

celtíbero, ra o **celtibero, ra.** adj. y s. **1** De un antiguo pueblo del centro de la península Ibérica antes de los romanos. **2** Genuinamente español. | m. **3** Lengua celtíbera.

céltico, ca. adj. Perteneciente a los celtas.

celtídeo, a. adj. y s. Se dice de árboles o arbustos ulmáceos.

celtismo. m. **1** Doctrina que supone a la lengua céltica como el origen de la mayoría de las modernas. **2** Estudio de lo relativo a los celtas.

celtista. com. Persona que cultiva la lengua y literatura célticas.

celtohispánico, ca o **celtohispano, na.** adj. Se dice de los restos de la cultura céltica en España.

celtolatino, na. adj. Se dice de las palabras de origen céltico incorporadas al latín.

célula. f. **1** Unidad microscópica esencial de los seres vivos. **2** Unidad básica e independiente de algunas organizaciones políticas.

celular. adj. **1** De las células: *metabolismo celular*. **2** Del lugar o vehículo donde se incomunica a los reclusos: *camión celular*.

celulado, da. adj. Provisto de células o dispuesto en forma de ellas.

celulita. f. Pasta que se obtiene de la fibra leñosa y sustancias minerales.

celulitis. f. Inflamación del tejido celular, en especial del tejido adiposo subcutáneo. || No varía en pl.

celuloide. m. **1** Sustancia sólida, casi transparente y muy elástica, que se emplea en la industria fotográfica y cinematográfica. **2** P. ext., cinta cinematográfica, cine: *los mitos del celuloide*.

celulosa. f. Hidrato de carbono que es el componente básico de la membrana de las células vegetales. Se utiliza en la fabricación de papel, fibras textiles, plásticos, etc.

cementación. f. Acción de cementar.

cementar. tr. Calentar una pieza de metal en contacto con otra materia en polvo o en pasta, para modificar su composición.

cementerio. m. Lugar cercado para enterrar cadáveres. SIN. necrópolis, camposanto.

cementero, ra. adj. Relativo al cemento.

cemento. m. Mezcla de arcilla molida y cal que en contacto con el agua se solidifica y endurece. Se utiliza para unir los elementos de la construcción.

cena. f. Comida que se hace al atardecer o por la noche.

cenáculo. m. **1** Sala en que se celebró la última cena de Jesucristo. **2** Grupo de personas con las mismas aficiones e intereses, generalmente escritores o artistas. SIN. 2 tertulia, círculo.

cenador. m. En los jardines, pabellón cercado y cubierto de plantas.

cenagal. m. **1** Lugar lleno de cieno. **2** Negocio difícil o situación apurada. SIN. 1 barrizal, ciénaga, lodazal 2 embrollo, lío.

cenagoso, sa. adj. Lleno de cieno.

cenar. intr. **1** Tomar la cena: *todavía no hemos cenado*. | tr. **2** Comer en ella un determinado alimento: *he cenado calamares*.

cenceño, ña. adj. Delgado o enjuto. **Ant.** obeso, grueso, gordo.

cencerrada. f. Ruido desagradable que se hace con cencerros u otros utensilios: *dar una cencerrada*.

cencerrear. intr. **1** Tocar o sonar insistentemente cencerros. **2** Tocar un instrumento destemplado o tocarlo mal. **3** Hacer ruido los hierros de cerrojos, puertas, etc., por no estar bien ajustados. **Sin.** 3 traquetear, golpetear.

cencerreo. m. Acción de cencerrear.

cencerro. m. **1** Campana pequeña que se ata al cuello de las reses para localizarlas. **2 como un cencerro.** loc. Loco. **Sin.** 1 esquila.

cenco. m. Reptil ofidio de América.

cendal. m. Tela de seda o lino muy delgada y transparente.

cenefa. f. **1** Lista sobrepuesta o tejida en los bordes de las cortinas, doseles, pañuelos, etc. **2** Dibujo de adorno que se pone a lo largo de los muros, suelos y techos y suele consistir en elementos repetidos de un mismo adorno. **Sin.** 1 ribete, festón.

cenestesia. f. Sensación interna de la existencia y del estado general del propio cuerpo, independiente de los sentidos externos.

cenestésico, ca. adj. Relativo a la cenestesia.

cenicero. m. **1** Recipiente donde se echan la ceniza y las colillas de los cigarros. **2** Espacio que hay debajo de la rejilla del hogar, para recoger la ceniza.

cenicienta. f. Persona injustamente marginada o despreciada.

ceniciento, ta. adj. Del color de la ceniza. **Sin.** cenizo, cenizoso.

cenit. m. **1** Punto del firmamento que corresponde verticalmente a un lugar de la Tierra. **2** Culminación, apogeo: *está en el cenit de su carrera*. **Sin.** 2 cúspide, cima, culmen.

cenital. adj. Relativo al cenit.

ceniza. f. **1** Polvo gris que queda después de una combustión completa. **2** Residuos de un cadáver. **Sin.** 1 pavesa.

cenizo, za. adj. **1** Ceniciento. | m. **2** Persona de mala suerte. **3** Planta silvestre de tallo herbáceo, hojas romboidales verdes por encima y cenicientas por el envés, y flores en panoja. **Sin.** 1 grisáceo, plomizo 2 gafe.

cenizoso, sa. adj. **1** Que tiene ceniza. **2** Cubierto de ceniza. **3** De color de ceniza. **Sin.** 3 ceniciento, cenizo.

cenobio. m. Monasterio.

cenobita. com. Persona que profesa la vida monástica.

cenotafio. m. Monumento funerario vacío en memoria de alguien.

cenozoico, ca. adj. y m. Se dice de la última era geológica de las que constituyen la historia de la Tierra, que comprende desde el final del cretácico hasta la época actual.

censar. tr. **1** Empadronar. | intr. **2** Hacer el censo.

censatario. m. El obligado a pagar los réditos de un censo.

censo. m. **1** Lista de la población o riqueza de un país. **2** Lista de los ciudadanos con derecho a voto. **3** Contrato por el que un inmueble se sujeta al pago de una renta anual. **4 censo electoral.** Lista de habitantes con derecho a voto. **Sin.** 1 y 2 padrón, registro 3 tributo, impuesto.

censor, ra. m. y f. **1** Persona autorizada oficialmente para censurar algo. **2** En academias y otras corporaciones, persona encargada de velar por el cumplimiento de los estatutos, reglamentos y acuerdos. **3** Persona propensa a murmurar o criticar a los demás. **Sin.** 3 criticón, catón.

censorio, ria o **censorino, na.** adj. Relativo al censor o a la censura.

censual. adj. Perteneciente al censo.

censualista. com. Persona que percibe los réditos de un censo.

censura. f. **1** Murmuración, crítica. **2** Organismo oficial encargado de censurar cualquier obra que se va a difundir: *no sé cómo ha conseguido pasar la censura*. **Ant.** 1 alabanza, elogio.

censurar. tr. **1** Formar juicio sobre una obra u otra cosa. **2** Corregir, suprimir algo en una obra dirigida al público. **3** Reprobar algo o a alguien: *censuró su mala conducta*. **Sin.** 1 juzgar 2 eliminar, tachar 3 criticar ☐ **Ant.** 3 aprobar, elogiar.

centaura o **centaurea.** f. Planta perenne compuesta.

centauro. m. Monstruo mitológico, con tronco de hombre y cuerpo de caballo.

centavo. adj. y m. **1** Se dice de cada una de las cien partes de un todo. | m. **2** Moneda americana de bronce, cobre o níquel, que vale un céntimo.

centella. f. **1** Rayo. **2** Chispa que salta, por ejemplo de un pedernal. **3** Destello intermitente de luz. **4** Persona o cosa muy veloz o muy breve: *este coche es una centella*. **Sin.** 2 pavesa, chiribita 4 exhalación.

centellear. intr. Despedir destellos de luz de diferente intensidad: *la luz del faro centellea*. **Sin.** brillar, titilar, chispear.

centelleo. m. Acción de centellear.

centén. m. Moneda española de oro, que valía cien reales.

centena o **centenada.** f. Conjunto de cien unidades. **Sin.** centenar.

centenar. m. Centena.

centenario, ria. adj. **1** De la centena. **2** Que

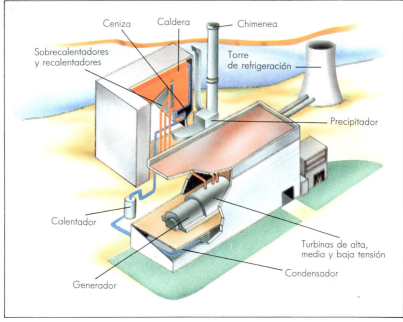

Central térmica

tiene cien años de edad, o más: *es un árbol centenario*. También s.: *pareces un centenario*. | m. **3** Tiempo en que se cumplen una o más centenas de años de algún acontecimiento: *se conmemora el primer centenario de su muerte*.

centeno. m. Planta gramínea de tallo delgado, hojas planas y estrechas y espiga larga, que se emplea en la fabricación de bebidas alcohólicas y papel y como alimento.

centesimal. adj. Se dice de cada uno de los números del uno al noventa y nueve inclusive.

centésimo, ma. adj. **1** Que ocupa el orden del número cien. **2** Se dice de cada una de las cien partes iguales en que se divide un todo. También s.

centi-. Voz que sólo tiene uso como prefijo de vocablos compuestos, con el significado de *cien* o *centésima parte*: *centímetro*.

centiárea. f. Centésima parte de un área, es decir, un metro cuadrado.

centígrado, da. adj. Se dice de la escala termométrica dividida en cien grados; el cero corresponde a la temperatura de fusión del hielo, y el cien, a la de ebullición del agua.

centigramo. m. Centésima parte de un gramo.
centilitro. m. Centésima parte de un litro.
centímetro. m. Centésima parte de un metro.
céntimo. m. Centésima parte de una unidad monetaria.

centinela. com. **1** Soldado que vigila un puesto. **2** Persona que observa algo. **Sin.** 1 guardia, vigía.

centinodia. f. Cierta planta medicinal.

centollo o **centolla.** m. o f. Crustáceo marino de caparazón redondeado con puntas y cinco pares de patas. Su carne es muy apreciada.

centrado, da. adj. **1** Situado en el centro de algo: *un titular centrado*. **2** Equilibrado, que se encuentra en su ambiente: *últimamente está muy centrado*. **Ant.** 1 y 2 descentrado 2 inadaptado.

central. adj. **1** Relativo al centro o que está en él: *nave central*. **2** Esencial, importante: *el salario fue la cuestión central de la reunión*. | f. **3** Oficina principal de una empresa: *la central está en Valencia*. **4** Fábrica de energía eléctrica: *central nuclear*. **Sin.** 1 céntrico ☐ **Ant.** 1 periférico.

centralismo. m. En política, doctrina de los centralistas. **Ant.** federalismo.

centralista. adj. y com. Partidario de la centralización política o administrativa de un país.

centralita. f. **1** Aparato que conecta una o varias líneas telefónicas de un mismo edificio. **2** Lugar donde está situado: *te espera en la centralita.*

centralización. f. Acción de centralizar o centralizarse.

centralizar. tr. y prnl. **1** Reunir en un centro o bajo una dirección común. **2** Asumir el poder público facultades atribuidas a organismos regionales y locales. **Sin.** 1 agrupar, concentrar ☐ **Ant.** 1 disgregar, separar.

centrar. tr. **1** Colocar una cosa en el centro de algo o determinar su punto céntrico. **2** Atraer la atención: *su actuación centró todas las miradas.* **3** Orientar, hacer que una persona encuentre un equilibrio adecuado. También prnl.: *no ha tardado mucho en centrarse.* **4** Dirigir los esfuerzos o acciones hacia un fin determinado. **5** En el fútbol, lanzar un jugador el balón hacia la parte central próxima a la portería contraria. **Sin.** 1 encuadrar 2 concentrar, captar 3 integrarse, habituarse 4 encauzar ☐ **Ant.** 1 y 3 descentrar.

céntrico, ca. adj. Que pertenece al centro o está en él.

centrifugar. tr. Separar, mediante la acción de la fuerza centrífuga, los componentes de una masa o mezcla, según sus distintas densidades.

centrífugo, ga. adj. Que aleja del centro. **Ant.** centrípeto.

centrina. f. Pez selacio escuálido.

centriolo o **centríolo.** m. Corpúsculo central del centrosoma.

centrípeto, ta. adj. Que atrae, dirige o impele hacia el centro. **Ant.** centrífugo.

centrista. adj. y com. Partidario de una política equidistante de la derecha e izquierda: *coalición centrista.*

centro. m. **1** Lo que está en medio de algo: *el centro de la página.* **2** Persona, animal o cosa que ocupa la posición más importante: *fue el centro de la fiesta.* **3** Parte central de una ciudad, en la que se concentra la actividad comercial, administrativa, etc.: *vivo en el centro.* **4** Institución educativa, científica, social: *centro de asistencia social.* **5** Punto del que equidistan todos los de la circunferencia, o los extremos de cualquier superficie. **6** Punto de atención o de interés. **7** En fútbol, acción de centrar. **8** Tendencia o grupo político de los centristas. **Ant.** 1 extremo 3 periferia.

centroamericano, na. adj. y s. De América Central.

centrobárico, ca. adj. Relativo al centro de gravedad.

centrocampista. com. En el fútbol y otros deportes, jugador que organiza el juego en el centro del campo con labores defensivas y de apoyo a la delantera de su equipo.

centroeuropeo, a. adj. y s. De Europa Central.

centrosoma. m. Corpúsculo celular, órgano rector de la mitosis.

centunviro. m. Cada uno de los cien ciudadanos que en la antigua Roma asistían al pretor urbano en los juicios.

centuplicar. tr. **1** Hacer cien veces mayor una cosa. También prnl.: *sus rentas se han centuplicado.* **2** Multiplicar una unidad por cien.

céntuplo, pla. adj. y m. Se dice del producto de multiplicar una cantidad por cien.

centuria. f. **1** Siglo. **2** En la milicia romana, compañía de cien hombres.

centurión. m. Jefe de una centuria romana.

ceñido, da. adj. **1** Moderado y reducido en sus gastos. **2** Apretado, ajustado.

ceñidor. m. Faja, cinta o cinturón con que se rodea la cintura.

ceñir. tr. **1** Rodear, ajustar la cintura o cualquier otra parte del cuerpo: *las mangas de encaje ciñendo sus brazos.* | **ceñirse.** prnl. **2** Mantenerse, ajustarse a unos límites en lo que se hace o se dice: *hay que ceñirse a las tres posibles respuestas.* **3** Amoldarse a lo que uno tiene. || **Irreg.** Conjugación modelo:

Indicativo
Pres.: *ciño, ciñes, ciñe, ceñimos, ceñís, ciñen.*
Imperf.: *ceñía, ceñías,* etc.
Pret. indef.: *ceñí, ceñiste, ciñó, ceñimos, ceñisteis, ciñeron.*
Fut. imperf.: *ceñiré, ceñirás, ceñirá,* etc.
Potencial: *ceñiría, ceñirías,* etc.
Subjuntivo
Pres.: *ciña, ciñas, ciña, ciñamos, ciñáis, ciñan.*
Imperf.: *ciñera* o *ciñese, ciñeras* o *ciñeses,* etc.
Fut. imperf.: *ciñere, ciñeres,* etc.
Imperativo: *ciñe, ceñid.*
Participio: *ceñido.*
Gerundio: *ciñendo.*

---

ceño. m. Gesto de enfado, concentración o preocupación que consiste en arrugar el entrecejo.

ceñudo, da. adj. Que tiene ceño.

cepa. f. **1** Tronco de la vid. **2** Raíz u origen de una familia: *todos sus antepasados son de cepa leonesa.* **3 de pura cepa.** loc. adj. Que tiene los rasgos característicos de una clase o una raza: *un moscatel de pura cepa.* **Sin.** 2 linaje, casta.

cepeda. f. Lugar en que abundan arbustos y matas de cuyas cepas se hace carbón.

cepellón – cerdo

cepellón. m. Pella de tierra que se deja adherida a las raíces de los vegetales para trasplantarlos.

cepillar. tr. y prnl. **1** Quitar el polvo o la suciedad de algo con el cepillo. **2** Desenredar el pelo con el cepillo. | **cepillarse.** prnl. **3** Matar a alguien. **4** Acabar con algo rápidamente. **5** Suspender en un examen: *se lo cepillaron en lengua*. **6** vulg. Tener relación sexual con alguien. **SIN.** 1 limpiar, desempolvar 2 peinar 3 cargarse, liquidar 4 ventilarse 5 catear.

cepillo. m. **1** Utensilio de limpieza hecho con cerdas sujetas a un soporte de las más diversas formas y con diferentes usos: *cepillo de dientes*. **2** Herramienta de carpintero. **3** Caja para limosnas en la iglesia: *le ha tocado pasar el cepillo*.

cepo. m. **1** Trampa para cazar animales. **2** Instrumento compuesto por dos maderos gruesos, que al unirse dejan unos agujeros redondos, en los que se sujeta la garganta o las extremidades del reo. **3** Cualquier instrumento que sirve para sujetar algo.

cepola. f. Pez fisóstomo, que vive en el Mediterráneo y en el Atlántico, y se conocen de él varias especies. La más conocida recibe preferentemente el nombre de *cinta*.

ceporro, rra. m. y f. **1** Persona torpe. | m. **2** Cepa vieja que se arranca para la lumbre. **SIN.** 1 cenutrio, berzotas, tarugo, zoquete.

cequí. m. Moneda antigua de oro acuñada en varios Estados de Europa y que se admitió en África. || pl. *cequíes*.

cera. f. **1** Sustancia amarillenta combustible que segregan las abejas para formar las celdillas de los panales; se emplea para hacer velas, cirios y para otros fines. **2** Conjunto de velas o hachas de cera. **3** Sustancia que segregan ciertas glándulas del conducto auditivo externo. **SIN.** 3 cerumen.

cerámica. f. **1** Arte de fabricar objetos de barro, loza y porcelana. **2** Conjunto de estos objetos. **SIN.** 1 alfarería.

cerámico, ca. adj. Relativo a la cerámica.

ceramista. com. Persona que hace objetos de cerámica. **SIN.** alfarero.

ceramita. f. **1** Especie de piedra preciosa. **2** Ladrillo de resistencia superior a la del granito.

cerasita. f. Silicato de alúmina y magnesia.

cerasta. f. Víbora que tiene una especie de cuernecillos encima de los ojos. Se cría en África y es muy venenosa.

cerástide. m. Lepidóptero nocturno que vive en Europa.

cerate. m. Pesa usada antiguamente en España.

ceraunomancia o **ceraunomancía.** f. Adivinación por medio de las tempestades.

cerbatana. f. Canuto para lanzar flechas o dardos soplando por un extremo.

cerca. f. Valla, tapia que rodea algo para dividirlo o protegerlo. **SIN.** cercado, vallado.

cerca. adv. l. y t. **1** Denota proximidad en el espacio o en el tiempo. | adv. c. **2** Aproximadamente: *había cerca de doscientas cajas*. **ANT.** 1 lejos.

cercado. m. **1** Espacio rodeado por una valla, tapia o pared. **2** Cerca: *pusieron un cercado nuevo en el corral*. **SIN.** 1 coto, vedado.

cercanía. f. **1** Cualidad de cercano. | pl. **2** Alrededores de una población: *transporte de cercanías*. **SIN.** 1 proximidad 2 extrarradio, inmediaciones, aledaños □ **ANT.** 1 lejanía, distanciamiento.

cercano, na. adj. Inmediato en el tiempo y en el espacio. **SIN.** próximo □ **ANT.** lejano, distante, remoto.

cercar. tr. **1** Rodear con una cerca. **2** Asediar, poner cerco a una plaza. **3** Rodear mucha gente a una persona o cosa: *le cercaron los policías*. **SIN.** 1 vallar, tapiar 2 acorralar.

cercaria. f. Larva con cola de algunos gusanos trematodos.

cercenar. tr. **1** Cortar las extremidades de alguien o los extremos de algo. **2** Disminuir, acortar: *cercenar los gastos*. **SIN.** 1 amputar, mutilar 2 reducir, restringir □ **ANT.** 2 aumentar, ampliar.

cerceta. f. Ave palmípeda, del tamaño de una paloma; es parda, salpicada de lunarcillos más oscuros, con plumas blancas en las alas, y verdes tornasoladas por la mitad.

cerciorar. tr. y prnl. Asegurar la verdad de una cosa: *me he cerciorado del precio*. **SIN.** confirmar.

cerco. m. **1** Lo que ciñe o rodea algo. **2** Asedio: *pusieron cerco al castillo*. **3** Marco de una puerta o una ventana. **4** Cerca: *rompieron el cerco de la finca*. **SIN.** 1 corona, orla 2 sitio, bloqueo 4 cercado, valla.

cercopitécido, da. adj. y m. **1** Se dice de los monos catirrinos, con brazos más cortos que las piernas y esternón largo y estrecho. Son omnívoros y propios de las regiones cálidas del Viejo Mundo. | m. pl. **2** Familia de estos monos.

cercopiteco. m. Mono catirrino de África, con los brazos más cortos que las patas y de costumbres arbóreas.

cerda. f. **1** Pelo grueso de la cola y crin de las caballerías y del cuerpo de otros animales. **2** P. ext., pelo de un cepillo de cualquier tipo.

cerdada. f. **1** Mala pasada. **2** Acción sucia: *coger cosas del suelo es una cerdada*. **SIN.** 1 guarrada, faena 2 porquería.

cerdear. intr. **1** Flaquear de los brazuelos el animal. **2** Resistirse a hacer algo.

cerdo, da. m. y f. **1** Mamífero artiodáctilo doméstico, de cabeza grande, cuerpo muy grueso, patas cortas, orejas caídas y hocico chato. Se cría y ceba para aprovechar su carne y grasa, abundantes y muy sabrosas. | adj. y s. **2** Persona sucia o de malas intenciones. **Sin.** 1 y 2 puerco, marrano, gorrino, guarro 2 desaseado, canalla ☐ **Ant.** 2 limpio, pulcro, honrado, noble.

cerdoso, sa. adj. **1** Que tiene muchas cerdas. **2** Parecido a ellas por su aspereza.

cereal. adj. y m. Se apl. a las plantas gramíneas de cuyos frutos se obtiene harina, o a estos mismos frutos; como el trigo, el centeno y la cebada, que se cultivan para alimento animal o humano.

cerealista. adj. Relativo a los cereales: *primer congreso cerealista.*

cerebelo. m. Centro nervioso que ocupa la parte posterior de la cavidad craneana y se ocupa de la coordinación motriz y de la marcha.

cerebral. adj. **1** Del cerebro. **2** Intelectual, racional, frente a apasionado: *no soy nada cerebral, me puede el corazón.* **Ant.** 2 emocional, visceral, sentimental.

cerebralismo. m. Predominio de lo cerebral o preferencia por ello.

cerebro. m. **1** Parte superior del encéfalo dividido en dos hemisferios; es el centro del sistema nervioso. **2** Inteligencia, talento, y persona que los posee: *este chico es un verdadero cerebro.* **3** Persona que tiene las ideas o que dirige un proyecto: *era el cerebro de la banda.*

cerebroespinal. adj. Relativo al cerebro y la espina dorsal.

ceremonia. f. **1** Acto solemne que se lleva a cabo según unos ritos y normas establecidos: *ceremonia nupcial.* **2** Cumplidos, formalidades, ademanes afectados: *habla con mucha ceremonia.* **Ant.** 2 sencillez.

ceremonial. adj. **1** De la ceremonia. | m. **2** Conjunto de reglas para determinadas ceremonias, y libro donde están escritas: *el ceremonial de los sacramentos.* **Sin.** 2 ritual, protocolo.

ceremonioso, sa. adj. Que cumple exageradamente con las ceremonias. **Sin.** pomposo, afectado.

céreo, a. adj. De cera.

cerería. f. Taller donde se trabaja la cera o tienda donde se venden los objetos hechos con ella.

cerero, ra. m. y f. Persona que trabaja o vende la cera.

ceretano, na. adj. y s. Se dice de un pueblo hispánico prerromano que habitaba la Ceretania, hoy Cerdaña, en el Pirineo oriental, así como de los individuos que formaban este pueblo. También p.

cereza. f. **1** Fruto del cerezo, casi redondo, de piel roja y carne sabrosa y jugosa. | m. **2** Color de esta fruta.

cerezal. m. Sitio poblado de cerezos.

cerezo. m. Árbol rosáceo de tronco liso, flores blancas, fruto comestible y madera útil en ebanistería.

cerífero, ra. adj. Que produce o da cera.

ceriflor. f. **1** Planta borragínácea de flores algo amarillentas. **2** Flor de la misma planta.

cerilla. f. **1** Palillo de madera o de papel impregnado en cera con un cabo recubierto de fósforo que se inflama por fricción. **2** Cerumen.

cerillero, ra. m. y f. **1** Persona que vende tabaco y cerillas. | m. **2** Caja donde se guardan cerillas.

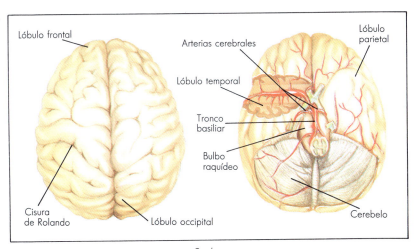

Cerebro

cerillo. m. **1** Cerilla larga y delgada. **2** *amer.* Árbol rubiáceo cuya madera es apreciada en carpintería.

cerina. f. Especie de cera que se extrae del alcornoque.

cerio. m. Elemento químico metálico de color gris acero. Su óxido se usa para pulir y purificar componentes ópticos y, en combinación, para hacer más resistentes las aleaciones de níquel y aluminio. Su símbolo es *Ce*.

cerita. f. Silicato hidratado de cerio y hierro.

cermeña. f. Fruto del cermeño.

cermeño. m. **1** Especie de peral, con las hojas en forma de corazón. **2** Hombre tosco, necio. También adj.

cerne. adj. **1** Que es sólido y fuerte. | m. **2** Parte más dura y sana del tronco de los árboles.

cernedera. f. Marco de madera sobre el cual se pone uno o dos cedazos para cerner. Más en pl.

cernedor, ra. m. y f. **1** Persona que cierne. | m. **2** Torno para cerner harina.

cerneja. f. Mechón de pelo que tienen las caballerías detrás del menudillo. Más en pl.

cerner. tr. **1** Separar con el cedazo la harina del salvado. | **cernerse.** prnl. **2** Amenazar un mal inminente: *la maldición se cernía sobre nosotros.* **3** Mantenerse en el aire las aves sin desplazarse. || **Irreg.** Se conj. como *entender.* **Sin.** 1 tamizar, cribar 3 planear.

cernícalo. m. **1** Pequeña ave rapaz con cabeza abultada, pico y uñas negros y fuertes, y plumaje rojizo con una banda negra en la cola. **2** Persona ignorante y ruda. **Sin.** 2 ceporro, zote, mastuerzo.

cernido. m. **1** Acción de cerner. **2** Cosa cernida, y principalmente harina cernida para hacer el pan.

cernir. tr. Cerner. || **Irreg.** Se conj. como *concernir*.

cero. m. **1** Cardinal que expresa una cantidad nula: *cero puntos.* | m. **2** Signo con que se representa: *O.* **3** Signo sin valor propio, que colocado a la derecha de un número entero, multiplica por diez su valor; pero a la izquierda, no lo modifica.

ceromancia o **ceromancía.** f. Práctica supersticiosa de adivinación por medio de cera derretida vertida sobre agua.

cerón. m. Residuo, escoria o heces de los panales de la cera.

ceroplástica. f. Arte de modelar la cera.

cerorrinco. m. Ave rapaz parecida al halcón, que vive en América.

ceroso, sa. adj. Que tiene cera, o se parece a ella.

cerote. m. Mezcla de pez y cera que usan los zapateros para encerar los hilos con que cosen el calzado.

cerrado, da. adj. **1** Compacto, espeso: *niebla cerrada.* **2** Callado, tímido: *es muy cerrado, no tiene amigos.* **3** Torpe: *es un poco cerrado de mollera.* **4** Cielo cargado de nubes: *el día está muy cerrado.* **5** Se dice del acento o pronunciación que presentan rasgos locales muy marcados o de la persona que habla con ellos: *es un leonés cerrado.* | m. **6** Cercado. **Sin.** 3 corto □ **Ant.** 2 abierto 3 inteligente, despierto.

cerrador, ra. adj. y s. **1** Que cierra. | m. **2** Cosa con que se cierra otra.

cerradura. f. Mecanismo metálico con llave que sirve para cerrar puertas, cajones, etc.

cerrajear. intr. Ejercer el oficio de cerrajero.

cerrajería. f. **1** Oficio de cerrajero. **2** Tienda o taller donde se fabrican o venden cerraduras y otros instrumentos de hierro.

cerrajero, ra. m. y f. Persona que hace cerraduras.

cerramiento. m. **1** Acción de cerrar. **2** Cosa que cierra o tapa cualquier abertura, conducto o paso. **3** Lo que cierra y termina el edificio por la parte superior.

cerrar. tr. **1** Asegurar algo con una cerradura para que no se abra: *cerrar la maleta.* **2** Encajar en su marco una puerta o ventana. También prnl. **3** Tapar una abertura: *cerrar la boca de un túnel.* También prnl. **4** Poner fin a una cosa: *han cerrado las investigaciones.* **5** Ir en último lugar: *cierra el pelotón.* **6** Juntar las partes de algo: *cerrar un libro.* También prnl. **7** Dar por concertado un acuerdo o pacto: *han cerrado el trato con un apretón de manos.* **8** Dar por finalizada la actividad de un negocio, definitivamente o a diario. También intr.: *cierran a las tres.* **9** Cicatrizar una herida. También intr. y prnl. | **cerrarse.** prnl. **10** Empeñarse en algo. **11** Cubrirse de nubes el cielo. || **Irreg.** Se conj. como *acertar.* **Sin.** 3 taponar 4 terminar 7 ultimar 10 emperrarse 11 encapotarse □ **Ant.** 1-9 y 11 abrir, despejar.

cerrazón. f. **1** Obstinación. **2** Torpeza: *no lo entiende por su cerrazón.* **3** Oscuridad grande precursora de una gran tormenta. **Sin.** 1 obcecación, terquedad □ **Ant.** 1 apertura 2 inteligencia 3 claridad.

cerril. adj. **1** Obstinado, obcecado. **2** Bruto, grosero. **3** Se dice del ganado no domado: *mulo cerril.* **Sin.** 3 bravío, montaraz □ **Ant.** 1 flexible 2 educado 3 manso.

cerro. m. **1** Colina, elevación del terreno. **2** Montón de cosas: *un cerro de libros.* **Sin.** 1 collado, altozano 2 pila.

cerrojazo. m. Acción de terminar algo bruscamente.

cerrojo. m. **1** Barra cilíndrica de hierro que se desplaza entre dos anillas para cerrar puertas y ventanas. **2** En ciertas armas de fuego, cilindro metálico que cierra la recámara. **Sin.** 1 pestillo.

certamen. m. **1** Concurso para estimular con premios una actividad: *certamen de pintura*. **2** Competición literaria, generalmente poética. **Sin.** 1 competición, torneo 2 justa.

certero, ra. adj. **1** Se dice de la persona con buena puntería y del disparo atinado. **2** Acertado, de acuerdo con lo razonable o lo cierto: *pronunció unas certeras palabras*. **Sin.** 2 cierto □ **Ant.** 1 fallido 2 desafortunado, desacertado.

certeza. f. **1** Conocimiento seguro y evidente de que algo es cierto: *tengo la absoluta certeza de que vendrá*. **2** Cualidad de cierto: *le demostraré la certeza de los datos*. **Sin.** 1 convencimiento 2 verdad, autenticidad □ **Ant.** 1 incertidumbre 2 falsedad.

certidumbre. f. Certeza.

certificación. f. **1** Acción de certificar. **2** Certificado.

certificado, da. adj. y s. **1** Se dice de la carta o paquete que se certifica. | m. **2** Documento en que se certifica: *certificado penal*.

certificar. tr. **1** Afirmar la verdad de algo. **2** Obtener un certificado que acredite haber enviado algo por correo. **3** Asegurar algo por documento público: *el notario certificó su defunción*. **Ant.** 1 invalidar.

certísimo, ma. adj. superl. irreg. de *cierto*.

cerúleo, a. adj. Se apl. al color azul del cielo despejado.

cerumen. m. Cera de los oídos.

cerusa o **cerusita.** f. Carbonato de plomo del que se obtiene el albayalde, muy usado en pintura.

cerval. adj. **1** Relativo al ciervo. **2** Se dice del miedo grande o excesivo. **Sin.** 1 cervuno.

cervantino, na o **cervantesco.** adj. Propio y característico de Cervantes.

cervantismo. m. **1** Influencia de las obras de Cervantes en la literatura general. **2** Giro o locución cervantina.

cervantista. adj. y com. Dedicado al estudio de las obras y vida de Cervantes.

cervato. m. Ciervo menor de seis meses.

cerveceo. m. Fermentación de la cerveza.

cervecería. f. Bar especializado en vender cerveza.

cervecero, ra. m. y f. **1** Persona que hace cerveza. **2** Persona que tiene una cervecería.

cerveza. f. Bebida espumosa obtenida por fermentación de la cebada y aromatizada con lúpulo.

cervical. adj. De la cerviz; sobre todo se aplica a las vértebras del cuello. También f. pl.

cérvido, da. adj. y m. **1** Se dice de los mamíferos rumiantes artiodáctilos con cuernos ramificados y caducos, como el reno y el ciervo. | m. pl. **2** Familia de estos mamíferos.

cerviguillo. m. Parte exterior de la cerviz, cuando es gruesa y abultada.

cervino, na. adj. Relativo al ciervo.

cerviz. f. Parte posterior del cuello, nuca. **Sin.** cogote.

cervuno, na. adj. Relativo al ciervo.

cesación o **cesamiento.** f. Acción de cesar.

cesante. adj. y com. Persona, particularmente funcionario público, que queda sin empleo.

cesantía. f. Estado de cesante.

cesar. intr. **1** Suspenderse, acabarse algo: *ha cesado de llover*. **2** Dejar de desempeñar un cargo, o dejar de hacer algo: *el ministro de Asuntos Exteriores cesó ayer*. **Sin.** 1 concluir, detenerse, terminar 2 dimitir, salir □ **Ant.** 1 seguir, continuar.

césar. m. Emperador de Roma.

cesaraugustano, na. adj. y s. De Cesaraugusta, hoy Zaragoza.

cesárea. f. Operación quirúrgica en la que, a través de una abertura en el abdomen, se extrae al niño del útero de la madre.

cesáreo, a. adj. Relativo al imperio o a la majestad imperial.

cesariense. adj. y com. De cualquiera de las ciudades que se llamaron Cesarea.

cesarismo. m. Sistema de gobierno personal y absoluto. **Sin.** autocracia, dictadura.

cesarista. adj. y com. Relativo al cesarismo o partidario de él.

cese. m. **1** Detención, interrupción: *liquidación por cese del negocio*. **2** Revocación de un cargo, y documento en que consta: *le han mandado ya el cese*. **Ant.** 1 continuación, permanencia.

cesio. m. Elemento químico metálico, alcalino, blando y plateado que se utiliza para fabricar células fotoeléctricas. Su símbolo es *Cs*.

cesión. f. Renuncia de una posesión o un derecho. **Sin.** donación, entrega, traspaso □ **Ant.** retención, conservación.

cesionario, ria. m. y f. Persona que recibe una cesión de alguien.

cesionista. com. Persona que cede algo a alguien.

césped. m. **1** Hierba menuda y tupida que cubre el suelo. **2** Campo de fútbol: *el césped azulgrana*. **Sin.** 1 verde.

cesta. f. **1** Recipiente de mimbre, caña o madera flexible. **2** Especie de paleta cóncava en forma de uña, para jugar a la pelota. **3** En baloncesto, red que cuelga del aro por donde debe introducirse el balón. **Sin.** 1 banasta, capazo, cesto.

cestada. f. Lo que puede caber en una cesta.

cestería. f. **1** Taller donde se hacen cestos o cestas. **2** Tienda donde se venden. **3** Arte de hacer cestos y cestas.

cestero, ra. m. y f. Persona que hace o vende cestos o cestas.

cesto. m. Cesta grande más ancha que alta.

cestodo, da. adj. y m. **1** Se dice de los gusanos platelmintos de cuerpo semejante a una cinta, parásitos intestinales de vertebrados, como la solitaria. | m. pl. **2** Clase de estos gusanos.

cesura. f. **1** En la poesía moderna, corte o pausa que divide un verso en dos partes o hemistiquios. **2** En la poesía griega y latina, sílaba final de una palabra que termina un pie y comienza otro.

cetáceo, a. adj. y m. **1** Se dice de los mamíferos pisciformes marinos, generalmente de gran tamaño, que tienen las aberturas nasales en lo alto de la cabeza, por las cuales sale el aire espirado, cuyo vapor a veces se condensa y parecen chorros de agua; como la ballena y el delfín. | m. pl. **2** Orden formado por estos mamíferos marinos.

cetaria o **cetárea.** f. Vivero de langostas y otros crustáceos destinados al consumo.

cetonia. f. Insecto coleóptero pentámero, cuya larva vive en las colmenas y se alimenta de la miel.

cetrería. f. **1** Arte de criar halcones y demás aves de caza. **2** Caza con estas aves.

cetrero. m. El que practicaba la cetrería.

cetrino, na. adj. **1** Color amarillo verdoso. **2** Melancólico y adusto. **Sin.** 1 olivácea, aceitunado 2 hosco, agrio, triste ▢ **Ant.** 2 alegre.

cetro. m. **1** Vara, bastón o insignia de mando. **2** El mando mismo: *bajo el cetro de los españoles*.

ceutí. adj. y com. De Ceuta. || pl. *ceutíes* o *ceutís*.

ch. f. Fonema que tradicionalmente era considerada la cuarta letra del alfabeto español, y la tercera de sus consonantes. En este diccionario, siguiendo el criterio de destacados lexicógrafos, la ch ha sido englobada en la c, según las normas de alfabetización universal.

chabacanería o **chabacanada.** f. **1** Vulgaridad, falta de gusto. **2** Dicho grosero.

chabacano, na. adj. Grosero, vulgar, de mal gusto.

chabola. f. **1** Barraca mísera en los suburbios sin urbanizar de los grandes núcleos urbanos. **2** Choza, caseta construida generalmente en el campo. **Sin.** 2 chamizo.

chabolismo. m. **1** Acumulación de chabolas en los suburbios de los grandes núcleos urbanos. **2** Forma y condiciones de vida en las chabolas.

chabolista. com. Persona que vive en una chabola.

chacal. m. Mamífero cánido, de tamaño medio entre el lobo y el zorro. Come animales pequeños o carroña y vive en Asia y África.

chacha. f. **1** Sirvienta, criada. **2** Niñera.

Chacal

cháchara. f. **1** Charla inútil y frívola. | pl. **2** Baratijas. **Sin.** 1 palique, cotorreo, palabrería.

chachi. adj. **1** Bueno, estupendo. | adv. m. **2** Estupendamente: *lo pasaron chachi*.

chacina. f. **1** Cecina. **2** Carne de cerdo adobada para preparar embutidos.

chacolí. m. Vino ligero y algo agrio típico del País Vasco, Cantabria y Chile. || pl. *chacolís* o *chacolíes*.

chacona. f. **1** Baile de los s. XVI y XVII, y que se ejecutaba con acompañamiento de castañuelas y de coplas. **2** Música y letra de este baile.

chacota. f. Bulla, broma, burla: *se tomaron a chacota mis palabras*. **Sin.** chufla, cuchufleta, chunga, cachondeo.

chacra. f. *amer.* Alquería o granja.

chafar. tr. y prnl. **1** Aplastar: *me has chafado el sombrero*. **2** Arrugar la ropa: *se te ha chafado el traje*. **3** Desengañar, deprimir a alguien: *que no le reconocieras le chafó*. **4** Apabullar, dominar a alguien en una conversación: *tu respuesta le chafó por completo*. **Sin.** 1 estrujar 2 ajar, deslucir 4 abrumar ▢ **Ant.** 1 estirar 2 planchar 3 animar.

chaflán. m. **1** Cara que resulta en un objeto de cortar una de sus esquinas. **2** Fachada que, en un edificio, aparece en lugar de la esquina: *vivo en la casa que hace chaflán*.

chaira. f. **1** Cuchilla de zapatero. **2** Cilindro de acero que los carpinteros y carniceros usan para afilar sus cuchillos. **3** *vulg.* Navaja.

chal. m. **1** Paño más largo que ancho que usan las mujeres como abrigo o adorno. **2** Toquilla para envolver a los bebés. **Sin.** 1 pañoleta, mantón, echarpe.

chalado, da. adj. y s. **1** Alelado, necio, loco. **2** Muy enamorado: *está chalado por tu hermana*. **Sin.** 2 colado.

chaladura. f. **1** Locura, manía, extravagancia. **2** Enamoramiento.

chalán, na. adj. y s. **1** Se dice de la persona que comercia con ganado. **2** Se apl. al negociante sin escrúpulos. | m. *amer.* **3** Domador de caballos.

chalana. f. Embarcación menor de fondo plano, para transportes en parajes de poco calado.

chalanear. tr. **1** Tratar los negocios con maña y destreza, como los chalanes. **2** *amer.* Adiestrar caballos. S<small>IN</small>. 1 cambalachear, negociar.

chalar. tr. y prnl. **1** Enloquecer, alelar. **2** Enamorar.

chalé o **chalet.** m. Casa independiente, de una o varias plantas, con jardín. || pl. *chalés* o *chalets*.

chaleco. m. Prenda de vestir, como una chaqueta sin mangas, que se pone encima de la camisa.

chalina. f. Corbata ancha en la que se hace un nudo grande y que usan hombres y mujeres. S<small>IN</small>. lazo.

chalupa. f. **1** Embarcación pequeña, menor que una lancha. **2** *amer.* Torta de maíz, pequeña y ovalada, con algún condimento por encima.

chamaco, ca. m. y f. *amer.* Niño, muchacho.

chamán. m. Hechicero que se supone con poder para entrar en contacto con los espíritus y los dioses, adivinar, y curar enfermos.

chamanismo. m. Conjunto de creencias y prácticas referentes a los chamanes.

chamarilero, ra. m. y f. Persona que se dedica a comprar y vender trastos viejos. S<small>IN</small>. trapero, ropavejero.

chamba. f. Casualidad: *lo encontré de chamba*. S<small>IN</small>. chiripa.

chambelán. m. Noble que acompañaba y servía al rey.

chambergo. m. **1** Sombrero de copa acampanada y ala ancha. **2** Chaquetón que llega hasta medio muslo. S<small>IN</small>. 2 zamarra, tres cuartos.

chambra. f. Vestidura corta, a modo de blusa, que usaban las mujeres sobre la camisa.

chamicero, ra. adj. **1** Relativo al chamizo. | m. *amer.* **2** Lugar donde abunda la chamiza, leña menuda.

chamiza. f. **1** Hierba gramínea. **2** Leña menuda que sirve para los hornos.

chamizo. m. **1** Leño medio quemado. **2** Choza cubierta de chamiza. **3** Casa o vivienda miserable. S<small>IN</small>. 3 chabola.

champán o **champaña.** m. Vino blanco espumoso de origen francés.

champiñón. m. Hongo comestible de color blanco que se cultiva artificialmente.

champú. m. Jabón líquido para lavar la cabeza. || pl. *champús* o *champúes*.

chamullar. intr. Hablar, especialmente, de forma incomprensible. S<small>IN</small>. farfullar.

chamuscar. tr. y prnl. Quemar una cosa por la parte exterior: *se ha chamuscado la piel del pollo*.

chamusquina. f. **1** Acción de chamuscar. **2** Camorra, riña.

chancear. intr. y prnl. Bromear, decir chanzas.

chancho, cha. m. y f. **1** *amer.* Cerdo, animal. | adj. **2** *amer.* Puerco, sucio, desaseado.

chanchullo. m. Negocio ilícito para obtener alguna ganancia: *ha hecho un chanchullo para cobrar más*. S<small>IN</small>. tejemaneje.

chancla o **chancleta.** f. **1** Chinela sin talón, o con el talón doblado. **2** *amer.* Niña, en especial la recién nacida. | com. **3** Persona inepta.

chancletear. intr. Andar en chancletas.

chancleteo. m. Ruido o golpeteo de las chancletas.

chanclo. m. Zapato de madera o suela gruesa para preservar de la humedad. S<small>IN</small>. zueco, almadreña.

chancro. m. Úlcera contagiosa de origen venéreo o sifilítico.

chándal. m. Prenda para hacer deporte compuesta por un pantalón y una chaqueta o sudadera anchos y cómodos.

chanfaina. f. Guiso hecho de bofes picados.

changar. tr. Romper, descomponer, destrozar.

changurro. m. Plato vasco popular hecho con centollo cocido y desmenuzado en su caparazón.

chanquete. m. Pez pequeño comestible, parecido a la cría del boquerón.

chantaje. m. Amenaza de pública difamación o cualquier otro daño para obtener algún provecho de alguien u obligarle a actuar de una determinada manera.

chantajear. tr. Ejercer chantaje.

chantajista. com. Persona que hace chantaje.

chantillí. m. Crema de nata o clara de huevo batidas.

chantre. m. Canónigo de las iglesias catedrales, a cuyo cargo estaba antiguamente la dirección del canto en el coro.

chanza. f. **1** Dicho gracioso y ocurrente. **2** Burla, broma.

¡chao! interj. Adiós, hasta luego.

chapa. f. **1** Hoja o lámina de metal, madera u otra materia. **2** Tapón metálico que cierra herméticamente las botellas. **3** Placa, distintivo de algún cuerpo especial: *la chapa de los inspectores*. **4** Dinero. | pl. **5** Juego infantil que consiste en hacer competiciones impulsando con los dedos chapas de botellas. S<small>IN</small>. 1 plancha.

chapado, da. adj. **1** Recubierto con chapa. **2 chapado a la antigua.** loc. adj. De costumbres, ideas o gustos anticuados.

chapaletear. intr. Chapotear, sonar el agua.

chapaleteo. m. **1** Acción de chapaletear. **2** Ruido que produce la lluvia al caer.

chapar. tr. **1** Cubrir con chapas. **2** Cerrar un negocio, local, etc. | intr. **3** Estudiar o trabajar a conciencia: *hoy me toca chapar porque mañana me examino*. Sᴉɴ. 1 laminar 3 currar, empollar.

chaparral. m. Sitio poblado de chaparros.

chaparrear. impers. Llover con fuerza.

chaparro, rra. adj. **1** Persona rechoncha. También s. | m. **2** Mata poco alta de encina o roble. Sᴉɴ. 1 retaco 2 carrasca, coscoja ❑ Aɴᴛ. 1 esbelto.

chaparrón. m. **1** Lluvia intensa que dura poco. **2** Abundancia de cosas. **3** *amer.* Riña, regaño, reprimenda. Sᴉɴ. 1 chubasco.

chapeado, da. adj. Que está cubierto con chapas.

chapear. tr. Cubrir, adornar o reforzar con chapas.

chapela. f. Boina típica vasca.

chapero. m. Muchacho que se prostituye con hombres.

chapeta. f. Mancha encarnada en la mejilla.

chapín. m. Chanclo de corcho usado antiguamente por las mujeres.

chapista. com. Persona que trabaja la chapa metálica.

chapitel. m. **1** Remate de las torres en forma piramidal. **2** Capitel.

chapotear. intr. **1** Sonar el agua batida por los pies o las manos. **2** Producir ruido al mover las manos o los pies en el agua o el lodo. Sᴉɴ. 1 y 2 chapalear.

chapoteo. m. Acción de chapotear.

chapucería. f. Chapuza.

chapucero, ra. adj. **1** Hecho de forma descuidada y mal. **2** Que trabaja deprisa y mal. También s.

chapulín. m. *amer.* Langosta, cigarrón.

chapurrear o **chapurrar.** tr. Hablar con dificultad un idioma. También intr.

chapuza. f. **1** Trabajo eventual y de poca importancia: *hace las chapuzas de la casa*. **2** Cosa mal hecha: *este artículo es una chapuza*. Sᴉɴ. 2 chapucería.

chapuzar. tr., intr. y prnl. Meter de golpe en el agua. Sᴉɴ. zambullir.

chapuzón. m. Remojón, zambullida.

chaqué. m. Especie de levita, que a partir de la cintura se abre hacia atrás formando dos faldones.

chaqueta. f. Prenda exterior de vestir con mangas y abierta por delante, que se ajusta al cuerpo y llega hasta las caderas.

chaquetear. intr. Cambiar de ideas, opinión o de partido.

chaquetero, ra. adj. y s. Se dice de la persona que cambia de ideología, sobre todo política, a su conveniencia. Sᴉɴ. tránsfuga.

chaquetilla. f. Chaqueta corta hasta la cintura, como la de los toreros o bailaores.

chaquetón. m. Prenda mayor y de más abrigo que la chaqueta.

charada. f. Adivinanza, acertijo de una palabra a partir de algunas indicaciones sobre su significado.

charanga. f. **1** Música militar con sólo instrumentos de viento. **2** Grupo musical de carácter jocoso.

charango. m. Especie de bandurria, de cinco cuerdas, cuya caja se construye con un caparazón de armadillo y que usan los indios andinos.

charca. f. Charco grande.

charco. m. Agua u otro líquido estancado en un hoyo del terreno.

charcutería. f. Establecimiento donde se venden embutidos y, muchas veces, quesos.

charla. f. **1** Acción de charlar. **2** Conversación amistosa. **3** Conferencia breve y poco solemne. Sᴉɴ. 1 cháchara, palique.

charlar. intr. **1** Conversar, platicar por pasatiempo: *estuvimos charlando un rato*. **2** Hablar mucho y sin interés. Sᴉɴ. 2 rajar, cascar, parlotear.

charlatán, na. adj. y s. **1** Que habla mucho y sin sentido. **2** Que habla indiscretamente. **3** Embaucador: *charlatán de feria*. Sᴉɴ. 1 parlanchín 2 bocazas 3 farsante, sacamuelas ❑ Aɴᴛ. 1 callado 2 discreto.

charlestón. m. Baile de origen norteamericano que se popularizó en la década de los años veinte.

charlotear. intr. Charlar.

charnela. f. **1** Bisagra. **2** Articulación de las dos piezas de una concha bivalva.

charol. m. **1** Barniz muy brillante que se queda perfectamente adherido a la piel. **2** Cuero con este barniz: *zapatos de charol*.

charolar. tr. Barnizar con charol o con otro líquido que lo imite.

charrán. adj. y com. Pillo, tunante.

charretera. f. **1** Divisa militar en forma de pala, que se sujeta al hombro. **2** Jarretera.

Chapitel

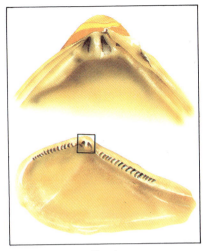

Charnela

charro, rra. adj. **1** De Salamanca. También s. **2** Recargado de adornos, abigarrado. | adj. y m. **3** Jinete mexicano que viste un traje compuesto de chaqueta corta y pantalón ajustado, camisa blanca y sombrero de ala ancha y alta copa cónica.

chárter. adj. y m. **1** Se dice de las compañías aéreas y de los aviones que realizan vuelos no regulares con tarifas reducidas. **2** Se dice de esos mismos vuelos. || No varía en pl.

chasca. f. **1** Leña menuda que procede de la limpia de los árboles o arbustos. **2** Ramaje que se coloca sobre la leña dispuesta para hacer carbón.

chascar. intr. y tr. Dar chasquidos: *chascar los dedos.* **SIN.** chasquear.

chascarrillo. m. **1** Anécdota jocosa. **2** Chiste.

chasco. m. **1** Burla, engaño que se hacen a alguien. **2** Decepción por algo diferente de lo esperado: *le llamó, pero no estaba y se llevó un chasco.*

chasis. m. **1** Armazón que sujeta la carrocería de un vehículo. **2** Bastidor para placas fotográficas. || No varía en pl.

chasquear. tr. **1** Dar un chasco. **2** Sacudir con fuerza el látigo o la lengua, produciendo un chasquido. | intr. **3** Decepcionar. **4** Dar chasquidos algo que se resquebraja: *el armario está chasqueando.* **SIN.** 4 crujir.

chasquido. m. **1** Sonido que se hace con el látigo o la honda cuando se sacuden en el aire. **2** Ruido que se produce al romperse alguna cosa. **3** Ruido que se produce con la lengua al separarla de golpe del paladar o al frotar las yemas de los dedos corazón y pulgar de una mano. **SIN.** 1 restallido 2 crujido.

chatarra. f. **1** Escoria que deja el mineral de hierro. **2** Hierro o cualquier otro metal de desecho. **3** Aparato viejo o inservible. **4** Cosa de poco valor: *esta pulsera es chatarra.* **SIN.** 3 cacharro, cafetera.

chatarrear. tr. Desguazar un buque o trocear maquinaria para convertirlos en chatarra.

chatarrero, ra. m. y f. Persona que se dedica a coger, almacenar o vender chatarra.

chatear. tr. Beber chatos de vino.

chateo. m. Acción de chatear.

chato, ta. adj. **1** De nariz pequeña y aplastada. También s. **2** Se dice de la nariz que tiene esta forma. **3** Romo, plano, corto. | m. **4** Vaso de vino: *hemos tomado unos chatos.* | m. y f. **5** Apelativo cariñoso.

chaval, la. m. y f. Muchacho, joven. **SIN.** chico.

chavea. m. Chaval.

chaveta. f. **1** Clavo remachado separando las dos partes en que se divide su punta. **2** Clavija, pasador que se pone en el agujero de una barra e impide que se salgan las piezas que la barra sujeta. **3 perder la chaveta.** loc. Volverse loco.

chavo. m. Moneda de poco valor.

¡che! interj. En Valencia y América del Sur, se utiliza para llamar o pedir atención a una persona. También expresa a veces asombro o sorpresa.

checo, ca. adj. y s. **1** De la República Checa. | m. **2** Lengua hablada en este país.

checoslovaco, ca o **checoeslovaco, ca.** adj. y s. De la antigua Checoslovaquia.

checa. f. **1** Comité de policía secreta de la antigua Unión Soviética. **2** Organismo semejante que ha funcionado en otros países y que sometía a los detenidos a crueles torturas. **3** Local en que actuaban estos organismos.

cheli. m. Jerga madrileña que contiene elementos castizos y contraculturales.

chelín. m. Moneda fraccionaria inglesa, desaparecida con motivo de la reducción del sistema monetario inglés al sistema decimal. El chelín tenía 12 peniques y la libra 20 chelines.

chepa. f. Joroba.

cheque. m. Documento u orden de pago para que una persona retire la cantidad asignada de los fondos que el firmante del cheque tiene en una cuenta bancaria. **SIN.** talón.

chequeo. m. Reconocimiento médico completo.

chequera. f. **1** Cartera para guardar el talonario. **2** Talonario de cheques.

cheroque o **cheroqui.** adj. y com. Se dice de un pueblo amerindio que vivió al sur de los Apalaches y que en 1835 fue trasladado a Oklahoma y Carolina del Norte.

chéster. m. Queso inglés muy estimado.

chévere. adj. 1 *amer.* Gracioso, bonito, elegante, agradable. 2 *amer.* Excelente.

cheviot o **chevió.** m. 1 Lana del cordero de Escocia. 2 Tela que se hace con ella u otra semejante. || pl. *cheviots* o *cheviós.*

chibalete. m. En impr., armazón de madera donde se colocan las cajas para componer.

chibcha. adj. y com. 1 Se dice del pueblo que habitó en las tierras altas de Bogotá y Tunja. | m. 2 Idioma de este pueblo.

chic. (voz fr.) adj. Elegante: *una decoración muy chic.*

chicano, na. adj. y s. Se dice de la persona de origen mexicano nacida y criada o residente en los EE. UU.

chicarrón, na. adj. y s. Se dice del muchacho muy crecido y desarrollado.

chicha. f. 1 Carne comestible. 2 *amer.* Bebida alcohólica que, en unas partes, resulta de la fermentación del maíz, y en otras, de la del zumo de uva o manzana. 3 **de chicha y nabo.** loc. adj. De poca importancia, despreciable.

chícharo. m. Guisante, garbanzo, judía.

chicharra. f. 1 Cigarra. 2 Timbre eléctrico.

chicharro. m. Jurel.

chicharrón. m. 1 Residuo de las pellas del cerdo, después de derretida la manteca. 2 Carne requemada. | pl. 3 Fiambre formado por trozos de carne de distintas partes del cerdo, prensado en moldes.

chichimeca. adj. y com. Se dice de la tribu que se estableció en Tezcuco y que, mezclada con otras que habitaban el territorio mexicano, fundó el reino de Acolhuacán.

chichinabo (de). loc. adj. De chicha y nabo.

chichón. m. Bulto en la cabeza producido por un golpe. SIN. tolondrón, huevo.

chichonera. f. Gorro duro para proteger de golpes en la cabeza a los niños y a algunos deportistas.

chicle. m. Goma de mascar de diferentes sabores.

chico, ca. adj. 1 Pequeño, de poco tamaño: *este asiento se te ha quedado chico.* 2 Niño, muchacho. También s.: *los chicos, que coman primero.* | m. y f. 3 Recadero, aprendiz. | f. 4 Criada, asistenta: *le han subido el sueldo a la chica.* ANT. 1 grande 2 adulto.

chicote. m. Cabo o punta de un cigarro puro ya fumado. SIN. colilla.

chifla. f. 1 Acción de chiflar. 2 Especie de silbato. 3 Cuchilla de corte curvo para raspar y adelgazar las pieles. SIN. 1 pitido, silbido.

chiflado, da. adj. y s. Chalado, loco.

chifladura. f. Locura, chaladura.

chiflar. intr. 1 Silbar con un silbato o con la boca. 2 Encantarle a uno algo o alguien: *me chiflan los calamares.* | **chiflarse.** prnl. 3 Perder uno las facultades mentales. 4 Sentir gran atracción, enamorarse de alguien: *se ha chiflado por tu hermana.*

chiflido. m. Silbido.

chigre. m. En Asturias, tienda donde se vende sidra u otras bebidas al por menor.

chihuahua. adj. y m. Se dice de una raza de perros de tamaño muy pequeño, originaria de México.

chiíta. adj. y com. Se dice de una de las dos ramas de la religión musulmana y de sus miembros.

chilaba. f. Prenda de vestir, con capucha, que usan los árabes.

chile. m. Ají, pimiento muy picante.

chileno, na. adj. y s. De Chile.

chilindrón. m. Guiso hecho con trozos de carne de ave, cerdo o cordero, rehogados con tomate, pimiento y otros ingredientes.

chilla. f. 1 Instrumento que sirve a los cazadores para imitar el chillido de la zorra, la liebre, el conejo, etc. 2 Tabla de mala calidad.

chillar. intr. 1 Dar chillidos las personas o animales. 2 Levantar mucho la voz por costumbre o por enfado: *no chilles que te oigo perfectamente.* SIN. 2 gritar, vocear.

chillido. m. Sonido inarticulado de la voz, agudo y desagradable.

chillón, na. adj. 1 Que chilla mucho. 2 Se dice de todo sonido agudo y desagradable. 3 Se dice de los colores demasiado vivos o mal combinados y de las cosas que los tienen: *llevaba un bañador muy chillón.*

chimenea. f. 1 Conducto para dar salida al humo. 2 Hogar o fogón donde se puede encender fuego con un tiro por el que sale el humo. 3 Conducto por donde sale la lava en los volcanes. 4 Grieta estrecha en una mina o muro.

chimpancé. m. Mono antropomorfo africano, de pelo negro, brazos largos y cabeza grande. Es domesticable y muy inteligente.

Chimpancé

china. f. **1** Piedra pequeña. **2** Cantidad suficiente de hachís para liar un porro.

chinchar. tr. y prnl. Molestar, fastidiar: *deja de chincharle, que es más pequeño que tú. Tú te lo has buscado, así que chínchate.*

chinche. f. **1** Insecto hemíptero, de color rojo oscuro y cuerpo aplastado. Es parásito del hombre y sus picaduras son muy irritantes. **2** Chincheta. | com. **3** Chinchorrero: *no seas chinche, eso no tiene importancia.* También adj. S<small>IN</small>. 3 picajoso.

Chinche común

chincheta. f. Clavito metálico de cabeza circular y chata.

chinchilla. f. **1** Mamífero roedor, propio de América meridional, parecido a la ardilla. **2** Piel de este animal, de color gris, muy estimada en peletería.

chinchón. m. **1** Bebida anisada fabricada en Chinchón, pueblo de la provincia de Madrid. **2** Cierto juego de naipes.

chinchorrear. intr. **1** Chismorrear. | tr. **2** Molestar, fastidiar.

chinchorrería. f. **1** Impertinencia. **2** Chisme. S<small>IN</small>. 2 cotilleo.

chinchorrero, ra. adj. y s. **1** Se dice de la persona picajosa, excesivamente preocupada por detalles sin importancia. **2** Chismoso. S<small>IN</small>. 2 cotilla.

chinchoso, sa. adj. Molesto y pesado.

chinela. f. Zapatilla sin talón. S<small>IN</small>. chancla, chancleta.

chingar. tr. **1** Beber bebidas alcohólicas con frecuencia. **2** Importunar, molestar. **3** Estropear, fracasar. También prnl.: *se chingó la fiesta.* **4** vulg. *amer.* Practicar el coito, fornicar. | **chingarse.** prnl. **5** Embriagarse. **6** *amer.* No acertar, fracasar. S<small>IN</small>. 5 emborracharse 6 errar.

chino, na. adj. y s. **1** De China. | m. **2** Idioma hablado en este país. | **3** f. Porcelana.

chip. m. Placa de silicio, de unos pocos milímetros de superficie, que sirve de soporte a un circuito integrado.

chipirón. m. Calamar pequeño.

chipriota. adj. y com. De Chipre.

chiquero. m. **1** Pocilga, establo donde se guardan los cerdos. **2** Toril.

chiquillada. f. Acción propia de chiquillos. S<small>IN</small>. niñería.

chiquillería. f. **1** Multitud de chiquillos. **2** Chiquillada.

chiquillo, lla. adj. y s. Niño, muchacho.

chiquito, ta. adj. y s. **1** Pequeñito. | m. **2** Vaso pequeño de vino, típico del País Vasco. **3 andarse** uno **en (con) chiquitas.** loc. Usar contemplaciones, pretextos o rodeos para esquivar algo. Más en negaciones: *tu padre no se anda con chiquitas, va al grano.*

chiribita. f. **1** Chispa. | pl. **2** Luces brillantes que se aprecian durante un tiempo y dificultan la vista.

chiribitil. m. **1** Desván, rincón o escondrijo bajo y estrecho. **2** Pieza o cuarto muy pequeño.

chirigota. f. Burla, broma sin malas intenciones. S<small>IN</small>. cuchufleta, chanza.

chirimbolo. m. Objeto que no se sabe describir: *tiene un chirimbolo rojo arriba.* S<small>IN</small>. chisme, trasto.

chirimía. f. Instrumento musical de viento parecido al clarinete.

chirimoya. f. Fruto del chirimoyo, pulposo, dulce y con semillas negras.

chirimoyo. m. Árbol originario de América Central, de unos ocho metros de altura, copa poblada, hojas puntiagudas, y flores fragantes, solitarias, de pétalos verdosos y casi triangulares.

chiringuito. m. Quiosco o puesto de bebidas y comidas sencillas al aire libre.

chiripa. f. Suerte, casualidad favorable: *acertó de chiripa.* S<small>IN</small>. chamba, potra.

chirla. f. Molusco más pequeño que la almeja.

chirle. adj. **1** Insípido, insustancial. **2** *amer.* Falto de consistencia, blanduzco.

chirlo. m. Herida o cicatriz alargada en la cara. S<small>IN</small>. corte, tajo.

chirona. f. Cárcel: *lo metieron en chirona.* S<small>IN</small>. trena, presidio.

chirriar. intr. **1** Emitir un sonido agudo y estridente: *esta puerta chirría.* **2** Chillar algunos pájaros. **3** Cantar desentonadamente.

chirrido. m. Sonido estridente o desagradable.

chiruca. f. Bota de lona y suela resistente, muy usada para andar por la montaña. Más en pl.

¡chis! o **¡chist!** interj. Se usa para imponer silencio.

chiscar. tr. Sacar chispas del eslabón chocándolo con el pedernal.

chisgarabís. m. Hombre zascandil, mequetrefe, liante. || pl. *chisgarabises*.

chisguete. m. **1** Trago de vino. **2** Chorrillo violento de un líquido.

chisme. m. **1** Murmuración, cuento sobre alguna noticia verdadera o falsa para dañar a alguien: *sólo publican chismes*. **2** Baratija, trasto pequeño o cualquier objeto del que se desconoce el nombre: *no había visto nunca este chisme*. S<small>IN</small>. 1 cotilleo.

chismear. intr. Chismorrear.

chismorrear. intr. Contarse chismes, murmurar. S<small>IN</small>. cotillear.

chismorreo. m. Acción de chismorrear. S<small>IN</small>. cotilleo.

chismoso, sa. adj. y s. Que cuenta chismes. S<small>IN</small>. cotilla, cizañero.

chispa. f. **1** Partícula encendida que salta de la lumbre, del hierro herido por el pedernal, etc. **2** Descarga luminosa entre dos cuerpos cargados con muy diferente potencial eléctrico. **3** Diamante muy pequeño. **4** Gota de lluvia menuda y escasa: *sólo caen unas chispas*. **5** Partícula de cualquier cosa: *echa una chispa de azúcar*. **6** Ingenio, gracia: *sus chistes tienen mucha chispa*. **7** Borrachera, embriaguez.

chispazo. m. **1** Acción de saltar una chispa. **2** Suceso aislado y de poca entidad como precedente de otros más importantes. Más en pl.: *ya han saltado los chispazos del paro general*.

chispeante. adj. **1** Que chispea. **2** Agudo, ingenioso.

chispear. intr. **1** Echar chispas. **2** Brillar, relucir: *le chispeaban los ojos de emoción*. **3** Lloviznar: *llévate el paraguas porque está chispeando*.

chispero. m. Vecino de ciertos barrios de Madrid.

chisporrotear. intr. Despedir chispas reiteradamente.

chisporroteo. m. Acción de chisporrotear.

chisquero. m. **1** Antiguo encendedor de bolsillo con yesca y pedernal. **2** Cualquier encendedor.

chistar. intr. **1** Hablar o hacer ademán de hacerlo. Más en negaciones: *no chistó en toda la reunión*. **2** Llamar la atención de alguien: *si me chistan por la calle, no hago caso*. S<small>IN</small>. 1 rechistar.

chiste. m. **1** Dicho breve, agudo y gracioso. **2** Suceso gracioso. **3** Burla o chanza: *hacer chiste de una cosa*. **4** Dificultad, obstáculo: *el montaje de la obra no tiene chiste*.

chistera. f. **1** Sombrero de copa. **2** Cesta del pelotari.

chistoso, sa. adj. **1** Que acostumbra a contar chistes. **2** Gracioso.

chistu. m. Flauta típica del País Vasco.

chistulari. m. Músico que toca el chistu y el tamboril.

chita. f. **1** Astrágalo, hueso del pie. **2** Juego del chito que se juega con una taba.

chita callando (a la). m. **1** adv. Con mucho silencio. **2** Con disimulo, por detrás.

chito. m. **1** Juego que consiste en arrojar tejos o discos de hierro contra un pequeño cilindro de madera para derribarlo. **2** El cilindro empleado en este juego. S<small>IN</small>. 1 chita, tanga.

¡chitón! interj. Se usa para hacer callar a alguien.

chivarse. prnl. Delatar, acusar.

chivatada. f. Acción propia del chivato. S<small>IN</small>. soplo, delación.

chivato, ta. adj. y s. **1** Soplón, delatador, acusador. | m. y f. **2** Chivo o chiva que tiene entre seis meses y un año. | m. **3** Dispositivo que advierte de una anormalidad: *se ha encendido el chivato de la gasolina*. S<small>IN</small>. 3 alarma, avisador.

chivo, va. m. y f. **1** Cría de la cabra. **2 chivo expiatorio.** Persona a la que, sin razón, se culpa de algo.

chocante. adj. Que causa extrañeza: *resulta chocante que no lo sepas*. S<small>IN</small>. raro, sorprendente.

chocar. intr. **1** Dar violentamente una cosa con otra. **2** Pelear. **3** Indisponerse con alguno: *no nos llevamos bien, chocamos mucho*. **4** Causar extrañeza: *no me chocó que me llamaras*. | tr. **5** Darse las manos en señal de saludo, conformidad, enhorabuena, etc.: *choca esos cinco*. También intr. **6** Juntar las copas los que brindan. S<small>IN</small>. 1 colisionar, topar 3 enfrentarse 4 extrañar, sorprender.

chocarrería. f. Chiste grosero y de mal gusto. S<small>IN</small>. bufonada, chuscada.

chocarrero, ra. adj. y s. Grosero.

chocha. f. Ave zancuda, poco menor que la perdiz, de plumaje gris rojizo con manchas negras.

chochear. intr. **1** Tener debilitadas las facultades mentales por la edad. **2** Tener debilidad exagerada por algo o alguien: *chochea por su nieta*.

Chivos

chochera o **chochez.** f. **1** Cualidad de chocho. **2** Dicho o hecho de persona que chochea.

chocho, cha. adj. **1** Que chochea. **2** Lelo de puro cariño. | m. **3** vulg. Órgano genital femenino. **Sin.** 1 senil, achacoso 2 tonto.

choclo. m. *amer.* Mazorca tierna de maíz.

chocolate. m. **1** Pasta alimenticia hecha con cacao y azúcar molidos. **2** Bebida que se hace con esta pasta junto con agua o leche. **3** Hachís.

chocolatería. f. Fábrica o tienda de chocolate.

chocolatero, ra. adj. y s. **1** Muy aficionado a tomar chocolate. | m. y f. **2** Persona que se dedica a fabricar o vender chocolate. | f. **3** Puchero donde se cuece el chocolate y vasija donde se sirve.

chocolatina. f. **1** Tableta delgada de chocolate. **2** Moneda de cien pesetas.

chófer o **chofer.** m. Conductor de vehículos.

chollo. m. **1** Ganga: *este sofá sí que ha sido un chollo.* **2** Trabajo o negocio que produce beneficio con muy poco esfuerzo: *esta inversión es un chollo.* **Sin.** 1 y 2 momio, bicoca, ganga, breva.

cholo, la. adj. **1** *amer.* Mestizo de sangre europea e indígena. También s. | m. y f. *amer.* **2** Tratamiento cariñoso.

choped. m. Embutido parecido a la mortadela.

chopera. f. Sitio poblado de chopos.

chopito. m. Molusco cefalópodo comestible menor que el calamar.

chopo. m. **1** Nombre de varias especies de álamos, en especial el álamo negro de corteza gris, y hojas en forma de rombo. **2** Fusil.

choque. m. **1** Encuentro violento de una cosa con otra. **2** Contienda, riña. **3** Combate, pelea. **4** Estado de conmoción del organismo producido por un gran impacto emocional. **Sin.** 1 colisión, topetazo.

choricear o **chorizar.** tr. vulg. Robar, birlar.

chorizo. m. **1** Embutido de carne de cerdo, picada y adobada con pimentón y otras especias. | vulg. **2** Ratero, ladronzuelo.

chorlito. m. **1** Nombre común de diversas especies de aves zancudas de pico largo y delgado, patas finas y plumaje pardo, que pueden alcanzar hasta 30 cm de longitud. **2 cabeza de chorlito.** Persona muy distraída.

chorra. adj. y com. **1** Se apl. a la persona tonta o necia en lo que dice o hace: *eres un chorra.* | f. **2** Casualidad, suerte: *qué chorra has tenido.* **3** vulg. Pene. **Sin.** 2 potra, chiripa.

chorrada. f. **1** Bobada, tontería. **2** Porción de líquido que se suele echar de propina después de dar la medida.

chorrear. intr. **1** Caer un líquido formando chorro. También tr.: *el árbol chorreaba resina.* **2** Estar algo

Chotacabras

tan mojado que escurre parte del líquido: *tengo el jersey chorreando.* | tr. **3** Reñir, reprender.

chorreo. m. **1** Acción de chorrear. **2** Gasto continuado: *después de apuntarte empieza el chorreo de dinero.* **3** Bronca, regañina.

chorrera. f. **1** Lugar por donde chorrea un líquido y señal que deja al chorrear. **2** Adorno de encaje que se ponía en la pechera de la camisa.

chorro. m. **1** Líquido o gas que sale con fuerza por una abertura. **2** Caída sucesiva de cosas iguales y menudas: *un chorro de monedas.* **3** Abundancia, gran cantidad: *tiene un chorro de voz.*

chotacabras. amb. Nombre común de diversas especies de aves trepadoras, de vuelo nocturno y silencioso, que se alimentan de insectos dañinos. || No varía en pl. **Sin.** zumaya.

chotearse. prnl. Mofarse, pitorrearse.

choteo. m. Burla, pitorreo.

chotis. m. Baile lento por parejas, típico de Madrid, y música o canción con que se acompaña. || No varía en pl.

choto, ta. m. y f. **1** Cría de la cabra mientras mama. **2** Ternero.

chova. f. **1** Especie de cuervo. **2** Corneja.

chovinismo. m. Amor excesivo a todo lo de la patria propia, con desprecio de lo ajeno.

choza. f. **1** Cabaña cubierta de ramas o paja. **2** Cabaña pobre de cualquier material.

chozo. m. Choza pequeña.

christmas. (voz ingl.) m. Crisma, felicitación navideña.

chubasco. m. **1** Chaparrón, aguacero momentáneo. **2** Adversidad, contratiempo.

chubasquero. m. Impermeable.

chuchería. f. **1** Baratija, fruslería. **2** Dulce, golosina: *mamá, cómprame chucherías.*

chucho, cha. m. y f. **1** Perro que no es de una raza pura. **2** P. ext., perro. | f. **3** Apatía, galbana. **4** Peseta: *no tengo una chucha*.

chueca. f. **1** Tocón, pie de un árbol. **2** Hueso redondo o parte de él que encaja en el hueco de otro en una coyuntura. **3** Burla, chasco.

chueta. com. Nombre que se da en las islas Baleares a los descendientes de judíos conversos.

chufa. f. **1** Tubérculo de la raíz de una especie de juncia. Se come remojado en agua o se utiliza para la fabricación de horchata. **2** Golpe: *se dio una buena chufa*.

chufla. f. Cuchufleta, broma.

chulada. f. **1** Cosa bonita y vistosa: *¡qué chulada de reloj!* **2** Chulería, bravuconada: *eso que me dijo sólo era una chulada*.

chulapo, pa. m. y f. Individuo castizo de ciertos barrios de Madrid. **Sin.** manolo.

chulear. tr. **1** Burlar con gracia. También prnl.: *no te chulees de mí*. **2** Vivir a costa de una mujer. | **chulearse.** prnl. **3** Presumir, pavonearse, jactarse.

chulería. f. **1** Cierto aire o gracia en las palabras o gestos. **2** Dicho o hecho bravucón.

chuleta. f. **1** Costilla de ternera, carnero o cerdo. **2** Bofetada, guantazo. **3** Entre estudiantes, nota o papelito que se lleva oculto para consultarlo disimuladamente en los exámenes: *me pillaron la chuleta que llevaba en el zapato*. | m. **4** Chulo, presumido.

chulo, la. adj. **1** Que actúa o habla desafiante o con insolencia y cierta gracia. También s. **2** Bonito, gracioso: *llevas un traje muy chulo*. | m. **3** Hombre que explota a prostitutas. **Sin.** 3 proxeneta.

chumacera. f. **1** Pieza de metal o madera, con una muesca en que descansa y gira cualquier eje de maquinaria. **2** Tablita que se pone sobre el borde de una embarcación de remo que sirve para que no se desgaste el borde con el roce del remo.

chumbera. f. Planta cactácea con hojas en forma de palas con espinas, cuyo fruto es el higo chumbo.

chumbo, ba. adj. Se dice de la chumbera y del higo que es su fruto.

chuminada. f. Tontería, estupidez.

chunga. f. Burla festiva, broma: *no te lo tomes a chunga*.

chungo, ga. adj. **1** vulg. Malo, de mala calidad: *es un reloj muy chungo*. **2** Difícil: *un trabajo chungo*.

chunguearse. prnl. Burlarse. **Sin.** cachondearse.

chupa. f. Cazadora, sobre todo la de cuero.

chupa-chups. m. Caramelo redondo sujeto en un palito por donde se agarra. || No varía en pl.

chupado, da. adj. **1** Muy flaco: *se ha quedado chupado*. **2** Fácil: *este problema está chupado*. | f. **3** Calada que se da a un cigarro.

chupar. tr. **1** Extraer con los labios o con el órgano adecuado el líquido o jugo de una cosa: *las raíces han chupado toda el agua del tiesto*. También intr. **2** Absorber, empapar: *la esponja chupa el agua*. **3** Despojar a alguien de algo: *los nervios le están chupando la vida*. | **chuparse.** prnl. **4** Adelgazar, enflaquecer. **5** Tener que soportar algo: *se ha chupado todo el discurso*.

chupatintas. m. desp. Oficinista de poca categoría. || No varía en pl.

chupe. m. *amer.* Guisado hecho de papas en caldo, al que se añade carne o pescado, mariscos, huevos, ají, tomates y otros ingredientes.

chupete. m. Pieza de goma en forma de pezón que se pone en el biberón o se da a los niños para que chupen.

chupetear. tr. e intr. Chupar o lamer poco y con frecuencia.

chupi. adj. y adv. Estupendo, excelente.

chupinazo. m. **1** Disparo hecho con mortero en los fuegos artificiales. **2** Patada fuerte que se da al balón.

chupito. m. Sorbito de vino u otro licor.

chupón, na. adj. **1** Que chupa. **2** Que saca provecho de algo con astucia y engaños. También s. **3** Egoísta. | m. **4** Vástago que, al brotar en los árboles, chupa su savia y disminuye el fruto.

churrasco. m. Carne asada a la plancha o a la parrilla.

churre. m. **1** Churrete. **2** Mugre.

churrería. f. Tienda de churros.

churrero, ra. m. y f. Persona que hace o vende churros.

churrete. m. Mancha alargada: *tienes un churrete en la falda*.

churretoso, sa. adj. Lleno de churretes.

churrigueresco, ca. adj. **1** Se dice del estilo arquitectónico barroco, empleado por José Benito Churriguera y sus imitadores y caracterizado por una exuberante ornamentación. **2** desp. Recargado, de mal gusto.

churro, rra. adj. **1** Se dice de la res ovina de lana basta y rígida. También s. **2** Se dice de su lana.

churro. m. **1** Pasta de harina y azúcar frita, en forma cilíndrica estriada. **2** Chapuza, cosa mal hecha.

churruscar. tr. y prnl. Tostar mucho un alimento.

churrusco. m. Pedazo de pan demasiado tostado.

churumbel. m. Niño, muchacho.

chuscada. f. Gracia, chulada.

chusco, ca. adj. **1** Que tiene gracia. | m. **2** Pedazo de pan, panecillo. **3** Barrita de pan que se repartía entre la tropa. **Sin.** 1 chistoso, gracioso, ocurrente ☐ **Ant.** 1 soso.

chusma. f. Gente grosera y basta. **Sin.** gentuza, populacho, plebe, morralla ☐ **Ant.** elite, aristocracia.

chut. (voz ingl.) m. Acción de chutar en el fútbol.
chuta. f. En argot, jeringuilla para inyectarse droga.
chutar. tr. **1** En el fútbol, lanzar fuertemente el balón con el pie. | **chutarse.** prnl. **2** En argot, inyectarse droga.
chute. f. En argot, inyección de droga.
chuzo. m. **1** Palo armado con un pincho de hierro que usaban los serenos como bastón. **2** Carámbano, trozo de hielo. **3 caer chuzos de punta.** loc. Llover mucho y con fuerza.
cía. f. Hueso de la cadera.
ciaboga. f. Maniobra que se hace para girar en redondo una embarcación.
cianato. m. Sal resultante de la combinación del ácido ciánico con una base o con un radical alcohólico.
cianofíceo, a. adj. Se dice de las plantas con clorofila, sin núcleo diferenciado y que se multiplican por división.
cianógeno. m. Gas incoloro, venenoso, compuesto de carbono y nitrógeno.
cianosis. f. Coloración azul, negruzca o lívida de la piel, procedente de la mezcla de la sangre arterial con la venosa. || No varía en pl.
cianótico, ca. adj. **1** Relativo a la cianosis. **2** Que la padece.
cianuro. m. Sal resultante del ácido cianhídrico, que tiene sabor a almendras amargas y es muy venenosa.
ciar. intr. Remar hacia atrás.
ciático, ca. adj. **1** De la cadera. **2** Se dice del nervio que desde la región sacra recorre las piernas. También m. | **3** Neuralgia del nervio ciático.
cibera. f. **1** Porción de trigo que se echa en la tolva del molino para que vaya cebando la rueda. **2** Cualquier semilla que puede servir para cebar el molino. **3** Residuo de los frutos después de exprimidos.
cibernética. f. **1** Ciencia sobre las conexiones nerviosas y de comunicación en los seres vivos. **2** Ciencia que estudia la construcción de aparatos y los mecanismos que, al igual que la mente humana, transforman los datos que se les suministran en un resultado.
cibernético, ca. adj. **1** Relacionado con la cibernética. | m. y f. **2** Especializado en cibernética.
cicádido, da. adj. y s. **1** Se dice de los insectos hemípteros cuyas ninfas llevan vida subterránea; como la cigarra. | m. pl. **2** Familia de estos insectos.
cicatear. intr. Hacer cicaterías.
cicatería. f. Ruindad, tacañería, mezquindad.
cicatero, ra. adj. y s. **1** Tacaño. **2** Que da importancia a pequeñas cosas o se ofende por ellas.
Sin. 1 mezquino, ruin 2 picajoso.

cicatriz. f. **1** Señal de una herida que queda en la piel. **2** Impresión que deja en alguien alguna experiencia negativa.
cicatrizar. tr., intr. y prnl. Curar por completo una herida física o psíquica.
cícero. m. Unidad de medida usada generalmente en tipografía para la justificación de líneas, páginas, etc. Equivale a poco más de cuatro milímetros y medio.
cicerón. m. Hombre muy elocuente.
cicerone. com. Persona que explica a los visitantes las peculiaridades de un monumento, ciudad, etc. **Sin.** guía.
ciceroniano, na. adj. Relativo a Marco Tulio Cicerón; propio y característico de él.
ciclamor. m. Árbol papilionáceo con flores de color carmesí en racimos abundantes que nacen en las ramas o en el mismo tronco.
ciclán. adj. y m. Que tiene un solo testículo.
cíclico, ca. adj. **1** Que se repite periódicamente: *desarrollo cíclico.* **2** Se aplica a la enseñanza o instrucción gradual de una o varias materias.
ciclismo. m. Deporte y uso de la bicicleta.
ciclista. adj. y com. Se dice de quien va en bicicleta o practica el ciclismo.
ciclo. m. **1** Período de tiempo que se considera acabado: *los ciclos de la historia.* **2** Serie de fases por las que pasa un fenómeno periódico hasta que se reproduce una fase anterior: *los ciclos de la luna.* **3** Conjunto de una serie de fenómenos u operaciones que se repiten ordenadamente: *el ciclo económico.* **4** Conjunto de tradiciones épicas concernientes a un determinado período de tiempo, a un grupo de sucesos o a un personaje heroico: *el ciclo bretón.* **5** Cada una de las partes de un plan de estudios: *el primer ciclo de enseñanza.*
cicloidal. adj. Relativo a la cicloide.

Ciclismo: Miguel Induráin

cicloide. f. Curva plana descrita por un punto de la circunferencia cuando ésta rueda sobre una línea recta.

ciclomotor. m. Motocicleta pequeña con un motor poco potente.

ciclón. m. **1** Huracán. **2** Borrasca. **3** Persona muy impetuosa: *esta chica es un ciclón.*

ciclónico, ca. adj. Relativo al ciclón y, en especial, a la rotación de sus vientos.

cíclope. m. Gigante mitológico con un solo ojo en la frente.

ciclópeo, a. adj. **1** Relacionado con los cíclopes. **2** Gigantesco. **3** Se dice de unas construcciones antiguas de piedras enormes superpuestas sin argamasa.

ciclostil o **ciclostilo.** m. Máquina y técnica para sacar muchas copias de un escrito por medio de una tinta especial sobre una plancha gelatinosa.

ciclóstomo. adj. y m. **1** Se dice de un tipo de peces de cuerpo largo y cilíndrico, esqueleto cartilaginoso, piel sin escamas y boca circular, a modo de ventosa, con la que se sujeta a otros peces; como la lamprea. | m. pl. **2** Grupo de estos peces.

ciclotrón. m. Aparato acelerador de los iones de un campo eléctrico, a los cuales comunica energías considerables. Se usa para producir artificialmente elementos radiactivos.

cicuta. f. **1** Nombre común a varias plantas umbelíferas, que contienen alcaloides venenosos usados en medicina. **2** Veneno que se obtiene de esta planta.

cid. m. Hombre fuerte y muy valeroso.

cidra. f. Fruto del cidro, algo mayor que el limón, que se usa en medicina.

cidrada. f. Conserva hecha de cidra.

cidral. m. Sitio poblado de cidros.

cidro. m. Árbol de tronco liso y ramoso de unos 5 m de altura, hojas perennes y flores encarnadas olorosas. Su fruto es la cidra.

ciego, ga. adj. **1** Sin vista. También s. **2** Obcecado, dominado por una pasión: *ciego de odio.* **3** Se dice de cualquier conducto obstruido. **4** Se dice de una parte del intestino grueso, anterior al colon. También m. **SIN.** 1 invidente ☐ **ANT.** 1 vidente.

cielo. m. **1** Espacio que rodea la Tierra. **2** Para los creyentes, paraíso. **3** Parte superior de alguna cosa: *el cielo de la boca.* **4** Apelativo cariñoso: *¡qué cielo eres!* **SIN.** 1 firmamento, atmósfera 2 edén, gloria 4 encanto ☐ **ANT.** 2 infierno.

ciempiés. m. Animal invertebrado con un par de patas en cada uno de los veintiún anillos en que se divide su cuerpo. Tiene unas mandibulillas córneas con las que muerden e inyectan veneno. || No varía en pl.

cien. adj. **1** apóc. de *ciento.* Diez veces diez: *cien cartas.* También m. **2** Centésimo: *el piso cien.* | m. **3** Cifra que representa este número.

ciénaga. f. Lugar lleno de cieno o pantanoso. **SIN.** lodazal, cenagal.

ciencia. f. **1** Conocimiento ordenado, y generalmente experimentado, de las cosas. **2** Conjunto de conocimientos relativo a una materia determinada: *ciencia social.* **3** Saber, cultura: *este hombre es un pozo de ciencia.* **4** Conjunto de conocimientos relativos a las matemáticas, física, química y naturaleza: *he escogido ciencias en lugar de letras.*

cienmilésimo, ma. adj. y s. Se dice de cada una de las cien mil partes iguales en que se divide un todo.

cienmilímetro. m. Centésima parte de un milímetro.

cienmillonésimo, ma. adj. y s. Se dice de cada una de los cien millones de partes iguales en que se divide un todo.

cienmilmillonésimo, ma. adj. y s. Se dice de cada una de los cien mil millones de partes iguales en que se divide un todo.

cieno. m. Lodo blando en el fondo del agua o en sitios bajos y húmedos. **SIN.** fango, limo, légamo.

cientificismo. m. Tendencia a darle demasiada importancia a la ciencia y al conocimiento que se adquiere a través de ella y con sus métodos, considerados como los únicos válidos para llegar a conocer la realidad de las cosas.

científico, ca. adj. **1** De la ciencia, o de sus métodos. **2** Que practica o investiga una ciencia. También s.

ciento. adj. **1** Diez veces diez. **2** Centésimo. | m. **3** Cifras que representan el número ciento. **4** Centena: *han pasado cientos de coches.*

ciernes (en). loc. adv. En el principio, al comienzo del desarrollo: *tengo una nueva novela en ciernes.*

cierre. m. **1** Acción de cerrar. **2** Lo que sirve para ello: *el cierre de la maleta.* **SIN.** 1 cerramiento 2 cerradura ☐ **ANT.** 1 apertura.

cierto, ta. adj. **1** Verdadero: *la noticia es cierta.* **2** Se usa algunas veces en sentido indeterminado: *cierto tipo de animales.* **3** Seguro de la verdad. | adv. afirm. **4** Ciertamente. **5 por ciento.** loc. adv. Ciertamente, a la verdad. **6** Introduce un cambio de tema o un paréntesis en el discurso por algo sugerido en ella: *por cierto, ya he recogido los impresos.* **SIN.** 1 real, auténtico ☐ **ANT.** 1 falso, dudoso.

ciervo, va. m. Mamífero rumiante de pelo corto, patas largas y cola muy corta. El macho tiene astas o cuernas estriadas y ramosas, que pierde y renueva todos los años, aumentando con el tiempo el número de puntas, que llegan a 10 en cada asta.

cierzo. m. Viento frío del Norte. **SIN.** bóreas.

cifosis. f. Encorvadura convexa anormal de la columna vertebral. || No varía en pl.

cifra. f. **1** Número, cantidad y signo con que se representa: *sale una cifra muy alta*. **2** Escritura secreta, clave. **Sin.** 1 guarismo, dígito.

cifrar. tr. **1** Escribir en clave: *mensaje cifrado*. **2** Reducir varias cosas a una sola que se considera fundamental. || Se construye con la prep. *en*. También prnl.: *el éxito se cifra en la constancia*. **Sin.** 2 compendiar, resumir ☐ **Ant.** 1 descifrar.

cigala. f. Crustáceo decápodo marino, de color claro y caparazón duro, semejante al cangrejo de río. Su carne es muy apreciada.

cigarra. f. Insecto hemíptero, verde amarillento, de alas membranosas y abdomen cónico, cuyos machos producen un ruido estridente y monótono.

cigarral. m. En Toledo, huerta cercada fuera de la ciudad, con árboles frutales y casa para recreo.

cigarrero, ra. m. y f. **1** Persona que hace o vende cigarros. | f. **2** Caja en que se tienen a la vista cigarros puros. **3** Petaca para llevar cigarros o cigarrillos.

cigarrillo. m. Cigarro pequeño, de picadura envuelta en un papel de fumar. **Sin.** pitillo, cigarro.

cigarro. m. **1** Rollo de hojas de tabaco, puro. **2** Cigarrillo. **Sin.** 1 habano.

cigofiláceo, a. adj. y f. Se dice de plantas leñosas, angiospermas dicotiledóneas, con hojas compuestas y fruto en cápsula, drupa o baya, como el abrojo.

cigomático, ca. adj. Relativo a la mejilla o al pómulo: *arco cigomático*.

cigoñal. m. Cigüeñal.

cigoñino. m. Pollo de la cigüeña.

cigoto. m. Célula que resulta de la unión de dos gametos, uno masculino o espermatozoide con otro femenino u óvulo.

cigüeña. f. Ave zancuda migratoria de hasta 1 m de altura, de cabeza redonda, cuello largo, cuerpo generalmente blanco, alas negras, patas largas y rojas, lo mismo que el pico. Anida en las torres y árboles elevados.

cigüeñal. m. Doble codo en el eje de ciertas máquinas que transforma el movimiento rectilíneo en giratorio alrededor del eje.

cilanco. m. Charco que deja un río a su orilla.

cilantro. m. Hierba aromática utilizada como condimento y en medicina.

ciliado, da. adj. y m. **1** Se dice de los protozoos provistos de cilios. | m. pl. **2** Clase de estos protozoos.

ciliar. adj. Relacionado con las cejas o los cilios: *arco ciliar*.

cilicio. m. Vestidura áspera o instrumento con pinchos para mortificar el cuerpo.

cilindrada. f. Capacidad del cilindro o cilindros de

Cigüeñas

un motor de explosión que se expresa en centímetros cúbicos: *tiene 2.000 c. c. de cilindrada*.

cilindrar. tr. Comprimir con el cilindro.

cilíndrico, ca. adj. **1** Perteneciente al cilindro. **2** Con forma de cilindro.

cilindro. m. **1** Cuerpo limitado por una superficie curva y dos planos circulares. **2** Tubo en que se mueve el émbolo de una máquina. **3** Cualquier pieza mecánica con esta forma.

cilio. m. Cada uno de los filamentos delgados y permanentes de los protozoos ciliados y de algunas células mediante los que se realiza la locomoción de las células en un medio líquido.

cilla. f. **1** Casa o cámara donde se recogían los granos. **2** Renta decimal.

cima. f. **1** Parte más alta de los montes, árboles. **2** Remate, culminación, máximo esplendor de algo: *está en la cima de su carrera*. **Sin.** 1 punta 2 culminación ☐ **Ant.** 2 declive.

cimacio. m. **1** Moldura en forma de *S*. **2** Pieza suelta, con ábaco de gran desarrollo, que va sobre el capitel.

cimarrón, na. adj. y s. **1** Se dice del animal doméstico que se hace salvaje. **2** *amer*. Se apl. al esclavo que se refugiaba en los montes buscando la libertad.

cimbalaria. f. Hierba escrofulariácea, que se cría en las peñas y murallas, y tiene una mancha amarilla en las hojas.

címbalo. m. **1** Campana pequeña. **2** En mús., platillos.

cimbel. m. **1** Ave o figura que la imita, empleada como señuelo. **2** Cordel para atarla.

cimborrio. m. **1** Cuerpo cilíndrico que sirve de base a la cúpula. **2** Cúpula.

cimbra. f. **1** Armazón que sostiene el peso de un arco o bóveda. **2** Vuelta o curvatura de la superficie interior de un arco o bóveda.

cimbrado – cinético

cimbrado. m. Paso de baile que se hace doblando rápidamente el cuerpo.

cimbrar o **cimbrear.** tr. y prnl. **1** Mover una vara u objeto flexible haciéndolo vibrar. **2** Doblar algo flexible. **3** Mover graciosamente el cuerpo o una parte de él: *cimbreaba la cintura.* **Sin.** 3 contonear.

cimbreño, ña. adj. Se apl. a la vara y a la persona que se cimbran fácilmente.

cimbreo. m. Acción de cimbrar.

cimbro, bra. adj. y s. **1** Individuo de un pueblo que habitó en Jutlandia. | m. **2** Lengua de estos individuos.

cimentación. f. Acción de cimentar.

cimentar. tr. **1** Poner los cimientos de un edificio. **2** Fundar, edificar. **3** Consolidar, asentar: *el tiempo cimentó nuestro amor.* || **Irreg.** Se conj. como *acertar.* **Ant.** 3 minar, socavar.

cimerio, ria. adj. y s. Se dice de un pueblo que habitó largo tiempo en la margen oriental del mar de Azov, e invadió Lidia el s. vii a. C.

cimero, ra. adj. Que está en la parte superior de algo y lo finaliza o remata: *sábana cimera.* **Ant.** bajo, inferior, bajero.

cimiento. m. **1** Parte del edificio debajo de tierra. Más en pl. **2** Fundamento, principio. Más en pl.: *los cimientos de la democracia.* **Sin.** 2 raíz, origen, base.

cimitarra. f. Sable curvo usado por turcos y persas.

cimógeno, na. adj. Se dice de las bacterias que originan fermentaciones.

cinabrio. m. Mineral rojo y pesado compuesto de azufre y mercurio, que se extrae de él.

cinamomo. m. Árbol exótico y de adorno, con flores en racimos de color violeta, y cápsulas del tamaño de garbanzos. De su fruto, parecido a una cereza, se extrae un aceite empleado en la industria y en medicina.

cinc. m. Elemento químico; es un metal de color blanco azulado y brillo intenso, muy usado en el galvanizado del hierro y en aleaciones. Su símbolo es Zn. || pl. *cines.*

cincado, da. adj. **1** Objeto cubierto de un baño de cinc. | m. **2** Baño de cinc.

cinceladura. f. Acción de cincelar.

cincelar. tr. Labrar, grabar con cincel.

cincel. m. Herramienta con boca acerada y recta de doble bisel para labrar, a golpe de martillo, piedras y metales. **Sin.** escoplo, buril.

cincha. f. Faja para asegurar la silla o albarda sobre la caballería.

cinchar. tr. **1** Asegurar la silla con la cincha. **2** Asegurar algo con cinchos.

cinchera. f. Parte del cuerpo de las caballerías en que se pone la cincha.

cincho. m. **1** Faja ancha usada por los campesinos. **2** Cinturón. **3** Aro de hierro con que se aseguran o refuerzan barriles, ruedas, maderos, etc.

cinco. adj. **1** Cuatro y uno. También m. **2** Quinto: *el piso cinco.* | m. **3** Cifra que representa este número.

cincoenrama. f. Hierba rosácea, con tallos rastreros, y cuya raíz se usa en medicina.

cincograbado. m. Grabado en cinc.

cincografía. f. Arte de dibujar o grabar una plancha de cinc.

cincuenta. adj. **1** Cinco veces diez. **2** Quincuagésimo. | m. **3** Cifra que representa este número.

cincuentavo, va. adj. y s. Se dice de cada una de las 50 partes iguales en que se divide un todo.

cincuentena. f. Conjunto de cincuenta unidades homogéneas.

cincuentenario, ria. adj. Conmemoración del día en que se cumplen cincuenta años de algún suceso.

cincuentón, na. adj. y s. Persona que tiene cincuenta años cumplidos.

cine. m. **1** apóc. de *cinematógrafo* y *cinematografía*. **2** Local donde se proyectan películas cinematográficas.

cineasta. com. Persona que interviene en una película cinematográfica, como actor, director o productor.

cineclub o **cine-club.** m. Círculo o asociación interesados en el progreso y la divulgación de la cultura cinematográfica.

cinegético, ca. adj. **1** Relacionado con la caza. | f. **2** Arte de la caza. **Sin.** 1 venatorio.

cinema. m. Cine, local.

cinemascope. (voz ingl.) m. Sistema cinematográfico que toma las imágenes comprimidas y alargadas para que, al proyectarlas sobre una pantalla panorámica, dé la sensación de una perspectiva más amplia.

cinemática. f. Parte de la mecánica que estudia el movimiento, prescindiendo de las fuerzas que lo producen.

cinematografía. f. Arte e industria de hacer películas por medio del cinematógrafo.

cinematógrafo. m. **1** Aparato óptico en el cual, haciendo pasar rápidamente muchas imágenes fotográficas que representan otros tantos momentos consecutivos de una acción determinada, se consigue reproducir escenas en movimiento. **2** Cine, local.

cinerama. m. Procedimiento cinematográfico basado en la yuxtaposición de tres imágenes proyectadas desde tres cinematógrafos diferentes.

cinerario, ria. adj. **1** Relativo a la ceniza. **2** Destinado a contener cenizas de cadáveres.

cinético, ca. adj. **1** Del movimiento. | f. **2** Parte de la física que estudia el movimiento. **3** Parte de la química, que estudia las características mecánicas de las reacciones químicas.

cingalés, sa. adj. y s. **1** De Ceilán, actualmente Sri Lanka. | m. **2** Idioma hablado en esta isla.

cíngaro, ra. adj. y s. Gitano.

cingiberáceo, a. adj. y f. **1** Se dice de las plantas angiospermas monocotiledóneas, herbáceas, con rizoma rastrero o tuberoso, como el jengibre. | f. pl. **2** Familia de estas plantas.

cinglar. tr. Mover un bote, canoa, etc., con un solo remo puesto a popa.

cinglar. tr. Forjar el hierro para limpiarlo de escorias.

cíngulo. m. Cordón o cinta de seda o de lino, con que el sacerdote se ciñe el alba.

cínico, ca. adj. **1** Se dice de la persona que miente con desfachatez. **2** Se aplica al que alardea de escepticismo y de falta de moral. **3** Se dice de la escuela filosófica griega fundada por Antístenes, y de sus miembros, que rechazaban los convencionalismos sociales y defendían una vida austera. Sɪɴ. 1 mentiroso, falso 2 irreverente, sarcástico.

cinismo. m. **1** Doctrina de los cínicos. **2** Desvergüenza, descaro.

cinocéfalo. m. Mamífero cuadrumano que se cría en África.

cinta. f. **1** Tira de tela u otro material para distintos usos: para sujetar el pelo, de máquina de escribir, transportadora, magnetofónica, de vídeo. **2** Película cinematográfica. **3** Planta gramínea perenne de adorno, con hojas anchas, listadas de blanco y verde, y flores en panoja alargada, mezclada de blanco y violeta.

cintarazo. m. Golpe que se da de plano con la espada.

cintarear. tr. Dar cintarazos.

cinteado, da. adj. Adornado con cintas.

cintilar. tr. Brillar, centellear.

cinto. m. Faja para ceñir y ajustar la cintura. Sɪɴ. cinturón.

cintra. f. Curvatura de una bóveda o de un arco.

cintura. f. Parte donde se estrecha el tronco del cuerpo humano, entre las costillas y las caderas. Sɪɴ. talle.

cinturilla. f. Cinta o tira de tela fuerte o armada, que se pone a veces en la cintura de los vestidos.

cinturón. m. **1** Cinto de cuero que sujeta el pantalón a la cintura. **2** Cinto para llevar pendiente la espada o el sable. **3** Cinta, correa o cordón para ajustar el vestido al cuerpo.

cipayo. m. Soldado indio al servicio de un país europeo.

ciperáceo, a. adj. y f. **1** Se dice de las plantas angiospermas monocotiledóneas, herbáceas, tallos por lo común triangulares y sin nudos y cariópsides por frutos, como la juncia. | f. pl. **2** Familia de estas plantas.

cipo. m. **1** Pilastra erigida en memoria de algún difunto. **2** Poste en los caminos, para indicar la dirección o distancia. **3** Mojón.

cipote. m. **1** Mojón de piedra. **2** Hombre torpe, bobo. **3** Hombre grueso, rechoncho. **4** vulg. Pene.

ciprés. m. Árbol cupresáceo de 15 a 20 m de altura, con tronco recto, ramas cortas, copa espesa y cónica, hojas perennes y pequeñas, flores amarillentas terminales y madera rojiza y olorosa. Se planta mucho en parques y cementerios.

cipresal. m. Sitio poblado de cipreses.

circe. f. Mujer astuta y engañosa.

circense. adj. **1** Se apl. a los juegos o espectáculos que hacían los romanos en el circo. **2** Se dice de lo relativo al circo, lugar de espectáculos.

circo. m. **1** Lugar circular, normalmente cubierto por una carpa, donde actúan malabaristas, payasos, animales amaestrados, etc. **2** El mismo espectáculo. **3** Edificio que los antiguos romanos destinaban a ciertos espectáculos. **4** Depresión entre cimas altas formada por la erosión de las aguas. Sɪɴ. 3 anfiteatro.

circón. m. Mineral silicato de circonio, más o menos transparente, blanco o amarillento rojizo, del que se extrae el circonio.

circona. f. Óxido de circonio.

circonio. m. Elemento químico metálico muy raro, que arde sin producir llama, es inodoro y resistente a la acción de los ácidos. Su símbolo es *Zr*.

circuir. tr. Rodear, cercar. || **Irreg.** Se conj. como *huir*.

circuito. m. **1** Camino que regresa al punto de partida: *circuito de agua*. **2** Lugar comprendido dentro de un perímetro. **3** Contorno. **4** Trayecto fijado para diversas carreras: *el trazado de este circuito es muy peligroso*. **5** Conjunto de conductores que recorre una corriente eléctrica.

Circo (dibujo de época)

circulación. f. **1** Acción de circular: *la circulación de la sangre.* **2** Tráfico, tránsito por las vías públicas: *circulación rodada.* **3** Movimiento de bienes, dinero y riqueza: *ya están en circulación las nuevas monedas de 200 pesetas.*

circular. adj. **1** Perteneciente al círculo o que tiene su forma: *mesa circular.* | f. **2** Escrito dirigido a varias personas para ordenar o notificar algo: *envió una circular a sus empleados.* **SIN.** 1 redondo 2 notificación, comunicación.

circular. intr. **1** Andar, moverse dentro de un circuito: *el gas circula por los conductos nuevos.* **2** Ir y venir: *el aire circula por toda la casa.* **3** Pasar los valores, las monedas, etc., de una a otra persona. **SIN.** 1 recorrer, deambular 3 emitir, trasmitir.

circulatorio, ria. adj. De la circulación.

círculo. m. **1** Superficie limitada por la circunferencia. **2** Grupo de personas de un mismo sector de actividad: *círculo financiero.* **3** Sociedad recreativa, política, artística, y el edificio donde se reúnen sus miembros: *círculo gastronómico.* **4** Conjunto de relaciones de una persona: *tiene un círculo muy pequeño de amigos.* **SIN.** 1 redondel 3 peña, club.

circumpolar. adj. Que está alrededor del polo.

circuncidar. tr. Cortar circularmente una porción del prepucio. || Tiene dos p. p.: uno reg., *circuncidado*, que se emplea en los tiempos compuestos, y otro irreg., *circunciso*, empleado como adj.

circuncisión. f. Acción de circuncidar.

circunciso. adj. y m. **1** Se dice de aquel a quien se le ha practicado la circuncisión. | m. **2** Judío, moro.

circundar. tr. Cercar, rodear: *el río circunda la cabaña.*

circunferencia. f. **1** Curva cerrada, cuyos puntos equidistan de otro interior llamado centro. **2** Contorno de una superficie, territorio, mar.

circunferir. tr. Circunscribir, limitar.

circunflejo. adj. Se dice del acento del francés o el portugués, que se representa por la tilde (ˆ).

circunfuso, sa. adj. Difundido o extendido a su alrededor.

circunlocución. f. Figura retórica que consiste en expresar por medio de un rodeo de palabras algo que hubiera podido decirse de forma más concisa, para lograr mayor belleza y fuerza expresivas. **SIN.** circunloquio.

circunloquio. m. Rodeo de palabras para expresar algo.

circunnavegación. f. Acción de circunnavegar.
circunnavegar. tr. **1** Navegar alrededor. **2** Dar un buque la vuelta al mundo.

circunscribir. tr. **1** Concretar, limitar. **2** Trazar una figura geométrica dentro de otra, con determinados puntos comunes. | **circunscribirse.** prnl. **3** Ceñirse, concretarse: *se circunscribió al tema original de la charla.* **SIN.** 1 y 3 ajustar.

circunscripción. f. División administrativa, militar, electoral, de un territorio. **SIN.** demarcación, distrito, zona.

circunspección. f. Comportamiento prudente o serio y grave.

circunspecto, ta. adj. **1** Que se conduce con circunspección. **2** Serio, grave, respetable. **SIN.** 1 y 2 reservado, prudente.

circunstancia. f. **1** Elemento accidental, situación o condición que rodea y afecta a algo o alguien: *en estas circunstancias, no puedo decidir.* **2** En der., motivo que modifica la responsabilidad o culpa del que ha cometido el delito: *circunstancia atenuante, agravante.* **SIN.** 1 coyuntura.

circunstancial. adj. **1** Casual, que depende de una circunstancia particular: *encuentro circunstancial.* **2** En ling., se dice del complemento verbal que expresa circunstancias de tiempo, lugar, modo, etc. **SIN.** 1 coyuntural □ **ANT.** 1 previsto.

circunstanciar. tr. Determinar las circunstancias de algo.

circunstante. adj. **1** Que está alrededor. **2** Se dice de los que están presentes. También com. **SIN.** 2 concurrente, asistente.

circunvalación. f. **1** Acción de circunvalar. **2 de circunvalación.** loc. adj. Se aplica a la carretera, vía, etc., que rodea una población.

circunvalar. tr. Cercar, rodear.
circunvolar. tr. Volar alrededor.
circunvolución. f. **1** Vuelta o rodeo. **2 cerebral.** Cada uno de los pliegues de la superficie del cerebro.

cirenaico, ca. adj. y s. **1** De Cirene. **2** Se aplica a la escuela filosófica fundada por Arístipo, para quien la felicidad consistía en la paz interior.

cireneo, a. adj. y s. De Cirene.
cirílico, ca. adj. y m. Se apl. al alfabeto usado en ruso y otras lenguas eslavas.

cirio. m. **1** Vela de cera de un pabilo, larga y gruesa. **2** Lío, pelea: *se armó un buen cirio.* **SIN.** 1 velón 2 gresca, follón.

cirro. m. Tumor duro, sin dolor continuo y de naturaleza particular, que se forma en diferentes partes del cuerpo.

cirro. m. **1** Nube blanca y ligera, en forma de filamentos, que se presenta en las regiones superiores de la atmósfera. **2** Zarcillo de algunas plantas para asirse a los tallos de otras.

cirrópodo. adj. y m. **1** Se dice de los crustáceos marinos, hermafroditas, que viven fijos sobre los objetos sumergidos, como el percebe y la bellota de mar. | m. pl. **2** Subclase de estos crustáceos.

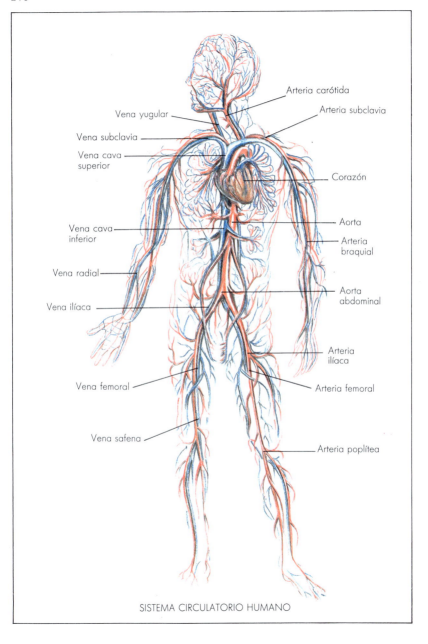

SISTEMA CIRCULATORIO HUMANO

cirrosis. f. Enfermedad del hígado, producida por la progresiva destrucción de sus células. ‖ No varía en pl.

cirroso, sa. adj. Que tiene cirros.

cirrótico, ca. adj. y s. Relacionado con la cirrosis o que la padece.

ciruela. f. Fruto comestible del ciruelo, de carne jugosa, muy variable en forma, color y tamaño, según la variedad del árbol que la produce.

ciruelo. m. Árbol frutal rosáceo cuyo fruto es la ciruela.

cirugía. f. Especialidad y técnica de la medicina cuyo fin es curar las enfermedades mediante operaciones realizadas con instrumentos concebidos científicamente.

cirujano, na. m. y f. Persona especializada en cirugía.

cisalpino, na. adj. Situado entre los Alpes y Roma.

cisandino, na. adj. Del lado de acá de los Andes.

ciscar. tr. **1** Ensuciar alguna cosa. | **ciscarse.** prnl. **2** Cagarse.

cisco. m. **1** Carbón vegetal menudo. **2** Alboroto: *¡vaya cisco que se ha montado!* Sin. 1 carbonilla, picón 2 bronca, gresca.

cisípedo. adj. Que tiene el pie dividido en dedos.

cisma. m. **1** Separación de los miembros de una comunidad con respecto a la doctrina que seguían. **2** Discordia. Sin. 1 herejía, disidencia.

cismático, ca. adj. y s. Que introduce cisma o discordia.

cismontano, na. adj. Situado en la parte de acá de los montes.

cisne. m. Ave palmípeda de plumaje blanco, cabeza pequeña, pico de color anaranjado, y cuello muy largo y flexible.

cistáceo, a. adj. y f. Se dice de las plantas angiospermas dicotiledóneas, con semillas de albumen amiláceo; como la jara.

cisoria. adj. Se dice del arte de trinchar los alimentos.

cisterciense. adj. y m. De la orden benedictina del Cister.

cisterna. f. **1** Depósito para el agua de lluvia o para la retenida en un retrete. **2** Recipiente en un vehículo para transportar líquidos: *camión cisterna*. Sin. 1 aljibe.

cisticerco. m. Larva de la tenia, enquistada en los animales.

cistitis. f. Inflamación de la vejiga que produce escozor y continuas ganas de orinar. ‖ No varía en pl.

cistoscopia. f. Examen del interior de la vejiga de la orina por medio del cistoscopio.

cistoscopio. m. Endoscopio para explorar la vejiga de la orina.

cisura. f. Rotura o abertura muy fina que se hace en cualquier cosa. Sin. grieta, fisura.

cita. f. **1** Día, hora y lugar para encontrarse dos o más personas. **2** Repetición de palabras dichas o escritas por alguien con las que se intenta dar autoridad o justificar lo que se está diciendo: *este libro está lleno de citas en latín.* Sin. 1 convocatoria, citación 2 referencia, alusión.

citar. tr. **1** Convocar señalando día, hora y lugar: *nos citó a las tres en el bar.* **2** Alegar, mencionar autores, textos para probar o justificar lo que se escribe: *ha citado a Cervantes.* **3** En der., notificar mediante llamamiento judicial: *los han citado a declarar.* **4** Incitar al toro para que embista. Sin. 1 emplazar 2 aludir ❑ Ant. 1 desconvocar.

cítara. f. **1** Instrumento musical semejante a la lira, pero con caja de resonancia de madera. **2** Instrumento musical de caja trapezoidal, típico del folclore centroeuropeo.

citación. f. Acción de citar.

citarista. com. Persona que toca la cítara.

citereo, a. adj. poét. Relativo a Venus.

citerior. adj. Situado de la parte de acá.

citodiagnosis. f. Diagnóstico basado en el examen de las células. ‖ No varía en pl.

citología. f. **1** Parte de la biología que estudia la célula. **2** Examen de las células para dar un diagnóstico.

citoplasma. m. Parte de la célula que rodea al núcleo.

citrato. m. Sal formada por la combinación del ácido cítrico con una base.

cítrico, ca. adj. **1** Del limón. | m. pl. **2** Frutas agrias o agridulces, como el limón y la naranja, y plantas que las producen.

citrícola. adj. Relacionado con el cultivo de cítricos.

citricultura. f. Cultivo de cítricos.

Cítricos

citrina. f. Aceite esencial del limón.

ciudad. f. **1** Población grande, y su núcleo urbano. **2** Conjunto de habitantes de estas poblaciones, por oposición a los del campo. **3** Conjunto de edificios o instalaciones destinadas a una determinada actividad: *ciudad universitaria.*

ciudadrealeño, ña. adj. y s. De Ciudad Real.

ciudadanía. f. **1** Cualidad y derecho de ciudadano, y conjunto de los de un pueblo o nación. **2** Civismo: *mantener limpia la calle es un acto de ciudadanía.* SIN. 1 nacionalidad.

ciudadano, na. adj. y s. **1** Natural o vecino de una ciudad. **2** Perteneciente a la ciudad: *impuesto ciudadano.* | m. y f. **3** Persona que habita en un Estado como sujeto de derechos civiles y políticos. SIN. 1 residente 2 urbano 3 súbdito ☐ ANT. 1 forastero 2 rústico, campesino.

ciudadela. f. Fortificación permanente en el interior de una ciudad. SIN. fortaleza.

cívico, ca. adj. **1** Perteneciente a la ciudad o a los ciudadanos. **2** Relacionado con el civismo: *sentido cívico.* SIN. 1 civil, urbano 2 civilizado.

civil. adj. **1** Cívico: *derechos civiles.* **2** Que no es militar o eclesiástico. También s.: *fiesta civil.* **3** En der., relativo a las relaciones privadas entre los ciudadanos. | m. **4** Guardia civil: *llamaron a los civiles.* SIN. 2 paisano.

civilista. adj. **1** Se dice del abogado que preferentemente defiende asuntos civiles. | com. **2** Especialista en derecho civil.

civilización. f. **1** Conjunto de costumbres, cultura o arte de un pueblo: *civilización incaica.* **2** Acción de civilizar o civilizarse.

civilizar. tr. y prnl. **1** Introducir en un pueblo la civilización de otro. **2** Educar a alguien.

civismo. m. **1** Cualidad del ciudadano que cumple con sus obligaciones para con la comunidad. **2** Cortesía, educación.

cizalla. f. **1** Herramienta parecida a unas tijeras grandes para cortar metal. **2** Guillotina para cortar cartones. **3** Recorte o fragmento de metal.

cizallar. tr. Cortar con la cizalla.

cizaña. f. **1** Planta gramínea dañina que crece espontáneamente en los sembrados. **2** Cualquier cosa que hace daño a otra, maleándola o echándola a perder. **3** Discordia o enemistad: *sembrar o meter cizaña.* ANT. 3 concordia.

cizañar o **cizañear.** tr. Sembrar o meter cizaña.

cizañero, ra. adj. y s. Que mete cizaña. SIN. malquistador.

clac. m. Claque.

cladócero. adj. y m. **1** Se dice de los crustáceos de pequeño tamaño, partenogenéticos, como la pulga de agua. | m. pl. **2** Clase de estos animales.

clamar. intr. **1** Quejarse a voces pidiendo algo. || Se construye con las prep. *a* y *por*: *clama al cielo, clama por venganza.* También tr.: *clamar justicia.* **2** Hablando de cosas inanimadas, manifestar tener necesidad de algo: *la tierra clama por agua.*

clámide. f. Capa corta y ligera que usaron los griegos y los romanos.

clamor. m. **1** Grito fuerte. **2** Griterío confuso de una multitud: *el clamor del público se oía desde la entrada.* **3** Grito lastimero de queja o dolor. SIN. 2 vocerío 3 lamento, quejido.

clamorear. tr. Rogar con voces lastimeras para conseguir una cosa. | intr. **2** Doblar, tocar a muerto.

clamoreo. m. **1** Clamor repetido o continuado. **2** Ruego inoportuno y repetido.

clamoroso, sa. adj. Acompañado de clamor: *un éxito clamoroso.* SIN. estruendoso.

clan. m. **1** Especie de sociedad formada por personas con una ascendencia común, en la que tienen gran importancia los lazos familiares y la obediencia a un jefe. **2** desp. Grupo restringido de personas unidas por vínculos o intereses comunes: *los pequeños comerciantes han formado un clan.* SIN. 1 tribu.

clandestinidad. f. Cualidad o condición de clandestino. SIN. ilegalidad ☐ ANT. legalidad.

clandestino, na. adj. **1** Secreto, oculto. **2** Sin los requisitos exigidos por una disposición gubernativa: *venta clandestina.* SIN. 1 encubierto 2 ilegal ☐ ANT. 1 público.

claque. f. **1** Conjunto de personas encargadas de aplaudir una obra teatral a cambio de remuneración o entrada gratuita. **2** Cualquier grupo de personas que siempre alaban las acciones de otra.

claqueta. f. Utensilio compuesto de dos planchas de madera, negras y unidas por una bisagra, en las que se escriben el título de la película y el número de la toma que va a rodarse. Al hacerlas chocar se produce un sonido que indica el comienzo del rodaje.

clara. f. **1** Materia que rodea la yema del huevo. **2** Parte rala en el cabello o en un tejido. **3** Claridad. **4** Bebida compuesta por cerveza y gaseosa.

claraboya. f. Ventana en el techo o en lo alto de las paredes. SIN. tragaluz.

clarear. impers. **1** Empezar a amanecer. También intr.: *clareaba el día.* **2** Irse disipando las nubes. | **clarearse.** prnl. **3** Transparentarse: *la falda se clarea.* ANT. 1 oscurecer 2 cubrirse.

clarete. adj. y m. Vino tinto de color rosáceo. SIN. rosado.

claridad. f. **1** Cualidad de claro: *se expresa con claridad.* **2** Luz, resplandor: *en esta sala hay mucha claridad.* ANT. 1 y 2 oscuridad.

clarificación. f. Acción de clarificar.

clarificar. tr. **1** Aclarar. También prnl.: *ya se ha clarificado el asunto de los bonos.* **2** Poner claro, menos denso: *clarificar un licor.* **Sin.** 1 precisar, explicar 2 rebajar ☐ **Ant.** 1 embrollar 2 espesar.

clarín. m. **1** Instrumento musical de viento, de sonidos más agudos que la trompeta. **2** Registro muy agudo del órgano. | com. **3** Persona que toca el clarín.

clarinete. m. **1** Instrumento musical de viento que posee un tubo de madera con agujeros que se tapan con los dedos o con llaves. | com. **2** Persona que toca este instrumento.

clarión. m. Pasta hecha de yeso, mate y greda, que se usa para dibujar en lienzos imprimados y para escribir en los encerados.

clarisa. adj. y f. Religiosa de Santa Clara.

clarividencia. f. **1** Facultad de comprender y discernir claramente las cosas. **2** Don de prever y percibir cosas que a otros pasan inadvertidas. **Sin.** 1 lucidez, perspicacia 2 intuición.

clarividente. adj. y com. Que posee clarividencia.

claro, ra. adj. **1** Con mucha luz: *una habitación clara.* **2** Evidente, patente: *una clara subida de precios.* **3** Limpio, puro, cristalino, diáfano: *unas elecciones claras.* **4** Inteligible: *una explicación clara.* **5** Sincero, franco: *ha sido muy claro conmigo.* **6** Poco denso, ralo: *una salsa clara.* | m. **7** Espacio del cielo sin nubes: *habrá alternancia de claros y nubes.* **8** Espacio sin árboles en el interior de un bosque. | adv. m. **9** Con claridad: *habla claro.* | interj. **10** Se usa para afirmar o dar por cierto algo: *¿quieres café? ¡Claro!* | **Sin.** 1 luminoso 3 límpido 8 calvero ☐ **Ant.** 1 y 2 oscuro 3 turbio 4 confuso 6 espeso.

claroscuro. m. Contraste de luces y sombras en un cuadro, fotografía, etc.

clase. f. **1** Orden o grupo de personas, animales o cosas de las mismas características: *clase trabajadora.* **2** Categoría: *espárragos de clase superior.* **3** Cada división de estudiantes que asisten a un aula: *está en mi clase.* **4** Aula, lugar en que se enseña: *le han echado de la clase.* **5** Lección impartida por el maestro o el profesor: *da clase de matemáticas.* **6** Grupo taxonómico que comprende varios órdenes: *clase de los ofidios.* **Sin.** 1 tipo, especie 5 asignatura.

clasicismo. m. Tendencia estética basada en la imitación de los modelos de la antigüedad griega o romana, que valoraban la armonía de las proporciones del objeto artístico.

clasicista. adj. y com. Partidario del clasicismo.

clásico, ca. adj. y s. **1** Se dice del autor o de la obra que se tiene por modelo digno de imitación en cualquier manifestación artística: *es un clásico del vanguardismo.* **2** Perteneciente a la literatura o al arte de la antigüedad griega y romana, y a sus imitadores: *sólo lee a los clásicos en latín.* **3** Partidario del clasicismo. **4** Se apl. a la música de tradición culta, por oposición a la ligera o pop.

clasificación. f. Acción de clasificar.

clasificador, ra. adj. y s. **1** Que clasifica. | m. **2** Mueble para clasificar y archivar papeles y documentos. **Sin.** 2 archivador.

clasificar. tr. **1** Ordenar o disponer por clases. | **clasificarse.** prnl. **2** Obtener determinado puesto en una competición: *se clasificó en el tercer puesto.* **3** Conseguir un puesto que permite continuar en una competición o torneo deportivo: *se clasificó para la final.* **Sin.** 1 catalogar.

clasista. adj. y com. Se dice de la persona, ideología, etc., que mantiene las diferencias entre las clases sociales, valorando a las personas según la clase a la que pertenecen y despreciando a los de las más desfavorecidas.

claudia. adj. Se dice de una variedad de ciruela pequeña, de color verde, muy dulce y sabrosa.

claudicación. f. Acción de claudicar.

claudicar. intr. **1** Ceder, transigir, consentir, rendirse: *al fin claudicó ante mis deseos.* **2** Dejar de seguir los propios principios o normas, por flaqueza: *a pesar de todo, no claudicó de su sinceridad.*

claustral. adj. **1** Relativo al claustro. **2** Se dice de cada miembro del claustro de un centro docente. También com. **3** Se dice de ciertas órdenes religiosas y de sus individuos. También s.

claustro. m. **1** Galería que cerca el patio principal de una iglesia o convento. **2** Junta de un centro docente formada por el director y el profesorado. **3** Reunión de esta junta: *hoy tenemos claustro.* **Sin.** 1 atrio.

claustrofobia. f. Sensación patológica de angustia, producida por la permanencia en lugares cerrados.

cláusula. f. **1** Cada una de las disposiciones de un contrato, tratado, etc. **2** Oración gramatical.

clausura. f. **1** Acción de clausurar: *asistimos a la clausura de la fábrica.* **2** Acto solemne con que se termina un congreso, un tribunal, etc.: *la clausura del congreso está prevista para hoy.* **3** En los conventos religiosos, recinto interior donde no pueden entrar seglares, y vida que se hace en él: *monjas de clausura.*

clausurar. tr. **1** Poner fin solemnemente a la actividad de organismos, establecimientos, etc. **2** Cerrar un local por mandato oficial: *han clausurado la discoteca por exceso de ruido.* **3** Cerrar físicamente algo: *clausurar una puerta.* **Ant.** 1 inaugurar.

clavado, da. adj. **1** Muy parecido, casi igual: *es clavado a su abuelo.* **2** Fijo, puntual: *llegué clavado.* **3** Perfecto, muy adecuado: *es un color clavado para la habitación.*

clavar. tr. **1** Introducir un clavo u otra cosa aguda, a fuerza de golpes, en un cuerpo. También prnl. **2**

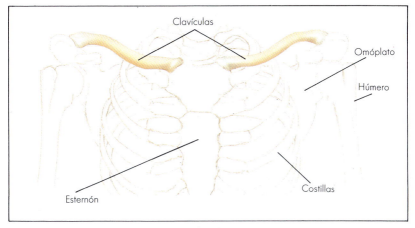
Clavícula

Asegurar con clavos una cosa en otra. **3** Fijar: *clavó sus ojos en los míos*. **4** Cobrar a uno más de lo justo: *nos han clavado en el restaurante*. **Sin.** 4 estafar.

clavazón. f. Conjunto de clavos puestos en alguna cosa, o preparados para ponerlos.

clave. f. **1** Explicación de los signos convenidos para escribir en cifra. **2** Conjunto de estos signos. **3** Noticia o idea por la cual se hace comprensible algo: *esta es la clave del misterio*. **4** En mús., signo al principio del pentagrama para determinar el nombre de las notas. | m. **5** Clavicémbalo: *concierto para clave*. | adj. **6** Básico, fundamental, decisivo: *jornada clave*. **Sin.** 5 clavecín.

clavecín. m. Clavicémbalo.

clavel. m. **1** Planta herbácea perenne con tallos nudosos y delgados, hojas largas y estrechas, y flores con cinco pétalos dentados de diversos colores. **2** Flor de esta planta.

clavellina. f. Planta semejante al clavel común pero más pequeña.

clavero. m. Árbol perenne tropical mirtáceo con copa piramidal y flores con cáliz rojo oscuro. Los capullos secos de sus flores son los clavos de especia.

clavete. m. Púa con que se tañe la bandurria.

clavetear. tr. Reforzar o adornar con clavos.

clavicémbalo. m. Instrumento musical de cuerdas que se golpean con púas accionadas por un teclado. Es el antecesor del piano, junto con la espineta y el clavicordio.

clavicordio. m. Instrumento musical de cuerdas golpeadas por unas láminas de metal al accionarse el teclado.

clavícula. f. Cada uno de los dos huesos situados en la parte superior del pecho, desde el esternón al omóplato.

clavicular. adj. Relativo a la clavícula.

clavija. f. **1** Trozo cilíndrico o ligeramente cónico de madera, metal u otro material que sirve para ensamblar, asegurar, etc.: *la clavija del enchufe, del teléfono*. **2** Cada una de las llaves de madera que se usa en los instrumentos para asegurar y tensar las cuerdas. **Sin.** 1 borne, espiga 2 clavijero.

clavijero. m. **1** Pieza donde van hincadas las clavijas de los instrumentos músicos. **2** Percha. **Sin.** 1 clavija.

clavillo, to. m. **1** Pasador. **2** Clavo, especia.

clavo. m. **1** Pieza metálica, larga y delgada, con cabeza y punta, que sirve para fijarla en alguna parte, o para asegurar una cosa a otra. **2** Especia de olor muy aromático y agradable, y sabor acre y picante, que se obtiene de la flor del clavero. **Sin.** 1 punta.

claxon. m. Bocina de los automóviles.

clemátide. f. Planta medicinal ranunculácea.

clemencia. f. Virtud que modera el rigor de la justicia: *haremos una petición de clemencia al juez*. **Sin.** indulgencia, misericordia □ **Ant.** inclemencia, crueldad.

clemente. adj. Que tiene clemencia.

clementina. adj. y f. Se dice de la mandarina sin pepitas y más dulce que la ordinaria.

clepsidra. f. Reloj de agua.

cleptomanía. f. Propensión patológica al hurto.

cleptómano, na. adj. y s. Se dice de la persona que padece cleptomanía.

clerecía. f. **1** Conjunto de personas eclesiásticas que componen el clero. **2** Ocupación u oficio de los clérigos.

clerical. adj. Relativo al clérigo.

clericalismo. m. **1** Influencia del clero en los asuntos políticos. **2** Marcada sumisión al clero y a sus directrices.

clérigo. m. **1** El que ha recibido las órdenes sagradas. **2** En la Edad Media, hombre de estudios. S<small>IN</small>. 1 eclesiástico ☐ A<small>NT</small>. 1 seglar.

clero. m. Conjunto de los clérigos. S<small>IN</small>. clerecía ☐ A<small>NT</small>. laicado.

clerofobia. f. Odio manifiesto al clero. S<small>IN</small>. anticlericalismo.

clerófobo, ba. adj. y s. Se dice de la persona que manifiesta clerofobia. S<small>IN</small>. anticlerical.

clica. m. Molusco lamelibranquio marino, comestible, abundante en las costas españolas.

cliché. m. **1** Imagen fotográfica negativa. **2** Idea o expresión demasiado repetida o formularia: *su habla está llena de clichés*. **3** Plancha para la impresión. || También se dice *clisé*. S<small>IN</small>. 2 tópico.

cliente, ta. m. y f. **1** Respecto del que ejerce alguna profesión, persona que utiliza sus servicios. **2** Persona que compra en un establecimiento o suele comprar en él. || También se emplea *cliente* para el género femenino. S<small>IN</small>. 2 parroquiano.

clientela. f. Conjunto de clientes.

clima. m. **1** Conjunto de condiciones atmosféricas de una zona geográfica: *clima lluvioso, tropical, húmedo*. **2** Ambiente; conjunto de condiciones que caracterizan una situación o su consecuencia, o de circunstancias que rodean a una persona: *clima intelectual, político*.

climatérico, ca. adj. **1** Relativo al climaterio. **2** Peligroso.

climaterio. m. Conjunto de fenómenos que acompañan al decrecimiento de la función sexual.

climático, ca. adj. Relativo al clima.

climatizador, ra. adj. **1** Que climatiza. | m. **2** Aparato para climatizar.

climatizar. tr. Dar a un recinto las condiciones necesarias para obtener la temperatura, humedad del aire, etc., convenientes a la salud o la comodidad de sus ocupantes.

climatología. f. Ciencia que estudia el clima.

climatológico, ca. adj. **1** Relativo a la climatología. **2** Relativo a las condiciones propias de cada clima.

clímax. m. **1** Gradación retórica ascendente, y su término más alto. **2** Punto más alto de un proceso. **3** Momento culminante de una obra literaria, película, etc.: *las mejores novelas negras tienen varios clímax.* || No varía en pl. A<small>NT</small>. 1-3 anticlímax.

clínica. f. **1** Hospital privado. **2** Enseñanza práctica de la medicina. **3** Departamento de los hospitales destinados a dar esta enseñanza. S<small>IN</small>. 1 sanatorio.

clínico, ca. adj. y s. **1** Relativo a la clínica o a la enseñanza práctica de la medicina. | m. y f. **2** Persona dedicada al ejercicio de la medicina.

clinómetro. m. Instrumento para medir la diferencia de calado existente entre la popa y la proa de un buque.

clip. (voz ingl.) m. **1** Barrita de metal o plástico, doblada sobre sí misma, que sirve para sujetar papeles. **2** Especie de horquilla del pelo. **3** Película o vídeo de corta duración, generalmente de carácter musical. S<small>IN</small>. 1 sujetapapeles.

clíper. m. Buque de vela, fino y ligero.

clisar. tr. Reproducir en planchas de metal la composición de imprenta, o grabados en relieve.

clisé. m. Cliché.

clitómetro. m. Instrumento para medir las pendientes del terreno.

clítoris. m. Órgano carnoso eréctil situado en el ángulo anterior de la vulva del aparato genital femenino. || No varía en pl.

cloaca. f. **1** Conducto para las aguas sucias e inmundicias de las poblaciones. **2** Porción final del intestino de las aves y otros animales en la cual desembocan los conductos genitales y urinarios. **3** Lugar inmundo o repugnante. S<small>IN</small>. 1 alcantarilla 3 pocilga.

clon. m. Conjunto de individuos pluricelulares nacidos de una misma célula o estirpe celular, absolutamente homogéneos desde el punto de vista genético.

cloquear. intr. Emitir su voz la gallina clueca. S<small>IN</small>. clocar.

cloral. m. Líquido producido por la acción del cloro sobre el alcohol.

clorhidrato. m. Sal de ácido clorhídrico. S<small>IN</small>. cloruro.

clorhídrico, ca. adj. Se dice de un ácido compuesto de cloro e hidrógeno.

cloro. m. Elemento químico gaseoso, de color verde amarillento, olor fuerte e irritante, y muy tóxico. Se emplea como blanqueador y como desinfectante. Su símbolo es *Cl*.

clorofíceo, a. adj. y f. **1** Se dice de las algas verdes con clorofila no asociada a otros pigmentos. | f. pl. **2** Clase de estas algas.

clorofila. f. Pigmento verde de los vegetales y de algunas algas y bacterias; es responsable de la fotosíntesis.

cloroformizar. tr. Aplicar el cloroformo para anestesiar.

cloroformo. m. Líquido incoloro, de olor agradable; se emplea en medicina como anestésico.

cloroplasto. m. Cada uno de los corpúsculos de las células verdes de los vegetales que contienen clorofila.

clorosis. f. **1** Enfermedad de las adolescentes, caracterizada por anemia con palidez intensa, trastornos menstruales y otros síntomas nerviosos y digestivos. **2** Destrucción parcial de la clorofila en las hojas de una planta, por lo que se vuelven amarillentas. || No varía en pl.

clorótico, ca. adj. y s. Relativo a la clorosis o que la padece.

cloruro. m. Combinación del cloro con un metal o un radical orgánico. **Sin.** clorhidrato.

clown. (voz ingl.) m. Payaso.

club. m. **1** Asociación creada para la consecución de fines deportivos, culturales, políticos, etc., y local donde se reúne. **2** Bar, generalmente nocturno, donde se bebe o se baila. || pl. *clubs* o *clubes.* **Sin.** 1 círculo.

clueca. adj. y f. Se apl. a las aves cuando se echan sobre los huevos para empollarlos: *gallina clueca.*

cluniacense. adj. **1** Perteneciente al monasterio o congregación de Cluny, seguidores de San Benito: *museo cluniacense de París.* **2** Se apl. a los monjes de esta orden. También com.

co-. Elemento que entra en la composición de diversas palabras con el significado de 'unión', 'cooperación', 'compañía', 'participación': *coautor, codeudor, coproducción.*

coacción. f. **1** Violencia física, psíquica o moral para obligar a una persona a decir o hacer algo contra su voluntad: *actuar bajo coacción.* **2** En der., poder legítimo del derecho para imponer su cumplimiento. **Sin.** 1 intimidación, coerción, presión.

coaccionar. tr. Ejercer coacción.

coacreedor, ra. m. y f. Acreedor con otro.

coactivo, va. adj. Que apremia u obliga.

coadjutor, ra. m. y f. **1** Persona que ayuda o acompaña a otra en ciertas cosas. **2** Sacerdote que ayuda al párroco.

coadjutoría. f. Empleo o cargo de coadjutor.

coadquisición. f. Adquisición en común.

coadyutorio, ria. adj. Que ayuda.

coadyuvar. tr. Contribuir o ayudar a la consecución de alguna cosa. **Sin.** cooperar, colaborar ☐ **Ant.** impedir, estorbar.

coagular. tr. y prnl. Cuajar, solidificar un líquido, como la leche, la sangre, etc. También prnl. **Ant.** licuar.

coágulo. m. Masa o grumo extraído de una sustancia coagulada, en especial de la sangre. **Sin.** grumo, cuajo.

coalescencia. f. Propiedad de las cosas de unirse o fundirse.

coalescente. adj. **1** Que une o funde. **2** Se dice de las cosas que se unen o funden.

coalición. f. Confederación, liga, unión: *los principales partidos de la oposición han formado una coalición.*

coaligar. tr. y prnl. Unir personas o cosas para un fin. **Sin.** asociar, coligar, ☐ **Ant.** desunir, separar.

coana. f. Cada uno de los orificios por los que se comunica el conducto nasal con la porción superior de la faringe.

coartación. f. Acción de coartar. **Sin.** coacción.

coartada. f. **1** Argumento de inculpabilidad de un acusado con el que prueba no haber estado presente en el lugar del delito. **2** Excusa: *me inventaré una coartada para librarme de esa reunión.*

coartar. tr. Limitar, restringir. **Sin.** cohibir, presionar, coaccionar ☐ **Ant.** permitir, incitar.

coautor, ra. m. y f. Autor o autora con otro u otros. **Sin.** cómplice.

coaxial. adj. Se dice de los cables, conducciones, etc., dispuestos longitudinalmente en torno a un eje común.

coba. f. Adulación: *dar coba.*

cobáltico, ca. adj. Relativo al cobalto.

cobalto. m. Elemento químico; es un metal blanco rojizo, duro y tan difícil de fundir como el hierro; mezclado con el oxígeno, forma la base azul de muchas pinturas y esmaltes. Su símbolo es *Co.*

cobarde. adj. **1** Pusilánime, miedoso. También com. **2** Hecho con cobardía: *actitud cobarde.* **Ant.** 1 valiente, atrevido.

cobardía. f. Falta de ánimo y valor. **Sin.** temor ☐ **Ant.** valor, valentía.

cobardón, na. adj. Algo cobarde.

cobaya. amb. Mamífero roedor, parecido al conejo, pero más pequeño, con orejas y patas cortas, que se usa en experimentos de medicina y bacteriología. Se le conoce también como *conejillo de Indias.*

Cobalto

cobertera. f. **1** Tapadera de las ollas. **2** Plumón que recubre el cuerpo de las aves.

cobertizo. m. **1** Tejado saledizo para guarecerse de la lluvia. **2** Sitio cubierto rústicamente para resguardarse de la intemperie.

cobertor. m. Colcha o manta de la cama.

cobertura. f. **1** Cubierta. **2** Garantía en operaciones financieras o mercantiles: *cobertura para un préstamo*. **Sin.** 1 revestimiento 2 aval.

cobija. f. **1** Teja que se pone con la parte cóncava hacia abajo. **2** Cada una de las plumas pequeñas que cubren el arranque de las plumas largas del ave.

cobijar. tr. **1** Cubrir, tapar. También prnl.: *¿dónde nos cobijaremos de esta lluvia?* **2** Albergar. **Sin.** 1 y 2 guarecer.

cobijo. m. **1** Acción de cobijar o cobijarse. **2** Lugar para cobijarse: *no encontramos un cobijo en todo el pueblo*.

cobista. com. Persona aduladora. **Sin.** pelota, adulador.

cobra. f. Serpiente venenosa de las regiones cálidas de África, Asia y Oceanía, que puede llegar a alcanzar hasta 2 m de longitud.

cobradero, ra. adj. Que puede cobrarse.

cobrador, ra. m. y f. Persona que tiene por oficio cobrar, percibir una cantidad.

cobranza. f. Acción de cobrar. **Sin.** recaudación.

cobrar. tr. **1** Percibir una cantidad adeudada: *he cobrado mi primer mes de sueldo*. **2** Recuperar. **3** Tomar o sentir ciertos movimientos de ánimo o afectos: *cobrar afición a las letras; cobrar valor*. **4** Adquirir: *cobrar buena fama*. **5** Recibir golpes. **Ant.** 1 pagar, abonar.

cobre. m. **1** Elemento químico; es un metal rojizo, maleable y dúctil, buen conductor del calor y de la electricidad. Su símbolo es *Cu*. | pl. **2** Conjunto de los instrumentos metálicos de viento de una orquesta.

cobrizo, za. adj. **1** Se dice del mineral que contiene cobre. **2** De color de cobre.

cobro. m. Acción de cobrar: *semana de cobro*. **Sin.** recaudación.

coca. f. **1** Arbusto originario de Perú de cuyas hojas se extrae la cocaína. **2** Hoja de este arbusto. **3** Cocaína.

cocaína. f. Alcaloide extraído de la coca que se usa como anestésico y también como estupefaciente.

cocainómano, na. adj. y s. Adicto a la cocaína.

coccidio. adj. y m. **1** Se dice de los protozoos esporozoos que viven parásitos dentro de las células de muchos animales. | m. pl. **2** Familia de estos protozoos.

cóccido. adj. y m. **1** Se dice de cada uno de los insectos hemípteros, notables por su dimorfismo sexual. | m. pl. **2** Familia de estos insectos.

coccígeo, a. adj. Relativo al cóccix.

coccinela. f. Mariquita.

coccinélido, da. adj. y m. **1** Se dice de los insectos coleópteros trímeros, como la mariquita, útiles a la agricultura. | m. pl. **2** Familia de estos insectos.

cocción. f. Acción de cocer.

cóccix. m. Coxis.

cocear. intr. Dar coces los animales cuadrúpedos.

cocer. tr. **1** Hacer que un alimento crudo llegue a estar en disposición de poderse comer, introduciéndolo en un líquido y dejándolo hervir. **2** Someter a la acción del calor del horno pan, cerámica, piedra caliza, etc. | intr. **3** Hervir un líquido: *ya cuece el agua*. | **cocerse.** prnl. **4** Prepararse alguna cosa sin que se manifieste al exterior: *algo se está cociendo en el ambiente*. **5** Sentir mucho calor. ‖ **Irreg.** Se conj. como *mover*.

cochambre. f. Suciedad, cosa grasienta y de mal olor: *no se puede vivir en esta cochambre*. **Sin.** mugre.

cochambroso, sa. adj. y s. Lleno de cochambre.

coche. m. **1** Automóvil. **2** Vagón del tren o del metro. **3** Carruaje de cuatro ruedas, de tracción animal, para dos o más viajeros. **4 coche cama.** Vagón de ferrocarril cuyos asientos y respaldos pueden convertirse en camas o literas. **Sin.** 1 auto, turismo.

cochera. f. Lugar donde se encierran los coches.

cochero. m. Persona que tiene por oficio guiar coches de caballos.

cochifrito. m. Guisado de cabrito o cordero.

cochinada. f. **1** Porquería, suciedad. **2** Acción malintencionada.

cochinería. f. Cochinada.

cochinilla. f. **1** Crustáceo terrestre, propio de parajes húmedos, de uno a dos cm. de largo; cuando se le toca, se hace una bola. **2** Insecto hemíptero, originario de México, del tamaño de una chinche; se emplea para dar color rojo a la seda, lana y otras cosas.

cochinillo. m. Cerdo de leche. **Sin.** lechón.

cochino, na. m. y f. **1** Cerdo, animal. **2** Persona muy sucia. También adj. **3** Persona malintencionada.

cochiquera. f. Pocilga.

cochura. f. **1** Cocción. **2** Masa de pan que se ha amasado para cocer: *en esta panadería hacen cada día cuatro cochuras*.

cocido. m. Guiso de carne, tocino, hortalizas y garbanzos, muy común en España y con variantes según las regiones.

cociente. m. Resultado que se obtiene dividiendo una cantidad por otra.

cocimiento. m. **1** Cocción. **2** Líquido cocido con hierbas u otras sustancias medicinales.

cocina. f. **1** Sitio de la casa en donde se prepara la comida. **2** Aparato para cocinar, que funciona con

Cocodrilos

gas, electricidad, etc. **3** Arte o manera especial de preparar los alimentos cada país o región: *cocina francesa, catalana*. Sɪɴ. 3 gastronomía.

cocinar. tr. e intr. **1** Preparar los alimentos para poderlos comer. **2** Entremeterse en asuntos ajenos. Sɪɴ. 1 guisar 2 tramar, maquinar.

cocinero, ra. m. y f. Persona que tiene por oficio cocinar los alimentos.

cocinilla. f. **1** Hornillo portátil. | m. **2** Hombre muy aficionado a cosas del hogar, especialmente a la cocina.

coclearia. f. Hierba medicinal crucífera.

coco. m. **1** Bacteria esférica que puede presentarse aislada o formando grupos. **2** Gorgojo.

coco. m. Fantasma con el que se mete miedo a los niños.

coco. m. **1** Fruto del cocotero, cubierto de una doble corteza, la primera fibrosa y la segunda muy dura; por dentro y adherida a ésta, tiene una pulpa blanca y sabrosa, y en la cavidad central, un líquido dulce llamado *agua de coco*. **2** Cabeza humana, mente: *me duele el coco*.

cococha. f. Protuberancia carnosa de la cabeza de la merluza y del bacalao.

cocodrilo. m. Reptil de 4 a 5 m de largo, anfibio, cubierto de escamas durísimas en forma de escudo, que vive en los ríos de regiones intertropicales y es temible por su voracidad.

cocorota. f. **1** Cabeza humana. **2** Parte más elevada de algo. Sɪɴ. 1 coco, tarro.

cocotal. m. Sitio de cocoteros.

cocotero. m. Árbol de la familia de las palmas tropicales, de 20 a 25 m de altura, con hojas grandes en forma de penacho y flores en racimos; su fruto es el coco.

cóctel. m. **1** Bebida compuesta de una mezcla de licores a los que se añaden otros ingredientes. **2** Fiesta o recepción en que se sirven bebidas, aperitivos, etc.: *anoche estuve en un cóctel*. Sɪɴ. 1 combinado.

coctelera. f. Recipiente donde se mezclan los ingredientes del cóctel.

cocuyo. m. *amer*. Insecto coleóptero de la América tropical, parecido a la luciérnaga, que despide de noche una luz azulada.

coda. f. Adición al período final de una composición musical.

coda. f. Prisma de madera que se encola en el ángulo entrante formado por dos tablas.

codal. adj. **1** Que consta de un codo. **2** Que tiene forma de codo. | m. **3** Pieza de la armadura antigua, que cubría y defendía el codo.

codaste. m. Madero grueso ensamblado en la quilla que sirve de base a la armazón de popa.

codazo. m. Golpe dado con el codo.

codear. intr. **1** Mover los codos o dar golpes con ellos. | **codearse.** prnl. **2** Tratarse de igual a igual una persona con otra: *te codeas con los ricos.* **Sin.** 1 empujar 2 alternar.

codeína. f. Alcaloide que se extrae del opio y que se usa como calmante, sobre todo de la tos.

codeo. m. Acción de codear.

codera. f. Remiendo, refuerzo o adorno que se pone en los codos de algunas prendas.

codeso. m. Mata papilionácea, ramosa, con flores compuestas.

códice. m. Manuscrito antiguo de importancia artística, literaria o histórica.

codicia. f. Deseo intenso de riqueza u otras cosas. **Sin.** ambición, avidez, ansia ☐ **Ant.** desinterés.

codiciar. tr. Desear con ansia.

codicilo. m. Documento o cláusula adicional que revoca, modifica o aclara lo dispuesto en un testamento.

codicioso, sa. adj. Que tiene codicia. También s. **Sin.** ambicioso, ansioso, avaricioso.

codificar. tr. **1** Transformar mediante las reglas de un código la formulación de un mensaje. **2** En inform., traducir la información al lenguaje del ordenador. **Sin.** 1 cifrar ☐ **Ant.** 2 descodificar, descifrar.

código. m. **1** Recopilación de leyes de un país: *código penal, civil.* **2** Conjunto de leyes sobre una materia determinada: *código de circulación.* **3** Sistema de signos y de reglas que permite formular y comprender un mensaje.

codillo. m. **1** En los animales cuadrúpedos, coyuntura del brazo próxima al pecho. **2** Parte comprendida desde esta coyuntura hasta la rodilla. **3** Trozo de tubo doblado en ángulo.

codo. m. **1** Parte exterior de la articulación del brazo con el antebrazo. **2** Codillo de los cuadrúpedos. **3** Trozo de tubo, doblado en ángulo o en arco.

codorniz. f. Ave gallinácea de pequeño tamaño, con alas puntiagudas, y el lomo y las alas de color pardo con rayas más oscuras.

coeficiencia. f. Acción de dos o más causas para producir un efecto.

coeficiente. m. **1** Número o factor que, escrito inmediatamente antes de una cantidad, hace oficio de multiplicador. **2** Grado o intensidad de una propiedad o característica, generalmente en forma de cociente: *coeficiente intelectual.*

coercer. tr. Reprimir, refrenar.

coerción. f. Acción de coercer.

coercitivo, va. adj. Que coerce. **Sin.** coactivo, represivo, restrictivo.

coetáneo, a. adj. y s. **1** De la misma edad. **2** Contemporáneo: *dos novelistas coetáneos.*

coexistencia. f. Existencia simultánea.

coexistir. intr. Existir una persona o cosa a la vez que otra: *coexistieron ambas tendencias durante varias décadas.*

coextenderse. prnl. Extenderse a la vez que otro.

cofa. f. Meseta en lo alto de los palos de un barco a modo de puesto de observación.

cofia. f. **1** Gorro de mujer, que forma parte del uniforme de algunas profesiones: *cofia de enfermera.* **2** Cubierta membranosa que envuelve algunas semillas.

cofín. m. Cesto o canasto.

cofrade. m. Persona que pertenece a una cofradía.

cofradía. f. **1** Congregación o hermandad de devotos: *cofradía de la Macarena.* **2** Gremio o asociación: *cofradía de agricultores.* **Sin.** 1 hermandad.

cofre. m. Caja para guardar objetos de valor. **Sin.** arcón, baúl.

cogedor. m. Especie de cajón abierto por delante y con mango para recoger la basura. **Sin.** recogedor.

coger. tr. **1** Agarrar, asir, tomar: *coger un niño de la mano.* También prnl: *cogerse un pellizco.* **2** Recoger: *coger la uva.* **3** Comprender, captar: *no he cogido el chiste.* **4** Atrapar, apresar: *coger al delincuente.* **5** Ocupar un sitio: *la cama coge toda la habitación.* **6** Hallar, encontrar: *me cogió de buen humor.* **7** Alcanzar: *no puedo cogerlo, está muy alto para mí.* **8** Atropellar: *ser cogido por un coche.* **9** Contraer una enfermedad: *coger una pulmonía.* **10** Enganchar el toro a alguien. | intr. **11** Hallarse, estar situado: *eso coge a la salida del pueblo.* **Sin.** 3, 4, 6 y 8-11 pillar 8 arrollar 9 enfermar 10 empitonar ☐ **Ant.** 1, 2 y 4 soltar.

cogestión. f. Participación del personal en la administración o gestión de una empresa.

cogida. f. Acción de coger el toro a uno.

cogitabundo, da. adj. Muy pensativo. **Sin.** meditabundo.

cognación. f. Parentesco de consanguinidad por línea femenina.

cognitivo, va. adj. Relativo al conocimiento.

cognomen. m. Apellido, nombre de familia.

cognición. f. Conocimiento, acción de conocer.

cognoscitivo, va. adj. Que es capaz de conocer.

cogollo. m. **1** Parte interior de algunas hortalizas. **2** Brote que arrojan los árboles y otras plantas. **3** Lo escogido, lo mejor. **Sin.** 2 yema 3 elite, crema.

cogorza. f. Borrachera.

cogotazo. m. Golpe dado en el cogote.

cogote. m. Parte superior y posterior del cuello. **Sin.** nuca, cerviz.

cogotera. f. Trozo de tela que, sujeto a una gorra, sirve para resguardar la nuca.

cogujada. f. Pájaro parecido a la alondra, de la que se distingue por tener en la cabeza un largo moño puntiagudo.

cogulla. f. Hábito o ropa exterior que visten varios religiosos monacales.

cohabitar. tr. Habitar una persona con otra u otras.

cohechar. tr. Sobornar a un funcionario público.

cohecho. m. Soborno.

coheredar. tr. Heredar con otro u otros.

coheredero, ra. m. y f. Heredero con otro u otros.

coherencia. f. Conexión, enlace lógico de una cosa con otra: *no existe coherencia entre lo que dices y lo que haces*. **Ant.** incoherencia, incongruencia.

coherente. adj. Que tiene coherencia.

cohesión. f. **1** Acción de adherirse las cosas entre sí. **2** Unión. **3** Unión de dos cosas. **4** Unión íntima entre las moléculas de una sustancia. **5** Fuerza de atracción que las mantiene unidas. **Sin.** 1 adherencia ❏ **Ant.** 1 y 2 disgregación, desunión.

cohesivo, va. adj. Que produce cohesión.

cohete. m. **1** Artificio de pólvora que se eleva por combustión y estalla en el aire. **2** Vehículo que se mueve en el espacio por propulsión a chorro, y que se emplea con fines militares o científicos: *cohete espacial*.

cohetería. f. **1** Lugar donde se hacen cohetes y tienda donde se venden. **2** Conjunto de cohetes que se disparan juntos.

cohibición. f. Acción de cohibir.

cohibir. tr. Refrenar, reprimir, contener: *me cohíbe expresarme frente al grupo*. También prnl. **Ant.** permitir, estimular.

cohobar. tr. Destilar repetidas veces.

cohombro. m. **1** Planta hortense, variedad de pepino. **2** Fruto de esta planta.

cohorte. f. **1** Antigua unidad del ejército romano formada por varias centurias. **2** Conjunto, serie: *cohorte de calamidades*.

coima. f. **1** Concubina. **2** *amer.* Cohecho, gratificación con que se soborna a un funcionario.

coincidencia. f. **1** Acción de coincidir. **2** Casualidad.

coincidir. intr. **1** Estar de acuerdo: *todos coincidimos en la misma opinión*. **2** Ocurrir dos o más cosas a un mismo tiempo: *tu viaje coincide con mi fiesta de cumpleaños*. **3** Concurrir simultáneamente dos personas en el mismo lugar. **4** Ajustarse una cosa con otra: *el tamaño de las cajas coincide*. **Ant.** 1 discrepar.

coito. m. Cópula sexual en los animales superiores, y especialmente la del hombre y la mujer.

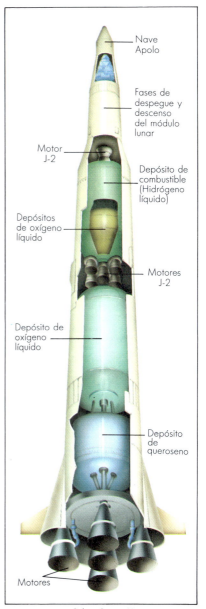

Cohete Saturno V

cojear. intr. **1** Andar desigualmente por no poder asentar con regularidad ambos pies. **2** Moverse un mueble por no descansar bien sus patas en el suelo: *esta mesa cojea.* **3** Adolecer de algún vicio o defecto. **Sin.** 1 renquear.

cojera. f. Accidente o enfermedad que impide andar con regularidad.

cojín. m. Almohadón.

cojinete. m. **1** Almohadilla. **2** Pieza de hierro con que se sujetan los carriles a las traviesas del ferrocarril. **3** Pieza en que se apoya un eje.

cojitranco, ca. adj. y s. desp. Cojo.

cojo, ja. adj. y s. **1** Persona o animal que cojea o que le falta un pie o una pierna. **2** Se dice también de algunas cosas inanimadas; como algunos muebles cuando se balancean a un lado y a otro: *esta silla está coja.* **Sin.** 1 renco, cojitranco.

cojón. m. **1** vulg. Testículo. **2** interj. Expresa disgusto, enfado, sorpresa, etc. Más en pl.

cojonudo, da. adj. vulg. Magnífico, estupendo.

cojudo, da. adj. Animal no castrado.

col. f. Planta de huerta, con hojas muy anchas y de pencas gruesas. Se cultivan muchas variedades, todas comestibles.

cola. f. **1** Extremidad posterior de la columna vertebral de algunos animales. **2** Extremo posterior de cualquier cosa: *la cola de un vestido de novia.* **3** Hilera de personas que esperan turno: *había mucha cola para el autobús.* **4 tener,** o **traer, cola** una cosa. fr. Tener, o traer consecuencias graves. **Sin.** 1 rabo 3 fila.

cola. f. Pasta para pegar. **Sin.** pegamento, goma.

colaboracionismo. m. Ayuda que se presta a un régimen político considerado por la mayoría como opresor, especialmente si es un régimen de ocupación.

colaborador, ra. m. y f. **1** Que colabora. **2** Persona que escribe en un periódico o contribuye en la edición de un libro, sin pertenecer a la plantilla de redactores.

colaborar. intr. **1** Trabajar con otra u otras personas para lograr algún fin. **2** Escribir en un periódico o contribuir en la edición de un libro, sin pertenecer a la plantilla.

colación. f. **1** Acto de conferir un beneficio eclesiástico o un grado de universidad. **2** Alimento ligero en días de ayuno. **3** Cotejo. **Sin.** 2 piscolabis, tentempié.

colada. f. **1** Acción de colar. **2** Lavado periódico de la ropa: *hacer la colada.* **3** Ropa lavada. **4** Paso estrecho entre montañas, difícil de cruzar.

coladero. m. **1** Colador. **2** Camino o paso estrecho. **3** En lenguaje estudiantil, centro docente en que se aprueba fácilmente.

colador. m. Utensilio para colar un líquido.

coladura. f. **1** Acción de colar líquidos. **2** Equivocación, error.

colágeno. m. Sustancia albuminoidea que existe en el tejido conjuntivo, en los cartílagos y en los huesos, y que se transforma en gelatina por efecto de la cocción.

colapsar. tr. **1** Producir colapso. | intr. y prnl. **2** Sufrirlo. **3** Decrecer intensamente una actividad.

colapso. m. **1** Estado de postración extrema, con insuficiencia circulatoria. **2** Paralización del tráfico o de otras actividades. **3** Destrucción, ruina de una institución, sistema, estructura, etc.: *colapso económico.*

colar. tr. **1** Pasar un líquido por cedazo o colador. **2** Blanquear la ropa después de lavada. | intr. **3** Intentar dar apariencia de verdad a lo que es un engaño: *lo dijo a ver si colaba.* | **colarse.** prnl. **4** Introducirse a escondidas: *colarse en un concierto.* **5** Saltarse el turno: *colarse en una fila.* **6** Equivocarse. **7** Estar muy enamorado: *está colado por Pilar.* || **Irreg.** Se conj. como *contar.* **Sin.** 1 filtrar 7 chiflarse.

colateral. adj. y com. **1** Que está a ambos lados de algo. **2** Se dice del pariente que no lo es por línea directa.

colcha. f. Cobertura de cama.

colchón. m. Saco rectangular, relleno de algún material blando y cosido por todos lados, que sirve para dormir sobre él.

colchonería. f. Tienda en que se hacen o venden colchones, almohadas, cojines y otros objetos semejantes.

colchonero, ra. m. y f. Persona que hace o vende colchones.

colchoneta. f. Colchón más estrecho que los ordinarios.

cole. m. apóc. de *colegio.*

colear. intr. **1** Mover con frecuencia la cola. **2** No haberse concluido todavía un negocio, o no ser aún conocidas todas sus consecuencias: *colear un asunto.*

colección. f. Conjunto de cosas, generalmente de una misma clase: *una colección de postales antiguas.*

coleccionar. tr. Formar una colección: *coleccionar sellos.*

coleccionismo. m. Afición a coleccionar objetos y técnica para ordenarlos.

coleccionista. com. Persona que colecciona.

colecistitis. f. Inflamación de la vesícula biliar. || No varía en pl.

colecta. f. Recaudación de donativos hechos con un mismo fin. **Sin.** cuestación.

colectividad. f. Conjunto de individuos que forman un grupo. **Sin.** comunidad, sociedad.

colectivismo. m. Sistema que propugna la transferencia de los medios de producción al conjunto social.

colectivista. adj. y com. Relativo al colectivismo o partidario de él.

colectivizar. tr. Convertir lo individual en colectivo: *colectivizar una empresa.*

colectivo, va. adj. **1** Relativo a cualquier agrupación de individuos: *transporte colectivo.* | m. **2** Grupo de personas con intereses comunes: *el colectivo de trabajadores.* **3** *amer.* Autobús. **Sin.** 1 común, comunitario 2 conjunto □ **Ant.** 1 individual.

colector, ra. adj. **1** Que recoge; que recauda. También s. | m. **2** Conducto en el que vierten las alcantarillas sus aguas.

colédoco. adj. y m. Conducto bilioso que desemboca en el duodeno.

colega. com. **1** Persona que tiene la misma profesión o actividad que otra. **2** Amigo, compañero.

colegatario. m. Aquel a quien se le ha legado una cosa juntamente con otro.

colegiación. f. Acción de colegiarse.

colegiado, da. adj. **1** Se dice del individuo que pertenece a una corporación que forma colegio. **2** Se aplica al cuerpo constituido en colegio: *el profesorado colegiado de Madrid.* También s. | m. y f. **3** Árbitro de un juego o deporte que es miembro de un colegio oficialmente reconocido.

colegial. adj. Relativo al colegio.

colegial, la. m. y f. Estudiante que asiste a un colegio. **Sin.** alumno, escolar.

colegiarse. prnl. **1** Reunirse en colegio los individuos de una misma profesión: *los pedagogos han decidido colegiarse.* **2** Inscribirse alguien en un colegio profesional.

colegiata. f. Iglesia que no siendo sede episcopal tiene un cabildo.

colegiatura. f. Beca o plaza de colegial.

colegio. m. **1** Establecimiento de enseñanza. **2** Agrupación formada por los individuos de una misma profesión: *colegio de médicos.* **3 colegio electoral.** Grupo de electores de un mismo distrito, y lugar donde votan. **4 colegio mayor.** Residencia de estudiantes universitarios sometidos a cierto régimen. **Sin.** 1 escuela 2 corporación.

colegir. tr. **1** Juntar. **2** Inferir, deducir: *colegir algo por sus antecedentes.* || **Irreg.** Se conj. como *pedir.*

colegislador, ra. adj. Cuerpo que concurre con otro para la formación de las leyes.

colemia. f. Presencia de bilis en la sangre.

coleóptero. adj. y m. **1** Se dice de los insectos masticadores con dos alas duras llamadas élitros que cubren a su vez dos alas membranosas, como el escarabajo y el gorgojo. | m. pl. **2** Orden de estos insectos.

cólera. f. **1** Ira, enojo. | m. **2** Enfermedad epidé-

Coleópteros

mica aguda caracterizada por vómitos repetidos y abundantes deposiciones. **Ant.** 1 calma, paciencia.

colérico, ca. adj. **1** Relativo al cólera o a la cólera. **2** Que fácilmente se deja llevar de la cólera, ira. **Sin.** 2 iracundo, furioso.

colesterol. m. Sustancia grasa que se produce generalmente en el hígado y los intestinos y se ingiere con los alimentos; su acumulación puede causar enfermedades como la arteriosclerosis.

coleta. f. Cabello recogido con una cinta, goma, etc., en forma de cola.

coletazo. m. **1** Golpe dado con la cola. **2** Última manifestación de una actividad próxima a extinguirse. Más en pl: *los coletazos de una tendencia artística.*

coletilla. f. **1** Adición breve a lo escrito o hablado. **2** Repetición, durante una conversación, de una misma expresión o palabra. **Sin.** 1 apostilla 2 muletilla.

coleto. m. **1** Cuerpo humano. **2** Interior de una persona: *decir alguien algo para su coleto.*

colgado, da. adj. **1** Se dice de la persona burlada o frustrada en sus esperanzas: *se estropeó el coche y nos dejó colgados.* **2** Que depende totalmente de algo: *estar colgado de la droga.*

colgador. m. Utensilio que sirve para colgar ropa u otros objetos.

colgadura. f. Tela con que se cubre y adorna una pared, un balcón, etc., con motivo de alguna celebración. Más en pl.

colgajo. m. **1** Cualquier cosa que cuelga, especialmente trapos. **2** Frutas que se cuelgan para conservarlas. **Sin.** 1 andrajo, pingajo 2 ristra.

colgante. adj. **1** Que cuelga: *puente colgante.* | m. **2** Joya que pende o cuelga.

colgar. tr. **1** Poner una cosa suspendida de otra, sin que llegue a tocar el suelo: *colgar la ropa.* **2**

Ahorcar. **3** Imputar, achacar: *querían colgarle el robo.* **4** Interrumpir o dar por terminada una comunicación telefónica. | intr. **5** Depender de la voluntad o dictamen de otro. | **colgarse.** prnl. **6** Ser dependiente de las drogas y, p. ext., de cualquier otra cosa. || **Irreg.** Se conj. como *contar*. Sin. 1 pender □ Ant. 1 y 4 descolgar.

colibrí. m. Pájaro americano, insectívoro, de tamaño muy pequeño y pico largo y débil; se alimenta del néctar de las flores, y se le conoce también como *pájaro mosca.*

cólico. m. Trastorno orgánico doloroso, localizado generalmente en los intestinos, caracterizado por violentos retortijones, sudores y vómitos.

coliflor. f. Variedad de col comestible, con pedúnculos convertidos en una masa carnosa granulosa de color blanco.

coligación. f. **1** Acción de coligarse. **2** Enlace de unas cosas con otras.

coligado, da. adj. y s. Unido o confederado con otro u otros.

coligarse. prnl. y tr. Unirse unos con otros para algún fin. || Se construye con la prep. *con: coligarse un partido con otro.* Sin. aliarse.

colilla. f. Resto del cigarro que se tira.

colimar. tr. Obtener un haz de rayos paralelos a partir de un foco luminoso.

colimbo. m. Ave palmípeda que vive en las costas de países fríos.

colín. m. Barrita de pan larga y del grueso de un dedo.

colina. f. Elevación natural de terreno, menor que una montaña. Sin. collado, cerro, altozano.

colindancia. f. Hablando de terrenos, condición de colindante. Sin. contigüidad.

colindante. adj. Se dice de los campos o edificios contiguos entre sí.

colindar. intr. Estar contiguas entre sí dos o más fincas. Sin. lindar □ Ant. distar.

colirio. m. Medicamento de uso externo que se emplea en las enfermedades de los ojos.

coliseo. m. Sala de teatro o cine.

colisión. f. **1** Choque de dos cuerpos: *una colisión de coches.* **2** Oposición: *colisión de sentimientos.*

colitigante. com. Persona que litiga con otra.

colitis. f. Inflamación del colon. || No varía en pl.

collado. m. **1** Depresión suave por donde se puede pasar fácilmente de un lado a otro de una sierra. **2** Colina. Sin. 1 puerto, paso.

collage. (voz fr.) m. **1** Técnica pictórica que consiste en encolar sobre lienzo o tabla materiales diversos. **2** Obra pictórica ejecutada mediante este procedimiento.

collar. m. **1** Adorno que rodea el cuello: *un collar de perlas.* **2** Aro, por lo común de cuero, que se ciñe al cuello de los animales domésticos para adorno, sujeción o defensa.

collarín. m. Aparato ortopédico en forma de collar que se emplea para inmovilizar las vértebras cervicales.

collarino. m. Moldura dispuesta entre el fuste y el capitel de una columna.

colleja. f. Hierba que en algunas partes se come como verdura.

collera. f. Collar de cuero o lona, relleno de borra o paja, que se pone al cuello a las caballerías.

colmado, da. adj. **1** Lleno: *un vaso de agua colmado.* | m. **2** Tienda de comestibles. **3** Establecimiento o chiringuito donde se sirve comida. Sin. 2 ultramarinos 3 figón.

colmar. tr. **1** Llenar una medida de modo que lo que se echa en ella levante más que los bordes. **2** Dar con abundancia: *colmar de atenciones.* Sin. 1 abarrotar □ Ant. 1 vaciar.

colmena. f. **1** Lugar o recipiente donde se alojan las abejas y fabrican los panales de miel. **2** Conjunto de abejas alojadas en él.

colmenilla. f. Hongo comestible de color amarillento oscuro.

colmillo. m. **1** Diente agudo y fuerte, colocado entre el más lateral de los incisivos y la primera muela. **2** Cada uno de los dos dientes en forma de cuerno que tienen los elefantes. Sin. 1 canino.

colmo. m. **1** Grado máximo al que puede llegar una cosa. **2** Porción de alguna cosa que desborda el recipiente que la contiene. **3 ser** una cosa **el colmo.** fr. Ser desmesurada o intolerable. Sin. 1 súmmun, culminación 2 copete.

colocación. f. **1** Empleo o destino. **2** Acción de colocar. Sin. 1 cargo, puesto 2 posición.

colocar. tr. y prnl. **1** Poner a una persona o cosa en su debido lugar: *colocar la ropa en el armario.* **2** Poner a uno en un empleo: *intentaré colocar a tu amiga en la empresa de mi padre.* También prnl. | **colocarse.** prnl. **3** Ponerse eufórico por efecto de las drogas o bebidas alcohólicas. Sin. 1 instalar, acomodar 2 emplear □ Ant. 1 descolocar 2 despedir.

colodión. m. Nitrocelulosa disuelta en una mezcla a partes iguales de alcohol y éter.

colodrillo. m. Parte posterior de la cabeza.

colofón. m. **1** Anotación al final de los libros, que indica el nombre del impresor y el lugar y fecha de la impresión. **2** Frase, actitud, que pone término a un asunto, obra, situación, etc.

colofonia. f. Resina sólida, residuo de la destilación de la trementina.

colofonita. f. Granate de color verde claro.

coloidal. adj. Relativo a los coloides.

coloide. adj. y m. Se dice del cuerpo que al disgregarse en un líquido aparece como disuelto por la extremada pequeñez de las partículas en que se divide.

colombianismo. m. Vocablo, giro o modo de hablar propio del español de Colombia.

colombiano, na. adj. y s. De Colombia.

colombicultura. f. Técnica de fomentar la reproducción de palomas y criarlas.

colombino, na. adj. Relativo a Cristóbal Colón: *biblioteca colombina*.

colombofilia. f. Técnica de la cría de palomas, en especial mensajeras.

colon. m. Parte del intestino grueso entre el ciego y el recto.

colón. m. Unidad monetaria de Costa Rica y El Salvador.

colonato. m. Sistema de explotación de las tierras por medio de colonos.

colonia. f. **1** Territorio dominado y administrado por una potencia extranjera. **2** Conjunto de los naturales de un país, región o provincia que habitan en otro territorio: *la colonia alemana en Venezuela*. **3** Territorio en el que se establecen. **4** Grupo de animales de una misma especie que conviven en un territorio limitado: *colonia de garzas*.

colonia. f. Agua perfumada.

colonial. adj. **1** Relativo a la colonia. **2** Ultramarino.

colonialismo. m. **1** Acciones mediante las que un país o metrópoli mantiene bajo su dominio político a otro país o territorio fuera de sus fronteras. **2** Teoría que defiende estas acciones.

colonialista. adj. Partidario del colonialismo.

colonización. f. Acción de colonizar.

colonizar. tr. **1** Establecer colonias. **2** Convertir un territorio o país en colonia de otro: *los franceses colonizaron la isla de Martinica*. **3** Transmitir un país su cultura a la colonia.

colono. m. **1** Persona que habita en una colonia. **2** Labrador que cultiva las tierras de otro por arrendamiento. **Sin.** 2 aparcero.

coloquial. adj. Se dice de las voces, frases, lenguaje, etc., propios de la conversación cotidiana.

coloquíntida. f. **1** Planta cucurbitácea, cuyo fruto se emplea en medicina como purgante. **2** Fruto de esta planta.

coloquio. m. **1** Conversación, diálogo entre dos o más personas. **2** Reunión en que se convoca a un número limitado de personas para que debatan un tema elegido previamente: *me han invitado a participar en un coloquio sobre alcoholismo juvenil*. **3** Género de composición literaria en forma de diálogo.

color. m. **1** Impresión que los rayos de luz reflejados por un cuerpo producen en la retina del ojo. **2** Sustancia preparada para pintar. **3** Colorido: *me impresiona el color de estos cuadros*. **4** Carácter peculiar de algunas cosas: *una descripción llena de color*. **5** Matiz de opinión o fracción política: *Gobierno de un solo color*. **6 sacarle** a uno **los colores.** fr. Sonrojarle, avergonzarle.

coloración. f. **1** Color o combinación de colores. **2** Tonalidad de colores de una cosa. **Sin.** 1 colorido 2 tono.

colorado, da. adj. Que tiene color más o menos rojo: *tienes las mejillas coloradas*.

colorante. adj. **1** Que da color. | m. **2** Sustancia natural o artificial que se emplea para teñir.

colorear o **colorar.** tr. **1** Dar color, teñir de color. | intr. **2** Tomar algunos frutos el color encarnado de su madurez: *ya colorean las cerezas*.

colorete. m. Cosmético para dar color a las mejillas.

colorido. m. **1** Disposición e intensidad de los diversos colores de una pintura. **2** Carácter peculiar de algo: *el intenso colorido de las zonas tropicales*. **3** Animación: *un festival lleno de colorido*.

colorimetría. f. Procedimiento de análisis químico fundado en la intensidad del color de las disoluciones.

colorín. m. **1** Color vivo y sobresaliente. Más en pl: *este cuadro tiene muchos colorines*. **2** Jilguero.

colorismo. m. **1** En pint., tendencia a dar preferencia al color sobre el dibujo. **2** En lit., propensión a recargar el estilo con abundantes adjetivos.

colorista. adj. y com. **1** Que usa bien el color. **2** Se dice del escritor que emplea con frecuencia medios de expresión para dar relieve a su lenguaje y estilo.

colosal. adj. **1** De gran tamaño; gigantesco: *una escultura colosal*. **2** Extraordinario, magnífico.

coloso. m. **1** Estatua que excede mucho al tamaño natural. **2** Persona o cosa que por sus cualidades sobresale muchísimo.

colquicáceo, a. adj. y f. Se dice de hierbas liliáceas, perennes, como el cólquico.

cólquico. m. Hierba liliácea, cuya raíz se emplea en medicina contra el reuma.

colúbrido. m. Individuo de la familia de reptiles ofidios, de que es tipo la culebra común.

columbario. m. Conjunto de nichos, donde los antiguos romanos colocaban las urnas cinerarias.

columbeta. f. Voltereta.

columbino, na. adj. Perteneciente o semejante a la paloma.

columbrar. tr. **1** Divisar, ver desde lejos una cosa, sin distinguirla bien. **2** Conjeturar por indicios una cosa: *empecé a columbrar la solución*. **Sin.** 1 y 2 entrever, vislumbrar.

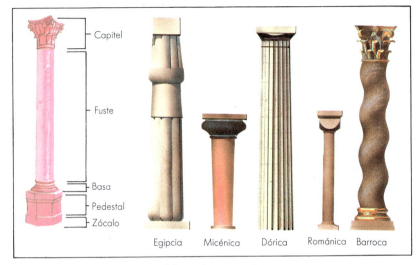

Columna: elementos y estilos

columbrete. m. Elevación de tierra de poca altura en medio del mar.

columna. f. **1** Apoyo generalmente cilíndrico, compuesto por lo común de basa, fuste y capitel, y que sirve para sostener techumbres o adornar edificios. **2** En impresos, cualquiera de las partes en que suele dividirse verticalmente una página: *el formato del catálogo será a dos columnas.* **3** Forma cilíndrica que toman algunos fluidos, en su movimiento ascensional: *columna de fuego, de humo.* **4 columna vertebral.** Espina dorsal de los animales vertebrados.

columnario, ria. adj. Moneda de plata acuñada en América con un sello en el que están esculpidas dos columnas y la inscripción *plus ultra*.

columnata. f. Serie de columnas que sostienen o adornan un edificio o parte de él.

columnista. com. Redactor o colaborador de un periódico, que escribe regularmente una columna especial.

columpiar. tr. y prnl. Dar impulso al que está puesto en un columpio o imprimir a cualquier cosa un movimiento parecido. **Sin.** balancear, mecer.

columpio. m. Asiento suspendido por cuerdas, barras metálicas, etc., para mecerse.

coluro. m. Cada uno de los dos círculos máximos de la esfera celeste, que pasan por los polos del mundo y cortan a la eclíptica, el uno en los puntos equinocciales y el otro en los solsticiales.

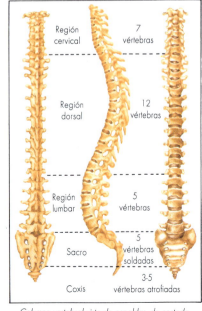

Columna vertebral vista de espaldas, de costado y de frente

colutorio. m. Líquido para enjuagarse la boca.

colza. f. Especie de col, con las hojas inferiores algo ásperas, de cuyas semillas se extrae un aceite que se emplea como lubricante y como condimento.

coma. f. Signo ortográfico (,) que sirve para indicar la división de las frases o miembros más cortos de la oración, y que en aritmética separa los enteros de los decimales.

coma. m. Sopor profundo causado por ciertas enfermedades, con pérdida de la sensibilidad y capacidad de movimiento, pero manteniendo las funciones circulatoria y respiratoria.

comadre. f. **1** Comadrona. **2** Madrina de bautizo de una criatura respecto del padre, la madre o el padrino. **3** Vecina y amiga con quien se tiene más trato y confianza.

comadrear. intr. Chismorrear, murmurar. **SIN.** cotillear.

comadreja. f. Mamífero carnívoro nocturno de cabeza pequeña, patas cortas y pelo de color pardo rojizo por el lomo y blanco por debajo.

comadreo. m. Acción de comadrear.

comadrona. f. Mujer que ayuda a otras a dar a luz.

comanche. adj. y com. **1** Se dice de unas tribus indias que vivían en Texas y Nuevo México. | m. **2** Lenguas habladas por los miembros de estas tribus.

comandancia. f. **1** Empleo de comandante. **2** Comarca que está sujeta en lo militar a un comandante. **3** Edificio donde se hallan las oficinas de aquel cargo.

comandante. m. **1** Jefe militar de categoría comprendida entre las de capitán y teniente coronel. **2** Militar que ejerce el mando en ocasiones determinadas, sin tener el grado.

comandar. tr. Mandar un ejército, una plaza, un destacamento, una flota, etc.

comandita. f. **1** Sociedad comercial en que unos aportan el capital y otros lo manejan. **2 en comandita.** loc. En compañía, en grupo.

comanditar. tr. Entregar los fondos necesarios para una empresa comercial o industrial, sin contraer obligación mercantil alguna.

comanditario, ria. adj. y s. Relativo a la comandita.

comando. m. **1** Mando militar. **2** Pequeño grupo de tropas de choque. **3** Grupo armado de terroristas. **3** En inform., instrucción que se da al ordenador para que realice una operación.

comarca. f. División de territorio que comprende varias poblaciones.

comarcal. adj. Relativo a la comarca.

comarcar. intr. **1** Lindar, limitar. | tr. **2** Plantar los árboles de modo que formen calles en todas direcciones.

comatoso, sa. adj. Relativo al coma: *estado comatoso*.

comba. f. **1** Juego de niños que consiste en saltar por encima de una cuerda. **2** Esta misma cuerda. **3** Curvatura que toman algunos cuerpos sólidos cuando se encorvan, como maderos, barras, etc. **SIN.** 2 saltador 3 alabeo.

combadura. f. Efecto de combarse.

combar. tr. y prnl. Torcer, encorvar una cosa: *combarse una pared, una estantería.* **SIN.** alabear, abarquillar.

combate. m. **1** Pelea entre personas o animales. **2** Acción bélica en la que intervienen fuerzas militares. **3** Conflicto interior del ánimo: *combate de sentimientos.* **SIN.** 1 lucha 2 batalla, refriega 3 contradicción ☐ **ANT.** 1-3 paz.

combatiente. adj. y com. **1** Que combate. | com. **2** Cada uno de los soldados que componen un ejército.

combatir. intr. **1** Pelear. También prnl. | tr. **2** Atacar, reprimir lo que se considera un mal o daño: *combatir el terrorismo.* **3** Contradecir, impugnar: *combatir una ideología.* **SIN.** 1 batallar 2 refrenar 3 rechazar ☐ **ANT.** 1 rendirse 2 fortalecer 3 aceptar.

combatividad. f. Cualidad o condición de combativo.

combativo, va. adj. Dispuesto o inclinado a la lucha: *tienes un espíritu combativo.* **SIN.** batallador, belicoso.

combinación. f. **1** Acción de combinar. **2** Unión de dos cosas en un mismo sujeto. **3** Prenda interior femenina semejante a un camisón sin mangas. **4** Clave numérica o alfabética que se emplea para abrir o hacer funcionar ciertos mecanismos o aparatos, como cajas fuertes, cajeros automáticos, etc. **SIN.** 3 enagua 4 código.

combinado, da. adj. y m. **1** Compuesto de cosas diversas: *un plato combinado de pollo asado con patatas fritas.* | m. **2** Mezcla de bebidas. **SIN.** 2 cóctel.

combinar. tr. **1** Unir cosas diversas, de manera que formen un compuesto o un conjunto. **2** Armonizar una cosa con otra: *combinar la camisa con el pantalón.* | **combinarse.** prnl. **3** Ponerse de acuerdo dos o más personas para una acción conjunta. **4** Pasarse el balón dos o más jugadores de un mismo equipo de fútbol. **SIN.** 1 acoplar, juntar 3 coordinar, conjugar.

combinatorio, ria. adj. Relativo a la combinación de elementos.

combo, ba. adj. **1** Que está combado. | m. amer. **2** Grupo musical. **SIN.** 1 alabeado, abarquillado ☐ **ANT.** 1 recto.

comburente. adj. y m. Que hace entrar en combustión o la activa.

combustibilidad. f. Cualidad de combustible.

combustible. adj. **1** Que puede arder. | m. **2** Cuerpo o sustancia que al arder produce energía calorífica. Sin. 1 inflamable 2 carburante ☐ Ant. 1 incombustible, ignífugo.

combustión. f. **1** Acción o efecto de arder o quemarse un cuerpo. **2** Reacción química entre el oxígeno y un material combustible, acompañada de desprendimiento de energía. Sin. 1 ignición.

comecome. m. **1** Sensación de picor. **2** Inquietud, preocupación. Sin. 1 comezón 2 desazón.

comedero, ra. m. **1** Recipiente donde se echa la comida a los animales. **2** Sitio donde acuden a comer los animales.

comedia. f. **1** Obra dramática en cuya acción predominan los aspectos festivos o humorísticos y cuyo desenlace es feliz. **2** Obra dramática de cualquier género. **3** Género cómico. **4** Engaño, fingimiento: *el fallo del jurado fue una comedia*. **5** Suceso cómico.

comediante, ta. m. y f. **1** Actor y actriz. **2** Persona que aparenta lo que no siente. Sin. 2 hipócrita.

comedido, da. adj. Cortés, prudente, moderado.

comediógrafo, fa. m. y f. Persona que escribe comedias. Sin. dramaturgo.

comedirse. prnl. Moderarse, contenerse: *comedirse en sus palabras y acciones*. Ant. descomedirse.

comedor, ra. adj. **1** Que come mucho o disfruta haciéndolo. | m. **2** Habitación destinada para comer. **3** Establecimiento de comidas. Sin. 1 tragón ☐ Ant. 1 inapetente.

comején. m. Nombre de diversas especies de termes en América del Sur. Se le llama también *hormiga blanca*.

comendador, ra. m. y f. **1** Superior de ciertas órdenes religiosas, como la de la Merced. | m. **2** Persona que tiene encomienda en alguna de las órdenes militares.

comensal. com. Cada una de las personas que comen en una misma mesa. Sin. convidado.

comentar. tr. Hacer o escribir comentarios sobre algo.

comentario. m. Juicio u opiniones emitidos oralmente o por escrito, sobre personas, asuntos, cosas, etc. Sin. parecer, consideración, explicación.

comentarista. com. **1** Persona que escribe comentarios. **2** Persona que hace comentarios en prensa, radio, televisión, etc.

comenzar. tr. e intr. Empezar: *la función ha comenzado*. || **Irreg.** Se conj. como *acertar*. Ant. terminar, finalizar, concluir.

comer. intr. **1** Masticar el alimento en la boca y pasarlo al estómago: *comes muy deprisa*. También tr. **2** Tomar la comida principal. | tr. **3** Tomar alimentos: *comer pescado*. También intr. **4** Producir picor o inquietud: *me comen los celos*. **5** Desgastar, corroer: *el agua come las piedras*. **6** En algunos juegos, ganar una pieza al contrario. | **comerse.** prnl. **7** Cuando se habla o escribe, omitir alguna cosa: *al leer el discurso, me comí un párrafo*. Sin. 1 ingerir, engullir, tragar 2 almorzar 3 alimentarse, nutrirse, manducar 4 mortificar 5 erosionar.

comercial. adj. **1** Perteneciente al comercio y a los comerciantes. **2** Se dice de aquello que tiene fácil aceptación en el mercado que le es propio: *es una película muy comercial*. Sin. 1 mercantil.

comercialización. f. Acción de comercializar.

comercializar. tr. Dar a un producto condiciones y organización comerciales para su venta.

comerciante. adj. **1** Que comercia. También com. | com. **2** Persona que tiene un comercio. Sin. 2 mercader, tendero.

comerciar. intr. Negociar comprando y vendiendo o permutando géneros para obtener una ganancia: *comerciar con otras provincias*. Sin. traficar, mercadear, tratar.

comercio. m. **1** Establecimiento comercial: *hoy no abrirán los comercios*. **2** Acción de comerciar. **3** Conjunto de establecimientos comerciales o de personas dedicadas al comercio. Sin. 1 tienda, negocio.

comestible. adj. **1** Que se puede comer. | m. **2** Cualquier alimento. Más en pl.: *han abierto una tienda de comestibles*.

cometa. f. **1** Armazón plana de cañas sobre la cual se pega papel o tela y que se arroja al aire sujeta por un hilo largo. | m. **2** Astro que suele ir acompañado de un rastro luminoso llamado cola y que sigue órbitas elípticas muy excéntricas alrededor del Sol. Sin. 1 volatín.

cometer. tr. Hablando de faltas o delitos, incurrir en ellos: *ha cometido un asesinato*.

cometido. m. **1** Comisión, encargo. **2** Trabajo u obligación. Sin. 1 misión 2 tarea.

comezón. f. **1** Picor en alguna parte del cuerpo. **2** Intranquilidad o inquietud motivada por alguna preocupación, el deseo de algo, etc. Sin. 1 prurito, escozor 2 desazón.

cómic. m. Secuencia de viñetas o representaciones gráficas que narran una historia mediante imágenes y texto que aparece encerrado en un globo o *bocadillo*. || pl. *cómics*. Sin. tebeo.

comicidad. f. Cualidad de cómico.

comicios. m. pl. **1** Actos electorales. **2** Junta que tenían los romanos para tratar de los negocios públicos.

cómico, ca. adj. **1** Relativo a la comedia. **2** Se aplica a cualquier actor, y en especial al que interpreta comedias. También s. **3** Divertido: *una película cómica*. Sin. 2 comediante 3 gracioso, jocoso.

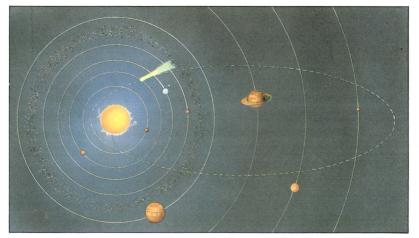

Cometa Halley. Órbita

comida. f. **1** Alimento: *no he tenido tiempo de preparar la comida.* **2** Alimento que se toma al mediodía o primeras horas de la tarde. **3** Acción de comer a determinadas horas del día: *hago una comida fuerte y dos más ligeras.*

comidilla. f. Tema preferido en alguna murmuración: *soy la comidilla de mi calle.*

comienzo. m. Principio de una cosa: *el comienzo del curso escolar.* SIN. inicio □ ANT. final.

comillas. f. pl. Signo ortográfico («», " " o „ ") que se pone al principio y al fin de las frases incluidas como citas o ejemplos.

comilón, na. adj. y s. Que come mucho. SIN. tragón, tragaldabas, voraz.

comilona. f. Comida muy abundante y variada. SIN. festín, banquete.

comino. m. **1** Hierba de tallo ramoso y acanalado cuyas semillas se usan como condimento. **2** Semilla de esta planta. **3** Cosa insignificante, de poco valor: *me importa un comino.* SIN. 3 bledo, pimiento, ardite, pito.

comisaría. f. **1** Empleo del comisario. **2** Oficina del comisario. **3** Oficina de la policía.

comisario, ria. m. y f. **1** Persona que tiene poder y facultad de otro para ejecutar alguna orden o entender en algún negocio. **2** Agente policial encargado de una comisaría de distrito.

comisión. f. **1** Encargo que una persona hace a otra para que se ocupe de algún asunto. **2** Conjunto de personas encargadas de resolver algún asunto. **3** Porcentaje que cobra un vendedor en sus ventas. **4** Acción de cometer: *la comisión de un delito.* SIN. 1 misión, cometido 2 comité, junta 3 corretaje, prima 4 realización, ejecución.

comisionado, da. adj. y s. Encargado de una comisión.

comisionar. tr. Dar comisión a una o más personas para que se ocupen de algún encargo o misión. SIN. delegar, autorizar.

comisionista. com. Persona que se dedica a vender por cuenta de otro y cobra una comisión. SIN. intermediario.

comiso. m. Decomiso.

comisorio, ria. adj. Obligatorio o válido por determinado tiempo, o aplazado para cierto día.

comisquear. tr. Comer a menudo de varias cosas en pequeñas cantidades.

comistrajo. m. **1** Comida desagradable o mal hecha. **2** Mezcla rara de alimentos. SIN. 1 bodrio, bazofia.

comisura. f. Punto de unión de ciertas partes similares del cuerpo; como los labios y los párpados.

comité. m. **1** Comisión de personas encargadas de un asunto. **2** Junta directiva de una colectividad: *comité de empresa.*

comitiva. f. Acompañamiento, gente que va acompañando a alguien.

cómitre. m. **1** Hombre que en las galeras vigilaba y dirigía a los remeros. **2** Persona que hace trabajar a otros con excesiva dureza.

como. adv. m. **1** Del modo o la manera que: *hazlo como puedas.* || Se acentúa en la primera sílaba cuando es adv. interrog. o excl.: *dime cómo lo has* *hecho; ¡cómo eres!* **2** En sent. comp. denota equivalencia o igualdad: *azul como el mar.* **3** Según, conforme: *como dije anteriormente.* **4** Por qué motivo, causa o razón: *¿cómo no has ido a la excursión?* **5** En calidad de: *asistí a la boda como testigo.* | **6** conj. cond. Equivale a *si: como no vengas, me enfadaré.* **7** conj. causal. Equivale a *porque: como me avisaste tarde, no pude ir a la fiesta.*

cómoda. f. Mueble con tablero de mesa y cajones que ocupan todo el frente y sirven para guardar ropa.

comodidad. f. Cualidad de cómodo. **Sin.** bienestar, utilidad, facilidad.

comodín. m. **1** En algunos juegos de naipes, carta que se puede aplicar a cualquier jugada favorable. **2** Persona o cosa que sirve para distintos fines.

cómodo, da. adj. **1** Fácil, que requiere poco esfuerzo: *un trabajo cómodo.* **2** Agradable: *un piso cómodo.* **3** Se aplica a la persona que se encuentra a gusto: *¿estás cómoda en esa silla?* **Sin.** 1 Descansado 2 confortable ☐ **Ant.** 1-3 incómodo, molesto.

comodón, na. adj. Se aplica a la persona que evita cualquier esfuerzo. **Sin.** remolón, poltrón.

comodoro. m. Nombre que en Inglaterra y otras naciones se le da al capitán de navío cuando manda más de tres buques.

comoquiera. adv. m. De cualquier manera.

compact disc. (voz ingl.) m. Disco que utiliza la técnica de grabación digital y que se reproduce mediante una lectura óptica de rayo láser.

compacto, ta. adj. **1** Se dice de los cuerpos de textura apretada y poco porosa: *un pan compacto.* **2** Apretado, denso: *una muchedumbre compacta.* **3** Se dice de la impresión tipográfica que en poco espacio condensa mucho texto. | m. **4** Compact disc. **Ant.** 1 esponjoso, poroso 2 suelto.

compadecer. tr. y prnl. Sentir lástima o pena por la desgracia o el sufrimiento ajenos. || **Irreg.** Se conj. como *agradecer.*

compadraje. m. Unión de varias personas para ayudarse mutuamente. **Sin.** compadreo, compadrazgo, conchabamiento.

compadrar. intr. **1** Contraer compadrazgo. **2** Hacerse compadre o amigo.

compadrazgo. m. Parentesco que contrae con los padres de una persona el padrino de ésta.

compadre. m. **1** Padrino de un niño respecto del padre o la madre o la madrina de éste. **2** Amigo, conocido.

compadreo. m. Compadraje.

compaginación. f. Acción de compaginar.

compaginar. tr. **1** Ordenar cosas que tienen alguna conexión. También prnl. **2** En impr., ajustar las galeradas para formar páginas. **3** Corresponderse bien una cosa con otra. También prnl. **4** Hacer compatible una cosa con otra: *no es posible compaginar el trabajo con el estudio.*

compaña. f. Compañía.

compañerismo. m. Vínculo y relación amistosa y solidaria que existe entre compañeros. **Sin.** camaradería.

compañero, ra. m. y f. **1** Persona que acompaña a otra. **2** Persona que comparte con otra alguna actividad, tarea, ideología, etc.: *compañeros de colegio; de juerga.* **3** Lo que hace juego con otra cosa: *no encuentro el compañero de este zapato.* **Sin.** 1 acompañante 2 camarada, colega 3 pareja.

compañía. f. **1** Efecto de acompañar. **2** Persona o personas que acompañan a otra u otras. **3** Sociedad de varias personas unidas para un mismo fin, generalmente industrial o comercial: *compañía hidroeléctrica.* **4** Grupo de actores teatrales. **5** Unidad militar, mandada normalmente por un capitán.

comparación. f. **1** Acción de comparar. **2** Símil retórico. **3** Relación que se establece entre dos términos.

comparar. tr. Fijar la atención en dos o más objetos para descubrir sus diferencias o semejanzas: *comparar dos textos.* **Sin.** confrontar, parangonar ☐ **Ant.** distinguir.

comparativo, va. adj. **1** Que compara o sirve para hacer comparación de una cosa con otra: *juicio comparativo.* **2** En gram., se dice del adjetivo que califica al sustantivo comparándolo con otro.

comparecencia. f. **1** Acción de comparecer. **2** Acto de comparecer personalmente, o por escrito, ante el juez o un superior.

comparecer. intr. Presentarse uno en algún lugar, llamado o convocado por otra persona, o de acuerdo con ella: *comparecer ante el fiscal.* || **Irreg.** Se conj. como *agradecer.* **Sin.** personarse.

compareciente. com. Persona que comparece.

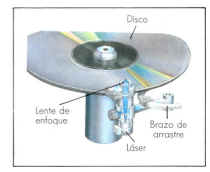

Compact disc

comparsa. f. **1** Acompañamiento. **2** Conjunto de personas que, en algunas festividades, van disfrazadas con trajes de una misma clase: *comparsa de carnaval.* | com. **3** En el teatro, actor o actores que representan papeles de poca importancia. **Sin.** 3 figurante.

compartimentar. tr. Dividir en compartimientos.

compartimiento o **compartimento.** m. **1** Cada una de las partes en que se divide un espacio. **2** Acción de compartir. **3** Departamento de un vagón de tren. **Sin.** 1 casilla, sección.

compartir. tr. **1** Repartir, distribuir las cosas en partes para que otro u otros puedan beneficiarse de ello: *compartir un premio.* **2** Participar uno en alguna cosa: *compartir experiencias.* **3** Usar algo en común: *compartir un piso.*

compás. m. **1** Instrumento formado por dos varillas articuladas que sirve para trazar curvas regulares y tomar distancias. **2** En mús., cada uno de los períodos de tiempo iguales con que se marca el ritmo musical. **3** Ritmo o cadencia de una pieza musical. **4** Ritmo de otras actividades: *el compás de estudio.* **5** Resortes de metal que abriéndose o plegándose sirven para levantar o bajar la capota de los coches. **6** Brújula de navegación.

compasar. tr. **1** Medir con el compás. **2** Arreglar, medir, proporcionar. **3** En mús., dividir las composiciones en compases.

compasillo. m. Compás que tiene la duración de cuatro negras distribuidas en cuatro partes.

compasión. f. Sentimiento de lástima hacia quienes sufren penas o desgracias. **Sin.** condolencia, piedad.

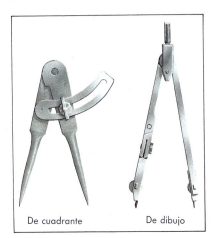

De cuadrante   De dibujo

Compases

compasivo, va. adj. Que tiene compasión.

compatibilidad. f. Cualidad de compatible.

compatible. adj. Que puede ocurrir o hacerse con otra cosa: *mi nuevo horario de trabajo no es compatible con las clases.* **Sin.** armonizable, compaginable □ **Ant.** incompatible.

compatriota. com. Persona de la misma patria que otra.

compeler. tr. Obligar a uno a que haga lo que no quiere: *el juez les compelió a pagar su deuda.*

compendiar. tr. **1** Resumir un texto, obra, materia, discurso, etc.. **2** Expresar algo con brevedad: *este artículo compendia todas las teorías.* **Sin.** 1 extractar □ **Ant.** 1 ampliar.

compendio. m. **1** Breve exposición, oral o escrita, de lo más sustancial de una materia. **2** Aquello que reúne en sí todo lo que se expresa: *esta cocina es el compendio de todas las incomodidades.* **Sin.** 1 extracto, epítome.

compenetración. f. Acción de compenetrarse.

compenetrarse. prnl. **1** Identificarse las personas en ideas, gustos, opiniones y sentimientos. **2** Influirse hasta identificarse a veces cosas distintas: *en esta novela se compenetran la realidad y la ficción.* **3** Penetrar las partículas de una sustancia entre las de otra, o hacerlo recíprocamente.

compensación. f. **1** Acción de compensar. **2** Indemnización, recompensa por algo: *recibe algo en compensación.* **3** Entre banqueros, liquidación de créditos. **4** En der., modo de extinguir deudas vencidas, entre personas que son recíprocamente acreedoras y deudoras.

compensador, ra. adj. **1** Que compensa. | m. **2** Péndulo de reloj en el que un armazón de barritas corrige los efectos de las variaciones de temperatura.

compensar. tr. **1** Equilibrar: *compensar las pérdidas con las ganancias.* También intr. y prnl.: *los males se compensan con los bienes.* **2** Dar alguna cosa o hacer un bien por el daño, perjuicio o disgusto que se ha causado. **3** Merecer la pena hacer algo: *no me compensa comprarme un coche.* □ **Sin.** 1 nivelar 2 reparar, resarcir □ **Ant.** 1 desequilibrar.

compensatorio, ria o **compensativo, va.** adj. Que compensa o iguala.

competencia. f. **1** Rivalidad entre los que aspiran a conseguir lo mismo: *competencia entre los solicitantes de un empleo.* **2** Incumbencia: *ese asunto no es de mi competencia.* **3** Aptitud, capacidad: *competencia profesional.* **Sin.** 1 pugna □ **Ant.** 3 incompetencia.

competente. adj. **1** Se dice de la persona u organismo a quien compete o incumbe alguna cosa: *un tribunal competente.* **2** Se dice de la persona que es experta en alguna cosa o es capaz de realizarla con eficacia: *es un cirujano muy competente.* **Ant.** 1 y 2 incompetente 2 inepto.

competer. intr. Incumbir a uno alguna cosa: *esto no me compete.* **Sin.** concernir, tocar, importar.

competición. f. **1** Acción de competir, y particularmente en materia de deportes. **2** Competencia de quienes se disputan una misma cosa. **Sin.** 2 pugna.

competir. intr. **1** Oponerse entre sí dos o más personas para conseguir alguna cosa. **2** Estar dos personas o cosas en igualdad de condiciones: *estas dos niñas compiten en inteligencia.* || **Irreg.** se conj. como *pedir.* **Sin.** 1 rivalizar 2 emular, equipararse.

competitividad. f. Capacidad para competir.

competitivo, va. adj. **1** Relativo a la competición. **2** Capaz de competir con alguien o algo: *precios competitivos.*

compilación. f. **1** Acción de compilar. **2** Obra que reúne partes de otros libros o documentos: *una compilación de leyes.*

compilar. tr. **1** Reunir, en un solo cuerpo de obra, extractos o fragmentos de otras. **2** En inform., traducir un lenguaje de alto nivel a código absoluto o a lenguaje ensamblador. **Sin.** 1 recopilar.

compilatorio, ria. adj. Relativo a la compilación.

compinche. com. **1** Amigo, compañero de diversiones. **2** Cómplice. **Sin.** 1 compadre, amigote.

complacencia. f. **1** Satisfacción que produce alguna cosa. **2** Actitud de dejar que alguien haga lo que quiere aunque no sea conveniente: *trata a su hija con demasiada complacencia.*

complacer. tr. **1** Causar a otro satisfacción o placer, agradarle: *hace todo por complacer a su amiga.* | **complacerse.** prnl. **2** Deleitarse: *se complace con la noticia.* || **Irreg.** Se conj. como *agradecer.*

complaciente. adj. **1** Que complace o se complace. **2** Indulgente.

complejidad. f. Cualidad de complejo. **Ant.** sencillez.

complejo, ja. adj. **1** Que se compone de elementos diversos o que resulta complicado: *la cuestión del tráfico en Madrid es un problema muy complejo.* | m. **2** Conjunto o unión de dos o más cosas: *complejo vitamínico.* **3** Conjunto de establecimientos comerciales, deportivos, turísticos, industriales, etc. **4** En psicol., conjunto de tendencias, ideas y emociones, generalmente inconscientes y adquiridas durante la infancia, que influyen en la personalidad y conducta de un individuo: *complejo de Edipo.* **Sin.** 1 difícil, confuso ☐ **Ant.** 1 sencillo, simple.

complementar. tr. y prnl. Hacer que algo esté lleno, entero, terminado o perfecto.

complementariedad. f. Cualidad o condición de complementario.

complementario, ria. adj. Que sirve para completar o perfeccionar alguna cosa: *ángulo complementario.*

complemento. m. **1** Lo que se añade a otra cosa para completarla: *el vino es un complemento de la comida.* **2** En ling., palabra, sintagma o proposición que, en una oración, completa el significado de uno o de varios componentes de la misma.

completar. tr. Hacer que una cosa esté terminada, perfecta, llena, entera: *completar una asignatura; completar una vajilla.*

completivo, va. adj. **1** Que completa y llena. **2** En ling., se dice de la oración subordinada con función de complemento directo. **Sin.** 1 complementario.

completo, ta. adj. **1** Lleno: *el autocar está completo.* **2** Acabado, perfecto: *un edificio muy completo.* **3** Entero, con todas sus partes: *votó la asamblea completa.* **4** Total, absoluto: *el estreno ha sido un completo fracaso.*

complexión. f. Constitución fisiológica del individuo: *es de complexión débil.* **Sin.** naturaleza.

complicación. f. **1** Acción de complicar. **2** Dificultad procedente de la concurrencia de cosas diversas: *surgieron complicaciones que retrasaron el proyecto.* **3** Cualidad de lo que es complicado: *la complicación de las matemáticas.* **4** Situación que agrava el curso de una enfermedad y que no es propio de ella. **Sin.** 3 complejidad.

complicado, da. adj. **1** Difícil de comprender o solucionar. **2** Compuesto de gran número de piezas. **Sin.** 1 y 2 complejo ☐ **Ant.** 1 fácil 1 y 2 sencillo, simple.

complicar. tr. **1** Hacer difícil o más difícil una cosa. También prnl.: *a veces la vida se complica demasiado.* **2** Mezclar, unir cosas diversas: *la abundancia de citas y ejemplos complica la lectura.* **3** Comprometer a alguien en un asunto. **Sin.** 3 implicar.

cómplice. com. **1** Persona que sin ser autora de un delito coopera a su perpetración. **2** Participante en un crimen o delito que se atribuye a dos o más personas. **Sin.** 1 y 2 partícipe, coautor.

complicidad. f. Cualidad de cómplice.

complot. m. Conspiración entre dos o más personas para actuar contra algo o alguien: *tramaban un complot contra el primer ministro.* **Sin.** confabulación, conjura, maquinación.

complotar. intr. y prnl. Confabularse, tramar una conjura, por lo general con fines políticos.

complutense. adj. y com. De Alcalá de Henares.

componenda. f. Arreglo o transacción provisional, y especialmente el de carácter censurable. **Sin.** chanchullo.

componente. adj. y m. Que compone o entra en la composición de un todo. **Sin.** ingrediente.

componer. tr. **1** Formar una cosa juntando y ordenando varias: *componer un ramo de flores.* **2** Constituir un cuerpo de varias cosas o personas. También prnl.: *este diccionario se compone de dos partes.* **3** Producir una obra literaria, musical o científica: *componer un drama.* **4** Reparar lo desordenado o roto: *llevó a componer el paraguas.* **5** Adornar. También prnl. **6** Juntar los caracteres de imprenta para formar palabras, líneas, páginas. **7 componérselas.** fr. Ingeniarse para salir de un apuro o lograr algún fin. ‖ **Irreg.** Se conj. como *poner.*

comporta. f. Especie de canasta para transportar las uvas en la vendimia.

comportamiento. m. Conducta, manera de portarse.

comportar. tr. **1** Implicar, llevar incluido: *los derechos comportan también deberes.* | **comportarse.** prnl. **2** Portarse, conducirse: *se comporta como un niño.* **3** Portarse con corrección: *Juan no sabe comportarse en público.*

composición. f. **1** Acción de componer. **2** Obra científica, literaria o musical: *una composición en verso.* **3** Ejercicio de redacción en que el alumno desarrolla un tema. **4** En escultura, pintura, fotografía, etc., arte de distribuir los elementos de una obra. **5** En ling., procedimiento por el cual se forman nuevas palabras uniendo dos o más vocablos o partículas; p. ej., *anteponer, hincapié.*

compositor, ra. adj. y s. **1** Que compone. **2** Que hace composiciones musicales: *un compositor de óperas.*

compostelano, na. adj. y s. De Santiago de Compostela.

compostura. f. **1** Reparación de una cosa descompuesta o rota. **2** Aseo personal. **3** Mesura: *hay que saber guardar la compostura.* **Sin.** 2 aliño.

compota. f. Dulce de fruta cocida con azúcar.

compra. f. **1** Acción de comprar. **2** Conjunto de comestibles que se adquieren para el consumo diario: *he traído la compra.* **3** Cualquier objeto comprado. **Sin.** 1 y 3 adquisición □ **Ant.** 1 venta.

comprar. tr. **1** Adquirir algo por dinero. **2** Sobornar. **Ant.** 1 vender.

compraventa. f. Contrato por el que una persona se obliga a entregar una cosa determinada y la otra a pagar un precio por la misma.

comprender. tr. **1** Contener, incluir en sí alguna cosa: *la finca comprende un coto de caza y un lago artificial.* También prnl. **2** Entender: *no comprendo lo que me dices.* **3** Encontrar justificados o naturales los actos o sentimientos de otro: *comprendo tu protesta.*

comprensible. adj. Que se puede comprender.
comprensión. f. **1** Acción de comprender. **2** Facultad, capacidad o perspicacia para entender las cosas.

comprensivo, va. adj. **1** Se dice de la persona, tendencia o actitud tolerante. **2** Que tiene facultad o capacidad de comprender o entender una cosa. **3** Que comprende o contiene.

compresa. f. Tela fina, gasa u otro material absorbente que se emplea para contener hemorragias, cubrir heridas, etc.

compresibilidad. f. Cualidad de compresible.
compresible. ad. Que se puede comprimir.
compresión. f. Acción de comprimir: *compresión de un gas.* **Sin.** opresión, presión.

compresivo, va. adj. Que se comprime.
compreso, sa. adj. Oprimido, apretado.
compresor, ra. adj. y s. **1** Que comprime. | m. **2** Máquina que sirve para comprimir fluidos.

comprimido, da. adj. **1** Apretado, disminuido de volumen. | m. **2** Pastilla medicinal pequeña obtenida por compresión de sus ingredientes previamente reducidos a polvo. **Sin.** 2 gragea.

comprimir. tr. y prnl. Reducir a menor volumen, en particular los fluidos. **Sin.** oprimir, apretar, estrechar □ **Ant.** dilatar.

comprobación. f. Acción de comprobar.
comprobante. adj. y m. **1** Que comprueba o demuestra algo. | m. **2** Recibo: *comprobante de compra.* **Sin.** 2 resguardo, albarán.

comprobar. tr. Verificar, confirmar la veracidad o exactitud de alguna cosa. ‖ **Irreg.** Se conj. como *contar.*

comprometer. tr. y prnl. **1** Implicar a alguien en un asunto perjudicial. **2** Exponer a alguien a algún riesgo: *las indiscreciones de tu amigo me han comprometido.* | **comprometerse.** prnl. **3** Prometer hacer algo: *se han comprometido a entregarme la lavadora mañana.* **4** Contraer un compromiso. **Sin.** 1 involucrar, complicar 4 apalabrar □ **Ant.** 1 exculpar 2 proteger.

comprometido, da. adj. **1** Difícil, peligroso, apurado. **2** Que está obligado a hacer alguna cosa. **3** Solidarizado con los problemas sociales o políticos: *un escritor comprometido.*

comprometimiento. m. Acción de comprometer o comprometerse.

compromisario, ria. adj. y s. **1** Persona en quien otras delegan. | m. **2** Representante de los electores primarios para votar en elecciones de segundo grado. **Sin.** 1 delegado.

compromiso. m. **1** Obligación contraída, promesa: *nunca cumples tus compromisos.* **2** Dificultad: *no me pongas en un compromiso.* **3** Acto en el que los novios se prometen en matrimonio. **Sin.** 1 trato 2 atolladero 3 noviazgo.

Flores compuestas

compuerta. f. **1** Plancha móvil que se coloca en los canales, diques, etc., para graduar o cortar el paso del agua. **2** Media puerta.

compuesto, ta. adj. **1** Que consta de varios elementos: *número compuesto.* **2** Se dice de los tiempos verbales que se forman con el participio pasado precedido de un auxiliar. **3** Acicalado, arreglado. | **4** adj. y f. Se dice de las plantas angiospermas dicotiledóneas, de hojas simples o sencillas y flores en cabezuelas sobre un receptáculo común, como la dalia. | m. **5** En quím., sustancia formada por la unión de dos o más elementos. | f. pl. **6** Familia formada por las plantas arriba mencionadas. S<small>IN</small>. 1 simple 3 desaliñado.

compulsa. f. **1** Acción de compulsar. **2** Copia sacada judicialmente y cotejada con su original.

compulsación. f. Acción de compulsar.

compulsar. tr. **1** Examinar dos o más documentos, cotejándolos o comparándolos entre sí. **2** Legalizar la copia de un documento oficial: *he compulsado mi título de doctorado.*

compulsión. f. **1** Acción de compeler. **2** Impulso irresistible a la repetición de una acción determinada.

compulsivo, va. adj. Que tiene poder para obligar.

compunción. f. **1** Arrepentimiento. **2** Sentimiento de tristeza o compasión.

compungido, da. adj. Triste, dolorido.

compungir. tr. **1** Hacer que se sienta compasión. | **compungirse.** prnl. **2** Entristecerse por haber obrado mal o por el dolor ajeno.

computador, ra. adj. y s. **1** Que calcula o computa. | f. **2** Ordenador.

computadorizar. tr. Someter datos al tratamiento de una computadora.

computar. tr. **1** Contar o calcular una cosa por números: *computar los años.* **2** Valorar: *los partidos ganados se computan con dos puntos.*

computerizar. tr. Computadorizar.

cómputo. m. Cuenta o cálculo: *ya han hecho el cómputo de los votos.*

comulgante. adj. y com. Que comulga.

comulgar. intr. **1** Recibir la comunión. **2** Coincidir en ideas o sentimientos con otra persona: *no comulgo con sus ideales.* A<small>NT</small>. 2 discrepar.

comulgatorio. m. Barandilla de las iglesias ante la que se arrodillan los fieles para comulgar.

común. adj. **1** Que, no siendo privativamente de ninguno, pertenece o se extiende a varios: *territorio común.* **2** Corriente, admitido por la mayoría: *de uso común.* **3** Ordinario, vulgar. | m. **4** Todo el pueblo; todo el mundo: *el común de las gentes.* S<small>IN</small>. 1 general, colectivo 2 habitual, frecuente ▫ A<small>NT</small>. 1 específico, particular 2 raro, extraño 3 selecto.

comuna. f. **1** Conjunto de individuos que viven en comunidad autogestionada por ellos y al margen de las conveniencias sociales. **2** *amer.* Ayuntamiento.

comunal. adj. Que pertenece a una comunidad de vecinos: *bienes comunales*.

comunero, ra. adj. **1** Perteneciente a las antiguas comunidades de Castilla, movimiento de protesta contra Carlos I. | m. y f. **2** Persona que participó en este movimiento.

comunicabilidad. f. Cualidad de comunicable.

comunicable. adj. Que se puede comunicar.

comunicación. f. **1** Acción de comunicar o comunicarse. **2** Escrito en que se comunica alguna cosa: *he recibido una comunicación oficial*. **3** Escrito que un autor presenta a un congreso o reunión de especialistas para su conocimiento y discusión. **4** Unión que se establece entre ciertas cosas o lugares, como mares, pueblos, habitaciones, etc. **5** Trato entre las personas: *nos mantendremos en comunicación*. | pl. **6** Correos, telégrafos, teléfonos, etc: *la tormenta de nieve ha parado las comunicaciones*. **Sin.** 2 notificación 3 ponencia 4 paso 5 relación.

comunicado, da. adj. **1** Se dice de lugares a los que se puede acceder con facilidad: *un barrio bien comunicado*. | m. **2** Nota, declaración o parte que se comunica para conocimiento público: *comunicado de prensa*.

comunicante. adj. y com. Que comunica.

comunicar. tr. **1** Hacer saber a uno alguna cosa, informar: *ayer comunicó su cese*. **2** Conversar o poner en contacto. También prnl.: *comunicarse por teléfono*. **3** Transmitir un sentimiento, una enfermedad: *me comunicó su desesperación*. | intr. **4** Dar un teléfono la señal de que la línea está ocupada. | **comunicarse.** prnl. **5** Tratándose de cosas inanimadas, tener correspondencia o paso con otras: *las habitaciones se comunican por medio de una puerta*. **Sin.** 3 contagiar.

comunicativo, va. adj. Que tiene propensión a comunicar a otro sus sentimientos, ideas, etc. **Sin.** sociable, extravertido ☐ **Ant.** reservado, introvertido.

comunidad. f. **1** Conjunto de personas que están unidas por un interés común: *comunidad de vecinos*. **2** División regional y administrativa dentro de un Estado: *comunidad autónoma*. **3** Calidad de común. **4** Nombre de algunos organismos internacionales: *Comunidad Económica Europea*.

comunión. f. **1** En la Iglesia católica, acto de recibir la Eucaristía. **2** Unión: *comunión con la naturaleza*. **3** Personas que comparten ideas religiosas o políticas. **4** Circunstancia de tener algo en común.

comunismo. m. **1** Teoría de organización político-económica que propugna la abolición de la propiedad privada y el establecimiento de una comunidad de bienes. **2** Aplicación de esta teoría.

comunista. adj. **1** Relativo al comunismo. | com. **2** Partidario de este sistema.

comunitario, ria. adj. Relativo a la comunidad: *derecho comunitario*.

con. prep. **1** Indica el medio, modo o instrumento que sirve para hacer alguna cosa: *le ató con una cuerda*. **2** Juntamente, en compañía de: *iré a la fiesta con mi amigo*. **3** Expresa contenido, posesión de algo. **4** Antepuesta al infinitivo, equivale a gerundio: *con salir a las seis, ya es suficiente*. **5** Contrapone lo que se dice en una exclamación con una realidad: *¡con lo alegre que estaba yo!*

conato. m. Comienzo de una acción que no llega a cumplirse: *un conato de incendio*. **Sin.** amago, tentativa.

concatenación. f. Acción de concatenar.

concatenar. tr. Unir o enlazar.

concavidad. f. **1** Cualidad de cóncavo. **2** Parte cóncava.

cóncavo, va. adj. Se dice de la línea o superficie curvas que, respecto del que mira, tienen su parte más hundida en el centro. **Sin.** combo, combado ☐ **Ant.** convexo.

concebir. tr. **1** Formar en la mente una idea. **2** Comprender algo: *no concibo cómo pudo pasar esto*. | intr. **2** Quedar fecundada la hembra. También tr.: *concebir un hijo*. || **Irreg.** Se conj. como *pedir*.

conceder. tr. **1** Dar, otorgar: *me han concedido una semana de vacaciones*. **2** Estar de acuerdo con lo que dice otro. **3** Atribuir una cualidad o condición a una persona o cosa: *no le concedí importancia a lo que estaba sucediendo*.

concejal, la. m. y f. Persona que tiene un cargo en el ayuntamiento o concejo municipal.

concejalía. f. Oficio o cargo de concejal.

concejil. adj. **1** Relativo al concejo. **2** Común a los vecinos de un pueblo.

concejo. m. **1** Ayuntamiento, casa y corporación municipales. **2** Sesión que celebra.

concelebrar. tr. Celebrar conjuntamente la misa varios sacerdotes.

conceller. m. Miembro o vocal del concejo municipal de Cataluña.

concentrado, da. adj. **1** Internado en el centro de una cosa. | m. **2** Salsa espesa de alguna cosa.

concentración. f. **1** Acción de concentrar o concentrarse. **2** En una disolución, relación que existe entre la cantidad de sustancia disuelta y la del disolvente.

concentrar. tr. **1** Reunir en un centro o punto lo que estaba separado. También prnl.: *concentrarse una multitud*. **2** Aumentar la proporción de la sustancia disuelta en un fluido disolvente. | **concentrarse.** prnl. **3** Reflexionar profundamente, fijar la atención: *no* *logro concentrarme en mi trabajo.* Sin. 1 aglutinar, centralizar 2 condensar 3 ensimismarse ❏ Ant. 1 descentralizar 2 diluir 3 distraerse.

concéntrico, ca. adj. Se dice de las figuras que tienen un mismo centro: *círculos concéntricos.*

concepción. f. **1** Acción de concebir. **2** Por antonomasia, la de la Virgen María. **3** Idea, concepto: *tienes una concepción equivocada.*

concepcionista. adj. y f. Se dice de la religiosa que pertenece a la tercera orden franciscana, llamada de la Inmaculada Concepción.

conceptismo. m. Estilo literario propio del barroco español que se caracterizaba por la complejidad y agudeza expresivas reflejadas en un estilo muy conciso. Ant. culteranismo.

conceptista. adj. y com. Se dice del escritor que profesa el conceptismo.

conceptivo, va. adj. Que puede concebir.

concepto. m. **1** Idea, representación mental de una realidad, un objeto, etc.: *el concepto de belleza no es igual para todos.* **2** Pensamiento expresado con palabras. **3** Opinión, juicio: *¿qué concepto tienes de mí?* **4** Aspecto, calidad, título: *me han ofrecido un trabajo en concepto de asesor cultural.*

conceptuación. f. Acción de conceptuar.

conceptual. adj. Relativo al concepto.

conceptualismo. m. Sistema filosófico que defiende la realidad y legítimo valor de las nociones universales y abstractas, en cuanto son conceptos de la mente, aunque no les conceda existencia positiva y separada fuera de ella.

conceptuar. tr. Formar una opinión de una persona o cosa: *le conceptúan poco apto para ese trabajo.*

conceptuosidad. f. Cualidad de conceptuoso.

conceptuoso, sa. adj. Sentencioso, agudo, lleno de conceptos: *estilo conceptuoso.*

concerniente. adj. Que concierne.

concernir. intr. Atañer, corresponder: *esto no te concierne a ti.* ‖ **Irreg.** Se conj. como *discernir.*

concertación. f. Acción de concertar, pactar, tratar un negocio.

concertante. adj. y m. Se dice de la pieza musical compuesta de varias voces entre las cuales se distribuye el canto.

concertar. tr. **1** Acordar, arreglar, decidir: *concertar una cita; un negocio; la paz.* También prnl. **2** Poner acordes entre sí voces o instrumentos musicales. ‖ intr. **3** Concordar entre sí una cosa con otra. ‖ **Irreg.** Se conj. como *acertar.*

concertina. f. Acordeón de figura hexagonal, de fuelle muy largo y teclados en ambas caras.

concertino. m. Violinista primero de una orquesta, encargado de la ejecución de los solos.

concertista. com. Músico que toma parte en la ejecución de un concierto en calidad de solista.

concesión. f. **1** Acción de conceder. **2** Contrato gubernativo a favor de particulares o de empresas. **3** Contrato que una empresa hace a otra, o a un particular, de vender y administrar sus productos en una localidad determinada. **4** Acción de ceder en una posición ideológica, actitud, etc: *no estoy dispuesta a hacer concesiones de ningún tipo.* Sin. 2 licencia, permiso.

concesionario, ria. adj. y s. Persona o entidad que tiene la exclusiva de distribución de un producto determinado en una zona.

concesivo, va. adj. **1** Que se concede o puede concederse. **2** Proposición subordinada que indica la razón que se opone a la principal, pero que no excluye su cumplimiento: *iré aunque no me inviten.*

concha. f. **1** Cubierta que protege el cuerpo de los moluscos, y p. ext., caparazón de las tortugas y

Conchas

pequeños crustáceos. **2** Cualquier cosa de forma similar a la concha. **3** Mueble que se coloca en el medio del proscenio de los teatros para ocultar al apuntador. **4** Carey: *unos pendientes de concha.*

conchabar. prnl. Confabularse, unirse dos o más personas entre sí para algún fin: *se conchabaron para perjudicarnos.*

conchero. m. Depósito prehistórico de conchas y otros restos de moluscos y peces.

concho. m. Pericarpio o corteza de algunos frutos.

conciencia. f. **1** Conocimiento que el ser humano tiene de sí mismo y del mundo que le rodea. **2** Conocimiento interior del bien y del mal según el cual se juzgan las acciones humanas. **3 a conciencia.** loc. adj. Se dice de lo realizado con mucha atención.

concienciar. tr. Hacer que alguien sea consciente de algo. También prnl.: *concienciarse del deterioro ecológico del planeta.*

concienzudo, da. adj. Se dice de la persona que hace las cosas con mucha atención.

concierto. m. **1** Función en que se ejecutan composiciones musicales. **2** Composición musical para diversos instrumentos en que uno o varios llevan la parte principal: *concierto para violín y piano.* **3** Convenio, acuerdo: *concierto económico.* **4** Buen orden y disposición de las cosas. Sɪɴ. 3 pacto 4 armonía ☐ Aɴᴛ. 4 desorden, desconcierto.

conciliábulo. m. Reunión ilegal para tratar de algo que se quiere mantener oculto. Sɪɴ. confabulación.

conciliación. f. Acción de conciliar: *la conciliación de dos posturas contrarias.* Sɪɴ. concertación ☐ Aɴᴛ. disensión.

conciliador, ra. adj. Que concilia o es propenso a conciliar o conciliarse.

conciliar. adj. **1** Relativo a los concilios. | m. **2** Persona que asiste a un concilio.

conciliar. tr. y prnl. **1** Poner de acuerdo a los que estaban en desacuerdo. **2** Conformar dos o más proposiciones o doctrinas al parecer contrarias: *conciliar las doctrinas aristotélicas con el cristianismo.* **3** Suscitar la benevolencia o el odio de alguien. Sɪɴ. 1 reconciliar 2 concordar ☐ Aɴᴛ. 1 desavenir.

conciliatorio, ria. adj. Lo que puede conciliar o se dirige a este fin.

concilio. m. Junta o congreso para tratar temas relativos al dogma, la organización, etc., especialmente de los obispos y otros eclesiásticos de la Iglesia católica: *concilio ecuménico.*

concisión. f. Brevedad en la forma de expresión. Sɪɴ. laconismo.

conciso, sa. adj. Preciso y poco extenso: *un discurso conciso.* Sɪɴ. lacónico, sucinto.

concitación. f. Acción de concitar.

concitar. tr. Instigar a uno contra otro. Sɪɴ. enemistar ☐ Aɴᴛ. conciliar.

conciudadano, na. m. y f. Cada uno de los ciudadanos de una misma ciudad o nación, respecto de los demás.

conclave o **cónclave.** m. **1** Reunión de los cardenales y lugar donde se reúnen para elegir Papa. **2** Junta de personas que se reúnen para tratar algún asunto.

concluir. tr. **1** Acabar o finalizar una cosa. También prnl. **2** Formar un juicio sobre lo que se ha tratado o examinado: *concluimos que el acusado era culpable.* | intr. **3** Terminar: *su vida concluyó trágicamente.* || **Irreg.** Se conj. como *huir.* Sɪɴ. 2 deducir, determinar ☐ Aɴᴛ. 3 iniciar, empezar.

conclusión. f. **1** Acción de concluir o concluirse. **2** Fin de una cosa. **3** Resolución que se ha tomado sobre una materia.

conclusivo, va. adj. Que concluye o finaliza una cosa.

concluso, sa. adj. Terminado.

concluyente. adj. **1** Que concluye. **2** Convincente: *una respuesta concluyente.*

concoideo, a. adj. Semejante a la concha.

concomerse. prnl. Consumirse de impaciencia, remordimientos, u otro sentimiento. Sɪɴ. reconcomerse.

concomitancia. f. Acción de acompañar una cosa a otra, u obrar juntamente con ella.

concomitante. adj. Que actúa en el mismo sentido que otra cosa o que la acompaña: *acciones concomitantes.*

concomitar. tr. Acompañar una cosa a otra, o actuar juntamente con ella.

concordancia. f. **1** Correspondencia y conformidad de una cosa con otra. **2** En gram., conformidad de accidentes entre dos o más palabras variables: *concordancia de género y número.*

concordante. adj. Que concuerda.

concordar. intr. Estar de acuerdo: *tu opinión no concuerda con la mía.* **2** En gram., establecer concordancia entre palabras variables. | tr. **3** Poner de acuerdo lo que no lo está. || **Irreg.** Se conj. como *contar.* Sɪɴ. 1 coincidir ☐ Aɴᴛ. 1 discrepar.

concordato. m. Tratado o convenio sobre asuntos eclesiásticos que el Gobierno de un Estado hace con la Santa Sede.

concorde. adj. Que se corresponde o coincide con otra cosa.

concordia. f. **1** Conformidad, unión. **2** Convenio entre litigantes. Sɪɴ. 1 armonía 2 pacto ☐ Aɴᴛ. 1 desunión.

concreción. f. **1** Acción de concretar. **2** Masa formada por depósito o desecación y hecha compacta por cualquier causa.

concrecionar. tr. y prnl. Formar concreciones.

concrescencia. f. Crecimiento simultáneo de varios órganos de un vegetal, tan cercanos que se confunden en una sola masa.

concretar. tr. **1** Hacer concreta o precisa alguna cosa: *concretar la fecha de una cita.* **2** Reducir a lo más esencial. | **concretarse.** prnl. **3** Tratar de una sola cosa, excluyendo las otras. Sin. 1 precisar 2 resumir 3 ceñirse.

concreto, ta. adj. **1** Se dice de cualquier objeto considerado en sí mismo, con exclusión de cuanto pueda serle ajeno. **2** Determinado, preciso: *exijo un informe concreto.* **3** En ling., nombre que designa este objeto. Se opone a *abstracto.* **4 en concreto.** loc. En resumen, en conclusión. Sin. 1 singular ☐ Ant. 1 inconcreto.

concubina. f. Mujer que vive con un hombre y mantiene relaciones sexuales con él sin estar casados. Sin. amante, querida.

conculcación. f. Acción de conculcar.

conculcar. tr. Quebrantar una ley, obligación o principio. Sin. violar, transgredir.

concuñado, da. m. y f. Cónyuge de una persona respecto del cónyuge de otra persona hermana de aquélla.

concupiscencia. f. **1** Afán desordenado de placeres sexuales. **2** Deseo exagerado de bienes materiales. Sin. 1 lujuria 2 codicia.

concupiscente. adj. Dominado por la concupiscencia.

concupiscible. adj. Deseable.

concurrencia. f. **1** Conjunto de personas que asisten a un acto o reunión: *dirigirse a la concurrencia.* **2** Convergencia de varios sucesos o cosas a un mismo tiempo. Sin. 1 público 2 concurso.

concurrente. adj. y com. Que concurre.

concurrido, da. adj. Se dice de lugares, espectáculos, etc., adonde concurre mucho público.

concurrir. intr. **1** Juntarse en un mismo lugar o tiempo diferentes personas, sucesos o cosas. **2** Contribuir para determinado fin: *he concurrido con mil pesetas.* **3** Tomar parte en un concurso.

concursante. com. Persona que toma parte en un concurso.

concursar. tr. Tomar parte en un concurso, oposición, competencia.

concurso. m. **1** Oposición o competición entre los aspirantes a un premio, puesto de trabajo, prestar un servicio, etc.: *concurso de belleza.* **2** Concurrencia, reunión de personas en un mismo lugar. **3** Asistencia o ayuda: *con el concurso de todos, podremos lograrlo.*

concusión. f. **1** Conmoción violenta. **2** Cobro injustificado que hace un funcionario público en provecho propio.

condado. m. **1** Dignidad honorífica de conde. **2** Territorio sobre el que antiguamente ejercía su señorío un conde.

conde, condesa. m. y f. **1** Título nobiliario, inferior al de marqués y superior al de vizconde. | m. **2** Gobernador de una comarca o territorio en los primeros siglos de la Edad Media.

condecoración. f. **1** Acción de condecorar. **2** Insignia de honor y distinción.

condecorar. tr. Dar o imponer condecoraciones.

condena. f. **1** Sentencia judicial que pronuncia una pena. **2** Extensión y grado de la pena.

condenación. f. **1** Acción de condenar o condenarse. **2** Entre los católicos, la pena eterna.

condenado, da. adj. **1** Se dice de la persona a quien le ha sido impuesta una condena. También s.: *el condenado será ejecutado al amanecer.* **2** Endemoniado, perverso. **3** Se aplica a lo que causa molestia: *este condenado zapato me aprieta.* Sin. 1 reo.

condenar. tr. **1** Pronunciar el juez sentencia, imponiendo al acusado la pena correspondiente. **2** Reprobar una doctrina u opinión: *condenar una huelga.* **3** Tabicar o incomunicar una habitación. **4** Forzar a uno a hacer algo penoso: *condenar al silencio.* | **condenarse.** prnl. **5** Para los cristianos, incurrir en la pena eterna.

condenatorio, ria. adj. **1** Que contiene condena o puede motivarla. **2** Se dice de la sentencia judicial que castiga al reo.

condensabilidad. f. Propiedad de condensarse que tienen algunos cuerpos.

condensación. f. Acción de condensar o condensarse.

condensador, ra. adj. **1** Que condensa. |m. **2** Aparato para reducir los gases a menor volumen. **3** Sistema de dos conductores separados por una lámina aislante, que sirven para almacenar cargas eléctricas.

condensar. tr. **1** Convertir un vapor en líquido o en sólido. También prnl.: *condensarse el vapor de agua.* **2** Reducir una cosa a menor volumen. También prnl. **3** Sintetizar, resumir, compendiar: *condensar el contenido de una conferencia.*

condescendencia. f. Acción de condescender.

condescender. intr. Acomodarse al gusto y voluntad de otro: *no condesciendas a sus caprichos.* || **Irreg.** Se conj. como *entender.* Sin. transigir.

condescendiente. adj. Que condesciende.

condestable. m. En la Edad Media, persona que obtenía y ejercía el máximo poder en el ejército.

condición. f. **1** Índole, naturaleza o propiedad de las cosas o de los animales. **2** Estado o circunstancia en que se encuentra una persona. **3** Posición social: *una persona de condición humilde.* **4** Circunstancia necesaria para que otra pueda ocurrir: *para obtener* *la plaza es condición necesaria saber inglés.* **5 en condiciones.** loc. Bien dispuesto o apto para el fin deseado.

condicional. adj. **1** Que incluye una condición o requisito: *libertad condicional*. **2** En gram., se dice de la oración subordinada que establece una condición o requisito para que se cumpla lo expresado en la oración principal. **3** Se dice de la conjunción que une estas oraciones: *como, con tal que, si, a condición de que*. **4** Se dice del modo potencial, que expresa la acción del verbo como posible.

condicionamiento. m. **1** Acción de condicionar. **2** Limitación, restricción.

condicionante. adj. y m. Que determina o condiciona.

condicionar. tr. **1** Hacer depender una cosa de alguna condición. **2** Influir: *los cambios climáticos condicionan la productividad agrícola*.

condigno, na. adj. Que corresponde a otra cosa o se deriva de ella: *el premio es condigno al mérito*.

cóndilo. m. Protuberancia redondeada, en la extremidad de un hueso, que forma articulación encajando en el hueco correspondiente de otro hueso.

condimentación. f. Acción de condimentar.

condimentar. tr. Sazonar los alimentos con ciertas sustancias.

condimento. m. Lo que sirve para sazonar la comida y darle buen sabor, como el vinagre, el aceite, la sal o las especias.

condiscípulo, la. m. y f. Persona que estudia o ha estudiado con otra.

condolencia. f. Pésame. Más en pl.

condolerse. prnl. Compadecerse de lo que otro siente o padece. ‖ **Irreg.** Se conj. como *mover*.

condominio. m. Dominio de una cosa que pertenece en común a dos o más personas.

condón. m. Funda de goma que se usa para cubrir el pene durante el coito y evitar así la fecundación o la transmisión de enfermedades. S<small>IN</small>. preservativo, profiláctico.

condonación. f. Acción de condonar.

condonar. tr. Perdonar una deuda o una pena.

cóndor. m. **1** Ave rapaz diurna, de la misma familia que el buitre. Habita en los Andes y es la mayor de las aves voladoras. **2** Antigua moneda de oro de Chile y de Ecuador.

condotiero. m. **1** Comandante de soldados mercenarios italianos. **2** Soldado mercenario.

conducción. f. **1** Acción de conducir, llevar o guiar alguna cosa. **2** Conjunto de conductos dispuestos para el paso de algún fluido: *conducción eléctrica*.

conducente. adj. Que conduce.

conducir. tr. **1** Llevar, transportar de una parte a otra. **2** Guiar un vehículo automóvil: *conducir un ca-*

mión. También intr. **3** Dirigir un negocio o la actuación de una colectividad: *conducir un ejército*. **4** Impulsar, llevar. También intr.: *conducir al fracaso*. ‖ **conducirse.** prnl. **5** Comportarse de una determinada manera. ‖ **Irreg.** Conjugación modelo:

Indicativo
Pres.: *conduzco, conduces, conduce, conducimos, conducís, conducen*.
Imperf.: *conducía, conducías,* etc.
Pret. indef.: *conduje, condujiste,* etc.
Fut. imperf.: *conduciré, conducirás,* etc.
Potencial: *conduciría, conducirías,* etc.
Subjuntivo
Pres.: *conduzca, conduzcas, conduzca, conduzcamos, conduzcáis, conduzcan*.
Imperf.: *condujera* o *condujese, condujeras* o *condujeses,* etc.
Fut. imperf.: *condujere, condujeres,* etc.
Imperativo: *conduce, conducid*.
Participio: *conducido*.
Gerundio: *conduciendo*.

---

conducta. f. Manera de conducirse o comportarse una persona.

conductibilidad. f. Conductividad.

conductismo. m. Doctrina psicológica exclusivamente basada en la observación del comportamiento objetivo del ser que se estudia.

conductista. adj. y com. Relativo al conductismo.

conductividad. f. Propiedad natural de los cuerpos, que consiste en transmitir el calor o la electricidad.

conductivo, va. adj. Que tiene la propiedad de conducir.

conducto. m. **1** Canal, generalmente cubierto, que sirve para dar paso y salida a las aguas y otras cosas: *conducto lacrimal*. **2** Mediación o intervención de una persona para la solución de un negocio, obtención de noticias, etc. **3** Medio, vía, procedimiento: *he presentado la solicitud de beca por conducto oficial*.

conductor, ra. adj. y s. **1** Que conduce: *conductor de masas*. **2** Se apl. a la persona que conduce un vehículo: *conductor de trenes*. **3** Se dice de los cuerpos que, en mayor o menor medida, conducen el calor y la electricidad. S<small>IN</small>. 2 chófer.

condueño. com. Dueño con otro de alguna cosa.

condumio. m. Comida, alimento.

conectar. tr. e intr. **1** Establecer contacto entre dos partes de un sistema mecánico o eléctrico. También prnl. **2** Unir, enlazar, establecer relación, poner en comunicación: *no logro conectar con nadie*.

conejera. f. **1** Madriguera donde se crían conejos. **2** Cueva estrecha y larga.

conejillo de Indias. m. Cobaya.

conejo, ja. m. y f. **1** Mamífero lagomorfo, de unos 40 cm de largo, pelo espeso, orejas largas y cola muy corta; es muy apreciado por su carne y su piel. | f. **2** Mujer que pare con frecuencia y tiene muchos hijos.

conexión. f. **1** Enlace, relación, unión. | pl. **2** Amistades influyentes.

conexionarse. prnl. Contraer conexiones.

conexivo, va. adj. Que puede unir o juntar una cosa con otra.

conexo, xa. adj. Enlazado, relacionado: *opiniones conexas*.

confabulación. f. Acción o efecto de confabular o confabularse. **Sin.** conspiración, intriga.

confabularse. prnl. Ponerse de acuerdo dos o más personas, generalmente para perjudicar a otras. **Sin.** intrigar, conspirar.

confección. f. **1** Acción de confeccionar. | pl. **2** Prendas de vestir que se venden hechas, a diferencia de las que se encargan a medida.

confeccionar. tr. Hacer determinadas cosas materiales, especialmente compuestas, como listas, prendas de vestir, etc.

confeccionista. adj. y com. Se dice de la persona que se dedica a la fabricación o comercio de ropas hechas.

confederación. f. **1** Alianza, unión o asociación entre personas, grupos, organizaciones, Estados, para un determinado fin. **2** Organismo resultante de esta unión: *Confederación Helvética*.

confederado, da. adj. y s. **1** Que entra o está en una confederación. **2** Se dice de los Estados y combatientes que pertenecían a la Confederación Sudista en la guerra de Secesión americana.

confederarse. prnl. Reunir en confederación. **Sin.** aliarse.

conferencia. f. **1** Disertación en público sobre algún tema: *una conferencia sobre la novela contemporánea*. **2** Reunión de representantes de gobiernos o Estados para tratar asuntos internacionales. **3** Comunicación telefónica interurbana.

conferenciante. com. Persona que diserta en público sobre un tema.

conferenciar. intr. Dialogar.

conferir. tr. **1** Conceder, asignar a uno dignidad, derechos, empleo, etc. **2** Atribuir o prestar una cualidad no física a una persona o cosa: *la asistencia del catedrático confirió importancia al acto*. **3** Cotejar y comparar una cosa con otra. || **Irreg.** Se conj. como *sentir*.

confesar. tr. **1** Manifestar uno hechos, ideas o sentimientos que antes estaban ocultos: *confieso que te he mentido*. **2** Declarar el reo o el litigante ante el juez: *confesó el crimen*. También prnl.: *se confesó culpable*. **3** Declarar el penitente al confesor en el sacramento de la penitencia. También prnl. **4** Escuchar el confesor al penitente. || **Irreg.** Se conj. como *acertar*. **Ant.** 1 y 2 ocultar.

confesión. f. **1** Declaración que uno hace de lo que sabe sobre algo. **2** Declaración al confesor de los pecados que uno ha cometido. **3** Declaración del litigante o del reo en el juicio. **4** Credo religioso y conjunto de personas que lo profesan: *es de confesión musulmana*.

confesional. adj. y s. Relativo a una confesión religiosa.

confesionalidad. f. Cualidad de confesional.

confeso, sa. adj. Que ha confesado su delito o culpa.

confesor. m. Sacerdote que, con licencia del ordinario, confiesa a los penitentes.

confesionario o **confesonario.** m. Especie de cabina dentro de la cual se coloca el sacerdote para oír las confesiones sacramentales en las iglesias.

confeti. m. Pedacitos de papel de varios colores que se arrojan las personas unas a otras en los días de carnaval u otras fiestas.

confiado, da. adj. **1** Crédulo. **2** Seguro de sí mismo.

confianza. f. **1** Esperanza firme que se tiene en una persona o cosa: *he puesto toda mi confianza en ti*. **2** Seguridad en sí mismo. **3** Familiaridad en el trato: *nos tenemos mucha confianza*. **Sin.** 1 y 3 llaneza, franqueza □ **Ant.** 1 y 2 desconfianza 2 inseguridad 3 afectación.

confiar. intr. **1** Tener confianza en alguien o algo: *confiaba en que no llovería*. También prnl. | tr. **2** Encargar algo a alguien o ponerlo bajo su cuidado: *confiar el dinero*. También prnl. **Sin.** 1 fiarse 2 encomendar □ **Ant.** 1 desconfiar.

confidencia. f. Revelación secreta, noticia reservada.

confidencial. adj. Reservado, secreto: *un informe confidencial*.

confidente. com. **1** Persona a quien otra confía sus secretos o le encarga la ejecución de cosas confidenciales. **2** Persona que sirve de espía: *trabaja como confidente de la policía*. | m. **3** Sofá de dos asientos. **Sin.** 2 soplón.

configuración. f. Disposición de las partes que componen un cuerpo y le dan su forma peculiar.

configurar. tr. y prnl. Dar determinada forma a una cosa.

confín. m. **1** Punto más alejado al que alcanza la vista. **2** Límite que divide las poblaciones, provincias, naciones, etc. Más en pl.: *los confines de España y Francia*. **Sin.** 1 horizonte 2 linde, frontera.

confinamiento. m. En der., pena consistente en relegar al condenado a cierto lugar seguro para que viva en libertad, pero bajo vigilancia de las autoridades.

confinar. tr. **1** Recluir obligatoriamente a alguien en un lugar: *le confinaron en una isla*. También prnl. **2** Desterrar. | intr. **3** Lindar, estar contiguo a otro territorio, mar, río, etc. **Sin.** 3 limitar.

confirmación. f. **1** Acción de confirmar. **2** Aquello que demuestra la verdad y certeza de algo. **3** Uno de los siete sacramentos de la Iglesia católica. **Sin.** 2 prueba.

confirmando, da. m. y f. Persona que va a recibir el sacramento de la confirmación.

confirmar. tr. **1** Corroborar la verdad de algo: *confirmar una noticia*. **2** Dar a una persona o cosa mayor firmeza o seguridad; asegurar. También prnl. **3** Dar validez definitiva a algo: *confirmar un billete de avión*. También prnl. **4** Administrar el sacramento de la confirmación. También prnl.: *se confirmó a los siete años*. **Sin.** 1 comprobar 3 ratificar ☐ **Ant.** 3 invalidar.

confirmatorio, ria. adj. Auto o sentencia por el que se confirma otro auto o sentencia anteriores.

confiscación. f. Acción de confiscar. **Sin.** decomiso.

confiscar. tr. **1** Privar a alguien de sus bienes y aplicarlos a la Hacienda Pública o al Tesoro. **2** Apropiarse las autoridades del Gobierno de lo implicado en algún delito: *confiscar una maleta con mercancía de contrabando*. **Sin.** 2 decomisar.

confiscatorio, ria. adj. Relativo a la confiscación.

confitar. tr. **1** Cubrir con un baño de azúcar frutas o frutos secos. **2** Cocer las frutas en almíbar.

confite. m. Pasta hecha de azúcar y algún otro ingrediente, generalmente en forma de bolitas de varios tamaños. Más en pl.

confitería. f. Tienda en que se venden dulces y confites. **Sin.** pastelería.

confitero, ra. m. y f. Persona que hace o vende dulces. **Sin.** pastelero.

confitura. f. Fruta confitada en mermelada.

conflación. f. Acción de fundir.

conflagración. f. Estallido de un conflicto violento entre dos o más naciones. **Sin.** contienda.

conflagrar. tr. Incendiar, quemar alguna cosa.

conflictivo, va. adj. **1** Que origina conflicto. **2** Perteneciente al conflicto. **3** Se dice del tiempo, situación, circunstancias, etc., en que hay conflicto: *época conflictiva*. **Sin.** 1 a 3 problemático.

conflicto. m. **1** Antagonismo, pugna, oposición entre personas o cosas: *conflicto entre naciones*. **2** Situación difícil.

confluencia. f. **1** Acción de confluir. **2** Lugar donde confluyen los caminos, los ríos, etc.

confluir. intr. **1** Juntarse en un lugar varios caminos, corrientes de agua, personas, etc. **2** Concurrir diversos factores en un determinado hecho: *en este tratado científico confluyen varias teorías*. ‖ **Irreg.** Se conj. como **huir. Sin.** 1 afluir 1 y 2 converger ☐ **Ant.** 2 divergir.

conformación. f. Distribución de las partes que forman un conjunto. **Sin.** estructura, configuración.

conformar. tr. **1** Dar formar a algo: *conformar el carácter*. **2** Concordar una cosa con otra: *conformar la calidad y el precio de un vino*. También prnl. | **conformarse.** prnl. **3** Resignarse, aceptar algo sin protesta: *me conformo con media jornada de trabajo*.

conforme. adj. **1** De acuerdo con lo que se expresa: *obtuvimos una evaluación conforme a los esfuerzos individuales*. **2** Satisfecho, contento, resignado: *estar conforme con una decisión*. | m. **3** Aprobación que se pone al pie de un escrito. | adv. m. **4** En proporción a, con arreglo a, de manera que, según: *actuamos conforme a lo dicho*. **Sin.** 1 acorde ☐ **Ant.** 1 y 2 disconforme.

conformidad. f. **1** Concordia o correspondencia entre dos personas o cosas. **2** Aprobación: *pueden contar con mi conformidad*. **3** Tolerancia en las dificultades.

conformismo. m. Actitud del que con demasiada facilidad se adapta a lo establecido por las circunstancias.

conformista. adj. y com. Que practica el conformismo.

confort. (voz fr.) m. Comodidad.

confortable. adj. **1** Cómodo. **2** Que conforta, alienta o consuela. **Sin.** 2 reconfortante.

confortar. tr. y prnl. **1** Vigorizar, fortalecer. **2** Animar, alentar, consolar al afligido. **Ant.** 2 desalentar.

confraternidad. f. Hermandad de parentesco o de amistad.

confraternizar. intr. Tratarse con amistad.

confrontación. f. **1** Careo entre dos o más personas: *una confrontación de testigos*. **2** Comparación de una cosa con otra: *confrontación entre la calidad y el precio*.

confrontar. tr. **1** Carear una persona con otra. **2** Cotejar una cosa con otra, y especialmente escritos.

confrontar. tr. **1** Carear o poner frente a frente una persona con otra. **2** Comparar una cosa con otra, y especialmente escritos: *confrontar el original con la copia*. **Sin.** 2 cotejar.

confucianismo. m. Sistema filosófico y religioso basado en las enseñanzas de Confucio.

confucianista. adj. y com. Relativo al confucianismo o que profesa esta doctrina.

confulgencia. f. Brillo simultáneo: *confulgencia de muchas estrellas*.

confundir. tr. **1** Mezclar dos o más cosas diversas, de modo que no puedan distinguirse. **2** Equivocar. También prnl.: *me confundí de calle.* **3** Desordenar una cosa. **4** Turbar, desconcertar: *confundir al adversario.* También prnl.: *me confundes con tus lágrimas.* **Ant.** 2 acertar 3 ordenar.

confusión. f. **1** Acción de confundir, mezclar cosas diversas. **2** Falta de orden, de concierto y de claridad. **3** Perplejidad, desasosiego. **4** Humillación.

confusionismo. m. Confusión y oscuridad en las ideas o en el lenguaje.

confuso, sa. adj. **1** Mezclado. **2** Oscuro, dudoso: *un lenguaje confuso.* **3** Que no puede distinguirse: *un color confuso.* **4** Turbado, perplejo. **Ant.** 1 ordenado 2 claro, evidente 3 distinto.

conga. f. Danza popular de Cuba, de origen africano.

congelación. f. Acción de congelar o congelarse.

congelador. m. Compartimiento especial, generalmente el de los frigoríficos, donde se produce hielo y se conservan los alimentos.

congelar. tr. **1** Helar un líquido. También prnl.: *el zumo se congeló.* **2** Someter alimentos a muy bajas temperaturas para conservarlos: *congelar el pescado.* **3** Dañar el frío los tejidos orgánicos. **4** Declarar inmodificables sueldos, precios, créditos, etc. **Ant.** 1 fundir 1 y 2 descongelar.

congénere. adj. Del mismo género, origen o clase. También com.: *no quiero saber nada de tus congéneres.* **Sin.** semejante ▢ **Ant.** ajeno.

congeniar. intr. Entenderse dos o más personas por tener carácter o gustos coincidentes. **Sin.** simpatizar, comprenderse ▢ **Ant.** chocar.

congénito, ta. adj. **1** De nacimiento: *un tumor congénito.* **2** Que se engendra juntamente con otra cosa; desde su aparición: *es un mal congénito de la sociedad.* **Sin.** 1 y 2 innato.

congestión. f. **1** Acumulación excesiva de sangre en alguna parte del cuerpo. **2** Concurrencia excesiva de personas, vehículos, etc., que ocasiona un entorpecimiento del tráfico en un paraje o vía pública.

congestionar. tr. **1** Producir congestión en una parte del cuerpo. | **congestionarse.** prnl. **2** Acumularse más o menos rápidamente la sangre en una parte del cuerpo. **3** Producirse una concurrencia excesiva de personas, vehículos, etc.: *congestionarse el tráfico.*

congestivo, va. adj. Relativo a la congestión.

conglomerado. m. **1** Masa formada por fragmentos de diversas rocas o sustancias minerales unidos por un cemento. **2** Masa compacta de materiales unidos artificialmente: *conglomerado de madera.*

conglomerar. tr. **1** Aglomerar. **2** Unir o agrupar fragmentos o corpúsculos de una misma o de diversas sustancias con tal coherencia que resulte una masa compacta. También prnl. **Ant.** 2 disgregar.

conglutinar. tr. y prnl. Aglutinar.

congoja. f. Angustia y aflicción del ánimo.

congoleño, ña o **congolés, sa.** adj. y s. Del Congo.

congosto. m. Desfiladero entre montañas.

congraciamiento. m. Acción de congraciar o congraciarse.

congraciar. tr. Conseguir la benevolencia o simpatía de alguien. Más en prnl.: *trataré de congraciarme con mis nuevos compañeros.*

congratulación. f. Acción de congratular o congratularse. **Sin.** felicitación.

congratular. tr. y prnl. Manifestar alegría y satisfacción a la persona a quien ha acaecido un suceso feliz. **Sin.** felicitar.

congregación. f. **1** Cuerpo o comunidad de sacerdotes seculares, dedicados al ejercicio de los ministerios eclesiásticos, bajo ciertas reglas. **2** En el Vaticano, cualquiera de las juntas compuestas de cardenales, prelados y otras personas, para el despacho de varios asuntos: *congregación de Ritos.*

congregante, ta. m. y f. Individuo de una congregación. **Sin.** cofrade.

congregar. tr. y prnl. Juntar, reunir. **Ant.** disgregar.

congresista. com. Miembro de un congreso científico, económico, etc.

congreso. m. **1** Reunión de varias personas para deliberar sobre algún asunto previamente fijado: *un congreso de literatura.* **2** Edificio donde los diputados a Cortes celebran sus sesiones. **3** En algunos países, asamblea nacional.

congrio. m. Pez marino de 1 a 2 m de largo, con el cuerpo gris oscuro, casi cilíndrico y sin escamas; su carne es blanca y muy apreciada.

congruencia. f. Relación de armonía, lógica o conformidad. **Ant.** incongruencia, incoherencia.

congruente. adj. Que tiene congruencia. **Ant.** incongruente.

congruidad. f. Congruencia.

congruo, grua. adj. Congruente.

conicidad. f. Cualidad de cónico.

cónico, ca. adj. **1** Relativo al cono. **2** Con forma de cono: *techo cónico.*

conidio. m. Espora asexual de muchos hongos, que se forma frecuentemente por gemación.

conífero, ra. adj. y f. **1** Se dice de las plantas gimnospermas, de hojas perennes, aciculares o en forma de escamas, y fruto en forma cónica, como los pinos, cipreses y abetos. | f. pl. **2** Subclase de estas plantas.

Coníferas

conimbricense. adj. y com. De Coimbra.
conirrostro, a. adj. y m. Se dice de los pájaros con el pico cónico, corto y robusto, propio de las aves granívoras, como el gorrión, la alondra y el cuervo.
conivalvo, va. adj. De concha cónica.
conjetura. f. Juicio u opinión probable que se forma de indicios. Sɪɴ. hipótesis, supuesto.
conjeturable. adj. Que se puede conjeturar. Sɪɴ. hipotético.
conjeturar. tr. Formar juicio de algo por indicios. Sɪɴ. presumir, imaginar, suponer.
conjugación. f. **1** Acción de conjugar. **2** Serie ordenada de las distintas formas de un mismo verbo o comunes a un grupo de verbos de igual flexión, con las cuales se denotan sus diferentes modos, tiempos, números y personas.
conjugar. tr. **1** Enunciar en serie ordenada las distintas formas de un mismo verbo que denotan sus diferentes modos, tiempos, números y personas. **2** Unir, armonizar: *conjugar los colores*. Sɪɴ. 2 conjuntar ☐ Aɴᴛ. 2 desunir.
conjunción. f. **1** Parte invariable de la oración que une palabras u oraciones, señalando la relación existente entre ellas: *conjunción concesiva, comparativa*. **2** Unión: *conjunción de acontecimientos*.
conjuntar. tr. y prnl. Coordinar; reunir armoniosamente las partes de un todo. Aɴᴛ. disociar.
conjuntiva. f. Membrana mucosa muy fina que tapiza interiormente los párpados de los vertebrados.
conjuntivitis. f. Inflamación de la conjuntiva. ‖ No varía en pl.
conjuntivo, va. adj. **1** Que junta y une una cosa con otra: *tejido conjuntivo*. **2** Relativo a la conjunción: *locución conjuntiva*.
conjunto, ta. adj. **1** Unido o contiguo a otra cosa, o que tiende al mismo fin: *esfuerzos conjuntos*. | m. **2** Reunión de varias personas o cosas. **3** En mat., colección de elementos que cumplen una determinada condición característica: *conjunto de números impares*. **4** Juego de vestir compuesto de la combinación de varias prendas: *conjunto de falda y chaqueta*. **5** Grupo musical. **6 en conjunto.** adv. En su totalidad.
conjura. f. Acción de conjurar o conjurarse.
conjuración. f. Conjura: *la conjuración de Catilina*. Sɪɴ. complot, conspiración.

conjurar. intr. **1** Conspirar, uniéndose varias personas o cosas por un fin, especialmente en contra de alguien. También prnl. | tr. **2** Exorcizar. **3** Impedir, evitar, alejar un daño o peligro: *conjurar la crisis*.

conjuro. m. **1** Imprecación ritual de hechiceros. **2** Acción de conjurar, exorcizar.

conllevar. tr. **1** Implicar, suponer, acarrear: *ese proyecto conlleva graves dificultades*. **2** Soportar, sufrir: *conllevar una enfermedad*.

conmemoración. f. Memoria o recuerdo que se hace de una persona o acontecimiento. **Sin.** aniversario.

conmemorar. tr. Recordar públicamente un personaje o acontecimiento.

conmemorativo, va o **conmemoratorio, ria.** adj. Que recuerda a una persona o cosa, o hace conmemoración de ella.

conmensuración. f. Medida, igualdad o proporción que tiene una cosa con otra.

conmensurar. tr. Medir con igualdad o debida proporción.

conmigo. Forma especial del pron. pers. *mí*, cuando va precedido de la preposición *con*.

conminación. f. Acción de conminar. **Sin.** amenaza.

conminar. tr. **1** Amenazar. **2** Exigir algo bajo amenaza de castigo.

conminatorio, ria. adj. y m. Se dice del mandato o juramento que conmina.

conmiseración. f. Compasión que uno tiene del mal de otro.

conmoción. f. **1** Agitación; perturbación violenta: *la noticia causó una verdadera conmoción*. **2 conmoción cerebral.** Estado de aturdimiento o pérdida de conciencia producido por un golpe en la cabeza. **Sin.** 1 choque, levantamiento, tumulto.

conmocionar. tr. Producir conmoción.

conmover. tr. **1** Enternecer, despertar compasión. También prnl.: *le conmueven los relatos sentimentales*. **2** Perturbar, inquietar. || **Irreg.** Se conj. como *mover*. **Sin.** 2 tranquilizar.

conmutabilidad. f. Cualidad de conmutable.

conmutación. f. **1** Acción de conmutar. **2** En ret., inversión de términos en el discurso. **3 conmutación de pena.** En der., indulto parcial que altera la naturaleza del castigo en favor del reo. **Sin.** 1 sustitución, cambio.

conmutador, ra. adj. **1** Que conmuta. | m. **2** Dispositivo de los aparatos eléctricos que sirve para que una corriente cambie de conductor o se interrumpa.

conmutar. tr. **1** Cambiar una cosa por otra. **2** Sustituir castigos impuestos por otros menos graves. **Sin.** 1 permutar, trocar.

conmutativo, va. adj. **1** Que conmuta. **2** En mat., se dice de la propiedad de ciertas operaciones cuyo resultado no varía cambiando el orden de sus términos o elementos.

connatural. adj. Propio o conforme a la naturaleza de cada ser. **Sin.** congénito, innato, natural.

connivencia. f. **1** Confabulación. **2** Disimulo o tolerancia del superior para con las faltas que cometen sus subordinados contra las leyes. **Sin.** 1 contubernio 1 y 2 complicidad.

connivente. adj. Que forma connivencia.

connotación. f. **1** Acción de connotar. **2** Sentido o valor secundario de una palabra, frase, discurso, etc., asociado a su significado estricto. **Sin.** 2 matiz.

connotar. tr. Sugerir una palabra, frase o discurso, un significado secundario que se suma al valor principal.

connotativo, va. adj. Que connota.

connovicio. m. y f. Novicio o novicia a un mismo tiempo con otro u otra en una orden religiosa.

cono. m. **1** En geom., cuerpo generado por un triángulo rectángulo al girar sobre uno de sus lados. **2** P. ext., cualquier superficie que tenga esta forma.

conocedor, ra. adj. y s. Se dice de la persona que es experta en alguna materia: *ser un conocedor de la fauna marina*. **Sin.** versado, entendido.

conocer. tr. **1** Tener idea o captar por medio de las facultades intelectuales la naturaleza, cualidades y relaciones de las personas o las cosas: *no conozco esa ciudad*. **2** Percibir una cosa o una persona como distinta de todo lo demás. **3** Reconocer: *conocer a alguien por su manera de hablar*. **4** Tener relación con alguien: *le conozco desde hace bastante tiempo*. También prnl.: *se conocieron en una conferencia*. **5** Juzgar adecuadamente a alguien: *no le conozco bien*. También prnl.: *cada día me conozco menos*. **6** Saber, entender: *conozco bastante de vinos*. || **Irreg.** se conjuga como *agradecer*.

conocido, da. adj. **1** Famoso, ilustre: *su padre es un conocido novelista*. **2** Que se conoce: *el mundo conocido*. | m. y f. **3** Persona con quien se tiene trato o comunicación, pero no amistad. **Ant.** 1 y 2 desconocido, ignorado.

conocimiento. m. **1** Acción de conocer. **2** Inteligencia. **3** Facultad de entender y juzgar las cosas. **4** Conciencia, sentido de la realidad: *perder alguien el conocimiento*. | pl. **5** Noción, ciencia, sabiduría: *tiene conocimientos básicos de alemán*.

conoide. m. **1** Sólido limitado por una superficie curva con punta o vértice a semejanza del cono. **2** Superficie engendrada por una recta que se mueve apoyándose en una curva o superficie llamada eje, que se conserva paralela a un plano, llamado plano director, el cual no debe ser paralelo al eje.

conoideo, a. adj. Que tiene forma cónica. Se apl. comúnmente a cierta especie de conchas.

conopeo. m. Velo que cubre el sagrario en que hay reservada Eucaristía. Es blanco o del color litúrgico del día.

conque. conj. **1** Expresa una consecuencia de lo que acaba de enunciarse, y equivale a *por consiguiente, por tanto: no sabes nada del tema, conque cállate.* **2** Refiriéndose a lo que se tiene sabido o antes se ha expresado, se usa para apoyar la frase o cláusula que sigue: *conque ¿nos vamos o nos quedamos?*

conquense. adj. y com. De Cuenca (España).

conquiforme. adj. Con forma de concha.

conquista. f. **1** Acción de conquistar. **2** Cosa conquistada. **3** Persona cuyo amor se logra: *Alberto nos presentó a su nueva conquista.*

conquistar. tr. **1** Ganar mediante operación de guerra un territorio, población, posición, etc. **2** Ganar la voluntad de alguien: *su simpatía nos conquistó.* **3** Conseguir alguna cosa, generalmente con esfuerzo, habilidad o venciendo algunas dificultades: *conquistar una posición social elevada.* **4** Enamorar a una persona. **Sin.** 1 someter, invadir 2 captar 3 lograr, alcanzar 4 seducir.

consaburense. adj. y com. De Consuegra.

consabido, da. adj. **1** Que es sabido por cuantos intervienen en un acto de comunicación. **2** Conocido, habitual, característico: *nos dieron el consabido discurso de bienvenida.* **Ant.** 1 y 2 desconocido, ignorado.

consagración. f. **1** Acción de consagrar o consagrarse: *con esta novela logró su consagración.* **2** Ceremonia en que se consagra algo: *la consagración del pan y del vino.*

consagrar. tr. **1** Hacer sagrada a una persona o cosa. **2** Pronunciar el sacerdote en la misa las palabras para que el vino y el pan se transformen en la sangre y el cuerpo de Cristo. **3** Ofrecer a Dios por culto o sacrificio una persona o cosa. También prnl.: *se consagró sacerdote.* **4** Dedicarse alguien a algo a un determinado fin. También prnl.: *consagrarse al estudio.* **5** Conferir a alguien fama o éxito: *aquella película la consagró como una gran actriz.* También prnl.

consanguíneo, a. adj. **1** Persona que tiene parentesco de consanguinidad con otra. También s. **2** Referido a hermanos, se dice de los que lo son de padre solamente.

consanguinidad. f. Unión, por parentesco natural, de varias personas que descienden de una misma raíz o tronco.

consciencia. f. Conciencia.

consciente. adj. **1** Que siente, piensa y obra con conocimiento de sus actos y de su repercusión: *no era consciente de lo que dijo.* **2** Con pleno uso de los sentidos y facultades. **Sin.** 1 sensato 2 lúcido ❑ **Ant.** 1 irresponsable 1 y 2 inconsciente.

consecución. f. Acción de conseguir u obtener algo. **Sin.** obtención.

consecuencia. f. **1** Hecho o acontecimiento que se deriva o resulta de otro: *si lo haces, atente a las consecuencias.* **2** Proposición que se deduce o se deriva de otra o de otras. **3 a consecuencia; en consecuencia; por consecuencia.** loc. conjunt. Como resultado de. **Sin.** 1 resultado 2 conclusión ❑ **Ant.** 1 causa 2 antecedente.

consecuente. adj. **1** Que sigue en orden respecto de una cosa. **2** Se dice de la persona cuya conducta guarda correspondencia lógica con los principios que profesa. | m. **3** Proposición que se deduce de otra que se llama antecedente. **Sin.** 1 siguiente 2 coherente **Ant.** 1 anterior 2 incoherente, incongruente.

consecutivo, va. adj. **1** Se dice de las cosas que se siguen o suceden sin interrupción. **2** Se dice de la oración gramatical que expresa consecuencia de lo indicado en otra u otras. También f. **3** Se dice de la conjunción que expresa relación de consecuencia: *luego, pues, conque, por tanto, así que,* etc.

conseguir. tr. Alcanzar, lograr lo que se desea. || **Irreg.** Se conj. como *pedir*. **Ant.** fracasar.

conseja. f. Cuento o fábula de sabor antiguo.

consejería. f. **1** Lugar, establecimiento, oficina, etc., donde funciona un consejo o una corporación administrativa. **2** Cargo de consejero.

consejero, ra. m. y f. **1** Persona que aconseja o sirve para aconsejar. **2** Persona que pertenece a algún consejo: *asistieron todos los consejeros a la reunión.* **Sin.** 1 asesor 2 consiliario.

consejo. m. **1** Opinión o parecer que se da o toma para hacer o no hacer una cosa: *eso te pasa por no seguir mis consejos.* **2** Organismo encargado oficialmente de una función consultiva, legislativa, judicial o administrativa: *Consejo Superior de Investigaciones Científicas.* **3 Consejo de Estado.** En algunos países, alto cuerpo consultivo que entiende en los negocios más importantes del Estado. **Sin.** 1 asesoramiento, recomendación, sugerencia 2 junta, asamblea.

consenso. m. **1** Consentimiento. **2** Acuerdo de todas las personas que componen una corporación, dos o más partidos políticos, un grupo social, etc., en torno a un tema de interés general: *el Gobierno y la oposición no han logrado alcanzar un consenso sobre la política económica.* **Sin.** 1 asentimiento, autorización 2 unanimidad ❑ **Ant.** 1 prohibición 2 discrepancia.

consentido, da. adj. **1** Se aplica a la persona mimada con exceso. También s. **2** Se dice del marido que tolera la infidelidad de su mujer. **Sin.** 1 malcriado 2 cornudo.

consentimiento. m. **1** Acción de consentir. **2** Conformidad de voluntades entre los contratantes.

consentir. tr. **1** Permitir algo o condescender en que se haga. También intr. **2** Mimar excesivamente a alguien, o ser muy indulgente: *consientes demasiado a tus hijos.* || **Irreg.** Se conj. como *sentir.* **Sin.** 1 acceder 2 malcriar.

conserje. com. Persona que cuida y vigila un edificio o establecimiento público. **Sin.** ujier, ordenanza.

conserjería. f. **1** Oficio y empleo de conserje. **2** Habitación que el conserje ocupa en el edificio que está a su cuidado.

conserva. f. Alimento preparado de forma que se mantenga inalterable en sus propiedades hasta su consumo.

conservador, ra. adj. y s. **1** Que conserva o guarda las cosas. **2** Se dice de personas, partidos, gobiernos, etc., favorables a la continuidad de las estructuras vigentes y defensores de los valores tradicionales. | m. y f. **3** Persona encargada de conservar una obra de arte, un museo, etc. **Sin.** 1 cuidadoso 2 tradicionalista, moderado □ **Ant.** 1 descuidado 2 progresista.

conservaduría. f. **1** Cargo de conservador en algunas dependencias públicas. **2** Oficina del mismo.

conservadurismo. m. Actitud conservadora en política, ideología, etc.

conservante. adj. y m. **1** Que conserva. | m. **2** Sustancia que retrasa el proceso de deterioro de los alimentos. **Sin.** 2 aditivo.

conservar. tr. **1** Mantener algo o cuidar de su permanencia: *conservar la juventud.* También prnl.: *tu madre se conserva muy bien.* **2** Guardar con cuidado una cosa: *la Biblioteca Nacional conserva varios manuscritos del s. xv.* **3** Hacer conservas.

conservatorio. m. Establecimiento en el que se enseña música, declamación y otras artes relacionadas.

conservero, ra. adj. **1** Relativo a las conservas: *industria conservera.* | m. y f. **2** Persona que hace conservas. **3** Propietario de una industria conservera.

considerable. adj. **1** Digno de consideración. **2** Grande, cuantioso. **Ant.** 1 y 2 desdeñable.

consideración. f. **1** Acción de considerar. **2** Respeto: *hay que tener consideración con los demás.* **3** Trato respetuoso o especial. Más en pl.: *tiene todo tipo de consideraciones con sus padres.* **4 tomar,** o **tener, en consideración** una cosa. loc. Considerarla digna de atención. **Sin.** 3 atención, miramiento.

considerado, da. adj. **1** Que actúa con meditación y reflexión. **2** Que recibe de los demás muestras repetidas de atención y respeto: *está muy bien considerada en su trabajo.*

considerando. m. Cada una de las razones esenciales que preceden y sirven de apoyo a un fallo o dictamen y empiezan con dicha palabra.

considerar. tr. **1** Pensar, reflexionar con atención sobre algo. **2** Examinar con detenimiento: *consideraremos vuestra propuesta.* **3** Tratar a alguien con respeto. **4** Juzgar, estimar. También prnl.: *se considera mal pagado.*

consigna. f. **1** En las estaciones de autobuses y trenes, en aeropuertos, etc., local en que los viajeros depositan temporalmente equipajes, paquetes, etc: *hemos dejado dos maletas en consigna.* **2** Orden que se da al que manda un puesto, en la milicia, o a un subordinado en agrupaciones políticas.

consignación. f. **1** Acción de consignar. **2** Cantidad consignada para atender a determinados gastos o servicios.

consignador, ra. adj. y s. Se aplica al que consigna sus mercancías o naves a la disposición de un corresponsal suyo.

consignar. tr. **1** Señalar y destinar una cantidad determinada para el pago de algo que se debe o se constituye. **2** Asentar en un presupuesto una partida para atender a determinados gastos. **3** Poner en depósito una cosa: *consignar el equipaje.* **4** Tratándose de opiniones, votos, doctrinas, hechos, circunstancias, datos, etc., hacerlos constar por escrito.

consignatario, ria. m. y f. **1** Persona o empresa a quien va dirigida una mercancía. **2** Persona que en los puertos de mar representa al armador de un buque para ocuparse de los asuntos administrativos que se relacionan con su carga y pasaje.

consigo. Forma especial del pron. pers. *sí,* cuando va precedido de la prep. *con;* equivale a con él mismo.

consiguiente. adj. **1** Que depende y se deduce de otra cosa. **2 por consiguiente.** loc. conj. Como consecuencia, en virtud de lo antecedente. **Sin.** 1 consecuente □ **Ant.** 1 antecedente.

consiliario, ria. m. y f. Consejero, persona que aconseja o sirve para aconsejar.

consistencia. f. **1** Duración, estabilidad, solidez. **2** Unión entre las partículas de un cuerpo. **Ant.** 1 inconsistencia.

consistente. adj. **1** Que consta de lo que se indica: *una colección narrativa consistente en 24 títulos.* **2** Que tiene consistencia. **Ant.** 2 inconsistente.

consistir. intr. **1** Basarse, estar fundada una cosa en otra: *su fama consiste en la dedicación.* **2** Estar compuesto de, equivaler, ser: *su riqueza consiste en la herencia que le dejó su abuelo.*

consistorial. adj. **1** Relativo al consistorio: *casa consistorial.* También com. **2** Se dice de la dignidad eclesiástica que se proclama en un consistorio papal.

consistorio. m. **1** En algunas ciudades y villas

principales de España, consejo municipal. **2** Junta que celebra el Papa con asistencia de los cardenales.

consola. f. **1** Mesa hecha para estar arrimada a la pared; se destina de ordinario a sostener adornos. **2** En algunas máquinas, sistemas electrónicos o informáticos, etc., panel de control y mandos.

consolación. f. Acción de consolar o consolarse: *premio de consolación.*

consolar. tr. y prnl. Aliviar la pena o sufrimiento de alguien. || **Irreg.** Se conj. como *contar.* **Sin.** confortar.

consolidación. f. Acción de consolidar o consolidarse.

consolidar. tr. **1** Dar firmeza y solidez a una cosa: *consolidar una amistad.* **2** Hacer perpetua una deuda pública. **Sin.** 1 afianzar ▢ **Ant.** 1 debilitar.

consomé. m. Caldo, generalmente de carne.

consonancia. f. **1** Relación de igualdad que tienen algunas cosas entre sí. **2** Identidad de sonido en la terminación de dos palabras, desde la vocal que lleva el acento.

consonante. adj. **1** Se dice de los sonidos de una lengua originados por un cierre de los órganos articulatorios y su posterior apertura. **2** Se dice de las letras que representan estos sonidos. También f. **3** Se dice de la rima que se consigue con la igualdad de sonidos a partir de la última vocal acentuada. **4** Que tiene relación de igualdad o semejanza con otra cosa.

consonantismo. m. Sistema de las consonantes de una lengua.

consonantizar. tr. y prnl. Transformar en consonante una vocal, como la *u* de *Paulo* en la *b* de *Pablo.*

consorcio. m. **1** Agrupación de entidades con intereses comunes. **2** Gran empresa formada por otras de menor tamaño.

consorte. com. **1** Cónyuge. **2** Persona que comparte con otra u otras una misma suerte. **Sin.** 2 copartícipe.

conspicuo, cua. adj. Ilustre, sobresaliente: *el más conspicuo pintor de su época.* **Ant.** mediocre, vulgar.

conspiración. f. Acción de conspirar. **Sin.** intriga, maquinación, conjura.

conspirador, ra. m. y f. Persona que conspira.

conspirar. intr. **1** Aliarse contra alguien o algo, especialmente contra una autoridad. **2** Concurrir varias cosas a un mismo fin.

constancia. f. **1** Firmeza y perseverancia en las resoluciones y en los propósitos. **2** Acción de hacer constar o certificar alguna cosa. **3** Exactitud de algún hecho o dicho. **Sin.** 1 tesón, tenacidad 3 certidumbre.

constante. adj. **1** Se apl. a lo que es perdurable o que no cambia: *un viento constante.* **2** Que tiene constancia. | f. **3** En mat. y otras ciencias, variable que tiene un valor fijo en un determinado proceso, cálculo, etc. **Sin.** 1 inmutable, invariable 2 tenaz, perseverante ▢ **Ant.** 1 variable 2 inconstante.

constantinopolitano, na. adj. y s. De Constantinopla.

constar. intr. **1** Ser cierta y sabida alguna cosa: *me consta que ella no estaba en la reunión.* **2** Quedar registrado algo o alguien: *en el informe consta la fecha de envío.* **3** Tener un todo determinadas partes. || Se construye con la prep. *de: el artículo consta de cuatro apartados.*

constatar. tr. Comprobar, hacer constar.

constatación. f. Acción de constatar.

constelación. f. Conjunto de estrellas identificable a simple vista por su peculiar disposición.

consternación. f. Acción de consternar o consternarse. **Sin.** abatimiento, pesadumbre ▢ **Ant.** alegría.

consternar. tr. y prnl. Causar una pena, abatir a alguien.

constipado, da. adj. **1** Acatarrado. | m. **2** Catarro, resfriado.

constiparse. prnl. Acatarrarse, resfriarse.

constitución. f. **1** Ley fundamental de la organización de un Estado. || Se suele escribir con mayúscula. **2** Esencia y cualidades de una cosa: *la constitución de la materia.* **3** Manera en que están constituidos los sistemas y aparatos orgánicos, cuyas funciones determinan el grado de fuerza y vitalidad de cada individuo: *es de constitución débil.* **4** Acto y resultado de constituir. **Sin.** 2 composición 3 complexión.

constitucional. adj. **1** Relativo a la Constitución de un Estado: *enmienda constitucional.* **2** Propio de la constitución de un individuo o perteneciente a ella.

constitucionalidad. f. Cualidad de constitucional.

constituir. tr. **1** Formar, componer. **2** Establecer. También prnl. | **constituirse.** prnl. **3** Seguido de la prep. *en,* asumir obligación, cargo o cuidado: *se constituyó en defensor de los derechos humanos.* || **Irreg.** Se conj. como *huir.*

constitutivo, va. adj. y m. Que constituye una cosa en cuanto tal y la distingue de otras. **Sin.** definitorio.

constituyente. adj. **1** Que constituye o establece. **2** Se dice de las cortes, asambleas, convenciones, congresos, etc., convocados para elaborar o reformar la Constitución del Estado. También f.

constreñimiento. m. Apremio que se hace a una persona para que ejecute alguna cosa.

constreñir. tr. **1** Obligar a uno a que haga algo. **2** En med., apretar, cerrar: *constreñir un vendaje.* **3** Cohibir, limitar. También prnl. || **Irreg.** Se conj. como *ceñir.*

constricción. f. Acción de constreñir.
construcción. f. **1** Acción de construir. **2** Técnica y arte de construir. **3** Obra construida: *una construcción moderna.* **4** En gram., ordenamiento y disposición a que se han de someter las palabras en una frase para expresar con ellas un concepto. **Sin.** 1 edificación 3 edificio ☐ **Ant.** 1 destrucción.
constructivo, va. adj. Que construye o sirve para construir, por oposición a lo que destruye: *una crítica constructiva.*
constructor, ra. adj. y s. Que construye: *empresa constructora.*
construir. tr. **1** Hacer un edificio, una máquina u otra cosa ordenando los elementos necesarios: *construir una teoría.* **2** En ling., ordenar las palabras, o unirlas entre sí con arreglo a las leyes de la gramática. ‖ **Irreg.** Se conj. como *huir.* **Sin.** 1 edificar, levantar, montar ☐ **Ant.** 1 destruir.
consubstanciación. f. Consustanciación.
consubstancial. adj. Consustancial.
consuegro, gra. m. y f. Los padres de un cónyuge con respecto a los del otro.
consuelo. m. Alivio de una pena, sufrimiento, etc. **Ant.** desconsuelo.
consuetudinario, ria. adj. Que es por costumbre. **Sin.** usual, habitual.
cónsul. com. **1** Representante diplomático de un país en una nación extranjera. ‖ m. **2** Nombre de ciertos magistrados en distintas épocas: *Julio César fue cónsul durante el período republicano en la antigua Roma.*
consulado. m. **1** Territorio, casa y oficina del cónsul. **2** Cargo de cónsul.
consulta. f. **1** Acción de consultar. **2** Opinión o parecer que se pide acerca de una cosa: *el acusado hizo una consulta a su abogado.* **3** Conferencia entre profesionales para resolver alguna cosa. **4** Examen o inspección que el médico hace a un enfermo. **5** Local en que el médico recibe a los pacientes. **Sin.** 2 pregunta.
consultar. tr. **1** Pedir parecer, dictamen o consejo. **2** Deliberar una o varias personas sobre un asunto. **3** Buscar datos en libros, periódicos, ficheros, etc.: *consultar una enciclopedia.* **Sin.** 1 asesorarse 3 investigar.
consultivo, va. adj. **1** Se dice de las materias que los consejos o tribunales deben consultar con el jefe del Estado. **2** Se dice de las juntas o corporaciones establecidas para ser oídas y consultadas por los que gobiernan.
consultoría. f. **1** Actividad del consultor: *lleva una consultoría informática.* **2** Despacho o local donde trabaja el consultor.
consultorio. m. **1** Establecimiento en el que uno o varios médicos atienden a sus pacientes. **2** Establecimiento donde se reciben y resuelven consultas. **3** Sección en los periódicos o emisoras de radio destinada a contestar las preguntas del público.
consumación. f. Acción de consumar.
consumado, da. adj. **1** Terminado. **2** Perfecto en su campo: *un artista consumado.*
consumar. tr. **1** Llevar a cabo totalmente una cosa: *consumar un crimen.* **2** En der., dar cumplimiento a un contrato o a otro acto jurídico.
consumición. f. **1** Consumo, gasto. **2** Lo que se consume en un café, bar o establecimiento público.
consumido, da. adj. Muy flaco, extenuado y demacrado.
consumidor, ra. adj. y s. **1** Que consume. **2** Se dice del individuo que adquiere para su uso mercancías generadas en el proceso productivo.
consumir. tr. **1** Tomar alimentos o bebidas, especialmente en bares, establecimientos públicos, etc. **2** Extinguir, acabar. También prnl.: *consumirse el fuego.* **3** Comprar y utilizar lo que ofrece el mercado. **4** Gastar: *esta estufilla consume demasiada electricidad.* También prnl. **5** Agotar, debilitar. También prnl.: *nos estamos consumiendo con tantas preocupaciones.*
consumismo. m. Tendencia exagerada al consumo de bienes.
consumo. m. Acción de consumir: *consumo de energía.*
consunción. f. **1** Acción de consumir o consumirse. **2** Agotamiento, adelgazamiento.
consuntivo, va. adj. Que tiene virtud de consumir.
consustanciación. f. Presencia de Jesucristo en la Eucaristía, en sentido luterano; es decir, conservando el pan y el vino su propia sustancia, que coexiste con el cuerpo y la sangre de Cristo.
consustancial. adj. Que es de la misma naturaleza o esencia. **Sin.** inherente, intrínseco, propio.
contabilidad. f. **1** Sistema para llevar las cuentas de una entidad. **2** Conjunto de esas cuentas.
contabilizar. tr. **1** Contar, llevar la cuenta: *contabilizar los resultados de las votaciones.* **2** Apuntar una partida o cantidad en los libros de cuentas.
contable. adj. **1** Que puede ser contado. ‖ com. **2** Persona que lleva la contabilidad de una empresa.
contactar. tr. Establecer contacto o comunicación con alguien. **Sin.** comunicarse.
contacto. m. **1** Acción de tocarse o relacionarse dos o más cosas o personas. **2** Relación o trato que se establece entre dos o más personas o entidades: *ponerse en contacto con alguien.* **3** Persona que sirve de enlace: *tiene contactos en las altas esferas del Gobierno.* **4** Conexión entre dos partes de un circuito eléctrico.

contado, da. adj. **1** Raro, escaso. Más en pl.: *ocurre en contadas ocasiones*. **2 al contado.** loc. Con pago inmediato en moneda efectiva o su equivalente.

contador, ra. adj. y s. **1** Que cuenta. | m. **2** Aparato para medir o contar algo: *contador de luz, de gas*. | com. **3** Contable; persona que lleva las cuentas de una entidad.

contaduría. f. **1** Oficio del contable. **2** Oficina del contable o establecimiento donde se lleva a cabo la contabilidad de una empresa, entidad administrativa, etcétera.

contagiar. tr. y prnl. **1** Transmitir a otro u otros una enfermedad: *contagiar una hepatitis*. **2** Comunicar o transmitir a otro gustos, vicios, costumbres, sentimientos, etc.: *todos nos contagiamos de su alegría*.

contagio. m. **1** Transmisión, por contacto, de una enfermedad específica. **2** La misma enfermedad contagiosa. **3** Transmisión de sentimientos, actitudes, simpatías, etc. S<small>IN</small>. 1 infección.

contagioso, sa. adj. **1** Se apl. a las enfermedades que se transmiten por contagio. **2** Pegadizo: *una risa contagiosa*.

contaminación. f. Acción de contaminar o contaminarse: *contaminación ambiental*. S<small>IN</small>. polución.

contaminante. adj. y m. Que contamina.

contaminar. tr. y prnl. **1** Degradar el medio ambiente con sustancias perjudiciales. **2** Alterar la pureza de algunas cosas: *contaminar los alimentos*. **3** Contagiar.

contar. tr. **1** Numerar o computar las cosas para saber cuántas hay. **2** Referir o relatar un suceso: *nos contó el viaje que hizo*. **3** Poner en cuenta, incluir a uno en el número, clase u opinión que le corresponde: *te cuento entre mis mejores amigos*. **4** Tener en cuenta, considerar. **5** Hablando de años, tenerlos: *contaba veinte años cuando se casó con Ana*. | intr. **6** Decir los números ordenadamente: *sólo sabe contar hasta el 20*. **7** Hacer cuentas según las reglas de aritmética. **8** Valer por: *tiene tanta energía que cuenta por tres*. **9 contar con.** Tener en cuenta: *cuento con vosotros para la fiesta*. || **Irreg.** Conjugación modelo:

Indicativo
Pres.: *cuento, cuentas, cuenta, contamos, contáis, cuentan*.
Imperf.: *contaba, contabas*, etc.
Pret. indef.: *conté, contaste*, etc.
Fut. imperf.: *contaré, contarás*, etc.
Potencial: *contaría, contarías*, etc.
Subjuntivo
Pres.: *cuente, cuentes, cuente, contemos, contéis, cuenten*.
Imperf.: *contara* o *contase, contaras* o *contases*, etcétera.
Fut. imperf.: *contare, contares*, etc.
Imperativo: *cuenta, contad*.
Participio: *contado*.
Gerundio: *contando*.

---

contemplación. f. **1** Acción de contemplar. **2** Meditación profunda de carácter religioso. | pl. **3** Miramientos que cohíben de hacer algo: *trátale como a los demás, sin contemplaciones*. S<small>IN</small>. 3 remilgos.

contemplar. tr. **1** Poner la atención en alguna cosa material o inmaterial. **2** Mirar algo con detenimiento: *contemplar una escultura*. **3** Considerar, juzgar: *la dirección no contempla la posibilidad de dar una subida salarial*. **4** Complacer a alguien. S<small>IN</small>. 1 mirar, observar 2 examinar 4 mimar.

contemplativo, va. adj. **1** Perteneciente a la contemplación. **2** Que contempla. **3** Que acostumbra meditar. **4** Que practica la contemplación religiosa. También s. S<small>IN</small>. 2 observador 4 místico.

contemporaneidad. f. Cualidad de contemporáneo.

contemporáneo, a. adj. y s. **1** Existente en la misma época: *Shakespeare y Cervantes fueron contemporáneos*. **2** Actual: *es una novela contemporánea*. S<small>IN</small>. 1 coetáneo.

contemporizar. intr. Acomodarse uno al gusto o dictamen ajeno: *contemporizar con los compañeros de trabajo*.

contención. f. Acción de contener, sujetar el movimiento de un cuerpo: *un muro de contención*. S<small>IN</small>. retención, sujeción.

contencioso, sa. adj. **1** Se aplica a las materias sobre las que se disputa en un juicio, o a la forma en que se litiga. **2** Se dice de los asuntos sometidos al fallo de los tribunales, en contraposición a los actos gubernativos o a los que dependen de una autoridad.

Contaminación ambiental

contender. intr. **1** Luchar. **2** Disputar, discutir. || **Irreg.** Se conj. como *entender.*

contendiente. adj. y com. Que contiende: *los contendientes de una disputa.*

contenedor, ra. adj. **1** Que contiene. | m. **2** Recipiente para depositar basuras y otros desperdicios. **3** Embalaje grande y recuperable, de dimensiones normalizadas internacionalmente, usado para el transporte de mercancías.

contener. tr. **1** Encerrar dentro de sí una cosa u otra: *esta botella contiene aceite.* **2** Sujetar el impulso de un cuerpo. **3** Reprimir un deseo, un sentimiento, etc. También prnl.: *contenerse para no reír.* || **Irreg.** Se conj. como *tener.* **Ant.** 1 soltar 3 liberar.

contenido. m. **1** Lo que se contiene dentro de una cosa: *el contenido de una novela.* **2** Significado de un signo lingüístico o de un enunciado.

contentadizo, za. adj. **1** Persona fácil de contentar. **2** Con los adverbios *bien* o *mal,* se dice de la persona fácil, o difícil, de contentar.

contentar. tr. **1** Satisfacer el gusto de uno. | **contentarse.** prnl. **2** Darse por contento: *se contenta con muy poco.* **3** Reconciliarse los que estaban disgustados. **Sin.** 1 agradar, complacer.

contentivo, va. adj. Que contiene, sujeta: *vendaje contentivo.*

contento, ta. adj. **1** Alegre: *¡qué contenta te veo!* **2** Satisfecho: *están contentos con su nuevo piso.* | m. **3** Alegría, satisfacción: *la noticia les produjo un gran contento.* **Ant.** 1 triste, afligido 2 descontento, insatisfecho 3 tristeza.

conteo. m. **1** Cálculo. **2** *amer.* Recuento.

contera. f. Pieza de metal que se pone en el extremo del bastón, de un paraguas, etc.

contertulio, a. m. y f. Persona que concurre con otras a una tertulia.

contestación. f. **1** Acción de contestar. **2** Polémica, oposición o protesta contra lo establecido: *la huelga fue la contestación de los sindicatos ante el nuevo decreto.* **Sin.** 1 respuesta, réplica.

contestar. tr. **1** Responder: *contestar un saludo, una carta.* | intr. **2** Adoptar una actitud violenta de réplica, de protesta, de oposición: *no le contestes así a tu padre.* **Sin.** 1 y 2 replicar ◻ **Ant.** 1 callar 2 obedecer.

contestatario, ria. adj. y s. Que se opone o protesta ante lo establecido: *un estudiante contestatario.* **Sin.** inconformista, rebelde.

contestón, na. adj. y s. Que replica por sistema.

contexto. m. **1** Conjunto de circunstancias que rodean o condicionan un hecho: *no podemos analizar esa situación fuera de su contexto.* **2** Hilo de una narración, discurso, historia, etc. **Sin.** 1 entorno, ambiente 2 trama.

contextual. adj. Relativo al contexto.

contextura. f. **1** Unión de las partes de un todo **2** Configuración corporal de una persona. **Sin.** 1 estructura 2 complexión.

contienda. f. **1** Guerra, batalla. **2** Discusión, debate.

contigo. Forma especial del pron. pers. *ti,* cuando va precedido de la prep. *con: iremos contigo.*

contigüidad. f. Inmediación de una cosa a otra.

contiguo, gua. adj. Que está tocando a otra cosa. **Sin.** adyacente, imediato ◻ **Ant.** separado.

continencia. f. **1** Moderación en pasiones y afectos. **2** Abstinencia de las actividades sexuales. **Sin.** 1 templanza 2 castidad ◻ **Ant.** 1 incontinencia 2 lujuria.

continental. adj. Relativo al continente o a los países de un continente: *plataforma continental, mercado continental.*

continente. m. **1** Cada una de las grandes extensiones de tierra separadas por los océanos: *el continente africano.* | adj. **2** Se apl. a una cosa que contiene en sí a otra. También m.: *el continente y el contenido.* **3** Se dice de la persona que practica la continencia.

contingencia. f. **1** Posibilidad de que una cosa suceda o no; y esta misma cosa. **2** Riesgo. **Sin.** 1 probabilidad 2 eventualidad.

contingentar. tr. Someter a un cupo la importación o exportación de mercancías.

contingente. adj. **1** Que puede suceder o no. | m. **2** Contingencia, cosa que puede suceder. **3** Parte que cada uno paga o pone cuando son muchos los que contribuyen para un mismo fin. **4** Cuota que se señala a un país o a un industrial para la importación de determinados productos. **5** Fuerzas militares de que dispone el mando. **Sin.** 1 aleatorio, incierto 2 eventualidad 3 cuota.

continuación. f. **1** Acción de continuar. **2** Cosa con la que se continúa algo: *la continuación de una película.*

continuar. tr. **1** Proseguir lo comenzado: *continuar el rodaje de una película.* | intr. **2** Durar, permanecer: *continuaré en París un tiempo más.* **3** Seguir, extenderse. También prnl. **Ant.** 1 interrumpir, cesar.

continuidad. f. **1** Unión que tienen entre sí las partes de un todo continuo: *la continuidad de un relato.* **2** Cualidad de continuo. **3 solución de continuidad.** loc. Interrupción. **Sin.** 1 encadenamiento.

continuo, nua. adj. **1** Que continúa, dura, se hace o se extiende sin interrupción: *murmullo continuo; papel continuo.* **2** Se dice de las cosas que tienen unión entre sí. **3** Perseverante.

contonearse. prnl. Mover afectadamente al andar los hombros y las caderas. **Sin.** balancearse, pavonearse.

Formación de los continentes

contoneo. m. Acción de contonearse.

contornear. tr. **1** Dar vueltas alrededor o en contorno de un paraje o sitio. **2** Dibujar los perfiles de una figura.

contorno. m. **1** Conjunto de líneas que limitan una figura. **2** Territorio que rodea un lugar o una población. Más en pl.: *los contornos de una ciudad.* **Sin.** 1 perímetro, perfil 2 aledaños.

contorsión. f. **1** Movimiento convulsivo de músculos o miembros. **2** Ademán cómico, gesticulación ridícula. **Sin.** 1 contracción 2 mueca.

contorsionarse. prnl. Hacer contorsiones.

contorsionista. com. Persona que ejecuta contorsiones en circos y otros espectáculos.

contra. prep. **1** Denota oposición y contrariedad: *actuó contra su voluntad.* **2** Apoyado en: *está contra la pared.* **3** A cambio de: *hacer una entrega contra reembolso.* | m. **4** Concepto opuesto o contrario a otro. || Se usa más en contraposición a *pro: veamos los pros y los contras de este asunto.* | f. **5** Dificultad, inconveniente. **6** Oposición ante un proceso revolucionario: *la contra nicaragüense.*

contra-. pref. Significa 'oposición', 'refuerzo', 'inferioridad': *contraponer, contraventana, contrabajo.*

contraalmirante. m. Oficial de la armada inmediatamente inferior al vicealmirante.

contraatacar. tr. Efectuar un contraataque.

contraataque. m. Reacción ofensiva contra el ataque o avance del enemigo o rival. **Sin.** contraofensiva, contragolpe.

contraaviso. m. Aviso contrario a otro anterior.

contrabajo. m. **1** Instrumento musical de cuerda y arco, el más grave y mayor de los de su clase. | com. **2** Persona que lo toca. | m. **3** Voz más grave que la del bajo. | com. **4** Persona que la tiene.

contrabalancear. tr. **1** Lograr el equilibrio en la balanza. **2** Compensar, contrapesar.

contrabandear. intr. Efectuar contrabando.

contrabandista. com. Persona que se dedica al contrabando.

contrabando. m. **1** Tráfico ilegal de mercancías sin pagar derechos de aduana: *contrabando de tabaco.* **2** Estas mercancías. **3** Lo que es o tiene apariencia de ilícito: *llegar de contrabando a una fiesta.* **Sin.** 2 alijo.

contrabarrera. f. Segunda fila de asientos en las plazas de toros.

contrabatería. f. Batería en contra de otra del enemigo.

contracción. f. **1** Acción de contraer o contraerse: *contracción de un músculo.* **2** Unión de dos palabras en una, de las cuales la primera acaba y la segunda empieza en vocal: *de el* = del. **Ant.** 1 expansión, distensión.

contraceptivo, va o **contraconceptivo, va.** adj. y m. Anticonceptivo.

contrachapado. adj. y m. Se dice del tablero formado por varias capas finas de madera encoladas de modo que sus fibras queden entrecruzadas.

contracorriente. f. **1** Corriente opuesta a la principal de que procede. **2 a contracorriente.** loc. En contra de la opinión general.

contráctil. adj. Capaz de contraerse con facilidad.

contractual. adj. Procedente del contrato o derivado de él.

contractura. f. **1** Contracción muscular. **2** Disminución del fuste de una columna en su parte superior.

contracultura. f. Conjunto de valores que caracterizan a algunos movimientos de rechazo de los valores culturales establecidos.

contradecir. tr. **1** Decir lo contrario de lo que otro afirma: *esta noticia contradice la de ayer*. **2** Oponerse una cosa con otra. También prnl. | **contradecirse.** prnl. **3** Decir o hacer lo contrario que se ha dicho o hecho: *siempre te estás contradiciendo*. || **Irreg.** Se conj. como *decir*.

contradicción. f. **1** Afirmación y negación que se oponen una a otra y recíprocamente se destruyen. **2** Oposición, contrariedad. **3** Acción de contradecir.

contradictorio, ria. adj. Que implica contradicción. **Sin.** contrario, opuesto, incongruente.

contraer. tr. **1** Reducir a menor tamaño o volumen. También prnl. **2** Adquirir: *contraer una enfermedad*. **3** Asumir compromisos, obligaciones: *contrajo con él una deuda de gratitud*. **4** Reducir el discurso a una idea, a un solo punto. | **contraerse.** prnl. **5** Encogerse un nervio o un músculo. || **Irreg.** Se conj. como *traer*. **Ant.** 1 dilatar.

contraespionaje. m. Servicio de defensa de un país contra el espionaje de potencias extranjeras.

contrafuero. m. Quebrantamiento, infracción de un fuero.

contrafuerte. m. **1** Pilar saliente de un muro, empleado como refuerzo. **2** Pieza con que se refuerza el calzado por la parte del talón.

contragolpe. m. **1** Efecto producido por un golpe en sitio distinto del que sufre la contusión. **2** Golpe dado en respuesta de otro.

contrahaz. f. Revés de las ropas.

contrahecho, cha. adj. y s. Que tiene deformado el cuerpo. **Sin.** deforme.

contraindicación. f. Indicación del peligro o inconveniencia de emplear un medicamento, remedio, tratamiento, etc., en ciertos casos o condiciones.

contraindicar. tr. **1** Disuadir de la utilidad de un medicamento, remedio o acción. **2** Señalarlo como perjudicial en determinados casos.

contralto. m. **1** En mús., voz media entre tiple y tenor. | com. **2** Persona que la tiene.

contraluz. amb. Vista o aspecto de las cosas desde el lado opuesto a la luz: *hacer una foto a contraluz*. Más en m.

contramaestre. m. **1** Oficial que dirige la marinería de un barco. **2** En algunas fábricas, vigilante de los obreros. **Sin.** 2 capataz.

contramano (a). loc. adv. En dirección contraria a la corriente o a la prescrita.

contraofensiva. f. Ofensiva para contrarrestar la del enemigo, haciéndole pasar a la defensiva. **Sin.** contraataque.

contraorden. f. Orden que revoca otra anterior.

contrapartida. f. **1** Anotación para corregir algún error en la contabilidad por partida doble. **2** Asiento del haber, compensado en el debe, y viceversa. **3** Algo que tiene por objeto compensar lo que se recibe de otro.

contrapear. tr. Aplicar unas piezas de madera contra otras, de manera que sus fibras estén cruzadas. **Sin.** contrachapar.

contrapelo (a). loc. adv. **1** A la fuerza; obligadamente: *trabajar a contrapelo*. **2** Contra la inclinación o dirección natural del pelo.

contrapeso. m. **1** Peso que sirve para contrabalancear otro. **2** Lo que equilibra una cosa. **3** Balancín de los equilibristas.

contraponer. tr. **1** Comparar una cosa con otra contraria: *contraponer varias teorías*. **2** Oponer una cosa contra otra. También prnl. || **Irreg.** Se conj. como *poner*. **Sin.** 2 enfrentar.

contraportada. f. **1** Página anterior a la portada o posterior a la portadilla de un libro o revista. **2** Parte posterior de la cubierta de un libro. **Sin.** 2 contracubierta.

contraposición. f. Acción de contraponer.

contraprestación. f. Prestación que debe una parte contratante por lo que ha recibido o debe recibir. **Sin.** contrapartida.

contraproducente. adj. Que produce efectos opuestos a los que se persigue: *esa campaña publicitaria ha resultado contraproducente*. **Sin.** perjudicial □ **Ant.** conveniente.

contrapropuesta. f. Proposición con que se contesta o se impugna otra ya formulada sobre determinada materia.

contrapuerta. f. **1** Puerta que divide el zaguán del resto de la casa. **2** Puerta que está detrás de otra. **Sin.** 1 portón.

contrapunto. m. **1** Concordancia armoniosa de voces contrapuestas. **2** Contraste entre dos cosas simultáneas. **Sin.** 2 contrapeso.

contrariar. tr. y prnl. **1** Contradecir; oponerse a los deseos de alguien. **2** Disgustar: *tu actitud me contraría*. **Ant.** 1 facilitar 2 agradar, satisfacer.

contrariedad. f. **1** Oposición de una cosa con otra. **2** Accidente que impide o retarda el logro de un deseo. **Sin.** 2 percance.

contrario, ria. adj. **1** Opuesto: *siempre haces lo contrario de lo que quieres hacer*. También s. **2** Que daña o perjudica: *contrario a la salud*. | m. y f. **3** Persona que tiene enemistad, sigue pleito o contiende con otra. **4 al contrario.** loc. adv. Al revés, de un modo opuesto. **Sin.** 3 rival ▢ **Ant.** 1 igual 2 beneficioso 3 partidario, amigo.

contrarreforma. f. Movimiento religioso, intelectual y político destinado a combatir los efectos de la reforma protestante. ‖ Suele escribirse con mayúscula.

contrarrestar. tr. **1** Hacer frente y oposición. **2** Neutralizar una cosa los efectos de otra: *contrarrestar los efectos del alcohol.*

contrarrevolución. f. Movimiento que se opone a una revolución precedente.

contrasentido. m. Interpretación contraria al sentido lógico de las palabras, expresiones, ideas, etc. **Sin.** paradoja, despropósito.

contraseña. f. Seña reservada que se dan unas personas a otras para entenderse entre sí o reconocerse.

contrastar. intr. **1** Mostrar notable diferencia o condiciones opuestas dos cosas, cuando se comparan una con otra. **2** Comparar: *contrastar opiniones.* **3** Comprobar la veracidad de algo.

contraste. m. **1** Acción de contrastar. **2** Contraposición o diferencia notable que existe entre personas o cosas: *este cuadro tiene un buen contraste de colores.* **3** Marca que se graba en objetos de metal noble. **Sin.** 2 disparidad, oposición.

contrata. f. **1** Escritura en que se asegura un contrato. **2** El mismo contrato. **3** Contrato para ejecutar una obra o prestar un servicio al Gobierno, entidad administrativa o a un particular, por un precio determinado.

contratación. f. **1** Acción de contratar. **2** Comercio.

contratapa. f. Carne de vaca que está entre la babilla y la tapa.

contratar. tr. **1** Pactar, convenir, comerciar, hacer contratos o contratas. **2** Emplear una persona para un trabajo: *contratar un jardinero.*

contratiempo. m. Suceso inoportuno que obstaculiza o impide el curso normal de algo: *me ha surgido un contratiempo y no podré llegar a la cita.* **Sin.** contrariedad, percance.

contratista. com. Persona a la que se encarga la realización de una obra o servicio por contrata.

contrato. m. **1** Pacto o convenio, oral o escrito, entre partes que se obligan sobre una materia o cosa determinada: *un contrato de alquiler.* **2** Documento que lo acredita: *hoy firma el contrato.*

contravenir. tr. Actuar en contra de lo que está mandado: *contravenir las órdenes.* ‖ **Irreg.** Se conj. como *venir.* **Sin.** incumplir, quebrantar ▢ **Ant.** cumplir.

contraventana. f. **1** Puerta que interiormente cierra sobre los cristales de balcones y ventanas. **2** Puerta exterior para resguardo de ventanas y vidrieras. **Sin.** 1 postigo.

contrayente. adj. y com. Que contrae; se aplica especialmente a la persona que contrae matrimonio.

contrecho, cha. adj. Contrahecho.

contribución. f. **1** Acción de contribuir. **2** Cuota o cantidad que se paga para algún fin, y principalmente la que se impone para las cargas del Estado.

contribuir. intr. **1** Pagar cada uno la cuota que le corresponde por un impuesto. También tr. **2** Aportar voluntariamente una cantidad de dinero u otra ayuda para determinado fin: *contribuir con juguetes para la campaña de Reyes.* **3** Ayudar con otras personas o cosas al logro de algún fin: *la temperatura contribuyó al éxito de la campaña.* ‖ **Irreg.** Se conj. como *huir.* **Sin.** 1 cotizar 2 y 3 colaborar 3 coadyuvar.

contribuyente. adj. y com. **1** Que contribuye. **2** Se aplica a la persona que paga contribuciones al Estado.

contrición. f. En la religión católica, dolor por haber ofendido a Dios. **Sin.** arrepentimiento.

contrincante. com. Persona que compite con otra u otras. **Sin.** rival.

contristar. tr. y prnl. Afligir, entristecer.

contrito, ta. adj. Que siente contrición. **Sin.** compungido.

control. m. **1** Comprobación, fiscalización, intervención: *control de calidad.* **2** Dominio, mando, autoridad: *tener control de uno mismo.* **3** Limitación: *control de gastos; de velocidad.* **4** Sitio donde se controla: *hay que pasar antes por el control de pasajeros.* **5 control remoto.** Dispositivo que regula a distancia el funcionamiento de un aparato, mecanismo o sistema.

controlador, ra. m. y f. **1** Persona que controla. **2 controlador aéreo.** Técnico encargado de supervisar y regular el despegue, aterrizaje y ruta de los aviones de un aeropuerto.

controlar. tr. **1** Ejercer control: *controlar los nervios.* **2** Dominar, ejercer autoridad: *controlar un territorio.* **3** Verificar, comprobar. | **controlarse.** prnl. **4** Moderarse.

controversia. f. Discusión larga y reiterada. **Sin.** debate, polémica.

controvertir. intr. y tr. Discutir detenidamente sobre una materia. ‖ **Irreg.** Se conj. como *sentir.*

contubernio. m. **1** Confabulación, intriga. **2** Convivencia de un hombre y una mujer sin estar casados. **Sin.** 2 amancebamiento.

contumaz. adj. **1** Obstinado, tenaz en mantener un error. **2** En der., rebelde, que no se presenta ni comparece. También s. **Sin.** 1 pertinaz.

contundente. adj. **1** Evidente, convincente: *presentar pruebas contundentes en un juicio.* **2** Que produce contusión: *un objeto contundente.*

contundir. tr. y prnl. Magullar, golpear.

conturbación. f. Inquietud, turbación. **Ant.** tranquilidad.

conturbar. tr. y prnl. Turbar, inquietar, alterar.

contusión. f. Daño producido por un golpe que no causa herida. **Sin.** magulladura.

contusionar. tr. Contundir.

contuso, sa. adj. y s. Cotundido.

conurbación. f. Conjunto de varios núcleos urbanos, inicialmente independientes y contiguos por sus márgenes, que al crecer acaban uniéndose en unidad funcional.

convalecencia. f. **1** Estado de un enfermo en proceso de recuperación. **2** Período de tiempo que toma esta recuperación.

convalecer. intr. **1** Recobrar las fuerzas perdidas por enfermedad. **2** Salir una persona o una colectividad de una situación de peligro. ‖ **Irreg.** Se conj. como *agradecer*.

convaleciente. adj. y com. Que convalece.

convalidación. f. Acción de convalidar.

convalidar. tr. **1** Dar validez académica en un país, institución, facultad, etc., a estudios aprobados en otra institución, facultad, etc. **2** Confirmar, dar validez.

convección. f. En fís., propagación del calor en fluidos y líquidos por el movimiento de sus partículas producido por las diferencias de densidad.

convecino, na. adj. **1** Vecino del mismo pueblo o casa. También s. **2** Cercano, próximo, inmediato. **Sin.** 1 conciudadano.

convencer. tr. **1** Persuadir, conseguir que una persona crea algo o se decida a hacer algo: *me convenció para que le llevara en coche hasta su casa*. También prnl. **2** Gustar, satisfacer: *este abrigo no me convence*. **Ant.** 1 disuadir 2 disgustar.

convencimiento. m. **1** Acción de convencer o convencerse. **2** Certeza.

convención. f. **1** Norma o práctica admitida por responder a precedentes o a la costumbre: *la forma de saludar es una convención cultural*. **2** Acuerdo, convenio. **3** Asamblea de los representantes de un país, partido político, actividad profesional, etc.: *una convención de médicos*. **Sin.** 3 congreso, simposio.

convencional. adj. **1** Perteneciente al convenio o acuerdo. **2** Que resulta o se establece por costumbre o por acuerdo general: *las señales de tráfico son signos convencionales*. **3** Tradicional: *tiene una forma de vestir convencional*.

convencionalismo. m. Conjunto de opiniones o procedimientos admitidos por conveniencia social, por acuerdo, por costumbre, etc.

conveniencia. f. Utilidad, provecho.

conveniente. adj. **1** Provechoso, útil: *sería conveniente que vinieras a la reunión*. **2** Adecuado: *no es una hora conveniente para llamar por teléfono*. **Ant.** 1 inconveniente, perjudicial 2 inadecuado, inapropiado.

convenio. m. Pacto, acuerdo entre personas, organizaciones, instituciones, etc.: *la patronal y el sindicato acaban de firmar el convenio colectivo*.

convenir. intr. **1** Ser de un mismo parecer. También tr. y prnl. **2** Ser útil, provechoso, adecuado: *no conviene que vayas a esa cita*. ‖ **Irreg.** Se conj. como *venir*. **Sin.** 1 coincidir 2 aprovechar ☐ **Ant.** 1 discrepar 2 perjudicar.

convento. m. **1** Casa de religiosos o religiosas. **2** Comunidad que habita en él. **Sin.** 1 abadía, monasterio, cenobio.

conventual. adj. Relativo al convento: *biblioteca conventual*. **Sin.** monacal.

convergencia. f. **1** Acción de converger. **2** Unión de dos o más cosas en un mismo punto: *convergencia de varias calles en una glorieta*. **Sin.** 2 confluencia.

convergir o **converger.** intr. **1** Dirigirse varias cosas a un mismo punto y juntarse en él. **2** Confluir varias ideas, opiniones, acciones, etc., en un mismo fin. **Ant.** 1 y 2 divergir, separarse.

conversación. f. **1** Acción de conversar. **2 dar conversación.** loc. Entretener a una persona hablando con ella. **Sin.** 1 charla, diálogo, plática.

conversador, ra. adj. y s. Se dice de la persona que sabe hacer amena e interesante la conversación: *es un buen conversador*.

conversar. intr. Hablar entre sí dos o más personas. **Sin.** charlar, dialogar.

conversión. f. **1** Acción de convertir o convertirse. **2** Cambio de una cosa en otra. **3** Cambio de ideas, opiniones, creencias: *conversión religiosa*.

converso, sa. adj. y s. Se dice de la persona convertida al cristianismo, especialmente musulmanes y judíos.

convertidor. m. **1** Aparato que se utiliza para convertir la fundición de hierro en acero. **2** Aparato que transforma la tensión o frecuencia de una corriente eléctrica.

convertir. tr. y prnl. **1** Cambiar una cosa en otra: *convertir pulgadas en centímetros*. **2** Hacer cambiar a alguien de opinión, idea, etc., y especialmente de creencia religiosa: *convertirse al budismo*. ‖ **Irreg.** Se conj. como *sentir*. **Sin.** 1 transformar, trocar.

convexidad. f. Cualidad de convexo. **Ant.** concavidad.

convexo, xa. adj. Línea o superficie curvas cuya parte más prominente está del lado del que mira: *una lente convexa*. **Ant.** cóncavo.

convicción. f. **1** Convencimiento. **2** Idea fuertemente arraigada. Más en pl.: *eso no está de acuerdo con mis convicciones*. **Sin.** 2 creencia, principio ☐ **Ant.** 1 duda.

convicto, ta. adj. Se dice del acusado a quien se le ha probado su delito legalmente. **SIN.** reo.

convidado, da. m. y f. Persona a la que se convida. **SIN.** invitado.

convidar. tr. **1** Ofrecer una persona a otra que le acompañe a comer, a una función o a cualquier otra cosa que se haga por vía de obsequio: *me convidó a tomar una cerveza.* **2** Mover, incitar: *los días muy fríos convidan a quedarse en casa.* | **convidarse.** prnl. **3** Invitarse voluntariamente. **SIN.** 1 y 2 invitar.

convincente. adj. Que convence: *un argumento convincente.*

convite. m. **1** Acción de convidar. **2** Comida, banquete u otro acto a que es uno convidado.

convivencia. f. Acción de convivir. **SIN.** cohabitación.

convivir. intr. Vivir en compañía de otro u otros, cohabitar: *convivo con una compañera de facultad.*

convocar. tr. Citar, llamar para una reunión, un acto, un examen, etc.: *convocar una manifestación.* **ANT.** desconvocar.

convocatoria. f. Anuncio o escrito con que se convoca; citación: *¿ya han salido las convocatorias para los exámenes?*

convolvuláceo, a. adj. y f. **1** Se dice de plantas angiospermas dicotiledóneas, como la batata y la maravilla. | f. pl. **2** Familia de estas plantas.

convólvulo. m. **1** Oruga muy dañina para la vid. **2** Enredadera, planta convolvulácea.

convoy. m. **1** Escolta de seguridad. **2** Conjunto de barcos, vehículos o efectos escoltados. **3** Serie de vagones enlazados; tren. **4** Vinagreras para el servicio de mesa. || pl. *convoyes.*

convoyar. tr. Escoltar un convoy.

convulsión. f. **1** Contracción violenta e involuntaria de uno o más miembros o músculos del cuerpo. **2** Agitación; conmoción: *convulsión política.* **3** Sacudida de la tierra o del mar. **SIN.** 1 calambre.

convulsionar. tr. Producir convulsiones.

convulso, sa. adj. **1** Atacado de convulsiones. **2** Que se halla muy excitado.

conyugal. adj. Relativo a los cónyuges. **SIN.** matrimonial.

cónyuge. com. Marido y mujer, respectivamente uno al otro. **SIN.** consorte.

coña. f. **1** vulg. Guasa. **2** vulg. Cosa molesta. **3 ni de coña.** loc. De ninguna manera.

coñac. m. Bebida alcohólica de graduación elevada, obtenida por destilación de vinos envejecidos en barriles de roble. También se escribe *coñá.* || pl. *coñacs.*

coñazo. m. **1** Persona o cosa aburrida y pesada. **2 dar el coñazo.** Dar la lata. **SIN.** 1 petardo, rollo, lata.

coño. m. **1** vulg. Parte externa del aparato genital femenino. **2 ¡coño!** interj. vulg. Demuestra enfado o asombro.

cooperación. f. Acción de cooperar.

cooperar. intr. Actuar, colaborar con otro u otros para un mismo fin.

cooperativismo. m. **1** Doctrina favorable a la cooperación en el orden económico y social. **2** Régimen de las sociedades cooperativas.

cooperativo, va. adj. **1** Que coopera o puede cooperar: *tener una actitud cooperativa.* | f. **2** Asociación de personas con intereses comunes para vender o comprar sin intermediarios: *una cooperativa de vinos.* **3** Establecimiento donde se vende lo que se produce en una cooperativa.

coordenado, da. adj. Se apl. a las líneas que sirven para determinar la posición de un punto, y a los ejes o planos a que se refieren aquellas líneas. Más en f. pl.: *coordenadas polares, cartesianas.*

coordinación. f. **1** Acción de coordinar. **2** En ling., relación que existe entre oraciones o elementos de la misma categoría o función sintáctica.

coordinado, da. adj. En ling., se dice de los elementos, oraciones, proposiciones, etc., unidos por coordinación.

coordinar. tr. **1** Ordenar metódicamente. **2** Reunir medios, esfuerzos, etc., para una acción común: *coordinar las actividades deportivas en un centro escolar.* **SIN.** 1 clasificar 2 aunar.

copa. f. **1** Vaso con pie para beber. **2** Líquido que contiene: *una copa de jerez.* **3** Conjunto de ramas y hojas de la parte superior del árbol. **4** Premio que se concede en algunas competiciones deportivas: *la copa de Europa.* **5** Parte hueca del sombrero. **6** Carta del palo de copas de los naipes. | f. pl. **7** Uno de los cuatro palos de la baraja española.

copar. tr. **1** Conseguir en una elección todos los puestos. **2** Ganar todos los premios en una competición. **3** Apresar o acorralar a una persona, un ejército, etc. **SIN.** 3 cercar.

copartícipe. com. Persona que tiene participación con otra en alguna cosa.

copear. intr. Tomar copas.

copela. f. Crisol hecho con huesos calcinados.

copelar. tr. Fundir minerales o metales en copela.

copeo. m. Acción de copear.

copépodo. adj. y m. **1** Se dice de los crustáceos de pequeño tamaño, a menudo microscópicos y de vida generalmente parásita. | m. pl. **2** Subclase de estos crustáceos.

copete. m. **1** Pelo levantado sobre la frente. **2** Penacho de algunas aves. **3** Mechón de crin que cae al caballo sobre la frente. **4 de alto copete.** loc. adj. De alto linaje, importante. **SIN.** 1 tupé.

copia. f. **1** Reproducción de un escrito, obra artística, texto musical, etc.: *sacar copia de una foto.* **2** Imitación: *no puedo distinguir el original de la copia.* **3** Lo que resulta de reproducir algo: *hazme cuatro copias de este informe.*

copiador, ra. adj. y s. **1** Que copia. | f. **2** Multicopista.

copiar. tr. **1** Escribir lo que dice otro en un discurso o dictado. **2** Imitar: *copiar el estilo de un escritor.* **3** Reproducir algo fiel al original. **4** Hacer un trabajo o un examen reproduciendo indebidamente un libro, el examen de otro compañero, apuntes, etc. También intr. **Sin.** 1 transcribir 2 remedar.

copiloto. m. Piloto auxiliar.

copiosidad. f. Abundancia excesiva de una cosa.

copioso, sa. adj. Abundante, cuantioso: *una nevada copiosa.*

copista. com. **1** Persona que se dedica a copiar manuscritos u obras de arte. **2** Persona que hace copias de originales ajenos. **Sin.** 1 amanuense.

copla. f. **1** Composición poética que por lo general consta de cuatro versos y que sirve de letra para las canciones populares. | pl. **2** Versos. **3** Habladurías, impertinencias.

coplear. intr. Hacer o cantar coplas.

coplero, ra. m. y f. **1** Persona que compone, canta o vende coplas, romances y otras poesías. **2** Mal poeta.

copo. m. **1** Cada una de las porciones que caen cuando nieva. **2** Porción de cáñamo, lana, lino, algodón, etc., en disposición de hilarse. **3** Bolsa o saco de red con que terminan varias artes de pesca.

copón. m. Copa grande de metal en la que el sacerdote guarda la Eucaristía.

copra. f. Médula del coco de la palma que se emplea en perfumería.

coproducción. f. Producción en común, especialmente de una película.

copropietario, ria. adj. y s. Que tiene propiedad sobre una cosa junto con otro u otros.

copto, ta. adj. **1** Cristiano de Egipto. También s. | m. **2** Idioma antiguo de los egipcios, que se conserva en la liturgia del rito copto.

copudo, da. adj. Que tiene mucha copa: *un árbol copudo.*

cópula. f. **1** Atadura, unión, ligazón. **2** Acto sexual entre el macho y la hembra. **3** En ling., término que une dos oraciones, dos sintagmas u otras dos proposiciones sintácticamente análogas, como, p. ej., las conjunciones o los verbos copulativos. **Sin.** 2 coito, apareamiento.

copular. intr. Realizar el acto sexual.

copulativo, va. adj. **1** Se dice de los verbos cuya función consiste en unir el sujeto y el atributo, como *ser, estar* y *parecer;* se dice también de este tipo de oraciones. **2** Se aplica a las conjunciones coordinantes que añaden una oración a otra, como *y, e, ni;* se dice también de las oraciones unidas por dichas conjunciones.

coque. m. Combustible sólido, ligero y poroso que resulta de calcinar ciertas clases de carbón mineral.

coquetear. intr. **1** Tratar de agradar a alguien valiéndose de ciertos medios y actitudes. **2** Tomar contacto con alguna actividad, idea, opinión, etc., sin entregarse a ella por completo: *coquetear con la literatura.* **Sin.** 1 y 2 flirtear.

coquetería. f. **1** Acción de coquetear. **2** Cuidado excesivo del aspecto externo.

coqueto, ta. adj. **1** Se dice de la persona que coquetea. **2** Se dice de la persona que cuida mucho su apariencia externa: *es un chico muy coqueto.* **3** Atractivo, agradable: *una casa coqueta.* | f. **4** Mueble de tocador con espejo.

coquetón, na. adj. **1** Gracioso, atractivo, agradable. **2** Se dice del hombre o de la mujer que procura agradar a muchas personas del sexo contrario. También s.

coquina. f. Molusco acéfalo con valvas ovales, muy aplastadas, y de color gris blanquecino con manchas rojizas; es comestible.

coquizar. tr. Convertir la hulla en coque.

coracero. m. **1** Soldado armado de coraza. **2** Cigarro puro muy fuerte y malo.

coracoides. adj. y m. Apófisis del omóplato. || No varía en pl.

coraje. m. **1** Valor: *¡hay que tener mucho coraje para hacer lo que haces!* **2** Irritación, ira, rabia.

corajina. f. Arrebato de ira.

corajudo, da. adj. **1** Colérico. **2** Valeroso, esforzado.

coral. adj. **1** Relativo al coro. | f. **2** Coro de cantantes. | m. **3** Composición musical para ser cantada por cuatro voces, de ritmo lento y solemne, ajustada a un texto de carácter religioso.

coral. m. **1** Nombre de varios celentéreos, que viven en colonias y cuyas duras secreciones dan lugar a la formación de una serie de ramificaciones calcáreas de color rojo o rosado. **2** Sustancia dura secretada por estos animales y que, después de pulimentada, se emplea en joyería: *me han regalado unos pendientes de coral.* | f. **3** Serpiente venenosa, con anillos rojos, negros y amarillos, que habita en las regiones tropicales del continente americano.

coralífero, ra. adj. Que tiene corales.

coralígeno, na. adj. Que produce coral.

coralino, na. adj. De coral, o de su color.

Corán. m. Libro sagrado de la religión islámica. **Sin.** Alcorán.

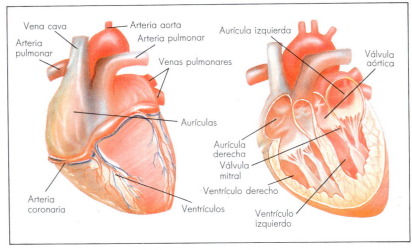

Morfología externa e interna del corazón

coraza. f. **1** Armadura compuesta de peto y espaldar. **2** Cubierta de un buque de guerra, vehículo de combate, etc. **3** Concha que cubre el cuerpo de las tortugas y otros reptiles quelonios. **4** Lo que protege o sirve de defensa.

corazón. m. **1** Órgano muscular hueco, impulsor de la circulación de la sangre en los vertebrados y otros animales. **2** Lugar donde se suelen ubicar los sentimientos internos, los deseos, las pasiones: *seguir los dictámenes del corazón.* **3** Centro o interior de una cosa: *el corazón de una fruta; de una ciudad.* **4** Palo de la baraja francesa. Más en pl. **5** Se dice del tercero de los cinco dedos y el más largo de ellos. **6** Apelativo afectuoso: *¡mi corazón!* **7 encogérsele** a uno **el corazón.** loc. Sentir miedo, angustia. **8 partir** (o **romper**) **corazones.** loc. Enamorar.

corazonada. f. **1** Presentimiento. **2** Impulso espontáneo con que uno se mueve a ejecutar alguna acción. SIN. 1 intuición 2 arranque.

corazoncillo. m. Hierba de hojas elípticas, flores amarillas y frutos acorazonados y resinosos.

corbata. f. **1** Tira de tela que, como adorno, se anuda al cuello, dejando caer las puntas hasta el pecho, o haciendo con ellas lazos de varias formas. **2** Banda que se ata en estandartes y banderas.

corbatín. m. Corbata corta.

corbato. m. Baño frío en que está sumergido el serpentín del alambique.

corbeta. f. Embarcación de guerra más pequeña que la fragata.

corcel. m. Caballo ligero de mucha alzada.

corcha. f. Corcho arrancado del alcornoque.

corchea. f. Figura o nota musical cuyo valor es la cuarta parte de una negra o de dos semicorcheas.

corchera. f. Cuerda con corchos que se coloca en las piscinas para separar las calles por las que van los nadadores.

corchete. m. **1** Broche metálico que sirve para cerrar o sujetar. **2** Signo ortográfico ([]) que equivale al paréntesis. **3** *amer.* Grapa.

corcho. m. **1** Tejido vegetal impermeable que se extrae de la zona periférica del tronco de ciertos árboles y arbustos, especialmente del alcornoque; se emplea en la fabricación de materias aislantes, tapones, pavimentos, etc. **2** Tapón que se hace de este tejido.

corcova. f. Corvadura anómala de la columna vertebral o del pecho, o de ambos a la vez. SIN. joroba, chepa.

corcovado, da. adj. y s. Que tiene corcova. SIN. jorobado.

corcovar. tr. Encorvar o hacer que una cosa tenga corcova.

corcovear. intr. Dar corcovos.

corcovo. m. Salto que dan algunos animales encorvando el lomo.

cordada. f. Grupo de alpinistas sujetos por una misma cuerda.

cordado, da. adj. y m. **1** Se dice de los animales que tienen notocordio durante toda su vida o en

cordaje. m. Jarcia de una embarcación.

cordal. m. **1** Pieza colocada en la parte inferior de la tapa de los instrumentos de cuerda, y que sirve para sujetar éstas. **2** Se dice de las muelas que nacen en edad adulta; también se les llama *muelas del juicio*.

cordel. m. Cuerda delgada. **SIN.** bramante.

cordelería. f. **1** Oficio de cordelero. **2** Sitio donde se hacen cordeles y otras obras de cáñamo. **3** Tienda donde se venden.

cordelero, ra. adj. **1** Relativo al cordel. | m. y f. **2** Persona que hace o vende cordeles. | m. **3** Religioso franciscano.

cordería. f. Conjunto de cuerdas.

corderillo. m. Piel de cordero curtida con su lana.

cordero, ra. m. y f. **1** Cría de la oveja, que no pasa de un año. **2** Persona dócil.

cordial. adj. **1** Afectuoso. | m. **2** Bebida reconfortante que se da a los enfermos. **SIN.** 2 reconstituyente ☐ **ANT.** 1 huraño, antipático.

cordialidad. f. Amabilidad, afabilidad.

cordila. f. Atún recién nacido.

cordillera. f. Serie de montañas enlazadas entre sí. **SIN.** sierra, serranía, cadena.

corditis. f. Inflamación de las cuerdas vocales.

córdoba. m. Unidad monetaria de Nicaragua.

cordobán. m. Piel curtida de macho cabrío o de cabra.

cordobés, sa. adj. y s. De Córdoba (España, Argentina y Colombia).

cordón. m. **1** Cuerda fina y cilíndrica: *los cordones de los zapatos*. **2** Conjunto de personas o elementos dispuestos para proteger o vigilar: *cordón policial*. **3** Cable conductor de electricidad. **4 cordón umbilical.** Conjunto de vasos que unen la placenta de la madre con el vientre del feto.

cordoncillo. m. **1** Lista o raya que forma el tejido en algunas telas. **2** Cierto adorno en el borde de las monedas o medallas. **3** Línea de bordado.

cordura. f. Prudencia, sensatez. **ANT.** insensatez, locura.

corea. f. **1** Danza que se acompaña con canto. | m. **2** Enfermedad crónica o aguda del sistema nervioso central.

coreano, na. adj. y s. De Corea.

corear. tr. **1** Cantar o hablar varias personas al mismo tiempo: *corear la tabla de multiplicar*. **2** Asentir varias personas al parecer ajeno. **3** Componer música para coro.

coreografía. f. **1** Arte de la danza en general. **2** Arte de componer bailes. **3** Conjunto de movimientos que componen una pieza de baile.

coriáceo, a. adj. **1** Relativo al cuero. **2** Parecido a él.

corifeo. m. **1** El que guiaba el coro en las antiguas tragedias griegas y romanas. **2** Persona que es seguida por otra en una opinión, actividad, partido. **SIN.** 2 adalid.

corimbo. m. Inflorescencia en la que los pedúnculos nacen en distintos puntos del eje y terminan aproximadamente a la misma altura; como el peral.

corindón. m. Mineral óxido alumínico cristalizado de gran dureza, entre cuyas variedades se encuentran el rubí y el zafiro.

corintio, tia. adj. y s. De Corinto.

corinto. adj. y m. Color rojo oscuro tirando a violáceo.

corion. m. Envoltura del embrión de los reptiles, aves y mamíferos, situada fuera del amnios.

corista. f. **1** Mujer que forma parte del coro de revistas musicales y otros espectáculos similares. | com. **2** Persona que en óperas, zarzuelas u otras funciones musicales canta formando parte del coro.

coriza. f. Catarro nasal.

cormo. m. Complejo morfológico de las plantas más diversificadas, en las cuales es completa la diferenciación de la raíz, tallo y hojas.

cormofito, ta. adj. y f. Se dice de las plantas que poseen un aparato vegetativo de tipo cormo.

cormorán. m. Ave palmípeda de patas cortas y fuertes, pico en forma de gancho, parecida al pelícano.

cornada. f. **1** Golpe dado con el cuerno. **2** Herida que produce dicho golpe.

cornalina. f. Ágata de color rojo oscuro.

cornamenta. f. Conjunto de los cuernos de algunos cuadrúpedos, como el toro, el venado y otros.

cornamusa. f. Trompeta larga de metal, que en el medio de su longitud hace una rosca muy grande, y tiene muy ancho el pabellón.

córnea. f. Membrana dura y transparente, situada en la parte anterior del globo del ojo.

cornear. tr. Dar cornadas.

corneja. f. Especie de cuervo con plumaje completamente negro y muy brillante en el cuello y dorso.

córneo, a. adj. De cuerno, o de consistencia parecida a él.

corneta. f. **1** Instrumento músico de viento, semejante al clarín, aunque mayor y de sonidos más graves. | com. **2** Persona que la toca.

cornete. m. Cada una de las pequeñas láminas óseas de las fosas nasales.

cornetín. m. **1** Instrumento músico de viento, generalmente con tres pistones, que pertenece a la familia de la trompeta. | com. **2** Persona que lo toca.

cornezuelo. m. Hongo parásito del centeno; se emplea en la fabricación de medicamentos.

Corolas

cornijal. m. Punta, ángulo.

cornisa. f. **1** Conjunto de molduras que forman el remate superior de un edificio, habitación, pedestal, mueble, etc. **2** Faja horizontal estrecha que corre al borde de un precipicio o acantilado.

cornisamento. m. En la parte superior de los edificios, conjunto formado por el arquitrabe, cornisa y friso. Sin. entablamento.

corno. m. Instrumento músico de la familia del oboe.

cornucopia. f. **1** Vaso de forma de cuerno, lleno de frutas y flores, que representa la abundancia. **2** Espejo de marco tallado utilizado como adorno.

cornudo, da. adj. **1** Que tiene cuernos. **2** Se aplica al marido cuya mujer le es infiel. También m.

cornúpeta. com. **1** Animal dotado de cuernos. | m. **2** Toro de lidia.

coro. m. **1** Conjunto de personas reunidas para cantar. **2** Composición musical para varias voces. **3** En las tragedias griegas y romanas, conjunto de actores que comentaban la acción en los intervalos de la representación. **4** Rezo y canto de las horas canónicas. **5** Parte de una iglesia, donde se junta el clero para cantar los oficios divinos. **6 a coro.** loc. adv. Simultáneamente, al unísono.

corografía. f. Descripción de un país, de una región o de una provincia.

coroideo, a. adj. Se dice de ciertas membranas ricas en vasos y de lo perteneciente a ellas.

coroides. f. Membrana delgada situada entre la esclerótica y la retina de los ojos. || No varía en pl.

corola. f. Parte interna de la flor formada por el conjunto de pétalos.

corolario. m. **1** Proposición que no necesita comprobarse, sino que se deduce fácilmente de lo demostrado antes. **2** Consecuencia de algo.

coroliflora. adj. y f. Se dice de la planta que tiene los estambres soldados con la corola.

corona. f. **1** Aro de ramas, flores, metales preciosos, etc., que se coloca en la cabeza como premio, adorno o símbolo de cierta dignidad, en especial la monárquica. **2** Conjunto de flores y hojas dispuestas en forma de aro. **3** Reino o monarquía: *la Corona de Castilla*. **4** Dignidad real: *ser partidario de la Corona*. ‖ En las acepciones 3 y 4 suele escribirse con mayúscula. **5** Aureola de las imágenes santas. **6** Coronilla. **7** Superficie comprendida entre dos circunferencias concéntricas. **8** Parte visible y esmaltada de un diente.

coronación. f. **1** Acto de coronar o coronarse un soberano. **2** Coronamiento.

coronamiento. m. **1** Fin de una obra. **2** Adorno que se pone en la parte superior de un edificio.

coronar. tr. **1** Poner la corona a alguien, en especial a un rey o emperador. También prnl.: *se coronó campeón mundial*. **2** Terminar una obra, rematar, acabar: *esa noticia ha coronado mi día*. **3** Alcanzar la cima de una montaña.

coronario, ria. adj. y f. **1** Perteneciente a la corona o que tiene su forma. **2** Se dice de las arterias que riegan el corazón, el estómago y los labios.

corondel. m. **1** Regleta o listón, de madera o metal, que ponen los impresores para dividir la plana en columnas. **2** P. ext., blanco producido por el uso de esta regleta.

coronel. m. Jefe militar que manda un regimiento.

coronilla. f. **1** Parte superior de la cabeza. **2** Tonsura de los clérigos. **3 estar** uno **hasta la coronilla.** loc. adv. Estar uno cansado y harto de algo o alguien.

corpiño. m. Prenda de vestir muy ajustada al cuerpo, sin mangas y que llega hasta la cintura.

corporación. f. **1** Asociación u organismo oficial, generalmente público pero independiente de la administración estatal, como la cámara de comercio, los ayuntamientos. **2** Asociación que agrupa personas que desempeñan la misma actividad o profesión. **SIN.** 2 colegio.

corporal. adj. **1** Relativo al cuerpo: *expresión corporal*. ‖ m. **2** Lienzo que se extiende en el altar para poner sobre él la hostia y el cáliz. Más en pl.

corporativismo. m. Doctrina económica y social que defiende la integración de empresarios y trabajadores en agrupaciones de tipo profesional y rechaza el sindicalismo.

corporativo, va. adj. Relativo a una corporación: *informe corporativo*.

corporeidad. f. Cualidad de corpóreo.

corporeizar. tr. Hacer corpóreo, materializar.

corpóreo, a. adj. **1** Que tiene cuerpo o consistencia. **2** Relativo al cuerpo.

corpulencia. f. Cualidad de corpulento.

corpulento, ta. adj. Que tiene mucho cuerpo, fuerte: *un perro corpulento*. **SIN.** grueso, fornido.

corpus. m. **1** Conjunto de datos, textos u otros materiales sobre determinada teoría, doctrina, disciplina, etc. **2** Día que celebra la Iglesia católica la institución de la Eucaristía. ‖ En esta acepción, se escribe con mayúscula. ‖ No varía en pl.

corpuscular. adj. Que tiene corpúsculos, o relativo a ellos.

corpúsculo. m. Cuerpo muy pequeño, célula, molécula, partícula, elemento.

corral. m. **1** Sitio cerrado y descubierto donde generalmente se guarda el ganado o los animales domésticos. **2** Patio donde se representaban comedias: *el corral de Almagro*.

correa. f. **1** Tira, generalmente de cuero. **2** Cinturón. **3** La que, unida en sus extremos, sirve en las máquinas para transmitir el movimiento rotativo de una rueda o polea a otra. **4** Aguante, paciencia.

correaje. m. Conjunto de correas.

correazo. m. Golpe dado con una correa.

corrección. f. **1** Acción de corregir, de enmendar. **2** Comportamiento de acuerdo a las normas de trato social: *debes portarte con corrección*. **3** Cambio que se hace en un texto al corregirlo o revisarlo: *corrección de estilo*. **SIN.** 1 enmienda 2 educación.

correccional. adj. **1** Que conduce a la corrección. | m. **2** Establecimiento penitenciario, reformatorio.

correctivo, va. adj. y m. **1** Que corrige. | m. **2** Castigo o sanción generalmente leve.

correcto, ta. adj. **1** Que está libre de errores o defectos, conforme a las reglas: *lenguaje correcto*. **2** Se dice de la persona educada, atenta, cortés. **ANT.** 1 imperfecto, incorrecto 2 desatento, descortés.

corrector, ra. adj. **1** Que corrige. También s. | m. y f. **2** Persona cuya profesión es corregir y revisar textos: *trabajo de corrector en una editorial*.

corredera. f. **1** Ranura o carril por donde resbala una pieza en ciertas máquinas. **2** Pieza que corre, como la de las máquinas de vapor. **3** Cucaracha.

corredizo, za. adj. Que se desata o corre con facilidad: *nudo corredizo*.

corredor, ra. adj. **1** Que corre mucho. También s. **2** Se dice de las aves aptas para correr y no para el vuelo, como el avestruz. También f. | m. y f. **3** Persona que practica la carrera en competiciones deportivas. **4** Persona que por profesión interviene en compras y ventas de cualquier clase: *corredor de apuestas*. | m. **5** Pieza de paso de un edificio, pasillo. **6** Galería corrida alrededor del patio de algunas casas. **SIN.** 3 atleta 6 claustro.

correduría. f. **1** Oficio o ejercicio del corredor. **2** Intervención del corredor en los ajustes y ventas. **SIN.** 2 corretaje.

corregidor. m. **1** Antiguamente, magistrado que ejercía la justicia en un territorio. **2** Antiguamente, alcalde que el rey nombraba en algunas poblaciones importantes.

corregimiento. m. **1** Empleo u oficio de corregidor. **2** Territorio de su jurisdicción. **3** Oficina del corregidor.

corregir. tr. **1** Rectificar, enmendar los errores o defectos de alguien o algo: *ya han corregido todas las faltas ortográficas del texto.* **2** Advertir, amonestar, reprender: *debes corregir más a tu hijo.* **3** Repasar y evaluar un profesor los ejercicios y exámenes de sus estudiantes. || **Irreg.** Se conj. como *pedir.* **Sin.** 1 retocar, subsanar.

correhuela o **corregüela.** f. **1** Centinodia. **2** Mata convolvulácea de tallos largos y rastreros que se enroscan en los objetos que encuentran.

correlación. f. Correspondencia o relación recíproca entre dos o más cosas, ideas, personas, etc.: *correlación entre calidad y precio.*

correlativo, va. adj. Se dice de personas o cosas que tienen correlación o que se suceden una tras otra: *las ilustraciones van en páginas no correlativas.*

correligionario, ria. adj. y s. Que profesa la misma religión o ideología política que otro.

correo. m. **1** Servicio público que transporta la correspondencia. También pl. **2** Esta misma correspondencia: *¿has recibido el correo de hoy?* **3** Tren, coche, etc., que lleva correspondencia. **4** Edificio donde se recibe y se reparte la correspondencia. Más en pl.: *¿me acompañas a Correos a llevar este paquete?* **5** Persona que llevaba la correspondencia de un lugar a otro: *el correo del zar.*

correoso, sa. adj. **1** Flexible y elástico. **2** Blando pero difícil de partir: *este filete está correoso.* **Ant.** 1 rígido.

correr. intr. **1** Caminar deprisa. **2** Hacer alguna cosa con rapidez o deprisa: *corrimos para no llegar tarde al cine.* **3** Fluir o moverse el agua, el viento. **4** Transcurrir el tiempo: *date prisa, que corren los minutos.* **5** Estar a cargo de uno alguna cosa: *la cena corre por cuenta de la empresa.* **6** Circular, difundir: *correr un rumor.* | tr. **7** Perseguir: *corrieron al ladrón.* **8** Desplazar, hacer que se deslice una cosa: *corre las cortinas.* También prnl. **9** Exponerse a un peligro o riesgo. | **correrse.** prnl. **10** Apartarse, moverse a un lado: *córrete un poco a la izquierda.* **11** Hablando de colores, tintas, manchas, etc., extenderse fuera de su lugar: *se ha corrido todo el estampado.* **12** vulg. Eyacular o experimentar el orgasmo.

correría. f. **1** Saqueo de un territorio enemigo. **2** Viaje corto. Más en pl.: *nos contó sus correrías.* **Sin.** 1 razia, pillaje 2 andanza.

correspondencia. f. **1** Acción de corresponder o corresponderse. **2** Trato recíproco entre personas que se mantiene por correo: *hemos mantenido correspondencia durante diez años.* **3** Conjunto de cartas que se envían o reciben. **4** Relación que existe o se establece entre distintos elementos. **5** En las estaciones del metro, acceso para transbordar de unas líneas a otras.

corresponder. intr. **1** Tener proporción o relación una cosa con otra. También prnl.: *esa actitud no se corresponde con su manera de pensar.* **2** Compensar, devolver con igualdad los afectos o beneficios recibidos: *sufre de amor no correspondido.* También tr. **3** Pertenecer: *el dinero que sobra te corresponde a ti.*

correspondiente. adj. **1** Proporcionado, conveniente: *los agraciados recibieron su correspondiente premio.* **2** Que satisface las condiciones de una relación. **3** Se dice de los miembros no numerarios de una corporación que colaboran con ella por correspondencia: *académico correspondiente.*

corresponsal. adj. y com. **1** Que tiene correspondencia. **2** Se aplica al periodista que desde otra ciudad o desde el extranjero envía noticias a la redacción de un periódico, revista, etc. **3** Se dice de la persona encargada de mantener en el extranjero las relaciones comerciales de una empresa.

corresponsalía. f. Cargo de corresponsal de un periódico.

corretaje. m. **1** Trabajo que realiza el corredor de comercio. **2** Remuneración que recibe por su servicio.

corretear. intr. **1** Correr en varias direcciones. **2** Andar de calle en calle o de casa en casa.

correveidile o **correvedile.** com. Persona que trae y lleva cuentos y chismes. **Sin.** chismoso, cotilla.

corrida. f. **1** Carrera. **2 corrida de toros.** Lidia de cierto número de toros en una plaza cerrada.

corrido, da. adj. **1** Que excede del peso o de la medida que se trata: *medio kilo corrido.* **2** Continuo o seguido: *balcón corrido.* **3** Avergonzado, confundido: *se fue todo corrido.* **4** Experimentado, astuto. También s. | m. **5** Romance cantado, propio de Andalucía. **6** *amer.* Romance o composición octosílaba con variedad de asonancias. **7 de corrido.** loc. adv. Rápido, sin interrupción: *leer una novela de corrido.* **8** De memoria.

corriente. adj. **1** Que corre: *agua corriente.* **2** Que sucede con frecuencia. **3** Se dice del mes, año, etc., actual o que va transcurriendo: *8 de marzo del corriente.* **4** Que está en uso en el momento. **5** Hablando de recibos, números de publicaciones periódicas, etc., el último aparecido. **6** Común, normal, ordinario: *una costumbre corriente.* | f. **7** Movimiento de una masa de agua, aire, etc., en una dirección. **8** Paso de la electricidad por un conductor. **9** Tendencia, opinión: *corriente filosófica.* **10 al corriente.** loc. adv. Sin atraso, con exactitud: *estoy al corriente* *en mis pagos*. **11** Enterado. **Ant.** 2, 5 y 6 extraordinario.

corrillo. m. Corro donde se apartan algunas personas para hablar.

corrimiento. m. **1** Acción de correr o correrse. **2** Deslizamiento.

corro. m. **1** Cerco que forma la gente para hablar, discutir, etc. **2** Espacio que incluye. **3** Espacio circular. **4** Juego de niños.

corroboración. f. Acción de corroborar. **Sin.** confirmación.

corroborar. tr. Apoyar una opinión, teoría, etc., con nuevos datos o argumentos. También prnl. **Sin.** confirmar.

corroer. tr. y prnl. **1** Desgastar o destruir lentamente una cosa: *el agua ha corroído la madera*. **2** Sentir una persona los efectos de algún sentimiento: *la envidia te corroe; me corroen los celos*. ‖ **Irreg.** Se conj. como *roer*. **Sin.** 1 raer, erosionar.

corromper. tr. y prnl. **1** Alterar y trastocar la forma de alguna cosa. **2** Echar a perder, pudrir: *corromperse una fruta*. **3** Sobornar o cohechar: *corromper a un funcionario*. **4** Pervertir: *corromper el lenguaje*. ‖ Verbo con doble participio: *corrompido* (reg.), *corrupto* (irreg.).

corrosión. f. **1** Acción de corroer o corroerse. **2** Proceso que cambia la composición química de un cuerpo metálico por acción de un agente externo. **Sin.** 2 oxidación.

corrosivo, va. adj. **1** Que corroe o tiene virtud de corroer. **2** Incisivo, mordaz: *estilo corrosivo*.

corrupción. f. Acción de corromper o corromperse: *corrupción de costumbres*. **Sin.** descomposición, putrefacción, depravación, perversión.

corruptela. f. **1** Corrupción. **2** Mala costumbre o abuso, especialmente los introducidos contra la ley.

corruptivo, va. adj. Que corrompe o tiene virtud para corromper.

corrupto, ta. adj. Corrompido.

corrusco. m. **1** Trozo de pan duro. **2** Cada una de las puntas de una barra de pan.

corsario, ria. adj. **1** Embarcación y navegante autorizados por su país para perseguir y saquear a los de un país enemigo. ǀ m. **2** Pirata.

corsé. m. Prenda interior que usan las mujeres para ceñir el cuerpo.

corsetería. f. Tienda donde se vende ropa interior femenina, como sujetadores, fajas, etc.

corso. m. Campaña que hacían por el mar los buques mercantes con patente de su Gobierno para perseguir a los piratas o a las embarcaciones enemigas.

corso, sa. adj. y s. **1** De Córcega. ǀ m. **2** Dialecto italiano hablado en Córcega.

cortacésped. f. Máquina para recortar el césped en los jardines.

cortacircuitos. m. Aparato que automáticamente interrumpe la corriente eléctrica cuando es excesiva o peligrosa. ‖ No varía en pl.

cortado, da. adj. **1** Apocado, tímido, avergonzado: *no pude decir nada, estaba muy cortada*. **2** Se aplica al estilo del escritor que expresa los conceptos en cláusulas breves y sueltas. ǀ m. **3** Taza o vaso de café con muy poca leche. **Ant.** 1 lanzado, desenvuelto.

cortador, ra. adj. **1** Que corta. ǀ m. y f. **2** Persona que en las sastrerías, zapaterías, talleres de costura y otros semejantes corta los trajes o las piezas de cada objeto que en ellos se fabrica.

cortadura. f. **1** Herida o división hecha en un cuerpo con instrumento o cosa cortante. **2** Abertura o paso entre dos montañas. **Sin.** 1 corte 2 garganta.

cortafrío. m. Cincel fuerte para cortar hierro frío. **Sin.** tajadera.

cortafuego. m. **1** Vereda ancha que se deja en los sembrados y montes para que no se propaguen los incendios. **2** Pared gruesa que se construye en los edificios con el mismo fin.

cortalápices. m. Instrumento que sirve para aguzar los lápices. ‖ No varía en pl. **Sin.** sacapuntas.

cortante. adj. **1** Que corta. **2** Hiriente, agudo: *lenguaje cortante*.

cortapisa. f. Condición, limitación. Más en pl.

cortaplumas. m. Navaja pequeña. ‖ No varía en pl.

cortapuros. m. Utensilio que sirve para cortar la punta de los cigarros puros. ‖ No varía en pl.

cortar. tr. **1** Dividir una cosa o separar sus partes con algún instrumento cortante. También prnl. **2** Suspender, interrumpir. También prnl.: *se han cortado todas las comunicaciones*. **3** Separar algo en dos partes: *esta línea corta la página*. **4** Atravesar un líquido o un fluido: *cortar un velero el mar*. **5** Mezclar un líquido con otro para modificar su fuerza o su sabor: *cortar el té con un poco de leche*. **6** Acortar, suprimir: *cortar el texto de una conferencia*. ǀ intr. **7** Tomar el camino más corto. ǀ **cortarse.** prnl. **8** Herirse o hacerse un corte. **9** Turbarse, apocarse: *se corta mucho cuando tiene que hablar con su jefe*. **10** Separarse los componentes de la leche, nata, salsa, etc.: *se me cortó la mayonesa*.

cortaúñas. m. Utensilio para cortarse las uñas. ‖ No varía en pl.

cortaviento. m. Aparato colocado en la parte delantera de un vehículo, para cortar el viento.

corte. m. **1** Acción de cortar o cortarse. **2** Filo del instrumento cortante. **3** Técnica y acción de cortar las diferentes piezas que habrán de componer un vestido, un calzado, etc.: *corte y confección*. **4** Cantidad de material necesario para hacer un vestido, un pantalón, un calzado, etc. **5** Interrupción: *un corte de luz.* **6** Estilo: *es una novela de corte realista.* **7** Respuesta inesperada e ingeniosa. **8** Vergüenza, turbación: *me da corte ir sin haber sido invitado.* **Sin.** 1 cortadura, incisión.

corte. f. **1** Lugar donde habitualmente reside el soberano en las monarquías. **2** Familia y comitiva del rey. **3** *amer.* Tribunal de justicia. | pl. **4** Cámara legislativa o consultiva: *las Cortes de España.* **5 hacer la corte.** loc. Galantear.

cortedad. f. **1** Pequeñez, poca extensión. **2** Falta o escasez de talento, de valor, etc. **3** Timidez, apocamiento, vergüenza.

cortejar. tr. Galantear, enamorar.

cortejo. m. **1** Acción de cortejar, galantear. **2** Acompañamiento en una ceremonia.

cortés. adj. Se dice de la persona atenta, educada, o que se sabe comportar de acuerdo a las normas sociales establecidas. **Ant.** descortés, maleducado.

cortesano, na. adj. **1** Perteneciente a la corte: *estilo de vida cortesano.* | m. y f. **2** Persona que sirve al rey o vive en su corte. | f. **3** Prostituta refinada.

cortesía. f. **1** Demostración o acto con que se manifiesta atención, respeto o afecto: *Luis nos ha tratado a todos con cortesía.* **2** Regalo, favor: *esta copa es cortesía de la casa.* **3** Período de tiempo que se concede de gracia: *esperaremos al profesor los quince minutos de cortesía.* **4** Hoja, página o parte de ella que se deja en blanco en un libro.

corteza. f. **1** Parte externa del tronco y las ramas de árboles y plantas. **2** Parte exterior y dura de algunas frutas y otras cosas: *la corteza del limón.* **3** Exterioridad de una cosa no material.

cortical. adj. Relativo a la corteza.

corticosteroide. adj. y m. Se dice de los esteroides localizados en la corteza suprarrenal o conseguidos sintéticamente. Tienen importantes aplicaciones farmacológicas en inflamaciones, alergias, etc.

cortijero, ra. m. y f. **1** Persona que cuida de un cortijo y vive en él. | m. **2** Capataz de un cortijo.

cortijo. m. Finca con casa de labranza, típica de Andalucía.

cortina. f. **1** Paño grande con que se cubren y adornan las puertas, ventanas, escenarios, etc. **2** Lo que encubre y oculta algo: *cortina de humo.*

cortinaje. m. Juego de cortinas. También pl.

cortisona. f. Medicamento que se extrae de la corteza de las glándulas suprarrenales.

corto, ta. adj. **1** De poca longitud, tamaño o duración. **2** Escaso o defectuoso: *corto de dinero, de vista.* **3** Que no alcanza el punto de su destino: *lanzó la bola corta.* **4** Tímido. **5** De escaso talento, o poca cultura. **6** Falto de palabras para explicarse. **7 a la corta o a la larga.** loc. adv. Más tarde o más temprano; al fin y al cabo. **Ant.** 1 largo 2 abundante 4 atrevido 5 listo, inteligente.

cortocircuito. m. Fenómeno eléctrico que se produce accidentalmente por contacto entre los conductores y suele determinar una descarga.

cortometraje. m. Película cuya duración es entre ocho y treinta minutos.

cortón. m. Insecto ortóptero semejante al grillo, pero bastante mayor y muy dañino para las plantas.

coruñés, sa. adj. y s. De La Coruña.

corva. f. Parte de la pierna opuesta a la rodilla.

corvadura. f. **1** Parte por donde se encorva una cosa. **2** Curvatura. **3** Parte arqueada del arco o bóveda.

corvejón. Corva de los cuadrúpedos.

corveta. f. Movimiento que se enseña al caballo, obligándole a ir sobre las patas traseras con las delanteras en el aire.

córvido. adj. y m. **1** Se dice de los pájaros dentirrostros del orden paseriformes, de alimentación omnívora y extendidos por todo el mundo, como el cuervo. || m. pl. **2** Familia de estos pájaros.

corvo, va. adj. Arqueado o combado. **Ant.** recto.

corzo, za. m. y f. Mamífero rumiante cérvido, algo mayor que la cabra, que vive en Europa; el macho tiene astas pequeñas, verrugosas y ahorquilladas hacia la punta.

corzuelo. m. Granos de trigo que no despiden la cascarilla al trillarse.

cosa. f. **1** Todo lo que existe, ya sea real o irreal, concreto o abstracto. **2** Ser inanimado, en contraposición con los seres animados. **3** Aquello que se piensa, se dice o se hace: *tengo muchas cosas que hacer.* **4** En oraciones negativas equivale a nada: *no hay cosa que soporte peor.* | pl. **5** Instrumentos: *las cosas de la limpieza.* **6** Hechos o dichos propios de alguna persona: *esas son cosas de Jaime.* **7** Acontecimientos que afectan a una o varias personas: *no les van bien las cosas.*

cosaco, ca. adj. y s. Se dice de un pueblo nómada que a fines del s. xv se estableció en varios distritos del sur de Rusia.

coscoja. f. **1** Árbol semejante a la encina. **2** Hoja seca de la encina.

coscojo. m. Agalla de la coscoja.

coscorrón. m. Golpe en la cabeza.

cosecante. f. En trigonometría, secante del complemento de un ángulo; es la inversa de su seno.

cosecha. f. **1** Conjunto de frutos de la recolección: *la cosecha de naranjas.* **2** Temporada en que se recogen.

cosechadora. f. Máquina que siega la mies, limpia y envasa el grano.

cosechar. intr. **1** Recoger la cosecha. También tr. **2** Ganarse las simpatías, odios, éxitos, etc.: *sigue así y sólo cosecharás fracasos.* **Sin.** 1 recolectar 2 granjearse.

coselete. m. **1** Antigua coraza ligera. **2** Soldado que la llevaba.

coseno. m. En trigonometría, relación entre el cateto y la hipotenusa de un triángulo rectángulo con respecto a determinado ángulo.

coser. tr. **1** Unir con hilo enhebrado en la aguja: *coser un botón a una camisa.* **2** Hacer labores de aguja. **3** Unir una cosa con otra, de manera que queden muy juntas. **4** Grapar papeles. **5** Producir varias heridas en el cuerpo con algún arma: *lo cosieron a balazos.*

cosido. m. **1** Acción de coser. **2** Calidad de la costura: *el cosido es excelente.*

cosificar. tr. **1** Convertir algo en cosa. **2** Considerar como cosa algo que no lo es; p. ej., una persona.

cosmético, ca. adj. y m. **1** Se dice de los productos hechos para el cuidado o embellecimiento del cuerpo humano. | f. **2** Arte de aplicar estos productos. **Sin.** 1 afeite.

cósmico, ca. adj. Perteneciente al cosmos: *rayos cósmicos.*

cosmogonía. f. Ciencia que trata de la formación del universo.

cosmografía. f. Parte de la astronomía que se ocupa de la descripción del universo.

cosmología. f. Parte de la astronomía que trata de las leyes generales, del origen y de la evolución del universo.

cosmonauta. com. Tripulante de una cosmonave. **Sin.** astronauta.

cosmonáutica. f. Ciencia de navegar más allá de la atmósfera terrestre.

cosmonave. f. Astronave.

cosmopolita. adj. **1** Se dice de la persona que ha vivido en muchos países, y que conoce sus costumbres. También com. **2** Que es común a todos o a la mayoría de los países. **3** Se apl. a los lugares donde convive gente de diferentes países: *Nueva York es una ciudad muy cosmopolita.*

cosmos. m. Universo.

coso. m. Plaza de toros.

cosquillas. f. pl. Sensación que experimentan algunas partes del cuerpo al ser rozadas y que provoca involuntariamente la risa.

cosquillear. tr. Hacer cosquillas.

cosquilleo. m. Sensación que producen las cosquillas, u otra semejante a ella.

costa. f. Orilla del mar, y tierra que está cerca de ella: *tengo una casa en la costa mediterránea.* **Sin.** litoral.

costa. f. **1** Cantidad que se paga por una cosa. | pl. **2** Gastos judiciales. **3 a toda costa,** loc. adv. Sin limitación de gasto, por encima de todo. **Sin.** 1 importe, coste.

costado. m. **1** Cada una de las dos partes laterales del cuerpo humano, debajo de los brazos. **2** Lado. **Sin.** 1 flanco 2 ala.

costal. adj. **1** Perteneciente a las costillas. | m. **2** Saco grande. **3** Cada uno de los listones que sirven para mantener las fronteras de los tapiales en posición vertical. **Sin.** 2 talego, saca.

costalada. f. Golpe que uno da al caer de espaldas o de costado. **Sin.** batacazo, trastazo.

costanera. f. **1** Cuesta. | pl. **2** Maderos largos que cargan sobre el caballete de un edificio.

costanilla. f. Calle corta de mayor declive que las cercanas.

costar. intr. **1** Tener que pagar determinado precio por una cosa: *la entrada al concierto cuesta dos mil pesetas.* **2** Causar una cosa dificultad, daño, molestia: *me costó mucho convencerlo de que viniera.* || **Irreg.** Se conj. como *contar.* **Sin.** 1 valer, importar.

costarricense. adj. y com. De Costa Rica.

coste. m. Gasto que se hace para la obtención de una cosa o servicio. **Sin.** costa, costo, importe, precio.

costear. tr. **1** Pagar los gastos de alguna cosa: *entre los dos costearemos las vacaciones de verano.* También prnl. **2** Navegar sin perder de vista la costa.

costero, ra. adj. Relativo a la costa: *pueblo costero.*

costilla. f. **1** Cada uno de los huesos largos y encorvados que nacen en las vértebras dorsales y van hacia el pecho. **2** Lo que tiene esta forma. **3** Esposa. | pl. **4** Espaldas del cuerpo humano.

costillar. m. **1** Conjunto de costillas. **2** Parte del cuerpo en la cual están.

costo. m. **1** Coste. **2** En argot, hachís. **Sin.** 2 chocolate.

costoso, sa. adj. **1** Que cuesta mucho. **2** Que acarrea daño o perjuicio. **Sin.** 1 caro.

costra. f. **1** Corteza endurecida sobre una cosa blanda. **2** Placa endurecida que se forma sobre una herida, cuando se seca. **Sin.** 2 Postilla.

costumbre. f. **1** Modo habitual de proceder o conducirse: *las costumbres de una región.* **2** Práctica muy usada que llega a convertirse en norma o precepto. **Sin.** 1 hábito, usanza.

costumbrismo. m. En las obras literarias y pictóricas, atención especial que se presta a la descripción de las costumbres típicas de un país o región.

costura. f. **1** Acción de coser. **2** Toda labor que está cosiéndose y está sin acabar. **3** Serie de puntadas que unen dos piezas cosidas y, p. ext., unión hecha con clavos, grapas, etc.

costurera – coyuntural

costurera. f. Mujer que se dedica por oficio a coser.

costurero. m. Caja, estuche, mueble, etc., donde se guardan los útiles necesarios para la costura.

costurón. m. **1** desp. Costura burda, mal hecha. **2** Cicatriz o señal muy visible de una herida o llaga.

cota. f. **1** En topog., número que en los mapas indica la altura de un punto sobre el nivel del mar o sobre otro plano de nivel. **2** Esta misma altura. **3** Importancia, valor.

cota. f. Antigua protección para el cuerpo que consistía en una malla de hierro o cuero con guarniciones metálicas.

cotangente. f. En trigonometría, tangente del complemento de un ángulo o de un arco; es la inversa de la tangente.

cotarro. m. **1** Colectividad en estado de agitación o inquietud. **2** Asunto, negocio.

cotejar. tr. Confrontar una cosa con otra u otras. **Sin.** comparar, parangonar.

cotejo. m. Acción de cotejar.

cotidiano, na. adj. **1** Diario: *labores cotidianas*. **2** Muy frecuente.

cotiledón. m. Forma con que aparece la primera hoja en el embrión de las plantas con semilla.

cotiledóneo, a. adj. **1** Relativo al cotiledón. **2** Se dice de las plantas que tienen cotiledones. También s. f. | f. pl. **3** Uno de los dos grandes grupos en que se dividía el reino vegetal.

cotilla. com. Persona amiga de chismes y cuentos. **Sin.** chismoso, murmurador, correveidile.

cotillear. intr. Chismorrear.

cotilleo. m. Acción de cotillear. **Sin.** chisme.

cotillón. m. Fiesta con que se celebra algún día señalado: *el cotillón de fin de año*.

cotización. f. Acción de cotizar.

cotizar. tr. **1** Pagar una cuota: *cotizar a la seguridad social*. **2** Alcanzar un precio las acciones, valores, etc. del mercado bursátil. También prnl. **3** Gozar de mayor o menor estimación una persona o cosa en relación con un fin determinado. También prnl.: *se cotiza mucho un buen técnico de informática*.

coto. m. **1** Terreno acotado: *coto de caza*. **2** Término, límite. **Sin.** 1 vedado.

cotorra. f. **1** Ave prensora americana, parecida al papagayo, de colores variados, en que domina el verde. **2** Persona habladora.

cotorrear. intr. Hablar con exceso.

cotorreo. m. Acción de cotorrear.

cotufa. f. **1** Chufa. **2** Palomita de maíz.

coturno. m. **1** Calzado de suela de corcho gruesa, que, con objeto de aparecer más altos, usaban en las tragedias los actores griegos. **2** Calzado que cubría el pie y la pierna hasta la pantorrilla, usado por los antiguos griegos y romanos.

coulomb. m. Nombre del culombio en la nomenclatura internacional.

covacha. f. **1** Cueva pequeña. **2** Vivienda pequeña, incómoda.

cow-boy. (voz ingl.) m. Vaquero de los campos del oeste de EE. UU. || pl. *cow-boys*.

coxal. adj. Relativo a la cadera.

coxalgia. f. Artritis en la cadera, generalmente de origen tuberculoso.

coxis. m. Hueso que constituye la última parte de la columna vertebral. || No varía en pl.

coy. m. Trozo de lona o tejido de malla que sirve de cama en un barco.

coya. f. Mujer del emperador, señora soberana o princesa, entre los antiguos peruanos.

coyote. m. Mamífero cánido de menor tamaño que el lobo y pelaje grisáceo; habita en América del Norte y Central y se alimenta de pequeños animales y de carroña.

coyunda. f. Correa o soga con que se uncen los bueyes.

coyuntura. f. **1** Conjunto de circunstancias que intervienen en la resolución de un asunto importante: *coyuntura económica*. **2** Oportunidad para hacer alguna cosa: *aprovechar la coyuntura*. **3** Articulación entre dos huesos.

coyuntural. adj. Que depende de la coyuntura o circunstancia.

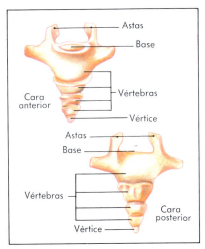

Coxis

coz. f. **1** Patada violenta que dan las caballerías. **2** Patada de una persona.

crac. (voz ingl.) m. Quiebra económica de una empresa, Estado, etc.

-cracia. Elemento que entra en la composición de algunas palabras equivalente a 'gobierno', 'fuerza', 'dominio': *democracia, tecnocracia, burocracia.*

craneal o **craneano, na.** adj. Relativo al cráneo.

cráneo. m. Caja ósea en que está contenido el encéfalo.

craneología. f. Estudio del cráneo.

craneometría. f. Parte de la craneología que se ocupa de la medida de los caracteres craneales.

craneopatía. f. Enfermedad del cráneo.

craneoscopia. f. Estudio del cráneo en todas las características diferenciales que no quedan determinadas mediante medidas.

crápula. m. **1** Hombre de vida licenciosa. | f. **2** Embriaguez o borrachera. **3** Disipación, libertinaje. **Sin.** 1 libertino, calavera.

crascitar. intr. Graznar el cuervo.

craso, sa. adj. **1** Enorme, burdo: *error craso.* **2** Grueso, gordo o espeso.

crasuláceo, a. adj. y f. **1** Se dice de las plantas angiospermas dicotiledóneas, como la uva de gato. | f. pl. **2** Familia de estas plantas.

cráter. m. **1** Boca por donde los volcanes arrojan humo, ceniza, lava, etc. **2** Depresión que ocasiona un meteorito al chocar con la Tierra o la Luna.

crátera. f. En las antiguas Grecia y Roma, vasija donde se mezclaba el agua y el vino.

creación. f. **1** Acción de crear. **2** Cosa creada, y especialmente, en religión, el Universo o conjunto de todas las cosas creadas por Dios. **3** Acción de instituir nuevos cargos. **4** Invención: *la creación artística.*

creacionismo. m. Doctrina que sostiene que el mundo ha sido creado de la nada por la libre voluntad de Dios.

creador, ra. adj. y s. **1** Que crea: *tener capacidad creadora.* | m. **2** En religión, Dios, entendido como origen de todas las cosas. || En esta acepción se escribe con mayúscula.

crear. tr. **1** Producir algo de la nada. **2** Establecer, fundar: *crear una empresa.* **3** Instituir un nuevo empleo, puesto de trabajo, cargo, etc.: *el próximo año crearán nuevas plazas para profesores.* **4** Designar a una persona lo que antes no era. **5** Producir una obra literaria, artística, etc.: *Cervantes creó una novela universal.* | **crearse.** prnl. **6** Imaginarse, formarse una imagen en la mente: *él se ha creado su propio mundo.* **Ant.** 1 destruir.

creatividad. f. Facultad o capacidad de crear.

creativo, va. adj. **1** Que posee o estimula la capacidad de creación: *es un escritor muy creativo.* | m.

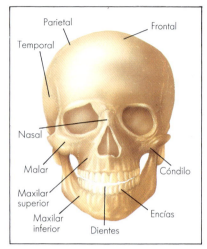

Cráneo

y f. **2** Persona que crea los anuncios y campañas de promoción para una empresa, agencia de publicidad, etcétera.

crecedero, ra. adj. **1** Que está en aptitud de crecer. **2** Se aplica a la ropa que se hace o compra a un niño de modo que le pueda servir aunque crezca.

crecer. intr. **1** Aumentar de tamaño, cantidad o importancia; desarrollarse: *crecer una planta.* | **crecerse.** prnl. **2** Tomar uno mayor autoridad, importancia, atrevimiento o seguridad: *se crece ante las dificultades.* || **Irreg.** Se conjuga como *agradecer.* **Ant.** 1 menguar, disminuir 2 apocarse, achicarse.

creces. f. pl. Se usa casi exclusivamente en la loc. adv. **con creces,** sobradamente, suficiente.

crecida. f. Aumento de agua de un río. **Sin.** riada, desbordamiento.

crecido, da. adj. Grande, numeroso: *un crecido número de médicos avalan el producto.* **Ant.** reducido, escaso.

creciente. adj. Que crece: *pánico creciente.* **Ant.** menguante.

crecimiento. m. **1** Acción de crecer o aumentar: *crecimiento económico.* **2** Desarrollo de un organismo o de alguna de sus partes: *crecimiento de una planta.*

credencial. adj. **1** Que acredita. | f. **2** Documento que permite tomar posesión de su plaza a un empleado.

credibilidad. f. Cualidad de lo que es creíble o aceptable.

crediticio, cia. adj. Relativo al crédito o al préstamo público o privado.

crédito. m. **1** Préstamo que se pide a una entidad bancaria habiendo garantizado su devolución. **2** Condiciones que facultan a una persona o entidad para obtener dinero prestado de otra. **3** Confianza que goza una persona de que cumplirá los compromisos que contraiga: *es una persona de entero crédito*. **4** Reputación, fama: *es un dibujante que goza de gran crédito*. **5** Aceptación de algo como verdadero: *no doy crédito a mis ojos*. **6 a crédito.** loc. adj. y adv. A plazos, sin tener que pagar al contado. **Sin.** 2 solvencia.

credo. m. **1** Conjunto de doctrinas comunes a una colectividad: *credo político*. **2** Oración que enuncia y simboliza la fe cristiana.

credulidad. f. Cualidad de crédulo. **Sin.** candidez, ingenuidad, sencillez □ **Ant.** incredulidad.

crédulo, la. adj. Que cree fácilmente: *es una persona muy crédula*.

creencia. f. **1** Acción de creer. **2** Lo que se cree: *tenía la creencia de que todas las personas son buenas por naturaleza*. También pl.: *creencias religiosas*.

creer. tr. **1** Tener por cierto, aceptar como verdad: *creo en tu palabra*. **2** Pensar, juzgar, suponer algo: *creía que me darían el trabajo*. También prnl.: *se cree muy valiente*. | intr. **3** Tener fe en las verdades religiosas: *no cree en Dios*. ‖ **Irreg.** Se conj. como *leer*. **Sin.** 1 admitir 3 profesar □ **Ant.** 1 y 2 dudar, negar 3 abjurar.

creíble. adj. Que puede o merece ser creído: *tu excusa es absolutamente creíble*. **Ant.** increíble.

creído, da. adj. Persona vanidosa, orgullosa.

crema. f. **1** Mezcla de leche, azúcar, huevos y otros ingredientes que se utiliza en la elaboración de pasteles: *crema de chocolate*. **2** Nata de la leche. **3** Sopa espesa: *crema de puerros*. **4** Confección cosmética para diversos usos: *crema hidratante*. **5** Pasta para dar brillo y conservar los artículos de piel, en especial el calzado. **6** Lo más distinguido de un grupo social: *al acto asistió la crema de la sociedad*.

cremación. f. Acción de quemar: *la cremación de un cadáver*. **Sin.** incineración.

cremallera. f. **1** Cierre que consiste en dos tiras flexibles, generalmente metálicas, provistas de dientes que se traban o se destraban según el sentido en que se desliza una corredera. **2** Barra metálica con dientes en uno de sus cantos, para engranar con un piñón.

crematístico, ca. adj. **1** Relativo al dinero. | f. **2** Conjunto de conocimientos y estudios sobre economía política.

crematorio, ria. adj. **1** Relativo a la cremación de cadáveres. | m. **2** Lugar donde se incineran los cadáveres.

cremoso, sa. adj. **1** De la naturaleza o aspecto de la crema. **2** Que tiene mucha crema.

crencha. f. **1** Raya que divide el cabello en dos partes. **2** Cada una de estas partes.

crêpe. (voz fr.) f. Tortilla hecha con harina, leche y huevo que se hace a la plancha; generalmente se sirve enrollada y rellena de ingredientes dulces o salados.

crepé. m. **1** Caucho esponjoso que se emplea en la fabricación de suelas. **2** Tela fina y ligera.

crepitar. intr. Producir un ruido la madera u otras cosas al arder. **Sin.** chisporrotear.

crepuscular o **crepusculino, na.** adj. **1** Perteneciente al crepúsculo. **2** Se dice del estado de ánimo intermedio entre la conciencia y la inconsciencia.

crepúsculo. m. **1** Claridad que hay al anochecer y al atardecer. **2** Decadencia. **Ant.** 1 amanecer 2 auge.

cresa. f. **1** En algunas partes, los huevos que pone la reina de las abejas. **2** Larva de ciertos dípteros. **3** Montones de huevecillos que ponen las moscas.

creso. m. El que posee grandes riquezas.

crespo, pa. adj. Ensortijado, rizado: *pelo crespo*. **Ant.** liso, lacio.

crespón. m. **1** Tela muy espesa y rugosa. **2** Tela negra que se usa en señal de luto.

cresta. f. **1** Carnosidad roja sobre la cabeza de algunas aves: *la cresta del gallo*. **2** Moño de plumas de ciertas aves. **3** Picos de una montaña. **4** Cima de una ola.

crestería. f. **1** Remate de un edificio con motivos vegetales, geométricos, etc. **2** Parte superior de las antiguas fortificaciones.

crestomatía. f. Colección de escritos selectos para la enseñanza. **Sin.** antología, florilegio.

creta. f. Roca caliza de color blanco.

cretáceo, a o **cretácico, ca.** adj. y m. Se dice del período más reciente de la era mesozoica o secundaria.

cretense. adj. y com. De la isla de Creta.

cretinismo. m. **1** Retraso patológico en lo físico y en la inteligencia por el mal funcionamiento o ausencia del tiroides. **2** Estupidez, idiotez, falta de talento.

cretino, na. adj. y s. **1** Estúpido, necio. **2** Que padece cretinismo.

cretona. f. Tela de algodón, blanca o estampada.

creyente. adj. y com. Que cree, particularmente, cierta religión.

cría. f. **1** Acción de criar a los seres humanos y a los animales. **2** Animal mientras se está criando. **3** Conjunto de hijos que tienen en un mismo parto o nido los animales: *la cría de una paloma*. **Sin.** 1 crianza 3 camada.

criadero. m. **1** Lugar destinado para la cría de animales. **2** Lugar donde se trasplantan los árboles o plantas. **3** Depósito donde abundan los minerales.

criadilla. f. Testículo de algunos animales de matadero, que se destina a la alimentación.

criado, da. m. y f. **1** Persona asalariada que trabaja en las tareas domésticas. **2 bien criado** o **mal criado.** Tener buena o mala educación. **SIN.** 1 fámulo, sirviente.

criador, ra. m. y f. Persona que se dedica a la crianza de animales: *criador de conejos*.

crianza. f. **1** Acción de criar: *se ha dedicado a la crianza de sus dos hijos*. **2** Época de la lactancia. **3** Envejecimiento y calidad del vino. **4 buena** o **mala crianza.** Buena o mala educación. **SIN.** 1 cría.

criar. tr. y prnl. **1** Nutrir y alimentar las madres a sus hijos o las hembras a sus crías. **2** Instruir, educar a los niños: *he criado mal a mis hijos*. **3** Producir, engendrar. **4** Dar a un vino cuidados especiales. | **criarse.** prnl. **5** Desarrollarse: *el niño se cría sano*.

criatura. f. **1** Toda cosa creada. **2** Niño de poco tiempo. **SIN.** 1 ser 2 crío, bebé.

criba. f. **1** Utensilio consistente en una lámina agujereada o tela sujeta a un aro de madera, que se emplea para separar granos de distintos tamaños o cosas similares. **2** Cualquier aparato mecánico que se emplea para lo mismo. **SIN.** 1 cedazo, zaranda, harnero.

cribado, da. adj. **1** Se dice del carbón mineral escogido. | m. **2** Acción de cribar.

cribar. tr. Separar las partes menudas de las gruesas de una materia: *cribar los granos*. **SIN.** cerner, tamizar.

cricoides. adj. y m. Cartílago anular inferior de la laringe de los mamíferos. || No varía en pl.

crimen. m. **1** Delito grave. **2** Asesinato. **3** Acción o cosa que perjudica a alguien o algo: *es un crimen cortar árboles indiscriminadamente*.

criminal. adj. **1** Perteneciente al crimen o a los actos reprobables: *hecho criminal*. **2** Se dice de la persona que ha cometido un crimen. También s. **SIN.** 1 penal 2 delincuente.

criminalidad. f. **1** Cualidad o circunstancia que hace que una cosa sea criminal. **2** Número proporcional de crímenes cometidos en un territorio y tiempo determinados.

criminalista. adj. y com. Abogado o especialista en derecho penal.

criminología. f. Tratado acerca del delito, sus causas y su repercusión.

crin. f. Conjunto de pelos que tienen algunos animales en la parte superior del cuello. Más en pl.: *las crines del caballo*.

crío, a. m. y f. **1** Niño o niña pequeños. **2** Adulto inmaduro.

criollo, lla. adj. **1** Descendiente de padres europeos nacido en Hispanoamérica. También s. **2** Relacionado con algún país hispanoamericano.

crioscopia. f. Método fisicoquímico, que se utiliza para determinar el peso molecular de una sustancia.

crioterapia. f. Tratamiento terapéutico basado en el empleo de bajas temperaturas.

cripta. f. **1** Piso subterráneo en una iglesia. **2** Lugar subterráneo utilizado para enterrar a los muertos. **SIN.** 2 catacumba.

críptico, ca. adj. **1** Relativo a la criptografía. **2** Oscuro, enigmático. **SIN.** 2 confuso, indescifrable ❏ **ANT.** 2 claro, comprensible.

criptoanálisis. m. Arte de descifrar criptogramas. || No varía en pl.

criptógamo, ma. adj. y f. **1** Se dice de la planta que carece de flores, como los helechos. | f. pl. **2** Grupo taxonómico constituido por las plantas desprovistas de flores.

criptografía. f. Escritura en clave.

criptograma. m. Documento escrito en clave.

criptón. m. Elemento químico; es un gas noble existente en muy pequeña cantidad en la atmósfera terrestre. Su símbolo es *Kr*.

críquet. (voz ingl.) m. Juego de pelota de origen inglés que se practica sobre un campo de hierba entre dos equipos de once miembros; se juega con paletas de madera.

cris. m. Arma blanca, de uso en Filipinas.

crisálida. f. Fase intermedia y larvaria en el desarrollo de los insectos lepidópteros.

crisantemo. m. **1** Planta procedente de China, de tallo leñoso y hojas pequeñas, con flores de colores brillantes. **2** Flor de esta planta, formada por numerosos pétalos alargados y de colores brillantes.

crisis. f. **1** Mutación considerable en una enfermedad tras la cual se produce un empeoramiento o mejoría. **2** Cambio importante en el desarrollo de cualquier proceso, situación, etc., que da lugar a una inestabilidad: *crisis económica*. **3** Problema, conflicto, situación delicada: *esa pareja está pasando por una crisis*. || No varía en pl.

crisma. f. **1** Cabeza: *te vas a romper la crisma*. | m. **2** Óleo consagrado que se usa para unciones sacramentales.

crisma. m. Tarjeta de felicitación navideña.

crisoberilo. m. Piedra preciosa de color verde amarillento.

crisol. m. **1** Vaso que se emplea para fundir metales. **2** Cavidad inferior de los hornos que sirve para recoger el metal fundido.

crisólito. m. Silicato nativo de hierro y manganeso, de color verdoso.

crisomélido. adj. y m. **1** Se dice de los insectos coleópteros de cuerpo ovalado y colores brillantes, que en general son perjudiciales a las plantas. | m. pl. **2** Familia de estos insectos.

crisoprasa. f. Ágata de color verde manzana.

crispar. tr. y prnl. **1** Causar contracción repentina y pasajera en un músculo. **2** Irritar, exasperar. **Sin.** contraer □ **Ant.** 1 relajar, distender 2 sosegar.

cristal. m. **1** Vidrio incoloro y transparente: *una copa de cristal.* **2** Cuerpo sólido de forma poliédrica: *cristal de sal.* **3 cristal de roca.** Cuarzo puro y cristalizado, considerado piedra preciosa.

cristalera. f. **1** Puerta o cierre de cristal. **2** Vitrina, armario con cristales.

cristalería. f. **1** Establecimiento donde se fabrican o venden objetos de cristal. **2** Conjunto de objetos de cristal, en especial los que forman parte de una vajilla.

cristalino, na. adj. **1** De cristal. **2** Parecido al cristal: *agua cristalina.* | m. **3** Cuerpo de forma esférica lenticular, situado detrás de la pupila del ojo. **Sin.** 2 transparente, diáfano □ **Ant.** 2 opaco, turbio.

cristalización. f. **1** Acción de cristalizar. **2** Cosa cristalizada.

cristalizar. intr. y prnl. **1** Tomar forma cristalina: *cristalizarse la sal.* **2** Tomar forma clara y precisa las ideas, sentimientos o deseos. | tr. **3** Hacer tomar la forma cristalina a ciertas sustancias. **Sin.** 2 cuajar.

cristalografía. f. Ciencia que describe las formas que toman los cuerpos al cristalizar.

cristianar. f. Bautizar.

cristiandad. f. **1** Conjunto de los fieles que profesan la religión cristiana. **2** Conjunto de países que profesan esta religión. **Sin.** 1 y 2 cristianismo.

cristianismo. m. **1** Religión cristiana. **2** Conjunto de los fieles y países cristianos. **Sin.** 2 cristiandad.

cristianización. m. Acción de cristianizar.

cristianizar. tr. y prnl. Difundir la doctrina cristiana. **Sin.** evangelizar.

cristiano, na. adj. **1** Perteneciente al cristianismo. **2** Que profesa la fe cristiana. También s. **3** Persona, ser viviente: *eso, no hay cristiano que lo aguante.*

cristología. f. Tratado de lo referente a Cristo.

criterio. m. **1** Norma para conocer la verdad. **2** Juicio o discernimiento. **3** Opinión: *me baso en mis propios criterios.*

crítica. f. **1** Arte de juzgar y evaluar las cosas. **2** Juicio formado sobre una obra literaria o artística: *crítica teatral.* **3** Censura. **4** Conjunto de opiniones sobre cualquier asunto.

criticar. tr. **1** Juzgar fundándose en una serie de principios. **2** Censurar a alguien o algo. **Ant.** 2 elogiar.

criticismo. m. Método de investigación según el cual a todo trabajo científico debe preceder el examen de la posibilidad del conocimiento de que se trata y de las fuentes y límites de éste.

crítico, ca. adj. **1** Perteneciente a la crítica: *una actitud crítica.* **2** Hablando del tiempo, decisivo, oportuno. | m. y f. **3** Persona que ejerce la crítica.

criticón, na. adj. y s. Que todo lo censura.

croar. intr. Cantar la rana.

croata. adj. y com. De Croacia, antigua república yugoslava.

crocante. adj. **1** Se dice de ciertas pastas que crujen al mascarlas. | m. **2** Guirlache. **3** Helado bañado con una capa de almendras, avellanas, etc., picadas.

croché. m. **1** Labor de ganchillo: *una colcha de croché.* **2** En boxeo, gancho.

crol. m. Forma de natación en que la cabeza va sumergida, salvo para respirar, y el avance del cuerpo es de costado.

cromado. m. Acción de cromar.

cromar. tr. Dar un baño de cromo a los objetos metálicos.

cromático, ca. adj. **1** Relativo a los colores. **2** Se aplica a la escala musical que procede por semitonos.

cromatina. f. Sustancia que existe en el núcleo de las células y que se tiñe intensamente por el carmín y los colorantes básicos de anilina.

cromatismo. m. Cualidad de cromático.

crómlech. m. Monumento megalítico de forma elíptica o circular, consistente en una serie de piedras o menhires que cercan un corto espacio de terreno llano.

cromo. m. **1** Elemento químico metálico, duro, de color grisáceo, que se emplea en aleaciones, en la fabricación de pinturas e instrumentos inoxidables. Su símbolo es *Cr.* **2** Estampa con figuras de colores.

cromolitografía. f. **1** Técnica de litografiar con varios colores, los cuales se obtienen por impresiones sucesivas. **2** Estampa obtenida con esta técnica.

cromosfera. f. Zona superior y externa de la envoltura gaseosa del Sol.

cromosoma. m. Cada uno de los corpúsculos que existen en el núcleo de las células y en los que residen los factores hereditarios.

cromotipia. f. **1** Impresión en colores. **2** Lámina así obtenida.

cromotipografía. f. **1** Técnica de imprimir en colores. **2** Obra hecha por este procedimiento.

crónica. f. **1** Relato de acontecimientos históricos ordenados cronológicamente. **2** Artículo periodístico sobre temas de actualidad. **Sin.** 2 reportaje.

cronicidad. f. Cualidad de crónico.

crónico, ca. adj. **1** Se aplica a las enfermedades de larga duración. **2** Que viene de tiempo atrás: *la falta de organización es un mal crónico en esta empresa*. **Sin.** 1 endémico 2 inveterado.

cronicón. m. Breve narración histórica ordenada cronológicamente.

cronista. com. Autor de una crónica: *cronista real, cronista de Indias*. **Sin.** historiador.

crono-. Elemento que forma parte de ciertas palabras con el significado de 'tiempo': *cronología, cronómetro*.

cronología. f. **1** Ciencia que determina el orden y fechas de los sucesos históricos. **2** Serie de hechos históricos, datos, sucesos, etc., por orden de fechas. **3** Manera de medir el tiempo.

cronológico. adj. Perteneciente a la cronología: *seguiremos un criterio cronológico*.

cronometraje. f. Acción de cronometrar.

cronometrar. tr. Medir el tiempo con un cronómetro: *cronometrar una prueba deportiva*.

cronómetro. m. Reloj de precisión.

croquet. (voz ingl.) m. Juego que consiste en hacer pasar unas bolas, golpeándolas con un mazo, por unas argollas puestas en el suelo.

croqueta. f. Fritura de forma cilíndrica que se prepara con una besamel espesa a la que se añaden trozos de pescado, carne, etc.

croquis. m. Diseño o dibujo esquemático. || No varía en pl. **Sin.** esquema, apunte.

cross. (voz ingl.) m. Carrera de obstáculos a campo traviesa. || No varía en pl.

crótalo. m. **1** Instrumento musical semejante a las castañuelas. **2** Serpiente venenosa de América, llamada también *serpiente de cascabel*.

crotorar. intr. Producir la cigüeña el ruido peculiar de su pico.

croupier. (voz fr.) m. Crupier.

cruce. m. **1** Acción de cruzar o poner dos cosas en forma de cruz. **2** Punto donde se cortan mutuamente dos líneas, dos calles, dos vías, dos caminos, etc. **3** Paso destinado a los peatones. **4** Interferencia telefónica o de emisiones radiadas. **5** Acción de cruzar los animales o las plantas para producir una nueva variedad: *la nectarina es un cruce*. **Sin.** 2 encrucijada.

cruceño, ña. adj. y s. De algunos de los pueblos que llevan el nombre de Cruz o Cruces.

crucería. f. Sistema de construcción propio del estilo gótico, en el cual la forma de bóveda se logra mediante el cruce de arcos diagonales, llamados también ojivas o nervios.

crucero. m. **1** Viaje por mar recorriendo un itinerario turístico: *el próximo verano haré un crucero por el Caribe*. **2** Espacio en que se cruzan la nave mayor de una iglesia y la que la atraviesa. **3** Cruz de piedra que se coloca en el cruce de caminos y en los atrios. **4** Buque de guerra de gran velocidad.

cruceta. f. Cada una de las cruces o de las aspas que resultan de la intersección de dos series de líneas paralelas.

crucial. adj. Decisivo, fundamental: *un acontecimiento crucial*. **Ant.** trivial, intrascendente.

crucífero, ra. adj. y f. **1** Se aplica a las plantas angiospermas dicotiledóneas que tienen hojas alternas y corola en forma de cruz, como la col. | f. pl. **2** Familia de estas plantas.

crucificar. tr. **1** Fijar o clavar en una cruz a una persona. **2** Sacrificar, perjudicar.

crucifijo. m. Imagen de Cristo crucificado.

crucifixión. f. Acción de crucificar.

crucigrama. m. Entretenimiento que consiste en rellenar un casillero con palabras que se entrecruzan.

crudeza. f. **1** Cualidad de crudo, severo. **2** Rigor o aspereza: *la crudeza de un clima*.

crudo, da. adj. **1** Se dice de los alimentos que no están cocidos o maduros o lo están de manera insuficiente. **2** Se apl. a algunas cosas cuando no están preparadas o curadas, como la seda, el lienzo, el cuero, etc. **3** Se apl. al tiempo muy frío. **4** Se dice del petróleo que está sin refinar. También s.: *la industria del crudo*. **5** De color semejante a la arena; amarillento. **Ant.** 1 hecho, pasado 2 curado, tratado 3 benigno.

cruel. adj. **1** Que se deleita en hacer mal o con el sufrimiento de otros. **2** Excesivo, duro, sangriento: *una guerra, un castigo cruel*.

crueldad. f. **1** Cualidad de cruel. **2** Acción cruel e inhumana.

cruento, ta. adj. Sangriento: *una guerra cruenta*.

crujía. f. **1** En arquit., espacio comprendido entre dos muros de carga. **2** En los hospitales, sala larga con camas a ambos lados. **3** En algunas catedrales, paso cerrado con verjas o barandillas, desde el coro al presbiterio.

crujido. m. Sonido que se produce al crujir. **Sin.** chasquido.

crujir. intr. Hacer cierto ruido algunos cuerpos cuando frotan o rozan unos con otros o se rompen: *crujir el pan al partirlo*.

crupier. m. En los casinos, empleado que dirige las partidas y paga a los ganadores.

crustáceo, a. adj. y m. **1** Se aplica a los animales artrópodos de respiración branquial, cubiertos generalmente de un caparazón duro o flexible, como los cangrejos y langostas. | m. pl. **2** Clase compuesta por estos animales.

cruz. f. **1** Figura formada por dos líneas que se atraviesan o cortan perpendicularmente. **2** Insignia y señal del cristiano. **3** Distintivo de muchas órdenes

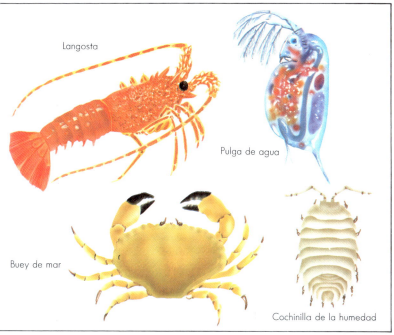

Crustáceos

religiosas, militares y civiles. **4** Reverso de las monedas. **5** Dificultad, carga o trabajo: *cada cual soporta su propia cruz.* **6** Parte más alta del lomo de los cuadrúpedos. **7** Parte de un árbol donde acaba el tronco y empiezan las ramas.

cruzada. f. **1** Expedición militar de los cristianos contra los musulmanes con el fin de recuperar los territorios de Tierra Santa, que se llevó a cabo durante los s. XI al XIV. **2** Campaña en pro de algún fin: *una cruzada de alfabetización.*

cruzado, da. adj. **1** Que está atravesado por algo: *un río cruzado por varios puentes.* **2** Se dice de la prenda de vestir que se cierra sobreponiendo un delantero sobre otro: *chaqueta cruzada.* **3** Que se alistaba para alguna cruzada. También s. **4** Se dice del animal nacido de padres de distintas castas. | m. **5** Unidad monetaria del Brasil entre 1986 y 1990.

cruzamiento. m. **1** Acción de cruzar o cruzarse. **2** Acción de cruzar los animales o plantas de distintas razas o grupo taxonómico. **Sin.** 2 cruce, hibridación.

cruzar. tr. **1** Atravesar una cosa sobre otra en forma de cruz. También prnl.: *cruzarse de brazos.* **2** Atravesar un camino, campo, calle, etc.: *cruzar un río.* **3** Unir animales de la misma especie o plantas de distintas variedades para que se reproduzcan. | **cruzarse.** prnl. **4** Pasar por un mismo punto o camino dos personas o cosas en dirección opuesta: *nos cruzamos en medio de la plaza.*

cuaderna. f. **1** Cada una de las piezas curvas que encajan en la quilla del buque, formando como las costillas del casco. **2 cuaderna vía.** Estrofa compuesta por cuatro versos alejandrinos monorrimos.

cuadernillo. m. **1** dim. de *cuaderno.* **2** Conjunto de cinco pliegos de papel.

cuaderno. m. **1** Conjunto o agregado de algunos pliegos de papel, doblados y cosidos en forma de libro. **2 cuaderno de bitácora.** Libro en que se apunta el rumbo, velocidad, maniobras y demás accidentes de la navegación. **Sin.** 1 libreta, bloc.

cuadra. f. **1** Lugar donde se guardan los animales. **2** Conjunto de caballos, generalmente de carreras. **3** *amer.* Manzana de casas. **Sin.** 1 establo.

cuadrado, da. adj. **1** Se apl. a lo que tiene forma o se asemeja a un cuadrado: *una mesa cuadra-*

cuadragenario – cual

da. **2** Se dice de la persona muy gruesa o corpulenta: *Pilar se ha puesto cuadrada.* **3** Se dice de las medidas de superficie: *ha conseguido un piso de 140 metros cuadrados.* | m. **4** Figura plana cerrada por cuatro líneas rectas iguales que forman cuatro ángulos rectos. **5** Producto que resulta de multiplicar una cantidad por sí misma: *el cuadrado de dos es cuatro.*

cuadragenario, ria. adj. y s. De cuarenta años.

cuadragesimal. adj. Perteneciente a la cuaresma.

cuadragésimo, ma. adj. **1** Que en una serie ordenada ocupa el número cuarenta. **2** Se dice de cada una de las 40 partes iguales en que se divide un todo. También s.

cuadrangular. adj. **1** Que tiene o forma cuatro ángulos. **2** En dep., se dice del torneo en que se enfrentan cuatro participantes o equipos distintos.

cuadrángulo, la. adj. y m. Que tiene cuatro ángulos.

cuadrante. m. **1** En geom., cuarta parte de la circunferencia o del círculo comprendida entre dos radios perpendiculares. **2** Instrumento compuesto de un cuarto de círculo graduado y unos anteojos, para medir ángulos. **3** Almohada cuadrada de cama. **4** Reloj solar trazado en un plano.

cuadrar. tr. **1** Hacer que coincidan los totales de una cuenta, balance, etc. También intr. | intr. **2** Conformarse o ajustarse una cosa con otra: *ese trabajo no cuadra con tu forma de ser.* | **cuadrarse.** prnl. **3** Pararse una persona con los pies formando una escuadra: *cuadrarse un soldado delante de un superior.* **4** Mantenerse firme en una actitud. **5** Pararse un toro o un caballo con las cuatro patas en firme. También intr.

cuadratura. f. **1** Acción de cuadrar. **2 la cuadratura del círculo.** loc. Imposibilidad de una cosa.

cuadrícula. f. Conjunto de los cuadrados que resultan de cortarse perpendicularmente dos series de rectas paralelas.

cuadriculado, da. adj. **1** Dividido en cuadrículas: *papel cuadriculado.* **2** Excesivamente rígido o simplista: *mente cuadriculada.*

cuadricular. tr. Trazar líneas que formen una cuadrícula.

cuadrifolio, lia. adj. Que tiene cuatro hojas.

cuadriga. f. Carro tirado por cuatro caballos de frente, sobre todo el que se usaba en la antigüedad para las carreras del circo romano.

cuadrilátero, ra. adj. **1** Que tiene cuatro lados. | m. **2** Polígono de cuatro lados. **3** En boxeo, plataforma cuadrada donde tienen lugar los combates. **Sin.** **3** ring.

cuadrilla. f. Reunión de personas que realizan juntas una misma obra: *cuadrilla de albañiles.* S gavilla, pandilla, partida.

cuadrivio. m. En la Edad Media, conjunto de cuatro artes liberales: aritmética, música, geometría astrología o astronomía.

cuadrinomio. m. Expresión algebraica que cons de cuatro términos.

cuadro. m. **1** Figura plana formada por cuatro rectas iguales que se cortan perpendicularmente. Lienzo, lámina, papel, etc., de una pintura, un graba un dibujo, etc.: *los cuadros de una exposición.* Descripción detallada y precisa, por escrito o de p labra, de un espectáculo o suceso: *nos pintó cuadro muy vivo de la corrida.* **4** Conjunto de no bres, cifras u otros datos presentados gráficament de manera que se advierta la relación existente ent ellos. **5** Marco, cerco que rodea algunas cosas. Conjunto de personas que forman parte de una ins tución, empresa, etc.: *cuadro directivo de una empr sa.* **7** Cada una de las partes en que se dividen l actos de ciertas obras dramáticas. **Sin.** **3** escena esquema.

cuadrumano, na o **cuadrúmano, na.** adj. y Se dice de los animales en cuyas cuatro extremidade tienen manos, como los monos.

cuadrúpedo, da. adj. y s. Se aplica al animal c cuatro patas.

cuádruple. adj. **1** Que contiene un número cuatr veces exactamente. También m. **2** Se dice de la ser de cuatro cosas iguales o semejantes.

cuadruplicación. f. Multiplicación por cuatro.

cuadruplicar. tr. Multiplicar por cuatro una cos

cuajado, da. adj. **1** Dormido. | f. **2** Parte gras y espesa de la leche, que se separa del suero por l acción del calor, del cuajo o de los ácidos; se tom como alimento. **3** Requesón.

cuajar. tr. y prnl. **1** Unir y trabar las partes de u líquido, para convertirlo en sólido: *cuajarse la lech* **2** Recargar, llenar. | intr. **3** Lograrse, tener efecto un cosa: *cuajar una relación.* También prnl. **4** Crear nieve una capa sobre el suelo u otra superficie.

cuajar. m. Última cavidad del estómago de lo rumiantes.

cuajarón. m. Porción de sangre o de otro líquid coagulado.

cuajo. m. **1** Sustancia con que se cuaja un líquid **2** Calma. **3 de cuajo.** loc. adv. De raíz, sacand enteramente una cosa del lugar en que estaba arra gada.

cual. pron. relat. **1** Es palabra átona y sólo varí en número; precedido de artículo, equivale a *que: persona por la cual preguntas está de vacaciones.* adv. m. **2** Denota comparación o equivalencia; equ vale a *como: estaba inmóvil cual estatua de piedra.*

cualesquier – cuartilla

correlación con *tal*, equivale al mismo sentido: *se manifiesta tal cual es.* | pron. interrog. **4** Con acento, equivale a *qué*, *quién*: *¿cuál de ellos prefieres?* | pron. def. **5** Con acento, establece una correlación entre personas o cosas: *todos, cuál más, cuál menos, estumos de acuerdo.*

cualesquier. pron. indef. pl. de *cualquier*.
cualesquiera. pron. indef. pl. de *cualquiera*.
cualidad. f. **1** Cada una de las circunstancias o caracteres, naturales o adquiridos, que distinguen a las personas o cosas. **2** Manera de ser de una persona o cosa. **Sin.** 1 característica, rasgo 2 carácter.
cualificado, da. adj. **1** Válido, calificado. **2** Que tiene autoridad o merece respeto. **3** Se dice de la persona que está especialmente preparada para una área determinada.
cualificar. tr. Atribuir o apreciar cualidades.
cualitativo, va. adj. Que denota cualidad: *análisis cualitativo*.
cualquier. pron. indef. Antepuesto a un sustantivo, cualquiera: *cualquier cosa.*
cualquiera. adj. indef. **1** Se dice de una persona, animal o cosa indeterminada: *un empleado cualquiera.* También pron.: *cualquiera puede hacerlo.* **2** Vulgar, poco importante. También s.: *ser un cualquiera.* | f. **3** Prostituta: *una cualquiera.*
cuan. adv. c. **1** Con acento, se emplea para intensificar el significado de un adv. o adj.: *¡cuán lejos estás de mí!* **2** Sin acento, tiene valor comparativo y equivale a *como*, empleándose a veces en correlación con *tan*: *cayó cuan largo es.*
cuando. adv. t. **1** Equivale al momento en que se hace algo: *cuando llegué a la fiesta, ya se estaba acabando.* | conj. **2** Puesto que, si, ya que: *cuando se queja, por algo será.* **3** Acompañando de *aun*, equivale a *aunque*: *no te creería aun cuando me lo jurases.* | adv. interrog. **4** Con acento, equivale a en qué momento: *¿cuándo firmarás el contrato?* **5 de cuando en cuando.** loc. adv. Algunas veces, de tiempo en tiempo.
cuantía. f. **1** Cantidad. **2** Valor, importancia.
cuantificar. tr. Expresar numéricamente una magnitud.
cuantioso, sa. adj. Grande en cantidad o número. **Ant.** escaso.
cuantitativo, va. adj. Relacionado con la cantidad: *análisis cuantitativo.* **Ant.** cualitativo.
cuanto, ta. adj. relat. c. **1** Todo lo que: *se comió cuantos pasteles había sobre la mesa.* **2** En pl. y precedido de *unos*, equivale a *algunos*: *unos cuantos amigos.* | adj. y pron. interrog. **3** Con acento, se usa para preguntar una cantidad o número: *¿cuántas páginas tiene esa novela?, ¿cuánto vale esto?* | adj. exclam. **4** Con acento, indica el grado en que se produce algo: *¡cuánta gente vino a la celebración!* También adv.: *¡cuánto te quiero!* | adv. c. **5** Indica gradación o intensidad, y se emplea generalmente en correlación con *tan*, *tanto* o agrupado con *más, mayor, menor, menos*: *cuanto más, mejor.* | pron. relat. c. **6** Se usa en correlación con *tanto* o agrupado con *más* o *menos*: *cuanto más se tiene, tanto más se desea.*

cuáquero, ra. m. y f. Se dice del individuo perteneciente a una secta religiosa protestante fundada en Inglaterra en 1648 por George Fox; carece de culto y jerarquía eclesiástica, y defiende la sencillez, el igualitarismo y la honradez.
cuarcífero, ra. adj. Que contiene cuarzo.
cuarcita. f. Roca formada por cuarzo, que forma depósitos considerables y contiene accidentalmente muchos minerales, entre ellos el oro.
cuarenta. adj. **1** Cuatro veces diez. También m. y pron. **2** Cuadragésimo. | m. **3** Conjunto de signos con que se representa el número cuarenta.
cuarentena. f. **1** Espacio de tiempo en que permanecen aislados las personas o animales portadores de alguna enfermedad contagiosa. **2** Conjunto de 40 unidades.
cuarentón, na. adj. y s. Persona que tiene cuarenta años cumplidos.
cuaresma. f. En la Iglesia católica, tiempo que va desde el miércoles de ceniza hasta la Pascua de Resurrección y que se consagra a la penitencia y el ayuno.
cuaresmal. adj. Relacionado con la cuaresma.
cuartear. tr. **1** Dividir en trozos o partes: *cuartear una res.* | **cuartearse.** prnl. **2** Agrietarse alguna cosa.
cuartel. m. **1** Edificio destinado para alojamiento de la tropa. **2** Cada uno de los sitios en que se reparte y acuartela el ejército. **3** Tregua: *guerra sin cuartel.*
cuartelada. f. Cuartelazo.
cuartelazo. m. Pronunciamiento militar. **Sin.** cuartelada, golpe.
cuartelero, ra. adj. **1** Relacionado con el cuartel. También s. **2** Se dice del lenguaje grosero.
cuartelillo. m. Lugar o edificio en que se aloja una sección de tropa.
cuarterón, na. adj. y s. **1** Nacido en América de mestizo y española, o viceversa. | m. **2** Cuarta parte de una libra.
cuarteta. f. Estrofa que consta de cuatro versos de arte menor, de rima consonante en el segundo y el último.
cuarteto. m. **1** Conjunto musical de cuatro voces o instrumentos. **2** Composición musical para ser cantada o tocada por este conjunto. **3** Combinación métrica de cuatro versos endecasílabos de rima consonante.
cuartilla. f. Hoja de papel para escribir cuyo tamaño es el de la cuarta parte de un pliego.

cuartillo. m. **1** Medida de capacidad para áridos. **2** Medida de líquidos, equivalente a 504 mililitros.

cuarto, ta. adj. **1** Que ocupa el número cuatro en un conjunto ordenado. **2** Se dice de cada una de las cuatro partes iguales en que se divide un todo. También m.: *un cuarto de kilo.* | m. **3** Habitación. **4** Cada una de las cuatro partes en que se considera dividido el cuerpo de los cuadrúpedos y aves: *el perro se sentó sobre sus cuartos traseros.* | pl. **5** Dinero. **6 tres cuartos.** Que mide tres cuartas partes de la longitud corriente: *un chaquetón tres cuartos.*

cuartucho. m. desp. Vivienda o cuarto malo y pequeño.

cuarzo. m. Mineral formado por la sílice, y tan duro que raya el acero.

cuarzoso, sa. adj. Que tiene alguna propiedad del cuarzo o contiene cuarzo.

cuaternario, ria. adj. y m. **1** Se dice del último período de la era cenozoica; llega hasta nuestros días y en este período apareció el hombre. **2** Que consta de cuatro unidades, números o elementos.

cuatrero, ra. adj. y s. Se dice del ladrón de ganado.

cuatri-. Prefijo de voces compuestas, con la significación de cuatro: *cuatrimotor.*

cuatricromía. f. Impresión de un grabado a cuatro colores.

cuatrienio. m. Período de cuatro años.

cuatrillizo, za. adj. y s. Se dice de cada uno de los hermanos nacidos de un parto cuádruple.

cuatrillón. m. Un millón de trillones.

cuatrimestre. adj. **1** Que dura cuatro meses. | m. **2** Período de cuatro meses: *el año académico se divide en tres cuatrimestres.*

cuatrimotor. m. Avión provisto de cuatro motores.

cuatro. adj. **1** Tres más uno. **2** Con ciertas voces se usa con valor indeterminado para indicar escasa cantidad: *me dijo cuatro cosas y se fue.* **3** Cuarto, que sigue al tercero.

Cuarzo

cuatrocientos, tas. adj. **1** Cuatro veces cie(n) También pron. y s. **2** Cuadrigentésimo: *ocupaba puesto cuatrocientos.* | m. **3** Conjunto de signos c(on) que se representa el número cuatrocientos.

cuba. f. **1** Recipiente de madera que sirve pa(ra) contener líquidos. **2** Líquido que cabe en él. **3 com(o) una cuba.** loc. Borracho.

cubalibre. m. Bebida que se compone de ro(n) ginebra, coñac, etc., y un refresco de cola.

cubano, na. adj. y s. De Cuba.

cubata. m. Cubalibre.

cubertería. f. Conjunto de cucharas, tenedores utensilios semejantes para el servicio de mesa.

cubeta. f. **1** Recipiente muy usado en laboratori(os) químicos y fotográficos. **2** Depósito de mercurio en (la) parte inferior del barómetro. **3** Recipiente para obtener el hielo en frigoríficos, neveras, etc.

cubeto. m. Vasija de madera, más pequeña que l(a) cubeta.

cubicación. f. Acción de cubicar.

cubicar. tr. Elevar un monomio, un polinomio o u(n) número a la tercera potencia; multiplicarlo dos vece(s) por sí mismo.

cúbico, ca. adj. **1** Perteneciente al cubo, sólid(o) regular. **2** de forma de cubo geométrico o parecido (a) él. **3** Se dice de las medidas de volumen de un cuerpo: *centímetro cúbico.*

cubículo. m. Recinto pequeño. SIN. cuartucho.

cubierta. f. **1** Lo que tapa o cubre algo. **2** Parte exterior de la techumbre de un edificio: *cubierta a dos aguas.* **3** Tapa de un libro. **4** En los vehículos, banda que protege exteriormente la cámara de los neumáticos. **5** Cada uno de los pisos de una embarcación, especialmente el superior.

cubierto. m. **1** Juego compuesto de cuchara, tenedor y cuchillo. **2** Servicio de mesa que se pone a cada uno de los que han de comer. **3** Comida que en los restaurantes se da por un precio fijo.

cubil. m. Sitio donde los animales, principalmente las fieras, se recogen para dormir. SIN. guarida.

cubilete. m. Vaso ensanchado hacia la boca, especialmente el que se emplea en los juegos de dados.

cubismo. m. Movimiento y teoría artística que se caracteriza por el empleo o predominio de formas geométricas. Surgió en Francia entre 1907 y 1914.

cubista. adj. y com. Relacionado con el cubismo o que lo practica.

cubital. adj. Relacionado con el codo.

cúbito. m. Hueso más grueso y largo del antebrazo.

cubo. m. **1** Recipiente más ancho en la boca que en el fondo, con asa en la circunferencia mayor. **2** Pieza central en que se encajan los radios de una rueda. **3** Tercera potencia de un monomio, polinomio

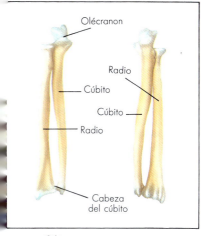

Cúbito: partes anterior y posterior

o número. **4** Sólido regular limitado por seis cuadrados iguales. S<small>IN</small>. 1 balde.

cubrir. tr. **1** Ocultar y tapar una cosa con otra. También prnl. **2** Extender una cosa sobre la superficie de otra: *la nieve cubría la carretera.* **3** Recorrer una distancia. **4** Poner el techo a un edificio. **5** Proteger: *cubrir las espaldas de alguien.* **6** Completar: *cubrir las plazas vacantes.* **7** Seguir de cerca un periodista las incidencias de un acontecimiento: *cubrir la visita de los reyes.* **8** Ser suficiente, bastar: *cubrir las deudas.* **9** Juntarse el macho con la hembra para fecundarla. | **cubrirse.** prnl. **10** Ponerse el sombrero, la gorra, etc. **11** Hacerse digno de una estimación positiva o negativa: *cubrirse de gloria.* || Tiene p. p. irreg.: *cubierto.*

cucamonas. f. pl. Zalamerías, carantoñas.

cucaña. f. Palo largo, untado de jabón o de grasa, por el cual se ha de trepar o andar para coger como premio un objeto atado a su extremidad.

cucaracha. f. Insecto nocturno y corredor, de unos tres centímetros de largo, cuerpo aplanado, de color negro o pardo; habita en sitios húmedos y oscuros.

cuchara. f. Utensilio que se compone de una pieza cóncava y un mango, y que se emplea generalmente para llevar a la boca alimentos líquidos o muy blandos.

cucharada. f. Porción que cabe en una cuchara.
cucharilla. f. Cuchara pequeña de postre, café o té.

cucharón. m. Cacillo con mango o cuchara grande.

cuché. adj. y m. Se dice de un papel de impresión satinado y barnizado, que se emplea especialmente en revistas.

cuchichear. intr. Hablar en voz baja o al oído a uno, para que otros no se enteren. S<small>IN</small>. secretear.

cuchicheo. m. Acción de cuchichear.

cuchichiar. intr. Cantar la perdiz.

cuchilla. f. **1** Instrumento compuesto de una hoja ancha de acero, de un solo corte, con su mango para manejarlo. **2** Hoja de afeitar. **3** Hoja de cualquier arma blanca de corte.

cuchillada. f. Herida o golpe que se hace con una cuchilla, un cuchillo, una espada u otra arma de corte.

cuchillo. m. **1** Instrumento formado por una hoja de acero y de un corte solo, con mango. **2** Pieza de forma triangular, que se usa para aumentar la anchura o el vuelo de una prenda. **3** En arquit., conjunto de piezas de madera o hierro que sirven para sostener la cubierta de un edificio.

cuchipanda. f. Reunión de varias personas para comer y divertirse. S<small>IN</small>. francachela.

cuchitril. m. Habitación pequeña, sucia y desarreglada.

cuchufleta. f. Broma, chiste. S<small>IN</small>. chirigota, chufla.

cuclillas (en). loc. adv. Postura que consiste en agacharse apoyando las asentaderas sobre los talones.

cuclillo. m. Ave trepadora poco menor que una tórtola, con plumaje de color grisáceo, cola negra y alas pardas; la hembra pone sus huevos en los nidos de otras aves.

cuco, ca. adj. **1** Se dice de la persona astuta. También s. **2** Bonito, bien arreglado. | m. **3** Oruga o larva de cierta mariposa nocturna. **4** Cuclillo. S<small>IN</small>. 1 ladino, taimado 2 mono.

cucú. m. Canto del cuclillo.

cucurbitáceo, a. adj. y f. **1** Se aplica a las plantas angiospermas dicotiledóneas de fruto carnoso y semilla sin albumen, como la calabaza, el melón y el pepino. | f. pl. **2** Familia de estas plantas.

cucurucho. m. **1** Papel, cartón o barquillo enrollado en forma cónica, que se emplea para envasar caramelos, frutos secos, etc., o para servir helados. **2** Capirote que usan los penitentes en las procesiones de Semana Santa.

cueca. f. *amer.* Cierto baile sudamericano de pareja suelta y música que lo acompaña.

cuelga. f. Regalo o detalle que se ofrece a alguien en el día de su cumpleaños.

cuello. m. **1** Parte del cuerpo más estrecha que la cabeza, que une a ésta con el tronco. **2** Parte superior y más angosta de un recipiente u otra cosa: *el cuello de una botella.* **3** Tira de una tela unida a la parte superior de algunas prendas de vestir, que rodea el cuello. S<small>IN</small>. 1 pescuezo.

cuenca. f. **1** Cavidad en que está cada uno de los ojos. **2** Territorio cuyas aguas afluyen todas a un mismo río, lago o mar. **3** Territorio rodeado de montañas. **Sin.** 1 órbita.

cuenco. m. **1** Vaso de barro, hondo y ancho, y sin borde. **2** Concavidad, sitio cóncavo. **Sin.** 1 escudilla.

cuenta. f. **1** Acción de contar. **2** Cálculo u operación aritmética. **3** Factura: *la cuenta de la luz*. **4** En contabilidad, registro de cantidades que se han de pagar o cobrar. **5** Cada una de las bolitas que componen un collar, rosario, etc. **6** Cuidado, obligación, deber: *eso corre de tu cuenta*. **7** Consideración o atención: *no me tomas en cuenta*. **8** Provecho, beneficio: *eso trae cuenta*. **9 cuenta corriente.** Depósito de dinero que se tiene en una entidad bancaria y del que se puede disponer en cualquier momento. **10 darse cuenta de** algo. loc. Comprenderlo, percatarse de ello. **11 pedir cuentas.** loc. Pedir una explicación.

cuentacorrentista. com. Persona que tiene cuenta corriente en un establecimiento bancario.

cuentagotas. m. Utensilio, generalmente de cristal o plástico, para verter un líquido gota a gota. ‖ No varía en pl.

cuentahílos. m. Especie de lupa pequeña para ver detalles muy pequeños. ‖ No varía en pl.

cuentakilómetros. m. Aparato que registra los kilómetros recorridos por un vehículo. ‖ No varía en pl.

cuentarrevoluciones. m. Aparato que mide las revoluciones de un motor. ‖ No varía en pl.

cuentista. adj. y com. **1** Se dice de la persona que cuenta mentiras, chismes, o que exagera la realidad. ǀ com. **2** Persona que se dedica a narrar o escribir cuentos. **Sin.** 1 trolero, mentiroso, fantasioso.

cuento. m. **1** Narración breve de sucesos ficticios o de carácter fantástico, hecha con fines didácticos o recreativos: *el cuento de la bella durmiente del bosque*. **2** Mentira, pretexto, simulación. **3** Enredo, chisme. **4 el cuento de nunca acabar.** Asunto o negocio que tarda en resolverse o que nunca se le ve el fin. **5 a cuento.** loc. adv. Al caso, al propósito: *eso no viene a cuento*. **Sin.** 1 fábula, historieta **3** chismorreo, habladuría, cotilleo.

cuerda. f. **1** Conjunto de hilos torcidos que forman un solo cuerpo más o menos grueso, largo y flexible. **2** Hilo especial que se emplea en algunos instrumentos musicales para producir los sonidos por su vibración. **3** Conjunto de estos instrumentos. **4** Resorte o muelle para poner en funcionamiento diversos mecanismos, como un reloj, un juguete, etc. **5** Línea recta tirada de un punto a otro de un arco o porción de curva. **6 cuerdas vocales.** Ligamentos que están en la laringe, cuyas vibraciones producen la voz.

cuerdo, da. adj. y s. **1** Que está en su juicio. **2** Prudente, sensato. **Ant.** 1 loco 2 imprudente.

cuerna. f. **1** Vaso rústico hecho con un cuerno de res vacuna. **2** Cornamenta.

cuerno. m. **1** Prolongación ósea que tienen algunos animales en la frente. **2** Antena de algunos insectos y de otros animales: *los cuernos del caracol*. **3** Instrumento músico de viento, de forma curva. **4** Término con que se alude a la infidelidad de uno de los miembros de una pareja. Más en pl., y en las frases: *llevar los cuernos; poner los cuernos*.

cuero. m. **1** Piel que cubre los animales. **2** Esta misma piel ya curtida. **3** Recipiente hecho con piel de animal, que sirve para contener líquidos. **4 cuero cabelludo.** Piel en donde nace el cabello. **5 en cueros.** loc. adv. Desnudo, sin ropa.

cuerpo. m. **1** En el ser humano y en los animales, conjunto de las partes materiales que componen su organismo. **2** Objeto material en que pueden apreciarse la longitud, la latitud y la profundidad. **3** Tronco humano y animal, a diferencia de la cabeza y las extremidades. **4** Figura o aspecto de una persona: *María tiene muy buen cuerpo*. **5** Parte del vestido, que cubre desde el cuello o los hombros hasta la cintura. **6** Parte central o principal de una cosa: *el cuerpo de un libro*. **7** Conjunto de personas que desempeñan una misma profesión: *cuerpo de policías*. **8** Grueso de los tejidos, papel, etc. **9** Grado de espesura de los líquidos. **10** Cadáver. **11** Cada una de las partes independientes de un mueble, edificio, etc., cuando se las considera unidas a otra principal: *un armario de dos cuerpos*. **12** Tamaño de los caracteres de imprenta.

cuervo. m. Ave omnívora, mayor que la paloma, de plumaje negro, patas y pico fuerte.

cuesco. m. **1** Hueso de algunas frutas; como el de la guinda, el durazno, etc. **2** Pedo ruidoso. **Sin.** 1 güito.

cuesta. f. **1** Terreno en pendiente. **2 a cuestas.** loc. adv. Sobre los hombros o las espaldas. **3** A su cargo: *llevar alguien sus males a cuestas*. **Sin.** 1 costanera, subida, rampa.

cuestación. f. Petición o demanda de limosnas.

cuestión. f. **1** Asunto o materia en general de la que se trata. **2** Riña, disputa, discusión. **3** Punto dudoso o discutible. **Sin.** 1 tema 3 problema, duda.

cuestionar. tr. Discutir un asunto dudoso. **Sin.** polemizar.

cuestionario. m. **1** Lista de cuestiones o preguntas. **2** Programa de temas de una oposición, una clase, etc. **Sin.** 1 formulario 2 temario.

cuestor. m. Magistrado romano que en la ciudad

y en los ejércitos tenía funciones principalmente de carácter fiscal.

cueva. f. **1** Cavidad subterránea natural o artificial. **2** Sótano. **Sin.** 1 caverna, gruta.

cuévano. m. Cesto grande y hondo, más ancho arriba que abajo, que se emplea especialmente durante el tiempo de la vendimia.

cuezo. m. **1** Artesilla de madera, en que amasan el yeso los albañiles. **2 meter el cuezo.** loc. Meter la pata; equivocarse.

cúfico, ca. adj. Se dice de ciertos caracteres empleados antiguamente en la escritura arábiga.

cuidado. m. **1** Esmero y atención para hacer algo bien: *conducir un coche con cuidado*. **2** Recelo, temor. **3 ¡cuidado!** interj. que se emplea como amenaza o para advertir la proximidad de un peligro o la contingencia de caer en error. **4** Se usa a veces con sentido ponderativo: *¡cuidado que es listo ese muchacho!* **5 de cuidado.** loc. adj. Peligroso, grave: *un accidente de cuidado*. **Ant.** 1 descuido 2 confianza.

cuidar. tr. **1** Poner interés y esmero en la ejecución de algo. **2** Asistir a alguien que lo necesita: *cuidar de un enfermo*. **3** Guardar, proteger, conservar: *cuidar la ropa.* | **cuidarse.** prnl. **4** Mirar uno por su salud o bienestar: *debes cuidarte un poco más.* **5** Tratar de evitar algo: *cuídate mucho de volver a amenazarme*.

cuita. f. Pesar, pena. **Ant.** alegría, gozo.

cuitado, da. adj. Triste, afligido.

culantrillo. m. Helecho de hojas divididas en lóbulos a manera de hojuelas redondeadas, propio de sitios húmedos; suele usarse su infusión como medicamento para enfermedades respiratorias.

cular. adj. **1** Relativo al culo. **2** Se dice de la morcilla o chorizo hechos con la tripa más gruesa.

culata. f. **1** Parte posterior de la caja de las armas de fuego que sirve para coger y afianzar estas armas antes de dispararlas. **2** Parte posterior de una pieza de artillería. **3** En los vehículos, pieza metálica que se ajusta al bloque de los motores de explosión y cierra el cuerpo de los cilindros.

culatazo. m. Golpe dado con la culata de un arma.

culear. intr. Mover el culo.

culebra. f. Nombre común de algunos reptiles ofidios, de cuerpo cilíndrico, no venenosos.

culebrear. intr. Andar formando eses como las culebras.

culebrilla. f. Enfermedad cutánea, a modo de herpes, que se extiende formando líneas onduladas.

culebrina. f. **1** Pieza de artillería, larga y de poco calibre. **2** Meteoro eléctrico y luminoso con apariencia de línea ondulada.

culebrón. m. Telenovela de muchos episodios y de acentuado carácter melodramático.

Culebra

culera. f. Remiendo en los pantalones sobre la parte que cubre las nalgas.

culícido, da. adj. y m. **1** Se dice de los insectos dípteros, provistos de una probóscide, como el mosquito común y el anofeles. | m. pl. **2** Familia de estos insectos.

culinario, ria. adj. Relativo a la cocina o al arte de cocinar: *recetas culinarias*.

culminación. f. **1** Acción de culminar. **2** Momento en que un astro ocupa el punto más alto a que puede llegar sobre el horizonte.

culminante. adj. **1** Se dice de lo más elevado de un monte, edificio, etc. **2** Superior, sobresaliente, principal.

culminar. intr. **1** Llegar algo al grado más elevado, significativo o extremado que pueda tener. | tr. **2** Dar fin a una actividad, tarea, etc. **Sin.** 1 perfeccionarse 2 concluir.

culo. m. **1** Nalgas de las personas y ancas de los animales. **2** vulg. Ano. **3** Extremidad inferior o posterior de algo: *el culo de la botella*.

culombio. m. Unidad de carga eléctrica, que corresponde a la carga que un amperio transporta cada segundo.

culpa. f. **1** Falta que se comete voluntariamente. **2** Responsabilidad que recae sobre alguien por haber cometido un acto incorrecto: *aún no sabemos de quién es la culpa*. **Ant.** 1 inocencia.

culpabilidad. f. Cualidad de culpable.

culpable. adj. **1** Se dice de aquel a quien se puede echar o se echa la culpa de una falta, un delito, etc.: *ser culpable de un asesinato*. También com. **2** Se dice de la persona o cosa que es causante de algo malo. **Sin.** 2 responsable, causante ☐ **Ant.** 1 y 2 inocente.

culpar. tr. y prnl. Atribuir la culpa a algo o alguien. **Sin.** 1 acusar, achacar, imputar ☐ **Ant.** excusar, exculpar.

culteranismo. m. Estilo literario que se desarrolló durante los s. XVI y XVII y que se caracteriza por una sintaxis complicada, una acumulación de metáforas, imágenes y alusiones oscuras, y el empleo frecuente de latinismos. **Ant.** conceptismo.

culterano, na. adj. y s. Que participa de las características del culteranismo.

cultismo. m. **1** Palabra culta o erudita. **2** Palabra procedente del latín y que no ha sufrido alteraciones fonéticas.

cultivar. tr. **1** Dar a la tierra y las plantas los cuidados necesarios para que fructifiquen: *cultiva su jardín.* **2** Hablando del conocimiento, del trato o de la amistad, poner todos los medios necesarios para mantenerlos y estrecharlos. **3** Desarrollar el talento, la memoria, el ingenio, etc. **4** Practicar o dedicarse a un arte, ciencia o lengua: *cultivar la música.* **Sin.** 1 labrar, laborar 2 cuidar 3 ejercitar 4 consagrarse.

cultivo. m. **1** Acción de cultivar. **2** Tierra cultivada. **Sin.** 1 y 2 labranza, labor.

culto, ta. adj. **1** Dotado de cultura o formación: *una persona culta.* **2** Se dice de las palabras o expresiones derivadas directamente del griego o el latín, sin evolución popular; p. ej., *recuperar* frente a la popular *recobrar.* **3** Cultivado: *terreno culto.* | m. **4** Homenaje que se tributa a Dios, a la Virgen y a los santos: *culto divino.* **5** Devoción hacia alguien o algo: *culto al amor.*

cultura. f. **1** Resultado o efecto de cultivar los conocimientos humanos. **2** Conjunto de modos de vida y costumbres de una época o grupo social: *la cultura egipcia.* **3** Cultivo.

cultural. adj. Relativo a la cultura.

culturismo. m. Práctica sistemática de ejercicios gimnásticos para el desarrollo de los músculos.

culturizar. tr. y prnl. Civilizar, incluir en una cultura: *estos pueblos se culturizaron mucho en esos años.*

cumanagoto, ta. adj. y s. De Cumaná, antigua provincia de Venezuela.

cumbre. f. **1** Cima o parte más alta de un monte. **2** La mayor elevación, intensidad, perfección de algo o alguien y último grado a que puede llegar: *está en la cumbre de su éxito.* **3** Reunión del más alto nivel: *la cumbre de Río sobre problemas medioambientales.* **Sin.** 1 pico 2 culminación.

cumpleaños. m. Aniversario del nacimiento de una persona. || No varía en pl.

cumplido, da. adj. **1** Acabado, perfecto, completo: *tiene cuatro años cumplidos.* **2** Hablando de ciertas cosas, abundante: *cumplidas muestras de cariño.* **3** Educado, que se esmera en cumplir todas las reglas de cortesía y urbanidad: *siempre nos ofrece algo, es muy cumplido.* | m. **4** Acción obsequiosa o muestra de cortesía: *no me hagas tantos cumplidos.* **Sin.** 3 cortés 4 atención.

cumplimentar. tr. **1** Recibir o hacer una visita formal o de cortesía a alguien a quien se debe consideración: *el embajador cumplimentó al monarca.* **2** Poner en ejecución una orden, trámite, etc.

cumplimiento. m. **1** Acción de cumplir o cumplirse. **2** Cumplido, obsequio.

cumplir. tr. y prnl. **1** Ejecutar, llevar a efecto algo: *se cumplieron sus deseos.* También intr.: *cumplió con su deber.* **2** Dicho de la edad, llegar a tener aquella que se indica o un número cabal de años o meses. | intr. **3** Quedar bien: *por cumplir no vengas.* **4** Acabar el plazo señalado para algo. También prnl.

cúmulo. m. **1** Montón de muchas cosas superpuestas. **2** Multitud de cosas aunque no sean materiales: *un cúmulo de desgracias.* **3** Nube de apariencia algodonosa con la base plana, propia del verano.

cuna. f. **1** Camita para niños, con unas barandillas laterales. **2** Patria o lugar de nacimiento de alguien: *Sevilla fue su cuna.* **3** Estirpe, linaje: *de humilde cuna.* **4** Origen de algo: *la cuna de la civilización occidental.*

cundir. intr. **1** Extenderse hacia todas partes algo. **2** Dar mucho de sí una cosa. **3** Hablando de cosas inmateriales, extenderse, propagarse: *cundió el pánico.* **4** Hablando de trabajos, adelantar, progresar. **Sin.** 4 rendir.

cuneiforme. adj. Con forma de cuña. Se aplica normalmente a ciertos caracteres de forma de cuña o de clavo, que algunos pueblos de Asia usaron antiguamente en la escritura.

cuneta. f. Zanja en cada uno de los lados de un camino para recoger las aguas de lluvia.

cunicultura. f. Arte de criar conejos para aprovechar su carne y sus productos.

cuña. f. **1** Pieza de madera o metal terminada en ángulo diedro muy agudo que sirve para ajustar, romper o sujetar cosas. **2** Recipiente para recoger la orina y los excrementos del enfermo que no puede levantarse de la cama.

cuñado, da. m. y f. Hermano o hermana de uno de los cónyuges respecto al otro.

cuño. m. **1** Troquel con que se sellan la moneda, las medallas y otras cosas similares. **2** Impresión o señal que deja este sello. **3 de nuevo cuño.** loc. adj. De reciente creación: *una expresión de nuevo cuño.*

cuota. f. Cantidad fija con que cada uno debe contribuir a un gasto colectivo, como p. ej., ser socio de un club: *la cuota de inscripción es de 1.000 pesetas.* **Sin.** cupo, asignación.

cupé. m. **1** Coche de dos puertas, comúnmente con dos asientos. **2** En las antiguas diligencias, compartimiento situado delante de la baca.

cuplé. m. Cierta canción corta y ligera con letra satírica y pícara.

cupletista. f. **1** Cantante de cuplés. | com. **2** Persona que los compone.

cupo. m. **1** Cuota, parte asignada o repartida a un pueblo o a un particular en cualquier impuesto, préstamo o servicio. **2** Número de reclutas asignado para hacer el servicio militar cada año: *salió excedente de cupo.* **Sin.** 1 asignación 2 contingente.

cupón. m. Parte que se corta de un anuncio, invitación, bono, etc., y que da derecho a tomar parte en concursos, sorteos, o a obtener una rebaja en las compras.

cupresáceo, a. adj. y f. **1** Se dice de las plantas gimnospermas, arbustivas o arbóreas y muy ramificadas, con hojas persistentes durante varios años, lineales o escamosas y siempre sentadas, y fruto en forma de piña, como el ciprés. | f. pl. **2** Familia de estas plantas.

cúprico, ca. adj. Relativo al cobre o que lo contiene: *óxido cúprico.*

cuprífero, ra. adj. Que contiene cobre.

cuproníquel. m. **1** Aleación de cobre y níquel empleada en la fabricación de monedas. **2** Moneda española que valía 25 céntimos de peseta.

cuproso, sa. adj. Se dice de los compuestos de cobre en que éste actúa como monovalente.

cúpula. f. **1** Bóveda semiesférica con que se cubre un edificio o parte de él. **2** Grupo dirigente de un organismo, institución, entidad, etc.: *asistió la cúpula del partido.* **Sin.** 1 domo 2 directiva.

cura. m. Sacerdote encargado de una parroquia.

cura. f. Acción de curar o sanar, en especial tratamiento y desinfección periódica de una herida para que cicatrice. **Sin.** curación.

curación. f. Acción de curar o curarse.

curado, da. adj. **1** Endurecido, seco, fortalecido o curtido. **2 estar curado de espanto.** loc. No asustarse por nada por haber tenido muchas experiencias, sobre todo negativas. **Sin.** 2 encallecido.

curandero, ra. m. y f. Persona que realiza prácticas curativas sin título oficial de médico.

curar. intr. y prnl. **1** Sanar, recobrar la salud. | tr. **2** Aplicar al enfermo los remedios correspondientes a su enfermedad para que sane. **3** Hablando de carnes, pescados, embutidos, etc., prepararlos por medio de la sal, el humo, el frío seco, etc., para que se conserven. **4** Curtir pieles. **Ant.** 1 enfermar, agravarse.

curare. m. Sustancia negra, resinosa y amarga, extraordinariamente venenosa, con la que algunos indígenas de América del Sur impregnan sus flechas para paralizar a sus presas.

curasao. m. Licor fabricado con corteza de naranja, azúcar y aguardiente.

Cúpula de la catedral de Florencia

curativo, va. adj. Que sirve para curar.

cúrcuma. f. Planta originaria de la India, cuya raíz, que se parece al jengibre, huele como él y es algo amarga.

curda. f. **1** Borrachera. | com. **2** Borracho. **Sin.** 1 trompa, moña.

curdo, da. adj. y s. Kurdo.

cureña. f. Armazón sobre la que se monta el cañón de artillería.

curia. f. **1** Grupo de abogados, procuradores y funcionarios que trabajan en la administración de justicia. **2** Organismos e instituciones que colaboran en el gobierno de la Iglesia.

curial. adj. Relativo a la curia.

curio. m. **1** Elemento químico radiactivo artificial que se obtiene bombardeando el plutonio con partículas alfa. Su símbolo es *Cm.* **2** Unidad de medida de radiactividad.

curiosear. intr. y tr. **1** Procurar enterarse alguien de algo que no le concierne: *no curiosees en mi bolso.* **2** Observar algo superficialmente, sin mucho interés: *sólo estuve curioseando por los puestos del mercadillo.* **Sin.** 1 fisgonear, husmear, fisgar.

curiosidad. f. **1** Deseo de alguien de saber y averiguar algo que no le incumbe. **2** Deseo de conocer, enterarse de cosas. **3** Cosa curiosa, interesante: *este museo está lleno de curiosidades.* **4** Esmero y pulcritud en hacer las cosas. **Ant.** 1 discreción.

curioso, sa. adj. **1** Que tiene curiosidad. También s. **2** Que excita curiosidad por su rareza o interés: *un libro curioso.* **3** Limpio y aseado: *va siempre muy curioso.* **4** Que trata una cosa con particular cuidado.

currar. intr. **1** Trabajar. | tr. **2** Pegar a alguien.

curricán. m. Aparejo de pesca de un solo anzuelo, que suele largarse por la popa de los buques cuando navegan.

currículo. m. **1** Plan de estudios. **2** Conjunto de estudios y prácticas destinadas a que el alumno desarrolle plenamente sus posibilidades. **3** Conjunto de datos biográficos, académicos y laborales de una persona, que se utiliza sobre todo cuando se aspira a un puesto de trabajo.

currículum vitae. m. Currículo, conjunto de datos biográficos, académicos y laborales. || pl. *currícula vitae.*

curruca. f. Pájaro insectívoro de plumaje pardo por encima y blanco por debajo, y pico recto y delgado.

currutaco, ca. adj. y s. Muy afectado en el uso riguroso de las modas.

cursar. tr. **1** Estudiar una materia en un centro educativo: *cursa tercero de Historia.* **2** Dar curso, tramitar una solicitud, instancia, etc.

cursi. adj. y com. Se dice de la persona o cosa que aparenta elegancia, riqueza y un excesivo refinamiento. **Sin.** relamido.

cursilada. f. Acción o cosa cursi.

cursilería. f. **1** Cualidad de cursi. **2** Cursilada.

cursillo. m. **1** Curso breve para completar el aprendizaje de una materia o actividad. **2** Breve serie de conferencias sobre una materia.

cursivo, va. adj. y f. Se dice del carácter y de la letra de imprenta inclinada a la derecha.

curso. m. **1** Dirección o evolución de algo: *las conversaciones siguen su curso.* **2** Camino, recorrido que sigue algo: *el curso de un río.* **3** En los centros docentes, tiempo señalado en cada año para asistir a las clases: *el curso dura nueve meses.* **4** Serie de clases o conferencias sobre una materia determinada: *un curso de contabilidad mercantil.*

cursor. m. **1** Pieza que se desliza a lo largo de otra. **2** Marca luminosa parpadeante o fija que, en algunos aparatos, como el ordenador, indica la posición en la que aparecerá el siguiente carácter que se introduzca.

curtido. m. **1** Acción de curtir. **2** Cuero curtido. Más en pl.

curtidor, ra. m. y f. Persona que tiene por oficio curtir pieles.

curtiduría. f. Sitio o taller donde se curten y trabajan las pieles.

curtir. tr. **1** Preparar, aderezar las pieles para su uso posterior. **2** Tostar el sol o el aire el cutis. Más c. prnl. **3** Acostumbrar a uno a la vida dura, endurecer. También prnl.: *se curtió con aquellas experiencias.* **Sin.** 1 adobar, curar 2 broncear 3 encallecer, avezar.

cururú. m. Anfibio anuro americano que tiene los dedos libres en las extremidades torácicas y palmeadas las abdominales.

curvar. tr. y prnl. Encorvar, doblar, torcer: *el fondo de la sartén se ha curvado.*

curvatura. f. Cualidad de curvo.

curvilíneo, a. adj. Que se compone de líneas curvas.

curvo, va. adj. **1** Que constantemente se va apartando de la dirección recta sin formar ángulos. | f. **2** Línea que tiene esta trayectoria. **3** Representación gráfica de las fases sucesivas de un fenómeno: *curva de natalidad.* **4** Tramo curvo de una carretera, camino, línea férrea. **Ant.** 1 recto.

cuscurro. m. Corrusco.

cuscús. m. Plato árabe elaborado con sémola de trigo, carne, pollo y verduras.

cúspide. f. **1** Cumbre de los montes. **2** Remate superior: *la cúspide del edificio.* **3** Vértice de la pirámide o del cono. **4** Momento culminante de algo o alguien: *llegó a la cúspide de su trayectoria profesional.* **Ant.** 4 declive, decadencia.

custodia. f. **1** Protección, vigilancia. **2** Pieza en que se expone la Eucaristía. **3** Templete o trono donde se coloca.

custodiar. tr. Vigilar, guardar con cuidado.

custodio. adj. y m. Que custodia: *ángel custodio.*

cutáneo, a. adj. Perteneciente al cutis o a la piel.

cúter. m. Embarcación con velas al tercio, una cangreja o mesana en un palo chico colocado hacia popa, y varios foques.

cutícula. f. **1** Película de piel delgada y delicada, sobre todo la que está pegada a la base de las uñas. **2** Epidermis.

cutis. m. Piel del cuerpo humano, principalmente la del rostro. || No varía en pl.

cutre. adj. y com. **1** Pobre, de baja calidad. **2** Tacaño, miserable. **Ant.** 1 lujoso 2 generoso.

cuyo, ya. adj. relat. y pos. De quien, del cual, de lo cual. || Concierta en género y número, no con el nombre del poseedor o antecedente, sino con el de la persona o cosa poseída: *los boletos cuya última cifra sea un cinco, son los premiados.*

cuzcuz. m. Cuscús.

d

d. f. **1** Cuarta letra del abecedario español, y tercera de sus consonantes. Su nombre es *de*. **2** Letra numeral romana que, en mayúscula, tiene el valor de quinientos.

dabuten o **dabuti.** adj. vulg. Excelente, estupendo.

dacha. (voz rusa). f. Casa de campo rusa.

dáctilo. m. Pie de la poesía clásica compuesto de tres sílabas: la primera, larga, y las otras dos, breves.

dactilografía. f. Mecanografía.

dactilología. f. Técnica para hablar con los dedos o utilizando el alfabeto manual, como los sordomudos.

dactiloscopia. f. Estudio de las huellas digitales para la identificación de las personas.

dadaísmo o **dadá.** m. Movimiento artístico y literario nacido en 1916, que pretendía romper con los convencionalismos sociales a través del culto de lo irracional, intuitivo y primitivo.

dadaísta. adj. Relacionado con el movimiento dadá o dadaísmo.

dádiva. f. Cosa que se da sin esperar nada a cambio. **Sin.** donativo, regalo.

dadivoso, sa. adj. y s. Generoso. **Ant.** tacaño.

dado, da. adj. **1** Determinado, concreto: *un momento dado*. **2 dado que.** loc. conjunt. Puesto que, ya que: *dado que no lo sabes, te lo explicaré*.

dado. m. Cubo pequeño en cuyas caras hay señalados puntos de uno a seis o distintas figuras, usado en varios juegos de azar.

daga. f. Arma blanca antigua, de hoja corta.

daguerrotipo. m. **1** Procedimiento y aparato fotográficos para obtener imágenes en placas metálicas. **2** Imagen así obtenida.

dahír. m. En Marruecos, decreto del sultán.

dalia. f. **1** Planta compuesta, con tallo herbáceo, ramoso, hojas opuestas con cinco o siete hojuelas ovaladas y dentadas; flores con el botón central amarillo, y la corola de muchos pétalos y variados colores. **2** Flor de esta planta.

dalle. m. Guadaña.

dálmata. adj. y com. **1** De Dalmacia, región histórica al O. de los Balcanes. **2** Se dice de una raza de perros de tamaño medio y pelaje corto, blanco con pintas negras. | m. **3** Lengua hablada en Dalmacia.

dalmática. f. **1** Túnica romana, blanca y adornada con púrpura. **2** Vestidura sagrada usada por algunos eclesiásticos.

daltonismo. m. Defecto visual que impide distinguir ciertos colores, sobre todo el rojo y el verde.

dama. f. **1** Mujer noble o distinguida. **2** Señora que acompañaba y servía a la reina, a la princesa o a las infantas. **3** Actriz principal. **4** Reina en el juego del ajedrez. **5** En el juego de las damas, pieza a la

Dalia

damajuana – deambular

que se superpone otra por haber llegado a la primera línea del contrario. | pl. **6** Juego ejecutado en un tablero, con piezas redondas.

damajuana. f. Bombona o garrafa, generalmente protegida por una malla de mimbres o paja.

damasceno, na. adj. y s. De Damasco.

damasco. m. Tela de seda o lana con dibujos formados con el tejido.

damero. m. Tablero del juego de damas.

damisela. f. **1** En sentido irónico, señorita. **2** Mujer joven presumida y delicada.

damnificado, da. adj. Persona o cosa que han sufrido un daño.

damnificar. tr. Causar daño.

dandi. m. Hombre elegante y distinguido.

danés, sa. adj. y s. **1** De Dinamarca. | m. **2** Lengua germánica hablada en Dinamarca. **3 gran danés.** Dogo. **SIN.** 1 y 2 dinamarqués.

dantesco, ca. adj. **1** Característico de Dante. **2** Que causa espanto: *una catástrofe dantesca*.

danubiano, na. adj. Del Danubio.

danza. f. **1** Baile. **2** Actividad, trajín. **3** Negocio o manejo poco limpio.

danzante, ta. m. y f. **1** Bailarín, danzarín. **2** Persona activa.

danzar. tr. **1** Bailar. | intr. **2** Moverse con rapidez o agitación.

danzarín, na. m. y f. **1** Persona que danza con destreza. **2** Zascandil.

dañado, da. adj. **1** Que presenta daños. **2** Echado a perder: *fruta dañada*.

dañar. tr. y prnl. **1** Causar daño, perjudicar: *dañar la salud, la reputacion.* **2** Echar a perder.

dañino, na. adj. Que causa daño: *animal dañino*. **SIN.** nocivo, perjudicial.

daño. m. Perjuicio, dolor, molestia.

dar. tr. **1** Donar. **2** Entregar, repartir. **3** Producir la tierra o los elementos de la naturaleza: *la higuera da brevas e higos.* **4.** Otorgar, conceder, transmitir: *dar audiencia, dar consistencia.* **5** Causar, ocasionar: *dar problemas.* **6** Con voces que expresan un efecto, ejecutar la acción significada por ellas: *dar saltos.* También intr.: *dar de beber.* **7** Golpear, zurrar: *dio en la pared; te voy a dar.* **8** Comunicar, informar: *dar las noticias.* **9** Sonar las campanas de un reloj. También intr.: *dieron las tres.* **10** Accionar un mecanismo, abrir una llave de paso, etc.: *dar la luz.* | intr. **11** Importar, significar: *¿a ti qué más te da?* **12** Encontrar: *dio con la respuesta.* **13** Estar situada una cosa hacia un lugar determinado: *la puerta da a la calle.* | **darse.** prnl. **14** Entregarse, abandonarse. **15** Tener especial habilidad para hacer algo: *se le da bien el inglés.* **SIN.** 1 regalar, ceder 4 conferir 14 dedicarse ◻ **ANT.** 1 arrebatar 10 apagar. || **Irreg.** Conjugación modelo:

Indicativo
Pres.: *doy, das, da, damos, dais, dan.*
Imperf.: *daba, dabas, daba,* etc.
Pret. indef.: *di, diste, dio, dimos, disteis, dieron.*
Fut. imperf.: *daré, darás, dará,* etc.
Potencial: *daría, darías, daría,* etc.
Subjuntivo
Pres.: *dé, des, dé, demos, deis, den.*
Imperf.: *diera* o *diese, dieras* o *dieses,* etc.
Fut. imperf.: *diere, dieres, diere,* etc.
Imperativo: *da, dad.*
Participio: *dado.*
Gerundio: *dando.*

---

dardo. m. **1** Arma arrojadiza que se tira con la mano. **2** Dicho satírico y molesto.

dársena. f. Parte resguardada de un puerto para carga y descarga de embarcaciones.

darwinismo o **darvinismo.** m. Teoría expuesta por el naturalista inglés Charles Darwin, según la cual la evolución de las especies se produce en virtud de una selección natural de individuos, debida a la lucha por la existencia y perpetuada por la herencia.

dasonomía. f. Ciencia que trata de la conservación y aprovechamiento de los montes.

data. f. Nota o indicación del lugar y tiempo en que sucede algo. **SIN.** fecha.

datar. tr. **1** Poner o determinar la fecha. | intr. **2** Haber tenido principio una cosa en el tiempo que se determina: *data de los años cincuenta.* **SIN.** 1 fechar.

dátil. m. **1** Fruto comestible de la palmera datilera, de figura elipsoidal prolongada, cubierto con una película amarilla, de carne blanquecina comestible y hueso muy duro, casi cilíndrico. **2** Dedo de la mano.

datilera. adj. y f. Se aplica a la palmera que da fruto.

dativo. m. Uno de los casos de la declinación, con función de complemento indirecto.

dato. m. **1** Antecedente necesario para el conocimiento de algo: *rellenó la solicitud con sus datos.* **2** Documento, testimonio, fundamento.

de. prep. **1** Denota posesión o pertenencia: *el coche de Juan.* **2** Expresa origen o procedencia: *el avión de Londres.* **3** Indica naturaleza o cualidad: *de mala calidad.* **4** Expresa el modo de hacer algo: *ponerse de pie.* **5** Indica la materia de que algo está hecho o lo que contiene: *un vaso de plástico, un vaso de vino.* **6** Indica el asunto de que se trata algo o el tiempo en que sucede algo: *una antología de poemas, trabaja de noche.* **7** Denota sentido partitivo: *algo de pan.* | f. **8** Nombre de la letra *d*.

deambular. intr. Caminar sin dirección determinada; pasear. **SIN.** vagar.

deambulatorio. m. Espacio transitable en las iglesias, detrás del altar mayor. **Sin.** girola.

deán. m. Cabeza del cabildo de una catedral, después del prelado.

deanato o **deanazgo.** m. Dignidad de deán.

debacle. f. Desastre, catástrofe. **Sin.** hecatombe.

debajo. adv. l. **1** En lugar inferior. **2** Con sumisión o dependencia: *debajo del presidente están el vicepresidente y los ministros.*

debate. m. **1** Discusión, disputa. **2** Contienda, lucha. **Sin.** 1 controversia 2 combate.

debatir. tr. **1** Discutir, disputar sobre una cosa. | **debatirse.** prnl. **2** Luchar, combatir, forcejear: *debatirse entre la vida y la muerte.* **Sin.** 1 polemizar.

debe. m. Parte del libro de cuentas en que se anotan los cargos.

debelación. f. Acción de debelar.

debelar. tr. Rendir al enemigo.

deber. m. **1** Obligación: *cumplió con su deber.* **2** Deuda. | pl. **3** Ejercicios escolares para hacer en casa. **Sin.** 1 responsabilidad.

deber. tr. **1** Estar obligado a lo que se expresa: *debes ir.* También prnl. **2** Adeudar, tener deudas: *le debe dinero.* **3** Tener compromisos que cumplir: *me debe una cena.* **4** Con la partícula *de* seguida de infinitivo denota una probabilidad: *debe de hacer frío.* | **deberse.** prnl. **5** Sentirse obligado: *se debe a sus padres.* **6** Ser la causa una cosa de otra: *el retraso se debió a la lluvia.*

débil. adj. y com. **1** De poca fuerza o resistencia. **2** De poco carácter. **Sin.** 1 endeble, flojo ◻ **Ant.** 1 y 2 fuerte.

debilidad. f. **1** Cualidad de débil. **2** Cariño o inclinación desmedida: *tiene debilidad por las fresas.*

debilitar. tr. y prnl. Disminuir la fuerza, el vigor o el poder de una persona o cosa.

debilucho, cha. adj. Débil, enclenque.

débito. m. **1** Deuda. **2** Debe de una cuenta.

debut. m. **1** Estreno de una obra o primera actuación de un artista. **2** Primera actuación en cualquier actividad. || pl. *debuts.*

debutante. adj. y com. Que debuta.

debutar. intr. Presentarse por primera vez ante el público.

década. f. **1** Período de diez años. **2** Serie de diez.

decadencia. f. Principio de debilidad o de ruina. **Sin.** declive, decrepitud, menoscabo ◻ **Ant.** auge.

decadente. adj. **1** Que decae. **2** Que imita o muestra interés por los modos y estilos de una época en decadencia: *un pintor decadente.*

decaedro. m. Cuerpo geométrico de diez caras.

decaer. intr. Ir a menos; perder fuerza, importancia o valor. || **Irreg.** Se conj. como *caer.*

decágono, na. m. Polígono de diez lados.

decagramo. m. Peso de diez gramos.

decaído, da. adj. **1** Deprimido, triste, desalentado. **2** Débil.

decaimiento. m. **1** Abatimiento, desaliento. **2** Debilitamiento. **Sin.** 2 postración.

decalitro. m. Medida de capacidad, equivalente a diez litros.

decálogo. m. **1** Los diez mandamientos de la ley de Dios. **2** Conjunto de diez principios o normas.

decámetro. m. Medida de longitud, equivalente a diez metros.

decanato. m. **1** Cargo de decano. **2** Despacho del decano.

decano, na. m. y f. **1** Miembro más antiguo de una comunidad. También adj. **2** Persona que preside una corporación o una facultad universitaria.

decantar. tr. **1** Pasar un líquido de un recipiente a otro sin que se salga el poso. | **decantarse.** prnl. **2** Tomar partido, tender hacia: *se decantó hacia el liberalismo.*

decapitación. f. Acción de decapitar.

decapitar. tr. Cortar la cabeza.

decápodo. adj. y m. **1** Se dice de los crustáceos de diez patas, como la langosta. **2** Se dice de los cefalópodos que, como el calamar, tienen diez tentáculos provistos de ventosas, dos de los cuales son más largos que los demás. | pl. **3** Orden de estos crustáceos y antiguo orden de estos cefalópodos.

decárea. f. Medida de superficie equivalente a diez áreas.

decasílabo, ba. adj. y s. De diez sílabas: *verso decasílabo.*

decatlón. m. Competición de atletismo con diez pruebas.

decena. f. Conjunto de diez unidades.

decenal. adj. **1** Que se repite cada decenio. **2** Que dura un decenio.

decencia. f. **1** Honestidad, honradez. **2** Dignidad. **Sin.** 1 recato, pureza ◻ **Ant.** 1 indecencia.

decenio. m. Período de diez años.

decente. adj. **1** Honesto. **2** Digno, justo. **3** Suficiente, regular. **4** Limpio, aseado: *dejar la casa decente.* **5** De buena calidad: *la película era bastante decente.* **Sin.** 1 honrado, recatado 4 apañado ◻ **Ant.** 1 a 4 indecente.

decenviro. m. **1** Cualquiera de los diez magistrados superiores a quienes los antiguos romanos dieron el encargo de componer las leyes de las Doce Tablas. **2** Cualquiera de los magistrados menores que entre los antiguos romanos servían de consejeros a los pretores.

decepción. Sentimiento de frustración al compro-

decepcionar – declinación

bar que alguien o algo no satisface las expectativas puestas en él. **Sin.** desengaño, desilusión.

decepcionar. tr. Causar decepción. **Sin.** desengañar, desilusionar.

deceso. m. Muerte.

dechado. m. Ejemplar, modelo: *un dechado de virtudes.*

deciárea. f. Medida de superficie equivalente a la décima parte de un área.

decibelio o **decibel.** m. Unidad de medida del sonido que corresponde a la décima parte del belio.

decidido, da. adj. Que actúa con decisión y valor: *hablar en tono decidido; ser decidido.* **Sin.** resuelto.

decidir. tr. **1** Dar una solución definitiva: *decidió dónde iríamos.* **2** Resolver, tomar una determinación. También prnl.: *se decidió por mí.*

decigramo. m. Peso equivalente a la décima parte de un gramo.

decilitro. m. Medida de capacidad, equivalente a la décima parte de un litro.

décima. f. **1** Combinación métrica de diez versos octosílabos. También se llama *espinela.* **2** Décima parte de un grado de fiebre en el termómetro.

decimal. adj. **1** Se dice de cada una de las diez partes iguales en que se divide una cantidad. **2** Se dice del sistema métrico de pesas y medidas, cuyas unidades son múltiplos o divisores de diez. **3** Se aplica al sistema de numeración cuya base es diez.

decímetro. m. Medida de longitud, equivalente a la décima parte de un metro.

décimo, ma. adj. **1** Que sigue inmediatamente en orden al noveno. **2** Se dice de cada una de las diez partes iguales en que se divide un todo. También s. | m. **3** Décima parte del billete de lotería.

decimoctavo, va. adj. Que sigue inmediatamente en orden al decimoséptimo.

decimocuarto, ta. adj. Que sigue inmediatamente en orden al decimotercero.

decimonónico, ca. adj. **1** Del s. xix. **2** Anticuado.

decimonoveno, na o **decimonono, na.** adj. Que sigue inmediatamente en orden al decimoctavo.

decimoquinto, ta. adj. Que sigue inmediatamente en orden al decimocuarto.

decimoséptimo, ma. adj. Que sigue inmediatamente en orden al decimosexto.

decimosexto, ta. adj. Que sigue inmediatamente en orden al decimoquinto.

decimotercero, ra. adj. Que sigue inmediatamente en orden al duodécimo.

decir. tr. **1** Manifestar con palabras el pensamiento. También prnl. **2** Asegurar, opinar. **3** Nombrar o llamar. **4** Denotar una cosa o dar muestras de ello: *su carta dice todo sobre su carácter.* **5** Contener los libros, escritos, etc., ciertos temas, ideas, etc.: *el libro dice cómo hay que hacerlo.* | intr. **6** Convenir, armonizar. || Se construye con los advs. *bien* o *mal.* | m. **7** Dicho, palabra. **8 es decir.** loc. O sea, esto es. **9 es un decir.** loc. Es una suposición. **Sin.** 1 exponer 2 afirmar ☐ **Ant.** 1 callar. || **Irreg.** Conjugación modelo:

Indicativo
Pres.: *digo, dices, dice, decimos, decís, dicen.*
Imperf.: *decía, decías,* etc.
Pret. indef.: *dije, dijiste, dijo,* etc.
Fut. imperf.: *diré, dirás, dirá,* etc.
Potencial: *diría, dirías,* etc.
Subjuntivo
Pres.: *diga, digas, diga, digamos, digáis, digan.*
Imperf.: *dijera* o *dijese, dijeras* o *dijeses,* etc.
Fut. imperf.: *dijere, dijeres,* etc.
Imperativo: *di, decid.*
Participio: *dicho.*
Gerundio: *diciendo.*

---

decisión. f. **1** Resolución que se toma en una cosa dudosa. **2** Firmeza de carácter: *actuar con decisión.*

decisivo, va. adj. **1** Que decide o resuelve. **2** De consecuencias importantísimas: *fue un libro decisivo en su carrera.* **Sin.** 1 y 2 concluyente, definitivo.

decisorio, ria. adj. Que tiene capacidad para decidir.

declamación. f. Acción, arte o manera de declamar.

declamar. intr. **1** Recitar un texto con la entonación y gestos convenientes. También tr.: *declamó sus propios versos.* **2** Hablar en público. **3** Hablar con vehemencia.

declamatorio, ria. adj. Se dice del tono enfático y exagerado.

declaración. f. Acción de declarar.

declarante. adj. **1** Que declara. | com. **2** Persona que declara ante el juez.

declarar. tr. **1** Manifestar o explicar lo que está oculto o no se entiende bien. **2** Decidir los jueces o las autoridades. **3** Manifestar a la administración del Estado los ingresos y bienes que se tienen y que están sometidos a impuesto. | intr. **4** Testificar ante el juez. | **declararse.** prnl. **5** Revelar un sentimiento o intención: *ayer se me declaró Juan.* **6** Manifestarse una cosa o empezar a advertirse su acción: *declararse un incendio.* **Sin.** 1 exponer, resolver ☐ **Ant.** 1 ocultar.

declinación. f. **1** Caída, descenso. **2** Decadencia o menoscabo. **3** Serie ordenada de los casos gramaticales. **4** Distancia de un astro al ecuador. **Sin.** 1 bajada, pendiente.

declinar – deducción

declinar. intr. **1** Inclinarse hacia abajo. **2** Decaer. **3** Aproximarse una cosa a su fin: *declinar el día.* | tr. **4** Rehusar, no admitir. **5** Poner las palabras en los distintos casos gramaticales. **Sin.** 2 disminuir, menguar 4 rechazar, renunciar.

declive. m. **1** Pendiente, cuesta. **2** Decadencia.

decoloración. f. Acción de decolorar.

decolorante. adj. y m. Que decolora.

decolorar. tr. y prnl. Quitar o disminuir el color.

decomisar. tr. Incautarse el Estado de mercancías procedentes de comercio ilegal.

decomiso. m. **1** Acción de decomisar. **2** Cosa decomisada. **Sin.** 1 y 2 comiso, confiscación.

decoración. f. **1** Acción y efecto de decorar. **2** Conjunto de elementos que adornan una habitación, un ambiente, etc.

decorado. m. Conjunto de muebles, telones, etc., que representan el lugar en que discurre una obra de teatro, cine, televisión.

decorador, ra. m. y f. Persona que se dedica a la decoración.

decorar. tr. **1** Adornar, embellecer. **2** Crear un ambiente determinado en un lugar combinando muebles, adornos, etc.

decorativo, va. adj. **1** Que decora o adorna: *figuras decorativas.* **2** Se dice de la persona que desempeña un papel sin importancia en una actividad, o que es valorada sólo por su aspecto físico.

decoro. m. **1** Honor, respeto que se debe a alguien. **2** Honestidad, recato, pudor. **3** Seriedad, gravedad. **Sin.** 1 honra 2 decencia 3 circunspección □ **Ant.** 1 indignidad 2 indecencia.

decoroso, sa. adj. Que tiene o muestra decoro.

decrecer. intr. Menguar, disminuir. || **Irreg.** Se conj. como *agradecer.* **Ant.** aumentar.

decreciente. adj. Que decrece.

decrépito, ta. adj. **1** Se dice de la persona que, por su avanzada edad, tiene muy menguadas sus facultades físicas y mentales. También s. **2** Se dice de las cosas en estado ruinoso o de abandono.

decrepitud. f. Cualidad de decrépito.

decrescendo. m. Debilitación gradual de la intensidad del sonido.

decretar. tr. **1** Resolver, decidir la persona que tiene autoridad para ello. **2** Anotar en el margen de un escrito el curso o respuesta que se le ha de dar. **3** Decidir el juez acerca de las peticiones de las partes. **Sin.** 1 ordenar.

decreto. m. **1** Acción de decretar. **2** Decisión del Papa de acuerdo con los cardenales.

decúbito. m. **1** Posición del cuerpo acostado o echado. **2 decúbito prono.** Echado sobre el pecho y el vientre. **3 decúbito supino.** Echado sobre la espalda.

decuplicar o **decuplar.** tr. Multiplicar por diez.

décuplo, pla. adj. y m. Que contiene un número diez veces.

decurso. m. Sucesión o continuación del tiempo. **Sin.** transcurso.

dedal. m. Utensilio pequeño, cónico y hueco, que cubre la punta de un dedo para empujar la aguja al coser y no pincharse.

dédalo. m. Laberinto, cosa o lugar confusos y enmarañados.

dedicación. f. **1** Acción de dedicar o dedicarse. **2** Interés, aplicación.

dedicar. tr. **1** Aplicar algo a un uso determinado: *tienda dedicada a vinos.* También prnl.: *se dedica a la construcción.* **2** Consagrar al culto: *este templo estaba dedicado a Venus.* **3** Dirigir a alguien, como obsequio o cortesía, un objeto cualquiera: *me dedicó el libro.* **Sin.** 1 emplear, destinar.

dedicatoria. f. Mensaje dirigido a la persona a quien se ofrece o regala un libro, cuadro, fotografía, etcétera.

dedil. m. Funda para proteger cada dedo de la mano.

dedo. m. **1** Cada una de las extremidades móviles en que terminan las manos y los pies del hombre y de muchos animales. **2** Medida de longitud del ancho de un dedo: *hay que subir dos dedos ese jaretón.*

deducción. f. **1** Acción de deducir. **2** Método por el que, a partir de conceptos universales, se llega a verdades particulares.

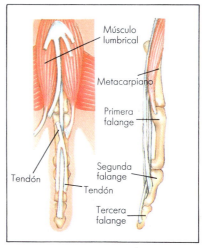

Anatomía del dedo

deducir. tr. **1** Sacar consecuencias de un principio, proposición o supuesto. **2** Rebajar, restar, descontar una cantidad. ‖ **Irreg.** Se conj. como *conducir*.

deductivo, va. adj. Que procede por deducción.

defecación. f. Acción de defecar.

defecar. intr. Expulsar los excrementos.

defección. f. Abandono desleal de una causa o un partido.

defectivo, va. adj. Se dice del verbo que no se conjuga en todos los tiempos, modos y personas; p. ej., *abolir*. También m.

defecto. m. **1** Falta o imperfección, natural o moral. **2 por defecto.** loc. adj. o adv. Por debajo del límite esperado: *dato erróneo por defecto*. **Sin.** 1 falta, tacha □ **Ant.** 1 perfección.

defectuoso, sa. adj. Imperfecto.

defender. tr. **1** Amparar, proteger. También prnl. **2** Mantener una cosa contra las opiniones de los demás. **3** Abogar, alegar en favor de alguien. ‖ **defenderse.** prnl. **4** Responder suficientemente bien en una actividad, situación, etc.: *se defiende muy bien en inglés; gana lo justo para defenderse*. ‖ **Irreg.** Se conj. como *entender*. **Sin.** 2 sostener □ **Ant.** 1 atacar.

defendido, da. adj. y s. Se dice de la persona a quien defiende un abogado.

defenestración. f. Acción de defenestrar.

defenestrar. tr. **1** Arrojar a alguien por una ventana. **2** Destituir o expulsar a alguien de un puesto, cargo, situación, etc.

defensa. f. **1** Acción de defender o defenderse. **2** Arma, instrumento, fortificación, etc., para defenderse. **3** Amparo, protección, socorro. **4** Abogado defensor, su equipo y el conjunto de razones alegadas por él en el juicio. **5** Conjunto de mecanismos del organismo para defenderse de todo lo que le pudiera resultar dañino: *tiene bajas las defensas*. **6** En ciertos deportes, línea de jugadores que defiende la portería. ‖ com. **7** Jugador de esta línea. **Sin.** 1 ayuda, amparo.

defensivo, va. adj. **1** Útil para la defensa: *maniobras defensivas*. ‖ f. **2** Actitud exclusiva de defensa: *estar a la defensiva*.

defensor, ra. adj. y s. **1** Que defiende o protege. **2** Se dice del abogado encargado de la defensa en un juicio.

deferencia. f. **1** Consideración, condescendencia. **2** Muestra de respeto o cortesía. **Ant.** 1 y 2 desconsideración.

deferente. adj. Respetuoso, cortés.

deficiencia. f. Defecto o imperfección. **Ant.** suficiencia.

deficiente. adj. **1** Que no llega al nivel que se necesita: *un caudal deficiente*. **2** Defectuoso, mal hecho: *su trabajo era muy deficiente*. **3** Se aplica a la persona que tiene alguna carencia física o intelectual. También com.

déficit. m. **1** En comercio, cantidad que falta para que los ingresos se equilibren con los gastos: *déficit presupuestario*. **2** Falta, escasez: *déficit de viviendas*. ‖ pl. *déficit* o *déficits*. **Ant.** 1 y 2 superávit.

deficitario, ria. adj. Que implica déficit.

definición. f. **1** Acción de definir. **2** Explicación del significado de los vocablos y expresiones de un diccionario. **3** Nitidez en la representación gráfica de una imagen: *pantalla de alta definición*.

definir. tr. **1** Fijar y explicar el significado de una palabra, la naturaleza de una cosa, los caracteres de un concepto. También prnl. **2** Resolver algo dudoso. **Sin.** 2 aclarar.

definitivo, va. adj. Decisivo, que resuelve o concluye.

deflación. f. Descenso del nivel general de precios.

deflagrar. intr. Arder una sustancia con llama y sin explosión.

defoliación. f. Caída prematura de las hojas de los árboles y plantas.

deforestación. f. Acción de deforestar.

deforestar. tr. Despojar un terreno de plantas forestales. **Ant.** repoblar.

deformación. f. Acción de deformar o deformarse.

deformar. tr. **1** Hacer que algo pierda su forma regular o natural: *deformar un sombrero, un carácter*. También prnl. **2** Tergiversar: *deformar una noticia*. **Sin.** 1 desfigurar.

deforme. adj. Desproporcionado o irregular en la forma.

deformidad. f. **1** Cualidad de deforme. **2** Cosa deforme.

defraudador, ra. adj. y s. Que defrauda.

defraudar. tr. **1** Resultar algo o alguien peor de lo que quería o esperaba: *esta vez no te defraudaré*. **2** Eludir el pago de algo, generalmente impuestos: *defraudó noventa millones en el banco*. **Sin.** 1 desilusionar 2 estafar □ **Ant.** 2 restituir.

defunción. f. Muerte, fallecimiento. **Sin.** deceso.

degeneración. f. **1** Acción de degenerar. **2** Alteración de los tejidos o de una célula viva.

degenerado, da. adj. y s. **1** Degradado, rebajado. **2** Desgastado, deteriorado. **3** Vicioso, depravado.

degenerar. intr. y prnl. **1** Perder alguien o algo su calidad original o su primitivo valor o estado: *este festival ha degenerado bastante*. **2** Decaer en un individuo o especie las virtudes y características de sus antepasados: *esta ganadería ha degenerado*.

degenerativo, va. adj. Que causa o produce degeneración.

deglución. f. Acción de deglutir. SIN. ingestión.
deglutir. tr. e intr. Tragar los alimentos. SIN. engullir, ingerir ☐ ANT. regurgitar.
degolladero. m. **1** Parte del cuello por donde se degüella al animal. **2** Sitio destinado para degollar las reses. **3** Tablado o cadalso que se hacía para degollar a un delincuente. SIN. 2 matadero.
degolladura. f. Herida o cortadura en la garganta o el cuello.
degollar. tr. **1** Cortar la garganta o el cuello. **2** Destruir, arruinar. **3** Interpretar mal una obra dramática; hacer una mala intervención en un acto, etc. **4** Matar el espada al toro con una o más estocadas mal dirigidas. ‖ **Irreg.** Se conj. como *contar*. SIN. 1 decapitar.
degollina. f. **1** Matanza, mortandad. **2** Abundancia de suspensos en un examen. SIN. 1 carnicería.
degradación. f. **1** Acción de degradar o degradarse. **2** Humillación, bajeza.
degradante. adj. Que degrada o rebaja.
degradar. tr. **1** Deponer o rebajar a alguien de grado y dignidad: *le degradaron a soldado raso.* **2** Humillar: *este trabajo le degrada.* También prnl. **3** Disminuir progresivamente la luz, el color y el tamaño de las figuras de un cuadro para conseguir la perspectiva. SIN. 2 envilecer.
degüello. m. Acción de degollar.
degustación. f. Acción de degustar.
degustar. tr. Probar o saborear los alimentos.
dehesa. f. Tierra acotada y por lo común dedicada a pastos. SIN. pastizal.
dehiscencia. f. Acción de abrirse naturalmente las anteras de una flor o el pericarpio de un fruto.
dehiscente. adj. Se dice del fruto cuyo pericarpio se abre naturalmente para que salga la semilla.
deicida. adj. Se aplica a los que dieron muerte a Jesucristo.
deicidio. m. Crimen del deicida.
deíctico, ca. adj. Perteneciente o relativo a la deixis. También m.
deidad. f. **1** Ser divino. **2** Cada uno de los dioses de las diversas religiones. SIN. 1 y 2 divinidad.
deificar. tr. **1** Divinizar. **2** Ensalzar excesivamente a una persona. SIN. 2 endiosar, exaltar.
deífico, ca. adj. De Dios.
deísmo. m. Doctrina que reconoce un Dios como autor de la naturaleza, pero sin admitir revelación ni culto externo.
deísta. adj. y s. Que profesa el deísmo.
deixis. f. Función de ciertos elementos lingüísticos que señalan algo que se ha dicho anteriormente en la frase o que está presente ante los hablantes; p. ej., *este*, *ese* o *aquel*. ‖ No varía en pl.

dejadez. f. Pereza, negligencia, abandono.
dejado, da. adj. y s. **1** Descuidado, negligente. **2** Desanimado. SIN. 1 abandonado.
dejar. tr. **1** Soltar algo o ponerlo en algún lugar: *deja el abrigo en el perchero.* **2** Consentir, permitir: *no me dejan salir esta noche.* También prnl.: *se deja pisotear.* **3** Producir ganancia: *dejar beneficios.* **4** Abandonar: *ha dejado a su marido; dejó los estudios.* **5** Encargar: *le dejó la administración de la finca.* **6** Faltar, ausentarse: *dejó su pueblo.* **7** Legar: *dejar una herencia.* **8** Parar, cesar: *deja de hacer ruido.* **9** Prestar: *déjame un bolígrafo.* **10** No inquietar, perturbar, ni molestar: *déjame en paz.* ‖ **dejarse.** prnl. **11** Descuidarse de sí mismo. **12** Olvidar algo en algún sitio: *me he dejado el paraguas.* SIN. 4 desamparar 5 encomendar 6 irse ☐ ANT. 1 tomar.
deje. m. Acento o modo de hablar peculiar de una comunidad o persona.
dejo. m. Deje.
del. contr. de la prep. *de* y el art. *el*.
delación. f. Acusación, denuncia.
delantal. m. Prenda que, atada a la cintura, cubre la delantera de la ropa para protegerla.
delante. adv. l. **1** En la parte anterior: *no me gusta sentarme delante.* **2** Enfrente: *está justo delante de ti.* ‖ adv. m. **3** A la vista, en presencia: *hablaré delante de todos.*
delantero, ra. adj. **1** Que está o va delante. ‖ m. y f. **2** Deportista que juega en la delantera de un equipo. ‖ f. **3** Parte anterior de una cosa: *la delantera del coche.* **4** En locales de espectáculos, primera fila de asientos. **5** Distancia con que uno se adelanta a otro: *tomar la delantera.* **6** Línea de ataque en un equipo deportivo.
delatar. tr. **1** Revelar voluntariamente a la autoridad un delito, designando a su autor. **2** Descubrir, poner de manifiesto una cosa oculta. También prnl.: *tu nerviosismo te delata.* SIN. 1 soplar, denunciar.
delator, ra. adj. y s. Que delata.
delco. m. Distribuidor eléctrico que produce el encendido del motor de explosión.
dele. m. En artes gráficas, signo con que el corrector indica que ha de quitarse una palabra o letra.
delegación. f. **1** Acción de delegar. **2** Cargo y oficina de delegado. **3** Reunión de delegados. **4** Cada una de las oficinas que tiene repartidas una empresa por diferentes sitios.
delegado, da. adj. y s. Persona que actúa en nombre de otra. SIN. encargado, representante.
delegar. tr. Dar una persona a otra poder para que actúe en su lugar. SIN. facultar, autorizar.
deleitar. tr. y prnl. Agradar, producir deleite.
deleite. m. Placer, satisfacción.
deletéreo, a. adj. Mortífero, venenoso.

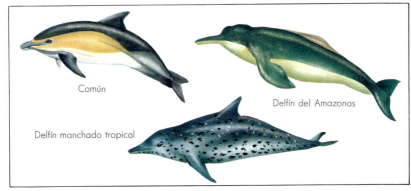
Delfines

deletrear. intr. Pronunciar separadamente cada letra o sílaba de una palabra.

deletreo. m. Acción de deletrear.

deleznable. adj. 1 Despreciable. 2 Que se rompe fácilmente. 3 Poco duradero.

delfín. m. 1 Mamífero cetáceo carnívoro de dos o tres metros de largo, oscuro por encima, blanquecino por debajo, de cabeza voluminosa, ojos pequeños y pestañosos, boca muy grande, dientes cónicos en ambas mandíbulas, hocico delgado y agudo, y una sola abertura nasal. 2 Título que se daba al primogénito del rey de Francia.

delgadez. f. Cualidad de delgado.

delgado, da. adj. 1 Flaco, de pocas carnes. 2 Estrecho, fino: *un hilo delgado*. **Sin.** 1 enjuto 2 tenue □ **Ant.** 1 y 2 gordo, grueso.

delgaducho, cha. adj. Algo delgado.

deliberación. f. 1 Discusión. 2 Reflexión.

deliberado, da. adj. Voluntario, intencionado.

deliberar. intr. 1 Considerar detenidamente el pro y el contra de una decisión antes de adoptarla. 2 Tratar un asunto entre varios. | tr. 3 Resolver una cosa con premeditación. **Sin.** 1 meditar.

delicadeza. f. 1 Finura, ternura, suavidad. 2 Atención y cortesía con las personas o las cosas. **Sin.** 2 detalle.

delicado, da. adj. 1 Quebradizo: *vaso delicado*. 2 Débil, enfermizo. 3 Fino, distinguido, atento. 4 Sabroso, gustoso. 5 Difícil, comprometido: *un aspecto delicado*. 6 Liso, suave: *un tacto delicado*.

delicaducho, cha. adj. Débil y enfermizo.

delicia. f. 1 Placer, gusto. 2 Aquello que lo causa.

delicioso, sa. adj. Que causa delicia o placer. **Sin.** agradable, placentero.

delictivo, va o **delictuoso, sa.** adj. 1 Relativo al delito. 2 Que implica delito. **Ant.** 1 y 2 legal.

delicuescencia. f. 1 Propiedad de algunos cuerpos de hacerse líquidos lentamente al absorber la humedad del aire. 2 Inconsistencia, decadencia.

delicuescente. adj. 1 Que tiene la propiedad de la delicuescencia. 2 Inconsistente, decadente.

delimitar. tr. Fijar los límites de una cosa. **Sin.** deslindar, limitar.

delincuencia. f. 1 Actividad de cometer delitos. 2 Conjunto de delitos y delincuentes de un país o época.

delincuente. adj. y com. Que delinque. **Sin.** malhechor.

delineante. com. Persona que traza los planos que otro diseña.

delinear. tr. Trazar las líneas de una figura, dibujar un plano.

delinquir. intr. Cometer un delito. || La *qu* de la raíz cambia a *c* ante *a, o: delinco, delinca.*

delirar. intr. 1 Desvariar, tener perturbada la razón por enfermedad u otro motivo. 2 Padecer alucinaciones durante el sueño. 3 Decir o hacer disparates.

delirio. m. 1 Acción de delirar. 2 Despropósito, disparate. **Sin.** 1 desvarío, enajenación, ilusión.

delírium trémens. m. Delirio con gran agitación y temblor, ocasionado por el consumo excesivo de bebidas alcohólicas.

delito. m. Culpa, crimen, quebrantamiento de la ley.

delta. f. 1 Acumulación triangular de terreno entre los brazos de la desembocadura de un río. 2 Cuarta letra del alfabeto griego, que corresponde a nuestra *d*. || Su grafía mayúscula es Δ y la minúscula δ. 3 **ala delta.** Aparato de vuelo libre con una vela triangular a la que va sujeto el deportista.

deltoides. adj. y m. Se dice del músculo de forma triangular situado en el hombro. || No varía en pl.

demacración. f. Delgadez excesiva.

demacrado, da. adj. Excesivamente delgado o con mal aspecto por desnutrición o enfermedad. **Ant.** robusto.

demacrar. tr. y prnl. Adelgazar en exceso.

demagogia. f. **1** Ideología o actuación política que trata de conseguir el apoyo del pueblo a través de halagos o falsas promesas. **2** En la antigua Grecia, gobierno dictatorial con el apoyo popular.

demagógico, ca. adj. Relacionado con la demagogia o que la refleja.

demagogo, ga. m. y f. Persona que practica, fomenta o apoya la demagogia.

demanda. f. **1** Petición: *convocaron una huelga en demanda de mejoras salariales*. **2** Búsqueda. **3** Pedido de mercancías o bienes sujeto al pago de una cantidad determinada. **4** En der., petición que un litigante sustenta en el juicio. **5** En der., documento en que se ejercitan en juicio una o varias acciones civiles. **Sin.** 1 súplica, solicitud **Ant.** 2 oferta.

demandado, da. m. y f. Persona acusada en un pleito civil.

demandante. adj. y com. Que demanda.

demandar. tr. **1** Pedir, rogar: *demanda lo que es suyo*. **2** Presentar una demanda judicial contra alguien.

demarcación. f. **1** Acción de demarcar. **2** Terreno demarcado.

demarcar. tr. Señalar los límites de un país o terreno. **Sin.** deslindar, limitar.

demás. adj. y pron. indef. **1** Precedido de los artículos *lo, la, los, las*, lo otro, la otra, los otros, las otras. **2** El resto: *el cinturón, el bolso y demás complementos*.

demasía. f. **1** Exceso. **2** Atrevimiento, insolencia. **Ant.** 1 carencia.

demasiado, da. adj. Excesivo, más de lo necesario: *demasiado caliente*. También pron.: *ya son demasiados*, y adv.: *come demasiado*.

demencia. f. **1** Locura, trastorno de la razón. **2** Estado de debilidad de las facultades mentales, generalmente progresivo e irreversible.

demencial. adj. **1** Relacionado con la demencia. **2** Enorme, disparatado.

demente. adj. y com. Loco, que padece demencia. **Sin.** perturbado.

demérito. m. **1** Falta de mérito. **2** Acción, circunstancia o cualidad por la cual se desmerece: *aquello supuso un demérito en su carrera*.

democracia. f. **1** Forma de gobierno en que el pueblo ejerce la soberanía mediante la elección de sus dirigentes. **2** Comunidad gobernada de esta forma. **3** Doctrina que la defiende.

demócrata. adj. y com. Partidario de la democracia.

democrático, ca. adj. Relacionado con la democracia.

democratizar. tr. y prnl. Hacer demócrata o democrático.

demografía. f. Ciencia que se ocupa del estudio estadístico de una colectividad humana.

demográfico, ca. adj. Relacionado con la demografía.

demoler. tr. Destruir, derribar. || **Irreg.** Se conj. como *mover*. **Sin.** construir.

demolición. f. Acción de demoler.

demoniaco, ca o **demoníaco, ca.** adj. y s. Relacionado con el demonio o propio de él.

demonio. m. **1** Diablo. **2** Persona muy mala o muy astuta.

demonolatría. f. Culto que se rinde al diablo.

demora. f. Tardanza, dilación.

demorar. tr. y prnl. **1** Retardar, diferir. | intr. y prnl. **2** Detenerse en un lugar. **Sin.** 1 adelantar.

demostración. f. **1** Acción de demostrar: *la demostración de una teoría*. **2** Manifestación de actos, intenciones o sentimientos: *una demostración de cariño*.

demostrar. tr. **1** Manifestar, declarar: *eso demuestra que nos aprecia*. **2** Probar la verdad de algo: *demostrar una teoría*. **3** Enseñar: *demuéstrame cómo se hace*. || **Irreg.** Se conj. como *contar*.

demostrativo, va. adj. **1** Que demuestra. **2** En ling., se aplica a los adjetivos y pronombres que señalan personas, animales o cosas, como *este, ese* o *aquel*. También m.

demótico, ca. adj. Se apl. a un tipo de escritura cursiva empleado por los antiguos egipcios.

demudar. tr. **1** Alterar, desfigurar. | **demudarse.** prnl. **2** Cambiarse repentinamente el color, el gesto o la expresión: *se demudó ante tales acusaciones*.

denario. m. **1** Moneda romana de plata, equivalente a diez ases o cuatro sestercios. **2** Moneda romana de oro, que valía cien sestercios.

dendrita. f. **1** Prolongación protoplásmica ramificada de la célula nerviosa. **2** Árbol fósil. **3** Concreción mineral que en forma de ramas de árbol suele presentarse en las fisuras y juntas de las rocas.

dendrografía. f. Tratado de los árboles.

dendrómetro. m. Instrumento para medir las dimensiones de los árboles.

denegación. f. Acción de denegar. **Sin.** negativa.

denegar. tr. No conceder lo que se pide o solicita: *le denegaron la beca*. || **Irreg.** Se conj. como *acertar*. **Sin.** negar.

dengue. m. **1** Remilgo, melindre: *hacerle dengues a algo*. **2** com. Persona que lo hace.

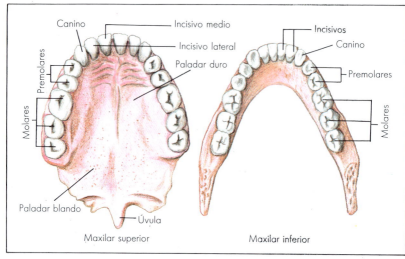

Dentadura

denigrante. adj. Que denigra. Sin. humillante.
denigrar. tr. **1** Desprestigiar, desacreditar. **2** Injuriar, agraviar. Sin. 1 humillar, ultrajar 2 difamar □ Ant. 1 honrar.
denodadamente. adv. m. Con brío, esfuerzo, valor.
denodado, da. adj. Intrépido, atrevido.
denodarse. prnl. Atreverse, esforzarse.
denominación. f. Nombre, título o sobrenombre.
denominador. m. Número que en los quebrados o fracciones expresa las partes iguales en que se considera dividida la unidad o numerador.
denominar. tr. y prnl. Nombrar, señalar con un título particular.
denostar. tr. Injuriar, infamar. || **Irreg.** Se conj. como *contar*. Sin. ofender.
denotar. tr. Indicar, significar: *ese ceño denota preocupación*. Sin. revelar, señalar.
densidad. f. **1** Cualidad de denso. **2** En fís., relación entre la masa y el volumen de un cuerpo. Ant. 1 fluidez.
densificar. tr. y prnl. Hacer densa una cosa.
denso, sa. adj. **1** Compacto, muy pesado en relación con su volumen. **2** Espeso, engrosado: *salsa densa*. **3** Apiñado, apretado, unido: *un bosque muy denso*. **4** Se dice del escrito con mucho contenido en relación a su extensión.
dentado, da. adj. Que tiene dientes o puntas semejantes.

dentadura. f. Conjunto de dientes de una persona o animal.
dental. adj. **1** Relacionado con los dientes. **2** En fon., se dice de la consonante que se pronuncia con la punta de la lengua en los incisivos superiores, como la *d* y la *t*. También f.
dentar. tr. Formar dientes a una cosa; como la sierra.
dentellada. f. **1** Acción de clavar los dientes. **2** Herida que dejan. Sin. 2 mordedura.
dentera. f. **1** Sensación desagradable en los dientes y encías al comer sustancias agrias, oír ciertos ruidos o tocar determinados cuerpos. **2** Envidia.
dentición. f. Tiempo de formación, salida y crecimiento de los dientes.
denticular. adj. En forma de diente.
dentículo. m. En arquit., cada uno de los adornos en forma de paralelepípedo rectángulo que llevan algunos grupos arquitectónicos.
dentífrico, ca. adj. y m. Se dice de la sustancia usada para limpiar y mantener sana la dentadura.
dentina. f. Marfil de los dientes.
dentirrostro. adj. y m. **1** Se dice de los pájaros cuyo pico tiene un diente más o menos visible en el extremo de la mandíbula superior, como el cuervo y el tordo. | m. pl. **2** Suborden de estos animales.
dentista. adj. y com. Especialista dedicado al cuidado, protección y conservación de la dentadura. Sin. odontólogo.

dentón – depresión

dentón, na. adj. **1** Que tiene los dientes muy grandes. | m. **2** Pez marino ovalado, de cabeza grande, y dientes cónicos, más salientes los centrales.

dentro. adv. l. y t. En el interior de un espacio o término real o imaginario: *te espero dentro; estaré contigo dentro de un momento.* **Ant.** fuera.

dentudo, da. adj. y s. De dientes grandes o desproporcionados.

denuedo. m. Brío, esfuerzo, valor, intrepidez. **Ant.** pusilanimidad.

denuesto. m. Injuria grave.

denuncia. f. **1** Acción de denunciar. **2** Documento en que consta. **Sin.** 1 delación.

denunciante. com. Persona que presenta una denuncia ante los tribunales.

denunciar. tr. **1** Delatar: *denunció a sus cómplices.* **2** Declarar oficialmente el estado ilegal de algo: *denunciar la insalubridad de un edificio.* **3** Notificar una de las partes la rescisión de un contrato, la terminación de un tratado, etc. **4** Informar, avisar. **Ant.** 1 encubrir.

deontología. f. Ciencia o tratado de los deberes que conciernen al profesional de una rama determinada.

deparar. tr. Suministrar, proporcionar, conceder.

departamental. adj. De un departamento.

departamento. m. **1** Cada una de las partes en que se divide un territorio, edificio, vehículo, etc. **2** Ministerio o ramo de la administración pública. **3** En las universidades, unidad de docencia e investigación. **4** En algunos países de América, apartamento.

departir. intr. Hablar, conversar.

depauperación. f. **1** Empobrecimiento. **2** Debilidad del organismo, extenuación.

depauperar. tr. **1** Empobrecer. **2** Debilitar, extenuar. Más como prnl.

dependencia. f. **1** Subordinación. **2** Oficina dependiente de otra principal. **3** Pieza, habitación. **4** En un comercio, conjunto de dependientes.

depender. intr. **1** Estar subordinado a una autoridad o jurisdicción. **2** Necesitar de alguien o algo. **3** Producirse una cosa condicionada por otra: *el éxito depende del esfuerzo y la suerte.*

dependiente. adj. Que depende. **Ant.** independiente.

dependiente, ta. m. y f. Empleado de un comercio encargado de atender a los clientes.

depilación. f. Acción de depilar.

depilar. tr. Arrancar el pelo o vello.

depilatorio, ria. adj. y m. Se aplica a la sustancia o método empleados para depilar.

deplorable. adj. Lamentable, infeliz.

deplorar. tr. Lamentar profundamente un suceso.

deponer. tr. **1** Destituir a alguien: *ayer depusieron al secretario.* **2** Abandonar algo: *deponer las armas.* | intr. **3** Evacuar el vientre. || **Irreg.** Se conj. como *poner.* **Sin.** 1 despedir.

deportación. f. Acción de deportar. **Sin.** destierro, exilio.

deportar. tr. Desterrar a alguien.

deporte. m. **1** Actividad física, ejercida como juego o competición, cuya práctica supone entrenamiento y sujeción a normas. **2** Recreo, pasatiempo, diversión.

deportista. com. y adj. Persona aficionada a los deportes o que practica alguno de ellos.

deportividad. f. Actuación con un comportamiento correcto y educado.

deportivo, va. adj. **1** Relacionado con el deporte. **2** Que se ajusta a las normas de corrección en la práctica de los deportes: *conducta deportiva.*

deposición. f. **1** Acción de deponer. **2** Evacuación de vientre. **Sin.** 1 despido, destitución.

depositar. tr. **1** Poner cosas de valor bajo la custodia de alguien: *depositó sus joyas en la caja fuerte del banco.* **2** Colocar: *lo deposité sobre la mesa.* **3** Encomendar, confiar: *depositó en él toda su confianza.* | **depositarse.** prnl. **4** Sedimentarse.

depositaría. f. **1** Sitio o paraje donde se hacen los depósitos. **2** Oficina y cargo del depositario.

depositario, ria. adj. **1** Relacionado con el depósito. | m. y f. **2** Persona en quien se deposita algo.

depósito. m. **1** Acción de depositar. **2** Cosa depositada. **3** Lugar donde se deposita. **4** Estanque o recipiente para contener un líquido: *depósito de gasolina.*

depravación. f. Corrupción, perversión.

depravado, da. adj. y s. Pervertido, vicioso. **Sin.** corrompido ◻ **Ant.** virtuoso.

depravar. tr. y prnl. Pervertir, corromper. **Sin.** viciar.

deprecación. f. Ruego, súplica, petición.

deprecar. tr. Rogar, pedir, suplicar.

depreciación. f. Disminución del valor o precio de una cosa.

depreciar. tr. y prnl. Disminuir o rebajar el valor o precio de una cosa. **Sin.** devaluar ◻ **Ant.** revalorizar.

depredación. f. **1** Acción de depredar. **2** Malversación o injusticia por abuso de autoridad o confianza.

depredador, ra. adj. y s. Se dice de los animales que cazan a otros animales.

depredar. tr. **1** Robar, saquear con violencia. **2** Cazar, para su subsistencia, unos animales a otros.

depresión. f. **1** Estado de ánimo caracterizado por una tristeza profunda e inmotivada que lleva consigo un desinterés por la vida. **2** Concavidad de alguna extensión en un terreno u otra superficie. **3**

depresivo – derogar

Período de crisis económica. **Sin.** 1 abatimiento, hundimiento, melancolía ☐ **Ant.** 2 convexidad.

depresivo, va. adj. **1** Que causa depresión. **2** Que tiende a deprimirse. También s.

deprimente. adj. Que deprime.

deprimido, da. adj. Que sufre depresión.

deprimir. tr. **1** Producir desaliento o pesimismo. También prnl.: *se deprime por nada*. **2** Disminuir el volumen de un cuerpo por medio de la presión. **3** Hundir alguna parte de un cuerpo.

deprisa. adv. m. Rápidamente, con presteza y prontitud. **Sin.** apresuradamente.

depuesto, ta. p. p. irreg. de deponer.

depuración. f. Acción de depurar.

depurado, da. adj. Pulido, trabajado, elaborado cuidadosamente: *un estilo depurado*.

depurador, ra. adj. y s. **1** Que depura. | f. **2** Aparato para depurar o limpiar algo, especialmente el agua.

depurar. tr. **1** Limpiar, purificar. También prnl. **2** Eliminar de una organización, partido, etc., a los miembros considerados como disidentes.

derby. (voz ingl.) m. **1** Competición hípica de selección de potros que se celebra anualmente en Gran Bretaña. **2** Competición entre rivales de la misma ciudad o región.

derechazo. m. **1** En boxeo, golpe dado con la mano derecha. **2** En taurom., pase de muleta que se da con la mano derecha.

derechista. adj. y com. Que comparte las ideas de la derecha política.

derecho. adj. **1** Recto, que no se tuerce a los lados: *esa costura no va derecha*. **2** Directo, sin rodeos: *un camino derecho*. **3** Erguido, tieso: *ponte derecho*. **4** Que está o queda del lado opuesto al corazón: *ojo derecho, oreja derecha*. | f. **5** Lado y mano que están en el lado opuesto al corazón: *mi casa queda a la derecha*. **6** Parte moderada y conservadora de la colectividad política de un país. | m. **7** Conjunto de principios, preceptos y reglas que rigen las relaciones humanas en toda sociedad civil, y a los que deben someterse todos los ciudadanos. **8** Ciencia que los estudia. **9** Facultad de hacer o exigir todo aquello que la ley o la autoridad establece en nuestro favor: *derecho de ciudadanía*. **10** Acción que se tiene sobre una persona o cosa: *tengo derecho a una explicación*. **11** Justicia, razón: *eso es tuyo con pleno derecho*. **12** Lado principal de una tela, papel, tabla, etc.: *el derecho del jersey*. | m. pl. **13** Tributo que se paga por una mercancía o por otro uso consignado por la ley: *derechos aduaneros*. **14** Honorarios de ciertas profesiones, como los del notario, del arquitecto, etc. **Sin.** 3 rígido 4 diestro 12 anverso 13 tasas ☐ **Ant.** 1 torcido 4 izquierdo, siniestro 12 envés, reverso.

derechura. f. Cualidad de derecho.

deriva. f. Desvío de un barco o un avión de su verdadero rumbo.

derivación. f. **1** Acción de derivar. **2** Pérdida de fluido de una línea eléctrica. **3** En ling., procedimiento de formación de vocablos mediante la alteración de las terminaciones de otros; p. ej., *carnicería* y *carnicero* de *carne*.

derivado, da. adj. **1** Se dice del vocablo formado por derivación. También m. | m. **2.** En quím., se dice del producto que se obtiene de otro a través de una o varias transformaciones: *la gasolina es un derivado del petróleo*. | f. **3** En mat., variación de una función con respecto a su variable.

derivar. intr. **1** Proceder de algo. También prnl. **2** Desviarse el buque de su rumbo. **3** Formarse una palabra a partir de otra. También tr. y prnl.: *'gatear' se deriva de 'gato'*. | tr. **4** Separar parte de algo que va por un cauce para hacerlo ir por otro camino: *derivar un río hacia un embalse*. **5** En mat., obtener una derivada.

dermatitis. f. Inflamación de la piel. || No varía en pl.

dermatoesqueleto. m. Piel o parte de ella engrosada y muy endurecida de algunos animales, como los celentéreos, moluscos, etc.

dermatología. f. Parte de la medicina que se ocupa de la piel y de sus enfermedades.

dermatológico, ca. adj. Relacionado con la dermatología.

dermatólogo, ga. m. y f. Médico especializado en las enfermedades de la piel.

dermatosis. f. Enfermedad de la piel. || No varía en pl.

dérmico, ca. adj. Relacionado con la piel.

dermis. f. Capa intermedia de la piel situada debajo de la epidermis y encima de la hipodermis. || No varía en pl.

derogación. f. Acción de derogar.

derogar. tr. Abolir, anular una norma, ley o costumbre. **Sin.** revocar.

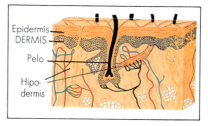

Dermis

derrama. f. Reparto de un gasto eventual o contribución entre los vecinos de una comunidad o población.

derramar. tr. **1** Verter, esparcir cosas líquidas o menudas. También prnl. **2** Establecer una derrama entre los miembros de una comunidad. | **derramarse.** prnl. **3** Esparcirse, dispersarse.

derrame. m. Salida anormal de un líquido orgánico por rotura de vasos: *derrame cerebral.*

derrapar. intr. Patinar un vehículo desviándose lateralmente de la dirección que llevaba.

derredor. m. **1** Circuito o contorno de una cosa. **2 al,** o **en, derredor.** loc. adv. En torno, alrededor.

derrengar. tr. y prnl. **1** Lastimar gravemente la espalda o el lomo de una persona o animal. **2** Cansar mucho: *el partido me ha derrengado.* **3** Torcer, inclinar hacia un lado. **Sin.** 2 agotar, baldar.

derretir. tr. **1** Hacer líquido un sólido por el calor. También prnl. | **derretirse.** prnl. **2** Enamorarse o ponerse excesivamente cariñoso con alguien: *se derrite con los niños.* || **Irreg.** Se conj. como *pedir.*

derribar. tr. **1** Demoler una construcción. **2** Tirar al suelo. **3** Derrocar. | **derribarse.** prnl. **4** Dejarse caer. **Sin.** 1 derruir 2 tumbar ☐ **Ant.** 1 alzar.

derribo. m. **1** Demolición de construcciones. **2** Conjunto de materiales que se sacan de la demolición. **3** Acción de derribar a los toros y vacas.

derrocadero. m. Sitio peñascoso y de muchas rocas. **Sin.** despeñadero, precipicio.

derrocamiento. m. Acción de derrocar.

derrocar. tr. Echar de forma violenta a alguien de un cargo elevado: *un golpe de Estado derrocó al presidente.* || A veces se encuentra conjugado como irregular, según el modelo de *contar.*

derrochar. tr. **1** Malgastar el dinero. **2** Malgastar cualquier otra cosa. **Sin.** 1 despilfarrar, dilapidar ☐ **Ant.** 1 economizar.

derroche. m. Acción de derrochar.

derrota. f. **1** Acción de derrotar. **2** Rumbo de los barcos.

derrotar. tr. **1** Vencer a un enemigo o rival. | **derrotarse.** prnl. **2** Apartarse la embarcación del rumbo que lleva.

derrotero. m. **1** En mar., línea señalada en la carta de marear. **2** Camino, rumbo propuesto.

derrotismo. m. Tendencia a propagar el desaliento con noticias o ideas pesimistas.

derrotista. adj. y com. Que tiende al derrotismo.

derrubiar. tr. y prnl. Erosionar lentamente una corriente de agua o la humedad, la tierra de las orillas o de las tapias.

derrubio. m. **1** Acción de derrubiar. **2** Tierra que se cae o desmorona por esta causa.

derruir. tr. Derribar, destruir un edificio. || **Irreg.** Se conj. como *huir.* **Sin.** demoler.

derrumbadero. m. **1** Despeñadero, precipicio. **2** Riesgo, peligro.

derrumbamiento. m. Acción de derrumbar o derrumbarse.

derrumbar. tr. y prnl. **1** Destruir una construcción. **2** Desanimar: *su despido le derrumbó por completo.* **3** Precipitar, despeñar. **Sin.** 1 derruir, demoler 2 deprimir ☐ **Ant.** 1 construir 2 animar.

derrumbe. m. **1** Acción de derrumbar. **2** Despeñadero.

derrumbo. m. Despeñadero, precipicio.

desabarrancar. tr. **1** Sacar de un barranco, barrizal o pantano lo que está atascado. **2** Sacar a alguien de una dificultad.

desabastecer. tr. y prnl. Desproveer a una persona o a un pueblo de las provisiones necesarias. || **Irreg.** Se conj. como *agradecer.*

desabollar. tr. Quitarle a algo las abolladuras.

desaborido, da. adj. **1** Sin sabor. **2** Sin sustancia. **3** Se dice de la persona sosa, sin gracia. También s.

desabotonar. tr. **1** Sacar los botones de los ojales. También prnl. | intr. **2** Abrirse las flores.

desabrido, da. adj. **1** Falto de sabor, o de sabor desagradable. **2** Referido al tiempo, destemplado, desapacible. **3** Seco y antipático. **Sin.** 1 insípido 2 insulso.

desabrigado, da. adj. **1** Sin abrigo. **2** Desamparado, desprotegido. **Ant.** 1 y 2 abrigado.

desabrigar. tr. y prnl. Descubrir, desarropar.

desabrochar. tr. y prnl. Soltar los broches, corchetes, botones.

desacantonar. tr. Sacar las tropas de los cantones.

desacatar. tr. Cometer desacato.

desacato. m. **1** Desobediencia a una autoridad. **2** Falta de respeto a los superiores. **3** En der., delito que se comete calumniando, insultando o amenazando a una autoridad o un funcionario público en el ejercicio de sus funciones. **Sin.** 2 ofensa.

desaceleración. f. Acción de desacelerar.

desacelerar. tr. Retardar, retrasar, quitar aceleración.

desacertado, da. adj. Que obra sin acierto.

desacertar. intr. Errar, no tener acierto. || **Irreg.** Se conj. como *acertar.*

desacierto. m. Dicho o hecho desacertado. **Ant.** acierto.

desacomodado, da. adj. Se dice de la persona que no tiene los medios y conveniencias necesarias para mantener su estado.

desacomodar. tr. **1** Quitar la comodidad. **2** Dejar sin empleo u ocupación. También prnl.

desaconsejado, da. adj. y s. Que actúa sin consejo ni prudencia.

desaconsejar. tr. Convencer a alguien de que no haga algo que ha previsto.

desacoplar. tr. Separar lo que estaba acoplado.

desacordar. tr. y prnl. Desafinar un instrumento musical.

desacorde. adj. Que no concuerda con otra cosa. **Sin.** discordante.

desacostumbrado, da. adj. No acostumbrado o habitual. **Sin.** insólito, raro.

desacostumbrar. tr. y prnl. Perder o hacer perder la costumbre.

desacreditado, da. adj. Que ha perdido la buena fama que tenía.

desacreditar. tr. Disminuir o quitar la reputación o estimación que tenía alguien o algo.

desactivar. tr. **1** Inutilizar los dispositivos que harían estallar un artefacto explosivo. **2** Anular cualquier potencia activa, como procesos fisicoquímicos, planes económicos, etc.

desacuerdo. m. Discordia, disconformidad. **Sin.** discrepancia.

desafección. f. Falta de estima o afecto.

desafecto, ta. adj. **1** Que no siente estima por alguna cosa. **2** Opuesto, contrario. | m. **3** Falta de afecto, mala voluntad. **Sin.** 3 odio, malquerencia. ☐ **Ant.** 1 partidario 3 cariño.

desafiar. tr. **1** Retar, provocar alguien a otra persona a que compita con ella. **2** Enfrentarse a algo o alguien: *desafiar un peligro*.

desafinar. intr. **1** Destemplarse, desentonar un instrumento o la voz. También prnl. **2** Decir algo indiscreto, inoportuno.

desafío. m. **1** Acción de desafiar. **2** Rivalidad, competencia. **Sin.** 1 duelo, reto.

desaforado, da. adj. Excesivo, desmedido: *hambre desaforada*.

desaforarse. prnl. Descomedirse, salirse algo de la moderación.

desafortunado, da. adj. **1** Sin fortuna. **2** Desacertado, no oportuno. **Sin.** 1 desgraciado, desventurado.

desafuero. m. Acto violento contra la ley, la justicia o las normas sociales.

desagradable. adj. Que desagrada o disgusta. **Ant.** agradable.

desagradar. intr. y prnl. Causar desagrado o mala impresión. **Sin.** disgustar, fastidiar.

desagradecer. tr. No corresponder debidamente a un favor recibido. || **Irreg.** Se conj. como *agradecer*.

desagradecido, da. adj. y s. **1** Que desagradece. **2** Se dice de las cosas que no lucen el esfuerzo o la dedicación que se pone en ellas: *esta mesa es muy desagradecida: por más que la limpias, nunca brilla*. **Sin.** 1 ingrato.

desagrado. m. Disgusto, descontento.

desagraviar. tr. y prnl. **1** Reparar una ofensa. **2** Compensar un perjuicio.

desagravio. m. Acción de desagraviar. **Sin.** reparación, satisfacción.

desaguadero. m. Canal o instalación por donde se da salida a las aguas.

desaguar. tr. **1** Extraer, echar el agua de un lugar. También intr. y prnl.: *allí desagua la acequia; ¿se desaguó ya la bañera?* | intr. **2** Desembocar los ríos en el mar.

desagüe. m. Conducto de salida de aguas.

desaguisado, da. m. Destrozo o fechoría.

desahogado, da. adj. **1** Se dice del sitio espacioso y despejado. **2** Que tiene recursos para vivir con comodidad. **3** Descarado, descocado. **Sin.** 1 holgado, amplio 2 acomodado ☐ **Ant.** 1 estrecho.

desahogar. tr. **1** Dar rienda suelta a un sentimiento o queja para aliviarse de ellos. Más como prnl.: *necesito desahogarme con alguien*. **2** Desembarazar, despejar un espacio. | **desahogarse.** prnl. **3** Salir de una situación económica apurada: *la empresa empieza a desahogarse*.

desahogo. m. **1** Alivio de una pena, trabajo o aflicción. **2** Esparcimiento, diversión. **3** Desembarazo, desenvoltura. **4** Bienestar.

desahuciar. tr. **1** Dar por incurable los médicos a un enfermo. **2** Quitar a uno toda esperanza de conseguir lo que desea. **3** Despedir el dueño de un local o finca a su inquilino mediante una acción legal. **Sin.** 3 echar.

desahucio. m. Acción de desahuciar al inquilino o arrendatario.

Desaguadero de una presa

desairado, da. adj. **1** Menospreciado, desatendido. **2** Se dice del que no sale airoso de un asunto. **3** Que no tiene garbo, gracia.

desairar. tr. Despreciar, desdeñar o desatender. **Ant.** respetar.

desaire. m. Desdén, desprecio. **Sin.** feo.

desajustar. tr. **1** Aflojar, desigualar algo que estaba ajustado También prnl.: *se desajustó la cerradura*. | **desajustarse.** prnl. **2** Apartarse de un acuerdo.

desalación. f. Acción de desalar, quitar la sal.

desalar. tr. **1** Quitar la sal a una cosa. **2** Referido al agua del mar, hacerla potable.

desalentar. tr. y prnl. Desanimar. || **Irreg.** Se conj. como *acertar*. **Ant.** alentar.

desaliento. m. Desánimo, decaimiento. **Sin.** flaqueza.

desalinear. tr. y prnl. Hacer perder la línea recta.

desaliñado, da. adj. Falto de aseo y arreglo personal.

desaliñar. tr. y prnl. Descomponer, desarreglar.

desaliño. m. Descuido, falta de aseo personal.

desalmado, da. adj. Cruel, inhumano. **Sin.** perverso ☐ **Ant.** compasivo.

desalmar. tr. y prnl. Quitar la fuerza y virtud a una cosa.

desalojamiento. m. Acción de desalojar.

desalojar. tr. **1** Sacar o hacer salir de un lugar a una persona o cosa. **2** Abandonar un puesto, lugar, hospedaje, voluntariamente.

desalquilar. tr. Dejar o hacer dejar algo que se tenía alquilado. | **desalquilarse.** prnl. **2** Quedar sin inquilinos una vivienda u otro local.

desamarrar. tr. **1** Quitar las amarras. También prnl. **2** Desatar.

desamor. m. **1** Falta de amor. **2** Falta del sentimiento y afecto que inspiran por lo general ciertas cosas. **3** Enemistad, odio.

desamortización. f. Acción de desamortizar.

desamortizar. tr. **1** Dejar libres los bienes amortizados. **2** Poner en estado de venta los bienes pertenecientes a entidades que no los pueden vender (Iglesia, Corona, nobleza, etc.). **Ant.** 1 amortizar.

desamparar. tr. **1** Abandonar, dejar sin amparo. **2** En der., dejar o abandonar una cosa, con renuncia de todo derecho a ella. **Sin.** 1 desasistir, desatender.

desamparo. m. **1** Acción de desamparar. **2** Abandono.

desamueblado, da. adj. Sin muebles.

desamueblar. tr. Dejar sin muebles una casa, edificio, etc.

desandar. tr. Retroceder, volver atrás en el camino ya andado. || **Irreg.** Se conj. como *andar*. **Sin.** recular.

desangramiento. m. Acción de desangrar o desangrarse.

desangrar. tr. **1** Sacar mucha sangre a una persona o a un animal. **2** Empobrecer a una persona, país, etc., derrochando lo que tiene: *sus amigos le están desangrando*. | **desangrarse.** prnl. **3** Perder toda o casi toda la sangre.

desanimado, da. adj. **1** Sin ánimos o ilusión. **2** Se dice del lugar en que hay poca animación.

desanimar. tr. **1** Quitar ánimos o ilusión a alguien. También prnl.: *no se desanima tan fácilmente*. **2** Disuadir a alguien de hacer lo que tenía previsto: *nos desanimó a ver esa película*. **Sin.** 1 desalentar, descorazonar ☐ **Ant.** 1 y 2 animar.

desánimo. m. Falta de ánimo, desaliento.

desanudar. tr. **1** Deshacer o desatar el nudo. **2** Aclarar lo que está enredado y enmarañado.

desapacible. adj. Desagradable, destemplado; suele aplicarse al tiempo.

desaparecer. intr. Ocultarse, quitarse de la vista de alguien. || **Irreg.** Se conj. como *agradecer*. **Ant.** aparecer.

desaparejar. tr. Quitar los aparejos.

desaparición. f. Acción de desaparecer.

desapasionado, da. adj. Falto de pasión, desinteresado o imparcial.

desapasionar. tr. y prnl. Quitar la pasión o el interés.

desapegarse. prnl. Apartarse, perder el afecto o afición a una persona o cosa.

desapego. m. Falta de afecto, afición o interés.

desapercibido, da. adj. **1** Inadvertido: *sus palabras pasaron desapercibidas*. **2** Desprevenido: *tu llegada nos pilló desapercibidos*. **Sin.** 2 distraído ☐ **Ant.** 2 prevenido.

desaplicado, da. adj. y s. Que no se aplica, que no tiene interés en el trabajo o estudio.

desaplicar. tr. y prnl. Quitar o perder la aplicación.

desaprensivo, va. adj. y s. Se dice de la persona que actúa sin escrúpulos.

desapretar. tr. y prnl. Aflojar lo que está apretado.

desaprobación. f. Acción de desaprobar.

desaprobar. tr. Reprobar, juzgar algo como malo: *desapruebo tu comportamiento*. || **Irreg.** Se conj. como *contar*. **Sin.** censurar, vituperar ☐ **Ant.** aprobar.

desaprovechado, da. adj. Que no produce el provecho o utilidad que puede.

desaprovechamiento. m. Desperdicio de algo que convenía.

desaprovechar. tr. No obtener de algo todo el provecho que se podía: *desaprovechar una oportunidad*. **Sin.** desperdiciar ☐ **Ant.** aprovechar.

desarmador. m. *amer.* Destornillador.

desarmar. tr. **1** Quitar las armas: *consiguieron desarmar al atracador*. **2** Separar las piezas de una cosa: *desarmar un reloj*. También prnl. **3** Confundir, desconcertar. **4** Calmar el enfado o la ira de alguien: *tu sonrisa le desarmó*. **Sin.** 2 desmontar.

desarme. m. **1** Acción de desarmar. **2** Medida diplomática para mantener la paz entre varias potencias, mediante la reducción proporcionada de fuerzas militares.

desarraigar. tr. y prnl. **1** Arrancar de raíz: *desarraigar un árbol*. **2** Suprimir una pasión, no practicar una costumbre: *consiguió desarraigar su vicio por el tabaco*. **3** Echar, desterrar o apartar a alguien de donde vive o tiene su domicilio. **Sin.** 3 marginar.

desarraigo. m. Acción de desarraigar o desarraigarse.

desarrapado, da. adj. Desharrapado.

desarreglado, da. adj. Desordenado o descuidado: *desarreglado en las comidas, en el vestir*.

desarreglar. tr. y prnl. Trastornar, desordenar.

desarreglo. m. Desorden, trastorno.

desarrimar. tr. Separar, apartar.

desarrollar. tr. **1** Acrecentar, dar incremento a una cosa física, intelectual o moral: *el culturismo desarrolla los músculos*. También prnl.: *desarrollarse una relación*. **2** Explicar una teoría y llevarla hasta sus últimas consecuencias. **3** Exponer algo con orden y detalle. **4** Realizar una idea o proyecto. **5** Extender lo que estaba enrollado. | **desarrollarse.** prnl. **6** Suceder, ocurrir de un modo o en un lugar determinados: *este asunto no se desarrolló como yo esperaba*. **7** Progresar. **Sin.** 1 aumentar, crecer 5 desenrollar ☐ **Ant.** 1 menguar 5 enrollar.

desarrollo. m. Acción de desarrollar o desarrollarse. **Sin.** crecimiento ☐ **Ant.** retroceso.

desarropar. tr. y prnl. Quitar la ropa.

desarticulación. f. Acción de desarticular.

desarticulado, da. adj. Inconexo, desorganizado.

desarticular. tr. y prnl. **1** Desorganizar, descomponer una conspiración o una banda de malhechores: *desarticular un comando terrorista*. **2** Separar las piezas de una máquina o artefacto. **3** Separar dos huesos articulados: *se le desarticuló la mandíbula*. **Sin.** 3 dislocar ☐ **Ant.** 1-3 articular.

desaseado, da. adj. Falto de aseo. **Sin.** desaliñado, sucio.

desasear. tr. Ensuciar, desaliñar.

desasimiento. m. **1** Acción de desasir. **2** Desprendimiento, desinterés.

desasir. tr. **1** Soltar lo que se tiene asido. También prnl. | **desasirse.** prnl. **2** Desprenderse de algo. || **Irreg.** Se conj. como *asir*.

desasistencia. f. Falta de asistencia.

desasistir. tr. Desamparar, desatender.

desasnar. tr. y prnl. Enseñar, refinar.

desasosegar. tr. y prnl. Quitar el sosiego. **Sin.** inquietar ☐ **Ant.** tranquilizar, sosegar.

desasosiego. m. Inquietud, falta de sosiego.

desastrado, da. adj. Desaseado, desarreglado.

desastre. m. **1** Desgracia grande, fatalidad. **2** Hiperbólicamente se aplica a cosas de mala calidad, mal resultado, etc.: *esta mesa es un desastre; aquella oficina es un desastre*. **3** Persona con muy mala suerte, sin habilidad o llena de imperfecciones: *eres un verdadero desastre*. **Sin.** 1 calamidad, catástrofe.

desastroso, sa. adj. **1** Desafortunado, infeliz. **2** Muy malo: *me produjo una impresión desastrosa*.

desatado, da. adj. Que actúa sin freno ni orden.

desatar. tr. **1** Soltar lo que está atado. También prnl. **2** Soltar con furia alguna fuerza física o moral. También prnl.: *desatarse una tormenta, una epidemia*. **3** Provocar una reacción brusca: *sus declaraciones desataron fuertes protestas*. | **desatarse.** prnl. **4** Excederse en hablar. **5** Perder la timidez o el temor: *se desató en la fiesta*. **Sin.** 2 desencadenar.

desatascar. tr. y prnl. **1** Sacar algo de donde está atascado: *no puedo desatascar el cajón*. **2** Dejar libre un conducto obstruido.

desatención. f. **1** Falta de atención o cuidado. **2** Descortesía.

desatender. tr. **1** No prestar atención. **2** No hacer caso de los consejos o palabras de alguien: *desatendió mis súplicas*. **3** Desamparar. || **Irreg.** Se conj. como *entender*.

desatento, ta. adj. **1** Que no presta atención o cuidado. **2** Descortés. También s. **Sin.** 1 descuidado, distraído. ☐ **Ant.** maleducado.

desatinado, da. adj. **1** Sin tino. **2** Sin juicio ni razón. También s. **Sin.** 2 absurdo, disparatado.

desatinar. tr. **1** Fallar el tiro o la puntería. **2** intr. Decir o hacer desatinos.

desatino. m. **1** Falta de tino. **2** Locura, disparate, despropósito.

desatracar. tr. y prnl. **1** Soltar amarras un barco. | intr. **2** Separarse la nave de la costa cuando hay algún peligro.

desatrancar. tr. **1** Quitar a la puerta la tranca u otra cosa que impide abrirla. **2** Desatascar un conducto.

desaturdir. tr. y prnl. Quitar a uno el aturdimiento.

desautorizado, da. adj. Falto de autoridad, crédito o importancia. **Ant.** autorizado.

desautorizar. tr. y prnl. Quitar autoridad, poder o estimación. **Sin.** desacreditar ☐ **Ant.** autorizar.

desavenencia. f. Desacuerdo, discordia, contrariedad.

desavenido, da. adj. Discorde, no conforme.

desavenir. tr. y prnl. Desconcertar, discordar.
desaventajado, da. adj. Inferior y poco ventajoso.
desavío. m. **1** Desaliño, desorden. **2** Trastorno.
desayunar. intr. **1** Tomar el desayuno. También tr. y prnl. | **desayunarse.** prnl. **2** Tener la primera noticia de un suceso.
desayuno. m. Primer alimento que se toma por la mañana.
desazón. f. **1** Desasosiego, intranquilidad. **2** Molestia interior por una indisposición en la salud: *siento desazón en el estómago*. **3** Picor o escozor.
desazonado, da. adj. Que siente desazón.
desazonar. tr. Producir desazón.
desbancar. tr. **1** Apartar a alguien de un puesto o situación para ocuparla uno mismo: *este ajedrecista ha desbancado al campeón mundial*. **2** En ciertos juegos, ganar todo el dinero a la banca.
desbandada. f. Huida en desorden.
desbandarse. prnl. **1** Huir en desorden. **2** Apartarse de la compañía de otros. **3** Desertar.
desbarajuste. m. Desorden, confusión, lío.
desbaratar. tr. **1** Deshacer, arruinar o estropear algo: *todos nuestros planes se desbarataron*. También prnl. **2** Disipar, malgastar los bienes. **Sin.** 2 derrochar, despilfarrar ☐ **Ant.** 1 arreglar.
desbarrar. intr. Decir o hacer cosas disparatadas. **Sin.** desvariar.
desbastador. m. Herramienta que sirve para desbastar.
desbastar. tr. **1** Quitar las partes más bastas, duras o ásperas a lo que se va a labrar. **2** Refinar, educar. **Sin.** 2 desasnar.
desbloquear. tr. **1** Quitar el obstáculo que impedía el movimiento o el desarrollo de algo: *desbloquear unas negociaciones*. **2** Levantar la inmovilidad que pesa sobre bienes o dinero: *desbloquear las cuentas bancarias*.
desbocado, da. adj. **1** Se dice de cualquier instrumento con la boca gastada o mellada. **2** Se aplica a la caballería que no obedece al freno y se dispara.
desbocar. tr. **1** Quitar o romper la boca a una cosa: *desbocar el cántaro*. También prnl. | **desbocarse.** prnl. **2** Dejar de obedecer un caballo al freno y dispararse. **3** Darse de sí, agrandarse; p. ej., el cuello de una prenda.
desbordamiento. m. Acción de desbordar o desbordarse.
desbordante. adj. **1** Que desborda. **2** Que sale de sus límites o medida: *una alegría desbordante*.
desbordar. intr. **1** Salir de los bordes, derramarse. También prnl. | **desbordarse.** prnl. **2** Exaltarse, desmandarse. | tr. **3** Abrumar algo a una persona por excesivo: *le desborda el trabajo*. **Sin.** 3 sobrepasar, superar.

desbravador. m. Domador de potros.
desbravar. tr. **1** Amansar el ganado, sobre todo a un caballo. | intr. y prnl. **2** Perder parte de la braveza.
desbrozar. tr. **1** Quitar la broza, limpiar. **2** Desembarazar, despejar, quitar lo superfluo: *habrá que desbrozar su discurso*.
desbrozo. m. **1** Acción de desbrozar. **2** Broza: *desbrozo de una acequia*.
descabalamiento. m. Acción de descabalar.
descabalar. tr. y prnl. Dejar incompleto algo que normalmente se compone de varias cosas: *se me ha descabalado la cubertería*.
descabalgar. intr. Bajar de una caballería.
descabellado, da. adj. Disparatado, absurdo: *una idea descabellada*.
descabellar. tr. Matar instantáneamente al toro, clavándole en la cerviz la punta de la espada o la puntilla.
descabello. m. Acción de descabellar al toro de lidia.
descabezado, da. adj. y s. **1** Sin cabeza. **2** Absurdo, descabellado.
descabezar. tr. **1** Quitar o cortar la cabeza. **2** Cortar la parte superior o las puntas de algunas cosas: *descabezar los árboles, maderos*. **3 descabezar un sueño.** loc. Quedarse adormilado durante poco tiempo.
descafeinado. adj. **1** Se dice del café al que se le ha extraído la cafeína. También m. **2** Que ha perdido su fuerza original: *una historia descafeinada*.
descafeinar. tr. **1** Eliminar la mayor parte de la cafeína contenida en el café. **2** Quitarle a algo su fuerza original.
descalabrado, da. adj. y s. **1** Herido, sobre todo en la cabeza. **2** Maltratado.
descalabradura. f. Herida en la cabeza.
descalabrar. tr. **1** Herir, particularmente en la cabeza. También prnl. **2** Causar daño o perjuicio.
descalabro. m. Contratiempo, daño grave. **Sin.** desastre.
descalcificación. f. Acción de descalcificar o descalcificarse.
descalcificar. tr. y prnl. Eliminar o disminuir la sustancia calcárea contenida en los huesos u otros tejidos orgánicos.
descalificación. f. Acción de descalificar.
descalificar. tr. **1** Excluir a alguien de una prueba o competición. **2** Desacreditar, desautorizar o incapacitar. También prnl.: *se descalificó con aquellas declaraciones*. **Sin.** 2 desprestigiar.
descalzar. tr. **1** Quitar el calzado. También prnl. **2** Quitar uno o más calzos.

descalzo, za. 1 adj. Que lleva desnudos los pies. **2** Sin bienes ni fortuna.

descamación. f. Desprendimiento de la epidermis seca en forma de escamillas.

descaminar. tr. y prnl. **1** Apartar a alguien del camino que debe seguir. **2** Apartar a uno de un buen propósito.

descamisado, da. adj. **1** Sin camisa o con la camisa fuera o muy abierta. **2** desp. Muy pobre, desharrapado. También s.

descampado, da. adj. Se dice del terreno llano, descubierto y sin habitar. También m.: *van a construir en aquel descampado.*

descansado, da. adj. Se dice de lo que no exige mucho esfuerzo.

descansar. intr. **1** Cesar en el trabajo para reponer fuerzas. **2** Reposar, dormir: *el enfermo descansa.* **3** Tener algún alivio en dolores o preocupaciones. **4** Apoyar o asentar una cosa sobre otra: *descansó la cabeza en la almohada.* **5** Estar enterrado. **6** Delegar, confiar algo a alguien.

descansillo. m. Rellano de una escalera.

descanso. m. **1** Reposo, pausa en el trabajo. **2** Causa de alivio. **3** Intermedio de un espectáculo. **Sin.** 2 desahogo ☐ **Ant.** 1 trabajo.

descantillar. tr. **1** Romper las aristas o cantos de algo. También prnl. **2** Rebajar de una cantidad.

descapitalización. f. Acción de descapitalizar o descapitalizarse.

descapitalizar. tr. y prnl. **1** Dejar sin capital a una entidad, empresa, banco, etc. **2** Hacer perder las riquezas históricas o culturales acumuladas por un país o grupo social.

descapotable. adj. y m. Coche de capota plegable.

descapotar. tr. Plegar o bajar la capota de los coches.

descarado, da. adj. y s. Que muestra descaro. **Sin.** atrevido, desvergonzado.

descararse. prnl. Hablar u obrar con descaro.

descarga. f. **1** Acción de descargar. **2** Serie de disparos simultáneos. **3 descarga eléctrica.** Paso brusco de electricidad de un cuerpo a otro de diferente potencial.

descargar. tr. **1** Quitar la carga. **2** Disparar armas de fuego. **3** Extraer la carga a un arma de fuego. **4** Anular la tensión eléctrica de un cuerpo. También prnl.: *descargarse una batería.* **5** Golpear con violencia: *le descargó un derechazo en la mandíbula.* **6** Librar de un cargo u obligación: *necesito que me descarguen de trabajo.* | intr. **7** Desaguar, desembocar los ríos en el mar o en un lago. **8** Deshacerse una nube en lluvia: *no termina de descargar la tormenta.*

descargo. m. **1** Acción de descargar. **2** Partida de salida de una cuenta. **3** Excusa para justificar la acusación de que alguien es objeto: *en mi descargo diré que...*

descarnado, da. adj. **1** Demacrado. **2** Crudo, sin paliativos: *una descripción descarnada.*

descarnador. m. Instrumento de dentista para despegar la encía de la muela o diente.

descarnar. tr. y prnl. **1** Quitar al hueso la carne. **2** Quitar parte de una cosa o desmoronarla.

descaro. m. Desvergüenza, atrevimiento, insolencia.

descarriar. tr. Apartar a alguien del camino que debe seguir. **Sin.** desviar ☐ **Ant.** encaminar.

descarrilamiento. m. Acción de descarrilar.

descarrilar. intr. Salir fuera del carril un tren o tranvía.

descarrío. m. Acción de descarriar o descarriarse.

descartar. tr. **1** Desechar, apartar. | **descartarse.** prnl. **2** En algunos juegos, dejar las cartas que no convienen y se tienen en la mano, sustituyéndolas por otras tantas.

descarte. m. Acción de descartarse.

descasar. tr. **1** Declarar nulo el matrimonio. **2** Descomponer cosas que casaban bien. También prnl. **Sin.** 2 desajustar, desparejar.

descascarillar. tr. y prnl. Quitar la cascarilla o esmalte de una superficie.

descastado, da. adj. y s. Ingrato o poco cariñoso con los parientes y amigos.

descendencia. f. **1** Conjunto de hijos, nietos y demás generaciones sucesivas por línea recta. **2** Casta, linaje.

descender. intr. **1** Bajar. **2** Caer, fluir un líquido. **3** Proceder de un mismo origen o persona. ‖ **Irreg.** Se conj. como *entender.*

descendiente. adj. **1** Que desciende. | com. **2** Persona que desciende de otra.

descendimiento. m. **1** Acción de descender o bajar. **2** Por antonomasia, el Cristo de la cruz, y pintura o escultura en que se representa.

descenso. m. **1** Acción de descender. **2** Competición deportiva, p. ej. de esquí o piragüismo, que consiste en bajar por una pendiente o un torrente.

descentrado, da. adj. **1** Se apl. a la pieza de una máquina, cuyo centro se halla fuera de la posición que debe ocupar. **2** Fuera de su ambiente: *en aquella fiesta, Pilar estaba descentrada.* **Ant.** 1 y 2 centrado.

descentralización. f. Acción de descentralizar.

descentralizar. tr. Transferir a corporaciones locales o regionales servicios privativos de la Administración central de un Estado.

descentrar. tr. y prnl. **1** Sacar una cosa de su centro. **2** Sacar a alguien de su ambiente. **3** Hacer perder la concentración: *tantas llamadas me descentran.* **Sin.** 2 desarraigar 3 desconcentrar. ☐ **Ant.** 2 ambientar 3 concentrar.

desceñir. tr. y prnl. Desatar, quitar el ceñidor, faja u otra cosa que ciñe. ‖ **Irreg.** Se conj. como *ceñir.*

descepar. tr. Arrancar de raíz: *descepar los árboles.*

descerrajar. tr. **1** Forzar una cerradura. **2** Disparar un arma contra alguien.

descifrar. tr. **1** Leer un texto cifrado, utilizando una clave. **2** Comprender algo oscuro e intrincado: *no logro descifrar sus intenciones; un pasaje difícil de descifrar.* **Sin.** 1 y 2 interpretar.

desclavar. tr. **1** Arrancar los clavos. **2** Desprender una cosa del clavo o clavos con que está asegurada. **3** Desengastar de la montura las piedras preciosas.

descocado, da. adj. y s. Que muestra demasiado descaro o atrevimiento.

descocarse. prnl. Manifestar demasiada desenvoltura.

descoco. m. Descaro, atrevimiento.

descolgar. tr. **1** Bajar algo de donde está colgado. También prnl.: *el cuadro se descolgó.* **2** Bajar a una persona o cosa sujeta por una cuerda, cadena, etc. También prnl.: *los alpinistas se descolgarán por la cara norte.* **3** Levantar el auricular del teléfono. **4** En algunos deportes, dejar atrás un corredor a sus competidores. También prnl. ‖ **descolgarse.** prnl. **5** Decir o hacer algo inoportunamente: *se descolgó con aquellas declaraciones.* ‖ **Irreg.** Se conj. como *contar.* **Sin.** 2 deslizar 4 adelantar ☐ **Ant.** 1 colgar 2 subir.

descollar. intr. y prnl. Sobresalir. ‖ **Irreg.** Se conj. como *contar.*

descolocado, da. adj. Sin colocación, fuera de su puesto.

descolocar. tr. y prnl. Quitar o separar a una persona o cosa del lugar que ocupa.

descolonización. f. Proceso histórico que conduce a la independencia política de los pueblos colonizados.

descolorido, da. adj. De color pálido. **Sin.** desvaído.

descombrar. tr. **1** Quitar los escombros. **2** Despejar, desembarazar.

descomedido, da. adj. **1** Excesivo, desproporcionado. **2** Descortés. **Sin.** 2 desconsiderado.

descompasado, da. adj. **1** Descomedido, desproporcionado, excesivo. **2** Que ha perdido el ritmo o el compás.

descompasar. tr. Hacer perder el ritmo o el compás.

descompensación. f. **1** Acción de descompensar. **2** Incapacidad de un órgano, especialmente el corazón, para cubrir las exigencias debido a un defecto preexistente, funcional o anatómico.

descompensar. tr. **1** Hacer perder la compensación. También prnl. ‖ **descompensarse.** prnl. **2** Llegar un órgano a un estado de descompensación.

descomponer. tr. y prnl. **1** Separar las partes de un compuesto: *el agua se descompone en oxígeno e hidrógeno.* **2** Estropear, pudrir algo: *la carne se ha descompuesto.* **3** Desordenar. **4** Irritar, alterar: *los embotellamientos me descomponen.* ‖ **descomponerse.** prnl. **5** Enfermar. ‖ **Irreg.** Se conj. como *poner.* **Sin.** 3 trastornar ☐ **Ant.** 4 serenar, calmar.

descomposición. f. **1** Acción de descomponer. **2** Diarrea. **Sin.** 2 cagalera.

descompresión. f. **1** Reducción de la presión. **2** Estado resultante del descenso repentino de la presión de un líquido o gas que actúa sobre un organismo.

descomprimir. tr. Eliminar o disminuir la compresión a que ha sido sometido un cuerpo.

descompuesto, ta. 1 p. p. irreg. de descomponer. **2** adj. Inmodesto, atrevido, descortés.

descomunal. adj. Extraordinario, enorme. **Ant.** insignificante.

desconcertante. adj. Que desconcierta.

desconcertar. tr. y prnl. **1** Sorprender. **2** Desordenar. ‖ **Irreg.** Se conj. como *acertar.* **Sin.** 2 trastocar ☐ **Ant.** 2 ordenar.

desconchado. m. Parte en que una pared, pieza de loza, etc., pierden su revestimiento.

desconchar. tr. y prnl. Quitar parte del revestimiento de algo: *la pared se desconchó al clavar el cuadro.*

desconchón. m. Caída de un trozo pequeño del revestimiento de una superficie.

desconcierto. m. **1** Acción de desconcertar o desconcertarse. **2** Desorden, desbarajuste.

desconectar. tr. y prnl. **1** Interrumpir una conexión eléctrica: *desconectar el televisor.* **2** Dejar de tener contacto o relación: *este artista se ha desconectado de su público.*

desconexión. f. Acción de desconectar o desconectarse.

desconfiado, da. adj. Que desconfía. **Sin.** receloso, escamado ☐ **Ant.** confiado.

desconfianza. f. Falta de confianza.

desconfiar. intr. No confiar, tener poca seguridad o esperanza. **Sin.** recelar, escamarse.

descongelar. tr. y prnl. **1** Hacer que algo pierda el estado de congelación. **2** Desbloquear una cuenta, un sueldo, etc., que estaban congelados. **Sin.** 1 deshelar ☐ **Ant.** 2 bloquear.

descongestión. f. Acción de descongestionar o descongestionarse.

descongestionar. tr. y prnl. Disminuir o quitar la congestión: *no tardará en descongestionarse la calle.*

desconocer. tr. **1** No conocer o saber algo: *desconozco la razón.* **2** Reconocer un cambio notable que se ha apreciado en algo o alguien: *te desconozco.* **3** Negar ser suya alguna cosa: *desconocer una obra.* || **Irreg.** Se conj. como *agradecer.* **Sin.** 1 ignorar.

desconocido, da. adj. y s. **1** No conocido. **2** Muy cambiado: *encontró el barrio desconocido.* **3** Ingrato.

desconocimiento. m. **1** Falta de conocimiento. **2** Ingratitud.

desconsideración. f. Falta de consideración.

desconsiderado, da. adj. Sin consideración: *me habló de un modo desconsiderado.* **Sin.** descarado, descortés.

desconsiderar. tr. No guardar la consideración debida.

desconsolado, da. adj. Sin consuelo: *un llanto desconsolado.*

desconsolar. tr. y prnl. Afligir, producir pena. También prnl. || **Irreg.** Se conj. como *contar.*

desconsuelo. m. Pena y angustia muy profundas.

descontar. tr. **1** Quitar una cantidad de alguna cosa: *nos descontó un 20%.* **2** Rebajar algo del mérito o virtudes atribuidos a alguien: *eso sin descontar el apoyo recibido.* **3** En dep., añadir el árbitro, al final de un partido, el tiempo que ha estado interrumpido. **4** Abonar un documento no vencido, rebajando de su valor la cantidad que se estipule, como intereses del dinero que se anticipa. || **Irreg.** Se conj. como *contar.* **Sin.** 1 rebajar ☐ **Ant.** 1 añadir.

descontento, ta. adj. y s. **1** Disgustado, insatisfecho. | m. **2** Disgusto o desagrado: *su actuación produjo el descontento del público.*

descorazonamiento. m. Desilusión, desánimo.

descorazonar. tr. y prnl. Desanimar, desesperanzar: *estoy descorazonado ante las pocas expectativas.*

descorchador. m. Sacacorchos.

descorchar. tr. **1** Sacar el corcho a un envase: *descorchar una botella.* **2** Quitar el corcho al alcornoque.

descorche. m. Acción de descorchar.

descornar. tr. y prnl. **1** Quitar, arrancar los cuernos a un animal. | **descornarse.** prnl. **2** Trabajar duramente. || **Irreg.** Se conj. como *contar.*

descorrer. tr. Plegar lo que estaba estirado, como una cortina.

descortés. adj. y com. Que no tiene cortesía. **Sin.** grosero.

descortesía. f. Falta de cortesía.

descortezadura. f. **1** Corteza que se quita a una cosa. **2** Parte descortezada.

descortezar. tr. y prnl. **1** Quitar la corteza a una cosa. **2** Educar, refinar.

descoser. tr. y prnl. Desprender las puntadas de las cosas que estaban cosidas.

descosido, da. adj. **1** Que tiene las puntadas sueltas. También m. **2 como un descosido.** loc. Mucho, sin medida: *hablar como un descosido.*

descoyuntamiento. m. Acción de descoyuntar o descoyuntarse.

descoyuntar. tr. y prnl. **1** Desencajar los huesos. **2** Dislocar un tendón. **3** Agotar, cansar mucho.

descrédito. m. Disminución o pérdida de la estima o reputación.

descreído, da. adj. y s. Incrédulo, que no tiene fe.

descremado, da. adj. **1** Se dice de la leche a la que se ha quitado la crema, y de sus derivados. | m. **2** Acción y efecto de descremar. **Sin.** 1 desnatado.

descremar. tr. Quitar la crema o grasa a la leche. **Sin.** desnatar.

describir. tr. **1** Explicar con detalle cómo es alguien o algo. **2** Representar algo por cualquier medio: *sus pinturas describen un ambiente intimista.* **3** Dibujar un cuerpo al moverse una determinada figura imaginaria: *la Luna describe una trayectoria elíptica.* || p. p. irreg. *descrito.* **Sin.** 1 reseñar 2 reflejar 3 trazar.

descripción. f. Acción de describir.

descriptivo, va. adj. Que describe.

descrito, ta. p. p. irreg. de describir.

descuajaringar o **descuajeringar.** tr. y prnl. **1** Desvencijar, desarmar. | **descuajaringarse** o **descuajeringarse.** prnl. **2** Relajarse las partes del cuerpo por efecto del cansancio.

descuartizar. tr. Partir en trozos, hacer pedazos: *descuartizar una res.* **Sin.** despedazar, destrozar.

descubierto, ta. adj. **1** Sin tapar o cubrir. **2** Se apl. a los lugares despejados o muy espaciosos. | m. **3** Déficit, falta de fondos en una cuenta.

descubrimiento. m. **1** Acción de descubrir. **2** Cosa descubierta. **Sin.** 1 y 2 hallazgo, encuentro.

descubrir. tr. **1** Destapar lo que está cubierto. También prnl. **2** Encontrar: *descubrieron una tumba milenaria.* **3** Manifestar, dar a conocer lo que no es público: *descubrió su verdadera edad.* | **descubrirse.** prnl. **4** Quitarse el sombrero. || p. p. irreg. *descubierto.*

descuento. m. **1** Acción de descontar. **2** Cantidad descontada: *un descuento del 10 %.* **3** Operación de adquirir una letra de cambio antes de la fecha de cobro. **Sin.** 1 y 2 rebaja.

descuidado, da. adj. y s. **1** Negligente. **2** Desaliñado.

descuidar. tr. y prnl. **1** Abandonar, desatender. | intr. **2** No preocuparse: *descuida, yo lo haré.*

descuido. m. **1** Falta de atención. **2** Olvido. **3** Desliz. **Sin.** 1 imprudencia 3 flaqueza.

desde. prep. Indica procedencia u origen de alguien o algo en el tiempo y en el espacio: *lo esperaba desde hace tiempo; llamó desde París.* Forma parte de muchas locuciones adverbiales: *desde luego, desde allí, desde aquí, desde entonces.*

desdecir. intr. **1** No corresponder una persona o cosa con su origen, educación o clase. **2** No convenir una cosa con otra. | **desdecirse.** prnl. **3** Retractarse de lo dicho. || **Irreg.** Se conj. como *decir.*

desdén. m. Indiferencia que denota desprecio. **Sin.** menosprecio.

desdentado, da. adj. y s. **1** Que le faltan todos o algunos de sus dientes. **2** Se dice de los animales mamíferos que carecen de incisivos, y a veces también de caninos y molares, como el armadillo o el oso hormiguero.

desdeñar. tr. **1** Tratar con desdén. **2** Valorar a alguien o algo por debajo de sus posibilidades. **Sin.** 1 despreciar 2 infravalorar.

desdibujado, da. adj. Borroso, sin rasgos definidos.

desdibujarse. prnl. Perder una cosa la precisión de sus contornos.

desdicha. f. **1** Desgracia. **2** Miseria, necesidad. **Sin.** 1 desventura ☐ **Ant.** 1 dicha.

desdichado, da. adj. y s. Desgraciado.

desdoblamiento. m. **1** Acción de desdoblar o desdoblarse. **2** Fraccionamiento de un compuesto en sus elementos.

desdoblar. tr. y prnl. **1** Extender lo que estaba doblado. **2** Separar los elementos o partes que constituyen una cosa: *desdoblarse una imagen.*

desdoro. m. Descrédito, desprestigio.

desear. tr. **1** Querer con intensidad, aspirar a algo. **2** Sentir atracción sexual por una persona. **Sin.** 1 anhelar, ambicionar **Ant.** 1 rechazar.

desecación. f. Acción de desecar o desecarse.

desecar. tr. y prnl. Secar, extraer la humedad.

desechar. tr. **1** Rechazar algo que no gusta o que se considera innecesario o inútil: *desechó la ropa vieja.* **2** Apartar de sí un pesar, temor, sospecha, etc.

desecho. m. Desperdicio, residuo. **Sin.** basura.

desembalaje. m. Acción de desembalar.

desembalar. tr. Deshacer paquetes. **Sin.** desempaquetar.

desembalsar. tr. Dar salida a toda o parte del agua contenida en un embalse.

desembarazado, da. adj. Despejado, libre.

desembarazar. tr. y prnl. **1** Quitar un obstáculo: *desembarazar un camino.* | **desembarazarse.** prnl. **2** Apartar de sí a una persona o cosa que molesta: *fue muy difícil desembarazarme de él.*

desembarazo. m. Desenvoltura, desenfado.

Desdentado: oso hormiguero

desembarcadero. m. Lugar para desembarcar.

desembarcar. tr. Bajar de una embarcación. También intr. y prnl.: *los pasajeros pueden desembarcar; se desembarcó toda la carga.*

desembarco o **desembarque.** m. Acción de desembarcar.

desembargar. tr. Alzar el embargo que pesa sobre algo.

desembargo. m. Acción de desembargar.

desembocadura. f. Lugar por donde una corriente de agua desemboca en otra.

desembocar. intr. **1** Desaguar un río o canal, etc., en otro, en el mar o en un lago. **2** Tener una calle salida a otra o a otro sitio: *el callejón desemboca en los grandes almacenes.* **Sin.** 1 verter.

desembolsar. tr. Pagar o entregar una cantidad de dinero.

desembolso. m. **1** Acción de desembolsar. **2** Gasto, coste.

desembragar. tr. **1** Desconectar del eje motor un mecanismo. **2** Particularmente, soltar el embrague de un vehículo.

desembrague. m. Acción de desembragar.

desembrollar. tr. Desenredar, aclarar.

desembuchar. tr. **1** Decir lo que se sabía y se tenía callado. **2** Echar las aves lo que tienen en el buche.

desemejanza. f. Diferencia, diversidad.

desemejar. intr. Diferenciarse.

desempacar. tr. **1** Sacar las mercancías de las pacas en que van. **2** Deshacer las maletas o cualquier paquete.

desempachar. tr. y prnl. **1** Quitar el empacho del estómago. | **desempacharse.** prnl. **2** Desembarazarse, perder la timidez.

desempacho. m. Desahogo, desenfado.

desempañar. tr. Limpiar lo que estaba empañado. También prnl.: *se desempañó el cristal.*

desempapelar – desenroscar

desempapelar. tr. Quitar el papel que envuelve o cubre algo.

desempaquetar. tr. Desenvolver, deshacer un paquete.

desemparejar. tr. Deshacer una pareja, descabalar.

desemparentado, da. adj. Sin parientes.

desempatar. tr. Deshacer el empate: *desempatar un partido*.

desempate. m. Acción de desempatar.

desempedrar. tr. Desencajar y arrancar las piedras de un empedrado. ‖ **Irreg.** Se conj. como *acertar*.

desempeñar. tr. **1** Recuperar lo empeñado. **2** Llevar a cabo, realizar un trabajo o una función determinada.

desempeño. m. Acción de desempeñar.

desempleo. m. Paro forzoso.

desempolvar. tr. **1** Quitar el polvo. También prnl. **2** Recordar lo olvidado; poner en uso lo que se abandonó hace tiempo: *desempolvar unos conocimientos, una costumbre*. **Sin.** 2 recuperar.

desencadenamiento. m. Acción de desencadenar o desencadenarse.

desencadenar. tr. **1** Quitar las cadenas que atan algo o a alguien. **2** Originar o producir movimientos impetuosos de fuerzas naturales: *el viento desencadenó un fuerte oleaje*. También prnl.: *se desencadenó la tormenta*. **3** Originar, provocar sentimientos o actitudes generalmente apasionados o violentos: *aquella frase desencadenó airadas protestas*. También prnl. **Sin.** 2 y 3 desatar.

desencajar. tr. y prnl. **1** Sacar algo de su sitio. ǀ **desencajarse.** prnl. **2** Desfigurarse, descomponerse el rostro.

desencajonar. tr. **1** Hacer salir a los toros de los cajones que se utilizan para su transporte. **2** Desatascar.

desencallar. tr. e intr. Poner a flote una embarcación encallada.

desencaminar. tr. Descaminar, apartar a alguien de su camino.

desencantar. tr. y prnl. **1** Deshacer el encanto. **2** Desilusionar.

desencanto. m. Acción de desencantar o desencantarse.

desencapotarse. prnl. Aclararse el cielo, horizonte, etc.

desencerrar. tr. **1** Sacar del encierro. **2** Descubrir lo escondido, oculto o ignorado.

desenchufar. tr. Desconectar de la red el enchufe de un aparato. **Ant.** enchufar.

desencoger. tr. **1** Estirar lo que estaba doblado o encogido. ǀ **desencogerse.** prnl. **2** Esparcirse, perder el encogimiento o timidez.

desencolar. tr. y prnl. Despegar lo que estaba pegado con cola.

desenconar. tr. y prnl. **1** Templar, quitar la inflamación o el ardor. **2** Calmar, aplacar, suavizar.

desencuadernar. tr. y prnl. Deshacer lo encuadernado; como un cuaderno o un libro.

desenfadado, da. adj. Desenvuelto, espontáneo, alegre.

desenfadar. tr. y prnl. Desenojar, quitar el enfado.

desenfado. m. Forma de actuar desenvuelta y sin prejuicios.

desenfocar. tr. y prnl. Hacer perder o perder el enfoque de una lente, asunto, etc.

desenfoque. m. Enfoque defectuoso.

desenfrenar. tr. **1** Quitar el freno. ǀ **desenfrenarse.** prnl. **2** Entregarse a los vicios y maldades. **3** Desencadenarse, desatarse.

desenfreno. m. Hecho de desenfrenarse.

desenfundar. tr. Quitar la funda a una cosa o sacarla de ella: *desenfundó el revólver*.

desenganchar. tr. **1** Soltar lo que está enganchado. También prnl. **2** Quitar de un carruaje las caballerías de tiro.

desengañado, da. adj. **1** Desilusionado, falto de esperanza. **2** Experimentado o curtido por los desengaños.

desengañar. tr. y prnl. **1** Sacar del error o engaño. **2** Quitar esperanzas o ilusiones o dejar de creer en algo.

desengaño. m. **1** Acción de desengañarse. **2** Aquello que lo produce.

desengranar. tr. Soltar el engranaje de alguna cosa con otra.

desengrasar. tr. **1** Quitar la grasa. También prnl.: *se ha desengrasado la cadena de la bicicleta*. ǀ intr. **2** Ayudar a digerir la grasa o a perderla: *comer fruta desengrasa*.

desenlace. m. Final de un suceso, narración, obra dramática, etc.

desenlazar. tr. y prnl. Desatar los lazos y soltar lo que está atado con ellos.

desenmarañar. tr. **1** Desenredar. **2** Poner algo en claro.

desenmascarar. tr. **1** Quitar la máscara. También prnl. **2** Descubrir quién o cómo es una persona o cosa: *desenmascararon al cerebro de la banda*.

desenredar. tr. Deshacer una cosa enredada: *desenredar un cordel, un conflicto*. **Sin.** desembrollar ☐ **Ant.** enredar.

desenredo. m. **1** Acción de desenredar. **2** Desenlace.

desenroscar. tr. y prnl. **1** Extender lo que está enroscado. **2** Sacar de su sitio lo que está introducido a rosca: *desenrosca la tapa del bote*.

desentablar. tr. **1** Arrancar o quitar las tablas. **2** Alterar el orden de una cosa.

desentenderse. prnl. **1** Dejar de ocuparse de algo, no intervenir en ello: *me he desentendido de ese proyecto.* **2** Simular ignorancia sobre algo: *siempre te desentiendes de los problemas.* || **Irreg.** Se conj. como *entender.* **Sin.** 1 y 2 ignorar ❑ **Ant.** 1 y 2 preocuparse.

desenterrar. tr. **1** Sacar lo que está enterrado. **2** Recordar lo que se había olvidado hace tiempo. || **Irreg.** Se conj. como *acertar.* **Sin.** 1 exhumar.

desentonar. tr. **1** En mús., desafinar. **2** Quedar mal dentro de un conjunto, chocar: *su aire fúnebre desentonaba en la fiesta.*

desentono. m. Acción de desentonar.

desentrañar. tr. Llegar a averiguar el verdadero significado de algo. **Sin.** descubrir.

desentumecer. tr. y prnl. Hacer recuperar su movimiento o agilidad a un miembro del cuerpo. || **Irreg.** Se conj. como *agradecer.*

desenvainar. tr. **1** Sacar de la vaina la espada u otra arma blanca. **2** Sacar lo que está oculto o encubierto con alguna cosa.

desenvoltura. f. **1** Facilidad para comportarse en determinados ambientes. **2** Desparpajo, desfachatez.

desenvolver. tr. **1** Extender o deshacer lo envuelto o empaquetado. También prnl. | **desenvolverse.** prnl. **2** Desarrollarse algo: *las conversaciones se desenvuelven con normalidad.* **3** Obrar con soltura: *se desenvuelve bien en cualquier ambiente.* || **Irreg.** Se conj. como *mover.* **Sin.** 2 transcurrir.

desenvuelto, ta. 1 p. p. irreg. de desenvolver. | adj. **2** Que tiene desenvoltura.

desenzarzar. tr. y prnl. Conciliar a los que están riñendo.

deseo. m. **1** Tendencia de la voluntad a conocer o conseguir algo. **2** Cosa deseada: *el genio le concedió tres deseos.* **3** Apetito sexual. **Ant.** 1 indiferencia.

deseoso, sa. adj. Que desea algo.

desequilibrado, da. adj. Que no tiene equilibrio físico o mental. **Sin.** trastornado, perturbado.

desequilibrar. tr. y prnl. **1** Hacer perder el equilibrio. **2** Hacer perder la cordura, volver loco.

desequilibrio. m. **1** Falta de equilibrio. **2** Alteración en la conducta de una persona.

deserción. f. Acción de desertar. **Sin.** huida.

desertar. tr. y prnl. **1** Abandonar un militar su puesto. **2** Abandonar alguien su obligación, separarse del partido o causa que defiende, etc.

desértico, ca. adj. **1** Desierto, despoblado. **2** Relativo al desierto o propio de él: *clima desértico.*

desertor, ra. m. y f. Que deserta. **Sin.** prófugo.

desescombrar. tr. Descombrar.

desesperación. f. **1** Pérdida total de la esperanza. **2** Gran alteración o enojo.

desesperado, da. adj. y s. Que siente desesperación.

desesperante. adj. Que desespera o impacienta.

Zonas desérticas

desesperanzar. tr. y prnl. Quitar o perder la esperanza.

desesperar. tr. y prnl. **1** Perder toda esperanza. También intr. | **desesperarse.** prnl. **2** Impacientarse o enojarse.

desestabilizar. tr. y prnl. Comprometer o perturbar la estabilidad de algo: *desestabilizarse el mercado*.

desestimación o **desestima.** f. Acción de desestimar.

desestimar. tr. **1** Denegar una petición: *desestimar un recurso*. **2** No valorar lo bastante: *desestima toda su obra*. **SIN.** 2 desdeñar, despreciar ☐ **ANT.** 2 apreciar.

desfachatez. f. Descaro, desvergüenza.

desfalcar. tr. **1** Apropiarse uno de bienes o dinero que tenía bajo su custodia. **2** Quitar parte de una cosa, y dejarla descabalada.

desfalco. m. **1** Acción de desfalcar. **2** Delito cometido al desfalcar.

desfallecer. intr. Perder las fuerzas o el ánimo. || **Irreg.** Se conj. como *agradecer*. **SIN.** extenuarse, desmayarse.

desfallecimiento. m. Disminución de las fuerzas o el ánimo. **SIN.** extenuación, desmayo.

desfasado, da. adj. Inadaptado o inadecuado al tiempo o lugar en que vive o se encuentra: *una moda desfasada*. **SIN.** anticuado.

desfasar. tr. **1** Producir una diferencia de fase. | **desfasarse.** prnl. **2** No ajustarse alguien o algo a las circunstancias del momento.

desfase. m. Acción de desfasar o desfasarse.

desfavorable. adj. **1** Perjudicial. **2** Adverso. **ANT.** 1 y 2 beneficioso.

desfiguración. f. Acción de desfigurar o desfigurarse.

desfigurar. tr. y prnl. **1** Deformar, alterar la forma de algo, afeándolo. **2** Contar, referir una cosa cambiando sus verdaderas circunstancias: *desfiguró los hechos a su conveniencia*. | **desfigurarse.** prnl. **3** Alterarse el rostro por una emoción fuerte. **SIN.** 2 tergiversar.

desfiladero. m. Paso estrecho entre montañas.

desfilar. intr. **1** Marchar en fila o formación. **2** Pasar o salir varias personas, una tras otra. **3** Pasar la tropa formada delante de una autoridad, monumento, bandera, etc. **4** Pasar los modelos una colección de ropa por una pasarela.

desfile. m. Acción de desfilar.

desfloración. f. Acción de desflorar.

desflorar. tr. **1** Ajar, quitar el lustre. **2** Desvirgar. **3** Tratar superficialmente un asunto.

desfogar. tr. y prnl. Desahogarse, dar salida violentamente a una pasión: *no desfogues tu insatisfacción conmigo*.

Desfiladero del río Cares

desfogue. m. Acción de desfogar o desfogarse.

desfondar. tr. **1** Quitar o romper el fondo a un vaso o caja. También prnl. **2** En deporte, agotar, dejar sin fuerza. También prnl. **3** Excavar la tierra para airearla y sanearla.

desgaire. m. **1** Desaliño en el comportamiento y la forma de vestir. **2 al desgaire.** loc. adv. Con descuido, generalmente estudiado.

desgajadura. f. Acción de desgajar o desgajarse.

desgajar. tr. y prnl. **1** Arrancar con violencia una rama del tronco. **2** Separar una cosa de otra a la que está unida.

desgalichado, da. adj. Desaliñado, desgarbado.

desgana. f. **1** Inapetencia, falta de apetito. **2** Falta de entusiasmo: *lo hizo con desgana*. **SIN.** 2 apatía ☐ **ANT.** 1 y 2 gana.

desganar. tr. **1** Quitar las ganas. | **desganarse.** prnl. **2** Perder las ganas de algo, especialmente de comer.

desgañitarse. prnl. **1** Esforzarse violentamente gritando o voceando. **2** Quedarse ronco. **SIN.** 2 Enronquecer.

desgarbado, da. adj. Que no tiene garbo o gracia.

desgarrado, da. adj. **1** Rasgado. **2** Intenso, con mucho sentimiento: *una canción desgarrada*. **3** Descarado, escandaloso. También s.

desgarrar. tr. **1** Rasgar, romper. También prnl. **2** Causar mucha pena o compasión. **Sin.** 1 destrozar.
desgarro. m. Acción de desgarrar o desgarrarse.
desgarrón. m. **1** Rasgón o rotura grande en la ropa. **2** Jirón o tira de ropa, al desgarrarse la tela.
desgastar. tr. **1** Consumir poco a poco parte de una cosa, por el uso o el roce. También prnl. | **desgastarse.** prnl. **2** Perder fuerza, vigor, originalidad. **Sin.** 2 debilitarse.
desgaste. m. Acción de desgastar o desgastarse.
desglosar. tr. **1** Separar algo de un todo, para considerarlo aisladamente: *desglosar los distintos gastos de un presupuesto*. **2** Separar un impreso de otros con los cuales está encuadernado.
desglose. m. Acción de desglosar.
desgobernar. tr. **1** Deshacer o perturbar el buen orden del gobierno. **2** Descuidar el timonel el gobierno del barco. || **Irreg.** Se conj. como *acertar*.
desgobierno. m. Desorden, falta de gobierno.
desgracia. f. **1** Suerte adversa. **2** Caso o acontecimiento adverso. **3** Pérdida de la amistad o protección de alguien: *caer en desgracia*. **4 desgracias personales.** Víctimas humanas de un accidente. **5 por desgracia.** loc. adv. Desgraciadamente. **Sin.** 1 infortunio 2 percance ☐ **Ant.** 1 felicidad.
desgraciado, da. adj. **1** Que padece desgracias. También s. **2** Desafortunado, sin suerte: *desgraciado en amores*. También s. **3** Falto de gracia y atractivo. **4** Que inspira compasión: *un pobre desgraciado*. **5** Desacertado, inoportuno: *una intervención desgraciada*. **6** Se dice de la persona de malas intenciones. También s. Se usa también como insulto.
desgraciar. tr. y prnl. **1** Dañar, estropear, perjudicar. **2** Quitar a algo la gracia. **3** Matar.
desgranado, da. adj. Se dice de la rueda o piñón dentados que han perdido alguno de sus dientes.
desgranador, ra. adj. y s. **1** Que desgrana. | f. **2** Máquina para desgranar productos agrícolas.
desgranar. tr. **1** Sacar el grano. También prnl. | **desgranarse.** prnl. **2** Soltarse las piezas ensartadas, como las cuentas de un collar, rosario, etc.
desgravación. f. Acción de desgravar.
desgravar. tr. Rebajar los impuestos. También intr.
desgreñado, da. adj. Despeinado, con el cabello desordenado.
desgreñar. tr. y prnl. Descomponer, desordenar los cabellos. **Sin.** desmelenar, despeinar.
desguace. m. **1** Acción de desguazar. **2** Lugar donde se desguaza.
desguarnecer. tr. **1** Quitar los adornos. **2** Dejar sin protección una plaza, castillo, etc. **3** Quitar todo aquello que es necesario para el uso de un instrumento mecánico. **4** Quitar las guarniciones a los animales de tiro. || **Irreg.** Se conj. como *agradecer*.

desgarrar – deshinchar

desguazar. tr. Deshacer o desmontar un buque; p. ext., cualquier vehículo o estructura.
deshabitado, da. adj. Que se ha quedado sin habitantes. **Sin.** despoblado.
deshabitar. tr. **1** Abandonar una vivienda. **2** Dejar sin habitantes una población o un territorio. **Sin.** 2 despoblar.
deshabituar. tr. y prnl. Desacostumbrar.
deshacer. tr. **1** Quitar la forma o la figura a una cosa, descomponiéndola. También prnl.: *aquella madera tan vieja se deshacía al tocarla*. **2** Desgastar, atenuar. También prnl. **3** Derrotar: *deshizo a su contrario*. **4** Derretir. También prnl.: *se ha deshecho la mantequilla*. **5** Disolver algo en un líquido. También prnl.: *deja que se deshaga la pastilla en agua antes de bebértela*. **6** Anular: *deshicieron el contrato*. | **deshacerse.** prnl. **7** Desaparecer. **8** Trabajar con ahínco. **9** Con la preposición *en* y sustantivos que indiquen manifestaciones de aprecio o cortesía, hacerlas en exceso: *deshacerse en atenciones*. || **Irreg.** Se conj. como *hacer*. **Sin.** 1 despedazar 4 licuar, fundir 5 desleír.
desharrapado, da. adj. y s. Andrajoso, roto y lleno de harapos.
deshecho, cha. **1** p. p. irreg. de deshacer. | adj. **2** Muy cansado, extenuado.
deshelar. tr. y prnl. Licuar lo que está helado. || **Irreg.** Se conj. como *acertar*.
desheredado, da. adj. **1** Excluido de una herencia. | adj. y s. **2** Pobre, que carece de medios de vida.
desheredar. tr. Excluir a un heredero forzoso de la herencia.
deshidratación. f. Acción de deshidratar o deshidratarse.
deshidratante. adj. y m. Que deshidrata.
deshidratar. tr. y prnl. Privar a un cuerpo o a un organismo del agua que contiene.
deshielo. m. **1** Acción y efecto de deshelar o deshelarse, sobre todo la nieve y el hielo. **2** Época del año en que sucede. **3** Distensión en las relaciones entre países, personas, etc.
deshilachar. tr. y prnl. Sacar hilachas de una tela.
deshilado. m. Labor en las telas, sacando varios hilos y formando calados.
deshilar. tr. **1** Sacar hilos de un tejido. **2** Reducir a hilos una cosa.
deshilvanado, da. adj. Se apl. a los discursos, pensamientos, etc., sin enlace ni conexión.
deshilvanar. tr. y prnl. Quitar los hilvanes.
deshinchar. tr. **1** Sacar el aire de algo que está inflado. También prnl.: *el balón se deshinchó*. **2** Quitar la hinchazón. **3** Desmoralizar, desilusionar: *tu respuesta le deshinchó por completo*.

deshojar. tr. y prnl. Quitar las hojas a una planta o los pétalos a una flor, y p. ext., a cualquier otra cosa que la tenga.
deshoje. m. Caída de las hojas de las plantas.
deshollinador, ra. adj. y s. **1** Que deshollina. | m. **2** Utensilio para deshollinar chimeneas.
deshollinar. tr. **1** Limpiar las chimeneas, quitándoles el hollín. **2** P. ext., limpiar con el deshollinador techos y paredes.
deshonestidad. f. **1** Cualidad de deshonesto. **2** Dicho o hecho deshonesto. **SIN.** 1 y 2 indecencia, impudicia.
deshonesto, ta. adj. **1** Impúdico, que no es honesto. **2** Que no es honrado, probo o recto. **SIN.** 1 y 2 indecente, inmoral.
deshonor. m. **1** Pérdida del honor o el respeto. **2** Hecho que provoca dicha pérdida.
deshonra. f. **1** Pérdida de la honra. **2** Cosa deshonrosa. **SIN.** 1 y 2 afrenta, ultraje.
deshonrar. tr. y prnl. **1** Quitar la honra. **2** Injuriar. **3** Hacer perder la virginidad a una mujer, fuera del matrimonio.
deshonroso, sa. adj. Afrentoso, indecoroso.
deshora. f. **1** Tiempo inoportuno, no conveniente. **2 a deshora.** loc. adv. Fuera de tiempo.
deshuesadora. f. Máquina o instrumento para quitar el hueso a la aceituna u otros frutos.
deshuesar. tr. Quitar los huesos a la carne o a la fruta.
deshumanización. f. Acción de deshumanizar o deshumanizarse.
deshumanizar. tr. y prnl. **1** Privar de caracteres humanos alguna cosa. **2** Perder una persona sus sentimientos. **SIN.** 2 endurecer, insensibilizar ◻ **ANT.** 2 enternecer.
desiderativo, va. adj. Que expresa o indica deseo.
desiderátum. m. **1** Aspiración, deseo que aún no se ha cumplido. **2** El no va más. || pl. *desiderátum* o *desiderata*.
desidia. f. Negligencia, falta de cuidado. **ANT.** diligencia.
desidioso, sa. adj. y s. Que tiene desidia.
desierto, ta. adj. **1** Despoblado, deshabitado: *una calle desierta*. **2** Se dice de la subasta, concurso o certamen en que nadie participa o en que ningún participante obtiene el premio. | m. **3** Territorio arenoso o pedregoso que, por la falta casi total de lluvias, carece de vegetación o la tiene muy escasa.
designación. f. Acción de designar una persona o cosa para cierto fin.
designar. tr. **1** Destinar a alguien o algo para un fin: *no me gustaría que me designaran para la nueva sucursal*. **2** Denominar, nombrar. **3** Representar algo

Desierto

con una palabra o un símbolo: *el signo ? designa interrogación o duda*. **SIN.** 1 elegir 3 indicar.
designio. m. Propósito de hacer algo.
desigual. adj. **1** Diferente: *las opciones son muy desiguales*. **2** Variable, inconstante: *un humor desigual*. **3** Accidentado, con diferencias de nivel: *terreno desigual*. **4** Arduo, dificultoso.
desigualar. tr. **1** Hacer desigual. | **desigualarse.** prnl. **2** Adelantarse, aventajarse.
desigualdad. f. **1** Cualidad de desigual. **2** Montículo, depresión. **3** En mat., expresión de la falta de igualdad que existe o se supone entre dos cantidades. **SIN.** 1 diferencia, desproporción ◻ **ANT.** 1 semejanza.
desilusión. f. **1** Falta o pérdida de las ilusiones. **2** Lo que produce esta falta o pérdida.
desilusionar. tr. y prnl. Perder o hacer perder las ilusiones. **SIN.** decepcionar.
desinencia. f. Terminación variable que se añade a la raíz de una palabra y que sólo tiene valor gramatical.
desinencial. adj. Relacionado con la desinencia.
desinfección. f. Acción de desinfectar.
desinfectante. adj. y m. Que desinfecta o sirve para desinfectar.
desinfectar. tr. y prnl. Destruir los gérmenes que causan infección o pueden causarla. **SIN.** esterilizar.
desinflar. tr. y prnl. **1** Sacar el aire o el gas al cuerpo flexible que lo contenía. **2** Desanimar, desilusionar. Más como prnl. **SIN.** 1 deshinchar 2 desmoralizar.
desinformar. intr. Dar información intencionadamente manipulada al servicio de ciertos fines.
desinsectar. tr. Limpiar de insectos.
desintegración. f. Acción de desintegrar o desintegrarse.
desintegrar. tr. Separar los distintos elementos de una cosa. **SIN.** disgregar, disociar.

desinterés. m. **1** Falta de interés: *leyó el informe con desinterés*. **2** Generosidad, desprendimiento: *te ayudó con total desinterés*.

desinteresado, da. adj. **1** Que no muestra interés. **2** Generoso, desprendido. **Sin.** 2 liberal, altruista □ **Ant.** 2 interesado.

desinteresarse. prnl. Perder el interés que se tenía en algo.

desintoxicación. f. Acción de desintoxicar o desintoxicarse.

desintoxicar. tr. y prnl. Combatir la intoxicación o sus efectos.

desistir. intr. Renunciar a una acción que se había comenzado, a un propósito, derecho, etc.

desjarretar. tr. **1** Cortar por el jarrete las patas de las reses. **2** Debilitar, dejar sin fuerzas.

deslabonar. tr. y prnl. **1** Soltar y desunir un eslabón de otro. **2** Desunir, deshacer.

deslavar. tr. **1** Limpiar o lavar por encima. **2** Quitar fuerza, color o vigor.

deslavazado, da. adj. **1** Insustancial, insulso. **2** Desordenado, sin trabazón ni unión: *un discurso deslavazado*. **3** Blando, sin firmeza ni consistencia.

desleal. adj. y s. Que obra sin lealtad.

deslealtad. f. Falta de lealtad. **Sin.** traición.

desleír. tr. y prnl. Disolver y desunir las partes de algunos cuerpos por medio de un líquido. ‖ **Irreg.** Se conj. como *reír*. **Sin.** diluir.

deslenguado, da. adj. y s. Desvengonzado, malhablado.

deslenguarse. prnl. Desbocarse, desvergonzarse.

desliar. tr. y prnl. **1** Deshacer un lío o paquete, desatar lo liado. **2** Aclarar, desenredar.

desligar. tr. y prnl. **1** Desatar, soltar las ligaduras. **2** Dispensar, liberar de una obligación. | **desligarse.** prnl. **3** Independizarse: *se desligó de la compañía para formar su propia empresa*.

deslindar. tr. **1** Señalar los límites de un lugar. **2** Aclarar, detallar: *deslindar las funciones de un cargo*.

desliz. m. **1** Desacierto, equivocación. **2** Falta, flaqueza en sentido moral, sobre todo respecto a la relación sexual. **Sin.** 1 descuido, lapsus 2 ligereza.

deslizamiento. m. Acción de deslizar o deslizarse.

deslizante. adj. Que desliza o se desliza.

deslizar. tr. **1** Pasar suavemente un cuerpo sobre otro. También prnl.: *el barco se desliza sobre las aguas*. **2** Incluir en un escrito o discurso, como al descuido, frases o palabras intencionadas: *en su conversación deslizó varias alusiones al asunto*. | intr. y prnl. **3** Resbalar, escurrirse. | **deslizarse.** prnl. **4** Escaparse, escabullirse de un lugar: *aprovechando el barullo, se deslizó a su habitación*. **Sin.** 2 insinuar.

deslomar. tr. y prnl. **1** Romper o dañar los lomos. | **deslomarse.** prnl. **2** Trabajar o esforzarse mucho.

deslucido, da. adj. Sin lucimiento ni gracia.

deslucimiento. m. Falta de lucimiento y gracia.

deslucir. tr. y prnl. **1** Quitar a algo su gracia, su atractivo: *las vidrieras se han deslucido*. **2** Desacreditar a alguien. ‖ **Irreg.** Se conj. como *lucir*.

deslumbramiento. m. Acción de deslumbrar o deslumbrarse.

deslumbrante. adj. Que deslumbra.

deslumbrar. tr. y prnl. **1** Cegar la vista o dificultarla un golpe de luz o una luz excesiva: *el coche de atrás me deslumbra con los faros*. **2** Dejar totalmente asombrado o encantado: *le deslumbró aquel lujo*. **Sin.** 2 fascinar.

desmadejado, da. adj. Que siente flojera o debilidad. **Sin.** flojo, débil □ **Ant.** enérgico.

desmadejamiento. m. Flojedad, falta de energía.

desmadejar. tr. y prnl. Causar flojedad en el cuerpo.

desmadrado, da. adj. **1** Se dice del animal abandonado por la madre. **2** Se apl. al río o arroyo que se sale del cauce principal. **3** Que actúa sin control, de manera alocada, desenfrenada. **Sin.** 3 desmedido, desordenado □ **Ant.** 3 comedido.

desmadrar. tr. **1** Separar de las madres las crías del ganado para que no mamen. | **desmadrarse.** prnl. **2** Actuar una persona sin inhibiciones, de manera alocada, desenfrenada.

desmadre. m. **1** Acción de desmadrarse. **2** Desbarajuste, caos, confusión. **3** Jolgorio, juerga incontrolada.

desmallar. tr. y prnl. Deshacer, cortar los puntos de una malla.

desmán. m. **1** Exceso, desorden. **2** Atropello, abuso: *cometer desmanes*.

desmán. m. Mamífero pequeño parecido al topo, de hocico prolongado y pies palmeados. Es insectívoro y vive a orillas de ríos y arroyos.

desmandado, da. adj. Desobediente, díscolo.

desmandarse. prnl. **1** Propasarse. **2** Rebelarse, no obedecer. **3** Apartarse el ganado de la manada o rebaño.

desmano (a). loc. adv. A trasmano, fuera del camino habitual: *si quieres, podemos acercarnos a su casa, pero nos queda a desmano*.

desmantelado, da. adj. Sin muebles ni otros útiles.

desmantelamiento. m. Acción de desmantelar.

desmantelar. tr. **1** Destruir las fortificaciones. **2** Quitar los muebles, útiles, etc., de un lugar: *desmantelar una habitación*. **3** Desmontar una estructura, construcción, etc.: *desmantelaron los puestos de la feria*. **4** Desmontar los aparejos de un barco. **5** Desbaratar, deshacer: *desmantelar un comando terrorista*.

desmaquillador, ra. adj. y s. Empleado para desmaquillar.

desmaquillar. tr. y prnl. Quitar el maquillaje.

desmarcar. tr. **1** Eliminar una marca. | **desmarcarse.** prnl. **2** En algunos deportes, liberarse un jugador de la vigilancia de un contrario.

desmayado, da. adj. Se apl. al color bajo y apagado.

desmayar. intr. **1** Perder el valor, desfallecer: *no desmayó en su empeño*. | **desmayarse.** prnl. **2** Perder momentáneamente el conocimiento: *se desmayó en la calle*. **Sin.** 2 desvanecerse.

desmayo. m. **1** Mareo, desvanecimiento. **2** Desaliento, desánimo. **Sin.** 1 síncope, soponcio.

desmedido, da. adj. Desproporcionado, falto de límite o medida: *un apetito desmedido*. **Sin.** enorme, excesivo.

desmedirse. prnl. Desmandarse, excederse.

desmejoramiento. m. Acción de desmejorar.

desmejorar. tr. y prnl. **1** Perder o hacer perder el aspecto saludable. | intr. **2** Ir perdiendo la salud.

desmelenado, da. adj. y s. Que actúa totalmente desinhibido, con excesiva libertad.

desmelenamiento. m. Acción de desmelenar o desmelenarse.

desmelenar. tr. y prnl. **1** Desordenar el cabello. | **desmelenarse.** prnl. **2** Desmadrarse, desmandarse. **Sin.** 1 despeinar, desgreñar.

desmembrar. tr. **1** Separar los miembros del cuerpo. **2** Separar, dividir una cosa de otra. También prnl.: *el partido se desmembró tras las elecciones*. || **Irreg.** Se conj. como *acertar*.

desmemoriado, da. adj. y s. Que tiene muy mala memoria.

desmemoriarse. prnl. Olvidarse, no acordarse.

desmentida. f. Acción de desmentirse.

desmentir. tr. **1** Decir a alguien que miente. **2** Demostrar la falsedad de algo: *el ministro desmintió el rumor de su dimisión*. **3** Proceder uno distintamente de lo que se podía esperar de su educación y estado. || **Irreg.** Se conj. como *sentir*. **Sin.** 2 negar **Ant.** 2 confirmar.

desmenuzamiento. m. Acción de desmenuzar o desmenuzarse.

desmenuzar. tr. **1** Deshacer una cosa dividiéndola en partes menudas. También prnl. **2** Examinar con mucho detalle una cosa. **Sin.** 1 desmigajar, pulverizar.

desmerecer. tr. **1** No ser digno de algo. | intr. **2** Perder valor o mérito: *esta película no ha desmerecido con los años*. **3** Ser una cosa o persona inferior a otra con la que se compara: *el servicio de este restaurante desmerece de su cocina*. || **Irreg.** Se conj. como *agradecer*.

desmesurado, da. dj. Excesivo, desproporcionado. **Sin.** exagerado.

desmesurarse. prnl. Descomedirse, excederse.

desmigajar. tr. y prnl. Hacer migajas.

desmigar. tr. Desmigajar, deshacer el pan en migas.

desmilitarización. f. Acción de desmilitarizar.

desmilitarizar. tr. **1** Suprimir el carácter militar de una colectividad. **2** Reducir o suprimir instalaciones o actividades militares.

desmirriado, da. adj. Muy flaco, extenuado, consumido. **Sin.** esmirriado.

desmitificar. tr. Quitar o disminuir el carácter mítico o idealizado que se había dado a alguien.

desmochar. tr. **1** Cortar la parte superior de una cosa, dejándola mocha. **2** Eliminar parte de una obra artística o literaria.

desmoche. m. Acción de desmochar.

desmogar. intr. Mudar los cuernos el ciervo y otros animales.

desmonetizar. tr. Abolir el empleo de un metal para la acuñación de moneda.

desmontable. adj. **1** Que se puede desmontar o desarmar. | m. **2** Instrumento de hierro, a modo de palanca, para desmontar las cubiertas de los neumáticos.

desmontar. tr. **1** Desarmar, desunir, separar las piezas o elementos que componen algo: *desmontar un motor, un reloj, una teoría*. **2** Bajar de una caballería o vehículo: También intr. y prnl.: *desmontó al llegar, se desmontó de un salto*. **3** Cortar en un monte o en parte de él los árboles o matas. **4** En algunas armas de fuego, separar la llave del disparador para que no funcione. **Sin.** 1 desarticular 3 talar.

desmonte. m. **1** Acción de desmontar. **2** Paraje de terreno sin árboles. Más en pl.

desmoralización. f. Acción de desmoralizar o desmoralizarse.

desmoralizar. tr. y prnl. **1** Hacer perder a alguien el valor o las esperanzas: *los problemas económicos le desmoralizaron*. **2** Hacer que alguien pierda la moral y buenas costumbres. **Sin.** 1 desalentar 2 corromper.

desmoronamiento. m. Acción de desmoronar o desmoronarse.

desmoronar. tr. y prnl. **1** Deshacer poco a poco algo sólido formado por partículas unidas entre sí. **2** Destruir lentamente algo no material: *sus ideales se fueron desmoronando*. | **desmoronarse.** prnl. **3** Hundirse una persona, desanimarse por completo. **4** Irse destruyendo un imperio, una fortuna, el prestigio de alguien, etc.

desmovilización. f. Acción de desmovilizar.

desmovilizar. tr. **1** Licenciar a las tropas movilizadas. **2** Detener una movilización social, como una huelga o una manifestación.

desnacionalización. f. Acción de desnacionalizar.

desnacionalizar. tr. y prnl. Quitar el carácter de nacional; particularmente, devolver a la propiedad privada una empresa o sector controlado por el Estado.

desnarigado, da. adj. y s. Sin nariz o de nariz muy pequeña.

desnarigar. tr. Quitar la nariz.

desnatadora. f. Utensilio que sirve para desnatar.

desnatar. tr. Quitar la nata a la leche o a otros productos líquidos. **Sin.** descremar.

desnaturalización. f. Acción de desnaturalizar.

desnaturalizado, da. adj. y s. Que no siente cariño ni afecto por amigos y familiares cercanos. **Sin.** descastado.

desnaturalizar. tr. y prnl. **1** Privar a alguien del derecho de su nacionalidad. **2** Alterar la forma, propiedades o condiciones naturales de una cosa: *aceite desnaturalizado.*

desnivel. m. **1** Diferencia de alturas entre dos o más puntos. **2** Diferencia entre niveles de cualquier tipo: *desniveles salariales, culturales.* **3** Depresión o elevación de un terreno.

desnivelación. f. Acción de desnivelar o desnivelarse.

desnivelar. tr. y prnl. Producir desnivel.

desnucar. tr. y prnl. Causar la muerte por un golpe en la nuca.

desnuclearizar. tr. Destruir el potencial nuclear.

desnudar. tr. **1** Quitar la ropa o parte de ella. También prnl. **2** Despojar una cosa de lo que la cubre o adorna: *desnudar los árboles.* **3** Desenvainar un arma: *desnudar la espada.* | **desnudarse.** prnl. **4** Desprenderse o apartarse de algo.

desnudez. f. Cualidad de desnudo.

desnudismo. m. Nudismo.

desnudo, da. adj. **1** Sin ropa. **2** Muy mal vestido. **3** Sin adornos ni complementos: *lleva el cuello desnudo; la verdad desnuda.* **4** Falto de recursos, sin bienes o fortuna. **5** Falto de una cosa no material: *desnudo de méritos.* | m. **6** En bellas artes, figura humana desnuda.

desnutrición. f. Degeneración y debilitamiento del organismo producido por una nutrición insuficiente o inadecuada.

desnutrirse. prnl. Debilitarse el organismo por trastorno de la nutrición.

desobedecer. tr. No hacer uno lo que ordena quien manda. || **Irreg.** Se conj. como *agradecer.* **Sin.** rebelarse □ **Ant.** obedecer.

desobediencia. f. Acción de desobedecer.

Desnudo: David, por Miguel Ángel

desobediente. adj. Que desobedece. **Sin.** díscolo, rebelde □ **Ant.** obediente.

desocupación. f. **1** Falta de ocupación; ociosidad. **2** Paro forzoso, desempleo.

desocupado, da. adj. **1** Sin ocupación, ocioso. También s. **2** Desempleado. También s. **3** Vacío.

desocupar. tr. **1** Dejar libre un lugar. **2** Sacar lo que hay dentro de alguna cosa. | **desocuparse.** prnl. **3** Desembarazarse de un negocio u ocupación.

desodorante. adj. y m. **1** Que destruye los malos olores. | m. **2** Producto que se utiliza para suprimir el olor corporal en las axilas.

desoír. tr. Desatender, dejar de oír. || **Irreg.** Se conj. como *oír.*

desojar. tr. y prnl. **1** Romper el ojo de un instrumento: como el de la aguja, la azada, etc. | **desojarse.** prnl. **2** Estropearse la vista forzándola demasiado: *me desojo delante del ordenador.* **3** Mirar con mucho esfuerzo para ver o hallar una cosa.

desolación. f. Acción de desolar o desolarse.
desolar. tr. **1** Asolar, destruir, arrasar. **2** Afligir, angustiar profundamente. ‖ **Irreg.** Se conj. como *contar*. Se usa casi exclusivamente el participio perfecto: *estoy desolado*. **Ant.** 2 consolar.
desoldar. tr. y prnl. Quitar la soldadura.
desolladero. m. Sitio destinado para desollar las reses.
desollador, ra. adj. y s. Que desuella.
desolladura. f. Acción de desollar.
desollar. tr. **1** Quitar la piel del cuerpo de un animal. También prnl. **2** Difamar, criticar a alguien cruelmente: *en cuanto se juntan, se dedican a desollar a la gente*. ‖ **Irreg.** Se conj. como *contar*. **Sin.** 1 y 2 despellejar.
desopilante. adj. Festivo, divertido, que produce mucha risa.
desorbitar. tr. y prnl. **1** Sacar un cuerpo de órbita. **2** Exagerar: *desorbitarse los precios*.
desorden. m. **1** Confusión, falta de orden. **2** Revuelta, disturbio público: *se provocaron desórdenes en el país*.
desordenado, da. adj. **1** Que no tiene orden. **2** Que actúa fuera de toda disciplina. **3** Particularmente, que se sale del orden social o moral: *conducta desordenada*.
desordenar. tr. y prnl. **1** Turbar, confundir y alterar el buen concierto de una cosa. | **desordenarse.** prnl. **2** Salir de regla, excederse.
desorejado, da. adj. **1** Infame, abyecto. También s. **2** *amer.* Irresponsable, desfachatado. **3** *amer.* Derrochador.
desorganización. f. Falta de organización.
desorganizar. tr. y prnl. Desordenar, deshacer la organización de algo.
desorientación. f. Acción de desorientar o desorientarse.
desorientar. tr. y prnl. **1** Hacer que una persona pierda el sentido de la posición que ocupa geográficamente. **2** Confundir, ofuscar: *su comportamiento me desorientó*. **Sin.** 1 descaminar 1 y 2 despistar.
desosar. tr. Deshuesar.
desovadero. m. **1** Época del desove. **2** Lugar a propósito para el desove.
desovar. intr. Soltar las hembras de los peces y las de los anfibios sus huevos o huevas.
desove. m. **1** Acción de desovar. **2** Época en que desovan las hembras de los peces y anfibios.
desoxidación. f. Acción de desoxidar o desoxidarse.
desoxidante. adj. y m. Que desoxida o sirve para desoxidar.
desoxidar. tr. Limpiar un metal del óxido que lo mancha.

desoxigenación. f. Acción de desoxigenar.
desoxigenante. adj. y m. Que desoxigena.
desoxigenar. tr. y prnl. Quitar el oxígeno a una sustancia con la cual estaba combinado. También prnl. **Sin.** desoxidar.
despabilado, da. adj. **1** Que no tiene sueño. **2** Listo, vivo. **Sin.** 1 y 2 espabilado.
despabilar. tr. **1** Despachar brevemente, acabar en seguida con algo. **2** Avivar el ingenio. También intr. y prnl. | **despabilarse.** prnl. **3** Sacudir el sueño.
despachaderas. f. pl. **1** Modo desagradable de responder. **2** Facilidad para salir de dificultades.
despachar. tr. **1** Resolver o concluir rápidamente un asunto: *despachó su tarea en diez minutos*. **2** Tratar un asunto con alguien. También intr.: *el director despachará esta tarde con el jefe de ventas*. **3** Enviar: *despachar un paquete*. **4** Atender al público en un establecimiento comercial. **5** Desprenderse, librarse de alguien o algo: *le despacharon sin darle indemnización*. También prnl.: *ya me despaché de ese pesado*. **6** Matar, quitar la vida. | **despacharse.** prnl. **7** Decir uno lo que le viene en gana: *se despachó con cuatro frescas*.
despacho. m. **1** Acción de despachar. **2** Habitación destinada para trabajar o estudiar. **3** Tienda donde se venden determinados efectos. **4** Comunicado oficial. **5** Nombramiento oficial: *le entregan el despacho de alférez*.
despachurrar. tr. **1** Aplastar o reventar una cosa apretándola con fuerza. También prnl. **2** Dejar a alguien cortado sin saber qué decir.
despacio. adv. m. **1** Poco a poco, lentamente. | adv. t. **2** Empleando mucho tiempo: *esto hay que hablarlo despacio*. **Ant.** 1 deprisa.
despacito. adv. m. Muy poco a poco.
despalmador. m. Sitio donde se despalman las embarcaciones.
despalmadura. f. Acción de despalmar.
despalmar. tr. Limpiar y engrasar los fondos de las embarcaciones.
despampanante. adj. Muy llamativo, que causa sensación.
despanzurrar. tr. y prnl. Despachurrar, reventar.
desparejar. tr. y prnl. Deshacer una pareja.
desparpajo. m. **1** Facilidad y desenvoltura para hablar y actuar. **2** *amer.* Desorden, desbarajuste.
desparramado, da. adj. Ancho, abierto, esparcido.
desparramamiento. m. Acción de desparramar o desparramarse.
desparramar. tr. **1** Esparcir, extender por muchos sitios lo que estaba junto. **2** Dispersar la atención en muchas cosas a la vez. | **desparramarse.** prnl. **3** Distraerse, divertirse descontroladamente: *en*

cuanto bebe se desparrama. **Sin.** 1 diseminar, dispersar □ **Ant.** 1 recoger, congregar.

despatarrar. tr. **1** Abrir excesivamente las piernas a uno. Más como prnl. | **despatarrarse.** prnl. **2** Caerse al suelo, abierto de piernas.

despavorido, da. adj. Lleno de pavor.

despavorir. intr. y prnl. Sentir pavor.

despechar. tr. Destetar a los niños.

despecho. m. Resentimiento hacia alguien o algo.

despechugar. tr. **1** Quitar la pechuga a un ave. | **despechugarse.** prnl. **2** Descubrirse el pecho.

despectivo, va. adj. **1** Despreciativo. **2** En ling., se dice de la palabra o partícula que aportan idea de desprecio o burla; p. ej., sufijos como *-astro* (*poetastro*) o *-aco* (*libraco*). También s.

despedazamiento. m. Acción de despedazar o despedazarse.

despedazar. tr. y prnl. **1** Hacer pedazos. **2** Maltratar, dañar, destruir: *despedazar el alma.*

despedida. f. **1** Acción de despedir a alguien o despedirse. **2** Frase o fiesta para despedir a alguien: *despedida de soltero.*

despedir. tr. **1** Soltar, arrojar una cosa **2** Difundir o esparcir: *despedir mal olor; despedir luz.* **3** Prescindir de los servicios de alguien o algo: *despidieron al servicio.* **4** Decir adiós al que se va. También prnl.: *no me he despedido de Juan.* **5** Olvidarse de algo, quitárselo de la cabeza: *despídete de ese viaje.*

despegado, da. adj. **1** De trato desagradable. **2** Poco cariñoso.

despegar. tr. **1** Desasir y desprender una cosa de otra. También prnl.: *se ha despegado el sello.* | intr. **2** Iniciar el vuelo un avión, helicóptero, cohete, etc. | **despegarse.** prnl. **3** Desprenderse del afecto a una persona o cosa.

despegue. m. Acción de despegar un avión, helicóptero, cohete, etc.

despeinar. tr. y prnl. Alborotar el pelo, deshacer el peinado. **Sin.** desgreñar, desmelenar.

despejado, da. adj. **1** Libre de obstáculos: *una carretera despejada.* **2** Se dice del cielo sin nubes. **3** Se aplica al entendimiento claro, y a la persona que lo tiene. **4** Espacioso, dilatado, ancho: *frente despejada.*

despejar. tr. **1** Desembarazar, desocupar. **2** Aclarar, poner en claro: *despejar una duda.* **3** Separar por medio del cálculo una incógnita en una ecuación. | intr. **4** En algunos deportes, alejar la pelota de la meta propia. También tr. | **despejarse.** prnl. **5** Aclararse, serenarse el día, el tiempo, etc. **6** Recobrar alguien la claridad mental después de haber dormido, bebido alcohol, etc.

despeje. m. En algunos deportes, acción de despejar.

Despegue del Challenger

despellejar. tr. y prnl. **1** Quitar el pellejo, desollar. **2** Criticar duramente a alguien: *despellejó a la suegra.*

despelotarse. prnl. **1** Desnudarse. **2** Reírse mucho. **Sin.** 2 partirse.

despelote. m. **1** Acción de despelotarse. **2** Lugar donde hay un gran desorden o confusión.

despeluznante. adj. Pavoroso, horrible.

despenalizar. tr. Eliminar el carácter penal de lo que constituía delito: *despenalizar el aborto.*

despenar. v. tr. Matar a una persona o animal.

despensa. f. **1** Lugar donde se guardan los comestibles. **2** Provisión de comestibles. **3** *amer.* Lugar en las minas para guardar los minerales ricos.

despeñadero. m. **1** Precipicio, lugar escarpado. **2** Riesgo o peligro.

despeñar. tr. y prnl. Precipitar a una persona o cosa desde un lugar alto.

despepitar. tr. **1** Quitar las semillas o pepitas de algún fruto. | **despepitarse.** prnl. **2** Desear mucho una cosa, o hacerla con gran satisfacción: *se despepita por atender al jefe.* **3** Desgañitarse.

desperdiciar. tr. **1** Gastar o emplear mal una cosa. **2** No aprovechar algo debidamente: *desperdiciar la ocasión, el tiempo.*

desperdicio. m. **1** Acción de desperdiciar. **2** Residuo, desecho. Más en pl.: *tiraron los desperdicios a la basura.* **Sin.** 2 sobras.

desperdigado, da. adj. Esparcido, separado, disperso.

desperdigar. tr. y prnl. Separar, desunir, esparcir. **Ant.** reunir.

desperezarse. prnl. Extender y estirar los miembros, para sacudir la pereza o librarse del entumecimiento.

desperfecto. m. **1** Pequeño deterioro: *el choque produjo algunos desperfectos en la carrocería.* **2** Falta, defecto.

despersonalizar. tr. y prnl. **1** Quitar a una persona su carácter distintivo e individual. **2** Quitar carácter personal a una cuestión.

despertador. adj. **1** Que despierta. | m. **2** Reloj que, a la hora previamente fijada, hace sonar una campana o alarma. También adj.

despertar. tr. **1** Interrumpir el sueño al que está durmiendo. También intr. y prnl. **2** Traer a la memoria una cosa ya olvidada. También intr. y prnl.: *viejos recuerdos despertaron.* **3** Hacer recapacitar o reaccionar. **4** Mover, excitar: *despertar el apetito.* | intr. **5** Hacerse más espabilado, más listo. || **Irreg.** Se conj. como *acertar.* Tiene un part. regular: *despertado,* usado para los tiempos compuestos, y otro irregular: *despierto,* con valor adjetival.

despestañar. tr. **1** Quitar o arrancar las pestañas. | **despestañarse.** prnl. **2** Desojarse por hallar algo. **3** *amer.* Estudiar con ahínco.

despiadado, da. adj. Brutal, inhumano.

despido. m. **1** Acción de despedir o despedirse, especialmente de un empleo. **2** Indemnización que se cobra por ello.

despiece. m. Acción de despiezar.

despierto, ta. adj. Avisado, advertido, vivo.

despiezar. tr. Descuartizar: *despiezar una res.*

despilfarrador, ra. adj. y s. Que despilfarra.

despilfarrar. tr. Derrochar, malgastar. **Sin.** malbaratar.

despilfarro. m. Acción de despilfarrar.

despimpollar. tr. Quitar a la vid los brotes dañinos o excesivos.

despinochar. tr. Quitar las hojas a las mazorcas de maíz.

despintar. tr. **1** Borrar lo pintado. También prnl.: *la vajilla se ha despintado.* **2** Desfigurar algo. | intr. **3** Desdecir. || Se usa en frases negativas: *no despinta de su linaje.* **Sin.** 1 decolorar, desteñir.

despiojador. m. Instrumento para limpiar de parásitos a las aves y otros animales domésticos.

despiojar. tr. y prnl. Quitar los piojos u otros parásitos.

despiporre o **despiporren (el).** m. Escándalo, desorden, etc., generalmente en las diversiones.

despistado, da. adj. y s. Desorientado, distraído.

despistar. tr. **1** Hacer perder la pista: *despistó a sus perseguidores.* **2** Confundir, desconcertar. También prnl. | **despistarse.** prnl. **3** Extraviarse, perder el rumbo. **Sin.** 2 desorientar.

despiste. m. Acción de despistar o despistarse.

despitorrado. adj. Se apl. al toro de lidia que tiene rotos los cuernos.

desplante. m. Dicho o acto lleno de arrogancia o descaro.

desplazamiento. m. Acción de desplazar o desplazarse.

desplazado, da. adj. y s. Inadaptado, descentrado con respecto al ambiente o a las circunstancias: *se siente desplazado en su nuevo trabajo.*

desplazar. tr. **1** Mover a una persona o cosa del lugar en que está. También prnl. **2** Quitar a alguien del puesto que ocupa para sustituirle: *consiguió desplazarle en la junta.* **3** Desalojar un cuerpo al sumergirse un volumen de agua igual al de la parte sumergida, y cuyo peso es igual al peso total del cuerpo. Esta medida, en toneladas, indica el tamaño de los barcos, por ejemplo. | **desplazarse.** prnl. **4** Ir de un lugar a otro; trasladarse.

desplegar. tr. **1** Desdoblar, extender lo que está plegado. También prnl. **2** Manifestar, hacer patente: *desplegar simpatía.* **3** Hacer pasar las tropas del orden cerrado al abierto, extenderlas. También prnl.: *el enemigo se desplegó por el valle.* || **Irreg.** Se conj. como *acertar.* Algunos autores lo han utilizado como reg.

despliegue. m. **1** Acción de desplegar o desplegarse. **2** Demostración, exhibición: *un despliegue de mal gusto.*

desplomar. tr. **1** Hacer perder la posición vertical. También prnl. | **desplomarse.** prnl. **2** Caer a plomo una cosa de mucho peso. **3** Caerse sin vida o sin conocimiento una persona. **4** Arruinarse, perderse: *se desplomaron todas sus esperanzas.* **Sin.** 1 inclinar, tumbar **Ant.** 1 levantar.

desplome. m. **1** Acción de desplomar o desplomarse. **2** En arquit., lo que sobresale de la línea de aplomo.

desplomo. m. Desviación de la posición vertical en un edificio, pared, etc.

desplumar. tr. **1** Quitar las plumas al ave. También prnl. **2** Dejar a alguien sin dinero.

despoblación. f. Acción de despoblar o despoblarse un lugar.

despoblado. m. Desierto, sitio no poblado, especialmente por haber perdido su población.

despoblar. tr. **1** Disminuir considerablemente la población de un lugar. También prnl. **2** Despojar un sitio de lo que hay en él: *despoblar un bosque.* || **Irreg.** Se conj. como *contar.*

despojar. tr. **1** Privar a uno de lo que tiene, en general violentamente: *le despojaron de sus bienes*. **2** Quitar los adornos y accesorios de algo. | **despojarse.** prnl. **3** Renunciar voluntariamente a una cosa. **4** Quitarse ropa: *se despojó de sus vestiduras*.

despojo. m. **1** Acción de despojar o despojarse. **2** Presa, botín del vencedor. **3** En las aves y reses destinadas al consumo, vísceras y otras partes, como patas, pescuezo, etc. Más en pl. | pl. **4** Sobras o residuos. **5** Restos mortales, cadáver.

despolitizar. tr. y prnl. Quitar el carácter político a un asunto, reunión, etc.

despopularización. f. Pérdida de la popularidad.

despopularizar. tr. y prnl. Privar a una persona o cosa de la popularidad que tenía.

desportilladura. f. **1** Fragmento que se separa del borde de una cosa. **2** Mella que queda.

desportillar. tr. y prnl. Quitar parte del canto o boca de una cosa.

desposado, da. adj. **1** Recién casado. También s. **2** Esposado, aprisionado con esposas.

desposar. tr. **1** Casar, unir en matrimonio. | **desposarse.** prnl. **2** Contraer esponsales. **3** Contraer matrimonio.

desposeer. tr. **1** Privar a uno de lo que posee. | **desposeerse.** prnl. **2** Renunciar alguien a lo que posee. || **Irreg.** Se conj. como *leer*. **Sin.** 1 expropiar, despojar □ **Ant.** 1 restituir.

desposeído, da. adj. Carente de alguna cosa.

desposorio. m. Promesa mutua de contraer matrimonio. Más en pl.

déspota. m. **1** Persona que ejercía el mando supremo en algunos pueblos antiguos. **2** Soberano que gobierna sin sujeción a ninguna ley. | com. **3** Persona que abusa de su poder o autoridad.

despótico, ca. adj. Absoluto, sin ley, propio del déspota.

despotismo. m. **1** Autoridad absoluta no limitada por las leyes. **2** Abuso de poder o fuerza.

despotizar. tr. *amer.* Gobernar o tratar despóticamente, tiranizar.

despotricar. intr. Hablar muy mal de alguien o algo, sin consideración: *despotricaron contra el jefe*.

despreciar. tr. **1** Tener poca estima a alguien o algo. **2** Desdeñar: *despreciaron sus consejos*. **Sin.** 2 menospreciar □ **Ant.** 1 y 2 apreciar.

despreciativo, va. adj. Que indica desprecio. **Sin.** despectivo.

desprecio. m. **1** Desestimación, falta de aprecio. **2** Menosprecio, desdén: *mirar con desprecio*. **3** Acción con que se muestra: *hacer un desprecio*.

desprender. tr. **1** Desunir, desatar. **2** Echar de sí alguna cosa: *desprender humo, mal olor*. También prnl. | **desprenderse.** prnl. **3** Separarse de algo, deshacerse de ello: *se desprendió de sus pertenencias*. **4** Deducirse, inferirse: *de ello se desprende que...* **Sin.** 1 despegar 2 despedir 3 despojarse.

desprendido, da. adj. Desinteresado, generoso.

desprendimiento. m. **1** Acción de desprenderse trozos de una cosa. **2** Desapego a las cosas. **3** Generosidad, desinterés. **4** En pintura y escultura, representación del descendimiento de la cruz del cuerpo de Cristo.

despreocupación. f. Tranquilidad, falta de preocupaciones.

despreocupado, da. adj. Desentendido, indiferente.

despreocuparse. prnl. **1** Salir o librarse de una preocupación. **2** Desentenderse de algo o alguien: *nunca se despreocupa de sus amigos*.

desprestigiar. tr. y prnl. Quitar el prestigio o buena fama. **Sin.** desacreditar, difamar.

desprestigio. m. Acción de desprestigiar o desprestigiarse.

desprevenido, da. adj. Que no está prevenido o preparado para algo.

desproporción. f. Falta de la proporción debida.

desproporcionado, da. adj. Que no tiene la proporción conveniente o necesaria.

desproporcionar. tr. Quitar la proporción a una cosa; sacarla de regla y medida.

despropósito. m. Dicho o hecho inoportuno, sin sentido. **Sin.** disparate, dislate.

desproveer. tr. Despojar a uno de lo necesario. || **Irreg.** Se conj. como *leer*.

desprovisto, ta. adj. Falto de cierta cosa o cualidad.

después. adv. t. **1** Denota posterioridad de tiempo: *saldré después de comer*. | adv. l. **2** Denota posterioridad de lugar, jerarquía o preferencia: *después de mí, él es el empleado más antiguo*. **3** Se usa con valor adversativo en frases como: *después de lo que he hecho por ti, me pagas de este modo*. | adj. **4** Posterior, siguiente: *la mañana después*. **5** **después de todo.** loc. Al fin y al cabo. **Ant.** 1 y 2 antes.

despulpar. tr. Extraer la pulpa de algunos frutos.

despuntar. tr. **1** Quitar o gastar la punta. También prnl. | intr. **2** Empezar a brotar y echar tallos las plantas. **3** Manifestar agudeza o ingenio. **4** Sobresalir: *en el horizonte despuntaba el campanario de la iglesia*. **5** Empezar a amanecer: *despuntar el día*.

desquiciamiento. m. Acción de desquiciar o desquiciarse.

desquiciar. tr. y prnl. **1** Hacer perder la seguridad, la paciencia o la tranquilidad: *este ruido va a desquiciarme*. **2** Quitar a una cosa la firmeza con que se mantenía. **3** Desencajar, sacar de quicio una puerta, ventana, etc.

desquitar – destino

desquitar. tr. **1** Recuperar lo perdido. Más como prnl.: *jugaré otra mano para ver si me desquito.* | **desquitarse.** prnl. **2** Vengarse: *sólo pensaba en desquitarse de aquella mala pasada.*

desquite. m. Acción de desquitar.

desratización. f. Acción de desratizar.

desratizar. tr. Exterminar las ratas y ratones de un lugar.

desrizar. tr. y prnl. Deshacer los rizos. Sᴉɴ. alisar.

destacado, da. adj. Importante, relevante, notable.

destacamento. m. Porción de tropa destacada.

destacar. tr. **1** Poner de relieve los méritos, características o cualidades de alguien o algo. También intr. y prnl.: *no destaca por su educación; se destaca por su calidad.* **2** Separar del cuerpo principal un grupo de soldados para que cumplan una determinada misión. También prnl.

destajador. m. Martillo para forjar.

destajar. tr. **1** Ajustar las condiciones con que se ha de hacer una cosa. **2** Cortar la baraja.

destajista. com. Persona contratada para trabajar a destajo.

destajo. m. **1** Trabajo que se valora por la labor realizada y no por un jornal. **2 a destajo.** loc. adv. Por una cantidad determinada. **3** Con empeño, sin descanso: *estudiar a destajo.*

destapar. tr. **1** Quitar la tapa. **2** Descubrir lo tapado o cubierto. También prnl. | **destaparse.** prnl. **3** Dar uno a conocer habilidades, intenciones o sentimientos propios que no habían sido manifestados. **4** Desnudarse. Sᴉɴ. 1 abrir ☐ Aɴᴛ. 2 ocultar.

destape. m. Acción de desnudarse en espectáculos públicos o medios de comunicación.

destaponar. tr. Quitar el tapón.

destartalado, da. adj. y s. Descompuesto, desproporcionado: *una casa destartalada.* Sᴉɴ. desvencijado.

destejar. tr. **1** Quitar las tejas a los tejados de los edificios. **2** Dejar sin reparo o defensa una cosa.

destejer. tr. y prnl. **1** Deshacer lo tejido. **2** Desbaratar.

destellante. adj. Que destella.

destellar. tr. Despedir o emitir destellos de luz.

destello. m. **1** Resplandor vivo y breve. **2** Manifestación repentina de una cualidad, actitud, etc.: *tuvo un destello de cordura.* Sᴉɴ. 2 atisbo, ramalazo.

destemplado, da. adj. **1** Que tiene sensación de frío, generalmente producido por malestar físico: *estoy destemplada.* **2** Se dice del tiempo frío y desagradable. **3** Se dice de la persona o cosa que se manifiesta sin mesura: *gritos destemplados.* **4** Se dice del cuadro o de la pintura en que hay disconformidad de tonos: *una paleta destemplada.* Sᴉɴ. 2 desapacible.

destemplanza. f. **1** Tiempo desapacible. **2** Sensación de frío o de malestar físico general. **3** Falta de templanza o moderación.

destemplar. tr. **1** Producir malestar físico. También prnl. **2** Alterar la armonía, el orden y concierto de una cosa: *el incidente destempló la fiesta.* **3** Perder el temple al acero u otros metales. También prnl. | **destemplarse.** prnl. **4** Descomponerse, alterarse.

destemple. m. **1** Disonancia de las cuerdas de un instrumento. **2** Sensación de malestar físico. **3** Alteración, desconcierto. **4** Acción de destemplarse los metales.

desteñir. tr. **1** Quitar el tinte, borrar o apagar los colores: *el sol ha desteñido la tapicería.* También prnl. **2** Manchar un tejido a otro. También intr.: *esa blusa destiñe.* || **Irreg.** Se conj. como *ceñir.*

desternillarse. prnl. Reírse mucho.

desterrado, da. adj. y s. Que sufre pena de destierro.

desterrar. tr. **1** Echar a uno por justicia de un territorio o lugar. **2** Apartar de sí: *desterrar la tristeza.* | **desterrarse.** prnl. **3** Expatriarse. || **Irreg.** Se conj. como *acertar.*

destetar. tr. y prnl. Hacer que deje de mamar el niño o las crías de los animales.

destete. m. Acción de destetar.

destiempo (a). loc. adv. Fuera de tiempo o del momento oportuno: *hablar a destiempo.*

destierro. m. **1** Acción de desterrar. **2** Pena que consiste en expulsar a una persona de un territorio determinado. **3** Lugar en que vive el desterrado.

destilación. f. **1** Acción de destilar. **2** Flujo de líquidos serosos o mucosos.

destiladera. f. **1** Instrumento para destilar. **2** *Can.* y *amer.* Filtro para líquidos.

destilar. tr. **1** Separar por medio del calor una sustancia volátil de otras más fijas, enfriando luego su vapor para reducirla nuevamente a líquido. También intr. **2** Filtrar. También prnl. | intr. **3** Correr lo líquido gota a gota. También tr.

destilatorio, ria. adj. **1** Que sirve para la destilación. | m. **2** Local donde se destila. **3** Alambique.

destilería. f. Local o fábrica en que se destila, especialmente licores.

destinar. tr. **1** Señalar o determinar una cosa para algún fin o efecto. **2** Designar la ocupación o empleo en que ha de servir una persona. Sᴉɴ. 1 dedicar, emplear 2 asignar.

destinatario, ria. m. y f. Persona a quien va destinada una cosa.

destino. m. **1** Fuerza desconocida que se cree que actúa sobre las personas y los acontecimientos. **2** Aplicación o consignación de una cosa para deter-

destitución – desvalorizar

Destilación

minado fin: *¿qué destino daréis a ese material?* **3** Empleo, ocupación: *ya forma parte de la empresa, pero aún no conoce su destino.* **4** Lugar donde está alguien destinado: *quiere un destino en Madrid.* **Sin.** 1 hado, sino 2 uso, finalidad 3 colocación.

destitución. f. Acción de destituir.

destituir. tr. Quitar a alguien del cargo o empleo para el cual había sido elegido. ‖ **Irreg.** Se conj. como *huir*.

destornillador. m. Instrumento para destornillar y atornillar.

destornillar. tr. **1** Sacar un tornillo dándole vueltas. | **destornillarse.** prnl. **2** Desternillarse. **Sin.** 1 desenroscar.

destrabar. tr. y prnl. **1** Quitar las trabas. **2** Desasir, desprender.

destral. m. Hacha pequeña.

destramar. tr. Sacar la trama de la tela.

destrenzar. tr. y prnl. Deshacer la trenza.

destreza. f. Habilidad, arte con que se hace una cosa. **Ant.** torpeza.

destripacuentos. com. Persona que interrumpe inoportunamente lo que otro cuenta. ‖ No varía en pl.

destripar. tr. **1** Quitar o sacar las tripas. **2** Sacar lo que tiene una cosa en su interior: *destripar un cojín.* **3** Despachurrar, reventar. **4** Anticipar el desenlace de un relato, película, etc.

destripaterrones. m. y desp. Campesino que ara la tierra. ‖ No varía en pl. **Sin.** gañán.

destrizar. tr. Hacer trizas o pedazos.

destronamiento. m. Acción de destronar.

destronar. tr. **1** Deponer a un rey o reina. **2** Quitar a uno su poder o preponderancia.

destroncamiento. m. Acción de destroncar.

destroncar. tr. **1** Cortar, tronchar un árbol por el tronco. **2** Cortar, interrumpir.

destrozar. tr. **1** Despedazar, destruir. También prnl. **2** Estropear, maltratar. **3** Hundir, producir una gran pena o dolor. **4** Derrotar por completo. | **destrozarse.** prnl. **5** Esforzarse mucho físicamente. **Sin.** 1 pulverizar 2 deteriorar 3 aniquilar ◻ **Ant.** 1 componer.

destrozo. m. Acción de destrozar.

destrozón, na. adj. y s. **1** Que destroza demasiado la ropa, el calzado, etc. | f. **2** En el carnaval, disfraz de mujer con ropas sucias y harapientas.

destrucción. f. **1** Acción de destruir. **2** Ruina, pérdida grande.

destructivo, va. adj. Que destruye o puede destruir.

destructor, ra. adj. y s. **1** Que destruye. | m. **2** Barco de guerra de gran velocidad, especializado en enfrentamientos con submarinos.

destruir. tr. **1** Deshacer, arruinar una cosa: *el terremoto destruyó varios edificios.* También prnl. **2** Inutilizar una cosa no material: *destruir un argumento.* ‖ **Irreg.** Se conj. como *huir.* **Sin.** 1 aniquilar, asolar ◻ **Ant.** 1 construir.

desuello. m. Acción de desollar.

desuncir. tr. Quitar del yugo a los animales de carga sujetos a él.

desunión. f. **1** Separación de las distintas partes que componen un todo. **2** Discordia, desavenencia.

desunir. tr. y prnl. **1** Separar una cosa de otra. **2** Provocar discordia entre los que estaban unidos.

desusado, da. adj. **1** Que ya no se usa: *costumbres desusadas.* **2** Desacostumbrado, insólito.

desusar. tr. y prnl. Dejar de tener uso.

desuso. m. Falta de uso de una cosa.

desvaído, da. adj. **1** Pálido, descolorido. **2** Impreciso, poco definido.

desvalido, da. adj. y s. Desamparado, abandonado.

desvalijamiento. m. Acción de desvalijar.

desvalijar. tr. Despojar a alguien de todo su dinero: *los ladrones desvalijaron la casa.*

desvalorar. tr. Desvalorizar.

desvalorizar. tr. Hacer perder su valor a una persona o cosa. También prnl.: *estas acciones se han desvalorizado.* **Sin.** devaluar.

desván. m. Parte más alta de la casa, inmediatamente debajo del tejado, donde suelen guardarse objetos viejos o inservibles. **Sin.** buhardilla.

desvanecedor, ra. adj. **1** Que desvanece. | m. **2** Aparato usado para desvanecer parte de una fotografía al sacar la positiva.

desvanecer. tr. **1** Disgregar o difundir las partículas de un cuerpo en otro. También prnl.: *el humo se desvanece en el aire*. **2** Reducir gradualmente la intensidad de algo. También prnl.: *desvanecerse los colores*. **3** Quitar de la mente una idea. También prnl.: *se desvanecieron sus sospechas*. | **desvanecerse.** prnl. **4** Evaporarse, exhalarse. **5** Perder el sentido. || **Irreg.** Se conj. como *agradecer*.

desvanecido, da. adj. **1** Desvaído. **2** Soberbio, vanidoso. **3** Desmayado.

desvanecimiento. m. Acción de desvanecerse.

desvariado, da. adj. **1** Que delira. **2** Fuera de regla, sin tino.

desvariar. intr. Delirar, decir locuras o despropósitos. **Sin.** desbarrar, disparatar, razonar.

desvarío. m. **1** Dicho o hecho fuera de lógica o razón. **2** Delirio, locura. **Sin.** 1 disparate.

desvelar. tr. y prnl. **1** Quitar el sueño. | **desvelarse.** prnl. **2** Poner gran cuidado e interés en algo. **Sin.** 1 despabilar 2 desvivirse.

desvelar. tr. Descubrir lo que estaba oculto: *desvelar un misterio*. **Sin.** revelar.

desvelo. m. **1** Vigilia, insomnio. **2** Cuidado, interés, afán.

desvencijar. tr. y prnl. Aflojar, separar las partes de una cosa que estaban y debían estar unidas.

desventaja. f. Estado de inferioridad de una persona o cosa respecto a otra: *nuestro equipo está en evidente desventaja*. **Sin.** mengua, perjuicio.

desventura. f. Desgracia, suerte adversa. **Sin.** desdicha ☐ **Ant.** ventura.

desventurado, da. adj. y s. **1** Desgraciado, desdichado. **2** Infeliz, sin carácter, poder, etc.

desvergonzado, da. adj. y s. Que habla u obra con desvergüenza.

desvergonzarse. prnl. **1** Perder la timidez. **2** Faltar al respeto, descomedirse.

desvergüenza. f. **1** Falta de vergüenza, insolencia. **2** Dicho o hecho que muestra dicha falta. **Sin.** 1 y 2 descaro, desfachatez.

desvestir. tr. y prnl. Desnudar. || **Irreg.** Se conj. como *pedir*.

desviación. f. **1** Acción de desviar o desviarse. **2** Tramo de una carretera o camino que se aparta del general o habitual. **3** En med., cambio de la posición natural de los órganos, en especial de los huesos. **4** Lo que se aparta de lo considerado normal.

desviacionismo. m. Doctrina o práctica que se aparta de una ortodoxia determinada.

desviar. tr. y prnl. **1** Apartar, alejar, separar a alguien o algo de su lugar o camino. **2** Disuadir a alguien de una intención o propósito.

desvincular. tr. y prnl. Anular la relación o vínculo entre personas o cosas: *se desvinculó de sus padres*.

desvío. m. **1** Desviación. **2** Cambio provisional de trazado en un trecho de carretera o camino.

desvirgar. tr. **1** Quitar la virginidad. **2** Estrenar una cosa.

desvirtuar. tr. y prnl. Quitar la virtud, cualidad o valor que tenía algo: *la prensa desvirtuó sus declaraciones*. **Sin.** falsear.

desvivirse. prnl. Mostrar vivo interés por una persona o cosa: *se desvive por agradarnos*.

detall (al). loc. adv. Al por menor: *venta al detall*.

detallar. tr. **1** Tratar, referir una cosa con todos sus pormenores. **2** Vender al por menor.

detalle. m. **1** Parte pequeña que forma parte de otra mayor: *el detalle de un cuadro*. **2** Circunstancia que aclara o completa un relato, suceso, etc.: *cuéntame todos los detalles*. **3** Delicadeza: *tu llamada fue todo un detalle*. **4 en** o **con detalle.** loc. adv. Minuciosamente.

detallista. adj. y com. **1** Que tiene detalles o delicadezas con los demás. **2** Se dice de la persona que cuida mucho los detalles. | com. **3** Comerciante que vende al por menor.

detección. f. Acción de detectar.

detectable. adj. Que se puede detectar.

detectar. tr. **1** Poner de manifiesto, por cualquier método, generalmente con ayuda de aparatos, lo que no puede ser observado directamente: *han detectado indicios de plomo en las aguas*. **2** Captar, descubrir: *detecto ironía en tu tono*.

detective. com. Persona que se dedica a investigaciones privadas.

detector, ra. adj. y m. Que detecta o sirve para detectar: *detector de mentiras*.

detención. f. **1** Acción de detener o detenerse. **2** Privación de la libertad; arresto provisional.

detener. tr. **1** Parar una cosa, impedir que siga. También prnl.: *el autobús no se detuvo en la parada*. **2** Arrestar: *le detuvo la policía*. **3** Retener, conservar. | **detenerse.** prnl. **4** Pararse a considerar una cosa. **5** Entretenerse, tomarse tiempo: *revísalo, pero sin detenerte demasiado*. || **Irreg.** Se conj. como *tener*.

detenido, da. adj. **1** Parado. **2** Minucioso. **3** Se dice de la persona provisionalmente privada de libertad. También s.

detergente. adj. **1** Que limpia. | m. **2** Sustancia o producto que limpia químicamente.

deterger. tr. **1** Limpiar una úlcera o herida. **2** Limpiar un objeto sin corroerlo.

deteriorar. tr. y prnl. Estropear, echar a perder. **Sin.** menoscabar, dañar ▫ **Ant.** arreglar.

deterioro. m. Acción de deteriorar o deteriorarse.

determinación. f. **1** Acción de determinar o determinarse. **2** Decisión: *tomar una determinación.* **3** Osadía, valor, atrevimiento: *sus actos demuestran mucha determinación.* **Sin.** 3 resolución ▫ **Ant.** 3 indecisión.

determinado, da. adj. **1** Decidido, valiente. También s. **2** Exacto, preciso: *pidió una cantidad determinada.* **3** En ling., se dice del artículo que limita la extensión del sustantivo, y presenta un objeto ya conocido por los hablantes, como *el, la, los, las.*

determinante. adj. **1** Que determina, decisivo. | m. **2** En ling., palabra que limita el significado del sustantivo, como los artículos.

determinar. tr. **1** Fijar los términos de una cosa: *determinar las condiciones de un contrato.* **2** Señalar, fijar una cosa para algún efecto: *determinar el día, la hora.* **3** Decidir: *determinó no apoyar la propuesta.* También prnl. **4** Hacer tomar una decisión. **5** Definir: *determinar la causa de algo.* **6** Producir, ocasionar: *las medidas de la patronal determinaron la huelga.* **7** Obtener un resultado a partir de ciertos datos: *determinar el número de inmigrantes.*

determinativo, va. adj. **1** Que determina o resuelve. **2** Se dice del adjetivo que fija o señala la extensión en que se toma el sustantivo, como, p. ej., los indefinidos, los numerales, los posesivos, etc.

detestable. adj. Aborrecible, pésimo. **Sin.** execrable, abominable.

detestar. tr. Aborrecer, odiar.

detonación. f. **1** Acción de detonar. **2** Explosión rápida capaz de iniciar la de un explosivo relativamente estable.

detonador. m. Artificio con fulminante que sirve para hacer estallar una carga explosiva.

detonante. adj. **1** Que detona. **2** Muy llamativo. | m. **3** Sustancia o mezcla que puede producir detonación.

detonar. intr. Iniciar una explosión o producir un estallido.

detracción. f. Acción de detraer.

detractor, ra. adj. y s. Que critica duramente a alguien o algo. **Sin.** infamador ▫ **Ant.** seguidor.

detraer. tr. **1** Restar, sustraer, apartar o desviar: *detraer fondos de una cuenta corriente.* También prnl. **2** Infamar. || **Irreg.** Se conj. como *traer.*

detrás. adv. l. **1** En la parte posterior. | adv. m. **2** En ausencia de alguien: *le ponen verde por detrás.* **Sin.** 1 y 2 delante.

detrimento. m. Perjuicio, daño moral o material. **Sin.** quebranto.

detrítico, ca. adj. Compuesto de detritos.

detrito o **detritus.** m. **1** Resultado de la descomposición de una masa sólida en partículas. **2** Restos, basura.

deuda. f. **1** Obligación que uno tiene de pagar o reintegrar el dinero que debe a otro. **2** El dinero adeudado. **3** Obligación moral contraída con otro: *estoy en deuda contigo.*

deudo, da. m. y f. Pariente, familiar.

deudor, ra. adj. **1** Que debe satisfacer una deuda. También s.: *el deudor se ha declarado insolvente.* **2** Se dice de la cuenta en que se ha de anotar una cantidad en el debe.

deuterio. m. Isótopo del hidrógeno cuyo núcleo contiene un protón y un neutrón.

devaluación. f. Acción de devaluar o devaluarse.

devaluar. tr. Rebajar el valor de una moneda o de otra cosa, depreciarla. **Ant.** revalorizar.

devanadera. f. **1** Armazón para devanar. **2** Instrumento para cambiar rápidamente los decorados en un teatro.

devanado. m. Hilo de cobre aislado y enrollado que forma parte de un circuito eléctrico.

devanador, ra. adj. y s. **1** Que devana. | m. **2** Armazón sobre el que se devana el hilo para formar el ovillo.

devanar. tr. **1** Enrollar un hilo, alambre, etc., alrededor de un eje, carrete, etc. **2 devanarse los sesos.** loc. Pensar con intensidad en algo.

devaneo. m. **1** Distracción o pasatiempo vano. **2** Amorío pasajero.

devastación. f. Acción de devastar.

devastar. tr. Destruir, arrasar un lugar: *la riada devastó los campos.* **Sin.** asolar.

develar. tr. **1** Quitar o descorrer el velo que cubre alguna cosa. **2** Descubrir, revelar lo oculto o secreto.

devengar. tr. Adquirir derecho a retribución por razón de trabajo, servicio u otro título: *devengar intereses.*

devengo. m. Cantidad devengada.

devenir. intr. **1** Llegar a ser. **2** Sobrevenir, suceder, acaecer. || **Irreg.** Se conj. como *venir.*

devoción. f. **1** Veneración y fervor religiosos. **2** Práctica religiosa. **3** Inclinación, afición especial hacia alguien o algo: *siente devoción por ese actor.*

devocionario. m. Libro con las oraciones, empleado por los fieles.

devolución. f. Acción de devolver.

devolver. tr. **1** Restituir a una persona lo que poseía: *le devolví el libro.* **2** Volver una cosa al estado que tenía: *la medicina le devolvió la salud.* **3** Corresponder a un favor o a un agravio: *devolver una bofe-*

devónico – diagonal

tada. **4** Entregar de nuevo en un establecimiento comercial lo que antes había sido comprado. **5** Vomitar. | **devolverse.** prnl. **6** *amer.* Dar la vuelta. || **Irreg.** Se conj. como *mover*, salvo el p., que es *devuelto*.

devónico, ca. adj. Se apl. al cuarto período de la era primaria. También m.

devorar. tr. **1** Comer con ansia y apresuradamente. **2** Comer un animal a otro o a otros. **3** Consumir, destruir: *las llamas devoraron la casa*. **4** Dedicar a algo una gran atención o interés: *devorar una novela*.

devoto, ta. adj. **1** Dedicado con fervor a obras de piedad y religión. También s. **2** Que mueve a devoción: *lugar devoto*. **3** Aficionado a una persona o cosa: *devoto del jazz*. También s.

devuelto, ta. p. p. irreg. de *devolver*.

dexiocardia. f. Desviación del corazón hacia la derecha.

dextrismo. m. Empleo preferente de la mano derecha.

dextrógiro, ra. adj. y m. Que desvía a la derecha la luz polarizada.

dextrosa. f. Variedad de glucosa.

deyección. f. **1** Conjunto de materias arrojadas por un volcán o desprendidas de una montaña. **2** Expulsión de los excrementos. **3** Excremento. Más en pl.

dg. abr. de decigramo.

día. m. **1** Tiempo que la Tierra emplea en dar una vuelta alrededor de su eje. **2** Tiempo que dura la claridad del Sol sobre el horizonte. **3** Tiempo que hace: *está el día lluvioso*. **4** Fecha en que se conmemora un cumpleaños, aniversario, etc., o que se dedica a algo: *el día del padre*. **5** Momento, ocasión. | pl. **6** Vida: *al final de sus días*. **7** Período de tiempo indeterminado. **8 al día.** loc. adv. Al corriente: *ponerse al día; estar al día*.

diabetes. f. Enfermedad causada por un desorden de nutrición, y que se caracteriza por eliminación excesiva de orina, que frecuentemente contiene azúcar. || No varía en pl.

diabético, ca. adj. **1** Relacionado con la diabetes. **2** Que padece esta enfermedad. También s.

diablillo. m. **1** dim. de diablo. **2** Persona traviesa, enredadora.

diablo. m. **1** Nombre general de los ángeles arrojados al abismo, y de cada uno de ellos. **2** Persona traviesa. **3** Persona astuta, sagaz.

diablura. f. Travesura poco importante, especialmente de niños.

diabólico, ca. adj. **1** Relacionado con el diablo. **2** Muy malo. **3** Enrevesado, muy difícil.

diábolo. m. Juguete consistente en una especie de carrete formado por dos conos unidos por el vértice, que se hace bailar sobre una cuerda manejada con dos varillas.

diácono. m. Ministro eclesiástico inmediatamente inferior al sacerdote.

diacrítico, ca. adj. Se apl. a los signos ortográficos que dan a una letra algún valor especial, como la diéresis o la tilde empleada para distinguir significados; p. ej., *dé* (verbo dar) y *de* (preposición).

diacronía. f. **1** Desarrollo o sucesión de hechos a través del tiempo. **2** Estudio de una disciplina, desde el punto de vista de su evolución. **Ant.** 1 y 2 sincronía.

diacrónico, ca. adj. Se dice de los fenómenos que ocurren a lo largo del tiempo, así como de los estudios referentes a ellos. **Ant.** sincrónico.

diacústica. f. Parte de la acústica que tiene por objeto el estudio de la refracción de los sonidos.

díada. f. Conjunto de dos personas o cosas estrechamente vinculadas entre sí.

diadelfia. f. Fenómeno que presentan ciertas plantas, consistente en que sus flores son hermafroditas y los estambres están soldados por sus filamentos en dos manojos.

diadelfo, fa. adj. Se dice de la planta cuyas flores son hermafroditas y los estambres están soldados por sus filamentos, en dos manojos, como el guisante.

diadema. f. **1** Adorno femenino de cabeza, en forma de media corona abierta por detrás. **2** Faja o cinta blanca que antiguamente ceñía la cabeza de los reyes. **3** Corona.

diadoco. m. Título del príncipe heredero en la Grecia moderna.

diafanidad. f. Cualidad de diáfano.

diáfano, na. adj. **1** Se dice del cuerpo a través del cual pasa la luz casi en su totalidad. **2** Claro, limpio: *aguas diáfanas*.

diafragma. m. **1** Membrana musculosa que en el cuerpo de los mamíferos separa la cavidad torácica de la abdominal. **2** Separación que interrumpe la comunicación entre dos partes de un aparato o de una máquina. **3** Disco que regula la cantidad de luz que se ha de dejar pasar en las cámaras fotográficas. **4** Disco de material flexible que se coloca en el cuello del útero como anticonceptivo.

diagnosis. f. Conocimiento diferencial de los síntomas de las enfermedades. || No varía en pl.

diagnosticable. adj. Que se puede diagnosticar.

diagnosticar. tr. Determinar el carácter de una enfermedad mediante el examen de sus síntomas.

diagnóstico. m. **1** Hecho de conocer la naturaleza de una enfermedad mediante la observación de sus síntomas. **2** P. ext., resultado de cualquier examen.

diagonal. adj. y f. **1** En geom., línea recta que en un polígono va de un vértice a otro no consecutivo. **2** Se dice de las calles que cortan oblicuamente a otras paralelas entre sí.

diagrama. m. Representación gráfica, esquema.

diaguita. adj. **1** Pueblo amerindio que habitaba al norte de Chile y al noroeste de Argentina. **2** Se dice de sus individuos. También com. **3** Relacionado con este pueblo.

dial. m. **1** Superficie graduada, de forma variable, sobre la cual se mueve un indicador (aguja, punto luminoso, etc.) que mide o señala una determinada magnitud, como peso, voltaje, longitud de onda, velocidad, etc. **2** Placa con letras o números en los teléfonos o receptores de radio.

diálaga o **dialaga.** f. Mineral pétreo constituido por un silicato de magnesia, con cal, óxido de hierro y alúmina; tiene color verdoso, que cambia según la luz.

dialectal. adj. Relacionado con un dialecto.

dialéctica. f. Ciencia filosófica que trata del raciocinio y de sus leyes, formas y modos de expresión.

dialéctico, ca. adj. **1** Relativo a la dialéctica. | m. y f. **2** Persona que profesa esta ciencia.

dialecto. m. **1** Variedad adoptada por una lengua en una zona geográfica concreta. **2** Lengua derivada de un tronco o familia común: *el francés es uno de los dialectos del latín*.

dialectología. f. Rama de la lingüística que estudia los dialectos.

dialectólogo, ga. adj. y s. Persona especializada en dialectología.

dialipétala. adj. Se dice de la corola cuyos pétalos no están soldados entre sí, y de la flor que tiene este tipo de corola, como el alhelí.

dialisépalo, la. adj. Se dice de los cálices cuyos sépalos no están soldados entre sí, y de las flores que tienen este tipo de cáliz, como la amapola.

diálisis. f. **1** Proceso de difusión selectiva a través de una membrana que permite el paso de ciertos cuerpos y evita el de otros. **2** Método terapéutico que tiene por objeto eliminar sustancias nocivas de la sangre cuando el riñón no puede hacerlo. || No varía en pl.

dializador. m. Aparato para efectuar la diálisis.

dialogar. intr. **1** Conversar dos o más personas. | tr. **2** Escribir una cosa en forma de diálogo.

diálogo. m. **1** Conversación entre dos o más personas. **2** Género literario en que se representa esta conversación. **3** Discusión o trato en busca de avenencia.

dialoguista. com. Persona que escribe diálogos.

diamante. m. **1** Piedra preciosa formada de carbono puro cristalizado. Es el más brillante y duro de todos los minerales; se emplea en la fabricación de joyas. **2** Uno de los palos de la baraja francesa. Más en pl.: *as de diamantes*. **3** Instrumento para cortar el cristal.

diamantífero, ra. adj. Lugar o terreno en que existen diamantes.

diamantino, na. adj. **1** Relacionado con el diamante. **2** Duro, persistente, inquebrantable.

diamantista. com. Persona que labra o vende diamantes y otras piedras preciosas.

diametral. adj. Perteneciente al diámetro.

diametralmente. adv. m. **1** De un lado a otro. **2** Por completo: *diametralmente opuestos*.

diámetro. m. **1** En geom., línea recta que pasa por el centro del círculo y termina por ambos extremos en la circunferencia. **2** Eje de la esfera.

diana. f. **1** Toque militar al romper el día, para que la tropa se levante. **2** Punto central de un blanco de tiro.

diandro, dra. adj. De dos estambres.

diapasón. m. **1** En mús., intervalo que consta de tres tonos mayores y dos menores, y de dos semitonos mayores. **2** Instrumento de acero en forma de horquilla, que cuando se hace vibrar produce un tono determinado. **3** Serie de notas que abarca una voz o un instrumento.

diaporama. m. Técnica audiovisual que consiste en la proyección simultánea de diapositivas sobre varias pantallas. También llamado *multivisión*.

diapositiva. f. Fotografía positiva obtenida en material transparente, para ser proyectada.

diario, ria. adj. **1** Correspondiente a todos los días: *comida diaria*. | m. **2** Periódico que se publica todos los días. **3** Cuaderno en que se recogen acontecimientos y pensamientos día a día.

diarquía. f. Gobierno simultáneo de dos reyes.

diarrea. f. Anormalidad en la función del aparato digestivo consistente en la frecuencia y abundancia de las deposiciones y en la consistencia líquida de las mismas.

diarreico, ca. adj. Relacionado con la diarrea.

Corola dialipétala

diáspora. f. **1** Dispersión de los judíos por varios lugares del mundo. **2** P. ext., dispersión de un conjunto de personas: *la diáspora veraniega.*

diastasa. f. **1** Fermento muy común en los vegetales, soluble en el agua, y cuya acción es hidrolizar el almidón hasta convertirlo en el disacárido llamado maltosa. **2** P. ext., cualquier fermento o enzima.

diástole. f. **1** Movimiento de dilatación del corazón y de las arterias, cuando la sangre penetra en su cavidad. **2** Licencia poética que consiste en usar como larga una sílaba breve.

diastrofia. f. Dislocación de un hueso, músculo, tendón o nervio.

diatermia. f. Generación de calor en el cuerpo humano, con fines terapéuticos, por el paso de una corriente de alta frecuencia a través de la parte del cuerpo comprendida entre los dos electrodos.

diátesis. f. Predisposición orgánica a contraer una determinada enfermedad. ‖ No varía en pl.

diatomea. f. Alga unicelular.

diatónico, ca. adj. Aplícase a uno de los tres géneros del sistema músico que procede por dos tonos y un semitono.

diatriba. f. Discurso o escrito violento e injurioso contra personas o cosas. **Sin.** libelo ◻ **Ant.** apología.

dibranquial. adj. y m. **1** Se dice del molusco cefalópodo con dos branquias y ocho o diez tentáculos; como el pulpo y el calamar. | m. pl. **2** Subclase de estos cefalópodos.

dibujante. adj. y com. **1** Que dibuja. | com. **2** Persona dedicada profesionalmente al dibujo.

dibujar. tr. **1** Trazar sobre una superficie la figura de una cosa empleando un lápiz, carboncillo, pincel, etc. **2** Describir: *nos dibujó un vivo cuadro de su barrio.* | **dibujarse.** prnl. **3** Revelarse lo que estaba oculto; manifestarse: *se le dibujaba la ironía en la mirada.* **Sin.** 1 y 2 pintar.

dibujo. m. **1** Arte de dibujar. **2** Delineación, figura o imagen ejecutada en líneas claras y oscuras, que toma nombre del material con que se hace: *dibujo al carbón, a lápiz.* **3** En encajes, bordados, tejidos, etc., figura y disposición de las labores que los adornan. **4 dibujos animados.** Los que se fotografían en una película sucesivamente, y que al ir recogiendo los diversos cambios de posición imitan el movimiento de seres vivos.

dicción. f. **1** Manera de pronunciar: *dicción clara.* **2** Manera de hablar o escribir.

diccionario. m. Libro en el que se contienen y explican las palabras de uno o más idiomas, o las de una ciencia o materia determinada, por lo general, ordenadas alfabéticamente.

dicha. f. Felicidad.

dicharachero, ra. adj. y s. Se dice de la persona que emplea muchos dichos graciosos al hablar.

dicho. m. **1** Palabra o conjunto de palabras con que se expresa oralmente un pensamiento, una observación o un consejo popular: *como dice el dicho...* **2** Ocurrencia chistosa y oportuna. **Sin.** 1 proverbio, refrán, máxima.

dichoso, sa. adj. **1** Feliz. **2** Enfadoso, molesto.

diciembre. m. Duodécimo y último mes del año. Tiene 31 días.

dicotiledóneo, a. adj. y f. **1** Se dice de las plantas fanerógamas angiospermas cuyo embrión tiene dos cotiledones. | f. pl. **2** Clase de estas plantas.

dicotomía. f. División en dos partes de una cosa.

dicotómico, ca. adj. Relacionado con la dicotomía.

dictado. m. **1** Acción de dictar. **2** Ejercicio escolar que consiste en escribir lo que otro lee. | pl. **3** Inspiraciones o preceptos de la razón o la conciencia: *sigue los dictados del corazón.*

dictador, ra. m. y f. **1** Gobernante que asume todos los poderes del Estado y no se somete a ningún control. | adj. y s. **2** Persona que abusa de su autoridad y trata con dureza a los demás.

dictadura. f. **1** Gobierno cuyo poder se concentra en una sola persona y se ejerce fuera de las leyes constitutivas de un país. **2** Tiempo que dura este gobierno. **3** Concentración de la autoridad en un individuo, organismo, institución, etc.: *la dictadura de la banca.*

dictamen. m. Opinión y juicio que se forma o emite sobre una cosa o asunto.

dictaminar. intr. y tr. Dar un dictamen. **Sin.** decidir, informar.

dictar. tr. **1** Decir o leer algo para que otro lo vaya escribiendo: *dictar una carta.* **2** Tratándose de leyes, fallos, preceptos, etc., darlos, expedirlos, pronunciarlos. **3** Inspirar, sugerir: *su madre dictaba todos sus actos; haz lo que dicte tu corazón.*

dictatorial. adj. Relacionado con la dictadura o propio de ella: *régimen dictatorial.*

dicterio. m. Dicho insultante y provocativo.

dictióptero, ra. adj. y m. Se dice de los insectos masticadores, con élitros y alas posteriores membranosas, como las cucarachas y la mantis religiosa.

didáctica. f. Arte de enseñar.

didáctico, ca. adj. Relativo a la enseñanza o adecuado para ella: *método didáctico, juegos didácticos.*

didáctilo, la. adj. Que tiene dos dedos.

didascalia. f. Enseñanza, instrucción.

didelfo, fa. adj. y s. Se dice de los mamíferos marsupiales.

diecinueve. adj. **1** Diez y nueve. También pron. y

m. **2** Decimonoveno. | m. **3** Conjunto de signos con los que se representa este número.

diecinueveavo, va. adj. y m. Se dice de cada una de las diecinueve partes iguales en que se divide un todo.

dieciochesco, ca. adj. Relacionado con el s. XVIII.

dieciocho. adj. **1** Diez y ocho. También pron. y m. **2** Decimoctavo. | m. **3** Conjunto de signos con los que se representa este número.

dieciochoavo, va. adj. y m. Se dice de cada una de las dieciocho partes iguales en que se divide un todo.

dieciséis. adj. **1** Diez y seis. También pron. y m. **2** Decimosexto. | m. **3** Conjunto de signos con los que se representa este número.

dieciseisavo, va. adj. y m. Se dice de cada una de las dieciséis partes iguales en que se divide un todo.

diecisiete. adj. **1** Diez y siete. También pron. y m. **2** Decimoséptimo. | m. **3** Conjunto de signos con los que se representa este número.

diecisieteavo, va. adj. y m. Se dice de cada una de las diecisiete partes iguales en que se divide un todo.

diedro. adj. y m. Se dice del ángulo formado por dos semiplanos que parten de una misma recta.

diente. m. **1** Cada una de las piezas duras implantadas en los huesos maxilares de los vertebrados, destinadas a sujetar, partir y triturar el alimento. El hombre adulto tiene 32, y se dividen en *incisivos, caninos* o *colmillos, premolares* y *molares*. **2** Cada una de las puntas o salientes que presentan algunas cosas y en especial los de ciertos instrumentos o herramientas: *los dientes de una sierra, de una rueda*. **3** Cada una de las partes en que se divide la cabeza del ajo. **4 hablar** uno **entre dientes.** loc. Hablar de modo que no se entiende, murmurar. **5 tener** uno **buen diente.** loc. Comer de todo.

diéresis. f. **1** Pronunciación en sílabas distintas de dos vocales que normalmente forman diptongo, como *ru-í-na* por *rui-na, vi-o-le-ta* por *vio-le-ta*. Se emplea como licencia poética. **2** Signo ortográfico (¨) que se pone sobre la *u* de las sílabas *gue, gui,* para indicar que esta letra debe pronunciarse; como en *vergüenza, argüir*. || No varía en pl.

diesel. adj. y m. Se dice del motor de combustión interna donde el aire se comprime a alta presión provocando la explosión del combustible sin necesidad de bujía.

diestro, tra. adj. **1** Que cae o mira a mano derecha. **2** Se dice de la persona que usa preferentemente la mano derecha. **3** Hábil: *es diestro en bricolaje*. | m. **4** Matador de toros. | f. **5** Mano derecha: *alzó la diestra*.

dieta. f. **1** Régimen alimenticio. **2** Privación total o parcial de comer. | pl. **3** Cantidad que suele abonarse a un empleado cuando viaja.

dietario. m. Libro en que se anotan los ingresos y gastos diarios de una casa.

dietética. f. Ciencia que trata de la alimentación más adecuada para tener buena salud.

dietético, ca. adj. Relacionado con la dieta o la dietética.

diez. adj. **1** Nueve y uno. También pron. y m. **2** Décimo. | m. **3** Signo o conjunto de signos con que se representa el número diez.

diezmar. tr. Causar gran mortandad en un país o grupo las enfermedades u otro mal.

diezmilésimo, ma. adj. y s. Se dice de cada una de las diez mil partes iguales en que se divide un todo.

diezmilímetro. m. Décima parte de un milímetro.

diezmillonésimo, ma. adj. y s. Se dice de cada una de las partes iguales de un todo dividido en diez millones de ellas.

diezmilmillonésimo, ma. adj. y s. Se dice de cada una de las partes iguales de un todo dividido en diez mil millones de ellas.

diezmo. m. Parte de la cosecha, generalmente la décima, que se pagaba como tributo a la Iglesia o al rey.

difamación. f. Acción de difamar.

difamar. tr. Desacreditar a uno, publicando cosas contra su buena opinión y fama. **SIN.** denigrar, elogiar.

diferencia. f. **1** Cualidad o aspecto por el cual una persona o cosa se distingue de otra. **2** Desacuerdo, discordia: *arreglaron sus diferencias*. **3** En mat., resultado de una resta.

diferenciación. f. **1** Acción de diferenciar. **2** Operación por la cual se determina la diferencial de una función.

diferencial. adj. **1** Relativo a la diferencia de las cosas. **2** En mat., se dice de la cantidad infinitamente pequeña. | m. **3** Mecanismo del automóvil que permite girar a una rueda con mayor velocidad que la otra en una curva.

diferenciar. tr. **1** Hacer distinción entre personas o cosas; dar a cada una su correspondiente y legítimo valor. | **diferenciarse.** prnl. **2** Diferir, distinguirse una persona o cosa de otra. **3** Destacar alguien por sus acciones o cualidades.

diferente. adj. **1** Diverso, distinto. | adv. **2** De forma distinta: *ahora opino diferente*.

diferido, da. adj. **1** Aplazado, retardado. **2 en diferido.** loc. adj. y adv. En radio y televisión, se dice del programa que se emite con posterioridad a su grabación.

diferir. tr. **1** Dilatar, retardar o suspender la ejecución de una cosa. | intr. **2** Distinguirse una cosa de

difícil – dignidad

otra o ser diferente. || **Irreg.** Se conj. como *sentir*. **Sin.** 1 aplazar, retrasar □ **Ant.** 1 adelantar.

difícil. adj. **1** Que se logra, ejecuta o entiende con mucho trabajo. **2** Se dice de la persona poco tratable, problemática. **Sin.** 1 complicado, arduo □ **Ant.** 1 fácil, cómodo.

dificultad. f. **1** Cualidad de difícil. **2** Inconveniente, contrariedad, obstáculo: *no tuvo dificultades para conseguir el permiso*. **Sin.** 1 complicación 2 contratiempo, objeción, reparo □ **Ant.** 1 facilidad.

dificultar. tr. Hacer difícil, poner dificultades.

dificultoso, sa. adj. **1** Difícil, complicado. **2** Referido a la cara o los rasgos de alguien, extraños, defectuosos.

difteria. f. Enfermedad infecciosa caracterizada por la formación de falsas membranas en las mucosas, comúnmente de la garganta.

diftérico, ca. adj. Relativo a la difteria.

difuminar. tr. **1** Desdibujar las líneas o colores con el difumino. **2** Desvanecer, diluir.

difumino. m. Rollito de papel, terminado en punta, para desdibujar las sombras en los dibujos.

difundir. tr. y prnl. **1** Extender, esparcir, diseminarse: *difundirse un aroma*. **2** Propagar o divulgar: *difundir un rumor*. También prnl. || Doble part.: *difundido* (reg.), *difuso* (irreg.).

difunto, ta. adj. y s. Persona muerta.

difusión. f. **1** Acción de difundir. **2** Extensión, dilatación al hablar o escribir.

difuso, sa. adj. **1** Ancho, dilatado. **2** Poco concreto, claro o limitado.

digerir. tr. **1** Convertir en el aparato digestivo los alimentos en sustancia adecuada para la nutrición. **2** Sufrir o llevar con paciencia una desgracia o una ofensa: *digerir una derrota*. **3** Meditar cuidadosamente una cosa para entenderla o ejecutarla. || **Irreg.** Se conj. como *sentir*.

digestión. f. **1** Acción de digerir. **2** Conjunto de procesos que transforman los alimentos en sustancias asimilables por el organismo.

digestivo, va. adj. **1** Se dice de las operaciones y de las partes del organismo que participan en la digestión: *tubo digestivo; funciones digestivas*. **2** Que ayuda a la digestión. También m. **Sin.** 1 estomacal. 2 eupéptico.

digitación. f. Adiestramiento de las manos en la ejecución musical con ciertos instrumentos, especialmente los de teclado.

digitado, da. adj. Se dice de los animales mamíferos que tienen sueltos los dedos de los cuatro pies.

digital. adj. **1** Relativo a los dedos: *huellas digitales*. **2** Se dice del aparato o instrumento de medida que la representa con números dígitos: *reloj digital*. | f. **3** Planta herbácea, de tallo sencillo o poco ramoso,

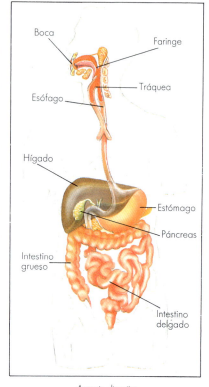

Aparato digestivo

flores en racimo terminal con corola en forma de dedal; se emplea en medicamentos que combaten la insuficiencia cardíaca. **4** Flor de esta planta.

digitiforme. adj. Que tiene la forma de un dedo.

digitígrado, da. adj. y s. Se dice del animal que al andar apoya sólo los dedos, como el gato.

dígito. m. **1** Número que se expresa con un solo guarismo. **2** En astron., cada una de las doce partes iguales en que se divide el diámetro aparente del Sol y el de la Luna en los cómputos de los eclipses.

diglosia. f. Convivencia de dos lenguas distintas en un misma zona geográfica.

dignarse. prnl. Tener a bien hacer algo: *no se dignó a saludarme*.

dignatario, ria. m. y f. Persona investida de una dignidad o cargo.

dignidad. f. **1** Cualidad de digno. **2** Excelencia, realce. **3** Seriedad en la manera de comportarse. **4**

Cargo o empleo honorífico y de autoridad: *la dignidad de obispo*. SIN. 1 decencia, decoro 3 gravedad □ ANT. 1 indignidad.

dignificación. f. Acción de dignificar.

dignificar. tr. y prnl. Hacer digna o presentar como tal a una persona o cosa.

digno, na. adj. **1** Que merece algo, en sentido favorable o adverso: *digno de admiración, de desprecio*. **2** Correspondiente, proporcionado al mérito y condición de una persona o cosa: *esa acción no es digna de ella*. **3** Que tiene un comportamiento serio, mesurado: *una señora muy digna*. **4** Decoroso, decente. SIN. 3 grave 4 honesto, honrado □ ANT. 1-4 indigno.

digresión. f. Desviación en el hilo de un discurso oral o escrito para expresar algo que no tenga conexión con aquello de que se está tratando.

dije. m. Colgante que se lleva de adorno.

dilación. f. Retraso, demora. SIN. tardanza.

dilapidación. f. Acción de dilapidar.

dilapidar. tr. Malgastar los bienes propios, o los que uno tiene a su cargo. SIN. derrochar, malbaratar.

dilatación. f. **1** Acción de dilatar. **2** Variación de la longitud, superficie o volumen de un cuerpo por la acción del calor. SIN. 1 expansión □ ANT. 1 y 2 contracción.

dilatado, da. adj. Extenso, vasto, numeroso.

dilatar. tr. y prnl. **1** Extender, alargar, hacer mayor una cosa o que ocupe más lugar o tiempo: *el calor dilata los cuerpos; la reunión se dilató*. **2** Diferir, retardar. **3** Propagar, extender: *dilatar la fama, el nombre*.

dilatorio, ria. adj. Que sirve para prorrogar y extender un término judicial o la tramitación de un asunto.

dilección. f. Aprecio, estima.

dilecto, ta. adj. Amado, estimado.

dilema. m. **1** Obligación de seleccionar entre dos opciones contrarias. **2** Argumento formado por dos proposiciones contrarias que conducen a una misma conclusión. **3** Problema.

dileniáceo, a. adj. y f. **1** Se dice de plantas angiospermas dicotiledóneas, leñosas, y que tienen el fruto en cápsula o baya. | f. pl. **2** Familia de estas plantas.

diligencia. f. **1** Cuidado y actividad al ejecutar una cosa. **2** Prontitud, agilidad, prisa. **3** Trámite, gestión. **4** Coche grande, dividido en dos o tres departamentos, arrastrado por caballerías, y destinado antiguamente al transporte de viajeros. ANT. 1 negligencia, pereza.

diligenciar. tr. **1** Poner los medios necesarios para el logro de una solicitud. **2** Tramitar un asunto administrativo. SIN. 2 gestionar.

diligente. adj. **1** Rápido, ligero. **2** Cuidadoso. SIN. 1 pronto, presto.

dilucidación. f. Acción de dilucidar.

dilucidar. tr. Aclarar y explicar un asunto. SIN. esclarecer.

dilución. f. Acción de diluir.

diluir. tr. y prnl. **1** Desleír, disolver. **2** Difuminar. || **Irreg.** Se conj. como *huir*.

diluvial. adj. **1** Se dice del terreno constituido por enormes depósitos de materias arenosas que fueron arrastradas por grandes corrientes de agua. También s. **2** Relativo a este terreno.

diluviano, na. adj. Relacionado con el diluvio universal.

diluviar. impers. Llover abundantemente.

diluvio. m. **1** Lluvia muy copiosa. **2** Inundación de la Tierra con que Dios castigó a los hombres en tiempo de Noé.

dimanación. f. Acción de dimanar.

dimanar. intr. **1** Proceder una cosa de otra. **2** Proceder el agua de sus manantiales.

dimensión. f. **1** Longitud, extensión o volumen, de una línea, una superficie o un cuerpo, respectivamente. **2** Cada una de las magnitudes que sirven para definir un fenómeno. **3** Tamaño. **4** Importancia. Más en pl.: *un conflicto de grandes dimensiones*.

dimensional. adj. Relativo a una dimensión.

dimes y diretes. loc. Contestaciones, réplicas entre dos o más personas: *andar en dimes y diretes*.

dímetro. m. En la poesía clásica, verso que consta de dos metros o pies.

diminutivo, va. adj. **1** En gram., se dice del sufijo que reduce la magnitud del significado del vocablo al que se une, o le añade matices afectivos: *-illa*, en *tenaci*lla, de *tenaza*, o *-ito*, en *rubi*to, de *rubio*. | m. **2** Palabra formada con este sufijo.

diminuto, ta. adj. Excesivamente pequeño.

dimisión. f. Renuncia de un cargo que se desempeña. SIN. abdicación, cese.

dimisionario, ria. adj. y s. Que presenta o ha presentado la dimisión: *el ministro dimisionario*.

dimitir. intr. Renunciar, dejar un cargo que se desempeña.

dimorfismo. m. **1** Cualidad de ciertos minerales que presentan dos formas cristalinas pertenecientes a clases de simetría distintas. **2** Fenómeno por el cual, en una misma especie, aparecen dos formas diferentes de individuos. El más general y típico es el dimorfismo sexual; p. ej., el gallo y la gallina.

dina. f. Unidad de fuerza en el sistema cegesimal, que equivale a la fuerza necesaria para comunicar a la masa de un gramo la aceleración de un centímetro por segundo.

dinamarqués, sa. adj. y s. Danés.

dinámica. f. Parte de la mecánica, que trata de las leyes del movimiento en relación con las fuerzas que lo producen.

dinámico, ca. adj. **1** Relacionado con la dinámica. **2** Relativo a la fuerza cuando produce movimiento. **3** Se dice de la persona activa y enérgica.

dinamismo. m. Energía, actividad, vitalidad.

dinamita. f. Mezcla explosiva de nitroglicerina con un cuerpo muy poroso, que la absorbe.

dinamitar. tr. Volar con dinamita una cosa.

dinamitero, ra. adj. y s. Persona que destruye algo con dinamita.

dinamo o **dínamo.** f. Máquina destinada a transformar la energía mecánica (movimiento) en energía eléctrica (corriente), o viceversa.

dinamómetro. m. Instrumento que sirve para apreciar la resistencia de las máquinas y evaluar las fuerzas motrices.

dinar. m. Unidad monetaria de Argelia, Bahrein, Irak, Jordania, Kuwait, Tunicia, Yemen y las repúblicas de la antigua Yugoslavia.

dinasta. m. Príncipe o señor que reinaba con el consentimiento o bajo la dependencia de otro soberano.

dinastía. f. **1** Serie de monarcas que en un determinado país pertenecen a una misma familia. **2** Familia en cuyos individuos se perpetúa el poder o la influencia política, económica, cultural, etc.

dinástico, ca. adj. Relacionado con la dinastía.

dineral. m. Cantidad grande de dinero.

dinero. m. **1** Moneda corriente. **2** Fortuna, riqueza: *una familia de dinero*. **Sin.** 2 caudal, pasta.

dinornis. m. Especie de avestruz prehistórico, de tamaño gigantesco. || No varía en pl.

dinosaurio. adj. y m. Se dice de ciertos reptiles fósiles de la era mesozoica, de cabeza pequeña, cuello largo, cola robusta y larga, algunos de los cuales llegaron a alcanzar un gran tamaño.

dinoterio. m. Proboscidio fósil que vivió en el período mioceno. Era semejante a un elefante, pero con los incisivos de la mandíbula inferior curvados hacia abajo y hacia atrás.

dintel. m. Parte superior de las puertas, ventanas y otros huecos que carga sobre las jambas.

dintelar. tr. Hacer dinteles o construir una cosa en forma de dintel.

diocesano, na. adj. Relativo a la diócesis: *sínodo diocesano*.

diócesis. f. Territorio en que tiene jurisdicción un obispo. || No varía en pl.

diodo. m. Válvula electrónica que consta de un ánodo frío y de un cátodo caldeado. Se emplea como rectificador de corriente y en aparatos electrónicos.

dioico, ca. adj. **1** Se dice de las plantas que tienen los órganos sexuales masculinos en distinto pie que los femeninos; por ejemplo, los pinos y las palmeras. **2** Se dice también de esos órganos sexuales.

dionisiaco, ca o **dionisíaco, ca.** adj. Relacionado con el dios Baco, llamado en griego Dioniso, y con sus características.

dionisias. f. pl. Fiestas dedicadas a Dionisos, llamadas también *dionisiacas*. Eran campestres, orgiásticas o místéricas. Las más famosas fueron las celebradas en Ática. (s. v y IV a. C.).

dioptría. f. Unidad de medida usada por los oculistas y que equivale al poder de una lente cuya distancia focal es de un metro.

diorama. m. Superficie transparente pintada por ambas caras, dispuesta de forma que al iluminarla a la luz, unas veces sólo por delante y otras por detrás, se consigue ver en un mismo sitio dos cosas distintas.

diorita. f. Roca de textura granulada igual que el granito, al que acompaña.

dios. m. **1** Con mayúscula, nombre del ser supremo, creador del universo, según las religiones monoteístas. **2** Cualquiera de las deidades de las religiones politeístas. **3 a la buena de Dios.** loc. Sin malicia. **4 como Dios manda.** loc. Bien, como debe ser. **5 todo dios.** loc. Todo el mundo.

diosa. f. Deidad de sexo femenino.

dioscoreáceo, a o **dioscóreo, a.** adj. y f. **1** Se dice de plantas herbáceas angiospermas, frecuentemente con raíces tuberosas o rizomas, como el ñame. | f. pl. **2** Familia de estas plantas.

diosma. f. Planta rutácea de Argentina.

dióxido. m. **1** En quím., compuesto cuya molécula contiene dos átomos de oxígeno. **2 dióxido de carbono.** Gas incoloro e inodoro (CO_2). Es utilizado por las plantas verdes para la síntesis de los hidratos de carbono. Antes se llamaba anhídrido carbónico.

dipétalo, la. adj. Se dice de la corola que tiene dos pétalos, y de la flor que tiene esta corola.

diplodoco. m. Dinosaurio herbívoro de gran tamaño, con la cabeza pequeña, el cuello y la cola muy largos; vivió durante el período jurásico.

diploma. m. **1** Título o certificación que expiden ciertas entidades para acreditar un grado académico, un premio, etc. **2** Documento antiguo.

diplomacia. f. **1** Estudio y práctica basados en el conocimiento de los intereses y relaciones internacionales. **2** Conjunto de individuos que intervienen en esas relaciones. **3** Habilidad, sagacidad y disimulo: *sabe ganárselo con mucha diplomacia*.

diplomado, da. m. y f. Persona que ha obtenido un diploma o título.

diplomar. tr. **1** Conceder a alguien un título que certifique haber completado ciertos estudios. | **diplo-**

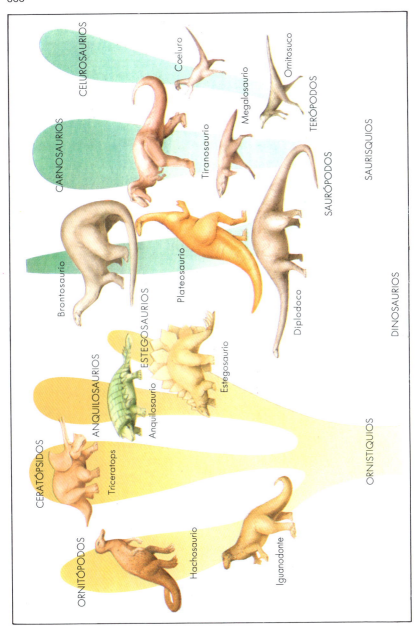

diplomática – dirimir

marse. prnl. **2** Obtenerlo, graduarse: *se diplomó en informática.*

diplomática. f. **1** Diplomacia, ciencia de las relaciones internacionales. **2** Estudio científico de los diplomas o documentos antiguos.

diplomático, ca. adj. **1** Relacionado con la diplomacia. **2** Se dice de las relaciones internacionales y de las personas que intervienen en ellas. También s. **3** Sagaz, hábil para tratar a las personas.

diplopía. f. Defecto de la visión que consiste en ver dobles los objetos.

dipneo, a. adj. y s. Que está dotado de respiración branquial y pulmonar.

dipsacáceo, a o **dipsáceo, a.** adj. y f. **1** Se dice de plantas angiospermas dicotiledóneas, herbáceas, como la cardencha. | f. pl. **2** Familia de estas plantas.

dipsomanía. f. Tendencia al abuso de las bebidas alcohólicas.

dipsomaniaco o **dipsomaníaco, ca.** adj. y s. Que padece dipsomanía.

dipsómano, na. adj. y s. Dipsomaniaco.

díptero. adj. **1** Se dice del edificio que tiene dos costados salientes, y también de la estatua que tiene dos alas. **2** Se dice del insecto que sólo tiene dos alas membranosas y aparato bucal dispuesto para chupar, como la mosca. También s. | m. pl. **3** Orden de estos insectos.

dipterocarpáceo, a o **dipterocárpeo, a.** adj. y f. **1** Se dice de plantas leñosas angiospermas, dicotiledóneas, con fruto capsular con una semilla. | f. pl. **2** Familia de estas plantas.

díptico. m. Cuadro o bajorrelieve formado con dos tableros que se cierran como las tapas de un libro.

diptongar. tr. **1** Unir dos vocales formando en la pronunciación una sola sílaba. | intr. **2** Convertirse en diptongo una vocal, como la *o* de *poder* en *puedo.*

diptongo. m. Conjunto de dos vocales diferentes, una abierta (a, e, o) y otra débil (i, u), o de dos débiles, que se pronuncian en una sola sílaba, como *agua, paisaje* o *cuidado.*

diputación. f. **1** Conjunto de los diputados. **2** Ejercicio del cargo de diputado. **3** Nombre de distintas entidades de carácter político-administrativo.

diputado, da. m. y f. **1** Persona que, por nombramiento o elección, tiene la representación de otras. **2** Persona nombrada por elección popular como representante en una cámara legislativa, nacional o provincial.

dique. m. **1** Muro artificial hecho para contener las aguas. **2** Recinto cerrado en la orilla de una dársena u otro sitio abrigado, donde se limpian y reparan los buques cuando baja la marea.

dirección. f. **1** Acción de dirigir. **2** Rumbo que un cuerpo sigue en su movimiento. **3** Destino: *un autocar con dirección a Sevilla.* **4** Conjunto de personas encargadas de dirigir una empresa, sociedad, establecimiento, etc.: **5** Cargo de director. **6** Domicilio de una persona. **7** Técnica para la realización de una película, obra de teatro, programa de televisión, etc. **8** Mecanismo que sirve para guiar los vehículos automóviles.

directivo, va. adj. y s. **1** Que tiene facultad o virtud de dirigir. | m. y f. **2** Miembro de un equipo de dirección. | f. **3** Junta de gobierno de una corporación, sociedad, etc: *la directiva echó al entrenador.*

directo, ta. adj. **1** Derecho o en línea recta. **2** Se dice de lo que va de una parte a otra sin detenerse en los puntos intermedios: *un tren directo.* **3** Sin intermediario: *venta directa.* **4** Sin rodeos: *directo a la cuestión; es demasiado directo con la gente.* **5** Que se sigue de padres a hijos. **6 en directo.** loc. adj. y adv. En radio y televisión, se dice del programa que se emite a la vez que se realiza.

director, ra. adj. **1** Que dirige. También s. | m. y f. **2** Persona a cuyo cargo está la dirección de un negocio, establecimiento, administración, etc. **Sin.** 1 dirigente.

directorio, ria. adj. **1** Se dice de lo que sirve para dirigir. | m. **2** Conjunto de direcciones o nombres, generalmente catalogados alfabéticamente. **3** Junta directiva de ciertas asociaciones, partidos, etc.

directriz. adj. **1** Se dice de la línea, figura o superficie que determina las condiciones de generación de otras. | f. **2** Conjunto de instrucciones o normas generales para la ejecución de alguna cosa. Más en pl.: *siguió mis directrices.*

dirham o **dirhem.** m. Unidad monetaria de Marruecos y de la Unión de Emiratos Árabes.

dirigente. adj. **1** Que dirige. | com. **2** Persona que ejerce función o cargo directivo en una asociación, organismo o empresa.

dirigible. adj. **1** Que puede ser dirigido. | m. **2** Globo aerostático con un sistema de dirección.

dirigir. tr. **1** Llevar hacia un término o lugar señalado. También prnl.: *se dirigió a la salida.* **2** Poner las señas a una carta, paquete, etc.: *dirijan las respuestas a este apartado.* **3** Guiar: *dirigió a sus tropas al combate.* **4** Encaminar la atención, la mirada, etc., a una persona o fin determinados: *le dirigió un saludo.* También prnl. **5** Gobernar, regir: *dirige los negocios con mano firme.* **6** Destinar o aplicar algo a una determinada persona. También prnl.: *¿se dirige usted a mí?* **7** Aconsejar. **Sin.** 1 encauzar 3 orientar.

dirimente. adj. Que dirime.

dirimir. tr. **1** Deshacer, desunir, romper: *dirimir el matrimonio.* **2** Resolver: *dirimieron el asunto ante el juez.*

dis-. Elemento compositivo que denota separación o distinción: *distraer, dislocar;* negación o contrariedad: *disculpar, discordancia*.

dis-. Prefijo que indica imperfección, dificultad, anomalía: *dislexia, disnea*.

disartria. f. Dificultad para la articulación de las palabras.

discerniente. adj. Que discierne.

discernimiento. m. Capacidad para percibir la diferencia que existe entre las cosas.

discernir. tr. **1** Distinguir una cosa de otra, señalando la diferencia que hay entre ellas: *discernir el bien del mal*. **2** En der., encargar el juez a alguien la tutela de un menor u otro cargo. **Sin** 1 diferenciar □ **Ant.** 1 confundir. ‖ **Irreg.** Conjugación modelo:

Indicativo
Pres.: *discierno, disciernes, discierne, discernimos, discernís, disciernen*.
Imperf.: *discernía, discernías,* etc.
Pret. indef.: *discerní, discerniste,* etc.
Fut. imperf.: *discerniré, discernirás,* etc.
Potencial: *discerniría, discernirías,* etc.
Subjuntivo
Pres.: *discierna, disciernas, discierna, discernamos, discernáis, disciernan*.
Imperf.: *discerniera* o *discerniese, discernieras* o *discernieses,* etc.
Fut. imperf.: *discerniere, discernieres,* etc.
Imperativo: *discierne, discernid*.
Participio: *discernido*.
Gerundio: *discerniendo*.

disciplina. f. **1** Doctrina, instrucción de una persona, especialmente en lo moral. **2** Cumplimiento de las leyes y ordenamientos de una profesión, organización, etc. **3** Arte, ciencia o materia. **4** Instrumento para azotar. **5** Acción de disciplinar o disciplinarse.

disciplinado, da. adj. Que sigue una disciplina.

disciplinar. tr. **1** Hacer guardar la disciplina. **2** Instruir, enseñar. **3** Azotar. También prnl.

disciplinario, ria. adj. **1** Relacionado con la disciplina. **2** Se aplica al régimen que establece ciertas normas, así como a cualquiera de las penas que se imponen a quien se las salta.

discípulo, la. m. y f. **1** Persona que aprende una doctrina, ciencia o arte bajo la dirección de un maestro. **2** Persona que sigue la opinión de una escuela.

disc-jockey. (voz ingl.) com. Persona encargada de seleccionar los discos que se ponen en una discoteca, o la que, en algunos programas musicales, comenta y selecciona los discos emitidos.

disco. m. **1** Figura plana y circular. **2** Lámina circular de material termoplástico empleada en la grabación y reproducción fonográfica. **3** Objeto redondo y metálico que se lanza en atletismo. **4** Cada uno de los tres círculos luminosos de que consta un semáforo de circulación; p. ext., semáforo. **5** En inform., soporte magnético utilizado como almacén de datos. **6 disco compacto.** El que se graba y se reproduce por rayos láser. **7 disco duro** o **rígido.** En inform., soporte magnético constituido por varios discos que forman una unidad rígida y permite un gran almacenamiento de datos. **8 disco magnético.** En inform., placa rotatoria con una superficie magnetizable en la que puede almacenarse información. **9 disco óptico.** En inform., disco en el que la grabación y lectura digital se efectúan mediante un proceso óptico.

discóbolo. m. Atleta que lanzaba el disco en los juegos de la antigua Grecia.

discografía. f. **1** Técnica de la grabación de discos fonográficos. **2** Conjunto de discos de un tema, un autor, etc.

discográfico, ca. adj. Relacionado con la discografía.

discoidal. adj. Con forma de disco.

díscolo, la. adj. y s. Rebelde, indócil. **Ant.** dócil, obediente.

disconformidad. f. **1** Diferencia de una cosa con otras en cuanto a su esencia, forma o fin. **2** Oposición, contrariedad. **Sin.** 2 desacuerdo.

discontinuidad. f. Cualidad de discontinuo.

discontinuo, nua. adj. No continuo, interrumpido, intermitente.

discordancia. f. Contrariedad, diversidad, disconformidad.

discordar. intr. **1** Ser opuestas, diferentes entre sí dos o más cosas. **2** No estar de acuerdo con alguien. ‖ **Irreg.** Se conj. como *contar*.

discorde. adj. Disconforme, desavenido, opuesto. **Ant.** acorde.

discordia. f. Oposición, desavenencia, contrariedad de opiniones. **Sin.** desacuerdo, disconformidad □ **Ant.** concordia.

discoteca. f. **1** Local público para escuchar música grabada, bailar y consumir bebidas. **2** Colección de discos fonográficos: *una discoteca muy completa*. **3** Mueble donde se guarda.

discreción. f. **1** Sensatez y tacto para hablar u obrar. **2** Reserva, prudencia. **3 a discreción.** loc. adv. Sin limitación: *en la fiesta había bebida a discreción*. **Sin.** 1 mesura 2 prudencia, circunspección □ **Ant.** 1 y 2 indiscreción.

discrecional. adj. Que se hace libremente, opcional: *un autobús de servicio discrecional*.

discrepancia. f. **1** Diferencia, desigualdad: *discrepancia de opiniones.* **2** Desacuerdo entre dos o más personas: *tuvieron una pequeña discrepancia.*

discrepante. adj. Que discrepa.

discrepar. intr. **1** Disentir una persona de otra. **2** Diferenciarse una cosa de otra.

discreto, ta. adj. **1** Que tiene o muestra discreción. También s. **2** Regular, moderado, sin excesos: *un sueldo discreto, colores discretos.* Sɪɴ. 1 prudente, reservado □ Aɴᴛ. 1 indiscreto 2 extraordinario.

discriminación. f. Acción de discriminar. Sɪɴ. marginación, segregación.

discriminar. tr. **1** Dar trato de inferioridad a una persona o colectividad por motivos raciales, religiosos, políticos, etc. **2** Separar, distinguir, diferenciar. Sɪɴ. 1 marginar, segregar.

discriminatorio, ria. adj. Que discrimina.

disculpa. f. Razón con que alguien se excusa. Sɪɴ. excusa, pretexto, justificación.

disculpable. adj. Que merece disculpa.

disculpar. tr. **1** Dar razones o pruebas que descarguen de una culpa o delito. También prnl.: *se disculpó por llegar tarde.* **2** No tomar en cuenta o perdonar las faltas que otro comete. Sɪɴ. 1 excusar, justificar 2 absolver, perdonar □ Aɴᴛ. 2 inculpar.

discurrir. intr. **1** Andar, correr por diversas partes. **2** Fluir un líquido. **3** Transcurrir el tiempo: *discurrieron tres años.* **4** Reflexionar: *discurre y encontrarás la solución.* | tr. **5** Inventar: *discurrió un ingenioso sistema para ahorrar agua.*

discurso. m. **1** Exposición oral dirigida por una persona a otra u otras. **2** Serie de las palabras y frases empleadas para manifestar lo que se piensa o siente. **3** Reflexión, raciocinio sobre algunos antecedentes o principios.

discusión. f. Acción de discutir. Sɪɴ. debate, disputa.

discutible. adj. Que se puede o se debe discutir.

discutir. tr. **1** Argumentar razones contra lo que dice otro. También intr.: *discutieron sobre religión toda la tarde.* **2** Examinar atenta y particularmente una materia: *discutir una teoría.*

disecar. tr. Preparar los animales muertos para que conserven la apariencia de cuando estaban vivos. **2** Dividir en partes un vegetal o el cadáver de un animal, para examinarlos.

disección. f. Acción de disecar, dividir una planta o animal.

diseccionar. tr. Hacer una disección.

diseminación. f. Acción de diseminar.

diseminar. tr. y prnl. Sembrar, esparcir.

disensión. f. **1** Oposición, disconformidad. **2** Contienda, riña. Sɪɴ. 1 desacuerdo, contrariedad.

disentería. f. Enfermedad infecciosa que produce dolores abdominales, fiebre y diarreas.

disentir. intr. No ajustarse al sentir o parecer de otro; opinar de modo distinto. ‖ **Irreg.** Se conj. como *sentir.*

diseñador, ra. m. y f. Persona que diseña.

diseñar. tr. Hacer un diseño.

diseño. m. **1** Delineación de un edificio, figura, vestido, portada, etc. **2** Descripción o bosquejo de alguna cosa, hecho con palabras. Sɪɴ. 1 boceto, croquis.

disépalo, la. adj. Se dice del cáliz o de la flor que tiene dos sépalos.

disertador, ra. m. y f. Persona que diserta.

disertación. f. **1** Acción de disertar. **2** Escrito o pieza en que se diserta. Sɪɴ. 1 conferencia, discurso.

disertar. intr. Razonar, discurrir detenidamente sobre una materia.

disfasia. f. Perturbación patológica en el uso del lenguaje.

disforme. adj. **1** Deforme, que carece de forma. **2** Feo, horrible.

disfraz. m. **1** Vestido de máscara para carnavales y otras fiestas. **2** Artificio para cambiar el aspecto de una cosa y que no sea reconocida: *ocultaba sus celos bajo el disfraz de la indiferencia.*

disfrazar. tr. **1** Cambiar el aspecto natural de las personas o de las cosas. También prnl. **2** Poner un disfraz. También prnl. **3** Disimular, ocultar con palabras y expresiones lo que se siente.

disfrutar. intr. **1** Gozar, sentir satisfacción: *disfruto mucho en tu compañía.* También tr. **2** Con la prep. *de*, poseer algo bueno o agradable: *disfruta de elevados ingresos; de buena salud.* | tr. **3** Aprovechar: *disfrutar unas vacaciones.* Sɪɴ. 1 deleitarse □ Aɴᴛ. 1 aburrirse.

disfunción. f. Alteración de una función orgánica.

disgregación. f. Acción de disgregar o disgregarse.

disgregar. tr. y prnl. Separar lo que estaba unido. Sɪɴ. dispersar, desunir □ Aɴᴛ. congregar.

disgustado, da. adj. **1** Enfadado, desabrido, incomodado. **2** Apesadumbrado, pesaroso.

disgustar. tr. y prnl. **1** No gustar, desagradar: *me disgustan sus aires de grandeza.* **2** Causar pena, tristeza: *se disgustó mucho al saber que no venías.* | **disgustarse.** prnl. **3** Enfadarse con alguien: *Susan y Luis se han disgustado otra vez.*

disgusto. m. **1** Sentimiento de pesadumbre e inquietud causado por una contrariedad, accidente, etc. **2** Fastidio o enfado que produce alguien o algo. **3** Disputa, riña: *ayer tuvieron un disgusto.* **4 a disgusto.** loc. adv. Contra la voluntad y gusto de uno. Sɪɴ. 1 desagrado, pena 3 contienda □ Aɴᴛ. 1 agrado.

disidencia. f. **1** Acción de disidir. **2** Grave desacuerdo de opiniones. **Sin.** 1 cisma, escisión.

disidente. adj. y com. Que diside; se dice especialmente del que mantiene opiniones y posiciones contrarias a las del sistema político en que vive.

disidir. intr. **1** Separarse de una creencia, doctrina, opinión, etc. **2** Estar en desacuerdo.

disimetría. f. Falta de simetría.

disimilar. tr., intr. y prnl. En ling., alterar la articulación de un sonido diferenciándolo de otro igual o semejante.

disimilitud. f. Falta de semejanza.

disimulación. f. **1** Acción de disimular. **2** Disimulo.

disimulado, da. adj. y s. Que disimula. **Sin.** engañoso, falso ☐ **Ant.** sincero.

disimular. tr. **1** Encubrir un pensamiento, sentimiento, intención, etc.: *disimular el enfado*. **2** Tolerar algo, afectando ignorarlo o no dándole importancia: *no pudo seguir disimulando la infidelidad de su mujer*. **3** Ocultar, disfrazar, desfigurar las cosas: *disimuló con pintura la mancha de la pared*. También intr. y prnl.: *ese olor no se disimulaba con nada*. | intr. **4** Fingir alguien que no conoce, siente o ve algo: *disimula, que aún no nos ha visto*. **Sin.** 1 fingir, simular, camuflar 2 permitir.

disimulo. m. **1** Habilidad para ocultar lo que se siente, se sospecha o se sabe. **2** Indulgencia, tolerancia.

disipación. f. **1** Acción de disipar. **2** Conducta de una persona entregada enteramente a las diversiones.

disipado, da. adj. y s. Entregado a las diversiones.

disipador, ra. adj. y s. Que disipa sus bienes o riqueza.

disipar. tr. **1** Esparcir y desvanecer las partes que forman un cuerpo. También prnl. **2** Desperdiciar, malgastar. **3** Desvanecer: *disipar una duda*. También prnl. | **disiparse.** prnl. **4** Evaporarse, convertirse en vapores. **Sin.** 1 dispersar 2 derrochar, dilapidar 3 desaparecer.

dislalia. f. Dificultad de articular las palabras.

dislate. m. Disparate.

dislexia. f. Incapacidad parcial en el aprendizaje de la lectura y la escritura.

dislocación. f. Acción de dislocar o dislocarse; particularmente los huesos.

dislocar. tr. Sacar una cosa de su lugar. Más como prnl., referido a huesos y articulaciones. **Sin.** descoyuntar, desencajar.

disloque. m. El colmo: *la fiesta fue un disloque*.

dismenorrea. f. Menstruación dolorosa o difícil.

disminución. f. Merma o menoscabo de una cosa.

disminuido, da. adj. y s. Se dice de la persona que tiene incompletas sus facultades físicas o psíquicas.

disminuir. tr., intr. y prnl. Hacer menor la extensión, la intensidad o cantidad de alguna cosa. ‖ **Irreg.** Se conj. como *huir*. **Sin.** mermar, menguar, aminorar ☐ **Ant.** aumentar.

dismnesia. f. Debilidad de la memoria.

disnea. f. Dificultad para respirar.

disneico, ca. adj. **1** Que padece disnea. También s. **2** Relacionado con la disnea.

disociación. f. Acción de disociar o disociarse.

disociar. tr. y prnl. **1** Separar una cosa de otra a la que estaba unida. **2** Separar los diversos componentes de una sustancia.

disolución. f. **1** Acción de disolver. **2** Mezcla que resulta de disolver cualquier sustancia en un líquido. **3** Relajación de vida y costumbres. **4** Ruptura de los vínculos existentes entre varias personas.

disoluto, ta. adj. y s. Licencioso, entregado a los vicios.

disolvente. adj. y m. Que disuelve.

disolver. tr. y prnl. **1** Desunir, separar las partículas o moléculas de un cuerpo sólido o espeso, por medio de un líquido al cual se incorporan. **2** Separar lo que estaba unido: *disolver un matrimonio*. **3** Deshacer, destruir. También prnl.: *la manifestación se disolvió pacíficamente*. ‖ **Irreg.** Se conj. como *mover*. **Sin.** 1 desleír, diluir.

disonancia. f. **1** Sonido desagradable. **2** Falta de conformidad o proporción. **3** En mús., acorde no consonante.

disonante. adj. Que disuena.

disonar. intr. **1** Sonar desapaciblemente. **2** Discrepar, carecer de conformidad y correspondencia algunas cosas que debieran tenerla. **3** Parecer mal o extraña una cosa. ‖ **Irreg.** Se conj. como *contar*. **Sin.** 2 y 3 chocar ☐ **Ant.** 2 armonizar.

disosmia. f. Dificultad en la percepción de los olores.

dispar. adj. Desigual, diferente: *una suerte dispar*.

disparador. m. **1** Pieza de un arma de fuego que sirve para dispararla. **2** Pieza que sirve para hacer funcionar el obturador automático de una cámara fotográfica.

disparar. tr. **1** Hacer que una máquina despida un cuerpo arrojadizo, especialmente un proyectil. **2** Lanzar con violencia una cosa. También prnl. **3** Hacer funcionar un disparador: *disparar una cámara fotográfica*. | **dispararse.** prnl. **4** Hablar o actuar violentamente o sin control. **5** Salirse de lo normal: *dispararse los precios*. **Sin.** 2 arrojar, despedir 4 desmandarse, desmadrarse ☐ **Ant.** 4 moderarse.

disparatado, da. adj. **1** Que no tiene lógica, que

disparatar – distinguir

es un disparate. **2** Desmesurado, exagerado: *un precio disparatado.* **Ant.** 2 moderado.

disparatar. intr. Decir o hacer una cosa fuera de sentido. **Sin.** desatinar, desbarrar.

disparate. m. **1** Hecho o dicho sin sentido, absurdo o erróneo. **2** Abuso, exceso: *paga un disparate por ese cursillo.* **Sin.** 1 dislate 2 atrocidad, demasía.

disparidad. f. Desemejanza, desigualdad, diferencia.

disparo. m. Acción de disparar. **Sin.** tiro.

dispendio. m. Gasto excesivo, por lo general innecesario.

dispensa. f. Privilegio, excepción de lo ordenado por las leyes generales.

dispensar. tr. **1** Dar, conceder, otorgar, distribuir: *dispensar ayuda.* **2** Eximir de una obligación: *le dispensaron del servicio militar.* También prnl. **3** Absolver, disculpar.

dispensario. m. Centro destinado a prestar asistencia médica a enfermos que no se alojan en él.

dispepsia. f. Enfermedad caracterizada por una dificultad en el proceso digestivo.

dispersar. tr. **1** Separar y diseminar lo que estaba reunido. También prnl. **2** Distraer el esfuerzo, la atención o la actividad. ‖ Doble part.: *dispersado* (reg.); *disperso* (irreg.).

dispersión. f. Acción de dispersar o dispersarse.

disperso, sa. adj. Disgregado, diseminado.

display. (voz ingl.) m. **1** En la técnica digital, indicador numérico utilizado para visualizar una determinada información variable o fija. **2** En inform., terminal de salida de información de un ordenador, capaz de editar los resultados en algún medio físico.

displicencia. f. **1** Desagrado o indiferencia en el trato. **2** Desaliento o desinterés.

displicente. adj. **1** Que muestra displicencia. **2** Malhumorado. También com.

disponer. tr. **1** Colocar, poner las cosas en orden o en situación conveniente. También prnl. **2** Decir, mandar lo que ha de hacerse. **3** Preparar, prevenir: *ya he dispuesto todo para la cena.* También prnl. | intr. **4** Valerse de una persona o cosa: *disponemos de poco tiempo.* | **disponerse.** prnl. **5** Prepararse para hacer algo: *se disponía a irse cuando llegamos.* ‖ **Irreg.** Se conj. como *poner.* **Sin.** 2 determinar.

disponibilidad. f. Cualidad o condición de disponible.

disponible. adj. Se dice de todo aquello de que se puede disponer libremente.

disposición. f. **1** Acción de disponer. **2** Aptitud, capacidad para algún fin. **3** Estado de la salud. **4** Mandato, orden. **Sin.** 1 colocación, ordenación 2 soltura.

dispositivo. m. Mecanismo dispuesto para obtener un resultado automático.

disprosio. m. Elemento químico metálico del grupo de las tierras raras. Su símbolo es *Dy.*

dispuesto, ta. adj. **1** Preparado. **2** Hábil, capaz. **3** Servicial, atento.

disputa. f. Acción de disputar. **Sin.** debate, discusión.

disputar. tr. **1** Debatir. **2** Luchar o competir con alguien para conseguir o defender algo. También prnl.

disquete. m. En inform., disco flexible de material plástico magnetizable, que sirve de soporte para almacenar información.

disquetera. f. En inform., dispositivo donde se inserta el disquete para su grabación o lectura.

disquisición. f. **1** Comentario que se aparta del asunto que se está tratando: *al exponer su discurso, se perdía en disquisiciones.* **2** Examen riguroso de algo.

distancia. f. **1** Espacio o período que media entre dos cosas o sucesos. **2** Diferencia entre unas cosas y otras. **3** Alejamiento, desafecto entre las personas.

distanciamiento. m. **1** Acción de distanciar o distanciarse. **2** Alejamiento afectivo o intelectual de una persona con respecto a otra u otras o en relación con una creencia o postura.

distanciar. tr. y prnl. **1** Separar, apartar, poner a distancia. **2** Desunir, desligar. **Sin.** 1 y 2 alejar □ **Ant.** 1 y 2 acercar.

distante. adj. **1** Apartado, remoto, lejano. **2** Que dista. **3** Frío, poco comunicativo.

distar. intr. **1** Estar apartada una cosa de otra cierto espacio de lugar o de tiempo. **2** Diferenciarse notablemente una cosa de otra. **Sin.** 2 diferir, discrepar.

distender. tr. Aflojar, relajar: *los roces entre ambos se han distendido.* ‖ **Irreg.** Se conj. como *entender.*

distensión. f. Acción de distender: *distensión muscular.*

dístico. m. Composición poética que sólo consta de dos versos.

distinción. f. **1** Acción de distinguir o distinguirse. **2** Diferencia. **3** Prerrogativa, excepción y honor concedido a uno. **4** Claridad, precisión. **5** Elegancia y buenos modales. **6** Consideración hacia una persona: *tratar a alguien con distinción.*

distinguido, da. adj. **1** Ilustre, noble. **2** Elegante. **Sin.** 1 esclarecido, eminente □ **Ant.** 1 y 2 vulgar.

distinguir. tr. **1** Conocer la diferencia que hay entre unas cosas a otras. **2** Hacer que una cosa se diferencie de otra. También prnl. **3** Referido a cualidades o conductas, caracterizar a una persona o cosa. También prnl.: *se distingue por su buen gusto.* **4** Ver

distintivo – dividir

un objeto, diferenciándolo de los demás, a pesar de la lejanía. **5** Preferir a unas personas sobre otras. **6** Otorgar a alguien un privilegio, dignidad, etc. | **distinguirse.** prnl. **7** Descollar, sobresalir entre otros. **Sin.** 1 diferenciar, discernir 4 divisar 6 honrar ☐ **Ant.** 1 y 2 confundir.

distintivo, va. adj. **1** Que tiene facultad de distinguir. | m. **2** Insignia, señal, marca.

distinto, ta. adj. **1** Que no es lo mismo. **2** Inteligible, claro, sin confusión. **Sin.** 1 diferente, diverso 2 nítido ☐ **Ant.** 1 semejante 2 confuso.

distorsión. f. **1** Acción de distorsionar o distorsionarse. **2** Torsión de una parte del cuerpo.

distorsionar. tr. **1** Deformar una imagen, sonido, señal, etc. **2** Deformar intencionadamente un hecho, noticia, etc. **Sin.** 2 tergiversar, falsear.

distracción. f. **1** Acción de distraer o distraerse. **2** Aquello que distrae o entretiene. **Sin.** 2 diversión, entretenimiento.

distraer. tr. **1** Entretener, divertir. También prnl. **2** Apartar la atención de alguien o algo. También prnl. **3** Referido a fondos, malversarlos, defraudarlos. || **Irreg.** Se conj. como *traer*.

distraído, da. adj. y s. Que se distrae con facilidad.

distribución. f. **1** Acción de distribuir. **2** Reparto de un producto a los locales en que debe comercializarse. **3** Disposición, forma en que está distribuido algo.

distribuidor, ra. adj. y s. **1** Que distribuye. **2** Se dice de empresa o persona dedicada a la distribución comercial. También f.: *una distribuidora de películas*. | m. **3** Cable de corriente eléctrica que se emplea para conectar líneas individuales desde una central.

distribuir. tr. **1** Dividir una cosa entre varios. **2** Dar a cada cosa su oportuna colocación o el destino conveniente. También prnl. **3** Entregar una mercancía a los vendedores y consumidores. || **Irreg.** Se conj. como *huir*.

distributivo, va. adj. Que atañe a la distribución.

distrito. m. Cada una de las demarcaciones en que se subdivide un territorio o una población.

distrofia. f. Estado patológico que afecta a la nutrición y al crecimiento.

disturbio. m. Alteración, desorden.

disuadir. tr. Convencer a alguien para que cambie de opinión o abandone un propósito. **Sin.** desaconsejar ☐ **Ant.** animar.

disuasión. f. Acción de disuadir.
disuasivo, va. adj. Que disuade o puede disuadir.
disuasorio, ria. adj. Disuasivo.
disuelto, ta. p. p. irreg. de disolver.
disuria. f. Expulsión difícil, dolorosa e incompleta de la orina.

disyunción. f. **1** Acción de separar y desunir. **2** Dilema, alternativa.

disyuntivo, va. adj. **1** Se dice de lo que tiene la cualidad de separar o resulta incompatible. | f. **2** Alternativa entre dos cosas por una de las cuales hay que optar.

disyuntor. m. Aparato eléctrico que abre y cierra automáticamente el paso de la corriente eléctrica.

ditirámbico, ca. adj. Relacionado con el ditirambo.

ditirambo. m. **1** Composición poética en honor de Baco. **2** Alabanza exagerada.

diuresis. f. Secreción de la orina. || No varía en pl.
diurético, ca. adj. y m. Se dice de lo que tiene virtud para aumentar la secreción de la orina.

diurno, na. adj. **1** Relacionado con el día o que ocurre durante el día. **2** Se apl. a los animales que buscan el alimento durante el día, y a las plantas que sólo de día tienen abiertas sus flores.

divagación. f. Acción de divagar.
divagar. intr. Apartarse, al hablar, del asunto de que se trata.

diván. m. **1** Sofá generalmente sin respaldo, y con almohadones sueltos. **2** Antiguo consejo islámico que se ocupaba de los asuntos de Estado y de justicia. **3** Colección de poesías en alguna de las lenguas orientales, especialmente en árabe, persa o turco.

divergencia. f. **1** Acción de divergir. **2** Diversidad de opiniones o pareceres. **Sin.** 2 diferencia, discrepancia.

divergente. adj. Que diverge.
divergir. intr. **1** Irse apartando sucesivamente, unas de otras, dos o más líneas o superficies. **2** Discordar, discrepar.

diversidad. f. **1** Diferencia. **2** Abundancia de cosas distintas. **Sin.** 1 disparidad 2 variedad.

diversificación. f. Acción de diversificar o diversificarse.

diversificar. tr. y prnl. **1** Hacer diversa una cosa de otra. **2** Dar variedad a una cosa, darle varios aspectos.

diversión. f. Acción de divertir o divertirse. **Sin.** recreo, pasatiempo, solaz.

diverso, sa. adj. **1** Distinto, diferente. | pl. **2** Varios, muchos: *conoce diversos pueblos de la región.*

divertido, da. adj. **1** Alegre, festivo y de buen humor. **2** Que divierte. **Ant.** 1 y 2 aburrido.

divertir. tr. y prnl. Entretener, recrear. || **Irreg.** Se conj. como *sentir*. **Ant.** aburrir.

dividendo. m. **1** Cantidad que ha de dividirse por otra, que es el divisor. **2** Parte de los beneficios de una sociedad atribuida a cada accionista.

dividir. tr. **1** Partir, separar en partes. **2** Distribuir, repartir entre varios. **3** Introducir discordia entre las

divieso – doblón

personas, desunirlas. **4** Averiguar cuántas veces una cantidad, llamada divisor, está contenida en otra, llamada dividendo. **Ant.** 1 reunir, juntar.

divieso. m. Tumor inflamatorio, pequeño y doloroso, que se forma en la piel. **Sin.** forúnculo.

divinidad. f. **1** Esencia divina. **2** Dios de algunas religiones y mitologías. **3** Persona o cosa muy hermosa.

divinizar. tr. **1** Hacer o suponer divina a una persona o cosa. **2** Ensalzar desmedidamente.

divino, na. adj. **1** Relacionado con Dios. **2** Muy hermoso. **3** Muy bueno, excelente.

divisa. f. **1** Señal exterior para distinguir personas, grados, etc. **2** Lazo de cintas de colores con que se distinguen en la lidia los toros de cada ganadero. **3.** Moneda extranjera. Más en pl. **Sin.** 1 distintivo.

divisar. tr. Ver, percibir, confusamente o a distancia, un objeto. **Sin.** vislumbrar.

divisibilidad. f. Cualidad de divisible.

divisible. adj. Que puede dividirse.

división. f. **1** Acción de dividir, separar o repartir. **2** Discordia, desunión. **3** En mat., operación de dividir. **Sin.** 1 partición, repartición.

divisor, ra. adj. y com. **1** Submúltiplo. | m. **2** Cantidad por la cual ha de dividirse otra, que es el dividendo.

divisorio, ria. adj. Que sirve para dividir o separar.

divo, va. adj. y s. Cantante de ópera, de sobresaliente mérito; p. ext., artista de fama.

divorciado, da. adj. y s. Se dice de la persona cuyo matrimonio ha sido disuelto jurídicamente.

divorciar. tr. y prnl. **1** Disolver el matrimonio la autoridad pública. **2** Separar personas o cosas que estaban unidas.

divorcio. m. Acción de divorciar o divorciarse.

divulgación. f. Acción de divulgar o divulgarse.

divulgar. tr. y prnl. Publicar, poner al alcance del público una cosa.

diyambo. m. Pie de la poesía griega y latina, compuesto de dos yambos, o sea, de cuatro sílabas.

do. m. Primera nota de la escala musical. || pl.: *dos*.

do. adv. l. ant. Donde.

doberman. adj. y s. Raza de perros de defensa, de origen alemán, fruto de una sucesión de diferentes cruces de razas.

dobladillo. m. Pliegue que se hace a la ropa en los bordes.

doblador, ra. m. y f. **1** Persona que dobla. **2** Persona que efectúa el doblaje de una película.

doblaje. m. Acción de doblar una película.

doblar. tr. **1** Aumentar una cosa, haciéndola el doble de lo que era. **2** Aplicar una sobre otra dos partes de una cosa flexible: *doblar un folio*. **3** Torcer

Doberman

una cosa encorvándola. También prnl. **4** Pasar a otro lado de una esquina, calle, etc. También intr. **5** En cine y televisión, sustituir la voz del actor que aparece en la pantalla, por la de otra persona. | intr. **6** Tocar las campanas por la muerte de alguien. **Sin.** 1 duplicar 2 plegar 3 arquear □ **Ant.** 2 desdoblar 3 enderezar.

doble. adj. **1** Dos veces mayor. También m. **2** Formado por dos cosas semejantes o con un mismo fin: *doble ventana, doble fondo*. **3** En bot., se dice de las flores de más hojas que las sencillas: *clavel doble*. **4** En el juego del dominó, se dice de la ficha que en los cuadrados de su anverso lleva igual número de puntos: *la blanca doble*. **5** Falso, hipócrita. **6** Persona muy parecida a otra. **7** Persona que sustituye a un actor en algunas escenas. **8** Toque de campanas por los difuntos. **Sin.** 1 duplo 6 sosia □ **Ant.** 2 simple 5 sincero.

doblegar. tr. y prnl. **1** Doblar o torcer **2** Hacer que alguien desista de un propósito. **Sin.** 1 arquear, encorvar □ **Ant.** 1 enderezar.

doblete. m. **1** Serie de dos cosas. **2** En ling., pareja de palabras que tienen una etimología común.

doblez. m. **1** Parte que se dobla o pliega en una cosa. **2** Señal que queda en la parte por donde se dobló. | amb. **3** Hipocresía, falsedad. **Sin.** 1 pliegue 2 simulación.

doblón. m. Moneda antigua de oro.

doce. adj. **1** Diez y dos. También pron. y m. **2** Duodécimo: *año doce*. | m. **3** Conjunto de signos con que se representa este número.

doceavo, va. adj. y s. Cada una de las doce partes en que se divide un todo.

docena. f. Conjunto de doce cosas.

docencia. f. Práctica y ejercicio del docente.

docente. adj. **1** Que enseña. También com. **2** Relacionado con la enseñanza. **Sin.** 1 profesor.

dócil. adj. **1** Fácil de educar. **2** Obediente. **3** Se dice del material flexible o que se labra con facilidad.

docilidad. f. Cualidad de dócil.

docto, ta. adj. y s. Que posee muchos conocimientos. **Sin.** erudito, instruido ☐ **Ant.** inculto.

doctorado. m. **1** Grado de doctor. **2** Estudios para obtener este grado.

doctoral. adj. Relacionado con el doctor o el doctorado.

doctorar. tr. y prnl. Graduar como doctor.

doctor, ra. m. y f. **1** Persona que ha recibido el más alto grado académico. **2** Título que la Iglesia da con particularidad a algunos santos. **3** Médico. **4 doctor honoris causa.** Título honorífico que conceden las universidades.

doctrina. f. **1** Enseñanza sobre una materia. **2** Opinión de un autor, escuela, partido político, etc. **3** Conjunto organizado de ideas.

doctrinario, ria. adj. **1** Relacionado con una determinada doctrina. **2** Intransigente, fanático. También s. **Sin.** 2 dogmático.

documentación. f. **1** Acción de documentar o documentarse. **2** Conjunto de documentos que sirven para este fin. **3** Documento o documentos con que se identifica alguien.

documentado, da. adj. **1** Bien informado de un asunto. **2** Que tiene sus documentos de identificación. **Ant.** 2 indocumentado.

documental. adj. **1** Que se funda en documentos. **2** Se dice de las películas tomadas de la realidad con propósitos meramente informativos. También m.

documentalista. com. **1** Persona encargada de recoger, preparar y organizar toda clase de datos bibliográficos, informaciones, noticias, etc., sobre una determinada materia. **2** Persona que hace cine documental.

documentar. tr. **1** Probar una cosa con documentos. **2** Informar a uno acerca de un asunto. También prnl. **Sin.** 1 acreditar.

documento. m. **1** Escrito que ilustra acerca de un hecho. **2** Cualquier cosa que sirve de prueba.

dodecaedro. m. Poliedro de doce caras.

dodecafonía. f. Sistema musical atonal en el que se emplean indistintamente los doce intervalos cromáticos en que se divide la escala.

dodecágono, na. adj. y m. Polígono de doce ángulos y doce lados.

dodecasílabo, ba. adj. De doce sílabas.

dodo. m. Ave no voladora, de tamaño y cuerpo parecido al cisne; actualmente extinguida.

dogal. m. **1** Cuerda o soga que se ata al cuello de las caballerías. **2** Cuerda para ahorcar a los reos.

dogma. m. **1** Principio innegable de una ciencia. **2** Punto fundamental de un sistema, ciencia o religión.

dogmático, ca. adj. **1** Relacionado con el dogma. **2** Que considera dogma sus propias ideas, sin aceptar otras. También s. **Sin.** 2 doctrinario.

dogmatismo. m. **1** Conjunto de las proposiciones o verdades que se tienen por principios innegables en una ciencia, religión, filosofía, etc. **2** Actitud de la persona dogmática.

dogmatizar. tr. **1** Enseñar los dogmas. También intr. **2** Afirmar como innegable alguna cosa.

dogo, ga. adj. y s. Se dice de una raza de perros de gran tamaño, cabeza grande, cuello fuerte, figura estilizada y pelo corto. **Sin.** gran danés.

dólar. m. Unidad monetaria de varios países como Canadá, EE. UU. y Nueva Zelanda.

dolencia. f. Indisposición, enfermedad.

doler. intr. **1** Padecer dolor en una parte del cuerpo: *doler la cabeza, las muelas*. **2** Causar pena o disgusto: *le dolió lo que le dijiste*. | **dolerse.** prnl. **3** Arrepentirse de algo. **4** Compadecerse. **5** Quejarse y explicar el dolor. ‖ **Irreg.** Se conj. como *mover*.

dolicocéfalo, la. adj. Se dice del cráneo más largo que ancho, y de la persona que lo tiene así.

doliente. adj. **1** Enfermo. También com. **2** Dolorido.

dolmen. m. Monumento megalítico en forma de mesa.

dolo. m. Engaño, fraude.

Dolmen de Dombate (La Coruña)

dolomía o **dolomita.** f. Roca formada por carbonato doble de cal y magnesio.

dolor. m. **1** Sensación molesta y aflictiva de una parte del cuerpo. **2** Sentimiento, pena. **3** Pesar y arrepentimiento.

dolora. f. Breve composición poética de espíritu dramático, inventada por el poeta Campoamor.

dolorido, da. adj. **1** Que siente dolor. **2** Apenado, afligido. **Sin.** 1 resentido 2 entristecido ☐ **Ant.** 2 alegre.

doloroso, sa. adj. **1** Que causa dolor. | f. **2** Cuenta, factura, importe. **Sin.** 1 lamentable, penoso.

doloso, sa. adj. Engañoso, fraudulento.

doma. f. Acción de domar potros.

domador, ra. m. y f. Que doma animales.

domar. tr. **1** Amansar y hacer dócil al animal. **2** Sujetar, reprimir. **3** Hacer que una cosa dura adquiera flexibilidad: *domar unos zapatos*.

domesticar. tr. y prnl. **1** Acostumbrar al animal salvaje a la compañía del hombre. **2** Moderar la aspereza de carácter de una persona.

doméstico, ca. adj. **1** Relacionado con la casa o el hogar. **2** Se dice del animal que se cría en compañía del hombre. **3** Se dice del criado que sirve en una casa. También s.

domiciliar. tr. **1** Autorizar pagos o cobros con cargo o abono a una cuenta existente en una entidad bancaria. | **domiciliarse.** prnl. **2** Establecer su domicilio en algún lugar.

domiciliario, ria. adj. Relacionado con el domicilio.

domicilio. m. **1** Lugar donde vive una persona. **2** Lugar en que legalmente se considera establecida una persona. **3** Sede de una entidad. **Sin.** 1 vivienda, casa.

dominación. f. **1** Acción de dominar. **2** Control o imperio sobre un territorio.

dominante. adj. **1** Que domina. **2** Se dice de la persona que ejerce poder sobre otras. **3** Que sobresale, prevalece. **Sin.** 3 preponderante.

dominar. tr. **1** Tener dominio sobre alguien o algo. **2** Contener, reprimir: *dominó las lágrimas*. También prnl. **3** Poseer a fondo una ciencia o arte. **4** Divisar una extensión considerable de terreno desde una altura: *desde su ventana se domina todo el puerto*. | intr. **5** Sobresalir.

domingo. m. Día de la semana anterior al lunes, generalmente dedicado al descanso.

dominguero, ra. adj. **1** Que se suele usar en domingo. **2** Persona que suele divertirse sólo los domingos o los festivos. También s.

dominical. adj. **1** Relativo al domingo. | m. **2** Periódico que se publica los domingos, y especialmente el suplemento que lo acompaña.

dominicano, na. adj. y s. De la República Dominicana.

dominico, ca. adj. **1** Religioso o religiosa de la Orden de Santo Domingo. También s. **2** Relativo a esta Orden.

dominio. m. **1** Acción de dominar a alguien o algo. **2** Poder que uno tiene de usar y disponer de lo suyo. **3** Territorios sujetos a un Estado. Más en pl. **Sin.** 2 disfrute 3 posesión.

dominó. m. **1** Juego que se hace con 28 fichas rectangulares, generalmente blancas y marcadas con puntos. **2** Conjunto de las fichas de este juego.

domo. m. En arquit., bóveda en forma de una media esfera.

don. m. **1** Dádiva, regalo. **2** Gracia especial o habilidad para hacer una cosa. **3** Tratamiento de respeto que se antepone a los nombres de pila masculinos.

donación. f. Acción de donar.

donador, ra. adj. y s. Que hace donación.

donaire. m. **1** Gracia al hablar. **2** Ocurrencia, chiste. **3** Agilidad y elegancia al moverse.

donante. adj. **1** Que dona. | com. **2** Persona que voluntariamente cede un órgano, sangre, etc., con fines terapéuticos.

donar. tr. Traspasar uno gratuitamente a otro alguna cosa. **Ant.** quitar.

donativo. m. Dádiva, regalo, cesión.

doncel. m. **1** Joven noble aún no armado caballero. **2** Joven, adolescente. **3** Paje.

doncella. f. **1** Muchacha joven. **2** Mujer virgen. **3** Criada que sirve en una casa.

donde. adv. relat. l. **1** Indica el lugar en que se lleva a cabo una acción, o en el que está una persona o cosa: *no está donde dices*. A veces cumple función de pron.: *el barrio donde vivió*. | adv. interr. **2** Con acento, se usa para preguntar por el lugar en que está una persona o cosa o en el que se desarrolla algo: *¿dónde dejaste la chaqueta?* **3** Con función de prep., equivale a *en casa de*: *estuve donde Luis*.

dondequiera. adv. l. En cualquiera parte.

dondiego. m. Planta herbácea, originaria de Perú, con flores de colores variados que se abren al anochecer y se cierran al salir el Sol.

dongón. m. Árbol de Filipinas de 25 a 30 m de altura, cuya madera fuerte y correosa se emplea en construcciones navales.

donjuán. m. Galanteador, seductor.

donoso, sa. adj. Que tiene gracia, donaire.

donostiarra. adj. y com. De San Sebastián.

donosura. f. Donaire, gracia.

doña. f. Tratamiento de respeto que se aplica a las mujeres y precede a su nombre propio.

dopar. tr. y prnl. En dep., administrar fármacos o

estimulantes para potenciar el rendimiento de los deportistas.

dóping. m. Acción de dopar o doparse.

dorada. f. Pez teleósteo de dorso negro azulado y blanco el vientre, con una mancha dorada entre los ojos; es muy estimado en alimentación.

dorado, da. adj. **1** De color de oro o semejante a él. **2** Esplendoroso, feliz: *edad dorada.*

dorar. tr. **1** Cubrir con oro. **2** Dar color de oro. También prnl. **3** Encubrir con apariencia agradable acciones malas o noticias desagradables. **4** Tostar o freír ligeramente un alimento. También prnl. **Sin.** 3 atenuar, paliar.

dorio, ria. adj. y s. **1** Se dice de un pueblo indoeuropeo que invadió Grecia a partir del s. XII a.C. **2** De este pueblo.

dormido, da. adj. **1** Atontado. | f. **2** *amer.* Lugar donde se pasa la noche.

dormilón, na. adj. y s. **1** Muy inclinado a dormir. | f. **2** *amer.* Camisón para dormir.

dormir. intr. **1** Descansar con el sueño. También prnl. **2** Pasar la noche en un lugar, pernoctar. | tr. **3** Hacer que alguien se entregue al sueño: *dormir a un niño.* **4** Anestesiar. | **dormirse.** prnl. **5** Descuidarse. **6** Adormecerse un miembro. **7** Sosegarse, amainar. || **Irreg.** Conjugación modelo:

Indicativo
Pres.: *duermo, duermes, duerme, dormimos, dormís, duermen.*
Imperf.: *dormía, dormías,* etc.
Pret. indef.: *dormí, dormiste, durmió, dormimos, dormisteis, durmieron.*
Fut. imperf.: *dormiré, dormirás,* etc.
Potencial: *dormiría, dormirías,* etc.
Subjuntivo
Pres.: *duerma, duermas, duerma, durmamos, durmáis, duerman.*
Imperf.: *durmiera, durmieras, durmiera, durmiéramos, durmierais, durmieran* o *durmiese, durmieses, durmiese, durmiésemos, durmieseis, durmiesen.*
Fut. imperf.: *durmiere, durmieres,* etc.
Imperativo: *duerme, dormid.*
Participio: *dormido.*
Gerundio: *durmiendo.*

---

dormitar. intr. Estar medio dormido. **Ant.** espabilarse.

dormitorio. m. **1** Habitación para dormir. **2** Conjunto de muebles de esta habitación.

dorsal. adj. **1** Relativo al dorso, espalda o lomo. **2** En ling., se dice de la consonante que se articula

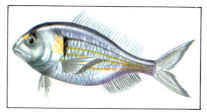

Dorada

con el dorso de la lengua *(ñ, k).* También f. | m. **3** Trozo de tela con un número, que llevan a la espalda los participantes en muchos deportes. | f. **4** Cordillera.

dorso. m. Revés o espalda de una cosa. **Sin.** envés □ **Ant.** anverso.

dos. adj. **1** Uno y uno. **2** Segundo. | m. **3** Signo con que se representa el número dos.

doscientos. adj. **1** Dos veces ciento. También pron. y m. **2** Ducentésimo, o que sigue en orden al ciento noventa y nueve. | m. **3** Conjunto de signos con que se representa este número.

dosel. m. **1** Colgadura o techo que cubre un sillón, altar, trono, cama, etc., y que sirve de ornamento. **2** Antepuerta o tapiz.

dosificación. f. Acción de dosificar.

dosificar. tr. **1** Dividir o graduar la dosis de un medicamento. **2** Graduar otras cosas, como las fuerzas.

dosis. f. **1** Cantidad de medicina que se da al enfermo cada vez. **2** Cantidad o porción de una cosa cualquiera. || No varía en pl.

dossier. (voz fr.) m. Conjunto de documentos o informes que se refieren a un asunto.

dotación. f. **1** Acción de dotar. **2** Tripulación de un barco. **3** Personal de una empresa, fábrica, etc. **Sin.** 3 plantilla.

dotar. tr. **1** Dar a una persona o cosa alguna propiedad o cualidad ventajosa: *está dotado de gran inteligencia.* **2** Señalar bienes para una fundación, institución, etc.: *han dotado un premio de ocho millones.* **3** Dar, proveer. **4** Asignar a un barco, oficina, taller, etc., las personas y material necesarios. **5** Asignar sueldo a un empleo o cargo cualquiera: *el puesto está bien dotado.* **6** Dar dote a una mujer.

dote. amb. **1** Caudal que la mujer aportaba al matrimonio o que entrega al ingresar en un convento o institución religiosa. Más como f. | f. pl. **2** Cualidades o aptitudes sobresalientes de una persona.

dovela. f. Piedra labrada en forma de cuña, para formar arcos o bóvedas.

dracma. f. **1** Antigua moneda griega de plata. **2** Unidad monetaria de la Grecia actual.

draconiano, na. adj. Excesivamente rígido o severo: *un régimen draconiano*.

draga. f. **1** Máquina que se emplea para limpiar los puertos, ríos, etc. **2** Barco con esta máquina.

dragaminas. m. Buque destinado a localizar y recoger minas submarinas. ‖ No varía en pl.

dragar. tr. **1** Ahondar y limpiar con draga los puertos, ríos, etc. **2** Recoger las minas submarinas.

drago. m. Árbol originario de Canarias, de tronco grueso, cilíndrico, lleno de cicatrices correspondientes a las hojas perdidas, de 12 a 14 m de altura, copa recogida y siempre verde, y flores pequeñas de color blanco verdoso.

dragón. m. **1** Animal fabuloso con forma de serpiente, patas y alas, capaz de echar fuego por la boca. **2** Reptil saurio caracterizado por las expansiones de su piel, que forma a los lados del abdomen una especie de alas, que ayudan a los saltos del animal.

dragontea. f. Planta herbácea vivaz que se cultiva como adorno.

drama. m. **1** Obra literaria escrita para ser representada en un escenario. **2** Obra teatral, cinematográfica, etc., de asunto serio o triste. **3** Suceso triste y conmovedor: *la sequía es un verdadero drama*. **4** Género literario: *destacó en la narrativa y en el drama*.

dramático, ca. adj. **1** Relativo al drama. **2** Se dice del autor o actor de obras teatrales de asunto serio. También s. **3** Triste, capaz de conmover mucho. **4** Teatral, afectado. ǀ f. **5** Género literario al que pertenecen las obras destinadas a la representación escénica.

dramatismo. m. Cualidad de dramático.

dramatizar. tr. **1** Dar forma dramática. **2** Exagerar con apariencias dramáticas o afectadas. **Sin.** 1 teatralizar.

dramaturgo, ga. m. y f. Autor de obras dramáticas.

dramón. m. Drama de escasa calidad, muy exagerado y sensiblero.

drástico, ca. adj. Riguroso, enérgico, radical. **Sin.** tajante □ **Ant.** flexible.

drávida. adj. y com. Dravídico.

dravídico, ca. adj. Se dice de pueblos y lenguas no arios que ocupan la mayor parte meridional de la India.

drenaje. m. Acción de drenar.

drenar. tr. **1** Desaguar. **2** Asegurar la salida de líquidos de una herida, acceso o cavidad.

dríade, dría o **dríada.** f. Ninfa de los bosques.

driblar. tr. En algunos deportes, en especial el fútbol, esquivar a un contrario al mismo tiempo que se avanza con el balón. **Sin.** regatear.

dribling. (voz ingl.) m. Acción de driblar.

dril. m. Tela fuerte de hilo o algodón crudos.

driza. f. Cuerda que sirve para izar las velas y banderas en un barco.

droga. f. **1** Nombre genérico de ciertas sustancias usadas en industria, medicina o química. **2** Sustancia estimulante, deprimente, narcótica o alucinógena. **3** Estupefaciente. **4** Cualquier cosa que crea hábito o dependencia. **5** *amer.* Deuda.

drogadicción. f. Adicción a una droga.

drogadicto, ta. adj. y s. Adicto a alguna droga, especialmente estupefacientes. **Sin.** drogata.

drogado, da. adj. Bajo el efecto de alguna droga.

drogar. tr. y prnl. Administrar estupefacientes u otras drogas.

drogata o **drogota.** com. En argot, drogadicto.

droguería. f. Tienda donde se venden productos de limpieza, pinturas, etc.

droguero, ra. m. y f. Propietario o empleado de una droguería.

dromedario. m. Artiodáctilo rumiante del N. de África, muy semejante al camello, pero con una sola joroba.

drosera. f. Planta droserácea, cuyas hojas, dotadas de pelos terminados en cabezuelas glandulosas, aprisionan al insecto que se posa sobre ellas.

droseráceo, a. adj. y f. **1** Se dice de las plantas angiospermas dicotiledóneas herbáceas, como la drosera. ǀ f. pl. **2** Familia de estas plantas.

druida. m. Sacerdote celta.

drupa. f. Fruto de mesocarpio carnoso y una sola semilla, como el melocotón o la ciruela.

drupáceo, a. adj. De la naturaleza de la drupa o parecido a ella.

druso, sa. adj. **1** Se apl. a un pueblo de la región del Líbano, que profesa una religión derivada de la mahometana. También s. **2** Relativo a los drusos.

dual. adj. Formado por dos partes, que contiene dos aspectos distintos, etc.: *una personalidad dual*.

dualidad. f. **1** Reunión de dos caracteres distintos en una misma persona o cosa. **2** Circunstancia de existir a un tiempo dos cosas de una misma clase.

Dromedario

dualismo. m. Sistema religioso y filosófico que explica el origen y naturaleza del universo por la acción de dos principios diversos y contrarios.

dualista. adj. y com. Partidario del dualismo.

dubitación. f. Duda.

dubitativo, va. adj. Que implica o manifiesta duda. **Ant.** seguro.

ducado. m. **1** Dignidad de duque. **2** Territorio sobre el que recae este título. **3** Estado gobernado por un duque. **4** Antigua moneda de oro.

ducal. adj. Relacionado con el duque.

ducentésimo, ma. adj. y s. **1** Que ocupa el puesto número doscientos. **2** Se dice de cada una de las doscientas partes iguales en que se divide un todo.

ducha. f. **1** Aplicación de agua que se hace caer sobre el cuerpo en forma de chorro o de lluvia. **2** Aparato o espacio para ducharse.

duchar. tr. y prnl. Dar una ducha.

ducho, cha. adj. Experimentado, diestro.

dúctil. adj. **1** Se dice de los metales que admiten grandes deformaciones mecánicas en frío sin llegar a romperse. **2** Se dice de los metales que mecánicamente se pueden extender en alambres o hilos. **3** Dócil. **Sin.** 1-3 maleable.

ductilidad. f. Cualidad de dúctil.

duda. f. **1** Vacilación e indeterminación ante varias posibilidades. **2** Cuestión propuesta para resolverla. **Sin.** 1 incertidumbre 2 problema.

dudar. intr. **1** Estar en duda, vacilar entre resoluciones y juicios contradictorios. | tr. **2** Dar poco crédito a una cosa. **Sin.** 1 titubear 2 sospechar.

dudoso, sa. adj. **1** Que ofrece duda. **2** Que tiene duda. **3** Poco probable. **Sin.** 1 ambiguo, equívoco 2 indeciso.

duela. f. Cada una de las tablas curvadas de las cubas, barriles, etc.

duelo. m. **1** Combate entre dos a consecuencia de un desafío. **2** Dolor, aflicción, particularmente por la muerte de alguien. **Ant.** 2 alegría.

duende. m. **1** Espíritu travieso que se cree que habita en algunas casas, bosques, etc. **2** Encanto misterioso: *ese chico tiene duende.*

dueño, ña. m. y f. **1** Persona que tiene dominio sobre algo. **2** Propietario. **3** Amo.

duermevela. amb. Sueño ligero o interrumpido.

dueto. m. Dúo musical.

dulce. adj. **1** De sabor parecido al de la miel o el azúcar. **2** Que no es salado, agrio o picante: *agua dulce, pimentón dulce.* **3** Grato, apacible. **4** Afable, complaciente. | m. **5** Alimento hecho con azúcar o que tiene este sabor: *hice un dulce para la cena.* **6** Caramelo, golosina. **Ant.** 3 desagradable.

dulcero, ra. adj. **1** Aficionado al dulce. | m. y f. **2** Confitero.

Dunas en el desierto

dulcificación. f. Acción de dulcificar o dulcificarse.

dulcificar. tr. **1** Volver dulce. También prnl. **2** Mitigar la aspereza de una cosa. **Sin.** 1 endulzar 2 atenuar, suavizar ☐ **Ant.** 1 amargar.

dulzaina. f. Instrumento músico de viento, de tubo cónico y lengüeta doble.

dulzarrón, na. adj. De sabor dulce pero empalagoso.

dulzón, na. adj. Excesivamente dulce, empalagoso.

dulzor. m. Cualidad de dulce.

dulzura. f. **1** Cualidad de dulce. **2** Suavidad, deleite. **3** Afabilidad, bondad, docilidad.

dumping. (voz ingl.) m. Venta de un bien en el exterior a un precio inferior al fijado para el mismo bien en el mercado interior.

duna. f. Colina de arena que se forma en los desiertos y playas por acción del viento.

dúo. m. **1** Composición para dos voces o instrumentos. **2** Estas voces o intérpretes. **Sin.** 1 dueto.

duodécimo, ma. adj. **1** Que ocupa el puesto número doce. También pron. **2** Se dice de cada una de las doce partes iguales en que se divide un todo. También s.

duodenal. adj. Del duodeno.

duodenitis. f. Inflamación del duodeno. || No varía en pl.

duodeno. m. Primera porción del intestino delgado.

dúplex. adj. y s. Vivienda de dos plantas unidas entre sí por una escalera interior. || No varía en pl.

dúplica. f. En der., escrito en los juicios en que el demandado responde a la réplica del demandante.

duplicación. f. Acción de duplicar o duplicarse.

duplicado. m. Copia o reproducción de un documento, película, etc.

duplicar – dux

duplicar. tr. **1** Hacer doble una cosa. También prnl. **2** Multiplicar por dos una cantidad. **3** Reproducir, sacar copia.

duplicativo, va. adj. Que dobla o duplica.

duplicidad. f. **1** Cualidad de doble. **2** Hipocresía, falsedad.

duplo, pla. adj. y m. Que contiene un número exactamente dos veces.

duque, duquesa. m. y f. Título de nobleza superior al marqués. Persona que lleva este título.

duración. f. **1** Acción de durar. **2** Tiempo que dura una cosa.

duradero, ra. adj. Que dura o puede durar mucho.

duraluminio. m. Aleación de aluminio con magnesio, cobre y manganeso, que tiene la dureza del acero.

duramadre. f. Membrana que cubre la pared del encéfalo y la médula espinal.

duramen. m. Parte más seca, dura y oscura del tronco de un árbol.

durante. prep. Mientras dura: *durante la cena...*

durar. intr. **1** Continuar siendo o existiendo. **2** Subsistir, permanecer: *todavía le dura el enfado.* **Sin.** 1 prolongarse ☐ **Ant.** 1 acabarse.

durazno. m. Nombre genérico por el que se conocen varias especies de frutas como el melocotón y el albaricoque.

dureza. f. **1** Cualidad de duro. **2** Resistencia que opone un mineral a ser rayado por otro. **3** Tumor o callosidad. **4** Severidad excesiva, crueldad. **Sin.** 1 consistencia, solidez ☐ **Ant.** 1 blandura.

durmiente. adj. y com. **1** Que duerme. | m. **2** Madero horizontal sobre el cual se apoyan otros. **3** *amer.* Traviesa de la vía férrea.

duro, ra. adj. **1** Difícil de cortar, rayar, comprimir o desfigurar: *esta madera es muy dura.* **2** Que no está todo lo blando que debe estar: *el pan está duro.* **3** Fuerte, resistente. **4** Excesivamente severo, violento o cruel: *un castigo duro.* **5** Torpe de entendimiento: *eres duro de mollera.* **6** Difícil de llevar o tolerar: *una vida dura.* | m. **7** Moneda de cinco pesetas. **Sin.** 1 sólido, compacto 3 duradero 4 inclemente ☐ **Ant.** 3 frágil, endeble 5 listo.

duunvirato. m. **1** Dignidad y cargo de duunviro. **2** Tiempo que duraba. **3** Régimen político de un gobierno de duunviros.

duunviro. m. Nombre de diferentes magistrados en la antigua Roma.

dux. m. Antiguo príncipe o magistrado supremo en las repúblicas de Venecia y Génova. ‖ No varía en pl.

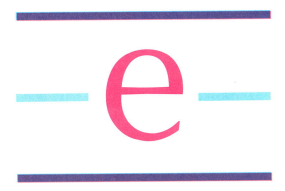

e. f. Quinta letra del abecedario español, y segunda de sus vocales. || pl.: *ees*. (Ver **a, i, o.**)

e. conj. cop. Se usa en vez de la *y*, para evitar el hiato, antes de palabras que empiezan por *i* o *hi*: *Juan e Ignacio, padre e hijo*. No puede reemplazar a la *y* en principio de interrogación o admiración, ni cuando la palabra siguiente empieza por *y* o por la sílaba *hie*: *¿y Ignacio? Ocaña y Yepes, tigre y hiena*.

¡ea! interj. **1** Se emplea para animar, estimular o excitar: *¡Ea!, que ya te falta poco*. **2** Expresa resolución: *no te lo llevarás, ¡ea!* **SIN.** 1 ¡vamos!, ¡hale!

ebanista. com. Persona que trabaja en ébano y otras maderas finas.

ebanistería. f. **1** Arte o taller de ebanista. **2** Conjunto de obras de un ebanista.

ébano. m. Árbol de 10 a 12 m de altura, de hojas alternas y lanceoladas, flores verdosas y bayas redondas, de madera pesada y maciza, muy negra por el centro y blanquecina hacia la corteza, muy apreciada en la fabricación de muebles.

ebenáceo, a. adj. y f. **1** Se dice de los árboles o arbustos intertropicales, angiospermos dicotiledóneos, como el ébano. | f. pl. **2** Familia de estas plantas.

ebonita. f. Materia obtenida al mezclar goma elástica, azufre y aceite de linaza, y que se empleaba para hacer cajas, peines, aisladores de aparatos eléctricos, etc.

ebrio, bria. adj. **1** Embriagado, borracho. También s. **2** Ciego, arrebatado por una pasión: *ebrio de amor*. **SIN.** 1 bebido 2 ofuscado, exaltado.

ebullición. m. Hervor, acción de hervir.

ebúrneo, a. adj. poét. De marfil o parecido a él.

ecarté. m. Juego de naipes entre dos.

eccehomo o **ecce homo.** m. **1** Imagen de Jesucristo coronado de espinas. **2** Persona herida o de aspecto lastimoso.

eccema. m. Enfermedad alérgica de la piel caracterizada por la aparición de pequeñas vejigas rojizas e irregulares, acompañadas de picor.

echar. tr. **1** Hacer que una cosa vaya a alguna parte dándole impulso. También prnl.: *echarse al agua*. **2** Hacer que una cosa caiga en sitio determinado: *echar una carta al buzón*. **3** Dejar caer, verter: *echa ya los fideos a la sopa*. **4** Despedir de sí una cosa: *echar chispas*. **5** Hacer salir a uno de algún lugar: *le echaron de la clase*. **6** Brotar en las plantas sus raíces, hojas o frutos: *el ficus ha echado otro brote*. **7** Tratándose de seres vivos, salir o aumentar alguna parte natural de su organismo: *echar un diente*. **8** Deponer a uno de su empleo o cargo: *le echaron del trabajo*. **9** Cerrar llaves, cerrojos, pestillos, etc.: *echa el candado*. **10** Jugar dinero a alguna cosa: *echar a la loto*. **11** Inclinar, mover, recostar. También prnl.: *échate hacia la derecha, que no veo*. **12** Remitir una cosa a la suerte: *echar a suertes*. **13** Jugar, apostar: *ayer echamos un mus*. También intr. **14** Seguido de la prep. *de*, dar: *echar de comer*. **15** Experimentar un aumento notable en lo que se expresa: *echar barriga*. **16** Calcular el precio, la edad, etc.: *yo te echaba veinte años*. **17** Mostrar mucho enojo: *echar rayos y centellas*. **18** Repartir, distribuir. **19** Decir: *echar una parrafada*. **20** Junto a voces como *abajo, por tierra, por el suelo*, etc., derribar, arruinar, asolar: *echaron por tierra su proyecto*. **21** Imponer, aplicar: *echar diez años de cárcel*. **22** Tratándose de películas, espectáculos, etc., representar, proyectar, ejecutar: *hoy echan una de indios*. **23** Seguido de la prep. *a*, y un infinitivo, significa dar principio a la acción expresada: *echar a correr*; o ser causa o motivo de ella: *echar a perder*. También prnl. | **echarse.** prnl. **24** Arrojarse, tirarse: *se echó sobre su enemigo*. **25** Acostarse, tumbarse: *voy a echarme un rato*. **26** Ponerse las aves sobre los huevos. **27** Entablar determinada relación con una persona: *echarse novia.* **28 echar a perder.** loc. Estropear. **29 echar de menos.** loc. Advertir, notar la falta de una persona o cosa. **30** Tener sentimiento y pena por la falta de ésta. **31 echárselas.** loc. Presumir de: *echárselas de valiente.* **Sin.** 1 arrojar, lanzar 3 verter 5 expulsar 8 destituir, apartar 14 distribuir, repartir 15 engrosar, aumentar 16 conjeturar, suponer 19 proferir, dirigir 22 pasar 23 empezar, arrancar, comenzar □ **Ant.** 1 retener, coger 2 sacar 7 perder 8 admitir, nombrar 9 abrir 15 reducir 23 terminar 25 incorporarse, levantarse.

echarpe. m. Prenda femenina de vestir que cubre hombros y espalda. **Sin.** chal, mantón.

eclecticismo. m. **1** Escuela filosófica que procura conciliar las doctrinas de diversos sistemas. En el siglo III a. C. apareció en Alejandría una escuela de eclécticos célebres fundada por Potamón. **2** Modo de juzgar u obrar que adopta una posición intermedia, en lugar de optar por soluciones extremas. **3** Tendencia a reunir y conjugar elementos, opiniones, estilos, etc., muy diversos. **Sin.** 2 conciliación, moderación □ **Ant.** 2 extremismo.

ecléctico, ca. adj. **1** Relacionado con el eclecticismo. **2** Se dice de la persona que profesa las doctrinas de esta escuela. También s. **3** Se dice de lo que está compuesto de elementos, opiniones, estilos, etc., de carácter diverso: *una corriente artística ecléctica.* **4** Se dice de la persona que tiene ideas, opiniones o un modo de actuar muy variado.

eclesial. adj. Relacionado con la Iglesia. **Sin.** eclesiástico.

eclesiástico, ca. adj. **1** Relacionado con la Iglesia, y en particular con los clérigos. | m. **2** Persona que ha recibido las órdenes religiosas. **Sin.** 1 eclesial 2 cura, sacerdote □ **Ant.** 1 y 2 laico, seglar.

eclesiastizar. tr. Dar carácter sagrado a bienes temporales.

eclipsar. tr. **1** Causar un astro el eclipse de otro. **2** Oscurecer, deslucir: *la fama del hijo eclipsó sus propias contribuciones científicas.* También prnl. | **eclipsarse.** prnl. **3** Ocurrir el eclipse de un astro. **4** Evadirse, ausentarse, desaparecer: *al verles llegar decidió eclipsarse.* **Ant.** 2 destacar, resaltar.

eclipse. m. **1** Ocultación transitoria y total o parcial de un astro, o pérdida de su luz prestada, por interposición de otro cuerpo celeste. **2** Ausencia, desaparición transitoria de una persona o cosa.

eclíptica. f. **1** Circunferencia máxima de la esfera celeste, descrita por el movimiento aparente del Sol en el curso del año. El plano de la eclíptica corta al ecuador terrestre con un ángulo de 23° 27'. **2** Órbita descrita por la Tierra en su movimiento alrededor del Sol.

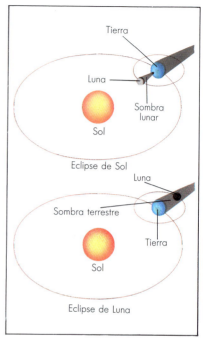

Eclipses de Sol y de Luna

eclosión. f. **1** Acto de abrirse un capullo de flor, crisálida, o de romperse cualquier otra envoltura que contenía un ser vivo. **2** Aparición o manifestación súbita de un movimiento social, histórico, político, cultural, etc.: *la eclosión de los movimientos de vanguardia.* **3** Acción de abrirse el ovario en el momento de la ovulación. **Sin.** 1 brote, nacimiento 2 surgimiento □ **Ant.** 2 desaparición.

eco. m. **1** Repetición de un sonido por la reflexión de las ondas sonoras. **2** Onda electromagnética reflejada de modo tal que se percibe como distinta de la originalmente emitida. **3** Sonido que se percibe débil y confusamente: *desde su ventana se oía el eco del mar.* **4** Persona que imita o repite aquello que otro dice o hace: *es el eco de su padre.* **5** Chisme, rumor, noticia imprecisa. También pl.: *ecos de sociedad.* **6 hacerse eco de.** loc. Coincidir con lo que otro dice u opina. **Sin.** 3 murmullo, rumor.

ecografía. f. **1** Técnica de exploración del interior de un cuerpo orgánico mediante ondas electromagnéticas o acústicas. **2** Imagen que se obtiene por este método.

ecología. f. **1** Ciencia que estudia las relaciones existentes entre los seres vivos y el medio en que habitan. **2** Protección del medio ambiente y defensa de la naturaleza.

ecológico, ca. adj. Relacionado con la ecología.

ecologismo. m. Movimiento social que propugna la defensa de la naturaleza y la protección del medio ambiente.

ecologista. adj. **1** Relacionado con el ecologismo o la ecología: *movimiento, partido ecologista.* | com. **2** Partidario del ecologismo, defensor de la naturaleza.

economato. m. **1** Almacén o tienda destinados a un determinado colectivo, con precios más baratos que en las tiendas normales. **2** Cargo de ecónomo.

econometría. f. Parte de la ciencia económica que aplica las técnicas matemáticas y estadísticas a las teorías económicas para su verificación y solución de los problemas económicos mediante modelos.

economía. f. **1** Arte de administrar los bienes de la forma más conveniente y provechosa. **2** Ciencia que estudia la administración de bienes. **3** Riqueza pública o conjunto de los recursos de un país. **4** Ahorro de tiempo, trabajo, dinero, etc. **5** Reducción o moderación de los gastos. **6** Buena distribución del tiempo y de otras cosas inmateriales: *economía de espacio.* | pl. **7** Ahorros: *puso todas sus economías en el nuevo negocio.* **8 economía sumergida.** Actividad económica que se lleva a cabo sin el control de la legislación fiscal o laboral. **Sin.** 3 finanzas ☐ **Ant.** 4 derroche, despilfarro.

económico, ca. adj. **1** Relativo a la economía: *teoría económica.* **2** Que no gasta mucho. **3** Poco costoso: *un coche económico.* **Sin.** 2 ahorrativo 3 barato, asequible ☐ **Ant.** 2 gastador 3 caro, costoso.

economista. adj. y com. Persona especializada en economía.

economizar. tr. **1** Ahorrar, guardar. **2** Evitar, excusar algún trabajo, riesgo, etc. **Ant.** 1 gastar.

ecónomo. adj. y m. **1** Se dice del sacerdote que hace las funciones de párroco. | m. **2** Persona que se nombra para administrar y cobrar las rentas de las sedes eclesiásticas. **3** Administrador de los bienes de una persona incapacitada mentalmente.

Ecología: distintivos de asociaciones ecologistas

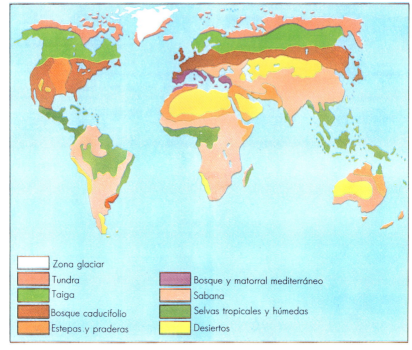

Ecosistemas de la Tierra

ecosistema. m. Comunidad de los seres vivos cuyos procesos vitales se relacionan entre sí y se desarrollan en función de los factores físicos de un mismo ambiente.

ecosonda. m. Aparato para medir las profundidades del mar y detectar bancos de peces.

ectodermo. m. Hoja externa del blastodermo.

ectoparásito. adj. y m. Parásito que vive en la superficie de otro organismo, como el piojo y la sanguijuela.

ecu. m. Unidad monetaria de la Unión Europea.

ecuación. f. **1** En mat., igualdad que contiene una o más incógnitas. **2** En astron., diferencia que hay entre el lugar o movimiento medio y el verdadero o aparente de un astro.

ecuador. m. **1** Círculo imaginario que equidista de los polos de la Tierra. **2** Círculo máximo que se considera en la esfera celeste, perpendicular al eje de la Tierra. **3** Paralelo de mayor radio en una superficie de revolución. **4** Punto medio en la duración de algo.

ecualizador. m. Dispositivo que en los equipos de alta fidelidad sirve para ecualizar el sonido.

ecualizar. tr. En equipos de alta fidelidad, ajustar dentro de determinados valores las frecuencias de reproducción de un sonido, con el fin de igualarlo a su emisión originaria.

ecuánime. adj. Que tiene ecuanimidad.

ecuanimidad. f. **1** Imparcialidad: *el jurado no se ha distinguido por su ecuanimidad*. **2** Actitud equilibrada, constante, tranquila. **Ant.** 1 parcialidad.

ecuatorial. adj. Relacionado con el ecuador: *clima ecuatorial*.

ecuestre. adj. **1** Relativo al caballo: *ejercicios ecuestres*. **2** Perteneciente o relativo al caballero, o a una orden de caballería: *orden ecuestre*. **Sin.** 1 hípico.

ecuménico, ca. adj. Universal, que se extiende a todo el orbe. Se dice especialmente de los concilios cuando son generales. **Sin.** mundial □ **Ant.** local.

eczema. m. Eccema.

edad. f. **1** Tiempo que una persona lleva existiendo desde su nacimiento: *tiene más edad de la que* *aparenta*. **2** Duración de una cosa desde que comenzó a existir: *dicen que la edad de este árbol supera los diez siglos*. **3** Cada uno de los períodos en que se considera dividida la vida humana: *edad madura*. **4** Período histórico: *la Edad de Piedra*. **5** Época: *el s. XV abrió la edad de los descubrimientos*. **6** Vejez, ancianidad: *un hombre de edad*. **Sin.** 1 vida 2 antigüedad 3 etapa 6 senectud ☐ **Ant.** 6 infancia.

edafología. f. Ciencia que trata de la naturaleza y condiciones del suelo en su relación con los seres vivos.

edema. m. Hinchazón blanda de una parte del cuerpo producida por acumulación de líquido: *edema pulmonar*.

edén. m. **1** Paraíso terrenal. **2** Lugar muy ameno y delicioso: *esta isla es un edén*. **Ant.** 1 y 2 infierno.

edición. f. **1** Impresión de un libro, revista, etc., para su publicación. **2** Conjunto de ejemplares de una obra impresos en una sola tirada: *esta novela va ya por la novena edición*. **3** Cada celebración de determinado certamen, exposición, festival, etc.: *su película obtuvo el primer premio en la última edición del Festival de Venecia*. **4** Texto de una obra preparado con criterios filológicos.

edicto. m. **1** Mandato, decreto. **2** Escrito que se fija en lugares públicos y en ocasiones se publica en los periódicos. **Sin.** 1 disposición 2 bando, cartel.

edificación. f. **1** Acción de hacer un edificio. **2** Acción de incitar a alguien a obrar bien. **3** Construcción, edificio. **Ant.** 1 demolición.

edificante. adj. Que edifica o incita a alguien a obrar bien: *un relato edificante*. **Sin.** ejemplar.

edificar. tr. **1** Fabricar, hacer un edificio: *ya han empezado a edificar en el solar de enfrente*. **2** Incitar a otros a obrar bien. **Sin.** 1 levantar, erigir ☐ **Ant.** 1 derrumbar, destruir.

edificio. m. Construcción hecha con materiales resistentes para ser usada como vivienda, industria, cine, teatro, etc. **Sin.** inmueble.

edil. m. **1** Concejal. **2** Magistrado romano a cuyo cargo estaban las obras públicas.

editar. tr. Publicar por medio de la imprenta o por cualquier medio de reproducción una obra, periódico, folleto, mapa, disco, etc. **Sin.** imprimir.

editor, ra. adj. **1** Que edita. | m. y f. **2** Persona o entidad encargada de editar y distribuir una obra. También adj.: *empresa editora*. **3** Persona que se dedica a preparar la publicación de un texto siguiendo criterios filológicos.

editorial. adj. **1** Relativo a los editores o a las ediciones. | f. **2** Empresa que se dedica a editar periódicos, libros, discos, etc.: *trabaja en una pequeña editorial*. | m. **3** Artículo de fondo de un periódico.

editorialista. com. Escritor encargado de redactar los editoriales de un periódico.

edredón. m. **1** Plumón de ciertas aves del Norte. **2** Cobertor de cama relleno con plumas de ciertas aves, o de algodón, guata, etc.

educación. f. **1** Acción de educar. **2** Proceso de socialización y aprendizaje encaminado al desarrollo intelectual, social, cultural, cívico, etc. **3** Instrucción por medio de la acción docente. **4** Cortesía, urbanidad: *eso es de mala educación*. **5 educación física.** Conjunto de disciplinas y ejercicios encaminados a lograr el desarrollo y perfección corporales. **Sin.** 1 adiestramiento 1 y 2 enseñanza 4 corrección ☐ **Ant.** 4 descortesía, grosería.

educado, da. adj. Que tiene buena educación o urbanidad. **Sin.** correcto, cortés ☐ **Ant.** grosero, ordinario.

educando. adj. y m. Que está recibiendo educación.

educar. tr. **1** Desarrollar las facultades intelectuales, físicas, morales y sensitivas. También prnl.: *se educó en los mejores colegios*. **2** Dirigir, encaminar. **3** Enseñar los buenos usos de urbanidad y cortesía: *consintiéndole como lo haces, no educarás bien al chico*. **Sin.** 1 instruir, formar ☐ **Ant.** 3 malcriar.

educativo, va. adj. **1** Relacionado con la educación. **2** Se dice de lo que educa o sirve para educar.

edulcorar. tr. Endulzar con sustancias naturales, como el azúcar y la miel, o sintéticas, como la sacarina, cualquier producto de sabor desagradable o insípido. **Sin.** azucarar ☐ **Ant.** amargar.

efebo. m. Muchacho, adolescente. **Sin.** mozo ☐ **Ant.** viejo, anciano.

efectismo. m. **1** Cualidad de efectista. **2** Procedimiento o recurso empleado para impresionar fuertemente el ánimo. **Sin.** 2 sensacionalismo, espectacularidad.

efectista. adj. **1** Aficionado al efectismo. También com. **2** Recurso en que se manifiesta esta tendencia.

efectividad. f. Cualidad de efectivo.

efectivo, va. adj. **1** Real, verdadero, cierto. | m. **2** Dinero en metálico o disponible en un determinado momento: *¿lo abonará en efectivo o con tarjeta?* | m. pl. **3** Fuerzas militares o policiales: *el cuartel contaba con escasos efectivos*.

efecto. m. **1** Lo que se resulta de una acción: *todo ello es el efecto de tu imprevisión*. **2** Impresión: *la noticia nos causó un gran efecto*. **3** Fin por el que se hace algo: *a tal efecto decidió retrasar su partida*. **4** Documento o valor mercantil. **5** En cine, teatro y otros espectáculos, truco o artificio para provocar determinadas impresiones. Más en pl.: *efectos especiales*. **6** Artículo de comercio. **7 a efectos de.** loc. Con la finalidad de conseguir o aclarar alguna cosa. **8 con,**

efectuar – ejecutar

o **en, efecto.** loc. adv. Efectivamente, en realidad, de verdad. **9** En conclusión, así que. **Sin.** 1 consecuencia, fruto, resultado 2 sensación, impacto 3 objetivo, finalidad ☐ **Ant.** 1 causa, origen.

efectuar. tr. **1** Ejecutar una cosa: *efectuó un brusco viraje.* | **efectuarse.** prnl. **2** Cumplirse una cosa, llevarse a cabo: *hoy se efectúa la toma de posesión del nuevo director.* **Sin.** 1 obrar 2 suceder, producirse ☐ **Ant.** 1 deshacer, anular 2 incumplirse.

efedráceo, a. adj. y f. **1** Se dice de plantas gimnospermas leñosas, con tallo nudoso, hojas pequeñas, flores unisexuales y fruto en baya. | f. pl. **2** Familia de estas plantas.

efeméride. f. **1** Acontecimiento notable que se recuerda en su aniversario. | pl. **2** Libro o comentario en que se refieren los hechos de cada día. **3** Sucesos notables ocurridos en diferentes años, pero en un mismo día. **Sin.** 1 evento.

eferente. adj. Que lleva del interior hacia la periferia: *nervios eferentes.* **Ant.** aferente.

efervescencia. f. **1** Desprendimiento de burbujas a través de un líquido. **2** Agitación, excitación: *la sesión de la bolsa se desarrolló en un clima de efervescencia.* **Sin.** 1 burbujeo 2 exaltación ☐ **Ant.** 2 tranquilidad, calma.

efervescente. adj. Que está o puede estar en efervescencia.

eficacia. f. Cualidad de eficaz. **Sin.** capacidad, eficiencia ☐ **Ant.** ineficacia.

eficaz. adj. Que logra hacer efectivo un intento o propósito: *una medida eficaz.* **Ant.** ineficaz.

eficiencia. f. Capacidad para lograr un efecto determinado: *el nuevo empleado demuestra mucha eficiencia.*

eficiente. adj. Que tiene eficiencia.

efigie. f. **1** Personificación, representación de algo real o ideal: *parecía la efigie de la inocencia.* **2** Imagen, representación de una persona: *en la cara de la moneda aparecía la efigie del emperador.* **Sin.** 2 retrato.

efímero, ra. adj. **1** Pasajero, que dura poco: *una tregua efímera.* **2** Que dura un solo día. **Sin.** 1 y 2 breve, perecedero ☐ **Ant.** 1 y 2 duradero.

eflorescencia. f. Erupción cutánea, aguda o crónica, que se presenta en varias regiones del cuerpo, y con particularidad en el rostro.

efluir. intr. Fluir o escaparse un líquido o un gas hacia el exterior.

efluvio. m. **1** Emisión de pequeñas partículas. **2** Emanación, irradiación en lo inmaterial: *toda su actitud despedía efluvios de ira.* **Sin.** 1 y 2 exhalación.

efod. m. Vestidura de lino fino, corta y sin mangas, que usaban los sacerdotes israelitas sobre todas las otras y les cubría principalmente las espaldas.

efusión. f. **1** Expresión viva e intensa de sentimientos de afecto y alegría. **2** Derramamiento de un líquido. **Sin.** 1 entusiasmo 2 derrame ☐ **Ant.** 1 frialdad.

efusivo, va. adj. Que se manifiesta con efusión: *tu primo es muy efusivo.* **Sin.** expansivo, caluroso ☐ **Ant.** frío.

egabrense. adj. y com. De Cabra (Córdoba).

égida o **egida.** f. **1** Protección, defensa: *realizó estos frescos bajo la égida de su mecenas.* **2** Escudo. **Sin.** 1 amparo, patrocinio.

egiptología. f. Rama de la arqueología que estudia las antigüedades de Egipto.

egiptólogo, ga. m. y f. Persona especializada en egiptología.

égloga. f. Composición poética del género bucólico, en la que, por lo común, dos pastores dialogan acerca de sus afectos o de la vida campestre.

egocéntrico, ca. adj. **1** Relacionado con el egocentrismo. **2** Que muestra egocentrismo. También s.

egocentrismo. m. Exagerada exaltación de la propia personalidad, hasta considerarla como centro de la atención y actividad generales. **Sin.** narcisimo, egolatría.

egoísmo. m. **1** Inmoderado y excesivo amor que uno tiene a sí mismo y que le hace atender desmedidamente a su propio interés, sin cuidarse del de los demás. **2** Acto sugerido por esta condición personal. **Ant.** 1 altruismo.

egoísta. adj. y com. Que tiene egoísmo.

ególatra. adj. Que muestra egolatría.

egolatría. f. Amor excesivo a sí mismo. **Sin.** egocentrismo, narcisismo ☐ **Ant.** sencillez, humildad.

egotismo. m. **1** Prurito de hablar de sí mismo. **2** Sentimiento exagerado de la propia personalidad.

egregio, gia. adj. Insigne, ilustre: *un pintor egregio.* **Sin.** distinguido, eminente ☐ **Ant.** vulgar.

¡eh! interj. Se emplea para preguntar, llamar, despreciar, reprender o advertir: *¿a que no lo sabías, eh?; ¡eh, tú, sal de ahí!*

eje. m. **1** Barra que atraviesa un cuerpo giratorio. **2** Línea que divide por la mitad el ancho de una cosa. **3** Barra horizontal que une ruedas opuestas de un vehículo. **4** Idea, persona, circunstancia, etc., que se considera fundamental con respecto a algo: *Breton se erigió en el eje del movimiento surrealista.* **Sin.** 4 base, fundamento.

ejecución. f. **1** Acción de ejecutar. **2** Manera de ejecutar una cosa. Se dice especialmente de las obras musicales o pictóricas. **3** Cumplimiento de un procedimiento o mandato judicial.

ejecutar. tr. **1** Hacer, realizar una cosa: *ejecutó una jugada maestra.* **2** Ajusticiar. **3** Tocar un instrumento musical. **4** Hacer cumplir una orden o disposición judicial por procedimiento ejecutivo. También prnl.: *ya se ha ejecutado la sentencia de embargo.* SIN. 1 efectuar, realizar □ ANT. 4 indultar.

ejecutivo, va. adj. 1 Se dice de la persona encargada de ejecutar alguna cosa, especialmente mandatos, leyes, etc.: *consejo ejecutivo.* | m. y f. 2 Persona que desempeña un cargo directivo en una empresa. | f. 3 Junta directiva: *la ejecutiva de un partido.*

ejecutor, ra. adj. Que ejecuta.

ejecutoria. f. 1 Sentencia firme e inapelable, y documento comprobante de ella. 2 Título o diploma en que consta legalmente la nobleza de una persona o familia. 3 Acción que ennoblece.

ejecutoriar. tr. 1 Dar firmeza a un pronunciamiento judicial. También prnl. 2 Comprobar la certeza de una cosa.

ejecutorio, ria. adj. Firme, invariable.

¡ejem! interj. Denota duda o ironía.

ejemplar. adj. 1 Que da buen ejemplo: *tuvo un comportamiento ejemplar.* 2 Que sirve de escarmiento: *un castigo ejemplar.* | m. 3 Cada una de las copias sacadas de un mismo original o modelo: *la biblioteca conserva un ejemplar de la edición príncipe del Quijote.* 4 Cada uno de los individuos de una especie o de un género: *lidió un magnífico ejemplar de Miura.* SIN. 1 modélico 2 aleccionador 4 espécimen.

ejemplaridad. f. Cualidad de ejemplar.

ejemplificar. tr. Demostrar, ilustrar o autorizar con ejemplos.

ejemplo. m. 1 Cosa, hecho o persona que sirve de modelo: *la obra de Petrarca sirvió de ejemplo a la lírica renacentista.* 2 Acción, conducta, cosa o persona que puede inclinar a alguien a que la imite: *mejor no sigas su ejemplo.* 3 Hecho o texto que se cita: *para ilustrarlo, expondré varios ejemplos.* **4 por ejemplo.** loc. Se usa para introducir una prueba o aclaración, o para ilustrar o autorizar lo que antes se ha dicho. SIN. 1 patrón, norma.

ejercer. tr. e intr. 1 Practicar una profesión o un oficio: *ejerce de médico.* 2 Hacer uso de una virtud, facultad, etc.: *ejerció toda su influencia para conseguir información.* SIN. 1 profesar, desempeñar.

ejercicio. m. 1 Acción de ejercitarse o de ejercer. 2 Trabajo práctico para el aprendizaje de ciertas disciplinas: *ejercicio de traducción.* 3 Esfuerzo corporal que se hace para mantenerse saludable y en forma, o para entrenar en algún deporte: *tendría que hacer un poco de ejercicio.* 4 Cada una de las pruebas de que consta un examen: *el primer ejercicio era un test.* 5 Tiempo durante el cual rige una ley de presupuestos. SIN. 1 desempeño, uso 3 deporte, gimnasia.

ejercitación. f. Acción de ejercitarse.

ejercitante. adj. 1 Que ejercita. | com. 2 Persona que hace ejercicios de oposición o espirituales.

ejercitar. tr. 1 Hacer que uno aprenda algo mediante la enseñanza práctica: *ejercitar el oído.* También prnl. | **ejercitarse.** prnl. 2 Adiestrarse en un arte, oficio o profesión: *ejercitarse en la medicina.* SIN. 1 adiestrar.

ejército. m. 1 Conjunto de fuerzas armadas de un país. 2 Cuerpo militar que está bajo las órdenes de un general. 3 Colectividad organizada para la realización de un fin. SIN. 1 milicia.

ejido. m. Campo común de todos los vecinos de un pueblo, donde se reúnen los ganados o se establecen las eras.

el. art. det. en gén. m. y núm. sing. Se usa también delante de sustantivo femenino que empieza con el sonido de *a* tónica, incluso si le precede *h* muda: *el agua, el álgebra, el ánima, el área, el hacha, el hampa,* etc.

él. pron. pers. de 3.ª pers. en gén. m. y núm. sing. Con preposición, se emplea también como complemento: *a él, de él.*

elaboración. f. Acción de elaborar.

elaborado, da. adj. Que ha sido preparado o trabajado con cuidado y esmero: *nos sirvió un elaborado menú.* SIN. esmerado, cuidado □ ANT. descuidado.

elaborar. tr. y prnl. 1 Preparar un producto: *aquí se elaboran nuestros vinos.* 2 Producir una sustancia: *las abejas elaboran la miel.* SIN. 1 confeccionar, hacer.

elación. f. 1 Elevación, grandeza. 2 Hinchazón de estilo y lenguaje.

elasmobranquio, quia. adj. y m. 1 Se dice de los peces de esqueleto cartilaginoso, piel recubierta de escamas en forma de dientes, branquias al descubierto y sin vejiga natatoria, como el tiburón o la raya. | m. pl. 2 Subclase de estos peces.

elasticidad. f. 1 Flexibilidad: *me asombra la elasticidad de esta gimnasta.* 2 Propiedad de los cuerpos que recobran su extensión y figura primitivas, tan pronto como cesa la acción que las alteraba: *la elasticidad de la goma.* SIN. 1 ductilidad, maleabilidad □ ANT. 1 rigidez, inflexibilidad.

elástico, ca. adj. 1 Se dice del cuerpo que puede recobrar su forma y extensión después que haya cesado la acción o fuerza que la había alterado: *este tejido es muy elástico.* 2 Acomodaticio, que puede ajustarse a distintas circunstancias: *hemos llegado a un acuerdo más elástico.* | m. 3 Tejido, cinta o cordón de goma: *se me ha roto el elástico de la falda.* | f. 4 Camiseta deportiva. 5 Camiseta de punto. SIN. 1 flexible 2 adaptable □ ANT. 1 y 2 rígido.

elastómero, ra. adj. y s. Materia natural o sintética que, como el caucho, presenta gran elasticidad.

eleagnáceo, a. adj. y f. **1** Se dice de plantas angiospermas dicotiledóneas, como el árbol del Paraíso. | f. pl. **2** Familia de estas plantas.

elección. f. **1** Acción de elegir: *tu elección me parece muy prudente*. **2** Nombramiento de una persona para algún cargo, comisión, etc. | pl. **3** Votación que se hace para designar a uno entre varios candidatos: *se habla de anticipar las elecciones*. SIN. 3 comicios, sufragio.

electivo, va. adj. Que se hace o se da por elección.

electo, ta. 1 p. p. irreg. de *elegir*. | adj. y s. **2** Se dice de la persona que ha sido elegida o nombrada para una dignidad, empleo, etc., mientras no toma posesión.

elector, ra. adj. y s. Que *elige* o tiene potestad o derecho de elegir.

electorado. m. **1** Conjunto de electores de un país o circunscripción. **2** Estado soberano de Alemania cuyo príncipe era elector.

electoral. adj. Relacionado con los electores o las elecciones: *campaña electoral*.

electricidad. f. **1** Conjunto de fenómenos físicos derivados del efecto producido por el movimiento y la interacción entre cargas eléctricas positivas y negativas. **2** Corriente eléctrica: *ayer hubo un corte de electricidad*.

electricista. adj. y com. Se dice de la persona que se ocupa de hacer las instalaciones eléctricas.

eléctrico, ca. adj. **1** Que tiene o comunica electricidad: *cable eléctrico*. **2** Que funciona con electricidad o que la produce: *quemador eléctrico*. **3** Perteneciente a ella: *material eléctrico*.

electrificar. tr. **1** Dotar de instalación eléctrica. **2** Hacer que una máquina, equipo, etc., funcione con energía eléctrica.

electrización. f. Acción de electrizar.

electrizante. adj. Que electriza o sirve para electrizar. SIN. apasionante.

electrizar. tr. y prnl. **1** Comunicar o producir la electricidad en un cuerpo. **2** Exaltar, avivar el ánimo, entusiasmar: *su actuación consiguió electrizar al público*. SIN. 2 enardecer, apasionar.

electroacústica. f. Rama de la electrotecnia, que trata de las corrientes eléctricas alternas, cuya frecuencia está comprendida dentro de la escala de las vibraciones.

electrocardiografía. f. Parte de la medicina que estudia la obtención e interpretación de los electrocardiogramas.

electrocardiógrafo. m. Aparato que registra las corrientes eléctricas emanadas del músculo cardiaco.

electrocardiograma. m. Gráfico obtenido por el electrocardiógrafo.

electrochoque. m. Procedimiento terapéutico empleado en ciertos estados patológicos mentales, provocando el coma mediante la aplicación de una descarga eléctrica.

electrocutar. tr. y prnl. Matar o morir por medio de una descarga eléctrica: *se electrocutó al manipular un cable de alta tensión*.

electrodo o **eléctrodo.** m. **1** Cuerpo conductor por el que un flujo eléctrico entra o sale de un sistema. **2** Polo o terminal de una fuente eléctrica.

electrodoméstico. m. y adj. Aparato eléctrico destinado al uso doméstico (aspiradora, lavadora, etc.).

electroencefalografía. f. Parte de la medicina, que trata de la obtención e interpretación de los electroencefalogramas.

electroencefalógrafo. m. Aparato que registra las descargas eléctricas de la corteza cerebral.

electroencefalograma. m. Gráfico obtenido por el electroencefalógrafo.

electrógeno, na. adj. Que produce o genera electricidad: *grupo electrógeno*.

electroimán. m. Barra de hierro dulce, imantada artificialmente por la acción de una corriente eléctrica.

electrólisis. f. Descomposición química de un cuerpo producida por la electricidad. || No varía en pl.

electrólito. m. Cuerpo que se somete a la descomposición por la electricidad.

electrolizar. tr. Descomponer por electrólisis.

electromagnético, ca. adj. Relacionado con el electromagnetismo o los electroimanes.

electromagnetismo. m. Rama de la física que estudia las acciones y reacciones de las corrientes eléctricas sobre los imanes.

electromecánico, ca. adj. Instalación industrial en la que se utiliza la electricidad para producir trabajo mecánico.

electrómetro. m. Aparato que sirve para medir la cantidad de electricidad que tiene un cuerpo.

electromotor, ra. adj. y m. Que transforma la energía eléctrica en mecánica.

electrón. m. Partícula elemental del átomo dotada de carga negativa.

electronegativo, va. adj. Se dice de los cuerpos que, en la electrólisis, se dirigen al polo positivo.

electrónica. f. **1** Rama de la física que estudia dispositivos basados en el movimiento de los electrones libres en el vacío, gases o semiconductores. **2** Conjunto de aplicaciones técnicas derivadas de este estudio.

electrónico, ca. adj. Relacionado con los electrones o la electrónica.

electroscopio. m. Aparato para detectar cargas eléctricas.

electroshock. m. Electrochoque.

electrostática. f. Rama de la electricidad que estudia la electricidad en reposo o en forma de carga eléctrica, y su medida.

electrostático, ca. adj. Relacionado con la electrostática.

electrotecnia. f. Estudio de las aplicaciones técnicas de la electricidad.

electroterapia. f. Empleo de la electricidad en el tratamiento de las enfermedades.

elefante. m. **1** Mamífero del orden de los proboscidios, que puede llegar a alcanzar hasta 4 m de altura, tiene el cuerpo de color ceniciento oscuro, la cabeza pequeña, los ojos chicos, las orejas grandes y colgantes, la nariz muy prolongada en forma de trompa; carece de caninos y tiene dos dientes incisivos, llamados comúnmente colmillos, macizos y muy desarrollados; habita en Asia y África, donde lo emplean como animal de carga. **2 elefante blanco.** *amer.* Algo que cuesta mucho mantener y que no produce ninguna utilidad. **3 elefante marino.** Mamífero pinnípedo de la familia de las focas que habita en los mares australes; el macho puede llegar a alcanzar hasta 6 m de largo.

elefantiasis. f. Enfermedad caracterizada por el aumento desproporcionado de algunas partes del cuerpo, especialmente de las extremidades inferiores y de los órganos genitales externos. || No varía en pl.

elegancia. f. Cualidad de elegante.

elegante. adj. **1** Se dice de la persona que viste, actúa y habla con buen gusto. También com.: *a la recepción acudieron los elegantes de la localidad.* **2** Distinguido, que tiene gracia: *se despidió con un elegante movimiento de cabeza.* **3** De alto nivel: *un barrio, un restaurante elegante.* **4** Mesurado, correcto, bien proporcionado: *esta novela muestra un elegante estilo.* **Sin.** 1 distinguido ☐ **Ant.** 1 y 2 ordinario.

elegía. f. Composición poética del género lírico, que expresa sentimientos de tristeza.

elegíaco, ca o **elegiaco, ca.** adj. **1** Relacionado con la elegía. **2** De carácter lastimero o triste.

elegido, da. m. Predestinado, elegido por Dios.

elegir. tr. **1** Escoger, seleccionar: *yo elijo el verde.* **2** Nombrar por elección a alguien: *le han elegido embajador.* || **Irreg.** Se conj. como *pedir.* **Sin.** 1 preferir ☐ **Ant.** 1 rechazar.

elemental. adj. **1** Fundamental, primordial: *educación elemental.* **2** Obvio, evidente: *elemental, querido Watson.* **3** Relativo al elemento. **Sin.** 1 esencial ☐ **Ant.** 1 accesorio 2 difícil.

elemento. m. **1** Principio físico o químico de los cuerpos. **2** Fundamento, móvil o parte integrante de una cosa: *este mecanismo consta de varios elementos.* **3** En quím., cuerpo simple e indivisible. **4** Medio ambiente natural: *esta planta no está en su elemento.*

Elefante africano

5 Para la filosofía antigua: la tierra, el agua, el aire y el fuego. **6** Individuo valorado positiva o negativamente para una acción conjunta: *¡menudo elemento es Pedro!* | pl. **7** Fundamentos y primeros principios de las ciencias y artes: *elementos de lingüística.* **8** Medios, recursos: *carezco de elementos de juicio para aconsejarte.* **Sin.** 4 ambiente, hábitat 6 tipo 7 principios.

elenco. m. **1** Catálogo, índice. **2** Conjunto de personas que intervienen en un espectáculo: *el cartel de la corrida presentaba un elenco de primeras figuras.* **Sin.** 1 lista, repertorio 2 reparto.

elepé. m. Del inglés *Long Play*, disco de larga duración.

elevación. f. **1** Acción de elevar. **2** Parte más alta de alguna cosa: *la casa estaba edificada sobre una pequeña elevación del terreno.* **3** Encumbramiento material o moral. **4** Acción de alzar el sacerdote el cáliz o la hostia en la misa. **Sin.** 1 ascenso 2 saliente, prominencia ☐ **Ant.** 1 descenso, disminución 2 depresión 3 mezquindad.

elevado, da. adj. **1** Levantado sobre un nivel; alto: *paso elevado.* **2** Sublime: *un pensamiento elevado.*

elevador, ra. adj. **1** Que eleva. **2** Se dice de la máquina eléctrica cuya fuerza electromotora se suma a la tensión de otra fuerza de energía eléctrica. También s. | m. **3** *amer.* Ascensor o montacargas.

elevar. tr. **1** Levantar una cosa. También prnl.: *el globo se elevó en el aire.* **2** Mejorar a uno en su puesto, cargo, condición social, política, etc.: *le han elevado a jefe de producción.* También prnl. **3** Dirigir un escrito o petición a una autoridad: *elevó la propuesta al director del departamento.* **4** En mat., poner un número en una potencia. **Sin.** 1 subir, izar 2 ascender ☐ **Ant.** 1 y 2 bajar.

elfo – embajador

elfo. m. En la mitología escandinava, genio, espíritu del aire. **Sin.** duende.

elidir. tr. **1** Suprimir la vocal con que acaba una palabra cuando la que sigue empieza con otra vocal, como *del* por *de el*. **2** Debilitar, desvanecer una cosa. **Sin.** 1 eliminar.

eliminar. tr. **1** Quitar, separar: *eliminar la suciedad*. También prnl. **2** Prescindir de algo o alguien; excluir: *el equipo quedó eliminado en los cuartos de final*. **3** En mat., resolver una incógnita en una ecuación. **4** Expeler el organismo una sustancia: *eliminar líquidos*. **Sin.** 1 suprimir, deshacer 2 descartar 3 echar ☐ **Ant.** 2 incluir, admitir 4 retener.

eliminatorio, ria. adj. **1** Que elimina, que sirve para eliminar. | f. **2** En campeonatos o concursos, prueba que se hace para seleccionar los participantes: *no superó la eliminatoria*.

elipse. f. Curva cerrada, simétrica respecto de dos ejes perpendiculares entre sí, que resulta de cortar un cono circular por un plano que encuentra a todas las generatrices del mismo lado del vértice.

elipsis. f. Omisión en la frase u oración de una o más palabras sin alterar el sentido de la frase: *su novia estudia periodismo; la mía, farmacia (mi novia estudia farmacia)*. || No varía en pl.

elipsoidal. adj. Con forma de elipsoide o parecido a él.

elipsoide. m. Sólido limitado en todos sentidos, cuyas secciones planas son todas elipses o círculos.

elíptico, ca. adj. **1** Perteneciente o relativo a la elipse: *trayectoria elíptica*. **2** Perteneciente a la elipsis: *verbo elíptico*.

elite o **élite.** f. Minoría selecta: *la elite social*.

elitismo. m. Sistema que favorece a las elites de una sociedad.

elitista. adj. y com. Relativo al elitismo, o partidario de él.

élitro. m. Cada una de las alas anteriores y endurecidas de algunos insectos, que no les sirven para volar, sino para proteger las interiores.

elixir o **elíxir.** m. **1** Medicamento compuesto de diferentes sustancias curativas, disueltas por lo regular en alcohol. **2** Medicamento o remedio maravilloso: *elixir de amor*. **3** En la alquimia, sustancia esencial de un cuerpo. **Sin.** 1 colutorio.

ella. pron. pers. de 3.ª pers. en gén. f. y núm. sing. Con preposición, se emplea también como complemento: *a ella, para ella*.

ello. pron. pers. de 3.ª pers. en gén. n. Con preposición, se emplea también como complemento: *con ello*.

ellos, ellas. pron. pers. de 3.ª pers. en gén. m. y f. y núm. pl. Con preposición, se emplean también como complemento: *con ellos, de ellas*.

elocución. f. **1** Manera de hacer uso de la palabra para expresar los conceptos. **2** Modo de elegir y distribuir las palabras y los pensamientos en el discurso. **Sin.** 1 dicción 1 y 2 estilo.

elocuencia. f. Facultad de hablar o escribir de modo eficaz para deleitar y conmover, y especialmente para persuadir a oyentes o lectores. **Sin.** fluidez, oratoria, labia.

elocuente. adj. Que habla o escribe con elocuencia, o de aquello que la tiene.

elogiar. tr. Hacer elogios de una persona o cosa. **Sin.** alabar, ponderar ☐ **Ant.** denigrar.

elogio. m. Alabanza, testimonio de las buenas cualidades y mérito de una persona o cosa. **Sin.** loa, ensalzamiento ☐ **Ant.** crítica, reproche.

elote. m. Mazorca tierna de maíz que, cocida o asada, se consume como alimento en México y otros países de América Central.

elucidar. tr. Poner en claro: *elucidar una cuestión*. **Sin.** aclarar, dilucidar ☐ **Ant.** confundir.

elucubrar. tr. **1** Pensar reiteradamente en un asunto. También intr.: *no dejo de elucubrar sobre las causas del fallo*. **2** Divagar. **Sin.** 1 meditar, lucubrar.

eludir. tr. **1** Esquivar una dificultad: *no puedes eludir tu responsabilidad*. **2** Dejar sin efecto una cosa. **3** Evitar: *consiguió eludir el cerco policial*. **Sin.** 1 y 3 rehuir ☐ **Ant.** 1 y 3 afrontar.

emanación. f. **1** Acción de emanar. **2** Efluvio, exhalación: *una emanación de gases*.

emanantismo. m. Doctrina panteísta según la cual todas las cosas proceden de Dios por emanación.

emanar. intr. **1** Proceder, derivar: *todo ello emana de una falta de planificación*. **2** Desprenderse de los cuerpos las sustancias volátiles. También tr.: *el guiso emanaba un olor delicioso*. | tr. **3** Desprender algo de sí, especialmente sentimientos: *emanar simpatía*. **Sin.** 1 arrancar 2 emitir, despedir 3 difundir.

emancipación. f. Acción de emancipar.

emancipar. tr. y prnl. Liberar de la tutela, de la servidumbre, o de cualquier sujeción en la que se estaba: *ya se ha emancipado de sus padres*.

emascular. tr. Extirpar los órganos genitales masculinos. **Sin.** castrar.

embadurnar. tr. y prnl. Untar, manchar: *límpiate las manos, que vas a embadurnarlo todo de chocolate*.

embajada. f. **1** Oficina y residencia del embajador o de la representación diplomática de un país en otro. **2** Cargo de embajador. **3** Conjunto de sus empleados. **4** Mensaje para tratar algún asunto de importancia, especialmente los que se envían recíprocamente los jefes de Estado por medio de sus embajadores. **5** Proposición o exigencia impertinente. **Sin.** 1 legación.

embajador, ra. m. y f. **1** Agente diplomático que representa a su país en otro. **2** Emisario, mensajero.

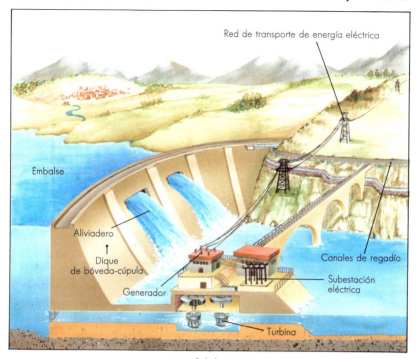

Embalse

embalaje. m. **1** Acción de embalar objetos. **2** Caja o cubierta con que se resguardan los objetos que han de transportarse: *venía en un embalaje muy aparatoso*. **3** Coste de esta caja o cubierta: *nos han cobrado 650 pesetas de embalaje*. **Sin.** 1 empaquetado.

embalar. tr. **1** Colocar convenientemente dentro de cajas, cubiertas, etc., los objetos que han de transportarse. | **embalarse.** prnl.: **2** Aumentar en exceso la velocidad: *en cuanto llega a la autopista, se embala como un loco*. **3** Dejarse llevar por un deseo, sentimiento, etc.: *le preguntó qué le pasaba y el otro se embaló hablando*. **Sin.** 1 empaquetar 2 acelerar 3 lanzarse □ **Ant.** 1 desembalar 2 frenar.

embalsadero. m. Lugar hondo y pantanoso en donde se suelen recoger las aguas llovedizas.

embalsamamiento. m. Acción de embalsamar.

embalsamar. tr. **1** Preparar un cadáver para evitar su descomposición. **2** Perfumar, aromatizar: *el aroma del jazmín embalsamaba la noche*. También prnl. **Sin.** 1 momificar.

embalsar. tr. y prnl. Retener agua u otro líquido en una balsa. **Sin.** empantanar, estancar □ **Ant.** fluir, correr.

embalse. m. **1** Acción de embalsar **2** Depósito artificial en el que se almacenan las aguas de un río. **3** Cantidad de agua embalsada. **Sin.** 1 estancamiento 2 pantano.

embanastar. tr. **1** Meter una cosa en la banasta. **2** Meter en un espacio cerrado más gente de la que cabe. También prnl. **Sin.** 2 apiñar, hacinar.

embarazado, da. adj. **1** Molesto, incómodo: *ante tu pregunta se mostró embarazado*. **2** Se dice de la mujer preñada. También f.: *las embarazadas deben cuidar su dieta*. **Sin.** 2 encinta.

embarazar. tr. **1** Impedir, estorbar: *apártate, no embaraces el paso*. **2** Dejar encinta a una mujer. | **embarazarse.** prnl. **3** Hallarse confundido ante algo o alguien: *tus confidencias le embarazaron*. **Sin.** 1 obstaculizar 2 fecundar 3 cohibirse □ **Ant.** 1 ayudar, desembarazar.

embarazo. m. **1** Impedimento, dificultad: *su reti-*

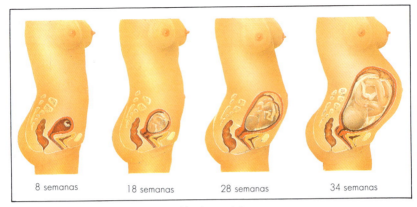

Fases del embarazo de la mujer

rada supuso un grave embarazo para el proyecto. **2** Preñez de la mujer. **3** Tiempo que dura ésta: *durante el embarazo no deben tomarse ciertos medicamentos.* **4** Falta de soltura, vergüenza: *no mostró embarazo alguno ante tus reproches.* Sin. 2 y 3 gestación 4 apocamiento.

embarazoso, sa. adj. Que embaraza o incomoda: *una pregunta embarazosa.*

embarbillar. tr. e intr. En carp., ensamblar dos maderas a muesca y barbilla.

embarcación. f. **1** Vehículo flotante que se emplea para transportarse por el agua. **2** Tiempo que dura una navegación en barco. **3** Acción de embarcar personas o de embarcarse. Sin. 1 barco, navío 3 embarque.

embarcadero. m. Lugar acondicionado para embarcar y desembarcar; muelle. Sin. atracadero.

embarcar. tr. y prnl. **1** Introducir a personas, mercancías, etc., en una embarcación: *se embarcaron rumbo a Mallorca.* **2** Hacer que uno intervenga en una empresa, especialmente cuando es difícil o arriesgada: *antes de embarcarme en ese asunto quiero tener más referencias.* **3** *amer.* Engañar. Sin. 2 comprometer, arriesgar, aventurar □ Ant. 1 desembarcar.

embarco. m. **1** Acción de embarcar. **2** Ingreso de tropas en un barco o tren, para ser transportadas.

embargar. tr. **1** Retener una cosa por mandamiento administrativo o judicial. **2** Llenar completamente, absorber la atención: *estaba embargado de emoción.* **3** Dificultar, impedir. Sin. 1 confiscar, requisar 2 colmar 3 entorpecer □ Ant. 1 desembargar.

embargo. m. **1** Retención de bienes por mandamiento administrativo o judicial. **2** Prohibición del comercio y transporte de armas u otras cosas, decretada por un gobierno: *embargo económico.* **3 sin embargo.** loc. conjunt. No obstante. Sin. 1 confiscación 2 bloqueo.

embarque. m. **1** Acción de embarcar mercancías o embarcarse personas. **2** Pasaje que se embarca. Sin. 1 embarco.

embarrado. m. Mezcla de barro o tierra para recubrir paredes y muros.

embarrancar. intr. y prnl. **1** Encallar una embarcación: *la nave embarrancó en unos escollos.* | **embarrancarse.** prnl. **2** Atascarse una cosa en un lugar estrecho. **3** Atascarse en una dificultad. También intr.: *el proyecto se embarrancó ante el recorte presupuestario.* Sin. 1 varar □ Ant. 1 desencallar.

embarrar. tr. y prnl. **1** Untar, cubrir o manchar con barro: *embarrarse los zapatos.* **2** Embadurnar. **3** *amer.* Desacreditar a alguien. **4** *amer.* Complicar una situación. Sin. 1 enlodar 2 pringar □ Ant. 1 desembarrar.

embarrilar. tr. Meter en barriles.

embarullar. tr. **1** Confundir, mezclar desordenadamente unas cosas con otras: *no embarulles el armario.* También prnl. **2** Hacer algo precipitadamente: *se puso nervioso y embarulló la respuesta.* También prnl. Sin. 1 embrollar, enredar 2 descuidar.

embastar. tr. **1** Coser y asegurar con puntadas la tela que se ha de bordar en el bastidor. **2** Poner bastas a los colchones. **3** Hilvanar, apuntar o unir con hilvanes.

embaste. m. **1** Acción de embastar. **2** Costura a puntadas largas, hilván.

embate. m. **1** Golpe violento de mar. **2** Acometida impetuosa. **3** Viento suave de verano a la orilla del mar. | pl. **4** Vientos periódicos del Mediterráneo después de la canícula. **Sin.** 1 y 2 embestida.

embaucador, ra. adj. y s. Que embauca.

embaucamiento. m. Acción de embaucar.

embaucar. tr. Engañar, aprovecharse de la inocencia o confianza de alguien. **Sin.** engatusar.

embaular. tr. **1** Meter algo dentro de un baúl. **2** Comer con ansia, engullir. **Sin.** 2 devorar, zampar ☐ **Ant.** 1 desembaular.

embazar. tr. y prnl. **1** Detener o paralizar el fango u otra cosa blanda a una cosa dura: *el barro embaza las ruedas.* **2** Atascar o detener. **3** Pasmar, confundir.

embazarse. prnl. En el juego de naipes, meterse en bazas.

embebecer. tr. **1** Entretener, divertir. | **embebecerse.** prnl. **2** Quedarse embelesado o pasmado. **Sin.** 1 deleitar 2 ensimismarse ☐ **Ant.** 1 aburrir.

embeber. tr. **1** Absorber un cuerpo sólido otro en estado líquido: *embebe el agua con esta bayeta.* **2** Empapar. **3** Contener una cosa a otra; incorporar. **4** Encajar, meter una cosa dentro de otra. | intr. **5** Encogerse, apretarse, como el tejido de lana cuando se moja. También prnl.: *se me ha embebido el jersey.* | **embeberse.** prnl. **6** Quedarse absorto: *se embebió en sus pensamientos.* **7** Entregarse con interés a una actividad, sumergirse en ella. **Sin.** 1 chupar 4 incrustar, empotrar 6 y 7 enfrascarse ☐ **Ant.** 1 escupir, rechazar 5 desapelmazar 6 y 7 distraerse.

embelecar. tr. Engañar con artificios y falsas apariencias.

embeleco. m. **1** Embuste, engaño: *no consiguió nada con sus embelecos.* **2** Persona o cosa molesta.

embelesar. tr. y prnl. Arrebatar, cautivar: *su narración nos embelesó a todos.* **Sin.** fascinar ☐ **Ant.** desencantar.

embeleso. m. **1** Acción de embelesar. **2** Cosa que embelesa.

embellecedor, ra. adj. **1** Que embellece: *su cara se iluminó con una embellecedora sonrisa.* | m. **2** Moldura cromada de los automóviles.

embellecer. tr. y prnl. Hacer o poner bella a una persona o cosa: *lleva tres horas en el baño embelleciéndose.* **Sin.** acicalar, arreglar ☐ **Ant.** afear, desarreglar. || **Irreg.** Se conj. como *agradecer.*

embellecimiento. m. Acción de embellecer o embellecerse.

embero. m. Árbol propio del África ecuatorial y apreciado por su madera.

emberrincharse. prnl. Enfadarse demasiado; encolerizarse.

embestida. f. **1** Acción de embestir. **2** Detención inoportuna que se hace a uno para hablar de cualquier negocio. **Sin.** 1 acometida, embate.

embestir. tr. Lanzarse con ímpetu sobre una persona o cosa. También intr.: *las olas embestían furiosas.* || **Irreg.** Se conj. como *pedir.* **Sin.** arremeter, asaltar ☐ **Ant.** esquivar.

embetunar. tr. Cubrir una cosa con betún.

embijar. tr. *amer.* Ensuciar, manchar, embarrar.

emblema. m. **1** Símbolo en que se representa alguna figura, y al pie de la cual generalmente se escribe algún texto que indica el concepto que encierra: *el caballero portaba su emblema pintado en el escudo.* **2** Cualquier cosa que es representación simbólica de otra: *la cruz es el emblema del cristianismo.* **Sin.** 1 enseña 2 signo.

emblemático, ca. adj. Relativo al emblema.

embobamiento. m. Suspensión, embeleso.

embobar. tr. **1** Entretener a uno. | **embobarse.** prnl. **2** Quedarse uno suspenso, absorto y admirado: *se embobaba mirándola.*

embobecer. intr. y prnl. Volver bobo, entontecer a uno.

embocado, da. adj. Se dice del vino con cierto sabor dulce.

embocadura. f. **1** Acción de meter una cosa por una parte estrecha. **2** Boquilla de un instrumento musical de viento. **3** Bocado del freno. **4** Hablando de vinos, gusto, sabor. **5** Abertura del escenario de un teatro.

embocar. tr. **1** Meter por la boca una cosa. **2** Entrar o hacer entrar algo por una parte estrecha. También prnl.: *la bola no se embocó en el hoyo por muy poco.* **3** En mús., aplicar los labios a la boquilla de un instrumento de viento.

embodegar. tr. Guardar en la bodega una cosa.

Emblema

Toro embolado

embojar. tr. Colocar ramas donde se crían los gusanos de seda para que suban a ellas y hagan los capullos.

embojo. m. **1** Acción de embojar. **2** Conjunto de ramas que se ponen a los gusanos de seda para que hilen.

embolada. f. Cada uno de los movimientos de vaivén que hace el émbolo cuando está funcionando dentro del cilindro.

embolado, da. adj. **1** Se dice del toro al que se le ponen bolas en las puntas de los cuernos. También m.: *el embolado salió furioso del toril.* | m. **2** Engaño. **3** En el teatro, papel corto y deslucido. **4** Problema, dificultad: *no sé cómo resolver este embolado.* **Sin.** 2 trola, mentira 4 papeleta.

embolar. tr. Poner bolas de madera en las puntas de los cuernos del toro para que no pueda herir con ellos.

embolia. f. Obstrucción de un vaso sanguíneo por un coágulo.

embolismo. m. **1** Añadidura de ciertos días para igualar el año de una especie con el de otra; como el lunar y el civil con los solares. **2** Confusión, enredo. **3** Mezcla y confusión de muchas cosas. **4** Embuste, chisme.

émbolo. m. **1** Disco que se ajusta y mueve alternativamente en el interior de una bomba para comprimir un fluido o para recibir de él movimiento. **2** Coágulo, burbuja de aire u otro cuerpo extraño que, introducido en la circulación, produce la embolia.

embolsar. tr. **1** Cobrar o percibir una cantidad de dinero. **2** Guardar una cosa en la bolsa. | **embolsarse.** prnl. **3** Ganar dinero, especialmente de un juego, trabajo, etc.: *se embolsó varios miles en las quinielas.* **Sin.** 1 obtener, recaudar ☐ **Ant.** 1 perder, gastar.

emboque. m. **1** Paso de la bola por el aro, o de otra cosa por una parte estrecha. **2** Engaño.

emboquillado. adj. y m. Cigarrillo provisto de boquilla o filtro.

emboquillar. tr. Poner boquillas de papel a los cigarrillos.

emborrachar. tr. **1** Poner borracho. También prnl.: *se tomó dos copitas y se emborrachó.* **2** Empapar bizcochos o pasteles en vino, licor o almíbar. **3** Atontar, adormecer: *su lento hablar le emborrachaba.* También prnl. **4** Mojar excesivamente una mecha en combustible líquido. **Sin.** 1 embriagar 2 embeber 3 alelar 4 ahogar ☐ **Ant.** 1 despejar 3 despertar.

emborrar. tr. **1** Llenar de borra una cosa. **2** Dar la segunda carda a la lana.

emborrascar. tr. y prnl. **1** Irritar, alterar. | **emborrascarse.** prnl. **2** Hacerse borrascoso. **3** Echarse a perder un negocio.

emborronar. tr. **1** Llenar de borrones: *emborronó el examen al querer enmendarlo.* **2** Escribir desaliñadamente: *emborronó con prisa una nota de despedida.* SIN. 2 garabatear.

emboscada. f. **1** Ocultación de una o varias personas para atacar por sorpresa a otra u otras: *la guerrilla les tendió una emboscada.* **2** Asechanza, maquinación: *lo que me cuentas parece una emboscada de ese compañero tuyo.* SIN. 1 celada 2 intriga.

emboscar. tr. y prnl. **1** Poner un grupo de personas ocultas en un lugar para atacar a otra u otras: *se emboscaron en el desfiladero.* | **emboscarse.** prnl. **2** Ocultarse entre el ramaje. **3** Escudarse con una ocupación cómoda para mantenerse alejado del cumplimiento de alguna obligación.

embotadura. f. Acción de embotar las armas cortantes.

embotar. tr. y prnl. **1** Debilitar: *embotar el oído.* **2** Quitar los filos o puntas a ciertas armas e instrumentos cortantes: *la navaja se embotó al golpear contra el suelo.* | **embotarse.** prnl. **3** Aturdirse: *se embotó y no supo responder en el examen.* SIN. 1 enervar 2 mellar, despuntar 3 atontarse ☐ ANT. 1 aguzar 2 afilar 3 despejarse.

embotellado, da. adj. **1** Se dice del discurso, conferencia, etc., que se lleva preparado con antelación. | m. **2** Acción de embotellar los vinos u otros líquidos: *en esta sección se lleva a cabo el embotellado.* SIN. 1 estudiado 2 envasado.

embotellador, ra. m. y f. **1** Persona que tiene por oficio embotellar líquidos. | f. **2** Máquina que sirve para embotellar líquidos.

embotellamiento. m. **1** Acción de embotellar. **2** Congestión de vehículos. SIN. 2 atasco.

embotellar. tr. **1** Echar un líquido en botellas. **2** Acorralar a una persona: *le embotellaron en el callejón.* **3** Inmovilizar un negocio, una mercancía, etc. **4** Obstaculizar, obstruir: *han embotellado el proyecto.* | **embotellarse.** prnl. **5** Aprender de memoria un discurso, conferencia, lección, etc. SIN. 1 envasar.

embotijar. tr. **1** Guardar algo en botijos. **2** Colocar en el suelo una pila de botijas antes de embaldosar una habitación donde se prevé que habrá humedad. | **embotijarse.** prnl. **3** Hincharse, inflarse. **4** Enojarse, encolerizarse. SIN. 3 inflamarse.

embozar. tr. **1** Cubrir el rostro por la parte inferior. Más c. prnl. **2** Encubrir con palabras o con acciones una cosa: *sus palabras embozaban una amenaza.* SIN. 1 tapar 2 disimular.

embozo. m. **1** Doblez de la sábana de la cama por la parte que toca la cara. **2** Parte de la capa, bufanda, velo, etc., con que uno se cubre la cara.

embragar. tr. Hacer que un eje de motor participe del movimiento de otro por medio de un mecanismo.

embrague. m. **1** Acción de embragar. **2** Mecanismo dispuesto para que un eje participe o no en el mecanismo de otro. **3** Pedal con que se acciona dicho mecanismo.

embravecer. tr. Irritar, enfurecer. También prnl.: *el viento se embravecía por momentos.* || **Irreg.** Se conj. como *agradecer.*

embravecimiento. m. Irritación, furor.

embrazadura. f. **1** Acción de embrazar. **2** Asa por donde se toma y embraza el escudo.

embrazar. tr. Meter el brazo izquierdo por la embrazadura del escudo.

embrear. tr. Untar con brea.

embregarse. prnl. Meterse en bregas y cuestiones.

embriagador, ra o **embriagante.** adj. Que embriaga.

embriagar. tr. y prnl. **1** Causar embriaguez, emborrachar: *bebió demasiado y se embriagó.* **2** Atontar, perturbar. **3** Enajenar, embelesar a alguien algo que le causa satisfacción o placer: *esa música le embriagaba.*

embriaguez. f. **1** Turbación pasajera de los sentidos por el exceso de alcohol ingerido. **2** Enajenamiento causado por algo placentero: *embriaguez de los sentidos.* SIN. 1 borrachera.

embridar. tr. **1** Poner la brida a las caballerías. **2** Hacer que los caballos lleven y muevan bien la cabeza. **3** Sujetar, refrenar.

embriogenia o **embriogénesis.** f. Formación y desarrollo del embrión. || En la segunda forma, no varía en pl.

embriología. f. Ciencia que estudia la formación y vida de los embriones.

embrión. m. **1** Organismo en desarrollo, desde su comienzo en el huevo hasta que se han diferenciado todos sus órganos. **2** Principio incipiente de una cosa: *un pequeño malentendido fue el embrión de la disputa.* SIN. 2 germen, origen, principio ☐ ANT. 2 final.

embrocar. tr. **1** Devanar los bordadores en la broca los hilos. **2** Asegurar los zapateros con brocas las suelas para hacer zapatos. **3** Coger el toro al lidiador entre las astas.

embrochalar. tr. Sostener las vigas que no pueden cargar en la pared, por medio de un madero o brochal atravesado.

embrollar. tr. y prnl. Enredar, confundir las cosas: *se embrolló intentando justificarse.* SIN. liar ☐ ANT. aclarar.

embrollo. m. **1** Confusión, enredo: *en aquel embrollo nadie se ponía de acuerdo sobre lo que había* *pasado.* **2** Embuste, mentira: *no me cuentes más embrollos.* **3** Situación embarazosa o difícil de resolver: *no sé cómo salir de este embrollo.* **Sin.** 1 lío, barullo 2 trola, mentira ◻ **Ant.** 1 orden 2 verdad.

embrujamiento. m. Acción de embrujar.

embromar. tr. **1** Gastar una broma. **2** Burlarse de alguien. **3** *amer.* Molestar. **4** *amer.* Causar daño a alguien. También prnl. **Sin.** 1 bromear 2 vacilar, cachondearse.

embrujar. tr. **1** Hechizar. **2** Ejercer atracción o influencia sobre alguien: *tu hermana le tiene embrujado.* **Sin.** 1 encantar 2 fascinar ◻ **Ant.** 1 desencantar 2 repeler.

embrujo. m. **1** Acción de embrujar, hechizo. **2** Fascinación, encanto, atracción misteriosa y oculta.

embrutecer. tr. y prnl. Volver torpe o más bruta a una persona: *ese trabajo le embrutece.* ‖ **Irreg.** Se conj. como *agradecer.* **Sin.** entorpecer, entontecer.

embrutecimiento. m. Acción de embrutecer o embrutecerse.

embuchado. m. Tripa rellena con carne de cerdo picada u otra clase de relleno.

embuchar. tr. **1** Embutir carne picada en una tripa de animal. **2** Introducir comida en el buche de un ave. **3** Comer mucho y deprisa: *embuchó con ansia y terminó pidiendo bicarbonato.*

embudo. m. **1** Instrumento hueco con figura de cono y rematado en un canuto, que sirve para trasvasar líquidos. **2** Depresión o excavación cuya forma se asemeja al utensilio del mismo nombre.

emburujar. tr. **1** Hacer que en una cosa se formen burujos. **2** Amontonar y mezclar confusamente unas cosas con otras.

embuste. m. Mentira. **Sin.** engaño, trola ◻ **Ant.** verdad.

embustero, ra. adj. y s. Que dice embustes.

embutido. m. **1** Tripa, principalmente de cerdo, rellena con carne picada u otras sustancias. **2** Acción de embutir. **3** Obra con incrustaciones de madera, metal, marfil, etc. **4** *amer.* Entredós de bordado o de encaje. **Sin.** 1 embuchado, fiambre.

embutidor, ra. m. y f. Persona encargada de la preparación de los embutidos.

embutir. tr. **1** Hacer embutidos. **2** Llenar, meter una cosa dentro de otra: *embutir la masa en la churrera.* También prnl. **3** Dar a una chapa metálica la forma de un molde o matriz prensándola o golpeándola sobre ellos. **4** Engullir, comer en exceso. También prnl.: *se embutió medio asado y se quedó tan ancho.*

emergencia. f. **1** Accidente o suceso que sobreviene de forma imprevista: *ante el ciclón, declararon estado de emergencia en toda la zona.* **2** Acción de emerger: *la emergencia de un movimiento artístico.* **Sin.** 1 urgencia, necesidad 2 brote, surgimiento ◻ **Ant.** 2 desaparición, hundimiento.

emergente. adj. Que emerge.

emerger. intr. **1** Brotar, salir del agua u otro líquido: *varios juncos emergían del río.* **2** Salir algo del interior. **3** Surgir una cosa: *emerger un sentimiento.* **Sin.** 1 flotar 3 brotar, nacer ◻ **Ant.** 1 sumergir 3 desvanecerse, desaparecer.

emeritense. adj. y com. De Mérida.

emérito, ta. adj. Se apl. a la persona que se ha retirado de un empleo o cargo y disfruta algún premio o compensación por sus buenos servicios: *profesor emérito.*

emersión. f. **1** Aparición de un cuerpo en la superficie donde se hallaba sumergido: *la emersión de un submarino.* **2** Salida de un astro que estaba eclipsado. **Ant.** 1 hundimiento.

emético, ca. adj. y m. En med., vomitivo: *tuvieron que administrarle un emético.*

emídido. adj. y m. **1** Se dice de reptiles quelonios que viven en las aguas dulces, como el galápago. | m. pl. **2** Familia de estos animales.

emidosaurio. adj. y m. **1** Se dice de los reptiles que, como el caimán y el cocodrilo, se asemejan mucho a los saurios. | m. pl. **2** Orden de estos animales.

emigración. f. **1** Acción de emigrar. **2** Conjunto de habitantes de un país que trasladan su domicilio a otro: *España vivió una fuerte emigración durante la década de los sesenta.* **Sin.** 1 éxodo, migración ◻ **Ant.** 1 inmigración.

emigrante. adj. y com. **1** Que emigra. **2** El que se traslada de su propio país a otro, generalmente con el fin de trabajar en él.

emigrar. intr. **1** Abandonar una persona su lugar de origen para establecerse en otra región o país: *su familia tuvo que emigrar por motivos políticos.* **2** Ausentarse temporalmente del propio país para hacer en otro determinadas tareas: *emigró a Inglaterra para aprender la lengua.* **3** Cambiar periódicamente de clima algunas especies animales: *ya emigraron las golondrinas.* **Sin.** 1 exiliarse, expatriarse 3 migrar ◻ **Ant.** 1 inmigrar.

emigratorio, ria. adj. Relativo a la emigración.

eminencia. f. **1** Persona que destaca en su campo: *es una eminencia en física nuclear.* **2** Cualidad de eminente. **3** Título de honor que se da a los cardenales. **4** Elevación del terreno: *el castillo se levantaba sobre una eminencia rocosa.* **Sin.** 2 celebridad, figura 4 altura, resalte, saliente ◻ **Ant.** 2 mediocridad 4 depresión.

eminente. adj. **1** Que sobresale entre los demás: *un eminente cirujano.* **2** Alto, elevado: *un risco emi-*

nente. **Sin.** 1 notable, insigne 2 prominente □ **Ant.** 1 mediocre 2 bajo.

emir. m. En las comunidades islámicas, príncipe o jefe.

emirato. m. **1** Dignidad de emir. **2** Tiempo que dura el gobierno de un emir. **3** Territorio que manda.

emisario, ria. m. y f. **1** Mensajero. | m. **2** Conducto para dar salida a las aguas de un estanque o de un lago. **Sin.** 1 enviado.

emisión. f. **1** Acción de emitir: *emisión de gases*. **2** Conjunto de valores, efectos públicos, comerciales o bancarios, que se crean de una vez para ponerlos en circulación. **3** En radio y televisión, programación: *han alterado la emisión con motivo de las elecciones*. **4** En radio y televisión, conjunto de programas con unidad temporal: *emisión de madrugada*.

emisor, ra. adj. y s. **1** Que emite. | m. **2** Aparato productor de las ondas hertzianas en la estación de origen. | f. **3** Esta misma estación: *una emisora de radio*. | m. y f. **4** Persona que enuncia el mensaje en un acto de comunicación. **Sin.** 2 transmisor 4 hablante □ **Ant.** 4 oyente, receptor.

emitir. tr. **1** Echar hacia fuera una cosa: *emitir ondas*. **2** Producir un sonido una persona o animal: *emitir la voz*. **3** Poner en circulación papel moneda, valores, etc. **4** Tratándose de juicios, opiniones, etc., darlos: *mañana, el jurado emitirá su veredicto*. **5** Transmitir un programa las estaciones de radio o televisión: *este programa lo emiten los domingos*. **Sin.** 1 expeler, arrojar 3 lanzar 4 exponer, expresar 5 radiar, televisar □ **Ant.** 3 retirar.

emoción. f. Conmoción afectiva de carácter intenso: *se desmayó de la emoción*. **Sin.** alteración, agitación □ **Ant.** tranquilidad.

emocional. adj. Relativo a la emoción.

emocionante. adj. Que causa emoción: *un partido emocionante*.

emocionar. tr. y prnl. Conmover el ánimo, causar emoción: *se emociona fácilmente*. **Sin.** afectar, enternecer □ **Ant.** tranquilizar.

emoliente. adj. y m. Se dice del medicamento que sirve para ablandar una dureza: *se aplicó un emoliente*.

emolumento. m. Sueldo o remuneración de un cargo o empleo. Más en pl.: *ya recibió sus emolumentos*. **Sin.** retribución, honorarios.

emotividad. f. Cualidad de emotivo.

emotivo, va. adj. **1** Relativo a la emoción: *tensión emotiva*. **2** Que produce emoción: *un discurso emotivo*. **3** Que se emociona fácilmente: *tu hermano es muy emotivo*. **Sin.** 1 emocional 2 conmovedor, impresionante 3 impresionable □ **Ant.** 3 insensible.

empacador, ra. adj. **1** Que empaca. | f. **2** Máquina para empacar.

empacar. tr. **1** Hacer pacas o fardos: *empacar el heno*. | intr. **2** Hacer las maletas o empaquetar cualquier cosa: *empacaron y se fueron*. **Sin.** 1 embalar, empaquetar □ **Ant.** 1 desempacar, desembalar.

empacarse. prnl. **1** Obstinarse: *se empacó en acompañarnos*. **2** Turbarse, cortarse: *no se empaca por nada*. **3** *amer*. Pararse un animal y no querer seguir. **Ant.** 1 ceder.

empachar. tr. y prnl. **1** Causar indigestión: *se empachó con la fabada*. También intr. **2** Cansar, aburrir: *su charla empacha al más paciente*. **3** Disfrazar, encubrir. | **empacharse.** prnl. **4** Avergonzarse. **Sin.** 2 hartar □ **Ant.** 2 agradar.

empacho. m. **1** Indigestión. **2** Vergüenza: *sintió mucho empacho cuando le reprendiste en público*.

empachoso, sa. adj. **1** Que causa empacho. **2** Vergonzoso.

empadrarse. prnl. Encariñarse con exceso el niño con sus padres.

empadronamiento. m. **1** Acción de empadronar. **2** Padrón, lista de vecinos de una población.

empadronar. tr. y prnl. Asentar o escribir a uno en el padrón: *ya nos hemos empadronado*. **Sin.** censar, registrarse.

empajar. tr. **1** Cubrir o rellenar con paja. **2** *amer*. Techar de paja.

empalagar. tr. e intr. **1** Causar cansancio una comida, principalmente si es dulce: *la miel empalaga*; y prnl. **2** Fastidiar, molestar una persona. **Sin.** 1 empachar 2 hastiar □ **Ant.** 1 y 2 agradar.

empalago. m. Acción de empalagar.

empalagoso, sa. adj. **1** Se dice del alimento que empalaga. **2** Persona que causa fastidio por su zalamería. También s.

empalar. tr. **1** En el juego de pelota y otros deportes, dar a ésta o a la bola con la pala. **2** Clavar en un palo a alguien como castigo.

empalizada. f. Estacada, cerca, vallado.

empalizar. tr. Rodear de empalizadas.

empalmar. tr. **1** Juntar dos cosas entrelazándolas de modo que queden en comunicación o a continuación una de otra: *empalmar dos cables*. **2** Ligar o unir planes, ideas, etc. | intr. **3** Enlazar adecuadamente los medios de transporte para poder combinar la hora de llegada de uno con la salida de otro: *en esta estación de metro empalman varias líneas*. **4** Seguir o suceder una cosa a continuación de otra sin interrupción, como una conversación o una diversión. | **empalmarse.** prnl. **5** *vulg*. Excitarse sexualmente el macho, con erección del pene. **Sin.** 1 conectar 4 seguir □ **Ant.** 1 desunir 2 desligar.

empalme. m. **1** Acción de empalmar: *al terminársele el ovillo tuvo que hacer un empalme*. **2** Punto en que se empalma: *en la próxima estación está el* *empalme con su línea.* **3** Cosa que empalma con otra. **Sin.** 1 unión 2 enlace, nudo ◻ **Ant.** 1 separación.

empanada. f. **1** Masa de pan que se rellena de pescado, carne, etc., y se cuece después en el horno o se fríe. **2** Negocio ilícito o poco claro: *tenían montada una buena empanada.* **3 empanada mental.** Confusión. **Sin.** 2 tapujo, enredo.

empanadilla. f. Pequeña empanada rellena de dulce, carne picada, pescado, etc.

empanar. tr. **1** Cubrir un alimento con masa o pan, para cocerlo en el horno. **2** Rebozar con pan rallado un alimento para freírlo.

empantanar. tr. y prnl. **1** Llenar de agua un terreno. **2** Detener el curso de un negocio: *la auditoría ha empantanado varios proyectos.* **Sin.** 1 anegar 2 estancar, parar.

empañado, da. adj. **1** Se dice del cristal u otra superficie cubierto de vapor de agua. **2** Se dice de la voz cuando no es sonora y clara.

empañadura. f. Acción de empañar.

empañar. tr. **1** Quitar el brillo, diafanidad o transparencia. También prnl.: *el barniz se ha empañado.* **2** Cubrir un cristal con vapor de agua. Más c. prnl. **3** Disminuir la fama, el mérito, las buenas cualidades, etc.: *el fracaso de su última novela no debe empañar el valor de su obra anterior.* También prnl. **4** Volver la voz poco sonora o clara: *las lágrimas empañaban sus palabras.* También prnl. **Sin.** 1 oscurecer.

empapar. tr. y prnl. **1** Mojar una persona o cosa con una gran cantidad de líquido: *la lluvia le empapó mientras esperaba el autobús.* **2** Absorber una cosa dentro de sus poros algún líquido: *empapó el algodón en alcohol.* | **empaparse.** prnl. **3** Imbuirse de ideas, afectos, etc.: *se empapó de sus palabras.* **4** Enterarse en profundidad de algún tema: *antes de partir de viaje se ha empapado toda la información sobre el país.*

empapelado, da. adj. **1** Cubierto de papel. | m. **2** Acción de cubrir con papel una superficie. **3** Papel utilizado para ello: *cambiaron el empapelado del salón.*

empapelador, ra. m. y f. Persona que empapela.

empapelar. tr. **1** Forrar o recubrir de papel una superficie. **2** Envolver en papel. **3** Formar causa criminal a alguien: *le han empapelado por fraude.*

empapuzar o **empapujar.** tr. y prnl. Hacer comer demasiado a uno: *tu madre siempre pretende empapuzarme.*

empaque. m. **1** Acción de empacar. **2** Materiales que forman la envoltura de los paquetes. **3** Señorío, distinción: *mostró un gran empaque ante los periodistas.*

empaquetado. m. Acción de empaquetar.

empaquetar. tr. **1** Formar paquetes. **2** Acomodar en un recinto un número excesivo de personas. **3** Castigar a alguien.

emparedado, da. adj. y s. **1** Encerrado entre paredes. | m. **2** Porción pequeña de jamón, queso, carne, etc., entre dos rebanadas de pan. **Sin.** 2 sándwich.

emparedar. tr. y prnl. Encerrar a una persona entre paredes, sin comunicación alguna.

emparejamiento. m. Acción de emparejar o emparejarse.

emparejar. tr. **1** Formar una pareja: *empareja los calcetines.* También prnl.: *Luis y Ana se han emparejado.* **2** Poner una cosa a nivel con otra: *emparejar dos estantes.* **3** Tratándose de puertas, ventanas, etc., juntarlas de modo que ajusten, pero sin cerrarlas. | intr. **4** Ponerse al nivel de otro más avanzado. También prnl.: *los dos corredores se emparejaron cerca de la meta.*

emparentar. intr. **1** Contraer parentesco mediante el matrimonio. **2** Tener una cosa relación de afinidad o semejanza con otra: *el futurismo ruso emparenta con el italiano en varios puntos.* | tr. **3** Señalar o descubrir relaciones de parentesco, origen común o afinidad. || **Irreg.** Se conj. como *acertar.*

emparrado. m. **1** Armazón que sostiene la parra u otra planta trepadora. **2** Conjunto de los vástagos y hojas de una o más parras que, sostenidas con una armazón de madera, hierro u otra materia, forman cubierta. **Sin.** 2 pérgola.

emparrar. tr. Formar emparrado.

emparrillado. m. Conjunto de barras cruzadas para dar base firme a los cimientos en terrenos flojos.

emparvar. tr. Poner en parva las mieses.

empastar. tr. **1** Cubrir de pasta una cosa. **2** Encuadernar en pasta los libros. **3** Dicho de un diente o muela, rellenar con pasta el hueco producido por una caries. **4** En pint., poner el color en bastante cantidad para que no deje ver el primer dibujo.

empaste. m. **1** Acción de empastar. **2** Pasta con que se llena el hueco hecho por la caries de un diente. **3** En pint., unión perfecta de los colores en las figuras.

empastelar. tr. **1** Transigir un negocio para salir del paso. **2** En impr., mezclar las letras de un molde de modo que no puedan leerse. También prnl.

empatar. tr. **1** Tratándose de una confrontación, obtener dos o más contrincantes un mismo número de puntos o votos. Más c. intr.: *ambos equipos empataron;* y prnl. **2** *amer.* Empalmar, juntar una cosa a otra.

empate. m. **1** Acción de empatar. **2** Igual número de puntos, votos, etc.

empavesar. tr. Adornar una embarcación con banderas y gallardetes, en señal de alegría.

empecer. intr. Impedir, obstaculizar: *su seriedad no empece su buen humor.* || **Irreg.** Se conj. como *agradecer.*

empecinado, da. adj. Obstinado, terco, pertinaz.

empecinarse. prnl. Obstinarse, empeñarse: *se empecinó en venir.* **Ant.** transigir, ceder.

empedernido, da. adj. Se dice de la persona que tiene una costumbre o un vicio muy arraigado: *un fumador empedernido.*

empedrado, da. adj. **1** Se dice del cielo cubierto de pequeñas nubes. | m. **2** Acción de empedrar. **3** Pavimento formado artificialmente de piedras: *el empedrado de la plaza está muy deteriorado.*

empedramiento. m. Acción de empedrar.

empedrar. tr. **1** Cubrir el suelo con piedras ajustadas unas con otras. **2** Llenar de desigualdades una superficie con objetos extraños a ella. || **Irreg.** Se conj. como *acertar.* **Sin.** 1 adoquinar.

empeine. m. **1** Parte superior del pie. **2** Parte del calzado que la cubre.

empellón. m. Empujón fuerte a una persona o cosa.

empelotarse. prnl. **1** Enredarse, confundirse. **2** Desnudarse, quedarse en cueros.

empeñar. tr. **1** Dejar una cosa en garantía de un préstamo: *ha empeñado el coche.* **2** Dar la palabra para conseguir algo. **3** Dedicar alguien una cosa para conseguir algo: *empeñó largas horas de estudio para sacar la oposición.* | **empeñarse.** prnl. **4** Llenarse de deudas: *se ha empeñado hasta las cejas para comprarse el piso.* **5** Obstinarse: *se empeñó en ir al cine.* **Sin.** 5 empecinarse, encapricharse.

empeño. m. **1** Acción de empeñar o empeñarse: *dejó el reloj en empeño.* **2** Deseo intenso de hacer o conseguir una cosa: *tiene empeño en venir.* **3** Objeto a que se dirige: *su empeño es aprobar.* **4** Tesón y constancia: *muestra mucho empeño en aprender.* **5** Intento, esfuerzo: *se quedó agotado en el empeño.* **Sin.** 2 afán, anhelo 4 obstinación.

empeoramiento. m. Acción de empeorar.

empeorar. tr., intr. y prnl. Poner o volver peor algo que ya estaba mal: *las últimas heladas han empeorado la situación del campo.* **Ant.** mejorar.

empequeñecer. tr. **1** Disminuir una cosa, hacerla más pequeña. También intr. y prnl.: *el caudal de la fuente se ha empequeñecido.* **2** Disminuir la importancia, el valor, la estimación, etc., de algo: *siempre tiende a empequeñecer los méritos ajenos.* || **Irreg.** Se conj. como *agradecer.* **Sin.** 1 reducir 2 desmerecer ☐ **Ant.** 1 agrandar 2 exagerar.

empequeñecimiento. m. Acción de empequeñecer o empequeñecerse.

emperador, emperatriz. m. y f. **1** Soberano de un imperio. | f. **2** Mujer del emperador. | m. **3** Pez espada: *ayer comimos emperador a la plancha.* **Sin.** 1 césar.

emperejilar. tr. y prnl. Adornar con profusión y esmero: *se emperejiló con sus mejores galas.*

emperezar. intr. y prnl. Dejarse dominar de la pereza. **Sin.** apoltronarse.

empero. conj. ad. **1** Pero. **2** Sin embargo.

emperramiento. m. Acción de emperrarse.

emperrarse. prnl. Obstinarse, empeñarse en no ceder: *se emperró en ir a la playa.* **Sin.** obcecarse, empecinarse ☐ **Ant.** ceder, transigir.

empezar. tr. **1** Comenzar, dar principio a una cosa: *ya he empezado las clases.* **2** Iniciar el uso o consumo de ella: *¿has empezado otra botella?* | intr. **3** Tener principio una cosa: *el partido empezó a las cinco.* También prnl. || **Irreg.** Se conj. como *acertar.* **Sin.** 1 iniciar ☐ **Ant.** 1-3 acabar.

empicarse. prnl. Aficionarse demasiado a algo.

empinado, da. adj. **1** Se dice del camino, terreno, etc., que tiene una pendiente muy pronunciada: *unas escaleras empinadas.* **2** Muy alto. **3** Estirado, orgulloso: *va siempre muy empinado.* **Sin.** 2 elevado 3 altivo ☐ **Ant.** 2 bajo 3 modesto.

empinar. tr. **1** Enderezar y levantar en alto. **2** Inclinar mucho un recipiente para beber: *empinó el botijo.* **3** Tomar en exceso bebidas alcohólicas, sobre todo en la loc. *empinar el codo.* | **empinarse.** prnl. **4** Ponerse uno sobre las puntas de los pies y erguirse: *se empinó para ver.* **5** Ponerse un cuadrúpedo sobre las dos patas de atrás. **6** Alcanzar gran altura las plantas, torres, montañas, etc. **Sin.** 1 erguir 2 aupar 3 pimplar ☐ **Ant.** 1 y 2 bajar 4 encogerse.

empingorotado, da. adj. Se dice de la persona de posición social elevada y que presume de ello. **Sin.** encopetado.

empingorotar. tr. y prnl. Levantar una cosa poniéndola sobre otra.

empíreo, a. adj. y m. **1** Se apl. al cielo entendido como morada de Dios, los ángeles, santos y bienaventurados. **2** Perteneciente a este cielo. **Sin.** 2 celestial, divino.

empírico, ca. adj. **1** Relativo al empirismo. **2** Que procede de la experiencia: *un dato empírico.* **3** Partidario del empirismo filosófico. También s.

empirismo. m. **1** Sistema filosófico que toma la experiencia como única base de los conocimientos humanos. **2** Procedimiento fundado en la práctica y la experiencia.

empitonar. tr. Alcanzar el toro al lidiador cogiéndolo con los pitones.

empizarrado. m. Cubierta de un edificio formada con pizarras.

empizarrar. tr. Cubrir con pizarras.

emplastar. tr. **1** Poner emplastos. **2** Adornar. También prnl. **3** Empantanar, detener el curso de un negocio. | **emplastarse.** prnl. **4** Ensuciarse con alguna porquería.

emplastecer. tr. Alisar una superficie para poder pintar sobre ella. || **Irreg.** Se conj. como *agradecer*.

emplasto. m. **1** Preparado farmacéutico sólido, plástico y adhesivo: *le aplicaron un emplasto sobre la herida*. **2** Arreglo o remiendo poco satisfactorio. **3** Cosa pegajosa, blanda y desagradable: *el arroz te ha quedado hecho un emplasto*. **4** Persona de salud delicada. **Sin.** 3 mazacote, plasta 4 achacoso.

emplazamiento. m. **1** Acción de emplazar. **2** Situación, colocación: *no termina de convencerme el emplazamiento del garaje*.

emplazar. tr. **1** Citar a una persona en determinado tiempo y lugar: *el médico le emplazó para dentro de dos meses*. **2** Citar al demandado ante un juez o tribunal. **3** Poner una cosa en determinado lugar: *han emplazado la sucursal dos calles más arriba*. **Sin.** 1 y 2 convocar 3 ubicar.

empleado, da. m. y f. **1** Persona que desempeña un cargo o trabajo y que a cambio de ello recibe un sueldo. **2 empleado** o **empleada de hogar.** Persona que, por un sueldo, desempeña los trabajos domésticos o ayuda en ellos. **Sin.** 1 trabajador, asalariado.

emplear. tr. **1** Dar trabajo a una persona: *le han empleado en un banco*. **2** Gastar, consumir: *ha empleado tres años en hacer su tesis*. También prnl. **3** Utilizar una cosa para algo. También prnl.: *la lija se emplea para pulir superficies*. **4** Ocupar a alguien en una actividad. También prnl. **Sin.** 1 colocar 2 invertir 3 usar ☐ **Ant.** 1 expulsar.

empleo. m. **1** Acción de emplear. **2** Trabajo, ocupación, oficio: *consiguió un empleo de contable*. **Sin.** 1 uso 2 puesto, colocación.

emplomado. m. Conjunto de planchas de plomo que recubren un techo, o de plomos que sujetan los cristales de una vidriera.

emplomadura. f. **1** Acción de emplomar. **2** Porción de plomo con que está emplomado algo: *conviene revisar las emplomaduras de la vidriera*. **3** *amer.* Empaste de un diente o muela.

emplomar. tr. **1** Cubrir, asegurar o soldar una cosa con plomo. **2** Poner sellos de plomo a los fardos o cajones cuando se precintan. **3** *amer.* Empastar un diente o muela.

emplumar. tr. **1** Poner plumas a algo. **2** Enviar a uno a algún sitio de castigo. **3** *amer.* Fugarse, huir. | intr. **4** *amer.* Engañar. **5** Emplumecer.

emplumecer. intr. Echar plumas las aves. || **Irreg.** Se conj. como *agradecer*.

empobrecer. tr. **1** Hacer que alguien se vuelva pobre o más pobre. También intr. y prnl.: *se empobreció en pocos años*. **2** Decaer, venir a menos: *la inactividad ha empobrecido su carácter*. || **Irreg.** Se conj. como *agradecer*. **Sin.** 1 y 2 depauperar ☐ **Ant.** 1 y 2 enriquecer, prosperar.

empobrecimiento. m. Acción de empobrecer o empobrecerse.

empollar. tr. **1** Calentar el ave los huevos para que salgan los pollos. **2** Entre los estudiantes, estudiar mucho: *se puso a empollar una semana antes del examen*. **Sin.** 1 incubar 2 estudiar.

empollón, na. adj. y s. Muy estudioso; se aplica despectivamente al estudiante que sobresale más por su aplicación que por su inteligencia.

empolvar. tr. **1** Echar polvo. También prnl.: *se empolvó la cara para fijar el maquillaje*. | **empolvarse.** prnl. **2** Cubrirse de polvo: *se me ha empolvado el abrigo*.

emponzoñamiento. m. Acción de emponzoñar o emponzoñarse. **Sin.** envenenamiento.

emponzoñar. tr. y prnl. **1** Envenenar con ponzoña: *los vertidos industriales emponzoñan las aguas*. **2** Echar a perder: *un malentendido emponzoñó su amistad*. **Sin.** 1 polucionar 2 envilecer.

emporcar. tr. y prnl. Ensuciar, llenar de porquería. || **Irreg.** Se conj. como *contar*. **Sin.** manchar.

emporio. m. **1** Ciudad o lugar notable por el florecimiento del comercio, de las ciencias, las artes, etcétera. **2** Lugar donde concurrían para el comercio gentes de diversas nacionalidades. **3** *amer.* Gran almacén comercial.

emporitano, na. adj. y s. De Ampurias (Gerona).

emporrarse. prnl. En argot, ponerse bajo los efectos del porro.

empotrar. tr. **1** Meter una cosa en la pared o en el suelo, asegurándola: *empotrar un armario*. | **empotrarse.** prnl. **2** Encajarse una cosa con otra: *el coche se empotró contra un árbol*.

emprendedor, ra. adj. **1** Que emprende con resolución acciones dificultosas. **2** Que lleva a la práctica las ideas propias o ajenas: *un trabajador muy emprendedor*.

emprender. tr. Comenzar una obra, negocio, etc., especialmente los que suponen alguna dificultad o peligro: *emprender un viaje*. **Sin.** acometer, empezar ☐ **Ant.** acabar.

empreñar. tr. **1** Fecundar a la hembra. **2** Causar molestias a una persona.

empresa. f. **1** Entidad integrada por el capital y el trabajo, como factores de la producción, y dedicada a actividades industriales, mercantiles o de prestación de servicios con fines lucrativos: *una empresa editorial*. **2** Conjunto de estas entidades: *la empresa del libro*. **3** Acción importante, y en especial la que resulta ardua y dificultosa: *emprendió la empresa de recaudar fondos*. **Sin.** 1 sociedad, compañía 3 obra, operación.

empresariado. m. Conjunto de empresas o de empresarios.

empresarial. adj. Relativo a las empresas o a los empresarios.

empresario, ria. m. y f. **1** Persona que posee o dirige una empresa, industria o negocio. **2** Persona que explota un espectáculo o diversión: *empresario taurino.*

empréstito. m. **1** Préstamo que toma el Estado o una corporación o empresa, especialmente cuando está representado por títulos negociables o al portador. **2** Cantidad así prestada.

empujar. tr. **1** Hacer fuerza contra alguien o algo para moverlo: *nos quedamos sin gasolina y tuvimos que empujar el coche.* **2** Hacer presión, influir: *su familia le empujaba a seguir en el negocio.* **3** Hacer que alguien salga del puesto, empleo u oficio en que se halla: *le empujaron a dimitir.* **SIN.** 1 impulsar 2 incitar, estimular 3 echar ☐ **ANT.** 2 desanimar.

empuje. m. **1** Acción de empujar: *el empuje del viento doblaba los árboles.* **2** Brío, arranque, resolución con que se acomete una empresa: *le falta empuje para el cargo.* **3** Fuerza ascendente a que está sometido un cuerpo que se halla sumergido en un fluido. **SIN.** 2 ánimo ☐ **ANT.** 2 desánimo, desgana.

empujón. m. **1** Impulso fuerte para mover algo: *tuvo que cerrar de un empujón.* **2** Avance o progreso rápido que se da a una obra: *con un empujón conseguiremos terminar a tiempo.* **SIN.** 1 empellón 2 impulso.

empuñadura. f. Puño de algunas armas, como la espada, y de otros utensilios o herramientas: *la empuñadura del paraguas.*

empuñar. tr. **1** Coger por el puño una cosa, como la espada, el bastón, etc. **2** Coger una cosa con la mano cerrada. **SIN.** 1 y 2 sujetar, asir ☐ **ANT.** 1 y 2 soltar.

emulación. f. Acción de emular.

emular. tr. y prnl. Imitar las acciones de otro procurando igualarle o superarle: *aspira a emular a su padre.* **SIN.** competir.

émulo, la. adj. y s. Persona que emula a otra.

emulsión. f. Líquido que tiene en suspensión pequeñísimas partículas de sustancias insolubles en agua.

emulsionar. tr. Hacer que una sustancia adquiera el estado de emulsión.

emulsivo, va. adj. Se apl. a cualquier sustancia que sirve para hacer emulsiones.

emulsor. m. Aparato destinado a facilitar la mezcla de las grasas con otras sustancias.

en. prep. **1** Indica en qué lugar, tiempo o modo se determinan las acciones de los verbos a que se refiere: *en casa; en dos minutos; en manga corta.* **2** Con verbos de percepción como *conocer, descubrir,* etc., y seguida de un sustantivo, equivale a *por: lo*

Empuñaduras

conocí en la voz. **3** Seguido de un gerundio, significa en cuanto, luego que, después que: *en llegando, llámanos.* **4** Precediendo a ciertos sustantivos y adj., crea loc. adverbiales: *en general, en fin.*

enaceitar. tr. **1** Untar con aceite. | **enaceitarse.** prnl. **2** Ponerse aceitosa o rancia una cosa.

enagua. f. Prenda femenina que se usa debajo de la falda o el vestido. Más en pl.: *se te asoman las enaguas.* **SIN.** combinación.

enaguachar. tr. **1** Llenar de agua una cosa. **2** Causar en el estómago pesadez el beber mucho o el comer mucha fruta. También prnl.

enagüillas. f. pl. **1** dim. de enagua. **2** Especie de falda corta que ponen a algunas imágenes de Cristo crucificado, o que se usa en algunos trajes de hombre, como el escocés o el griego.

enajenación. f. **1** Acción de enajenar. **2** Distracción, embelesamiento. **3** Privación del juicio: *enajenación mental.* **SIN.** 1 venta, traspaso 3 locura.

enajenar. tr. **1** Pasar a otro la propiedad de una cosa. **2** Sacar a uno fuera de sí, privarle del juicio. También prnl.: *se enajenó por la ira.* **3** Extasiar, producir algo asombro o admiración. También prnl.: *este concierto me ha enajenado.* | **enajenarse.** prnl. **4**

Privarse de algo. **5** Apartarse, retraerse del trato o comunicación. **Sin.** 1 vender 2 enloquecer 3 embelesar ☐ **Ant.** 1 retener 2 tranquilizar 3 disgustar.

enálage. f. Figura retórica que consiste en cambiar las partes de la oración o sus accidentes o en no seguir estrictamente las normas gramaticales.

enalbardar. tr. **1** Echar o poner la albarda. **2** Rebozar con huevo, harina, pan rallado, etc., lo que se ha de freír.

enaltecer. tr. y prnl. **1** Ensalzar: *enalteció la figura del escritor.* **2** Dar mayor estimación y dignidad a alguien o algo: *su generosidad le enalteció ante todos.* || **Irreg.** Se conj. como *agradecer.* **Sin.** 1 engrandecer, exaltar.

enaltecimiento. m. Acción de enaltecer o enaltecerse. **Sin.** alabanza, elogio.

enamoradizo, za. adj. Propenso a enamorarse.

enamorado, da. adj. y s. Que siente amor por alguien o algo.

enamoramiento. m. Acción de enamorar: *fue un enamoramiento pasajero.*

enamorar. tr. **1** Excitar en uno el amor a otra persona: *le enamoraron sus palabras.* **2** Cortejar, expresar el amor. **3** Gustar mucho algo. También prnl.: *se enamoró de aquel jardín.* | **enamorarse.** prnl. **4** Sentir amor hacia una persona: *se ha enamorado de la profesora.* **5** Aficionarse a una cosa: *se ha enamorado de la vida en el campo.* **Sin.** 1 cautivar 2 pretender 3 embelesar 4 prendarse 5 encapricharse ☐ **Ant.** 1 desinteresar 3 desagradar 4 desenamorar.

enamoriscarse o **enamoricarse.** prnl. **1** Enamorarse de una persona superficialmente y sin gran empeño. **2** Empezar a enamorarse.

enanismo. m. Trastorno del crecimiento caracterizado por una talla inferior a la normal.

enano, na. adj. **1** Se dice de lo que es muy pequeño en su especie: *un árbol enano.* | m. y f. **2** Persona que por haber sufrido trastornos del crecimiento tiene menor estatura. **3** Persona de pequeña estatura: *es el enano de la clase.* **4** Apelativo afectuoso dirigido a los niños. **5** Personaje fantástico que aparece con frecuencia en los cuentos infantiles: *un dragón custodiaba el tesoro de los enanos.* **6 como un enano.** loc. Con verbos como *divertirse, trabajar, pasar,* etc., equivale a mucho, muy bien: *en la fiesta me reí como un enano.* **Sin.** 1 canijo ☐ **Ant.** 1 y 3 gigante.

enarbolar. tr. **1** Levantar en alto: *enarbolar una bandera.* | **enarbolarse.** prnl. **2** Encabritarse el caballo. **3** Enfadarse. **Sin.** 1 alzar.

enardecer. tr. y prnl. Excitar o avivar una pasión, una disputa, etc.: *los espectadores se enardecieron durante su actuación.* || **Irreg.** Se conj. como *agradecer.* **Sin.** encender, enfervorizar ☐ **Ant.** sosegar, calmar.

enardecimiento. m. Acción de enardecer o enardecerse.

enarenar. tr. y prnl. **1** Echar arena; llenar o cubrir de ella. | **enarenarse.** prnl. **2** Encallar las embarcaciones.

enastar. tr. Poner el mango o asta a un arma o instrumento.

encabalgamiento. m. **1** Armazón de maderos cruzados donde se apoya alguna cosa. **2** En poesía, acción de encabalgar o encabalgarse una palabra o frase en versos o hemistiquios contiguos.

encabalgar. intr. **1** Descansar, apoyarse una cosa sobre otra. | tr. **2** En poesía, distribuir en versos o hemistiquios contiguos partes de una palabra o frase que de ordinario constituyen una unidad léxica o sintáctica. También prnl.

encaballar. tr. e intr. **1** Colocar una pieza de modo que se sostenga sobre la extremidad de otra. | intr. **2** Encabalgar.

encabestrar. tr. **1** Poner el cabestro a los animales. **2** Hacer que las reses bravas sigan a los cabestros. **3** Atraer, seducir a alguno para que haga lo que otro desea. | **encabestrarse.** prnl. **4** Enredar la bestia una mano en el cabestro.

encabezamiento. m. **1** Acción de encabezar. **2** Fórmula con que se empiezan algunos escritos, y, en especial, las cartas.

encabezar. tr. **1** Estar al comienzo de una lista. **2** Poner el encabezamiento en un escrito: *encabezar una carta.* **3** Presidir, poner o ponerse al frente de algo: *encabezar una manifestación.* **Sin.** 3 conducir, capitanear.

encabritarse. prnl. **1** Empinarse el caballo, afirmándose sobre los pies y levantando las manos. **2** Tratándose de embarcaciones, vehículos, etc., levantarse la parte anterior o delantera súbitamente hacia arriba. **3** Enojarse. **Sin.** 3 encolerizarse.

encabronarse. prnl. vulg. Enojarse, enfurecerse: *le encabronó tu respuesta.* **Sin.** cabrear.

encachado. m. Revestimiento de piedra u hormigón con que se fortalece el cauce de una corriente de agua entre los estribos de un puente.

encachar. tr. **1** Hacer un encachado. **2** Poner las cachas a una navaja.

encadenado, da. adj. **1** Se dice de la estrofa cuyo primer verso repite en todo o en parte las palabras del último verso de la estrofa precedente, y también se dice del verso que comienza con la última palabra del anterior: *tercetos encadenados.* | m. **2** En cine, unión de dos escenas de una película.

encadenamiento. m. **1** Acción de encadenar. **2** Conexión y trabazón de las cosas unas con otras.

encadenar. tr. y prnl. **1** Ligar o atar con cadena: *encadenó la moto a la farola.* **2** Unir unas cosas con otras, o relacionarlas: *estos dos hechos se encadenan causalmente*. **3** Dejar a uno sin libertad para actuar: *su timidez le encadena*. Sin. 1 amarrar 2 concatenar, ligar 3 esclavizar ☐ Ant. 1 desencadenar 2 desvincular.

encajar. tr. **1** Meter una cosa dentro de otra ajustadamente: *encaja bien el tapón para que no se salga el agua*. También intr. y prnl. **2** Unir ajustadamente una cosa con otra. También intr. **3** Decir o hacer a alguien una cosa molesta: *tuvo que encajar varios abucheos*. **4** Dar a alguien un golpe: *encajó más de un puñetazo en la reyerta*. | intr. **5** Coincidir, estar de acuerdo: *esto no encaja con lo que me dijiste ayer*. **6** Ajustarse, adaptarse: *encajó muy bien en el nuevo trabajo*. | **encajarse.** prnl. **7** Ponerse una prenda de vestir: *se encajó el sombrero*. Sin. 1 y 2 ajustar 4 atizar, pegar 5 concordar ☐ Ant. 1 desencajar 5 discrepar, divergir.

encaje. m. **1** Acción de encajar una cosa en otra. **2** Sitio o hueco en que se mete o encaja algo. **3** Ajuste de dos piezas que cierran o se adaptan entre sí: *el encaje de la puerta*. **4** Cierto tejido de mallas, lazadas o calados, con figuras u otras labores: *una blusa de encaje*. Sin. 1 y 3 acoplamiento.

encajonar. tr. **1** Meter y guardar algo dentro de uno o más cajones. **2** Meter en un sitio angosto. Más c. prnl. | **encajonarse.** prnl. **3** Correr el río, o el arroyo, por una parte angosta. Sin. 2 embutir.

encalabrinar. tr. y prnl. **1** Llenar la cabeza de un vapor o hálito que la turbe. **2** Excitar, irritar: *encalabrinar los nervios*. | **encalabrinarse.** prnl. **3** Enamorarse perdidamente. **4** Tomar un tema; empeñarse en algo sin atender a razones. Sin. 3 exasperar 4 obstinarse, emperrarse ☐ Ant. 3 desenamorarse.

encalado. m. Acción de encalar.

encalador, ra. adj. y s. **1** Que encala o blanquea. | m. **2** En las tenerías, cuba donde meten las pieles con cal, para pelarlas.

encalar. tr. **1** Dar de cal o blanquear algo. Se dice principalmente de las paredes. **2** Meter en cal o espolvorear con ella alguna cosa. Sin. 1 enjalbegar.

encalladero. m. Paraje donde pueden encallar las naves.

encallar. intr. y prnl. **1** Dar la embarcación en arena o piedra, quedándose en ellas sin movimiento: *la barca se ha encallado*. **2** No poder salir adelante en un negocio o empresa: *el acuerdo se ha encallado*. Sin. 1 varar ☐ Ant. 1 desencallar.

encallarse. prnl. Endurecerse algunos alimentos por quedar interrumpida su cocción: *se te han encallado las lentejas*.

encallecer. intr. y prnl. **1** Criar callos o endurecerse la carne a manera de callo: *se le encallecieron las manos con la azada*. | **encallecerse.** prnl. **2**

Buque encallado

Endurecerse ante las emociones, sentimientos, etc.: *se ha encallecido ante la adversidad*. **3** Habituarse a un trabajo, vicio, etc. || **Irreg.** Se conj. como *agradecer*.

encalmar. tr. y prnl. **1** Tranquilizar, serenar. | **encalmarse.** prnl. **2** Tratándose del tiempo o del viento, quedar en calma. Sin. 1 sosegar, serenar ☐ Ant. 1 irritar, sulfurar 2 embravecerse.

encalvecer. intr. Perder el pelo, quedar calvo.

encamar. tr. **1** Tender o echar una cosa en el suelo. | **encamarse.** prnl. **2** Echarse o meterse en la cama, generalmente por enfermedad. **3** Echarse o abatirse las mieses. **4** Echarse los animales en los sitios que buscan para su descanso. **5** Permanecer agazapadas las piezas de caza.

encaminar. tr. y prnl. **1** Enseñar a uno por dónde ha de ir, ponerle en camino: *unos lugareños nos encaminaron*. **2** Dirigir u orientar una cosa hacia un punto determinado: *toda su energía se encamina a conseguirlo*. Sin. 1 orientar 2 encarrilar, encauzar.

encanallar. tr. y prnl. Corromper, envilecer a uno haciéndole tomar costumbres ruines y abyectas, propias de la canalla.

encanarse. prnl. Quedarse rígido por un ataque de llanto o de risa.

encandecer. tr. Hacer ascua una cosa hasta que quede como blanca de puro encendida.

encandelillar. tr. **1** *amer.* Deslumbrar. **2** *amer.* Coser los bordes de una tela.

encandilado, da. adj. Erguido, levantado.

encandilar. tr. y prnl. **1** Deslumbrar con apariencias o engaños: *el timador consiguió encandilarles*. **2** Despertar o excitar el sentimiento o deseo amoroso: *tu hermana le ha encandilado*. **3** Avivar la lumbre. | **encandilarse.** prnl. **4** Encender o avivar los ojos la bebida o la pasión. **5** *amer.* Enfadarse. Sin. 1 cegar, ilusionar 3 atizar.

encanecer. intr. **1** Ponerse canoso: *encaneció muy joven*. **2** Envejecer una persona. || **Irreg.** Se conj. como *agradecer*. **SIN.** 2 aviejarse ▫ **ANT.** 2 rejuvenecer.

encanijar. tr. y prnl. Poner flaco y enfermizo; se dice sobre todo de los niños.

encanillar. tr. Devanar el hilo en las canillas.

encantado, da. adj. **1** Que está sometido a poderes mágicos o a un hechizo: *un castillo encantado*. **2** Muy contento, satisfecho: *estoy encantado con el acuerdo*. **SIN.** 1 hechizado, embrujado ▫ **ANT.** 1 y 2 desencantado.

encantador, ra. adj. **1** Que encanta o hace encantamientos. También s.: *esto es obra de encantadores*. **2** Se dice de la persona o cosa que deja muy grata impresión: *una chica encantadora*. **SIN.** 1 hechicero, mago 2 adorable ▫ **ANT.** 2 desagradable.

encantamiento. m. Acción de encantar. **SIN.** hechizo, embrujo.

encantar. tr. **1** Obrar por arte de magia; hechizar. **2** Cautivar la atención de uno por medio de la belleza, el talento, etc.: *su simpatía me ha encantado*. **3** Gustar mucho algo o alguien: *le encanta el pisto*. **SIN.** 1 hechizar 2 embelesar, seducir ▫ **ANT.** 1 y 2 desencantar.

encanto. m. **1** Persona o cosa que agrada por sus cualidades: *Juan es un encanto*. | pl. **2** Atractivos físicos: *sus encantos le impresionaron*.

encañado. m. **1** Enrejado o celosía de cañas que se pone en los jardines para enredar y defender las plantas o para hacer divisiones. **2** Conducto hecho de caños, o de otro modo, para conducir el agua.

encañar. tr. **1** Hacer pasar el agua por tuberías o caños. **2** Poner cañas para sostener las plantas. | intr. **3** Empezar a formar caña los tallos tiernos de algunas plantas. También prnl.

encañizada. f. **1** Tabique que se hace con cañas en laguna, río o mar, para mantener algunos peces sin que puedan escaparse. **2** Enrejado de cañas.

encañizar. tr. **1** Poner cañizos a los gusanos de seda. **2** Cubrir con cañizos una bovedilla u otra cosa cualquiera.

encañonar. tr. **1** Dirigir un arma de fuego contra una persona o cosa: *el ladrón le encañonó*. **2** Hacer correr las aguas de un río por un cauce o por una tubería. **3** Entre encuadernadores, encajar un pliego dentro de otro. | intr. **4** Echar cañones las aves.

encapotar. tr. y prnl. **1** Se dice del cielo, aire, atmósfera, etc., cuando se cubre de nubes oscuras: *el día terminó encapotándose*. **2** Cubrir con el capote. **SIN.** 1 nublarse ▫ **ANT.** 1 despejarse.

encapricharse. prnl. **1** Empeñarse uno en sostener o conseguir su capricho: *se encaprichó en comprárselo*. **2** Tener capricho por una persona o cosa: *se ha encaprichado por ese coche*. **3** Enamorarse ligeramente de una persona: *se ha encaprichado de Luis*. **SIN.** 1 y 2 antojarse 3 enamoriscarse ▫ **ANT.** 1 y 2 desistir 3 desencapricharse.

encapuchado, da. adj. y s. Persona cubierta con capucha, especialmente en las procesiones de Semana Santa.

encapuchar. tr. y prnl. Cubrir o tapar una cosa con capucha.

encarado, da. adj. Con los advs. *bien* o *mal*, de buena o mala cara, de bellas o feas facciones.

encaramar. tr. y prnl. **1** Subir a una persona o cosa a un lugar alto o más alto: *encaramarse a una silla*. **2** Colocar en puestos importantes: *a fuerza de enchufes ha conseguido encaramarse*. **SIN.** 1 alzar 2 encumbrar ▫ **ANT.** 1 y 2 bajar 2 rebajar.

encarar. tr. y prnl. **1** Hacer frente a una dificultad, problema, etc.: *tienes que encarar la situación*. **2** Poner con diversos fines dos cosas, animales, etc., frente a frente: *encarar las piezas del ajedrez*. **3** Poner cara a cara a dos personas, animales, etc.: *encararon a los dos testigos*. | **encararse.** prnl. **4** Colocarse una persona o animal frente a otra en actitud violenta o agresiva: *se encaró con el dependiente*. **SIN.** 1 afrontar 2 y 3 enfrentar 4 enfrentarse ▫ **ANT.** 1 rehuir.

encarcelación o **encarcelamiento.** f. Acción de encarcelar.

encarcelar. tr. Meter a alguien en la cárcel. **SIN.** aprisionar ▫ **ANT.** excarcelar.

encarecer. tr. **1** Aumentar el precio de algo. También intr. y prnl.: *los pisos se han encarecido mucho*. **2** Ponderar, exagerar, alabar mucho una cosa: *encareció su contribución a la ciencia*. **3** Recomendar con empeño: *te encarezco que leas su última novela*. **SIN.** 2 enaltecer ▫ **ANT.** 1 abaratar 2 criticar.

encarecimiento. m. Acción de encarecer.

encargado, da. adj. **1** Que ha recibido un encargo. | m. y f. **2** Persona que tiene algo a su cargo en representación del dueño o interesado.

encargar. tr. **1** Encomendar, poner una cosa al cuidado de uno: *le encargó una difícil tarea*. **2** Pedir que se traiga o envíe de otro lugar alguna cosa: *encargó un pedido al supermercado*. | **encargarse.** prnl. **3** Hacerse cargo de alguien o algo: *él se encarga de los negocios del padre*. **SIN.** 2 solicitar.

encargo. m. **1** Acción de encargar: *tengo un encargo para usted*. **2** Cosa encargada: *ya han traído el encargo*. **SIN.** 1 y 2 recado.

encariñar. tr. y prnl. **1** Aficionar, despertar cariño. | **encariñarse.** prnl. **2** Tomar cariño a alguien o algo: *se ha encariñado mucho con el perro*. **SIN.** 2 prendarse, encapricharse.

encarnación. f. **1** Acción de encarnar o encarnarse. **2** Personificación, representación o símbolo de una idea, doctrina, etc.: *el demonio es la encarnación del mal.* **3** Color de carne con que se pinta el desnudo de las figuras humanas. **Sin.** 2 imagen, materialización.

encarnado, da. adj. **1** De color de carne. También m. **2** Colorado, rojo: *las amapolas son encarnadas.*

encarnadura. f. Disposición atribuida a los tejidos del cuerpo vivo para cicatrizar o reparar sus lesiones: *tener buena,* o *mala encarnadura.*

encarnamiento. m. Acción de encarnar una herida.

encarnar. intr. **1** Tomar un ser espiritual, una idea, etc., forma corporal. También prnl.: *en él se encarnan las mejores virtudes.* **2** En el cristianismo, hacerse hombre el hijo de Dios. También prnl. **3** Repararse el tejido cuando se va sanando una herida. | tr. **4** Personificar, representar alguna idea, doctrina, etc.: *Leonardo da Vinci encarnó al hombre del Renacimiento.* **5** Representar alguien un personaje de una obra dramática o cinematográfica: *encarnará al protagonista.* | **encarnarse.** prnl. **6** Introducirse una uña, al crecer, en las partes blandas que la rodean, produciendo molestia. **Sin.** 1 materializarse 4 simbolizar 5 interpretar.

encarnativo, va. adj. y m. Se aplica al medicamento que facilita el cierre de las heridas.

encarnecer. intr. Engordar; hacerse más corpulento y grueso.

encarnizado, da. adj. Cruento, reñido, violento: *una partida encarnizada.*

encarnizamiento. m. **1** Acción de encarnizarse. **2** Crueldad con que uno se ceba en el daño o en la ofensa de otro.

encarnizar. tr. **1** Hacer más cruel, irritar, enfurecer: *tu serenidad encarneció su ira.* También prnl. **2** Cebar un perro en la carne de otro animal para que se haga fiero. | **encarnizarse.** prnl. **3** Cebarse los animales cuando matan a otro. **4** Mostrarse cruel contra una persona. **Sin.** 1 recrudecer 3 y 4 ensañarse.

encaro. m. **1** Acción de mirar a uno con algún género de cuidado y atención. **2** Acción de encarar o apuntar un arma. **3** Puntería.

encarrilar. tr. **1** Encaminar, dirigir y enderezar una cosa o un asunto. **2** Colocar sobre los carriles o rieles un vehículo descarrilado. **Sin.** 1 guiar, encauzar.

encartación. f. **1** Empadronamiento en virtud de carta de privilegio. **2** Reconocimiento de sujeción o vasallaje que hacían al señor los pueblos y lugares. **3** Población que hacía este reconocimiento.

encartado, da. adj. y s. En der., sujeto a un proceso.

encartar. tr. **1** Proscribir a un reo declarado en rebeldía. **2** En der., procesar. **3** En los juegos de naipes, echar carta de un palo que el resto de jugadores deben seguir. **Sin.** 2 encausar.

encarte. m. En los juegos de naipes, acción de encartar.

encartonar. tr. **1** Poner cartones. **2** Resguardar con cartones una cosa. **3** Encuadernar sólo con cartones cubiertos de papel.

encasillado. m. Conjunto de casillas.

encasillar. tr. **1** Poner en casillas. **2** Clasificar personas o cosas, generalmente con criterios poco flexibles o limitados: *le han encasillado en papeles cómicos.* También prnl. **Sin.** 2 etiquetar, circunscribir.

encasquetar. tr. **1** Encajar bien en la cabeza el sombrero, gorra, etc. También prnl. **2** Hacer oír palabras molestas: *nos encasquetó una buena reprimenda.* | **encasquetarse.** prnl. **3** Metérsele a uno alguna idea en la cabeza, arraigada y obstinadamente. **4** *amer.* Encajarse, meterse. **Sin.** 2 espetar, soltar ☐ **Ant.** 1 desencajar.

encasquillar. tr. **1** Poner casquillos. **2** *amer.* Herrar caballerías o bueyes. | **encasquillarse.** prnl. **3** Atascarse un arma de fuego con el casquillo de la bala al disparar. **Sin.** 3 engancharse.

encastar. tr. **1** Mejorar una raza o casta de animales. | intr. **2** Procrear, hacer casta.

encastillado, da. adj. Altivo y soberbio.

encastillar. tr. **1** Fortificar con castillos un pueblo o paraje. | **encastillarse.** prnl. **2** Perseverar uno con obstinación, en su parecer y dictamen: *se ha encastillado en conseguirlo como sea.* **Sin.** 2 emperrarse, obstinarse.

encastrar. tr. **1** Encajar, empotrar. **2** En mecánica, poner dientes a una pieza.

encausar. tr. Proceder judicialmente contra uno: *le encausaron por negligencia criminal.* **Sin.** procesar.

encáustico, ca. adj. **1** Se dice de la pintura hecha al encausto. | m. **2** Preparado de cera y aguarrás para dar brillo a los muebles de madera.

encausto. m. Pintura realizada mediante fuego, punzón muy caliente o colores previamente calentados.

encauzar. tr. **1** Dar dirección por un cauce a una corriente. **2** Encaminar, dirigir por buen camino un asunto, una discusión, etc.: *el moderador no supo encauzar el debate.* **Sin.** 1 y 2 canalizar 2 guiar, orientar ☐ **Ant.** 2 desencaminar, desviar.

encebollado, da. adj. **1** Se dice del alimento cocinado con abundante cebolla. | m. **2** Guisado de carne, partida en trozos, mezclada con cebolla.

encebollar. tr. Cocinar un alimento con abundante cebolla.

encefálico, ca. adj. Relativo al encéfalo: *masa encefálica.*

encefalitis. f. Inflamación del encéfalo. || No varía en pl.

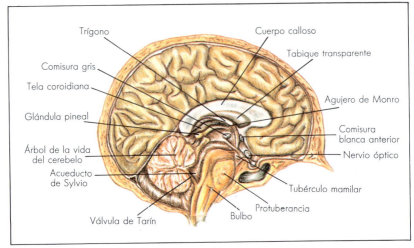

Encéfalo

encéfalo. m. Conjunto de órganos que forman parte del sistema nervioso de los vertebrados y están contenidos en la cavidad del cráneo.

encefalografía. f. Radiografía del cráneo.

encefalograma. m. Resultado de una encefalografía expresado gráficamente.

enceguecer. tr. **1** Cegar, privar de la visión. **2** Cegar, ofuscar el entendimiento. También prnl. | intr. **3** Sufrir ceguera, perder la vista. **Sin.** 2 ofuscar.

encelamiento. m. Acción de encelar.

encelar. tr. **1** Dar celos. | **encelarse.** prnl. **2** Sentir celos de una persona. **3** Estar en celo un animal.

encella. f. Modelo o forma que sirve para hacer quesos y requesones.

encellar. tr. Dar forma al queso o al requesón en la encella.

encenagado, da. adj. Revuelto o mezclado con cieno.

encenagamiento. m. Acción de encenagarse.

encenagarse. prnl. **1** Meterse en el cieno. **2** Ensuciarse, mancharse con cieno. **3** Entregarse a los vicios: *se encenagó a raíz de un desengaño.* **Sin.** 1 embarrarse 3 envilecerse.

encendaja. f. Ramas, hierba seca o cualquier otra cosa propia para encender el fuego. Más en pl.

encendedor, ra. adj. y s. **1** Que enciende. | m. **2** Aparato que sirve para encender; mechero.

encender. tr. y prnl. **1** Hacer que una cosa arda para que dé luz o calor: *encender lumbre.* **2** Causar ardor. **3** Conectar un circuito eléctrico: *enciende la tele.* **4** Avivar un sentimiento o pasión: *los ánimos se fueron encendiendo durante el debate.* | **encenderse.** prnl. **5** Ponerse colorado, ruborizarse: *encenderse el rostro.* || **Irreg.** Se conj. como *entender.* **Sin.** 1 prender 4 excitar, exaltar 5 sonrojarse ☐ **Ant.** 1 y 3 apagar 3 desconectar 4 calmar, enfriar 5 palidecer.

encendido, da. adj. **1** De color rojo muy subido. | m. **2** En los motores de explosión, mecheros, etc., dispositivo destinado a producir la chispa. **3** Acción de encender.

encerado, da. adj. **1** Que tiene cera, o el color de ella. | m. **2** Lienzo preparado con cera, aceite de linaza u otros materiales, para hacerlo impermeable. **3** Emplasto compuesto de cera y otros ingredientes. **4** Tablero de madera u otra sustancia, que se usa para escribir o dibujar en él con tiza: *borra el encerado.* **5** Capa tenue de cera con que se cubren los muebles. **Sin.** 4 pizarra.

encerar. tr. Aplicar cera a alguna cosa.

encerradero. m. **1** Sitio donde se recogen los rebaños. **2** Encierro, toril.

encerramiento o **encerradura.** m. Acción de encerrar y lugar en que se encierra.

encerrar. tr. **1** Meter a una persona o cosa en un lugar del que no pueda salir. También prnl.: *se encerraron en el ayuntamiento en señal de protesta.* **2** Incluir, contener: *este libro encierra muchos consejos prácticos.* | **encerrarse.** prnl. **3** Retirarse del mundo; incomunicarse: *se encerró en sí mismo.* ||

Irreg. Se conj. como *acertar*. **Sin.** 1 aprisionar, recluir 2 englobar, comprender 3 aislarse ☐ **Ant.** 1 libertar 3 abrirse.

encerrona. f. **1** Situación, preparada de antemano, en que se coloca a una persona para obligarla a que haga algo en contra de su voluntad: *consiguió salir airoso de la encerrona*. **2** En taurom., lidia de toros que se hace en privado. **Sin.** 1 trampa, celada.

encestador, ra. adj. y s. Que encesta, dicho de un jugador de baloncesto.

encestar. tr. **1** Poner, recoger, guardar algo en una cesta. También intr. **2** En el juego del baloncesto, introducir el balón en el cesto o red de la canasta contraria.

enchapar. tr. Chapear, cubrir con chapas.

encharcar. tr. y prnl. **1** Cubrir de agua una parte de terreno, que queda como si fuera un charco. | **encharcarse.** prnl. **2** Llenarse de sangre, agua, u otros líquidos algún órgano, como los pulmones.

enchiquerar. tr. **1** Meter o encerrar el toro en el chiquero. **2** Poner a alguien preso en la cárcel. **Sin.** 2 encarcelar ☐ **Ant.** 2 soltar.

enchironar. tr. Meter a alguien en chirona, en la cárcel.

enchufar. tr. **1** Establecer una conexión eléctrica con un enchufe. **2** Ajustar la boca de un tubo en la de otro tubo o pieza semejante: *enchufar la alcachofa de la ducha*. También intr. **3** Combinar, enlazar, unir. **4** Dar un cargo, empleo, etc., a alguien, utilizando la influencia. También prnl.: *se enchufó en el ministerio*. | **enchufarse.** prnl. **5** Conseguir algo por influencia o recomendación: *se enchufó para que le instalaran el teléfono pronto*. **Sin.** 2 acoplar ☐ **Ant.** 1 desenchufar 2 desencajar.

enchufe. m. **1** Acción de enchufar o enchufarse: *tu primo tiene un buen enchufe en el tribunal*. **2** Aparato que consta de dos piezas esenciales que se encajan una en otra cuando se quiere establecer una conexión eléctrica. **3** Parte de un tubo que penetra en otro. **4** Sitio donde enchufan dos tubos. **5** Cargo, empleo, etc., que se obtiene por influencia: *en este departamento hay varios enchufes evidentes*. **6** Recomendación: *está en ese puesto por enchufe*.

encía. f. Carne que cubre interiormente los maxilares y la raíz de los dientes. También pl.

encíclica. f. Carta o misiva que dirige el Papa a todos los obispos o a los fieles del orbe católico.

enciclopedia. f. **1** Conjunto de todas las ciencias. **2** Obra en que se trata de muchas ciencias. **3** Enciclopedismo. **4** Diccionario que no sólo recoge los significados de las palabras, sino también información sobre muy diferentes materias, personajes, etc.

enciclopédico, ca. adj. Relativo a la enciclopedia.

enciclopedismo. m. Conjunto de doctrinas profesadas por los autores de la *Enciclopedia* publicada en Francia a mediados del s. XVIII, y que se caracterizó por una defensa de la razón y la ciencia frente a la superstición y el dogmatismo religioso. **Sin.** ilustración.

encierro. m. **1** Acción de encerrar. **2** Lugar donde se encierra: *Napoleón murió en su encierro de Santa Elena*. **3** Acto de traer los toros al toril: *esta tarde es el encierro*. **4** Toril. **Sin.** 1 reclusión.

encima. adv l. **1** En lugar o puesto superior respecto de otro inferior: *vivo un piso encima de ti*. **2** Sobre sí, sobre la propia persona: *no llevo dinero encima*. **3** Muy cerca: *tenemos encima una tormenta*. | adv. c. **4** Además: *¡y encima pretendes que me lo crea!* | adv. m. **5** Vigilando: *siempre está encima de sus empleados*. **6 por encima.** loc. adv. Superficialmente, de pasada: *lo leyó por encima*. **7 por encima de** una persona o cosa. loc. adv. A pesar de ella; contra su voluntad: *lo hizo por encima de sus recomendaciones*. **Ant.** 1 debajo.

encimero, ra. adj. Que está o se pone encima de algo.

encina. f. Árbol de unos 10 a 12 m de altura que tiene por fruto la bellota, y su madera es muy dura y compacta.

encinar o **encinal.** m. Sitio poblado de encinas.

encinta. adj. Se dice de la mujer embarazada. **Sin.** preñada.

encintado. m. **1** Acción de encintar. **2** Faja o cinta de piedra que forma el borde de una acera, de un andén, etc. **Sin.** 2 bordillo.

encintar. tr. **1** Adornar con cintas: *encintaron los arneses de las caballerías*. **2** Poner el cintero a los novillos. **3** Poner en una vía la hilera de piedras que marca la línea y el borde de las aceras.

enciso. m. Terreno adonde salen a pacer las ovejas después de parir.

Encina y detalle del fruto y la hoja

enclaustrar. tr. y prnl. **1** Encerrar en un claustro. **2** Encerrar en cualquier lugar: *se ha enclaustrado en su habitación para estudiar.*

enclavado, da. adj. **1** Se dice del sitio encerrado dentro del área de otro. También s. **2** Se dice del objeto encajado en otro: *hueso enclavado en la base del cráneo.*

enclavar. tr. **1** Situar, ubicar, colocar: *el pueblo estaba enclavado en un valle.* **2** Clavar alguna cosa.

enclave. m. Territorio incluido en otro de mayor extensión con características diferentes: políticas, administrativas, geográficas, etc.

enclavijar. tr. **1** Trabar una cosa con otra. **2** Poner las clavijas a un instrumento.

enclenque. adj. y com. Falto de salud, enfermizo. **Sin.** endeble, flojo □ **Ant.** robusto, rollizo.

enclítico, ca. adj. y m. Se dice de la partícula o parte de la oración que se liga con el vocablo precedente, formando con él una sola palabra, como en el español los pronombres pospuestos al verbo: *recógemelo; pruébatelo.*

encobar. intr. y prnl. Echarse las aves y animales ovíparos sobre los huevos para empollarlos.

encocorar. tr. y prnl. Fastidiar, molestar con exceso. **Sin.** crispar, exasperar.

encofrado. m. **1** Armazón para contener el hormigón mientras fragua. **2** Tapial, molde. **3** Revestimiento de madera para sostener las tierras en las galerías de las minas.

encofrador, ra. m. y f. Carpintero que se dedica al encofrado de obras en edificios, minas, etc.

encofrar. tr. **1** Formar un molde en el que se vacía el hormigón hasta que fragua y que se desmonta después. **2** Colocar bastidores para contener las tierras en las galerías de las minas.

encoger. intr. y prnl. **1** Disminuir de tamaño algunas cosas, especialmente los tejidos de la ropa, cuando se mojan o lavan: *se me ha encogido el jersey.* | tr. y prnl. **2** Contraer el cuerpo o alguno de sus miembros: *si quieres pasar, tendrás que encogerte un poco.* **3** Sentir tristeza, miedo, etc.: *aquellas imágenes encogían el corazón.* | **encogerse.** prnl. **4** Apocar el ánimo: *se encogió con tu reprimenda.* **5** Acobardarse: *se encogió al ver al toro.* **Sin.** 1 achicar 4 desanimarse □ **Ant.** 1 desencoger 4 crecerse.

encogido, da. adj. y s. Falto de carácter, apocado.
encogimiento. m. **1** Acción de encoger. **2** Falta de carácter.

encogollarse. prnl. Subirse la caza a las cimas o cogollos más altos de los árboles.

encolar. tr. **1** Pegar con cola una cosa. **2** Dar la encoladura a las superficies que han de pintarse al temple. **3** Clarificar vinos.

encolerizar. tr. y prnl. Hacer que uno se ponga colérico.

encomendar. tr. **1** Encargar a uno que haga alguna cosa o que cuide de alguien o algo: *le encomendó que regara las plantas durante su ausencia.* **2** En la colonización de América, dar indios en encomienda a un colonizador. | **encomendarse.** prnl. **3** Entregarse, confiarse al amparo o protección de alguien: *se encomendó a Dios.* || **Irreg.** Se conj. como *acertar.* **Sin.** 1 comisionar, delegar 3 abandonarse.

encomiar. tr. Alabar a una persona o cosa: *encomiaron su trabajo.* **Sin.** elogiar □ **Ant.** censurar, criticar.

encomiástico, ca. adj. Que alaba o contiene alabanza.

encomienda. f. **1** Acción de encomendar. **2** Cosa encomendada; encargo: *me han hecho una difícil encomienda.* **3** Institución de la América colonial mediante la cual se concedía a un colonizador un grupo de indios para que trabajaran para él. **4** *amer.* Paquete postal.

encomio. m. Alabanza intensa.

enconar. tr. y prnl. **1** Empeorar una herida o una parte lastimada del cuerpo. **2** Irritar, exasperar el ánimo contra uno: *su desfachatez le enconó.* **Sin.** 2 exacerbar, avivar □ **Ant.** 1 curar, sanar 2 apaciguar.

encono. m. Animadversión, rencor arraigado en el ánimo. **Sin.** resquemor, odio, rencor.

encontradizo, za. adj. **1** Que se encuentra con otra cosa o persona. **2** **hacerse** uno **el encontradizo.** loc. Buscar disimuladamente a otro: *se hizo el encontradizo para que le invitáramos a la fiesta.*

encontrado, da. adj. **1** Puesto enfrente. **2** Opuesto, contrario: *opiniones encontradas.*

encontrar. tr. **1** Dar con una persona o cosa que se busca: *por fin encontré la llave perdida.* **2** Dar con una persona o cosa sin buscarla: *el otro día me encontré con tu padre.* También prnl. | **encontrarse.** prnl. **3** Hallarse en cierto estado: *encontrarse mal, bien.* **4** Estar en determinado lugar: *ahora se encuentra en Caracas.* **5** Reunirse dos o más personas en un lugar: *nos encontraremos en el bar de siempre.* **6** Oponerse, enfrentarse dos personas, posturas, opiniones, etc.: *en su novela se encuentran diversas tradiciones narrativas.* || **Irreg.** Se conj. como *contar.* **Sin.** 1 hallar, 2 chocar, topar 5 verse, citarse 6 contraponerse □ **Ant.** 1 perder 6 acercarse.

encontrón o **encontronazo.** m. **1** Golpe, choque: *tuvo un encontronazo con el jefe.* **2** Encuentro inesperado.

encopetado, da. adj. **1** Que presume demasiado de sí. **2** De alto copete o alcurnia: *procedía de una encopetada familia.*

encopetarse. prnl. Engreírse, presumir demasiado.

encorajinar. tr. y prnl. Enfadar mucho a alguien. **Sin.** encolerizar, enfurecer ❏ **Ant.** calmar.

encorchar. tr. **1** Coger los enjambres de las abejas y cebarlas para que entren en las colmenas. **2** Poner tapones de corcho a las botellas. **Ant.** 2 descorchar.

encordar. tr. **1** Poner cuerdas a los instrumentos de música. **2** Apretar un cuerpo con una cuerda, haciendo que ésta dé muchas vueltas alrededor de aquél.

encordelar. tr. **1** Poner cordeles a una cosa. **2** Atar algo con cordeles.

encordonar. tr. Poner o echar cordones a una cosa, bien para sujetarla, bien para adornarla con ellos.

encornadura. f. **1** Forma o disposición de los cuernos en el toro, ciervo, etc. **2** Cornamenta.

encorsetar. tr. y prnl. **1** Poner corsé u otra prenda muy ceñida. **2** Oprimir, limitar, ceñir.

encorujarse. prnl. Encogerse, hacerse un ovillo.

encorvadura o **encorvamiento.** f. Acción de encorvar o encorvarse.

encorvar. tr. y prnl. Doblar y torcer una cosa poniéndola curva: *el abuelo se fue encorvando con los años*. **Sin.** arquear, curvar ❏ **Ant.** enderezar.

encostrar. tr. Cubrir con costra una cosa.

encrespamiento. m. Acción de encrespar o encresparse.

encrespar. tr. y prnl. **1** Levantar y alborotar las olas del mar. **2** Enfurecer, irritar: *tu sangre fría le encrespa*. **3** Ensortijar, rizar: *la humedad le encrespa el cabello*. **4** Erizar el pelo, plumaje, etc., por alguna impresión fuerte, como el miedo. **Sin.** 1 picarse, embravecerse 2 crispar ❏ **Ant.** 1 amainar, calmar 2 serenar, apaciguar.

encrestado, da. adj. Ensoberbecido, altivo.

encrestarse. prnl. Poner las aves tiesa la cresta.

encrucijada. f. **1** Lugar donde se cruzan dos o más calles o caminos. **2** Panorama de varias opciones que se le presentan a uno para elegir: *estaba en una encrucijada de su carrera*. **3** Punto en el que confluyen varias cosas: *una encrucijada de culturas*. **Sin.** 1 cruce 2 dilema.

encrudecer. tr. y prnl. Hacer que una cosa tenga apariencia u otra condición de cruda.

encuadernación. f. **1** Acción de encuadernar. **2** Cubierta exterior de un libro. **3** Taller donde se encuaderna.

encuadernador, ra. m. y f. Persona que tiene por oficio encuadernar.

encuadernar. tr. Juntar, unir y coser varios pliegos o cuadernos y ponerles cubiertas.

encuadrar. tr. **1** Poner algo en un marco o cuadro. **2** Encajar, ajustar una cosa dentro de otra. **3** Determinar los límites de algo, incluyéndolo en un esquema u organización: *parte de su obra puede encuadrarse en el cubismo*. **4** Distribuir las personas conforme a un esquema de organización determinado: *le encuadraron en producción*. También prnl. **5** Servir algo de marco o trasfondo: *el pelo encuadraba su cara*. **6** Hacer un encuadre con una cámara fotográfica o de cine. **Sin.** 1 y 3 enmarcar 3 clasificar, localizar 4 integrar.

encuadre. m. **1** Acción de encuadrar. **2** En fotografía y cine, límites de la imagen determinados por la posición de la cámara y su distancia. **3** En un televisor, sistema que permite centrar la imagen en la pantalla.

encubar. tr. Echar el vino u otro líquido en las cubas para guardarlo en ellas.

encubierto, ta. p. p. irreg. de encubrir.

encubridor, ra. adj. y s. Que encubre a alguien o algo.

encubrir. tr. **1** Ocultar una cosa o no manifestarla: *encubrir los sentimientos*. **2** Impedir que llegue a saberse una cosa: *han procurado encubrir el escándalo*. **3** Ocultar el delito de un delincuente o ayudarle a no ser descubierto. **Sin.** 1 enmascarar 1 y 2 esconder, tapar ❏ **Ant.** 1 revelar 2 delatar.

encuentro. m. **1** Acto de coincidir en un punto dos o más personas o cosas: *un encuentro de caminos*. **2** Oposición, contradicción: *un encuentro de pareceres*. **3** Competición deportiva: *encuentro de tenis*. **Sin.** 1 confluencia, reunión ❏ **Ant.** 1 divergencia.

encuesta. f. Conjunto de datos obtenidos mediante consulta o interrogatorio a un número determinado de personas sobre un asunto. **Sin.** sondeo.

encuestador, ra. m. y f. Persona que lleva a cabo consultas e interrogatorios para una encuesta.

encuestar. tr. **1** Someter a encuesta un asunto. **2** Interrogar a alguien para una encuesta. | intr. **3** Hacer encuestas.

encumbrado, da. adj. Elevado, alto.

encumbramiento. m. **1** Acción de encumbrar. **2** Altura, elevación. **3** Ensalzamiento, exaltación.

encumbrar. tr. y prnl. **1** Levantar en alto. **2** Ensalzar, engrandecer a alguien. | **encumbrarse.** prnl. **3** Envanecerse, ensoberbecerse. **Sin.** 1 alzar 2 elevar, enaltecer ❏ **Ant.** 2 relegar.

encurtido. m. Fruto u hortaliza conservado en vinagre. Más en pl. **Sin.** variantes.

encurtir. tr. Conservar en vinagre frutos u hortalizas.

endeble. adj. Débil, de poca resistencia: *un material endeble*. **Sin.** frágil ❏ **Ant.** fuerte, sólido.

endeblez. f. Cualidad de endeble.

endécada. f. Período de once años.

endecágono, na. adj. y m. Polígono de once lados.

endecasílabo, ba. adj. y m. De once sílabas: *verso endecasílabo.*

endecha. f. **1** Canción triste o de lamento. Más en pl. **2** Combinación métrica que se emplea repetida en composiciones, generalmente dedicadas a un difunto.

endemia. f. Cualquier enfermedad que afecta un país o una zona determinada durante un período de tiempo.

endémico, ca. adj. **1** Relativo a la enfermedad propia de un país o de una época: *la peste fue un mal endémico en la Europa medieval.* **2** Se dice del acto o suceso que se repite frecuentemente en un país.

endemoniado, da. adj. **1** Persona poseída por el demonio. **2** Perverso, malo, nocivo. **3** Travieso. Sᵢn. 1 poseso.

endemoniar. tr. **1** Introducir el demonio en el cuerpo de una persona. **2** Irritar, encolerizar a uno: *deja ya de endemoniar a tu hermano.* También prnl.

endentar. tr. **1** Encajar una cosa en otra. **2** Poner dientes a una rueda. Sᵢn. 1 engranar.

endentecer. intr. Empezar los niños a echar los dientes. || **Irreg.** Se conj. como *agradecer.*

enderezar. tr. y prnl. **1** Poner derecho lo que está torcido o inclinado: *endereza el cuadro.* **2** Poner en buen estado una cosa, arreglar: *ha conseguido enderezar su negocio en pocos meses.* **3** Enmendar, corregir, castigar: *enderezó al chico con grandes dosis de paciencia.* Sᵢn. 1 destorcer □ Aᵐᵗ. 1 torcer.

endeudarse. prnl. Llenarse de deudas.

endiablado, da. adj. Endemoniado, perverso, malo.

endiablar. tr. **1** Introducir los diablos en el cuerpo de uno. **2** Dañar, pervertir. También prnl. | **endiablarse.** prnl. **3** Encolerizarse o irritarse mucho.

endibia. f. Variedad de escarola cultivada de modo especial, cuyas hojas, largas y lanceoladas, apretadas entre sí, se presentan en disposición fusiforme; es muy apreciada en la preparación de ensaladas.

endilgar. tr. **1** Endosar a otro algo desagradable o molesto: *¡vaya trabajito me han endilgado!* **2** Encaminar, dirigir, acomodar, facilitar. Sᵢn. 1 largar, encasquetar □ Aᵐᵗ. 1 librar.

endiñar. tr. **1** Dar o asestar un golpe. **2** Endilgar, endosar.

endiosamiento. m. Engreimiento, altivez extremada.

endiosar. tr. **1** Divinizar; elevar a uno a la divinidad. | **endiosarse.** prnl. **2** Engreírse, envanecerse: *desde que obtuvo aquel premio se ha endiosado.* Sᵢn. 2 ensoberbecerse.

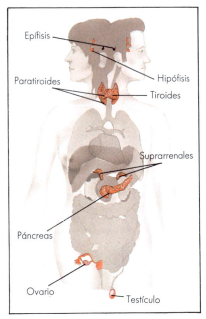

Sistema endocrino

endo-. Elemento compositivo que entra en la formación de algunas voces españolas con el significado de 'dentro, en el interior': *endógeno.*

endocardio. m. Membrana que cubre el interior de las cavidades del corazón.

endocarpio. m. En las plantas, capa interna de las tres que forman el fruto.

endocrino, na. adj. **1** Se dice de las glándulas, también llamadas de *secreción interna,* que vierten sus secreciones directamente a la sangre. **2** Relativo a las hormonas o a las secreciones internas: *sistema endocrino.* | m. y f. **3** Endocrinólogo.

endocrinología. f. Estudio del funcionamiento de las glándulas endocrinas y de sus secreciones internas.

endocrinólogo, ga. m. y f. Médico especializado en endocrinología.

endodermo. m. En biol., capa interna que se forma durante una de las fases del desarrollo del embrión denominada gástrula. Dicha capa origina el aparato digestivo.

endodoncia. f. **1** Estudio de las afecciones de la pulpa dentaria. **2** Tratamiento utilizado en estas afecciones.

endogamia. f. **1** Fecundación entre individuos de la misma especie. **2** Práctica u obligación de contraer matrimonio cónyuges del mismo grupo étnico, social, etc. **Ant.** 1 y 2 exogamia.

endogénesis. f. División de una célula que está rodeada de una cubierta o envoltura resistente que impide la separación de las células hijas. || No varía en pl.

endógeno, na. adj. **1** Que se origina o nace en el interior, como la célula que se forma dentro de otra. **2** Que se origina internamente: *infección endógena*. **Ant.** 1 y 2 exógeno.

endolinfa. f. Líquido acuoso que llena el laberinto del oído de los vertebrados.

endometrio. m. Mucosa que recubre la cavidad uterina.

endomingarse. prnl. Vestirse con la ropa de fiesta.

endoparásito. adj. y m. Se dice del parásito que vive dentro del cuerpo de un animal o planta, como la lombriz intestinal.

endosar. tr. **1** Ceder a favor de otro una letra de cambio u otro documento de crédito expedido a la orden, haciéndolo así constar al respaldo o dorso. **2** Trasladar a uno una carga, trabajo o cosa no apetecible: *le endosó la parte más pesada del trabajo*. **Sin.** 1 transferir, traspasar 2 endilgar ◻ **Ant.** 2 librar.

endosatario, ria. m. y f. Persona a cuyo favor se endosa o puede endosarse un documento de crédito.

endoscopia. f. Exploración visual de los conductos o cavidades internas del cuerpo humano mediante endoscopios.

endoscopio. m. Nombre genérico de varios aparatos destinados al examen visual de cavidades o conductos internos del organismo.

endósmosis o **endosmosis.** f. En fís., corriente de fuera adentro que se establece cuando los líquidos de distinta densidad están separados por una membrana. || No varía en pl.

endoso. m. **1** Acción de endosar. **2** Lo que para endosar una letra u otro documento a la orden se escribe en su respaldo o dorso.

endospermo. m. Tejido del embrión de las plantas fanerógamas, que le sirve de alimento.

endotelio. m. Epitelio de células planas, que recubre el interior de los vasos, del corazón y de las cavidades serosas y articulares.

endotelioma. m. Tumor generalmente maligno originado en el revestimiento celular de los vasos o de las cavidades serosas.

endovenoso, sa. adj. Intravenoso.

endriago. m. Monstruo fabuloso, formado del conjunto de facciones humanas y animales.

endrino, na. adj. **1** De color negro azulado. | m. **2** Ciruelo silvestre con espinas en las ramas, y de fruto pequeño, negro azulado y áspero al gusto. | f. **3** Fruto del endrino, del que se obtiene el pacharán.

endrogarse. prnl. **1** *amer.* Drogarse, usar estupefacientes. **2** *amer.* Entramparse, contraer deudas.

endulzar. tr. y prnl. **1** Poner dulce una cosa. También prnl. **2** Quitar a un alimento el sabor amargo o ácido. **3** Suavizar; hacer llevadero un trabajo, disgusto o incomodidad: *su compañía endulzó aquel mal momento*. También prnl. **Sin.** 1 edulcorar, azucarar 3 aliviar.

endurecer. tr. y prnl. **1** Poner dura una cosa: *el pan se ha endurecido*. **2** Hacer a una persona áspera, severa, insensible: *la vida le ha endurecido*. || **Irreg.** Se conj. como *agradecer*. **Sin.** 2 curtir, fortalecer ◻ **Ant.** 1 y 2 ablandar 2 humanizar, enternecer.

endurecimiento. m. **1** Acción de endurecer. **2** Obstinación, tenacidad.

enea. f. Anea, planta.

eneágono, na. adj. y m. Polígono de nueve ángulos y nueve lados.

eneasílabo, ba. adj. y m. De nueve sílabas: *verso eneasílabo*.

enebro. m. Arbusto de la familia de las cupresáceas, de 3 a 4 m de altura, con tronco ramoso, copa espesa, hojas lineales y rígidas, flores escamosas, de color pardo rojizo, y frutos en bayas esféricas de color negro azulado.

eneldo. m. Hierba de la familia de las umbelíferas, con tallo ramoso, de un metro de altura; hojas divididas en lacinias filiformes y flores amarillas en círculo; se emplea para calmar ciertas afecciones intestinales.

enema. f. **1** Medicamento líquido que se introduce en el recto por el ano, y que se utiliza generalmente para estimular la expulsión de los excrementos y dejar limpio el intestino. **2** Utensilio con que se realiza.

enemigo, ga. adj. **1** Contrario, opuesto a algo. También s.: *un enemigo de la violencia*. | m. y f. **2** Persona que tiene mala voluntad a otra y le desea o hace mal. | m. **3** El contrario en la guerra. **4 ser** uno **enemigo** de algo. loc. No ser partidario de ello. **Sin.** 1 y 3 adversario ◻ **Ant.** 1 partidario.

enemistad. f. Aversión u odio entre dos o más personas. **Sin.** malquerencia, aversión ◻ **Ant.** amistad.

enemistar. tr. y prnl. Hacer a uno enemigo de otro, o hacer perder la amistad.

eneolítico, ca. adj. y m. Se dice del período prehistórico de transición entre la edad de la piedra pulimentada y la del bronce.

energético, ca. adj. **1** Relativo a la energía: *alimentos energéticos*. | f. **2** Parte de la física que trata de la energía.

energía – enfoscado

energía. f. **1** Fuerza, poder: *puso toda su energía en conseguirlo*. **2** Fuerza de voluntad o de carácter. **3** En fís., capacidad de los cuerpos para producir un trabajo. **Sin.** 2 fortaleza, vitalidad ☐ **Ant.** 1 y 2 debilidad.

enérgico, ca. adj. Que tiene energía o actúa con energía. **Sin.** firme, fuerte, vigoroso.

energúmeno, na. m. y f. **1** Persona furiosa, encolerizada: *salió hecho un energúmeno de la sala*. **2** Persona alborotada o muy exaltada: *gritaba como un energúmeno durante el partido*. **Sin.** 1 basilisco.

enero. m. Primer mes del año; consta de 31 días.

enervar. tr. y prnl. Debilitar, quitar las fuerzas. **Sin.** agotar ☐ **Ant.** fortalecer.

enésimo, ma. adj. **1** Número indeterminado de veces que se repite una cosa: *nos contó la misma historia por enésima vez*. **2** Se dice del lugar de orden *n*, generalmente indeterminado en una serie.

enfadadizo, za. adj. Fácil de enfadarse.

enfadar. tr. y prnl. Causar enfado. **Sin.** enojar, irritar ☐ **Ant.** amistar.

enfado. m. **1** Malestar que crean en el ánimo ciertas circunstancias. **2** Enojo contra otra persona. **3** Disgusto.

enfaldo. m. Falda recogida.

enfangar. tr. y prnl. **1** Cubrir de fango una cosa o meterla en él. | **enfangarse.** prnl. **2** Mezclarse en negocios sucios. **Sin.** 1 embarrar, enlodar.

enfardelar. tr. **1** Hacer fardos. **2** Empaquetar.

énfasis. m. **1** Fuerza de expresión o de entonación con que se quiere realzar la importancia de lo que se dice o se lee. **2** Falta de naturalidad en la expresión. **3** Importancia que se da a algo: *puso el énfasis en la urgencia de llegar a un acuerdo*. || No varía en pl. **Sin.** 1 realce 2 afectación 3 acento.

enfático, ca. adj. Relativo al énfasis; que se expresa con énfasis.

enfatizar. intr. **1** Expresarse con énfasis. | tr. **2** Poner énfasis en la expresión de alguna cosa. **Sin.** 2 realzar, remarcar.

enfermar. intr. y prnl. **1** Contraer una enfermedad: *enfermó de gripe*. | tr. **2** Causar enfermedad. **3** Desagradar, disgustar: *me enferma su obstinación*. **Sin.** 1 indisponerse 3 crispar, fastidiar ☐ **Ant.** 1 curar 3 agradar.

enfermedad. f. **1** Alteración de la salud. **2** Alteración que afecta el funcionamiento de una institución, colectividad, etc.: *el paro es una enfermedad social*. **Sin.** 1 dolencia 1 y 2 mal.

enfermería. f. **1** Local o dependencia destinados para enfermos o heridos. **2** Conjunto de los enfermos de determinado lugar o tiempo, o de una misma enfermedad. **Sin.** 1 botiquín.

enfermero, ra. m. y f. Persona destinada para la asistencia de los enfermos.

enfermizo, za. adj. **1** Que tiene poca salud. **2** Propio de un enfermo: *pasión enfermiza*. **Sin.** 1 delicado, achacoso 2 morboso ☐ **Ant.** 1 saludable 1 y 2 sano.

enfermo, ma. adj. y s. Que padece alguna enfermedad: *vamos a ver cómo sigue el enfermo*. **Sin.** malo, paciente ☐ **Ant.** sano.

enfervorizar. tr. y prnl. Infundir fervor, ánimo: *el público se enfervorizó con aquella faena del diestro*. **Sin.** entusiasmar, enardecer.

enfilar. tr. **1** Poner en fila varias cosas. **2** Orientar un asunto hacia determinada dirección: *enfiló la discusión hacia su propio terreno*. **3** Ensartar en un hilo, cuerda, alambre, etc., varias cosas: *enfilar las cuentas de un collar*. **4** Apuntar: *enfilar un arma*. **Sin.** 2 encaminar.

enfisema. m. Tumefacción producida por aire o gas en el tejido pulmonar, en el celular o en la piel.

enfiteusis. f. Cesión del dominio útil de un inmueble, mediante el pago anual de un canon. || No varía en pl.

enfitéutico, ca. adj. Dado en enfiteusis o perteneciente a ella.

enflaquecer. tr. **1** Poner flaco: *no te enflaquecen las penas*. También intr. y prnl. **2** Debilitar, agotar. | intr. y prnl. **3** Desmayar, perder ánimo: *siente que su voluntad enflaquece*. || Irreg. Se conj. como *agradecer*. **Sin.** 1 adelgazar 3 flaquear ☐ **Ant.** 1 engordar 2 fortalecer.

enflaquecimiento. m. Acción de enflaquecer o enflaquecerse.

enflautar. tr. Hinchar, soplar.

enflechado, da. adj. Arco o ballesta en que se ha puesto la flecha para arrojarla.

enflorar. tr. Florear, adornar con flores.

enfocar. tr. **1** Hacer que la imagen de un objeto producida en el foco de una lente se recoja con claridad sobre un plano u objeto determinado. **2** Centrar en el visor de una cámara fotográfica, de cine, de vídeo, etc., la imagen que se quiere obtener. **3** Proyectar un haz de luz o de partículas sobre un determinado punto. **4** Dirigir la atención o el interés hacia un determinado asunto o problema: *procura enfocar el tema desde otro punto de vista*. **Sin.** 1 encuadrar 3 iluminar 4 orientar ☐ **Ant.** 1 y 2 desenfocar.

enfoque. m. **1** Acción de enfocar. **2** Manera de considerar un asunto o problema: *tu enfoque de la cuestión me parece erróneo*.

enfoscado. m. **1** Operación de enfoscar un muro. **2** Capa de mortero con que está cubierto un muro.

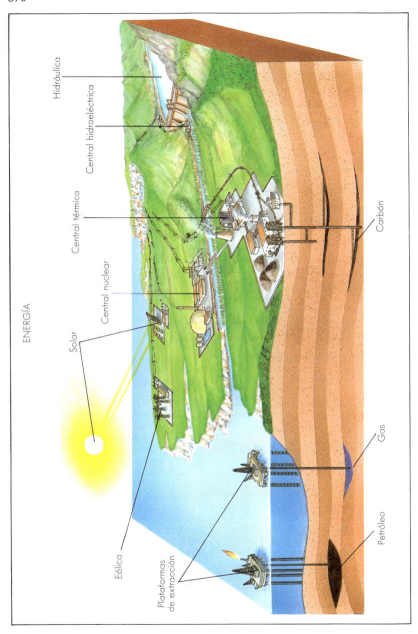

enfoscar. tr. **1** Tapar los agujeros que quedan en una pared después de construirla. | **enfoscarse.** prnl. **2** Ponerse hosco. **3** Encapotarse, cubrirse el cielo de nubes.

enfranquecer. tr. Hacer franco o libre.

enfrascarse. prnl. Aplicarse con gran intensidad a una actividad: *se enfrascó en la lectura del libro.* **Sin.** embeberse, concentrarse.

enfrenar. tr. **1** Poner el freno al caballo. **2** Enseñarle a que obedezca, contenerlo.

enfrentamiento. m. Acción de enfrentar o enfrentarse: *enfrentamiento de opiniones.*

enfrentar. tr. y prnl. **1** Poner frente a frente. **2** Afrontar, hacer frente: *decidió enfrentarse al problema.*

enfrente. adv. l. **1** A la parte opuesta, en punto que mira a otro, o que está delante de otro: *vive enfrente de mí.* | adv. m. **2** En contra: *en este asunto, tenemos enfrente a la cúpula directiva de la empresa.*

enfriamiento. m. **1** Acción de enfriar: *enfriamiento de relaciones diplomáticas.* **2** Indisposición que se caracteriza por síntomas catarrales.

enfriar. tr. y prnl. **1** Poner o hacer que se ponga fría una cosa: *pon el vino a enfriar.* **2** Moderar los afectos, la fuerza, las pasiones: *su amistad se fue enfriando.* | **enfriarse.** prnl. **3** Acatarrarse: *se enfrió con el aire acondicionado.* **Sin.** 1 refrigerar 3 resfriarse ☐ **Ant.** 1 calentar.

enfrijolarse. prnl. *amer.* Enredarse un negocio u otro asunto.

enfundar. tr. Poner una cosa dentro de su funda: *enfundar el paraguas.* **Ant.** desenfundar.

enfurecer. tr. y prnl. **1** Irritar a alguien, ponerle furioso. | **enfurecerse.** prnl. **2** Tratándose del mar, el viento, etc., alborotarse. ‖ **Irreg.** Se conj. como *agradecer.* **Sin.** 1 enojar ☐ **Ant.** 1 y 2 calmar.

enfurecimiento. m. Acción de enfurecer o enfurecerse.

enfurruñamiento. m. Acción de enfurruñarse.

enfurruñarse. prnl. **1** Ponerse enfadado: *se enfurruña por nada.* **2** Encapotarse el cielo. **Sin.** 1 enojarse.

enfurtir. tr. y prnl. **1** Dar en el batán a los paños y otros tejidos de lana el cuerpo correspondiente. **2** Apelmazar el pelo.

engalanar. tr. y prnl. Adornar a una persona o cosa: *se engalanó para recibirnos.* **Sin.** acicalar, ataviar ☐ **Ant.** desarreglar.

engalgar. tr. Hacer que la liebre o el conejo sean perseguidos por el galgo, poniendo a éste sobre el rastro de la caza, o haciéndosela ver para que la siga sin perderla de vista.

engallado, da. adj. **1** Erguido, derecho. **2** Altanero, soberbio.

engallarse. prnl. y tr. Ponerse erguido y arrogante: *no te engalles, que no tienes razón para ello.* **Sin.** enderezarse, engreírse.

engalle. m. Correa que obliga al caballo a mantener la cabeza erguida.

enganchar. tr. **1** Agarrar una cosa con un gancho o colgarla de él: *enganchar un jamón para curarlo.* También prnl. e intr. **2** Poner las caballerías en los carruajes de manera que puedan tirar de ellos. También intr. **3** Coger, atrapar: *engancharon al ladrón en plena calle.* **4** Atraer a alguien, captar su afecto o su voluntad: *Marta te tiene bien enganchado.* **5** En taurom., coger el toro a una persona o cosa y levantarlo con los pitones. | **engancharse.** prnl. **6** Alistarse una persona como soldado: *se enganchó a la marina.* **7** En lenguaje de la droga, hacerse adicto a alguna droga. **Sin.** 1 sujetar, suspender 2 uncir 3 aprehender 4 pescar, conquistar 7 colgarse ☐ **Ant.** 1 descolgar 1 y 6 desenganchar.

enganche. m. **1** Acción de enganchar. **2** Pieza o aparato dispuesto para enganchar.

enganchón. m. Acción de desgarrarse una cosa, especialmente la ropa, al engancharse en algo: *llevas un enganchón en el jersey.*

engañabobos. com. **1** Persona que pretende embaucar o deslumbrar. | m. **2** Cosa que engaña o defrauda con su apariencia: *este crecepelo es un engañabobos.* ‖ No varía en pl. **Sin.** 1 estafador, timador 2 estafa.

engañar. tr. **1** Dar a la mentira apariencia de verdad: *su cara inocente engañaba a todo el mundo.* **2** Inducir a otro a creer y tener por cierto lo que no lo es: *te engañó al decir que no lo sabía.* También intr. **3** Estafar: *le engañaron en la tienda.* **4** Producir ilusión. **5** Ser infiel a su pareja. **6** Entretrener, distraer: *engañó el hambre con unas aceitunas.* | **engañarse.** prnl. **7** Negarse a aceptar la verdad. **8** Equivocarse: *te has engañado al aceptar ese trabajo.* **Sin.** 1 y 2 mentir, confundir 3 timar ☐ **Ant.** 1 y 2 desengañar 8 acertar.

engañifa. f. Engaño con apariencia de utilidad: *me parece que este producto es una engañifa.* **Sin.** timo.

engaño. m. **1** Acción de engañar o engañarse: *este asunto me huele a engaño.* **2** Falta de verdad, falsedad: *te ha contado un engaño.* **3** Cualquier arte para pescar. **4** Muleta o capa de torear: *agitó el engaño delante del astado.* **5 llamarse** uno **a engaño.** loc. Pretender que se deshaga una cosa, alegando haber sido engañado. **Sin.** 1 y 2 mentira ☐ **Ant.** 1 y 2 verdad.

engañoso, sa. adj. Falso, que engaña o da ocasión a engañarse: *apariencias engañosas.*

engarabatar. tr. y prnl. Poner una cosa en forma de garabato.

engarabitar. intr. y prnl. **1** Trepar, subir a lo alto. | tr. y prnl. **2** Engarabatar.

engarbarse. prnl. Encaramarse las aves a lo más alto de un árbol o de otra cosa.

engarce. m. **1** Acción de engarzar. **2** Metal en que se engarza alguna cosa.

engargantar. tr. **1** Meter una cosa por la garganta o tragadero. | intr. **2** Engranar.

engargolado. m. **1** Acción de engargolar. **2** Ranura por la cual se desliza una puerta corredera. **3** Ensambladura, trabazón de lengüeta y ranura que une dos piezas de madera.

engargolar. tr. Ajustar las piezas que tienen gárgoles.

engarrotar. tr. y prnl. Causar el frío entumecimiento en los miembros.

engarzar. tr. **1** Trabar una cosa con otra u otras, formando una cadena. **2** Engastar: *engarzar un collar*. **Sin.** 1 encadenar, eslabonar ☐ **Ant.** 1 y 2 desengarzar.

engastar. tr. Encajar y embutir una cosa en otra, como una piedra preciosa en un metal. **Sin.** engarzar.

engaste. m. **1** Acción de engastar. **2** Cerco o montura de metal que abraza o asegura lo que se engasta.

engatillado, da. adj. Se dice del animal que tienen el pescuezo grueso y levantado.

engatillar. tr. **1** Unir dos chapas metálicas doblando sus bordes y uniéndolos. **2** En arquit., sujetar con gatillo. **3** Encajar los extremos de los maderos de piso en las muescas de una viga. **4** Reforzar la tabla de una pintura con gatillo. | **engatillarse.** prnl. **5** Hablando de escopetas y otras armas de fuego, fallar el mecanismo de disparar.

engatusar. tr. Ganar la voluntad de alguien para conseguir alguna cosa: *pretendía engatusarle con promesas*. **Sin.** camelar.

engendrar. tr. **1** Procrear, propagar la especie: *engendrar un hijo*. **2** Causar, ocasionar, formar: *su dimisión engendró una crisis de gobierno*. **Sin.** 1 reproducir 2 originar.

engibar. tr. **1** Hacer jorobado a uno. También prnl. **2** Guardar y recibir.

englobar. tr. **1** Incluir varias partidas o cosas en un conjunto: *englobaremos estas facturas en los gastos de representación*. **2** Abarcar un conjunto una o más cosas. También prnl.: *su obra se engloba dentro de las vanguardias*. **Sin.** 1 encuadrar 2 comprender.

engolado, da. adj. **1** Se dice de la voz, articulación o acento que tiene resonancia en el fondo de la boca o en la garganta. **2** Afectado, poco natural: *una actuación engolada*. **3** Fatuo, engreído, altanero: *nos saludó muy engolado*. **Sin.** 2 y 3 petulante.

engolamiento. m. **1** Acción de engolar. **2** Afectación, énfasis en el habla o en la actitud.

engolar. tr. Dar resonancia gutural a la voz.

engolfarse. prnl. Concentrarse o aplicarse intensamente en algo.

engolillado, da. adj. **1** Se dice del que andaba siempre con la golilla puesta. **2** Se dice de la persona que se precia de observar con rigor los estilos antiguos.

engolosinar. tr. **1** Excitar el deseo de uno con algún atractivo: *le engolosinó en el negocio prometiéndole el oro y el moro*. | **engolosinarse.** prnl. **2** Aficionarse, tomar gusto a una cosa: *se ha engolosinado con esta serie*. **Sin.** 1 atraer, incitar 2 enviciarse.

engomar. tr. Impregnar o untar de goma.

engordar. tr. **1** Poner gordo. También intr.: *ha engordado mucho*. **2** Hacer crecer. También intr. **3** Hacerse rico: *sus negocios le están engordando*. **Sin.** 1 cebar 3 prosperar ☐ **Ant.** 1 adelgazar.

engorde. m. Acción de engordar o cebar al ganado, especialmente al de cerda. **Sin.** ceba.

engorro. m. Embarazo, impedimento, molestia: *este encargo es un engorro*. **Sin.** incordio, carga.

engorroso, sa. adj. Embarazoso, dificultoso, molesto.

engranaje. m. **1** Acción de engranar. **2** Conjunto de las piezas que engranan. **3** Conjunto de los dientes de una máquina. **4** Enlace, trabazón de ideas, circunstancias o hechos: *el engranaje de aquel discurso era muy pobre*. **Sin.** 1 articulación.

engranar. intr. **1** Encajar los dientes de una rueda. **2** Enlazar, trabar.

engrandecer. tr. **1** Aumentar, hacer grande o más grande una cosa: *el comercio engrandeció al país*. **2** Alabar, exagerar. **3** Exaltar, elevar a uno a grado o dignidad superior. También prnl. || **Irreg.** Se conj. como *agradecer*. **Sin.** 1 agrandar, ampliar ☐ **Ant.** 1 empequeñecer, menguar 3 degradar.

engrandecimiento. m. **1** Dilatación, aumento. **2** Ponderación, exageración. **3** Acción de elevar o elevarse uno a grado o dignidad superior.

engrapar. tr. Asegurar, enlazar o unir con grapas.

engrasar. tr. **1** Untar, manchar con grasa. También prnl.: *engrasarse las manos*. **2** Untar ciertas partes de una máquina con aceites u otras sustancias lubricantes para disminuir el rozamiento. **Sin.** 1 y 2 aceitar, lubricar ☐ **Ant.** 1 y 2 desengrasar.

engrase. m. Acción de engrasar.

engravecer. tr. y prnl. Hacer grave o pesada alguna cosa.

engreído, da. adj. Se dice de la persona creída de sí misma. **Sin.** fatuo, presumido.

engreimiento. m. Acción de engreír.

engreír. tr. y prnl. **1** Envanecer, llenar de soberbia. **2** *amer.* Encariñar. **3** *amer.* Mimar, malcriar. || **Irreg.** Se conj. como *reír*. S<small>IN</small>. 1 envanecer □ A<small>NT</small>. 1 humillar.

engrescar. tr. y prnl. **1** Incitar a riña. **2** Meter a otros en broma, juego u otra diversión. S<small>IN</small>. 1 enzarzar □ A<small>NT</small>. 1 aplacar.

engringarse. prnl. *amer.* Seguir uno las costumbres o manera de ser de los gringos o extranjeros.

engrosar. tr. y prnl. **1** Hacer gruesa y más corpulenta una cosa: *el bastón se engrosaba en la empuñadura*. **2** Aumentar en número: *engrosar un capital.* | intr. **3** Hacerse más grueso y corpulento. S<small>IN</small>. 1 agrandar, ensanchar 2 acrecentar □ A<small>NT</small>. 1 reducir, adelgazar.

engrudar. tr. **1** Untar o dar con engrudo a una cosa. | **engrudarse.** prnl. **2** Tomar consistencia de engrudo.

engrudo. m. Masa comúnmente hecha con harina o almidón, que se cuece en agua, y sirve para pegar papeles y otras cosas ligeras.

engruesar. intr. Engrosar.

engrumecerse. prnl. Hacerse grumos un líquido o una masa fluida.

enguantar. tr. y prnl. Cubrir la mano con el guante.

enguatar. tr. Entretelar con manta de algodón en rama.

enguedejado, da. adj. **1** Pelo que está hecho guedejas. **2** Se dice también de la persona que tiene así la cabellera.

engullir. tr. e intr. Tragar la comida atropelladamente, casi sin masticarla: *engulló dos bocadillos y se marchó corriendo.* || **Irreg.** Se conj. como *mullir*. S<small>IN</small>. devorar, zampar.

engurruñar. tr. y prnl. **1** Arrugar, encoger. | **engurruñarse.** prnl. **2** Encogerse uno, entristecerse.

enharinar. tr. y prnl. Manchar de harina; cubrir con ella la superficie de una cosa: *enharinó el molde para que no se pegara el pastel.*

enhebrar. tr. **1** Pasar la hebra por el ojo de la aguja o por el agujero de las cuentas, perlas, etc. **2** Decir seguidas muchas cosas sin orden ni concierto: *en su delirio, enhebraba recuerdos y realidades.* S<small>IN</small>. 1 ensartar, enfilar 2 empalmar □ A<small>NT</small>. 1 desenhebrar.

enhestar. tr. y prnl. Levantar en alto, poner derecha y levantada una cosa.

enhiesto, ta. 1 p. p. irreg. de enhestar. | adj. **2** Levantado, derecho: *sobre el enhiesto campanario giraba la veleta.* S<small>IN</small>. 2 erguido, erecto.

enhilar. tr. **1** Enhebrar. **2** Ordenar, colocar en su debido lugar las ideas de un escrito o discurso. **3** Dirigir, guiar o encaminar con orden una cosa. También prnl. S<small>IN</small>. 1 ensartar, enfilar 3 encauzar □ A<small>NT</small>. 1 desenhebrar 3 desviar.

enhorabuena. f. **1** Felicitación: *le dieron la enhorabuena por su aprobado.* | adv. m. **2** En hora buena.

enigma. m. **1** Dicho o conjunto de palabras de sentido encubierto para que sea difícil entenderlo o interpretarlo. **2** Persona o cosa que no se alcanza a comprender: *las causas de su acción son un enigma para mí.* S<small>IN</small>. 1 adivinanza, acertijo 2 incógnita, misterio.

enigmático, ca. adj. Que en sí encierra o incluye un enigma: *un comportamiento enigmático.* S<small>IN</small>. incomprensible, misterioso.

enjabonadura. f. Acción de enjabonar.

enjabonar. tr. **1** Frotar algo con jabón. **2** Adular: *no para de enjabonar al jefe.* **3** Reprender, increpar. S<small>IN</small>. 2 halagar, pelotillear 3 reñir.

enjaezar. tr. Poner los jaeces a las caballerías.

enjalbegado. m. Acción de enjalbegar.

enjalbegar. tr. Blanquear las paredes con cal, yeso o tierra blanca. S<small>IN</small>. encalar.

enjalma. f. Aparejo para las bestias de carga, parecido a una albardilla ligera.

enjalmar. tr. **1** Poner la enjalma a una bestia. **2** Hacer enjalmas.

enjambrar. tr. **1** Coger las abejas que andan esparcidas, o los enjambres que están fuera de las colmenas. **2** Sacar un enjambre de una colmena cuando está muy poblada. | intr. **3** Separarse de la colmena alguna porción de abejas con su reina. **4** Multiplicar o producir en abundancia.

enjambre. m. **1** Conjunto de abejas con su reina. **2** Conjunto numeroso de animales, cosas o personas:

Enjambre de abejas

a la salida del hotel le esperaba un enjambre de periodistas. **Sin.** 2 multitud.

enjaretado. m. Tablero formado de tabloncillos colocados de modo que formen enrejado.

enjaretar. tr. **1** Hacer pasar por una jareta un cordón, cinta o cuerda. **2** Hacer o decir algo atropelladamente o de mala manera: *le enjaretó una apresurada disculpa.* **3** Hacer deprisa ciertas cosas. **4** Endilgar, intercalar algo molesto o inoportuno: *nos enjaretó un sermón que no venía a cuento.* **Sin.** 4 endosar, encasquetar.

enjaular. tr. **1** Encerrar en una jaula. **2** Meter en la cárcel: *le enjaularon por robo.* **Sin.** 1 y 2 encerrar 2 enchironar ❑ **Ant.** 1 desenjaular.

enjebar. tr. Meter y empapar los paños en cierta lejía hecha con alumbre y otras cosas, para dar después el color.

enjoyar. tr. **1** Adornar con joyas a una persona o cosa. **2** Adornar, enriquecer. **3** Entre plateros, poner o engastar piedras preciosas en una joya. **Sin.** 1 alhajar 2 decorar ❑ **Ant.** 2 afear.

enjuagar. tr. y prnl. **1** Limpiar la boca y dentadura con agua u otro líquido. **2** Aclarar y limpiar con agua clara lo que se ha enjabonado: *no has enjuagado bien los platos.*

enjuagatorio. m. **1** Acción de enjuagar o enjuagarse. **2** Agua u otro líquido que sirve para enjuagarse. **3** Vaso para enjuagarse.

enjuague. m. **1** Acción de enjuagar o enjuagarse. **2** Agua u otro líquido que sirve para enjuagar o enjuagarse: *este es el segundo enjuague de la colada.* **3** Negociación oculta o ilegal para conseguir algo: *este enjuague te saldrá mal.* **Sin.** 2 colutorio 3 chanchullo.

enjugar. tr. **1** Quitar la humedad a una cosa. **2** Limpiar la humedad que echa de sí el cuerpo: *enjugar el sudor.* También prnl. **3** Cancelar una deuda o un déficit. También prnl. **Sin.** 3 liquidar ❑ **Ant.** 1 y 2 mojar, humedecer.

enjuiciamiento. m. **1** Acción de enjuiciar. **2** Instrucción o tramitación legal de los asuntos judiciales.

enjuiciar. tr. **1** Someter una cuestión a examen, discusión y juicio: *enjuiciaron severamente su comportamiento.* **2** Instruir un procedimiento judicial. **3** Juzgar, sentenciar o determinar una causa. **Sin.** 1 analizar, valorar 2 procesar.

enjundia. f. **1** Gordura que las aves tienen en el ovario, como la de la gallina, la pava, etc. **2** Gordura de algunos animales. **3** Lo más sustancioso e importante de alguna cosa: *la enjundia del problema.* **4** Fuerza, vigor. **Sin.** 1 y 2 grasa 3 meollo.

enjundioso, sa. adj. **1** Que tiene mucha enjundia. **2** Sustancioso, importante, sólido.

enjuta. f. **1** En arquit., cada uno de los triángulos o espacios que deja en un cuadrado el círculo inscrito en él. **2** En arquit., pechina.

enjuto, ta. adj. Delgado, seco o de pocas carnes. **Sin.** magro ❑ **Ant.** gordo, grueso.

enlabio. m. Engaño ocasionado por palabras seductoras.

enlace. m. **1** Acción de enlazar o enlazarse. **2** Unión, conexión de una cosa con otra. **3** En los medios de transporte, empalme. **4** Casamiento. **5** Persona que sirve de intermediario, especialmente dentro de alguna organización: *enlace sindical.* **6** En quím., unión entre dos átomos de una molécula. **Sin.** 1 relación, engarce 2 nexo 4 nupcias 5 mediador ❑ **Ant.** 1 separación, desunión.

enlaciar. tr., intr. y prnl. Poner lacia una cosa.

enladrillado. m. Pavimento hecho de ladrillos.

enladrillar. tr. Solar, formar de ladrillos el pavimento. **Sin.** solar, pavimentar ❑ **Ant.** desenladrillar.

enlatar. tr. Envasar algo en botes de lata: *enlatar conservas.*

enlazar. tr. **1** Coger o juntar con lazos. **2** Unir unas cosas con otras: *enlazar las partes de un edificio.* También prnl. **3** Aprisionar un animal arrojándole el lazo. | intr. **4** Estar combinado el horario de trenes, aviones, autobuses, barcos, etc.: *tengo que enlazar en Ginebra.* | **enlazarse.** prnl. **5** Casarse. **Sin.** 1 atar 2 y 3 conectar, empalmar ❑ **Ant.** 1 desenlazar, desatar 2 separar.

enlodar o **enlodazar.** tr. y prnl. **1** Manchar, ensuciar con lodo. **2** Manchar, envilecer: *ese escándalo ha enlodado su reputación.* **Sin.** 1 enfangar, embarrar 2 desacreditar, deshonrar.

enloquecer. tr. **1** Hacer perder el juicio a uno: *todo este asunto terminará enloqueciéndote.* | intr. **2** Volverse loco, perder el juicio: *enloqueció de repente y se lanzó contra él.* **3** Gustar mucho, encantar: *le enloquece el cine.* También prnl. || **Irreg.** Se conj. como *agradecer.* **Sin.** 1 enajenar 1 y 2 trastornar 3 chiflar, entusiasmar ❑ **Ant.** 3 desagradar.

enloquecimiento. m. Acción de enloquecer.

enlosado. m. Suelo cubierto de losas unidas y ordenadas.

enlosar. tr. Cubrir el suelo con losas unidas y ordenadas. **Sin.** embaldosar.

enlucido, da. adj. **1** Blanqueado para que tenga buen aspecto. | m. **2** Capa de yeso, estuco u otra mezcla, que se da a las paredes de una casa con objeto de obtener una superficie tersa.

enlucir. tr. **1** Poner una capa de yeso, estuco, etc., a los edificios. **2** Limpiar y dar brillo a la plata, las armas, etc. || **Irreg.** Se conj. como *lucir.* **Sin.** 1 revocar 2 abrillantar, pulir ❑ **Ant.** 2 deslustrar.

enlustrecer. tr. Poner limpia y lustrosa una cosa.

enlutar. tr. y prnl. **1** Vestir o cubrir de luto: *se enlutó en señal de duelo.* **2** Entristecer, afligir: *su partida enlutó a todos.* **Sin.** 2 consternar, apesadumbrar.

enmaderar. tr. Cubrir con madera los techos, las paredes y otras cosas.

enmadrarse. prnl. Encariñarse excesivamente el hijo con la madre, y depender demasiado de ella.

enmallarse. prnl. Quedarse un pez sujeto por las agallas entre las mallas de la red.

enmalle. m. Arte de pesca que consiste en redes que se colocan en posición vertical.

enmarañar. tr. y prnl. **1** Enredar, revolver una cosa: *el viento le enmarañó el pelo.* **2** Confundir, enredar un asunto haciéndolo más difícil: *este caso policial se enmaraña por momentos.* **Sin.** 1 y 2 liar ☐ **Ant.** 1 y 2 desenredar, desenmarañar.

enmarcar. tr. **1** Encuadrar, poner en un marco: *enmarcar una litografía.* **2** Situar algo dentro de un determinado lugar, tiempo, corriente artística, etc.: *su obra se enmarca en el impresionismo.*

enmaridar. intr. y prnl. Casarse la mujer.

enmaromar. tr. Atar o sujetar con maroma.

enmascarado, da. m. y f. Persona disfrazada.

enmascaramiento. m. Acción de enmascarar o enmascararse.

enmascarar. tr. y prnl. **1** Cubrir el rostro con máscara. **2** Encubrir, disfrazar: *enmascara su timidez de bravuconería.* **Sin.** 2 esconder ☐ **Ant.** 1 desenmascarar 2 descubrir.

enmelar. tr. **1** Untar con miel. **2** Endulzar, hacer suave y agradable una cosa. | intr. **3** Hacer miel las abejas. **Sin.** 2 dulcificar ☐ **Ant.** 2 amargar.

enmendar. tr. Corregir, quitar defectos, subsanar. También prnl. ‖ **Irreg.** Se conj. como *acertar*. **Sin.** rectificar.

enmienda. f. **1** Corrección de un error o defecto: *hizo propósito de enmienda.* **2** Propuesta de variante, adición o reemplazo de un proyecto, dictamen, informe o documento: *votó a favor de la enmienda.*

enmohecer. tr., intr. y prnl. **1** Cubrir de moho una cosa. | **enmohecerse.** prnl. **2** Inutilizarse, caer en desuso: *esta costumbre se ha enmohecido.* ‖ **Irreg.** Se conj. como *agradecer*. **Sin.** 1 florecer.

enmudecer. tr. **1** Quedar mudo, perder el habla: *enmudeció del susto.* **2** Guardar silencio: *todos los presentes enmudecieron.* | tr. **3** Hacer callar: *el profesor enmudeció a los niños dando un golpe en la mesa.* ‖ **Irreg.** Se conj. como *agradecer*. **Sin.** 3 acallar, silenciar ☐ **Ant.** 1 y 2 hablar.

enmugrecer. tr. y prnl. Cubrir de mugre. ‖ **Irreg.** Se conj. como *agradecer*. **Sin.** manchar, pringar.

ennegrecer. tr. **1** Teñir de negro, poner negro. También prnl. **2** Enturbiar, turbar, oscurecer: *sus declaraciones ennegrecieron la reunión.* | intr. **3** Ponerse negro o negruzco. También prnl.: *la plata se ha ennegrecido.* **4** Ponerse muy oscuro, nublarse: *el cielo se ennegreció.* ‖ **Irreg.** Se conj. como *agradecer*. **Sin.** 2 ensombrecer ☐ **Ant.** 1 y 3 blanquear, aclarar.

ennoblecer. tr. **1** Hacer noble a uno. También prnl. **2** Adornar, enriquecer: *ese tapiz ennoblece la sala.* **3** Realzar, dar esplendor: *ese gesto te ennoblece.* ‖ **Irreg.** Se conj. como *agradecer*. **Sin.** 1 dignificar ☐ **Ant.** 1 degradar.

enodio. m. Ciervo de tres a cinco años de edad.

enojadizo, za. adj. Que se enoja con facilidad.

enojar. tr. y prnl. **1** Causar enojo: *se enoja por nada.* **2** Disgustar, molestar: *le enoja la impuntualidad.* | **enojarse.** prnl. **3** Alborotarse, enfurecerse, agitarse. **Sin.** 1 y 2 irritar, exasperar ☐ **Ant.** 1 apaciguar 2 gustar.

enojo. m. **1** Sentimiento de ira o enfado contra una persona: *no entiendo tu enojo.* **2** Molestia, disgusto, pesar. Más en pl.: *pasó muchos enojos antes de conseguir este puesto.* **Sin.** 1 enfado, irritación ☐ **Ant.** 1 complacencia 1 y 2 satisfacción.

enojoso, sa. adj. Que causa enojo.

enología. f. Conjunto de conocimientos relativos a la elaboración y conservación de los vinos.

enólogo. m. Persona entendida en enología.

enorgullecer. tr. y prnl. Llenar de orgullo: *se enorgullece de su hijo.* ‖ **Irreg.** Se conj. como *agradecer*. **Sin.** preciarse, ufanar ☐ **Ant.** avergonzar.

enorme. adj. **1** Muy grande: *este perro es enorme.* **2** Desmedido, excesivo: *hicieron enormes gastos para la boda de su hijo.* **Sin.** 1 gigantesco, inmenso 2 exagerado ☐ **Ant.** 1 pequeño 2 moderado.

enormidad. f. **1** Exceso, cantidad o tamaño desmedido. **2** Exceso de maldad. **3** Disparate: *¡menuda enormidad acaba de soltar!* **Sin.** 1 abundancia, inmensidad 3 desatino ☐ **Ant.** 1 escasez 2 bondad.

enotecnia. f. Técnica de elaborar los vinos.

enquiciar. tr. **1** Poner la puerta, ventana u otra cosa en su quicio. También prnl. **2** Poner en orden. **Sin.** 1 encajar 2 arreglar ☐ **Ant.** 1 y 2 desquiciar.

enquistado, da. adj. **1** Con forma de quiste o parecido a él. **2** Embutido, metido dentro.

enquistarse. prnl. Formarse un quiste.

enraizar. intr. y prnl. Arraigar, echar raíces: *esta costumbre tardó tiempo en enraizarse entre nosotros.* **Ant.** desarraigar.

enralecer. intr. Ponerse ralo.

enramada. f. **1** Conjunto de ramas de árboles espesas y entrelazadas. **2** Adorno formado de ramas de árboles. **3** Cobertizo hecho de ramas de árboles. **Sin.** 1 follaje 3 chamizo.

enramado. m. Conjunto de las cuadernas de un buque.

enramar. tr. **1** Enlazar y entretejer varios ramos, colocándolos en un sitio para adornarlo o para hacer sombra. | intr. **2** Echar ramas un árbol.

enramblar. tr. Poner los paños en la rambla para estirarlos.

enrarecer. tr. y prnl. **1** Dilatar un cuerpo gaseoso haciéndolo menos denso. **2** Hacer que escasee una cosa. También intr. | **enrarecerse.** prnl. **3** Deteriorarse una relación, situación, etc.: *los malentendidos enrarecieron su amistad.* || **Irreg.** Se conj. como *agradecer.* **Sin.** 1 rarificar 3 atirantarse ◻ **Ant.** 1 enriquecer 3 arreglar.

enrasar. tr. e intr. Nivelar, igualar una cosa con otra, de suerte que tengan una misma altura o nivel. **Sin.** allanar, alisar ◻ **Ant.** desnivelar.

enrasillar. tr. Colocar la rasilla a tope entre las barras de hierro de los pisos.

enreciar. intr. Engordar, ponerse fuerte.

enredadera. adj. y f. Se dice de las plantas provistas de un tallo trepador que se enreda en otra planta o se adhiere a un muro, como la madreselva o la hiedra.

enredador, ra. adj. y s. **1** Que enreda. **2** Chismoso o embustero de costumbre. **Sin.** 1 revoltoso, travieso.

enredar. tr. **1** Enlazar, entretejer, enmarañar una cosa con otra. También prnl.: *se me ha enredado la madeja.* **2** Meter a uno en un negocio o asunto comprometido, ilegal o peligroso. También prnl.: *se enredó en un turbio negocio inmobiliario.* **3** Prender con una red. **4** Meter cizaña. También intr.: *está visto que le gusta enredar en los asuntos ajenos.* **5** Entretener. También prnl.: *se enredó hablando por teléfono y se le hizo tarde.* | intr. **6** Hacer travesuras, revolver: *niño, deja ya de enredar.* | **enredarse.** prnl. **7** Empezar una discusión o pelea: *se enredaron en una reyerta absurda.* **8** Aturdirse al ir a decir o hacer algo: *estaba tan nervioso que se enredó al leer su examen.* **9** Mantener dos personas una relación amorosa: *creo que esos dos están enredados.* **Sin.** 1 liar, enmarañar 2 implicar 4 encizañar, malmeter 6 trastear 8 embrollarse ◻ **Ant.** 1 desenredar, desenmarañar.

enredijo. m. Enredo de hilos y otras cosas flexibles.

enredo. m. **1** Complicación y maraña que resulta de unirse o mezclarse desordenadamente hilos u otras cosas semejantes: *tienes un buen enredo en el pelo.* **2** Confusión, lío: *¡vaya enredo se montó cuando apareciste!* **3** Engaño, mentira, chisme: *no me cuentes más enredos.* **4** En una obra literaria, conjunto de sucesos que preceden al desenlace: *el enredo de la comedia está muy bien logrado.* **5** Travesura: *¡otro enredo del nene!* **6** Complicación. **7** Relación amorosa. **Sin.** 1 revoltijo, lío 4 trama, nudo 5 trastada 6 embrollo, jaleo 7 apaño, ligue ◻ **Ant.** 2 y 6 orden, claridad.

enredoso, sa. adj. **1** Lleno de enredos, complicaciones y dificultades. **2** Enredador, chismoso. También s.

enrejado. m. **1** Conjunto de rejas; verja. **2** Celosía hecha, por lo común, de cañas o varas entretejidas.

enrejadura. f. Herida producida por la reja del arado en los pies de los bueyes o de las caballerías.

enrejar. tr. **1** Poner rejas. **2** Meter a alguien en la cárcel. **Sin.** 2 enchironar ◻ **Ant.** 2 excarcelar.

enrevesado, da. adj. **1** Complicado: *este problema es muy enrevesado.* **2** Confuso: *nos respondió con argumentos enrevesados.* **Sin.** 1 y 2 lioso ◻ **Ant.** 1 y 2 sencillo, fácil.

enriquecer. tr. **1** Hacer rico a alguien o algo: *el petróleo ha enriquecido esta comarca.* **2** Adornar: *varias obras de arte enriquecían el salón.* **3** Mejorar, prosperar: *el abono enriquece la tierra.* **4** Aumentar, engrandecer, ampliar: *enriqueció su cultura viajando.* | **5** intr. y prnl. Hacerse alguien rico: *se ha enriquecido en la bolsa.* || **Irreg.** Se conj. como *agradecer.* **Sin.** 1 lucrarse 3 perfeccionar, reforzar ◻ **Ant.** 1 empobrecer 2 afear.

enriscado, da. adj. Lleno de riscos o peñascos. **Sin.** escabroso, peñascoso.

enriscar. tr. **1** Levantar, elevar. | **enriscarse.** prnl. **2** Guarecerse, meterse entre riscos y peñascos.

enristrar. tr. **1** Poner la lanza en el ristre o bajo el brazo para atacar. **2** Hacer ristras con ajos, etc.

enrocar. intr., tr. y prnl. En ajedrez, mover simultáneamente el rey y la torre del mismo bando.

enrojecer. tr. y prnl. **1** Dar color rojo. **2** Poner roja una cosa con el calor o el fuego: *enrojecer un metal.* | intr. **3** Ruborizarse: *enrojeció al verte.* | **enrojecerse.** prnl. **4** Encenderse el rostro. También tr.: *el viento le enrojeció las mejillas.* || **Irreg.** Se conj. como *agradecer.* **Ant.** 3 palidecer.

enrolar. tr. y prnl. **1** Inscribir un individuo en una lista o rol de tripulantes de un barco mercante. | **enrolarse.** prnl. **2** Alistarse, inscribirse en el ejército o en alguna organización: *se enroló en infantería.*

enrollado, da. adj. Ocupado, dedicado plenamente a algo.

enrollar. tr. **1** Envolver una cosa en forma de rollo. También prnl. **2** Liar, enredar. | intr. **3** Agradar mucho una cosa: *ese grupo le enrolla mucho.* | prnl. **4** Extenderse demasiado en alguna actividad, especialmente en una conversación o escrito: *no te enrolles en el examen.* **5** Participar en algún asunto: *se enrolló en la compañía de teatro del barrio.* **6** Tener relaciones sexuales o amorosas dos personas. **7 enrollarse mal** o **bien.** loc. Tener o no facilidad de expresión, de trato, o de adaptarse a una situación: *tu primo se enrolla muy bien.* **Sin.** 1 enroscar 2 embaucar 3 encantar, molar 4 explayarse □ **Ant.** 1 desenrollar 3 desagradar 4 abreviar.

enronquecer. tr., intr. y prnl. Poner ronco a uno. || **Irreg.** Se conj. como *agradecer*.

enroque. m. Acción de enrocar.

enroscar. tr. **1** Torcer en forma de rosca o espiral una cosa. También prnl.: *enroscarse el pelo en un moño*. **2** Introducir una cosa a vuelta de rosca: *enroscar un tornillo*. **Sin.** 1 enrollar 2 atornillar □ **Ant.** 1 y 2 desenroscar 2 desatornillar.

ensabanar. tr. **1** Cubrir, envolverse con sábanas. También prnl. **2** Dar a una pared una mano de yeso blanco.

ensaimada. f. Bollo formado por una tira de pasta hojaldrada enrollada en espiral.

ensalada. f. **1** Hortaliza o mezcla de hortalizas cortadas en trozos y aderezadas con sal, aceite, vinagre y otros condimentos. **2** Mezcla confusa de cosas sin conexión: *estas cuentas son una verdadera ensalada de números*. **3** Mezcla poco armónica de colores. **Sin.** 2 revoltijo, mezcolanza.

ensaladera. f. Fuente honda en que se sirve la ensalada.

ensaladilla. f. Alimento frío compuesto generalmente de trozos de patata, zanahoria, guisantes, pimiento, etc., con mayonesa. Se conoce más por *ensaladilla rusa*.

ensalivar. tr. y prnl. Llenar o empapar de saliva.

ensalmador, ra. m. y f. **1** Persona que tenía por oficio componer los huesos dislocados o rotos. **2** Persona de quien se creía que curaba con ensalmos.

ensalmar. tr. **1** Componer los huesos dislocados o rotos. **2** Curar con ensalmos. También prnl.

ensalmo. m. Modo de curar con oraciones mágicas y prácticas de curandero.

ensalzar. tr. **1** Engrandecer, exaltar. **2** Alabar, elogiar: *ensalzó su comportamiento*. También prnl.

ensambladura. f. Forma de unión de dos piezas.

ensamblaje. m. Acción de ensamblar.

ensamblar. tr. Unir, juntar dos piezas, especialmente de madera, haciendo encajar la parte saliente de una en la entrante de la otra. **Sin.** acoplar □ **Ant.** desacoplar.

ensanchar. tr., intr. y prnl. **1** Aumentar la anchura de una cosa: *ensanchar de cintura*. **2** Extender, dilatar: *la puerta ha ensanchado con la humedad*. | **ensancharse.** prnl. **3** Engreírse. **Sin.** 1 y 2 agrandar 3 envanecerse □ **Ant.** 1 y 2 estrechar, encoger 3 avergonzarse.

ensanche. m. **1** Acción de ensanchar. **2** Terreno dedicado a la ampliación de una ciudad, y conjunto de edificaciones que en ese terreno se construyen. **Sin.** 1 dilatación, aumento □ **Ant.** 1 estrechamiento.

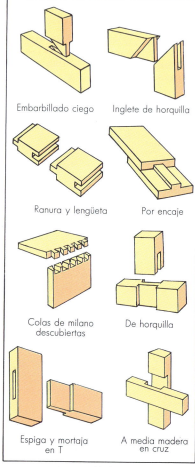

Ensambladuras

ensangrentar. tr. y prnl. **1** Manchar con sangre. **2** Provocar derramamiento de sangre: *la guerra ensangrentó el país*. || **Irreg.** Se conj. como *acertar*.

ensañar. tr. **1** Irritar, enfurecer. | **ensañarse.** prnl. **2** Deleitarse en causar daño o dolor a quien no puede defenderse: *se ensañó contra el enemigo vencido*. **Sin.** 2 cebarse.

ensartar. tr. **1** Pasar por un hilo, cuerda, alambre, etc., varias cosas: *ensartar las cuentas de un collar*. **2** Enhebrar: *ensartar el hilo por el ojo de la aguja*. **3**

Atravesar, introducir: *le ensartó con la espada*. **4** Decir muchas cosas sin orden ni conexión: *en su discurso ensartó varias citas*. **Sin.** 1 enfilar 3 traspasar ☐ **Ant.** 1 desensartar.

ensayar. tr. **1** Preparar la ejecución y montaje de un espectáculo antes de ofrecerlo al público. También intr.: *los martes ensaya la compañía*. **2** Hacer la prueba de cualquier otro tipo de acto antes de realizarlo: *ensayaba su discurso delante del espejo*. **3** Poner a prueba una cosa: *ensayar un coche*. **4** Entrenar, adiestrar. **Sin.** 1 ejercitar 2 experimentar ☐ **Ant.** 1 improvisar.

ensaye. m. **1** Acción de ensayar. **2** Comprobación de los metales que tiene la mena. **3** Análisis de la moneda para descubrir su ley.

ensayo. m. **1** Acción de ensayar. **2** Obra en prosa, de extensión variable, en la que un autor reflexiona sobre determinado tema: *los ensayos de Montaigne inauguraron el género*. **3** Representación completa de una obra dramática, musical, etc., que se hace antes de presentarla al público: *ensayo general*. **Sin.** 1 experimento, prueba 2 tratado.

en seguida o **enseguida.** adv. t. Inmediatamente después: *termino y en seguida estoy con vosotros*.

ensenada. f. Parte de mar que entra en la tierra. **Sin.** bahía, rada.

ensenado, da. adj. Dispuesto a manera o en forma de seno.

enseña. f. Insignia o estandarte.

enseñado, da. adj. Educado, acostumbrado. Más usado con los advs. *bien* o *mal*.

enseñanza. f. **1** Acción de enseñar: *enseñanza de idiomas*. **2** Sistema y método empleados para enseñar: *enseñanza mixta*. **3** Conjunto de medios, instituciones, personas, etc., relacionados con la educación: *el mundo de la enseñanza*. **4** Ejemplo que sirve de experiencia: *que esto te sirva de enseñanza*. | pl. **5** Ideas, conocimientos, etc., que una persona transmite a otra: *sus enseñanzas le fueron de gran ayuda*. **Sin.** 2 educación.

enseñar. tr. **1** Hacer que alguien aprenda algo: *enseñar a leer*. **2** Dar ejemplo o escarmiento: *esto te enseñará a no decir mentiras*. **3** Mostrar o exponer algo: *me enseñó su casa*. **4** Dejar ver una cosa involuntariamente: *enseñaba la enagua*. **5** Indicar, dar señas de una cosa: *nos enseñó el camino*. **Sin.** 1 instruir, educar 2 escarmentar ☐ **Ant.** 4 y 5 esconder, ocultar.

enseñorearse. prnl. y tr. Hacerse señor y dueño de una cosa; dominarla: *el enemigo se enseñoreó de la ciudad*. **Sin.** apropiarse.

enseres. m. pl. Utensilios, muebles, instrumentos necesarios o convenientes en una casa o para el ejercicio de una profesión: *enseres domésticos*. **Sin.** efectos, útiles.

ensiforme. adj. En forma de espada.

ensilado o **ensilaje.** m. Acción de ensilar.

ensilar. tr. Poner, encerrar los granos, semillas y forraje en el silo.

ensillada. f. Por alusión a la ensilladura del caballo, collado o depresión suave en el lomo de una montaña.

ensilladura. f. **1** Acción y efecto de ensillar. **2** Parte en que se pone la silla al caballo, mula, etc.

ensillar. tr. Poner la silla al caballo, mula, etc.

ensimismarse. prnl. **1** Abstraerse: *se ensimismó en la novela*. **2** Entregarse alguien a sus propios pensamientos, aislándose del mundo que le rodea.

ensoberbecer. tr. y prnl. Provocar soberbia en alguien. || **Irreg.** Se conj. como *agradecer*.

ensombrecer. tr. y prnl. **1** Oscurecer, cubrir de sombras. | **ensombrecerse.** prnl. **2** Entristecerse, ponerse melancólico. ||**Irreg.** Se conj. como *agradecer*.

ensoñación. f. Acción de ensoñar. **Sin.** ensueño.

ensoñar. tr. Tener ensueños. || **Irreg.** Se conj. como *contar*.

ensordecer. tr. **1** Causar sordera a una persona. Más c. intr.: *ha ensordecido con la edad*. **2** Aminorar la intensidad de un sonido o ruido. **3** Aturdir a uno la intensidad de un sonido o ruido: *de pronto nos ensordeció el doblar de las campanas*. **4** Callar, no responder. **5** En ling., convertir una consonante sonora en sorda. || **Irreg.** Se conj. como *agradecer*.

ensortijar. tr. y prnl. Torcer, encrespar una cosa, especialmente el pelo. **Sin.** rizar.

ensuciar. tr. **1** Poner sucia una cosa. También prnl. **2** Manchar la fama, el prestigio, el honor, etc.: *el escándalo ensució su reputación*. | **ensuciarse.** prnl. **3** Hacerse las necesidades corporales en la cama, o en la ropa. **4** Meterse una persona en asuntos o negocios sucios **Sin.** 1 manchar 2 deshonrar 4 corromperse.

ensueño. m. Ilusión, fantasía.

entablamento. m. En la arquit. clásica de Grecia y Roma, parte horizontal superior de un edificio que suele constar de arquitrabe, friso y cornisa.

entablar. tr. **1** Dar comienzo a una conversación, amistad, lucha, etc. **2** Cubrir con tablas una cosa. **3** En ajedrez y otros juegos de tablero, colocar las piezas en sus respectivos lugares para empezar el juego.

entablillar. tr. Inmovilizar con tablillas y vendajes un hueso roto o lesionado.

entallar. tr. y prnl. Hacer que una cosa se ajuste al talle: *se entalló la gabardina con un cinturón*. **Sin.** ajustar, ceñir.

entallar. tr. **1** Cortar la corteza de algunos árboles para extraer la resina. **2** Hacer cortes en una pieza

entallecer – entidad

de madera para ensamblarla con otra. **3** Esculpir, grabar.

entallecer. intr. y prnl. Echar tallos las plantas y árboles. || **Irreg.** Se conj. como *agradecer*.

entarimar. tr. Cubrir el suelo con tablas o tarima.

éntasis. f. Parte más abultada del fuste de algunas columnas. || No varía en pl.

ente. m. **1** Lo que es, existe o puede existir. **2** Asociación u organismo, particularmente el vinculado al Estado: *un ente público*.

enteco, ca. adj. Enfermizo, débil, flaco. **Ant.** robusto, sano.

entelequia. f. Cosa o persona irreal, que no puede existir en la realidad: *aquel proyecto era una pura entelequia*. **Sin.** quimera, fantasía.

entendederas. f. pl. Inteligencia, capacidad para entender.

entender. tr. **1** Comprender, captar el sentido de algo: *entiende inglés y francés*. **2** Conocer, penetrar: *no entiendo sus motivos*. **3** Conocer el ánimo o la intención de alguien: *ya te entiendo*. **4** Discurrir, inferir, deducir: *de todo ello entiendo que no lo apruebas*. **5** Tener intención o aparentar querer hacer algo: *dio a entender que no vendría*. **6** Creer, pensar, juzgar: *yo entiendo que sería mejor tal cosa*. | intr. **7** Seguido de la prep. *de*, ser experto en alguna materia: *entiende de informática*. También tr. | **entenderse.** prnl. **8** Mantener relaciones amorosas dos personas: *creo que esos dos se entienden*. **9** Ponerse de acuerdo: *al final consiguieron entenderse en el precio*. **10 dar a entender.** loc. Insinuar, sugerir. || **Irreg.** Conjugación modelo:

Indicativo
Pres.: *entiendo, entiendes, entiende, entendemos, entendéis, entienden.*
Imperf.: *entendía, entendías,* etc.
Pret. indef.: *entendí, entendiste,* etc.
Fut. imperf.: *entenderé, entenderás,* etc.
Potencial: *entendería, entenderías,* etc.
Subjuntivo
Pres.: *entienda, entiendas, entienda, entendamos, entendáis, entiendan.*
Imperf.: *entendiera* o *entendiese, entendieras* o *entendieses,* etc.
Fut. imperf.: *entendiere, entendieres,* etc.
Imperativo: *entiende, entended.*
Participio: *entendido.*
Gerundio: *entendiendo.*

---

entender. m. **1** Opinión. **2 a mi entender.** loc. adv. Según mi opinión o mi modo de pensar: *a mi entender estás equivocado*.

entendido, da. adj. y s. Conocedor de una materia: *un entendido en música*.

entendimiento. m. **1** Facultad humana de comprender, comparar, juzgar las cosas, o inducir y deducir otras de las que ya se conocen. **2** Acuerdo, relación amistosa: *por fin llegamos a un entendimiento*.

entente. f. Pacto, acuerdo.

enterar. tr. **1** Informar a uno de algo. También prnl.: *me enteré por tu padre*. | **enterarse.** prnl. **2** Darse cuenta: *no me enteré de lo que pasaba*. **Sin.** 1 comunicar 2 percatarse ☐ **Ant.** 1 desinformar.

entereza. f. **1** Integridad, perfección. **2** Fortaleza, firmeza de ánimo: *lo soportó con entereza*. **Ant.** 2 debilidad.

enteritis. f. Inflamación de la membrana mucosa de los intestinos. || No varía en pl.

enterizo, za. adj. **1** Entero. **2** De una sola pieza.

enternecer. tr. **1** Mover a ternura o a compasión. También prnl.: *se enterneció con sus lágrimas*. **2** Poner blanda o tierna una cosa. || **Irreg.** Se conj. como *agradecer*. **Sin.** 1 emocionar 2 ablandar.

entero, ra. adj. **1** Completo: *se zampó la fuente entera*. **2** Sano: *este melocotón no está entero*. **3** Se dice de la persona que tiene firmeza de carácter: *se mostró muy entero ante el jefe*. **4** Constante. **5** Recto, justo: *es muy entero en sus juicios*. **6** En mat., se dice del número que consta de una o más unidades completas, a diferencia de los decimales o los quebrados. | m. **7** En la bolsa, variación en los valores de cotización. **8 por entero.** loc. adv. Enteramente.

enterocolitis. f. Inflamación del intestino delgado, del ciego y del colon. || No varía en pl.

enterrador. m. **1** Sepulturero. **2** Cierto coleóptero que hace la puesta en cadáveres de animales pequeños que cubre luego con tierra.

enterrar. tr. **1** Poner debajo de tierra: *hay que enterrar las raíces*. **2** Dar sepultura a un cadáver. **3** Sobrevivir a alguno: *nos enterrarás a todos*. **4** Hacer desaparecer una cosa debajo de otra. **5** Arrinconar, relegar al olvido. También prnl.: *se enterró en aquella casa*. || **Irreg.** Se conj. como *acertar*. **Sin.** 1 soterrar 2 sepultar, inhumar 4 tapar 5 aislar.

entibar. tr. **1** Asegurar con maderas y tablas las excavaciones que ofrecen riesgo de hundimiento. | intr. **2** Descansar una cosa en otra. **Sin.** 1 apuntalar 2 estribar, basar.

entibiar. tr. y prnl. **1** Poner tibio un líquido. **2** Templar los afectos y pasiones: *sus relaciones se fueron entibiando con el tiempo*.

entidad. f. **1** Ente o ser. **2** En fil., lo que constituye la esencia o la forma de una cosa: *la entidad del alma*. **3** Valor o importancia de una cosa. **4** Colectividad considerada como unidad: *entidad financiera*.

entierro. m. **1** Acción y efecto de enterrar. **2** Acto en que se lleva a enterrar un cadáver y su acompañamiento: *muchas personalidades de la cultura asistieron a su entierro*. **Sin.** 1 inhumación 2 sepelio.

entintar. tr. **1** Manchar con tinta. **2** Teñir, dar color.

entoldado. m. **1** Acción de entoldar. **2** Toldo o conjunto de toldos para dar sombra.

entoldar. tr. Cubrir con toldos: *han entoldado la terraza*.

entomófilo, la. adj. **1** Aficionado a los insectos. **2** Se dice de las plantas en las que la polinización se lleva a cabo a través de los insectos.

entomología. f. Parte de la zoología que se dedica al estudio de los insectos.

entonación. f. **1** Acción y efecto de entonar. **2** Modulación de la voz que acompaña a la secuencia de sonidos del habla, y que puede reflejar diferencias de sentido, de intención, de emoción y de origen del hablante: *por su entonación me pareció muy afectado*.

entonar. tr. **1** Afinar la voz; cantar ajustado al tono. También intr.: *entonas bastante mal*. **2** Dar determinado tono a la voz. **3** Empezar uno a cantar una cosa para que los demás continúen en el mismo tono. | tr. y prnl. **4** Reforcalecer el organismo: *el ejercicio entona los músculos*. **5** Ponerse alguien alegre con el alcohol: *se entonó con dos copitas de vino*.

entonces. adv. t. **1** En aquel tiempo u ocasión: *entonces se oyó el teléfono*. | adv. m. **2** En tal caso, siendo así: *si me lo dices tú, entonces te creo*. **3 en aquel entonces.** loc. adv. En aquel tiempo u ocasión.

entontecer. tr. y prnl. Volver a uno tonto. || **Irreg.** Se conj. como *agradecer*. **Sin.** atontar.

entorchado. m. **1** Cuerda o hilo de seda, cubierto con otro hilo de seda o de metal, retorcido alrededor para darle consistencia. **2** Bordado en oro o plata, que como distintivo llevan en el uniforme los altos funcionarios y ciertos militares. **Sin.** 2 galón.

entorchar. tr. **1** Retorcer varias velas para formar una antorcha. **2** Cubrir un hilo o cuerda enroscándole otro de metal.

entornar. tr. **1** Dejar una puerta o ventana sin cerrarla por completo. **2** Dejar los ojos medio abiertos. **Sin.** 1 y 2 entrecerrar.

entorno. m. Lo que rodea a algo o alguien. **Sin.** ambiente.

entorpecer. tr. y prnl. **1** Retardar, dificultar: *entorpecer la marcha de un proyecto*. **2** Obstaculizar el paso de alguien o algo: *un vehículo mal aparcado entorpecía el tráfico*. **3** Poner torpe. || **Irreg.** Se conj. como *agradecer*. **Sin.** 1 obstruir ☐ **Ant.** 1 y 2 facilitar.

entrada. f. **1** Espacio por donde se entra: *la entrada a un edificio*. **2** Billete para entrar a un espectáculo, lugar público, etc.: *no quedaban entradas*. **3** Acción de entrar en alguna parte: *tuvo una entrada espectacular*. **4** Vestíbulo. **5** Plato que se sirve antes del plato principal, y generalmente después de la sopa. **6** Cada uno de los ángulos entrantes que forma el pelo. Más en pl.: *ya se le notan las entradas*. **7** Cantidad inicial que se paga por algo que se compra a plazos, por ingresar en ciertas instituciones, etc.: *tuvo que dar una entrada de dos millones para el piso*. **8** Cada una de las unidades léxicas o términos que aparecen definidos en un diccionario. **9 de entrada.** loc. adv. Primeramente, como introducción: *de entrada diré que no estoy de acuerdo*. **Sin.** 1 acceso, puerta 3 ingreso.

entramado. m. **1** Armazón de madera o hierro que sirve para hacer una pared, tabique o suelo. **2** Estructura: *el entramado de una red*.

entramar. tr. Hacer un entramado.

entrampar. tr. **1** Contraer muchas deudas. Más c. prnl.: *se ha entrampado en el juego*. **2** Engañar. **3** Enredar, confundir. **4** Hacer que un animal caiga en la trampa.

entrante. adj. **1** Que entra: *el mes entrante*. | m. **2** Entrada en un borde o superficie.

entraña. f. **1** Cada uno de los órganos contenidos en las principales cavidades del cuerpo humano y de los animales. **2** Lo más íntimo o esencial. | pl. **3** Lo más oculto y escondido: *las entrañas de la tierra*. **4** El centro, lo que está en medio. **5** Sentimientos de una persona: *no tiene entrañas*. **Sin.** 1 víscera.

entrañable. adj. **1** Muy profundo. **2** Muy querido.

entrañar. tr. **1** Introducir en lo más hondo. También prnl. **2** Contener, llevar dentro de sí. | **entrañarse.** prnl. **3** Unirse, estrecharse íntimamente.

entrar. intr. **1** Pasar de fuera adentro, o por una parte para introducirse en otra: *entró por una ventana*. **2** Meterse una cosa en otra: *esta botella no entra en el armario*. **3** Empezar a formar parte de una empresa, institución, etc.: *entró como botones*. **4** Ser admitido o tener entrada en alguna parte: *no nos dejaron entrar en el pub*. **5** Empezar a sentir un estado de ánimo, una enfermedad, etc.: *entrar el mal humor*. **6** Hallarse, tener parte en la composición de ciertas cosas: *este ingrediente no entraba en la receta*. **7** Empezar a cantar o tocar en el momento preciso: *entrar la sección de viento*. **8 entrar a** + inf. Dar principio a la acción que indica el inf.: *entrar a reinar*. **9 entrar en** + sust. Empezar a sentir lo que este nombre significa que: *entrar en calor*. **10** Intervenir o tomar parte en lo que este nombre significa: *entrar en un negocio*. | tr. **11** Introducir o hacer entrar: *haz entrar a tu amigo*. **12** Acometer a una persona, o ejercer influencia sobre ella: *a Javier no hay por dónde entrarle*. **13 no entrarle** a uno una cosa. loc. No ser de su aprobación; repugnarle, no creerla: *no me entra su obstinación.* **14** No poder aprenderla o comprenderla: *esta lección no me entra.*

entre. prep. **1** Expresa la situación o estado entre dos o más cosas o acciones: *esta aldea está entre Asturias y León.* **2** Dentro de: *lo puso entre las páginas de un libro.* **3** Expresa estado intermedio: *sus ojos eran entre verdes y azules.* **4** En una colectividad: *era un rito secreto entre los masones.* **5** Indica colaboración o participación: *lo haremos entre todos.*

entreabrir. tr. y prnl. Abrir un poco o a medias.

entreacto. m. Intermedio en una representación dramática.

entrecano, na. adj. **1** Se dice del cabello o barba a medio encanecer. **2** Se dice del sujeto que tiene así el cabello.

entrecejo. m. **1** Espacio que hay entre las cejas. **2** Ceño, sobrecejo.

entrecerrar. tr. y prnl. Entornar una puerta, ventana, etc.: *me miró con los ojos entrecerrados.* || **Irreg.** Se conj. como *acertar.*

entrechocar. tr. y prnl. Chocar dos cosas entre sí.

entrecomillar. tr. Poner entre comillas una o varias palabras.

entrecortado, da. adj. Se dice de la voz o del sonido que se emite con intermitencias.

entrecortar. tr. **1** Cortar una cosa sin acabar de dividirla. | **entrecortarse.** prnl. **2** Interrumpirse la voz al hablar por la turbación, el miedo, la timidez, etc.

entrecot. m. **1** Filete de carne de buey que se saca de entre dos costillas. **2** Filete asado o frito de cualquier pieza de una res.

entrecruzar. tr. y prnl. Cruzar dos o más cosas entre sí.

entredicho. m. **1** Duda sobre algo: *su honradez está en entredicho.* **2** Prohibición, censura. **3** Censura eclesiástica. **4 poner en entredicho.** loc. Juzgar una cosa como indigna o dudar de ella.

entredós. m. **1** Tira bordada o de encaje que se cose entre dos telas. **2** Armario de madera fina y de poca altura, que suele colocarse entre dos balcones de una sala.

entrega. f. **1** Acción y efecto de entregar o entregarse: *entrega de premios.* **2** Cada uno de los cuadernos impresos en que se divide y expende un libro publicado por partes, o cada libro o fascículo de una serie coleccionable: *novela por entregas.* **3** Parte de un sillar o madero que se introduce en la pared. **Sin.** 2 fascículo.

entregar. tr. **1** Poner algo en poder de alguien: *entregó la llave al portero.* | **entregarse.** prnl. **2** Ponerse en manos de alguien: *entregarse a la policía.* **3** Dedicarse enteramente a algo: *se entregó al baile.* **Sin.** 2 capitular ☐ **Ant.** 1 quitar.

entrelazar. tr. Enlazar, entretejer una cosa con otra.

entrelínea. f. **1** Lo escrito entre dos líneas. **2** Espacio en blanco entre dos líneas escritas.

entremedias. adv. l. y t. Entre uno y otro tiempo, espacio, lugar o cosa.

entremés. m. **1** Cualquiera de los platos ligeros que se ponen en la mesa para picar antes de servir la comida. Más en pl.: *se puso morado con los entremeses.* **2** Pieza dramática breve, jocosa y de un solo acto, que se representaba entre los actos de una comedia.

entremeter. tr. **1** Meter una cosa entre otras: *entremetió la foto entre las páginas de un libro.* **2** Remeter hacia dentro una parte sobresaliente de algo. | **entremeterse.** prnl. **3** Entrometerse: *no te entremetas en esto.* **Sin.** 3 mezclarse.

entremetido, da. adj. y s. Se dice del que tiene costumbre de meterse donde no le llaman. **Sin.** indiscreto.

entremezclar. tr. Mezclar una cosa con otra sin confundirlas.

entrenador, ra. m. y f. Persona que entrena a personas o animales.

entrenamiento. m. Acción y efecto de entrenar o entrenarse.

entrenar. tr., intr. y prnl. Preparar, adiestrar a personas o animales, especialmente para la práctica de un deporte: *entrenaban cinco días a la semana.*

entreoír. tr. Oír una cosa sin entenderla bien. || **Irreg.** Se conj. como *oír.*

entrepaño. m. **1** Parte de pared comprendida entre dos pilastras, dos columnas o dos huecos. **2** Anaquel del estante o de la alacena. **3** Cualquiera de las tablas que divide las puertas y ventanas.

entrepierna. f. **1** Parte interior de los muslos. **2** Parte de las prendas de vestir correspondiente a esta zona. | pl. **3** Piezas cosidas en la entrepierna de los pantalones para reforzarla.

entrepiso. m. **1** Piso que se construye quitando parte de la altura de otro y queda entre éste y el superior. **2** Espacio entre los pisos o galerías generales de una mina.

entreplanta. Planta de oficinas, tiendas, etc., situada entre el piso bajo y el primer piso de un edificio.

entresacar. tr. **1** Sacar unas cosas de entre otras: *entresacó las mejores citas.* **2** Aclarar un monte. **3** Cortar parte del cabello.

entresijo. m. **1** Mesenterio. **2** Cosa oculta, interior, escondida. Más en pl.: *los entresijos de un asunto.*

entresuelo. m. **1** Piso entre el bajo y el principal de una casa. **2** Planta de los teatros y cines situada encima del patio de butacas. **Sin.** 1 entreplanta.

entretejer. tr. **1** Meter en la tela que se teje hilos diferentes para que hagan distinta labor. **2** Entremezclar una cosa con otra. También prnl. **3** Incluir, intercalar palabras, períodos o versos en un libro o escrito.

entretela. f. **1** Tejido que se pone entre la tela y el forro de una prenda de vestir. | pl. **2** Lo íntimo, las entrañas: *¡hijo de mis entretelas!*

entretener. tr. **1** Hacer que alguien se detenga y espere. También prnl.: *se entretuvo por el tráfico.* **2** Divertir, recrear. También prnl.: *se entretiene pintando.* **3** Mantener, conservar: *él se encarga de entretener la finca.* || **Irreg.** Se conj. como *tener*. **Sin.** 1 retardar □ **Ant.** 2 aburrir 3 desatender.

entretenido, da. adj. **1** Divertido, chistoso. | f. **2** Amante de un hombre casado. **Sin.** 1 ameno □ **Ant.** 1 aburrido.

entretenimiento. m. **1** Acción y efecto de entretener. **2** Cosa que sirve para entretener o divertir. **3** Conservación de algo: *se dedica al entretenimiento de libros antiguos.* **Sin.** 2 diversión 3 mantenimiento.

entretiempo. m. Tiempo de primavera y otoño, entre las estaciones de invierno y verano: *ropa de entretiempo.*

entrever. tr. **1** Ver confusamente una cosa. **2** Sospechar algo. || **Irreg.** Se conj. como *ver*.

entreverado, da. adj. **1** Que tiene interpoladas cosas diferentes. **2** Se dice del tocino que tiene vetas de magro. | m. **3** *amer.* Asadura de cordero o de cabrito aderezada con sal y vinagre y asada al fuego en asador de madera.

entreverar. tr. **1** Mezclar, introducir una cosa entre otras. | **entreverarse.** prnl. **2** *amer.* Mezclarse desordenadamente.

entrevista. f. **1** Encuentro y charla entre dos o más personas en un lugar y para tratar un asunto determinado. **2** Conversación que entabla un periodista con un personaje de actualidad para difundir sus opiniones. **3** Charla a la que se somete el aspirante a un trabajo para que la empresa compruebe si reúne las condiciones necesarias para el puesto: *me han llamado de tu empresa para una entrevista*. **4** Acción y efecto de entrevistar o entrevistarse. **Sin.** 1 conversación.

entrevistar. tr. **1** Hacer una entrevista: *me entrevistó el director de personal.* | **entrevistarse.** prnl. **2** Reunirse varias personas para tratar algún asunto: *hoy se entrevistan los ministros de Exteriores.*

entristecer. tr. **1** Causar tristeza. **2** Poner de aspecto triste: *esta ropa te entristece la cara.* | **entristecerse.** prnl. **3** Ponerse triste. || **Irreg.** Se conj. como *agradecer*. **Ant.** 1, 2 y 3 alegrar(se).

entrometer. tr. **1** Entremeter. También prnl. | **entrometerse.** prnl. **2** Meterse uno donde no le llaman: *se entrometió en nuestra discusión.*

entroncar. tr. **1** Establecer o reconocer una relación o dependencia entre personas, ideas, acciones, etc. | intr. **2** Existir una relación o dependencia entre personas, ideas, acciones, etc.: *su obra entronca con el surrealismo.* **3** Tener o contraer parentesco con un linaje o persona.

entronizar. tr. **1** Colocar en el trono. **2** Ensalzar a alguien. | **entronizarse.** prnl. **3** Engreírse, envanecerse.

entronque. m. Acción y efecto de entroncar o empalmar.

entropía. f. Medida del grado de desorden de un sistema.

entubar. tr. Poner tubos en algo o alguien: *le han entubado en el hospital.*

entuerto. m. **1** Injusticia o agravio. | pl. **2** Dolores de vientre que se producen después del parto por las contracciones del útero al volver a su posición original. **Sin.** 1 perjuicio.

entumecer. tr. Hacer que un miembro se quede rígido o torpe de movimientos. Más c. prnl.: *se le entumecieron las manos por el frío.* || **Irreg.** Se conj. como *agradecer*. **Sin.** entumirse.

entumirse. prnl. Entumecerse.

enturbiar. tr. y prnl. **1** Hacer o poner turbia una cosa. **2** Apagar la alegría y animación de un festejo: *nada enturbió la fiesta.* **Sin.** 1 empañar 2 ensombrecer.

entusiasmar. tr. y prnl. Infundir entusiasmo. **Sin.** emocionar □ **Ant.** aburrir, asquear.

entusiasmo. m. **1** Exaltación del ánimo por algo que causa admiración, placer, etc.: *mostró mucho entusiasmo al enterarse.* **2** Viveza, afán o empeño que se pone al hacer algo: *puso todo su entusiasmo en conseguirlo.* **Sin.** 1 emoción 2 ánimo □ **Ant.** 1 y 2 desinterés.

entusiasta. adj. y com. **1** Que siente entusiasmo por una persona o cosa. **2** Propenso a entusiasmarse.

enumeración. f. **1** Expresión sucesiva y ordenada de las partes de que consta un todo. **2** Cómputo o cuenta numeral de las cosas.

enumerar. tr. Hacer enumeración de las cosas.

enunciación. f. Acción y efecto de enunciar.

enunciado. m. **1** Conjunto de palabras con las que se expone un problema matemático, o cualquier cuestión. **2** En ling., secuencia finita de palabras delimitada por silencios muy marcados.

enunciar. tr. **1** Expresar breve y sencillamente una idea: *enunció sus peticiones.* **2** En mat., exponer el conjunto de datos que componen un problema.

enuresis. f. Incontinencia de la orina. || No varía en pl.

envainar. tr. **1** Meter en la vaina un arma blanca. **2** Envolver una cosa a otra.

envalentonar. tr. **1** Infundir valentía o arrogancia. | **envalentonarse.** prnl. **2** Mostrarse alguien atrevido y desafiante: *se envalentonó al ver que le miraban*.

envanecer. tr. y prnl. Causar o infundir soberbia o vanidad. || **Irreg.** Se conj. como *agradecer*.

envarado, da. adj. y s. Se dice de la persona estirada, orgullosa.

envarar. tr. y prnl. Entorpecer, entumecer.

envasar. tr. **1** Meter líquidos en recipientes. **2** Beber con exceso.

envase. m. **1** Recipiente en que se conservan y transportan ciertos productos. **2** Acción y efecto de envasar.

envejecer. tr. **1** Hacer vieja a una persona o cosa. | intr. **2** Hacerse vieja o antigua una persona o cosa: *no ha sabido envejecer*. || **Irreg.** Se conj. como *agradecer*. **Sin.** 1 y 2 avejentar ☐ **Ant.** 1 y 2 rejuvenecer.

envejecimiento. m. Acción y efecto de envejecer: *ha sufrido un envejecimiento prematuro*.

envenenamiento. m. Acción y efecto de envenenar.

envenenar. tr. **1** Hacer que alguien muera o enferme por ingerir veneno. **2** Poner una sustancia venenosa en algo: *los gases industriales envenenan la atmósfera*. **3** Hacer que las relaciones entre personas se degraden: *la desconfianza les envenenó*. **4** Causar amargura y resentimiento: *le envenenan los celos*. **Sin.** 1 intoxicar 2 polucionar.

enverar. intr. Empezar las uvas y otras frutas a tomar color de maduras.

envergadura. f. **1** Distancia entre las puntas de las alas de un ave. **2** P. ext., distancia entre los extremos de las alas de un avión y los brazos humanos. **3** Importancia, amplitud, alcance: *un asunto de mucha envergadura*. **4** Ancho de una vela en la parte por la que se une a la verga.

envero. m. **1** Color que toman las uvas y otras frutas cuando empiezan a madurar. **2** Uva que tiene este color.

envés. m. Parte opuesta a la cara de una tela o de otras cosas. **Sin.** reverso.

enviado, da. m. y f. **1** Persona que va por mandato de otro con un mensaje, comisión, etc.: *mandó un enviado al rey*. **2 enviado especial.** Periodista al que se envía temporalmente al lugar de la noticia para cubrir directamente la información sobre ella.

enviar. tr. **1** Hacer que una persona vaya a alguna parte: *me envió por pan*. **2** Mandar algo a una persona o lugar: *le envió unos libros*. **Sin.** 1 y 2 mandar ☐ **Ant.** 1 y 2 recibir.

enviciar. tr. **1** Corromper, hacer adquirir un vicio a alguien. | intr. **2** Echar las plantas muchas hojas y escaso fruto. | **enviciarse.** prnl. **3** Aficionarse demasiado a algo: *se ha enviciado con los toros*. **4** Deformarse algo por haber sido mal usado o haber estado mucho tiempo en una mala posición: *esta silla se ha enviciado*.

envidar. tr. Hacer envite en el juego.

envidia. f. **1** Tristeza o pesar del bien ajeno. **2** Deseo honesto de emular algo o a alguien: *me da envidia su facilidad de palabra*. **Sin.** 1 pelusa, celos.

envidiar. tr. **1** Tener envidia, sufrir por el bien ajeno. **2** Desear, apetecer para sí lo que otro tiene: *envidio su serenidad*. **Sin.** 2 admirar.

envidioso, sa. adj. y s. Que tiene envidia.

envido. m. Envite de dos tantos en el juego del mus.

envilecer. tr. y prnl. Hacer vil y despreciable a una persona o cosa: *esas palabras le envilecen*. || **Irreg.** Se conj. como *agradecer*. **Sin.** degradar.

envío. m. **1** Acción y efecto de enviar. **2** Lo que se envía. **Sin.** 2 remesa, pedido.

envite. m. **1** Apuesta que se hace en algunos juegos de naipes y de azar. **2** Empujón. **3** Avance que se realiza de golpe en algo: *le ha dado un buen envite a la tesis*. **4** Ofrecimiento. **5 al primer envite.** loc. adv. De buenas a primeras, al principio.

enviudar. intr. Quedar alguien viudo o viuda.

envoltorio. m. **1** Paquete hecho descuidadamente. **2** Papel con que se envuelve algo: *traía un envoltorio muy bonito*.

envoltura. f. **1** Capa exterior que cubre una cosa. **2** Aspecto exterior de algo.

envolvente. adj. Que envuelve o rodea.

envolver. tr. **1** Cubrir un objeto por todas partes. **2** Arrollar o devanar un hilo, cinta, etc., en alguna cosa: *envolver una madeja*. **3** Acorralar a alguien en una discusión con argumentos que le dejan sin respuesta: *el periodista le envolvió en una maraña de datos y cifras*. **4** Mezclar o complicar a uno en un asunto o negocio: *le envolvieron en el complot*. **5** Rodear una cosa inmaterial a alguien o algo: *el silencio envolvía el cementerio*. || **Irreg.** Se conj. como *mover,* pero con p. p. irreg.: *envuelto*.

envuelto, ta. **1** p. p. irreg. de *envolver*. | adj. **2** Cubierto, rodeado.

enyesado. m. **1** Acción y efecto de enyesar. **2** Operación de echar yeso a los vinos para aumentar su fuerza o favorecer su conservación.

enyesar. tr. **1** Tapar o cubrir una cosa con yeso. **2** Escayolar: *le enyesaron la pierna*.

enzarzar. tr. **1** Enredar a personas o animales entre sí para que peleen o discutan: *enzarzar a los perros*. También prnl. **2** Poner zarzas en una cosa. |

enzarzarse. prnl. **3** Reñir, pelearse: *se enzarzaron en una estúpida pelea*. **4** Enredarse en zarzas, matorrales, etc.

enzima. f. amb. Sustancia que producen las células vivas y que actúa como catalizador y regulador en los procesos químicos del organismo.

eoceno, na. adj. **1** Se dice de la segunda época del período terciario. También m. **2** Relacionado con esta época o período.

eólico, ca. adj. **1** Relativo a Eolo. **2** Relativo al viento. **3** Producido o accionado por el viento: *erosión eólica*.

eolito. m. Piedra de cuarzo usada en su forma natural como instrumento por el hombre primitivo.

epacta. f. Número de días en que el año solar excede al lunar común de 12 lunaciones.

epanadiplosis. f. Figura retórica que consiste en repetir al fin de una cláusula o frase el mismo vocablo con que empieza: *canta que te canta*. || No varía en pl.

epatar. tr. Galicismo que significa asombrar, deslumbrar, maravillar: *su respuesta les epató*.

eperlano. m. Pez salmónido, que vive en las desembocaduras de los grandes ríos de Europa, muy parecido a la trucha.

épica. f. Género poético que narra acciones heroicas de personajes históricos o míticos: *la épica medieval*.

epicarpio. m. La capa externa de las tres que forman el pericarpio de los frutos, como la piel del melocotón.

epiceno. adj. Se dice del nombre común animado que, con un solo género gramatical, masculino o femenino, puede designar al macho o a la hembra indistintamente: *una persona, la perdiz*.

epicentro. m. Punto de la superficie de la Tierra bajo el cual se origina un movimiento sísmico.

épico, ca. adj. **1** Relativo a la epopeya o a la poesía heroica y a su autor: *personajes épicos*. También s. **2** Grandioso, tremendo: *tuvieron una discusión épica*.

epicureísmo. m. **1** Escuela filosófica fundada por Epicuro. **2** Doctrina que propugna la búsqueda del placer evitando el dolor.

epicúreo, a. adj. **1** Que sigue la doctrina de Epicuro. También s. **2** Relativo a este filósofo. **3** Sensual, voluptuoso.

epidemia. f. **1** Enfermedad que durante un período de tiempo ataca, simultáneamente y en una misma población, a gran número de habitantes: *una epidemia de cólera*. **2** Mal generalizado: *una epidemia de crímenes*.

epidermis. f. **1** Membrana formada por tejido epitelial que envuelve el cuerpo de los animales. **2**

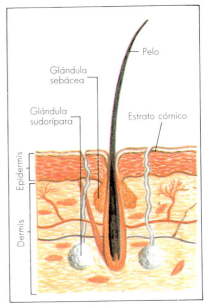

Epidermis

Membrana formada por una sola capa de células que cubre el tallo y las hojas de las algunas plantas. || No varía en pl.

epidiascopio o **epidiáscopo.** m. Aparato de proyecciones que sirve para hacer ver en una pantalla las imágenes de diapositivas y también los cuerpos opacos.

epifanía. f. Festividad que celebra la Iglesia católica anualmente el día 6 de enero, para conmemorar la adoración de los Reyes Magos a Jesús. || Se escribe con mayúscula.

epífisis. f. **1** Órgano nervioso, pequeño y rudimentario, situado en el encéfalo, que regula el crecimiento. Se llama también *glándula pineal*. **2** Parte terminal de los huesos largos. || No varía en pl.

epifito, ta. adj. Se dice del vegetal que vive sobre otra planta sin ser parásito de ella.

epigastrio. m. Región del abdomen o vientre, que se extiende desde la punta del esternón hasta cerca del ombligo.

epiglotis. f. Lámina cartilaginosa que cierra la glotis en la deglución, impidiendo que los alimentos pasen a las vías respiratorias. || No varía en pl.

epígono. m. El que sigue las huellas de otro; especialmente se dice del que sigue una escuela o un estilo de una generación anterior: *los epígonos del romanticismo.*

epígrafe. m. **1** Resumen que suele preceder a cada uno de los capítulos u otras divisiones de una obra. **2** Cita o sentencia que suele ponerse al comienzo de una obra científica o literaria. **3** Inscripción en piedra, metal, etc.

epigrafía. f. Ciencia cuyo objeto es conocer e interpretar las inscripciones.

epigrama. m. **1** Inscripción en piedra, metal, etc. **2** Composición poética breve, que expresa un pensamiento satírico.

epilepsia. f. Enfermedad crónica, caracterizada principalmente por ataques repentinos con pérdida brusca del conocimiento y convulsiones.

epiléptico, ca. adj. **1** Que padece de epilepsia. También s. **2** Relativo a esta enfermedad.

epílogo. m. **1** Recapitulación de todo lo dicho en un discurso u otra composición literaria. **2** Consecuencia o prolongación de algo que ya se supone terminado. **Ant.** 1 prólogo.

epímone. f. Figura retórica que consiste en repetir sin intervalo una misma palabra para dar énfasis a lo que se dice.

episcopado. m. **1** Dignidad de obispo. **2** Época y duración del gobierno de un obispo. **3** Conjunto de obispos del orbe católico o de una nación.

episcopal. adj. **1** Relativo al obispo. | m. **2** Libro en que se contienen las ceremonias y oficios propios de los obispos. **Sin.** 1 obispal.

episodio. m. **1** Cada una de las acciones parciales o partes integrantes de la acción principal: *el episodio de los molinos es uno de los más famosos del «Quijote».* **2** Incidente, suceso pasajero, uno más de una serie que forma un todo o conjunto: *un episodio de la reconquista.*

epistemología. f. Doctrina de los fundamentos y métodos del conocimiento científico. **Sin.** gnoseología.

epístola. f. **1** Escrito que se dirige a determinadas personas, en especial los de los apóstoles a los fieles. **2** Parte de la misa, anterior al Evangelio, en la que se lee un fragmento de alguna epístola de los apóstoles. **3** Obra literaria, en forma de carta, en prosa o verso, con un objetivo moralizante o didáctico.

epistolar. adj. Relativo a la epístola o carta.

epistolario. m. **1** Libro o cuaderno que recoge cartas o epístolas de un autor. **2** Libro que contiene las epístolas que se cantan en las misas.

epitafio. m. Inscripción que se pone sobre un sepulcro.

epitalamio. m. Composición lírica para celebrar una boda.

epitelio. m. Tejido formado por células que constituye la capa externa de la mucosa que recubre las cavidades externas, los conductos del cuerpo y la piel.

epíteto. m. **1** Adjetivo calificativo que indica una cualidad natural del nombre, sin distinguirlo de los demás de su grupo: *nieve blanca.* **2** En sentido genérico, cualquier adjetivo que se aplica a alguien: *le dedicó unos epítetos un poco fuertes.*

epítome. m. **1** Resumen o compendio de una obra extensa. **2** Figura retórica que consiste en, después de hablar durante un rato, repetir lo que se ha dicho al principio para mayor claridad.

época. f. **1** Período de tiempo que se señala por los hechos históricos durante el acaecido: *la época de las cruzadas.* **2** Cualquier espacio de tiempo caracterizado por algo concreto: *la época de las lluvias.*

epónimo, ma. adj. y s. Se dice del héroe que da nombre a un pueblo, a una tribu, a una ciudad o a un período: *Bolívar es epónimo de Bolivia.*

epopeya. f. **1** Poema narrativo extenso que relata hechos heroicos realizados por personajes históricos o legendarios. **2** Conjunto de hechos memorables: *la epopeya del Descubrimiento.* **3** Actividad que se realiza con mucho esfuerzo y dificultad: *la subida al Everest fue toda una epopeya.*

épsilon. f. Quinta letra del alfabeto griego, correspondiente a la *e* breve. || Su grafía mayúscula es E, y la minúscula, ε.

epulón, na. adj. Que come mucho.

equi-. pref. que sign. igualdad: *equidistante.*

equiángulo, la. adj. Se dice de las figuras y sólidos cuyos ángulos son todos iguales entre sí.

equidad. f. Justicia en un trato o un reparto. **Sin.** imparcialidad ▢ **Ant.** injusticia.

equidistar. intr. Hallarse dos o más cosas a la misma distancia entre sí o con respecto a otra u otras: *nuestras casas equidistan de la plaza.*

équido. adj. y m. **1** Se dice de los mamíferos de patas largas, en los que solamente está desarrollado el dedo medio de cada extremidad recubierto de un casco duro. | m. pl. **2** Familia de estos animales.

equilátero, ra. adj. Se apl. a las figuras cuyos lados son todos iguales.

equilibrado, da. adj. **1** Prudente, sensato, ecuánime. | m. **2** Acción de equilibrar algo: *un equilibrado de ruedas.*

equilibrar. tr. y prnl. **1** Poner en equilibrio: *equilibrar los platillos de una balanza.* **2** Hacer que una cosa no exceda ni supere a otra, manteniéndolas proporcionalmente iguales: *equilibrar los ingresos y los gastos.*

equilibrio. m. **1** Estado en que se encuentra un cuerpo cuando las fuerzas que actúan sobre él se compensan y anulan mutuamente. **2** Contrapeso, armonía entre cosas diversas: *las dos culturas mantenían un difícil equilibrio.* **3** Estabilidad: *equilibrio finan-*

Équidos

ciero. **4** Ecuanimidad, mesura, sensatez en los actos y juicios.

equilibrista. com. Artista que es muy hábil haciendo difíciles juegos o ejercicios de equilibrio.

equimosis. f. Mancha amoratada, negruzca o amarillenta de la piel o de los órganos internos debida a un derrame de sangre originado por un golpe, una fuerte ligadura u otras causas. || No varía en pl. S<small>IN</small>. cardenal.

equino, na. adj. **1** Relativo al caballo: *ganado equino*. | m. **2** Caballo o yegua.

equinoccio. m. Época en que, por hallarse el Sol sobre el ecuador, los días son iguales a las noches en toda la Tierra. Esto ocurre cada año del 20 al 21 de marzo y del 22 al 23 de septiembre.

equinococo. m. Larva de una tenia que vive en el intestino del perro y puede pasar al del hombre, produciendo el quiste hidatídico.

equinodermo, ma. adj. y m. **1** Se dice de ciertos metazoos marinos, de simetría radiada pentagonal, que poseen bajo la piel un esqueleto de placas o espinas calcáreas, como la estrella de mar o el erizo. | m. pl. **2** Orden de estos animales.

equipaje. m. Conjunto de cosas que se llevan en los viajes.

equipamiento. m. **1** Acción y efecto de equipar. **2** Conjunto de todos los servicios necesarios para una actividad determinada, en industrias, urbanizaciones, ejércitos, etc.

equipar. tr. y prnl. Proveer a alguien o algo de las cosas necesarias para un uso particular: *equipar a los niños para el colegio.*

equiparar. tr. Comparar una cosa con otra, considerándolas iguales o equivalentes.

equipo. m. **1** Grupo de personas organizado para una investigación o servicio determinado: *equipo de colaboradores.* **2** Cada uno de los grupos que se disputan el triunfo en ciertos deportes. **3** Conjunto de ropas y otras cosas que usa alguien para una actividad específica: *equipo de primeros auxilios.* **4** Conjunto de aparatos para oír y grabar música, que al completo consta de una pletina, un plato, un lector de discos compactos, un amplificador, un sintonizador y un juego de altavoces.

equis. f. **1** Nombre de la letra *x*, y del signo de la incógnita en los cálculos. | adj. **2** Denota un número desconocido o indiferente: *necesito equis pesetas.* || No varía en pl.

equisetáceo, a. adj. y f. **1** Se dice de plantas equisetíneas, cuyo tipo es la cola de caballo. | f. pl. **2** Familia de estas plantas.

equisetíneo, a. adj. y f. **1** Se dice de plantas herbáceas, vivaces, con rizoma feculento, tallos rectos y fructificación en ramillete. | f. pl. **2** Clase de estas plantas, la mayoría fósiles.

equiseto. m. Nombre genérico de las plantas equisetáceas.

equitación. f. Arte, deporte y práctica de montar y manejar bien el caballo.

equitativo, va. adj. Que tiene equidad. S<small>IN</small>. justo □ A<small>NT</small>. injusto

équite. m. Ciudadano romano perteneciente a una clase intermedia entre los patricios y los plebeyos, y que servía a caballo en el ejército. S<small>IN</small>. caballero.

equivalencia. f. Igualdad en el valor, estimación, potencia o eficacia de dos o más cosas.

equivalente. adj. **1** Que equivale a otra cosa También m. **2** Se dice de las figuras y sólidos que tienen igual área o volumen y distinta forma.

equivaler. intr. Ser igual una cosa a otra en la estimación, potencia o eficacia. || **Irreg.** Se conj. como *valer*.

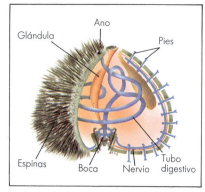

Morfología interna de un equinodermo

equivocación. f. **1** Acción y efecto de equivocar. **2** Cosa hecha equivocadamente. S<small>IN</small>. 2 error, desacierto □ A<small>NT</small>. 1 y 2 acierto.

equivocar. tr. y prnl. Tener o tomar una cosa por otra, juzgando u obrando desacertadamente.

equívoco, ca. adj. **1** Que puede entenderse o interpretarse de varias maneras. | m. **2** Palabra con la que se da a entender más de lo que se dice. **3** Figura retórica que consiste en emplear en el discurso palabras homónimas o equívocas.

era. f. **1** Punto fijo o fecha determinada de un suceso, desde el cual se empieza a contar el tiempo: *la era de Cristo.* **2** Extenso período histórico marcado por unas características que lo distinguen de otros anteriores o posteriores: *la era de los descubrimientos.* **3** Espacio de tierra limpia y firme, algunas veces empedrado, donde se trillan las mieses. S<small>IN</small>. 1 y 2 época.

eral, la. m. y f. Res vacuna de más de un año y menos de dos.

erario. m. **1** Tesoro público. **2** Lugar donde se guarda.

erasmismo. m. Forma de humanismo surgida en Europa en el s. XVI y representada por Erasmo de Rotterdam y sus seguidores.

erbio. m. Metal muy raro en forma de polvo gris oscuro, cuyas sales son rojas y se disuelven en los ácidos minerales.

ere. f. Nombre de la letra *r* en su sonido suave.

erección. f. **1** Acción y efecto de levantar, enderezar o poner rígida una cosa. **2** Acción de endurecerse y dilatarse un órgano por la afluencia de sangre a él.

eréctil. adj. Que tiene la facultad o propiedad de levantarse, enderezarse o ponerse rígido.

erecto, ta. adj. Enderezado, levantado, rígido. **Ant.** lacio, fláccido.

eremita. m. Ermitaño.

erg. m. Nombre internacional del ergio.

ergio. m. Unidad de trabajo en el sistema cegesimal, equivalente al realizado por una dina cuando su punto de aplicación recorre un centímetro.

ergonomía. f. Ciencia que estudia la capacidad y la psicología del hombre en relación con su trabajo y el equipo que maneja.

erguén. m. Árbol espinoso, originario de Marruecos. Crece en Andalucía.

erguir. tr. y prnl. **1** Levantar y poner derecha una cosa: *erguir un monumento.* | **erguirse.** prnl. **2** Engreírse, ensoberbecerse. **3** Alzarse, elevarse: *sobre la loma se erguía un árbol.* || **Irreg.** Conjugación modelo:

Indicativo
Pres.: *irgo* o *yergo, irgues* o *yergues, irgue* o *yergue, erguimos, erguís, irguen* o *yerguen.*
Imperf.: *erguía, erguías,* etc.
Pret. indef.: *erguí, erguiste, irguió, erguimos, erguisteis, irguieron.*
Fut. imperf.: *erguiré, erguirás,* etc.
Potencial: *erguiría, erguirías,* etc.
Subjuntivo
Pres.: *irga* o *yerga, irgas* o *yergas, irga* o *yerga, irgamos* o *yergamos, irgáis* o *yergáis, irgan* o *yergan.*
Imperf.: *irguiera* o *irguiese, irguieras* o *irguieses, irguiera* o *irguiese, irguiéramos* o *irguiésemos, irguierais* o *irguieseis, irguieran* o *irguiesen.*
Fut. imperf.: *irguiere, irguieres, irguiere, irguiéremos, irguiereis, irguieren.*
Imperativo: *irgue* o *yergue, irga* o *yerga, irgamos* o *yergamos, erguid, irgan* o *yergan.*
Participio: *erguido.*
Gerundio: *irguiendo.*

---

erial. adj. y m. Se apl. a la tierra o campo sin cultivar ni labrar.

ericáceo, a. adj. y f. **1** Se dice de plantas angiospermas dicotiledóneas, con semillas de albumen carnoso, como el madroño. | f. pl. **2** Familia de estas plantas.

erigir. tr. **1** Fundar, instituir o levantar: *erigir una ciudad.* **2** Constituir a una persona o cosa con un carácter que antes no tenía: *le erigieron primer ministro.* También prnl.

erisipela. f. Inflamación microbiana de la piel caracterizada por una erupción rojiza que afecta a la cara y al cuero cabelludo, comúnmente acompañada de fiebre.

eritema. m. Inflamación superficial de la piel.

eritrocito. m. Célula esferoidal que da el color rojo a la sangre.

eritroxiláceo o **eritroxíleo, a.** adj. y f. **1** Se dice de las plantas angiospermas dicotiledóneas, como la coca. | f. pl. **2** Familia de estas plantas.

erizado, da. adj. Cubierto de púas o espinas. **Sin.** espinoso.

erizar. tr. y prnl. **1** Levantar, poner rígida y tiesa una cosa: *erizarse el pelo de miedo.* **2** Hacer que alguien se inquiete ante algo o alguien. **Sin.** 1 enderezar 2 inquietar, alarmar ◻ **Ant.** 1 bajar 2 tranquilizar.

erizo. m. **1** Mamífero insectívoro con el cuerpo blanco rojizo, la cabeza pequeña, el hocico afilado, orejas y ojos pequeños, patas y la cola muy cortas y cinco dedos en cada pie. Ante el peligro, se contrae de modo que forma una bola cubierta por completo de púas. **2** Cubierta espinosa de algunos frutos, como la castaña. **3 erizo de mar.** Nombre común de los equinodermos de forma esférica aplanada con la concha cubierta de espinas.

ermita. f. Santuario o capilla pequeños, situados normalmente fuera de las poblaciones y que no suelen tener culto permanente.

ermitaño, ña. m. y f. **1** Persona que vive en la ermita y cuida de ella. | m. **2** El que vive en soledad: *desde que quedó viudo se ha convertido en un ermitaño.* **3** Crustáceo que vive dentro de conchas de caracoles marinos para protegerse. También adj.

erógeno, na. adj. Que produce o es sensible a la excitación sexual: *zonas erógenas.*

Erizos de mar

erosión. f. **1** Desgaste de una superficie producido por fricción. **2** Desgaste de la superficie terrestre por agentes externos, como el agua o el viento. **3** Lesión superficial de la epidermis. **4** Pérdida de prestigio o influencia que puede sufrir una persona, una institución, etc.: *este asunto ha supuesto una erosión para su reputación.* S<small>IN</small>. 1 y 2 corrosión, roce 3 excoriación.

erosionar. tr. **1** Producir erosión. **2** Desgastar el prestigio o influencia de una persona, una institución, etc. También prnl.

erótico, ca. adj. **1** Perteneciente o relativo al amor sexual: *ritos eróticos.* **2** Que excita sexualmente: *una caricia erótica.* | f. **3** Conjunto de características por las que algo resulta atrayente: *la erótica del poder.*

erotismo. m. **1** Cualidad de erótico: *el erotismo de una película.* **2** Sexualidad de las personas.

errabundo, da. adj. Errante.

erradicar. tr. Arrancar de raíz, eliminar completamente algo: *erradicar una plaga, un mal social.*

errante. adj. Que anda de una parte a otra sin tener domicilio fijo. S<small>IN</small>. vagabundo, ambulante.

errar. tr. e intr. **1** No acertar: *erró en sus pronósticos.* | intr. **2** Andar vagando de una parte a otra: *erraba por las calles.* **3** Divagar el pensamiento, la imaginación, la atención: *erraba entre sus recuerdos y sus fantasías.* || **Irreg.** Conjugación modelo:

Indicativo
Pres.: *yerro, yerras, yerra, erramos, erráis, yerran.*
Imperf.: *erraba, errabas,* etc.
Pret. indef.: *erré, erraste, erró,* etc.
Fut. imperf.: *erraré, errarás,* etc.
Potencial: *erraría, errarías,* etc.
Subjuntivo
Pres.: *yerre, yerres, yerre, erremos, erréis, yerren.*
Imperf.: *errara* o *errase, erraras* o *errases,* etc.
Fut. imperf.: *errare, errares,* etc.
Imperativo: *yerra, errad.*
Participio: *errado.*
Gerundio: *errando.*

---

errata. f. Equivocación material cometida en un impreso o manuscrito. S<small>IN</small>. error.

errático, ca. adj. Vagabundo, ambulante.

errátil. adj. Errante, incierto, variable.

erre. f. **1** Nombre de la letra *r* en su sonido fuerte. **2 erre que erre.** loc. adv. Insistentemente, con terquedad: *sigue erre que erre repitiéndome lo mismo.*

erróneo, a. adj. Que contiene error. S<small>IN</small>. falso □ A<small>NT</small>. cierto.

error. m. **1** Concepto equivocado o juicio falso: *estás en un error si piensas que ha sido él.* **2** Acción

Erosión marina

desacertada o equivocada. **3** Diferencia entre el resultado real y la previsión que se había hecho: *falló por escaso margen de error.* A<small>NT</small>. 1 y 2 acierto.

eructar. intr. Expeler con ruido por la boca los gases del estómago.

eructo. m. Acción y efecto de eructar. S<small>IN</small>. regüeldo.

erudición. f. Conocimiento profundo y extenso sobre ciencias, artes y otras materias. S<small>IN</small>. cultura, sabiduría.

erupción. f. **1** Emisión más o menos violenta y repentina hacia el exterior de algo contenido en un sitio, particularmente la de materias sólidas, líquidas o gaseosas de los volcanes: *el Etna ha entrado en erupción.* **2** Aparición y desarrollo en la piel, o las mucosas, de granos, manchas o vesículas. **3** Estos mismos granos o manchas: *me ha salido una erupción.*

eruptivo, va. adj. Relativo a la erupción o procedente de ella.

esbeltez. f. Calidad de esbelto.

esbelto, ta. adj. Alto, gallardo y bien formado. A<small>NT</small>. bajo, rechoncho.

esbirro. m. **1** Persona pagada por otra para que lleve a cabo acciones violentas en su lugar: *contrató varios esbirros para que destrozaran el local.* **2** El que tiene por oficio ejecutar las órdenes violentas de una autoridad.

esbozar. tr. **1** Bosquejar. **2** Insinuar un gesto, normalmente del rostro: *esbozó una sonrisa*.

esbozo. m. **1** Acción y efecto de esbozar. **2** Dibujo inacabado y poco definido de un proyecto artístico, de pintura, escultura, etc.: *en el estudio del pintor podían verse varios esbozos*. **Sin.** 2 boceto.

escabechar. tr. **1** Echar en escabeche. **2** Matar a alguien, normalmente con arma blanca. **3** Suspender en un examen.

escabeche. m. **1** Salsa o adobo que se hace con aceite frito, vino o vinagre, hojas de laurel y otros ingredientes, para conservar y hacer sabrosos los pescados y otros alimentos. **2** Alimento conservado en esta salsa.

escabechina. f. **1** Destrozo, estrago. **2** Abundancia de suspensos en un examen: *ha habido una escabechina en física*.

escabel. m. **1** Tarima pequeña que se pone delante de la silla para descansar los pies. **2** Asiento pequeño hecho de tablas, sin respaldo.

escabiosa. f. Planta herbácea, con tallo velloso y flores en cabezuela con corola azulada.

escabro. m. **1** Roña de las ovejas que echa a perder la lana. **2** Enfermedad que padecen en la corteza los árboles y las vides.

escabroso, sa. adj. **1** Desigual, lleno de tropiezos y dificultades: *una ruta escabrosa*. **2** Que roza lo inconveniente o lo inmoral: *un negocio escabroso*. **3** Delicado, embarazoso: *rehuyó con tacto esa escabrosa cuestión*. **Sin.** 1 abrupto 2 atrevido 3 comprometido ☐ **Ant.** 1 llano 2 inocente.

escabullirse. prnl. **1** Irse o escaparse algo de entre las manos. **2** Ausentarse disimuladamente: *en cuanto pudimos, nos escabullimos de la reunión*. **3** Evitar una dificultad o una obligación con sutileza: *hoy te toca fregar, así que no te escabullas*. ‖ **Irreg.** Se conj. como *mullir*. **Sin.** 1 escurrirse 2 desaparecer 3 escaquearse.

escachar. tr. y prnl. Cascar, aplastar, romper.

escacharrar. tr. y prnl. Romper, estropear algo: *se me ha escacharrado la moto*. **Ant.** arreglar.

escafandra. f. **1** Traje compuesto de una vestidura impermeable y un casco perfectamente cerrado, con un cristal frente a la cara y orificios y tubos para renovar el aire. Sirve para permanecer y trabajar debajo del agua. **2** Traje parecido que usan los astronautas para salir de la nave en el espacio.

escafoides. adj. y m. Se dice del hueso más externo y grueso de la fila primera del carpo. ‖ No varía en pl.

escala. f. **1** Escalera de mano. **2** Sucesión ordenada de cosas distintas, pero de la misma especie. **3** Línea recta dividida en partes iguales que representan unidades de medida, que sirve para dibujar proporcionadamente las distancias y dimensiones en un mapa, plano, diseño, etc., y para calcular luego las medidas reales de lo dibujado. **4** Graduación para medir los efectos de diversos instrumentos: *la escala del termómetro*. **5** Tamaño en que se desarrolla un plan o idea: *a gran escala*. **6** Paradas que hacen las aeronaves o embarcaciones entre su punto de origen y el de destino: *haremos escala en Lisboa*. **7** Sucesión de las notas musicales. **Sin.** 2 gama 5 proporción.

escalada. f. **1** Acción y efecto de escalar. **2** Aumento rápido y por lo general alarmante de alguna cosa: *escalada de violencia*.

escalafón. m. Lista de los individuos de una corporación, clasificados según su grado, antigüedad, méritos, etc.

escalamiento. m. Acción de escalar. **Sin.** escalada.

escalar. tr. **1** Entrar en un lugar o subir a una gran altura por medio de escalas o trepando: *escalar un monte*. **2** Ascender social o profesionalmente, no siempre por buenos medios: *ha conseguido escalar a base de enchufes*. **Ant.** 1 y 2 descender.

escalar. adj. Se dice de la magnitud física que carece de dirección.

escaldado, da. adj. Escarmentado, receloso: *salió escaldado de aquella experiencia*.

escaldar. tr. **1** Bañar con agua hirviendo una cosa: *escaldó los tomates para quitarles la piel*. **2** Abrasar algo que está hirviendo. También prnl. e intr.: *cuidado, que la sopa está escaldando*. **Sin.** 2 quemar ☐ **Ant.** 1 enfriar.

escaleno, na. adj. y m. Se dice del triángulo que tiene los tres lados desiguales.

escalera. f. **1** Serie de escalones que sirve para subir y bajar. **2** Conjunto de naipes de valor correlativo: *escalera de color*. **3** Desnivel que la tijera deja en el pelo mal cortado: *te has dejado una escalera en el flequillo*. **Sin.** 1 escala 3 trasquilón.

escalerilla. f. Escalera de pocos escalones: *la escalerilla de la piscina*.

escaléxtric. m. **1** Juego de coches que circulan por rampas y carreteras a distintos niveles, accionados por control remoto. **2** Sistema de puentes, autopistas o carreteras a distinto nivel: *han construido un nuevo escaléxtric*.

escalfador. m. **1** Jarro para calentar agua, con una tapa agujereada como un rallador. **2** Braserillo que se ponía sobre la mesa para calentar la comida.

escalfar. tr. Cocer en agua hirviendo o en caldo los huevos sin la cáscara.

escalinata. f. Escalera exterior de un solo tramo y hecha de piedra o ladrillo.

escalo. m. **1** Acción de escalar. **2** Abertura que se hace en una pared para entrar en algún sitio.

escalofriante. adj. **1** Pavoroso, terrible. **2** Asombroso, sorprendente. **Ant.** 1 tranquilizador.

escalofrío. m. Sensación de frío que suele producirse por fiebre, miedo o cualquier emoción intensa. Más en pl.: *me dan escalofríos cuando le veo.* **Sin.** repelús.

escalón. m. **1** En la escalera de un edificio, cada parte en que se apoya el pie para subir o bajar. **2** Grado al que se asciende social o profesionalmente: *en poco tiempo ha ascendido varios escalones en la empresa.* **3** Paso o medio para ir consiguiendo un propósito. **Sin.** 1 peldaño 2 rango 3 etapa.

escalonamiento. m. Acción de escalonar.

escalonar. tr. **1** Situar ordenadamente personas o cosas de trecho en trecho: *han escalonado a los niños por estatura.* **2** Distribuir en tiempos sucesivos las diversas partes de una serie: *escalonar las materias de un ciclo de estudios.*

escalope. m. Filete delgado de carne de vacuno, empanado y frito.

escalpelo. m. Instrumento en forma de cuchillo pequeño, que se usa en las disecciones anatómicas.

escama. f. **1** Membrana córnea, delgada y en forma de escudete, que, imbricada con otras muchas de su clase, suele cubrir total o parcialmente la piel de algunos animales, y principalmente la de los peces y reptiles. **2** Lo que tiene forma de escama: *jabón en escamas.*

escamar. tr. **1** Quitar las escamas a los peces. **2** Hacer que alguien recele o desconfíe. También prnl.: *me escama su repentino interés.*

escamondar. tr. **1** Limpiar los árboles quitándoles las ramas inútiles. **2** Limpiar una cosa quitándole lo superfluo y dañoso. **Sin.** 1 y 2 podar.

escamonea. f. **1** Gomorresina medicinal sólida y muy purgante. **2** Planta que la produce.

escamón, na. adj. Receloso, desconfiado. **Ant.** confiado.

escamoso, sa. adj. Que tiene escamas.

escamotear. tr. **1** Hacer desaparecer algo con tanta habilidad que los presentes no se den cuenta: *el tahúr escamoteó un as.* **2** Robar o quitar algo con agilidad y astucia: *me han escamoteado mil pesetas.* **Sin.** 2 birlar.

escampada. f. Espacio corto de tiempo en que deja de llover en un día lluvioso.

escampado, da. adj. Descampado.

escampar. intr. e impers. Aclararse el cielo nublado, dejar de llover: *parece que ya va a escampar.*

escampavía. f. Barco pequeño y velero que acompaña a una embarcación más grande, sirviéndole de explorador.

escamujar. tr. Cortar las puntas de las ramas a un árbol. **Sin.** ramonear.

escanciar. tr. Echar o servir el vino; particularmente echar la sidra en el vaso desde una altura considerable para que al caer se produzca espuma.

escanda. f. Especie de trigo, propia de países fríos y terrenos pobres.

escandalera. f. Escándalo, alboroto.

escandalizar. tr. **1** Causar escándalo. También intr.: *sus declaraciones escandalizaron a los presentes.* **2** Indignar. También prnl.: *se escandaliza por nada.* **Sin.** 1 alborotar.

escandallo. m. **1** Parte de la sonda que se usa para reconocer la calidad del fondo del agua mediante las partículas u objetos que se sacan adheridos. **2** Acción de tomar al azar varias unidades de un conjunto como representativas de la calidad de todas. **3** Muestra así recogida.

escándalo. m. **1** Alboroto, tumulto, ruido: *¡menudo escándalo están montando los niños!* **2** Acción o palabra que provoca rechazo e indignación pública: *su participación en aquel fraude fue un escándalo político.* **3** Deshonestidad, desvergüenza, mal ejemplo. **4** Asombro, revuelo, admiración. **Ant.** 1 tranquilidad.

escandaloso, sa. adj. y s. **1** Que causa escándalo. **2** Ruidoso, revoltoso, inquieto.

escandio. m. Elemento químico poco abundante que se encuentra en algunos minerales. Su símbolo es Sc.

escáner. m. Aparato tubular para la exploración de cuerpos por rayos X, que permite obtener la imagen completa de varias y sucesivas secciones transversales de la región corporal explorada.

escaño. m. **1** Banco con respaldo para tres o más personas. **2** Puesto, asiento de los parlamentarios en las cámaras: *su partido ha conseguido nueve escaños.*

escapada. f. **1** Acción de escapar o salir deprisa y a escondidas. **2** Espacio corto de tiempo que se tiene libre y se aprovecha para hacer algo: *hicieron una escapada al campo.*

escapar. intr. y prnl. **1** Conseguir salir de un lugar en que se está encerrado: *se ha escapado un preso.* **2** Salir uno deprisa y a escondidas de un sitio: *se escapó por la ventana.* **3** Librarse de algo: *¡de buen lío te has escapado!* **4** Quedar fuera del dominio o influencia de alguna persona o cosa: *esto escapa a mi comprensión.* | **escaparse.** prnl. **5** Salirse un líquido o un gas de un depósito, cañería, etc. **6** Perder: *se me escapó el tren.* **Sin.** 1 huir, fugarse 2 escabullirse 3 eludir 5 irse ☐ **Ant.** 1 y 2 quedarse 4 entrar.

escaparate. m. Hueco acristalado que hay en la fachada de las tiendas y que sirve para exhibir las mercancías o productos que se venden en ellas.

escaparatista. com. Persona encargada de disponer artísticamente los objetos que se muestran en los escaparates.

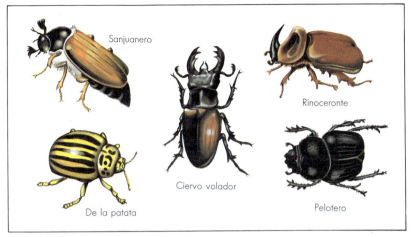
Escarabajos

escapatoria. f. **1** Acción de evadirse y escaparse. **2** Modo de evadirse uno de un apuro en que se halla: *la confesión de su cómplice le dejó sin escapatoria*.

escape. m. **1** Acción de escapar. **2** Fuga de un gas o de un líquido. **3** En los motores de explosión, salida de los gases quemados, y tubo que los conduce al exterior. **Sin.** 1 huida.

escápula. f. Omóplato.

escapular. adj. Referente a la escápula.

escapulario. m. Tira o pedazo de tela con una abertura por donde se mete la cabeza, y que cuelga sobre el pecho y la espalda. Es distintivo de algunas órdenes religiosas.

escaque. m. Cada una de las casillas del tablero de ajedrez y del juego de las damas.

escaqueado, da. adj. Se apl. a la obra que se reparte formando escaques.

escaquearse. prnl. fam. Eludir una responsabilidad.

escara. f. Costra que se produce en una zona del cuerpo como consecuencia del roce continuado o de gangrena. **Sin.** llaga.

escarabajear. intr. **1** Andar y bullir desordenadamente. **2** Molestar, inquietar a alguien un cuidado, temor o disgusto.

escarabajo. m. Insecto coleóptero que se alimenta de estiércol, con el que hace unas bolas, dentro de las cuales deposita sus huevos.

escaramujo. m. **1** Especie de rosal silvestre, con las hojas algo agudas y sin vello, y flores o rositas encarnadas. **2** Fruto de este arbusto, en forma de baya carnosa y roja, utilizado como astringente.

escaramuza. f. **1** Refriega de poca importancia entre las avanzadillas de dos ejércitos. **2** Riña de poca importancia.

escarapela. f. Adorno compuesto de cintas fruncidas o formando lazadas alrededor de un punto.

escarbar. tr. **1** Remover repetidamente la superficie de la tierra, como hacen los animales con las patas o el hocico. También intr. **2** Investigar en algún asunto encubierto: *está escarbando en mi pasado*. **Sin.** 1 hozar 2 indagar.

Escaramujo

escarcela. f. **1** Especie de bolsa que se llevaba colgada de la cintura. **2** Mochila del cazador, especie de red.

escarceo. m. **1** Prueba antes de iniciar una determinada acción: *en su juventud tuvo sus escarceos literarios.* **2** Divagación. **3** Movimiento en la superficie del mar. | pl. **4** Giros y vueltas que dan los caballos cuando están fogosos o cuando les obliga el jinete.

escarcha. f. Rocío de la noche congelado.

escarchado, da. adj. **1** Cubierto de escarcha. | m. **2** Cierta labor de oro o plata, sobrepuesta en la tela.

escarchar. intr. **1** Congelarse el rocío. | tr. **2** Preparar confituras o bebidas alcohólicas a base de azúcar cristalizada. **Sin.** 1 helar.

escarcina. f. Espada corta y corva.

escarda. f. **1** Acción de escardar. **2** Época del año en que se realiza esta labor. **3** Azada pequeña para escardar.

escardar. tr. **1** Entresacar y arrancar las hierbas nocivas de los sembrados. **2** Separar y apartar lo malo de lo bueno. **Sin.** 1 limpiar 1 y 2 cribar.

escariar. tr. Agrandar o redondear un agujero abierto en metal.

escarificar. tr. Hacer en alguna parte del cuerpo cortaduras o incisiones muy poco profundas para facilitar la salida de ciertos líquidos o humores.

escarlata. f. **1** Color carmesí fino menos subido que el de la grana. También adj. **2** Tela de este color.

escarlatina. f. Enfermedad infecciosa y contagiosa, que afecta sobre todo a niños, caracterizada por una erupción de color rojo subido en la piel y por fiebre alta y afecciones de garganta.

escarmenar. tr. **1** Carmenar la lana o la seda. **2** Escoger y apartar el mineral de entre las tierras o escombros.

escarmentar. tr. **1** Castigar con dureza al que ha obrado mal, para que se corrija. | intr. **2** Aprender uno de los errores propios o ajenos para evitar caer en ellos: *escarmentó al ver lo que le había pasado a su hermano.* || **Irreg.** Se conj. como *acertar.* **Ant.** 1 perdonar.

escarmiento. m. Reprimenda o castigo que recibe alguien para que no repita el mal que ha hecho.

escarnecer. tr. Hacer mofa y burla de otro. || **Irreg.** Se conj. como *agradecer.*

escarnio. m. Burla muy ofensiva y humillante.

escarola. f. Achicoria de huerta cuyas hojas, de color verde claro y rizadas, se comen en ensalada.

escarpa. f. **1** Pendiente pronunciada de un terreno. **2** Plano inclinado que forma la muralla de las fortificaciones.

escarpado, da. adj. Que tiene escarpa o gran pendiente: *una loma escarpada.*

escarpadura. f. Declive muy pronunciado de cualquier terreno. **Sin.** pendiente.

escarpar. tr. Cortar una montaña o terreno, poniéndolo en plano inclinado.

escarpia. f. Clavo en ángulo recto para sujetar bien lo que se cuelga de él. **Sin.** alcayata.

escarpidor. m. Peine para desenredar el cabello.

escarpín. m. **1** Zapato de una pieza y de una costura. **2** Calzado, tejido con lana o con hilo, que cubre el pie y el tobillo. **Sin.** 1 botín 2 patuco.

escarza. f. Herida en los pies y manos de las caballerías.

escarzano. adj. y m. Se dice del arco que es menor que la semicircunferencia del mismo radio.

escasear. intr. No haber cantidad suficiente de algo: *este año han escaseado las lluvias.* **Sin.** faltar ☐ **Ant.** abundar.

escasez. f. Falta de lo necesario o de lo suficiente. **Ant.** abundancia.

escaso, sa. adj. **1** Corto, insuficiente: *la blusa le queda escasa de sisa.* **2** Con poca cantidad de algo: *estar escaso de dinero.* **3** Que no llega a ser completo algo que se expresa: *tiene cuatro años escasos.* **Ant.** 1 grande, abundante 2 sobrado.

escatimar. tr. Dar, usar o hacer lo mínimo posible de algo: *no escatima halagos.*

escatología. f. Conjunto de creencias y doctrinas referentes a la vida del más allá.

escavar. tr. Cavar ligeramente la tierra para ahuecarla y quitar la maleza.

escayola. f. **1** Yeso calcinado que, mezclado con agua, se emplea como material plástico para modelar figuras o adornos: *un busto de escayola.* **2** Venda recubierta de este yeso para inmovilizar miembros fracturados: *mañana me quitan la escayola.*

escayolar. tr. Inmovilizar por medio del yeso o la escayola un miembro roto, dislocado, etc.

escayolista. com. Persona que hace obras de escayola para la decoración de las casas.

escena. f. **1** Escenario de un teatro: *la compañía salió a escena para saludar.* **2** Cada una de las partes en que se divide una obra o película y que representa una determinada situación, con los mismos personajes. **3** Arte de la interpretación teatral. **4** Actitud, manifestación exagerada o aparatosa fingida para impresionar: *no me hagas una escena.* **Sin.** 2 secuencia 4 número.

escenario. m. **1** Parte del teatro en que se representa un espectáculo público. **2** Conjunto de circunstancias que se consideran el entorno de una persona o suceso: *este fue el escenario de nuestro encuentro.* **Sin.** 1 escena 2 marco, ambiente.

escénico, ca. adj. Relativo a la escena.

escenificación. f. Acción y efecto de escenificar.

Trata de esclavos en África

escenificar. tr. Dar forma dramática a una obra literaria para ponerla en escena.
escenografía. f. **1** Arte de proyectar o realizar decoraciones escénicas. **2** Conjunto de decorados que se montan en el escenario.
escenográfico, ca. adj. Relacionado con la escenografía.
escenógrafo, fa. adj. y s. Que cultiva o se dedica a la escenografía.
escepticismo. m. **1** Doctrina filosófica que afirma que la verdad no existe, o que, si existe, el hombre es incapaz de conocerla. **2** Incredulidad o duda acerca de la verdad o eficacia de cualquier cosa. SIN. 2 desconfianza ☐ ANT. 2 credulidad.
escéptico, ca. adj. y s. **1** Que profesa el escepticismo. **2** Que no cree en determinadas cosas. SIN. 2 incrédulo.
escindir. tr. Cortar, dividir, separar.
escisión. f. Rompimiento, desavenencia. ANT. unión.
escita. adj. y com. Natural de la Escitia, región del Asia antigua.
esclarecer. tr. **1** Resolver, poner en claro un asunto: *hay que esclarecer este escándalo.* **2** Iluminar, poner clara una cosa. | intr. **3** Empezar a amanecer. ‖ **Irreg.** Se conj. como *agradecer.* SIN. 1 y 2 aclarar ☐ ANT. 1 embarullar, liar 2 oscurecer 3 anochecer.

esclarecido, da. adj. Claro, ilustre, singular.
esclarecimiento. m. **1** Acción de esclarecer. **2** Cosa que esclarece o sirve para esclarecer.
esclavina. f. **1** Especie de capa corta, de cuero o tela, que suelen llevar los peregrinos. **2** Esta misma prenda formando parte de otra como un gran cuello superpuesto.
esclavitud. f. **1** Estado de esclavo. **2** Situación social en la que existen esclavos. **3** Exagerada dependencia de algo o alguien: *la esclavitud del dinero.* SIN. 1 opresión 2 y 3 servidumbre ☐ ANT. 1 y 3 libertad.
esclavizar. tr. **1** Hacer esclavo a alguien. **2** Hacer trabajar duramente a alguien: *en esta empresa les tienen esclavizados.* SIN. 1 y 2 someter, oprimir.
esclava. f. Pulsera sin adornos y que no se abre.
esclavo, va. adj. y s. **1** Se dice de la persona que, por estar bajo el dominio jurídico de otro, carece de libertad. **2** Completamente sometido a un deber, pasión, afecto, vicio, etc.: *esclavo del tabaco.* **3** Rendido, obediente, enamorado. SIN. 1 y 2 siervo.
esclerómetro. m. Instrumento para determinar la dureza de los minerales.
esclerosis. f. **1** Enfermedad que consiste en el endurecimiento de cualquier tejido u órgano, por el excesivo desarrollo del tejido conjuntivo. **2** Embotamiento o rigidez de una facultad. ‖ No varía en pl.
esclerótica. f. La más externa de las tres membranas del ojo, dura, opaca y de color blanquecino.

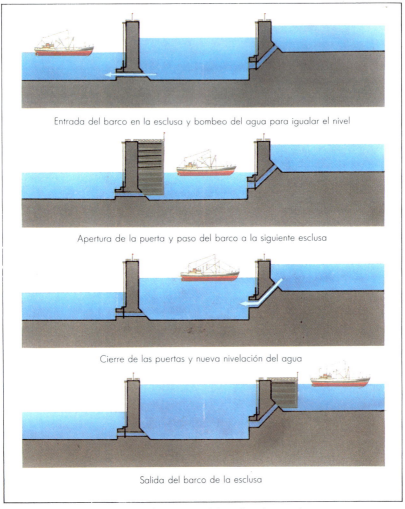

Esquema de funcionamiento de las esclusas de un canal

esclusa. f. Compartimiento cerrado dentro de un canal para aumentar o disminuir el nivel del agua y que los barcos puedan pasar por tramos con diferentes alturas.

escoba. f. **1** Manojo de fibras flexibles con un mango que sirve para barrer. **2** Cierto juego de naipes. **3** Mata, que crece hasta 2 m de altura, con muchas ramas angulosas que se utilizan para fabricar escobas. S/n. 1 cepillo.

escobajo. m. Raspa que queda del racimo después de quitarle las uvas.

escobar. m. Sitio donde abunda la planta llamada escoba.

escobén. m. Cualquiera de los agujeros circulares

o elípticos que se abren en los miembros de un buque.

escobilla. f. Tierra y polvo que se barre en los talleres donde se trabaja la plata y el oro.

escobilla. f. **1** Escoba pequeña para limpiar, particularmente la que se emplea para limpiar el inodoro. **2** Planta pequeña, especie de brezo, con la que se hacen escobas. **3** Haz de hilos de cobre destinado a mantener el contacto, por frotación, entre dos partes de una máquina eléctrica.

escobillón. m. **1** Instrumento para limpiar los cañones de las armas de fuego. **2** Cepillo unido al extremo de un astil, que se usa para barrer el suelo.

escobina. f. **1** Serrín que hace la barrena cuando se agujerea con ella alguna cosa. **2** Limadura de un metal cualquiera.

escobón. m. **1** Escoba que se pone en un palo largo para barrer y deshollinar: *el escobón de los barrenderos*. **2** Escoba de mango muy corto.

escocedura. f. Rozadura.

escocer. intr. **1** Producirse una sensación muy desagradable, de picor doloroso, parecida a la quemadura. **2** Causar algo este dolor: *el alcohol escuece*. **3** Sentirse uno molesto u ofendido por algo: *le escoció tu negativa*. También prnl. | **escocerse.** prnl. **4** Irritarse una parte del cuerpo por el roce con algo: *se le escocieron los pies*. || **Irreg.** Se conj. como *mover*. **Sin.** 1 y 2 picar 3 resentirse.

escocés, sa. adj. y s. **1** De Escocia. **2** Se apl. a las telas de cuadros y rayas de varios colores. | m. **3** Dialecto céltico hablado en Escocia.

escocia. f. Moldura cóncava cuya sección está formada por dos arcos de circunferencias distintas, y más ancha en su parte inferior. **Sin.** sima.

escoda. f. Especie de martillo con corte en ambos lados y un mango, que se utiliza para labrar piedras y picar paredes.

escodar. tr. Labrar las piedras con la escoda.

escofina. f. Especie de lima que se utiliza para desbastar.

escoger. tr. Tomar o seleccionar una o más cosas o personas entre otras: *escoger un candidato*. **Sin.** elegir.

escogido, da. adj. Selecto. **Ant.** vulgar, corriente.

escolanía. f. Conjunto de niños educados en algunos monasterios para ayudar en la iglesia y para el canto.

escolapio, pia. adj. y s. De las Escuelas Pías.

escolar. adj. **1** Perteneciente al estudiante o a la escuela: *libro escolar*. | com. **2** Alumno que cursa la enseñanza obligatoria.

escolaridad. f. Tiempo durante el que un alumno asiste a la escuela o a cualquier centro de enseñanza.

escolarizar. tr. Proporcionar a alguien los medios necesarios para que reciba la enseñanza obligatoria.

escolasticismo. m. Filosofía de la Edad Media, que organiza filosóficamente la doctrina de la Iglesia tomando como base los libros de Aristóteles. Su principal representante fue Santo Tomás de Aquino.

escolástico, ca. adj. y s. Relativo al escolasticismo, al maestro que lo enseña o al que lo profesa.

escolio. m. Nota que se pone a un texto para explicarlo. **Sin.** glosa.

escoliosis. f. Desviación de la columna vertebral con convexidad lateral. || No varía en pl.

escollera. f. Obra hecha con piedras echadas al fondo del agua para formar un dique de defensa contra el oleaje del mar.

escollo. m. **1** Peñasco que está a ras de agua o que no se ve bien: *la barca golpeó contra un escollo*. **2** Dificultad, obstáculo: *la falta de fondos fue un escollo para el proyecto*.

escolopendra. f. Miriápodo con un par de pies en cada uno de los 25 anillos de su cuerpo. **Sin.** ciempiés.

escolta. f. **1** Persona o personas que acompañan y protegen algo o a alguien. También m.: *en el atentado murieron cuatro escoltas*. **2** Acompañamiento en señal de honra o respeto.

escoltar. tr. Acompañar, proteger o conducir a una persona o cosa: *le escoltaban cuatro guardaespaldas*.

escombrar. tr. **1** Limpiar de escombros. **2** Desembarazar, limpiar de basura algún sitio.

escombrera. f. **1** Conjunto de escombros o desechos. **2** Sitio donde se echan los escombros de una mina.

escómbrido. adj. y m. **1** Se dice de peces de hocico puntiagudo, como la caballa, el bonito y el atún. | m. pl. **2** Familia de estos peces.

escombro. m. Conjunto de desechos de una obra o de una mina. Más en pl.: *sacaron cuatro sacos de escombros*.

Escolopendra

esconce. m. Ángulo entrante o saliente en cualquier superficie.

esconder. tr. y prnl. **1** Ocultar a una persona o cosa: *se escondió entre la maleza.* **2** Encerrar, incluir y contener en su interior algo que no es evidente: *sus palabras escondían una amenaza.* S<small>IN</small>. 1 encubrir ◻ A<small>NT</small>. 1 descubrir 2 exhibir.

escondidas (a). loc. adv. Sin ser visto.

escondite. m. **1** Lugar propio para esconderse. **2** Juego que consiste en encontrar al que se ha escondido. S<small>IN</small>. 1 escondrijo.

escondrijo. m. Rincón o lugar oculto y retirado apropiado para esconder y guardar en él alguna cosa.

escopeta. f. Arma de fuego portátil, con uno o dos cañones, de 70 a 80 cm de largo, montados en una pieza de madera.

escopetado. adj. Muy deprisa, disparado: *salió escopetado porque llegaba tarde.*

escopetazo. m. **1** Disparo hecho con una escopeta. **2** Ruido y herida o daño que produce este disparo. **3** Noticia o hecho desagradable, repentino e inesperado.

escopladura o **escopleadura.** f. Corte o agujero hecho con un escoplo.

escoplear. tr. Hacer cortes o agujeros con un escoplo.

escoplo. m. **1** Herramienta de hierro acerado, con mango de madera y boca formada por un bisel, que utilizan el carpintero y el escultor para modelar. **2** Instrumento parecido que usan los cirujanos para cortar huesos.

escora. f. **1** Inclinación que toma un buque. **2** Cada uno de los puntales que sostienen los costados del buque en construcción.

escorar. tr. **1** Apuntalar un barco con escoras. **2** Hacer que un buque se incline de costado. También intr. y prnl. | intr. **3** Alcanzar la marea su nivel más bajo.

escorbuto. m. Enfermedad producida por la carencia de vitamina C en la alimentación y caracterizada por hemorragias cutáneas y musculares, por una alteración especial de las encías y por debilidad general.

escordio. m. Hierba labiada que se emplea en medicina.

escoria. f. **1** Sustancia vítrea que flota en el crisol de los hornos de fundir metales, que procede de las impurezas. **2** Trozos de hierro candente que saltan al martillarlo. **3** Lava esponjosa de los volcanes. **4** Persona o cosa vil y despreciable: *se juntó con la escoria del pueblo.* S<small>IN</small>. 4 hez.

escorial. m. **1** Sitio donde se echan las escorias de las fábricas metalúrgicas. **2** Montón de escorias.

escorpina, escorpena o **escorpera.** f. Pez

Escorpión

teleósteo acantopterigio cuya única aleta dorsal está erizada de espinas fuertes que producen picaduras muy dolorosas.

escorpión. m. **1** Arácnido con cuatro pares de patas y la parte posterior en forma de cola que acaba en un aguijón venenoso. **2** Con mayúscula, octavo signo zodiacal que el Sol recorre aparentemente entre el 23 de octubre y el 22 de noviembre. **3** Con mayúscula, constelación zodiacal que actualmente se halla delante del mismo signo y un poco hacia el Oriente. | com. **4** Persona nacida bajo el signo de Escorpión. S<small>IN</small>. 1 alacrán.

escorrentía. f. Corriente de agua que rebosa su depósito o cauce naturales o artificiales.

escorzo. m. **1** Perspectiva que se utiliza en pintura para representar figuras perpendicularmente al lienzo o al papel. **2** Figura que tiene una parte girada con respecto al resto del cuerpo.

escorzonera. f. Hierba compuesta, de flores amarillas, y raíz gruesa, carnosa, que cocida se usa en medicina y como alimento.

escota. f. Cabo para atiesar las velas.

escotadura. f. **1** Escote de un vestido. **2** En los teatros, abertura grande que se hace en el tablado para las tramoyas. **3** Entrante de algo a lo que le falta o se ha quitado un trozo. S<small>IN</small>. 3 muesca.

escotar. tr. **1** Cortar y cercenar una cosa para ajustarla a la medida que se necesita: *escotar un vestido.* **2** Extraer agua de un río, arroyo o laguna.

escotar. tr. Pagar la parte que toca a cada uno en un gasto común.

escote. m. **1** Abertura en una prenda de vestir por la que asoma el cuello y parte del pecho y la espalda. **2** Parte del busto que queda descubierto por estar escotado el vestido: *se puso un colgante en el escote.*

escote. m. **1** Parte que corresponde pagar a cada uno en un gasto común. **2 a escote.** loc. adv.

escotilla – escritura

Contribuyendo cada uno al pago de su parte correspondiente.

escotilla. f. Cada una de las aberturas que hay en la cubierta de un buque, carro de combate, avión, etc.

escotillón. m. **1** Puerta o trampa en el suelo. **2** Abertura en el suelo del escenario por donde entran y salen a escena personas o cosas.

escotín. m. Escota de cualquier vela de cruz de un buque.

escozor. m. **1** Sensación dolorosa de picor, como la que produce una quemadura: *la picadura le producía escozor*. **2** Sentimiento causado por una pena o disgusto. **Sin.** 1 quemazón 2 desazón.

escriba. m. **1** Doctor o intérprete de la ley entre los hebreos. **2** Antiguamente, copista, amanuense.

escribanía. f. **1** Conjunto de utensilios para escribir, generalmente compuesto de tintero, una pluma y otras piezas, colocado en un pie o platillo. **2** Oficio y despacho del escribano.

escribano. m. **1** Nombre antiguo del notario. **2** Escribiente.

escribiente. com. Persona que trabaja copiando escritos ajenos, o escribiendo al dictado.

escribir. tr. e intr. **1** Representar palabras o ideas con signos convencionales: *escribe de forma ilegible*. **2** Trazar las notas y demás signos de la música. **3** Componer libros, discursos, etc.: *está escribiendo una novela*. **4** Comunicar a uno por escrito alguna cosa: *le escribió una nota disculpándose.* || Tiene p. p. irreg.: *escrito*.

escriño. m. **1** Cesta de paja. **2** Cofrecito para joyas u otro objeto precioso.

escrita. f. Especie de raya, con manchas blancas, pardas y negras.

escrito, ta. 1 p. p. irreg. de escribir. | m. **2** Carta, documento o cualquier papel manuscrito, mecanografiado o impreso. **3** Obra o composición científica o literaria. **Sin.** 2 mensaje, texto.

escritor, ra. m. y f. **1** Persona que escribe. **2** Autor de obras escritas o impresas.

escritorio. m. **1** Mueble para guardar papeles o escribir sobre él: *¡a ver si ordenas tu escritorio!* **2** Oficina, despacho: *un escritorio de abogados.* **Sin.** 2 escribanía.

escritura. f. **1** Acción de escribir. **2** Sistema utilizado para escribir: *escritura alfabética, silábica, ideográfica, jeroglífica*, etc. **3** Documento público que especifica un acuerdo y que firman los interesados ante el notario que da fe de ello: *mañana firmamos la escritura del piso*.

Escritura jeroglífica egipcia

escriturar. tr. Hacer constar con escritura pública y en forma legal un otorgamiento o un hecho: *escriturar un contrato*.

escrófula. f. Tumefacción fría de los ganglios linfáticos, principalmente cervicales.

escrofulismo o **escrofulosis.** m. o f. Enfermedad que se caracteriza por la aparición de escrófulas. ‖ pl. de la segunda forma, *escrofulosis*.

escrofuloso, sa. adj. **1** Relativo a la escrófula. **2** Que la padece. También s.

escroto. m. Bolsa formada por la piel que cubre los testículos de los mamíferos.

escrupulillo. m. Grano que se pone dentro del cascabel para que suene.

escrúpulo. m. **1** Duda o recelo sobre si una cosa es o no cierta, moral, justa, etc.: *cuando quiere conseguir algo no le detienen los escrúpulos*. **2** Aprensión, asco hacia alguna cosa, especialmente alimentos. **3** Escrupulosidad: *ha desempeñado la tarea con escrúpulo*.

escrupulosidad. f. Exactitud en el examen de las cosas y en el estricto cumplimiento de las obligaciones y deberes que uno tiene. **Sin.** esmero ▢ **Ant.** negligencia.

escrupuloso, sa. adj. **1** Que padece, tiene o provoca escrúpulos. También s. **2** Exacto.

escrutador, ra. adj. y s. **1** Escudriñador, examinador cuidadoso de una cosa. **2** Que contabiliza los votos en las elecciones.

escrutar. tr. **1** Revisar algo cuidadosamente: *escrutó el texto en busca de erratas*. **2** Contabilizar los votos en las elecciones y otros actos similares. **Sin.** 1 indagar, escudriñar 2 computar.

escrutinio. m. **1** Averiguación exacta de algo. **2** Recuento y cómputo de votos en las elecciones y otros actos similares. **Sin.** 1 indagación.

escuadra. f. **1** Instrumento de figura de triángulo rectángulo, o compuesto solamente de dos reglas que forman ángulo recto. **2** Pieza de hierro u otro metal, con dos ramas en ángulo recto, para asegurar cualquier ensambladura que forma ángulo recto. **3** Pequeño grupo de soldados a las órdenes de un cabo. **4** Conjunto de buques de guerra a las órdenes del mismo almirante.

escuadrar. tr. Disponer un objeto de modo que sus caras planas formen entre sí ángulos rectos: *escuadrar una madera*.

escuadría. f. Las dos dimensiones de la sección transversal de un madero cortado a escuadra.

escuadrilla. f. **1** Escuadra de buques pequeños. **2** Grupo de aviones que vuelan juntos dirigidos por un jefe.

escuadrón. m. **1** Unidad de caballería mandada normalmente por un capitán. **2** Unidad del cuerpo de aviación equiparable en importancia al batallón terrestre.

escualidez. f. Flaqueza, delgadez, mengua de carnes.

escuálido, da. adj. Flaco, macilento: *la enfermedad le ha dejado escuálido*. **Ant.** robusto.

escualo. m. Nombre común que reciben diversas especies de peces elasmobranquios, algunos de ellos muy voraces, como el tiburón.

escucha. f. **1** Acción de escuchar. **2** Centinela que se adelanta de noche a las líneas enemigas para observar de cerca sus movimientos. **3 escucha telefónica.** Acto de interceptar y grabar conversaciones telefónicas ajenas, subrepticiamente.

escuchar. intr. **1** Aplicar el oído para oír: *¿escuchas ese ruido?* ‖ tr. **2** Prestar atención a lo que se oye: *no has escuchado lo que te he dicho*. **3** Atender a un aviso, consejo o sugerencia: *escuchó sus súplicas*. ‖ **escucharse.** prnl. **4** Hablar alguien lentamente y recreándose en lo que dice y en cómo lo dice: *le encanta escucharse*.

escuchimizado, da. adj. Muy flaco y débil. **Sin.** raquítico, esmirriado ▢ **Ant.** robusto.

escudar. tr. Resguardar y defender a una persona del peligro que le está amenazando. ‖ **escudarse.** prnl. **2** Valerse uno de algún medio como justificación para salir de un riesgo o compromiso: *se escudó en un repentino dolor de cabeza para librarse de ir*. **Sin.** 1 amparar 2 servirse, excusarse.

escudería. f. **1** Conjunto de automóviles o motos de un mismo equipo de carreras: *este año ha decidido correr bajo otra escudería*. **2** Servicio y ministerio del escudero.

escudero. m. **1** Paje o sirviente que llevaba el escudo y el sable al caballero mientras no lo usaba **2** El que, mediante paga, servía y asistía a un señor o persona de distinción. **3** El que hacía escudos.

escudilla. f. Vasija ancha y semiesférica en la que se sirve el caldo.

escudo. m. **1** Arma defensiva de metal, madera o cuero para cubrir y resguardar el cuerpo, que se llevaba en el brazo izquierdo. **2** Superficie o espacio con el emblema o las armas de una nación, familia, etc.: *el portalón de la casa lucía el escudo de la familia*. **3** Unidad monetaria de Portugal y Cabo Verde. **4** Moneda antigua de oro.

escudriñar. tr. Examinar y averiguar algo con cuidado y atención: *escudriñaba las causas del crimen*. **Sin.** escrutar.

escuela. f. **1** Establecimiento público de enseñanza. **2** Esa misma enseñanza: *escuela primaria*. **3** Conjunto de profesores y alumnos de una misma enseñanza. **4** Método o estilo peculiar de cada maes-

 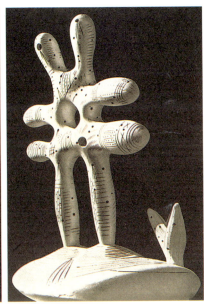

Escultura: Piedad de Palestrina *de Miguel Ángel y* Horizonte *de Alberto Sánchez*

tro. **5** Doctrina, principios y sistema de un autor. **6** Conjunto de caracteres distintivos de las obras de una época, zona, movimiento, etc.: *la escuela kantiana.* **Sin.** 1 colegio 2 estudio 6 tendencia.

escuerzo. m. **1** Sapo, anfibio anuro. **2** Persona flaca y escuchimizada: *se ha quedado como un escuerzo después del régimen.*

escueto, ta. adj. **1** Se dice del lenguaje breve, sin palabras innecesarias: *dio instrucciones escuetas.* **2** Se apl. al arte estricto, sin adornos.

esculpir. tr. **1** Labrar a mano una obra de escultura. **2** Labrar en hueco o en relieve. **Sin.** 1 moldear 2 grabar.

escultor, ra. m. y f. Persona que profesa el arte de la escultura.

escultórico, ca. adj. Relativo a la escultura.

escultura. f. **1** Obra esculpida: *en la sala había varias esculturas.* **2** Arte de modelar, tallar y esculpir.

escultural. adj. **1** Relativo a la escultura. **2** Que tiene las características bellas de las estatuas: *formas esculturales.*

escupidera. f. Pequeño recipiente para escupir.

escupir. intr. **1** Arrojar saliva por la boca. | tr. **2** Arrojar con la boca algo como escupiendo: *escupió cuatro gritos y salió con un portazo.* **3** Despedir o arrojar con violencia una cosa: *el volcán escupe lava.* **4** Decir lo que uno sabe: *le hicieron escupir todo en el interrogatorio.* **Sin.** 1 esputar 4 confesar.

escupitajo. m. Esputo.

escurialense. adj. **1** De El Escorial. También com. **2** Relativo al monasterio del mismo nombre.

escurreplatos. m. Utensilio de cocina con una rejilla en la que se colocan verticalmente los platos fregados para que escurran. || No varía en pl.

escurridizo, za. adj. **1** Que se escurre fácilmente. **2** Adecuado para escurrirse: *terreno escurridizo.* **Sin.** 1 y 2 resbaladizo.

escurridor. m. **1** Colador de agujeros grandes para escurrir las verduras. **2** Escurreplatos.

escurridura. f. Última gota de un líquido que ha quedado en un vaso, botella, etc.

escurrir. tr. **1** Apurar las últimas gotas de un líquido que han quedado en un vaso, botella, etc. **2** Hacer que una cosa que tiene líquido lo suelte. También prnl. | intr. **3** Destilar y caer gota a gota el líquido de algo: *pon los platos a escurrir.* **4** Resbalar. También prnl.: *se escurrió en el hielo.* | **escurrirse.** prnl. **5** Huir de algún lugar: *el ladrón se escurrió entre las sombras.* **Sin.** 1 secar 3 gotear 5 escabullirse.

Esfinge de Gizeh

escusado, da. adj. **1** Reservado o separado del uso común. | m. **2** Retrete.

esdrújulo, la. adj. y s. Se dice del vocablo acentuado en la antepenúltima sílaba, como, p. ej., *éxtasis, sílaba.* **Sin.** proparoxítono.

ese. f. Nombre de la letra *s*.

ese, esa, eso, esos, esas. Formas del pron. dem. en los tres géneros m., f. y n., y en ambos números, sing. y pl., que designan lo que está cerca de la persona con quien se habla, o representan lo que ésta acaba de mencionar: *me lo dijo ese.* || Las formas m. y f. se usan como adj. y como pron., y en este último caso se escriben normalmente con acento cuando existe riesgo de ambigüedad.

esencia. f. **1** Conjunto de características necesarias e imprescindibles para que algo o alguien sea lo que es: *la fe es la esencia de las religiones.* **2** Lo más importante de algo: *debemos llegar a la esencia del problema.* **3** Extracto líquido concentrado de una sustancia. **Sin.** 2 meollo ◻ **Ant.** 1 accidente 2 accesorio.

esencial. adj. **1** Relativo a la esencia. **2** Sustancial, imprescindible: *un dato esencial.*

esfenoides. adj. y m. Se dice del hueso enclavado en la base del cráneo de los mamíferos. || No varía en pl.

esfera. f. **1** Sólido terminado por una superficie curva cuyos puntos equidistan todos de otro interior llamado centro. **2** Círculo en que giran las manecillas del reloj. **3** Ámbito, zona: *esfera de influencia.*

esférico, ca. adj. **1** Relativo a la esfera. | m. **2** En fútbol, balón de reglamento: *entró el esférico de un certero cabezazo.*

esferoidal. adj. Relativo al esferoide.

esferoide. m. Cuerpo de forma parecida a la esfera.

esferómetro. m. Aparato para determinar la curvatura de una superficie esférica.

esfigmógrafo. m. Instrumento para registrar las pulsaciones arteriales.

esfinge. f. **1** Monstruo fabuloso con cabeza, cuello y pecho de mujer y cuerpo y pies de león. **2** Mariposa de gran tamaño y alas largas con dibujos de color oscuro.

esfíngido. adj. y s. **1** Se dice de los insectos lepidópteros, como la esfinge. | m. pl. **2** Familia de estos insectos.

esfínter. m. Músculo que abre y cierra algún orificio del cuerpo, como el de la vejiga de la orina o el del ano.

esforzado, da. adj. Valiente, animoso. **Ant.** apocado, cobarde.

esforzarse. prnl. Hacer esfuerzos con algún fin. || **Irreg.** Se conj. como *contar*.

esfuerzo. m. **1** Acción enérgica del cuerpo o del espíritu para conseguir algo: *hizo un gran esfuerzo por llegar a la meta*. **2** Empleo de elementos costosos en la consecución de algún fin: *la adquisición del piso me ha supuesto un gran esfuerzo económico*. **3** Ánimo, valor. **Sin.** 1 empeño, afán.

esfumar. tr. **1** Extender los trazos del lápiz con el difumino o esfumino. **2** Rebajar los contornos de una pintura. | **esfumarse.** prnl. **3** Disiparse, desvanecerse: *se esfumaron los problemas*. **4** Escabullirse de un lugar.

esgrafiar. tr. Dibujar o hacer labores sobre una superficie estofada o que tiene dos capas o colores sobrepuestos.

esgrima. f. Arte de manejar la espada, el sable y otras armas blancas y deporte basado en él.

esgrimir. tr. **1** Manejar la espada, el sable y otras armas blancas. **2** Usar algo como arma para lograr algún objetivo. **Sin.** 1 blandir 2 servirse.

esguince. m. **1** Torcedura de las fibras musculares de una articulación. **2** Ademán que se hace con el cuerpo para evitar un golpe o una caída.

eslabón. m. **1** Pieza que, enlazada con otras, forma una cadena. **2** Hierro acerado del que saltan chispas al chocar con un pedernal.

eslabonar. tr. **1** Unir eslabones formando cadena. **2** Enlazar o encadenar.

eslalon. m. Carrera con esquís consistente en una prueba de habilidad y velocidad en descenso. También se escribe *slalom*. || No varía en pl.

eslavo, va. adj. y s. **1** Se dice de un pueblo antiguo que se extendía principalmente por el nordeste de Europa y de sus individuos. **2** Relativo a este pueblo. | m. **3** Lengua de los antiguos eslavos y las derivadas de ella, como la rusa o la polaca.

eslogan. m. **1** Fórmula o frase publicitaria. **2** Lema: *su eslogan es «divide y vencerás»*. También se escribe *slogan*. || pl. *eslógans* o *eslóganes*.

eslora. f. Longitud de la nave desde la proa a popa por dentro de la cubierta.

eslovaco, ca. adj. **1** De Eslovaquia. También s. **2** Relativo a este país. | m. **3** Lengua hablada en este país.

esloveno, na. adj. **1** De Eslovenia. También s. **2** Relativo a este pueblo. | m. **3** Lengua de los eslovenos.

esmaltar. tr. **1** Cubrir con esmaltes. **2** Adornar.

esmalte. m. **1** Barniz vítreo que se aplica a la porcelana, loza, metales, etc. **2** Obra esmaltada. **3** Materia dura que cubre y protege el marfil de los dientes. **4** Laca para las uñas.

Esmalte. Arqueta de Limoges

esmaltina. f. Mineral de color gris de acero, combinación de cobalto y arsénico.

esmeralda. f. Piedra preciosa verde, variedad del berilo.

esmerarse. prnl. Poner sumo cuidado en algo: *se nota que se ha esmerado en la limpieza*. **Ant.** descuidarse.

esmerejón. m. **1** Ave rapaz diurna del mismo género que el alcotán y el cernícalo. **2** Pequeña y antigua pieza de artillería. **Sin.** 1 azor, milano.

esmeril. m. Roca negruzca formada por hierro oxidado, corindón granoso y mica que se utiliza para pulimentar.

esmerilar. tr. Pulir algo o deslustrar el vidrio con esmeril.

esmero. m. Sumo cuidado en hacer las cosas: *hace todo con mucho esmero*. **Sin.** meticulosidad.

esmiláceo, a. adj. y f. Se dice de las plan-

Esmeralda

esmoquin – espantada

tas liliáceas, como el espárrago y la zarzaparrilla.

esmoquin. m. Prenda de etiqueta parecida al frac pero con la chaqueta sin faldones. También se escribe *smoking*.

esnifar. tr. Aspirar cocaína u otra droga en polvo por la nariz.

esnob. adj. y com. Se dice del que, por parecer distinguido, adopta las costumbres y la ropa de moda. También se escribe *snob*. **Ant.** sencillo.

esnobismo. m. Exagerada admiración por todo lo que está de moda.

esófago. m. Conducto que va desde la faringe al estómago, y por el que pasan los alimentos.

esotérico, ca. adj. **1** Oculto, reservado: *un culto esotérico*. **2** Se dice de lo que es impenetrable o de difícil comprensión: *nos dio una respuesta esotérica*. **3** Se dice de la doctrina que los filósofos de la antigüedad no comunicaban más que a algunos de sus discípulos. **Ant.** 1 exotérico 2 inteligible.

esoterismo. m. Calidad de esotérico.

espabilar. tr. **1** Hacer desaparecer el sueño. También prnl.: *tómate un café, a ver si te espabilas*. **2** Avivar y ejercitar el entendimiento o el ingenio. También prnl.: *este chico tiene que espabilarse o le tomarán el pelo*. **Sin.** 1 despejar 2 aguzar □ **Ant.** 1 adormecer 2 embotar.

espachurrar. tr. Despachurrar.

espaciador. m. Tecla de las máquinas de escribir o de los ordenadores para dejar espacios en blanco.

espacial. adj. Relativo al espacio.

espaciar. tr. **1** Poner espacio entre dos cosas o dos personas en el lugar o en el tiempo: *espació sus visitas*. También prnl. **2** Separar las dicciones, las letras o los renglones con espacios o con regletas.

espacio. m. **1** Extensión del universo donde están contenidos todos los objetos sensibles que coexisten. **2** Lugar de esa extensión que ocupa cada objeto sensible: *esta mesa ocupa mucho espacio*. **3** Separación entre dos cosas o personas. **4** Sitio o lugar: *en ese espacio podríamos poner la librería*. **5** Transcurso de tiempo. **6** Programa de televisión o radio.

espacioso, sa. adj. **1** Dilatado, amplio: *una habitación espaciosa*. **2** Lento, pausado: *un caminar espacioso*. **Ant.** 1 estrecho, reducido 2 rápido.

espada. f. **1** Arma blanca, larga, recta, aguda y cortante, con empuñadura. **2** Palo y carta de la baraja: *el tres de espadas*. | m. **3** Torero que mata con espada. | com. **4** Persona diestra en su manejo. **Sin.** 1 acero.

espadachín, ina. m. y f. Persona que sabe manejar bien la espada.

espadaña. f. **1** Campanario de una sola pared, en la que están abiertos los huecos para colocar las campanas. **2** Anea, planta. **Sin.** 2 enea.

espadín. m. Espada de hoja muy estrecha que se usa como prenda de ciertos uniformes.

espagueti. m. Pasta alimenticia de harina de trigo en forma de cilindros mucho más largos y algo más gruesos que los fideos. También se escribe *spaghetti*.

espalda. f. **1** Parte posterior del cuerpo humano, desde los hombros hasta la cintura. **2** Parte del vestido que corresponde a la espalda. **3** Lomo de un animal. **4** Estilo de natación que consiste en desplazarse por el agua boca arriba. | pl. **5** Parte posterior de una cosa: *esa calle queda a espaldas del estadio*. **Sin.** 1 dorso.

espaldar. m. **1** Parte de la coraza que resguarda la espalda. **2** Respaldo de una silla o banco. **3** Enrejado sobrepuesto a una pared para que por él trepen ciertas plantas, como jazmines, rosales, etc. **4** Parte dorsal de la coraza de los quelonios.

espaldarazo. m. **1** Golpe dado en la espalda. **2** Admisión de alguien como igual en un grupo o profesión. **3** Reconocimiento de los méritos que ha conseguido alguien en una profesión o actividad: *con este ascenso recibió el espaldarazo definitivo*.

espaldera. f. Espaldar de plantas, y pared con que se resguardan.

espaldilla. f. **1** Omóplato. **2** Cuarto delantero de algunas reses.

espantada. f. **1** Huida repentina de un animal. **2**

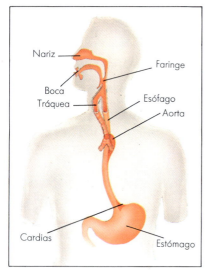

Situación del esófago en el cuerpo humano

Abandono repentino de una actividad, ocasionado por el miedo.

espantadizo, za. adj. Que se asusta con facilidad. **Sin.** asustadizo.

espantajo. m. **1** Espantapájaros. **2** Persona molesta y despreciable.

espantapájaros. m. Espantajo en sembrado y árboles para ahuyentar los pájaros. || No varía en pl.

espantar. tr. **1** Causar espanto. También intr. **2** Ahuyentar algo o a alguien: *el perro espantaba las moscas con el rabo.* **3** Admirarse, maravillarse. También prnl.: *esa hazaña nos ha espantado.* | **espantarse.** prnl. **4** Sentir espanto. **Sin.** 1 y 4 asustar(se) ◻ **Ant.** 1 y 4 tranquilizar 2 atraer.

espanto. m. **1** Terror, asombro: *aquella película le produjo espanto.* **2** Amenaza o demostración con que se infunde miedo. **3** Persona o cosa extremadamente fea: *¡qué espanto de exposición!*

espantoso, sa. adj. Que causa espanto. **Sin.** horroroso.

español, la. adj. y s. **1** De España. | m. **2** Lengua oficial de España e Hispanoamérica. **Sin.** 2 castellano.

españolada. f. Acción, espectáculo u obra literaria que exagera y falsea el carácter español.

españolear. intr. **1** Hacer una propaganda exagerada de España y de lo español. **2** Presumir de español.

españolismo. m. **1** Amor o apego a lo español. **2** Hispanismo. **3** Carácter genuinamente español.

españolizar. tr. y prnl. **1** Dar carácter español. **2** Dar forma española a un vocablo o expresión de otro idioma: *esta forma ya se ha españolizado.*

esparadrapo. m. Tira de tela, una de cuyas caras es adhesiva, que sirve para cubrir heridas y sujetar vendajes.

esparaván. m. **1** Gavilán, ave de rapiña. **2** Tumor en la parte interna e inferior del corvejón de los caballos.

esparavel. m. **1** Red redonda para pescar en los ríos y aguas poco profundas. **2** Tabla de madera con un mango en uno de sus lados, que usan los albañiles para tener una porción de la mezcla que van a aplicar con la llana o la paleta.

esparcimiento. m. **1** Acción de esparcir o esparcirse. **2** Diversión, recreo, desahogo. **3** Actividades con que se llena el tiempo libre.

esparcir. tr. y prnl. **1** Extender lo que está junto o amontonado: *esparcir la semilla.* **2** Difundir, extender una noticia: *el rumor no tardó en esparcirse.* **3** Desahogar, recrear. **Sin.** 1 separar 2 divulgar 3 divertir ◻ **Ant.** 1 concentrar 3 aburrir.

espárrago. m. **1** Yema de tallo recto y cabezuela comestible alargada, de color verde o blanco morado, que produce la raíz de la esparraguera. **2** Esparraguera. **3** Palo largo para asegurar un entoldado. **4 espárrago triguero.** El silvestre, que brota sobre todo en los sembrados de trigo.

esparraguera. f. **1** Planta liliácea, con tallo herbáceo, recto y cilíndrico, hojas en haz y flores de color blanco verdoso, que en primavera produce abundantes espárragos. **2** Terreno destinado al cultivo de espárragos. **3** Plato alargado para servir los espárragos.

esparraguina. f. Fosfato de cal cristalizado y de color verdoso.

esparrancarse. prnl. Abrirse de piernas, separarlas. **Sin.** espatarrarse.

espartano, na. adj. **1** De Esparta. También s. **2** Austero, disciplinado: *sigue un régimen espartano.* **Sin.** 2 severo.

esparteña. f. Especie de alpargata de cuerda de esparto.

espartería. f. **1** Oficio del que trabaja el esparto, o espartero. **2** Taller donde se trabajan las obras de esparto. **3** Barrio o tienda donde se venden.

espartilla. f. Rollito de estera o esparto, que sirve como escobilla para limpiar las caballerías.

espartizal. m. Campo de esparto.

esparto. m. Planta gramínea, con cañas de unos 70 cm de altura y hojas radicales de unos 60 cm de longitud arrolladas sobre sí en forma de filamentos, muy duras y resistentes, que se emplean para hacer sogas, esteras, pasta para fabricar papel, etc.

espasmo. m. Contracción involuntaria de los músculos.

espasmódico, ca. adj. y s. Relativo al espasmo.

espata. f. Bráctea grande o conjunto de brácteas que envuelve ciertas inflorescencias; como en la cebolla.

espato. m. Mineral de estructura laminosa. La variedad *espato de Islandia* tiene la propiedad de refractar los objetos, por lo que se utiliza en óptica.

espátula. f. Paleta pequeña, con bordes afilados y mango largo, de que se sirven los farmacéuticos y los pintores para hacer ciertas mezclas.

especia. f. Sustancia con que se sazonan los alimentos y guisos: *clavo, pimienta, azafrán,* etc.

especial. adj. **1** Singular o particular: *nos recibió con un saludo especial.* **2** Muy adecuado o propio para algo: *un pegamento especial para vidrio.*

especialidad. f. **1** Actividad en la que algo o alguien destaca: *este plato es la especialidad del restaurante.* **2** Rama de una ciencia, arte o actividad, que se ocupa de una parte limitada de las mismas: *escogió la especialidad de lingüística comparada.* **3** Medicamento preparado en un laboratorio, y vendido con un nombre comercial registrado. **4** Cualidad particular. **Sin.** 2 especialización 4 peculiaridad.

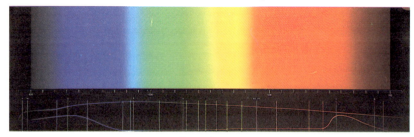
Espectro luminoso

especialista. adj. y com. **1** Que cultiva o se dedica en profundidad a una rama concreta del arte o la ciencia: *he pedido hora con el especialista.* | com. **2** Persona que rueda las escenas cinematográficas de más riesgo y las que requieren una mayor habilidad.

especialización. f. Acción de especializar o especializarse.

especializar. tr. **1** Hacer útil algo o alguien para un fin concreto. | **especializarse.** prnl. **2** Cultivar en profundidad un ramo determinado de una ciencia o arte: *se especializó en ingeniería genética.* Sin. 1 adecuar.

especie. f. **1** Conjunto de cosas semejantes entre sí por tener uno o varios caracteres comunes. **2** En biol., categoría básica en que se dividen los géneros y que se componen de individuos que, además de los caracteres genéricos, tienen en común otros que los distinguen de los de las demás especies. **3** Clase, tipo. Sin. 1 grupo.

especiería. f. **1** Tienda en que se venden especias. **2** Conjunto de especias. **3** Trato y comercio de ellas.

especiero, ra. m. y f. **1** Persona que compra o vende especias. | m. **2** Estantería o armarito con cajones para guardar las especias.

especificación. f. Acción de especificar.

especificar. tr. Determinar algo con todos los detalles precisos para su identificación: *especifícame las dimensiones del armario.* Sin. detallar, concretar.

específico, ca. adj. **1** Que distingue una especie de otra. | m. **2** Medicamento especialmente indicado para tratar una enfermedad determinada. **3** Medicamento fabricado industrialmente y con envase especial.

espécimen. m. Ejemplar con las características de su especie muy bien definidas: *ese toro es un magnífico espécimen.* || pl. *especímenes.* Sin. modelo, muestra.

espectacular. adj. **1** Que tiene caracteres de espectáculo público. **2** Aparatoso, ostentoso: *una boda espectacular.* Sin. 1 vistoso 2 asombroso ☐ Ant. 2 corriente, normal.

espectáculo. m. **1** Función o diversión pública de cualquier tipo. **2** Todo lo que es capaz de atraer la atención: *este cochazo es un verdadero espectáculo.* **3** Acción que causa escándalo o extrañeza: *iba gritando y dando el espectáculo por la calle.* Sin. 1 y 3 representación.

espectador, ra. adj. y s. **1** Que asiste a un espectáculo público. **2** Que mira con atención algo: *nuestra riña tuvo varios espectadores.*

espectral. adj. Relativo al espectro.

espectro. m. **1** Figura fantasmal y horrible que uno cree ver. **2** En fís., resultado de la dispersión de un conjunto de radiaciones, de sonidos y, en general, de fenómenos ondulatorios, de tal manera que resulten separados los de distinta frecuencia. **3** Imagen gráfica de un sonido. **4** Serie de las diversas especies microbianas sobre las que es terapéuticamente activo un medicamento: *un antibiótico de amplio espectro.* Sin. 1 visión.

espectrofotómetro. m. Aparato destinado a comparar la intensidad de los colores de dos espectros luminosos.

espectrógrafo. m. **1** Instrumento que deja registrado en una placa fotográfica el espectro de una señal luminosa. **2** Aparato que obtiene el espectro de un sonido complejo analizándolo en los elementos que lo componen. Se usa mucho para estudiar los sonidos del lenguaje.

espectrograma. m. **1** Fotografía o diagrama de un espectro luminoso. **2** Representación gráfica de un sonido obtenida por un espectrógrafo.

espectroheliógrafo. m. Espectroscopio para fotografiar las protuberancias solares o el disco del Sol a una luz monocroma.

espectrómetro. m. Aparato para medir el espectro lumínico.

espectroscopio. m. Instrumento para obtener y observar los espectros de la luz.

especulación. f. **1** Acción de especular. **2** Operación comercial o bancaria. **Sin.** 2 ganancia, lucro.

especular. intr. **1** Meditar, reflexionar, considerar algo sin un fin práctico: *deja de especular y actúa*. **2** Hacer suposiciones sin fundamento. **3** Comprar bienes que se cree van a subir de precio, para venderlos y obtener una ganancia rápida: *especular en terrenos*.

especular. adj. Del espejo o parecido a un espejo: *imagen especular*.

especulativo, va. adj. **1** Relativo a la especulación. **2** Teórico, que no se destina a un fin práctico. **3** Pensativo y dado a la especulación.

espéculo. m. Instrumento para examinar ciertas cavidades del cuerpo.

espejismo. m. **1** Ilusión óptica debida a la reflexión total de la luz cuando atraviesa capas de aire de densidad distinta, con lo cual los objetos lejanos dan una imagen invertida. Suele ocurrir en las llanuras de los desiertos. **2** Apariencia engañosa de algo: *esta calma es un espejismo*.

espejo. m. **1** Superficie lisa que refleja los objetos: *se reflejaba en el espejo del agua*. **2** Sobre todo la superficie brillante hecha de una placa de vidrio recubierta de mercurio por detrás. **3** Aquello en que se ve una cosa como retratada: *el teatro es el espejo de la vida*.

espejuelo. m. **1** Yeso cristalizado en láminas brillantes. **2** Ventana cerrada con placas de yeso transparente. **3** Hoja de talco. **4** Trozo curvo de madera con pedacitos de espejo que se hace girar para que acudan las alondras y poderlas cazar. **Sin.** 1 selenita 4 señuelo.

espeleología. f. Ciencia o deporte en que se exploran y estudian las cavidades naturales del suelo terrestre.

espeleólogo, ga. m. y f. Persona que se dedica a la espeleología.

espelunca. f. Cueva, gruta.

espeluznante. adj. **1** Que da miedo: *se oyó un grito espeluznante*. **2** Que pone el pelo de punta. **Sin.** 1 terrorífico ☐ **Ant.** 2 tranquilizador.

espeluznar. tr. **1** Desordenar el pelo de la cabeza. | tr. y prnl. **2** Erizar el pelo o las plumas. **3** Espantar, causar horror.

espeluzno. m. Escalofrío, estremecimiento.

espera. f. **1** Acción de esperar: *una espera tensa*. **2** Plazo señalado por el juez para ejecutar una cosa. **3** Calma, paciencia.

esperantista. com. Persona que hace uso del esperanto y lo propaga.

esperanto. m. Idioma creado en 1887 por el médico polaco Zamenhof, con idea de que pudiese servir como lengua universal.

esperanza. f. **1** Confianza en que ocurrirá o se logrará lo que se desea: *tiene esperanza de conseguir un puesto*. **2** Virtud teologal por la que se espera con firmeza que Dios dé los bienes que ha prometido. **Sin.** 1 y 2 creencia.

esperanzado, da. adj. Que tiene esperanza de conseguir algo.

esperanzador, ra. Que da o infunde esperanza.

esperanzar. tr. Dar o provocar esperanza.

esperar. tr. **1** Tener esperanza de conseguir lo que se desea: *espera aprobar*. **2** Creer que algo va a suceder: *se esperan lluvias abundantes*. **3** Desear que algo ocurra: *espero que se recupere pronto*. **4** Permanecer en un sitio adonde se cree que ha de ir alguna persona o ha de ocurrir algo: *te espero a las ocho donde siempre*. **5** Parar en una actividad hasta que suceda algo: *esperemos a que llegue para empezar la reunión*. **Sin.** 1-3 confiar 4 y 5 aguardar.

esperma. amb. **1** Líquido de las glándulas genitales del sexo masculino. **2** Sustancia grasa que se extrae de las cavidades del cráneo del cachalote y de otros cetáceos. **Sin.** 1 semen.

espermatozoide. m. Célula sexual masculina, destinada a la fecundación del óvulo.

espermicida adj. y m. Se aplica al anticonceptivo que actúa localmente destruyendo los espermatozoides.

esperpento. m. **1** Persona o cosa notable por su fealdad o ridiculez: *vas hecho un esperpento*. **2** Género literario creado por Ramón del Valle-Inclán en el que se deforma sistemáticamente la realidad, recargando sus rasgos grotescos y absurdos.

espesar. tr. y prnl. **1** Condensar lo líquido: *espesó la sopa con un poco de harina*. **2** Apretar una cosa con otra, haciéndola más tupida: *espesó el punto poniendo la hebra doble*. **Sin.** 1 densificar 2 comprimir.

espeso, sa. adj. **1** Se dice de la sustancia fluida o gaseosa que tiene mucha densidad o condensación: *había una espesa niebla*. **2** Se dice de las cosas cuyos elementos están muy juntos y apretados: *cabellera espesa*. **3** Grueso, corpulento: *muros espesos*. **4** Desaseado y grasiento. **Sin.** 1 denso 2 tupido 3 macizo 4 sucio.

espesor. m. **1** Grueso de un sólido. **2** Densidad de un fluido. **Sin.** 1 grosor 2 condensación.

espesura. f. **1** Calidad de espeso. **2** Paraje muy poblado de árboles.

espetado, da. adj. Estirado, tieso, afectadamente grave.

espetar. tr. **1** Atravesar con el asador carne o pescados para asarlos. **2** Meter por un cuerpo un instrumento puntiagudo. **3** Decir a uno bruscamente algo que le sorprende o molesta: *le espetó la noticia sin ningún tacto*. **Sin.** 2 clavar.

espetera. f. **1** Tabla con ganchos en la que se cuelgan carnes, aves y utensilios de cocina. **2** Pecho de la mujer cuando es muy abultado.

espía. com. Persona dedicada a espiar.

espiar. tr. **1** Observar o escuchar a escondidas lo que alguien dice o hace: *la portera espiaba sus idas y venidas*. **2** En especial, cuando se realiza intentando obtener información secreta de un estado extranjero o de una empresa de la competencia, etc. **Sin.** 1 acechar.

espicanardo. m. **1** Hierba valerianácea, de raíz perenne y aromática. **2** Planta gramínea de olor agradable.

espichar. intr. **1** Morir: *la espichó*. | tr. **2** Pinchar con una cosa aguda.

espiche. m. **1** Arma o instrumento puntiagudo. **2** Estaquilla que sirve para cerrar un agujero.

espiciforme. adj. Con forma de espiga.

espiga. f. **1** Inflorescencia cuyas flores son hermafroditas y están insertadas a lo largo de un tallo común: *espiga de trigo*. **2** Parte de una herramienta adelgazada para introducirla en el mango. **3** Parte superior de la espada que se introduce en la empuñadura. **4** Extremo de un madero cuyo espesor se ha disminuido para que encaje en un hueco.

espigado, da. adj. **1** Se dice del muchacho alto y delgado. **2** Se aplica a algunas plantas anuales cuando se las deja crecer hasta la completa madurez de la semilla. **3** En forma de espiga. **Sin.** 1 esbelto □ **Ant.** 1 rechoncho.

espigar. tr. **1** Coger las espigas que los segadores han dejado en el rastrojo. **2** Hacer la espiga en las maderas que han de entrar en otras. | intr. **3** Empezar los cereales a echar espigas. **4** Crecer notablemente una persona: *el chico ha espigado mucho*. También prnl. | **espigarse.** prnl. **5** Crecer demasiado algunas hortalizas, como la lechuga y la alcachofa.

espigón. m. **1** Macizo saliente que se construye a la orilla de un río o mar para proteger la orilla o desviar la corriente. **2** Punta de un instrumento puntiagudo. **3** Punta del palo con que se aguija. **Sin.** 1 malecón, dique.

espiguilla. f. **1** Dibujo parecido a la espiga que hacen ciertos tejidos. **2** Cada una de las espigas pequeñas que forman la principal en algunas plantas. **3** Planta anual gramínea.

espina. f. **1** Astilla pequeña y puntiaguda. **2** Púa que nace del tejido de algunas plantas. **3** Parte dura y puntiaguda que en los peces hace las funciones del hueso. **4** Espinazo de los vertebrados: *espina dorsal*. **5** Recelo, sospecha: *todo este asunto me da mala espina*.

espinaca. f. Planta hortense, anual, con hojas radicales, estrechas y suaves, que se comen.

Tipos de espiga

espinar. m. Sitio poblado de espinos.

espinazo. m. **1** Columna vertebral de los mamíferos y aves. **2** Clave de una bóveda o de un arco.

espinela. f. Combinación métrica de diez versos octosílabos. **Sin.** décima.

espineta. f. Clavicordio pequeño, de una sola cuerda en cada orden.

espingarda. f. **1** Antiguo cañón de artillería que disparaba bolas de plomo o de hierro. **2** Escopeta de chispa, muy larga. **3** Persona muy alta y desgarbada: *es una espingarda*.

espinilla. f. **1** Parte anterior del hueso de la tibia: *se dio un golpe en la espinilla*. **2** Especie de granito que aparece en la piel por acumulación de grasa.

espinillera. f. **1** Pieza que preserva la espinilla de los operarios en trabajos peligrosos, o de los jugadores de algunos deportes. **2** Pieza de la armadura antigua que cubría y defendía la espinilla.

espino. m. Arbolillo rosáceo, cuya madera es dura y su corteza se emplea en tintorería y como curtiente.

espinoso, sa. adj. **1** Que tiene espinas. **2** Arduo, difícil: *un asunto espinoso*. **Ant.** 2 fácil.

espionaje. m. Acción de espiar.

espira. f. **1** Línea en espiral. **2** Cada una de las vueltas de una hélice o de una espiral. **3** Parte de la base de la columna, que está encima del plinto.

espiración. f. Acción de espirar.

espirador, ra. adj. **1** Que espira. **2** Se dice de los músculos que sirven para la espiración. También m.

espiral. adj. **1** Relativo a la espira. | f. **2** Línea curva que gira alrededor de un punto y se aleja cada vez más de él. **3** Muelle que ayuda a oscilar el volante de un reloj.

espirar. intr. **1** Expeler el aire aspirado: *espiraba entrecortadamente*. También tr. | tr. **2** Despedir buen o mal olor. Sin. 1 soplar 1 y 2 exhalar.

espiritismo. m. **1** Doctrina que supone que los espíritus de los muertos pueden invocarse para comunicarse con ellos. **2** Conjunto de prácticas relacionadas con ella.

espiritoso, sa. adj. Que contiene mucho alcohol.

espiritrompa. f. Aparato bucal de las mariposas, que consiste en un tubo largo enrollado en espiral.

espíritu. m. **1** Parte intelectual del hombre por la que piensa, siente, etc. **2** Ser inmaterial dotado de inteligencia; p. ej., Dios o los ángeles. **3** Ser sobrenatural de las leyendas o la mitología. **4** Demonio infernal. Más en pl.: *el exorcista intentó sacarle los malos espíritus*. **5** Vigor natural. **6** Ánimo, valor: *lo soportó con mucho espíritu*. **7** Vapor sutilísimo que exhalan el vino y los licores. **8** Principio generador, tendencia general, carácter íntimo, esencia o sustancia de una cosa: *el espíritu de una ley*. **9** Cada uno de los dos signos ortográficos griegos que indican el tipo de aspiración con que han de pronunciarse ciertos sonidos. Sin. 1 alma 2 ánima 3 duende 4 diablo.

espiritual. adj. **1** Relativo al espíritu. | m. **2** Canto religioso de la población negra de Estados Unidos.

espiritualidad. f. **1** Naturaleza y condición de espiritual. **2** Conjunto de creencias referentes a la vida espiritual.

espiritualismo. m. Sistema filosófico que defiende la esencia espiritual y la inmortalidad del alma, y se contrapone al materialismo.

espiritualizar. tr. **1** Hacer espiritual a una persona por medio de la gracia. **2** Considerar como espiritual lo que es corpóreo.

espirómetro. m. Aparato para medir la capacidad respiratoria del pulmón.

espiroqueto. adj. y m. **1** Se dice de seres unicelulares que tienen forma espiral. Son parásitos. | m. pl. **2** Grupo de estos microorganismos.

espita. f. **1** Canuto de la cuba por el que sale el licor que ésta contiene. **2** Cualquier dispositivo parecido que regula la salida de gases, líquidos, etc., de un recipiente o conducto: *cierra la espita del gas*.

esplendidez. f. **1** Abundancia. **2** Ostentación.

espléndido, da. adj. **1** Generoso. **2** Magnífico: *fue una corrida espléndida*. Sin. 1 desprendido □ Ant. 1 tacaño 2 pésimo.

esplendor. m. **1** Hermosura, grandiosidad: *el esplendor de una fiesta*. **2** Apogeo, cualidad de la persona o cosa que ha alcanzado su máximo desarrollo o su máxima perfección: *está en el esplendor de su carrera artística*. **3** Resplandor. Sin. 1 lustre 2 auge.

esplendoroso, sa. adj. Que resplandece.

esplénico, ca. adj. Perteneciente o relativo al bazo.

esplenio. m. Músculo largo y plano que une las vértebras cervicales con la cabeza.

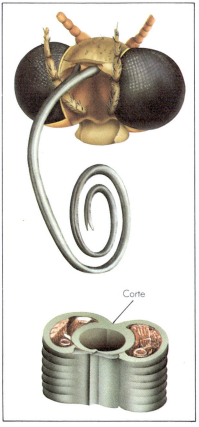

Espiritrompa: situación y corte transversal

espliego. m. Mata de la familia de las labiadas con hojas elípticas, casi lineales, enteras y algo vellosas, flores azules en espiga y semilla elipsoidal de color gris. Es muy aromática; de sus flores se extrae un aceite muy usado en perfumería. **Sin.** lavanda.

espoleadura. f. Herida que hace la espuela.

espolear. tr. **1** Picar con la espuela a la cabalgadura. **2** Estimular a uno. **Sin.** 1 aguijar 2 incitar, picar.

espoleta. f. Aparato que se coloca en la boquilla de las bombas, granadas o torpedos, para hacerlos estallar.

espoleta. f. Horquilla que forman las clavículas del ave.

espolín. m. Tela de seda con flores esparcidas.

espolio. m. Conjunto de bienes que, por haber sido adquiridos con rentas eclesiásticas, quedan como propiedad de la Iglesia al morir sin testar el clérigo que los poseía.

espolique. m. Mozo que camina delante del caballo en que va su amo. **Sin.** lacayo.

espolón. m. **1** Apófisis ósea que tienen en el tarso varias aves: *los espolones del gallo*. **2** Malecón que suele hacerse a orillas de los ríos o del mar para contener las aguas, y al borde de los barrancos y precipicios para seguridad del terreno y de los transeúntes. Se utiliza en algunas poblaciones como sitio de paseo: *el espolón de Burgos*. **3** Punta en que acaba la proa de una nave.

espolvorear. tr. Esparcir sobre una cosa otra hecha polvo: *espolvorear un dulce con canela*.

espondeo. m. Pie de la poesía griega y latina, compuesto de dos sílabas largas.

espóndilo o **espóndil.** m. Vértebra.

espongiario, ria. adj. y m. **1** Se dice de animales invertebrados acuáticos, cuyo cuerpo está atravesado por numerosos conductos que comunican el exterior con la cavidad interna. | m. pl. **2** Tipo de estos animales.

esponja. f. **1** Animal espongiario. **2** Esqueleto de ciertos espongiarios que, por su elasticidad y porosidad, se utiliza para la higiene personal. **3** Todo cuerpo que se asemeja al esqueleto de las esponjas y sirve como utensilio de limpieza.

esponjar. tr. **1** Ahuecar o hacer más poroso un cuerpo. También prnl.: *el suflé ya ha esponjado*. | **esponjarse.** prnl. **2** Engreírse, envanecerse.

esponjosidad. f. Calidad de esponjoso.

esponjoso, sa. adj. Muy poroso.

esponsales. m. pl. Mutua promesa de casarse que se hacen y aceptan los novios.

esponsalicio, cia. adj. Relativo a los esponsales.

espontaneidad. f. Calidad de espontáneo.

espontáneo, a. adj. **1** Que se hace de forma voluntaria: *una colecta espontánea*. **2** Que se produce por sí solo, sin cuidados del hombre: *combustión espontánea*. **3** Se dice del que actúa con naturalidad,

Esponja

sinceramente. | m. y f. **4** Persona que interviene en un espectáculo público sin tener autorización para ello, especialmente en las corridas de toros. **Sin.** 2 automático 3 natural □ **Ant.** 2 obligado 3 sofisticado.

espora. f. **1** Célula reproductora que, sin necesidad de ser fecundada, se separa y se divide sucesivamente hasta constituir un nuevo individuo. **2** Corpúsculo que se produce en una bacteria, cuando las condiciones del medio le son desfavorables.

esporádico, ca. adj. **1** Ocasional: *nuestros encuentros son esporádicos*. **2** Se dice de las enfermedades que no constituyen una epidemia: *se han registrado algunos casos esporádicos de cólera*. **Ant.** 1 frecuente 2 sistemático.

esporangio. m. Fruto o cápsula que contiene libres las esporas.

esporocarpio. m. Fruto o cápsula que contiene sujetas las esporas por filamentos o cordoncillos.

esporófita o **esporofita.** adj. Se dice de las plantas que se reproducen por esporas.

esporófito o **esporofito.** m. Una de las dos fases de las plantas que tienen generación alternante.

esporozoo. adj. y m. **1** Se dice de los protozoos parásitos que en determinado momento de su vida se reproducen por medio de esporas. | m. pl. **2** Clase de estos animales.

esportada. f. Lo que cabe en una espuerta.

esportear. tr. Echar o llevar en espuertas una cosa.

esportillero, ra. m. y f. Operario que acarrea con espuerta los materiales.

esportillo. m. Capacho de esparto o de palma.

esposar. tr. Poner las esposas a alguien.

esposas. f. pl. Manillas de hierro con que se sujeta a los presos por las muñecas.

esposo, sa. m. y f. Persona que ha contraído matrimonio con respecto a aquella con la que se ha casado. **Sin.** cónyuge.

espuela. f. **1** Espiga de metal terminada en una estrella con puntas que se ajusta al talón del calzado del jinete para picar a la cabalgadura. **2** Estímulo, acicate.

espuerta. f. **1** Especie de cesto de mimbre o esparto con dos asas pequeñas. **2 a espuertas.** loc. adv. A montones, en abundancia: *llegaba comida a espuertas.*

espulgar. tr. **1** Limpiar de pulgas o piojos. También prnl. **2** Reconocer una cosa con cuidado y por partes. **Sin.** 1 despiojar 2 examinar.

espulgo. m. Acción de espulgar.

espuma. f. **1** Conjunto de burbujas que se forman en la superficie de los líquidos. **2** Parte del jugo y de impurezas que flotan al cocer ciertas sustancias. **3** Tejido sintético elástico y esponjoso.

espumadera. f. Paleta llena de agujeros con que se saca la espuma del caldo o los fritos de la sartén.

espumar. tr. **1** Quitar la espuma. | intr. **2** Hacer espuma: *este jabón espuma en seguida.* **3** Crecer, aumentar rápidamente.

espumarajo. m. Saliva arrojada en gran abundancia por la boca. **Sin.** espumajo.

espumillón. m. Tira con flecos de un tipo de papel de seda o brillante que se utiliza como adorno navideño.

espumoso, sa. adj. **1** Que tiene o hace mucha espuma: *detergente espumoso.* **2** Se dice del vino al que se ha sometido a una segunda fermentación para que tenga burbujas.

espurio, ria. adj. **1** Que degenera de su origen o naturaleza. **2** No auténtico: *este Dalí es espurio.* **Sin.** 1 bastardo 2 falso □ **Ant.** 1 legítimo.

espurrear, espurriar o **espurrir.** tr. Rociar una cosa con agua u otro líquido expelido por la boca.

esputar. tr. Arrojar flemas por la boca. **Sin.** escupir.

esputo. m. Lo que se arroja por la boca de una vez en cada expectoración. **Sin.** flema.

esqueje. m. Tallo o cogollo que se separa de una planta para injertarlo en otra o para introducirlo en la tierra y que nazca otra nueva.

esquela. f. **1** Nota impresa en papel con un recuadro negro en que se comunica la muerte de alguien. **2** La misma nota cuando se publica en los periódicos. **3** Carta breve: *dejó sobre mi mesa una esquela con instrucciones.*

esquelético, ca. adj. **1** Muy flaco. **2** Relativo al esqueleto.

esqueleto. m. **1** Armazón de huesos y cartílagos que protege los órganos internos: el de los vertebra-

Esquejes de geranio

dos es interno, y el de los invertebrados, externo. **2** Estructura que sostiene algo: *el esqueleto de un edificio.* **3** Persona muy delgada: *se quedó hecho un esqueleto.*

esquema. m. Representación gráfica de algo en sus características más generales o importantes: *el esquema de un discurso.*

esquemático, ca. adj. Relativo al esquema.

esquematismo. m. Procedimiento esquemático para la exposición o representación de algo.

esquematizar. tr. Representar una cosa de manera esquemática.

esquí. m. **1** Especie de patín largo que acaba por delante en una punta elevada hacia arriba, con un dispositivo para sujetarlo a cada pie, que se usa para deslizarse sobre la nieve o el agua, o por pistas apropiadas. **2 esquí acuático.** Deporte que consiste en deslizarse sobre la superficie del agua, mediante

Esquí

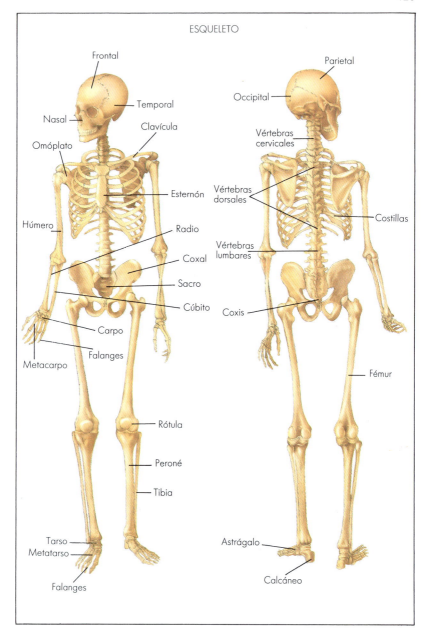

esquís, aprovechando la tracción de una motora. ‖ pl. *esquís* o *esquíes*.

esquiador, ra. m. y f. Patinador que usa esquís.

esquiar. intr. Deslizarse sobre la nieve o el agua con esquís.

esquifar. tr. Proveer de pertrechos y marineros una embarcación.

esquife. m. **1** Barco pequeño que se lleva en el navío para saltar a tierra y para otros usos. **2** Especie de piragua para una sola persona, empleada en competiciones deportivas.

esquila. f. **1** Cencerro pequeño en forma de campana. **2** Campana pequeña para convocar a los miembros de una comunidad.

esquilador, ra. adj. y s. **1** Que esquila. | f. **2** Máquina para esquilar.

esquilar. tr. Cortar con la tijera el pelo o lana de los ganados. **Sin.** trasquilar.

esquileo. m. **1** Acción de esquilar ganados. **2** Tiempo en que se esquila.

esquilmar. tr. **1** Agotar una fuente de riqueza por explotarla excesivamente: *esquilmar las tierras*. **2** Chupar con exceso las plantas el jugo de la tierra. **3** Arruinar a alguien sacándole abusivamente dinero y bienes: *este timador ha esquilmado a más de uno*. **Sin.** 1 menoscabar □ **Ant.** 1 abastecer 3 enriquecer.

esquilmo. m. Frutos y provechos que se sacan de las haciendas y ganados.

esquilón. m. Esquila o cencerro grande.

esquimal. adj. y com. **1** Se dice de un pueblo de raza mongólica que se extiende desde las costas árticas de Norteamérica hasta el extremo NO de Siberia. Vive de la caza y de la pesca. **2** Relativo a este pueblo. | m. **3** Familia de las lenguas habladas por este pueblo.

esquina. f. Ángulo que resulta del encuentro de dos superficies.

esquinado, da. adj. **1** Que hace esquina o forma ángulo. **2** Se dice de la persona de trato difícil.

esquinar. tr. **1** Hacer o formar esquina. También intr. **2** Poner en esquina alguna cosa. **3** Poner a mal. Más c. prnl.: *se esquinó con nosotros*. **Sin.** 3 indisponer(se) □ **Ant.** 3 reconciliar(se).

esquinazo. m. **1** Esquina. **2 dar esquinazo.** loc. Rehuir en la calle el encuentro de alguien. **3** Dejar a alguien plantado.

esquirla. f. Astilla desprendida de un hueso, piedra, cristal, etc.

esquirol. m. desp. Obrero que trabaja cuando hay huelga, o que sustituye a un huelguista.

esquisto. m. Roca metamórfica de color negro azulado que se divide con facilidad en hojas.

esquivar. tr. Moverse para evitar algo o a alguien: *esquivó el choque con un volantazo*. **Ant.** afrontar.

Esquimales

esquivo, va. adj. Desdeñoso, áspero, huraño. **Ant.** cordial, amigable.

esquizado, da. adj. Mármol salpicado de pintas.

esquizofrenia. f. Grupo de enfermedades mentales que se caracterizan por una disociación de la personalidad y la falta de contacto con la realidad.

esquizofrénico, ca. adj. Que padece esquizofrenia.

estabilidad. f. **1** Calidad de estable: *estabilidad monetaria*. **2** Propiedad de un cuerpo de recuperar su equilibrio inicial. **Ant.** 1 inestabilidad 2 desequilibrio.

estabilización. f. Acción de estabilizar.

estabilizar. tr. **1** Dar a alguna cosa estabilidad. **2** Fijar y garantizar oficialmente el valor de una moneda a fin de evitar las oscilaciones del cambio. **Ant.** 1 desestabilizar, desequilibrar.

estable. adj. Que no está en peligro de sufrir cambios: *el enfermo se mantiene estable*. **Sin.** constante, firme, permanente □ **Ant.** variable, cambiante.

establecer. tr. **1** Fundar, instituir, crear: *estableció la nueva sucursal en la plaza*. **2** Ordenar lo que se debe hacer: *han establecido las nuevas normas de seguridad laboral*. **3** Sentar un principio de valor general: *establecer una teoría*. | **establecerse.** prnl. **4** Fijar uno su residencia en alguna parte: *se establecieron en Francia*. **5** Abrir por cuenta propia un establecimiento: *se estableció como electricista*. ‖ **Irreg.** Se conj. como *agradecer*. **Sin.** 2 decretar 3 señalar 4 afincarse, domiciliarse 4 y 5 instalarse.

establecimiento. m. **1** Lugar donde se ejerce una actividad comercial, industrial, profesional, etc. **2** Acción de establecer o establecerse.

establo. m. Lugar cubierto en que se encierra el ganado. **Sin.** caballeriza, cuadra.

estabular – estambre

estabular. tr. Criar y mantener los ganados en establos.

estaca. f. **1** Palo con punta en un extremo para fijarlo en tierra, pared u otra parte. **2** Rama que se planta para que se haga árbol. **3** Palo grueso, que puede utilizarse como bastón. **4** Clavo largo de hierro.

estacada. f. **1** Cualquier obra hecha de estacas clavadas en la tierra. **2 dejar** a alguien **en la estacada.** loc. Abandonarlo en un peligro o en un apuro. **Sin.** 1 empalizada.

estacadura. f. Conjunto de estacas que sujetan la caja y los varales de un carro.

estacar. tr. **1** Fijar en la tierra una estaca y atar a ella una bestia. **2** Señalar en el terreno con estacas una línea, como el perímetro de una mina, etc. | **estacarse.** prnl. **3** Quedarse inmóvil y tieso como una estaca.

estacazo. m. **1** Golpe dado con una estaca o un garrote. **2** Daño, quebranto: *la empresa se dio el estacazo*.

estacha. f. **1** Cuerda atada al arpón que se clava a las ballenas. **2** Cabo que desde un buque se tiende a cualquier objeto fijo.

estación. f. **1** Cada una de las cuatro partes en que se divide el año: primavera, verano, otoño e invierno. **2** Tiempo, temporada: *la estación de las lluvias*. **3** Sitio donde habitualmente paran los vehículos de los ferrocarriles y líneas de autobuses o del metropolitano. **4** Local y conjunto de instalaciones en los que se realiza una actividad determinada: *estación de radio*. **5 estación de servicio.** Instalación de carretera provista de lo necesario para dar servicio al automovilista.

estacionamiento. m. **1** Acción de estacionar o estacionarse. **2** Lugar donde pueden aparcarse los vehículos: *estacionamiento subterráneo*. **Sin.** 1 y 2 aparcamiento.

estacionar. tr. y prnl. **1** Situar, colocar en un lugar, particularmente un coche en un hueco apropiado de la calle. | **estacionarse.** prnl. **2** Quedarse estacionario: *su estado de salud se ha estacionado*. **Sin.** 1 aparcar 2 estancarse.

estacionario, ria. adj. Que permanece en el mismo estado o situación. **Sin.** estable □ **Ant.** variable.

estadal. m. **1** Medida de longitud de 3,334 m. **2** Cinta bendita que se suele poner al cuello.

estadía. f. **1** Estancia. **2** Cada uno de los días que transcurren después del plazo estipulado para la carga o descarga de un buque. Más en pl. **3** Indemnización que se paga por ello.

estadio. m. **1** Recinto con graderías para los espectadores, destinado a competiciones deportivas. **2** Etapa o fase de un proceso, desarrollo o transformación: *la economía atraviesa un estadio crítico*.

estadista. m. **1** Jefe de Estado. | com. **2** Especialista en asuntos de dirección de los Estados. **3** Persona especializada en estadística.

estadística. f. Ciencia que utiliza conjuntos de datos numéricos para obtener, a partir de ellos, inferencias basadas en el cálculo de probabilidades.

estadístico, ca. adj. **1** Relativo a la estadística. | m. y f. **2** Persona que se dedica a la estadística.

estado. m. **1** Situación en que está una persona o cosa, en relación con los cambios que influyen en su condición: *estado de salud*. **2** Cada uno de los grados o modos de cohesión de las moléculas de un cuerpo: *estado sólido*. **3** Cuerpo político de una nación, y territorio y población a los que se extiende su autoridad: *razón de Estado*. **4** Cada uno de los territorios independientes en una federación: *el Estado de Texas*. **5 estado civil.** Condición de soltería, matrimonio, viudez, etc., de un individuo. || En las acepciones 3 y 4, suele escribirse con mayúscula. **Sin.** 1 circunstancia.

estadounidense. adj. y com. De los Estados Unidos de América.

estafa. f. Acción de estafar.

estafador, ra. m. y f. Persona que estafa.

estafar. tr. **1** Pedir o sacar dinero o cosas de valor con engaño: *le estafó un timador*. **2** Dar a alguien menos o cobrarle más de lo justo. **3** No ofrecer lo que se espera de algo: *con esta película habrán estafado a más de uno*. **Sin.** 1 y 2 timar 3 defraudar.

estafeta. f. **1** Oficina de correos. **2** Correo especial para el servicio diplomático. **3** Correo ordinario que iba a caballo de un lugar a otro.

estafilococo. m. Cualquiera de las bacterias de forma redondeada, que se agrupan como en racimo.

estalactita. f. Concreción calcárea larga y puntiaguda que suele hallarse pendiente del techo de las cavernas por la filtración de aguas calizas.

estalagmita. f. Estalactita invertida que se forma en el suelo con la punta hacia arriba.

estalinismo. m. Doctrina y sistema impuestos por Stalin y sus seguidores en la U.R.S.S. entre 1924 y 1953, basados en una interpretación del marxismo-leninismo como ley universal.

estalinista. adj. **1** Relativo al estalinismo. | com. **2** Partidario de esta doctrina o sistema.

estallar. intr. **1** Reventar de golpe una cosa con estruendo. **2** Ocurrir violentamente una cosa: *estalló un incendio*. **3** Sentir y manifestar repentina y violentamente un sentimiento o estado de ánimo. **Sin.** 2 sobrevenir.

estallido. m. Acción de estallar.

estambrar. tr. Torcer la lana y hacerla estambre.

estambre. amb. más c. m. **1** Parte del vellón de lana que se compone de hebras largas. **2** Hilo forma-

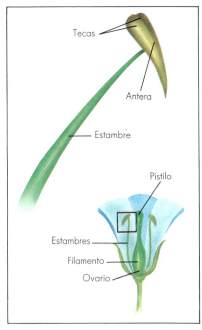

Estambre

do por estas hebras y tejido que se hace con él. **3** Órgano sexual masculino de las plantas fanerógamas.

estamental. adj. **1** Relativo al estamento. **2** Estructurado u organizado en estamentos.

estamento. m. Sector de una sociedad, definido por un común estilo de vida o una función social determinada: *el estamento de la nobleza*. **Sin.** estrato.

estameña. f. Tejido de lana que tiene la urdimbre y la trama de estambre.

estaminífero, ra. adj. Se dice de las flores que tienen estambres, y de las plantas que llevan estas flores.

estampa. f. **1** Efigie o figura impresa: *un libro con estampas*. **2** Papel o tarjeta con una imagen religiosa. **3** Escena, imagen típica, representativa de algo: *una típica estampa andaluza*. **4** Apariencia, porte: *el toro tenía muy buena estampa*. **Sin.** 1 y 2 grabado, lámina.

estampación. f. Acción de estampar.

estampado, da. adj. y m. **1** Se apl. a los tejidos en que se estampan diferentes labores o dibujos. **2** Se dice del objeto que por presión o percusión se fabrica con matriz o molde apropiado. | m. **3** Estampación.

estampar. tr. **1** Imprimir algo en un papel por medio de la presión con un molde: *estampar un folleto*. También intr. **2** Dar forma a una plancha metálica por percusión entre dos matrices: *estampar un grabado*. **3** Señalar o imprimir una cosa en otra. **4** Arrojar a una persona o cosa o hacerla chocar contra algo. También prnl.: *se estampó contra el suelo*.

estampida. f. **1** Huida impetuosa que emprende una persona, animal o conjunto de ellos. **2** Estampido. **Sin.** 1 espantada.

estampido. m. Ruido fuerte y seco, como el producido por el disparo de un cañón. **Sin.** detonación.

estampilla. f. Sello que contiene en facsímil la firma y rúbrica de una persona.

estampillar. tr. Marcar con estampilla.

estancar. tr. **1** Detener el curso de algo. También prnl.: *las aguas se estancaron*. **2** Suspender la marcha de un asunto, negocio, etc. También prnl.: *el proyecto se estancó por falta de fondos*. **3** Prohibir el curso libre de determinada mercancía, dando el monopolio al Estado, a una entidad o a una persona. **Sin.** 1 empantanar(se) 2 paralizar.

estancia. f. **1** Mansión, habitación en un lugar o en una casa. **2** Tiempo que permanece alguien en un lugar: *durante su estancia visitarán varios museos*. **3** Estrofa formada por más de seis versos endecasílabos y heptasílabos con rima variable en consonante, y cuya estructura se repite a lo largo del poema. **4** *amer.* Hacienda de campo destinada al cultivo, y más especialmente a la ganadería.

estanco, ca. adj. **1** Que está muy bien cerrado e incomunicado: *compartimiento estanco*. | m. **2** Prohibición del curso y venta libre de algunas cosas. **3** Lugar donde se venden géneros estancados, y especialmente sellos, tabaco y cerillas.

Estampación. Imprenta del siglo XV

estándar. adj. **1** Se dice de lo que sirve como tipo, modelo, norma, patrón o referencia. Sólo en sing.: *medidas estándar*. **2** En aposición con un sustantivo, corriente, normal, de serie: *un saludo estándar*. SIN. 1 habitual.

estandarizar. tr. Ajustar a un tipo, modelo o norma. SIN. tipificar.

estandarte. m. Insignia o bandera que usan algunas corporaciones.

estannífero, ra. adj. Que contiene estaño.

estanque. m. Depósito construido para remansar o recoger el agua o para servir de adorno.

estanquero, ra. m. y f. Persona que tiene a su cargo un estanco.

estante. m. Tabla horizontal que se coloca dentro de un mueble o directamente en la pared para colocar cosas encima. SIN. balda.

estantería. f. Juego de estantes o de anaqueles.

estañado. m. Acción de estañar.

estañar. tr. **1** Cubrir o bañar con estaño. **2** Asegurar o soldar una cosa con estaño.

estaño. m. Elemento químico metálico blanco, de brillo plateado, dúctil y maleable, poco conductor de la electricidad y poco alterable en contacto con el aire. Su símbolo es *Sn*.

estaquero. m. **1** Cada uno de los agujeros que se hacen en la escalera y varales de los carros para meter las estacas. **2** Gamo o ciervo de un año.

estaquilla. f. **1** Espiga de madera o caña que sirve para clavar. **2** Clavo pequeño.

estaquillador. m. Lezna gruesa y corta.

estaquillar. tr. **1** Asegurar con estaquillas una cosa. **2** Hacer una plantación por estacas.

estar. intr. **1** Hallarse una persona o cosa en este o aquel lugar, situación, condición, etc.: *estar en la ciudad, estar cansado, estar viudo*. **2** Permanecer el tiempo indicado en un lugar. También prnl.: *se estuvo aquí toda la tarde*. **3 estar** + adv. m. Sentar una prenda de vestir como se indica. **4** Encontrarse como indica el adv.: *estar bien, mal*. **5 estar a.** Indica fecha: *estamos a martes, 3 de julio;* precio: *están a 200 pesetas*. **6 estar con.** Encontrarse con alguien. **7** Padecer una enfermedad: *está con sarampión*. **8** Estar de acuerdo con alguien: *estoy contigo en este asunto*. **9 estar de.** Indica ocupación: *estamos de reforma;* cargo: *está aquí de cocinero;* estado designado por el sustantivo: *está de espaldas*. **10 estar en.** Costar el precio que se indica: *están en 150 pesetas/kg*. **11** Radicar, estribar: *la solución está en el fondo del problema*. **12 estar para.** Indica disposición: *ahora no estoy para bromas;* o finalidad: *la fruta está para comerla*. **13 estar por** + inf. Ir a suceder algo. **14** Tener una postura favorable: *está por el proyecto*. | aux. **15 estar** + gerundio. Indica duración de una acción: *está cantando;* repetición: *estaba dando martillazos;* o inminencia: *está aterrizando el avión*. **16 estar** + participio. Forma la pasiva de algunos verbos o una frase verbal perfectiva: *está cansado*. | copul. **17** Cualidad o estado que se indica con el adjetivo: *está triste*. | prnl. **18** Permanecer de una determinada manera: *se estuvo callado toda la tarde*. || **Irreg.** Conjugación modelo:

> **Indicativo**
> Pres.: *estoy, estás, está, estamos, estáis, están*.
> Imperf.: *estaba, estabas*, etc.
> Pret. indef.: *estuve, estuviste, estuvo, estuvimos, estuvisteis, estuvieron*.
> Fut. imperf.: *estaré, estarás, estará*, etc.
> **Potencial:** *estaría, estarías*, etc.
> **Subjuntivo**
> Pres.: *esté, estés, esté, estemos, estéis, estén*.
> Imperf.: *estuviera* o *estuviese, estuvieras* o *estuvieses*, etc.
> Fut. imperf.: *estuviere, estuvieres*, etc.
> **Imperativo:** *está, estad*.
> **Participio:** *estado*.
> **Gerundio:** *estando*.

estarcir. tr. Estampar dibujos, letras o números pasando una brocha por una chapa en la que previamente se ha perforado su silueta.

estatal. adj. Relativo al Estado: *leyes estatales*.

estática. f. Parte de la mecánica que estudia el equilibrio de los cuerpos.

estático, ca. adj. **1** Relativo a la estática. **2** Que permanece en un mismo estado y sin cambios en él. **3** Paralizado de asombro o de emoción. SIN. 2 inmóvil, fijo □ ANT. 1 y 2 dinámico.

estatificar. tr. Poner bajo la administración o intervención del Estado. SIN. nacionalizar.

estatismo. m. **1** Inmovilidad, lo estático, que permanece en un mismo estado. **2** Tendencia política partidaria de la supremacía e intervención del Estado en todas las actividades del país.

estatua. f. Figura esculpida que imita una figura humana, animal, etc.

estatuaria. f. Arte de hacer estatuas.

estatuario, ria. adj. **1** Perteneciente a la estatuaria. | m. y f. **2** Persona que hace estatuas.

estatuir. tr. **1** Establecer, ordenar, determinar. **2** Demostrar, asentar como verdad una doctrina o un hecho. || **Irreg.** Se conj. como *huir*.

estatura. f. Medida de una persona desde los pies a la cabeza. SIN. altura.

estatutario, ria. adj. Estipulado en los estatutos, referente a ellos.

estatuto. m. **1** Regla que tiene valor legal para un cuerpo, asociación, comunidad, etc. **2** Ley especial básica para el régimen autónomo de una región, dictada por el Estado de que forma parte. Sin. 1 norma.

este. m. **1** Punto cardinal por donde sale el Sol. **2** Viento que viene de la parte de Oriente. **3** Parte de un territorio situada hacia ese lado.

este, esta, esto, estos, estas. Formas de pron. dem. en los tres géneros m., f. y n., y en ambos núms., sing. y pl. Designan lo que está cerca de la persona que habla, o representan y señalan lo que acaba de mencionar. Las formas m. y f. se usan como adj. y como pron., y, en este último caso, se escriben con acento sólo cuando existe riesgo de ambigüedad: *esta vida; prefiero ésta frente a las demás.*

estearina. f. **1** Éster formado por ácido esteárico y glicerina. **2** Ácido esteárico que sirve para la fabricación de jabón y velas.

esteatita. f. Variedad de talco, blanco o verdoso, que recibe el nombre de *jabón de sastre.*

esteba. f. Planta herbácea de la familia de las gramíneas que sirve de pasto.

estebar. m. Sitio donde se cría mucha esteba.

estela. f. **1** Rastro de espuma y agua removida que deja tras sí en la superficie del agua una embarcación u otro cuerpo en movimiento. **2** Rastro que deja en el aire un cuerpo luminoso en movimiento: *la estela de un cometa.* **3** Huella que deja cualquier cosa que pasa: *la estela de un cohete.*

estela. f. Monumento conmemorativo que se erige sobre el suelo en forma de lápida, pedestal o cipo.

estelar. adj. **1** Relativo a las estrellas. **2** Principal, culminante. Sin. 2 sobresaliente.

esteliforme. adj. De forma de estela.

estelión. m. **1** Reptil saurio. **2** Piedra que decían se hallaba en la cabeza de los sapos viejos, y a la que se atribuía virtud contra el veneno.

estenosis. f. Estrechez o estrechamiento de un conducto orgánico: *estenosis mitral.* ‖ No varía en pl.

estenotipia. f. Estenografía o taquigrafía a máquina.

estentóreo, a. adj. Muy fuerte, ruidoso o retumbante, sobre todo referido a la voz o a los sonidos. Sin. estruendoso.

estepa. f. **1** Planta resinosa con ramas leñosas y erguidas, hojas de color verde oscuro por la parte superior y blanquecinas por el envés, y flores de corola grande y blanca. Se usa como combustible. **2** Llanura extensa donde crecen estas plantas.

estepar. m. Sitio poblado de estepas.

estepario, ria. adj. Relativo a las estepas: *región esteparia.*

éster. m. Cuerpo que resulta de sustituir átomos de hidrógeno de un ácido por radicales alcohólicos.

estera. f. Tejido grueso de esparto, juncos, palma, etc., para cubrir partes del suelo. Sin. felpudo.

estercolamiento. m. Acción de estercolar. Sin. estercoladura.

estercolar. tr. **1** Echar estiércol en las tierras. ‖ intr. **2** Expulsar los animales el excremento.

estercolero. m. **1** Lugar donde se recoge el estiércol. **2** Sitio muy sucio: *esta calle es un estercolero.*

estéreo. m. Unidad de medida de leña equivalente a un metro cúbico.

estéreo. adj. y m. Estereofónico.

estereofonía. f. Técnica de captación, amplificación, transmisión, reproducción y registro acústico del sonido, simultáneamente por varios canales con diferente selección de tonos, dando al oyente una sensación de distribución espacial del sonido.

estereofónico, ca. adj. **1** Relativo a la estereofonía. ‖ adj. y m. **2** Se apl. al equipo de grabación y reproducción de sonido que emplea la técnica de la estereofonía.

estereografía. f. Arte de representar los sólidos en un plano.

estereometría. f. Parte de la geometría que trata de la medida de los sólidos.

estereotipado, da. adj. Se dice de los gestos, fórmulas, expresiones, etc., que se repiten sin variación.

estereotipia. f. Arte de imprimir que, en vez de moldes compuestos de letras sueltas, usa planchas donde cada página está fundida en una pieza.

estereotipo. m. **1** Modelo fijo de cualidades o de conducta. **2** Tópico, lugar común: *su discurso estuvo plagado de estereotipos.* **3** Plancha utilizada en estereotipia. Sin. 1 patrón.

estereotomía. f. Arte de cortar piedras y maderas.

estéril. adj. **1** Que no da fruto, que no produce nada: *un árbol estéril.* **2** Que no puede reproducirse: *la mula es un animal generalmente estéril.* **3** Se dice del año en que la cosecha es muy escasa, y de los tiempos y épocas de miseria. **4** Sin gérmenes patógenos: *medio estéril.* Sin. 1 infructuoso 2 infecundo 3 improductivo 4 aséptico.

esterilidad. f. Cualidad de estéril.

esterilización. f. Acción de esterilizar.

esterilizador, ra. adj. **1** Que esteriliza. ‖ m. **2** Aparato para esterilizar.

esterilizar. tr. **1** Hacer infecundo y estéril lo que antes no lo era. También prnl. **2** Destruir los gérmenes patógenos que hay o puede haber en los instrumentos, objetos de curación, agua, etc. Sin. 1 castrar 2 desinfectar.

esterilla. f. **1** Estera pequeña y estrecha para tomar el sol. **2** Tejido de paja.

esterlina. adj. y f. Se dice de la unidad monetaria del R. U., dividida en 100 peniques.

esternocleidomastoideo. m. Músculo del cuello por el que la cabeza gira y se flexiona lateralmente.

esternón. m. Hueso plano, situado en la parte anterior del pecho, al que se unen parte de las costillas.

estero. m. Zona del litoral que se inunda con la subida de marea.

estertor. m. Respiración anhelosa que produce un sonido involuntario, ronco o como un silbido que suele presentarse en los moribundos.

esteta. com. **1** Persona que adopta una actitud esteticista. **2** Persona entendida en estética.

estética. f. **1** Ciencia que trata de la belleza y de la teoría fundamental y filosófica del arte. **2** Aspecto exterior de una persona o cosa: *una estética desenfadada*.

esteticismo. m. Actitud de quienes, al crear o valorar obras literarias y artísticas, conceden importancia primordial a la belleza, anteponiéndola a los aspectos intelectuales, religiosos, morales, sociales, etc.

esteticista. adj. **1** Relativo al esteticismo. | com. **2** Persona que profesionalmente presta cuidados de embellecimiento a sus clientes.

estético, ca. adj. **1** Relativo a la estética. **2** Artístico, de bello aspecto: *una tapicería estética*.

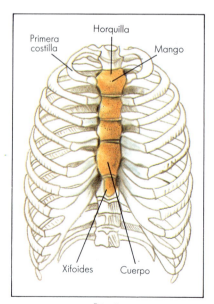

Esternón

estetoscopia. f. Exploración de los órganos contenidos en la cavidad del pecho por medio del estetoscopio.

estetoscopio. m. Instrumento parecido a una trompetilla acústica para auscultar.

esteva. f. Pieza curva y trasera del arado, sobre la cual lleva la mano el que ara.

estiaje. m. **1** Nivel más bajo que tienen las aguas de un río, estero, laguna, etc., en épocas de sequía. **2** Período que dura.

estibar. tr. **1** Apretar cosas sueltas para que ocupen poco espacio. **2** Distribuir ordenadamente la carga en un barco. **3** Cargar y descargar mercancías de los barcos.

estiércol. m. **1** Excremento de cualquier animal. **2** Materias orgánicas, comúnmente vegetales, podridas, que se destinan al abono de las tierras.

estigma. m. **1** Marca o señal en el cuerpo. **2** Huella impresa sobrenaturalmente en el cuerpo de algunos santos en éxtasis. **3** Marca hecha con hierro candente, como signo de deshonra o esclavitud. **4** Desdoro, mala fama: *llevaba en sus ojos el estigma de Caín*. **5** Señal o síntoma de algunas enfermedades. **6** Cuerpo glanduloso de la parte superior del pistilo que recibe el polen en el acto de fecundación de las plantas. **7** Cada uno de los pequeños orificios que tiene el tegumento de los insectos, arácnidos y miriápodos, por los que penetra el aire en su tráquea. SIN. 1 signo 2 llaga 4 afrenta.

estigmatizar. tr. **1** Marcar a alguien con hierro candente. **2** Imprimir milagrosamente a una persona las llagas de Cristo. **3** Condenar.

estilarse. prnl. Ser costumbre, estar de moda hacer algo: *esta primavera se estila mucho este color*.

estilete. m. **1** Puñal de hoja muy estrecha y aguda. **2** Púa o punzón. **3** Pequeña sonda metálica delgada y flexible, terminada en una bolita, para reconocer ciertas heridas.

estilista. com. **1** Escritor que se distingue por lo esmerado y elegante de su estilo. **2** Persona que cuida del estilo o la imagen en otras actividades.

estilística. f. Estudio del estilo o de la expresión lingüística en general.

estilístico, ca. adj. Relativo al estilo de hablar o escribir.

estilita. adj. y com. Se dice del anacoreta que por mayor austeridad vivía sobre una columna: *San Simeón Estilita*.

estilizar. tr. **1** Interpretar convencionalmente la forma de un objeto haciendo resaltar tan sólo sus rasgos más característicos. **2** Afinar. También prnl.: *se ha estilizado mucho con la edad*.

estilo. m. **1** Manera de escribir o de hablar: *tiene un estilo muy afectado*. **2** Carácter propio que da a sus obras el artista. **3** Modo o forma característica de actuar o de ser: *me gusta el estilo de este vendedor*. **4** Uso, moda: *se hizo un vestido estilo años veinte*. **5** Elegancia: *tiene mucho estilo*. **6** Varilla que marca las horas en un reloj. **7** Púa de la brújula sobre la que gira la aguja. **8** Tubito hueco y esponjoso de las flores, que arranca del ovario y sostiene el estigma. SIN. 3 particularidad.

estilóbato. m. Macizo corrido sobre el que se apoya una columnata.

estilográfica. f. Pluma de mango hueco lleno de tinta.

estima. f. Consideración, aprecio que se siente por algo o alguien. SIN. estimación.

estimable. adj. **1** Digno de aprecio: *una conducta estimable*. **2** Que admite estimación. **3** Que tiene valor: *gana una suma estimable*.

estimación. f. **1** Aprecio, consideración, afecto: *siento mucha estimación por él*. **2** Valoración, evaluación: *mañana, el perito nos envía su estimación de los daños*. ANT. 1 desprecio.

estimar. tr. **1** Sentir aprecio o afecto por algo o alguien: *sus compañeros le estiman mucho*. **2** Evaluar las cosas: *han estimado las reparaciones en 35.000 pesetas*. **3** Juzgar, creer: *estimo necesario subir los precios*. **4** Dar valor, importancia a algo: *estimo tus esfuerzos*. SIN. 1 apreciar 2 y 4 valorar □ ANT. 1 y 4 despreciar.

estimativa. f. **1** Facultad de apreciar. **2** Instinto de los animales.

estimulante. adj. **1** Que estimula. **2** Se dice de las sustancias que aumentan la actividad de un órgano. Más c. m.: *el café es un estimulante*. SIN. 1 y 2 excitante □ ANT. 1 y 2 tranquilizante.

estimular. tr. **1** Animar a la ejecución de una cosa: *le estimularon a que presentase su candidatura*. También prnl. **2** Impulsar la actividad de algo para mejorar su rendimiento o su calidad: *esta nueva campaña estimulará las ventas*. **3** Activar el funcionamiento de un órgano: *el deporte estimula el funcionamiento muscular*. | **estimularse.** prnl. **4** Administrarse una droga estimulante para aumentar el nivel de actividad. SIN. 1 incitar 2 activar 3 excitar □ ANT. 1 y 2 desanimar 3 inhibir.

estímulo. m. Cualquier elemento externo a un cuerpo que activa o mejora la actividad de algo o su respuesta. SIN. aliciente.

estío. m. Verano.

estipendario, ria. m. y f. Persona que cobra o recibe estipendio.

estipendial. adj. Relativo al estipendio.

estipendiar. tr. Dar estipendio.

estipendio. m. **1** Remuneración. **2** Tasa fijada por la autoridad eclesiástica católica que dan los fieles al sacerdote, para que realice ciertos actos religiosos.

estípite. m. **1** Pilastra en forma de pirámide truncada, con la base menor hacia abajo. **2** Tallo largo y no ramificado de las plantas arbóreas.

estípula. f. Apéndice foliáceo colocado en los lados del pecíolo.

estipulación. f. **1** Convenio verbal. **2** Cada una de las disposiciones de un documento público o particular. SIN. 1 acuerdo 2 cláusula.

estipular. tr. **1** Convenir, concertar, acordar las condiciones de un trato: *estipular un precio de venta*. **2** Hacer un contrato verbal.

estique. m. Cincel de boca dentellada.

estira. f. Instrumento de cobre, en forma de cuchilla, que usan los curtidores.

estiracáceo, a. adj. y f. **1** Se dice de árboles y arbustos angiospermos dicotiledóneos, como el estoraque. | f. pl. **2** Familia de estas plantas.

estirado, da. adj. Arrogante y orgulloso en su trato con los demás.

estiramiento. m. **1** Acción de estirar. **2** Orgullo, ensoberbecimiento.

estirar. tr. **1** Alargar una cosa tirando de sus extremos: *estiró tanto la goma que se rompió*. También prnl. **2** Tensar algo: *estira la cuerda de tender*. **3** Desplegar una cosa doblada o arrugada: *estirar un papel*. **4** Alargar la duración de algo: *hay que estirar el agua*. | intr. **5** Crecer una persona: *el niño ha estirado mucho este verano*. **6** Tirar de algo: *estira por esta punta*. | **estirarse.** prnl. **7** Desperezarse: *se estiró bostezando*. **8** Invitar pagando. **9 estirar la pata.** loc. Morir. SIN. 1 prolongar 3 alisar 5 espigar □ ANT. 1 encoger 2 aflojar 3 arrugar 5 menguar.

estirón. m. **1** Acción de estirar o arrancar con fuerza una cosa. **2** Crecimiento rápido en altura de una persona: *dar el estirón*. SIN. 1 tirón.

estirpe. f. Raíz y tronco de una familia o linaje. SIN. alcurnia.

estival. adj. Relativo al estío: *solsticio estival*. SIN. veraniego.

estocada. f. **1** Golpe que se da con la punta de la espada o estoque. **2** Herida que resulta de él.

estocástico, ca. adj. Dependiente del azar. SIN. fortuito.

estofa. f. **1** Tela de labores, por lo común de seda. **2** Calidad, clase: *de baja estofa*. SIN. 2 ralea.

estofado. m. **1** Guiso, normalmente de carne, condimentado con aceite, vino o vinagre, ajo, cebolla y varias especias. **2** Estofo. **3** Adorno que resulta de estofar un dorado.

estofado, da. adj. Aliñado, engalanado, bien dispuesto.

estofar. tr. Hacer el guiso llamado estofado.

estofar. tr. **1** Rayar el color bajo sobre el dorado de la madera, para que se descubra el oro y haga visos entre los colores con que se pintó. **2** Pintar sobre el oro bruñido algunos relieves al temple. **3** Bordar una tela acolchada para que queden en relieve las figuras cosidas.

estofo. m. Acción de estofar.

estoicismo. m. **1** Fortaleza de carácter ante la adversidad y el dolor: *soportó la tragedia con estoicismo*. **2** Escuela filosófica fundada en el s. III por el griego Zenón de Citio, y basada en una doctrina que defiende el autodominio y la fraternidad universal. SIN. 1 entereza.

estoico, ca. adj. **1** Relativo al estoicismo. **2** Se dice del filósofo que sigue la doctrina del estoicismo. También s. **3** Fuerte ante la desgracia o el dolor. SIN. 3 impasible.

estola. f. **1** Banda de tela que llevan los sacerdotes colgada del cuello cuando dicen misa. **2** Banda larga de piel que usan las mujeres para abrigarse el cuello: *una estola de visón*. **3** Especie de túnica amplia y larga que los griegos y romanos llevaban sobre la camisa y que se ceñía a la cintura.

estolón. m. Vástago rastrero que echa a trechos raíces que producen nuevas plantas, como en la fresa.

estoma. m. Cada una de las aberturas microscópicas que hay en la epidermis de las hojas para facilitar los intercambios de gases entre la planta y el exterior.

estomacal. adj. Relativo al estómago.

estomagante. adj. Que estomaga.

estomagar. tr. **1** Causar indigestión: *estos dulces le estomagaron*. **2** Causar fastidio o enfado: *su tono quejumbroso me estomaga*. **3** Sentir antipatía por alguien. SIN. 1 empachar 2 cansar □ ANT. 2 gustar 3 agradar.

estómago. m. **1** Órgano del aparato digestivo, que sigue al esófago, y en el que se transforman los alimentos por medio de los fermentos digestivos contenidos en el jugo gástrico. **2** Aguante ante las cosas desagradables: *hay que tener mucho estómago para soportarlo*.

estomático, ca. adj. Perteneciente a la boca del hombre.

estomatitis. f. Inflamación de la mucosa bucal. ‖ No varía en pl.

estomatología. f. Parte de la medicina que trata de las enfermedades de la boca del hombre.

estomatópodo, da. adj. y m. **1** Se dice de crustáceos marinos, zoófagos, como las quisquillas. | m. pl. **2** Orden de estos animales.

estonio, nia. adj. y s. **1** De Estonia. | m. **2** Lengua finesa hablada en este país.

estopa. f. **1** Parte basta o gruesa del lino o del cáñamo. **2** Tela que se hace con ella.

estopilla. f. **1** Parte del lino o del cáñamo más fina que la estopa. **2** Hilado o tela que se hace con esa estopilla.

estoposo, sa. adj. Perteneciente a la estopa del lino o del cáñamo.

estoque. m. **1** Espada estrecha con la que sólo se puede herir de punta: *el estoque del torero*. **2** Planta con hojas radicales en forma de estoque, y flores rojas en espiga terminal. Se da espontáneamente en terrenos húmedos y se cultiva en los jardines.

estoqueador, ra. m. y f. Persona que estoquea, especialmente los toreros que matan al toro con estoque. SIN. matador.

estoquear. tr. Herir de punta con espada o estoque.

estor. m. Especie de cortina que cubre el hueco de una ventana y que se enrolla o recoge de abajo arriba.

estoraque. m. Árbol de la familia de las estiracáceas, de cuyo tronco se obtiene un bálsamo, del mismo nombre, muy oloroso y usado en perfumería y medicina.

estorbar. tr. **1** Poner obstáculo a la ejecución de algo: *este coche estorba el paso*. **2** Incomodar. También intr.: *cállate y no estorbes*. SIN. 1 dificultar 2 molestar.

estorbo. m. Persona o cosa que estorba. SIN. obstáculo.

estornino. m. Pájaro de unos 22 cm de longitud, plumaje negro con reflejos verdes y morados y pintas blancas, con cola corta.

estornudar. intr. Arrojar con estrépito por la nariz y la boca el aire inspirado.

estornudo. m. Acción de estornudar.

Estornino

estrabismo. m. Defecto de la vista por el que los dos ejes visuales no se dirigen a la vez al mismo objeto.

estrado. m. **1** Sitio de honor, algo elevado sobre el suelo, donde en un salón de actos se sitúa la presidencia, el conferenciante, etc. | pl. **2** Salas de los tribunales, donde los jueces oyen y sentencian los pleitos.

estrafalario, ria. adj. y s. **1** Que viste de forma desaliñada o extraña. **2** Extravagante, raro o ridículo: *esa opinión me parece bastante estrafalaria.*

estragar. tr. **1** Causar estrago. | tr. y prnl. **2** Estropear el sentido o la sensibilidad de algo por el abuso de sensaciones fuertes: *se te ha estragado el oído con tanto decibelio.* **3** Estropearse el estómago por excesos en la comida y en la bebida. Sᴉɴ. 1 destruir 2 embotar 3 empachar.

estrago. m. Ruina, daño, asolamiento, ya sea material o moral. Más en pl.: *los estragos de la sequía.*

estragón. m. Hierba de la familia de las compuestas, usada como aperitivo, en vinagre, y como condimento.

estrambote. m. Conjunto de versos que suele añadirse al final de una composición métrica, y especialmente del soneto.

estrambótico, ca. adj. Extravagante, irregular y sin orden. Aɴᴛ. normal.

estramonio. m. Planta herbácea de la familia de las solanáceas, con flores grandes blancas y de un solo pétalo en forma de embudo, y fruto como una nuez, espinoso. Sus hojas y semillas se usan como narcótico.

estrangol. m. Lesión en la lengua de las caballerías causada por compresión del bocado o ramal.

estrangul. m. Pipa de caña o metal que se pone en algunos instrumentos de viento para meterla en la boca y tocar.

estrangulación. f. Acción de estrangular.

estrangulador, ra. adj. y s. **1** Que estrangula. | m. **2** Dispositivo que abre o cierra el paso del aire a un carburador.

estrangulamiento. m. **1** Acción de estrangular. **2** Estrechamiento natural o artificial de un conducto o lugar de paso.

estrangular. tr. **1** Ahogar a una persona o a un animal oprimiéndole el cuello hasta impedir la respiración. También prnl. **2** Dificultar o impedir el paso por una vía o conducto: *las obras estrangulaban la carretera.* **3** Impedir con fuerza la realización de un proyecto, intento, etc.: *intentaron estrangular la huelga.* **4** En cir., interceptar la comunicación de los vasos de una parte del cuerpo por medio de presión o ligadura. También prnl. Sᴉɴ. 2 obstruir 3 frustrar ☐ Aɴᴛ. 2 desobstruir 3 facilitar.

estraperlista. com. Persona que practica el estraperlo o comercio ilegal.

estraperlo. m. Comercio ilegal de artículos intervenidos por el Estado o sujetos a tasa.

estratagema. f. Acción astuta y engañosa para conseguir algo, especialmente en tiempo de guerra. Sᴉɴ. ardid.

estratega. com. Persona experta en estrategia.

estrategia. f. **1** Arte de dirigir y planear las operaciones militares. **2** Arte para dirigir un asunto y conseguir el objetivo deseado: *una estrategia de venta.* Sᴉɴ. 1 y 2 táctica.

estratégico, ca. adj. Relativo a la estrategia.

estratificación. f. **1** Acción de estratificar. **2** Disposición de las capas o estratos de un terreno.

estratificar. tr. y prnl. Disponer en estratos.

estratigrafía. f. **1** Parte de la geología, que estudia la disposición y caracteres de las rocas sedimentarias estratificadas. **2** Estudio de los estratos arqueológicos, históricos, lingüísticos, sociales, etc.

estratigráfico, ca. adj. Relativo a la estratigrafía.

estrato. m. **1** Masa mineral en forma de capa que constituye los terrenos sedimentarios: *estrato calizo.* **2** Clase social. **3** Nube en forma de faja.

estratosfera. f. Región de la atmósfera, que va desde los 12 a los 50 km de altura, compuesta por capas de diferente temperatura, una de las cuales es la de ozono, que protege la Tierra de los rayos ultravioleta del Sol.

estratosférico, ca. adj. Relativo a la estratosfera.

estraza. f. **1** Trapo, pedazo o desecho de ropa basta. **2 papel de estraza.** Papel áspero y sin blanquear.

estrechamiento. m. Acción de estrechar.

estrechar. tr. **1** Reducir la anchura de una cosa. También prnl.: *el arroyo se ha estrechado.* **2** Apretar algo o a alguien con las manos o los brazos: *estrechaba la carpeta contra su pecho.* **3** Hacer más fuertes los lazos de unión de cualquier relación: *estrechar relaciones diplomáticas.* También prnl. | prnl. **4** Ceñirse, recogerse: *se estrechó la gabardina con el cinturón.* **5** Reducir gastos: *este año habrá que estrecharse.* Sᴉɴ. 1 comprimir 2 abrazar 3 intimar 5 ahorrar ☐ Aɴᴛ. 1 ensanchar 2 soltar 3 distanciar.

estrechez. f. **1** Falta de holgura: *la estrechez de unos zapatos.* **2** Aprieto, sobre todo por falta de recursos económicos. **3** Limitación ideológica, intelectual y moral: *su estrechez de ideas aborta toda discusión.* Sᴉɴ. 2 indigencia ☐ Aɴᴛ. 1 anchura 2 holgura 3 amplitud.

estrecho, chá. adj. **1** Que tiene poca anchura: *un puente estrecho.* **2** Ajustado, apretado: *una falda estrecha.* **3** Se dice del parentesco cercano y de la amistad íntima: *les unía una estrecha amistad.* **4**

Rígido, austero. **5** Reprimido en el terreno sexual y moral: *es una estrecha*. | m. **6** Paso de un brazo de mar entre dos costas cercanas. **Ant.** 1 ancho 2 suelto 5 libertino.

estrechura. f. **1** Estrechez de un terreno o paso. **2** Aprieto, dificultad.

estregadera. f. Cepillo de cerdas cortas y espesas.

estregadero. m. **1** Sitio o lugar donde los animales se suelen restregar, como peñas, árboles y partes ásperas. **2** Paraje donde se restriega y lava la ropa.

estregadura. f. Estregamiento. **Sin.** fricción.

estregamiento. m. Acción de estregar.

estregar. tr. y prnl. Frotar, pasar con fuerza una cosa sobre otra. || **Irreg.** Se conj. como *acertar*. **Sin.** friccionar, restregar.

estregón. m. Roce fuerte, refregón.

estrella. f. **1** Cuerpo celeste que brilla en el cielo con luz propia. **2** Cualquier objeto que tiene la forma con la que habitualmente se representan las estrellas, es decir, un círculo rodeado de puntas: *la estrella del sheriff*. **3** Signo de esta forma que indica la graduación de jefes y oficiales de las fuerzas armadas, o la categoría de los establecimientos hoteleros. **4** Artista o deportista destacado y muy famoso: *una estrella de la canción*. **5** Sino, hado, destino: *ha nacido con buena estrella*. **6 estrella de mar.** Animal invertebrado marino con forma de estrella de cinco brazos triangulares.

estrellado, da. adj. De forma de estrella.

estrellamar. f. Estrella de mar.

estrellar. tr. **1** Arrojar con violencia una cosa contra otra, haciéndola pedazos. También prnl.: *el jarrón se estrelló*. | **estrellarse.** prnl. **2** Sufrir un choque violento contra una superficie dura: *se estrellaron contra un camión*. **3** Fracasar en una pretensión por tropezar contra un obstáculo insuperable: *se estrelló contra la obstinación de su jefe*. **Sin.** 1 estampar 2 chocar 3 fallar.

estrellato. m. Condición de estrella, personaje destacado del espectáculo.

estremecer. tr. y prnl. **1** Conmover, hacer temblar algo o a alguien: *se estremeció de frío*. **2** Ocasionar sobresalto o temor en el ánimo algo extraordinario o imprevisto: *la noticia nos estremeció*. || **Irreg.** Se conj. como *agradecer*. **Sin.** 1 convulsionar 2 sobresaltar ☐ **Ant.** 1 inmovilizar 2 sosegar.

estremecimiento. m. Acción de estremecer.

estrenar. tr. **1** Hacer uso por primera vez de una cosa. **2** Tratándose de ciertos espectáculos públicos, representarlos por primera vez. | **estrenarse.** prnl. **3** Empezar uno a desempeñar un empleo, oficio, encargo, etc., o darse a conocer por vez primera en el ejercicio de un arte, facultad o profesión: *se ha estrenado como diseñador*. **Sin.** 2 debutar.

estreno. m. Acción de estrenar.

estrenque. m. Maroma gruesa hecha de esparto.

estreñido, da. adj. Que padece estreñimiento.

estreñimiento. m. Acción de estreñir.

estreñir. tr. y prnl. Producir algo retención de los excrementos en el intestino o dificultad para expulsarlos. || **Irreg.** Se conj. como *ceñir*.

estrépito. m. Ruido considerable, estruendo.

estrepitoso, sa. adj. **1** Que causa estrépito. **2** Enorme: *fracaso estrepitoso*.

estreptococo. m. Nombre dado a las bacterias de forma redondeada que se agrupan en cadena.

estreptomicina. f. Antibiótico muy eficaz, sobre todo contra el bacilo de la tuberculosis.

estrés. m. Alteración física o psíquica de un individuo por someter su cuerpo a un exceso de trabajo, de tensión nerviosa, etc. || No varía en plural.

estresante. adj. Que produce estrés.

estría. f. **1** Surco que suelen tener algunos cuerpos. **2** Cada una de las marcas, como cicatrices, que aparecen en la piel tras un proceso de excesivo estiramiento, como el embarazo. **Sin.** 1 raya.

estriado, da. adj. Que tiene estrías.

estriar. tr. y prnl. Formar estrías. **Sin.** acanalar.

estribación. f. Ramal de montañas que se desprende de una cordillera.

estribadero. m. Parte donde estriba o se asegura una cosa.

estribar. intr. **1** Descansar el peso de una cosa en otra sólida y firme. **2** Basarse una cosa en otra que se indica: *el éxito de la película estriba en sus efectos espectaculares*. **Sin.** 1 sustentarse 2 radicar.

estribillo. m. **1** Verso o conjunto de versos, que se repiten después de cada estrofa. **2** Latiguillo. **Sin.** 2 muletilla.

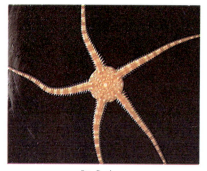

Estrella de mar

Estribo

estribo. m. **1** Pieza que cuelga a cada lado de la silla de montar en la que el jinete apoya el pie. **2** Especie de escalón que sirve para subir o bajar de un vehículo. **3** En arquit., elemento que sostiene la bóveda y contrarresta su empuje. **4** Uno de los tres huesecillos que se encuentran en la parte media del oído de los mamíferos.

estribor. m. Banda derecha del navío mirando de popa a proa.

estricnina. f. Alcaloide que se extrae de algunos vegetales, como la nuez vómica, y es un veneno muy activo.

estricto, ta. adj. Ajustado enteramente a la necesidad o a la ley y que no admite interpretación. **Sin.** preciso, riguroso.

estridencia. f. **1** Sonido estridente. **2** Violencia de la expresión o de la acción.

estridente. adj. Se dice del sonido agudo, desapacible y chirriante: *dio un estridente frenazo*. **Ant.** suave, agradable.

estrige. f. Lechuza, ave nocturna.

estrinque. m. Maroma gruesa de esparto.

estro. m. **1** Capacidad creadora de los poetas y artistas. **2** Período de celo de los mamíferos. **Sin.** 1 inspiración.

estrofa. f. Cada una de las partes en que está dividida una composición poética, formada por una serie de versos de forma y número adecuados a un modelo.

estrógeno, na. m. Hormona sexual femenina responsable de la formación de los caracteres sexuales secundarios.

estronciana. f. Nombre que se da al óxido e hidróxido de estroncio.

estroncio. m. Elemento químico metálico, duro, amarillo y poco brillante. Se utiliza en la fabricación de válvulas de vacío. Su símbolo es *Sr*.

estropajo. m. **1** Porción de esparto machacado, que sirve principalmente para fregar. **2** Porción de cualquier otra materia como plástico, alambre, nailon, etc., que sirve para fregar. **3** Planta cucurbitácea, cuyo fruto desecado se usa como esponja para fricciones. **4** Persona o cosa inútil o estropeada: *la regañina le ha dejado hecho un estropajo*.

estropajoso, sa. adj. **1** Se dice de la lengua o persona que pronuncia las palabras de manera confusa. **2** Muy desaliñado, andrajoso. **3** Se dice de la carne y otros comestibles que son fibrosos y ásperos.

estropear. tr. y prnl. **1** Maltratar o deteriorar una cosa: *se ha estropeado la televisión*. **2** Malograr cualquier asunto o proyecto: *la lluvia estropeó la excursión*. **3** Afear: *le he encontrado muy estropeado*. **Ant.** 1 y 2 arreglar 3 embellecer.

estropicio. m. **1** Destrozo, rotura estrepitosa de cosas por lo general frágiles: *causó un estropicio en la vajilla*. **2** Trastorno aparatoso de consecuencias leves: *el gato ha causado un estropicio en el jardín*.

estructura. f. **1** Distribución y orden de las partes importantes de algo: *la estructura de una novela*. **2** Armazón que soporta algo: *la estructura de un edificio*. **Sin.** 1 organización.

estructural. adj. **1** Relativo a la estructura. **2** Se dice de la gramática que estudia una lengua sincrónica y diacrónicamente.

estructuralismo. m. Corriente intelectual aparecida a comienzos del s. XX, cuyo método, basado en el estudio de la estructura, ha sido aplicado a la mayoría de las ciencias.

estructuralista. adj. **1** Relativo al estructuralismo. **2** Seguidor del estructuralismo. También com.

estructurar. tr. y prnl. Distribuir, ordenar las partes de una obra o de un conjunto: *estructurar un discurso*. **Sin.** organizar **Ant.** desordenar.

estruendo. m. **1** Ruido grande: *el estruendo del mar*. **2** Confusión, bullicio: *el estruendo de un aeropuerto*. **Sin.** 1 estrépito 2 fragor □ **Ant.** 1 silencio.

estruendoso, sa. adj. Ruidoso, estrepitoso. **Ant.** silencioso.

estrujar. tr. **1** Apretar una cosa para sacarle el zumo o lo que contenga: *estrujar un limón*. **2** Apretar algo blando con fuerza y arrugarlo. **3** Agotar una cosa o persona, sacar de ella todo el partido posible. También prnl.: *se estrujó los sesos estudiando*.

estuario. m. Desembocadura de un río que se caracteriza por tener una forma semejante al corte longitudinal de un embudo.

estucado. adj. y m. Se dice de un tipo de papel opaco y muy liso.

estucar. tr. **1** Dar a una cosa con estuco o blanquearla con él. **2** Colocar sobre el muro, columna, etc., las piezas de estuco previamente moldeadas y desecadas.

estuche. m. Caja o envoltura para guardar ordenadamente un objeto o varios.

estuco. m. Masa de yeso blanco, cal apagada, mármol pulverizado u otras materias, que se usa para hacer molduras o relieves. **Sin.** escayola.

estudiado, da. adj. Que carece de naturalidad: *sus movimientos son estudiados.* **Sin.** fingido, afectado.

estudiantado. m. **1** Conjunto de alumnos o estudiantes como clase social. **2** Conjunto de estudiantes de un establecimiento docente. **Sin.** 1 y 2 alumnado.

estudiante. com. Persona que cursa estudios en un centro docente. **Sin.** alumno.

estudiantil. adj. Relativo a los estudiantes.

estudiantina. f. Cuadrilla de estudiantes que salen tocando varios instrumentos por las calles para divertirse o para recaudar dinero. **Sin.** tuna.

estudiar. tr. e intr. **1** Ejercitar el entendimiento para comprender o aprender una cosa: *no le gusta estudiar.* **2** Cursar estudios en las universidades u otros centros docentes: *estudió físicas.* | tr. **3** Examinar atentamente: *estudiar una propuesta.* **Sin.** 3 reflexionar.

estudio. m. **1** Esfuerzo del entendimiento para conocer alguna cosa: *dedicó varios años de estudio a este tema.* **2** Obra en que un autor estudia y dilucida una cuestión: *presentó un estudio sobre el deterioro medioambiental.* **3** Habitación o lugar donde el escritor, fotógrafo, artista, etc., trabaja: *tenía su estudio en una buhardilla.* **4** Apartamento compuesto por una sala grande, un cuarto de baño y una cocina. **5** Pieza musical didáctica: *estudio de piano.* **6** Conjunto de edificios o dependencias destinado al rodaje de películas cinematográficas o a emisiones de radio o televisión. Más al m. pl.: *los estudios de la Metro.* | pl. **7** Conjunto de temas que se estudian de una materia: *estudios de mecánica.* **Sin.** 1 aprendizaje 2 tratado, libro.

estudioso, sa. adj. Dado al estudio.

estufa. f. Aparato para calentar las habitaciones. Puede ser de gas, eléctrica, de carbón, de leña, etc.

estulticia. f. Necedad, tontería.

estupefacción. f. Pasmo o estupor.

estupefaciente. adj. y m. Se dice de la sustancia que hace perder o estimula la sensibilidad, o produce alucinaciones, y cuyo consumo, no controlado médicamente, por lo general crea hábito. **Sin.** narcótico.

estupefacto, ta. adj. Atónito, pasmado: *la noticia me dejó estupefacto.* **Ant.** impasible.

estupendo, da. adj. Admirable, asombroso, pasmoso.

estupidez. f. **1** Torpeza notable en comprender las cosas. **2** Dicho o hecho propio de un estúpido. **Ant.** 1 listeza.

estúpido, da. adj. y s. **1** Necio, falto de inteligencia. **2** Molesto, inoportuno.

estupor. m. Asombro, pasmo: *su dimisión causó un gran estupor.*

estupro. m. Relación sexual entre un adulto y un menor lograda con abuso de confianza o engaño. En España la minoría de edad está establecida entre los doce y los dieciocho años.

estuquería. f. **1** Arte de hacer labores de estuco. **2** Obra hecha de estuco.

estuquista. com. Persona que hace obras de estuco.

esturión. m. Nombre común a varios peces teleósteos que remontan los ríos para desovar y con cuyas huevas se prepara el caviar.

esvástica. f. Cruz gamada que tiene cuatro brazos acodados como la letra gamma mayúscula del alfabeto griego, tomada por Hitler como emblema nacionalsocialista por ser el signo solar de los antiguos arios.

eta. f. Séptima letra del alfabeto griego, que corresponde a la *e* larga. Su grafía mayúscula es ***H***, y la minúscula, **η**.

etano. m. Hidrocarburo formado por dos átomos de carbono y seis de hidrógeno. Es uno de los componentes del gas natural.

etapa. f. **1** En un viaje, cada trayecto recorrido entre dos paradas: *en la primera etapa llegaremos hasta Barcelona.* **2** Época o avance en el desarrollo de una acción u obra: *ha sido una etapa difícil de nuestras relaciones.*

etarra. adj. y com. Perteneciente o relativo a la organización terrorista ETA.

etcétera. m. Voz que se emplea para interrumpir el discurso indicando que en él se omite lo que quedaba por decir y se puede sobrentender. || Nor-

Esturión

malmente se utiliza su abreviatura, *etc.: estaremos todos: Juan, Luis, Roberto, etc.*

éter. m. **1** Fluido sutil e invisible que se suponía llenaba todo el espacio. **2** Nombre genérico de los compuestos orgánicos que tienen un átomo de oxígeno unido a dos radicales de hidrocarburos. El más conocido, el dietílico, se emplea como anestésico. **3** En poesía, bóveda celeste.

etéreo, a. adj. **1** No concreto, poco determinado: *nos dio una respuesta etérea*. **2** En poesía, perteneciente al cielo.

eternidad. f. **1** Perpetuidad, que no tiene principio ni tendrá fin. **2** En algunas religiones, vida perdurable de la persona después de la muerte. **3** Cualquier espacio de tiempo muy largo: *has tardado una eternidad en venir*. **ANT.** 1 fugacidad 3 instante, momento.

eternizar. tr. **1** Prolongar una cosa demasiado. También prnl. **2** Perpetuar la duración de una cosa.

eterno, na. adj. **1** Que no tuvo principio ni tendrá fin. **2** Que dura mucho tiempo: *la espera se me ha hecho eterna*. **3** Repetitivo, insistente: *ahí está otra vez, con su eterna cara de asco*. **SIN.** 1 perpetuo.

ética. f. **1** Parte de la filosofía, que trata de la moral de los actos humanos, que permite calificarlos como buenos o malos. **2** Conjunto de normas morales que regulan cualquier relación o conducta humana, sobre todo en un ámbito específico: *la ética médica*.

ético, ca. adj. Relativo a la ética.

etílico. adj. Se dice del alcohol formado por la fermentación de hidratos de carbono. Se utiliza en farmacia y perfumería y en la elaboración de bebidas alcohólicas.

etilismo. m. Intoxicación producida por ingestión de alcohol etílico.

etilo. m. Radical del etano, formado por dos átomos de carbono y cinco de hidrógeno. Se encuentra en numerosos compuestos químicos, de los que el más importante es el alcohol etílico.

étimo. m. Raíz o vocablo del que procede otro u otros.

etimología. f. **1** Origen de las palabras. **2** Parte de la gramática que estudia dicho origen.

etimológico, ca. adj. Relativo a la etimología.

etimologista. com. Persona que se dedica a investigar la etimología de las palabras.

etiología. f. **1** Estudio sobre las causas de las cosas. **2** Parte de la medicina, que estudia las causas de las enfermedades.

etiológico, ca. adj. Relativo a la etiología.

etíope o **etiope.** adj. **1** Natural de Etiopía. También s. **2** Etiópico. **3** De color negro. | m. **4** Combinación artificial de azufre y azogue, que sirve para fabricar bermellón.

etiópico, ca. adj. Perteneciente a Etiopía.

etiqueta. f. **1** Marca, señal que se coloca en algo para su identificación, valoración, clasificación, etc. **2** Calificación identificadora de una dedicación, profesión, significación, ideología, etc., de alguien. **3** Conjunto de normas que deben seguirse en los actos públicos solemnes o en cualquier acto social: *hay que llevar traje de etiqueta*. **SIN.** 1 rótulo 3 ceremonial.

etiquetado. m. Acción de etiquetar.

etiquetar. tr. Colocar etiquetas.

etmoides. adj. y m. Se dice del hueso de la cabeza situado en la parte inferior del frontal, formando las cavidades nasales y las órbitas de los ojos. || No varía en pl.

etnia. f. Grupo humano de una misma raza, y con un origen, lengua y cultura propios.

etnografía. f. Rama de la antropología, que tiene por objeto el estudio y descripción de las razas o pueblos.

etnógrafo, fa. m. y f. Persona que profesa o cultiva la etnografía.

etnología. f. Rama de la antropología, que estudia sistemáticamente y comparativamente las etnias y las culturas de los pueblos.

etnólogo, ga. m. y f. Persona que profesa o cultiva la etnología.

etología. f. **1** Estudio científico del carácter y modos de comportamiento del hombre. **2** Parte de la biología, que estudia el comportamiento de los animales en su propio ambiente.

etopeya. f. Descripción del carácter, acciones y costumbres de una persona.

etrusco, ca. adj. y s. **1** De Etruria, antigua región de Italia. | m. **2** Lengua de los etruscos.

eucalipto. m. Árbol originario de Australia, con tronco derecho y copa cónica, hojas olorosas, lanceoladas y colgantes, y fruto capsular; agota con gran rapidez los terrenos en los que crece, y el cocimiento de sus hojas tiene propiedades balsámicas.

eucariota. adj. Se dice de la célula que posee un núcleo diferenciado del citoplasma.

eucaristía. f. Sacramento de la Iglesia católica, según el cual, mediante las palabras pronunciadas por el sacerdote, el pan y el vino se transustancian en el cuerpo y la sangre de Cristo.

eucarístico, ca. adj. Perteneciente a la Eucaristía.

eufemismo. m. Expresión con que se sustituye a otra violenta, grosera, malsonante o que se considera tabú.

eufonía. f. Sonoridad agradable de la palabra.

eufónico, ca. adj. Que tiene eufonía.

euforbiáceo, a. adj. y f. **1** Se dice de las plantas herbáceas, arbustivas o arbóreas, muchas de las cua-

euforia – evidenciar

les tienen abundante látex, con frecuencia venenoso, flores unisexuales y fruto capsular, como el ricino. | f. pl. **2** Familia de estas plantas.

euforia. f. **1** Sensación de bienestar como resultado de una perfecta salud o de la administración de medicamentos o drogas: *el alcohol le produjo una euforia pasajera*. **2** Optimismo. **ANT.** 1 desánimo 2 pesimismo.

eufórico, ca. adj. Relativo a la euforia.

eufótida. f. Roca compuesta de diálaga y feldespato, de color blanco manchado de verde.

eufrasia. f. Hierba vellosa escrofulariácea, tallo erguido y ramoso, hojas elípticas y flores blancas.

eugenesia. f. Aplicación de las leyes biológicas de la herencia al perfeccionamiento de la especie humana.

eugenésico, ca. adj. Relativo a la eugenesia.

eunuco. m. Hombre castrado que en los harenes cuidaba de las mujeres.

eupepsia. f. Digestión normal. **ANT.** dispepsia.

eupéptico, ca. adj. y m. Se dice del medicamento que ayuda a la digestión.

¡eureka! interj. Expresa satisfacción y alegría. Se supone que la pronunció Arquímedes al descubrir el principio que lleva su nombre.

euro. m. poét. Uno de los cuatro vientos cardinales, que sopla de Oriente.

euroasiático, ca. adj. **1** Perteneciente o relativo a Europa y Asia, consideradas como un todo geográfico. También s. **2** Mestizo de europeo y asiático.

eurodiputado, da. m. y f. Diputado del parlamento de la Comunidad Europea.

europeidad. f. **1** Calidad o condición de europeo. **2** Carácter genérico de los pueblos que componen Europa.

europeísmo. m. **1** Doctrina política que defiende la unidad y la hegemonía europeas. **2** Carácter europeo.

europeísta. adj. y com. Partidario de la unidad o de la hegemonía europeas.

europeizar. tr. y prnl. Dar carácter europeo.

europeo, a. adj. y s. De Europa.

euscalduna. com. **1** Persona que habla vascuence. | adj. **2** Vasco.

eusquera o **euskera.** m. **1** Vascuence, la lengua vasca. | adj. **2** Relativo a la lengua vasca.

eutanasia. f. Acción de provocar la muerte a un enfermo incurable para evitarle sufrimiento físico.

evacuación. f. Acción de evacuar.

evacuar. tr. **1** Desocupar: *evacuaron la zona afectada por el ciclón*. **2** Expeler un ser orgánico líquidos o excrementos. **3** Desempeñar un encargo, informe, etc. **SIN.** 1 abandonar 2 exonerar.

evacuatorio, ria. adj. y m. Que sirve para evacuar.

evadir. tr. **1** Evitar con habilidad un daño o peligro: *evadir responsabilidades*. También prnl. **2** Sacar ilegalmente dinero de un país: *evadir capitales*. | **evadirse.** prnl. **3** Fugarse, escaparse: *se evadieron cuatro presos*. **4** Distraerse. **SIN.** 1 eludir □ **ANT.** 1 afrontar 4 aburrirse, agobiarse.

evaluación. f. **1** Acción de evaluar. **2** Prueba escolar, examen. **SIN.** 1 apreciación.

evaluar. tr. Determinar el valor de algo material o inmaterial: *evaluar daños, evaluar un comportamiento*. **SIN.** valorar, estimar.

evanescer. tr. y prnl. Desvanecer o esfumar.

evangeliario. m. Libro de liturgia que contiene los evangelios de cada día del año.

evangélico, ca. adj. **1** Relativo al Evangelio. **2** Perteneciente al protestantismo.

evangelio. m. **1** Historia de la vida, doctrina y milagros de Jesucristo. **2** Cada uno de los cuatro libros escritos por los evangelistas San Mateo, San Marcos, San Lucas y San Juan. **3** Parte de la misa católica en la que se lee y comenta alguno de estos relatos.

evangelista. m. Cada uno de los cuatro autores que escribieron el Evangelio.

evangelización. f. Acción de evangelizar.

evangelizar. tr. Predicar el Evangelio.

evaporación. f. Acción de evaporar.

evaporar. tr. y prnl. **1** Convertir en vapor un líquido: *se ha evaporado todo el caldo*. **2** Disipar, desvanecer: *su recuerdo se ha evaporado*. | **evaporarse.** prnl. **3** Fugarse, desaparecer: *en cuanto le vio decidió evaporarse*. **ANT.** 1 licuar 3 quedarse, permanecer.

evaporizar. tr., intr. y prnl. Vaporizar.

evasión. f. **1** Fuga. **2** Distracción. **SIN.** 1 huida 2 diversión.

evasiva. f. Recurso para evadir una dificultad: *nos respondió con evasivas*.

evasivo, va. adj. Que incluye o favorece una evasiva.

evento. m. **1** Suceso. **2** Hecho imprevisto o que puede acaecer. **SIN.** 2 eventualidad.

eventual. adj. **1** Que no es fijo ni regular, sino sujeto a las circunstancias: *una dificultad eventual*. **2** Se dice del trabajo y el contrato temporales. **SIN.** 1 casual. □ **ANT.** 2 fijo.

eventualidad. f. **1** Calidad de eventual. **2** Hecho o circunstancia de realización incierta.

evidencia. f. **1** Certeza clara y tan perceptible de una cosa, que nadie puede dudar de ella ni negarla: *la evidencia de un crimen*. **2 en evidencia.** loc. adv. Con los verbos *poner, estar, quedar,* etc., en ridículo, en situación desairada. **ANT.** 1 incertidumbre.

evidenciar. tr. Hacer patente y manifiesta la certeza de una cosa; probar y mostrar que es evidente.

evidente. adj. **1** Cierto, claro, patente y sin la menor duda. **2** Se usa como expresión de asentimiento: *¿te gustan los helados? Evidente.*

eviscerar. tr. Extraer las vísceras.

evitar. tr. **1** Apartar algún peligro; impedir que suceda: *evitar un choque.* **2** Intentar evadirse de alguna situación: *evitó mezclarse en aquel asunto.* **Sin.** 1 precaver 2 eludir □ **Ant.** 1 provocar 2 afrontar.

eviterno, na. adj. Que habiendo comenzado en el tiempo, no tendrá fin; p. ej., los ángeles.

evo. m. **1** Duración de las cosas eternas. **2** En poesía, duración del tiempo sin fin.

evocación. f. Acción de evocar.

evocar. tr. **1** Traer alguna cosa a la memoria: *en su discurso evocó la figura de su predecesor en el cargo.* **2** Recordar una cosa a otra por su semejanza: *ese gesto evoca el de tu padre.* **Sin.** 1 y 2 recordar □ **Ant.** 1 olvidar.

evolución. f. **1** Desarrollo de las cosas o de los organismos: *la evolución de las especies.* **2** Cambio gradual de algo en una dirección que se considera de avance: *la evolución de la ciencia.* | pl. **3** Giros, movimientos o ejercicios de alguien o algo: *los caballos hicieron varias evoluciones por la pista del circo.*

evolucionar. intr. **1** Desenvolverse los organismos o las cosas, pasando de un estado a otro. **2** Cambiar de costumbres.

evolucionismo. m. Doctrina filosófica que se funda en la hipótesis de la evolución de las especies.

evolucionista. adj. **1** Relativo a la evolución. | com. **2** Partidario del evolucionismo.

evolutivo, va. adj. Perteneciente a la evolución.

ex-. prep. lat. **1** Forma parte de locuciones latinas usadas en castellano. Se usa más c. pref., con el significado de fuera: *extraterrestre;* o de negación o privación: *exonerar.* **2** Antepuesta a nombres o adjetivos, significa que se ha dejado de ser aquello que significan: *ex ministro, ex marido.*

ex abrupto. loc. adv. De repente, bruscamente.

exabrupto. m. Salida de tono; dicho o ademán inconveniente e inesperado.

exacerbar. tr. y prnl. **1** Causar un gran enfado o enojo: *tu respuesta exacerbó su furia.* **2** Avivar una enfermedad, una molestia, etc. **Sin.** 1 irritar, exasperar 2 agravar, recrudecer.

exactitud. f. Puntualidad y fidelidad en la ejecución de una cosa. **Sin.** precisión.

exacto, ta. adj. **1** Puntual, fiel y cabal: *le doy el importe exacto.* **2** Cierto, verdad: *lo que has dicho es exacto.*

exaedro. m. Hexaedro.

exageración. f. **1** Acción de exagerar. **2** Concepto, hecho o cosa que traspasa los límites de lo justo o razonable.

exagerado, da. adj. Excesivo.

exagerar. tr. e intr. Dar proporciones excesivas a lo que se dice o hace: *no exageres tus méritos.* **Sin.** desorbitar □ **Ant.** atenuar.

exaltación. f. **1** Acción de exaltar. **2** Gloria que resulta de una acción muy notable.

exaltado, da. adj. Que se exalta mucho. **Sin.** apasionado.

exaltar. tr. **1** Elevar a una persona o cosa a una mayor dignidad o categoría. **2** Realzar el mérito de alguien: *exaltó su contribución a la ciencia.* | **exaltarse.** prnl. **3** Excitarse, perder la calma: *se exaltó en el partido.* **Sin.** 1 ensalzar 3 apasionarse □ **Ant.** 3 calmarse.

examen. m. **1** Prueba que se hace de la idoneidad de un sujeto para su profesión o para demostrar el aprovechamiento en los estudios. **2** Indagación y estudio de algo: *examen de conciencia.* **Sin.** 1 control 2 análisis.

examinando, da. m. y f. Persona que va a examinarse.

examinar. tr. **1** Probar las aptitudes y conocimientos de alguien mediante un examen. También prnl.: *mañana se examina de inglés.* **2** Investigar con diligencia y cuidado una cosa: *examinó el cielo en busca de nubes.* **Sin.** 2 indagar, analizar.

exangüe. adj. **1** Que ha perdido toda o parte de la sangre. **2** Agotado: *llegó exangüe a la meta.* **3** Muerto.

exánime. adj. **1** Sin señal de vida. **2** Desmayado, muy débil. **Ant.** 1 activo 2 fuerte.

exantema. m. Erupción de la piel, de color rojo, como el sarampión, la escarlatina y otras enfermedades.

exantemático, ca. adj. Relativo al exantema o acompañado de esta erupción.

exarca. m. **1** En la Iglesia griega, dignidad inmediatamente inferior a la de patriarca. **2** Gobernador bizantino de las provincias italianas dominadas.

exarcado. m. **1** Dignidad de exarca. **2** Tiempo que duraba su gobierno. **3** Territorio gobernado por un exarca.

exasperación. f. Acción de exasperar.

exasperar. tr. y prnl. Enfurecer a alguien, haciendo que pierda la paciencia. **Sin.** irritar □ **Ant.** aplacar.

excarcelación. f. Acción de excarcelar.

excarcelar. tr. y prnl. Poner en libertad al preso. **Ant.** apresar.

ex cáthedra. loc. adv. lat. **1** Con autoridad propia de un cargo. **2** irón. Se aplica al modo de hablar de quien no admite contradicción.

excavación. f. Acción de excavar.

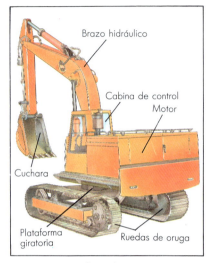

Excavadora

Labels: Brazo hidráulico, Cabina de control, Motor, Cuchara, Plataforma giratoria, Ruedas de oruga

excavador, ra. adj. y s. **1** Que excava. | f. **2** Máquina para excavar.

excavar. tr. Hacer en el terreno hoyos, zanjas, pozos o galerías subterráneas. **Sin.** cavar, socavar.

excedencia. f. Situación del funcionario público que no ejerce su cargo.

excedente. adj. y m. **1** Sobrante: *liquidación de excedentes.* **2** Se apl. al empleado que está temporalmente sin ejercer su cargo.

exceder. tr. **1** Ser una persona o cosa mayor que otra en tamaño, calidad, etc.: *este precio excede nuestro presupuesto.* | intr. **2** Sobrar. | **excederse.** prnl. **3** Propasarse: *no te excedas con el vino.* **Sin.** 1 sobresalir 3 extralimitarse.

excelencia. f. **1** Cualidad de excelente: *la excelencia de un vino.* **2** Tratamiento de respeto y cortesía. **3 por excelencia.** loc. adv. Indica que a algo o alguien le corresponde un apelativo más que a ningún otro: *Don Juan Tenorio es el seductor por excelencia.*

excelente. adj. Que sobresale en bondad, calidad o estimación: *una persona excelente; una cena excelente; un precio excelente.* **Sin.** óptimo □ **Ant.** pésimo.

excelentísimo, ma. adj. **1** Superl. de excelente. **2** Tratamiento y cortesía con que se habla a la persona a quien corresponde el de excelencia.

excelso, sa. adj. **1** Muy elevado en dignidad o categoría: *un excelso erudito.* **2** Alto: *una torre excelsa.*

excentricidad. f. **1** Rareza o extravagancia de carácter. **2** Dicho o hecho raro, fuera de lo normal o extravagante.

excéntrico, ca. adj. **1** De carácter raro, extravagante, fuera de lo normal. También s.: *llevaba un excéntrico sombrero.* **2** Que está fuera del centro: *un barrio excéntrico.* **Ant.** corriente.

excepción. f. **1** Acción de exceptuar. **2** Cosa que se aparta de la regla general: *hoy nos acostaremos pronto como excepción.*

excepcional. adj. **1** Que se aparta de lo ordinario, o que ocurre rara vez: *esta nevada es excepcional.* **2** Muy bueno, excelente: *vimos una representación excepcional.* **Sin.** 2 magnífico.

excepto. adv. m. y conj. A excepción de, fuera de, menos: *vinieron todos excepto tú.*

exceptuación. f. Acción de exceptuar.

exceptuar. tr. y prnl. Excluir a una persona o cosa de lo que se trata: *si exceptuamos el lunes, nos quedan cuatro días de calvario.* **Sin.** excluir, eliminar □ **Ant.** incluir.

excesivo, va. adj. Que excede de la norma. **Sin.** desmesurado.

exceso. m. **1** Parte que sale y sobrepasa de la medida normal. **2** Lo que sale en cualquier aspecto de los límites de lo ordinario o de lo lícito. **3** Abuso: *exceso de alcohol.* **4** Aquello en que una cosa excede a otra.

excipiente. m. Sustancia, por lo común inerte, que se mezcla con los medicamentos para darles la consistencia, forma, sabor, etc.

excitabilidad. f. Calidad de excitable.

excitable. adj. **1** Capaz de ser excitado. **2** Que se excita fácilmente.

excitación. f. **1** Acción de excitar. **2** Efecto que produce un excitante al actuar sobre una célula, un órgano o un organismo.

excitar. tr. Estimular, provocar o activar algún sentimiento, pasión o movimiento. También prnl.: *el café le excitó y no podía dormir.* **Ant.** calmar.

exclamación. f. **1** Voz, grito o frase en que se refleja una emoción o un sentimiento: *una exclamación de dolor, sorpresa, terror.* **2** Signo ortográfico que se coloca delante y detrás (¡ !) de la voz o expresión que lo indica.

exclamar. tr. e intr. Emitir palabras con fuerza o vehemencia para dar vigor o eficacia a lo que se dice.

exclaustrar. tr. Permitir u ordenar a un religioso que abandone el claustro.

excluir. tr. **1** Echar a una persona o cosa fuera del lugar que ocupaba: *le excluyeron del proyecto.* **2** Descartar, rechazar: *han excluido varias candidaturas.* | **excluirse.** prnl. **3** Ser incompatibles en una misma situación dos o más cosas: *estas dos opciones se* *excluyen.* || **Irreg.** Se conj. como *huir.* Sɪɴ. 1 separar □ Aɴᴛ. 1 incluir, admitir 2 aceptar.

exclusión. f. Acción de excluir.

exclusiva. f. Privilegio o derecho adquirido para hacer algo prohibido a los demás: *vendió la exclusiva a esta revista.*

exclusive. adv. m. Sin tomar en cuenta la última o últimas cosas que se han mencionado: *tengo de vacaciones hasta el 16 exclusive.*

exclusividad. f. Calidad de exclusivo.

exclusivismo. m. **1** Adhesión y atención sólo a una persona, una cosa o una idea, sin reparar en otras que debían tenerse en cuenta: *su exclusivismo terminará aislándole.* **2** Deseo de excluir a todos de algo que se quiere sólo para uno mismo. **3** Exceso de aprecio por lo propio, despreciando lo ajeno. Sɪɴ. 1 partidismo 3 chovinismo □ Aɴᴛ. 1 pluralismo.

exclusivista. adj. **1** Relativo al exclusivismo. **2** Se dice de la persona que practica el exclusivismo. También com.

exclusivo, va. adj. **1** Que excluye. **2** Único, solo: *esta especie es exclusiva de la región.* Aɴᴛ. 1 inclusivo.

excluyente. adj. Que excluye, deja fuera o rechaza.

excombatiente. adj. y com. Que peleó bajo alguna bandera militar o por alguna causa política.

excomulgado, da. m. y f. Persona a quien se excomulga de la comunidad católica.

excomulgar. tr. **1** Expulsar a alguien de la comunidad católica y del uso de los sacramentos la autoridad eclesiástica. **2** Declarar a una persona fuera de un grupo cualquiera.

excomunión. f. **1** Acción de excomulgar. **2** Carta o edicto con que se intima y publica la censura. Sɪɴ. 1 anatema.

excoriación. f. Acción de excoriar.

excoriar. tr. y prnl. Gastar, arrancar o levantar la capa externa de la piel.

excrecencia. f. Bulto que crece anormalmente en animales y plantas, alterando su textura y superficie naturales. Sɪɴ. tumor.

excreción. f. Acción de excretar.

excrementar. tr. Deponer los excrementos.

excremento. m. Materia residual que se arroja del cuerpo por las vías naturales, especialmente las fecales. Sɪɴ. deposición, heces.

excretar. intr. **1** Expeler el excremento. **2** Expulsar las sustancias elaboradas por las glándulas. Sɪɴ. 1 defecar.

excretor, ra o **excretorio, ria.** adj. **1** Se dice del órgano que sirve para excretar. **2** Se dice del conducto por el que salen de las glándulas los productos que éstas han elaborado.

exculpación. f. **1** Acción de exculpar. **2** Hecho o circunstancia que sirve para exonerar de culpa.

exculpar. tr. y prnl. Descargar a uno de culpa o de responsabilidad. Sɪɴ. disculpar, absolver □ Aɴᴛ. acusar.

exculpatorio, ria. adj. Que exculpa.

excursión. f. Viaje corto a algún sitio como actividad de recreo, estudio o ejercicio físico.

excursionismo. m. Ejercicio y práctica de las excursiones como deporte o con fin científico o artístico.

excursionista. com. Persona que hace excursiones.

excusa. f. Motivo o pretexto para eludir una obligación o disculpar alguna omisión: *dio una excusa poco convincente de su retraso.* Sɪɴ. disculpa.

excusable. adj. **1** Que admite excusa o es digno de ella. **2** Que se puede omitir o evitar. Sɪɴ. 1 disculpable.

excusado, da. adj. **1** Que por privilegio está libre de pagar tributos. **2** Superfluo e inútil para el fin que se desea. **3** Lo que no hay necesidad de hacer o decir: *excusado es que yo voy a ir.* | m. **4** Retrete, escusado. Sɪɴ. 2 superfluo □ Aɴᴛ. 2 necesario, forzoso.

excusar. tr. y prnl. **1** Disculpar algo o a alguien: *se excusó por su tardanza.* **2** Liberar a alguien de un trabajo o molestia: *le excusaron de venir.* | **excusarse.** prnl. **3** Alegar razones para evitar o rehusar hacer algo. Sɪɴ. 2 eximir, librar 3 escaquearse □ Aɴᴛ. 1 culpar.

execrable. adj. Digno de execración. Sɪɴ. abominable □ Aɴᴛ. admirable.

execración. f. **1** Acción de execrar. **2** Pérdida del carácter sagrado de un lugar por profanación o por accidente.

execrar. tr. Condenar, maldecir, aborrecer. Aɴᴛ. bendecir.

execratorio, ria. adj. Que sirve para execrar.

exedra. f. Construcción descubierta, de planta semicircular, con asientos y respaldos fijos en la parte interior de la curva.

exegesis o **exégesis.** f. Explicación, interpretación, especialmente de los libros de la Biblia. || No varía en pl.

exegeta o **exégeta.** com. Intérprete o expositor de un texto literario.

exención. f. **1** Efecto de eximir o eximirse. **2** Privilegio que uno tiene para eximirse de algún cargo u obligación: *exención de impuestos.* Sɪɴ. 1 dispensa □ Aɴᴛ. 1 y 2 deber.

exento, ta. adj. **1** Libre, desembarazado de cargas, obligaciones, culpas, etc.: *le han declarado exento de culpa.* **2** Se apl. al sitio, edificio, etc. que está

exequátur – éxito

descubierto por todas partes: *un busto exento.* S<small>IN</small>. 1 descargado, dispensado ☐ A<small>NT</small>. 1 obligado.

exequátur. m. **1** Documento que autoriza a los extranjeros a ejercer las funciones propias de sus cargos en un país. **2** Autorización para que se cumpla una sentencia en un país distinto del que la dictó. **3** Documento por el que las autoridades civiles aprueban las bulas pontificias. ‖ No varía en pl.

exequias. f. pl. Honras fúnebres. S<small>IN</small>. funerales.

exfoliación. f. **1** Acción de exfoliar. **2** Pérdida o caída de la epidermis en forma de escamas.

exfoliar. tr. y prnl. Dividir una cosa en láminas o escamas.

exhalación. f. **1** Acción de exhalar: *exhalación de gases.* **2** Estrella fugaz. **3** Rayo, centella. S<small>IN</small>. 1 emanación, efluvio.

exhalar. tr. **1** Despedir gases, vapores u olores: *el guiso exhalaba un apetitoso aroma.* **2** Dicho de suspiros, quejas, etc., lanzarlos: *exhaló una queja.* S<small>IN</small>. 1 desprender 2 proferir ☐ A<small>NT</small>. 1 absorber.

exhaustivo, va. adj. Que agota o apura por completo: *un esfuerzo exhaustivo.* S<small>IN</small>. profundo, minucioso ☐ A<small>NT</small>. somero.

exhausto, ta. adj. **1** Enteramente apurado o agotado: *el depósito está exhausto.* **2** Muy cansado y débil: *el partido de tenis me ha dejado exhausto.* S<small>IN</small>. 1 acabado 2 extenuado ☐ A<small>NT</small>. 1 lleno 2 pletórico.

exhibición. f. **1** Acción de exhibir o exhibirse. **2** Demostración pública de una actividad sin carácter competitivo: *una exhibición deportiva.* S<small>IN</small>. 1 exposición, alarde.

exhibicionismo. m. **1** Afán de exhibirse. **2** Perversión consistente en el impulso a mostrar los órganos genitales para sentir placer sexual.

exhibicionista. com. Persona aficionada al exhibicionismo.

exhibir. tr. **1** Manifestar, mostrar en público: *hoy exhiben su última película.* ‖ **exhibirse** prnl. **2** Intentar llamar la atención: *se exhibió con su coche por toda la ciudad.* S<small>IN</small>. 1 enseñar, ofrecer 2 lucirse ☐ A<small>NT</small>. 1 ocultar.

exhortación. f. **1** Acción de exhortar. **2** Advertencia o aviso con que se intenta persuadir. **3** Discurso o sermón breve: *el general exhortó a sus tropas.*

exhortar. tr. Inducir a uno con palabras, razones y ruegos a que haga o deje de hacer alguna cosa: *le exhortó a la moderación.* S<small>IN</small>. aconsejar.

exhorto. m. Despacho que libra un juez a otro para que mande el cumplimiento de lo que le pide.

exhumación. f. Acción de exhumar.

exhumar. tr. **1** Desenterrar, sacar de la sepultura un cadáver o restos humanos. **2** Desenterrar, sacar a luz lo olvidado. S<small>IN</small>. 2 recordar ☐ A<small>NT</small>. 1 inhumar 1 y 2 enterrar.

exigencia. f. **1** Acción de exigir. **2** Pretensión caprichosa o desmedida: *no me vengas con exigencias.* Más en pl. S<small>IN</small>. 1 demanda.

exigente. adj. y com. Se dice en especial del que exige más de lo habitual. S<small>IN</small>. severo, riguroso.

exigir. tr. **1** Pedir alguien algo por derecho: *le exigió el pago de la deuda.* **2** Demandar enérgicamente: *te exijo que me digas qué pasó.* **3** Necesitar: *este trabajo exige dedicación.* ‖ intr. **4** Mostrarse exigente: *este profesor exige mucho.* S<small>IN</small>. 1 reclamar ☐ A<small>NT</small>. 1 y 2 renunciar.

exiguo, gua. adj. Insuficiente, escaso: *le dieron un plazo exiguo para entregarlo.*

exilar. tr. Exiliar.

exiliado, da. adj. y s. Expatriado, generalmente por motivos políticos.

exiliar. tr. **1** Expulsar a uno de un territorio. ‖ **exiliarse** prnl. **2** Expatriarse, generalmente por motivos políticos. S<small>IN</small>. 1 desterrar ☐ A<small>NT</small>. 1 acoger.

exilio. m. **1** Abandono del propio país, generalmente por motivos políticos. **2** Lugar en que vive el exiliado y tiempo que pasa en él: *compuso la mayoría de su obra en el exilio.* S<small>IN</small>. 1 destierro.

eximente. adj. y f. Que exime.

eximio, mia. adj. Excelente, sobresaliente: *un eximio erudito.* S<small>IN</small>. insigne, eminente.

eximir. tr. y prnl. Librar, desembarazar a alguien de cargas, obligaciones, culpas, etc.: *le eximieron de responsabilidad en aquel suceso.* ‖ p. p. reg.: *eximido*, que se usa para la formación de tiempos compuestos; p. p. irreg.: *exento*, usado como adj. S<small>IN</small>. dispensar ☐ A<small>NT</small>. obligar.

existencia. f. **1** Acto de existir: *la arqueología ha demostrado la existencia de civilizaciones desconocidas.* **2** Vida del hombre: *llevó una existencia aventurera.* **3** En fil., por oposición a esencia, la realidad concreta de un ente cualquiera. ‖ pl. **4** Mercancías que aún no han tenido salida: *liquidación de existencias por cierre de negocio.* S<small>IN</small>. 4 género ☐ A<small>NT</small>. 1 inexistencia 2 muerte.

existencial. adj. Relativo al acto de existir.

existencialismo. m. Movimiento filosófico que trata de fundar el conocimiento de toda realidad sobre la experiencia inmediata de la existencia propia.

existencialista. adj. **1** Relativo al existencialismo. ‖ com. **2** Partidario del existencialismo.

existir. intr. **1** Tener una cosa ser real y verdadero: *existe un libro de reclamaciones.* **2** Haber, estar, hallarse: *allí existía una pequeña plaza.* **3** Tener vida: *los dinosaurios existieron hace millones de años.* S<small>IN</small>. 3 vivir ☐ A<small>NT</small>. 3 morir.

éxito. m. **1** Resultado feliz de un negocio, actuación, etc. **2** Buena acogida que tiene algo o alguien:

el libro tuvo mucho éxito. **Sin.** 1 fortuna 2 aceptación ☐ **Ant.** 1 y 2 fracaso.

exitoso, sa. adj. Que tiene éxito.

ex libris. m. Cédula o grabado que se adhiere en el reverso de la tapa de los libros, en la cual consta el nombre o emblema del dueño o el de la biblioteca a que pertenece el libro.

exocrina. adj. Glándula que tiene conducto excretor, por el cual salen los productos que aquélla ha elaborado.

éxodo. m. **1** Segundo libro del Pentateuco, que cuenta en primer lugar la salida de los israelitas de Egipto. **2** Emigración de un pueblo o de una muchedumbre de personas con cualquier motivo: *el éxodo rural.* **Sin.** 2 expatriación, marcha ☐ **Ant.** 2 repatriación.

exogamia. f. **1** Matrimonio contraído entre cónyuges de distinta tribu o ascendencia, o procedentes de otra localidad o comarca. **2** Cruzamiento entre individuos de distinta raza. **Ant.** 1 y 2 endogamia.

exógeno, na. adj. **1** Se dice del órgano que se forma en el exterior de otro, como las esporas de ciertos hongos. **2** Se aplica a las fuerzas que externamente obran sobre algo. **3** Se dice de las fuerzas o fenómenos que se producen en la superficie terrestre. **Ant.** 1-3 endógeno.

exoneración. f. Acción de exonerar.

exonerar. tr. y prnl. **1** Aliviar, descargar de peso, carga u obligación: *le exoneraron de presentarse.* **2** Separar, privar o destituir a alguien de un empleo. **3 exonerar el vientre.** loc. Expulsar los excrementos. **Sin.** 1 eximir 2 deponer 3 evacuar.

exorbitante. adj. Excesivo, fuera de la medida normal: *un precio exorbitante.* **Sin.** exagerado ☐ **Ant.** moderado.

exorcismo. m. Conjuro para expulsar al demonio de la persona que se cree poseída por él.

exorcista. m. **1** Eclesiástico que tiene potestad para exorcizar. | com. **2** Persona que realiza exorcismos.

exorcizar. tr. Hacer exorcismo.

exordio. m. **1** Principio, introducción, preámbulo de una obra literaria. **2** Preámbulo de un razonamiento o conversación familiar. **Sin.** 1 y 2 prólogo ☐ **Ant.** 1 conclusión, epílogo.

exosfera. f. Región exterior de la atmósfera que se extiende a partir de los 500 km de altura.

exotérico, ca. adj. Común, accesible, fácil de comprender por cualquiera. **Ant.** esotérico.

exotérmico, ca. adj. Se dice de las combinaciones que al producirse desprenden calor, como suele ocurrir en la combustión del carbón. **Ant.** endotérmico.

exótico, ca. adj. **1** Extranjero, procedente de un país lejano: *unos rasgos faciales exóticos.* **2** Extraño, chocante, extravagante. **Sin.** 1 foráneo 2 insólito ☐ **Ant.** 1 autóctono 2 común.

exotismo. m. Calidad de exótico.

expandir. tr. y prnl. Extender, dilatar, difundir: *expandir un imperio, una noticia.*

expansibilidad. f. Propiedad que tiene un cuerpo de poder ocupar mayor espacio que el que ocupa. La poseen, en particular, los gases.

expansión. f. **1** Acción de expandir o expandirse: *la expansión de un imperio.* **2** Acción de desahogar cualquier sentimiento o pensamiento. **3** Recreo, diversión, ocio. **4** Una de las fases del motor de explosión en la que se mezclan el aire y el combustible. **5** Período de desarrollo económico. **Sin.** 1 dilatación, extensión 2 desahogo 3 entretenimiento ☐ **Ant.** 1 contracción.

expansionarse. prnl. **1** Desahogarse. **2** Dilatarse un vapor o gas.

expansivo, va. adj. **1** Que puede o que tiende a extenderse o dilatarse, ocupando mayor espacio. **2** Franco, comunicativo: *se mostró muy expansivo conmigo.* **Sin.** 2 sociable ☐ **Ant.** 2 cerrado.

expatriación. f. Acción de expatriarse.

expatriado, da. adj. y s. Que se expatria.

expatriar. tr. y prnl. Hacer abandonar a uno su patria. **Sin.** exiliarse, emigrar ☐ **Ant.** repatriar.

expectación. f. Espera, generalmente curiosa o tensa, de un acontecimiento que interesa o importa: *esperaban sus declaraciones con gran expectación.*

expectante. adj. Que espera observando, o está pendiente de una cosa: *actitud expectante.*

expectativa. f. Esperanza o posibilidad de conseguir una cosa: *mantiene sus expectativas sobre el puesto.* **Sin.** perspectiva.

expectoración. f. **1** Acción de expectorar. **2** Lo que se expectora.

expectorar. tr. Arrancar y expulsar tosiendo las flemas y secreciones que se depositan en las vías respiratorias.

expedición. f. **1** Acción de expedir: *expedición de correspondencia.* **2** Excursión colectiva a una ciudad o paraje con un fin científico o deportivo. **3** Conjunto de personas que la realizan: *la expedición regresa mañana.* **Sin.** 1 envío.

expedicionario, ria. adj. y s. Que lleva a cabo una expedición.

expedidor, ra. m. y f. Persona que expide.

expedientar. tr. Someter a expediente a un funcionario, estudiante, etc. **Sin.** sancionar.

expediente. m. **1** Conjunto de todos los documentos y gestiones correspondientes a un asunto o negocio. **2** Historial de incidencias de un estudiante, de un profesional, etc. **3** Procedimiento administrativo

expedir – explorador

en que se enjuicia a un funcionario por supuestas faltas en el cumplimiento de sus funciones.

expedir. tr. **1** Extender por escrito un documento: *expedir un informe*. **2** Remitir, enviar: *expedir un paquete*. **3** Dar curso a las causas y negocios; despacharlos. ‖ **Irreg.** Se conj. como *pedir*. **Sin.** 2 mandar 3 tramitar.

expeditivo, va. adj. Diligente, eficaz.

expedito, ta. adj. **1** Desembarazado, libre de todo estorbo: *el paso estaba expedito*. **2** Ágil. **Sin.** 1 despejado □ **Ant.** 2 lento, torpe.

expeler. tr. Arrojar, lanzar, despedir: *la chimenea expelía un humo negruzco*. **Sin.** expulsar, echar □ **Ant.** absorber.

expendeduría. f. Tienda en que se vende al por menor tabaco u otros efectos, estancados o monopolizados.

expender. tr. Vender al por menor. **Sin.** despachar □ **Ant.** comprar.

expendio. m. **1** *amer.* En comercio, venta al por menor. **2** *amer.* Tienda en que se venden bebidas alcohólicas y otros artículos.

expensas. f. pl. **1** Gastos, costas. **2 a expensas de.** loc. adv. A costa de, por cuenta de, a cargo de: *vive a expensas de su familia*.

experiencia. f. **1** Enseñanza que se adquiere con la práctica: *tiene mucha experiencia en navegación*. **2** Acontecimiento que se vive y del que se aprende algo: *aquel fracaso fue una amarga experiencia*. **3** Experimento. **Sin.** 3 vivencia 3 ensayo, prueba.

experimentación. f. **1** Acción de experimentar. **2** Método científico de indagación. **3** Conjunto de pruebas a que se somete algo para probar su eficacia y validez: *este producto está en fase de experimentación*. **Sin.** 1 experiencia 3 ensayo, comprobación.

experimentado, da. adj. Se dice de la persona que tiene experiencia.

experimental. adj. **1** Que sirve de experimento. **2** Fundado en la experiencia: *método experimental*.

experimentar. tr. **1** Probar y examinar prácticamente la eficacia y propiedades de una cosa: *están experimentando un nuevo combustible*. También intr. **2** Sentir, sufrir algo o alguien un cambio, un sentimiento, etc.: *el enfermo no ha experimentado mejoría*. **3** Conocer algo por la propia práctica. **Sin.** 1 ensayar.

experimento. m. Acción de experimentar: *en clase hicimos un experimento de química*. **Sin.** ensayo, prueba.

experto, ta. adj. Práctico, hábil, experimentado: *es experto en informática*. **Sin.** versado □ **Ant.** inexperto.

expiación. f. Acción de expiar. **Sin.** castigo, pena.

expiar. tr. **1** Borrar las culpas por medio de algún sacrificio: *expiar los pecados*. **2** Sufrir el delincuente la pena impuesta por los tribunales. **Sin.** 1 y 2 purgar.

expiatorio, ria. adj. Que se hace por expiación, o que la produce.

expiración. f. Acción de expirar.

expirar. intr. **1** Fallecer, morir. **2** Acabarse, concluir una cosa: *mañana expira el plazo de matrícula*. **Sin.** 1 fenecer 2 vencer, extinguirse □ **Ant.** 1 nacer.

explanación. f. **1** Acción de explanar. **2** Declaración y explicación de un texto, doctrina o sentencia.

explanada. f. Espacio de terreno allanado. **Sin.** descampado.

explanar. tr. **1** Poner llano un terreno, suelo, etc. **2** Declarar, explicar algo: *explanó su punto de vista*. **Sin.** 1 allanar, nivelar.

explayar. tr. y prnl. **1** Ensanchar, extender. ‖ **explayarse.** prnl. **2** Extenderse mucho al explicar algo: *se explayó alabando las propiedades del producto*. **3** Esparcirse, distraerse: *se han ido unos días al campo para explayarse*. **4** Confiar los sentimientos íntimos a una persona para desahogarse: *se explayó conmigo*. **Sin.** 1 ampliar 4 expansionarse □ **Ant.** 1 limitar 2 ceñirse.

expletivo, va. adj. Se dice de las voces o partículas que, sin ser necesarias para el sentido, se emplean para hacer más expresiva la locución: *te quiero a ti, Belén*. **Sin.** enfático.

explicación. f. **1** Acción de explicar: *una explicación de texto*. **2** Lo que aclara o resuelve algo: *lo entiendo mejor después de esta explicación*. **3** Justificación: *dio todo tipo de explicaciones para disculparse*. **Sin.** 1 aclaración 3 excusa.

explicar. tr. **1** Exponer cualquier materia o doctrina con palabras que la hagan más comprensible: *explíqueme cómo funciona*. **2** Enseñar una materia: *explica derecho internacional*. **3** Justificar, disculpar algo: *esto explica su retraso*. También prnl. ‖ **explicarse.** prnl. **4** Entender algo: *no me explico su mal humor*. **5** Darse a entender: *explícate mejor, que no te entiendo*. **Sin.** 1 aclarar, esclarecer 2 impartir 3 excusar 5 expresarse.

explicativo, va. adj. Que explica o sirve para explicar una cosa: *nota explicativa*. **Sin.** aclaratorio, esclarecedor.

explícito, ta. adj. Que expresa clara y determinadamente una cosa: *su actitud de rechazo es muy explícita*. **Sin.** claro, patente □ **Ant.** confuso.

explicotearse. prnl. Explicarse con claridad y desenfado.

exploración. f. Acción de explorar.

explorador, ra. adj. y s. **1** Que explora. ‖ m. y f. **2** Muchacho o muchacha afiliado a cierta asociación educativa y deportiva. **Sin.** 2 boy scout.

explorar. tr. Reconocer minuciosamente un lugar, una persona o una cosa para descubrir algo. **Sin.** inspeccionar, sondear.

exploratorio, ria. adj. Que sirve para explorar.

explosión. f. **1** Rotura violenta de algo por un aumento rápido de la presión interior: *la explosión de un neumático.* **2** Ruido que hace esta rotura: *la explosión nos dejó aturdidos.* **3** Liberación brusca de una gran cantidad de energía encerrada en un volumen relativamente pequeño, produciendo un incremento violento y rápido de la presión, con desprendimiento de calor, luz y gases: *motor de explosión.* **4** Manifestación súbita y violenta de ciertos sentimientos o estados de ánimo: *explosión de risa.* **5** Desarrollo rápido de algo: *la explosión del racismo.* **Sin.** 1 reventón 1 y 2 estallido 2 detonación, estampido 4 arrebato 5 ola.

explosionar. intr. **1** Hacer explosión. | tr. **2** Provocar una explosión.

explosivo, va. adj. **1** Que hace o puede provocar explosión. También m.: *colocaron varias cargas de explosivos.* **2** Impresionante: *una chica explosiva.* **Sin.** 1 detonante 2 arrebatador.

explotación. f. **1** Acción de explotar. **2** Lugar donde se explota alguna riqueza: *explotación petrolífera.*

explotar. tr. **1** Sacar utilidad y beneficio de un negocio: *explota una tienda de antigüedades.* **2** Aprovecharse de algo o alguien: *le explotan en el trabajo.* **3** Extraer la riqueza de una mina. **Sin.** 1 trabajar 2 exprimir.

expoliación. f. Acción de expoliar.

expoliar. tr. Despojar a alguien de lo que le pertenece violenta e injustamente: *le expoliaron sus terrenos.* **Sin.** desposeer ☐ **Ant.** restituir.

expolio. m. **1** Acción de expoliar. **2** Botín del vencedor. **3** Alboroto, jaleo: *nos montó un buen expolio por no haberle llamado.* || Se usa con verbos como *montar, formar, organizar.* **Sin.** 2 trofeo, presa 3 gresca, pelotera ☐ **Ant.** 1 restitución.

exponente. adj. y m. **1** Número o expresión algebraica colocado a la derecha y arriba de otro que indica la cantidad de veces que ha de multiplicarse por sí mismo. **2** Índice, medida de algo: *es un buen exponente de esta corriente artística.*

exponer. tr. **1** Presentar una cosa para que sea vista: *expondrá sus cuadros dentro de una semana.* También intr. **2** Declarar, explicar: *expuso sus motivos.* **3** Colocar una cosa para que reciba la acción de un agente: *expuso la pieza al calor para secarla.* También prnl. **4** Arriesgar, aventurar. También prnl.: *se expuso mucho en ese negocio.* || **Irreg.** Se conj. como *poner.* **Sin.** 1 exhibir, enseñar 3 someter ☐ **Ant.** 1 ocultar 3 resguardar.

exportación. f. **1** Acción de exportar. **2** Conjunto de mercancías que se exportan: *exportación de vinos.* **Ant.** 1 y 2 importación.

exportar. tr. Enviar productos del propio país a otro. **Ant.** importar.

exposición. f. **1** Acción de exponer o exponerse. **2** Manifestación pública de artículos de industria o de artes y ciencias: *una exposición de pintura.* **3** Espacio de tiempo durante el cual se expone a la luz una placa fotográfica o un papel sensible para que se impresione. **Ant.** 1 ocultación.

expositivo, va. adj. Que expone, declara o interpreta.

expósito, ta. adj. y s. Se aplica al niño que recién nacido es abandonado o confiado a un establecimiento benéfico. **Sin.** inclusero.

expositor, ra. adj. y s. **1** Que expone. | m. y f. **2** Persona que concurre a una exposición pública con objetos de su propiedad o industria. | m. **3** Mueble para colocar lo que se quiere enseñar. **Sin.** 3 mostrador, vitrina.

exprés. adj. **1** Rápido: *olla exprés.* **2** Se apl. al café que se hace en cafetera exprés. | adj. y m. **3** Tren expreso. || No varía en pl.

expresar. tr. Decir, manifestar con palabras o con otros signos exteriores lo que uno siente o piensa: *su sonrisa expresaba satisfacción.* También prnl. || p. p. reg.: *expresado,* que se usa para la formación de tiempos compuestos; p. p. irreg.: *expreso,* usado como adj. **Sin.** mostrar, declarar, reflejar.

expresión. f. **1** Acción de expresar: *expresión de sentimientos.* **2** Palabra o locución: *no conocía esa expresión.* **3** Aspecto físico o semblante de alguien que indica una determinada forma de ser: *tiene una expresión avinagrada.* **4** En álg., conjunto de términos que representa una cantidad. **Sin.** 1 declaración, revelación 2 vocablo, dicho.

expresionismo. m. Escuela y tendencia estética de principios del s. xx que, reaccionando contra el impresionismo, propugna la intensidad de la expresión sincera aun a costa del equilibrio formal.

expresionista. adj. y com. Relativo o perteneciente al expresionismo.

expresividad. f. Calidad de expresivo. **Sin.** viveza, efusión ☐ **Ant.** inexpresividad, frialdad.

expresivo, va. adj. **1** Que manifiesta con gran viveza lo que siente o piensa: *esa mujer tiene unos gestos muy expresivos.* **2** Característico, típico. **Sin.** 1 efusivo 2 indicativo ☐ **Ant.** 1 inexpresivo.

expreso, sa. **1** p. p. irreg. de *expresar.* | adj. **2** Claro, patente. **3** Se dice del tren expreso. Más c. m. | m. **4** Correo extraordinario. | adv. m. **5** Ex profeso. **Sin.** 5 adrede, expresamente.

exprimidor. m. Instrumento para exprimir fruta.

exprimir. tr. **1** Extraer el zumo o líquido de una cosa. **2** Estrujar, agotar una cosa: *le exprimen en el trabajo.* **Sin.** 2 explotar.

ex profeso. loc. adv. lat. A propósito: *ha venido ex profeso para verte.*

expropiación. f. Acción de expropiar.

expropiar. tr. Desposeer de una cosa a su propietario por motivos de utilidad pública a cambio de una indemnización.

expuesto, ta. 1 p. p. irreg. de *exponer.* | adj. **2** Peligroso: *estás en una situación muy expuesta.* **Sin.** 2 arriesgado ☐ **Ant.** 2 seguro.

expugnar. tr. Tomar por fuerza de armas una ciudad, plaza, castillo, etc. **Sin.** conquistar.

expulsar. tr. Obligar a algo o alguien a salir de un lugar: *le expulsaron de clase.* **Sin.** echar, despedir ☐ **Ant.** admitir, acoger.

expulsión. f. Acción de expeler o expulsar.

expurgación. f. Acción de expurgar.

expurgar. tr. **1** Limpiar o purificar una cosa. **2** Censurar la autoridad competente ciertas partes de un libro o un escrito, sin prohibir su lectura: *expurgaron de «El lazarillo de Tormes» los pasajes anticlericales.*

expurgatorio, ria. adj. Que expurga o limpia.

exquisitez. f. Calidad de exquisito.

exquisito, ta. adj. De singular y extraordinaria calidad, primor o gusto: *una cena exquisita; un cuadro exquisito.* **Sin.** excelente, primoroso ☐ **Ant.** vulgar, ordinario.

extasiarse. prnl. **1** Emocionarse, enajenarse, quedar fuera de sí: *se extasió ante el mar.* **2** Sentir éxtasis religioso.

éxtasis. m. **1** Estado de la persona enteramente embargada por un intenso sentimiento de admiración, alegría, etc.: *siento éxtasis cuando oigo su música.* **2** Estado de unión del alma con Dios caracterizado por la suspensión temporal de las funciones corporales. || No varía en pl. **Sin.** 1 arrobamiento, delirio.

extático, ca. adj. Que está en éxtasis.

extemporaneidad. f. Calidad de extemporáneo.

extemporáneo, a. adj. **1** Impropio del tiempo en que sucede o se hace: *hace un calor extemporáneo para la estación.* **2** Inoportuno, inconveniente: *hizo un comentario extemporáneo.* **Sin.** 2 intempestivo, improcedente ☐ **Ant.** 2 oportuno.

extender. tr. y prnl. **1** Aumentar la superficie de una cosa. **2** Esparcir, desparramar: *extendió las fotos sobre la mesa.* **3** Desenvolver, desplegar: *extender un mantel.* **4** Propagar, difundir: *el rumor se extendió rápidamente.* | **extenderse.** prnl. **5** Ocupar algo cierta porción de espacio: *su finca se extiende hasta aquellas lomas.* **6** Durar algo cierta cantidad de tiempo. **7** Hacer por escrito o de palabra la narración o explicación de las cosas, dilatada y ampliamente: *se extendió contándonos sus aventuras.* **8** Propagarse, irse difundiendo una raza, una especie animal o vegetal, una profesión, uso, opinión o costumbre donde antes no la había. **9** Tumbarse. || p. p. reg.: *extendido*, que se usa para la formación de tiempos compuestos; part. irreg.: *extenso*, usado como adj. || **Irreg.** Se conj. como *entender.* **Sin.** 1 ampliar 2 dispersar 3 desdoblar 7 explayarse 9 echarse, tirarse ☐ **Ant.** 1 reducir, encoger 2 reunir, agrupar 3 plegar.

extensible. adj. Que se puede extender.

extensión. f. **1** Acción de extender o extenderse. **2** Medida del espacio ocupada por un cuerpo: *tiene un jardín de escasa extensión.* **3** Cada una de las líneas telefónicas que se sacan de una central y que dependen de una misma centralita. **4** Ampliación del significado de las palabras a otro concepto relacionado con el originario. **Sin.** 1 prolongación 2 superficie ☐ **Ant.** 1 contracción.

extensivo, va. adj. Que se puede extender o aplicar a más cosas que a las que ordinariamente comprende.

extenso, sa. adj. Que tiene mucha extensión: *un extenso programa de reformas.* **Sin.** vasto, amplio, grande ☐ **Ant.** reducido, pequeño.

extensor, ra. adj. Que extiende o hace que se extienda una cosa: *músculo extensor.* **Sin.** dilatador ☐ **Ant.** compresor.

extenuación. f. Agotamiento, debilitación de fuerzas materiales.

extenuante. adj. Que extenúa.

extenuar. tr. y prnl. Agotar, debilitar: *la mudanza me ha extenuado.* **Ant.** fortalecer.

exterior. adj. **1** Que está por la parte de afuera: *el pastel tiene un baño exterior de chocolate.* **2** Se dice de la habitación de una casa que da a la calle. **3** Relativo a otros países, por contraposición a nacional e interior: *política exterior.* | m. **4** Superficie externa de los cuerpos: *el exterior del coco es áspero.* | pl. **5** En cine, planos de una película rodados fuera del estudio de grabación: *toma de exteriores.* **Sin.** 1 externo 3 extranjero ☐ **Ant.** 1 interior 3 nacional.

exterioridad. f. **1** Cosa exterior o externa. **2** Apariencia de las cosas o porte de una persona. **3** Demostración con que se aparenta un afecto del ánimo. **4** Honor o pompa de pura ceremonia. Más en pl. **Sin.** 1 y 2 exterior 2 aspecto, facha ☐ **Ant.** 1 y 2 interioridad.

exteriorización. f. Acción de exteriorizar.

exteriorizar. tr. y prnl. Revelar o mostrar algo al exterior, sobre todo hablando de pensamientos o sentimientos: *exteriorizó sus quejas ante el jefe.* **Ant.** ocultar.

exterminación. f. Acción de exterminar.

exterminar. tr. **1** Acabar del todo con algo o alguien: *exterminar una plaga.* **2** Devastar con las armas. **Sin.** 1 aniquilar 2 asolar.

exterminio. m. Acción de exterminar.

externado. m. **1** Establecimiento de enseñanza donde se reciben alumnos externos. **2** Estado y régimen de vida del alumno externo. **3** Conjunto de alumnos externos. **Ant.** 1-3 internado.

externo, na. adj. **1** Se dice de lo que obra o se manifiesta al exterior: *síntoma externo.* **2** Se dice de la empleada de hogar que no duerme en la casa en que trabaja. También f. **Ant.** 1 y 2 interno.

extinción. f. Acción de extinguir o extinguirse: *una especie en vías de extinción.* **Ant.** surgimiento.

extinguir. tr. y prnl. **1** Apagar: *extinguir el fuego.* **2** Hacer que cesen o se acaben del todo ciertas cosas que desaparecen gradualmente: *extinguirse la vida.* |
extinguirse. prnl. **3** Prescribir un plazo, un derecho, etc.: *se ha extinguido el plazo de reclamación.* **Sin.** 1 sofocar 2 agotar, agonizar 3 caducar ☐ **Ant.** 1 encender.

extintor, ra. adj. **1** Que extingue. | m. **2** Aparato para extinguir incendios.

extirpación. f. Acción de extirpar.

extirpar. tr. **1** Arrancar de cuajo o de raíz. **2** Acabar del todo con una cosa, especialmente maligna: *extirpar un cáncer.* **Sin.** 1 extraer 2 eliminar, erradicar ☐ **Ant.** 1 implantar.

extorsión. f. **1** Cualquier daño o perjuicio: *el cambio de horario ha sido una extorsión para él.* **2** Acción de arrebatar por fuerza o intimidación una cosa a uno: *le extorsionaron para que abandonara las investigaciones.* **Sin.** 1 perturbación.

extorsionar. tr. **1** Usurpar, arrebatar. **2** Causar extorsión o daño.

extra. adj. **1** Extraordinario, óptimo: *este vino está extra.* **2** Añadido, plus: *paga extra.* **3** Plato extraordinario que no figura en la carta. | com. **4** En el cine, persona que interviene como comparsa, o que actúa ante la cámara sin papel destacado. **Sin.** 1 excelente ☐ **Ant.** 1 inferior.

extra-. Elemento compositivo que sign. 'fuera de': *extra*muros.

extracción. f. **1** Acción de extraer: *el dentista le hizo una extracción.* **2** En el juego de la lotería, acto de sacar las bolas con los números premiados. **3** Origen, linaje: *es de baja extracción social.*

extractar. tr. Resumir un escrito, un libro, etc.

extracto. m. **1** Resumen de un escrito. **2** Sustancia que, en forma concentrada, se extrae de otra, de la cual conserva sus propiedades. **Sin.** 1 síntesis 2 esencia ☐ **Ant.** 1 ampliación.

extractor, ra. adj. Que sirve para extraer. También m.: *pon el extractor para que se vaya el humo.*

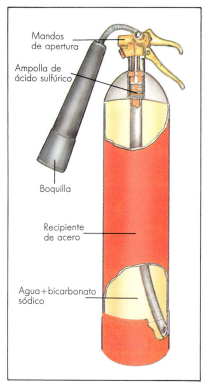

Extintor

extradición. f. Entrega del reo refugiado en un país a las autoridades de otro que lo reclaman.

extraditar. tr. Conceder el gobierno la extradición de un reclamado por la justicia de otro país. **Ant.** asilar, acoger.

extraer. tr. **1** Sacar algo que está hundido, inmerso o sepultado en algo: *extraer petróleo, una muela.* **2** En mat., averiguar la raíz cuadrada de una cantidad dada. **3** Deducir: *extraer conclusiones.* || **Irreg.** Se conj. como *traer.* **Sin.** 1 desenterrar ☐ **Ant.** 1 introducir.

extrajudicial. adj. Que se hace o se trata fuera de la vía judicial.

extralimitarse. prnl. **1** Excederse en el uso de las facultades o atribuciones. **2** Abusar de la benevolencia ajena: *se extralimitó al pedírselo.* **Sin.** 1 y 2 pasarse ☐ **Ant.** 1 comedirse.

extramuros. adv. l. Fuera del recinto de una

extranjería – extremar

ciudad, villa o lugar: *el convento está extramuros.* **Ant.** intramuros.

extranjería. f. **1** Calidad y condición que por las leyes corresponden al extranjero residente en un país, mientras no está naturalizado en él. **2** Sistema o conjunto de normas reguladoras de la condición, los actos y los intereses de los extranjeros en un país: *ley de extranjería.*

extranjerismo. m. **1** Voz, frase o giro en un idioma extranjero introducido en otro. **2** Afición exagerada a las costumbres extranjeras.

extranjerizar. tr. y prnl. Introducir las costumbres extranjeras, mezclándolas con las propias del país.

extranjero, ra. adj. **1** Que es o viene de otro país: *una costumbre extranjera.* **2** Natural de una nación con respecto a los naturales de cualquier otra. Más c. s.: *el turismo atrae a muchos extranjeros.* | m. **3** Toda nación que no es la propia: *fueron de vacaciones al extranjero.* **Sin.** 1 foráneo ❏ **Ant.** nativo, nacional.

extranjis (de). loc. Ocultamente, de tapadillo: *se coló de extranjis en la fiesta.*

extraña. f. Planta herbácea compuesta, de flores grandes, que se cultiva para adorno.

extrañar. tr. **1** Producir admiración o extrañeza una cosa. También prnl.: *me extraña que no llame.* **2** Echar de menos a alguna persona o cosa: *extrañaba su ciudad.* **3** Notar la novedad de algo por no estar acostumbrado a ello: *he extrañado el colchón.* **4** Desterrar a país extranjero. También prnl. **Sin.** 1 sorprender 2 añorar 4 deportar, exiliar ❏ **Ant.** 4 asilar, acoger.

extrañeza o **extrañez.** f. **1** Admiración, asombro, sorpresa: *su respuesta me llenó de extrañeza.* **2** Anormalidad, rareza.

extraño, ña. adj. **1** Raro, singular: *esta planta es muy extraña.* **2** De nación, familia o profesión distintas. También s.: *no hables con extraños.* **3** Ajeno a la naturaleza o condición de una cosa de la que forma parte: *es extraño al proyecto.* | m. **4** Movimiento inesperado y repentino: *la pelota hizo un extraño.* **Sin.** 1 insólito 2 extranjero 3 ajeno ❏ **Ant.** 1 corriente.

extraoficial. adj. No oficial.

extraordinario, ria. adj. **1** Fuera del orden o regla natural o común: *este calor es extraordinario para la estación.* **2** Mejor que lo normal: *esta película es extraordinaria.* **3** Que se añade a lo usual: *horas extraordinarias.* | f. **4** Paga que se añade al sueldo normal: *aún no hemos cobrado la extraordinaria.* | m. **5** Número de un periódico que se publica por algún motivo especial. **Sin.** 1 excepcional, raro 2 estupendo 3 y 4 extra ❏ **Ant.** 1 usual 2 mediocre.

extraparlamentario, ria. adj. Se dice de las actividades, fuerzas políticas, etc., que quedan fuera del juego parlamentario.

extraplano, na. adj. Se dice de las cosas que son extraordinariamente planas: *un reloj extraplano.*

extrapolación. f. Acción de extrapolar.

extrapolar. tr. **1** Aplicar un criterio conocido a otros casos similares para extraer conclusiones o hipótesis. **2** Deducir el valor de una variable en una magnitud a partir de otros valores no incluidos en dicha magnitud. **Sin.** 1 inferir.

extrarradio. m. Zona que rodea el casco y radio de la población: *trabaja en el extrarradio.* **Sin.** suburbio, periferia.

extraterrestre. adj. y com. **1** Se dice de lo que pertenece al espacio exterior de la Tierra o procede de él. **2** Se aplica a los objetos o seres vivientes que se suponen habitantes del espacio exterior de la Tierra: *mañana ponen una película de extraterrestres.* **Sin.** 1 y 2 alienígena ❏ **Ant.** 1 y 2 terrícola.

extraterritorial. adj. Se dice de lo que está fuera de los límites territoriales.

extraterritorialidad. f. Privilegio que considera el domicilio de los agentes diplomáticos, buques de guerra, etc., como si estuviesen fuera del territorio donde se encuentran.

extrauterino, na. adj. Que está situado u ocurre fuera del útero, dicho en relación con lo que acontece dentro: *embarazo extrauterino.*

extravagancia. f. **1** Calidad de extravagante. **2** Acción o cosa extravagante.

extravagante. adj. **1** Que habla, actúa, viste, etc., de un modo fuera de lo común. **2** Raro, extraño, desacostumbrado. **Sin.** 1 estrafalario, excéntrico.

extravasación. f. Acción de extravasarse.

extravasarse. prnl. Salirse un líquido de su vaso. Se usa sobre todo en medicina.

extravertido, da. adj. **1** Se dice de la persona sociable, que tiende a comunicar a los que le rodean sus problemas, sentimientos, etc. También s. **2** Se apl. al carácter de estas personas. **Sin.** 1 y 2 abierto, comunicativo ❏ **Ant.** 1 y 2 introvertido.

extraviar. tr. y prnl. **1** Hacer perder el camino: *se extravió en la niebla.* **2** Perder una cosa: *extravió el certificado.* | **extraviarse.** prnl. **3** Dejar la forma de vida que se había empezado y tomar otra distinta, generalmente peor: *se extravió por las malas compañías.* **Sin.** 1 descaminar, desorientar 3 descarriarse ❏ **Ant.** 1 orientar 2 encontrar.

extravío. m. Acción de extraviar.

extremado, da. adj. **1** Situado en uno de los extremos de una escala de gradación. **2** Exagerado: *un clima extremado.*

extremar. tr. **1** Llevar algo al extremo: *extremar las precauciones.* | **extremarse.** prnl. **2** Emplear todo el esmero en la ejecución de una cosa: *se ha extremado mucho en esta labor*. **Sin.** 1 exagerar 2 cuidar ☐ **Ant.** 1 moderar 2 descuidar.

extremaunción. f. Sacramento de la Iglesia católica que consiste en la unción con óleo sagrado hecha por el sacerdote a los fieles que se hallan en inminente peligro de muerte.

extremidad. f. **1** Parte extrema de una cosa. | pl. **2** Cabeza, pies, manos y cola de los animales. **3** Pies y manos del hombre. **4** Los brazos y piernas o las patas, en oposición al tronco. **Sin.** 1 remate, punta.

extremismo. m. Tendencia a adoptar ideas extremas o exageradas: *extremismo político*.

extremista. adj. y com. Que practica el extremismo.

extremo, ma. adj. **1** Se apl. a lo más intenso, elevado o activo de cualquier cosa: *frío, calor extremo*. **2** Excesivo, sumo, mucho: *puso extremo cuidado en no despertarte*. **3** Distante, con respecto al punto en que se sitúa el que habla: *está al extremo norte de la región*. | m. **4** Parte primera o última de una cosa: *el extremo de una cuerda*. **5** Asunto, punto o materia que se discute o estudia: *resolvieron los extremos de la disputa*. **6** En el fútbol, cada uno de los delanteros más próximos a las bandas del campo. **Sin.** 3 lejano 4 cabo, punta ☐ **Ant.** 1 moderado 3 cercano.

extrínseco, ca. adj. Externo, no esencial: *una causa extrínseca*. **Ant.** intrínseco.

extrovertido, da. adj. Extravertido.

extrudir. tr. Dar forma a una masa metálica, plástica, etc., haciéndola salir por una abertura especialmente dispuesta.

exuberancia. f. Abundancia extraordinaria: *exuberancia de riqueza*. **Sin.** profusión, riqueza ☐ **Ant.** escasez.

exuberante. adj. Abundante y copioso: *una vegetación exuberante*.

exudación. f. Acción de exudar.

exudar. intr. y tr. Salir un líquido fuera de sus vasos o continentes propios. **Sin.** rezumar.

exultación. f. Acción de exultar.

exultar. intr. Saltar de alegría, no caber en sí de gozo: *exultaba de alegría ante el triunfo de su equipo*. **Sin.** exaltarse, regocijarse ☐ **Ant.** deprimir, abatirse.

exvoto. m. Ofrenda que se hace a los dioses en recuerdo y agradecimiento por un bien recibido.

eyaculación. f. Acción de eyacular.

eyacular. tr. **1** Lanzar con fuerza el contenido de un órgano, cavidad o depósito. **2** Expeler el semen de los testículos.

eyección. f. **1** Expulsión del asiento del piloto en los aviones reactores militares. **2** Salida por la tobera de un cohete de los gases que se producen en la combustión. **3** Separación en el espacio de uno de los mecanismos propulsores del cohete.

eyector. m. Expulsor en las armas de fuego.

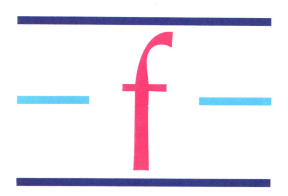

f. f. Sexta letra del abecedario español, y cuarta de sus consonantes. Su nombre es *efe*.

fa. m. Cuarta nota de la escala musical. || No varía en pl.

faba. f. Judía, planta leguminosa, y su fruto y semilla.

fabada. f. Plato típico asturiano compuesto de judías, aderezadas con tocino, morcilla, chorizo, etc.

fábrica. f. **1** Establecimiento industrial donde se transforman los productos semielaborados o materias primas para la obtención de objetos destinados al consumo. **2** Construcción o parte de ella hecha de piedra o ladrillo y argamasa: *un muro de fábrica*.

fabricar. tr. **1** Producir objetos por medios mecánicos. **2** Construir, elaborar: *las golondrinas han fabricado un nido en el alero*. **3** Inventar algo no material: *fabricar una mentira*. **Sin.** 1 manufacturar, elaborar 2 edificar 3 urdir.

fabricación. f. Acción de fabricar.

fabricante. adj. y com. **1** Que fabrica. | com. **2** Dueño de una fábrica. **3** Persona o sociedad que transforma productos sin elaborar en bienes para la venta.

fabril. adj. Relativo a las fábricas. **Sin.** industrial.

fábula. f. **1** Composición literaria, generalmente en verso, de la que se suele extraer una enseñanza útil o moral. **2** Rumor, habladuría: *hasta aquí ha llegado la fábula de su dimisión*. **3** Relato falso, inventado. **Sin.** 3 mentira, patraña.

fabulario. m. Repertorio de fábulas.

fabulista. com. Autor de fábulas literarias. **Sin.** fabulador.

fabuloso, sa. adj. **1** Imaginario: *el unicornio es un animal fabuloso*. **2** Extraordinario, increíble, excesivo: *nos costó una suma fabulosa*.

faca. f. Cuchillo grande y con punta, generalmente de forma curva.

facción. f. **1** Cada uno de los rasgos del rostro humano. Más en pl.: *tenía unas facciones regulares*. **2** Grupo de gente que se mantiene en rebeldía. **3** Cada grupo que toma parte en una guerra o enfrentamiento. **4** Bando, pandilla que disiente y se separa de un grupo: *la facción progresista de un partido*.

faccioso, sa. adj. y s. **1** Rebelde, sublevado. **2** Agitador, que causa disturbios.

faceta. f. **1** Cada uno de los aspectos que se pueden considerar en un asunto: *el problema presenta varias facetas*. **2** Cada una de las caras o lados de un poliedro.

facha. f. **1** Aspecto exterior, traza: *¡vaya facha traes!* **2** Mamarracho. También m. **3** desp. Fascista, de ideología muy conservadora.

fachada. f. **1** Parte exterior de un edificio. **2** Apariencia, aspecto externo: *su diligencia es pura fachada*.

facial. adj. Relativo al rostro: *polvos faciales*.

facies. f. **1** Aspecto. **2** Rostro, semblante. || No varía en pl.

fácil. adj. **1** Que cuesta poco trabajo: *un problema fácil*. **2** Que puede suceder con mucha probabilidad: *es fácil que llueva*. **3** Dócil: *es de trato fácil*. **4** Aplicado a la mujer, que en seguida accede a las pretensiones de los hombres. | adv. m. **5** Con facilidad, sin esfuerzo: *fue fácil conseguirlo*. **Sin.** 1 sencillo 2 probable 3 agradable ☐ **Ant.** 1-5 difícil.

facilidad. f. **1** Cualidad de fácil. **2** Disposición para hacer una cosa sin gran esfuerzo: *facilidad para hacer amigos*. **3** Ocasión propicia para algo: *ahora tienes facilidad para cambiar de piso*. | pl. **4** Condiciones que facilitan alguna actividad: *facilidades de pago*.

facilitar. tr. **1** Hacer fácil o posible alguna cosa: *los electrodomésticos facilitan las tareas caseras.* **2** Proporcionar o entregar: *le facilitó el informe de gastos.* **Ant.** 1 dificultar.

facineroso, sa. adj. **1** Delincuente habitual. También s. | m. **2** Hombre malvado, perverso.

facistol. m. Atril grande en el que se apoyan los libros para cantar en las iglesias.

facsímil. m. Copia exacta de un manuscrito, impreso, etc.

factible. adj. Que se puede hacer: *es un trabajo factible.* **Sin.** posible.

táctico, ca. adj. **1** Relacionado con hechos. **2** Basado en hechos, en oposición a teórico o imaginario: *la Iglesia es un poder fáctico.*

factor. m. **1** Elemento, condicionante que contribuye a lograr un resultado: *no habíamos tenido en cuenta este factor.* **2** En mat., cada uno de los términos de un producto o cantidad. **3** Empleado de ferrocarril encargado de recibir y expedir el equipaje.

factoría. f. **1** Fábrica o complejo industrial. **2** Establecimiento de comercio, especialmente el situado en país colonial.

factorial. f. Producto de todos los términos de una progresión aritmética.

factótum. m. **1** Persona que desempeña todas las labores en una casa o dependencia. **2** Persona de plena confianza de otra y que, en nombre de ésta, atiende sus asuntos y negocios.

factura. f. **1** Recibo donde se detallan los géneros vendidos o los servicios prestados y su precio, que se ofrece al cliente como justificante del pago realizado. **2** Ejecución, manera en la que se hace algo, sobre todo en pintura y escultura: *esta estatua tiene una factura tosca.* **Sin.** 2 hechura.

facturación. f. **1** Acción de facturar. **2** Volumen de ventas de un negocio.

facturar. tr. **1** Extender las facturas. **2** Incluir una cosa en una factura para que se pague, cobrar. **3** Registrar equipajes o mercancías en una estación de transportes para que sean remitidos a su destino.

facultad. f. **1** Aptitud, potencia física o moral que tiene alguien: *tiene una gran facultad de concentración.* **2** Poder, derecho para hacer alguna cosa: *no tienes facultad para votar.* **3** Virtud, propiedad. **4** Cada una de las secciones en que se dividen los estudios universitarios y centro donde se cursan estos estudios: *facultad de medicina.*

facultar. tr. Dar autoridad, poder o derecho a alguien para hacer algo: *le facultó para representarle en el consejo.* **Sin.** autorizar.

facultativo, va. adj. **1** Relativo a una facultad o centro universitario. **2** Voluntario, potestativo: *una excursión facultativa.* **3** Se apl. a la persona que desempeña para el Estado determinadas tareas para las que necesita un título universitario. **4** Se dice de lo referente a los médicos: *prescripción facultativa.* | m. **5** Médico. **Ant.** 2 obligatorio.

facundia. f. **1** Facilidad de palabra. **2** Locuacidad, verborrea.

facundo, da. adj. Locuaz, hablador.

fado. m. Cierta canción popular portuguesa.

faena. f. **1** Trabajo que requiere un esfuerzo mental o físico: *las faenas agrarias.* **2** Conjunto de las suertes que realiza el torero, principalmente con la muleta. **3** Mala pasada: *al llevarte el coche me has hecho una buena faena.*

faenar. intr. **1** Pescar. **2** Trabajar en el campo.

faetón. m. Carruaje descubierto, de cuatro ruedas, alto y ligero.

fagocito. m. Célula capaz de destruir las bacterias o agentes nocivos.

fagocitosis. f. Función que desempeñan los fagocitos en el organismo.

fagot. m. **1** Instrumento musical de viento. **2** Persona que lo toca. || pl. *fagotes.*

fair play. Expresión inglesa que significa *juego limpio.*

faisán. m. Ave gallinácea de plumaje verde y rojizo con reflejos metálicos. Su carne es muy apreciada.

faja. f. **1** Tira de tela o de tejido elástico con que se rodea el cuerpo por la cintura o las caderas. **2** Tira de papel que se pone rodeando algo, como la cubierta de un libro, o un periódico que se envía sin sobre, etc. **3** Insignia propia de algunos cargos militares, civiles o eclesiásticos.

fajar. tr. **1** Rodear, ceñir o envolver con faja o venda una parte del cuerpo. También prnl.: *se fajó el tobillo dislocado.* | **fajarse** prnl. **2** Realizar cualquier actividad con voluntad y decisión.

fajero. m. Faja de niño.

fajín. m. Ceñidor de seda que usan los generales y algunos funcionarios como distintivo honorífico.

fajina. f. **1** Conjunto de haces de mies que se pone en las eras. **2** Leña ligera para encender. **3** En el ejército, toque militar para ir a comer.

fajo. m. Haz o atado de cosas ligeras y largas: *un fajo de billetes.*

falacia. f. **1** Engaño, mentira. **2** Argumento falso pero aparentemente verdadero para inducir a error o engaño.

falange. f. **1** Cuerpo de infantería armada, que formaba la principal fuerza de los ejércitos de Grecia. **2** Cualquier cuerpo de tropas numeroso. **3** Conjunto numeroso de personas unidas en cierto orden y para un mismo fin. **4** Cada uno de los huesos de los dedos.

falangeta. f. Falange tercera de los dedos.

falangina. f. Falange segunda de los dedos.

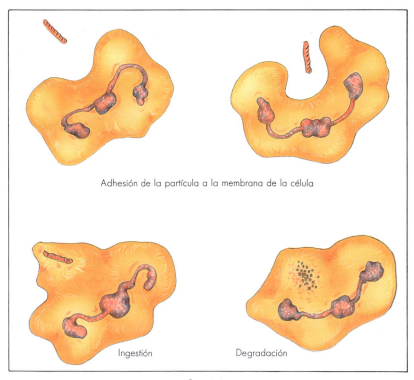

Fagocitosis

falangista. com. Miembro de Falange Española, organización política fundada por José Antonio Primo de Rivera en 1933, con una ideología basada en el fascismo italiano. Se aplica también a los miembros de otros partidos, como Falange Libanesa.

falansterio. m. Edificio en que, según el sistema de Fourier, habitaba cada una de las falanges en que dividía la sociedad.

falaz. adj. **1** Engañoso, mentiroso: *un argumento falaz*. **2** Se dice de todo lo que halaga y atrae con falsas apariencias.

falcónido, da. adj. y s. Se dice de las aves de rapiña diurnas cuyo tipo es el halcón.

falda. f. **1** Parte inferior del vestido de mujer o prenda de vestir suelta que cae desde la cintura hacia abajo. **2** Cobertura con que se reviste una mesa camilla y que suele llegar hasta el suelo. También en pl. **3** Regazo de la mujer. **4** Parte baja de los montes o sierras: *el pueblo se levantaba en la falda del monte*. **5** Parte de carne de bovino que cuelga de las costillas. | pl. **6** Mujeres: *un asunto de faldas*.

faldero, ra. adj. **1** Relacionado con la falda. **2** Aficionado a estar entre mujeres. También m. **3 perro faldero.** Perro pequeño de compañía. **4** Persona sumisa y que siempre va con otra: *es el perro faldero del jefe*.

faldón. m. **1** Parte inferior de algunas prendas de vestir que cuelga desde la cintura: *el faldón de la camisa*. **2** Falda que se pone a los niños, encima de otras prendas, que se sujeta a la cintura y llega hasta los pies.

faldriquera. f. Faltriquera.

falena. f. Mariposa de cuerpo delgado y alas anchas y débiles, cuyas orugas simulan el aspecto de las ramas de los árboles.

falible. adj. **1** Que puede engañarse o engañar: *el hombre es falible*. **2** Que puede faltar o fallar: *estos frenos son muy falibles*. **Sin.** 1 y 2 infalible.

fálico, ca. adj. Relativo al falo.

falla. f. **1** Quiebra que los movimientos geológicos han producido en un terreno. **2** Defecto, falta: *esta tela tiene una falla.* **3** Conjunto de figuras de madera y cartón, que caricaturizan e ironizan sobre personajes o hechos de actualidad y que se queman públicamente en Valencia la noche del 19 de marzo, fiesta de San José. | pl. **4** Período durante el cual se celebran estos festejos: *se conocieron en las fallas.*

fallar. tr. **1** Pronunciar sentencia un jurado o tribunal. **2** Decidir un jurado la adjudicación de los premios de un concurso. | intr. **3** Frustrarse, faltar o salir fallido algo. También tr. **4** Perder una cosa su resistencia: *los frenos estan fallando.*

falleba. f. Varilla de hierro sujeta en varios anillos y que puede girar por medio de una manilla, para cerrar las ventanas o puertas de dos hojas, asegurando una con otra, o con el marco.

fallecer. intr. Morir. || **Irreg.** Se conj. como *agradecer.*

fallecimiento. m. Muerte.

fallero, ra. adj. **1** Relativo a las fallas. | m. y f. **2** Persona que toma parte en las fallas de Valencia.

fallido, da. adj. **1** Frustrado: *un atentado fallido.* **2** Se dice de la cantidad, crédito, etc., que se considera incobrable. También s.

fallo. m. **1** Sentencia de un juez, árbitro o jurado. **2** Falta. **3** Error, equivocación: *el examen tenía varios fallos.* **Ant.** 3 acierto.

falo. m. Pene, miembro viril.

falsario, ria. adj. y s. **1** Que falsea o falsifica una cosa: *un testimonio falsario.* **2** Mentiroso, embustero.

falsear. tr. **1** Alterar o distorsionar algo, haciendo que deje de ser verdadero o auténtico: *falsear una declaración.* | intr. **2** Flaquear o perder una cosa su resistencia y firmeza: *la pata de la silla falsea un poco.* **3** Desafinar una cuerda de un instrumento con respecto a las demás.

falsedad. f. **1** Falta de verdad o autenticidad: *su sonrisa es pura falsedad.* **2** Falta de conformidad entre las palabras, las ideas y las cosas.

falsete. m. Voz más aguda que la natural que se produce por la vibración de las cuerdas falsas de la laringe.

falsía. f. Falsedad, deslealtad. **Ant.** veracidad.

falsificación. f. Acción de falsificar.

falsificar. tr. Imitar fraudulentamente, adulterar, contrahacer: *falsificar una firma.*

falsilla. f. Hoja de papel con líneas muy marcadas, que se pone debajo de otra en la que se va a escribir para que, al transparentarse aquéllas, sirvan de guía. **Sin.** pauta.

falso, sa. adj. **1** Engañoso, fingido: *una sonrisa falsa.* **2** Contrario a la verdad: *falso testimonio.* **3** Que

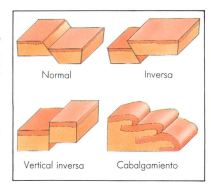

Tipos de falla

no es auténtico o verdadero: *un billete falso.* **Sin.** 1 hipócrita 2 mentiroso 3 espurio ☐ **Ant.** 1 sincero 2 verdadero 3 real.

falta. f. **1** Carencia o escasez de algo: *falta de agua.* **2** Ausencia de una persona de algún sitio: *no han notado tu falta.* **3** Nota o registro en que se hace constar esa ausencia. **4** Defecto: *esta tela tiene una falta.* **5** Error: *una falta de ortografía.* **6** Quebrantamiento de la obligación: *es una falta de ética.* **7** Transgresión de las reglas de un juego o deporte: *esta es su cuarta falta personal.* **8** Infracción de la ley: *una falta civil.* **9 hacer falta.** loc. Ser necesario. **10** Cometer una falta en un juego o deporte. **Sin.** 4 imperfección 5 equivocación.

faltar. intr. **1** No existir una cosa, no haber, carecer de ella: *aquí falta un radiador.* **2** No estar alguien o algo donde debería: *me falta el bolígrafo.* **3** No acudir a una cita u obligación: *falta Juan.* **4** Quedar tiempo para que algo ocurra o se realice: *faltan tres meses para las vacaciones.* **5** No cumplir con algo que se expresa: *faltó a su promesa.* **6** No tratar a alguien con la consideración o respeto debidos: *faltó a su superior.*

falto, ta. adj. Que necesita o carece de algo: *falto de calor.*

faltriquera. f. Bolsillo que se ata a la cintura y que se lleva colgando debajo del vestido.

falúa. f. Pequeña embarcación destinada al transporte de las autoridades de marina.

falucho. m. Embarcación costanera con una vela latina.

fama. f. **1** Opinión pública sobre alguien o algo: *el escándalo empañó su fama.* **2** Reputación, prestigio, popularidad: *es un autor de fama.*

famélico, ca. adj. **1** Hambriento. **2** Muy delgado.

familia. f. **1** Grupo de personas emparentadas

entre sí que viven juntas o en lugares diferentes, y especialmente el formado por el matrimonio y los hijos: *voy a ver a la familia.* **2** Descendencia: *van a tener familia.* **3** Grupo numeroso de personas o cosas con alguna condición común: *el italiano y el español pertenecen a la misma familia lingüística.* **4** En biol., grupo taxonómico constituido por varios géneros naturales con caracteres comunes. **5 en familia.** loc. adv. Sin gente extraña, en la intimidad. **6** Con muy poca gente: *ahora en la oficina por la tarde estamos en familia.* **SIN.** 1 parentela 2 prole.

familiar. adj. **1** Relativo a la familia: *una fiesta familiar.* **2** Muy sabido o conocido: *su cara me resulta familiar.* **3** De trato llano y sin ceremonias. **4** Natural, sencillo, corriente: *lenguaje familiar.* | m. **5** Pariente, allegado: *cenó con sus familiares.* **6** Miembro de la Inquisición. **ANT.** 2 desconocido 3 afectado.

familiaridad. f. Llaneza o confianza en el trato: *me saludó con familiaridad.*

familiarizar. tr. **1** Hacer familiar o sencillo algo a alguien. También prnl. | **familiarizarse.** prnl. **2** Introducirse en el trato de alguien o en el conocimiento de algo.

famoso, sa. adj. **1** Que tiene fama. **2** Célebre, gracioso y extravagante a la vez: *tuvo una famosa ocurrencia.* **SIN.** 1 popular.

fámulo, la. m. y f. Criado doméstico.

fan. (voz ingl.) com. Fanático, entusiasta, seguidor de algo o alguien. || pl. *fans.* **SIN.** hincha.

fanal. m. **1** Farol grande que se coloca en las torres de los puertos para que su luz sirva de señal nocturna. **2** Campana de cristal para resguardar algo. **SIN.** 2 urna.

fanático, ca. adj. y s. **1** Que defiende apasionadamente creencias, opiniones, ideologías. **2** Entusiasmado ciegamente por algo: *fanático por el cine.* **SIN.** 1 exaltado, intransigente 2 entusiasta, hincha.

fanatismo. m. Apasionamiento del fanático.

fanatizar. tr. Provocar el fanatismo.

fandango. m. **1** Canción y baile popular español, típico de Andalucía, con acompañamiento de palmas, guitarra y castañuelas. **2** Bullicio.

fandanguillo. m. Canción popular andaluza, incluida en el grupo del cante flamenco.

fané. adj. Ajado, decadente.

faneca. f. Pez marino, especie de abadejo de carne comestible.

fanega. f. Medida de capacidad para áridos que varía según la región. En Castilla equivale a 55,5 l.

fanerógamo, ma. adj. y f. Se dice de la planta que se reproduce por semillas en forma de flor. Es término anticuado.

fanfarria. f. **1** Chulería, jactancia. **2** Banda de música, generalmente de instrumentos de metal.

fanfarrón, na. adj. y s. Que hace alarde de lo que no es, en particular de valiente. **SIN.** valentón, fantasma.

fanfarronada. f. Dicho o hecho propio de fanfarrón.

fanfarronear. intr. Alardear: *le encanta fanfarronear de sus conquistas.* **SIN.** presumir.

fanfarronería. f. Carácter del fanfarrón.

fango. m. **1** Lodo, barro que se forma por la mezcla de agua y tierra. **2** Deshonor, degradación: *arrastraron su nombre por el fango.* **SIN.** 1 limo.

fantasear. intr. **1** Dejar correr la fantasía o imaginación: *se puso a fantasear sobre las vacaciones.* También tr. **2** Presumir, alardear de lo que no se tiene.

fantasía. f. **1** Facultad de la mente para reproducir en imágenes cosas inexistentes o de idealizar las reales: *tiene mucha fantasía.* **2** Cosa imaginada: *esa idea es una fantasía.* **3** Composición instrumental de estructura libre. **4 de fantasía.** loc. adj. Se apl. a las prendas de vestir y adornos de formas extrañas e imaginativas. **5** Se dice de los adornos o joyas de bisutería: *pendientes de fantasía.* **SIN.** 1 y 2 imaginación.

fantasioso, sa. adj. Que se deja llevar de la imaginación.

fantasma. m. **1** Ser irreal que se imagina o se sueña. **2** Espectro de un muerto. **3** Obsesión, imagen impresa en la fantasía: *los fantasmas de la niñez.* **4** Persona presuntuosa: *no te creas lo que dice, es un fantasma.* También adj. | adj. **5** Inexistente: *una edición fantasma.* **SIN.** 2 aparición 3 trauma 4 fantasmón, fanfarrón.

fantasmagoría. f. **1** Ilusión de los sentidos o de la mente, alucinación. **2** Arte de representar figuras por medio de una ilusión óptica.

fantasmagórico, ca. adj. Relativo a la fantasmagoría.

fantasmón, na. adj. y s. Presuntuoso, vanidoso.

fantástico, ca. adj. **1** Irreal, imaginario: *la sirena es un ser fantástico.* **2** Increíble: *me vino con una disculpa fantástica.* **3** Sensacional, magnífico: *su actuación ha sido fantástica.* **ANT.** 1 real 2 creíble, verosímil 3 horrible, pésimo.

fantoche. m. **1** Títere, muñeco. **2** Mamarracho, persona ridícula. **3** Persona informal o presumida.

faquir. m. **1** Asceta de la India y otros países de Oriente que vive de limosna y practica actos de singular austeridad. **2** Artista de circo que realiza ejercicios con cuchillos o fuego sin hacerse daño aparentemente.

faradio. m. Unidad de capacidad eléctrica en el sistema internacional.

faralá. m. **1** Volante, tira de tafetán o de otra tela, que rodea por abajo los vestidos y enaguas femeni-

farallón – farmacia

nos, especialmente en los trajes típicos andaluces. **2** Adorno excesivo y de mal gusto. || pl. *faralaes.*

farallón. m. Roca alta y picuda que sobresale en el mar y alguna vez en tierra firme.

faramalla. f. **1** Charla artificiosa. **2** Farfolla.

farándula. f. **1** Profesión, arte y ambiente de los comediantes. **2** Compañía antigua de cómicos ambulantes.

farandulero, ra. m. y f. **1** Comediante. | adj. y s. **2** Hablador, charlatán.

faraón. m. Soberano del antiguo Egipto.

faraónico, ca. adj. **1** Relativo a los faraones y a su época. **2** Grandioso: *un lujo faraónico.*

fardar. intr. **1** Presumir, alardear: *le encanta fardar delante de sus amigos.* **2** Lucir, ser vistoso algo: *¡cómo farda su moto!*

farde. m. Alarde.

fardo. m. Paquete o bulto grande muy apretado.

fardón, na. adj. y s. **1** Presuntuoso. **2** Vistoso, que luce.

farero, ra. m. y f. Empleado o vigilante de un faro.

fárfara. f. Telilla o cubierta blanda interior de los huevos de las aves.

farfolla. f. **1** Envoltura de las panojas del maíz, mijo y panizo. **2** Cosa de mucha apariencia pero poca importancia.

farfulla. f. **1** Defecto del que habla confusamente y deprisa. | com. y adj. **2** Persona farfulladora.

farfullar. tr. e intr. **1** Hablar deprisa y de forma confusa: *farfulló un tímido saludo.* **2** Hacer algo chapuceramente. **Sin.** 1 balbucir, mascullar 2 chapucear □ **Ant.** 1 vocalizar 2 esmerarse.

faria. m. Cigarro barato peninsular de tripa de hebra larga.

farináceo, a. adj. Harinoso.

farinato. m. Embutido de pan amasado con manteca de cerdo, sal y pimienta.

faringe. f. Conducto musculoso situado entre la boca, la parte posterior de las fosas nasales y el esófago.

faringitis. f. Inflamación de la faringe. || No varía en pl.

fariseísmo. m. **1** Conjunto de costumbres de los fariseos. **2** Hipocresía.

fariseo. m. **1** Miembro de una secta judía que aparentaba austeridad pero que en realidad no seguía el espíritu religioso. **2** Hombre hipócrita. También adj.: *nos dirigió una sonrisa farisea.*

farmacia. f. **1** Ciencia que enseña a preparar medicamentos y a conocer las sustancias con las que se preparan. **2** Laboratorio donde se preparan medicinas y tienda donde se venden.

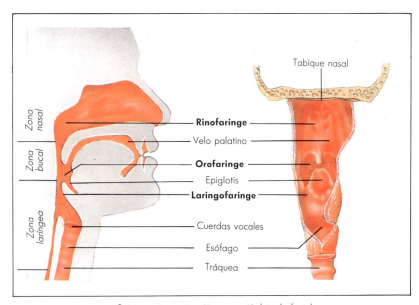

Faringe: sus tres partes, vistas en sección lateral y frontal

farmacéutico, ca. adj. **1** Relativo a la farmacia. | m. y f. **2** Persona que profesa la farmacia y la ejerce.
fármaco. m. Medicamento.
farmacología. f. Ciencia que trata de los medicamentos, sus propiedades y su composición.
farmacopea. f. Libro que recoge las medicinas más frecuentes y el modo de prepararlas y administrarlas. **Sin.** recetario.
faro. m. **1** Torre alta en las costas, con luz en la parte superior para guiar a los navegantes durante la noche. **2** Farol potente; p. ej., cada uno de los que llevan los automóviles en la parte delantera para iluminar la carretera.
farol. m. **1** Caja de material transparente dentro de la cual se pone una luz. **2** Hecho o dicho exagerado, sin fundamento. **3** En el juego, jugada o envite falso que se hace para desorientar. **Sin.** 1 fanal 2 fanfarronada.
farola. f. Farol grande sobre un pie o sujeto a las paredes de los edificios, para el alumbrado público.
farolear. intr. Presumir: *farolea de donjuán.* **Sin.** alardear, jactarse.
farolero, ra. adj. y s. **1** Fanfarrón, presumido. | m. y f. **2** Persona que se encargaba de encender y apagar los faroles de las calles.
farolillo. m. **1** Farol pequeño de papel y varios colores que se utiliza de adorno en fiestas y verbenas. **2 farolillo rojo.** El último en una competición.
farra. f. Juerga, jarana, parranda: *irse de farra.*
fárrago. m. Conjunto de cosas superfluas y mal ordenadas: *su cabeza era un fárrago de datos inconexos.* **Sin.** revoltijo, barullo, caos.
farragoso, sa. adj. Confuso por tener muchas cosas desordenadas y superfluas.
farruco, ca. adj. Valiente, desafiante: *¡oye, no te pongas farruco!* **Sin.** bravucón, flamenco.
farsa. f. **1** Comedia burlesca. **2** Farándula, ambiente del teatro. **3** Enredo, engaño, comedia: *la votación fue una farsa.*
farsante. m. **1** Comediante. | adj. y com. **2** Tramposo, mentiroso.
fasciculado, da. adj. Se dice de las estructuras que se disponen en forma de fascículos.
fascículo. m. **1** Cada uno de los cuadernos que forman parte de un libro, y que se van publicando sucesivamente. **2** Haz de fibras musculares. **Sin.** 1 entrega.
fascinar. tr. Atraer, seducir, impresionar una persona o cosa a alguien: *esa música me fascina.*
fascismo. m. **1** Régimen político de carácter nacionalista y totalitario, implantado en Italia por Mussolini, después de la Primera Guerra Mundial. **2** Doctrina de este movimiento y de cualquier régimen político de ideología dictatorial derechista.

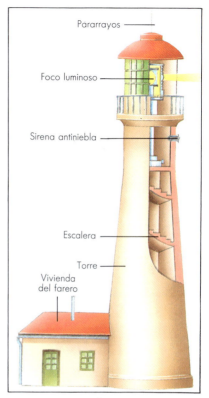

Faro

fascista. adj. **1** Relativo al fascismo. | com. **2** Partidario de este movimiento y régimen. **3** Partidario de un régimen dictatorial derechista.
fase. f. **1** Cada uno de los estados sucesivos de una cosa que cambia o se desarrolla: *el proyecto está en fase embrionaria.* **2** Cada una de las formas que presentan la Luna y los planetas según los ilumina el Sol. **3** Cada una de las corrientes alternas de una corriente polifásica. **Sin.** 1 etapa.
fastidiar. tr. **1** Molestar. También prnl.: *le fastidia la falta de puntualidad.* **2** Ocasionar daño: *acabas de fastidiar la moto.* | **fastidiarse.** prnl. **3** Aguantarse, sufrir algo con resignación: *no consiguió entradas y tuvo que fastidiarse.* **Sin.** 1 jorobar, jeringar 2 dañar 3 chincharse, conformarse.
fastidio. m. **1** Disgusto, desazón: *este dolor de cabeza es un fastidio.* **2** Cansancio, hastío, repugnan-

fastidioso – fecha

cia: *es un fastidio hacer siempre lo mismo*. **Sin.** 1 molestia, incordio 2 lata, rollo.

fastidioso, sa. adj. Que fastidia.

fasto, ta. adj. **1** Se dice del día, año, etc., feliz, venturoso. | m. **2** Esplendor, lujo. **Ant.** 1 infausto, nefasto, desdichado 2 miseria.

fastuosidad. f. Cualidad de fastuoso. **Sin.** ostentación, lujo.

fastuoso, sa. adj. Ostentoso, con derroche de lujo y riqueza.

fatal. adj. **1** Desgraciado, funesto, aciago: *un accidente fatal.* **2** Muy mal o muy malo: *me parece fatal que no vengas.* **3** Inevitable, predestinado: *este encuentro era fatal.*

fatalidad. f. **1** Desgracia. **2** Acontecimiento inevitable: *la fatalidad lo quiso.* **Sin.** 2 destino, hado, suerte.

fatalismo. m. Doctrina según la cual todo lo que sucede está motivado por las determinaciones ineludibles de un destino que hace inútil cualquier oposición. **Sin.** determinismo.

fatalista. adj. y com. **1** Que sigue la doctrina del fatalismo. **2** Se dice de quien acepta sin reacción activa todo lo que le depara el destino. **Sin.** 1 determinista 2 derrotista.

fatídico, ca. adj. **1** Que pronostica el porvenir y, sobre todo, las desgracias. **2** Desgraciado: *un día fatídico.*

fatiga. f. **1** Agitación, cansancio. **2** Respiración frecuente o difícil. **3** Molestia, sufrimiento. Más en pl.: *ha pasado muchas fatigas en la vida.* **Sin.** 2 disnea □ **Ant.** 1 descanso.

fatigar. tr. y prnl. Causar fatiga: *se fatigó al subir las escaleras.* **Ant.** descansar.

fatigoso, sa. adj. Que causa fatiga.

fatuo, tua. adj. y s. **1** Necio, poco inteligente. **2** Engreído, vanidoso.

fatuidad. f. **1** Dicho o hecho necio. **2** Presunción, vanidad infundada. **Sin.** 1 necedad, tontería 2 engreimiento.

fauces. f. pl. Parte posterior de la boca de los mamíferos, que va desde el paladar hasta el comienzo del esófago.

fauna. f. Conjunto de animales de un determinado período, país o región: *la fauna abisal.*

fauno. m. Semidiós romano de los campos y selvas, equivalente al sátiro griego.

fausto. adj. **1** Feliz, venturoso. | m. **2** Lujo, ostentación y pompa. **Ant.** 1 infausto, desgraciado 2 miseria.

fauvismo. m. Movimiento pictórico que surgió en París a comienzos del s. xx, caracterizado por la exaltación del color puro.

favela. f. *amer*. Chabola, barraca de los suburbios brasileños.

favor. m. **1** Asistencia que se presta de forma gratuita: *le debo muchos favores.* **2** Concesión que se recibe de una autoridad. **3** Confianza, apoyo: *cuenta con el favor del consejo de administración.* **4** Gesto amable que las mujeres dedicaban a los hombres, y p. ext., consentimiento de la mujer a la relación amorosa que le insinúa el hombre. Más en pl. **5 a favor de.** loc. adv. y adj. En beneficio, en apoyo de: *festival a favor de los damnificados.* **6** Ayudado por algo: *a favor del viento.* **7 por favor.** Fórmula de cortesía que se añade a una petición. **Sin.** 1 ayuda 2 privilegio.

favorable. adj. **1** Que favorece algo, propicio: *navegó con viento favorable.* **2** Benévolo, positivo: *recibió críticas favorables.*

favorecer. tr. **1** Ayudar, apoyar: *su posición le ha favorecido.* **2** Mejorar algo el aspecto o apariencia de una persona o cosa. También intr.: *ese color te favorece.* || **Irreg.** Se conj. como *agradecer*.

favoritismo. m. Preferencia que no se basa en el mérito o la justicia, sobre todo en la concesión de cargos o premios. **Sin.** nepotismo, parcialidad, enchufismo □ **Ant.** imparcialidad.

favorito, ta. adj. **1** Predilecto, preferido sobre otros: *el rojo es su color favorito.* | m. y f. **2** Probable ganador en un deporte. **3** Valido de un rey.

fax. m. Telefax.

faz. f. **1** Rostro, cara. **2** Lado principal de algo.

fe. f. **1** Creencia en algo sin necesidad de que haya sido confirmado por la experiencia o la razón, o demostrado por la ciencia. **2** En el cristianismo, primera de las virtudes teologales, que consiste en creer en lo que la Iglesia enseña. **3** Conjunto de creencias de una religión: *la fe musulmana.* **4** Confianza en el éxito de algo o alguien: *tiene fe en ti.* **5** Promesa: *le dio fe de lealtad.* **6** Testimonio, aseveración de que una cosa es cierta: *el notario dará fe del resultado del concurso.* **7** Documento que certifica la verdad de algo: *fe de vida.* **8 buena** o **mala fe.** Buena o mala intención. **9 fe de erratas.** Lista de erratas encontradas en un texto después de su publicación, que se inserta en el libro.

fealdad. f. Cualidad de feo.

febrero. m. Segundo mes del año, que tiene veintiocho días, y en los años bisiestos, veintinueve.

febrífugo, ga. adj. y m. Que quita o disminuye la fiebre. **Sin.** antipirético.

febril. adj. **1** Perteneciente a la fiebre: *estado febril.* **2** Se dice del que tiene fiebre. **3** Desasosegado, violento: *una actividad febril.*

fecal. adj. Relativo al excremento intestinal: *heces fecales.*

fecha. f. **1** Tiempo, momento en que se hace o sucede algo. **2** Día: *no me acuerdo de la fecha de su*

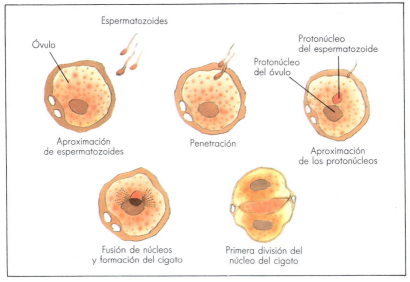

Fecundación

cumpleaños. **3** Tiempo o momento actual: *hasta la fecha no he tenido noticias suyas.*

fechar. tr. **1** Poner fecha a un escrito o documento: *fechar una carta.* **2** Determinar la fecha de un documento, suceso, etc.: *fecharon el manuscrito partiendo de datos textuales.*

fechoría. f. Mala acción.**Sin.** barrabasada, guarrada, canallada.

fécula. f. Almidón, sustancia blanca que se encuentra en las semillas, tubérculos y raíces.

feculento, ta. adj. **1** Que contiene fécula. **2** Que tiene heces o impurezas.

fecundación. f. Acción de fecundar.

fecundar. tr. **1** Unirse los elementos reproductores masculino y femenino para dar origen a un nuevo ser. **2** Hacer fecundo o productivo algo: *el agua fecunda la tierra.*

fecundidad. f. **1** Facultad de producir. **2** Cualidad de fecundo. **3** Abundancia, fertilidad. **4** Reproducción numerosa y dilatada.

fecundizar. tr. Hacer fecundo algo.

fecundo, da. adj. **1** Que puede fecundar o ser fecundado. **2** Fértil, prolífico, abundante: *un escritor fecundo.*

federación. f. **1** Asociación de Estados, partidos o agrupaciones que reconocen una misma autoridad y comparten algunas funciones, pero que mantienen un gobierno interior autónomo. **2** Organismo que establece la reglamentación y el control de un determinado deporte.**Sin.** 1 confederación.

federal. adj. **1** Relativo a la federación o al federalismo: *leyes federales.* **2** Partidario de estos sistemas. También com. **3** Se dice del partidario de los Estados del Norte en la guerra de Secesión norteamericana. También com.

federalismo. m. **1** Idea o doctrina política en la que el gobierno se reparte entre el poder central y el de los Estados asociados. **2** Sistema político basado en esta doctrina.

federar. tr. y prnl. Organizar una federación o incorporar a ella.

federativo, va. adj. Perteneciente o relativo a la federación o al federalismo.

feed-back. (voz ingl.) m. Retroalimentación.

fehaciente. adj. Fidedigno, que da testimonio de la certeza de algo: *un testimonio fehaciente.*

feldespato. m. Sustancia mineral que forma la parte principal de muchas rocas. Es un silicato compuesto de aluminio con sodio, potasio o calcio, y cantidades pequeñas de óxidos de magnesio y hierro.

felicidad. f. **1** Estado del ánimo del que disfruta de lo que desea. **2** Satisfacción, alegría, contento: *tu llamada le ha producido mucha felicidad.*

felicitación. f. Acción de felicitar. Sin. enhorabuena.

felicitar. tr. **1** Manifestar a una persona la satisfacción que se experimenta con motivo de algún suceso favorable a ella. También prnl.: *se felicitó por haber llegado a tiempo.* **2** Expresar el deseo de que una persona sea feliz: *felicitaron a los novios.*

félido. adj. y m. **1** Mamífero carnívoro digitígrado de cabeza redondeada y hocico corto, patas anteriores con cinco dedos y posteriores con cuatro, uñas agudas y retráctiles; como el tigre, el lince o el gato. | m. pl. **2** Familia de estos mamíferos.

feligrés, sa. m. y f. Persona que pertenece a una parroquia determinada.

feligresía. f. **1** Conjunto de feligreses de una parroquia. **2** Jurisdicción de una parroquia.

felino, na. adj. y s. **1** Relacionado con el gato. **2** Que parece de gato: *se movía con agilidad felina.* **3** Félido. Sin. 1 y 2 gatuno.

feliz. adj. **1** Que disfruta de felicidad o la ocasiona: *un día feliz.* **2** Oportuno, acertado: *tuvo la feliz idea de llamar antes de salir.* **3** Que sucede sin contratiempos: *que tengas un feliz viaje.* Ant. 1-3 infeliz, desdichado.

felonía. f. Deslealtad, traición.

felpa. f. Tejido de seda, algodón, etc., que tiene pelo por uno de sus lados.

felpudo. m. Esterilla que suele ponerse a la entrada de las casas para limpiarse el calzado.

femenino, na. adj. **1** Propio o característico de la mujer: *moda femenina.* **2** Se dice del ser dotado de órganos para ser fecundado. **3** Relacionado con este ser. **4** Se dice del género gramatical al que pertenecen las hembras. También m. **5** De este género: *sustantivo femenino.* Ant. 1-5 masculino.

femineidad o **feminidad.** f. Calidad de femenino. Ant. masculinidad.

feminoide. adj. Se dice del varón que tiene ciertos rasgos femeninos.

fementido, da. adj. **1** Que no es fiel a su palabra. **2** Engañoso, falso. Sin. 1 felón, desleal 1 y 2 falso □ Ant. 1 honesto, leal.

fémina. f. Mujer.

feminismo. m. Movimiento y doctrina social que defiende la igualdad de derechos entre la mujer y el hombre.

femoral. adj. **1** Relativo al fémur. **2** Se dice de la arteria y la vena que recorren el muslo. También f.

fémur. m. Hueso del muslo, el más largo del cuerpo, que se extiende desde la ingle hasta la rodilla.

fenecer. intr. **1** Morir, fallecer. **2** Acabarse algo. || **Irreg.** Se conj. como *agradecer*.

fenicio, cia. adj. y s. De Fenicia, antiguo país de Asia, en el actual Líbano.

fénix. m. **1** Ave mitológica que renacía de sus propias cenizas y que era el símbolo de la inmortalidad. **2** Lo que es exquisito o único en su especie: *Lope de Vega, el fénix de los ingenios.* || No varía en pl.

fenol. m. Derivado del alquitrán, que se usa como antiséptico, como sintetizador de colorantes y en la obtención de resinas.

fenomenal. adj. Extraordinario, magnífico. También adv.: *lo pasamos fenomenal.* Ant. horrible, fatal.

fenómeno. m. **1** Toda apariencia o manifestación material o espiritual: *un fenómeno social.* **2** Suceso, hecho: *las tormentas son un fenómeno habitual en verano.* **3** Cosa extraordinaria y sorprendente. **4** Persona o animal monstruoso: *un fenómeno de dos cabezas.* **5** Persona sobresaliente en su línea: *es un fenómeno en física.* | adj. y adv. **6** Estupendamente: *lo pasé fenómeno.*

fenomenología. f. Teoría filosófica que se centra en el estudio de los fenómenos y de sus manifestaciones.

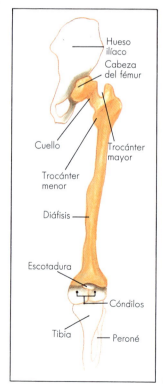

Fémur

fenotipo. m. En un organismo, manifestación externa de un conjunto de caracteres hereditarios que dependen tanto de los genes como del ambiente.

feo, a. adj. **1** Que carece de belleza y hermosura. También s. **2** De aspecto malo o desfavorable: *esta herida tiene un feo aspecto*. **3** Que ocasiona disgusto o desagrado: *nos dio una fea contestación*. | m. **4** Desaire, desprecio manifiesto: *al no venir, le hiciste un feo*. **Ant.** 1 bello 2 favorable 3 agradable 4 cortesía.

feraz. adj. Fértil, aplicado sobre todo a la tierra.

féretro. m. Ataúd.

feria. f. **1** Mercado extraordinario que tiene lugar en un sitio y unas fechas señaladas. **2** Fiestas que se celebran con tal ocasión. **3** Conjunto de instalaciones recreativas y de puestos de venta de dulces y de chucherías, que se monta por alguna fiesta: *ganó un peluche en la feria*. **4** Instalación donde se exponen los productos de un solo ramo industrial o comercial, como libros, muebles, juguetes, etc., para su promoción y venta: *Feria del Libro*.

feriado, da. adj. Se dice del día en que no se trabaja.

ferial. adj. **1** Relativo a la feria. | m. **2** Lugar donde se celebra la feria.

feriante. adj. y com. Expositor, comprador o vendedor en una feria.

feriar. tr. Vender, comprar en una feria.

fermentación. f. Proceso químico por el que se forman los alcoholes y ácidos orgánicos a partir de los azúcares por medio de los fermentos.

fermentar. intr. Producirse la fermentación. También tr.: *la levadura ha fermentado la masa*.

fermento. m. Sustancia orgánica que produce la fermentación, como las enzimas.

fermio. m. Elemento químico radiactivo artificial. Tiene propiedades análogas a las del erbio. Su símbolo es *Fm*.

ferocidad. f. **1** Fiereza, crueldad. **2** Atrocidad.

ferodo. m. Nombre registrado de un material formado con fibras de amianto e hilos metálicos, que se emplea principalmente para forrar las zapatas de los frenos.

feroz. adj. **1** Fiero, aplicado a animales carnívoros que atacan y devoran a sus presas. **2** Que causa daño, terror o destrozo: *una tormenta feroz*. **3** Cruel: *una matanza feroz*. **4** Enorme, tremendo: *tengo un hambre feroz*.

férreo, a. adj. **1** De hierro o que tiene sus propiedades. **2** Duro, fuerte: *una disciplina férrea*. **3** Tenaz, persistente: *una voluntad férrea*. **Ant.** 2 frágil 2 y 3 débil 3 inconstante.

ferretería. f. **1** Tienda donde se venden objetos de metal o de otros materiales: cacharros de cocina, herramientas, tuercas, etc. **2** Conjunto de objetos de hierro que se venden en este tipo de tiendas.

férrico, ca. adj. Se dice de las combinaciones del hierro en las que éste es trivalente, es decir, que actúa con valencia 3.

ferrita. f. **1** Disolución sólida del carbono en el hierro alfa. **2** Material mal conductor empleado como material magnético en muy altas frecuencias.

ferrobús. m. Tren ligero con vagones para los viajeros y una máquina con tracción delantera y trasera que le permite ir en los dos sentidos sin dar la vuelta.

ferrocarril. m. **1** Tren. **2** Camino con dos filas de barras de hierro paralelas sobre las cuales ruedan los trenes. **3** Conjunto formado por vías férreas, trenes e instalaciones propias de este medio de transporte.

ferroso, sa. adj. **1** De hierro o que contiene hierro. **2** Se dice de las combinaciones del hierro en las que éste es bivalente, es decir, que actúa con valencia 2.

ferroviario, ria. adj. **1** Relacionado con los ferrocarriles. | m. y f. **2** Empleado del ferrocarril.

ferruginoso, sa. adj. **1** Se dice del mineral que contiene hierro o en estado metálico, o en combinación. **2** Se apl. a las aguas minerales en cuya composición entra alguna sal de hierro.

ferry. (voz ingl.) m. Transbordador. ‖ pl. *ferries*.

fértil. adj. **1** Que produce en abundancia: *un escritor fértil*. **2** Se dice del organismo vivo capaz de reproducirse. **Sin.** 1 y 2 fecundo.

fertilidad. f. Cualidad de fértil.

fertilizante. adj. **1** Que fertiliza: *lluvia fertilizante*. | m. **2** Abono.

fertilizar. tr. Abonar, preparar la tierra añadiendo las sustancias apropiadas para que sea más fértil.

férula. f. **1** Tablilla empleada en el tratamiento de fracturas. **2** Palmeta. **3** Autoridad o poder despótico: *estábamos bajo la férula del dictador*.

fervor. m. **1** Devoción, intensidad en el sentimiento religioso. **2** Entusiasmo, ardor, eficacia con que se hace algo: *puso todo su fervor en este trabajo*. **3** Admiración, adoración hacia alguien o algo.

festejar. tr. **1** Hacer fiestas para celebrar algo. **2** Agasajar, hacer fiestas en honor de alguien: *festejaron su ascenso*. **3** Galantear, cortejar a una mujer.

festejo. m. **1** Acción de festejar. **2** Cada uno de los actos públicos que se realizan para celebrar algo. Más en pl.: *hay un amplio programa de festejos*. **Sin.** 1 y 2 celebración.

festín. m. Banquete espléndido. **Sin.** comilona.

festival. m. Concurso o exhibición de manifestaciones deportivas o artísticas: *festival de cine*. **Sin.** certamen.

festividad. f. Fiesta o solemnidad con que se celebra algo o a alguien: *la festividad del Corpus*.

festivo, va. adj. **1** De fiesta: *un ambiente festivo.* **2** Chistoso, alegre: *hoy tiene un humor festivo.* **3** Se apl. al día no laborable. También m.: *los festivos suelen comer con su familia.*
festón. m. **1** Cualquier bordado, dibujo o recorte en forma de ondas o puntas, que adorna la orilla o borde de una cosa. **2** Bordado de realce en que por un lado queda rematada cada puntada con un nudo, para que pueda cortarse la tela por el bordado sin que se salgan los hilos.
festonear. tr. **1** Adornar con festón. **2** Bordar festones.
fetal. adj. **1** Relativo al feto. **2** Se dice de la postura con las piernas y los brazos encogidos sobre el pecho y la cabeza entre las manos.
fetén. adj. **1** Sincero, auténtico, verdadero. **2** Bueno, estupendo, excelente. | f. **3** La verdad.
fetiche. m. **1** Objeto material, de culto supersticioso en algunos pueblos, que es venerado como un ídolo. **2** Cualquier objeto que se cree que trae suerte. **Sin.** 1 ídolo 2 amuleto.
fetichismo. m. **1** Culto de los fetiches. **2** Idolatría, veneración excesiva. **3** Desviación sexual que consiste en fijar alguna parte del cuerpo humano o alguna prenda relacionada con él como objeto de la excitación y el deseo.
fétido, da. adj. Que desprende un olor muy desagradable. **Sin.** apestoso, hediondo.
feto. m. **1** Producto de la concepción desde que pasa el período embrionario hasta el momento del parto. **2** Este mismo embrión después de abortado. **3** Persona muy fea o deforme. **Sin.** 3 callo, coco.
feudal. adj. Relativo al feudo.
feudalismo. m. Sistema económico, político y social, imperante en la Edad Media, que tenía como base la constitución de feudos.
feudo. m. **1** Contrato por el cual los soberanos y los grandes señores concedían tierras u otros bienes a sus vasallos a cambio de que, ellos y sus descendientes, les prestaran servicios y les jurasen fidelidad. **2** Tierra o dominio que se concede en feudo.
fez. m. Gorro rojo de fieltro con forma de cubilete, usado por los moros.
fi. f. Vigesimoprimera letra del alfabeto griego, que se transcribe con *f.* || Su grafía mayúscula es Φ, y la minúscula φ.
fiabilidad. f. Cualidad de fiable.
fiable. adj. Digno de confianza: *un sistema de frenos fiable.* **Ant.** dudoso.
fiador, ra. m. y f. **1** Persona que fía o vende a crédito. **2** Persona que responde por otra: *se ha ofrecido como fiador del contrato.* **Sin.** 2 garante, avalista.
fiambre. adj. y m. **1** Se dice de los alimentos que, una vez cocinados o curados, se comen fríos, como los embutidos o ciertas carnes. | m. **2** Cadáver.
fiambrera. f. Recipiente con tapa de cierre hermético o muy ajustado, que sirve para llevar la comida fuera de casa. **Sin.** tartera.
fianza. f. **1** Obligación que uno contrae de hacer lo que otro promete si éste no lo cumple. **2** Cantidad de dinero que se paga por la libertad de un individuo pendiente de juicio o sentencia firme. **3** Cualquier cosa que se deja como garantía de algo; generalmente se trata de dinero. **Sin.** 2 y 3 garantía, aval.
fiar. tr. **1** Asegurar uno que cumplirá lo que otro promete, obligándose, en caso de que no lo haga, a satisfacer por él. **2** Vender sin cobrar al contado, aplazando el pago para más adelante. | **fiarse.** prnl. **3** Confiar en algo o alguien: *me fío totalmente de su criterio en este asunto.* **Sin.** 1 avalar, garantizar □ **Ant.** 3 desconfiar.
fiasco. m. Fracaso, decepción. **Sin.** chasco.
fibra. f. **1** Cada uno de los filamentos que entran en la composición de los tejidos orgánicos vegetales o animales, de ciertos minerales y de algunos productos químicos. **2** Filamento obtenido por procedimiento químico que se usa principalmente en la industria textil: *una prenda de fibra.* **3 fibra óptica.** Filamento de material muy transparente que se usa para transmitir por su interior señales luminosas; p. ej., en comunicación a distancia. **4 fibra de vidrio.** Filamento de vidrio fundido estirado que se utiliza como aislante. **Sin.** 1 y 2 hebra.
fibrina. f. Sustancia similar a la albúmina que se halla disuelta en ciertos líquidos orgánicos, como la sangre.
fibroma. m. Tumor benigno formado sólo por tejido fibroso.
fíbula. f. Hebilla que usaban como imperdible los griegos y romanos.

Fíbulas

ficción. f. **1** Acción de fingir: *su tranquilidad es pura ficción.* **2** Invención: *este rumor es una ficción.* **3** Cosa imaginada: *relato de ficción.* **4** Narrativa, género literario. **Sin.** 2 fábula, patraña.

ficha. f. **1** Pieza pequeña, generalmente plana y delgada, a la que se puede dar usos diversos (contraseña en guardarropas, aparcamientos de automóviles, etc.). **2** Tarjeta de cartón o papel fuerte en que se consignan ciertos datos y suele clasificarse: *la ficha de un libro.* **3** Pieza que se usa en sustitución de moneda o para señalar los tantos en el juego. **4** Cada una de las piezas de los juegos de mesa. **5** Contrato de un jugador o técnico deportivo.

fichaje. m. **1** Acción de fichar o contratar a alguien, especialmente en un deporte. **2** Persona que se ficha: *es un buen fichaje para la empresa.*

fichar. tr. **1** Hacer la ficha de una persona o cosa, anotando todos los datos necesarios para su identificación: *fichar un libro para la biblioteca.* **2** Vigilar o mirar con recelo a alguien de quien se sospecha: *su jefe le tiene fichado.* **3** Contratar un club o entidad deportiva los servicios de un jugador o un técnico. **4** Contratar a cualquier persona: *le han fichado en un banco.* | intr. **5** Controlar en un reloj especial la hora de entrada y salida de los obreros o empleados: *no te olvides de fichar.* **Sin.** 1 registrar.

fichero. m. Conjunto de fichas ordenadas y mueble o caja donde se guardan. **Sin.** archivador, clasificador.

ficticio, cia. adj. **1** Fingido, falso: *una amabilidad ficticia.* **2** Aparente, irreal. **Ant.** 1 y 2 real.

fidedigno, na. adj. Digno de fe y confianza: *lo supo de fuentes fidedignas.* **Sin.** veraz, fiable ☐ **Ant.** dudoso, falso.

fideicomiso. m. **1** Disposición testamentaria por la que se encomienda una herencia a alguien para que haga con ella lo que se le encargue. **2** Situación de los territorios sin gobierno propio que la ONU pone bajo la tutela y administración de un Estado.

fidelidad. f. **1** Lealtad: *la fidelidad del perro.* **2** Exactitud, veracidad: *relató los hechos con gran fidelidad.* **3 alta fidelidad.** Reproducción muy fiel del sonido, sin distorsiones ni ruidos.

fideo. m. **1** Pasta de harina en hilos cortados que ordinariamente se toma en sopa. Más un pl. **2** Persona muy delgada.

fiduciario, ria. adj. y s. **1** Que depende del crédito y confianza que merezca: *moneda fiduciaria.* **2** Encargado de un fideicomiso.

fiebre. f. **1** Elevación de la temperatura normal del cuerpo por una enfermedad o un trastorno. **2** Entusiasmo y excitación con la que se realiza una actividad: *la fiebre de las rebajas.* **Sin.** 1 hipertermia, calentura 2 brío, ardor ☐ **Ant.** 1 hipotermia.

fiel. adj. **1** Que cumple sus compromisos: *un amigo fiel.* **2** Conforme a la verdad: *un relato fiel a los hechos.* | com. **3** Miembro de una iglesia: *los fieles salieron del templo.* | m. **4** Aguja de una balanza. **5** Clavillo que asegura las hojas de las tijeras. **Sin.** 1 leal 2 exacto, veraz 3 creyente.

fielato. m. Oficina instalada a la entrada de las poblaciones que recaudaba el antiguo impuesto de consumos.

fieltro. m. Especie de paño no tejido que resulta de prensar borra, lana o pelo.

fiera. f. **1** Animal salvaje, sobre todo los carnívoros. **2** Persona cruel o de carácter malo y violento. | com. **3** Persona que hace muy bien algo: *es un fiera en natación.* **4 fiera corrupia.** Designación de ciertas figuras animales, famosas por su deformidad o aspecto terrorífico.

fiereza. f. **1** Inhumanidad, crueldad. **2** Bravura.

fiero, ra. adj. **1** Relacionado con las fieras. **2** Feroz, duro, agreste, intratable. **3** Horroroso, terrible. **4** Muy grande, excesivo.

fiesta. f. **1** Alegría, regocijo o diversión. **2** Solemnidad civil o religiosa en celebración de algún acontecimiento o fecha especial, y día en que se celebra: *las fiestas de Semana Santa.* **3** Día en que no se trabaja: *hoy nos han dado fiesta.* **4** Actividades culturales y diversiones que se celebran en una localidad en unos días determinados. Más en pl.: *las fiestas del pueblo.* | pl. **5** Período de vacaciones por alguna celebración, sobre todo religiosa. **6** Agasajo, caricia u obsequio: *el perro nos hizo fiestas cuando entramos.*

fígaro. m. Barbero de oficio.

figón. m. Casa donde se guisan y venden cosas de comer. **Sin.** tasca, taberna, mesón.

figura. f. **1** Forma exterior de un cuerpo: *ese cuadro tiene figura oval.* **2** Estatua o pintura que representa el cuerpo de un hombre o animal. **3** Serie de variaciones en la danza, patinaje artístico, etc. **4** Persona de renombre o que destaca en alguna actividad: *una figura de la canción.* **5** Personaje de la obra dramática y actor que lo representa. **6** En geom., espacio cerrado por líneas o superficies. **7** Cosa que representa o significa otra: *la paloma es la figura de la paz.* **Sin.** 1 silueta 4 eminencia 7 símbolo.

figuración. f. **1** Acción de figurar o figurarse una cosa. **2** Cosa inventada o imaginada: *eso son figuraciones tuyas.* **3** Conjunto de actores secundarios. **Sin.** 2 imaginación, suposición 3 figurantes.

figurado, da. adj. Se dice del sentido en que se toman las palabras, desviado del literal por una asociación de ideas.

figurante, ta. m. y f. Persona que actúa como comparsa en obras de teatro, cine o televisión. **Sin.** extra.

figurar. tr. **1** Disponer, delinear y formar la figura de una cosa: *esas nubes figuran una cara*. **2** Aparentar, fingir. | intr. **3** Formar parte de algo, estar en un lugar o circunstancia: *figuraba entre los asistentes al acto*. | **figurarse.** prnl. **4** Imaginarse uno algo que no conoce: *me figuré que no vendrías*.

figurativo, va. adj. Se dice del arte y de los artistas que representan figuras de realidades concretas. **Ant.** abstracto.

figurín. m. **1** Dibujo o figura que sirve de modelo para hacer vestidos. **2** Lechuguino, de elegancia afectada y exagerada: *va siempre hecho un figurín*. **Sin.** 2 dandi.

figurón. m. Hombre presumido, que aparenta más de lo que es.

fijación. f. Acción de fijar. **Sin.** obsesión.

fijador. m. **1** Líquido para asentar y dar forma al cabello. **2** Líquido para fijar un dibujo, una fotografía, etc.

fijar. tr. **1** Asegurar un cuerpo en otro: *ha fijado el cuadro a la pared*. También prnl. **2** Hacer algo fijo o estable. **3** Determinar, limitar, precisar, designar: *han fijado las directrices de la obra*. También prnl. **4** Dirigir o centrar intensamente la mirada o la atención en algo o alguien: *fijó sus ojos en el libro*. **5** Hacer que la imagen fotográfica impresionada en una placa o en un papel sensible quede inalterable a la acción de la luz. | **fijarse.** prnl. **6** Darse cuenta, notar: *no me he fijado en su vestido*. **Sin.** 1 clavar, pegar.

fijeza. f. **1** Firmeza, seguridad. **2** Persistencia, continuidad.

fijo, ja. adj. **1** Firme, sujeto a algo: *la estantería va fija al muro*. **2** Permanente, estable: *residencia fija*. **3** Invariable, que no cambia. **4** Inmóvil. **5** Se apl. al contrato de trabajo indefinido y a la persona contratada así. | adv. m. **6** Con seguridad: *lo sé de fijo*. **7** Fijamente. **Ant.** 1 suelto 2 inestable 3 variable 4 móvil 5 eventual.

fila. f. **1** Serie de personas o cosas colocadas en línea. **2** Antipatía, tirria: *ese te tiene fila*. | f. pl. **3** Agrupación, partido: *militó en las filas de los verdes*. **4** Milicia, fuerzas militares: *dispuso sus filas en arco*. **5 fila india.** La que forman varias personas una tras otra. **Sin.** 5 cola.

filamento. m. Cuerpo filiforme, flexible o rígido, especialmente el hilo conductor de las lámparas eléctricas.

filantropía. f. Amor al género humano. **Ant.** misantropía.

filántropo. com. Persona que se distingue por el amor a sus semejantes.

filarmonía. f. Afición a la música. **Sin.** melomanía.

filarmónico, ca. adj. y s. **1** Apasionado por la música. **2** Se apl. a algunas orquestas de música clásica o a ciertas organizaciones de amantes de la música. También f.: *la filarmónica de Berlín*.

filatelia. f. Conjunto de conocimientos sobre los sellos de correos, y afición a coleccionarlos.

filatélico, ca. adj. **1** Relativo a la filatelia. | m. y f. **2** Coleccionista de sellos.

filete. m. **1** Loncha delgada de carne magra o de pescado limpio de raspas. **2** Moldura larga y angosta: *el marco tenía un filete dorado*. **3** Línea o lista fina que sirve de adorno. **4** En impr., pieza que sirve para marcar las líneas de separación entre el cuerpo del texto y las notas, por ejemplo.

filfa. f. Noticia falsa: *este rumor es pura filfa*. **Sin.** patraña, invento, mentira, bulo.

filiación. f. **1** Señas personales identificativas de un individuo. **2** Lazo de parentesco entre padres e hijos. **3** Dependencia de unas cosas con respecto a otras: *la filiación de una lengua*. **4** Hecho de estar afiliado a un partido o a una doctrina determinada: *es de filiación conservadora*.

filial. adj. **1** Perteneciente al hijo. **2** Se apl. al establecimiento que depende de otro. También f.: *han establecido una nueva filial*.

filibustero. m. Nombre de ciertos piratas que en el s. xvii actuaban en el mar de las Antillas.

filiforme. adj. Que tiene forma o apariencia de hilo.

filigrana. f. **1** Cosa trabajada con mucho cuidado y habilidad. **2** Obra de hilos de oro o plata, unidos formando una especie de encaje. **3** Marca transparente de fábrica del papel y los billetes de banco.

filípica. f. Represión, censura dura que se dirige a alguien: *le echaron una filípica por llegar tarde*. **Sin.** diatriba, invectiva.

filipino, na. adj. y s. De las islas Filipinas.

filisteo, a. adj. **1** Se dice de un pueblo antiguo que fue enemigo de los israelitas. También s. **2** De este pueblo.

film. (voz ingl.) m. Filme. || pl. *films*.

filmador, ra. adj. y s. **1** Que filma o cinematografía. | f. **2** Máquina para filmar o cinematografiar.

filmar. tr. Tomar o fotografiar escenas, paisajes, personas o cosas en movimiento. También intr. **Sin.** rodar, cinematografiar.

filme. m. Película cinematográfica.

filmina. f. Diapositiva.

filmografía. f. **1** Relación de películas de un género, realizador, productor, actor, etc. **2** Descripción o conocimiento de filmes y microfilmes.

filmoteca. f. **1** Lugar donde se guardan filmes ordenados para su conservación, exhibición y estudio. **2** Conjunto o colección de filmes.

filo-, fil o **-filo.** Elementos compositivos que entran en la formación de algunas voces españolas con el significado de 'amigo, amante de': *bibliófilo, filarmónica, filántropo.*

filo. m. **1** Borde agudo de un instrumento cortante: *el filo del cuchillo.* **2 al filo de.** loc. prep. En el momento exacto o muy cerca de lo que se indica: *al filo del mediodía.* **3 de doble filo.** loc. adj. Que puede tener una consecuencia contraria a la que se espera. **SIN.** 1 corte, arista.

filogenia o **filogénesis.** f. **1** Origen y desarrollo evolutivo de las especies, y en general, de las genealogías de seres vivos. **2** Parte de la biología que lo estudia.

filología. f. **1** Ciencia que estudia las lenguas y los fenómenos culturales de un pueblo a través de sus textos. **2** Técnica de reconstrucción, fijación e interpretación de textos.

filológico, ca. adj. Relativo a la filología.

filólogo, ga. m. y f. Persona especializada en filología.

filón. m. **1** Masa metalífera o pétrea entre dos capas de un terreno. **2** Persona, negocio o recurso del que se saca o espera sacar gran provecho: *ese chico es un filón de ideas.* **SIN.** 1 mena, veta 2 chollo, mina.

filosofar. intr. **1** Meditar sobre cuestiones filosóficas. **2** Reflexionar, exponer ideas sobre cosas trascendentales.

filosofía. f. **1** Ciencia que trata de la esencia, propiedades, causas y efectos de las cosas naturales. **2** Cada una de las teorías desarrolladas en este campo: *filosofía aristotélica.* **3** Espíritu, principios y conceptos generales de una materia o de una teoría: *la filosofía de la matemática.* **4** Serenidad para soportar los contratiempos: *se lo ha tomado con mucha filosofía.* **5** Sistema particular de entender la vida y todo lo relacionado con ella: *yo tengo mi filosofía.*

filosófico, ca. adj. Relativo a la filosofía.

filósofo, fa. m. y f. Persona que estudia, profesa o sabe la filosofía.

filoxera. f. **1** Insecto parecido al pulgón, que ataca las vides. **2** Enfermedad producida en la vid por este insecto.

filtrar. tr. **1** Hacer pasar algo por un filtro: *filtrar el café.* **2** Revelar algo que debía mantenerse en secreto. También prnl.: *se ha filtrado la noticia de su dimisión.* **3** Dejar pasar un cuerpo algo a través de sus aberturas. También intr. y prnl.: *la luz se filtraba a través de una rendija.* **SIN.** 1 colar 1 y 3 tamizar.

filtro. m. **1** Materia porosa o dispositivo a través del cual se hace pasar un fluido para purificarlo o separar ciertas sustancias. **2** Boquilla de los cigarrillos para retener la nicotina. **3** Pantalla, crema, etc. que se interpone ante la luz para impedir el paso de ciertas radiaciones: *filtro solar.* **4** Bebida mágica que se supone

tiene el poder de conseguir que una persona ame a otra: *filtro de amor.* **SIN.** 1 tamiz 4 bebedizo.

fimosis. f. Estrechez del orificio del prepucio, que impide la salida del glande. || No varía en pl.

fin. m. **1** Término, remate, extremo o consumación de una cosa: *fin del capítulo.* **2** Objeto, motivo, finalidad: *su fin era ganar la carrera.* **3 fin de semana.** Período de descanso semanal, que normalmente comprende el sábado y el domingo. **4** Pequeño bolso de viaje. **5 a fin de.** loc. conjunt. final. Con objeto de; para. || Se usa con el verbo en infinitivo: *a fin de averiguar la verdad.* **6 al fin** o **por fin.** loc. adv. Por último; después de vencidos todos los obstáculos. **7 dar fin.** loc. Acabar una cosa. **8** Morir. **9 en fin.** loc. adv. Finalmente, últimamente. **10** En suma, en resumidas cuentas. **ANT.** 1 inicio, principio, origen.

finado, da. m. y f. Persona muerta.

final. adj. **1** Que remata, cierra o perfecciona una cosa: *acto final.* | m. **2** Fin, término: *no me ha gustado el final de la película.* | f. **3** Última y decisiva competición en un campeonato o concurso: *mañana juegan la final.*

finalidad. f. Fin con que o por que se hace una cosa: *la finalidad del concierto era benéfica.* **SIN.** objeto, propósito, intención.

finalista. adj. y com. Competidor que llega a la prueba final de un campeonato, concurso, certamen, etc.

finalizar. tr. Concluir, dar fin. También intr.: *el curso ya ha finalizado.* **ANT.** comenzar, empezar.

financiar. tr. Aportar el dinero necesario para una empresa, proyecto u otra actividad. **SIN.** sufragar.

financiero, ra. adj. **1** Relativo a las finanzas: *análisis financiero.* **2** Se dice de la entidad que se dedica a financiar algo con el dinero que ahorradores particulares han depositado en ella. También f. | m. y f. **3** Persona experta en finanzas.

finanzas. f. pl. **1** Conjunto de actividades que están relacionadas con cuestiones bancarias y bursátiles o con grandes negocios mercantiles. **2** Caudales, bienes: *mis finanzas están bajo cero.* **SIN.** 1 negocios.

finar. intr. Fallecer, morir.

finca. f. Propiedad inmueble, rústica o urbana. **SIN.** hacienda.

finés, sa. adj. **1** Se dice del individuo de un pueblo antiguo que se extendió por varios países del norte de Europa, y que dio nombre a Finlandia. **2** De Finlandia. También s. | m. **3** Lengua hablada en Finlandia.

fineza. f. **1** Atención, cortesía. **2** Regalo. **SIN.** 1 y 2 detalle.

fingimiento. m. Simulación, engaño.

fingir. tr. **1** Presentar como verdadero y cierto algo que no lo es: *el tramoyista fingió la claridad lunar* con bombillas azules. También prnl. **2** Simular, aparentar: *fingía estar alegre*. S<small>IN</small>. 1 figurar.

finiquitar. tr. **1** Saldar una cuenta. **2** Acabar: *finiquitó el trabajo*.

finiquito. m. **1** Liquidación de una cuenta. **2** Documento y cantidad de dinero con la que se liquida la relación laboral entre el trabajador y la empresa.

finisecular. adj. Relativo al fin de un siglo determinado.

finito, ta. adj. Que tiene fin, o límites. A<small>NT</small>. infinito.

fino, na. adj. **1** Delicado y de buena calidad: *un vino fino*. **2** Delgado, sutil: *una tela fina*. **3** Suave, sin asperezas ni irregularidades: *su cutis es muy fino*. **4** De exquisita educación: *es de una familia muy fina*. **5** Astuto, sagaz, agudo: *tiene un fino ingenio*. **6** Se dice del metal sin defectos ni impurezas. **7** Se dice del jerez muy seco, de color pálido. También m.: *tomaron fino*. A<small>NT</small>. 1 vulgar, basto 2 grueso 3 áspero 4 grosero 5 torpe, corto.

finolis. adj. y com. Persona de una cortesía y delicadeza exageradas. || No varía en pl. S<small>IN</small>. cursi, repipi.

finta. f. Ademán o amago para engañar, sobre todo en algunos deportes, como el fútbol, la esgrima o el boxeo. S<small>IN</small>. regate, quiebro.

finura. f. **1** Primor, delicadeza, buena calidad. **2** Educación, cortesía.

fiordo. m. En las costas noruegas, valle formado por glaciares que se hundió en el mar quedando en forma de golfo estrecho y profundo.

firma. f. **1** Nombre y apellido de una persona, que ésta pone con rúbrica al pie de un escrito. **2** Acto de firmar: *la firma de un tratado*. **3** Nombre comercial, empresa o razón social: *trabaja para una firma naviera*. **4** Sello, estilo característico de algo o alguien: *estas declaraciones llevan su firma*.

firmamento. m. Cielo, bóveda celeste.

firmar. tr. Poner la firma en un escrito. También intr.: *¿dónde firmo?* S<small>IN</small>. rubricar.

firme. adj. **1** Estable, bien sujeto: *este estante no está firme*. **2** Que no cambia, constante: *les unía una firme amistad*. **3** Definitivo: *una sentencia firme*. | m. **4** Capa sólida de terreno sobre la que se puede cimentar. **5** Capa de piedra machacada sobre la que se asienta el pavimento de una carretera. | adv. m. **6** Con firmeza. **7 de firme.** loc. adv. Con constancia, sin parar: *trabajar de firme*. **8 en firme.** loc. adv. Con carácter definitivo. **9 ¡firmes!** Voz de mando para que los soldados se cuadren.

firmeza. f. **1** Estabilidad, fortaleza: *tiene mucha firmeza de carácter*. **2** Entereza, constancia. A<small>NT</small>. 1 debilidad 2 inconstancia.

fiscal. adj. **1** Perteneciente al fisco o hacienda pública: *recaudación fiscal*. | com. **2** Funcionario judicial que representa al Estado y se encarga de la acusación pública en los tribunales.

fiscalía. f. Cargo y oficina del fiscal.

fiscalización. f. Acción de fiscalizar.

fiscalizar. tr. **1** Inspeccionar las cuentas y actividades de los contribuyentes para ver si pagan correctamente los impuestos. **2** Controlar, supervisar las acciones ajenas: *fiscaliza todo lo que haces*.

fisco. m. **1** Administración encargada de recaudar los impuestos del Estado. **2** Erario, tesoro público.

fisgar o **fisgonear.** tr. Husmear indagando, curiosear en los asuntos ajenos.

fisgón, na. adj. y s. Que tiene por costumbre husmear. S<small>IN</small>. cotilla.

física. f. Ciencia que estudia la materia y la energía, y las leyes que tienden a modificar su estado y su movimiento sin alterar su naturaleza.

físico, ca. adj. **1** Perteneciente a la física. **2** Relativo a la constitución y naturaleza del cuerpo. **3** Material: *bienes físicos*. | m. y f. **4** Especialista en física. | m. **5** Aspecto exterior de alguien: *tiene un físico muy llamativo*. S<small>IN</small>. 5 constitución □ A<small>NT</small>. 3 espiritual.

fisio-. Prefijo con el que se forman palabras españolas, con el significado de 'naturaleza': *fisionomía, fisioterapia*.

fisiocracia. f. Sistema económico del s. XVIII que atribuía exclusivamente a la naturaleza el origen de la riqueza y consideraba la agricultura como la principal actividad económica.

fisiología. f. Ciencia que estudia las funciones de los seres orgánicos.

fisiológico, ca. adj. Perteneciente a la fisiología.

fisiólogo, ga. m. y f. Especialista en fisiología.

fisión. f. Reacción en la que el núcleo de un átomo pesado se divide en dos o más núcleos de elementos más ligeros, con gran liberación de energía.

fisioterapeuta. com. Especialista en fisioterapia.

fisioterapia. f. Tratamiento terapéutico de incapacidades o alteraciones físicas por medio de métodos de energía natural (frío, calor, movilización mecánica, etc.), sin emplear medicamentos o remedios químicos.

fisonomía o **fisionomía.** f. **1** Aspecto particular del rostro de una persona. **2** Aspecto exterior de las cosas: *la fisonomía de un problema*.

fisonómico, ca. adj. Relativo a la fisonomía.

fisonomista. adj. y com. Que tiene facilidad para recordar a las personas por su fisonomía.

fístula. f. Conducto anormal, ulcerado y estrecho que se abre en la piel o en las membranas mucosas.

fisura. f. Hendidura longitudinal, grieta: *hay fisuras en la pared*.

fitófago, ga. adj. y s. Que se alimenta de materias vegetales.

fitografía. f. Parte de la botánica, que tiene por objeto la descripción de las plantas.

fitología. f. Ciencia que trata de los vegetales. **Sin.** botánica.

fitopatología. f. Estudio de las enfermedades de las plantas.

fitoplancton. m. Plancton caracterizado predominantemente por organismos vegetales, como ciertas algas (diatomeas, etc.), que viven flotando en el agua.

flacidez o **flaccidez.** f. Cualidad de flácido. **Sin.** laxitud, flojedad.

flácido, da o **fláccido, da.** adj. Flojo, blando, sin consistencia: *carnes flácidas.* **Ant.** duro, prieto.

flaco, ca. adj. **1** De pocas carnes. **2** Flojo, endeble, sin fuerzas: *flaco de ánimos.* | m. **3** Defecto, punto débil: *su flaco son las matemáticas.* **Sin.** 1 enjuto, delgado 2 débil ☐ **Ant.** 1 obeso, gordo 2 y 3 fuerte.

flacucho, cha. adj. Algo flaco.

flagelado, da. adj. y m. Se dice de la célula o microorganismo que tiene flagelos.

flagelar. tr. **1** Azotar. También prnl.: *se flageló como penitencia.* **2** Censurar con dureza: *en su libro flagelaba los vicios sociales.*

flagelo. m. **1** Instrumento para azotar. **2** Calamidad: *el flagelo de la peste.* **3** Cada una de las prolongaciones de los seres unicelulares, con las que se mueven.

flagrante. adj. **1** Que se está ejecutando en el momento de que se habla: *en flagrante delito.* **2** Evidente: *una verdad flagrante.*

flamante. adj. **1** Resplandeciente. **2** Nuevo. **3** Aplicado a cosas, acabado de hacer o de estrenar: *llegó con su flamante coche.*

flamear. intr. **1** Despedir llamas. **2** Ondear al viento una bandera, vela, etc. | tr. **3** Rociar un plato culinario con alcohol o cualquier licor y prenderlo. **4** Desinfectar algo pasándolo por una llama.

flamenco, ca. adj. y s. **1** Se dice del baile y cante gitano popular de Andalucía. **2** Se dice de la persona que lo canta o baila y de todas sus cosas: *traje flamenco.* **3** Chulo, descarado: *no te pongas tan flamenco.* **4** De Flandes, región histórica de Europa. | m. **5** Ave zancuda con pico, cuello y patas muy largas y plumaje blanco, rosado o rojo. **6** Lengua que se habló en Flandes y que actualmente se habla en las zonas fronterizas de Bélgica con Francia y con Holanda.

flamencología. f. Conjunto de conocimientos, técnicas, etc., sobre el cante y baile flamencos.

flamígero, ra. adj. Que despide llamas, o imita su forma.

flan. m. Dulce que se hace con yemas de huevo, leche y azúcar.

Flamencos

flanco. m. Cada una de las dos partes laterales de un cuerpo considerado de frente: *el flanco de un barco.* **Sin.** lado, costado.

flanero, ra. m. y f. Molde en que se cuaja el flan.

flanquear. tr. Estar colocado o colocarse a los lados de algo o alguien: *dos columnas flanqueaban la entrada.*

flaquear. intr. **1** Debilitarse, perder la fuerza y la firmeza moral o física: *flaquear los ánimos.* **2** Fallar, flojear en algo esporádicamente: *has flaqueado en el test final.*

flaqueza. f. **1** Cualidad de flaco. **2** Debilidad de carácter. **3** Acción que se comete por esta debilidad. **Sin.** 1 delgadez 2 pusilanimidad.

flas. m. **1** Lámpara que despide un destello al mismo tiempo que se abre el obturador de una máquina fotográfica. **2** Información concisa de última hora. **3** Impresión fuerte.

flash-back. (voz ingl.) m. Técnica narrativa cinematográfica que consiste en intercalar en el desarrollo de una acción, escenas pertenecientes a un tiempo anterior.

flato. m. Acumulación molesta de gases en el tubo digestivo.

flatulencia. f. **1** Acumulación de gases en la cavidad abdominal. **2** Molestias que produce.

flauta. f. **1** Instrumento musical de viento, en forma de tubo, con varios agujeros circulares que se tapan con los dedos y con llaves. | com. **2** Persona que toca este instrumento.

flautín. m. Flauta pequeña de tono agudo.

flautista. com. Persona que toca la flauta.

flebitis – floración

flebitis. f. Inflamación de las venas que al obstruir la circulación puede ocasionar una embolia. ‖ No varía en pl.

flecha. f. **1** Arma arrojadiza acabada en una punta de material duro por delante y una varilla por detrás, que se dispara con arco. **2** Signo con esta forma que indica una dirección: *siga la flecha*. **3** Remate en punta de algunas torres y campanarios. **4 como una flecha.** loc. adv. Muy rápidamente. **Sin.** 1 saeta, dardo 3 aguja.

flechar. tr. **1** Estirar la cuerda del arco, colocando la flecha para dispararla. También intr. **2** Inspirar amor repentinamente.

flechazo. m. **1** Disparo o herida de flecha. **2** Amor repentino: *se conocieron y fue un flechazo*.

fleco. m. **1** Adorno compuesto de una serie de hilos o cordoncillos colgantes de una tira de tela. **2** Borde deshilachado por el uso en una tela vieja. **3** Detalles pendientes de solución en un asunto: *en la negociación quedan algunos flecos*. **Sin.** 1 alamar.

fleje. m. Tira de chapa de acero, que se utiliza para hacer muelles, para embalar, etc. **Sin.** zuncho.

flema. f. **1** Mucosidad de las vías respiratorias que se arroja por la boca. **2** Calma, lentitud, cachaza: *se lo toma todo con mucha flema*. **Sin.** 1 gargajo.

flemón. m. Inflamación aguda del tejido celular en cualquier parte del cuerpo, sobre todo en las encías.

flequillo. m. Mechón de cabello recortado que se deja caer sobre la frente.

fletar. tr. **1** Alquilar un barco o parte de él para el transporte. P. ext., se apl. a cualquier medio de transporte: *fletaron un autobús para el viaje de fin de curso*. **2** Embarcar mercancías o personas.

fletamento. m. **1** Acción de fletar. **2** Contrato mercantil en que se estipula el flete.

flete. m. **1** Precio que ha de pagarse por el alquiler de un barco o avión o por la carga transportada. **2** Carga que se transporta.

flexibilidad. f. **1** Cualidad de flexible. **2** Propiedad de los materiales para deformarse. **3** Disposición a ceder y acomodarse. **Ant.** 1-3 rigidez.

flexibilizar. tr. Hacer flexible: *flexibilizar el horario*. También prnl.

flexible. adj. **1** Que puede doblarse fácilmente. **2** Que se acomoda con facilidad: *tiene un carácter flexible*. **3** Elástico. ‖ m. **4** Cable formado de hilos finos de cobre recubiertos de una capa aisladora.

flexión. f. **1** Acción de doblar o doblarse: *hace flexiones todas las mañanas*. **2** Alteración morfológica que experimentan las voces conjugables y declinables con el cambio de desinencias, de la vocal de la raíz o de otros elementos.

flexionar. tr. Doblar el cuerpo o un miembro.

flexo. m. Lámpara de mesa que tiene el brazo flexible.

flexor, ra. adj. Que dobla o hace que una cosa se doble.

flipar. intr. **1** Gustar mucho de algo. También prnl.: *se flipa por el cine*. ‖ **fliparse.** prnl. **2** Drogarse. **Sin.** 1 encantar, privar.

flirtear. intr. Mantener una relación amorosa sin que suponga algún compromiso.

flirteo. m. Relación amorosa superficial y sin compromiso.

flojear. intr. **1** Obrar con pereza: *flojea en matemáticas*. **2** Flaquear, perder fuerza: *el caballo flojeó cerca de la meta*.

flojedad. f. Flojera.

flojera. f. **1** Debilidad, cansancio. **2** Pereza.

flojo, ja. adj. **1** Poco apretado, ajustado o tirante: *este clavo está flojo*. **2** Que no tiene mucha actividad, fortaleza o vigor: *la enfermedad le ha dejado flojo*. **3** De poca calidad, pobre: *película floja*. **4** *amer.* Cobarde. **Ant.** 1 prieto, firme 2 fuerte 3 bueno 4 valiente.

flor. f. **1** Conjunto de los órganos de reproducción de las plantas angiospermas. **2** Lo mejor de una cosa: *la flor de la edad*. **3** Piropo, requiebro. Más en pl. **4 flor y nata.** loc. Lo más selecto en su especie: *la flor y nata de la sociedad*.

flora. f. **1** Conjunto de plantas de un país o región. **2** Conjunto de bacterias que habitan en un órgano determinado, y cuya presencia es indispensable para el buen funcionamiento del organismo: *flora intestinal*.

floración. f. **1** Acción de florecer las plantas. **2** Tiempo que duran abiertas las flores.

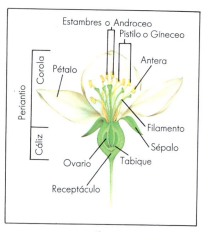

Flor

floral. adj. Relativo a la flor: *adorno floral*.

florear. intr. Tocar dos o tres cuerdas de la guitarra con tres dedos sucesivamente sin parar, formando así un sonido continuado.

florecer. intr. **1** Echar o cubrirse de flores las plantas. **2** Prosperar: *el negocio floreció en poco tiempo*. **3** Desarrollarse un movimiento, artista, creencia, etc., en una determinada época o región. | **florecerse.** prnl. **4** Hablando de algunas cosas, como el queso, pan, etc., ponerse mohosas. || **Irreg.** Se conj. como *agradecer*. **Sin.** 2 medrar, progresar.

floreciente. adj. **1** Que florece. **2** Favorable, próspero: *un negocio floreciente*.

florentino, na. adj. y s. De Florencia (Italia).

floreo. m. Conversación, dicho, etc., para hacer alarde de ingenio o por mero pasatiempo.

florero. m. Vaso o vasija para poner flores.

floresta. f. Terreno frondoso o poblado de árboles. **Sin.** fronda.

florete. m. Espada fina sin filo cortante, que se utiliza en esgrima.

floricultura. f. Cultivo de las flores, y arte que lo enseña.

floricultor, ra. m. y f. Persona dedicada a la floricultura.

florido, da. adj. **1** Que tiene flores: *un almendro florido*. **2** Se dice del lenguaje o estilo muy adornado. **3** Que es escogido y selecto: *lo más florido de la caballería andante*.

florilegio. m. Colección de trozos selectos de obras literarias. **Sin.** repertorio, antología.

florín. m. Unidad monetaria de los Países Bajos, Antillas neerlandesas y Surinam.

floripondio. m. **1** Arbusto del Perú, con hojas grandes y flores blancas y olorosas. **2** Flor grande que suele figurar en adornos de mal gusto.

florista. com. Persona que vende flores.

floristería. f. Tienda donde se venden flores y plantas.

floritura. f. **1** En mús., adorno en el canto. **2** P. ext., adorno en otras actividades o cosas: *fue un discurso lleno de florituras y falto de sustancia*. **Sin.** 1 floreo 2 paja.

florón. m. Adorno en forma de flor que se utiliza en pintura y arquitectura.

flota. f. **1** Conjunto de barcos mercantes o de guerra, de un país, compañía de navegación, línea marítima, etc. **2** Conjunto de aeronaves o embarcaciones para un servicio determinado. **3** Conjunto de vehículos de una empresa, país, etc.: *flota de taxis*.

flotabilidad. f. Capacidad de flotar.

flotación. f. **1** Acción de flotar. **2** En econ., situación de la moneda de un país cuando se cotiza en el mercado de cambios sin que las autoridades monetarias intervengan para mantener su paridad dentro de unos límites prefijados.

flotador. m. **1** Cuerpo destinado a flotar en un líquido para un determinado fin. **2** Objeto, generalmente de plástico o goma hinchable, que se utiliza para mantenerse a flote.

flotante. adj. Que flota o no está fijo: *deuda flotante*. **Sin.** fluctuante ☐ **Ant.** estable.

flotar. intr. **1** Sostenerse un cuerpo en la superficie de un líquido. **2** Mantenerse en suspensión un cuerpo sumergido en un líquido o gas: *su perfume flotaba en el aire*. **3** Oscilar, variar, especialmente el valor de una moneda.

flote. m. **1** Flotación. **2 a flote.** loc. adv. Manteniéndose sobre el agua. **3 salir a flote.** fr. Salir de un apuro; recuperarse: *el negocio fue saliendo a flote*. **4** Descubrirse, hacerse público: *el fraude ha salido a flote*.

flotilla. f. Flota de barcos pequeños o de pocos aviones, automóviles, etc.

fluctuación. f. Cambio: *fluctuación de la moneda*. **Ant.** estabilidad.

fluctuar. intr. **1** Oscilar, cambiar. **2** Dudar en la resolución de una cosa: *fluctuaba entre aceptar o negarse*.

fluidez. f. **1** Cualidad de fluido. **2** Facilidad de movimiento: *fluidez económica*.

fluidificar. tr. Hacer fluida una cosa.

fluido, da. adj. **1** Se dice de cualquier cuerpo cuyas moléculas tienen entre sí poca coherencia, y toma siempre la forma del recipiente donde está contenido. También m. **2** Corriente, fácil, suelto: *lenguaje fluido*. **3** Se dice de la circulación automovilística normal y sin embotellamientos. | m. **4** Corriente eléctrica: *han cortado el fluido*.

fluir. intr. **1** Correr un líquido o un gas: *fluir un río*. **2** Surgir algo con facilidad: *fluir las palabras*. || **Irreg.** Se conj. como *huir*. **Sin.** 1 manar 1 y 2 brotar.

flujo. m. **1** Acción de fluir los líquidos y los gases. **2** Movimiento de los fluidos. **3** Abundancia excesiva: *flujo de capitales*. **4** Movimiento de ascenso de la marea.

flúor. m. Elemento químico gaseoso, de color amarillo verdoso; se emplea como reactivo químico y en la higiene dental. Su símbolo es *F*.

fluorescencia. f. Propiedad de algunos cuerpos de emitir luz al recibir una radiación. P. ej., el flúor.

fluorescente. adj. **1** Relativo a la fluorescencia o dotado de ella. **2** Se dice de un tubo cilíndrico de vidrio que emite luz mediante un material fluorescente. También m.: *en la cocina pusieron un fluorescente*.

fluorita. f. Mineral compuesto de flúor y calcio.

fluvial. adj. Relacionado con los ríos.

fobia. f. Miedo irracional, obsesivo y angustioso,

Focas

hacia determinadas situaciones, cosas, personas, etcétera.

-fobia. Elemento que entra en la composición de ciertas palabras indicando 'aversión' o 'miedo': *claustrofobia, hidrofobia.*

foca. f. Mamífero de aproximadamente un metro de largo, cuerpo dotado de aletas y cubierto de pelo; habita generalmente en los mares fríos.

focal. adj. Relativo al foco: *distancia focal.*

foco. m. **1** Lámpara que emite una luz potente. **2** Punto de donde parte un haz de rayos luminosos o caloríficos: *el foco de la lámpara.* **3** Lugar en que está concentrada alguna cosa, y desde el cual se propaga o ejerce influencia: *Italia fue el foco cultural del Renacimiento.*

fofo, fa. adj. Blando, de poca consistencia.

fogata. f. Fuego que levanta llama. **Sin.** hoguera.

fogón. m. **1** Antiguamente, sitio en las cocinas donde se hacía el fuego para guisar. **2** En las calderas de las máquinas de vapor, lugar destinado al combustible.

fogonazo. m. Llamarada instantánea.

fogonero, ra. m. y f. Persona que cuida del fogón en las calderas de las máquinas de vapor.

fogosidad. f. Apasionamiento, viveza: *defendió su idea con mucha fogosidad.* **Sin.** ardor.

fogoso, sa. adj. Ardiente, demasiado vivo, impetuoso: *un caballo fogoso.* **Ant.** calmado, reposado.

foguear. tr. **1** Acostumbrar a una persona o animal al fuego de la pólvora. También prnl. **2** P. ext., acostumbrar a alguien a las dificultades de una actividad. También prnl.

foie-gras. (voz fr.) m. Pasta alimenticia a base de hígado animal.

folclore o **folclor.** m. Conjunto de las tradiciones, costumbres, canciones, etc., de un pueblo, país o región. También se escribe *folklore.*

folclórico, ca. adj. Relativo al folclore.

folclorista o **folklorista.** com. Especialista en folclore.

folía. f. **1** Canto y baile popular de las islas Canarias. **2** Cualquier música ligera.

foliáceo, a. adj. Relativo a las hojas de las plantas.

foliación. f. **1** Acción de foliar. **2** Acción de echar hojas las plantas.

foliar. tr. Numerar los folios del libro.

foliar. adj. Relacionado con la hoja.

folículo. m. **1** Fruto que se abre por una sola hendidura. **2** Órgano en forma de saquito.

folio. m. **1** Hoja de un libro o cuaderno. **2** Hoja de papel cuyo tamaño corresponde a dos cuartillas. **3** Este tamaño de papel. **4** Número de página que aparece en los libros comerciales, periódicos, etc.

foliolo. m. Cada una de las divisiones de una hoja compuesta.

folk. (voz ingl.) m. Composiciones musicales de raíz popular, y especialmente las que surgieron en la década de los cincuenta en los Estados Unidos, y que se caracterizaron por su contenido social.

follaje. m. **1** Conjunto de hojas de árboles y otras plantas. **2** Adorno superfluo: *a este discurso le sobra follaje.* **Sin.** 1 ramaje 2 floritura.

follar. tr. vulg. Tener relaciones sexuales. También intr. y prnl.

folletín. m. **1** Relato u otro tipo de escrito que se publica por partes en un periódico, revista, etc. **2**

folleto – forfait

Novela de tono melodramático, y argumento emocionante y generalmente inverosímil. **3** P. ext., cualquier otra obra o situación que tenga estas características. **Sin.** 1 folletón 2 y 3 melodrama, dramón.

folleto. m. Obra impresa de menor extensión que un libro: *folleto publicitario*.

follón. m. **1** Alboroto, riña, discusión: *se montó un follón en el autobús*. **2** Desorden, confusión, jaleo: *este armario es un follón*. **3** Cohete que se dispara sin trueno.

fomentar. tr. Impulsar, promover, favorecer: *fomentar la lectura*.

fomento. m. **1** Estímulo, impulso. **2** Acción de fomentar. **3** Paño caliente empapado en algún líquido o medicamento, que se aplica sobre la piel. Más en pl. **Sin.** 3 cataplasma.

fon. m. Unidad de potencia sonora.

fonación. f. Emisión de la voz o de la palabra.

fonda. f. Establecimiento público donde se da hospedaje y se sirven comidas. **Sin.** posada, pensión.

fondeadero. m. Paraje de profundidad suficiente para que la embarcación pueda fondear.

fondear. intr. Asegurar una embarcación por medio de anclas: *fondearon en una cala*. También tr. **Sin.** atracar, anclar.

fondillos. m. pl. Parte trasera de los calzones o pantalones.

fondista. com. Deportista que participa en carreras de largo recorrido.

fondo. m. **1** Parte inferior de una cosa: *el fondo del vaso*. **2** Hablando del mar, de los ríos o estanques, superficie sólida sobre la cual está el agua. **3** Profundidad: *el pozo tiene mucho fondo*. **4** Extremo de alguna cosa: *te espero al fondo de la barra*. **5** Atmósfera o ambiente que rodea a alguien o algo: *su novela tenía como fondo el París bohemio*. **6** Condición, índole de una persona: *tiene buen fondo*. **7** Resistencia física: *no tiene fondo para la carrera*. **8** Lo esencial de una cosa, en contraposición a la forma: *en el fondo es un tímido*. **9** Conjunto de colecciones de una biblioteca, museo, o de libros de una editorial. Más en pl. | pl. **10** Caudal, dinero: *anda escaso de fondos*. **11 a fondo.** loc. adv. Enteramente, en profundidad: *trató la cuestión a fondo*. **Sin.** 1 base 2 lecho 4 final 5 marco 8 núcleo.

fondón, na. adj. desp. Se dice de la persona que empieza a estar gorda.

fonema. m. **1** En ling., cada una de las unidades fonológicas mínimas que en el sistema de una lengua pueden oponerse a otras en contraste significativo. **2** Cada uno de los sonidos simples del lenguaje hablado.

fonendoscopio. m. Instrumento médico para auscultar los sonidos del organismo.

fonética. f. **1** Rama de la lingüística que estudia los sonidos de una o varias lenguas. **2** Conjunto de los sonidos de una lengua.

fonético, ca. adj. **1** Perteneciente al sonido. **2** Se apl. a todo alfabeto o escritura cuyos elementos o letras representan sonidos, y no conceptos. **3** Se apl. al alfabeto u ortografía que trata de representar los sonidos con mayor exactitud.

foniatría. f. Parte de la medicina dedicada a las enfermedades de los órganos de la fonación.

fónico, ca. adj. Perteneciente a la voz o al sonido.

fono- o **-fono.** Elementos compositivos que entran en la formación de algunas voces españolas con el significado de 'voz' o 'sonido': *fonógrafo, audífono*.

fonógrafo. m. Gramófono.

fonología. f. Rama de la lingüística, que estudia los fonemas.

fonometría. f. Estudio de la intensidad de los sonidos.

fonoteca. f. Colección o archivo de documentos sonoros, como cintas, discos, etc.

fontana. f. poét. Fuente.

fontanería. f. **1** Oficio y técnica de canalizar y conducir las aguas para los diversos usos de ellas. **2** Conjunto de conductos por donde se dirige y distribuye el agua: *han cambiado toda la fontanería de la casa*. **3** Establecimiento y taller del fontanero.

fontanero, ra. m. y f. Persona especializada en la instalación o reparación de cañerías, grifos, etc.

footing. (voz ingl.) m. Ejercicio consistente en correr de manera relajada, sin fines competitivos. **Sin.** jogging.

foque. m. Nombre común a todas las velas triangulares de una embarcación, y especialmente la principal.

forajido, da. adj. y s. Malhechor, que huye de la justicia. **Sin.** bandido.

foral. adj. Relacionado con el fuero: *derecho foral*.

foráneo, a. adj. **1** Forastero, extranjero. **2** Extraño. **Ant.** 1 indígena.

forastero, ra. adj. **1** Que es o viene de fuera del lugar; extranjero. También s. **2** Extraño, ajeno.

forcejear. intr. **1** Hacer fuerza o esfuerzos para vencer alguna resistencia: *forcejeó para abrir la ventana*. **2** Oponerse.

fórceps. m. Instrumento médico que se usa para la extracción del niño en los partos difíciles. || No varía en pl.

forense. adj. **1** Se dice del médico adscrito a un juzgado de instrucción y que se dedica a cuestiones legales, como determinar las causas de una muerte. También com. **2** Relativo o perteneciente al derecho o al foro: *lenguaje forense*.

forestal. adj. Relativo a los bosques.

forfait. (voz fr.) Contrato a tanto alzado.

forja. f. **1** Acción de forjar. **2** Taller donde se trabaja el metal. **Sin.** 2 fragua, herrería.

forjar. tr. **1** Dar forma a un metal. **2** Fabricar y formar: *forjar un porvenir.* **3** Inventar, fingir, imaginar: *forjar una disculpa.*

forma. f. **1** Figura exterior de un cuerpo: *el marco tenía forma ovalada.* **2** Disposición de las cosas: *puso los canapés en forma de damero.* **3** Modo, manera de hacer una cosa: *tiene una forma de andar muy peculiar.* **4** Modo de expresar el contenido de un escrito, especialmente el literario, a diferencia de lo que constituye el fondo. **5** Condición física: *se mantiene en buena forma.* **6** En der., requisitos externos o aspectos de expresión en los actos jurídicos. **7** En der., cuestiones procesales, en contraposición al fondo del pleito o causa. | pl. **8** Configuración del cuerpo humano, especialmente los pechos y caderas de la mujer. **9** Modales: *no sabe guardar las formas.* **10 estar en forma.** fr. Estar en buenas condiciones físicas.

formación. f. **1** Acción de formar o formarse. **2** Educación, instrucción: *tiene una formación científica.* **3** Disposición ordenada de tropas.

formal. adj. **1** Perteneciente a la forma: *análisis formal.* **2** Que tiene formalidad, serio, responsable: *es una chica muy formal.* **3** Preciso, determinado.

formalidad. f. **1** Exactitud y puntualidad en las acciones. **2** Seriedad, responsabilidad. **3** Requisito indispensable para realizar algo. Más en pl.

formalismo. m. **1** Rigurosa aplicación de una norma o método. **2** Orientación de ciertas disciplinas, corrientes artísticas, teorías, etc., en la que predominan los elementos formales del objeto en cuestión.

formalizar. tr. **1** Hacer formal o serio: *formalizar un noviazgo.* También prnl. **2** Revestir a alguna cosa de los requisitos legales: *formalizar un contrato.* **3** Concretar, precisar: *formalizar una cita.*

formar. tr. **1** Dar forma a algo: *formar un plan.* **2** Constituir, crear. También prnl.: *se ha formado un nuevo partido político.* **3** Integrar. **4** Poner en orden; hacer una formación: *mandó formar a la tropa.* **5** Desarrollar, adiestrar, educar. También intr. y prnl.: *se formó en la calle.* **Sin.** 1 moldear 4 ordenar.

formatear. tr. En inform., dar forma o preparar un disquete u otro soporte informático.

formativo, va. adj. Que forma o da forma: *una experiencia formativa.* **Ant.** deformante.

formato. m. Forma y tamaño de un impreso, libro, etc.

formica. f. Material recubierto por una de sus caras con una resina artificial, brillante y muy resistente.

fórmico, ca. adj. Se dice del ácido orgánico que se encuentra en las orugas, hormigas, etc.

formidable. adj. **1** Magnífico, estupendo. **2** Enorme. **3** Admirable.

formol. m. Solución acuosa de aldehído fórmico, de olor fuerte, que se emplea como antiséptico, y especialmente como desinfectante y en la conservación de preparaciones anatómicas.

formón. m. Instrumento de carpintería de filo muy cortante, semejante al escoplo, pero de boca más ancha y menos gruesa.

fórmula. f. **1** Modelo establecido para expresar, realizar o resolver algo: *una fórmula química.* **2** Receta del médico en la que se indican los componentes de un medicamento. **3** Representación de una ley física o matemática, o de una combinación química. **Sin.** 1 norma, pauta 2 prescripción.

formular. tr. **1** Expresar, manifestar: *formular una pregunta.* **2** Reducir a términos claros y precisos.

formulario, ria. adj. **1** Que se hace por fórmula, cortesía o compromiso: *una visita formularia.* | m. **2** Escrito donde figura una serie de requisitos, preguntas, etc., que se han de cumplimentar. **3** Libro que contiene varias fórmulas.

formulismo. m. **1** Excesivo apego a las fórmulas. **2** Tendencia a preferir la apariencia de las cosas a su esencia. **Sin.** 1 formalismo.

fornicar. intr. Tener relaciones sexuales fuera del matrimonio.

fornido, da. adj. Robusto, fuerte. **Ant.** enclenque, débil.

foro. m. **1** Plaza donde se trataban en la antigua Roma los negocios públicos y se celebraban los juicios. **2** P. ext., lugar en que los tribunales actúan y determinan las causas. **3** Lo que concierne al ejercicio de la abogacía y a la práctica de los tribunales. **4** Discusión, debate sobre asuntos de interés ante un auditorio: *un foro sobre la droga.* **5** En un teatro, fondo del escenario.

forofo, fa. m. y f. Fanático, seguidor apasionado; se apl. especialmente a los deportes. **Sin.** hincha.

forraje. m. Hierba o pasto seco que se da al ganado.

forrar. tr. **1** Poner un forro a alguna cosa; cubrirla con una capa, funda, etc.: *forrar un libro, un abrigo.* | **forrarse.** prnl. **2** Enriquecerse: *se ha forrado con el bar.*

· **forro.** m. **1** Cubierta, resguardo o revestimiento de algo.. **2** Cubierta del libro. **3 ni por el forro.** loc. adv. Ni por asomo, ni lo más mínimo: *no quiero verte ni por el forro.*

fortachón, na. adj. Recio y fornido. También s.

fortalecer. tr. y prnl. Dar fuerza. || **Irreg.** Se conj. como *agradecer.* **Sin.** robustecer ☐ **Ant.** debilitar.

fortaleza. f. **1** Fuerza y vigor. **2** Capacidad para soportar problemas y adversidades; firmeza de ánimo: *supo afrontarlo con fortaleza.* **3** Recinto fortificado: *una fortaleza árabe.* **Sin.** 3 fortificación, fortín.

Fórmula 1

fortificación. f. Obra o conjunto de obras de defensa.

fortificar. tr. **1** Dar fuerza. **2** Construir fortificaciones en un lugar para protegerlo. También prnl. SIN. 1 fortalecer, robustecer 2 amurallar.

fortín. m. Fortaleza pequeña.

fortísimo, ma. adj. superl. de *fuerte*.

fortuito, ta. adj. Casual: *un encuentro fortuito.* SIN. imprevisto □ ANT. previsto.

fortuna. f. **1** Suerte favorable o desfavorable: *probó fortuna en las quinielas.* **2** Buena suerte: *le sonríe la fortuna.* **3** Hacienda, bienes, riqueza: *tiene una gran fortuna.* **4** Aceptación de una cosa: *su propuesta tuvo escasa fortuna.* **5 por fortuna.** loc. adv. Afortunadamente, por casualidad. SIN. 1 destino 2 dicha, ventura 4 éxito.

forúnculo. m. Tumor inflamatorio que se forma en la piel y termina por supuración y desprendimiento de un núcleo a manera de raíz. SIN. divieso.

forzado, da. adj. **1** Obligado por fuerza: *trabajos forzados.* **2** No espontáneo: *una sonrisa forzada.* | m. **3** Galeote.

forzar. tr. **1** Hacer fuerza o violencia física para conseguir un fin: *forzar una puerta.* **2** Tomar u ocupar por la fuerza. **3** Abusar sexualmente de una persona. **4** Obligar a que alguien o algo actúe de una determinada manera: *le forzaron a dimitir.* También prnl. || **Irreg.** Se conj. como *contar.* SIN. 1 y 3 violentar 3 violar.

forzoso, sa. adj. Obligatorio, inevitable: *una cita forzosa.* ANT. voluntario.

forzudo, da. adj. Que tiene mucha fuerza.

fosa. f. **1** Hoyo que se hace en la tierra para enterrar uno o más cadáveres: *fosa común.* **2** Excavación alrededor de una fortaleza. **3** Cada una de ciertas cavidades del cuerpo: *fosas nasales.* SIN. 2 foso.

fosco, ca. adj. **1** Se dice del pelo alborotado y fuerte. **2** Oscuro.

fosfatado, da. adj. Que tiene fosfato.

fosfatar. tr. Fertilizar con fosfato.

fosfato. m. Sal del ácido fosfórico, que se emplea como abono y como reconstituyente.

fosforado, da. adj. Que contiene fósforo.

fosforescencia. f. Propiedad de algunos cuerpos de absorber radiaciones lumínicas y luego emitirlas. SIN. luminiscencia.

fosforescer. intr. Manifestar fosforescencia. || **Irreg.** Se conj. como *agradecer.*

fosforescente. adj. Que fosforece o desprende luz. SIN. luminiscente.

fosforita. f. Mineral compacto o terroso, de color blanco amarillento, formado por el fosfato de cal. Se emplea como abono en agricultura.

fósforo. m. **1** Elemento químico sólido, amarillento, inflamable y luminoso en la oscuridad, y constituyente de los organismos vegetales y animales. Su símbolo es *P.* **2** Cerilla.

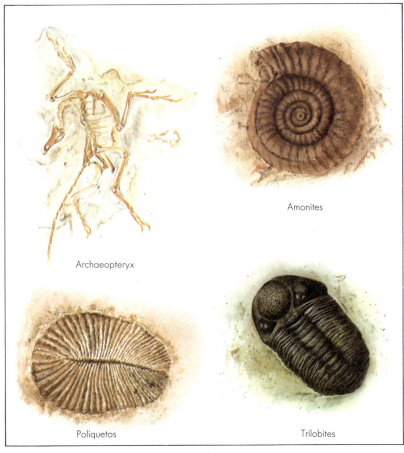

Fósiles

fósil. adj. **1** Se dice de los restos de seres orgánicos muertos que se encuentran petrificados en ciertas capas terrestres. También m. **2** Viejo, anticuado. También com.
fosilizarse. prnl. **1** Convertirse en fósil. **2** Quedarse una persona estancada en un trabajo, una idea, etc., sin evolucionar o mejorar. S<small>IN</small>. 2 estancarse.
foso. m. **1** Hoyo. **2** En un teatro, espacio que está debajo del escenario. **3** En los garajes y talleres mecánicos, excavación que permite arreglar desde abajo la máquina colocada encima. **4** Excavación profunda que rodea una fortaleza. -

foto. f. Apócope de *fotografía*.
foto-. Elemento compositivo que entra en la formación de algunas voces españolas con el significado de *luz*, o relativo a la acción de la luz: *fotocopia, fotosíntesis*.
fotocopia. f. Fotografía instantánea de un documento obtenida directamente sobre papel. S<small>IN</small>. xerocopia.
fotocopiadora. f. Máquina para fotocopiar.
fotoelectricidad. f. Electricidad producida por el desprendimiento de electrones bajo la acción de la luz.

fotoeléctrico, ca. adj. **1** Relativo a la fotoelectricidad. **2** Se dice de los aparatos en que se utiliza este procedimiento.

fotogenia. f. Cualidad de fotogénico.

fotogénico, ca. adj. Que tiene buenas condiciones para ser reproducido por la fotografía.

fotograbado. m. **1** Procedimiento fotográfico, químico o electrónico para grabar sobre planchas metálicas un cliché. **2** Grabado obtenido por este procedimiento.

fotograbar. tr. Grabar por medio del fotograbado.

fotografía. f. **1** Técnica de fijar y reproducir en un material sensible a la luz las imágenes recogidas en el fondo de una cámara oscura. **2** Imagen así obtenida. **3** Representación o descripción exacta y precisa de algo o alguien: *su novela es una fotografía de los bajos fondos.*

fotografiar. intr. **1** Hacer fotografías. **2** Describir en términos precisos y claros. Sin. 2 pintar, retratar.

fotográfico, ca. adj. Relativo a la fotografía.

fotógrafo, fa. m. y f. Persona que hace fotografías o se dedica a ello profesionalmente.

fotograma. m. Cada una de las imágenes que se suceden en una película cinematográfica, considerada de forma aislada.

fotolito. m. Cliché fotográfico de un original que se reproduce sobre una película o soporte transparente.

fotolitografía. f. **1** Procedimiento de reproducción de dibujos en piedra litográfica, mediante la acción química de la luz sobre sustancias convenientemente preparadas. **2** Estampa obtenida por este medio.

fotomatón. m. **1** Procedimiento mediante el que se obtiene un número determinado de copias fotográficas en pocos minutos. **2** Cabina donde se lleva a cabo este procedimiento.

fotomecánica. f. Reproducción de ilustraciones obtenida mediante máquinas con dispositivo fotográfico.

fotometría. f. Parte de la óptica, que trata de las leyes relativas a la intensidad de la luz y de los métodos para medirla.

fotómetro. m. Instrumento para medir la intensidad de la luz.

fotomontaje. m. Técnica que consiste en combinar dos o más fotografías para crear una nueva composición.

fotón. m. Partícula de luz que se propaga en el vacío.

fotonovela. f. Relato, normalmente de carácter amoroso, formado por una sucesión de fotografías, acompañadas de textos explicativos o diálogos que permitan seguir el argumento.

fotoquímica. f. Ciencia que estudia las reacciones químicas que produce la luz o las radiaciones invisibles.

fotosfera. f. Zona luminosa de la capa gaseosa del Sol.

fotosíntesis. f. Proceso metabólico por el que las plantas transforman sustancias inorgánicas en orgánicas (hidratos de carbono) desprendiendo oxígeno, gracias a la transformación de la energía luminosa en la química producida por la clorofila. ‖ No varía en pl.

fototipia. f. **1** Procedimiento para reproducir clichés fotográficos sobre una capa de gelatina, extendida sobre cristal o cobre, y arte de estampar estas reproducciones. **2** Lámina estampada por este procedimiento.

foxterrier. (voz ingl.) adj. y com. Se dice de una raza de perros de caza, de cuerpo pequeño y orejas caídas.

frac. (voz fr.) m. Traje de etiqueta masculino, que tiene por detrás dos faldones.

Fotosíntesis

fracasar. intr. **1** No tener éxito. **2** Frustrarse, tener resultado adverso. **Ant.** 1 y 2 triunfar.

fracaso. m. Falta de éxito o resultado adverso. **Ant.** triunfo, éxito.

fracción. f. **1** División de una cosa en partes. **2** Parte o porción de un todo. **3** Quebrado, número que expresa una o varias partes de la unidad dividida en partes iguales.

fraccionar. tr. Dividir en partes: *fraccionar un pago*. También prnl. **Sin.** partir ☐ **Ant.** unir.

fraccionario, ria. adj. **1** Relativo a la fracción de un todo: *moneda fraccionaria*. **2** Quebrado.

fractura. f. **1** Rotura de un hueso. **2** Acción de fracturar o fracturarse: *la fractura de un jarrón*. **3** Aspecto de una roca o mineral cuando se rompe.

fracturar. tr. Romper o quebrar. También prnl.: *se fracturó un brazo*.

fraga. f. **1** Terreno escarpado entre peñas y poblado de malezas. **2** En carpintería, madera de desecho que se quita de las piezas para desbastarlas.

fragancia. f. Olor agradable y suave. **Sin.** perfume, aroma ☐ **Ant.** hedor.

fragata. f. **1** Embarcación velera de tres palos, y velas cuadradas. **2** Antiguo buque de guerra.

frágil. adj. **1** Que se rompe o quiebra con facilidad: *una vajilla frágil*. **2** Perecedero, que se estropea con facilidad: *un color frágil*. **3** Débil: *salud frágil*. **Sin.** 1 quebradizo ☐ **Ant.** 1 y 3 sólido 2 duradero 3 fuerte.

fragmentar. tr. **1** Fraccionar, dividir en partes: *fragmentó la finca en varias parcelas*. También prnl. **2** Reducir a fragmentos.

fragmentario, ria. adj. **1** Incompleto, no acabado: *una visión fragmentaria*. **2** Relativo al fragmento: *un relato fragmentario*.

fragmento. m. **1** Cada una de las partes de algo roto o partido: *se cortó con un fragmento de vidrio*. **2** Parte de una obra literaria, musical, escultórica, etc.: *nos leyó un fragmento de la novela*. **Sin.** 1 trozo, pedazo.

fragor. m. Ruido, estruendo: *el fragor de unas cataratas*.

fragosidad. f. **1** Aspereza y espesura de los montes. **2** Camino o terreno lleno de asperezas.

fragoso, sa. adj. **1** Se dice del terreno escabroso, lleno de maleza. **2** Ruidoso.

fragua. f. **1** Fogón en que se calientan los metales para forjarlos. **2** Taller donde se forjan los metales.

fraguado. m. Acción de fraguar el yeso, la cal, etc.

fraguar. tr. **1** Forjar metales. **2** Idear, discurrir: *fraguar un plan*. | intr. **3** Endurecerse consistentemente la cal, el yeso, etc.: *fraguó la cal*. **Sin.** 3 cuajar.

fraile. m. Nombre que se da a los religiosos de ciertas órdenes.

frambuesa. f. Fruto del frambueso, de color rojo y sabor agridulce.

frambueso. m. Planta rosácea, parecida a la zarzamora, cuyo fruto es la frambuesa.

francachela. f. Reunión de varias personas para comer, beber y divertirse desordenadamente: *para celebrarlo nos iremos de francachela*. **Sin.** juerga.

francés, sa. adj. y s. **1** De Francia. | m. **2** Lengua oficial hablada en este país.

francio. m. Elemento químico radiactivo, de carácter metálico e inestable. Su símbolo es *Fr*.

franciscano, na. adj. y s. Se dice del religioso de la orden de San Francisco de Asís.

francmasón, na. m. y f. Persona que pertenece a la francmasonería.

francmasonería. f. Masonería.

franco, ca. adj. **1** Sincero: *una sonrisa franca*. **2** Abierto, comunicativo: *tiene un carácter franco*. **3** Sin impedimento: *paso franco*. **4** Claro, evidente: *está en franca desventaja*. **5** Libre o exento de impuestos **6** Se dice de un pueblo germánico que conquistó la Galia Transalpina, actualmente Francia. Más c. m. pl. **7** Francés. También s., y como prefijo en ciertos compuestos: *francófono*. **8** Se dice de la lengua hablada por este pueblo. | m. **9** Unidad monetaria de Francia, Suiza y otros países. **Sin.** 7 galo ☐ **Ant.** 1 hipócrita, falso 2 introvertido 4 velado 5 gravado.

francófilo, la. adj. Que simpatiza con Francia o con los franceses.

francófobo, ba. adj. Contrario a los franceses.

francófono, na. adj. Que habla francés. También s.

francotirador, ra. m. y f. Persona aislada que, apostada, ataca con armas de fuego.

franela. f. Tejido fino de lana o algodón, ligeramente cardado por una o ambas caras.

franja. f. **1** Faja, lista, tira: *una tela con franjas negras*. **2** Banda de adorno.

franquear. tr. **1** Quitar los impedimentos, abrir camino: *franquear el paso*. **2** Pagar en sellos el porte del correo: *franquear una carta*. | **franquearse.** prnl. **3** Sincerarse con alguien: *se franqueó conmigo*.

franqueo. m. **1** Acción de franquear o franquearse. **2** Cantidad que se paga en sellos.

franqueza. f. Sinceridad. **Ant.** hipocresía.

franquía. f. Situación en la cual un buque tiene paso libre para hacerse a la mar o tomar determinado rumbo. Más en frases como: *poner en franquía; estar en franquía; ganar franquía*.

franquicia. f. Exención del pago de ciertos derechos, impuestos, etc.: *franquicia postal*.

franquismo. m. **1** Régimen político implantado en España por el general Franco y período que comprende (1936-1975). **2** Conjunto de partidarios de este régimen.

franquista. adj. **1** Relativo al franquismo. | com. **2** Partidario o seguidor de este régimen.

frasca. f. Recipiente de vidrio transparente, con base cuadrangular y cuello bajo, que se usa para el vino.

frasco. m. Recipiente, generalmente de vidrio, de cuello recogido, que sirve para contener líquidos, sustancias en polvo, comprimidos, etc.

frase. f. **1** Conjunto de palabras que tienen un sentido. **2** Locución, expresión: *una frase proverbial.* **3** En mús., unidad melódica o armónica que termina en pausa. **4 frase hecha.** La que tiene una forma fija y es de uso común; p. ej., *sentirse como pez en el agua.*

frasear. tr. **1** Formar una frase. **2** En mús., cantar o ejecutar una pieza musical, destacando el comienzo y final de cada frase.

fraseología. f. **1** Conjunto de modos de expresión peculiares de una lengua, grupo, época, actividad o individuo. **2** Conjunto de palabras o expresiones pretenciosas o inútiles: *todo eso es pura fraseología sin sustancia.* **3** Conjunto de frases hechas, locuciones, modismos, refranes, etc., de una lengua.

fraternal. adj. Propio de hermanos: *amor fraternal.* **SIN.** fraterno.

fraternidad. f. Unión y buena correspondencia entre hermanos o entre un grupo de personas.

fraternizar. intr. Tratarse afectuosamente, como hermanos. **SIN.** confraternizar.

fraterno, na. adj. Fraternal.

fratricida. adj. y com. Que mata a su hermano.

fratricidio. m. Crimen del fratricida.

fraude. m. Engaño que se realiza eludiendo obligaciones legales o usurpando derechos, con el fin de obtener un beneficio: *fraude fiscal.* **SIN.** estafa, timo.

fraudulento, ta. adj. Que contiene fraude: *un negocio fraudulento.*

fray. m. apóc. de *fraile.*

frazada. f. Manta de cama. **SIN.** cobertor.

freático, ca. adj. Se dice de las aguas del subsuelo que pueden aprovecharse por medio de pozos.

frecuencia. f. **1** Repetición a menudo de un acto o suceso: *le veo con frecuencia.* **2** Número de oscilaciones, vibraciones u ondas por unidad de tiempo en cualquier fenómeno periódico: *frecuencia modulada.*

frecuentar. tr. **1** Acudir con frecuencia a un lugar: *frecuentaban ese café.* **2** Tratarse con alguien de forma habitual: *frecuenta a sus compañeros de universidad.* **SIN.** 2 relacionarse.

frecuente. adj. **1** Repetido a menudo: *hace frecuentes viajes al extranjero.* **2** Usual, común: *es un color de pelo poco frecuente.* **SIN.** 2 corriente. □ **ANT.** 1 infrecuente 2 inhabitual.

free-lance. (voz ingl.) adj. Se dice del trabajo de colaboración que realizan ciertos profesionales, como periodistas, traductores, redactores, etc., para una o varias empresas, sin que exista un contrato laboral temporal o permanente. También com.

fregadero. m. Pila de fregar.

fregado. m. **1** Acción de fregar. **2** Escándalo, discusión: *de pronto se montó un fregado increíble.* **3** Enredo, asunto complicado: *¡en buen fregado te han metido!* **SIN.** 2 y 3 lío.

fregar. tr. **1** Limpiar suelos, platos, etc., restregándolos con estropajo, cepillo, etc., empapado en agua y jabón u otro líquido adecuado. **2** Restregar con fuerza. También prnl. || **Irreg.** Se conj. como *acertar.*

fregona. f. **1** Utensilio para fregar los suelos, formado por un palo, unos flecos o bayeta absorbentes y un cubo. **2** desp. Criada que friega los suelos. **3** desp. Mujer ordinaria. **SIN.** 3 verdulera.

fregotear. tr. Fregar deprisa y mal.

freiduría. f. Establecimiento público donde se fríen alimentos, especialmente pescados, para la venta.

freír. tr. **1** Cocinar un alimento en aceite o grasa hirviendo. También prnl. **2** Molestar, importunar: *le frieron los mosquitos.* | **freírse.** prnl. **3** Pasar mucho calor: *abre la ventana, que me estoy friendo.* || **Irreg.** Se conj. como *reír.* || Doble part.: *freído* (reg.), *frito* (irreg.).

fréjol, fríjol o **frijol.** m. Judía, alubia.

frenar. tr. **1** Moderar o detener la marcha de una máquina, un vehículo, etc. **2** Contener, retener: *el dique frenaba el avance de las aguas.* Más c. intr. **3** Moderar los ímpetus: *frenar un impulso.* **ANT.** 1 acelerar 2 y 3 soltar, desatar.

frenazo. m. Acción de frenar súbita y violentamente.

frenesí. m. **1** Exaltación violenta de una pasión o sentimiento: *el público aplaudió con frenesí.* **2** Locura, delirio.

frenético, ca. adj. **1** Furioso, rabioso: *ese ruido me pone frenético.* **2** Que siente frenesí.

frenillo. m. Membrana que sujeta y limita el movimiento de algunos órganos, como la lengua y el prepucio.

freno. m. **1** Dispositivo para moderar o detener el movimiento de algunas máquinas, vehículos, etc. **2** Instrumento de hierro que, introducido en la boca de las caballerías, sirve para sujetarlas y dirigirlas. **3** Sujeción: *puso freno a sus gastos.*

frente. f. **1** Parte superior de la cara, comprendida entre las sienes, y desde las cejas hasta la vuelta superior del cráneo. | m. **2** Parte delantera, fachada: *estan arreglando el frente del edificio.* **3** Extensión o línea de territorio continuo en que combaten los ejércitos: *murió en el frente.* **4** En meteorología, contacto

fresa – fritanga

de una masa fría y otra cálida: *un frente nuboso.* | adv. m. **5** En contra. **6 al frente.** loc. adv. Delante, al mando de algo: *está al frente del negocio.* **7** Hacia delante. **8 frente a frente.** loc. adv. Cara a cara. **9 hacer frente.** loc. Enfrentar: *hizo frente a la policía.*

fresa. f. **1** Planta rosácea, con tallos rastreros, flores blancas o amarillentas, y fruto casi redondo, algo apuntado, de 1 cm de largo, rojo. **2** Fruto de esta planta. **3** Instrumento de movimiento circular con una serie de cuchillas cortantes para abrir agujeros o labrar metales.

fresador, ra. m. y f. **1** Operario que maneja la fresadora. | f. **2** Máquina para fresar.

fresar. tr. Abrir agujeros o labrar metales por medio de la fresa.

frescachón, na. adj. Muy robusto y de color sano. También s.

frescales. com. Persona descarada, desvergonzada. **Sin.** caradura.

fresco, ca. adj. **1** Moderadamente frío: *esta casa es muy fresca.* **2** Reciente, acabado de hacer, de coger, de suceder, etc.: *una noticia fresca.* **3** Descansado, que no da muestras de fatiga: *apenas ha dormido y se le ve tan fresco.* **4** Sano, que no está estropeado: *este pescado no está fresco.* **5** Desvergonzado. También s. **6** Que no contiene artificios; natural: *alimentos frescos.* **7** Se dice de la pintura que no se ha secado. **8** Se dice de las telas ligeras que no son calurosas: *el algodón es muy fresco.* | m. **9** Frío moderado: *hace fresco.* **10** Pintura que se hace sobre una superficie, generalmente paredes o techos, con colores disueltos en agua de cal y extendidos sobre una capa de estuco fresco: *van a restaurar los frescos de la iglesia.* **Ant.** 1 caluroso 2 pasado 3 fatigado 4 estropeado 6 artificial 9 calor.

frescor. m. Frescura o fresco.

frescura. f. **1** Calidad de fresco. **2** Desvergüenza, descaro.

fresno. m. **1** Árbol de corteza grisácea y muy ramoso, con flores pequeñas y blanquecinas. **2** Madera de este árbol, de color blanco, y muy apreciada por su elasticidad.

fresón. m. Variedad de fresa de tamaño mayor, de color rojo amarillento y sabor más ácido.

fresquera. f. Armario o lugar para conservar frescos algunos alimentos.

fresquilla. f. Variedad de melocotón.

freudiano, na. adj. Relativo a las doctrinas de Sigmund Freud.

freza. f. **1** Desove de los peces. **2** Huevos de los peces.

frialdad. f. **1** Sensación que proviene de la falta de calor: *la frialdad del mármol.* **2** Indiferencia, poco interés: *le miró con frialdad.* **Ant.** 1 y 2 calor, calidez.

fricativo, va. adj. **1** En ling., se dice de los sonidos cuya articulación, permitiendo una salida continua de aire emitido, hace que éste salga con cierta fricción, o roce en los órganos bucales; como en el español la *f, s, z, j*, etc. **2** Se dice de la letra que representa este sonido. También f.

fricción. f. **1** Roce de dos cuerpos en contacto. **2** Frotación que se aplica a una parte del cuerpo: *se dio fricciones con alcohol.* **3** Desavenencia, desacuerdo: *ese asunto ha creado fricciones entre ellos.*

friccionar. tr. Frotar, dar friegas. También prnl.: *se friccionó las manos para calentarlas.*

friega. f. Acción de frotar alguna parte del cuerpo.

frigidarium o **frigidario.** m. En los baños o termas romanas, habitación en que se tomaban los baños fríos, y que se llamaba también *cella frigidaria.*

frigidez. f. **1** Falta de deseo sexual. **2** Frialdad.

frígido, da. adj. **1** Se apl. a la persona incapaz de sentir placer o deseo sexual. **2** poét. Frío.

frigoría. f. Unidad de medida de absorción del calor, empleada en la técnica de la refrigeración; corresponde a la absorción de una kilocaloría.

frigorífico, ca. adj. **1** Que produce frío. | m. **2** Cámara o mueble que se enfría artificialmente para conservar alimentos u otros productos. **Sin.** 2 nevera.

fringílido. adj. y m. Se dice de pájaros que en la cara posterior de los tarsos tienen dos surcos laterales, como el gorrión y el jilguero.

frío, a. adj. **1** Que tiene una temperatura muy inferior a la normal: *el agua está muy fría.* **2** Falto de afecto, de pasión o sensibilidad: *nos dieron un trato muy frío.* **3** Indiferente: *un público frío.* **4** Sin gracia, sin interés: *una representación fría.* **5** Poco acogedor: *esta habitación resulta fría.* | m. **6** Baja temperatura: *ya llegan los fríos.* **7** Sensación que se experimenta por la pérdida de calor: *tener frío.* **8 en frío.** loc. adv. Sin preparación: *le entrevistaron en frío.* **Ant.** 1 caliente 2 cálido 3 atento 4 interesante 5 acogedor y 7 calor.

friolero, ra. adj. **1** Muy sensible al frío. | f. **2** Cosa de poca importancia: *no llores por esa friolera.* **3** vulg. Gran cantidad de una cosa, especialmente de dinero: *le costó la friolera de veinte millones.*

friso. m. **1** En arquit., parte que media entre el arquitrabe y la cornisa. **2** Banda en la parte inferior o superior de las paredes, generalmente de color distinto a éstas.

frisón, na. adj. **1** De Frisia, provincia de Holanda. También s. | m. **2** Lengua germánica hablada en Frisia.

fritada. f. **1** Conjunto de cosas fritas. **2** Plato parecido al pisto. **Sin.** 1 fritura.

fritanga. f. Fritura, especialmente la abundante en grasa. Más en sentido desp.

Frontón de la Biblioteca Nacional, Madrid

frito, ta. adj. **1** Muy dormido: *quedarse frito.* | m. **2** Cualquier alimento cocinado en sartén: *no puede comer fritos.* **3 estar** uno **frito.** loc. Hallarse en situación difícil: *como no lo encuentre, estoy frito.*

fritura. f. Conjunto de alimentos fritos. **Sin.** fritada.

frivolidad. f. Cualidad de frívolo. **Ant.** seriedad.

frívolo, la. adj. **1** Superficial, ligero: *se lo tomó de forma frívola.* **2** De poca importancia: *una charla frívola.* **3** Se apl. a los espectáculos, publicaciones, etc., que tratan temas ligeros, con predominio de lo sensual.

fronde. m. Término con que se designa a las hojas de los helechos.

frondosidad. f. Abundancia de hojas y ramas. **Sin.** espesura.

frondoso, sa. adj. Abundante en hojas o ramas.

frontal. adj. **1** De frente: *choque frontal.* **2** Se apl. a lo que está situado en la parte delantera: *un balcón frontal.* | m. **3** Hueso de la frente. También adj.

frontera. f. **1** Línea divisoria entre dos estados. **2** Límite: *la frontera entre el Bien y el Mal.*

fronterizo, za. adj. **1** Que está o sirve de frontera: *río fronterizo.* **2** Que está situado entre dos cosas, hechos, circunstancias.

frontis. m. **1** Fachada de un edificio o de otra cosa. **2** En el juego de pelota, pared del frontón contra el que se lanza la pelota. || No varía en pl.

frontispicio. m. **1** Fachada o parte delantera de un mueble, edificio, etc. **2** Frontón. **3** Página de un libro anterior a la portada, que solía contener el título y algún grabado o viñeta. **Sin.** 1 frontis.

frontón. m. **1** Pared principal del juego de pelota. **2** Edificio o lugar preparado para este juego. **3** Remate triangular de una fachada o de un pórtico.

frotar. tr. Pasar una cosa sobre otra con fuerza muchas veces. También prnl.: *frotarse las manos.* **Sin.** restregar.

fructífero, ra. adj. Que produce fruto: *una tierra fructífera, una idea fructífera.* **Sin.** fértil □ **Ant.** estéril.

fructificar. intr. **1** Dar fruto. **2** Producir utilidad: *sus esfuerzos han fructificado.*

fructosa. f. Monosacárido, soluble en agua, presente en las frutas, la miel, etc.

fructuoso, sa. adj. Que da fruto o utilidad.

frugal. adj. **1** Se dice de las comidas sencillas y poco abundantes. **2** Moderado en comer y beber. **Ant.** 1 copioso, opíparo 2 tragón.

frugalidad. f. Templanza, moderación, sobriedad.

fruición. f. Gozo, placer intenso: *comer con fruición.* **Sin.** deleite.

frunce. m. Pliegue, arruga, doblez que se hace en un papel, una tela, etc.

fruncido. m. Frunce.

fruncir. tr. **1** Arrugar la frente y las cejas en señal de preocupación, mal humor, etc. **2** Plegar un papel, tela, etc., en arrugas pequeñas y paralelas.

fruslería. f. Cosa de poco valor o importancia. **Sin.** chuchería, nimiedad.

frustración. f. Acción de frustrar o frustrarse.

frustrar. tr. **1** Dejar sin efecto, malograr un intento: *la policía frustró el atraco.* También prnl. **2** Privar a uno de lo que esperaba: *el suspenso le frustró.* También prnl. **Sin.** 1 fracasar 2 desilusionar.

fruta. f. Fruto comestible de ciertas plantas.

frutal. adj. **1** Se dice del árbol que da fruta. También m. **2** Perteneciente a la fruta.

frutería. f. Tienda o puesto donde se vende fruta.

frutero, ra. adj. **1** Que sirve para llevar o para contener fruta. | m. y f. **2** Persona que vende fruta. | m. **3** Recipiente para poner o servir la fruta.

fruticultura. f. **1** Cultivo de las plantas que producen frutas. **2** Técnica empleada para ese cultivo.

fruto. m. **1** Órgano de la planta que nace del ovario de la flor y que contiene las semillas. **2** Resultado, provecho, utilidad: *sus esfuerzos han dado fruto.* **3** Producto del ingenio o del trabajo: *este libro es fruto de varios años de investigación.* | pl. **4** Productos de la tierra.

fucsia. f. **1** Arbusto de origen americano, con flores colgantes de color rojo oscuro. | m. **2** Color de la flor de esta planta.

fuego. m. **1** Calor y luz producidos por la combustión: *aviva el fuego.* **2** Materia en combustión: *dame fuego.* **3** Incendio: *el fuego destruyó el monte.* **4** Efecto de disparar armas de fuego: *abrir fuego.* **5** Ardor, pasión: *puso mucho fuego en su discurso.* | pl. **6 fuegos artificiales.** Artificios de pólvora que producen detonaciones y luces de colores, y que son lanzados con fines de diversión.

fuel. (voz ingl.) m. Combustible líquido derivado del petróleo bruto. También se conoce como *fuel-oil.*

fuelle. m. **1** Instrumento para recoger aire y lanzarlo con dirección determinada: *el fuelle de un acordeón.* **2** Capacidad respiratoria: *tiene mucho fuelle.* **3** En trenes, autobuses, etc., pasillo flexible que comunica o une dos unidades.

fuente. f. **1** Manantial de agua que brota de la tierra: *una fuente medicinal.* **2** Construcción en los sitios públicos, como plazas, parques, etc., con caños y surtidores de agua, y que se destina a diferentes usos. **3** Plato grande para servir la comida y cantidad que cabe en él. **4** Origen de algo, causa, principio. **5** Documento, obra o materiales que sirven de información o de inspiración a un autor: *el Renacimiento bebió de fuentes grecolatinas.* Sin. 1 venero, fontanal.

fuera. adv. l. **1** En o hacia la parte exterior: *te espero fuera.* | adv. t. **2** Antes o después de tiempo: *lo presenté fuera de plazo.* **3 de fuera.** loc. adv. y adj. De otro lugar: *es una costumbre de fuera.* **4 ¡fuera!** interj. Expresa desaprobación o rechazo. **5 fuera de.** loc. prep. Seguido de sustantivos, significa *excepto, salvo.* **6** Seguido de verbos, significa *además de, aparte de.* **7 fuera de sí.** loc. adj. Descontrolado.

fueraborda. adj. **1** Se dice del motor instalado fuera del casco de una embarcación. También m. | amb. **2** Embarcación impulsada por este tipo de motor.

fuero. m. **1** Privilegio, derecho, exención, etc., que se conceden a una persona, ciudad o territorio. Más en pl. **2** En la Edad Media, ley o estatuto concedido por un soberano a un territorio. **3** Compilación de leyes: *Fuero Juzgo.* **4** Competencia jurisdiccional. **5 fuero interno.** La conciencia.

fuerte. adj. **1** Que tiene fuerza y resistencia: *este material es muy fuerte.* **2** Robusto, corpulento: *es de complexión fuerte.* **3** Duro: *este clavo está muy fuerte.*

Frutos

4 Intenso: *despedía un fuerte aroma.* **5** Terrible, grave, excesivo: *se oyó una fuerte explosión.* **6** Que tiene fuerza para persuadir, convincente: *un argumento fuerte.* **7** Experto en una ciencia o arte: *está fuerte en informática.* | m. **8** Recinto fortificado: *los indios atacaron el fuerte.* **9** Aquello en lo que uno sobresale: *su fuerte son las matemáticas.* | adv. m. **10** Con fuerza: *pedalear fuerte.* | adv. c. **11** Mucho: *comer fuerte.* Sin. 1 fortaleza 2 forzudo 9 especialidad.

fuerza. f. **1** Capacidad para mover una cosa que tenga peso o haga resistencia. **2** Toda causa capaz de modificar el estado de reposo o de movimiento de un cuerpo: *la fuerza de las olas volcó la barca.* **3** Vigor, robustez: *la fuerza de la juventud.* **4** Vitalidad, intensidad: *gritó con fuerza*. **5** Poder, autoridad. **6** Acto de obligar. **7** Violencia física o moral: *le sacaron a la fuerza*. **8** Corriente eléctrica. **9** Eficacia: *la fuerza de un argumento*. | pl. **10** Tropas: *las fuerzas aéreas*. **11 fuerza bruta.** La física. **Ant.** 3 debilidad.

fuga. f. **1** Huida precipitada. **2** Escape, salida accidental de un gas o líquido: *este tubo tiene una fuga*. **3** Acción de fugarse: *han abortado un intento de fuga*. **4** En mús., composición que gira sobre la repetición de un tema y su contrapunto.

fugacidad. f. Cualidad de fugaz.

fugarse. prnl. Escaparse, huir.

fugaz. adj. **1** De corta duración: *una visita fugaz*. **2** Que desaparece rápidamente: *una estrella fugaz*.

fugitivo, va. adj. **1** Que huye. También s.: *detuvieron a los fugitivos*. **2** Que pasa muy aprisa: *el tiempo fugitivo*. **Sin.** 2 fugaz.

ful. adj. Falso, de poco valor.

fulano, na. m. y f. **1** Persona indeterminada o imaginaria. | f. **2** Prostituta.

fulero, ra. adj. **1** Chapucero: *una reparación fulera*. **2** Falso, embustero. **Ant.** 1 esmerado 2 veraz.

fulgor. m. Resplandor y brillantez.

fulgurar. intr. Brillar, resplandecer.

full. (voz ingl.) m. En el juego de póquer, combinación de una pareja y un trío.

fullería. f. Trampa, engaño.

fullero, ra. adj. y s. Que hace fullerías. **Sin.** tramposo.

fulminante. adj. **1** Que fulmina. **2** Muy rápido y repentino: *un ataque fulminante*. **3** Súbito, de efecto inmediato: *un remedio fulminante*. | adj. y m. **4** Sustancia que explosiona con relativa facilidad y sirve normalmente para disparar armas de fuego.

fulminar. tr. **1** Lanzar rayos. **2** Dañar o dar muerte un rayo, proyectil o arma: *le fulminó de un disparo*. **3** Causar muerte repentina una enfermedad. **4** Dejar muy impresionada a una persona: *esa noticia nos ha fulminado*.

fumadero. m. Local destinado a fumar: *un fumadero de opio*.

fumador, ra. adj. y s. Que tiene costumbre de fumar.

fumar. intr. **1** Aspirar y despedir el humo del tabaco, opio, etc. También tr.: *fuma rubio*. | **fumarse.** prnl. **2** Consumir, gastar: *se ha fumado todo el sueldo*. **3** Dejar de acudir, faltar a una obligación: *fumarse una clase*. **Sin.** 3 escaquearse.

fumarola. f. Emanación de gases o vapores que salen por pequeñas grietas en las zonas de actividad volcánica.

fumigador. m. Aparato para fumigar.

fumigar. tr. Desinfectar por medio de humo, gas, etc.

funámbulo, la. m. y f. Acróbata que hace ejercicios en la cuerda o el alambre. **Sin.** equilibrista.

función. f. **1** Actividad propia de alguien o algo: *la función del aparato digestivo*. **2** Actividad propia de un cargo, oficio, etc. Más en pl.: *desempeña las funciones de director*. **3** Espectáculo público: *una función de teatro*. **4** En ling., papel que en la estructura gramatical de la oración desempeña un elemento fónico, morfológico, léxico o sintáctico: *función sujeto*. **5** En mat., relación entre dos magnitudes, de modo que a cada valor de una de ellas corresponde determinado valor de la otra.

funcional. adj. **1** Relativo a la función: *análisis funcional*. **2** Práctico, utilitario: *un mueble funcional*.

funcionamiento. m. Acción de funcionar.

funcionar. intr. **1** Desempeñar su función. **2** Marchar bien alguien o algo: *la radio no funciona*. **Ant.** 1 y 2 fallar.

funcionario, ria. m. y f. Persona que desempeña un empleo público. **Sin.** burócrata.

funda. f. Cubierta con que se envuelve o cubre algo: *la funda de las tijeras, la funda de una muela*.

fundación. f. **1** Creación, origen de una cosa: *la fundación de una ciudad*. **2** Obra benéfica, cultural, etc. **3** Este establecimiento. **Sin.** 1 institución.

fundador, ra. adj. y s. Que crea o funda.

fundamental. adj. **1** Esencial. **2** Que sirve de fundamento o es lo principal en una cosa. **Ant.** 1 accesorio.

fundamentar. tr. **1** Echar los cimientos, sentar las bases: *fundamentar una construcción*. **2** Establecer, asegurar y hacer firme una cosa. **Sin.** 1 y 2 cimentar.

fundamento. m. **1** Principio, base: *el fundamento de su éxito es la constancia*. **2** Raíz, origen. **3** Hablando de personas, seriedad, formalidad. | pl. **4** Principios básicos de una ciencia, arte, teoría, etc.

fundar. tr. **1** Establecer, crear: *los fenicios fundaron Cartagena*. **2** Apoyar con razones, pruebas, etc. También prnl.: *se fundó en documentos de la época*. **3** Apoyar, armar alguna cosa material sobre otra. También prnl.: *el puente se fundaba sobre varios pilares de hormigón*.

fundición. f. **1** Acción de fundir o fundirse. **2** Fábrica en que se funden los metales. **3** Hierro fundido.

fundido. m. En cine, procedimiento para hacer aparecer o desaparecer lentamente una imagen.

fundir. tr. **1** Derretir, convertir un sólido en líquido. También intr. y prnl.: *el queso ya se ha fundido*. **2** Dar forma en moldes al metal en fusión. También prnl. | **fundirse.** prnl. **3** Unirse: *en su novela se funden varias tradiciones literarias*. También tr. **4** Dejar de funcionar un aparato eléctrico al producirse un cortocircuito, un exceso de tensión, o quemarse un hilo de

fúnebre – fuste

la resistencia: *se han fundido los plomos.* **Sin.** 1 licuar 3 fusionarse ☐ **Ant.** 1 cuajar.

fúnebre. adj. **1** De los difuntos: *música fúnebre.* **2** Sombrío, triste: *un color fúnebre.* **Sin.** 1 funerario, mortuorio 2 tétrico.

funeral. adj. **1** Perteneciente al entierro de un difunto y a la ceremonia que lo acompaña. | m. **2** Misa que se celebra por un difunto.

funerario, ria. adj. **1** Perteneciente al entierro y a las ceremonias celebradas por un difunto. | f. **2** Empresa que se encarga de proveer las cajas, coches fúnebres y demás objetos pertenecientes a los entierros.

funesto, ta. adj. Que produce tristeza o desgracia, o que va acompañado de ellas: *un día funesto.* **Sin.** nefasto, aciago.

fungible. adj. Que se consume con el uso.

fungicida. adj. y m. Agente que destruye los hongos.

fungir. intr. Desempeñar un empleo o cargo.

funicular. adj. y m. **1** Vehículo cuya tracción se realiza por medio de un cable, cuerda o cadena. **2** Teleférico.

furcia. f. Prostituta. **Sin.** ramera.

furgón. m. **1** Vehículo cerrado que se utiliza para transportes. **2** Vagón de tren para el transporte de equipajes y mercancías.

furgoneta. f. Vehículo cerrado, más pequeño que el camión, destinado al transporte de mercancías.

furia. f. **1** Ira exaltada contra algo o alguien: *le dio un ataque de furia cuando le replicaste.* **2** Actividad y violenta agitación. **3** Coraje, ímpetu: *luchó con furia.* **4** Velocidad. **5** Persona muy irritada: *se puso hecho una furia.* **6** Furor: *la furia de los elementos.*

furibundo, da. adj. **1** Que se enfurece con facilidad. **2** Muy entusiasta: *es un hincha furibundo.* **Sin.** 1 airado, colérico 2 acérrimo.

furioso, sa. adj. **1** Lleno de furia. **2** Violento, terrible.

furor. m. **1** Cólera, ira exaltada. **2** Arrebato, ímpetu. **3** Violencia: *lucharon con furor.* **4** Momento de mayor intensidad de una moda o costumbre: *este baile causa furor.*

furriel. m. Cabo encargado de distribuir los servicios de una tropa.

furtivo, va. adj. **1** Que se hace a escondidas: *echó una mirada furtiva al reloj.* **2** Se dice de la persona que caza sin permiso. También m.

fusa. f. En mús., nota cuyo valor es la mitad de la semicorchea.

fuselaje. m. Cuerpo central del avión.

fusible. adj. **1** Que puede fundirse. | m. **2** Hilo o chapa metálica, que se intercala en las instalaciones eléctricas para cortar la corriente cuando ésta es excesiva: *han saltado los fusibles.*

fusiforme. adj. En forma de huso.

fusil. m. Arma de fuego portátil con un cañón largo, destinada al uso de los soldados de infantería.

fusilamiento. m. Acción de fusilar.

fusilar. tr. **1** Ejecutar a una persona con una descarga de fusiles. **2** Copiar trozos o ideas de un original sin citar el nombre del autor. **Sin.** 2 plagiar.

fusilería. f. **1** Conjunto de fusiles. **2** Fuego de fusiles.

fusión. f. **1** Acción de fundir o fundirse. **2** Unión de intereses, ideas, partidos, etc. **3 fusión nuclear.** Unión de varios núcleos atómicos ligeros, que da lugar a uno solo de mucha mayor masa y a un gran desprendimiento de energía. **Sin.** 1 mezcla 2 alianza.

fusionar. tr. Producir una fusión, unión. También prnl.: *estos bancos se han fusionado.*

fusta. f. Látigo largo y delgado que se usa para espolear a las caballerías.

fustán. m. Tela gruesa de algodón, con pelo por una de sus caras.

fuste. m. **1** Parte de la columna que media entre el capitel y la base. **2** Armazón de la silla de montar. **3** Importancia: *se da mucho fuste.*

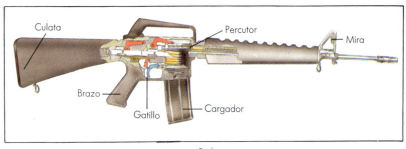

Fusil

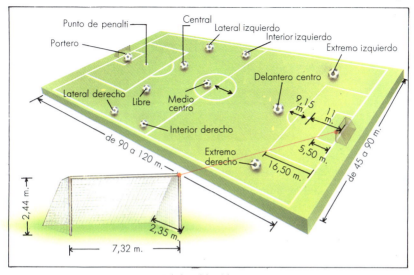

Fútbol: medidas del campo

fustigar. tr. **1** Azotar. **2** Censurar con dureza.

fútbol. m. Deporte practicado entre dos equipos, de once jugadores cada uno, que disputan un balón con los pies y tratan de introducirlo en la portería contraria siguiendo determinadas reglas.

futbolín. m. Juego de mesa en que figuritas accionadas mecánica o manualmente simulan un partido de fútbol.

futbolista. com. Jugador de fútbol.

fútil. adj. De poca importancia, insignificante. **Sin.** baladí □ **Ant.** esencial, fundamental.

futilidad. f. Insignificancia, intrascendencia. **Ant.** importancia.

futurismo. m. Movimiento ideológico y artístico cuyas orientaciones fueron formuladas por el poeta italiano Marinetti en 1909; pretendía revolucionar las ideas, las costumbres, el arte, la literatura y el lenguaje. Se le considera precedente del surrealismo.

futuro, ra. adj. **1** Que está por venir: *la tecnología futura.* | m. **2** Tiempo que está por llegar: *prepararse para el futuro.* **3** En ling., tiempo del verbo que expresa una acción que sucederá posterior a la enunciación. | m. y f. **4** Novia o novio: *nos presentó a su futura.* **Ant.** 1 y 2 pasado.

futurología. f. Conjunto de estudios que se proponen predecir científicamente el futuro.

futurólogo, ga. m. y f. Persona que se dedica profesionalmente a predecir el futuro. **Sin.** astrólogo.

g

g. f. Séptima letra del abecedario español y quinta de sus consonantes. Su nombre es *ge*.

gabacho, cha. adj. **1** Natural de algunos pueblos de las faldas de los Pirineos. También s. **2** Perteneciente a estos pueblos. **3** desp. Francés. También s.

gabán. m. Abrigo.

gabardina. f. **1** Prenda ligera de abrigo hecha de tela impermeable. **2** Tela de tejido diagonal muy tupido. **3** Capa de masa con la que se rebozan algunos alimentos: *gambas con gabardina*.

gabarra. f. **1** Embarcación pequeña para carga y descarga en los puertos. **2** Embarcación de transporte, con cubierta o con vela y remos.

gabela. f. **1** Tributo, impuesto o contribución que se paga al Estado. **2** Carga, gravamen.

gabinete. m. **1** Sala pequeña para recibir o estudiar. **2** Muebles que contiene. **3** Consejo de ministros de un país. **4** Habitación con los muebles y aparatos necesarios para realizar determinadas actividades profesionales: *gabinete de abogados*.

gabrieles. m. pl. Garbanzos del cocido.

gacela. f. Mamífero algo menor que el corzo, con patas muy finas, el dorso marrón claro, el vientre blanco y astas encorvadas.

gaceta. f. **1** Periódico con noticias de carácter literario o científico. **2** En España, nombre que tuvo el actual *Boletín Oficial del Estado*. **3** Correveidile.

gacetilla. f. **1** Sección de un periódico con noticias breves. **2** Cada una de estas noticias.

gacha. f. **1** Cualquier masa muy blanda y líquida. | pl. **2** Comida compuesta de harina cocida con agua y sal, que se puede aderezar con leche, miel, etc.

gachí. f. En lenguaje popular, mujer, muchacha. ‖ pl. *gachís*.

gacho, cha. adj. **1** Encorvado, inclinado hacia la tierra: *ir con la cabeza gacha*. **2** Se dice del buey o vaca que tiene uno de los cuernos o ambos inclinados hacia abajo. **3** Se dice del cuerno retorcido hacia abajo.

gachó. m. En ambientes populares, hombre en general, y en especial el amante de una mujer.

gachupín, na. m. y f. desp. Nombre que se da en México a los españoles establecidos allí.

gádido, da. **1** adj. y m. Se dice de ciertos peces simétricos y de buen tamaño, como el bacalao y la merluza. | m. pl. **2** Familia de estos peces.

gaditano, na. adj. y s. De Cádiz.

gadolinio. m. Elemento químico que pertenece al grupo de las tierras raras. Es un metal blanco plateado, brillante, maleable, con sales incoloras. Su símbolo es *Gd*.

gaélico, ca. adj. y m. Se apl. a los dialectos de la lengua céltica que se hablan en ciertas comarcas de Irlanda y Escocia.

Gacela

gafas. f. pl. Objeto compuesto por dos lentes sujetos en una armadura, que se apoya en la nariz, y dos patillas que se enganchan en las orejas. Sin. anteojos.

gafe. adj. y com. Persona o cosa que trae o tiene mala suerte.

gaita. f. **1** Instrumento musical de viento con varios tubos unidos a un fuelle. **2** Cosa molesta, engorrosa: *este encargo es una gaita.*

gaitero, ra. m. y f. Persona que tiene por oficio tocar la gaita.

gaje. m. **1** Retribución complementaria del sueldo. **2 gajes del oficio.** Inconvenientes inherentes a un empleo.

gajo. m. **1** Cada división interior de algunas frutas. **2** Cada uno de los grupos de uvas en que se divide el racimo.

gala. f. **1** Adorno o vestido lujoso, y fiesta en que se exige: *traje de gala.* **2** Espectáculo artístico de carácter excepcional: *gala benéfica.* **3 hacer gala de** o **tener a gala** algo. loc. Presumir de ello: *tiene a gala su buena suerte.*

galáctico, ca. adj. Relativo a la Vía Láctea o a cualquier otra galaxia.

galaico, ca. adj. **1** Relacionado con Galicia: *cordillera galaica.* | **2** De un pueblo antiguo que habitaba Galicia y el Norte de Portugal. También s. Sin. 1 gallego.

galán. m. **1** Hombre apuesto y bien parecido. **2** Actor principal que interpreta papeles de tipo amoroso. **3** Mueble perchero en forma de maniquí para colgar el traje. Sin. 1 adonis.

galante. adj. **1** Atento, educado con las mujeres. **2** Se dice de un tipo de literatura erótica que trata con picardía algún tema amoroso. Sin. 1 cortés.

galantear. tr. **1** Decir galanterías a una mujer. **2** Procurar captarse el amor de una mujer. Sin. 1 requebrar 2 enamorar, seducir.

galantería. f. Acción o expresión galante.

galanura. f. **1** Gallardía. **2** Gracia, gentileza. **3** Elegancia.

galápago. m. Reptil del orden de los quelonios, parecido a la tortuga, pero que tiene los dedos reunidos por membranas interdigitales, por ser de vida acuática.

galardón. m. Premio o recompensa.

galardonar. tr. Premiar o remunerar.

galaxia. f. Cada una de las agrupaciones de estrellas, nebulosas, polvo y gas que se encuentran esparcidas por el Universo.

galbana. f. Pereza, desidia. Ant. diligencia.

galdosiano, na. adj. Propio y característico de Pérez Galdós como escritor.

galena. f. Mineral de azufre y plomo de color gris y mucho brillo. Es la mejor mena del plomo.

Galápago

galeno. m. Médico.

galeón. m. Galera grande que se usó entre los s. xv y xvii para el transporte entre España y América.

galeote. m. El que estaba condenado a remar en las galeras.

galera. f. **1** Embarcación de vela y remo. **2** En impr., tabla rodeada por listones en la que el cajista va poniendo las líneas de letras para componer la galerada. | pl. **3** Antigua pena que consistía en remar en las galeras reales: *ir a galeras.*

galerada. f. **1** En impr., trozo de composición que se pone en una galera. **2** Prueba de esta composición que se saca para corregirla.

galería. f. **1** Habitación larga y espaciosa, con muchas ventanas, sostenida por columnas o pilares. **2** Corredor con arcos o vidrieras para iluminar las habitaciones interiores de una casa. **3** Local destinado a exposiciones artísticas. **4** Paso subterráneo de las minas u otras construcciones. **5** Localidades de la parte alta de un teatro. **6** Público que las ocupa. **7** Opinión pública: *son declaraciones para la galería.* | pl. **8** Tienda o almacén. **9** Mercado, pasaje interior donde se agrupan muchos establecimientos comerciales.

galerna. f. Viento fuerte y frío del NO. que sopla en la costa septentrional de España.

galés, sa. adj. y s. **1** De Gales. | m. **2** Idioma hablado en Gales.

galgo, ga. adj. y s. **1** Se dice de una raza de perros de hocico y rabo largos, muy veloz, que se utiliza para cazar y en carreras. **2** Goloso.

gálibo. m. Arco de hierro con la altura de túneles y puentes para comprobar si los vehículos pueden pasar por ellos.

galicanismo. m. Doctrina religiosa y política que defendía la independencia de la Iglesia de Francia con respecto a la Santa Sede, al mismo tiempo que hacía depender del Estado la comunicación entre el Papa, los obispos y los fieles.

galicismo. m. Palabra o expresión de origen francés empleada en otro idioma.

galileo, a. adj. y s. De Galilea.

galimatías. m. **1** Lenguaje confuso. **2** Lío, embrollo: *este asunto es un galimatías.* ‖ No varía en pl. **Sin.** 1 jerigonza.

galio. m. Elemento químico metálico blanco, duro y maleable, parecido al aluminio. Su símbolo es *Ga*.

galladura. f. Coágulo de sangre, menor que una lenteja, que se halla en la yema del huevo fecundado que pone la gallina.

gállara. f. **1** Agalla del roble. **2** Agalla del pez.

gallardete. m. Bandera pequeña de forma triangular. **Sin.** grímpola, banderín.

gallardía. f. **1** Buena presencia, elegancia. **2** Valentía. **Sin.** 1 garbo, apostura 2 bravura.

gallardo, da. adj. **1** Apuesto. **2** Valiente.

gallear. intr. **1** Presumir, fanfarronear. **2** Imponerse a los demás con demostraciones de fuerza. ‖ tr. **3** Cubrir el gallo a las gallinas.

gallego, ga. adj. y s. **1** De Galicia. **2** *amer.* Español emigrado. ‖ m. **3** Lengua de origen romance hablada en Galicia.

galleo. m. Jactancia, bravuconería.

gallera. f. **1** Gallinero en que se crían los gallos de pelea. **2** Edificio construido expresamente para las peleas de gallos. **3** Jaula donde se transportan los gallos de pelea. **Sin.** 2 reñidero.

galleta. f. **1** Pasta de harina, azúcar y huevo que se divide en trozos de diversas formas y se cuece al horno. **2** Pan sin levadura, cocido dos veces para que se conserve durante más tiempo. **3** Cachete.

galliforme. adj. **1** Que tiene forma de gallo. **2** Se dice de aves de costumbres terrestres y aspecto compacto, con patas robustas, pico corto ligeramente curvado, y alas cortas poco aptas para el vuelo; como la gallina, la perdiz y el faisán. También m.

gallina. f. **1** Hembra del gallo, de menor tamaño que este, cresta pequeña, cola sin plumas largas y patas sin espolones. ‖ com. **2** Persona cobarde y tímida. **Sin.** 2 cagueta.

gallináceo, a. adj. **1** Perteneciente a la gallina. **2** Galliforme.

gallinazo, za. m. o f. Ave rapaz diurna carroñera del tamaño de una gallina, de plumaje negro, cabeza desnuda y pico y tarsos de color carne.

gallinejas. f. pl. En Madrid, tripas fritas de gallina y otras aves, y a veces de otros animales.

gallinero, ra. m. y f. **1** Persona que cría o vende gallinas. ‖ m. **2** Lugar donde se crían las gallinas. **3** Parte más alta y barata de un cine o un teatro. **4** Lugar donde hay mucho griterío: *esta habitación es un gallinero.* **Sin.** 3 paraíso.

gallineta. f. Chocha, ave zancuda.

gallipato. m. Batracio que vive en los estanques cenagosos y en las fuentes.

gallito. adj. y m. Persona que con bravuconadas se impone en un grupo: *es el gallito de la clase.*

gallo. m. **1** Ave gallinácea de cresta roja y alta, pico corto, grueso y arqueado, y unas formaciones carnosas rojas colgantes bajo el pico. **2** Pez marino comestible parecido al lenguado. **3** Nota falsa aguda que sale inesperadamente al hablar o cantar: *soltar un gallo.* **4** Gallito. **5** Categoría de boxeo en la que los púgiles deben pesar entre 52 y 53 kg.

gallofa. f. Comida que se daba a los pobres que venían de Francia a Santiago de Compostela pidiendo limosna.

galo, la. adj. y s. De un antiguo grupo de pueblos celtas que habitó la Galia (Francia), el N. de Italia y el valle del Danubio.

galocha. f. Calzado de madera o hierro, que se usa para andar por la nieve, el agua o el lodo.

galón. m. **1** Cinta estrecha y fuerte, de seda o de hilo plateado o dorado, que se usa como adorno o para hacer ribetes. **2** Cinta parecida con la que se indica la graduación en los uniformes militares: *lleva galones de teniente.* **3** Medida inglesa de capacidad que equivale a 4,5 litros.

galopada. f. Carrera a galope.

galopante. adj. **1** Que corre a galope. **2** Se apl. a la tisis de carácter fulminante, y p. ext., a cualquier

Galliformes

proceso de crecimiento repentino y rápido: *una inflación galopante.*

galopar. intr. **1** Correr el caballo a galope. **2** Cabalgar una persona en un caballo que va al galope.

galope. m. La marcha más rápida del caballo.

galopín. m. **1** Muchacho mal vestido, sucio y desharrapado. **2** Pícaro, bribón. **3** Hombre taimado y astuto. **Sin.** 2 golfo 3 granuja.

galpón. m. **1** Casa grande de una planta. **2** Departamento que se destinaba a los esclavos en las haciendas de América. **3** *amer.* Cobertizo grande con paredes o sin ellas.

galvanismo. m. **1** Electricidad desarrollada por el contacto de dos metales diferentes, generalmente el cobre y el cinc, con un líquido interpuesto. **2** Propiedad de excitar, por medio de corrientes eléctricas, los movimientos en los nervios y músculos de animales vivos o muertos.

galvanizar. tr. **1** Aplicar el galvanismo a un animal vivo o muerto. **2** Aplicar una capa de metal sobre otro, empleando al efecto el galvanismo. **3** Dar un baño de cinc fundido a un alambre, plancha de hierro, etc., para que no se oxide. **4** Reactivar súbitamente cualquier actividad humana, energías, entusiasmos, etc.: *el concierto galvanizó al público.* **Sin.** 4 estimular.

galvanómetro. m. Aparato destinado a medir la intensidad y determinar el sentido de una corriente eléctrica.

galvanoplastia. f. Técnica de sobreponer a cualquier cuerpo sólido una capa de un metal disuelto en un líquido, valiéndose de corrientes eléctricas.

galvanoscopio. m. Galvanómetro provisto de un mecanismo registrador.

gama. f. **1** Escala musical. **2** Escala de colores. **3** P. ext., cualquier serie de cosas que varía gradualmente: *gama de precios.* **Sin.** 3 repertorio.

gamada. adj. Se dice de la cruz que tiene los cuatro brazos acodados, como la gamma griega mayúscula.

gamba. f. Crustáceo decápodo comestible, de color rojizo y cuerpo alargado.

gamba. f. **1** Pierna. **2 meter la gamba.** Meter la pata.

gamberrada. f. Acción propia del gamberro.

gamberro, rra. adj. y s. **1** Que escandaliza y comete destrozos en sitios públicos: *unos gamberros destrozaron el local.* **2** Grosero.

gambeta. f. **1** Movimiento especial de la danza. **2** Corveta. **3** En el fútbol, regate.

gambetear. intr. **1** Hacer gambetas. **2** Hacer corvetas el caballo.

gambito. m. En el ajedrez, jugada que consiste en sacrificar al principio de la partida algún peón o pieza, o ambos, para lograr una posición favorable.

gamella. f. **1** Arco del yugo que se apoya en el cuello de bueyes, mulas, etc. **2** Artesa que sirve para dar de comer y beber a los animales, para fregar, lavar y otros usos.

gameto. m. Célula masculina o femenina especializada en la reproducción.

-gamia, gamo-, -gamo, ma. Elemento afijo que entra en la formación de diversas palabras con el significado de 'unión': *endogamia, gamopétalo, monógamo.*

gamitido. m. Balido del gamo o voz que lo imita.

gamma. f. Tercera letra del alfabeto griego, que corresponde a nuestra *g*. La grafía mayúscula es Γ, y la minúscula, γ.

gamo. m. Mamífero rumiante cérvido de pelo corto rojo oscuro con pequeñas manchas blancas y cuernos en forma de pala.

gamopétalo, la. adj. y f. Se dice de las corolas cuyos pétalos están soldados entre sí y de las flores que los tienen.

gamosépalo, la. adj. y f. Se dice de los cálices cuyos sépalos están soldados entre sí y de las flores que los tienen.

gamusino. m. Animal imaginario cuyo nombre se usa para dar bromas a los cazadores novatos.

gamuza. f. **1** Mamífero rumiante, parecido al antílope, de pelaje pardo, astas negras lisas, dobladas hacia atrás en forma de gancho, y patas fuertes con las que realiza enormes saltos. **2** Piel de este animal que después de curtida es muy fina y flexible. **3** Tejido de cualidades semejantes a esta piel que se utiliza para limpiar superficies delicadas. **Sin.** 1 rebeco 3 bayeta.

Gamuza

gamuzado, da. adj. De color de gamuza, amarillo pálido.

gana. f. **1** Deseo, voluntad de hacer o de que ocurra algo: *no me da la gana hacerlo.* **2** Apetito, hambre. Más en pl. **Sin.** 1 ansia ◻ **Ant.** 1 desgana.

ganadería. f. **1** Cría de ganado. **2** Conjunto de ganados de un país, región, etc.: *ganadería suiza.* **3** Raza especial de ganado que suele llevar el nombre del ganadero: *hoy se torea una buena ganadería.* **Sin.** 1 zootecnia.

ganadero, ra. m. y f. Dueño de ganados.

ganado. m. **1** Conjunto de animales de pasto de una finca, granja. **2** desp. Conjunto de personas: *¡vaya ganado salía del concierto!* **Sin.** 2 tropa, chusma.

ganancia. f. **1** Beneficio, provecho que se saca de algo. Más en pl.: *el negocio le reporta buenas ganancias.* **2 no arrendar** a alguien **la ganancia.** Frase con la que se advierte a alguien sobre las consecuencias negativas que le puede acarrear algún dicho o hecho. **Ant.** 1 pérdida.

ganancial. adj. **1** Propio de la ganancia o perteneciente a ella. **2** Se dice de los bienes adquiridos por el marido o la mujer o por ambos y que pertenecen a los dos por igual.

ganancioso, sa. adj. y s. Que sale beneficiado en un trato, comercio u otra cosa.

ganapán. m. **1** Hombre que se gana la vida transportando cargas, o lo que le mandan. **2** Hombre rudo y tosco. **Sin.** 1 porteador 2 palurdo, patán.

ganar. tr. **1** Obtener un beneficio: *ganó varios millones en la lotería.* **2** Recibir un jornal o sueldo por un trabajo habitual: *al principio no ganaba mucho, pero pronto ascendió.* **3** Vencer en un pleito, batalla, concurso, etc. **4** Llegar a donde se pretende: *ganaron el pico del Everest.* **5** Captar la voluntad de alguien. También prnl.: *se ganó al público.* | intr. **6** Medrar, prosperar: *ha ganado con los años.* **Sin.** 1 embolsar 2 cobrar 4 alcanzar 5 obtener ◻ **Ant.** 1 y 3 perder.

ganchillo. m. **1** Aguja con gancho para tejer labores de punto. **2** Labor que se hace con ella: *una colcha de ganchillo.*

gancho. m. **1** Instrumento puntiagudo y curvo para diversos usos. **2** Gracia, atractivo: *este presentador tiene mucho gancho.* **3** Persona que, compinchada con el vendedor, se mezcla entre el público para atraer clientes. **4** En boxeo, golpe con el brazo y antebrazo arqueados. **5** En baloncesto, tiro a canasta arqueando el brazo sobre la cabeza.

gandul, la. adj. y s. Vago, holgazán.

gandulear. intr. Holgazanear.

gandulería. f. Cualidad de gandul. **Sin.** galbana.

ganga. f. **1** Materia inútil que acompaña a los minerales. **2** Ventaja o cosa que se consigue sin esfuerzo o por poco dinero: *el coche ha sido una ganga.* **Sin.** 1 escoria 2 chollo, momio.

ganglio. m. Bulto pequeño en un nervio o en un vaso linfático.

gangoso, a. adj. Que habla con resonancia nasal, generalmente por algún defecto fisiológico que impide cerrar el paso del aire fonado a la nariz.

gangrena. f. **1** Destrucción de un tejido vivo por la falta de circulación sanguínea. **2** Enfermedad de los árboles.

gangrenarse. prnl. Padecer gangrena.

gangrenoso, sa. adj. Afectado de gangrena.

gángster. m. **1** Malhechor de cualquiera de las bandas mafiosas que controlaban el crimen en EE. UU. **2** Miembro de una banda de delincuentes. **3** Individuo que procura su beneficio o el de su jefe a través de la violencia, el soborno y la coacción. || pl.: *gángsteres* o *gángsters.*

ganguear. intr. Hablar con resonancia nasal.

ganoideo, a. adj. y m. **1** Se dice de peces con esqueleto cartilaginoso u óseo, en los que está comprendido el esturión. | m. pl. **2** Familia de estos peces.

gansada. f. **1** Hecho o dicho necios o poco serios: *esa propuesta es una gansada.* **2** Cosa que se hace o dice con intención cómica: *el payaso divertía a los niños con sus gansadas.* **Sin.** 1 tontería, memez 2 payasada, gracia.

ganso, sa. m. y f. **1** Ave palmípeda de plumaje gris pardo, pico anaranjado grueso y pies rojizos, muy apreciado por su carne y por su hígado, con el que se fabrica el *foie-gras.* | adj. y s. **2** Persona perezosa, descuidada. **3** Persona que presume de chistosa y aguda, sin serlo. **Sin.** 1 oca, ánsar 3 chorra.

ganzúa. f. Gancho de alambre fuerte para abrir las cerraduras sin llaves.

gañán. m. **1** Mozo de labranza. **2** Hombre basto. **Sin.** 2 patán.

gañido. m. **1** Aullido del perro cuando lo maltratan. **2** Quejido de otros animales. **Sin.** 1 ladrido.

gañir. intr. **1** Aullar el perro y otros animales con gritos agudos y repetidos cuando los maltratan. **2** Graznar las aves. || **Irreg.** Se conj. como *mullir.*

gañote o **gañón.** m. Interior de la garganta. **Sin.** gaznate, garguero.

garabatear. intr. y tr. Hacer garabatos con un lápiz, pluma, etc. **Sin.** garrapatear, pintarrajear.

garabato. m. **1** Letra o rasgo mal hecho: *no puedo descifrar sus garabatos.* **2** Trazos irregulares que se hacen sobre un papel en cualquier dirección, como los que hacen los niños cuando todavía no saben escribir. **3** Garfio, gancho.

garaje. m. Local para guardar automóviles.

garambaina. f. **1** Adorno de mal gusto y superfluo en los vestidos u otras cosas. | pl. **2** Ademanes

garante – garrapato

afectados o ridículos: *nos saludó con grandes garambainas*. **3** Rasgos o letras mal formados y que no se pueden leer. **4** Cosas y dichos inútiles. **Sin.** 1 perifollo 2 mueca 3 garabato 4 tonterías, pamplinas.

garante. adj. y com. Que da garantía.

garantía. f. **1** Acción de afianzar lo estipulado: *le dio su garantía de realizar el pago*. **2** Fianza, prenda: *puso su piso como garantía*. **3** Cosa que asegura y protege contra algún riesgo o necesidad: *una empresa de garantía*. **4** Seguridad que un establecimiento o una marca comercial da al cliente del buen funcionamiento de algo durante un período de tiempo: *el aparato tiene garantía por un año*. **5** Documento sellado en que se hace constar: *han olvidado sellarme la garantía*. **Sin.** 2 respaldo, aval.

garantizar. tr. Dar garantías. **Sin.** avalar, respaldar.

garañón. m. Asno, camello o caballo sementales.

garapiña. f. *amer.* Bebida muy refrescante hecha de la corteza de la piña y agua con azúcar.

garapiñar. tr. Garrapiñar.

garbanzo. m. **1** Planta herbácea papilionácea, con fruto en vaina que contiene una o dos semillas amarillentas, de 1 cm aproximadamente de diámetro. **2** Semilla de esta planta, legumbre de mucho uso en España. **3 garbanzo negro.** Persona que destaca de un grupo por algo negativo: *era el garbanzo negro de la familia*.

garbeo. m. Paseo.

garbo. m. **1** Elegancia, desenvoltura al andar y moverse. **2** Gracia. **Sin.** 1 salero, gallardía 2 donaire.

garboso, sa. adj. Airoso, desenvuelto.

garceta. f. Ave zancuda, de plumaje blanco, con un penacho corto en la cabeza del que salen dos plumas largas.

gardenia. f. **1** Arbusto rubiáceo originario de Asia oriental, con tallos espinosos de unos 2 m de altura y flores blancas y olorosas. **2** Flor de esta planta, muy apreciada en jardinería.

garduña. f. Mamífero carnívoro nocturno de cabeza pequeña, cuello largo, patas cortas y pelo castaño parduzco.

garduño, ña. m. y f. Ladrón que hurta con habilidad y disimulo.

garete (ir, o irse, al). loc. **1** Ser llevada por el viento o la corriente una embarcación sin gobierno. **2** Marchar algo sin dirección o propósito fijo. **3** Malograrse, fracasar un asunto: *me temo que el proyecto se ha ido al garete*.

garfa. f. Cada una de las uñas corvas de ciertos animales. **Sin.** garra.

garfio. m. Gancho de hierro para coger o sujetar algo: *colgaron al tiburón de un garfio*. **Sin.** garabato.

gargajo. m. Flema que se expulsa por la boca. **Sin.** esputo, escupitajo.

garganta. f. **1** Parte delantera del cuello. **2** Conducto interno entre el paladar y la entrada del esófago. **3** Paso estrecho entre montañas: *les tendieron la emboscada en una garganta*. **Sin.** 2 gaznate, garguero 3 desfiladero, cañón.

gargantilla. f. **1** Collar corto. **2** Cinta de adorno que rodea el cuello.

gárgaras. f. pl. **1** Acción de mantener un líquido en la garganta, con la boca hacia arriba, sin tragarlo y expulsando aire, lo que produce un ruido semejante al del agua en ebullición. **2 mandar** algo o a alguien **a hacer gárgaras.** Deshacerse de algo o alguien molesto. **Sin.** 1 gargarismos.

gargarismo. m. **1** Acción de hacer gárgaras. Más c. pl. **2** Líquido para hacer gárgaras.

gárgol. m. Ranura en que se hace encajar el canto de una pieza.

gárgola. f. Caño o canal adornado para desagüe de tejados o fuentes.

garguero. m. Parte superior de la tráquea. **Sin.** gaznate.

garibaldina. f. Especie de blusa de color rojo.

garita. f. **1** Caseta donde se resguarda el vigilante o el centinela. **2** Pequeño cuarto del portal que ocupa el portero.

garito. m. **1** Casa de juego ilegal. **2** Casa de mala reputación. **Sin.** 1 timba 2 tugurio.

garlopa. f. Cepillo largo y con puño, que usa el carpintero para igualar las superficies de la madera ya cepillada.

garnacha. f. **1** Especie de uva roja tirando a morada, muy delicada, de muy buen gusto y muy dulce. **2** Vino especial que se hace con esta uva.

garra. f. **1** Pata de un animal cuando tiene uñas curvas y fuertes. **2** Mano del hombre: *¡quítame las garras de encima!* **3** Atractivo, gancho: *esta comedia tiene mucha garra*. | pl. **4** Parte de la piel del animal menos apreciada en peletería, que corresponde a la de las patas: *una estola de garras*. **Sin.** 1 garfa.

garrafa. f. **1** Recipiente de cristal ancho y redondo, de cuello largo, que a veces va protegido dentro de una funda de mimbre o plástico. **2 de garrafa.** loc. adj. Se apl. a los licores de baja calidad.

garrafal. adj. Enorme, monumental, aplicado a faltas o errores: *su metedura de pata fue garrafal*.

garrafón. m. Vasija similar a la garrafa pero de mayor tamaño.

garrapata. f. Ácaro parásito de ciertos animales a los que chupa la sangre.

garrapatear. intr. y tr. Hacer garrapatos. **Sin.** garabatear, pintarrajear.

garrapato. m. **1** Rasgo caprichoso e irregular hecho con la pluma. **2** pl. Letras mal trazadas. **Sin.** 1 y 2 garabato.

garrapiñada. f. Almendra bañada en almíbar.

garrapiñar. tr. **1** Bañar frutos secos con almíbar solidificado. **2** Robar una cosa agarrándola o dando un tirón.

garrido, da. adj. Apuesto, bien parecido. Sɪɴ. gallardo, arrogante.

garrocha. f. **1** Vara con un pequeño arpón en la punta, como la que usan los picadores de toros bravos en las corridas. **2** *amer.* Pértiga del deportista.

garrota. f. **1** Garrote. **2** Cayado.

garrotazo. m. Golpe dado con el garrote.

garrote. m. **1** Palo grueso y fuerte. **2** Compresión fuerte que se hace de las ligaduras retorciendo la cuerda con un palo. **3** Tortura consistente en oprimir de esta forma los miembros de los prisioneros. **4** Aro de hierro sujeto a un palo fijo para estrangular a los condenados a muerte.

garrucha. f. Polea.

gárrulo, la. adj. **1** Se apl. al ave que canta, gorjea o chirría mucho. **2** Se dice de la persona muy habladora o charlatana. **3** Se dice de las cosas que hacen ruido continuado, como el viento, un arroyo, etc.

garza. f. Ave zancuda de largo pico, cabeza pequeña con moño gris y plumaje gris claro o blanco.

garzo, za. adj. De color azulado. Se apl. sobre todo a los ojos de este color, y a las personas que los tienen así.

garzota. f. **1** Ave zancuda, de unos 30 cm de largo, con el pico grande y de color negro. **2** Penacho que se usa para adorno.

gas. m. **1** Fluido que, por la casi nula fuerza de atracción entre sus moléculas, tiende a ocupar por completo el espacio en el que se encuentra. **2** Mezcla gaseosa que se utiliza como combustible para la calefacción o el alumbrado: *enciende el gas.* **3** Mezcla de carburante y de aire que alimenta el motor de un vehículo automóvil. | pl. **4** Los que se acumulan en el intestino producidos por la digestión. **5 gas natural.** El que procede de formaciones geológicas o aceites naturales. **6 gas noble.** Cada uno de los elementos químicos que, en condiciones normales, se encuentran en estado gaseoso: argón, criptón, helio, neón, radón y xenón. **7 a todo gas.** loc. A toda velocidad: *salió a todo gas.* Sɪɴ. 4 flatulencia.

gasa. f. **1** Tela ligera y transparente: *una blusa de gasa.* **2** Tejido muy poco tupido, de algodón esterilizado, que se usa para vendas y compresas o como pañal para los niños pequeños.

gascón, na. adj. y s. De Gascuña, Francia.

gaseoducto o **gasoducto.** m. Tubería de gran calibre para la conducción de gas a larga distancia.

gaseoso, sa. adj. **1** Con las propiedades del gas. | f. **2** Bebida refrescante, efervescente y sin alcohol.

gasógeno. m. **1** Aparato para obtener gases. **2**

Garza común

Aparato que se instala en algunos automóviles, destinado a producir carburo de hidrógeno empleado como carburante. **3** Mezcla de bencina y alcohol, que se usa para el alumbrado y para quitar manchas.

gasóleo o **gasoil.** m. Fracción destilada del petróleo crudo, que se purifica especialmente para eliminar el azufre. Se usa sobre todo en los motores Diesel y como combustible en hogares abiertos.

gasolina. f. Mezcla de hidrocarburos líquidos, volátiles e inflamables obtenidos de la destilación del petróleo crudo. Se emplea como combustible en los motores de explosión y como disolvente.

gasolinera. f. **1** Establecimiento en que se vende gasolina y gasóleo con surtidores apropiados para suministrarla a los vehículos. **2** Lancha con motor de gasolina.

gasómetro. m. **1** Instrumento para medir el gas. **2** Aparato que regula la salida uniforme del gas del alumbrado.

gastado, da. adj. **1** Consumido o estropeado por el uso. **2** Se dice de la persona decaída en su salud y vigor o en su prestigio.

gastador, ra. adj. **1** Que gasta mucho dinero. También s. | m. **2** Soldado que se dedica a abrir trincheras o a franquear el paso en las marchas con palas, hachas y picos: *entró en el cuerpo de gastadores.* Sɪɴ. 1 derrochador.

gastar. tr. **1** Emplear el dinero para comprar algo: *gastó todos sus ahorros en el coche*. También intr. y prnl. **2** Consumir con el uso: *gastar mucho jabón*. También prnl. **3** Estropear, desgastar algo por el uso: *ya he gastado la brocha que me diste*. **4** Usar algo habitualmente: *gasta pajarita*. **5** Tener habitualmente un estado determinado: *gasta un genio endiablado*. **6 gastarlas.** expr. Proceder, portarse: *tú no sabes cómo las gasta el jefe*. Sɪɴ. 2 deteriorar ◻ Aɴᴛ. 1 ahorrar.

gasterópodo, da. adj. y m. **1** Se dice de los moluscos terrestres o acuáticos que tienen un pie carnoso mediante el cual se arrastran, y el cuerpo comúnmente protegido por una concha de una pieza que casi siempre se arrolla en espiral, como la lapa y el caracol. | m. pl. **2** Clase de estos moluscos.

gasto. m. **1** Acción de gastar: *la boda ha sido un gran gasto*. **2** Lo que se gasta o se ha gastado: *gastos del colegio*. **3** Cantidad de líquido o de gas que, en determinadas circunstancias, pasa por un orificio o por una tubería en cada unidad de tiempo.

gastr-, gastero-, -gastrio, gastro-. Elemento afijo que entra en la formación de diversas palabras con el significado de 'estómago': *gastritis, gasterópodo, epigastrio, gastroscopia*.

gástrico, ca. adj. Del estómago: *jugo gástrico*.
gastritis. f. Inflamación del estómago. || No varía en pl.
gastroenteritis. f. Inflamación de las mucosas del estómago y de los intestinos. || No varía en pl.
gastronomía. f. **1** Conjunto de conocimientos y actividades relacionados con la comida, concebida casi como un arte. **2** Afición a comer bien.
gástrula. f. Fase embrionaria, que sigue a la blástula, en que aparecen las tres capas embrionarias.
gatear. intr. **1** Andar a gatas: *el niño ya gatea*. **2** Trepar como los gatos: *gateó al arbol para coger el balón*.
gatera. f. **1** Agujero que se hace en pared, tejado o puerta para que puedan entrar y salir los gatos, o con otros fines. **2** Agujero circular, revestido de hierro y abierto en las cubiertas de los buques, por el cual salen la cadena y los cabos de amarre.
gatillo. m. **1** Palanca de las armas de fuego que se aprieta para disparar. **2** Pieza con que se une y traba lo que se quiere asegurar.
gato, ta. m. y f. **1** Mamífero carnívoro doméstico con patas cortas armadas de uñas fuertes, agudas, y retráctiles; pelaje espeso, suave, de diversos colores, y ojos cuyas pupilas se dilatan para ver en la oscuridad. **2** Madrileño. | m. **3** Félido. **4** Máquina para levantar grandes pesos a poca altura, como, p. ej., la que se utiliza para elevar los vehículos al cambiar una rueda pinchada. **5 a gatas.** loc. adv. Modo de estar

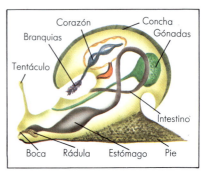

Gasterópodo: morfología interna del caracol

o desplazarse apoyando los pies y las manos en el suelo. Sɪɴ. 1 minino 1 y 3 felino.
gatuno, na. adj. Relacionado con el gato. Sɪɴ. felino.
gatuperio. m. **1** Mezcla dañina o desagradable que se obtiene al juntar diversas sustancias incompatibles. **2** Asunto sucio, embrollo, intriga. Sɪɴ. 1 mezcolanza 2 chanchullo.
gaucho, cha. adj. **1** Se dice de los habitantes de las pampas de Argentina y Uruguay, ganaderos y nómadas. También m. **2** Relacionado con ellos.
gaveta. f. **1** Cajón corredizo que hay en los escritorios. **2** Mueble que tiene uno o varios de estos cajones.
gavia. f. **1** Vela que se coloca en el mastelero mayor de las naves. **2** Cada una de las velas correspondientes en los otros dos masteleros. **3** Zanja que se abre en la tierra para desagüe o linde de propiedades.
gavilán. m. **1** Ave rapaz parecida al halcón, de plumaje gris azulado. **2** Cualquiera de los dos lados del pico de la pluma de escribir. **3** Cada uno de los dos hierros que forman la cruz de la espada y sirven para defender la mano de los golpes del contrario.
gavilla. f. **1** Haz de sarmientos, mieses. **2** Grupo de muchas personas, generalmente mal consideradas: *una gavilla de vagos*. Sɪɴ. 2 cuadrilla, pandilla, hatajo.
gaviota. f. Ave palmípeda marina, de plumaje muy tupido, blanco y ceniciento, y pico ganchudo.
gay. (voz ingl.) adj. y m. Homosexual. || pl.: *gays*.
gazapo. m. **1** Conejo joven. **2** Error al hablar o escribir: *en el examen tienes varios gazapos*. **3** Mentira: *le pilló en un gazapo*.
gazmoñería o **gazmoñada.** f. Escrupulosidad excesiva o fingida en cosas de moral y religión. Sɪɴ. mojigatería, puritanismo.
gazmoño, ña. adj. y s. Que finge mucha devoción o muchos escrúpulos morales. Sɪɴ. mojigato, beato.

gaznápiro, ra. adj. y s. Que se queda embobado con cualquier cosa. SIN. palurdo, simplón.
gaznate. m. Parte superior de la garganta.
gazpacho. m. Sopa fría que resulta de batir en crudo tomates, pimientos, pepino, ajo, cebolla y pan, y que se aliña con sal, aceite y vinagre.
gazuza. f. Hambre.
ge. f. Nombre de la letra *g*.
gecónido. adj. y m. Se dice de reptiles saurios de pequeño tamaño, como la salamanquesa.
géiser. m. Surtidor intermitente de agua caliente y vapor en zonas volcánicas.
geisha. (voz japonesa) f. Mujer japonesa que desde joven es educada en el canto, baile y conversación para servir y agradar al hombre.
gel. m. **1** Jabón líquido que se usa en el baño o la ducha. **2** Sustancia gelatinosa en que se transforma una mezcla coloidal al enfriarse.
gelatina. f. Sustancia sólida y transparente obtenida a partir de la cocción del tejido conjuntivo, los huesos y cartílagos de animales.
gelatinoso, sa. adj. Abundante en gelatina o parecido a ella.
gélido, da. adj. Helado, muy frío. ANT. ardiente, abrasador.
gema. f. **1** Piedra preciosa. **2** Yema o botón en los vegetales.
gemación. f. **1** Desarrollo de la gema, yema o botón para la producción de una rama, hoja o flor. **2** Modo de reproducción asexual de algunos seres vivos que se caracteriza por separarse del organismo una pequeña porción del mismo, llamada yema, que se desarrolla hasta formar un nuevo individuo.
gemelo, la. adj. **1** Se dice de cada hermano nacido de un mismo parto. También s. **2** Se dice de cada uno de los músculos de la pantorrilla. También m. **3** Se apl. ordinariamente a los elementos iguales de diversos órdenes que aparecen emparejados: *arcos gemelos*. | m. pl. **4** Anteojos para ver a distancia. **5** Juego de dos botones iguales o de piezas de joyería para abrochar los puños de las camisas. SIN. 1 mellizo.
gemido. m. Acción de gemir. SIN. quejido, lamento.
geminado, da. adj. Partido, dividido.
geminar. tr. y prnl. Duplicar, repetir.
géminis. m. **1** Tercer signo del Zodiaco, que el Sol recorre aparentemente durante el último tercio de la primavera. **2** Constelación zodiacal que actualmente se halla un poco por delante y hacia el Oriente del signo. || En estas dos acepciones suele escribirse con mayúscula. | com. **3** Persona que ha nacido bajo este signo.
gemíparo, ra. adj. Se apl. a los animales o plantas reproducidos por medio de yemas.

gemir. intr. **1** Expresar pena y dolor con sonido y voz lastimera. **2** Aullar algunos animales, o sonar algunas cosas inanimadas, como el gemido del hombre. || **Irreg.** Se conj. como *pedir*.
gemología. f. Ciencia que trata de las gemas o piedras preciosas.
gen. m. Cada una de las partículas dispuestas en un orden fijo en los cromosomas, que determinan la aparición de los caracteres hereditarios en los seres vivos.
genciana. f. Planta dicotiledónea con flores de colores vistosos, cuya raíz, de olor fuerte y sabor muy amargo, se emplea en medicina como tónico y antipirético.
gencianáceo, a o **gencianeo, a.** adj. y s. Se dice de hierbas gimnospermas dicotiledóneas, como la genciana o la centaura mayor.
gendarme. m. Policía, en Francia y otros países.
gendarmería. f. **1** Cuerpo de tropa de los gendarmes. **2** Cuartel o puesto de gendarmes.
gene. m. Gen.
genealogía. f. **1** Conjunto de antepasados de una persona. **2** Estudio que lo contiene. **3** Documento en que se hace constar la ascendencia de un animal de raza. SIN. 1 linaje, abolengo 3 pedigrí.
generación. f. **1** Procreación. **2** Sucesión de descendientes en línea recta. **3** Conjunto de personas que viven en la misma época. **4** Conjunto de personas que, por haber nacido en fechas próximas y recibido educación e influjos culturales y sociales semejantes, se comportan de manera parecida.
generador, ra. adj. y s. **1** Que engendra o genera. | m. **2** Máquina que convierte la energía mecánica en eléctrica.

Genciana

general. adj. **1** Común a todos o a la mayoría: *una regla general.* **2** Frecuente, usual. **3** Extenso y superficial: *un planteamiento general.* | m. **4** Jefe superior en el ejército. **5** Superior de una orden religiosa. **Ant.** 1 particular, específico 2 raro, inhabitual 3 concreto.

generala. f. **1** Toque militar de alarma. **2** Mujer del general.

generalidad. f. **1** Mayoría: *la generalidad estaba en contra.* **2** Vaguedad o falta de precisión: *su discurso fue evasivo y lleno de generalidades.*

generalizar. tr. **1** Hacer común, corriente algo. También prnl.: *esta costumbre se ha generalizado.* **2** Sacar una conclusión general de algo particular: *no generalices, no todos somos así.* **3** Tratar los aspectos generales de algo, sin detenerse en ningún aspecto particular. **Sin.** 1 extender, difundir 2 pluralizar.

generar. tr. **1** Producir. **2** Procrear.

generatriz. adj. y f. Se dice de la línea o de la figura que por su movimiento engendran, respectivamente, una figura o un sólido geométrico.

genérico, ca. adj. **1** Común a todos: *un defecto genérico.* **2** Del género gramatical: *morfemas genéricos.* **Sin.** general.

género. m. **1** Conjunto, grupo con características comunes: *género humano.* **2** Clase a que pertenecen personas o cosas: *no me gusta ese género de personas.* **3** Cualquier mercancía de un comercio: *se nos ha acabado el género.* **4** Categoría gramatical que clasifica los s., adj., pron. y art. en masculino, femenino y neutro. **5** Cada uno de los grandes grupos en que se pueden dividir las manifestaciones literarias según su objetivo, el asunto que tratan y cómo lo hacen, etc.: *género narrativo.*

generosidad. f. **1** Desprendimiento, liberalidad. **2** Magnanimidad.

generoso, sa. adj. **1** Desinteresado, desprendido. **2** Noble de ánimo, magnánimo: *esta asociación realiza una tarea generosa.* **3** Abundante, espléndido: *le dio una generosa propina.* **4** Se dice del vino seco más fuerte y añejo que el común. **Ant.** 1 interesado, tacaño 2 ruin 3 escaso.

génesis. f. **1** Origen, principio: *la génesis de la vida.* **2** Serie de hechos y factores que intervienen en la formación de algo: *la génesis de una crisis.* || No varía en pl.

genética. f. Parte de la biología que estudia las leyes de la herencia.

genetista. com. Especialista en genética.

genial. adj. **1** Del genio. **2** Sobresaliente, excelente. **3** Ocurrente, gracioso. **Ant.** 2 mediocre, vulgar.

genialidad. f. Singularidad, originalidad. A veces en sentido irónico: *esta es otra de sus genialidades.* **Ant.** mediocridad, vulgaridad.

genio. m. **1** Modo de ser de alguien: *tiene un genio muy vivo.* **2** Estado de ánimo: *hoy está de mal genio.* **3** Inteligencia o aptitud extraordinaria, y persona que la posee: *aplicó su genio a las artes.* **4** Ser imaginario al que se cree dotado de poderes sobrenaturales: *pidió tres deseos al genio.* **Sin.** 1 carácter 2 humor 3 ingenio, genialidad 4 duende.

genital. adj. **1** Relativo a los órganos reproductores: *enfermedades genitales.* | m. pl. **2** Órganos sexuales externos masculinos o femeninos.

genitivo. m. Caso de la declinación de las lenguas flexivas que indica dependencia o pertenencia, y que en castellano se expresa mediante la prep. *de* antepuesta al sustantivo: *la casa de mi hermana.*

genocidio. m. Exterminio sistemático de un grupo humano por motivos de raza, religión o política.

genotipo. m. Conjunto de genes característicos de cada especie vegetal o animal.

genovés, sa. adj. y s. De Génova.

gente. f. **1** Conjunto de personas: *había mucha gente en la fiesta.* **2** Nombre colectivo que se da a cada una de las clases que pueden distinguirse en la sociedad: *gente rica, gente pobre.* **3** Familia: *se pelea mucho por su gente.*

gentil. adj. **1** Amable: *fue muy gentil con los invitados.* **2** Elegante, apuesto: *tiene una gentil figura.* **3** Antiguamente, pagano. También com. **Ant.** 1 maleducado, grosero 2 desgarbado, feo 3 creyente, cristiano.

gentileza. f. **1** Cortesía: *por gentileza de la casa.* **2** Elegancia, garbo, desenvoltura. **Ant.** 1 descortesía.

gentilhombre. m. Señor que acompañaba al rey. || pl. *gentileshombres.*

gentilicio, cia. adj. **1** Se dice del adj. o s. que indica el origen o la nacionalidad de las personas; p. ej.: *francés, burgalés.* También m. **2** Perteneciente al linaje o familia.

gentío. m. Muchedumbre.

gentleman. (voz ingl.) m. Caballero de exquisita elegancia y educación.

gentuza. f. desp. Gente de mala calaña.

genuflexión. f. Acción de doblar la rodilla como reverencia.

genuino, na. adj. **1** Puro, sin mezclas: *es un jersey de alpaca genuina.* **2** Propio, natural, legítimo.

geo- o **-geo.** Elemento afijo parra formar palabras españolas, que significa 'tierra' o 'suelo': *geodesia, hipogeo.*

geobotánica. f. Ciencia que estudia las relaciones entre las plantas y el medio geográfico.

geocéntrico, ca. adj. **1** Relativo al centro de la Tierra. **2** Se apl. a la latitud y longitud de un planeta visto desde la Tierra. **3** Se dice del sistema de Tolomeo y de los demás que suponían que la Tierra era el centro del Universo.

geoda. f. Hueco de una roca, tapizado de una sustancia generalmente cristalizada.

geodesia. f. Ciencia matemática que estudia y determina la figura y magnitud de todo el globo terrestre o de una gran parte de él, y construye los mapas correspondientes.

geodinámica. f. Parte de la geología, que estudia la acción de las fuerzas naturales sobre la faz de la Tierra y los fenómenos que en ella producen.

geofísica. f. Parte de la geología, que estudia la física terrestre.

geogenia. Parte de la geología, que trata del origen y formación de la Tierra.

geognosia. f. Parte de la geología, que estudia la estructura y composición de las rocas que forman la Tierra.

geografía. f. Ciencia que describe la Tierra.

geógrafo, fa. m. y f. Especialista en geografía.

geología. f. Ciencia que estudia la constitución y origen de la Tierra y de los materiales que la componen interior y exteriormente.

geólogo, ga. m. y f. Especialista en geología.

geomancia o **geomancía.** f. Presunta adivinación a través de los cuerpos terrestres o con líneas, círculos o puntos hechos en la tierra.

geómetra. com. Especialista en geometría.

geometría. f. Parte de las matemáticas, que estudia el espacio y las figuras que se pueden formar en él a partir de puntos, líneas, planos y volúmenes.

geométrico, ca. adj. **1** Relativo a la geometría. **2** Muy exacto.

geopolítica. f. Ciencia que estudia la política de un país en función de sus factores geográficos.

geoquímica. f. Ciencia que estudia la composición química de la Tierra.

geoquímico, ca. adj. **1** Relativo a la geoquímica. | m. y f. **2** Especialista en geoquímica.

georama. m. Globo geográfico, grande y hueco, sobre cuya superficie interior está trazada la figura de la Tierra.

geórgica. f. Obra literaria que tiene relación con la agricultura y la vida rural. Más en pl.: *las geórgicas de Virgilio.*

geosinclinal. m. Zona de la corteza terrestre extensa y hundida, en la que se han acumulado sedimentos a lo largo del tiempo.

geotectónico, ca. adj. Relativo a la forma, disposición y estructura de las rocas y terrenos que constituyen la corteza terrestre.

geotermia. f. Estudio de los fenómenos térmicos del interior del globo terrestre.

gépido, da. adj. **1** Se dice de un pueblo germánico que, tras formar parte del imperio de Atila, constituyeron un reino propio que fue absorbido por lombardos y ávaros (567). Más como m. pl. **2** Se dice también de sus individuos. También s.

geraniáceo, a. adj. y s. Se dice de plantas angiospermas dicotiledóneas, como el geranio. También s.

geranio. m. Planta herbácea de jardín, con flores de vivos colores en forma de parasol.

gerencia. f. **1** Cargo y gestión del gerente. **2** Oficina del gerente. **3** Tiempo que una persona se mantiene en este cargo.

gerente. com. Persona que dirige y administra una sociedad mercantil.

geriatra. com. Médico especializado en geriatría.

geriatría. f. Parte de la medicina que estudia la vejez y sus enfermedades.

gerifalte. m. **1** Ave rapaz, el halcón mayor que se conoce, con plumaje pardo con rayas claras que anida entre acantilados y rocas marinas y se alimenta de pequeños mamíferos y aves zancudas. **2** Persona que destaca, líder: *un gerifalte de las finanzas.* **3** Jefe, persona importante o que manda. **SIN.** 3 dirigente.

germanía. f. **1** Jerga secreta de ladrones y rufianes, utilizada en los s. XVI y XVII. **2** En el antiguo reino de Valencia, hermandad o gremio.

germánico, ca. adj. **1** Relacionado con la Germania o con los germanos. También s. **2** Relativo a Alemania o a los alemanes. | m. **3** Lengua indoeuropea que hablaron los pueblos germanos, y de la cual se derivaron el nórdico, el gótico, el alemán, el neerlandés, el frisón y el anglosajón.

germanio. m. Elemento químico metálico blanco. Su símbolo es *Ge.*

germanismo. m. **1** Vocablo o giro de la lengua alemana empleado en otro idioma. **2** Empleo de vocablos o giros alemanes en distinto idioma.

germanista. com. Persona especializada en la lengua y cultura alemanas.

germanófilo, la. adj. y s. Que simpatiza con Alemania o con los alemanes.

germano, na. adj. y s. De un antiguo conjunto de pueblos indoeuropeos que habitó la Germania (Alemania) y gran parte de Europa central.

germen. m. **1** Embrión, semilla, célula. **2** Principio, origen de algo: *el germen de una revolución.* **3** Microorganismo que puede causar o propagar enfermedades. **SIN.** 3 microbio.

germicida. adj. y m. Se dice de los agentes químicos o físicos capaces de neutralizar o destruir los gérmenes patógenos. **SIN.** antibiótico.

germinación. f. Acción de germinar.

germinar. intr. **1** Brotar y comenzar a crecer las plantas. **2** Comenzar a desarrollarse algo inmaterial: *germinar un plan.* **SIN.** 1 nacer.

gerontocracia. f. Gobierno de los ancianos.

gerontología. f. Ciencia que estudia la vejez y los fenómenos que la caracterizan.

gerontólogo, ga. m. y f. Persona especializada en gerontología.

gerundense. adj. y com. De Gerona (España).

gerundio. m. Forma verbal no personal que expresa simultaneidad de la acción con el tiempo en que se habla. Sus terminaciones son -ando, para los verbos de la 1.ª conjugación, o -iendo, para los de la 2.ª y 3.ª Funcionalmente, en la oración equivalen al adverbio.

gesta. f. Conjunto de hazañas de un personaje o un pueblo: *la gesta de Roncesvalles.*

gestación. f. **1** Embarazo, y tiempo que dura. **2** Período de preparación y elaboración de algo: *la gestación de un proyecto.*

gestar. tr. **1** Llevar y sustentar la madre en su vientre al feto hasta el momento del parto. | **gestarse.** prnl. **2** Prepararse, desarrollarse o crecer sentimientos, ideas o tendencias individuales o colectivas: *en ese viaje se gestó su novela.*

gestatorio, ria. adj. **1** Que ha de llevarse en brazos. **2 silla gestatoria.** Silla en la que se llevaba a los papas a los actos solemnes.

gesticulación. f. Acción de gesticular.

gesticular. intr. Hacer gestos.

gestión. f. **1** Conjunto de trámites que se llevan a cabo para resolver un asunto: *está haciendo las gestiones para el permiso de trabajo.* **2** Dirección, administración de una empresa, negocio, etc.: *lleva la gestión de una farmacia.*

gestionar. tr. Hacer trámites para resolver algún asunto.

gesto. m. **1** Movimiento del rostro o de las manos con que se expresa algo: *hizo un gesto de ignorancia.* **2** Semblante, cara, rostro: *tenía un gesto adusto.* **3** Acto o hecho que se realiza por un impulso del ánimo: *aquel ofrecimiento fue un gesto de amistad.* **Sin.** 1 ademán, mueca.

gestor, ra. adj. y s. **1** Que hace gestiones por oficio. **2** Administrador de una empresa mercantil.

gestoría. f. Oficina del gestor.

giba. f. Joroba.

gibar. tr. y prnl. **1** Fastidiar, molestar. **2** Encorvar. **Sin.** 1 jorobar, incordiar.

gibelino, na. adj. **1** Partidario de los emperadores de Alemania, en la Edad Media, contra los güelfos, defensores de los papas. También s. **2** Relacionado con ellos.

gibón. m. Nombre común a varias especies de monos antropomorfos, arborícolas, que se caracterizan por tener los brazos muy largos y carecer de cola y abazones.

gibosidad. f. Protuberancia en forma de giba.

gigante, ta. m. y f. **1** Persona mucho más alta de lo normal. **2** Personaje de cartón de algunos festejos populares: *gigantes y cabezudos.* | m. **3** Persona que sobresale en algo: *un gigante del atletismo.* | adj. **4** De tamaño mucho más grande que el normal para su especie: *un piso gigante.* **Ant.** 1 y 3 enano 2 cabezudo 3 medianía.

gigantesco, ca. adj. **1** Relativo a los gigantes. **2** De tamaño mucho más grande que el normal para su especie. **Sin.** 2 excesivo.

gigantismo. m. Enfermedad del desarrollo caracterizada por un crecimiento excesivo con relación a la talla media de los individuos de la misma edad, especie y raza.

gigantón, na. m. y f. **1** Figura gigantesca que se lleva en algunas procesiones. | m. **2** Planta compuesta, especie de dalia, de flores moradas.

gigoló. m. Joven atractivo que se prostituye con mujeres mayores por dinero o regalos.

gilí. adj. y com. Tonto, lelo. || pl. *gilís.*

gilipollas. adj. y com. Estúpido, lelo. || No varía en pl.

gimnasia. f. **1** Técnica de desarrollo, fortalecimiento y flexibilización del cuerpo por medio del ejercicio físico. **2** Deporte basado en esta técnica. **3** Práctica o ejercicio que adiestra en cualquier actividad o función: *gimnasia mental.*

Gimnasia: ejercicio en la barra de equilibrios

gimnasio. m. Lugar con todo lo necesario para realizar ejercicios gimnásticos o deportivos.

gimnasta. com. Persona que practica el deporte de gimnasia.

gimnospermo, ma. adj. y f. **1** Se dice de las plantas fanerógamas cuyas semillas quedan al descubierto entre escamas más o menos abiertas, como el pino y el ciprés. | f. pl. **2** Subtipo de estas plantas.

gimotear. intr. Hacer los gestos y suspiros del llanto sin llegar a él. **Sin.** lloriquear.

gimoteo. m. Acción de gimotear.

gincana. f. Prueba automovilística en la que los participantes deben salvar muchas dificultades y obstáculos antes de llegar a la meta.

ginebra. f. Aguardiente de semillas aromatizado con bayas de enebro.

ginebrino, na o **ginebrés, sa.** adj. y s. De Ginebra (Suiza).

gineceo. m. **1** Parte reservada a las mujeres en las antiguas casas griegas, que solía situarse en la parte superior de la casa. **2** Pistilo.

ginecocracia. f. Gobierno en que las mujeres tienen el poder.

ginecología. f. Parte de la medicina, que estudia el funcionamiento y las enfermedades del aparato genital de la mujer, así como algunos aspectos del embarazo y el parto.

ginecólogo, ga. m. y f. Médico especializado en ginecología.

gingival. adj. Relativo o perteneciente a las encías.

gingivitis. f. Inflamación de las encías. || No varía en pl.

ginseng. m. Planta herbácea originaria de China, de flores blancas y fruto rojo, cuya semilla se emplea como estimulante.

gira. f. **1** Excursión por diferentes lugares con vuelta al punto de partida: *gira turística.* **2** Serie de actuaciones de una compañía o de un artista en diferentes localidades.

girador, ra. m. y f. Persona o entidad que expide una letra de cambio.

giralda. f. Veleta de torre, cuando tiene figura humana o de animal.

girándula. f. Rueda llena de cohetes que gira despidiéndolos.

girar. intr. **1** Dar vueltas alrededor de sí o de algo: *la Tierra gira alrededor del Sol.* **2** Desviarse: *giró a la derecha.* **3** Desarrollarse una conversación o un asunto sobre un tema: *la conferencia giró en torno al modernismo.* | tr. **4** Hacer que algo gire: *gira la manivela.* **5** Expedir órdenes de pago: *girar una letra.* También intr. **6** Enviar dinero por correo o telégrafo. También intr. **Sin.** 3 versar.

Girasol

girasol. m. Planta herbácea compuesta de tallo largo, con flores amarillas y fruto con muchas semillas negruzcas, comestibles, de las que se extrae aceite que sirve para condimento.

giro. m. **1** Acción de girar: *hizo un giro a la izquierda.* **2** Orientación que se da a una conversación, a un negocio, etc.: *el asunto dio un giro inesperado.* **3** Estilo, estructura especial de la frase para expresar un concepto: *ese es un giro leonés.* **Sin.** 1 vuelta, rotación 2 cariz, aspecto 3 expresión.

girola. f. **1** Nave que rodea el ábside en la arquitectura románica y gótica. **2** P. ext., la misma nave en catedrales e iglesias de cualquier otro estilo.

girondino, na. adj. **1** Se dice del individuo de un partido político que se formó en Francia en tiempo de la Revolución. **2** De este mismo partido, llamado así por haberse distinguido principalmente en él los diputados de la Gironda. Más c. s.

giroscopio o **giróscopo.** m. Aparato utilizado como indicador de rumbo en vehículos de motor, aviones, cohetes, etc.

gitano, na. adj. y s. **1** Se dice de un pueblo nómada originario de Egipto o India que ha conservado rasgos físicos y culturales propios. **2** Zalamero, que tiene gracia para captar la voluntad de las personas.

glaciación. f. **1** Formación de hielo. **2** Formación de glaciares. **3** Cada una de las grandes invasiones de hielo que, por efecto de los descensos generalizados de las temperaturas, se extendieron desde los polos hacia la línea ecuatorial.

glacial. adj. **1** Helado: *un viento glacial.* **2** Indiferente, sin sentimientos: *una sonrisa glacial.* **3** Se apl.

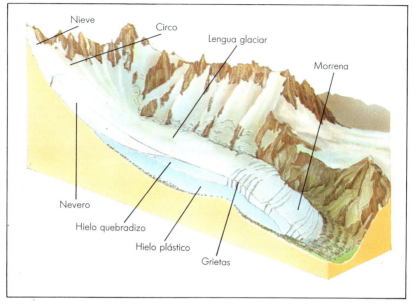
Glaciar

a las tierras y mares que están en las zonas polares. **Ant.** 1 ardiente, caluroso 2 apasionado.

glaciar. m. **1** Masa de hielo acumulada en las zonas altas de las cordilleras, por encima del límite de las nieves perpetuas, que se desliza muy lentamente, como un río de hielo. | adj. **2** Relacionado con estas masas de hielo.

glaciarismo. m. Conjunto de fenómenos relacionados con la formación y evolución de los glaciares.

gladiador. m. Luchador en los juegos públicos romanos.

gladiolo o **gladíolo.** m. Planta vivaz con flores en espiga terminal. Se da espontáneamente en terrenos húmedos y se cultiva en jardines.

glande. m. Cabeza del pene. **Sin.** bálano.

glándula. f. Órgano vegetal o animal que segrega las sustancias necesarias para el organismo y expulsa las innecesarias.

glasé. m. Tela fuerte de seda con mucho brillo.

glasear. tr. **1** Abrillantar la superficie de pasteles y bizcochos con azúcar derretido y clara de huevo. **2** Dar brillo a la superficie de algunas cosas, como al papel o a las telas.

glauco, ca. adj. Verde claro.

glaucoma. m. Aumento patológico de la presión interna del ojo que provoca color verdoso de la pupila, dureza del globo ocular, atrofia de la retina y ceguera.

gleba. f. **1** Terrón que se levanta con el arado. **2** Tierra, especialmente la cultivada. **3 siervo de la gleba.** En la Edad Media, esclavo sujeto a una heredad.

glicerina. f. Alcohol incoloro de tres átomos de carbono, viscoso y dulce, que se encuentra en todos los cuerpos grasos como base de su composición. Se usa mucho en farmacia y perfumería, y para preparar la nitroglicerina, base de la dinamita.

glíptica. f. Arte de grabar en piedras finas.

gliptodonte. m. Género de mamíferos desdentados, fósiles, parecidos a los actuales armadillos.

gliptoteca. f. **1** Colección de piedras grabadas. **2** Museo de obras de escultura y particularmente de piedras finas grabadas.

global. adj. Tomado en conjunto: *análisis global.*

globo. m. **1** Cuerpo esférico. **2** La Tierra. **3** Objeto de goma que, lleno de gas o de aire, se eleva en la atmósfera. **4** Vehículo aéreo formado por una bolsa esférica, llena de un gas de menor densidad que el aire atmosférico, y una barquilla, sujeta a su parte inferior, en la que pueden viajar tripulantes. **5** Pompa que sale de la boca de los personajes en las viñetas. **Sin.** 4 aeróstato.

globulariáceo, a. adj. y f. Se dice de plantas angiospermas dicotiledóneas, como la corona de rey.

globulina. f. Proteína vegetal y animal, que se encuentra en el suero sanguíneo e interviene en la coagulación.

glóbulo. m. **1** Nombre de las células de la sangre y la linfa. En el hombre son de dos tipos, rojos o hematíes y blancos o leucocitos. **2** Pequeño cuerpo esférico.

gloria. f. **1** En algunas religiones, paraíso, lugar a donde van los bienaventurados después de la muerte y en el que pueden disfrutar de la visión de Dios. **2** Fama, reputación: *ese descubrimiento le ha dado mucha gloria.* **3** Gusto, placer: *da gloria oírlo.* **4** Majestad, esplendor. | m. **5** Cántico o rezo de la misa, que comienza con las palabras *Gloria in excelsis Deo.*

gloriar. tr. **1** Glorificar. | **gloriarse.** prnl. **2** Vanagloriarse o alabarse de una cosa. **3** Complacerse, alegrarse mucho: *el padre se gloria de las notas de su hijo.* **Sin.** 1 enaltecer 2 alardear ❏ **Ant.** 2 despreciarse.

glorieta. f. **1** Plaza redonda en la que desembocan varias calles. **2** Plazoleta, por lo común en un jardín, donde suele haber un cenador.

glorificar. tr. **1** Alabar, ensalzar: *glorificar a Dios.* **2** Dar la gloria divina a alguien.

glorioso, sa. adj. **1** Digno de honor y alabanza: *el glorioso vencedor.* **2** Que goza de la gloria divina. **3** Relacionado con ella.

glosa. f. **1** Explicación, comentario de un texto. **2** Nota explicativa en un libro de cuentas. **3** Composición poética en la que se reelabora otro texto lírico previo.

glosar. tr. **1** Hacer, poner o escribir glosas. **2** Comentar palabras y dichos propios o ajenos, ampliándolos. **Sin.** 2 explicar.

glosario. m. **1** Repertorio de palabras con la explicación de las más difíciles o dudosas. **2** Vocabulario de términos usados en un dialecto, en un texto o por un autor. **3** Conjunto de glosas.

glosopeda. f. Enfermedad infecciosa del ganado que provoca ampollas en la boca y en las pezuñas.

glotis. f. Abertura superior de la laringe que controla la entrada de aire en la tráquea. || No varía en pl.

glotón, na. adj. y s. **1** Que come con ansia y en exceso. | m. **2** Mamífero carnívoro ártico, del tamaño de un zorro grande. **Sin.** 1 tragón, hambrón ❏ **Ant.** 1 inapetente.

glotonería. f. **1** Acción de comer con exceso y con ansia. **2** Cualidad de glotón.

glucemia. f. Presencia excesiva de azúcar en la sangre.

glúcido. m. Sustancia orgánica compuesta de oxígeno, carbono e hidrógeno.

glucógeno. m. Hidrato de carbono semejante al almidón, de color blanco, que se encuentra en el hígado y en los músculos. Es una sustancia de reserva que, en el momento de ser utilizada por el organismo, se transforma en glucosa.

glucómetro. m. Aparato para apreciar la cantidad de azúcar que tiene un líquido.

glucosa. f. Azúcar de seis átomos de carbono presente en todos los seres vivos, ya que se trata de la reserva energética del metabolismo celular.

glucósido. m. Sustancia orgánica compleja obtenida de ciertos vegetales, y uno de cuyos componentes es la glucosa.

glucosuria. f. Estado patológico del organismo, que se manifiesta por la presencia de glucosa en la orina, como en la diabetes.

gluten. m. Sustancia albuminoidea, de color amarillento, que se encuentra en las semillas de las gramíneas, junto con el almidón, y tiene un alto valor nutritivo.

glúteo, a. adj. **1** Perteneciente a la nalga. **2** Se dice de cada uno de los tres músculos que forman la nalga. También m.

glutinoso, sa. adj. Pegajoso.

gneis. m. Roca de estructura pizarrosa e igual composición que el granito. || No varía en pl.

gnetáceo, a. adj. y f. Se dice de árboles o arbustos gimnospermos, frecuentemente bejucos.

gnomo. m. Ser fantástico al que se imaginaba trabajando en las minas y guardando tesoros subterráneos. **Sin.** duende.

gnoseología. f. Teoría del conocimiento. **Sin.** epistemología.

gnosis. m. Conocimiento absoluto e intuitivo, especialmente de la Divinidad, que pretendían alcanzar los partidarios del gnosticismo. || No varía en pl.

gnosticismo. m. Doctrina filosófica y religiosa de los primeros siglos de la Iglesia, que pretendía tener un conocimiento de las cosas divinas a través de la intuición y no de la razón o la fe.

gnóstico, ca. adj. **1** Relativo al gnosticismo. **2** Partidario del gnosticismo. También s.

gobernación. f. **1** Acción de gobernar o gobernarse. **2** Ejercicio del gobierno. **3** Territorio que depende del gobierno de la nación.

gobernador, ra. adj. **1** Que gobierna. También s. | m. y f. **2** Persona que desempeña el mando de una provincia, ciudad o territorio. **3** Representante del Gobierno en algún establecimiento público: *gobernador del Banco de España.*

gobernanta. f. **1** Mujer que tiene a su cargo el servicio, la limpieza y conservación de los grandes hoteles. **2** Mujer muy mandona.

gobernante. adj. y com. **1** Que gobierna. **2** Que dirige un país o forma parte de su gobierno. **Sin.** 1 y 2 dirigente.

gobernar. tr. **1** Mandar con autoridad o regir una cosa: *gobernar un país.* También intr. **2** Guiar y dirigir: *gobernar la nave.* También prnl. **3** Manejar o dominar a alguien: *gobierna a toda su familia.* | intr. **4** Obedecer el buque al timón. | **gobernarse.** prnl. **5** Guiarse según una norma, regla o idea. || **Irreg.** Se conj. como *acertar.* **Sin.** 1 y 2 regir 5 conducirse.

gobierno. m. **1** Acción de gobernar o gobernarse. **2** Conjunto de los organismos y personas que dirigen una nación y las funciones que desempeñan. **3** Edificio y oficinas donde tienen su sede. **4** Territorio sobre el que tiene jurisdicción el gobernador. **5** Tiempo que dura su mandato. **Sin.** 2 gabinete.

gobio. m. Pez teleósteo de río, de pequeño tamaño, lomo con manchas y carne comestible.

goce. m. Acción de gozar o disfrutar una cosa. **Sin.** placer.

gocho, cha. m. y f. Cerdo, cochino.

godo, da. adj. y s. **1** Se dice de un antiguo pueblo germánico que, escindido en dos grupos, visigodos y ostrogodos, invadió territorios del Imperio romano y fundó reinos en España e Italia. | m. y f. **2** desp. En Canarias se llama así al español peninsular.

gofio. m. En Canarias y América, harina gruesa de maíz, trigo o cebada tostados.

gol. m. **1** Acción de entrar el balón en la portería. **2** Tanto que se consigue con ello.

gola. f. **1** Garganta de una persona y región situada junto al velo del paladar. **2** Adorno del cuello hecho de tul y encajes. **3** Pieza de la armadura antigua que protegía la garganta. **4** En arquit., moldura cuyo perfil tiene la figura de una *s*. **5** Canal por donde entran los buques en ciertos puertos o rías.

goleada. f. **1** Acción de golear. **2** Cantidad de goles, gran tanteo.

golear. tr. En el fútbol, meter muchos goles en la portería contraria.

goleta. f. Embarcación fina, de bordas poco elevadas, con dos o tres palos.

golf. (voz ingl.) m. Deporte que consiste en meter una pelota con palos especiales, en hoyos espaciados y abiertos en un terreno accidentado, cubierto de césped.

golfante. adj. y com. Golfo, sinvergüenza.

golfear. intr. Portarse como un golfo.

golfería. f. Acción propia de un golfo.

golfo. m. Porción de mar que se interna en tierra entre dos cabos.

golfo, fa. m. y f. **1** Pillo. | m. **2** Hombre vicioso y de mal vivir. | f. **3** Prostituta. **Sin.** 1 truhán, pícaro, bribón 2 crápula, calavera 3 furcia, ramera.

golilla. f. Adorno para el cuello que usaban antiguamente los empleados de los tribunales.

gollería. f. **1** Manjar exquisito y delicado. **2** Delicadeza, cosa muy buena pero superflua. **Sin.** 1 golosina 2 exquisitez □ **Ant.** 1 bodrio, comistrajo.

gollete. m. **1** Parte superior de la garganta, por donde se une a la cabeza. **2** Cuello estrecho que tienen algunas vasijas; como garrafas, botellas, etc.

golondrina. f. **1** Pequeño pájaro muy común en España, de cuerpo negro azulado por encima y blanco por debajo, alas puntiagudas y cola larga y muy ahorquillada. **2** Barca pequeña de motor, para viajeros.

Golondrina

golondrino. m. **1** Pollo de la golondrina. **2** Forúnculo que se produce en el sobaco por la inflamación e infección de una glándula sudorípara.

golosina. f. **1** Dulce o manjar que se come por placer. **2** Cosa más agradable que útil. **Sin.** 1 chuchería.

goloso, sa. adj. **1** Aficionado a los dulces. También s. **2** Apetitoso: *le ofrecieron un sueldo muy goloso.* **Sin.** 1 dulcero 2 atractivo, tentador.

golpe. m. **1** Choque de cuerpos, y su efecto. **2** Desgracia: *el despido fue un golpe para él.* **3** Ocurrencia, dicho gracioso y oportuno: *¡tienes cada golpe!* **4** Atraco: *han dado un golpe en el banco.* **5 golpe bajo.** Falta en que incurre el boxeador que golpea a su contrincante por debajo de la cintura. **6** Acción malintencionada con la que se pretende causar daño a alguien: *su negativa fue un golpe bajo.* **7 golpe de**

Estado. Usurpación ilegal y violenta del poder de una nación. **8 de golpe.** loc. adv. Bruscamente: *se lo dijo de golpe.* **9** De una vez: *vació el cajón de golpe.* **10 no dar golpe.** loc. No trabajar, no esforzarse mucho en nada. **Sin.** 1 impacto 4 asalto.

golpear. tr., intr. y prnl. Dar repetidos golpes a algo o alguien. **Sin.** pegar, zurrar, sacudir.

golpismo. m. **1** Actitud favorable al golpe de Estado. **2** Actividad de los golpistas.

golpista. adj. **1** Que da un golpe de Estado o lo apoya. También com. **2** Relacionado con el golpe de Estado.

goma. f. **1** Sustancia viscosa de ciertos vegetales que, disuelta en agua, sirve para pegar o adherir cosas. **2** Cualquier pegamento líquido. **3** Tira o cinta elástica. **4 goma arábiga.** La que producen ciertas acacias árabes, amarillenta, casi transparente, que se usa en medicina y como pegamento. **5 goma de borrar.** Trozo de materia de caucho preparado especialmente para borrar en el papel el lápiz o la tinta. **6 goma de mascar.** Chicle.

gomaespuma. f. Caucho celular sintético.

gomina. f. Fijador del cabello.

gomorresina. f. Jugo lechoso que fluye naturalmente o por incisión de varias plantas y se solidifica al aire.

gónada. f. Glándula sexual masculina (testículo) o femenina (ovario) que produce las células reproductoras.

góndola. f. Embarcación veneciana de un remo, con la popa y la proa en punta algo elevada y sin cubierta.

gondolero. m. El que dirige la góndola.

gong o **gongo.** Disco metálico suspendido que resuena al golpearlo con un mazo. ∥ pl. *gongs* o *gongos.* **Sin.** batintín.

gongorino, na. adj. **1** Relativo a la poesía de Góngora. **2** Partidario o imitador de dicha poesía. También s.

gongorismo. m. Estilo literario que inició a principios del s. XVII la poesía de Luis de Góngora.

goniómetro. m. Instrumento que sirve para medir ángulos.

gonococo. m. Bacteria que se encuentra en el pus o en el interior de los leucocitos y que causa la blenorragia.

gonorrea. f. Blenorragia, inflamación infecciosa de la mucosa genital.

gordiano. adj. Se dice del nudo que ataba al yugo la lanza del carro de Gordio, antiguo rey de Frigia, del cual dicen que no se podían descubrir los dos cabos para desatarlo.

gordinflón, na. adj. Gordo, pero fofo.

gordo, da. adj. **1** De mucha carne o grasa. También s.: *es el gordo de la clase.* **2** Voluminoso, grueso: *un libro gordo.* **3** Se dice del dedo pulgar. También m. **4** Se apl. al primer premio de la lotería. También m.: *le tocó el gordo* ∣ m. **5** Sebo o manteca de la carne del animal: *quítale el gordo al filete.* **Ant.** 1 flaco 1 y 2 delgado 2 fino 5 magro.

gordura. f. Obesidad.

gorgojo. m. Insecto coleóptero que ataca las semillas de cereales y legumbres.

gorgorito. m. Quiebro de la voz al cantar. Más en pl. **Sin.** gorjeo, trino.

gorgotear. intr. Producir ruido un líquido o un gas al moverse en el interior de alguna cavidad. **Sin.** borbotear, borbotar.

gorguera. f. Adorno del cuello, hecho de lienzo plegado y almidonado. **Sin.** gola.

gorigori. m. Voz que vulgarmente se da al canto lúgubre de los entierros.

gorila. m. **1** Mono antropomorfo, de color pardo oscuro y de estatura igual a la del hombre, con patas cortas dotadas de pies prensiles. **2** Guardaespaldas.

gorjear. intr. **1** Hacer quiebros con la voz en la garganta. Se usa hablando de la voz humana y de los pájaros. **2** Emitir sonidos el niño cuando aún no sabe hablar o cuando se ríe. **Sin.** 1 trinar.

Gorila

gorjeo. m. **1** Canto de algunos pájaros. **2** Quiebro de la voz en la garganta. **3** Articulaciones imperfectas en la voz de los niños. **Sin.** 1 y 2 gorgorito.

gorra. f. **1** Prenda para cubrir la cabeza, sin copa ni alas, que puede o no llevar visera. **2 de gorra.** loc. adv. A costa ajena, gratis: *fue de gorra al concierto*.

gorrinera. f. Pocilga, cochiquera.

gorrinería. f. **1** Suciedad. **2** Acción sucia e indecente.

gorrino, na. adj. y s. **1** Sucio, desaseado. | m. y f. **2** Cerdo menor de cuatro meses.

gorrión. m. Pájaro pequeño de plumaje pardo que se alimenta de granos e insectos.

gorro. m. Prenda de tela o lana para cubrir y abrigar la cabeza.

gorrón, na. adj. y s. Aprovechado, que vive y se divierte a costa ajena. **Sin.** chupón, pegote, frescales.

gorronear. intr. Comer o vivir a costa ajena.

gota. f. **1** Partícula redondeada que se desprende de un líquido. **2** Pequeña cantidad de cualquier cosa: *no queda ni gota de pan*. **3** Enfermedad muy dolorosa de las articulaciones producida por una gran concentración de ácido úrico en la sangre. | pl. **4** Medicina u otra sustancia tomada o medida con cuentagotas: *tienes que echarte las gotas*. **5 gota a gota.** m. Método médico para administrar lentamente, por vía endovenosa, medicamentos, sueros o plasma sanguíneo. **6** Aparato con el que se aplica este método. **Sin.** 2 pizca, migaja, chispa, ápice.

gotear. intr. **1** Caer un líquido gota a gota: *este grifo gotea*. **2** Dar o recibir poco a poco: *goteaba sus visitas*. | impers. **3** Comenzar a llover a gotas espaciadas.

goteo. m. Acción de gotear.

gotera. f. **1** Infiltración de agua en el interior de un edificio. **2** Grieta del techo por donde se produce y señal que deja. **3** Indisposición o achaque propios de la vejez. Más en pl.

gotero. m. **1** Gota a gota, aparato con que se administran medicamentos por vía endovenosa. **2** *amer.* Cuentagotas.

gótico, ca. adj. y s. **1** Se dice del arte que se desarrolla en Europa occidental por evolución del románico entre los s. xii y xvi, caracterizado por el arco ojival y la bóveda de aristas. | m. **2** Lengua germánica que hablaron los godos.

gourmet. (voz fr.) com. Persona aficionada a comer bien.

goyesco, ca. adj. Propio y característico de Goya, o semejante a sus obras.

gozada. f. Objeto o ser que causa gran gozo o satisfacción.

gozar. tr. **1** Poseer algo material o inmaterial. También c. intr. con la prep. *de: goza de buena salud*. | intr. **2** Sentir placer, disfrutar con algo: *goza con los niños*.

gozne. m. Herraje articulado para hacer girar una puerta o una ventana. **Sin.** bisagra, pernio, charnela.

gozo. m. Placer, alegría. **Ant.** tristeza, aflicción.

gozoso, sa. adj. **1** Que siente gozo. **2** Que se celebra con gozo. **Sin.** 1 alegre, contento.

grabación. f. Registro de sonidos e imágenes.

grabado. m. **1** Arte y procedimiento de grabar un dibujo sobre materiales diversos. **2** Estampa así obtenida.

grabador, ra. adj. **1** Que graba. **2** Relativo al arte del grabado. | m. y f. **3** Persona que lo practica. | f. **4** Magnetófono.

grabar. tr. **1** Labrar algo sobre una superficie de piedra, madera o metal: *grabó su nombre en un árbol*. | tr. y prnl. **2** Registrar los sonidos en disco, cinta magnetofónica, o las imágenes en cinta de vídeo, para su posterior reproducción. **3** Fijar profundamente en el ánimo un concepto, un sentimiento o un recuerdo: *sus palabras se me quedaron grabadas*.

gracejo. m. Gracia y desenvoltura al hablar o al escribir. **Sin.** salero, chispa, donaire □ **Ant.** sosería.

gracia. f. **1** Cualidad de alguien de divertir o de hacer reír: *ese chiste tiene mucha gracia*. **2** Cosa que hace reír: *le ríe todas las gracias al niño*. **3** Atractivo, encanto: *tiene gracia al andar*. **4** Beneficio, concesión gratuita: *lo obtuvo por gracia del director*. **5** Garbo, salero al actuar o al hablar: *lo contó con mucha gracia*. **6** Perdón o indulto de pena que concede la autoridad competente. **7** En el cristianismo, don que Dios concede a los hombres con el bautismo. | pl. **8** Fórmula de agradecimiento: *dar las gracias por algo*. **9 gracias a.** loc. adv. Por intervención de, por causa de, una persona o cosa: *conseguí el empleo gracias a tu intervención*. **Sin.** 1 chispa, humor 2 ocurrencia, chiste, golpe, agudeza 4 merced 5 gracejo, donaire.

grácil. adj. Sutil, delgado o menudo: *movimientos gráciles*.

gracioso, sa. adj. **1** Chistoso, agudo, que tiene gracia: *una comedia graciosa*. También s. **2** irón. Pesado, sin gracia. También s.: *¡horror, ahí llega el gracioso de tu primo!* **3** Con cierto atractivo personal, simpático: *tiene unos hoyuelos muy graciosos*. **4** Gratuito. | m. **5** Personaje típico del teatro clásico español, generalmente un criado, que se caracteriza por su ingenio y socarronería.

grada. f. **1** Asiento a manera de escalón corrido. **2** Graderío. Más en pl.: *las gradas estaban llenas*. **3** Tarima o escalón, como el de los altares. **4** Plano inclinado sobre el que se construyen o reparan los barcos. **5** Instrumento de madera o de hierro con el que se allana la tierra después de arada, para sem-

gradación – granada

brarla. | pl. **6** Escalinata que suelen tener los edificios grandes delante de su fachada.

gradación. f. **1** Serie en escala o progresión. **2** En mús., aumento progresivo de los tonos.

graderío. m. Conjunto o serie de gradas, y público que las ocupa.

grado. m. **1** Cada uno de los diversos estados, valores o calidades que, en relación de menor a mayor, puede tener una cosa: *grado de intensidad*. **2** Valor, calidad de estas cosas. **3** Unidad de medida de parentesco entre personas: *parientes de primer grado*. **4** En las escuelas, cada una de las secciones en que sus alumnos se agrupan según su edad, sus conocimientos, etc. **5** En las universidades, título de graduación. **6** Unidad de medida de los ángulos, equivalente a cada una de las 360 partes iguales en que se divide una circunferencia. **7** En ling., cada uno de los tres modos de intensidad de los adj. calificativos: *grado positivo, comparativo* y *superlativo*. **8** Voluntad, gusto: *de mal o buen grado*. **9 grado centígrado** o **Celsius.** Unidad de medida de la temperatura suponiendo que a 1 atmósfera de presión, la fusión del hielo se produce a 0° y la de ebullición del agua a 100°.

graduación. f. **1** Acción de graduar. **2** Proporción de alcohol en los vinos y licores. **3** Grado dentro de una jerarquía, como el ejército.

graduado, da. adj. y s. Se dice del que ha obtenido un título de grado en una facultad universitaria.

gradual. adj. Progresivo, creciente: *aumento gradual de las temperaturas*. **Ant.** decreciente.

grafema. m. Término de la lingüística contemporánea que sirve para designar unidades mínimas de la escritura.

graduar. tr. **1** Regular la intensidad o cantidad de algo: *graduar la luz*. **2** Dividir y medir en grados: *graduar la vista*. **3** Aumentar o disminuir gradualmente algo: *graduar el esfuerzo*. | tr. y prnl. **4** Conceder u obtener un grado académico o militar.

graffiti. (voz it.) m. Inscripción o dibujo en paredes o suelos de la calle. || No varía en pl. **Sin.** pintada.

grafía. f. Forma con que se representa cada sonido en la escritura.

-grafía. Sufijo que forma parte de algunas voces españolas con el significado de 'descripción', 'tratado', 'escritura', 'representación gráfica': *geografía, ortografía*.

gráfico, ca. adj. **1** De la escritura: *signos gráficos*. **2** Que se representa por figuras o signos: *instrucciones gráficas*. **3** Se apl. a lo que expresa las cosas con la misma claridad que un dibujo: *un gesto gráfico*. | m. y f. **4** Representación de datos numéricos de cualquier clase por medio de coordenadas, o dibujos que hacen visible la relación o gradación que esos datos guardan entre sí. **Sin.** 4 esquema.

grafismo. m. **1** Cada una de las particularidades de la letra de una persona, o el conjunto de todas ellas. **2** Diseño gráfico, generalmente con fines publicitarios.

grafito. m. Carbono natural de color negro agrisado, que se usa, p. ej., para hacer las minas de los lapiceros.

grafología. f. Estudio del carácter de una persona por su escritura.

gragea. f. Píldora medicinal redondeada recubierta de una sustancia azucarada. **Sin.** comprimido, pastilla.

grajo. m. Ave semejante al cuervo con el cuerpo de color violáceo negruzco, el pico y los pies rojos y las uñas grandes y negras.

grama. f. **1** Planta medicinal de la familia de las gramíneas, muy abundante en prados y bosques. **2** *amer.* Césped.

gramaje. m. Peso en gramos por metro cuadrado de un papel, que sirve de criterio para apreciar el cuerpo del mismo.

gramática. f. **1** Ciencia que estudia los elementos de una lengua y sus relaciones. **2** Libro donde se recogen: *la gramática de Nebrija*. **3 gramática normativa.** Conjunto de normas para el uso correcto de una lengua determinada.

gramatical. adj. **1** Relativo a la gramática. **2** Que se ajusta a sus reglas.

gramíneo, a. adj. y f. **1** Se dice de las plantas angiospermas monocotiledóneas, como los cereales. | f. pl. **2** Familia de estas plantas.

gramo. m. Unidad de masa igual a la milésima parte de un kilogramo.

gramófono. m. Aparato que reproduce mecánicamente el sonido de un disco, mediante una aguja que recorre sus surcos. **Sin.** fonógrafo.

gramola. f. **1** Cualquier aparato reproductor de discos fonográficos sin bocina exterior. **2** Gramófono eléctrico instalado por lo general en establecimientos públicos en el que, depositando una moneda, se pone el disco elegido.

gran. adj. apóc. de *grande*. || Sólo se usa en singular, delante del sustantivo: *gran sermón*.

grana. f. **1** Cochinilla. **2** Color rojo obtenido de ella. **3** Paño fino usado para trajes de fiesta.

granada. f. **1** Fruto del granado de corteza amarillenta rojiza, que contiene multitud de granos encarnados, jugosos, dulces unas veces, agridulces otras. **2** Bomba pequeña del tamaño de una granada natural que se lanza con la mano. **3** Proyectil hueco de metal, que contiene un explosivo y se dispara con obús u otra pieza de artillería.

granadero. m. **1** Soldado de infantería armado con granadas de mano. **2** Miembro de una compañía de soldados de elevada estatura.

granadino, na. adj. **1** Relativo al granado o a la granada. | m. **2** Flor del granado. | f. **3** Refresco hecho con zumo de granada. | m. y f. **4** De Granada.

granado, da. adj. **1** Selecto: *al acto acudió lo más granado de la intelectualidad*. **2** Maduro, experto. | m. **3** Árbol de tronco liso y tortuoso, ramas delgadas y flores rojas, cuyo fruto es la granada. SIN. 1 distinguido.

granar. intr. Crecer el grano de los frutos en algunas plantas.

granate. m. **1** Color rojo oscuro. **2** Piedra fina compuesta de silicato doble de alúmina y de hierro u otros óxidos metálicos. Su color más corriente es el de los granos de granada.

grande. adj. **1** Que supera en tamaño, importancia e intensidad a lo normal: *un piso grande*. **2** Adulto: *se está haciendo grande*. También com. | m. **3** Magnate. **4** Título nobiliario español: *los grandes de España*. SIN. 1 espacioso, vasto □ ANT. 1 y 2 pequeño.

grandeza. f. **1** Importancia, magnitud: *la grandeza de un proyecto*. **2** Generosidad. **3** Dignidad de grande de España y conjunto de ellos. SIN. 1 pequeñez 2 poquedad, mezquindad.

grandilocuencia. f. Elocuencia altisonante y pomposa. SIN. ampulosidad □ ANT. sencillez.

grandiosidad. f. Grandeza, magnificencia.

grandioso, sa. adj. Sobresaliente, magnífico: *desde aquí se divisa una vista grandiosa*. SIN. insignificante.

grandullón, na. adj. y s. Se dice de los muchachos muy crecidos para su edad.

granear. tr. **1** Esparcir el grano o semilla en un terreno. **2** Hacer ligeramente rugosa una superficie lisa.

granel (a). loc. adv. **1** Sin medida. **2** Sin envase: *vino a granel*. **3** En abundancia: *hubo invitados a granel*.

granero. m. **1** Sitio donde se guarda el grano. **2** Lugar donde abundan los cereales: *esta comarca es el granero del país*. SIN. 1 hórreo, troj, silo.

granito. m. Roca muy dura, compuesta de feldespato, cuarzo y mica.

granizado, da. adj. **1** Se dice del refresco hecho con hielo picado y alguna esencia, zumo de fruta, etc. También m.: *un granizado de limón*. | f. **2** Precipitación de granizo: *ha caído una buena granizada*.

granizar. impers. **1** Caer granizo. | tr. **2** Preparar una bebida granizada.

granizo. m. Agua congelada que cae de las nubes. SIN. pedrisco, granizada.

granja. f. **1** Hacienda de campo. **2** Finca para la cría de animales de corral.

Granito

granjear. tr. y prnl. Conseguir el favor, la voluntad de alguien: *se granjeó el respeto de sus colaboradores*. SIN. captar, atraer.

granjería. f. **1** Beneficio de las haciendas de campo. **2** Ganancia o utilidad.

granjero, ra. m. y f. Persona que cuida de una granja.

grano. m. **1** Semilla y fruto de los cereales y de otras plantas. **2** Partícula o trozo pequeño de cualquier sustancia: *un grano de azúcar*. **3** Prominencia, tumorcillo pequeño de la piel. **4** Cada una de las partículas que se notan en una superficie rugosa: *una lima de grano fino*. **5 grano de arena.** Pequeña ayuda o contribución a algo. **6 ir** uno **al grano.** En cualquier asunto, ir derecho a lo principal o fundamental sin entretenerse en rodeos. SIN. 2 brizna, chispa 3 barro, espinilla.

granuja. com. Canalla, bribón, persona que engaña.

granujada. f. Acción propia de un granuja.

granulación. f. Acción de granular.

granulado, da. adj. Se dice de la sustancia cuya masa forma granos pequeños.

granular. adj. Se apl. a las sustancias cuya masa forma granos o porciones menudas.

granular. tr. **1** Reducir a granillos una masa pastosa o derretida. | **granularse.** prnl. **2** Cubrirse de granos pequeños alguna parte del cuerpo.

gránulo. m. **1** Cuerpo pequeño que se forma en algunas células y tejidos orgánicos. **2** Píldora pequeña.

granuloso, sa. adj. Se dice de las sustancias cuya masa forma granos pequeños.

granza. f. **1** Carbón mineral lavado y clasificado, cuyos trozos han de tener un tamaño reglamentario comprendido entre 15 y 25 mm. | pl. **2** Residuos de paja, espiga, grano sin descascarillar, etc., que quedan de las semillas después de cribadas.

grao. m. Playa que sirve de desembarcadero.

grapa. f. Pieza pequeña de metal con los extremos doblados para unir o sujetar tablones, papeles, etc.

grapadora. f. Utensilio para grapar papeles.

grapar. tr. Sujetar con una grapa de metal.

grasa. f. **1** Sustancia untuosa de origen vegetal o animal, que constituye la reserva de energía y la protección de la materia viva. **2** Manteca o sebo de un animal. **3** Lubricante graso de origen mineral. SIN. 1 lípido 2 gordo.

grasiento, ta. adj. Untado y lleno de grasa.

graso, sa. adj. Que tiene grasa. SIN. untuoso, grasoso.

gratén. m. Salsa espesa hecha de besamel, queso, etc., con que se cubren algunos alimentos y que se tuesta al horno.

gratificación. f. **1** Recompensa económica de un servicio eventual. **2** Remuneración fija que se concede por el desempeño de un servicio o cargo, añadida al sueldo principal. SIN. 1 y 2 paga.

gratificar. tr. **1** Pagar, remunerar a alguien por un servicio: *gratificaron su dedicación con un premio.* **2** Complacer, dar gusto algo: *los aplausos le gratificaron.*

gratinar. tr. Tostar por encima en el horno un alimento cubierto con besamel o queso.

gratis. adv. m. **1** De balde, sin pagar: *entró gratis al concierto.* | adj. **2** Gratuito: *nos han dado una entrada gratis.*

gratitud. f. Agradecimiento. ANT. ingratitud.

grato, ta. adj. Gustoso, agradable: *una charla grata.* ANT. ingrato, desagradable.

gratuidad. f. Cualidad de gratuito.

gratuito, ta. adj. **1** Que no cuesta nada, que se consigue sin pagar dinero. **2** Arbitrario: *una afirmación gratuita.* SIN. 1 gratis 2 injustificado.

grava. f. **1** Piedra machacada para pavimentación. **2** Conjunto de materiales procedentes de erosiones meteorológicas.

gravamen. m. Obligación fiscal. SIN. tributo, impuesto.

gravar. tr. Imponer un gravamen.

grave. adj. **1** De mucha importancia: *nos enfrentamos a una grave crisis.* **2** Muy enfermo: *su estado es grave.* **3** Serio, circunspecto: *hizo un gesto grave.* **4** Difícil: *este es un grave problema.* **5** Se dice del sonido con una frecuencia de vibraciones baja. **6** Se apl. a la palabra con acento tónico en la penúltima sílaba. También f. SIN. 1 importante 2 crítico 4 complicado, complejo 6 llana.

gravedad. f. **1** Manifestación terrestre de la atracción universal, o sea, tendencia de los cuerpos a dirigirse al centro de la Tierra, cuando cesa la causa que lo impide. **2** Cualidad de grave. SIN. 1 gravitación 2 seriedad.

gravidez. f. Embarazo de la mujer.

grávido, da. adj. **1** Se dice de la mujer embarazada. **2** poét. Cargado, abundante. SIN. 1 preñada.

gravimetría. f. Conjunto de métodos utilizados en la medición de la aceleración de la gravedad.

gravitación. f. Atracción mutua entre dos masas separadas por una distancia determinada. SIN. gravedad.

gravitar. intr. **1** Moverse un cuerpo por la atracción de otro: *la Tierra gravita alrededor del Sol.* **2** Descansar un cuerpo sobre otro, por efecto de la gravedad: *la cúpula gravitaba sobre unas columnas.* **3** Pesar sobre alguien una obligación: *sobre ella gravita toda la campaña publicitaria.*

gravoso, sa. adj. **1** Caro, oneroso. **2** Molesto, pesado. ANT. 1 barato 2 agradable.

graznar. intr. Dar graznidos.

graznido. m. **1** Voz del cuervo, ganso, grajo, etc. **2** Canto o grito molesto al oído: *me contestó con un graznido.*

greba. f. Pieza de la armadura antigua, que cubría la pierna desde la rodilla hasta el inicio del pie.

greca. f. Tira más o menos ancha en que se repite la misma combinación de elementos decorativos, y especialmente los geométricos. SIN. cenefa.

grecismo. m. Voz o expresión de origen griego.

greco, ca. adj. y s. Griego.

grecolatino, na. adj. Relativo a griegos y latinos, y especialmente a sus lenguas respectivas.

grecorromano, na. adj. **1** Común a griegos y romanos. **2** Se dice de un tipo de lucha entre dos personas.

greda. f. Arcilla arenosa para limpiar.

gregario, ria. adj. **1** Que vive formando grupos o asociaciones. **2** Que hace o dice lo de los demás, sin iniciativa propia: *tiene un espíritu gregario.* ANT. 2 individualista.

gregarismo. m. **1** Cualidad de gregario. **2** Tendencia de algunos animales a vivir en sociedad.

gregoriano, na. adj. **1** Se apl. al canto y rito reformados por el papa Gregorio I. También m. **2** Se dice del año, calendario, cómputo y era que reformó el papa Gregorio XIII.

greguería. f. **1** Griterío. **2** Género literario creado hacia 1912 por R. Gómez de la Serna, que consiste en una imagen en prosa que presenta una visión personal y sorprendente de algún aspecto de la realidad.

greguescos o **gregüescos.** m. pl. Calzones muy anchos usados en los s. XVI y XVII.

grelo. m. Hojas tiernas y comestibles de los tallos del nabo.

gremial. adj. Relativo al gremio, oficio o profesión.

gremio. m. **1** Corporación de aprendices, maestros y oficiales de una profesión que tuvo gran relevancia en la Edad Media. **2** Conjunto de personas que tienen un mismo ejercicio, profesión o estado social: *el gremio de los divorciados.*

greña. f. **1** Cabellera despeinada y revuelta. Más en pl. **2 andar a la greña.** Reñir continuamente dos o más personas.

greñudo, da. adj. Que tiene greñas.

gres. m. Pasta de arcilla y arena cuarzosa, que cocida a temperaturas muy elevadas se vuelve resistente, impermeable y refractaria.

gresca. f. **1** Riña. **2** Alboroto. **Sin.** 1 pendencia, pelea 2 bulla, jaleo.

grey. f. **1** Rebaño. **2** Conjunto de individuos con algún carácter común: *la grey teatral.* **3** Congregación de los fieles cristianos bajo sus pastores espirituales. || pl. *greyes.*

grial. m. Vaso o copa que, según algunas leyendas o libros de caballería, utilizó Jesucristo en la última cena para la institución de la Eucaristía.

griego, ga. adj. y s. **1** De Grecia. | m. **2** Lengua hablada en Grecia. **3** Lenguaje ininteligible, incomprensible: *hablar en griego.*

grieta. f. **1** Abertura alargada que surge de forma natural en alguna superficie. **2** Hendidura poco profunda en la piel.

grifa. f. **1** Marihuana.

grifería. f. **1** Conjunto de grifos y llaves que sirven para regular el paso del agua. **2** Tienda donde se venden grifos.

grifo. m. **1** Llave de metal, colocada en la boca de las cañerías y en calderas y en otros depósitos de líquidos a fin de regular el paso. **2** Animal fabuloso, mitad águila, mitad león.

grifo, fa. adj. **1** Se dice del cabello crespo o enmarañado. **2** Se dice de la persona cuyo pelo ensortijado indica mezcla de raza blanca con negra. También s.

grill. (voz ingl.) m. **1** Parrilla. **2** En los hornos de gas o eléctricos, fuego situado en la parte superior que se emplea para dorar o gratinar los alimentos.

grillarse. prnl. **1** Entallecer algunas plantas: *se han grillado las cebollas.* **2** Chiflarse, perder la cabeza.

grillera. f. **1** Agujero en que se recogen los grillos en el campo. **2** Jaula de alambre o mimbre en que se los encierra.

grillete. m. Anilla para asegurar una cadena al pie de un presidiario.

grillo, lla. m. y f. Insecto ortóptero de color negro rojizo; el macho, cuando roza los élitros, produce un sonido agudo y monótono.

grillos. m. pl. Conjunto de dos grilletes que se colocaban en los pies de los presos. **Sin.** hierros.

grima. f. Disgusto, desagrado: *ese ruido me da grima.* **Sin.** repelús, dentera.

grímpola. f. Bandera pequeña.

gringo, ga. adj. *amer.* Estadounidense. También s.

griñón. m. Variedad de melocotón pequeño y sabroso, de piel lisa y muy colorada.

gripal. adj. Relativo a la gripe.

gripe. f. Enfermedad causada por virus, con fiebre y síntomas catarrales.

gris. adj. **1** Se dice del color que resulta de la mezcla de blanco y negro. También m. **2** Triste, apagado: *hace un día gris.* **3** Se dice de las personas que no destacan: *es un empleado gris.* | m. **4** Viento frío: *vaya gris que corre.* **Sin.** 2 y 3 anodino 4 rasca.

grisáceo, a. adj. Que tira a gris.

gríseo, a. adj. De color gris.

grisú. m. Gas que se desprende de las minas de carbón, inflamable y explosivo al mezclarse con el aire.

gritar. intr. **1** Levantar la voz: *no grites, que ya te he oído.* **2** Dar gritos: *al ver la rata se puso a gritar.* **3** Manifestar desaprobación. También tr. | tr. **4** Reprender a alguien. **Sin.** 1 vocear, vociferar 2 chillar 3 abuchear 4 regañar.

gritería o **griterío.** f. o m. Confusión de voces altas. **Sin.** algarabía, vocerío ☐ **Ant.** murmullo.

grito. m. **1** Voz emitida con mucha fuerza: *se oyó un grito.* **2** Manifestación de un sentimiento mediante este tipo de voz: *dio un grito de alegría.* **3 poner el grito en el cielo.** loc. Quejarse violentamente, enfadarse. **4** Escandalizarse. **5 ser** alguien o algo **el último grito.** loc. Ser o pertenecer a la moda más actual.

groenlandés, sa. adj. y s. De Groenlandia.

grogui. adj. **1** En boxeo, aturdido, sin conocimiento. **2** Atontado: *se bebió cuatro copas y se quedó grogui.*

grosella. f. Fruto del grosello, en forma de baya globosa de color rojo, jugoso y de sabor agridulce.

grosellero. m. Arbusto de tronco ramoso de 1 a 2 m de altura, cuyo fruto es la grosella.

grosero, ra. adj. **1** Sin educación. También s. **2** Desatento. **3** Tosco, basto, ordinario: *un tejido grosero.* **Ant.** 1 educado, cortés 2 atento 3 fino.

grosor. m. Espesor, grueso de un objeto.

grosso modo. loc. adv. lat. Aproximadamente, más o menos: *grosso modo, llegaremos en cinco horas.*

grotesco, ca. adj. **1** Ridículo, extravagante. **2** De mal gusto.

grúa. f. Máquina compuesta por un eje vertical giratorio, y con una o varias poleas, que sirve para levantar y transportar pesos.

grueso, sa. adj. **1** Gordo, corpulento, voluminoso. **2** Que tiene más grosor de lo normal en su clase: *una*

Grullas reales

aguja gruesa. | m. **3** Espesor, grosor: *el grueso de una tabla.* **4** Parte principal de algo: *ya ha terminado el grueso del trabajo.* Sin. 4 cuerpo.

gruir. intr. Gritar las grullas.

grulla. f. Ave zancuda de gran tamaño, de pico cónico y prolongado, cuello largo y negro, alas grandes y redondas, cola pequeña, y plumaje de color gris.

grumete. m. Aprendiz de marinero.

grumo. m. **1** Porción de un líquido que se solidifica o se coagula: *la besamel tiene grumos.* **2** Conjunto de cosas apiñadas y apretadas entre sí.

grumoso, sa. adj. Lleno de grumos.

gruñido. m. **1** Voz del cerdo. **2** Voz de algunos animales cuando amenazan. **3** Sonido inarticulado emitido por una persona irritada.

gruñir. intr. **1** Emitir su voz el cerdo. **2** Emitir su voz algunos animales en señal de amenaza: *el perro gruñe cada vez que le ve.* **3** Mostrar disgusto y repugnancia en la ejecución de una cosa, murmurando entre dientes: *déjaselo y no gruñas.* || **Irreg.** Se conj. como *mullir*. Sin. 3 refunfuñar.

gruñón, na. adj. y s. Que gruñe con frecuencia. Sin. cascarrabias.

grupa. f. Anca de las caballerías.

grupo. m. **1** Conjunto de seres o cosas: *un grupo de amigos.* **2** En pintura, escultura, fotografía, etc., conjunto de figuras. **3** Unidad militar compuesta de varios escuadrones. **4** En quím., cada una de las columnas del sistema periódico que contiene elementos de propiedades semejantes. **5 grupo sanguíneo.** Cada uno de los tipos en que se clasifica la sangre en función de los antígenos presentes en los glóbulos rojos.

grupúsculo. m. Grupo formado por un reducido número de personas que comparten una misma ideología política, generalmente radical. Sin. camarilla.

gruta. f. **1** Cavidad natural abierta en riscos o peñas. **2** Estancia subterránea artificial que imita la anterior. Sin. 1 cueva, caverna.

gua. m. **1** Agujero pequeño que se hace en el suelo para jugar tirando en él bolitas o canicas. **2** Nombre de este juego.

guaca. f. **1** Sepulcro de los antiguos indios, principalmente de Bolivia y Perú, en que se encuentran a menudo objetos de valor. **2** *amer.* Sepulcro antiguo indio en general. **3** *amer.* Tesoro escondido o enterrado.

guacal. m. **1** *amer.* Árbol de fruto redondo parecido a una calabaza que se utiliza como vasija. **2** *amer.* La vasija así formada.

guacamayo. m. Especie de papagayo americano, de cola muy larga y plumaje azul, rojo, verde y amarillo.

guacamole. m. *amer.* Ensalada que se prepara con aguacate, cebolla, tomate y chile verde.

guacho, cha. adj. *amer.* Huérfano. También s.

guaco. m. *amer.* Objeto de cerámica u otra materia que se encuentra en los sepulcros de los indios.

guadalajareño, ña. adj. y s. De Guadalajara (España).

guadamecí o **guadamecil.** m. Cuero adornado con dibujos de pintura o relieve.

guadaña. f. Instrumento para segar a ras de tierra, formado por una cuchilla puntiaguda, curva y más ancha que la de la hoz, enastada en un mango largo que forma ángulo con el plano de la hoja. Sin. dalle.

guadijeño, ña. adj. y s. **1** De Guadix (España). | m. **2** Cuchillo cuyo mango tiene una horquilla de hierro para afianzarlo al dedo pulgar.

guagua. f. **1** Autobús urbano, especialmente en Canarias y algunas zonas de América. **2** *amer.* Niño pequeño.

guaje. m. Niño, muchacho joven.

Guacamayos

guajiro, ra. m. y f. **1** Campesino cubano. **2** Canción y baile populares cubanos.

gualda. f. Planta herbácea con flores amarillas y fruto capsular, de cuyas semillas se extrae un colorante amarillo.

gualdo, da. adj. Del color de la flor de la gualda, o amarillo.

gualdrapa. f. **1** Cobertura larga que cubre y adorna las ancas del caballo. **2** Andrajo, harapo.

guanaco, ca. m. y f. **1** Mamífero rumiante que habita en los Andes meridionales. | adj. y s. **2** *amer.* Tonto, simple.

guanajuatense. adj. y com. De Guanajuato (México).

guanche. adj. **1** De un pueblo que habitaba las islas Canarias antes de la conquista castellana (s. XV). También com. **2** Natural de este pueblo. | m. **3** Lengua hablada por este pueblo.

guano. m. **1** Abundancia de excrementos de aves marinas acumulada en ciertas costas e islas de Sudamérica que se emplea como abono. **2** Abono artifical que lo imita. **3** *amer.* Estiércol.

guantada. f. Guantazo.

guantazo. m. Golpe que se da con la mano abierta. **Sin.** tortazo, galleta.

guante. m. **1** Prenda para cubrir la mano, que suele tener una funda para cada dedo. **2 colgar los guantes.** loc. Abandonar el boxeo, y p. ext., cualquier otro tipo de actividad. **3 echar el guante** a alguien. loc. Atraparle.

guantelete. m. Pieza de la armadura que protegía la mano.

guantera. f. Caja del salpicadero de los vehículos automóviles en la que se guardan diversos objetos.

guaperas. adj. y m. Presumido. || No varía en pl.

guapetón, na. adj. Muy guapo.

guapeza. f. Guapura.

guapo, pa. adj. **1** Se dice de la persona de aspecto agradable; bien parecido. También s. | m. **2** Pendenciero. **Sin.** 1 atractivo, agraciado 2 perdonavidas, bravucón.

guapote, ta. adj. Guapetón.

guapura. f. Cualidad de guapo.

guaraní. adj. **1** De un pueblo amerindio que habitó entre el Amazonas y el Río de la Plata. También com. | **2** Lengua hablada por este pueblo, y que actualmente constituye una de las lenguas oficiales de Paraguay. **3** Unidad monetaria de Paraguay.

guarapo. m. **1** *amer.* Jugo de la caña dulce exprimida, que por vaporización produce el azúcar. **2** *amer.* Bebida fermentada hecha con este jugo.

guarda. com. **1** Persona que tiene a su cargo el cuidado de algo. | f. **2** Acción de guardar. **3** Hoja blanca o de color, al principio y fin de los libros. Más en pl. **4** Cada una de las dos varillas exteriores del abanico. **Sin.** 1 vigilante 2 guardia, vigilancia.

Guanacos

guardabarrera. com. Persona que en las líneas de los ferrocarriles vigila un paso a nivel.

guardabarros. m. Pieza que se coloca sobre las ruedas del coche para evitar las salpicaduras de barro. || No varía en pl.

guardabosque o **guardabosques.** com. Guarda que cuida los bosques.

guardacantón. m. Poste de piedra para resguardar de los vehículos las esquinas de los edificios.

guardacoches. com. Persona que cuida de la vigilancia en un estacionamiento de automóviles. || No varía en pl.

guardacostas. m. Barco pequeño destinado a la persecución del contrabando y defensa del litoral. || No varía en pl.

guardaespaldas. com. Persona destinada a proteger a otra. || No varía en pl. Sin. gorila.

guardafrenos. com. Empleado que tiene a su cargo en los trenes de ferrocarriles el manejo de los frenos. || No varía en pl.

guardagujas. com. Empleado que en los cambios de vía de los ferrocarriles tiene a su cargo el manejo de las agujas. || No varía en pl.

guardamano. m. Guarnición de la espada.

guardameta. com. En algunos deportes, portero.

guardamuebles. m. Almacén destinado a guardar muebles. || No varía en pl.

guardapelo. m. Joya en forma de caja plana en que se guarda pelo, retrato, etc.

guardapolvo. m. **1** Resguardo que se pone encima de una cosa para preservarla del polvo. **2** Sobretodo de tela ligera para preservar el traje de polvo y manchas. Sin. 1 funda.

guardar. tr. **1** Vigilar: *el perro guardaba la finca.* **2** Colocar algo en el lugar apropiado: *guardó el mantel en el cajón.* **3** Conservar, no gastar: *guardaba este vino para las grandes ocasiones.* **4** Cumplir, observar una regla: *fiestas de guardar.* | **guardarse.** prnl. **5** Seguido de la prep. *de,* precaverse de un riesgo: *guárdate de los malos consejeros.* **6** Con la misma preposición, evitar: *se guardó de manifestar su opinión.* Sin. 1 custodiar, cuidar 2 meter 3 reservar 4 obedecer 5 recelar.

guardarropa. m. **1** Local en los lugares públicos donde los asistentes guardan sus abrigos y otros objetos. **2** Conjunto de vestidos de una persona: *tengo que renovar mi guardarropa.* **3** Armario donde se guarda la ropa. | com. **4** Persona encargada de cuidar el local destinado a guardar la ropa. Sin. 2 vestuario 3 ropero.

guardarropía. f. **1** En el teatro, cine y televisión, conjunto de trajes que se usan en las representaciones escénicas. **2** Lugar o habitación en que se guardan estos trajes o efectos. **3 de guardarropía.** loc. adj. que se aplica a las cosas que aparentan ser lo que no son en realidad.

guardavía. m. Empleado que tiene a su cargo la vigilancia constante de un trozo de vía férrea.

guardería. f. Establecimiento para el cuidado de niños pequeños.

guardés, sa. m. y f. **1** Persona encargada de custodiar o guardar una casa. | f. **2** Mujer del guarda.

guardia. f. **1** Grupo de soldados o de personas armadas que se encargan de la protección de alguien o algo. **2** Defensa, custodia, protección: *montaba guardia ante tu escritorio.* **3** Cuerpo de tropa especial: *guardia real.* **4** Actitud de defensa: *ponerse en guardia.* **5** com. Individuo de ciertos cuerpos armados: *un guardia civil.* **6 estar de guardia.** loc. Prestar servicio en ciertos establecimientos con horarios y turnos establecidos. **7 en guardia.** loc. adv. Prevenido, en actitud de defensa. Se usa con los verbos *estar* o *ponerse.*

guardián, na. m. y f. **1** Persona que guarda o vigila algo. | m. **2** En la orden de los franciscanos, superior de un convento.

guarecer. tr. **1** Acoger, proteger. | **guarecerse.** prnl. **2** Refugiarse, resguardarse: *nos guarecimos de la lluvia en un portal.* || **Irreg.** Se conj. como *agradecer.* Sin. 1 asilar.

guarida. f. **1** Cueva donde se recogen y guarecen los animales. **2** Refugio: *una guarida de ladrones.* Sin. 1 cubil, madriguera.

guarismo. m. Cada uno de los signos o cifras que expresan una cantidad.

guarnecer. tr. **1** Poner guarnición. **2** Adornar. **3** Equipar: *tenemos que guarnecernos para la expedición.* || **Irreg.** Se conj. como *agradecer.*

guarnición. f. **1** Adorno que se pone en los vestidos, ropas, colgaduras, etc. **2** Serie de alimentos, generalmente hortalizas, legumbres, etc., que acompañan un plato de comida más fuerte. **3** Engaste de metal en que se sientan y aseguran las piedras preciosas: *la sortija llevaba una guarnición de oro blanco.* **4** Tropa que protege una plaza, ciudad, etc. **5** Parte de la espada que protege la mano. | pl. **6** Correajes de una caballería. Sin. 3 montura 5 guardamano 6 arreos, arneses.

guarnicionero, ra. m. y f. Persona que hace o vende guarniciones para caballerías.

guarrada. f. **1** Porquería, suciedad. **2** Mala pasada: *le han hecho una guarrada en el trabajo.*

guarrear. intr. **1** Hacer guarrerías. | tr. **2** Ensuciar. También prnl.: *ya te has guarreado el babi.*

guarrería. f. **1** Porquería, suciedad. **2** Acción sucia, mala jugada.

guarro, rra. adj. y s. Cerdo, cochino.

guasa. f. Broma, burla.

guasearse. prnl. Burlarse.

guasón, na. adj. y s. Bromista.

guata. f. Algodón en rama que se emplea para rellenar o acolchar.

guatear. tr. Acolchar o rellenar con guata.

guatemalteco, ca. adj. y s. De Guatemala.

guateque. m. Fiesta con baile que se da en una casa.

guau. Onomatomeya con que se representa la voz del perro.

guay. adj. Excelente, estupendo. También adv.: *canta guay.*

guayaba. f. **1** Fruto del guayabo, de figura aovada y sabor dulce. **2** Conserva y jalea que se hace con esta fruta. **3** *amer.* Mentira.

guayabera. f. Chaquetilla de tela ligera.

guayabo. m. Árbol de América tropical de hasta 6 m de altura, con flores blancas y olorosas, y que tiene por fruto la guayaba.

guayacán. m. **1** Árbol de América tropical, cuya madera, de color cetrino negruzco, se emplea en ebanistería. **2** Madera de este árbol, llamado en algunos lugares *palo santo*.

guayanés, sa. adj. y s. De Guayana.

guayaquileño, ña. adj. y s. De Guayaquil, Ecuador.

gubernamental. adj. **1** Perteneciente al gobierno. **2** Partidario del gobierno: *periódico gubernamental.* **Sin.** 1 oficial, gubernativo.

gubernativo, va. adj. Perteneciente al gobierno. **Sin.** gubernamental.

gubia. f. Formón de media caña, delgado, para labrar superficies curvas.

guedeja. f. **1** Cabellera larga. **2** Melena del león. **Sin.** 1 melena.

güelfo, fa. adj. Partidario de los papas, en la Edad Media, contra los gibelinos, defensores de los emperadores de Alemania. También s. **Ant.** gibelino.

guepardo. m. Mamífero carnívoro que habita en las regiones meridionales de Asia y África, con pelaje similar al leopardo.

guerra. f. **1** Lucha armada entre dos o más países, o entre grupos contrarios de un mismo país. **2** Pugna entre dos o más personas. **3** Lucha, combate. **4** Oposición, discordia. **5 dar guerra.** loc. Causar molestia.

guerrear. intr. **1** Hacer la guerra. También tr. **2** Rebatir, contradecir.

guerrero, ra. adj. **1** Relacionado con la guerra: *tácticas guerreras.* **2** Se dice de la persona inclinada a la guerra. También s. **3** Travieso, que incomoda y molesta a los demás: *el niño está guerrero.* **4** Soldado, que combate en alguna guerra. También s. | f. **5** Chaqueta militar ajustada y abrochada desde el cuello. **Sin.** 1 bélico 2 belicoso.

guerrilla. f. **1** Grupo armado que ataca por sorpresa a su enemigo, y al margen del ejército regular de un país. **2** Su método de lucha: *guerra de guerrillas.*

guerrillero, ra. m. y f. Persona que pelea en las guerrillas.

gueto. m. **1** Barrio en que habitaban los judíos. **2** P. ext., cualquier comunidad marginada del resto de la sociedad por motivos religiosos, raciales, políticos, culturales, etc. **3** Lugar donde habita esta comunidad. **Sin.** 1 aljama, judería.

guía. com. **1** Persona que conduce, dirige, aconseja u orienta a otras: *guía de montaña, guía espiritual.* **2** Persona que enseña a los visitantes lo más destacado de una ciudad, monumento, museo, etc. | f. **3** Lo que dirige o encamina: *su ejemplo fue una guía para toda una generación.* **4** Libro de indicaciones. **5** Lista de datos o información referentes a determinada materia: *guía telefónica.* **6** Vara que se deja sin podar en las cepas y en los árboles. **7** Manillar de la bicicleta. **8** Cada uno de los extremos del bigote cuando están retorcidos.

guiar. tr. **1** Ir mostrando el camino: *nos guió un lugareño.* **2** Aconsejar, orientar: *su padre le guió en la elección de la carrera.* **3** Conducir. | **guiarse.** prnl. **4** Dejarse llevar: *se guía por su instinto.*

guija. f. Guijarro.

guijarral. m. Terreno abundante en guijarros.

guijarro. m. Piedra pequeña, redondeada y lisa.

guijo. m. Conjunto de guijarros, utilizados para consolidar y rellenar los caminos. **Sin.** grava, cascajo.

guillarse. prnl. **1** Irse. **2** Perder la cabeza, volverse loco: *se guilló por esa chica.* **Sin.** 1 largarse 2 chalarse, chiflarse.

guillomo. m. Arbusto rosáceo que crece en los peñascales de las montañas.

guillotina. f. **1** Máquina que se usó en Francia para decapitar a los condenados a muerte. **2** Máquina para cortar papel.

guillotinar. tr. Utilizar la guillotina.

guimbarda. f. Cepillo de carpintero, de cuchilla estrecha, que sirve para labrar el fondo de las cajas y ranuras.

guinda. f. Fruto del guindo, parecido a la cereza, pero de sabor más ácido.

guindar. tr. **1** Subir una cosa que ha de colocarse en alto. También prnl. **2** Lograr una cosa en concurrencia de otros: *Gaspar guindó el empleo.* **3** Robar, hurtar.

guindilla. f. Pimiento pequeño, de color rojo o verde, muy picante.

guindo. m. Árbol, de la familia de las rosáceas, parecido al cerezo, cuyo fruto es la guinda.

guinea. f. Antigua moneda inglesa.

guineano, na. adj. y s. De Guinea.
guineo. m. Variedad de plátano o banana, especialmente en algunas regiones de América.
guiñapo. m. **1** Harapo, andrajo o trapo roto. **2** Persona que viste con harapos. **3** Persona enfermiza, débil: *la enfermedad le dejó hecho un guiñapo.* **4** Persona despreciable.
guiñar. tr. Cerrar un ojo momentáneamente quedando el otro abierto. También prnl.
guiño. m. **1** Acción de guiñar el ojo. **2** Señal, mensaje disimulado: *esta novela está llena de guiños.* SIN. 2 indirecta, insinuación.
guiñol. m. Representación teatral por medio de títeres.
guión. m. **1** Esquema escrito de un tema que se quiere exponer o desarrollar. **2** Texto en que se expone, con los detalles necesarios para su realización, el contenido de un filme o de un programa de radio o televisión. **3** Signo ortográfico (-). **4** Ave delantera de las bandadas migratorias.
guionista. com. Autor del guión de un filme o de un programa de radio o televisión.
guipuzcoano, na. adj. y s. **1** De Guipúzcoa. | m. **2** Uno de los ocho principales dialectos del vascuence.
guirigay. m. **1** Lenguaje incomprensible. **2** Confusión, griterío. || pl. *guirigays* o *guirigáis.* SIN. 1 jerigonza, galimatías.
guirlache. m. Turrón hecho con almendras tostadas y caramelo.
guirnalda. f. Corona de flores, hierbas o ramas.
guisa. f. Modo, manera: *me lo dijo de esta guisa.*
guisado. m. **1** Manjar guisado. **2** Plato de carne o pescado cocido con verduras, patatas y especias. SIN. 1 guiso 2 estofado.
guisante. m. **1** Planta hortense leguminosa con tallos trepadores, flores en racimos y fruto en vaina casi cilíndrica, con diversas semillas verdes comestibles. **2** Semilla de esta planta.
guisar. tr. **1** Preparar la comida al fuego. También intr.: *guisa con muchas especias.* **2** Planear, urdir: *guisó un pretexto para no acudir a la reunión.* SIN. 1 cocinar 2 tramar, maquinar.
guiso. m. Guisado.
güisqui. m. Bebida alcohólica de cereales fermentados.
guita. f. **1** Cuerda delgada. **2** Dinero: *tiene mucha guita.* SIN. 1 bramante, cordel 2 pasta, parné, tela.
guitarra. f. **1** Instrumento musical de seis cuerdas que se pulsan con los dedos de una mano, mientras que los de la otra las pisan en el mástil. | com. **2** Persona que toca este instrumento.
guitarreo. m. Toque de guitarra repetido o monótono.

Guitarra

guitarrillo. m. Instrumento musical de cuatro cuerdas.
guitarrista. com. Persona que toca profesionalmente la guitarra.
güito. m. **1** Sombrero. **2** Hueso de fruta, especialmente el de albaricoque. | pl. **3** Juego que se hace con estos huesos.
gula. f. Glotonería. ANT. templanza, frugalidad.
gulasch. m. Estofado de carne, típico de Hungría.
gules. m. pl. Color rojo heráldico.
gulusmear. intr. Curiosear.
gurí, gurisa. m. y f. **1** *amer.* Muchachito indio o mestizo. **2** *amer.* Niño, muchacho.
guripa. m. **1** Soldado, que sirve en la milicia. **2** Guardia municipal.
gurriato. m. Pollo del gorrión.

gurrumino, na. adj. **1** *amer.* Cobarde, pusilánime. | m. y f. **2** *amer.* Chiquillo, niño, muchacho. | f. **3** *amer.* Flojera, malestar.

gurruñar. tr. Arrugar, encoger.

gurruño. m. Cosa arrugada o encogida.

gurú o **guru.** (voz sánscrita.) m. En el hinduismo, guía espiritual, maestro.

gusanillo. m. **1** Hilo de oro, plata, seda, etc., ensortijado para formar con él ciertas labores. **2** P. ext., estas labores. **3 matar el gusanillo.** loc. Beber aguardiente en ayunas. **4** Matar el hambre momentáneamente comiendo algo.

gusano. m. **1** Denominación común de ciertos animales invertebrados, de cuerpo blando y alargado, que se contrae al moverse. **2** Lombriz. **3** Larva de algunos insectos. **4** Persona despreciable: *se ha portado como un gusano.* **5** Persona insignificante.

gusarapo, pa. m. y f. Cualquiera de los diferentes tipos de animal con forma de gusano, que se crían en los líquidos.

gustar. intr. **1** Agradar algo a alguien: *me gusta que digas eso.* **2** Desear, sentir afición: *gusta de ir al cine.* | tr. **3** Sentir el sabor en el paladar: *gustar el vino.* **4** Probar: *¿gusta usted?* **Ant.** 1 repugnar 1 y 2 desagradar, disgustar.

gustativo, va. adj. Perteneciente al sentido del gusto.

gustazo. m. Satisfacción, placer.

gustillo. m. Dejo o saborcillo que dejan en el paladar algunas sustancias: *este licor tiene un gustillo amargo.* **Sin.** regusto.

gusto. m. **1** Uno de los cinco sentidos del cuerpo con el que se percibe el sabor. **2** Ese sabor, que básicamente puede ser: dulce, salado, ácido o amargo. **3** Placer: *¡qué gusto verla tan feliz!* **4** Voluntad propia: *vino por su gusto.* **5** Facultad y manera propias de cada uno de apreciar lo bello o lo feo: *no comparto tus gustos.* **6** Capricho: *se dio el gusto de comprarse el coche.* **7 a gusto.** loc. adv. Con comodidad. **8 con mucho gusto.** loc. Fórmula con que cortésmente se accede a algo.

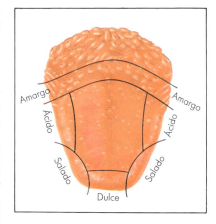

Localización del sentido del gusto en la lengua

gustoso, sa. adj. **1** Que hace con placer algo: *hablaré gustoso con tus padres.* **2** Que tiene buen sabor: *un caldo gustoso.* **Sin.** 2 sabroso.

gutabamba. f. **1** Árbol de la familia de las gutíferas, del que fluye una gomorresina que se emplea en farmacia y en pintura. **2** Esta gomorresina.

gutapercha. f. Goma de origen vegetal traslúcida, sólida, flexible e insoluble en el agua, que tiene gran aplicación en la industria para fabricar telas impermeables y sobre todo para aislar los conductores de los cables eléctricos.

gutífero, ra. adj. y f. **1** Se apl. a hierbas vivaces, arbustos y árboles angiospermos dicotiledóneos que segregan jugos resinosos, como la gutapercha y el calambuco. | f. pl. **2** Familia de estas plantas.

gutural. adj. **1** Relacionado con la garganta: *voz gutural.* **2** En ling., se dice de cada una de las consonantes *g, j,* y *k,* llamadas más propiamente velares. También f.

h

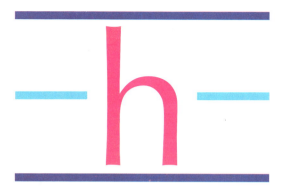

h. f. Octava letra del abecedario español, y sexta de sus consonantes. Su nombre es *hache*. || Es muda, sólo tiene valor ortográfico. En algunas zonas extremeñas y andaluzas, mantiene un sonido aspirado: *hondo*, que se pronuncia *jondo*.

ha. abr. de *hectárea*.

haba. f. **1** Planta herbácea leguminosa, de hojas compuestas con hojuelas elípticas, flores blancas o rosáceas y fruto en vaina. Son comestibles tanto las semillas como las vainas cuando están verdes. **2** Fruto y semilla de esta planta.

habanera. f. Música y danza propia de La Habana.

habano, na. adj. **1** De La Habana, y p. ext., de la isla de Cuba. | m. **2** Cigarro puro de Cuba.

hábeas corpus. m. Derecho del ciudadano detenido a comparecer inmediata y públicamente ante un juez o tribunal.

haber. 1 aux. que sirve para conjugar otros verbos en los tiempos compuestos: *he comido*. | impers. **2** Suceder algo: *ha habido tres terremotos*. **3** Estar realmente en algún sitio: *había tres gatos*. **4** Verificarse, efectuarse algo: *esta noche no hay función*. || Siempre va en sing., aunque el sustantivo que lo acompaña vaya en pl.: *ha habido pocos votos*. **5 haber de** + inf. Deber: *has de llegar antes*. **6 haber que** + inf. Ser necesario o conveniente: *hay que comprar patatas*. **Sin.** 2 acaecer, acontecer 3 asistir, acudir 5 tener. || **Irreg.** Conjugación modelo:

Indicativo
Pres.: *he, has, ha* o *hay, hemos, habéis, han.*
Imperf.: *había, habías*, etc.
Pret. indef.: *hube, hubiste, hubo, hubimos, hubisteis, hubieron.*
Fut. imperf.: *habré, habrás, habrá*, etc.
Potencial: *habría, habrías*, etc.
Subjuntivo
Pres.: *haya, hayas, haya, hayamos, hayáis, hayan.*
Imperf.: *hubiera* o *hubiese, hubieras* o *hubieses,* etcétera.
Fut. imperf.: *hubiere, hubieres*, etc.
Imperativo: *he, habed.*
Participio: *habido.*
Gerundio: *habiendo.*

---

haber. m. **1** Hacienda, caudal. Más en pl.: *con esta operación ha incrementado sus haberes*. **2** Una de las dos partes en que se dividen las cuentas corrientes. **3** Cualidades positivas o méritos que se consideran en una persona o cosa: *tiene en su haber*

Haba

varios premios. | pl. **4** Sueldo, jornal: *todavía no ha cobrado sus haberes.* **Sin.** 1 capital 4 retribución, emolumentos ◻ **Ant.** 2 debe.

habichuela. f. Judía, alubia.

hábil. adj. **1** Capaz, inteligente y dispuesto para hacer algo manual o intelectual: *es muy hábil para los negocios.* **2** En der., apto para una cosa: *tres días hábiles para presentar el recurso.* **Sin.** 1 diestro, listo, mañoso ◻ **Ant.** 1 torpe.

habilidad. f. **1** Capacidad, inteligencia y disposición para una cosa. **2** Gracia y destreza en hacer algo. **3** Cada una de las cosas que alguien hace con gracia y destreza. También pl.: *nos mostró sus habilidades al volante.*

habilidoso, sa. adj. Que tiene habilidad.

habilitación. f. **1** Acción de habilitar. **2** Cargo o empleo de habilitado. **3** Despacho u oficina donde el habilitado ejerce su cargo.

habilitado, da. m. y f. Persona que, por encargo de otras, gestiona y efectúa el pago de sueldos, pensiones, etc.

habilitar. tr. **1** Hacer a una persona o cosa hábil o apta para algo: *ya han habilitado los fondos para el proyecto.* **2** Destinar algo a un fin determinado y adaptarlo convenientemente: *habilitaremos esta habitación como despacho.* **Sin.** 1 capacitar 2 adecuar ◻ **Ant.** 1 inhabilitar, incapacitar.

habitabilidad. f. Cualidad de habitable.

habitación. f. **1** Cualquiera de los aposentos de una casa. **2** Dormitorio. **3** Edificio o parte de él que se destina para habitarse. **4** Acción de habitar. **Sin.** 1 cuarto, estancia 2 alcoba 3 morada, vivienda.

habitáculo. m. **1** Habitación, edificio. **2** Sitio o localidad de condiciones apropiadas para que viva una especie animal o vegetal.

habitante. com. Cada una de las personas que constituyen la población de un barrio, ciudad, provincia o nación. **Sin.** vecino, residente.

habitar. tr. e intr. Vivir, estar en un lugar o casa. **Sin.** morar, residir ◻ **Ant.** deshabitar.

hábitat. m. Conjunto de condiciones geofísicas en que se desarrolla la vida de una especie o de una comunidad animal o vegetal. ‖ pl. *hábitats.* **Sin.** medio ambiente.

hábito. m. **1** Modo especial de proceder o comportarse adquirido por la repetición de los mismos actos: *se ha quitado el hábito de fumar.* **2** Traje de los religiosos o penitentes. **Sin.** 1 costumbre.

habitual. adj. **1** Que se hace por hábito: *no ha llegado a su hora habitual.* **2** Asiduo: *un cliente habitual.* **Sin.** 1 usual.

habituar. tr. y prnl. Acostumbrar o hacer que uno se acostumbre a una cosa: *se habituó a madrugar.* **Sin.** acomodar, aclimatar ◻ **Ant.** deshabituar.

Hábito. Monjes, por Vázquez Díaz

habla. f. **1** Facultad de hablar: *la sorpresa le dejó sin habla.* **2** Acción de hablar: *su habla es rebuscada.* **3** Realización individual de la lengua por parte de los hablantes. **4** Sistema lingüístico de una comarca, localidad o colectividad, con rasgos propios dentro de otro sistema más extenso: *el habla infantil.* **Sin.** 1 palabra 4 dialecto.

habladuría. f. **1** Dicho inoportuno e impertinente. **2** Rumor sin fundamento que se extiende entre la gente: *eso son meras habladurías.* **Sin.** 2 chisme.

hablar. intr. **1** Pronunciar palabras para darse a entender: *el niño ya habla.* **2** Comunicarse las personas por medio de palabras: *hablaron mucho tiempo.* **3** Pronunciar un discurso: *hoy hablará de los mamíferos.* **4** Dirigir la palabra a una persona: *habló a los presentes.* **5** Con los advs. *bien* o *mal,* expresarse de uno u otro modo y manifestar opiniones favorables o adversas sobre alguien o algo: *la crítica ha hablado bien de su novela.* **6** Con la prep. *de,* razonar, o tratar de una cosa: *hablar de negocios.* **7** Murmurar o criticar: *la portera no para de hablar de la del sexto.* **8** Interceder por uno: *hablaré a tu favor.* **9** Explicarse o dar a entender algo por medios distintos a la palabra: *hablar por señas.* | tr. **10** Emplear uno u otro idioma para expresarse: *habla francés.* **11** Decir algunas cosas especialmente buenas o malas: *habla maravillas de ti.* | **hablarse.** prnl. **12** Tener relaciones amorosas o de cualquier tipo una persona con otra: *mi hermana se habla con tu primo; hace mucho que no se hablan.* **Sin.** 2 conversar, charlar 8 rogar ◻ **Ant.** 1 y 2 callar.

habón. m. Pequeño bulto en forma de haba que causa picor y que aparece en la piel producido por la picadura de un insecto, por urticaria, etc.

hacedor, ra. adj. y s. Que hace, causa o ejecuta algo. Se dice especialmente de Dios: *Supremo Hacedor*.

hacendado, da. adj. y s. **1** Que tiene una o varias haciendas. **2** *amer.* Se dice del estanciero que se dedica a la cría de ganado.

hacendar. tr. **1** Dar o conferir el dominio de haciendas o bienes raíces. | **hacendarse.** prnl. **2** Comprar hacienda una persona para arraigarse en alguna parte.

hacendista. com. Persona experta en la administración o en la doctrina de la hacienda pública.

hacendoso, sa. adj. Solícito y diligente en las faenas domésticas.

hacer. tr. **1** Producir, fabricar, componer: *hacía pompas de jabón*. **2** Ejecutar. También prnl.: *se hacía la manicura*. **3** Con el pron. neutro *lo,* realizar o ejecutar la acción de un verbo previamente enunciado: *¿me traerás el libro esta noche? Lo haré sin falta.* **4** Causar, ocasionar: *hacer ruido*. **5** Disponer, preparar: *mañana haremos una cena especial*. **6** Transformar, convertir: *los desengaños le han hecho resentido*. **7** Caber, contener: *este vaso hace tres copas*. **8** Junto con algunos nombres, expresa la acción de los verbos que se forman de la misma raíz de dichos nombres: *hacer gestos (gesticular)*. **9** Imaginar: *se hacía ilusiones*. **10** Suponer, creer: *yo te hacía en Londres*. **11** Representar una obra teatral, cinematográfica, etc.: *hacen «La Celestina»*. **12** Ejercitar los miembros, músculos, etc., para fomentar su desarrollo: *hacer piernas*. **13** Usar o emplear lo que los nombres significan: *hacer señas, gestos*. **14** Reducir una cosa a lo que significan los nombres a que va unido: *hacer pedazos*. **15** Con las preps. *con* o *de,* proveer, suministrar, facilitar. Más c. prnl.: *se hizo con la mayoría de los votos*. **16** Componer un número o cantidad: *con esto hacen cien*. **17** Obligar a que se ejecute la acción de un infinitivo o de una oración subordinada: *le hizo venir; nos hizo que fuésemos*. **18** Expeler del cuerpo los excrementos: *hacer pis*. **19** Habituar, acostumbrar. También prnl.: *se hizo pronto al nuevo trabajo*. **20** Interpretar un papel: *hará de Don Juan en la obra*. | intr. **21** Actuar, proceder: *déjale hacer*. **22** Importar, convenir: *esa cita no me hace*. **23** Con algunos nombres de oficios, profesiones, etc. y la prep. *de,* ejercerlos: *hace de fiscal*. **24** Junto con la prep. *por* y los infinitivos de algunos verbos, poner cuidado en la ejecución de lo que los verbos significan: *hacer por venir*. **25** Con el pronombre *se,* seguido de artículo o solamente de voz expresiva de alguna cualidad, fingir alguien lo que no es: *se hace el tonto*. **26** Aparentar. Se usa generalmente seguido del adv. *como: hace como que no le importa*. | **hacerse.** prnl. **27** Crecer, aumentarse, desarrollarse para llegar al estado de perfección que cada cosa ha de tener: *se hizo mayor.* **28** Volverse, transformarse: *se hizo millonario.* | impers. **29** Experimentarse el buen o mal tiempo: *hace calor, frío, buen día*. Se usa también en general: *mañana hará bueno*. **30** Haber transcurrido cierto tiempo: *mañana hará ocho años*. **31 hacer uno de las suyas.** loc. Proceder uno según su carácter y costumbres. **SIN.** 1 construir, elaborar 4 provocar, originar 11 escenificar 18 evacuar, excretar 19 adaptar 21 obrar □ **ANT.** 1 deshacer 19 desacostumbrar. || **Irreg.** Conjugación modelo:

Indicativo
Pres.: *hago, haces, hace, hacemos, hacéis, hacen.*
Imperf.: *hacía, hacías,* etc.
Pret. indef.: *hice, hiciste, hizo, hicimos, hicisteis, hicieron.*
Fut. imperf.: *haré, harás, hará, haremos, haréis, harán.*
Potencial: *haría, harías, haría, haríamos, haríais, harían.*
Subjuntivo
Pres.: *haga, hagas, haga, hagamos, hagáis, hagan.*
Imperf.: *hiciera, hicieras, hiciera, hiciéramos, hicierais, hicieran* o *hiciese, hicieses, hiciese, hiciésemos, hicieseis, hiciesen.*
Fut. imperf.: *hiciere, hicieres, hiciere, hiciéremos, hiciereis, hicieren.*
Imperativo: *haz, haced.*
Participio: *hecho.*
Gerundio: *haciendo.*

---

hacha. f. **1** Herramienta compuesta por una hoja metálica ancha con filo en uno de sus lados y un ojo en el opuesto donde se inserta el mango, generalmente de madera. Sirve para cortar dando golpes. **2** Vela de cera, grande y gruesa, de figura por lo común de prisma cuadrangular y con cuatro pabilos. **3** Mecha de esparto y alquitrán para que resista al viento sin apagarse. **4 ser un hacha.** loc. Ser muy bueno en algo. **SIN.** 2 cirio 3 tea.

hachazo. m. Golpe dado con el hacha.

hache. f. Nombre de la letra *h.*

hachís. m. Droga preparada con las flores y otras partes del cáñamo índico. **SIN.** costo, chocolate.

hachón. m. **1** Hacha, vela gruesa. **2** Especie de brasero alto. **SIN.** 1 cirio, velón.

hacia. prep. **1** Determina la dirección del movimiento: *voy hacia allá.* **2** Alrededor de, cerca de: *llegaré hacia las tres.*

hacienda. f. **1** Finca agrícola o ganadera. **2** Conjunto de bienes y riquezas que uno tiene. **3** Conjunto de organismos que se ocupan de administrar los bienes del Estado y de establecer y hacer que se cumplan las obligaciones fiscales. S**in.** 1 predio 2 posesiones, patrimonio.

hacina. f. **1** Conjunto de haces colocados unos sobre otros. **2** Montón o rimero.

hacinamiento. m. Acción de hacinar. S**in.** aglomeración, amontonamiento.

hacinar. tr. **1** Amontonar, juntar sin orden personas o cosas. También prnl.: *en aquel vagón se hacinaban pasajeros y equipajes.* **2** Poner los haces unos sobre otros. S**in.** 1 apilar.

hada. f. Ser fantástico que se representaba bajo la forma de mujer y al cual se atribuía poder mágico.

hado. m. **1** Divinidad o fuerza desconocida que se creía que gobernaba el destino de los hombres. **2** Destino: *el hado lo quiso así.* S**in.** 2 fatalidad, fortuna, sino.

hafnio. m. Elemento químico metálico brillante que se obtiene de los minerales del circonio y se emplea, por ejemplo, en la fabricación de los filamentos de las bombillas. Su símbolo es *Hf*.

hagiografía. f. Historia de la vida de los santos.

¡hala! interj. **1** Se emplea para alentar o meter prisa: *¡hala, que ya falta poco!* **2** Se emplea para mostrar sorpresa: *¡hala, cómo ha salido!*

halagar. tr. **1** Adular a alguien: *no para de halagar al jefe.* **2** Satisfacer el orgullo o el amor propio de alguien: *me halaga tu elección.* S**in.** 1 lisonjear 2 enorgullecer □ A**nt.** 1 insultar 2 ofender.

halago. m. **1** Acción de halagar. **2** Cosa que halaga. S**in.** 1 y 2 adulación, lisonja.

halagüeño, ña. adj. **1** Que halaga. **2** Prometedor de cosas favorables: *las primeras impresiones son halagüeñas.* S**in.** 1 adulador, lisonjero □ A**nt.** 2 pesimista.

halar. tr. **1** Tirar de un cabo, de una lona o de un remo al bogar. **2** *amer.* Tirar hacia sí de una cosa.

halcón. m. Ave rapaz, generalmente carnívora, de hasta 50 cm de long. y 90 de envergadura, cabeza pequeña, pico muy ganchudo y garras curvas y robustas. Se usa en cetrería.

¡hale! interj. ¡Hala!

hálito. m. **1** Aliento: *le quedaba un hálito de vida.* **2** Vapor que sale de algo. **3** En lenguaje poét., soplo suave y apacible del aire. S**in.** 2 vaho 3 brisa.

halitosis. f. Fetidez del aliento. ‖ No varía en pl.

hall. (voz ingl.) m. Vestíbulo.

hallar. tr. **1** Encontrar a una persona o cosa: *no hallé la llave.* **2** Inventar lo que hasta entonces es desconocido: *halló una solución para el problema.* **3** Descubrir la verdad o el resultado de algo: *hallar la raíz cuadrada de este número.* **4** Ver, observar, notar: *hallé rencor en su respuesta.* | **hallarse.** prnl. **5** Estar presente: *en la cena de despedida se hallaban todos sus compañeros.* S**in.** 1 tropezar 3 averiguar 4 advertir, percatarse.

hallazgo. m. **1** Acción de hallar. **2** Cosa hallada.

¡hallo! interj. ingl. Se usa a veces para responder cuando se descuelga el teléfono al ser llamado; equivale a ¡diga!, ¡dígame!

halo. m. **1** Cerco que rodea a veces a los cuerpos luminosos. **2** Aureola que suele representarse detrás de la cabeza de las imágenes religiosas. **3** Brillo que da la fama o del prestigio: *le rodea un halo de misterio.* S**in.** 2 corona.

halógeno, na. adj. y s. **1** Se dice de los elementos químicos flúor, cloro, bromo, yodo y astato, algunas de cuyas sales son muy comunes en la naturaleza, como el cloruro sódico o sal común. **2** Se dice de las lámparas que, con alguno de estos elementos, producen una luz muy clara y brillante.

halterofilia. f. Deporte olímpico de levantamiento de peso.

haluro. f. Sal binaria formada por la combinación de un halógeno con un metal.

hamaca. f. Red gruesa y clara que, colgada por las extremidades, sirve de cama y columpio. S**in.** tumbona.

hambre. f. **1** Gana y necesidad de comer: *no tengo hambre.* **2** Escasez de alimentos básicos: *su familia pasó hambre en la guerra.* **3** Apetito o deseo ardiente de algo: *hambre de poder.* **4 hambre canina.** Gana de comer extraordinaria y excesiva. S**in.** 1 apetito 2 carestía 3 sed □ A**nt.** 1 hartura 2 abundancia.

hambriento, ta. adj. y s. **1** Que tiene mucha hambre. **2** Deseoso. S**in.** 1 famélico 2 sediento □ A**nt.** 1 saciado.

hambrón, na. adj. Que come mucho y con ansia.

hambruna. f. **1** Hambre, escasez generalizada de alimentos. **2** *amer.* Mucha hambre.

hamburguesa. f. Filete de carne picada, que a veces se come en bocadillo.

hampa. f. **1** Conjunto de maleantes. **2** Modo de vida de éstos. S**in.** 1 y 2 delincuencia.

Halterofilia

hampón. adj. **1** Valentón. **2** Individuo del hampa. También m. SIN. 1 chulo 2 delincuente, malhechor.

hámster. m. Mamífero roedor de 20 a 30 cm de long., con cuerpo macizo y rechoncho, hocico chato, orejas pequeñas y cola y patas cortas. Es muy fecundo y se utiliza como animal de laboratorio.

handicap. (voz ingl.) m. **1** Carrera, concurso, etc., en que se beneficia a algunos participantes para nivelar las condiciones de la competición y que todos tengan la misma probabilidad de ganar. **2** Obstáculo, dificultad, problema: *tenemos el handicap del tiempo*. SIN. 2 inconveniente □ ANT. 2 ventaja.

hangar. m. Cobertizo para guardar o reparar aparatos de aviación.

hapálido, da. adj. **1** Se dice de simios que se caracterizan por tener cuatro incisivos verticales. Son los monos más pequeños que se conocen; como el tití. También m. | m. pl. **2** Familia de estos animales.

haplología. f. Eliminación de una sílaba por ser semejante a otra sílaba contigua de la misma palabra, como *cejunto* por *cejijunto*.

haraganear. intr. Hacer el haragán.

haraganería. f. Falta de aplicación al trabajo, ociosidad.

haragán, na. adj. y s. Que excusa y rehúye el trabajo. SIN. vago.

harapiento, ta. adj. Lleno de harapos. SIN. andrajoso.

harapo. m. Andrajo, pingajo.

haraquiri. (voz japonesa) m. Forma del suicidio ritual en Japón, consistente en abrirse el vientre con un cuchillo por medio de una incisión en forma de cruz.

hardware. (voz ingl.) m. Conjunto de piezas materiales de un ordenador.

harén. m. **1** Departamento de las casas de los musulmanes en que sólo viven las mujeres. **2** Conjunto de estas mujeres. SIN. 1 y 2 serrallo.

harina. f. **1** Polvo que resulta de moler el trigo u otras semillas. **2** Este mismo polvo despojado del salvado o la cascarilla. **3** Polvo procedente de algunos tubérculos y legumbres: *harina de almorta*.

harinoso, sa. adj. **1** Que tiene mucha harina: *pan harinoso*. **2** De la naturaleza de la harina o parecido a ella: *una manzana harinosa*.

harnero. m. Especie de criba.

hartar. tr. y prnl. **1** Saciar, incluso con exceso, el apetito de comer y beber: *se hartó de pasteles*. **2** Satisfacer el deseo de algo: *me harté de dormir*. **3** Cansar, fastidiar: *nos hartamos de esperarte y nos fuimos*. || Doble part.: *hartado* (reg.), *harto* (irreg.). SIN. 1 atracarse, atiborrarse 3 hastiar.

hartazgo. m. Acción de hartar o hartarse. SIN. atracón, panzada.

harto, ta. adj. **1** Saciado, lleno: *está harto de co-*

Haya

mer. **2** Cansado: *estoy harto de ti*. | adv. c. **3** Bastante o demasiado: *tiene una visión harto complicada de las cosas*. SIN. 1 ahíto 2 aburrido, hastiado 3 asaz.

hartura. f. **1** Acción de hartar o hartarse. **2** Abundancia. SIN. 1 saciedad 2 profusión.

hasta. prep. **1** Sirve para expresar el término de un lugar, una acción, una cantidad, etc.: *llego hasta tu hombro; esperaré hasta que vuelvas*. **2** Se usa como conj. cop., y entonces sirve para exagerar o ponderar algo, y equivale a *también* o *aun*: *lo sabe hasta el jefe*.

hastial. m. **1** Parte triangular de la fachada de un edificio. **2** P. ext., toda la fachada. **3** En las iglesias, cada una de las tres fachadas correspondientes a los pies y laterales del crucero. **4** Cara lateral de una excavación minera. SIN. 1 frontispicio.

hastiar. tr. Causar hastío, repugnancia o disgusto: *la televisión me hastía*. SIN. aburrir, cansar, hartar □ ANT. agradar.

hastío. m. **1** Disgusto, tedio. **2** Repugnancia a la comida. SIN. 1 cansancio.

hatajo. m. **1** Pequeño grupo de ganado. **2** En tono desp., grupo de personas o cosas: *son un hatajo de gamberros*. SIN. 2 montón, banda.

hatillo. m. dim. de *hato*.

hato. m. **1** Ropa y pequeño ajuar que uno tiene para uso ordinario. **2** Conjunto de cabezas de ganado, como bueyes, vacas, ovejas, etc. **3** *amer*. Hacienda de campo destinada a la cría de toda clase de ganado. **4** Grupo de gente malvada o despreciable: *un hato de pícaros*. SIN. 2 rebaño.

haya. f. **1** Árbol de hasta 30 m de alt. con tronco grueso, corteza gris y ramas de gran altura que forman una copa piramidal y espesa. Su fruto es el hayuco. **2** Madera de este árbol.

hayal o **hayedo.** m. Sitio poblado de hayas.

hayuco. m. Fruto del haya.

haz. f. Cara superior de la hoja, normalmente más brillante y lisa, y con nervadura menos patente que en la cara inferior o envés.

haz. m. **1** Porción atada de mieses, lino, hierbas, leña, etc. **2** Conjunto de rayos luminosos. **3** Conjunto de fibras o músculos. **Sin.** 1 gavilla, manojo.

hazaña. f. Acción importante, heroica, etc. **Sin.** proeza.

hazmerreír. m. Persona cuya ridiculez hace reír a los demás: *es el hazmerreír del barrio*. **Sin.** mamarracho, payaso, bufón.

he. adv. dem. Junto con los advs. *aquí* y *allí*, o con los prons. *me, te, la, le, lo, las, los*, sirve para señalar o mostrar una persona o cosa: *heme aquí de nuevo*.

hebdomadario, ria. adj. **1** Semanal. | m. **2** Semanario.

hebilla. f. Pieza de metal o de otra materia y de diversas formas, con un clavillo que sujeta la correa, cinta, etc., que pasan por dicha pieza.

hebra. f. **1** Trozo de hilo, seda u otra materia semejante, que sirve para coser. **2** Fibra de la carne. **3** Filamento de las materias textiles. **4** Cada partícula del tabaco picado en filamentos. **5** Estigma de la flor del azafrán. **6 pegar la hebra.** loc. Entablar casualmente conversación, o prolongarla más de la cuenta.

hebraísmo. m. **1** Religión que sigue la ley antigua o de Moisés. **2** Giro o modo de hablar propio de la lengua hebrea.

hebreo, a. adj. **1** Se apl. al pueblo israelita o judío y a su relligión. Más c. m. pl. **2** Relativo a este pueblo. | m. **3** Lengua semítica hablada por este pueblo.

hecatombe. f. **1** Gran desastre en el que se producen un elevado número de víctimas y enormes pérdidas: *la hecatombe nuclear*. **2** Gran mortandad. **3** Sacrificio de cien bueyes u otras víctimas que hacían los antiguos griegos y romanos a sus dioses. **Sin.** 1 catástrofe 1 y 2 matanza, tragedia.

hechicería. f. **1** Conjunto de prácticas y ritos supersticiosos con los que se quiere producir efectos sobrenaturales. **2** Acto de hechizar. **Sin.** 1 brujería, magia 2 encantamiento, sortilegio.

hechizar. tr. **1** Causar un maleficio por medio de hechicerías. **2** Despertar una persona o cosa admiración, afecto o deseo irresistibles: *ese cuadro le ha hechizado*. **Sin.** 1 encantar, embrujar 2 cautivar, seducir.

hechizo, za. adj. **1** Acción de hechizar. **2** Cosa u objeto que se emplea en tales prácticas. **3** Atractivo seductor que tienen algunas personas o cosas. **Sin.** 1 encantamiento 3 encanto, embrujo □ **Ant.** 3 repulsión.

hecho, cha. 1 p. p. irreg. de *hacer*. **2** Perfecto, maduro: *esos plátanos no están hechos*. **3** Con algunos nombres, semejante a lo significado por ellos: *hecho una fiera*. **4** Aplicado a personas o animales, con los advs. *bien* o *mal*, significa la proporción o desproporción de sus cuerpos: *lo que pasa es que está usted mal hecho*. **5** La forma m. sing. se emplea como respuesta afirmativa para conceder o aceptar lo que se pide o propone: *¿vamos al cine? Hecho*. | m. **6** Acción u obra: *un hecho vale más que mil palabras*. **7** Suceso, acontecimiento: *quiso averiguar la verdad de los hechos*. **8** Asunto o materia de que se trata. **9 de hecho.** loc. adv. Efectivamente. **10 hecho y derecho.** loc. Cabal, maduro. **11** Real, auténtico. **Sin.** 2 constituido, formado 4 proporcionado 6 acto 7 evento □ **Ant.** 2 inmaduro.

hechura. f. **1** Acción de hacer o confeccionar algo, generalmente una prenda de vestir: *la hechura me cuesta tanto como la tela*. **2** Forma exterior de las cosas: *tiene una hechura frágil*. **Sin.** 1 ejecución 2 figura.

hect-, hecto-. Prefijo de vocablos compuestos que significa cien: *hectómetro*.

hectárea. f. Medida de superficie, que tiene 100 áreas o un hectómetro cuadrado (10.000 m²).

hectogramo. m. Medida de peso, que tiene 100 gramos.

hectolitro. m. Medida de capacidad, que tiene 100 litros.

hectómetro. m. Medida de longitud, que tiene 100 metros.

heder. intr. Despedir algo un olor muy malo: *esta sustancia hiede*. || **Irreg.** Se conj. como *entender*. **Sin.** apestar.

hediondez. f. **1** Cosa hedionda. **2** Hedor. **Sin.** 1 y 2 fetidez, peste.

hediondo, da. adj. **1** Que despide hedor. **2** Sucio, repugnante, obsceno. | m. **3** Arbusto leguminoso de flores amarillas que despide mal olor. **Sin.** 1 apestoso, fétido 2 repulsivo □ **Ant.** 1 perfumado 2 atractivo.

hedonismo. m. Doctrina que proclama como fin supremo de la vida la consecución del placer.

hedonista. adj. **1** Relativo al hedonismo. **2** Partidario del hedonismo. También com. **3** Que produce el placer.

hedor. m. Olor muy desagradable y penetrante. **Sin.** fetidez, peste.

hegemonía. f. **1** Supremacía que un Estado, pueblo, partido, etc., ejerce sobre otro. **2** Superioridad de algo o alguien en algún aspecto. **Sin.** 1 y 2 predominio □ **Ant.** 1 y 2 inferioridad.

hégira o **héjira.** f. Era de los mahometanos, que se cuenta desde la puesta del Sol del jueves 15 de julio del año 622, día de la huida de Mahoma de La Meca a Medina.

heladería. f. Establecimiento donde se hacen y venden helados.

heladero, ra. adj. **1** Abundante en heladas. | m. y f. **2** Lugar donde hace mucho frío. **3** Persona que fabrica o vende helados o tiene una heladería. | f. **4** Nevera.

helado, da. adj. **1** Muy frío: *un viento helado*. **2** Suspenso, atónito: *me quedé helado*. **3** Esquivo, desdeñoso: *un saludo helado*. | m. **4** Dulce o postre que se hace con leche, huevos, azúcar, frutas y alguna esencia y que se somete a congelación. | f. **5** Fenómeno atmosférico que se produce cuando la temperatura desciende de los 0° C y los líquidos se congelan. Sin. 1 congelado 3 distante □ Ant. 3 cálido.

helar. tr. **1** Congelar, cuajar por la acción del frío un líquido. Más c. intr. y prnl.: *entra el vino, que se hiela*. **2** Dejar a alguien suspenso y pasmado: *aquel grito helaba la sangre*. | impers. **3** Caer heladas: *mañana helará*. | **helarse.** prnl. **4** Ponerse una persona o cosa muy fría: *se me están helando las manos*. **5** Coagularse algo que se había licuado, por falta del calor necesario, como la grasa, el plomo, etc. También tr. **6** Secarse los árboles, plantas o frutas, por la congelación de su savia y jugos, producida por el frío. || **Irreg.** Se conj. como *acertar*. Sin. 2 paralizar, sobrecoger □ Ant. 1 y 3 deshelar.

helecho. m. Planta pteridofita sin flor ni semilla, con hojas lanceoladas y divididas en segmentos, propia de zonas húmedas y sombrías, que se reproduce por esporas o por gametos.

helénico, ca. adj. **1** Relativo a Grecia. **2** Relativo a la Hélade o a los antiguos helenos. Sin. 1 griego.

helenio. m. Hierba vivaz de la familia de las compuestas, llamada también *énula campana*. Sus

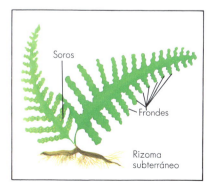

Helecho

Helenismo. Oratorio de Falaride en Agrigento

flores, amarillas, tienen la corola prolongada por un lado a manera de lengüeta.

helenismo. m. **1** Giro o modo de hablar propio y privativo de la lengua griega. **2** Empleo de tales giros o construcciones en otro idioma. **3** Período de la cultura griega, posterior al reinado de Alejandro Magno. **4** Influencia cultural de los antiguos griegos en la civilización moderna.

helenista. com. Especialista en la lengua y literatura griegas.

heleno, na. adj. Se dice de cualquiera de los pueblos que dieron inicio a la gran civilización de la Hélade o Grecia antigua. Más c. m. pl. Sin. griego.

helero. m. **1** Masa de hielo que rodea a las nieves perpetuas. **2** Mancha de nieve rodeada por dicha masa. **3** Glaciar.

hélice. f. **1** Conjunto de aletas helicoidales que, al girar alrededor de un eje, producen una fuerza de reacción que se utiliza principalmente para la propulsión de barcos y aeronaves. **2** En geom., curva que corta a todas las generatrices de un cilindro formando ángulos iguales. **3** Línea espiral. **4** Parte más externa y periférica del pabellón de la oreja del hombre, desde el orificio externo del conducto auditivo hasta el lóbulo.

helicoidal. adj. En figura de hélice. Sin. espiral.

helicón. m. Instrumento músico de grandes dimensiones y forma circular.

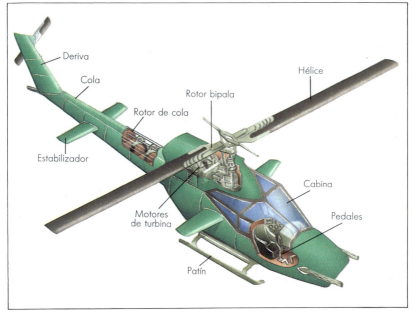

Helicóptero

helicóptero. m. Aeronave que puede mantenerse inmóvil en el aire y ascender y descender verticalmente por tener hélices con eje vertical.

helio-. Elemento compositivo que entra en la formación de algunas voces españolas con el significado de *sol: heliograbado, helioterapia.*

helio. m. Elemento químico gaseoso, incoloro, inodoro, insípido y el más ligero de todos los cuerpos, después del hidrógeno. Se obtiene por licuación del gas natural y su símbolo es *He.*

heliocéntrico, ca. adj. **1** Se dice de las medidas y lugares astronómicos que han sido referidas al centro del Sol. **2** Se dice del sistema de Copérnico y de los demás que suponían que el Sol era el centro del Universo.

heliograbado. m. **1** Procedimiento para obtener grabados en relieve mediante la acción de la luz solar sobre planchas adecuadas. **2** Estampa obtenida por este procedimiento.

heliógrafo. m. Instrumento destinado a hacer señales telegráficas por medio de la reflexión de un rayo de sol en un espejo plano.

helioterapia. f. Uso terapéutico de la luz solar.

heliotropismo. m. Fenómeno que ofrecen las plantas de dirigir sus flores, sus tallos o sus hojas hacia el Sol.

heliotropo. m. Planta con tallo leñoso, de muchas ramas, con hojas perennes de color verde oscuro y flores pequeñas blancas o azuladas. Es originaria del Perú, y se cultiva en los jardines por el olor de vainilla de sus flores.

helipuerto. m. Pista destinada al aterrizaje y despegue de helicópteros.

helminto. m. Gusano. Se apl., en especial, a los que son parásitos del hombre y de los animales.

helvético, ca. adj. y s. **1** De Helvecia, hoy Suiza. **2** Perteneciente a este país de Europa. **Sin.** 1 y 2 suizo.

hematíe. m. Célula de la sangre, llamada también *eritrocito* o *glóbulo rojo,* que transporta el oxígeno desde los pulmones a los tejidos. Más en pl.

hematites. f. Mineral de hierro oxidado, llamado también *oligisto.* || No varía en pl.

hematófago, ga. adj. Se dice de todo animal que se alimenta de sangre.

hematología. f. Parte de la biología o de la medicina que se refiere a la sangre.

hematoma. m. Derrame interno de sangre, producido por un golpe, que se acumula en la piel.

hematosis. f. Conversión de la sangre venosa en arterial. || No varía en pl.

hematuria. f. Trastorno patológico que consiste en orinar sangre.

hembra. f. **1** Persona o animal del sexo femenino. **2** En las plantas que tienen sexos distintos, la que da fruto. **3** Pieza de algunos objetos como corchetes, broches, enchufes, etc., en la que se introduce otra llamada *macho*.

hembrilla. f. En algunos artefactos, pequeña pieza en que otra se introduce o asegura.

hemeroteca. f. Biblioteca dedicada a diarios, revistas y otras publicaciones periódicas.

hemiciclo. m. **1** La mitad de un círculo. **2** Espacio central del salón de sesiones del Congreso de los Diputados.

hemión. m. Asno salvaje de Mongolia.

hemiplejia o **hemiplejía.** f. Parálisis de todo un lado del cuerpo.

hemipléjico, ca. adj. **1** Relativo a la hemiplejía. **2** Que la padece. También s.

hemíptero, ra. adj. y s. **1** Se dice de los insectos chupadores, con pico articulado y cuatro alas, que causan graves daños a los cultivos, como el pulgón. | m. pl. **2** Orden de estos insectos.

hemisférico, ca. adj. **1** De forma de hemisferio. **2** Relacionado con un hemisferio.

hemisferio. m. **1** Mitad de la superficie de la esfera terrestre, dividida por el Ecuador o un meridiano. **2** Cada una de las dos mitades de una esfera dividida por un plano que pase por su centro. **3** Cada una de las dos mitades del cerebro.

hemistiquio. m. Cada una de las partes en que la cesura divide un verso de arte mayor.

hemodiálisis. f. Depuración exterior de la sangre de un paciente a través de membranas semipermeables para liberarla de productos nocivos de bajo peso molecular, como la urea. || No varía en pl.

hemofilia. f. Enfermedad hereditaria, caracterizada por la dificultad en la coagulación de la sangre.

hemofílico, ca. adj. **1** Relativo a la hemofilia. **2** Que la padece. También s.

hemoglobina. f. Materia colorante de los glóbulos rojos de la sangre que permite el transporte de oxígeno.

hemopatía. f. Enfermedad de la sangre.

hemoptisis. f. Expulsión de sangre por la boca, proveniente de la tráquea, los bronquios o los pulmones. || No varía en pl.

hemorragia. f. Salida de sangre por cualquier parte del cuerpo.

hemorroide. f. Almorrana.

hemostasis o **hemóstasis.** f. Detención de una hemorragia. || No varía en pl.

hemostático, ca. adj. y s. Medicamento o maniobra que se emplea para contener la hemorragia.

henar. m. **1** Sitio poblado de heno. **2** Henil.

henchir. tr. **1** Llenar con algo un espacio vacío, hinchándolo: *henchir de aire los pulmones*. | **henchirse.** prnl. **2** Hartarse de comida. || **Irreg.** Se conj. como *pedir*. **Sin.** 1 colmar, llenar 2 inflarse.

hender. tr. **1** Abrir o rajar un cuerpo sólido sin dividirlo del todo. También prnl.: *la tela se ha hendido al estirarla*. **2** Atravesar o cortar un fluido; como una flecha el aire o un buque el agua. || **Irreg.** Se conj. como *entender*. **Sin.** 1 resquebrajar 2 surcar.

hendido, da. adj. **1** Rajado, abierto. **2** Se dice de la hoja cuyo limbo se divide en lóbulos irregulares.

hendidura. f. **1** Abertura o corte profundo en un cuerpo sólido cuando no llega a dividirlo del todo. **2** Grieta más o menos profunda en una superficie. **Sin.** 1 y 2 fisura.

hendir. tr. Hender. || **Irreg.** Se conj. como *discernir*.

henil. m. Lugar donde se guarda el heno.

heno. m. **1** Planta gramínea, con cañitas delgadas de unos 20 cm de largo, hojas estrechas, agudas y flores en panoja abierta. **2** Hierba segada, seca, para alimento del ganado.

henrio o **henry.** m. Unidad práctica de inductancia eléctrica. Símbolo, *H*.

hepática. f. Planta ranunculácea, herbácea, de flores azuladas o rojizas y fruto seco con muchas semillas.

hepático, ca. adj. **1** Relativo al hígado. **2** Que padece del hígado. También s.

hepatitis. f. Inflamación del hígado. || No varía en pl.

heptacordo o **heptacordio.** m. **1** Gama o escala usual compuesta de las siete notas: *do, re, mi, fa, sol, la, si*. **2** Intervalo de séptima en la escala musical.

heptaedro. m. Cuerpo geométrico limitado por siete caras planas.

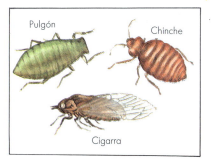

Hemípteros

heptagonal. adj. De figura de heptaedro o semejante a él.

heptágono, na. adj. y s. Polígono de siete ángulos.

heptámetro. adj. y s. Verso que consta de siete pies.

heptarquía. f. País dividido en siete reinos.

heptasílabo, ba. adj. y s. Que consta de siete sílabas.

heráldica. f. Conjunto de técnicas relacionadas con el estudio de los blasones de los escudos de armas. **Sin.** blasón.

heraldo. m. **1** Mensajero en la Edad Media. **2** Oficial encargado de anunciar las noticias importantes. **3** Cosa que anuncia la llegada de otra: *estas lluvias son el heraldo del otoño.* **4** Mensajero. **Sin.** 3 anuncio 4 emisario.

herbáceo, a. adj. Que tiene la naturaleza o características de la hierba.

herbario, ria. adj. **1** Relativo a las hierbas y plantas. | m. **2** Colección de hierbas y plantas secas. **3** Primera cavidad del estómago de los rumiantes.

herbicida. adj. y m. Producto químico que combate el desarrollo de la maleza.

herbívoro, ra. adj. y m. Se apl. al animal que se alimenta de hierba.

herbolario, ria. adj. y s. **1** Persona que recoge hierbas y plantas medicinales o las vende. | m. **2** Tienda donde se venden estas plantas.

herboristería. f. Tienda donde se venden plantas medicinales.

herciniano, na. adj. **1** Se apl. al movimiento orogénico que tuvo lugar entre los períodos carbonífero y pérmico, que dio lugar a numerosas cordilleras. **2** Relativo a él.

hercio. m. Unidad de frecuencia de un movimiento vibratorio que ejecuta una vibración cada segundo.

hercúleo, a. adj. Relativo a Hércules o que se asemeja a él o a sus cualidades, sobre todo de fortaleza y robustez: *una musculatura hercúlea.* **Sin.** fornido, fuerte, vigoroso ◻ **Ant.** débil.

hércules. m. Hombre de mucha fuerza. || No varía en pl. **Ant.** enclenque.

heredad. f. **1** Porción de terreno cultivado perteneciente a un mismo dueño. **2** Hacienda de campo, bienes raíces o posesiones. **Sin.** 1 finca 1 y 2 propiedad.

heredar. tr. **1** Recibir por ley o testamento la propiedad de los bienes que otro deja cuando muere: *heredó esta casa de su tía.* **2** Sacar los seres vivos los caracteres psíquicos y biológicos de sus progenitores: *ha heredado el genio de su padre.* **3** Recibir algo de una persona o circunstancia anterior: *hemos heredado el caos legal.*

heredero, ra. adj. **1** Persona que por testamento o por ley recibe toda o parte de una herencia. También s.: *no ha dejado herederos.* **2** Dueño de una heredad. **3** Que presenta las características o cualidades de sus progenitores o antepasados. También s. **4** Se apl. a lo que procede de otra cosa anterior: *el Renacimiento se proclamó heredero de la Antigüedad grecolatina.* **Sin.** 1 sucesor, beneficiario 4 continuador.

hereditario, ria. adj. **1** Relativo a la herencia o que se adquiere por ella. **2** Se apl. a las inclinaciones, virtudes, vicios o enfermedades que pasan de padres a hijos.

hereje. com. **1** Persona que sostiene o defiende una herejía. **2** Blasfemo. **Sin.** 1 heresiarca 2 irreverente ◻ **Ant.** 1 ortodoxo.

herejía. f. **1** Creencia contraria a los dogmas de fe establecidos por una religión. **2** Postura contraria a los principios aceptados de una ciencia o arte: *muchos consideran que su pintura es una herejía.* **3** Disparate. **Ant.** 1 ortodoxia.

herencia. f. Conjunto de bienes, rasgos, circunstancias o caracteres que se heredan: *herencia biológica.* **Sin.** legado.

heresiarca. m. Autor de una herejía. **Sin.** hereje.

herético, ca. adj. Relativo a la herejía o al hereje.

herida. f. **1** Lesión o rotura de los tejidos por incisión o contusión. **2** Ofensa, agravio: *no puede olvidar esa herida en su amor propio.* **3** Pena, aflicción del ánimo. **Sin.** 2 afrenta 3 pesar.

herido, da. adj. y s. **1** Que ha recibido una herida. **2** Con el adv. *mal*, gravemente herido. **Sin.** 1 lesionado.

herir. tr. **1** Romper o abrir con violencia los tejidos de un ser vivo. También prnl.: *al caer se hirió en la pierna.* **2** Dar una cosa contra otra, chocar: *el martillo hería el metal.* **3** Ofender, agraviar: *aquella respuesta le hirió profundamente.* **4** Tocar las cuerdas o las teclas de un instrumento musical. **5** Impresionar desagradablemente algo a alguno de los sentidos: *herir la vista o el oído.* || **Irreg.** Se conj. como *sentir.* **Sin.** 1 lesionar 2 batir 3 apenar 4 tañer 5 irritar.

hermafrodita. adj. y com. Se dice de las especies de seres vivos en las que un solo individuo reúne los dos sexos. **Sin.** andrógino ◻ **Ant.** unisexual.

hermafroditismo. m. Calidad de hermafrodita.

hermanado, da. adj. **1** Asociado. **2** Igual y uniforme. **Ant.** 2 distinto, dispar.

hermanar. tr. y prnl. **1** Unir, armonizar, compatibilizar dos o más cosas: *en esta novela se hermanan lo culto y lo popular.* **2** Hacer a uno hermano de otro en sentido afectivo o espiritual: *esta desgracia les ha hermanado.* **Sin.** 1 conciliar ◻ **Ant.** 1 separar 2 enfrentar.

hermanastro, tra. m. y f. Hijo de uno de los dos cónyuges respecto al hijo del otro.

hermandad. f. **1** Relación de parentesco entre hermanos. **2** Amistad íntima; unión de voluntades entre personas, pueblos, etc. **3** Correspondencia que guardan varias cosas entre sí. **4** Cofradía o congregación de devotos. **5** Agrupación de personas para determinado fin: *hermandad de donantes de sangre*. **Sin.** 2 fraternidad 4 gremio.

hermano, na. m. y f. **1** Persona que con respecto a otra tiene los mismos padres, o solamente el mismo padre o la misma madre. **2** Lego o donado de una comunidad regular. **3** Individuo de una hermandad o cofradía. **4** Una cosa respecto a otra a la que se parece: *el portugués y el español son lenguas hermanas*. **Sin.** 2 fray, sor 3 cofrade.

hermeneuta. com. Persona que profesa la hermenéutica.

hermenéutica. f. Arte y técnica de interpretar textos, sobre todo los antiguos.

hermético, ca. adj. **1** Se dice de lo que cierra una abertura de modo que no permita pasar el aire ni los fluidos: *cámara hermética*. **2** Impenetrable, cerrado: *una mirada hermética*. **3** Oscuro, incomprensible: *un poema hermético*. **Sin.** 1 estanco 3 inescrutable □ **Ant.** 1 permeable 2 comunicativo 3 accesible.

hermetismo. m. Cualidad de hermético, cerrado.

hermosear. tr. y prnl. Hacer o poner hermoso. **Sin.** adornar, embellecer.

hermoso, sa. adj. **1** Dotado de hermosura. **2** Grandioso, excelente. **3** Se dice del tiempo despejado, apacible y sereno. **4** Robusto, saludable: *el niño está muy hermoso*. **Sin.** 1 bello, bonito 4 fuerte, lozano □ **Ant.** 1 y 3 feo 4 enclenque, débil.

hermosura. f. **1** Belleza de las cosas. **2** Lo que tiene belleza. **3** Conjunto de cualidades que hacen a una cosa excelente en su línea: *esta silla es una hermosura*. **4** Mujer hermosa. **Sin.** 1 y 2 belleza.

hernia. f. Lesión producida por la salida total o parcial de una víscera u otra parte blanda, fuera de su cavidad natural: *hernia de disco*.

héroe, heroína. m. y f. **1** Persona ilustre y famosa por sus hazañas y virtudes: *es el héroe de la juventud*. **2** Persona que lleva a cabo una acción heroica. **3** Personaje principal de un drama o una película. | m. **4** En mit., hijo de un dios y de un ser humano. **Sin.** 2 ídolo 3 protagonista 4 semidiós.

heroicidad. f. **1** Calidad de heroico: *su heroicidad reside en su silencio*. **2** Acción heroica: *enfrentarte a él ha sido una heroicidad*. **Sin.** 1 arrojo 2 hazaña □ **Ant.** 1 y 2 cobardía.

heroico, ca. adj. **1** Se dice de las personas famosas por haber realizado acciones para las que se requiere mucho valor, y de dichas acciones: *un gesto heroico*. **2** Se apl. a la poesía o composición poética en que se narran o cantan hazañas gloriosas.

heroína. f. Droga obtenida de la morfina, en forma de polvo blanco y amargo, con propiedades sedantes y narcóticas. Es adictiva. **Sin.** caballo.

heroísmo. m. **1** Esfuerzo de la voluntad que lleva al hombre a realizar hechos extraordinarios. **2** Conjunto de cualidades y acciones que colocan a uno en la clase de héroe.

herpes o **herpe.** amb. Erupción cutánea de carácter vírico que se caracteriza por la aparición de granos o vejigas rodeadas de una zona rojiza.

herrada. f. Cubo de madera, con grandes aros de hierro, y más ancho por la base que por la boca.

herrador, ra. m. y f. Persona que tiene por oficio herrar las caballerías.

herradura. f. Hierro semicircular que se clava en los cascos o en las pezuñas de algunos animales para que no se les dañen con el suelo.

herraje. m. Conjunto de piezas de hierro o acero con las que se adorna o refuerza algo, como una puerta, un coche, etc.

herramienta. f. **1** Objeto, generalmente de hierro, que se utiliza para trabajar en diversos oficios. **2** Conjunto de estos instrumentos. **Sin.** 1 instrumento, utensilio 2 aperos.

herrar. tr. **1** Ajustar y clavar las herraduras a las caballerías. **2** Marcar con hierro candente los ganados, artefactos, etc. **3** Adornar o reforzar con hierro un objeto. || **Irreg.** Se conj. como *acertar*. **Sin.** 3 guarnecer.

herrería. f. **1** Oficio de herrero. **2** Taller o tienda del herrero. **Sin.** 2 forja, fragua.

herrerillo. m. Pájaro insectívoro de cabeza azul, nuca y cejas blancas, lomo de color verde azulado, pico de color pardo y patas negruzcas.

Arqueta con herrajes

herrero, ra. m. y f. Persona que tiene por oficio labrar el hierro.

herreruelo. m. **1** Pájaro insectívoro, de 12 cm de largo; el plumaje del macho es negro en el dorso y blanco en pecho y abdomen. **2** Soldado de la antigua caballería alemana, cuyas armas defensivas eran de color negro.

herrete. m. Remate metálico o plástico que se pone en los extremos de cordones, cintas, etc., para que puedan entrar fácilmente por los ojetes.

herrumbre. f. **1** Óxido de hierro que se forma en la superficie de objetos de hierro en contacto con la humedad. **2** Gusto o sabor que deja el hierro en algunas cosas, como en el agua. **Sin.** 1 moho, orín.

herrumbroso, sa. adj. **1** Que cría herrumbre o está tomado de ella. **2** De color amarillo rojizo.

hertz. m. Nombre del hercio en la nomenclatura internacional.

hervidero. m. **1** Movimiento y ruido que hacen los líquidos cuando hierven. **2** Manantial donde surge el agua con burbujas gaseosas. **3** Muchedumbre de personas o animales: *la feria era un hervidero humano*. **4** Sitio donde hay mucho movimiento de cosas no materiales: *este departamento es un hervidero de intrigas*. **Sin.** 1 borboteo 3 enjambre.

hervir. intr. **1** Producir burbujas un líquido cuando se eleva suficientemente su temperatura, o por su fermentación. También tr. **2** Con las prep. *en* y *de*, abundar: *su obra hierve en ideas*. **3** Hablando de afectos y pasiones, indica su viveza, y vehemencia: *hervir de impaciencia*. ‖ **Irreg.** Se conj. como *sentir* **Sin.** 1 borbotear, cocer 2 rebosar 3 arder.

hervor. m. **1** Acción de hervir: *dale otro hervor al caldo*. **2** Fogosidad, inquietud. **Sin.** 1 hervido, ebullición.

hesperidio. m. Fruto carnoso de corteza gruesa, dividido en varias celdas por telillas membranosas, como la naranja y el limón.

hetero-. Elemento compositivo que con idea de diferencia u oposición se antepone a otro en la formación de voces españolas: *heterosexual*.

heterocerca. adj. Aleta caudal de los peces que está formada por dos lóbulos desiguales, como la de la mielga.

heteróclito, ta. adj. **1** Se apl. rigurosamente al nombre que no se declina según la regla común, y en general, a todo paradigma que se aparta de lo regular. **2** Irregular, extraño y fuera de orden: *estos días manifiesta un ánimo heteróclito*.

heterodoxia. f. Disconformidad con los dogmas o creencias fundamentales de una fe, o una doctrina cualquiera. **Sin.** disensión, herejía □ **Ant.** ortodoxia.

heterodoxo, xa. adj. y s. Que se separa de la ortodoxia.

heterogeneidad. f. **1** Calidad de heterogéneo. **2** Mezcla de partes de diversa naturaleza en un todo.

heterogéneo, a. adj. Compuesto de partes de diversa naturaleza: *una mezcla heterogénea*. **Sin.** variado □ **Ant.** homogéneo.

heteromancia o **heteromancía.** f. Adivinación supersticiosa por el vuelo de las aves.

heterómero. adj. y m. **1** Se dice de los insectos coleópteros que tienen cuatro artejos en los tarsos de las patas del último par y cinco en las demás, como la carraleja. ‖ m. pl. **2** Suborden de estos animales.

heteronimia. f. Fenómeno por el cual vocablos de acusada proximidad semántica proceden de étimos diferentes: *toro-vaca*.

heteróptero. adj. y m. **1** Se dice de los insectos hemípteros con cuatro alas, de las que las dos posteriores son membranosas, y las anteriores, coriáceas en su base, como la chinche. ‖ m. pl. **2** Suborden de estos animales.

heterosexual. adj. **1** Se dice de la relación sexual entre individuos de diferente sexo. **2** Se apl. a estos individuos. También com. **Ant.** 1 y 2 homosexual.

heterosexualidad. f. Cualidad de un individuo de ser heterosexual.

heterótrofo, fa. adj. Se dice del organismo que se alimenta de materia orgánica elaborada por otros seres vivos, debido a la incapacidad de obtener la suya propia, como los animales.

heurística. f. **1** Búsqueda o investigación de documentos o fuentes históricas. **2** Arte de inventar.

hexaedro. m. Sólido con seis caras planas.

hexagonal. adj. De figura de hexágono o semejante a él.

hexágono, na. adj. y m. Polígono de seis ángulos y seis lados.

hexasílabo, ba. adj. y m. De seis sílabas: *verso hexasílabo*.

hez. f. **1** Poso o sedimento de algunos líquidos. Más en pl.: *las heces del vino*. **2** Lo más vil y despreciable. ‖ pl. **3** Excrementos. **Sin.** 1 madre 2 escoria, desecho 3 deposiciones.

hialino, na. adj. Diáfano como el vidrio o parecido a él.

hialoideo, a. adj. Que se parece al vidrio, o que tiene sus propiedades.

hialoplasma. m. Parte del citoplasma de la célula.

hiato. m. **1** Encuentro de dos vocales que se pronuncian en sílabas distintas, como en *leer*. **2** Cacofonía que resulta del encuentro de vocales. **Ant.** diptongo.

hibernación. f. **1** Estado de aletargamiento en que se sumen algunos mamíferos durante la estación fría. **2** Estado semejante que se produce en las personas artificialmente por medio de drogas apropiadas con fines anestésicos o curativos. **Sin.** 1 invernación, letargo.

hibernar. intr. **1** Ser tiempo de invierno. **2** Pasar el invierno.

hibridación. f. Producción de seres híbridos.

híbrido, da. adj. **1** Se dice del animal o del vegetal procreado por dos individuos de distinta especie. **2** Se dice de todo lo que es producto de elementos de distinta naturaleza. **Sin.** 2 mixto ☐ **Ant.** 1 y 2 puro.

hidalgo, ga. m. y f. **1** Persona de linaje noble y distinguido. | adj. **2** Relativo a un hidalgo. **3** Se dice de la persona generosa y noble. **Sin.** 3 caballeroso ☐ **Ant.** 1 y 2 plebeyo.

hidalguía o **hidalguez.** f. **1** Calidad de hidalgo. **2** Generosidad, nobleza.

hidatídico, ca. adj. Se dice del quiste que se forma en los animales y en el hombre consistente en una vesícula, llamada hidátide, que contiene numerosas larvas de una tenia intestinal del perro.

hidra. f. **1** Pólipo de forma cilíndrica parecido a un tubo cerrado por una extremidad y con varios tentáculos urticantes en la otra. Se cría en el agua dulce y se alimenta de infusorios y gusanillos. **2** Culebra acuática, venenosa, que suele hallarse cerca de las costas. **3** Monstruo mitológico del lago de Lerna, con siete cabezas, que renacían a medida que se cortaban.

hidrácido. m. Ácido compuesto de hidrógeno y otro cuerpo simple.

hidrargirismo. m. Intoxicación crónica originada por la absorción de mercurio.

hidratar. tr. y prnl. **1** Añadir agua a un cuerpo o sustancia: *hidratar la piel.* **2** Combinar un cuerpo con el agua. **Ant.** 1 y 2 deshidratar.

hidrato. m. **1** Combinación de un cuerpo con el agua. **2 hidrato de carbono.** Sustancia orgánica de reacción neutra, formada por carbono, hidrógeno y oxígeno. **Sin.** 2 glúcido, azúcar.

hidráulico, ca. adj. **1** Relativo a la hidráulica. **2** Que se mueve por medio del agua: *molino hidráulico.* **3** Se dice de las cales y cementos que se endurecen en contacto con el agua. | f. **4** Parte de la mecánica que estudia el equilibrio y el movimiento de los fluidos. **5** Rama de la ingeniería que estudia la manera de conducir y aprovechar las aguas.

hídrico, ca. adj. Relacionado con el agua.

hidro-, -hidro. Elemento compositivo que entra en la formación de algunas voces españolas con el significado de 'agua': *hidroavión;* o de 'hidrógeno': *hidrocarburo.*

hidroavión. m. Aeroplano que, en lugar de ruedas de aterrizaje, lleva uno o varios flotadores para posarse sobre el agua.

hidrocarburo. m. Compuesto químico formado exclusivamente por átomos de carbono e hidrógeno.

hidrocefalia. f. Hidropesía de la cabeza.

hidrocele. f. Hidropesía de la túnica serosa del testículo.

hidrodinámica. f. Parte de la mecánica que estudia el movimiento de los fluidos.

hidroelectricidad. f. Energía eléctrica obtenida por fuerza hidráulica.

hidrófilo, la. adj. **1** Que absorbe agua con gran facilidad: *algodón hidrófilo.* **2** Se apl. a los organismos que, por sus cualidades, deben vivir en ambientes húmedos o dentro del agua.

hidrofobia. f. **1** Horror al agua. **2** Rabia, enfermedad infecciosa.

hidrogenación. f. Proceso por el que se añade hidrógeno a compuestos orgánicos no saturados.

hidrógeno. m. Elemento químico gaseoso, que arde en el aire y, combinado con el oxígeno, forma el agua. Su símbolo es *H.*

hidrografía. f. Parte de la geografía física que trata de la descripción de los mares y las corrientes de agua.

hidrólisis. f. Desdoblamiento de ciertos compuestos orgánicos o inorgánicos por la acción del agua. || No varía en pl.

hidrología. f. Ciencia que estudia las aguas continentales y subterráneas, sus propiedades, distribución y utilización.

hidrometría. f. Parte de la hidrodinámica, que trata del modo de medir el caudal, la velocidad o la fuerza de los líquidos en movimiento.

hidropesía. f. Derrame o acumulación anormal de líquido seroso en una cavidad del cuerpo.

hidroplano. m. **1** Embarcación provista de aletas inclinadas que, al marchar, sostienen gran parte del peso del aparato. **2** Hidroavión.

hidroponía. f. Cultivo de plantas en soluciones acuosas, por lo general con algún soporte de arena, grava, etc.

hidropteríneo, a. adj. y f. **1** Se dice de las plantas criptógamas pteridofitas, acuáticas. | f. pl. **2** Clase de estas plantas.

hidrosfera. f. Conjunto de las partes líquidas del globo terráqueo.

hidrosoluble. adj. Sustancia soluble en el agua.

hidrostática. f. Parte de la mecánica que estudia el equilibrio de los fluidos.

hidroterapia. f. Tratamiento de las enfermedades por medio del agua.

hidróxido. m. Compuesto formado por agua y un óxido metálico.

Hiena

hidroxilo. m. En quím., radical formado por un átomo de hidrógeno y otro de oxígeno.

hiedra. f. Arbusto trepador, con tronco del que salen unas raicillas con las que trepan por cualquier sitio; hojas verdinegras, persistentes; flores de color amarillo verdoso, en umbelas, y fruto en bayas negruzcas del tamaño de un guisante.

hiel. f. **1** Bilis. **2** Amargura, resentimiento: *sus palabras estaban llenas de hiel.* **Sin.** 2 rencor.

hielo. m. **1** Agua convertida en cuerpo sólido y cristalino por un descenso suficiente de temperatura. **2** Acción de helar o helarse. **3** Frialdad en los afectos. **Sin.** 2 helada 3 indiferencia.

hiena. f. **1** Mamífero carnívoro, del tamaño de un lobo, de pelaje áspero gris amarillento con listas o manchas en el lomo y en los flancos. Es nocturno y carroñero, de aspecto repulsivo y olor desagradable por lo desarrolladas que tiene sus glándulas anales. **2** Persona de malos instintos o cruel.

hierático, ca. adj. **1** Se dice de las personas cuya expresión no deja adivinar ningún sentimiento. **2** Se dice de las facciones de pinturas y esculturas rígidas e inexpresivas. **3** Se apl. a cierta escritura egipcia, que era una abreviación de la jeroglífica. **4** Relativo a las cosas sagradas o a los sacerdotes. **Sin.** 1 impasible, inalterable 4 sacro □ **Ant.** 1 expresivo.

hierba. f. **1** Cualquier planta con tallos delgados y tiernos. **2** Conjunto de muchas hierbas que nacen en un terreno. **3** Mariguana. | pl. **4** Años de los animales que se crían en pastos: *una res de tres hierbas.* **Sin.** 2 césped, verde.

hierbabuena. f. Planta herbácea labiada de hojas vellosas, elípticas; flores rojizas en grupos axilares, y fruto seco con cuatro semillas. Se cultiva mucho en las huertas, es de olor agradable y se emplea en condimentos.

hieroscopia. f. Arte supersticiosa de adivinar por las entrañas de los animales.

hierro. m. **1** Elemento químico metálico dúctil, maleable y muy tenaz, de color gris azulado; es el más empleado en la industria y en las artes. Su símbolo es *Fe*. **2** Marca e instrumento para marcar a los ganados y a otras cosas como garantía y contraste. **3** Arma, instrumento o pieza de hierro o acero: *se pinchó con un hierro.* | pl. **4** Instrumentos de hierro, como cadenas, grillos, etc, para aprisionar partes del cuerpo. **5 quitar hierro.** Rebajar, quitar importancia a lo que parece exagerado: *el director quitó hierro a las declaraciones del presidente.*

higa. f. **1** Amuleto en forma de puño que se ponía a los niños con la idea supersticiosa de librarlos del mal de ojo. **2** Gesto de asomar el dedo pulgar entre el índice y el corazón, con el puño cerrado, señalando a personas despreciables o contra el mal de ojo: *hacer a alguien la higa.*

higadillo. m. Hígado de los animales pequeños, particularmente de las aves.

hígado. m. **1** Órgano glandular del aparato digestivo del hombre y demás mamíferos, de color rojo oscuro, que tiene importantes funciones, como segre-

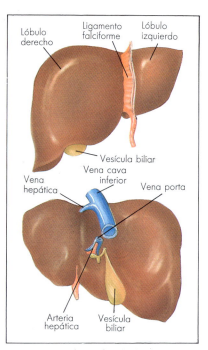

Hígado: vista frontal y dorsal

gar la bilis y desintoxicar la sangre. **2** Ánimo, valentía. Más en pl.: *le echó muchos hígados al asunto*. **Sin.** 2 narices, redaños.

higiene. f. **1** Limpieza, aseo. **2** Rama de la medicina, que tiene por objeto la conservación de la salud, previniendo enfermedades y desarrollando las energías orgánicas. **Sin.** 2 profilaxis ☐ **Ant.** 1 suciedad.

higiénico, ca. adj. Relacionado con la higiene.

higienizar. tr. Dotar de condiciones higiénicas. **Sin.** limpiar, desinfectar ☐ **Ant.** infectar, ensuciar.

higo. m. **1** Segundo fruto, después de la breva, de la higuera. Es blando y de gusto dulce. **2** Cosa insignificante, de poco o ningún valor: *me importa un higo lo que diga*. **3 higo chumbo.** Fruto de la chumbera. **Sin.** 2 comino, pimiento.

higrometría. f. Parte de la física, que estudia las causas productoras de la humedad atmósferica y se ocupa de la medida de sus variaciones.

higrométrico, ca. adj. **1** Relativo a la higrometría. **2** Se dice del cuerpo cuyas condiciones varían sensiblemente con el cambio de humedad de la atmósfera.

higrómetro. m. Instrumento que sirve para determinar la humedad del aire atmosférico.

higroscopicidad. f. Propiedad de algunos cuerpos de absorber y de exhalar la humedad.

higuera. f. Árbol moráceo, de media altura, madera blanca y hojas grandes, lobuladas e insertas en un pedúnculo bastante largo. Sus frutos son la breva y el higo.

hijastro, tra. m. y f. Hijo o hija de uno de los cónyuges, fruto de un matrimonio anterior, respecto del otro.

hijodalgo. m. Hidalgo.

hijo, ja. m. y f. **1** Persona o animal, respecto de su padre y su madre. **2** Cualquier persona, respecto del país, provincia o pueblo del que es natural: *es hijo de Madrid*. **3** Religioso, con relación al fundador de su orden y a la casa donde tomó hábito. **4** Nombre que se suele dar al yerno y a la nuera, respecto de los suegros. **5** Expresión de cariño. | m. **6** Lo que procede o sale de otra cosa por procreación, como los retoños que echa el árbol. | m. pl. **7** Descendientes. **Sin.** 1 y 6 vástago 2 nativo, oriundo.

hijuela. f. Cosa aneja o subordinada a otra.

hilacha. f. **1** Pedazo de hilo que se desprende de la tela. **2** Porción insignificante de alguna cosa. **3** Resto, residuo.

hilada. f. **1** Formación en línea. **2** Serie horizontal de ladrillos o piedras que se van poniendo en un edificio.

hilado. m. **1** Acción de hilar: *el hilado de la lana*. **2** Porción de lino, cáñamo, seda, lana, algodón, etc., reducida a hilo.

hilandería. f. **1** Arte de hilar. **2** Fábrica de hilados.

hilandero, ra. m. y f. Persona que tiene por oficio hilar.

hilar. tr. **1** Reducir a hilo el lino, lana, seda, algodón, etc. **2** Segregar el gusano de seda la hebra para formar el capullo. Se dice también de otros insectos y de las arañas cuando forman sus capullos y telas. **3** Discurrir, inferir unas cosas de otras: *hilar el pensamiento*.

hilarante. adj. Que inspira alegría o mueve a risa. **Sin.** divertido, cómico ☐ **Ant.** serio.

hilaridad. f. **1** Alegría, satisfacción. **2** Risa ruidosa. **Sin.** 2 carcajada ☐ **Ant.** 1 llanto, tristeza.

hilatura. f. **1** Arte de hilar la lana, el algodón y otras materias análogas. **2** Industria y comercialización del hilado.

hilaza. f. Porción de fibra textil reducida a hilo. **Sin.** hilado.

hilemorfismo o **hilomorfismo.** m. Teoría aristotélica, seguida por los escolásticos, según la cual todo cuerpo se halla constituido por dos principios esenciales: la materia y la forma.

hilera. f. **1** Orden o formación en línea de un número de personas o cosas: *se pusieron en hilera*. **2** Instrumento para reducir a hilo los metales. | pl. **3** Apéndices agrupados alrededor del ano de algunos animales hiladores, como las arañas, que sostienen las pequeñas glándulas productoras del líquido que, al secarse, forma los hilos. **Sin.** 1 fila.

hilo. m. **1** Hebra larga y delgada que se forma retorciendo el lino, lana, u otra materia textil. **2** Tela de fibra de lino. **3** Alambre muy delgado. **4** Hebra de seda que forman las arañas, gusanos de seda, etc. **5** Chorro muy delgado de un líquido: *de la fuente sólo manaba un hilo de agua*. **6** Desarrollo de un pensamiento, un discurso, etc.: *no conseguí seguirle el hilo*. **7 pender de un hilo.** loc. con que se explica el gran riesgo o amenaza de una persona o cosa: *su vida pendía de un hilo*.

hilván. m. **1** Costura de puntadas largas con que se une y prepara lo que se ha de coser después de otra manera. **2** Cada una de estas puntadas. **3** Hilo empleado para hilvanar. **Sin.** 1 basta.

hilvanar. tr. **1** Apuntar o unir con hilvanes. **2** Enlazar, coordinar ideas, frases o palabras: *hilvanar una respuesta*. **Ant.** 1 deshilvanar.

himen. m. Repliegue membranoso que reduce el orificio externo de la vagina en las mujeres vírgenes.

himeneo. m. **1** Boda o casamiento. **2** Epitalamio. **Sin.** 1 desposorios, nupcias.

himenóptero, ra. adj. y m. **1** Se dice de los insectos que poseen dos pares de alas membranosas y transparentes y un aparato bucal adaptado para

himno – hipermetría

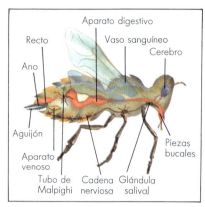

Himenóptero: morfología interna de una abeja

masticar y, frecuentemente, también para chupar y lamer, como las abejas y las hormigas. | m. pl. **2** Orden de estos insectos.

himno. m. **1** Composición poética o musical en alabanza u honor de seres o sucesos extraordinarios. **2** Composición musical que representa oficialmente a un país, partido, etc.

hincapié. m. Acción de hincar o afirmar el pie para sostenerse o para hacer fuerza. Se usa especialmente en la loc. *hacer hincapié* con el significado de insistir, mantenerse firme: *hizo hincapié en la necesidad de reducir gastos.*

hincar. tr. **1** Introducir o clavar una cosa en otra: *hincar los dientes.* **2** Apoyar una cosa en otra como para clavarla: *hincó la rodilla en tierra.* **Sin.** 1 empotrar, hundir 2 plantar, fijar.

hincha. f. **1** Odio, encono o enemistad. | com. **2** Partidario entusiasta de un equipo deportivo. **3** Partidario de alguna persona destacada en alguna actividad. **Sin.** 1 tirria 2 forofo 3 fan.

hinchado, da. adj. **1** Se dice del lenguaje, estilo, etc., que abunda en palabras y expresiones redundantes, hiperbólicas y afectadas. | f. **2** Multitud de hinchas, partidarios entusiastas. **Sin.** 1 ampuloso, afectado ☐ **Ant.** 1 natural, llano.

hinchar. tr. **1** Hacer que aumente de volumen algún objeto: *hinchar un globo.* También prnl. **2** Aumentar el agua de un río, arroyo, etc. También prnl. **3** Exagerar, abultar una noticia o un suceso: *han hinchado los datos de audiencia.* | **hincharse.** prnl. **4** Aumentar de volumen una parte del cuerpo, por herida, golpe, etc.: *se me han hinchado los pies del calor.* **5** Hacer alguna cosa con exceso, como comer, beber, trabajar, etc.: *se hinchó a dulces.* **6** Envanecerse, engreírse: *al saber que le habían elegido se hinchó como un pavo.* **Sin.** 1, 3 y 4 inflar 5 hartarse 6 ahuecarse, presumir ☐ **Ant.** 1 vaciar 1 y 4 deshinchar 6 humillarse.

hinchazón. f. **1** Efecto de hincharse. **2** Vanidad, presunción. **3** Vicio o defecto del estilo hinchado.

hindi. m. Lengua descendiente del sánscrito, usada en la India.

hindú. adj. y com. **1** Que profesa el hinduismo. **2** Natural de la India. || pl. *hindúes.*

hinduismo. m. Denominación oficial de la religión predominante en la India, evolución del vedismo y brahmanismo antiguos.

hinojo. m. Planta herbácea con tallos erguidos y ramosos, hojas partidas en lacinias filiformes, flores pequeñas y amarillas, y fruto oblongo, con líneas salientes; se usa en medicina y como condimento.

hinojo. m. En lenguaje literario, rodilla, parte de unión del muslo y de la pierna. Más en pl.: *ponerse de hinojos.*

hioides. adj. Se dice del hueso situado en la base de la lengua y encima de la laringe. || No varía en pl.

hipar. intr. **1** Tener hipo. **2** Lloriquear.

hiper-. Elemento compositivo que significa 'superioridad' o 'exceso': *hipercrítico, hipertensión.*

hipérbaton. m. Figura de construcción que consiste en invertir el orden natural de las palabras en el discurso. || pl.: *hipérbatos.*

hipérbola. f. Curva simétrica respecto de dos planos perpendiculares entre sí, cuya distancia con respecto a dos puntos o focos es constante.

hipérbole. f. Figura retórica que consiste en aumentar o disminuir exageradamente la verdad de aquello de que se habla.

hiperbólico, ca. adj. **1** De figura de hipérbola. **2** Que incluye una hipérbole.

hiperclorhidria. f. Exceso de ácido clorhídrico en el jugo gástrico.

hipercrítica. f. Crítica exagerada.

hipercrítico, ca. adj. **1** Propio de la hipercrítica. | **2** m. Censor inflexible, que nada perdona.

hiperespacio. m. Espacio de más de tres dimensiones.

hiperestesia. f. Sensibilidad excesiva. **Sin.** hipersensibilidad ☐ **Ant.** insensibilidad.

hiperhidrosis. f. Exceso de secreción sudoral. || No varía en pl.

hipermercado. m. Tienda de grandes dimensiones, con variedad de artículos, localizada generalmente en la periferia de las grandes ciudades.

hipermetría. f. Figura poética que se comete dividiendo una palabra para acabar con su primera parte un verso y empezar otro con la segunda.

hipermetropía. Defecto de la visión en que se perciben confusamente los objetos próximos por formarse la imagen más allá de la retina.

hiperoxia. f. Estado que presenta un organismo sometido a un régimen respiratorio con exceso de oxígeno.

hiperplasia. f. Excesiva multiplicación de células normales en un órgano o tejido.

hiperrealismo. m. Movimiento artístico aparecido en EE. UU. h. 1968. Tiende a reflejar la realidad cotidiana, en todas las técnicas artísticas, con una fidelidad fotográfica.

hipersensible. adj. Que es muy sensible a estímulos afectivos o emocionales. **ANT.** insensible.

hipertensión. f. Tensión excesivamente alta de la sangre.

hipertenso, sa. adj. y s. Que padece hipertensión.

hipertermia. f. Fiebre.

hipertrofia. f. **1** Aumento excesivo del volumen de un órgano. **2** Desarrollo desmesurado de cualquier cosa: *la hipertrofia de la burocracia*.

hípico, ca. adj. **1** Relacionado con el caballo. | f. **2** Parte de la equitación que abarca las carreras y saltos de competición.

hípido. m. Acción de hipar o gimotear. En algunas regiones se aspira la *h*.

hipnosis. f. Estado semejante al sueño producido mediante influjo personal de una persona en otra, o por aparatos adecuados. || No varía en pl.

hipnótico, ca. adj. y s. **1** Relativo al hipnotismo: *estado hipnótico*. **2** Medicamento para producir sueño. **SIN.** 2 somnífero.

hipnotismo. m. Conjunto de procedimientos, teorías y fenómenos relacionados con la hipnosis.

hipnotizar. tr. **1** Producir hipnosis. **2** Seducir, atraer mucho a alguien: *esa chica le ha hipnotizado*. **SIN.** 2 hechizar, embrujar.

hipo. m. **1** Movimiento convulsivo del diafragma, que produce una respiración interrumpida y violenta y causa algún ruido. **2** Enojo, rabia.

hipo-. Elemento compositivo que entra en la formación de algunas voces españolas con el significado de 'inferioridad' o 'subordinación': *hipodérmico*, *hipótesis*.

hipocampo. m. Pez teleósteo que habita en los mares de España. Se denomina también *caballito de mar*.

hipocastanáceo, a. adj. y s. **1** Se dice de los arbustos angiospermos dicotiledóneos, como el castaño de Indias. | f. pl. **2** Familia de estas plantas.

hipocentro. m. Zona profunda de la corteza terrestre donde tiene su origen un terremoto.

hipoclorhidria. f. Escasez de ácido clorhídrico en el jugo gástrico.

hipocondría. f. Afección caracterizada por una gran sensibilidad del sistema nervioso y una preocupación constante y angustiosa por la salud.

hipocondriaco, ca o **hipocondríaco, ca.** adj. **1** Relativo a la hipocondría. **2** Que la padece. También s.

hipocondrio. m. Cada una de las dos partes laterales de la región epigástrica. Más en pl.

hipocorístico, ca. adj. Se dice de los nombres que en forma diminutiva, abreviada o infantil se usan como designaciones cariñosas, familiares o eufemísticas: *Paco* de *Francisco*.

hipocrático, ca. adj. Relativo a Hipócrates, creador de la medicina, o a sus doctrinas.

hipocresía. f. Fingimiento y apariencia de sentimientos y cualidades contrarios a los que se experimentan o tienen. **SIN.** doblez □ **ANT.** sinceridad.

hipócrita. adj. y com. Que actúa con hipocresía. **SIN.** falso □ **ANT.** sincero.

hipodérmico, ca. adj. Que está o se pone debajo de la piel. **SIN.** subcutáneo.

hipodermis. f. Parte profunda de la piel, bajo la dermis. || No varía en pl.

hipódromo. m. Lugar destinado para carreras de caballos.

hipófisis. f. Órgano de secreción interna situado en la excavación de la base del cráneo, que produce numerosas hormonas, entre ellas, las que influyen sobre el crecimiento, el desarrollo sexual, etc. || No varía en pl.

hipogastrio. m. Parte inferior del vientre.

hipogeo, a. adj. **1** Se dice de la planta o de alguno de sus órganos que se desarrollan bajo el suelo. | m. **2** Bóveda subterránea donde algunos pueblos antiguos conservaban sus cadáveres. **3** Capilla o edificio subterráneo.

hipogloso, sa. adj. Que está debajo de la lengua.

hipoglucemia. f. Disminución de la cantidad normal de azúcar contenida en la sangre.

hipogrifo. m. Animal fabuloso, mitad caballo y mitad grifo.

hipopótamo. m. Mamífero paquidermo acuático, de piel gruesa y negruzca, cuerpo voluminoso que puede llegar a alcanzar hasta 5 m de longitud, de cabeza grande, con las orejas, los ojos y los orificios nasales situados en la parte de arriba, lo que le permite respirar cuando está dentro del agua. Vive en los grandes ríos de África.

hiposulfúrico. adj. Ácido inestable que se obtiene por la combinación del azufre con el oxígeno.

hipotálamo. m. Región del encéfalo situada en la base cerebral, unida por un tallo nervioso a la hipófisis, y en la que residen centros importantes de la vida vegetativa.

hipoteca. f. **1** Gravamen que recae sobre algún bien inmueble con el que se garantiza el pago de un

hipotecar – histórico

crédito. **2** El propio bien inmueble. **3** Persona o cosa poco digna de confianza. **Sin.** 1 carga.

hipotecar. tr. Gravar bienes inmuebles sujetándolos al cumplimiento de una obligación.

hipotecario, ria. adj. **1** Relativo a la hipoteca. **2** Que se asegura con hipoteca.

hipotensión. f. Tensión excesivamente baja de la sangre en el aparato circulatorio.

hipotenusa. f. Lado opuesto al ángulo recto en un triángulo rectángulo.

hipotermia. f. Descenso de la temperatura normal del cuerpo.

hipótesis. f. Suposición de una cosa, sea posible o imposible, para sacar de ella una consecuencia. ‖ No varía en pl. **Sin.** conjetura ☐ **Ant.** confirmación.

hipotético, ca. adj. **1** Relativo a la hipótesis o que se funda en ella. **2** Que no está comprobado.

hippy. (voz ingl.) adj. **1** Se dice de un movimiento iniciado en los EE. UU. a mediados de la década de los sesenta, que propugnaba una actitud de protesta hacia las estructuras sociales vigentes. **2** Relativo a este movimiento. **3** Se apl. a la persona partidaria del mismo. También s. ‖ pl. *hippies.*

hipsómetro. m. Aparato para medir la altura sobre el nivel del mar basándose en el punto de ebullición de los líquidos.

hirsuto, ta. adj. Se dice del pelo disperso y duro y de lo que está cubierto de pelo de esta clase o de púas o espinas: *una barba hirsuta.* **Sin.** erizado, espinoso.

hisopo. m. **1** Planta olorosa de la familia de las labiadas, con tallos leñosos y poblados de hojas lanceoladas y lineales, de flores espigadas azules o blanquecinas, y fruto en forma de nuez; se emplea en medicina y perfumería. **2** Instrumento utilizado en las iglesias para rociar con agua bendita.

hispalense. adj. y com. Sevillano.

hispánico, ca. adj. **1** Relativo a España. **2** Relativo a la antigua Hispania y a los pueblos de origen español.

hispanidad. f. **1** Carácter genérico de todos los pueblos de lengua y cultura hispánica. **2** Conjunto y comunidad de los pueblos hispanos.

hispanismo. m. **1** Giro o vocablo propio de la lengua española y que se emplea en otra. **2** Estudio de la lengua, literatura o cultura hispánicas.

hispanista. com. Persona especializada en el estudio de la lengua, literatura o cultura hispánicas.

hispano, na. adj. y s. **1** Relativo a España y a los países hispanohablantes. **2** Relativo a los habitantes de EE. UU. de origen hispanoamericano. **Sin.** 1 hispánico.

hispanoamericano, na. adj. **1** Relativo a España y América: *relaciones hispanoamericanas.* **2** Relativo a los países de Hispanoamérica. También s.

hispanoárabe. adj. **1** Relativo a la España musulmana. **2** Musulmán que habita en España. También com. **Sin.** 1 y 2 hispanomusulmán.

hispanófilo, la. adj. y s. Extranjero aficionado a la cultura, historia y costumbres de España.

hispanohablante. adj. y com. Persona, comunidad o país que tiene como lengua materna el español.

histeria. f. **1** Enfermedad nerviosa, crónica, caracterizada por reacciones agudas, ataques convulsivos, parálisis, etc. **2** Estado pasajero de excitación nerviosa. **Sin.** 2 nerviosismo ☐ **Ant.** 2 tranquilidad.

histérico, ca. adj. **1** Que padece histeria. **2** Nervioso, excitado: *me puse histérico en el examen.* **3** Relativo al útero. **Sin.** 3 uterino ☐ **Ant.** 1 y 2 flemático.

histerismo. m. Histeria.

histología. f. Parte de la anatomía que estudia los tejidos orgánicos.

historia. f. **1** Ciencia que estudia el pasado de las sociedades humanas. **2** Desarrollo sistemático de acontecimientos pasados relacionados con cualquier actividad humana: *historia de la literatura.* **3** Biografía: *la historia de Alejandro Magno.* **4** Conjunto de los sucesos referidos por los historiadores: *la historia de la guerra civil española.* **5** Obra histórica: *la historia de Herodoto.* **6** Relación de cualquier género: *cuéntale la historia del viaje.* **7** Fábula, cuento, o narración inventada: *la historia de Don Quijote.* **8** Chisme, enredo. Más en pl.: *la portera no para de contar historias sobre los del sexto.* **9 pasar** una cosa **a la historia.** loc. Perder su actualidad: *ese peinado pasó a la historia.* **Sin.** 4 crónica 7 leyenda.

historiado, da. adj. **1** Recargado de adornos. **2** Se dice del cuadro o dibujo compuesto de varias figuras convenientemente colocadas respecto del suceso o escena que representan.

historiador, ra. m. y f. Persona que estudia y escribe historia.

historial. m. Reseña circunstancial de los antecedentes de una empresa, de los servicios o carrera de un funcionario o empleado o de los antecedentes de la vida de cualquier persona, institución, etc.

historiar. tr. **1** Contar, componer o escribir historias. **2** *amer.* Complicar, confundir.

historicidad. f. Calidad de histórico.

historicismo. m. Tendencia intelectual a reducir la realidad humana a su historicidad.

histórico, ca. adj. **1** Relativo a la historia: *novela histórica.* **2** Comprobado, cierto: *un hecho histórico.* **3** Digno de figurar en la historia: *un descubrimiento histórico.* **Sin.** 2 auténtico, real ☐ **Ant.** 2 incierto 3 intrascendente.

historieta. f. **1** Cuento o relación breve de poca importancia. **2** Cómic.

historiografía. f. **1** Arte de escribir la historia. **2** Estudio bibliográfico y crítico de los estudios sobre la historia y sus fuentes.

histrión. m. **1** Actor teatral, especialmente el que participaba en las comedias y tragedias de la antigua Grecia. **2** Persona que se expresa con la afectación propia de un actor teatral. S<small>IN</small>. 2 comediante.

histrionismo. m. **1** Oficio de histrión. **2** Conjunto de personas dedicadas a este oficio. **3** Afectación expresiva propia del histrión. S<small>IN</small>. 3 teatralidad ☐ A<small>NT</small>. 3 moderación, sobriedad.

hitita. adj. **1** Se dice de un pueblo indoeuropeo antiguo que se estableció en Anatolia central durante la primera mitad del segundo milenio antes de Cristo. Más c. m. pl. **2** Se dice también de sus individuos. También com. **3** Relativo a este pueblo. | m. **4** Lengua indoeuropea hablada por dicho pueblo.

hito. m. **1** Mojón o poste de piedra, por lo común labrada, que sirve para conocer la dirección de los caminos y para señalar los límites de un territorio. **2** Suceso o acontecimiento que sirve de punto de referencia: *la invención de la imprenta es un hito cultural.*

hobby. (voz ingl.) m. Ocupación o pasatiempo que se practica fuera de las horas de trabajo. || pl. *hobbies.*

hocicada. f. Golpe dado con el hocico o de hocicos.

hocicar. tr. **1** Levantar la tierra con el hocico. **2** Besar. También prnl. | intr. **3** Caer de bruces. **4** Tropezar con un obstáculo o dificultad insuperable. S<small>IN</small>. 1 hozar 4 topar.

hocico. m. **1** Parte más o menos prolongada de la cabeza de algunos animales, en que están la boca y la nariz. **2** Boca de una persona. Más en pl. S<small>IN</small>. 2 morro.

hockey. (voz ingl.) m. Juego de pelota que se practica con una especie de bastón con el que se intenta introducir una bola o disco en la portería contraria. Se juega sobre patines, hielo o hierba.

hogaño. adv. t. **1** En el año presente. **2** P. ext., en esta época.

hogar. m. **1** Casa o domicilio. **2** Vida de familia. **3** Sitio donde se coloca el fuego en las cocinas, chimeneas, hornos de fundición, etc. S<small>IN</small>. 3 fogón.

hogareño, ña. adj. **1** Amante del hogar y de la vida de familia. **2** Relativo al hogar. S<small>IN</small>. 1 familiar 2 doméstico.

hogaza. f. **1** Pan grande. **2** Pan de harina mal cernida que contiene algo de salvado.

hoguera. f. Porción de materias combustibles que, encendidas, levantan mucha llama.

hoja. f. **1** Cada una de las partes, generalmente verdes, planas y delgadas, que nacen en la extremidad

Hoja: sección y tipos

de las ramas o en los tallos de las plantas. **2** Conjunto de estas hojas. **3** Cada uno de los pétalos de una flor. **4** Lámina delgada de cualquier materia: *una hoja de papel*. **5** En los libros, revistas, etc., cada una de las partes iguales que resultan al doblar el papel para formar el pliego. **6** En las puertas, ventanas, etc., cada una de las partes que se abren o cierran. **7** Cuchilla de las armas blancas y herramientas. **8** Cada una de las capas delgadas en que se suele dividir la masa. **Sin.** 4 plancha.

hojalata. f. Lámina de acero o hierro estañada.

hojalatería. f. **1** Taller en que se hacen piezas de hojalata. **2** Tienda donde se venden.

hojalatero, ra. m. y f. Persona que arregla, hace o vende piezas de hojalata.

hojaldrado, da. adj. **1** Semejante al hojaldre. **2** Hecho de hojaldre. **3** Denominación de ciertos pasteles. También s.

hojaldrar. tr. Dar a la masa forma de hojaldre.

hojaldre. m. Masa que, al cocerse en el horno, hace muchas hojas superpuestas unas a otras.

hojarasca. f. **1** Conjunto de las hojas que han caído de los árboles. **2** Inútil frondosidad de algunos árboles o plantas. **3** Cosa inútil y de poca sustancia.

hojear. tr. **1** Pasar ligera o apresuradamente las hojas de un libro, revista, etc. **2** Leer superficialmente. | intr. **3** Moverse las hojas de los árboles.

hojuela. f. **1** Cada una de las hojas que forman parte de otra compuesta. **2** Porción de masa de harina que se fríe y que se suele comer con azúcar o miel.

¡hola! interj. Se emplea como saludo familiar.

holanda. f. Tela muy fina: *sábana de holanda*.

holandés, sa. adj. **1** De Holanda. También s. | m. **2** Idioma hablado en Holanda. | f. **3** Hoja de papel para escribir de 28 por 22 cm aproximadamente. **Sin.** 1 y 2 neerlandés.

holding. (voz ingl.) m. Forma de organización de empresa según la cual una compañía financiera se hace con la mayoría de las acciones de otras empresas a las que controla.

holgado, da. adj. **1** Ancho, amplio: *el vestido le quedaba holgado*. **2** Que vive con desahogo: *disfruta de una situación holgada*. **Sin.** 1 espacioso, grande □ **Ant.** 1 estrecho, ceñido.

holganza. f. **1** Descanso. **2** Ociosidad, pereza. **3** Placer, contento.

holgar. intr. **1** Descansar de un trabajo. **2** Estar ocioso. | **holgarse** prnl. **3** Divertirse. **4** Alegrarse de una cosa. || **Irreg.** Se conj. como *contar*. **Sin.** 1 reposar 2 vaguear 3 recrearse 4 complacerse □ **Ant.** 1 bregar 4 entristecerse.

holgazán, na. adj. y s. Perezoso, ocioso. **Sin.** vago □ **Ant.** trabajador.

holgazanear. intr. Estar voluntariamente ocioso. **Ant.** bregar.

holgazanería. f. Ociosidad, haraganería.

holgorio. m. Jolgorio.

holgura. f. **1** Anchura: *dale más holgura a la manga*. **2** Anchura excesiva. **3** Espacio que queda entre dos piezas que han de encajar una en otra. **4** Regocijo, diversión entre muchos. **5** Condiciones de vida desahogada. **Sin.** 1 amplitud 4 esparcimiento □ **Ant.** 1 y 2 estrechez.

hollar. tr. **1** Pisar, dejar huella: *hollar la arena*. **2** Comprimir algo con los pies. **3** Humillar, despreciar: *hollaron su propuesta*. **Sin.** 1 patear 2 pisotear.

hollejo. m. Piel delgada de algunas frutas y legumbres, como la uva, la judía, etc. **Sin.** pellejo.

hollín. m. Sustancia espesa y negra que el humo deposita en la superficie de los cuerpos a que alcanza. **Sin.** tizne.

holmio. m. Elemento químico metálico del grupo de las tierras raras. Su símbolo es *Ho*.

holo-. Elemento compositivo que, antepuesto y con idea de totalidad, interviene en la formación de palabras españolas: *holocausto, holómetro*.

holocausto. m. **1** Entre los judíos, sacrificio religioso que consistía en la cremación total de un animal. **2** Sacrificio que hace una persona por otras. **3** Gran matanza de seres humanos.

holoceno. adj. Se dice la segunda época del período cuaternario.

holografía. f. Técnica fotográfica basada en el empleo de la luz producida por dos haces de rayos láser.

holograma. m. **1** Placa fotográfica obtenida mediante holografía. **2** Imagen óptica obtenida mediante dicha técnica.

holotúrido, da. adj. y m. **1** Se dice de los animales equinodermos de cuerpo alargado con tegumento blando, como el cohombro de mar. | m. pl. **2** Clase de estos animales.

hombrada. f. Acción propia de un hombre generoso o esforzado, fuerte o de carácter.

hombre. m. **1** Ser racional perteneciente al género humano, y que se caracteriza por su inteligencia y lenguaje articulado. **2** Persona de sexo masculino. **3** Adulto: *tu hijo ya está hecho un hombre*. **4** Junto con algunos sustantivos, por medio de la prep. *de*, el que posee las cualidades o cosas significadas por los sustantivos: *hombre de honor, de valor*. **5** Marido, amante: *es su hombre*. **6** **¡hombre!** interj. que indica sorpresa o asombro. **Sin.** 1 persona 2 varón □ **Ant.** 2 mujer 3 niño.

hombrera. f. **1** Especie de almohadilla que se pone en las prendas de vestir en la parte interior de los hombros, para levantarlos. **2** Pieza de la armadura antigua que defendía los hombros. **3** Cordón o pieza de paño en forma de almohadilla que, sobrepuesta a los hombros en el uniforme militar, sirve de defensa y para la sujeción de correas y cordones del vestuario.

hombría. f. Conjunto de buenas cualidades del hombre, especialmente el valor.

hombro. m. **1** Parte superior lateral del tronco de los hombres y los primates, de donde nace el brazo. **2 a hombros.** loc. adv. con que se denota que se lleva alguna persona o cosa sobre los hombros del que la conduce. Tratándose de personas, suele hacerse en señal de triunfo: *el torero salió a hombros por la puerta grande.* **3 mirar** a uno **por encima del hombro.** loc. Despreciarlo.

hombruno, na. adj. Que se parece al hombre: *una mujer hombruna.*

homenaje. m. **1** Acto o serie de actos en honor de una persona. **2** Veneración, respeto hacia una persona. **3** Juramento solemne de fidelidad hecho a un rey o señor. **Sin.** 3 vasallaje.

homenajear. tr. Rendir homenaje.

homeópata. adj. y com. Médico que profesa la homeopatía.

homeopatía. f. Sistema curativo que aplica a las enfermedades, en dosis mínimas, las mismas sustancias que producirían síntomas iguales o parecidos a los que se trata de combatir.

homeopático, ca. adj. **1** Relativo a la homeopatía. **2** Muy diminuto.

homeostasis u **homeóstasis.** f. Conjunto de fenómenos de autorregulación, conducentes al mantenimiento de una relativa constancia en las composiciones y las propiedades del medio interno de un organismo. ‖ No varía en pl.

homérico, ca. adj. Propio y característico de Homero.

homicida. com. y adj. Se dice de la persona o cosa que ocasiona la muerte de una persona: *arma homicida.*

homicidio. m. **1** Muerte causada a una persona por otra. **2** Por lo común, la ejecutada ilegítimamente y con violencia.

homilía. f. En la religión católica, comentario que hace el sacerdote para explicar los textos sagrados. **Sin.** sermón.

homínido, da. adj. y s. Se dice del individuo perteneciente al orden de los primates superiores, cuya única especie superviviente es la humana.

homo-. Elemento compositivo que con idea de semejanza o igualdad, se antepone a otro en la formación de voces españolas: *homófono, homosexual.*

homocerca. adj. Aleta caudal de los peces formada por dos lóbulos iguales y simétricos: *aleta homocerca de la sardina.*

homófono, na. adj. **1** Se dice de las palabras que con distinta significación suenan de igual modo: *solar,* nombre; *solar,* adjetivo, o *solar,* verbo; *atajo* y *hatajo.* **2** Se dice del canto o música en que todas las voces tienen el mismo sonido. **Ant.** 2 polifónico.

homogeneizar. tr. Transformar en homogéneo.

homogéneo, a. adj. **1** Relativo a un mismo género o naturaleza; poseedor de iguales caracteres: *estos alumnos tienen un nivel homogéneo.* **2** Se dice de la sustancia o mezcla de varias cuando su composición y estructura son uniformes. **Ant.** 1 y 2 heterogéneo.

homógrafo, fa. adj. Se dice de las palabras de distinta significación que se escriben de igual manera: *haya,* árbol, y *haya,* del verbo *haber.*

homologar. tr. **1** Equiparar, poner en relación de igualdad o semejanza dos cosas: *homologar los anchos de vía.* **2** Registrar y confirmar un organismo autorizado el resultado de una prueba deportiva. **3** Contrastar una autoridad oficial el cumplimiento de determinadas especificaciones o características de un objeto o de una acción: *homologar un título de enseñanza.*

homólogo, ga. adj. **1** Se dice de los términos sinónimos o que significan una misma cosa. **2** Se dice de las personas que desempeñan actividades, funciones, cargos, etc., semejantes: *el ministro se entrevistará con sus homólogos extranjeros.* **3** Se dice de lo que presenta la misma forma o comportamiento: *estas dos marcas son homólogas.* **4** En bot., y zool., se dice de los órganos o partes del cuerpo que son semejantes por su origen en el embrión, por sus relaciones con otros órganos y por su posición en el cuerpo, aunque su aspecto y función puedan ser diferentes.

homónimo, ma. adj. y s. Se dice de las palabras que siendo iguales por su forma tienen distinta significación: *Tarifa,* ciudad, y *tarifa* de precios.

homoplastia. f. Implantación de injertos de órganos para restaurar partes enfermas o lesionadas del organismo por otras procedentes de un individuo de la misma especie.

homóptero. adj. y m. **1** Se dice de los insectos hemípteros cuyas cuatro alas son casi siempre membranosas, como la cigarra. ‖ m. pl. **2** Suborden de estos animales.

homosexual. adj. **1** Se dice de la relación sexual entre personas del mismo sexo. **2** Se dice de la persona que se siente atraída por personas de su mismo sexo o que mantiene relaciones sexuales con ellas. También com. **Ant.** 1 y 2 heterosexual.

homosexualidad. f. Inclinación hacia la relación sexual con individuos del mismo sexo. ☐ **Ant.** heterosexualidad.

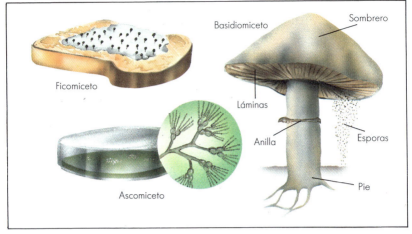

Hongos

honda. f. Tira de cuero u otra materia semejante, y dos correas, que sirve para tirar piedras.

hondear. tr. **1** Reconocer el fondo de mar, río o lago con la sonda o el sonar. **2** Sacar carga de una embarcación.

hondo, da. adj. **1** Que tiene profundidad: *un pozo hondo*. **2** Se dice de la parte del terreno que está más baja que todo lo circundante: *el pueblo se hallaba en un hondo valle*. **3** Profundo, recóndito: *en lo más hondo del bosque*. **4** Intenso, extremado: *siente una honda pasión*. S<small>IN</small>. 3 interior, escondido.

hondonada. f. Espacio de terreno hondo.

hondura. f. Profundidad.

honestidad. f. **1** Compostura, moderación. **2** Honradez. **3** Decoro, modestia.

honesto, ta. adj. **1** Honrado, recto: *es un empleado muy honesto en su trabajo*. **2** Razonable, justo: *una decisión honesta*. **3** Decente, decoroso, recatado. S<small>IN</small>. 1 íntegro 3 púdico □ A<small>NT</small>. 1 y 2 deshonesto.

hongo. m. **1** Cualquiera de las plantas talofitas, sin clorofila y de reproducción preferentemente asexual, por esporas, que son parásitas o viven sobre materias orgánicas en descomposición. **2** Sombrero de copa baja, rígida y aproximadamente semiesférica. | pl. **3** Clase de las plantas de este nombre. S<small>IN</small>. 2 bombín.

honor. m. **1** Cualidad que lleva a una persona a comportarse de acuerdo a las normas sociales y morales: *un hombre de honor*. **2** Buena reputación: *aquello le reportó más honor que dinero*. **3** Cosa por la que alguien se siente enaltecido o satisfecho: *su interés es un honor para mí*. **4** Dignidad, cargo o empleo. Más en pl. **5** Homenaje con que se honra a alguien. Más en pl.: *le rindieron honores*. S<small>IN</small>. 2 renombre 2 y 3 honra □ A<small>NT</small>. 1-3 deshonor 3 descrédito.

honorabilidad. f. Cualidad de la persona honorable.

honorable. adj. Digno de ser honrado. S<small>IN</small>. estimable, respetable.

honorario, ria. adj. **1** Se apl. al que tiene los honores de un cargo, empleo, etc., pero no recibe beneficios económicos. | m. pl. **2** Sueldo por el trabajo en alguna profesión liberal: *los honorarios de este abogado son muy elevados*.

honorífico, ca. adj. Honorario.

honra. f. **1** Estima y respeto de la dignidad propia: *defendió su honra*. **2** Buena opinión y fama. **3** Según la moral tradicional, pudor, recato. | pl. **4** Oficio solemne por los difuntos: *honras fúnebres*. **5 a mucha honra.** loc. Con orgullo o satisfacción. S<small>IN</small>. 1 honor 3 honestidad, castidad □ A<small>NT</small>. 1 deshonor 3 deshonra.

honradez. f. **1** Cualidad de honrado. **2** Proceder con estima y respeto. S<small>IN</small>. 1 honestidad, rectitud.

honrado, da. adj. Que procede con justicia y cumple con sus obligaciones. S<small>IN</small>. honesto, íntegro □ A<small>NT</small>. deshonesto.

honrar. tr. **1** Respetar a una persona o cosa: *honrar a los padres*. **2** Enaltecer o premiar los méritos de alguien: *este premio honra su carrera*. **3** Se usa en fórmulas de cortesía en que se enaltece como honor la asistencia, adhesión, etc., de otra u otras personas: *hoy nos honra con su presencia nuestro estimado amigo.* | **honrarse.** prnl. **4** Tener uno a honra ser o hacer alguna cosa: *se honraba de haber participado en aquella batalla.* S<small>IN</small>. 3 enaltecer 4 enorgullecer ☐ A<small>NT</small>. 1 agraviar 2 deshonrar.

honrilla. f. Amor propio.

honroso, sa. adj. **1** Que da honra y estimación. **2** Decente, decoroso.

hontanar. m. Sitio en que nacen fuentes y manantiales. S<small>IN</small>. fontanal, venero.

hora. f. **1** Cada una de las 24 partes en que se divide el día solar: *debes dormir al menos ocho horas.* **2** Tiempo oportuno para una cosa: *es hora de irnos.* **3** Momento del día referido a una hora o fracción de hora. También pl.: *¡vaya horas de levantarse!* **4** Espacio de tiempo o momento indeterminado: *estuve horas esperando.* | pl. **5** Libro de rezos. **6 hora punta.** Aquella en que se produce mayor aglomeración en los transportes urbanos, por coincidir con la entrada o salida del trabajo. **7 horas extraordinarias.** Las que se trabajan fuera del horario regular de trabajo. **8 no ver** uno **la hora de** una cosa. loc. Desear que llegue el momento de hacerla o verla cumplida: *no veo la hora de que te cases.*

horadar. tr. Agujerear una cosa atravesándola de parte a parte.

horario, ria. adj. **1** Relativo a las horas: *cambio horario.* | m. **2** Tiempo concertado para determinadas actividades: *horario laboral.* **3** Manecilla del reloj que señala las horas. **4** Cuadro indicador de horas de salida y llegada: *se informó sobre el horario de vuelos.*

horca. f. **1** Instrumento utilizado para ahorcar a los condenados a muerte. **2** Palo que remata en dos puntas y sirve para sostener las ramas de los árboles, armar los parrales, etc. S<small>IN</small>. 1 cadalso, patíbulo 2 horquilla.

horcajadas (a). loc. adv. Se dice de la postura de montar a caballo, o de sentarse en cualquier otro lugar en una postura similar.

horchata. f. Bebida refrescante hecha principalmente de chufas con agua y azúcar.

horda. f. **1** Comunidad nómada. **2** Grupo de gente armada. **3** P. ext., grupo de delincuentes.

horizontal. adj. **1** Que está en el horizonte o paralelo a él: *un plano horizontal.* | adj. y f. **2** En figuras, dibujos, escritos, impresos, etc., se dice de la línea, disposición o dirección que va de derecha a izquierda, o viceversa. **3** En geom., se dice de lo que es perpendicular a la vertical. S<small>IN</small>. 1-3 apaisado, tendido ☐ A<small>NT</small>. 1-3 vertical.

horizonte. m. **1** Línea aparente que separa el cielo y la tierra. **2** Espacio circular de la superficie del globo encerrado en dicha línea. **3** Conjunto de posibilidades o perspectivas que se ofrecen en un asunto o materia: *el gobierno tenía ante sí un horizonte poco halagüeño.*

horma. f. **1** Molde con que se fabrica o forma una cosa. **2** Instrumento que se utiliza para evitar que el calzado se deforme o para ensancharlo.

hormiga. f. **1** Insecto himenóptero, generalmente de color negro, cuyo cuerpo tiene dos estrechamientos, uno en la unión de la cabeza con el tórax y otro

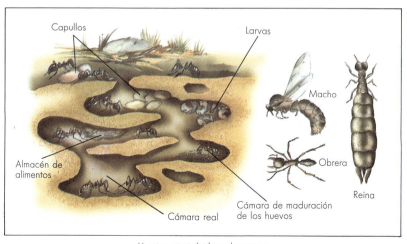

Hormiga roja: individuos y hormiguero

hormigón – hortensia

en la de éste con el abdomen, antenas acodadas y patas largas; vive en colonias llamadas hormigueros, donde pasa recluida el invierno. **2** Persona muy trabajadora. Más en diminutivo.

hormigón. m. **1** Mezcla compuesta de piedras menudas y mortero de cemento y arena. **2** Enfermedad del ganado vacuno. **3** Enfermedad parasitaria de algunas plantas.

hormigonera. f. Aparato para mezclar mecánicamente las piedras y el mortero con que se hace el hormigón.

hormiguear. intr. **1** Experimentar en alguna parte del cuerpo una sensación comparable a la que resultaría si por ella corrieran hormigas. **2** Bullir, ponerse en movimiento: *hormiguea la multitud.*

hormigueo. m. **1** Sensación molesta de cosquilleo o picor. **2** Movimiento de una multitud de personas o animales. **3** Desazón. **Ant.** 3 calma.

hormiguero. m. **1** Colonia de hormigas. **2** Lugar donde viven las colonias de hormigas. **3** Lugar en que hay mucha gente en movimiento: *el estadio era un hormiguero.*

hormiguillo. m. **1** Enfermedad en los cascos de las caballerías. **2** Cosquilleo, picazón.

hormona. f. Producto de la secreción de ciertas glándulas del cuerpo de animales y plantas, que, transportado por la sangre o por los jugos del vegetal, regula la actividad de otros órganos.

hornacina. f. Hueco cubierto por un casquete de un cuarto de esfera, que se suele dejar en el grueso de una pared, para colocar en él una estatua, jarrón, etc.

hornada. f. **1** Porción de cosas que se cuece de una vez en el horno. **2** Conjunto de personas que acaban a la vez una carrera, o reciben a la vez el nombramiento para un cargo: *ejecutivos de última hornada.* **Sin.** 2 promoción, quinta.

hornero, ra. m. y f. **1** Persona que tiene por oficio cocer pan en el horno. | m. **2** Operario encargado del servicio de un horno.

hornilla. f. **1** Hueco hecho en los hogares, con una rejuela horizontal para sostener la lumbre y un respiradero inferior para dar entrada al aire. **2** Hueco que se hace en la pared del palomar para que aniden las palomas.

hornillo. m. Horno pequeño, que se emplea en laboratorios, cocinas, industrias, etc., para calentar, fundir, cocer o tostar.

horno. m. **1** Obra, en general abovedada, provista de respiradero o chimenea y una o varias bocas por donde se introduce lo que se quiere someter a la acción del calor. **2** Electrodoméstico que generalmente forma parte de la cocina, y que sirve para asar los alimentos. **3** Lugar muy caluroso: *el coche es un horno.* **4** Tahona en que se cuece y vende pan. **Sin.** 3 sauna ◻ **Ant.** 3 nevera.

horóscopo. m. **1** Predicción del futuro deducida de la posición de los astros del sistema solar y de los signos del Zodiaco. **2** Sección de un periódico, revista, etc., en que se publican estas predicciones. **3** Colocación de los astros en la figura o división de los signos del Zodiaco. **Sin.** 1 augurio, vaticinio.

horqueta. f. **1** Horca para sostener las ramas de los árboles. **2** Parte del árbol donde se juntan formando ángulo agudo el tronco y una rama medianamente gruesa. **3** *amer.* Lugar donde se bifurca un camino. **Sin.** 1 horquilla.

horquilla. f. **1** Pieza de alambre doblada por el medio, con dos puntas iguales, que se utiliza para sujetar el pelo. **2** Horqueta.

horrendo, da. adj. **1** Que causa horror: *un accidente horrendo.* **2** Enorme, intenso: *hace un calor horrendo.* **Sin.** 1 horrible, espantoso 2 tremendo.

hórreo. m. **1** Granero. **2** Construcción de madera sostenida en el aire por cuatro pilares, donde se guardan granos y otros productos agrícolas; es característico de Galicia y Asturias. **Sin.** 1 silo.

horrible. adj. **1** Que causa horror: *una horrible masacre.* **2** Malo, desagradable: *tengo un dolor de cabeza horrible.* **3** Muy feo: *le hicieron un corte de pelo horrible.* **Sin.** 1 horrendo 3 monstruoso.

horripilar. tr. y prnl. **1** Hacer que se ericen los cabellos. **2** Causar horror y espanto. **Sin.** 2 horrorizar, aterrar ◻ **Ant.** 2 tranquilizar, sosegar.

horror. m. **1** Espanto o miedo muy intenso: *lanzó un grito de horror al ver al monstruo.* **2** Enormidad. Más en pl.: *me ha costado horrores encontrarlo.* **3** Aversión, odio, repulsión: *me da horror su falsedad.* **4** En función de adv., equivale a *mucho*: *le gustan un horror las berenjenas.* **Sin.** 1 terror 2 barbaridad, montón ◻ **Ant.** 3 gusto.

horrorizar. tr. **1** Causar horror: *le horrorizan las arañas.* | **horrorizarse.** prnl. **2** Tener horror ante algo: *se horrorizó al saber el precio.* **Sin.** 1 aterrar 1 y 2 espantar.

horroroso, sa. adj. **1** Que causa horror. **2** Muy feo, desagradable: *lleva unos zapatos horrorosos.* **3** Enorme: *tengo un hambre horrorosa.* **Sin.** 1 aterrador 2 horrible 3 inmenso, tremendo ◻ **Ant.** 2 bonito.

hortaliza. f. Verduras y demás plantas comestibles que se cultivan en las huertas.

hortelano, na. adj. **1** Perteneciente a la huerta. | m. y f. **2** Persona que por oficio cuida y cultiva huertas. | m. **3** Pájaro común en España de unos 12 cm de largo. **Sin.** 2 campesino, horticultor.

hortense. adj. Perteneciente a la huerta.

hortensia. f. Arbusto de origen japonés, con tallos ramosos de 1 m de altura, de flores olorosas, en corimbos terminales, con corola rosa o azulada, que va poco a poco perdiendo color hasta quedar casi blanca.

hortera. adj. y com. Vulgar y de mal gusto. S<small>IN</small>. ordinario ☐ A<small>NT</small>. elegante.

hortícola. adj. Relacionado con la horticultura.

horticultor, ra. m. y f. Persona dedicada a la horticultura.

horticultura. f. **1** Cultivo de los huertos y huertas. **2** Arte que lo enseña.

hosanna. m. Exclamación de júbilo usada en la liturgia católica.

hosco, ca. adj. **1** Huraño, áspero: *nos miró con gesto hosco*. **2** Desagradable, poco acogedor: *hace un tiempo hosco*. **3** Moreno muy oscuro. S<small>IN</small>. 1 antipático, adusto 2 inhóspito ☐ A<small>NT</small>. 1 afable 2 apacible.

hospedaje. m. **1** Alojamiento y asistencia que se da a una persona. **2** Cantidad que se paga por este alojamiento.

hospedar. tr. **1** Dar alojamiento a una persona: *le hospedaron en su casa*. | **hospedarse.** prnl. **2** Estar alojado en un lugar: *se hospedó en una pequeña pensión*. S<small>IN</small>. 1 albergar.

hospedería. f. Casa o habitación destinada al alojamiento de personas. S<small>IN</small>. pensión, posada.

hospedero, ra. m. y f. Persona que tiene a su cargo cuidar huéspedes.

hospiciano, na. adj. y s. Persona asilada en un hospicio de niños o que allí se ha criado.

hospicio. m. **1** Asilo en que se da alojamiento y educación a niños pobres, expósitos o huérfanos. **2** Casa destinada antiguamente a albergar peregrinos y pobres. S<small>IN</small>. 1 inclusa, orfanato 2 asilo.

hospital. m. Establecimiento destinado al diagnóstico y tratamiento de enfermos. S<small>IN</small>. clínica, sanatorio.

hospitalario, ria. adj. **1** Se dice de la persona, comunidad, institución, etc., que socorre y alberga a los extranjeros y necesitados. **2** Se dice de la persona o lugar que acoge con agrado a los visitantes: *tu familia es muy hospitalaria*. **3** Relativo al hospital: *centro hospitalario*. **4** Se aplicaba a las órdenes religiosas que daban albergue a peregrinos. S<small>IN</small>. 2 acogedor.

hospitalidad. f. Buena acogida y asistencia que se hace a los extranjeros, visitantes o necesitados.

hospitalizar. tr. Internar a una persona en un hospital. S<small>IN</small>. ingresar.

hosquedad. f. Calidad de hosco.

hostal. m. **1** Establecimiento equivalente a un hotel, pero de menor categoría. **2** Pensión.

hostelería. f. Industria que se ocupa de proporcionar a huéspedes y viajeros alojamiento, comida y otros servicios, mediante pago.

hostería. f. Casa donde se da alojamiento y comida.

hostia. f. **1** Hoja redonda y delgada de pan ázimo que el sacerdote consagra en la misa. **2** Oblea hecha con harina, huevo, azúcar y agua o leche. **3** vulg. Golpe fuerte. S<small>IN</small>. 2 barquillo.

hostiario. m. **1** Caja en que se guardan hostias no consagradas. **2** Molde en que se hacen.

hostigar. tr. **1** Azotar, castigar con látigo, vara o cosa semejante. **2** Perseguir, molestar a uno. S<small>IN</small>. 2 acosar, atosigar.

hostigo. m. **1** Parte de la pared o muro expuesta al daño de los vientos y lluvias. **2** Golpe de viento o de agua, que hiere y maltrata la pared.

hostil. adj. Contrario o enemigo. S<small>IN</small>. rival.

hostilidad. f. **1** Cualidad de hostil. **2** Acción o actitud hostil. | pl. **3** Conflicto armado entre pueblos, ejércitos, etc.: *las hostilidades continuaron a pesar de la tregua*. S<small>IN</small>. 1 enemistad 2 ataque 3 contienda ☐ A<small>NT</small>. 1 amistad 3 paz.

hostilizar. tr. **1** Hacer daño a enemigos. **2** Agredir, molestar a alguien, aun levemente, pero con insistencia. S<small>IN</small>. 1 y 2 atacar.

hotel. m. **1** Establecimiento de hostelería en el que se proporciona alojamiento y comida a los clientes. **2** Casa aislada, y habitada normalmente por una sola familia. S<small>IN</small>. 1 albergue, parador 2 chalé.

hotelero, ra. adj. **1** Relacionado con el hotel. | m. y f. **2** Persona que posee o dirige un hotel.

hotentote. adj. **1** Pueblo de raza negra que habita la parte SE. de África, cerca del cabo de Buena Esperanza. Más c. m. pl. **2** Se dice también de sus individuos. También com. **3** Relativo a este pueblo.

hoy. adv. t. **1** En el día presente: *hoy es lunes*. **2** En el tiempo presente: *la tecnología de hoy ha abierto nuevos caminos*. **3 hoy día** u **hoy en día.** loc. adv. En esta época, actualmente. **4 hoy por hoy.** loc. adv. En este tiempo, en el momento presente. A<small>NT</small>. 2 antaño.

hoya. f. **1** Concavidad u hondura grande formada en la tierra. **2** Hoyo para enterrar un cadáver. **3** Llano extenso rodeado de montañas. S<small>IN</small>. 2 fosa, tumba 3 depresión.

hoyo. m. **1** Concavidad u hondura formada naturalmente en la tierra o hecha por alguien. **2** Concavidad que se hace en algunas superficies. **3** Sepultura. S<small>IN</small>. 1 depresión, socavón 3 fosa, tumba.

hoyuelo. m. Hoyo en el centro de la barbilla; y también el que se forma en la mejilla de algunas personas cuando se ríen.

hoz. f. Instrumento compuesto de una hoja afilada, curva, con dientes o con filo por la parte cóncava, afianzada en un mango de madera.

Hoz del río Duratón (Segovia)

hoz. f. Estrechamiento de un valle profundo. S<small>IN</small>. garganta, desfiladero.

hozar. tr. e intr. Mover y levantar la tierra con el hocico algunos animales. S<small>IN</small>. hocicar.

hucha. f. Pequeño recipiente con una hendidura para guardar dinero.

huebra. f. **1** Yugada o tierra de labor que ara un par de bueyes en un día. **2** Par de mulas y mozo que se alquilan para trabajar un día entero. **3** Barbecho.

hueco, ca. adj. **1** Vacío, cóncavo: *un tronco hueco*. **2** Presumido, vanidoso: *se puso hueco al oír tus elogios*. **3** Se dice de lo que tiene sonido retumbante y profundo. **4** Se dice del lenguaje, estilo, etc., con que se expresan conceptos vanos o triviales. **5** Mullido y esponjoso: *me gusta que la almohada quede hueca*. | m. **6** Cavidad: *en ese hueco había una estatuilla*. **7** Abertura en un muro: *la lagartija se coló por un hueco*. **8** Intervalo de tiempo o lugar: *si tengo un hueco intentaré atenderte*. **9** Empleo o puesto vacante: *le buscó un hueco en su negocio*. S<small>IN</small>. 2 engreído, fatuo 4 vacuo, vano □ A<small>NT</small>. 1 lleno 2 modesto.

huecograbado. m. **1** Procedimiento para imprimir mediante planchas o cilindros grabados en hueco. **2** Estampa conseguida por este procedimiento.

huelga. f. **1** Paro voluntario en el trabajo por parte de los trabajadores con el fin de obtener ciertas mejoras laborales: *hay huelga de transportes*. **2 huelga de brazos caídos.** La que practican en su puesto habitual de trabajo quienes se abstienen de reanudarlo a la hora reglamentaria. **3 huelga de celo.** Forma de protesta laboral consistente en realizar las funciones con suma lentitud, para que descienda el rendimiento y se retrasen los servicios.

huelguista. com. Persona que toma parte en una huelga.

huella. f. **1** Señal que deja el pie del hombre o del animal en la tierra: *dejó su huella en la arena*. **2** Parte horizontal del escalón. **3** Señal que deja una lámina o forma de imprenta en el papel. **4** Rastro que deja una persona, animal o cosa. Más en pl.: *vimos huellas de ciervo*. **5** Impresión profunda o duradera: *su obra dejó huella en varias generaciones*. **6** Indicio. S<small>IN</small>. 1 rastro.

huérfano, na. adj. **1** Persona cuyos padres han fallecido. También s. **2** Falto de alguna cosa: *huérfano de cariño*. S<small>IN</small>. 2 necesitado.

huero, ra. adj. Vano, vacío, sin sustancia: *palabras hueras*.

huerta. f. **1** Terreno destinado al cultivo de legumbres y árboles frutales. **2** En algunas partes, toda la tierra de regadío.

huertano, na. adj. y s. Habitante de algunas comarcas de regadío que se conocen en algunas provincias con el nombre de huertas.

huerto. m. Sitio de corta extensión, generalmente cercado de pared, en que se plantan verduras, legumbres y principalmente árboles frutales.

hueso. m. **1** Cada una de las piezas duras que forman el neuroesqueleto de los vertebrados. **2** Parte dura y compacta que está en el interior de algunas frutas. **3** Persona de carácter desagradable o de trato difícil: *el jefe es un hueso*. S<small>IN</small>. 3 ogro □ A<small>NT</small>. 3 ángel.

huésped, da. m. y f. **1** Persona alojada en casa ajena, en un hospedaje o pensión: *actualmente tienen tres huéspedes permanentes*. **2** Persona que hospeda en su casa a uno: *a mi madre le gusta hacer de huésped*. **3** El vegetal o animal en cuyo cuerpo se aloja un parásito. S<small>IN</small>. 2 anfitrión.

hueste. f. **1** Ejército en campaña. Más en pl.: *las huestes vencedoras*. | pl. **2** Conjunto de los seguidores o partidarios de una persona o de una causa: *las huestes del sindicalismo*. S<small>IN</small>. 2 adeptos □ A<small>NT</small>. 2 oponentes.

huesudo, da. adj. Que tiene mucho hueso.

hueva. f. Masa que forman los huevecillos de ciertos pescados.

huevero, ra. m. y f. **1** Persona que vende huevos. | f. **2** Recipiente en forma de copa pequeña, en que se comen los huevos pasados por agua. **3** Utensilio donde se guardan los huevos.

huevo. m. **1** Cuerpo ovalado, de diferente tamaño o dureza, que producen las hembras de las aves o de otras especies animales, y que contiene el embrión y las sustancias destinadas a su nutrición durante la incubación. **2** En lenguaje corriente, se aplica al de la gallina, especialmente destinado a la alimentación hu-

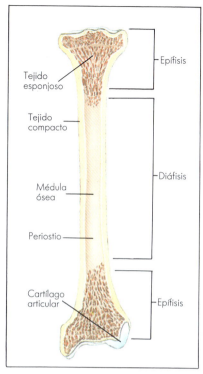

Anatomía de un hueso largo

cial. También tr.: *huye al sargento en cuanto lo ve.* SIN. 2 evadirse 4 evitar □ ANT. 1 y 2 permanecer 4 acercarse. ‖ **Irreg.** Conjugación modelo:

Indicativo
Pres.: *huyo, huyes, huye, huimos, huís, huyen.*
Imperf.: *huía, huías,* etc.
Pret. indef.: *huí, huiste, huyó, huimos, huisteis, huyeron.*
Fut. imperf.: *huiré, huirás,* etc.
Potencial: *huiría, huirías,* etc.
Subjuntivo
Pres.: *huya, huyas, huya, huyamos, huyáis, huyan.*
Imperf.: *huyera* o *huyese, huyeras* o *huyeses,* etcétera.
Fut. imperf.: *huyere, huyeres,* etc.
Imperativo: *huye, huid.*
Participio: *huido.*
Gerundio: *huyendo.*

mana. **3** Célula sexual femenina. **4** Cualquiera de los óvulos de ciertos animales, como los peces y anfibios, que contienen las materias nutritivas necesarias para la formación del embrión. **5** vulg. Testículo. Más en pl. **6 costar** algo **un huevo.** loc. Ser muy caro. **7 pisando huevos.** loc. adv. Lentamente. Se usa con verbos de movimiento, como *andar, venir,* etc. SIN. 3 óvulo 5 cojón.

huevón, na. adj. vulg. **1** *amer.* Lento, ingenuo. También s. **2** vulg. *amer.* Tonto, pesado.

hugonote, ta. adj. y s. Se dice de los que en Francia seguían a Calvino.

huida. f. Acción de huir. SIN. evasión, fuga.

huidizo, za. adj. Que huye con facilidad. SIN. escurridizo.

huir. intr. **1** Apartarse de alguien o de algo deprisa: *huir del fuego.* También tr. **2** Alejarse velozmente de un lugar: *huir de la cárcel.* **3** Transcurrir el tiempo velozmente. **4** Apartarse de una cosa mala o perjudi-

hule. m. **1** Caucho o goma elástica. **2** Tela pintada al óleo y barnizada.

hulla. f. Mineral con un ochenta por ciento de carbono, que se usa como combustible.

humanidad. f. **1** Naturaleza humana. **2** Conjunto formado por todos los seres humanos. **3** Sensibilidad, compasión: *le acogió con mucha humanidad.* **4** Corpulencia, gordura. ǀ pl. **5** Rama del conocimiento que incluye la historia, la literatura, las lenguas clásicas y modernas, el arte, etc. SIN. 3 misericordia 4 mole 5 letras □ ANT. 3 crueldad 4 delgadez.

humanismo. m. **1** Movimiento intelectual que floreció en Europa durante el Renacimiento, y que se inspiró en la lengua, literatura y cultura grecolatinas. **2** Estudio de las humanidades. **3** Conjunto de corrientes filosóficas centradas en el estudio del ser humano.

humanista. com. **1** Persona instruida en letras humanas. **2** Partidario del humanismo europeo del Renacimiento.

humanitario, ria. adj. **1** Que se preocupa por el bienestar del género humano. **2** Humano, caritativo. ANT. 1 y 2 inhumano.

humanizar. tr. **1** Hacer a alguien o algo más humano, familiar y afable: *humanizar el trabajo.* ǀ **humanizarse.** prnl. **2** Ablandarse, hacerse más caritativo: *se ha humanizado con la edad.* ANT. 1 y 2 deshumanizar.

humano, na. adj. **1** Perteneciente a la humanidad o al ser humano: *un defecto humano.* **2** Se apl. a la persona caritativa y bondadosa: *tiene un carácter muy humano.* ǀ m. **3** Persona, hombre. SIN. 2 compasivo, sensible □ ANT. 2 cruel, inhumano.

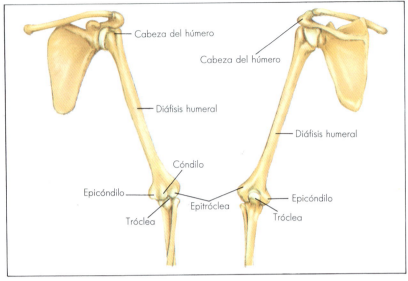

Húmero: partes anterior y posterior

humareda. f. Abundancia de humo.
humazo. m. Humo denso, espeso y copioso.
humear. intr. **1** Exhalar, arrojar y echar de sí humo. También prnl. **2** Arrojar una cosa vaho o vapor.
humectar. tr. Humedecer. **Ant.** secar.
humedad. f. **1** Cualidad de húmedo. **2** Agua de que está impregnado un cuerpo o que, vaporizada, se mezcla con el aire: *la humedad ha dañado los muebles*. **Ant.** 1 sequedad.
humedecer. tr. y prnl. Mojar ligeramente una cosa: *humedeció el sello para pegarlo*. También prnl. ‖ **Irreg.** Se conj. como *agradecer*.
húmedo, da. adj. **1** Se dice de lo que está ligeramente impregnado de agua o de otro líquido: *la ropa aún está húmeda*. **2** Se dice de lo que está cargado de vapor de agua: *los cristales están húmedos*. **3** Se dice del lugar en que llueve mucho. **Ant.** 1-3 seco.
humeral. adj. **1** Relacionado con el húmero. ‖ m. **2** Paño blanco que se pone sobre los hombros el sacerdote para coger la custodia o el copón. También s. m.
humero. m. Cañón de chimenea, por donde sale el humo.
húmero. m. Hueso del brazo que va desde el codo hasta el hombro.
humildad. f. **1** Actitud de la persona que no presume de sus logros y reconoce sus fracasos y debilidades. **2** Baja condición social. **Sin.** 1 sencillez 2 modestia ☐ **Ant.** 1 vanidad, soberbia.
humilde. adj. **1** Que tiene humildad. **2** Modesto. **3** Se dice de la persona que tiene una condición social baja: *es de origen humilde*. **Sin.** 1 sencillo ☐ **Ant.** 1 vanidoso, soberbio 3 acomodado.
humillación. f. Acción de humillar o humillarse.
humilladero. m. Lugar devoto que suele haber a las entradas de los pueblos y junto a los caminos, con una cruz o imagen.
humillante. adj. **1** Que humilla. **2** Degradante, depresivo.
humillar. tr. **1** Postrar, inclinar una parte del cuerpo en señal de sumisión y acatamiento: *humilló los ojos ante su padre*. **2** Abatir el orgullo y altivez de alguien: *le ha humillado la derrota*. ‖ **humillarse.** prnl. **3** Hacer actos de humildad. **Sin.** 1 agachar 3 empequeñecerse ☐ **Ant.** 2 ensalzar.
humo. m. **1** Producto que en forma gaseosa se desprende de una combustión incompleta. **2** Vapor que exhala cualquier cosa que fermenta. ‖ pl. **3** Vanidad, presunción, altivez: *desde que le dieron el premio se da muchos humos*. **Sin.** 3 arrogancia ☐ **Ant.** 3 humildad.
humor. m. **1** Estado de ánimo: *está de un humor de perros*. **2** Jovialidad, gracia, agudeza. **3** Disposi-

ción en que uno se halla para hacer una cosa: *hoy no estoy de humor para verle*. **4** Facultad de descubrir y expresar lo que es cómico o gracioso: *se lo toma todo con mucho humor*. **5** Antiguamente, cualquiera de los líquidos del cuerpo. **Sin.** 1 talante 4 gracia, ingenio.

humorada. f. **1** Dicho o hecho festivo, caprichoso o extravagante: *esa debe ser otra de sus humoradas*. **2** Breve composición poética, que encierra una advertencia moral o un pensamiento filosófico de forma cómica. **Sin.** 1 salida, ocurrencia.

humorismo. m. Manera de enjuiciar, afrontar y comentar las situaciones con gracia y comicidad.

humorista. adj. **1** Se dice de quien se expresa o manifiesta con humor. | com. **2** Persona que se dedica profesionalmente al humorismo. **Sin.** 1 y 2 cómico.

humorístico, ca. adj. Relacionado con el humorismo.

humus. m. Mantillo o capa superior del suelo. || No varía en pl.

hundir. tr. **1** Hacer bajar el nivel de una superficie: *estos escalones se han hundido con el uso*. | tr. y prnl. **2** Sumir, meter en el fondo: *el barco se hundió en una tormenta*. **3** Destruir, consumir, arruinar: *su negocio se está hundiendo*. **4** Abrumar, oprimir, abatir: *la noticia le ha hundido*. **5** Confundir a uno, vencerle con razones: *se hundió ante tus argumentos*. **Sin.** 1 y 2 sumergir 4 desmoralizar ☐ **Ant.** 1 y 2 emerger 4 animar.

huno, na. adj. **1** Se dice de un pueblo mongoloide, de lengua altaica, que ocupó en el s. v el territorio que se extiende desde el Volga hasta el Danubio. | m. y f. **2** Habitante de dicho pueblo.

hura. f. Agujero pequeño, madriguera.

huracán. m. **1** Ciclón tropical. **2** Viento sumamente impetuoso que gira en grandes círculos. **3** Persona impetuosa: *entró como un huracán en el despacho*. **Sin.** 1 tifón 2 vendaval.

huracanado, da. adj. Que tiene la fuerza o los caracteres propios del huracán.

huraño, ña. adj. Que huye y se esconde de la gente. **Sin.** arisco, esquivo ☐ **Ant.** sociable.

hurgar. tr. **1** Menear o remover una cosa. También intr. **2** Fisgar: *no hurgues en mis cosas*. **Sin.** 1 escarbar 2 husmear.

hurí. f. Cada una de las mujeres de gran belleza que están en el paraíso musulmán. || pl. *huríes*.

hurón. m. **1** Mamífero carnívoro, originario del norte de África, de unos 30 cm de largo, la cabeza pequeña, las patas cortas, el pelaje gris rojizo, y glándulas anales que despiden un olor sumamente desagradable; se emplea para la caza de conejos. **2** Persona huraña. También adj.

huronear. intr. **1** Cazar con hurón. **2** Fisgar, curiosear.

¡hurra! interj. Se usa para expresar alegría y satisfacción o excitar el entusiasmo: *¡hurra, hemos ganado!*

hurtadillas (a). loc. adv. A escondidas: *sacó los apuntes a hurtadillas*.

hurtar. tr. **1** Tomar o retener bienes ajenos contra la voluntad de su dueño, y sin hacer uso de la violencia: *le hurtaron la cartera en el autobús*. | **hurtarse.** prnl. **2** Ocultarse, desviarse. **Sin.** 1 quitar, sustraer 2 rehuir ☐ **Ant.** 2 mostrarse.

hurto. m. **1** Acción de hurtar. **2** Cosa hurtada. **Sin.** 1 sustracción, robo 2 botín.

húsar. m. Soldado de caballería con uniforme similar al de la caballería húngara.

husmear. tr. e intr. **1** Rastrear con el olfato una cosa: *los perros husmearon el rastro*. **2** Indagar algo con disimulo: *¿otra vez husmeando en mi cajón?* **Sin.** 1 olfatear 2 curiosear, fisgonear.

huso. m. **1** Instrumento manual que sirve para hilar. **2** Instrumento empleado para devanar la seda.

hutía. f. Mamífero roedor, semejante a la rata.

¡huy! interj. Denota asombro, dolor físico o admiración.

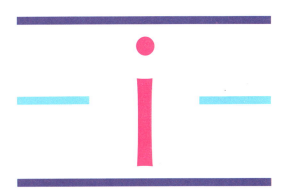

i. f. **1** Novena letra del abecedario español, y tercera de sus vocales. **2** Escrita en mayúscula, letra numeral que tiene el valor de uno en la numeración romana. **3 i griega.** Nombre de la letra *y.* || pl.: *ies.*

ibérico, ca o **iberio, ria.** adj. y s. **1** Ibero **2** Relativo a la península Ibérica, y p. ext., a España.

ibero o **íbero, ra.** adj. y s. **1** De Iberia, nombre ant. de España y Portugal. **2** Se dice del pueblo que la habitó. También s. | m. **3** Lengua hablada por este pueblo.

iberoamericano, na. adj. y s. **1** De Iberoamérica, conjunto de países americanos de habla española o portuguesa. **2** Relativo a estos países, y a España y Portugal. **Sin.** 1 y 2 latinoamericano, hispanoamericano.

íbice. m. Especie de cabra montés que habita en las cumbres alpinas.

ibicenco, ca. adj. y s. De Ibiza.

ibis. m. Ave zancuda, de pico largo, que se alimenta principalmente de moluscos fluviales. Fue venerada por los antiguos egipcios. || No varía en pl.

iceberg. (voz ingl.) m. Gran masa de hielo flotante que se ha desprendido de un glaciar y sobresale de la superficie del mar. || pl.: *icebergs.*

icono. m. **1** Representación religiosa pintada o en relieve, característica del arte bizantino y que ahora aparece en las iglesias orientales y de culto ortodoxo. **2** Símbolo que mantiene una relación de semejanza con el objeto que representa.

iconoclasta. adj. y com. **1** Contrario al culto a las imágenes sagradas, en especial aplicado al movimiento que surgió en el Imperio bizantino (s. VIII y IX) con esta ideología. **2** P. ext., se llama así a quien rechaza la autoridad de maestros, normas y modelos.

iconografía. f. **1** Descripción de imágenes, cuadros o monumentos. **2** Colección de imágenes o retratos de una época o un tema concretos: *iconografía medieval.*

iconoscopio. m. Tubo de rayos catódicos que transforma la imagen en señales eléctricas.

icosaedro. m. Sólido limitado por 20 caras.

ictericia. f. Coloración amarilla producida por la acumulación de pigmentos biliares en la sangre.

ictiófago, ga. adj. y s. Que se alimenta de peces.

ictiología. f. Parte de la zoología, que trata de los peces.

ictiosauro. m. Reptil fósil marino, semejante a un gigantesco delfín, que vivió principalmente en el jurásico.

ida. f. Acción de ir de un lugar a otro. **Ant.** vuelta.

idea. f. **1** Cualquier representación mental que se relaciona con algo real. **2** Noción o conocimiento que se tiene sobre algo o alguien: *no tengo idea de lo que piensa hacer.* **3** Intención de hacer una cosa: *nuestra idea era ir al cine.* **4** Ocurrencia, ingenio: *¡tienes cada idea!* | pl. **5** Convicciones, creencias, opiniones: *sus ideas son muy conservadoras.*

ideal. adj. **1** Relacionado con la idea. **2** Que no es real, sino que está sólo en la mente: *los meridianos terrestres son líneas ideales.* **3** Excelente, perfecto: *esta casa es ideal para nosotros.* | m. **4** Prototipo, modelo de perfección: *Amadís representó al ideal del caballero.* **5** Conjunto de convicciones o creencias. Más en pl.: *luchó por sus ideales.* **Sin.** 4 arquetipo.

idealismo. m. **1** Condición de los sistemas filosóficos que consideran la idea como principio del ser y del conocer. **2** Tendencia de la inteligencia a idealizar.

idealista. adj. y com. **1** Que profesa el idealismo. **2** Se apl. a la persona que propende a representarse las cosas de una manera ideal. **Ant.** 1 realista 2 materialista, pragmático.

idealizar. tr. Creer o representarse las cosas reales como mejores de lo que son en realidad.
idear. tr. **1** Formarse idea de una cosa. **2** Pensar, inventar: *ha ideado un nuevo juego*.
ideario. m. Ideología.
ídem. pron. lat. Equivale a *el mismo* o *lo mismo*.
idéntico, ca. adj. Igual o muy parecido. **Ant.** desigual, diferente.
identidad. f. **1** Cualidad de idéntico. **2** Hecho de ser una persona o cosa la misma que se supone o se busca: *la policía verificó su identidad*. **Sin.** 1 semejanza, equivalencia.
identificar. tr. **1** Reconocer la identidad de alguien: *han identificado a las víctimas del accidente*. **2** Hacer que dos cosas que son distintas aparezcan como una misma: *identifica Bruselas con lluvia*. Más c. prnl. | **identificarse.** prnl. **3** Llegar a sentir algo ajeno como propio, estar totalmente de acuerdo con las creencias o propósitos de alguien: *se identificó con el protagonista de la novela*. **Sin.** 2 relacionar 3 armonizar.
ideografía. f. Representación de ideas, palabras, morfemas o frases por medio de ideogramas.
ideograma. m. Imagen convencional o símbolo que signfica un ser o una idea.
ideología. f. Conjunto de ideas fundamentales que caracterizan el pensamiento de una persona, colectividad, época, etc. **Sin.** ideario.
ideólogo, ga. m. y f. Persona que profesa o difunde una ideología.
idilio. m. **1** Relación amorosa. **2** Poema de carácter bucólico y tema amoroso. **Sin.** 1 amorío.
idiocia. f. Grave deficiencia mental.
idioma. m. Lengua de un pueblo o nación.
idiosincrasia. f. Índole del temperamento y carácter de cada individuo.
idiota. adj. y com. **1** Tonto, poco inteligente. **2** ant. Deficiente mental grave.
idiotez. f. **1** Cualidad de idiota. **2** Hecho o dicho propio del idiota.
idiotismo. m. En gram., giro propio de una lengua contrario a las normas gramaticales y difícil de traducir a otro idioma: *a pies juntillas*.
ido, da. adj. **1** Se dice de la persona que está falta de juicio. **2** Distraído: *esta mañana te veo un poco ido*.
idolatrar. tr. **1** Adorar ídolos o falsas deidades. **2** Amar excesivamente a una persona o cosa.
idolatría. f. **1** Adoración que se da a los ídolos. **2** Amor excesivo y vehemente. **Sin.** 1 fetichismo.
ídolo. m. **1** Figura de un dios al que se adora. **2** Persona o cosa excesivamente amada o admirada: *ese actor es su ídolo*.
idoneidad. f. Cualidad de idóneo. **Sin.** aptitud, capacidad ◻ **Ant.** ineptitud.

idóneo, a. adj. **1** Que tiene buena disposición o aptitud para algo: *hemos dado con la persona idónea para el puesto*. **2** Adecuado, conveniente: *este sofá es idóneo para el salón*. **Ant.** 1 incompetente, inepto 2 inadecuado.
idus. m. pl. En el antiguo cómputo romano y en el eclesiástico, el día 15 de marzo, mayo, julio y octubre, y el 13 de los demás meses.
iglesia. f. **1** Templo cristiano: *una iglesia románica*. **2** Congregación de los fieles cristianos. **3** Conjunto del clero y pueblo cristiano en un país, región, época, etc.: *Iglesia latina, griega*. **4** Gobierno eclesiástico general.
iglú. m. Vivienda esquimal de forma semiesférica construida con bloques de hielo. || pl. *iglúes* o *iglús*.
ígneo, a. adj. **1** De fuego o que tiene alguna de sus cualidades. **2** Se dice de las rocas volcánicas procedentes de la masa en fusión existente en el interior de la Tierra. **Sin.** 1 ardiente 2 eruptivo.
ignición. f. Acción de estar un cuerpo encendido o incandescente: *la ignición del hierro*. **Sin.** combustión.
ignífugo, ga. adj. Que protege contra el fuego: *pintura ignífuga*.
ignominia. f. Afrenta pública que uno sufre justa o injustamente.
ignorancia. f. Falta general de ciencia y cultura.
ignorante. adj. **1** Que ignora. **2** Inculto, sin instrucción. **Sin.** 1 desconocedor 2 iletrado ◻ **Ant.** 1 conocedor 2 culto.
ignorar. tr. **1** No saber algo: *ignoro a qué hora llega*. **2** Hacer caso omiso de algo: *ignoró mis advertencias*. **Sin.** 1 desconocer 2 desoír.
ignoto, ta. adj. **1** No conocido. **2** No descubierto. **Sin.** 1 y 2 desconocido.
igual. adj. **1** De la misma naturaleza, cantidad o cualidad de otra persona o cosa: *llevan blusas iguales*. **2** Muy parecido o semejante: *esos dos hermanos son iguales*. **3** Del mismo valor y aprecio: *todo le es igual*. **4** De la misma clase o condición: *tu familia es de igual nivel social que la mía*. **5** Se dice de las figuras que se pueden superponer de modo que se confundan en su totalidad: *triángulos iguales*. | m. **6** Signo de igualdad, formado de dos rayas horizontales paralelas (=). | adv. m. **7** Lo mismo: *me da igual lo que hagas*. **Sin.** 1 idéntico, exacto 2 similar 3 equivalente.
iguala. f. **1** Pago de una cantidad ajustada que se hace con arreglo a unos servicios contratados. **2** Listón de madera con que los albañiles reconocen la llanura de las tapias o de los suelos.
igualación. f. **1** Acción de igualar. **2** Ajuste, convenio.
igualar. tr. **1** Hacer a una persona o cosa igual a otra u otras: *nos han igualado el sueldo*. Más c. prnl.

2 Allanar una superficie: *están igualando el solar*. **3** Alcanzar a alguien en un puesto o cualidad: *ha crecido tanto que ya iguala a su padre*. | intr. **4** Ser una cosa igual a otra. También prnl.

igualatorio. adj. **1** Que tiende a establecer la igualdad. | m. **2** Sociedad médica que presta servicios a sus clientes mediante una iguala.

igualdad. f. **1** Conformidad de una cosa con otra en naturaleza, forma, calidad o cantidad: *igualdad de oportunidades*. **2** Expresión de la equivalencia de dos cantidades. SIN. 1 y 2 equivalencia.

igualitario, ria. adj. Que entraña igualdad o tiende a ella.

igualitarismo. m. Tendencia política que propugna la desaparición o atenuación de las diferencias sociales.

iguana. f. Reptil saurio provisto de una gran papada y de una cresta espinosa a lo largo del dorso.

iguánido. adj. y m. Se dice de ciertos reptiles saurios, cuyo tipo es la iguana.

iguanodonte. m. Reptil saurio herbívoro, que se encuentra fósil en los terrenos secundarios del cretáceo.

ijada. f. Cualquiera de las dos cavidades simétricamente colocadas entre las costillas flotantes y los huesos de las caderas. SIN. ijar.

ijar. m. Ijada.

ikurriña. (voz vasc.) f. Bandera del País Vasco.

ilación. f. **1** Enlace razonable y ordenado de las partes de un discurso o de una deducción lógica: *su discurso carecía de ilación*. **2** Acción de inferir una cosa de otra. SIN. 1 conexión 2 deducción.

ilativo, va. adj. **1** Que se infiere o puede inferirse. **2** Se dice de la conjunción que enuncia una ilación o consecuencia.

ilegal. adj. Que es contrario a la ley. ANT. legal.

ilegalidad. f. **1** Falta de legalidad. **2** Acción o cosa ilegal.

ilegible. adj. Que no puede o no debe leerse: *este manuscrito es ilegible*. ANT. legible.

ilegitimar. tr. Privar a alguien o algo de la legitimidad. ANT. legitimar.

ilegítimo, ma. adj. **1** Ilegal: *un negocio ilegítimo*. **2** Falso, no auténtico: *un cuadro ilegítimo*. **3** Se dice de los hijos tenidos fuera del matrimonio.

íleon. m. Tercera porción del intestino delgado, que termina en el ciego.

ilerdense. adj. y com. **1** De la antigua Ilerda, hoy Lleida (Lérida). **2** Leridano.

ileso, sa. adj. Que no ha recibido lesión o daño: *resultó ileso en el accidente*.

iletrado, da. adj. Falto de cultura. ANT. culto.

iliaco, ca o **ilíaco, ca.** adj. Relativo al íleon y al ilion.

Iguana

ilicitano, na. adj. y s. De Ílici, hoy Elche.

ilícito, ta. adj. No permitido legal ni moralmente. ANT. lícito.

ilimitado, da. adj. Que no tiene límites.

ilion. m. Hueso de la cadera.

ilógico, ca. adj. Que carece de lógica: *su enfado es ilógico*. ANT. lógico, razonable.

iluminación. f. **1** Acción de iluminar. **2** Conjunto de luces de un lugar: *había una brillante iluminación en la sala*. **3** Luces dispuestas como adorno. **4** En pint., distribución de la luz en un cuadro.

iluminado, da. adj. y s. **1** Hereje. **2** Se dice del individuo de una secta herética y secreta fundada en 1776, que pretendía establecer como ideal un sistema moral contrario al orden existente en religión, propiedad y familia.

iluminar. tr. **1** Alumbrar algo: *un pequeño farol iluminaba la terraza*. **2** Adornar un edificio o lugar con muchas luces: *han iluminado la fuente*. **3** Ilustrar, aclarar alguna cuestión: *la vida de este artista ilumina muchos aspectos de su obra*. **4** En teol., ilustrar Dios a los hombres, haciéndoles conocer la verdad.

ilusión. f. **1** Imagen sugerida por los sentidos que carece de verdadera realidad: *ilusión auditiva*. **2** Esperanza que carece de fundamento en la realidad: *no te hagas ilusiones*. **3** Entusiasmo, alegría: *me hizo mucha ilusión el regalo*. SIN. 1 alucinación 2 quimera, ficción.

ilusionar. tr. **1** Hacer que uno se forje determinadas ilusiones. También prnl.: *no te ilusiones demasiado con sus promesas*. **2** Causar algo entusiasmo o alegría: *me ilusiona mucho que hayáis venido*.

ilusionismo. m. Arte y técnica de producir efectos ilusorios y aparentemente mágicos, mediante juegos de manos, trucos, etc.

ilusionista. com. Persona que practica el ilusionismo.

iluso, sa. adj. y s. **1** Se dice de la persona a la que se engaña o seduce fácilmente: *el timador consiguió hacerse con varios ilusos.* **2** Soñador: *eres un iluso si piensas que todo es tan sencillo.*

ilusorio, ria. adj. Engañoso, irreal, ficticio.

ilustración. f. **1** Acción de ilustrar. **2** Estampa, grabado o dibujo que adorna un libro. **3** Movimiento filosófico y literario imperante en Europa y América en el s. XVIII, caracterizado por la creencia en la razón como medio para resolver todos los problemas de la vida humana. **4** Época en la que se desarrolló. ‖ En las acepciones 3 y 4 se escribe con mayúscula.

ilustrar. tr. **1** Aclarar algo de difícil comprensión con ejemplos o imágenes: *ilustró su explicación con ejemplos.* También prnl. **2** Adornar un libro con láminas o grabados. **3** Instruir a una persona. También prnl.: *se ilustró sobre la época antes de escribir la novela.*

ilustrativo, va. adj. Que ilustra.

ilustre. adj. **1** De noble y distinguido linaje o familia. **2** Insigne, célebre en alguna actividad: *un científico ilustre.* **3** Tratamiento de dignidad.

ilustrísimo, ma. adj. **1** Tratamiento que se da a ciertas personas por su cargo o dignidad. **2 su ilustrísima.** Tratamiento que se da al obispo.

imagen. f. **1** Figura, representación de una persona o cosa. **2** Representación mental de algo: *tienes una imagen equivocada de él.* **3** Estatua, efigie, o pintura de Jesucristo, de la Virgen o de un santo. **4** En lit., empleo de una palabra o expresión que den idea viva de algo con lo que guarda relación.

imaginación. f. **1** Facultad de la mente de representar las imágenes de las cosas reales o ideales. **2** Imagen formada por la fantasía. **3** Sospecha sin fundamento: *no tienes razón, son imaginaciones tuyas.*

imaginar. tr. y prnl. **1** Representar idealmente una cosa; crearla en la imaginación: *en su novela imaginaba una ciudad ideal.* **2** Presumir, sospechar: *imagino que no vendrá.* **Sin.** 1 inventar.

imaginaria. f. **1** Guardia que está preparada para intervenir en caso de emergencia. ∣ m. **2** Soldado que por turno vela durante la noche en cada compañía o dormitorio de un cuartel.

imaginario, ria. adj. Que sólo tiene existencia en la imaginación. **Sin.** irreal, ficticio.

imaginativo, va. adj. Relativo a la imaginación.

imaginería. f. **1** Arte de tallar o pintar imágenes sagradas. **2** Conjunto de estas imágenes: *la imaginería barroca.*

imaginero. m. Escultor o pintor de imágenes sagradas.

imán. m. Mineral de hierro magnético que tiene la propiedad de atraer el hierro, el acero y, en grado menor, otros cuerpos.

imán. m. **1** El que preside la oración canónica musulmana. **2** El guía, jefe o modelo religioso o político de una comunidad musulmana.

imantar o **imanar.** tr. y prnl. Comunicar a un cuerpo la propiedad magnética.

imbécil. adj. y com. **1** desp. Alelado, poco inteligente. **2** Se dice, como insulto, de la persona que molesta haciendo o diciendo tonterías: *a ver si se calla ese imbécil.* **Sin.** 1 y 2 idiota.

imbecilidad. f. **1** Alelamiento. **2** Idiotez, tontería. **Ant.** 2 agudeza.

imberbe. adj. y m. **1** Se apl. al joven que todavía no tiene barba. **2** P. ext., joven inexperto. **Sin.** 1 barbilampiño, lampiño.

imbornal. m. Boca o agujero para dar salida al agua.

imborrable. adj. Que no se puede borrar.

imbricar. tr. y prnl. Disponer una serie de cosas apoyando unas en otras, como están las escamas de los peces.

imbuir. tr. **1** Infundir, inculcar a alguien ideas o sentimientos: *su padre le imbuyó la pasión por el cine.* ∣ **imbuirse.** prnl. **2** Empaparse, adquirir ideas o sentimientos: *se imbuyó de las doctrinas de su maestro.* ‖ **Irreg.** Se conj. como *huir.*

imitable. adj. **1** Que se puede imitar. **2** Digno de imitación.

imitación. f. **1** Acción de imitar: *hizo una buena imitación del político.* **2** Copia exacta de algo original a lo que pretende sustituir: *un diamante de imitación.*

imitar. tr. **1** Hacer una cosa copiando fielmente otra: *imitar un cuadro.* **2** Parecerse una cosa a otra: *este tejido imita la seda.* **Sin.** 1 copiar, remedar, plagiar 2 semejar.

impaciencia. f. **1** Falta de paciencia. **2** Ansiedad, anhelo: *esperaba tu llamada con impaciencia.* **Ant.** 1 paciencia 2 calma, tranquilidad.

impacientar. tr. y prnl. Hacer perder o perder uno la paciencia: *le impacientaba la falta de noticias.*

impaciente. adj. **1** Que no tiene paciencia. **2** Intranquilo, preocupado: *estoy impaciente por saber los resultados.*

impacto. m. **1** Choque de un objeto que se lanza con fuerza contra algo. **2** Huella o señal que deja: *el coche presentaba un fuerte impacto en el guardabarros.* **3** Golpe emocional producido por una noticia desconcertante: *su muerte me produjo un fuerte impacto.*

impala. m. Antílope africano que se caracteriza por tener los cuernos finos, anillados y dispuestos en forma de lira.

impalpable. adj. **1** Que no produce sensación al tacto. **2** Ligero, sutil: *una tela impalpable.* **3** Poco evidente, difícil de demostrar.

impar. adj. **1** Se dice del número que no es divisible por dos. También m. **2** Que no tiene par o igual: *un actor impar*.

imparcial. adj. **1** Que juzga o procede con imparcialidad. También com. **2** Se dice de los juicios o actos objetivos: *una decisión imparcial*. **SIN.** 1 ecuánime 2 neutral □ **ANT.** 1 y 2 partidista, parcial.

imparcialidad. f. Ecuanimidad, objetividad.

impartir. tr. Repartir, comunicar, dar: *impartir una clase*.

impasible. adj. **1** Incapaz de padecer. **2** Indiferente, imperturbable: *se mantuvo impasible ante sus reproches*.

impasse. (voz fr.) m. Punto muerto o situación a la que no se encuentra salida: *las negociaciones llegaron a un impasse*.

impávido, da. adj. **1** Que no siente miedo. **2** Sereno ante el peligro. **SIN.** 1 valiente 2 impasible.

impecable. adj. Sin falta, defecto o mancha: *el vestido te ha quedado impecable*. **ANT.** defectuoso.

impedancia. f. Resistencia aparente de un circuito eléctrico al flujo de la corriente alterna.

impedido, da. adj. y s. Inválido, tullido: *está impedido de una mano*.

impedimenta. f. Bagaje o carga que lleva la tropa.

impedimento. m. **1** Obstáculo. **2** Cualquiera de las circunstancias que ilegalizan o anulan el matrimonio. **SIN.** 1 dificultad, traba.

impedir. tr. Dificultar, imposibilitar la ejecución de una cosa: *el atasco le impidió llegar a tiempo*. ‖ **Irreg.** Se conj. como *pedir*. **ANT.** facilitar.

impeler. tr. **1** Dar empuje, impulsar: *el viento impelía el velero*. **2** Incitar, estimular: *le impele un afán de superación*.

impenetrabilidad. f. Actitud o cualidad de impenetrable.

impenetrable. adj. **1** Que no se puede penetrar. **2** Imposible o difícil de comprender. **3** Se dice de la persona hermética, inescrutable, y de sus acciones: *una mirada impenetrable*.

impensable. adj. **1** Absurdo, irracional: *tuvo una ocurrencia impensable*. **2** De imposible o muy difícil realización: *me parece impensable que nos concedan el permiso en este momento*.

impepinable. adj. Inevitable, que no admite discusión: *su victoria es impepinable*.

imperar. intr. **1** Mandar, dominar: *el temor imperaba entre aquella gente*. **2** Ejercer la dignidad imperial.

imperativo, va. adj. **1** Que impera o manda: *lo dijo en tono imperativo*. **2** Se dice del modo verbal con el que se manda o ruega. También m. | m. **3** Exigencia, obligación: *imperativo legal*. **SIN.** 1 imperioso.

imperceptible. adj. Que no se puede percibir o que casi no se nota: *una diferencia imperceptible*. **ANT.** evidente, perceptible.

imperdible. adj. **1** Que no puede perderse. | m. **2** Alfiler que se abrocha quedando su punta dentro de un gancho.

imperdonable. adj. Que no se debe o puede perdonar.

imperecedero, ra. adj. **1** Que no perece. **2** Se apl. hiperbólicamente a lo inmortal o eterno: *fama imperecedera*.

imperfección. f. **1** Falta de perfección. **2** Falta o defecto pequeño: *este jarrón tiene varias imperfecciones*.

imperfecto, ta. adj. **1** No perfecto. **2** En gram., se dice del tiempo verbal que expresa la acción en su evolución, sin terminar: *pretérito, futuro imperfecto*. También m.

imperial. adj. Perteneciente al emperador o al imperio.

imperialismo. m. Tendencia de un Estado a extender su dominio sobre otros por medio de la fuerza o por influjos económicos y políticos abusivos.

impericia. f. Falta de pericia o de experiencia. **ANT.** destreza.

imperio. m. **1** Organización política en la que un Estado extiende su poder sobre otros. **2** Conjunto de los Estados sometidos a un emperador: *el Imperio romano*. **3** Potencia de alguna importancia: *el imperio americano*. **4** Acción de mandar con autoridad. **5** Dignidad de emperador y tiempo que dura su gobierno.

imperioso, sa. adj. **1** Que urge, ineludible: *es imperioso que lleguemos a un acuerdo*. **2** Autoritario, exigente: *lo dijo con tono imperioso*. **SIN.** 1 imperativo 2 altanero, arrogante.

impermeabilizar. tr. Hacer impermeable.

impermeable. adj. **1** Impenetrable al agua. | m. **2** Especie de gabardina de tejido plástico, que no deja pasar el agua.

impersonal. adj. **1** Que no tiene personalidad: *un estilo impersonal*. **2** Que no se aplica a nadie personalmente: *habló en general, de forma impersonal*. **ANT.** 1 original 1 y 2 personal.

impertérrito, ta. adj. Se dice del que no se asusta ni se altera por nada: *recibió impertérrito la noticia*. **SIN.** impávido.

impertinencia. f. **1** Cualidad de impertinente. **2** Dicho o hecho impertinente.

impertinente. adj. y com. **1** Que molesta con sus exigencias y su exceso de susceptibilidad: *desde su operación está muy impertinente*. **2** Inoportuno, inconveniente: *ese comentario es impertinente*. | m. pl. **3** Anteojos con mango para sujetarlos a la altura de los ojos.

imperturbable. adj. Que no se perturba ni se altera.

impetrar. tr. **1** Rogar. **2** Solicitar.

ímpetu. m. **1** Movimiento acelerado y violento. **2** Fuerza o violencia: *lanzó el balón con mucho ímpetu*. **Sin.** 1 impulso.

impetuoso, sa. adj. **1** Impulsivo y precipitado. **2** Que actúa con ímpetu.

impiedad. f. Falta de piedad religiosa. **Sin.** ateísmo.

impío, a. adj. Falto de piedad religiosa. **Sin.** incrédulo, ateo.

implacable. adj. **1** Que no se puede aplacar o templar: *un viento implacable*. **2** Severo, inflexible: *un juez implacable*.

implantación. f. **1** Acción de implantar. **2** Fijación, inserción o injerto de un tejido u órgano en otro. **3** Fijación de un huevo fecundado en la mucosa del útero.

implantar. tr. **1** Encajar, poner, injertar: *le implantaron una muela*. **2** Establecer y poner en ejecución doctrinas nuevas, instituciones, prácticas o costumbres: *implantar una moda*. **Sin.** 2 instaurar, instituir.

implar. tr. Llenar, inflar.

implementar. tr. Poner en funcionamiento, aplicar métodos, medidas, etc., para llevar algo a cabo.

implemento. m. **1** Utensilio. Más en pl. **2** En ling., término con el que algunos lingüistas designan el complemento directo.

implicar. tr. **1** Envolver, enredar a alguien en algo: *esa prueba le implicaba en el crimen*. También prnl. **2** Contener, llevar en sí, significar: *su respuesta implicaba reproche*.

implícito, ta. adj. Que se entiende incluido en otra cosa sin expresarlo: *ese movimiento llevaba implícito un rechazo contra el academicismo*. **Ant.** explícito.

implorar. tr. Pedir con ruegos o lágrimas una cosa. **Sin.** rogar.

implosión. f. **1** Acción de romperse hacia dentro con estruendo las paredes de una cavidad en cuyo interior existe una presión inferior a la exterior. **2** En astron., fenómeno cósmico que consiste en la disminución brusca del tamaño de un astro.

impluvio. m. Espacio descubierto en medio del atrio de las casas romanas, por donde entraba el agua de lluvia.

impoluto, ta. adj. Limpio, sin mancha: *siempre va impoluto*.

imponderable. adj. **1** Que no puede pesarse ni medirse. **2** De mucho valor. | m. **3** Circunstancia imprevisible o cuyas consecuencias no pueden estimarse. **Sin.** 3 imprevisto.

imponente. adj. **1** Que impone: *ese perrazo es imponente*. **2** Admirable. **3** Magnífico, estupendo. | com. **4** Persona que ingresa dinero en una cuenta bancaria.

imponer. tr. **1** Poner a alguien una carga u obligación: *imponer un castigo*. **2** Infundir temor o respeto: *impuso su decisión por la fuerza*. También prnl. **3** Meter dinero en una cuenta bancaria. **4** Instruir a uno en una cosa. También prnl.: *se ha impuesto mucho en paleografía* | **imponerse.** prnl. **5** Dejar alguien clara su autoridad o superioridad. **6** Destacar, predominar algo sobre lo demás: *este otoño se imponen los tejidos de mezclilla*. || **Irreg.** Se conj. como *poner*.

imponible. adj. Que se puede gravar con impuesto o tributo. **2 base imponible.** Cantidad de renta o patrimonio sobre la que se calcula el impuesto que debe pagarse.

impopular. adj. Que no es grato a la mayoría: *el Gobierno tomó medidas impopulares*. **Ant.** popular.

importación. f. **1** Acción de introducir algo en un país. **2** Conjunto de cosas importadas. **Ant.** 1 y 2 exportación.

importancia. f. **1** Valor o interés de alguien o algo: *un argumento de importancia*. **2** Prestigio, categoría social de una persona: *una familia de importancia*. **Sin.** 1 trascendencia, repercusión.

importante. adj. Que es de importancia.

importar. intr. **1** Interesar, tener valor una persona o cosa a algo o alguien: *tus opiniones le importan mucho*. **2** Atañer, incumbir. | tr. **3** Valer, costar. **4** Introducir en un país géneros, costumbres, etc., extranjeros: *el árbol de Navidad es una costumbre importada*.

importe. m. Valor, precio en dinero de algo.

importunar. tr. Incomodar o molestar con peticiones intempestivas o inconvenientes.

importunidad. f. **1** Cualidad de importuno. **2** Incomodidad, molestia.

importuno, na. adj. **1** Inoportuno. **2** Molesto.

imposibilidad. f. **1** Falta de posibilidad para que exista, ocurra o se haga una cosa. **2** Enfermedad o defecto físico que estorba o excusa para el ejercicio de una función pública.

imposibilitado, da. adj. Privado de movimiento. **Sin.** tullido, inválido.

imposibilitar. tr. Quitar la posibilidad de ejecutar o conseguir una cosa: *su enfermedad le ha imposibilitado asistir*. **Sin.** impedir.

imposible. adj. **1** No posible: *es imposible que esté en dos sitios a la vez*. **2** Sumamente difícil: *es imposible que llegue a tiempo*. También m.

imposición. f. **1** Acción de imponer o imponerse: *más que una sugerencia, eso parece una imposición*. **2** Carga, tributo u obligación. **3** Ingreso de una cantidad en una cuenta bancaria.

imposta. f. **1** Fila de sillares, a veces con moldura, sobre la que va sentado un arco. **2** Faja o moldura que recorre horizontalmente la fachada de los edificios a la altura de los diversos pisos.

impostar. tr. Fijar la voz en las cuerdas vocales para emitir el sonido en su plenitud sin vacilación ni temblor.

impostor, ra. adj. y s. **1** Que finge o engaña. **2** Persona que se hace pasar por quien no es: *el impostor se fingía policía para sus estafas.* Sɪɴ. 1 embaucador, falsario 2 suplantador.

impotencia. f. **1** Falta de poder para hacer una cosa. **2** Incapacidad del hombre para realizar el coito.

impotente. adj. **1** Que no tiene poder ni potencia para hacer algo: *se sentía impotente ante aquella injusticia.* **2** Incapaz de engendrar o concebir. También com. **3** Que tiene impotencia sexual. También m.

impracticable. adj. **1** Que no se puede realizar: *este proyecto es impracticable.* **2** Se dice de los caminos y parajes por donde no se puede o es difícil pasar.

imprecación. f. Acción de imprecar. Sɪɴ. maldición.

imprecar. tr. Manifestar con palabras el deseo vivo de que alguien reciba mal o daño. Sɪɴ. maldecir.

imprecisión. f. Falta de precisión.

impreciso, sa. adj. No preciso, vago, indefinido: *un color impreciso.* Aɴᴛ. definido.

impregnar. tr. y prnl. **1** Introducir entre las moléculas de un cuerpo las de otro. **2** Empapar: *impregnó el pañuelo de colonia.* | **impregnarse.** prnl. **3** Imbuirse de los conocimientos o ideas de alguien a través del contacto con él: *se ha impregnado de su doctrina.*

imprenta. f. **1** Arte de imprimir. **2** Taller o lugar donde se imprime.

imprescindible. adj. Se dice de aquello de lo que no se puede prescindir.

impresentable. adj. Que no es digno de presentarse o de ser presentado.

impresión. f. **1** Acción de imprimir. **2** Marca o señal que una cosa deja en otra apretándola: *sus pisadas dejaron una impresión en el cemento fresco.* **3** Efecto, huella que las cosas causan en el ánimo: *la noticia le causó una terrible impresión.* **4** Opinión: *tiene una impresión muy favorable de ti.*

impresionar. tr. **1** Conmover hondamente. También prnl. **2** Fijar vibraciones acústicas o luminosas en una superficie de modo que puedan ser reproducidas por procedimientos fonográficos o fotográficos. Sɪɴ. 1 emocionar, afectar.

impresionismo. m. Corriente artística, especialmente pictórica, surgida en Francia a finales del s. xɪx que pretendía reproducir las impresiones que produce en el autor la naturaleza o cualquier otro estímulo externo.

impreso. m. **1** Libro, folleto o escrito reproducido mediante técnicas de impresión. **2** Formulario con espacios en blanco para llenar a mano o a máquina: *rellenó el impreso de matrícula.*

impresor, ra. adj. **1** Que imprime. | m. y f. **2** Persona propietaria de una imprenta. | f. **3** En inform., dispositivo periférico de un ordenador para imprimir información sobre papel.

imprevisible. adj. Que no se puede prever.

imprevisto, ta. adj. y s. **1** No previsto. | m. pl. **2** Gastos que no se han calculado en un presupuesto.

imprimir. tr. **1** Marcar letras u otros caracteres en papel u otra materia apretándolas en la prensa. **2** Elaborar una obra impresa. **3** Reproducir textos o imágenes a través de la impresora de un ordenador. **4** Fijar en el ánimo algún efecto o sentimiento. **5** Dar a una persona o cosa determinada característica, orientación, etc.: *imprime a sus movimientos una gracia especial.* || Doble part.: *imprimido* (reg.), *impreso* (irreg.).

improbable. adj. Nada o poco probable.

ímprobo, ba. adj. **1** Se apl. al trabajo excesivo y continuado. **2** Perverso, malo. Sɪɴ. 1 trabajoso, penoso.

improcedente. adj. **1** Inadecuado, inoportuno: *ese comentario me parece improcedente.* **2** Que no se ajusta a la ley o a los reglamentos.

improductivo, va. adj. Que no produce fruto o resultado. Sɪɴ. infructuoso.

impromptu. m. Composición musical basada en la improvisación.

impronta. f. **1** Reproducción de imágenes en hueco o en relieve, en cualquier materia blanda o dúctil. **2** Marca o huella que deja una cosa en otra.

improperio. m. Injuria grave de palabra. Sɪɴ. insulto.

impropio, pia. adj. **1** Inconveniente, inadecuado: *llevaba una ropa impropia para la fiesta.* **2** Ajeno, extraño a algo o alguien: *es un comportamiento impropio de él.* Aɴᴛ. 1 acertado, adecuado 2 característico.

improvisación. f. **1** Acción de improvisar. **2** Obra o composición improvisada.

improvisar. tr. Hacer una cosa de pronto, sin preparación alguna y con los medios de que se dispone: *improvisó un discurso.*

improviso, sa. adj. **1** Que no se prevé o previene. **2 de improviso.** loc. adv. Sin prevención, de repente: *llegó de improviso.*

imprudencia. f. **1** Falta de prudencia: *conduce con imprudencia.* **2** Acto o dicho imprudente: *fue una imprudencia que se lo contaras.*

imprudente. adj. y com. Que no tiene prudencia. Sɪɴ. insensato.

impúber. adj. y com. Que no ha llegado aún a la pubertad.

impudicia. f. Descaro, desvergüenza.

impúdico, ca. adj. y s. Deshonesto, sin pudor.

impuesto. m. Carga que ha de pagarse al Estado para hacer frente a las necesidades públicas. **Sin.** tributo.

impugnar. tr. Combatir, contradecir, refutar algo que se cree erróneo o ilegal: *impugnó el fallo del tribunal*.

impulsar. tr. **1** Empujar para producir movimiento: *impulsar un columpio*. También prnl. **2** Promover una acción: *ha impulsado la creación de una nueva sucursal*. **3** Incitar, estimular: *tu ejemplo le impulsó a superarse*.

impulsivo, va. adj. y s. Se dice del que habla o actúa sin reflexión ni cautela, dejándose llevar de sus impulsos, deseos o sentimientos.

impulso. m. **1** Acción de impulsar. **2** Fuerza que mueve o desarrolla algo: *se dio impulso para saltar*. **3** Instigación, sugestión: *el premio fue un impulso para su carrera*.

impune. adj. Que queda sin castigo: *un crimen impune*.

impunidad. f. Falta de castigo.

impureza. f. **1** Cualquier sustancia extraña a un cuerpo o materia: *el agua sale con muchas impurezas*. **2** Falta de pureza o castidad.

imputar. tr. Atribuir a otro un delito o acción: *le imputaron el robo*.

in-. 1 Prefijo que significa 'en', 'dentro de': *incorporar, infiltrar*. **2** Prefijo negativo o privativo: *inacabable, incomunicar.* ‖ Se convierte en *im* delante de *b* (*imbatible*) o *p* (*imposible);* en *i,* por *il,* delante de *l* (*ilimitado*), y en *ir* delante de *r* (*irrecuperable*).

inabarcable. adj. Que no puede abarcarse.

inabordable. adj. Que no se puede abordar o tratar. **Sin.** intratable.

inacabable. adj. Que no se acaba nunca o que tarda mucho en hacerlo: *un discurso inacabable*.

inacabado, da. adj. Que no está acabado.

inaccesible. adj. De imposible o muy difícil acceso: *una cima inaccesible, una persona inaccesible*.

inacción. m. Ociosidad, inercia.

inaceptable. adj. Que no se puede aceptar.

inactividad. m. Falta de actividad.

inactivo, va. adj. Sin acción o movimiento; ocioso, inerte.

inadaptación. m. Falta de adaptación. **Sin.** inadecuación.

inadaptado, da. adj. y s. Que no se adapta a ciertas condiciones o circunstancias: *este chico es un inadaptado*.

inadecuación. f. Falta de adecuación.

inadecuado, da. adj. Que no es adecuado: *una pregunta inadecuada*.

inadmisible. adj. Intolerable.

inadvertido, da. adj. Desapercibido, que no se nota: *vuestro gesto le pasó inadvertido*.

inagotable. adj. Abundante, que no se agota: *una paciencia inagotable*.

inaguantable. adj. Pesado, insoportable: *el niño está inaguantable*.

inalámbrico, ca. adj. Se apl. a todo sistema de comunicación eléctrica sin alambres conductores: *teléfono inalámbrico*.

in albis. loc. adv. lat. En blanco, sin comprender nada: *se quedó in albis*.

inalcanzable. adj. Que no se puede conseguir.

inalterable. adj. Que no se altera o no puede ser alterado: *este tinte es inalterable*.

inane. adj. Vano, fútil, inútil: *ahórrate comentarios inanes*.

inanición. f. Extrema debilidad por falta de alimento.

inanimado, da. adj. Que no tiene vida. **Sin.** insensible, muerto.

inapelable. adj. **1** Se apl. a la sentencia que no se puede apelar. **2** Indudable, claro: *un triunfo inapelable*.

inapetencia. f. Falta de apetito.

inapetente. adj. Que no tiene apetito.

inapreciable. adj. **1** De mucho valor: *estos recuerdos son inapreciables para mí*. **2** Excesivamente pequeño: *la diferencia de colores es inapreciable*.

inarticulado, da. adj. **1** No articulado. **2** Se dice de los sonidos de la voz que no llegan a formar palabras.

inasequible. adj. No asequible, muy difícil de conseguir: *los pisos se han puesto inasequibles*. **Sin.** inaccesible.

inaudible. adj. Que no se puede oír.

inaudito, ta. adj. **1** Nunca oído: *una novedad inaudita*. **2** Horrible, increíble: *hace un calor inaudito*.

inauguración. f. **1** Acto de inaugurar. **2** Ceremonia con la que se inaugura algo: *la inauguración de un certamen*.

inaugurar. tr. **1** Dar principio a una cosa con un acto solemne: *han inaugurado la exposición*. **2** Abrir solemnemente un establecimiento público: *hoy inauguran un nuevo restaurante*.

inca. adj. y com. **1** Se dice de un pueblo de aborígenes americanos que, a la llegada de los españoles, habitaban en la parte O. de América del Sur, desde el actual Ecuador hasta Chile y el norte de la República Argentina. | m. **2** Soberano que lo gobernaba. **3** Moneda de oro de la república del Perú, equivalente a 20 soles.

incaico, ca. adj. Relativo a los incas.

Vaso inca

incalculable. adj. Tan grande que no se puede calcular: *esta colección tiene un valor incalculable.*

incalificable. adj. **1** Censurable: *comportamiento incalificable.* **2** Que no se puede calificar: *un estilo incalificable.*

incandescente. adj. Se apl. al cuerpo, generalmente metal, que se enrojece o blanquea por la acción del calor.

incansable. adj. Que no se cansa, resistente a la fatiga.

incapacidad. f. **1** Falta de capacidad para hacer, recibir o aprender una cosa: *incapacidad para los idiomas.* **2** Lo que incapacita legal o físicamente. **Sin.** 2 inhabilidad.

incapacitar. tr. **1** Hacer incapaz a alguien o algo: *el accidente le incapacitó las dos piernas.* **2** Decretar la incapacidad de alguien para desempeñar ciertos cargos. **Sin.** 1 impedir 2 inhabilitar.

incapaz. adj. **1** Que no tiene capacidad o aptitud para una cosa. **2** Falto de talento. **3** Sin capacidad legal para algo. **Sin.** 1 inepto.

incardinar. tr. y prnl. Vincular.

incautarse. prnl. **1** Tomar posesión un tribunal, u otra autoridad competente, de dinero o bienes de otra clase. **2** Apoderarse alguien de algo indebidamente: *se incautó de los fondos de la caja.* || No debe usarse como tr.

incauto, ta. adj. y s. **1** Que no tiene cautela: *¡incauto, mire antes de cruzar!* **2** Crédulo, ingenuo: *te han vuelto a engañar por incauto.* **Ant.** 1 prudente 2 astuto.

incendiar. tr. y prnl. Ocasionar un incendio. **Sin.** inflamar.

incendiario, ria. adj. **1** Que provoca un incendio intencionadamente. También s. **2** Destinado para incendiar o que puede causar incendio: *bomba incendiaria.* **3** Escandaloso, subversivo: *discurso incendiario.*

incendio. m. **1** Fuego grande que abrasa lo que no está destinado a arder. **2** Sentimiento apasionado, como el amor o la ira.

incensar. tr. **1** Dirigir con el incensario el humo del incienso hacia una persona o cosa. **2** Adular.

incensario. m. Brasero con cadenillas y tapa, que sirve para quemar incienso y esparcirlo.

incentivo, va. adj. y m. Que mueve o estimula a desear o hacer una cosa: *la cuantía del premio ha sido un incentivo para los concursantes.* **Sin.** estímulo, acicate.

incertidumbre. f. **1** Inseguridad. **2** Duda, perplejidad.

incesante. adj. **1** Que no cesa, constante: *de la fuente manaba un chorrillo incesante.* **2** Repetido, frecuente.

incesto. m. Relación sexual entre parientes a los que la ley les prohíbe el matrimonio.

incidencia. f. **1** Lo que sucede en el curso de un asunto o negocio y tiene relación con ello: *comentaban las incidencias del encuentro.* **2** Influencia de un número de casos en algo, normalmente en las estadísticas.

incidente. adj. **1** Que incide. | m. **2** Cosa que sobreviene en el curso de un asunto, negocio o juicio y tiene con él alguna relación: *el periodista relató los incidentes de la sesión.* **3** Cosa que se interpone en el transcurso normal de algo. **4** Riña, altercado, discusión: *durante la manifestación se produjeron algunos incidentes.*

incidir. intr. **1** Caer o incurrir en una falta, error, etc.: *incidió en la misma falta.* **2** Repercutir, causar efecto: *el escándalo ha incidido en su carrera.* **3** Chocar una cosa con otra: *la flecha incidió en el centro de la diana.*

incienso. m. Gomorresina de olor aromático que se quema en algunas ceremonias religiosas.

incierto, ta. adj. **1** Falso. **2** Dudoso. **3** Impreciso: *sus ojos eran de un color incierto.*

incinerar. tr. Quemar algo hasta reducirlo a cenizas.

incipiente. adj. Que empieza: *una miopía incipiente.*

incisión. f. Hendidura que se hace en algunos cuerpos con un instrumento cortante. **Sin.** corte.

incisivo, va. adj. **1** Apto para abrir o cortar: *un instrumento incisivo.* **2** Punzante, mordaz: *hizo una incisiva crítica de la obra.* | adj. y m. **3** Se dice de cada uno de los dientes de los mamíferos situados en la parte central y anterior de la boca.

inciso. m. **1** Oración intercalada en otra. **2** Comentario o digresión distinta del tema principal, que se intercala en un discurso.

incitar. tr. Estimular a uno para que haga algo. **Sin.** instigar, provocar, espolear.

inclemencia. f. **1** Falta de clemencia. **2** Dureza y rigor en el tiempo climatológico de las estaciones, especialmente en el invierno. Más en pl.

inclinación. f. **1** Acción de inclinar o inclinarse. **2** Reverencia que se hace con la cabeza o el cuerpo. **3** Afecto, amor, propensión a una cosa: *muestra inclinación por las artes.* **4** Dirección que una línea o una superficie tiene con relación a otra. **Sin.** 3 tendencia, predisposición 4 pendiente ☐ **Ant.** 3 manía.

inclinar. tr. **1** Apartar una cosa de su posición perpendicular a otra. También prnl.: *el cuadro se ha inclinado.* **2** Persuadir: *tu argumento le inclinó a apoyarnos.* | **inclinarse.** prnl. **3** Tender a hacer, pensar o sentir una cosa: *me inclino a creerle.*

ínclito, ta. adj. Ilustre, afamado.

incluir. tr. **1** Poner una cosa dentro de otra: *el paquete de promoción incluía un champú de regalo.* **2** Contener una cosa a otra o llevarla implícita: *los precios indicados ya incluyen el IVA.* || Doble part.: *incluido* (reg.), *incluso* (irreg.). **Irreg.** Se conj. como *huir.* **Ant.** 2 excluir.

inclusa. f. Institución en la que se recoge y cría a los niños abandonados. **Sin.** orfanato, hospicio.

inclusero, ra. adj. y s. Criado en la inclusa. **Sin.** expósito.

inclusive. adv. Se apl. a los términos de una serie para indicar que están incluidos en ella: *hoy se examinan hasta el número 235 inclusive.*

incluso, sa. adj. **1** Contenido, comprendido. | adv. m. **2** Con inclusión de: *esa película nos gustó a todos, incluso al abuelo.* **3** Además: *estaba pálido, incluso le temblaban las manos.* | prep. y conj. **4** Hasta, aun: *es una receta fácil incluso para principiantes.*

incoar. tr. Comenzar un proceso, pleito, expediente, etc.

incoativo, va. adj. **1** Que explica o denota el principio de una cosa o de una acción progresiva. **2** En gram., se dice de los verbos que indican el comienzo de una acción: *amanecer.*

incógnito, ta. adj. **1** No conocido: *esta obra es de fecha incógnita.* | m. **2** Anonimato. | f. **3** Cantidad desconocida que es preciso determinar en una ecuación o en un problema. **4** Misterio, causa oculta de algo: *su paradero es una incógnita.* **5 de incógnito.** loc. adv. Pretendiendo no ser conocido y pasar inadvertido: *el emperador José II viajó de incógnito por Italia.*

incoherencia. f. **1** Falta de conexión en las cosas que se dicen o hacen. **2** Absurdo, hecho o dicho sin sentido: *se puso a soltar incoherencias.*

incoherente. adj. No coherente.

incoloro, ra. adj. Sin color: *el agua es incolora.*

incólume. adj. Sano, sin lesión ni daño: *salió incólume del accidente.* **Sin.** ileso.

incombustible. adj. Que no se puede quemar.

incomodar. tr. y prnl. Causar incomodidad: *¿te has incomodado por lo que dije?* **Sin.** molestar, disgustar ☐ **Ant.** agradar.

incomodidad. f. **1** Falta de comodidad: *esta casa está llena de incomodidades.* **2** Molestia. **3** Disgusto, enojo.

incómodo, da. adj. **1** Molesto, desagradable: *te ha tocado una tarea muy incómoda.* **2** Poco confortable: *esta silla es incómoda.* **3** A disgusto: *se sentía incómodo en medio de toda esa gente.*

incomparable. adj. Tan extraordinario que no tiene igual.

incomparecencia. f. Falta de asistencia a un acto o lugar al que hay obligación de comparecer.

incompatibilidad. f. **1** Cualidad de incompatible: *incompatibilidad de caracteres.* **2** Impedimento legal para ejercer dos o más cargos a la vez.

incompatible. adj. Que no puede existir con otra persona o cosa: *horarios incompatibles.*

incompetencia. f. **1** Falta de competencia o de jurisdicción. **2** Incapacidad para resolver con eficacia algo.

incompetente. adj. y com. **1** No competente. **2** Inútil, ignorante.

incompleto, ta. adj. No completo: *una vajilla incompleta.* **Sin.** defectuoso, imperfecto.

incomprendido, da. adj. **1** No comprendido correctamente: *sus declaraciones fueron incomprendidas.* **2** Se dice de la persona cuyo mérito no ha sido generalmente apreciado. También s.

incomprensible. adj. Que no se puede comprender o es muy difícil hacerlo: *tiene una escritura incomprensible.*

incomunicación. f. **1** Acción de incomunicar o incomunicarse: *la incomunicación generacional.* **2** Aislamiento de un procesado decretado por el juez. **3** Falta de diálogo.

incomunicar. tr. **1** Privar de comunicación a algo o alguien: *incomunicar a un detenido.* | **incomunicarse.** prnl. **2** Negarse al trato con otras personas. **Sin.** 1 y 2 aislar.

inconcebible. adj. **1** Que no puede concebirse o comprenderse: *esta situación me resulta inconcebible*. **2** Imperdonable, censurable: *tuvo una falta de tacto inconcebible*.

inconcluso, sa. adj. No acabado: *una novela inconclusa*.

incondicional. adj. **1** Absoluto, sin restricción ni condiciones: *le prestó un apoyo incondicional*. | com. **2** Adepto a una persona o idea, sin limitación ni condición ninguna: *el político estaba rodeado de sus incondicionales*.

inconexo, xa. adj. Que no tiene conexión con una cosa.

inconfesable. adj. Que no puede confesarse, generalmente por ser vergonzoso: *secretos inconfesables*.

inconformismo. m. Actitud hostil ante lo establecido en el orden político, social, moral, estético, etc.

inconfundible. adj. Que por sus peculiaridades y características no puede confundirse con otro: *su risa es inconfundible*.

incongruencia. f. **1** Falta de acuerdo, relación o correspondencia de una cosa con otra. **2** Hecho o dicho ilógico, contradictorio.

inconmensurable. adj. **1** Que no puede medirse. **2** Enorme.

inconmovible. adj. Que no se puede conmover o alterar: *se mantuvo inconmovible ante sus lágrimas*.

inconsciencia. f. **1** Estado de la persona que ha perdido el conocimiento. **2** Cualidad de inconsciente.

inconsciente. adj. **1** No consciente: *un deseo inconsciente*. **2** Se dice del que está desmayado, sin conocimiento. **3** Irreflexivo, insensato. También com.: *sólo un inconsciente dejaría el coche abierto*. | m. **4** Subconsciente.

inconsecuencia. f. Falta de consecuencia o de lógica en lo que se dice o hace.

inconsecuente. adj. **1** Que no se sigue o deduce de otra cosa. **2** Que procede con inconsecuencia. También com. **SIN.** 1 ilógico.

inconsistencia. f. Falta de consistencia: *la inconsistencia de una argumentación*. **ANT.** consistencia.

inconsolable. adj. Apenado, triste, afligido.

inconstancia. f. Falta de constancia.

inconstante. adj. **1** No estable ni permanente. **2** Que cambia con demasiada facilidad de pensamientos, aficiones, opiniones o conducta: *es muy inconstante en amores*. **SIN.** 1 variable, inestable 2 voluble, veleidoso ☐ **ANT.** 1 y 2 estable, constante.

inconstitucional. adj. No conforme con la Constitución del Estado.

inconstitucionalidad. f. Oposición de una ley, de un decreto o de un acto a los preceptos de la Constitución.

incontable. adj. **1** Que no puede contarse. **2** Numerosísimo: *acudió un público incontable*.

incontenible. adj. Que no puede ser contenido o refrenado.

incontestable. adj. Irrefutable, cierto: *un argumento incontestable*.

incontinencia. f. **1** Falta de continencia. **2** Enfermedad que consiste en no poder retener la orina o las heces.

incontrastable. adj. **1** Que no se puede contrastar. **2** Que no se puede discutir o impugnar fundadamente.

incontrolable. adj. Que no se puede controlar.

incontrolado, da. adj. y s. Que actúa o funciona sin control, sin orden, sin disciplina, sin sujeción: *unos incontrolados destrozaron el local*.

incontrovertible. adj. Que no admite duda. **SIN.** indudable.

inconveniencia. f. **1** Incomodidad, desventaja: *los atascos son una de las inconveniencias de las grandes ciudades*. **2** Disconformidad. **3** Dicho o hecho inoportuno, imprudente: *su comentario fue una inconveniencia*. **SIN.** 1 inconveniente 3 grosería, incorrección.

inconveniente. adj. **1** No conveniente: *un momento inconveniente*. | m. **2** Impedimento para hacer una cosa. **3** Aspecto desfavorable de algo o alguien: *su inconveniente es el precio*. **SIN.** 1 inoportuno, inapropiado 3 inconveniencia.

incordiar. tr. e intr. Molestar, agobiar, importunar: *este niño no para de incordiar*.

incordio. m. Incomodidad, agobio, molestia.

incorporar. tr. **1** Agregar, unir dos o más cosas para que formen un todo entre sí: *ahora hay que incorporar los huevos a la leche*. **2** Reclinar el cuerpo que estaba echado. También prnl.: *se incorporó de la cama*. **3** Destinar a un funcionario al puesto que debe desempeñar. También prnl.: *mi hermana se incorpora mañana*. | **incorporarse.** prnl. **4** Agregarse una o más personas a otras para formar un cuerpo: *se incorporaron a la manifestación*.

incorpóreo. adj. No corpóreo. **SIN.** inmaterial.

incorrección. f. Dicho o hecho incorrecto. **SIN.** inconveniencia, grosería ☐ **ANT.** cortesía.

incorrecto, ta. adj. **1** Erróneo, equivocado: *una respuesta incorrecta*. **2** Descortés, grosero.

incorregible. adj. **1** Que no puede corregirse: *un defecto incorregible*. **2** Se dice del que por su terquedad no quiere corregir sus faltas o errores.

incorruptible. adj. **1** No corruptible. **2** Que no puede pervertir, malear o sobornar.

incorrupto, ta. adj. **1** Que está sin corromperse. **2** No pervertido moralmente.

incredulidad. f. **1** Dificultad en creer una cosa.

incrédulo – indeleble

2 Falta de fe y de creencia religiosa. SIN. 1 escepticismo.

incrédulo, la. adj. **1** Que no cree fácilmente. **2** Ateo, descreído. SIN. 1 escéptico ☐ ANT. 1 crédulo 2 creyente.

increíble. adj. **1** Que no puede creerse o es muy difícil de creer. **2** Impresionante, extraordinario: *tiene una suerte increíble*.

incrementar. tr. y prnl. Aumentar, acrecentar: *las ventas se han incrementado*. ANT. decrecer.

incremento. m. Aumento. ANT. disminución.

increpar. tr. **1** Reprender con severidad. **2** Insultar: *increpó al árbitro*.

incriminar. tr. Atribuir a alguien un delito, culpa o defecto. SIN. acusar, imputar.

incruento, ta. adj. No sangriento: *una represión incruenta*. ANT. cruento.

incrustación. f. **1** Acción de incrustar. **2** Cosa incrustada.

incrustar. tr. **1** Embutir en una superficie lisa y dura piedras, metales, etc., formando dibujos. **2** Introducirse un cuerpo violentamente en otro sin mezclarse con él. También prnl.: *se le incrustó una espina en el dedo*.

incubación. f. **1** Acción de incubar. **2** Tiempo que dura. **3** Fase inicial de una enfermedad antes de que aparezcan los síntomas externos.

incubadora. f. **1** Aparato o local que sirve para incubar artificialmente los huevos de las aves. **2** Urna de cristal acondicionada para mantener a los bebés nacidos antes de tiempo o con algún problema de salud.

incubar. tr. **1** Ponerse el ave sobre los huevos para que salgan pollos. **2** Desarrollar el organismo una enfermedad. También prnl. | **incubarse.** prnl. **3** Iniciarse el desarrollo de una tendencia o movimiento cultural, político, religioso, etc., antes de su plena manifestación: *el motín se incubó en poco tiempo*.

incuestionable. adj. Indiscutible.

inculcar. tr. Imbuir, infundir con firmeza en el ánimo de alguien una idea, un concepto, etc.: *le inculcaron el gusto por el arte*.

inculpar. tr. Culpar, acusar a alguien de una falta o delito.

inculto, ta. adj. **1** Que no tiene cultura o instrucción. También s. **2** Se apl. al terreno que no está cultivado.

incultura. f. Falta de cultura. SIN. ignorancia ☐ ANT. sabiduría.

incumbencia. f. Hecho de incumbirle algo a alguien. SIN. competencia.

incumbir. intr. Corresponder a alguien cierta función, asunto, etc.

incumplir. tr. No llevar a efecto, dejar de cumplir algo: *incumplió el contrato*.

incunable. adj. y m. Se apl. a las ediciones hechas desde la invención de la imprenta hasta principios del s. XVI.

incurable. adj. y com. Que no se puede curar.

incuria. f. Poco cuidado: *su incuria puso en peligro el proyecto*. SIN. negligencia.

incurrir. intr. **1** Caer en falta, error, etc.: *incurrió en una grave equivocación*. **2** Tener merecido o haber provocado alguien lo que se expresa: *incurrió en la burla de todos*.

incursión. f. **1** Acción de incurrir. **2** Penetración momentánea en un sitio nuevo o poco habitual: *hizo algunas incursiones en la pintura*. **3** Penetración de soldados de un ejército en el territorio enemigo. SIN. 3 correría.

indagar. tr. e intr. Investigar, averiguar algo: *indagar las causas de un crimen*.

indebido, da. adj. **1** Ilícito, injusto. **2** Que no es obligatorio ni exigible.

indecencia. f. **1** Falta de decencia. **2** Dicho o hecho indecente. SIN. 1 inmoralidad, deshonestidad 2 obscenidad.

indecente. adj. **1** Que no está de acuerdo con la moral establecida. **2** Sucio, desarreglado: *esta habitación está indecente*. SIN. 1 obsceno, inmoral, indecoroso ☐ ANT. 1 decente, honesto 2 limpio.

indecible. adj. Que no se puede decir o explicar.

indecisión. f. Dificultad de alguien en decidirse. SIN. vacilación.

indeciso, sa. adj. **1** Se dice del que tiene dificultad para decidirse. También s. **2** Dudoso, todavía sin determinar: *el resultado de la operación es indeciso*.

indeclinable. adj. **1** Que debe hacerse o cumplirse: *un deber indeclinable*. **2** En gram., se apl. a las palabras que no se declinan.

indecoroso, sa. adj. Que carece de decoro o dignidad, o que las ofende. SIN. indecente, obsceno.

indefectible. adj. Que no puede faltar o dejar de ser. SIN. obligado.

indefensión. f. Falta de defensa; situación del que está indefenso.

indefenso, sa. adj. y s. Que carece de medios de defensa, o está sin ella: *un niño indefenso*.

indefinido, da. adj. **1** No definido: *un sabor indefinido*. **2** Que no tiene límite señalado o conocido: *un contrato por tiempo indefinido*. **3** En gram., se dice del adj. o pron. que determinan al sustantivo de forma imprecisa; como *alguien* o *cualquier*. **4** Se dice del tiempo verbal simple que indica una acción pasada, también llamado pretérito perfecto simple. También m. SIN. 1 indeterminado 2 ilimitado ☐ ANT. 1 definido 2 limitado.

indeleble. adj. Que no se puede borrar o quitar: *una mancha indeleble*.

indelicadeza. f. Falta de delicadeza, de cortesía, etcétera.

indemne. adj. Libre o exento de daño: *salió indemne del accidente*. **Sin.** ileso.

indemnización. f. **1** Acción de indemnizar. **2** Cantidad con que se indemniza.

indemnizar. tr. y prnl. Resarcir a alguien de un daño o perjuicio. **Sin.** compensar, reparar.

independencia. f. **1** Cualidad o condición de independiente. **2** Libertad, autonomía, y especialmente la de un Estado que no es tributario ni depende de otro.

independentismo. m. Movimiento que defiende o reclama la independencia política de un país, región, etcétera.

independiente. adj. **1** Que no depende de otro: *un Estado independiente*. **2** Se dice del que mantiene sus propias opiniones sin hacer caso de los demás. **3** Se dice del que no pertenece a ningún partido, doctrina, etc. También com.

independizar. tr. y prnl. Hacer independiente a una persona o cosa: *se ha independizado de sus padres*.

indescifrable. adj. Que no se puede o es muy difícil de descifrar: *su letra es indescifrable*.

indescriptible. adj. Que es tan grande e impresionante que no se puede describir: *un placer indescriptible*.

indeseable. adj. y com. **1** De trato y presencia no deseados, generalmente por sus condiciones morales. **2** Se dice del extranjero cuya presencia en un país no es aceptada por la autoridad.

indestructible. adj. Que no se puede o es muy difícil de destruir: *este material es indestructible*.

indeterminado, da. adj. **1** Indefinido, no determinado: *acudió un número indeterminado de personas*. **2** Impreciso, vago: *un aroma indeterminado*. **3** Se dice del art. que se antepone al sustantivo para indicar que éste se refiere a un objeto no consabido en el discurso: *una casa*.

indiano, na. adj. y s. **1** De las Indias Occidentales y Orientales. **2** Se dice del que volvía rico de América.

indicación. f. **1** Acción de indicar. **2** Cosa con la que se indica algo: *no he visto la indicación de salida*. **3** Corrección, observación: *el profesor le puso varias indicaciones al margen*.

indicar. tr. **1** Dar a entender una cosa con indicios y señales: *esa señal indica curva peligrosa*. **2** Significar una cosa algo: *su silencio indicaba desacuerdo*. **3** Prescribir el médico una medicina o tratamiento.

indicativo, va. adj. y m. **1** Que indica o sirve para indicar. **2** Se dice del modo del verbo que indica realidad u objetividad y expresa acciones seguras.

índice. adj. **1** Se dice del segundo dedo de la mano, entre el pulgar y el corazón. También m. ǀ m. **2** Indicio o señal de una cosa: *el aumento del paro es un índice de crisis*. **3** Lista ordenada de capítulos, materias o autores de un libro. **4** Catálogo de una biblioteca. **5** Cada una de las manecillas de un reloj y, en general, las agujas y otros elementos indicadores de los instrumentos graduados. **6** Cifra que expresa la relación entre una serie de datos y permite sacar conclusiones: *índice de natalidad*. **7** En mat., número o letra que sirve para indicar el grado de la raíz.

indicio. m. **1** Aquello que permite conocer o inferir la existencia de algo que no se percibe: *su forma de escuchar era un indicio de su interés*. **2** Primera manifestación de algo. **3** Pequeña cantidad de algo.

índico, ca. adj. Relativo a las Indias Orientales.

indiferencia. f. **1** Estado del ánimo en el que no se siente inclinación ni rechazo hacia algo o alguien. **2** Frialdad, displicencia: *le miró con indiferencia*. **Ant.** 1 interés 2 pasión.

indiferente. adj. **1** Que no importa que sea o se haga de una o de otra forma: *es indiferente que sea antes o después*. **2** Que no muestra preferencia por nada en especial: *elige tú, a mí me es indiferente*.

indígena. adj. y com. Originario del país o lugar de que se trata. **Sin.** aborigen, nativo, natural.

indigenismo. m. **1** Estudio de los pueblos indios iberoamericanos. **2** Doctrina y partido que propugna reivindicaciones políticas, sociales y económicas para los indios de los países iberoamericanos. **3** Préstamo lingüístico de una lengua indígena a la invasora.

indigente. adj. y com. Pobre, mísero. **Sin.** menesteroso.

indigestarse. prnl. **1** Padecer una indigestión. **2** No agradarle a uno algo o alguien: *este actor se me ha indigestado*. **Sin.** 1 empacharse.

indigestión. f. Trastorno que padece el organismo por no haber digerido bien los alimentos.

indigesto, ta. adj. **1** Que no se digiere o se digiere con dificultad. **2** Desagradable, pesado.

indignación. f. Gran enfado que produce algo o alguien. **Sin.** cólera, enojo, rabia.

indignar. tr. y prnl. Provocar indignación, irritar a alguien: *me indigna su desfachatez*. **Sin.** enojar ☐ **Ant.** agradar.

indignidad. f. Cualidad de indigno.

indigno, na. adj. **1** Que no es digno de algo: *es indigno de ese honor*. **2** Que no corresponde a las circunstancias, calidad o mérito de algo o alguien: *eso es indigno de ti*. **3** Vil, ruin.

índigo. m. Añil.

indio. m. Elemento químico; es un metal blanco, brillante y maleable, muy escaso en la naturaleza. Su símbolo es In.

indio, dia. adj. y s. De la India (Indias Orientales) o de América (Indias Occidentales).

indirecto, ta. adj. **1** Que no va derecho a un fin, sino a través de rodeos o intermediarios: *me enteré de forma indirecta.* | f. **2** Cosa que se da a entender sin decirla claramente. **SIN.** 2 insinuación, sugerencia.

indisciplina. f. Falta de disciplina. **SIN.** rebeldía, desobediencia ☐ **ANT.** obediencia.

indisciplinarse. prnl. Quebrantar la disciplina establecida.

indiscreción. f. **1** Falta de discreción y de prudencia: *su mayor defecto es su indiscreción.* **2** Dicho o hecho indiscreto: *contárselo ha sido una indiscreción.* **ANT.** 1 prudencia, discreción 2 delicadeza.

indiscreto, ta. adj. **1** Que habla o actúa imprudente e inoportunamente. También s. **2** Que se hace o dice de este modo: *le hizo una pregunta indiscreta.*

indiscriminado, da. adj. Sin la debida diferenciación o selección: *hizo una condena indiscriminada de toda su obra.* **SIN.** indistinto ☐ **ANT.** selectivo.

indiscutible. adj. Evidente, irrefutable: *fue el triunfador indiscutible de la carrera.* **ANT.** discutible, dudoso.

indisoluble. adj. **1** Que no puede disolverse. **2** Que no puede desatarse.

indispensable. adj. Que es imprescindible: *es indispensable que os pongáis de acuerdo.*

indisponer. tr. **1** Enemistar: *ha hecho lo imposible por indisponernos.* También prnl. **2** Causar indisposición o enfermedad. | **indisponerse.** prnl. **3** Experimentar esa indisposición: *se indispuso en el viaje.* ‖ **Irreg.** Se conj. como *poner.* **SIN.** 1 malmeter y 3 enfermar.

indisposición. f. **1** Malestar, enfermedad pasajera. **2** Acción de indisponer o indisponerse.

indispuesto, ta. adj. Ligeramente enfermo.

indistinto, ta. adj. **1** Que no se distingue de otra cosa. **2** Que no se percibe claramente: *de la niebla surgían masas indistintas.*

individual. adj. **1** Que es de o para un individuo: *cama individual.* **2** Relativo al individuo: *libertades individuales.* **SIN.** 1 personal 2 peculiar ☐ **ANT.** 1 y 2 colectivo.

individualismo. m. **1** Tendencia a actuar según el propio criterio y no de acuerdo con el de la colectividad. **2** Aislamiento, egoísmo. **3** Doctrina ética, política, filosófica o social que considera al individuo como fundamento y fin de todas las leyes y relaciones morales y políticas. **SIN.** 1 independencia 2 insolidaridad ☐ **ANT.** 1 gregarismo 2 solidaridad.

individualista. adj. **1** Que practica el individualismo o es partidario de él. También com. **2** Relativo al individualismo.

individuo, dua. m. y f. **1** Persona cuyo nombre no se conoce o no se quiere descubrir: *se le acercó un individuo para preguntarle algo.* | m. **2** Cada uno de los seres con respecto a la especie a la que pertenece. | adj. **3** Individual. **4** Que no puede dividirse. **SIN.** 1 tipo 2 ejemplar.

indivisible. adj. Que no puede ser dividido.

indiviso, sa. adj. y s. No dividido en partes: *un patrimonio indiviso.*

indocto, ta. adj. Inculto, ignorante.

indocumentado, da. adj. **1** Se dice de quien no tiene documentos que acrediten su identidad. También s.: *la policía detuvo a tres indocumentados.* **2** Ignorante, inculto. **3** Que no está probado.

indoeuropeo, a. adj. **1** Se dice de cada una de las razas y lenguas procedentes de un origen común y extendidas desde la India hasta el occidente de Europa. **2** Se dice también de la raza y lengua que dieron origen a todas ellas. Más c. m.

índole. f. **1** Carácter propio de cada uno: *es de índole apacible.* **2** Naturaleza, calidad y condición de las cosas. **SIN.** 1 idiosincrasia, temperamento.

indolencia. f. Cualidad de indolente. **SIN.** apatía, dejadez ☐ **ANT.** dinamismo.

indolente. adj. y com. **1** Vago, perezoso. **2** Desaliñado, dejado.

indoloro, ra. adj. Que no causa dolor.

indomable. adj. **1** Que no se puede domar: *un caballo indomable.* **2** Difícil de someter: *un pueblo indomable.*

indómito, ta. adj. **1** No domado. **2** Indomable. **3** Difícil de controlar. **SIN.** 1 bravío, salvaje ☐ **ANT.** 1-3 domado.

indubitable. adj. Indudable.

inducción. f. **1** Acción de inducir. **2** Producción de una carga eléctrica por la acción de un flujo magnético.

inducido, da. adj. **1** Se dice de la corriente eléctrica producida en un circuito por la acción de un campo magnético. | m. **2** Circuito en el que se genera una corriente inducida.

inducir. tr. **1** Instigar, incitar: *le indujo a delatarte.* **2** Llegar a conclusiones generales a partir de hechos particulares. **3** En fís., producirse una carga eléctrica por efecto de otra carga de sentido distinto. ‖ **Irreg.** Se conj. como *conducir.* **SIN.** 1 persuadir.

inductancia. f. Magnitud eléctrica que sirve para caracterizar los circuitos según su aptitud para engendrar corrientes inducidas.

inductivo, va. adj. **1** Que se hace por inducción: *método inductivo.* **2** Relativo a ella.

inductor, ra. adj. **1** Que induce. También s.: *él es el inductor del crimen.* | m. **2** Parte de las máquinas eléctricas destinada a producir la inducción magnética.

indudable. adj. **1** Que no se puede poner en duda. **2** Evidente, claro, patente.

indulgencia. f. **1** Benevolencia, tolerancia. **2** Remisión que hace la Iglesia católica de las penas debidas por los pecados.

indulgente. adj. Tolerante, benévolo. **Ant.** inflexible, intransigente.

indultar. tr. Perdonar la autoridad competente a uno toda o parte de la pena que tiene impuesta.

indulto. m. Perdón total o parcial de una pena. **Sin.** amnistía, gracia.

indumentaria. f. **1** Ropas que se tienen o se llevan puestas. **2** Estudio histórico del traje. **Sin.** 1 vestimenta, vestuario, atavío.

industria. f. **1** Conjunto de operaciones destinadas a la transformación de materias primas en bienes intermedios o finales. **2** Instalación destinada a estas operaciones. **3** Fabricación por medios mecánicos y en serie. **4** Habilidad para hacer una cosa. **Sin.** 1 manufactura 2 y 3 fábrica, factoría 4 pericia, maña.

industrial. adj. **1** Relativo a la industria: *desarrollo industrial.* | com. **2** Persona que vive del ejercicio de una industria.

industrializar. tr. y prnl. **1** Hacer algo con métodos industriales. **2** Crear industrias nuevas o desarrollar las existentes en un país, zona, región, etc.

industrioso, sa. adj. **1** Mañoso, habilidoso. **2** Muy trabajador: *las hormigas son animales muy industriosos.* **Ant.** 1 torpe 2 vago, holgazán.

inédito, ta. adj. **1** Escrito y no publicado: *una novela inédita.* También m. **2** Se dice del escritor que aún no ha publicado nada. **3** Desconocido: *una moda inédita.*

inefable. adj. Que no se puede explicar con palabras: *un gozo inefable.* **Sin.** inenarrable.

inefectivo, va. adj. Que no produce el efecto esperado.

ineficaz. adj. Que no es eficaz, nulo: *un producto ineficaz.*

ineluctable. adj. Se dice de aquello contra lo cual no puede lucharse: *el destino es ineluctable.* **Sin.** inevitable.

ineludible. adj. Que no se puede eludir. **Sin.** inevitable, inexcusable.

inenarrable. adj. **1** Inefable. **2** Sorprendente, impresionante: *fue una jugada inenarrable.*

ineptitud. f. Falta de aptitud o de capacidad.

inepto, ta. adj. **1** No apto para algo. **2** Necio o incapaz. También s.

inequívoco, ca. adj. Que no admite duda: *es una falta inequívoca.* **Sin.** indudable.

inercia. f. **1** Incapacidad de los cuerpos para cambiar su estado de reposo o de movimiento sin la aplicación de alguna fuerza. **2** Falta de energía, desidia.

inerme. adj. **1** Que está sin armas. **2** Que no tiene defensas físicas o morales: *estaba inerme ante sus acusaciones.* **Ant.** 1 y 2 armado.

inerte. adj. **1** Falto de vida o movilidad. **2** Estéril: *lo han experimentado en medio inerte.* **3** En quím., cuerpo inactivo.

inervación. f. **1** Acción del sistema nervioso sobre los demás órganos del cuerpo. **2** Distribución de los nervios en una zona del cuerpo: *la inervación del cuello.*

inescrutable. adj. Que no se puede saber ni averiguar: *su mirada era inescrutable.* **Sin.** enigmático, impenetrable.

inesperado, da. adj. Que sucede sin esperarse, imprevisto: *el resultado de la votación fue inesperado.*

inestabilidad. f. Falta de estabilidad.

inestable. adj. **1** No estable: *una moneda inestable.* **2** Se dice de la persona de carácter y humor variables.

inestimable. adj. Que no puede estimarse en todo lo que vale: *nos prestó una ayuda inestimable.*

inevitable. adj. Que no se puede evitar.

inexacto, ta. adj. Que carece de exactitud: *una información inexacta.* **Sin.** erróneo, falso.

inexcusable. adj. **1** Ineludible: *un deber inexcusable.* **2** Que no puede ser disculpado: *un error inexcusable.*

inexistente. adj. **1** Que carece de existencia. **2** Se dice de aquello que aunque existe se considera totalmente nulo.

inexorable. adj. **1** Que no se deja vencer por los ruegos: *un juez inexorable.* **2** Inevitable: *el tiempo es inexorable.* **Sin.** 1 insensible, despiadado.

inexperiencia. f. Falta de práctica en alguna cosa.

inexperto, ta. adj. y s. Sin experiencia.

inexplicable. adj. Que no se puede explicar o justificar: *su ausencia es inexplicable.*

inexpresivo, va. adj. **1** Que carece de expresión: *un rostro inexpresivo.* **2** Seco, poco inclinado a mostrar sus sentimientos.

inexpugnable. adj. **1** Que no se puede tomar o conquistar: *una fortaleza inexpugnable.* **2** Que no se deja vencer ni persuadir.

in extremis. loc. adv. lat. En los últimos instantes de la vida, a punto de morir.

infalible. adj. **1** Que no puede equivocarse. **2** Seguro, cierto.

infamar. tr. Difamar. **Ant.** alabar.

infame. adj. **1** Que no tiene honra o prestigio. También com. **2** Se dice de la persona que actúa con malas intenciones. **3** Muy malo en su género: *un hotel infame.*

infamia. f. **1** Descrédito, deshonra. **2** Maldad: *lo que has hecho es una infamia.* **Ant.** 1 dignidad 1 y 2 honradez.

infancia. f. **1** Período de la vida del niño desde que nace hasta los comienzos de la adolescencia. **2** Conjunto de los niños de tal edad.

infante, ta. m. y f. **1** Niño. **2** En España, hijo o hija del rey, con excepción del heredero al trono. | m. **3** Soldado de infantería.

infantería. f. Tropa que sirve a pie en el ejército.

infanticidio. m. Muerte dada a un niño.

infantil. adj. **1** Relativo a la infancia: *enfermedad infantil.* **2** Parecido a los niños. **Sin.** 1 y 2 pueril ☐ **Ant.** 1 y 2 senil.

infantilismo. m. Persistencia en la edad adulta de caracteres físicos y mentales propios de la infancia.

infarto. m. Lesión producida en un órgano privado de su riego sanguíneo, por obstrucción de la arteria correspondiente.

infatigable. adj. Incapaz de cansarse: *es un trabajador infatigable.* **Sin.** incansable.

infausto, ta. adj. Desgraciado, infeliz: *una noticia infausta.*

infección. f. Penetración de gérmenes patógenos en el organismo.

infeccioso, sa. adj. Que causa o provoca infección.

infectar. tr. y prnl. **1** Transmitir un organismo a otro los gérmenes de una enfermedad. **2** Hacer que se difundan actitudes, opiniones, etc., de carácter negativo. **Sin.** 1 y 2 inficionar.

infecto, ta. adj. **1** Infectado, contagiado. **2** Pestilente, corrompido.

infeliz. adj. y com. **1** De suerte adversa, no feliz. **2** Se dice de la persona que sufre por alguna desgracia. **3** Apocado, sin ambiciones: *al infeliz le tiene dominado su mujer.* **4** Ingenuo, que no tiene malicia: *el infeliz se lo cree todo.* **Ant.** 1 feliz 2 contento, dichoso 3 ambicioso, atrevido 4 astuto.

inferior. adj. **1** Que está debajo de otra cosa o más bajo que ella: *lo puse en el estante inferior.* **2** Que es menos que otra cosa: *esta tela es de una calidad inferior.* **3** Se dice de la persona sujeta o subordinada a otra. También com.

inferioridad. f. **1** Cualidad de inferior. **2** Situación de una cosa que está más baja que otra o debajo de ella.

inferir. tr. **1** Deducir una cosa de otra: *de lo que dijo infiero que no te ha creído.* **2** Ocasionar, conducir a un resultado. **3** Tratándose de ofensas, heridas, etc., hacerlos o causarlos: *le infirió una estocada.* || **Irreg.** Se conj. como *sentir.*

infernal. adj. **1** Relativo al infierno. **2** Muy malo, perjudicial: *su plan era infernal.*

infestar. tr. y prnl. Invadir un lugar una plaga de animales u otra cosa similar: *los pulgones infestaban el rosal.*

inficionar. tr. y prnl. **1** Producir infección. **2** Corromper. **Sin.** 1 y 2 infectar.

infidelidad. f. Falta de fidelidad; deslealtad.

infiel. adj. **1** Falto de fidelidad: *un amigo infiel.* **2** En la religión católica y musulmana, se dice de la persona que no profesa dicha religión. También com. **Sin.** 1 desleal, traidor 2 pagano, gentil.

infiernillo. m. Hornillo, aparato para calentar.

infierno. m. **1** Según algunas religiones, lugar destinado al eterno castigo de los condenados. **2** Tormento y castigo de los condenados. **3** Lugar en que hay mucho alboroto y discordia. **Sin.** 1 y 2 averno ☐ **Ant.** 1 y 2 paraíso, cielo.

infijo. adj. y m. Se apl. al afijo que se introduce en el interior de una palabra; p. ej., en man–*oj*–illo.

infiltrar. tr. y prnl. **1** Introducir suavemente un líquido entre los poros de un sólido. **2** Infundir ideas, doctrinas, etc. | **infiltrarse.** prnl. **3** Introducirse furtivamente en algún lugar, especialmente con propósito de espionaje o propaganda.

ínfimo, ma. adj. Muy pequeño, muy poco: *es de calidad ínfima.*

infinidad. f. Gran número de personas o cosas.

infinitesimal. adj. Se dice de las cantidades infinitamente pequeñas.

infinitivo. m. Forma no personal del verbo, que no expresa números ni personas, ni tiempo determinado.

infinito, ta. adj. **1** Que no tiene fin o límite. **2** Muy numeroso, grande y excesivo: *tiene una curiosidad infinita.* | m. **3** Espacio sin límite: *miraba al infinito.* | adv. m. **4** Excesivamente, muchísimo: *lo siento infinito.* **Sin.** 1 ilimitado 2 enorme 3 horizonte.

inflación. f. Subida general de precios. **Ant.** deflación.

inflacionario, ria o **inflacionista.** adj. Relativo a la inflación.

inflamable. adj. Que se enciende con facilidad desprendiendo inmediatamente llamas.

inflamación. f. Alteración patológica en una parte cualquiera del organismo, caracterizada por enrojecimiento, hinchazón y dolor.

inflamar. tr. y prnl. **1** Encender una cosa que desprende llama inmediatamente: *inflamar el alcohol.* **2** Acalorar, enardecer las pasiones: *se inflamó de ira.* | **inflamarse.** prnl. **3** Producirse inflamación: *se me ha inflamado el tobillo.* **Sin.** 1 incendiar, prender 3 hincharse ☐ **Ant.** 1 apagar 2 tranquilizar.

inflar. tr. y prnl. **1** Hinchar una cosa con aire u otra sustancia aeriforme: *inflar un globo.* **2** Exagerar: *inflar una noticia.*

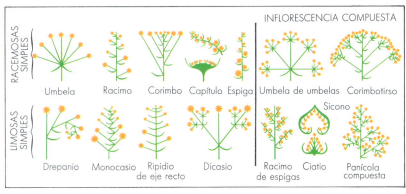

Inflorescencias

inflexible. adj. **1** Incapaz de doblarse. **2** Se dice de la persona que no se deja conmover ni convencer: *un juez inflexible*. **3** Que no se puede acomodar a otra cosa: *normas inflexibles*. **Sin.** 1 y 2, duro 1-3 rígido ☐ **Ant.** 1-3 flexible.

inflexión. f. **1** Tratándose de la voz, cada uno de los cambios de tono que se producen en ella al hablar. **2** Torcimiento de algo que estaba recto. **Sin.** 1 modulación 2 desviación.

infligir. tr. Hablando de castigos y penas, imponerlos o causarlos.

inflorescencia. f. Orden o forma con que aparecen agrupadas las flores en una misma rama.

influencia. f. **1** Acción de influir: *la influencia de la televisión*. **2** Poder, autoridad de una persona sobre otras: *tiene mucha influencia en la empresa*. **Sin.** 1 influjo.

influenciar. tr. Influir.

influir. tr. Producir una persona o cosa sobre otras ciertos efectos, cambios, etc.: *su obra influyó en muchos escritores*. ‖ **Irreg.** Se conj. como *huir*.

influjo. m. **1** Acción de influir. **2** Flujo de la marea. **Sin.** 1 influencia.

influyente. adj. Que influye.

información. f. **1** Acción de informar o informarse. **2** Oficina donde se informa sobre alguna cosa. **3** Conjunto de datos, noticias, informes, etc., sobre una materia determinada. **4** Investigación jurídica y legal de un hecho o delito.

informal. adj. **1** Se dice de la persona que no guarda las reglas ni cumple sus compromisos. También com. **2** Que no es serio, solemne o ceremonioso: *un atuendo informal*. **Sin.** 1 malqueda ☐ **Ant.** 1 cumplidor 1 y 2 formal.

informar. tr. **1** Dar noticia de algo. También prnl.: *se informó de los horarios de trenes*. **2** Dar forma a una cosa: *un tono de denuncia informaba la novela*. ‖ intr. **3** En der., hablar en estrados los fiscales y los abogados. **Sin.** 1 anunciar, comunicar, enterar 3 alegar.

informática. f. Conjunto de conocimientos científicos y técnicas que hacen posible el tratamiento automático de la información por medio de ordenadores electrónicos.

informativo, va. adj. Que informa o sirve para dar noticia de algo: *un folleto informativo*.

informe. m. **1** Noticia o conjunto de datos que se dan acerca de una persona o cosa. También pl.: *nos han dado muy buenos informes sobre usted*. **2** Exposición que se hace sobre el estado de una cosa: *está redactando un informe sobre el proyecto*.

informe. adj. Que no tiene una forma determinada: *llevaba puesto un sombrero informe*. **Sin.** confuso.

infortunio. m. Suerte desdichada, desgracia.

infra-. Elemento compositivo que significa 'inferior' o 'debajo de algo': *infrahumano, infravalorar*.

infracción. f. Transgresión, quebrantamiento de una ley o norma: *una infracción de tráfico*.

infractor, ra. adj. y s. Que quebranta una ley o precepto.

infraestructura. f. **1** Conjunto de elementos o servicios que se consideran necesarios para el funcionamiento de una organización: *la infraestructura de una empresa*. **2** Parte de una construcción que está bajo el nivel del suelo.

in fraganti. loc. adv. lat. En el mismo momento en que se está cometiendo el delito: *le pillaron in fraganti*.

infrahumano, na. adj. Inferior a lo humano: *condiciones de vida infrahumanas*.

infranqueable. adj. Imposible o difícil de atravesar: *un obstáculo infranqueable.*

infrarrojo, ja. adj. Radiación del espectro luminoso que se encuentra por debajo del rojo visible y de mayor longitud de onda. Se caracteriza por sus efectos caloríficos.

infrasonido. m. Sonido cuya frecuencia de vibraciones es inferior al límite perceptible por el oído humano.

infrecuente. adj. Que no es frecuente.

infringir. tr. Quebrantar leyes, órdenes, etc.

infructuoso, sa. adj. Ineficaz, inútil: *un esfuerzo infructuoso.*

infrutescencia. f. Conjunto de frutos que forman una unidad, y que surgen de las flores de inflorescencia, como la mora, el trigo, etc.

ínfula. f. **1** Cada una de las dos cintas anchas que cuelgan de la parte posterior de la mitra episcopal. | pl. **2** Presunción, vanidad: *desde que salió en la tele se da muchas ínfulas.* **SIN.** 2 humos, aires.

infundado, da. adj. Que carece de fundamento: *un rumor infundado.* **ANT.** fundado.

infundio. m. Mentira, noticia falsa, generalmente tendenciosa. **SIN.** calumnia, bulo.

infundir. tr. **1** Causar un sentimiento en alguien: *infundir temor, esperanza.* **2** Comunicar Dios al alma un don o gracia. **SIN.** 1 inspirar, imbuir.

infusión. f. **1** Acción de cocer o introducir en agua ciertos frutos o hierbas aromáticas para extraer de ellas las partes solubles. **2** Líquido así obtenido.

infusorio. m. Célula o microorganismo que tiene cilios.

ingeniar. tr. **1** Idear o inventar algo. **2 ingeniárselas.** loc. Arreglárselas, apañárselas: *¿cómo te las ingeniaste para arreglarlo?*

ingeniería. f. Conjunto de técnicas que permiten aplicar el saber científico a la utilización de la materia y de las fuentes de energía, mediante invenciones o construcciones útiles para el hombre.

ingeniero, ra. m. y f. Persona que profesa o ejerce la ingeniería.

ingenio. m. **1** Facultad para discurrir o inventar. **2** Sujeto dotado de esta facultad. **3** Habilidad, astucia. **4** Sentido del humor agudo. **5** Conjunto de máquinas para elaborar el azúcar. **SIN.** 1 y 2 genio 3 destreza 4 gracia, chispa.

ingente. adj. Muy grande, enorme: *le costó un esfuerzo ingente.* **ANT.** insignificante.

ingenuidad. f. Inocencia, ausencia de malicia. **SIN.** candidez ☐ **ANT.** malicia.

ingenuo, nua. adj. y s. **1** Sin malicia, inocente. **2** Simple.

ingerir. tr. Introducir por la boca comida, bebida, medicamentos, etc. || **Irreg.** Se conj. como *sentir.* **SIN.** deglutir.

ingestión. f. Acción de ingerir.

ingle. f. Parte del cuerpo en que se juntan los muslos con el vientre.

inglés, sa. adj. **1** De Inglaterra. También s. | m. **2** Lengua de la rama germánica, hablada en Reino Unido, Australia, EE.UU., Canadá, República Sudafricana y otros países.

ingratitud. f. Desagradecimiento, olvido de los beneficios recibidos. **ANT.** gratitud.

ingrato, ta. adj. **1** Desagradecido. También s. **2** Desapacible, desagradable: *un tiempo ingrato.*

ingrávido, da. adj. Ligero, suelto, sin peso. **ANT.** pesado.

ingrediente. m. Cualquier cosa que entra con otras en un compuesto: *los ingredientes de una receta culinaria, de una fórmula.* **SIN.** componente.

ingresar. intr. y tr. **1** Entrar en un establecimiento, organismo, etc.: *ingresar en un centro de salud.* | tr. **2** Meter dinero en una cuenta bancaria. También intr. **3** Recibir periódicamente una cantidad de dinero.

ingreso. m. **1** Acción de ingresar. | pl. **2** Ganancias económicas: *el negocio deja buenos ingresos.*

inguinal o **inguinario, ria.** adj. Relativo a las ingles.

inhábil. adj. **1** Falto de habilidad, talento o educación. **2** Se dice del día festivo. **SIN.** 1 incapaz, inepto, torpe.

inhabilitar. tr. **1** Declarar a uno incapaz de ejercer un cargo o de ejercitar derechos civiles. **2** Imposibilitar para algo. También prnl. **SIN.** 1 y 2 incapacitar ☐ **ANT.** 1 y 2 habilitar.

inhabitable. adj. Se dice del lugar o casa que no reúne las condiciones precisas para ser habitado.

inhalar. tr. Aspirar ciertos gases o líquidos pulverizados. **ANT.** exhalar.

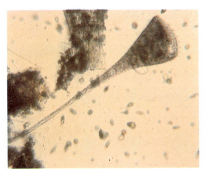

Infusorio

inherente. adj. Que por su naturaleza está de tal manera unido a otra cosa que no se puede separar: *el cambio es inherente a la vida.* **Sin.** consustancial.

inhibición. f. Acción de inhibir.

inhibir. tr. **1** Impedir o reprimir. | **inhibirse.** prnl. **2** Abstenerse, dejar de actuar: *se inhibe mucho cuando está entre desconocidos.* **Sin.** 1 y 2 cohibir, refrenar, coartar ☐ **Ant.** 1 y 2 estimular, incitar.

inhóspito, ta. adj. Se dice del lugar incómodo, poco grato. **Ant.** acogedor.

inhumano, na. adj. Falto de humanidad, cruel. **Sin.** brutal, despiadado ☐ **Ant.** humano.

inhumar. tr. Enterrar un cadáver. **Ant.** exhumar.

iniciación. f. Acción de iniciar o iniciarse.

inicial. adj. **1** Relativo al origen o principio de las cosas: *causa inicial.* **2** Se dice de la letra con la que comienza una palabra o nombre. También f.: *firma con sus iniciales.* **Sin.** 1 final.

iniciar. tr. y prnl. **1** Comenzar una cosa. **2** Instruir, formar: *iniciarse en la música.* **Ant.** 1 finalizar, terminar, concluir.

iniciativa. f. **1** Acción de adelantarse a los demás en hablar u obrar: *ella tomó la iniciativa.* **2** Capacidad personal que inclina a esta acción: *la recogida de firmas fue iniciativa suya.*

inicio. m. Comienzo, principio. **Ant.** fin.

inicuo, cua. adj. **1** Malvado, cruel. **2** Injusto: *una decisión inicua.* **Ant.** 1 bondadoso 2 justo.

ininteligible. adj. No inteligible: *este escrito es ininteligible.* **Sin.** incomprensible.

ininterrumpido, da. adj. Continuo, sin interrupción.

iniquidad. f. Maldad, injusticia. **Sin.** arbitrariedad, vileza ☐ **Ant.** justicia.

injerencia. f. Acción de injerirse.

injerirse. prnl. Entremeterse.

injertar. tr. **1** Introducir en una planta una rama o parte de otra para que pueda brotar. **2** Introducir en el cuerpo de una persona un tejido o un órgano, tomados de ella misma o de otro individuo.

injerto. m. **1** Acción de injertar. **2** Lo que se ha injertado: *ha rechazado el injerto de piel.*

injuria. f. **1** Agravio o insulto grave. **2** Daño que causa.

injuriar. tr. Agraviar, insultar, ofender. **Ant.** alabar.

injusticia. f. **1** Acción contraria a la justicia. **2** Falta de justicia: *el reparto ha sido una injusticia.* **Sin.** 1 iniquidad 2 arbitrariedad.

injusto, ta. adj. y s. No justo.

inmaculado, da. adj. **1** Que no tiene mancha. **2** Sin defecto, puro.

inmadurez. f. Falta de madurez.

inmaduro, ra. adj. y s. No maduro: *es afectivamente inmaduro.*

Tipos de injerto

inmanente. adj. En fil., que es inherente a algún ser o va unido de un modo inseparable a su esencia.

inmarcesible. adj. Que no se puede marchitar o acabar: *una amistad inmarcesible.*

inmaterial. adj. No material. **Sin.** incorpóreo, espiritual.

inmediación. f. **1** Cualidad de inmediato. | pl. **2** Alrededores de un lugar. **Sin.** 2 aledaños.

inmediato, ta. adj. **1** Contiguo o muy cercano a otra cosa: *la farmacia está en la calle inmediata.* **2** Que sucede sin que medie espacio o tiempo: *en cuanto se calló experimenté un alivio inmediato.*

inmejorable. adj. Que no se puede mejorar, perfecto.

inmemorial. adj. Remoto, muy antiguo: *una civilización inmemorial.*

inmensidad. f. **1** Infinidad en la extensión. **2** Gran número o cantidad.

inmenso, sa. adj. **1** Muy grande: *tiene una finca inmensa*. **2** Que no tiene medida. **Sin.** 1 enorme, desmedido 2 infinito, ilimitado.

inmerecido, da. adj. No merecido. **Ant.** merecido.

inmersión. f. Acción de introducir o introducirse una cosa en un líquido. **Ant.** emersión.

inmerso, sa. adj. **1** Sumergido. **2** Absorto: *estaba inmerso en la novela*.

inmigración. f. Llegada de personas a un país, procedentes de otro, para establecerse en él.

inmigrante. adj. y com. Persona que llega de otro país para establecerse allí.

inmigrar. intr. Llegar a un país para establecerse en él personas que proceden de otro.

inminente. adj. Que está próximo a suceder: *las elecciones son inminentes*. **Ant.** remoto.

inmiscuirse. prnl. Intervenir en asuntos ajenos. || **Irreg.** Se conj. como *huir*.

inmobiliario, ria. adj. **1** Perteneciente a los bienes inmuebles. | f. **2** Empresa o sociedad que se dedica a construir, alquilar, vender y administrar viviendas.

inmodestia. f. Falta de modestia.

inmodesto, ta. adj. No modesto.

inmolar. tr. **1** Sacrificar una víctima en honor de la divinidad. **2** Sacrificar algo por una causa. Más en prnl.: *se inmoló por sus ideales*.

inmoral. adj. y com. Que se opone a la moral.

inmoralidad. f. **1** Falta de moralidad. **2** Acción inmoral.

inmortal. adj. **1** Que no puede morir. **2** Que dura o durará mucho tiempo: *una fama inmortal*. **Sin.** 1 y 2 imperecedero □ **Ant.** 1 mortal 1 y 2 perecedero.

inmortalidad. f. Cualidad de inmortal.

inmortalizar. tr. y prnl. Hacer perpetua una cosa en la memoria de las personas.

inmóvil. adj. Que no se mueve; firme, invariable.

inmovilismo. m. Tendencia a mantener sin cambios una situación política, social, económica, ideológica, etc., establecida. **Sin.** reaccionarismo □ **Ant.** progresismo.

inmovilizar. tr. **1** Hacer que una cosa quede inmóvil. También prnl. **2** Invertir dinero en bienes de lenta o difícil realización. **Ant.** 1 mover.

inmueble. adj. **1** Se dice de los bienes que no se pueden transportar, como la tierra, la vivienda, etc. | m. **2** Casa, edificio.

inmundicia. f. Suciedad, porquería, basura. Más en pl.: *el patio está lleno de inmundicias*.

inmundo, da. adj. **1** Muy sucio, asqueroso. **2** Deshonesto: *un lenguaje inmundo*. **Ant.** 1 limpio 2 honesto.

inmune. adj. **1** Libre de ciertos cargos, exento. **2** No atacable por ciertas enfermedades.

inmunidad. f. **1** Cualidad de inmune. **2** Privilegio de una persona que la exime de ser detenida o procesada en determinadas circunstancias: *inmunidad diplomática*.

inmunizar. tr. Hacer inmune.

inmunología. f. En med., conjunto de los conocimientos científicos relativos a la inmunidad biológica.

inmunoterapia. f. Tratamiento de ciertas enfermedades infecciosas mediante la producción de inmunidad.

inmutable. adj. Que no cambia. **Ant.** constante.

inmutar. tr. y prnl. Alterar, impresionar: *cuando se lo dije ni se inmutó*.

innato, ta. adj. Que ha nacido con el sujeto, y no adquirido por educación y experiencia: *tiene un don innato para la música*. **Sin.** connatural.

innecesario, ria. adj. No necesario. **Sin.** superfluo, inútil.

innegable. adj. Que no se puede negar. **Sin.** evidente, indudable.

innoble. adj. Vil, falso, desleal.

innominado, da. adj. Que no tiene nombre.

innovar. tr. Alterar las cosas, introduciendo novedades. **Sin.** renovar.

innumerable. adj. Tan numeroso que no se puede numerar o contar. **Sin.** incontable.

inobservancia. f. Falta de observancia.

inocencia. f. **1** Estado de la conciencia que está libre de culpa. **2** Exención de toda culpa en un delito o en una mala acción. **3** Sencillez, ingenuidad. **Sin.** 3 candidez □ **Ant.** 1 y 2 culpabilidad 3 malicia.

inocentada. f. Broma que se gasta a uno especialmente el día de los Santos Inocentes.

inocente. adj. **1** Libre de culpa. También com. **2** Sin malicia, ingenuo: *es tan inocente que se lo cree todo*. También com. **3** Que no daña, que no produce mal: *una diversión inocente*. **Sin.** 2 cándido 3 inocuo, inofensivo □ **Ant.** 1 culpable 2 malicioso 3 nocivo, dañino.

inocular. tr. y prnl. **1** Transmitir por medios artificiales una enfermedad contagiosa. **2** Pervertir, contaminar: *le inocularon peligrosos ideales*. **3** Introducir en el organismo un suero, vacuna, etc.: *le inocularon el virus de la gripe*.

inocuo, cua. adj. **1** Que no hace daño: *una sustancia inocua*. **2** Que carece de interés: *una película inocua*. **Sin.** 1 inofensivo □ **Ant.** 1 nocivo 2 interesante.

inodoro, ra. adj. **1** Que no tiene olor. | m. **2** Taza del retrete.

inofensivo, va. adj. Incapaz de causar daño. **Ant.** dañino, peligroso.

inolvidable. adj. Que no puede o no debe olvidarse: *una fecha inolvidable*.

inoperante. adj. Ineficaz.

inopia. f. **1** Pobreza, escasez. **2 estar en la inopia.** loc. Ignorar alguna cosa que otros conocen, no haberse enterado de ella.

inopinado, da. adj. Que sucede sin esperarlo: *llegó de forma inopinada*. **Sin.** inesperado.

inoportuno, na. adj. **1** Se dice de lo que se realiza o sucede cuando no conviene: *una llamada inoportuna*. **2** Se apl. a las personas que actúan así. También s. **Sin.** 1 inconveniente, inapropiado.

inorgánico, ca. adj. Se dice de cualquier cuerpo sin vida, como son todos los minerales.

inoxidable. adj. Que no se oxida.

input. (voz ingl.) m. En inform., sistema de entrada de información.

inquebrantable. adj. Que no puede quebrarse. **Sin.** sólido ☐ **Ant.** frágil.

inquietar. tr. y prnl. Poner nervioso: *me inquieta su tardanza*. **Sin.** intranquilizar, preocupar ☐ **Ant.** tranquilizar.

inquieto, ta. adj. **1** Que no está quieto. **2** Preocupado. **3** Desasosegado, agitado, nervioso.

inquietud. f. **1** Falta de quietud. **2** Inclinación intelectual hacia una materia determinada. Más en pl.: *inquietudes literarias*. **Sin.** 1 desasosiego 2 curiosidad.

inquilino, na. m. y f. **1** Persona que ha tomado una casa o parte de ella en alquiler para habitarla. **2** Arrendatario.

inquina. f. Antipatía. **Sin.** ojeriza, manía, aversión ☐ **Ant.** simpatía.

inquirir. tr. Investigar cuidadosamente una cosa. || **Irreg.** Se conj. como *adquirir*. **Sin.** indagar, interrogar.

inquisición. f. **1** Acción de inquirir. **2** Tribunal eclesiástico establecido antiguamente para perseguir los delitos contra la fe. || En esta acepción, se escribe con mayúscula.

inquisidor, ra. adj. y s. **1** Que inquiere: *una mirada inquisidora*. | m. **2** Juez eclesiástico del tribunal de la Inquisición.

inquisitivo, va. adj. Que inquiere.

inquisitorial. adj. Relativo al inquisidor o a la Inquisición.

insaciable. adj. y com. Imposible o difícil de saciar o satisfacer: *una sed insaciable; una curiosidad insaciable*.

insalivar. tr. Mezclar en la boca los alimentos con la saliva.

insalubre. adj. Perjudicial para la salud, malsano: *este pantano es insalubre*.

insatisfecho, cha. adj. No satisfecho.

inscribir. tr. **1** Apuntar el nombre de una persona en una lista, registro, etc. También prnl.: *se inscribieron en el torneo*. **2** Grabar letreros. || p. p. irreg.: *inscrito*.

inscripción. f. **1** Acción de inscribir o inscribirse: *la inscripción es barata*. **2** Escrito grabado en piedra, metal u otra materia: *una inscripción romana*. **Sin.** 2 epígrafe.

insecticida. adj. y m. Se dice del producto que sirve para matar insectos.

insectívoro, ra. adj. y m. Se dice del animal que se alimenta de insectos. | m. pl. **2** Orden de estos animales.

insecto. adj. y m. **1** Se dice de los artrópodos antenados, con el cuerpo dividido en cabeza, tórax y abdomen, de respiración traqueal y provistos de tres pares de patas. | m. pl. **2** Clase de estos animales.

inseguridad. f. Falta de seguridad.

inseguro, ra. adj. **1** Que no ofrece seguridad: *unos frenos inseguros*. **2** Que es dudoso. **Sin.** 1 peligroso 2 incierto, indeciso ☐ **Ant.** 1 y 2 seguro.

inseminación. f. **1** Acción de introducir el semen en el interior de la vagina. **2 inseminación artificial.** Procedimiento artificial para hacer llegar el semen al óvulo.

insensato, ta. adj. y s. Que no es sensato, necio.

insensible. adj. **1** Que carece de sensibilidad: *es insensible a la música*. **2** Que no se puede percibir: *una diferencia insensible*. **Ant.** 1 sensible 2 perceptible.

inseparable. adj. **1** Que no se puede separar. **2** Se dice de las personas estrechamente unidas.

insepulto, ta. adj. Se dice del cadáver no sepultado.

insertar. tr. y prnl. Incluir, introducir una cosa en otra, intercalar: *insertó varias citas en su discurso*.

inservible. adj. Que no está en condiciones de servir, muy estropeado. **Sin.** inútil ☐ **Ant.** útil.

insidia. f. Asechanza para hacer daño a otro.

insigne. adj. Célebre, famoso.

insignia. f. **1** Señal, emblema: *llevaba la insignia de su equipo*. **2** Bandera que, puesta al tope de uno de los palos del buque, denota la graduación del jefe que lo manda o de otro que va en él.

insignificancia. f. Pequeñez, falta de importancia.

insignificante. adj. Pequeño, sin importancia, despreciable: *un detalle insignificante*.

insinuación. f. Acción de insinuar. **Sin.** sugerencia, indirecta.

insinuar. tr. **1** Dar a entender una cosa, sin más que indicarla ligeramente. | **insinuarse.** prnl. **2** Dar a entender indirectamente el deseo de mantener relaciones sexuales o amorosas con otra persona. **Sin.** 1 sugerir, apuntar.

insípido, da. adj. **1** Falto de sabor: *un guiso insípido*. **2** Falto de gracia o interés: *una comedia insípida*.

insistencia. f. Acción de insistir.

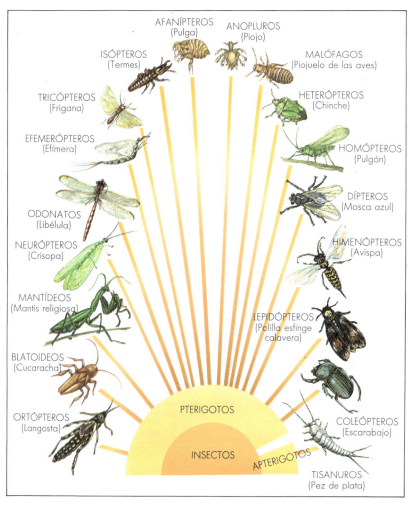

insistir. intr. **1** Pedir algo reiteradamente: *insiste en que le dé tu teléfono.* **2** Persistir o mantenerse firme en una cosa: *insiste en dimitir.* **3** Repetir o hacer hincapié en algo: *en su discurso insistió en la necesidad de reducir el gasto público.*

in situ. loc. adv. lat. En el mismo lugar.

insobornable. adj. Que no puede ser sobornado: *un juez insobornable.*

insociable. adj. y com. Que evita el trato con otras personas. **Sin.** huraño, arisco.

insolación. f. Conjunto de trastornos producidos por una exposición excesiva a los rayos solares.

insolencia. f. **1** Atrevimiento, descaro. **2** Dicho o hecho ofensivo e insultante

insolente. adj. Desvergonzado, irrespetuoso. También com. **Ant.** respetuoso.

insólito, ta. adj. No común ni ordinario, desacostumbrado: *un peinado insólito.* **Sin.** raro, extraño.

insoluble. adj. **1** Que no puede disolverse. **2** Que no se puede solucionar: *un problema insoluble.*

insolvencia. f. Incapacidad de pagar una deuda.

insolvente. adj. y com. Que no tiene medios para pagar las deudas.

insomnio. m. Falta de sueño. **Sin.** desvelo.

insondable. adj. **1** Que no se puede comprender: *un misterio insondable*. **2** Que no se puede sondear o llegar al fondo.

insonorizar. tr. Acondicionar un lugar, habitación, etc., para aislarlo acústicamente.

insoportable. adj. Intolerable, que no se puede soportar: *un dolor insoportable*.

insospechado, da. adj. No sospechado.

insostenible. adj. **1** Que no se puede sostener o soportar. **2** Que no se puede defender con razones. **Sin.** 1 insoportable 2 indefendible.

inspección. f. **1** Acción de inspeccionar. **2** Oficina del inspector.

inspeccionar. tr. Examinar, reconocer atentamente una cosa: *inspeccionar un terreno*. **Sin.** registrar.

inspector, ra. adj. y s. **1** Que inspecciona. | m. y f. **2** Funcionario público o particular que tiene a su cargo la investigación y vigilancia en el ramo a que pertenece: *inspector de seguros*.

inspiración. f. **1** Impulso, estímulo creador: *su inspiración son los clásicos*. **2** Acción de inspirar.

inspirar. tr. **1** Atraer el aire exterior a los pulmones. **2** Sugerir ideas creadoras. También prnl. **3** Suscitar un sentimiento: *inspirar pena*. | **inspirarse.** prnl. **4** Tomar algo como punto de partida para la creación: *para su novela se inspiró en un personaje histórico*. **Sin.** 1 aspirar ❑ **Ant.** 1 espirar.

instalar. tr. **1** Poner o colocar algo en su lugar debido: *instaló la estatuilla encima de la chimenea*. También prnl. **2** Colocar en un lugar o edificio los enseres y servicios que en él se vayan a utilizar, como los conductos de agua, aparatos para la luz, etc. | **instalarse.** prnl. **3** Establecerse: *su familia se instaló en Madrid*.

instancia. f. **1** Solicitud. **2** Apelación. **3** Acción de instar. **4 en última instancia.** loc. adv. Como último recurso; en definitiva.

instantáneo, a. adj. **1** Que sólo dura un instante. | f. **2** Impresión fotográfica que se obtiene instantáneamente. **Sin.** 1 momentáneo, fugaz.

instante. m. **1** Porción brevísima de tiempo: *por un instante dudé de estar despierto*. **2** Momento: *pasamos unos instantes de incertidumbre*. **Sin.** 1 santiamén ❑ **Ant.** 1 eternidad.

instar. tr. **1** Insistir en una petición: *le instó a decidirse*. | intr. **2** Urgir la pronta ejecución de una cosa. **Sin.** 1 rogar, suplicar 2 apremiar.

instaurar. tr. **1** Establecer, fundar: *instaurar la república*. **2** Restablecer.

instigar. tr. Inducir a uno a que haga una cosa: *instigar una rebelión*. **Sin.** incitar.

instintivo, va. adj. Que es resultado del instinto: *un rechazo instintivo*. **Sin.** involuntario, irracional ❑ **Ant.** racional, consciente.

instinto. m. **1** Conjunto de pautas de conducta que se transmiten genéticamente, y que contribuyen a la conservación de la vida del individuo y de la especie. **2** Tendencia o capacidad innata: *tiene instinto para los negocios*.

institución. f. **1** Acción o efecto de instituir. **2** Cosa instituida o fundada: *la institución de la monarquía*. **3** Organismo que desempeña una función de interés público, especialmente educativa o benéfica: *una institución escolar*. **4** Cada una de las organizaciones fundamentales de un Estado. **5 ser** uno **una institución.** loc. Gozar de gran prestigio dentro de un grupo social.

institucionalizar. tr. **1** Convertir algo en institución o darle su carácter. También prnl. **2** Legalizar.

instituir. tr. Fundar, establecer: *instituir una moda*. || **Irreg.** Se conj. como *huir*.

instituto. m. **1** En España, centro oficial en el que se siguen los estudios de enseñanza media. **2** Corporación científica, benéfica, cultural, etc. **3** Organismo perteneciente a la administración de un Estado o nación: *Instituto Nacional de Industria*.

institutriz. f. Maestra encargada de la educación o instrucción de uno o varios niños de una familia.

instrucción. f. **1** Acción de instruir o instruirse. **2** Conjunto de conocimientos adquiridos por una persona: *recibió una sólida instrucción*. **3** Conjunto de reglas, normas o disposiciones para algún fin. Más en pl.: *instrucciones de uso*. **4** Conjunto de enseñanzas, prácticas, etc., para el adiestramiento del soldado.

instructivo, va. adj. Educativo, informativo: *una experiencia instructiva*.

instruido, da. adj. Que tiene bastantes conocimientos. **Sin.** culto.

instruir. tr. **1** Enseñar. También prnl. **2** Comunicar sistemáticamente ideas o conocimientos. **3** Formalizar un proceso o expediente conforme a determinadas reglas: *el juez instruye la causa*. || **Irreg.** Se conj. como *huir*.

instrumental. adj. **1** Relativo a los instrumentos, especialmente los musicales. **2** Que sirve de instrumento o tiene función de tal: *causa instrumental*. | m. **3** Conjunto de instrumentos que se emplean en una actividad: *el instrumental quirúrgico*.

instrumentar. tr. **1** Escribir una composición musical para varios instrumentos y voces. **2** Disponer, preparar: *instrumentar una rebelión*. **Sin.** 1 orquestar.

instrumentista. com. Músico que toca un instrumento.

instrumento. m. **1** Aparato, máquina. **2** Aquello de que nos servimos para hacer una cosa: *instrumentos de trabajo*. **3** Objeto utilizado para producir sonidos musicales. **Sin.** 2 herramienta, utensilio.

insubordinación. adj. Falta de subordinación.

insubordinar. tr. **1** Introducir la desobediencia: *su arenga insubordinó a las tropas*. | **insubordinarse.** prnl. **2** Sublevarse, desobedecer una norma, disciplina, etc.: *los empleados se insubordinaron*.

insubstancial. adj. Insustancial.

insubstituible. adj. Insustituible.

insuficiencia. f. **1** Falta de suficiencia o de inteligencia. **2** Escasez de una cosa. **3** Incapacidad de un órgano para llevar a cabo sus funciones adecuadamente: *insuficiencia respiratoria*. **Sin.** 1 ignorancia, incapacidad, ineptitud 2 penuria ◻ **Ant.** 1 capacidad 2 abundancia.

insuficiente. adj. **1** No suficiente, escaso: *estos fondos son insuficientes*. **2** No apto: *su examen es insuficiente*. | m. **3** Calificación que lo indica. **Ant.** 1 abundante 2 apto.

insuflar. tr. Introducir en un órgano o en una cavidad un gas, un líquido o una sustancia en polvo.

insufrible. adj. Que no se puede sufrir o tolerar: *su grosería es insufrible*.

ínsula. f. **1** Isla. **2** Cualquier lugar pequeño o de poca importancia.

insular. adj. y com. De una isla. **Sin.** isleño.

insulina. f. Hormona segregada por el páncreas, que regula la cantidad de glucosa existente en la sangre.

insulso, sa. adj. **1** Insípido: *una cena insulsa*. **2** Falto de gracia: *una conversación insulsa*. **Sin.** 1 y 2 soso ◻ **Ant.** 1 sabroso 2 saleroso.

insultar. tr. Ofender con palabras o acciones. También prnl. **Sin.** injuriar, agraviar.

insulto. m. Ofensa, injuria.

insumisión. f. Falta de sumisión. **Sin.** rebeldía, insubordinación.

insuperable. adj. No superable.

insurgente. adj. Sublevado, insurrecto. También com.

insurrección. f. Sublevación, rebelión.

insurrecto, ta. adj. y s. Rebelde. **Sin.** insurgente.

insustancial. adj. **1** Que carece de sustancia: *un comentario insustancial*. **2** Poco importante: *una objeción insustancial*. **Ant.** 1 sustancioso 2 trascendental.

insustituible. adj. Que no se puede sustituir.

intachable. adj. Que no merece desaprobación: *su conducta es intachable*. **Ant.** reprobable, censurable.

intacto, ta. adj. Que no ha padecido alteración o daño: *el equipaje llegó intacto*.

intangible. adj. Que no puede tocarse. **Sin.** impalpable.

integración. f. Acción de integrar: *ha tenido problemas de integración en la escuela*.

integral. adj. **1** Global, total: *es un cretino integral*. **2** Se apl. a las partes que entran en la composición de un todo. | f. **3** En mat., resultado de integrar una expresión diferencial. **Ant.** 1 parcial.

integrar. tr. **1** Completar un todo con las partes que le faltaban. **2** Formar las partes un todo: *tres volúmenes integran la novela*. | **integrarse.** prnl. **3** Unirse a un grupo para formar parte de él: *se ha integrado muy bien en el trabajo*.

integridad. f. **1** Cualidad de íntegro. **2** Rectitud.

integrismo. m. Actitud de ciertos sectores religiosos, ideológicos, políticos, partidarios de la inalterabilidad de las doctrinas. **Sin.** fundamentalismo.

íntegro, gra. adj. **1** Se dice de aquello en que no falta ninguna de sus partes: *la vajilla está íntegra*. **2** Honrado, intachable. **Sin.** 1 completo, cabal, entero ◻ **Ant.** 1 incompleto.

intelecto. m. Entendimiento, inteligencia.

intelectual. adj. **1** Relativo al entendimiento: *formación intelectual*. **2** Se dice de la persona dedicada a trabajos que requieren el empleo preferente de la inteligencia. También com.

inteligencia. f. **1** Facultad de conocer, comprender y entender las cosas. **2** Habilidad, destreza y experiencia. **3 inteligencia artificial.** Conjunto de técnicas que, mediante el empleo de ordenadores, permite realizar operaciones similares a las de la inteligencia humana. **Sin.** 1 intelecto.

inteligente. adj. **1** Dotado de inteligencia. **2** Que tiene gran capacidad intelectual. También com.: *es el más inteligente de la clase*. **Ant.** 2 torpe.

inteligible. adj. Que puede ser entendido. **Sin.** comprensible ◻ **Ant.** ininteligible.

intemperancia. f. Falta de moderación. **Ant.** templanza.

intemperie. f. **1** Desigualdad del tiempo atmosférico. **2 a la intemperie.** loc. adv. Al descubierto, sin techo.

intempestivo, va. adj. Inoportuno: *una llamada intempestiva*. **Sin.** extemporáneo.

intemporal. adj. No temporal, independiente del curso del tiempo.

intención. f. **1** Propósito de hacer algo: *tiene la intención de donar sus órganos*. **2** Deseo, voluntad, determinación: *lo hizo con la intención de ayudar*.

intencionado, da. adj. Que tiene alguna intención. Se usa principalmente con los advs. *bien, mal, mejor* y *peor*.

intencional. adj. **1** Perteneciente a la intención. **2** Deliberado.

intendencia. f. **1** Cuerpo de oficiales y tropa destinado al abastecimiento de las fuerzas militares. **2** Dirección o administración de una cosa. **3** Cargo y oficina del intendente.

intendente. m. **1** En un Estado, jefe superior económico. **2** Jefe superior de los servicios de la administración militar.

intensidad. f. **1** Grado de energía o fuerza de un agente natural o mecánico, un sentimiento, etc.: *la intensidad del viento*. **2** Apasionamiento: *su música está llena de intensidad*. **Sin.** 1 potencia 2 vehemencia.

intensificar. tr. y prnl. Hacer que una cosa adquiera mayor intensidad de la que tenía: *se han intensificado las lluvias*.

intensivo, va. adj. Que intensifica: *va a un curso intensivo de inglés*.

intenso, sa. adj. **1** Muy apasionado. **2** Muy fuerte, de gran intensidad.

intentar. tr. **1** Tener el propósito de hacer una cosa. **2** Iniciar la ejecución de la misma. **3** Procurar, pretender: *intenta superarse*.

intento. m. **1** Propósito, intención. **2** Acción de intentar: *un intento de robo*.

intentona. f. Intento, especialmente el frustrado. **Sin.** tentativa.

inter-. Elemento compositivo que entra en la formación de algunas voces con el significado de 'entre' o 'en medio': *intermuscular;* o 'entre varios': *interdisciplinar*.

interacción. f. Acción que se ejerce recíprocamente entre dos o más objetos, agentes, fuerzas, funciones, etc.

intercalar. tr. Poner una cosa entre otras. **Sin.** interpolar.

intercambiar. tr. y prnl. Cambiar mutuamente: *se intercambiaban sellos*.

intercambio. m. **1** Acción de intercambiar o intercambiarse. **2** Reciprocidad e igualdad de consideraciones y servicios entre corporaciones, organismos, etc., de diversos países o del mismo país: *intercambios culturales*.

interceder. intr. Mediar por otro: *intercedió por su hermana*. **Sin.** abogar.

interceptar. tr. **1** Apoderarse de una cosa antes de que llegue a su destino: *interceptar una carta*. **2** Interrumpir, obstruir: *un camión interceptaba el paso*.

intercesión. f. Acción de interceder.

intercomunicación. f. **1** Comunicación recíproca. **2** Comunicación telefónica entre las distintas dependencias de un edificio o recinto.

intercontinental. adj. Que llega de uno a otro continente.

intercostal. adj. Que está entre las costillas.

interdental. adj. y f. **1** Se dice de la consonante que se pronuncia colocando la punta de la lengua entre los bordes de los dientes incisivos, como la *z*. **2** Se dice de la letra que representa este sonido.

interdependencia. f. Dependencia recíproca.

interdicción. f. Privación de los derechos civiles.

interdigital. adj. Que se halla entre los dedos.

interdisciplinario, ria. adj. Se dice de los estudios u otras actividades que se realizan mediante la cooperación de varias disciplinas. **Sin.** interdisciplinar.

interés. m. **1** Utilidad o valor que tiene en sí una persona o cosa. **2** Inclinación o atracción hacia alguien o algo: *siente interés por la física*. **3** Curiosidad: *lo que dijiste despertó su interés*. **4** Atención que se pone en algo. **5** Ganancia producida por el capital. También prnl.: *el depósito le está dando buenos intereses*. **6** Cantidad que se paga sobre un préstamo. **7** Sentimiento egoísta en el que prima el propio beneficio: *si nos ayudó fue por interés*. | pl. **8** Bienes que posee alguien: *no descuida sus intereses*. **9** Necesidad de carácter colectivo.

interesado, da. adj. y s. **1** Que tiene interés por alguien o algo: *se le ve muy interesado por esa chica*. **2** Que se deja llevar del interés o sólo se mueve por él.

interesante. adj. **1** Que interesa. **2** Atractivo, apuesto.

interesar. intr. **1** Tener interés en una persona o cosa. | tr. **2** Inspirar interés o afecto a una persona. **3** Producir una cosa alteración o daño en un órgano del cuerpo: *la herida interesaba la zona lumbar*. **4** Importar. | **interesarse.** prnl. **5** Demostrar interés: *se interesó por la salud de tu padre*. **Sin.** 3 afectar.

interestelar. adj. Se dice del espacio comprendido entre dos o más astros.

interfase. f. Intervalo entre dos fases sucesivas.

interfaz. f. En electrón., zona de comunicación o acción de un sistema sobre otro.

interfecto, ta. adj. y s. **1** Se dice de la persona muerta violentamente. | m. y f. **2** Persona de quien se habla: *el interfecto se declaró inocente*. **Sin.** 1 víctima 2 individuo, sujeto.

interferencia. f. Acción recíproca de las ondas de la que resulta aumento o disminución del movimiento ondulatorio.

interferir. tr. **1** Interponer algo en el camino de una cosa, o en una acción. También prnl.: *se interfirió en nuestros planes*. **2** Causar interferencia: *han interferido la emisión*. También intr. ‖ **Irreg.** Se conj. como *sentir*. **Sin.** 1 cruzar.

interfono. m. Red y aparato telefónico utilizado para las comunicaciones internas entre despachos de un mismo edificio.

intergaláctico, ca. adj. Relacionado con los espacios existentes entre las galaxias.

interglaciar. adj. Se dice del período comprendido entre dos glaciaciones.

ínterin. m. **1** Intervalo de tiempo. **2 en el ínterin.** loc. adv. Mientras tanto: *en el ínterin nos tomaremos un cafetito.* ǁ pl. *ínterin* o *intérines.*

interino, na. adj. y s. Que sirve por algún tiempo supliendo la falta de otra persona o cosa. **Sin.** suplente.

interior. adj. **1** Que está en la parte de adentro: *patio interior.* **2** Personal, íntimo. **3** Perteneciente al país del que se habla, en contraposición a lo extranjero: *política interior.* **4** Del espíritu: *su mundo interior, paz interior.* ǀ m. **5** La parte de adentro de una cosa: *el interior del armario.* **6** Parte central de un país, en oposición a las zonas costeras o fronterizas.

interioridad. f. **1** Cualidad de interior. ǀ pl. **2** Asuntos reservados o íntimos de una persona, entidad, etc. **Sin.** 2 intimidades.

interjección. f. Expresión exclamativa abreviada, que manifiesta alguna impresión súbita, como asombro, dolor, etc.

interlocutor, ra. m. y f. Cada una de las personas que toman parte en un diálogo.

interludio. m. En mús., breve composición que se ejecuta a modo de intermedio en la música instrumental.

intermediar. intr. Mediar una persona, interceder.

intermediario, ria. adj. y s. Que media entre dos o más personas, y especialmente entre el productor y el consumidor. **Sin.** mediador.

intermedio, dia. adj. **1** Que está en medio de los extremos de lugar, tiempo, etc. ǀ m. **2** Espacio de tiempo durante el cual queda interrumpida la ejecución de un espectáculo. **Sin.** 1 intervalo 2 descanso, entreacto.

interminable. adj. **1** Que no tiene límite o fin. **2** Muy largo: *la espera fue interminable.* **Sin.** 1 infinito.

intermitente. adj. **1** Que se interrumpe o cesa y prosigue o se repite: *un ruido intermitente.* ǀ m. **2** Dispositivo del automóvil que enciende y apaga periódicamente una luz lateral para señalar un cambio de dirección en la marcha. **Sin.** 1 discontinuo ☐ **Ant.** 1 continuo.

internacional. adj. **1** Relativo a dos o más naciones. ǀ f. **2** Organización de trabajadores de varios países. **3** Himno de los socialistas y comunistas. ǁ En las dos últimas acepciones se escribe con mayúscula.

internado. m. **1** Establecimiento donde viven alumnos u otras personas internas. **2** Estado y régimen del alumno interno. **3** Estado y régimen de personas que viven internas en establecimientos sanitarios o benéficos.

internar. tr. **1** Disponer el ingreso de una persona en un establecimiento, como hospital, clínica, prisión, etc. También prnl. **2** Conducir tierra adentro a una persona o cosa. ǀ **internarse.** prnl. **3** Penetrar una persona o cosa en el interior de un espacio: *nos internamos por los pasillos del ministerio.* **4** Avanzar hacia adentro, por tierra o por mar: *se internó en el bosque.*

internista. adj. y com. Se dice del médico que se dedica especialmente al estudio y tratamiento de enfermedades que afectan los órganos internos.

interno, na. adj. y s. **1** Que está u ocurre dentro: *hemorragia interna.* **2** Se dice de la persona que reside en un internado. **3** Se dice del alumno de medicina o del médico que hace sus prácticas en un hospital.

interpelar. tr. Pedir a alguien que dé explicaciones sobre un hecho: *la oposición interpelará al ministro.* **Sin.** interrogar, preguntar, requerir.

interplanetario, ria. adj. Se dice del espacio existente entre dos o más planetas.

interpolar. tr. **1** Poner una cosa entre otras. **2** Intercalar palabras o frases en el texto de obras o escritos ajenos.

interponer. tr. **1** Poner algo entre dos o más personas o cosas. También prnl.: *se interpuso en la discusión.* **2** Formalizar algún recurso legal. ǁ **Irreg.** se conjuga como *poner.*

interpretar. tr. **1** Explicar el sentido o significado de una cosa. **2** Concebir, ordenar o expresar de un modo personal la realidad: *el barroco interpreta el mundo como teatro.* **3** Traducir de una lengua a otra, sobre todo cuando se hace oralmente. **4** Representar una obra teatral, cinematográfica, etc. **5** Ejecutar una pieza musical, mediante canto o instrumentos.

intérprete. com. **1** Persona que interpreta. **2** Persona que traduce de una lengua a otra.

interregno. m. Espacio de tiempo en que un Estado no tiene soberano.

interrelación. f. Correspondencia mutua entre personas, cosas o fenómenos **Sin.** correlación..

interrogación. f. **1** Pregunta. **2** Signo ortográfico (¿?) que se pone al principio y fin de una palabra o cláusula interrogativa.

interrogante. adj. y com. **1** Que interroga. ǀ amb. **2** Pregunta. **3** Problema no aclarado. **Sin.** 3 incógnita.

interrogar. tr. Preguntar: *están interrogando al sospechoso.*

interrogativo, va. adj. Que implica o denota interrogación: *una mirada interrogativa.*

interrogatorio. m. **1** Serie de preguntas. **2** Acto de dirigirlas a quien las ha de contestar.

interrumpir. tr. **1** Cortar la continuidad de una acción. También prnl. **2** Impedir que otra persona continúe hablando: *un coro de abucheos interrumpió su discurso.* **Ant.** 1 continuar.

interruptor. m. Mecanismo destinado a abrir o cerrar un circuito eléctrico.

intersección. f. **1** En geom., punto común a dos líneas que se cortan. **2** En geom., encuentro de dos líneas, dos superficies o dos sólidos que recíprocamente se cortan.

intersticio. m. Hendidura o espacio que media entre dos cuerpos o entre dos partes de un mismo cuerpo. **Sin.** resquicio, grieta.

interurbano, na. adj. Se dice de las relaciones y servicios de comunicación entre distintas poblaciones de una misma ciudad: *transporte interurbano.*

intervalo. m. **1** Espacio o distancia que hay de un tiempo a otro o de un lugar a otro. **2** Conjunto de los valores que toma una magnitud entre dos límites dados: *intervalo de temperatura.*

intervención. f. **1** Acción de intervenir: *su intervención en el debate fue muy comentada.* **2** Operación quirúrgica.

intervencionismo. m. **1** En política internacional, tomar parte en los asuntos internos de otro país. **2** Sistema que confía al Estado el dirigir los asuntos económicos.

intervenir. intr. **1** Tomar parte en un asunto: *no quiero que intervengas en esto.* **2** Interceder por uno. **3** Influir. **4** Interponer alguien su autoridad: *la policía tuvo que intervenir.* | tr. **5** Dirigir, limitar o suspender una autoridad el libre ejercicio de actividades o funciones. **6** Controlar la comunicación privada: *han intervenido su teléfono.* **7** Hacer una operación quirúrgica. || **Irreg.** Se conj. como *venir.* **Sin.** 1 participar 2 mediar.

interventor, ra. adj. y s. **1** Que interviene. | m. y f. **2** Empleado que autoriza y fiscaliza ciertas operaciones o actividades a fin de que se hagan con legalidad.

interviú. f. Entrevista.

intestado, da. adj. y s. Que muere sin hacer testamento válido.

intestinal. adj. Relativo al intestino.

intestino, na. adj. **1** Interior, interno: *una guerra intestina.* | m. **2** Conducto situado a continuación del estómago, en el que se completa la digestión y se absorben las sustancias digeridas.

intimar. tr. Estrechar las relaciones con una persona. **Sin.** congeniar ☐ **Ant.** enemistarse.

intimidad. f. **1** Amistad íntima. **2** Cualidad de íntimo. **3** Vida privada: *exigió que respetaran su intimidad.* | pl. **4** Pensamientos y sentimientos más profundos de una persona: *me contó sus intimidades.* **Sin.** 1 confianza.

intimidar. tr. **1** Infundir miedo: *su mirada me intimida.* **2** Amenazar a alguien para que haga algo: *el atracador les intimidó con una navaja.* **Sin.** 1 asustar 2 coaccionar.

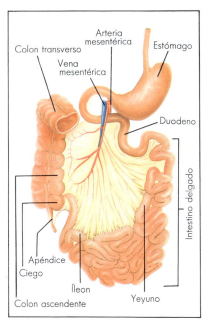

Intestino

íntimo, ma. adj. **1** Interior: *un secreto íntimo.* **2** Relacionado con la intimidad. **3** Se apl. a la amistad muy estrecha y a la persona con la que se mantiene esta amistad.

intocable. adj. Que no se puede tocar.

intolerable. adj. Que no se puede tolerar.

intolerancia. f. **1** Falta de tolerancia. **2** Conjunto de reacciones opuestas a la acción de un producto extraño: *intolerancia a un medicamento.* **Sin.** 1 intransigencia 2 rechazo.

intoxicación. f. Envenenamiento.

intoxicar. tr. **1** Envenenar. También prnl.: *se intoxicó al comer algo en mal estado.* **2** Manipular la información con el fin de crear un estado de opinión propicio a ciertos fines.

intra-. Prefijo que significa "dentro de": *intravenoso.*

intradós. m. En arquit., superficie inferior visible de un arco o bóveda.

intrahistoria. f. Vida tradicional de los pueblos que sirve de fondo permanente a la historia cambiante y visible.

intramuros. adv. l. Dentro de una ciudad.

intramuscular. adj. Que está o se pone dentro de un músculo: *inyección intramuscular.*

intranquilidad. f. Inquietud, zozobra. **Ant.** tranquilidad, calma.

intranquilizar. tr. y prnl. Quitar la tranquilidad, inquietar, desasosegar. **Ant.** tranquilizar.

intranquilo, la. adj. Impaciente, nervioso: *tuvo un sueño intranquilo.*

intransferible. adj. No transferible.

intransigente. adj. Que no transige. **Sin.** inflexible, intolerante ☐ **Ant.** tolerante, flexible.

intransitable. adj. Se apl. al lugar o sitio por donde no se puede transitar.

intransitivo, va. adj. y m. Se dice del verbo que se construye sin complemento directo.

intrascendente. adj. Que no es trascendente: *una charla intrascendente.* **Sin.** irrelevante ☐ **Ant.** trascendente.

intratable. adj. No tratable ni manejable; se aplica especialmente a la persona insociable o de carácter áspero: *hoy estás intratable.* **Sin.** arisco, huraño.

intrauterino, na. adj. Dentro del útero: *dispositivo intrauterino.*

intravenoso, sa. adj. Que está o se pone dentro de una vena.

intrépido, da. adj. Que no teme los peligros, valiente. **Ant.** cobarde, apocado.

intriga. f. **1** Acción de intrigar: *están tramando una intriga contra ti.* **2** Curiosidad. **3** En una obra literaria, cinematográfica, teatral, etc., serie de acontecimientos que mantienen el interés del lector o espectador. **Sin.** 1 maquinación 2 expectación 3 trama.

intrigar. intr. **1** Actuar con astucia y ocultamente para lograr algún fin. | tr. **2** Despertar curiosidad o interés una cosa: *me intriga su comportamiento.* **Sin.** 1 conspirar, maquinar.

intrincado, da. adj. Enredado, complicado: *un asunto intrincado.*

intríngulis. f. Dificultad que existe en alguna cosa. || No varía en pl.

intrínseco, ca. adj. Íntimo, esencial: *una característica intrínseca.* **Ant.** extrínseco.

introducción. f. **1** Acción de introducir o introducirse. **2** Aquello que sirve de explicación a un asunto, estudio, etc. **3** En mús., parte inicial de una composición musical. **Sin.** 2 preámbulo, prefacio 3 preludio.

introducir. tr. **1** Meter o hacer entrar una cosa en otra: *introducir la llave en la cerradura.* **2** Hacer que alguien sea recibido o admitido en un lugar o grupo: *le introdujo en su círculo de amistades.* También prnl. **3** Hacer adoptar, poner en uso: *introducir una moda.* **4** Ocasionar: *introducir el desorden.* | **introducirse.** prnl. **5** Meterse en un sitio: *se introdujo en el coche.* || **Irreg.** Se conj. como *conducir.* **Ant.** 1 sacar 2 expulsar 3 desarraigar, extirpar.

introito. m. **1** Principio de un escrito, oración, discurso, etc. **2** Lo primero que dice el sacerdote en el altar al dar principio a la misa.

intromisión. f. Acción de entrometer o entrometerse. **Sin.** intrusión, injerencia.

introspección. f. Observación y análisis internos de los propios pensamientos, sentimientos o actos.

introvertido, da. adj. y s. Se dice de la persona que exterioriza poco sus sentimientos. **Sin.** cerrado, retraído ☐ **Ant.** extravertido, abierto.

intrusión. f. Acción de introducirse sin derecho en una jurisdicción, cargo, propiedad, etc. **Sin.** intromisión, injerencia.

intrusismo. m. Ejercicio de actividades profesionales por personas no autorizadas legalmente para ello.

intruso, sa. adj. y s. **1** Que se ha introducido sin derecho. **2** Que alterna en un ambiente que no le es propio. **3** Que ocupa un puesto sin tener derecho a él.

intubar. tr. Colocar un tubo o sonda en el interior de un órgano, especialmente dentro de la laringe para permitir el acceso del aire y evitar la asfixia del enfermo.

intuición. f. Percepción clara e inmediata de una idea o situación, sin necesidad de razonamiento lógico.

intuir. tr. Percibir clara e instantáneamente una idea o situación, sin necesidad de razonamiento lógico. || **Irreg.** Se conj. como *huir.*

inundación. f. **1** Acción de inundar o inundarse. **2** Abundancia excesiva de una cosa, especialmente de agua u otro líquido.

inundar. tr. y prnl. **1** Cubrir el agua un lugar. **2** Llenar con personas o cosas un lugar: *el público inundaba el estadio.* **Sin.** 1 anegar 2 atestar.

inusitado, da. adj. No habitual. **Sin.** raro.

inútil. adj. y com. Inservible, que no es útil para aquello que se expresa: *es un inútil para los números.*

inutilidad. f. Cualidad de inútil. **Ant.** utilidad.

inutilizar. tr. Hacer inútil o nula una cosa: *has inutilizado el impreso.* **Sin.** estropear, averiar.

invadir. tr. **1** Entrar por la fuerza en un lugar. **2** Entrar injustificadamente en funciones ajenas: *no invadas mi terreno.* **3** Ser dominado por el estado de ánimo que se expresa: *le invadió la desesperación.*

invalidar. tr. Hacer inválida o nula una cosa: *invalidar un matrimonio.* **Sin.** anular, inutilizar.

invalidez. f. Cualidad de inválido.

inválido, da. adj. **1** Se dice de la persona que tiene alguna deficiencia física o mental. También s. **2** Nulo por no cumplir las condiciones que exigen las leyes, normativas, etc. **Sin.** 1 minusválido 2 anulado.

invariable. adj. Que no cambia o varía.

invasión. f. **1** Acción de invadir. **2** Ocupación de un país por fuerzas militares extranjeras. **3** Penetración de microorganismos causantes de enfermedades en un organismo.

invasor, ra. adj. y s. Que entra por la fuerza.

invectiva. f. Discurso o escrito violento contra personas o cosas. **Sin.** diatriba ☐ **Ant.** alabanza, elogio.

invencible. adj. Que no puede ser vencido. **Sin.** invicto.

invención. f. **1** Acción de inventar. **2** Engaño, ficción. **3** Cosa inventada.

inventar. tr. **1** Hallar o descubrir una cosa nueva o no conocida. **2** Imaginar, crear: *este autor inventa unos personajes fascinantes.*

inventariar. tr. Hacer inventario.

inventario. m. Relación de los bienes pertenecientes a una persona, comunidad, empresa, etc. **Sin.** registro.

inventiva. f. Facultad y disposición para inventar. **Sin.** imaginación, ingenio.

invento. m. **1** Cosa inventada. **2** Acción de inventar. **Sin.** 1 y 2 invención, descubrimiento.

inventor, ra. adj. y s. Que inventa.

invernadero. m. Lugar preparado artificialmente para cultivar las plantas fuera de su ambiente y clima habituales. **Sin.** invernáculo.

invernal. adj. Relativo al invierno. **Ant.** estival, primaveral.

invernar. intr. Pasar el invierno en algún lugar.

inverosímil. adj. Que no tiene apariencia de verdad. **Ant.** verosímil.

inversión. f. **1** Acción de invertir: *inversión de papeles.* **2** Acción de destinar los bienes de capital a obtener algún beneficio.

inversionista. adj. y com. Se dice de la persona natural o jurídica que hace una inversión de caudales.

inverso, sa. adj. Contrario, opuesto.

invertebrado, da. adj. y m. **1** Se dice de los animales que carecen de columna vertebral. | m. pl. **2** En la antigua clasificación zoológica, tipo de estos animales.

invertido, da. adj. **1** Alterado, cambiado. | m. **2** Homosexual.

invertir. tr. **1** Alterar el orden de las cosas. También prnl.: *nuestra relación se ha invertido.* **2** Hablando de bienes de capital, emplearlos, gastarlos, o colocarlos en aplicaciones productivas. También intr. y prnl. **3** Referido al tiempo, emplearlo u ocuparlo de una u otra manera: *invirtió mucho tiempo en su tesis.* También prnl. || **Irreg.** Se conj. como *sentir.*

investidura. f. **1** Carácter que se adquiere con la toma de posesión de ciertos cargos. **2** Acción de investir.

investigación. f. **1** Acción de investigar. **2** Indagación, búsqueda.

investigar. tr. e intr. **1** Estudiar a fondo una determinada materia: *investigó la obra de ese autor.* **2** Hacer indagaciones para descubrir algo que se desconoce: *la policía sigue investigando.*

investir. tr. Conferir una dignidad o cargo importante. Se construye con las prep. *con* o *de.* || **Irreg.** Se conj. como *pedir.*

inveterado, da. adj. Antiguo, arraigado. **Sin.** enraizado.

inviable. adj. Que no tiene posibilidades de llevarse a cabo: *un proyecto inviable.* **Ant.** viable.

invicto, ta. adj. Que nunca ha sido vencido: *un equipo invicto.*

invidente. adj. y com. Que no ve. **Sin.** ciego.

invierno. m. Una de las cuatro estaciones del año, la más fría, que en el hemisferio norte comienza el 21 de diciembre y termina el 21 de marzo.

inviolable. adj. Que no se debe o no se puede violar o profanar: *un secreto inviolable.*

invisible. adj. Que no puede ser visto.

invitación. f. **1** Acción de invitar. **2** Escrito o tarjeta con que se invita: *ya enviamos las invitaciones para la boda.*

invitar. tr. **1** Avisar a alguien para que asista a una celebración, espectáculo, reunión, cena, etc.: *nos han invitado a la inauguración.* **2** Incitar, estimular a uno a algo: *le invitaron a hablar.* **3** Convidar, obsequiar a alguien con algo: *te invito a una caña.*

in vitro. loc. adv. lat. Designa los experimentos o investigaciones médicas que se hacen en un laboratorio, fuera del organismo: *fecundación in vitro.*

invocación. f. **1** Acción de invocar. **2** Oración, ruego.

invocar. tr. **1** Pedir la ayuda de alguien, especialmente de Dios o de algún santo. **2** Acogerse a una ley o costumbre, exponerla, alegarla: *invocó el derecho de asilo.* **3** Nombrar a una persona o cosa en favor de uno: *invocó su amistad para conseguir su apoyo.*

involución. f. Detención y retroceso de una evolución biológica, política, cultural, económica, etc. **Sin.** regresión.

involucrar. tr. **1** Complicar a alguien en un asunto: *aquellas cartas le involucraban.* **2** Mezclar en los discursos o escritos cuestiones ajenas al asunto principal. **Sin.** 1 implicar, comprometer.

involuntario, ria. adj. No voluntario; se aplica también a los movimientos físicos o mentales que suceden independientemente de la voluntad. **Sin.** instintivo ☐ **Ant.** voluntario.

invulnerable. adj. Que no puede ser herido.

inyección. f. **1** Acción de inyectar. **2** Sustancia inyectada.

inyectable. adj. y m. Se dice de la sustancia o medicamento preparados para usarlos en inyecciones.

inyectar. tr. **1** Introducir a presión un gas o un líquido en el interior de un cuerpo o de una cavidad. **2** Comunicar, transmitir: *inyectar energía, ánimos*.

ion. m. Átomo o grupo de átomos que, por pérdida o ganancia de uno o más electrones, ha adquirido una carga eléctrica.

ionizar. tr. y prnl. Disociar una molécula en iones o convertir un átomo o molécula en ion.

ionosfera. f. Conjunto de capas de la atmósfera que están entre 70 y 600 km de altura.

iota. f. Novena letra del alfabeto griego, que corresponde a nuestra *i*. La mayúscula se escribe I, y la minúscula, ι.

ípsilon. f. Vigésima letra del alfabeto griego; se pronuncia como la *u* francesa, y se transcribe, generalmente, como *y*. La mayúscula se escribe Y, y la minúscula, υ.

ipso facto. loc. lat. Inmediatamente, en el acto; por el mismo hecho.

ir. intr. **1** Moverse de un lugar hacia otro. También prnl. **2** Dirigirse hacia, llevar a, conducir: *este tren va a París*. **3** Asistir, concurrir: *fui al estreno*. **4** Acomodarse o no una cosa con otra: *esa chaqueta no va con los vaqueros*. **5** Extenderse, ocupar: *el tapiz va de pared a pared*. **6** Estar, ser, encontrarse: *ayer iba muy contento*. | **irse.** prnl. **7** Marcharse. **8** Morirse o estarse muriendo: *se fue de un ataque al corazón*. **9** Deslizarse, perder el equilibrio: *se me fue el pie y me caí*. **10** Gastarse, consumirse o perderse una cosa: *se le va el dinero en tonterías*. **11** Escaparse. **12 el no va más.** loc. Lo más que puede existir, o imaginarse o desearse: *este coche es el no va más*. **13 irle** una cosa **a una persona.** loc. Sentarle bien, convenirle, cuadrarle: *ese corte de pelo no te va*. **14 ir para largo.** loc. Denota que algo tardará mucho en llevarse a cabo: *la reunión va para largo*. **15 ir tirando.** loc. Sobrellevar las adversidades. ‖ **Irreg.** Conjugación modelo:

Indicativo
Pres.: *voy, vas, va, vamos, vais, van*.
Imperf.: *iba, ibas,* etc.
Pret. indef.: *fui, fuiste, fue, fuimos, fuisteis, fueron*.
Fut. imperf.: *iré, irás,* etc.
Potencial: *iría, irías,* etc.
Subjuntivo
Pres.: *vaya, vayas,* etc.
Imperf.: *fuera o fuese, fueras o fueses,* etc.
Fut. imperf.: *fuere, fueres,* etc.
Imperativo: *ve, id*.
Participio: *ido*.
Gerundio: *yendo*.

Arco iris

ira. f. **1** Enfado muy violento. **2** Deseo de venganza. **3** Furia o violencia de los elementos: *la ira del viento*.

iracundo, da. adj. y s. Propenso a la ira. **Sin.** colérico.

iraní. adj. y com. De Irán (Asia).

iraquí. adj. y com. De Irak (Asia).

irascible. adj. Propenso a irritarse o enfadarse: *desde que está a régimen se ha vuelto muy irascible*.

iridio. m. Elemento químico metálico, de color amarillento, quebradizo, muy difícilmente fusible y algo más pesado que el oro. Su símbolo es *Ir*.

iris. m. **1** Arco de colores que a veces se forma en las nubes cuando el sol refracta y refleja su luz en las gotas de lluvia. Se le conoce comúnmente como *arco iris*. **2** Disco membranoso del ojo en cuyo centro está la pupila.

irisar. intr. Presentar los colores del arco iris.

irlandés, sa. adj. y s. **1** De Irlanda. | m. **2** Lengua gaélica hablada en este país.

ironía. f. **1** En lit., figura retórica que consiste en dar a entender lo contrario de lo que se dice. **2** Burla sutil y disimulada: *creo que no captó la ironía*.

irónico, ca. adj. Relativo a la ironía.

irracional. adj. **1** Que carece de la facultad de razonar. **2** Opuesto a la razón o que va fuera de ella: *una decisión irracional*. **Ant.** 1 racional 2 sensato.

irradiar. tr. **1** Despedir un cuerpo rayos de luz, calor u otra energía en todas direcciones. **2** Someter un cuerpo a la acción de ciertos rayos. **3** Difundir, transmitir: *irradiar entusiasmo*.

irreal. adj. Que no es real. **Sin.** fantástico, imaginado □ **Ant.** real.

irrealizable. adj. Que no se puede realizar.

irreconciliable. adj. Se apl. a la persona o cosa que no quiere o no puede reconciliarse con otra.

irrecuperable. adj. Que no se puede recuperar.

irredento, ta. adj. Que permanece sin redimir.

irreducible o **irreductible.** adj. Que no se puede reducir.

irreemplazable. adj. No reemplazable.

irreflexivo, va. adj. **1** Que no reflexiona. **2** Que se dice o hace sin reflexionar.

irrefrenable. adj. Que no se puede refrenar.

irregular. adj. **1** Que se aparta de una regla o norma: *verbo irregular.* **2** Que no sucede de forma normal. **3** Que presenta defectos: *una superficie irregular.* **4** Poco honesto, ilícito. **5** En geom., se dice del polígono y del poliedro que no son regulares. **Sin.** 1 anómalo 2 inhabitual 3 desigual 4 deshonesto.

irregularidad. f. **1** Cualidad de irregular. **2** Hecho o conducta irregular o poco honesta. **Sin.** 2 anomalía, fraude.

irrelevante. adj. Que carece de importancia o significación. **Sin.** intrascendente ☐ **Ant.** importante, trascendente.

irremediable. adj. Que no se puede remediar o evitar.

irremisible. adj. Imperdonable.

irreparable. adj. Que no se puede reparar.

irreprimible. adj. Que no se puede reprimir.

irreprochable. adj. Que no puede ser reprochado. **Sin.** intachable ☐ **Ant.** censurable.

irresistible. adj. **1** Que no se puede resistir, tolerar o aguantar: *un dolor irresistible, unas ganas irresistibles de reír.* **2** Muy atractivo: *le hicieron una oferta irresistible.* **Sin.** 1 intolerable ☐ **Ant.** 1 soportable.

irresoluble. adj. Que no se puede resolver o determinar.

irresoluto, ta. adj. y s. Que carece de resolución. **Sin.** indeciso. ☐ **Ant.** resoluto.

irrespetuoso, sa. adj. y s. No respetuoso. **Sin.** irreverente, grosero.

irrespirable. adj. **1** Que no puede respirarse. **2** Que difícilmente puede respirarse. **Sin.** 1 asfixiante 2 enrarecido.

irresponsable. adj. y com. **1** Persona a quien no se puede exigir responsabilidad. **2** Se dice de la persona que actúa sin importarle las consecuencias. **3** Se dice del acto o situación resultante de una falta de previsión. **Sin.** 2 inconsciente.

irreverente. adj. y com. Contrario a la reverencia o respeto debido. **Sin.** irrespetuoso.

irreversible. adj. Que no es reversible, que no puede volver atrás.

irrevocable. adj. Que no se puede revocar.

irrigación. f. **1** Acción de irrigar. **2** Líquido que se introduce en el cuerpo.

irrigar. tr. **1** Rociar con un líquido alguna parte del cuerpo. **2** Regar una superficie.

irrisorio, ria. adj. **1** Ridículo: *quítate ese sombrero irrisorio.* **2** Insignificante: *le costó una cantidad irrisoria.*

irritabilidad. f. Propensión a irritarse con violencia o facilidad.

irritable. adj. Que se irrita fácilmente.

irritación. f. **1** Acción de irritar o irritarse. **2** Inflamación ligera en una parte del cuerpo.

irritar. tr. y prnl. **1** Provocar ira, enfadar. **2** Causar inflamación o molestia en alguna parte del cuerpo. **3** Excitar los sentimientos, pasiones, etc.

irrompible. adj. Que no se puede romper.

irrumpir. intr. Entrar violentamente en un lugar: *la policía irrumpió en el local.*

isa. f. Canto y baile típicos de las islas Canarias.

isabelino, na. adj. Relativo a cualquiera de las reinas que llevaron el nombre de Isabel en España o Inglaterra.

isba. f. Vivienda rural de madera, propia de algunos países del norte de Europa, y especialmente de Rusia.

isla. f. Porción de tierra rodeada de agua por todas partes. **Sin.** ínsula.

islam. m. **1** Islamismo. **2** Conjunto de países de religión musulmana.

islamismo. m. Conjunto de dogmas y preceptos morales que constituyen la religión musulmana.

islandés, sa. adj. y s. **1** De Islandia. | m. **2** Idioma nórdico hablado en este país.

isleño, ña. adj. y s. Natural de una isla.

isleta. f. Espacio delimitado en medio de una calzada que sirve de refugio a los peatones.

islote. m. **1** Isla pequeña y deshabitada. **2** Peñasco grande rodeado de mar.

-ismo. Elemento compositivo que entra pospuesto en la formación de algunas palabras españolas con el significado de 'doctrina', 'sistema', 'modo' o 'partido': *platonismo, capitalismo, vanguardismo.*

iso-. Elemento compositivo que entra en la formación de algunas voces españolas con el significado de 'igual' o denotando 'uniformidad' o 'semejanza': *isomorfismo.*

isóbara o **isobara.** f. Curva para la representación cartográfica de todos los puntos de la Tierra con la misma presión atmosférica.

isobárico, ca. adj. De igual presión atmosférica.

isómero, ra. adj. Se apl. a los cuerpos que con igual composición química tienen distintas propiedades físicas.

isomorfo, fa. adj. Que tiene la misma forma; se

aplica a los cuerpos de diferente composición química e igual forma cristalina, y que pueden cristalizar asociados.

isósceles. adj. Se dice del triángulo que tiene dos lados iguales. || No varía en pl.

isotermo, ma. adj. De igual temperatura, o de temperatura constante.

isótopo. m. Se dice de los elementos químicos que tienen el mismo número atómico, cualquiera que sea su masa atómica.

isótropo, pa. adj. Se dice de la materia que, con respecto a alguna propiedad determinada, no presenta direcciones privilegiadas.

isquemia. f. Disminución transitoria o permanente del riego sanguíneo de una parte del cuerpo.

isquion. m. Hueso que, con el pubis y el ilion, constituye la cintura pelviana de los vertebrados.

israelí. adj. y com. Del Estado de Israel.

israelita. adj. y com. **1** Hebreo, judío. **2** Del antiguo reino de Israel.

istmo. m. Franja de tierra que une dos continentes o una península con un continente.

italiano, na. adj. y s. **1** De Italia. | m. **2** Lengua hablada en este país.

itálico, ca. adj. **1** Perteneciente a Italia, en particular a la antigua Italia. **2** Natural de Itálica, antigua ciudad romana en la actual Sevilla. **3** Se dice de la letra de imprenta inclinada, también conocida como *cursiva*.

ítem. adv. lat. **1** Se usa para hacer distinción de artículos o capítulos en una escritura u otro instrumento, y también por señal de adición. | m. **2** Cada uno de dichos artículos o capítulos. || pl. *ítems*.

iterar. tr. Repetir.

iterativo, va. adj. Que se repite.

itinerante. adj. Ambulante, que va de un lugar a otro: *una exposición itinerante*.

itinerario. m. Descripción de una ruta, camino o recorrido.

izar. tr. Hacer subir algo tirando de la cuerda de que está colgado: *izar una bandera*. S<small>IN</small>. elevar, levantar.

izquierdo, da. adj. **1** Que está en la mitad longitudinal del cuerpo humano que aloja la mayor parte del corazón: *brazo izquierdo*. **2** Se apl. a todo aquello que está de ese mismo lado: *el zapato izquierdo*. | f. **3** Mano o pierna del lado izquierdo. **4** Colectividad política partidaria del cambio en las estructuras sociales y económicas, y opuesta a las fuerzas conservadoras o *derecha*.

j

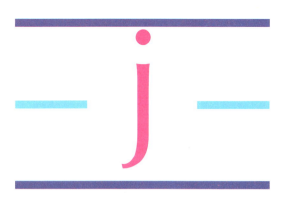

j. f. Décima letra del abecedario español y séptima de sus consonantes. Su nombre es *jota* y su sonido varía desde el vibrante a la simple aspiración, según la pronunciación en las diferentes regiones.

¡ja, ja! Onomatopeya con que se expresa la risa.

jabalí. m. Mamífero artiodáctilo, que es una variedad salvaje del cerdo; tiene el morro prolongado, el pelaje muy tupido, fuerte, de color gris uniforme, y los colmillos grandes y salientes de la boca. || pl. *jabalíes*. **Sin.** cochino.

jabalina. f. **1** Arma arrojadiza que se usaba en la caza mayor. **2** Especie de lanza que se emplea en competiciones atléticas: *lanzamiento de jabalina*. **3** Hembra del jabalí. **Sin.** 1 venablo.

jabato, ta. adj. y s. **1** Valiente, atrevido. | m. **2** Cachorro del jabalí. **Sin.** 1 audaz □ **Ant.** 1 cobarde.

jábega. f. Red de pescar de la que se tira desde tierra por medio de cabos muy largos.

jabeque. m. Embarcación de tres palos, con velas latinas, que también suele navegar a remo.

jabón. m. **1** Producto que resulta de la combinación de un álcali con ciertos aceites y sirve para lavar la ropa, la piel, etc. **2** Pastilla hecha de esta manera. **3 dar jabón.** Adular. **Sin.** 1 detergente.

jabonar. tr. y prnl. Enjabonar.

jaboncillo. m. Árbol americano, de 6 a 8 m de altura, de copa frondosa, que produce un fruto carnoso parecido a una cereza, pero amargo, del que se extrae la saponina.

jabonería. f. **1** Fábrica de jabón. **2** Tienda donde se vende jabón.

jabonero, ra. adj. **1** Relativo al jabón. | m. y f. **2** Persona que fabrica o vende jabón. | f. **3** Recipiente para depositar o guardar el jabón de tocador.

jaca. f. **1** Caballo de poca alzada. **2** Yegua.

jácara. f. Romance alegre, escrito con la jerga de los rufianes y pícaros, y en el que se narran hechos de la vida de estos personajes.

jacarandá. m. Árbol americano, de flores azules, muy cultivado en parques y jardines.

jacarandoso, sa. adj. Alegre, desenvuelto.

jacinto. m. **1** Planta anual, de origen asiático, de la familia de las liliáceas, con hojas acanaladas, flores olorosas de varios colores, en espigas, y fruto capsular con tres divisiones. **2** Flor de esta planta.

jaco. m. Caballo pequeño y escuálido. **Sin.** penco, jamelgo.

jacobeo, a. adj. Relativo al apóstol Santiago.

jacobino, na. adj. y s. Del partido más radical surgido de la Revolución Francesa.

jactancia. f. Arrogancia, presunción, orgullo excesivo. **Sin.** vanidad □ **Ant.** modestia.

jactarse. prnl. Alabarse excesiva y presuntuosamente: *se jacta de su habilidad en los negocios*. **Sin.** alardear □ **Ant.** avergonzarse.

jaculatoria. f. Oración breve y fervorosa.

Jabalíes y jabatos

jade. m. Silicato de magnesia y cal, que suele hallarse formando nódulos entre las rocas cristalinas; de color verdoso, se emplea en joyería como piedra semipreciosa.

jadear. intr. Respirar con dificultad por efecto del cansancio, de algún ejercicio impetuoso, etc. SIN. resollar.

jaez. m. **1** Cualquier adorno que se pone a las caballerías. Más en pl. **2** Cualidad de una cosa o persona: *son dos productos del mismo jaez.* SIN. 1 arreo 2 calaña, ralea.

jaguar. m. Mamífero carnívoro americano, de la familia de los félidos, de piel, por lo general, amarillenta con anillos negros. Habita en algunas zonas de América del Norte, y en toda América del Sur.

jalar. tr. **1** Tirar de una cuerda. **2** Comer con mucho apetito. También prnl.: *se jaló todo el plato.* | intr. **3** Correr o andar muy deprisa: *vete jalando, que llegas tarde.* SIN. 1 halar 2 tragar, zampar.

jalbegar. tr. Enjalbegar.

jalbegue. m. **1** Blanqueo. **2** Lechada de cal dispuesta para blanquear o enjalbegar.

jalea. f. **1** Conserva de frutas, de aspecto transparente y consistencia gelatinosa. **2** Medicamento azucarado, de consistencia gelatinosa, y que tiene por base una materia vegetal o animal.

jalear. tr. **1** Animar con palmadas, ademanes y expresiones a los que bailan, cantan, etc. También prnl. **2** Animar a los perros a voces para que sigan a la caza. SIN. 1 aplaudir 2 azuzar ☐ ANT. 1 abuchear.

jaleo. m. **1** Acción de jalear. **2** Diversión bulliciosa, alboroto, tumulto: *¡vaya jaleo que están montando los de arriba!* **3** Cierto baile popular andaluz. SIN. 2 barullo, lío, bulla ☐ ANT. 2 calma, orden.

jalifa. m. Representante del sultán en la zona del antiguo protectorado español en Marruecos.

jalón. m. **1** Vara que se clava en tierra para determinar puntos fijos cuando se levanta el plano de un terreno. **2** Hito, hecho importante o punto de referencia: *esta novela ha sido un jalón en la narrativa de posguerra.* SIN. 1 mojón 2 acontecimiento.

jalonar. tr. **1** Señalar o marcar con jalones. **2** Marcar etapas o situaciones en un determinado proceso o evolución: *los éxitos han jalonado su carrera.*

jamar. tr. y prnl. Tomar alimento, comer: *se jamó toda la bandeja él solo.* SIN. zampar.

jamás. adv. t. Nunca: *jamás llegó a saberlo.*

jamba. f. Cualquiera de las dos piezas que, puestas verticalmente en los dos lados de las puertas o ventanas, sostienen el dintel o el arco de éstas.

jamelgo. m. Caballo flaco y desgarbado, por hambriento. SIN. jaco, penco.

jamón. m. **1** Pierna del cerdo curada, y su carne. **2** Parte superior de los brazos o piernas de una persona, especialmente cuando es gruesa.

jamona. adj. y f. Se dice de la mujer madura y algo gruesa.

jamugas. f. pl. Silla de tijera que se coloca sobre el aparejo de las caballerías.

jansenismo. m. Doctrina de C. Jansen, teólogo holandés, que ponderaba la influencia de la gracia divina para obrar el bien.

japuta. f. Pez teleósteo, de color plomizo, escamas regulares y romboidales, cola en forma de media luna, y aleta pectoral muy larga. Vive en el Mediterráneo y es apreciado como alimento. Se le conoce también como *palometa.*

jaque. m. **1** Jugada del ajedrez en que se amenaza directamente al rey o a la reina del contrario. **2 jaque mate.** Lance que pone término al juego de ajedrez. **3 tener en jaque** a uno. loc. Amenazarle o inquietarle.

jaqueca. f. Dolor de cabeza que ataca solamente en un lado o en una parte de ella. SIN. cefalalgia, migraña.

jaquetón. m. Tiburón parecido al marrajo.

jara. f. Arbusto mediterráneo, de ramas de color pardo, hojas viscosas, opuestas y estrechas, flores pedunculadas, de corola blanca, y fruto capsular.

jarabe. m. **1** Bebida que se hace cociendo azúcar en agua hasta que se espese, y añadiendo zumos refrescantes o sustancias medicinales. **2** Cualquier bebida excesivamente dulce.

jaramago. m. Planta herbácea de la familia de las crucíferas, de hojas ásperas y partidas en lóbulos, flores amarillas en espigas terminales, y fruto en vainas delgadas, casi cilíndricas.

Jara en flor

jarana. f. **1** Diversión, juerga: *nos vamos de jarana.* **2** Trampa, engaño. **3** *amer.* Baile en el que participan familiares o personas de confianza. **Sin.** 1 parranda.

jaranero, ra. adj. y s. Aficionado a jaranas.

jarcha. f. Estrofa final que formaba el estribillo en algunos romances mozárabes, considerada la muestra más antigua de la lírica castellana.

jarcia. f. **1** Aparejos y cabos de un buque. Más en pl. **2** Conjunto de instrumentos y redes para pescar. **Sin.** 1 cordaje.

jardín. m. **1** Terreno en donde se cultivan plantas, predominantemente ornamentales. **2 jardín de infancia.** Colegio para niños de 2 a 4 años. **Sin.** 1 vergel 2 guardería.

jardinería. f. Arte de cultivar los jardines.

jardinero, ra. m. y f. **1** Persona que cuida y cultiva un jardín. | f. **2** Mueble o soporte para colocar en él macetas con plantas de adorno o las mismas plantas.

jareta. f. **1** Dobladillo que se hace en la ropa para introducir una cinta, un cordón, una goma, etc., y sirve para fruncir la tela. **2** Dobladillo cosido con un pespunte que se hace en la ropa como adorno.

jaro, ra. adj. y s. Animal que tiene el pelo rojizo: *toro jaro.*

jarra. f. **1** Vasija con cuello y boca anchos y una o más asas. **2** Líquido que contiene esta vasija: *una jarra de vino.*

jarrear. impers. Llover mucho.

jarrete. m. **1** Corva de la rodilla. **2** Corvejón de los cuadrúpedos. **3** Parte alta y carnuda de la pantorrilla hacia la corva.

jarretera. f. **1** Liga especial para sujetar la media o el calzón al jarrete. **2** Orden militar inglesa fundada por Eduardo III, que tiene como insignia una liga.

jarro. m. **1** Vasija de barro, loza, vidrio o metal, a manera de jarra y con sólo un asa. **2** Cantidad de líquido que cabe en ella.

jarrón. m. Vasija grande, generalmente de porcelana y sin asas que se utiliza como adorno. **Sin.** búcaro, florero.

jaspe. m. Piedra silícea de grano fino, textura homogénea, opaca y de colores variados, generalmente veteado, que se emplea en ornamentación.

jaspear. tr. Pintar imitando las vetas y salpicaduras del jaspe.

jauja. f. Nombre con el que se designa un lugar o situación ideales: *este trabajo es jauja.*

jaula. f. **1** Caja hecha con listones de madera, alambre, barrotes de hierro, etc., y dispuesta para encerrar o trasladar animales. **2** Embalaje de madera formado con tablas o listones colocados a cierta distancia unos de otros.

Jaspe

jauría. f. Conjunto de perros de una cacería.

jazmín. m. **1** Arbusto de la familia de las oleáceas, con tallos delgados y flexibles, hojas alternas y compuestas, flores pedunculadas, blancas, olorosas, y fruto en baya negra y esférica. **2** Flor de este arbusto.

jazmíneo, a. adj. y f. **1** Se dice de matas y arbustos oleáceos, con flores hermafroditas y regulares, cáliz persistente y fruto en baya con dos semillas; como el jazmín. | f. **2** Familia de estas plantas.

jazz. (voz ingl.) m. Género musical derivado de ritmos y melodías de los negros estadounidenses.

jeep. (voz ingl.) m. Automóvil de gran potencia, ideado para adaptarse a todo tipo de terrenos.

jefatura. f. **1** Cargo o dignidad de jefe: *ostenta la jefatura del partido.* **2** Oficina, edificio o lugar en donde están instaladas algunas instituciones oficiales: *jefatura de tráfico.* **Sin.** 2 dirección.

jefe, fa. m. y f. **1** Persona que manda o dirige a otras: *la jefa de un departamento.* **2** Cabeza o presidente de un partido, corporación, organismo, etc.: *el jefe de la oposición.* **3** En el ejército y en la marina, categoría superior a la de capitán. **4** Tratamiento informal que se da a una persona: *¿cuándo nos vemos, jefe?* **Sin.** 1 director 2 líder ☐ **Ant.** 1 subordinado.

jengibre. m. **1** Planta cingiberácea de la India, cuyo rizoma se usa en medicina y como especia. **2** Rizoma de esa planta.

jenízaro. m. Soldado de infantería de la antigua guardia del sultán de los turcos.

jeque. m. Jefe de un territorio, comunidad, etc., de musulmanes.

jerarca. com. Persona que tiene elevada categoría en una organización, empresa, comunidad religiosa, etc. **Sin.** jerifalte, jefe ☐ **Ant.** subordinado.

jerarquía. f. **1** Orden o grados de importancia entre diversas personas o cosas: *la jerarquía eclesiástica.* **2** Jerarca, persona que ocupa un alto cargo: *esta*

jerarquizar – joder

orden procede de la más alta jerarquía de la empresa. **3** Cada uno de los niveles dentro de una organización. **Sin.** 1 escala, graduación 2 dirigente, jefe.

jerarquizar. tr. Organizar de modo jerárquico alguna cosa.

jerez. m. Vino blanco fino, elaborado en la provincia de Cádiz.

jerga. f. **1** Lenguaje especial de una profesión o clase social: *la jerga médica, la jerga estudiantil.* **2** Lenguaje difícil de entender. **Sin.** 1 argot 2 galimatías.

jergón. m. Colchón de paja, esparto o hierba y sin bastas.

jerigonza. f. **1** Lenguaje especial de algunos gremios, jerga. **2** Lenguaje de mal gusto, complicado y difícil de entender.

jeringa. f. **1** Instrumento que sirve para aspirar o impeler ciertos líquidos o materias blandas. **2** Molestia, fastidio: *la reunión de mañana promete ser una buena jeringa.* **Sin.** 2 engorro, incordio.

jeringar. tr. y prnl. Molestar, fastidiar: *no tuvo más remedio que jeringarse y acudir.* **Sin.** jorobar □ **Ant.** agradar.

jeringuilla. f. Jeringa especial para inyecciones.

jeroglífico, ca. adj. **1** Escritura con figuras o símbolos. | m. **2** Cada una de estas figuras. **3** Conjunto de signos y figuras con que se expresa una frase, ordinariamente por pasatiempo o juego de ingenio. **4** P. ext., escritura, texto, situación, etc., difíciles de entender o interpretar. **Sin.** 3 acertijo.

jerónimo, ma. adj. y s. Se dice del religioso de la orden de San Jerónimo.

jerosolimitano, na. adj. y s. De Jerusalén.

jersey. m. Prenda de vestir, generalmente de lana, que cubre desde los hombros hasta la cintura. || pl. *jerséis.* **Sin.** suéter.

jesuita. adj. y m. **1** Se dice del religioso de la Compañía de Jesús, fundada por San Ignacio de Loyola. | com. **2** Hipócrita, taimado. **Sin.** 2 sibilino □ **Ant.** 2 franco.

jet. (voz ingl.) m. **1** Reactor o avión de reacción. **2 jet set.** (voz ingl.) Grupo de personas famosas de la alta sociedad.

jeta. f. **1** Cara humana. **2** Boca saliente por su configuración o por tener los labios muy abultados. **3** Desfachatez, descaro. **4** Hocico del cerdo. | adj. y m. **5** Desvergonzado, cínico: *es un jeta.* **Sin.** 1 rostro 5 caradura.

ji. f. Vigesimosegunda letra del alfabeto griego.

jíbaro, ra. adj. y s. **1** Se dice del individuo de una tribu indígena del Alto Amazonas. | m. **2** Lengua hablada por estos indígenas. | adj. y s. **3** *amer.* Campesino.

jibia. f. **1** Molusco cefalópodo dibranquial, decápodo, de cuerpo oval de unos 30 cm de largo, y una concha calcárea; abunda en los mares templados. **2** Concha de este molusco.

jibión. m. **1** Pieza caliza de la jibia. **2** Jibia pequeña.

jícara. f. Taza pequeña que generalmente se emplea para tomar chocolate. **Sin.** pocillo.

jiennense o **jienense.** adj. y com. De Jaén (España).

jijona. f. Turrón de almendra molida, fabricado en Jijona (Alicante).

jilguero. m. Pájaro de plumaje pardo por el lomo, blanco con una mancha roja en la cara, otra negra en lo alto de la cabeza, y un collar blanco bastante ancho; es apreciado por su canto.

jineta. f. Mamífero carnívoro, de cuerpo delgado y cabeza pequeña, hocico prolongado, cuello largo, patas cortas y el pelaje blanco en la garganta, pardo amarillento con manchas en fajas negras por el cuerpo y con anillos blancos y negros en la cola.

jineta. f. Forma de montar a caballo que consiste en llevar los estribos cortos y las piernas dobladas, pero en posición vertical desde la rodilla abajo.

jinete. m. **1** Persona que monta a caballo. **2** Soldado de a caballo.

jipiar. intr. **1** Hipar, gemir, gimotear. **2** Cantar con voz semejante a un gemido.

jipijapa. f. Tira fina y muy flexible, que se emplea para tejer sombreros y otros objetos.

jipío. m. Grito, quejido, lamento que en el cante flamenco se intercala en la copla.

jira. f. **1** Banquete o merienda campestre entre amigos **2** Pedazo algo grande y largo que se corta o rasga de una tela.

jirafa. f. **1** Mamífero rumiante, de aproximadamente 5 m de altura, cuello largo y esbelto, patas muy largas, cabeza pequeña con dos cuernecillos poco desarrollados, y pelaje amarillento con manchas oscuras. **2** En televisión, cine, etc., mecanismo que permite mover el micrófono y ampliar su alcance.

jirón. m. **1** Pedazo desgarrado de una tela. **2** Parte o porción pequeña de un todo: *un jirón de niebla.* **3** Pendón o guión que remata en punta. **Sin.** 1 desgarrón.

job. m. Hombre de mucha paciencia.

jockey. (voz ingl.) m. Jinete profesional de carreras de caballos.

jocoso, sa. adj. Gracioso, chistoso, festivo, divertido. **Ant.** serio, triste.

jocundo, da. adj. Plácido, alegre y agradable. **Sin.** festivo □ **Ant.** serio.

joder. intr. **1** vulg. Realizar el coito. **2** vulg. Molestar, fastidiar. También prnl. **3** Destrozar, arruinar, echar a perder. También prnl.: *se le ha jodido el coche.* **4** Se usa como interj. de enfado, irritación, sorpresa, etc.: *¡deja eso, joder!* **Sin.** 1 fornicar 2 jorobar.

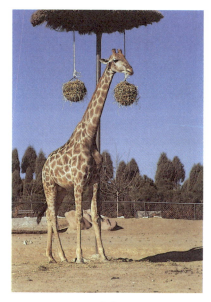
Jirafa

jofaina. f. Palangana.

jogging. (voz ingl.) m. Ejercicio que consiste en correr a poca velocidad.

jolgorio. m. Diversión bulliciosa; juerga. **Sin.** bullicio, jarana.

¡jolín! o **¡jolines!** interj. eufemística por *¡joder!*

jónico, ca. adj. **1** Jonio. También s. **2** Se dice de uno de los órdenes de la arquitectura griega, que tiene columna esbelta que se apoya sobre la basa, capitel adornado con volutas y friso sin decorar. También m. **3** Se dice de cualquiera de estos elementos. | m. **4** Pie de la poesía griega y latina, compuesto de cuatro sílabas. **5** Uno de los cuatro principales dialectos de la lengua griega.

jonio, nia. adj. **1** Natural de Jonia. También s. **2** Relativo a las regiones de este nombre en Grecia y Asia antiguas.

jornada. f. **1** Día: *las noticias de la jornada.* **2** Duración del trabajo diario de los obreros y empleados: *termina su jornada a las tres.* **3** Camino que se recorre en un día. **4** Expedición militar. **5** Cada uno de los actos de una obra teatral clásica. **Sin.** 3 etapa.

jornal. m. **1** Sueldo que cobra el trabajador por cada día de trabajo. **2** Este mismo trabajo. **Sin.** 1 salario, paga.

jornalero, ra. m. y f. Persona que trabaja a jornal. **Sin.** obrero, peón.

joroba. f. **1** Curvatura anormal de la columna vertebral, o del pecho, o de ambos a la vez. | interj. **2** Expresa impertinencia, molestia. **Sin.** 1 chepa.

jorobar. tr. y prnl. Fastidiar, molestar, importunar: *me joroba no poder ir.*

jota. f. **1** Nombre de la letra *j*. **2** Cosa mínima. Se usa siempre con negación: *con estas gafas no veo ni jota.*

jota. f. **1** Baile popular propio de Aragón, danzado también en otras muchas regiones españolas. **2** Música y copla con que se acompaña este baile. **3** Copla que se canta con esta música.

joven. adj. **1** De poca edad. También com. **2** Relativo a la juventud: *moda joven.* **Sin.** 1 mozo, adolescente 2 juvenil, nuevo.

jovial. adj. Alegre, festivo, apacible. **Sin.** animado, vivaz ☐ **Ant.** serio, triste.

joya. f. **1** Objeto pequeño de piedras o metales preciosos que sirve para adorno. **2** Cosa o persona de mucha valía: *este empleado es una joya.* **Sin.** 1 y 2 alhaja, tesoro ☐ **Ant.** 1 baratija.

joyel. m. Joya pequeña.

joyería. f. **1** Tienda donde se venden joyas. **2** Taller donde se fabrican. **3** Trato y comercio de joyas.

joyero, ra. m. y f. **1** Persona que hace o vende joyas. | m. **2** Estuche para guardar joyas.

juanete. m. **1** Abultamiento o deformación de la base del hueso del dedo gordo del pie. **2** Pómulo muy abultado.

jubilación. f. **1** Acción de jubilar. **2** Renta que cobra la persona jubilada. **Sin.** 1 y 2 retiro 2 pensión.

jubilar. adj. Relativo al jubileo.

jubilar. tr. **1** Retirar a alguien del trabajo por vejez o incapacidad laboral, teniendo derecho a una pensión. **2** Desechar por inútil una cosa y no utilizarla más: *creo que ya es hora de jubilar el coche.* **Sin.** 2 arrinconar.

jubileo. m. **1** Fiesta pública israelita, celebrada cada cincuenta años. **2** Entre los cristianos, indulgencia plenaria, concedida por el Papa. **3** Entrada y salida frecuente de muchas personas en un sitio.

júbilo. m. Viva alegría y especialmente la que se manifiesta con signos exteriores. **Ant.** tristeza.

jubón. m. Vestidura que cubría desde los hombros hasta la cintura, ceñida y ajustada al cuerpo.

judaísmo. m. Hebraísmo o profesión de la ley de Moisés.

judaizar. intr. **1** Abrazar la religión judía. **2** Practicar ritos y ceremonias de la ley judaica.

judas. m. Hombre traidor. || No varía en pl. **Sin.** falso, desleal ☐ **Ant.** leal.

judeoespañol, la. adj. **1** Relativo a los judíos españoles que fueron expulsados de España en el siglo XV, y de sus descendientes y costumbres. | m. **2** Lengua de estos judíos.

judería. f. Barrio de judíos en una ciudad.

judía. f. **1** Planta leguminosa papilionácea, de hojas compuestas, fruto en vainas aplastadas y semillas en forma de riñón. **2** Fruto y semilla comestible de esta planta. **Sin.** 1 y 2 alubia, habichuela.

judicatura. f. **1** Ejercicio de juzgar. **2** Cargo de juez. **3** Tiempo que dura. **4** Cuerpo constituido por los jueces de un país.

judicial. adj. Relativo al juicio, a la administración de justicia o a la judicatura: *poder judicial*.

judío, a. adj. y s. **1** Israelita, hebreo. **2** Que practica el judaísmo. **3** De Judea. **4** Avaro, usurero. **Sin.** 4 tacaño ◻ **Ant.** 4 generoso.

judión. m. Variedad de judía de tamaño mayor que la ordinaria.

judo. m. Técnica de defensa de origen japonés con la que se pretende derribar o inmovilizar al contrario. Es deporte olímpico desde 1964.

juego. m. **1** Acción de jugar. **2** Actividad recreativa sometida a reglas: *juego de cartas*. **3** Articulación móvil que sujeta dos cosas entre sí: *el juego del tobillo*. **4** Su movimiento: *no puede hacer el juego de la mano*. **5** Conjunto de cosas relacionadas, que sirven a un mismo fin: *un juego de tocador*. **6** Cada división de un set en el tenis. | pl. **7** Espectáculos públicos: *juegos olímpicos*. **8 juego de manos.** El de agilidad manual que practican los prestidigitadores. **9 juego de niños.** Acción o cosa que no ofrece ninguna dificultad. **10 juego de palabras.** Uso ingenioso de palabras utilizando su doble sentido o sus distintas acepciones. **11 dar juego** alguien o algo. loc. Tener muchas posibilidades, o mejor resultado del que se esperaba: *este electrodoméstico me está dando mucho juego*. **12 fuera de juego.** Posición antirreglamentaria en que se encuentra un jugador, en el fútbol y otros deportes, cuando se sitúa detrás del último defensa del equipo contrario. **Sin.** 1 diversión, pasatiempo.

juerga. f. Diversión, parranda.

jueves. m. Día de la semana entre el miércoles y el viernes. ‖ No varía en pl.

juez, za. m. y f. **1** Persona que tiene autoridad y potestad para juzgar y sentenciar. **2** En algunas competiciones deportivas, árbitro. **3** Persona que se encarga de hacer que se respeten las reglas y de repartir los premios en concursos o certámenes. **4 juez de instrucción.** El que dirige la instrucción de los sumarios en materia criminal. **5 juez de línea.** En el fútbol y otros deportes, cada uno de los dos árbitros auxiliares que vigilan el juego por las bandas laterales. **6 juez de paz.** El que hace las veces de juez municipal o suple al juez de primera instancia. **7 juez de primera instancia.** El ordinario de un partido o distrito, que conoce en primera instancia los asuntos civiles. **Sin.** 5 linier.

jugada. f. **1** Acción de jugar. **2** Lance de juego: *ese pase de balón ha sido una gran jugada*. **3** Acción mala e inesperada: *le han hecho la jugada de destinarle a la nueva sucursal*. **Sin.** 3 faena, jugarreta.

jugador, ra. adj. y s. **1** Que juega. **2** Que tiene el vicio de jugar. **3** Que es muy diestro en jugar. **Sin.** 1 competidor, participante 3 tahúr.

jugar. intr. **1** Hacer algo para divertirse y entretenerse: *se puso a jugar con su hijo*. **2** Tomar parte en algún juego o competición: *juega de pívot*. **3** Intervenir cada jugador en su turno: *juegas tú*. **4** Apostar: *jugar a los caballos*. **5** Arriesgar. Más c. prnl.: *se está jugando el puesto*. **6** Desempeñar: *jugó un importante papel en el asunto*. | tr. **7** Llevar a cabo partidas de algún juego: *jugar un mus*. **8** Hacer uso de las cartas, fichas o piezas que se emplean en ciertos juegos: *jugó el caballo de copas*. | **jugarse.** prnl. **9** Sortearse: *hoy se juegan 20 millones*. **10 jugar con.** loc. Tratar a algo o a alguien sin la consideración o el respeto que merece: *estás jugando con tu salud*. **11 jugar con fuego.** loc. Arriesgar peligrosamente. **12 jugar limpio** o **sucio.** loc. Jugar sin hacer trampas o haciéndolas y también actuar honradamente o engañosamente. **Sin.** 1 divertirse, entretenerse 2 competir 4 echar 5 aventurar. ‖ **Irreg.** Conjugación modelo:

Indicativo
Pres.: *juego, juegas, juega, jugamos, jugáis, juegan*.
Imperf.: *jugaba, jugabas,* etc.
Pret. indef.: *jugué, jugaste, jugó,* etc.
Fut. imperf.: *jugaré, jugarás,* etc.
Potencial: *jugaría, jugarías,* etc.
Subjuntivo
Pres.: *juegue, juegues, juegue, juguemos, juguéis, jueguen*.
Imperf.: *jugara* o *jugase, jugaras* o *jugases,* etc.
Fut. imperf.: *jugare, jugares,* etc.
Imperativo: *juega, jugad*.
Participio: *jugado*.
Gerundio: *jugando*.

---

jugarreta. f. Mala pasada. **Sin.** faena, trastada.

juglar, juglaresa. m. y f. Artista que en la Edad Media cantaba, bailaba y hacía juegos y otras habilidades a cambio de dinero.

juglaría o **juglería.** f. Oficio de los juglares.

jugo. m. **1** Zumo de las sustancias vegetales o animales. **2** Salsa de un guiso: *el asado se ha quedado sin jugo*. **3** Líquido que segregan algunas glándulas del cuerpo humano: *jugo gástrico*. **4** Lo provechoso, útil y sustancial de algo material o inmaterial: *este libro tiene mucho jugo.* **SIN.** 1 extracto, néctar 3 secreción 4 sustancia.

jugoso, sa. adj. **1** Que tiene jugo. **2** Se dice del alimento sustancioso. **3** Valioso, estimable.

juguete. m. **1** Objeto con que se entretienen los niños. **2** Persona o cosa que se abandona a la acción de otra: *el barco es un juguete de las olas, es un juguete en manos de su mujer.*

juguetería. f. Comercio y tienda de juguetes.

juicio. m. **1** Facultad del entendimiento que permite discernir y juzgar: *su juicio le dictaba prudencia.* **2** Opinión: *no me fío demasiado de sus juicios literarios.* **3** Cordura, sensatez: *demostró mucho juicio al rechazar la propuesta.* **4** Estado normal de la razón opuesto a la locura: *está en su sano juicio.* **5** Conocimiento de una causa por parte del juez. **6** En lóg., operación del entendimiento, que consiste en comparar dos ideas para conocer y determinar sus relaciones. **SIN.** 1 criterio 2 parecer 5 proceso, causa ☐ **ANT.** 3 insensatez.

julepe. m. **1** Cierto juego de naipes. **2** Esfuerzo o trabajo excesivo de una persona: *con la mudanza nos dimos un verdadero julepe.* **3** Desgaste o uso excesivo de una cosa: *le has dado un buen julepe a estos zapatos.* **4** Reprimenda, castigo. **5** Tunda, paliza. **SIN.** 2 trajín, ajetreo 3 tute 4 bronca.

julio. m. **1** Séptimo mes del año, de 31 días, que va detrás de junio y antes de agosto. **2** Unidad de trabajo y energía equivalente a diez millones de ergios.

jumento. m. Pollino, asno, burro.

juncáceo, a. adj. Júnceo.

juncal. adj. **1** Relativo al junco. **2** Gallardo, bizarro, esbelto. | m. **3** Sitio poblado de juncos. **SIN.** 2 apuesto.

júnceo, a. adj. y f. **1** Se dice de las hierbas angiospermas monocotiledóneas, semejantes a las gramíneas, como el junco de esteras. | f. pl. **2** Familia de estas plantas.

junco. m. **1** Planta herbácea de tallos lisos, cilíndricos, flexibles, puntiagudos y duros, que se cría en parajes húmedos. **2** Bastón para apoyarse al andar.

junco. m. Especie de embarcación pequeña característica de las Indias Orientales.

jungla. f. Terreno cubierto de vegetación muy espesa, propio de zonas cálidas y húmedas. **SIN.** selva.

junio. m. Sexto mes del año, de treinta días, que va después de mayo y antes de julio.

júnior. adj. **1** Se dice de la persona más joven respecto de otra, generalmente su padre, que tiene el mismo nombre. **2** Se dice del deportista comprendido entre los 18 y 20 años. También com. | m. **3** Religioso joven que todavía no ha profesado los votos definitivos. || pl. *júniors.* **SIN.** 2 juvenil.

junípero. m. Enebro.

junquillo. m. **1** Planta herbácea de jardinería, especie de narciso de flores amarillas muy olorosas, cuyo tallo es liso y parecido al junco. **2** En arquit., moldura redonda y delgada.

juntar. tr. **1** Unir unas cosas con otras o acercarlas: *junta las mesas, que no cabemos todos.* **2** Reunir, congregar. También prnl.: *en la fiesta nos juntamos muchos amigos.* | **juntarse.** prnl. **3** Arrimarse: *se juntaron para hacerle sitio.* **4** Acompañarse: *se juntan para ir al trabajo.* **5** Convivir dos personas que no son matrimonio. **SIN.** 1 arrimar 5 amancebarse ☐ **ANT.** 1 separar, desunir 2 dispersar.

junto, ta. adj. **1** Unido, cercano: *pon las sillas juntas.* | f. **2** Reunión de varias personas para tratar de un asunto: *junta de accionistas.* **3** Cada una de las sesiones que celebran. **4** Unión de dos o más cosas. **5** Juntura: *hay que cambiar la junta del grifo.* **6 junto a.** loc. prep. Cerca de: *vivo junto al parque.* **7 junto con.** loc. prep. En compañía de, en colaboración con. **SIN.** 1 adyacente 2 asamblea.

juntura. f. **1** Parte o lugar en que se juntan y unen dos o más cosas. **2** Pieza que se coloca entre otras dos para unirlas: *se ha roto la juntura de la puerta.* **SIN.** 1 junta 2 articulación, empalme.

jura. f. **1** Acción de jurar solemnemente la sumisión a ciertos preceptos u obligaciones: *la jura de la Constitución.* **2** Juramento.

jurado, da. adj. **1** Que ha prestado juramento: *traductor jurado.* | m. **2** Tribunal no profesional ni permanente que después del juicio debe declarar si considera culpable o inocente al acusado. **3** Tribunal que examina y califica en concursos o certámenes. **4** Cada uno de los miembros de estos tribunales. **SIN.** 4 vocal.

juramentar. tr. **1** Tomar juramento a uno. | **juramentarse.** prnl. **2** Obligarse con juramento.

juramento. m. **1** Acción de jurar. **2** Maldición, blasfemia: *al pillarse el dedo soltó un juramento.* **SIN.** 1 compromiso 2 taco, imprecación.

jurar. tr. **1** Afirmar o negar una cosa, poniendo por testigo a Dios, o a algo o alguien querido: *le juró por sus muertos que no lo sabía.* **2** Reconocer solemnemente la soberanía de un príncipe. **3** Someterse solemnemente a los preceptos constitucionales de un país, a estatutos, cargos, etc. | intr. **4** Blasfemar, maldecir.

jurásico, ca. adj. y m. Se dice del segundo período de la era secundaria, durante el cual se empiezan a delimitar las masas continentales, aparecen diversos grupos de mamíferos y aves y predominan los dinosaurios.

jurel. m. Pez teleósteo marino comestible, con dos aletas de grandes espinas en el lomo, y cola extensa y muy ahorquillada.

jurídico, ca. adj. Que atañe al derecho o se ajusta a él. SIN. legal.

jurisconsulto, ta. m. y f. Persona que profesa la ciencia del derecho. SIN. jurista, letrado.

jurisdicción. f. **1** Poder o autoridad para gobernar y poner en ejecución las leyes o para aplicarlas en juicio: *será juzgado por la jurisdicción militar*. **2** Territorio sobre el que se ejerce este poder. **3** Término de un lugar. SIN. 1 potestad, competencia 2 y 3 demarcación.

jurisprudencia. f. **1** Ciencia del derecho. **2** Conjunto de las sentencias de los tribunales, y doctrina que contienen. **3** Conjunto de sentencias de los tribunales que constituyen un precedente para justificar otros casos no regulados por ninguna ley: *la jurisprudencia recoge varios casos similares*.

jurista. com. Persona que estudia o profesa la ciencia del derecho. SIN. abogado, jurisconsulto.

justa. f. **1** Pelea o combate singular, a caballo y con lanza. **2** Torneo en el que se acreditaba la destreza en el manejo de las armas. **3** Competición o certamen en un ramo del saber: *justa literaria*.

justamente. adv. m. **1** Con justicia: *has obrado justamente*. **2** Exactamente, precisamente, ni más ni menos: *justamente es eso lo que yo buscaba*. **3** Con igual medida, ajustadamente: *el cuadro irá justamente en ese marco*. SIN. 1 objetivamente, imparcialmente □ ANT. 1 injustamente 3 holgadamente.

justicia. f. **1** Virtud que inclina a dar a cada uno lo que le pertenece o lo que le corresponde. **2** Derecho, razón, equidad. **3** Lo que debe hacerse según el derecho o la razón: *eso no te corresponde en justicia*. **4** Pena o castigo y su aplicación: *al final se hizo justicia*. **5** Ministro o tribunal que la imparte. **6** Poder judicial. SIN. 1 equidad, imparcialidad, objetividad □ ANT. 1 injusticia, arbitrariedad.

justiciero, ra. adj. **1** Que observa y hace observar estrictamente la justicia. **2** Que observa estrictamente la justicia en el castigo de los delitos. SIN. 1 imparcial 2 severo.

justificación. f. **1** Conformidad con lo justo. **2** Acto de probar de la inocencia o bondad de una persona, un acto o una cosa.

justificado, da. adj. **1** Conforme a la justicia y razón. **2** Que obra según justicia y razón.

justificante. adj. **1** Que justifica. | m. **2** Documento que prueba la veracidad de algo: *justificante de compra, justificante médico*. SIN. 2 comprobante.

justificar. tr. **1** Ser algo la causa de que otra no

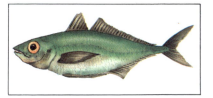

Jurel

resulte extraña o censurable: *la lluvia justifica el retraso del tren*. **2** Probar una cosa con razones convincentes, testigos y documentos: *justificó sus conocimientos sobre la materia presentando varios diplomas*. **3** Probar la inocencia de uno: *justificó su ausencia alegando enfermedad*. **4** En impr., igualar el largo de las líneas según la medida exacta que se ha puesto en el componedor. SIN. 1 explicar 2 demostrar 3 excusar □ ANT. 3 acusar.

justillo. m. Prenda interior sin mangas, que ciñe el cuerpo y no baja de la cintura.

justipreciar. tr. Tasar una cosa.

justo, ta. adj. **1** Se dice del que obra según la justicia, la moral o la razón. También s.: *los justos verán a Dios*. **2** Se dice de sus actos: *una decisión justa*. **3** Merecido: *un premio justo*. **4** Exacto: *tengo el tiempo justo para tomarme un café*. **5** Apretado o que ajusta bien con otra cosa: *este no es el tornillo justo*. | adv. m. **6** Justamente, debidamente: *todo salió justo como quería*. **7** Apretadamente, con estrechez: *el jersey te queda justo*. SIN. 1 recto, equitativo □ ANT. 1 y 2 injusto 3 inmerecido 7 amplio.

juvenil. adj. **1** Relativo a la juventud: *un público juvenil*. **2** Se dice de la categoría de los deportistas que tienen entre 16 y 18 años. También com. SIN. 1 joven.

juventud. f. **1** Edad que empieza en la pubertad y se extiende a los comienzos de la edad adulta. **2** Cualidad o condición de joven. **3** Conjunto de jóvenes: *son unas fiestas para la juventud*. **4** Primeras etapas del desarrollo de algo. **5** Energía, vigor, tersura: *este estilo muestra mucha juventud*. SIN. 1 adolescencia 1 y 2 mocedad □ ANT. 1 vejez 2 ancianidad.

juzgado. m. **1** Junta de jueces que concurren a dar sentencia. **2** Tribunal de un solo juez. **3** Término o territorio de su jurisdicción. **4** Sitio donde se juzga. **5** Dignidad de juez.

juzgar. tr. **1** Deliberar y decidir sobre una cosa como juez o árbitro. **2** Formar juicio u opinión sobre algo o alguien: *te había juzgado mal*. **3** Afirmar, previa la comparación de dos o más ideas, las relaciones que existen entre ellas. SIN. 1 enjuiciar, sentenciar 2 estimar, opinar.

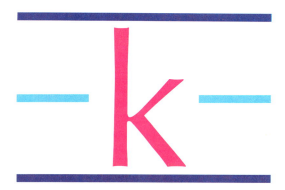

k. f. Undécima letra del abecedario español, y octava de sus consonantes. Su nombre es *ka*.

kabuki. (voz japonesa) m. Teatro tradicional japonés representado sólo por hombres que ejecutan todos los papeles.

kafkiano, na. adj. **1** Relativo a la obra de Kafka. **2** Se dice de las situaciones absurdamente complicadas, extrañas.

káiser. m. Título de algunos emperadores de Alemania.

kamikaze. (voz japonesa) m. y adj. **1** Nombre que se dio, durante la segunda guerra mundial, a los aviadores y aparatos japoneses que se estrellaban contra la flota estadounidense para hacer explotar su carga de bombas. **2** P. ext., piloto suicida. | com. **3** Persona muy arriesgada.

kan. m. Príncipe o jefe tártaro.

kantismo. m. Sistema filosófico ideado por el alemán Kant a fines del s. XVIII, fundado en la crítica del conocimiento.

kappa. f. Décima letra del alfabeto griego, que corresponde a nuestra k.

kárate o **karate.** (voz japonesa) m. Arte marcial japonés de autodefensa, basado en golpes secos realizados con el borde de la mano, los codos o los pies.

karateca. com. Persona que practica kárate.

kart. (voz ingl.) m. Automóvil monoplaza, de poca cilindrada y sin suspensión ni carrocería, usado exclusivamente en competiciones.

katiuska. f. Bota alta de goma o caucho. Más en pl.

kéfir. (voz caucásica) m. Leche fermentada artificialmente y que contiene ácido láctico, alcohol y ácido carbónico.

kelvin. m. Unidad de temperatura termodinámica en el sistema internacional de unidades, llamada antes *grado Kelvin*. Su símbolo es *K*.

kermés. f. **1** Fiesta popular, al aire libre, con bailes, rifas, concursos, etc. **2** Lugar donde se celebra esa fiesta. **3** Fiesta popular de los Países Bajos. **4** Género pictórico flamenco del s. XVII que representaba fiestas populares. **5** Rifas, concursos, etc.

kibutz. (voz hebrea) m. Organización agrícola comunitaria de Israel, basada en el trabajo y la vida en común, en la autogestión y en la abolición de la propiedad privada.

kif. (voz ár.) m. Estupefaciente o narcótico que se extrae de las hojas del cáñamo índico.

kilo. m. **1** Forma abreviada de *kilogramo*. **2** Un millón de pesetas: *le ha costado seis kilos*. **3** Mucha cantidad de algo: *esta sopa tiene kilos de sal*.

kilocaloría. f. Unidad de energía térmica, igual a mil calorías. Su símbolo es *kcal*.

kilociclo. m. Unidad de frecuencia equivalente a mil oscilaciones por segundo.

kilográmetro. m. Unidad de trabajo mecánico o esfuerzo capaz de levantar un kilogramo a un metro de altura. Su símbolo es *kgm*.

kilogramo. m. **1** Unidad métrica fundamental de masa (y peso) que iguala la masa o peso de un cilindro de platino-iridio, y equivale a 1.000 gramos. Su símbolo es *kg*. **2** Pesa de un kilogramo. **3** Cantidad de alguna materia que pese un kilogramo: *dos kilos de peras*.

kilohercio. m. Mil hercios. Su símbolo es *kHz*.

kilolitro. m. Medida de capacidad que equivale a 1.000 litros, o sea, un metro cúbico. Su símbolo es *kl*.

kilometraje. m. Número de kilómetros recorridos.

kilométrico, ca. adj. **1** Relativo al kilómetro. **2** De larga duración.

kilómetro. m. Medida de longitud que equivale a 1.000 metros. Su símbolo es *km*.

kilopondio. m. Unidad de fuerza que equivale al peso de un kilogramo.

kilotón. Unidad de potencia de un explosivo equivalente a la de mil toneladas de trinitrotolueno (TNT).

kilovatio. m. Unidad de potencia equivalente a 1.000 vatios. Su símbolo es *kW*.

kilovoltio. m. Unidad de tensión eléctrica equivalente a 1.000 voltios. Su símbolo es *kV*.

kimono. (voz japonesa) m. Quimono.

kiosco. m. Quiosco.

kiowa. adj. y com. **1** Se dice del individuo de un pueblo indio de América del Norte. | m. **2** Tipo de zapato de piel y suela muy flexible.

kirie. m. Invocación que se hace al Señor al principio de la misa. Más en pl.

kirieleisón. m. **1** Kirie. **2** Canto de los entierros y oficio de difuntos.

kitsch. (voz a.) adj. y m. Se dice de los elementos artísticos de mal gusto. S<small>IN</small>. hortera.

kiwi. m. **1** Ave corredora de plumaje oscuro, patas fuertes, alas casi imperceptibles y largo pico. Habita en Nueva Zelanda. **2** Planta arbustiva de origen chino con flores blancas y amarillas y fruto de piel rugosa y peluda y carne verde comestible. **3** Fruto de esta planta.

kleenex. m. Marca registrada que ha pasado a ser la denominación común de cualquier pañuelo de papel. || No varía en pl.

klistrón. m. Generador de microondas. Se usa para la emisión de ondas ultracortas y como amplificador y cambiador de frecuencias.

K.O. 1 Siglas de la voz inglesa *knock-out*, que significa «fuera de combate». Se emplea en boxeo cuando uno de los que combaten deja sin conocimiento o sin posibilidad de seguir peleando al otro. **2 dejar K.O.** Dejar completamente aturdido y sin respuesta a alguien.

Koala

koala. m. Mamífero marsupial australiano de pelo grisáceo, orejas grandes y hocico pequeño, que se alimenta de hojas de eucaliptus.

koljós o **kolkhós.** m. Tipo de cooperativa agrícola de producción, base de la colectivización de la agricultura en la antigua U.R.S.S.

krausismo. m. Sistema filosófico ideado por el alemán Krause, que se funda en un conciliación entre el teísmo y el panteísmo.

krausista. adj. Relacionado con el krausismo.

kurdo, da. adj. y s. **1** De Kurdistán. | m. **2** Lengua hablada en esta región.

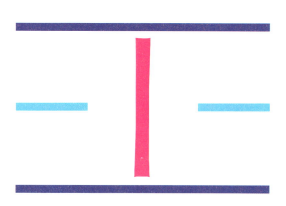

l. f. **1** Duodécima letra del abecedario español, y novena de sus consonantes. Su nombre es *ele*. **2** Letra numeral que tiene el valor de 50 en la numeración romana.

la. m. Sexta nota de la escala musical. ‖ No varía en pl.

la, las. art. det. f. sing. y pl. **1** Antecede a sustantivos que concuerdan con él en género y número. | pron. pers. de 3.ª persona, f. sing. y pl. **2** En la oración desempeña la función de complemento directo: *no la llames que no está.*

lábaro. m. Estandarte romano sobre el que, bajo el mandato de Constantino, se puso la cruz y el monograma de Cristo.

laberinto. m. **1** Lugar formado por calles, caminos, encrucijadas, etc., del que es muy difícil encontrar la salida. **2** Cosa confusa y enredada. **3** Parte interna del oído. **SIN.** 2 caos, lío.

labia. f. Elocuencia y gracia para hablar y convencer a los demás: *este político tiene mucha labia.*

labiado, da. adj. y f. **1** Se dice de las plantas angiospermas dicotiledóneas, herbáceas o arbustivas, de corola dividida en dos partes o labios, como la albahaca, el tomillo, etc. | f. pl. **2** Familia de estas plantas.

labial. adj. **1** Relativo a los labios. **2** En ling., se dice del sonido y fonema cuya articulación se forma mediante el contacto de los labios. **3** Se dice de la

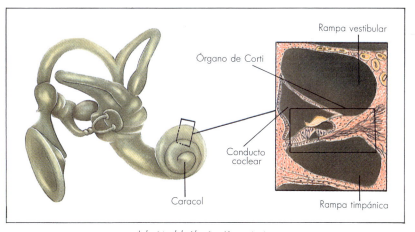

Laberinto del oído: situación y estructura

consonante que tiene este punto de articulación, como la *b*. También f.

labiérnago. m. Arbusto o arbolillo oleáceo, de flores blanquecinas y fruto en drupa negruzca del tamaño de un guisante.

lábil. adj. **1** Que resbala o se desliza fácilmente. **2** Frágil, débil. **3** Poco estable, poco firme en sus resoluciones: *un jefe lábil*. **4** En quím., se dice del compuesto fácil de transformar en otro más estable. **SIN.** 1 escurridizo 2 sutil 3 cambiante ☐ **ANT.** 2 fuerte 3 seguro.

labilidad. f. Calidad de lábil.

labio. m. **1** Cada una de los rebordes exteriores, carnosos y móviles, de la boca. **2** Borde de ciertas cosas: *los labios de una herida*. **3** Órgano del habla. Más en pl.: *no lo sabrán de mis labios*.

labiodental. adj. **1** En ling., se dice del sonido y del fonema cuya articulación se forma acercando el labio inferior a los bordes de los dientes superiores. **2** Se apl. a la consonante que tiene este punto de articulación, como la *f*. También f.

labor. f. **1** Acción de trabajar: *ha hecho una buena labor de restauración*. **2** Adorno tejido o hecho a mano en la tela. Más en pl. **3** Obra de coser o bordar. **4** Labranza, en especial la de las tierras que se siembran. Más en pl.: *las labores del campo*. **5** Grupo de productos que se confeccionan en la fábrica de tabacos. **6 sus labores.** expr. para designar la dedicación, no remunerada, de la mujer a las tareas de su propio hogar. **SIN.** 1 tarea, faena.

laborable. adj. Se dice del día en el que se trabaja, frente al festivo. También m.: *los laborables no cerramos a mediodía*.

laboral. adj. Relacionado con el trabajo, en su aspecto económico, jurídico y social.

laboralista. adj. y com. Se apl. al abogado especializado en derecho laboral.

laboratorio. m. Local para hacer experimentos científicos y operaciones químicas, farmacéuticas, etc.

laboreo. m. **1** Cultivo del campo. **2** Técnica de explotar las minas. **3** Conjunto de estas labores. **4** Orden y disposición de los cabos de labor de las embarcaciones.

laborioso, sa. adj. **1** Aplicado en el trabajo: *un empleado laborioso*. **2** Que requiere mucho esfuerzo: *tuvo que emprender una laboriosa búsqueda*. **SIN.** 1 trabajador 2 trabajoso.

laborismo. m. En Inglaterra, y p. ext., en algunos otros países, doctrina política de carácter moderado y reformista, cuya base social es la clase trabajadora.

labrado, da. adj. **1** Se apl. a las telas o materiales que tienen algún adorno o relieve: *la imagen de la Virgen llevaba un magnífico manto labrado*. | m. **2** Acción de labrar en una tela o material. | f. **3** Tierra arada, barbechada y dispuesta para sembrarla al año siguiente.

labrador, ra. adj. y s. **1** Que labra la tierra. | m. y f. **2** Persona que cultiva por su cuenta sus propias tierras. **SIN.** 1 y 2 agricultor, labriego.

labrantío, a. adj. y m. Campo o tierra de labor.

labranza. f. **1** Cultivo de los campos. **2** Hacienda de campo o tierras de labor.

labrar. tr. **1** Cultivar la tierra. **2** Arar antes de sembrar. **3** Trabajar una materia dándole forma o formando relieves en ella: *encontró una buena madera para labrar*. **4** Hacer, preparar algo gradualmente: *labró la ruina de su padre*. **SIN.** 1 laborear 3 esculpir 4 originar.

labriego, ga. m. y f. Labrador que vive en el medio rural.

labro. m. Pieza impar movible de la boca de los insectos.

laca. f. **1** Sustancia resinosa que se forma en las ramas de varios árboles de la India. **2** Barniz duro y brillante hecho con esta sustancia. **3** P. ext., objeto barnizado con él: *una mesa de laca*. **4** Color rojo que se saca de la cochinilla o del palo de Pernambuco. **5** Sustancia líquida e incolora que se emplea para fijar el peinado.

lacar. tr. Cubrir una superficie con una capa de laca.

lacayo. m. **1** Criado de librea que acompañaba a su amo a pie, a caballo o en coche. **2** desp. Servil, rastrero: *es el lacayo del jefe*. **SIN.** 1 sirviente.

lacear. tr. **1** Adornar con lazos. **2** Atar con lazos. **3** Coger con lazos la caza menor.

lacerar. tr. y prnl. **1** Lastimar, herir. **2** Dañar, vulnerar: *tus palabras le laceraron*. **SIN.** 1 golpear 2 perjudicar.

lacero, ra. m. y f. **1** Persona diestra en manejar el lazo. **2** Cazador furtivo que se dedica a coger con lazos la caza menor. **3** Empleado municipal encargado de recoger a lazo perros vagabundos.

lacetano, na. adj. y s. Se dice de un pueblo prerromano que habitaba la Lacetania, región de la Hispania Tarraconense, en la actual ciudad de Barcelona.

lacha. f. Vergüenza.

lacinia. f. Cada una de las tirillas largas y de forma irregular en que se dividen las hojas o los pétalos de algunas plantas.

lacio, cia. adj. **1** Marchito, ajado: *esa planta está lacia por falta de riego*. **2** Se dice del cabello sin ondas ni rizos. **3** Flojo, sin vigor. **SIN.** 1 mustio 2 liso 3 débil, decaído ☐ **ANT.** 1 lozano 2 rizado, fosco 3 vigoroso.

lacón. m. Brazuelo del cerdo, y especialmente su carne curada.

lacónico, ca. adj. **1** Breve, conciso: *una respuesta lacónica*. **2** Que habla o escribe de esta manera. **Sin.** 1 corto, sucinto ☐ **Ant.** 1 y 2 prolijo.

lacra. f. **1** Señal de una enfermedad. **2** Defecto físico o moral: *el paro es una lacra social*. **Sin.** 1 achaque, cicatriz 2 tacha.

lacrar. tr. Cerrar con lacre. **Sin.** precintar.

lacre. m. Pasta sólida compuesta de goma laca y trementina que se emplea derretida para cerrar y sellar cartas y paquetes.

lacrimal. adj. Relativo a las lágrimas.

lacrimógeno, na. adj. **1** Que produce lágrimas. Se dice especialmente de ciertos gases. **2** Excesivamente sentimental: *un drama lacrimógeno*.

lacrimoso, sa. adj. **1** Que tiene lágrimas. **2** Que mueve a llanto. **Sin.** 1 lloroso 2 lacrimógeno.

lactancia. f. **1** Período de la vida de los mamíferos en la que se alimentan sólo de leche. **2** Acción de mamar. **Sin.** 2 amamantamiento.

lácteo, a. adj. **1** Relativo a la leche. **2** Hecho de leche o derivado de ella: *productos lácteos*.

lactosa o **lactina.** f. Azúcar disacárido que contiene la leche.

lacustre. adj. Relativo a los lagos: *pesca lacustre*.

ladear. tr. e intr. **1** Inclinar. También prnl.: *el cuadro se ha ladeado*. **2** Andar o caminar por las laderas. **Sin.** 1 sesgar ☐ **Ant.** 1 enderezar.

ladera. f. Cualquiera de los lados en declive de un monte. **Sin.** pendiente.

ladilla. f. Insecto parecido al piojo, de color amarillento, que vive parásito en las partes vellosas del cuerpo humano, reproduciéndose con gran rapidez.

ladino, na. adj. **1** Astuto, sagaz, taimado. | m. **2** Dialecto judeoespañol hablado por los sefardíes.

lado. m. **1** Costado o parte de la persona o del animal, comprendida entre el brazo y el hueso de la cadera: *la parálisis le ha afectado el lado derecho*. **2** Parte de una cosa situada cerca de sus extremos: *dejé el libro en el lado izquierdo del estante*. **3** Cada una de las superficies de un plano, como una tela, una moneda, etc.: *este lado del disco está rayado*. **4** Cada uno de los aspectos que se pueden considerar de algo o alguien: *no te lo tomes por el lado malo*. **5** Cada una de las líneas de un ángulo o polígono. **6** Arista de los poliedros irregulares. **7 al lado.** loc. adv. Muy cerca, inmediato: *vivimos al lado*. **8 dar de lado** a uno. loc. Rechazar su compañía. **Sin.** 3 cara 4 faceta.

ladrar. intr. **1** Dar ladridos el perro. **2** Amenazar sin llegar a hacer nada.

ladrido. m. **1** Voz del perro. **2** Grito, insulto: *hoy no paras de soltar ladridos*.

ladrillo. m. **1** Masa de arcilla cocida con forma de prisma rectangular empleada en la construcción. **2** Cosa pesada o aburrida: *menudo ladrillo es este libro*.

ladrón, na. adj. y s. **1** Que hurta o roba. | m. **2** Enchufe que permite tomar corriente eléctrica para más de un aparato. **3** Cauce que se hace en un río o acequia para utilizar su agua. **Sin.** 1 ratero 2 adaptador.

lagar. m. **1** Sitio donde se pisa la uva, se prensa la aceituna o se machaca la manzana. **2** Recipiente utilizado para este propósito. **Sin.** 2 almazara.

lagartija. f. Especie de lagarto pequeño, ligero y espantadizo, que se alimenta de insectos y vive en los huecos de las paredes.

lagarto, ta. m. y f. **1** Reptil saurio de cuerpo y cola largos cubiertos de escamas verdosas, con cuatro patas cortas y delgadas. Es sumamente ágil, inofensivo y muy útil para la agricultura. **2** Persona pícara, taimada. También adj. | f. **3** Mariposa cuya oruga causa grandes daños a diversos árboles, principalmente a la encina. **Sin.** 2 astuto.

lago. m. Gran masa de agua, normalmente dulce, almacenada en depresiones del terreno.

lagomorfo. adj. y m. **1** Se dice de los mamíferos, parecidos a los roedores, caracterizados por poseer dos pares de incisivos superiores, como el conejo. | m. pl. **2** Orden de estos animales.

lágrima. f. **1** Cada una de las gotas del líquido que segrega la glándula lagrimal. Más en pl. **2** Gota que destilan algunos árboles después de la poda. **3** Adorno, especialmente de vidrio, de forma de gota. | pl. **4** Desgracias, sufrimientos: *lo consiguió con lágrimas y sudores*. **5 lágrimas de cocodrilo.** loc. Las que derrama una persona aparentando un dolor que no siente.

lagrimal. adj. **1** Relacionado con las lágrimas. | m. **2** Extremidad del ojo próxima a la nariz.

lagrimear. intr. Producir lágrimas el ojo con frecuencia.

lagrimeo. m. **1** Acción de lagrimear. **2** Secreción muy abundante de lágrimas por irritación de los ojos.

Lagarto

laguna. f. **1** Depósito natural de agua menor que el lago. **2** Omisión en un escrito. **3** Cualquier cosa olvidada o desconocida: *tiene serias lagunas en historia.* **4** Vacío en un conjunto o serie: *hay varias lagunas en este índice.* **Sin.** 1 balsa, charca 3 olvido 4 ausencia.

laicado. m. En el cuerpo de la Iglesia, la condición y el conjunto de los fieles no clérigos.

laicismo. m. Doctrina que defiende la total independencia del hombre o de la sociedad, y más particularmente del Estado, de toda influencia eclesiástica o religiosa.

laico, ca. adj. **1** No eclesiástico ni religioso. También s. **2** Se dice de la escuela o enseñanza que prescinde de la instrucción religiosa. **Sin.** 1 civil 1 y 2 seglar.

laísmo. m. Empleo de las formas *la* y *las* del pronombre *ella* para el complemento indirecto, en lugar de las correctas *le* y *les*: *la dio una bofetada a su hermana* en lugar de *le dio una bofetada a su hermana.*

laja. f. Piedra lisa y plana. **Sin.** lancha.

lama. m. Monje del Tíbet.

lama. f. **1** Barro blando, de color oscuro, que se halla en el fondo de mares, ríos, etc. **2** Lámina de metal, madera u otros materiales que se emplea para diferentes usos, como la construcción de persianas graduables o de somieres. **Sin.** 1 cieno.

lamaísmo. m. Rama budista del Tíbet y Asia central.

lambda. f. Undécima letra del alfabeto griego, que corresponde a nuestra *l*. Su grafía mayúscula es Λ, y la minúscula, λ.

lamelibranquio, quia. adj. y m. **1** Se dice de los moluscos que tienen simetría bilateral y están provistos de una concha de dos valvas, como la almeja, el mejillón y la ostra. | m. pl. **2** Clase de estos animales.

lamentable. adj. **1** Que merece sentirse o llorarse. **2** Que produce una mala impresión por estar estropeado: *has dejado los zapatos en un estado lamentable.* **3** Que infunde tristeza y horror. **Sin.** 2 maltrecho 3 horrible.

lamentación. f. Lamento.

lamentar. tr. **1** Sentir pena, contrariedad, arrepentimiento, etc., por algo: *lamento haber llegado tarde.* **2** Sentir una cosa con llanto, sollozos u otras demostraciones de dolor. También prnl.

lamento. m. Expresión de pena, queja o sentimiento.

lamer. tr. **1** Pasar repetidas veces la lengua por una cosa. También prnl. **2** Tocar blanda y suavemente: *las olas lamían la playa.*

lamerón, na. adj. **1** Goloso. **2** Adulador.

lametón. m. Acción de lamer con fuerza.

lámina. f. **1** Plancha delgada de metal u otro material. **2** Plancha de cobre o de otro metal en la que está grabado un dibujo para estamparlo. **3** Grabado o estampa. **4** Porción de cualquier materia extendida en superficie y de poco grosor. **Sin.** 1 chapa, placa 4 capa.

laminar. adj. **1** De forma de lámina. **2** Se dice de la estructura de un cuerpo cuando está formado por varias capas superpuestas.

laminar. tr. **1** Convertir en láminas un mineral. **2** Cubrir algo con láminas.

lámpara. f. **1** Utensilio para dar luz. **2** Aparato para sostener una o varias luces artificiales. **3** Elemento de los aparatos de radio y televisión, parecido en su forma a una lámpara eléctrica. **4** Lamparón. **Sin.** 1 candil, quinqué 1 y 2 farol 4 mancha.

lamparilla. f. **1** Mecha sujeta en una ruedecita flotante, y que se enciende en un vaso que contiene aceite. **2** Recipiente donde se pone.

lamparón. f. Mancha de grasa en la ropa.

lampazo. m. Planta compuesta cuyas brácteas, más largas que las flores, que son purpúreas, tienen una punta larga y espinosa en forma de gancho.

lampiño, ña. adj. **1** Hombre que no tiene barba. **2** Que tiene poco pelo o vello.

lamprea. f. Nombre común a varios peces de carne muy apreciada, con cuya boca, a modo de ventosa, se adhieren a los objetos sumergidos y sujetan a sus presas.

lampuga. f. Pez marino acantopterigio, comestible, pero poco apreciado. Habita por todos los océanos, especialmente en zonas cálidas.

lana. f. **1** Pelo de las ovejas. **2** Pelo de otros animales parecido a la lana. **3** Hilo de lana, y tejido que se hace con él: *un jersey de lana.*

lanar. adj. Se dice del ganado o la res que tiene lana.

lance. m. **1** Ocasión crítica: *¡en menudo lance estamos!* **2** Encuentro, riña. **3** Cada una de las jugadas decisivas de cualquier juego. **4** Acción y efecto de lanzar o arrojar. **5** Suerte taurina que se realiza con capa. **Sin.** 1 trance 2 reyerta 4 lanzamiento 5 pase.

lancear. tr. Herir con lanza. **Sin.** alancear.

lanceolado, da. adj. De forma parecida a la punta de la lanza. Se dice de las hojas y de sus lóbulos.

lancero. m. Soldado que pelea con lanza.

lanceta. f. Instrumento quirúrgico para hacer pequeños cortes.

lancha. f. **1** Embarcación grande de vela y remo, de vapor o de motor. **2** Cualquier embarcación pequeña descubierta. **3** Piedra lisa, plana y de poco grueso. **Sin.** 1 y 2 bote 3 laja.

Lanzaderas espaciales

landa. f. Llanura extensa en la que sólo se crían plantas silvestres.

landó. m. Coche de cuatro ruedas, con capotas delantera y trasera.

langosta. f. **1** Nombre de varios insectos ortópteros parecidos al saltamontes, de color gris amarillento, antenas finas y alas membranosas, con el tercer par de patas muy fuerte, preparado para saltar. A veces forman plagas de efectos devastadores. **2** Crustáceo decápodo de hasta 50 cm de longitud, con cinco pares de patas; dos antenas laterales muy largas y fuertes; ojos prominentes, cuerpo casi cilíndrico, y cola larga y gruesa. Su carne es muy apreciada.

langostino. m. Crustáceo marino, decápodo, que puede alcanzar los 25 cm de largo, cola muy prolongada, y caparazón poco consistente. Su carne es muy apreciada.

languidecer. intr. Perder la fuerza o el vigor de algo o alguien: *la conversación fue languideciendo.* || **Irreg.** Se conj. como *agradecer.*

lánguido, da. adj. **1** Débil, sin energía. **2** Desanimado. **Sin.** 1 flojo 2 decaído ☐ **Ant.** 1 fuerte, vigoroso 2 animado, alegre.

lanolina. f. Sustancia grasa que se extrae de la lana del cordero y se utiliza para la preparación de pomadas y cosméticos.

lantánido, da. adj. y m. **1** Se dice de los elementos químicos, que son metálicos y se combinan directamente con el nitrógeno y el hidrógeno. | m. pl. **2** Grupo formado por estos elementos, llamados también *tierras raras.*

lantano. m. Elemento químico metálico de color plomizo, que arde fácilmente y descompone el agua a la temperatura ordinaria. Se emplea en procesos magnéticos. Su símbolo es *La.*

lanudo, da. adj. Que tiene mucha lana o vello. **Sin.** lanoso.

lanza. f. **1** Arma ofensiva compuesta de un asta en cuya extremidad está fijo un hierro puntiagudo y cortante. **2** Soldado que luchaba con esta arma. **3** Tubo de metal en que acaban las mangas de las bombas para dirigir bien el chorro de agua. **Sin.** 1 pica.

lanzacohetes. adj. y m. Aparato destinado a lanzar cohetes. || No varía en pl.

lanzada. f. Golpe o herida de lanza.

lanzadera. f. **1** Instrumento con una canilla dentro, que usan los tejedores para tramar. **2** Pieza semejante que tienen las máquinas de coser. **3 lanzadera espacial.** Vehículo capaz de transportar un objeto al espacio y situarlo en él; puede ser recuperado y utilizado nuevamente.

lanzado, da. adj. **1** Se dice de lo muy veloz o emprendido con mucho ánimo. **2** Osado, decidido. También s. **Sin.** 1 rápido □ **Ant.** 1 lento 2 apocado, retraído.

lanzallamas. m. Arma portátil para lanzar a corta distancia un chorro de líquido inflamado. ‖ No varía en pl.

lanzamiento. m. **1** Acción de lanzar o arrojar una cosa: *el lanzamiento de un libro.* **2** En ciertos juegos de balón o de pelota, acción de lanzar la pelota para castigar una falta. **3** Prueba atlética que consiste en lanzar el peso, el disco, el martillo o la jabalina a la mayor distancia posible.

lanzar. tr. **1** Arrojar: *lanzar un balón.* **2** Dar a conocer, hacer propaganda: *lanzar un producto de belleza.* **3** Dar, proferir, exhalar: *lanzar un grito.* **4** Hacer partir un vehículo espacial. ‖ **lanzarse.** prnl. **5** Emprender algo con muchos ánimos y precipitación: *se lanzó a especular en bolsa.* **Sin.** 1 tirar 2 propagar 3 soltar.

laña. f. Grapa que sirve para unir dos piezas.

lapa. f. **1** Molusco gasterópodo de concha cónica, lisa o con estrías, que vive asido fuertemente a las peñas de las costas. Es comestible. **2** Persona excesivamente insistente e inoportuna. **3** Lampazo, planta.

laparoscopia. f. Examen de la cavidad abdominal mediante un instrumento óptico que se introduce a través de una pequeña abertura.

lapicero. m. Lápiz.

lápida. f. Piedra llana en la que normalmente se pone una inscripción en memoria de algo o alguien.

lapidar. tr. Apedrear, matar a pedradas.

lapidario, ria. adj. **1** Relacionado con las piedras preciosas. **2** Relacionado con las lápidas. **3** Se dice del enunciado que, por su concisión y solemidad, resulta digno de ser recordado. Se usa en sentido irónico: *terminó su discurso con una frase lapidaria.* ‖ m. y f. **4** Persona que se dedica a labrar piedras preciosas. **5** Persona que comercia en ellas. **6** Persona dedicada a hacer o grabar lápidas. **Sin.** 3 conciso 4 tallista 6 grabador.

lapislázuli. m. Mineral de color azul intenso y gran dureza, que se usa para hacer objetos de adorno. Es un silicato de alúmina mezclado con sulfato de cal.

lápiz. m. **1** Nombre genérico de varias sustancias minerales que sirven para dibujar. **2** Barra de grafito encerrada en un cilindro o prisma de madera o metal que sirve para escribir o dibujar. **3** Barra de diferentes sustancias y colores que se utiliza en cosmética: *lápiz de labios.* **Sin.** 1-3 lapicero.

lapo. m. **1** Escupitajo. **2** Cintarazo, latigazo.

lapón, na. adj. y s. **1** De Laponia. ‖ m. **2** Lengua ugrofinesa hablada en este país; pertenece al grupo uraloaltaico.

lapso, sa. m. **1** Paso o transcurso. **2** Tiempo entre dos límites: *dejaremos pasar un lapso de tres días antes de actuar.* **3** Lapsus. **Sin.** 3 desliz.

lapsus. m. Falta o equivocación cometida por descuido. ‖ No varía en pl.

lar. m. **1** En la mitología romana, cada uno de los dioses de la casa. Más en pl. **2** Lugar donde está la lumbre en la cocina. ‖ pl. **3** Casa propia u hogar. **Sin.** 2 hogar 3 domicilio.

largar. tr. **1** Dejar libre, sobre todo algo molesto o desagradable: *largó los estudios y se puso a trabajar.* **2** Seguido de palabras como bofetada, porrazo, propina, etc., dar: *le largó un derechazo que le tumbó.* **3** Decir algo inoportuno o pesado: *nos largó un discurso insoportable.* **4** En mar., desplegar, soltar una cosa; como la bandera o las velas. ‖ **largarse.** prnl. **5** Irse o ausentarse uno con rapidez o disimulo: *en cuanto él llegue, yo me largo.* **Sin.** 1 soltar 5 escabullirse, pirarse □ **Ant.** 1 coger 4 recoger 5 volver.

largo, ga. adj. **1** Que tiene más longitud de lo normal: *las mangas me están largas.* **2** Copioso, abundante, excesivo: *me puso un kilo largo.* **3** Dilatado, extenso, continuado: *un discurso largo.* **4** Generoso, dadivoso. ‖ m. **5** Longitud: *tiene 3 m de largo.* **6** En natación, recorrido de la dimensión mayor de una piscina. ‖ f. **7** La luz más potente de los vehículos. ‖ adv. m. **8** Dilatadamente, por extenso: *habló largo y tendido.* **9 a la larga.** loc. adv. Pasado mucho tiempo: *a la larga todo termina sabiéndose.* **10 a lo largo.** loc. adv. En el sentido de la longitud de una cosa. **Sin.** 1 luengo □ **Ant.** 1 corto 2 escaso 3 breve 4 tacaño.

largometraje. m. Película cuya duración sobrepasa los sesenta minutos.

larguero, ra. m. **1** Cada uno de los dos palos o barrotes que se ponen a lo largo de una obra de carpintería. **2** Palo horizontal superior de las porterías de fútbol, hockey, etc.

largueza. f. Dadivosidad.

larguirucho, cha. adj. Se dice de las personas y cosas desproporcionadamente largas.

laringe. f. Parte superior de la tráquea de los animales vertebrados de respiración pulmonar y que en los mamíferos sirve también como órgano de la voz al contener las cuerdas vocales.

laringitis. f. Inflamación de la laringe. ‖ No varía en pl.

laringología. f. Parte de la medicina que estudia las enfermedades de la laringe.

laringoscopio. m. Instrumento para explorar la laringe.

laringotomía. f. Incisión que se hace en la laringe para extraer cuerpos extraños, extirpar tumores o la laringe entera.

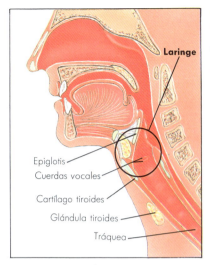

laringe

larva. f. Fase del desarrollo, inmediatamente después de la salida del huevo, en los animales que tienen diferentes etapas en su evolución hasta el estado adulto, como los anfibios y algunos peces.

larvado, da. adj. Se dice de los fenómenos, situaciones y, especialmente, de las enfermedades que se presentan con síntomas que ocultan su verdadera naturaleza. Sin. oculto.

lasaña. f. Plato de origen italiano, consistente en capas de pasta que se alternan con otras de carne o verdura picada y se cubren con besamel y queso rallado.

lasca. f. **1** Trozo pequeño y delgado desprendido de una piedra. **2** Lancha de piedra.

lascivia. f. Propensión a los placeres carnales. Sin. lujuria □ Ant. castidad.

lascivo, va. adj. **1** Relacionado con la lascivia. **2** Que tiene este vicio. También s.

láser. m. Siglas del ingl. *Light amplification by stimulated emission of radiations* con la que se conoce el dispositivo electrónico que, basado en la emisión inducida, amplifica un haz de luz monocromática y coherente de extraordinaria intensidad.

lasitud. f. Falta de vigor y de fuerzas. Sin. desfallecimiento, cansancio.

laso, sa. adj. **1** Cansado. **2** Decaído. Ant. 1 fuerte 2 animado.

lástima. f. **1** Sentimiento de tristeza o dolor: *sentí mucha lástima al saberlo*. **2** Lo que provoca la compasión: *venía hecho una lástima*. **3** Cualquier cosa que cause disgusto, aunque sea ligero: *es una lástima que no puedas venir*. Sin. 1 conmiseración 1 y 2 pena □ Ant. 1 alegría.

lastimar. tr. **1** Hacer daño. También prnl. **2** Ofender a alguien: *le lastimó mucho lo que le dijiste*. Sin. 1 herir 2 agraviar.

lastimero, ra. adj. Que provoca lástima y compasión. Sin. plañidero.

lastimoso, sa. adj. **1** Lastimoso. **2** Que es digno de lástima.

lastra. f. Piedra lisa. Sin. lancha.

lastrar. tr. Poner lastre.

lastre. m. **1** Peso que se pone en el fondo de la embarcación, a fin de que ésta entre en el agua hasta donde convenga. **2** Peso que llevaban los globos aerostáticos para aumentar o disminuir la altitud. **3** Impedimento para llevar algo a buen término: *su falta de experiencia es un lastre*. Sin. 3 rémora.

lata. f. **1** Hojalata. **2** Envase hecho de hojalata: *se cortó al abrir la lata*. **3** Contenido de este envase: *se ha bebido cuatro latas de cerveza*. **4** Cosa aburrida y pesada: *la conferencia fue una lata*. **5 dar la lata.** loc. Molestar, importunar. Sin. 4 latazo, tostón.

latazo. m. aum. de lata, pesadez.

latente. adj. Se dice de lo que existe pero oculto y escondido: *había una tensión latente en el ambiente*.

lateral. adj. **1** Que está a un lado: *asiento lateral*. **2** En ling., se dice del sonido articulado en cuya pronunciación la lengua sólo deja pasar el aire por sus lados; como en la *l*. | m. **3** Cada uno de los lados de algo: *en este lateral irá la estantería*. Ant. 1 central.

látex. m. Líquido lechoso que se extrae del tronco de ciertos árboles, del que se obtienen sustancias muy diversas, como el caucho, la gutapercha, etc.

latido. m. **1** Cada uno de los golpes producidos por el movimiento alternativo de dilatación y contracción del corazón. **2** Sensación dolorosa intermitente: *siento un latido en las sienes*.

latifundio. m. Finca rústica de gran extensión y perteneciente al mismo dueño. Ant. minifundio.

latifundista. com. Persona que posee uno o varios latifundios.

latigazo. m. **1** Golpe dado con el látigo, y chasquido que produce. **2** Atracción de feria, de movimiento casi circular, cuyas sacudidas en las curvas se asemejan a latigazos. Sin. 1 correazo.

látigo. m. **1** Azote con que se aviva y castiga a las caballerías. **2** Cuerda o correa con que se asegura y aprieta la cincha. Sin. 1 fusta, zurriago.

latiguillo. m. **1** Voz o frase que se repite por costumbre al hablar o escribir. **2** Exageración en la forma de actuar o hablar de alguien para llamar la atención o provocar el aplauso. Sin. 1 muletilla.

latín. m. Lengua que se hablaba en la antigua comarca italiana llamada Lacio, que dio lugar a las llamadas lenguas romances (rumano, italiano, francés, castellano, catalán y gallego, entre otras).

latinajo. m. desp. **1** Latín malo y macarrónico. **2** Voz o frase latina usada en castellano. Más en pl.

latinismo. m. Giro o palabra latina que se emplea en otra lengua.

latinizar. tr. y prnl. Hacer que la cultura latina influya y modifique otras.

latino, na. adj. **1** Del Lacio. También s. **2** Relativo al latín. **3** Relativo a la Iglesia romana o de Occidente. **4** Se dice de los pueblos de Europa en que se hablan lenguas derivadas del latín, de sus hablantes y de lo relativo a ellos. Apl. a pers., también s.

latir. intr. **1** Dar latidos el corazón, las arterias, etc. **2** Existir algo ocultamente, sin manifestarse con claridad: *en sus palabras latía el odio.* **Sin.** 1 palpitar.

latitud. f. **1** Distancia que hay desde un punto de la superficie terrestre al ecuador, contada por los grados de su meridiano. **2** Distancia, contada en grados, que hay desde la eclíptica a cualquier punto considerado en la esfera celeste hacia uno de los polos. **3** Anchura de una cosa o figura plana, frente a longitud. **4** Toda la extensión de un país o territorio.

lato, ta. adj. **1** Dilatado, extendido. **2** Se apl. al sentido extenso, no literal, que se da a las palabras. **Sin.** 1 reducido 2 específico.

latón. m. Aleación de cobre y cinc.

latoso, sa. adj. y s. Fastidioso, pesado. **Ant.** agradable, distraído.

latría. f. **1** Reverencia y adoración que sólo se debe a Dios. **2** Como sufijo significa adoración: *egolatría.*

latrocinio. m. Hurto o estafa. **Sin.** robo.

laúd. m. Instrumento musical de cuerda con la caja de resonancia oval, cóncava y prominente.

láudano. m. Preparación compuesta de vino blanco, opio, azafrán y otras sustancias, que se empleaba como calmante del dolor.

laudo. m. Decisión que dictan los árbitros en un conflicto. **Sin.** fallo.

lauráceo, a. adj. **1** Parecido al laurel. **2** Se dice de plantas angiospermas dicotiledóneas, con hojas persistentes, sencillas, y fruto en baya o drupa de una sola semilla sin albumen; como el laurel y el aguacate. También f. | f. pl. **3** Familia de estas plantas.

laureado, da. adj. y s. **1** Que ha sido recompensado con honor y gloria. **2** Se dice especialmente de los militares que obtienen la cruz de San Fernando, y también de esta insignia. **Sin.** 1 condecorado.

laurear. tr. **1** Coronar con laurel. **2** Premiar. **Sin.** 2 condecorar.

laurel. m. **1** Árbol siempre verde, con tronco liso, flores blancas pequeñas, fruto en baya negruzca cuyas hojas son muy usadas para condimento. **2** Corona, triunfo, premio: *saboreó los laureles de la victoria.* **Sin.** 2 galardón.

laurencio. m. Elemento químico radiactivo del grupo de los actínidos. Su símbolo es *Lw.*

lauroceraso. m. Árbol rosáceo exótico, de flores blancas y fruto semejante a la cereza. Se cultiva en Europa, y de sus hojas se obtiene, por destilación, un agua muy venenosa que se usa en medicina y en perfumería.

lava. f. Material rocoso fundido que arrojan los volcanes.

lavabo. m. **1** Pila y grifos donde uno se lava, sobre todo la cara, las manos y los dientes. **2** Cuarto donde se instala. **3** Cualquier cuarto de baño o servicio públicos: *¿dónde están los lavabos?* **Sin.** 2 y 3 baño, aseos.

lavadero. m. **1** Lugar, pila o recipientes utilizados habitualmente para lavar, sobre todo la ropa. **2** Instalaciones para el lavado o preparación de los minerales.

lavado. m. **1** Acción de lavar o lavarse. **2** Pintura a la aguada hecha con un solo color.

lavador, ra. adj. y s. **1** Que lava. | m. **2** Instrumento de hierro que sirve para limpiar las armas de fuego.

lavadora. f. Máquina para lavar la ropa.

lavafrutas. m. Recipiente con agua que se pone en la mesa al final de la comida para lavar algunas frutas y enjuagarse los dedos. || No varía en pl.

lavanda. f. **1** Espliego, planta. **2** Perfume que se saca de esta planta.

lavandería. f. Establecimiento industrial para el lavado de la ropa.

Lava

lavaplatos. m. **1** Lavavajillas. | com. **2** Persona cuyo oficio consiste en lavar platos. || No varía en pl.

lavar. tr. **1** Limpiar algo o a alguien con agua u otro líquido. También prnl.: *lavarse las manos.* **2** Quitar un defecto, mancha o deshonor: *no consiguió lavar su nombre de sospechas.* | intr. **3** Prestarse un tejido mejor o peor al lavado: *esta tela lava bien.* **Sin.** 1 fregar 2 purificar ❏ **Ant.** 1 y 2 ensuciar, manchar.

lavativa. f. **1** Enema. **2** Jeringa o cualquier instrumento manual que sirve para ponerlo.

lavavajillas. m. **1** Máquina para lavar platos, cubertería y batería de cocina. **2** Detergente que se usa para lavar a mano la vajilla. || No varía en pl.

laxante. adj. y m. Se dice del medicamento o de cualquier alimento que sirve para facilitar la evacuación del vientre.

laxo, xa. adj. **1** Flojo. **2** Se dice de la moral relajada o de la persona de conducta poco estricta. **Sin.** 2 relajado.

lay. m. Composición poética de la Edad Media, en provenzal o en francés, que cuenta leyendas o historias amorosas, generalmente en versos octosílabos. || pl. *layes.*

laya. f. Instrumento de hierro con cabo de madera, que sirve para labrar la tierra y revolverla.

laya. f. Calidad, especie, género.

lazada. f. **1** Atadura o nudo que se deshace con sólo tirar de un extremo. **2** Lazo de cuerda o cinta.

lazareto. m. **1** Establecimiento sanitario que servía para aislar a los infectados o sospechosos de enfermedades contagiosas. **2** Hospital de leprosos.

lazarillo. adj. y m. Que guía a un ciego o persona necesitada: *perro lazarillo.*

lazo. m. **1** Atadura o nudo de cinta, hilo, cuerda, etc., que adorna o sujeta algo. **2** Cualquier otra cosa que imita la forma del lazo. **3** Cuerda o trenza con un nudo corredizo en uno de sus extremos, para sujetar toros, caballos, etc. **4** Unión, vínculo, obligación. Más en pl.: *lazos familiares.*

lazulita. f. Lapislázuli.

le, les. pron. pers. de 3.ª persona, m. o f. sing. y pl. En la oración desempeña la función de complemento indirecto. || Está aceptada su utilización como comp. directo masculino de persona: *no le llamé,* en vez de *no lo llamé.*

leal. adj. **1** Se apl. a la persona, comportamiento, actitud o acción fiel, que no engaña a personas o cosas. También com. **2** Se apl. a algunos animales domésticos, como el perro y el caballo, que siguen a su amo con fidelidad. **3** Adepto, simpatizante. **Sin.** 1 y 2 noble ❏ **Ant.** 1 infiel 1 y 2 traicionero 3 desleal.

lealtad. f. Cualidad de fiel. **Sin.** fidelidad, nobleza ❏ **Ant.** traición.

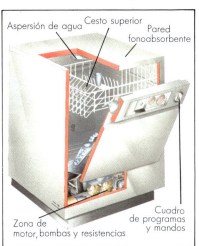

Lavaplatos

leasing. (voz ingl.) m. Operación financiera que consiste en el alquiler de los bienes necesarios con opción a comprarlos al final del contrato.

lebrel, la. adj. y s. Se dice de cierto perro de labio superior y orejas caídas, hocico recio, lomo recto y piernas retiradas hacia atrás, que resulta muy útil para cazar liebres.

lebrillo. m. Vasija de barro más ancha por el borde que por el fondo.

lección. f. **1** Conjunto de conocimientos que alguien expone para enseñarlos a otros. **2** Cada una de las divisiones de un libro de texto o de una materia que se está enseñando. **3** Enseñanza, o advertencia: *nos dio una buena lección.* **Sin.** 1 experiencia 2 clase 3 escarmiento.

lecha. f. **1** Licor seminal de los peces. **2** Cada una de las dos bolsas que lo contienen.

lechada. f. **1** Masa de cal o yeso para blanquear paredes. **2** Masa suelta a que se reduce el trapo moliéndolo para hacer papel. **3** Líquido que tiene en disolución cuerpos insolubles muy divididos.

lechal. adj. **1** Se dice del animal que aún mama, en especial el cordero. También m. **2** Se dice de las plantas y frutos que tienen un zumo blanco semejante a la leche. | m. **3** Este mismo zumo. **Sin.** 1 lechazo.

lechazo. m. Cordero lechal.

leche. f. **1** Líquido blanco que segregan las mamas de las hembras de los mamíferos y que sirve de alimento. **2** Látex. **3** Jugo blanco que se extrae de algunas semillas. **4** Crema líquida que tiene diferentes usos en cosmética: *leche limpiadora, hidratante.* **5** vulg. Golpe, bofetada: *se dieron una leche...* **6 leche condensada.** La concentrada, con azúcar que le da consistencia. **7 mala leche.** loc. Mala intención, mal humor.

lechera. f. Recipiente en que se tiene o sirve la leche.

lechero, ra. adj. **1** Que contiene leche o alguna de sus propiedades. **2** Se dice de las hembras de animales que se tienen para que den leche: *vaca lechera.* | m. y f. **3** Persona que vende leche.

lechigada. f. Conjunto de crías de un animal que han nacido de un mismo parto. S<small>IN</small>. camada.

lecho. m. **1** Cama. **2** Cauce, madre del río. **3** Fondo del mar o de un lago. **4** En geol., capa de los terrenos sedimentarios. **5** Superficie de una piedra sobre la cual se ha de asentar otra.

lechón, na. m. y f. **1** Cochinillo de leche. **2** Puerco de cualquier tiempo.

lechoso, sa. adj. **1** Que tiene cualidades o apariencia de leche: *cielo lechoso.* **2** Se dice de las plantas y frutos que tienen látex. | m. **3** Papayo, árbol y fruto.

lechuga. f. Planta herbácea compuesta de flores amarillentas, fruto seco, con una sola semilla y hojas grandes, radicales, blandas, de distintas formas, que se comen en ensalada o guisadas.

lechuguino. m. **1** Lechuga pequeña antes de ser trasplantada. **2** Hombre joven demasiado arreglado y presumido. También adj. S<small>IN</small>. 2 petimetre.

lechuza. f. **1** Ave rapaz nocturna, frecuente en España, de graznido estridente y lúgubre cuando vuela. Se alimenta ordinariamente de insectos y de pequeños mamíferos roedores. **2** Mujer fea y perversa. También adj.

lechuzo, za. adj. y s. **1** Goloso. **2** Se dice de la persona que se parece a la lechuza en algo. | m. **3** Hombre poco listo. S<small>IN</small>. 3 pardillo.

lectivo, va. adj. Se dice de los días docentes del año académico.

lector, ra. adj. y s. **1** Que lee. | m. y f. **2** Persona que enseña su propia lengua en una universidad extranjera como profesor auxiliar. **3** En las editoriales, persona que examina los originales recibidos y asesora sobre ellos. | m. **4** Aparato para leer microfilmes o microfichas.

lectura. f. **1** Acción de leer: *dedica mucho tiempo a la lectura.* **2** Obra o cosa leída: *esta lectura no tiene desperdicio.* **3** Interpretación del sentido de un texto: *esta frase tiene varias lecturas.* **4** Control e interpretación de los datos de un contador: *la lectura del gas.* **5** Reproducción de señales acústicas grabadas en cualquier soporte. **6** Extracción de la información contenida en la memoria de un ordenador para transmitirla a un registro exterior.

Lechuza

leer. tr. **1** Pasar la vista por lo escrito o impreso entendiendo los signos: *ya sabe leer.* **2** Interpretar un texto: *en la novela se lee una crítica social.* **3** Descifrar música y convertirla en sonidos. **4** Interpretar lo que se percibe adivinando el sentido o sentimiento interior: *en sus gestos se leía un profundo desencanto.* || **Irreg.** Conjugación modelo:

Indicativo
Pres.: *leo, lees, lee,* etc.
Imperf.: *leía, leías, leía,* etc.
Pret. indef.: *leí, leíste, leyó, leímos, leísteis, leyeron.*
Fut. imperf.: *leeré, leerás, leerá,* etc.
Potencial: *leería, leerías, leería,* etc.
Subjuntivo
Pres.: *lea, leas, lea,* etc.
Imperf.: *leyera* o *leyese, leyeras* o *leyeses, leyera* o *leyese, leyéramos* o *leyésemos, leyerais* o *leyeseis, leyeran* o *leyesen.*
Fut. imperf.: *leyere, leyeres, leyere,* etc.
Imperativo: *lee, leed.*
Participio: *leído.*
Gerundio: *leyendo.*

---

legacía. f. **1** Cargo de legado y tiempo que dura. **2** Negocio o mensaje que se le encarga a un legado. **3** Territorio dentro del cual ejerce su encargo un legado.

legación. f. **1** Legacía. **2** Cargo que da un Gobierno a un individuo para que lo represente en un país extranjero. **3** Conjunto de los empleados que el legado tiene a sus órdenes. **4** Casa u oficina del legado. **Sin.** 1 y 2 representación 2 y 4 embajada.

legado. m. **1** Lo que deja en su testamento un testador: *dejó un cuantioso legado*. **2** Lo que se deja o transmite a cualquier sucesor: *el romanticismo hizo suyo el legado medieval*. **3** Representante de un Gobierno ante otro extranjero. **4** Enviado del Papa para que le represente en un determinado asunto. **Sin.** 1 y 2 herencia 3 embajador.

legajo. m. Conjunto de papeles atados por tratar de una misma materia.

legal. adj. **1** Prescrito por ley y conforme a ella. **2** Verídico, puntual. **Sin.** 1 reglamentario ☐ **Ant.** 1 ilegal.

legalidad. f. Calidad de legal.

legalista. adj. y com. Que antepone a cualquier otra consideración la aplicación literal de las leyes.

legalización. f. **1** Acción de legalizar. **2** Certificado o nota con firma y sello, que acredita la autenticidad de un documento o una firma.

legalizar. tr. **1** Dar estado legal a algo. **2** Comprobar y certificar la autenticidad de un documento o de una firma. **Sin.** 1 legitimar 2 autentificar ☐ **Ant.** 1 ilegalizar.

légamo. m. **1** Cieno, lodo. **2** Parte arcillosa de las tierras de labor. **Sin.** 1 fango, limo.

legaña. f. Secreción del lagrimal que se seca en el borde de los párpados.

legar. tr. **1** Dejar a una persona algo en el testamento: *legó su biblioteca al municipio*. **2** Transmitir ideas, artes, etc. **3** Enviar a uno de legado.

legatario, ria. m. y f. Persona natural o jurídica a la que se deja algún legado. **Sin.** heredero.

legendario, ria. adj. **1** Relativo a las leyendas: *temas legendarios*. **2** Vivo sólo en las leyendas: *un monstruo legendario*. **3** Se dice de las personas o cosas fabulosas, fantásticas, o que dan que hablar: *consiguió un triunfo legendario*. **Sin.** 1-3 fabuloso.

legible. adj. Que se puede leer.

legión. f. **1** Cuerpo de tropa romana compuesto de infantería y caballería. **2** Nombre de ciertos cuerpos de tropas, compuestos por soldados profesionales: *la Legión Extranjera*. **3** Número indeterminado y copioso de personas: *le rodeaba una legión de admiradores*. **Sin.** 3 multitud.

legionario, ria. adj. **1** Perteneciente a la legión. | m. **2** Soldado que servía en una legión romana. **3** En los ejércitos modernos, soldado de algún cuerpo de los que tienen nombre de legión.

legionella. f. Enfermedad producida por una bacteria del mismo nombre caracterizada por la aparición de fiebre, neumonía, congestión, y que en ocasiones puede producir la muerte del afectado.

legislación. f. **1** Conjunto de leyes de un Estado, o sobre una materia determinada: *legislación laboral*. **2** Acción de legislar. **Sin.** 1 normativa.

legislar. tr. Dar, hacer o establecer leyes. **Sin.** promulgar.

legislativo, va. adj. **1** Se apl. al derecho o la facultad de hacer leyes: *poder legislativo*. **2** Relacionado con la legislación o los legisladores: *orden legislativa*. **3** Se dice del cuerpo o código de leyes. **4** Autorizado por una ley.

legislatura. f. **1** Tiempo durante el cual funcionan los cuerpos legislativos de una nación. **2** Período de sesiones de las Cortes.

legítima. f. Porción de la herencia de la que el testador no puede disponer libremente, por asignarla la ley a determinados herederos llamados forzosos.

legitimar. tr. **1** Probar la legitimidad de una persona o cosa. **2** Hacer legal o lícito algo. **3** Hacer legítimo al hijo que no lo era. **Sin.** 1 certificar.

legitimista. adj. y com. Partidario de un príncipe o de una dinastía, por creer que tiene derecho legítimo para reinar.

legítimo, ma. adj. **1** Conforme a las leyes y a la justicia: *demostró ser el propietario legítimo del terreno*. **2** Justo: *ha sido una decisión legítima*. **3** Genuino, verdadero: *es un Dalí legítimo*. | f. **4** Parte de la herencia de la que el testador no puede disponer libremente, porque la ley la asigna a determinados herederos. **Sin.** 1 legal 3 auténtico ☐ **Ant.** 1 ilícito 2 injusto 3 falso.

lego, ga. adj. **1** Seglar. **2** Falto de instrucción en una materia determinada: *soy lego en derecho mercantil*. **3** Se dice de la persona de una comunidad religiosa que aun siendo profeso no tiene opción a las órdenes sagradas. También m. **Sin.** 1 laico 2 ignorante.

legra. f. Instrumento que se emplea para legrar.

legrado, da. m. En cir., acción de raspar la superficie de los huesos o la mucosa del útero.

legrar. tr. En cir., efectuar un legrado.

legua. f. **1** Medida de longitud que equivale a 5.572,7 m. **2 a la legua.** loc. adv. Desde muy lejos, a gran distancia: *se ve a la legua que está enamorado*.

leguleyo, ya. m. y f. Persona que trata de leyes sin conocerlas bien. **Sin.** picapleitos.

legumbre. f. **1** Todo género de fruto o semilla que se cría en vainas. **2** Cualquier planta que se cultiva en las huertas.

leguminoso, sa. adj. y f. **1** Se dice de las hierbas, matas, arbustos y árboles angiospermos dicotiledóneos, con fruto en legumbre con varias semillas sin albumen. | f. pl. **2** Familia de estas plantas.

lehendakari. (voz vasc.) m. Nombre que recibe el presidente del Gobierno autónomo vasco.

leído, da. adj. **1** Se dice de la publicación con muchos lectores: *la novela más leída del año*.

leísmo – lengua

2 Se dice de la persona culta y erudita: *es un hombre muy leído.* **3 leído y escribido.** loc. adj. Se dice de la persona que presume de instruida. SIN. 2 docto, sabio.

leísmo. m. Empleo de las formas de dativo *le, les* del pronombre personal como acusativo masculino singular o plural: *me le encontré el otro día,* en lugar de *me lo encontré el otro día.* || Cuando el complemento directo es de persona, su uso está admitido.

leitmotiv. (voz a.) m. **1** Asunto central que se repite a lo largo de una composición musical. **2** Tema central de un discurso, obra, conversación etc.

lejanía. f. **1** Situación de lejano. **2** Lugar remoto o distante. SIN. lontananza.

lejano, na. adj. Distante en el espacio, en el tiempo o en la relación personal. ANT. cercano, próximo.

lejía. f. Solución de hidróxido sódico o potásico de gran poder desinfectante y blanqueador.

lejos. adv. l. y t. **1** A gran distancia, en lugar o tiempo distante o remoto: *estamos todavía lejos de conseguirlo.* **2 lejos de.** loc. prepos. seguida de inf. En vez de, en lugar de: *lejos de mejorar, su estado empeoró.* ANT. 1 cerca.

lelo, la. adj. y s. Pasmado, simple. ANT. despierto.

lema. m. **1** Frase que expresa un pensamiento que sirve de guía para la conducta de alguien o para un asunto determinado: *su lema es: quien ríe el último ríe mejor.* **2** Letra o mote que se pone en los emblemas. **3** Contraseña que precede a las composiciones literarias presentadas a un concurso.

lemnáceo, a. adj. y f. **1** Se dice de las plantas acuáticas angiospermas monocotiledóneas, como la lenteja de agua. | f. pl. **2** Familia de estas plantas.

lemosín, na. adj. y s. **1** De Limoges. | m. **2** Lengua de *oc* o provenzal.

lempira. f. Unidad monetaria de Honduras.

lémur. m. **1** Género de mamíferos primates, con cara parecida al perro y cola muy larga, frugívoros y propios de Madagascar. | pl. **2** En mit., genios maléficos en los que creían los romanos y etruscos. **3** Fantasmas, duendes.

lencería. f. **1** Ropa interior femenina, y tienda en donde se vende. **2** Ropa blanca de la casa.

lendakari. m. Lehendakari.

lendrera. f. Peine de púas finas y espesas, para limpiar de liendres la cabeza.

lengua. f. **1** Órgano muscular situado en la cavidad de la boca de los vertebrados, y que sirve para gustar, deglutir y articular los sonidos de la voz. **2**

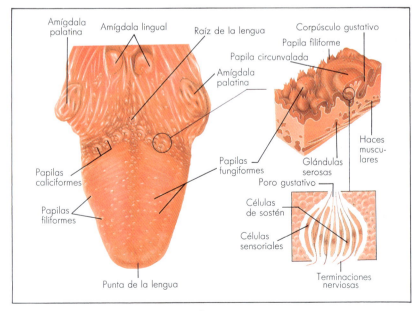

Lengua

Cualquier cosa larga y estrecha de forma parecida a la de este órgano: *una lengua de tierra.* **3** Sistema de comunicación y expresión verbal propio de un pueblo o nación, o común a varios: *domina varias lenguas.* **4** Vocabulario y gramática peculiares de una época, de un escritor o de un grupo social: *la lengua de la calle.* **5 lengua de oc.** La que antiguamente se hablaba en el mediodía de Francia. **6 lengua de oil.** Francés antiguo, o sea, lengua hablada antiguamente en Francia al norte del Loira.

lenguado. m. Pez teleósteo de cuerpo casi plano, muy comprimido, y carne comestible muy fina. **Sin.** suela.

lenguaje. m. **1** Conjunto de sonidos articulados con que las personas manifiestan lo que piensan o sienten. **2** Idioma hablado por un pueblo o nación, o por parte de ella: *se dirigió a ellos en un lenguaje que desconocían.* **3** Manera de expresarse: *utilizó un lenguaje ofensivo.* **4** Estilo y modo de hablar y de escribir de cada uno: *tiene un lenguaje muy cuidado.* **5** Uso del habla o facultad de hablar. **6** Conjunto de señales que dan a entender cualquier cosa: *el lenguaje de las flores, de los animales.* **7** En inform., sistema de caracteres y reglas con los que se programa un ordenador.

lenguaraz. adj. y com. Que habla con descaro. **Sin.** deslenguado ☐ **Ant.** comedido.

lengüeta. f. **1** Tira de piel que suelen tener los zapatos en la parte del cierre por debajo de los cordones. **2** Laminilla movible de metal u otra materia de algunos instrumentos de viento. **3** Epiglotis. **4** Fiel de la balanza, especialmente el de la romana.

lenidad. f. Blandura, falta de severidad. **Sin.** benevolencia ☐ **Ant.** dureza.

leninismo. m. Doctrina política de Lenin, quien, siguiendo el marxismo, sentó las bases del comunismo soviético.

lenitivo, va. adj. **1** Que tiene virtud de ablandar y suavizar. | m. **2** Medicamento que ablanda o calma el dolor de una herida. **3** Medio para mitigar el sufrimiento. **Sin.** 1 alivio 2 calmante.

lenocinio. m. **1** Acción de servir de intermediario en las relaciones sexuales de una pareja. **2** Oficio de alcahuete. **3 casa de lenocinio.** Casa de prostitución.

lente. amb. **1** Cristal con caras cóncavas o convexas, que se emplea en varios instrumentos ópticos. Más c. f. **2** Cristal de aumento. Más c. f. | m. pl. **3** Gafas. **4 lente de contacto.** Disco pequeño de materia plástica o vidrio, cóncavo por un lado y convexo por el otro, que se fija directamente sobre la córnea para corregir los vicios de refracción del ojo. **Sin.** 2 lupa 4 lentilla.

lenteja. f. **1** Planta herbácea anual, de hojas lanceoladas, flores blancas con venas moradas y fruto en vaina pequeña, con dos o tres semillas pardas en forma de disco. **2** Fruto de esta planta.

lentejuela. f. Pequeña pieza redonda de metal que se usa en los bordados.

lenticular. adj. **1** De forma parecida a la semilla de la lenteja. | m. **2** Pequeña apófisis del yunque, mediante la que se articula con el estribo. También adj.: *apófisis lenticular.*

lentilla. f. Lente de contacto.

lentisco. m. Arbusto siempre verde, con tallos leñosos, hojas divididas en hojuelas, flores pequeñas amarillentas o rojizas, y fruto en drupa, primero roja y después negruzca. Su madera roja se emplea en ebanistería.

lentitud. f. Tardanza, calma. **Ant.** ligereza.

lento, ta. adj. **1** Tardo y pausado: *este caballo es muy lento.* **2** Poco vigoroso, poco intenso: *fuego lento.* | adv. m. **3** Con lentitud: *habla más lento, que no te entiendo.* **Ant.** 1 rápido, veloz 2 vivo 3 deprisa.

leña. f. **1** Ramas y trozos de madera seca que se emplean para hacer fuego. **2** Castigo, paliza.

leñador, ra. m. y f. Persona cuyo oficio consiste en cortar leña o venderla.

leñera. f. Sitio o mueble destinado para guardar leña.

leño. m. **1** Trozo de árbol después de cortado y limpio de ramas. **2** Parte sólida de los árboles bajo la corteza. **3** Persona de poco talento y habilidad.

leñoso, sa. adj. De leña o con las propiedades de la madera: *fruta leñosa.*

leo. m. **1** Quinto signo del Zodiaco, que el Sol recorre aparentemente desde el 22 de julio hasta el 22 de agosto. **2** Constelación zodiacal que se halla delante del mismo signo y un poco hacia el Oriente. || En estas dos acepciones se escribe con mayúscula. | com. **3** Persona que ha nacido bajo este signo.

león, na. m. y f. **1** Mamífero carnívoro félido, de pelaje entre amarillo y rojo, cabeza grande, dientes y uñas muy fuertes y cola larga. La hembra carece de la abundante melena característica de la cabeza del macho. **2** Persona audaz y valiente. **3** *amer.* Especie de tigre de pelo leonado, puma. **4 león marino.** Mamífero marino de unos 3 m de longitud, con pelaje largo y espeso, una especie de cresta carnosa y móvil en lo alto de la cabeza, y las patas traseras transformadas en aletas.

leonado, da. adj. De color rubio oscuro.

leonera. f. **1** Lugar en que se tiene encerrados los leones. **2** Habitación o lugar muy desordenado habitualmente.

leonés, sa. adj. y s. **1** De León, ciudad, provincia o reino de España. | m. **2** Dialecto romance llamado también asturleonés. **3** Variedad de castellano hablada en territorio leonés.

leonino, na. adj. **1** Relativo al león. **2** Se dice del contrato en el que todas las ventajas se atribuyen a una de las partes, debiendo la otra satisfacer unas condiciones durísimas.

leontina. f. Cinta o cadena colgante del reloj de bolsillo.

leopardo. m. Mamífero carnívoro de 1,5 m de longitud, de pelo amarillo rojizo con manchas negras y redondas, cuerpo estilizado y muy ágil. Vive en los bosques de Asia y África.

leotardo. m. Prenda de vestir parecida a las medias, que sube hasta la cintura. Suele ser de lana o algún tejido de abrigo. Más en pl.

Lepe. (por alusión a don Pedro de Lepe, obispo de Calahorra.) En la loc. **saber más que Lepe** o **que Lepe, Lepijo y su hijo.** Ser muy perspicaz, saber mucho.

lepidóptero. adj. y m. **1** Se dice de los insectos con antenas largas, ojos compuestos, boca chupadora y cuatro alas cubiertas de membranitas imbricadas, como la mariposa. | m. pl. **2** Orden de estos insectos.

leporino, na. adj. **1** Perteneciente o relativo a la liebre. **2** Se dice del labio superior que, por malformación congénita, está partido como el de la liebre.

leopardo

lepra. f. Infección crónica producida por el bacilo de Hansen, caracterizada por lesiones de la piel, nervios y vísceras.

leprosería. f. Lazareto y hospital de leprosos.

leproso, sa. adj. y s. Enfermo de lepra.

lerdo, da. adj. y s. **1** Lento y torpe para comprender y hacer algo. **2** Pesado y torpe de movimientos. S<small>IN</small>. 1 obtuso, tarugo □ A<small>NT</small>. 1 despabilado 2 ágil.

lesbiano, na. adj. **1** Lesbio. **2** Se dice del amor o el tipo de relación que se establece entre mujeres homosexuales. | f. **3** Mujer que se siente atraída sexualmente hacia otras mujeres.

lesión. f. **1** Daño corporal por un golpe, una enfermedad, etc. **2** Cualquier daño o perjuicio: *esta prohibición es una lesión a mis derechos.* S<small>IN</small>. 1 herida.

lesionar. tr. y prnl. Causar daño. S<small>IN</small>. dañar, herir.

lesivo, va. adj. Que causa o puede causar lesión. S<small>IN</small>. dañino □ A<small>NT</small>. inofensivo.

leso, sa. adj. **1** Agraviado, lastimado, ofendido. Se apl. principalmente a lo que ha sido dañado u ofendido: *un crimen de lesa humanidad.* **2** Se dice del entendimiento o de la imaginación, turbados, trastornados.

letal. adj. Mortífero: *gas letal.* S<small>IN</small>. mortal.

letanía. f. **1** Rogativa hecha a Dios, la Virgen y los santos formada por una serie de invocaciones ordenadas. También pl. **2** Lista, retahíla, enumeración seguida de muchos nombres, locuciones o frases.

letargo. m. **1** Período de tiempo en que algunos animales permanecen en inactividad y reposo absoluto. **2** Somnolencia profunda y prolongada que constituye el síntoma de varias enfermedades nerviosas, infecciosas o tóxicas. **3** Torpeza, modorra, inactividad: *a ver si esta noticia le saca de su letargo.* S<small>IN</small>. 2 y 3 sopor □ A<small>NT</small>. 3 viveza.

letón, na. adj. y s. **1** De Letonia. | m. **2** Idioma hablado en este país, dialecto del lituano.

letra. f. **1** Signo o figura con que se representan los sonidos o articulaciones de un idioma. **2** Esos mismos sonidos o articulaciones. **3** Forma de la letra o modo particular de escribir según la persona, el tiempo, el lugar, etc.: *no consigo descifrar su letra.* **4** Texto escrito que junto con la música compone una canción. | pl. **5** Conjunto de las ciencias humanísticas que, por su origen y tradición literaria, se distinguen de las exactas, físicas y naturales. **6 letra de cambio.** Documento mercantil por el que alguien (librador) da orden a otro (librado) de que pague a un tercero (tenedor) una cantidad de dinero en una fecha determinada. **7 al pie de la letra.** loc. Literalmente: *todo se lo toma al pie de la letra.*

letrado, da. adj. **1** Sabio, instruido: *es un hombre muy letrado.* | m. y f. **2** Abogado o juez.

letrero. m. Palabra o conjunto de palabras escritas para publicar o dar a conocer una cosa. **Sin.** rótulo.

letrilla. f. **1** Composición poética de versos cortos a la que suele ponerse música. **2** Composición poética dividida en estrofas, al final de cada cual se repite un estribillo.

letrina. f. **1** Retrete colectivo en los cuarteles, campamentos, etc. **2** Cosa sucia y asquerosa.

leu. m. Unidad monetaria de Rumania. || pl. *lei*.

leucemia. f. Enfermedad grave que se caracteriza por el aumento permanente de leucocitos de la sangre y la hipertrofia y proliferación de uno o varios tejidos linfoides (médula, bazo y ganglios linfáticos).

leucocito. m. Glóbulo blanco de la sangre que forma parte de los sistemas de defensa del organismo.

leucocitosis. f. Aumento del número de leucocitos en la sangre. || No varía en pl.

leucoma. f. Manchita blanca en la córnea transparente del ojo.

lev. m. Unidad monetaria de Bulgaria. || pl. *leva*.

leva. f. **1** Salida de las embarcaciones del puerto. **2** Recluta o enganche de gente para el servicio militar. **3** Cada una de las paletas curvas de la rueda hidráulica. **Sin.** 2 reclutamiento.

levadizo, za. adj. Que se levanta: *puente levadizo*.

levadura. f. **1** Cierto tipo de hongos unicelulares que actúan como fermento alcohólico y en la elaboración del pan. **2** Cualquier masa constituida por ellos capaz de hacer fermentar el cuerpo con el que se mezcla: *levadura de cerveza*.

levantamiento. m. **1** Acción de levantar. **2** Sedición, alboroto popular: *el levantamiento del 2 de mayo*.

levantar. tr. y prnl. **1** Mover de abajo hacia arriba: *lo levantó con un solo brazo*. **2** Poner una cosa en lugar más alto. **3** Poner derecho o en posición vertical algo o a alguien: *ayúdame a levantar la escalera*. **4** Separar una cosa de otra sobre la cual descansa o está adherida: *no te levantes la venda todavía*. **5** Dirigir hacia arriba: *levantar la mirada, el dedo*. **6** Rebelar, sublevar. **7** Animar: *a ver si esto le levanta un poco*. **8** Quitar una cosa de donde está: *levantar la tienda*. **9** Hacer que salte la caza y salga del sitio en que estaba. | tr. **10** Edificar: *están levantando unos apartamentos en ese solar*. **11** Dar mayor fuerza a la voz. **12** Suprimir penas o prohibiciones impuestas por la autoridad: *levantar una sanción*. | **levantarse.** prnl. **13** Ponerse de pie: *que se levanten los que estén de acuerdo*. **14** Dejar la cama el que estaba acostado. **15** Sobresalir algo sobre una superficie o plano: *el castillo se levantaba sobre una loma*. **Sin.** 1, 2 y 5 subir, alzar 3 enderezar 8 recoger 10 construir 11 gritar 15 destacar ◻ **Ant.** 1, 2 y 5 bajar 3 tumbar 6 someter 7 deprimir 10 destruir 13 sentarse, 13 y 14 tumbarse.

levante. m. **1** Oriente. **2** Viento que sopla de la parte oriental. **3** Países de la parte oriental del Mediterráneo. **4** Nombre genérico de las regiones mediterráneas de España, especialmente la Comunidad Valenciana y la de la región de Murcia. || En esta acepción se escribe con mayúscula. **Sin.** 1 y 2 Este.

levantisco, ca. adj. Inquieto y turbulento. **Ant.** tranquilo.

levar. tr. **1** Recoger el ancla. | intr. **2** Hacerse a la mar.

leve. adj. **1** De poco peso o poca intensidad: *un tejido leve*. **2** De poca importancia: *una falta leve*. **Sin.** 1 ligero ◻ **Ant.** 1 pesado 2 grave.

levedad. f. **1** Calidad de leve. **2** Inconstancia, ligereza. **Ant.** 1 pesadez 2 gravedad.

leviatán. m. Monstruo marino, descrito en el libro de Job, que suele interpretarse como la representación del demonio.

levita. com. **1** Israelita de la tribu de Leví. | m. **2** Eclesiástico de grado inferior al sacerdote.

levita. f. Vestidura masculina de etiqueta, más larga y amplia que el frac.

levitar. intr. Elevarse en el espacio personas, animales o cosas sin intervención de agentes físicos conocidos.

levitón. m. Levita más larga y holgada.

levítico, ca. adj. **1** Relativo a los levitas. **2** Aficionado a la Iglesia, o influido por ella. | m. **3** Uno de los libros del Antiguo Testamento de la Biblia. **Sin.** 2 clerical.

lexema. m. Unidad léxica mínima, que carece de morfemas *(sol)*, o resulta de haber prescindido de ellos *(terr,* en *enterráis)*, y que posee un significado semántico, no gramatical, como el morfema.

lexicalizar. tr. y prnl. **1** En ling., convertir en uso léxico general el que antes era figurado. **2** En ling., hacer que un sintagma llegue a funcionar como una unidad léxica independiente: *con cajas destempladas* ha llegado a equivaler a adverbios como *ásperamente, airadamente* o *destempladamente*.

léxico, ca. adj. **1** Relativo a los lexemas o al vocabulario de una lengua o región. | m. **2** Vocabulario, conjunto de palabras de un idioma, de una región, actividad, etc. **3** Repertorio de voces, modismos y giros de un autor. **Sin.** 2 lexicón.

lexicografía. f. **1** Técnica de componer léxicos, diccionarios. **2** Parte de la lingüística, que se ocupa de los principios teóricos en que se basa la composición de diccionarios.

lexicología. f. Estudio de las unidades léxicas de una lengua, y de las relaciones sistemáticas que se establecen entre ellas.

ley. f. **1** Relación necesaria que rige dos o más fenómenos naturales; regla constante que expresa esta relación: *la ley de la gravedad.* **2** Norma dictada por una autoridad en que se manda, regula o prohíbe algo. **3** En un régimen constitucional, disposición votada por un órgano legislativo. **4** Cuerpo del derecho civil. **5** Poder, autoridad: *la ley del más fuerte.* **6** Lealtad, amor: *le tiene mucha ley.* **7** Norma de conducta a la que se somete un grupo social: *aquí impera la ley de la selva.* **Sin.** 3 legislación 6 afecto.

leyenda. f. **1** Relación de sucesos imaginarios: *hay muchas leyendas sobre esta cueva.* **2** Composición literaria en que se narran estos sucesos: *las leyendas de Bécquer.* **3** Inscripción de monedas, escudos, lápidas, etc. **4** Texto que acompaña un dibujo, lámina, mapa, foto, etc.: *la leyenda de esta ilustración está equivocada.* **Sin.** 1 y 2 fábula.

lezna. f. Instrumento que usan los zapateros para agujerear y coser el cuero.

lía. f. Soga de esparto para atar y asegurar los fardos, cargas y otras cosas.

liana. f. **1** Nombre que se aplica a diversas plantas trepadoras de las selvas tropicales. **2** Enredadera o planta trepadora de otras zonas.

liar. tr. **1** Atar y asegurar un paquete. **2** Envolver una cosa con papeles, cuerdas, cintas, etc. **3** Confundir, enredar. También prnl.: *se me ha liado la madeja.* **4** Engañar o persuadir a alguien: *no dejes que te líe otra vez.* | **liarse.** prnl. **5** Con la prep. *a*, ponerse a ejecutar algo con intensidad: *se lió a estudiar.* **6** Tener una persona relaciones sexuales o amorosas con otra. **7** Hablar mucho dando explicaciones innecesarias: *cuéntamelo, pero no te líes.* **Sin.** 1 amarrar 3 enzarzar 6 ligar □ **Ant.** 1 desliar 2 desenvolver 3 aclarar.

liásico, ca. adj. **1** Se dice del terreno sedimentario que sigue inmediatamente en edad al triásico. También s. **2** Relativo a este terreno.

libación. f. **1** Acción de libar. **2** Ceremonia religiosa de los antiguos paganos, que consistía en derramar vino u otro licor después de probarlo.

libar. tr. **1** Chupar suavemente el jugo de una cosa: *las abejas liban el néctar de las flores.* **2** Probar o catar un licor u otra bebida.

libatorio. m. Vaso con que se hacían las libaciones.

libelo. m. Escrito en que se denigra o insulta a alguien o algo.

libélula. f. Insecto con cuatro alas transparentes y abdomen alargado, cuyas larvas viven en las aguas estancadas.

líber. m. Tejido vegetal que transporta la savia de algunas plantas.

liberación. f. **1** Acción de poner en libertad. **2** Cancelación de la carga que grava un inmueble.

liberal. adj. **1** Partidario del liberalismo. También com. **2** Tolerante, indulgente. **3** Generoso. **4** Se dice de las profesiones intelectuales o artísticas que se ejercen por cuenta propia. **Ant.** 1 dictatorial 2 intransigente 3 tacaño.

liberalidad. f. Generosidad, desprendimiento. **Ant.** tacañería.

liberalismo. m. Doctrina política, económica y social que defiende la libertad individual y rechaza la intervención del Estado en los asuntos económicos.

liberalizar. tr. y prnl. Eliminar trabas en el orden político o económico: *liberalizó el comercio.*

liberar. tr. **1** Poner a alguien en libertad. **2** Eximir a alguien de una obligación. **Sin.** 1 libertar 2 exonerar □ **Ant.** 1 apresar 2 cargar.

libertad. f. **1** Facultad que tiene el ser humano de obrar de una manera o de otra, y de no obrar. **2** Estado o condición del que no está prisionero, o sujeto a otro: *libertad provisional.* **3** Falta de coacción y subordinación. **4** Confianza: *puedes contármelo con toda libertad.* **5** Falta de obligación: *tienes libertad para asistir.* **6** Poder o privilegio que se otorga uno mismo: *me he tomado la libertad de traer un amigo.* **Sin.** 1 voluntad 2 y 3 independencia 6 licencia □ **Ant.** 2 esclavitud.

libertar. tr. Poner en libertad. **Sin.** soltar □ **Ant.** apresar.

libertario, ria. adj. Que defiende la libertad absoluta y, por tanto, la supresión de todo gobierno y de toda ley. **Sin.** ácrata, anarquista.

libertinaje. m. Desenfreno en el modo de hablar o actuar.

libertino, na. adj. y s. Se apl. a la persona que actúa con libertinaje. **Sin.** licencioso □ **Ant.** comedido.

liberto, ta. m. y f. En la antigua Roma, esclavo liberado.

libidinoso, sa. adj. Lujurioso, lascivo. **Ant.** casto.

libido. f. Deseo o impulso sexual.

libra. f. **1** Peso antiguo usado en España, y que en Castilla equivalía a 460 g. **2** Unidad monetaria del Reino Unido *(libra esterlina)* y de otros países. **3** Unidad de medida anglosajona. **4** Con mayúscula, séptimo signo del Zodiaco, de 30 grados de amplitud, que el Sol recorre aparentemente del 23 de septiembre al 22 de octubre. | com. **5** Persona nacida bajo este signo.

librado, da. m. y f. Persona contra la que se gira una letra de cambio.

librador, ra. m. y f. Persona que libra una letra de cambio.

libramiento. m. **1** Acción de librar. **2** Libranza.

libranza. f. Orden que se da por escrito para que se pague una cantidad de dinero.

librar. tr. **1** Sacar a uno de un peligro, molestia, etc. También prnl.: *por fin me libré de él*. **2** Eximir de una obligación. También prnl.: *se ha librado del servicio militar*. **3** Emitir decretos, sentencias, órdenes, etc. **4** Expedir letras de cambio, órdenes de pago, cheques, etc. **5** Sostener: *librar una batalla*. | intr. **6** Disfrutar de su día de descanso los empleados: *libra los martes*. **Sin.** 1 liberar 3 cursar 4 girar ◻ **Ant.** 2 cargar.

libre. adj. **1** Que tiene facultad para obrar o no obrar. **2** Que no está preso. **3** Que no está sujeto ni sometido: *una nación libre*. **4** Exento, dispensado: *libre de impuestos*. **5** Se dice del tiempo de descanso o de ocio. **6** Aplicado a un espacio o lugar, vacío: *¿está libre esta silla?* **7** Se dice de la persona que no está comprometida con nadie. **8** Que carece de obstáculos, impedimentos, etc.: *deja libre el paso*. **9** Se dice de la traducción que no se ciñe rigurosamente al texto original. **10 por libre.** loc. adv. Con verbos como *ir, actuar, andar*, etc., sin someterse a las normas o costumbres establecidas. **Sin.** 1 y 2 liberado 7 independiente 8 expedito ◻ **Ant.** 2 cautivo 3 oprimido 4 obligado 6 ocupado.

librea. f. **1** Uniforme de gala que usan algunos empleados para desempeñar su oficio o profesión: *mayordomo de librea*. **2** Pelaje o plumaje de ciertos animales.

librecambio. m. Sistema económico que favorece el comercio internacional, suprimiendo especialmente los aranceles y aduanas.

librepensador, ra. adj. y s. Se dice de la persona que reclama la independencia de la razón frente a cualquier dogma, especialmente religioso.

librería. f. **1** Establecimiento donde se venden libros. **2** Mueble con estanterías para colocar libros. **3** Ejercicio o profesión de librero.

librero, ra. m. y f. Persona que tiene por oficio vender libros.

libreta. f. **1** Cuaderno pequeño para escribir anotaciones. **2** Documento donde se reflejan todas las operaciones de una cuenta bancaria. **Sin.** 2 cartilla.

libretista. com. Autor de libretos.

libreto. m. Texto escrito para una obra de teatro musical, como la ópera o la zarzuela: *él es el autor del libreto*.

librillo. m. **1** Cuadernito de papel de fumar. **2** Libro del estómago de los rumiantes. **3** Especie de bisagra diminuta para las cajas muy pequeñas.

libro. m. **1** Conjunto de hojas de papel manuscritas o impresas que, cosidas o encuadernadas, forman un volumen. **2** Obra científica o literaria de bastante extensión para formar un volumen. **3** Cada una de las partes en que suelen dividirse las obras científicas o literarias, y los códigos y leyes de gran extensión. **4** Tercera de las cuatro cavidades en que se divide el estómago de los rumiantes. **5 libro de bolsillo.** El de formato pequeño y, generalmente, de bajo precio. **6 libro de texto.** El que usan los alumnos para estudiar una asignatura.

licantropía. f. Manía en la cual el enfermo imagina que se convierte en lobo.

licencia. f. **1** Permiso para hacer una cosa: *pidió licencia para hablar*. **2** Documento en que consta este permiso: *licencia de armas*. **3** Autorización concedida a alguien para ausentarse de un empleo o de un cuartel militar: *le han dado licencia en el cuartel*. **4** Exceso de libertad. **5** Grado de licenciado. | pl. **6** Las que se dan a los eclesiásticos para celebrar, predicar, etc.

licenciado, da. m. y f. **1** Persona que ha obtenido el grado que le habilita para ejercer su profesión. **2** Soldado que ha terminado el servicio militar. **3** Tratamiento que se da a los abogados.

licenciar. tr. **1** Conferir el grado de licenciado. **2** Dar por terminado el servicio militar. También prnl. **3** Despedir a uno de su empleo. | **licenciarse.** prnl. **4** Recibir el grado de licenciado en una facultad universitaria: *se licenció en derecho el año pasado*. **Sin.** 1 y 4 graduar(se).

licenciatura. f. **1** Grado de licenciado. **2** Estudios necesarios para obtener este grado universitario.

licencioso, sa. adj. Libre, atrevido, disoluto.

liceo. m. **1** Nombre de ciertas sociedades literarias o de recreo. **2** En algunos países, instituto de enseñanza media: *Jaime estudia en el Liceo Italiano*.

licitar. tr. Ofrecer precio por algo en una subasta o almoneda. **Sin.** pujar.

lícito, ta. adj. **1** Justo, permitido: *es lícito que te opongas*. **2** Legal: *este documento es perfectamente lícito*. **Ant.** 1 prohibido 2 ilegal.

licopodíneo, a. adj. y f. **1** Se dice de plantas criptógamas del tipo de las pteridofitas, como el licopodio. | f. pl. **2** Clase de estas plantas.

licopodio. m. Planta, por lo común rastrera, que crece ordinariamente en lugares húmedos y sombríos.

licor. m. **1** Bebida alcohólica obtenida por destilación, maceración o mezcla de diversas sustancias y esencias aromáticas. **2** Cuerpo líquido.

licorera. f. **1** Botella decorada para guardar licor. **2** Conjunto de botella y vasos para servir licor y soporte donde se colocan.

lictor. m. Funcionario de justicia de la antigua Roma.

licuadora. f. Aparato eléctrico para licuar.

licuar. tr. y prnl. Hacer líquida una cosa sólida o gaseosa. **Ant.** solidificar.

licuefacción. f. Transformación de un gas en líquido.

licuescente. adj. Que tiene tendencia a licuarse.

lid. f. **1** Combate, pelea. **2** Discusión.

líder. com. **1** Director, jefe o conductor de un partido político, de un grupo social o de otra colectividad: *tiene espíritu de líder*. **2** Persona que va a la cabeza de una competición deportiva.

liderato o **liderazgo.** m. Condición de líder o ejercicio de sus actividades.

lidia. f. Acción de lidiar.

lidiar. intr. **1** Batallar, pelear. **2** Hacer frente a uno, oponérsele. | tr. **3** Torear. **Ant.** 1 pacificar.

liebre. f. Mamífero roedor del orden de los lagomorfos, con pelaje suave y espeso de color variado, hocico estrecho, orejas muy largas, y las extremidades posteriores más largas que las anteriores; su carne es muy apreciada.

lied. (voz a.) m. Canción breve de carácter romántico. || pl. *lieder*.

liendre. f. Huevo del piojo.

lienzo. m. **1** Tela que se fabrica de lino, cáñamo o algodón. **2** Tela preparada para pintar sobre ella: *expone varios de sus lienzos en esta galería*. **3** Porción recta y continua de una pared o muralla.

liga. f. **1** Cinta o banda de tejido elástico con que se sujetan las medias y los calcetines. **2** Faja, venda. **3** Agrupación de individuos, entidades, Estados, etc., con un fin común: *liga antitabaco*. **4** Competición deportiva donde todos deben jugar contra todos: *hoy se juega el último partido de la liga de fútbol*. **Sin.** 3 alianza, coalición.

ligadura. f. **1** Acción de ligar. **2** Atadura que ciñe o sujeta. También pl. **3** Sujeción que une una cosa con otra. **4** En cir., acción de anudar un vaso u otro órgano hueco. **Sin.** 1 ligamento.

ligamento. m. **1** Acción de ligar. **2** Cordón fibroso que une los huesos de las articulaciones. **3** Pliegue membranoso que enlaza o sostiene los órganos. **Sin.** 1 ligazón 2 tendón ▢ **Ant.** 1 separación.

ligar. tr. **1** Atar, sujetar. **2** Unir, enlazar: *ligar las ideas*. **3** Alear metales. **4** Obligar: *estaba ligado a ellos por una promesa*. También prnl. **5** En ciertos juegos de naipes, juntar las cartas adecuadas para ganar. También intr. | intr. **6** Entablar una relación amorosa, por lo general, pasajera. También prnl.: *se lo ligó en una fiesta*. | **ligarse.** prnl. **7** Confederarse, unirse para algún fin. **Ant.** 1 soltar 2 separar 4 eximir 7 independizarse.

ligazón. f. Enlace de una cosa con otra. **Sin.** unión.

ligereza. f. **1** Calidad de ligero. **2** Agilidad, prontitud: *se mueve con ligereza*. **3** Levedad o poco peso de una cosa: *la ligereza de una pluma*. **4** Inconstancia, inestabilidad: *ligereza de sentimientos*. **5** Hecho o dicho irreflexivo o poco meditado: *sus ligerezas le comprometen*.

Liebre

ligero, ra. adj. **1** Que pesa poco: *este tejido es muy ligero*. **2** Ágil, veloz: *sus respuestas eran ligeras y precisas*. **3** De poca profundidad o intensidad: *tengo el sueño ligero*. **4** Se dice del alimento fácil de digerir. **5 a la ligera.** loc. adv. Con prisa, sin reflexión. **Sin.** 1 y 3 leve, liviano ▢ **Ant.** 1, 2 y 4 pesado 2 lento 3 profundo.

lignificar. tr. y prnl. Dar contextura de madera.

lignina. f. Sustancia que forma parte de los tejidos de sostén de los vegetales.

lignito. m. Carbón mineral, de color negro o pardo, y que tiene poco valor calorífico.

ligón, na. adj. y s. Que tiene facilidad para entablar relaciones amorosas o sexuales.

ligue. m. **1** Acción de entablar relaciones amorosas o sexuales pasajeras. **2** Persona con quien se entablan estas relaciones: *¡vaya ligue se ha echado!*

liguero, ra. adj. **1** Relacionado con una liga deportiva. | m. **2** Especie de faja estrecha con varias ligas que sujetan el extremo superior de las medias que usan las mujeres.

liguilla. f. **1** Cierta clase de liga o venda estrecha. **2** Liga deportiva disputada por un corto número de equipos: *participa en la liguilla del colegio*.

lígula. f. Especie de estípula situada entre el limbo y el pecíolo de las hojas de las gramíneas.

ligur. adj. **1** De Liguria, antiguo pueblo de Europa. También com. **2** Relativo a este pueblo. | m. **3** Lengua de los ligures.

lija. f. **1** Pez selacio, sin escamas, pero cubierto de una especie de granillos córneos muy duros. **2** Piel seca de este pez o de otros selacios, que se emplea para limpiar y pulir metales, maderas, etc. **3** Papel con polvos o arenillas de vidrio o esmeril adheridos, que sirve para pulir maderas, metales, etc. **Sin.** 1 pintarroja 2 zapa.

lijar. tr. Alisar una cosa con lija. **Sin.** pulir.

lila. f. **1** Arbusto de la familia de las oleáceas, de 3 a 4 m de altura, de hojas acorazonadas, y flores olorosas de color morado claro o blanco. **2** Flor de este arbusto. | m. **3** Color morado claro. También adj.

lila. adj. Tonto, ingenuo.

liliáceo, a. adj. y f. **1** Se dice de las plantas angiospermas monocotiledóneas, generalmente herbáceas, anuales o perennes, de raíz bulbosa y fruto capsular, como el ajo, el espárrago y el lirio. | f. pl. **2** Familia de estas plantas.

liliputiense. adj. y com. Se dice de la persona extremadamente pequeña o endeble. **Sin.** enano □ **Ant.** gigante.

lima. f. **1** Fruto del limero. **2** Limero, árbol.

lima. f. Instrumento de acero u otro material, con la superficie finamente estriada, para desgastar y alisar los metales y otras materias duras.

limadura. f. **1** Acción de limar. | pl. **2** Partecillas muy menudas que se arrancan al limar algo con una lima.

limar. tr. **1** Cortar o alisar con la lima. También prnl.: *limarse las uñas*. **2** Pulir una obra: *está limando el texto*. **3** Debilitar, suavizar: *intentó limar con sus palabras los efectos de su decisión*. **Sin.** 1 desbastar.

limbo. m. **1** Lugar donde, según la doctrina cristiana, van las almas de los que, antes del uso de la razón, mueren sin el bautismo. **2** Lugar donde esperaban la redención las almas de los santos y antiguos patriarcas. **3** Contorno aparente de un astro. **4** Parte ensanchada de las hojas, sépalos, pétalos y tépalos. **5** Borde de una cosa, y especialmente orla de un vestido. **6 estar** uno **en el limbo.** loc. Estar distraído.

limero. m. Árbol rutáceo, originario de Asia y que se cultiva en España. Su fruto es la lima.

liminar. adj. **1** Referente al dintel, a la entrada. **2** Que sirve de prólogo o proemio. **Sin.** 2 preliminar.

limitado, da. adj. **1** Se dice de la persona de poca inteligencia. **2** Pequeño, escaso, reducido: *las plazas son limitadas*. **Sin.** 1 ignorante.

limitar. tr. **1** Poner límites: *limitar una finca*. **2** Acortar, reducir. También prnl.: *ha decidido limitarse el pan*. **3** Fijar la mayor extensión que pueden tener la jurisdicción, la autoridad o los derechos y facultades de uno. | intr. **4** Estar contiguos dos territorios o países: *España limita al Norte con Francia*. | **limitarse.** prnl. **5** Seguido de *a* + inf., hacer únicamente lo que se expresa: *se limitó a escuchar*. **Sin.** 1 demarcar 1, 3 y 4 delimitar 4 lindar.

límite. m. **1** Línea que separa dos cosas: *este río sirve de límite oeste a la provincia*. **2** Fin, grado máximo: *he llegado al límite de mi paciencia*. **3** Punto o término que no puede rebasarse. También adj.: *velocidad límite*. **Sin.** 1 frontera 2 tope.

limítrofe. adj. Colindante, fronterizo.

limo. m. Lodo o légamo. **Sin.** barro, fango.

limón. m. **1** Fruto del limonero, de color amarillo, forma ovoide, y de sabor ácido. **2** Limonero, árbol.

limonada. f. Bebida compuesta de agua, azúcar y zumo de limón.

limoncillo. m. Árbol mirtáceo, cuya madera, de color amarillo, se emplea en ebanistería.

limonero, ra. m. y f. **1** Persona que vende limones. | m. **2** Árbol rutáceo, de 4 a 5 m de altura, es originario de Asia y se cultiva mucho en España. Su fruto es el limón.

limosna. f. Lo que se da como donativo para socorrer una necesidad.

limosnero, ra. adj. y s. **1** Que da limosnas con frecuencia. | m. **2** Encargado de recoger y distribuir limosnas.

limpiabotas. com. Persona que por oficio limpia botas y zapatos. ‖ No varía en pl.

limpiaparabrisas. m. Mecanismo de los automóviles que, moviéndose de un lado a otro, aparta la lluvia o la nieve que cae sobre el parabrisas. ‖ No varía en pl.

limpiar. tr. **1** Quitar la suciedad. También prnl.: *límpiate ese churrete*. **2** Quitar imperfecciones o defectos. **3** Quitar la parte que sobra, que está mala o que no sirve: *limpiar la verdura*. **4** Purificar: *este aire limpia los pulmones*. **5** Hurtar o robar algo: *le limpiaron la cartera en el autobús*. **6** En los juegos de naipes y otros, ganar todo el dinero. **Sin.** 1 asear, lavar 2 y 4 depurar □ **Ant.** 1 manchar.

límpido, da. adj. poét. Limpio, puro, sin mancha.

limpieza. f. **1** Calidad de limpio. **2** Acción de limpiar: *hoy toca limpieza general*. **3** Integridad. **4** Precisión o destreza con que se ejecutan ciertas cosas: *me sorprendió la limpieza con que reparó el aparato*. **5** En los juegos, respeto a las reglas de cada uno: *ganó con toda limpieza*. **Sin.** 1 aseo 3 honradez 4 destreza □ **Ant.** 1 suciedad 4 torpeza.

limpio, pia. adj. **1** Que no tiene mancha o suciedad. **2** Aseado. **3** Despojado de lo superfluo o inútil. **4** Que no tiene mezcla de otra cosa: *el agua del manantial bajaba limpia y clara*. **5** Claro, no confuso: *me gusta el juego limpio*. **6** Honrado, decente. **7** Se dice del que ha perdido todo su dinero: *se quedó limpio en el casino*. **8 en limpio.** loc. adv. Sin enmiendas ni correcciones.

limusina. f. **1** Automóvil lujoso de gran tamaño. **2** Antiguo carruaje con carrocería posterior cerrada, y abierta para el asiento delantero.

lináceo, a. adj. y f. **1** Se dice de hierbas, matas o arbustos angiospermos dicotiledóneos, cuyo prototipo es el lino. | f. pl. **2** Familia de estas plantas.

linaje. m. **1** Ascendencia o descendencia de cualquier familia. **2** Clase o condición de algo. **Sin.** 1 estirpe 2 ralea.

linálоe. m. **1** Áloe, planta. **2** Jugo de esta planta.

linaria. f. Planta herbácea escrofulariácea, que vive en terrenos áridos y se ha empleado en medicina como depurativo y purgante.

linaza. f. Semilla del lino, de la que se extrae un aceite empleado en la fabricación de pinturas y barnices.

lince. m. **1** Mamífero carnívoro, muy parecido al gato, pero de mayor tamaño, de orejas puntiagudas; se le atribuye una vista muy penetrante. **2** Persona sagaz, perspicaz: *es un lince para los negocios.*

linchar. tr. Castigar o ejecutar una muchedumbre a un acusado, sin haber sido procesado previamente.

lindar. intr. Estar contiguos dos territorios, terrenos o fincas. **Sin.** colindar, limitar.

linde. amb. Límite, término o fin de algo. Más c. f. **Sin.** lindero.

lindero, ra. adj. **1** Que linda con una cosa. | m. **2** Linde de dos terrenos. **Sin.** 1 limítrofe 2 lindera.

lindeza. f. **1** Cualidad de lindo. **2** Hecho o dicho gracioso: *le ríe todas las lindezas.* | pl. **3** irón. Insultos o improperios: *se intercambiaron varias lindezas en pocos minutos.*

lindo, da. adj. **1** Bello, bonito: *¡qué niño tan lindo!* **2** Bueno, agradable: *hace un día muy lindo.* **3 de lo lindo.** loc. adv. Mucho, excesivamente: *nos reímos de lo lindo.* **Ant.** 1 feo 2 desagradable.

línea. f. **1** Extensión considerada en una sola de sus tres dimensiones: la longitud. **2** Raya que limita una cosa: *la línea del horizonte.* **3** Serie de puntos continuos y unidos entre sí. **4** Renglón: *me he saltado una línea.* **5** Silueta. **6** Hilera de personas o cosas: *puso las fotos en línea.* **7** Ruta o servicio de transporte terrestre, marítimo o aéreo: *en esta estación empalman varias líneas.* **8** Serie de personas enlazadas por parentesco: *somos primos por línea materna.* **9** Clase, género: *es el mejor en su línea.* **10** Orientación, estilo: *sus obras siguen una línea clásica.* **11** Conducta, comportamiento: *esta operación entra dentro de su línea.* **12** Conjunto de los hilos o cables conductores de la electricidad, o de la comunicación telefónica o telegráfica: *se ha cortado la línea.* **13** Frente de combate: *está en línea de fuego.* También pl.

lineal. adj. **1** Relativo a la línea. **2** Que presenta un desarrollo constante o en una misma dirección: *aumento lineal de velocidad.*

linfa. f. Parte del plasma sanguíneo, que entra en los vasos linfáticos, por los cuales circula hasta incorporarse a la sangre venosa.

linfático, ca. adj. y s. **1** Relacionado con la linfa. **2** Persona falta de energía y entusiasmo.

Lince

linfocito. m. Leucocito de pequeño tamaño y un sólo núcleo, que interviene activamente en la reacción inmunitaria.

linfoma. m. Tumor de los ganglios linfáticos o el bazo.

lingotazo. m. Trago de cualquier bebida alcohólica: *se metió dos lingotazos de coñac.*

lingote. m. Trozo o barra de metal en bruto.

lingual. adj. **1** Perteneciente a la lengua. **2** Se dice del sonido que, como la *l*, se pronuncia con el ápice de la lengua.

lingüista. com. Persona especializada en lingüística.

lingüística. f. Ciencia que estudia el lenguaje y las lenguas.

linimento o **linimiento.** m. Preparación menos espesa que el ungüento, en la cual entran como base aceites o bálsamos, y se aplica exteriormente en fricciones para calmar dolores musculares.

lino. m. **1** Planta herbácea de la familia de las lináceas, de raíz fibrosa, hojas lanceoladas, flores de cinco pétalos de varios colores, y fruto en cápsula. **2** Materia textil que se saca del tallo de esta planta.

linóleo. m. Material fuerte e impermeable, formado por un tejido de yute cubierto con una capa de corcho en polvo amasado con aceite de linaza; se emplea para cubrir los suelos.

linotipia. f. **1** Máquina de componer textos, provista de matrices, de la cual sale la línea formando una sola pieza. **2** Técnica de componer con esta máquina.

linterna. f. **1** Utensilio manual que funciona con pilas eléctricas y una bombilla y sirve para proyectar luz. **2** Farol portátil. **3** Remate con ventanas laterales, que se pone en la cúpula de algunos edificios para iluminar el interior. **4** Faro de las costas.

lío. m. **1** Complicación, problema: *estamos en un buen lío.* **2** Conjunto de ropa o de otras cosas atadas: *hizo un lío con sus cosas y se marchó a toda prisa.* **3** Confusión, desorden, jaleo. **4** Relación amorosa o sexual que se mantiene fuera de una pareja reconocida. **Sin.** 2 hatillo 3 embrollo 4 aventura.

liofilizar. tr. Separar el agua de una sustancia o de una disolución, congelándola y sublimando después, a presión reducida, el hielo formado, para obtener una materia esponjosa fácilmente soluble.

lípido. m. Cada una de las sustancias orgánicas, que se caracterizan por ser solubles en disolventes orgánicos e insolubles en agua. Se les conoce comúnmente como *grasas.*

lipoma. m. Tumor formado por tejido adiposo.

lipotimia. f. Pérdida súbita y pasajera del sentido y del movimiento. **Sin.** desmayo.

liquen. m. Planta resultante de la asociación simbiótica de hongos con algas unicelulares. Crece en sitios húmedos, extendiéndose sobre las rocas o las cortezas de los árboles en forma de hojuelas grises, pardas, amarillas o rojizas.

liquidación. f. **1** Acción de liquidar. **2** Venta al por menor, con gran rebaja de precios, que hace una casa de comercio por cesación, quiebra, reforma o traslado del establecimiento, etc.

liquidar. tr. **1** Pagar enteramente una cuenta: *liquidó sus deudas.* **2** Poner término a una cosa o a un estado de cosas: *a ver si liquidamos este trabajo y nos vamos a casa.* **3** Hacer el ajuste final de un establecimiento comercial. **4** Hacer líquida una cosa sólida o gaseosa. También prnl. **5** Vender mercancías en liquidación: *estamos liquidando existencias.* **6** Matar, asesinar. **Sin.** 1 saldar 2 acabar 4 licuar ☐ **Ant.** 2 empezar 4 solidificar.

liquidez. f. **1** Calidad de líquido. **2** Relación entre el conjunto de dinero en caja y de bienes fácilmente convertibles en dinero, y el total del activo, de un banco u otra entidad.

líquido, da. adj. y m. **1** Se dice de todo cuerpo cuyas moléculas tienen menor cohesión que la de los sólidos y mayor que la de los gases, como el agua, el vino, etc. **2** Se apl. al saldo entre el debe y el haber. **3** Se apl. al sueldo, precio, cantidad, etc., una vez descontados los gastos, deudas, etc. **4** Se dice del sonido *s* cuando está al principio de una palabra y va seguido de consonante. **Ant.** 1 sólido.

lira. f. **1** Antiguo instrumento musical compuesto de varias cuerdas tensadas en un marco, que se pulsaban con ambas manos. **2** Combinación métrica de cinco versos (heptasílabos el primero, tercero y cuarto, y endecasílabos los otros dos), de los cuales riman el primero con el tercero, y el segundo con el cuarto y el quinto.

lira. f. Unidad monetaria de Italia, San Marino, Turquía y Ciudad del Vaticano.

lírico, ca. adj. **1** Relacionado con la lira, la lírica o la poesía propia para el canto en la que predominan los sentimientos y emociones del autor. **2** Se apl. a uno de los tres principales géneros en que se divide la poesía, y p. ext., a la poesía en general. También f. **3** Se dice del autor que cultiva este género. También s. **4** Se dice de las obras de teatro total o principalmente musicales. | f. **5** Conjunto de obras líricas.

lirio. m. Planta herbácea iridácea, con flores terminales, grandes, de seis pétalos azules o morados y a veces blancos.

lirismo. m. Cualidad de lírico, inspiración lírica.

lirón. m. **1** Mamífero roedor muy parecido al ratón, de cola larga, pelaje gris oscuro en las partes superiores del cuerpo, y blanco en las inferiores. Habita en los montes, y pasa todo el invierno adormecido. **2** Persona dormilona.

lis. f. **1** Lirio. **2 flor de lis.** Forma heráldica de esta flor. || pl: *lises.*

lisa. f. Pez teleósteo marino, de hasta 70 cm de longitud, que habita en los mares templados formando bancos; su carne y huevas son muy apreciadas. También se conoce como *mújol.*

Lirio

lisboeta o **lisbonense.** adj. y s. o com. De Lisboa.

lisiar. tr. y prnl. Producir lesión en alguna parte del cuerpo. **Sin.** lesionar.

lisina. f. Anticuerpo que posee la facultad de disolver o destruir las células orgánicas o las bacterias.

liso, sa. adj. **1** Se dice de la superficie que no presenta asperezas, realces, arrugas o desigualdades. **2** Que tiene un solo color: *una tela lisa*. **3** Sin obstáculos: *cien metros lisos*. **Sin.** 1 llano 3 franco □ **Ant.** 1 rugoso.

lisonja. f. Alabanza interesada que se hace a alguien. **Sin.** adulación.

lisonjear. tr. y prnl. Adular a alguien interesadamente. **Sin.** alabar □ **Ant.** criticar.

lista. f. **1** Tira de cualquier cosa delgada. **2** Raya de color, especialmente en una tela o tejido: *llevaba un jersey de listas*. **3** Enumeración de personas, cosas, cantidades, etc., que se hace con determinado propósito. **4 pasar lista.** loc. Nombrar en voz alta a una serie de personas para saber si están presentes o disponibles. **Sin.** 1 y 2 banda, franja 3 relación.

listado, da. adj. **1** Que forma o tiene listas: *un tejido listado*. | m. **2** Lista. **Sin.** 1 rayado 2 relación.

listar. tr. Escribir en lista.

listín. m. **1** Lista extractada de otra más extensa. **2** Guía de teléfonos.

listo, ta. adj. **1** Inteligente. **2** Sagaz, astuto, hábil: *se cree muy listo*. **3** Preparado: *ya está todo listo para la cena*. **Ant.** 1 tonto 2 ingenuo.

listón. m. **1** Pedazo de tabla angosto que sirve para hacer marcos y para otros usos. **2** En dep., barra que se coloca horizontalmente sobre dos soportes para marcar la altura que se debe saltar en ciertas pruebas.

lisura. f. Igualdad de la superficie de una cosa. **Sin.** tersura □ **Ant.** rugosidad.

litera. f. **1** Mueble compuesto por dos camas, una encima de la otra. **2** Cada una de estas camas.

literal. adj. Fiel a las palabras de un texto.

literario, ria. adj. Relacionado con la literatura.

literato, ta. m. y f. Escritor, autor literario.

literatura. f. **1** Arte que emplea como instrumento la palabra. **2** Teoría de las composiciones literarias. **3** Conjunto de las producciones literarias de una nación, una época, un género, etc.: *literatura caballeresca*. **4** Conjunto de obras que tratan de una determinada materia: *literatura médica*.

lítico, ca. adj. Relacionado con la piedra.

litigar. tr. **1** Pleitear, disputar en juicio sobre algo. | intr. **2** Altercar, contender.

litigio. m. **1** Pleito. **2** Disputa, discusión.

litigioso, sa. adj. **1** Se dice de lo que está en pleito, y p. ext., de lo que está en duda y se disputa. **2** Propenso a mover pleitos y litigios.

litina. f. Óxido alcalino parecido a la sosa.

litio. m. Elemento químico metálico, de color blanco, ligero, y muy poco pesado. Su símbolo es *Li*.

litófago, ga. adj. Se apl. a los moluscos que perforan las rocas y hacen en ellas su habitación.

litografía. f. **1** Técnica de reproducir, mediante impresión, lo dibujado o grabado previamente en una piedra caliza. **2** Cada una de las reproducciones así obtenidas. **3** Taller en que se ejerce esta técnica.

litoral. adj. **1** Perteneciente a la orilla o costa del mar. | m. **2** Costa de un mar, país o territorio: *litoral cantábrico*.

litosfera. f. Conjunto de las partes sólidas del globo terráqueo.

litre. m. Árbol chileno, anacardiáceo, de madera durísima; su sombra y el contacto de sus ramas producen sarpullido.

litro. m. **1** Unidad de capacidad que equivale al contenido de un decímetro cúbico. **2** Cantidad de líquido que cabe en esta medida.

lituano, na. adj. y s. **1** De Lituania. | m. **2** Lengua eslava, hablada en Lituania.

liturgia. f. Conjunto de reglas para celebrar los actos religiosos, y especialmente las establecidas por la religión católica.

liviandad. f. **1** Calidad de liviano. **2** Acción liviana.

liviano, na. adj. **1** De poco peso: *un tejido liviano*. **2** De poca importancia: *una comedia liviana*. **3** Fácil: *un trabajo liviano*. **Sin.** 1 ligero 2 leve 3 sencillo □ **Ant.** 1 pesado 2 grave 3 complicado.

lívido, da. adj. **1** Que tira a morado. **2** Intensamente pálido, referido a personas. **Sin.** 1 amoratado.

liza. f. **1** Campo dispuesto para que lidien dos o más personas. **2** Lucha o competición.

ll. f. Fonema que tradicionalmente era considerado la decimocuarta letra del alfabeto español, y la undécima de sus consonantes. En este diccionario, siguiendo el criterio de destacados lexicógrafos, la *ll* ha sido englosada en la *l*, según las normas de alfabetización universal.

llaga. f. **1** Úlcera. **2** Daño, pesadumbre.

llagar. tr. y prnl. Hacer o causar llagas.

llama. f. **1** Masa gaseosa que producen los cuerpos al arder. **2** Pasión intensa: *sintió la llama de los celos*.

llama. f. Mamífero rumiante doméstico, que se emplea como animal de carga. Habita en la región andina de América del Sur.

llamada. f. **1** Acción de llamar: *recibió muchas llamadas de felicitación*. **2** Signo que en un texto remite a otro lugar: *llamada a pie de página*. **Sin.** 2 nota.

llamador. m. **1** Aldaba para llamar a una puerta. **2** Botón del timbre eléctrico.

Llama

llamar. tr. **1** Dar voces o hacer señales para atraer la atención de una persona o animal: *llámale para que venga.* **2** Invocar: *llamó a todos a votar.* **3** Citar, convocar: *le llamaron a declarar.* **4** Nombrar, denominar: *llámalo X.* | intr. **5** Hacer sonar: *llaman a la puerta.* | **llamarse.** prnl. **6** Tener alguien un determinado nombre: *se llama como su abuelo.*

llamarada. f. Llama que se levanta del fuego y que se apaga pronto.

llamativo, va. adj. Que llama mucho la atención: *color llamativo.* **Sin.** espectacular ▫ **Ant.** discreto.

llamear. intr. Echar llamas.

llana. f. Herramienta de albañil para extender y allanar el yeso o la argamasa.

llanada. f. Campo llano.

llanamente. adv. m. Con naturalidad y sencillez.

llanear. intr. Andar por lo llano, evitando pendientes.

llanero, ra. m. y f. Habitante de las llanuras.

llaneza. f. Sencillez en el trato o en el estilo. **Sin.** familiaridad ▫ **Ant.** presunción.

llanito, ta. adj. y s. De Gibraltar.

llano, na. adj. **1** Igual, sin altos ni bajos: *un terreno llano.* **2** Sencillo, natural: *es de trato llano.* **3** Plebeyo. **4** En ling., se dice de la palabra que carga el acento tónico en la penúltima sílaba. | m. **5** Llanura.

llanta. f. Cerco metálico de las ruedas de los vehículos sobre el que se montan los neumáticos: *lleva llantas de aluminio.*

llantén. m. Planta herbácea, con hojas radicales y ovaladas, flores en espiga larga y apretada, pequeñas y verdosas, y fruto capsular; con sus hojas se prepara una infusión con propiedades medicinales.

llantina. f. Llanto ruidoso y continuo, llorera.

llanto. m. Efusión de lágrimas acompañada frecuentemente de lamentos y sollozos. **Sin.** lloro ▫ **Ant.** risa.

llanura. f. Gran extensión de terreno llano, de poca altitud sobre el nivel del mar. **Sin.** planicie.

llar. m. Cadena de hierro para colgar la caldera en el cañón de la chimenea.

llave. f. **1** Instrumento metálico para abrir o cerrar una cerradura. **2** Herramienta para apretar o aflojar tuercas, tornillos o las cuerdas de un instrumento musical de viento. **3** Instrumento para regular el paso de una corriente eléctrica. **4** Instrumento para facilitar o impedir el paso de un fluido por un conducto: *cierra la llave de paso.* **5** Utensilio que sirve para dar cuerda a los relojes. **6** En escritura, signo ({ }) para abarcar distintas líneas. **7** Medio para descubrir o resolver algo. **8** En deportes de lucha, movimiento con el que se inmoviliza al contrario. **Sin.** 3 interruptor, grifo 5 manilla 7 clave.

llavero. m. Utensilio en que se llevan o guardan las llaves.

llavín. m. Llave pequeña con que se abre el picaporte.

llegada. f. **1** Acción de llegar: *anunció su llegada con poca antelación.* **2** Meta de una carrera.

llegar. intr. **1** Alcanzar el fin o término de un desplazamiento: *¿cuándo llegamos?* **2** Durar hasta un tiempo determinado: *su fama ha llegado hasta nuestros días.* **3** Conseguir el fin a que se aspira: *llegaré hasta el final de este asunto.* **4** Seguido de un infinitivo, alcanzar o producir la acción expresada por éste: *llegó a reunir una importante colección de cerámica.* **5** Alcanzar cierta altura o extenderse hasta cierto punto: *el agua le llegaba hasta la cintura.* **6** En las carreras deportivas, alcanzar la línea de meta: *llegó el primero.* **7** Ser suficiente una cantidad: *no me llega el dinero.* | **llegarse.** prnl. **8** Ir a un lugar determinado: *nos llegamos a su casa y le hacemos una visita.* **Sin.** 7 bastar 8 acercarse.

llenar. tr. **1** Ocupar por completo un espacio. También prnl.: *la sala se llenó de invitados.* **2** Satisfacer: *esta novela no me ha llenado.* **3** Colmar. | **llenarse.** prnl. **4** Hartarse de comida o bebida. **Ant.** 1 vaciar.

lleno, na. adj. **1** Ocupado por completo: *el teatro estaba lleno.* **2** Saciado de comida. Más con los verbos *estar* y *sentirse.* **3** Un poco gordo. Más en diminutivo: *está un poco llenita.* | m. **4** Concurrencia que ocupa todas las localidades de un espectáculo: *hay lleno.* **Ant.** 1 vacío 3 delgado.

llevadero, ra. adj. Fácil de soportar: *es un trabajo muy llevadero.* **Sin.** tolerable.

llevar. tr. **1** Transportar de una parte a otra: *mañana te llevo el libro.* **2** Dirigir, conducir: *lleva el* negocio con mano dura. **3** Tolerar, soportar: *no lleva nada bien tu ausencia.* **4** Convencer, persuadir: *tus palabras le llevaron a decidirse.* **5** Vestir una prenda: *llevaba un sombrero ajado.* **6** Haber pasado un tiempo en una misma situación o lugar: *esta tienduca lleva años aquí.* **7** Con el participio de ciertos verbos, haber realizado o haber experimentado lo que éste denota: *llevo leídas veinte páginas del libro.* | **llevarse.** prnl. **8** Estar de moda: *se lleva mucho este color.* **9** En arit., reservar las decenas de una suma o multiplicación parcial para agregarlas a la suma o producto del orden superior inmediato: *me llevo una.* **10** Quitar, separar violentamente una cosa de otra: *se llevó una farola por delante.* **Sin.** 1 trasladar 2 manejar.

llorar. intr. **1** Derramar lágrimas. También tr. | tr. **2** Sentir profundamente: *todo el país lloró su muerte.* **Sin.** 2 lamentar ◻ **Ant.** 1 reír.

llorera. f. Llanto fuerte y continuado. **Sin.** llantina.

llorica. com. Persona que llora con frecuencia y por cualquier motivo.

lloriquear. intr. Llorar sin fuerza y sin causa suficiente.

lloro. m. **1** Acción de llorar. **2** Llanto.

llorón, na. adj. **1** Que llora mucho. También s. **2** Que se queja o lamenta frecuentemente. También s. **3** Se dice de algunos árboles con ramas colgantes: *sauce llorón.*

lloroso, sa. adj. **1** Que tiene señales de haber llorado. **2** Aplícase a las cosas que causan llanto y tristeza.

llover. impers. **1** Caer agua de las nubes. | intr. **2** Venir, caer sobre uno con abundancia una cosa, como trabajos, desgracias, etc.: *le llovieron las ofertas.* || **Irreg.** Se conj. como *mover.*

llovizna. f. Lluvia ligera.

lluvia. f. **1** Precipitación de agua de la atmósfera que cae de las nubes en forma de gotas. **2** Gran cantidad, abundancia: *recibió una lluvia de aplausos.* **Sin.** 1 aguacero 2 afluencia ◻ **Ant.** 1 sequía 2 escasez.

lo, los. art. det. n. **1** Se utiliza para sustantivar adjetivos, oraciones de relativo o frases preposicionales: *lo bueno; me contestó que lo pensaría; se fue con lo puesto.* | pron. pers. de 3.ª persona m. o n. **2** En la oración desempeña la función de complemento directo: *me lo compré.*

loa. f. **1** Acción de loar, alabanza. **2** Composición dramática breve, que se representaba antiguamente antes del poema dramático al que servía como de preludio o introducción.

loar. tr. Alabar.

lobanillo. m. **1** Quiste o bulto superficial y por lo común no doloroso, que se forma en la cabeza y en algunas partes del cuerpo. **2** Excrecencia leñosa cubierta de corteza, que se forma en el tronco o ramas de un árbol.

lobato. m. Cachorro del lobo.

lobeliáceo, a. adj. y f. **1** Se dice de hierbas o matas angiospermas dicotiledóneas, muy afines a las campanuláceas, como el quibey. | f. pl. **2** Familia de estas plantas.

lobezno. m. Lobo pequeño.

lobo, ba. m. y f. **1** Mamífero carnívoro, de pelaje gris oscuro o pardo, cabeza aguzada, orejas tiesas, mandíbula fuerte y cola larga con mucho pelo. **2 lobo de mar.** loc. Marino viejo y experimentado en su profesión. **3 lobo marino.** Foca.

lóbrego, ga. adj. **1** Oscuro, tenebroso: *una cueva lóbrega.* **2** Triste, melancólico: *está de un humor lóbrego.* **Ant.** 1 claro 1 y 2 alegre.

lóbulo. m. **1** Cada una de las partes, a manera de ondas, que sobresalen en el borde de una cosa. **2** Parte blanda que está en el extremo inferior de la oreja. **3** Parte redondeada y saliente de un órgano cualquiera.

local. adj. **1** Relativo a un lugar: *costumbre local.* **2** Municipal o provincial, por oposición a general o nacional: *impuestos locales.* **3** Que sólo afecta a una parte de un todo: *anestesia local.* | m. **4** Sitio cerrado y cubierto: *han cerrado el local.*

localidad. f. **1** Lugar o pueblo. **2** Cada una de las plazas o asientos en los locales destinados a espectáculos públicos: *no quedan localidades.* **3** Billete que da derecho a ocupar alguna de estas plazas o asientos: *compró tres localidades.* **Sin.** 2 y 3 entrada.

localismo. m. **1** Vocablo o locución que solo tiene uso en un área restringida. **2** Cualidad de local: *me gusta el localismo de su obra.*

localizar. tr. **1** Determinar el lugar en que se halla una persona o cosa: *han localizado al ganador del premio.* **2** Fijar algo en límites determinados. También prnl.: *este pueblo se localiza a 30 km de Burgos.*

Lobo

locatis. adj. y com. Persona alocada, de poco juicio. || No varía en pl.

locativo, va. adj. y m. Caso de la declinación que expresa fundamentalmente la relación de lugar en donde.

locha. f. Nombre común a varias especies de peces teleósteos del suborden de los fisóstomos.

loción. f. Producto preparado para la limpieza del cabello o para el aseo corporal.

lock-out. (voz ingl.) m. Cierre de fábricas, talleres, etc., por parte de la empresa como respuesta a una situación de huelga.

loco, ca. adj. **1** Que tiene trastornadas las facultades mentales. También s. **2** Insensato, imprudente. También s.: *eres un loco si piensas que así vas a conseguirlo*. **3** Que excede en mucho a lo ordinario o presumible: *unos precios locos.* **4** Se apl. a los mecanismos que no funcionan adecuadamente: *el reloj se ha vuelto loco.* **5 a lo loco.** loc. adv. Sin reflexionarlo. **6 loco por.** loc. Entusiasmado: *loco por el cine.* **7** Enamorado. **8 ni loco.** loc adv. De ninguna manera: *no voy ni loco.* **ANT.** 1 cuerdo 2 sensato.

locomoción. f. Acción de trasladarse de un punto a otro.

locomotor, ra. adj. **1** Relativo a la locomoción. | f. **2** Máquina que, montada sobre ruedas, arrastra los vagones de un tren.

locuaz. adj. Que habla mucho. **SIN.** charlatán ◻ **ANT.** silencioso.

locución. f. Combinación estable de dos o más palabras, que funciona como oración o como elemento oracional, y cuyo sentido unitario no siempre es la suma del significado normal de los componentes.

locura. f. **1** Pérdida o trastorno de las facultades mentales. **2** Imprudencia, insensatez: *esa operación es una locura.* **3** Interés, sentimiento, etc., exagerado o muy intenso: *siente locura por las motos.* **SIN.** 1 demencia 2 disparate 3 entusiasmo ◻ **ANT.** 1 cordura 2 sensatez 3 indiferencia.

locutor, ra. m. y f. Persona que habla ante el micrófono en las estaciones de radio y televisión, para dar avisos, noticias, programas, etc.

locutorio. m. **1** Departamento aislado y de reducidas dimensiones que se destina al uso individual del teléfono. **2** Estudio donde se realizan las audiciones en una emisora de radio. **3** En los conventos y cárceles, habitación dividida por una reja, en la que los visitantes pueden hablar con las monjas o con los presos.

lodazal o **lodazar.** m. Sitio lleno de lodo.

lodo. m. Mezcla de tierra y agua, especialmente la que resulta de las lluvias en el suelo. **SIN.** barro, fango.

lodoso, sa. adj. Lleno de lodo.

Locomotora eléctrica

logaritmo. m. En mat., exponente a que es necesario elevar una cantidad positiva para que resulte un número determinado.

logia. f. **1** Local donde se celebran asambleas de francmasones. **2** Asamblea de francmasones.

-logía. Elemento compositivo que significa 'discurso, doctrina, ciencia': *filología.*

lógica. f. **1** Ciencia que expone las leyes, modos y formas del razonamiento humano. **2** Sentido común: *por lógica, esto no debería ser así.* **3** Cualidad y método de lo razonable.

lógico, ca. adj. **1** Relativo a la lógica. **2** Conforme a las reglas de la lógica y de la razón: *una respuesta lógica.* **3** Que se dedica al estudio de la lógica. También s. **4** Se dice comúnmente de toda consecuencia normal o natural: *su enfado es lógico.* **SIN.** 2 racional 4 consecuente ◻ **ANT.** 2 y 4 ilógico, absurdo.

logística. f. Parte de la ciencia militar que atiende al movimiento y aprovisionamiento de las tropas.

logogrifo. m. Enigma que consiste en hacer diversas combinaciones con las letras de una palabra, de modo que resulten otras.

logopedia. f. Conjunto de métodos para enseñar a hablar normalmente a quien tiene dificultades de pronunciación.

logotipo. m. Distintivo o emblema formado por letras, abreviaturas, etc., peculiar de una empresa, marca, producto.

lograr. tr. **1** Conseguir lo que se intenta: *logró aprobar.* | **lograrse.** prnl. **2** Llegar a su perfección una cosa: *no se logró la cosecha por culpa de la sequía.* **SIN.** 1 alcanzar 2 madurar.

logro. m. **1** Acción de lograr: *hablar con él ha sido un logro.* **2** Ganancia, lucro. **3** Éxito: *es un nuevo logro en su carrera.*

loísmo. m. Empleo de la forma *lo, los* del pronombre masculino en función de complemento indirecto: *dalo la vuelta* por *dale la vuelta.*

loma. f. Altura pequeña y prolongada. Sin. colina.

lombarda. f. Variedad de col, de color morado.

lombriz. f. Gusano de la clase de los anélidos, de color blanco o rojizo, de cuerpo blando, cilíndrico y muy alargado; vive en terrenos húmedos.

lomera. f. **1** Trozo de piel o de tela que se coloca en el lomo del libro para la encuadernación en media pasta. **2** Correa que se acomoda en el lomo de la caballería, para que mantenga en su lugar los arreos.

lomo. m. **1** Parte inferior y central de la espalda. Más en pl. **2** En los cuadrúpedos, todo el espinazo desde el cuello hasta las ancas. **3** Carne del animal, especialmente la del cerdo, que corresponde a esta parte. **4** Parte del libro opuesta al corte de las hojas. **5** En los instrumentos cortantes, parte opuesta al filo. **6** Parte saliente de cualquier cosa.

lona. f. **1** Tela fuerte con la que se hacen velas, toldos, tiendas de campaña, etc. **2** Suelo sobre el que se realizan competiciones de boxeo y lucha libre.

loncha. f. Trozo plano y delgado que se corta de alguna materia: *una loncha de queso*.

londinense. adj. y com. De Londres.

longaniza. f. Embutido largo relleno de carne de cerdo picada y adobada.

longevo, va. adj. **1** Que vive muchos años. **2** Muy viejo, anciano.

longitud. f. **1** La mayor de las dos dimensiones principales que tienen las cosas o figuras planas. **2** Distancia de un lugar respecto al primer meridiano, contada por grados en el ecuador.

longitudinal. adj. Perteneciente a la longitud; hecho o colocado en el sentido o dirección de ella.

longobardo, da. adj. **1** Pueblo compuesto de varias tribus pertenecientes a la confederación de los suevos, que invadió Italia en el año 568 y se estableció al norte de la misma. Más c. m. pl. | m. **2** Lengua hablada por este pueblo.

long play. (voz ingl.) m. Disco de larga duración. En abr., *L.P.* o *LP*. También se dice *elepé*.

longui o **longuis (hacerse el).** loc. Hacerse el distraído.

lonja. f. Cosa larga, ancha y poco gruesa, que se corta o separa de otra: *una lonja de jamón*. Sin. loncha.

lonja. f. **1** Edificio público donde se juntan comerciantes para vender sus mercancías, especialmente al por mayor: *la lonja del pescado*. **2** Atrio algo levantado del suelo de las calles, al que suelen dar las puertas de algunos edificios.

lontananza. f. **1** En una pintura, punto más distante del plano principal. **2 en lontananza.** loc. adv. A lo lejos.

look. (voz ingl.) m. Aspecto físico o exterior.

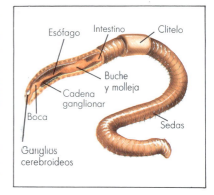

Anatomía de la lombriz

loor. m. Elogio, alabanza.

loquero, ra. m. y f. **1** Persona que por oficio cuida de los locos. | m. **2** Manicomio.

lord. (voz ingl.) m. Título de honor que se da en el Reino Unido a los miembros de la primera nobleza y a algunos altos cargos. || pl. *lores*.

loriga. f. **1** Armadura hecha de láminas pequeñas e imbricadas, por lo común de acero. **2** Armadura del caballo para la guerra.

loro. m. **1** Papagayo. **2** Persona muy habladora: *pareces un loro*. **3** Radiocasete. **4 estar al loro.** loc. Estar al tanto.

losa. f. Piedra llana, de poco espesor y generalmente labrada. Sin. lápida.

loseta. f. Ladrillo fino para solar. Sin. baldosa.

lote. m. Cada una de las partes en que se divide un todo que se ha de distribuir entre varias personas.

lotería. f. **1** Juego público en que se premian con diversas cantidades varios números sacados al azar. **2** Lugar en que se despachan los billetes para este juego. **3** Cualquier sorteo, rifa, juego, etc.

loto. m. **1** Planta acuática, de hojas grandes, flores terminales blancas azuladas y olorosas, y fruto globoso. **2** Flor y fruto de esta planta.

loza. f. **1** Barro fino, cocido y barnizado, de que están hechos los platos, tazas, etc. **2** Conjunto de estos objetos.

lozanía. f. **1** Robustez o frescura en personas y animales. **2** Verdor y frondosidad en las plantas.

lubina. f. Pez marino teleósteo, de cuerpo alargado que puede llegar a alcanzar un metro de longitud; habita en las costas mediterráneas y NE. del Atlántico, y su carne es muy apreciada.

lubricante. adj. y m. Se dice de toda sustancia útil para lubricar.

lubricar. tr. Hacer resbaladiza una cosa. Sin. engrasar, lubrificar.

lúbrico, ca. adj. **1** Resbaladizo. **2** Propenso a un vicio, y particularmente a la lujuria. **3** Libidinoso, lascivo.

lubrificar. tr. Lubricar.

lucense. adj. y com. De Lugo.

lucerna. f. Abertura alta de una habitación para dar ventilación y luz.

lucero. m. **1** Cualquier astro luminoso, y en especial el planeta Venus. **2** Lunar que tienen en la frente algunos cuadrúpedos. **3 lucero del alba**, o **de la mañana**, o **de la tarde.** Planeta Venus.

lucha. f. **1** Acción de luchar. **2** Lid, combate. **3** Contienda, disputa. **4** En dep., combate entre dos personas. Sin. 1-4 pelea.

luchar. intr. **1** Pelear, combatir, batallar. **2** Bregar, abrirse paso en la vida: *tuvo que luchar mucho para conseguir triunfar.* Ant. 1 pacificar.

lucido, da. adj. **1** Acertado. **2** Destacado, brillante: *tuvo una intervención muy lucida.* **3** Que tiene gracia: *este tejido es muy lucido.* Ant. 1 errado 2 corriente 3 insulso.

lúcido, da. adj. Claro en el razonamiento, en las expresiones, en el estilo, etc. Sin. perspicaz, despierto.

luciérnaga. f. Insecto coleóptero, cuya hembra, un poco mayor que el macho, carece de alas y élitros, y emite una luz fosforescente de color verdoso.

lucifer. m. **1** Con mayúscula, príncipe de los demonios. **2** Persona maligna o perversa.

lucimiento. m. Acción de lucir o lucirse.

lucio. m. Pez teleósteo de agua dulce, que puede llegar a alcanzar un metro de longitud, de cuerpo aplanado de color verdoso, aletas fuertes y cola triangular; su carne es muy apreciada.

Lucio

lución. m. Reptil saurio, de color gris, con tres series de manchas negras en el lomo.

lucir. intr. **1** Brillar, resplandecer: *hoy luce un sol magnífico.* **2** Sobresalir, destacar. También prnl.: *se lució en el debate.* **3** Producir un trabajo cierta utilidad o provecho: *su esfuerzo no lucía.* **4** *amer.* Tener muy buen aspecto: *luces lindo.* | tr. **5** Hacer ver, exhibir: *lució sus conocimientos ante el tribunal.* || **Irreg.** Conjugación modelo:

Indicativo
Pres.: *luzco, luces, luce, lucimos, lucís, lucen.*
Imperf.: *lucía, lucías,* etc.
Pret. indef.: *lucí, luciste,* etc.
Fut. imperf.: *luciré, lucirás,* etc.
Potencial: *luciría, lucirías,* etc.
Subjuntivo
Pres.: *luzca, luzcas, luzca, luzcamos, luzcáis, luzcan.*
Imperf.: *luciera* o *luciese, lucieras* o *lucieses,* etc.
Fut. imperf.: *luciere, lucieres,* etc.
Imperativo: *luce, lucid.*
Participio: *lucido.*
Gerundio: *luciendo.*

---

lucrar. tr. **1** Lograr lo que se desea. | **lucrarse.** prnl. **2** Sacar provecho de un negocio o encargo.

lucrativo, va. adj. Que produce utilidad y ganancia.

lucro. m. Ganancia que se saca de algo. Sin. provecho □ Ant. pérdida.

luctuoso, sa. adj. Triste, penoso: *un suceso luctuoso.* Ant. alegre.

lucubrar. tr. Elucubrar.

lúdico, ca. adj. Relacionado con el juego.

ludir. tr. Rozar una cosa con otra. Sin. frotar.

luego. adv. t. **1** Después de este tiempo o momento: *nos vemos luego, en cuanto acabe.* **2** Pronto: *acaba luego, que se te enfría la sopa.* | conj. **3** Denota deducción o consecuencia; por consiguiente: *pienso, luego existo.* **4 desde luego.** loc. adv. Ciertamente, sin duda. **5 hasta luego.** expr. de despedida.

lugano. m. Pájaro del tamaño del jilguero que suele imitar el canto de otros pájaros.

lugar. m. **1** Espacio ocupado o que puede ser ocupado por un cuerpo cualquiera: *quitó la estantería y en su lugar puso un sofá.* **2** Sitio, paraje. **3** Población pequeña: *se lo preguntaremos a un vecino del lugar.* **4** Tiempo, ocasión, oportunidad: *no hay lugar para dudas.* **5** Sitio que ocupa alguien o algo en una lista, jerarquía, orden, etc.: *está en cuarto lugar de la clasificación.* **6 lugar común.** Expresión trivial o muy empleada. **7 en lugar de.** loc. prepos. En vez

lugareño – luna

de. **8 fuera de lugar.** loc. adj. o adv. Inoportuno, inadecuado: *lo que dices está fuera de lugar*. **9 tener lugar.** loc. Ocurrir, suceder, efectuarse.

lugareño, ña. adj. y s. De un lugar o población pequeña: *costumbres lugareñas*.

lugarteniente. m. Persona que tiene poder para sustituir a otra en un cargo o empleo.

lúgubre. adj. Triste, funesto, melancólico, tétrico. **Ant.** alegre, divertido.

luis. m. Moneda de oro francesa de 20 francos.

luisa. f. Planta angiosperma, originaria del Perú, de flores blancas en espigas piramidales, y fruto seco con semillas menudas y negras, con sus hojas se prepara una infusión. Se la conoce comúnmente como *hierba luisa*.

lujo. m. **1** Riqueza, suntuosidad: *vive en el lujo*. **2** Abundancia de cosas no necesarias: *me lo explicó con todo lujo de detalles*.

lujoso, sa. adj. Que tiene lujo. **Sin.** fastuoso, rico.

lujuria. f. **1** Apetito sexual excesivo. **2** Exceso o demasía en algunas cosas.

lulú. adj. y com. Se dice de una raza de perros de pelaje largo y abundante.

lumbago. m. Dolor en la región lumbar.

lumbar. adj. Relativo a la zona situada entre la última costilla y los riñones.

lumbre. f. **1** Materia combustible encendida. **2** Fuego que se hace para cocinar, calentarse, etc.: *pon la cazuela a la lumbre*. **3** Cosa con la que se enciende otra: *dame lumbre, que no llevo mechero*.

lumbrera. f. **1** Cuerpo que despide luz. **2** Persona muy destacada por su inteligencia. **Sin.** 2 genio.

lumen. m. En óptica, unidad de flujo luminoso procedente de un foco puntual cuya intensidad es de una candela.

luminaria. f. **1** Luz que se pone en las calles en señal de fiesta. Más en pl. **2** Luz que arde continuamente delante del Santísimo Sacramento.

luminiscencia. f. Emisión de rayos luminosos sin elevar la temperatura y visible casi sólo en la oscuridad.

luminoso, sa. adj. Que despide luz. **Sin.** brillante □ **Ant.** oscuro.

luminotecnia. f. Técnica de la iluminación con luz artificial.

luna. f. **1** Con mayúscula y precedido del artículo *la*, satélite natural de la Tierra. **2** Luz nocturna que refleja este satélite. **3** Tiempo de cada conjunción de

La Luna desde el Apolo XI

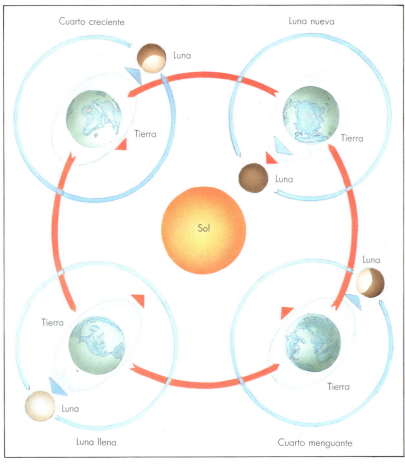

Fases de la Luna

la Luna con el Sol. **4** Satélite natural de cualquier planeta: *las lunas de Júpiter.* **5** Cristal que se emplea en vidrieras, escaparates, etc.: *unos gamberros rompieron la luna de la tienda.* **6** Espejo. **7 luna de miel.** Temporada inmediatamente posterior al matrimonio. **8** Viaje que suele hacer una pareja después de la boda. **Sin.** 3 lunación.

lunación. f. Tiempo que emplea la Luna desde una conjunción con el Sol hasta la siguiente; es de 29 días, 12 horas, 44 minutos y 3 segundos, por término medio. También se dice *mes lunar* y *luna.*

lunar. adj. **1** Perteneciente a la Luna: *luz lunar, fase lunar.* | m. **2** Pequeña mancha que aparece en la piel, producida por una acumulación de pigmento. **3** Cada uno de los dibujos de forma redondeada en telas, papel u otra superficie.

lunático, ca. adj. y s. Que padece locuras. **Sin.** loco ☐ **Ant.** cuerdo.

lunes. m. Día de la semana después del domingo. || No varía en pl.

luneta. f. **1** Lente de las gafas. **2** Cristal trasero de los automóviles.

lunfardo. m. Jerga empleada en los barrios bajos de la ciudad de Buenos Aires.

lúnula. f. Espacio blanquecino semilunar de la raíz de las uñas.

lupa. f. Lente de aumento, con montura adecuada para el uso a que se destina.

lupanar. m. Prostíbulo.

lúpulo. m. Planta trepadora, cuyos frutos, en forma de piña globosa, se emplean para aromatizar y dar sabor amargo a la cerveza.

lusitano, na. adj. **1** De Lusitania. Apl. a pers., también s. **2** Se dice de un pueblo prerromano que habitaba la Lusitania, y de sus individuos. Más c. m. pl. **3** Relativo a este pueblo. **4** De Portugal. Apl. a pers., también s. **Sin.** 1-4 luso 4 portugués.

lustrar. tr. Dar brillo a algo, como a los metales y piedras. **Sin.** abrillantar.

lustre. m. **1** Brillo de las cosas tersas o bruñidas. **2** Esplendor, gloria.

lustro. m. Espacio de cinco años.

lutecio. m. Elemento químico metálico del grupo de las tierras raras. Su símbolo es *Lu*.

luteranismo. m. Conjunto de creencias y doctrinas propugnadas por Martín Lutero, y basadas en la libre interpretación de la Biblia.

luto. m. **1** Signo exterior de duelo en ropas y otras cosas, por la muerte de alguien. **2** Duelo, pena.

lux. m. Unidad de intensidad de iluminación. || No varía en pl.

luxar. tr. y prnl. Dislocar un hueso.

luz. f. **1** Energía que hace visible todo lo que nos rodea. **2** Claridad que irradian los cuerpos en combustión, ignición o incandescencia: *la luz del fuego*. **3** Utensilio que sirve para alumbrar: *encendieron todas las luces*. **4** Corriente eléctrica: *han cortado la luz*. **5** Cada una de las aberturas por donde se da luz a un edificio. Más en pl. **6** Modelo, persona o cosa, capaz de ilustrar o guiar: *fue la luz de toda una generación*. **7** Distancia que existe entre los apoyos de un arco, viga, etc. | pl. **8** Inteligencia: *me parece que no tiene muchas luces*. **9 dar a luz.** loc. Parir la mujer. **Ant.** 2 sombra, oscuridad.

lycra. m. Tejido sintético de gran elasticidad. También se escribe *licra*.

m. f. **1** Decimotercera letra del abecedario español y décima de sus consonantes. Su nombre es *eme*. **2** Escrita en mayúscula tiene el valor de mil en la numeración romana.

maca. f. **1** Señal que queda en la fruta cuando ha recibido un golpe. **2** Defecto pequeño en algunas cosas, como paños, recipientes de porcelana, etc.

macabro, bra. adj. Relacionado con la muerte y con las sensaciones de horror y rechazo que ésta suele provocar.

macaco, ca. m. y f. **1** Mamífero primate de entre 40 y 80 cm, pelaje grisáceo y provisto de cola. | adj. **2** *amer.* Feo, deforme.

macadán o **macadam.** m. Pavimento de piedra machacada que se comprime con rodillo. || pl. *macadanes* o *macadams*.

macana. f. **1** Arma parecida al machete que usaban los indios americanos. **2** *amer.* Garrote grueso y corto. **3** *amer.* Disparate, tontería: *¡no me vengas con macanas!* SIN. 2 porra.

macanudo, da. adj. Magnífico, estupendo.

macarra. adj. y com. **1** De mal gusto, ordinario. | m. **2** Hombre que vive de las prostitutas. SIN. 1 hortera, chabacano 2 chulo, proxeneta.

macarrón. m. **1** Pasta de harina de trigo en forma de canutos largos. Más en pl. **2** Tubo de plástico que recubre cables eléctricos o alambres.

macarrónico, ca. adj. Se apl. al uso defectuoso e incorrecto del latín o de cualquier otra lengua.

macarse. prnl. Empezar a pudrirse las frutas por los golpes y magulladuras que han recibido.

macedonia. f. **1** Ensalada de frutas. **2** Guiso preparado con legumbres diversas.

macerar. tr. **1** Ablandar una cosa estrujándola, golpeándola o sumergiéndola en un líquido: *ha puesto el pescado a macerar en adobo*. **2** Mantener sumergida alguna sustancia sólida en un líquido a la temperatura ambiente para extraer de ella las partes solubles.

macero. m. El que lleva la maza delante de los cuerpos o personas autorizadas que usan esta señal como símbolo de dignidad.

maceta. f. **1** Tiesto de plantas o flores de adorno. **2** Martillo pequeño.

macetero. m. Soporte para colocar macetas de flores o plantas.

mach. m. Nombre internacional de una unidad de velocidad que equivale a la del sonido.

machacante. m. **1** Moneda de cinco pesetas. **2** Soldado destinado a servir a un suboficial.

machacar. tr. **1** Deshacer y reducir a polvo algo golpeándolo. **2** Destruir algo: *machacar una revuelta*.

Macaco

3 Estudiar con insistencia algo. | intr. **4** Insistir con pesadez: *deja ya de machacar sobre lo mismo.* **SIN.** 1 majar 3 empollar, chapar.

machacón, na. adj. y s. Que repite mucho las cosas. **SIN.** insistente, pesado.

machada. f. **1** Valentía, fanfarronada. **2** Conjunto de machos cabríos.

machamartillo (a). loc. adv. Sólidamente, con firmeza.

machete. m. Sable corto ancho y de un solo filo.

machetero. m. **1** El que tiene por oficio abrir paso con el machete en las zonas cubiertas por vegetación. **2** El que corta las cañas de azúcar de una plantación.

machihembrar. tr. Ensamblar dos piezas de madera.

machismo. m. Actitud y comportamiento de quien concede preponderancia a los hombres respecto de las mujeres.

machista. adj. **1** Relativo al machismo. **2** Partidario del machismo. También com.

macho. m. **1** Persona o animal del sexo masculino. **2** Planta fecundadora. **3** Nombre de algunas piezas que se introducen en otra. **4** Machón. **5** Mazo grande de las herrerías para forjar el hierro. **6** Banco en que los herreros tienen el yunque pequeño. **7** Yunque cuadrado. | adj. **8** Fuerte, vigoroso, valiente. | interj. **9** Se emplea, aplicado a hombres, como expresión de sorpresa o enfado: *¡Te has pasado, macho!* **ANT.** 1 y 3 hembra.

machón. m. Pilar de fábrica que sostiene un techo o el arranque de un arco. **SIN.** macho.

machorro, rra. adj. Estéril.

machote. adj. y m. Hombre vigoroso, bien plantado, valiente.

machucar. tr. **1** Causar daño al golpear. **2** Deformar algo apretándolo. **SIN.** 1 magullar 2 aplastar, abollar.

machucho, cha. adj. **1** Sosegado, juicioso. **2** Maduro.

maciento, ta. adj. Demacrado, pálido. **ANT.** rubicundo.

macillo. m. Pieza del piano, en forma de mazo con mango y cabeza forrada de fieltro, con la que, al pulsar la tecla, se golpea la cuerda haciéndola sonar.

macizo, za. adj. **1** Compacto, lleno. **2** Sólido y bien fundado: *una argumentación maciza.* **3** Se dice de la persona de carnes duras. **4** De gran atractivo físico. También s. | m. **5** Grupo de montañas. **6** Combinación de plantas que decoran los jardines: *un macizo de rododendros.* **ANT.** 1 hueco 2 endeble 3 fofo.

macramé. m. Tejido hecho con nudos más o menos complicados, de estructura parecida al encaje de bolillos.

adj. **1** Relativo a la técnica de alargar la vida mediante normas dietéticas e higiénicas. | f. **2** Arte de vivir muchos años, siguiendo estas normas.

macrocéfalo, la. adj. y s. Que tiene la cabeza desproporcionadamente grande con respecto a su cuerpo o a su especie.

macrocosmo o **macrocosmos.** m. El universo, especialmente cuando se le considera en relación con el hombre o microcosmos. || En la segunda forma, no varía en pl.

macroeconomía. f. Análisis de las magnitudes globales de una economía, como la renta nacional, las inversiones, exportaciones e importaciones, etc.

macropódido, da. adj. y m. **1** Se dice de los mamíferos marsupiales con las patas posteriores mucho más desarrolladas que las anteriores y dispuestas para saltar, y cola larga, como los canguros. | m. pl. **2** Familia de estos mamíferos.

macruro, ra. adj. y m. Se dice de los crustáceos decápodos que tienen un abdomen largo y bien desarrollado, que les sirve para nadar, como el bogavante.

macsura. f. Recinto de una mezquita, reservado para el califa o el imán en las oraciones públicas, o para el sepulcro de un personaje considerado santo.

mácula. f. **1** Mancha. **2** Engaño. **3** Cada una de las partes oscuras que se observan en el disco del Sol o de la Luna. **SIN.** 1 tacha 2 mentira.

macuto. m. Mochila.

madalena. f. Magdalena, bollo.

madeja. f. Hilo recogido en vueltas iguales.

madera. f. **1** Parte sólida y fibrosa de los árboles. **2** Pieza de este material preparado para cualquier obra de carpintería. **3** Disposición natural para determinada actividad: *tiene madera de abogado.* **4** En argot, cuerpo de policía español. **SIN.** 2 tabla 3 pasta 4 pasma.

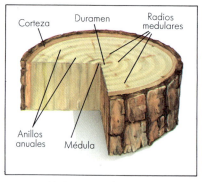

Madera: sección de un tronco

maderamen. m. Conjunto de maderas de una obra.

maderero, ra. adj. **1** Relacionado con la industria de la madera. | m. y f. **2** Persona que comercia con madera. **3** Persona que conduce los grupos de troncos por los ríos.

madero. m. **1** Pieza larga de madera. **2** Persona torpe o insensible. **3** En argot, miembro del cuerpo de policía español.

madrastra. f. Para los hijos, la nueva mujer del padre.

madraza. f. Madre que mima y cuida mucho a sus hijos.

madre. f. **1** Hembra que ha parido. **2** Mujer con respecto a sus hijos. **3** Título de algunas religiosas. **4** Causa, raíz, origen: *la experiencia es la madre de la ciencia*. **5** Heces del vino o vinagre. **6** Cauce por donde ordinariamente corren las aguas de un río o de un arroyo. **7 madre política.** Suegra. **8 ser** algo **la madre del cordero.** loc. Ser la causa verdadera, el meollo. **9 salirse de madre.** loc. Desbordarse un río de su cauce. **10** Excederse en algo. **Sin.** 2 mamá 5 poso 6 lecho.

madreña. f. Zueco, almadreña.

madreperla. f. Molusco bivalvo con concha casi circular. Se pesca para aprovechar el nácar de la concha y recoger las perlas que forma en su interior.

madrépora. f. Pólipo de los mares intertropicales que se agrupa formando masas calcáreas y arborescentes.

madreselva. f. Planta arbustiva muy olorosa, con tallos largos, trepadores y flores blancas o rosadas.

madrigal. m. **1** Composición poética de tema amoroso y extensión breve. **2** Composición musical para varias voces sin acompañamiento.

madriguera. f. **1** Cueva pequeña donde habitan ciertos animales. **2** Refugio de malhechores.

madrileño, ña. adj. y s. De Madrid.

madrina. f. **1** Mujer que presenta o asiste a otra persona que va a recibir algún sacramento, honor, grado, etc. **2** La que favorece o protege a otra persona en sus pretensiones. **3** Mujer que preside ciertos actos sociales.

madroño. m. **1** Arbusto de hoja perenne y fruto comestible, rojo exteriormente y amarillo en el interior. **2** Fruto de este arbusto. **3** Borlita de forma semejante a este fruto.

madrugada. f. **1** Alba, amanecer. **2** Acción de madrugar. **3 de madrugada.** loc. adv. Al amanecer.

madrugar. intr. **1** Levantarse al amanecer o muy temprano. **2** Ganar tiempo, anticiparse. **Ant.** 1 trasnochar.

madurar. tr. **1** Poner maduros los frutos. También intr.: *ya maduraron las cerezas*. **2** Meditar detenidamente una idea, un proyecto, etc. | intr. **3** Crecer en edad y sensatez: *aquello le hizo madurar*.

madurez. f. Cualidad o estado de maduro.

maduro, ra. adj. **1** Se dice del fruto cuando puede recolectarse o comerse. **2** Que está en su punto o en su mejor momento. **3** Prudente, juicioso. **4** Se dice de la persona que está en la edad adulta. **Ant.** 1 verde 2-4 inmaduro.

maese. m. Antiguo tratamiento que se anteponía al nombre propio de un maestro.

maestranza. f. **1** Conjunto de talleres donde se construye material de guerra. **2** Sociedad de caballeros que se ejercitaban en la equitación.

maestrazgo. m. **1** Dignidad de maestre de cualquiera de las órdenes militares. **2** Dominio territorial o señorío del maestre de una orden militar.

maestre. m. Superior de una orden militar.

maestresala. m. Criado principal que asistía a la mesa de un señor.

maestría. f. **1** Habilidad, pericia. **2** Título de maestro en un oficio. **Ant.** 1 impericia.

maestro, tra. adj. **1** Se dice de la obra que, por su perfección, destaca entre las de su clase. **2** Se apl. a ciertos objetos para destacar su importancia funcional entre los de su clase: *viga maestra*. | m. y f. **3** Persona que enseña un arte, una ciencia, o un oficio, especialmente la que imparte el primer ciclo de enseñanza. **4** Persona muy diestra o con profundos conocimientos en alguna materia. **5** Persona que compone música o dirige una orquesta. | m. **6** El que ha alcanzado un alto grado en su oficio: *maestro albañil*. **7** Matador de toros. | f. **8** Listón vertical de madera que sirve de guía al construir una pared. **Sin.** 3 pedagogo, profesor 4 perito.

mafia. f. Organización delictiva secreta de origen siciliano basada en la violencia y el chantaje. || Suele escribirse con mayúscula.

magazine. (voz ingl.) m. Revista o periódico ilustrado.

magdalena. f. **1** Bollo pequeño redondo y esponjoso, hecho con harina, azúcar, huevos, aceite y leche. **2** Mujer arrepentida de su pasado de prostitución. **3 llorar como una Magdalena.** loc. Llorar mucho.

magdaleniense. adj. y m. Última etapa del paleolítico superior (entre los años 15000 y 9000 a. C. aprox.), punto culminante de la cultura del cuaternario.

magenta. adj. y m. Se dice del color violáceo obtenido de la mezcla de rojo y azul.

magia. f. **1** Arte o técnica que pretenden realizar prodigios sobrenaturales. **2** Habilidad de realizar cosas extraordinarias mediante trucos. **3** Atractivo. **Sin.** 1 hechicería 2 ilusionismo 3 encanto.

magiar. adj. y com. **1** Húngaro. **2** Se dice de un pueblo euroasiático nómada que penetró en Europa a finales del s. IX, instalándose en Transilvania y Hungría. | m. **3** Lengua hablada por este pueblo, cercana al finés.

magín. m. Inteligencia, imaginación. SIN. ingenio.

magisterio. m. **1** Profesión de maestro o práctica de la enseñanza en general. **2** Título de maestro. **3** Conjunto de maestros de una provincia, región, nación, etc. **4** Influencia que ejerce la obra, el pensamiento o la conducta de alguien: *el magisterio de Góngora sobre la generación del 27.*

magistrado. m. **1** Persona que tiene el oficio o el cargo de juez. **2** Miembro de una sala de audiencia o del Tribunal Supremo de Justicia.

magistral. adj. **1** Que se hace con maestría o habilidad: *una interpretación magistral.* **2** Relativo a lo realizado por el profesor en el desempeño de su oficio.

magistratura. f. **1** Cargo de magistrado y tiempo durante el que se mantiene en él. **2** Conjunto de magistrados: *magistratura española.*

magma. m. **1** Material fundido, formado en el interior de la Tierra a gran presión y altas temperaturas, que se solidifica por enfriamiento. **2** Sustancia espesa y gelatinosa.

magnanimidad. f. Generosidad y nobleza de espíritu. ANT. mezquindad.

magnánimo, ma. adj. Que actúa con magnanimidad. SIN. generoso, noble □ ANT. mezquino.

magnate. com. Persona poderosa e influyente en el mundo de los negocios, la industria o las finanzas: *magnate del petróleo.* SIN. potentado.

magnesia. f. Óxido de magnesio, sustancia de consistencia terrosa y color blanco, muy resistente al calor, que se utiliza para el recubrimiento de hornos refractarios.

magnesio. m. Elemento químico; es un metal bivalente, de color y brillo semejantes a los de la plata, maleable, poco tenaz y algo más pesado que el agua. Su símbolo es *Mg*.

magnetismo. m. **1** Fuerza de atracción del imán. **2** Poder de atracción de una persona sobre otra. **3** Conjunto de fenómenos de atracción y repulsión pro-

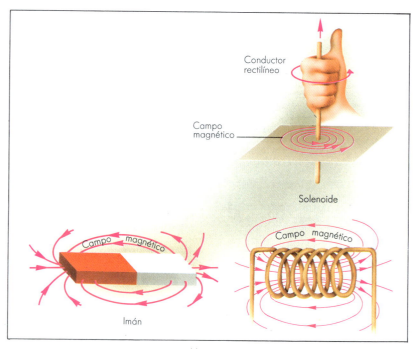

Magnetismo

ducidos por los imanes y las corrientes eléctricas inducidas.

magnetita. f. Imán, óxido ferroso férrico.

magnetizar. tr. **1** Comunicar a un cuerpo propiedades magnéticas. **2** Hipnotizar a alguien. **3** Atraer poderosamente a alguien. SIN. 1 imantar 3 fascinar.

magneto. f. Generador de electricidad de alto potencial, usado especialmente en los motores de explosión.

magnetófono o **magnetofón.** m. Aparato para grabar sonido en una cinta magnética y reproducirlo después.

magnetoscopio. m. Aparato que registra imágenes de televisión en una cinta.

magnicidio. m. Asesinato de una persona muy importante por su cargo o poder.

magnificar. tr. y prnl. **1** Alabar, ensalzar. **2** Exagerar: *magnificaron las repercusiones de la campaña*.

magnificencia. f. **1** Generosidad. **2** Ostentación, grandeza. ANT. 1 mezquindad 2 miseria.

magnífico, ca. adj. **1** Espléndido, suntuoso. **2** Excelente, admirable. **3** Título de honor que se concede a personas ilustres.

magnitud. f. **1** Tamaño de un cuerpo. **2** Grandeza, importancia una cosa: *la magnitud de un escándalo*. **3** Toda faceta de la realidad física que puede medirse, como la altura, la longitud, la superficie, el peso, etc. **4** Intensidad luminosa de una estrella. SIN. 1 volumen 2 excelencia.

magno, na. adj. Grande, ilustre.

magnolia. f. **1** Árbol originario de Asia y América, de hoja perenne y flores aromáticas blancas. **2** Flor de este árbol.

magnoliáceo, a. adj. y f. Se dice de las plantas angiospermas dicotiledóneas con flores terminales grandes y olorosas, como la magnolia.

mago, ga. adj. **1** Que practica la magia. También s. **2** Se dice de los tres reyes de Oriente que, según la tradición cristiana, adoraron al nacer a Jesús de Nazaret. También m. SIN. 1 hechicero, brujo, encantador, nigromante.

magrear. tr. Sobar, palpar, manosear una persona a otra con intenciones sexuales.

magro, gra. adj. **1** Flaco, enjuto, sin grasa. | m. **2** Carne de cerdo junto al lomo. SIN. 1 cenceño □ ANT. 1 gordo.

maguey. m. *amer.* Pita, planta.

magullar. tr. y prnl. Causar contusiones en un cuerpo al golpearlo violentamente, sin que lleguen a producirse heridas. SIN. machucar.

mahometano, na. adj. y s. Musulmán, que sigue la religión de Mahoma.

mahón. m. Tela fuerte y fresca de algodón de diversos colores.

mahonesa. f. Mayonesa.

maicena. f. Harina fina de maíz.

maillot. (voz fr.) m. **1** Prenda de vestir elástica muy ajustada al cuerpo, que se usa para hacer gimnasia, bailar, etc. **2** Camiseta elástica de los ciclistas. SIN. 1 malla.

maitines. m. pl. Primera hora canónica que se reza antes de amanecer.

maître. (voz fr.) m. Jefe de comedor de restaurantes y hoteles.

maíz. m. **1** Planta herbácea gramínea que produce unas mazorcas con granos gruesos y amarillos muy nutritivos. **2** Grano de esta planta.

maizal. m. Tierra sembrada de maíz.

majada. f. Albergue del ganado y de los pastores. SIN. redil, aprisco.

majadería. f. Dicho o hecho tonto, imprudente o molesto. SIN. estupidez, tontería, chorrada.

majadero, ra. adj. y s. **1** Torpe, tonto o molesto. | m. **2** Mazo del almirez o del mortero.

majano. m. Montón de piedras sueltas.

majar. tr. Aplastar una cosa a golpes: *majar ajo y perejil*. SIN. machacar.

majareta. adj. y com. Chiflado.

majestad. f. **1** Aspecto o condición de las personas que despierta admiración y respeto. **2** Con mayúscula, título o tratamiento que se da a Dios y a emperadores y reyes. SIN. 1 dignidad, grandeza, magnificencia.

majestuoso, sa. adj. Que tiene majestad. SIN. regio, augusto, magnífico.

majo, ja. adj. **1** Se apl. a los que por su aspecto, comportamiento o simpatía se hacen agradables a los demás. También s. **2** Bonito y vistoso: *tienes una bici muy maja*. SIN. 1 simpático, guapo 2 cuco.

majorero, ra. adj. y s. De la isla de Fuerteventura.

majuela. f. Fruto del majuelo.

majuelo. m. Espino rosáceo de flores blancas muy olorosas, y fruto rojo, pequeño y redondo, llamado *majuela*.

mal. adj. **1** apóc. de *malo*. || Se usa antepuesto al m. y a algunos inf.: *mal humor, mal despertar*. | m. **2** Lo contrario al bien, lo malo: *hacer el mal*. **3** Daño material o moral. **4** Desgracia. **5** Enfermedad. | adv. m. **6** Al contrario de lo que debe ser: *mal hecho;* o de lo que sería deseable: *el enfermo va mal*. **7** Difícilmente: *mal puedo yo saberlo*. **8 de mal en peor.** loc. Cada vez peor. **9 mal que bien.** loc. Con dificultad, tras superar una serie de obstáculos: *mal que bien, terminó asimilándolo*. ANT. 1 buen 2 y 6 bien.

malabares. adj. pl. Se dice de los juegos de

destreza que consisten en lanzar al aire objetos y recogerlos, manteniéndolos en equilibrio.

malabarismo. m. **1** Técnica y actividad del que realiza juegos malabares. | pl. **2** Habilidad para salir airoso en una situación difícil.

malacitano, na. adj. y s. Malagueño.

malacología. f. Parte de la zoología, que trata de los moluscos.

malacopterigio. adj. y m. **1** Se dice de los peces teleósteos que tienen todas sus aletas provistas de radios blandos, flexibles y articulados, como el salmón. | m. pl. **2** Grupo formado por estos peces.

malacostumbrar. tr. **1** Hacer que alguien adquiera malos hábitos y costumbres. **2** Mimar o consentir excesivamente a alguien. **Sin.** 1 y 2 malcriar.

málaga. m. Vino dulce que se elabora con la uva de la tierra de Málaga.

malagueño, ña. adj. y s. De Málaga.

malaje. adj. y com. **1** Soso, sin gracia. **2** Malintencionado.

malaleche. com. vulg. Persona de mala intención. **Sin.** esquinado, avieso.

malandanza. f. Mala fortuna, desgracia.

malandrín, na. adj. y s. Malvado, perverso, con malas intenciones.

malapata. com. Persona sin gracia. **Sin.** patoso.

malaquita. f. Mineral verde, tan duro como el mármol, susceptible de pulimento, y que suele emplearse en joyería. Es un carbonato hidratado natural de cobre.

malaria. f. Paludismo.

malasangre. adj. y com. Persona de mala intención.

malasombra. com. Gafe.

Malaquita

malaventura. f. Desventura, desgracia, infortunio.

malayo, ya. adj. y s. **1** De un grupo étnico y lingüístico de Indonesia, la península de Malaca y Filipinas. | m. **2** Lengua hablada por este grupo.

malbaratar. tr. **1** Malvender. **2** Malgastar.

malcarado, da. adj. y s. **1** Que tiene mala cara o aspecto repulsivo. **2** Que continuamente tiene cara de enfado.

malcriar. tr. Educar mal a los hijos, condescendiendo demasiado con sus gustos y caprichos.

maldad. f. **1** Cualidad de malo. **2** Acción mala y perjudicial. **Sin.** 1 perversidad □ **Ant.** 1 bondad.

maldecir. tr. **1** Echar maldiciones contra una persona o cosa. | intr. **2** Hablar de alguien con mordacidad, denigrándole. || **Irreg.** Se conj. como *decir*, menos en el *fut. imperf.* de indic. y en el *pot.*, que son regulares, y la 2.ª pers. de sing. del *imperat.* (*maldice tú*), en que no se apocopa la sílaba *ce*. **Sin.** 1 imprecar □ **Ant.** 1 bendecir 2 alabar.

maldición. f. Imprecación, expresión injuriosa o grosera. **Sin.** execración □ **Ant.** bendición.

maldito, ta. adj. **1** Dañino, molesto, y, en el caso de personas, malvado: *estos malditos zapatos me destrozan los pies*. También s. **2** Se apl. al o a lo que es víctima de una maldición: *estirpe maldita*. También s. **3** Ninguno, nada: *¡maldita la gracia que tiene esto!*

maleable. adj. **1** Se apl. a los metales que pueden batirse y extenderse en planchas muy delgadas, como el cobre. **2** Se dice de los materiales que se pueden trabajar con facilidad, como la arcilla. **3** Fácil de influenciar, dócil.

maleante. adj. y com. Ladrón, delincuente.

malear. tr. y prnl. **1** Estropear, dañar: *este vino se ha maleado*. **2** Corromper, pervertir.

malecón. m. **1** Muro construido como protección contra las aguas. **2** Rompeolas, muelle. **Sin.** 1 dique.

maledicencia. f. Acción de maldecir, murmurar.

maleficio. m. Daño causado por hechicería y hechizo empleado. **Sin.** encantamiento, embrujo.

maléfico, ca. adj. **1** Perjudicial, dañino. **2** Que ejerce un maleficio. **Ant.** 1 benéfico.

malentendido. m. Mala interpretación, o desacuerdo en la forma de entender una cosa. **Sin.** equívoco.

maléolo. m. Protuberancia de la tibia y el peroné, tobillo.

malestar. m. Sensación de incomodidad o molestia, física o anímica. **Sin.** ansiedad, desasosiego, inquietud □ **Ant.** bienestar.

maleta. f. Especie de caja de algún material resistente y provista de un asa que sirve para guardar y transportar objetos personales cuando se viaja.

maletero, ra. m. y f. **1** Persona que transporta equipajes. **2** Persona que hace o vende maletas. | m.

3 En los vehículos, lugar para maletas o equipaje. **4** Lugar de la vivienda para guardar maletas y otras cosas.

maletilla. com. Aspirante a torero.

malevolencia. f. Mala voluntad. S<small>IN</small>. malignidad.

malévolo, la. adj. y s. Inclinado a hacer mal.

maleza. f. **1** Abundancia de malas hierbas en los sembrados. **2** Vegetación espesa y apretada formada por arbustos. S<small>IN</small>. 1 yerbajos 2 espesura.

malformación. f. Deformidad congénita en alguna parte del cuerpo.

malgache. adj. y com. **1** De Madagascar. | m. **2** Lengua hablada en este país.

malgastar. tr. Gastar o emplear algo de forma inadecuada: *malgastar el dinero, la paciencia.* S<small>IN</small>. disipar, dilapidar.

malhablado, da. adj. y s. Se dice de la persona que se expresa de forma vulgar y grosera. S<small>IN</small>. lenguaraz, deslenguado.

malhadado, da. adj. Infeliz, desventurado. A<small>NT</small>. afortunado.

malhechor, ra. adj. y s. Que comete delitos de forma habitual. S<small>IN</small>. delincuente, maleante.

malhumorado, da. adj. Que está de mal humor, o que lo tiene habitualmente. S<small>IN</small>. cascarrabias, gruñón.

malicia. f. **1** Mala intención, maldad. **2** Tendencia a pensar mal de los demás. **3** Picardía. | pl. **4** Sospecha o recelo. A<small>NT</small>. 1 bondad 3 ingenuidad 4 confianza.

maliciar. tr. y prnl. Recelar, sospechar. S<small>IN</small>. desconfiar.

maligno, na. adj. **1** Propenso a pensar u obrar mal. También s. **2** Perjudicial: *su influencia es maligna.* **3** Se dice de la lesión o enfermedad que evoluciona de modo desfavorable y especialmente de los tumores cancerosos. | m. **4** Con mayúscula, el demonio. S<small>IN</small>. 1 malvado 2 nocivo, dañino □ A<small>NT</small>. 1 bueno 2 beneficioso 3 benigno.

malla. f. **1** Tejido de pequeños anillos o eslabones de hierro o de otro metal, enlazados entre sí. **2** Cada uno de los cuadriláteros que constituyen el tejido de la red. **3** P. ext., tejido semejante al de la malla de la red. **4** Traje de punto muy fino que, ajustado al cuerpo, usan los artistas de circo, bailarines y gimnastas. **5** Especie de pantalón de lana, punto, etc., muy ajustado a la pierna.

mallorquín, na. adj. y s. **1** De Mallorca. | m. **2** Variedad de la lengua catalana que se habla en Mallorca.

malmeter. tr. **1** Enemistar a dos o más personas entre sí. **2** Inducir a uno a hacer algo malo. S<small>IN</small>. 1 malquistar, indisponer 2 pervertir.

malnacido, da. adj. y s. Se dice de la persona despreciable. S<small>IN</small>. indeseable.

malo, la. adj. **1** Que carece de bondad. También s. **2** Que se opone a la razón o a la moralidad. **3** Que lleva mala vida o tiene malas costumbres. También s. **4** Travieso, enredador. **5** Nocivo para la salud: *fumar es malo.* **6** Enfermo: *no fui a clase porque estaba malo.* **7** Deteriorado, estropeado. **8** De poca calidad. **9** De poca utilidad, efectividad o habilidad: *tengo mala cabeza para los números.* **10** Difícil o que presenta dificultades. **11** Desagradable, molesto, desapacible: *¡qué rato tan malo he pasado!* **12** Equivocado o con consecuencias desagradables: *una mala decisión.* **13** Que no gusta o no satisface. | interj. **14** Expresa desaprobación, desconfianza o contrariedad: *estás demasiado callada, ¡malo!*

malograr. tr. **1** Estropear o no aprovechar algo. | **malograrse.** prnl. **2** Frustrarse lo que se pretendía conseguir: *sus planes se malograron.* **3** No alcanzar el desarrollo esperado. A<small>NT</small>. 2 y 3 lograr.

maloliente. adj. Que huele mal.

malparado, da. adj. Perjudicado en cualquier aspecto: *salió malparado de aquella operación de bolsa.* A<small>NT</small>. indemne.

malqueda. com. Persona que no cumple sus promesas o falta a su deber. S<small>IN</small>. informal □ A<small>NT</small>. cumplidor.

malquerencia. f. Mala voluntad a determinada persona o cosa. S<small>IN</small>. ojeriza, antipatía, tirria, manía □ A<small>NT</small>. simpatía.

malquistar. tr. y prnl. Enemistar.

malsano, na. adj. **1** Perjudicial para la salud: *un clima malsano.* **2** Que parece enfermo, física o mentalmente: *un deseo malsano.* S<small>IN</small>. 1 insalubre, insano 2 morboso, enfermizo.

malsonante. adj. **1** Que suena mal. **2** Se dice de la palabra o expresión grosera.

malta. f. Grano de cereal, generalmente cebada, germinado artificialmente y después tostado, que se emplea en la fabricación de bebidas alcohólicas, como la cerveza o el güisqui, o como sucedáneo del café.

maltés, sa. adj. y s. De Malta.

maltosa. f. Azúcar producido por la descomposición del almidón mediante la diastasa, tanto en los procesos fisiológicos animales como vegetales. Se encuentra en gran proporción en la malta.

maltraer. tr. **1** Maltratar, destruir, mortificar. **2 llevar** o **traer** a uno **a maltraer.** loc. Molestarlo, importunarlo. || **Irreg.** Se conj. como *traer.*

maltratar. tr. y prnl. Dar un mal trato, dañar, estropear: *unos gamberros maltrataron al perro.* A<small>NT</small>. mimar.

maltrecho, cha. adj. Dañado, estropeado, perjudicado. S<small>IN</small>. malparado □ A<small>NT</small>. indemne.

maltusianismo. m. **1** Doctrina expuesta por T. R. Malthus que recomienda el control de la natalidad como medio de adecuar la población a los recursos existentes y evitar el empobrecimiento de los pueblos.

malva. adj. y m. **1** De color morado tirando a rosa. | f. **2** Planta dicotiledónea cuyas hojas, de color verde intenso, y flores, de color violeta, tienen usos medicinales. **3 como una malva.** loc. Aplicado a personas, bondadoso, apacible, dócil.

malváceo, a. adj. y f. **1** Se dice de plantas dicotiledóneas, hierbas, matas y a veces árboles, flores por lo común muy vistosas y entre las cuales se cuentan la malva y el algodonero. | f. pl. **2** Familia de estas plantas.

malvado, da. adj. y s. Que actúa con maldad.

malvasía. f. **1** Variedad de uva mediterránea de granos grandes, dulces y perfumados. **2** Vino que se hace con esta uva.

malvavisco. m. Planta herbácea malvácea, de tallo y hojas aterciopelados y flores de color rosáceo.

malvender. tr. Vender a bajo precio, con poca o ninguna ganancia. **Sin.** malbaratar.

malversación. f. Acción de malversar.

malversar. tr. Invertir o gastar indebidamente fondos ajenos.

malvivir. intr. Vivir mal, con estrechez o penalidades.

mama. f. **1** Teta de las hembras de los mamíferos. **2** Popularmente, madre.

mamá. f. Madre.

mamado, da. adj. y s. vulg. Ebrio, borracho.

mamar. tr. **1** Chupar la leche de los pechos. **2** Aprender algo en la infancia: *mamó el amor a los libros.* | **mamarse.** prnl. **3** vulg. Emborracharse.

mamarracho. m. Persona de aspecto o comportamiento ridículo y extravagante. **Sin.** fantoche, adefesio.

mambo. m. Baile cubano que combina elementos del jazz y ritmos e instrumentos afrocubanos.

mameluco, ca. adj. y s. **1** Antiguo soldado de Egipto. **2** Se dice de la persona necia y boba.

mamey. m. **1** Árbol americano de hojas perennes y fruto casi redondo, aromático. **2** Árbol americano de hojas caducas y fruto ovoide de pulpa roja y dulce. **3** Fruto de cualquiera de estos dos árboles.

mamífero. adj. y m. **1** Se dice de los animales vertebrados, de sangre caliente, vivíparos y cuyas hembras alimentan a sus crías con la leche de sus mamas. | m. pl. **2** Clase de estos animales.

mamila. f. **1** Parte principal de la teta de la hembra, exceptuando el pezón. **2** Tetilla en el hombre.

mamografía. f. Radiografía de la mama o teta.

mamón, na. adj. y s. **1** Que todavía está mamando. **2** Que mama mucho, o más tiempo del normal. **3** vulg. Despreciable, indeseable.

mamotreto. m. **1** Libro o legajo muy voluminoso. **2** Objeto grande y difícil de manejar: *este mueble es un mamotreto.* **Sin.** 1 tocho 2 armatoste, testaferro.

mampara. f. Bastidor de madera, cristal, etc., para dividir una habitación o para aislar parte de la misma.

mamporro. m. Golpe, coscorrón, puñetazo.

mampostería. f. Obra hecha con piedras desiguales unidas con argamasa sin un orden establecido.

mamut. m. Especie de elefante de gran tamaño y cubierto de pelo que vivió en el pleistoceno.

maná. m. **1** Alimento que, según la Biblia, envió Dios a los israelitas en el desierto. **2** Sustancia de sabor a miel que secretan ciertos vegetales.

manada. f. **1** Grupo de animales, domésticos o salvajes, de una misma especie: *manada de cabras; manada de lobos.* **2** Grupo de gente. **Sin.** 1 rebaño, jauría.

manager. (voz ingl.) com. **1** Gerente, administrador de empresas. **2** Representante, apoderado de un artista. **3** Entrenador, preparador de un deportista.

manantial. adj. **1** Se dice del agua que mana. | m. **2** Nacimiento de las aguas. **3** Origen y fundamento de una cosa. **Sin.** 1 manante 2 venero 2 y 3 fuente.

manar. intr. **1** Brotar de una parte un líquido. También tr. **2** Abundar algo: *le manaban las ofertas.*

manatí. m. Mamífero acuático de cuello corto y cuerpo grueso, cuyas extremidades superiores tienen forma de aletas terminadas por manos, y las inferiores forman la aleta caudal. || pl. *manatíes* o *manatís.*

manazas. com. y adj. Persona torpe, desmañada. || No varía en pl. **Ant.** manitas.

mancebía. f. Casa pública de prostitución. **Sin.** prostíbulo, lupanar, burdel.

mancebo, ba. adj. y m. y f. **1** Chico joven. **2** Dependiente de poca categoría, sobre todo el de una farmacia.

mancha. f. **1** Marca que ensucia o estropea algo. **2** Parte de alguna cosa con distinto color del general o dominante en ella: *un perro blanco con manchas negras.* **3** Deshonra, desdoro. **Sin.** 1 lámpara 3 mancilla, tacha.

manchar. tr. y prnl. **1** Poner sucia una cosa con manchas. **2** Dañar la buena fama de una persona, familia o linaje. **Sin.** 1 ensuciar, emporcar 2 mancillar, deshonrar □ **Ant.** 1 limpiar.

manchego, ga. adj. y s. De La Mancha, región central de España.

manchú. adj. y com. De Manchuria. || pl. *manchúes* o *manchús.*

mancillar. tr. y prnl. Dañar la reputación de algo o alguien. **Sin.** deshonrar.

manco, ca. adj. **1** Sin brazo o mano, o que no puede usarlos. También s.: *el Manco de Lepanto.* **2**

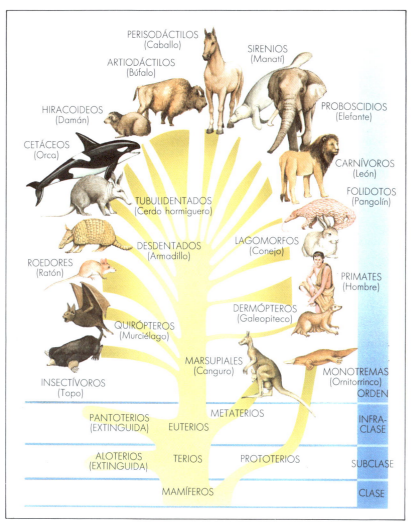

Defectuoso, falto de algo necesario. **3 no ser** uno **manco.** loc. Ser hábil. **Sin.** 2 cojo.

mancomunar. tr. **1** Unir personas, fuerzas o caudales para un fin. También prnl.: *los vecinos decidieron mancomunarse para restaurar el edificio*. **2** Obligar a dos o más personas a que paguen o ejecuten una cosa de forma conjunta, entre todas y por partes.

mancomunidad. f. **1** Acción de mancomunar. **2** Corporación y entidad legalmente constituidas por agrupación de municipios o provincias.

mandamás. com. Persona con mando. || No varía en pl.

mandamiento. m. **1** Precepto u orden de un superior a un inferior. **2** Cada uno de los preceptos del Decálogo y de la Iglesia católica. **3** Orden judicial por escrito, mandando ejecutar alguna cosa.

mandanga. f. **1** Tranquilidad excesiva: *con esa mandanga no terminarás nunca.* **2** Marihuana. | pl. **3** Tonterías, cuentos: *No me vengas con mandangas.* **Sin.** 1 flema, indolencia, pachorra 3 pamplinas, pejigueras.

mandar. tr. **1** Ordenar algo: *le mandó salir de la sala.* **2** Enviar: *te mandaré la lista por correo.* **3** Encargar. | intr. y tr. **4** Gobernar, tener el mando: *el comandante mandaba la tropa.* **Sin.** 1 conminar 2 expedir 3 comisionar 4 dirigir ☐ **Ant.** 1 y 4 obedecer 2 recibir.

mandarín. m. **1** En China, alto funcionario. **2** Dialecto chino del grupo chino-tibetano que constituye la lengua oficial de la R. P. China.

mandarina. f. Fruto del mandarino, especie de naranja pequeña y dulce, cuya piel se arranca fácilmente.

mandarino. m. Árbol originario de Asia, de hoja perenne y flores blancas muy olorosas, y cuyo fruto es la mandarina.

mandatario. m. **1** Jefe, gobernante. **2 primer mandatario.** Jefe de Estado.

mandato. m. **1** Orden. **2** Contrato por el que una persona confía a otra una gestión. **3** Soberanía temporal ejercida por un país en un territorio en nombre de la Sociedad de Naciones y que la ONU ha sustituido por la *tutela.* **4** Encargo o representación que por la elección se confiere a los diputados, concejales, etc. **5** Tiempo que dura.

mandíbula. f. **1** Cada una de las dos piezas, óseas o cartilaginosas, en las que están implantados los dientes. **2** Cada una de las dos piezas duras, quitinosas, que tienen en la boca los insectos masticadores. **Sin.** 1 maxilar, quijada.

mandil. m. Delantal.

mandinga. adj. y com. **1** Se dice de un grupo étnico negro de Sudán Occidental. | m. **2** Lengua del grupo nigeriano-senegalés hablada por este grupo étnico. **3** *amer.* Nombre del diablo en el lenguaje de los campesinos. **4** *amer.* Muchacho travieso.

mandioca. f. Arbusto americano de cuya raíz se extrae la tapioca, muy usada en alimentación.

mando. m. **1** Autoridad y poder que tiene el superior sobre sus súbditos. **2** Tiempo que dura este poder. **3** Personas que lo detentan. **4** Cualquier dispositivo que actúa sobre un mecanismo para iniciar, suspender o regular su funcionamiento: *los mandos de un avión.*

mandoble. m. **1** Bofetada. **2** Golpe dado esgrimiendo la espada con ambas manos. **3** Espada grande.

mandolina. f. Instrumento de cuerda de cuerpo curvado, como el laúd, pero más pequeño.

mandón, na. adj. y s. Se apl. a la persona dominante, que manda demasiado.

mandrágora. f. Planta herbácea de raíz gruesa y bifurcada, sin tallo y con hojas grandes que se ha usado en medicina como narcótico, y a la que incluso se le han atribuido propiedades mágicas.

mandria. adj. y com. **1** Cobarde. **2** Tonto, bobo. **Sin.** 1 pusilánime 2 mentecato.

mandril. m. Mono africano de hocico alargado y nariz roja rodeada de pliegues azules.

manducar. tr. e intr. Comer. **Sin.** jamar, papear.

manecilla. f. **1** Agujita que señala los números o divisiones de diversos instrumentos de medición: *las manecillas del reloj.* **2** Broche con que se cierran algunas cosas.

manejar. tr. **1** Usar o traer entre las manos una cosa: *manejar el volante.* **2** Servirse de cualquier cosa, utilizarla: *maneja grandes sumas de dinero.* **3** Gobernar, dirigir. **4** *amer.* Conducir un vehículo. | **manejarse.** prnl. **5** Moverse, adquirir agilidad y desenvoltura: *se maneja bien en los negocios.*

manejo. m. **1** Acción de manejar o manejarse. **2** Enredo, intriga: *estos son manejos suyos.* **Sin.** 1 uso, empleo 2 treta, maquinación.

manera. f. **1** Modo, forma de hacer algo. | pl. **2** Modales: *¿qué maneras de comportarse son esas?* **Sin.** 1 método, procedimiento.

manga. f. **1** Parte de una prenda que cubre el

Mandril

brazo. **2** Manguera. **3** Tela dispuesta en forma cónica que sirve para colar líquidos. **4** Utensilio de tela, de forma cónica, provista de una boquilla que se usa en repostería: *manga pastelera*. **5** En algunos deportes, una de las pruebas que se ha convenido jugar. **6** Anchura mayor de un buque. **7 manga ancha.** Excesiva tolerancia.

manganeso. f. Elemento químico; es un metal de brillo acerado, duro y quebradizo, oxidable, muy abundante en la naturaleza; se emplea en la fabricación del acero. Su símbolo es *Mn*.

mangante. adj. y com. **1** Ladrón, pillo. **2** Sinvergüenza, persona que vive aprovechándose de los demás.

mangar. tr. Hurtar, robar.

manglar. m. En el trópico, terreno que se deseca periódicamente según las mareas y en el que crecen árboles que viven en el agua salada.

mangle. m. Arbusto propio de las zonas costeras tropicales, que vive en las aguas saladas.

mango. m. Parte alargada por donde se cogen algunos utensilios: *el mango del martillo*.

mango. m. **1** Árbol originario de la India que produce un fruto oval, amarillo, aromático y de sabor agradable. **2** Fruto de este árbol.

mangonear. intr. **1** Entremeterse en algo. **2** Dominar, dirigir a alguien. **Sin.** 1 inmiscuirse.

mangosta. f. Cuadrúpedo carnívo de unos 40 cm de longitud, con el pelaje ceniciento o rojizo; se alimenta de serpientes.

manguera. f. Tubo largo y flexible que se adapta a las bombas o bocas de riego.

mangui. m. **1** Ladrón, ratero. **2** Actividad a la que se dedica. **Sin.** 2 robo.

manguito. m. **1** Rollo de piel con que se abrigaban las manos las mujeres. **2** Manga sobrepuesta para preservar la ropa. **3** Tubo para empalmar dos piezas cilíndricas iguales.

manguzada. f. Bofetada, sopapo.

maní. m. Cacahuete, planta y frutos.

manía. f. **1** Preocupación fija y obsesiva por algo determinado: *tiene la manía de la puntualidad*. **2** Capricho: *su nueva manía es coleccionar chapas*. **3** Odio, ojeriza. **4** Desequilibrio mental caracterizado por una fuerte excitación. **5 manía persecutoria.** Preocupación obsesiva de quien cree que es víctima de la persecución o el mal trato de alguien. **Sin.** 1 obsesión 2 antojo, pasión 3 tirria 4 psicosis 5 paranoia.

maníaco, ca o **maníaco, ca.** adj. y s. Que padece manía, trastorno mental. **Sin.** psicópata, obseso.

maniatar. tr. Atar las manos.

maniático, ca. adj. y s. Que tiene manías.

manicomio. m. Centro para enfermos mentales. **Sin.** psiquiátrico.

manicuro, ra. m. y f. **1** Persona que arregla y cuida las manos. | f. **2** Ese arreglo y cuidado.

manido, da. adj. **1** Vulgar, nada original: *un tema manido*. **2** Muy usado, tratado, manoseado. **Ant.** 1 original 2 nuevo.

manierismo. m. En arte, estilo que surgió en Italia h. 1520, caracterizado por el rechazo al clasicismo y a la rigidez de sus normas y por la utilización libre de las formas, llegando incluso a deformar la realidad.

manifestación. f. **1** Acción de manifestar o manifestarse. **2** Reunión pública de gente que desfila para dar su opinión o reivindicar algo.

manifestar. tr. y prnl. **1** Declarar, decir: *manifestó su indignación*. **2** Poner al descubierto: *su timidez se manifestaba en todos sus gestos*. | **manifestarse.** prnl. **3** Tomar parte en una manifestación: *los vecinos se manifestaron contra la subida del agua*. || **Irreg.** Se conj. como *acertar*.

manifiesto, ta. adj. **1** Claro, evidente: *un error manifiesto*. | m. **2** Escrito en que se hace pública declaración de doctrinas o propósitos de interés general: *el manifiesto surrealista*. **3 poner de manifiesto** una cosa. loc. Manifestarla, exponerla al público. **Ant.** 1 oculto.

manija. f. Mango o manivela de ciertos utensilios y herramientas. **Sin.** agarradera, manubrio.

manilla. f. **1** Mango, puño, mecanismo para abrir puertas o manejar herramientas. **2** Manecilla del reloj. **3** Anillo metálico que sirve para aprisionar las muñecas.

manillar. m. Pieza de la bicicleta encorvada por sus extremos, en la que se apoyan las manos al cambiar de dirección.

maniobra. f. **1** Cualquier operación material que se ejecuta con las manos. **2** Manejo, intriga: *una maniobra de desprestigio*. **3** Conjunto de operaciones para dirigir un vehículo: *maniobra de adelantamiento*. | pl. **4** Simulacro de operaciones militares.

maniobrar. intr. Hacer maniobras.

manipular. tr. **1** Manejar objetos delicados o de precisión. También intr. **2** Controlar sutilmente a un grupo de personas, o a la sociedad, impidiendo que sus opiniones y actuaciones se desarrollen natural y libremente: *ese periódico manipula la opinión pública*.

maniqueísmo. m. **1** Doctrina fundada por el filósofo persa Manes que se basa en la existencia de dos principios eternos, absolutos y contrarios, el bien y el mal. **2** P. ext., cualquier actitud que mantiene posturas extremas, sin puntos intermedios.

maniquí. m. **1** Armazón en forma de cuerpo humano, que se usa para probar, arreglar o exhibir prendas de ropa. | com. **2** Persona que exhibe en público las nuevas modas de vestir. || pl.: *maniquíes* o *maniquís*. **Sin.** 2 modelo.

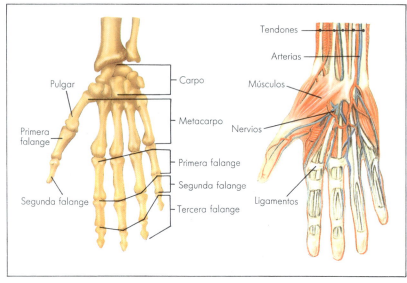

Anatomía de la mano

manirroto, ta. adj. y s. Que gasta demasiado dinero. **Sin.** derrochador.

manitas. com. y adj. **1** Persona habilidosa. **2 hacer manitas.** loc. Acariciarse las manos con disimulo las parejas. || No varía en pl. **Ant.** 1 manazas.

manivela. f. Palanca doblada en ángulo recto que, unida a un eje, sirve para accionar un mecanismo.

manjar. m. Cualquier alimento, y especialmente el exquisito.

mano. f. **1** Extremidad del cuerpo humano que va desde la muñeca hasta la punta de los dedos. **2** Extremidad de algunos animales. **3** Habilidad: *tiene buena mano para la cocina.* **4** Cada uno de los lados en que se sitúa una cosa con respecto a otra: *tuerce a mano izquierda.* **5** Capa de pintura, barniz. **6** Poder, influencia o facultad para hacer algo: *haré todo lo que esté en mi mano.* | pl. **7** Gente para trabajar: *en esta empresa faltan manos.* **8 mano de obra.** Conjunto de obreros y precio que se paga por este trabajo. **9 mano derecha.** Persona indispensable o muy útil para alguien. **10 mano de santo.** Remedio muy rápido y eficaz. **11 mano dura.** Severidad o exigencia en el trato. **12 mano izquierda.** Habilidad o tacto para resolver los asuntos. **13 a mano.** loc. adv. Cerca, cercano, próximo: *dame el libro si lo tienes a mano.* **14 abrir la mano.** loc. adv. Adoptar una actitud menos exigente: *el tribunal abrió la mano.* **15 de segunda mano.** loc. adj. Usado. **16 echar una mano.** Ayudar. **17 meter mano** a algo. loc. Abordarlo, investigarlo: *tendremos que meter mano a esos informes.* **18 meter mano** a alguien. loc. Sobar, tocar con intención sexual.

manojo. m. Haz que se puede coger con la mano.

manoletina. f. **1** Pase de muleta de frente sujetando la muleta por detrás de la espalda. **2** Tipo de zapato plano y flexible parecido a las zapatillas de los toreros. **Sin.** 2 bailarina.

manolo, la. m. y f. Persona que vivía en algunos de los barrios populares de Madrid y que se caracterizaba por su forma de vestir y por su gracia.

manómetro. m. Instrumento para medir la presión de los líquidos y gases.

manopla. f. Guante sin separaciones para los dedos, sólo para el pulgar.

manosear. tr. Tocar repetidamente una cosa con las manos. **Sin.** sobar, toquetear.

manotada o **manotazo.** f. o m. Golpe que se da con la mano abierta. **Sin.** tortazo, guantazo.

manotear. tr. **1** Dar golpes con las manos. | intr. **2** Mover las manos para dar énfasis a lo que se dice.

mansalva (a). loc. adv. En gran cantidad: *sobre el árbitro llovieron insultos a mansalva.*

mansedumbre. f. Cualidad de manso.

mansión. f. Casa grande y señorial.

manso, sa. adj. **1** De naturaleza apacible y tranquila. **2** Se apl. a los animales que no son bravos: *un toro manso.* **3** Sosegado, tranquilo: *aguas mansas.* | m. **4** Res que guía un rebaño de ganado, especialmente el bravo. **Sin.** 1 afable 2 dócil, amaestrado 3 apacible 4 cabestro ☐ **Ant.** 1 y 3 inquieto 2 bravío, salvaje.

manta. f. **1** Pieza rectangular de tejido grueso para abrigarse en la cama. | com. **2** Persona torpe: *es un manta al volante.* **3 a manta.** loc. adv. Con mucha abundancia: *hubo suspensos a manta.* **4 tirar de la manta.** Descubrir lo que se quería mantener oculto. **Sin.** 1 frazada.

mantear. tr. Hacer saltar a uno en una manta, de cuyas esquinas tiran varias personas.

manteca. f. **1** Grasa del cerdo y de otros animales. **2** Sustancia que se elabora a partir de ella. **3** Sustancia grasa de la leche. **4** Las grasas consistentes de algunos frutos, como la del cacao.

mantecado, da. m. y f. **1** Bollo de manteca de cerdo. | m. **2** Helado con azúcar. **3** Polvorón.

mantel. m. **1** Pieza de tela que cubre la mesa para comer. **2** Lienzo mayor con que se cubre la mesa del altar.

mantelería. f. Juego de mantel y servilletas.

mantener. tr. **1** Proveer a uno del alimento necesario. También prnl. **2** Conservar una cosa en su ser o estado: *estos guantes mantendrán tus manos calientes.* **3** Sostener una cosa para que no caiga o se tuerza: *mantén sujeta la escalera mientras subo.* **4** Defender una opinión: *mantengo que esa teoría está equivocada.* **5** Proseguir o realizar algo durante cierto tiempo: *mantuvieron una estrecha amistad.* | **mantenerse.** prnl. **6** Perseverar, no variar de estado o resolución. || **Irreg.** Se conj. como *tener.*

manteo. m. **1** Capa larga que usaban los eclesiásticos sobre la sotana. **2** Falda de paño que usaron las mujeres.

mantequería. f. Tienda donde se venden productos lácteos, fiambres, y otros semejantes.

mantequilla. f. Sustancia obtenida de la nata de la leche.

mantilla. f. **1** Prenda de seda o de encaje con la que las mujeres se cubren la cabeza y los hombros. **2** Pieza de tejido con que se abriga y envuelve a los niños. **3 estar** algo **en mantillas.** loc. Estar en sus comienzos.

mantillo. m. **1** Capa superior del suelo, formada por la descomposición de materias orgánicas. **2** Abono que resulta de la fermentación y putrefacción del estiércol.

mantis. f. Insecto ortóptero carnívoro de color amarillo o verdoso que, en reposo, mantiene sus patas anteriores erguidas y juntas, como si estuviera rezando. Se llama también *mantis religiosa* o *santateresa.* || No varía en pl.

manto. m. **1** Capa que cubre desde la cabeza o los hombros hasta los pies. **2** Lo que encubre y oculta una cosa: *un manto de niebla cubría la torre.* **3** Capa del globo terrestre situada entre la corteza y el núcleo. **4** Capa poco espesa de mineral que yace casi horizontalmente.

mantón. m. Pañuelo grande con flecos que se echan sobre los hombros las mujeres.

manual. adj. **1** Que se hace con las manos: *trabajos manuales.* **2** Se dice de quien trabaja con las manos: *operario manual.* | m. **3** Libro que recoge lo esencial o básico de una materia.

manualidad. f. **1** Trabajo llevado a cabo con las manos. Más en pl. | pl. **2** Trabajos manuales de los escolares.

manubrio. m. **1** Manivela. **2** *amer.* Manillar de la bicicleta.

manuelino, na. adj. Se dice del estilo, y principalmente del arquitectónico, que se desarrolló en Portugal entre finales del s. xv y principios del xvi.

manufactura. f. Establecimiento, fabricación o producto industrial.

manumitir. tr. Dar libertad al esclavo. || Doble part.: *manumitido* (reg.), *manumiso* (irreg.).

manuscrito, ta. adj. **1** Escrito a mano: *una nota manuscrita.* | m. **2** Papel o libro escrito a mano, particularmente el antiguo. **3** Ejemplar original de un libro.

manutención. f. Acción de mantener o mantenerse. **Sin.** sustento, apoyo.

manzana. f. **1** Fruto del manzano. **2** En las poblaciones, conjunto aislado de varias casas contiguas. **Sin.** 1 poma 2 bloque.

manzanilla. f. **1** Planta herbácea compuesta con flores de pétalos blancos y centro amarillo con la que se prepara una infusión estomacal. **2** Esa infusión. **3**

Mantis religiosa

Vino blanco seco andaluz. **4** Aceituna verde pequeña. **Sin.** 1 camomila.

manzano. m. Árbol rosáceo con flores blancas o rosadas, cuyo fruto es la manzana.

maña. f. **1** Destreza. **2** Astucia. **3** Vicio o mala costumbre. Más en pl. **Sin.** 1 habilidad, maestría 2 sagacidad 3 resabio.

mañana. f. **1** Tiempo entre el amanecer y el mediodía. **2** Espacio de tiempo desde la medianoche hasta el mediodía. | m. **3** Tiempo futuro próximo: *¿qué nos deparará el mañana?* | adv. t. **4** En el día siguiente al de hoy. **5** En un tiempo futuro.

mañanita. f. **1** Prenda de punto o tela, que cubre los hombros. | pl. **2** Canción popular mexicana.

maño, ña. adj. y s. Aragonés.

mañoso, sa. adj. **1** Que tiene maña. **2** Que se hace con maña. **Sin.** 1 diestro, hábil, habilidoso.

maoísmo. m. Ideología política derivada de las doctrinas de Mao Tse-tung que aplica la teoría marxista-leninista a la situación especial de China.

maorí. adj. y com. **1** Se dice del habitante de raza polinésica de las dos islas de Nueva Zelanda. | m. **2** Lengua hablada por ellos, de la familia malayo-polinesia. || pl. *maoríes* o *maorís.*

mapa. m. Representación geográfica de la Tierra o de parte de ella en una superficie plana.

mapache. m. Mamífero carnívoro de América del Norte parecido al tejón.

mapuche. adj. y com. Araucano.

mapamundi. m. Mapa de la Tierra dividida en dos hemisferios.

maqueta. f. **1** Modelo plástico en tamaño reducido de algo. **2** Modelo con papel en blanco para apreciar de antemano el volumen, formato y encuadernación de un libro.

maquiavelismo. m. **1** Doctrina política de Maquiavelo basada en la preeminencia de la razón de Estado sobre cualquier otra de carácter moral. **2** Modo de proceder con perfidia y falta de escrúpulos.

maquila. f. Porción de grano, harina o aceite que corresponde al molinero por la molienda.

maquillaje. m. **1** Acción de maquillar o maquillarse. **2** Sustancia cremosa para dar color al rostro.

maquillar. tr. **1** Aplicar cosméticos en el rostro para embellecerlo o caracterizarlo. También prnl. **2** Encubrir, falsificar: *el gobierno maquilló el escándalo.*

máquina. f. **1** Conjunto de mecanismos dispuestos para producir, aprovechar o regular una energía motriz. **2** Locomotora. **3** Tramoya del teatro para las transformaciones de la escena. **4 a toda máquina.** loc. adv. Muy deprisa, a toda velocidad.

maquinación. f. Plan urdido para conseguir algún propósito, generalmente sirviéndose de medios poco honestos.

maquinar. tr. Tramar algo, generalmente con malas intenciones. **Sin.** conspirar, intrigar.

maquinaria. f. **1** Conjunto de máquinas: *maquinaria textil.* **2** Mecanismo que da movimiento a algo: *la maquinaria de un reloj.*

maquinista. com. **1** Persona que maneja una máquina, especialmente el conductor de una locomotora. **2** Ayudante del operador de cámara de cine.

maquis. com. **1** Persona que vive refugiada en los montes en rebeldía y oposición armada al sistema político establecido. | m. **2** Organización de esta oposición. || No varía en pl.

mar. amb. **1** Masa de agua salada que cubre gran parte de la superficie terrestre. **2** Denominación de algunas porciones de esa masa, de menor extensión que los océanos: *el mar de los Sargazos.* **3** Nombre que reciben algunos lagos grandes: *el mar Muerto.* **4** Abundancia de algo: *nadaba en un mar de dudas.*

marabú. m. **1** Ave zancuda semejante a la cigüeña, de plumaje blanco y muy fino debajo de las alas. **2** Plumas blancas de esta ave. **3** Adorno hecho con ellas. || pl. *marabúes* o *marabús.*

maraca. f. Instrumento musical de percusión que consiste en una calabaza con granos de maíz o chinas en su interior. Actualmente se hace también de metal o plástico. Más en pl.

maragato, ta. adj. **1** Natural de la Maragatería. También s. **2** Perteneciente a esta comarca de León.

maraña. f. **1** Enredo de hilos o del cabello. **2** Situación o asunto intrincado o de difícil solución. **3** Lugar cubierto de maleza. **Sin.** 1 enredijo 2 lío.

maratón. m. **1** Carrera pedestre olímpica de 42,195 km. **2** P. ext., designa cualquier otra competición de resistencia. **3** Actividad dura y prolongada.

maravedí. m. Antigua moneda española. || pl. *maravedís, maravedíes* o *maravedises.*

maravilla. f. **1** Suceso o cosa que causa admiración. **2** Acción de maravillarse o admirarse. **3** Planta herbácea, de flores anaranjadas, cuyo cocimiento se usaba como antiespasmódico. **4 a las mil maravillas** o **de maravilla.** loc. adv. Muy bien, perfectamente. **5 hacer maravillas.** loc. Hacer algo con pocos medios: *tengo que hacer maravillas con mi sueldo.* **Sin.** 2 asombro.

maravillar. tr. y prnl. Asombrar, admirar: *su desvergüenza les maravilló.*

marbete. m. **1** Rótulo que se pega a mercancías u objetos donde va escrita la marca, el fabricante, el contenido, el precio, etc. **2** Etiqueta que se pega en los bultos de equipaje con el punto de destino y el número del registro. **3** Orilla, perfil. **Sin.** 3 filete.

marca. f. **1** Señal que se hace en una persona, animal o cosa, para distinguirla de otra. **2** Signo externo reconocido legalmente que certifica la autenticidad de un producto. **3** Provincia, distrito fronterizo. **4** Resultado técnico obtenido por un deportista: *ha batido la marca mundial.* **5** Acción de marcar. **6 de marca mayor.** loc. adj. Excesivo en su línea, que sobrepasa lo común: *es un embustero de marca mayor.* **Sin.** 1 signo, distintivo 4 récord.

marcador, ra. adj. y s. **1** Que marca. | m. **2** Tablero que señala el resultado de un juego o competición.

marcaje. m. Acción de marcar a un jugador del equipo contrario.

marcapasos. m. Aparato electrónico mediante el cual se regulan los latidos del corazón. ‖ No varía en pl.

marcar. tr. **1** Señalar con signos distintivos: *he marcado el anuncio con un círculo.* **2** Dejar algo una señal en algo o alguien. **3** Fijar, determinar: *marcar un plazo.* **4** Indicar un aparato cantidades o magnitudes. **5** Poner la indicación del precio en las mercancías: *esta falda está marcada en 5.000 pesetas.* **6** Destacar o poner de relieve algo. **7** Señalar en el disco de un teléfono los números deseados para comunicar con otro. **8** En el fútbol y otros deportes, conseguir tantos metiendo la pelota en la meta contraria; o vigilar estrechamente a un contrario, presionándolo.

marcha. f. **1** Acción de marchar o marcharse: *reemprendimos la marcha. A su marcha, todo cambió.* **2** Funcionamiento, actividad. **3** Velocidad, celeridad: *hay que imprimir más marcha al trabajo.* **4** Composición musical que acompaña a los desfiles militares. **5** En el cambio de velocidad, cualquiera de las posiciones motrices. **6** Euforia individual o colectiva: *un concierto con mucha marcha.* **7** P. ext., juerga, diversión. **8** Prueba deportiva en la que los participantes deben andar a mucha velocidad manteniendo siempre un pie en contacto con el suelo. **9 a marchas forzadas.** loc. adv. Con urgencia, sin detenerse. **10 dar marcha atrás.** loc. Desistir de un empeño. **11 poner en marcha.** Hacer que algo empiece a funcionar: *poner en marcha un proyecto.* **12 sobre la marcha.** Deprisa. **13** A medida que se va haciendo alguna cosa. **Ant.** 1 parada, inmovilidad.

marchamo. m. **1** Estilo especial que caracteriza algo: *esta novela lleva su marchamo.* **2** Marca de reconocimiento que se pone a ciertos productos. **3** Marca que los aduaneros ponen en las mercancías. **Sin.** 2 marbete.

marchante, ta. m. y f. Persona que comercia con cuadros u obras de arte.

marchar. intr. **1** Caminar, andar. **2** Ir a un lugar o abandonar un lugar. También prnl.: *tuvo que marcharse a toda prisa.* **3** Funcionar: *este reloj no marcha bien.* **4** Progresar, desarrollar. **5** Andar en formación. **Sin.** 2 desplazarse.

marchitar. tr. y prnl. **1** Ajar, deslucir, secar. **2** Quitar el vigor: *la enfermedad le marchitó.* **Ant.** 1 florecer 2 fortalecer.

marcial. adj. **1** Militar: *ley marcial.* **2** Enérgico, rítmico: *paso marcial.*

marciano, na. adj. y s. **1** De Marte. | m. y f. **2** Habitante imaginario de este planeta, y p. ext., extraterrestre. **Sin.** 2 alienígena.

marco. m. **1** Cerco, armadura que rodea algo. **2** Conjunto de circunstancias, ámbito: *el marco de unas negociaciones.* **3** Moneda alemana y finlandesa.

marea. f. Movimiento periódico de ascenso y descenso de las aguas del mar en las costas por influjo de las atracciones combinadas del Sol y la Luna.

marear. tr. **1** Causar mareo. También prnl. **2** Enfadar, molestar. También intr.: *no me marees más.* | **marearse.** prnl. **3** Padecer mareo. **Sin.** 2 incordiar, fastidiar.

marejada. f. **1** Movimiento agitado de las olas del mar. **2** Signos de irritación de un grupo de personas que suele preceder al alboroto.

maremagno o **mare mágnum.** m. **1** Confusión, revoltijo. **2** Multitud.

maremoto. m. Agitación violenta de las aguas del mar causada por un seísmo en el lecho submarino.

marengo. adj. Se dice del color gris muy oscuro.

mareo. m. **1** Malestar que se manifiesta con náuseas, pérdida del equilibrio y, en algunos casos, pérdida momentánea de la consciencia. **2** Ajetreo, aturdimiento. **Sin.** 1 vahído.

marfil. m. **1** Materia dura y blanca recubierta de esmalte que forma los dientes de los mamíferos y los colmillos de los elefantes. **2** Color de esta materia. También adj.

marga. f. Roca compuesta de carbonato de cal y arcilla, que se emplea como abono en tierras de cultivo y como regulador de la acidez del suelo.

margarina. f. Sucedáneo de la mantequilla fabricada con grasas vegetales y animales.

margarita. f. **1** Planta con flores de centro amarillo y pétalos blancos. **2** Flor de esta planta. **3** Perla de los moluscos. **4** Molusco gasterópodo marino con concha ovalada. **5** Disco bordeado de signos que utilizan para imprimir las máquinas de escribir, algunas impresoras, etc.

margen. amb. **1** Extremidad y orilla de una cosa: *la margen del río.* | m. **2** Espacio en blanco que queda a cada uno de los cuatro lados de una página manuscrita o impresa. **3** Tiempo con el que se cuenta para algo: *debemos entregarlo en un margen de quince días.* **4** Cuantía del beneficio que se puede obtener

marginal – mariquita

en un negocio. **5 al margen.** loc. adv. Apartado, que no participa o interviene en algo: *prefiero permanecer al margen de vuestras discusiones.* SIN. 1 borde 3 plazo.

marginal. adj. **1** Perteneciente al margen: *una nota marginal.* **2** Que está al margen. **3** Se dice del asunto, aspecto, etc., de importancia secundaria o escasa: *un detalle marginal.* **4** Se dice de las personas o de los grupos minoritarios que no están socialmente integrados y de lo relativo a ellos. SIN. 3 accesorio.

marginar. tr. **1** Dejar de lado algo o a alguien, o hacer caso omiso de él: *en la oficina marginan al nuevo.* **2** Poner o dejar a una persona o grupo en condiciones sociales de inferioridad. **3** Poner acotaciones al margen de un texto. **4** Hacer o dejar márgenes en un texto escrito.

margrave. m. Título de dignidad de algunos príncipes de Alemania.

maría. f. En argot, marihuana.

mariachi. m. **1** Música popular de Jalisco (México). **2** Orquesta popular mexicana que interpreta esta música. **3** Cada uno de los componentes de esta orquesta.

mariano, na. adj. Perteneciente a la Virgen María, y a su culto.

marica. m. **1** Hombre afeminado. **2** Homosexual masculino.

maricón, na. m. y f. vulg. Marica.

mariconera. f. Bolso de mano para hombres.

maridaje. m. **1** Enlace y armonía de los casados. **2** Unión, analogía o armonía con que varias cosas se enlazan o se corresponden entre sí: *en su poesía existe un maridaje de elementos cultos y populares.*

marido. m. Hombre casado con respecto a su mujer. SIN. esposo.

marihuana o **mariguana.** f. Droga que se obtiene del cáñamo índico, cuyas hojas, fumadas como el tabaco, producen efecto narcótico. SIN. maría.

marimacho. m. Mujer que por su corpulencia o acciones parece un hombre. SIN. virago.

marimba. f. **1** Tambor africano. **2** Xilófono americano.

marimorena. f. Riña, pendencia, camorra.

marina. f. **1** Parte de tierra junto al mar. **2** Cuadro o pintura que representa el mar. **3** Arte o profesión que enseña a navegar. **4** Conjunto de barcos y personal que sirven en la marina de guerra. SIN. 1 costa, litoral 3 náutica 4 flota, armada.

marinar. tr. Adobar o macerar el pescado para conservarlo.

marinero, ra. adj. **1** Relacionado con la marina o los marineros: *un nudo marinero.* **2** Se dice de la embarcación que navega con facilidad y seguridad en cualquier circunstancia: *un velero muy marinero.* | m. **3** Hombre de mar, que presta servicio en una embarcación. | f. **4** Blusa abotonada por delante y con cuello cuadrado por detrás que usan los marineros.

marino, na. adj. **1** Del mar: *brisa marina.* | m. **2** El que se ejercita en la náutica. **3** El que tiene un grado militar o profesional en la marina. SIN. 1 marítimo 2 navegante.

marioneta. f. **1** Títere que se mueve por medio de hilos. **2** Persona que se deja manejar dócilmente. | pl. **3** Teatro representado con marionetas. SIN. 2 pelele.

mariposa. f. **1** Insecto lepidóptero volador con dos pares de alas membranosas de colores vistosos. **2** Tuerca para ajustar tornillos. **3** Pájaro común en la isla de Cuba, de plumaje vistoso y agradable canto. **4** En natación, modalidad en que los brazos se proyectan a la vez hacia adelante y por encima del agua.

mariposear. intr. **1** Variar con frecuencia de aficiones y caprichos. **2** Ser inconstante en el trato con las personas. **3** Coquetear.

mariposón. m. **1** Persona que anda insistentemente en torno de alguien. **2** Persona inconstante en aficiones o amores. **3** Homosexual masculino. SIN. 1 moscón 2 veleta 3 marica.

mariquita. f. **1** Insecto coleóptero encarnado con manchitas negras, dos alas y antenas cortas. | m. **2** Hombre afeminado.

Metamorfosis de la mariposa

mariscada. f. Plato abundante de diversos mariscos.

mariscal. m. **1** El que antiguamente se ocupaba de aposentar la caballería. Pasó a ser un título de nobleza hereditario. **2 mariscal de campo.** Oficial general, llamado hoy general de división.

mariscar. tr. e intr. Coger mariscos.

marisco. m. Nombre que se aplica a ciertos animales marinos invertebrados, en especial los crustáceos y los moluscos comestibles.

marisma. f. Llanura húmeda próxima al mar.

marital. adj. Perteneciente al marido o a la vida conyugal: *vida marital.* **Sin.** conyugal.

marjal. m. Terreno bajo y pantanoso. **Sin.** marisma.

marketing. (voz ingl.) m. Conjunto de técnicas que a través de estudios de mercado intentan lograr el máximo beneficio en la venta de un producto. **Sin.** mercadotecnia.

marmita. f. Olla de metal.

mármol. m. **1** Roca metamórfica caliza o dolomítica, cristalina, de textura granulosa, susceptible de buen pulimento. **2** Obra artística hecha con esta roca: *un mármol de Miguel Ángel.*

marmóreo, a. adj. De mármol, o parecido a él en algunas de sus cualidades: *palidez marmórea.*

marmota. f. **1** Mamífero roedor que habita en zonas montañosas e inverna en los meses fríos. **2** Persona dormilona.

maroma. f. Cuerda gruesa de esparto, cáñamo u otras fibras vegetales o sintéticas.

marqués, sa. m. y f. Título nobiliario inmediatamente inferior al de duque y superior al de conde.

marquesado. m. **1** Título o dignidad de marqués. **2** Territorio sobre el que recae este título o en que ejercía jurisdicción un marqués.

marquesina. f. Especie de cubierta o tejadillo en una entrada, andén, parada de autobús, etc., que los resguarda de la lluvia. **Sin.** saledizo.

marquetería. f. **1** Trabajo con maderas finas. **2** Obra de incrustaciones sobre madera.

marrajo, ja. adj. **1** Se dice del toro traicionero. También m. **2** Cauto, astuto. También s. | m. **3** Tiburón de gran voracidad; algunas especies alcanzan un considerable tamaño.

marranada. f. **1** Cosa sucia, chapucera, repugnante. **2** Acción grosera. **3** Acción malintencionada.

marrano, na. m. y f. **1** Cerdo, animal. | s. y adj. **2** Persona sucia y desaseada. **3** Persona grosera. **4** Persona que actúa con malas intenciones. **5** desp. Judío converso. **Sin.** 2-4 guarro.

marrar. intr. **1** Faltar, errar. También tr.: *marró el disparo.* **2** Desviarse de lo recto. **Ant.** 1 acertar, atinar.

marras (de). loc. adj. irón. o desp. Denota que aquello a lo que hace referencia es sobradamente conocido: *ha contado mil veces la aventura de marras.*

marrasquino. m. Licor hecho con zumo de cierta variedad de cerezas amargas y azúcar.

marrón. adj. y m. **1** De color castaño. | m. **2** En argot, cosa desagradable o molesta: *te ha caído un buen marrón.* **Sin.** 1 pardo 2 engorro.

marroquí. adj. y com. De Marruecos. || pl. *marroquíes* o *marroquís.*

marroquinería. f. **1** Industria de artículos de piel o imitación, como carteras, bolsos, billeteras, etc. **2** Este género de artículos. **3** Taller donde se fabrican o tienda donde se venden.

marrullería. f. Falso halago con que se pretende engañar a alguien. **Sin.** artimaña, treta.

marsellés, sa. adj. y s. **1** De Marsella. | f. **2** Himno nacional francés.

marsopa o **marsopla.** f. Cetáceo parecido al delfín, con cabeza redondeada y hocico corto.

marsupial. adj. y m. **1** Mamífero provisto de una bolsa abdominal que contiene las mamas, donde guarda las crías en la primera etapa del desarrollo. | m. pl. **2** Orden de estos animales.

marta. f. Mamífero carnívoro de pequeño tamaño, cuerpo alargado y patas cortas, muy apreciado por su piel.

martes. m. Segundo día de la semana, después del lunes. || No varía en pl.

martillar o **martillear.** tr. e intr. **1** Dar golpes con el martillo. **2** Golpear algo insistente y repetitivamente. **3** Oprimir, atormentar: *nos martillea con sus exigencias.*

martillo. m. **1** Herramienta para golpear, compuesta de una cabeza, por lo común de hierro, y un mango. **2** Llave con que se templan algunos instrumentos de cuerda. **3** Macillo del piano. **4** Hueso del oído medio. **5** Bola metálica, sujeta a un cable en cuyo extremo hay una empuñadura, que se lanza en una prueba atlética.

martinete. m. **1** Macillo que golpea la cuerda del piano. **2** Mazo muy pesado para batir metales, abatanar paños, etc. **3** Máquina para clavar estacas o pilotes. **4** Cante jondo andaluz que no necesita de acompañamiento de guitarra.

martingala. f. Artimaña, treta.

mártir. com. **1** Persona que padece martirio en defensa de su religión o de sus opiniones. **2** Persona que sufre grandes penalidades.

martirio. m. **1** Muerte o sufrimiento que se padecen por defender una religión o una creencia. **2** Cualquier cosa o situación que produzca dolor o sufrimiento: *estos zapatos son un martirio.*

martirizar. tr. **1** Hacer sufrir el martirio. **2** Afligir, atormentar. También prnl. **Sin.** 1 torturar.

martirologio. m. **1** Libro o catálogo de los mártires: **2** P. ext., el de todos los santos conocidos.

marxismo. m. **1** Concepción histórica, económica, política y social de Karl Marx y sus seguidores, base del socialismo y comunismo. **2** Movimiento o sistema político basado en esta concepción.

marxista. adj. **1** Partidario de Karl Marx o que sigue su doctrina. También com. **2** Relativo al marxismo.

marzo. m. Tercer mes del año, posterior a febrero y anterior a abril, de treinta y un días.

mas. conj. ad. Pero: *no me lo dijo, mas lo adiviné*.

más. adv. comp. **1** Indica aumento *(sé más prudente)*, preferencia *(me gusta más este jarrón)*, superioridad *(hacer es más que decir)*. **2** Precedido del artículo determinado, forma el superlativo relativo: *es el más alto de la clase*. **3** Sobre todo, especialmente: *quiero este, y más si lo ha elegido él*. **4** En frases negativas, otro: *no tengo más salida que ésta*. | m. **5** En mat., signo de la suma o adición (+). **6 de más.** loc. adv. De sobra o en exceso: *tu ironía está de más*. **7 más bien.** loc. adv. y conj. Por el contrario, sino: *no es tímido, más bien al contrario*. **8 sin más ni más.** Sin reparo ni consideración; precipitadamente: *no puedes irte sin más ni más*. **9 sus más y sus menos.** Dificultades, problemas: *tuvieron sus más y sus menos*.

masa. f. **1** Mezcla de un líquido con una materia pulverizada o disuelta en él: *masa de cemento*. **2** La que resulta de la harina con agua y levadura, utilizada en alimentación. **3** Volumen, conjunto, reunión: *el cielo estaba cubierto por una negra masa de nubes*. **4** Agrupación numerosa e indiferenciada de personas o cosas. **5** La gente en general, el pueblo. Más en pl.: *las nuevas medidas provocaron el descontento de las masas*. **6** En fís., cantidad de materia que contiene un cuerpo.

masacrar. tr. Asesinar colectivamente a personas generalmente indefensas.

masacre. f. Matanza de personas, por lo general indefensas.

masaje. m. Frotamiento del cuerpo con fines terapéuticos o estéticos.

masajista. com. Profesional que se dedica a hacer masajes.

mascar. tr. **1** Partir y desmenuzar algo con los dientes. | **mascarse.** prnl. **2** Considerarse como inminente un hecho importante: *se mascaba la tragedia*. S<small>IN</small>. 1 masticar.

máscara. f. **1** Pieza de cartón, tela, etc., para taparse la cara y no ser conocido o para protegerse de algo. **2** Disfraz. **3** Pretexto, disimulo. | com. **4** Persona enmascarada.

mascarada. f. **1** Fiesta de máscaras. **2** Comparsa de máscaras. **3** Fraude, farsa, engaño: *la votación ha sido una mascarada*.

mascarilla. f. **1** Máscara que sólo cubre parte de la cara. **2** Vaciado en yeso del rostro de una persona, particularmente de un cadáver. **3** Capa de cosméticos con que se cubre la cara o el cabello, para tratarlos. **4** Aparato que se aplica a la cara y nariz para facilitar la inhalación de ciertos gases.

mascarón. m. **1** Cara deforme o fantástica que se usa como adorno arquitectónico. **2 mascarón de proa.** Figura colocada como adorno en lo alto del tajamar de los barcos.

mascota. f. **1** Persona, animal o cosa que trae suerte. **2** Animal de compañía. S<small>IN</small>. 1 amuleto, talismán.

masculino, na. adj. **1** Se dice del ser que está dotado de órganos para fecundar. **2** Relativo a este ser. **3** Se dice del género gramatical al que pertenecen los sustantivos que designan a personas o animales de sexo masculino o a las que por su terminación se les ha asignado este género. S<small>IN</small>. 1 macho ☐ A<small>NT</small>. 1 hembra 3 femenino.

mascullar. tr. Hablar entre dientes o pronunciar mal las palabras. S<small>IN</small>. farfullar, murmurar.

masía. f. Casa de campo en Cataluña.

masilla. f. Pasta hecha de tiza y aceite de linaza para sujetar cristales, rellenar grietas, etc.

masivo, va. adj. **1** Relativo a las masas humanas: *manifestación masiva*. **2** Que se realiza en gran cantidad: *importación masiva*. **3** Se dice de la dosis de un medicamento cuando se acerca al límite máximo de tolerancia del organismo.

masón. m. Miembro de la masonería.

masonería. f. Sociedad secreta, extendida por diversos países del mundo, cuyos miembros, agrupados en logias, profesan la fraternidad y ayuda mutua. S<small>IN</small>. francmasonería.

masoquismo. m. **1** Perversión sexual del que encuentra placer en sentirse maltratado y humillado. **2** Disfrutar considerándose maltratado, disminuido, etc., en cualquier suceso o actividad.

mass media. (voz ingl.) m. pl. Medios de comunicación social (radio, televisión, prensa).

mastaba. f. Monumento funerario egipcio, con forma de pirámide truncada y base rectangular, que comunica con una cámara funeraria.

máster. m. **1** Grado académico estadounidense que en España equivale al de los cursos de doctorado de una especialidad. **2** P. ext., cualquier curso especializado.

masticar. tr. **1** Triturar los alimentos con los dientes. **2** Meditar, rumiar. S<small>IN</small>. 1 mascar.

mástil. m. **1** Palo de embarcación. **2** Palo menor de una vela. **3** Palo derecho para mantener algo: *el mástil de una bandera*. **4** Nervio central de la pluma de un ave. **5** Pieza estrecha y larga de los instrumen-

Mastodonte

tos de arco, púa y pulsación, sobre la cual están tensas las cuerdas.

mastín, na. adj. y s. Se dice de una raza de perros grandes y fuertes, de cabeza redonda, orejas caídas y pelo espeso. Se utilizan como pastores.

mastitis. f. Inflamación de la mama. ‖ No varía en pl.

mastodonte. m. **1** Mamífero fósil parecido al elefante, con grandes colmillos en la mandíbula superior. Vivieron a finales del período terciario y en el cuaternario. | com. **2** Persona o cosa muy voluminosa.

mastuerzo, za. adj. y s. Torpe, necio. **Sin.** tarugo, zoquete.

masturbar. tr. y prnl. Conseguir placer mediante la manipulación de los órganos sexuales.

mata. f. **1** Planta perenne de tallo bajo, ramificado y leñoso. **2** P. ext., cualquier planta de poca altura. **3** Ramito o pie de una hierba. **4** Terreno poblado de árboles de una misma especie: *una mata de olivos*.

matacaballo (a). loc. A toda prisa: *tuvo que terminar el trabajo a matacaballo*.

matacán. m. **1** Construcción en lo alto de un muro, de una torre o de una puerta fortificada para defender una plaza o atacar al enemigo. **2** Estricnina.

matadero. m. Lugar donde se sacrifica el ganado para el consumo de su carne.

matador, ra. adj. **1** Que mata. También s. **2** Cansado, fatigoso: *este trabajo es matador*. | m. **3** Torero.

matadura. f. Llaga o herida producida por un golpe o por el roce repetido contra algo. **Sin.** magulladura.

matamoscas. m. **1** Enrejado metálico con mango, para matar moscas. **2** Insecticida. ‖ No varía en pl.

matanza. f. **1** Mortandad grande y numerosa. **2** Acción de matar el cerdo y preparar su carne, y época en la que se realiza. **3** Conjunto de piezas que resultan de la matanza del cerdo, y que se comen frescas, adobadas o en embutido: *hay cocido de mantanza*.

matar. tr. **1** Quitar la vida. También prnl. **2** Hacer sufrir: *estos zapatos me matan*. **3** Incomodar, molestar. **4** Extinguir o destruir algo no material: *matar los ideales*. **5** Extinguir o apagar el fuego o la luz. **6** Apagar el brillo o el color de algo: *el aire mata la plata*. | **matarse.** prnl. **7** Trabajar con esfuerzo y sin descanso: *se mata estudiando*. **8 matarlas callando.** Realizar algo malo sin que lo parezca. **Sin.** 1 asesinar, ejecutar □ **Ant.** 1 engendrar 4-6 avivar.

matarife. m. El que mata las reses en el matadero.

matarratas. m. **1** Raticida. **2** Licor de ínfima calidad y muy fuerte. ‖ No varía en pl.

matasanos. com. desp. Curandero o mal médico. ‖ No varía en pl.

matasellos. m. Estampilla para inutilizar los sellos en correos. ‖ No varía en pl.

matasuegras. m. Tubo de papel enrollado en espiral que, al soplar por un extremo, se extiende y suena un pitido. ‖ No varía en pl.

match. (voz ingl.) m. Encuentro deportivo. Sɪɴ. partido.

mate. adj. **1** Sin brillo: *oro mate.* **2** Amortiguado: *sonido mate.* Sɪɴ. 1 apagado ☐ Aɴᴛ. 1 brillante.

mate. m. **1** En ajedrez, jugada final con que se vence al contrario. **2** En baloncesto, canasta que se obtiene cerca del aro introduciendo la pelota de arriba abajo con una o dos manos.

mate. m. **1** *amer.* Infusión que se obtiene de las hojas secas de una planta medicinal americana parecida al acebo. **2** *amer.* Estas hojas y la misma planta. **3** *amer.* Calabaza que, seca, vaciada y convenientemente abierta o cortada, sirve para tomar esta infusión.

matemáticas. f. Ciencia lógico-deductiva en la que, de conceptos abstractos (unidad, conjunto, número; punto, recta, plano...) y de proposiciones que se aceptan sin demostración (axiomas), se extrae toda una teoría por razonamientos libre de contradicción.

matemático, ca. adj. **1** Relativo a las matemáticas: *regla matemática.* **2** Exacto, preciso. **3** Infalible: *es matemático, los lunes siempre está enfermo.* | m. y f. **4** Especialista en matemáticas. | f. **5** Ciencia de las matemáticas.

materia. f. **1** Sustancia que compone los cuerpos físicos. Consta de partículas elementales y tiene las propiedades de extensión, inercia y gravitación. **2** Tema, asunto: *índice de materias.* **3** Asignatura. **4 materia prima.** Cada una de las que emplea la industria para su conversión en productos elaborados. **5 entrar en materia.** loc. Empezar a tratar de ella después de algún preliminar.

material. adj. **1** Relativo a la materia. **2** Físico, corpóreo: *bienes materiales.* | m. **3** Ingrediente, componente: *sólo utilizamos materiales de primera calidad.* **4** Conjunto de lo necesario para una profesión, obra. También pl. Aɴᴛ. 2 incorpóreo, inmaterial.

materialismo. m. **1** Doctrina filosófica que consiste en admitir como única sustancia la material, negando la espiritualidad y la inmortalidad del alma humana. **2** Tendencia a dar una excesiva importancia a los bienes materiales. Aɴᴛ. 1 idealismo.

materialista. adj. y com. Relativo al materialismo o partidario de él.

materializar. tr. **1** Hacerse realidad una idea, proyecto: *este trabajo materializa sus aspiraciones.* También prnl. **2** Convertir en material algo abstracto para poder percibirlo con los sentidos. **3** Hacer que alguien se vuelva materialista. También prnl.

maternidad. f. **1** Condición o cualidad de madre. **2** Centro hospitalario donde se atiende a las mujeres que van a dar a luz o acaban de hacerlo.

maternizado, da. adj. Que ha sido dotado de las propiedades de la leche de mujer: *leche maternizada.*

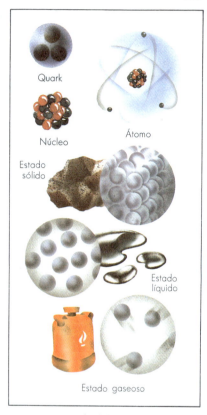

Estados de la materia

matinal. adj. **1** Matutino. **2** Se apl. a las sesiones de cualquier espectáculo que tienen lugar por la mañana. También f.: *una matinal de teatro infantil.*

matiné. f. Fiesta, reunión, espectáculo, que tiene lugar en las primeras horas de la tarde.

matiz. m. **1** Cada uno de los grados de un mismo color. **2** Aspecto: *intentó captar todos los matices de la situación.* **3** Rasgo que da un carácter especial a algo: *un leve matiz irónico.* Sɪɴ. 1 cambiante, gradación.

matizar. tr. **1** Precisar, señalando las diferencias de algo: *hay que matizar esa afirmación.* **2** Dar a algo un determinado matiz. **3** Armonizar diversos colores. **4** Suavizar: *intentó matizar su brusca negativa.*

matojo. m. Mata de tallo muy bajo, ramificado y leñoso.

matón. m. **1** Fanfarrón que busca pelea. **2** Guardaespaldas de un personaje importante. **Sin.** 1 chulo, brabucón 2 escolta.

matorral. m. **1** Terreno con matas y malezas. **2** Grupo de arbustos bajos y ramosos.

matraca. f. **1** Rueda de tablas fijas en forma de aspa, entre las que cuelgan mazos que al girar ella producen ruidos desagradables. **2** Carraca. **3** Lata, molestia, incordio: *no para de darme la matraca*.

matraz. m. Vasija esférica de cuello estrecho, que se emplea mucho en los laboratorios.

matrero, ra. adj. **1** Astuto, resabido. **2** Suspicaz, receloso. **3** Engañoso, pérfido.

matriarcado. m. **1** Organización social basada en la preponderancia de la autoridad materna. **2** Predominio o fuerte ascendiente femenino en una sociedad o grupo.

matricidio. m. Delito de matar uno a su madre.

matrícula. f. **1** Acción de matricular o matricularse. **2** Lista o catálogo oficial de nombres, bienes, entidades, etc., que se anotan para un fin determinado. **3** Documento en que se acredita este asiento. **4** Conjunto de lo matriculado. **5** Inscripción oficial y placa que llevan los vehículos para indicar el número con que se han registrado.

matricular. tr. y prnl. Inscribir, registrar en una matrícula.

matrimonio. m. **1** Unión legal de hombre y mujer. **2** Marido y mujer: *en este cuarto vive un matrimonio*. **3** En la religión católica, sacramento que hace sagrada y perpetua esta unión. **4 matrimonio canónico.** El que se celebra conforme a la legislación eclesiástica. **5 matrimonio civil.** El que se contrae según la ley civil.

matritense. adj. y com. De Madrid. **Sin.** madrileño.

matriz. f. **1** Órgano genital femenino donde se desarrolla el feto. **2** Molde en que se funden objetos de metal. **3** Cualquier original del que se sacan copias. **4** Parte del talonario que no se arranca. **5** En impr., molde para imprimir las letras. **6** P. ext., cada una de las letras y espacios en blanco que tiene un texto impreso. **Sin.** 1 útero.

matrona. f. **1** Madre de familia romana noble. **2** Comadrona autorizada. **3** Mujer encargada de registrar a las personas de su sexo en las aduanas. **Sin.** 2 partera.

matusalén. m. Hombre muy viejo.

matute. m. **1** Introducción de géneros de contrabando. **2** Mercancía que se introduce. **3** Casa de juegos prohibidos. **4 de matute.** loc. adv. A escondidas, clandestinamente.

matutino, na. adj. **1** Relativo a las horas de la mañana. **2** Que ocurre o se hace por la mañana: *programación matutina*. **Sin.** 1 y 2 matinal.

maula. f. **1** Cosa inútil y despreciable. **2** Retal. **3** Engaño. | com. **4** Persona tramposa. **5** Persona perezosa y haragana. **Sin.** 1 trasto, cachivache 3 fraude, treta 4 marrullero, embaucador 5 vago.

maullar. intr. Dar maullidos el gato.

maullido. m. Sonido que emite el gato, que se suele representar con la palabra *miau*.

máuser. m. Fusil de repetición inventado por los armeros alemanes Wilhelm y Paul Mauser.

mausoleo. m. Sepulcro magnífico y suntuoso.

maxilar. adj. **1** Relativo a la quijada o mandíbula. **2** Se dice de cada uno de los tres huesos que forman la mandíbula, dos superiores y uno inferior. También s.

máxima. f. **1** Sentencia, apotegma o doctrina de contenido moral. **2** Regla, principio o proposición generalmente admitida por todos los que profesan una facultad o ciencia: *la máxima hipocrática*. **3** Norma de conducta.

máxime. adv. m. Con más motivo o más razón.

máximo, ma. adj. sup. **1** El o lo mayor: *el máximo representante del cubismo*. | m. **2** Límite superior que alcanza algo: *este coche ha llegado al máximo de su rendimiento*. | f. **3** La temperatura más alta que se registra en un tiempo y un lugar determinados. **Sin.** 1 sumo 2 cima, máximum □ **Ant.** 1 mínimo.

máximum. m. Límite o extremo a que puede llegar una persona o cosa. **Sin.** máximo.

maya. adj. y com. **1** Se dice del individuo de cualquiera de las tribus indias que hoy habitan principalmente el Yucatán, Guatemala y otras regiones adyacentes. | m. **2** Familia de lenguas habladas por estas tribus.

mayar. intr. Maullar.

mayestático, ca. adj. **1** Propio o relativo a la majestad. **2 plural mayestático.** Empleo del plural del pron. pers. de 1.ª persona como sing. por papas, soberanos, etc., para expresar su autoridad y dignidad. **Sin.** 1 majestuoso.

mayo. m. **1** Quinto mes del año, posterior a abril y anterior a junio; de treinta y un días. **2** Árbol o palo alto, adornado, alrededor del cual, durante el mes de mayo, van los jóvenes a divertirse y a bailar.

mayólica. f. Loza común con esmalte metálico, fabricada antiguamente por los árabes y españoles.

mayonesa. f. Salsa que se hace batiendo aceite crudo y yemas de huevo. **Sin.** mahonesa.

mayor. adj. comp. **1** Más grande, que supera a otra persona o cosa en cantidad, calidad, edad, intensidad, importancia. **2** Se dice de la persona entrada en años, de edad avanzada: *su padre es muy mayor*. | m. **3** Superior o jefe de una comunidad o cuerpo. **4** Oficial primero de una secretaría u oficina. | pl. **5** Abuelos y demás progenitores de una persona: *tienes* *que respetar a tus mayores.* **6** Antepasados. **7 al por mayor** o **por mayor.** En cantidad grande. SIN. 1 superior 2 anciano 6 ascendientes ❑ ANT. 1 menor 2 joven 6 descendientes.

mayoral. m. **1** Pastor principal que cuida de un rebaño, especialmente de ganadería brava. **2** Capataz de las cuadrillas de trabajadores del campo. **3** Cochero de diligencias y otros carruajes. SIN. 1 rabadán.

mayorazgo. m. **1** Institución del derecho civil que permite transmitir por herencia al hijo mayor la propiedad de los bienes de la familia. **2** Conjunto de estos bienes. **3** Poseedor de estos bienes. **4** Primogénito de un mayorazgo o de cualquier persona.

mayordomo. m. **1** Criado principal de una casa o hacienda. **2** Oficial administrador de una congregación o cofradía.

mayoría. f. **1** La mayor parte de algo: *la mayoría estaba de acuerdo*. **2** Mayor número de votos conformes en una votación: *fue elegido por mayoría*. **3 mayoría absoluta.** La que consta de más de la mitad de los votos. **4 mayoría de edad.** Edad que la ley fija para tener uno pleno derecho de sí y de sus bienes. **5 mayoría relativa.** La formada por el mayor número de votos, no con relación al total de éstos, sino al número que obtiene cada una de las personas o cuestiones que se votan a la vez. SIN. 1 generalidad ❑ ANT. 1 minoría.

mayorista. com. **1** Comerciante que vende al por mayor. | adj. **2** Se dice del comercio en que se vende o compra al por mayor. ANT. 1 y 2 minorista.

mayúsculo, la. adj. **1** Se dice de la letra de tamaño mayor que la minúscula, que se utiliza como inicial en nombres propios, a principio de escrito, después de punto y en otros casos. También f. **2** Muy grande: *me diste un susto mayúsculo*. ANT. 1 y 2 minúsculo.

maza. f. **1** Instrumento pesado y con mango para machacar. **2** Arma antigua de cabeza gruesa, hecha de palo forrado de hierro, o toda de hierro.

mazacote. m. **1** Comida seca, pegada o apelmazada. **2** Hormigón. **3** Obra de arte pesada y sin gracia.

mazapán. m. Dulce de almendras y azúcar cocido al horno.

mazdeísmo. m. Religión de los antiguos persas, que creían en la existencia de dos principios divinos: uno bueno, Ormuz, creador del mundo, y otro malo, Ahrimán, destructor.

mazmorra. f. Prisión subterránea.

mazo. m. **1** Martillo grande de madera. **2** Porción de cosas unidas formando grupo: *mazo de billetes*.

mazorca. f. **1** Espiga densa y apretada, como la del maíz. **2** Porción ya hilada del huso. **3** Baya del cacao.

mazurca. f. **1** Danza polaca en la que la mujer elige a su pareja. **2** Música de este baile.

me. pron. pers. Forma átona de primera persona sing., que realiza la función de complemento directo o indirecto: *me vio antes que yo a él y me dio un abrazo*. Se utiliza también como reflexivo: *me lavo el pelo todas las mañanas*. || Siempre va sin preposición y antepuesto al verbo, excepto cuando acompaña a un imperativo o a un gerundio. Antecede en la frase a otros pron. átonos, salvo a *te* y *se*: *se me ha caído el plato*.

meada. f. **1** Cantidad de orina que se expulsa de una vez. **2** Sitio que moja o señal que deja.

meandro. m. **1** Cada una de las curvas que describe el curso de un río. **2** P. ext., cada curva de un camino. **3** En arquit., adorno de líneas sinuosas y repetidas.

meapilas. adj. y com. desp. Se dice de la persona beata. || No varía en pl.

mear. intr., tr. y prnl. **1** Orinar. | **mearse.** prnl. **2** Reírse mucho.

meato. m. Nombre de ciertos orificios o conductos del cuerpo: *meato urinario*.

meca. f. Lugar que atrae por ser centro de mayor apogeo de una actividad determinada: *París fue la meca de la bohemia*.

¡mecachis! interj. Denota extrañeza o enfado.

mecánica. f. Parte de la física que trata del movimiento de los cuerpos *(cinemática)* y de las fuerzas que pueden producirlo *(dinámica)*, así como del efecto que producen en las máquinas y el equilibrio *(estática)*.

mecanicismo. m. Actitud filosófica que explica los fenómenos de la naturaleza mediante leyes automáticas de causa y efecto.

mecánico, ca. adj. **1** Relativo a la mecánica o a las máquinas. **2** Que se acciona por un mecanismo o se hace con una máquina: *unas escaleras mecánicas*. **3** Se dice de los oficios u obras que exigen más habilidad manual que intelectual. **4** Rutinario, que se hace sin reflexionar: *hablaba de forma mecánica*. | m. y f. **5** Persona que se dedica a la mecánica. **6** Persona dedicada al manejo y arreglo de las máquinas.

mecanismo. m. **1** Estructura interna que hace funcionar algo. **2** Modo de funcionamiento, desarrollo. SIN. 1 dispositivo, artilugio.

mecanizar. tr. y prnl. **1** Implantar el uso de las máquinas en cualquier actividad. **2** Someter a elaboración mecánica. **3** Dar la regularidad de una máquina a las acciones humanas: *mecanizar el saludo*. SIN. 1 automatizar.

mecano. m. Juguete a base de piezas con las que pueden componerse diversas construcciones.

mecanografía. f. Técnica de escribir a máquina.
mecanografiar. tr. Escribir con máquina.
mecanógrafo, fa. m. y f. Persona que escribe a máquina, especialmente quien lo hace como profesión.
mecedor, ra. adj. **1** Que mece o sirve para mecer. | m. **2** Instrumento de madera que sirve para mecer o mezclar el vino en las cubas. | f. **3** Silla que descansa sobre dos arcos, para mecerse.
mecenas. m. Persona o institución que patrocina a literatos o artistas. || No varía en pl.
mecer. tr. **1** Mover rítmica y lentamente algo que vuelve siempre al punto de partida. También prnl. **2** Mover un líquido para que se mezcle. **Sin.** 1 balancear, columpiar.
mecha. f. **1** Cuerda retorcida o cinta de filamentos combustibles con que se prenden mecheros, velas o bujías. **2** Tubo relleno de pólvora para dar fuego a minas y barrenos. **3** Loncha de tocino grueso para rellenar aves, carne y otros alimentos. **4** Mechón de cabellos decolorados o teñidos: *te quedan muy bien esas mechas rojizas.* **5 a toda mecha.** loc. A toda prisa.
mechar. tr. Introducir mechas de tocino o jamón en la carne.
mechero. m. **1** Utensilio que, mediante chispa o algún combustible, sirve para encender algo. **2** Canutillo en el que se pone la mecha para alumbrar o para encender lumbre. **3** Cañón de los candeleros, en el que se coloca la vela. **Sin.** 1 encendedor.
mechero, ra. m. y f. Ladrón de tiendas que esconde lo que roba bajo sus ropas.
mechón. m. Porción de pelos, fibras, etc.
medalla. f. **1** Pieza de metal acuñada con alguna figura. **2** Distinción honorífica o premio que suele concederse en exposiciones, certámenes o competiciones deportivas. **3** Bajorrelieve redondo o elíptico. **Sin.** 1 emblema, insignia.
medallón. m. **1** Bajorrelieve de figura redonda o elíptica. **2** Joya en forma de caja pequeña, en la que generalmente se colocan retratos, pinturas, rizos u otros objetos de recuerdo.
médano. m. **1** Duna. **2** Montón de arena casi a flor de agua, en zonas poco profundas.
media. f. **1** Prenda de punto, nailon, etc., que llega hasta la rodilla o hasta la ingle. Más en pl. **2** *amer.* Calcetín. Más en pl. **3** Promedio, media aritmética.
mediacaña. f. Moldura cóncava con forma de caña, cortada a lo largo. || pl. *mediascañas.*
mediado, da. adj. **1** Que sólo contiene la mitad, poco más o menos, de su cabida: *la botella está mediada.* **2 a mediados.** loc. adv. Hacia la mitad: *llegaremos a mediados de agosto.*

mediana. f. **1** En un triángulo cada una de las tres rectas que pasan por un vértice y el punto medio del lado opuesto. **2** Separación entre los carriles de distinto sentido de una autopista.
medianería. f. Pared común a dos casas u otras construcciones contiguas.
medianía. f. **1** Término medio entre dos extremos. **2** Persona que carece de cualidades relevantes.
mediano, na. adj. **1** De calidad o tamaño intermedios. **2** Mediocre, regular.
medianoche. f. **1** Las doce de la noche. **2** Horas que transcurren durante la noche. **3** Bollo pequeño usado para bocadillos. || pl. *mediasnoches.*
mediante. adv. m. Por medio de.
mediar. intr. **1** Llegar a la mitad de una cosa: *mediaba la tarde cuando llegaron.* **2** Interceder por alguien: *mediaré por ti ante el jefe.* **3** Interponerse en una riña o discusión. **4** Existir o estar una cosa en medio de otras: *un reguero mediaba entre las dos fincas.* **5** Dicho del tiempo, pasar, transcurrir: *entre este examen y el siguiente median cuatro días.*
mediatizar. tr. Dificultar, impedir o limitar la libertad de acción de una persona o institución: *sus amenazas mediatizaron nuestra decisión.*
mediato, ta. adj. Que está próximo a una cosa en tiempo, lugar o grado, mediando otra entre las dos.
mediatriz. f. Dado un segmento, la recta que le es perpendicular en su punto medio.
medicación. f. **1** Administración metódica de medicamentos con fin terapéutico. **2** Conjunto de medicamentos.
medicamento. m. Sustancia que se administra con fines curativos o preventivos de una enfermedad. **Sin.** medicina.
medicar. tr. y prnl. Administrar medicamentos.
medicina. f. **1** Ciencia que estudia el cuerpo humano, sus enfermedades y curación. **2** Medicamento.
médico, ca. adj. **1** Relativo a la medicina: *instrumental médico.* | m. y f. **2** Persona que la ejerce legalmente. **3 médico de cabecera.** El que no tiene ninguna especialidad y asiste habitualmente al enfermo. **Sin.** 2 doctor, facultativo, galeno.
medida. f. **1** Acción de medir. **2** Cualquiera de las unidades que se emplean para medir longitudes, áreas o volúmenes de líquidos o áridos. **3** Proporción o correspondencia que ha de tener una cosa con otra. **4** Disposición, prevención. Más en pl.: *hay que tomar medidas urgentes en este asunto.* **5** Grado, intensidad: *¿en qué medida estás dispuesto a ayudarme?* **6** Cordura, prudencia. **7** Número y clase de sílabas que ha de tener el verso.

medieval. adj. Relacionado con la Edad Media.
medievalista. com. Persona especializada en el estudio de la Edad Media.
medievo. m. Edad Media.
medio, dia. adj. **1** Que es la mitad de algo: *media naranja*. **2** Que está en el centro de algo. **3** Que corresponde a los caracteres o condiciones más generales de un grupo social, pueblo, época, etc.: *el estudiante medio*. | m. **4** Parte que está equidistante de los extremos de algo: *se sienta en el medio de la clase*. **5** Lo que puede servir para determinado fin: *medio de transporte*. **6** Procedimiento o modo para conseguir una cosa. **7** Ambiente en que vive o se mueve una persona, animal o cosa: *nació en un medio humilde*. **8** Sector, círculo o ambiente social: *se mueve en un medio muy selecto*. | pl. **9** Caudal, renta o hacienda que uno posee: *mis medios no me permiten costearme ese viaje*. | adv. m. **10** No del todo, no enteramente: *medio lleno*. **11 medio ambiente.** Conjunto de circunstancias físicas que rodean a los seres vivos. **12** P. ext., conjunto de circunstancias físicas, culturales, económicas, sociales, etc., que rodean a las personas. **13 a medias.** loc. adv. Cada uno, la mitad del total: *pagaremos los gastos del piso a medias*. **14** No del todo: *dormido a medias*. **15 de medio a medio.** loc. adv. Completamente, enteramente: *te equivocas de medio a medio*.

mediocre. adj. y com. De calidad media, más bien malo. **Sin.** regular.

mediodía. m. **1** Momento del día en que el Sol se encuentra en su punto más alto sobre el horizonte. **2** Horas centrales del día. **3** Sur.

mediopensionista. adj. y com. Se dice de la persona que vive en alguna institución, sometida al régimen de media pensión.

medir. tr. **1** Comparar una cantidad con su respectiva unidad, con el fin de averiguar cuántas veces la primera contiene la segunda. **2** Igualar y comparar una cosa no material con otra: *medir las fuerzas*. | intr. **3** Tener determinada dimensión, ser de determinada altura, longitud, etc. **4** Contener o moderar en decir o hacer algo. || **Irreg.** Se conj. como *pedir*. **Sin.** 1 mensurar.

meditabundo, da. adj. y s. Que medita, cavila o reflexiona en silencio. **Sin.** pensativo, absorto.

meditar. tr. e intr. Pensar detenidamente. **Sin.** reflexionar, considerar.

mediterráneo, a. adj. y s. **1** Relativo al mar Mediterráneo y a los países y regiones que están en sus costas. **2** Se dice del clima y la vegetación de estas zonas.

médium. com. Persona a la que se considera dotada de facultades paranormales que le permiten actuar de mediadora en fenómenos parapsicológicos o comunicaciones con los espíritus. || No varía en pl.

medo, da. adj. y s. **1** Se dice de un grupo étnico, perteneciente a los pueblos iranios que aparecieron en el primer milenio a. C. en Irán. | m. **2** Lengua indoeuropea hablada por este pueblo.

medrar. intr. **1** Mejorar de fortuna. **2** Crecer. **Sin.** 1 prosperar.

medroso, sa. adj. **1** Temeroso, pusilánime. También s. **2** Que infunde o causa miedo: *una oscuridad medrosa*. **Ant.** 1 valiente.

médula o **medula.** f. **1** Sustancia blanda y grasa del interior de algunos huesos. **2** Sustancia esponjosa del interior de los troncos y tallos de diversas plantas. **3** Sustancia principal de una cosa no material: *esta es la médula del problema*. **4 médula espinal.** Porción del sistema nervioso en continuidad con el encéfalo, que se aloja en el conducto vertebral.

medusa. f. Celentéreo marino de cuerpo gelatinoso con forma de campana, llamada umbrela, y una serie de tentáculos alrededor.

mega-, megal-, megalo-, -megalia. pref. o suf. Significan 'grande', 'grandeza'; el pref. *mega-* se emplea con el significado de 'un millón' para formar nombres de múltiplos de determinadas unidades de medida: *megaciclo, megavatio*.

megafonía. f. **1** Técnica que se ocupa de los aparatos e instalaciones precisos para aumentar el volumen del sonido. **2** Conjunto de micrófonos, altavoces y otros aparatos que, debidamente coordinados, aumentan el volumen del sonido en un lugar de gran concurrencia.

megáfono. m. Aparato usado para amplificar la voz cuando hay que hablar a gran distancia.

megalito. m. Monumento prehistórico de grandes piedras sin labrar.

megalomanía. f. Delirio de grandeza.

megalópolis. f. Gran concentración urbana, formada por varias ciudades o núcleos de población y sus zonas industriales. || No varía en pl.

megaterio. m. Mamífero desdentado, fósil, de tamaño comparable al de los elefantes, que caminaba erguido y se desarrolló en América del Sur durante el período cuaternario.

megatón. m. Unidad para medir la potencia explosiva de proyectiles y bombas nucleares, equivalente a un millón de toneladas de trinitrotolueno.

mejicano, na. adj. y s. Mexicano.

mejilla. f. Prominencia del rostro debajo de los ojos. **Sin.** carrillo.

mejillón. m. Molusco bivalvo, de color negro azulado en la superficie externa, cara interior nacarada, y charnela con dientes muy pequeños; es muy empleado en alimentación.

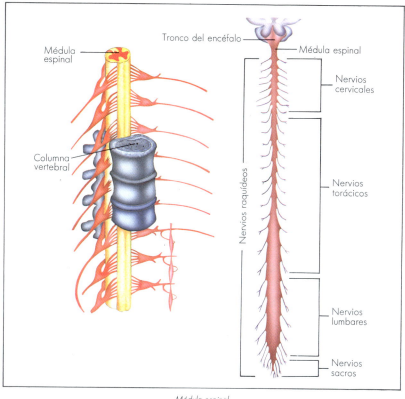

Médula espinal

mejor. adj. **1** Comp. de *bueno*: superior a otra cosa y que la excede en una cualidad natural o moral: *es mi mejor amigo.* **2** Sup. rel. de *bueno*, precedido del art. det.: *es el mejor corredor.* | adv. m. **3** Comp. de *bien*. Más bien: *mejor nos vamos.* **4** Antes o más, denotando idea de preferencia: *mejor salir que quedarse en casa.* **5 mejor que mejor.** Mucho mejor: *y si hoy terminamos, mejor que mejor.* **Ant.** 1-4 peor.

mejora. f. **1** Progreso o aumento de algo. **2** Cambio o modificación hecha en algo para mejorarla: *han hecho mejoras en su piso.*

mejorana. f. Hierba vivaz labiada, de olor aromático y sabor acre y amargo, contiene un aceite esencial que hace más digestibles los alimentos.

mejorar. tr. **1** Perfeccionar algo, haciéndolo pasar de un estado bueno a otro mejor. **2** Poner mejor, hacer recobrar la salud perdida. También intr. y prnl.: *mi madre ha mejorado mucho.* | intr. **3** Conseguir una mejor posición social, económica, profesional, etc. **Ant.** 1 y 2 empeorar 3 descender.

mejoría. f. **1** Mejora. **2** Alivio en una enfermedad.

mejunje. m. desp. Sustancia pastosa, mezcla de aspecto desagradable. **Sin.** potingue, brebaje.

melancolía. f. Tendencia a la tristeza permanente. **Sin.** morriña, murria.

melanina. f. Pigmento negro o pardo negruzco que existe en forma de gránulos en el protoplasma de ciertas células de los vertebrados y al cual deben su coloración especial la piel, el pelo, la coroides, etc.

melanita. f. Variedad del granate, muy brillante, negra y opaca.

melanosis. f. Alteración de los tejidos orgánicos, caracterizada por el color oscuro que presentan. || No varía en pl.

melée. (voz fr.) f. En deportes, aglomeración o lío de jugadores ante la portería.

melaza. f. Residuo líquido de la cristalización del azúcar.

melcocha. f. Miel muy concentrada y caliente que se echa en agua fría, y que al enfriarse queda muy correosa.

melena. f. **1** Cabello largo y suelto. **2** Crin del león.

melenudo, da. adj. y s. Que tiene abundante y largo el cabello.

meliáceo, a. adj. y f. Se dice de los árboles y arbustos angiospermos y dicotiledóneos, de climas cálidos y fruto capsular con semillas de albumen carnoso o sin él, como el cinamomo y la caoba.

mélico, ca. adj. poét. Perteneciente al canto o a la poesía lírica.

melificar. tr. e intr. Hacer las abejas la miel.

melifluo, flua. adj. Excesivamente dulce, suave o delicado: *voz meliflua*. **Sin.** meloso, empalagoso.

melindre. m. **1** Delicadeza falsa o exagerada en el lenguaje o en los gestos. **2** Dulce de masa frita, elaborada con miel y harina.

melindroso, sa. adj. y s. De lenguaje, gestos o conducta excesivamente delicados. **Sin.** dengue, remilgado, cursi.

melisma. m. Grupo de notas sucesivas, que forman un adorno sobre una misma vocal.

mella. f. **1** Rotura en el filo de un arma o herramienta, o en el borde o en cualquier ángulo saliente de otro objeto. **2** Daño o disminución en algo. **3 hacer mella.** Impresionar, afectar. **Sin.** 1 desportilladura 2 menoscabo.

mellar. tr. y prnl. **1** Hacer mellas: *se ha mellado el plato*. **2** Dañar, disminuir algo no material. **Sin.** 1 desportillar 2 menoscabar.

mellizo, za. adj. y s. Cada uno de los nacidos del mismo parto. **Sin.** gemelo.

melocotón. m. **1** Melocotonero. **2** Su fruto, redondeado, carnoso y muy jugoso.

melocotonero. m. Árbol rosáceo de flores rosadas, cuyo fruto es el melocotón.

melodía. f. **1** Composición en que se desarrolla una idea musical, simple o compuesta, con independencia de su acompañamiento. **2** Dulzura y suavidad del sonido de la voz o de algún instrumento.

melódico, ca. adj. Relativo a la melodía.

melodioso, sa. adj. Dulce y agradable al oído.

melodrama. m. **1** Obra que exagera los aspectos sentimentales y patéticos de las situaciones con la intención de conmover al público. **2** Ópera. **3** Letra de la ópera. **Sin.** 1 dramón.

melodramático, ca. adj. **1** Relativo al melodrama. **2** Exageradamente patético o dramático.

melomanía. f. Pasión o afición exagerada por la música.

melómano, na. adj. y s. Apasionado por la música.

melón. m. **1** Planta herbácea cucurbitácea, de hojas grandes y flores amarillas. **2** Fruto comestible de esta planta, grande, redondo o elipsoidal, de corteza amarilla o verde y pulpa jugosa, dulce y aromática.

meloncillo. m. Mangosta.

melopea. f. **1** Embriaguez. **2** Canto monótono con el que se recita algo. **Sin.** 1 cogorza, curda, mona 2 salmodia.

meloso, sa. adj. **1** Referido a personas, empalagoso. **2** Parecido a la miel. **Sin.** 1 almibarado, melifluo.

melva. f. Pez muy parecido al bonito, del cual se distingue por tener las dos aletas dorsales muy separadas una de otra.

membrana. f. **1** Tejido animal o vegetal de forma laminar y consistencia blanda y elástica. **2** Piel delgada y flexible que recubre algo.

membranoso, sa. adj. **1** Compuesto de membranas. **2** Parecido a la membrana.

membrete. m. Nombre o título de una persona, oficina o corporación, estampado en la parte superior del papel de escribir. **Sin.** encabezamiento.

membrillo. m. **1** Árbol rosáceo de flores blancas o rosadas, cuyo fruto, amarillo y comestible, se emplea para hacer jalea. **2** Fruto de esta planta. **3** Dulce hecho con él.

membrudo, da. adj. Fornido y robusto. **Ant.** escuálido, esmirriado, débil.

memento. m. Cada una de las dos partes del canon de la misa, en que se hace conmemoración de los fieles y difuntos.

memez. f. Simpleza, tontería, necedad. **Sin.** agudeza.

memo, ma. adj. y s. Tonto, simple.

memorable. adj. Digno de recordarse.

memorando o **memorándum.** m. **1** Cuaderno de apuntes. **2** Nota diplomática entre dos países. **3** *amer.* Resguardo bancario. ǁ pl. *memorandos* o *memoranda.*

memoria. f. **1** Facultad de recordar. **2** Recuerdo: *lo guardo en memoria suya*. **3** Relación escrita de actividades. **4** Exposición escrita de un asunto: *memoria de licenciatura*. **5** En inform., elemento esencial de almacenamiento de información. | pl. **6** Narración autobiográfica. **Sin.** 1 retentiva ☐ **Ant.** 1 olvido.

memorial. m. **1** Escrito en que se pide por algo o alguien. **2** Acto para honrar la memoria de algo o alguien. **Sin.** 1 comunicación 2 homenaje.

memorizar. tr. Fijar en la memoria. **Ant.** olvidar.

mena. f. Parte de un filón que contiene minerales útiles en proporción predominante y listos para su explotación metalúrgica. **Sin.** veta.

ménade. f. Sacerdotisa de Baco. **Sin.** bacante.

menaje. m. Muebles y utensilios, especialmente de una casa. **Sin.** enseres, equipo.

menarquía. f. Primera menstruación en la mujer, normalmente entre los doce y quince años.

mención. f. **1** Recuerdo que se hace de una persona o cosa, nombrándola, contándola o refiriéndola: *en este artículo aparece una mención a tu padre*. **2 mención honorífica.** Distinción de menos importancia que el premio y el accésit. **Sin.** 1 cita, referencia.

mencionar. tr. Nombrar o referirse a alguien o algo. **Sin.** aludir, citar ☐ **Ant.** omitir.

menda. pron. pers. fam. **1** El que habla, yo: *el menda no te acompaña*. ‖ Se utiliza con el verbo en 3.ª pers. | pron. indet. **2** Individuo, sujeto, tipo: *salió un menda bastante raro*.

mendacidad. f. Hábito o costumbre de mentir. **Sin.** falsedad ☐ **Ant.** veracidad.

mendaz. adj. y com. Mentiroso.

mendelevio. m. Elemento químico radiactivo artificial que se obtiene bombardeando el einstenio con partículas alfa. Su símbolo es *Mv*.

mendelismo. m. Conjunto de leyes sobre la herencia de los caracteres de los seres orgánicos, derivadas de los experimentos de Mendel.

mendicante. adj. **1** Que mendiga o pide limosna. También com. **2** Se dice de las órdenes religiosas que gozan de ciertas inmunidades, y que se mantienen de limosnas.

mendicidad. f. **1** Condición de mendigo. **2** Acción de mendigar. **Sin.** 1 indigencia, pordiosería.

mendigar. tr. **1** Pedir limosna. **2** Solicitar el favor de uno con humillación: *mendigar un ascenso*. **Sin.** 1 pordiosear 1 y 2 limosnear.

mendigo, ga. m. y f. Persona que habitualmente pide limosna. **Sin.** pordiosero, limosnero, pedigüeño, mendicante.

mendrugo. m. **1** Pedazo de pan duro. **2** Tonto, necio, zoquete. También adj. **Sin.** 1 currusco.

menear. tr. y prnl. **1** Agitar. | **menearse.** prnl. **2** Hacer algo con prontitud: *¡vamos, menéate o llegaremos tarde!* **Sin.** 1 sacudir 2 apresurarse.

meneo. m. **1** Acción de menear o menearse. **2** Agitación. **3** Golpe, empujón.

menester. m. **1** Necesidad de algo. **2** Ocupación, empleo. | pl. **3** Materiales o instrumentos necesarios para ciertos trabajos: *menesteres de labranza*.

menesteroso, sa. adj. y s. Indigente, pobre.

menestra. f. Guisado compuesto con diferentes hortalizas y trozos pequeños de carne o jamón.

menestral, la. m. y f. Persona que trabaja en un oficio manual. **Sin.** artesano.

mengano, na. m. y f. Nombre con que se designa a una persona cualquiera. **Sin.** fulano, zutano, perengano.

mengua. f. **1** Acción de menguar. **2** Pobreza, escasez. **3** Deshonor, deshonra. **Sin.** 1 disminución 2 carencia 3 menoscabo.

menguado, da. adj. **1** Cobarde, pusilánime. También s. **2** Tonto, de poco juicio. | m. **3** Cada uno de los puntos que se disminuyen en los trabajos de punto o ganchillo para ir dando forma a la labor.

menguante. adj. **1** Que mengua o disminuye: *la luna está en cuarto menguante*. | f. **2** Disminución de una corriente de agua. **3** Descenso del agua del mar por efecto de la marea. **4** Decadencia de algo. **Sin.** 1 decreciente 2 estiaje 3 bajamar.

menguar. intr. **1** Disminuirse o irse consumiendo física o moralmente algo: *su fortuna ha menguado considerablemente*. Tambien tr. **2** Hablando de la Luna, disminuir la parte iluminada del astro. **3** En las labores de punto, ir reduciendo regularmente los puntos que están prendidos en la aguja, para que resulte disminuido su número en la vuelta siguiente. También tr.

menhir. m. Monumento megalítico prehistórico que consiste en una piedra larga hincada verticalmente en el suelo por uno de sus extremos.

menina. f. Mujer que desde corta edad entraba a servir a la reina o a las infantas niñas.

meninge. f. Cada una de las membranas que envuelven el encéfalo y la médula espinal.

meningitis. f. Inflamación de las meninges. ‖ No varía en pl.

menisco. m. Cartílago que forma parte de la articulación de la rodilla.

menopausia. f. **1** Cesación natural de la menstruación en la mujer. **2** Época en que se produce. **Sin.** 1 y 2 climaterio.

menor. adj. comp. **1** Que tiene menos cantidad, tamaño, extensión, etc., que otra cosa de la misma especie: *es mi hermana menor*. **2** Se dice de la persona que aún no ha alcanzado la mayoría de edad. También com.: *tribunal de menores*. **3 al por menor.** loc. adj. y adv. Se dice de la venta al detalle. **Ant.** 1 mayor 2 adulto.

menorquín, na. adj. y s. De Menorca.

menos. adv. comp. **1** Denota idea de falta, disminución, restricción o inferioridad en comparación expresa o sobrentendida: *gasta menos*. ‖ Se construye también con el art. det.: *es la novela menos costumbrista de su autor*. **2** Denota a veces limitación indeterminada de cantidad expresa: *en la batalla murieron menos de cien hombres*. **3** Denota asimismo idea

menoscabar – meollo

opuesta a la de preferencia: *menos quiero saberlo por él que por ti*. También m. | adv. m. **4** Excepto, a excepción de: *todo menos eso*. | m. **5** En mat., signo de sustracción o resta (–).

menoscabar. tr. y prnl. Disminuir algo en valor, importancia o prestigio: *el último escándalo ha menoscabado la credibilidad del Gobierno*. **SIN.** perjudicar, deteriorar, desprestigiar ☐ **ANT.** beneficiar, prestigiar.

menoscabo. m. Efecto de menoscabar.

menospreciar. tr. Tener a una cosa o a una persona en menos de lo que es o de lo que merece: *no debemos menospreciar la importancia de este factor*. **SIN.** desdeñar, despreciar.

menosprecio. m. Desprecio, desdén. **ANT.** aprecio, estimación.

mensaje. m. **1** Recado de palabra o por escrito que una persona envía a otra. **2** Aportación religiosa, moral, intelectual o estética de una persona, doctrina u obra: *el mensaje cristiano*. **3** Ordenación molecular que, en el interior de una célula, un sistema bioquímico induce sobre otro. **4** Conjunto de señales, signos o símbolos que son objeto de una comunicación. **5** Contenido de esta comunicación.

mensajería. f. Empresa que se dedica a transportar rápidamente paquetes, mercancía, etc.

mensajero, ra. m. y f. Persona que lleva un mensaje, paquete, etc., de un lugar a otro.

menstruación. f. En la mujer y las hembras de algunos animales, expulsión periódica de sangre y material celular procedente de la matriz. **SIN.** regla, mes, período.

menstruar. intr. Tener la menstruación.

menstruo, trua. adj. **1** Relativo a la menstruación. | m. **2** Menstruación.

mensual. adj. **1** Que sucede o se repite cada mes: *publicación mensual*. **2** Que dura un mes: *contrato mensual*.

mensualidad. f. Cantidad que se paga mensualmente.

ménsula. f. Elemento arquitectónico que sobresale de un plano vertical y sirve para sostener alguna cosa, como el alero del tejado, la cornisa, etc.

mensurar. tr. Medir.

menta. f. **1** Planta herbácea, de la familia de las labiadas, que se utiliza en la preparación de caramelos, licores, dentífricos, medicamentos, etc. **2** Esencia que se extrae de esta planta.

mentado, da. adj. **1** Mencionado. **2** Famoso, célebre.

mental. adj. Relativo a la mente.

mentalidad. f. **1** Capacidad, actividad mental. **2** Cultura y modo de pensar que caracteriza a una persona, a un pueblo, a una generación, etc.: *tiene una mentalidad conservadora*.

mentar. tr. Nombrar, mencionar, citar. ‖ **Irreg.** Se conj. como *acertar*.

mente. f. **1** Capacidad intelectual humana. **2** Pensamiento. **3** Actitud: *tiene una mente abierta*. **4** Propósito, voluntad.

mentecato, ta. adj. y s. Tonto, de poco juicio o inteligencia.

mentidero. m. Lugar donde se reúne la gente para conversar.

mentir. intr. **1** Decir o manifestar lo contrario de lo que se sabe, cree o piensa: *este periódico miente*. **2** Inducir a error: *estos indicios mienten*. ‖ **Irreg.** Se conj. como *sentir*. **SIN.** 1 y 2 engañar.

mentira. f. Expresión o manifestación contraria a lo que se sabe, se cree o se piensa. **SIN.** embuste, trola, engaño, patraña.

mentirijillas (de). m. adv. En broma, o sin ser de verdad.

mentiroso, sa. adj. y s. Que tiene costumbre de mentir.

mentís. m. Hecho o demostración que contradice o niega categóricamente una afirmación. ‖ No varía en pl.

mentol. m. Parte sólida de la esencia de menta que puede considerarse como un alcohol secundario.

mentón. m. Prominencia de la mandíbula inferior.

mentor. m. Persona que aconseja o guía a otro, maestro. **SIN.** consejero, maestro.

menú. m. **1** Conjunto de platos que constituyen una comida. **2** Carta del día donde se relacionan las comidas, postres y bebidas. **3** En inform., lista de funciones opcionales dentro de un determinado programa que aparecen en la pantalla de un ordenador. ‖ pl. *menús*.

menudear. tr. **1** Hacer algo muchas veces: *menudeó sus atenciones*. | intr. **2** Caer o suceder alguna cosa con frecuencia: *aquel otoño menudearon las lluvias*. **SIN.** 1 repetir 2 abundar.

menudencia. f. Cosa de poco valor o importancia. **SIN.** nadería, minucia, pequeñez, bagatela.

menudillos. m. pl. Vísceras de las aves, como higadillos, mollejas, etc. **SIN.** menudos.

menudo, da. adj. **1** Pequeño, chico o delgado: *es de constitución menuda*. **2** Sin importancia. **3** En frases excl. toma a veces un sentido ponderativo: *¡menudo lío!* | m. pl. **4** Vientre, manos y sangre de las reses. **5** Vísceras de las aves. **6 a menudo.** loc. adv. Muchas veces y con continuación: *voy al cine a menudo*. **SIN.** 5 menudillos.

meñique. adj. y m. Se dice del dedo más pequeño de la mano.

meollo. m. **1** Lo más importante de algo. **2** Masa nerviosa contenida en el cráneo. **3** Sustancia interior de los huesos. **4** Entendimiento, juicio. Sɪɴ. 1 sustancia, esencia, núcleo 2 encéfalo, sesos 3 médula.

meón, na. adj. y s. **1** Que mea mucho o frecuentemente. | m. y f. **2** Niño o niña pequeños.

mequetrefe. com. Persona entremetida, petulante e inútil. Sɪɴ. chisgarabís, chiquilicuatro.

mercadear. intr. Hacer comercio. Sɪɴ. comerciar, traficar.

mercader, ra. m. y f. Persona que trata o comercia con géneros vendibles: *mercader de alfombras*. Sɪɴ. comerciante, traficante.

mercadería. f. Mercancía.

mercado. m. **1** Lugar público destinado permanentemente o en días señalados, para vender o comprar mercancías. **2** Conjunto de personas que acuden a este lugar. **3** Operación de compra y venta: *mercado de divisas*. **4 mercado negro.** Tráfico clandestino de divisas monetarias o mercancías ilegales o escasas a precios superiores a los legales.

mercadotecnia. f. Marketing.

mercancía. f. **1** Todo lo que se puede vender o comprar. | m. pl. **2** Tren de mercancías. Sɪɴ. 1 mercadería, género, artículo.

mercante. adj. **1** Relacionado con el comercio marítimo **2** Se dice del barco empleado para el comercio. También m.

mercantil. adj. Del comercio.

mercantilismo. m. Sistema económico que atiende en primer término al desarrollo del comercio, principalmente al de exportación, y considera la posesión de metales preciosos como signo característico de riqueza.

mercar. tr. y prnl. Comprar.

merced. f. **1** Regalo, favor, recompensa. **2** Voluntad o arbitrio de uno: *estás a merced de sus caprichos*.

mercedario, ria. adj. **1** Se dice de la orden de la Bienaventurada Virgen María de la Merced. **2** De esta orden. También s.

mercenario, ria. adj. y s. Se dice del soldado que combate por dinero.

mercería. f. **1** Conjunto de artículos para costura, y comercio que se hace con ellos. **2** Tienda en que se venden.

mercurio. m. Elemento químico metálico, líquido, de color plateado brillante y muy pesado, que se emplea en la fabricación de termómetros y barómetros, en medicina, en electrotecnia, etc. Su símbolo es *Hg*. Sɪɴ. azogue.

merecer. tr. **1** Hacerse uno digno de lo que le corresponde. **2** Tener cierto valor una cosa. | intr. **3** Hacer méritos. **4 merecer la pena.** loc. Compensar. || **Irreg.** Se conj. como *agradecer*.

merecido. m. Castigo de que se juzga digno a uno: *se llevó su merecido*. Sɪɴ. escarmiento.

merendar. intr. **1** Tomar la merienda. | tr. **2** Tomar en la merienda una u otra cosa. || **Irreg.** Se conj. como *acertar*.

merendero. m. Bar, quiosco o establecimiento similar, emplazado en un sitio campestre y adonde va la gente a merendar. Sɪɴ. chiringuito.

Mercante

merendola o **merendona.** f. Fiesta celebrada con una merienda abundante.

merengue. m. **1** Dulce hecho con claras de huevo y azúcar y cocido al horno. **2** Persona de complexión delicada. **3** Baile y música populares, que se originaron en la República Dominicana.

meretriz. f. Prostituta.

meridiano, na. adj. **1** Del Mediodía. **2** Muy claro: *un error meridiano*. | m. **3** Cada círculo máximo de la esfera celeste que pasa por los polos.

meridional. adj. Del Sur o Mediodía. **Sin.** austral.

merienda. f. Comida ligera a media tarde.

merindad. f. Distrito con una ciudad o villa importante que defendía y dirigía los intereses de los pueblos y caseríos de su demarcación.

merino, na. adj. y s. **1** Se apl. a una raza de ganado ovino de lana muy fina. | m. **2** En la Edad Media, juez que era delegado del rey en un territorio, en donde tenía jurisdicción amplia.

mérito. m. **1** Acción que hace al hombre digno de merecer algo. **2** Hablándose de las cosas, lo que les hace tener valor: *este bordado tiene gran mérito*. **Sin.** 1 merecimiento 2 valía, interés.

meritorio, ria. adj. Digno de premio. **Sin.** valioso, estimable, encomiable.

merluza. f. **1** Pez teleósteo marino, de cuerpo simétrico y fusiforme, que llega a alcanzar hasta un metro de longitud; es muy apreciado por su carne. **2** Embriaguez, borrachera. **Sin.** 1 pescada.

merma. f. Acción de mermar. **Sin.** mengua.

mermar. intr. **1** Bajar o disminuir una cosa o consumirse una parte de lo que antes tenía. También prnl.: *el jersey se mermó*. | tr. **2** Quitar a uno parte de cierta cantidad que de derecho le corresponde. **Sin.** 1 decrecer 2 reducir ☐ **Ant.** 1 y 2 aumentar.

mermelada. f. Conserva de fruta con azúcar o miel. **Sin.** confitura.

mero. m. Pez teleósteo marino que llega a tener un metro de largo, de cuerpo ovalado, agallas con puntas en el margen y tres aguijones; su carne es muy apreciada.

mero, ra. adj. Puro, simple.

merodear. intr. Vagar curioseando, buscando algo, o con malas intenciones. **Sin.** deambular, vagabundear, rondar.

merovingio, gia. adj. Se dice de la dinastía de los primeros reyes de la Galia, el tercero de los cuales fue Meroveo.

mes. m. **1** Cada una de las doce partes en que se divide el año. **2** Período de tiempo comprendido entre dos fechas iguales de dos meses consecutivos. **3** Menstruación. **4** Sueldo de un mes.

mesa. f. **1** Mueble que se compone de una tabla horizontal sostenida por una o varias patas. **2** Conjunto de personas que se sientan alrededor de una mesa: *toda la mesa alabó a la cocinera*. **3** Conjunto de personas que presiden una asamblea. **4** Terreno elevado y llano, de gran extensión, rodeado de valles o barrancos. **5 mesa redonda.** Grupo de personas que se reúnen para confrontar sus opiniones sobre determinada materia.

mesana. amb. **1** Mástil que está más a popa en el buque de tres palos. | f. **2** Vela que va contra este mástil.

mesar. tr. y prnl. Tirar de los cabellos o barbas en señal de dolor o ira.

mescolanza. f. Mezcolanza.

meseguero, ra. adj. **1** Perteneciente a las mieses. | m. **2** El que guarda las mieses.

mesenterio. m. Repliegue del peritoneo que une el estómago y el intestino con las paredes abdominales.

meseta. f. **1** Llanura extensa y elevada. **2** Descansillo de una escalera.

mesiánico, ca. adj. Relativo al Mesías o al mesianismo.

mesianismo. m. **1** Creencia religiosa relativa al Mesías, o enviado de Dios, que liberaría al pueblo de Israel. **2** Confianza en un futuro mejor.

mesías. m. **1** Con mayúscula, enviado de Dios prometido por los profetas al pueblo de Israel. **2** Sujeto real o imaginario a quien se espera para que solucione todos los males.

mesnada. f. En la Edad Media, compañía de gente armada a las órdenes de un jefe.

mesocarpio. m. Capa media de las tres que forman el pericarpio de los frutos, como la parte carnosa del melocotón.

mesocéfalo. adj. Forma de cráneo con índice cefálico horizontal, intermedio entre el de los dolicocéfalos y los braquicéfalos.

mesocracia. f. **1** Forma de gobierno en que domina la clase media. **2** Clase social acomodada. **Sin.** 2 burguesía.

mesodermo. m. Capa u hoja media de las tres en que se disponen las células del blastodermo después de haberse efectuado la segmentación.

mesolítico, ca. adj. y m. Se dice del período prehistórico de transición entre el paleolítico y el neolítico.

mesón. m. **1** Establecimiento típico donde se sirven comidas y bebidas. **2** Casa de hospedaje.

mesón. m. Cada una de las partículas elementales, con masa intermedia entre el electrón y el nucleón.

mesonero, ra. m. y f. Persona propietaria de un mesón.

Fauna del mesozoico

mesosfera. f. Capa de la atmósfera entre la estratosfera y la termosfera.

mesotórax. m. **1** Parte media del tórax. **2** Segmento medio del tórax de los insectos. ‖ No varía en pl.

mesozoico, ca. adj. y m. Se dice de la era geológica, llamada también *secundaria*, entre la primaria o paleozoica y la terciaria o cenozoica.

mester. m. **1** Antiguamente, oficio. **2 de clerecía.** Tipo de poesía medieval culta, compuesta por clérigos. **3 de juglaría.** Tipo de poesía medieval compuesta por juglares o poetas populares.

mestizaje. m. **1** Cruce de razas diferentes. **2** Conjunto de individuos que resultan de este cruce.

mestizo, za. adj. y s. **1** De padres de raza diferente. **2** Se apl. al animal o planta que resulta del cruce de dos razas distintas.

mesura. f. Moderación, corrección. **Ant.** exageración, exceso.

meta. f. **1** Señal que marca el final de una carrera. **2** Portería del fútbol. **3** Finalidad, objetivo: *su meta es vencer.*

meta-. pref. Significa 'junto a', 'después', 'entre' o 'con': *metacentro, metatórax.*

metabolismo. m. Conjunto de reacciones químicas que efectúan las células de los seres vivos.

metacarpo. m. Esqueleto de la mano, comprendido entre la muñeca y la falange de los dedos.

metacrilato. m. Producto de polimerización del ácido metacrílico o de sus derivados, empleado en la fabricación de plásticos.

metafase. f. Segunda fase de la mitosis celular en la que los cromosomas se colocan entre los dos polos en que se ha dividido el centríolo.

metafísica. f. **1** Parte de la filosofía que trata del ser en cuanto tal, de sus propiedades, principios y causas primeras. **2** Razonamiento profundo sobre cualquier materia.

metafita. f. **1** Vegetal pluricelular cuyos tejidos forman órganos, sistemas y aparatos. | pl. **2** Reino vegetal.

metáfora. f. Figura retórica que consiste en usar una palabra o frase en un sentido distinto del que tiene pero manteniendo con éste una relación de analogía o semejanza; p. ej.: *oro* por *cabello rubio.*

metal. m. **1** Cada uno de los elementos químicos buenos conductores del calor y de la electricidad, con un brillo característico, y sólidos a temperatura ambiente, salvo el mercurio. **2** Latón. **3** Timbre de la voz. **4** Instrumento de viento de una orquesta. También pl.

metalenguaje. m. Lenguaje cuando se usa para hablar del lenguaje mismo o de otro, por ejemplo, *'palabra' tiene tres sílabas.*

metálico, ca. adj. **1** De metal o perteneciente a éste. | m. **2** Dinero en efectivo: *¿lo abona en metálico o con tarjeta?*

metalífero, ra. adj. Que contiene metal.

Metamorfosis de la rana y del gusano de seda

metalizar. tr. **1** Hacer que un cuerpo adquiera propiedades metálicas. | **metalizarse.** prnl. **2** Convertirse una cosa en metal, o impregnarse de él.

metaloide. m. Denominación antigua para los elementos químicos de características opuestas a los metales.

metalurgia. f. **1** Técnica empleada para extraer, tratar y elaborar los metales. **2** Ciencia que estudia las propiedades de los metales.

metamorfismo. m. Transformación natural de un mineral o una roca que ocurre en el interior de la corteza terrestre.

metamorfosis. f. **1** Transformación, cambio profundo. **2** Conjunto de cambios biológicos que experimentan ciertos animales durante su desarrollo. || No varía en pl.

metano. m. Hidrocarburo gaseoso e incoloro, producido por la descomposición de sustancias orgánicas; es uno de los componentes del gas natural, y se emplea como combustible.

metaplasmo. m. Nombre genérico de las figuras de dicción.

metástasis. f. Reproducción de una enfermedad en órganos distintos de aquel en que se presentó primero. || No varía en pl.

metatarso. m. Esqueleto del pie, comprendido entre el tarso y la falange de los dedos.

metátesis. f. Cambio de posición de algún fonema en el interior de un vocablo, como en *perlado* por *prelado*. || No varía en pl. S<small>IN</small>. transposición.

metatórax. m. Parte posterior del tórax de los insectos, situada entre el mesotórax y el abdomen. || No varía en pl.

metazoo. adj. y m. **1** Se dice de los animales pluricelulares, cuyas células se agrupan en forma de tejidos, órganos y aparatos, como los vertebrados, los moluscos y los gusanos. | m. pl. **2** Subreino de estos animales.

meteco. adj. y com. **1** En la antigua Grecia, se aplicaba al extranjero que se establecía en Atenas. **2** Extranjero o forastero.

metempsicosis o **metempsícosis.** f. Doctrina que defiende la idea de que las almas de los muertos transmigran a otros cuerpos humanos o animales. || No varía en pl. S<small>IN</small>. transmigración.

meteorismo. m. Acumulación de gases en el tubo digestivo.

meteorito. m. Fragmento sólido procedente del espacio que puede llegar a caer sobre la superficie de la Tierra.

meteoro. m. Cualquier fenómeno atmosférico, como la nieve, la lluvia, el arco iris, etc.

meteorología. f. Ciencia que estudia los fenómenos atmosféricos, y en especial su relación con el tiempo atmosférico.

metepatas. com. Persona que suele meter la pata. || No varía en pl. S<small>IN</small>. patoso, inoportuno, indiscreto.

meter. tr. **1** Introducir o incluir una cosa dentro de otra o en algún sitio. También prnl. **2** Enredar, inmiscuir. También prnl.: *siempre se mete donde no le llaman*. **3** Con palabras como *miedo*, *ruido*, etc., producir, ocasionar. **4** Poner o colocar en un lugar una persona o cosa: *su tío le metió en la empresa*. **5** Hablando de bofetadas y otros golpes, darlos. | **meterse.** prnl. **6** Introducirse, penetrar. **7** Con la prep. *a* y algunos nombres que significan condición, profesión, etc., seguirla: *meterse a fraile*. **8** Con la prep. *con*, enfrentar, molestar: *no te metas con él*. **9** Intervenir, participar: *se metió en el negocio de su hermano*. **10 a todo meter.** loc. adv. A gran velocidad.

meticón, na. adj. y s. Persona entrometida. S*in.* metijón, metomentodo.

meticuloso, sa. adj. **1** Minucioso. **2** Excesivamente puntual, escrupuloso.

metido, da. adj. **1** Abundante en ciertas cosas: *metido en carnes*. **2** *amer*. Se dice de la persona entrometida. También s. | m. **3** Tela sobrante que se remete en las costuras.

metijón, na. adj. y s. Meticón.

metílico, ca. adj. Se dice de los compuestos que contienen metilo: *alcohol metílico*.

metilo. m. Radical monovalente, componente del alcohol metílico y de otros cuerpos, y que está constituido por un átomo de carbono y tres de hidrógeno.

metódico, ca. adj. Con método, ordenado: *hizo una inspección metódica*.

metodismo. m. Doctrina religiosa fundada en Oxford en 1729 por John y Charles Wesley, basada en los principios del calvinismo.

metodizar. tr. Poner orden y método en una cosa: *metodizar un inventario*. S*in.* ordenar, sistematizar.

método. m. **1** Modo sistemático y ordenado de obtener un resultado. **2** Conjunto de reglas y ejercicios prácticos: *método de taquigrafía*. **3** Modo de obrar o proceder: *no me gustan sus métodos*.

metodología. f. **1** Ciencia del método. **2** Conjunto de métodos utilizados en una investigación.

metomentodo. com. Persona entrometida.

metonimia. f. Figura retórica que consiste en designar una cosa con el nombre de otra, tomando el efecto por la causa, o viceversa; el autor por sus obras, el signo por la cosa significada, como p. ej.: *el laurel por la gloria*.

metopa o **métopa.** f. Espacio que media entre dos triglifos en el friso dórico.

metoposcopia. f. Adivinación del porvenir por las líneas del rostro.

metraje. m. Longitud de una película cinematográfica.

metralla. f. **1** Fragmentos menudos de clavos, tornillos, metal, etc., con que se cargan algunos proyectiles, bombas y otros explosivos. **2** Conjunto de cosas inútiles o desechadas.

metralleta. f. Arma de fuego portátil capaz de disparar ráfagas.

métrica. f. Arte que trata de la medida o estructura de los versos, y de sus combinaciones.

metro. m. **1** Unidad de medida de longitud del sistema métrico decimal. Su símbolo es *m*. **2** Instrumento de medida que tiene marcada la longitud de esta unidad y sus divisores. **3** Medida de cada verso.

metro. m. Apóc. de *metropolitano*, ferrocarril subterráneo.

metro-, -metro. pref. o suf. Significa: 'medida'.

metrología. f. Ciencia que tiene por objeto el estudio de los sistemas de pesas y medidas.

metrónomo. m. Instrumento para medir el tiempo e indicar el compás de las composiciones musicales.

metrópoli o **metrópolis.** f. **1** Ciudad principal de una provincia o Estado. **2** Estado, respecto de sus colonias. **3** Iglesia arzobispal que tiene dependientes otras sufragáneas. || En la segunda forma, no varía en pl.

metropolitano, na. adj. **1** Relativo a la metrópoli. | m. **2** Ferrocarril eléctrico, subterráneo o elevado, que circula por las grandes ciudades. **3** Arzobispo.

mexicano, na. adj. y s. De México. || Se pronuncia *mejicano*.

mezcal. m. **1** Variedad de agave, planta. **2** Aguardiente que se obtiene por fermentación y destilación de esta planta.

mezcla. f. **1** Acción de mezclar o mezclarse. **2** Combinación de varias sustancias. **3** Tejido hecho de hilos de diferentes clases y colores.

mezclar. tr. y prnl. **1** Juntar, unir, incorporar. **2** Desordenar. | **mezclarse.** prnl. **3** Introducirse, meterse: *los actores se mezclaron entre el público*. **4** Intervenir, participar.

mezcolanza. f. Mezcla confusa. S*in.* batiburrillo.

mezquino, na. adj. **1** Avaro, tacaño. También s.: *dejó una propina mezquina*. **2** Miserable, bajo, ruin. También s. **3** Pequeño, diminuto.

mezquita. f. Edificio en que los musulmanes llevan a cabo sus prácticas religiosas.

mezzosoprano. (voz it.) f. **1** Voz femenina, entre soprano y contralto. **2** Mujer que tiene esta voz.

mi. pron. pos. Apóc. de *mío, mía: mi espacio, mi casa*.

mi. m. Tercera nota de la escala musical. || pl.: *mis*.

mí. pron. pers. Primera persona en género masculino o femenino y número singular. || Se emplea siempre como complemento y con prep.: *¿me lo dices a mí?*

miaja. f. Migaja.

mialgia. f. Dolor muscular.

miasma. m. Emanación maloliente que se desprende de cuerpos enfermos, materias corruptas o aguas estancadas. Más en pl.

miau. **1** Onomatopeya del maullido del gato. | m. **2** Maullido.

Mica

mica. f. Mineral compuesto de láminas brillantes y elásticas. Es un silicato múltiple, que forma parte integrante de varias rocas.

micción. f. Acción de orinar.

micelio. m. Talo de los hongos, formado de filamentos muy ramificados y que constituye el aparato de nutrición de dichas plantas.

michelín. m. Acumulación de grasa que a manera de rollo rodea la cintura u otra parte del cuerpo. Más en pl.

michino, na. m. y f. Gato, animal.

mico, ca. m. y f. **1** Mono pequeño y de cola larga. **2** Persona muy fea. **3** Apelativo cariñoso dado a los niños.

micología. f. Ciencia que trata de los hongos.

micosis. f. Infección producida por ciertos hongos en alguna parte del organismo. || No varía en pl.

micra. f. Medida de longitud equivalente a la millonésima parte del metro.

micro. m. apóc. de *micrófono*.

micro-. pref. **1** Significa: 'pequeño' *(microficha)* o 'amplificación' *(micrófono)*. **2** Indica la millonésima parte de una unidad: *microsegundo*.

microbio. m. Ser unicelular microscópico. **Sin.** microorganismo.

microbiología. f. Ciencia que estudia los microbios o microorganismos.

microbús. m. Autobús pequeño.

microcéfalo, la. adj. y s. De cabeza pequeña.

microclima. m. Conjunto de condiciones atmosféricas de un área limitada, que difieren de las del resto de la región.

micrococo. m. Bacteria de forma esférica.

microcosmo o **microcosmos.** m. En ciertas doctrinas filosóficas, el ser humano, concebido como reflejo fiel y resumen completo del universo o macrocosmos. || En la segunda forma, no varía en pl.

microeconomía. f. Estudio de las acciones individuales de las unidades económicas de producción y consumo.

microelectrónica. f. Técnica de diseñar y producir circuitos electrónicos en miniatura.

microficha. f. Ficha de película que contiene en tamaño muy reducido varias fotocopias de páginas de un libro, documento, etc.

microfilm o **microfilme.** m. Película que se usa principalmente para reproducir en ella, en tamaño muy reducido, impresos, manuscritos, dibujos, etc., de modo que permita ampliarlas después en proyección o fotografía.

micrófono. m. Aparato que aumenta la intensidad de los sonidos.

micrografía. f. Descripción e interpretación de los objetos vistos con el microscopio.

micrómetro. m. **1** Instrumento óptico y mecánico destinado a medir cantidades lineales o angulares muy pequeñas. **2** Medida de longitud; es la millonésima parte del metro. Se le conoce también como *micra*.

micromilímetro. m. Medida de longitud equivalente a la millonésima parte del milímetro.

microonda. f. Onda electromagnética cuya longitud está comprendida en el intervalo del milímetro al metro y cuya propagación puede realizarse por el interior de tubos metálicos.

microondas. m. Horno rápido que funciona con ciertas ondas electromagnéticas. || No varía en pl.

microordenador. m. Ordenador personal que emplea un microprocesador como unidad central de tratamiento.

microorganismo. m. Organismo de tamaño microscópico. **Sin.** microbio.

micrópilo. m. Orificio del óvulo de las plantas y de algunos animales, como insectos y peces, por el cual penetra el elemento masculino en el momento de la fecundación.

microprocesador. m. Circuito electrónico integrado a gran escala, que realiza la función de una unidad central en los microordenadores.

microscópico, ca. adj. **1** Relacionado con el microscopio. **2** Muy pequeño, diminuto.

microscopio. m. Instrumento óptico para observar objetos muy pequeños.

microsurco. adj. y m. Se dice del disco fonográfico cuyas ranuras finísimas y muy próximas unas de otras, permiten registrar, en el mismo espacio que los discos de tipo antiguo, una cantidad mucho mayor de sonidos.

micrótomo. m. Instrumento para cortar los objetos que se han de observar con el microscopio.

miedo. m. **1** Temor o inquietud producida por un peligro, dolor, molestia, etc., real o imaginario: *miedo* *al fracaso.* **2** Recelo de que suceda una cosa contraria a lo que se espera o desea: *tengo miedo de que llueva el día de la excursión.*

miedoso, sa. adj. y s. Que se asusta con facilidad. **Sin.** medroso, pusilánime.

miel. f. Sustancia densa, amarillenta y muy dulce, que elaboran las abejas.

mielga. f. Pez marino selacio de piel gruesa y pardusca, sin escamas y con gruesos tubérculos córneos.

mielitis. f. Inflamación de la médula espinal. ‖ No varía en pl.

miembro. m. **1** Cualquiera de las extremidades del cuerpo humano o animal, articuladas con el tronco. **2** Órgano sexual masculino en el hombre y en algunos animales. **3** Individuo que forma parte de una comunidad, asociación, etc: *es miembro del club desde hace poco.* **4** Parte de un todo: *los miembros de una oración.* **5 miembro viril.** Órgano sexual en el hombre. **Sin.** 2 y 5 pene, falo, verga.

miente. f. **1** Facultad de pensar, pensamiento. Más en pl.: *no se me pasó por las mientes llamarte.* **2 caer en mientes,** o **en las mientes.** loc. Imaginarse una cosa. **3 parar,** o **poner, mientes en** una cosa. loc. Considerarla, recapacitar sobre ella.

mientras. adv. t. y conj. Durante el tiempo en que: *mientras yo estudio, él juega.* ‖ Se usa también antepuesto a la conj. *que.*

miércoles. m. **1** Cuarto día de la semana, posterior al martes y anterior al jueves. **2 miércoles de ceniza.** Primer día de la Cuaresma. ‖ No varía en pl.

mierda. f. **1** Excremento. **2** Suciedad, porquería. **3** Cosa de poca calidad, insignificante o despreciable. **4** Borrachera: *¡vaya mierda lleva ese!* ‖ interj. **5** Denota rechazo, enfado o contrariedad. **6 ¡a la mierda!** loc. Denota rechazo. **7 ¡y una mierda!** Expresión que indica negación.

mies. f. **1** Cereal maduro. También pl. **2** Tiempo de la siega y cosecha de granos. ‖ pl. **3** Campos sembrados.

miga. f. **1** Porción pequeña de pan o de cualquier cosa. **2** Parte interior y más blanda del pan. **3** Sustancia o contenido de algo: *es una película con mucha miga.* ‖ pl. **4** Pan picado, humedecido con agua y sal, y rehogado en aceite muy frito, con algo de ajo y pimentón. **5 hacer buenas,** o **malas, migas.** loc. Llevarse bien o mal con alguien. **Sin.** 1 migaja 2 meollo, enjundia, núcleo.

migaja. f. **1** Parte pequeña y menuda del pan, que suele saltar o desmenuzarse al partirlo. Más en pl. **2** Porción pequeña y menuda de cualquier cosa. **3** Parte pequeña de una cosa no material: *unas migajas de prestigio.* **4** Nada o casi nada. ‖ pl. **5** Desperdicios o sobras.

migar. tr. **1** Desmenuzar o partir el pan en pedazos muy pequeños para hacer migas u otra cosa semejante. **2** Echar estos pedazos en un líquido.

migración. f. **1** Desplazamiento de individuos de un lugar a otro. **2** Viaje periódico de las aves, peces u otros animales migratorios.

migraña. f. Jaqueca.

mihrab. (voz ár.) m. Nicho que en las mezquitas señala hacia La Meca, sitio adonde deben de mirar los que oran. ‖ pl.: *mihrabs.*

mijo. m. **1** Planta gramínea de origen asiático, de hojas planas, largas y puntiagudas, y flores en panojas terminales. **2** Semilla de esta planta.

mil. adj. **1** Diez veces cien. También pron. **2** Se dice del número o cantidad grande o indeterminado: *te he dicho mil veces que no puedo ir.* **3** Milésimo. También pron. ‖ m. **4** Signo o conjunto de signos con que se representa el número mil. **5** Conjunto de mil unidades, millar. Se usa más en pl. **6 las mil y quinientas.** loc. Hora demasiado tardía.

milady. (voz ingl.) f. Tratamiento que se da en Inglaterra a las señoras de la nobleza.

milagro. m. **1** Suceso inexplicable que se atribuye a intervención divina. **2** Suceso o cosa rara, extraordinaria y maravillosa. **3 de milagro.** loc. adv. Por muy poco; sorprendentemente. **Sin.** 1 y 2 portento, prodigio, maravilla.

milagroso, sa. adj. **1** Que excede a las fuerzas de la naturaleza. **2** Que hace milagros. **3** Maravilloso, asombroso. **Sin.** 1 y 2 sobrenatural.

milano. m. Nombre de varias especies de aves rapaces diurnas, con cuerpo de plumaje rojizo, gris claro en la cabeza, leonado en la cola y casi negro en las plumas de las alas.

milenario, ria. adj. **1** Relativo al milenio, que dura o sobrepasa mil años: *una tradición milenaria.* ‖ m. **2** Espacio de mil años. **3** Milésimo aniversario de algún acontecimiento importante. **Sin.** 2 milenio.

milenio. m. Período de mil años.

milésimo, ma. adj. y s. **1** Que ocupa el número mil en una serie ordenada. **2** Se dice de cada una de las mil partes en que se divide un todo.

milhojas. m. Pastel de hojaldre con capas de merengue o crema. ‖ No varía en pl.

mili. f. Apóc. de *milicia,* servicio militar.

mili-. pref. Indica la milésima parte de una unidad: *milímetro.*

miliárea. f. Medida de superficie equivalente a la milésima parte de un área, esto es, diez centímetros cuadrados.

milicia. f. **1** Profesión dedicada a la actividad militar y a la preparación de soldados para ella. **2** Servicio militar. **3** Conjunto de soldados y militares de un estado. **Sin.** 2 mili.

miliciano, na. adj. **1** Perteneciente a la milicia. | m. y f. **2** Individuo de una milicia.

miligramo. m. Unidad de medida de masa. Equivale a la milésima parte de un gramo. Su símbolo es *mg*.

mililitro. m. Medida de capacidad; es la milésima parte de un litro (igual a un centímetro cúbico). Su símbolo es *ml*.

milímetro. m. Milésima parte de un metro. Su símbolo es *mm*.

militar. adj. **1** Relativo a la milicia o a la guerra: *juicio militar*. | com. **2** Persona que sirve en el ejército. **Sin.** 1 marcial, castrense 2 soldado.

militar. intr. **1** Servir en la guerra o servir en el ejército. **2** Pertenecer a un partido político, grupo, etc.

militarismo. m. **1** Poder o importancia excesiva de los militares en los asuntos de un Estado. **2** Modo de pensar de quien propugna dicho poder o importancia.

militarizar. tr. **1** Infundir la disciplina o el espíritu militar. **2** Someter a la disciplina militar. **3** Dar carácter u organización militar a una colectividad.

milivatio. m. Unidad práctica de potencia que equivale a una milésima de vatio. Su símbolo es *mW*.

milivoltio. m. Unidad práctica de tensión, que equivale a una milésima de voltio. Su símbolo es *mV*.

milla. f. **1** Medida marina de longitud equivalente a 1.852 m. **2** Medida terrestre de longitud equivalente a 1.609 m.

millar. m. Conjunto de mil unidades.

millón. m. **1** Mil millares de una unidad. **2** Cantidad muy grande o indeterminada: *nos lo has contado un millón de veces*.

millonada. f. Cantidad muy grande, especialmente de dinero.

millonario, ria. adj. Que tiene mucho dinero. También s. **Sin.** rico, acaudalado.

millonésimo, ma. adj. **1** Que ocupa en una serie el lugar un millón. También pron. **2** Se dice de cada una del millón de partes iguales en que se divide un todo. También s.

miloca. f. Ave rapaz y nocturna, muy parecida al búho en forma y tamaño.

milonga. f. Canción popular del Río de la Plata, y baile que se ejecuta con ella.

milord. (voz. ingl.) m. Tratamiento que se da a los lores o señores de la nobleza inglesa. || pl.: *milores*.

milpiés. m. Cochinilla de tierra o de humedad. || No varía en pl.

mimar. tr. **1** Tratar con cuidado o mimo algo o a alguien para conservarlo: *mima mucho a sus amistades*. **2** Tratar con excesiva condescendencia a alguien, y en especial a los niños. **Sin.** 1 cuidar 2 malcriar.

mimbre. amb. Cada una de las varas finas y flexibles que produce la mimbrera.

mimbrera. f. **1** Arbusto de 2 a 3 m de altura, de ramas largas, delgadas y flexibles con hojas lanceoladas; sus ramas se emplean en cestería. **2** P. ext., nombre común de varias especies de sauces.

mimeografiar. tr. Reproducir en copias por medio del mimeógrafo.

mimeógrafo. m. Multicopista que reproduce textos o figuras grabados en una lámina de papel especial.

mimesis o **mímesis.** f. **1** Figura retórica que consiste en la imitación de los gestos y ademanes de una persona, generalmente para burlarse de ella. **2** Imitación de la naturaleza en el arte, que según la estética clásica debe ser el objeto de la obra artística. || No varía en pl.

mimetismo. m. **1** Propiedad que poseen algunos animales y plantas de asemejarse, principalmente en el color y forma, a los seres u objetos inanimados entre los cuales viven. **2** P. ext., disposición de una persona para cambiar sus opiniones y conducta y adaptarse a las de otras.

mímica. f. Expresión por medio de gestos o movimientos corporales.

mímico, ca. adj. Relativo a la mímica o los gestos.

mimo. m. **1** Demostración de ternura: *hizo mimos al perro*. **2** Condescendencia excesiva con que se trata a alguien, especialmente a los niños. **3** Actor o intérprete teatral que se vale de gestos y de movimientos corporales para actuar ante el público. **4** Género teatral basado en este tipo de actuación. **Sin.** 1 cariño, caricia 2 consentimiento 4 pantomima.

mimosa. f. **1** Nombre de diversas plantas arbustivas o herbáceas, de tallo largo y flores pequeñas reunidas en espiga. **2** Flor de esta planta.

mimosáceo, a. adj. y f. **1** Se dice de los arbustos o árboles angiospermos dicotiledóneos, con fruto en legumbre, hojas compuestas y flores regulares con estambres libres y comúnmente ramificados; como la acacia. | f. pl. **2** Familia de estas plantas.

mina. f. **1** Yacimiento de minerales. **2** Excavación subterránea, o a cielo abierto, para extraer estos minerales. **3** Barrita de grafito que va en el interior del lápiz. **4** Empleo, negocio, etc., en el que con poco trabajo se obtiene mucha ganancia. **5** Persona o cosa valiosa. **6** Artificio explosivo que estalla al ser rozado.

minar. tr. **1** Abrir galerías subterráneas. **2** Colocar minas o explosivos. **3** Consumir, destruir: *la enfermedad minó sus fuerzas*.

minarete. m. Torre de las mezquitas. **Sin.** alminar.

Mina de cobre

mineral. adj. **1** Relativo al grupo de las sustancias inorgánicas o a alguna de sus partes. | m. **2** Sustancia inorgánica, sólida y homogénea, de composición química y estructura generalmente cristalina. **3** Parte útil de un yacimiento minero.

mineralizar. tr. y prnl. **1** Transformar una sustancia en mineral. | **mineralizarse.** prnl. **2** Cargarse las aguas de sustancias minerales en su curso subterráneo.

mineralogénesis. f. Proceso de formación de los minerales. || No varía en pl.

mineralogía. f. Parte de la geología que estudia la forma, estructura, composición, propiedades, yacimientos y evolución de los minerales.

minería. f. **1** Conjunto de personas e instalaciones dedicadas a la explotación de minas. **2** Actividad minera. **3** Conjunto de las minas y explotaciones mineras de una nación, región, etc.: *la minería asturiana.*

minero, ra. adj. **1** Relativo a la mina: *tren minero.* | m. y f. **2** Persona que trabaja en las minas.

minerva. f. Máquina de imprenta de pequeñas dimensiones.

mingitorio, ria. adj. **1** Relacionado con la acción de orinar. | m. **2** Urinario.

mini-. pref. Significa: 'pequeño', 'breve', 'corto', etc.: *minifalda, minifundio.*

miniatura. f. **1** Pintura de tamaño pequeño, que se hace sobre distintas superficies. **2** Persona o cosa de pequeño tamaño. **3** Reproducción de un objeto en dimensiones reducidas.

minifalda. f. Falda corta, por encima de las rodillas.

minifundio. m. Terreno de cultivo de reducida extensión, y poca rentabilidad.

minimizar. tr. Empequeñecer, quitar importancia. **Sin.** disminuir, subestimar ☐ **Ant.** amplificar.

mínimo, ma. adj. **1** Se dice de lo más pequeño dentro de su especie: *rendimiento mínimo.* **2** Se dice del religioso o religiosa de la orden de los Mínimos. También s. | m. **3** Límite inferior, o extremo a que se puede reducir una cosa: *está al mínimo de su capacidad.* | f. **4** Temperatura más baja que se registra en un tiempo y lugar determinados.

minino, na. m. y f. Gato, animal.

minio. m. Óxido de plomo, de color rojizo, que se aplica en la preparación de pintura protectora.

ministerio. m. **1** Cada uno de los departamentos en que se divide el gobierno de un Estado. **2** Edificio

ministrable – miriápodo

en el que se encuentra la oficina de un ministro. **3** Empleo de ministro. **4** Cuerpo de ministros de Estado. **5** Cargo, empleo, oficio.

ministrable. adj. Se dice de la persona en quien se aprecian probabilidades y aptitudes para ser ministro.

ministro, tra. m. y f. **1** Jefe de cada uno de los departamentos en que se divide la gobernación del Estado. **2** Representante o agente diplomático. **3 primer ministro.** Jefe del Gobierno o presidente del Consejo de Ministros.

minorar. tr. y prnl. Disminuir, reducir a menos una cosa.

minoría. f. **1** Parte menor de un conjunto. **2** En las juntas, asambleas, etc., conjunto de votos dados en contra de lo que opina el mayor número de los votantes. **3** Fracción de un cuerpo deliberante, generalmente opuesta a la política del Gobierno. **4** Menor edad legal de una persona. S<small>IN</small>. 3 oposición ☐ A<small>NT</small>. 1, 2 y 4 mayoría.

minorista. adj. **1** Se apl. al comercio al por menor. | com. **2** Comerciante al por menor. A<small>NT</small>. 1 y 2 mayorista.

minucia. f. Cosa muy pequeña o de poca importancia. S<small>IN</small>. menudencia, pequeñez, bagatela, nadería.

minucioso, sa. adj. Meticuloso, detallista.

minué. m. **1** Baile francés para dos personas, que estuvo de moda en el s. XVIII. **2** Música de este baile.

minuendo. m. Cantidad de la que debe restarse otra.

minueto. m. Composición puramente instrumental, en compás ternario y movimiento moderado.

minúsculo, la. adj. **1** De muy pequeñas dimensiones o de muy poco valor. **2** Se dice de la letra de menor tamaño que la mayúscula. También f. S<small>IN</small>. 1 ínfimo, mínimo ☐ A<small>NT</small>. 1 y 2 mayúsculo.

minusvalía. f. Disminución del valor de alguna cosa.

minusválido, da. adj. y s. Se dice de la persona que padece invalidez parcial por un defecto físico o psíquico. S<small>IN</small>. inválido.

minusvalorar. tr. Valorar alguna cosa en menos de lo debido. S<small>IN</small>. infravalorar, subestimar ☐ A<small>NT</small>. sobrevalorar.

minuta. f. **1** Borrador de un contrato, escritura, oficio, etc. **2** Cuenta de honorarios de un abogado, o de otros profesionales. **3** Lista de los platos de una comida. S<small>IN</small>. 3 menú.

minutero. f. Manecilla que señala los minutos en el reloj.

minuto, ta. adj. **1** Menudo. | m. **2** Cada una de las 60 partes iguales en que se divide una hora. **3** Cada una de las 60 partes iguales en que se divide un grado de círculo.

mío, mía, míos, mías. adj. y pron. pos. Forma de primera persona en gén. m. o f. y núm. s. o pl. Expresa pertenencia o vínculos entre una persona o cosa y la persona que habla: *el bolígrafo mío, dame la mía*.

miocardio. m. Tejido muscular del corazón.

mioceno. adj. **1** Se dice del período o época que sigue al oligoceno, con el que comienza el terciario superior o neógeno. También m. **2** Relacionado con este período.

miodinia. f. Dolor de los músculos.

miología. f. Parte de la anatomía descriptiva, que trata de los músculos.

miope. adj. **1** Se dice del ojo o del individuo que padece miopía. También com. **2** Corto de alcances o de mira: *es un miope para los negocios*.

miopía. f. Defecto de la visión consistente en la incapacidad de enfocar los objetos lejanos.

mira. f. **1** Pieza que en ciertos instrumentos sirve para dirigir la vista hacia un objeto. **2** Piezas de las armas de fuego para asegurar la puntería. **3** Intención, objeto o propósito, generalmente concreto. Más en pl: *amplitud de miras*. S<small>IN</small>. 3 designio, fin.

mirada. f. **1** Acción de mirar. **2** Modo de mirar.

mirado, da. adj. **1** Cauto, reflexivo. **2** Que despierta buena o mala opinión: *está muy bien mirado en su empresa*. S<small>IN</small>. 1 atento, circunspecto 2 considerado.

mirador. m. **1** Lugar desde donde se contempla un paisaje. **2** Balcón cerrado con cristales.

miraguano. m. **1** Palmera de poca altura, de cuyo fruto se obtiene una materia semejante al algodón. **2** Esta materia, que se emplea para rellenar almohadas, cojines, edredones, etc.

miramiento. m. **1** Acción de mirar, atender o considerar una cosa. **2** Respeto y atención que se observan al ejecutar una acción o al tratar a una persona.

mirar. tr. **1** Fijar la vista en un objeto. También prnl. **2** Tener el fin o interés que se expresa: *sólo mira por su provecho*. **3** Observar las acciones de uno. **4** Apreciar, estimar, tener en cuenta: *mira mucho la puntualidad*. **5** Estar enfrente: *mi ventana mira al parque*. **6** Pensar, juzgar: *mira y dime si tengo o no razón*. **7** Buscar. También prnl.: *mírate en los bolsillos*. **8 de mírame y no me toques.** loc. adj. Muy frágil o delicado.

miríada. f. Cantidad muy grande, pero indefinida: *una miríada de estrellas*.

miriámetro. m. Medida de longitud, equivalente a diez mil metros.

miriápodo. adj. y m. **1** Se dice de los artrópodos terrestres, con cuerpo dividido en anillos y numerosos pares de patas, como el ciempiés. | m. pl. **2** Grupo formado por estos artrópodos.

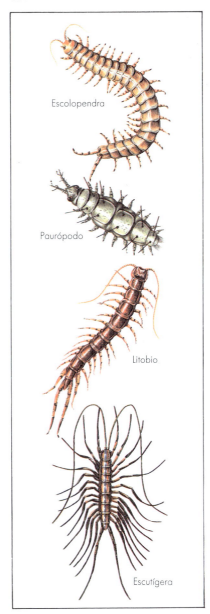

Miriápodos

mirilla. f. **1** Abertura en la pared o en la puerta para ver quién llama. **2** Abertura de algunos instrumentos para dirigir visuales.

miriñaque. m. Prenda interior de tela rígida o muy almidonada y a veces con aros, que usaban las mujeres.

mirlo. m. Pájaro de plumaje negro en el macho y pardo en la hembra, y pico amarillo; se domestica con facilidad y aprende a repetir sonidos.

Mirlo

mirón, na. adj. y s. Se dice de la persona que mira demasiado o con curiosidad.

mirra. f. Resina gomosa aromática, empleada en perfumería y medicina.

mirsináceo, a. adj. y f. Se dice de plantas angiospermas dicotiledóneas, con hojas esparcidas y fruto en drupa o baya.

mirtáceo, a. adj. y f. Se dice de las plantas dicotiledóneas, que tienen flores en forma de tubo, como el eucalipto, el clavillo y el mirto.

mirto. m. Arbusto mirtáceo, de 2 a 3 m de altura, oloroso, con ramas flexibles, hojas opuestas, y blancas y pequeñas.

misa. f. **1** Ceremonia principal de la Iglesia católica en la que el sacerdote conmemora el sacrificio de Cristo, ofreciendo su cuerpo y sangre bajo las especies del pan y el vino. **2** Composición musical escrita para acompañar este rito. **3 misa del gallo.** La que se dice a medianoche de la víspera, o al comenzar la madrugada de Navidad. **4 como en misa.** loc. En profundo silencio. **5 no saber** uno **de la misa la media,** o **la mitad.** loc. Ignorar algo.

misal. adj. Se dice del libro en que se contiene el orden y modo de celebrar la misa.

misántropo, pa. m. y f. Persona que rehúye el trato humano. **Sin.** retraído, insociable ☐ **Ant.** sociable.

misceláneo, a. adj. **1** Compuesto de cosas distintas o de géneros diferentes. | f. **2** Mezcla de unas cosas con otras. **3** Obra o escrito en que se tratan muchas materias inconexas y mezcladas. **Sin.** 1 mixto, vario 2 mezcolanza.

miserable. adj. **1** Desdichado, infeliz. **2** Abatido, sin ánimos ni fuerzas. **3** Muy pobre. **4** Avariento, mezquino: *una propina miserable*. **5** Malvado, canalla.

miserere. m. **1** Salmo cincuenta, que empieza con esta palabra. **2** Canto solemne que se hace del mismo. **3** Función religiosa de la cuaresma en que se canta este salmo.

miseria. f. **1** Desgracia, infortunio. **2** Pobreza extrema. **3** Avaricia, mezquindad. **4** Cosa escasa: *le pagan una miseria*. **Ant.** 1 felicidad 2 riqueza, fortuna 3 generosidad 4 esplendidez.

misericordia. f. **1** Sentimiento de compasión hacia los sufrimientos ajenos, que inclina a ayudar o perdonar. **2** Porción pequeña de alguna cosa, como la que suele darse de limosna.

mísero, ra. adj. Miserable, desdichado, pobre o escaso.

misil. m. Proyectil autopropulsado, equipado con una o varias cabezas explosivas, nucleares o convencionales.

misión. f. **1** Cometido que una persona o colectividad consideran necesario llevar a cabo. **2** Poder que se da a una persona para ir a desempeñar algún cometido: *estaba en misión diplomática*. **3** Peregrinación que hacen los religiosos de pueblo en pueblo predicando el Evangelio. **4** Territorio donde lo predican. **5** Expedición de carácter científico para analizar sobre el terreno el objeto de estudio: *una misión antropológica*.

misionero, ra. adj. **1** Relativo a la misión evangélica. | m. y f. **2** Persona que predica la religión cristiana en las misiones.

misiva. f. Carta, mensaje.

mismo, ma. adj. **1** Denota que se trata de una persona o cosa a la que se refiere, y no a otra: *es el mismo coche que vimos ayer*. **2** Semejante o igual: *usamos la misma talla*. **3** Con sustantivos y pron. pers., refuerza la identidad: *yo mismo lo haré*. **4** Precedido de adv., refuerza su significado, añadiendo precisión: *fue ayer mismo*.

misoginia. f. Aversión u odio a las mujeres.

misógino, na. adj. Que odia a las mujeres.

miss. (voz ingl.) f. **1** Tratamiento inglés equivalente a *señorita*. **2** Ganadora de un concurso de belleza.

mistela. f. **1** Bebida que se hace con aguardiente, agua, azúcar y otros ingredientes, como canela, etc. **2** Líquido resultante de la adición de alcohol al mosto de uva.

míster. m. **1** Tratamiento inglés equivalente a *señor*. **2** Ganador de un concurso de belleza.

misterio. m. **1** Hecho cuya explicación se desconoce. **2** Asunto secreto y muy reservado. **3** Arcano o cosa secreta en cualquier religión, inaccesible a la razón y que debe ser objeto de fe. **4** En la religión cristiana, cada uno de los pasos de la vida, pasión y muerte de Jesucristo, cuando se consideran por separado. **Sin.** 1 enigma 2 secreto.

misticismo. m. **1** Estado de la persona que se dedica a la contemplación de Dios o a las cosas espirituales. **2** Doctrina religiosa y filosófica que trata sobre este estado.

místico, ca. adj. **1** Relativo a la mística. **2** Se dice de la persona que tiene una experiencia espiritual íntima con Dios. También s.: *los místicos españoles*. **3** Que escribe o trata de esta experiencia. También s. | f. **4** Parte de la teología, que trata de la vida espiritual y contemplativa. **5** Literatura en que se reflejan estas experiencias.

mistificar. tr. Falsear, falsificar, deformar.

mistral. adj. y m. Viento frío del litoral mediterráneo de Francia.

mitad. f. **1** Cada una de las dos partes iguales en que se divide un todo. **2** Medio, centro.

mitificar. tr. **1** Convertir en mito cualquier hecho natural. **2** Rodear de extraordinaria estima determinadas teorías, personas, sucesos, etc.

mitigar. tr. y prnl. Moderar, suavizar: *con este analgésico mitigarás el dolor*. **Ant.** agudizar.

mitin. m. Reunión pública en la que se discuten asuntos políticos o sociales.

mito. m. **1** Narración fabulosa que relata acciones y personajes imaginarios y que tiene por fin fundamentar, de una manera no racional, la realidad: *el mito de Prometeo*. **2** Conjunto de creencias e imágenes idealizadas que se forman alrededor de un personaje o fenómeno y que le convierten en modelo o prototipo: *los mitos del cine*. **3** Invención, fantasía.

mitocondria. f. Orgánulo del citoplasma de las células con núcleo, que se ocupa de la respiración aerobia celular.

mitografía. f. Ciencia que trata del origen y explicación de los mitos.

mitología. f. Conjunto de mitos, leyendas, etc., sobre los dioses, semidioses y héroes de un pueblo.

mitomanía. f. Tendencia a mentir y a inventar cosas fantásticas.

mitómano, na. adj. y s. Se dice de la persona inclinada a la mitomanía.

mitón. m. Guante de punto sin dedos.

mitosis. f. Tipo de división celular en la que se mantiene constante la dotación cromosómica, generalmente diploide, y en la que el núcleo sufre una

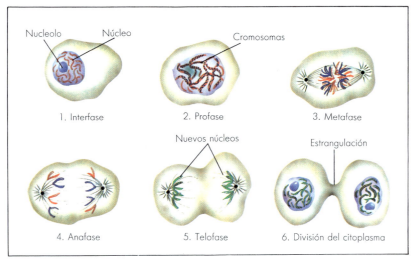

Mitosis

serie de procesos antes de separarse. ‖ No varía en pl.

mitra. f. **1** Toca, alta y apuntada, que llevan los obispos, arzobispos y algunas otras personas eclesiásticas. **2** Dignidad de arzobispo u obispo, y territorio de su jurisdicción.

mitral. adj. Se dice de la válvula que existe entre la aurícula y el ventrículo izquierdos del corazón de los mamíferos.

miura. m. **1** Toro de la ganadería de Miura, famosa por la bravura de sus reses. **2** P. ext., toro bravo difícil de lidiar. **3** Persona de malas intenciones. **4** Persona de gran coraje y fiereza.

mixomatosis. f. Enfermedad infecciosa de los conejos. ‖ No varía en pl.

mixomiceto. adj. y m. **1** Se dice de los organismos vegetales unicelulares sin clorofila. ‖ m. pl. **2** Clase de estos vegetales.

mixto, ta. adj. **1** Mezclado. **2** Compuesto de varios elementos distintos: *un sandwich mixto*. También m. **3** Dicho de animal o vegetal, mestizo. ‖ m. **4** Cerilla, fósforo.

mixtura. f. **1** Mezcla de varias cosas. **2** Pan de varias semillas. **3** Medicamento compuesto de varios ingredientes.

mízcalo. m. Níscalo.

mnemotecnia o **mnemotécnica.** f. **1** Técnica para aumentar las facultades de la memoria. **2** Método por medio del cual se forma una memoria artificial.

moaré. m. Tela fuerte que forma aguas. **Sin.** muaré.

moaxaja. f. Composición poética en árabe o hebreo, que lleva una estrofa final o *jarcha*, escrita en mozárabe.

mobiliario, ria. adj. **1** Relacionado con el mueble. **2** Se aplica a los efectos públicos que se negocian en bolsa. ‖ m. **3** Conjunto de muebles: *el mobiliario de una casa*.

moca. m. **1** Clase de café de buena calidad. **2** Crema de repostería elaborada con café, azúcar, mantequilla y vainilla.

mocárabe. m. Elemento decorativo de la arquitectura árabe formado por la combinación geométrica de prismas acoplados y cortados en su extremo inferior por superficies cóncavas. Se usa como adorno de cornisas y bóvedas.

mocasín. m. **1** Calzado de una sola pieza, hecho de piel sin curtir, que usaban los indios. **2** Calzado hecho a imitación del anterior, plano, sin cordones ni hebillas.

mocedad. f. Época de la vida humana que comprende desde la pubertad hasta la edad adulta. **Sin.** juventud, adolescencia ◻ **Ant.** ancianidad.

mocetón, na. m. y f. Joven alto y corpulento.

mocha. f. **1** Reverencia que se hacía bajando la cabeza. **2** Cabeza humana.

mochales. adj. Se dice de la persona chiflada o medio loca: *estar mochales*. **Sin.** chalado.

mochila. f. Especie de saco o bolsa que se sujeta a la espalda por medio de correas y sirve para transportar diversos artículos personales. SIN. macuto.

mocho, cha. adj. **1** Se dice de todo aquello a lo que falta la punta o la debida terminación. | m. **2** Remate grueso y romo de un instrumento o utensilio largo, como la culata de un arma de fuego. SIN. 1 romo.

mochuelo. m. **1** Ave rapaz nocturna, de unos 20 cm, cuerpo rechoncho y cabeza achatada y el plumaje pardo oscuro moteado. **2** Asunto o trabajo difícil o enojoso. **3** En impr., omisión de una palabra, texto, etc., por error. SIN. 2 embolado, muerto.

moción. f. **1** Proposición que se hace en una asamblea, congreso, etc. **2** Acción de moverse. SIN. propuesta.

moco. m. **1** Secreción viscosa de las membranas mucosas, y especialmente la que fluye por la nariz. Más en pl. **2** Sustancia pegajosa, fluida y resbaladiza que forma grumos dentro de un líquido. **3 llorar a moco tendido.** loc. Llorar sin parar. SIN. 1 mucosidad.

mocoso, sa. adj. **1** Que tiene mocos. **2** Se apl. al niño o al joven que se las da de adulto. También s.

moda. f. Uso, modo o costumbre que está en boga durante algún tiempo, especialmente en lo relativo a las prendas de vestir.

modal. adj. **1** Relacionado con el modo. | m. pl. **2** Forma habitual de comportamiento de cada persona: *tiene muy buenos modales.*

modalidad. f. Modo de ser o de manifestarse una cosa. SIN. manera, forma.

modelar. tr. **1** Dar forma a alguna materia blanda, como cera, barro, etc. **2** En pint., dar relieve a las figuras mediante el sombreado. **3** Formar a una persona de acuerdo a unos principios determinados. | **modelarse.** prnl. **4** Ajustarse a un modelo.

modélico, ca. adj. Que puede servir de modelo. SIN. ejemplar.

modelista. com. Persona que hace modelos o maquetas.

modelo. m. **1** Persona o cosa que se considera digno de ser imitado. **2** Representación a escala reducida de alguna cosa. **3** Vestido diseñado y confeccionado por un modisto o casa de costura. **4** Objeto, aparato o construcción realizada conforme a un mismo diseño: *este coche es un modelo de 1942.* | com. **5** Persona encargada de exhibir prendas de vestir. **6** En escultura, pintura, etc., persona u objeto que copia el artista. SIN. 1 ejemplo, pauta 2 maqueta 4 prototipo 5 maniquí.

módem. m. En inform., convertidor de señales digitales en señales susceptibles de trasladarse por una línea de telecomunicaciones, y viceversa.

moderado, da. adj. **1** Mesurado, sensato. **2** Que guarda el medio entre los extremos: *velocidad moderada.* **3** En política, partidos de tendencia conservadora.

moderador, ra. adj. y s. **1** Que modera. **2** Se dice de la persona que preside o dirige un debate, asamblea, mesa redonda, etc. | m. **3** Presidente de una reunión o asamblea en las iglesias protestantes. **4** Sustancia que reduce la energía cinética de los neutrones sin absorberlos.

moderar. tr. **1** Ajustar una cosa, evitando el exceso: *moderar la velocidad.* También prnl. **2** Presidir o dirigir un debate, asamblea, mesa redonda, etc. SIN. 1 templar, suavizar.

moderato. (voz it.) adj. Movimiento musical entre el andante y el vivace. A veces se utiliza también para modificar al término que sigue: *allegro moderato.*

modernismo. m. **1** Afición a las cosas modernas. **2** Movimiento literario surgido en Hispanoamérica y España a finales del s. XIX y principios del XX, que se relacionó con el parnasianismo y simbolismo franceses.

modernizar. tr. Dar forma o aspecto moderno a cosas antiguas.

moderno, na. adj. **1** Que existe desde hace poco: *una tendencia moderna.* **2** Avanzado, en sus características, sus ideas, sus usos o sus costumbres. **3** En los colegios y otras comunidades, que acaba de incorporarse. **4** Perteneciente al período histórico comprendido entre la Edad Media y la contemporánea (s. XV a XVIII). SIN. 1 reciente 1 y 3 nuevo 2 progresista ☐ ANT. 1 antiguo, viejo 2 anticuado 3 veterano.

modestia. f. **1** Cualidad de la persona que no presume de sus méritos o no les da importancia. **2** Sencillez. **3** Pobreza, escasez de medios, recursos, etc.

modesto, ta. adj. **1** Que tiene modestia. También s. **2** Discreto, escaso: *un sueldo modesto.*

módico, ca. adj. Moderado, escaso, limitado. ANT. excesivo.

modificar. tr. **1** Transformar algo o a alguien respecto de un estado inicial. También prnl.: *el plan no se ha modificado.* **2** Limitar o determinar el sentido de una palabra: *el adjetivo modifica al sustantivo.*

modillón. m. Pieza voladiza sobre la que asienta una cornisa o alero.

modismo. m. Modo de hablar propio de una lengua, a la que generalmente no puede darse una interpretación literal, sino figurada; p. ej., *caerse el alma a los pies.* SIN. idiotismo.

modisto, ta. m. y f. Persona que diseña o confecciona prendas de vestir.

modo. m. **1** Forma variable de ser o hacerse una cosa. **2** Accidente gramatical del verbo que expresa la actitud del hablante en el momento de la enunciación. **3** Disposición de los sonidos que forman una escala musical. | pl. **4** Forma de comportarse una persona: *tiene unos modos un tanto rudos.* **Sin.** 1 manera 4 modales.

modorra. f. **1** Sopor profundo. **2** Sueño muy pesado. **3** Enfermedad parasitaria del ganado lanar.

modoso, sa. adj. Recatado, comedido. **Ant.** descarado.

modulación. f. **1** Acción de modular: *modulación de la voz.* **2** Proceso por el que se modifica la característica de una onda para la mejor transmisión y recepción del sonido o de una señal cualquiera (amplitud, frecuencia, impulso, fase, etc.).

modulador, ra. adj. y s. **1** Que modula. | m. **2** Circuito electrónico capaz de modular una onda portadora.

modular. intr. **1** Dar a la voz o al canto un tono determinado. **2** Hacer variar el valor de amplitud, frecuencia o fase de una onda portadora en función de una señal de vídeo, o de otra clase para su transmisión radiada. **3** En mús., pasar de una tonalidad a otra.

módulo. m. **1** Dimensión que convencionalmente se toma como unidad de medida, y más en general, todo lo que sirve de norma o regla. **2** Pieza o conjunto unitario de piezas que se repiten en una construcción de cualquier tipo: *un armario de tres módulos.* **3** Medida que se usa para las proporciones de los cuerpos arquitectónicos. **4** Vehículo espacial independiente y, por lo general, autónomo, que forma parte de un tren espacial.

mofa. f. Burla que se hace de una persona o cosa. **Sin.** befa.

mofarse. prnl. Burlarse.

mofeta. f. Mamífero carnívoro americano, de pelaje blanco y negro, que se caracteriza por tener unas glándulas cercanas al ano que segregan un olor desagradable.

moflete. m. Carrillo grueso y carnoso.

mofletudo, da. adj. Que tiene mofletes.

mogollón. m. **1** Abundancia. **2** Barullo producido por mucha gente reunida: *aquella fiesta fue un mogollón.*

mogote. m. **1** Cualquier elevación del terreno, que recuerda la forma de un monte. **2** Mojón, montón de piedras.

mohair. (voz ingl.) adj. Se dice del tejido que se hace con el pelo de la cabra de Angora.

mohín. m. Mueca o gesto.

mohíno, na. adj. Triste, melancólico, disgustado. **Ant.** contento, alegre.

moho. m. **1** Hongo micromiceto que se desarrolla sobre materia orgánica, especialmente si está húmeda o descompuesta. **2** Capa que se forma en la superficie de un cuerpo metálico, como la herrumbre o el cardenillo.

moisés. m. Cestillo con asas, que sirve de cuna portátil. || No varía en pl.

mojama. f. Carne de atún salada y seca.

mojar. tr. **1** Humedecer una cosa sólida con agua, otro líquido o una materia semilíquida. También intr. y prnl. **2** Beber para celebrar algo: *esto hay que mojarlo.* | **mojarse.** prnl. **3** Introducirse o tomar parte en un asunto. **4** Comprometerse, hacerse responsable de algo. **5** Orinarse.

moje. m. Salsa de cualquier guiso.

mojicón. m. **1** Golpe que se da en la cara con la mano. **2** Tipo de bizcocho cortado en trozos que suele mojarse en café, chocolate, etc.

mojiganga. f. **1** Fiesta pública que se hace con varios disfraces grotescos. **2** Representación dramática breve, para hacer reír, en que se introducen personajes ridículos y extravagantes. **3** Cualquier cosa ridícula. **Sin.** 1 mascarada 2 farsa.

mojigato, ta. adj. y s. **1** Que finge timidez y humildad. **2** Que tiene o finge un recato exagerado y se escandaliza fácilmente. **Sin.** 1 hipócrita 2 beato, santurrón, gazmoño.

mojón. m. **1** Señal permanente que se pone para fijar los límites de propiedades o territorios. **2** P. ext., señal que sirve de guía. **3** Montón. **4** Porción compacta de excremento humano que se expele de una vez. **Sin.** 1 y 2 hito.

mojonar. tr. Delimitar con mojones. **Sin.** amojonar.

mol. m. Cantidad de sustancia de un sistema que contiene tantas entidades elementales como átomos hay en 0,012 kg de carbono 12.

mola. f. Harina de cebada, tostada y mezclada con sal.

molar. adj. **1** Relativo a la muela. También m. **2** Apto para moler.

molar. intr. Gustar o agradar mucho una cosa: *¡cómo mola su moto!*

molde. m. **1** Objeto hueco que sirve para dar forma a la materia fundida o blanda que en él se vacía. **2** Cualquier instrumento que sirve para dar forma a una cosa. **3** Esquema, norma: *su estilo escapa a moldes.*

moldear. tr. **1** Formar una materia echándola en un molde: *moldear un bizcocho.* **2** Modelar. **3** Sacar el molde de una figura. **4** Desarrollar en alguien determinados gustos, sentimientos, ideas, etc: *moldear un carácter.* **5** Rizar el cabello.

moldura. f. **1** Parte saliente de perfil uniforme,

que sirve para adornar o reforzar obras de arquitectura, carpintería, etc. **2** Moldura de un cuadro.

mole. f. **1** Cosa maciza y voluminosa: *la mole de la torre del homenaje presidía la fortaleza.* **2** Corpulencia en una persona o animal.

molécula. f. Mínima porción que puede separarse de una sustancia sin alterar sus propiedades.

moler. tr. **1** Reducir un cuerpo sólido a polvo o a partes muy pequeñas por presión o fricción: *moler trigo.* **2** Cansar o fatigar mucho físicamente. También intr. **3** Hacer daño, maltratar: *le molieron a palos.* **4** Molestar. ‖ **Irreg.** Se conj. como *mover.* **Sin.** 1 molturar, triturar.

molestar. tr. y prnl. **1** Causar molestia, incomodidad o fastidio. | **molestarse.** prnl. **2** Tomarse interés. **3** Ofenderse.

molestia. f. **1** Perturbación. **2** Enfado, fastidio, desazón. **3** Falta de comodidad o impedimento para los libres movimientos del cuerpo.

molibdeno. m. Elemento químico metálico, duro, de color y brillo plomizos, quebradizo y difícil de fundir; se emplea para la fabricación de aceros especiales y como pigmento lubricante sólido. Su símbolo es *Mo.*

molicie. f. Gusto por la vida cómoda. **Sin.** indolencia, pereza ☐ **Ant.** sacrificio.

molienda. f. **1** Acción de moler. **2** Cantidad de caña de azúcar, trigo, etc., que se muele de una vez. **3** Temporada que dura la operación de moler. **Sin.** 1 a 3 moltura.

molinero, ra. m. y f. Persona que tiene a su cargo un molino o trabaja en él.

molinete. m. **1** Ruedecilla con aspas que gira movida por el viento; molinillo, juguete. **2** En taurom., pase en que el matador gira en sentido contrario al de la embestida del toro, dándole salida.

molinillo. m. **1** Instrumento pequeño para moler: *molinillo de café.* **2** Mazo cilíndrico con una cabeza gruesa y dentada para batir el chocolate u otras cosas. **3** Juguete que consiste en una varilla en cuya punta hay una estrella de papel que gira movida por el viento.

molino. m. **1** Máquina para moler, triturar o pulverizar. **2** Edificio donde está instalada.

molla. f. **1** Parte magra de la carne. **2** Parte que tiene menos desperdicio de una fruta, carne, etc. **3** Acumulación carnosa en alguna parte del cuerpo. Más en pl.: *está echando mollas.* **Sin.** 3 michelines.

mollar. adj. Blando y fácil de partir.

molledo. m. Parte carnosa y redonda de los brazos, muslos y pantorrillas.

molleja. m. **1** Estómago muscular de las aves donde se tritura el alimento. **2** Apéndice carnoso de las reses jóvenes, formado la mayoría de las veces por infarto de las glándulas. Más en pl. **Sin.** 1 cachuela 2 lechecillas.

mollera. f. **1** Parte superior del cráneo. **2** Inteligencia, seso. **3** Espacio situado en la parte más alta de la frente. **4 ser** uno **cerrado** o **duro de mollera.** loc. Poco inteligente, tonto. **5** Obstinado, cabezota. **Sin.** 2 coco, cacumen.

mollete. m. **1** Panecillo esponjado. **2** Carrillo grueso.

moltura. f. Molienda.

molturar. tr. Moler granos o frutos.

molusco. adj. y m. **1** Se dice de los animales invertebrados, de cuerpo blando no segmentado, desnudo o revestido de una concha, como los caracoles, calamares, mejillones, etc. | m. pl. **2** Tipo de estos animales.

momentáneo, a. adj. **1** Que dura muy poco tiempo. **2** Que sucede, ocurre, actúa o se ejecuta en el momento. **Sin.** 1 breve, fugaz 2 repentino ☐ **Ant.** 1 duradero.

momento. m. **1** Espacio de tiempo muy breve en relación con otro. **2** Instante, porción brevísima de tiempo. **3** Oportunidad, ocasión propicia. **4** Situación en el tiempo actual o presente: *los poetas del momento.* **5 de un momento a otro.** loc. adv. Pronto, en seguida.

momia. f. **1** Cadáver desecado, por medios naturales o artificiales, que se ha conservado sin corromperse. **2** Persona muy delgada y demacrada. **3** Persona muy seria o de aspecto mustio y alicaído.

momificar. tr. y prnl. Convertir en momia un cadáver.

momio. m. Lo que resulta beneficioso y se obtiene sin esfuerzo. **Sin.** chollo, ganga, bicoca.

momo. m. Gesto exagerado. **Sin.** mueca.

mona. f. **1** Hembra del mono. **2** Persona que hace las cosas por imitar a otra. **3** Borrachera. **4** Bollo en forma de rosca adornado con huevos cocidos, típico de Pascua.

monacal. adj. Relativo a los monjes o a las monjas. **Sin.** conventual, monástico.

monacato. m. **1** Condición de monje. **2** Institución monástica.

monada. f. **1** Persona, animal o cosa pequeña, delicada y bonita. **2** Gesto o ademán cómico. **3** Mimo, carantoña. **Sin.** 1 chulada 1-3 monería 2 payasada 3 zalamería.

mónada. f. Cada uno de los seres indivisibles, pero de naturaleza distinta, que componen el universo, según el filósofo alemán Leibniz.

monaguillo. m. Niño que ayuda al sacerdote en la misa y en otros servicios litúrgicos.

monarca. com. Soberano de una monarquía. **Sin.** rey.

Moluscos

monarquía. f. **1** Forma de gobierno en que el poder supremo es ejercido por una persona, generalmente con carácter vitalicio y hereditario. **2** Estado regido por un monarca.

monárquico, ca. adj. **1** Relativo al monarca o a la monarquía. **2** Partidario de la monarquía. También s.

monasterio. m. Casa o convento donde viven en comunidad los monjes.

monástico, ca. adj. Del monacato o monasterio: *reglas monásticas.* S<small>IN</small>. conventual, monacal.

monda. f. **1** Acción de mondar. **2** Piel que se quita a ciertas frutas, verduras, hortalizas o tubérculos para comerlos. Más en pl. **3 ser** algo o alguien **la monda.** loc. Ser muy divertido. **4** Ser increíble o indignante: *es la monda, le dejo el libro y me lo devuelve destrozado.*

mondadientes. m. Palillo utilizado para sacar la comida o lo que se mete entre los dientes. ‖ No varía en pl.

mondar. tr. **1** Quitar la piel, cáscara, etc., a las frutas y legumbres. **2** Limpiar. **3** Quitar lo superfluo. **4** Podar. | **mondarse.** prnl. **5** Reírse mucho. S<small>IN</small>. 1 pelar 5 desternillarse, partirse, troncharse.

mondo, da. adj. **1** Limpio de cosas superfluas. **2** Que carece de algo, especialmente de pelo o de dinero: *a final de mes estoy mondo.* **3 mondo y lirondo.** loc adj. Limpio, sin añadidura alguna: *esta es la verdad monda y lironda.* S<small>IN</small>. 2 pelado.

mondongo. m. **1** Intestinos de los animales, especialmente de las reses. **2** Intestinos del hombre. **3** Embutidos realizados tras la matanza del cerdo.

moneda. f. **1** Pieza de metal acuñada, generalmente en forma de disco, y que, por su valor efectivo o por el que se le atribuye, sirve de medida común

monedero – monografía

para el precio de las cosas y para facilitar los cambios. **2** Unidad monetaria de un Estado.

monedero. m. Bolsa o saquito en cuyo interior se lleva dinero en metálico. Sɪɴ. portamonedas.

monegasco, ca. adj. y s. De Mónaco.

monema. m. En ling., unidad mínima dotada de significado, según la terminología de A. Martinet. Son de dos tipos: *lexemas* y *morfemas*.

mónera. adj. y f. **1** Se dice de los seres vivos constituidos por células procariotas, como las bacterias. | f. pl. **2** Reino formado por estos seres vivos.

monería. f. Monada.

monetario, ria. adj. Relativo a la moneda, y p. ext., al dinero: *sistema monetario.*

mongol, la. adj. y s. De Mongolia.

mongólico, ca. adj. **1** Que padece mongolismo. También s. **2** Relacionado con esta enfermedad. **3** Mongol.

mongolismo. m. Enfermedad congénita, que se caracteriza por alteraciones morfológicas en el rostro (labios gruesos, ojos oblicuos, nariz achatada) y un retraso en el desarrollo mental. Se llama también *síndrome de Down.*

mongoloide. adj. y com. Se dice de las personas pertenecientes a la raza amarilla, que se caracteriza principalmente por el color amarillento de la piel, ojos oblicuos y pelo lacio y oscuro.

monicaco, ca. m. y f. **1** Persona débil y de poco carácter. **2** Niño pequeño. || Se suele utilizar como apelativo cariñoso: *esta película no es para los monicacos como tú.* Sɪɴ. 1 pelele, monigote, pelagatos.

monigote. m. **1** Muñeco o figura ridícula. **2** Dibujo mal hecho. **3** Persona sin carácter. Sɪɴ. 2 pintarrajo, mono 3 pelele.

monimiáceo, a. adj. y f. Se dice de plantas leñosas angiospermas dicotiledóneas, con flores comúnmente unisexuales y fruto indehiscente, como el boldo.

monis. m. Moneda, dinero. Más en pl.

monitor, ra. m. y f. **1** Persona que guía el aprendizaje deportivo, cultural, etc. | m. **2** Cualquier dispositivo, normalmente electrónico, que facilita datos para poder vigilar el funcionamiento de un sistema o aparato. **3** En inform., pantalla del ordenador.

monja. f. Religiosa de alguna de las órdenes aprobadas por la Iglesia.

monje. m. **1** Miembro de una orden religiosa. **2** Individuo que vive retirado, dedicado a la oración y la penitencia.

mono, na. adj. **1** Bonito, gracioso. | m. **2** Nombre genérico con que se designa a cualquiera de los animales del orden de los primates. **3** Figura humana o de animal, hecha de cualquier materia, o pintada, o dibujada. **4** Traje de pantalón y cuerpo en una sola pieza, de tela fuerte, que usan los motoristas, mecánicos, obreros, etc. **5** Prenda de vestir parecida a este traje. **6** Síndrome de abstinencia de la droga: *tener, estar con el mono.* Sɪɴ. 1 chulo, majo 2 simio 3 monigote, garabato.

mono-. pref. Significa 'único' o 'uno solo': *monocameralismo, monografía.*

monocarril. adj. **1** Que tiene un solo carril. | m. **2** Tren o sistema de transporte que se desliza sobre un solo carril.

monoclamídeo, a. adj. y f. **1** Se dice de plantas angiospermas dicotiledóneas cuyas flores tienen cáliz pero carecen de corola. | f. pl. **2** Clase de estas plantas.

monoclínico, ca. adj. Se dice del sistema cristalino cuyas formas holoédricas se caracterizan por tener un centro de simetría, un eje binario y un plano perpendicular a él.

monocolor. adj. **1** De un solo color. **2** Se dice de un gobierno, sistema político, etc., en el que predomina un solo grupo político o ideológico. Sɪɴ. 1 monocromo ◻ Aɴᴛ. 1 policromo.

monocorde. adj. **1** Se dice del grito, canto u otra sucesión de sonidos que repiten una misma nota. **2** Monótono, insistente, sin variaciones: *en el trabajo llevamos un ritmo monocorde.*

monocordio. m. Instrumento musical antiguo de caja armónica con una sola cuerda.

monocotiledóneo, a. adj. y f. **1** Se dice de las plantas angiospermas cuyo embrión tiene un solo cotiledón, como la palmera o el azafrán. | f. pl. **2** Grupo taxonómico constituido por estas plantas.

monocromo, ma o **monocromático, ca.** adj. De un solo color. Sɪɴ. monocolor ◻ Aɴᴛ. policromo, policromático.

monóculo. m. Lente para un solo ojo.

monocultivo. m. Cultivo único o predominante en una región.

monodia. f. Canto en que interviene una sola voz con acompañamiento musical.

monofásico, ca. adj. **1** Se dice del circuito de corriente alterna que utiliza una de las tres fases y el neutro, por medio de dos conductores. **2** Se dice también de esa corriente.

monofilo, la. adj. Se dice de los órganos de las plantas que constan de una sola hojuela o de varias soldadas entre sí.

monofisismo. m. Doctrina de Eutiques que sólo admitía en Jesucristo la naturaleza divina.

monogamia. f. **1** Régimen familiar que prohíbe la pluralidad de esposas. **2** Estado del hombre o de la mujer que sólo se ha casado una vez.

monografía. f. Estudio o investigación sobre un tema particular.

monograma. m. Dibujo o figura formado con dos o más letras tomadas del nombre de una persona, empresa, etc., que se emplea como distintivo en sellos, marcas, etc.

monoico, ca. adj. Se dice de las plantas que tienen separadas las flores de cada sexo, pero en un mismo pie.

monolito. m. Monumento de piedra de una sola pieza.

monólogo. m. **1** Acción de hablar una persona consigo misma. **2** Parte de una obra dramática o pieza dramática completa en la que habla un solo personaje. **Sin.** 1 soliloquio ◻ **Ant.** 1 y 2 diálogo.

monomanía. f. Preocupación o afición exagerada por algo. **Sin.** monotema, obsesión, manía.

monometalismo. m. Sistema monetario que tiene como patrón un solo metal.

monomio. m. Expresión algebraica que consta de un solo término.

monopatín. m. Patín formado por una tabla provista de ruedas en su parte inferior, utilizado en juegos y deportes.

monopétalo, la. adj. De un solo pétalo; se dice de las flores o de sus corolas.

monopolio. m. **1** Concesión otorgada por la autoridad competente a una empresa para que ésta aproveche con carácter exclusivo alguna industria o comercio. **2** Convenio entre comerciantes para vender un género a un determinado precio. **3** En ciertos casos, acaparamiento: *monopolio de votos.* **4** Ejercicio exclusivo de una actividad.

monopolizar. tr. **1** Adquirir o atribuirse uno el exclusivo aprovechamiento de una industria, facultad o negocio. **2** Acaparar el trato de una persona o el uso de una cosa.

monorraíl. m. Ferrocarril con un solo raíl de rodadura.

monorrimo, ma. adj. Se dice del verso o estrofa de una sola rima.

monosabio. m. Mozo que ayuda al picador en la plaza.

monosacárido, da. adj. Se dice de los azúcares sencillos, como la glucosa.

monosílabo, ba. adj. y m. Se dice de la palabra de una sílaba; p. ej.: *tren, no, sin.*

monospermo, ma. adj. Se apl. al fruto que sólo contiene una semilla.

monoteísmo. m. Doctrina religiosa que sostiene la existencia de un único Dios. **Ant.** politeísmo.

monotipia. f. Máquina de componer que funde los caracteres uno a uno.

monotonía. f. **1** Igualdad de tono en el que habla, en la música, etc. **2** Falta de variedad en el estilo, en la manera de vivir, etc.

monótono, na. adj. **1** Uniforme, que no cambia. **2** Pesado, aburrido.

monotrema. adj. y m. **1** Se dice de los mamíferos ovíparos, cuyas hembras carecen de útero; tienen las mandíbulas alargadas en forma de pico, como el ornitorrinco. | m. pl. **2** Orden de estos animales.

monseñor. m. Título honorífico que se aplica a ciertos prelados eclesiásticos, como obispos, cardenales, nuncios, etc.

monserga. f. Lenguaje confuso o poco convincente. **Sin.** rollo, cuento.

monstruo. m. **1** Ser contrario a la naturaleza por diferenciarse mucho de los de su especie. **2** Persona, animal o cosa desmesurada en tamaño, fealdad, etc., y que por ello causa extrañeza y rechazo. **3** Persona muy cruel o malvada. **4** Personaje fantástico que aparece en el folclore, la literatura, el cine, etc., generalmente caracterizado de forma negativa: *el monstruo de Frankenstein.* **5** Persona que posee cualidades extraordinarias para algo: *es un monstruo de la natación.*

monstruoso, sa. adj. **1** Que va contra el orden de la naturaleza. **2** Excesivamente grande o extraordinario. **3** Abominable. **4** Muy feo.

monta. f. **1** Acción de montar. **2** Suma de varias partidas, monto. **3** Valor, calidad o estimación de una cosa: *un politiquillo de poca monta.*

montacargas. m. Ascensor para elevar peso. || No varía en pl.

montado, da. adj. **1** Se apl. al que va a caballo. También s. **2** Se dice del caballo dispuesto para poderlo montar. | m. **3** Bocadillo pequeño: *un montado de lomo.*

montador, ra. m. y f. Persona especializada en el montaje de máquinas y aparatos.

montaje. m. **1** Acción de armar o montar las piezas de un aparato, máquina, instalación, etc. **2** Selección y ordenación del material ya filmado para constituir versión definitiva de una película. **3** Superposición de fotografías y otros elementos con fines decorativos, publicitarios, etc. **4** Farsa: *aquella campaña de prensa fue un puro montaje.* **Sin.** 1 ajuste, ensamblaje ◻ **Ant.** 1 desarme.

montante. m. **1** Importe, suma. **2** Listón o poste que sirve de soporte a una estructura. **Sin.** 1 monto.

montaña. f. **1** Gran elevación natural de terreno. **2** Territorio cubierto y erizado de montes. **3 montaña rusa.** Vía férrea estrecha y en declive, con altibajos y revueltas, para deslizarse por ella en carritos como diversión.

montañero, ra. m. y f. Persona que practica el montañismo.

montañés, sa. adj. y s. De la montaña: *un pueblo montañés.*

montañismo – moralizar

montañismo. m. Deporte que consiste en hacer excursiones por las montañas o en escalarlas.

montañoso, sa. adj. **1** Relativo a las montañas. **2** Abundante en ellas.

montar. intr. **1** Ponerse encima de algo o subirse a algo. También prnl.: *se montó en el coche*. **2** Subir en una cabalgadura. También intr. y prnl. **3** Cabalgar. También tr. **4** Cubrir o fecundar el macho a la hembra. **5** En las cuentas, sumar o valer algo cierta cantidad: *la cuenta monta 12.000 pesetas*. **6** Armar las piezas de cualquier cosa. **7** Instalar un negocio, empresa, etc.: *han montado un bar*. **8** Hacer el montaje de los planos de una película o de las escenas de una obra teatral u otro espectáculo. **9** Batir la nata o la clara de huevo hasta que queden esponjosas. **10 montar en.** loc. Referido a estados de ánimo, manifestarlos: *montar en cólera*.

montaraz. adj. **1** Que vive o se ha criado en los montes. **2** Agreste. **3** Feroz.

monte. m. **1** Gran elevación natural de terreno. **2** Tierra sin cultivar cubierta de árboles, arbustos o matas. SIN. 1 cerro, montaña 2 soto.

montepío. m. **1** Depósito de dinero formado de los descuentos hechos a los individuos de un cuerpo para socorrer a sus viudas y huérfanos o para otras ayudas. **2** Establecimiento fundado con este objeto. **3** Pensión que se recibe de un montepío.

montera. f. Gorro de los toreros.

montería. f. **1** Caza mayor, como la de jabalíes, venados, ciervos, etc. **2** Técnica de cazar, o conjunto de reglas y consejos que se dan para la caza. SIN. 2 cinegética.

montés, sa. adj. Que anda, está o se cría en el monte: *cabra montés*.

montículo. m. Monte pequeño, por lo común aislado.

montilla. m. Vino fino de alta calidad que se cría y elabora en Montilla (Córdoba, España).

monto. m. Suma de varias partidas, monta.

montón. m. **1** Conjunto de cosas puestas sin orden unas encima de otras. **2** Cantidad grande pero imprecisa de algo: *tengo que decirte un montón de cosas*. **3 ser** uno **del montón.** loc. Ser uno cualquiera, sin nada que le haga destacarse del resto: *un chico del montón*. SIN. 1 pila.

montonero, ra. m. *amer.* Guerrillero.

montura. f. **1** Animal sobre el que se puede cabalgar. **2** Conjunto de los arreos de una caballería de silla. **3** Acción de montar las piezas de una máquina o aparato. **4** Soporte en que se colocan los cristales de las gafas.

monumental. adj. **1** Relativo al monumento. **2** Muy grande. **3** Excelente. SIN. 2 grandioso, enorme, colosal.

monumento. m. **1** Obra pública de carácter conmemorativo. **2** Construcción destacada por su valor histórico o artístico. **3** P. ext., cualquier producción humana de gran valor histórico, artístico o científico. **4** Persona de gran belleza. **5** Altar donde se expone la Eucaristía del Jueves al Viernes Santo.

monzón. m. Viento que sopla en el SE. de Asia y trae abundantes lluvias.

moña. f. **1** Lazo con que suelen adornarse la cabeza las mujeres. **2** Moño. **3** Borrachera.

moño. m. **1** Rodete o atado que se hace con el pelo para tenerlo recogido o por adorno. **2** Lazo de cintas. **3** Penacho que llevan algunas aves. **4 estar** uno **hasta el moño.** loc. Estar harto.

moquear. intr. Echar mocos.

moqueta. f. Tejido fuerte de lana u otro material, cuya trama es de cáñamo, y del cual se hacen alfombras y tapices.

moquillo. m. Enfermedad catarral de algunos animales.

mor de (por). loc. Por culpa de.

mora. f. **1** Fruto del moral, con figura ovalada, y que está formado por globulillos carnosos, blandos, agridulces y de color morado. **2** Fruto de la morera, muy parecido al anterior, pero de color blanco amarillento y enteramente dulce. **3** Fruto de la zarzamora.

moráceo, a. adj. y f. **1** Se dice de las plantas, generalmente leñosas, con frutos en aquenios o pequeñas drupas, como el moral, la higuera y el árbol del pan. | f. pl. **2** Familia de estas plantas.

morada. f. Estancia o residencia en un lugar durante algún tiempo.

morado, da. adj. y m. De color entre rojo y azul.

moral. m. Árbol moráceo, de 5 a 6 m de altura, cuyo fruto es la mora.

moral. adj. **1** Relativo a las costumbres o formas de comportamiento humanas: *una sentencia moral*. **2** Subjetivo, interno, mental, por oposición a lo material o corporal: *certidumbre moral*. **3** Que no concierne al orden jurídico, sino a la propia conciencia interna del individuo. | f. **4** Parte de la filosofía, que estudia la conducta humana y juzga su valor o conveniencia. **5** Conjunto de principios sociales que rigen y determinan el comportamiento humano. **6** Estado de ánimo con que se afronta algo: *¡venga, hombre, sube esa moral!* SIN. 1 ético 4 ética 5 moralidad.

moraleja. f. Enseñanza moral que se deduce de un cuento, anécdota, etc. SIN. lección, máxima.

moralidad. f. Cualidad de moral.

moralina. f. Moralidad superficial o falsa.

moralizar. tr. y prnl. **1** Reformar la conducta o las costumbres de las personas para adaptarlas a una determinada moral. | intr. **2** Dar consejos morales.

morapio. m. Vino corriente, especialmente el tinto.

morar. intr. Residir, vivir.

moratoria. f. Plazo que se otorga para pagar una deuda vencida. **Sin.** prórroga.

mórbido, da. adj. **1** Que padece enfermedad o la ocasiona. **2** Blando, delicado, suave: *una escultura de formas mórbidas*.

morbo. m. **1** Tendencia obsesiva hacia lo desagradable, lo cruel, lo prohibido. **2** Enfermedad.

morboso, sa. adj. **1** Que se siente atraído obsesivamente por lo desagradable, lo cruel, lo prohibido: *tiene una obsesión morbosa por la muerte*. **2** Que padece enfermedad o la propicia. **3** Relacionado con la enfermedad.

morcilla. f. **1** Embutido hecho de sangre cocida, condimentada con cebolla y especias, y a la que suelen añadírsele otros ingredientes, como arroz, miga de pan, etc. **2** Palabras de su invención que añade un actor a su papel en el momento de la representación.

morcillo. m. Parte alta, carnosa, de las patas de los bovinos.

mordaz. adj. Que murmura o critica de forma ácida o cruel, pero ingeniosa. **Sin.** cáustico, sarcástico, incisivo.

mordaza. f. **1** Cualquier cosa que se pone en la boca de alguien para impedirle hablar. **2** Aparato formado por dos piezas entre las que se coloca un objeto para su sujeción.

mordedura. f. **1** Acción de morder. **2** Daño ocasionado con ella.

morder. tr. **1** Coger y apretar con los dientes una cosa clavándolos en ella. También prnl. **2** Mordisquear. **3** Desgastar algo poco a poco: *el mar ha mordido la base del acantilado*. **4** Manifestar uno de algún modo su ira: *Juan está que muerde*. || **Irreg.** Se conj. como *mover*.

mordiente. adj. **1** Agresivo: *una frase mordiente*. | m. **2** Sustancia que sirve para fijar los colores u otros usos.

mordisco. m. **1** Acción de morder. **2** Herida hecha con los dientes. **3** Pedazo que se saca de una cosa mordiéndola.

mordisquear. tr. Morder algo levemente, con poca fuerza pero de forma repetida.

morena. f. Pez teleósteo marino, parecido a la anguila, de un metro aproximadamente de longitud, cuerpo casi cilíndrico y fuertes dientes; su carne es comestible.

moreno, na. adj. **1** Se dice del color oscuro que tira a negro. **2** Se dice de la persona de piel, tez o pelo de color oscuro o negro. También s. **3** Color tostado que adquiere la piel por efecto del sol. Tam-

Morenas

bién m.: *tiene un moreno muy bonito*. **4** Se dice de la persona de raza negra. También s.

morera. f. Árbol moráceo cuya hoja sirve de alimento al gusano de seda, de frutos pedunculados llamados moras.

morería. f. **1** Barrio de algunas villas españolas que fue habitado por mudéjares y luego por moriscos. **2** Territorio o país habitado por moros. **Sin.** 1 aljama.

morfema. m. En ling., unidad lingüística mínima cuyo significado, generalmente gramatical, modifica o completa el de los lexemas.

morfina. f. Principal alcaloide del opio, que actúa como narcótico sobre el sistema nervioso central y se utiliza en medicina como sedante y anestésico.

morfinómano, na. adj. y s. Adicto a la morfina.

morfo- o **-morfo.** pref. o suf. Expresa la idea de 'forma': *morfología, antropomorfo*.

morfología. f. **1** Parte de la biología, que estudia la forma de los seres orgánicos y de las modificaciones o transformaciones que experimenta. **2** Parte de la lingüística, que estudia la flexión, derivación y composición de las palabras.

morfosintaxis. f. Estudio de la forma y función de los elementos lingüísticos dentro de la oración. || No varía en pl.

morganático, ca. adj. **1** Se dice del matrimonio contraído entre un rey, reina, príncipe, etc., y una persona que no tiene linaje real. **2** Se dice del que contrae este matrimonio.

morgue. (voz fr.) f. En medicina legal, depósito de cadáveres.

moribundo, da. adj. y s. Que está extinguiéndose o muy cercano a morir.

morigerar. tr. y prnl. Moderar los deseos, afectos y acciones. **Sin.** templar.

moriles. m. Vino de fina calidad, que se elabora en la provincia de Córdoba. || No varía en pl.

morillo. m. Caballete de hierro que se pone en el hogar o en la chimenea para sustentar la leña.

moringáceo, a. adj. y f. Se dice de plantas leñosas angiospermas dicotiledóneas, pertenecientes al mismo orden que las crucíferas, que tienen hojas pinadas y flores pentámeras y cigomorfas.

morir. intr. y prnl. **1** Dejar de vivir. **2** Finalizar o extinguirse algo completamente: *su recuerdo no morirá.* **3** Sentir algo con mucha fuerza: *morir de risa.* **4** Cesar algo en su curso o movimiento. || **Irreg.** Se conj. como *dormir.* **Sin.** 1 fallecer 2 acabar 4 detenerse.

morisco, ca. adj. **1** Se dice de los musulmanes que se quedaron en España una vez finalizada la Reconquista. También s. **2** Relacionado con ellos.

morlaco, ca. adj. y s. **1** Que finge tontería o ignorancia. | m. **2** Toro de lidia de gran tamaño.

mormón, na. m. y f. Persona que profesa el mormonismo.

mormonismo. m. Movimiento religioso fundado en los EE. UU., llamado también *Iglesia de Jesucristo de los Santos de los últimos días;* se basa en la Biblia y el Libro de Mormón.

moro, ra. adj. **1** Del norte de África. También s. **2** Se dice de la población musulmana que habitaba en al-Ándalus. También s. **3** P. ext., que profesa la religión musulmana. También s. **4** Se dice de la caballería de color negro con una mancha blanca en la frente y en una o varias extremidades. **5 haber moros en la costa.** loc. Estar presente alguien que no se conoce o en quien no se confía: *no pude contártelo porque había moros en la costa.*

morosidad. f. Lentitud, demora. **Sin.** parsimonia ☐ **Ant.** rapidez.

moroso, sa. adj. **1** Se apl. a la persona que se retrasa en el pago de una deuda. También s.: *cobro de morosos.* **2** Que se desarrolla, transcurre o actúa con gran lentitud.

morral. m. **1** Saco o mochila que usan los cazadores, soldados, pastores, etc., para echar la caza, llevar provisiones o transportar alguna ropa. **2** Bolsa que contiene el pienso y se cuelga de la cabeza de las caballerías para que coman.

morralla. f. **1** Conjunto de cosas sin valor. **2** Pescado menudo.

morrear. intr., tr. y prnl. Besarse en la boca insistentemente.

morrena. f. Acumulación de piedras, barro, etc., en las cuencas de los glaciares.

morrillo. m. Porción carnosa en la parte superior del cuello de las reses.

morriña. f. Tristeza, melancolía, especialmente la nostalgia de la tierra natal.

morrión. m. Casco de la armadura antigua, que solía ir rematado en su parte superior con algún adorno.

morro. m. **1** Hocico de los animales. **2** Extremidad redonda de una cosa. **3** Labio abultado. **4** Parte delantera del coche, avión, etc. **5** Saliente que forman los labios, especialmente los que son abultados o gruesos. **6** Cara dura, descaro.

morrocotudo, da. adj. **1** De mucha importancia o dificultad. **2** Muy grande, enorme: *un susto morrocotudo.*

morsa. f. Mamífero carnívoro marino, parecido a la foca, de la cual se distingue por su gran tamaño (hasta 5 m de longitud) y por dos colmillos que se prolongan fuera de la mandíbula en el macho.

morse. m. **1** Sistema telegráfico que utiliza un alfabeto convencional a base de puntos y rayas. **2** Este alfabeto.

mortadela. f. Embutido grueso de carne picada de cerdo o vaca.

mortaja. f. Vestidura con que se envuelve un cadáver para enterrarlo.

mortal. adj. **1** Que ha de morir. **2** Que ocasiona o puede ocasionar la muerte: *veneno mortal.* **3** Se dice también de aquellas pasiones que mueven a desear la muerte a alguien: *odio mortal.* **4** Fatigoso, abrumador: *un aburrimiento mortal.* | com. **5** Ser humano. **Sin.** 1 perecedero 2 letal, mortífero ☐ **Ant.** 1 inmortal 2 vital 4 agradable.

mortalidad. f. **1** Condición de mortal. **2** Número proporcional de defunciones en población o tiempo determinados.

mortandad. f. Multitud de muertes causadas por epidemia, cataclismo, guerra, etc. **Sin.** hecatombe.

mortecino, na. adj. Apagado, sin vigor: *una luz mortecina.*

mortero. m. **1** Utensilio de forma cóncava que sirve para machacar en él especias, semillas, medicamentos, etc. **2** Pieza de artillería más corta que un cañón del mismo calibre y destinada a lanzar proyectiles explosivos. **3** En albañilería, conglomerado o masa constituida por arena, conglomerante y agua. **Sin.** 1 almirez 3 argamasa.

morteruelo. m. Guisado de hígado de cerdo machacado y desleído con especias y pan rallado. Es plato típico de Cuenca.

mortífero, ra. adj. Que ocasiona o puede ocasionar la muerte. **Sin.** letal, fatal.

mortificación. f. **1** Acción de mortificar o mortificarse. **2** Lo que mortifica.

mortificar. tr. y prnl. **1** Castigar físicamente el cuerpo como penitencia o castigo. **2** Experimentar angustia, dolor o molestia por algo.

Moscas

mortuorio, ria. adj. Relativo al difunto o a los funerales.

morueco. m. Carnero padre.

mórula. f. Óvulo fecundado que, durante el período de segmentación, tiene el aspecto de una mora.

mosaico. m. **1** Técnica artística de decoración que se forma yuxtaponiendo pequeñas piezas de piedra, vidrio, cerámica, etc., de diversos colores para formar dibujos. **2** Obra obtenida mediante esta técnica.

mosca. f. **1** Nombre que reciben varias especies de insectos dípteros, alados, cuya boca está provista de una trompa con la cual chupan las sustancias de que se alimentan. **2** Pelo que nace al hombre entre el labio inferior y el comienzo de la barbilla. **3** Moneda corriente. **4** Persona molesta, impertinente y pesada. **5** Desazón, inquietud. También adj.: *estoy un poco mosca*. Sin. 3 pasta 4 moscardón, moscón.

moscardón. m. **1** Insecto parecido a la mosca, de mayor tamaño, color pardo oscuro, y muy velloso. **2** Persona impertinente o pesada. Sin. 1 moscarda 2 moscón.

moscatel. adj. **1** Variedad de uva muy dulce. También f. **2** Vino de esta uva. También m.

moscón. m. **1** Mosca grande y zumbadora. **2** Persona impertinente y pesada. Sin. 1 y 2 moscardón.

mosconear. tr. Importunar, molestar.

moscovita. adj. y com. **1** De Moscovia. **2** De Moscú. **3** P. ext., ruso.

mosén. m. **1** Título que se daba a ciertos nobles en Aragón. **2** Tratamiento que en Cataluña se daba a los sacerdotes.

mosqueado, da. adj. **1** Receloso. **2** Enfadado.

mosquear. tr. y prnl. **1** Hacer que alguien sospeche. **2** Molestar, ofender o enfadar a alguien. Sin. 1 recelar 2 fastidiar.

mosquete. m. Antigua arma de fuego parecida al fusil.

mosquetero. m. Soldado armado de mosquete.

mosquetón. m. Carabina corta.

mosquitero. m. **1** Especie de cortina de tela fina que se coloca colgada sobre la cama y cubriéndola para impedir que piquen o molesten los mosquitos. **2** Tela metálica o de otro material, muy tupida, que se pone en puertas y ventanas para impedir que entren insectos.

mosquito. m. Insecto díptero, de 3 a 4 mm de longitud, con dos alas transparentes y patas largas, y cuya hembra chupa la sangre de las personas y de los animales.

mostacho. m. Bigote.

mostaza. f. **1** Planta herbácea crucífera, de 1 m de altura, cuyas hojas y semillas se emplean frecuentemente en alimentación y en medicina. **2** Semilla de esta planta. **3** Salsa que se hace de esta semilla.

mosto. m. Zumo exprimido de uva y frutas sin fermentar.

mostrador. m. Mesa larga o mueble para presentar la mercancía en las tiendas y para servir las consumiciones en los bares, cafeterías, etc.

mostrar. tr. **1** Exponer a la vista algo; señalarlo para que se vea. **2** Explicar, dar a conocer. **3** Indicar: *nos mostró el camino*. | **mostrarse.** prnl. **4** Comportarse de cierta manera. || **Irreg.** Se conj. como *contar*.

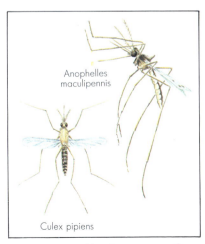

Mosquitos

mostrenco, ca. adj. **1** Se dice de los bienes sin dueño o propietario conocido. **2** Ignorante, torpe. **3** Gordo, pesado.

mota. f. **1** Partícula que se pega a la ropa o a otras partes. **2** Defecto muy ligero o de poca importancia. **3** Elevación de poca altura, natural o artificial, que se levanta en un llano.

mote. m. Sobrenombre que se da a una persona por alguna característica peculiar suya. Sin. apodo.

motejar. tr. Aplicar a alguien calificativos despectivos. Sin. tildar, tachar.

motel. m. Hotel de carretera.

motete. m. Breve composición musical para cantar en las iglesias.

motilidad. f. Facultad de moverse.

motilón, na. adj. **1** Que tiene muy poco pelo. **2** Se dice de una tribu de indios que habitan en Colombia.

motín. m. Levantamiento contra la autoridad constituida. Sin. amotinamiento, rebelión.

motivación. f. **1** Acción de motivar. **2** Causa de algo. Sin. 2 motivo.

motivar. tr. **1** Dar razón o motivo para una cosa: *tu respuesta motivó su ira.* **2** Animar a alguien para que se interese por una cosa. También prnl. Sin. 1 ocasionar, causar 2 estimular.

motivo. m. **1** Causa o razón de algo. **2** Tema musical que se repite a lo largo de una pieza. **3** Elemento decorativo que se repite: *la alfombra tenía unos motivos florales.* Sin. 1 móvil, motivación.

moto. f. Abrev. de *motocicleta.*

motocarro. f. Vehículo de transporte de tres ruedas, con motor.

motocicleta. f. Vehículo de dos ruedas provisto de motor, que parece haber sido ideado por el mecánico alemán Gottlieb Daimler en 1884.

motociclismo. m. Deporte practicado con motocicleta. Sin. motorismo.

motocross. m. Competición deportiva de motos a través del campo.

motonáutica. f. Deporte de navegación en que se utilizan embarcaciones de motor.

motor, ra. adj. y m. **1** Que produce movimiento. | m. **2** Máquina destinada a producir movimiento a expensas de otra fuente de energía. | f. **3** Embarcación menor provista de motor. **4** *amer.* Motocicleta.

motorismo. m. Motociclismo.

motorista. com. **1** Persona que conduce una motocicleta o que practica el motorismo. **2** Guardia civil o policía de tráfico motorizado.

motorizar. tr. y prnl. **1** Dotar de motor. | **motorizarse.** prnl. **2** Adquirir una persona un vehículo de motor.

Motociclismo

motricidad. f. Acción del sistema nervioso central, que determina la contracción muscular.

motriz. adj. f. Que mueve o genera movimiento: *causa motriz, fuerza motriz.*

movedizo, za. adj. **1** Fácil de moverse o ser movido: *panel movedizo.* **2** Inseguro, que no está firme: *arenas movedizas.* **3** Inconstante, que cambia fácilmente de ideas o intenciones. Sin. 3 veleidoso.

mover. tr. **1** Hacer que un cuerpo ocupe lugar distinto del que ocupa. También prnl. **2** P. ext., menear o agitar una cosa o parte de algún cuerpo. También prnl. **3** Persuadir: *tus argumentos le movieron a aceptarlo.* **4** Seguido de la prep. *a,* causar u ocasionar: *mover a piedad.* **5** Alterar, conmover: *no le movieron tus súplicas.* **6** Producir. **7** Hacer que algo sea más eficaz o vaya más deprisa: *mover un asunto.* | **moverse.** prnl. **8** Echar a andar, irse: *¿nos movemos o nos quedamos un poco más?* || **Irreg.** Conjugación modelo:

Indicativo
Pres.: *muevo, mueves, mueve, movemos, movéis, mueven.*
Imperf.: *movía, movías,* etc.
Pret. indef.: *moví, moviste,* etc.
Fut. imperf.: *moveré, moverás,* etc.
Potencial: *movería, moverías,* etc.
Subjuntivo
Pres.: *mueva, muevas, mueva, movamos, mováis, muevan.*
Imperf.: *moviera* o *moviese, movieras* o *movieses,* etcétera.
Fut. imperf.: *moviere, movieres,* etc.
Imperativo: *mueve, moved.*
Participio: *movido.*
Gerundio: *moviendo.*

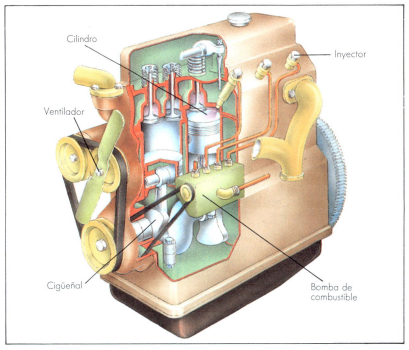

Motor

movido, da. adj. **1** Agitado, inquieto. **2** Activo. **3** Se dice de la fotografía borrosa. | f. **4** Agitación, movimiento de masas: *¡qué movida hubo en el concierto!* **5** Problema, discusión, riña.

móvil. adj. **1** Que puede moverse o ser movido: *estante móvil.* | m. **2** Motivo, causa: *el móvil de un crimen.* **3** Objeto decorativo compuesto por diversas figuras ligeras que cuelgan de un soporte y se mueven con el viento o mediante un mecanismo. **Sin.** 1 movible 2 motivación.

movilizar. tr. **1** Poner en actividad o movimiento. También prnl. **2** Poner en pie de guerra tropas u otros elementos militares.

movimiento. m. **1** Acción de mover o moverse: *movimiento de tropas.* **2** Estado de los cuerpos mientras cambian de lugar o de posición. **3** Tráfico, circulación, animación: *había mucho movimiento en la plaza.* **4** Alteración, inquietud. **5** En los cómputos mercantiles y en algunas estadísticas, alteración numérica en el estado o cuenta durante un tiempo determinado: *el movimiento de una cuenta corriente.* **6** Conjunto de alteraciones o novedades ocurridas durante un período de tiempo en algunos campos de la actividad humana: *movimiento bursátil.* **7** Sublevación, rebelión. **8** Desarrollo y propagación de una tendencia artística, cultural, política, social, etc.: *el movimiento simbolista.*

moviola. f. Aparato que permite proyectar una filmación o vídeo a diferente velocidad, secuencia a secuencia o hacia atrás, para efectuar las operaciones de montaje o con otros fines.

mozalbete. m. Muchacho.

mozárabe. adj. **1** Se dice de los cristianos que conservaron su religión en los territorios que estaban bajo la dominación musulmana en la península Ibérica. También com. **2** Relativo a estos cristianos, y a la lengua hablada por ellos.

mozo, za. adj. **1** Joven. También s. **2** Soltero. | m. **3** Joven alistado al servicio militar. | m. y f. **4** Persona que desempeña trabajos modestos que no requieren conocimientos especiales: *mozo de cocina, de estación.* **5 ser** alguien **buen mozo** o **moza.** loc. Tener buena presencia.

mucamo, ma. m. y f. *amer.* Sirviente, criado.

muceta. f. Esclavina abotonada por delante usada por los doctores, magistrados, clérigos, etc.

muchachada. f. **1** Acción propia de muchachos. **2** Conjunto de muchachos. **Sin.** 1 chiquillada, niñería 2 chiquillería.

muchacho, cha. m. y f. **1** Joven. **2** Persona que sirve como criado.

muchedumbre. f. Abundancia de personas o cosas. **Sin.** multitud, gentío, masa.

mucho, cha. adj. **1** Abundante, numeroso: *tiene muchos amigos.* | adv. c. **2** En alto grado: *me ha gustado mucho la novela.* **3** Con otros adv., denota comparación: *mucho menos.* **4** Más de lo habitual o normal: *hoy he tenido que madrugar mucho.*

mucilago o **mucílago.** m. Sustancia viscosa que se halla en ciertas partes de algunas plantas.

mucosidad. f. Secreción mucosa.

mucoso, sa. adj. **1** Semejante al moco. **2** Que tiene mucosidad o la produce. | f. **3** Membrana que reviste cavidades y conductos de los organismos animales que tienen comunicación con el exterior.

muda. f. **1** Acción de mudar. **2** Conjunto de ropa, especialmente interior, que se muda de una vez. **3** Tiempo o acto de mudar, la pluma o la piel ciertos animales.

mudanza. f. **1** Acción de mudar o cambiar. **2** Cambio de casa o habitación. **3** Cierto número de movimientos de baile. **4** Inconstancia en afectos y decisiones. **Sin.** 1 alteración, mutación 2 traslado.

mudar. tr. **1** Adoptar o adquirir otra naturaleza, estado, figura, lugar, etc.: *mudar de aspecto.* **2** Dejar una cosa y tomar otra. **3** Cambiar de sitio o empleo. **4** Efectuar las aves la muda de la pluma. **5** Cambiar periódicamente de epidermis algunos animales: *mudar las culebras.* **6** Cambiar, variar: *mudar de parecer.* | **mudarse.** prnl. **7** Cambiar de ropa, refiriéndose sobre todo a la ropa interior. **8** Dejar la casa que se habita o el lugar donde se trabaja, para pasar a ocupar otros. **Sin.** 1 transformar, alterar 3 y 8 trasladar.

mudéjar. adj. **1** Se dice de la población musulmana de la península Ibérica que, tras la reconquista de un lugar, quedaba viviendo en territorio cristiano. También com. **2** Relativo a esta población. **3** Se dice del estilo arquitectónico, con influencias árabes, que se desarrolló en España durante los s. xiv, xv y xvi.

mudo, da. adj. **1** Privado físicamente de la facultad de hablar. También s. **2** Muy silencioso y callado. **Sin.** 2 taciturno ☐ **Ant.** 2 parlanchín, locuaz.

mueble. adj. **1** Se dice de aquellos bienes que se pueden trasladar. También m. | m. **2** Cada uno de los enseres u objetos que sirven para adornar las casas, hacerlas más confortables, etc.

mueca. f. Contorsión del rostro, para expresar alguna emoción o para hacer burla. **Sin.** visaje, mohín.

muela. f. **1** Piedra de molino. **2** Piedra de afilar herramientas. **3** Cada uno de los dientes posteriores a los caninos, que sirven para moler y triturar los alimentos. **4** Cerro escarpado en lo alto y con cima plana. **Sin.** 1 volandera.

muelle. adj. **1** Suave, blando: *una cama muelle.* **2** Voluptuoso: *un gesto muelle.* | m. **3** Pieza elástica, ordinariamente de metal, colocada de modo que pueda utilizarse la fuerza que hace para recobrar su posición natural cuando ha sido separado de ella. **Sin.** 3 resorte.

muelle. m. **1** Obra construida en la orilla del mar, de un lago o río navegable para facilitar el embarque y desembarque y, a veces, para abrigo de las embarcaciones. **2** Andén alto que en las estaciones de ferrocarril se destina a la carga y descarga de mercancías. **Sin.** 1 embarcadero.

muérdago. m. Arbusto parasitario que vive sobre los troncos y ramas de los árboles.

muermo. m. **1** Enfermedad contagiosa de las caballerías, transmisible a los seres humanos. **2** Persona, situación o cosa que produce aburrimiento, hastío o decaimiento. **3** Estado de abatimiento o somnolencia producido por el aburrimiento, la fatiga o motivado por la ingestión de alcohol o drogas. **Sin.** 2 rollo, petardo, tostón.

muerte. f. **1** Extinción de la vida. **2** Acto de matar: *le dieron muerte.* **3** Pena capital. **4** Destrucción, aniquilación: *la muerte del Imperio romano.* **5 muerte natural.** La que se produce por enfermedad o vejez. **6 a muerte.** loc. adv. Hasta morir uno de los contendientes que se enfrentan: *duelo a muerte.* **7** Con mucha intensidad: *le odia a muerte.* **Sin.** 1 fallecimiento, defunción, deceso 2 homicidio, asesinato 4 caída, decadencia, ruina ☐ **Ant.** 1 nacimiento 4 surgimiento.

muerto, ta. adj. **1** Sin vida. También s. **2** Apagado, desvaído: *colores muertos.* **3** Inactivo: *bienes muertos.* **4** Falto de animación: *este bar está muerto.* **5** Muy cansado, agotado. | m. **6** Trabajo o asunto desagradable. **7 cargarle** o **echarle el muerto** a alguien. loc. Atribuirle una culpa. **8 estar** uno **muerto de** algo. loc. Experimentarlo de una forma muy intensa: *estar muerto de hambre.* **9 no tener donde caerse muerto.** loc. Ser extremadamente pobre. **Sin.** 6 embolado, mochuelo ☐ **Ant.** 1 y 2 vivo 4 vital, bullicioso.

muesca. f. Hueco que se hace en una cosa para encajar otra.

muestra. f. **1** Parte o porción extraída de un conjunto, por métodos que permiten considerarla como representativa del mismo: *una muestra de sangre.* **2** Pequeña cantidad de un producto que se regala gratuitamente para promocionarlo: *una muestra de detergente*. **3** Demostración, señal. **4** Ejemplar o modelo que se ha de copiar o imitar: *una muestra de ganchillo*. **5** Exposición o feria: *una muestra de material de oficina*.

muestrario. m. Colección de muestras.

muestreo. m. **1** Selección de las muestras más representativas de un conjunto. **2** Técnica empleada para esta selección. **3** En estadística, estudio de un número parcial de datos de un colectivo para deducir las características de la totalidad.

mugido. m. Voz del ganado vacuno.

mugir. intr. **1** Emitir su voz característica la res vacuna. **2** Producir gran ruido el viento o el mar. **3** Manifestar uno su ira con gritos. **Sin.** 1 y 2 bramar 2 y 3 rugir.

mugre. f. Suciedad, especialmente la de carácter grasiento. **Sin.** pringue, roña ❑ **Ant.** limpieza.

muguete. m. Planta vivaz liliácea de flores blancas de olor almizclado muy suave, cuya infusión se utiliza en medicina contra las enfermedades cardíacas.

mujer. f. **1** Persona del sexo femenino. **2** La que ha llegado a la edad de la pubertad. **3** La casada, con relación al marido. **4 mujer de la vida, de mala vida, de mal vivir, de vida airada, de vida alegre.** Prostituta. **5 mujer pública.** Prostituta.

mujeriego, ga. adj. y m. Se dice del hombre muy aficionado a las mujeres.

mujik. (voz rusa) m. Campesino de la Rusia zarista.

mújol. m. Pez teleósteo marino, de unos 60 cm de longitud; es muy apreciado por su carne y por sus huevas.

mula. f. **1** Hembra del mulo. **2** Persona muy bruta.

muladar. m. **1** Sitio donde se echa el estiércol o basura. **2** Lugar muy sucio **Sin.** 1 y 2 albañal, basurero, vertedero, estercolero.

muladí. adj. y com. Se dice del cristiano español que, durante la dominación musulmana en España, se convertía al islamismo. || pl. *muladíes*.

mulato, ta. adj. y s. **1** Hijo de negra y blanco, o viceversa. **2** Moreno. **Sin.** 1 mestizo.

muleta. f. **1** Especie de bastón que sirve de apoyo para el que tiene dificultad al andar. **2** En taurom., bastón o palo que lleva pendiente a lo largo un paño o capa, de que se sirve el torero para torear al toro.

muletilla. f. **1** Antigua muleta de los toreros, de menor tamaño que la actual. **2** Botón largo de pasamanería para sujetar la ropa. **3** Palabra o frase innecesaria que se repite mucho en la conversación, por costumbre o como apoyo al hablar; p. ej.: *bueno, vale*. **Sin.** 3 latiguillo, coletilla.

muletón. m. Tela suave y afelpada de algodón o lana.

mulillas. f. pl. Tiro de mulas que arrastra los toros muertos en las corridas.

mulillero. m. Cada uno de los encargados de arrear las mulillas.

mullido, da. adj. **1** Blando, esponjoso. | m. **2** Material ligero utilizado para rellenar colchones, asientos, etc. **Sin.** 2 relleno.

mullir. tr. **1** Ahuecar y esponjar una cosa: *mullir la almohada*. **2** Cavar la tierra alrededor de las cepas para ahuecarla. || **Irreg.** Conjugación modelo:

Indicativo
Pres.: *mullo, mulles,* etc.
Imperf.: *mullía, mullías,* etc.
Pret. indef.: *mullí, mulliste, mulló, mullimos, mullisteis, mulleron.*
Fut. imperf.: *mulliré, mullirás,* etc.
Potencial: *mulliría, mullirías,* etc.
Subjuntivo
Pres.: *mulla, mullas,* etc.
Imperf.: *mullera, mulleras, mullera, mulléramos, mullerais, mulleran* o *mullese, mulleses, mullese, mullésemos, mulleseis, mullesen.*
Fut. imperf.: *mullere, mulleres, mullere, mulléremos, mullereis, mulleren.*
Imperativo: *mulle, mullid.*
Participio: *mullido.*
Gerundio: *mullendo.*

---

mulo. m. Animal resultante del cruce del caballo y el asno, de mayor tamaño que éste, utilizado generalmente como bestia de carga por su gran fuerza y resistencia.

multa. f. Sanción económica.

multar. tr. Imponer una multa.

multi-. pref. Expresa idea de multiplicidad: *multicolor*.

multicolor. adj. De muchos colores.

multicopista. f. Máquina que por diversos procedimientos reproduce en numerosas copias sobre láminas de papel, textos impresos, mecanografiados o manuscritos.

multilateral. adj. Relativo a varios lados, partes o aspectos.

multimillonario, ria. adj. y s. Se dice de la persona cuya fortuna asciende a muchos millones.

multinacional. adj. **1** Relativo a varias naciones. **2** Se dice de la sociedad o empresa que desarrolla su actividad en varios países. También f.

multípara. adj. Se dice de las hembras que tienen varios hijos de un solo parto.

múltiple. adj. Complejo, variado, de muchas maneras: *un espectáculo múltiple*.

multiplicación. f. **1** Acción de multiplicar. **2** Operación de multiplicar.

multiplicador, ra. adj. **1** Que multiplica. También s. **2** En mat., se dice del factor que indica las veces que el otro, o multiplicando, se debe sumar para obtener el producto de la multiplicación. Más como m.

multiplicando. adj. En mat., se dice del factor que debe sumarse tantas veces como indica el multiplicador para obtener el producto de la multiplicación.

multiplicar. tr. **1** Aumentar considerablemente una cantidad o un número. También intr. y prnl.: *multiplicarse las ventas.* **2** En mat., hallar el producto de dos factores sumando uno de ellos, que se llama multiplicando, tantas veces como indica el otro número, llamado multiplicador. | **multiplicarse.** prnl. **3** Reproducirse los seres vivos. **4** Esforzarse alguien por realizar o atender varios asuntos a la vez.

multiplicidad. f. **1** Cualidad de múltiple. **2** Abundancia excesiva.

múltiplo, pla. adj. y m. En mat., se dice del número que contiene a otro varias veces exactamente.

multitud. f. **1** Número grande de personas o cosas. **2** Muchedumbre de personas. Sin. 1 infinidad 2 gentío.

multitudinario, ria. adj. **1** Que forma multitud. **2** Propio de ella.

mundano, na. adj. **1** Relativo al mundo. **2** Se dice de lo material y terrenal, por oposición a lo espiritual: *placeres mundanos.* **3** Se dice de la persona aficionada a los placeres y al lujo, y en especial la que frecuenta ciertos ambientes socialmente elevados. Sin. 1 y 2 terrenal, mundanal 3 frívolo □ Ant. 1 y 2 espiritual.

mundial. adj. Relativo a todo el mundo. Sin. universal.

mundillo. m. Conjunto limitado de personas que tienen una misma posición social, profesión o aficiones y que forman un grupo definido y más o menos cerrado: *el mundillo del teatro.* Sin. ambiente.

mundo. m. **1** Conjunto de todas las cosas creadas. **2** El planeta Tierra, y p. ext., el universo. **3** El género humano: *el mundo le dio la razón.* **4** La sociedad humana. **5** Parte de la sociedad o actividad humana caracterizada por alguna cualidad o circunstancia: *el mundo del deporte.* **6** La vida secular, en contraposición a la monástica o religiosa: *dejar el mundo.* **7** Experiencia de la vida y del trato social: *tener mucho mundo.* **8 el mundo antiguo** o **Viejo Mundo.** El conocido antes del descubrimiento de América, es decir, África, Asia y Europa. **9** Sociedad humana durante la Edad Antigua: *el politeísmo del mundo antiguo.* **10 el Nuevo Mundo.** Las dos Américas, descubiertas a fines del s. xv. **11 el Tercer Mundo.** Denominación que se da al grupo de países caracterizados por su subdesarrollo económico y su situación de dependencia con respecto a los países desarrollados. **12 caérsele** a alguien **el mundo encima.** loc. Desmoralizarse.

munición. f. **1** Carga que se pone en las armas de fuego. **2** Conjunto de provisiones y material bélico de los ejércitos. Más en pl. Sin. 1 bala 2 pertrechos.

municipal. adj. **1** Relativo al municipio. **2** Se dice del cuerpo de guardias que depende de un ayuntamiento. También com.: *le preguntaremos a aquel municipal.*

municipalizar. tr. Hacer depender del municipio un servicio público que estaba a cargo de empresas privadas: *municipalizar el transporte público.*

municipio. m. **1** Conjunto de habitantes de un mismo término jurisdiccional regido por un ayuntamiento. **2** Organismo que administra dicho término, más el alcalde y los concejales que lo dirigen. **3** Término o territorio que comprende. Sin. 2 ayuntamiento.

munificencia. f. Generosidad extremada. Sin. liberalidad, esplendidez □ Ant. tacañería.

muñeco, ca. m. y f. **1** Figura de forma humana o animal que sirve de juguete a los niños. | m. **2** Persona de carácter débil que se deja manejar por los demás. | f. **3** Parte del brazo en donde se articula la mano con el antebrazo. **4** Atadillo de trapo que empapado en algún líquido se utiliza para limpiar, barnizar, brillar y otros usos. **5** Muchacha frívola y presumida. Sin. 2 pelele, chisgarabís, mequetrefe.

muñeira. f. **1** Baile popular de Galicia. **2** Música con que se baila.

muñequera. f. Tira de cuero, venda, elástico, etc., con que se aprieta o rodea la muñeca.

muñir. tr. Arreglar un asunto. ‖ **Irreg.** Se conj. como *mullir.* Sin. apañar, manipular.

muñón. m. Parte de un miembro cortado que permanece adherido al cuerpo.

mural. adj. **1** Relativo al muro. **2** Se dice de las cosas que, extendidas, ocupan buena parte de pared o muro: *mapa mural.* | m. **3** Pintura o decoración que se coloca o se hace sobre una pared.

muralla. f. Muro u obra defensiva que rodea una plaza fuerte o protege un territorio.

murciélago. m. Mamífero quiróptero volador, de alas membranosas y costumbres nocturnas.

murga. f. **1** Compañía de músicos callejeros. **2** Molestia, incordio.

múrice. m. **1** Molusco gasterópodo marino que segrega una sustancia utilizada antiguamente para teñir. **2** poét. Color de púrpura.

múrido, da. adj. y m. Se dice de los mamíferos roedores, como las ratas y los ratones.

murmullo. m. **1** Ruido que se hace hablando, especialmente cuando no se percibe lo que se dice. **2** Ruido continuado y confuso: *el murmullo del viento*. **Sin.** 1 y 2 susurro, rumor.

murmuración. f. Conversación en perjuicio de un ausente. **Sin.** chismorreo, maledicencia.

murmurar. intr. **1** Producir un sonido suave y apacible: *murmurar las aguas*. **2** Hablar entre dientes manifestando queja o disgusto por alguna cosa. También tr. **3** Hablar mal de alguien a sus espaldas. También tr. **Sin.** 1 susurrar 2 rezongar, mascullar 3 criticar, cotillear.

muro. m. **1** Pared o tapia. **2** Muralla. También pl.

murria. f. Tristeza, melancolía. **Ant.** alegría.

mus. m. Juego de naipes y de envite que se juega por parejas.

musa. f. **1** Cada una de las deidades que protegen las ciencias y las artes liberales, especialmente la poesía, en la mit. grecolatina. **2** Inspiración poética. **3** Poesía.

musáceo, a. adj. y f. **1** Se dice de las plantas angiospermas monocotiledóneas, perennes, a veces gigantescas, de fruto como bayas o drupas, con semillas amiláceas o carnosas, como el banano y el abacá | f. pl. **2** Familia de estas plantas.

musaraña. f. **1** Nombre común de diversos mamíferos insectívoros de pequeño tamaño, parecidos al ratón. **2** P. ext., animal pequeño. **3 mirar a** o **pensar** uno **en las musarañas.** loc. Estar distraído, no prestar atención.

musculatura. f. **1** Conjunto de los músculos del cuerpo. **2** Grado de desarrollo y fortaleza de los músculos.

músculo. m. Cada uno de los órganos fibrosos que al contraerse produce los movimientos de los humanos y animales.

musculoso, sa. adj. Que tiene los músculos muy abultados y visibles. **Ant.** enclenque.

muselina. f. Tela fina y poco tupida.

museo. m. **1** Edificio o lugar en que se guardan y exponen colecciones de objetos artísticos o científicos. **2** P. ext., lugar donde se exhiben objetos o curiosidades que pueden atraer el interés del público, con fines turísticos.

musgo. m. **1** Cada una de las plantas briofitas, con hojas provistas de pelos absorbentes, que crecen abundantemente sobre las piedras, cortezas de árboles, el suelo y otras superficies sombrías. **2** Conjunto de estas plantas que cubren una determinada superficie. | pl. **3** Clase de estas plantas.

música. f. **1** Arte de combinar los sonidos de la voz humana o de los instrumentos, o de unos y otros a la vez, para crear un determinado efecto. **2** Teoría de este arte. **3** Composición musical. **4** Sucesión de sonidos modulados según las leyes de la melodía, el ritmo y la armonía. **5** Colección de papeles en que están escritas las composiciones musicales.

musical. adj. **1** Relacionado con la música. **2** Se dice del sonido agradable al oído: *una risa musical.* | m. **3** Espectáculo con números de música y, generalmente, baile. **Sin.** 1 músico 2 melodioso.

music-hall. (voz ingl.) m. **1** Espectáculo de variedades (números cómicos, acrobáticos, de prestidigitación, etc.) en que la música sirve de telón de fondo.

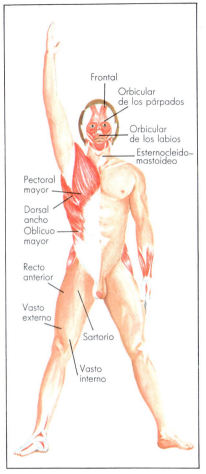

Músculos

2 Teatro o lugar donde se representan estos espectáculos. || pl. *music-halls.*

músico, ca. adj. **1** Relativo a la música: *instrumento músico.* | m. y f. **2** Persona que se dedica a la música, como un compositor o un intérprete. Sin. musical.

musicología. f. Estudio de la teoría e historia de la música.

musitar. intr. Susurrar o hablar entre dientes: *musitar una plegaria.*

muslo. m. **1** Parte de la pierna desde la juntura de las caderas hasta la rodilla. **2** Parte correspondiente de los animales: *un muslo de pollo.*

mustang o **mustango.** m. Tipo de caballo de América del Norte, descendiente de los que llevaron los conquistadores españoles.

mustela. f. Tiburón de aproximadamente 1 m de largo, de carne comestible; su piel se utilizaba como lija.

musteriense. adj. y m. Último de los períodos en que se divide el paleolítico inferior.

mustio, tia. adj. **1** Melancólico, triste. **2** Lánguido, marchito: *la planta está mustia.* Ant. 1 animado, alegre 2 lozano.

musulmán, na. adj. **1** Se dice de la persona que sigue el islamismo. También s. **2** Relacionado con el islamismo: *literatura musulmana.*

mutación. f. **1** Acción de mudar o cambiar. **2** Cualquiera de las alteraciones producidas en la estructura o en el número de los genes o de los cromosomas de un organismo vivo, que se transmiten a los descendientes por herencia. **3** Fenotipo producido por aquellas alteraciones. **4** Cambio escénico en el teatro. **5** Cambio brusco de temperatura. Sin. 1 transformación.

mutante. m. **1** Cromosoma o genoma que ha surgido por mutación de otro preexistente. **2** Organismo producido por mutación. **3** Descendencia de un organismo mutante.

mutar. tr. y prnl. Mudar, transformar.

mutilación. f. Acción de mutilar.

mutilar. tr. **1** Cortar una parte del cuerpo. También prnl. **2** Quitar una parte de otra cosa: *la censura mutiló aquella novela.* Sin. 1 amputar, lisiar 1 y 2 cercenar.

mutis. m. **1** Voz que se usa en el teatro para hacer que un actor se retire de la escena. **2** Acto de retirarse de la escena, y p. ext., de otros lugares. **3** Voz que se emplea para imponer silencio o para indicar que una persona queda callada. **4 hacer mutis** o **hacer mutis por el foro.** loc. Salir de la escena o de otro lugar. **5** Callar. || No varía en pl.

mutismo. m. Silencio voluntario o impuesto. Sin. reserva.

mutualidad. f. **1** Régimen de prestaciones mutuas. **2** Denominación de algunas sociedades que tienen este régimen: *mutualidad laboral.*

mutualismo. m. Conjunto de mutualidades.

mutualista. adj. **1** Relativo a la mutualidad. | com. **2** Miembro de una mutualidad.

mutuo, tua. adj. **1** Recíproco: *nos presentó un amigo mutuo.* | f. **2** Mutualidad, sociedad de socorros mutuos.

muy. adv. Se antepone a adjetivos, nombres adjetivados, participios, adverbios y modos adverbiales, para denotar en ellos grado superlativo de significación: *muy listo, muy hombre, muy deprisa.*

my. f. Duodécima letra del alfabeto griego, que corresponde a nuestra *eme.* La mayúscula se escribe M, y la minúscula, μ.

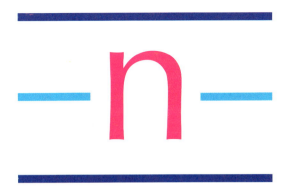

n. f. **1** Decimocuarta letra del abecedario español y undécima de sus consonantes. Su nombre es *ene*. **2** En mat., exponente de una potencia indeterminada.

N. 1 abr. del punto cardinal *Norte*. **2** Símbolo químico del *nitrógeno*.

nabo. m. **1** Planta herbácea anual, de hojas grandes y enteras, flores pequeñas y amarillas y raíz carnosa comestible. **2** Raíz de esta planta.

nácar. m. Sustancia dura, blanca, brillante y con reflejos irisados, que forma el interior de varias conchas de moluscos.

nacarado, da. adj. **1** Del color y brillo del nácar. **2** Adornado con nácar.

nacer. intr. **1** Salir del vientre materno. **2** Salir del huevo un animal ovíparo. **3** Empezar a salir un vegetal de su semilla. **4** Prorrumpir o brotar: *nacer una tendencia artística*. **5** Empezar a dejarse ver un astro en el horizonte. **6** Empezar una cosa desde otra, como saliendo de ella: *del tronco de aquel árbol nacían cinco ramas*. **7** Inferirse una cosa de otra. ‖ **Irreg.** Se conj. como *agradecer*. **Sin.** 4, 6 y 7 originarse, emerger, surgir ◻ **Ant.** 1 y 2 morir 5 declinar 4 desaparecer.

naciente. adj. **1** Muy reciente; que empieza a ser o manifestarse. | m. **2** Oriente, Este, punto cardinal.

nacimiento. m. **1** Acción de nacer. **2** Lugar o sitio donde algo tiene su origen o principio: *el nacimiento de un río*. **3** Representación del nacimiento de Jesucristo en el portal de Belén. **Sin.** 2 fuente, origen 3 belén ◻ **Ant.** 2 fin, término.

nación. f. **1** Entidad jurídica y política formada por el conjunto de los habitantes de un país regido por el mismo gobierno. **2** Territorio de ese mismo país. **3** Conjunto de personas de un mismo origen étnico y que generalmente hablan un mismo idioma, tienen una tradición común y ocupan un mismo territorio. **Sin.** 1 Estado 2 patria 2 y 3 país, pueblo.

nacional. adj. y com. Relativo a una nación o natural de ella.

nacionalidad. f. **1** Región que a sus peculiaridades une otras (idioma, historia, cultura, gobierno propios) que le confieren una acusada personalidad dentro de la nación en que está enclavada. **2** Condición y carácter peculiar de los pueblos o individuos de una nación. **3** Estado propio de la persona nacida o naturalizada en una nación. **Sin.** 3 ciudadanía.

nacionalismo. m. **1** Doctrina que exalta en todos los órdenes la personalidad nacional. **2** Aspiración de un pueblo o raza a constituirse en ente autónomo dentro de un Estado.

nacionalista. adj. **1** Partidario del nacionalismo. También com. **2** Relativo a él.

nacionalizar. tr. **1** Admitir en un país como nacional a un extranjero. También prnl. **2** Hacer que pasen al gobierno de una nación medios de producción y servicios explotados por particulares: *nacionalizar la banca*. **Ant.** 2 privatizar.

nacionalsindicalismo. m. Doctrina política y social de Falange Española, inspirada en el pensamiento de José Antonio Primo de Rivera.

nacionalsocialismo. m. Doctrina fundada por Hitler que propugnaba un nacionalismo expansionista basado en la supremacía de la raza germánica y un racismo seudocientífico fundamentalmente antisemita. **Sin.** nazismo.

nada. f. **1** La ausencia absoluta de cualquier ser o cosa. | pron. indef. **2** Ninguna cosa: *nada le satisface*. | adv. cant. **3** De ninguna manera, en absoluto: *no me gusta nada*. **4** Poca o muy poca cantidad de cualquier cosa: *llamó hace nada*. **5 como si nada.** loc. adv. Sin dar la menor importancia. **6** Sin esfuerzo:

nadador – narcótico

metió cuatro goles como si nada. **7** Infructuosamente, sin resultado. **8 de nada.** loc. Contestación de cortesía a *¡gracias!* **9** loc. adj. De escaso valor, sin importancia: *un regalito de nada.* **10 nada más.** Solamente: *nada más quiero tres.* **11** Inmediatamente después de: *nada más iros llegó él.* **12 nada menos.** Pondera la importancia de una persona o cosa: *lo dijo nada menos que el director.* **Sin.** 1 inexistencia.

nadador, ra. adj. y s. **1** Que nada. | m. y f. **2** Persona que practica el deporte de la natación.

nadar. intr. **1** Mantenerse y avanzar sobre el agua moviendo algunas partes del cuerpo. **2** Flotar en un líquido cualquiera. **3** Abundar en una cosa: *nadar en dinero.*

nadería. f. Cosa de poca importancia: *se enfadaron por una nadería.* **Sin.** fruslería, bagatela, nimiedad, insignificancia.

nadie. pron. indet. **1** Ninguna persona: *no quiere ver a nadie.* | m. **2** Persona insignificante: *es un don nadie.*

nadir. m. Punto de la esfera celeste diametralmente opuesto al cenit.

nafta. f. **1** Líquido incoloro, volátil, más ligero que el agua y muy combustible. Se obtiene en la destilación de la gasolina como una parte de ésta. **2** *amer.* Gasolina.

naftaleno. m. Hidrocarburo aromático que resulta de la condensacion de dos anillos de benceno. Se usa en la fabricación de perfumes, colorantes y plásticos.

naftalina. f. Hidrocarburo sólido procedente del alquitrán de la hulla, muy usado, en forma de bolas, para preservar a la ropa de la polilla.

nahua. adj. **1** Se dice del individuo de un antiguo pueblo indio que habitó la altiplanicie mexicana y la parte de América Central antes de la conquista de estos países por los españoles, y que alcanzó alto grado de civilización. También com. **2** Relacionado con este pueblo. **3** Se apl. al grupo de lenguas hablado principalmente por los indios mexicanos. También m.

náhuatl. m. Lengua hablada por los pueblos nahuas, impropiamente llamada también azteca o mexicana. También adj.

naïf. (voz fr.) adj. **1** Se dice del estilo artístico surgido a principios del s. xx caracterizado por su ingenuidad y su colorido. También m. **2** Ingenuo.

nailon. m. Fibra textil sintética.

naipe. m. **1** Cartulina rectangular que lleva figuras pintadas en una cara y sirve para jugar a las cartas. | pl. **2** Baraja. **Sin.** 1 carta.

nalga. f. Cada una de las dos porciones carnosas y redondeadas que constituyen el trasero. Más en pl. **Sin.** asentaderas, posaderas, culo.

nana. f. **1** Canto con que se arrulla a los niños. **2** Nodriza. **3** Saco pequeño que sirve de abrigo a los bebés.

nanay. adv. neg. Se utiliza para negar rotundamente una cosa.

nanómetro. m. Medida de longitud equivalente a la milmillonésima parte del metro.

nansa. f. **1** Nasa de pescar. **2** Estanque pequeño para tener peces.

nao. f. Nave. **Sin.** barco, bajel.

napa. f. Piel de algunos animales (cordero, cabra), curtida y trabajada, que se destina especialmente a la confección de prendas de vestir.

napalm. m. Materia inflamable que se emplea como carga de bombas incendiarias.

napias. f. pl. Narices, órgano de la cara.

naranja. f. **1** Fruto comestible del naranjo, de forma globosa y de pulpa dividida en gajos. | m. **2** Color semejante al de la naranja. También adj.

naranjada. f. **1** Bebida hecha con zumo de naranja, agua y azúcar. **2** Cualquier refresco de sabor a naranja.

naranjo. m. Árbol de hoja perenne siempre verde, que se cultiva mucho en España. Su flor es el azahar y su fruto la naranja.

narcisismo. m. Admiración excesiva que alguien siente por sí mismo. **Sin.** egocentrismo.

narciso. m. **1** Planta herbácea anual, de flores blancas o amarillas con corona central acampanada. **2** Flor de esta planta. **3** Persona que siente una admiración exagerada por sí mismo, especialmente por su aspecto físico. **Sin.** 3 narcisista.

narcótico, ca. adj. y m. Se dice de las sustancias que producen sopor, relajación muscular y embotamiento de la sensibilidad, como el cloroformo y el

Narciso

opio. Sin. estupefaciente, somnífero, soporífero □ Ant. estimulante.

narcotismo. m. Estado más o menos profundo de adormecimiento, que procede del uso de los narcóticos.

narcotizar. tr. y prnl. **1** Producir narcotismo. **2** Suministrar un narcótico.

narcotráfico. m. Comercio de drogas tóxicas en grandes cantidades.

nardo. m. **1** Planta liliácea, de flores blancas, muy olorosas, especialmente de noche. **2** Flor de esta planta.

narguile. m. Pipa para fumar compuesta de un largo tubo flexible, de un recipiente en que se quema el tabaco y de un vaso lleno de agua perfumada, a través de la cual se aspira el humo.

nariz. f. **1** Parte saliente del rostro humano, entre la frente y la boca, con dos orificios que comunican con la membrana pituitaria y el aparato de la respiración. Más en pl. **2** Sentido del olfato. | pl. **3** Coraje, valor. **4 estar** uno **hasta las narices.** loc. Estar harto. **5 meter** uno **las narices.** loc. Curiosear, entremeterse. **6 por narices.** loc. adv. Obligatoriamente.

narración. f. **1** Acción de narrar. **2** Exposición de una serie de sucesos reales o imaginarios que se desarrollan en un espacio y durante un tiempo determinados. Sin. 2 relato.

narrar. tr. Contar una historia o suceso, real o imaginario, oralmente, por escrito o de cualquier otra manera.

narrativa. f. **1** Género literario en prosa que abarca la novela y el cuento. **2** Habilidad o destreza en narrar o en contar las cosas.

nasa. f. **1** Arte de pesca que consiste en un cilindro de juncos entretejidos, red, etc., con una especie de embudo en una de sus bases. **2** Cesta de boca estrecha para echar la pesca.

nasal. adj. **1** Relativo a la nariz: *cavidad nasal*. **2** Se dice del sonido en cuya pronunciación la corriente espirada sale total o parcialmente por la nariz. **3** Se apl. a la voz, tono, etc., que tiene un sonido de estas características. Sin. 3 gangoso.

nata. f. **1** Sustancia espesa que forma una capa sobre la leche que se deja en reposo y que si se bate forma la mantequilla. **2** Materia grasa de la leche batida con azúcar. **3** Sustancia espesa de algunos líquidos, que flota en ellos. **4** Lo mejor y más valioso en su especie. Se usa sobre todo en la expr. *la flor y nata*. Sin. 1 crema 4 exquisitez, excelencia.

natación. f. **1** Acción de nadar. **2** Arte y técnica de nadar como deporte o como ejercicio.

natal. adj. **1** Relativo al nacimiento. **2** Relativo al lugar donde uno ha nacido: *ciudad natal*.

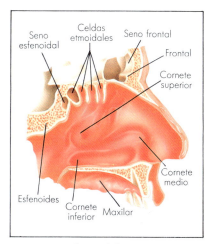

Sección de la nariz

natalicio, cia. adj. y m. **1** Relativo al día del nacimiento: *fiesta natalicia*. | m. **2** Día del nacimiento de alguien y fiesta con que se celebra. Sin. 2 cumpleaños.

natalidad. f. Número proporcional de nacimientos en un lugar y tiempo determinados.

natillas. f. pl. Crema ligera hecha con huevos, leche y azúcar.

nativo, va. adj. **1** Relativo al país o lugar en que uno ha nacido: *tierra nativa*. **2** Natural de un país o lugar: *folclore nativo*. También s. **3** Innato. Sin. 1 patrio 2 oriundo 3 connatural □ Ant. 1 y 2 extranjero, foráneo.

nato, ta. adj. **1** Se dice de la cualidad o defecto que se tiene de nacimiento. **2** Se dice del título o del cargo inseparable de una función o de una persona.

natural. adj. **1** Relacionado con la naturaleza, o producido por ella: *un fenómeno natural*. **2** No forzado o fingido: *una sonrisa natural*. **3** Propio de una persona o cosa por su carácter, naturaleza, etc. **4** Originario de un pueblo o nación. También com. **5** Se dice de las cosas que imitan con acierto o habilidad a la naturaleza. **6** Normal, lógico. | m. **7** Carácter, temperamento: *Luis es de natural pacífico*. **8** En arte, objeto, paisaje, etc., que el artista copia directamente: *copiar del natural*. Sin. 2 espontáneo 3 genuino 4 nativo, oriundo.

naturaleza. f. **1** Conjunto de todo lo que forma el universo en cuya creación no ha intervenido el hombre. **2** Principio o fuerza cósmica que se supone rige y ordena todas las cosas creadas. **3** Esencia y

naturalidad – nebuloso

propiedad característica de cada ser. **4** Carácter, temperamento. **5** Constitución física de una persona o animal: *tiene una naturaleza robusta*. **6 naturaleza muerta.** En pint., cuadro que representa animales muertos o cosas inanimadas. **Sin.** 6 bodegón.

naturalidad. f. **1** Espontaneidad. **2** Calidad de natural. **Sin.** 1 sencillez.

naturalismo. m. **1** Doctrina filosófica que considera a la naturaleza y a todos sus elementos como la única realidad existente. **2** Movimiento literario que surgió en Francia en la segunda mitad del s. XIX, y que, partiendo del realismo, trataba de reproducir la realidad objetivamente, especialmente los aspectos más desagradables. **3** Tendencia artística que representa la realidad alejándose del idealismo y del simbolismo.

naturalista. adj. **1** Relativo al naturalismo. | com. **2** Persona especializada en las ciencias naturales.

naturalizar. tr. y prnl. **1** Conceder o adquirir un extranjero los derechos de los naturales de un país. **2** Introducir y asimilar un país usos y costumbres originarios de otros países. **3** Aclimatar una especie animal o vegetal a un hábitat distinto al suyo propio. **Sin.** 1 nacionalizar(se) 3 adaptar(se).

naturismo. m. **1** Doctrina que preconiza el empleo de los agentes naturales para el tratamiento de las enfermedades. **2** Desnudismo.

naturista. adj. **1** Relativo al naturismo. | com. **2** Persona que practica el naturismo.

naufragar. intr. **1** Irse a pique o perderse una embarcación. **2** Salir mal un intento o negocio. **Sin.** 1 zozobrar 2 fracasar.

naufragio. m. **1** Acción de naufragar. **2** Desgracia, desastre.

náufrago, ga. adj. y s. Que ha padecido naufragio.

náusea. f. **1** Malestar físico que se manifiesta con deseos de vomitar. Más en pl. **2** Desagrado, repugnancia o rechazo motivado por algo no físico. Más en pl. **Sin.** 1 basca, arcada 2 asco, repelús.

nauseabundo, da. adj. Que produce náuseas.

nauta. m. Navegante, marino.

náutico, ca. adj. **1** Relativo a la navegación: *carta náutica*. | f. **2** Técnica y arte de navegar.

nautilo. m. Molusco cefalópodo con numerosos tentáculos sin ventosas y provisto de concha con cámaras separadas, en la última de las cuales vive el animal.

nava. f. Tierra sin árboles y llana, a veces pantanosa, situada generalmente entre montañas.

navaja. f. **1** Cuchillo cuya hoja puede doblarse sobre el mango para que el filo quede guardado entre las dos cachas. **2** Molusco lamelibranquio marino, cuya concha se compone de dos valvas simétricas lisas.

navajero, ra. m. y f. **1** Delincuente que utiliza la navaja como arma. **2** Persona que fabrica, repara o vende navajas.

navajo, ja. adj. **1** Se dice del individuo de una tribu amerindia de la familia lingüística atapasca, que habitaba en Arizona y Nuevo México (EE. UU.). También s. **2** Relativo a esta tribu.

naval. adj. Relativo a las naves y a la navegación.

nave. f. **1** Barco. **2** Embarcación de cubierta, con velas y sin remos. **3** Espacio interior amplio en los templos u otros edificios situado entre dos filas de arcadas: *la nave de una iglesia*. **4** Construcción grande de una sola planta utilizada como fábrica, almacén, etc. **5 quemar las naves.** loc. Tomar una decisión drástica y definitiva.

navegación. f. **1** Viaje que se hace con cualquier embarcación, y tiempo que dura. **2** Náutica.

navegar. intr. **1** Viajar por el agua con una embarcación. También tr.: *navegar un río*. **2** Desplazarse la embarcación. **3** Por analogía, viajar por el aire en globo, avión u otro vehículo. **4** Manejar la nave.

naveta. f. **1** Monumento megalítico de Baleares con forma de nave invertida. **2** Gaveta de escritorio. **3** Vaso o cajita que sirve en la iglesia para suministrar el incienso.

Navidad. f. **1** Nacimiento de Jesucristo. **2** Día en que se celebra. **3** Tiempo inmediato a este día, hasta la fiesta de Reyes. También en pl.

navideño, ña. adj. Relativo al tiempo de Navidad.

naviero, ra. adj. **1** Relativo a las naves o a la navegación. | m. y f. **2** Persona o sociedad propietaria de un barco.

navío. m. **1** Barco grande. **2** Barco de guerra.

náyade. f. En mit., cualquiera de las ninfas que, según la mitología grecolatina, habitaban en los ríos y en las fuentes.

nazareno, na. adj. y s. **1** De Nazaret. | m. **2** Penitente que en las procesiones de Semana Santa va vestido con túnica y capucha.

nazarí o **nazarita.** adj. **1** Se dice de los descendientes de Yúsuf ben Názar, fundador de la dinastía musulmana que reinó en Granada entre los s. XIII y XV. También com. **2** Relacionado con esta dinastía. || pl. *nazaríes* o *nazarís*.

nazi. adj. y com. Partidario del nacionalsocialismo.

nazismo. m. Nombre abreviado del nacionalsocialismo.

neblina. f. Niebla espesa y baja. **Sin.** bruma.

nebulosa. f. Materia cósmica celeste, difusa y luminosa, en general de contorno impreciso.

nebuloso, sa. adj. **1** Que tiene niebla o está cubierto por ella. **2** Sombrío, tétrico. **3** Falto de claridad o difícil de comprender. **Sin.** 3 confuso.

necedad. f. Tontería, terquedad.

necesario, ria. adj. **1** Que debe suceder inevitablemente. **2** Que se realiza obligado o forzado por algo. **3** Imprescindible para algo: *el agua es necesaria para la vida*. **4** Conveniente, muy útil. **Sin.** 1 inevitable 2 obligatorio, forzoso 3 fundamental, vital.

neceser. m. Caja o estuche con diversos objetos de tocador, costura, etc.

necesidad. f. **1** Lo que hace que las cosas sucedan infaliblemente de cierta manera. **2** Obligación. **3** Carencia o escasez de lo imprescindible para vivir: *pasaban mucha necesidad*. **4** Situación difícil que atraviesa alguien: *le atendió en aquella necesidad*. **5** Evacuación corporal de heces u orina. Más en pl. **Sin.** 3 penuria 4 apuro.

necesitar. intr. y tr. Tener necesidad de una persona o cosa.

necio, cia. adj. y s. **1** Ignorante. **2** Imprudente; terco y obstinado. También s. **Ant.** 1 inteligente 2 prudente.

nécora. f. Crustáceo marino parecido al cangrejo de mar, pero de mayor tamaño.

necrófago, ga. adj. Que se alimenta de cadáveres o carroña. **Sin.** carroñero.

necrofilia. f. **1** Atracción morbosa por la muerte o por alguno de sus aspectos. **2** Perversión sexual de quien trata de obtener placer erótico con cadáveres.

necrología. f. **1** Biografía de una persona notable, muerta hace poco tiempo. **2** Lista o noticia de personas muertas.

necromancia o **necromancía.** f. Nigromancia.

necrópolis. f. Cementerio de gran extensión en el que abundan los monumentos fúnebres. ǁ No varía en pl.

necrosis. f. Gangrena de los tejidos del organismo. ǁ No varía en pl.

néctar. m. **1** Jugo azucarado producido por las flores de ciertas plantas. **2** Cualquier licor suave y delicioso. **3** Bebida que, según la mitología grecolatina, proporcionaba la inmortalidad a los dioses.

nectarina. f. Fruto que resulta del injerto de ciruelo y melocotonero.

neerlandés, sa. adj. y s. Holandés.

nefando, da. adj. Indigno, aborrecible, repugnante. **Ant.** honorable.

nefasto, ta. adj. **1** Triste, funesto. **2** P. ext., se aplica a personas o cosas desgraciadas o detestables: *un gobernante nefasto*. **Sin.** 1 aciago □ **Ant.** 1 propicio.

nefrítico, ca. adj. Relativo a los riñones.

nefritis. f. Inflamación de los riñones. ǁ No varía en pl.

nefrología. f. Rama de la medicina que estudia el riñón y sus enfermedades.

negación. f. **1** Acción de negar. **2** Carencia total de una cosa: *es la negación del buen gusto*. **3** Partícula o voz que sirve para negar, como *no, ni, nunca*. **Ant.** 1 y 3 afirmación.

negado, da. adj. y s. Incapaz, inepto. **Ant.** hábil, diestro, dotado.

negar. tr. **1** Decir que no es verdad una cosa: *negó haber participado en el asunto*. **2** No admitir la existencia de algo. **3** Decir que no a lo que se pide. **4** Prohibir, impedir: *le negó la entrada*. ǀ **negarse.** prnl. **5** No querer hacer una cosa: *se negó a invitarte*. ǁ **Irreg.** Se conj. como *acertar*. **Sin.** 1 desmentir 2 renegar □ **Ant.** 1 afirmar.

negativo, va. adj. **1** Que incluye o expresa negación. **2** Relativo a la negación. **3** Pesimista: *siendo tan negativo sólo conseguirás amargarte*. **4** En mat., se dice del número inferior a cero. **5** En fís., se dice de la carga eléctrica del electrón. ǀ m. **6** Imagen fotográfica que ofrece invertidos los claros y oscuros. ǀ f. **7** Negación: *contestó con una negativa*. **Ant.** 1-5 positivo.

negligé. (voz fr.) adj. **1** Que presenta cierto descuido, generalmente calculado. ǀ m. **2** Bata femenina elegante y atrevida.

negligencia. f. **1** Descuido, omisión: *negligencia criminal*. **2** Falta de esfuerzo o aplicación.

negociación. f. Acción de negociar.

negociado. m. **1** En algunas organizaciones administrativas, dependencia donde se despachan determinados asuntos. **2** Negocio.

negociar. intr. **1** Comerciar con mercancías o valores. **2** Realizar una operación bancaria o bursátil. ǀ tr. **3** Gestionar asuntos públicos o privados: *negociar una subida de sueldo*. **Sin.** 1 comerciar, traficar 1 y 2 tratar 3 pactar.

negocio. m. **1** Ocupación encaminada a obtener un beneficio. **2** Beneficio obtenido: *hemos hecho un buen negocio*. **3** Local en que se negocia o comercia. **4** Cualquier ocupación o asunto. Más en pl.: *no sé en qué negocios andará ahora*. **5 negocio redondo.** El que proporciona mucha ganancia con poco esfuerzo.

negrero, ra. adj. y s. **1** Dedicado al comercio de esclavos negros: *un barco negrero*. ǀ m. y f. **2** Persona muy exigente y despótica con sus subordinados.

negrilla o **negrita.** adj. y f. Se dice de un tipo de letra de trazo más grueso y oscuro que el normal.

negro, gra. adj. **1** De color totalmente oscuro, es decir, que carece de color. También m. **2** Se dice del individuo cuya piel es de color negro. También s. **3** De color oscuro o más oscuro que lo normal: *cerveza negra*. **4** Oscurecido por la suciedad. **5** Furioso. **6** Se aplica a lo relacionado con el diablo: *misa negra*. ǀ m. **7** Persona que hace anónimamente el trabajo que se atribuye otra, por lo general un escritor. **8 la negra.** loc. Mala suerte. **9 pasarlas negras.** loc. Encontrarse en una situación difícil, dolorosa o comprometida. **Ant.** 1 blanco.

negroide. adj. Que presenta alguno de los caracteres de la raza negra o de su cultura.

negus. m. Título que se daba al emperador de Etiopía. ‖ No varía en pl.

nematelminto. adj. y m. **1** Se dice de los gusanos de cuerpo cilíndrico y desprovistos de apéndices locomotores, como la lombriz intestinal. | m. pl. **2** Clase de estos gusanos.

nemotecnia o **nemotécnica.** f. Mnemotecnia.

nene, na. m. y f. Niño pequeño.

nenúfar. m. **1** Planta acuática con flores amarillas o blancas. **2** Flor de esta planta. **Sin.** 1 y 2 escudete.

neo-. Elemento compositivo que significa 'nuevo', 'reciente': *neoclasicismo*.

neocelandés, sa. adj. y s. De Nueva Zelanda. También se escribe neozelandés.

neoclasicismo. m. Corriente literaria y artística, dominante en Europa durante el s. xviii, que aspiraba a restaurar el gusto y las normas del clasicismo.

neoclásico, ca. adj. Relativo al neoclasicismo.

neocolonialismo. m. Colonialismo encubierto, puesto en práctica tras la segunda guerra mundial, que consiste en el control económico de un país, políticamente independiente pero económicamente subdesarrollado, por otro más evolucionado.

neofascismo. m. Movimiento de extrema derecha inspirado en la ideología fascista.

neófito, ta. m. y f. **1** Persona recién convertida a una religión. **2** Persona adherida recientemente a una causa o a una colectividad.

neógeno, na. adj. y s. Se dice de la subdivisión del período terciario que comprende sus estratos más modernos, con las épocas miocena y pliocena.

neoimpresionismo. m. Movimiento pictórico surgido como reacción contra el impresionismo (1884-86), en el que los colores eran aplicados en toda su pureza y mezclados ópticamente según un método racional y científico.

neoliberalismo. m. Forma moderna de liberalismo, que concede al Estado una intervención limitada en asuntos jurídicos y económicos.

neolítico, ca. adj. y m. Se dice del período prehistórico, conocido también como el de la piedra pulimentada, que se desarrolló entre el mesolítico y el eneolítico.

neologismo. m. Vocablo, acepción o giro nuevo en una lengua.

neón. m. Elemento químico, gas noble que se encuentra en pequeñas cantidades en la atmósfera terrestre y que se utiliza en lámparas luminiscentes. Su símbolo es *Ne*.

neonazi. adj. y com. Se dice de la persona u organización política de extrema derecha que, en nuestros días, sigue las doctrinas del desaparecido nazismo alemán.

neoplatonismo. m. Escuela filosófica que floreció, principalmente en Alejandría, en los primeros siglos de la era cristiana.

neorrealismo. m. Movimiento cinematográfico, nacido en Italia en 1945, que intenta reflejar con dramatismo la realidad social y económica del país, a través del uso de escenarios naturales, actores no profesionales y técnicas del documental.

neoyorquino, na. adj. y s. De Nueva York.

nepotismo. m. Tendencia a favorecer con cargos, puestos, premios, etc., a familiares, conocidos o a personas de la misma ideología por parte de alguien con poder, especialmente político. **Sin.** enchufismo, amiguismo.

neptunio. m. Elemento químico radiactivo artificial. Es un metal de color argentino que se forma en los reactores nucleares por bombardeo del uranio con neutrones. Su símbolo es *Np*.

Neptuno. n. p. m. Planeta del sistema solar, el octavo por su distancia al Sol. Leverrier determinó su existencia y posición, y el alemán Galle le descubrió en 1846. Distancia al Sol, 4.504 millones de km; radio, 22.299 km; satélites, Tritón y Nereida.

nereida. f. Según la mitología griega, cada una de las 50 hijas de Nereo y Doris, que personifican las olas del mar.

nervadura. f. **1** Moldura saliente de las bóvedas góticas. **2** Conjunto de los nervios de una hoja.

nervio. m. **1** Cordón compuesto de muchos filamentos o fibras nerviosas, que partiendo del cerebro, la médula espinal u otros centros, se distribuyen por todas las partes del cuerpo, conduciendo los impulsos nerviosos. **2** Haz fibroso de las hojas de las plantas. **3** Fuerza, vigor: *un caballo con mucho nervio.* **4** Cualquier tendón o tejido blanco, duro y resistente. **5** Nerviosismo. Más en pl.: *no dejes que te traicionen los nervios.*

nerviosismo. m. Estado pasajero de excitación nerviosa.

nervioso, sa. adj. **1** Que tiene nervios. **2** Relativo a los nervios. **3** Se dice de la persona cuyos nervios se excitan fácilmente. **Sin.** 3 excitable, inquieto □ **Ant.** 3 tranquilo.

neto, ta. adj. **1** Claro, preciso. **2** Se dice de la cantidad de dinero o del peso una vez que se han descontado los gastos o la tara. **Ant.** 1 confuso, indefinido 2 bruto.

neumático, ca. adj. **1** Se dice de los aparatos que funcionan con el aire. | m. **2** Tubo de goma que, lleno de aire comprimido, sirve de amortiguador a las ruedas de los automóviles, bicicletas, etc.

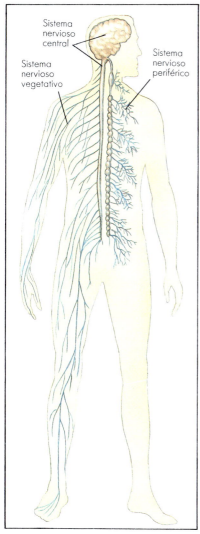

Sistema nervioso

neumococo. m. Microorganismo de forma lanceolada, que es el agente patógeno de ciertas pulmonías.

neumonía. f. Inflamación del pulmón. Sin. pulmonía.

neumotórax. m. Enfermedad producida por la entrada del aire exterior o del aire pulmonar en la cavidad de la pleura. || No varía en pl.

neuralgia. f. Dolor a lo largo de un nervio y de sus ramificaciones.

neurálgico, ca. adj. **1** Relativo a la neuralgia. **2** Se dice del momento, situación, lugar, etc., más importante en un asunto, problema, cuestión, etc.

neurastenia. f. Enfermedad del sistema nervioso cuyos síntomas son tristeza, cansancio, temor y emotividad.

neurita. f. Prolongación filiforme que arranca de la célula nerviosa. Sin. axón.

neuritis. f. Inflamación de un nervio y de sus ramificaciones. || No varía en pl.

neurología. f. Rama de la medicina, que estudia las enfermedades del sistema nervioso.

neurona. f. Célula diferenciada perteneciente al sistema nervioso, que es capaz de propagar el impulso nervioso a otra neurona.

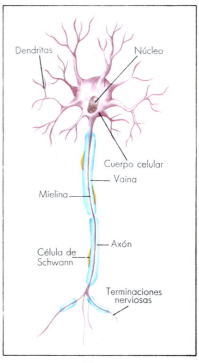

Neurona

neuróptero, ra. adj. y s. **1** Se dice de insectos con metamorfosis complicadas y cuatro alas membranosas y reticulares, como la hormiga león. | m. pl. **2** Orden de estos insectos.

neurosis. f. Trastorno parcial de los aspectos funcionales de la individualidad que afecta sobre todo a las emociones y deja intacta la capacidad de razonamiento. || No varía en pl.

neurótico, ca. adj. **1** Que padece neurosis. También s. **2** Relativo a la neurosis.

neurovegetativo, va. adj. Se dice de la parte del sistema nervioso que regula la vida vegetativa.

neutral. adj. y com. **1** Se dice de la persona o cosa que, entre dos partes o alternativas que se oponen, no se inclina por ninguna de ellas. **2** Se dice de la región, nación, etc., que no toma parte en la guerra promovida por otros. **Sin.** 1 imparcial.

neutralidad. f. Cualidad, estado o actitud de neutral. **Sin.** imparcialidad.

neutralizar. tr. **1** Hacer neutral. También prnl. **2** Debilitar el efecto de algo al intervenir otra cosa diferente u opuesta. **3** En quím., hacer neutra una sustancia o una disolución de ella. **Sin.** 2 contrarrestar.

neutro, tra. adj. **1** Poco definido o difícil de definir: *un sabor neutro*. **2** Indiferente en política o que se abstiene de intervenir en ella. **3** En fís., se dice del cuerpo que posee la misma cantidad de electricidad positiva y negativa. **4** En quím., se dice del compuesto que no tiene carácter ácido ni básico. **5** Se dice del sustantivo no clasificado como masculino ni femenino.

neutrón. m. Partícula elemental pesada, de carga eléctrica neutra y masa aproximadamente igual a la del protón.

nevado, da. adj. **1** Cubierto de nieve: *un pico nevado*. **2** Blanco como la nieve. | f. **3** Acción de nevar. **4** Cantidad de nieve que cae de una sola vez. **Sin.** 2 albo 4 torva.

nevar. intr. **1** Caer nieve. | tr. **2** Poner blanca una cosa. También prnl.: *nevarse el cabello.* || **Irreg.** Se conj. como *acertar*.

nevera. f. **1** Mueble frigorífico, fijo o portátil, para conservar o enfriar alimentos y bebidas. **2** Lugar o recinto donde hace mucho frío.

nevero. m. **1** Paraje de las montañas, donde se conserva la nieve todo el año. **2** Esta misma nieve.

newton o **neutonio.** m. Unidad de fuerza del Sistema Internacional. Su símbolo es *N*.

nexo. m. **1** Unión y vínculo de una cosa con otra. **2** Elemento lingüístico que sirve para relacionar un término con otro, como, p. ej., las preposiciones y las conjunciones. **Sin.** 1 enlace, lazo.

ni. conj. cop. **1** Enlaza palabras o frases y denota negación, precedida o seguida de otra u otras: *no quiero ni ese ni aquel*. **2** **¡ni que!** Como si: *¡ni que fuera tonto!*

nicho. m. Concavidad en el espesor de un muro para colocar una cosa, especialmente un cadáver o sus cenizas. **Sin.** hornacina.

nicotina. f. Alcaloide venenoso que contiene el tabaco.

nicotismo o **nicotinismo.** m. Conjunto de trastornos causados por el abuso del tabaco. **Sin.** tabaquismo.

nidada. f. **1** Conjunto de los huevos puestos en el nido. **2** Conjunto de los polluelos de una misma puesta mientras están en el nido.

nidal. m. Lugar donde las aves domésticas ponen sus huevos. **Sin.** ponedero.

nido. m. **1** Lecho o cobijo que hacen las aves para poner sus huevos y criar sus polluelos. **2** P. ext., cavidad, agujero o conjunto de celdillas donde procrean diversos animales. **3** Nidal. **4** Hogar, casa: *volver al nido*. **5** Guarida de delincuentes. **6** Lugar donde se origina o se junta algo: *ese basurero es un nido de gérmenes*. **Sin.** 1 y 3 ponedero 5 madriguera.

niebla. f. **1** Nube en contacto con la Tierra y que oscurece más o menos la atmósfera. **2** Confusión y oscuridad que dificulta la comprensión de algo. **Sin.** 1 bruma, neblina 2 sombra.

nieto, ta. m. y f. Respecto de una persona, hijo o hija de su hijo o de su hija.

nieve. f. **1** Agua helada que cae de las nubes en forma de copos blancos. **2** Temporal en que nieva mucho. Más en pl.

nigeriano, na. adj. y s. De Nigeria.

night-club. (voz ingl.) m. Club nocturno, sala de fiestas.

nigromancia o **nigromancía.** f. **1** Práctica supersticiosa que pretende desvelar el futuro evocando a los muertos. **2** Magia negra o diabólica.

nigua. f. Insecto muy parecido a la pulga, que vive en América y África.

nihilismo. m. Negación de toda creencia o de todo principio religioso, político y social.

nilón. m. Nailon.

nimbo. m. **1** Disco luminoso que rodea la cabeza de las imágenes religiosas. **2** Capa de nubes bajas y oscuras que suelen traer lluvia o granizo. **Sin.** 1 halo, aureola 2 nimboestrato.

nimiedad. f. Pequeñez, insignificancia.

nimio, mia. adj. Insignificante, sin importancia. **Sin.** intrascendente □ **Ant.** trascendental.

ninfa. f. **1** En mit., cualquiera de las diosas menores de las aguas, bosques, selvas, etc., que simbolizaban la femineidad. **2** Joven hermosa. **3** Insecto que ha pasado ya del estado de larva y prepara su última metamorfosis.

ninfomanía. f. Deseo sexual exagerado, y a veces patológico, en la mujer.

ningún. adj. Apócope de *ninguno.* ‖ Se emplea sólo antepuesto a nombres masculinos: *ningún hombre.*

ninguno, na. adj. **1** Ni uno solo: *¿tienes caramelos? no me queda ninguno.* **2** Con algunos sustantivos abstractos, nada: *no me corre ninguna prisa.* | pron. indef. **3** Ninguna persona, nadie: *no ha venido ninguno.*

niña. f. Pupila del ojo.

niñato, ta. m. y f. **1** Joven sin experiencia que cree saberlo todo. **2** Joven presumido y de comportamiento frívolo.

niñero, ra. m. y f. Persona que se ocupa de cuidar niños.

niñería. f. Acción propia de niños. **Sin.** niñería, puerilidad.

niñez. f. Período de la vida humana, que se extiende desde la infancia a la pubertad. **Sin.** infancia.

niño, ña. m. y f. **1** Persona que se halla en la niñez o que tiene pocos años. También adj. **2** Persona que tiene poca experiencia o madurez. También adj. **3** Hijo: *van a tener un niño.* **4 la niña bonita.** En la lotería, nombre con que se designa al número quince. **5 niño probeta.** El concebido por fecundación externa del óvulo, que luego se implanta en el útero de la madre. **Sin.** 1 pequeño, bebé 1 y 2 crío ☐ **Ant.** 1 viejo, adulto.

nipón, na. adj. y s. De Japón. **Sin.** japonés.

níquel. m. Elemento químico metálico de color y brillo semejantes a los de la plata, muy duro, magnético y algo más pesado que el hierro. Su símbolo es *Ni*.

niquelar. tr. Cubrir con un baño de níquel otro metal.

niqui o **niki.** m. Prenda de vestir, especie de blusa, generalmente de punto.

nirvana. m. En el budismo, bienaventuranza obtenida por la absorción e incorporación del individuo en la esencia divina.

níscalo. m. Hongo comestible de sombrero anaranjado y de textura más dura que las setas. **Sin.** mízcalo.

níspero. m. **1** Árbol rosáceo, de hojas caducas, flores blancas y fruto comestible. **2** Fruto de este árbol.

nitidez. f. Cualidad de nítido. **Sin.** claridad ☐ **Ant.** oscuridad.

nítido, da. adj. **1** Limpio, diáfano: *un cielo nítido.* **2** Claro, preciso: *unas ideas nítidas.* **Ant.** 1 opaco, borroso 1 y 2 turbio 2 confuso.

nitrato. m. Sal que se obtiene por reacción del ácido nítrico con una base.

nítrico, ca. adj. **1** Relativo al nitro o al nitrógeno. **2** Se dice del ácido compuesto de nitrógeno, oxígeno e hidrógeno, que es un líquido incoloro y muy corrosivo.

nitro. m. Nitrato potásico. Se utiliza para la fabricación de la pólvora común. **Sin.** salitre.

nitrógeno. m. Elemento químico gaseoso, incoloro, transparente e inodoro, que se encuentra en un alto porcentaje en el aire atmosférico. Su símbolo es *N*.

nitroglicerina. f. Líquido aceitoso, inodoro, más pesado que el agua, obtenido por nitración la glicerina. Es un explosivo siete veces más potente que la pólvora.

nivel. m. **1** Altura que alcanza algo o grado en que se sitúa respecto a una escala. **2** Instrumento para averiguar la diferencia de altura entre dos puntos. **3** Piso o planta. **4** Situación alcanzada por algo o alguien después de un proceso. **5 nivel de vida.** Grado de bienestar material alcanzado por los habitantes de un país, los componentes de una clase social, etc.

nivelar. tr. **1** Hacer que una superficie quede horizontal o llana. **2** Poner dos o más cosas a la misma altura, categoría, grado, etc.: *nivelar los salarios.* También prnl. **Sin.** 1 allanar 2 equilibrar, igualar ☐ **Ant.** 1 y 2 desnivelar.

níveo, a. adj. De nieve o semejante a ella: *piel nívea.*

no. adv. neg. **1** En afirm., se utiliza como respuesta negativa a una pregunta, como expresión de rechazo o no conformidad, para indicar la no realización de una acción, etc.: *¿quieres más? no; no me parece apropiado; todavía no han llegado.* **2** En interr., se emplea para reclamar o pedir una contestación afirmativa o para expresar duda o extrañeza: *¿no será mejor que nos vayamos?; ¿no te parece raro que no haya llamado?* **3** Seguido de la prep. *sin,* adquiere sentido afirmativo: *levantó la mano no sin timidez.* | m. **4** Negación. **Ant.** 1 sí.

Nobel. m. p. Cada uno de los premios creados por Alfred Nobel, y que se conceden anualmente a personas o instituciones que hubieran destacado en los campos de la medicina y fisiología, química, física, ciencias económicas, literatura y de la paz.

nobelio. m. Elemento químico radiactivo artificial que se obtuvo bombardeando el curio con iones de carbono. Su símbolo es *No*.

nobiliario, ria. adj. Relacionado con la nobleza.

noble. adj. **1** Que posee un título de nobleza o que pertenece a una familia que lo tiene por herencia. También com. **2** Relacionado con estas personas: *solar noble.* **3** Honrado, generoso, sincero, leal. **4** Aplicado a animales, fiel, no traicionero: *un toro noble.*

nobleza – non

5 Destacado o sobresaliente por su valor material, histórico o social, por su calidad, etc.: *metales nobles*. SIN. 1 aristócrata 2 nobiliario 5 selecto, precioso □ ANT. 1 y 2 plebeyo 3 rastrero 4 traicionero 5 bajo.

nobleza. f. **1** Cualidad de noble. **2** Conjunto de los nobles de un Estado. SIN. 1 señorío, distinción 2 aristocracia.

noche. f. **1** Período de tiempo comprendido entre la puesta y la salida del Sol. **2** Oscuridad que caracteriza a este intervalo de tiempo. **3** Tiempo que se dedica a dormir y que coincide aproximadamente con este intervalo de tiempo. **4** Confusión, oscuridad, tristeza: *la noche se abatió sobre su corazón.* ‖ Esta acepción es metafórica y de uso principalmente literario. **5 de la noche a la mañana.** loc. adv. De pronto, inopinadamente. ANT. 1 mañana 1 y 2 día 4 luz, alegría.

nochebuena. f. Noche del 24 de diciembre, que precede al día de Navidad. ‖ Suele escribirse con mayúscula.

nochevieja. f. Última noche del año. ‖ Suele escribirse con mayúscula.

noción. f. **1** Conocimiento abstracto que se tiene de una cosa. **2** Conocimiento elemental. Más en pl.: *tiene algunas nociones de danés.* SIN. 1 idea 2 rudimentos.

nocivo, va. adj. Dañino: *un ambiente nocivo.* SIN. perjudicial, insalubre □ ANT. beneficioso, saludable.

noctámbulo, la. adj. Se dice de quien prefiere divertirse y vivir de noche. SIN. trasnochador.

nocturnidad. f. **1** Cualidad o condición de nocturno. **2** En der., circunstancia agravante de responsabilidad, por cometerse de noche ciertos delitos.

nocturno, na. adj. **1** Perteneciente a la noche, o que se hace en ella: *turno nocturno.* ‖ m. **2** Pieza de música vocal o instrumental, de melodía dulce, propia para interpretarse durante la noche. ANT. 1 diurno.

nodo. m. En fís., cada uno de los puntos que permanecen fijos en un cuerpo vibrante.

nodriza. f. **1** Mujer que cría o cuida niños que no son suyos. **2** Se apl. como nombre en aposición a *buque* o *avión* para indicar que sirven para aprovisionar a otros de combustible. SIN. 1 aya.

nódulo. m. **1** Pequeña dureza redondeada de cualquier materia. **2** Agrupación celular o fibrosa en forma de nudo o corpúsculo.

nogal. m. **1** Árbol de corteza resinosa y hojas grandes, cuyo fruto es la nuez; su madera es muy apreciada en ebanistería. **2** Madera de este árbol.

nogalina. f. Colorante obtenido de la cáscara de la nuez, usado para pintar imitando el color del nogal.

nómada. adj. y com. Que carece de un lugar fijo de residencia y se desplaza de un sitio a otro: *tribu nómada.* SIN. ambulante, trashumante.

nomadismo. m. Estado social, principalmente de las épocas primitivas, consistente en cambiar con frecuencia de lugar de residencia.

nombradía. f. Fama, reputación, notoriedad, renombre.

nombramiento. m. **1** Acción de nombrar. **2** Escrito en que se designa a alguien para un cargo o trabajo. SIN. 2 designación.

nombrar. tr. **1** Decir el nombre de una persona o cosa. **2** Hacer referencia a una persona o cosa. **3** Elegir a alguien para un cargo, empleo u otra cosa: *le nombraron embajador.* SIN. 1 mencionar 2 aludir 3 designar.

nombre. m. **1** Palabra que designa a cualquier realidad, concreta (personas, animales, cosas) o abstracta, y que sirve para referirse a ella, para reconocerla y para distinguirla de otra. **2** Título de una cosa por el cual es conocida. **3** Reputación. **4** En gram., el sustantivo. **5 nombre común.** El que se aplica a todos los seres animados o inanimados de una misma especie: *mujer, pájaro, árbol.* **6 nombre propio.** El que se aplica a seres animados o inanimados para designarlos y diferenciarlos de otros de su misma especie: *Antonio, Toledo.* **7 no tener nombre** una cosa. loc. Producir tanta indignación que no existen palabras para expresarla: *su desfachatez no tiene nombre.*

nomenclátor. m. Catálogo de nombres. SIN. repertorio, índice.

nomenclatura. f. Conjunto de las voces técnicas de una especialidad.

nómina. f. **1** Lista o catálogo de nombres de personas o cosas. **2** Relación nominal de empleados que han de percibir sueldo. **3** El sueldo mismo. **4** Impreso en que se especifica el sueldo, los descuentos, los extras, etc.

nominal. adj. **1** Perteneciente al nombre. **2** Que sólo es o existe de nombre y carece de una existencia efectiva: *su cargo es puramente nominal.* **3** Se dice del valor de acciones u obligaciones cotizables en bolsa que se corresponde con una parte proporcional del capital.

nominar. tr. **1** Designar a alguien para un determinado cargo, puesto, etc. **2** Dar nombre a una persona o cosa. **3** Proponer algo o a alguien para un premio.

nominativo. adj. **1** Se apl. a ciertos documentos bancarios, títulos, etc., que se extienden a favor de alguien y en los que consta su nombre, en oposición a los que son al portador: *talón nominativo.* ‖ m. **2** Caso de la declinación que corresponde a las funciones de sujeto y atributo.

non. adj. y m. **1** Impar. ‖ m. pl. **2** Negación rotunda de una cosa: *¡he dicho que nones!*

nonagenario, ria. adj. y s. Que ha cumplido noventa años.

nonagésimo, ma. adj. **1** Que ocupa el lugar noventa en una serie ordenada. **2** Se dice de cada una de las 90 partes iguales en que se divide un todo. También s.

nonato, ta. adj. No nacido en parto normal, sino por medio de una cesárea.

nonio. m. Instrumento para apreciar fracciones pequeñas de las divisiones menores.

nono, na. adj. Noveno.

noosfera. f. Conjunto que forman los seres inteligentes con el medio en que viven.

nopal. m. Planta cactácea con tallos aplastados, carnosos, cuyo fruto es el higo chumbo.

noquear. tr. En boxeo, dejar fuera de combate.

nordeste o **noreste.** m. **1** Punto del horizonte entre el N y el E. Su abreviatura es *NE*. **2** Viento que sopla de esta parte.

nórdico, ca. adj. **1** Relacionado con los pueblos del norte de Europa. | m. **2** Grupo de las lenguas germánicas del Norte, como el noruego, el sueco, el danés y el islandés.

noria. f. **1** Máquina para sacar agua de un pozo. **2** En las ferias, instalación recreativa consistente en una rueda que gira en vertical y de la que cuelgan cabinas para las personas.

norma. f. **1** Regla que se debe seguir o a la que deben ajustarse las conductas, tareas, actividades, etc. **2** Conjunto de reglas que determinan el uso correcto del lenguaje. **3** Precepto jurídico. **4** Modelo. **5** Escuadra utilizada para arreglar y ajustar los maderos, piedras y otras cosas. **Sin.** 1 precepto, principio 3 ley 4 canon, patrón.

normal. adj. **1** Que es general o mayoritario o que es u ocurre como siempre o como es habitual, por lo que no produce extrañeza: *sus gustos son normales*. **2** Lógico: *es normal que no quiera vernos después del plantón de ayer*. **3** Que sirve de norma o regla. **4** Que por su naturaleza, forma o magnitud se ajusta a ciertas normas fijadas de antemano. **Ant.** 1 anormal, extraño 2 ilógico.

normalidad. f. Cualidad o condición de normal.

normalizar. tr. **1** Regularizar, ordenar. **2** Hacer que una cosa sea normal. **3** Ajustar a un tipo, modelo o norma.

normando, da. adj. y s. **1** Se apl. a los escandinavos que desde el s. ix hicieron incursiones en varios países de Europa y se establecieron en ellos. **2** Natural de Normandía (Francia).

normativo, va. adj. **1** Que sirve de norma. | f. **2** Conjunto de normas aplicables a una determinada materia o actividad: *normativa laboral*. **Sin.** 1 reglamentario 2 reglamento.

noroeste. m. **1** Punto del horizonte entre el N. y el O. Su abreviatura es *NO*. **2** Viento que sopla de esta parte.

norte. m. **1** Punto cardinal del horizonte, que cae frente a un observador a cuya derecha esté el Oriente. Su abreviatura es *N*. **2** Viento que sopla de esta parte. **3** Dirección, meta: *su norte es triunfar en el espectáculo*. **Sin.** 1 septentrión 2 bóreas 3 objetivo ☐ **Ant.** 1 mediodía.

norteamericano, na. adj. y s. De América del Norte, y especialmente de EE. UU. **Sin.** estadounidense.

nos. pron. pers. de 1.ª pers., m. y f. pl. **1** Forma átona, que funciona como complemento directo o indirecto: *si corres, nos alcanzarás*. Se utiliza para formar v. prnl.: *nos despertamos muy cansados*. **2** Se usa con valor de sujeto de primera persona del singular *(yo)* en el llamado plural mayestático, utilizado por altas dignidades eclesiásticas: *Nos, el pontífice, proclamamos...*

nosotros, tras. pron. pers. de 1.ª pers., m. y f. pl. Funciona como sujeto: *abre, somos nosotros*. Con preposición, funciona como complemento: *venid con nosotros*.

nostalgia. f. **1** Sentimiento de pena o tristeza que produce la ausencia de la patria o de las personas queridas. **2** Tristeza melancólica por el recuerdo de un bien perdido: *tenía nostalgia de aquel verano*. **Sin.** 1 morriña, añoranza 2 melancolía.

nota. f. **1** Escrito breve que recuerda algo o avisa de alguna cosa. **2** Advertencia, explicación o comentario a un texto, que se incluyen en el mismo de forma separada para diferenciarlos del texto principal: *notas a pie de página*. **3** Escrito que resume una exposición oral, realizado durante su desarrollo. Más en pl.: *tomar notas*. **4** Calificación. **5** Factura: *¿nos trae la nota, por favor?* **6** Signos utilizados en música para representar los sonidos. **7** Cada uno de estos sonidos.

notable. adj. **1** Digno de atención, destacable: *una vidriera notable*. **2** Grande, excesivo. | m. **3** Calificación académica. | m. pl. **4** Personas principales en una localidad o en una colectividad. **Sin.** 1 relevante, importante 2 considerable ☐ **Ant.** 1 y 2 insignificante.

notación. f. **1** Sistema de signos convencionales que se adopta para expresar ciertos conceptos matemáticos. **2** Acción de notar. **3** Escritura musical

notar. tr. **1** Darse cuenta de algo: *no notó que te fuiste*. También prnl. **2** Apuntar brevemente una cosa para que no se olvide. **3** Poner notas a los escritos o libros. **4** Calificar, juzgar. **5** Señalar una cosa. **Sin.** 1 percatarse 2 y 3 anotar, marcar.

notaría. f. Profesión de notario y oficina donde despacha.

notario. m. Funcionario público autorizado para dar fe de los contratos, testamentos y otros actos extrajudiciales.

noticia. f. **1** Divulgación o publicación de un hecho. **2** El hecho divulgado. **3** Noción, conocimiento: *no tenía noticia de ello*. **Sin.** 1 y 2 información, nueva 3 idea.

noticiario. m. Espacio de televisión, radio o prensa en el que se difunden noticias.

notificación. f. **1** Acción de notificar. **2** Documento en que se hace constar.

notificar. tr. **1** Hacer saber oficialmente una resolución: *notificar un despido*. **2** P. ext., comunicar una cosa: *te notifico que llegamos tarde*. **Sin.** 1 y 2 informar, comunicar.

notocordio. m. Cordón celular macizo dispuesto a lo largo del cuerpo de los animales cordados. En los vertebrados sirve de soporte a la médula espinal, y en los procordados se halla situado paralelo y por debajo del tubo nervioso.

notoriedad. f. **1** Cualidad de notorio. **2** Celebridad, fama.

notorio, ria. adj. **1** Público y sabido de todos. **2** Evidente, claro: *tu temor es notorio*. **Sin.** 1 conocido.

nova. f. Etapa de la evolución de una estrella en la que despide gran cantidad de energía y aumenta su luminosidad.

novatada. f. **1** Broma pesada que se hace a los novatos. **2** P. ext., error cometido por inexperiencia.

novato, ta. adj. y s. **1** Que acaba de incorporarse a una colectividad. **2** P. ext., inexperto en algo: *un conductor novato*. **Sin.** 1 nuevo 2 principiante.

novecentismo. m. Término con que se designa la renovación cultural, artística y literaria que se inicia en 1900, caracterizada por la tendencia a la europeización y la defensa del clasicismo frente al vanguardismo e intelectualismo.

novecientos, tas. adj. y pron. **1** Nueve veces ciento. **2** Que sigue al ochocientos noventa y nueve en una serie ordenada. | m. **3** Signos numéricos que lo representan.

novedad. f. **1** Cualidad de nuevo. **2** Cambio. **3** Noticia: *tengo varias novedades que contarte*. **4** Lo que sorprende por su carácter diferente y generalmente estimulante o inspirador: *la novedad de una teoría*. **5** Cualquier cosa que acaba de aparecer: *las últimas novedades del mercado*.

novel. adj. Nuevo, inexperto. **Sin.** bisoño ☐ **Ant.** veterano.

novela. f. **1** Obra literaria en prosa, que narra sucesos ficticios, o reales en parte. **2** Género literario formado por estas obras. **3** Historia poco creíble. **Sin.** 2 novelística 3 cuento, patraña.

novelar. tr. Referir un suceso con forma o apariencia de novela.

novelesco, ca. adj. Propio de las novelas: *un tipo novelesco*.

novelista. com. Persona que escribe novelas.

novelística. f. **1** Conjunto de novelas de una época, país, género, etc.: *la novelística romántica*. **2** Tratado histórico o preceptivo de la novela.

novena. f. Ejercicio de devoción católico que se practica durante nueve días.

noveno, na. adj. y pron. **1** Que en una serie ordenada ocupa el número nueve. **2** Se dice de cada una de las nueve partes iguales en que se divide un todo. También m.

noventa. adj. y pron. **1** Nueve veces diez. También m. **2** Que en una serie ordenada sigue al ochenta y nueve. | m. **3** Conjunto de signos con que se representa el número noventa.

noviazgo. m. **1** Condición o estado de novio o novia. **2** Tiempo que dura.

noviciado. m. **1** Tiempo que dura la situación de novicio. **2** Casa en que habitan los novicios. **3** Conjunto de novicios.

novicio, cia. m. y f. **1** Persona que se prepara para ingresar en una orden religiosa. **2** Principiante.

noviembre. m. Undécimo mes del año, entre octubre y diciembre, que tiene treinta días.

novillada. f. **1** Lidia o corrida de novillos. **2** Conjunto de novillos.

novillero, ra. m. y f. Lidiador de novillos.

novillo, lla. m. y f. **1** Toro o vaca de dos o tres años. **2 hacer novillos.** loc. Faltar a la escuela o al trabajo.

novilunio. m. Fase de la luna nueva. **Ant.** plenilunio.

novio, via. m. y f. **1** Persona que mantiene con otra una relación amorosa con fines matrimoniales. **2** Persona que mantiene con otra una relación sentimental de cualquier tipo. **3** Persona recién casada. **Sin.** 1 prometido.

nubarrón. m. Nube grande y densa.

nube. f. **1** Masa de vapor de agua suspendida en la atmósfera. **2** Agrupación de cosas, como el polvo, el humo, insectos, etc. **3** Abundancia de algo: *le rodeaba una nube de admiradores*. **4** Cualquier cosa que oscurece o encubre otra. **5** Cualquier mancha que enturbia una superficie brillante: *los cristales tienen nubes*. **6** Pequeña mancha blanquecina que se forma en la capa exterior de la córnea y dificulta la visión. **7 estar** o **vivir en las nubes.** loc. Ser despistado, soñador. **8 estar por las nubes.** loc. Estar muy caro.

núbil. adj. **1** Que ha alcanzado la madurez sexual

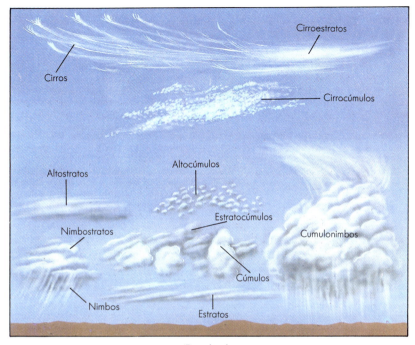

Tipos de nube

y puede tener hijos. **2** Edad en que se alcanza la madurez sexual.

nublado. adj. **1** Cubierto de nubes: *el cielo está nublado.* | m. **2** Nube que amenaza tempestad. **3** P. ext., tormenta. **Sin.** 1 nuboso 2 nubarrón ☐ **Ant.** 1 despejado.

nuboso, sa. adj. Cubierto de nubes. **Sin.** nublado.

nublar. tr. y prnl. **1** Ocultar las nubes el cielo, el Sol o la Luna. **2** Oscurecer, empañar algo, material o inmaterial: *nublarse el juicio.*

nuca. f. Parte donde se une la cabeza con la columna vertebral.

nuclear. adj. **1** Perteneciente al núcleo. **2** Relacionado con el núcleo de los átomos: *energía nuclear.*

nucleico, ca. adj. Se dice de ciertos ácidos orgánicos componentes de la materia viva que intervienen en la síntesis de las proteínas y en la transmisión genética.

núcleo. m. **1** Parte central o más importante de algo: *este capítulo es el núcleo de la novela.* **2** Parte central del átomo, de carga eléctrica positiva y que contiene la mayor parte de la masa atómica. **3** Parte más densa y luminosa de un astro. **4** Corpúsculo contenido en el citoplasma de las células y constituido esencialmente por cromatina.

nucleolo o **nucléolo.** m. Corpúsculo diminuto, único o múltiple, situado en el interior del núcleo celular y compuesto por un tipo de ácido nucleico y proteínas.

nucleón. m. Cada una de las partículas elementales, protón o neutrón, que constituyen el núcleo atómico.

nudillo. m. Parte exterior de cualquiera de las articulaciones de los dedos. Más en pl.

nudismo. m. Doctrina y práctica de quienes creen que la desnudez completa es conveniente para un perfecto equilibrio físico y moral.

nudista. adj. y com. Persona que practica el nudismo.

nudo. m. **1** Lazo que cuanto más se aprieta más difícil resulta soltarlo. **2** En los árboles y plantas, parte del tronco por la cual salen las ramas **3** En una obra literaria o cinematográfica, parte donde se complica la acción y que precede al desenlace. **4** Principal dificultad o duda en algunas materias. **5** Punto donde se unen dos o más cosas: *nudo de vías férreas*. **6** Unidad de velocidad en navegación, que equivale a una milla por hora. **Sin.** 1 lazada 2 meollo.

nuera. f. Respecto de una persona, mujer de su hijo.

nuestro, tra, tros, tras. adj. y pron. pos. de 1.ª pers. m. y f. Indica la relación de pertenencia del sustantivo al que acompaña respecto a dos o más poseedores, entre los que se incluye el hablante: *nuestra casa; ese es el nuestro*.

nueve. adj. **1** Ocho y uno. **2** Noveno. Aplicado a los días del mes, también m.: *el nueve de diciembre*. | m. **3** Signo o cifra con que se representa el número nueve.

nuevo, va. adj. **1** Recién creado o fabricado. **2** Que se ve o se oye por la primera vez. **3** Repetido o reiterado para renovarlo: *sacarán una nueva edición dentro de poco*. **4** Distinto o diferente de lo que antes había o se tenía aprendido. **5** Que está poco o nada usado: *esa falda está nueva*. **6** Que se añade a una cosa que había antes: *nos ha caído encima un nuevo problema*. **7** Recién llegado a un país o lugar. **8** Se dice del producto agrícola cosechado muy recientemente: *patatas nuevas*. | f. **9** Noticia: *es una buena nueva*. **10 de nuevas.** loc. adv. Por sorpresa: *lo de su accidente me ha cogido de nuevas*. **Sin.** 1 flamante, reciente 2 y 4 novedoso 7 novel, novato 9 primicia ☐ **Ant.** 1-4 antiguo, 1-8 viejo 5 estropeado.

nuez. f. **1** Fruto del nogal. **2** Prominencia que forma el cartílago tiroides en la parte anterior del cuello del varón adulto. **3** Porción de cualquier cosa del tamaño de una nuez: *una nuez de levadura*. **4 nuez moscada.** Fruto del árbol llamado moscadero, que se utiliza como condimento.

nulidad. f. **1** Cualidad de nulo. **2** Incapacidad, ineptitud. **3** Persona incapaz, inepta.

nulo, la. adj. **1** Que carece de validez legal: *sentencia nula*. **2** Incapaz: *Juan es nulo para el dibujo*. **3** Ninguno.

numen. m. **1** Cualquiera de los dioses fabulosos adorados por los paganos. **2** Inspiración del artista o escritor. **Sin.** 1 deidad 2 musa.

numeración. f. **1** Acción de numerar. **2** Sistema de signos verbales o escritos para expresar todos los números. **3 numeración arábiga,** o **decimal.** Sistema que utiliza los diez signos introducidos por los árabes en Europa: 0, 1, 2, 3, 4, 5, 6, 7, 8, 9. **4 numeración romana.** La que usaban los romanos y que expresa los números por medio de siete letras del alfabeto latino, que son: I = 1, V = 5, X = 10, L = 50, C = 100, D = 500 y M = 1.000.

numerador. m. **1** Guarismo que señala el número de partes iguales de la unidad, que contiene un quebrado. **2** Aparato con que se marca la numeración correlativa.

numeral. adj. Relativo al número.

numerar. tr. **1** Marcar con números una serie, para ordenarla. **2** Contar los elementos de un conjunto siguiendo el orden numérico. También prnl.

numerario, ria. adj. **1** Perteneciente al número. **2** Se dice del individuo que, con carácter fijo, forma parte de una corporación, sociedad, etc.: *profesor numerario*. | m. **3** Dinero en efectivo. **Sin.** 3 metálico.

número. m. **1** Concepto matemático que expresa cantidad. **2** Signo o conjunto de signos con que se representa este concepto. **3** Cantidad indeterminada de personas, animales o cosas: *asistió un gran número de espectadores*. **4** Puesto que ocupa algo o alguien en una serie ordenada, como una lista, una cola, etc. **5** Cada una de las hojas o cuadernos de una publicación periódica. **6** Cada una de las partes de un espectáculo: *un número de prestidigitación*. **7** Accidente gramatical que expresa, por medio de cierta diferencia en la terminación de las palabras, si éstas se refieren a una o más personas o cosas. **8** Individuo sin graduación en algunos cuerpos militares: *un número de la guardia civil*.

numeroso, sa. adj. Que incluye gran número de cosas.

numismática. f. Ciencia que trata del conocimiento de las monedas y medallas.

nunca. adv. t. **1** En ningún momento: *nunca lo sabrán*. **2** Ninguna vez: *nunca lo había oído*.

nunciatura. f. **1** Cargo o dignidad de nuncio. **2** Casa del nuncio.

nuncio. m. **1** Representante diplomático del Papa. **2** Mensajero. **3** Anuncio o señal. **Sin.** 2 heraldo.

nupcial. adj. Relativo a las nupcias.

nupcias. f. pl. Casamiento.

nutria. f. Mamífero carnívoro que se alimenta de peces; su piel es muy apreciada en peletería.

nutrición. f. **1** Acción de nutrir o nutrirse. **2** Conjunto de funciones orgánicas que transforman los alimentos para obtener la energía necesaria para el organismo.

nutrir. tr. y prnl. **1** Proporcionar a un organismo vivo el alimento que necesita. **2** Fortalecer, vigorizar. **3** Llenar. **Sin.** 1 alimentar, sustentar 2 robustecer ☐ **Ant.** 2 debilitar.

ny. f. Decimotercera letra del alfabeto griego, que corresponde a nuestra *ene*. La grafía mayúscula es **N** y la minúscula **ν**.

nylon. (voz ingl.) m. Nailon.

ñ. f. Decimoquinta letra del abecedario español y duodécima de sus consonantes. Su nombre es *eñe*.

ñame. m. **1** Planta herbácea, originaria de los países tropicales, cuyo tubérculo, parecido a la batata, es comestible. **2** Tubérculo de esta planta.

ñandú. m. Ave americana de gran tamaño, algo más pequeña que el avestruz, con tres dedos en cada pie y plumaje gris.

ñáñigo, ga. adj. y s. **1** Se dice del individuo afiliado a una sociedad secreta formada en otro tiempo por los negros de la isla de Cuba. | m. **2** Esa sociedad.

ñaque. m. Conjunto o montón de cosas inútiles y ridículas.

ñarra. com. vulg. Niño.

ñoclo. m. Dulce hecho de masa de harina, azúcar, manteca, huevos, vino y anís.

ñoñería. f. Acción o dicho propio de persona ñoña.

ñoñez. f. **1** Calidad de ñoño. **2** Ñoñería.

ñoño, ña. adj. **1** Melindroso, ridículo. **2** Puritano, mojigato. **3** Quejica.

ñoqui. m. Masa hecha con patatas, mezcladas con harina de trigo, mantequilla, leche, huevo y queso rallado, dividida en trocitos, que se cuecen en agua hirviente con sal.

ñora. f. **1** Pimiento muy picante, guindilla. **2** Noria, máquina de elevar agua.

ñu. m. Mamífero rumiante de África, especie de antílope, de cabeza grande y cuernos curvos.

Ñu

o. f. Decimosexta letra del abecedario español, y cuarta de sus vocales. ‖ pl. *oes*.

o. conj. **1** Denota diferencia, separación o alternativa entre dos o más personas, cosas o ideas: *Antonio o Francisco; blanco o negro; vencer o morir.* **2** Suele preceder a cada uno de dos o más términos contrapuestos: *lo harás de grado o por fuerza.* **3** Denota idea de equivalencia, significando *o sea, o lo que es lo mismo*.

O. Símbolo del *oxígeno*.

oasis. m. **1** Zona con vegetación y agua, que se encuentra aislada en los desiertos arenales de África y Asia. **2** Tregua, descanso. ‖ No varía en pl. **Sin.** 2 refugio, remanso, consuelo.

obcecación. f. Ofuscación tenaz.

obcecar. tr. y prnl. Cegar, ofuscar. **Sin.** obsesionar.

obedecer. tr. **1** Cumplir lo que se manda: *obedecer una orden.* **2** Responder algo a la acción que sobre ello ejerce alguien o algo: *los frenos no obedecen.* | intr. **3** Tener origen una cosa, proceder: *este fracaso obedece a una falta de previsión.* ‖ **Irreg.** Se conj. como *agradecer*. **Sin.** 1 acatar 2 y 3 responder 3 derivarse ☐ **Ant.** 1 desobedecer, rebelarse.

obediencia. f. Acción de obedecer.

obediente. adj. Que obedece o acostumbra a obedecer. **Ant.** desobediente.

obelisco. m. Monumento conmemorativo en forma de pilar muy alto, de cuatro caras iguales, y terminado por una punta piramidal.

obertura. f. Composición instrumental que inicia una obra musical, especialmente la ópera y la suite. **Sin.** preludio.

obesidad. f. Cualidad de obeso. **Ant.** delgadez.

obeso, sa. adj. Se dice de la persona excesivamente gruesa. **Sin.** gordo, grueso ☐ **Ant.** delgado.

óbice. m. Obstáculo, impedimento. **Ant.** facilidad.

obispado. m. **1** Dignidad y cargo del obispo. **2** Territorio o distrito asignado a un obispo para ejercer sus funciones. **3** Local o edificio sede de la curia episcopal.

obispo. m. Clérigo que ha recibido el sagrado orden del episcopado.

óbito. m. Fallecimiento de una persona. **Sin.** muerte, defunción, deceso ☐ **Ant.** nacimiento.

Oasis

obituario. m. **1** Libro parroquial donde se anotan las muertes y entierros. **2** Sección de un periódico donde se informa de las muertes sucedidas, o donde se hace un breve resumen biográfico cuando el fallecido es un personaje famoso.

objeción. f. **1** Razonamiento o argumento que se propone en contra de otro, de un proyecto, etc. **2 objeción de conciencia.** Oposición a cumplir el servicio militar, apoyándose en razones éticas, políticas o religiosas. **Sin.** 1 reparo, inconveniente.

objetar. tr. Oponer reparo a una opinión o intención. **Sin.** argüir, impugnar ☐ **Ant.** aceptar.

objetivar. tr. Dar carácter objetivo a una idea o sentimiento. **Ant.** subjetivar.

objetividad. f. Cualidad de objetivo. **Sin.** objetivismo ☐ **Ant.** subjetividad.

objetivo, va. adj. **1** Relativo al objeto en sí, independientemente de nuestro juicio o sentimiento sobre él: *un dato objetivo*. **2** Se dice de las personas que no se dejan influir por consideraciones personales en sus juicios o en su comportamiento. **3** En fil., que existe realmente, fuera del sujeto que lo conoce: *una verdad objetiva*. | m. **4** Finalidad de una acción: *su objetivo es dominar la junta*. **5** Lente o conjunto de lentes a través del cual llega la luz a un aparato óptico o a la película de una cámara fotográfica o de cine. **6** Blanco hacia el que se dirige algo. **Sin.** 2 imparcial 4 meta, fin ☐ **Ant.** 1 y 2 subjetivo.

objeto. m. **1** Cosa, especialmente la de carácter material. **2** Todo lo que puede ser conocido o sentido por el sujeto, incluso él mismo. **3** Lo que sirve de materia al ejercicio de las facultades mentales: *el amor es el objeto central de la lírica provenzal*. **4** Fin o propósito al que se dirige o encamina una acción u operación. **5** Materia y sujeto de una ciencia: *el objeto de la paleontología son los restos fósiles*. **6** En ling., el complemento directo o indirecto, por oposición al sujeto.

objetor, ra. adj. **1** Que objeta. **2 objetor de conciencia.** Se dice de la persona que se niega a cumplir el servicio militar por razones éticas, políticas o religiosas.

oblación. f. Ofrenda que se hace a la divinidad.

oblato, ta. m. y f. **1** Miembro de ciertas congregaciones religiosas. | f. **2** Religiosa perteneciente a la congregación del Santísimo Redentor.

oblea. f. **1** Hoja delgada de pan ázimo de la que se sacan las hostias y las formas. **2** Cada uno de estos trozos.

oblicuo, cua. adj. **1** Inclinado al través o desviado de la horizontal. **2** Se dice del plano o línea que se encuentra con otro u otra, y forma con él o ella un ángulo que no es recto. **Sin.** 1 sesgado.

obligación. f. **1** Aquello que hay que hacer o cumplir: *la obligación de pagar los impuestos*. **2** Circunstancia que obliga a hacer o a no hacer una cosa. **3** Gratitud que se debe a alguien por algún favor recibido: *tengo una obligación contigo*. **4** Documento notarial o privado mediante el que se reconoce una deuda y se ponen las condiciones para saldarla. **5** Título, al portador y con interés fijo, que representa una suma prestada o exigible por otro concepto a la persona o entidad que lo emitió: *obligaciones del Estado*. **Sin.** 1 imposición 1 y 2 deber 2 necesidad 3 compromiso, deuda.

obligar. tr. **1** Hacer que alguien haga algo utilizando la fuerza o la autoridad. **2** Hacer que alguien haga lo que otro desea, atrayéndolo mediante favores o regalos. **3** Hacer fuerza sobre una cosa para conseguir un efecto determinado: *esta ventana no cierra ni obligándola*. | **obligarse.** prnl. **4** Comprometerse a cumplir algo: *se obligó a dejar de fumar*. **Sin.** 1 conminar 1-3 presionar ☐ **Ant.** 1 y 2 dispensar.

obligatorio, ria. adj. Que obliga a su cumplimiento y ejecución. **Ant.** voluntario, facultativo.

obliterar. tr. y prnl. En med., obstruir o cerrar un conducto o cavidad.

oblongo, ga. adj. Más largo que ancho. **Sin.** ovalado, oval, elíptico.

obnubilar. tr. y prnl. Ofuscar.

oboe. m. **1** Instrumento de viento, construido en madera, de embocadura cónica y con seis orificios regulados por un sistema de llaves. | com. **2** Persona que toca este instrumento.

óbolo. m. **1** Pequeña suma de dinero con la que se contribuye a un fin determinado. **2** Moneda de plata de los antiguos griegos.

obra. f. **1** Cosa hecha por alguien o por algo: *este relieve es obra de la erosión*. **2** Cualquier creación humana en ciencias, letras, artes, etc., especialmente la que tiene importancia. **3** Tratándose de libros, volumen o volúmenes que contienen un trabajo literario completo. **4** Edificio o terreno en construcción. **5** Conjunto de arreglos o cambios que se hacen en un edificio: *el piso no era caro, pero tienen que hacer obra*. **6** Medio, virtud o poder por el que se realiza algo: *no es obra de la suerte, sino del esfuerzo*. **Sin.** 1 producto, creación 5 reforma.

obrador, ra. adj. **1** Que obra. También s. | m. **2** Taller de obras manuales.

obrar. intr. **1** Hacer una cosa, trabajar en ella. **2** Construir, edificar, hacer una obra. **3** Realizar una acción con cierta actitud o de determinada manera: *obrar de buena fe*. | tr. **4** Causar, producir o hacer efecto una cosa: *esta crema obra maravillas*. **5 obrar en poder de alguien.** loc. Estar en poder de alguien.

obrepción. f. En der., falsa narración de un hecho para conseguir un empleo o dignidad.

obrerismo. m. Conjunto de actitudes y doctrinas sociales encaminadas a mejorar las condiciones de vida de los obreros.

obrero, ra. adj. **1** Que trabaja: *abeja obrera*. También s. **2** Relacionado con el trabajador: *movimiento obrero*. | m. y f. **3** Trabajador manual asalariado. **Sin.** 1 y 3 trabajador 2 y 3 proletario 3 artesano, operario, asalariado, menestral.

obsceno, na. adj. Que ofende al pudor, especialmente en lo relacionado con el sexo. **Sin.** impúdico, procaz ☐ **Ant.** púdico.

obscurantismo. m. Oscurantismo.

obscurecer. tr. Oscurecer.

obscuridad. f. Oscuridad.

obscuro, ra. adj. Oscuro.

obsequiar. tr. Tener atenciones con alguien, ofreciéndole regalos, servicios, favores, etc. **Sin.** agasajar, festejar.

obsequio. m. **1** Acción de obsequiar. **2** Cualquier muestra de afecto o respeto que se hace a alguien para complacerle. **Sin.** 2 regalo, presente, atención, detalle.

obsequioso, sa. adj. Se apl. a la persona que se esfuerza en atender y agradar a los demás, a veces en exceso: *el director se muestra muy obsequioso con el presidente*. **Sin.** complaciente.

observación. f. **1** Acción de observar. **2** Nota que se pone en un escrito para aclarar o precisar un punto dudoso. **3** Indicación. **Sin.** 1 contemplación 2 anotación.

observador, ra. adj. **1** Que observa. También s. | m. y f. **2** Persona que es admitida en congresos, reuniones científicas, literarias, políticas, etc., sin ser miembro de pleno derecho.

observancia. f. Cumplimiento riguroso de una orden o de una obligación: *observancia de una ley*. **Sin.** obediencia, acatamiento ☐ **Ant.** inobservancia.

observar. tr. **1** Examinar atentamente. **2** Cumplir rigurosamente lo que se ordena: *observar un precepto*. **3** Darse cuenta de algo: *he observado que has cambiado de peinado*. **Sin.** 1 analizar, contemplar 2 obedecer, acatar 3 percatarse, advertir.

observatorio. m. **1** Lugar o posición que sirve para hacer observaciones. **2** Edificio con personal e instrumentos apropiados donde se realizan observaciones, por lo común astronómicas o meteorológicas.

obsesión. f. Idea, deseo, preocupación, etc., que no se puede apartar de la mente. **Sin.** obcecación, manía.

obsesionar. tr. y prnl. Causar obsesión.

obseso, sa. adj. y s. Dominado por una obsesión, sobre todo sexual. **Sin.** maniático.

obsidiana. f. Mineral volcánico vítreo, de color negro o verde muy oscuro.

obsoleto, ta. adj. Anticuado, inadecuado a las circunstancias actuales. **Sin.** caduco, desfasado ☐ **Ant.** actual.

obstaculizar. tr. Impedir o poner obstáculos. **Sin.** dificultar, estorbar ☐ **Ant.** facilitar, favorecer.

obstáculo. m. **1** Impedimento, estorbo. **2** Dificultad, inconveniente. **3** En dep., cada una de las vallas que presenta una pista.

obstar. intr. Impedir, estorbar, oponerse. || Se usa sólo en tercera persona, y generalmente en frases negativas: *que no me guste no obsta para que reconozca sus aciertos*.

obstetricia. f. Parte de la medicina, que trata de la gestación, el parto y el tiempo inmediatamente posterior a éste.

obstinación. f. **1** Terquedad. **2** Acción de obstinarse. **Sin.** 1 testarudez, cabezonería, tozudez.

obstinado, da. adj. Terco, testarudo.

obstinarse. prnl. Mantenerse uno en una opinión o en una decisión, sin dejarse convencer por argumentos razonables de otras personas, ni por los obstáculos o dificultades que se vayan presentando. **Sin.** empecinarse, empeñarse, emperrarse ☐ **Ant.** condescender.

obstrucción. f. Acción de obstruir u obstruirse. **Sin.** obturación, atascamiento.

obstruccionismo. m. Acción que consiste en retrasar o impedir la aprobación de un acuerdo que debe tomarse en asamblea deliberante.

obstruir. tr. **1** Estorbar el paso, cerrar un conducto o camino. También prnl.: *el desagüe se ha obstruido*. **2** Impedir la realización de una acción o el desarrollo de un proceso. || **Irreg.** Se conj. como *huir*. **Sin.** 1 taponar, ocluir 1 y 2 bloquear 2 entorpecer ☐ **Ant.** 1 desobstruir 2 facilitar.

obtusángulo. adj. Se dice del triángulo que tiene obtuso uno de sus ángulos.

obtener. tr. **1** Conseguir una cosa que se merece, solicita o pretende: *ha obtenido su tercer óscar*. **2** Conseguir un producto distinto a partir de otros: *la mantequilla se obtiene de la leche*. || **Irreg.** Se conj. como *tener*. **Sin.** 1 lograr, alcanzar 2 producir, sacar.

obturador. m. Dispositivo mecánico de la cámara fotográfica por el que se controla el tiempo de exposición de la película a la luz.

obturar. tr. y prnl. Tapar o cerrar una abertura o conducto introduciendo o aplicando un cuerpo.

obtuso, sa. adj. **1** Sin punta. **2** Aplicado a personas, lento en discurrir. También s. **3** Se dice del ángulo que mide más de 90 grados. **Sin.** 1 romo, 2 torpe, tardo ☐ **Ant.** 1 puntiagudo 1 y 2 agudo 2 rápido.

obús. m. **1** Pieza de artillería de menor longitud que el cañón en relación a su calibre. **2** Proyectil que se dispara con esta pieza. **3** Pieza que sirve de cierre a la válvula del neumático, y está formada principalmente por un obturador cónico y un resorte.

obviar. tr. **1** Evitar, rehuir, apartar y quitar de en medio obstáculos o inconvenientes. **2** No prestar atención a una persona, cosa, situación, etc.

obvio, via. adj. Muy claro o que no tiene dificultad: *es obvio que lo hizo por rencor.* **Sin.** evidente.

oc. Se dice del provenzal o lemosín: *lengua de oc.*

oca. f. **1** Ganso, ave; ánsar. **2** Juego de mesa que consiste en una serie de 63 casillas, ordenadas en espiral, en las que se representan objetos diversos y se obtienen penalizaciones o bonificaciones.

ocarina. f. Instrumento musical de viento, hecho en barro o metal, de forma ovalada y timbre muy dulce.

ocasión. f. **1** Momento o circunstancias en las que se sitúa un hecho: *en aquella ocasión no lo sabía.* **2** Oportunidad o momento propicio para ejecutar o conseguir algo. **3** Razón por la que se hace o sucede algo: *se lo dieron con ocasión de su jubilación.* **4 de ocasión.** De segunda mano o muy barato. **Sin.** 1 situación, coyuntura 3 motivo.

ocasional. adj. **1** Que se produce de forma casual o accidental: *un hallazgo ocasional.* **2** Que no es habitual: *un trabajo ocasional.*

ocasionar. tr. Ser causa o motivo de que algo suceda: *aquello le ocasionó un disgusto.* **Sin.** producir, motivar.

ocaso. m. **1** Puesta del Sol o de otro astro. **2** Decadencia, pérdida de fuerza o importancia: *el ocaso de un imperio.* **Sin.** 1 anochecer, atardecer 1 y 2 crepúsculo 2 caída.

occidente. m. **1** Punto cardinal del horizonte por donde se oculta el Sol. **2** Lugar de la Tierra que, respecto de otro, cae hacia donde se pone el Sol. **3** Conjunto de naciones de la parte occidental de Europa. **4** Conjunto de países de varios continentes, cuyas lenguas y culturas tienen su origen principal en Europa. **Sin.** 1 Oeste, poniente ☐ **Ant.** 1 Este 1-4 oriente.

occipital. adj. **1** Relacionado con el occipucio. **2** Se dice del hueso del cráneo que corresponde al occipucio. También m.

occipucio. m. Parte de la cabeza por donde ésta se une con las vértebras del cuello. **Sin.** nuca.

occiso, sa. adj. y s. Muerto violentamente.

oceánico, ca. adj. Del océano: *ruta oceánica.*

océano. m. **1** Extensión de agua salada que cubre las tres cuartas partes de la superficie terrestre. **2** Cada una de sus grandes divisiones. **Sin.** 1 mar.

oceanografía. f. Ciencia que estudia los océanos y mares, sus fenómenos, así como la fauna y la flora marinas.

ocelo. m. **1** Cada ojo simple de los que forman un ojo compuesto de los artrópodos. **2** Mancha redonda y bicolor en las alas de algunos insectos, en las plumas de ciertas aves y en la piel de determinados mamíferos.

ocelote. m. Felino carnívoro que habita en las selvas americanas, de 1,5 m de longitud, y piel ocre con manchas más oscuras.

ochavo. m. **1** Antigua moneda de cobre que se acuñó hasta mediados del s. xix. **2** Dinero.

ochenta. adj., m. y pron. Ocho veces diez.

ocho. adj. **1** Siete y uno. También m. y pron. **2** Octavo. Aplicado a los días del mes, también m. | m. **3** Signo o cifra con que se representa este número.

ochocientos, tas. adj. y pron. **1** Ocho veces ciento. | m. **2** Signos numéricos que lo representan.

ocio. m. **1** Falta total de actividad. **2** Tiempo libre, sin actividad laboral, que se dedica al descanso o a realizar otro tipo de actividades: *en sus momentos de ocio aprovecha para pintar.* **Sin.** 1 ociosidad, desocupación 2 holganza, asueto.

ociosidad. f. Estado del que está inactivo. **Sin.** ocio.

ocioso, sa. adj. **1** Que no trabaja. También s. **2** Holgazán, perezoso. También s. **3** Inútil, sin fruto ni provecho: *una discusión ociosa.* **Sin.** 1 desocupado, parado 2 gandul, vago 3 estéril, fútil.

ocluir. tr. y prnl. Cerrar un conducto u orificio, de modo que no se pueda abrir naturalmente. ‖ **Irreg.** Se conj. como *huir.* **Sin.** obturar, taponar.

oclusión. f. Acción de cerrar u obstruir algo: *oclusión intestinal.*

oclusivo, va. adj. **1** Relativo a la oclusión. **2** Que la produce. **3** En fon., se dice del sonido en cuya articulación los órganos de la palabra forman en algún punto del canal vocal un contacto que interrumpe la salida del aire espirado. **4** Se dice también de la letra que representa este sonido, como la *p,* la *t* o la *k.* También f.

ocre. adj. **1** Se dice del color entre amarillo y marrón. | m. **2** Mineral terroso, de color amarillo, que se emplea en la fabricación de pinturas. **3** Cualquier mineral terroso que tiene color amarillo.

Ocelote

Ocre

octaedro. m. Cuerpo de ocho caras.

octágono, na. adj. y m. Polígono de ocho ángulos y ocho lados. Sin. octógono.

octanaje. m. Número de octanos de un carburante.

octano. m. Hidrocarburo saturado del petróleo, que se toma como unidad para expresar el valor antidetonante de la gasolina o de otros carburantes.

octava. f. **1** Composición poética de ocho versos. **2** En mús., serie diatónica formada por ocho notas: los siete sonidos constitutivos de una escala y la repetición del primero de ellos.

octavilla. f. **1** Octava parte de un pliego de papel. **2** Impreso de propaganda, generalmente política, de pequeño tamaño. **3** Combinación métrica de ocho versos de arte menor, de estructura y rima variables. Sin. 2 panfleto.

octavo, va. adj. **1** Se dice de cada una de las ocho partes iguales en que se divide un todo. También m. **2** Que ocupa el lugar número ocho en una serie ordenada. **3 octavos de final.** Fase de una competición deportiva en la que se enfrentan dieciséis de los equipos o jugadores participantes.

octogenario, ria. adj. y s. Que ha cumplido ochenta años.

octógono, na. adj. y m. Octágono.

octópodo, da. adj. **1** Se dice de los moluscos cefalópodos que, como el pulpo, tienen ocho tentáculos. También m. | m. pl. **2** Orden de estos animales.

octosílabo, ba. adj. **1** Que tiene ocho sílabas. | m. **2** Verso que tiene ocho sílabas.

octubre. m. Décimo mes del año, posterior a septiembre y anterior a noviembre; tiene treinta y un días.

ocular. adj. **1** Relacionado con los ojos, o que se hace por medio de ellos: *inspección ocular.* | m. **2** En los instrumentos ópticos compuestos, lente o sistema de lentes colocado en la parte por donde mira el observador, y que amplía la imagen dada por el objetivo.

oculista. com. Médico que se dedica especialmente a las enfermedades de los ojos. Sin. oftalmólogo.

ocultar. tr. **1** Impedir que algo o alguien se vea, se encuentre o se note: *ocultar un sentimiento.* También prnl. **2** Callar lo que se sabe o disfrazar la verdad: *ocultar las pruebas de un delito.* Sin. 1 esconder, camuflar, disimular 2 omitir, silenciar, encubrir ☐ Ant. 1 descubrir 1 y 2 revelar, desvelar.

ocultismo. m. **1** Conjunto de conocimientos y prácticas rituales, con las que se pretende penetrar y dominar fuerzas poco conocidas de la naturaleza. **2** Teoría que defiende la existencia de fenómenos que no tienen explicación racional y que no pueden ser demostrados científicamente.

oculto, ta. adj. Escondido, desconocido, que no se da a conocer ni se deja ver ni sentir. Sin. cubierto, disimulado ☐ Ant. visible.

ocupación. f. **1** Acción de ocupar u ocuparse: *la manifestación terminó con la ocupación del ayuntamiento.* **2** Trabajo o preocupación que impide emplear el tiempo en otra cosa. Más en pl. **3** Empleo, oficio: *su ocupación actual no le satisface.*

ocupacional. adj. Relacionado con la ocupación laboral.

ocupante. adj. Que ocupa un lugar. También com.: *en el accidente murieron los dos ocupantes del vehículo.*

ocupar. tr. **1** Tomar posesión, apoderarse de una cosa: *el ejército ocupó la plaza.* **2** Obtener un empleo, cargo, etc.: *ocupa un puesto de responsabilidad.* **3** Llenar algo. **4** Extenderse algo sobre determinado espacio o abarcar determinado tiempo: *la finca ocupa varios acres.* **5** Habitar: *ocupamos el primero D.* **6** Dar empleo o trabajo: *la recogida de la aceituna ocupa a miles de jornaleros.* También prnl. | **ocuparse.** prnl. **7** Dedicar la atención a algo o a alguien: *ocuparse de la casa.* Sin. 1 adueñarse, tomar 6 emplear 7 dedicarse.

ocurrencia. f. Idea o dicho inesperado, original y repentino. Sin. gracia, salida, golpe.

ocurrente. adj. Gracioso, agudo, ingenioso.

ocurrir. intr. **1** Suceder algo: *ha ocurrido un ac-*

cidente. | **ocurrirse.** prnl. **2** Pensar o idear algo, por lo general de forma repentina: *no se me ocurre qué decirte.* || En esta acepción sólo se conjuga en 3.ª pers. del sing. y precedido de un pron. pers. complemento.

oda. f. Composición poética del género lírico dividida generalmente en estrofas, de tono elevado y extensión variable.

odalisca. f. **1** Esclava dedicada al servicio del harén. **2** Mujer que forma parte de un harén. **3** Mujer sensual.

odeón. m. **1** Teatro o lugar destinado en la antigua Grecia para los espectáculos musicales. **2** P. ext., teatro moderno, y, en especial, el destinado a representar óperas.

odiar. tr. Sentir odio o aversión por alguien o por algo. **Sin.** aborrecer.

odio. m. Sentimiento de aversión y rechazo, muy intenso e incontrolable, hacia algo o alguien. **Sin.** aborrecimiento, animadversión, tirria, ojeriza ☐ **Ant.** amor, simpatía.

odioso, sa. adj. Se dice de la persona o cosa digna de odio. **Sin.** detestable, repugnante.

odisea. f. **1** Viaje lleno de incidentes y dificultades. **2** Dificultades que se oponen a la realización de un propósito y que requieren tiempo, esfuerzo o habilidad: *conseguir el permiso ha sido toda una odisea.*

odontología. f. Parte de la medicina, que se ocupa del estudio y tratamiento de las enfermedades de los dientes.

odontólogo, ga. m. y f. Persona especializada en odontología.

odorífero, ra. adj. Que huele bien. **Sin.** fragante.

odre. m. **1** Cuero, generalmente de cabra, que cerrado por todas partes menos por la correspondiente al cuello del animal, sirve para contener líquidos, como vino o aceite. **2** Persona borracha o muy bebedora.

oeste. m. **1** Occidente, punto cardinal. Abreviadamente se escribe *O.* || En esta acepción suele escribirse con mayúscula. **2** Viento que sopla de esta parte. **Sin.** 1 y 2 poniente ☐ **Ant.** 1 y 2 Este, levante.

ofender. tr. **1** Insultar, agraviar. **2** Fastidiar, molestar. | **ofenderse** prnl. **3** Molestarse, enfadarse.

ofensa. f. **1** Acción de ofender. **2** Agravio, injuria.

ofensivo, va. adj. **1** Que ofende o puede ofender: *palabras ofensivas.* **2** Que sirve para atacar: *armas ofensivas.* | f. **3** Acción de atacar: *preparar una ofensiva.*

oferta. f. **1** Promesa que se hace de dar, cumplir o ejecutar algo. **2** Propuesta para contratar. **3** Cantidad de bienes o servicios que se ofrecen al mercado a un precio dado: *la oferta es superior a la demanda.* **4** Puesta en venta de un producto a precio rebajado: *en esa tienda están de ofertas.*

ofertar. tr. Ofrecer en venta un producto.

ofertorio. m. **1** Parte de la misa en la que se ofrece a Dios el pan y el vino antes de consagrarlos. **2** Oración que dice el sacerdote antes de ofrecerlos.

office. (voz fr.) m. Pieza o cuarto al lado de la cocina; antecocina.

offset. (voz ingl) m. **1** Técnica de impresión indirecta que tiene como base la litografía. | adj. **2** Se dice de la máquina que emplea esta técnica. También f.

offside. (voz ingl.) m. En dep., fuera de juego.

off the record. (voz ingl.) loc. adj. o adv. Se apl. a los aspectos de una entrevista o conversación que no deben hacerse públicos.

oficial. adj. **1** Que procede del Estado o de un organismo público: *documento oficial.* **2** Reconocido y autorizado por quien tiene facultad para ello: *enseñanza oficial.* | m. **3** Persona que en un oficio manual ha terminado el aprendizaje y no es maestro todavía. **4** Juez eclesiástico diocesano, provisor. **5** Militar que posee un grado o empleo, desde alférez o segundo teniente en adelante, hasta capitán, inclusive. | com. **6** Persona que se ocupa en un oficio o empleo. **Sin.** 1 público 2 formal ☐ **Ant.** 1 extraoficial, oficioso.

oficiala. f. La que en un trabajo manual ha terminado el aprendizaje y no es maestra todavía.

oficialidad. f. **1** Conjunto de oficiales del ejército o de parte de él. **2** Cualidad de oficial.

oficiante. adj. **1** Que oficia. | com. **2** Persona que dirige las prácticas religiosas en una iglesia.

oficiar. tr. **1** Celebrar o ayudar a la celebración de una misa. **2** Comunicar una cosa oficialmente y por escrito. | intr. **3** Con la preposición *de,* representar el papel que se expresa: *oficiar de maestro de ceremonias.*

oficina. f. Lugar de trabajo, generalmente de carácter administrativo o burocrático, tanto estatal como privado.

oficio. m. **1** Ocupación habitual: *su oficio es bibliotecario.* **2** Trabajo físico o manual para el que no se requieren estudios teóricos: *oficio de albañil.* **3** Función propia de alguna cosa. **4** Comunicación escrita, referente a los asuntos del servicio público en las dependencias del Estado. **5** Servicio religioso, especialmente los de la Semana Santa. Más en pl. **6 oficio de difuntos.** Ceremonia religiosa en la que se ruega por los muertos. **7 ser del oficio.** loc. Dedicarse a la prostitución.

oficioso, sa. adj. Se apl. a lo que carece de reconocimiento oficial, aunque proceda de una autoridad.

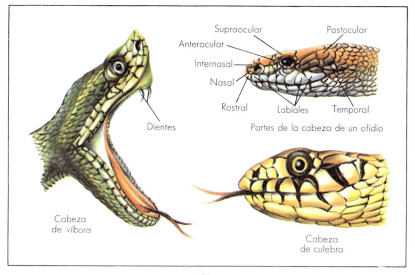

Ofidios

ofidio. adj. y m. **1** Se dice de los reptiles que carecen de extremidades, tienen boca dilatable y cuerpo cilíndrico y escamoso; algunos presentan en su mandíbula superior uno o varios dientes provistos de un canal que da paso a una sustancia venenosa, como la víbora. | m. pl. **2** Orden de estos reptiles.

ofrecer. tr. **1** Prometer, obligarse uno a dar, hacer o decir algo. **2** Presentar y dar voluntariamente una cosa a alguien para que disponga de ella: *nos ofreció su casa*. **3** Presentar, manifestar algo o alguien un aspecto determinado: *el salón ofrece ahora un ambiente mucho más acogedor.* También prnl. **4** Dedicar algo a alguien. **5** Dedicar o consagrar a un santo, una virgen, una divinidad, etc., un sacrificio, un objeto piadoso, etc. **6** Decir o exponer qué cantidad se está dispuesto a pagar por algo. | **ofrecerse.** prnl. **7** Proponerse alguien voluntariamente a otra persona para realizar alguna cosa: *se ofreció a acompañarnos*. || **Irreg.** Se conj. como *agradecer*.

ofrenda. f. Dádiva o presente que se ofrece con devoción y amor, especialmente las que se dedican a una divinidad para implorar su ayuda o una cosa que se desea, y también para cumplir con un voto u obligación.

ofrendar. tr. **1** Ofrecer dones y sacrificios a Dios. **2** Contribuir con dinero u otra cosa para un fin.

oftalmología. f. Parte de la medicina, que estudia los ojos y trata sus enfermedades y los defectos de visión.

oftalmólogo, ga. m. y f. Especialista en las enfermedades de los ojos. **Sin.** oculista.

ofuscar. tr. y prnl. **1** Impedir algo pensar con claridad a alguien: *el cansancio ofuscaba su mente*. **2** Deslumbrar la luz, impidiendo la visión. | **ofuscarse.** prnl. **3** Obsesionarse. **Sin.** 1 aturdir 1-3 cegar, obnubilar.

ogro. m. **1** Según ciertas leyendas, gigante que se alimentaba de carne humana. **2** Persona cruel, o de mal carácter: *el jefe es un ogro.* || f. **ogresa.**

¡oh! interj. Se usa para manifestar diversos estados de ánimo, particularmente asombro, pena o alegría.

ohmio. m. Unidad de resistencia eléctrica en el Sistema de Medidas Internacional; equivale a la resistencia eléctrica que da paso a una corriente de un amperio cuando entre sus extremos existe una diferencia de potencial de un voltio.

oídio. m. Nombre genérico de ciertos hongos parásitos que suelen desarrollarse sobre los tejidos de la vid y otras plantas.

oído. m. **1** Sentido que permite percibir los sonidos. **2** Órgano de la audición. **3** Aptitud para percibir y reproducir los sonidos musicales: *sacó esa canción de oído*. **4 ser** uno **todo oídos.** loc. Escuchar con atención.

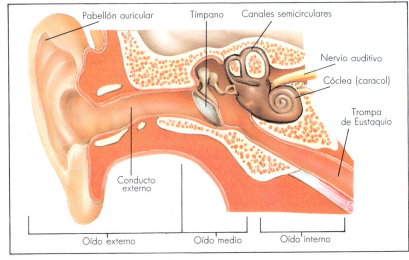

Oído: estructura interna

oír. tr. **1** Percibir los sonidos. **2** Atender los ruegos, súplicas o consejos de alguien. **3** Entender lo que otro dice. **4 como quien oye llover.** loc. Sin interés, sin prestar atención. ‖ **Irreg.** Conjugación modelo:

Indicativo
Pres.: *oigo, oyes, oye, oímos, oís, oyen.*
Imperf.: *oía, oías,* etc.
Pret. indef.: *oí, oíste,* etc.
Fut. imperf.: *oiré, oirás,* etc.
Potencial: *oiría, oirías,* etc.
Subjuntivo
Pres.: *oiga, oigas, oiga, oigamos, oigáis, oigan.*
Imperf.: *oyera* u *oyese, oyeras* u *oyeses,* etc.
Fut. imperf.: *oyere, oyeres,* etc.
Imperativo: *oye, oíd.*
Gerundio: *oyendo.*
Participio: *oído.*

ojal. m. Pequeña abertura reforzada en sus bordes que tienen algunas prendas y que sirve para abrochar un botón. **Sin.** ojete.

¡ojalá! interj. Expresa fuerte deseo de que suceda algo.

ojeada. f. Mirada rápida y superficial. **Sin.** vistazo.

ojear. tr. Dirigir la mirada hacia algún sitio. **Sin.** mirar.

ojear. tr. Espantar la caza, acosándola hasta que llega al sitio donde esperan los cazadores. **Sin.** batir, levantar.

ojén. m. Aguardiente preparado con anís y azúcar.

ojera. f. Mancha amoratada alrededor del párpado inferior. Más en pl.

ojeriza. f. Aversión o antipatía hacia uno. **Sin.** tirria, manía ❑ **Ant.** simpatía.

ojete. m. **1** Especie de ojal redondo. **2** Ano.

ojiva. f. **1** Figura formada por dos arcos de círculo iguales que se cortan en ángulo. **2** Arco así formado. **3** Carga de los cohetes atómicos.

ojival. adj. **1** Que tiene forma de ojiva. **2** Se dice del estilo arquitectónico que dominó en Europa durante los tres últimos siglos de la Edad Media, y cuyo fundamento consistía en el empleo de la ojiva para toda clase de arcos.

ojo. m. **1** Órgano de la vista. **2** Parte visible de este órgano en la cara. **3** Abertura o agujero que atraviesa de parte a parte alguna cosa: *el ojo de una aguja.* **4** Atención, cuidado: *ten ojo con el niño.* **5** Expresión para llamar la atención de algo: *¡ojo, que me toca a mí!* **6** Cada uno de los huecos o cavidades que tienen el pan, el queso y otras cosas esponjosas. **7** Perspicacia: *tiene buen ojo para los negocios.* **8 ojo de buey.** Ventana o claraboya circular. **9 cuatro ojos.** Persona que lleva gafas. **10 a ojo** o **a ojo de buen cubero.** loc. adv. Sin medida, sin precisión. **11 clavar** uno **los ojos en** alguien o algo. loc. Mirarlo con particular cuidado y atención. **12 co-**

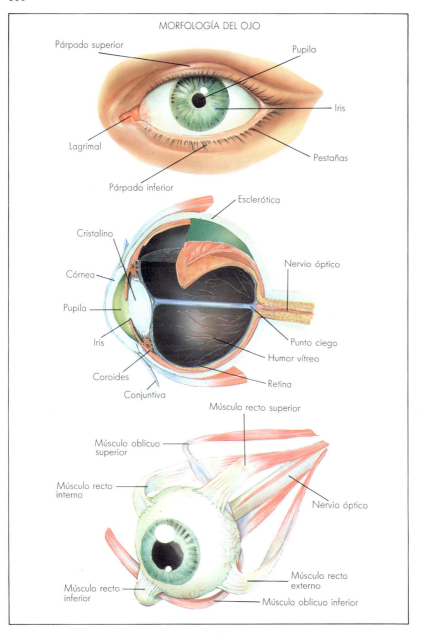

merse con los ojos a alguien o algo. loc. Desearlo. **13 echar el ojo** a alguien o algo. loc. Mirarlo con atención, deseando conseguirlo. **14 no pegar ojo.** loc. No poder dormir.

ola. f. **1** Onda formada por el viento en la superficie del mar o de un lago. **2** Fenómeno atmosférico que produce variación repentina en la temperatura de un lugar: *ola de frío*. **3** Afluencia repentina de gran cantidad de personas o cosas: *ola de robos*.

¡olé! u **¡ole!** interj. y m. Expresa aprobación y entusiasmo.

oleáceo, a. adj. y m. **1** Se dice de ciertas plantas que tienen hojas opuestas y fruto en drupa o en baya, como el olivo y el fresno. | f. pl. **2** Familia de estas plantas.

oleada. f. **1** Ola grande. **2** Embate y golpe de la ola. **3** Movimiento impetuoso de gente. **4** Cantidad grande e indeterminada de cosas o sucesos que se imponen en forma arrolladora: *la oleada de veraneantes*. **Sin.** 3 tropel, muchedumbre 4 avalancha.

oleaginoso, sa. adj. Aceitoso.

oleaje. m. Sucesión continuada de olas.

oleicultura. f. Conjunto de técnicas destinadas al cultivo del olivo y mejorar la producción del aceite.

óleo. m. **1** Pintura que se obtiene disolviendo ciertos pigmentos en una solución aceitosa. **2** Técnica pictórica que utiliza estas pinturas. **3** Obra pictórica así obtenida: *un óleo de Ribera*. **4** Aceite consagrado que utiliza la Iglesia para ciertos sacramentos y ceremonias. Más en pl.: *recibir los santos óleos*.

oleoducto. m. Tubería destinada a conducir el petróleo a larga distancia.

oler. tr. **1** Percibir los olores. **2** Procurar percibir o identificar un olor. También intr. **3** Sospechar una cosa. También prnl.: *me huelo que va a decir que no*. **4** Curiosear: *¡deja de oler mi cajón!* | intr. **5** Despedir olor. **6** Ofrecer alguien o algo determinado aspecto, generalmente negativo: *este negocio huele a timo*. || **Irreg.** Conjugación modelo:

Indicativo
Pres.: *huelo, hueles, huele, olemos, oléis, huelen.*
Imperf.: *olía, olías,* etc.
Pret. indef.: *olí, oliste,* etc.
Fut. imperf.: *oleré, olerás,* etc.
Potencial: *olería, olerías,* etc.
Subjuntivo
Pres.: *huela, huelas, huela, olamos, oláis, huelan.*
Imperf.: *oliera, olieras,* etc., u *oliese, olieses,* etc.
Fut. imperf.: *oliere, olieres,* etc.
Imperativo: *huele, oled.*
Gerundio: *oliendo.*
Participio: *olido.*

---

olfatear. tr. **1** Oler algo con atención y repetidamente. **2** Intentar alguien enterarse de algo que por lo general no es de su incumbencia.

olfato. m. **1** Sentido con el que se perciben los olores. **2** Perspicacia para descubrir algo: *tiene olfato para las noticias*.

oligarquía. f. **1** Forma de gobierno en la cual el poder es ejercido por un reducido grupo de personas. **2** P. ext., autoridad que ejercen en su provecho un pequeño número de personas.

oligo-. Elemento compositivo que significa 'poco' o 'insuficiente': *oligofrenia*.

oligoceno, na. adj. y m. **1** Se dice de la época o período del terciario, que sigue al eoceno y con el que finaliza el terciario antiguo o paleógeno. **2** Relacionado con esta época o período.

oligoelemento. m. Elemento químico que representa un porcentaje ínfimo en los organismos vivos, pero cuya presencia es indispensable para la vida y el crecimiento de los animales y plantas.

oligofrenia. f. Deficiencia mental congénita.

oligopolio. m. Mercado en el cual un número reducido de vendedores ejerce control sobre el precio y acaparan la venta de un producto.

olimpiada u **olimpíada.** f. **1** Juegos que se hacían cada cuatro años en la ciudad griega de Olimpia. **2** Período de cuatro años entre uno de estos juegos y el siguiente. **3** Competición deportiva internacional que se celebra cada cuatro años. Más en pl.

olímpico, ca. adj. **1** Perteneciente a las olimpiadas: *juegos olímpicos*. **2** Perteneciente al Olimpo: *las divinidades olímpicas*. **3** Perteneciente a Olimpia. **4** Altanero, soberbio: *desprecio olímpico*.

olimpo. m. **1** Morada de los dioses, según la mitología griega. **2** Conjunto de todos los dioses de la mitología griega. || Suele escribirse con mayúscula.

oliscar u **olisquear.** tr. **1** Olfatear. **2** Husmear.

oliva. f. Fruto del olivo. **Sin.** aceituna.

olivar. m. Sitio plantado de olivos.

olivarero, ra. adj. **1** Relativo al cultivo del olivo y a sus industrias derivadas. | m. y f. **2** Persona que se dedica a este cultivo.

olivino. m. Silicato de magnesio y hierro, de color verde o amarillo, que se utiliza como piedra preciosa.

olivo. m. **1** Árbol oleáceo de hojas persistentes y tronco nudoso y retorcido, cuyo fruto es la aceituna. **2** Madera de este árbol.

olla. f. **1** Recipiente redondeado de barro o metal que sirve para cocinar alimentos, calentar agua, etc. **2** Guiso preparado con carne, tocino, legumbres y hortalizas. **Sin.** 1 cacerola 2 puchero 2 cocido.

olmeda u **olmedo.** f. o m. Sitio plantado de olmos.

olmo. m. Árbol de la familia de las ulmáceas, de tronco robusto y copa ancha y espesa.

ológrafo, fa. adj. y m. Se apl. al testamento de puño y letra del testador.

olor. m. **1** Impresión que producen en el olfato las emanaciones que despiden los cuerpos. **2** Lo que es capaz de producir esa impresión: *el olor del tabaco*. **3** Olfato, sentido corporal. **4 en olor de multitudes.** loc. adv. Aclamado por la multitud.

oloroso, sa. adj. **1** Que despide cierto olor, especialmente si es agradable. | m. **2** Vino de Jerez, de color dorado oscuro y mucho aroma.

olvidadizo, za. adj. Que se olvida fácilmente de las cosas. **Sin.** desmemoriado, despistado.

olvidar. tr. **1** Dejar de retener algo en la memoria. También prnl. **2** Dejar de sentir afecto o interés por alguien o por algo. **3** Dejarse algo en algún sitio. **4** Dejar de hacer una cosa por descuido: *olvidé cerrar la llave del gas*. **5** No tener en cuenta una cosa: *olvidaremos este pequeño incidente*. **Sin.** 2 pasar, ignorar 5 disculpar ☐ **Ant.** 1-5 recordar.

olvido. m. **1** Pérdida de lo que se tenía en la memoria. **2** Pérdida del interés o el afecto que se sentía por alguien o algo. **3** Descuido.

omaso. m. Tercer estómago de los rumiantes.

ombligo. m. **1** Cicatriz redonda y arrugada que queda en medio del vientre después de desprenderse el cordón umbilical. **2** Medio o centro de cualquier cosa: *se cree que es el ombligo del mundo*.

ombliguero. m. Venda que se pone a los niños nacidos para sujetar el pañito o gasa que cubre el ombligo, hasta que éste se seque.

omega. f. Última letra del alfabeto griego, equivalente a una *o* larga; corresponde a nuestra *o*. La letra mayúscula se escribe Ω y la minúscula ω.

ómicron. f. Decimoquinta letra del alfabeto griego que equivale a una *o* breve. La letra mayúscula se escribe O y la minúscula o.

ominoso, sa. adj. **1** Abominable, despreciable. **2** De mal agüero.

omisión. f. **1** Abstención de hacer o decir algo. **2** Falta en la que se incurre por haber dejado de hacer algo necesario o conveniente. **3** Descuido del que está encargado de un asunto. **Sin.** 1 negligencia 2 olvido.

omitir. tr. **1** Dejar de hacer una cosa. **2** Callar algo voluntariamente. También prnl.: *en la junta se omitió el tema de los despidos*. **Sin.** 1 prescindir 2 silenciar.

ómnibus. m. Vehículo para el transporte público. || No varía en pl. **Sin.** autocar, autobús.

omnímodo, da. adj. Que lo abarca y comprende todo: *poder omnímodo*.

omnipotencia. f. Poder absoluto o muy grande.

omnipresencia. f. Presencia a la vez en todas partes.

omnisciencia. f. Conocimiento de todas las cosas reales y posibles.

omnívoro, ra. adj. y s. Que se alimenta de toda clase de sustancias orgánicas, tanto animales como vegetales.

omóplato u **omoplato.** m. Cada uno de los dos huesos anchos, casi planos y de forma triangular, situados a uno y otro lado de la espalda y articulados a los brazos.

onagro. m. Asno salvaje asiático.

onanismo. m. Masturbación.

once. adj. **1** Diez y uno. También m. y prnl. **2** Undécimo. | m. **3** Cifra con que se representa este número.

oncología. f. Parte de la medicina, que trata de los tumores.

onda. f. **1** Cada una de las elevaciones que se forman en la superficie de un líquido. **2** Cada una de las ondulaciones que se forman en el pelo, las telas, etc. **3** Oscilación periódica que produce un medio físico, como la luz, el sonido. **Sin.** 1 ola 1 y 2 ondulación 2 rizo.

ondear. intr. **1** Hacer ondas el agua. **2** Moverse otras cosas en el aire formando ondas. **3** Formar ondas una cosa. **Sin.** 2 flamear 3 ondular.

ondina. f. Ninfa, ser fantástico espíritu elemental del agua según algunas mitologías.

ondulación. f. **1** Acción de ondular. **2** Movimiento que se propaga en un fluido o en un medio elástico sin que sus partículas se desplacen en la dirección de la propagación. **3** Relieve de un terreno en el que se suceden elevaciones y depresiones. **Sin.** 2 onda, vibración, oscilación.

ondular. intr. **1** Moverse una cosa formando ondas. | tr. **2** Hacer ondas con algo. También prnl.: *se ha ondulado el flequillo*.

ondulatorio, ria. adj. **1** Que se extiende o propaga en forma de ondas: *movimiento ondulatorio*. **2** Que ondula, ondulante.

oneroso, sa. adj. **1** Pesado, molesto. **2** Que no es gratuito, que exige una contraprestación, económica o personal. **3** P. ext., muy costoso.

ónice. f. Ágata listada que se emplea en joyería.

onírico, ca. adj. Relativo a los sueños.

onomástico, ca. adj. **1** Relativo a los nombres, y especialmente a los propios: *índice onomástico*. | f. **2** Día en que una persona celebra su santo. **3** Ciencia que trata de la catalogación y estudio de los nombres propios.

onomatopeya. f. **1** Imitación de sonidos reales por medio del lenguaje: *miau, ron-ron, ssss, muu, tin-tan*. **2** Palabra resultante de la imitación de sonidos y que ha terminado utilizándose para designarlos: *maullido, ronroneo, susurro, mugido, tintineo*.

ontogenia. f. Desarrollo del individuo, referido en especial al período embrionario.

ontología. f. Parte de la metafísica, que trata del ser en general y de sus propiedades trascendentales.

onubense. adj. y com. De la antigua Ónuba, hoy Huelva (España).

onza. f. **1** Medida de peso empleada por el sistema inglés, equivalente a 28,7 gramos o a la decimosexta parte del peso de la libra. **2** Antigua moneda española que valía 320 reales. **3** Guepardo, mamífero carnívoro.

oosfera. f. Célula sexual femenina que se produce en el óvulo de los vegetales.

opaco, ca. adj. **1** Que no deja pasar la luz a través suyo. **2** Que no tiene brillo. **3** Que no destaca. **Sin.** 2 mate 3 mediocre ☐ **Ant.** 1 transparente 2 y 3 brillante.

opalino, na. adj. De color entre blanco y azulado con reflejos irisados.

ópalo. m. Mineral silíceo, duro y de colores diversos.

opción. f. **1** Posibilidad de elegir entre varias cosas. **2** Cada una de las cosas que pueden elegirse. **3** Derecho que se tiene a obtener algo bajo ciertas condiciones: *con esta promoción tenemos opción a un descuento.* **Sin.** 1 elección, alternativa.

ópera. f. **1** Obra musical con acción dramática escrita para ser cantada y representada con acompañamiento de música. **2** Género musical formado por este tipo de obras. **3** Teatro dedicado a la representación de óperas.

operación. f. **1** Acción de operar. **2** Intervención quirúrgica. **3** Intercambio comercial de cualquier tipo: *una operación bursátil.* **4** Conjunto de reglas que permiten obtener otras cantidades o expresiones: *operación matemática.* **5** Acción o conjunto de acciones militares realizadas según unos planes previos.

operador, ra. adj. **1** Que opera. También s. | m. y f. **2** Persona que maneja habitualmente un mecanismo: *operadora telefónica.* **3** Persona con conocimientos técnicos encargada del mantenimiento de ciertos aparatos. **4** Técnico de cine o televisión encargado del sonido o de la fotografía durante el rodaje. | m. **5** Símbolo matemático que señala las operaciones que van a realizarse.

operar. tr. **1** Hacer, llevar a cabo. También prnl.: *no se han operado cambios.* **2** Aplicar las técnicas de la cirugía sobre el cuerpo vivo de una persona o animal con propósitos curativos. También prnl. | intr. **3** Producir las cosas el efecto para el que se destinan. **Sin.** 1 producir 2 intervenir 3 actuar.

operario, ria. m. y f. Obrero.

operativo, va. adj. **1** Que produce el efecto que se pretendía: *un remedio operativo.* **2** Que funciona o está en activo. **Sin.** 1 efectivo 2 operacional.

operatorio, ria. adj. **1** Que puede operar. **2** Relativo a las operaciones quirúrgicas.

opérculo. m. Pieza generalmente redonda, que, a modo de tapadera, sirve para cerrar ciertas aberturas en los seres vivos.

opereta. f. Obra de teatro musical, de asunto ligero y carácter alegre.

opiáceo, a. adj. **1** Se dice de los compuestos y derivados del opio. **2** Que calma, como el opio.

opinar. intr. **1** Formar o tener una idea, juicio o concepto sobre alguien o algo. **2** Expresarlo de palabra o por escrito.

opinión. f. **1** Idea, juicio o concepto que se tiene sobre alguien o algo. **2** Fama o concepto en que se tiene a una persona o cosa. **3 opinión pública.** Parecer en el que coincide la mayoría de las personas acerca de asuntos determinados. **Sin.** 1 criterio 2 reputación.

opio. m. Sustancia desecada que se extrae de la adormidera verde, y que se emplea como narcótico.

opíparo, ra. adj. Se dice de las comidas muy abundantes, sabrosas y de calidad: *un banquete opíparo.* **Ant.** escaso, mezquino.

oploteca. f. Colección de armas, especialmente de las antiguas o raras.

oponer. tr. **1** Utilizar algo para que impida o dificulte la acción de una persona o el efecto de una cosa. También prnl. **2** Proponer una razón o argumento contra lo que otro dice. | **oponerse.** prnl. **3** Ser una cosa contraria a otra: *sus palabras se oponen a sus actos.* || **Irreg.** Se conj. como *poner.* **Sin.** 1 y 2 contraponer 3 contradecir.

oporto. m. Vino de color oscuro y sabor ligeramente dulce, fabricado principalmente en Oporto (Portugal).

oportunidad. f. **1** Momento propicio para algo. **2** Venta de artículos de consumo a bajo precio. Más en pl.: *he estado en las oportunidades.* **Sin.** 1 ocasión, coyuntura 2 rebajas.

oportunismo. m. Actitud que aprovecha las circunstancias momentáneas para el propio interés.

oportuno, na. adj. **1** Que se hace en el momento apropiado: *una decisión oportuna.* **2** Ocurrente, gracioso, ingenioso.

oposición. f. **1** Acción de oponer. **2** Situación de las cosas que se hallan unas enfrente de otras. **3** Contradicción de una cosa o de un concepto respecto a otra u otro. **4** Resistencia a lo que otros hacen o dicen. **5** Grupo minoritario que representa una postura contraria a la de los que detentan el poder o dirigen un gobierno, partido, empresa, etc. **6** Procedimiento selectivo para cubrir ciertos cargos o puestos de trabajo consistente en una serie de exámenes en que los aspirantes deben demostrar su respectiva competencia, juzgada por un tribunal. Más en pl. **Sin.** 1 resistencia 2 enfrentamiento 3 y 4 desacuerdo, discrepancia 6 concurso.

opositar. intr. Hacer oposiciones a un cargo o empleo.

opositor, ra. m. y f. **1** Persona que se opone a otra en cualquier materia. **2** Persona que aspira a un empleo, cargo o destino que se provee por oposición o concurso. **Sin.** 1 rival, oponente 2 concursante.

opresión. f. Acción de oprimir.

opresor, ra. adj. y s. Que abusa de su poder.

oprimir. tr. **1** Hacer presión. También prnl. **2** Someter a una persona o a una colectividad privándole de sus libertades o por medio de la fuerza y la violencia. **3** Producir algo una sensación de angustia: *me oprime el trabajo*. **Sin.** 1 apretar, comprimir 2 avasallar, esclavizar 3 agobiar ☐ **Ant.** 1 soltar, aflojar 2 liberar.

oprobio. m. Ignominia, afrenta, deshonra. **Sin.** honra, honor.

optar. tr. **1** Escoger una cosa entre varias. También intr.: *optó por no venir*. **2** Aspirar a algo a lo que se tiene derecho según determinadas condiciones: *el ganador opta a un premio importante*. **Sin.** 1 elegir, preferir ☐ **Ant.** 1 renunciar.

óptica. f. **1** Parte de la física que estudia las leyes y los fenómenos de la luz. **2** Conjunto de estudios y técnicas para construir aparatos que permiten la mejora y corrección de la visión (lentes correctoras, lupas, etc.). **3** Establecimiento donde se comercia con instrumentos de óptica. **4** Modo de considerar un asunto, punto de vista. **Sin.** 4 perspectiva.

óptico, ca. adj. **1** Relativo a la óptica: *instrumental óptico*. | m. y f. **2** Persona con titulación oficial para trabajar en lo relacionado con la óptica.

optimismo. m. Tendencia a ver y juzgar las cosas en su aspecto más favorable. **Ant.** pesimismo.

optimizar. tr. Buscar la mejor manera de realizar una actividad: *optimizar el rendimiento de una empresa*.

óptimo, ma. adj. Sumamente bueno, que no puede ser mejor. **Sin.** excelente, perfecto ☐ **Ant.** pésimo.

opuesto, ta. adj. **1** Se dice de la persona o cosa que es muy diferente de otra. **2** Se dice de la persona que por sus ideas o actitudes difiere o se enfrenta a otra persona o cosa. **3** Situado enfrente: *vivimos en pisos opuestos*.

opulencia. f. **1** Abundancia excesiva de bienes. **2** Exceso de cualquier cosa: *opulencia de carnes (gordura)*. **Sin.** 1 riqueza 2 demasía, exuberancia, profusión ☐ **Ant.** 1 y 2 escasez.

opúsculo. m. Obra científica o literaria de poca extensión.

oquedad. f. Espacio que en un cuerpo sólido queda vacío. **Sin.** hueco, cavidad.

oquedal. m. Monte que tiene sólo árboles, limpio de hierbas y matas.

ora. conj. dist. Expresa alternancia: *ora reían ora lloraban*.

oración. f. **1** En ling., palabra o frase con sentido completo. **2** Súplica, ruego que se hace a una divinidad, a un santo, etc. **Sin.** 2 plegaria, rezo.

oráculo. m. **1** En la antigüedad, respuesta que daban los dioses a las cuestiones que se les planteaban. **2** Divinidad que daba esas respuestas. **3** Lugar, estatua o simulacro que representaba la deidad cuyas respuestas se pedían. **4** Persona a quien todos escuchan con respeto y veneración por su gran autoridad y sabiduría.

orador, ra. m. y f. Persona que ejerce la oratoria; que habla en público. **Sin.** conferenciante.

oral. adj. **1** Relativo a la boca: *adminístrese por vía oral*. **2** Expresado con la palabra, a diferencia de escrito: *tradición oral*. **Sin.** 1 bucal 2 verbal.

orangután. m. Mamífero antropoide, que llega a alcanzar 2 m de altura, de pelaje espeso y rojizo; vive en las selvas de Sumatra y Borneo.

orar. intr. **1** Hacer oración. **2** Hablar en público para persuadir y convencer a los oyentes. **Sin.** 1 rezar 2 disertar, arengar.

orario. m. **1** Banda que los antiguos romanos se ponían en el cuello, y cuyas puntas bajaban por el pecho. **2** Estola grande que usa el papa.

orate. com. Persona que ha perdido el juicio. **Sin.** loco, demente, alienado ☐ **Ant.** cuerdo.

oratoria. f. Arte de servirse de la palabra para deleitar, persuadir y conmover.

oratorio. m. **1** Sala de una casa particular o de un edificio destinada para rezar y donde puede decirse misa. **2** Composición dramática musical, de tema religioso, para coro y orquesta.

orbe. m. **1** Esfera celeste o terrestre. **2** Conjunto de todas las cosas creadas.

órbita. f. **1** Trayectoria que, en el espacio, recorre un cuerpo alrededor de otro de masa mayor sometido a la acción de la gravedad. **2** Trayectoria que recorren las partículas sometidas a campos electromagnéticos en los aceleradores de partículas. **3** Trayectoria que recorre un electrón alrededor del núcleo del átomo. **4** Cada uno de los orificios situados debajo de la frente en que se sitúan los ojos. **5** Área que abarca la actividad o influencia de alguien o algo. **Sin.** 4 cuenca 5 ámbito, esfera, campo, terreno.

orca. f. Mamífero cetáceo que llega a alcanzar 10 m de longitud, de cabeza pequeña y redonda, dientes

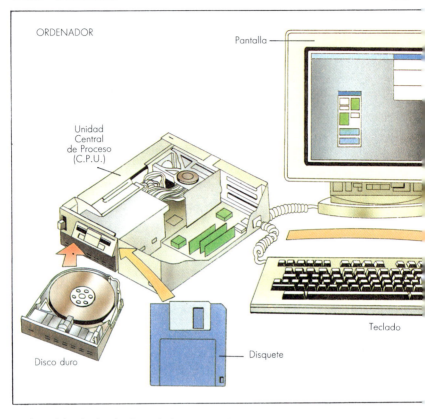

ORDENADOR
Pantalla
Unidad Central de Proceso (C.P.U.)
Disco duro
Disquete
Teclado

grandes y cónicos, la aleta dorsal muy alta, la caudal muy ancha, y las pectorales, anchas y cortas.

órdago. m. **1** En el juego del mus, envite de los tantos restantes. **2 de órdago.** loc. adj. Excelente, de superior calidad. **3** Desmesurado: *hace un frío de órdago.*

orden. m. **1** Colocación de las cosas en el lugar que les corresponde. **2** Forma coordinada y regular de funcionar o desarrollarse algo. **3** Método que se sigue para hacer algo: *orden alfabético.* **4** Forma y estilo arquitectónico de los cuerpos principales que componen un edificio, columna, etc.: *orden dórico.* **5** En zool. y bot., categoría entre la clase y la familia. **6** En la religión católica, sacramento por el cual son instituidos los sacerdotes. | f. **7** Mandato que se debe obedecer: *el capitán dio la orden de ataque.* **8** Cada una de las instituciones religiosas aprobadas por el Papa y cuyos individuos viven bajo ciertas reglas. **9** Cada una de las instituciones de carácter religioso y militar formadas por caballeros y sometidas a regla: *la orden de Alcántara.* **10 estar a la orden del día** una cosa. loc. Ser muy frecuente. **11 sin orden ni concierto.** loc. adv. Desordenadamente. **Sin.** 1 disposición 2 coordinación 3 sistema, criterio □ **Ant.** 1 y 2 desorden, caos.

ordenación. f. **1** Disposición habitual de personas o cosas. **2** Acción de ordenar. **3** Ceremonia religiosa en la cual se administran las órdenes sagradas a una persona. **Sin.** 1 y 2 colocación, organización, orden.

ordenador, ra. adj. **1** Que ordena. | m. **2** Máquina o sistema de tratamiento de la información que realiza operaciones automáticas, para las cuales ha sido previamente programada. **Sin.** 2 computador.

ordenamiento. m. **1** Acción de ordenar. **2** Ley que da el superior para que se observe una cosa. **Sin.** 1 ordenación 2 reglamento.

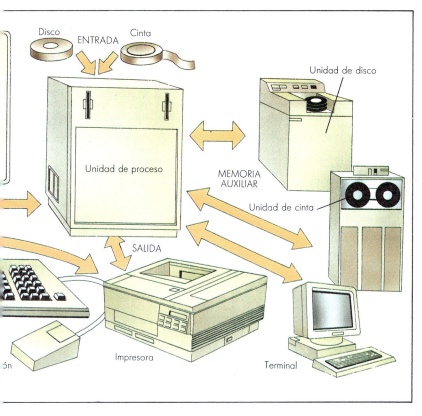

ordenanza. f. **1** Conjunto de preceptos referentes a una materia. Más en pl.: *las ordenanzas de tráfico.* **2** Conjunto de preceptos que rigen una institución. | m. **3** Soldado que asiste a un superior. | com. **4** Persona que realiza tareas subalternas en ciertas oficinas. **Sin.** 1 y 2 reglamento, estatuto 4 bedel.

ordenar. tr. **1** Poner en orden una cosa. **2** Mandar: *el juez le ordenó salir de la sala.* **3** Encaminar y dirigir a un fin. **4** Conferir las órdenes sagradas a uno. | **ordenarse.** prnl. **5** Recibir alguien las órdenes sagradas.

ordeñar. tr. **1** Extraer la leche a las hembras de los mamíferos exprimiendo sus ubres. **2** Coger la aceituna, llevando la mano rodeando al ramo para que éste las vaya soltando.

ordinal. adj. y m. Se dice del numeral que expresa la idea de orden o sucesión.

ordinariez. f. Acción o expresión grosera, de mal gusto o mala educación. **Sin.** vulgaridad, grosería □ **Ant.** delicadeza, fineza.

ordinario, ria. adj. **1** Común, habitual, frecuente. **2** Que demuestra mala educación. **3** De mal gusto, poco refinado. **4** Realizado sin cuidado o con materiales de baja calidad: *un tejido ordinario.* **5** Se dice del correo que se despacha por tierra o por mar, para diferenciarlo del aéreo y del certificado. **Sin.** 1-4 vulgar 2 maleducado, zafio, descortés 2-4 grosero 3 chabacano 4 basto, tosco □ **Ant.** 1 desusado, extraordinario 2 cortés 2-4 fino.

ordovícico, ca. adj. y m. Se dice del segundo de los seis períodos geológicos en que se divide la era paleozoica.

orear. tr. **1** Exponer una cosa al aire para refrescarla, secarla o quitarle algún olor. | **orearse.** prnl. **2** Salir uno a tomar el aire. **Sin.** 1 ventilar 1 y 2 airear 2 oxigenarse.

orégano. m. Planta herbácea labiada, muy aromática, cuyas hojas y flores se usan en perfumería y como condimento.

oreja. f. **1** Órgano de la audición. **2** Sentido de la audición. **3** Ternilla que en el hombre y en muchos animales forma la parte externa del órgano del oído. **4** Cada una de las dos piezas simétricas en forma de oreja que tienen algunos objetos. Más en pl.: *las orejas de un sillón*. **5 con las orejas gachas.** loc. adv. Triste y frustrado por no haber conseguido lo que pretendía. SIN. 1 y 2 oído.

orejera. f. **1** Cada una de las dos piezas de la gorra que sirven para proteger las orejas del frío. **2** Cada una de las dos piezas laterales de los respaldos de los sillones.

orejón, na. adj. Pedazo de melocotón o de otra fruta, secado al aire y al sol.

orfanato. m. Institución y edificio que recoge a niños cuyos padres han muerto o que no pueden hacerse cargo de ellos. SIN. orfelinato, hospicio, inclusa.

orfandad. f. **1** Estado del niño que ha perdido a uno o ambos padres. **2** Pensión que por derecho disfrutan algunos huérfanos. **3** Falta de afecto o ayuda.

orfebre. com. Persona que labra objetos artísticos de oro, plata y otros metales preciosos, o aleaciones de ellos.

orfebrería. f. Arte y oficio del orfebre.

orfelinato. m. Orfanato.

orfeón. m. Grupo de personas que cantan en un coro.

organdí. m. Tela blanca de algodón, muy fina y transparente. ‖ pl. *organdíes*.

orgánico, ca. adj. **1** Se apl. al organismo vivo, y p. ext., a sus órganos y a los cuerpos organizados. **2** Que tiene armonía y orden: *estructura orgánica*. **3** Que atañe a la constitución de corporaciones o entidades colectivas o a sus funciones. **4 ley orgánica.** Ley que desarrolla la Constitución de una nación en sus aspectos básicos.

organigrama. m. Sinopsis o esquema de la organización de una entidad, de una empresa o de una tarea.

organillo. m. Pequeño piano portátil que se hace sonar por medio de un cilindro con púas movido por un manubrio.

organismo. m. **1** Ser vivo. **2** Conjunto de órganos del cuerpo animal o vegetal. **3** Entidad pública o privada que se ocupa de funciones de interés general: *organismo estatal*. SIN. 3 corporación.

organista. com. Músico que toca el órgano.

organización. f. **1** Acción de organizar u organizarse. **2** Formación social o grupo institucionalmente independiente. SIN. 1 ordenación, disposición, colocación 2 sociedad, organismo, corporación.

organizar. tr. **1** Planificar o estructurar la realización de algo, distribuyendo convenientemente los medios materiales y personales con los que se cuenta y asignándoles funciones determinadas: *organizar una fiesta*. También prnl. **2** Poner orden. **3** Hacer o producir algo: *organizaron un barullo terrible*.

órgano. m. **1** Cualquiera de las partes del cuerpo de un ser vivo que desempeñan una función diferenciada, como, p. ej., el riñón. **2** P. ext., parte de un conjunto que realiza una función diferenciada dentro del mismo: *órganos administrativos del Estado*. **3** Instrumento músical de viento compuesto de muchos tubos, donde se produce el sonido, unos fuelles que impulsan el aire, un teclado y varios registros ordenados para modificar el timbre de las voces.

orgánulo. m. Estructura de la célula que tiene una determinada función.

orgasmo. m. Culminación del placer sexual.

orgía. f. **1** Fiesta en la que se busca experimentar todo tipo de placeres sensuales, especialmente en lo relacionado con la comida, la bebida y el sexo. **2** Satisfacción desenfrenada de los deseos y pasiones. SIN. 1 bacanal 2 desenfreno.

orgullo. m. **1** Autoestima. **2** Exceso de estimación propia, arrogancia. **3** Satisfacción personal que se experimenta por algo propio o relacionado con uno mismo y que se considera valioso.

orientación. f. **1** Acción de orientar. **2** Posición o dirección de una cosa respecto a un punto cardinal.

oriental. adj. **1** Natural de Asia o relativo a los países asiáticos. **2** Que está situado al Este u Oriente. **3** Persona perteneciente a la raza asiática o amarilla. También com. SIN. 1 y 3 asiático.

orientalismo. m. **1** Conocimiento de la civilización y costumbres de los pueblos orientales. **2** Afición e interés por la cultura oriental. **3** Carácter oriental.

orientar. tr. **1** Colocar una cosa en una posición determinada respecto a los puntos cardinales. **2** Determinar la posición o dirección de una cosa respecto a un punto cardinal. **3** Informar a uno de lo que ignora acerca de un asunto o negocio o aconsejarle sobre la forma más acertada de llevarlo a cabo. También prnl. **4** Dirigir alguien su interés, su conducta o sus acciones hacia un objetivo determinado. También prnl.: *finalmente se ha orientado hacia la pediatría*. SIN. 1 y 2 emplazar, situar 3 instruir 4 enfocar.

oriente. m. **1** Punto del horizonte por donde sale el Sol. **2** Este, levante. **3** Lugar de la Tierra que, respecto de otro con el cual se compara, está más próximo al lugar de donde sale el Sol. **4** Con mayúscula, Asia y las regiones inmediatas a ella de Europa y África. **5** Brillo especial de las perlas.

orificio. m. **1** Agujero, especialmente el de pequeño tamaño. **2** Cada una de las aberturas del cuerpo que comunican los órganos con el exterior: *los orificios nasales*.

orífice. m. Artesano que trabaja el oro.

origen. m. **1** Principio, nacimiento o causa de algo. **2** Lugar de procedencia de una persona o cosa. **3** Medio económico y social en el que nace una persona: *sus padres son de origen humilde*.

original. adj. **1** Perteneciente al origen: *causa original*. **2** Se dice de la obra científica, artística o literaria producida directamente por su autor sin ser copia, imitación o traducción de otra. También m. **3** Se dice de la lengua en que se compuso una obra, a diferencia del idioma a que se ha traducido: *una película en versión original*. **4** Se apl. al artista, escritor, pensador, etc., que aporta con sus creaciones algo novedoso, y también a dichas creaciones: *una técnica narrativa original*. **5** Se dice en general de lo que sorprende por su carácter poco habitual: *un peinado original*. | m. **6** Ejemplar que se da a la imprenta para que con arreglo a él se imprima una obra. **7** Cualquier escrito que se tiene a la vista para sacar de él una copia: *necesitas el original y tres fotocopias*. **Sin.** 1 inicial, originario 5 insólito, singular 6 manuscrito.

originalidad. f. Cualidad de original.

originar. tr. **1** Ser instrumento, motivo, principio u origen de algo. | **originarse.** prnl. **2** Iniciarse una cosa: *el fuego se originó en el desván*. **Sin.** 1 causar, proceder 2 empezar, comenzar.

originario, ria. adj. **1** Que da origen a una persona o cosa. **2** Que procede de algún lugar: *esta costumbre es originaria de China*. **Sin.** 1 original 2 oriundo.

orilla. f. **1** Término, límite o extremo de la extensión de algunas cosas: *la orilla de la falda*. **2** Faja de tierra que está más inmediata al agua del mar, de un lago, río, etc. **3** Senda que en las calles se toma para poder andar por ella, arrimado a las casas. **Sin.** 1 borde, margen 2 ribera 3 acera.

orín. m. **1** Óxido rojizo que se forma en la superficie del hierro por la acción del aire húmedo. **2** Orina. Más en pl.

orina. f. Líquido de desecho que resulta de la acción filtrante de la sangre en los riñones y es expulsado fuera del cuerpo a través de la uretra. **Sin.** meada, pis, orín.

orinal. m. Recipiente para recoger la orina. **Sin.** bacín.

orinar. intr. **1** Expeler la orina. También prnl. | tr. **2** Expeler por la uretra algún otro líquido: *orinar sangre*.

oriundo, da. adj. Que tiene su origen en algún lugar: *su madre es oriunda de Cádiz*. **Sin.** originario.

orla. f. **1** Motivo decorativo que se pone en el borde de algo. **2** Retrato colectivo adornado por una franja decorativa que se hacen los alumnos de una misma promoción académica con sus profesores, como recuerdo de la misma.

orlar. tr. Adornar el borde de una cosa con algún motivo decorativo.

ornamentar. tr. Embellecer algo con adornos. **Sin.** adornar, ornar.

ornamento. m. **1** Adorno. | pl. **2** Vestiduras sagradas y adornos del altar.

ornar. tr. y prnl. Embellecer con adornos. **Sin.** adornar, ornamentar.

ornato. m. Adorno.

ornitología. f. Parte de la zoología, que se ocupa del estudio de las aves, tanto actuales como fósiles.

ornitorrinco. m. Mamífero australiano ovíparo, de unos 50 cm de longitud, patas cortas, cabeza pequeña y hocico largo en forma de pico de pato; es de costumbres nocturnas y anfibias.

oro. m. **1** Elemento químico metálico de color amarillo, muy dúctil y maleable y uno de los más pesados; es uno de los metales preciosos. Su símbolo es *Au*. **2** Joyas u otros adornos de este metal. **3** Caudal, riquezas. **4** Color amarillo como el de este metal. También adj. **5** Cualquiera de los naipes del palo de oros. | pl. **6** Uno de los cuatro palos de la baraja española.

oro-. Elemento que entra en la formación de palabras con el significado de 'montaña': *orografía*.

orogénesis. f. **1** Proceso de formación de las montañas. **2** Conjunto de movimientos acaecidos en una época determinada y que han dado origen a los sistemas montañosos. || No varía en pl.

orografía. f. **1** Parte de la geografía física, que describe el relieve. **2** Conjunto de montes de una región, país, etc.

orondo, da. adj. **1** Inflado, redondeado y hueco, como ciertas vasijas. **2** Se apl. a las personas que se muestran muy satisfechas de sí mismas.

orónimo. m. Nombre de cordillera, montaña, colina, etc.

oropel. m. **1** Lámina de latón muy fina que imita el oro. **2** Cosa de poco valor y mucha apariencia. **Sin.** 2 baratija.

oropéndola. f. Ave de unos 25 cm de largo, plumaje amarillo, con las alas, las patas y la cola negras.

orozuz. m. Regaliz.

orquesta. f. **1** Conjunto de instrumentistas e instrumentos que ejecutan una obra musical. **2** En un teatro, lugar destinado para los músicos, y comprendido entre el escenario y el patio de butacas.

orquestar. tr. **1** Arreglar una pieza musical para tocarla con varios instrumentos. **2** Organizar o dirigir algo, coordinando sus distintos elementos: *orquestar un proyecto de reforma.*

orquestina. f. Orquesta de pocos y variados instrumentos dedicada, por lo general, a tocar música bailable.

orquidáceo, a. adj. y f. **1** Se dice de las plantas angiospermas monocotiledóneas, que se caracterizan por sus flores de forma y coloración raras, y raíz con dos tubérculos elipsoidales y simétricos, como la vainilla y la orquídea. | f. pl. **2** Familia de estas plantas.

orquídea. f. **1** Nombre común de varias plantas de la familia de las orquidáceas con flores de formas curiosas y colores variados. **2** Flor de estas plantas.

orquitis. f. Inflamación del testículo. || No varía en pl.

ortiga. f. Planta herbácea urticácea, cuyas hojas, cubiertas de pelos, segregan un líquido que produce irritación y picor con el contacto.

orto. m. Salida o aparición del Sol o de otro astro por el horizonte.

orto-. Elemento compositivo que significa 'recto', 'directo', 'correcto', 'perpendicular', etc.: *ortodoxo, ortofonía.*

ortodoncia. f. Rama de la odontología que se ocupa del estudio y corrección de las malformaciones y defectos de la dentadura.

ortodoxia. f. **1** Conformidad con los dogmas de una religión, los principios de una ideología o la doctrina tradicional de una ciencia. **2** Conjunto de las Iglesias cristianas ortodoxas. **ANT.** 1 heterodoxia.

ortodoxo, xa. adj. **1** Conforme con los dogmas de una religión o los principios de una ideología que considera verdaderos: *un marxista ortodoxo.* También s. **2** Conforme con la doctrina tradicional en cualquier rama del saber: *una teoría ortodoxa.* **3** Se dice de la religión cristiana de ciertos países de Europa oriental, como la griega, la rumana y la rusa, que obedecen al patriarca de Constantinopla. **4** Relativo a estas Iglesias. También s. **ANT.** 1 y 2 heterodoxo.

ortofonía. f. Corrección de los defectos de la voz y de la pronunciación.

ortografía. f. **1** Parte de la gramática, que se ocupa de dictar normas para la adecuada escritura de una lengua. **2** Escritura correcta de una lengua.

ortopedia. f. **1** Parte de la medicina, que estudia las deformaciones del cuerpo humano y su corrección por medios fisioterapéuticos, quirúrgicos o protésicos. **2** Serie de técnicas encaminadas al diseño y fabricación de aparatos y prótesis para corregir las deformidades físicas.

ortopédico, ca. adj. Relacionado con la ortopedia.

Orquídea

ortopedista. com. Persona especializada en ortopedia.

ortóptero. adj. y m. **1** Se dice de los insectos masticadores, de metamorfosis sencillas, que tienen un par de élitros consistentes y otro de alas membranosas plegadas longitudinalmente, como los saltamontes y los grillos. | m. pl. **2** Orden de estos insectos.

ortosa. f. Feldespato de estructura laminar, de color blanco o gris amarillento, opaco, y muy abundante en las rocas ígneas.

oruga. f. **1** Larva de los insectos lepidópteros, que tiene forma de gusano, con el cuerpo dividido en segmentos y a veces con pelos urticantes; es herbívora y muy voraz. **2** Llanta articulada de forma continua que se aplica a las ruedas de cada lado del vehículo y permite avanzar a éste por terreno escabroso.

Oruga

orujo. m. **1** Residuo de pieles y pepitas que quedan de la uva, la aceituna u otros frutos después de haber sido prensados y que todavía puede ser aprovechado para otros usos. **2** Aguardiente de alta graduación que se obtiene del residuo de la uva por destilación.

orza. f. Vasija de barro, alta y sin asas.

orzuelo. m. Inflamación molesta y dolorosa de alguna glándula aislada de los párpados.

os. pron. pers. Forma átona de 2.ª pers. pl. que funciona como complemento directo o indirecto: *os veo mañana; ya os lo había dicho.* También reflexivo con verbos pronominales: *os vestís y nos vamos.* || Precede al verbo, excepto cuando éste está en infinitivo, gerundio o imperativo, en cuyo caso va unido a él: *saliros, volviéndoos.* Cuando se une al imperativo, éste pierde la *d* final, a excepción del verbo *ir: miraos, idos.*

osa. f. Hembra del oso.

Osa Mayor. f. Constelación boreal, siempre visible, y fácil de reconocer por el brillo de siete de sus estrellas, que adoptan la forma de un carro sin ruedas.

Osa Menor. f. Constelación boreal de forma semejante a la Osa Mayor. Su estrella principal es la Polar, que dista menos de grado y medio del polo norte celeste, por lo que se toma como punto de orientación, en el hemisferio septentrional.

osadía. f. Atrevimiento, audacia, imprudencia.

osamenta. f. **1** Esqueleto del hombre y de los animales vertebrados. **2** Los huesos sueltos del esqueleto.

osar. m. Osario.

osar. intr. y tr. Atreverse.

osario. m. **1** Lugar destinado en las iglesias o los cementerios para reunir los huesos que se sacan de las sepulturas. **2** Cualquier lugar donde se hallan huesos.

óscar. m. Galardón cinematográfico que concede anualmente la Academia de Ciencias y Artes Cinematográficas de Hollywood (EE. UU.).

oscense. adj. y com. De Osca, hoy Huesca (España).

oscilación. f. **1** Acción de oscilar. **2** Cada uno de los vaivenes de un movimiento oscilatorio.

oscilador. m. Aparato destinado a producir oscilaciones eléctricas o mecánicas.

oscilar. intr. **1** Moverse alternativamente de un lado para otro un cuerpo que está colgado o apoyado en un solo punto: *oscilar un péndulo.* **2** Crecer y disminuir alternativamente la intensidad de algunas manifestaciones o fenómenos: *oscilar los precios.* **3** Titubear, vacilar. **SIN.** 1 balancear.

ósculo. m. Beso.

oscurantismo. m. **1** Oposición a que se difunda la cultura y la educación entre las clases populares. **2** Defensa de ideas anticuadas o irracionales en cualquier terreno.

oscurecer. tr. **1** Reducir la cantidad de luz o claridad de algo. **2** Hacer que algo sea menos valioso o estimable: *este escándalo ha oscurecido su carrera.* **3** Dificultar o impedir la comprensión de algo. | impers. **4** Anochecer: *en invierno oscurece muy pronto.* | **oscurecerse.** prnl. **5** Aplicado al día, a la mañana, al cielo, etc., nublarse. || **Irreg.** Se conj. como *agradecer.*

oscuridad. f. **1** Falta de luz o claridad que dificulta la percepción de las cosas. **2** Falta de claridad en lo escrito o en lo hablado que dificulta la comprensión de algo que se comunica. **3** Falta de información sobre un hecho, sus causas o circunstancias: *la más profunda oscuridad rodeaba aquel crimen.* **4** Falta de claridad mental, por escasez de inteligencia o por confusión de las ideas.

oscuro, ra. adj. **1** Que carece de luz o claridad. **2** Se dice del color que casi llega a ser negro, y del que se contrapone a otro más claro de su misma gama: *azul oscuro.* **3** Desconocido o poco conocido, y por ello generalmente dudoso: *el origen de su fortuna es oscuro.* **4** Confuso, falto de claridad, poco comprensible. **5** Incierto: *porvenir oscuro.*

óseo, a. adj. **1** De hueso. **2** De naturaleza parecida a la del hueso: *dureza ósea.*

osera. f. Cueva donde vive el oso.

osezno. m. Cachorro del oso.

osificarse. prnl. **1** Convertirse en hueso un tejido del organismo. **2** Adquirir una materia la consistencia y textura del hueso.

osmio. m. Elemento químico metálico semejante al platino, de gran dureza. Su símbolo es *Os.*

ósmosis u **osmosis.** f. Fenómeno que consiste en el paso recíproco de líquidos de distinta densidad a través de una membrana semipermeable que los separa. || No varía en pl.

oso. m. Mamífero plantígrado omnívoro, que llega a tener entre 1 y 3 m de altura, de pelaje abundante y lacio, cabeza grande, ojos pequeños, y extremidades fuertes y gruesas.

osteítis. f. Inflamación de los huesos. || No varía en pl.

ostensible. adj. Claro, manifiesto, visible. **ANT.** oculto, secreto.

ostentación. f. **1** Acción de ostentar. **2** Exhibición o alarde de riqueza y poder. **SIN.** 1 petulancia, jactancia 2 boato, lujo, pompa ☐ **ANT.** 1 y 2 sencillez, modestia, humildad.

ostentar. tr. **1** Mostrar algo que se posee de forma que se haga visible a los demás, por orgullo, vanidad o complacencia. **2** Poseer algo que se hace visible por sí mismo: *ostentaba una terrible verruga en* *la nariz.* **3** Poseer algo que da derecho a ciertas ventajas: *ostentar un cargo.* **Sin.** 1 alardear, exhibir 1 y 2 lucir 3 tener, desempeñar.

ostentoso, sa. adj. **1** Se apl. a los objetos exageradamente lujosos, con los que se pretende demostrar riqueza o poder. **2** Que se hace con la intención de que se note: *un saludo ostentoso.* **Sin.** 1 suntuoso, rimbombante 2 ostensible, aparatoso.

osteolito. m. Hueso fósil.

osteología. f. Parte de la anatomía que trata de los huesos.

osteoma. m. Tumor de naturaleza ósea o con elementos de tejido óseo.

osteopatía. f. Término general para las enfermedades óseas.

ostiario. m. Clérigo que había obtenido el inferior de los cuatro grados menores, hoy suprimido.

ostra. f. **1** Molusco acéfalo lamelibranquio marino con concha de valvas desiguales, ásperas y de color pardo verdoso; es muy apreciado como alimento. **2** Concha de la madreperla.

ostracismo. m. **1** En la antigua Grecia, destierro político al que se condenaba a algunos ciudadanos. **2** Exclusión voluntaria o forzosa de los cargos políticos. **3** P. ext., aislamiento al que se somete a una persona, generalmente por no resultar grata.

ostricultura. f. Conjunto de técnicas para la cría de ostras.

ostrogodo, da. adj. **1** Se dice de la rama oriental del pueblo godo. Más en m. pl. **2** Se dice también de sus individuos. También s.

otalgia. f. Dolor de oídos.

otear. tr. **1** Mirar a lo lejos desde un sitio elevado. **2** Mirar con atención para descubrir algo. **Sin.** 1 divisar 2 atisbar, escudriñar.

otero. m. Cerro aislado que domina un llano. **Sin.** altozano, montículo, colina.

otitis. f. Inflamación del oído. ‖ No varía en pl.

otología. f. Parte de la medicina, que estudia las enfermedades del oído.

otomana. f. Especie de sofá.

otomano, na. adj. y s. De Turquía.

otoño. m. **1** Estación del año, templada, que en el hemisferio septentrional comienza el 23 de septiembre y termina el 21 de diciembre. **2** Edad madura, próxima a la vejez.

otorgamiento. m. **1** Permiso, consentimiento. **2** Acción de otorgar un documento.

otorgar. tr. **1** Consentir o conceder: *otorgar un permiso.* **2** Ofrecer algo: *otorgar un donativo.* **3** Establecer o estipular algo, especialmente cuando se realiza ante notario. **Ant.** 1 y 2 negar, rehusar.

otorrinolaringología. f. Parte de la medicina, que trata de las enfermedades del oído, nariz y laringe.

otro, tra. adj. **1** Distinto a la persona que habla o a lo mencionado anteriormente. También pron. **2** Uno más: *necesito otro folio.* También pron. **3** Un poco anterior: *el otro día fuimos al cine.* **4** Un poco posterior, siguiente. También pron.: *esta semana, no; la otra.* **5** Semejante o parecido: *creo que es otro Velázquez.* | m. pl. **6** Los demás, el prójimo. **7 otro, u otra, que tal baila.** loc. Denota semejanza de defectos entre dos personas o cosas.

otrora. adv. m. En otro tiempo: *este valle, otrora fue un mar interior.*

output. (voz ingl.) m. **1** En un proceso económico, producto que resulta de la combinación de los diversos factores o *inputs* de producción. **2** En inform., cualquier sistema de salida de información de un ordenador.

ova. f. Alga unicelular, de color verde y tallo filamentoso.

ovación. f. Aplauso entusiasta que se ofrece colectivamente. **Ant.** abucheo.

ovacionar. tr. Aclamar, tributar una ovación.

oval. adj. Con forma de óvalo. **Sin.** ovalado.

ovalar. tr. Dar forma de óvalo.

óvalo. m. Curva cerrada, con la convexidad vuelta hacia la parte de afuera y simétrica respecto de uno o dos ejes, como la elipse o la sección longitudinal de un huevo.

ovar. intr. Aovar.

ovario. m. Órgano esencial femenino de la reproducción sexual, en el que se origina el óvulo.

oveja. f. **1** Hembra del carnero, generalmente sin cuernos y de menor peso y tamaño que éste. **2 oveja negra.** Persona que en una familia o colectividad difiere bastante de las demás.

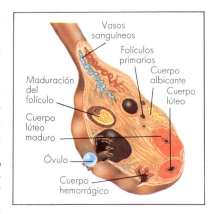

Morfología interna del ovario

ovejero, ra. adj. y s. Que cuida de las ovejas.
overa. f. Ovario de las aves.
ovetense. adj. y com. De Oviedo (Asturias).
óvido, da. adj. y m. Se dice de los mamíferos rumiantes de la familia de los bóvidos, muchos de ellos cubiertos de abundante lana, como los carneros, las ovejas y las cabras. **Sin.** ovino.
oviducto. m. Conducto por el que los óvulos de los animales salen del ovario para ser fecundados.
ovillo. m. **1** Bola que se forma al devanar una fibra textil. **2** Cosa enredada y de figura redonda. **3** Montón confuso de cosas: *hizo un ovillo con sus ropas.*
ovino, na. adj. y m. Se dice de ganado lanar.
ovíparo, ra. adj. y s. Se dice de las especies animales cuyas hembras ponen huevos, desarrollándose el embrión fuera del cuerpo de la madre.
ovni. m. Siglas de *Objeto Volador No Identificado*, denominación que se da a ciertos objetos voladores observados desde la Tierra, de origen desconocido.
ovo. m. Ornamento arquitectónico en forma de huevo.
ovogénesis. f. Proceso de formación de los óvulos a partir de las células germinales. ‖ No varía en pl.
ovoide u **ovoideo, a.** adj. y s. Con forma de huevo. **Sin.** oval, ovalado.
óvolo. m. Ovo.
ovovivíparo, ra. adj. Se dice de los animales que se reproducen por huevos, pero que no salen del cuerpo materno hasta que está muy adelantado su desarrollo embrionario, como la víbora.
ovulación. f. Desprendimiento natural de un óvulo, en el ovario, para que pueda recorrer su camino y ser fecundado.
ovular. intr. Salir el óvulo del ovario.
óvulo. m. **1** Gameto o célula reproductora femenina en los animales. **2** En las plantas, corpúsculo que nace sobre la placenta o sobre el carpelo, y que, después de la fecundación, se convertirá en semilla. **3** Variedad de supositorio que se administra por vía vaginal. **Sin.** 1 huevo.
oxaldiáceo, a u **oxalídeo, a.** adj. y f. **1** Se dice de las plantas angiospermas dicotiledóneas herbáceas, como la aleluya y el carambolo. | f. pl. **2** Familia de estas plantas.
oxidación. f. Combinación del oxígeno con otra sustancia.
oxidar. tr. Transformar un cuerpo por la acción del oxígeno o de un oxidante.
óxido. m. **1** Compuesto que resulta de la combinación de un elemento metal y ciertos no metales con el oxígeno. **2** Capa de este compuesto, de color pardo rojizo, que se forma sobre los metales expuestos al aire o a la humedad. **Sin.** 2 orín.
oxigenado, da. adj. **1** Que contiene oxígeno. **2** Se dice del cabello que se ha decolorado con agua oxigenada: *nos atendió una rubia oxigenada.* **3 agua oxigenada.** Óxido de hidrógeno con doble molécula de oxígeno, disuelto en agua, que se usa como desinfectante.
oxigenar. tr. **1** Combinar el oxígeno con algún elemento. También prnl. **2** Decolorar el cabello con agua oxigenada. | **oxigenarse.** prnl. **3** Airearse, respirar el aire libre.
oxígeno. m. Elemento químico gaseoso, esencial en la respiración, algo más pesado que el aire y parte integrante de éste, del agua, y de la mayoría de las sustancias orgánicas. Su símbolo es *O*.
oxítono, na. adj. Se dice de la palabra que carga el acento en la última sílaba. **Sin.** agudo.
oxiuro. m. Gusano filiforme que habita en el intestino del hombre y de varios animales, y que se conoce comúnmente como *lombriz intestinal.*
oyente. adj. y com. **1** Que oye. | com. **2** Persona que asiste a un curso sin estar matriculado como alumno.
ozono. m. Gas de color azul, muy oxidante, cuya molécula está formada por tres átomos de oxígeno, y que se produce, mediante descargas eléctricas, en las capas bajas y altas de la atmósfera.
ozonosfera. f. Zona de la atmósfera, caracterizada por la presencia de ozono, comprendida entre los 10 y 50 km de altura, y que tiene un papel muy importante en el equilibrio de las radiaciones.

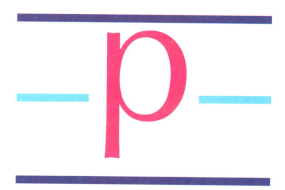

p. f. Decimoséptima letra del abecedario español, y decimotercera de sus consonantes. Su nombre es *pe*.

pabellón. m. **1** Edificio, generalmente aislado, que constituye una dependencia de otro mayor. **2** Construcción o edificio que forma parte de un conjunto: *los pabellones de una feria*. **3** Tienda de campaña en forma de cono. **4** Bandera nacional. **5** Colgadura de una cama, trono, altar, etc. **6** Ensanche cónico en que termina la boca de algunos instrumentos de viento. **7 pabellón de la oreja** o **auricular.** La oreja, parte externa del oído. SIN. 5 dosel.

pabilo o **pábilo.** m. **1** Mecha de una vela. **2** Parte quemada de esta mecha.

pábulo. m. Sustento de algo inmaterial: *dar pábulo a la murmuración*. SIN. fomento, motivo, ocasión.

paca. m. Mamífero roedor, de unos 50 cm de largo, con espeso pelaje pardo y rojizo, cola y patas muy cortas, hocico puntiagudo y orejas pequeñas y redondas; su carne es muy estimada.

paca. f. Fardo o lío, especialmente de lana o de algodón en rama.

pacato, ta. adj. **1** Tranquilo, pacífico. También s. **2** Asustadizo, tímido. **3** Timorato, mojigato. SIN. 2 apocado, pusilánime. ☐ ANT. 1 belicoso.

pacense. adj. y com. De Pax Augusta, la actual Badajoz.

pacer. intr. Comer el ganado la hierba en los campos. ‖ **Irreg.** Se conj. como *agradecer*.

pachá. m. **1** Bajá. **2 vivir como un pachá.** loc. Vivir con opulencia.

pacharán. m. Licor obtenido por maceración de endrinas en aguardiente anisado.

pachón, na. adj. **1** Se dice del perro de raza parecida al perdiguero, de patas más cortas y torcidas. También s. **2** *amer.* Peludo, lanudo. ‖ m. y f. **3** Persona lenta, de carácter flemático.

pachorra. f. Flema, indolencia.

pachulí. m. **1** Planta labiada procedente del SE asiático y Oceanía de la que por destilación de sus tallos y hojas se obtiene un perfume muy intenso. **2** Este perfume.

paciencia. f. **1** Capacidad para soportar con resignación las adversidades. **2** Calma para hacer cosas pesadas o muy minuciosas. **3** Tranquilidad para esperar. **4** Calma para tratar a la gente: *no tiene paciencia con los niños*. SIN. 1 resignación, conformidad, aguante 3 sosiego ☐ ANT. 3 impaciencia.

paciente. adj. **1** Que tiene paciencia. **2** Se dice del sujeto de una oración pasiva. ‖ com. **3** Enfermo que sigue un tratamiento respecto al médico.

pacificar. tr. **1** Restablecer la paz. **2** Reconciliar. ‖ **pacificarse.** prnl. **3** Sosegarse, calmarse.

pacífico, ca. adj. **1** Partidario de la paz y enemigo de enfrentamientos y discordias. **2** Tranquilo, no alterado por luchas o disturbios: *reinado pacífico*. ANT. 1 y 2 belicoso.

pacifismo. n. Doctrina encaminada a mantener la paz entre las naciones.

pacifista. adj. y com. Partidario del pacifismo.

pacotilla. f. **1** Porción de mercancías que los tripulantes de un barco pueden embarcar libres de flete. **2 de pacotilla.** loc. adj. De poca importancia o calidad.

pactar. tr. **1** Llegar a un acuerdo dos o más personas o entidades, obligándose a cumplirlo. **2** Ceder una autoridad: *el director pactó un aumento de sueldo*.

pacto. m. Tratado, acuerdo. SIN. concierto, convenio, trato.

padecer. tr. **1** Sentir un daño, dolor, enfermedad o pena. También intr.: *padecer del corazón*. **2** Recibir

padecimiento – pala

una acción negativa: *padecer un terremoto.* | intr. **3** Sufrir, soportar. **4** Recibir daño las cosas: *los amortiguadores padecen con los baches.* || **Irreg.** Se conj. como *agradecer.* **Sin.** 3 aguantar, tolerar.

padecimiento. m. Acción de padecer. **Sin.** sufrimiento, dolor.

padrastro. m. **1** Marido de la madre, respecto de los hijos que ella tuvo anteriormente. **2** Mal padre. **3** Pellejito que se levanta alrededor de las uñas de las manos.

padrazo. m. Padre muy indulgente.

padre. m. **1** Varón o macho, respecto de sus hijos. **2** Semental. **3** Cabeza de una descendencia, familia o pueblo. **4** Tratamiento dado a los religiosos o sacerdotes. **5** Con mayúscula, primera persona de la Santísima Trinidad. **6** Autor o inventor de algo. | pl. **7** El padre y la madre. | **8** adj. Muy grande o importante: *se armó el escándalo padre.* **Sin.** 1 papá 6 creador.

padrino. m. **1** Persona que presenta o asiste a otra en algunos sacramentos como el bautismo o el matrimonio o en otros actos. **2** Persona que protege a otra o la ayuda a triunfar. | pl. **3** El padrino y la madrina. **Sin.** 2 valedor.

padrón. m. Lista de los habitantes de una población. **Sin.** empadronamiento, registro, censo.

paella. f. Plato de arroz seco, con carne, pescado, mariscos, legumbres, etc., típico de la región valenciana.

paga. f. **1** Acción de pagar. **2** Cantidad de dinero que se paga, particularmente por el trabajo realizado. **Sin.** 2 salario.

pagado, da. adj. Satisfecho de algo: *está muy pagado de sí mismo.*

paganismo. m. Nombre dado por los primitivos cristianos a las religiones politeístas.

pagano, na. adj. **1** Que profesa el paganismo. También s. **2** No religioso: *fiesta pagana.* **Sin.** 1 gentil.

pagar. tr. **1** Dar el dinero que se debe a alguien o que le corresponde. **2** Sufragar, costear: *le pagaron los estudios.* **3** Satisfacer el delito o falta por medio de la pena correspondiente. **4** Corresponder a un sentimiento o beneficio. | **pagarse.** prnl. **5** Enorgullecerse, ufanarse. **Sin.** 1 abonar, remunerar 5 jactarse □ **Ant.** 1 deber.

pagaré. m. Documento por el que alguien se obliga a pagar cierta cantidad de dinero.

pagel. m. Pez teleósteo de unos 60 cm de longitud, frecuente en las costas de la península Ibérica. También es llamado *breca.*

página. f. **1** Cada cara de una hoja, libro o cuaderno. **2** Lo escrito o impreso en ella: *no he podido leer más que una página de este libro.* **3** Suceso, lance, episodio: *otra página en la historia.*

paginar. tr. Numerar páginas.

pago. m. **1** Acción de pagar. **2** Satisfacción, premio, recompensa.

pago. m. **1** Aldea. **2** Lugar, pueblo, región, especialmente al que está vinculado alguien. Más en pl.: *volver a sus pagos.*

pagoda. f. Templo de varios pisos superpuestos que construyen algunos pueblos orientales.

paidología. f. Ciencia que estudia todo lo relativo a la infancia.

paila. f. **1** Vasija grande de metal redonda y poco profunda. **2** *amer.* Sartén, vasija.

paipay. m. Abanico en forma de pala y con mango. || pl. *paipáis.*

pairar. intr. En mar., estar quieta la nave.

pairo. m. **1** En mar., acción de pairar. **2 al pairo.** loc. adv. Sin hacer nada ni tomar una decisión.

país. m. **1** Territorio correspondiente a un pueblo o nación. **2** Estado independiente.

paisaje. m. **1** Porción de terreno considerada en su aspecto artístico. **2** Pintura o dibujo que lo representa.

paisajista. adj. y com. Pintor de paisajes.

paisano, na. adj. y s. **1** Del mismo país, provincia o lugar que otro. | m. y f. **2** Campesino. | m. **3** No militar.

paja. f. **1** Caña de las gramíneas después de seca y separada del grano. **2** Tubito para sorber bebidas. **3** Brizna de una hierba. **4** Lo inútil en cualquier materia: *este libro tiene demasiada paja.* **5** vulg. Masturbación. **Sin.** 4 broza, desecho.

pajar. m. Almacén de paja.

pájara. f. **1** Hembra del pájaro. **2** Mujer astuta o de malas intenciones. **3** Desfallecimiento que sufre un ciclista.

pajarería. f. Tienda en la que se venden pájaros y otros animales.

pajarita. f. **1** Papel doblado en forma de pájaro. **2** Corbata que se anuda en forma de mariposa.

pájaro. m. **1** Cualquier ave, especialmente las de pequeño tamaño del orden paseriformes. **2** Hombre astuto y de malas intenciones. **3 pájaro bobo.** Ave palmípeda de plumaje espeso y extremidades anteriores en forma de aleta; está adaptada al medio marino y habita en zonas polares. Llamada vulgarmente *pingüino.* **4 matar dos pájaros de un tiro.** loc. Conseguir dos objetivos de una sola vez.

paje. m. Criado joven que servía a un noble.

pajolero, ra. adj. y s. Molesto, despreciable; a veces aporta simplemente sentido despectivo: *no tiene pajolera idea.*

pala. f. **1** Instrumento compuesto de una plancha rectangular o redondeada unida a un mango, para cavar, trasladar objetos, etc. **2** Utensilio parecido, con

palabra – palio

usos y tamaños muy diversos. **3** Tabla con mango para jugar a la pelota. **4** Parte ancha del remo. **5** Diente incisivo superior. **6** Cuchillo especial para comer el pescado.

palabra. f. **1** Sonido o conjunto de sonidos articulados que expresan una idea. **2** Representación gráfica de estos sonidos. **3** Facultad de hablar. **4** Capacidad para expresarse. **5** Promesa: *me dio su palabra*. **6** Turno para hablar: *pedir la palabra*. **Sin.** **1** término, voz.

palabrería. f. Abundancia de palabras vanas e innecesarias.

palabrota. f. Palabra malsonante.

palacete. m. Casa lujosa de recreo.

palacio. m. **1** Edificio lujoso destinado a residencia de los reyes, altos personajes o corporaciones. **2** Edificio público, a veces de carácter monumental.

paladar. m. **1** Parte interior y superior de la boca del animal vertebrado. **2** Gusto y sabor que se percibe en los alimentos. **3** Gusto, sensibilidad.

paladear. tr. y prnl. **1** Tomar poco a poco el gusto de una cosa, manteniéndola en la boca. **2** Recrearse: *paladear el triunfo*. **Sin.** **1** gustar, saborear.

paladín. m. Defensor a ultranza.

paladio. m. Elemento químico metálico perteneciente al grupo del platino, de color blanco y brillo fuerte, maleable y dúctil; se emplea en joyería y en la industria como catalizador. Su símbolo es *Pd*.

palafito. m. Vivienda lacustre, construida sobre estacas.

palafrenero. m. **1** Criado que llevaba del freno al caballo. **2** Mozo de caballos.

palanca. f. **1** Máquina simple, generalmente una barra, que apoyada sobre un punto, levanta un peso con uno de sus extremos al aplicar una fuerza sobre el opuesto. **2** Dispositivo para accionar algunos mecanismos. **3** Influencia o recurso que se emplea para lograr algún fin. **Sin.** **3** valimiento, intercesión.

palangana. f. **1** Recipiente de poca profundidad para lavar o lavarse. | com. **2** *amer.* Fanfarrón.

palangre. m. Dispositivo para pescar que consiste en un cordel largo del cual penden unos ramales con anzuelos.

palanqueta. f. **1** Palanca pequeña. **2** Barra para forzar puertas o cerraduras.

palanquín. m. Especie de andas usadas en Oriente.

palatal. adj. **1** Relacionado con el paladar. **2** En fon., se dice del sonido que se articula acercando el dorso de la lengua al paladar, como la *i* y la *ñ*.

palatino, na. adj. **1** Relativo al paladar. **2** Relativo a palacio.

palco. m. Localidad independiente con balcón, en teatros y otros espectáculos.

palé. m. Tarima pequeña portátil para almacenar o transportar mercancías.

palenque. m. **1** Valla de madera o estacada. **2** Terreno cercado para celebrar algún acto. **3** *amer.* Estaca para amarrar animales.

palentino, na. adj. y s. De Palencia.

paleoceno, na. adj. y m. Se dice del período más antiguo de los que constituyen la era terciaria.

paleocristiano, na. adj. **1** Se dice de las primitivas comunidades cristianas. **2** Se apl. al arte cristiano primitivo, hasta los s. v-vi.

paleografía. f. Disciplina auxiliar de la historia y la filología que estudia la escritura y signos de los libros y documentos antiguos.

paleolítico, ca. adj. y m. **1** Se dice del período más antiguo y largo de la prehistoria humana, conocido como el de la piedra tallada. **2** Relacionado con este período.

paleontología. f. Ciencia que estudia los fósiles de especies animales y vegetales desaparecidas.

paleozoico, ca. adj. y m. **1** Se dice de la era primaria. **2** Relacionado con esta era.

palestra. f. **1** Lugar donde se celebran luchas y combates. **2** poét. La misma lucha. **3** Lugar en que se celebran competiciones, debates, etc. **4 saltar** o **salir a la palestra.** loc. Darse a conocer al público.

paleta. f. **1** Pala pequeña. **2** Tabla en la que el pintor dispone los colores. **3** Utensilio triangular, con un mango, usado por los albañiles para coger y extender la mezcla. **4** Diente incisivo superior. **5** Pieza de los ventiladores, hélices, etc., que recibe y utiliza el choque o la resistencia del aire.

paletilla. f. Omóplato.

paleto, ta. adj. y s. Palurdo, rústico.

paliar. tr. **1** Mitigar, suavizar, atenuar: *paliar el dolor.* **2** Disculpar, justificar.

palidecer. intr. **1** Ponerse pálido. **2** Disminuir, atenuar: *la fama del discípulo palideció la figura de su maestro.* || **Irreg.** Se conj. como *agradecer*.

palidez. f. Cualidad de pálido.

pálido, da. adj. **1** Amarillento, macilento. **2** Descolorido, desvaído. **3** Referido al color, poco vivo o intenso: *verde pálido*. **4** Falto de expresión y colorido.

palier. (voz. fr.) m. En algunos vehículos automóviles, cada una de las dos mitades en que se divide el eje de las ruedas motrices.

palillero. m. **1** Utensilio para colocar los palillos. **2** Mango de la pluma de escribir.

palillo. m. **1** Mondadientes de madera. **2** Bolillos para hacer encajes y pasamanería. **3** Cada una de las dos varitas para tocar el tambor.

palimpsesto. m. Manuscrito antiguo que conserva huellas de una escritura anterior.

palio. m. Dosel colocado sobre cuatro o más varas largas, que se usa en las procesiones.

palique. m. Conversación de poca importancia. **Sin.** cháchara, charla.

palisandro. m. Madera del guayabo y de otros árboles tropicales, compacta y de color rojo oscuro, muy estimada en ebanistería.

paliza. f. **1** Serie de golpes que se dan a una persona o animal. **2** Derrota importante. **3** Gran trabajo o esfuerzo: *se dio una buena paliza limpiando.* | com. **4** Persona muy pesada: *ser un paliza.* **Sin.** 1 tunda, zurra.

palloza. f. Construcción en piedra, de planta redonda o elíptica y cubierta de paja, destinada en parte a vivienda y en parte al ganado.

palma. f. **1** Palmera. **2** Hoja de la palmera. **3** Datilera. **4** Palmito. **5** Cara anterior y algo cóncava de la mano, desde la muñeca hasta los dedos. | pl. **6** Palmadas, aplausos.

palmada. f. **1** Golpe dado con la palma de la mano. **2** Ruido que se hace golpeando una con otra las palmas de las manos. Más en pl.

palmar. m. **1** Lugar donde se crían palmas. | intr. **2** Morir.

palmarés. m. **1** Lista de vencedores en una competición. **2** Historial, hoja de servicios.

palmario, ria. adj. Claro, patente, manifiesto. **Sin.** evidente, notorio, palpable.

palmatoria. f. Candelero bajo, generalmente en forma de platillo con un asa.

palmeado, da. adj. De forma de palma: *pies palmeados, hojas palmeadas.*

palmear. intr. Aplaudir, dar palmadas. **Sin.** palmotear.

palmera. f. Árbol de hasta 30 m de altura, con tallo erguido rematado por un penacho de hojas peciloadas, flores blancas y olorosas, y fruto en drupa o baya.

palmeral. m. Bosque de palmeras.

palmeta. f. Tabla con la que los maestros de escuela castigaban a los alumnos.

palmípedo, da. adj. y f. **1** Se dice de las aves que tienen los dedos unidos por membranas, como el ganso, la gaviota, etc. | f. pl. **2** Antiguo orden de estas aves, que corresponde al actual *anseriformes.*

palmito. m. **1** Palmera de tronco corto o subterráneo y hojas en forma de abanico con las que se fabrican escobas, esteras, etc. **2** Cogollo comestible de esta planta. **3** Cara y figura bonitas de una mujer: *tener palmito.*

palmo. m. Medida de longitud equivalente a unos 21 cm, que es aproximadamente la distancia que existe entre el dedo pulgar y el meñique con la mano extendida.

palmotear. intr. Palmear, dar palmadas.

palo. m. **1** Trozo de madera cilíndrico, más largo que grueso. **2** Golpe dado con él. **3** Madera: *pata de palo.* **4** Mástil del barco. **5** Cada una de las cuatro series en que se divide la baraja de naipes. **6** Disgusto, daño, perjuicio: *esa noticia ha sido un palo para ella.* **7 palo de ciego.** Intento realizado de manera irreflexiva o con el que no se consigue nada. **8 a palo seco.** loc. adv. Sin algo que acompañe a una cosa, sobre todo comer sin bebida. **Sin.** 6 golpe.

paloduz. m. Rizoma de regaliz que se chupa o se mastica como dulce.

paloma. f. **1** Nombre común de diversas aves, de unos 33 cm de longitud, caracterizadas por tener el tronco corto y grueso, pico largo y débil, alas largas y puntiagudas y tarsos cortos. **2** Persona pacífica y tranquila.

palomar. m. Construcción donde se crían las palomas.

palometa. f. Pez óseo de unos 50 cm de longitud y cuerpo gris azulado; habita en el Atlántico y el Mediterráneo y su carne es apreciada como alimento.

palomilla. f. **1** Armazón triangular o en forma de ángulo para sostener tablas, estantes, etc. **2** Tuerca con dos alas en los laterales para poder enroscarla. **3** Mariposa nocturna, pequeña, que causa grandes daños en los graneros.

palomino. m. **1** Pollo de la paloma. **2** Mancha de excremento en la ropa interior.

palomita. f. **1** Roseta de maíz tostado. **2** Agua con algo de anís.

palomo. m. Macho de la paloma.

palote. m. **1** Palo mediano. **2** Trazo que se hace para aprender a escribir.

palpable. adj. **1** Que puede tocarse con las manos. **2** Patente, evidente. **Sin.** 1 tangible 2 manifiesto ☐ **Ant.** intangible.

palpar. tr. **1** Tocar con las manos una cosa para percibirla o reconocerla. **2** Andar a tientas o a oscuras. **3** Conocer algo con claridad.

palpitación. f. Acción de palpitar.

palpitar. intr. **1** Contraerse y dilatarse alternativamente el corazón. **2** Aumentarse la palpitación natural del corazón. **3** Moverse o agitarse una parte del cuerpo interiormente. **4** Manifestarse vehementemente una pasión, un afecto, etc.

pálpito. m. Presentimiento, corazonada.

palpo. m. Apéndice articulado que tienen los artrópodos alrededor de la boca, para palpar y sujetar los alimentos.

palúdico, ca. adj. **1** Relacionado con los pantanos. **2** Relacionado con el paludismo: *fiebres palúdicas.*

paludismo. m. Enfermedad febril producida por un protozoo, y transmitida al hombre por el mosquito anofeles. **Sin.** malaria.

palurdo, da. adj. y s. Tosco, ignorante.

pamela. f. Sombrero de mujer, bajo de copa y ancho de alas.

pamema. f. **1** Tontería. **2** Remilgo, aspaviento.

pampa. f. Llanura extensa de América meridional sin vegetación arbórea.

pámpano. m. **1** Sarmiento verde de la vid. **2** Hoja de la vid.

pampero, ra. adj. Relacionado con la pampa.

pamplina. f. **1** Planta herbácea anual cariofilácea, de hojas opuestas y pequeñas flores amarillas, que crece en sembrados de suelos areniscos, en la región mediterránea. **2** Tontería, memez.

pan. m. **1** Alimento hecho de harina, mezclada con agua y sal, que, después de amasada formando una pasta y fermentada por la acción de la levadura, se cuece al horno. **2** Masa para pasteles, empanadas, etc. **3** Todo lo que en general sirve para el sustento diario: *ganarse el pan.* **4** Lámina muy fina de oro o plata con que se cubre una superficie: *pan de oro.*

pana. f. Tela gruesa, semejante en el tejido al terciopelo, que va formando surcos.

panacea. f. **1** Medicamento al que se atribuye eficacia para curar diversas enfermedades. **2** Remedio o solución para cualquier mal.

panadería. f. Establecimiento donde se hace o vende el pan.

panadero, ra. m. y f. Persona que hace o vende pan.

panal. m. **1** Conjunto de celdillas de cera que las abejas forman dentro de la colmena para depositar la miel. **2** Estructura semejante fabricada por otros animales, como las avispas.

panamericanismo. m. Doctrina que defiende el acercamiento y la colaboración de todas las naciones de América.

pancarta. f. Cartel con lemas, peticiones, etc., que se exhibe en manifestaciones públicas.

panceta. f. Tocino entreverado con magro.

panchito. m. Cacahuete frito.

pancho, cha. adj. **1** Tranquilo: *después de la regañina estaba tan pancho.* **2** Satisfecho.

pancista. com. Persona que acomoda su comportamiento a su provecho y tranquilidad.

páncreas. m. Glándula abdominal de los vertebrados, que elabora un jugo que contribuye a la digestión y produce una hormona, la insulina, que regula la cantidad de glucosa de la sangre. ‖ No varía en pl.

pancreatitis. f. Inflamación del páncreas. ‖ No varía en pl.

panda. m. **1** Nombre común con el que se conocen dos especies de mamíferos: el panda *gigante*, de unos 140 cm de longitud y pelaje blanco y negro, y el panda *menor*, de unos 60 cm de longitud, larga cola

Panda rojo

y pelaje pardo rojizo; su alimentación es prácticamente vegetariana. **2** Pandilla, grupo.

pandemia. f. Enfermedad epidémica que se extiende a varios países.

pandereta. f. Pandero con sonajas o cascabeles.

pandero. m. **1** Instrumento de percusión formado por una piel sujeta a un aro con sonajas o cascabeles. **2** Culo, trasero.

pandilla. f. **1** Grupo de amigos, generalmente jóvenes. **2** Grupo, bando.

panegírico, ca. adj. **1** Que alaba. | m. **2** Discurso en alabanza de una persona. **3** Elogio. **Sin.** 1 laudatorio, encomiástico 3 alabanza, apología ◻ **Ant.** 3 censura.

panel. m. **1** Cada uno de los compartimientos en que se divide una pared, la hoja de una puerta, etc. **2** Elemento prefabricado para hacer divisiones en los edificios. **3** Tablero para avisos, propaganda, etc. **4** Parte de un mecanismo, vehículo, etc., donde están los controles.

panera. f. **1** Cesta o recipiente para guardar o servir el pan. **2** Cámara donde se guardan los cereales, el pan o la harina.

pánfilo, la. adj. y s. **1** Pausado, tardo. **2** Bobo, incauto.

panfleto. m. Libelo difamatorio.

pangolín. m. Mamífero desdentado, de cuerpo cubierto por escamas duras y puntiagudas, que puede alcanzar hasta 150 cm de longitud; tiene el hocico alargado y una lengua retráctil con la que captura insectos. Habita en África y Asia.

pánico. m. Miedo o temor excesivo.

panículo. m. Capa subcutánea formada por un tejido adiposo.

panificadora. f. Instalación industrial para elaborar pan.

panizo. m. **1** Planta gramínea cuyas semillas sirven de alimento especialmente a las aves. **2** Grano de esta planta. **3** Maíz.

panocha o **panoja.** f. Mazorca.

panoli. adj. Simple, majadero.

panoplia. f. **1** Armadura completa. **2** Colección de armas.

panorama. m. **1** Vista de un horizonte muy dilatado. **2** Aspecto que en conjunto presenta una situación o un proceso. **3** Paisaje. **4** Perspectivas de futuro.

panorámico, ca. adj. **1** Relativo al panorama. **2** Global, de conjunto. | f. **3** Fotografía que muestra un amplio sector del paisaje. **4** Movimiento de la cámara alrededor de su eje sin desplazamiento, en sentido vertical, horizontal u oblicuo.

pantagruélico, ca. adj. Se dice de las comidas en cantidad excesiva. **Sin.** opíparo ☐ **Ant.** frugal.

pantalla. f. **1** Lámina que se coloca delante o alrededor de la luz artificial. **2** Superficie sobre la que se proyectan las imágenes cinematográficas. **3** Parte de un televisor, del monitor de un ordenador o de otros aparatos electrónicos que permite visualizar imágenes o texto. **4** Mampara delante de una chimenea. **5** Persona que oculta a otra o le hace sombra.

pantalón. m. Prenda de vestir que cubre desde la cintura hasta los pies, con dos perneras. También pl.

pantano. m. **1** Hondonada donde se detienen las aguas. **2** Depósito artificial de agua.

pantanoso, sa. adj. **1** Se dice del terreno donde hay pantanos. **2** Cenagoso.

panteísmo. m. Sistema filosófico que identifica a Dios con el mundo.

panteón. m. **1** Templo que los griegos y los romanos dedicaban a los dioses. **2** Monumento funerario destinado a enterramiento de varias personas. **3** *amer.* Cementerio.

pantera. f. Leopardo.

pantomima. f. **1** Representación por medio de figuras y gestos sin que intervengan palabras. **2** Comedia, farsa.

pantorrilla. f. Parte carnosa y abultada de la pierna, por debajo de la corva.

pantufla. m. Zapatilla de casa sin talón. Más c. pl. **Sin.** chinela.

panty. (voz ingl.) m. Leotardo de seda, nailon o material semejante. Más en pl. || pl. *pantis.*

panza. f. **1** Barriga. **2** Parte más saliente de algunos recipientes. **3** Primera de las cuatro cavidades en que se divide el estómago de los rumiantes.

panzada. f. Hartazgo, atracón.

panzudo, da. adj. Que tiene mucha panza.

pañal. m. **1** Trozo de tela o material absorbente que se pone a los bebés como si fuera una braga. **2 en pañales.** loc. adv. En un estado de poco desarrollo.

paño. m. **1** Tejido de lana muy tupida. **2** Tela. **3** Trapo que se utiliza en la cocina y para otras tareas domésticas. **4** Pieza de una prenda que cosida al lado de otra forma el ancho de la tela: *una falda de tres paños.* **5** Mancha en la piel, sobretodo en la cara. **6** Parte continua de una pared, en la que no hay huecos para puertas o ventanas. **7 paños menores.** Ropa interior.

pañuelo. m. Pedazo de tela cuadrado y de una sola pieza, de diferentes tamaños y usos, por ejemplo para sonarse o abrigarse el cuello.

papa. m. Sumo pontífice de la Iglesia católica.

papa. f. Patata.

papa. f. Papilla y, p. ext., cualquier sopa o crema espesa. Más en pl.

papá. m. **1** Padre. | m. pl. **2** El padre y la madre.

papada. f. **1** Abultamiento carnoso que se forma debajo de la barbilla. **2** Pliegue cutáneo que sobresale en el borde inferior del cuello de ciertos animales.

papado. m. **1** Dignidad de papa. **2** Tiempo que dura. **Sin.** 1 y 2 pontificado.

papagayo. m. Ave prensora tropical; su plumaje, siempre de vivos colores, varía según la especie.

papamoscas. m. **1** Pájaro de unos 15 cm y plumaje pardusco, que se alimenta de moscas. **2** Papanatas. || No varía en pl.

papanatas. com. Persona simple y crédula. || No varía en pl.

paparrucha. f. Tontería, estupidez. **Sin.** bobada.

papaveráceo, a. adj. y f. **1** Se dice de una familia de plantas angiospermas dicotiledóneas, con fruto capsular con muchas semillas, oleaginosas y de albumen carnoso, como la amapola y la adormidera. | f. pl. **2** Familia de estas plantas.

papear. intr. fam. Comer.

papel. m. **1** Material hecho con pasta vegetal molida y blanqueada que se dispone en finas láminas y se usa para escribir, dibujar, etc. **2** Hoja o trozo de este material. **3** Documento, título o manuscrito de cualquier clase: *los papeles del coche.* **4** En teatro, cine, etc., parte de la obra y personaje que le corresponde representar a un actor. **5** Función de una persona o cosa: *tiene un papel fundamental en la empresa.* **6** Conjunto de valores de bolsa. **7** Papel moneda, billete de curso legal.

papeleo. m. Exceso de trámites en la resolución de un asunto. **Sin.** burocracia.

papelera. f. **1** Fábrica de papel. **2** Cesto de los papeles.

papelería. f. Tienda en que se vende papel y objetos de escritorio.

papeleta. f. **1** Papel que contiene algunos datos o acredita alguna cosa: *las papeletas de una rifa.* **2** Asunto comprometido o difícil.

papera. f. **1** Inflamación del tiroides, bocio. **2** Inflamación de las glándulas de la saliva. | pl. **3** Enfermedad infecciosa propia de los niños que produce una inflamación de la glándula parótida.

papila. f. **1** Cada una de las pequeñas prominencias cónicas de la piel, las membranas mucosas y de ciertos órganos vegetales, particularmente, las de la lengua y el paladar, a través de las cuales captamos el sentido del gusto. **2** Prominencia que forma el nervio óptico en el fondo del ojo.

papilionáceo, a. adj. y f. **1** Se dice de una familia de plantas angiospermas dicotiledóneas, herbáceas, arbustivas o arbóreas, con flores con corola amariposada, como el guisante. | f. pl. **2** Familia de estas plantas.

papilla. f. **1** Especie de puré hecho con leche, cereales, etc., que se da a los niños pequeños. **2 hecho papilla.** loc. En muy mal estado.

papiloma. m. Tumor benigno que se forma en las papilas de la piel o de las mucosas.

papión. m. Mamífero primate africano, de mandíbula prominente, pelaje pardo, con larga cola y callosidades rojas en las nalgas.

papiro. m. **1** Planta originaria de Oriente, con tallo en caña, que crece junto a los ríos y lagos. **2** Lámina sacada del tallo de esta planta, empleada por los antiguos para escribir en ella.

papismo. m. Nombre que dan los protestantes a la Iglesia católica.

papo. m. **1** Parte abultada del animal entre la barbilla y el cuello. **2** Buche de las aves. **3** Bocio. **4** Tranquilidad o lentitud excesiva.

paquebote o **paquebot.** m. Embarcación que lleva correspondencia y pasajeros, de un puerto a otro.

paquete. m. **1** Envoltorio hecho con algo, generalmente para transportarlo. **2** En las motocicletas, persona que va de acompañante. **3** Castigo, sanción. **Sin.** 3 puro.

paquidermo. adj. y m. **1** Se dice de algunos mamíferos de piel muy gruesa y dura, como el jabalí, el hipopótamo o el elefante. | m. pl. **2** Grupo de estos animales, actualmente sin valor taxonómico.

par. adj. **1** Se dice del número divisible por dos. **2** Se dice del órgano que corresponde simétricamente a otro igual. | m. **3** Conjunto de dos personas o cosas de una misma especie. **4** A veces designa un número impreciso, aunque reducido: *estuvo aquí un par de veces.* **5** Igualdad, semejanza: *elegancia sin par.* **6 de par en par.** loc. adv. Completamente abierta una puerta o ventana. **Sin.** 3 pareja ☐ **Ant.** 1 impar, non.

para. prep. **1** Indica finalidad o destino: *esos regalos son para ti.* **2** Expresa tiempo o duración: *un amigo es para siempre.* **3** Indica dirección: *se fue para casa.* **4** Desde el punto de vista, según la opinión: *para la mayoría de la gente...* **5** Forma parte de algunas frases comparativas que expresan desproporción entre dos cosas o acciones: *no está verde el campo para lo que ha llovido.*

parabién. m. Felicitación. **Sin.** enhorabuena.

parábola. f. **1** Narración de la que se deduce una enseñanza moral. **2** En geom., curva abierta, simétrica respecto de un eje, con un solo foco, y que resulta de cortar un cono circular recto por un plano paralelo a una generatriz.

parabrisas. m. Cristal que lleva un automóvil en su parte anterior. || No varía en pl.

paracaídas. m. Dispositivo hecho con tela resistente que, al extenderse en el aire, toma la forma de una sombrilla grande, y que se usa para moderar la velocidad de caída de los cuerpos. || No varía en pl.

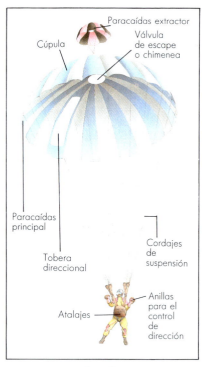

Paracaídas

paracaidismo. m. Actividad deportiva o militar que consiste en lanzarse en paracaídas desde una aeronave.

parachoques. m. Pieza de los automóviles y otros vehículos que sirve para amortiguar los efectos de un choque. || No varía en pl.

parada. f. **1** Acción de parar. **2** Lugar donde se para. **3** Suspensión o pausa, especialmente en la música. **4** Sitio donde se recogen o juntan las reses. **5** Revista de tropas.

paradero. m. Lugar o sitio donde para o se va a parar.

paradigma. m. Ejemplo o ejemplar. S<small>IN</small>. modelo, canon.

paradisiaco o **paradisíaco, ca.** adj. **1** Relacionado con el paraíso. **2** Delicioso, muy agradable.

parado, da. adj. **1** Tímido, poco atrevido. **2** Desocupado, sin empleo. **3** *amer.* Derecho o en pie. S<small>IN</small>. 1 corto, pusilánime 2 inactivo ◻ A<small>NT</small>. 2 activo.

paradoja. f. **1** Contradicción entre dos cosas o ideas. **2** Figura retórica de pensamiento consistente en emplear expresiones o frases contradictorias.

parador. m. **1** Hotel y restaurante. **2 parador nacional de turismo.** Establecimiento hotelero dependiente de organismos oficiales.

paraestatal. adj. Se dice de los organismos que cooperan con el Estado, sin formar parte de la administración pública.

parafina. f. Sustancia sólida, opalina, inodora, menos densa que el agua y fácilmente fusible; se obtiene de la destilación del petróleo y tiene múltiples aplicaciones industriales y farmacéuticas.

parafrasear. tr. Hacer la paráfrasis de un texto o escrito.

paráfrasis. f. Explicación o interpretación de un texto. || No varía en pl.

paraguas. m. Utensilio portátil para resguardarse de la lluvia, compuesto de un bastón y un varillaje cubierto de tela que puede extenderse o plegarse. || No varía en pl.

paraguayo, ya. adj. y s. **1** De Paraguay. | f. **2** Fruta parecida al melocotón, de forma aplastada.

paraíso. m. **1** Lugar donde, según el Antiguo Testamento, vivieron Adán y Eva. **2** Cielo. **3** Conjunto de asientos del piso más alto de algunos teatros. **4** Sitio muy agradable. S<small>IN</small>. 1 edén 3 gallinero.

paraje. m. Lugar, sitio.

paralaje. f. Diferencia entre las posiciones aparentes de un astro, según el punto desde donde es observado.

paralelepípedo. m. Sólido limitado por seis paralelogramos, siendo iguales y paralelos dos a dos.

paralelismo. m. Cualidad de paralelo.

paralelo, la. adj. **1** Se apl. a las líneas o planos equidistantes entre sí, que por más que se prolonguen no pueden encontrarse. **2** Correspondiente, semejante o desarrollado a un mismo tiempo: *acciones paralelas*. | m. **3** Cada uno de los círculos imaginarios que rodean la Tierra, paralelos al ecuador. **4** Cotejo, comparación: *establecer un paralelo.* | f. pl. **5** Barras paralelas en que se hacen ejercicios gimnásticos.

paralelogramo. m. Cuadrilátero cuyos lados opuestos son paralelos entre sí.

parálisis. f. Pérdida o disminución del movimiento de una o varias partes del cuerpo. || No varía en pl.

paralítico, ca. adj. y s. Que sufre parálisis.

paralizar. tr. y prnl. **1** Causar parálisis. **2** Detener, impedir la acción y movimiento de una cosa: *paralizar una gestión.* S<small>IN</small>. 1 imposibilitar 1 y 2 inmovilizar 2 entorpecer ◻ A<small>NT</small>. 1 y 2 movilizar.

paramecio. m. Protozoo ciliado de forma ovalada.

paramento. m. **1** Adorno con que se cubre una cosa. **2** Cualquiera de las dos caras de una pared.

parámetro. m. **1** En mat., variable que, en una familia de elementos, sirve para identificar cada uno de ellos mediante su valor numérico. **2** En estad., valor numérico de alguna característica de una población, obtenido a partir del estudio de una muestra representativa.

paramilitar. adj. Se dice de ciertas organizaciones civiles con estructura o disciplina de tipo militar.

páramo. m. **1** Terreno yermo. **2** Lugar frío y desamparado.

parangón. m. Comparación, semejanza. S<small>IN</small>. equiparación.

parangonar. tr. Comparar.

paraninfo. m. Salón de actos académicos en algunas universidades.

paranoia. f. Perturbación mental fijada en una idea o en un orden de ideas. S<small>IN</small>. monomanía.

paranoico, ca. adj. y s. Relacionado con la paranoia o que la padece.

paranormal. adj. Se dice de los fenómenos y problemas que estudia la parapsicología.

parapetarse. prnl. **1** Resguardarse con parapetos. También tr. **2** Protegerse, escudarse.

parapeto. m. **1** Barrera de piedras, sacos de arena, etc., para protegerse detrás de ella en una lucha. **2** Pared o barandilla para evitar caídas.

paraplejia o **paraplejía.** f. Parálisis de la mitad inferior del cuerpo.

parapsicología. f. Estudio de aquellos fenómenos a los que no ha podido darse una explicacion científica, como la telepatía, levitación, etc.

parar. 1 intr. Cesar en el movimiento o en la acción. También prnl.: *se ha parado el ruido;* y tr.: *paró la lavadora.* **2** Llegar a cierto término, situación, estado, etc. **3** Habitar, hospedarse: *no sabemos dónde* *para Ramón.* **4** En algunos deportes, interceptar el balón. **5** En una lucha, incerceptar el golpe del contrario: *parar un derechazo.* | **pararse.** prnl. **6** Con la preposición *a* y el infinitivo de algunos verbos, realizar dicha acción con atención y calma: *pararse a pensar.* **7** *amer.* Ponerse de pie.

pararrayos. m. Dispositivo que se coloca sobre los edificios o los barcos para preservarlos de los efectos de la descarga del rayo. || No varía en pl.

parasimpático. adj. y m. Se dice del sistema nervioso vegetativo cuyas funciones antagonizan con las del sistema nervioso simpático.

parásito, ta. adj. y s. **1** Se dice del organismo animal o vegetal que vive a costa de otro de distinta especie. **2** Se dice de los ruidos que perturban las transmisiones radioeléctricas. **3** Persona que vive a costa ajena. **Sin.** 3 aprovechado.

parasol. m. Quitasol.

parca. f. poét. La muerte.

parcela. f. **1** Porción pequeña de terreno. **2** Cada una de las partes en que se divide un terreno.

parcelar. tr. Dividir un terreno en parcelas.

parche. m. **1** Pedazo de tela, papel, piel, etc., que se pone sobre una cosa para arreglarla. **2** Vendaje, gasa, etc., sobre una herida. **3** Pegote o retoque mal hecho. **4** Arreglo provisional. **5** Cada una de las dos pieles del tambor. **Sin.** 1 remiendo.

parchís. m. Juego que se practica en un tablero con cuatro salidas en el que cada jugador, provisto de cuatro fichas del mismo color, trata de hacerlas llegar a la casilla central.

parcial. adj. **1** Sólo de una parte: *examen parcial.* **2** Que no es justo o equitativo: *una opinión parcial.* **Sin.** 1 fragmentario, incompleto ☐ **Ant.** 2 imparcial.

parcialidad. f. **1** Cualidad de parcial. **2** Unión, agrupación, facción.

parco, ca. adj. **1** Corto, escaso. **2** Sobrio, moderado: *parco en palabras.* **Sin.** 1 mezquino 2 templado.

pardillo, lla. adj. y s. **1** Aldeano, palurdo. **2** Simple, que se deja engañar. | m. **3** Pájaro de vivos colores muy común en España. **Ant.** 2 listo.

pardo, da. adj. **1** De color marrón rojizo. **2** Oscuro.

pareado, da. adj. y m. Se dice de los versos que riman de dos en dos.

parear. tr. **1** Emparejar. **2** Comparar, igualar.

parecer. copul. **1** Tener determinada apariencia o aspecto, causar cierta impresión: *el día parece bueno.* | intr. **2** Opinar, creer: *me parece bien que lo hagas.* | impers. **3** Existir indicios de lo que se dice: *parece que ya se han ido.* | prnl. **4** Tener semejanza, asemejarse: *los dos hermanos se parecen.* || **Irreg.** Se conj. como *agradecer.* **Ant.** 4 diferenciarse.

parecer. m. **1** Opinión, juicio. **2** Aspecto físico. **Sin.** 1 dictamen 2 apariencia, presencia.

parecido, da. adj. **1** Que se parece a otra persona o cosa. **2** Con los adverbios *bien* o *mal*, de buen o mal aspecto físico. | m. **3** Semejanza. **Ant.** 3 diferencia.

pared. f. **1** Obra de albañilería levantada verticalmente para cerrar un espacio o sostener una techumbre. **2** Tabique. **3** Cara o superficie lateral de un cuerpo. **4** Placa o lámina con que está cerrado o limitado un espacio. **Sin.** 1 muro, tapia.

paredón. m. **1** Pared que queda en pie, en un edificio en ruinas. **2** Muro contra el que se fusila.

pareja. f. **1** Conjunto de dos personas o cosas, especialmente el formado por macho y hembra. **2** Cada una de estas personas o cosas, con relación a la otra: *he perdido la pareja del guante. Es su pareja de baile.* | pl. **3** En el juego de los dados, dos números o puntos iguales que salen de una tirada. **4** En los naipes, dos cartas con el mismo valor o figura. **Sin.** 1 dúo, par.

parejo, ja. adj. **1** Igual, semejante. **2** Liso, llano.

parénquima. m. **1** Tejido vegetal esponjoso. **2** Tejido de los órganos glandulares.

parentela. f. Conjunto de parientes.

parentesco. m. **1** Vínculo, enlace por consanguinidad o afinidad. **2** Unión, conexión, semejanza.

paréntesis. m. **1** Oración o frase incidental, sin enlace con los demás miembros del período, que no altera el sentido general de éste. **2** Signo ortográfico ( ) en que suele encerrarse esta oración o frase. **3** Suspensión, interrupción. || No varía en pl.

paria. com. **1** Persona de la casta inferior de los hindúes. **2** Persona insignificante.

parida. f. Tontería.

paridad. f. **1** Igualdad de las cosas entre sí. **2** En econ., relación de una moneda con el patrón monetario internacional.

pariente, ta. adj. y s. **1** Se dice de la persona que pertenece a la misma familia que otra. **2** Semejante o parecido. | m. y f. **3** Marido o mujer.

parietal. adj. y m. Se dice de cada uno de los dos huesos situados en las partes medias y laterales del cráneo.

parihuela. f. **1** Utensilio para transportar pesos entre dos personas. Más en pl. **2** Cama portátil o camilla. También pl.

paripé. m. Fingimiento, simulación: *hacer el paripé.*

parir. intr. **1** Expulsar la hembra el feto que tenía en su vientre. También tr. | tr. **2** Producir o causar una cosa. **3** Hacer salir a la luz o al público.

parisiense o **parisién.** adj. y com. Parisino.

parisino, na. adj. y s. De París.

parking. (voz. ingl.) m. Aparcamiento.

parlamentar. intr. Hablar para llegar a un acuerdo o solución. **Sin.** negociar, capitular.

parlamentario, ria. adj. **1** Relacionado con el parlamento. | m. y f. **2** Miembro de un parlamento.

parlamento. m. **1** Asamblea legislativa. **2** Edificio donde se reúne un parlamento. **3** Acción de parlamentar. **Sin.** 1 cámara.

parlanchín, na. adj. y s. Que habla mucho. **Sin.** charlatán.

parlar. intr. y tr. Hablar. **Sin.** charlar.

parlotear. intr. Hablar mucho.

parnasianismo. m. Movimiento poético desarrollado en Francia como reacción contra el romanticismo, y caracterizado por una lírica despersonalizada y positivista.

parnaso. m. **1** Conjunto de todos los poetas, o de los de un pueblo o tiempo determinado. **2** Colección de poesías de varios autores.

parné. m. Dinero.

paro. m. **1** Acción de parar, cesar un movimiento, acción o actividad. **2** Huelga. **3** Conjunto de personas sin empleo. **Sin.** 3 desempleo, desocupación.

parodia. f. Imitación burlesca.

parónimo, ma. adj. y m. Se dice de las palabras parecidas en su forma o pronunciación.

parótida. f. Cada una de las dos glándulas situadas debajo del oído y detrás de la mandíbula inferior, y que segregan saliva.

paroxismo. m. **1** Empeoramiento o acceso violento de una enfermedad. **2** Gran exaltación o nerviosismo.

parpadear. intr. **1** Abrir y cerrar repetidamente los párpados. **2** Titilar una luz.

párpado. m. Cada una de las membranas movibles de los ojos.

parque. m. **1** Terreno arbolado o ajardinado, generalmente para recreo. **2** Conjunto de instrumentos, aparatos o materiales destinados a un servicio público: *parque de bomberos.* **3** Pequeño recinto protegido de diversas formas, donde se deja a los niños muy pequeños, para que jueguen. **4 parque móvil.** Conjunto de vehículos de un Estado u organismo. **5 parque nacional.** Lugar de interés ecológico que el Estado acota para conservar la fauna y la flora.

parqué o **parquet.** m. Pavimento para suelos de interior formado por pequeños listones de madera. **Sin.** entarimado.

parquedad. f. Calidad de parco. **Sin.** moderación, sobriedad □ **Ant.** derroche.

parra. f. Vid, y en especial la que está levantada artificialmente.

párrafo. m. **1** Cada una de las divisiones de un escrito que termina con punto y aparte. **2** Signo ortográfico (§) con que, a veces, se marcan estas divisiones.

parranda. f. Jolgorio, jarana, juerga.

parricida. adj. y com. Persona que comete un parricidio.

parricidio. m. Muerte violenta que alguien da a sus ascendientes, descendientes o cónyuge.

parrilla. f. Rejilla para asar o tostar alimentos.

párroco. m. y adj. Sacerdote encargado de una feligresía.

parroquia. f. **1** Iglesia en que se administran los sacramentos a los fieles de un determinado territorio o distrito. **2** Conjunto de feligreses. **3** Territorio que está bajo la jurisdicción de una determinada iglesia.

parroquiano, na. adj. y s. **1** Feligrés. **2** Cliente de un bar, tienda, etc.

parsimonia. f. **1** Cachaza, lentitud excesiva. **2** Moderación en los gastos. **Sin.** 1 flema 2 ahorro, economía □ **Ant.** 1 presteza 2 derroche.

parte. f. **1** Porción indeterminada de un todo. **2** Cuota o porción que le corresponde a alguien en un pago, distribución, etc. **3** Sitio, lugar: *ese documento estará en alguna parte del escritorio.* **4** Cada una de las personas que participan en un trato o negocio, o en una disputa o pleito. **5** Aspecto, punto de vista: *por mi parte, puedes hacer lo que quieras.*| pl. **6** Con el posesivo, órganos genitales. | m. **7** Comunicación de cualquier clase: *parte meteorológico; dar parte.* **8 de parte de.** loc. adv. En nombre de alguien. **9. tomar parte.** loc. Participar. **Sin.** 1 fracción, pedazo.

parteluz. m. Columna delgada que divide en dos el hueco de una ventana.

partenaire. (voz fr.) com. Pareja, compañero en un espectáculo, juego, etc.

partenogénesis. f. Modo de reproducción por división de células femeninas que no se han unido con gametos masculinos. || No varía en pl.

partero, ra. m. y f. Persona que asiste a una mujer en un parto. **Sin.** comadrona, matrona.

parterre. (voz fr.) m. Cuadro de un jardín con flores o césped.

partición. f. División, reparto. **Sin.** repartimiento.

participación. f. **1** Acción de participar. **2** Aviso, noticia. **3** Parte que se juega de un décimo de lotería.

participar. intr. **1** Entrar junto con otros en un asunto, negocio o cuestión. | tr. **2** Dar parte, comunicar. **Sin.** 2 notificar.

partícipe. adj. y com. Que participa en algo.

participio. m. Forma no conjugable del verbo empleada para formar los tiempos compuestos, la voz pasiva y algunas perífrasis; puede desempeñar también la función de adjetivo e incluso de sustantivo.

partícula. f. **1** Cuerpo muy pequeño o parte pequeña de algo. **2** En fís., cada uno de los elementos

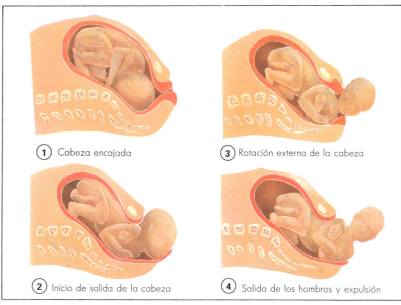

Parto

que constituyen el átomo. **3** En ling., nombre con que se designan a veces a las preposiciones, conjunciones y afijos. **Sin.** 1 porción.

particular. adj. **1** Propio y privativo de una persona o cosa. **2** Especial, extraordinario. **3** Singular, individual. **4** Privado: *camino particular*. **5** Que no tiene un cargo oficial o no trabaja en la oficina o centro de que se trate. También s.: *visitó al director un particular*. | m. **6** Punto o materia que se trata: *hablemos de este particular*. **7 en particular.** loc. adv. Especialmente. **Sin.** 1 peculiar, característico 3 personal ☐ **Ant.** 1 general 4 público.

particularidad. f. Singularidad, especialidad, individualidad.

particularizar. tr. **1** Concretar, detallar. | **particularizarse.** prnl. **2** Distinguirse por alguna cosa.

partida. f. **1** Acción de partir, salir. **2** Cantidad que se anota en una cuenta. **3** Anotación que se hace en un registro sobre ciertos datos de una persona: *partida de nacimiento*. **4** Mercancía que se envía o entrega de una vez. **5** Serie de jugadas de un juego en que se pierde o se gana la apuesta. **6** Conjunto de personas reunidas con un determinado fin: *una partida de caza*. **Sin.** 1 marcha, salida 3 certificado, fe 6 cuadrilla ☐ **Ant.** 1 llegada.

partidario, ria. adj. y s. Que defiende o apoya a alguien o algo.

partidismo. m. Adhesión a una determinada persona, idea o partido.

partido, da. adj. **1** Dividido, distribuido. | m. **2** Organización política que aspira a ejercer el poder para desarrollar su programa. **3** Provecho, ventaja: *sacar partido*. **4** Competición deportiva: *partido de tenis*. **5 partido judicial.** Distrito que comprende varios pueblos de una provincia, y en el que ejerce jurisdicción un juez de primera instancia. **6 tomar partido.** loc. Inclinarse por alguien o algo. **Sin.** 2 grupo, asociación 3 utilidad.

partir. tr. **1** Dividir algo en dos o más partes. **2** Hender, rajar. También prnl.: *partirse la madera*. **3** Repartir. **4** Tomar algo como base o punto de arranque: *partieron de un supuesto falso*. **5** Desbaratar, desconcertar, anonadar. | intr. **6** Irse, ponerse en camino. | **partirse.** prnl. **7** Desternillarse de risa. **Sin.** 2 abrir, cortar 3 distribuir 6 salir ☐ **Ant.** 1 unir.

partitura. f. Texto completo de una obra musical.

parto. m. Acción de parir.

parturienta. adj. y f. Se dice de la mujer que está de parto o acaba de parir.

parva. f. **1** Mies extendida en la era para la trilla. **2** Montón, cantidad.

parvedad. f. Pequeñez, cortedad.

parvo, va. adj. Pequeño.

parvulario. m. Centro de enseñanza para niños pequeños.

párvulo, la. adj. **1** Se dice del niño que recibe educación preescolar. También s. **2** Inocente.

pasa. f. Uva seca.

pasable. adj. Que se puede pasar, aceptable.

pasacalle. m. Marcha popular de compás muy vivo.

pasada. f. **1** Acción de pasar de un lugar a otro. **2** Repaso, retoque. **3** Jugada, mal comportamiento con alguien. **4** Cosa muy buena o excesiva: *¡qué pasada de ordenador!*

pasadizo. m. Paso estrecho en edificios o calles.

pasado, da. adj. **1** Estropeado. **2** Anticuado. | m. **3** Tiempo que pasó; cosas que sucedieron en él. **4** En gram., tiempo pretérito.

pasador. m. **1** Pieza para cerrar puertas, ventanas, etc. **2** Sujetador para el pelo, corbatas, etc.

pasaje. m. **1** Billete de barco o avión. **2** Totalidad de los pasajeros de un buque o avión. **3** Fragmento de un libro o escrito. **4** Paso entre dos calles. **5** *amer.* Boleto, billete. Sin. 4 pasadizo.

pasajero, ra. adj. **1** Que pasa pronto o dura poco. | m. y f. **2** Persona que viaja en un vehículo sin pertenecer a la tripulación. Sin. 1 breve, fugaz, transitorio 2 viajero ◻ Ant. 1 eterno.

pasamanería. f. Trabajo con cordones trenzados, borlas, etc., usado como adorno.

pasamano. m. **1** Listón que se coloca sobre las barandillas. **2** Pasamanería.

pasamontañas. m. Gorro grueso que cubre la cabeza, excepto los ojos y la nariz. || No varía en pl.

pasaporte. m. Documento que acredita la identidad y nacionalidad de una persona, necesario para viajar a algunos países. Sin. salvoconducto.

pasar. tr. **1** Llevar, mover de un lugar a otro. También intr. y prnl.: *la procesión no pasa por aquí. Se pasó a otro país.* **2** Atravesar, cruzar. **3** Enviar o transmitir: *pasar información.* **4** Estar cierto tiempo en un lugar o situación: *pasó el verano en la playa.* También prnl.: *se pasó el día protestando.* **5** Exceder, ir más allá: *pasar una limitación.* También prnl.: *se pasó bebiendo.* **6** Superar: *pasar una prueba.* **7** Sufrir, padecer: *pasar una enfermedad.* **8** Permitir, tolerar: *no le pasa ni una.* | intr. **9** Penetrar, traspasar. **10** Cambiar de un estado o circunstancia a otro. También prnl. **11** Cesar, acabarse: *pasó el ruido.* **12** Ocurrir, suceder: *¿qué pasó ayer?* | **pasarse.** prnl. **13** Estropearse un alimento, medicamento, etc. **14** Olvidarse: *se me pasó llamarte.*

pasarela. f. **1** Puente pequeño o provisional. **2** Pasillo estrecho y elevado en el que desfilan los modelos.

pasatiempo. m. Entretenimiento o juego para pasar el rato.

pascal o **pascalio.** m. Unidad de la medida de la presión, en el Sistema Internacional de unidades, equivale a un newton por m^2 y su símbolo es *Pa.*

pascua. f. **1** Fiesta con que celebran los hebreos la libertad del cautiverio de Egipto. **2** En la Iglesia católica, fiesta de la resurrección de Cristo. **3** Cualquiera de las fiestas de la Navidad, de la Epifanía y de Pentecostés. **4** Tiempo entre Navidad y Reyes. **5 como unas pascuas.** loc. Muy contento. **6 hacer la pascua.** loc. Fastidiar. || En todas las acepciones, suele escribirse con mayúscula.

pascual. adj. **1** Relativo a la Pascua. **2** Se dice del cordero de más de dos meses.

pase. m. **1** Acción de pasar. **2** Lance que el torero hace al toro con la muleta o el capote. **3** Documento que permite a alguien entrar en un lugar, espectáculo, etc. **4** En deporte, acción de pasar el balón.

pasear. intr. **1** Andar por distracción o ejercicio. También tr. y prnl. **2** Con el mismo fin, hacerlo en un vehículo, caballo, etc. También prnl. | tr. **3** Llevar de paseo: *pasear al perro.* Sin. 1 deambular.

paseo. m. **1** Acción de pasear. **2** Lugar o sitio público para pasear. **3** Distancia corta.

paseriforme. adj. y f. **1** Se dice de las aves, generalmente pequeñas, con tres dedos dirigidos hacia adelante y uno hacia atrás. Están distribuidas por toda la Tierra y comúnmente se les llama *pájaros.* | f. pl. **2** Orden de estas aves.

pasiego, ga. adj. y s. Del valle del río Pas (Cantabria).

pasillo. m. Pieza de paso, alargada, que comunica las habitaciones de un edificio. Sin. corredor.

pasión. f. **1** Acción de padecer. **2** Sentimiento muy intenso. **3** Inclinación muy viva hacia alguien o algo: *tiene pasión por el cine.* Sin. 2 emoción 3 entusiasmo.

pasionaria. f. Planta herbácea trepadora originaria de Brasil, que se cultiva como ornamento.

pasividad. f. Cualidad de pasivo. Sin. inacción, inactividad ◻ Ant. actividad, inquietud.

pasivo, va. adj. **1** Se apl. al que deja actuar a otros sin hacer por sí ninguna cosa. **2** Se dice del sujeto que recibe una acción, en la que no interviene. **3** Se dice de la remuneración que disfrutan algunas personas por los servicios que prestaron. **4** Se dice de las oraciones con verbo en voz pasiva (véase *voz*). También f. | m. **5** Importe total de las deudas y cargas de una persona o entidad.

pasma. m. En argot, policía.
pasmado, da. adj. Alelado, absorto.
pasmar. tr. y prnl. **1** Asombrar. **2** Helar de frío. **Sin. 1** maravillar.
pasmo. m. **1** Asombro, admiración. **2** Efecto de un enfriamiento.
paso. m. **1** Movimiento de cada pie para andar. **2** Espacio recorrido al avanzar un pie. **3** Huella que queda impresa al andar. **4** Acto de la vida de alguien: *vigilar los pasos de una persona*. **5** Acción de pasar. **6** Lugar por donde se pasa. **7** Cada uno de los cambios que se hacen en los bailes. **8** Cada avance de un contador. **9** Grupo escultórico que se saca en procesión en Semana Santa. **10** Pieza dramática breve.
pasodoble. m. **1** Marcha a cuyo compás puede llevar la tropa el paso ordinario. **2** Baile que se ejecuta al compás de esta música.
pasota. adj. y com. Persona que se despreocupa de cualquier asunto. **Sin.** apático.
pasquín. m. **1** Escrito que contiene una crítica, generalmente política, y se coloca en un lugar público. **2** Escrito con fines de propaganda política.
pasta. f. **1** Masa moldeable hecha con cualquier material. **2** Masa de harina con que se hacen fideos, macarrones, etc., y p. ext., designación genérica de estas variedades: *un plato de pasta*. **3** Pequeña pieza hecha con masa de pastelería: *pastas de té*. **4** Cubierta dura de los libros. **5** Dinero. **6** Carácter de una persona: *es de buena pasta*.
pastar. tr. **1** Conducir el ganado a los prados para que coma. | intr. **2** Comer el ganado en los prados. **Sin. 1** apacentar **2** pacer.
pastel. m. **1** Dulce hecho con masa de harina, huevos y otros ingredientes, cocido al horno, que suele rellenarse con crema, nata, etc. **2** Nombre de algunos platos de carne, pescado o verduras, picados y envueltos en una capa fina de masa, o preparados en un molde. **3** Lápiz compuesto de una materia colorante y agua de goma. **4** Técnica de pintura que utiliza estos lápices. **5** Asunto ilegal o poco claro.
pastelería. f. **1** Establecimiento donde se hacen o venden pasteles, pastas y otros dulces. **2** Arte de elaborar pasteles.
pastelero, ra. m. y. f. Persona que hace o vende pasteles.
pasteurizar o **pasterizar.** tr. Higienizar cualquier producto (leche, vino, etc.) por medio del calor, destruyendo los gérmenes patógenos y aumentando su conservación.
pastiche. m. **1** Imitación de una obra de arte. **2** Mezcla abigarrada.
pastilla. f. **1** Porción de pasta, generalmente cuadrangular o redonda: *pastilla de jabón*. **2** Pequeña porción redondeada de medicamento, para tragarla fácilmente. **3** Pieza pequeña, generalmente cuadrangular, como las que forman parte del mecanismo de frenado de algunos vehículos. **4** Pieza electrónica que amplifica el sonido de algunos instrumentos musicales. **Sin. 2** comprimido, tableta.
pasto. m. **1** Acción de pastar. **2** Hierba que pace el ganado. **3** Sitio en que pasta el ganado. Más en pl. **4** Cosa que fomenta una acción, actividad, etc.
pastor, ra. m. y f. **1** Persona que guarda, guía y apacienta el ganado. | m. **2** Prelado o cualquier otro eclesiástico que tiene a su cargo un grupo de fieles.
pastoral. adj. **1** Relativo al pastor. **2** Relativo a los prelados: *carta pastoral*. | f. **3** Obra literaria en que se describe idealizada la vida de los pastores.
pastoril. adj. **1** Propio de los pastores. **2** Se dice del género literario que trata idealizada la vida y amores de los pastores. **Sin. 2** bucólico.
pastoso, sa. adj. De consistencia de pasta.
pata. f. **1** Pie y pierna de los animales. **2** Pierna de una persona. **3** Base o apoyo de un objeto.
patada. f. Golpe dado con la pata o el pie. **Sin.** coz, puntapié.
patalear. intr. **1** Agitar las piernas o patas. **2** Dar patadas en el suelo, como enfado o protesta.
pataleo. m. Acción de patalear.
pataleta. f. Ataque de rabia o nervios.
patán. adj. y m. Hombre ignorante y ordinario. **Sin.** gañán, zafio, tosco.
patata. f. **1** Planta herbácea anual, originaria de América y cultivada hoy en casi todo el mundo. **2** Tubérculo comestible de esta planta. **3** Cosa muy mal hecha o de poca calidad.
patatús. m. **1** Desmayo, lipotimia. **2** Susto. || No varía en pl. **Sin. 1** síncope.
paté. (voz fr.) m. Pasta de carne o hígado picado, sobre todo de cerdo y aves.
patear. tr. **1** Dar golpes con los pies. | intr. **2** Dar patadas en señal de enojo, dolor o desagrado. **3** Andar mucho, haciendo gestiones.
patena. f. Platillo metálico donde se pone la hostia en la misa.
patentar. tr. Obtener una patente.
patente. adj. **1** Manifiesto, claro. | f. **2** Documento por el que se concede un derecho o permiso. **3** Documento que emite el Estado y autoriza a poner en práctica un invento, utilizar un nombre para una marca, etc. **Sin. 1** visible, perceptible.
paternal. adj. Se dice de los sentimientos propios de un padre hacia sus hijos.
paternalismo. m. Tendencia a aplicar las formas de autoridad y protección propias del padre de la familia tradicional a relaciones políticas, laborales, etc.
paternidad. f. Hecho de ser padre.
paterno, na. adj. Del padre.

patético, ca. adj. **1** Que conmueve. **2** Grotesco.
patetismo. m. Cualidad de patético.
patíbulo. m. Tablado o lugar en que se ejecuta la pena de muerte.
patidifuso, sa. adj. Asombrado.
patilla. f. **1** Pelo que cae delante de las orejas. **2** Parte de la barba que crece en los carrillos. **3** Varilla de las gafas. **4** Pieza para sujetarse en otra.
patín. m. **1** Plancha adaptada a la suela del calzado, o incorporada a una bota, con cuchilla o ruedas, según se utilice sobre hielo o pavimento, que sirve para deslizarse **2** Patinete.
pátina. f. **1** Capa de óxido verdoso que, debido a la humedad, se forma en los objetos metálicos, sobre todo de bronce. **2** Tono menos vivo que toman con el tiempo las pinturas y objetos antiguos. **3** Este tono obtenido artificialmente.
patinaje. m. **1** Acción de patinar. **2** Práctica deportiva de este ejercicio.
patinar. intr. **1** Deslizarse con los patines. **2** Deslizarse las ruedas de un vehículo, al no adherirse al pavimento. **3** Equivocarse.
patinazo. m. **1** Acción de patinar bruscamente las ruedas de un coche. **2** Equivocación, desliz.
patinete. m. Juguete formado por una plancha montada sobre ruedas y una barra terminada en un manillar.
patio. m. **1** Espacio descubierto y limitado con paredes o galerías, en las casas y otros edificios. **2** En los teatros, planta baja que ocupan las butacas. SIN. 2 platea.
patizambo, ba. adj. y s. Que tiene las piernas torcidas hacia afuera y junta mucho las rodillas.
pato, ta. m. **1** Ave palmípeda acuática, de pico aplanado, cuello corto y patas también cortas; se encuentra en abundancia en estado salvaje y se domestica con facilidad. | adj. y m. **2** Persona torpe.
patógeno, na. adj. Que origina o desarrolla enfermedades: *gérmenes patógenos.*
patología. f. Parte de la medicina, que estudia las enfermedades.
patológico, ca. adj. Relacionado con la patología.
patoso, sa. adj. y s. **1** Torpe. **2** Poco gracioso, pesado.
patraña. f. Mentira, embuste.
patria. f. **1** Tierra natal o adoptiva a la que se pertenece por vínculos afectivos, históricos, etc. **2** Lugar donde se ha nacido.
patriarca. m. **1** Nombre que se da a algunos personajes del Antiguo Testamento, por haber sido cabezas de numerosas familias. **2** Título de algunos obispos de iglesias principales, como las de Alejandría, Jerusalén y Antioquía. **3** Persona que por su edad y sabiduría ejerce autoridad moral en una familia o colectividad.
patricio, cia. adj. **1** En la antigua Roma, descendiente de los primeros senadores establecidos por Rómulo. También s. **2** Relacionado con este grupo social.
patrimonio. m. **1** Bienes que se heredan de los ascendientes. **2** Bienes de una persona o entidad. SIN. 1 herencia 2 propiedad.
patriota. com. Persona que ama a su patria.
patriotero, ra. adj. y s. Que alardea excesiva e inoportunamente de patriotismo.
patriotismo. m. Amor a la patria.
patrocinar. tr. **1** Proteger, amparar. **2** Sufragar una empresa, con fines publicitarios, los gastos de un programa de radio o televisión, de una competición deportiva, etc.

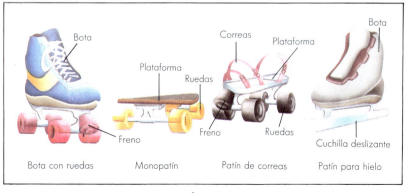

Patines

patrón, na. m. y f. **1** Defensor, protector. **2** Santo titular de una iglesia. **3** Protector escogido de un pueblo o congregación. **4** Dueño, amo. **5** Patrono, persona que emplea obreros. | m. **6** El que manda y dirige un pequeño buque mercante. **7** Modelo que sirve de muestra para sacar otra cosa igual. **Sin.** 5 empresario 7 molde □ **Ant.** 5 asalariado.

patronato. m. **1** Derecho, poder o facultad del patrono. **2** Corporación de patronos. **3** Fundación de una obra benéfica. **4** Consejo formado por varias personas, con funciones rectoras en una fundación.

patronímico, ca. adj. **1** Entre los griegos y romanos, se aplicaba al nombre de la persona que, derivado del de un antecesor, denotaba la pertenencia a cierta familia. **2** Se dice del apellido formado a partir de un nombre propio: *Martínez*, de *Martín*. También m.

patrono, na. m. y f. **1** Protector, defensor. **2** Santo o virgen titulares de una iglesia o congregación. **3** Dueño, amo. **4** Persona que emplea obreros. **Sin.** 1-4 patrón 3 propietario 4 empresario, jefe.

patrulla. f. **1** Grupo pequeño de gente armada que vigila y mantiene la seguridad. **2** Grupo de barcos o aviones que prestan servicio de vigiliancia. **3** Este servicio.

patuco. m. Calzado de punto que usan los niños muy pequeños.

patulea. f. Grupo de maleantes o de gente despreciable.

paulatino, na. adj. Que actúa despacio y de forma gradual. **Sin.** progresivo, lento □ **Ant.** rápido.

paupérrimo, ma. adj. superl. Muy pobre.

pausa. f. **1** Breve interrupción de una acción, proceso, etc. **2** Tardanza, lentitud: *hablar con pausa*. **3** En mús., intervalo breve, y signo que lo representa. **Sin.** 1 descanso 2 calma.

pauta. f. **1** Regla para rayar el papel y no torcerse al escribir; también, conjunto de rayas hechas con esta regla. **2** Modelo, patrón. **3** Norma de conducta. **4** En mús., pentagrama. **Sin.** 2 guía.

pavana. f. **1** Danza cortesana, grave y lenta. **2** Música de esta danza.

pavés. m. Escudo ovalado que cubría casi todo el cuerpo.

pavesa. f. Chispa que salta de una materia inflamada y se convierte en ceniza.

pavimentar. tr. Poner pavimento.

pavimento. m. Suelo, piso artificial.

pavo, va. m. y f. **1** Ave gallinácea de plumaje de color pardo verdoso, cabeza y cuello desprovistos de plumas y cubiertos de carúnculas rojas, con una membrana eréctil encima del pico. **2** Persona sosa o simple. También adj. | m. **3** Moneda de cinco pesetas. | f. **4** Colilla. **Sin.** 3 duro.

pavonear. intr. y prnl. Alardear, presumir.

Pavo

pavor. m. Miedo, terror, pánico.

payasada. f. Hecho o acción ridícula.

payaso, sa. m. **1** Artista de circo que hace de gracioso. | m. y f. **2** Persona que intenta divertir a los demás. También adj.

payés, sa. m. y f. Campesino de Cataluña o Baleares.

payo, ya. adj. y s. **1** Campesino. | m. y f. **2** Para los gitanos, persona que no pertenece a su raza.

paz. f. **1** Situación y relación mutua de quienes no están en guerra. **2** Tratado o convenio entre las partes beligerantes para poner fin a una guerra. También pl. **3** Reconciliación. Más en pl.: *hacer las paces*. **4** Sosiego, tranquilidad. **Sin.** 1 concordia, armonía 4 calma □ **Ant.** 1 hostilidad 4 intranquilidad.

pazguato, ta. adj. y s. Simple.

pazo. m. En Galicia, casa solariega.

pe. f. Nombre de la letra *p*.

peaje. m. Derecho de tránsito.

peana. f. Basa o apoyo para colocar encima una figura u otra cosa.

peatón, na. m. y f. Persona que camina por una vía pública. **Sin.** transeúnte, viandante.

peca. f. Mancha pequeña, marrón o rojiza, que sale en el cutis.

pecado. m. **1** Acción o pensamiento condenado por la religión. **2** P. ext., cualquier falta. **3** Estado de la persona que ha pecado: *morir en pecado.* **4** Exceso o defecto en cualquier línea. **Sin.** 2 culpa, yerro □ **Ant.** 2 virtud.

pecador, ra. adj. y s. Que peca.

pecaminoso, sa. adj. Relacionado con el pecado o que lo implica.

pecar. intr. **1** Cometer un pecado contra la religión. **2** Cometer cualquier otra falta. **3** Tener muy marcada alguna cualidad o característica, considerada despectivamente: *peca de confiado.*

pecarí. m. Mamífero ungulado de América del Sur y Central, de pelaje pardo y fuertes colmillos que sobresalen de su boca. ‖ pl. *pecaríes* o *pecarís.*

pecblenda o **pechblenda.** f. Mineral de uranio del que se extrae el radio.

pecera. f. Recipiente de cristal lleno de agua en el que se tienen peces.

pechera. f. **1** Parte de la camisa y otras prendas de vestir que cubre el pecho. **2** Chorrera de la camisa.

pechina. f. **1** Concha de los peregrinos. **2** Cada uno de los cuatro triángulos curvilíneos que forman el anillo de la cúpula con los arcos sobre los que se apoya.

pecho. m. **1** Parte del cuerpo humano, desde el cuello hasta el vientre, en cuya cavidad se contienen el corazón y los pulmones. **2** Lo exterior de esta misma parte. **3** Parte anterior del tronco de los cuadrúpedos. **4** Mama de la mujer y el conjunto de ambas. **5** Valor, esfuerzo. **Sin.** 4 busto, teta.

pechuga. f. **1** Pecho del ave. **2** Pecho de una persona, sobre todo de la mujer.

pecíolo o **peciolo.** m. Pedúnculo de la hoja.

pécora. f. **1** Mujer mala y astuta. **2** Res o cabeza de ganado lanar.

pecoso, sa. adj. Que tiene pecas.

pectoral. adj. **1** Relacionado con el pecho: *cavidad pectoral.* ‖ m. **2** Cruz que llevan sobre el pecho los obispos y el papa.

pecuario, ria. adj. Relacionado con el ganado.

peculiar. adj. Propio o privativo de cada persona o cosa. **Sin.** particular, característico.

peculiaridad. f. Detalle, signo peculiar.

peculio. m. Dinero de una persona. **Sin.** capital.

pecuniario, ria. adj. Relacionado con el dinero efectivo. **Sin.** monetario.

pedagogía. f. Ciencia que se ocupa de la educación y la enseñanza.

pedal. m. Palanca que se acciona con el pie.

pedante. adj. y com. Se dice de la persona que hace inoportuno alarde de erudición.

pedantería. f. Dicho o hecho pedante.

pedazo. m. Parte de una cosa separada del todo. **Sin.** fracción, fragmento, porción, trozo.

pederastia. f. **1** Atracción sexual de un adulto hacia los niños. **2** Sodomía.

pedernal. m. **1** Variedad de cuarzo, de color gris amarillento, que produce chispas al golpearlo con el eslabón. **2** Cosa de gran dureza.

pedestal. m. **1** Base que sostiene una columna, estatua, etc. **2** Peana, basa. **3** Fundamento, apoyo.

pedestre. adj. **1** Que anda a pie. **2** Se dice del deporte que consiste en realizar carreras a pie. **3** Vulgar, poco cuidado: *estilo pedestre.*

pediatra. com. Médico especialista en niños.

pediatría. f. Rama de la medicina, que estudia las enfermedades de los niños y su tratamiento.

pedicuro, ra. m. y f. Persona que tiene por oficio cuidar de los pies, extirpando o curando callos, uñeros, etc. **Sin.** callista.

pedido. m. **1** Encargo hecho a un fabricante o vendedor. **2** Petición.

pedigrí. m. Genealogía de un animal. ‖ pl. *pedigríes* o *pedigrís.*

pedigüeño, ña. adj. y s. Que pide con frecuencia e importunidad.

pedir. tr. **1** Rogar o demandar a uno que dé o haga una cosa: *pedir permiso.* **2** Poner precio. **3** Requerir una cosa, exigirla. **4** Querer, desear, apetecer: *sólo pido que esto termine pronto.* ‖ intr. **5** Mendigar. ‖ **Irreg.** Conjugación modelo:

Indicativo
Pres.: *pido, pides, pide, pedimos, pedís, piden.*
Imperf.: *pedía, pedías,* etc.
Pret. indef.: *pedí, pediste, pidió, pedimos, pedisteis, pidieron.*
Fut. imperf.: *pediré, pedirás,* etc.
Potencial: *pediría, pedirías,* etc.
Subjuntivo
Pres.: *pida, pidas, pida, pidamos, pidáis, pidan.*
Imperf.: *pidiera, pidieras,* etc., o *pidiese, pidieses,* etc.
Fut. imperf.: *pidiere, pidieres,* etc.
Imperativo: *pide, pedid.*
Participio: *pedido.*
Gerundio: *pidiendo.*

---

pedo. m. **1** Ventosidad que se expulsa por el ano. **2** Borrachera. **3** Estado similar producido por una droga.

pedrada. f. **1** Acción de arrojar con impulso una piedra. **2** Golpe dado con ella y señal que deja.

pedrea. f. **1** Acción de apedrear. **2** Combate a pedradas. **3** Granizo. **4** Conjunto de los premios menores de la lotería nacional.

pedregal. m. Terreno cubierto de piedras sueltas.

pedrería. f. Conjunto de piedras preciosas o de bisutería.

pedrisco. m. Granizo grueso y abundante. **Sin.** granizada.

pedrusco. m. Trozo de piedra sin labrar.

pedúnculo. m. **1** Rabillo de la hoja, flor o fruto con que se une al tallo. **2** Prolongación del cuerpo de algunos animales de vida sedentaria, como los percebes, mediante la cual están fijos al suelo. **Sin.** 1 peciolo.

peer. intr. y prnl. Expulsar ventosidades por el ano.

pega. f. Obstáculo, impedimento: *no empieces a poner pegas.*

pegadizo, za. adj. **1** Que se pega. **2** Que se graba en la memoria con facilidad: *una música pegadiza.* **Sin.** 1 y 2 pegajoso.

pegajoso, sa. adj. **1** Que se pega con facilidad. **2** Excesivamente suave o dulce. **3** Sobón, fastidioso.

pegamento. m. Sustancia para pegar.

pegar. tr. y prnl. **1** Adherir una cosa a otra mediante alguna sustancia. **2** Unir, juntar. **3** Transmitir una enfermedad, vicio, etc. **4** Dar golpes: *pegar un bofetón, un puntapié.* | intr. **5** Causar impresión, tener éxito: *esta canción ha pegado fuerte.* **6** Caer bien una cosa con otra: *esa camisa no pega con los pantalones.* | **pegarse.** prnl. **7** Reñir, pelear. **8** Quemarse un guiso. **9** Grabarse algo fácilmente en la memoria: *se me ha pegado la música.* **Sin.** 2 adosar 3 contagiar, contaminar.

pegatina. f. Adhesivo que lleva impresa una imagen.

pego. m. **1** Trampa en los juegos de cartas. **2 dar el pego.** loc. Engañar, parecer lo que no es.

pegote. m. **1** Pasta pegajosa. **2** Parche, chapuza. **3** Persona pesada que no se aparta de otra. **4** Mentira, farol: *no te tires pegotes.*

peinado. m. Cada una de las distintas formas de peinarse o arreglarse el pelo.

peinar. tr. **1** Desenredar y arreglar el cabello. También prnl. **2** Desenredar o limpiar el pelo o lana de algunos animales. **3** Rastrear una zona en busca de alguien o algo: *la policía peinó la zona.*

peine. m. **1** Utensilio para peinarse, formado por una barra con púas. **2** Carda, instrumento para cardar. **3** Barra con púas, entre las cuales pasan en el telar los hilos de la urdimbre.

peineta. f. Peine convexo que usan las mujeres como adorno o para sujetar el peinado.

pejesapo. m. Rape.

pejiguero, ra. adj. y s. **1** Persona pesada que a todo le pone faltas. | f. **2** Cosa molesta e inoportuna.

peladilla. f. Almendra confitada.

pelado, da. adj. **1** Se dice de las cosas que carecen de lo que las reviste o adorna: *monte pelado; hueso pelado.* **2** Se dice del número que consta de decenas, centenas o millares justos: *el veinte pelado.* **3** Pobre, sin dinero. | m. **4** Corte de pelo.

pelagatos. com. Persona sin posición social o económica. || No varía en pl.

pelágico, ca. adj. **1** Relacionado con el piélago. **2** Se dice de los animales y vegetales marinos que viven alejados de la costa.

pelagra. f. Enfermedad crónica, con manifestaciones cutáneas y perturbaciones digestivas y nerviosas, producida por deficiencia de ciertas vitaminas.

pelaje. m. **1** Pelo o lana de un animal. **2** Disposición y calidad de una persona.

pelambre. amb. **1** Conjunto de las pieles que se han pelado. **2** Falta de pelo.

pelambrera. f. Cabellera abundante o despeinada.

pelanas. m. Persona poco importante. || No varía en pl. **Sin.** pelagatos.

pelandusca. f. Prostituta.

pelar. tr. **1** Cortar, raer o quitar el pelo. También prnl. **2** Quitar las plumas al ave. **3** Quitar la monda, corteza o cáscara. **4** Dejar sin dinero a alguien. **5** Criticar, murmurar. | **pelarse.** prnl. **6** Desprenderse la piel por diferentes causas. **Sin.** 1 rapar 2 desplumar 3 descortezar, mondar.

peldaño. m. Parte de la escalera donde se apoya el pie.

pelea. f. **1** Combate, batalla, riña. **2** Afán, esfuerzo. **Sin.** 1 contienda, lucha.

pelear. intr. **1** Batallar, combatir, contender. **2** Reñir dos o más personas. También prnl. **3** Esforzarse para conseguir algo. **Sin.** 1 disputar 2 regañar, enemistarse.

pelele. m. **1** Muñeco de paja o trapos con figura humana. **2** Persona que se deja manejar por otras. **3** Pijama de niño, de una pieza.

peletería. f. **1** Oficio y técnica de preparar pieles finas y confeccionar prendas y otras cosas. **2** Establecimiento donde se venden.

peletero, ra. m. y f. Persona que trabaja pieles finas o las vende.

peliagudo, da. adj. Difícil, enrevesado: *una cuestión peliaguda.* **Sin.** complicado, arduo ☐ **Ant.** fácil, sencillo.

pelícano o **pelicano.** m. Ave acuática palmípeda, de plumaje blanco y pico muy ancho y largo, con una membrana en la mandíbula inferior, donde deposita los alimentos.

película. f. **1** Piel o capa delgada que cubre algo. **2** Cinta de celuloide dispuesta para ser impresionada fotográficamente. **3** Cinta cinematográfica. **4** Asunto representado en dicha cinta. **Sin.** 1 cutícula 2 y 3 filme.

peligrar. intr. Estar en peligro.

peligro. m. **1** Circunstancia en la que es posible que suceda algo malo. **2** Persona o cosa que lo provoca.

peligroso, sa. adj. Que ofrece peligro o puede ocasionar daño. **Sin.** arriesgado, expuesto.

pella. f. **1** Masa unida y apretada, generalmente en forma redonda. **2** Conjunto apretado de algo, como los tallitos de la coliflor y otras plantas semejantes. **3 hacer pellas.** loc. No ir los estudiantes a clase.

pellejo. m. **1** Piel de los animales o del hombre. **2** Piel quitada de un animal. **3** Odre. **4** Persona ebria.

pelliza. f. **1** Prenda de abrigo hecha o forrada de piel. **2** Chaqueta de abrigo con el cuello y el borde de las mangas reforzadas de otra tela o de piel.

pellizcar. tr. **1** Apretar o retorcer entre los dedos una pequeña porción de piel y carne. También prnl. **2** Tomar una pequeña cantidad de una cosa: *pellizcar el pan*.

pellizco. m. **1** Acción de pellizcar. **2** Pequeña cantidad de algo: *un pellizco de sal*.

pelma. com. Pelmazo.

pelmazo, za. m. y f. **1** Persona excesivamente lenta. **2** Persona pesada y molesta. **Sin.** 1 y 2 pelma.

pelo. m. **1** Filamento cilíndrico, delgado, de naturaleza córnea, que cubre la piel de casi todos los mamíferos. **2** Conjunto de estos filamentos. **3** Cabello de la cabeza. **4** Vello de algunas frutas y plantas. **5** Cosa mínima: *se salvó por un pelo; no me fío ni un pelo*. **6 tomar el pelo.** loc. Burlarse.

pelón, na. adj. Sin pelo. **Sin.** calvo.

pelota. f. **1** Bola de goma elástica, hueca o maciza, que se utiliza en distintos juegos. **2** Juego que se hace con ella. **3** Bola de materia blanda, como nieve, barro, etc. | com. **4** Pelotillero. | f. pl. **5** vulg. Testículos. **6 hacer la pelota.** loc. Adular a alguien. **Sin.** 1 balón.

pelotera. f. Riña, contienda: *armar una pelotera*.

pelotillero, ra. adj. Que adula.

pelotón. m. **1** Pequeña unidad de infantería. **2** En algunos deportes, como el ciclismo, conjunto de corredores que marchan en grupo.

peluca. f. Cabellera postiza.

peludo, da. adj. **1** Con mucho pelo. También s. **2** *amer.* Difícil: *situación peluda*. **Ant.** 1 calvo.

peluquería. f. **1** Establecimiento donde trabaja el peluquero. **2** Oficio del peluquero.

peluquero, ra. m. y f. Persona que tiene por oficio peinar, cortar el pelo, o hacer y vender pelucas.

peluquín. m. Peluca pequeña.

pelusa. f. **1** Vello de algunas frutas. **2** Vello muy fino. **3** Pelo menudo que con el uso se desprende de las telas. **4** Envidia propia de los niños.

pelvis. f. Porción del esqueleto, en la parte inferior

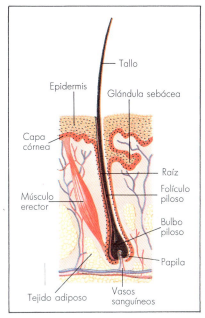

Estructura de un pelo

del tronco, compuesta por los huesos coxales, sacro y coxis, que contiene el final del tubo digestivo, la vejiga y la parte interna de los órganos genitales. || No varía en pl.

pena. f. **1** Castigo impuesto por la autoridad a quien ha cometido un delito. **2** Tristeza. **3** Dificultad, trabajo. **4** *amer.* Vergüenza. **Sin.** 1 correctivo 2 pesar 3 penalidades □ **Ant.** 1 perdón 2 alegría.

penacho. m. **1** Grupo de plumas que tienen algunas aves en la parte superior de la cabeza. **2** Adorno de plumas. **Sin.** 1 cresta, moño.

penal. adj. **1** Relacionado con la pena, o que la incluye. | m. **2** Lugar donde se cumplen condenas superiores a las del arresto. **Sin.** 2 presidio.

penalidad. f. **1** Trabajo que causa sufrimiento. **2** Cualidad de lo que puede ser penado o castigado. **3** Sanción contemplada por la ley.

penalista. adj. y com. Especialista en derecho penal.

penalizar. tr. En deporte, imponer una sanción o castigo.

penalti. (voz ingl.) m. En fútbol y otros deportes, sanción por una falta cometida por un jugador en su propia área.

penar. tr. **1** Imponer pena. **2** Señalar la ley castigo para un acto u omisión. | intr. **3** Padecer, sufrir.

penates. m. pl. En la mitología romana, dioses que protegían el hogar.

penca. f. **1** Hoja carnosa de algunas plantas. **2** Tallo de algunas hortalizas.

pendencia. f. Contienda, riña. S<small>IN</small>. camorra, gresca, trifulca.

pendenciero, ra. adj. Inclinado a riñas o pendencias. S<small>IN</small>. camorrista ☐ A<small>NT</small>. pacífico.

pender. intr. **1** Estar colgada una cosa. **2** Estar algo por resolverse. **3** Existir sobre alguien un peligro o amenaza.

pendiente. adj. **1** Que pende. **2** Inclinado, en declive: *terreno pendiente*. **3** Que está por resolverse. **4** Muy atento, preocupado por algo. | m. **5** Adorno o joya que se pone en la oreja. | f. **6** Cuesta o declive de un terreno. S<small>IN</small>. 5 zarcillo 6 inclinación, rampa.

pendolista. com. Persona que escribe con muy buena letra.

pendón. m. **1** Insignia militar que consistía en una bandera más larga que ancha. **2** Divisa o insignia de una iglesia o cofradía para guiar las procesiones. **3** Persona de vida irregular y desordenada.

péndulo. m. **1** Cuerpo pesado que puede oscilar suspendido de un punto por un hilo o varilla. **2** Este objeto como pieza de un reloj.

pene. m. Órgano sexual masculino que permite al macho efectuar la cópula y constituye la parte terminal del aparato urinario.

penetrante. adj. **1** Que penetra. **2** Se dice del sonido agudo, alto.

penetrar. tr. **1** Introducir un cuerpo en otro. También intr. **2** Hacerse sentir algo, como el frío o el sonido, con gran intensidad. | tr. **3** Comprender, entender. | intr. **4** Introducirse en el interior de un lugar: *penetraron en la gruta*. S<small>IN</small>. 4 entrar, internarse.

penicilina. f. Sustancia antibiótica extraída de los cultivos del moho *Penicillium notatum*. Fue descubierta por el bacteriólogo inglés Alexander Fleming en el año 1928.

península. f. Tierra rodeada de agua, y unida a otra de mayor extensión por una parte relativamente estrecha, llamada *istmo*.

penique. m. Moneda inglesa, equivalente a la centésima parte de la libra esterlina.

penitencia. f. **1** Sacramento en el cual, por la absolución del sacerdote, se perdonan los pecados. **2** Pena que impone el confesor al penitente. **3** Dolor, arrepentimiento. **4** Molestia, castigo. S<small>IN</small>. 1 confesión 2 expiación 3 pesar.

penitenciaría. f. Cárcel, presidio. S<small>IN</small>. penal.

penitenciario, ria. adj. Relacionado con la penitenciaría.

penitente. **1** com. Persona que hace penitencia. **2** Persona que recibe el sacramento de la penitencia. **3** En las procesiones, persona vestida con túnica en señal de penitencia.

penoso, sa. adj. **1** Trabajoso, difícil. **2** Que padece una aflicción o pena. S<small>IN</small>. 1 dificultoso, fatigoso, laborioso 2 triste, afligido.

pensador, ra. adj. **1** Que piensa. | m. y. f. **2** Persona que se dedica a estudios elevados y profundiza en ellos. S<small>IN</small>. 2 filósofo.

pensamiento. m. **1** Facultad de pensar. **2** Acción de pensar. **3** Idea inicial o capital de una obra, discurso, etc. **4** Conjunto de ideas propias de una persona o colectividad. **5** Intención, proyecto: *tiene pensamiento de ir*. **6** Trinitaria, planta y flor.

pensar. tr. **1** Formarse y relacionar ideas en la mente. **2** Reflexionar, examinar algo antes de decidir o resolverlo. **3** Elaborar un plan. **4** Creer, opinar. **5** Tener intención de algo: *hoy no pienso salir*. || **Irreg.** Se conj. como *acertar*. S<small>IN</small>. 1 discurrir 2 considerar.

pensión. f. **1** Asignación que disfruta una persona y que no corresponde a un trabajo realizado en la actualidad. **2** Casa donde se reciben huéspedes. **3** Precio que se paga por alojarse en ella.

pensionado, da. adj. **1** Que tiene o cobra una pensión. También s. | m. **2** Internado, establecimiento donde se vive en régimen de pensión.

pensionista. com. **1** Persona que percibe una pensión. **2** Persona alojada en una pensión. **3** Alumno de un pensionado.

pentadáctilo, la. adj. Que tiene cinco dedos.

pentágono, na. adj. y m. Se apl. al polígono de cinco ángulos y cinco lados.

pentagrama o **pentágrama.** m. Conjunto de cinco rectas horizontales, paralelas y equidistantes, sobre el cual se escribe la música.

Pentateuco. n. p. m. Parte de la Biblia, que comprende los cinco primeros libros del Antiguo Testamento.

pentathlon o **pentatlón.** m. Competición de atletismo con cinco pruebas.

pentecostés. m. **1** Festividad cristiana que se celebra cincuenta días después de la Pascua y conmemora la venida del Espíritu Santo sobre los apóstoles. **2** Fiesta judía instituida en memoria de las doce tablas de la ley que Dios dio a Moisés en el monte Sinaí. || Suele escribirse con mayúscula.

penúltimo, ma. adj. y s. Inmediatamente anterior a lo último.

penumbra. f. Sombra débil entre la luz y la oscuridad.

penuria. f. Escasez.

peña. f. **1** Piedra grande sin labrar. **2** Monte con peñascos. **3** Grupo de amigos. **4** Asociación, generalmente deportiva. S𝗂𝗇. 1 roca.

peñasco. m. Peña grande y elevada.

peñón. m. **1** Peña grande. **2** Monte con peñascos.

peón. m. **1** Obrero no especializado. **2** Soldado de a pie. **3** Peonza. **4** Cada una de las ocho piezas de menos valor en el ajedrez. S𝗂𝗇. 1 bracero 3 trompo.

peonada. f. Trabajo que hace un peón en un día y jornal que recibe.

peonía. f. Planta herbácea de flores grandes, rojas o rosáceas, que crece en terrenos húmedos y laderas montañosas y se cultiva como ornamental.

peonza. f. Juguete de madera, de figura cónica, al cual se enrolla una cuerda para lanzarlo y hacerle bailar. S𝗂𝗇. peón, trompo.

peor. adj. comp. **1** Más malo. | adv. comp. **2** Más mal: *está peor*.

pepinillo. m. Variedad de pepino de pequeño tamaño, que se conserva en vinagre.

pepino. m. **1** Planta cucurbitácea, de tallos rastreros, flores amarillas y fruto carnoso comestible. **2** Fruto de esta planta. **3** Cosa insignificante: *importar algo un pepino*.

pepita. f. **1** Semilla de algunas frutas. **2** Trozo redondeado y pequeño de oro y otros metales.

pepitoria. f. Guisado de ave, generalmente de gallina, cuya salsa tiene yema de huevo.

pepona. f. **1** Muñeca grande. **2** Mujer grande, de cara sonrosada.

Peonía

pepsina. f. Fermento segregado por las glándulas gástricas, capaz de digerir las proteínas.

pequeñez. f. **1** Cualidad de pequeño. **2** Cosa de poca importancia.

pequeño, ña. adj. **1** De poco tamaño o estatura. **2** De poca edad. También s. **3** De poca importancia, intensidad, etc. **4** Bajo, de poca categoría o poder. S𝗂𝗇. 1 chico, bajo.

pequinés, sa. adj. **1** De Pekín. **2** Se dice de un perro pequeño, de cabeza redonda, nariz chata y pelaje abundante. También m.

pera. f. **1** Fruto del peral. **2** Recipiente de goma en forma de pera, que se usa para impulsar líquidos, aire, etc. **3** Llamador o interruptor de forma parecida a una pera.

peral. m. Árbol rosáceo cuyo fruto es la pera.

peralte. m. **1** Lo que excede al semicírculo en la altura de un arco. **2** En carreteras, vías férreas, etc., mayor elevación de la parte exterior de una curva en relación con la interior.

perborato. m. Sal producida por la oxidación del borato.

perca. f. Pez de río, de carne comestible.

percal. m. **1** Tela de algodón. **2** Calidad, condición: *conocer el percal*.

percance. m. Contratiempo, daño.

per cápita. fr. adv. lat. Por cabeza, individualmente.

percatarse. prnl. Advertir, darse cuenta. S𝗂𝗇. notar, observar ☐ A𝗇𝗍. desconocer, ignorar.

percebe. m. **1** Crustáceo marino comestible, cilíndrico, con un pedúnculo para adherirse a las rocas y acabado en una uña calcárea. **2** Persona torpe e ignorante.

percepción. f. **1** Acción de percibir. **2** Conocimiento, idea.

perceptible. adj. **1** Que se puede percibir. **2** Que se puede recibir o cobrar.

perceptor, ra. adj. y s. Que percibe.

percha. f. Soporte o mueble para colgar ropa.

perchero. m. Conjunto de perchas, o mueble provisto de ellas.

percherón, na. adj. y s. Se dice del caballo perteneciente a una raza francesa de gran fuerza y corpulencia, empleado para el tiro.

percibir. tr. **1** Recibir una cosa. **2** Recibir sensaciones a través de los sentidos. **3** Comprender, conocer: *no percibo la diferencia*. S𝗂𝗇. 1 cobrar 2 advertir, sentir, notar.

percusión. f. **1** Acción de percutir. **2** Familia de instrumentos musicales que se tocan al golpearlos o hacerlos chocar, como el tambor o los platillos.

percutir. tr. **1** Golpear. **2** Explorar dando leves golpes en la espalda o en el pecho.

percutor. m. Pieza que golpea en cualquier máquina, y especialmente el martillo o la aguja de las armas de fuego.

perder. tr. **1** Dejar de tener, o no encontrar una cosa. **2** Desperdiciar, malgastar: *perder tiempo*. **3** Verse separado de alguien querido, sobre todo si ha muerto: *perdió a un amigo en un accidente*. **4** No conseguir lo que se espera. **5** Dañar, estropear. También prnl.: *perderse una cosecha*. | intr. **6** Ser vencido o derrotado. **7** Empeorar, decaer. | **perderse.** prnl. **8** Extraviarse. **9** No saber seguir un razonamiento: *me pierdo con una explicación tan confusa*. **10** Entregarse a un vicio, corromperse. || **Irreg.** Se conj. como *entender*. **Sin.** 1 extraviar 5 deteriorar.

perdición. f. **1** Acción de perder. **2** Ruina, daño grave. **3** Pasión desenfrenada. **4** Causa o sujeto que ocasiona un grave daño.

pérdida. f. **1** Acción de perder. **2** Daño, menoscabo. **3** Cosa perdida. **Sin.** 1 carencia, privación ☐ **Ant.** 1 hallazgo.

perdido, da. adj. **1** Vicioso, libertino. También s. **2** En grado sumo: *tonto perdido*. **3 poner perdido.** loc. Ensuciar mucho.

perdigón. m. **1** Pollo de la perdiz. **2** Cada uno de los granos de plomo que forman la munición de caza.

perdiguero, ra. adj. y s. Se dice de un tipo de perros de caza.

perdiz. f. Ave gallinácea de cuerpo grueso, cabeza pequeña, pico y patas rojos, y plumaje pardo rojizo. Su carne es muy estimada.

perdón. m. **1** Acción de perdonar. **2** Se usa frecuentemente como expresión de disculpa: *perdón, ¿puedo pasar?* **Sin.** 1 absolución, gracia.

perdonar. tr. **1** No tener en cuenta la ofensa o falta que otro ha cometido. **2** Librar de una obligación o castigo. **3** Renunciar a algo: *no perdona su paseo diario*. **Sin.** 1 disculpar 2 eximir, absolver.

perdulario, ria. adj. y s. Vicioso, incorregible.

perdurable. adj. Que dura siempre o mucho tiempo. **Ant.** perecedero.

perdurar. intr. Durar mucho, subsistir.

perecedero, ra. adj. Que dura poco. **Sin.** efímero ☐ **Ant.** perdurable, eterno.

perecer. intr. Morir. || **Irreg.** Se conj. como *agradecer*. **Sin.** fenecer, sucumbir ☐ **Ant.** nacer.

peregrinación. f. **1** Acción de peregrinar. **2** Viaje a un santuario.

peregrinar. intr. **1** Andar por tierras extrañas. **2** Ir en romería a un santuario.

peregrino, na. adj. **1** Que peregrina, especialmente a un santuario. Más c. s. **2** Hablando de aves, migratorio. **3** Extraño o absurdo: *ideas peregrinas*.

perejil. m. Planta herbácea de hojas color verde oscuro, muy aromáticas, empleadas como condimento.

perenne. adj. **1** Permanente, que no muere. **2** En bot., se aplica a las plantas que viven más de dos años. **Sin.** 1 perdurable, perpetuo ☐ **Ant.** 1 efímero, perecedero.

perentorio, ria. adj. **1** Se dice del último plazo que se concede en cualquier asunto. **2** Concluyente, decisivo: *una orden perentoria*. **3** Urgente, apremiante. **Sin.** 2 definitivo, terminante 3 apurado.

pereza. f. **1** Falta de ganas o disposición para hacer las cosas. **2** Descuido o tardanza en las acciones. **Sin.** 1 negligencia, desidia, galbana ☐ **Ant.** 1 diligencia.

perezoso, sa. adj. **1** Que tiene o muestra pereza. | m. **2** Mamífero desdentado, de extremidades largas, pelaje tupido y movimientos muy lentos, que vive en los árboles de América tropical. **Sin.** 1 vago, holgazán.

perfección. f. **1** Acción de perfeccionar. **2** Cualidad de perfecto. **3** Cosa perfecta.

perfeccionar. tr. y prnl. **1** Acabar algo por entero, dándole el mayor grado posible de calidad y detalle. **2** Mejorar.

perfeccionismo. m. Tendencia a mejorar indefinidamente un trabajo.

perfeccionista. adj. y com. Que tiende al perfeccionismo.

perfecto, ta. adj. **1** Que tiene el mayor grado posible de calidad o bondad en su línea. **2** Se dice de los tiempos verbales que indican acción acabada.

perfidia. f. **1** Deslealtad, traición. **2** Maldad.

pérfido, da. adj. y s. Que muestra perfidia. **Sin.** desleal, infiel, traidor, malvado.

perfil. m. **1** Postura en que sólo se deja ver una de las dos mitades laterales del cuerpo. **2** Contorno, silueta. | pl. **3** Complementos, retoques.

perfilar. tr. **1** Sacar los perfiles a una cosa. **2** Perfeccionar, afinar. **3 perfilarse.** prnl. Empezar una cosa a tomar forma o cuerpo definido. **Sin.** 2 rematar.

perforación. f. **1** Acción de perforar. **2** Rotura de las paredes del intestino, estómago, etc.

perforador, ra. adj. y s. **1** Que perfora. | f. **2** Instrumento para perforar papeles o documentos. **3** Herramienta para abrir barrenos.

perforar. tr. Horadar, agujerear, taladrar.

perfumar. tr. y prnl. Dar o esparcir un olor agradable.

perfume. m. **1** Sustancia elaborada para que desprenda un olor agradable. **2** Cualquier olor agradable.

perfumería. f. Tienda donde se venden perfumes, cosméticos, etc.

pergamino. m. **1** Piel de la res, limpia y estirada, que sirve para diferentes usos; antiguamente se utilizaba para escribir sobre ella. **2** Título o documento escrito en esta piel.

pérgola. f. **1** Armazón para sostener una o más plantas. **2** Jardín sobre la techumbre de algunas casas.

peri-. pref. Significa 'alrededor': *pericarpio, perímetro.*

periantio. m. Conjunto de cáliz y corola de una flor, y que envuelve sus órganos sexuales. También se llama *perigonio.*

pericardio. m. Bolsa de tejido conjuntivo que envuelve el corazón.

pericarpio o **pericarpo.** m. Parte exterior del fruto de las plantas, que cubre las semillas.

pericia. f. Experiencia, habilidad.

periclitar. intr. **1** Decaer, empeorar. **2** Peligrar.

perico. m. **1** Ave trepadora, especie de loro americano. **2** Abanico grande. **3** Orinal. **4** Persona a la que le gusta callejear y zascandilear. **5** En argot, cocaína.

periferia. f. **1** Circunferencia. **2** Contorno de una figura curvilínea. **3** Espacio que rodea un núcleo cualquiera: *la periferia de la ciudad.*

periférico, ca. 1 adj. De la periferia. | m. **2** En inform., dispositivo que acepta datos y los envía a un ordenador para su tratamiento o bien los recibe del ordenador trasladándolos a un medio adecuado para su interpretación.

perifollo. m. **1** Planta umbelífera, de flores pequeñas blancas y hojas aromáticas, que se emplean en ensalada y como condimento. **2** Adorno excesivo o de mal gusto.

perífrasis. f. Circunlocución. ‖ No varía en pl.

perihelio. m. Punto de la órbita de un planeta más cercano al Sol.

perilla. f. **1** Adorno en forma de pera. **2** Pelo que se deja crecer en la punta de la barbilla. **3 de perilla,** o **de perillas.** loc. adv. A propósito, muy bien: *venir algo de perilla.*

perímetro. m. Contorno de una superficie o figura.

periné o **perineo.** m. Espacio que media entre el ano y los genitales.

periódico, ca. adj. **1** Que ocurre o aparece cada cierto período de tiempo. **2** En mat., se dice del número cuya fracción decimal se repite periódicamente. | m. **3** Diario, publicación que sale diariamente.

periodismo. m. **1** Actividad informativa a través de los medios de comunicación. **2** Estudios necesarios para ejercer dicha actividad.

periodista. com. Profesional del periodismo.

período o **periodo.** m. **1** Tiempo que una cosa tarda en volver al estado o posición que tenía al principio. **2** Espacio de tiempo que incluye toda la duración de una cosa. **3** Ciclo de tiempo. **4** Menstruación. **5** En mat., cifra o grupo de cifras que se repiten indefinidamente en las divisiones inexactas. **6** En ling., conjunto de oraciones que forman una unidad de sentido.

peripecia. f. Accidente, acontecimiento imprevisto.

periplo. m. **1** Circunnavegación. **2** Viaje en el que se recorren varios países.

periquete. m. Brevísimo espacio de tiempo.

periquito. m. Ave prensora de unos 20 cm de longitud y plumaje generalmente verde, azul o blanco.

periscopio. m. Tubo provisto de una lente que sirve para observar desde un lugar oculto o sumergido, como en los submarinos.

peristáltico, ca. adj. Se dice del movimiento de contracción de algunos músculos, como los intestinos o el estómago.

peristilo. m. Galería de columnas que rodea un edificio o parte de él.

peritación. f. Estudio realizado por el perito.

peritaje. m. **1** Estudio e informe del perito. **2** Carrera de perito.

perito, ta. adj. y s. **1** Experimentado, hábil. | m. y f. **2** Persona que tiene el grado de ingeniero técnico. **3** Persona experta en alguna materia, que informa al juez sobre determinados hechos. **4** En una compañía de seguros, persona encargada de valorar los daños producidos en un siniestro.

peritoneo. m. Membrana serosa que reviste la cavidad abdominal y forma pliegues que envuelven las vísceras situadas en esta cavidad.

peritonitis. f. Inflamación del peritoneo. ‖ No varía en pl.

perjudicar. tr. y prnl. Causar perjuicio. **Sin.** damnificar, dañar, menoscabar ☐ **Ant.** favorecer.

perjudicial. adj. Que perjudica o puede perjudicar.

perjuicio. m. Daño. **Sin.** detrimento, menoscabo ☐ **Ant.** beneficio.

perjurar. intr. y prnl. **1** Jurar en falso. **2** Faltar a un juramento.

perjurio. m. Acción de perjurar.

perjuro, ra. adj. y s. Que perjura.

perla. f. **1** Concreción nacarada, generalmente de color blanco y forma esférica, que se forma en el interior de las conchas de diversos moluscos. **2** Concreción similar conseguida artificialmente. **3** Persona o cosa muy buena en su clase. **4 de perlas.** loc. adv. Perfectamente, muy bien: *venir algo de perlas.*

permanecer. intr. Mantenerse en un mismo lugar, estado o condición: *permaneció allí todo el verano; permanecen enfadados.* ‖ **Irreg.** Se conj. como *agradecer.*

permanencia. f. Acción de permanecer en cierto lugar o condición.

permanente. adj. **1** Que permanece. | f. **2** Ondulación artificial del cabello. **Sin.** 1 estable, fijo ▫ **Ant.** 1 pasajero, transitorio.

permeable. adj. Que puede ser penetrado por el agua u otro fluido. **Ant.** impermeable.

pérmico, ca. adj. y m. Se dice del sexto y último período geológico de la era paleozoica, que sigue al carbonífero.

permiso. m. **1** Autorización o consentimiento para algo. **2** Tiempo libre o de vacaciones: *cogió varios días de permiso*. **Sin.** 1 licencia, beneplácito, concesión ▫ **Ant.** 1 denegación.

permitir. tr. **1** Dar su consentimiento, quien tenga autoridad, para que otros hagan o dejen de hacer una cosa. **2** No impedir lo que se pudiera y debiera evitar: *no sé cómo permites que te hable así*. **3** Hacer posible: *iremos, si el tiempo lo permite*. | **permitirse.** prnl. **4** Tomarse la libertad de hacer algo. **Sin.** 1 dejar 2 tolerar, consentir.

permuta. f. Acción de permutar. **Sin.** cambio, canje, trueque.

permutar. tr. Cambiar una cosa por otra. **Sin.** conmutar, trocar.

pernera. f. Parte del pantalón que cubre cada pierna.

pernicioso, sa. adj. Perjudicial.

pernil. m. **1** Anca y muslo del animal. **2** Pernera. **Sin.** 1 jamón.

pernio. m. Gozne o bisagra de una puerta o ventana.

pernoctar. intr. Pasar la noche en determinado lugar, especialmente fuera del propio domicilio.

pero. conj. advers. **1** Introduce una contraposición u objeción respecto a lo dicho anteriormente: *es guapo, pero muy antipático*. **2** A veces funciona como intensificador: *¡pero qué forma de llover!* | m. **3** Objeción, pega: *poner peros*.

perogrullada. f. Verdad tan patente que resulta tonto decirla.

perol. m. Vasija semiesférica de metal.

peroné. m. Hueso largo y delgado de la pierna, detrás de la tibia, con la cual se articula.

perorata. f. Discurso o charla muy largos y aburridos.

perpendicular. adj. Se apl. a la línea o al plano que forma ángulo recto con otra línea o con otro plano. Aplicado a línea, también f.

perpetrar. tr. Cometer un acto delictivo: *perpetrar un delito*.

perpetuar. tr. y prnl. Hacer algo perpetuo o muy duradero: *perpetuar la especie*. **Sin.** eternizar, inmortalizar.

perpetuo, tua. adj. **1** Que dura y permanece para siempre. **2** Se dice de ciertos cargos vitalicios. **Sin.** 1 eterno, imperecedero, perdurable, perenne ▫ **Ant.** 1 perecedero.

perplejidad. f. Cualidad de perplejo.

perplejo, ja. adj. Confuso, indeciso, dudoso.

perra. f. **1** Hembra del perro. **2** Rabieta. **3** Manía, obsesión.

perrera. f. Lugar o sitio donde se guardan o encierran perros.

perrería. f. **1** Conjunto de perros. **2** Mala pasada, jugarreta.

perrito, ta. m. y f. **1** Dim. de perro. **2 perrito caliente.** Panecillo con una salchicha dentro.

perro. m. **1** Mamífero doméstico cánido, de tamaño, forma y pelaje muy diversos, según las razas. **2** Persona despreciable. **Sin.** 1 chucho.

perruno, na. adj. Propio del perro.

persa. adj. y com. **1** De Persia, hoy Irán. | m. **2** Idioma hablado en ese país. **Sin.** 1 pérsico.

persecución. f. Acción de perseguir.

perseguir. tr. **1** Seguir a la persona o animal que huye, con intención de alcanzarle. **2** Molestar, hostigar: *le persigue con peticiones y más peticiones*. **3** Solicitar o pretender con frecuencia. **4** Acompañar a alguien algo negativo o molesto: *le persigue la mala suerte*. **5** Proceder judicialmente, castigar: *perseguir el crimen*. || **Irreg.** Se conj. como *decir*. **Sin.** 1 acorralar 1 y 2 acosar 2 importunar.

perseverancia. f. Firmeza, constancia.

perseverante. adj. Que persevera.

perseverar. intr. **1** Continuar con constancia lo empezado. **2** Durar.

persiana. f. Especie de celosía, formada por tablillas fijas o movibles, que permite graduar el paso de la luz y el aire.

pérsico, ca. adj. Relacionado con Persia.

persignar. tr. y prnl. Hacer la señal de la cruz, especialmente cuando se hace tres veces: en la frente, en la boca y en el pecho.

persistir. intr. **1** Mantenerse firme o constante en una cosa. **2** Durar por largo tiempo.

persona. f. **1** Individuo de la especie humana. **2** En ling., accidente del verbo y del pronombre que denota si el sujeto de la oración es el que habla (primera persona), aquel a quien se habla (segunda persona), o aquel de quien se habla (tercera persona). **3 persona física.** Cualquier individuo con derechos y obligaciones. **4 persona jurídica.** Entidad con derechos y obligaciones. **5 en persona.** loc. adv. Por uno mismo o estando presente.

personaje. m. **1** Persona ilustre. **2** Cada uno de los seres que participan en la acción de una obra literaria o cinematográfica. **Sin.** 1 personalidad, figura.

personal. adj. **1** Relativo a la persona o propio de ella. **2** De una o para una sola persona: *correspon-*

Perros

dencia personal. | m. **3** Conjunto de personas que trabajan en un mismo organismo, empresa, etc. **4** Gente, concurrencia. | f. **5** En baloncesto, falta que comete un jugador al tocar o empujar a otro del equipo contrario.

personalidad. f. **1** Diferencia individual que distingue a una persona de otra. **2** Persona que destaca en una actividad o ambiente. **3** En der., aptitud legal.

personalismo. m. **1** Tendencia a subordinar el bien común a miras personales. **2** Adhesión a una persona o a las tendencias que representa, especialmente en política.

personalista. adj. Relacionado con el personalismo.

personalizar. tr. Referirse a una persona en particular.

personarse. prnl. **1** Presentarse personalmente en un lugar. **2** En der., comparecer.

personificar. tr. **1** Atribuir vida o acciones y cualidades propias del hombre a los animales o a las cosas inanimadas o abstractas. **2** Representar en una persona, o representar ella misma, una cualidad, opinión, sistema, etc.

perspectiva. f. **1** Técnica de representar en una superficie plana los objetos, dando sensación de profundidad y volumen. **2** Conjunto de objetos lejanos que se presentan a la vista del espectador. **3** Futuro o expectativas de algo. Más en pl: *las perspectivas de esta carrera son muy buenas.* **4** Punto de vista: *la obra puede analizarse desde distintas perspectivas.* **Sin.** 4 ángulo.

perspicacia. f. **1** Capacidad para entender las cosas con claridad y rapidez. **2** Agudeza de la vista.

perspicaz. adj. Que tiene o muestra perspicacia.

persuadir. tr. y prnl. Convencer a alguien para que haga o deje de hacer algo.

persuasión. f. Acción de persuadir.

persuasivo, va. adj. Que tiene fuerza y eficacia para persuadir.

pertenecer. intr. **1** Ser algo de la propiedad de alguien. **2** Ser parte integrante de algo: *esas piezas pertenecen al puzzle.* **3** Ser una cosa del cargo, ministerio u obligación de uno. ‖ **Irreg.** Se conj. como *agradecer.* **Sin.** 3 competer, concernir, incumbir, corresponder.

pertenencia. f. **1** Derecho a la propiedad de algo. **2** Cosa que pertenece a alguien. Más en pl.: *recogió sus pertenencias.* **Sin.** 1 dominio, propiedad.

pértiga. f. **1** Vara larga. **2** Vara larga para practicar una prueba atlética de salto. **3** Tubo largo con un micrófono en su extremo, que se usa en cine y televisión.

pertinacia. f. **1** Obstinación, terquedad. **2** Persistencia, duración. **Sin.** 1 tenacidad, tozudez.

pertinente. adj. **1** Perteneciente a una cosa. **2** Que procede, oportuno: *deberá presentarse con la documentación pertinente.* **3** En ling., se dice de los rasgos que distinguen un elemento de otro. **Sin.** 1 relativo 2 apropiado.

pertrechar. tr. y prnl. Disponer lo necesario para una cosa.

pertrechos. m. pl. **1** Municiones, armas, máquinas, etc., que necesita un ejército. También sing. **2** P. ext., instrumentos para cualquier operación.

perturbación. f. **1** Acción de perturbar. **2** Interferencia.

perturbado, da. adj. y s. Que tiene trastornadas las facultades mentales. **Sin.** loco, demente.

perturbar. tr. **1** Trastornar el orden y estado de las cosas. También prnl. **2** Quitar la paz o la tranqui-

Salto con pértiga

lidad. ‖ **perturbarse.** prnl. **3** Perder el juicio. **Sin.** 1 desarreglar, desordenar 1 y 2 alterar □ **Ant.** 1 ordenar 2 tranquilizar.

peruano, na. adj. y s. De Perú.

perversidad. f. Cualidad de perverso. **Sin.** maldad.

perversión. f. Acción de pervertir o pervertirse. **Sin.** corrupción, depravación.

perverso, sa. adj. Malo, malvado. **Sin.** maligno.

pervertido. adj. y s. Que tiene una perversión o actúa viciosamente. **Sin.** depravado, corrupto.

pervertir. tr. y prnl. Hacer a alguien o algo malo, vicioso o corrupto: *pervertir a un menor.* ‖ **Irreg.** Se conj. como *sentir.*

pervivir. intr. Seguir viviendo, subsistir.

pesa. f. **1** Pieza metálica que se utiliza como término de comparación para determinar el peso de un cuerpo. **2** Pieza con peso suficiente para dar movimiento a ciertos relojes, servir de contrapeso, etc. **3** Pieza para ejercitar los músculos. Más en pl.

pesadez. f. **1** Cualidad de pesado. **2** Cosa que resulta pesada, aburrida y molesta. **3** Sensación de cargazón en alguna parte del cuerpo: *pesadez de estómago.* **Sin.** 2 aburrimiento, rollo, molestia.

pesadilla. f. **1** Sueño angustioso o que produce temor. **2** Preocupación grave y continua.

pesado, da. adj. **1** Que pesa mucho. **2** Referido al sueño, profundo. **3** Cargado: *cabeza pesada.* **4** Muy lento o poco ágil: *un andar pesado*. **5** Molesto, aburrido o impertinente: *una tarea pesada*. **6** Ofensivo: *una broma pesada*.

pesadumbre. f. Sentimiento de tristeza, disgusto o desazón.

pésame. m. Expresión con que se manifiesta a una persona que se comparte su pena, especialmente por la muerte de alguien. **Sin.** condolencia.

pesar. intr. **1** Tener gravedad o peso. **2** Tener determinado peso: *la máquina pesa ochenta kilos*. **3** Tener mucho peso: *ayúdame, esto pesa*. **4** Sentir dolor o arrepentimiento por algo: *le pesó no haberlo comprado*. **5** Tener una cosa valor o estimación. | tr. **6** Medir o determinar el peso. También prnl. **7** Examinar con atención. **Sin.** 7 considerar, pensar, reflexionar, sopesar.

pesar. m. **1** Sentimiento, pena. **2** Arrepentimiento. **3 a pesar** o **a pesar de.** conj. conc. Contra la voluntad o resistencia de alguien o algo: *lo haré a pesar tuyo*.

pesaroso, sa. adj. Que siente pesar, arrepentido.

pesca. f. **1** Acción de pescar. **2** Oficio de pescar. **3** Lo que se pesca.

pescadería. f. Establecimiento donde se vende pescado.

pescadero, ra. m. y f. Persona que vende pescado.

pescadilla. f. **1** Cría de la merluza. **2** Pez semejante a la merluza, de menor tamaño.

pescado. m. Pez comestible sacado del agua por medio de la pesca.

pescador, ra. m. y f. Persona que pesca.

pescante. m. **1** Pieza saliente para colgar algo en la pared. **2** Brazo de una grúa. **3** En los coches de caballos, asiento del cochero.

pescar. tr. **1** Coger con redes, cañas u otros instrumentos peces, mariscos u otros animales acuáticos. **2** Sacar del agua alguna otra cosa: *pescar un ancla*. **3** Contraer una enfermedad u otra cosa, como una borrachera. **4** Coger, agarrar: *le pescó por un brazo*. **5** Sorprender, pillar: *le pescó robando*. **6** Entender, captar algo.

pescozón. m. Golpe dado con la mano en el pescuezo o en la cabeza.

pescuezo. m. Parte del cuerpo desde la nuca hasta el tronco.

pesebre. m. **1** Especie de cajón donde comen los animales. **2** Lugar destinado para este fin.

peseta. f. **1** Unidad monetaria de España. | pl. **2** Dinero, riqueza: *ahorrar unas pesetas*.

pesetero, ra. adj. desp. Tacaño, avaro. **Sin.** ruin ☐ **Ant.** generoso.

pesimismo. m. Tendencia a ver las cosas en su aspecto más desfavorable. **Ant.** optimismo.

pesimista. adj. y com. Que muestra pesimismo. **Ant.** optimista.

pésimo, ma. adj. Muy malo. **Ant.** óptimo.

peso. m. **1** Fuerza de gravedad ejercida sobre los cuerpos. **2** El que por ley o convenio debe tener una cosa: *un lingote falto de peso*. **3** Cosa pesada: *no levantes pesos*. **4** Balanza. **5** El de un boxeador antes del combate, con arreglo al cual se le clasifica en cierta categoría; también cada una de estas categorías: *peso pluma*. **6** Unidad monetaria de varios países americanos. **7** Entidad, sustancia, importancia: *una razón de peso*. **8** Pesadumbre, dolor, preocupación: *me quitas un peso de encima*. **9** En dep., bola metálica empleada en una prueba atlética de lanzamiento. **10** Esta prueba. **Sin.** 7 valor.

pespunte. m. Labor de costura, con puntadas unidas, que se hace volviendo la aguja hacia atrás después de cada puntada.

pesquero, ra. adj. **1** Relacionado con la pesca. | m. **2** Barco de pesca.

pesquisa. f. Información, indagación.

pestaña. f. **1** Cada uno de los pelos que hay en los bordes de los párpados. **2** Parte saliente en el borde de alguna cosa.

pestañear. intr. Mover los párpados.

peste. f. **1** Enfermedad contagiosa y grave, que produce muchas víctimas. **2** Mal olor. **3** Cosa muy mala o molesta: *¡qué peste de moscas!* **4** Abundancia de cosas consideradas negativas. | pl. **5** Palabras de enojo o amenaza: *echar pestes contra alguien*.

pesticida. adj. y m. Sustancia que combate plagas.

pestífero, ra. adj. **1** Que puede ocasionar peste. **2** De muy mal olor. **Sin.** 2 hediondo, apestoso.

pestilencia. f. Mal olor, hedor.

pestillo. m. Pasador con que se asegura una puerta, corriéndolo a modo de cerrojo.

pestiño. m. Dulce de masa frita, bañada con miel.

petaca. f. **1** Estuche para llevar cigarros o tabaco picado. **2** Botella plana y ancha para llevar licor.

pétalo. m. Cada una de las piezas que forman la corola de la flor.

petanca. f. Juego entre varios jugadores que tiran unas bolas intentado acercarlas a otra más pequeña, lanzada antes.

petardo. m. **1** Tubo de material poco resistente relleno de pólvora u otro explosivo para que, al encenderlo, se produzca una detonación. **2** Cosa o persona muy pesada o aburrida.

petate. m. **1** Bolsa grande que se cuelga al hombro, para llevar ropa y otras cosas. **2** Lío de ropa de un soldado, prisionero, etc. **3** Esterilla de palma para dormir sobre ella.

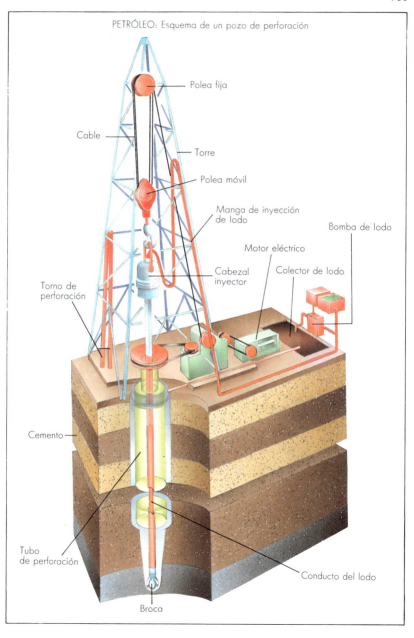

petenera. f. **1** Tipo de cante andaluz. **2 salir por peteneras.** loc. Decir algo sin relación con lo anterior.

petición. f. Acción de pedir.

petimetre, tra. m. y f. Persona que se preocupa demasiado de su aspecto y de seguir las modas. **Sin.** currutaco, lechuguino.

petirrojo. m. Pájaro pequeño de cuerpo rechoncho y plumaje pardo en el dorso, con manchas rojas en cuello, frente, garganta y pecho.

peto. m. **1** Parte superior de algunas prendas, que cubre el pecho. **2** Prenda con esta pieza. **3** Protección que llevan los caballos de los picadores. **4** Armadura del pecho.

petrel. m. Ave palmípeda de diferente tamaño según las especies, cuerpo robusto y largas alas; habita en mares del hemisferio sur.

pétreo, a. adj. **1** De piedra o semejante a ella. **2** Pedregoso.

petrificar. tr. **1** Convertir en piedra. También prnl. **2** Dejar inmóvil de asombro.

petrodólar. m. Reserva de dólares acumulada por los países productores de petróleo.

petrografía. f. Parte de la geología, que estudia la composición, estructura y clasificación de las rocas y yacimientos.

petróleo. m. Líquido natural oleaginoso e inflamable, constituido por una mezcla de hidrocarburos, que se extrae de lechos geológicos continentales y marítimos.

petrolero, ra. adj. **1** Relacionado con el petróleo. | m. **2** Barco acondicionado para el transporte de petróleo.

petrolífero, ra. adj. Que contiene petróleo: *yacimiento, pozo petrolífero.*

petulancia. f. **1** Presunción, engreimiento. **2** Insolencia, descaro. **Sin.** 1 vanidad 2 atrevimiento □ **Ant.** 1 modestia.

petulante. adj. y com. Que muestra petulancia.

petunia. f. Planta herbácea muy ramosa, con hojas ovaladas enteras y flores grandes, olorosas y de diversos colores.

peyorativo, va. adj. Despectivo.

peyote. m. Planta cactácea, originaria de México, de tallo cilíndrico, sin púas y con flores color rosa; de ella se extrae el alcaloide llamado *mezcalina.*

pez. m. **1** Animal vertebrado acuático, de respiración branquial y temperatura variable, con extremidades en forma de aletas aptas para la natación y piel generalmente cubierta de escamas; se reproduce por huevos. | pl. **2** Grupo formado por estos animales.

pez. f. Sustancia resinosa, sólida, que se obtiene de la destilación del alquitrán.

pezón. m. **1** Parte central, prominente y eréctil, de las mamas de las hembras. **2** Rabillo que sostiene la hoja, la flor o el fruto en las plantas. **Sin.** 2 pedúnculo.

pezuña. f. Conjunto de los dedos de una misma pata en los animales de pata hendida.

pi. f. **1** Decimosexta letra del alfabeto griego; corresponde a nuestra *p;* la mayúscula se escribe *Π,* y la minúscula, *π.* **2** En mat., símbolo del número que

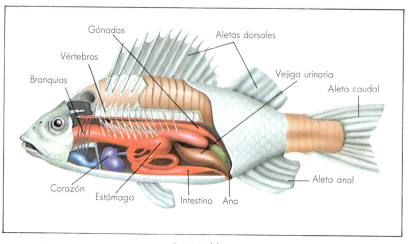

Anatomía del pez

piadoso – picota

resulta de la razón entre la longitud de una circunferencia y su diámetro.

piadoso, sa. adj. **1** Que actúa con piedad, bondadoso y compasivo. **2** Que mueve a compasión. **3** Religioso, devoto. **SIN.** 1 misericordioso, benigno □ **ANT.** 1 malvado 3 impío.

piafar. intr. Alzar el caballo primero una mano y luego la otra, dejándolas caer con fuerza.

piamadre o **piamáter.** m. La más interna de las tres meninges que envuelven el sistema nervioso central, de los mamíferos, adherida al encéfalo y la médula espinal.

pianista. com. **1** Persona que toca el piano. **2** Fabricante y vendedor de pianos.

piano. m. **1** Instrumento músico de cuerda percutida a través de un teclado. | adv. m. **2** Con sonido suave y poco intenso.

pianola. f. Piano mecánico.

piar. intr. Emitir algunas aves, y especialmente el pollo, su sonido característico.

piara. f. Manada de cerdos.

piastra. f. **1** Moneda fraccionaria de varios países (Egipto, Siria, Turquía, etc.). **2** Unidad monetaria de Vietnam.

pica. f. **1** Especie de lanza larga, con punta pequeña y afilada. **2** Garrocha del picador de toros. **3** Uno de los palos de la baraja francesa. Más en pl. **SIN.** 1 vara.

picacho. m. Punta aguda de algunos montes y riscos.

picadero. m. **1** Sitio donde se adiestra a los caballos, y se aprende a montar. **2** vulg. Lugar para tener relaciones sexuales.

picadillo. m. Plato de carne con tocino y otros ingredientes, muy picados y fritos.

picador, ra. m. y f. **1** Persona que doma y adiestra caballos. | m. **2** Torero a caballo que pica con garrocha a los toros. **3** Minero que arranca el mineral con el pico. | f. **4** Máquina para picar alimentos.

picadura. f. **1** Acción de picar. **2** Mordedura de un ave, un insecto o ciertos reptiles. **3** Tabaco picado. **4** Principio de caries en la dentadura. **5** Daño o señal producidos en las frutas, los metales, etc.

picante. adj. **1** Que pica. También m. **2** Malicioso o atrevido en lo referente al sexo: *un chiste picante.*

picapedrero. m. Cantero.

picapleitos. m. En sentido despectivo, abogado. || No varía en pl.

picaporte. m. **1** Instrumento para cerrar de golpe las puertas y ventanas. **2** Llave con que se abre el picaporte. **3** Llamador, aldaba.

picar. tr. **1** Herir leve y superficialmente con algo punzante. También prnl. **2** Herir el picador al toro con la garrocha. **3** Punzar o morder algunos animales,

como aves, insectos o ciertos reptiles. **4** Taladrar un billete, entrada, etc., para indicar que se ha usado. **5** Cortar en trozos muy menudos: *picar la carne.* **6** Tomar las aves la comida con el pico. **7** Morder el pez en el anzuelo. **8** Comer de varios platos o tomar comida entre horas. También intr. **9** Golpear con pico o instrumento semejante. **10** Corroer, horadar. También prnl.: *picarse los metales, los dientes.* **11** Inquietar, excitar, estimular: *le pica la curiosidad.* **12** Enojar, ofender. También prnl.: *se picó con nosotros.* | intr. **13** Causar escozor o comezón en una parte del cuerpo. También intr. **14** Producir ardor en el paladar algunos alimentos. **15** Caer en un engaño. **16** Calentar mucho el sol. | **picarse.** prnl. **17** Agitarse el mar. **18** Inyectarse droga. **SIN.** 1 pinchar, punzar 5 triturar 10 agujerear 11 desazonar.

picardía. f. **1** Astucia maliciosa. **2** Gracia maliciosa, especialmente respecto a temas sexuales. **3** Travesura, burla. | m. pl. **4** Conjunto de camisón muy corto y bragas.

picaresco, ca. adj. **1** Relacionado con los pícaros. | f. **2** Conjunto de pícaros. **3** Actividad y mundo de los pícaros. **4** Género literario desarrollado en España, durante el Siglo de Oro, que satirizaba la sociedad a través de las aventuras de un pícaro.

pícaro, ra. adj. **1** Que tiene picardía. También s. | m. y f. **2** Persona astuta de estrato social bajo, que vive de engaños y acciones semejantes. **SIN.** 1 granuja, pillo.

picatoste. Rebanada de pan tostada o frita.

picaza. f. Urraca.

picazón. f. **1** Desazón y molestia que causa una cosa que pica. **2** Enojo, disgusto.

picha. f. vulg. Pene.

pichi. m. Vestido sin mangas que se lleva encima de una blusa o jersey.

pichón. m. Pollo de paloma.

picnic. m. Comida campestre.

pico. m. **1** Parte saliente de la cabeza de las aves, compuesta de dos piezas córneas que terminan generalmente en punta y les sirven para tomar el alimento. **2** Parte puntiaguda de algunas cosas. **3** Herramienta puntiaguda para picar o cavar. **4** Cúspide aguda de una montaña, y montaña con dicha cúspide. **5** Parte en que una cantidad excede a un número redondo: *cinco mil y pico.* **6** Cantidad indeterminada de dinero, generalmente abundante: *eso te saldrá por un pico.* **7** Facilidad de palabra. **8** Pañal triangular. **9** Dosis de droga que se inyecta.

picor. m. **1** Sensación de desazón o picazón en el cuerpo. **2** Escozor.

picota. f. **1** Columna donde se exponían las cabezas de los ajusticiados o los reos. **2** Variedad de cereza muy oscura y carnosa.

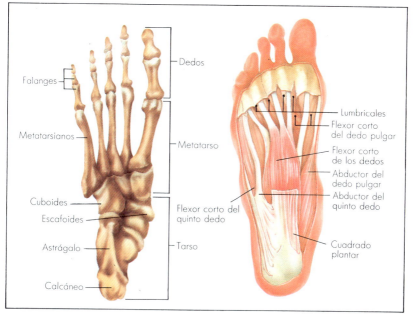

Pie: huesos y músculos

picotazo. m. Picadura de un ave, insecto, reptil.
picotear. tr. **1** Golpear o herir las aves con el pico. **2** Picar, comer un poco.
pictografía. f. Tipo de escritura por medio de signos gráficos que no representan sonidos, sino objetos.
pictórico, ca. adj. Relacionado con la pintura.
picudo, da. adj. **1** Que tiene pico. **2** Que tiene forma de pico.
pidgin. (voz ingl.) m. Lengua híbrida, por ejemplo la surgida en el Extremo Oriente como lenguaje comercial entre el chino y el inglés.
pie. m. **1** Extremidad de los miembros inferiores del hombre y de muchos animales. **2** Base. **3** Tallo y tronco de las plantas. **4** Medida de longitud cuyo valor varía según los países. **5** Fundamento, ocasión o motivo: *dar pie a una murmuración.* **6** Parte final de un escrito y espacio en blanco que queda: *el pie de la carta.* **7** Comentario breve debajo de un grabado, fotografía, etc. **8** Parte de dos o más sílabas con que se miden los versos en las poesías que atienden a la cantidad, como la griega y la latina. **9** Parte opuesta a la cabecera de algo: *los pies de la cama.* **10 al pie de la letra.** loc. adv. Literalmente. **11 a pie juntillas.** loc. adv. Firmemente. **12 no dar pie con bola.** No acertar.
piedad. f. **1** Devoción religiosa. **2** Compasión, caridad. **3** Pintura o escultura que representa a la Virgen sosteniendo el cadáver de su hijo. **Sin.** 1 fervor, fe 2 conmiseración, misericordia □ **Ant.** 1 impiedad 2 crueldad.
piedra. f. **1** Mineral duro y compacto. **2** Cálculo urinario. **3** Granizo grueso. **4** Material que produce la chispa en los mecheros.
piel. f. **1** Membrana exterior que cubre el cuerpo del hombre y de los animales. **2** Cuero curtido. **3** Cuero curtido de modo que se conserve por fuera su pelo natural. **4** Epicarpio de ciertos frutos, como ciruelas, peras, etc. **5 piel roja.** Indio de América del Norte.
piélago. m. **1** Parte del mar que dista mucho de la tierra. **2** Mar, océano.
pienso. m. Alimento para el ganado.
pierna. f. **1** Parte del cuerpo humano entre el pie y la rodilla. **2** P. ext., todo el miembro inferior. **3** Muslo de los cuadrúpedos y aves. **Sin.** 2 pata, zanca.
pieza. f. **1** Parte o elemento de una cosa: *las*

pífano – pimiento

piezas de un motor. **2** Cada unidad de ciertas cosas de una misma especie: *¿cuánto vale la pieza de pan?* **3** Moneda de metal. **4** Trozo de tela para remendar una prenda. **5** Figura o ficha de algunos juegos. **6** Sala o habitación de una casa. **7** Animal de caza o pesca. **8** Obra dramática o musical. **9** Persona astuta o traviesa; se usa con sentido despectivo. **10 de una pieza.** loc. adv. Muy sorprendido: *me dejó de una pieza.* SIN. 1 fragmento, trozo, elemento.

pífano. m. Flautín de tono muy agudo.

pifia. f. **1** Golpe falso que se da con el taco en la bola de billar. **2** Error, desacierto, equivocación.

pigmento. m. Materia colorante que, disuelta o en forma de gránulos, se encuentra en el protoplasma de muchas células vegetales o animales.

pigmeo, a. adj. y s. Se dice de un conjunto de pueblos negros de África y Asia, de baja estatura.

pignorar. tr. Empeñar una cosa.

pijama. m. Prenda ligera para dormir, compuesta de dos piezas.

pijo, ja. m. y f. **1** Joven, generalmente de posición acomodada, que sigue la última moda y tiene unos modales y una forma de hablar afectados y muy característicos. También adj. | m. o f. **2** vulg. Pene.

pijota. f. Pescadilla.

pila. f. **1** Montón, cúmulo: *una pila de libros.* **2** Pieza grande de piedra u otra materia, cóncava y profunda, donde cae o se echa el agua para varios usos. **3** Generador de corriente eléctrica que utiliza la energía liberada en una reacción química.

pilar. m. **1** Columna que sirve de soporte a una construcción. **2** Base, apoyo, fundamento.

pilastra. f. Columna de sección cuadrangular, adosada a un muro.

píldora. f. **1** Pieza de medicamento, más o menos redondeada. **2** Anticonceptivo oral. **3 dorar la píldora.** loc. Suavizar una mala noticia. **4** Adular.

pileta. f. Pila pequeña.

pillaje. m. Rapiña, saqueo.

pillar. tr. **1** Coger, agarrar, aprehender. **2** Alcanzar o atropellar embistiendo. **3** Atrapar o quedar atrapado. También prnl.: *se pilló el dedo con la puerta.* **4** Sorprender en un delito o falta: *le pillaron robando.* **5** Encontrar a alguien en cierta situación o estado. **6** Contraer una enfermedad u otra cosa: *pillar un catarro.* **7** Robar una cosa o hacerse con algo: *pillar droga.*

pillastre. m. Pillo.

pillo, lla. adj. y s. Astuto, pícaro. SIN. taimado, granuja.

pilón. m. **1** Pila grande. **2** Receptáculo construido en las fuentes, como abrevadero, lavadero, etc.

píloro. m. Abertura inferior del estómago, por la cual pasan los alimentos a los intestinos.

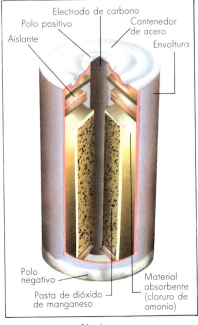

Pila eléctrica

piloso, sa. adj. Relacionado con el pelo.

pilotar. tr. Dirigir un buque, un automóvil, avión, etc., y, p. ext., un proyecto, una organización, etc.

pilote. m. Pieza a modo de estaca que se clava en el terreno para soportar una carga.

piloto. m. **1** Persona que dirige un buque, avión u otro vehículo. **2** El segundo de un buque mercante. **3** Avisador o indicador, generalmente luminoso. **4** Modelo experimental: *piso piloto.* **5 piloto automático.** Dispositivo que mantiene el rumbo de un avión, barco, etc.

piltra. f. Cama.

piltrafa. f. **1** Parte de carne flaca, casi toda pellejo. **2** Persona o cosa en muy mal estado.

pimentero. m. **1** Arbusto tropical, cuyo fruto es la pimienta. **2** Recipiente para la pimienta.

pimentón. m. Condimento que se obtiene moliendo pimientos rojos secos.

pimienta. f. Fruto del pimentero. Contiene una semilla esférica, aromática y de gusto picante, muy usada como condimento.

pimiento. m. **1** Planta herbácea americana, cuyo fruto es una baya hueca, generalmente cónica, de superficie tersa, primeramente verde, y después roja o amarilla. **2** Fruto de esta planta.

pimplar. tr. y prnl. Beber, especialmente alcohol.

pimpollo. m. **1** Vástago o tallo nuevo de las plantas. **2** Persona joven y bella. S<small>IN</small>. 1 brote, retoño.

pimpón. m. Deporte semejante al tenis, que se juega sobre una mesa con pelota pequeña y ligera y con pequeñas raquetas. S<small>IN</small>. tenis de mesa.

pinacoteca. f. Galería o museo de pintura.

pináculo. m. **1** Parte más alta de un edificio monumental o templo. **2** Adorno arquitéctonico en forma de cono o pirámide.

pinar. m. Lugar poblado de pinos.

pincel. m. **1** Instrumento para extender los colores al pintar. **2** Estilo de pintar.

pincelada. f. **1** Trazo dado con el pincel. **2** Rasgo, aspecto, característica: *lo describió con varias pinceladas*.

pinchadiscos. com. Persona que selecciona la música en una discoteca. ‖ No varía en pl.

pinchar. tr. **1** Clavar una cosa punzante. También prnl. **2** Poner inyecciones. **3** Estimular. **4** Provocar, enojar. | intr. **5** Perforarse el neumático de un vehículo. | **pincharse.** prnl. **6** Inyectarse droga. S<small>IN</small>. 1 punzar 3, 4 y 6 picar.

pinchazo. m. **1** Herida o agujero al pinchar o pincharse. **2** Dolor agudo. **3** Inyección.

pinche. com. Ayudante de cocina.

pincho. m. **1** Aguijón o punta aguda. **2** Aperitivo, tapa.

pingajo. m. Trozo roto que cuelga de la ropa.

ping-pong. m. Pimpón.

pingüe. adj. Grande, considerable: *pingües beneficios*.

pingüino. m. **1** Ave zancuda extinguida en el s. XIX. **2** Nombre dado al *pájaro bobo* y aves semejantes.

pinito. m. **1** Primeros pasos del niño. Más en pl. | pl. **2** Primeros pasos en un arte o actividad.

pinnípedo, da. adj. y s. **1** Se dice de mamíferos marinos de cuerpo fusiforme y extremidades transformadas en aletas, como la foca. | m. pl. **2** Orden de estos animales.

pino. m. **1** Árbol conífero de la familia de las pináceas, de tronco resinoso, alto y recto, hojas en forma de aguja y fruto en piña, con semillas llamadas piñones. **2** Madera de este árbol.

pinsapo. m. Árbol del género del abeto, de corteza blanquecina y piñas más gruesas que las de éste.

pinta. f. **1** Mancha o lunar en el pelo o plumaje de un animal, en una tela, etc. **2** En algunos juegos de naipes, carta que designa el palo de los triunfos. **3** Aspecto exterior. | m. **4** Sinvergüenza, desaprensivo. S<small>IN</small>. 1 mota 3 traza.

pintada. f. Letrero o escrito en un muro, generalmente de contenido político o social.

pintado, da. adj. **1** Naturalmente matizado de diversos colores. **2** Muy parecido, semejante.

pintalabios. m. Cosmético para colorear los labios. ‖ No varía en pl.

pintamonas. com. **1** Pintor malo. **2** Persona insignificante, aunque presuntuosa. ‖ No varía en pl.

pintar. tr. **1** Representar un objeto con líneas y colores. **2** Cubrir con un color la superficie de las cosas. **3** Describir, representar. | intr. **4** En los juegos de naipes, señalar triunfo. | **pintarse.** prnl. **5** Darse colores, maquillarse.

pintarrajear. tr. y prnl. **1** Manchar algo de colores y sin arte. | **pintarrajearse.** prnl. **2** Maquillarse mucho y mal.

pintiparado, da. adj. **1** Parecido, semejante. **2** Adecuado, apropiado.

pintoresco, ca. adj. **1** Muy característico y típico de un lugar. **2** Curioso, atractivo, expresivo. **3** Estrafalario, chocante.

pintor, ra. m. y f. **1** Persona que ejercita el arte de la pintura. **2** Persona que pinta puertas, paredes, ventanas, etc.

pintura. f. **1** Arte de pintar. **2** Obra pintada. **3** Color preparado para pintar. **4** Descripción.

pínula. f. Tablilla metálica de los instrumentos topográficos y astronómicos, que sirve para dirigir visuales.

pinyin o **pinyin zimu.** m. Sistema de transcripción fonética de los caracteres chinos a los caracteres latinos.

pinza. f. **1** Instrumento de diversas formas y materias cuyos extremos se aproximan para sujetar o arrancar algo. También en pl. **2** Apéndice prensil de artrópodos, como el cangrejo o el escorpión. **3** Pliegue en algunas prendas.

pinzón. m. Ave paseriforme de alas puntiagudas, cola larga, plumaje vistoso en los machos y canto armonioso.

piña. f. **1** Fruto ovalado del pino y otros árboles. **2** Ananás, planta. **3** Conjunto de personas o cosas muy unidas.

piñata. f. Recipiente de papel lleno de dulces y regalos, que debe romperse con los ojos vendados.

piñón. m. **1** Simiente del pino. **2** Almendra de dicha simiente, comestible en el pino piñonero. **3** Rueda dentada que engrana con otra mayor en un mecanismo.

piñonero. adj. Se dice de una variedad de pino que da piñones comestibles.

pío, a. adj. Devoto, inclinado a la piedad. A<small>NT</small>. impío.

piojo. m. Insecto de pequeño tamaño, color pardo

piolet – pisapapeles

amarillento, que vive parásito sobre los mamíferos, de cuya sangre se alimenta.

piolet. m. Pico poco pesado que se usa en alpinismo.

pionero, ra. m. y f. **1** Persona que inicia la exploración de nuevas tierras. **2** Persona que realiza los primeros descubrimientos o avances en alguna actividad humana: *un pionero de la aviación.*

piorrea. f. Flujo de pus en las encías, que puede provocar la caída de los dientes.

pipa. f. **1** Semilla de algunos frutos, particularmente del girasol. | adv. m. **2** Muy bien: *lo pasamos pipa.*

pipeta. f. Tubo de cristal, ensanchado en su parte media, para trasvasar pequeñas cantidades de líquido de un vaso a otro.

pipí. m. Orina. S<small>IN</small>. pis.

pipiolo, la. m. y f. Principiante, novato, sobre todo si es joven.

pique. m. **1** Resentimiento, enfado. **2** Empeño por amor propio. **3 irse a pique.** loc. Hundirse una embarcación; fracasar alguna cosa.

piqué. m. Tela de algodón con diversos tipos de dibujo en relieve.

piqueta. f. Herramienta de albañilería, con mango y dos bocas opuestas, una plana como de martillo, y otra aguda como de pico.

piquete. m. **1** Grupo de personas que intenta imponer o mantener una consigna de huelga. **2** Grupo poco numeroso de soldados empleado en algunos servicios extraordinarios.

pira. f. **1** Hoguera para quemar un cadáver. **2** Hoguera.

pirado, da. adj. Loco.

piragua. f. Embarcación larga y estrecha, mayor que la canoa.

piragüismo. m. Deporte náutico que se practica sobre una piragua.

piragüista. com. Que practica el piragüismo.

pirámide. f. **1** Sólido que tiene por base un polígono cualquiera; sus caras (tantas en número como los lados de aquél) son triángulos que se juntan en un solo punto, llamado vértice. **2** Monumento funerario con esta forma. **3** Montón, pila.

piraña. f. Pez de cuerpo aplanado y provisto de numerosos dientes cónicos, que vive formando bancos en los grandes ríos de América del Sur y ataca a los mamíferos que caen en las aguas.

pirarse. prnl. **1** Marcharse. **2** Faltar los estudiantes a clase.

pirata. adj. **1** Se dice del barco tripulado por piratas. **2** Clandestino, ilegal: *cintas, programas piratas.* | m. **3** Navegante que asaltaba otros barcos y hacía incursiones en la costa.

piratear. intr. **1** Ejercer la piratería. **2** Hacer

Pirita

copias, ediciones, etc., de una obra sin permiso del autor o propietario.

piratería. f. **1** Actividad de los piratas. **2** Botín de los piratas.

pirenaico, ca. adj. y s. De los montes Pirineos.

piripi. adj. y com. Borracho.

pirita. f. Mineral de color amarillo metálico. Es un sulfuro de hierro, del que se obtiene azufre.

pirograbado. m. Procedimiento para grabar o tallar superficialmente en madera por medio de una punta de platino incandescente.

piromancia o **piromancía.** f. Adivinación por medio del fuego.

pirómano, na. adj. y s. Se dice de la persona que padece la tendencia patológica a provocar incendios.

piropo. m. Cumplido, galantería. S<small>IN</small>. lisonja, requiebro.

pirotecnia. f. Técnica de preparar explosivos, tanto para fines militares como artísticos (fuegos artificiales).

pirrarse. prnl. Gustar mucho. S<small>IN</small>. desvivirse, entusiasmar.

pírrico, ca. adj. Se dice del triunfo obtenido con más daño del vencedor que del vencido.

pirueta. f. **1** Cabriola. **2** Voltereta.

pirulí. m. Caramelo de forma cónica, con un palito como mango.

pis. m. Orina.

pisada. f. **1** Acción de pisar. **2** Huella que deja el pie en el suelo.

pisapapeles. m. Utensilio que se pone sobre los papeles para que no se muevan. || No varía en pl.

pisar. tr. **1** Poner el pie sobre algo. **2** Apretar algo con los pies o con un instrumento: *pisar la tierra, las uvas.* **3** No respetar los derechos de los demás: *ascendió pisando a los demás.* **4** Anticiparse a alguien con habilidad: *le ha pisado la idea.*

piscicultura. f. Conjunto de técnicas encaminadas a la reproducción de los peces y mariscos con fines comerciales.

piscifactoría. f. Establecimiento de piscicultura.

pisciforme. adj. De forma de pez.

piscina. f. **1** Estanque destinado al baño, a la natación o a otros ejercicios y deportes acuáticos. **2** Estanque para peces.

piscis. Duodécimo y último signo del Zodiaco. || Suele escribirse con mayúscula.

piscolabis. m. Comida ligera que se hace a cualquier hora del día. || No varía en pl.

piso. m. **1** Pavimento natural o artificial de habitaciones, calles, caminos, etc. **2** Planta de un edificio. **3** Vivienda de una casa de varias plantas. **4** Nivel, capa, estrato. **S<small>IN</small>.** 1 suelo 3 apartamento.

pisotear. tr. **1** Pisar repetidamente. **2** Humillar.

pista. f. **1** Rastro que dejan los animales o personas en la tierra por donde han pasado. **2** Conjunto de señales que pueden conducir a la averiguación de algo. **3** Sitio acondicionado para deportes u otras actividades: *pista de tenis, de baile.* **4** Terreno acondicionado para el despegue y aterrizaje de aviones. **5** Cada uno de los espacios paralelos de una cinta magnética en que se registran grabaciones independientes. **S<small>IN</small>.** 1 huella.

pistachero. m. Árbol especialmente apreciado por sus frutos en drupa llamados pistachos.

pistacho. m. Fruto del pistachero, originario de Siria, muy apreciado como fruto seco.

pistilo. m. Órgano femenino de la flor.

pisto. m. **1** Guiso que se hace friendo lentamente pimientos, tomates, calabacín y otros ingredientes. **2** Desorden, mezcolanza. **3** *amer.* Dinero. **4 darse pisto.** loc. Presumir.

pistola. f. **1** Arma de fuego, corta y en general semiautomática, que se apunta y dispara con una sola mano. **2** Utensilio que proyecta pintura pulverizada. **3** Barra de pan.

pistolero, ra. m. y f. **1** Persona que atraca o asalta armado con pistola. | f. **2** Estuche para guardar la pistola.

pistón. m. **1** Émbolo. **2** Parte de la cápsula de los proyectiles, donde está colocado el fulminante.

pita. f. **1** Planta vivaz, originaria de México, de gran tamaño, con hojas o pencas radicales, carnosas y muy grandes. **2** Fibra que se obtiene de la hoja de esta planta.

pitanza. f. Comida, alimento diario.

pitar. intr. **1** Tocar el pito. **2** Funcionar: *este cacharro todavía pita.* | tr. **3** Silbar para manifestar desagrado. **S<small>IN</small>.** 3 abuchear.

pitido. m. **1** Toque de pito. **2** Silbido de protesta.

pitillera. f. Petaca para pitillos.

pitillo. m. Cigarrillo.

pito. m. **1** Instrumento pequeño que, al soplar por él, produce un sonido muy agudo. **2** Claxon de un vehículo. **3** Voz aguda y desagradable. **4** vulg. Pene. **5 importar** algo **un pito.** loc. Importar muy poco.

pitón. m. **1** Cuerno que empieza a salir a los animales. **2** Punta del cuerno de los toros. **3** Pitorro de los botijos y porrones. **4** Serpiente no venenosa, de tamaño variable (1 a 10 m) y coloración diversa; habita en regiones ecuatoriales.

pitonisa. f. Mujer que adivina el futuro a través de las cartas, bolas de cristal, etc.

pitorrearse. prnl. Guasearse, burlarse.

pitorreo. m. Guasa, burla.

pitorro. m. Tubo por donde sale el líquido en botijos y porrones.

pituita. f. Mucosidad de las membranas de la nariz y los bronquios.

pituitario, ria. adj. **1** Que contiene o segrega pituita o moco. **2** Se dice de la membrana que reviste la cavidad de la nariz, que segrega el moco y en la cual se produce la sensación del olfato.

pivot. m. En baloncesto, jugador de gran altura que generalmente juega cerca de la canasta.

pizarra. f. **1** Roca metamórfica de color negro azulado, que se exfolia fácilmente en láminas y se usa como material de construcción, principalmente para cubiertas y solados. **2** Trozo de pizarra oscura en que

Pitón

pizarrín – plantar

se escribe o dibuja con tiza o yeso. **3** Encerado, superficie para pintar o dibujar sobre ella con tiza.

pizarrín. m. Lápiz para escribir en la pizarra.

pizca. f. Porción muy pequeña de una cosa.

pizza. (voz it.) f. Torta elaborada con masa de pan, guarnecida con tomate, queso y otros ingredientes.

placa. f. **1** Plancha de metal u otra materia, en general rígida y poco gruesa. **2** Lámina informativa o conmemorativa colocada en algún lugar público. **3** Insignia o distintivo de los agentes de policía. **4** Parte superior de las cocinas. **5** Estructura anatómica de forma laminar. **6** Matrícula de los vehículos.

placaje. m. En rugby, detener un ataque, sujetando al contrario.

placenta. f. Órgano que, durante la gestación, une al feto con la superficie interior del útero.

placentero, ra. adj. Que causa placer. **SIN.** deleitoso, grato □ **ANT.** molesto.

placer. intr. Gustar, agradar. || **Irreg.** Se conj. como *agradecer*. **ANT.** desagradar.

placer. m. **1** Sensación de agrado y satisfacción. **2** Consentimiento, beneplácito. **SIN.** 1 deleite, regocijo □ **ANT.** 1 dolor.

plácet. m. Aprobación de un Gobierno al nombramiento de un diplomático extranjero.

plácido, da. adj. **1** Tranquilo, quieto. **2** Grato, apacible.

plafón. m. **1** Lámpara plana que se coloca pegada al techo. **2** Plano inferior del saliente de una cornisa. **3** Tablero para cubrir algo.

plaga. f. **1** Calamidad grande que aflige a un pueblo. **2** Abundancia nociva de algo: *una plaga de langostas*. **SIN.** 1 desgracia, peste.

plagar. tr. y prnl. Llenar o cubrir de algo nocivo o no conveniente: *se plagó de pecas*.

plagiar. tr. Copiar o imitar en lo sustancial obras ajenas. **SIN.** fusilar.

plagio. m. Acción de plagiar.

plaguicida. adj. y m. Que combate las plagas del campo.

plan. m. **1** Proyecto de las cosas que se van a hacer y de cómo hacerlas: *los presos idearon un plan de fuga*. **2** Intención: *nuestro plan era ir al cine*. **3** Relación amorosa pasajera y persona con quien se tiene esta relación. **4** Régimen, dieta alimenticia. **SIN.** 1 programa 2 propósito, idea 3 aventura.

plana. f. **1** Cada cara de una hoja de papel. **2** Escrito que hacen los niños en una cara del papel. **3** En artes gráficas, conjunto de líneas ya ajustadas, de que se compone la página. **4 plana mayor.** Órgano de mando de un ejército o sección; también, directiva de una organización o empresa.

plancha. f. **1** Lámina de metal plano y delgado. **2** Utensilio para planchar. **3** Acción de planchar la ropa. **4** Placa metálica para asar o tostar ciertos alimentos. **5** Equivocación, que deja en ridículo. **6** En artes gráficas, reproducción preparada para la impresión.

planchar. tr. Pasar la plancha caliente sobre la ropa para quitarle las arrugas.

plancton. m. Conjunto de plantas y animales diminutos presentes en las aguas marinas y de lagos, que constituyen el alimento básico de algunos animales.

planeador. m. Aeronave sin motor, que se sustenta y avanza aprovechando las corrientes atmosféricas.

planear. tr. **1** Trazar o formar el plan de una obra. **2** Hacer planes o proyectos. | intr. **3** Moverse o descender un avión o un ave aprovechando las corrientes de aire.

planeta. m. Cuerpo sólido celeste que gira alrededor de una estrella y que se hace visible por la luz que refleja.

planetario, ria. adj. **1** Relacionado con los planetas. | m. **2** Aparato que representa los planetas del sistema solar y reproduce sus movimientos respectivos. **3** Local donde se exhibe.

planicie. f. Llanura.

planificación. f. **1** Acción de planificar. **2** Plan general, científicamente organizado, para obtener un objetivo determinado.

planificar. tr. **1** Trazar los planos para la ejecución de algo. **2** Hacer un plan o proyecto. **SIN.** 2 planear, programar.

planisferio. m. Carta en que la esfera celeste o la terrestre está representada en un plano.

planning. (voz ingl.) m. Planificación previa de la producción para conseguir el rendimiento óptimo.

plano, na. adj. **1** Llano, liso. | m. **2** Representación gráfica en una superficie y mediante procedimientos técnicos, de un terreno, de la planta o alzado de un edificio, etc. **3** Superficie imaginaria formada por puntos u objetos a una misma altura. **4** Punto de vista: *la obra puede analizarse desde distintos planos*. **5** En cine y fotografía, superficie imaginaria que ocupan las personas y objetos que forman una imagen. **6** En cine, sucesión de fotogramas rodados sin interrupción. **7 de plano.** loc. adv. Por completo: *el sol daba de plano*. **SIN.** 4 ángulo, perspectiva.

planta. f. **1** Parte inferior del pie. **2** Vegetal, ser orgánico que vive adherido al suelo por medio de raíces y realiza la fotosíntesis. **3** Cada una de las alturas de un edificio. **4** Representación gráfica de la sección horizontal de un edificio o de un objeto. **5** Central de energía o instalación industrial. **6** Aspecto exterior: *buena planta*.

plantación. f. **1** Acción de plantar. **2** Conjunto de lo plantado. **3** Explotación agrícola de grandes dimensiones dedicada a un único cultivo.

plantar. tr. **1** Meter en tierra una planta, vástago,

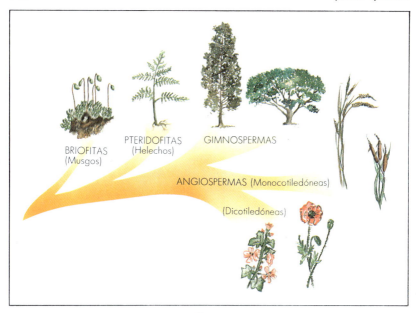

Plantas

esqueje, etc., para que arraigue. **2** Poblar de plantas un terreno. **3** Clavar, fijar en el suelo. **4** Colocar: *¿quién ha plantado esto en medio?* **5** Tratándose de golpes, darlos. **6** Dejar o abandonar a alguien. | **plantarse.** prnl. **7** Ponerse de pie firme. **8** Llegar: *se plantaron allí en diez minutos.* **9** Mantenerse firme en una decisión. **Sin.** 2 repoblar 3 hincar.

plante. m. Protesta colectiva, con abandono del trabajo.

planteamiento. m. Acción de plantear o plantearse.

plantear. tr. **1** Exponer un tema, problema, dificultad, etc. **2** Enfocar la solución de un problema. | **plantearse.** prnl. **3** Pararse a considerar algo.

plantel. m. **1** Criadero de plantas. **2** Lugar donde se forman personas hábiles y capaces en alguna profesión, ejercicio, etc. **3** Estas personas.

plantificar. tr. **1** Tratándose de golpes, darlos. **2** Poner a alguien o algo en un lugar. | **plantificarse.** prnl. **3** Plantarse, llegar a un lugar.

plantígrado, da. adj. y m. Se dice de los cuadrúpedos que al andar apoyan en el suelo toda la planta de los pies y las manos; como el oso.

plantilla. f. **1** Suela sobre la cual se arma el calzado. **2** Pieza de tela, gomaespuma, etc., con que se cubre interiormente la planta del calzado. **3** Patrón o modelo, por ejemplo para dibujar o recortar algo. **4** Relación de los empleados de una entidad. **5** Conjunto de los jugadores de un equipo deportivo.

plañidera. f. Mujer a la que se pagaba para que llorara en los entierros.

plaqueta. f. **1** Elemento constituyente de la sangre de los vertebrados, con forma de disco oval o redondo, que interviene en la coagulación. **2** Placa pequeña.

plasma. m. **1** Medio líquido de la sangre, en el que se hallan suspensos los elementos sólidos. **2** Cuarto estado de la materia, que adquiere cualquier sustancia sometida a temperaturas elevadísimas.

plasmar. tr. **1** Dar forma a algo. **2** Reflejar algo en una obra.

plasta. f. **1** Masa blanda y espesa. **2** Excremento blando y redondeado. **3** Persona pesada.

plástica. f. Arte de modelar barro, yeso, etc.

plástico, ca. adj. **1** Relacionado con el arte y técnica de modelar. **2** Se dice del material que puede cambiar de forma y conservar ésta de modo permanente. **3** Se dice de ciertos materiales sintéticos que pueden moldearse fácilmente y en cuya composición entran principalmente derivados de la celulosa, proteínas y resinas. También m. **4** Se dice de la rama de la cirugía que se ocupa de corregir ciertos defectos físicos o antiestéticos. **5** Se aplica al estilo, lenguaje, imagen, etc., muy expresivos.

plastificar. tr. Recubrir telas, documentos, etc., con una lámina fina de plástico.

plata. f. **1** Elemento químico, metal blanco, brillante, dúctil y maleable, más pesado que el cobre y menos que el plomo; se emplea en joyería, en la acuñación de monedas, como catalizador eléctrico, y sus sales, en fotografía. Su símbolo es *Ag.* **2** Conjunto de objetos de plata. **3** Dinero en general, riqueza.

plataforma. f. **1** Tablero horizontal, descubierto y elevado sobre el suelo. **2** Lugar llano más elevado que lo que le rodea. **3** Suelo superior, a modo de azotea, de las torres y otras obras. **4** Organización de personas que tienen intereses comunes. **5** Conjunto de quejas y reivindicaciones que presenta un grupo político, sindical, profesional, etc. **SIN.** 1 tribuna, tarima.

platanero, ra. adj. **1** Relacionado con el plátano. | m. y f. **2** Plátano, planta herbácea.

plátano. m. **1** Árbol de gran altura, ancho tronco y flores en inflorescencias globosas; se utiliza como planta ornamental en calles y paseos. También llamado *plátano de sombra*. **2** Planta herbácea de 3 a 4 m de altura, tallo rodeado por las vainas de las hojas, y fruto en baya, alargado y de color amarillo, que crece en racimos y es muy apreciado como alimento; crece en regiones tropicales y subtropicales. **3** Fruto de esta planta.

platea. Patio o parte baja de los teatros.

plateado, da. adj. **1** Bañado en plata. **2** De color de plata.

platelminto. adj. y m. **1** Se apl. a los gusanos de cuerpo plano no segmentado, parásitos en su mayoría y casi todos hermafroditas, como la tenia. | m. pl. **2** Tipo de estos gusanos.

plateresco, ca. adj. Se dice del estilo arquitectónico surgido en España a entre los siglos xv y xvi, caracterizado por la asimilación y adaptación de los principios del Renacimiento italiano fusionados con elementos decorativos góticos.

platería. f. **1** Arte y oficio del platero. **2** Tienda en la que se venden obras de plata u oro.

platero. m. **1** Persona que labra la plata. **2** Persona que vende objetos labrados de plata u oro.

plática. f. **1** Conversación. **2** Razonamiento o discurso de los predicadores.

platicar. tr. Conversar, hablar.

platija. f. Pez marino, semejante al lenguado.

platillo. m. **1** Cada una de las dos piezas de la balanza en forma de plato o disco. | pl. **2** Instrumento de percusión formado por dos chapas metálicas circulares que se hacen chocar entre sí. **3 platillo**

volante o **volador.** Ovni, objeto volante no identificado.

platina. f. **1** Parte del microscopio en la que se coloca el objeto que se quiere observar. **2** En artes gráficas, superficie plana de la prensa o máquina de imprimir. **3** Aparato reproductor y grabador de cintas magnetofónicas.

platino. m. **1** Elemento químico, metal precioso de color plateado, aunque menos vivo y brillante, muy pesado, difícilmente fusible e intacable por los ácidos, excepto el agua regia; su símbolo es *Pt*. **2** Cada una de las piezas que establecen contacto en el ruptor del sistema de encendido de un motor de explosión. Más en pl.

platirrino. adj. y m. **1** Se dice de los primates de pequeño o mediano tamaño, caracterizados por tener los orificios nasales muy separados, extremidades largas y cola generalmente prensil. | m. pl. **2** Grupo de estos primates.

plato. m. **1** Recipiente bajo y redondo, para servir la comida en la mesa. **2** Alimento cocinado. **3** Platillo de la balanza. **4** Nombre de algunos objetos planos y redondos. **5** Superficie giratoria de los tocadiscos, donde se coloca el disco.

plató. m. Escenario de un estudio cinematográfico.

platónico, ca. adj. **1** Relacionado con Platón. **2** Ideal: *amor platónico*. **3** Desinteresado.

platonismo. m. Escuela y doctrina filosófica de Platón.

plausible. adj. **1** Merecedor de aplauso. **2** Admisible, recomendable.

playa. f. **1** Ribera del mar, o de un río grande, formada de arenales en superficie casi plana. **2** Porción de mar contigua a esta ribera.

play-back. (voz ingl.) m. Interpretación mímica con sonido pregrabado.

playboy. (voz ingl.) m. Hombre atractivo, generalmente rico, que acude a lugares de moda acompañado a mujeres famosas y guapas.

playero, ra. adj. y s. **1** Apropiado para la playa. | f. **2** Zapatilla deportiva. Más en pl.

plaza. f. **1** Lugar ancho y espacioso dentro de una población, rodeado de casas. **2** Mercado. **3** Lugar fortificado. **4** Sitio para alguien o algo: *plaza de garaje. No hay plaza en el instituto.* **5** Puesto, empleo. **6 plaza de toros.** Lugar acondicionado para lidiar toros.

plazo. m. **1** Tiempo señalado para una cosa. **2** Vencimiento de este tiempo. **3** Cada parte de una cantidad pagadera en dos o más veces.

plazoleta. f. Espacio en una población, más pequeño que una plaza.

pleamar. f. Marea alta.

plebe. f. Clase social más baja, fuera de los nobles, eclesiásticos y militares; estado llano. **Sin.** pueblo, vulgo.

plebiscito. m. Resolución que se somete a votación para que los ciudadanos se manifiesten en contra o a favor.

plectro. m. Púa que se utiliza para tocar ciertos instrumentos de cuerda.

plegamiento. m. **1** Acción de plegar o plegarse. **2** Efecto producido en la corteza terrestre por el movimiento conjunto de rocas sometidas a presión lateral.

plegar. tr. **1** Hacer pliegues. También prnl. **2** Doblar e igualar los pliegos de un libro. | **plegarse.** prnl. **3** Ceder, someterse: *se plegó a su voluntad*. || **Irreg.** Se conj. como *acertar*.

plegaria. f. Súplica, oración.

pleistoceno, na. adj. y m. Se dice de la primera época del periodo cuaternario, en la que aparecen ya restos fósiles humanos y restos de culturas prehistóricas.

pleitear. tr. Litigar, contender judicialmente.

pleitesía. f. Rendimiento, muestra reverente de cortesía.

pleito. m. **1** Litigio judicial entre partes. **2** Proceso. **3** Contienda, disputa. **Sin.** 3 pugna.

plenario, ria. adj. **1** Se dice de la junta a la que acuden todos los miembros de una corporación. | m. **2** Pleno, reunión o junta general de una corporación.

plenilunio. m. Luna llena.

plenipotenciario, ria. adj. y s. Se dice de la persona que envían los jefes de Estado a organizaciones o a otros Estados, con plenos poderes para resolver los asuntos.

plenitud. f. **1** Totalidad, integridad. **2** Mejor momento, apogeo.

pleno, na. adj. **1** Completo, lleno. | m. **2** Junta general de una corporación. **Sin.** 1 íntegro, colmado. 2 asamblea ▢ **Ant.** 1 vacío.

pleonasmo. m. **1** Figura de construcción consistente en emplear en la oración términos que resultan innecesarios para la refuerzan o le dan expresividad: *lo vi con mis propios ojos*. **2** Redundancia.

pletina. f. **1** Pieza metálica rectangular, de espesor reducido. **2** Platina, aparato reproductor y grabador de cintas magnetofónicas.

plétora. f. Abundancia, exceso. **Ant.** escasez.

pletórico, ca. adj. Lleno, rebosante. **Sin.** colmado ▢ **Ant.** vacío.

pleura. f. Cada una de las membranas serosas que cubren las paredes de la cavidad torácica y la superficie de los pulmones.

pleuresía. f. Inflamación de la pleura.

plexiglás. m. **1** Resina sintética que tiene el aspecto del vidrio. **2** Material transparente y flexible de que se hacen telas, tapices, etc. || No varía en pl.

plexo. m. Red formada por varios filamentos nerviosos o vasculares entrelazados.

pléyade. f. Grupo de personas destacadas, especialmente escritores.

plica. f. Sobre cerrado y sellado en el que se reserva algún documento, que no debe abrirse hasta una fecha u ocasión determinada.

pliego. m. **1** Pieza rectangular de papel, doblada por la mitad. **2** Hoja de papel. **3** En artes gráficas, cada una de las hojas en que se hace la tirada. **4** Memorial con las condiciones o cláusulas de un contrato.

pliegue. m. **1** Doblez. **2** En geol., plegamiento.

plinto. m. **1** Cuadrado sobre el que descansa la base de la columna. **2** Base cuadrada de poca altura. **3** Aparato gimnástico para hacer saltos y volteretas.

plioceno, na. adj. y m. Se dice de último período del terciario en el que los continentes, mares y océanos alcanzan ya casi su configuración actual.

plisar. tr. Hacer pliegues menudos y juntos en una tela.

plomada. f. **1** Pesa metálica colgada de una cuerda, que sirve para señalar la línea vertical. **2** Sonda para medir la profundidad del agua.

plomizo, za. adj. **1** Que tiene plomo. **2** Parecido al plomo, sobre todo en el color.

plomo. m. **1** Elemento químico, metal pesado, dúctil, maleable, fusible, de color gris azulado, que se obtiene principalmente de la galena. Su símbolo es *Pb*. **2** Bala, proyectil. **3** Persona o cosa pesada y molesta. | pl. **4** Cortacircuitos, fusible: *se han fundido los plomos*.

pluma. f. **1** Cada una de las piezas de que está cubierto el cuerpo de las aves. **2** Conjunto de estas piezas. **3** Pluma de ave que servía para escribir. **4** Instrumento para escribir realizado en distintos materiales. **5** Escritor, autor de libros u otros escritos. **6** Estilo o manera de escribir: *tiene una pluma sobria*. **7** Mástil de una grúa.

plumaje. m. **1** Conjunto de plumas del ave. **2** Penacho de plumas de adorno.

plúmbeo, a. adj. **1** De plomo. **2** Que pesa como el plomo. **3** Pesado, aburrido: *discurso plúmbeo*.

plumero. m. **1** Utensilio formado por un conjunto de plumas atadas a un mango, para quitar el polvo. **2** Penacho de plumas. **3 vérsele** a uno **el plumero.** loc. Advertirse sus pensamientos o intenciones.

plumier. (voz fr.) m. Estuche, generalmente una caja rectangular, para guardar plumas, gomas, etc.

plumífero, ra. adj. **1** Cubierto de plumas. | m. **2** Anorak relleno de plumas o material acolchado.

plumón. m. Pluma muy fina que tienen las aves debajo del plumaje exterior.

plural. adj. y m. Se dice del número gramatical que se refiere a dos o más personas o cosas.

pluralidad. f. **1** Multitud, abundancia. **2** Hecho de ser más de uno.

pluralizar. tr. **1** Referir o atribuir una cosa que es peculiar de uno a dos o más personas. **2** Dar número plural a palabras que ordinariamente no lo tienen.

pluriempleo. m. Desempeño de varios empleos por una misma persona.

plus. m. Gratificación, sobresueldo.

pluscuamperfecto. adj. y m. Se dice del tiempo del verbo que expresa una acción pasada anterior a otra ya pretérita.

plusmarca. f. Récord deportivo.

plusmarquista. adj. y s. Que ostenta un récord deportivo. **Sin.** recordman.

plus ultra. loc. lat. Más allá.

plusvalía. f. Aumento del valor de una propiedad.

plutocracia. f. **1** Preponderancia de los ricos en el gobierno del Estado. **2** Predominio de la clase más rica de un país.

plutonio. m. Elemento químico radiactivo artificial, formado por desintegración del neptunio, cuyas características son similares a las del uranio. Su símbolo es *Pu*.

pluviometría. f. Parte de la meteorología que estudia la distribución de las lluvias según la geografía y las estaciones.

pluviómetro. m. Aparato que sirve para medir la lluvia.

pluviosidad. f. Cantidad de lluvia que recibe un lugar en un período determinado de tiempo.

población. f. **1** Acción de poblar. **2** Conjunto de personas que habitan la Tierra o cualquier división geográfica de ella. **3** Conjunto de edificios y espacios habitados, especialmente, una ciudad. **4** Conjunto de seres de una misma especie que habitan un espacio determinado.

poblado. m. Población, lugar edificado.

poblar. tr. e intr. **1** Ocupar con personas un lugar. **2** P. ext., hacerlo con animales o cosas. **3** Fundar uno o más pueblos. | **poblarse.** prnl. **4** Referido a árboles y otras cosas que crecen y se desarrollan, hacerlo rápida y abundantemente. ‖ **Irreg.** Se conj. como *contar*.

pobre. adj. **1** Que no tiene lo necesario para vivir o desarrollarse, o tiene muy poco: *una región pobre*. También com. **2** Escaso: *pobre de decoración*. **3** De poco valor o entidad: *una redacción pobre*. **4** Infeliz, desdichado: *pobre chico, lo que ha sufrido*. | com. **5** Mendigo. **Sin.** 1 necesitado, menesteroso 2 falto 4 desgraciado 5 pordiosero ☐ **Ant.** 1-3 rico.

pobreza. f. **1** Necesidad, estrechez, carencia de lo necesario para vivir. **2** Falta, escasez. **Ant.** 1 riqueza 2 abundancia.

pocho, cha. adj. **1** Podrido. **2** Que no disfruta de buena salud.

pocilga. f. **1** Establo para ganado de cerda. **2** Lugar muy sucio.

pócima. f. **1** Cocimiento medicinal de materias vegetales. **2** Bebida medicinal. **3** Bebida desagradable.

poción. f. Bebida medicinal.

poco, ca. adj. **1** Escaso en cantidad o calidad. | m. **2** Cantidad escasa: *un poco de agua*. | adv. c. **3** Con escasez. | adv. t. **4** Denota corta duración o tiempo cercano: *permaneció poco tiempo. Falta poco para el amanecer*. **Sin.** 1 limitado 3 apenas ☐ **Ant.** 1 y 2 mucho.

poda. f. **1** Acción de podar. **2** Tiempo en que se ejecuta.

podadera. f. Herramienta para podar.

podar. tr. Cortar o quitar las ramas superfluas de los árboles, vides y otras plantas.

podenco, ca. adj. y s. Perro de caza, de cuerpo robusto.

poder. tr. **1** Tener capacidad, tiempo o facilidad para hacer algo: *sólo él puede arreglarlo. ¿Puedes venir?* **2** Ser lícito hacer una cosa. Más en frases neg.: *no se puede aparcar*. **3** Vencer a una persona, ser más fuerte que ella. | impers. **4** Ser posible que suceda algo: *puede que vaya*. ‖ **Irreg.** Conjugación modelo:

> **Indicativo**
> Pres.: *puedo, puedes, puede, podemos, podéis, pueden.*
> Imperf.: *podía, podías,* etc.
> Pret. indef.: *pude, pudiste,* etc.
> Fut. imperf.: *podré, podrás,* etc.
> **Potencial:** *podría, podrías,* etc.
> **Subjuntivo**
> Pres.: *pueda, puedas, pueda, podamos, podáis, puedan.*
> Imperf.: *pudiera, pudieras,* etc., o *pudiese, pudieses,* etc.
> Fut. imperf.: *pudiere, pudieres,* etc.
> **Imperativo:** *puede, poded.*
> **Participio:** *podido.*
> **Gerundio:** *pudiendo.*

poder. m. **1** Dominio, facultad y jurisdicción que tiene alguien para mandar o ejecutar una cosa. **2** Capacidad, fuerza, vigor: *poder de convicción*. **3** Gobierno de un Estado. **4** Posesión o tenencia de una cosa.

|| pl. **5** Facultades, autorización para hacer una cosa: *le dio poderes para actuar en su nombre.*

poderío. m. **1** Poder, dominio, señorío. **2** Vigor, fuerza. **3** Hacienda, bienes y riquezas.

poderoso, sa. adj. **1** Que tiene poder. También s. **2** Muy rico. También s. **3** Grande, excelente. **4** Activo, eficaz: *un poderoso remedio.*

podio. m. **1** Plataforma o tarima sobre la que se coloca a una persona para homenajearla. **2** Pedestal largo en que estriban varias columnas.

podología. f. Rama de la medicina, que trata las afecciones y deformidades de los pies.

podólogo, ga. m. y f. Especialista en podología.

podredumbre. f. **1** Putrefacción de las cosas. **2** Corrupción moral.

podrir. tr. y prnl. Pudrir.

poema. m. Obra en verso; también se da este nombre a algunas obras en prosa que, por su carácter, pertenecen al género de la poesía.

poesía. f. **1** Expresión artística por medio del verso, y en ocasiones a través de la prosa. **2** Cada uno de los géneros que la componen: *poesía lírica, épica,* etc. **3** Composición perteneciente a cualquiera de estos géneros. **4** Sensibilidad o capacidad estética que refleja una obra, persona, paisaje, etc.

poeta. com. Persona que compone obras poéticas.

poético, ca. adj. Relacionado con la poesía.

poetisa. f. Mujer que compone obras poéticas.

pogromo o **pógrom.** m. **1** Matanza y robo de gente indefensa por una multitud. **2** Persecución de judíos.

pointer. (voz ingl.) adj. y s. Raza de perros de caza de cuerpo estilizado y pelo corto.

poker. (voz. ingl.) m. Póquer.

polaco, ca. adj. y s. **1** De Polonia. | m. **2** Lengua eslava hablada en Polonia.

polaina. f. Especie de media calza que cubre la pierna hasta la rodilla.

polar. adj. Relacionado con los polos.

polaridad. f. **1** En fís., tendencia de las moléculas a ser atraídas o repelidas por cargas eléctricas. **2** Condición de lo que tiene propiedades o potencias opuestas.

polarizar. tr. y prnl. **1** En fís., modificar las ondas luminosas por medio de refracción o reflexión, de tal manera que pasen a propagarse en un determinado plano. **2** Centrar la atención o el interés. | **polarizarse.** prnl. **3** En las pilas eléctricas, disminuir la corriente que producen al aumentar la resistencia del circuito por depositarse una capa de hidrógeno sobre uno de los electrodos.

polca. f. Música y danza originarias de Bohemia, de movimiento rápido y en compás de dos por cuatro.

pólder. m. En los Países Bajos, terreno pantanoso ganado al mar y que una vez desecado se dedica al cultivo. || pl. *pólders.*

polea. m. Rueda móvil alrededor de un eje y acanalada en su circunferencia, por donde pasa una cuerda o cadena en cuyos dos extremos actúan, respectivamente, la potencia y la resistencia.

polémica. f. Controversia, discusión. **Sin.** debate, disputa ☐ **Ant.** acuerdo.

polemizar. intr. Sostener o entablar una polémica.

polen. m. Conjunto de células masculinas producidas en los estambres de las flores, que contienen los gametos que realizan la fecundación.

poleo. m. **1** Planta herbácea anual, de flores azuladas y olor agradable, con la que se hacen infusiones. **2** Infusión hecha con las hojas de esta planta.

poliandria. f. **1** Estado de la mujer casada simultáneamente con varios hombres. **2** Condición de la flor con muchos estambres.

polichinela. m. Personaje burlesco de las farsas.

policía. f. **1** Cuerpo encargado de mantener el orden público y la seguridad de los ciudadanos, a las órdenes de las autoridades políticas. | com. **2** Agente de policía. **Sin.** 2 guardia.

policlínica. f. Clínica con distintas especialidades médicas y quirúrgicas.

policromo, ma o **polícromo, ma.** adj. De varios colores.

polideportivo, va. adj. y m. Conjunto de instalaciones destinadas al ejercicio de varios deportes.

poliedro. m. En geom., sólido limitado por diversos polígonos.

poliéster. m. Polímero sintético, que se usa para la fabricación de fibras artificiales y materiales textiles.

polifacético, ca. adj. **1** Que ofrece varias facetas o aspectos. **2** Se dice de las personas que se dedican a actividades muy distintas y tienen múltiples aptitudes.

polifonía. f. En mús., conjunto de sonidos ejecutados simultáneamente, cada uno con su propia línea melódica, pero que se combinan formando un todo armónico.

poligamia. f. **1** Estado del hombre o mujer casados a la vez con varias personas del sexo contrario. **2** Régimen familiar en que se admiten los matrimonios múltiples.

polígamo, ma. adj. **1** Se dice del hombre o mujer casado con varias personas al mismo tiempo. También s. **2** Se dice de las plantas que tienen en uno o más pies flores masculinas, femeninas y hermafroditas. **Ant.** 1 monógamo.

polígloto, ta o **poligloto, ta.** adj. **1** Escrito en varias lenguas: *Biblia políglota.* **2** Se dice de la persona que habla varias lenguas.

polígono. m. **1** En geom., porción de plano limitado por líneas rectas. **2** Unidad urbanística: *polígono industrial*.

polígrafo, fa. m. y. f. Persona que escribe sobre diversas materias.

polilla. f. Mariposa nocturna, cuya larva destruye la lana, tejidos, pieles, papel, etc.

polimerización. f. Proceso químico por el cual, mediante el calor, la luz o un catalizador, se unen varias moléculas de un compuesto.

polímero. m. Cuerpo químico formado por polimerización.

polimorfo, fa. adj. Que puede tener varias formas.

polinización. f. En bot., paso del polen desde el estambre en que se ha producido hasta el pistilo de la misma flor o de otra distinta, donde se produce la fecundación de los óvulos.

polinomio. m. Expresión compuesta de dos o más términos algebraicos unidos por los signos más o menos.

poliomielitis. f. Enfermedad vírica que ataca la médula espinal y produce parálisis y atrofia en los grupos musculares correspondientes. || No varía en pl.

polipasto. m. Sistema de poleas.

pólipo. m. **1** Nombre con que se designa a los celentéreos marinos de cuerpo tubular, rematado por tentáculos, que viven fijos al fondo por un pedúnculo. **2** Tumor que se forma en las mucosas, sujeto a ellas por medio de un pedúnculo.

polis. f. Ciudad estado o comunidad política en la antigua Grecia. || No varía en pl.

polisacárido. m. Polímero formado por la condensación de numerosos monosacáridos, como el almidón.

polisemia. f. Pluralidad de significados de una palabra.

polisílabo, ba. adj. Que consta de varias sílabas.

politécnico, ca. adj. Que abarca muchas ciencias.

politeísmo. m. Religión que admite la existencia de diversos dioses.

política. f. **1** Arte, doctrina u opinión referente al gobierno de los Estados, comunidades, etc. **2** Actividad de los que rigen o aspiran a regir los asuntos públicos. **3** Orientación, directrices: *la política de una empresa*. **4** Habilidad, tacto, diplomacia.

político, ca. adj. **1** Relacionado con la política. **2** Que interviene en política. También s. **3** Hábil, diplomático. **4** Aplicado a un nombre de parentesco por consanguinidad, expresa el correspondiente por afinidad: *padre político* (suegro); *hermano político* (cuñado); *hijo político* (yerno); *hija política* (nuera).

politizar. tr. y prnl. Dar a algo orientación o contenido político.

poliuretano. m. Producto plástico muy utilizado en la industria.

Pólipos

polivalente. adj. Que tiene varios valores, funciones, usos, etc.

póliza. f. **1** Documento justificativo de un contrato. **2** Sello con que se satisface el impuesto en determinados documentos.

polizón. m. Persona que se embarca clandestinamente.

polla. f. **1** Gallina joven. **2** vulg. Miembro viril. **3 polla de agua.** Ave zancuda de plumaje oscuro, pico rojo y patas verdes, que habita en zonas pantanosas.

pollería. f. Establecimiento donde se venden pollos, huevos, etc.

pollero, ra. m. y f. Persona que cría pollos o los vende.

pollino, na. m. y f. **1** Asno joven. **2** Persona simple, ignorante o ruda. También adj.

pollo. m. **1** Cría de las aves y particularmente de las gallinas. **2** Gallo o gallina joven. **3** Joven. **4** Lío, jaleo.

polo. m. **1** Cualquiera de los dos extremos del eje de rotación de una esfera o cuerpo redondeado, especialmente los de la Tierra. **2** Región contigua a un polo terrestre. **3** Tipo de helado de agua, insertado en un palito. **4** En elec., cada una de las extremidades del circuito de una pila o de ciertas máquinas eléctricas. **5** En fís., cualquiera de los dos puntos opuestos de un cuerpo, en los cuales se acumula mayor o menor cantidad de energía. **6** Camisa deportiva de punto. **7** Juego entre grupos de jinetes, que impulsan una bola con mazas de astiles largos.

pololo. m. Pantalón corto o bombacho, por ejemplo los que usaban las mujeres como prenda interior.

polonio. m. Elemento químico metálico, plateado y mucho más radiactivo que el uranio; se usa como fuente de neutrones y partículas alfa en reacciones nucleares. Su símbolo es *Po*.

poltrón, na. adj. **1** Perezoso, haragán. | f. **2** Silla baja, amplia y cómoda. **Sin.** 1 holgazán 2 hamaca.

polución. f. **1** Contaminación del agua o del aire. **2** Expulsión involuntaria de semen.

polvareda. f. **1** Cantidad de polvo que se levanta de la tierra. **2** Alteración que un hecho, rumor, etc., produce entre la gente.

polvo. m. **1** Parte muy menuda y deshecha de la tierra que fácilmente se levanta en el aire. **2** Partículas de sólidos que flotan en el aire y se posan sobre los objetos. **3** Sustancia sólida molida en partículas muy pequeñas. **4** En lenguaje de la droga, heroína. **5** vulg. Acto sexual. | pl. **6** Cosmético o medicamento en polvo. **7 hecho polvo.** loc. Muy cansado, abatido o estropeado.

pólvora. f. Sustancia explosiva que se emplea para impulsar el proyectil de las armas de fuego y en pirotecnia.

polvorín. m. Almacén de explosivos.

polvorón. m. Dulce típico de Navidad, hecho con harina, manteca y azúcar, que se deshace al comerlo.

pomada. f. Mezcla de una sustancia grasa y otros ingredientes, que se emplea como cosmético o medicamento.

pomarada. f. Sitio poblado de manzanos.

pomarrosa. f. Fruto del yambo, con forma de manzana, olor a rosa y sabor dulce.

pomo. m. **1** Fruto con mesocarpio carnoso de abundante pulpa y endocarpio coriáceo, como la manzana y la pera. **2** Agarrador o tirador de forma más o menos redonda. **3** Extremo de la guarnición de la espada. **4** Frasco de perfumes.

pompa. f. **1** Lujo, grandeza, esplendor: *celebraron la ceremonia con gran pompa.* **2** Burbuja formada en el agua o en otro líquido, especialmente cuando es una mezcla de agua y jabón. **3 pompas fúnebres.** Ceremonias y entierro solemne que se hacen en honor de un difunto. **4** Empresa que se encarga de ello. **Sin.** 1 ostentación, grandeza □ **Ant.** 1 sencillez.

pompón. m. Bola de lana, o de otro género, con que se adornan extremos de cordones, gorros, etc.

pomposo, sa. adj. **1** Ostentoso. **2** Excesivamente adornado, aparatoso. **3** Se dice del lenguaje o estilo excesivamente grave o culto.

pómulo. m. **1** Hueso y prominencia de cada una de las mejillas. **2** Parte del rostro correspondiente a este hueso.

ponche. m. Bebida que se hace con ron u otro licor, agua, limón y azúcar.

poncho. m. **1** Prenda de abrigo, originaria de América del Sur, semejante a una manta con una abertura en el centro para pasar la cabeza. **2** Especie de capote de monte. **3** Capote militar con mangas y esclavina.

ponderación. f. **1** Acción de ponderar. **2** Prudencia, moderación.

ponderar. tr. **1** Examinar con cuidado un asunto. **2** Alabar, encarecer.

ponencia. f. **1** Exposición o propuesta que hace alguien en una conferencia, asamblea, etc. **2** Persona o comisión que la realiza.

ponente. adj. y com. Persona o comisión que realiza una ponencia.

poner. tr. **1** Colocar en un lugar. También prnl. **2** Disponer: *poner la mesa.* **3** Añadir, echar: *pon más aceite a la ensalada.* **4** Hacer funcionar: *poner la radio.* **5** Instalar, montar: *poner una tienda.* **6** Admitir un supuesto o hipótesis: *pongamos que esto sucedió así.* **7** Dejar algo a la resolución o disposición de otro: *lo pongo en tus manos.* **8** Establecer, mandar, imponer: *poner una multa.* **9** Decir, expresar. **10** Soltar los huevos las aves. **11** Representar una obra de teatro, proyectar una película, etc: *¿qué ponen hoy en la tele?* **12** Exponer a cierta acción o circunstancia: *poner en peligro.* También prnl. | **ponerse.** prnl. **13** Vestirse o ataviarse: *ponerse un sombrero.* **14** Ocultarse los astros tras el horizonte, especialmente el Sol. **15** Llegar a cierto lugar: *nos pusimos allí en dos horas.* **16** Mancharse: *se puso buena la camisa.* **17** Comenzar una acción: *se puso a llover.* **Sin.** 1 situar, ubicar 2 arreglar, preparar 4 conectar, accionar 7 someter 16 ensuciarse □ **Ant.** 1 y 3 quitar. || **Irreg.** Conjugación modelo:

> **Indicativo**
> Pres.: *pongo, pones, pone, ponemos, ponéis, ponen.*
> Imperf.: *ponía, ponías,* etc.
> Pret. indef.: *puse, pusiste,* etc.
> Fut. imperf.: *pondré, pondrás,* etc.
> **Potencial:** *pondría, pondrías,* etc.
> **Subjuntivo**
> Pres.: *ponga, pongas, ponga, pongamos, pongáis, pongan.*
> Imperf.: *pusiera, pusieras,* etc., o *pusiese, pusieses,* etc.
> Fut. imperf.: *pusiere, pusieres,* etc.
> **Imperativo:** *pon, poned.*
> **Participio:** *puesto.*
> **Gerundio:** *poniendo.*

póney o **poni.** m. Raza de caballos de pequeña alzada.

poniente. m. **1** Occidente, punto cardinal. **2** Viento que sopla de la parte occidental. **3** Sector del horizonte por donde se pone el sol para el observador.

pontificado. m. **1** Dignidad de pontífice. **2** Tiempo que dura.

pontifical. adj. Relativo al pontífice.

pontificar. intr. **1** Hablar con tono de suficiencia. **2** Presentar algo como innegable. **3** Celebrar funciones litúrgicas con rito pontifical.

pontífice. m. **1** Prelado supremo de la Iglesia católica romana. **2** Magistrado sacerdotal en la antigua Roma. **3** Obispo o arzobispo de una diócesis.

ponto. m. poét. Mar.

pontón. m. **1** Puente formado de maderos o de una sola tabla. **2** Barco chato para pasar ríos, construir puentes o limpiar el fondo de los puertos.

ponzoña. f. Veneno. **Sin.** tóxico ☐ **Ant.** antídoto.

pop. adj. y m. **1** Se dice de la música derivada del rock y del folk. **2** Se dice del movimiento artístico surgido en EE. UU. a fines de los años cincuenta como reacción contra el expresionismo abstracto e inspirado en escenas, motivos o formas de la vida cotidiana. También llamado *pop-art*.

popa. f. Parte posterior de la nave.

pope. m. Sacerdote de la Iglesia ortodoxa rusa.

popelín. m. Tela de algodón o seda con algo de brillo.

populacho. m. Plebe, chusma.

popular. adj. **1** Relacionado con el pueblo o propio de él. **2** De las clases más bajas de la sociedad o destinado a ellas. **3** Muy extendido o conocido. **4** Querido o admirado por la gente.

popularidad. f. Aceptación entre la gente.

popularizar. tr. y prnl. **1** Hacer popular a alguien o algo. **2** Dar carácter popular.

populoso, sa. adj. Muy poblado.

popurrí. m. **1** Composición musical formada de fragmentos o temas de obras diversas. **2** Mezcolanza de cosas diversas. || pl. *popurrís*.

poquedad. f. **1** Falta de atrevimiento o decisión. **2** Escasez. **3** Cosa de poco valor. **Sin.** 1 cortedad, timidez 3 miseria, nimiedad ☐ **Ant.** 2 abundancia.

póquer. m. Juego de naipes, de envite, en el que cada jugador recibe cinco cartas y gana el que reúne la combinación superior de las varias establecidas.

por. prep. **1** Introduce el complemento agente de las oraciones pasivas: *querido por todos*. **2** Con nombres de lugar, denota tránsito por ellos: *ir a Toledo por Illescas*. **3** Indica tiempo aproximado: *por agosto*. **4** En clase o calidad de: *recibir por esposa*. **5** Denota causa o motivo: *enfadarse por nada*. **6** Expresa medio o modo: *hablar por señas; hacerlo por la fuerza*. **7** Denota precio o cambio: *lo compré por mil pesetas*. **8** A favor o en defensa de alguno: *lo hice por ti*. **9** En lugar de: *me tomaron por Luis*. **10** En juicio u opinión de: *por mí, puedes quedarte*. **11** Denota multiplicación de números: *tres por cuatro*. **12** Indica proporción o distribución: *dos artículos por persona*. **13** Sin: *esto está por pulir*.

porcelana. f. **1** Loza fina, transparente, clara y brillante. Se obtiene por cocimiento de caolín, cuarzo y feldespato. **2** Vasija o figura de porcelana.

porcentaje. m. Tanto por ciento.

porcentual. adj. Calculado o expresado en tantos por ciento.

porche. m. **1** Entrada a un edificio o zona lateral del mismo cubierta con techumbre. **2** Soportal.

porcino, na. adj. **1** Relativo al puerco. | m. **2** Puerco pequeño.

porción. f. **1** Cantidad separada de otra mayor. **2** Parte que corresponde a cada uno en un reparto. **Sin.** 1 trozo 2 ración.

pordiosear. intr. **1** Mendigar, pedir limosna. **2** Pedir con humildad una cosa.

pordiosero, ra. adj. y s. Mendigo.

porfía. f. **1** Acción de porfiar. **2** Disputa mantenida con insistencia. **Sin.** 2 discusión.

porfiar. intr. **1** Disputar obstinadamente y con tenacidad. **2** Pedir algo con excesiva insistencia. **3** Continuar algo insistentemente.

pórfido. m. Roca eruptiva, compacta y dura, formada por una pasta vítrea de color oscuro y grandes cristales de feldespato y cuarzo.

pormenor. m. **1** Detalle. **2** Cosa o circunstancia secundaria. **Sin.** 2 nimiedad, pequeñez.

pormenorizar. tr. Describir o enumerar minuciosamente.

pornografía. f. Género de películas, libros, fotografías, etc., basadas en el sexo, cuyo único objetivo es la excitación sexual del espectador o lector.

pornográfico, ca. adj. **1** Relacionado con la pornografía. **2** Se dice del autor de este tipo de obras.

poro. m. **1** Orificio, imperceptible a simple vista, de la piel de los animales y de los vegetales. **2** Espacio entre las moléculas de los cuerpos. **3** Intersticio entre las partículas de los sólidos de estructura discontinua.

poroso, sa. adj. Que tiene poros.

porque. conj. causal. Por causa o razón de que: *no lo hizo porque no quiso*.

porqué. m. Causa, razón o motivo: *quisiéramos saber el porqué de su conducta*.

porquería. f. **1** Suciedad. **2** Acción sucia o indecente. **3** Grosería, desatención. **4** Cosa de poco valor. **5** Alimento poco nutritivo o malo para la salud. **Sin.** 1 basura, inmundicia 3 descortesía ☐ **Ant.** 1 limpieza 3 atención.

porqueriza. f. Pocilga para los puercos.

porra. f. **1** Cachiporra. **2** Instrumento de forma análoga, usado por policías, guardias, etc. **3** Trozo

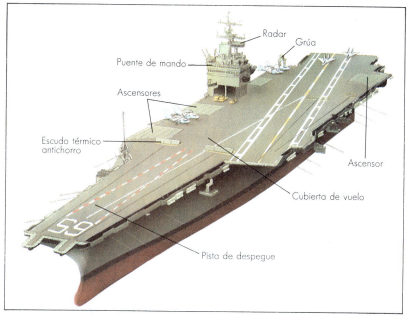

Portaaviones

de masa frita parecido al churro, pero más gruesa. **4** Apuesta entre varios a cierto número o resultado, en la que el ganador se lleva todo el dinero apostado. **5 mandar,** o **enviar, a la porra.** loc. Echar a alguien con enfado. S<small>IN</small>. 1 garrote.

porrada. f. **1** Porrazo. **2** Conjunto o montón de cosas.

porrazo. m. **1** Golpe que se da con la porra o con otro instrumento. **2** Cualquier golpe. S<small>IN</small>. 2 batacazo, trastazo.

porro. m. Cigarrillo de hachís o marihuana mezclado con tabaco.

porrón. m. Recipiente de cuello largo y pitorro para beber a chorro.

portaaviones. m. Buque de guerra destinado a transportar aviones, que despegan y aterrizan en su cubierta. ‖ No varía en pl.

portada. f. **1** Ornato en la fachada de los edificios. **2** Primera plana de los libros impresos, en la que figura el título, el nombre del autor y el lugar y año de la impresión. **3** Frontispicio o cara principal de cualquier cosa.

portador, ra. adj. y s. **1** Que lleva o trae una cosa. ǀ m. y f. **2** Persona transmisora de una enfermedad. **3** Tenedor de efectos públicos o valores comerciales que no son nominativos.

portaequipaje o **portaequipajes.** m. Espacio para el equipaje en un vehículo.

portafolio o **portafolios.** m. Cartera para llevar documentos, libros, etc.

portaherramientas. m. Pieza que sujeta la herramienta en una máquina. ‖ No varía en pl.

portal. m. **1** Zaguán, entrada de un edificio. **2** Soportal. **3** Pórtico.

portalámpara o **portalámparas.** m. Pieza para asegurar el casquillo de las lámparas eléctricas.

portaminas. m. Instrumento que contiene minas recambiables, usado como lápiz. ‖ No varía en pl.

portamonedas. m. Bolsita o cartera para el dinero. ‖ No varía en pl. S<small>IN</small>. monedero.

portaobjeto o **portaobjetos.** m. Pieza del microscopio, o lámina adicional, en que se coloca el objeto para observarlo.

portar. tr. **1** Llevar o traer. **2** Traer el perro al cazador la pieza cobrada. ǀ **portarse.** prnl. **3** Conducirse, obrar: *se portó muy bien.* **4** No defraudar a alguien una persona o cosa: *creí que no nos ayudaría, pero al final se portó.*

portarretrato o **portarretratos.** m. Marco para colocar retratos.

portátil. adj. Movible y fácil de transportar.

portavoz. com. **1** Persona con autoridad para representar una colectividad. **2** Funcionario autorizado para hacer públicas las opiniones y decisiones de un gobierno.

portazo. m. Golpe dado al cerrar o cerrarse fuertemente una puerta.

porte. m. **1** Acción de portear o llevar. **2** Cantidad que se paga por llevar o transportar una cosa. **3** Aspecto físico y forma de moverse o desenvolverse una persona: *porte majestuoso*. **4** Categoría o condición de una cosa. **SIN.** 1 acarreo, transporte 3 planta, fachada 4 clase, pelaje.

portear. tr. Conducir o llevar una cosa de una parte a otra. **SIN.** acarrear, transportar.

portento. m. **1** Cosa, acción o suceso que causa admiración, pasmo. **2** Persona muy sabia o muy hábil en alguna materia. **SIN.** 1 maravilla, milagro 1 y 2 prodigio.

porteño, ña. adj. y s. Natural de diversas ciudades de España y América en las que hay puerto.

portería. f. **1** Garita o pieza del portal destinada al portero. **2** Empleo u oficio de portero. **3** Su vivienda. **4** En deportes como el fútbol, meta para marcar tantos.

portero, ra. m. y f. **1** Persona encargada del cuidado y vigilancia de una casa. **2** Jugador que en algunos deportes defiende la portería de su equipo. **3 portero automático.** Mecanismo eléctrico para abrir los portales en las casas de vecinos desde el interior de las viviendas.

pórtico. m. **1** Sitio cubierto y con columnas construido delante de los templos u otros edificios. **2** Galería con arcadas o columnas a lo largo de un muro de fachada o patio. **SIN.** 1 porche 2 soportal.

portillo. m. **1** Abertura en las murallas, paredes o tapias. **2** Postigo o puerta chica en otra mayor.

portorriqueño, ña. adj. y s. Puertorriqueño.

portuario, ria. adj. Relacionado con el puerto de mar.

portugués, sa. adj. y s. **1** De Portugal. | m. **2** Lengua que se habla en Portugal, Brasil y antiguas posesiones portuguesas.

portulano. m. Colección de planos de varios puertos, encuadernada en forma de atlas.

porvenir. m. Tiempo futuro. **SIN.** mañana ☐ **ANT.** ayer, pasado.

pos (en). loc. adv. Detrás o después de: *salió en pos de ella*.

pos-, post-. pref. Significa 'detrás' o 'después de': *posguerra, postimpresionismo*.

posada. f. Fonda, casa de huéspedes.

posaderas. f. pl. Nalgas.

posar. tr. **1** Poner algo con suavidad sobre una superficie: *posó la mano sobre su cabeza*. | intr. **2** Permanecer en cierta postura para retratarse o servir de modelo. | **posarse.** prnl. **3** Pararse sobre una superficie un ave, avión, insecto, etc., después de volar. **4** Depositarse en el fondo de un líquido las partículas sólidas en suspensión, o caer el polvo sobre una superficie.

posavasos. m. Soporte sobre el que se ponen los vasos para que no dejen marca en la mesa. ‖ No varía en pl.

posdata. f. Texto que se añade a una carta ya concluida y firmada.

pose. f. Posición, postura o actitud estudiadas. **SIN.** afectación, empaque. ☐ **ANT.** naturalidad.

poseer. tr. **1** Tener uno en su poder una cosa. **2** Contar con algo, disponer de ello: *poseer fuerza; conocimientos*. **3** Dominar a alguien un sentimiento o pasión. **4** Realizar el acto sexual con una mujer. ‖ **Irreg.** Se conj. como *leer*. **ANT.** 1 y 2 carecer.

poseído, da. adj. y s. Poseso.

posesión. f. **1** Acto de poseer o tener. **2** Cosa poseída. **3** Hecho de estar poseído por un espíritu. **SIN.** 1 disfrute, tenencia.

posesionar. tr. y prnl. Poner en posesión de una cosa.

posesivo, va. adj. **1** Relacionado con la posesión. **2** Se dice de los pronombres y adjetivos que indican posesión o pertenencia.

poseso, sa. adj. y s. Se dice de la persona cuya alma está dominada por otro espíritu.

posguerra. f. Tiempo inmediato a la terminación de una guerra.

posibilidad. f. **1** Hecho de ser algo posible. **2** Aptitud o facultad para hacer o no hacer algo. **3** Medios, caudal o hacienda de uno. Más en pl.: *posibilidades económicas*.

posibilitar. tr. Facilitar, hacer posible.

posible. adj. **1** Que puede ser o suceder; que se puede ejecutar. | m. pl. **2** Bienes, rentas o medios que uno posee o goza.

posición. f. **1** Manera de estar colocada una persona o cosa. **2** Lugar en que está situada, especialmente dentro de una serie u orden: *llegó en tercera posición*. **3** Situación económica de una persona.

positivismo. m. **1** Tendencia a buscar lo más práctico y útil. **2** Sistema filosófico formulado por Augusto Comte, que no admite como válidos científicamente los conocimientos que no proceden de la experiencia.

positivo, va. adj. **1** Cierto, que no ofrece duda. **2** Bueno o favorable: *unas condiciones positivas*. **3** Práctico y optimista: *un hombre muy positivo*. **4** Se dice de la copia fotográfica que se obtiene a partir del negativo, y en la que los colores no están invertidos. También m. **5** En fís., se aplica al polo, electrodo, etc., hacia el que se produce un flujo de electrones. **6** En mat., se aplica a todo número mayor que cero. **7** En ling., se dice del grado de significación simple del adjetivo. **Sin.** 1 verdadero 2 beneficioso 3 pragmático ☐ **Ant.** 1 inseguro 1-6 negativo.

positrón o **positón.** m. Partícula elemental de las mismas características que el electrón, pero de carga positiva.

poso. m. **1** Sedimento del líquido. **2** Resentimiento, amargura que deja algo.

posología. f. Parte de la farmacología, que trata de las dosis de administración de los medicamentos.

posponer. tr. **1** Colocar a una persona o cosa después de otra. **2** Diferir, retardar. **3** Apreciar a una persona o cosa menos que a otra. || **Irreg.** Se conj. como *poner*.

posta. f. **1** Conjunto de caballerías que estaban apostadas en los caminos a determinadas distancias, para cambiar los tiros de los carruajes. **2** Lugar donde estaban las postas. **3** Bala pequeña de plomo.

postal. adj. Relacionado con correos: *servicio, tarjeta postal*.

poste. m. **1** Madero, piedra o columna colocada verticalmente para servir de apoyo o señal. **2** En deporte, cada uno de los dos palos verticales de la portería.

póster. m. Cartel grande de carácter decorativo.

postergar. tr. **1** Dejar atrasada una cosa, respecto al lugar o al tiempo. **2** Tener en menos a alguien. **Sin.** 1 retrasar, posponer.

posteridad. f. **1** Futuro y generaciones futuras. **2** Fama obtenida después de la muerte.

posterior. adj. **1** Que fue o viene después, o está o queda detrás: *los años posteriores a la guerra; la parte posterior de la casa*. **2** En ling., se dice del fonema que se articula aproximando el dorso de la lengua al velo del paladar, en la parte de atrás de la boca.

postigo. m. **1** Puerta pequeña abierta en otra mayor. **2** Tablero para cubrir la parte encristalada de puertas y ventanas. **3** Puerta fabricada en una pieza, sin divisiones y con sólo una hoja.

postilla. f. Costra de una herida, llaga o grano.

postín. m. **1** Lujo, riqueza o importancia afectados. **2 darse postín.** loc. Darse tono, importancia. **3 de postín.** loc. adj. Muy fino y elegante. **Sin.** 1 jactancia, vanidad ☐ **Ant.** 1 modestia, sencillez.

postizo, za. adj. **1** Agregado, imitado, sobrepuesto. | m. **2** Peluca o cabellera artificial.

post merídiem. loc. lat. Después del mediodía. || Se abrevia *p. m.*

postoperatorio, ria. adj. y m. Período posterior a una operación quirúrgica.

postor. m. El que ofrece precio en una subasta, licitador.

postración. f. Debilitamiento y abatimiento grandes.

postrar. tr. y prnl. **1** Debilitar, abatir. | **postrarse.** prnl. **2** Hincarse de rodillas. **3** Humillarse. **Sin.** 1 extenuar, languidecer.

postre. m. Fruta o dulce que se sirve al final de la comida.

postrero, ra. adj. Último.

postrimería. f. Último período de la duración de algo. Más en pl.: *las postrimerías del siglo*.

postulado. m. **1** Proposición cuya verdad se admite sin pruebas y que es necesaria para servir de base en ulteriores razonamientos. **2** En mat., supuesto que se establece para fundar una demostración.

postular. tr. **1** Defender una idea o principio. **2** Pedir, especialmente dinero con fines benéficos. **Sin.** 2 demandar, suplicar.

póstumo, ma. adj. **1** Que nace o se publica después de la muerte del padre o autor: *obra póstuma*. **2** Se dice de los elogios, honores, etc., que se tributan a un difunto.

postura. f. **1** Situación o modo en que está puesta una persona, animal o cosa. **2** Actitud que mantiene una persona: *mantuvo una postura intolerante*. **3** Precio que el comprador ofrece por una cosa que se vende, subasta o arrienda. **4** En los juegos de azar, cantidad que apuesta un jugador. **Sin.** 1 posición, pose.

potable. adj. **1** Que se puede beber. **2** Aceptable, pasable.

potaje. m. Guiso de legumbres, verduras y, a veces, otros ingredientes.

potasa. f. Nombre común de la potasa cáustica o hidróxido potásico, compuesto químico muy básico que se emplea en las reacciones de neutralización de los ácidos y en la saponificación de las grasas.

potasio. m. Elemento químico metálico alcalino, blando, cuyos compuestos son muy importantes para uso industrial. Su símbolo es K.

pote. m. **1** Recipiente redondo, con barriga y boca ancha y con tres pies, que servía para cocinar. **2** Plato típico gallego y asturiano, hecho con judías blancas, grelos y otros ingredientes.

potencia. f. **1** Capacidad para ejecutar algo o producir un efecto. **2** Fuerza, poder, energía: *un motor de gran potencia*. **3** Capacidad de crear o generar. **4** Estado o nación de gran fuerza y poder. **5** En fil., capacidad de llegar a ser. **6** En fís., cantidad de trabajo desarrollado en una unidad de tiempo; su unidad es el *vatio*. **7** En mat., producto que resulta de multiplicar una cantidad por sí misma tantas veces como indique su exponente. SIN. 1 posibilidad 2 fortaleza, vigor ☐ ANT. 2 debilidad.

potencial. adj. 1 Que tiene o encierra en sí potencia, o perteneciente a ella. 2 Que puede suceder o existir. | m. 3 Fuerza o poder disponibles: *potencial militar.* 4 En ling., se dice del modo verbal que enuncia la acción como posible. También m. 5 Energía eléctrica acumulada en un cuerpo conductor y que se mide en unidades de trabajo. SIN. 3 capacidad.

potenciar. tr. Dar potencia a una cosa o incrementar la que tiene.

potentado, da. m. y f. Persona rica y poderosa.

potente. adj. 1 Que tiene potencia, fuerza y eficacia: *un motor potente.* 2 Rico, potentado. 3 Se dice del hombre capaz de tener descendencia. SIN. 1 enérgico, fuerte ☐ ANT. 1 débil 3 impotente.

potestad. f. 1 Dominio que se tiene sobre algo. 2 **patria potestad.** Autoridad que los padres tienen, con arreglo a las leyes, sobre sus hijos no emancipados. SIN. 1 autoridad, jurisdicción, poder.

potestativo, va. adj. Facultativo, voluntario.

potingue. m. 1 Preparado de farmacia o cosmético. 2 Bebida desagradable. SIN. 1 mejunje 2 pócima, brebaje.

potra. f. Buena suerte, chiripa.

potranco, ca. m. y f. Caballo que no tiene más de tres años.

potro, tra. m. y f. 1 Caballo desde que nace hasta que muda los dientes de leche. | 2 m. Aparato en el que sentaban a los procesados para obligarles a declarar por medio del tormento. 3 Aparato para realizar ejercicios gimnásticos.

poyo. m. Banco de piedra, yeso u otra materia, arrimado al muro.

poza. f. 1 Concavidad en que hay agua detenida. 2 Pozo de un río, paraje donde éste es más profundo. SIN. 1 charca.

pozo. m. 1 Hoyo que se hace en la tierra ahondándolo hasta encontrar una vena de agua. 2 Lugar donde los ríos tienen mayor profundidad. 3 Hoyo profundo, aunque esté seco. 4 Cosa llena, profunda o completa en su línea: *ser un pozo de ciencia.* 5 **pozo sin fondo.** loc. Persona o negocio en los que se invierte mucho dinero sin obtener resultados aparentes.

práctica. f. 1 Ejercicio de cualquier arte o facultad, conforme a sus reglas. 2 Destreza adquirida con este ejercicio. 3 Uso continuado, costumbre o estilo de una cosa. 4 Aplicación de una ciencia o teoría a casos reales. 5 Modo, método. SIN. 2 habilidad, pericia 3 hábito 5 procedimiento ☐ ANT. 4 teoría.

practicante. adj. y com. 1 Que practica o profesa su religión. | com. 2 Diplomado en enfermería, persona que pone inyecciones, practica curas, etc.

practicar. tr. 1 Ejercitar, llevar a la práctica algo aprendido: *practicar la medicina.* 2 Ejercitar, ensayar: *practica un poco con el coche.* 3 Ejecutar, hacer. 4 Seguir las prácticas de una religión.

práctico, ca. adj. 1 Relacionado con la práctica. 2 Útil, provechoso: *un mueble muy práctico.* 3 Se dice de la persona que piensa siempre en la utilidad de las cosas. | m. 4 En el puerto, el que dirige el rumbo de una embarcación para entrar en el mismo. SIN. 3 pragmático ☐ ANT. 1 teórico.

pradera. f. 1 Conjunto de prados. 2 Prado grande. 3 Lugar llano y con hierba.

prado. m. Tierra en la cual se deja crecer o se siembra la hierba para pasto de los ganados.

pragmático, ca. adj. 1 Relacionado con el pragmatismo. 2 Práctico. | f. 3 En ling., disciplina que estudia las relaciones entre el lenguaje, el uso que hace de él el hablante y las circunstancias de la comunicación.

pragmatismo. m. 1 Corriente filosófica según la cual el único criterio válido para juzgar la verdad de una teoría se ha de fundamentar en sus efectos prácticos. 2 Modo de pensar y de actuar basado sobre todo en las consecuencias prácticas.

praliné. (voz fr.) m. Crema de chocolate y almendra o avellana.

praxis. f. Práctica, en oposición a teoría o teórica. || No varía en pl.

preámbulo. m. 1 Introducción, prefacio. 2 Rodeo, digresión.

prebenda. f. 1 Renta aneja a algunas dignidades y oficios eclesiásticos. 2 Ventaja o beneficio que goza una persona porque otra se lo concede. SIN. 2 enchufe, momio, sinecura.

preboste. m. Cabeza de una comunidad, que la preside o gobierna.

precalentamiento. m. 1 Ejercicio que efectúa el deportista para calentar los músculos. 2 Calentamiento de un motor, aparato, etc.

precámbrico, ca. adj. y m. Se apl. al período geológico que media entre la formación de la Tierra y la aparición de los primeros seres vivos capaces de formar fósiles.

precariedad. f. Cualidad de precario.

precario, ria. adj. 1 De poca estabilidad o duración. 2 Pobre, sin medios económicos suficientes.

precaución. f. Cautela, prudencia.

precaver. tr. y prnl. Prevenir un riesgo o daño.

precavido, da. adj. Que sabe precaver los riesgos. SIN. cauto.

precedente. adj. 1 Que precede o es anterior. | m. 2 Antecedente, acción o circunstancia anterior que sirve para juzgar hechos posteriores.

preceder. tr. **1** Ir delante en tiempo, orden o lugar. También intr. **2** Anteceder o estar antepuesto. **3** Tener una persona o cosa preferencia, primacía o superioridad sobre otra.

preceptivo, va. adj. **1** Obligatorio, que constituye precepto. | f. **2** Conjunto de preceptos aplicables a determinada materia.

precepto. m. **1** Mandato, orden. **2** Instrucción, regla.

preceptor, ra. m. y f. Persona encargada de la educación de los niños. SIN. maestro, mentor.

preceptuar. tr. Dar o dictar preceptos. SIN. disponer, ordenar.

preces. f. pl. **1** Ruegos, súplicas. **2** Oraciones.

preciado, da. adj. **1** Precioso, excelente. **2** Jactancioso, vano.

preciar. tr. **1** Apreciar. | **preciarse.** prnl. **2** Jactarse, vanagloriarse. SIN. 1 estimar, valorar 2 alardear, blasonar, presumir. ☐ ANT. 1 despreciar.

precintar. tr. Poner un precinto.

precinto. m. **1** Acción de precintar. **2** Ligadura, señal sellada, etc., con que se cierra un local u objeto para que sea abierto cuando y por quien corresponda.

precio. m. **1** Valor en dinero en que se estima una cosa. **2** Estimación, importancia o crédito: *hombre de gran precio*. **3** Esfuerzo o sufrimiento necesarios para conseguir una cosa: *el precio de la fama*.

preciosidad. f. **1** Cualidad de precioso. **2** Persona o cosa muy hermosa.

preciosismo. m. **1** Excesiva perfección y cuidado en el estilo. **2** Tendencia al refinamiento.

preciosista. adj. y com. Relacionado con el preciosismo o que lo muestra.

precioso, sa. adj. **1** De gran calidad y elevado coste: *metales preciosos*. **2** Muy hermoso. SIN. 1 valioso, excelente, primoroso 2 bello ☐ ANT. 2 feo.

precipicio. m. Despeñadero, barranco, sima.

precipitación. f. **1** Acción y efecto de precipitar o precipitarse: *actuó con precipitación*. **2** Agua procedente de la atmósfera, que cae sobre la tierra en forma sólida o líquida. **3** Reacción química en la que aparece una sustancia sólida indisoluble al mezclarse otras sustancias.

precipitado, da. adj. **1** Atropellado, alocado. | m. **2** Materia sólida resultado de una reacción química de precipitación.

precipitar. tr. y prnl. **1** Arrojar o derribar de un lugar alto. También prnl. **2** Acelerar, apresurar. **3** Exponer a una persona o incitarla a ruina física o moral. SIN. 1 despeñar, lanzar.

precisar. tr. **1** Necesitar. **2** Fijar o determinar de modo preciso. **3** Obligar, forzar. SIN. 1 requerir, urgir.

precisión. f. **1** Exactitud, puntualidad, concisión. **2** Obligación o necesidad indispensable.

preciso, sa. adj. **1** Necesario, indispensable. **2** Exacto, puntual, conciso. **3** Distinto, claro.

preclaro, ra. adj. Esclarecido, ilustre.

precocidad. f. Cualidad de precoz.

precolombino, na. adj. Se dice de lo relacionado con América, especialmente del arte, anterior a los descubrimientos de Cristóbal Colón.

preconcebir. tr. Establecer previamente y con sus pormenores alguna idea o proyecto. || **Irreg.** Se conj. como *pedir*.

preconizar. tr. **1** Recomendar, aconsejar. **2** Anunciar.

precoz. adj. **1** Que se produce u ocurre antes de lo acostumbrado. **2** Se dice del niño que muestra comportamientos y cualidades propios de una edad más tardía.

precursor, ra. adj. y s. Que comienza o anuncia ideas, técnicas, etc., que tendrán su desarrollo completo más tarde.

predecesor, ra. m. y f. **1** Persona que precedió a otra en una dignidad, empleo o encargo. **2** Antecesor.

predecir. tr. Anunciar algo que ha de suceder. || **Irreg.** Se conj. como *decir*. SIN. presagiar, vaticinar.

presdestinado, da. adj. y s. **1** Elegido. **2** Que fatalmente tiene que acabar de determinada forma.

predestinar. tr. Destinar anticipadamente una cosa para un fin.

predeterminar. tr. Determinar o resolver con anticipación una cosa.

prédica. f. **1** Sermón o plática. **2** P. ext., perorata, discurso apasionado o moralizante.

predicado. m. **1** En ling., parte del discurso que, junto con el sujeto, constituye una oración. **2** En lóg., lo que se afirma o niega del sujeto en una proposición.

predicador, ra. adj. y s. Que predica.

predicamento. m. Buena opinión o prestigio que tiene alguien o algo entre la gente.

predicar. tr. **1** Pronunciar un sermón. **2** Regañar o intentar convencer. **3** En ling. y lóg., afirmar o negar algo del sujeto. **4** Publicar, hacer patente una cosa. SIN. 2 amonestar, reprender.

predicativo, va. adj. **1** En ling., relativo al predicado. **2** Se dice de las oraciones de verbo no copulativo, y de este tipo de verbos. **3** Se dice del complemento que lo es al mismo tiempo del verbo y del sujeto o complemento directo. También m.

predicción. f. **1** Acción de predecir. **2** Aquello que se predice.

predilección. f. Cariño especial con que se distingue a una persona o cosa entre otras. SIN. preferencia, inclinación, favor ☐ ANT. aversión.

predio. m. Heredad, hacienda, tierra o posesión inmueble.

predisponer. tr. y prnl. **1** Disponer anticipadamente algunas cosas. **2** Preparar la intención, sentimientos u opinión de las personas para un fin determinado. También prnl. || **Irreg.** Se conj. como *poner*.

predisposición. f. Acción de predisponer.

predominar. tr. e intr. Prevalecer, preponderar.

predominio. m. **1** Poder, superioridad, influencia. **2** Abundancia sobre otras cosas.

preeminencia. f. Privilegio o preferencia que goza alguien respecto de otro por razón o mérito especial.

prefabricado, da. adj. Se dice de la construcción cuyas partes esenciales se envían ya fabricadas al lugar de su emplazamiento.

prefacio. m. **1** Prólogo o introducción de un libro. **2** Parte de la misa que precede inmediatamente al canon. **Ant.** 1 epílogo.

prefecto. m. **1** Entre los romanos, título de varios jefes militares o civiles. **2** El que preside y dirige una junta o comunidad eclesiástica. **3** En Francia, gobernador de un departamento.

preferencia. f. **1** Primacía o ventaja que una persona o cosa tiene sobre otra. **2** Inclinación favorable o predilección hacia una persona o cosa.

preferible. adj. Más adecuado o conveniente.

preferir. tr. y prnl. **1** Tener preferencia por una persona o cosa. **2** Elegir una persona o cosa entre varias. || **Irreg.** Se conjuga como *sentir*. **Sin.** 1 anteponer ☐ **Ant.** 1 menospreciar.

prefijo, ja. adj. y m. Se dice del afijo que va antepuesto: des*confiar*, re*poner*.

pregón. m **1** Anuncio en voz alta de algo. **2** Discurso en que se anuncia la celebración de un festejo.

pregonar. tr. **1** Anunciar algo en voz alta para que se conozca. **2** Divulgar lo que estaba oculto o lo que debía callarse.

pregunta. f. **1** Acción de preguntar. **2** Aquello que se pregunta. **Sin.** 1 interrogación ☐ **Ant.** 1 respuesta.

preguntar. tr. y prnl. Pedir a alguien que diga lo que sabe sobre algo. **Sin.** demandar, interrogar.

prehistoria. f. Ciencia que estudia el período de la vida de la humanidad anterior a todo documento escrito.

prehistórico, ca. adj. **1** Relacionado con la prehistoria. **2** Anticuado, viejo.

prejuicio. m. Idea u opinión, generalmente de rechazo, que se tiene sobre alguien o algo sin que esté motivada ni justificada por nada concreto: *prejuicios raciales*.

prejuzgar. tr. Juzgar a las personas o las cosas antes de tener buen conocimiento de ellas.

prelado, da. m. Superior de un convento o comunidad eclesiástica.

preliminar. adj. **1** Que sirve de preámbulo. **2** Que antecede a una acción, empresa, etc. También m.

preludio. m. **1** Lo que precede o sirve de entrada, preparación o principio a una cosa. **2** Composición musical de corto desarrollo y libertad de forma, que suele preceder la ejecución de otras obras. **3** Obertura o sinfonía.

prematuro, ra. adj. **1** Que ocurre antes de tiempo. **2** Que no ha alcanzado su pleno desarrollo. **Sin.** 1 anticipado 2 inmaduro ☐ **Ant.** 1 retrasado.

premeditación. f. Acción de premeditar; en derecho, constituye una de las circunstancias agravantes de la responsabilidad criminal.

premeditar. tr. Pensar reflexivamente una cosa antes de ejecutarla.

premiar. tr. Remunerar, galardonar.

premio. m. **1** Recompensa por algún mérito o servicio. **2** Cada uno de los lotes sorteados en la lotería nacional y en otros juegos, concursos, etc. **3** Nombre de ciertas competiciones literarias, deportivas, etc. **Sin.** 1 distinción, galardón, retribución ☐ **Ant.** 1 castigo.

premisa. f. **1** Cada una de las dos primeras proposiciones del silogismo. **2** Señal o indicio a través de los cuales se deduce o conoce una cosa. | pl. **3** Base, supuesto.

premolar. adj. y m. Se dice de la pieza dental situada entre los caninos y los molares.

premonición. f. Presentimiento, presagio.

premonitorio, ria. adj. Se dice de lo que tiene carácter de aviso anticipado.

premura. f. Aprieto, prisa, urgencia.

prenda. f. **1** Cosa que garantiza la seguridad o cumplimiento de una obligación: *dejó el collar en prenda*. **2** Lo que se da o hace en señal o demostración de algo: *lo hizo como prenda de amor*. **3** Cada una de las partes que componen la indumentaria: *prendas de abrigo*. **4** Cada una de las buenas cualidades de una persona. | pl. **5** Juego en el que, cada vez que se pierde, hay que dejar un objeto que se lleva encima o realizar una acción que decidan los demás jugadores. **6 soltar prenda.** loc. Decir algo, especialmente si es comprometido.

prendar. tr. **1** Agradar muchísimo. | **prendarse.** prnl. **2** Entusiasmarse o enamorarse.

prender. tr. **1** Agarrar, sujetar algo. **2** Detener, capturar a alguien. **3** Referido al fuego o a otras cosas combustibles, encender o incendiar. | intr. **4** Arraigar la planta en la tierra. **Sin.** 1 aprehender, asir, enganchar 3 arder.

prensa. f. **1** Máquina que sirve para comprimir. **2** Imprenta. **3** Conjunto de las publicaciones periódicas, especialmente las diarias. **4** Conjunto de los periodistas.

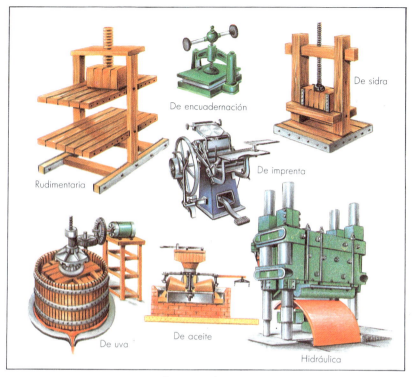

Distintos tipos de prensa

prensil. adj. Que sirve para asir o coger: *cola, trompa prensil*.

prensor, ra. adj. y f. **1** Se dice de las aves de mandíbulas robustas, la superior encorvada desde la base, y las patas con dos dedos dirigidos hacia atrás; como el guacamayo y el loro. | f. pl. **2** Orden de estas aves.

preñar. tr. **1** Dejar embarazada. **2** Henchir, llenar.

preñez. f. **1** Embarazo de las hembras. **2** Tiempo que dura.

preocupación. f. Cuidado, temor e intranquilidad que produce algo. **Sin.** inquietud.

preocupar. tr. y prnl. **1** Causar preocupación o tenerla. | **preocuparse.** prnl. **2** Encargarse, atender.

preparar. tr. **1** Disponer, acondicionar. **2** Prevenir a una persona o disponerla para una acción que se ha de seguir. También prnl. **3** Estudiar o entrenar: *preparar un examen*. También prnl.: *se prepara para un campeonato*. **4** Hacer arreglos o amaños. **Sin.** 1 aprestar.

preparativo, va. adj. **1** Que se prepara y dispone. | m. **2** Cosa dispuesta y preparada. Más c. pl.

preponderancia. f. Superioridad, primacía.

preponderar. intr. Prevalecer.

preposición. f. Parte invariable de la oración, cuya función es denotar el régimen o relación que tienen entre sí dos palabras o términos.

prepotencia. f. **1** Poder superior al de otros. **2** Abuso o alarde de poder.

prepotente. adj. Que muestra prepotencia.

prepucio. m. Piel móvil que cubre el glande.

prerrogativa. f. **1** Privilegio, gracia o exención que se concede a alguien. **2** Facultad o derecho exclusivo de una autoridad.

prerrománico, ca. adj. y m. Se dice del estilo artístico anterior al románico, vigente en Europa occidental entre los siglos v y xi.

presa. f. **1** Acción de prender o tomar. **2** Persona, animal o cosa apresada o que se intenta apresar: *el zorro perseguía a su presa*. **3** Persona dominada por el sentimiento o pasión que se expresa: *no podía dormir, presa de sus remordimientos*. **4** Acequia o zanja de regar. **5** Represa, lugar donde las aguas están detenidas o embalsadas.

presagiar. tr. Anunciar o prever una cosa.

presagio. m. Señal que indica, previene y anuncia un suceso. Sɪɴ. indicio, síntoma.

presbicia. f. Defecto de la vista, propio de la edad madura, que consiste en ver confusos los objetos próximos.

presbiteriano, na. adj. y s. Se dice del protestante ortodoxo en Inglaterra, Escocia y América, que no reconoce la autoridad episcopal sobre los presbíteros.

presbiterio. m. Área del altar mayor hasta el pie de las gradas por donde se sube a él.

presbítero. m. Sacerdote cristiano.

prescindir. intr. No contar con una persona o no usar, adquirir o tener en cuenta una cosa: *ahora no puede prescindir del ordenador*.

prescribir. tr. **1** Ordenar algo. **2** Recetar un medicamento o indicar el uso o consumo de algo. | intr. **3** Extinguirse un derecho, acción o responsabilidad. ‖ Su p. p. es irreg.: *prescrito*. Sɪɴ. 1 preceptuar, determinar, disponer 3 caducar, concluir.

prescripción. f. Acción de prescribir.

presencia. f. **1** Hecho de encontrarse una persona en un determinado lugar. **2** P. ext., existencia de algo: *detectaron la presencia de bacterias en la carne*. **3** Aspecto físico: *buena o mala presencia*. Sɪɴ. 1 asistencia 3 facha, traza ◻ Aɴᴛ. 1 ausencia.

presenciar. tr. Hallarse presente, asistir.

presentación. f. **1** Acción de presentar o presentarse. **2** Aspecto.

presentador, ra. m. y f. Persona que presenta un espacio en radio o televisión.

presentar. tr. **1** Mostrar una cosa; ponerla en presencia de alguien: *hoy presenta su novela*. También prnl. **2** Dar a conocer una persona a otra indicándole el nombre y otras circunstancias que la identifiquen. También prnl. **3** Proponer a una persona para una dignidad o cargo. Más c. prnl.: *se presenta como candidato*. **4** Dirigir y comentar un espacio de radio o televisión. | **presentarse.** prnl. **5** Comparecer ante alguien o asistir a algún acto o lugar: *decidió no presentarse al examen*. Sɪɴ. 1 exhibir, ostentar ◻ Aɴᴛ. 1 ocultar.

presente. adj. **1** Que está delante o en presencia de uno. **2** Actual. | m. **3** Tiempo del verbo que denota la acción actual. **4** Regalo, don.

presentimiento. m. Presagio, corazonada.

presentir. tr. Tener la sensación de que algo va a ocurrir o que va a ser de cierta manera. ‖ **Irreg.** Se conj. como *sentir*.

preservar. tr. y prnl. Proteger de un daño o peligro.

preservativo, va. adj. y m. **1** Que tiene virtud o eficacia de preservar. | m. **2** Condón.

presidencia. f. **1** Cargo de presidente. **2** Acción de presidir.

presidencialismo. m. Sistema de organización política en que el presidente de la república es también jefe del poder ejecutivo.

presidente, ta. m. y f. **1** Cabeza o superior de un gobierno, consejo, tribunal, junta, sociedad, etc. **2** En los regímenes republicanos, el jefe del Estado.

presidiario. m. Preso que cumple en presidio su condena.

presidio. m. Establecimiento penitenciario en que cumplen sus condenas los presos. Sɪɴ. cárcel, penal, penitenciaría.

presidir. tr. **1** Tener el primer lugar en una asamblea, empresa, etc. **2** Predominar, tener algo especial influjo: *la ambición preside todos sus actos*. Sɪɴ. 1 dirigir, regir, mandar.

presilla. f. **1** Cordón pequeño, en forma de lazo, para prender o asegurar una cosa. **2** Costura que se pone en los ojales y otras partes de la tela para que no se abra.

presión. f. **1** Acción de apretar o comprimir. **2** Fuerza o coacción que se hace sobre una persona o colectividad. **3** Fuerza que ejerce un gas, líquido o sólido sobre una unidad de superficie de un cuerpo; se mide en *pascales*. **4 presión atmosférica.** Fuerza que ejerce la atmósfera sobre una unidad de superficie de la Tierra; se mide en *milibares*. **5 presión arterial.** Tensión arterial.

presionar. tr. Ejercer presión. Sɪɴ. empujar, forzar, coaccionar.

preso, sa. adj. y s. Persona que sufre prisión. Sɪɴ. recluso, presidiario.

prestación. f. **1** Acción de prestar. **2** Cosa o servicio exigido por una autoridad o convenido en un pacto. **3** Cosa o servicio que un contratante da o promete al otro.

prestamista. com. Persona que hace préstamos.

préstamo. m. **1** Acción de prestar dinero u otra cosa. **2** Dinero que una persona o entidad toma prestado de otra con una garantía y pagando intereses. **3** Palabra que una lengua toma de otra. Sɪɴ. 2 empréstito.

prestancia. f. **1** Aspecto distinguido: *la decoración da prestancia a la casa*. **2** Excelencia, calidad superior.

prestar. tr. **1** Entregar a alguien dinero u otra cosa para que por algún tiempo lo use o disfrute de ella, con la obligación de devolverla. **2** Dar o comunicar: *prestar ayuda.* **3** Conceder, observar: *prestar atención.* | **prestarse.** prnl. **4** Ofrecerse o acceder a algo: *nunca se prestará a ese tipo de bromas.*

prestatario, ria. adj. y s. Que toma dinero a préstamo.

presteza. f. Prontitud, diligencia.

prestidigitador, ra. m. y f. Persona que hace juegos de manos y trucos de magia.

prestigio. m. Renombre, buen crédito o fama de alguien o algo. **Sin.** crédito, reputación.

presto, ta. adj. **1** Pronto, diligente. **2** Preparado, dispuesto. | adv. t. **3** Al instante.

presumir. tr. **1** Sospechar, juzgar, conjeturar. | intr. **2** Vanagloriarse. **Sin.** 2 alardear.

presunción. f. **1** Acción de presumir. **2** Cosa que se tiene como verdad, mientras no se demuestre lo contrario. **Sin.** 1 fatuidad, orgullo, vanidad □ **Ant.** 1 humildad, modestia.

presunto, ta. adj. Supuesto.

presuponer. tr. **1** Dar algo por sentado. **2** Hacer presupuestos. || **Irreg.** Se conj. como *poner.*

presupuestar. tr. Hacer un presupuesto.

presupuesto. m. **1** Cálculo anticipado del coste de alguna cosa, y también de los gastos e ingresos de una corporación u organismo público: *presupuestos del Estado.* **2** Cantidad de dinero que se calcula o se dispone para algo. **3** Supuesto o suposición: *partir de un presupuesto.*

presurizar. tr. Mantener la presión atmosférica normal en un recinto, independientemente de la presión exterior.

presuroso, sa. adj. Rápido, veloz. **Sin.** pronto, ligero □ **Ant.** lento.

prêt à porter. (loc. fr.) adj. Se dice de la ropa que se vende ya confeccionada.

pretencioso, sa. adj. Presuntuoso.

pretender. tr. **1** Querer conseguir algo: *pretende ganar.* **2** Cortejar un hombre a una mujer para casarse con ella. **Sin.** 1 aspirar, intentar □ **Ant.** 1 desistir, renunciar.

pretendiente. adj. y com. **1** Que pretende o solicita una cosa. **2** Aspirante. | m. **3** Hombre que pretende o corteja a una mujer. **4** Príncipe que reivindica un trono.

pretensión. f. **1** Derecho que uno juzga tener sobre algo: *tiene pretensiones al puesto.* | pl. **2** Ambiciones, deseos. **3** Vanidad, presunción.

pretérito, ta. adj. **1** Se dice de lo que ya ha pasado o sucedió. | m. **2** Tiempo del verbo que denota acciones o juicios ya pasados.

pretexto. m. Causa o razón falsa que se alega para hacer una cosa o para excusarse por no haberla hecho. **Sin.** disculpa, excusa, evasiva.

pretil. m. Muro o barandilla que se pone en los puentes y otros lugares para evitar las caídas.

pretina. f. Correa o cinta con hebilla o broche para sujetar en la cintura ciertas prendas de vestir.

pretor. m. Magistrado romano que ejercía jurisdicción en Roma o en las provincias.

pretoriano, na. adj. **1** Relacionado con el pretor. **2** Se dice de los soldados de la guardia de los emperadores romanos. También m.

prevalecer. intr. **1** Sobresalir una persona o cosa. **2** Perdurar. || **Irreg.** Se conj. como *agradecer.* **Sin.** 1 predominar 2 permanecer.

prevaricación. f. Acción de prevaricar.

prevaricar. intr. Delinquir los empleados públicos a sabiendas o por ignorancia inexcusable.

prevención. f. **1** Acción de prevenir. **2** Preparación y disposición para evitar un riesgo o ejecutar una cosa. **3** Concepto desfavorable que se tiene de una persona o cosa.

prevenido, da. adj. **1** Advertido, apercibido. **2** Provisto, abundante.

prevenir. tr. **1** Prever, conocer de antemano un daño o perjuicio y tomar las medidas necesarias. **2** Advertir de algo: *te prevengo que hace frío.* **3** Predisponer contra alguien o algo: *nos previnieron contra él.* También prnl. **4** Preparar, disponer. | **prevenirse.** prnl. **5** Prepararse de antemano para algo. || **Irreg.** Se conj. como *venir.* **Sin.** 2 avisar 4 aparejar, aprestar.

preventivo, va. adj. Que previene de un mal o perjuicio: *medicina preventiva.*

prever. tr. **1** Conocer algo con anticipación a través de ciertas señales o indicios. **2** Disponer medios para prevenir posibles males, daños, etc. || **Irreg.** Se conj. como *ver.* **Sin.** 1 barruntar 2 precaver, prevenir.

previo, via. adj. Anticipado.

previsible. adj. Que puede ser previsto.

previsión. f. **1** Acción de prever. **2** Prudencia, precaución.

previsor, ra. adj. y s. Que prevé o previene.

previsto, ta. adj. Sabido por anticipado.

prieto, ta. adj. Apretado, ajustado. **Sin.** ceñido, denso.

prima. f. **1** Precio que el asegurado paga al asegurador. **2** Gratificación o indemnización que se paga en ciertos casos.

primacía. f. Superioridad, prioridad, preeminencia.

primado. m. Primero y de mayor categoría de todos los obispos y arzobispos de un país.

primar. intr. Prevalecer, predominar.

primario, ria. adj. **1** Principal o primero en orden o grado. **2** Fundamental, básico: *enseñanza primaria*. **3** Primitivo, poco civilizado o desarrollado: *instintos primarios*. **4** Se dice de la primera de las eras geológicas, durante la cual se formaron el carbón, el petróleo, cobre, etc., y en la que aparecieron los primeros seres vivos capaces de dejar fósiles. También m. **Sin.** 1 primordial 2 y 3 elemental.

primate. adj. y m. **1** Se dice de los mamíferos de superior organización, plantígrados, con extremidades terminadas en cinco dedos provistos de uñas. | m. pl. **2** Orden de estos animales.

primavera. f. **1** Estación del año, que astronómicamente comienza en el equinoccio del mismo nombre y termina en el solsticio de verano. **2** Época templada del año, que en el hemisferio boreal corresponde a los meses de marzo, abril y mayo, y en el austral a los de octubre, noviembre y diciembre.

primaveral. adj. Relativo a la primavera.

primer. adj. apóc. de primero. Se usa delante de un sustantivo masculino.

primerizo, za. adj. Que hace algo por primera vez; se dice, particularmente, de la hembra que pare por primera vez.

primero, ra. adj. **1** Persona o cosa que precede a las demás en orden, tiempo, lugar, situación, clase, etc. **2** Excelente, grande, que sobresale y excede a otros. **3** Antiguo, anterior. | adv. t. **4** Antes de todo: *primero hablaré con él*.

primicia. f. **1** Primer producto de cualquier cosa. **2** Primera noticia: *la primicia la dio un diario de la mañana*.

primigenio, nia. adj. Primitivo, originario.

primitivo, va. adj. **1** Relativo a los orígenes y primeros tiempos de alguna cosa. **2** Se dice de los pueblos aborígenes o de civilización poco desarrollada, y también de sus individuos. **3** Rudimentario, tosco.

primogénito, ta. adj. y s. Se aplica al primer hijo.

primogenitura. f. Condición o derecho del primogénito.

primo, ma. adj. **1** Primero. | m. y f. **2** Respecto de una persona, hijo o hija de su tío o tía. **3** Persona incauta, fácil de engañar.

primor. m. **1** Esmero, habilidad. **2** Hermosura, belleza. **Sin.** 1 maestría, destreza, finura 2 preciosidad ☐ **Ant.** 1 descuido.

primordial. adj. Esencial, fundamental.

primoroso, sa. adj. Hecho con primor.

princesa. f. **1** Soberana de un principado. **2** Mujer del príncipe.

principado. m. **1** Título de príncipe. **2** Territorio que gobierna.

principal. adj. **1** Que tiene el primer lugar en estimación o importancia, y se antepone o prefiere a otros. **2** Esencial, fundamental. **3** En ling., se dice de la oración de la que dependen sintácticamente una o más oraciones subordinadas.

príncipe. m. **1** Hijo primogénito del rey, heredero de la corona. **2** Título dado a algunos individuos de familia real o imperial. **3** Soberano de algunos Estados: *príncipe de Mónaco*. **4** Cualquiera de los grandes de un reino: *un príncipe de la Rusia zarista*. | adj. **5** Primera edición de una obra.

principesco, ca. adj. **1** Propio de príncipes. **2** Espléndido, lujoso.

principiante. adj. y com. Que empieza en un arte, oficio, etc.

principio. m. **1** Primer instante de la existencia de algo. **2** Punto que se considera primero en una extensión o cosa. **3** Base, fundamento, origen. **4** Causa primitiva o primera de algo. **5** Norma o idea fundamental que rige el pensamiento o la conducta. **6** Componente de un cuerpo: *principios activos*. **Sin.** 1 nacimiento 1 y 2 inicio, comienzo ☐ **Ant.** 1 y 2 final.

pringado, da. adj. y s. **1** Ingenuo, primo. **2** Se dice de la persona que siempre se lleva la peor parte.

pringar. tr. **1** Empapar con pringue o salsa pan u otro alimento. **2** Manchar con pringue u otra cosa. También prnl.: *se pringó de pintura*. **3** Involucrar a alguien en un asunto poco lícito. | intr. **4** Hacer el trabajo más duro o llevarse la peor parte en algo. **5** Morir, especialmente en la loc. *pringarla*.

pringue. amb. **1** Grasa. **2** Suciedad, porquería.

prioridad. f. **1** Anterioridad de una cosa respecto de otra, en tiempo o en orden. **2** Preferencia, primacía.

prioritario, ria. adj. Que tiene prioridad.

prior, ra. m. y f. Superior o prelado ordinario del convento.

prisa. f. **1** Prontitud, rapidez. **2** Necesidad o deseo de ejecutar algo con urgencia. **Sin.** 1 celeridad, presteza 2 urgencia, apremio ☐ **Ant.** 1 lentitud 2 pereza.

prisión. f. **1** Cárcel donde se encierra a los condenados por un delito. **2** Cosa que ata o limita la libertad. **3** En der., pena de privación de libertad, inferior a la reclusión y superior a la de arresto.

prisionero, ra. m. y f. **1** Militar u otra persona que en campaña cae en poder del enemigo. **2** Persona presa. **3** Persona totalmente dominada por un sentimiento o pasión.

prisma. m. **1** Poliedro formado por dos polígonos planos e iguales, llamados bases, y por tantos paralelogramos como lados tenga cada base. **2** Pieza prismática de cristal que desvía y descompone la luz en sus siete colores básicos. **3** Punto de vista, perspectiva: *lo enfocó desde un prisma muy subjetivo*.

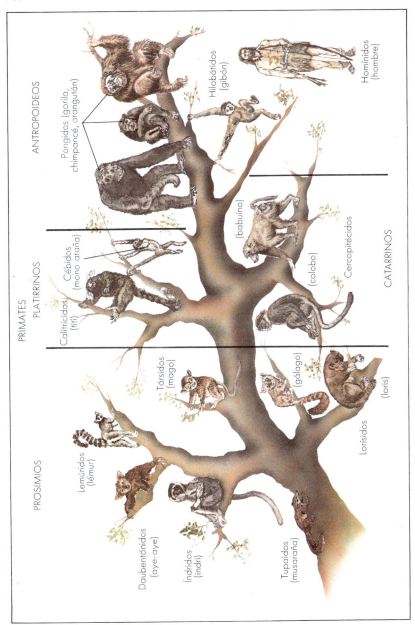

prismático, ca. adj. **1** De forma de prisma. | m. pl. **2** Instrumento óptico formado por dos tubos con lentes que permiten ver ampliados objetos lejanos.

privación. f. **1** Acción de privar de algo. **2** Carencia, falta. **3** Pobreza. **4** Renuncia, sacrificio.

privado, da. adj. **1** Que se ejecuta a la vista de pocos, sin formalidad ni ceremonia. **2** Personal, particular: *correspondencia, propiedad privada.* | m. **3** Favorito, persona que goza de la confianza de un gobernante.

privar. tr. **1** Despojar a uno de algo que poseía. **2** Prohibir, vedar. **3** Quitar el sentido. Más c. prnl. **4** Gustar mucho: *a mí me privan estos dulces.* **5** Tomar alcohol frecuentemente o en exceso. | **privarse.** prnl. **6** Dejar voluntariamente una cosa. **Sin.** 1 quitar, arrebatar 6 renunciar ◻ **Ant.** 1 devolver.

privativo, va. adj. **1** Que causa o indica privación. **2** Propio o peculiar de una persona o cosa.

privatizar. tr. Transferir una empresa o actividad pública al sector privado.

privilegio. m. **1** Ventaja o prerrogativa. **2** Documento en que consta la concesión de dicha ventaja o prerrogativa.

pro. amb. **1** Provecho, ventaja. | prep. **2** A favor de. Se usa en la expresión *en pro de.*

proa. f. Parte delantera de la nave.

probabilidad. f. Cualidad de probable.

probable. adj. **1** Posible. **2** Que se puede probar.

probar. tr. **1** Experimentar las cualidades de personas o cosas. **2** Usar una cosa para ver si es adecuada o su funcionamiento correcto: *probar un avión.* También prnl.: *probarse un vestido.* **3** Manifestar la certeza o verdad de algo. **4** Tomar una pequeña porción de comida o bebida para ver cómo sabe. | intr. **5** Intentar: *probó a llamar de nuevo.* || **Irreg.** Se conj. como *contar.*

probeta. f. Tubo de cristal, cerrado por un extremo, y destinado a contener líquidos o gases.

problema. m. **1** Cuestión que se trata de aclarar. **2** Conjunto de hechos o circunstancias que dificultan la consecución de algún fin. **3** Proposición dirigida a averiguar el modo de obtener un resultado cuando ciertos datos son conocidos.

problemático, ca. adj. **1** Que causa problemas o los implica. | f. **2** Conjunto de problemas de una ciencia o actividad determinadas.

probo, ba. adj. Honrado. **Sin.** íntegro, recto.

probóscide. f. Prolongación de la boca o de la nariz, en forma de trompa, propia de algunos animales, como los elefantes.

proboscidio. adj. y m. **1** Se dice de los mamíferos de trompa prensil, como el elefante. | m. pl. **2** Orden de estos animales.

procacidad. f. Cualidad de procaz.

procaz. adj. Desvergonzado, atrevido, obsceno.

procedencia. f. **1** Origen de alguien o algo. **2** Punto de salida. **3** Cualidad de procedente, conveniente o justo.

procedente. adj. **1** Que procede de una persona o cosa. **2** Justo o conveniente. **3** Conforme a la ley: *demanda procedente.*

proceder. m. Modo de portarse.

proceder. intr. **1** Originarse una cosa de otra. **2** Venir de cierto lugar: *los gritos proceden de esa casa.* **3** Actuar, obrar: *procedió sabiamente.* **4** Pasar a poner en ejecución una cosa: *procedieron al sorteo.* **5** Ser algo conveniente, justo o conforme a la ley: *su protesta no procede.* **Sin.** 1 derivar, dimanar.

procedimiento. m. **1** Acción de proceder. **2** Método para ejecutar algo. **3** En der., actuación por trámites judiciales o administrativos.

prócer. com. Persona importante.

procesador. m. Elemento de un sistema informático capaz de llevar a cabo procesos.

procesamiento. m. Acción de procesar.

procesar. tr. **1** En der., someter a proceso penal. **2** Someter algo a un proceso de elaboración, transformación, etc. **3** En inform., introducir datos en un ordenador para que trabaje con ellos un determinado programa.

procesión. f. **1** Hecho de ir ordenadamente muchas personas con un fin público, por lo general, religioso. **2** Hilera de personas, animales o vehículos, sobre todo si marchan lentamente. **Sin.** 1 desfile, marcha.

procesionaria. f. Nombre común de diversos insectos lepidópteros, cuyas orugas se desplazan formando largas hileras.

proceso. m. **1** Conjunto de las fases sucesivas de un fenómeno natural o de una operación artificial. **2** Transcurso de tiempo. **3** Agregado de los autos y demás escritos en cualquier causa civil y criminal. **4** Causa criminal.

proclama. f. **1** Notificación pública. **2** Discurso político o militar.

proclamación. f. **1** Acción de proclamar. **2** Actos públicos y ceremonias con que se declara e inaugura un nuevo reinado, régimen, etc.

proclamar. tr. **1** Hacer público. **2** Declarar solemnemente el principio o inauguración de un reinado, congreso, etc. **3** Conferir algún cargo por unanimidad. | **proclamarse.** prnl. **4** Declararse uno investido de un cargo, autoridad o mérito.

proclive. adj. Inclinado, propenso.

procreación. f. Acción de procrear.

procrear. tr. Engendrar, multiplicar una especie.

procurador, ra. adj. y s. **1** Que procura. | m. y f. **2** Persona que, con la habilitación legal pertinente, ejecuta ante los tribunales todas las diligencias necesarias en nombre de otra.

procurar. tr. **1** Tratar de conseguir lo que se desea. También prnl. **2** Facilitar, proporcionar.

prodigalidad. f. Profusión, generosidad.

prodigar. tr. **1** Disipar, gastar con exceso. **2** Dar algo en abundancia: *prodigar atenciones.* | **prodigarse.** prnl. **3** Frecuentar un lugar, generalmente para exhibirse.

prodigio. m. **1** Suceso extraordinario, sin explicación natural aparente. **2** Persona o cosa extraordinaria. **3** Milagro. **Sin.** 1 y 2 portento, maravilla.

prodigioso, sa. adj. **1** Maravilloso, extraordinario. **2** Excelente, exquisito.

pródigo, ga. adj. **1** Disipador, gastador, manirroto. También s. **2** Muy generoso. **3** Muy productivo.

producción. f. **1** Acción de producir. **2** Cosa producida. **3** Suma de los productos del suelo o de la industria.

producir. tr. **1** Engendrar, procrear. **2** Dar fruto la tierra o las plantas, o dar la naturaleza otros bienes: *producir petróleo.* **3** Rentar, dar beneficio. **4** Ocasionar, originar. **5** Fabricar, elaborar. **6** Proporcionar los medios económicos y técnicos necesarios para realizar una película, programa, grabación, etc. | **producirse.** prnl. **7** Ocurrir, tener lugar. || **Irreg.** Se conj. como *conducir.*

productividad. f. **1** Cualidad de productivo. **2** Capacidad o grado de producción por unidad de trabajo.

productivo, va. adj. **1** Que produce. **2** Útil, beneficioso.

productor, ra. adj. y s. **1** Que produce. | m. y f. **2** Persona o empresa que produce una obra cinematográfica, discográfica, etc.

producto, ta. m. **1** Cosa producida. **2** Beneficio que se obtiene de una cosa que se vende, o el que ella renta. **3** En mat., cantidad que resulta de la multiplicación. **Sin.** 1 artículo.

proemio. m. Prólogo.

proeza. f. Hazaña, acción valerosa.

profanación. f. Acción de profanar.

profanar. tr. **1** Tratar una cosa sagrada sin el debido respeto. **2** Deshonrar: *profanó la memoria de su maestro.*

profano, na. adj. **1** Que no es sagrado. **2** Irrespetuoso con las cosas sagradas. **3** Que carece de conocimientos en una materia. También s.

profecía. f. **1** Predicción de las cosas futuras en virtud de un don especial. **2** Cualquier predicción.

proferir. tr. Emitir palabras o sonidos. || **Irreg.** Se conj. como *adquirir.* **Sin.** pronunciar ☐ **Ant.** callar.

profesar. tr. **1** Ejercer una ciencia, arte, oficio, etc. **2** Creer, confesar: *profesar una doctrina.* **3** Sentir algún afecto, inclinación o interés: *profesar cariño.* | intr. **4** Obligarse a cumplir los votos de una orden religiosa.

profesión. f. **1** Acción de profesar. **2** Empleo, oficio o actividad a la que se dedica alguien.

profesional. adj. **1** Relacionado con la profesión o que constituye una profesión. **2** Que ejerce una profesión. También com. **3** Que ejerce una profesión con gran capacidad y aplicación. También com.

profesionalidad. f. Cualidad de profesional.

profesionalizar. tr. Dar carácter de profesional.

profesor, ra. m. y f. Persona que profesa, ejerce o enseña una ciencia, arte, oficio, etc.

profesorado. m. **1** Cargo de profesor. **2** Conjunto de profesores.

profeta, profetisa. m. y f. **1** Persona que posee el don de profecía. **2** Persona que predice el futuro. **Sin.** 2 augur, visionario.

profetizar. tr. **1** Anunciar o predecir el profeta. **2** Conjeturar.

profiláctico, ca. adj. **1** Que preserva de la enfermedad. | m. **2** Condón.

profilaxis. f. Prevención de las enfermedades. || No varía en pl. **Sin.** higiene.

prófugo, ga. adj. y s. **1** Que huye de la justicia o de la autoridad. | m. **2** El que se ausenta o se oculta para eludir el servicio militar.

profundidad. f. **1** Cualidad de profundo. **2** Dimensión de los cuerpos perpendicular a una superficie dada. **3** Penetración y viveza del pensamiento y de las ideas.

profundizar. tr. **1** Hacer más profundo. **2** Examinar una cosa para conocerla ampliamente. También intr. **Sin.** 1 excavar 1 y 2 ahondar 2 analizar ☐ **Ant.** 2 ignorar.

profundo, da. adj. **1** Que tiene el fondo muy distante de la boca o entrada: *pozo profundo; pasillo profundo.* **2** Extendido a lo largo: *selva profunda.* **3** Que penetra mucho: *raíces profundas.* **4** Intenso: *sueño profundo.* **5** Sutil y difícil de comprender: *concepto, pensamiento profundo.* **6** Íntimo.

profusión. f. Gran abundancia de algo: *profusión de vegetación.* **Ant.** carencia, escasez.

progenie. f. **1** Casta, generación o familia de la que desciende una persona. **2** Descendencia.

progenitor, ra. m. y f. Antepasado, en particular, el padre o la madre.

progenitura. f. Progenie, linaje.

progesterona. f. Hormona sexual producida en el ovario de la mujer y las hembras de los mamíferos, que prepara el útero para la implantación del óvulo fecundado.

prognato, ta. adj. y s. Se dice de la persona que tiene saliente la mandíbula inferior.

programa. m. **1** Plan, proyecto. **2** Tema para un discurso, cuadro, obra musical. **3** Sistema y distribución de las materias de un curso o asignatura. **4** Anuncio de las partes que componen un acto o espectáculo. **5** Emisión de radio o televisión. **6** Conjunto de instrucciones preparadas para que un aparato automático realice una serie de operaciones. **7** En inform., conjunto de instrucciones detalladas y codificadas para que un ordenador realice una determinada tarea.

programador, ra. adj. y s. **1** Que programa. | m. y f. **2** Persona que hace programas informáticos. **3** Aparato que ejecuta un programa automáticamente.

programar. tr. **1** Formar y preparar programas. **2** Preparar una máquina para que realice automáticamente una tarea: *programar el vídeo*.

progre. adj. y com. Persona de ideas progresistas.

progresar. intr. Hacer progresos. Sin. prosperar, adelantar, mejorar ☐ Ant. retrasar, retroceder.

progresión. f. **1** Acción de progresar. **2 progresión aritmética.** Sucesión de números tales, que la diferencia entre dos consecutivos es una constante. **3 progresión geométrica.** Sucesión de números tales, que la razón entre dos consecutivos es constante.

progresista. adj. y com. De ideas políticas y sociales avanzadas.

progreso. m. **1** Acción de ir hacia adelante. **2** Adelanto, mejora, desarrollo.

prohibición. f. Acción de prohibir.

prohibido, da. adj. Que no está permitido.

prohibir. tr. Impedir el uso o ejecución de algo. Sin. vedar.

prohijar. tr. **1** Adoptar por hijo. **2** Acoger como propias opiniones o doctrinas ajenas.

prójimo, ma. m. y f. **1** Respecto a una persona, el resto de la gente. **2** Individuo.

prole. f. Hijos, descendencia.

prolegómenos. m. pl. Fundamentos generales de una materia, que se ponen al principio de una obra.

proletariado. m. Clase social constituida por los proletarios.

proletario, ria. adj. **1** Relativo al proletariado. | m. y f. **2** Obrero, persona que vive de un salario. Sin. 1 trabajador, obrero, empleado ☐ Ant. empresario.

proliferación. f. Acción de proliferar o proliferarse.

proliferar. intr. **1** Multiplicarse abundantemente. **2** Reproducirse por división.

prolífico, ca. adj. **1** Que produce mucho. **2** Que se reproduce con facilidad. Sin. 1 y 2 fecundo, fértil ☐ Ant. 1 y 2 estéril.

prolijo, ja. adj. **1** Extenso, largo. **2** Esmerado, con mucho detalle: *una prolija descripción*. Sin. 1 dilatado 2 detallado, minucioso ☐ Ant. 1 conciso, lacónico.

prologar. tr. Escribir el prólogo de una obra.

prólogo. m. **1** Introducción a una obra en que se explica o comenta al lector algún aspecto de la misma. **2** Primera parte de algunas obras dramáticas y novelas. **3** Principio, cosa que prepara a otra o la presenta. Sin. 1 exordio, prefacio ☐ Ant. 1 epílogo.

prolongación. f. **1** Acción de prolongar. **2** Parte prolongada.

prolongar. tr. y prnl. **1** Alargar, dilatar. **2** Hacer que algo dure más. Ant. 1 y 2 acortar.

promediar. tr. **1** Repartir una cosa en dos partes iguales. **2** Determinar el promedio. **3** Llegar a su mitad un espacio de tiempo determinado: *cuando promedie junio...*

promedio. m. **1** Punto medio de una cosa. **2** Suma de varias cantidades, dividida por el número de ellas; media.

promesa. f. **1** Acción de prometer algo. **2** Ofrecimiento a Dios. **3** Augurio, señal, sobre todo si es buena. **4** Persona que se espera triunfe en algo.

prometer. tr. **1** Obligarse a hacer, decir o dar algo. **2** Asegurar que es cierto lo que se dice. **3** Predecir, augurar. | intr. **4** Dar muestras de capacidad en alguna cosa: *este mozo promete*. | **prometerse.** prnl. **5** Mostrar gran confianza en lograr una cosa: *se las prometían muy felices*. **6** Darse mutuamente palabra de casamiento. Sin. 2 afirmar, aseverar.

prometido, da. m. y f. Persona que ha hecho promesa de casamiento.

prominencia. f. Elevación o saliente.

prominente. adj. Que sobresale entre lo que está a su alrededor. Sin. elevado, saliente.

promiscuidad. f. Cualidad de promiscuo.

promiscuo, cua. adj. **1** Se dice de la persona que mantiene relaciones sexuales con muchas otras; se dice también de estas relaciones. **2** Mezclado confusamente.

promoción. f. **1** Acción de promover o promocionar. **2** Conjunto de individuos que al mismo tiempo han obtenido un título, grado, etc.

promocionar. tr. y prnl. **1** Hacer propaganda y ofertas de un producto para aumentar su venta. **2** Ayudar a alguien a ascender o progresar.

promontorio. m. **1** Altura considerable de tierra que avanza hacia el mar. **2** Parte elevada en un terreno.

promotor, ra. adj. y s. Que promueve o da impulso.

promover. tr. **1** Favorecer el logro o la realización de algo. **2** Activar. **3** Elevar a un puesto o situación superior. || **Irreg.** Se conj. como *mover*.

promulgar. tr. **1** Publicar oficialmente una ley o disposición. **2** Hacer que una cosa se divulgue.

pronombre. m. Parte de la oración que suple al nombre o lo determina.

pronominal. adj. **1** Relativo al pronombre. **2** Se dice del verbo que se construye en todas sus formas con los pronombres personales, de forma que la persona coincida en sujeto y complemento: *me acuerdo*.

pronosticar. tr. Hacer un pronóstico.

pronóstico. m. **1** Señal a través de la cual se adivina algo futuro. **2** Calendario en que se incluyen fenómenos astronómicos y meteorológicos. **3** Juicio que forma el médico respecto a los cambios que pueden sobrevenir a una enfermedad: *pronóstico reservado*.

prontitud. f. **1** Celeridad, presteza. **2** Capacidad para pensar con agudeza y rapidez.

pronto, ta. adj. **1** Veloz, ligero. **2** Dispuesto para hacer algo. | m. **3** Forma rápida de actuar, generalmente violenta: *le dio un pronto y se fue sin despedirse*. **4** Ataque repentino y aparatoso de algún mal. | adv. t. **5** En seguida. **6** Con anticipación: *si llegas pronto, espérame*. **7 de pronto.** loc. adv. Apresuradamente; también, de repente. **8 por de,** o **lo pronto.** loc. adv. De primera intención.

prontuario. m. Compendio de las reglas de una ciencia.

pronunciación. f. **1** Acción de pronunciar. **2** Manera de pronunciar.

pronunciamiento. m. Rebelión militar.

pronunciar. tr. **1** Emitir y articular sonidos para hablar. **2** Decir algo en público: *pronunciar un discurso*. **3** Destacar, hacer más perceptible. También prnl.: *se le ha pronunciado la cojera*. | **pronunciarse.** prnl. **4** Sublevarse, rebelarse contra un gobierno. **5** Manifestarse en favor o en contra de algo: *se pronunció a favor de la medida*. **Sin.** 1 proferir, modular.

propagación. f. Acción de propagar o propagarse.

propaganda. f. **1** Acción de dar a conocer una idea, doctrina, etc. **2** Publicidad de un producto comercial. **3** Anuncio publicitario.

propagandista. adj. y com. Se dice de la persona que hace propaganda.

propagar. tr. y prnl. **1** Multiplicar por vía de reproducción. **2** Extender, aumentar: *propagarse un incendio*. **3** Difundir.

propalar. tr. Divulgar, difundir. **Sin.** pregonar, publicar, transmitir.

propano. m. Hidrocarburo gaseoso derivado del petróleo que se emplea como combustible.

proparoxítono, na. adj. En ling., se dice de las palabras esdrújulas.

propasar. tr. **1** Pasar más adelante de lo debido. | **propasarse.** prnl. **2** Excederse.

propender. intr. Tener propensión, tender.

propensión. f. Inclinación, tendencia: *tiene propensión a engordar*.

propenso, sa. adj. Inclinado, que tiende.

propiciar. tr. **1** Favorecer, facilitar. **2** Atraer la benevolencia de alguien.

propicio, cia. adj. Favorable, apropiado. **Sin.** benévolo, benigno, conveniente ☐ **Ant.** contrario.

propiedad. f. **1** Derecho o facultad de disponer de una cosa. **2** Cosa que se posee, especialmente un bien inmueble. **3** Atributo, cualidad esencial: *la conductibilidad es una propiedad del cobre*. **4** Precisión y exactitud al utilizar el lenguaje: *hablar con propiedad*.

propietario, ria. adj. **1** Que tiene derecho de propiedad sobre una cosa, y especialmente sobre bienes inmuebles. También s. **2** Que tiene cargo u oficio que le pertenece.

propina. f. **1** Dinero que se da además del precio convenido por algún servicio. **2** Gratificación pequeña con que se recompensa un servicio eventual.

propinar. tr. Pegar, maltratar.

propio, pia. adj. **1** Perteneciente a una persona. **2** Característico, peculiar: *esa respuesta es propia de él*. **3** Conveniente, adecuado. **4** Natural, en contraposición a postizo o accidental: *pelo propio*. **5** Se dice del nombre que identifica a una persona o entidad en concreto, y se escribe con mayúscula, como *Lorenzo* o *Francia*.

proponer. tr. **1** Manifestar una cosa para que alguien la conozca, la acepte, etc.: *propongo ir al cine*. **2** Presentar a uno para un empleo o cargo. **3** Enunciar un ejercicio, problema, etc., para que sea resuelto. | **proponerse.** prnl. **4** Hacer propósito de algo: *se propuso conseguir el premio*. || **Irreg.** Se conj. como *poner*. **Sin.** 1 y 2 sugerir 4 empeñarse.

proporción. f. **1** Disposición o correspondencia de las partes con el todo o entre varias cosas. **2** Dimensión de algo: *las proporciones de un mueble*. **3** Importancia o trascendencia de algo: *un escándalo de grandes proporciones*. **4** En mat., igualdad de dos razones: *proporción aritmética*. **Sin.** 1 armonía, conformidad, equilibrio ☐ **Ant.** 1 desproporción.

proporcional. adj. Conforme a una proporción, en relación equilibrada.

proporcionalidad. f. Proporción, conformidad.

proporcionar. tr. **1** Poner a disposición de uno lo que necesita o le conviene. También prnl. **2** Causar, producir: *aquello le proporcionó muchos disgustos*. **3** Disponer y ordenar una cosa con la debida correspondencia en sus partes.

proposición. f. **1** Acción de proponer. **2** Cosa propuesta. **3** En ling., unidad formada por sujeto y predicado y unida a otra para formar una oración compuesta. **4** En lóg., expresión de un juicio entre dos términos, sujeto y predicado. **5** En mat., enunciación de una verdad demostrada o que se intenta demostrar.

propósito. m. **1** Intención de hacer o de no hacer una cosa. **2** Objeto, fin, aspiración. **3 a propósito.** loc. adv. Introduce algo que tiene relación con lo que se estaba diciendo.

propuesta. f. **1** Proposición de una idea, proyecto, etc. **2** Ofrecimiento. **3** Consulta.

propugnar. tr. Defender, apoyar.

propulsar. tr. Dar impulso hacia delante. SIN. lanzar.

propulsión. f. Acción de propulsar.

prorrata. f. Cuota o porción que toca a uno en un reparto.

prorratear. tr. Repartir proporcionalmente.

prorrateo. m. Repartición proporcionada.

prórroga. f. Plazo por el que se continúa o dilata una cosa.

prorrogar. tr. **1** Continuar, dilatar una cosa por un tiempo determinado: *han prorrogado el plazo*. **2** Suspender, aplazar.

prorrumpir. intr. **1** Emitir repentinamente y con intensidad una voz, suspiro, gemido, etc.: *prorrumpir en sollozos*. **2** Salir algo con ímpetu. SIN. **1** estallar.

prosa. f. **1** Estructura o forma que toma naturalmente el lenguaje para expresar los conceptos, no sujeta, como el verso, a una medida y cadencia determinadas. **2** Aspecto de las cosas menos perfecto o más lejos del ideal.

prosaico, ca. adj. **1** Relativo a la prosa. **2** Insulso, vulgar.

prosapia. f. Linaje, ascendencia.

proscenio. m. Parte del escenario más cercana al público.

proscribir. tr. **1** Echar a alguien del territorio de su patria. **2** Excluir, prohibir. ‖ Su p. p. es irreg.: *proscrito*. SIN. 1 desterrar, expatriar.

proseguir. tr. Seguir, continuar. ‖ **Irreg.** Se conj. como *decir*. SIN. retomar ☐ ANT. interrumpir.

proselitismo. m. Empeño de ganar prosélitos.

prosélito. m. **1** Persona convertida a cualquier religión. **2** Partidario de una doctrina o partido.

prosista. com. Escritor de obras en prosa.

prosodia. f. **1** Parte de la gramática que enseña la correcta pronunciación y acentuación. **2** Estudio de los rasgos fónicos que afectan a la métrica, especialmente de los acentos y de la cantidad. **3** Parte de la fonología dedicada al estudio de rasgos fónicos, como la acentuación o la entonación.

prosopopeya. f. **1** Figura retórica que consiste en personificar cosas inanimadas o abstractas. **2** Afectación, excesiva solemnidad o gravedad: *gasta mucha prosopopeya*.

prospección. f. **1** Exploración del subsuelo encaminada a descubrir yacimientos minerales, petrolíferos, aguas subterráneas, etc. **2** Exploración de posibilidades futuras basada en indicios presentes.

prospecto. m. **1** Folleto explicativo de una máquina, medicamento, etc. **2** Impreso de propaganda.

prosperar. intr. **1** Mejorar, avanzar. **2** Tener aceptación: *espero que el plan prospere*.

prosperidad. f. **1** Bienestar, mejora social y económica. **2** Desarrollo favorable de algo.

próstata. f. Glándula sexual masculina situada en la base de la vejiga de la orina, que segrega el líquido que al unirse a los espermatozoides constituye el semen.

prostíbulo. m. Casa de prostitución.

prostitución. f. Acción de prostituir o prostituirse.

prostituir. tr. y prnl. **1** Hacer que una persona se dedique a mantener relaciones sexuales a cambio de dinero. **2** Corromper, pervertir. ‖ **Irreg.** Se conj. como *huir*.

prostituto, ta. m. y f. Persona que se prostituye.

protagonismo. m. **1** Condición de protagonista. **2** Afán de destacar.

protagonista. com. **1** Personaje principal de la acción de una obra literaria, cinematográfica, etc. **2** Persona que cumple el papel principal en cualquier actividad. SIN. 2 personalidad, figura.

protagonizar. tr. Desempeñar el papel de protagonista.

protección. f. **1** Acción de proteger. **2** Cosa que protege.

proteccionismo. m. Política económica que grava, mediante el empleo de diversas medidas, la entrada en un país de productos extranjeros en competencia con los nacionales.

proteccionista. adj. y com. Relacionado con el proteccionismo o partidario de esta política.

protector, ra. adj. y s. Que protege.

protectorado. m. **1** Soberanía que un Estado ejerce sobre un territorio, compartida con las autoridades de dicho territorio. **2** Territorio en que se ejerce esta soberanía compartida.

proteger. tr. y prnl. Amparar, favorecer, defender.

proteína. f. Cualquiera de las numerosas sustancias químicas que forman parte de la materia fundamental de las células y de las sustancias vegetales y animales.

prótesis. f. **1** Procedimiento para sustituir un órgano o parte de él, por una pieza o aparato artificial. **2** Esta pieza o aparato. ‖ No varía en pl.

protesta. f. Acción de protestar.

protestante. adj. y com. Que practica el luteranismo o pertenece a alguna de las iglesias cristianas surgidas como consecuencia de la Reforma.

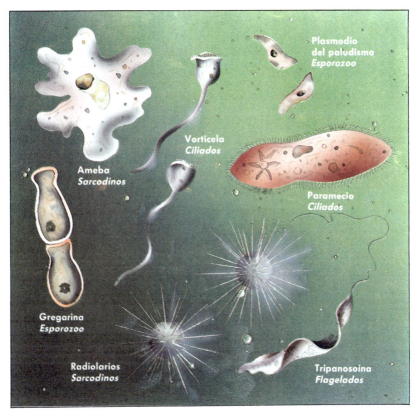

Protozoos

protestantismo. m. **1** Religión de los protestantes. **2** Conjunto de ellos.

protestar. intr. **1** Mostrar disconformidad o descontento. | tr. **2** Negar la aceptación o el pago de una letra de cambio o un cheque. Sin. 1 reclamar.

protista o **protisto.** adj. y m. **1** Se dice de los seres vivos uni o pluricelulares constituidos por células eucariotas, que no presentan tejidos u órganos diferenciados | m. pl. **2** Reino de estos seres vivos.

protocolo. m. **1** Conjunto de reglas y ceremoniales que deben seguirse en ciertos actos o con ciertas personalidades. **2** Serie ordenada de escrituras y otros documentos que un notario o escribano autoriza y custodia con ciertas formalidades. **3** Acta o cuaderno de actas relativas a un acuerdo, conferencia o congreso diplomático.

protohistoria. f. **1** Período de la vida de la humanidad del que no se poseen documentos, pero del que existen, además de los testimonios propios de la prehistoria, tradiciones originariamente orales. **2** Estudio de ese período.

protón. m. Partícula elemental presente en el núcleo de los átomos, de carga igual a la del electrón, pero de signo positivo.

protoplasma. m. Sustancia que constituye la parte esencial de la célula.

prototipo. m. **1** Primer ejemplar de algo que se toma como modelo. **2** Persona o cosa en la que destacan ciertas cualidades, por las que se toma como modelo. Sin. 1 arquetipo, patrón.

protozoo. adj. y m. **1** Se dice de los seres unicelulares, que viven en aguas dulces y saladas o líquidos internos de los organismos superiores, y tienen cilios, flagelos o seudópodos; muchos de ellos son parásitos. | m. pl. **2** Subreino de estos seres.

protuberancia. f. Prominencia.

provecho. m. Beneficio, utilidad.

provechoso, sa. adj. Que causa provecho. **Sin.** beneficioso.

proveer. tr. **1** Suministrar o facilitar lo necesario o conveniente para un fin. También prnl.: *se provee en esta tienda*. **2** Reunir y preparar las cosas necesarias para un fin. También prnl. **3** Conferir una dignidad, empleo u otra cosa: *ya han provisto las plazas vacantes*. **4** Dictar un juez o tribunal una resolución. || **Irreg.** Se conj. como *leer*. Tiene un part. reg.: *proveído*, usado para los tiempos compuestos, y otro irreg.: *provisto*, con valor adjetival.

provenir. intr. Nacer, proceder. || **Irreg.** Se conj. como *venir*.

provenzal. adj. y s. **1** De Provenza. | m. **2** Lengua antigua del mediodía de Francia, también llamada *lengua de oc*.

proverbial. adj. **1** Relacionado con los proverbios o que lo incluye. **2** Muy notorio, conocido de siempre: *su paciencia es proverbial*.

proverbio. m. Sentencia, refrán. **Sin.** máxima.

providencia. f. **1** Disposición anticipada, prevención. **2** Remedio. **3** Suprema sabiduría de Dios que rige el mundo y los hombres. || En esta acepción se escribe con mayúscula. **4** Resolución judicial que decide cuestiones de trámite.

providencial. adj. Muy oportuno.

provincia. f. **1** División administrativa de un territorio o Estado. **2** Cada uno de los distritos en que dividen un territorio las órdenes religiosas.

provincial. adj. Relacionado con la provincia.

provinciano, na. adj. y s. **1** Que vive en una provincia. **2** De mentalidad y costumbres poco avanzadas o modernas.

provisión. f. **1** Acción de proveer o proveerse. **2** Providencia o disposición para el logro de una cosa. **Sin.** 1 abastecimiento, suministro, acopio.

provisional. adj. Que no es definitivo, sino sólo por un tiempo: *un arreglo provisional*.

provisor, ra. m. y f. **1** Que provee. | m. **2** Juez eclesiástico nombrado por el obispo.

provocación. f. Acción de provocar.

provocar. tr. **1** Incitar a alguien para que haga algo. **2** Irritar a alguien, incitarle para que discuta o pelee. **3** Producir, causar: *provocar risa*. **4** Excitar sexualmente. **Sin.** 1 inducir, empujar 2 enojar ◻ **Ant.** 2 apaciguar.

provocativo, va. adj. Que provoca, excita o estimula.

proxeneta. com. **1** Persona que vive de las ganancias de una prostituta, a cambio de protegerla. **2** Persona que favorece la prostitución. **Sin.** 1 chulo.

proxenetismo. m. Actividad del proxeneta.

próximo, ma. adj. Cercano en el espacio o en el tiempo. **Sin.** inmediato.

proyección. f. **1** Acción de proyectar. **2** Imagen proyectada por medio de un foco luminoso sobre una superficie. **3** En geom., figura que resulta en una superficie, de proyectar en ella todos los puntos de un sólido u otra figura.

proyectar. tr. **1** Lanzar, dirigir hacia adelante o a distancia. **2** Idear, proponer, disponer: *proyectar las vacaciones*. **3** Hacer un proyecto. **4** Hacer visible sobre un cuerpo o una superficie la figura o la sombra de otro. También prnl. **5** Reflejar sobre una pantalla la imagen óptica amplificada de diapositivas, películas u objetos opacos. **Sin.** 1 arrojar, despedir 2 maquinar, trazar, preparar, tramar.

proyectil. m. Cualquier cuerpo arrojadizo, especialmente los lanzados con armas de fuego, como balas, bombas, etc.

proyectista. com. Persona que hace o dibuja proyectos de arquitectura, ingeniería, etc.

proyecto. m. **1** Plan y disposición detallados que se forman para la ejecución de una cosa. **2** Propósito o pensamiento de hacer algo. **3** Conjunto de escritos, cálculos y dibujos que se hacen para dar idea de cómo ha de ser y lo que ha de costar una obra de arquitectura o de ingeniería. **Sin.** 2 intención.

proyector. m. **1** Aparato que sirve para proyectar imágenes ópticas. **2** Foco luminoso de gran intensidad.

prudencia. f. **1** Precaución y buen juicio para evitar daños o perjuicios. **2** Moderación al hablar o actuar. **Sin.** 1 sensatez, tino, reflexión 2 mesura ◻ **Ant.** 1 imprudencia. 2 exceso.

prudencial. adj. Que muestra prudencia.

prudente. adj. Que obra con prudencia o la muestra.

prueba. f. **1** Acción de probar. **2** Razón o argumento con que se demuestra la verdad o falsedad de algo. **3** Ensayo, experiencia. **4** Indicio, muestra. **5** Cantidad pequeña de un género que se destina para examinarlo. **6** Competición deportiva. **7** Examen para demostrar conocimientos o aptitudes. **8** En artes gráficas, muestra de la composición tipográfica que se saca para corregirla.

prurito. m. **1** Picor, escozor. **2** Afán de hacer algo de la mejor manera posible. **Sin.** 1 comezón, picazón.

psicoanálisis. m. Método terapéutico de ciertas enfermedades mentales, desarrollado por Sigmund Freud y basado en el análisis retrospectivo de las causas morales y afectivas que determinan las dolencias del paciente. || No varía en pl.

pseudo-. pref. Seudo-.

psicoanalista. com. Especialista en psicoanálisis.

psicodélico, ca. adj. 1 Relacionado con la manifestación de elementos psíquicos ocultos en condiciones normales, o con la estimulación intensa de potencias psíquicas, especialmente a través de alucinógenos. 2 Raro, extravagante.

psicología. f. 1 Ciencia que estudia la conducta humana. 2 Manera de sentir de una persona o grupo. 3 Capacidad para captar y tratar los sentimientos de los demás.

psicológico, ca. adj. Relacionado con la psicología.

psicólogo, ga. m. y f. 1 Especialista en psicología. 2 Persona con dotes especiales para conocer el carácter de los demás y saber tratarlos.

psicópata. com. Persona que padece psicopatía.

psicopatía. f. Anomalía psíquica que altera la conducta social del individuo que la padece, manteniendo íntegras las funciones perceptivas y mentales.

psicosis. f. 1 Nombre genérico de las enfermedades mentales. 2 Obsesión muy persistente. || No varía en pl.

psicosomático, ca. Relacionado con el estado psíquico y orgánico.

psicoterapia. f. Tratamiento de las enfermedades, especialmente las nerviosas, por medio de la sugestión y otros procedimientos psíquicos.

psique. f. Mente.

psiquiatra. com. Especialista en psiquiatría.

psiquiatría. f. Ciencia que trata de las enfermedades mentales.

psiquiátrico, ca. adj. y s. Relativo a la psiquiatría.

psíquico, ca. adj. Relacionado con la actividad mental.

psiquis. f. Psique. || No varía en pl.

psiquismo. m. Conjunto de los caracteres y funciones de orden psíquico.

pteridofito, ta. adj. y f. 1 Se dice de plantas criptógamas de generación alternante bien manifiesta, como los helechos. | f. pl. 2 División de estas plantas.

pterodáctilo. m. Reptil fósil volador, caracterizado por presentar una membrana entre las extremidades anteriores y el cuerpo que le posibilitaba el vuelo; vivió en el período jurásico.

púa. f. 1 Cuerpo delgado y rígido que acaba en punta aguda. 2 Vástago de un árbol, que se introduce en otro para injertarlo. 3 Diente de un peine. 4 Pequeña lámina triangular para tocar la guitarra e instrumentos semejantes. **SIN.** 1 espina, pincho 4 plectro.

pub. (voz ingl.) m. Establecimiento al estilo inglés donde se sirven bebidas. || pl. *pubs* o *pubes*.

púber. adj. y com. Que ha llegado a la pubertad.

pubertad. f. Época de la vida en que comienzan a manifestarse los caracteres de la madurez sexual.

pubis. m. 1 Parte inferior del vientre, que en la especie humana se cubre de vello en la pubertad. 2 Hueso par, situado en la parte delantera de la pelvis. || No varía en pl.

publicación. f. 1 Acción de publicar. 2 Obra literaria o artística publicada.

publicar. tr. 1 Hacer patente y manifiesta al público una cosa. 2 Revelar o decir lo que estaba secreto u oculto. 3 Editar, imprimir.

publicidad. f. 1 Cualidad o estado de público. 2 Conjunto de medios que se emplean para divulgar o extender noticias o hechos. 3 Divulgación de noticias o anuncios de carácter comercial para atraer a posibles compradores, espectadores, usuarios, etc. **SIN.** 2 difusión.

publicista. com. 1 Persona que escribe para el público. 2 Agente de publicidad.

publicitario, ria. adj. 1 Relacionado con la publicidad comercial. | m. 2 *amer.* Agente de publicidad.

público, ca. adj. 1 Sabido o conocido por todos. 2 Para todos los ciudadanos o la gente en general: *transportes públicos*. 3 Se dice de las personas que se dedican a actividades por las cuales son conocidas por el común de la gente. | m. 4 Conjunto de personas que participan de unas mismas aficiones, asisten a un espectáculo, utilizan iguales servicios, etc. **5 en público.** loc. adv. De manera que todos puedan verlo, oírlo, etc. **SIN.** 1 notorio, patente, manifiesto 4 auditorio, concurrencia □ **ANT.** 1 secreto 2 privado.

pucherazo. m. Fraude electoral.

puchero. m. 1 Recipiente para guisar. 2 Nombre de algunos guisos parecidos al cocido. 3 Alimento diario y regular. 4 Gesto o movimiento que precede al llanto: *hacer pucheros*.

pudibundez. f. Cualidad de pudibundo.

pudibundo, da. adj. Que finge pudor o muestra un pudor excesivo. **SIN.** mojigato, puritano.

púdico, ca. adj. Que tiene pudor. **SIN.** pudoroso.

pudiente. adj. y com. Poderoso, rico, hacendado.

pudín o **pudin.** m. 1 Plato dulce que se prepara con bizcocho o pan deshecho en leche, con azúcar y frutas. 2 Plato que se prepara en molde: *pudín de pescado*. **SIN.** budín.

pudor. m. Honestidad, recato.

pudoroso, sa. adj. Que muestra pudor. **SIN.** recatado.

pudrir. tr. y prnl. **1** Corromper, descomponer. | **pudrirse.** prnl. **2** Consumirse de tristeza, abandono, etc. || **Irreg.** Conjugación modelo:

Indicativo
Pres.: *pudro, pudres, pudre, pudrimos, pudrís, pudren.*
Imperf.: *pudría, pudrías,* etc.
Pret. indef.: *pudrí, pudriste,* etc.
Fut. imperf.: *pudriré, pudrirás,* etc.
Potencial: *pudriría, pudrirías,* etc.
Subjuntivo
Pres.: *pudra, pudras, pudra, pudramos, pudráis, pudran.*
Imperf.: *pudriera, pudrieras,* etc., o *pudriese, pudrieses,* etc.
Fut. imperf.: *pudriere, pudrieres,* etc.
Imperativo: *pudre, pudrid.*
Participio: *podrido.*
Gerundio: *pudriendo.*

---

pueblerino, na. adj. y s. **1** Aldeano, lugareño. **2** Rústico, paleto.

pueblo. m. **1** Población pequeña. **2** Conjunto de personas de un lugar, región o país. **3** Conjunto de personas que tienen un mismo origen o comparten una misma cultura: *el pueblo musulmán.* **4** Gente común y humilde de una población. **5** País con gobierno independiente.

puente. m. **1** Construcción sobre un río, foso, etc., para poder pasarlo. **2** Tablilla colocada perpendicularmente en la tapa de los instrumentos de arco, para mantener levantadas las cuerdas. **3** Parte central de las gafas, que une los dos cristales. **4** Pieza metálica que usan los dentistas para sujetar las prótesis. **5** Contacto para poner en marcha un circuito eléctrico. **6** Día o días que entre dos festivos se aprovechan para vacaciones. **7** Conexión, intermediario entre personas o cosas. **8 puente aéreo.** Comunicación aérea, frecuente y continua, entre dos lugares.

puerco, ca. m. y f. **1** Cerdo, animal. | adj. y s. **2** Sucio o grosero. **3 puerco espín.** Roedor de unos 70 cm de longitud, cuerpo rechoncho, con el lomo y los costados cubiertos de púas córneas; habita en Europa y N. de África.

puericultor, ra. m. y f. Persona cualificada para ejercer la puericultura.

puericultura. f. Ciencia y actividad que se ocupa del adecuado desarrollo de los niños.

pueril. adj. **1** Relacionado con el niño. **2** Propio de un niño: *un comportamiento pueril.*

puerilidad. f. **1** Cualidad de pueril. **2** Hecho o dicho pueril. **Sin.** 1 inocencia 2 niñería.

puerperio. m. **1** Tiempo que inmediatamente sigue al parto. **2** Estado delicado de salud de la mujer en este tiempo.

puerro. m. **1** Planta herbácea de la familia de las liliáceas, con flores en umbela de color rosa y un bulbo comestible. **2** Bulbo de esta planta.

puerta. f. **1** Vano de forma regular abierto en pared, cerca o verja, que permite el paso. **2** Armazón de madera, hierro u otra materia, que se coloca en dicho vano, para dar o impedir la entrada y salida. **3** Lugar de entrada o salida en cualquier otra cosa. **4** En algunos deportes, portería. **5 a las puertas.** loc. adv. Muy cerca de algo: *estuvo a las puertas de la muerte.*

puerto. m. **1** Lugar en la costa, defendido de los vientos y dispuesto para la seguridad de las naves y para las operaciones de tráfico y armamento. **2** Localidad o barrio en que está situado. **3** Depresión, garganta que da paso entre montañas. **4** Asilo, amparo, refugio.

puertorriqueño, ña. adj. y s. De Puerto Rico.

pues. conj. causal. **1** Denota causa, motivo o razón: *sufre la pena, pues cometió la culpa.* **2** Toma a veces carácter de condicional: *pues el mal es ya irremediable, llévalo con paciencia.* **3** Se usa también como continuativa: *repito, pues, que hace lo que debe.* **4** Se emplea a principio de cláusula, como apoyo o refuerzo: *pues como iba diciendo.*

puesta. f. **1** Acción de poner. **2** Acción de ponerse un astro: *puesta de Sol.* **3** Acción de poner huevos un ave y cantidad que pone de una vez.

puesto, ta. adj. **1** Ataviado, arreglado: *iba muy puesto a la cena.* | m. **2** Sitio o espacio que ocupa una persona o cosa. **3** Tiendecilla en que se vende al por menor. **4** Empleo, oficio. **5 puesto que.** conj. Equivale a *pues.* **Sin.** 2 plaza, posición 3 quiosco.

pufo. m. Estafa, engaño.

púgil. m. Boxeador.

pugna. f. **1** Batalla, pelea. **2** Oposición.

Puerco espín

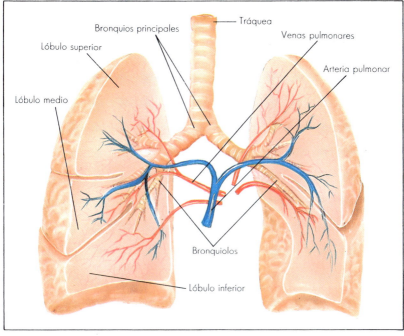

Pulmones: anatomía interna

pugnar. intr. **1** Pelear, luchar, contender. **2** Procurar algo con esfuerzo y eficacia.

puja. f. **1** Acción de pujar, licitar. **2** Cantidad que se ofrece.

pujanza. f. Fuerza, vigor. S<small>IN</small>. brío, poder ◻ A<small>NT</small>. debilidad.

pujar. tr. **1** Aumentar los licitadores el precio de lo que se subasta. **2** Hacer fuerza para pasar adelante o proseguir una acción. También intr.

pulcritud. f. Cualidad de pulcro. S<small>IN</small>. limpieza, cuidado, esmero ◻ A<small>NT</small>. suciedad, desarreglo.

pulcro, cra. adj. **1** Limpio y aseado. **2** Delicado, esmerado.

pulga. f. Insecto afaníptero parásito que mide de 1 a 3 mm, tiene el cuerpo oscuro rojizo y se alimenta chupando la sangre de sus huéspedes, a los que puede transmitir enfermedades contagiosas.

pulgada. f. Medida inglesa de longitud, duodécima parte del pie, que equivale a 25,4 mm.

pulgar. m. y adj. Dedo primero y más grueso de la mano y del pie.

pulgón. m. Insecto hemíptero con el cuerpo pardo verdoso, dos pares de alas y boca chupadora, que elabora una sustancia azucarada, aprovechada por las hormigas; vive parásito sobre ciertas plantas.

pulido, da. adj. **1** Pulcro, primoroso. | m. **2** Acción de pulir. S<small>IN</small>. 1 limpio, aseado, delicado.

pulidor, ra. adj. y s. **1** Que pule. | f. **2** Máquina de pulir.

pulimentar. tr. Pulir, alisar, abrillantar. S<small>IN</small>. bruñir, lustrar.

pulimento. m. Acción de pulir.

pulir. tr. **1** Alisar, dar tersura y brillo a una cosa. **2** Adornar, aderezar. Más c. prnl. **3** Derrochar, dilapidar. **4** Hacer más refinado o educado. También prnl. **5** Revisar, corregir algo, perfeccionándolo: *pulir un escrito.* S<small>IN</small>. 1 abrillantar, bruñir, pulimentar.

pulla. f. Dicho con que se intenta molestar o herir a alguien, de manera indirecta.

pulmón. m. **1** Cada uno de los órganos de respiración aérea del hombre y de la mayor parte de los vertebrados, en los que se verifica el intercambio gaseoso de la sangre. **2** Órgano respiratorio de algunos arácnidos y de los moluscos terrestres. | pl. **3** Voz potente.

pulmonía. f. Inflamación del pulmón o de una parte de él.

pulpa. f. **1** Carne de la fruta; parte comestible de ésta. **2** Carne de los animales, limpia de huesos, ternillas, etc. **3** Materia vegetal reducida al estado de pasta.

púlpito. m. Tribuna para predicar en las iglesias, y p. ext., en otros lugares.

pulpo. m. Molusco cefalópodo octópodo, con el cuerpo en forma de saco, ocho largos tentáculos y un sifón por el que expulsa agua para propulsarse o tinta para enturbiar el agua en caso de amenaza; su carne es apreciada como alimento.

pulque. m. Bebida alcohólica mexicana, blanca y espesa.

pulsación. f. **1** Acción de pulsar. **2** Cada uno de los golpes o toques que se dan en el teclado de una máquina de escribir. **3** Cada uno de los latidos de la arteria. **4** Movimiento periódico de un fluido.

pulsador, ra. adj. y s. **1** Que pulsa. | m. **2** Llamador o botón de un timbre eléctrico.

pulsar. tr. **1** Dar un toque o golpe a teclas o cuerdas de instrumentos, mandos de alguna máquina, etc. **2** Reconocer el estado del pulso o latido de las arterias. **3** Tantear un asunto. **SIN.** 1 presionar.

púlsar. m. Astro que emite impulsos radioeléctricos a ritmo periódico.

pulsera. f. **1** Joya o adorno que se lleva en la muñeca. **2** Correa o cadena del reloj.

pulso. m. **1** Latido intermitente de las arterias, que se observa especialmente en la muñeca. **2** Seguridad o firmeza en la mano para hacer algo con precisión. **3** Cierta prueba de fuerza entre dos personas, que consiste en tumbar el brazo del contrario. **4** Enfrentamiento entre partes cuyas fuerzas están muy equilibradas. **5** Tiento, cuidado. **SIN.** 5 tino, acierto.

pulular. intr. **1** Moverse de un lado para otro, bullir. **2** Abundar insectos y animales semejantes.

pulverizar. tr. **1** Reducir a polvo una cosa. También prnl. **2** Reducir un líquido a partículas muy pequeñas. También prnl. **3** Deshacer, aniquilar.

puma. m. Mamífero carnívoro felino con pelaje pardo rojizo y larga cola, que habita en América.

puna. f. **1** Tierra alta, próxima a la cordillera de los Andes. **2** amer. Páramo. **3** amer. Angustia que se sufre en ciertos lugares elevados.

punción. f. Operación quirúrgica que consiste en abrir los tejidos con un instrumento punzante y cortante.

pundonor. m. Amor propio, sentimiento que lleva a alguien a quedar bien ante los demás y ante sí.

punible. adj. Que merece castigo.

púnico, ca. adj. Relativo a Cartago.

punitivo, va. adj. Relacionado con el castigo.

punk o **punki.** (voz ingl.) adj. **1** Se aplica a un movimiento musical juvenil que se originó en Londres a mediados de los años setenta. **2** Relacionado con este movimiento.

punta. f. **1** Extremo agudo o afilado de un instrumento. **2** Extremo de una cosa. **3** Saliente. **4** Clavo pequeño. **5** Lengua de tierra que penetra en el mar. **6** Algo, un poco. **SIN.** 1 pincho, aguja 3 ángulo, esquina.

puntada. f. **1** Cada una de las pasadas que se dan en una tela u otro material al coser. **2** Dolor penetrante y breve. **3** Pulla, indirecta.

puntal. m. **1** Madero hincado en firme, para sostener la pared que está desplomada. **2** Apoyo, fundamento.

puntapié. m. Golpe dado con la punta del pie.

puntazo. m. **1** Herida hecha con una punta afilada. **2** En taurom., herida penetrante menor que una cornada. **3** Pulla. **4** Acción acertada.

puntear. tr. **1** Marcar puntos en una superficie. **2** Dibujar con puntos. **3** Tocar la guitarra u otro instrumento semejante pulsando las cuerdas cada una con un dedo. **4** Compulsar una cuenta partida por partida.

puntera. f. Refuerzo o remiendo en el calzado, calcetines y medias, en la parte que cubre la punta del pie.

puntería. f. **1** Acción de apuntar un arma. **2** Dirección del arma apuntada. **3** Destreza del tirador.

puntero, ra. m. **1** Palo o vara con que se señala una cosa. | m. y f. **2** Persona que sobresale en cualquier actividad. **3** En algunos deportes, delantero.

puntiagudo, da. adj. Que tiene aguda la punta. **SIN.** afilado, picudo □ **ANT. romo.**

puntilla. f. **1** Encaje fino. **2** Especie de puñal corto. **3 de puntillas.** loc. adv. Pisando sólo con la punta de los pies.

puntilloso, sa. adj. Susceptible.

punto. m. **1** Señal de dimensiones pequeñas. **2** Signo ortográfico (.) con que se indica el fin del sentido gramatical. **3** Nota ortográfica que se pone sobre la *i* y la *j*, o detrás de abreviaturas y siglas. **4** En geom., lugar de una recta, superficie o espacio, al que se puede asignar una posición pero que no posee dimensiones. **5** Sitio, lugar. **6** Unidad de valoración en un juego, examen, etc. **7** Instante, momento. **8** Aspecto, asunto: *pasemos al siguiente punto.* **9** Grado de perfección o intensidad: *la carne está en su punto; el punto de ebullición del agua.* **10** Cada una de las diversas maneras de coser o bordar: *punto de cruz.* **11** Tipo de tejido que se hace al enlazar con un tipo especial de agujas, o por otros sistemas, hilos de lana, algodón, etc. **12** Puntada en la tela, o para unir los bordes de una herida: *le dieron cuatro puntos en la mano*. **13 punto de vista.** Forma de enfocar cualquier tema. **14 a punto.** loc. adj. y adv. Listo, preparado. También, en momento oportuno. **Sin.** 5 región, zona 9 nivel.

puntuación. f. **1** Acción de puntuar. **2** Conjunto de signos ortográficos que sirven para puntuar. **3** Conjunto de reglas y normas para puntuar ortográficamente.

puntual. adj. **1** Que llega a tiempo y hace las cosas a tiempo. **2** Exacto, preciso: *un informe puntual.*

puntualidad. f. Cualidad de puntual. **Sin.** exactitud, precisión.

puntualizar. tr. Precisar, matizar.

puntuar. tr. **1** Poner en la escritura los signos ortográficos necesarios. **2** Calificar con puntos un ejercicio o prueba. **3** Ganar u obtener puntos en algunos juegos.

punzada. f. **1** Herida, pinchazo. **2** Dolor repentino e intermitente.

punzante. adj. **1** Que punza o pincha. **2** Mordaz, hiriente.

punzar. tr. **1** Herir con un objeto afilado. | intr. **2** Manifestarse un dolor agudo cada cierto tiempo.

punzón. m. **1** Instrumento de hierro que remata en punta. **2** Buril. **3** Instrumento de acero para hacer troqueles, cuños, etc. **4** Pitón, cuerno.

puñado. m. **1** Porción de una cosa que cabe en el puño. **2** Poca cantidad de algo.

puñal. m. Arma de acero, de corto tamaño, que sólo hiere de punta.

puñalada. f. **1** Golpe que se da de punta con el puñal u otra arma semejante. **2** Herida que resulta de este golpe. **3** Pesadumbre.

puñeta. f. **1** Puntilla que se pone en la bocamanga de algunas prendas. **2** Molestia, pejiguera. | interj. **3** Denota enfado. Más en pl. **4 a hacer puñetas** loc. Se usa en algunas construcciones para despedir bruscamente a alguien: *mandar a hacer puñetas*. **5** Con las formas pronominales del verbo *ir*, fracasar.

puñetazo. m. Golpe dado con el puño.

puñetería. f. **1** Bobada, tontería. **2** Incomodidad, molestia.

puñetero, ra. adj. y s. Fastidioso, molesto, difícil.

puño. m. **1** Mano cerrada. **2** Parte de la manga de las prendas de vestir, que rodea la muñeca. **3** Mango de algunos utensilios o herramientas, como algunas armas blancas, el bastón o el paraguas.

pupa. f. **1** Erupción en los labios. **2** Costra que queda al secarse un grano, herida, etc. **3** Daño, dolor. Se usa en lenguaje infantil. **4** Crisálida de la mariposa.

pupilo, la. m. y f. **1** Huérfano menor de edad, respecto de su tutor. **2** Alumno o alumna, con respecto al profesor. **3** Huésped de una pensión. | f. **4** Prostituta. **5** Parte negra y redonda del ojo, situada en el centro del iris, a través de la cual pasa la luz al interior.

pupitre. m. Mueble con tapa en forma de plano inclinado, para escribir sobre él. **Sin.** escritorio.

puré. m. Crema espesa hecha con legumbres, patatas, etc.

pureza. f. **1** Cualidad de puro. **2** Virginidad, castidad. **Sin.** 1 inocencia ☐ **Ant.** 1 corrupción.

purga. f. **1** Laxante. **2** Acción y efecto de purgar o purgarse. **3** Expulsión o eliminación, por motivos políticos, de funcionarios, miembros de una organización, etc.

purgante. adj. y m. Medicamento para purgar.

purgar. tr. **1** Limpiar o purificar una cosa, eliminar algo que se considera malo o perjudicial: *purgar un partido*. **2** Dar a alguien un medicamento, infusión, etc., para que evacue el vientre. También prnl. **3** Satisfacer con una pena en todo o en parte lo que uno merece por su culpa o delito. **Sin.** 1 depurar, exonerar 3 expiar.

purgatorio. m. **1** Según la Iglesia católica, lugar donde los justos deben purificar sus pecados. **2** Lugar donde se pasan penalidades. **3** Estas penalidades.

purificación. f. Acción de purificar o purificarse.

purificar. tr. y prnl. Quitar las impurezas. **Sin.** acendrar, depurar ☐ **Ant.** ensuciar, corromper.

purista. adj. y com. Que escribe o habla con pureza, cuidando, a veces exageradamente, el uso de la lengua.

puritanismo. m. Cualidad de puritano.

puritano, na. adj. Se dice de la persona que sigue las normas morales con una gran rigurosidad, particularmente cuando es exagerada o se hace como ostentación.

puro, ra. adj. **1** Que no está mezclado con otra cosa: *café puro*. **2** Limpio de suciedad o impurezas: *agua pura*. **3** Casto, honesto en el terreno sexual. **4** Honrado. **5** Tratándose del lenguaje o del estilo, correcto, exacto. | m. **6** Cigarro hecho con una hoja de tabaco enrollada. **7** En argot, castigo. **Sin.** 2 inmaculado 3 decente, virginal ☐ **Ant.** 2 sucio 3 deshonesto.

púrpura. adj. **1** Se dice del color rojo subido que tira a violeta. También m. | f. **2** Molusco gasterópodo marino que segrega una tinta roja utilizada como colorante desde la antigüedad. **3** Tinte que se preparaba con la tinta de este molusco. **4** Dignidad imperial, real, consular, cardenalicia, etc., por ser éste el color de sus vestiduras.

purpurina. f. **1** Polvo finísimo dorado o plateado,

purulento – puzzle

que se aplica a las pinturas. **2** Pintura preparada con este polvo.
purulento, ta. adj. Que tiene pus.
pus. m. Líquido denso y amarillento que segregan accidentalmente los tejidos inflamados, y que está constituido por los residuos de los leucocitos.
pusilánime. adj. y com. Falto de ánimo y valor. **Sin.** apocado, cobarde, miedoso ☐ **Ant.** atrevido, valiente.
pústula. f. **1** Vejiga llena de pus. **2** Herida con pus o costra.
putada. f. vulg. Acción malintencionada o cosa muy molesta.
putativo, va. adj. Que se tiene por padre, hermano, etc., sin serlo.
putear. intr. **1** vulg. Dedicarse a la prostitución. **2** *amer*. Insultar con palabras soeces. | tr. **3** vulg. Fastidiar, perjudicar.
puto, ta. m. y f. **1** vulg. Persona que ejerce la prostitución. Más c. f. | adj. **2** vulg. Que obra con malicia y doblez. También s. **3** vulg. Despreciable. **4** Muy molesto, duro o difícil.
putrefacción. f. Acción de pudrir o pudrirse.
putrefacto, ta. adj. Podrido.
pútrido, da. adj. Podrido.
puya. f. **1** Punta acerada de las varas o garrochas de los picadores y vaqueros. **2** Garrocha o vara con esta punta. **3** Frase o dicho hiriente. **Sin.** 3 puyazo, sarcasmo.
puyazo. m. **1** Herida hecha con la puya. **2** Puya, frase hiriente.
puzzle. (voz ingl.) m. Rompecabezas, juego.

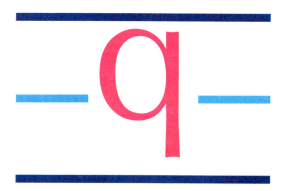

q. f. Decimoctava letra del abecedario español, y decimocuarta de sus consonantes. Su nombre es *cu*.

quark. m. Tipo teórico de partículas elementales con las que se forman otras partículas, como son el protón y el neutrón. No hay prueba experimental de su existencia aislada.

quásar. m. Cuerpo celeste de apariencia estelar, sin un origen aún definido, situado a gran distancia de la Tierra, que tiene una velocidad casi igual a la de la luz y una potencia de radiación varios millones de veces mayor que la del Sol.

que. pron. relat. **1** En oraciones subordinadas adjetivas, sustituye a su antecedente de la principal: *los perros, que olieron el rastro, se pusieron a aullar*. Equivale a *el, la, lo cual; los, las cuales*. | pron. interrog. **2** Agrupado o no con un sustantivo, introduce oraciones interrogativas. || Se emplea con acento: *¿qué quieres?* | pron. excl. **3** Agrupado con un sustantivo o seguido de la preposición *de* y un sustantivo, introduce oraciones exclamativas || Se emplea con acento: *¡qué tiempo más raro!* | adv. prnl. excl. **4** Agrupado con adjetivos, adverbios y locuciones adverbiales, funciona como intensificador de su significado: *¡qué mal lo hiciste!* || Se emplea con acento. | conj. copulat. **5** Introduce oraciones subordinadas sustantivas con función de sujeto o complemento directo: *quiero que estudies*. **6** Forma locuciones conjuntivas o adverbiales: *a menos que; con tal que*. | conj. causal **7** Equivale a *porque* o *pues: me voy que llego tarde*. | conj. final **8** Equivale a *para que: llama a mi madre, que me prepare la comida*.

quebrada. f. **1** Hendidura de una montaña. **2** Paso estrecho entre montañas.

quebradizo, za. adj. **1** Fácil de quebrarse: *tiene las uñas quebradizas*. **2** Delicado de salud. **3** Se dice de la persona de poca entereza moral. **Sin.** 1 endeble 1-3 frágil 2 débil 3 pusilánime.

quebrado, da. adj. **1** Que ha hecho quiebra: *un negocio quebrado*. **2** Debilitado. **3** Accidentado, desigual: *un terrreno quebrado*. **4** Se dice del número que expresa las partes en que se divide la unidad. También m.: *sumar quebrados*.

quebrantahuesos. m. Ave rapaz, la mayor especie europea, de plumaje negruzco en el dorso, alas y cola, y anaranjado o blanco en el vientre. || No varía en pl.

quebrantar. tr. **1** Romper, deteriorar algo. **2** Violar una ley, no cumplir una obligación: *quebrantar una promesa*. **3** Debilitar la salud o la fortaleza de alguien. También prnl. **Sin.** 1 rajar, quebrar 2 transgredir.

quebranto. m. **1** Acción de quebrantar o quebrantarse. **2** Desaliento, decaimiento físico o moral de alguien. **3** Gran pérdida o daño: *quebranto económico*. **4** Dolor o pena muy grande. **Sin.** 3 ruina □ **Ant.** 2 ánimo.

quebrar. tr. **1** Romper. También prnl.: *quebrarse una pierna*. **2** Doblar. También prnl. **3** Interrumpir la continuación de algo no material. | intr. **4** Arruinarse una empresa: *el negocio quebró*. | **quebrarse.** prnl. **5** Formársele una hernia a alguien. **6** Hablando de un terreno, una cordillera, etc., interrumpirse su continuidad. || **Irreg.** Se conj. como *acertar*.

quechua. adj. y com. **1** Del pueblo amerindio que abarca las zonas andinas de Ecuador, Perú, Bolivia y N. de Argentina. **2** Relacionado con este pueblo y su lengua. | m. **3** Lengua hablada por los miembros de este pueblo, extendida por los incas a todo el territorio de su imperio.

queda. f. Hora de la tarde o de la noche en que todos los habitantes de una población deben recogerse en sus casas. Esta medida es frecuente en tiempo de guerra o estados de excepción.

quedar – quema

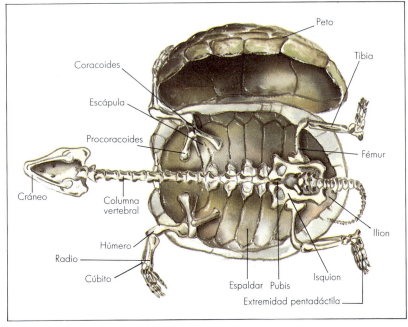

Quelonio: esqueleto de tortuga

quedar. intr. **1** Estar, permanecer en un sitio. También prnl. **2** Subsistir, permanecer o restar parte de una cosa: *me quedan tres pesetas*. **3** Permanecer una persona o cosa en su estado, o pasar a otro más o menos estable: *quedó herido*. También prnl. **4** Resultar, terminar, acabar: *quedó aquí la conversación*. **5** Concertar una cita. **6** Estar situado. | **quedarse.** prnl. **7** Morirse. **8** Retener en la memoria: *se quedó con su cara*. **9** Burlarse de alguien engañándole: *te estás quedando conmigo*.

quedo, da. adj. **1** Quieto, silencioso: *pasos quedos*. | adv. m. **2** Con voz baja o que apenas se oye. **Ant.** 1 y 2 alto.

quehacer. m. Ocupación, tarea: *quehaceres domésticos*.

queimada. f. Bebida caliente, originaria de Galicia, que se prepara quemando aguardiente de orujo con limón y azúcar.

queja. f. **1** Expresión de dolor, pena o sentimiento. **2** Resentimiento. **3** Acusación ante un juez. **Sin.** 1 lamento, quejido 3 querella.

quejarse. prnl. Expresar o presentar quejas: *se quejaba de dolor*. **Sin.** lamentarse, gemir, protestar.

quejica. adj. y com. Que se queja con frecuencia o exageradamente. **Sin.** llorica, llorón.

quejido. m. Voz que expresa dolor o pena. **Sin.** gemido, lamento.

quejigo. m. Árbol de unos 20 m de altura, con tronco grueso y copa recogida, que por fruto da unas bellotas parecidas a las del roble.

quejigueta. f. Arbusto que se cría en España y forma matorrales densos en las montañas meridionales de la península Ibérica y en el N. de África.

quejoso, sa. adj. Se dice del que tiene queja de alguien o de algo. **Sin.** descontento, enfadado.

quejumbroso, sa. adj. Que se queja con poco motivo, o por costumbre. **Sin.** llorón, llorica.

quelonio. adj. y m. **1** Se dice de los reptiles que tienen cuatro extremidades cortas y el cuerpo protegido por un caparazón duro que cubre la espalda y el pecho, como la tortuga. | m. pl. **2** Orden de estos reptiles.

quema. f. **1** Acción y resultado de quemar: *quema de rastrojos*. **2** Incendio. **3 huir** uno **de la quema.** loc. Apartarse, alejarse de un peligro.

quemadero, ra. adj. **1** Que tiene que ser quemado. | m. **2** Lugar destinado a la quema de desechos.

quemado, da. adj. **1** Se dice de la persona o cosa que ha sufrido quemaduras. También s.: *hospital de quemados*. **2** Enojado, molesto, resentido: *tu negativa le tiene quemado*. S<small>IN</small>. 2 agotado.

quemador, ra. adj. y s. **1** Que quema. | m. **2** Aparato destinado a regular la salida de combustible de un depósito para facilitar una combustión controlada.

quemadura. f. Herida producida por el fuego o algo que quema: *quemadura solar*.

quemar. tr. **1** Abrasar o consumir con fuego. **2** Calentar mucho una cosa. **3** Secar una planta el excesivo calor o frío: *la helada ha quemado la cosecha*. **4** Causar una sensación de ardor, especialmente en la boca, una cosa caliente, picante o urticante. También intr.: *este aguardiente quema*. **5** Hacer señal, llaga o ampolla una cosa cáustica o muy caliente: *quemó la mesa con ácido*. **6** Destilar los vinos en alambiques. **7** Impacientar o desazonar a uno: *esta espera me está quemando*. También prnl. | intr. **8** Estar demasiado caliente una cosa: *la sopa quema*. | **quemarse.** prnl. **9** Padecer o sentir mucho calor. **10** Padecer la fuerza de una pasión o afecto: *se quema de celos*. **11** Estar muy cerca de acertar o de hallar una cosa. S<small>IN</small>. 1 incendiar □ A<small>NT</small>. 1 apagar.

quemarropa (a). loc. adv. Modo de disparar con arma de fuego, desde muy cerca del objetivo.

quemazón. f. **1** Calor excesivo. **2** Sentimiento de incomodidad ante las burlas, críticas, etc., de otros.

quena. f. Flauta o caramillo que usan los indios de algunas comarcas de América para acompañar sus cantos y bailes.

quenopodiáceo, a. adj. y f. **1** Se dice de plantas angiospermas dicotiledóneas, herbáceas, como la espinaca. | f. pl. **2** Familia de estas plantas.

quepis. m. Gorra cilíndrica o ligeramente cónica, con visera horizontal, que como prenda de uniforme usan los militares en algunos países. || No varía en pl.

queratina. f. Sustancia albuminoidea, muy rica en azufre, que constituye la parte fundamental de las capas más externas de la epidermis de los vertebrados y de los órganos derivados de esta membrana, como plumas, pelos, uñas, etc.

querella. f. **1** Discordia, pelea. **2** Acusación ante la justicia. S<small>IN</small>. 1 reyerta, contienda 2 queja, litigio.

querellarse. prnl. Presentar querella ante la justicia.

querencia. f. **1** Inclinación o afecto hacia alguien o algo. **2** Tendencia del hombre y algunos animales a volver al lugar donde se han criado o que solían frecuentar.

querer. tr. **1** Desear, apetecer: *quiero que vengáis a la fiesta*. **2** Amar, tener cariño, voluntad o inclinación a una persona o cosa. **3** Tener voluntad o determinación de ejecutar una acción: *siempre quiere salirse con la suya*. **4** Pretender, intentar, procurar. **5** Acceder alguien al deseo de otro. | impers. **6** Estar próxima a ser o verificarse una cosa: *parece que quiere llover*. || **Irreg.** Conjugación modelo:

Indicativo
Pres.: *quiero, quieres, quiere, queremos, queréis, quieren.*
Imperf.: *quería, querías,* etc.
Pret. indef.: *quise, quisiste,* etc.
Fut. imperf.: *querré, querrás,* etc.
Potencial: *querría, querrías,* etc.
Subjuntivo
Pres.: *quiera, quieras, quiera, queramos, queráis, quieran.*
Imperf.: *quisiera, quisieras,* etc., o *quisiese, quisieses,* etc.
Fut. imperf.: *quisiere, quisieres,* etc.
Imperativo: *quiere, quered.*
Participio: *querido.*
Gerundio: *queriendo.*

---

querer. m. Amor, afecto.

querido, da. m. y f. Amante.

queroseno. m. Una de las fracciones del petróleo natural, que se obtiene por refinación y destilación.

querubín. m. **1** Ángel perteneciente al segundo coro. **2** Persona de singular belleza.

quesería. f. **1** Lugar en que se fabrican quesos. **2** Sitio en que se vende queso.

quesero, ra. adj. **1** Relacionado con el queso. **2** Se dice de la persona a la que le gusta mucho el queso. | m. y f. **3** Persona que hace o vende queso. | f. **4** Recipiente para guardar o servir queso. **5** Lugar o sitio donde se fabrican los quesos.

queso. m. Producto que se obtiene de la leche cuajada.

quetzal. m. **1** Ave trepadora, propia de la América tropical, de plumaje de color verde tornasolado y muy brillante. **2** Moneda guatemalteca.

quevedos. m. pl. Lentes de forma circular que se sujetan en la nariz.

¡quia! interj. Denota incredulidad o negación.

quiasmo. m. En ret., figura que consiste en presentar en órdenes inversos los miembros de dos secuencias, p. ej.: *Manuel fue a Atenas; a Londres fue Miguel*.

quiché. adj. **1** Grupo amerindio, perteneciente a la familia maya, que vive en Guatemala. Más como m. pl. | m. **2** Lengua hablada por este grupo.

quichua. adj. Quechua.

quicio. m. **1** Parte de la puerta o ventana en que se asegura la hoja. **2 fuera de quicio.** loc. adv. Fuera del orden o estado regular. **3 sacar de quicio.** loc. Exagerar o deformar una cosa. **4** Exasperar, hacer perder la paciencia.

quid. m. Esencia, causa, razón: *aquí está el quid de la cuestión.* **Sin.** clave.

quiebra. f. **1** Acción de quebrar. **2** Abertura de una cosa por alguna parte: *hay una quiebra en el muro.* **3** Hendidura de la tierra en los montes, valles, etc. **4** Pérdida de una cosa: *la quiebra de principios éticos.* **Sin.** 1 bancarrota, ruina 2 grieta 3 quebrada.

quiebro. m. **1** Ademán de doblar el cuerpo por la cintura. **2** En mús., nota o grupo de notas de adorno que acompañan a una principal. **3** Gorgorito hecho con la voz. **4** En taurom., lance con que el torero hurta el cuerpo, con rápido movimiento de la cintura, al embestirle el toro.

quien. pron. relat. **1** Equivale al pronombre *que*, o a *el que, la que*, etc., y a veces a *el cual* y sus variantes, y se refiere a personas. En singular puede referirse a un antecedente en plural: *las personas de quien he recibido favores.* | pron. relat. **2** Equivale a *la persona que, aquel que: quien sepa la verdad, que la diga.* Cuando depende de un verbo con negación, equivale a *nadie que: no hay quien pueda con él.* ‖ En los dos casos se usa más el singular. | pron. interrog. y excl. **3** Lleva acento ortográfico: *¿quién es?, ¡quién pudiera!* **4** pron. indef. Equivale a *cualquier persona que.*

quienquiera. pron. indet. Alguno, cualquiera. Se emplea seguido de *que: quienquiera que lo tenga, que lo devuelva.* ‖ pl. *quienesquiera.*

quietismo. m. **1** Falta de movimiento. **2** Doctrina de algunos místicos que predica la contemplación pasiva, la indiferencia y el abandono. **Sin.** 1 inacción, quietud, inercia.

quieto, ta. adj. **1** Que no se mueve. **2** Tranquilo. **Sin.** 1 inmóvil, estático, parado ☐ **Ant.** 1 y 2 inquieto.

quietud. f. **1** Carencia de movimientos. **2** Sosiego, reposo, descanso. **Sin.** 1 inmovilidad.

quif. m. Kif.

quijada. f. Cada una de las dos grandes mandíbulas de los vertebrados. **Sin.** mandíbula.

quijones. m. Planta umbelífera aromática.

quijotada. f. Acción propia de un quijote.

quijote. m. **1** Hombre idealista y defensor de causas ajenas en nombre de la justicia. **2** Hombre muy puntilloso. **3** Pieza de la armadura destinada a cubrir el muslo.

quilate. m. **1** Unidad de peso de las piedras preciosas. **2** Cada una de las veinticuatroavas partes en peso de oro puro que contiene cualquier aleación de este metal. **3** Grado de perfección de cualquier cosa no material. Más en pl.: *los quilates de la virtud.*

quilla. f. **1** Pieza de popa a proa en que se asienta el armazón de un barco. **2** Parte saliente y afilada del esternón de las aves. **3** Cada una de las partes salientes y afiladas que tiene la cola de algunos peces.

quilo. m. Kilo.

quimera. f. **1** Monstruo imaginario. **2** Ilusión, fantasía: *en lugar de actuar, se pierde en quimeras.*

química. f. Ciencia que estudia la composición de los cuerpos simples y sus reacciones, y la creación de productos artificiales a partir de ellos.

químico, ca. adj. **1** De la química: *industria química.* | m. y f. **2** Especialista en química.

quimioterapia. f. Método curativo de las enfermedades, especialmente de las infecciosas, por medio de productos químicos.

quimo. m. Masa ácida resultante de la digestión de los alimentos en el estómago.

quimono. m. Túnica japonesa. También se escribe *kimono.*

quina. f. **1** Corteza del quino. **2** Quinina.

quincalla. f. Conjunto de objetos de metal de poco valor. **Sin.** baratija.

quince. adj. **1** Diez y cinco. También pron. y m. **2** Decimoquinto. También s. | m. **3** Conjunto de cifras con que se representa este número.

quinceavo, va. adj. y m. Se dice de cada una de las quince partes iguales en que se divide un todo.

quincena. f. **1** Período de quince días seguidos. **2** Paga que se recibe cada quince días.

quincenal. adj. **1** Que sucede o se repite cada quincena. **2** Que dura una quincena.

quincuagésimo, ma. adj. **1** Que ocupa el lugar cincuenta. También pron. **2** De cada una de las cincuenta partes iguales en que se divide un todo. También m.

quingentésimo, ma. adj. **1** Que ocupa el lugar quinientos. También pron. **2** De cada una de las quinientas partes iguales en que se divide un todo. También m.

quiniela. f. **1** Sistema de apuestas mutuas de los partidos de fútbol, carreras de caballos y otras competiciones. **2** Boleto en que se escribe la apuesta.

quinientos, tas. adj. **1** Cinco veces ciento. También pron. y m. **2** Quingentésimo. También pron. | m. **3** Signo o conjunto de signos o cifras con que se representa este número. ‖ No varía en pl.

quinina. f. Alcaloide que se extrae de la quina, y que se usa en el tratamiento de enfermedades infecciosas.

quino. m. Árbol americano perteneciente a la familia de las rubiáceas, de cuya corteza se extrae la quinina.

quinqué. m. Lámpara de petróleo con un tubo de cristal para resguardar la llama.

quinquenal. adj. **1** Que sucede o se repite cada quinquenio. **2** Que dura un quinquenio.

quinquenio. m. **1** Período de cinco años. **2** Incremento salarial al cumplirse cinco años de antigüedad en un puesto de trabajo.

quinqui. com. Persona de un grupo social marginal que, con frecuencia, recurre a la delincuencia.

quinta. f. **1** Finca de recreo en el campo. **2** Reemplazo anual de soldados. **3** En mús., intervalo que consta de tres tonos y un semitono mayor. **4** Conjunto de personas que nacieron en el mismo año: *ese señor es de la quinta de mi padre.* | pl. **5** Operaciones o actos administrativos del reclutamiento. **Sin.** 1 hacienda 2 reclutamiento.

quintada. f. Broma, generalmente pesada, que dan en los cuarteles los soldados veteranos a los de nuevo reemplazo. **Sin.** novatada.

quintaesencia. f. **1** Lo más puro, perfecto. **2** Lo permanente e invariable de las cosas.

quintal. m. **1** Peso de 46 kg o 100 libras. **2 quintal métrico.** Peso de 100 kg.

quintar. tr. **1** Sacar por suerte uno de cada cinco. **2** Sacar por suerte los nombres de los que van a servir en la tropa como soldados.

quinteto. m. **1** Combinación de cinco versos. **2** En mús., conjunto de cinco voces o instrumentos. **3** Conjunto de estas voces o instrumentos.

quintilla. f. **1** Combinación métrica de cinco versos octosílabos, con dos diferentes consonancias, y ordenados generalmente de modo que no vayan juntos los tres a que corresponde una de ellas, ni los dos últimos sean pareados. **2** Combinación de cinco versos de cualquier medida con dos distintas consonancias.

quintillizo, za. adj. y s. Se dice de cada uno de los hermanos nacidos de un parto quíntuple.

quinto, ta. adj. **1** Que ocupa el lugar número cinco en una serie ordenada. También pron.: *llegó el quinto.* **2** Se dice de cada una de las cinco partes iguales en que se divide un todo. También m. | m. **3** Soldado que se incorpora al servicio militar. **4** Botellín de cerveza. **Sin.** 3 recluta.

quíntuple. adj. Quíntuplo.

quintuplicar. tr. y prnl. Hacer cinco veces mayor una cantidad.

quíntuplo, pla. adj. y m. Que contiene un número cinco veces exactamente.

quiñón. m. Porción de tierra de cultivo, de dimensión variable.

quiosco. m. **1** Construcción pequeña que se instala en la calle o lugares públicos para vender en ella periódicos, flores, etc. **2** Caseta de estilo oriental, generalmente abierta por todos los lados, que se construye en parques, jardines, etc. **Sin.** 1 puesto, caseta 2 templete.

quirófano. m. Sala acondicionada para hacer operaciones quirúrgicas.

quiromancia o **quiromancía.** f. Adivinación basada en las rayas de la mano.

quiróptero, ra. adj. y m. **1** Se dice de los mamíferos voladores nocturnos, como el murciélago. | m. pl. **2** Orden de estos animales.

quirúrgico, ca. adj. Relativo a la cirugía: *instrumental quirúrgico.*

quisque (cada o **todo).** loc. adv. Cada uno, cualquiera, cada cual: *aquí trabaja todo quisque.*

quisquilla. f. **1** Crustáceo similar a la gamba. **2** Reparo, dificultad.

quisquilloso, sa. adj. y s. **1** Susceptible. **2** Que da importancia a pequeñeces. **Sin.** 2 chinche, chinchorrero.

quiste. m. **1** Tumor formado por una cavidad rellena de diversas sustancias que se desarrolla en organismos vivos por alteración de los tejidos. **2** Membrana resistente e impermeable que envuelve a un animal o vegetal, manteniéndolo completamente aislado del medio.

quitamanchas. m. Producto químico para quitar manchas. || No varía en pl.

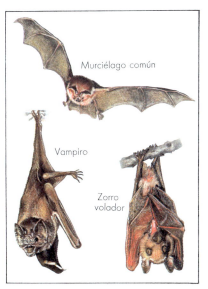

Quiróptero

quitamiedos. m. Listón o cuerda que, a modo de pasamanos, se coloca en lugares elevados donde hay peligro de caer. ‖ No varía en pl.

quitanieves. f. Máquina para limpiar de nieve los caminos. ‖ No varía en pl.

quitar. tr. **1** Tomar una cosa apartándola de otras, o del lugar en que estaba. **2** Hurtar. **3** Impedir, prohibir: *el médico le ha quitado la sal*. **4** Librar, privar: *este jarabe quita la tos*. **5** Suprimir un empleo, servicio, etc.: *han quitado a los serenos*. | **quitarse.** prnl. **6** Dejar una cosa o apartarse totalmente de ella: *se ha quitado del tabaco*. **7** Irse, separarse de un lugar: *quítate de ahí*. S<small>IN</small>. 1 apartar 2 robar 5 cancelar.

quitasol. m. Especie de sombrilla usada para resguardarse del sol. S<small>IN</small>. parasol.

quite. m. **1** Movimiento defensivo con que se esquiva un golpe o ataque. **2** Movimiento que hace un torero para librar a otro de la acometida del toro. S<small>IN</small>. 1 finta.

quitina. f. Polisacárido de color blanco que se encuentra en el esqueleto de los artrópodos.

quitón. m. Género de moluscos, de unos 25 a 35 mm de longitud. En Galicia le llaman *piojo de mar*.

quizá o **quizás.** adv. Indica la posibilidad de algo: *quizá llegue tarde*. S<small>IN</small>. acaso.

quórum. m. **1** Número mínimo de miembros que tienen que estar presentes en ciertas asambleas, reuniones, etc., para que éstas tengan validez. **2** Proporción de votos favorables para que haya acuerdo. ‖ No varía en pl.

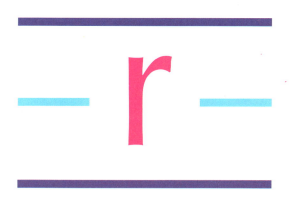

r. f. Decimonovena letra del abecedario español, y decimoquinta de sus consonantes. Su nombre es *erre*. || Tiene dos sonidos, uno simple, de una sola vibración apicoalveolar sonora (en interior de palabra), y otro múltiple, o con dos o más vibraciones (a comienzo de palabra, detrás de *n, l* o *s* y en el interior, representado por la grafía *rr*).

rabadán. m. **1** Pastor que está al mando de toda una cabaña de ganado. **2** Pastor que gobierna uno o más rebaños, a las órdenes del mayoral de una cabaña.

rabadilla. f. **1** Extremidad del espinazo. **2** En las aves, extremidad movible en la que están las plumas de la cola.

rabanero, ra. adj. y s. Descarado y ordinario.

rábano. m. **1** Planta herbácea crucífera de tallo ramoso y hojas grandes que posee una raíz carnosa, muy utilizada en alimentación. **2** Raíz de esta planta. **3 coger** uno **el rábano por las hojas.** loc. Equivocarse por completo en la interpretación de alguna cosa. **4 importar un rábano** alguien o algo. loc. No importar nada.

rabel. m. Instrumento musical pastoril, parecido al laúd, con tres cuerdas, que se toca con arco.

rabí. m. Rabino.

rabia. f. **1** Enfermedad vírica de algunos animales, especialmente en el perro, que se transmite por mordedura a otros animales o al hombre. **2** Ira, enfado grande. **3** Odio o antipatía que se tiene a alguien. **Sin.** 1 hidrofobia 2 cólera, furia, enojo 3 tirria, ojeriza, manía.

rabiar. intr. **1** Padecer la enfermedad de la rabia. **2** Sufrir un dolor muy fuerte. **3** Desear mucho una cosa: *rabiaba por decírtelo.* **4** Impacientarse o enfadarse. **5 a rabiar.** loc. adv. Mucho, con exceso: *me gusta a rabiar.*

rabicorto, ta. adj. Se dice del animal que tiene corto el rabo.

rabieta. f. Berrinche. **Sin.** pataleta, perra □ **Ant.** tranquilidad, serenidad.

rabihorcado. m. Ave palmípeda marítima de cola ahorquillada, pico largo y ganchudo y plumaje negro. Habita en regiones cálidas y tropicales del Atlántico y el Pacífico.

rabilargo, ga. adj. **1** Se dice del animal que tiene largo el rabo. | m. **2** Córvido de plumaje pardo, cabeza negra y alas azules.

rabillo. m. **1** Pedúnculo que sostiene la hoja o el fruto. **2** Prolongación de una cosa en forma de rabo. **3** Cizaña, planta. **4** Mancha negra que se advierte en las puntas de los granos de los cereales cuando empiezan a estar atacados por el tizón.

rabino. m. Doctor de la ley judía. **Sin.** rabí.

rabioso, sa. adj. **1** Que padece rabia. También s. **2** Colérico. **3** Vehemente, violento.

rabo. m. **1** Cola de algunos animales. **2** Rama con las hojas y los frutos. **3** Cualquier cosa que cuelga o sobresale a semejanza de la cola de un animal: *el rabo de la boina.* **4** vulg. Pene.

rabón, na. adj. Se dice del animal que tiene el rabo más corto de lo normal, o que no lo tiene.

rácano, na. adj. y s. Tacaño, avaro.

racha. f. **1** Golpe de viento. **2** Período breve de fortuna o desgracia. **Sin.** 1 ráfaga.

racial. adj. Relacionado con la raza: *rasgos raciales.* **Sin.** étnico.

racimo. m. **1** Conjunto de frutos o flores unidos a un mismo tallo. **2** Conjunto de cosas pequeñas dispuestas como un racimo.

raciocinar. f. Razonar, pensar.

raciocinio. m. **1** Facultad de pensar. **2** Acción de pensar o razonar. **Sin.** 1 entendimiento, razón, intelecto 1 y 2 pensamiento 2 juicio, reflexión.

ración. f. **1** Porción de alimento que se reparte a

cada persona. **2** Cantidad de comida que se vende a un determinado precio. **3** Cantidad o porción de cualquier otra cosa: *recibió su ración de reprimendas*.

racional. adj. **1** Relativo a la razón. **2** Dotado de razón. También com. S<small>IN</small>. 1 intelectual 2 inteligente.

racionalismo. m. **1** Doctrina filosófica que sostiene que la realidad es racional y, por tanto, comprensible a través de la razón. **2** Sistema teológico que admite la posibilidad de conocer la esencia de Dios a través de la razón humana.

racionalizar. tr. **1** Reducir a normas o conceptos racionales. **2** Organizar la producción o el trabajo de manera que aumente los rendimientos o reduzca los costos con el mínimo esfuerzo.

racionar. tr. **1** Repartir raciones de algo, generalmente cuando es escaso. **2** Someter los artículos de primera necesidad a una distribución establecida por la autoridad.

racismo. m. **1** Doctrina que exalta la superioridad de la propia raza frente a las demás, basándose en caracteres biológicos. **2** P. ext., sentimiento de rechazo hacia las razas distintas a la propia. S<small>IN</small>. 2 xenofobia.

racista. adj. **1** Relativo al racismo. **2** Partidario del racismo. También com.

racor o **rácor.** m. **1** Pieza metálica con dos roscas internas en sentido inverso, que sirve para unir tubos y otros perfiles cilíndricos. **2** P. ext., pieza de otra materia que se enchufa sin rosca para unir dos tubos.

rada. f. Bahía, ensenada.

radar. m. **1** Sistema que permite descubrir la presencia y posición en el espacio de un cuerpo que no se ve, mediante la emisión de ondas radioeléctricas que, al chocar con dicho objeto, vuelven al punto de observación, donde son detectadas por un aparato adecuado. **2** Aparato para aplicar este sistema.

radiación. f. **1** Acción de irradiar. **2** Elementos constitutivos de una onda que se transmite en el espacio.

radiactividad. f. Propiedad de diversos núcleos atómicos de emitir radiaciones cuando se desintegran espontáneamente.

radiactivo, va. adj. Que posee radiactividad.

radiado, da. adj. **1** Se dice de lo que tiene sus diversas partes dispuestas alrededor de un punto o de un eje. **2** Se apl. al animal invertebrado cuyas partes interiores y exteriores están dispuestas, a manera de radios, alrededor de un punto o de un eje central, como la estrella de mar, la medusa, etc. También m.

radiador. m. **1** Aparato de calefacción compuesto de varios tubos por los que circula vapor, aceite o agua caliente. **2** Refrigerador de los cilindros en algunos motores de explosión.

radián. m. Unidad de medida de ángulos que se define como el ángulo central de una circunferencia en el que la longitud del arco y del radio son iguales. Su símbolo es *rad*.

radiante. adj. **1** Resplandeciente, brillante: *un sol radiante*. **2** Muy contento o satisfecho por algo: *estaba radiante después de su triunfo*.

radiar. tr. **1** Difundir por medio de la radio noticias, música, etc. **2** Despedir radiaciones. También intr. **3** Tratar una lesión con los rayos X.

radicación. f. Acción de radicar.

radical. adj. **1** Relacionado con la raíz. **2** Fundamental: *cambio radical*. **3** Partidario del radicalismo. También com. **4** Tajante. **5** En mat., se dice del signo con que se indica la operación de extraer raíces. También m. | m. **6** En ling., parte que queda en las palabras variables al quitarles la desinencia. **7** En quím., grupo de átomos que sirve de base para la formación de combinaciones. S<small>IN</small>. 3 extremista.

radicalismo. m. **1** Conjunto de ideas y doctrinas que pretenden una reforma total o muy profunda en el orden político, moral, religioso, científico, etc. **2** P. ext., modo extremado de enfocar o tratar algo.

radicalizar. tr. y prnl. **1** Hacer que alguien adopte una actitud radical. **2** Hacer más radical una postura o tesis.

radicar. intr. **1** Estar en determinado lugar. **2** Ser algo el origen, motivo, etc., de alguna cosa: *en ese punto radica la importancia del problema*. **3** Echar raíces. También prnl. S<small>IN</small>. 1 situarse, localizarse 2 residir 3 arraigar.

radícula. f. Parte del embrión de las plantas que origina la raíz.

radiestesia. f. Supuesta sensibilidad especial para captar ciertas radiaciones.

radio. m. **1** Línea recta desde el centro del círculo a la circunferencia. **2** Extensión circular de terreno que viene determinada por la longitud de un determinado radio: *no hay ningún pueblo en un radio de 3 km*. **3** Cada varilla que une el centro de una rueda con la llanta. **4** Hueso contiguo al cúbito con el cual forma el antebrazo. **5 radio de acción.** Máximo alcance o eficacia de un agente o instrumento.

radio. m. Elemento químico metálico brillante intensamente radiactivo. Su símbolo es *Ra*.

radio. f. **1** Emisora de radiodifusión. **2** apóc. de *radiodifusión* y de *radiorreceptor*. | m. **3** apóc. de *radiotelegrama*. | com. **4** apóc. de *radiotelegrafista*.

radioaficionado, da. m. y f. Persona autorizada para emitir y recibir mensajes radiados privados, usando bandas de frecuencia jurídicamente establecidas.

radioastronomía. f. Rama de la astronomía que estudia las ondas radioeléctricas emitidas por los cuerpos celestes.

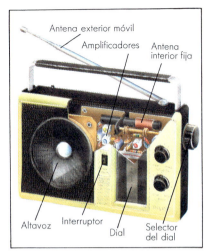

Radio portátil

radiobaliza. f. Emisor eléctrico destinado a la orientación o aterrizaje de los aviones.

radiocasete. m. Aparato constituido por una radio y un magnetófono.

radiocomunicación. f. Comunicación efectuada por medio de ondas hertzianas.

radiodifusión. f. **1** Emisión por ondas hertzianas de programas destinados al público. **2** Conjunto de los procedimientos o instalaciones destinados a esta emisión.

radioelectricidad. f. Técnica de la transmisión a distancia de sonidos e imágenes por medio de ondas electromagnéticas.

radioescucha. com. Persona que recibe las emisiones radiotelefónicas y radiotelegráficas.

radiofaro. m. Estación radioeléctrica que produce ondas hertzianas destinadas a orientar a los aviones mediante la emisión de cierta clase de señales.

radiofonía. f. Sistema de comunicación a través de las ondas hertzianas.

radiofrecuencia. f. Cualquiera de las frecuencias de las ondas electromagnéticas empleadas en la radiocomunicación.

radiografía. f. **1** Fotografía interna del cuerpo por medio de rayos X. **2** Cliché obtenido por este procedimiento.

radiografiar. tr. Hacer fotografías por medio de los rayos X.

radiolario. adj. y m. **1** Se dice de los protozoos rizópodos marinos, de tamaño microscópico, provistos de seudópodos filamentosos radiados. Habitan en colonias marinas. | m. pl. **2** Orden de estos protozoos.

radiología. f. Tratado de las aplicaciones médicas de las radiaciones.

radionovela. f. Narración emitida por radiodifusión, generalmente en forma de capítulos seriados.

radiorreceptor. m. Aparato empleado en radiotelegrafía y radiotelefonía para recoger y transformar en señales o sonidos las ondas emitidas por el radiotransmisor.

radioscopia. f. Examen de un cuerpo opaco por medio de la imagen que proyecta en una pantalla al ser atravesado por los rayos X.

radiosonda. m. Aparato que se lanza al espacio mediante un globo sonda, para que capte datos meteorológicos y los transmita, por radio, a una estación receptora.

radiotaxi. m. Taxi provisto de una radio con la que mantiene comunicación con una centralita que le dice dónde debe recoger a los clientes.

radiotecnia. f. Técnica relativa a la telecomunicación por radio.

radiotelecomunicación. f. Transmisión radiotelefónica o radiotelegráfica.

radiotelefonía. f. Transmisión telefónica por medio de ondas hertzianas.

radioteléfono. m. Teléfono en el que la comunicación se establece por ondas electromagnéticas.

radiotelegrafía. f. Sistema de comunicación telegráfica por medio de ondas hertzianas.

radiotelescopio. m. Instrumento receptor empleado para detectar y registrar las ondas radioeléctricas emitidas por los cuerpos celestes.

radiotelevisión. f. Transmisión de imágenes a distancia por medio de ondas hertzianas.

radioterapia. f. **1** Aplicación de los rayos X al tratamiento de enfermedades. **2** P. ext., tratamiento de enfermedades con cualquier clase de radiaciones.

radiotransmisor. m. Aparato que se emplea en radiotelegrafía y radiotelefonía para producir y enviar las ondas portadoras de señales o de sonidos.

radioyente. com. Persona que escucha la radio.

radón. m. Elemento químico; es un gas noble radiactivo que se origina en la desintegración del radio. Su símbolo es *Rn*.

rádula. f. Órgano masticador que tienen en la boca algunos moluscos, y que les sirve para triturar los alimentos.

raedera. f. **1** Instrumento para raer. **2** Tabla semicircular con que los albañiles rebañan la masa que queda pegada a los lados del cuezo. **3** Azada pequeña muy usada en las minas para recoger el mineral y los escombros, llenar espuertas, etc.

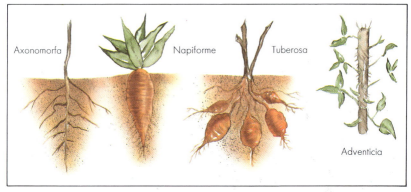

Raíces

raer. tr. **1** Raspar algo con un instrumento cortante. **2** Igualar la medida de los áridos, como el trigo o la cebada. **3** Eliminar algo por completo. ‖ **Irreg.** Se conj. como *caer*, excepto la 1.ª pers. del sing. del presente de indicativo, que es *raigo* o *rayo*. **Sin.** 2 rasar 3 erradicar.

ráfaga. f. **1** Golpe de viento. **2** Destello de luz. **3** Sucesión rápida de proyectiles que dispara un arma automática. **Sin.** 1 racha 2 fogonazo.

rafia. f. **1** Género de palmeras de África y América que dan una fibra muy resistente y flexible. **2** Esta fibra.

raglán o **raglan.** adj. **1** Se dice de un tipo de abrigo, holgado y con las mangas saliendo directamente del cuello. **2** Se apl. a este tipo de mangas: *jersey de manga raglán*.

ragtime. (voz ingl.) m. Género musical afroamericano, muy melódico y sincopado, que constituye una de las bases del jazz.

ragú. m. Guiso de carne con patatas y verduras.

raicilla. f. Cada una de las fibras o filamentos que nacen del cuerpo principal de la raíz de una planta.

raid. (voz ingl.) m. **1** Incursión militar en terreno enemigo. **2** Vuelo peligroso por la gran distancia que debe cubrirse: *raid aéreo*.

raído, da. adj. Muy gastado por el uso.

raigambre. f. **1** Conjunto de raíces de los vegetales. **2** Conjunto de antecedentes o tradiciones que hacen firme y estable una cosa: *un tema de raigambre clásica*. **3** Hecho de estar muy arraigada una costumbre, idea, etc.

raigón. m. Raíz de las muelas y los dientes.

raíl o **rail.** m. **1** Carril de las vías férreas. **2** Pieza o carril por el que corre o se desliza algo.

raíz. f. **1** Órgano de las plantas que crece hacia el interior de la tierra, por el que se fijan al suelo y absorben las sustancias necesarias para su crecimiento. **2** Parte oculta de algo, de la que procede la parte visible: *la raíz del pelo*. **3** Origen de algo. **4** Valor de la incógnita de una ecuación. **5** Radical mínimo que comparten las palabras de una misma familia; p. ej., *sill-* en *silla, sillar, sillería, sillín*, etc. **6 raíz cuadrada.** Cantidad que debe multiplicarse por sí misma una vez para obtener el número del que es raíz. **7 raíz cúbica.** Cantidad que se ha de multiplicar por sí misma dos veces para obtener el número del que es raíz. **8 de raíz.** loc. adv. Enteramente: *eliminar un problema de raíz*. **9 echar raíces.** Fijarse, establecerse en un lugar.

raja. f. **1** Hendidura. **2** Porción de alimento: *una raja de chorizo*. **Sin.** 1 grieta, resquebrajadura 2 rebanada, tajada.

rajá. m. Soberano de la India.

rajar. tr. **1** Partir en rajas. **2** Partir, abrir. También prnl. ‖ **rajarse.** prnl. **3** Volverse atrás: *dijo que sí, pero luego se rajó*. **Sin.** 1 trocear 2 cortar 3 desdecirse.

rajar. intr. **1** Hablar mucho. **2** Contar muchas mentiras, especialmente jactándose de valiente. **Sin.** 1 cascar.

rajatabla (a). loc. adv. Sin contemplaciones, rigurosamente: *cumplió el reglamento a rajatabla*.

ralea. f. **1** desp. Casta, linaje de las personas. **2** desp. Clase o género, normalmente malo. **Sin.** 1 calaña, estofa 1 y 2 condición.

ralentí. m. Estado de un motor cuando funciona sin engranar ninguna marcha y con el mínimo de revoluciones.

ralentizar. tr. Hacer algo más lento, como un proceso o una actividad. **Sin.** retrasar.

rallador. m. Utensilio de cocina que sirve para rallar pan, queso, etc.

rallar. tr. Desmenuzar un alimento en trocitos muy pequeños.

rally o **rallye.** (voz ingl.) m. Prueba automovilística por etapas que se realiza en carreteras y caminos irregulares y dificultosos.

ralo, la. adj. Se dice de las cosas cuyos componentes, partes o elementos están más separados de lo normal. Sin. disperso, claro □ Ant. tupido, compacto.

rama. f. **1** Cada parte de una planta que sale del tronco o tallo. **2** Cada una de las divisiones que se hacen en una ciencia, actividad, etc. **3** Serie de personas con un mismo origen: *las ramas de una familia*. **4** Parte secundaria de otra principal. **5 andarse** o **irse por las ramas.** loc. Desviarse del motivo o aspecto principal. **6 en rama.** loc. adv. Se dice de algunos productos industriales faltos de cierta elaboración o transformación: *canela en rama*.

ramadán. m. Noveno mes del año lunar de los musulmanes, en el que deben observar ayuno de alimentos, bebidas, relaciones sexuales, etc., desde el amanecer hasta el ocaso.

ramaje. m. Conjunto de ramas o ramos.

ramal. m. **1** Cada uno de los cabos de que se componen las cuerdas, sogas, etc. **2** Cuerda que se sujeta a la cabeza de las caballerías. **3** Cada uno de los tramos que concurren en el mismo rellano de escalera. **4** Bifurcación de un camino, acequia, mina, cordillera, etc. Sin. 2 ronzal 4 ramificación.

ramalazo. m. **1** Dolor agudo en una parte del cuerpo. **2** Manifestación leve de locura. **3** Comportamiento y gestos afeminados. Sin. 1 punzada 2 vena, venada 3 pluma.

rambla. f. **1** Lecho natural de las aguas pluviales cuando caen copiosamente. **2** Calle ancha y con árboles, generalmente con andén central.

ramera. f. Prostituta. Sin. puta, fulana, meretriz.

ramificación. f. **1** Acción de ramificarse. **2** Consecuencia necesaria de algún hecho: *las ramificaciones de un escándalo*. **3** División y extensión de las venas, arterias o nervios.

ramificarse. prnl. **1** Dividirse. **2** Extenderse las consecuencias de algo.

ramillete. m. **1** Ramo pequeño de flores formado artificialmente. **2** Colección de cosas selectas.

ramo. m. **1** Manojo de flores, hierbas y ramas, que se forma natural o artificialmente. **2** Rama de segundo orden. **3** Rama cortada del árbol. **4** Ristra de ajos o cebollas. **5** Cada una de las partes en que se divide una actividad, ciencia, etc.: *el ramo de la hostelería*.

ramonear. intr. **1** Cortar las puntas de las ramas de los árboles. **2** Comerse los animales las hojas y las puntas de las ramas de los árboles.

rampa. f. **1** Superficie inclinada para subir o bajar. **2** Terreno inclinado. Sin. 2 pendiente, cuesta.

rampante. adj. Se dice del animal que aparece en los escudos de armas con la mano abierta y las garras tendidas.

ramplón, na. adj. Vulgar, chabacano o poco cuidado: *un estilo ramplón*.

ramplonería. f. Cualidad de ramplón.

rana. f. **1** Anfibio anuro de cuerpo rechoncho, ojos prominentes y extremidades fuertes adaptadas al salto, con el dorso generalmente de color verdoso y el abdomen claro. **2** Prenda para niños muy pequeños que está formada por una sola pieza.

ranchero, ra. m. y f. **1** Persona dueña de un rancho, o la que trabaja en él. | f. **2** Canción y baile populares de México. **3** Automóvil que tiene la parte trasera adaptada para llevar carga o pasajeros.

rancho. m. **1** Comida que se hace para muchos en común. **2** Comida mal guisada o de mala calidad. **3** Lugar fuera de una población, donde se albergan diversas familias o personas: *rancho de gitanos*. **4** *amer.* Granja. **5** *amer.* Vivienda de campesinos.

rancio, cia. adj. **1** Se dice de los comestibles que con el tiempo adquieren sabor y olor más fuertes, mejorándose o estropeándose. **2** Se dice de las cosas antiguas y de las personas apegadas a ellas. **3** Poco simpático o sociable. También s. | m. **4** Cualidad de rancio. Sin. 1 curado, añejo, pasado 2 trasnochado 3 antipático.

randa. f. **1** Encaje con que se adornan los vestidos, la ropa blanca y otras cosas. **2** Encaje de bolillos. | m. **3** Ratero, granuja.

ranglán o **ranglan.** adj. Raglán.

rango. m. Clase o categoría profesional o social de alguien.

ranking. (voz ingl.) m. Rango, categoría, escalafón, etc.

ranunculáceo, a. adj. y f. **1** Se dice de las plantas arbustivas o herbáceas, anuales o vivaces, con flores de colores brillantes, como la anémona, el acónito y la peonía. Crecen sobre todo en regiones templadas del hemisferio N. | f. pl. **2** Familia de estas plantas.

ranura. f. Hendidura estrecha y larga que tienen algunos objetos.

raño. m. **1** Perca, pez. **2** Garfio de hierro que sirve para arrancar de las peñas las ostras.

rapacidad. f. Condición de las personas que se dedican al robo o al hurto.

rapapolvo. m. Reprimenda severa.

rapar. tr. y prnl. **1** Afeitar la barba. **2** Cortar el pelo mucho.

rapaz. adj. **1** Se dice de las aves carnívoras, diurnas o nocturnas, de pico y uñas fuertes y encorvados, como el halcón o el búho. También f. **2** Inclinado al robo. | com. **3** Persona joven.

rapaza. f. Muchacha de corta edad.

rape. m. **1** Afeitado de la barba hecho deprisa y sin cuidado. **2** Corte de pelo que se deja muy corto. **3 al rape.** loc. adv. Referido al pelo, cortado a raíz.

rape. m. Pez teleósteo marino de color pardo violáceo, con una gran cabeza, redonda y aplastada, muy apreciado en alimentación. Sin. pejesapo.

rapé. adj. y m. Se dice del tabaco en polvo, para aspirarlo por la nariz.

rápel o **rappel.** m. En alpinismo, sistema de descenso a través de una cuerda doble que se apoya en un punto y por la que el escalador se desliza rápidamente.

rapidez. f. Velocidad impetuosa o movimiento acelerado. Sin. celeridad, prontitud, presteza □ Ant. lentitud.

rápido, da. adj. **1** Veloz, que ocurre, se mueve o actúa muy deprisa. **2** Corto, breve: *la reunión fue rápida.* | adv. t. **3** Muy deprisa: *ven rápido.* | m. **4** Río o torrente que cae con violencia. **5** Tren que sólo para en las estaciones más importantes de su recorrido.

rapiña. f. **1** Robo, saqueo con violencia. **2 ave de rapiña.** Ave rapaz.

raposo, sa. m. y f. Zorro, animal.

rapsoda. m. **1** En la Grecia antigua, poeta o cantor popular, que iba de pueblo en pueblo recitando fragmentos de poemas heroicos, como los de Homero. **2** P. ext., poeta.

rapsodia. f. **1** Fragmento de un poema homérico, y p. ext., fragmento de cualquier poema. **2** Pieza musical formada con fragmentos de otras obras o con trozos de composiciones populares.

raptar. tr. Llevarse a una persona, generalmente con la intención de pedir un rescate por ella.

rapto. m. **1** Acción de raptar. **2** Impulso, arrebato: *tuvo un rapto de generosidad.* **3** Emoción o sentimiento tan intenso que priva de sentido. Sin. 1 secuestro 2 pronto, arranque.

raque. m. Acto de recoger los objetos perdidos en las costas por algún naufragio.

raqueta. f. **1** Bastidor provisto de mango, que sujeta una red, y que se emplea como pala en el tenis y otros juegos de pelota. **2** Aparato sobre el que se coloca y sujeta el pie para poder andar por la nieve blanda. **3** Especie de plazoleta o desvío con forma semicircular que en carreteras y calles se utiliza para cambiar el sentido.

raquis. m. **1** Columna vertebral. **2** Eje de una espiga o de la pluma de un ave. || No varía en pl.

raquítico, ca. adj. **1** Que padece raquitismo. También s. **2** Demasiado delgado. **3** Escaso, pequeño: *un jersey raquítico.* Sin. 2 endeble 3 canijo.

raquitismo. m. Enfermedad ósea infantil, producida por la carencia de vitamina D, que se caracteriza por la mala calcificación, encorvadura y debilidad de los huesos.

rareza. f. **1** Cualidad de raro. **2** Cosa rara. **3** Acción característica de la persona rara o extravagante: *es tranquilo, pero tiene sus rarezas.* Sin. 1 y 2 singularidad 3 manía, extravagancia.

rarificar. tr. Enrarecer un cuerpo gaseoso.

raro, ra. adj. **1** Extraordinario, poco común o frecuente. **2** Escaso: *nos vemos raras veces.* **3** De comportamiento y forma de pensar extravagantes o muy distintos a los de los demás. También s.

ras. m. **1** Igualdad en la altura de la superficie de las cosas. **2 a** o **al ras.** loc. adv. Casi tocando, casi al nivel de una cosa. Sin. 1 nivel.

rasante. adj. **1** Que roza ligeramente a otra cosa. | f. **2** Línea de una calle, camino o carretera, considerada en su inclinación o paralelismo respecto del plano horizontal.

rasar. tr. **1** Igualar con el rasero las medidas de los cereales. **2** Pasar rozando ligeramente un cuerpo con otro: *la bala rasó la pared.*

rasca. f. fam. Frío.

rascacielos. m. Edificio de muchos pisos. || No varía en pl.

rascador. m. **1** Instrumento para rascar. **2** Instrumento de hierro para desgranar el maíz y otros frutos.

rascar. tr. **1** Frotar la piel con las uñas o algo duro, generalmente, para quitarse el picor. También prnl. **2** Limpiar con rascador o rasqueta alguna cosa. **3** Intentar sacar un beneficio de algo: *siempre consigue rascar algo.* | intr. **4** Resultar áspero y desagradable el contacto de un tejido u otra cosa en la piel.

rascón, na. adj. **1** Áspero al paladar. | m. **2** Pequeña ave zancuda que habita en las marismas.

rasera. f. **1** Rasero. **2** Paleta de metal, por lo común con varios agujeros, que se emplea en la cocina para volver los fritos y para otros fines.

rasero. m. **1** Palo cilíndrico que sirve para igualar las medidas de los áridos. **2 por el mismo rasero.** loc. adv. Con rigurosa igualdad, sin hacer la menor diferencia. Suele usarse con el verbo *medir*.

rasgado, da. adj. Más alargado de lo normal: *ojos rasgados.*

rasgar. tr. y prnl. **1** Romper o hacer pedazos, sin la ayuda de ningún instrumento, cosas de poca consistencia: *rasgó la factura.* **2** Tocar la guitarra rozando a la vez varias cuerdas. Sin. 2 rasguear.

rasgo. m. **1** Cada uno de los trazos que se hacen al escribir. **2** Facción del rostro. Más en pl. **3** Acción

rasgón – ratón

noble y generosa: *un rasgo heroico*. **4** Característica, peculiaridad. **5 a grandes rasgos.** loc. adv. De modo general.

rasgón. m. Rotura de un vestido o tela. S‍ɪɴ. desgarrón, siete.

rasguear. tr. Tocar la guitarra u otro instrumento rozando varias cuerdas a la vez con las puntas de los dedos.

rasguño. m. Arañazo leve.

rasilla. f. **1** Tela de lana delgada. **2** Ladrillo hueco y más delgado que el normal.

raso, sa. adj. **1** Plano y liso. También s. **2** Que no tiene un título o categoría que lo distinga: *soldado raso*. **3** Se dice del cielo o de la atmósfera libre de nubes y nieblas. **4** Que pasa o se mueve a poca altura del suelo: *vuelo raso*. | m. **5** Tela de seda lisa y brillante. **6 al raso.** loc. adv. Sin techo de protección: *dormir al raso*. S‍ɪɴ. 1 llano 2 común 3 despejado, claro ▫ A‍ɴᴛ. 1 desigual, quebrado 3 cubierto, nublado.

raspa. f. **1** Espina de algunos pescados. **2** Arista del grano de trigo y de otras gramíneas. **3** Eje o nervio de los racimos o espigas. | com. y adj. **4** Persona antipática o de mal humor. S‍ɪɴ. 3 cardo.

raspador. m. Instrumento que sirve para raspar.

raspadura. f. **1** Acción de raspar. **2** Lo que se quita al raspar una superficie.

raspar. tr. **1** Rallar ligeramente: *el picaporte ha raspado la pared*. **2** Tener algo un tacto áspero. **3** Pasar rozando. S‍ɪɴ. 1 arañar 2 rascar 3 rozar, rasar.

rasponazo. m. Lesión o erosión superficial causada por un roce violento: *al caer se hizo un rasponazo en la rodilla*. S‍ɪɴ. arañazo.

rasposo, sa. adj. **1** Que tiene abundantes raspas. **2** Áspero al tacto o al paladar.

rasqueta. f. Lámina metálica, de cantos afilados y con mango, que se usa para rascar y limpiar diversas superficies.

rastra. f. **1** Rastrillo para recoger hierba, paja, broza, etc. **2** Cajón de carro para llevar arrastrando cosas de gran peso. **3** Grada para allanar la tierra después de arada. **4** Cualquier cosa que va colgando y arrastrando. **5** Instrumento que se arrastra por el fondo del mar para buscar y sacar objetos sumergidos. **6 a la rastra, a rastra** o **a rastras.** loc. adv. Arrastrando. **7** De mal grado, obligado o forzado: *no volveré allí ni a rastras*.

rastrear. tr. **1** Seguir el rastro o buscar alguna cosa por él. **2** Averiguar una cosa, haciendo preguntas o investigando: *rastrearon su pasado*. **3** Llevar arrastrando por el fondo del agua un aparejo de pesca u otra cosa. | intr. **4** Trabajar con el rastrillo. **5** Ir por el aire, pero casi tocando el suelo.

rastrero, ra. adj. **1** Vil, despreciable. **2** Vulgar, poco cuidado: *un estilo rastrero*. **3** Que se arrastra: *tallo rastrero*.

rastrilla. f. Rastro que tiene el mango en una de las caras estrechas del travesaño.

rastrillar. tr. **1** Limpiar el lino o cáñamo con un rastrillo. **2** Recoger con el rastro las mieses o hierbas. **3** Pasar la rastra por los sembrados.

rastrillo. m. **1** Utensilio formado por un mango largo cruzado por un travesaño con púas o dientes, empleado para recoger paja, hierba o broza. **2** Instrumento dentado para limpiar el lino o cáñamo. **3** Mercadillo callejero.

rastro. m. **1** Huella que deja tras de sí una persona, animal o cosa. **2** Vestigio, huella: *este puente es un rastro romano*. **3** Mercado callejero de cosas usadas. **4** Rastrillo.

rastrojera. f. Conjunto de tierras que han quedado de rastrojo.

rastrojo. m. **1** Residuo de la mies después de segada. **2** El campo después de esa labor.

rasurar. tr. y prnl. Cortar a ras de piel el pelo del cuerpo, especialmente de la barba y el bigote. S‍ɪɴ. afeitar, rapar.

rata. f. **1** Mamífero roedor con cabeza pequeña, hocico puntiagudo, patas cortas y pelaje pardo claro o grisáceo. Es muy fecundo y algunas de sus especies constituyen una plaga. **2** Persona despreciable. | m. **3** Ratero. | com. y adj. **4** Persona muy tacaña.

ratear. tr. **1** Robar con habilidad cosas de poco valor. **2** Avanzar arrastrándose por el suelo.

ratería. f. **1** Hurto de cosas de poco valor. **2** Acción de robar con habilidad cosas de poco valor.

ratero, ra. adj. y s. Se dice del ladrón que hurta con maña cosas de poco valor. S‍ɪɴ. rata, caco, chorizo.

raticida. m. Sustancia que se emplea para exterminar ratas y ratones.

ratificar. tr. y prnl. Aprobar o confirmar actos, palabras o escritos dándolos por valederos y ciertos. S‍ɪɴ. corroborar ▫ A‍ɴᴛ. invalidar.

rato. m. **1** Porción indeterminada de tiempo, generalmente corto. **2** Con adjetivos como *bueno, malo* o semejantes, momento vivido de la forma que éstos especifican: *pasar un mal rato*. **3** Trecho o distancia: *de aquí a tu casa hay un buen rato*. **4 a ratos.** loc. adv. De vez en cuando, de forma intermitente. **5 para rato.** loc. adv. Por mucho tiempo.

ratón. m. **1** Mamífero roedor menor que la rata, de pelaje grisáceo o pardo, que vive en campos, parques y ciudades. **2** En inform., dispositivo periférico del ordenador que rueda o se desliza sobre una plantilla y cuyos movimientos son reproducidos por el cursor en la pantalla del monitor, permitiendo introducir y ejecutar órdenes en los programas.

ratonero, ra. adj. **1** Perteneciente a los ratones. **2** Se dice del animal que caza ratones o es apto para ello: *águila ratonera.* **3** Vulgar y de poca calidad: *música ratonera.* | f. **4** Trampa que se usa para cogen o cazan los ratones. **5** Madriguera de ratones. **6** Casa o habitación muy pequeña o pobre.

raudal. m. **1** Gran cantidad de agua que corre con rapidez. **2** Gran cantidad de cosas que llegan o suceden rápidamente y de golpe. **Sin.** 1 torrente 2 avalancha.

raudo, da. adj. Rápido, veloz. **Ant.** lento.

raviolis o **ravioles.** m. pl. Pasta alimenticia rellena, que se presenta en pequeños trozos rectangulares.

raya. f. **1** Señal larga y estrecha en una superficie. **2** Límite que se pone a una cosa material o inmaterial. **3** Señal que queda en la cabeza al dividir los cabellos con el peine. **4** Doblez que se marca con la plancha en los pantalones y otras prendas. **5** Dosis de cocaína o de otra droga en polvo, que se coloca en línea para aspirarla por la nariz. **6 pasar de la raya.** loc. Propasarse, excederse. **Sin.** 1 línea 2 término.

raya. f. Pez cartilaginoso con el cuerpo aplanado y aletas pectorales extendidas en forma de manto. Su carne es comestible.

rayano, na. adj. **1** Próximo, contiguo: *la tienda está rayana con Correos.* **2** Que está en la raya o frontera que divide dos territorios. **3** Muy parecido o semejante: *aquel ataque de ira era rayano con la locura.* **Sin.** 1 próximo 2 fronterizo, limítrofe ☐ **Ant.** 1 lejano, distante.

rayar. tr. **1** Hacer rayas. **2** Tachar lo manuscrito o impreso. **3** Marcar una superficie lisa o pulida con rayas o incisiones. También prnl. | intr. **4** Compartir límites o fronteras dos o más cosas. **5** Asemejarse una cosa a otra: *su elegancia rayaba con la sencillez.* **6** Sobresalir entre otros.

ráyido, da. adj. y m. **1** Se dice de los peces marinos selacios que tienen el cuerpo deprimido, de forma discoidal o romboidal y con la cola larga y delgada, como la raya. | m. pl. **2** Suborden de estos peces.

rayo. m. **1** Línea de luz que procede de un cuerpo luminoso. **2** Chispa eléctrica producida entre las nubes o entre una nube y la tierra. **3** Cosa o persona muy rápida o eficaz. **4 rayos X.** Ondas electromagnéticas penetrantes que atraviesan ciertos cuerpos opacos, originan impresiones fotográficas y se utilizan en medicina como medio de investigación y de tratamiento. **5 a rayos.** loc. adv. Muy mal: *esa música suena a rayos.* **Sin.** 2 relámpago.

rayón. m. **1** Fibra textil obtenida artificialmente a partir de la celulosa y cuyas propiedades son parecidas a las de la seda. **2** Tela fabricada con esta fibra.

rayuela. f. **1** Juego en el que, tirando monedas o

Raya

piedras a una raya hecha en el suelo y a cierta distancia, gana el que la toca o se acerca más a ella. **2** Juego que consiste en recorrer varias divisiones trazadas en el suelo con una piedra que se empuja con un pie, teniendo el otro en alto.

raza. f. **1** Casta o condición de origen o linaje. **2** Cada uno de los grupos en que se subdividen algunas especies zoológicas y cuyos caracteres diferenciales se perpetúan por herencia.

razia. f. **1** Incursión, correría en un país enemigo, sin otro fin que la destrucción o el saqueo. **2** Batida, redada.

razón. f. **1** Facultad del hombre de pensar o discurrir. **2** Palabras o frases con que se expresa un pensamiento. **3** Argumento o demostración que se aduce en apoyo de algo: *sus razones eran las siguientes.* **4** Motivo o causa. **5** Información o explicación de algo: *no dio razón de su ausencia.* **6** Acierto o verdad en lo que alguien hace o dice. **7** En mat., cociente de dos números, en general, de dos cantidades comparables entre sí. **8 razón social.** Nombre y firma por los cuales es conocida una compañía mercantil.

razonable. adj. **1** Arreglado, justo, conforme a razón. **2** Bastante en calidad o en cantidad: *un sueldo razonable.*

razonamiento. m. **1** Acción de razonar. **2** Serie de conceptos destinados a demostrar algo.

razonar. intr. **1** Discurrir o pensar algo. **2** Exponer razones para probar alguna cosa. También tr.: *razonó su conclusión.*

re. m. Segunda nota de la escala musical. || No varía en pl.

reabrir. tr. y prnl. Volver a abrir lo que estaba cerrado. || p. p. irreg.: *reabierto.*

reabsorber. tr. Volver a absorber.

reacción. f. **1** Acción que resiste o se opone a otra. **2** Actitud de oposición ante cualquier innovación. **3** Respuesta a un estímulo. **4** Combinación química

reaccionar – rebaja

de dos sustancias para dar otra nueva. **5** Sistema para propulsar una aeronave mediante un chorro de gases producido por el motor, en dirección opuesta a la de la marcha. **6 reacción nuclear.** La que conlleva transformaciones en el núcleo atómico.

reaccionar. intr. **1** Actuar una persona, organismo, etc., de una determinada manera ante un estímulo. **2** Empezar a recobrarse una persona de una dolencia, depresión, etc.: *el herido no reaccionaba*. **3** Oponerse a algo que se cree inadmisible: *la opinión pública reaccionó en contra*. **4** Producirse una reacción química.

reaccionario, ria. adj. y s. Conservador, contrario a las innovaciones.

reacio, cia. adj. Contrario a lo que se expresa: *es reacio a ese tipo de medidas*. **Sin.** remiso, renuente □ **Ant.** partidario.

reactancia. f. En elec., resistencia que opone al paso de una corriente alterna un condensador o una bobina.

reactante. adj. y m. Se dice de cada una de las sustancias que participan en una reacción química produciendo otra u otras diferentes a las primitivas.

reactivar. tr. Volver a activar.

reactivo, va. adj. y m. Que produce reacción.

reactor. m. **1** Motor de reacción, y avión que funciona con él. **2** Dispositivo que provoca y controla una serie de reacciones nucleares en cadena.

readmitir. tr. Volver a admitir.

reagrupar. tr. Agrupar de nuevo o de modo diferente lo que ya estuvo agrupado.

reajustar. tr. **1** Ajustar de nuevo. **2** Aumentar o disminuir los precios, salarios, impuestos, puestos de trabajo, etc., por motivos coyunturales, económicos o políticos.

real. adj. Que tiene existencia verdadera y efectiva: *su dolor es real*. **Sin.** verdadero, auténtico □ **Ant.** irreal, ficticio.

real. adj. **1** Relativo al rey o a la realeza: *la familia real*. | m. **2** Campamento de un ejército y especialmente donde está la tienda del rey o general. **3** Campo donde se celebra una feria. **4** Antigua moneda española.

realce. m. **1** Adorno o labor que sobresale en la superficie de una cosa. **2** Relieve, importancia, estimación: *su presencia dio realce a la ceremonia*.

realengo, ga. adj. Se apl. a las tierras que, durante la Edad Media y Moderna, no pertenecían a la Iglesia ni a los nobles, sino a la corona.

realeza. f. **1** Dignidad o soberanía real, del rey. **2** Conjunto de familiares del rey.

realidad. f. **1** Existencia real y efectiva de una cosa. **2** Todo lo que constituye el mundo real.

realismo. m. **1** Forma de presentar o concebir las cosas tal como son en la realidad, sin fantasía ni idealismo. **2** Modo práctico de pensar y actuar. **3** Doctrina filosófica, según la cual las cosas existen aparte e independientemente de la conciencia. **4** Tendencia artística o literaria que tiende a representar o describir la naturaleza y la sociedad tal como es en la realidad.

realismo. m. Movimiento político partidario de la monarquía, especialmente de la absoluta.

realista. adj. **1** Relativo al realismo, modo práctico de pensar, doctrina filosófica o tendencia artística. **2** Que actúa por motivos predominantemente prácticos. También com. **Sin.** 2 pragmático □ **Ant.** 1 idealista.

realista. adj. y com. Relativo al realismo político o partidario de él.

realizador, ra. adj. y s. **1** Que realiza una cosa. | m. y f. **2** Director de cine. **3** Técnico que dirige la ejecución de un programa de televisión.

realizar. tr. **1** Efectuar, hacer real y efectiva una cosa: *realizar una tarea*. También prnl. **2** En medios audiovisuales, dirigir. | **realizarse.** prnl. **3** Sentirse plenamente satisfecho por la consecución de las máximas aspiraciones. **Sin.** 1 ejecutar.

realquilar. tr. Alquilar un piso, local o habitación el inquilino de ellos a otra persona.

realzar. tr. **1** Destacar, poner de relieve: *ese traje realzaba su figura*. También prnl. **2** Levantar una cosa más de lo que estaba. **Sin.** 1 resaltar 2 alzar, elevar.

reanimar. tr. y prnl. **1** Restablecer las fuerzas o el vigor. **2** Infundir ánimo al que está triste o deprimido. **3** Hacer que alguien recupere el conocimiento. **Sin.** 1 fortalecer, vigorizar 2 animar, consolar.

reanudar. tr. y prnl. Proseguir lo que se había interrumpido: *reanudar una amistad*. **Sin.** continuar □ **Ant.** cesar, cortar.

reaparecer. intr. Volver a aparecer. || **Irreg.** Se conj. como *agradecer*.

rearme. m. Hecho de equipar con nuevo armamento militar.

reaseguro. m. Contrato por el cual un asegurador toma a su cargo un riesgo ya cubierto por otro asegurador.

reasumir. tr. Asumir de nuevo un cargo, una función o una responsabilidad.

reata. f. **1** Cuerda o correa que ata y une dos o más caballerías para que vayan en hilera una detrás de otra. **2** Hilera de caballerías que van unidas así.

reavivar. tr. y prnl. Volver a avivar, o avivar intensamente: *el viento reavivó el incendio*. **Sin.** reanimar.

rebaba. f. Materia sobrante que se acumula en los bordes o en la superficie de un objeto cualquiera.

rebaja. f. **1** Disminución, reducción o descuento, especialmente en el precio. | pl. **2** Hecho de rebajar los comerciantes los precios de sus productos durante determinados períodos de tiempo. **3** Este mismo período: *las rebajas de enero.*

rebajar. tr. **1** Hacer más bajo el nivel o superficie horizontal de un terreno u otro objeto: *rebajó el marco con lija.* También prnl. **2** Hacer una rebaja en los precios o en la cantidad de algo. **3** Hacer algo menos denso, intenso, fuerte, etc.: *rebajar el color.* **4** Humillar, menospreciar. También prnl. **Sin.** 1 reducir, disminuir 2 descontar, deducir 3 aclarar ☐ **Ant.** 1 aumentar 2 y 3 subir 4 enaltecer.

rebajo o **rebaje.** m. Parte del canto de un madero u otra cosa, donde se ha disminuido el espesor cortándolo o limándolo.

rebalsa. f. Cantidad de agua que, detenida en su curso, forma balsa.

rebalsar. tr., intr. y prnl. Detener y recoger el agua u otro líquido, de suerte que haga balsa. **Sin.** embalsar.

rebanada. f. Loncha, rodaja, especialmente de pan.

rebanar. tr. **1** Hacer rebanadas una cosa o de alguna cosa. **2** Cortar o dividir una cosa de una parte a otra: *le rebanó el cuello.* **Sin.** 2 seccionar.

rebañar. tr. **1** Juntar y recoger los restos de comida que quedan en un recipiente. **2** Quedarse con los últimos restos de algo.

rebaño. m. Conjunto grande de ganado, especialmente del lanar. **Sin.** manada, hato.

rebasar. tr. **1** Desbordar, exceder: *las ventas rebasaron todas las previsiones.* **2** Adelantar un vehículo a otro.

rebatir. tr. Rechazar con argumentos las razones u opiniones de otra persona. **Sin.** refutar, impugnar, objetar ☐ **Ant.** corroborar, ratificar.

rebato. m. Llamamiento a los vecinos de uno o más pueblos, por medio de una campana u otra señal, con el fin de defenderse en caso de peligro.

rebeca. f. Chaquetilla de punto, sin cuello, abrochada por delante.

rebeco. m. Gamuza, animal.

rebelarse. prnl. **1** Sublevarse contra una autoridad. **2** Resistirse a algo.

rebelde. adj. y com. **1** Que se rebela contra algo o alguien: *ejército rebelde.* **2** Difícil de dirigir o manejar: *un mechón rebelde.* **3** Se apl. a las enfermedades que no se curan fácilmente. **Sin.** 1 insurrecto, insurgente.

rebeldía. f. **1** Cualidad o condición de rebelde. **2** Acción propia del rebelde. **Ant.** 1 obediencia.

rebelión. f. Acción de rebelarse; sublevación. **Sin.** alzamiento, insurrección.

reblandecer. tr. y prnl. Ablandar, poner tierna una cosa. ‖ **Irreg.** Se conj. como *agradecer.* **Sin.** enternecer ☐ **Ant.** endurecer.

rebobinar. tr. **1** Enrollar hacia atrás una cinta magnética, la película de un carrete fotográfico, etc. **2** Volver a enrollar el hilo de una bobina.

rebollo. m. Árbol propio de la península Ibérica y N. de África, de tronco grueso y similar a los robles.

reborde. m. Faja estrecha que sobresale del borde de algo.

rebosar. intr. **1** Derramarse un líquido por encima de los bordes de un recipiente. Se dice también referido al mismo recipiente: *el vaso rebosa.* También prnl. **2** Haber mucho de algo: *rebosa de salud.* También tr. **3** Estar invadido por un sentimiento o estado de ánimo, de tal intensidad, que se manifiesta externamente. También tr.: *rebosaba felicidad.*

rebotar. intr. **1** Botar repetidamente un cuerpo elástico. **2** Retroceder o cambiar de dirección un cuerpo en movimiento por haber chocado con un obstáculo. También tr. ‖ **rebotarse.** prnl. **3** Enfadarse o molestarse por algo.

rebote. m. **1** Acción de rebotar un cuerpo elástico. **2** Cada uno de los botes que, después del primero, da el cuerpo que rebota. **3** Enfado, enojo: *¡vaya rebote se ha pillado!* **4 de rebote.** loc. adv. De rechazo o como consecuencia de algo.

rebozar. tr. **1** Bañar un alimento en harina y huevo, para freírlo después. **2** Manchar mucho a alguien. También prnl.: *se rebozó en el barro.* **3** Cubrir casi todo el rostro con la capa o manto. También prnl. **4** Disimular un propósito, idea, etc. **Sin.** 3 y 4 embozar 4 encubrir.

rebujar. tr. y prnl. Arrebujar.

rebujo. m. Envoltorio que se hace de cualquier manera con papel, trapos u otras cosas.

rebullir. intr. y prnl. **1** Empezar a moverse. **2** Alborotar, bullir. ‖ **Irreg.** Se conj. como *mullir.*

rebusca. f. **1** Acción de rebuscar. **2** Fruto que queda en los campos después de recogida la cosecha.

rebuscado, da. adj. **1** Excesivamente elaborado y falto de naturalidad: *una prosa rebuscada.* **2** Demasiado complicado o enrevesado: *un razonamiento rebuscado.* **Sin.** 1 afectado, engolado 2 retorcido ☐ **Ant.** 1 natural 2 sencillo.

rebuscar. tr. **1** Buscar mucho y con cuidado. **2** Mirar en algún sitio para sacar algo o para seleccionar lo mejor. **3** Recoger el fruto que queda en los campos después de la cosecha.

rebuznar. intr. Dar rebuznos.

rebuzno. m. Voz del burro y otros animales semejantes.

recabar. tr. **1** Conseguir con ruegos y súplicas lo que se desea. **2** Pedir, reclamar algo alegando o suponiendo un derecho.

recadero, ra. m. y f. Persona que tiene por oficio llevar recados de un punto a otro.

recado. m. **1** Mensaje o respuesta que se da o se envía a otro. **2** Paquete, envío, etc., que se manda a alguien. **3** Gestión, encargo, compra o cualquier otra cosa que debe hacer una persona: *ha salido, tenía que hacer un recado*. **4** Conjunto de objetos necesarios para hacer ciertas cosas: *recado de escribir*.

recaer. intr. **1** Volver a caer. **2** Caer nuevamente enfermo de la misma dolencia. **3** Reincidir en los mismos vicios, errores, etc. **4** Venir a parar o corresponder a alguien algún asunto: *recayó sobre él la responsabilidad.* ‖ **Irreg.** Se conj. como *caer*.

recalar. tr. y prnl. **1** Penetrar poco a poco un líquido por los poros de un cuerpo seco, dejándolo húmedo o mojado. | intr. **2** Aparecer por algún sitio una persona: *suele recalar en este bar.* **3** Acercarse el buque a un punto de la costa, para reconocerlo o para atracar en él. **Sin.** 1 empapar 3 fondear, arribar.

recalcar. tr. **1** Decir palabras con lentitud y exagerada fuerza de expresión, para que se entiendan bien. **2** Destacar algo por considerarlo importante. **Sin.** 1 y 2 acentuar, subrayar.

recalcitrante. adj. **1** Terco, obstinado. **2** Aferrado a una opinión, conducta, costumbre, etc.

recalentar. tr. **1** Volver a calentar. **2** Calentar demasiado. | **recalentarse.** prnl. **3** Adquirir una cosa más calor del que sería conveniente: *el motor se ha recalentado.* ‖ **Irreg.** Se conj. como *acertar*.

recamar. tr. Bordar una cosa de realce.

recámara. f. **1** En las armas de fuego, lugar donde se coloca el cartucho o la bala que se va a disparar. **2** Reserva, segunda intención: *Pedro tiene mucha recámara*. **3** Cuarto después de la cámara, destinado para guardar la ropa, las alhajas, etc.

recambio. m. Pieza destinada a sustituir en caso necesario a otra igual de una máquina, aparato o instrumento. **Sin.** repuesto.

recapacitar. intr. y tr. Reconsiderar, reflexionar sobre ciertos puntos: *recapacita antes de actuar*.

recapitular. tr. Resumir y ordenar lo que previamente se ha manifestado con mayor extensión.

recargar. tr. **1** Volver a cargar: *recargar un mechero*. **2** Aumentar la carga. **3** Aumentar la cantidad que ha de pagarse por un puesto, deuda u otra prestación. **4** Adornar con exceso.

recargo. m. **1** Acción de recargar. **2** Cantidad adicional de dinero que debe pagarse por una deuda, generalmente por no haberla satisfecho a su debido tiempo.

recatado, da. adj. **1** Honesto, decente. Se dice particularmente de las mujeres. **2** Circunspecto, cauto.

recatar. tr. y prnl. **1** Ocultar o disimular lo que no se quiere que se vea o se sepa. | **recatarse.** prnl. **2** Mostrar recelo en tomar una resolución. **3** Comportarse con recato.

recato. m. **1** Honestidad, decencia. **2** Cautela, prudencia, reserva.

recauchutar. tr. Volver a cubrir de caucho una llanta o cubierta desgastada.

recaudación. f. **1** Acción de recaudar. **2** Cantidad recaudada.

recaudador, ra. m. y f. Persona encargada de recaudar fondos, especialmente públicos.

recaudar. tr. Cobrar o reunir dinero procedente de impuestos, donativos, etc.

recaudo. m. **1** Acción de recaudar. **2 a buen recaudo** o **a recaudo.** loc. adv. Bien custodiado, con seguridad.

recelar. tr., intr. y prnl. **1** Desconfiar, sospechar. **2** Temer. **Ant.** 2 confiar.

recelo. m. Acción de recelar. **Sin.** sospecha.

recensión. f. Noticia o reseña de una obra literaria o científica.

recental. adj. y m. Se dice del cordero o del ternero que aún se alimenta de leche.

recepción. f. **1** Acción de recibir. **2** Acto solemne con que se recibe a un personaje importante. **3** Reunión con carácter de fiesta que se celebra en algunas casas particulares. **4** En hoteles, congresos, oficinas, etc., lugar donde se inscriben los nuevos huéspedes, se da información, etc.

recepcionista. com. Persona encargada de atender al público de un hotel, congreso, oficina, etc.

receptáculo. m. **1** Utensilio o cavidad en que se contiene o puede contenerse cualquier sustancia. **2** En bot., extremo del pedúnculo, donde se asientan las diferentes partes de la flor. **Sin.** 1 recipiente.

receptivo, va. adj. Que recibe o es capaz de recibir, particularmente, sensaciones, estímulos, conocimientos, etc.

receptor, ra. adj. **1** Que recibe. También s. **2** Se dice del aparato que recibe señales eléctricas, telegráficas, telefónicas, radiofónicas o televisivas. También m.

recesión. f. **1** Acción de retirarse o retroceder. **2** Disminución de las actividades económicas, comerciales e industriales. **Sin.** 1 y 2 retroceso.

recesivo, va. adj. **1** En econ., que tiende a la recesión o la provoca. **2** En biol., se dice de los caracteres hereditarios que no se manifiestan en el fenotipo del individuo que los posee, pero que pueden aparecer en su descendencia. **Ant.** 2 dominante.

receso. m. Separación, desvío.

receta. f. **1** Prescripción facultativa. **2** Nota escrita de esta prescripción: *en la farmacia me pidieron la* *receta.* **3** Nota que comprende aquello de que debe componerse una cosa, y el modo de hacerla: *receta de cocina.* **4** Método para conseguir algo: *la receta del éxito.* **Sin.** 3 fórmula 4 clave.

recetar. tr. Prescribir el médico un medicamento, indicando su dosis, uso, etc.

recetario. m. Libro o cuaderno que contiene recetas.

rechazar. tr. **1** Contradecir lo que otro expresa, o no aceptar lo que propone u ofrece: *rechazaron mi oferta.* **2** Resistir un cuerpo a otro obligándole a retroceder: *la pantalla rechazó la bala.* **3** Resistir: *rechazar un ataque.* **Sin.** 1 refutar, impugnar 2 apartar, repeler ☐ **Ant.** 1 aceptar, admitir 2 atraer.

rechazo. m. **1** Acción de rechazar. **2** En med., reacción de incompatibilidad del organismo hacia los tejidos u órganos que le son trasplantados.

rechifla. f. Burla, pitorreo.

rechinar. intr. y tr. Crujir, chirriar: *rechinar los dientes.*

rechistar. intr. Responder, empezar a hablar para protestar: *todo el mundo callado y sin rechistar.*

rechoncho, cha. adj. Grueso y bajo. **Sin.** retaco, achaparrado.

rechupete (de). loc. adj. y adv. Muy bueno, estupendo.

recibí. m. Fórmula de algunos documentos que indica que se ha recibido algo.

recibidor, ra. adj. y s. **1** Que recibe. | m. **2** Antesala, vestíbulo.

recibimiento. m. **1** Acción de recibir. **2** Buena o mala acogida que se da a alguien. **3** Antesala, recibidor.

recibir. tr. **1** Llegarle a alguien o tomar uno lo que le dan o le envían: *recibió una importante suma.* **2** Aprobar una cosa: *fue bien recibida esta opinión.* **3** Admitir visitas una persona. También intr. **4** Salir a encontrarse con alguien que viene de fuera para celebrar su llegada. **5** Sufrir o experimentar lo que se expresa: *recibir un disgusto.* **6** Captar una señal, onda o frecuencia. **Sin.** 1 y 2 aceptar 2 admitir 3 y 4 acoger ☐ **Ant.** 1 y 2 rechazar.

recibo. m. **1** Acción de recibir. **2** Escrito firmado en que se declara haber recibido dinero u otra cosa. **Sin.** 2 resguardo.

reciclar. tr. **1** Someter una materia a un determinado proceso para que pueda volver a ser utilizable. **2** Someter repetidamente una materia a un mismo ciclo, para incrementar los efectos de éste: *reciclar el papel.* **3** Dar a alguien los nuevos conocimientos necesarios para que realice un trabajo que se ha modificado. También prnl. **4** Modernizar una cosa. También prnl.

reciedumbre. f. Fuerza, fortaleza o vigor.

recién. adv. t. Apóc. de *reciente.* Que acaba de suceder. || Siempre se antepone a los p. p., salvo en América, donde se utiliza junto a otras formas verbales: *recién vino; llegó recién.*

reciente. adj. Acabado de hacer, suceder, etc.: *pan reciente.*

recinto. m. Espacio comprendido dentro de ciertos límites: *recinto amurallado.* **Sin.** circuito, zona.

recio, cia. adj. **1** Fuerte, robusto. **2** Duro, difícil de soportar: *un tiempo recio.*

recipiente. m. Utensilio o cavidad para guardar o contener alguna cosa. **Sin.** receptáculo.

recíproco, ca. adj. **1** Se dice de la acción o sentimiento que se ejerce simultáneamente de una persona o cosa hacia otra, y viceversa: *simpatía recíproca.* **2** Se dice de los verbos, pronombres y oraciones que expresan una acción que se ejerce simultáneamente entre los dos sujetos. **Sin.** 1 mutuo.

recitado. m. Composición musical intermedia entre la declamación y el canto.

recital. m. **1** Concierto de un solo artista, cantante o instrumentista, que ejecuta varias obras musicales. **2** Lectura de composiciones poéticas.

recitar. tr. **1** Decir algo de memoria en voz alta: *recitar la lección.* **2** Decir en voz alta versos, discursos, etc. **Sin.** 2 declamar.

reclamar. intr. **1** Protestar contra una cosa; oponerse a ella de palabra o por escrito: *reclamar contra una decisión.* | tr. **2** Llamar a una persona para que haga algo o se presente en un lugar: *reclamaron su ayuda.* **3** Reivindicar. **4** Necesitar algo: *esto reclama nuestra atención.*

reclamo. m. **1** Ave amaestrada que atrae a otras con su canto. **2** Instrumento que lo imita. **3** Cosa con que se intenta atraer a la gente para que compre algo, haga alguna cosa, etc. **4** Publicidad, propaganda. **Sin.** 1-3 señuelo.

reclinar. tr. y prnl. **1** Inclinar el cuerpo, apoyándolo sobre algo. **2** Inclinar una cosa sobre otra. **Sin.** 1 y 2 recostar.

reclinatorio. m. **1** Mueble acomodado para arrodillarse y rezar. **2** Mueble u objeto dispuesto para reclinarse sobre él.

recluir. tr. y prnl. Encerrar, poner en reclusión. || **Irreg.** Se conjuga como *huir.*

reclusión. f. **1** Encierro. **2** Sitio en que se está recluido. **3** En der., pena de privación de libertad más grave que la de prisión.

recluso, sa. m. y f. Preso.

recluta. m. **1** Mozo alistado para el servicio militar. | f. **2** Acción de reclutar: *le toca en esta recluta.* **Sin.** 1 quinto 2 alistamiento, enganche, reclutamiento.

reclutamiento. m. **1** Acción de reclutar. **2** Conjunto de los reclutas de un año. **Sin.** 1 alistamiento, enganche 2 quinta, reemplazo.

reclutar. tr. **1** Alistar reclutas. **2** Reunir gente para un propósito: *están reclutando colaboradores.*

recobrar. tr. **1** Volver a tener lo que se había perdido: *recobrar la salud.* | **recobrarse.** prnl. **2** Desquitarse de una pérdida o daño. **3** Volver en sí. **Sin.** 1 y 2 recuperar.

recocer. tr. **1** Volver a cocer. **2** Cocer mucho una cosa. También prnl. | **recocerse.** prnl. **3** Atormentarse, consumirse interiormente. || **Irreg.** Se conj. como *mover.* **Sin.** 3 reconcomerse.

recochineo. m. Burla que se añade a una acción con que se molesta o perjudica a alguien.

recodo. m. Ángulo o revuelta que forman ciertas cosas: *el recodo de una calle.*

recogedor. m. **1** Utensilio para recoger el carbón, la ceniza o la basura después de barrer. **2** Instrumento de labranza para recoger la parva de la era.

recogepelotas. com. Joven que en las canchas de tenis recoge las pelotas perdidas por los jugadores. || No varía en pl.

recoger. tr. **1** Coger algo que se ha caído. **2** Juntar, reunir: *recoger firmas.* **3** Coger la cosecha, y p. ext., el fruto o resultado de cualquier otra cosa: *recogió muchos aplausos.* **4** Guardar: *recoge los cubiertos.* **5** Poner orden en un lugar que estaba desordenado. **6** Estrechar, ceñir. También prnl.: *se recogió el pelo con una cinta.* **7** Admitir uno lo que otro envía, hacerse cargo de ello. **8** Ir a buscar a una persona o cosa. **9** Tomar en cuenta lo que otro ha dicho para aceptarlo, rebatirlo o transmitirlo: *recoger una sugerencia.* | **recogerse.** prnl. **10** Retirarse a un lugar, generalmente para descansar o estar solo. **11** Remangarse una prenda que cuelga cerca del suelo: *recógete la bata.*

recogida. f. **1** Acción de recoger, juntar. **2** Acción de retirar los empleados de correos la correspondencia de los buzones.

recolección. f. **1** Acción de recolectar. **2** Cosecha.

recolectar. tr. **1** Recoger la cosecha. **2** Juntar personas o cosas dispersas: *recolectar fondos.* **Sin.** 1 cosechar.

recoleto, ta. adj. **1** Se dice del lugar apartado, solitario y tranquilo. **2** Se dice del religioso que lleva una vida de aislamiento y meditación, y del convento que la practica. También s.

recomendación. f. **1** Acción de recomendar. **2** Hecho de estar recomendada una persona por otra para cierto cargo o empleo. **Sin.** 2 enchufe.

recomendar. tr. **1** Advertir, aconsejar. **2** Hablar en favor de alguien. || **Irreg.** Se conj. como *acertar.*

recompensar. tr. **1** Remunerar un servicio o trabajo. **2** Compensar, valer algo la pena. **3** Premiar.

recomponer. tr. Componer de nuevo algo, arreglarlo. || **Irreg.** Se conj. como *poner.* **Sin.** reparar, remendar.

reconcentrar. tr. y prnl. **1** Hacer más concentrado o intenso: *reconcentrar una disolución; reconcentrarse un sentimiento.* | **reconcentrarse.** prnl. **2** Abstraerse, ensimismarse.

reconciliar. tr. y prnl. Restablecer la amistad y concordia entre personas o grupos que estaban enemistados. **Ant.** enemistarse.

reconcomerse. prnl. Impacientarse y sentir desazón y disgusto por diversos motivos, materiales o inmateriales: *se reconcome de celos.*

recóndito, ta. adj. Muy escondido, reservado u oculto.

reconducir. tr. Volver a llevar o conducir algo al lugar o punto en que se encontraba. || **Irreg.** Se conj. como *conducir.*

reconfortar. tr. Confortar de nuevo, hacer volver la fuerza, la energía o el ánimo: *el caldo le reconfortó.*

reconocer. tr. **1** Distinguir de las demás a una persona o cosa por sus rasgos o características: *con el bigote no te reconozco.* También prnl. **2** Examinar con cuidado a una persona o cosa para enterarse de su identidad, naturaleza, estado de salud, etc.: *el médico le reconoció.* **3** En las relaciones internacionales, aceptar un nuevo estado de cosas: *reconocer una nueva nación.* **4** Admitir la certeza ajena o el propio error. **5** Demostrar gratitud por algún beneficio o favor. **6** Dar por suya, confesar como legítima una obligación: *reconocer una firma.* **7** Conceder a uno la relación de parentesco que tiene con él: *reconocer por hijo.* **8** Acatar como legítima la autoridad: *reconocer por soberano.* | **reconocerse.** prnl. **9** Tenerse uno a sí mismo por lo que es en realidad: *se reconoció culpable.* **10** Identificarse con alguien. || **Irreg.** Se conj. como *agradecer.*

reconocimiento. m. **1** Acción de reconocer. **2** Gratitud. **3 reconocimiento médico.** Examen o exploración del estado de salud de una persona. **Sin.** 1 inspección, examen.

reconquista. f. **1** Acción de reconquistar. **2** P. ant., la recuperación del territorio español invadido por los musulmanes. || En esta acepción suele escribirse con mayúscula.

reconquistar. tr. **1** Volver a conquistar. **2** Recuperar la opinión, el afecto, los bienes, etc. **Sin.** 2 recobrar.

reconsiderar. tr. Volver a considerar.

reconstituir. tr. y prnl. **1** Volver a constituir. **2** Dar o devolver a la sangre y al organismo sus condiciones y vigor normales. || **Irreg.** Se conj. como *huir.* **Sin.** 1 reconstruir, rehacer 2 fortalecer, curar ☐ **Ant.** 1 deshacer 2 debilitar.

reconstituyente. adj. **1** Que reconstituye. **2** Se dice del medicamento que fortalece el organismo. También m.

reconstruir. tr. **1** Volver a construir. **2** Rehacer o completar un edificio, monumento, etc. **3** Reunir y evocar recuerdos o ideas para completar el conocimiento de un hecho o el concepto de una cosa: *reconstruir la escena del crimen*. ‖ **Irreg.** Se conj. como *huir*.

reconvenir. tr. Reprender, reñir. ‖ **Irreg.** Se conj. como *venir*. **Sin.** recriminar, reprochar.

reconversión. f. Adaptación de las empresas o industrias a los nuevos sistemas y técnicas de producción.

reconvertir. tr. **1** Hacer que vuelva a su estado, ser o creencia lo que había sufrido un cambio. **2** Reestructurar o modernizar un determinado sector, adaptándolo a las nuevas necesidades: *reconvertir la industria*. ‖ **Irreg.** Se conj. como *sentir*.

recopilación. f. **1** Compendio o resumen de una obra o discurso. **2** Colección de escritos diversos. **Sin.** 1 sumario 2 compilación.

recopilar. tr. Reunir, recoger: *recopilar obras literarias*.

récord. adj. **1** Que constituye una cota máxima en alguna actividad. ǀ m. **2** Acción que supera una anterior: *un récord de ventas*. **3** En dep., marca máxima en una prueba de competición.

recordar. tr. e intr. **1** Traer algo a la memoria: *recuerdo aquel verano*. **2** Hacer que alguien tenga presente una cosa: *recuerda que debes llamarle*. **3** Encontrar parecido entre dos o más personas o cosas: *Raquel me recuerda a tu madre*. ‖ **Irreg.** Se conj. como *contar*. **Sin.** 1 rememorar, evocar 2 acordarse.

recordatorio, ria. adj. **1** Que hace recordar algo. ǀ m. **2** Tarjeta, estampa, etc. en que se conmemora algún acontecimiento.

recordman. m. Plusmarquista.

recorrer. tr. **1** Ir o transitar por un espacio o lugar. **2** Registrar, mirar con cuidado para averiguar lo que se desea saber o hallar.

recorrido. m. **1** Acción de recorrer. **2** Espacio que se ha recorrido, se recorre o se ha de recorrer. **Sin.** 2 trayecto, ruta.

recortar. tr. **1** Cortar lo que sobra de una cosa. **2** Cortar el papel u otra materia en varias figuras. **3** Acortar, disminuir: *recortar el presupuesto*.

recorte. m. **1** Acción de recortar. **2** Suelto o noticia breve de un periódico que se recorta por tener interés en lo que se dice en él. ǀ pl. **3** Porciones sobrantes que se separan de cualquier material que se ha recortado.

recostar. tr. y prnl. **1** Reclinar y apoyar sobre algo la parte superior del cuerpo el que está de pie o sentado. **2** Inclinar una cosa sobre otra. ‖ **Irreg.** Se conj. como *contar*.

recoveco. m. **1** Vuelta de un callejón, arroyo, camino, etc. **2** Rincón escondido. **3** Aspecto poco claro del carácter de una persona. **4** Rodeo de que se vale alguien al hablar. **Sin.** 1 recodo 4 evasiva.

recrear. tr. **1** Imitar o reproducir cierto ambiente, época, etc. **2** Alegrar, entretener. También prnl.

recreativo, va. adj. Que entretiene: *juegos recreativos*.

recreo. m. **1** Acción de recrearse, divertirse. **2** En los colegios, suspensión de la clase para descansar o jugar. **3** Sitio o lugar apto para la diversión: *una villa de recreo*.

recriar. tr. Fomentar el desarrollo de animales criados en región distinta.

recriminar. tr. **1** Reprender a una persona su comportamiento o echarle algo en cara. **2** Responder a cargos o acusaciones con otros semejantes. También prnl. **Sin.** 1 censurar, afear, reprochar, increpar ☐ **Ant.** 1 aprobar.

recrudecer. intr. y prnl. Hacer algo más difícil, duro o intenso: *recrudecerse un temporal*. ‖ **Irreg.** Se conj. como *agradecer*.

rectal. adj. Relacionado con el intestino recto.

rectangular. adj. **1** Relacionado con el ángulo recto o con el rectángulo. **2** Que tiene o contiene uno o más ángulos rectos.

rectángulo, la. adj. **1** Que tiene ángulos rectos: *triángulo rectángulo*. ǀ m. **2** Paralelogramo que tiene los cuatro ángulos rectos y los lados contiguos desiguales.

rectificar. tr. **1** Corregir o perfeccionar una cosa. **2** Contradecir cierta información, lo dicho por otra persona, etc., por considerarlo erróneo. **3** Modificar alguien sus propias opiniones o conducta. **4** Poner algo recto o corregir cierta desviación.

rectilíneo, a. adj. **1** Que se compone de líneas rectas o se desarrolla en línea recta. **2** Se dice del carácter de algunas personas, cuando es excesivamente recto o severo.

rectitud. f. Cualidad de recto, justo, íntegro. **Sin.** integridad, honestidad, honradez ☐ **Ant.** inmoralidad.

recto, ta. adj. **1** Derecho: *esta calle es recta*. **2** Honrado y justo: *una conducta recta*. **3** Se dice del sentido primitivo o literal de las palabras. **4** Se dice del folio o plana de un libro que, abierto, cae a la derecha del que lee. **5** Se dice del ángulo de 90 grados. ǀ m. **6** Última porción del intestino grueso situada a continuación del colon. ǀ f. **7** Línea más corta de un punto a otro. **Ant.** 1 torcido 2 deshonesto 3 figurado, traslaticio 4 verso, vuelto.

rector, ra. adj. y s. **1** Que rige, gobierna. ǀ m. y f. **2** Persona a cuyo cargo está el gobierno y mando

rectorado – redituar

de una comunidad, colegio, etc. **3** Persona que dirige una universidad o centro de estudios superiores. | m. **4** Cura párroco.

rectorado. m. **1** Oficio, cargo y oficina del rector o rectora. **2** Tiempo que se ejerce.

rectoscopia. f. Examen visual del intestino por vía rectal.

recua. f. **1** Conjunto de animales de carga. **2** Conjunto de personas o cosas que siguen unas detrás de otras.

recuadrar. tr. **1** Cuadrar, cuadricular. **2** Enmarcar.

recuadro. m. **1** División en forma de cuadro. **2** En los periódicos, espacio encerrado por líneas para hacer resaltar una noticia.

recubrir. tr. **1** Volver a cubrir. **2** Cubrir por completo. || p. p. irreg.: *recubierto*.

recuento. m. Inventario del número de personas o cosas que forman un conjunto.

recuerdo. m. **1** Acción de recordar e imagen que se tiene en la memoria de las cosas pasadas o de las personas. **2** Regalo para recordar algo o a alguien. | pl. **3** Saludo afectuoso que se envía a alguien. **Sin.** 1 evocación 2 presente, obsequio.

recular. intr. **1** Retroceder. **2** Ceder uno en su opinión.

recuperar. tr. **1** Volver a tomar o adquirir lo que se había perdido: *recuperar fuerzas*. **2** Volver a poner en servicio lo que ya estaba inservible. **3** Aprobar el examen, asignatura, etc., que se había suspendido. | **recuperarse.** prnl. **4** Volver en sí. **5** Volver a tener los ánimos, bienes, salud, etc., que se habían perdido. **Sin.** 1, 4 y 5 recobrar 2 reutilizar.

recurrente. adj. **1** Que recurre. **2** Que vuelve a ocurrir o aparecer después de un intervalo: *fiebre recurrente*. | com. **3** Persona que entabla o tiene entablado un recurso.

recurrir. intr. **1** Acudir a alguien o emplear medios extremos para conseguir algo necesario: *decidió recurrir al soborno*. **2** En der., entablar recurso contra una resolución. **3** Reaparecer una enfermedad o sus síntomas después de una mejoría.

recurso. m. **1** Procedimiento o medio de que se dispone para satisfacer una necesidad, llevar a cabo una tarea o conseguir alguna cosa: *las metáforas son recursos estilísticos*. **2** En der., acción que concede la ley al interesado en un juicio para reclamar contra las resoluciones, ante el juez que las dictó o ante otro. | pl. **3** Bienes, medios o riqueza: *recursos naturales*. **4** Medios que se tienen para salir airoso de cualquier asunto: *es un hombre de muchos recursos*.

recusar. tr. **1** No aceptar una cosa, o a una persona por falta de aptitud o imparcialidad. **2** No admitir la competencia de un tribunal, juez, perito, etc. **Sin.** 1 rechazar, rehusar □ **Ant.** 1 aceptar.

red. f. **1** Tejido de mallas utilizado para diversos usos. **2** Objetos realizados con este tejido. **3** Ardid o engaño: *caer en la red*. **4** Conjunto de calles afluentes a un mismo punto. **5** Conjunto sistemático de líneas de ferrocarril, carreteras, líneas telegráficas, etc. **6** Conjunto estructurado de personas, medios, etc., que obran en favor o en contra de un fin: *red policial*. **7** En inform., conexión simultánea de distintos equipos informáticos a un sistema principal.

redacción. f. **1** Composición escrita sobre un tema. **2** Conjunto de redactores de un periódico, editorial, etc.; y oficina donde se redacta.

redactar. tr. Poner por escrito noticias, relatos o cosas acordadas o pensadas con anterioridad: *redactar un informe*.

redactor, ra. adj. y s. **1** Que redacta. **2** Que forma parte de una redacción, oficina o conjunto de redactores.

redada. f. **1** Acción de lanzar la red. **2** Operación policial para atrapar a la vez a un conjunto de personas. **3** Conjunto de personas o cosas que se atrapan de una vez.

redaño. m. **1** Repliegue del peritoneo. | pl. **2** Fuerzas, brío, valor.

redecilla. f. **1** Segundo compartimiento del estómago de los mamíferos rumiantes. **2** Prenda de malla con forma de bolsa, como la usada para recoger el pelo.

rededor. m. Contorno.

redención. f. Acción de redimir.

redentor, ra. adj. y s. **1** Que redime. **2** P. ant., Jesucristo. || En esta acepción se escribe con mayúscula.

redentorista. adj. **1** Se dice del religioso o religiosa de la congregación del Santísimo Redentor. También com. **2** Relativo a esta congregación.

redicho, cha. adj. Se dice de la persona que habla con una perfección y exactitud afectada o que resulta ridícula para la ocasión. **Sin.** repipi, pomposo, pedante.

redil. m. Aprisco cercado para el ganado. **Sin.** majada.

redimir. tr. y prnl. **1** Librar a alguien de una mala situación. **2** Rescatar al que está cautivo pagando una cantidad por ello. **3** Comprar de nuevo una cosa que se había vendido o empeñado. **4** Dejar libre una cosa hipotecada o empeñada.

redistribuir. tr. **1** Distribuir algo de nuevo. **2** Distribuir algo de forma diferente a como estaba. || **Irreg.** Se conj. como *huir*.

rédito. m. Renta de un capital. **Sin.** beneficio, interés.

redituar. tr. Rendir, producir utilidad, periódica o renovadamente.

redivivo, va. adj. Aparecido, resucitado. Se apl. a quien se parece mucho a alguien muerto.

redoblar. tr. **1** Aumentar algo el doble de lo que antes era: *redoblar el esfuerzo.* También prnl. **2** Volver la punta de una cosa sobre sí misma. | intr. **3** Tocar redobles en el tambor. S<small>IN</small>. 1 duplicar, reduplicar, reiterar 1 y 2 doblar.

redoble. m. **1** Toque vivo y sostenido de tambor. **2** Acción de redoblar.

redoma. f. Vasija de vidrio ancha en su fondo que va estrechándose hacia la boca.

redomado, da. adj. **1** Incorregible, recalcitrante: *un redomado timador.* **2** Muy cauteloso. S<small>IN</small>. 1 impenitente 2 ladino, taimado, astuto.

redondear. tr. **1** Hacer redondo algo. También prnl. **2** Convertir una cantidad en un número completo de unidades, prescindiendo de las fracciones. **3** Terminar, rematar, perfeccionar.

redondel. m. **1** Círculo o circunferencia. **2** Terreno circular destinado a la lidia de toros. S<small>IN</small>. 2 coso, ruedo, arena.

redondilla. f. Estrofa de cuatro versos octosílabos en que riman los versos primero y cuarto, tercero y segundo.

redondo, da. adj. **1** De forma circular o esférica. **2** Completo, perfecto o muy provechoso: *un negocio redondo.* **3** Se dice de la cantidad en la que se ha prescindido de pequeñas diferencias en más o en menos, para dar un número completo. **4** En impr., se dice de un tipo de letra de trazo y grueso normal. | m. **5** Cosa de figura circular. **6** Porción de carne de forma más o menos cilíndrica. **7 en redondo.** loc. adv. Categóricamente: *negarse en redondo.*

reducir. tr. **1** Disminuir, acortar, debilitar. **2** Resumir. **3** Transformar una cosa en otra, particularmente si es más pequeña o menos importante: *reducir a polvo.* **4** Consistir algo en lo que se expresa, especialmente si es insuficiente: *su dieta se reduce a vegetales.* **5** Someter a la obediencia o al orden: *la policía redujo al atracador.* **6** Expresar el valor de una cantidad en unidades de otro tipo: *reducir libras a pesetas.* **7** Convertir una expresión matemática en otra más sencilla. | **reducirse.** prnl. **8** Ceñirse, acomodarse. || **Irreg.** Se conj. como *conducir.* A<small>NT</small>. 1 agrandar, aumentar 2 ampliar.

reducto. m. **1** Lugar donde se conservan ideas o costumbres pasadas. **2** Lugar o fortificación muy seguro y apropiado para la defensa. **3** Lugar de refugio.

redundancia. f. **1** Demasiada abundancia de cualquier cosa. **2** Repetición inútil de un concepto. S<small>IN</small>. 1 exceso 2 reiteración.

redundar. intr. Resultar una cosa en beneficio o daño de alguno. S<small>IN</small>. repercutir.

reduplicación. f. Acción de reduplicar o reduplicarse.

reduplicar. tr. y prnl. **1** Aumentar al doble. **2** Aumentar, multiplicar: *reduplicar la vigilancia.*

reedificar. tr. Volver a edificar.

reeditar. tr. Volver a editar.

reeducar. tr. Volver a enseñar el uso de miembros u otros órganos, que se había perdido o estaban incapacitados a causa de alguna enfermedad o accidente.

reelegir. tr. Volver a elegir. || **Irreg.** Se conj. como *pedir.*

reembolsar. tr. y prnl. Devolver una cantidad al que la había desembolsado.

reembolso. m. **1** Recuperación de una cantidad o mercancía. **2** Dinero que se reembolsa. **3** Pago que hace el destinatario de una mercancía en el momento de la entrega.

reemplazar. tr. **1** Sustituir una cosa por otra. **2** Suceder a alguien en un empleo o cargo. S<small>IN</small>. 1 cambiar 1 y 2 suplir 2 relevar.

reemplazo. m. **1** Acción de reemplazar. **2** Renovación parcial del contingente del ejército activo en los plazos establecidos por la ley. S<small>IN</small>. 1 cambio, sustitución 2 quinta.

reencarnar. intr. y prnl. Volver a encarnarse el alma en un cuerpo diferente, según algunas creencias.

reencontrar. tr. y prnl. **1** Volver a encontrar. **2** Recobrar una persona cualidades, hábitos, etc., que había perdido.

reenganchar. tr. Hacer que alguien se quede en el ejército, cuando ha terminado el servicio militar, ofreciéndole un sueldo. Más c. prnl.

reestrenar. tr. Volver a estrenar; se dice especialmente de películas u obras teatrales, cuando vuelven a proyectarse o representarse algún tiempo después de su estreno.

reestructurar. tr. Modificar la estructura de una obra, empresa, proyecto, organización, etc.

reexportar. tr. Exportar lo que se había importado.

refacción. f. Alimento ligero que se toma para reparar las fuerzas. S<small>IN</small>. refrigerio.

refajo. m. Falda interior que usaban las mujeres.

refectorio. m. Habitación reservada en las comunidades y colegios para reunirse a comer.

referencia. f. **1** Acción de referirse o aludir a una persona o cosa. **2** Acción de referir o relatar. **3** Remisión en un escrito de un lugar a otro. **4** Informe sobre una persona. Más en pl.: *trae muy buenas referencias.* **5** Indicación colocada en la cabecera de una carta a la que hay que referirse en la respuesta. S<small>IN</small>. 1 alusión, mención 2 relación 4 recomendación.

referéndum o **referendo.** m. Procedimiento jurídico por el que se someten al voto popular leyes y otros actos o asuntos. || pl. *referéndums* o *referendos*.

referir. tr. y prnl. **1** Relatar un hecho o suceso. **2** Dirigir, encaminar una cosa a un determinado fin: *la nota refiere a una ilustración*. **3** Poner en relación algunas personas o cosas. | **referirse.** prnl. **4** Hacer alusión a una persona o cosa. || **Irreg.** Se conj. como *sentir*.

refilón (de). loc. adv. **1** De soslayo: *nos miró de refilón*. **2** De pasada, de paso.

refinado, da. adj. **1** Elegante y de muy buen gusto. **2** Muy ingenioso, agudo y sutil: *su humor es refinado*. **3** Muy cruel, que se recrea en hacer daño: *una tortura refinada*. | m. **4** Acción de refinar: *el refinado del petróleo*. **Sin.** 1 exquisito, distinguido. ◻ **Ant.** 1 grosero.

refinamiento. m. **1** Esmero, cuidado. **2** Crueldad refinada.

refinar. tr. **1** Hacer más fina o más pura una cosa. **2** Perfeccionar, hacer más refinado, selecto o elegante. También prnl.

refinería. f. Instalación industrial para refinar un producto: *refinería de azúcar*.

refitolero, ra. adj. y s. **1** Entremetido, curioso. **2** Redicho, cursi, repipi. **3** Que atiende el refectorio de una comunidad religiosa.

reflectante. adj. Que refleja.

reflectar. tr. Reflejar la luz y otras radiaciones, como el calor.

reflector, ra. adj. y s. **1** Que refleja. | m. **2** Aparato de superficie lisa y brillante para reflejar los rayos luminosos. **3** Foco luminoso de gran potencia. **Sin.** 3 proyector.

reflejar. intr. y prnl. **1** Devolver una superficie lisa y brillante, como un espejo, la imagen del cuerpo que tiene delante. **2** En fís., hacer retroceder o cambiar de dirección a una radiación de luz, calor, etc.: *reflejar el sonido*. **3** Manifestar o hacer patente una cosa: *el informe reflejaba un cuidadoso estudio*.

reflejo, ja. adj. y s. **1** Que ha sido reflejado. **2** Se dice del movimiento, sentimiento, etc., que se produce involuntariamente como respuesta a un estímulo. | m. **3** Luz reflejada. **4** Representación, muestra: *la película era un reflejo de la sociedad actual*. | pl. **5** Capacidad para reaccionar con rapidez ante un estímulo. **Sin.** 2 espontáneo, instintivo, involuntario 3 reverberación.

reflexión. f. **1** Acción de reflejar: *la reflexión de la luz*. **2** Acción de reflexionar. **3** Advertencia o consejo con que uno intenta convencer a otro. **4** En fís., cambio en la dirección o el sentido en la propagación de una onda.

reflexionar. intr. y tr. Considerar detenidamente algo. **Sin.** meditar.

reflexivo, va. adj. **1** Que refleja o reflecta. **2** Que habla y obra con reflexión. **3** En ling., se dice de los pron. pers. en función de complemento cuando se refieren a la misma persona que el sujeto: *me lavo*. **4** En ling., se dice del verbo que se construye con estos pronombres y de la oración que tiene este verbo. También m.

reflotar. tr. **1** Volver a poner a flote la nave sumergida o encallada. **2** Poner en marcha algo que había fracasado.

reflujo. m. Movimiento de descenso de las mareas.

refocilar. tr. y prnl. **1** Divertir con cosas de mal gusto. | **refocilarse.** prnl. **2** Regodearse, complacerse con malicia: *se refocilaba pensando en su venganza*.

reforestar. tr. Repoblar un terreno con plantas forestales.

reforma. f. **1** Acción de reformar. **2** Movimiento religioso iniciado en la primera mitad del s. xvi, que dio origen a las Iglesias protestantes. || En esta acepción se escribe con mayúscula.

reformar. tr. **1** Cambiar algo para innovarlo y mejorarlo: *reformar un local*. **2** Arreglar, corregir, enmendar: *la cárcel no pudo reformarle*. También prnl.

reformatorio, ria. adj. **1** Que reforma, corrige o enmienda. | m. **2** Establecimiento donde se intenta corregir y educar a menores de edad que han cometido algún delito. **Sin.** 2 correccional.

reformismo. m. Tendencia o doctrina que procura cambios y mejoras en una situación política, social, religiosa, etc.

reformista. adj. y com. Partidario de reformas o que las realiza.

reforzar. tr. **1** Hacer más fuerte o resistente. **2** Aumentar, intensificar: *han reforzado la vigilancia*. También prnl. || **Irreg.** Se conj. como *contar*. **Sin.** 1 fortalecer 2 acrecentar ◻ **Ant.** 1 debilitar 2 reducir.

refracción. f. En fís., modificación en la dirección y velocidad de una onda al cambiar el medio en que se propaga.

refractar. tr. y prnl. Cambiar de dirección el rayo de luz que pasa oblicuamente de un medio a otro de diferente índice de refracción.

refractario, ria. adj. **1** Muy resistente al fuego o al calor. **2** Contrario, reacio: *es refractario a esta medida*. **3** Que es inmune a una enfermedad.

refrán. m. Dicho popular que contiene un consejo, moraleja, etc. **Sin.** proverbio, adagio, aforismo.

refranero. m. Colección de refranes.

refregar. tr. **1** Frotar una cosa con otra. También prnl. **2** Echar en cara a uno una cosa que le ofende,

Refracción de la luz

insistiendo en ella. ‖ **Irreg.** Se conj. como *acertar*. **Sin.** 1 y 2 restregar.

refreír. tr. **1** Volver a freír. **2** Freír muy bien una cosa, o freírla demasiado. ‖ Tiene dos p. p., uno reg.: *refreído* y otro irreg.: *refrito*.

refrenar. tr. **1** Contener un sentimiento, pasión, etc. También prnl.: *tuve que refrenarme para no insultarle*. **2** Sujetar y reducir el caballo con el freno. **Sin.** 1 reprimir ☐ **Ant.** 1 y 2 acuciar, hostigar.

refrendar. tr. **1** Legalizar un documento por medio de la firma de persona autorizada: *refrendar un pasaporte*. **2** Aceptar y confirmar una cosa: *refrendar una ley*. **Sin.** 1 autorizar 2 ratificar ☐ **Ant.** 1 invalidar 2 denegar.

refrendo. m. **1** Acción de refrendar. **2** Testimonio que acredita haber sido refrendada una cosa.

refrescar. tr. **1** Moderar o disminuir el calor de una cosa, o de una persona. También prnl. **2** Renovar un sentimiento, recuerdo, etc., antiguos: *refrescar la memoria*. | intr. y prnl. **3** Tomar fuerzas: *nos refrescaremos antes de seguir*. **4** Hacerse más fresco el calor del aire: *la tarde ha refrescado*. También impers.

refresco. m. **1** Bebida que se toma para quitar la sed y refrescarse. **2** Bebidas, canapés, etc., que se ofrecen a alguien. **3 de refresco.** loc. adj. Nuevo, descansado: *caballos de refresco*.

refriega. f. Combate de poca importancia. **Sin.** escaramuza.

refrigeración. f. **1** Acción de refrigerar. **2** Producción artificial de frío por medio de aparatos, con muy diversas aplicaciones.

refrigerador, ra. adj. **1** Se dice de los aparatos e instalaciones para refrigerar. | m. **2** Nevera, frigorífico.

refrigerar. tr. y prnl. **1** Hacer más fría una habitación u otra cosa. **2** Enfriar en cámaras especiales alimentos, productos, etc., para su conservación.

refrigerio. m. Alimento ligero para reponer fuerzas. **Sin.** piscolabis, tentempié.

refrito, ta. adj. **1** Que se ha vuelto a freír o se ha frito demasiado. | m. **2** Aceite frito con ajo, cebolla, pimentón y otros ingredientes, que se añade a un guiso. **3** desp. Cosa rehecha con mezcla de otras: *hizo un refrito de todas sus obras anteriores*. **Sin.** 3 refundición.

refuerzo. m. **1** Acción de reforzar. **2** Lo que refuerza o vuelve más resistente. **3** Cosa que sirve como ayuda o complemento de otra: *necesitas un refuerzo vitamínico*. **4** Conjunto de personas o cosas

refugiado – regidor

que acuden como socorro o ayuda de otras. Más en pl.: *el general envió refuerzos*.

refugiado, da. m. y f. Persona que por guerra, persecución política o racial, busca refugio fuera de su país.

refugiar. tr. y prnl. Acoger, dar asilo, proteger.

refugio. m. **1** Asilo, amparo. **2** Lugar adecuado para refugiarse: *refugio de montaña*. **3** Construcción subterránea que sirve de protección en caso de bombardeos: *refugio antiaéreo*.

refulgir. intr. Resplandecer, emitir fulgor. **Sin.** fulgurar, relumbrar, rutilar.

refundir. tr. **1** Fundir de nuevo los metales. **2** Incluir varias cosas en una sola. También prnl. **3** Reformar una obra literaria.

refunfuñar. intr. Hablar entre dientes o gruñir en señal de enfado. **Sin.** rezongar, mascullar.

refutación. f. **1** Acción de refutar. **2** Argumento con el cual se pretende destruir las razones del contrario.

refutar. tr. Contradecir con argumentos y razones lo que otros dicen. **Sin.** rebatir ☐ **Ant.** ratificar.

regadera. f. **1** Recipiente portátil para regar. **2 como una regadera.** loc. Algo loco o de carácter extravagante.

regadío. m. Terreno dedicado a cultivos que se fertilizan con riego.

regalar. tr. **1** Dar algo como regalo. **2** Halagar, alabar. **3** Recrear, deleitar. También prnl.: *regalarse con una buena comida*. | **regalarse.** prnl. **4** Procurar facilitarse alguien las máximas comodidades posibles. **Sin.** 1 obsequiar 2 agasajar.

regalía. f. **1** Prerrogativa o privilegio de que goza un soberano. **2** Privilegio que la Santa Sede concede a los reyes o soberanos en asuntos relacionados con la Iglesia. Más en pl. **3** Cualquier tipo de privilegio. **4** Beneficio o cuantía que se paga al propietario de un derecho a cambio del uso que se hace de él.

regalismo. m. Sistema en que se concedían regalías eclesiásticas a los soberanos.

regaliz. m. **1** Planta herbácea leguminosa, de tallos leñosos, que tiene un rizoma aromático, cuyo jugo dulce se usa en medicina y para hacer dulces. **2** Trozo seco de este rizoma que se chupa. **3** Pasta negra que se hace con el jugo del rizoma y que se toma como golosina. **Sin.** 1 orozuz.

regalo. m. **1** Cosa que se da a alguien de forma gratuita, como agradecimiento, para celebrar un acontecimiento, etc. **2** Gusto o complacencia que se recibe: *su música es un regalo para el oído*. **3** Comodidad y descanso que una persona procura para sí: *vivir con regalo*. **4** Cosa muy barata. **Sin.** 1 obsequio, dádiva, presente 2 placer, deleite 3 holganza 4 chollo, ganga.

regañadientes (a). loc. adv. A disgusto.

regañar. intr. **1** Dar a alguien muestras de enfado o disgusto, con palabras y gestos, por algo que ha hecho. **2** Disputar, reñir con otro: *ha vuelto a regañar con su novia*. **3** Gruñir, refunfuñar. **Sin.** 1 reprender, amonestar, sermonear 2 enfadarse.

regañina. f. Reprimenda.

regar. tr. **1** Esparcir agua sobre una superficie: *regar las calles*. **2** Atravesar un río o canal una comarca o territorio: *el Tajo riega Toledo*. **3** Esparcir, desparramar: *regar la mesa de libros*. || **Irreg.** Se conj. como *acertar*.

regata. f. Carrera entre lanchas o embarcaciones ligeras.

regate. m. **1** Movimiento rápido hecho con el cuerpo para evitar un ataque, obstáculo, etc. **2** Escape o pretexto. **Sin.** 1 quiebro, finta 2 evasiva.

regatear. tr. **1** Discutir el comprador y el vendedor el precio de una cosa. **2** Evitar la ejecución de una cosa. **3** Hacer regates.

regateo. m. **1** Discusión del comprador y el vendedor sobre el precio de una cosa. **2** Reparo o excusas para evitar hacer una cosa.

regato. m. **1** Arroyo pequeño. **2** Remanso poco profundo. **3** Acequia, cauce para regar.

regazo. m. **1** Parte de la falda que queda hueca entre la cintura y las piernas al estar sentada una mujer. **2** Parte del cuerpo donde se forma ese hueco. **3** Amparo, cobijo.

regencia. f. **1** Acción de regir o gobernar. **2** Empleo de regente. **3** Gobierno de un Estado monárquico durante la minoría de edad, ausencia o incapacidad del heredero de la corona. **4** Tiempo que dura tal gobierno. **5** Nombre que se da a ciertos estados musulmanes que fueron vasallos de Turquía: *regencia de Túnez*.

regeneracionismo. m. Movimiento ideológico que tuvo lugar en España, a partir de 1898, que defendía una reforma de la enseñanza, de la agricultura, y política en general.

regenerar. tr. y prnl. **1** Restablecer o mejorar alguna cosa que degeneró. **2** Hacer que alguien se corrija o enmiende.

regentar. tr. **1** Dirigir un negocio. **2** Desempeñar temporalmente ciertos cargos o empleos.

regente. adj. y com. **1** Que rige o gobierna. | com. **2** Persona que gobierna un Estado monárquico durante la minoría de edad del heredero o por otro motivo. **3** Encargado de ciertos negocios: *regente de una imprenta*.

regicidio. m. Muerte violenta de un monarca, de su consorte, del príncipe heredero o del regente.

regidor, ra. adj. y s. **1** Que rige o gobierna. | m. y f. **2** Concejal que no ejerce ningún otro cargo municipal. **3** En cine, teatro y televisión, ayudante del realizador, que se encarga del orden y realización de los movimientos y efectos escénicos dispuestos por la dirección.

régimen. m. **1** Modo de gobernarse o regirse en algo. **2** Forma o gobierno de un Estado: *régimen monárquico*. **3** Conjunto de reglas para una mejor conservación de la salud: *régimen alimenticio*. **4** En ling., dependencia que tienen entre sí las palabras en la oración. **5** En ling., preposición o complemento que pide cada verbo, adjetivo, sustantivo, etc.; p. ej., el régimen del verbo *aspirar* es la preposición *a (aspirar a un cargo)*. **6** En mec., funcionamiento de un motor en condiciones de máximo rendimiento. || pl. *regímenes*. **Sin.** 1 normativa, programa 3 dieta.

regimiento. m. **1** Unidad militar compuesta de varios batallones. **2** Grupo muy numeroso de personas.

regio, gia. adj. **1** Relativo al rey, la reina o la realeza. **2** Suntuoso, grandioso: *un banquete regio*. **Sin.** 1 real 2 espléndido, magnífico.

región. f. **1** Cualquier extensión de terreno, homogénea en un determinado aspecto: *las regiones árticas*. **2** Cada una de las grandes divisiones territoriales de una nación, definida por características geográficas, históricas y sociales. **3** Cada una de las partes en que se puede dividir un país a efectos militares, o, p. ext., a cualquier otro efecto: *región marítima*. **4** Espacio determinado de la superficie del cuerpo humano: *región epigástrica*.

regional. adj. Relativo a una región.

regionalismo. m. **1** Doctrina política según la cual en el gobierno de un Estado se debe prestar atención al modo de ser de cada región. **2** Apego a determinada región. **3** Vocablo o giro privativo de una región determinada.

regir. tr. **1** Gobernar, dirigir: *regir un imperio comercial*. **2** Guiar o conducir una cosa. También prnl. **3** En ling., tener una palabra bajo su dependencia a otra palabra de la oración. **4** En ling., exigir un verbo una determinada preposición o complemento. | intr. **5** Estar vigente. **6** Funcionar bien una máquina, organismo y, particularmente, las facultades mentales. || **Irreg.** Se conj. como *pedir*.

registrador, ra. adj. **1** Que registra. | m. y f. **2** Funcionario que tiene a su cargo algún registro público: *registrador de la propiedad*.

registrar. tr. **1** Examinar a una persona en busca de alguien o algo: *registraron los equipajes*. **2** Inscribir en una oficina determinados documentos públicos, instancias, etc.: *registrar una marca comercial*. **3** Anotar, señalar. También prnl. **4** Contabilizar los casos reiterados de algún fenómeno o suceso. También prnl.: *no se han registrado lluvias*. **5** Grabar la imagen o el sonido. También prnl. **6** Marcar un aparato ciertos datos propios de su función: *el termómetro registró una mínima de dos grados*. | **registrarse.** prnl. **7** Presentarse en algún lugar u oficina. **Sin.** 1 cachear, inspeccionar 2 asentar, apuntar 7 matricularse.

registro. m. **1** Acción de registrar. **2** Libro, a manera de índice, donde se apuntan ciertos datos para que consten en él. **3** Lugar y oficina en donde están estos libros. **4** Asiento o anotación que queda de lo que se registra. **5** Padrón. **6** Pieza del reloj y de otros aparatos que sirve para modificar su movimiento. **7** Abertura con su tapa o cubierta para examinar, conservar o reparar lo que está subterráneo o empotrado en un muro, pavimento, etc. **8** Cada uno de los tres grandes grupos que pueden distinguirse en la escala musical: grave, medio y agudo. **9** En el piano, clave, etc., mecanismo para regular los sonidos. **10** En inform., conjunto de informaciones relacionadas entre sí que constituyen la unidad de tratamiento lógico de ficheros o memoria.

regla. f. **1** Instrumento de forma rectangular, por lo general graduado, que sirve principalmente para trazar líneas rectas. **2** Lo que se debe obedecer o seguir por estar así establecido. **3** Ley o norma de un instituto religioso. **4** Conjunto de instrucciones que indican cómo hacer algo o cómo comportarse: *las reglas de un juego*. **5** Orden y armonía que guardan las cosas naturales y por el que se desarrollan de un determinado modo. **6** Menstruación de las hembras. **7** En mat., método de hacer una operación.

reglaje. m. Reajuste de las piezas de un mecanismo para mantenerlo en perfecto funcionamiento.

reglamentación. f. **1** Acción de reglamentar. **2** Conjunto de reglas.

reglamentar. tr. Sujetar a reglamento.

reglamentario, ria. adj. De un reglamento o preceptuado por él: *uniforme reglamentario*.

reglamento. m. **1** Colección ordenada de reglas o preceptos. **2** Disposición administrativa para el desarrollo de una ley.

reglar. tr. **1** Trazar o hacer líneas o rayas derechas, valiéndose de una regla o por cualquier otro medio. **2** Regular.

regocijar. tr. y prnl. Alegrar, causar gusto o placer.

regocijo. m. Alegría, júbilo.

regodearse. prnl. **1** Deleitarse, complacerse. **2** Sentir placer o satisfacción por algo que resulta perjudicial para otros. **Sin.** 1 regocijarse 2 refocilarse.

regodeo. m. **1** Acción de regodearse. **2** Diversión.

regoldar. intr. Eructar los gases del estómago. || **Irreg.** Se conj. como *contar*.

regordete, ta. adj. y s. Se dice de la persona o parte de su cuerpo, pequeña y gruesa. **Sin.** rechoncho, rollizo □ **Ant.** esbelto.

regresar. intr. Volver al lugar de donde se partió.

regresión. f. Retroceso, acción de volver hacia atrás, especialmente en una actividad o proceso.

regreso. m. Retorno, vuelta.

regüeldo. m. Eructo, hecho de expulsar por la boca los gases que se producen en la digestión.

reguero. m. **1** Chorro o arroyo pequeño. **2** Señal continuada que deja una cosa que se va derramando, sea líquida o no: *reguero de sangre.*

regulador, ra. adj. **1** Que regula. | m. **2** Mecanismo que sirve para ordenar o normalizar el movimiento o los efectos de una máquina o de alguna de sus piezas.

regular. adj. **1** Ajustado a una regla o norma. **2** De tamaño, calidad o intensidad mediana. **3** Ordenado y sin excesos: *lleva una vida regular.* **4** Sin cambios ni interrupciones. **5** En geom., se dice del polígono cuyos lados y ángulos son iguales entre sí, y del poliedro cuyas caras y ángulos sólidos son también iguales. **6** En ling., se dice de la palabra que se forma siguiendo las reglas normales de derivación de las de su tipo: *participio regular.* **7** Se dice de las personas que viven bajo una regla o instituto religioso, y de los que pertenecen a su estado. También com. | adv. m. **8** Medianamente, no muy bien: *camino regular.*

regular. tr. **1** Ordenar, controlar o poner en estado de normalidad. **2** Ajustar: *regular el funcionamiento de un aparato.* **3** Precisar o determinar las normas.

regularidad. f. **1** Cualidad de regular. **2** Sujeción a las reglas.

regularizar. tr. Regular, normalizar.

régulo. m. **1** Parte más pura de los minerales después de separadas las impuras. **2** Dominante o señor de un Estado pequeño. **3** Basilisco, animal fabuloso. **4** Reyezuelo, pájaro.

regurgitar. intr. Expulsar por la boca, sin vómito, sustancias sólidas o líquidas contenidas en el estómago o en el esófago, como hacen los rumiantes y algunas aves.

regusto. m. **1** Gusto o sabor que queda de la comida o bebida. **2** Sensación placentera o dolorosa que dejan algunas experiencias. **3** Impresión de analogía, semejanza, etc., que evocan algunas cosas: *regusto romántico.* **Sin.** 1 y 2 gustillo, sabor 2 poso.

rehabilitar. tr. y prnl. Habilitar de nuevo o restablecer a una persona o cosa en su antiguo estado.

rehacer. tr. **1** Volver a hacer. **2** Reparar, reformar: *rehacer un vestido.* | **rehacerse.** prnl. **3** Fortalecerse, recuperarse. **4** Serenarse, dominar una emoción. || **Irreg.** Se conj. como *hacer.*

rehala. f. **1** Rebaño de ganado lanar formado por diversos dueños y conducido por un solo mayoral. **2** Jauría o agrupación de perros de caza mayor.

rehén. m. **1** Persona que queda en poder de un adversario mientras se llega a un acuerdo o pacto. **2** Cosa que se deja como garantía o fianza. **Sin.** 2 señal.

rehilandera. f. Molinete, juguete.

rehilar. tr. **1** Hilar demasiado o torcer mucho lo que se hila. | intr. **2** Moverse una persona o cosa como temblando.

rehilete o **rehilero.** m. **1** Especie de dardo. **2** Banderilla de toros. **3** Dicho malicioso, pulla.

rehogar. tr. Freír un alimento, en especial hortalizas, ligeramente y a fuego lento. **Sin.** sofreír.

rehuir. tr. Evitar una situación, obligación o el trato con otra persona. || **Irreg.** Se conj. como *huir.*

rehundir. tr. **1** Hundir o sumergir a lo más hondo. **2** Hacer más honda una cavidad o agujero.

rehusar. tr. No aceptar, renunciar: *rehúso responder.* **Ant.** aceptar.

reimplantar. tr. **1** Volver a implantar. **2** Colocar por medios quirúrgicos un órgano o miembro que había sido separado del cuerpo.

reimpresión. f. **1** Acción de reimprimir. **2** Conjunto de ejemplares reimpresos de una vez.

reimprimir. tr. Repetir la impresión de una obra o escrito. || Tiene dos p. p., uno reg.: *reimprimido* y otro irreg.: *reimpreso.*

reina. f. **1** Mujer que ejerce la potestad real por derecho propio. **2** Esposa del rey. **3** Pieza del juego de ajedrez, la más importante después del rey. **4** Mujer, animal o cosa del género femenino, que destaca de las demás de su clase o especie: *la reina de la fiesta.* **5** Mujer que preside algunos actos y festejos. **6** Hembra de algunas comunidades de insectos cuya principal función es la reproductora.

reinado. m. **1** Tiempo de gobierno de un rey o una reina. **2** Tiempo en que predomina o está en auge alguna cosa: *el reinado de una moda.*

reinar. intr. **1** Regir un rey o príncipe un Estado. **2** Dominar o tener predominio una persona o cosa sobre otra. **3** Prevalecer o persistir una cosa: *reinar la paz.* **Sin.** 1 gobernar 2 predominar 3 imperar.

reincidir. intr. Volver a caer o incurrir en un error, falta o delito.

reincorporar. tr. y prnl. Volver a incorporar, agregar o unir.

reineta. f. Se dice de un tipo de manzana gruesa, de color dorado, sabor ácido y muy aromática.

reino. m. **1** Estado o territorio gobernado por un rey. **2** Espacio real o imaginario en que actúa algo material o inmaterial: *el reino de los sueños.* **3** Cada uno de los grupos de la primera clasificación taxonómica en que se consideran divididos los seres vivos: *moneras, protistas, hongos, metafitas y metazoos.* **4** Cada uno de los tres grandes grupos en que se divide la naturaleza: *animal, vegetal y mineral.*

reinserción. f. Hecho de integrarse en la sociedad quien vivía al margen de ella.
reintegrar. tr. **1** Devolver íntegramente una cosa. **2** Restablecer. **3** Hacer que alguien vuelva a ejercer una actividad, se incorpore de nuevo a una colectividad o situación social o económica. Más c. prnl.: *reintegrarse al trabajo*. **4** Poner la póliza o estampilla en un documento.
reintegro. m. **1** Acción de reintegrar. **2** Pago de lo que se debe. **3** En la lotería y otros juegos similares, premio igual a la cantidad jugada.
reír. intr. y prnl. **1** Manifestar alegría con ciertos movimientos del rostro y característicos sonidos. | tr. **2** Celebrar con risa alguna cosa: *reírle las gracias a alguien*. **3** Burlarse de alguien o algo. || **Irreg.** Conjugación modelo:

Indicativo
Pres.: *río, ríes, ríe, reímos, reís, ríen.*
Imperf.: *reía, reías, etc.*
Pret. indef.: *reí, reíste, rió, reímos, reísteis, rieron.*
Fut. imperf.: *reiré, reirás, etc.*
Potencial: *reiría, reirías, etc.*
Subjuntivo
Pres.: *ría, rías, ría, riamos, riáis, rían.*
Imperf.: *riera, rieras, etc.*, o *riese, rieses, etc.*
Fut. imperf.: *riere, rieres, etc.*
Imperativo: *ríe, reíd.*
Participio: *reído.*
Gerundio: *riendo.*

---

reiteración. f. Acción de reiterar. **Sin.** repetición.
reiterar. tr. y prnl. Volver a decir o realizar una cosa: *reiteró su petición*. **Sin.** repetir.
reivindicar. tr. **1** Reclamar uno lo que le pertenece: *reivindicó su derecho al trono*. **2** Adjudicarse alguien la autoría de un hecho. **3** Intentar rescatar la buena fama o reputación de alguien o algo: *reivindicó su inocencia*. **Sin.** 1 exigir 2 atribuirse 3 rehabilitar.
reja. f. Pieza de hierro del arado que sirve para romper y revolver la tierra.
reja. f. Conjunto de barrotes metálicos o de madera, convenientemente enlazados, que se ponen en las ventanas y otras aberturas de los muros para seguridad o adorno.
rejalgar. m. Mineral de color rojo, lustre resinoso y fractura en forma de concha, que se raya con la uña, y es una combinación muy venenosa de arsénico y azufre.
rejilla. f. **1** Red de alambre, tela metálica, celosía de algunas aberturas. **2** Tejido de tallos vegetales para respaldo y asiento de sillas. **3** Redecilla que se coloca sobre los asientos en los trenes, autocares, etc., para depositar el equipaje o guardar alguna cosa.
rejo. m. **1** Punta o aguijón. **2** Hierro que se pone en el cerco de las puertas. **3** En el embrión de la planta, órgano del que se forma la raíz. **Sin.** 1 pincho.
rejón. m. **1** Barra de hierro cortante que remata en punta. **2** Asta de madera, con una cuchilla en la punta, que sirve para rejonear.
rejoncillo. m. Rejón para los toros.
rejoneador, ra. m. y f. Persona que rejonea.
rejonear. tr. **1** En el toreo a caballo, herir con el rejón al toro. **2** Torear a caballo.
rejuvenecer. tr., intr. y prnl. **1** Dar el vigor o el aspecto propios de la juventud. | tr. **2** Renovar, modernizar. || **Irreg.** Se conj. como *agradecer*. **Ant.** 1 envejecer, avejentar.
relación. f. **1** Conexión, correspondencia de una cosa con otra. **2** Trato, comunicación de una persona con otra: *son familiares, pero apenas tienen relación*. **3** Referencia que se hace de un hecho. **4** Lista o serie escrita de personas o cosas: *relación de gastos*. **5** En ling., conexión o enlace entre los términos de una misma oración o entre dos oraciones: *relación sintáctica*. | pl. **6** Contactos amorosos o sexuales. **7** Amigos o contactos de una persona. **8 relaciones públicas.** Actividad profesional que consiste en informar sobre personas, empresas, etc., tratando de prestigiarlas o promocionarlas. **9** Persona que desempeña esta actividad.
relacionar. tr. **1** Referir, relatar. **2** Poner en relación personas o cosas. También prnl.: *se relaciona con mucha gente*.
relajación. f. **1** Acción de relajar o relajarse. **2** Técnica basada en ejercicios corporales y respiratorios para conseguir la distensión muscular y nerviosa.
relajar. tr. y prnl. **1** Hacer que algo esté flojo o menos tenso. **2** Esparcir, distraer la mente de problemas y preocupaciones: *le gusta pasear, para relajarse*. **3** Hacer menos severo o riguroso el cumplimiento de leyes, reglas, etc. | **relajarse.** prnl. **4** Conseguir un estado de reposo físico y mental. **5** Caer en vicios y malas costumbres. **Sin.** 1 aflojar, distender 3 suavizar 5 descarriarse □ **Ant.** 1 tensar 2 estresar 3 endurecer 5 corregirse.
relajo. m. **1** Desorden, falta de seriedad, barullo. **2** Relajación en las costumbres o en el cumplimiento de las normas. **3** Tranquilidad, bienestar: *un momento de relajo*.
relamer. tr. **1** Volver a lamer. | **relamerse.** prnl. **2** Lamerse los labios. **3** Encontrar gran satisfacción o gusto en una cosa.
relamido, da. adj. Afectado, excesivamente pulcro. **Sin.** peripuesto.
relámpago. m. **1** Resplandor vivo e instantáneo

producido entre dos nubes por una descarga eléctrica. **2** Resplandor repentino. **3** Persona o cosa ligera y fugaz. **4** En aposición, denota la rapidez o brevedad con que se desarrolla algo: *guerra relámpago*. **Sin.** 2 fulgor, destello.

relampaguear. impers. **1** Haber relámpagos. | intr. **2** Arrojar luz o brillar mucho de forma intermitente, especialmente hablando de los ojos muy vivos o iracundos.

relapso, sa. adj. y s. Que reincide en un pecado del que ya había hecho penitencia, o en una herejía de la que había abjurado.

relatar. tr. **1** Referir, contar, narrar. **2** Hacer relación de un proceso o pleito.

relatividad. f. **1** Cualidad de relativo. **2 teoría de la relatividad.** Teoría formulada por Albert Einstein en 1905, que establece que el tiempo y el espacio son conceptos relativos, por la imposibilidad de encontrar un sistema de referencia absoluto.

relativismo. m. Doctrina filosófica que sostiene que el conocimiento humano es incapaz de alcanzar verdades absolutas y universalmente válidas.

relativo, va. adj. **1** Que se refiere a algo y es condicionado por ello: *un libro relativo al cine*. **2** No absoluto: *una verdad relativa*. **3** No mucho, en poca cantidad o intensidad: *un coste relativo*. **4** En gram., se dice del pronombre que se refiere a una persona o cosa ya mencionada. **5 de relativo.** loc. adj. Se dice de las oraciones subordinadas introducidas por estos pronombres.

relato. m. **1** Narración, cuento. **2** Acción de relatar algo detalladamente.

relax. m. **1** Relajamiento muscular producido por ejercicios adecuados. **2** Comodidad, bienestar. ‖ No varía en pl.

relé. m. En electrón., dispositivo que, intercalado en un circuito, produce determinadas modificaciones en el mismo o en otro conectado con él.

releer. tr. Leer algo de nuevo. ‖ **Irreg.** Se conj. como *leer*.

relegar. tr. **1** Apartar, posponer: *relegar al olvido*. **2** Desterrar.

relente. m. Humedad de la atmósfera en las noches serenas.

relevante. adj. **1** Importante, significativo: *su ausencia es relevante*. **2** Sobresaliente, excelente.

relevancia. f. Cualidad o condición de relevante. **Sin.** importancia, significación.

relevar. tr. **1** Librar de un peso o gravamen, y también de un empleo o cargo. **2** Sustituir a alguien en cualquier actividad. **3** Cambiar un cuerpo de guardia. **4** En dep., reemplazar a una persona con otra del mismo equipo en una carrera de relevos o durante una prueba. **Sin.** 1 eximir, liberar 2 reemplazar.

relevo. m. **1** Acción de relevar una persona a otra. **2** Persona o grupo que releva a otras. **3** Competición deportiva en la que los participantes se van relevando después de recorrido parte del trayecto. **4** Corredor o nadador que releva a otro.

relicario. m. **1** Lugar en el que están guardadas las reliquias. **2** Caja o estuche para custodiar reliquias.

relieve. m. **1** Lo que resalta sobre un plano. **2** Figura levantada sobre una superficie lisa de la que la parte esculpida forma cuerpo. **3** Mérito, renombre: *un cineasta de relieve*. **4** Conjunto de accidentes geográficos de un país, región, etc. **5 poner de relieve** una cosa. loc. Subrayarla, destacarla.

religión. f. **1** Conjunto de dogmas, normas y prácticas relativas a una divinidad. **2** Cada una de las diferentes doctrinas según dichas creencias: *religión católica*. **3** Profesión y observancia de la doctrina religiosa. **4** Orden, instituto religioso.

religiosidad. f. **1** Cuidado y rigurosidad en el cumplimiento de las obligaciones religiosas. **2** Puntualidad, exactitud a la hora de hacer o cumplir algo: *siempre paga con religiosidad*.

religioso, sa. adj. **1** Relativo a la religión o a los que la profesan: *dogma religioso*. **2** Piadoso, que cumple con las obligaciones de una religión. **3** Que ha profesado en una orden o congregación regular. También s. **4** Fiel y exacto en el cumplimiento del deber. **Sin.** 2 devoto 3 monje, profeso 4 puntilloso ◻ **Ant.** 1 pagano 2 ateo 3 seglar, laico.

relinchar. intr. Emitir su voz el caballo.

relincho. m. Voz del caballo.

relinga. f. **1** Cada una de las cuerdas o sogas en que van colocados los plomos y corchos con que se calan y sostienen las redes en el agua. **2** Cabo con que se refuerzan las orillas de las velas.

reliquia. f. **1** Parte del cuerpo u otro objeto de un santo, digno de veneración. **2** Vestigio del pasado: *estas ruinas son una reliquia romana*. **3** Persona o cosa muy viejas. **4** Cosa que se conserva de alguien muy querido. **Sin.** 2 huella, indicio 3 antigualla 4 recuerdo.

rellano. m. **1** Descansillo de escalera. **2** Llano que interrumpe la pendiente de un terreno.

rellenar. tr. **1** Volver a llenar una cosa. También prnl. **2** Llenar enteramente. También prnl. **3** Llenar de carne picada u otros ingredientes un ave o cualquier otro alimento. **4** Llenar con algo un hueco o una cosa vacía: *rellenar un cojín*. **5** Cubrir con los datos necesarios espacios en blanco en formularios, documentos, etc.

relleno, na. adj. **1** Colmado, repleto. ‖ m. **2** Picadillo de carne para rellenar. **3** Acción de rellenar. **4** Cualquier material con que se rellena algo. **5** Parte superflua que alarga una oración o un escrito.

reloj. m. **1** Máquina que sirve para medir el tiempo o dividir el día en horas, minutos y segundos. **2 contra reloj.** Modalidad de carrera ciclista en que los corredores toman la salida de uno en uno, con un intervalo de tiempo determinado, y vence el que realice mejor tiempo. **3** P. ext., modo de hacer una cosa en un plazo de tiempo mínimo.

relojería. f. **1** Técnica de hacer y arreglar relojes. **2** Taller donde se hacen o arreglan relojes. **3** Tienda donde se venden.

relojero, ra. m. y f. Persona que hace, arregla o vende relojes.

relucir. intr. **1** Despedir luz. **2** Brillar, resplandecer: *sus ojos relucían en la oscuridad.* **3** Resplandecer uno por alguna cualidad. **4 sacar,** o **salir, a relucir.** loc. Revelar algo inesperadamente. || **Irreg.** Se conj. como *lucir.*

reluctancia. f. En fís., resistencia que ofrece un circuito al flujo magnético.

reluctante. adj. Reacio, opuesto.

relumbrar. intr. Dar algo mucha luz. **Sin.** resplandecer.

relumbre. m. Brillo, destello.

relumbrón. m. **1** Rayo de luz vivo y pasajero. **2** Cosa de apariencia deslumbrante, pero de escaso valor real: *llevaba joyas de relumbrón.* **Sin.** 1 destello 2 oropel.

rem. (Siglas del ingl. *Rötgen equivalent man,* roentgenio equivalente para el hombre.) m. En fís., unidad de absorción de radiaciones ionizantes que tiene en cuenta el efecto biológico. Mide el daño causado en el hombre por la radiación.

remachar. tr. **1** Machacar la punta o la cabeza del clavo ya clavado. **2** Sujetar con remaches. **3** Afianzar, recalcar: *remachó su negativa.* **Sin.** 1 aplastar 2 asegurar 3 insistir.

remache. m. **1** Acción de remachar. **2** Clavo remachado.

remanente. m. Residuo o reserva de una cosa.

remangado, da. adj. Levantado o vuelto hacia arriba.

remangar. tr. y prnl. Levantar las mangas o la ropa, doblándolas: *se remangó la falda.*

remansarse. prnl. Detenerse o suspenderse el curso o la corriente de un líquido.

remanso. m. **1** Detención o suspensión de la corriente del agua u otro líquido. **2** Lugar en que reina la paz y la tranquilidad.

remar. intr. Mover el remo o los remos para hacer avanzar la embarcación.

rematado, da. adj. Se dice de la persona que se halla en tan mal estado, que es irremediable: *loco rematado.*

rematar. tr. **1** Concluir, terminar. **2** Poner fin a la vida de una persona o animal agonizante: *rematar al toro con la puntilla.* **3** En el fútbol y otros deportes, dar término a una serie de jugadas lanzando el balón hacia la meta contraria. **4** Ser algo el final o el extremo de una cosa. También intr.: *la vara remataba en punta.* **5** Afianzar una costura. **6** Adjudicar algo en una subasta. **Sin.** 1 y 4 acabar 2 liquidar.

remate. m. **1** Fin, conclusión de algo. **2** Adorno que corona un edificio. **3** En algunos deportes, acción de rematar. **4** Adjudicación en subasta. **5 de remate.** loc. adv. Absolutamente, sin remedio: *tonto de remate.*

remedar. tr. **1** Imitar una cosa. **2** Hacer burla a alguien, repitiendo sus gestos y palabras. **3** Seguir uno las mismas huellas y ejemplos de otro.

remediar. tr. y prnl. **1** Poner remedio, reparar, corregir. **2** Socorrer, ayudar a alguien. **3** Evitar que ocurra algo peligroso o molesto.

remedio. m. **1** Acción de remediar. **2** Medio para evitar o reparar un daño. **3** Recurso, auxilio o refugio. **4** Medicamento o procedimiento para prevenir o atajar una enfermedad.

remedo. m. Imitación de una cosa, especialmente si no es perfecta la semejanza o resulta grotesca.

rememorar. tr. Recordar, traer a la memoria. **Sin.** evocar.

remendar. tr. **1** Reforzar con remiendos. **2** Corregir o enmendar. || **Irreg.** Se conj. como *acertar.*

remendón, na. adj. y s. Que tiene por oficio remendar. Se dice especialmente de los sastres y zapateros de viejo.

remero, ra. adj. y f. **1** Se dice de cada una de las plumas grandes con que terminan las alas de las aves. | m. y f. **2** Persona que rema o que trabaja al remo.

remesa. f. **1** Envío de una cosa. **2** Conjunto de cosas que se envían de una vez: *ha llegado una remesa de papel.* **Sin.** 1 remisión.

remeter. tr. **1** Volver a meter. **2** Empujar los bordes de una cosa, para meterlos en un lugar: *remeter las sábanas.*

remiendo. m. **1** Pedazo de tela que se cose a lo que está viejo o roto. **2** Añadido que se pone a una cosa. **3** Reparación o arreglo imperfectos. **Sin.** 1 parche, compostura 3 chapuza.

remilgado, da. adj. Exageradamente delicado o escrupuloso. **Sin.** ñoño, melindroso.

remilgo. m. Afectación, delicadeza o escrúpulo que se manifiesta con gestos y ademanes.

reminiscencia. f. **1** Recuerdo de una cosa casi olvidada. **2** En arte y literatura, lo que es idéntico o muy semejante a lo compuesto anteriormente por otro autor o en otro estilo. Más en pl.: *su novela tiene reminiscencias cervantinas.* **Sin.** 1 evocación.

remirar. tr. Volver a mirar o reconocer con reflexión y cuidado lo que ya se había visto. **Sin.** examinar, reflexionar.

remisión. f. **1** En un libro, indicación para acudir a otro lugar del mismo. **2** Acción de remitir o remitirse. **Sin.** 1 referencia 2 remesa, envío.

remiso, sa. adj. Indeciso, reacio: *se mostraron remisos a nuestras sugerencias*. **Sin.** remolón, irresoluto □ **Ant.** diligente, dispuesto.

remite. m. En una carta, paquete, etc., indicación del nombre y señas del que realiza el envío.

remitente. adj. y com. **1** Que remite. | com. **2** Persona que remite un valor, letra de cambio, carta, etc.

remitido. m. Artículo o noticia que alguien envía a un periódico para que se publique mediante pago.

remitir. tr. **1** Enviar: *nos lo remitieron por correo*. **2** Perdonar: *remitieron su condena*. **3** Perder una cosa parte de su intensidad. También intr. y prnl.: *el temporal ha remitido*. **4** Dejar al juicio de otro la resolución de una cosa. Más c. prnl. **5** Indicar en un escrito otro que puede consultarse. | **remitirse.** prnl. **6** Atenerse a lo dicho o hecho: *se remite al reglamento*.

remo. m. **1** Pala de madera para impulsar las embarcaciones por el agua. **2** Brazo o pierna en hombres y animales, y ala de las aves. Más en pl. **3** Competición deportiva de embarcaciones impulsadas por remo.

remojar. tr. **1** Empapar una cosa o ponerla en agua para que se ablande: *puso a remojar los garbanzos*. También prnl. **2** Beber con los amigos para celebrar algún suceso feliz: *este ascenso hay que remojarlo*. **Sin.** 1 humedecer 2 festejar.

remojo. m. Acción de remojar.

remojón. m. **1** Acción de remojar o remojarse. **2** Chapuzón, baño.

remolacha. f. **1** Planta herbácea de tallo grueso, hojas grandes, flores verdosas en espiga y raíz carnosa, comestible y de la cual se extrae azúcar. **2** Raíz de esta planta.

remolcador, ra. adj. y m. Que sirve para remolcar; se aplica especialmente a la embarcación que remolca a los barcos en los puertos.

remolcar. tr. Arrastrar una embarcación u otro vehículo.

remolinar. intr. y prnl. **1** Hacer o formar remolinos una cosa. | **remolinarse.** prnl. **2** Arremolinarse.

remolino. m. **1** Movimiento giratorio y rápido del aire, el agua, el polvo, el humo, etc. **2** Conjunto de pelos tiesos y difíciles de moldear. **3** Aglomeración: *se perdió en el remolino del mercadillo*. **4** Disturbio, alteración.

remolón, na. adj. y s. Perezoso, que evita el trabajo.

remolonear. intr. y prnl. Rehusar hacer una cosa por pereza. **Sin.** vaguear, holgazanear.

remolque. m. **1** Acción de remolcar. **2** Vehículo remolcado. **3** Cabo o cuerda con que se remolca.

remonta. f. **1** Compra, cría y cuidado de los caballos o mulas destinados a cada cuerpo del ejército. **2** Establecimiento destinado a esta actividad.

remontar. tr. **1** Subir una pendiente, sobrepasarla. **2** Navegar aguas arriba en una corriente: *remontar el río*. **3** Superar algún obstáculo o dificultad: *remontó la crisis*. **4** Elevar, encumbrar. También prnl. **5** Elevar en el aire: *remontar una cometa*. | **remontarse.** prnl. **6** Subir, especialmente volar muy alto las aves, aviones, etc. **7** Llegar hasta el origen de una cosa. **8** Pertenecer a una época muy lejana: *la ciudad se remonta a la época fenicia*.

remonte. m. **1** Acción de remontar. **2** Aparato utilizado para remontar o subir una pista de esquí, como el telesilla. **3** Variedad del juego de pelota en la que se usa una cesta especial.

rémora. f. **1** Pez teleósteo marino con un disco oval encima de la cabeza, con el cual se adhiere a los objetos flotantes y a otros peces con los que establece relaciones de comensalismo. **2** Obstáculo que detiene o entorpece. **Sin.** 2 lastre, estorbo □ **Ant.** ayuda.

remorder. tr. **1** Producir remordimientos. **2** Inquietar, desasosegar interiormente una cosa: *le remuerden los celos*. **3** Exponer por segunda vez a la acción del ácido la lámina que se graba al agua fuerte. || **Irreg.** Se conj. como *mover*.

remordimiento. m. Inquietud que queda tras haber realizado una mala acción.

remoto, ta. adj. **1** Distante en el espacio o en el tiempo. **2** Improbable: *el riesgo es remoto en esta operación*. **Ant.** 1 cercano, próximo 2 probable.

remover. tr. y prnl. **1** Mover repetidamente, agitar: *remover el café*. **2** Cambiar una cosa de un lugar a otro: *arriba no paran de remover los muebles*. **3** Investigar, indagar: *remover en el pasado de una persona*. || **Irreg.** Se conj. como *mover*.

remozar. tr. y prnl. Dar un aspecto más nuevo o moderno a algo: *han remozado la fachada*. **Sin.** renovar, modernizar, rehabilitar.

remuneración. f. **1** Acción de remunerar. **2** Precio, pago de un trabajo, servicio. **Sin.** 2 paga.

remunerar. tr. Pagar, recompensar. **Sin.** gratificar, retribuir □ **Ant.** deber.

remunerativo, va. adj. Que remunera o produce recompensa o provecho.

renacentista. adj. **1** Relativo al Renacimiento. **2** Se dice de la persona que cultiva el arte o los estudios propios de este período.

renacer. intr. **1** Volver a nacer. **2** Volver a tomar fuerzas o energía: *hablar contigo me ha hecho renacer.* ‖ **Irreg.** Se conj. como *agradecer.*

renacimiento. m. **1** Acción de renacer. **2** Movimiento artístico, literario y científico de la mitad del s. XV y todo el XVI, que se inspira en las obras de la antigüedad clásica, sobre todo de Roma. ‖ En esta acepción se escribe con mayúscula.

renacuajo. m. **1** Larva de la rana, y p. ext., de cualquier anfibio. **2** Se apl. cariñosamente a los niños muy revoltosos.

renal. adj. Relacionado con los riñones.

renano, na. adj. y s. Del Rhin y de Renania (Alemania).

rencilla. f. Disputa o riña que crea enemistad. Más en pl.

renco, ca. adj. y s. Cojo.

rencor. m. Resentimiento arraigado y persistente. **SIN.** encono, inquina.

rencoroso, sa. adj. y s. Que tiene o guarda rencor.

rendibú. m. Acatamiento, agasajo que se hace por adulación.

rendición. f. Acción de rendir o rendirse. **SIN.** capitulación □ **ANT.** resistencia.

rendido, da. adj. **1** Agotado, muy cansado: *el partido me dejó rendido.* **2** Totalmente sumiso a alguien: *es su rendido enamorado.*

rendija. f. Abertura larga y estrecha. **SIN.** hendidura, resquicio, ranura, fisura.

rendimiento. m. **1** Producto o utilidad que da una persona o cosa. **2** Proporción entre el producto o el resultado obtenido y los medios utilizados. **3** Sumisión, subordinación, humildad. **SIN.** 1 y 2 rentabilidad, productividad.

rendir. tr. **1** Obligar al enemigo a entregarse, vencerlo. **2** Sujetar, someter una cosa al dominio de uno. También prnl.: *tuvo que rendirse ante su sonrisa.* **3** Dar, entregar, conceder: *rendir culto.* **4** Dar producto o utilidad una persona o cosa. También intr.: *rendir en el trabajo.* **5** Cansar, fatigar. También prnl. | **rendirse.** prnl. **6** Darse por vencido, entregarse. ‖ **Irreg.** Se conj. como *pedir.*

renegado, da. adj. y s. Que renuncia a su patria, religión, creencias, etc.

renegar. tr. **1** Negar con insistencia una cosa. | intr. **2** Rechazar y negar alguien su religión, creencias, patria, etc. **3** Protestar, refunfuñar continuamente. ‖ **Irreg.** Se conj. como *acertar.* **SIN.** 2 abjurar 3 maldecir.

renegrido, da. adj. **1** Sucio u oscurecido. **2** Se dice del color oscuro, especialmente de la piel.

renglón. m. **1** Serie de caracteres escritos en línea recta. **2** Cada una de las líneas dispuestas en un cuaderno, hoja, impreso, etc., para escribir sin torcerse. | pl. **3** Cualquier escrito o impreso. **4 a**

renglón seguido. loc. adv. A continuación, inmediatamente. **SIN.** 1 línea.

rengo, ga. adj. y s. Cojo por lesión de las caderas.

renguear. intr. Renquear.

reniego. m. **1** Blasfemia. **2** Insulto, injuria. **SIN.** 1 y 2 juramento.

renio. m. Elemento químico metálico blanco, brillante, muy denso y difícilmente fusible, cuyos compuestos son parecidos a los del manganeso. Su símbolo es *Re.*

reno. m. Mamífero rumiante ártico de gran tamaño, pelaje grisáceo o pardo y amplia cornamenta.

renombrado, da. adj. Célebre, famoso. **ANT.** desconocido, desacreditado.

renombre. m. Fama, celebridad.

renovación. f. Acción de renovar.

renovar. tr. **1** Hacer que algo o alguien recupere su fortaleza, energía, etc. **2** Restaurar, remozar, modernizar: *renovar un edificio.* También prnl. **3** Cambiar una cosa vieja o sin validez por otra nueva: *renovar el pasaporte.* **4** Reanudar: *han renovado los bombardeos.* ‖ **Irreg.** Se conj. como *contar.*

renquear. intr. **1** Andar cojeando o dando bandazos. **2** Marchar algo con dificultades: *el negocio va renqueando.* **SIN.** 1 cojear 2 tirar.

renta. f. **1** Cantidad de dinero que proporciona una cosa periódicamente. **2** Cantidad que se cobra periódicamente por algo. **3** Lo que se paga por el alquiler de una cosa. **SIN.** 1 interés, rédito, rendimiento, beneficio 2 pensión, paga 3 alquiler.

rentabilidad. f. **1** Cualidad de rentable. **2** Capacidad de rentar. **3** En econ., relación entre el montante de una inversión y los beneficios obtenidos de ella.

rentable. adj. Que produce renta o beneficio suficiente.

rentar. tr. e intr. Producir algo periódicamente beneficio, ganancia.

Reno

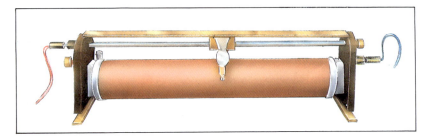

Reóstato

rentista. com. Persona que percibe una renta, principalmente si vive de ella.

renuencia. f. **1** Resistencia a hacer una cosa. **2** Cualidad de las cosas dificultosas o difíciles. S<small>IN</small>. 1 aversión, rechazo 2 dificultad ☐ A<small>NT</small>. 1 disposición 2 facilidad.

renuente. adj. Indócil. S<small>IN</small>. remiso, reacio.

renuevo. m. Vástago que echan el árbol o la planta después de podados o cortados.

renuncia. f. **1** Acción de renunciar. **2** Documento que contiene la renuncia. **3** Dimisión o abandono voluntarios de una cosa que se posee, o del derecho a ella.

renunciar. tr. **1** Dejar voluntariamente algo que se posee o a lo que se tiene derecho: *renunció a su cargo.* **2** No querer admitir o aceptar una cosa: *renuncio a entenderlo.* **3** Dejar de hacer una cosa por sacrificio o necesidad: *debes renunciar al azúcar.*

renunciatario, ria. m. y f. Aquel a cuyo favor se ha hecho una renuncia.

renuncio. m. **1** En los juegos de naipes, hecho de no seguir el palo pudiendo hacerlo o de echar una carta más baja, teniéndola más alta. **2** Mentira o contradicción en que se sorprende a alguien: *le pilló en un renuncio.*

reñidero. m. Gallera.

reñido, da. adj. **1** Enemistado. **2** Se dice de la competición cuyos participantes están muy igualados. **3** Opuesto, incompatible: *sus intereses están reñidos.*

reñir. tr. **1** Reprender, corregir. **2** Tratándose de desafíos, batallas, etc., ejecutarlos, llevarlos a efecto. | intr. **3** Contender, disputar. **4** Desavenirse, enemistarse. ‖ **Irreg.** Se conj. como *pedir.* S<small>IN</small>. 1 regañar 2 batallar 3 pelear 4 enfadarse.

reo, a. m. y f. Persona acusada de un delito.

reo. m. Variedad de trucha marina asalmonada que vive en la desembocadura de los ríos.

reojo (mirar de). loc. Mirar con disimulo, o con prevención.

reorganizar. tr. y prnl. Volver a organizar una cosa.

reóstato. m. En electrón., resistencia variable que en los circuitos eléctricos modifica la intensidad de la corriente que circula.

repanocha (ser la). loc. Ser algo extraordinario por bueno, malo, absurdo o fuera de serie.

repantigarse o **repantingarse.** prnl. Arrellanarse en el asiento y extenderse para mayor comodidad. S<small>IN</small>. arrellanarse, acomodarse.

reparación. f. **1** Acción de reparar. **2** Desagravio, satisfacción de una ofensa o injuria. S<small>IN</small>. 1 arreglo, compostura 2 compensación.

reparador, ra. adj. y s. **1** Que repara o arregla una cosa. **2** Que restablece las fuerzas y da aliento o vigor. **3** Que desagravia o compensa por alguna ofensa o daño. S<small>IN</small>. 2 reconfortante, vigorizante.

reparar. tr. **1** Componer, arreglar una cosa: *reparar la radio.* **2** Enmendar o remediar alguna acción con la que se ha ofendido o perjudicado a alguien. **3** Precaver un daño o perjuicio. **4** Restablecer las fuerzas, dar aliento o vigor. | intr. **5** Fijarse, notar, advertir: *no reparé en su peinado.* **6** Considerar, reflexionar: *hay que reparar en los pros y los contras.* S<small>IN</small>. 1 recomponer 2 desagraviar, corregir, subsanar 4 reconfortar 5 percatarse ☐ A<small>NT</small>. 1 estropear 2 ofender, agraviar 4 agotar, consumir 5 ignorar.

reparo. m. **1** Advertencia, observación. **2** Duda, dificultad, inconveniente o vergüenza para hacer o decir algo: *no me da reparos confesarlo.* S<small>IN</small>. 1 pega, objeción 2 sonrojo, bochorno, corte.

repartidor, ra. adj. y s. **1** Que reparte o distribuye. | m. **2** En un sistema de riegos, sitio en que se reparten las aguas.

repartimiento. m. **1** Acción de repartir. **2** Documento en que consta lo que a cada uno se ha repartido. **3** Sistema de repoblación empleado después de la reconquista a los musulmanes en la Edad Media, consistente en el reparto de tierras y viviendas entre los hombres de armas que habían intervenido en la ocupación.

repartir. tr. **1** Distribuir una cosa dividiéndola en

partes. **2** Distribuir por lugares distintos o entre personas diferentes: *repartir la correspondencia.* También prnl. **3** Extender o distribuir una materia sobre una superficie: *reparte bien la pintura.* **4** Adjudicar los papeles de una película, obra dramática, etc., a los actores que han de representarla.

reparto. m. **1** Acción y resultado de repartir. **2** Relación de personajes y actores de una obra dramática, cinematográfica, etc. **Sin.** 1 distribución, división, partición 2 elenco.

repasar. tr. **1** Volver a mirar o examinar una cosa, particularmente para corregir imperfecciones o errores: *repasó el examen antes de entregarlo.* **2** Recorrer lo que se ha estudiado para refrescar la memoria. **3** Volver a explicar la lección. **4** Leer o recorrer muy por encima un escrito. | intr. **5** Volver a pasar por un mismo sitio o lugar. **Sin.** 1-3 revisar.

repaso. m. **1** Acción de repasar. **2 dar un repaso** a alguien. loc. Regañarle. **3** Demostrarle superioridad en conocimientos, habilidad, etc.

repatear. intr. Molestar o disgustar muchísimo. **Sin.** jorobar, cargar, hartar.

repatriar. tr. y prnl. Hacer que uno regrese a su patria.

repecho. m. Cuesta bastante empinada, aunque corta.

repeinado, da. adj. Se dice de la persona arreglada en exceso, sobre todo en lo que respecta a su peinado. **Sin.** peripuesto, acicalado.

repeinar. tr. y prnl. Volver a peinar o hacerlo con mucho cuidado y perfección.

repelar. tr. Pelar mucho una cosa. **Sin.** rasurar, rapar.

repelente. adj. **1** Que repele. También m.: *repelente de insectos.* **2** Repulsivo, repugnante. **3** Redicho, pedante. También com.

repeler. tr. **1** Arrojar, echar de sí a una persona o cosa: *repeler un ataque.* También rec. **2** Rechazar, contradecir una idea. **3** Causar repugnancia algo o alguien: *me repele su servilismo.* **Sin.** 1 rechazar, alejar 2 negar, objetar 3 asquear □ **Ant.** 1 atraer 2 aceptar 3 agradar.

repelón. m. **1** Tirón que se da del pelo. **2** En las medias, hebra que, saliendo, encoge los puntos que están inmediatos. **3** Regañina muy fuerte y severa.

repelús, repeluco o **repeluzno.** m. **1** Temor indefinido o repugnancia que inspira algo. **2** Escalofrío producido por esa sensación.

repensar. tr. Volver a pensar algo con detenimiento. || **Irreg.** Se conj. como *acertar.*

repente. m. **1** Impulso rápido, inesperado. **2 de repente.** loc. adv. Brusca e inesperadamente. **3** Sin pensar. **Sin.** 1 arrebato, impulso, pronto.

repentino, na. adj. Inesperado, súbito, imprevisto.

repentizar. tr. e intr. Hacer algo sin haberlo pensado o preparado.

repercusión. f. **1** Acción de repercutir. **2** Trascendencia, importancia: *la obra tuvo repercusión en todo el mundo.*

repercutir. intr. **1** Trascender, causar efecto una cosa en otra posterior: *la subida de los carburantes repercute en todo el mercado.* **2** Producir eco el sonido, resonar.

repertorio. m. **1** Índice de materias ordenadas para su mejor localización: *repertorio bibliográfico.* **2** Colección de obras de una misma clase. **3** Conjunto de obras preparadas para ser interpretadas por un artista o compañía. **Sin.** 1 prontuario 2 selección.

repesar. tr. Volver a pesar una cosa.

repesca. f. Acción de repescar.

repescar. tr. **1** Admitir nuevamente al que ha sido eliminado en un examen, en una competición, etc. **2** Recuperar algo viejo, olvidado, etc. **Sin.** 1 recuperar.

repetición. f. **1** Acción de repetir. **2** Figura retórica que consiste en repetir palabras o conceptos. **3 de repetición.** loc. adj. Se dice del mecanismo o aparato que repite mecánicamente un proceso: *rifle de repetición.*

repetidor, ra. adj. y s. **1** Que repite; se aplica generalmente al alumno que repite un curso o una asignatura. | m. **2** Aparato eléctrico que recibe una señal electromagnética y la transmite amplificada.

repetir. tr. **1** Volver a hacer o decir lo ya hecho o dicho. También prnl.: *se repite mucho al hablar.* **2** Volver un estudiante a hacer un curso o una asignatura por haber suspendido. También intr. | intr. **3** Venir a la boca el sabor de algo comido. **4** Servirse de nuevo de algo que se está comiendo. **5** Volver a suceder algo. || **Irreg.** Se conj. como *pedir.* **Sin.** 1 reiterar.

repicar. tr. e intr. Tañer repetidamente las campanas, en señal de fiesta o regocijo.

repintar. tr. **1** Pintar sobre lo ya pintado. | **repintarse.** prnl. **2** Maquillarse en exceso. **3** Señalarse la letra de una página en otra.

repipi. adj. y com. Pedante, redicho.

repique. m. Acción de repicar.

repiquetear. tr. e intr. **1** Repicar con fuerza las campanas, o cualquier otro instrumento de percusión. **2** Hacer ruido golpeando repetidamente sobre algo.

repiqueteo. m. Acción de repiquetear.

repisa. f. **1** Plancha o tabla que se coloca horizontalmente a la pared para colocar objetos sobre ella. **2** Elemento arquitectónico que sobresale de un muro, para asentar un balcón, o el propio para un adorno. **Sin.** 1 estante, anaquel.

replantación. f. Acción de replantar.

replantar. tr. Volver a plantar.

replantear. tr. **1** Plantear de nuevo un asunto. **2** Trazar en el terreno o sobre el plano de cimientos la planta de una obra ya estudiada y proyectada.

replay. m. **1** En televisión, repetición de determinados fragmentos. **2** Aparato con que se realizan estas repeticiones.

replegar. tr. y prnl. **1** Plegar o doblar muchas veces. **2** Retirarse las tropas con orden. ‖ **Irreg.** Se conj. como *acertar*. **SIN.** 1 plisar 2 retroceder ◻ **ANT.** 1 desdoblar 2 avanzar.

repleto, ta. adj. Muy lleno.

réplica. f. **1** Acción de replicar. **2** Argumento con que se replica. **3** Copia exacta de una obra artística. **SIN.** 1 y 2 contestación, alegación, protesta 3 duplicado.

replicar. intr. **1** Contradecir o argüir contra la respuesta o argumento. **2** Contestar de malos modos o quejarse por algo que se dice o manda: *obedeció sin replicar*. También tr. **SIN.** 1 objetar 1 y 2 responder.

repliegue. m. **1** Pliegue doble. **2** Acción de replegarse las tropas.

repoblación. f. **1** Acción de repoblar. **2** Conjunto de árboles o plantas en terrenos repoblados. **3** En la Edad Media española, acción de poblar con habitantes de los reinos cristianos las tierras reconquistadas al Islam. **SIN.** 2 reforestación.

repoblar. tr. y prnl. **1** Volver a poblar. **2** Plantar árboles u otras especies vegetales. ‖ **Irreg.** Se conj. como *contar*. **SIN.** 2 reforestar.

repollo. m. **1** Variedad de col con hojas apretadas. **2** Cabeza más o menos redonda que forman algunas plantas, como la lombarda y cierta especie de lechugas.

reponer. tr. **1** Volver a poner algo o a alguien en el lugar que ocupaba. **2** Reemplazar: *compró una nueva vajilla para reponer la vieja*. **3** Volver a representar, proyectar una obra dramática o película. **4** Responder, replicar: *repuso que no estaba de acuerdo.* ‖ Con este significado, se usa sólo en pret. indef. y en pret. imperf. de subj. ‖ **reponerse.** prnl. **5** Recuperarse tras una enfermedad, un disgusto, un fracaso económico, etc.: *ya se ha repuesto de la gripe*. ‖ **Irreg.** Se conj. como *poner*.

reportaje. m. **1** Trabajo periodístico, cinematográfico, etc., de carácter informativo, referente a un personaje, suceso o cualquier otro tema. **2 reportaje gráfico.** Conjunto de fotografías sobre un suceso que aparece en un periódico o revista.

reportar. tr. **1** Reprimir, moderar un sentimiento. También prnl.: *repórtate y sé más amable*. **2** Retribuir, proporcionar, recompensar: *el negocio reporta buenos beneficios*.

reporte. m. **1** Noticia. **2** Prueba de litografía que sirve para estampar de nuevo un dibujo en otras piedras y multiplicar las tiradas.

reporterismo. m. Profesión de reportero.

reportero, ra. adj. y s. Se dice del periodista que elabora las noticias y sobre todo el que hace reportajes.

reposado, da. adj. Sosegado, quieto, tranquilo.

reposar. intr. **1** Descansar. **2** Dormir un breve sueño. **3** Permanecer algo o alguien en calma y quietud. **4** Apoyar: *reposó la cabeza sobre el almohadón*. **5** Estar enterrado, yacer: *aquí reposan sus huesos*. **6** Posarse los líquidos. También prnl.

reposición. **1** f. Acción de reponer. **2** Obra, película, etc., que se repone.

reposo. m. **1** Acción de reposar. **2** En fís., inmovilidad de un cuerpo respecto de un sistema de referencia.

repostar. tr. e intr. Abastecer de provisiones o combustible.

repostería. f. **1** Arte y oficio de elaborar pasteles, dulces, etc. **2** Estos mismos productos. **3** Establecimiento donde se hacen y venden. **SIN.** 1-3 pastelería, confitería.

repostero, ra. m. y f. **1** Persona que tiene por oficio hacer pastas, dulces y algunas bebidas. | m. **2** Paño cuadrado o rectangular, con emblemas heráldicos. **SIN.** 1 pastelero.

reprender. tr. Reñir, amonestar.

reprensión. f. **1** Acción de reprender. **2** Expresión o razonamiento con que se reprende. **SIN.** 1 y 2 regañina, amonestación.

represa. f. **1** Obra generalmente de cemento armado, para contener o regular el curso de las aguas. **2** Lugar donde las aguas están detenidas o almacenadas, natural o artificialmente.

represalia. f. **1** Daño que una persona causa a otra, como venganza o para responder a otro daño recibido. **2** Medida o trato de rigor que adopta un Estado contra otro. Más en pl. **SIN.** 1 desquite, venganza.

represar. tr. **1** Detener o estancar el agua corriente. También prnl. **2** Recobrar de los enemigos la embarcación que habían apresado. **3** Detener, contener, reprimir. También prnl.

representación. f. **1** Acción de representar. **2** Conjunto de personas que representan a una entidad: *representación diplomática*. **3** Función de teatro. **4** Idea o imagen de la realidad.

representante. adj. y com. **1** Que representa. | com. **2** Agente comercial. **3** Persona que gestiona los contratos y asuntos profesionales a actores, artistas de todas clases, compañías teatrales, etc.

representar. tr. **1** Hacer presente a alguien o algo en la imaginación. También prnl.: *no puedo re-*

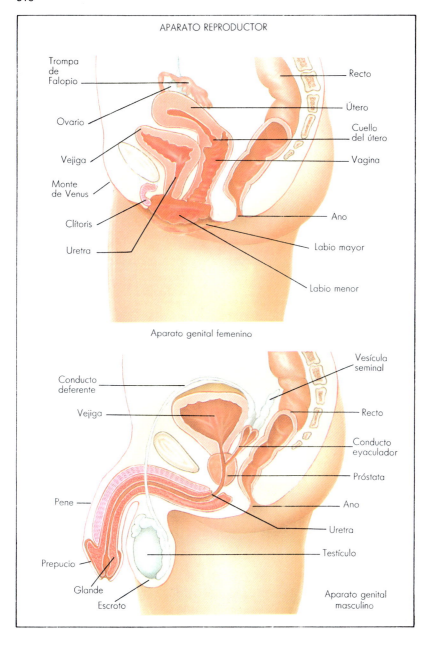

presentarme la escena. **2** Interpretar públicamente una obra dramática. **3** Actuar oficialmente, en nombre de otra persona, entidad, etc. **4** Ser una cosa imagen o símbolo de otra: *el león representa el poder real.* **5** Aparentar una persona determinada edad. **6** Importar mucho o poco una persona o cosa: *la amistad representa mucho para mí.* **Sin.** 1 imaginar 2 actuar 4 simbolizar 6 suponer, valer.

representativo, va. adj. **1** Que sirve para representar otra cosa. **2** Característico: *este tema es muy representativo de su obra.*

represión. f. **1** Acción de reprimir o reprimirse. **2** Acción que parte generalmente del poder, para contener, detener o castigar con violencia actuaciones políticas o sociales.

represivo, va. adj. Que reprime.

reprimenda. f. Represión fuerte. **Sin.** regañina, amonestación, bronca, rapapolvo.

reprimir. tr. **1** Contener, refrenar. También prnl.: *tuvo que reprimirse para no gritar.* **2** Contener por la fuerza el desarrollo de algo: *reprimir la libertad.* **Ant.** 1 exteriorizar 2 apoyar.

reprise. (voz fr.) m. En automovilismo, capacidad del motor de pasar de un número de revoluciones a otro superior en poco tiempo.

reprobación. f. Acción de reprobar.

reprobar. tr. No aprobar, censurar, recriminar a alguien. ‖ **Irreg.** Se conj. como *contar.* **Sin.** criticar, reprochar ☐ **Ant.** aprobar, aplaudir.

reprobatorio, ria. adj. Que reprueba o sirve para reprobar.

réprobo, ba. adj. **1** En el catolicismo, condenado a las penas eternas. **2** Se apl. a las personas apartadas de la convivencia en comunidad.

reprochar. tr. y prnl. Criticar, censurar la conducta de alguien: *le reprocharon su cinismo.* **Ant.** aprobar, alabar.

reproche. m. Censura, crítica, reprimenda. **Ant.** felicitación.

reproducción. f. **1** Acción y resultado de reproducir o reproducirse. **2** Cosa que reproduce o copia un original. **3** Copia de un texto, una obra u objeto de arte conseguida por medios mecánicos.

reproducir. tr. **1** Volver a producir. También prnl. **2** Copiar, imitar. **3** Sacar copia de algo por diversos procedimientos. ‖ **reproducirse.** prnl. **4** Procrear los seres vivos. ‖ **Irreg.** Se conj. como *conducir.*

reprografía. f. Reproducción de los documentos por diversos medios: fotografía, microfilme, etc.

reptar. intr. Andar arrastrándose como algunos reptiles. **Sin.** culebrear, deslizarse.

reptil. adj. y m. **1** Se dice de los animales vertebrados ovíparos de temperatura variable y respiración pulmonar, con la piel cubierta de escamas, que avanzan rozando la tierra, como la culebra, el lagarto y el galápago. ‖ m. pl. **2** Clase de estos animales.

república. f. **1** Cuerpo político de una nación. **2** Forma de gobierno representativo en que el poder reside en el pueblo, personificado por un jefe supremo llamado presidente. **3** Nación o Estado que posee esta forma de gobierno.

republicanismo. m. **1** Condición de republicano. **2** Sistema político que proclama la forma republicana para el gobierno de un Estado.

republicano, na. adj. **1** Relacionado con la república. **2** Partidario de este sistema de gobierno. También s.

repudiar. tr. **1** Rechazar, desechar: *repudiar el racismo.* **2** Rechazar por ley el marido a su mujer. **Sin.** 1 reprobar ☐ **Ant.** 1 aceptar.

repudio. m. **1** Acción de repudiar. **2** Renuncia.

repudrir. tr. y prnl. **1** Pudrir mucho. ‖ **repudrirse.** prnl. **2** Sufrir interiormente por algo que se calla o se disimula. **Sin.** 1 corromper 2 concomerse.

repuesto, ta. adj. **1** Restablecido, recuperado de una enfermedad. ‖ m. **2** Pieza de recambio. **3** Provisión de comestibles u otras cosas para cuando sean necesarias.

repugnancia. f. **1** Odio o antipatía hacia personas o cosas. **2** Alteración del estómago que provoca deseos de vomitar. **3** Resistencia a consentir o hacer una cosa. **4** En fil., incompatibilidad entre dos atributos o cualidades de una misma cosa. **Sin.** 1 aversión, aborrecimiento 2 asco 3 rechazo, repulsa.

repugnante. adj. Que produce repugnancia o rechazo. **Sin.** asqueroso, repulsivo, odioso.

repugnar. intr. **1** Causar repugnancia. ‖ **repugnarse.** prnl. **2** Ser opuesta una cosa a otra: *la sinceridad y la hipocresía se repugnan.* También tr.

repujado. m. **1** Acción de repujar. **2** Obra repujada.

repujar. tr. Trabajar con martillo un objeto metálico o de cuero, haciendo en él figuras en relieve.

repulgar. tr. Hacer repulgos.

repulgo. m. **1** Dobladillo de la ropa. **2** Borde adornado que hacen a las empanadas o pasteles alrededor de la masa. ‖ pl. **3** Escrúpulos ridículos.

repulido. adj. Acicalado, peripuesto.

repulir. tr. **1** Volver a pulir una cosa. **2** Arreglar con excesivo cuidado o de forma afectada. También prnl. **Sin.** 2 emperifollar, emperejilar, atildar.

repulsa. f. Condena enérgica de algo. **Sin.** repudio, reprobación.

repulsar. tr. **1** Desechar o despreciar una cosa **2** Negar o rechazar lo que se pide o pretende.

repulsión. f. **1** Acción de repeler. **2** Repugnancia, aversión. **3** Repulsa.

repulsivo, va. adj. Que produce repulsión.

repuntar. intr. Empezar la marea para creciente o para menguante.

repunte. m. Acción de repuntar la marea.

reputación. f. **1** Opinión que se tiene de alguien o algo. **2** Fama, prestigio.

reputar. tr. y prnl. Considerar, juzgar el estado o calidad de una persona o cosa: *sus compañeros le reputan de excelente.* **Sin.** estimar.

requebrar. tr. Piropear. ‖ **Irreg.** Se conj. como *acertar.*

requemado, da. adj. **1** Muy tostado. **2** Que tiene color oscuro. **Sin.** 2 renegrido.

requemar. tr. **1** Volver a quemar o tostar en exceso algo. También prnl. **2** Secarse las plantas. También prnl. **3** Causar algún alimento picor o ardor en la boca o en la garganta. **4** Excitar, poner frenético a alguien: *su desfachatez me requema.* ∣ **requemarse.** prnl. **5** Sentir dolor interior y disimularlo.

requerimiento. m. **1** Acción de requerir. **2** En der., acto judicial por el que se obliga hacer o dejar de hacer algo.

requerir. tr. **1** Notificar algo a alguien con autoridad pública. **2** Necesitar: *el edificio requiere reformas.* **3** Solicitar: *requirió nuestra ayuda.* ‖ **Irreg.** Se conj. como *sentir.*

requesón. m. **1** Masa blanca y mantecosa que se hace cuajando la leche. **2** Cuajada que se saca de los residuos de la leche después de hacer el queso.

requeté. m. **1** Cuerpo de voluntarios que, distribuidos en tercios, lucharon en las guerras civiles españolas en defensa de la tradición religiosa y monárquica. **2** Individuo afiliado a este cuerpo, aun en tiempo de paz.

requiebro. m. Piropo, galantería.

réquiem. m. **1** Oración que se reza en memoria de un difunto. **2** Composición musical que se canta con el texto litúrgico de la misa de difuntos, o parte de él. ‖ pl. *réquiems.*

requilorio. m. Formalidad o rodeo innecesario. Más en pl. **Sin.** zarandaja.

requisa. f. **1** Acción y resultado de requisar. **2** Inspección. **Sin.** 1 confiscación, expropiación, embargo.

requisar. tr. **1** Expropiar la autoridad competente ciertos bienes, como tierras, alimentos, etc., considerados aptos para las necesidades de interés público.

requisición – reservar

2 Apropiarse el ejército de vehículos, alimentos o animales útiles en tiempo de guerra.

requisición. f. Requisa.

requisito. m. Condición necesaria para algo: *no cumple los requisitos para el puesto*.

requisitorio, ria. adj. y s. Se dice de la orden dada por un juez para la busca y captura de un delincuente.

res. f. Cualquier animal cuadrúpedo de ciertas especies domésticas (ganado vacuno, lanar) o de las salvajes (venado, jabalí). **Sin.** cabeza.

resabiar. tr. y prnl. Hacer que algo adquiera un vicio o mala costumbre, o que alguien pierda su ingenuidad.

resabio. m. **1** Sabor desagradable. **2** Mala costumbre, vicio que se ha adquirido. **Sin.** 1 regusto.

resaca. f. **1** Movimiento de retroceso de las olas cuando llegan a la orilla. **2** Malestar que se siente tras una borrrachera.

resalado, da. adj. Que tiene mucha gracia. **Sin.** saleroso, simpático ❑ **Ant.** soso.

resaltar. intr. **1** Distinguirse o destacarse mucho una cosa de otra: *su ingenio le hace resaltar*. **2** Sobresalir una cosa entre otras. También tr. **Sin.** 1 descollar 2 proyectarse.

resalte o **resalto.** m. **1** Acción de resaltar. **2** Parte que sobresale de la superficie de una cosa.

resanar. tr. **1** Reparar los desperfectos de una superficie. **2** Eliminar la parte dañada de algo.

resarcir. tr. y prnl. Indemnizar, reparar un daño, ofensa, perjuicio, etc. **Sin.** desagraviar, subsanar, compensar.

resbaladizo, za. adj. **1** Que se resbala o hace resbalar con facilidad. **2** Comprometido: *su situación es muy resbaladiza*. **Sin.** 1 resbaloso 2 peliagudo.

resbalar. intr. **1** Escurrirse, deslizarse. También prnl. **2** Producir algo este efecto: *la cera resbala*. **3** Incurrir en un desliz o error: *resbaló en la tercera pregunta de la prueba*. | **resbalarse.** prnl. **4** Dejar a uno algo indiferente: *sus sarcasmos me resbalan*.

resbalón. m. **1** Acción de resbalar o resbalarse. **2** Pestillo que tienen algunas cerraduras y que queda encajado por la presión de un resorte. **Sin.** 1 traspiés, desliz.

rescatar. tr. **1** Recuperar mediante pago o por la fuerza algo que estaba en poder ajeno: *la policía rescató a los rehenes*. **2** Salvar, sacar de un peligro. **3** Recobrar algo perdido u olvidado: *mira lo que he rescatado del desván*.

rescate. m. **1** Acción de rescatar. **2** Dinero con que se rescata o que se pide para ello.

rescindir. tr. Dejar sin efecto un contrato, obligación, etc. **Sin.** abolir, anular.

rescisión. f. Acción de rescindir.

rescisorio, ria. adj. Que rescinde, sirve para rescindir o se deriva de la rescisión.

rescoldo. m. **1** Brasa menuda resguardada por la ceniza. **2** Resto que se conserva de algún sentimiento de pasión o rencor.

resecar. tr. y prnl. Secar mucho.

resecar. tr. Efectuar la resección de un órgano.

resección. f. Extirpación quirúrgica de parte o de la totalidad de un órgano.

reseco, ca. adj. **1** Muy seco. **2** Flaco. **Sin.** 1 agostado, árido 2 enjuto, chupado.

reseda. f. **1** Planta herbácea anual, resedácea, originaria de Egipto. **2** Flor de esta planta. **3** Gualda, hierba.

resedáceo, a. adj. y f. **1** Se dice de plantas dicotiledóneas herbáceas, angiospermas; como la reseda y la gualda. || f. pl. **2** Familia de estas plantas.

resentido, da. adj. Que muestra o tiene algún resentimiento. **Sin.** ofendido, molesto, rencoroso.

resentimiento. m. Rencor. **Sin.** resquemor.

resentirse. prnl. **1** Empezar a flaquear. **2** Sentir dolor o molestia por alguna dolencia pasada: *todavía se resiente de la operación*. **3** Estar ofendido o enojado por algo. || **Irreg.** Se conj. como *sentir*.

reseña. f. **1** Artículo o escrito breve, generalmente de una publicación, en que se describe de forma sucinta una noticia, un trabajo literario, científico, etc. **2** Nota de los rasgos distintivos de una persona, animal o cosa. **Sin.** 1 recensión.

reseñar. tr. **1** Hacer una reseña. **2** Describir brevemente.

resero, ra. m. y f. **1** Persona que cuida de las reses. **2** Persona que comercia con ellas.

reserva. f. **1** Acción de reservar una plaza o localidad para un transporte público, hotel, espectáculo, etc. **2** Conjunto de cosas que se guardan para cuando sea necesario: *hizo reserva de provisiones para el viaje*. **3** Parte del ejército que no está en activo pero puede ser movilizada. **4** Discreción, prudencia: *sonrió con reserva*. | pl. **5** Recursos, elementos disponibles para resolver una necesidad o llevar a cabo una empresa: *reservas energéticas*. | m. **6** Vino o licor que posee una crianza mínima de tres años.

reservado, da. adj. **1** Tímido, discreto, circunspecto. | m. **2** Compartimiento de un coche de ferrocarril, estancia de un edificio o parte de un parque o jardín que se destina sólo a personas o a usos determinados.

reservar. tr. **1** Hacer la reserva de algo: *reservó tres localidades*. **2** Dejar algo para más adelante. **3** Destinar una cosa para un uso determinado: *reservo esta habitación para los invitados*. **4** Ocultar algo. También prnl.: *se reservó su opinión*. | **reservarse.** prnl. **5** Conservarse para mejor ocasión: *se reserva para la final*. **Sin.** 1 apartar.

reservista. adj. y m. Se dice del militar perteneciente a la reserva.

resfriado. m. Enfermedad vírica de poca importancia que se caracteriza por la inflamación de las mucosas respiratorias. Sɪɴ. constipado.

resfriamiento. m. Acción de resfriarse.

resfriar. intr. **1** Empezar a hacer frío. | **resfriarse.** prnl. **2** Coger un resfriado.

resfrío. m. **1** Acción de resfriarse uno. **2** Acción de resfriar, refrescar. **3** Resfriado.

resguardar. tr., intr. y prnl. **1** Defender, proteger: *entraron para resguardarse del frío.* | **resguardarse.** prnl. **2** Prevenirse contra un daño. Sɪɴ. 1 guarecer, refugiarse, 2 precaverse.

resguardo. m. **1** Defensa, protección. **2** Documento en que consta que se ha hecho un pago, una entrega, etc. Sɪɴ. 2 recibo.

residencia. f. **1** Acción de residir. **2** Lugar donde se reside. **3** Casa o establecimiento donde residen y conviven personas en régimen de pensión: *residencia de ancianos*. **4** Establecimiento hostelero de categoría inferior a la del hotel. **5** Casa, domicilio, especialmente de lujo, que ocupa un edificio entero.

residencial. adj. Se dice de la zona destinada exclusivamente a viviendas, y en especial cuando son de lujo.

residir. intr. **1** Vivir en un lugar. **2** Corresponderle a una persona o entidad una responsabilidad, derecho, etc.: *el poder ejecutivo reside en el Gobierno.* **3** Tener algo su causa en lo que se indica: *en este punto reside el problema.* Sɪɴ. 1 habitar, morar 2 competer, incumbir 3 consistir, radicar.

residual. adj. Relativo al residuo.

residuo. m. **1** Parte que queda de un todo. **2** Lo que resulta de la descomposición o destrucción de una cosa. **3** Resultado de una resta. | pl. **4** Materiales que quedan como inservibles en cualquier trabajo u operación: *residuos industriales.* Sɪɴ. 1 remanente 1-3 resto 4 sobras.

resignación. f. **1** Acción de resignarse. **2** Capacidad de aceptación de las adversidades: *sopórtalo con resignación.* Sɪɴ. 1 renuncia, entrega, sumisión 2 paciencia, conformidad ◻ Aɴᴛ. 2 rebeldía.

resignar. tr. **1** Renunciar a un beneficio o a una autoridad, traspasándolos a otra persona: *resignó sus poderes en su secretario.* | **resignarse.** prnl. **2** Conformarse, someterse: *no me resigno a esta situación.*

resina. f. Sustancia sólida o de consistencia viscosa y pegajosa que fluye de ciertas plantas, y se utiliza en la fabricación de plásticos, gomas y lacas.

resinar. tr. Sacar resina a ciertos árboles.

resinero, ra. adj. **1** Relativo a la resina. | m. y f. **2** Persona que tiene por oficio resinar.

resinífero, ra. adj. Que tiene mucha resina.

resinificar. tr. y prnl. Transformar en resina.

resinoso, sa. adj. **1** Que tiene mucha resina. **2** Que posee alguna de las cualidades de la resina.

resistencia. f. **1** Acción de resistir. **2** Capacidad para resistir, aguante: *tiene mucha resistencia física.* **3** Oposición a la acción de una fuerza. **4** Dificultad que opone un conductor al paso de la corriente eléctrica. **5** Elemento de un circuito eléctrico que dificulta el paso de la corriente produciendo calor. **6** Movimiento u organización, generalmente clandestina, de los habitantes de un país ocupado para luchar contra el invasor. Sɪɴ. 1 obstinación, oposición 2 fortaleza, energía, firmeza 4 conductividad ◻ Aɴᴛ. 1 renuncia, resignación 2 debilidad, fragilidad 6 colaboracionismo.

resistir. intr. y prnl. **1** Oponerse un cuerpo o una fuerza a la acción o violencia de otra. | tr. **2** Aguantar, soportar. También intr. **3** Tolerar: *no resisto que me hables así.* **4** Combatir las pasiones, deseos, etc.: *resistir una tentación.* | **resistirse.** prnl. **5** Oponerse, forcejear.

resma. f. Conjunto de 500 pliegos de papel.

resmilla. f. Paquete de veinte cuadernillos de papel de cartas.

resol. m. Reverberación del sol.

resoli o **resolí.** m. Aguardiente con canela, azúcar y otros ingredientes olorosos. || pl. *resolíes* o *resolís.*

resollar. intr. Respirar fuertemente y con ruido. || **Irreg.** Se conj. como *contar.*

resolución. f. **1** Acción de resolver. **2** Capacidad de decisión, determinación: *mostró mucha resolución en la entrevista.* **3** Decreto, decisión o fallo de una autoridad gubernativa o judicial.

resolutivo, va. adj. **1** Que resuelve rápida y eficazmente. **2** Se dice del medicamento de poder muy efectivo. También m.

resoluto, ta. adj. **1** Que actúa con decisión y firmeza. **2** Se dice del que tiene agilidad y destreza. Sɪɴ. 1 decidido, resuelto 2 diestro, experto.

resolutorio, ria. adj. Que tiene, motiva o denota resolución.

resolver. tr. **1** Solucionar una duda. **2** Hallar la solución a un problema. **3** Tomar una determinación, fija y decisiva: *resolvió rechazar su propuesta.* **4** Hacer, gestionar, tramitar: *tengo que resolver lo del pasaporte.* | **resolverse.** prnl. **5** Atreverse a decir o hacer una cosa. || **Irreg.** Se conj. como *mover.*

resonancia. f. **1** Sonido producido por repercusión de otro. **2** Prolongación del sonido. **3** Gran divulgación o importancia que adquiere un hecho: *la obra tuvo resonancia internacional.*

resonador, ra. adj. **1** Que resuena. | m. **2** En fís., cuerpo sonoro dispuesto para entrar en vibración cuando recibe ondas acústicas de determinada frecuencia y amplitud.

resonar. intr. y tr. **1** Producir resonancia. **2** Sonar con mucha fuerza. || **Irreg.** Se conj. como *contar*. **Sin.** 1 y 2 retumbar 2 atronar.

resoplar. intr. Echar ruidosamente el aire por la boca o la nariz. **Sin.** resollar, jadear.

resorte. m. **1** Pieza o mecanismo que después de ser movido o experimentar una fuerza puede recobrar su posición inicial. **2** Medio utilizado para lograr un fin: *tocó todos los resortes para conseguir el ascenso*. **Sin.** 1 muelle 2 recurso, tecla.

respaldar. m. Respaldo.

respaldar. tr. **1** Proteger, amparar, apoyar, garantizar: *le respalda una multinacional*. También prnl. | **respaldarse.** prnl. **2** Inclinarse o apoyarse de espaldas.

respaldo. m. **1** Parte de la silla o banco en que descansa la espalda. **2** Apoyo moral, garantía: *respaldo moral*.

respectar. intr. **1** Tocar, incumbir, atañer. **2 por lo que respecta a.** loc. prep. En lo que toca o atañe a.

respectivo, va. adj. Correspondiente: *expusieron sus respectivas opiniones*.

respecto. m. **1** Razón, relación o proporción de una cosa a otra. **2 al respecto.** loc. adv. En relación con aquello de que se trata: *no sé nada al respecto*. **3 con respecto,** o **respecto a,** o **de.** loc. adv. Por lo que se refiere a.

respetable. adj. **1** Digno de respeto. **2** Considerable, enorme: *una cantidad respetable*. | m. **3** Público de un espectáculo: *saludó al respetable*. **Sin.** 1 honorable, digno 2 importante □ **Ant.** 1 ridículo 2 insignificante.

respetar. tr. **1** Tener respeto, miramiento o consideración: *respetar a los ancianos*. **2** Cumplir, acatar: *no respetó el paso de peatones*. **3** Cuidar, conservar: *respetar la naturaleza*.

respeto. m. **1** Miramiento, consideración. **2** Miedo o prevención que se tiene a alguien o algo: *nada muy bien, pero le tiene respeto al mar*. | pl. **3** Manifestaciones de acatamiento que se hacen por cortesía: *preséntele mis respetos*. **Sin.** 1 cortesía, deferencia 2 recelo, aprensión.

respetuoso, sa. adj. Que se porta con respeto y cortesía. **Sin.** considerado, cortés, atento □ **Ant.** irrespetuoso.

réspice. m. **1** Respuesta seca y brusca. **2** Regañina breve, pero fuerte.

respingar. intr. **1** Sacudirse y gruñir un animal. **2** Elevarse el borde de la falda o de la chaqueta por estar mal hecha o mal colocada la prenda. **3** Hacer algo de mala gana.

respingo. m. Sacudida violenta del cuerpo: *al tocarle dio un respingo*. **Sin.** bote, sobresalto.

respingón, na. adj. Que tiene el borde o la punta hacia arriba; se dice especialmente de la nariz.

respiración. f. **1** Acción de respirar. **2** Aire que se respira. **3** Entrada y salida libre del aire en una habitación u otro lugar cerrado. **Sin.** 3 ventilación.

respiradero. m. **1** Abertura por donde entra y sale el aire en algunos espacios cerrados: *los respiraderos de una mina*. **2** Abertura de las cañerías para dar salida al aire.

respirar. intr. **1** Absorber y expulsar el aire los seres vivos. También tr. **2** Sentirse aliviado después de haber pasado un problema, haber realizado una dura tarea, etc.: *respiró al saber que había aprobado*. **3** Tener comunicación un recipiente o recinto cerrado con el aire exterior. | tr. **4** Mostrar alguien una cualidad o estado o percibirse en un lugar determinado ambiente: *es un hombre que respira vitalidad*. **Sin.** 2 relajarse, descansar.

respiratorio, ria. adj. **1** Que sirve para la respiración o la facilita. **2 aparato respiratorio.** Conjunto de órganos de los seres vivos que realizan la respiración, es decir, la absorción de oxígeno del aire y la emisión de dióxido de carbono.

respiro. m. **1** Rato de descanso en el trabajo. **2** Alivio, descanso en medio de una fatiga, pena o dolor. **Sin.** 1 y 2 tregua, desahogo.

resplandecer. intr. **1** Despedir rayos de luz una cosa. **2** Sobresalir, aventajarse a otras cosas. || **Irreg.** Se conj. como *agradecer*.

resplandor. m. **1** Luz muy clara que arroja o despide el Sol u otro cuerpo luminoso. **2** Brillo de algunas cosas: *el resplandor del oro*.

responder. tr. e intr. **1** Contestar a lo que se pregunta o propone. **2** Contestar alguien cuando le llaman o tocan a la puerta: *responder al teléfono*. **3** Contestar a una carta, saludo, etc., que se ha recibido. **4** Replicar a una acusación, argumentación, etc. | intr. **5** Mostrarse agradecido. **6** Corresponder con una acción a la realizada por otro: *respondió con burlas a tus atenciones*. **7** Replicar o contestar de malos modos: *no respondas a tu madre*. **8** Reaccionar alguien o algo ante una determinada acción o experimentar sus efectos: *los frenos no respondieron*. **9** Volver en sí o salir alguien o algo de la situación de postración en que se encontraba: *el accidentado no responde*. **10** Asegurar una cosa garantizando su verdad y cumplimiento: *respondo de su lealtad*. **11** Hacerse responsable de algo: *tendrás que responder de lo que hiciste*.

respondón, na. adj. y s. Que suele responder o replicar. **Sin.** contestón, replicón.

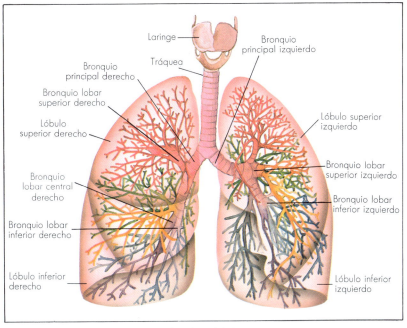

Aparato respiratorio

responsabilidad. f. **1** Hecho de ser responsable de alguna persona o cosa. **2** Obligación de responder ante ciertos actos o errores.

responsabilizar. tr. y prnl. Hacer o hacerse responsable de algo.

responsable. adj. **1** Obligado a responder de alguna cosa o por alguna persona. **2** Culpable de alguna cosa: *es el responsable del crimen*. **3** Se dice de la persona que pone cuidado y atención en lo que hace o decide. **Ant.** 1 y 3 irresponsable 2 inocente.

responso. m. **1** Rezos que se dicen por los difuntos. **2** Reprimenda.

responsorio. m. Serie de oraciones y versículos que se dicen al rezar.

respuesta. f. **1** Hecho de responder: *recibió una negativa como respuesta*. **2** Reacción ante un estímulo: *su respuesta a la terapia ha sido favorable*. **Sin.** 1 réplica, contestación.

resquebrajadura. f. Hendidura, grieta.

resquebrajar. tr. y prnl. Partir ligera y a veces superficialmente algunos cuerpos duros. **Sin.** agrietarse, rajarse.

resquebrar. intr. y prnl. Empezar a quebrarse una cosa. ‖ **Irreg.** Se conj. como *acertar*.

resquemar. tr. **1** Causar algunos alimentos o bebidas en la lengua y paladar una sensación de ardor o picor. También intr. **2** Sentir rencor o amargura por alguna cosa.

resquemor. m. Sentimiento de amargura o rencor que causa alguna cosa. **Sin.** amargura, rencor, pesadumbre.

resquicio. m. **1** Abertura que hay entre el quicio y la puerta. **2** P. ext., cualquier otra abertura pequeña. **3** Coyuntura u ocasión para salir de un apuro o dificultad. **Sin.** 1 y 2 ranura 2 hendidura.

resta. f. **1** Operación de restar. **2** Resultado de la operación de restar. **Sin.** 1 sustracción 1 y 2 diferencia 2 resto ☐ **Ant.** 1 y 2 suma.

restablecer. tr. **1** Volver a establecer una cosa o ponerla en el estado que antes tenía. ‖ **restablecerse.** prnl. **2** Recuperarse de una dolencia, enfermedad u otro daño o perjuicio. ‖ **Irreg.** Se conj. como *agradecer*.

restallar. tr. e intr. Chasquear, crujir, hacer un fuerte ruido: *restallar un látigo*.

restante. adj. **1** Que resta: *con la tela restante hizo cojines.* | m. **2** Residuo.

restañar. tr. Volver a estañar; cubrir o bañar con estaño por segunda vez.

restañar. tr. **1** Detener la salida de un líquido, particularmente de la sangre. También tr. y prnl. **2** Aliviar una pena, tristeza, etc.

restar. tr. **1** Disminuir, rebajar. **2** Hallar la diferencia entre dos cantidades. **3** En el tenis y otros juegos de pelota, devolver el saque del contrario. | intr. **4** Faltar o quedar: *en lo que resta de año.* SIN. 1 mermar 2 sustraer ☐ ANT. 1 aumentar 2 sumar.

restauración. f. **1** Acción de restaurar. **2** Restablecimiento en un país del régimen político o de una casa reinante que existían y que habían sido sustituidos por otro. **3** Período histórico que comienza con este restablecimiento. || En las acepciones 2 y 3 se escribe con mayúscula. **4** Actividad hostelera que comprende a los restaurantes.

restaurador, ra. adj. **1** Que restaura. | m. y f. **2** Persona que tiene por profesión restaurar pinturas, esculturas, encuadernaciones, etc. **3** Persona que tiene o dirige un restaurante. También adj.

restaurante. m. Establecimiento público donde se sirven comidas y bebidas para ser consumidas en el mismo local.

restaurar. tr. **1** Recuperar o recobrar: *restaurar las fuerzas.* **2** Reparar, renovar o volver a poner una cosa en el estado o circunstancia en que se encontraba antes: *restaurar un régimen político.* **3** Reparar una pintura, escultura, edificio, etc.

restituir. tr. **1** Devolver una cosa a quien la tenía antes. **2** Restablecer o poner una cosa en el estado que antes tenía: *el descanso le restituyó las fuerzas.* || **Irreg.** Se conj. como *huir.* SIN. 1 reintegrar 2 reconstruir.

restitutorio, ria. adj. Que restituye.

resto. m. **1** Parte que queda de un todo. También pl.: *los restos de un banquete.* **2** Resultado de la operación de restar. SIN. 1 residuo 2 diferencia, resta.

restregar. tr. Pasar una cosa, con fuerza y varias veces, sobre una superficie: *se restregó los ojos.* || **Irreg.** Se conj. como *acertar.*

restricción. f. Acción de restringir.

restrictivo, va. adj. Que restringe. SIN. limitativo.

restricto, ta. adj. Limitado, ceñido o preciso.

restringir. tr. Reducir, limitar, acotar: *restringir el consumo de energía.* ANT. ampliar.

restriñir. tr. Apretar, constreñir.

resucitar. tr. **1** Volver la vida a un muerto. También intr. **2** Restablecer, renovar, dar nuevo ser o ímpetu a alguien o algo: *resucitar una moda.* SIN. 1 y 2 revivir.

resuello. m. Aliento o respiración, especialmente la dificultosa o violenta. SIN. jadeo, resoplido.

resulta. f. **1** Efecto, consecuencia. **2** Vacante que queda de un empleo. SIN. 1 resultado.

resuelto, ta. adj. Muy decidido, valiente y audaz. ANT. irresoluto, apocado.

resultado. m. Efecto y consecuencia de un hecho, operación o deliberación: *este producto es resultado de años de investigación.*

resultar. intr. **1** Tener una cosa el resultado que se indica: *el estreno resultó un fracaso.* **2** Producirse una cosa como consecuencia de otra: *su temor resulta de su inseguridad.* **3** Ser alguien o algo lo que se expresa: *esa tela resulta demasiado gruesa.* **4** Aparecer, manifestarse o comprobarse una cosa: *¿Ahora resulta que nadie va a ir?* **5** Ser atractiva una persona.

resumen. m. **1** Acción de resumir. **2** Exposición resumida en un asunto o materia: *hizo un resumen de la situación.* SIN. 2 síntesis, sinopsis ☐ ANT. 1 y 2 ampliación.

resumir. tr. y prnl. **1** Exponer algo de forma breve y precisa, centrándose sólo en los puntos más importantes. | **resumirse.** prnl. **2** Convertirse, resultar: *al final, todo se resumió en una reprimenda.*

resurgir. intr. **1** Surgir de nuevo, volver a aparecer. **2** Volver a la vida. SIN. 1 reaparecer 2 resucitar.

resurrección. f. **1** Acción de resucitar. **2** Pascua de Resurrección de Cristo.

retablo. m. **1** Conjunto o colección de figuras pintadas o esculpidas, que representan en serie una historia o suceso. **2** Obra de arquitectura compuesta por tallas escultóricas o cuadros, que constituye la decoración de un altar. **3** Persona muy mayor. SIN. 3 carroza, vejestorio.

retaco, ca. adj. **1** Se dice de la persona baja de estatura y, en general, rechoncha. Más c. s. | m. **2** Escopeta corta muy reforzada en la recámara. **3** En el juego de billar, taco más corto que el normal.

retaguardia. f. **1** Hablando de una fuerza desplegada en columna, parte más alejada del enemigo. **2** En tiempo de guerra, la zona no ocupada por los ejércitos. **3** Parte de atrás de algo.

retahíla. f. Serie de muchas cosas que están, suceden o se mencionan por su orden: *una retahíla de insultos.* SIN. sarta, ristra, tira.

retal. m. Pedazo sobrante de una tela, piel, metal, etc. SIN. retazo, recorte.

retallecer. intr. Volver a echar tallos las plantas.

retama. f. Planta arbustiva con ramas delgadas, largas y flexibles, y flores amarillas en racimos laterales, propia de climas mediterráneos.

retamal o **retamar.** m. Sitio poblado de retamas.

retar. tr. Desafiar, provocar a duelo, lucha o combate: *le retó a que demostrara su acusación.*

Retama

retardar. tr. y prnl. Retrasar o dilatar. Aɴ@. adelantar, acelerar.

retardo. m. Retraso. SIN. demora, tardanza □ ANT. adelanto.

retazar. tr. Hacer piezas o pedazos de una cosa.

retazo. m. **1** Retal o pedazo de una tela. **2** P. ext., fragmento de cualquier otra cosa: *retazos de una conversación*.

retejar. tr. Arreglar los tejados, poniendo las tejas que les faltan.

retejer. tr. Tejer unida y apretadamente.

retel. m. Arte de pesca usada para capturar cangrejos de río.

retemblar. intr. Temblar con movimiento repetido. SIN. vibrar, estremecerse.

retén. m. **1** Repuesto o reserva que se tiene de una cosa. **2** Tropa para reforzar los puestos militares. **3** P. ext., conjunto de personas dispuestas para intervenir en caso de necesidad: *un retén de bomberos*. SIN. 1 acopio, provisión 2 y 3 refuerzo.

retención. f. **1** Acción de retener. **2** Cantidad retenida de un sueldo, salario u otro haber. **3** Detención o depósito que se hace en el cuerpo humano de un líquido que debería expulsarse. **4** Detención del tráfico o circulación muy lenta: *a las horas punta se producen retenciones*.

retener. tr. **1** Conservar, guardar en sí. **2** Conservar en la memoria una cosa: *tiene facilidad para retener las fechas*. **3** Detener o dificultar la marcha o el desarrollo de algo. **4** No dejar que alguien se vaya: *no quiero retenerte más*. **5** Imponer prisión preventiva, arrestar. **6** Suspender en todo o en parte el pago del sueldo, salario u otro haber que uno ha devengado, por disposición judicial o gubernativa. **7** Descontar, para cierto fin, parte de un salario o de otro cobro. **8** Dominar, sujetar, refrenar: *retener la lengua*. ‖ **Irreg.** Se conj. como *tener*.

retentiva. f. Capacidad para retener las cosas en la memoria: *Rocío tiene mucha retentiva*.

reticencia. f. **1** Reparo, duda, reserva: *tengo reticencias sobre su honradez*. **2** Figura retórica que consiste en dejar incompleta una frase, dando a entender, sin embargo, el sentido de lo que no se dice.

reticente. adj. Que manifiesta dudas o reparos.

retícula. f. **1** Conjunto de hilos o líneas que se ponen en un instrumento óptico para precisar la visual. **2** Red de puntos que, en cierta clase de fotograbado, reproduce las sombras y los claros de la imagen.

reticular. adj. Con forma de redecilla o red.

retículo. m. **1** Tejido en forma de red. **2** Retícula. **3** Segunda de las cuatro cavidades del estómago de los rumiantes.

retina. f. Membrana interior del ojo de los vertebrados y de otros animales, donde las sensaciones luminosas se transforman en impulsos nerviosos.

retintín. m. **1** Tonillo y modo de hablar, por lo común malicioso o irónico, con el que se pretende molestar a alguien. **2** Sonido que deja en los oídos la campana u otro cuerpo sonoro.

retirado, da. adj. **1** Distante, apartado. **2** Se dice del militar que deja oficialmente el servicio, conservando algunos derechos. También s. **3** Jubilado. También s. | f. **4** Acción de retirarse. **5** Acción de retroceder en orden los soldados, apartándose del enemigo. **6** Retreta, toque militar.

retirar. tr. **1** Apartar o separar a una persona o cosa de otra o de un lugar: *retira las cortinas para que entre luz*. También prnl. **2** Hacer que alguien deje un trabajo, actividad, etc. Más c. prnl. **3** Afirmar que no es cierto lo que se ha dicho: *tuvo que retirar todos sus insultos contra él*. | **retirarse.** prnl. **4** Apartarse o separarse del trato, comunicación o amistad: *se retiró a un convento*. **5** Irse a dormir. **6** Irse a casa. **7** Jubilarse. **8** Emprender un ejército la retirada. SIN. 1 alejar 3 retractarse, desdecirse □ ANT. 1 acercar, aproximar.

retiro. m. **1** Acción de retirarse. **2** Situación del militar, funcionario, trabajador, etc., retirados. **3** Pensión que perciben los retirados. **4** Lugar apartado. **5** Ejercicios espirituales que consisten en practicar ciertas devociones retirándose por uno o más días de las ocupaciones habituales. SIN. 1 y 2 jubilación.

reto. m. **1** Acción de retar. **2** Cosa difícil que alguien se propone como objetivo: *dejar de fumar fue todo un reto*. **SIN.** 1 y 2 desafío.

retocar. tr. **1** Volver a tocar o hacerlo repetidas veces. **2** Revisar algo ya acabado para corregir algunas imperfecciones: *está retocando la novela*.

retomar. tr. Volver sobre un tema, conversación o actividad que se había interrumpido. **SIN.** reanudar.

retoñar. intr. **1** Volver a echar vástagos la planta. **2** Reproducirse, volver de nuevo lo que había dejado de ser o estaba amortiguado: *su amistad ha retoñado*.

retoñecer. intr. Retoñar.

retoño. m. **1** Vástago o tallo que echa de nuevo la planta. **2** Hijo de una persona, especialmente si es pequeño.

retoque. m. Corrección o revisión que se da a algo ya terminado para quitar sus faltas o componer ligeros desperfectos.

retor. m. Tela de algodón fuerte y ordinaria, en que la trama y urdimbre están muy torcidas.

retorcer. tr. **1** Torcer mucho una cosa, dándole vueltas alrededor de sí misma: *retorció la ropa para escurrirla*. También prnl. **2** Interpretar algo dándole un sentido diferente del que tiene y generalmente malo: *no retuerzas lo que digo*. ‖ **Irreg.** Se conj. como *mover*. **SIN.** 2 tergiversar.

retorcido, da. adj. **1** Se dice de la persona de intenciones y sentimientos poco claros y maliciosos; se dice también de su actitud y obras. **2** Difícil de comprender, excesivamente complicado: *un argumento retorcido*. **SIN.** 1 avieso, esquinado 2 rebuscado, complejo.

retórica. f. **1** Arte de expresarse con corrección y eficacia, embelleciendo la expresión de los conceptos y dando al lenguaje escrito o hablado el efecto necesario para deleitar, persuadir o conmover. **2** Tratado sobre este arte. **3** Lenguaje afectado y pomposo. | pl. **4** Argumentos o razones que no vienen al caso: *no me venga usted con retóricas*.

retórico, ca. adj. **1** Relativo a la retórica. **2** Especializado en retórica. También s. **3** Se dice del lenguaje excesivamente pomposo y afectado, y de quien lo emplea.

retornar. tr. **1** Devolver, restituir. | intr. y prnl. **2** Volver al lugar o a la situación en que se estuvo: *retornar al hogar*.

retorno. m. Acción de retornar. **SIN.** regreso.

retorta. f. Vasija con cuello largo y encorvado, utilizada para diversas operaciones químicas.

retortero (al). loc. adv. En total desorden; también haciendo muchas gestiones, de un lado para otro: *llevo toda la mañana al retortero arreglando papeles*.

retortijón. m. Dolor fuerte y brusco en el estómago o en el intestino.

retostar. tr. **1** Volver a tostar algo. **2** Tostarlo mucho.

retozar. intr. **1** Saltar y brincar alegremente. **2** Juguetear unos con otros, personas o animales. **SIN.** 1 solazarse 2 travesear.

retozo. m. Acción de retozar.

retozón, na. adj. Inclinado a retozar o que retoza con frecuencia. **SIN.** juguetón, travieso.

retracción. f. Acción de retraer.

retractación. f. Acción de retractarse de lo que antes se había dicho o prometido.

retractar. tr. y prnl. Rectificar lo que se había afirmado, desdecirse de ello: *tuvo que retractarse de sus acusaciones*. **ANT.** ratificar, confirmar.

retráctil. adj. En zool., se dice de las partes del cuerpo de los animales que pueden retraerse, quedando ocultas en una cavidad o pliegue; como las uñas de los felinos.

retracto. m. En der., opción del vendedor a recuperar lo vendido bajo ciertas condiciones.

retraer. tr. **1** Llevar hacia dentro o hacia atrás, ocultar o apartar: *el gato retrajo sus uñas*. También prnl. **2** Convencer o disuadir de algo. | **retraerse.** prnl. **3** Apartarse del trato con los demás. **4** No exteriorizar alguien sus sentimientos: *se retrae mucho en público*. ‖ **Irreg.** Se conj. como *traer*. **SIN.** 3 aislarse.

retraído, da. adj. y s. Se dice de la persona solitaria, tímida o poco comunicativa. **SIN.** introvertido □ **ANT.** extrovertido, abierto.

retraimiento. m. **1** Acción de retraerse. **2** Timidez, condición de la persona introvertida.

retranca. f. **1** Correa ancha que rodea las ancas de las caballerías y ayuda a frenar el carro o lo hace retroceder. **2** Doble intención, ironía.

retransmisión. f. Acción de retransmitir.

retransmitir. tr. **1** Volver a transmitir. **2** Transmitir desde una emisora de radio o televisión lo que se ha transmitido a ella desde otro lugar. **3** Transmitir una emisora de radio o televisión un espectáculo, programa, etc., desde el lugar en que se desarrolla.

retrasado, da. adj. **1** Se dice de la persona, planta o animal que no ha llegado al desarrollo normal de su edad. **2** Que sufre retraso mental. También s.

retrasar. tr. y prnl. **1** Atrasar o diferir la realización de una cosa: *retrasar un pago*. **2** Hacer que algo vaya más lento. También intr. | intr. **3** Marchar un reloj más despacio de lo normal. | **retrasarse.** prnl. **4** Llegar tarde: *el tren se retrasó media hora*. **5** Ir por detrás del resto en alguna cosa: *retrasarse en los estudios*.

retraso. m. Acción de retrasar. **Sin.** atraso, demora, dilación.

retratar. tr. **1** Copiar, dibujar o fotografiar la figura de alguna persona o cosa. **2** Describir, reflejar: *su novela retrata fielmente el Madrid de la posguerra.* ‖ **retratarse.** prnl. **3** Posar alguien para que le hagan un dibujo o una fotografía.

retratista. com. Persona que hace retratos.

retrato. m. **1** Pintura, dibujo, fotografía, etc., que representa alguna persona o cosa. **2** Técnica pictórica o fotográfica basada en esta representación. **3** Descripción muy fiel y minuciosa. **4** Persona o cosa que se asemeja mucho a otra: *es el vivo retrato de su madre.*

retreparse. prnl. **1** Echar hacia atrás la parte superior del cuerpo. **2** Recostarse en la silla de tal modo que ésta se incline también hacia atrás.

retreta. f. Toque militar que se usa para marchar en retirada, y para avisar a la tropa que se recoja por la noche en el cuartel. **Sin.** retirada.

retrete. m. **1** Recipiente con una cañería de desagüe, dispuesto para orinar y evacuar el vientre. **2** Habitación donde está instalado este recipiente. **Sin.** 1 inodoro 1 y 2 wáter 2 servicio, aseo, baño.

retribución. f. Recompensa o pago de una cosa. **Sin.** gratificación, remuneración.

retribuir. tr. Recompensar o pagar un servicio, favor, etc. ‖ **Irreg.** Se conj. como *huir.*

retributivo, va. adj. Que retribuye.

retro. adj. Que pertenece a un tiempo pasado, lo imita o lo recuerda: *moda retro.*

retro-. Elemento compositivo que significa 'hacia atrás': *retrotraer.*

retroacción. f. **1** Retroceso. **2** Retroactividad. **Ant.** 1 adelanto.

retroactividad. f. Cualidad de retroactivo.

retroactivo, va. adj. Que tiene fuerza y validez sobre cosas, hechos, etc., pasados: *la nueva ley se aplicará con efectos retroactivos.*

retroceder. intr. Volver hacia atrás. **Sin.** regresar, retornar ▢ **Ant.** avanzar.

retrocesión. f. **1** Retroceso. **2** Acción de ceder a uno el derecho o cosa que él había cedido antes.

retroceso. m. Acción de retroceder.

retrógrado, da. adj. y s. desp. Partidario de ideas, actitudes, etc., propias exclusivamente de tiempos pasados, y enemigo de cambios e innovaciones. **Sin.** reaccionario ▢ **Ant.** progresista.

retropropulsión. f. Sistema de propulsión de un móvil en que la fuerza que causa el movimiento se produce por reacción a la expulsión hacia atrás de un chorro, generalmente de gas, lanzado por el propio móvil.

retrospección. f. Mirada o examen retrospectivo.

retrospectivo, va. adj. Que se refiere a tiempo pasado.

retrotraer. tr. y prnl. Evocar tiempos y escenas pasados: *aquello le retrotraía a su infancia.* ‖ **Irreg.** Se conj. como *traer.* **Sin.** remontarse.

retrovisor. m. Pequeño espejo colocado en la parte anterior de los automóviles o a los lados de éstos, que permite ver al conductor lo que viene o está detrás de él.

retrucar. intr. **1** En el juego del billar, rebotar la bola desde la banda y golpear a la bola que a su vez la había impulsado. **2** Volverse contra uno mismo el argumento que había usado.

retruécano. m. Juego de palabras.

retruque. m. Acción de retrucar.

retumbar. intr. Resonar mucho o hacer gran ruido o estruendo una cosa: *retumban los truenos.* **Sin.** resonar.

reuma o **reúma.** amb. Reumatismo. Más c. m.

reumático, ca. adj. **1** Que padece reúma. También s. **2** Relativo a esta enfermedad.

reumatismo. m. Enfermedad del tejido conjuntivo que se manifiesta generalmente por inflamaciones dolorosas en las partes musculares y fibrosas del cuerpo.

reunión. f. **1** Acción de reunir. **2** Conjunto de personas reunidas, particularmente para tratar algún asunto.

reunir. tr. **1** Juntar, congregar, amontonar: *reunir fondos.* También prnl. **2** Tener algo las cualidades que se expresan: *el candidato reúne todos los requisitos.* ‖ **reunirse.** prnl. **3** Juntarse varias personas para tratar un asunto. **Sin.** 1 agrupar 2 poseer, cumplir ▢ **Ant.** 1 separar.

reválida. f. Revalidación.

revalidación. f. Acción de revalidar.

revalidar. tr. Ratificar, confirmar o dar nuevo valor y firmeza a algo. **Sin.** convalidar.

revalorización. f. Acción de revalorizar.

revalorizar. tr. y prnl. **1** Devolver a algo el valor o estimación que había perdido. **2** Aumentar el valor de algo: *revalorizar una moneda.* **Sin.** 2 revaluar ▢ **Ant.** 2 devaluar.

revaluar. tr. **1** Volver a evaluar. **2** Elevar el valor de una moneda o de otra cosa; se opone a *devaluar.* **Sin.** 2 revalorizar.

revancha. f. Desquite o venganza.

revanchismo. m. Actitud de quien mantiene un espíritu de revancha o de venganza.

revelación. f. **1** Acción de revelar. **2** Manifestación de una verdad oculta. **3** P. ant., la manifestación divina.

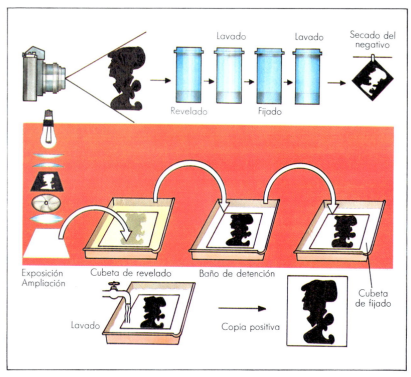

Revelado de una fotografía

revelado. m. Conjunto de operaciones necesarias para revelar una imagen fotográfica.

revelador, ra. adj. **1** Que revela. También s. | m. **2** Líquido que sirve para revelar la placa fotográfica.

revelar. tr. **1** Descubrir lo secreto. También prnl. **2** Proporcionar indicios o pruebas de algo: *su conducta revela una falta de madurez.* **3** Manifestar Dios a los hombres lo futuro u oculto. **4** En fotografía, hacer visible la imagen latente impresa en la placa, la película o el papel fotográfico. | **revelarse.** prnl. **5** Tener algo cierto efecto o resultado: *su gestión se reveló productiva.*

revender. tr. Volver a vender lo que se ha comprado, al poco tiempo o para sacarle mayor beneficio: *revender entradas.*

revenido, da. adj. Blando y correoso.
revenimiento. m. Acción de revenirse.
revenirse. prnl. **1** Ponerse una masa, pasta o fritura blanda y correosa con la humedad o el calor: *revenirse el pan.* **2** Encogerse, consumirse una cosa poco a poco. **3** Estropearse un vino o una conserva. || **Irreg.** Se conj. como *venir.*

reventa. f. **1** Acción de revender. **2** Centro autorizado para vender, con un recargo sobre su precio original, entradas y localidades para espectáculos públicos. **3** Conjunto de revendedores de entradas y localidades para espectáculos públicos, que no están autorizados para ello. | com. **4** Persona que revende estas localidades.

reventador, ra. m. y f. Persona que asiste a espectáculos o reuniones públicas para mostrar desagrado de modo ruidoso o para provocar el fracaso de dichas reuniones.

reventar. intr. **1** Abrirse una cosa por impulso interior. También prnl.: *la rueda se reventó.* **2** Deshacerse una cosa al aplastarla con violencia: *cuidado, no revientes la fruta.* También intr. y prnl. **3** Tener deseo grande de algo: *revienta de ganas por venir.* **4** Sentir y manifestar un sentimiento o impulso, especialmente de ira: *estoy que reviento de rabia.* **5** Desagradar muchísimo: *me revientan ese tipo de bromas.* **6** Enfermar o morir un animal, especialmente una caballería, por exceso de cansancio. **7** Morir. | tr. **8** Fatigar, cansar mucho. También prnl.: *se revienta a trabajar.* **9** Estropear o hacer fracasar: *reventar una huelga.* || **Irreg.** Se conj. como *acertar.*

reverberación. f. Acción de reverberar.

reverberar. intr. Reflejarse la luz en una superficie brillante, o el sonido en una superficie que no lo absorba: *la luna reverberaba en el mar.*

reverbero. m. **1** Acción de reverberar. **2** Cuerpo de superficie bruñida en que la luz reverbera.

reverdecer. intr. **1** Cobrar nuevo verdor los campos o sembrados que estaban mustios o secos. También tr. **2** Renovarse o tomar nuevo vigor. || **Irreg.** Se conj. como *agradecer.* **Sin.** 1 y 2 retoñar ☐ **Ant.** 1 agostarse.

reverencia. f. **1** Respeto o veneración que tiene una persona a otra. **2** Inclinación del cuerpo en señal de respeto o veneración. **3** Tratamiento que a veces se da a algunos religiosos o eclesiásticos: *su reverencia.*

reverencial. adj. Que implica reverencia o respeto.

reverenciar. tr. Respetar o venerar.

reverendo, da. adj. **1** Digno de reverencia. **2** Tratamiento que a veces se da a algunos religiosos o eclesiásticos. También m.

reverente. adj. Que muestra reverencia o respeto. **Sin.** respetuoso.

reversible. adj. **1** Que puede volver a un estado o condición anterior. **2** Se dice de la prenda de vestir que puede usarse indistintamente por el derecho o por el revés. **Ant.** 1 irreversible.

reverso. m. **1** Parte opuesta al frente de una cosa. **2** En las monedas y medallas, cara opuesta al anverso. **Sin.** 1 revés, envés, dorso 2 cruz ☐ **Ant.** 1 y 2 cara.

revertir. intr. **1** Volver una cosa al estado o condición que tuvo antes. **2** Venir a parar una cosa en otra: *su inseguridad revierte en desconfianza.* || **Irreg.** Se conj. como *sentir.*

revés. m. **1** Lado o parte opuesta de una cosa. **2** Golpe que se da con la mano vuelta. **3** En tenis y otros juegos similares, golpe que se da a la pelota llevando el brazo que sostiene la raqueta al lado opuesto del cuerpo antes de golpear. **4** Infortunio, contratiempo: *sufrir un revés.* **Sin.** 1 reverso, dorso 4 percance.

revestimiento. m. **1** Acción de revestir. **2** Capa con que se resguarda o adorna una superficie. **Sin.** 1 y 2 recubrimiento.

revestir. tr. **1** Cubrir con un revestimiento. **2** Presentar una cosa determinado aspecto, cualidad o carácter: *revestir gravedad.* **3** Disfrazar una cosa: *reviste toda su conducta de una falsa modestia.* | **revestirse.** prnl. **4** Llenarse o cubrirse de alguna cosa: *los montes se revistieron de nieve.* **5** Tomar la actitud necesaria para algo, especialmente en un trance difícil: *revestirse de paciencia.* || **Irreg.** Se conj. como *pedir.*

revisar. tr. Examinar una cosa con atención y cuidado para corregirla, repararla o comprobar su funcionamiento y validez: *revisar un escrito.*

revisión. f. Acción de revisar. **Sin.** inspección, control, repaso.

revisionismo. m. Tendencia a revisar doctrinas, prácticas o métodos establecidos para reformarlos o actualizarlos.

revisor, ra. adj. **1** Que revisa algo. | m. y f. **2** En los ferrocarriles y otros medios de transporte, persona encargada de revisar y marcar los billetes de los viajeros.

revista. f. **1** Publicación periódica con artículos y fotografías, sobre varias materias, o sobre una especialidad. **2** Espectáculo teatral de carácter desenfadado, en el que alternan números dialogados y musicales. **3** Inspección o revisión que se hace de algo. **4** Formación de las tropas para que las inspeccione un superior. **5 pasar revista.** loc. Ejercer un jefe las funciones de inspección que le corresponden sobre las personas o cosas sujetas a su autoridad. **6** Pasar una autoridad ante las tropas para que le rindan honores. **7** Examinar algo con cuidado. **Sin.** 1 semanario.

revistar. tr. Pasar revista.

revistero. m. Mueble o soporte para colocar revistas.

revitalizar. tr. Dar más fuerza y consistencia: *revitalizar la economía.* **Sin.** revigorizar, fortalecer.

revival. m. Movimiento artístico, sociológico y, p. ext., de cualquier otro género, que tiende a revalorizar modas o estilos del pasado.

revivificar. tr. Vivificar, reavivar.

revivir. intr. **1** Volver a la vida. **2** Renovarse o reproducirse algo: *revivió la discordia.* **Sin.** 1 y 2 resucitar 2 resurgir.

reviviscencia. f. Acción de revivir.

revocable. adj. Que se puede o debe revocar.

revocador, ra. adj. **1** Que revoca. | m. y f. **2** Obrero que revoca casas y paredes.

revocar. tr. **1** Dejar sin efecto una concesión, mandato o resolución: *revocar una ley.* **2** Enlucir o pintar de nuevo por la parte que está al exterior las paredes de un edificio; p. ext., enlucir cualquier pared. **Sin.** 1 anular, invalidar 2 remozar, blanquear.

revoco. m. **1** Acción de revocar las casas y paredes. **2** Revoque.

revolcar. tr. **1** Derribar a alguien y maltratarlo o hacerle dar vueltas. | **revolcarse.** prnl. **2** Echarse sobre una cosa, restregándose en ella: *el perro se revolcaba en la arena*. || **Irreg.** Se conj. como *contar*.

revolcón. m. Acción de revolcar o revolcarse.

revolear. intr. Volar, dando vueltas o giros.

revolotear. intr. **1** Volar haciendo vueltas o giros en poco espacio. **2** Venir una cosa por el aire dando vueltas: *revolotear los papeles*.

revoloteo. m. Acción de revolotear.

revoltijo o **revoltillo.** m. **1** Conjunto de muchas cosas revueltas y desordenadas. **2** Confusión o enredo. **Sin.** 1 batiburrillo.

revoltoso, sa. adj. y s. **1** Que causa alborotos o incita a la rebeldía. **2** Travieso. **Sin.** 1 alborotador, rebelde 2 enredador, trasto.

revolución. f. **1** Cambio violento en las instituciones políticas de una nación. **2** P. ext., inquietud, alboroto. **3** Cambio importante en el estado o gobierno de las cosas: *la revolución industrial*. **4** En astron., giro completo que da un astro en todo el curso de su órbita. **5** En mecánica, giro o vuelta completa que da una pieza sobre su eje.

revolucionar. tr. **1** Provocar un estado de revolución. **2** Producir cambios profundos en algo: *su teoría revolucionó al mundo*. **3** En mecánica, imprimir más o menos revoluciones en un tiempo determinado a un cuerpo que gira o al mecanismo que produce el movimiento. **Sin.** 1 alborotar 2 conmover.

revolucionario, ria. adj. **1** Relativo a la revolución. **2** Partidario de ella. Más c. s. **3** Alborotador, turbulento. También s.

revolver. tr. **1** Mover una cosa de un lado a otro o de arriba abajo. **2** Mirar o registrar algo moviendo y separando algunas cosas. También intr.: *los perros revolvían en la basura*. **3** Alterar el buen orden y disposición de las cosas: *no revuelvas el armario*. **4** Inquietar, causar disturbios. **5** Producir náuseas o malestar en el estómago. | **revolverse.** prnl. **6** Moverse de un lado a otro, generalmente por inquietud: *revolverse en la silla*. **7** Volverse en contra de alguien: *se revolvió contra su propia familia*. **8** Ponerse el tiempo borrascoso. || **Irreg.** Se conj. como *mover*.

revólver. m. Arma de fuego, de corto alcance, que se puede usar con una sola mano, y provista de un tambor en el que se colocan las balas.

revoque. m. **1** Acción de revocar las paredes. **2** Mezcla de cal y arena u otro material análogo con que se revoca.

revuelo. m. **1** Turbación, confusión, agitación: *su dimisión produjo un gran revuelo*. **2** Hecho de revolotear muchas aves o cosas en el aire.

revuelta. f. **1** Alboroto, insurrección o motín. **2** Riña, pelea. **3** Vuelta, giro, curva.

revuelto, ta. adj. **1** Enredador, travieso. **2** Turbio: *aguas revueltas*. **3** Se dice del tiempo inseguro. | pl. **4** Plato que se hace revolviendo huevos en una sartén y mezclándolos con otros alimentos.

revulsivo, va. adj. y m. **1** Se dice del medicamento o agente que produce el vómito o sirve para purgar el estómago. **2** Que produce una reacción profunda y rápida: *sus declaraciones actuaron como un revulsivo*.

rey. m. **1** Monarca o príncipe soberano de un reino. **2** Pieza principal del juego de ajedrez. **3** Carta duodécima de cada palo de la baraja. | pl. **4** Reyes Magos; también, día en que se celebra la Epifanía, y regalo típico de esta fecha.

reyerta. f. Disputa, lucha. **Sin.** altercado, pendencia.

reyezuelo. m. Pájaro de pequeño tamaño, alas cortas y redondeadas y plumaje vistoso.

rezagarse. prnl. Quedarse atrás. **Sin.** atrasarse □ **Ant.** adelantarse.

rezar. tr. **1** Decir oraciones usadas o aprobadas por la Iglesia. También intr. **2** Recitar la misa, una oración, etc., en contraposición a cantarla. **3** Decir un escrito una cosa: *la pancarta rezaba así: «libertad de expresión»*.

rezo. m. **1** Acción de rezar. **2** Cosa que se reza. **3** Oficio eclesiástico que se reza diariamente. **Sin.** 2 oración, plegaria.

rezongar. intr. Gruñir, refunfuñar a lo que se manda.

rezongón, na. adj. Que rezonga con frecuencia. **Sin.** refunfuñador, gruñón.

rezumar. tr. **1** Dejar pasar un cuerpo a través de sus poros gotitas de algún líquido: *la pared rezuma humedad*. También prnl. **2** Referido a un líquido, salir al exterior en gotas a través de los poros o intersticios de un cuerpo. También prnl.: *el agua se rezuma por la cañería*. **3** Manifestarse en alguien cierta cualidad o sentimiento en grado sumo: *rezumaba amistad*.

rho. f. Decimoséptima letra del alfabeto griego, que corresponde a nuestra *r*. La mayúscula se escribe P, y la minúscula, ρ.

ría. f. **1** Penetración que forma el mar en la costa, debida al hundimiento de la parte litoral de una cuenca fluvial de laderas más o menos abruptas. **2** Ensenada amplia en la que vierten al mar aguas profundas.

riacho o **riachuelo.** m. Río pequeño.

riada. f. Avenida, inundación, crecida.

ribazo. m. Porción de tierra con elevación y declive.

ribera. f. **1** Orilla del mar o de un río. **2** Franja de tierra que baña un río o cercana a éste.

ribereño, ña. adj. **1** Relativo a la ribera. **2** Habitante de una ribera. También s.

ribete. m. **1** Cinta o cosa parecida con que se adorna y refuerza la orilla del vestido, calzado, etc. **2** Adorno o franja que rodea una cosa. | pl. **3** Asomo, indicio: *tiene ribetes de poeta.* **Sin.** 1 vivo.

ribetear. tr. Poner ribetes.

ribonucleico, ca. adj. Se dice de un grupo de ácidos nucleicos, situados en el nucleolo y el citoplasma de las células, que desempeñan una función importante en la síntesis de proteínas.

ribosoma. m. Cada uno de los orgánulos de las células vivas encargados de la síntesis de las proteínas. Están compuestos de ácido ribonucleico y proteínas.

ricacho, cha o **ricachón, na.** m. y f. desp. Persona adinerada.

ricino. m. Planta arbustiva de cuyas semillas se extrae un aceite purgante; se cultiva en climas cálidos y templados.

rico, ca. adj. **1** Adinerado, acaudalado. También s. **2** Se dice del país, territorio, etc., que tiene muchos recursos. **3** Abundante en lo que se expresa: *una dieta rica en hidratos.* **4** De gran lujo, calidad o perfección: *un lenguaje muy rico.* **5** De sabor muy agradable: *un postre bastante rico.* **6** Bonito o simpático: *tiene un niño muy rico.* **7** Se apl. a las personas como expresión de cariño y, a veces, irónicamente. **Ant.** 1-4 pobre 5 desagradable, malo.

ricohombre. m. El que antiguamente pertenecía a la primera nobleza de España. || pl. *ricoshombres.*

ricura. f. **1** Cualidad de lo que resulta sabroso al paladar. **2** Cualidad de lo que resulta simpático o bonito: *ese cachorro es una ricura.* **Sin.** 2 monada, monería, encanto.

ridiculez. f. **1** Cualidad de ridículo. **2** Cosa absurda. **3** Nimiedad, cosa sin importancia.

rictus. m. **1** Contracción de los labios que deja al descubierto los dientes y da a la boca el aspecto de la risa. **2** Gesto de la cara con que se manifiesta un sentimiento de tristeza o amargura. || No varía en pl.

ridiculizar. tr. Burlarse de una persona o cosa, poniendo de manifiesto los defectos, manías, etc., que tiene o se le atribuyen.

ridículo, la. adj. **1** Que por su rareza o extravagancia produce risa. **2** Escaso, insuficiente: *les sirvieron unas raciones ridículas.* **3** Absurdo, falto de lógica: *él no lo hizo, eso es ridículo.* | m. **4** Situación ridícula en que cae una persona: *hacer el ridículo.*

riego. m. **1** Acción de regar. **2** Agua disponible para regar.

riel. m. **1** Carril de una vía férrea. **2** Carril o pieza por la que corre o se desliza algo: *los rieles de las cortinas.*

rielar. intr. Brillar con luz trémula: *los faroles rielaban en el río.* **Sin.** cabrillear.

rienda. f. **1** Cada una de las dos correas que, unidas por uno de sus extremos al freno, lleva cogidas por el otro la persona que conduce una caballería. Más en pl. **2** Contención en acciones o palabras: *perdió las riendas y le golpeó.* | pl. **3** Gobierno, dirección de algo: *tomó las riendas de la empresa.* **4 a rienda suelta.** loc. adv. Con violencia o rapidez. **5** Sin moderación ni medida.

riesgo. m. **1** Proximidad de un daño o peligro. **2** Cada uno de los accidentes o contingencias que pueden ser objeto de un contrato de seguro. **Sin.** 1 amenaza.

rifa. f. Juego que consiste en sortear algo entre varios, a los que se reparte o vende papeletas.

rifar. tr. Efectuar el juego de la rifa.

rifirrafe. m. Pelea o discusión ruidosa, pero ligera y sin trascendencia.

rifle. m. Fusil de cañón rayado, de procedencia estadounidense.

rigidez. f. Cualidad de rígido. **Ant.** flexibilidad.

rígido, da. adj. **1** Que no se puede doblar o torcer. **2** Riguroso, severo: *unas normas muy rígidas.* **3** Que no admite cambios ni se adapta a otras cosas. **Sin.** 1 tieso 2 y 3 inflexible.

rigodón. m. Danza de origen provenzal y carácter ligero, que estuvo muy de moda en el s. xviii.

rigor. m. **1** Severidad excesiva. **2** Intensidad, vehemencia: *el rigor del verano.* **3** Propiedad y precisión: *hablar con rigor.* **4 ser de rigor** una cosa. loc. Ser indispensable por requerirlo así la costumbre, la moda, etc.

riguroso, sa. adj. **1** Muy severo, cruel. **2** Austero, rígido. **3** Extremado, duro. **4** Exacto.

rija. f. Fístula que se hace debajo del lacrimal.

rija. f. Pelea, riña.

rijoso, sa. adj. y s. **1** Lujurioso, lascivo. **2** Pendenciero, alborotador.

rilar. intr. **1** Temblar, tiritar. | **rilarse.** prnl. **2** Acobardarse.

rima. f. **1** Consonancia o asonancia. **2** Composición en verso del género lírico. Más en pl.: *rimas de Garcilaso.*

rimar. intr. **1** Ser una palabra asonante, o más especialmente, consonante de otra: *rigor rima con ardor.* | tr. **2** Hacer el poeta que haya rima entre las palabras.

rimbombante. adj. Ostentoso, llamativo.

rímel. m. Cosmético utilizado para oscurecer y resaltar las pestañas. **Sin.** máscara.

rimero. m. Conjunto de cosas puestas unas sobre otras. **Sin.** pila, cúmulo.

rincón. m. **1** Ángulo entrante que se forma en el

encuentro de dos paredes o de dos superficies. **2** Escondrijo o lugar retirado. **3** Lugar o espacio pequeño: *déjame un rincón para mis libros.*

rinconada. f. Ángulo entrante que se forma en la unión de dos casas, calles, etc.

rinconera. f. Mesita, armario o estante pequeños, con la forma apropiada para colocarlos en un rincón.

ring. (voz ingl.) m. Cuadrilátero sobre el que combaten boxeadores u otro tipo de luchadores.

ringlera. f. Fila o línea de cosas puestas en orden unas tras otras.

ringlero. m. Cada una de las líneas del papel pautado en que aprenden a escribir los niños.

ringorrango. m. Cualquier adorno superfluo y extravagante. Más en pl.: *llevaba un vestido lleno de ringorrangos.* **Sin.** perifollo.

rinitis. f. Inflamación de la mucosa de las fosas nasales. || No varía en pl.

rinoceronte. m. Mamífero ungulado de gran tamaño, de patas cortas y fuertes, piel gruesa y uno o dos cuernos corvos sobre la línea media de la nariz; habita en África y el sudeste asiático.

rinofaringe. f. Porción de la faringe contigua a las fosas nasales.

rinología. f. Parte de la medicina que se ocupa del estudio de las fosas nasales, de sus enfermedades y tratamiento.

rinólogo, ga. m. y f. Médico especializado en rinología.

rinoplastia. f. Operación quirúrgica para restaurar la nariz.

riña. f. Discusión, pelea.

riñón. m. **1** Cada uno de los dos órganos de los vertebrados, situados en el abdomen y pertenecientes al aparato excretor, cuya función es limpiar la sangre de impurezas y elaborar la orina, que se expulsa a través de los uréteres. | pl. **2** Parte del cuerpo que corresponde a la pelvis: *recibió un golpe en los riñones.*

riñonada. f. **1** Tejido adiposo que envuelve los riñones. **2** Lugar del cuerpo en que están los riñones. **3** Guisado de riñones.

río. m. **1** Corriente de agua continua y más o menos caudalosa que va a desembocar en otra, en un lago o en el mar. **2** Gran abundancia de una cosa líquida, y p. ext., de cualquier otra: *un río de sangre.* **3** Gran afluencia de personas: *un río de turistas.*

rioja. m. Vino que se cría y elabora en la comarca de este nombre.

riojano, na. adj. y s. De La Rioja (España y Argentina).

rionegrino, na. adj. y s. De Río Negro (Argentina).

rioplatense. adj. y com. Del Río de la Plata o de los países de su cuenca.

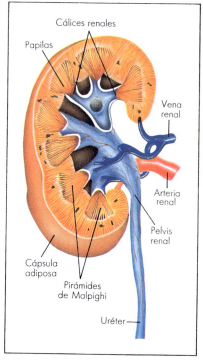

Anatomía del riñón

ripio. m. **1** Palabra innecesaria que se emplea con el solo objeto de completar el verso. **2** Residuo que queda de algo. **3** Guijarro. **4 no perder ripio.** loc. Estar muy atento a algo. **Sin.** 1 paja, palabrería 2 cascote.

riqueza. f. **1** Cualidad de rico. **2** Abundancia de dinero, bienes, recursos, etc. **3** Abundancia de cualidades o atributos excepcionales: *riqueza espiritual.* **4** Abundancia de cualquier cosa: *riqueza de vocabulario.* **5** Cosa rica o muy apreciada. Más en pl.: *riquezas naturales.* **Sin.** 1 y 2 opulencia, prosperidad ☐ **Ant.** 1-3 pobreza.

risa. f. **1** Movimiento de la boca y otras partes del rostro, acompañado de ciertos sonidos característicos, que demuestran alegría. **2** Lo que hace reír.

riscal. m. Sitio con muchos riscos.

risco. m. Peñasco alto y escarpado.

risible. adj. Que causa risa o es digno de ella.

risión. f. **1** Burla que se hace a uno. **2** Persona o cosa objeto de esta burla. **Sin.** 1 y 2 irrisión.

risotada. f. Carcajada, risa ruidosa.

ristra. f. **1** Trenza hecha con los tallos de ajos o cebollas. **2** Conjunto de ciertas cosas colocadas unas tras otras. **Sin.** 2 hilera, sarta, retahíla.

ristre. m. Hierro del peto de la armadura donde se afianzaba la lanza.

risueño, ña. adj. **1** Que muestra risa en la cara. **2** Que se ríe con facilidad. **3** Que provoca gozo o alegría. **4** Próspero, favorable: *porvenir risueño.* **Sin.** 1 y 2 alegre 3 y 4 grato.

rítmico, ca. adj. Sujeto a un ritmo o compás.

ritmo. m. **1** Orden al que se sujeta la sucesión de los sonidos en la música. **2** Ordenación armoniosa y regular, basada en los acentos y el número de sílabas, que puede establecerse en el lenguaje. **3** Orden y sucesión de algo. **4** Velocidad a que se desarrolla algo: *andar a buen ritmo.* **Sin.** 2 cadencia 3 ciclo 4 marcha.

rito. m. **1** Costumbre o ceremonia que siempre se repite de la misma manera. **2** Conjunto de reglas establecidas para el culto y ceremonias religiosas. **Sin.** 2 liturgia.

ritual. adj. **1** Relativo al rito: *ceremonia ritual.* | m. **2** Conjunto de ritos de una religión o de una Iglesia. **Sin.** 2 liturgia.

ritualismo. m. Apego a los ritos, formalidades, etc. **Sin.** formalismo.

rival. com. Persona que compite con otra, luchando por obtener una misma cosa o por superarla. **Sin.** adversario, contrario, competidor ☐ **Ant.** aliado.

rivalidad. f. **1** Cualidad de rival. **2** Enemistad.

rivalizar. intr. Competir, luchar contra una o más personas por conseguir algo o imponerse a ellas.

rivera. f. Arroyo y cauce por donde corre.

rizar. tr. y prnl. **1** Formar en el pelo rizos, bucles, tirabuzones, etc. **2** Mover el viento el mar, formando olas pequeñas. **3** Hacer en las telas, papel, etc., dobleces menudos. **Sin.** 1 ensortijar, ondular 2 encrespar ☐ **Ant.** 1 alisar.

rizo. m. **1** Mechón de pelo que artificial o naturalmente tiene forma de sortija, bucle, tirabuzón, etc. **2** Cierta pirueta que hace en el aire un avión, acróbata o gimnasta. **3 rizar el rizo.** loc. Hacer aún más difícil algo que ya es de por sí complicado.

rizófago, ga. adj. y s. Se dice de los animales que se alimentan de raíces.

rizófito, ta o **rizofito, ta.** adj. y f. **1** Vegetal provisto de raíces. | f. pl. **2** Orden de estas plantas.

rizoforáceo, a o **rizofóreo, a.** adj. y f. Se dice de árboles o arbustos dicotiledóneos, con muchas raíces, en parte visibles, como el mangle.

rizoide. adj. y m. Se dice de los pelos o filamentos que hacen las veces de raíces en ciertas plantas que, como las algas y los musgos, carecen de estos órganos.

rizoma. m. En bot., tallo horizontal y subterráneo que contiene yemas y del que nacen las raíces, propio de plantas de montaña y de clima frío, como el lirio común.

rizópodo, da. adj. y m. **1** Se dice del protozoo caracterizado por su aparato locomotor compuesto por seudópodos que le sirven para moverse y alimentarse; habita en medio acuático. | m. pl. **2** Superclase de estos animales, a la que pertenecen las amebas.

rizoso, sa. adj. Se dice del pelo que tiende a rizarse naturalmente.

roano, na. adj. Se apl. a la caballería cuyo pelo está mezclado de blanco, gris y bayo.

róbalo o **robalo.** m. Lubina.

robar. tr. **1** Apropiarse de algo ajeno. **2** Atraer fuertemente algo no material: *robar el corazón.* **3** Tomar cartas del montón de naipes en ciertos juegos, y fichas en el del dominó. **Sin.** 1 hurtar, sustraer 3 sacar.

robín. m. Herrumbre de los metales. **Sin.** orín.

robinsón. m. Hombre que en la soledad y sin ayuda ajena llega a bastarse a sí mismo.

roblar. tr. Doblar o remachar una pieza de hierro.

roble. m. **1** Árbol de la familia de las fagáceas con hojas perennes, flores unisexuales, cuyo fruto es la bellota; su madera es dura, compacta, de color pardo amarillento y muy apreciada en carpintería. **2** Persona o cosa fuerte, de gran resistencia.

robleda o **robledal.** f. o m. Robledo de gran extensión.

robledo. m. Sitio poblado de robles.

roblón. m. Clavo que se remacha por el extremo opuesto a la cabeza.

Hojas del roble

roblonar. tr. Sujetar con roblones remachados.

robo. m. **1** Acción de robar. **2** Cosa robada. **Sin.** 1 y 2 hurto, sustracción.

robot. m. **1** Máquina electrónica que puede ejecutar automáticamente distintas operaciones o movimientos. **2** Persona que hace las cosas de forma automática, sin pensar lo que está haciendo. **Sin.** 1 y 2 autómata.

robótica. f. Parte de la ingeniería que se ocupa de la aplicación de la informática a las máquinas.

robustecer. tr. y prnl. Hacer robusto y resistente. || **Irreg.** Se conj. como *agradecer*. **Sin.** fortalecer □ **Ant.** debilitar.

robustez. f. Cualidad de robusto.

robusto, ta. adj. Fuerte; referido a personas, también de aspecto saludable. **Sin.** sano, vigoroso.

roca. f. **1** Conjunto consolidado o no de minerales definidos, que forma parte de la corteza o manto terrestres. **2** Peñasco que se levanta en la tierra o en el mar. **3** Persona, animal o cosa muy dura, firme y constante.

rocalla. f. **1** Conjunto de piedrecillas desprendidas de las rocas por la acción del tiempo o del agua, o que han saltado al labrar las piedras. **2** Decoración no simétrica inspirada en el arte chino, que imita contornos de piedras y de conchas.

rocambola. f. Planta liliácea que se usa para condimento en sustitución del ajo.

rocambolesco, ca. adj. Se dice de las acciones audaces, apasionantes, espectaculares e inverosímiles: *una carrera rocambolesca*. **Sin.** inaudito.

roce. m. **1** Acción de rozar. **2** Señal que queda al rozar una cosa con otra. **3** Trato o comunicación frecuente con algunas personas.

rociada. f. **1** Acción de rociar. **2** Conjunto de cosas que se esparcen al arrojarlas: *una rociada de perdigones*. **3** Represión fuerte: *se llevó una buena rociada*.

rociar. tr. **1** Esparcir en menudas gotas el agua u otro líquido. **2** Arrojar algunas cosas de modo que caigan diseminadas. | intr. **3** Caer sobre la tierra el rocío o la lluvia menuda.

rocín. m. **1** Caballo de mal aspecto y poca altura. **2** Caballo de trabajo. **3** Hombre tosco e ignorante. **Sin.** 1 jamelgo 3 burro.

rocinante. m. Rocín flaco y lleno de mataduras.

rocío. m. **1** Vapor que con el frío de la noche se condensa en la atmósfera en gotas muy menudas, las cuales aparecen luego sobre la superficie de la tierra, las plantas, etc. **2** Las mismas gotas perceptibles a la vista. **3** Lluvia corta y pasajera.

roción. m. **1** Salpicadura abundante y violenta de agua del mar. **2** Reprimenda.

rock. (voz ingl.) m. **1** Forma abreviada de *rock and roll*. **2** P. ext., nombre que designa varios ritmos musicales derivados del *rock and roll*.

rock and roll. (expr. ingl.) m. **1** Estilo musical ligero que hizo su aparición en EE. UU. a mediados de los años cincuenta, y cuyo ritmo se deriva fundamentalmente del *jazz* y del *blues*. **2** Baile que acompaña este ritmo.

rococó. adj. y m. Se dice del estilo artístico surgido en Francia en el s. xviii como renovación del barroco y que precedió al neoclasicismo.

rocoso, sa. adj. Abundante en rocas.

roda. f. Pieza gruesa y curva que forma la proa de la nave.

rodaballo. m. Pez teleósteo marino con el cuerpo aplanado, de color pardo jaspeado, que tiene los dos ojos en el mismo lado; su carne es muy estimada.

rodada. f. Rodera.

rodado, da. adj. **1** Se apl. a las piedras alisadas y redondeadas por la erosión acuática. **2** Se dice de los pedazos de mineral desprendidos de la veta y esparcidos naturalmente por el suelo. También m. **3** Se dice del tránsito de vehículos de ruedas, y del transporte que se realiza valiéndose de ellos.

rodaja. f. **1** Pieza circular y plana, de madera, metal u otra materia. **2** Tajada circular de algunos alimentos: *rodaja de pescado*. **3** Estrella de la espuela.

rodaje. m. **1** Acción de rodar una película cinematográfica. **2** Situación en que se halla un automóvil mientras no ha rodado la distancia inicial prescrita por el constructor. **3** Conjunto de ruedas.

rodal. m. Mancha o espacio más o menos redondo que por alguna circunstancia se distingue de lo que le rodea: *la fogata dejó un rodal en el prado*.

rodamiento. m. Cojinete formado por dos cilindros concéntricos, entre los que se intercala una corona de bolas o rodillos.

rodapié. m. **1** Zócalo de una pared. **2** Paramento con que se cubren alrededor los pies de las camas, mesas y otros muebles. **3** Tabla, celosía o enrejado que se pone en la parte inferior de la barandilla de los balcones.

rodar. intr. **1** Dar vueltas un cuerpo alrededor de su eje. **2** Caer dando vueltas: *tropezó y salió rodando por la escalera*. **3** Moverse una cosa por medio de ruedas. **4** Ir de un lado para otro sin establecerse en sitio determinado. | tr. **5** Filmar películas cinematográficas. **6** Hacer funcionar un vehículo en rodaje. || **Irreg.** Se conj. como *contar*. **Sin.** 1 girar 3 circular 4 vagar.

rodear. intr. **1** Andar alrededor de algo. También tr.: *rodear el bosque*. **2** Ir por camino más largo que el ordinario. **3** Utilizar rodeos al hablar, para evitar cierto asunto. | tr. **4** Poner una o varias cosas alrededor de otra o estar alrededor de ella: *las murallas rodean la ciudad*. | **rodearse.** prnl. **5** Reunir una persona a su alrededor a ciertas personas o cosas:

Rodela

rodearse de amigos. **Sin.** 1 y 4 bordear 3 rehuir, eludir 4 circunvalar, circundar.

rodela. f. Escudo redondo y delgado.

rodeo. m. **1** Acción de rodear. **2** Camino más largo o desvío del camino derecho: *dio un rodeo para evitar las obras*. **3** Manera indirecta para hacer alguna cosa, a fin de eludir las dificultades que presenta. **4** Manera de decir una cosa valiéndose de circunloquios: *déjate de rodeos y habla claro*. **5** Reunión del ganado mayor para reconocerlo, contarlo, etc., y sitio donde se reúne. **6** En algunos países de América, deporte que consiste en montar potros salvajes o reses vacunas bravas y hacer otros ejercicios, como arrojar el lazo, etc. **Sin.** 1 circunvalación 2 desvío 3 subterfugio 4 evasiva.

rodera. f. Surco o marca que dejan a su paso las ruedas de un vehículo. **Sin.** rodada.

rodericense. adj. y com. De Ciudad Rodrigo.

rodete. m. **1** Rosca del pelo. **2** Almohadilla que se pone en la cabeza para llevar peso.

rodezno. m. **1** Rueda hidráulica con paletas curvas y eje vertical. **2** Rueda dentada que engrana con la que está unida a la muela de la tahona.

rodilla. f. **1** Conjunto de partes blandas y duras que forman la unión del muslo con la pierna. **2** En los cuadrúpedos, unión del antebrazo con la caña. **3** Paño basto que sirve para limpiar, especialmente en la cocina.

rodillada. f. **1** Rodillazo. **2** Golpe que se recibe en la rodilla.

rodillazo. m. Golpe dado con la rodilla.

rodillera. f. **1** Cualquier cosa que se pone en la rodilla para su comodidad, protección o adorno. **2** Remiendo o parche en la ropa, en la parte correspondiente a la rodilla. **3** Convexidad o bolsa que llega a formar el pantalón en la parte de la rodilla.

rodillo. m. **1** Madero cilíndrico, con dos mangos en sus extremos, utilizado para trabajar la masa. **2** Cilindro cubierto de pelillo o de material especial para empapar la pintura, y empleado para pintar superficies. **3** Cilindro muy pesado que se hace rodar para allanar y apretar la tierra. **4** Cilindro que se emplea para dar tinta en las imprentas, litografías, etc. **5** Pieza de metal, cilíndrica y giratoria, que forma parte de diversos mecanismos.

rodio. m. Elemento químico metálico, de color blanco de plata que no le atacan los ácidos y es difícilmente fusible. Su símbolo es *Rh*.

rodio, dia. adj. y s. De Rodas.

rodondendro. m. Planta arbustiva ornamental con flores en forma de campana de colores diversos.

rodofíceo, a. adj. y f. **1** Se dice de las algas que tienen un color variable del rojo al violeta. | f. pl. **2** Clase de estas algas.

rodrigar. tr. Poner rodrigones a las plantas.

rodrigón. m. Vara que se clava al pie de una planta para sujetarla y que no se tuerza.

rodríguez. m. Marido que permanece en la ciudad trabajando, mientras la familia está de vacaciones. Se usa sobre todo en la loc.: *estar de rodríguez*. || No varía en pl.

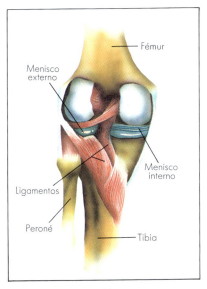

Rodilla

Roedores

roedor, ra. adj. **1** Que roe. **2** Se dice de los mamíferos caracterizados por poseer un único par de dientes incisivos de gran tamaño; son generalmente de pequeño tamaño, con el cuerpo cubierto de pelo y vegetarianos. | m. pl. **3** Orden de estos mamíferos al que pertenecen la ardilla y el ratón.

roedura. f. **1** Acción de roer. **2** Porción que se corta royendo. **3** Señal que queda en la parte roída.

roentgen o **roentgenio.** m. Unidad electrostática cegesimal de poder ionizante con relación al aire. Se emplea en las aplicaciones terapéuticas de los rayos X.

roer. tr. **1** Cortar en trozos muy menudos y superficialmente con los dientes parte de una cosa dura. **2** Quitar con los dientes a un hueso la carne que tiene pegada. **3** Gastar superficialmente, poco a poco, una cosa: *la erosión roe la piedra.* **4** Atormentar, afligir: *le roe la envidia.* || **Irreg.** Conjugación modelo:

Indicativo
Pres.: *roo (roigo* o *royo), roes, roe, roemos, roéis, roen.*
Imperf.: *roía, roías,* etc.
Pret. indef.: *roí, roíste, royó, roímos, roísteis, royeron.*
Fut. imperf.: *roeré, roerás,* etc.
Potencial: *roería, roerías,* etc.
Subjuntivo
Pres.: *roa, roas,* etc., o *roiga, roigas,* etc., o *roya, royas,* etc.
Imperf.: *royera, royeras,* etc., o *royese, royeses,* etcétera
Fut. imperf.: *royere, royeres,* etc.
Imperativo: *roe, roed.*
Participio: *roído.*
Gerundio: *royendo.*

rogar. tr. **1** Pedir algo con súplicas o con mucha humildad. **2** Solicitar. ‖ **Irreg.** Se conj. como *contar*. **Sin.** 1 suplicar, implorar.

rogativa. f. Oración pública hecha a Dios, la Virgen o los santos para conseguir el remedio de una grave necesidad. Más en pl.

rojez. f. Cualidad de rojo.

rojizo, za. adj. Que tira a rojo.

rojo, ja. adj. **1** Primer color del espectro solar, de tono encarnado muy vivo. También m. **2** De color parecido al oro. **3** Se dice del pelo de un rubio muy vivo, casi colorado. **4** En política, de ideas de izquierdas, radical, revolucionario. **5 al rojo vivo.** loc. adj. y adv. Incandescente o muy caliente. **6** Aplicado a situaciones, muy apuradas o en un momento crítico.

rol. m. **1** Papel que desempeña un actor, y p. ext., otra persona en cualquier actividad. **2** Lista o nómina. **3** Conducta que un grupo espera de un miembro en una situación determinada.

rolar. intr. **1** En marina, dar vueltas en círculo. **2** Ir variando de dirección el viento.

roldana. f. Hendidura por donde corre la cuerda en una polea o garrucha.

rollizo, za. adj. **1** Robusto y grueso. **2** Redondo en forma de rollo. | m. **3** Tronco sin desbastar. **Sin.** 1 rechoncho, gordo, fornido 2 cilíndrico.

rollo. m. **1** Objeto de contorno redondo en el que pueden enrollarse cuerdas, tela, papel, etc.: *un rollo de pergamino*. **2** Rodillo. **3** Película fotográfica enrollada en forma cilíndrica. **4** Persona, cosa o actividad pesada y fastidiosa. **5** Conversación larga y aburrida y capacidad que tiene alguien para hablar en exceso. **6** Asunto, tema, negocio: *entrar en el rollo*. **7** Ambiente: *este bar tiene buen rollo*. **8** Relación amorosa o sexual y persona con la que se tiene: *buscar rollo*. **Sin.** 1 bobina, carrete 4 petardo, muermo, bodrio, plomo, plasta.

romadizo. m. Catarro de la membrana pituitaria.

romaico, ca. adj. y m. Se apl. a la lengua griega moderna.

romana. f. Instrumento que sirve para pesar, compuesto de una palanca de brazos muy desiguales, con el fiel sobre el punto de apoyo.

romance. adj. y m. **1** Se apl. a cada una de las lenguas modernas derivadas del latín, como el español, el italiano, etc. | m. **2** Composición poética de origen español, generalmente en versos octosílabos en la que los pares repiten una misma asonancia, quedando libres los impares. **Sin.** 1 románica.

romancero, ra. m. y f. **1** Persona que canta romances. | m. **2** Colección de romances.

romancista. adj. y s. **1** Se dice de la persona que escribía en lengua romance, por contraposición a la que escribía en latín. | com. **2** Autor de romances.

románico, ca. adj. **1** Se dice del arte desarrollado en el occidente de Europa desde fines del s. x hasta principios del s. xiii. **2** Relacionado con este arte. **3** Se apl. a las diversas lenguas procedentes del latín. **Sin.** 3 romance.

romanista. adj. y com. **1** Se apl. a la persona especializada en Derecho romano. **2** Se dice de la persona especializada en las lenguas romances.

romanizar. tr. **1** Difundir la civilización romana o la lengua latina. | intr. **2** Adoptar la civilización romana o la lengua latina. Más c. prnl. **Sin.** 1 y 2 latinizar.

romano, na. adj. **1** De Roma, capital de Italia, o de cada uno de los Estados antiguos y modernos de que ha sido metrópoli. También s. **2** De cualquiera de los países de que se componía el antiguo Imperio romano. También s. **3** Se apl. a la religión católica y a lo perteneciente a ella. **4** Se dice de la lengua latina. También m. **Sin.** 3 católico 4 latín.

romanticismo. m. **1** Movimiento literario, artístico e ideológico de la primera mitad del s. xix, en que prevalece la imaginación y la sensibilidad sobre la razón y el examen crítico. **2** Época de la cultura occidental en que prevaleció tal movimiento. **3** Cualidad de romántico, sentimental y soñador.

romántico, ca. adj. **1** Perteneciente al romanticismo. **2** Se dice del artista o escritor encuadrado en el romanticismo. También s. **3** Sentimental, generoso y soñador. También s. **4** Apropiado para el amor o que lo produce: *un lugar romántico*.

romanza. f. **1** Aria de carácter sencillo y tierno. **2** Composición musical del mismo carácter.

romaza. f. Hierba perenne, común en terrenos arenosos de España.

rombo. m. Paralelogramo que tiene cuatro lados iguales y dos de sus ángulos mayores que los otros dos.

romboedro. m. Paralelepípedo cuyas seis caras son rombos iguales.

romboidal. adj. Con forma de romboide.

romboide. m. Paralelogramo cuyos lados contiguos son desiguales y dos de sus ángulos mayores que los otros dos.

romeral. m. Terreno poblado de romeros.

romería. f. **1** Viaje que se hace por devoción a un santuario. **2** Fiesta popular que se celebra en el campo inmediato a alguna ermita o santuario. **3** Gran número de personas que acuden a un sitio. **Sin.** 3 muchedumbre, gentío.

romero. m. Arbusto labiado de hojas aromáticas y pequeñas flores color lila; se utiliza en medicina y perfumería.

romero, ra. adj. y s. Se dice de la persona que va en romería o participa en una romería.

romo, ma. adj. **1** Que no tiene punta o filo. **2** Poco inteligente. **3** De nariz pequeña y poco puntiaguda. **Sin.** 1 obtuso 2 torpe 3 chato ☐ **Ant.** 1 afilado, puntiagudo 2 listo.

rompecabezas. m. **1** Juego que consiste en componer determinada figura combinando cierto número de piezas, en cada una de las cuales hay una parte de la figura. **2** Problema o acertijo de difícil solución. **3** Arma antigua compuesta de dos bolas de hierro o plomo sujetas a los extremos de un mango corto y flexible. ‖ No varía en pl.

rompehielos. m. Buque de formas, resistencia y potencia adecuadas para abrir camino en los mares helados. ‖ No varía en pl.

rompehuelgas. com. Persona que, prescindiendo del interés gremial, se presta a reemplazar a un huelguista. ‖ No varía en pl. **Sin.** esquirol.

rompeolas. m. Dique avanzado en el mar, para procurar abrigo a un puerto o rada. ‖ No varía en pl.

romper. tr. y prnl. **1** Separar con violencia las partes de un todo, deshaciendo su unión. **2** Quebrar o hacer pedazos una cosa: *se le rompieron las gafas*. **3** Estropear, destrozar, gastar: *romper los zapatos*. **4** Interrumpir la continuidad de algo no material: *romper la amistad*. **5** Deshacer un grupo, un cuerpo de gente armada, etc. ‖ intr. **6** Deshacerse en espuma las olas. **7** Empezar, comenzar: *romper el día*. **8** Abrirse las flores. ‖ Tiene p. p. irreg.: *roto*.

rompiente. adj. **1** Que rompe. ‖ m. **2** Bajo, escollo o costa donde, cortando el curso de la corriente de un río o el de las olas, rompe y se levanta el agua.

ron. m. Bebida alcohólica de olor y sabor fuertes, que se elabora con una mezcla fermentada de melazas y zumo de caña de azúcar.

ronca. f. **1** Grito que da el gamo cuando está en celo. **2** Tiempo en que está en celo el gamo.

roncador, ra. adj. y s. **1** Que ronca. ‖ m. **2** Pez teleósteo acantopterigio, de color negruzco con líneas amarillas.

roncar. intr. **1** Hacer un ruido ronco con la respiración cuando se duerme. **2** Llamar el gamo a la hembra cuando está en celo.

roncha. f. **1** Grano o marca enrojecida que se forma en la piel por la picadura de un insecto, por una rozadura, etc. **2** Cardenal, moradura. **Sin.** 1 habón, ronchón 2 moratón.

ronchar. tr. **1** Producir ronchas en el cuerpo. **2** Hacer ruido al masticar el alimento.

ronchón. m. Roncha abultada en la piel. **Sin.** habón.

ronco, ca. adj. **1** Que tiene ronquera. **2** Se dice también de la voz o del sonido fuerte y grave. **Sin.** 1 afónico.

ronda. f. **1** Acción de rondar. **2** Conjunto de personas o patrulla destinada a rondar las calles o a recorrer los puestos exteriores de una plaza. **3** Conjunto de jóvenes que se reúnen por la noche tocando intrumentos y cantando a las jóvenes. **4** Paseo o calle que circunda una ciudad o la parte antigua de ella. **5** En varios juegos de naipes, vuelta o suerte de todos los jugadores. **6** Conjunto de las consumiciones que hacen cada vez un grupo de personas: *a esta ronda invito yo*. **7** Carrera ciclista en etapas.

rondalla. f. **1** Pequeño conjunto vocal e instrumental o sólo instrumental. **2** Ronda de jóvenes.

rondar. intr. y tr. **1** Andar de noche las calles, paseando o vigilando una población. **2** Andar por un lugar o ir frecuentemente por él: *le vi rondando por la plaza*. **3** Pasarle a alguien algo por la mente o la imaginación: *le rondaba por la cabeza la idea de marcharse*. **4** Salir los jóvenes a la calle cantando canciones para cortejar a las jóvenes. ‖ tr. **5** Andar alrededor de uno para conseguir de él una cosa: *no paró de rondarme en toda la tarde*. **6** Amagar, estar a punto de atacarle a alguien una enfermedad, el sueño, etc.

rondel. m. Composición poética corta.

rondeño, ña. adj. y s. De Ronda (España).

rondó. m. Composición musical popular entre los s. xviii y xix, cuyo tema se repite en veces sucesivas.

rondón (de). loc. adv. Sin permiso, sin avisar: *colarse de rondón*.

ronquera. f. Afección de la laringe, que cambia el timbre de la voz haciéndolo ronco. **Sin.** afonía.

ronquido. m. **1** Ruido o sonido que se hace al roncar. **2** Ruido o sonido ronco: *el ronquido de un motor*.

ronronear. intr. **1** Producir el gato una especie de ronquido, demostrando que está a gusto o contento. **2** Hacer un ruido parecido máquinas o motores.

ronroneo. m. Acción de ronronear. **Sin.** runrún.

ronzal. m. Cuerda que se ata a la cabeza de las caballerías para conducirlas. **Sin.** cabestro.

ronzar. tr. Comer una cosa quebradiza partiéndola ruidosamente con los dientes.

roña. f. **1** Suciedad pegada fuertemente a la piel. **2** Herrumbre de los metales. **3** Mezquindad, tacañería. **4** Sarna del ganado lanar. ‖ com. **5** Persona tacaña. **Sin.** 1 mugre 2 orín 3 roñería, roñosería, cicatería 5 roñica, roñoso, cicatero.

roñería. f. Roñosería.

roñica. com. Persona tacaña.

roñosería. f. Cualidad de roñoso, tacaño.

roñoso, sa. adj. **1** Sucio, cubierto de roña. **2** Oxidado o cubierto de orín. **3** Miserable, tacaño. También s. **Sin.** 1 mugriento 2 herrumboso 3 roñica.

ropa. f. **1** Cualquier prenda que sirve para vestir. **2** Cualquier tela que sirve para el uso o adorno de las personas o las cosas: *ropa de cama*. **3 ropa blanca.** Conjunto de prendas de uso doméstico, como sábanas y manteles y también la ropa interior. **4 ropa interior.** La que se lleva debajo del vestido y otras prendas de uso exterior. **5 a quema ropa.** loc. adv. Tratándose del disparo de un arma de fuego, desde muy cerca. **6** De improviso.

ropaje. m. **1** Vestido, sobre todo el vistoso o de lujo. **2** Conjunto de ropas.

ropavejero, ra. m. y f. Persona que compra y vende ropa y cosas usadas.

ropería. f. **1** Tienda donde se vende ropa hecha. **2** Ropero para guardar la ropa.

ropero. m. **1** Armario o cuarto donde se guarda ropa. **2** Asociación benéfica destinada a distribuir ropa entre los necesitados.

roque. m. Torre del ajedrez.

roquedal. m. Lugar abundante en rocas.

roquedo. m. Peñasco o roca.

roquefort. m. Queso de oveja, de fuerte sabor y olor, con zonas de color verdoso debido a un moho que se produce durante su elaboración.

roqueño, ña. adj. **1** Se apl. al sitio o paraje lleno de rocas. **2** Duro como la roca.

roquero, ra. adj. **1** Relativo a las rocas o edificado sobre ellas: *castillo roquero*. | m. y f. **2** Persona que sigue el movimiento musical rock. También adj.

roquete. m. Sobrepelliz cerrada y con mangas cortas.

rorro. m. Niño pequeñito. **Sin.** bebé.

ros. m. Gorro militar con visera, de forma cilíndrica y más alto por delante que por detrás.

rosa. f. **1** Flor del rosal. **2** Mancha rojiza que sale en el cuerpo. | adj. y m. **3** Se dice del color encarnado poco subido, con mezcla de blanco. **4 rosa de los vientos** o **náutica.** Círculo que tiene marcados alrededor los 32 rumbos en que se divide la vuelta del horizonte. **5 como una rosa.** loc. De aspecto muy saludable.

rosáceo, a. adj. **1** De color rosa o parecido a él. **2** Se dice de las plantas dicotiledóneas herbáceas, arbustivas o arbóreas, como el rosal, el almendro o el peral. También f. | f. pl. **3** Familia de estas plantas.

rosado, da. adj. **1** De color rosa. **2** Se dice de un tipo de vino, más claro que el tinto. También m.

rosal. m. Planta arbustiva rosácea, con tallos ramosos que presentan espinas y flores muy apreciadas por su belleza y aroma; existen numerosas especies de jardinería obtenidas por hibridación.

rosaleda o **rosalera.** f. Sitio en que hay muchos rosales.

rosario. m. **1** Rezo en que se conmemoran los 15 misterios principales de la vida de Jesucristo y de la Virgen, recitando después de cada uno un padrenuestro, diez avemarías y un gloria. **2** Conjunto de cuentas, separadas de diez en diez por otras de distinto tamaño, que sirve para hacer ordenadamente el rezo del mismo nombre. **3** Serie, sarta: *un rosario de desgracias*. **Sin.** 3 retahíla, ristra.

rosbif. m. Carne de vaca asada ligeramente.

rosca. f. **1** Conjunto formado por tornillo y tuerca. **2** Cualquier cosa redonda y cilíndrica que, cerrándose, deja en medio un espacio vacío. **3** Pan o bollo de esta forma. **4** Cada una de las vueltas de una espiral, o el conjunto de ellas, particularmente las de los tornillos, tuercas y las de algunos cierres. **5 no comerse una rosca.** loc. No conseguir ligar, no tener éxito en una conquista amorosa; p. ext., no tener éxito en cualquier otra cosa. **6 pasarse de rosca.** loc. Excederse.

roscar. tr. Labrar las espiras de un tornillo.

rosco. m. Rosca de pan.

roscón. m. Bollo en forma de rosca grande: *roscón de Reyes*.

rosellonés, sa. adj. y s. Del Rosellón.

róseo, a. adj. De color de rosa.

roséola. f. Rubéola.

roseta. f. **1** Mancha rosada en las mejillas. **2** Lámina con agujeros por donde sale el agua de la regadera. **3** Sortija o pendiente adornado con una piedra preciosa a la que rodean otras pequeñas.

rosetón. m. **1** Ventana circular calada, con adornos, típica de las iglesias góticas. **2** Adorno circular que se coloca en los techos.

rosicler. m. Color rosado, claro y suave de la aurora.

rosoli o **rosolí.** m. Resoli.

rosquilla. f. Masa dulce en forma de rosca.

rostro. m. **1** Cara de las personas. **2** Pico del ave. **3** Espolón de la nave. **Sin.** 1 semblante.

rotación. f. Acción de rotar.

Rosa

rotar. intr. **1** Dar vueltas, especialmente alrededor de un eje. **2** Ir turnándose varias personas en un trabajo o actividad. **Sin.** 1 rodar 2 turnarse.

rotativo, va. adj. **1** Que rota. **2** Se dice de la máquina de imprimir de movimiento continuo y gran velocidad, que únicamente puede imprimir en papel de bobina. También f. | m. **3** P. ext., periódico impreso en estas máquinas: *rotativo matutino*.

rotatorio, ria. adj. Que tiene movimiento circular.

rotífero, ra. adj. **1** Se dice de ciertos invertebrados acuáticos, cuyo tamaño no excede de 1 mm de longitud, con simetría bilateral y segmentación aparente. | m. pl. **2** Clase de estos invertebrados.

roto, ta. adj. **1** Que lleva la ropa rota. También s. **2** Muy cansado, agotado: *vengo roto del partido*. | m. **3** Rotura, raja o agujero, especialmente en la ropa. **Sin.** 1 andrajoso.

rotonda. f. **1** Plaza circular. **2** Edificio o sala de planta circular.

rotor. m. Parte giratoria de una máquina electromagnética o de una turbina.

rótula. f. **1** Hueso de la rodilla, en la parte anterior de la articulación de la tibia con el fémur. **2** Pieza situada entre otras dos y que permite el movimiento de éstas.

rotulación. f. Acción de rotular.

rotulador, ra. adj. **1** Que rotula o sirve para rotular. También s. | m. **2** Utensilio para rotular, escribir o dibujar provisto de una carga de tinta y una punta de material absorbente. | f. **3** Máquina para rotular.

rotular. tr. Poner un rótulo, leyenda o inscripción.

rotular. adj. Relacionado con la rótula.

rótulo. m. **1** Título de un escrito o de una parte de él. **2** Letrero, leyenda o inscripción. **3** Cartel. **Sin.** 1 encabezamiento.

rotundidad. f. Cualidad de rotundo.

rotundo, da. adj. **1** Que no admite duda o discusión: *negativa rotunda*. **2** Se apl. al lenguaje claro y sonoro. **3** Redondo o redondeado. **Sin.** 1 concluyente, definitivo, tajante, terminante.

rotura. f. **1** Acción de romper o romperse. **2** Raja, quiebra o desgarradura en un cuerpo sólido: *la taza tiene una rotura*. **Sin.** 1 ruptura.

roturar. tr. Arar o labrar por primera vez las tierras para ponerlas en cultivo.

roulotte. (voz fr.) f. Pequeña vivienda que se engancha como remolque a un vehículo.

round. (voz. ingl.) m. Cada uno de los asaltos de un combate de boxeo.

roya. f. Hongo de tamaño muy pequeño que vive parásito sobre diversos vegetales, ocasionando en ellos peligrosas enfermedades.

royalty. (voz ingl.) m. Canon o tasa que se paga al titular de una patente, invento, etc., por la cesión de uso que hace de ellos a otra persona o entidad. || pl. *royalties*.

roza. f. **1** Surco o canal abierto en una pared para empotrar tuberías, cables, etc. **2** Tierra roturada y limpia para sembrar en ella. **3** Acción de rozar.

rozadura. f. **1** Acción de rozar o rozarse una cosa con otra. **2** Marca que queda en algo después de haberse rozado. **3** Herida superficial en la piel. **Sin.** 1-3 roce 3 arañazo.

rozamiento. m. **1** Acción de rozar. **2** En fís., fuerza que se produce entre dos superficies en contacto y que se opone al movimiento de un cuerpo sobre otro. **Sin.** 1 fricción.

rozar. intr. y tr. **1** Pasar una cosa tocando ligeramente la superficie de otra: *rozó su mano*. **2** Tener una cosa semejanza o conexión con otra: *su valor roza la temeridad*. | tr. **3** Dejar en una superficie una marca, señal, etc., al frotarla o ponerla en contacto con otra. **4** Limpiar las tierras de las matas y hierbas inútiles antes de labrarlas. **5** Abrir algún hueco o canal en un paramento. | **rozarse.** prnl. **6** Tener entre sí dos personas familiaridad o confianza. **Sin.** 2 lindar 3 raspar.

rúa. f. Calle de una población.

rubefacción. f. Enrojecimiento que se produce en la piel por la acción de un medicamento o por alteraciones de la circulación de la sangre, debidas a inflamación u otras enfermedades.

rubéola o **rubeola.** f. Erupción cutánea, caracterizada por la aparición de pequeñas manchas rosáceas, debida a una infección vírica.

rubí. m. Mineral variedad del corindón, de gran dureza, color rojo y brillo intenso. Constituye una piedra preciosa muy estimada en joyería. || pl. *rubíes* o *rubís*.

rubiáceo, a. adj. y f. **1** Se dice de plantas angiospermas dicotiledóneas, como el café. | f. pl. **2** Familia de estas plantas.

rubicundez. f. Cualidad de rubicundo.

rubicundo, da. adj. **1** Rubio que tira a rojo. **2** Se aplica a la persona de buen color y aspecto saludable. **Sin.** 1 pelirrojo.

rubidio. m. Elemento químico metálico del grupo de los alcalinos, aunque más blando y más pesado. Su símbolo es *Rb*.

rubio, bia. adj. **1** De color parecido al del oro; se dice particularmente del color del pelo y de la persona que lo tiene así. También s. **2** Se dice de un tipo de tabaco de color y sabor suaves. También m. | m. **3** Pez teleósteo marino acantopterigio de carne poco estimada. **Sin.** 1 dorado.

rublo. m. Unidad monetaria de la Rusia zarista, la antigua URSS, y en la actualidad de la Federación de

Rusia, Ucrania, Bielorrusia, Moldavia y otras repúblicas que la formaban.

rubor. m. **1** Color que toma el rostro a causa de la vergüenza. **2** P. ext., vergüenza. **3** Color rojo muy encendido. **Sin.** 1 y 2 sonrojo.

ruborizar. tr. y prnl. **1** Causar rubor. **2** Producir vergüenza. **Sin.** 1 y 2 sonrojar.

rúbrica. f. **1** Rasgo o conjunto de rasgos de forma determinada, que como parte de la firma pone cada cual después de su nombre. **2** Epígrafe o rótulo. **Sin.** 1 firma.

rubricar. tr. **1** Poner uno su rúbrica. **2** Suscribir, dar testimonio de una cosa: *rubrico lo que ha dicho*.

rucio, cia. adj. **1** De color pardo claro. | m. **2** Burro, asno.

ruda. f. Planta rutácea que se usa en medicina.

rudeza. f. Cualidad de rudo. **Sin.** tosquedad, brusquedad, ordinariez □ **Ant.** finura, delicadeza, suavidad.

rudimentario, ria. adj. Simple y elemental: *técnicas rudimentarias*. **Ant.** complejo, elaborado.

rudimento. m. **1** Embrión de un ser orgánico. **2** Parte de un ser orgánico imperfectamente desarrollada. | pl. **3** Primeros estudios o conocimientos básicos de cualquier ciencia o profesión.

rudo, da. adj. **1** Tosco, basto. **2** Descortés, grosero. **3** Riguroso, violento. **Ant.** 1 refinado 2 cortés, fino 3 suave.

rueca. f. Antiguo utensilio que se usaba para hilar.

rueda. f. **1** Máquina elemental, en forma circular y de poco grueso respecto a su radio, que puede girar sobre un eje. **2** Círculo formado por algunas personas o cosas: *una rueda de aperitivos*. **3** Tajada circular. **4** Turno, vez, orden sucesivo. **5 rueda de prensa.** Coloquio que una personalidad sostiene con periodistas.

ruedo. m. **1** Redondel de la plaza de toros. **2** Contorno de una cosa redonda: *el ruedo de una falda*. **3** Estera pequeña y redonda.

ruego. m. Súplica, petición. **Ant.** exigencia, orden.

rufián. m. **1** Hombre despreciable, que vive de engaños y estafas. **2** Hombre que trafica con prostitutas. **Sin.** 1 canalla, granuja 2 chulo, proxeneta.

rufianear. tr. e intr. Comportarse como un rufián.

rufianería. f. Conducta propia de un rufián.

rufianesco, ca. adj. Relativo al rufián o propio de él.

rufo, fa. adj. **1** Rubio o rojizo. **2** Que tiene el pelo rizado.

rugby. (voz ingl.) m. Deporte de origen inglés, practicado entre dos equipos de 15 jugadores que se disputan un balón de forma ovalada que deben introducir en la portería o en la línea de fondo contrarias.

Rugby

rugido. m. **1** Voz del león y de otros animales semejantes. **2** Grito de una persona enojada. **3** Estruendo. **4** Ruido que hacen las tripas.

rugir. intr. **1** Emitir su voz el león y otros animales salvajes. **2** Gritar una persona enojada: *ya está rugiendo el jefe*. **3** Producir un ruido fuerte: *el viento rugía*. **4** Sonar las tripas.

rugosidad. f. **1** Cualidad de rugoso. **2** Arruga.

rugoso, sa. adj. Que tiene arrugas, de superficie no regular. **Sin.** arrugado.

ruibarbo. m. **1** Planta herbácea con hojas grandes y ásperas y flores amarillas. **2** Raíz de esta planta.

ruido. m. **1** Sonido inarticulado y confuso más o menos fuerte. **2** Alboroto. **3** Novedad, extrañeza o revuelo que provoca algo: *su dimisión va a armar mucho ruido*. **4** Perturbación o señal anómala que se produce en un sistema de transmisión y que impide que la información llegue con claridad. **Sin.** 1 estruendo 2 bulla, jaleo □ **Ant.** 1 y 2 silencio 2 calma.

ruidoso, sa. adj. Que hace mucho ruido.

ruin. adj. **1** Rastrero, cobarde, malintencionado. **2** Tacaño. **Ant.** 1 noble 2 generoso.

ruina. f. **1** Acción de caer o destruirse una cosa. **2** Pérdida grande de fortuna. **3** Decadencia: *la ruina de un imperio*. **4** Persona o cosa en muy mal estado: *el coche está hecho una ruina*. | pl. **5** Restos de uno o más edificios destruidos. **Sin.** 1 derrumbamiento 2 quiebra 3 ocaso, desastre.

ruindad. f. **1** Cualidad de ruin. **2** Acción ruin.

ruinoso, sa. adj. **1** Que amenaza ruina: *un edificio ruinoso*. **2** Que produce ruina: *un negocio ruinoso*.

ruiseñor. m. Pájaro de cuerpo rechoncho, de unos 15 cm de longitud, con plumaje pardo rojizo; su canto es muy melodioso.

rular. intr. y tr. Rodar.

ruleta. f. **1** Juego de azar consistente en una rueda horizontal giratoria por la que se mueve una bolita que, al detenerse, indica el número ganador de la apuesta. **2 ruleta rusa.** Práctica suicida que consiste en dispararse a la sien, alternativamente, un revólver en cuyo tambor sólo hay una bala.

rulo. m. **1** Pequeño cilindro hueco y perforado al que se enrolla un mechón de cabello para rizarlo. **2** Rizo del cabello. **3** Rodillo para allanar el suelo.

rumano, na. adj. y s. **1** De Rumania. | m. **2** Lengua rumana.

rumba. f. **1** Cierto baile popular cubano y música que lo acompaña. **2** Música y baile gitanos con elementos del anterior.

rumbo. m. **1** Dirección considerada o trazada en el plano del horizonte. **2** Camino que uno se propone seguir. **3** Forma en que algo se conduce o desarrolla: *el rumbo de unas negociaciones*. **4** Generosidad. **5** Lujo, ostentación: *se compró un cochazo de mucho rumbo*. **SIN.** 1 derrotero 2 ruta, itinerario 3 cariz, sesgo 4 esplendidez, liberalidad 5 pompa, boato.

rumboso, sa. adj. **1** Desprendido, generoso. **2** Pomposo, ostentoso.

rumiante. adj. **1** Que rumia. **2** Se dice de los mamíferos ungulados artiodáctilos, que carecen de dientes incisivos en la mandíbula superior y tienen el estómago compuesto de cuatro cavidades: *panza, redecilla, libro* y *cuajar*. También m. | m. pl. **3** Suborden de estos mamíferos, al que pertenecen los camellos, toros, ciervos, etc.

rumiar. tr. **1** Masticar por segunda vez, devolviéndolo a la boca, el alimento que ya estuvo en la panza. **2** Considerar despacio y pensar con reflexión: *rumiar una venganza*. **3** Rezongar, refunfuñar. **SIN.** 2 reflexionar, meditar 3 mascullar, gruñir.

rumor. m. **1** Noticia vaga que corre entre la gente: *nos llegaron los rumores de su dimisión*. **2** Ruido confuso de voces: *el rumor de los rezos*. **3** Ruido sordo, vago y continuado: *el rumor del arroyo*. **SIN.** 1 chisme, bulo, habladuría 1-3 murmullo, runrún.

rumorearse. impers. Correr un rumor entre la gente.

runa. f. Cada uno de los caracteres que empleaban en la escritura los antiguos escandinavos.

runrún. m. **1** Zumbido. **2** Ruido confuso de voces. **SIN.** 1 y 2 rumor.

runrunear. intr. y prnl. Susurrar.

runruneo. m. **1** Acción de runrunear. **2** Runrún, zumbido.

rupestre. adj. **1** Relativo a las rocas: *planta rupestre*. **2** Se dice especialmente de las pinturas y dibujos prehistóricos existentes en algunas rocas y cavernas.

rupia. f. **1** Unidad monetaria de la India, Indonesia, Maldivas, Mauricio, Nepal, Pakistán, Seychelles y Sri Lanka. **2** Peseta.

ruptor. m. **1** Dispositivo electromagnético o mecánico que cierra o abre sucesivamente un circuito eléctrico. **2** Dispositivo que, al funcionar, produce la chispa en la bujía de un motor de explosión.

ruptura. f. **1** Acción de romper. **2** Particularmente, hecho de romper sus relaciones personas o entidades: *ruptura de negociaciones*. **SIN.** 1 rotura.

rural. adj. Relativo al campo. **SIN.** campestre, campesino ☐ **ANT.** urbano.

ruralismo. m. Cualidad de rural.

ruso, sa. adj. y s. **1** De Rusia, antigua nación europea. **2** P. ext., de la antigua URSS, y la actual Federación Rusa. | m. **3** Lengua eslava hablada en la Federación Rusa y en otros territorios de la antigua URSS.

rusticano, na. adj. Silvestre; se dice de las plantas no cultivadas.

rusticidad. f. Cualidad de rústico.

rústico, ca. adj. **1** Relativo al campo: *arrendamiento rústico*. **2** Tosco, grosero. | m. y f. **3** Campesino. **SIN.** 1 rural 2 palurdo 3 aldeano ☐ **ANT.** 1 urbano 2 refinado.

ruta. f. **1** Camino o itinerario de un viaje. **2** Dirección u orientación que se toma para un propósito. **SIN.** 1 y 2 rumbo, derrotero.

rutáceo, a. adj. y f. **1** Se dice de las plantas angiospermas dicotiledóneas, como el naranjo. | f. pl. **2** Familia de estas plantas.

rutenio. m. Elemento químico metálico, muy parecido al osmio y del que se distingue por tener óxidos de color rojo. Su símbolo es *Ru*.

rutherford o **rutherfordio.** m. Unidad de medida de la radiactividad. Corresponde a la cantidad de un preparado radiactivo en el cual se produce un millón de desintegraciones por segundo.

rutilancia. f. Brillo rutilante. **SIN.** resplandor.

rutilar. intr. Brillar, despedir destellos. **SIN.** resplandecer, relumbrar.

rutilo. m. Óxido de titanio.

rutina. f. Hábito adquirido de hacer las cosas mecánicamente, sin pensarlas: *compra siempre aquí por rutina*. **SIN.** costumbre.

rutinario, ria. adj. **1** Que se hace por rutina: *hay que seguir el procedimiento rutinario*. **2** Se dice del que actúa por rutina. **SIN.** 1 habitual.

S

s. f. Vigésima letra del abecedario, y decimosexta de sus consonantes. Su nombre es *ese*.

sábado. m. Día de la semana, entre el viernes y el domingo.

sábalo. m. Pez marino teleósteo, de cuerpo comprimido y fusiforme, con una gran mancha negra en la espalda; habita en el océano Atlántico y remonta los ríos en primavera para desovar.

sabana. f. Llanura muy extensa sin apenas vegetación arbustiva y arbórea.

sábana. f. **1** Cada una de las dos piezas de tela que se utilizan para cubrir la cama y colocar el cuerpo entre ambas. **2** Manto de los hebreos y otros pueblos de Oriente.

sabandija. f. **1** Reptil, insecto, bicho. **2** Persona despreciable.

sabañón. m. Hinchazón de la piel, principalmente de las manos, pies y orejas, que produce ardor y picazón y es causada por el frío excesivo.

sabático, ca. adj. **1** Relacionado con el sábado: *descanso sabático*. **2** Séptimo año en que los hebreos dejaban descansar sus tierras. **3** Se dice del año de licencia con sueldo que algunas universidades conceden a su personal cada siete años.

sabelotodo. com. Persona que presume de saberlo todo.

saber. tr. **1** Conocer. **2** Tener conocimientos de algo. **3** Tener habilidad para una cosa: *no sabe jugar al ajedrez*. **4** intr. Tener noticias sobre una persona: *hace un mes que no sé de mi hermano*. **5** Ser muy astuto: *sabe más que un zorro*. **6** Tener sabor: *esto sabe a café*. **7** Agradar, complacer: *no me supo bien que nos dejaran solos*. || **Irreg.** Conjugación modelo:

Sabana

Indicativo
Pres.: *sé, sabes, sabe, sabemos, sabéis, saben*.
Imperf.: *sabía, sabías, sabía*, etc.
Pret. indef.: *supe, supiste, supo, supimos, supisteis, supieron*.
Fut. imperf.: *sabré, sabrás, sabrá, sabremos, sabréis, sabrán*.
Potencial: *sabría, sabrías, sabría*, etc.
Subjuntivo
Pres.: *sepa, sepas, sepa, sepamos, sepáis, sepan*.
Imperf.: *supiera* o *supiese, supieras* o *supieses*, etcétera.
Fut. imperf.: *supiere, supieres, supiere, supiéremos, supiereis, supieren*.
Imperativo: *sabe, sabed*.
Participio: *sabido*.
Gerundio: *sabiendo*.

saber. m. Conocimiento, ciencia o sabiduría. **Sin.** erudición.

sabiduría. f. **1** Conocimiento profundo que se adquiere a través del estudio o de la experiencia. **2** Prudencia, juicio.

sabiendas (a). loc. adv. Con conocimiento y deliberación.

sabihondo, da. adj. y s. Que presume de sabio.

sabina. f. Arbusto cupresáceo, de hasta 2 m de altura, con hojas carnosas y fruto en baya de color rojo o negro. Crece en regiones mediterráneas.

sabino, na. adj. y s. De un pueblo de la antigua Italia que habitaba entre el Tíber y los Apeninos.

sabio, bia. adj. **1** Persona que posee sabiduría. También s. **2** Prudente, juicioso. **3** Se dice de los animales amaestrados, con muchas habilidades: *perro sabio*. **Sin.** 1 docto, entendido, erudito ◻ **Ant.** 1 y 2 necio.

sabiondo, da. adj. y s. Sabihondo.

sablazo. m. **1** Golpe dado con sable. **2** Herida hecha con él. **3** Acto de sacar dinero a uno pidiéndoselo con habilidad e insistencia.

sable. m. Arma blanca semejante a la espada, pero de un solo corte.

sablear. intr. Sacar dinero a uno dándole sablazos.

saboneta. f. Reloj de bolsillo, cuya esfera, cubierta con una tapa de metal, se descubre apretando un muelle.

sabor. m. **1** Sensación que ciertas sustancias producen en el órgano del gusto. **2** Impresión que produce una cosa: *aquella escena nos dejó un sabor amargo*. **3** Parecido de una cosa con otra: *el poema tiene un sabor clásico*. **Sin.** 1 gusto 2 regusto.

saborear. tr. y prnl. **1** Percibir detenidamente o con placer el sabor de algo. **2** Apreciar detenidamente y con placer cualquier cosa. **Sin.** 1 degustar 1 y 2 paladear.

sabotaje. m. **1** Acción de destruir o deteriorar maquinaria, instalaciones, etc., para impedir o entorpecer el desarrollo de algo. **2** Obstrucción disimulada contra algo.

sabotear. tr. **1** Realizar actos de sabotaje. **2** Oponerse o entorpecer deliberadamente alguna cosa: *Juan está saboteando tu proyecto*.

sabroso, sa. adj. **1** Agradable al paladar. **2** Delicioso. **3** Ligeramente salado. **4** Grande, sustancioso: *le pagan un sabroso sueldo*. **Sin.** 1 y 2 apetitoso ◻ **Ant.** 1 asqueroso 3 soso, insulso.

sabueso, sa. adj. y s. **1** Se dice de un tipo de perro podenco, grande y de olfato muy fino. | m. **2** Persona que sabe indagar o investigar.

saca. f. Saco muy grande, generalmente para conducir la correspondencia.

sacabocados. m. Instrumento con boca hueca y cortes afilados, para taladrar. ‖ No varía en pl.

sacacorchos. m. Instrumento para quitar los tapones de corcho de las botellas. ‖ No varía en pl.

sacacuartos. m. **1** Cosa que produce muchos gastos o con la que se malgasta el dinero. | com. **2** Persona hábil para sacar el dinero a otra. ‖ No varía en pl.

sacamuelas. com. **1** desp. Dentista. **2** Persona charlatana o embaucadora. ‖ No varía en pl.

sacaperras. adj. y m. Que hace gastar dinero o produce excesivos gastos: *máquina sacaperras*. ‖ No varía en pl.

sacapuntas. m. Instrumento para afilar lápices. ‖ No varía en pl.

sacar. tr. **1** Poner algo o a alguien fuera del sitio o condición en que estaba: *sacó el collar del joyero; me sacas de un apuro*. **2** Extraer una cosa de otra: *sacar aceite de almendras*. **3** Averiguar, descubrir: *sacar la cuenta; sacar parecido*. **4** Conseguir, lograr: *sacar dinero; sacar una respuesta; sacar una carrera*. **5** Gestionar, tramitar: *sacar un carné*. **6** Poner en uso o circulación: *sacar una moda*. **7** Adelantar o aventajar: *sacar pecho; le saca un cuerpo de distancia*. **8** Ensanchar o alargar: *hay que sacar las mangas porque están cortas*. **9** Fotografiar o filmar a alguien. **10** Citar, mencionar: *siempre saca el mismo tema*. **11** En algunos deportes, poner en juego la pelota o el balón. **Sin.** 1 quitar 2 y 4 obtener ◻ **Ant.** 1 meter.

sacárido. m. Denominación genérica de los hidratos de carbono o azúcares.

sacarina. f. Sustancia blanca y en polvo, que se emplea como sucedáneo del azúcar.

sacarosa. f. En quím., azúcar.

sacerdocio. m. Ejercicio y ministerio propio del sacerdote.

sacerdote. m. **1** Hombre consagrado a celebrar y ofrecer sacrificios religiosos. **2** En la religión católica, hombre ungido y ordenado para celebrar el sacrificio de la misa. **Sin.** 2 cura, presbítero ◻ **Ant.** 2 seglar.

sacerdotisa. f. Mujer dedicada en las antiguas religiones a ofrecer sacrificios a ciertas divinidades y cuidar de sus templos.

saciar. tr. y prnl. **1** Hartar de bebida o comida. **2** Satisfacer por completo otra necesidad o deseo.

saciedad. f. **1** Hecho de estar saciado. **2 hasta la saciedad.** loc. Hasta no poder más; muchas veces: *repetir algo hasta la saciedad*.

saco. m. **1** Bolsa grande, abierta por arriba. **2** Lo contenido en ella. **3** Nombre de algunos órganos en forma de bolsa. **4** Saqueo. **5** *amer.* Chaqueta, americana. | **6 saco de dormir.** El almohadillado que sirve para dormir dentro de él.

sacralizar. tr. Dar carácter sagrado a lo que no lo tenía.

sacramento. m. Entre los católicos, signo sensible de un efecto interior y espiritual que Dios obra en las almas.

sacrificar. tr. **1** Hacer sacrificios y ofrecerlos. **2** Matar las reses para el consumo. **3** Matar a un animal herido o enfermo. **4** Poner a una persona o cosa en algún riesgo o trabajo grande. | **sacrificarse.** prnl. **5** Privarse voluntariamente de algo en beneficio de alguien. Sin. 1 inmolar.

sacrificio. m. **1** Ofrenda a la divinidad que se hace en ciertas ceremonias. **2** Acto del sacerdote al ofrecer en la misa el cuerpo y la sangre de Cristo bajo las especies de pan y vino. **3** Acto de abnegación.

sacrilegio. m. Profanación de una persona, cosa o lugar sagrados.

sacrílego, ga. adj. y s. Que comete o contiene sacrilegio.

sacristán. m. El que ayuda al sacerdote en el servicio del altar y cuida la iglesia.

sacristía. f. Lugar en las iglesias donde se revisten los sacerdotes y están guardados los ornamentos de culto.

sacro, cra. adj. **1** Sagrado. **2** Se dice del hueso situado en la parte inferior de la columna vertebral, formado por cinco vértebras soldadas entre sí. También m. **3** Se dice también de esta zona y de lo que está situado en ella: *nervios sacros*.

sacrosanto, ta. adj. Que reúne las cualidades de sagrado y santo.

sacudida. f. **1** Acción de sacudir. **2** Impresión fuerte.

sacudir. tr. **1** Mover violentamente una cosa. También prnl. **2** Golpear algo para quitarle el polvo. **3** Golpear, dar golpes: *sacudir a alguien*. **4** Apartar violentamente una cosa de sí. También prnl.: *sacudirse la pereza*. Sin. 1 agitar 4 arrojar, despachar.

sádico, ca. adj. y s. Relacionado con el sadismo.

sadismo. m. **1** Perversión sexual de la persona que goza cometiendo actos de crueldad con los demás. **2** Crueldad refinada.

saduceo, a. adj. **1** Secta judía, opuesta a los fariseos, que tenía sus seguidores sobre todo entre la clase rica, y que negaba la inmortalidad del alma y la resurrección. **2** Se dice también de sus individuos. También s.

saeta. f. **1** Dardo o flecha que se dispara con el arco. **2** Manecilla del reloj o de la brújula. **3** Copla breve que se canta en las iglesias y en las calles durante ciertas solemnidades religiosas. Sin. 1 venablo 2 aguja.

saetera. f. Ventanilla en una fortificación para disparar saetas.

safari. m. **1** Excursión de caza mayor realizada en África, y por ext., en otros lugares. **2** Expedición científica, fotográfica, etc., por lugares semejantes.

safena. adj. y f. Se dice de cada una de las venas que recorren la pierna llevando la sangre desde la femoral al pie.

sáfico, ca. adj. Se dice del verso de métrica grecolatina de once sílabas, atribuido a la poetisa griega Safo.

saga. f. **1** Leyenda poética de primitivas tradiciones heroicas y mitológicas, particularmente de la antigua Escandinavia. **2** Historia de una familia a través de varias generaciones: *la saga de los Ríus*. **3** Dinastía familiar.

sagacidad. f. Cualidad de sagaz; astucia. Sin. perspicacia ☐ Ant. ingenuidad.

sagaz. adj. Astuto y prudente, que prevé y previene las cosas.

sagita. f. En geom., porción de recta comprendida entre el punto medio de un arco de círculo y el de su cuerda. Sin. flecha.

sagitario. **1** Noveno signo del Zodiaco, que el Sol recorre aparentemente entre el 22 de noviembre y el 21 de diciembre. **2** Constelación zodiacal que actualmente se halla delante del mismo signo y un poco hacia el Oriente. || En estas dos acepciones suele escribirse con mayúscula. | com. **3** Persona nacida bajo este signo.

sagrado, da. adj. **1** Dedicado a Dios y al culto divino. **2** Relacionado con la divinidad o su culto: *historia sagrada*. **3** Que inspira veneración. **4** Inviolable. Ant. 1 y 2 profano.

sagrario. m. Urna donde se guarda la hostia consagrada en las iglesias. Sin. tabernáculo.

sah. m. Sha.

saharaui. adj. y com. Del Sáhara.

sahariano, na. adj. **1** Del Sáhara. | **2** f. Chaqueta propia de climas cálidos, con bolsillos de parche. Sin. 1 saharaui.

sahumar. tr. y prnl. Quemar una sustancia aromática para perfumar algo.

sainete. m. Pieza dramática jocosa en un acto, que se representaba como intermedio de una función, o al final.

sajar. tr. Hacer un corte en la carne.

sajón, na. adj. y s. De un pueblo germánico que habitaba en la desembocadura del río Elba y parte del cual se estableció en Inglaterra en el s. v.

sake. (voz japonesa) m. Bebida alcohólica japonesa obtenida por fermentación del arroz. También se dice *saki*.

sal. f. **1** Nombre común del cloruro de sodio, sustancia blanca, cristalina, de sabor acre y muy soluble en agua, usada como condimento. **2** En quím., compuesto resultante de la sustitución de los átomos de hidrógeno de un ácido por radicales básicos. **3** Agudeza, gracia, garbo. | pl. **4** Pequeños cristales de una sustancia perfumada que se disuelven en el agua del baño. **5** Sustancia salina que contiene amoniaco, utilizada como reanimante.

sala. f. **1** Salón. **2** Habitación de grandes dimensiones: *sala de juntas.* **3** Habitación donde celebra audiencia un tribunal de justicia. **4** Conjunto de magistrados o jueces que tiene atribuida jurisdicción privativa sobre determinadas materias: *sala de apelación.* **5 sala de fiestas.** Local con bar, pista de baile, y en el que suelen ofrecerse algunos espectáculos.

salacot. m. Sombrero usado en Filipinas y otros países cálidos, en forma de casquete esférico y hecho de un tejido de tiras de caña.

salado, da. adj. **1** Se dice del alimento con más sal de la necesaria. | f. **2** Gracioso, chistoso. **3** *amer.* Desgraciado, infortunado. **4** *amer.* Caro, costoso. S<small>IN</small>. 1 sabroso 2 saleroso, garboso. ☐ A<small>NT</small>. 1 y 2 soso.

salamandra. f. **1** Anfibio de larga cola y piel lisa negra con manchas amarillas. **2** Estufa de combustión lenta.

salamanquesa. f. Saurio de cuerpo aplastado y ceniciento; es insectívoro y vive en las grietas de los edificios y debajo de las piedras.

salami. (voz it.) m. Embutido parecido al salchichón, de mayor tamaño.

salar. tr. **1** Conservar en sal: *salar carnes y pescados.* **2** Sazonar con sal. **3** Echar más sal de la necesaria.

salario. m. Remuneración que percibe una persona por su trabajo. S<small>IN</small>. jornal, sueldo.

salazón. f. **1** Acción de salar carnes o pescados. **2** Conjunto de carnes o pescados salados. **3** Industria de estas conservas.

salchicha. f. Embutido estrecho y alargado de carne de cerdo, que se sazona de diversas maneras.

Salamandra

salchichón. m. Embutido de jamón, tocino y pimienta en grano, prensado y curado.

saldar. tr. **1** Liquidar una cuenta. **2** Dar algo por terminado: *saldar un asunto.* **3** Vender a bajo precio una mercancía para deshacerse de ella.

saldo. m. **1** Pago o finiquito de deuda u obligación. **2** Cantidad que de una cuenta resulta a favor o en contra de uno. **3** Resto de mercancías que se venden a bajo precio. **4** Resultado final: *el saldo de la operación ha sido satisfactorio.*

saledizo, za. adj. **1** Saliente, que sobresale. | m. **2** En arquit., parte que sobresale de un muro o fachada.

salero. m. **1** Recipiente para guardar la sal o servirla en la mesa. **2** Gracia, garbo: *tener mucho salero.*

saleroso, sa. adj. Que tiene mucho salero o gracia.

salesa. adj. y f. Se dice de la religiosa que pertenece a la orden de la Visitación de Nuestra Señora, fundada en el s. XVII por San Francisco de Sales.

salesiano, na. adj. y s. Se dice del religioso que pertenece a la Sociedad de San Francisco de Sales, congregación fundada por San Juan Bosco en el s. XIX.

salicáceo, a. adj. y f. **1** Se dice de los árboles y arbustos angiospermos dicotiledóneos con hojas simples, flores sin pétalos y fruto en cápsula, como el sauce, el álamo y el chopo. | f. pl. **2** Familia de estas plantas.

salicílico, ca. adj. Se dice del ácido que se utiliza principalmente en medicina como desinfectante, antiséptico y antirreumático.

sálico, ca. adj. **1** Relativo a los salios, rama de los francos. **2** Se dice de la ley que excluía del trono a las mujeres.

salida. f. **1** Acción de salir. **2** Parte por donde se sale. **3** Pretexto, recurso: *tiene salidas para todo.* **4** Solución, respiro: *halló la salida a sus problemas.* **5** Dicho agudo, ocurrencia. **6** Posibilidad de venta de un producto. **7** Futuro, posibilidad favorable que ofrece algo. Más en pl.: *unos estudios con muchas salidas.* **8 salida de tono.** Dicho inconveniente.

saliente. m. **1** Parte que sobresale en una cosa. **2** Oriente, levante.

salina. f. **1** Mina de sal. **2** Instalación para obtener la sal de las aguas del mar o de ciertos manantiales.

salino, na. adj. **1** Que naturalmente contiene sal. **2** Que participa de las propiedades de la sal.

salir. intr. **1** Pasar de dentro afuera. También prnl. **2** Desencajarse: *no consigo que salga la tuerca.* También prnl. **3** Partir de un lugar a otro. **4** Ir a tomar el aire, pasear, distraerse: *deberías salir más.* **5** Librarse de un lugar o situación apurados. **6** Desembarazarse:

salir de dudas. **7** Aparecer, brotar: *salir el Sol; salir el trigo.* **8** Sobresalir. **9** Apartarse, separarse. También prnl.: *salirse de la carretera.* **10** Quitarse una mancha. **11** Mantener con alguien una relación amorosa: *empezaron a salir siendo muy jóvenes.* **12** Descubrir alguien o algo su carácter o cualidades: *ha salido muy listo.* **13** Parecerse, asemejarse: *ha salido a su madre.* **14** Comenzar ciertos juegos. **15** Referido a cuentas, ajustar. **16** Costar una cosa: *salir caro.* **17** Corresponder a cada uno una cantidad: *salimos a cinco mil por persona.* **18** Resultar tal como se expresa: *salió bien el examen.* **19** Ser elegido en un sorteo, votación, etc. **20** Decir o hacer algo inesperado o chocante: *va y sale con que la culpa fue nuestra.* **SIN.** 3 irse, marcharse 7 surgir □ **ANT.** 1 entrar. ‖ **Irreg.** Conjugación modelo:

Indicativo
Pres.: *salgo, sales, sale, salimos, salís, salen.*
Imperf.: *salía, salías, salía,* etc.
Pret. indef.: *salí, saliste, salió, salimos, salisteis, salieron.*
Fut. imperf.: *saldré, saldrás, saldrá, saldremos, saldréis, saldrán.*
Potencial: *saldría, saldrías, saldría,* etc.
Subjuntivo
Pres.: *salga, salgas, salga, salgamos, salgáis, salgan.*
Imperf.: *saliera, salieras,* etc., o *saliese, salieses,* etc.
Fut. imperf.: *saliere, salieres, saliere, saliéremos, saliereis, salieren.*
Imperativo: *sal, salid.*
Participio: *salido.*
Gerundio: *saliendo.*

---

salitre. m. **1** Cualquier sustancia salina, especialmente la que aflora en suelos y paredes. **2** *amer.* Nitrato de Chile o sódico.

saliva. f. Líquido segregado por las glándulas bucales, para reblandecer los alimentos y facilitar su masticación y digestión.

salivazo. m. Porción de saliva que se escupe de una vez.

salmantino, na. adj. y s. De Salamanca (España y América).

salmer. m. Piedra del machón o muro, de donde arranca un arco.

salmo. m. Canto sagrado de los hebreos y cristianos.

salmodia. f. **1** Música con que se acompañan los salmos. **2** Canto monótono. **3** Cosa molesta e insistente.

Salmón

salmón. m. **1** Pez teleósteo de cuerpo gris azulado con una segunda aleta adiposa en su dorso; es muy apreciado como alimento. Habita en el océano Atlántico; en otoño desova en los ríos y después emigra al mar. | adj. y m. **2** Color rosa anaranjado, como la carne de este pez.

salmonete. m. Pez teleósteo marino acantopterigio, de color rojo en el lomo y blanco sonrosado en el vientre. Habita en el Atlántico y el Mediterráneo, y es muy apreciado en alimentación.

salmónido, da. adj. y m. **1** Se dice de los peces teleósteos, como el salmón. | m. pl. **2** Familia de estos animales.

salmuera. f. **1** Salsa con mucha sal para conservar los alimentos. **2** Alimento muy salado.

salobre. adj. Que tiene sabor de sal o la contiene.

salomónico, ca. adj. **1** Relacionado con Salomón. **2** Se dice del juicio resuelto de forma drástica e igualitaria entre las dos partes. **3** Se dice de un tipo de columna de fuste contorneado en espiral.

salón. m. **1** Habitación principal de una casa. **2** Mobiliario de esta habitación. **3** Pieza grande de un edificio donde se celebran juntas, actos públicos, etc.: *salón de actos.* **4** Nombre de algunos locales o establecimientos: *salón de té.*

salpicadero. m. En los vehículos automóviles, tablero situado delante del asiento del conductor, en el que se hallan algunos mandos y aparatos indicadores.

salpicar. tr. **1** Hacer que salte un líquido en gotas menudas. También intr. **2** Mojar o manchar con un líquido que salpica. También prnl. **3** Esparcir, rociar: *salpicar de anécdotas la conversación.*

salpicón. m. **1** Plato frío hecho con trozos de pescado y marisco, cebolla, sal y otros ingredientes. **2** Acción de salpicar.

salpimentar. tr. **1** Condimentar con sal y pimienta. **2** Amenizar. ‖ **Irreg.** Se conj. como *acertar.* **SIN.** 1 sazonar, aderezar 2 animar.

salsa. f. **1** Mezcla de varias sustancias desleídas, con que se aderezan las comidas. **2** Jugo que suelta un alimento al cocinarlo. **3** Gracia o interés de algo: *la salsa de la vida*. **4** Cierta música caribeña con mucho ritmo.

salsera. f. Recipiente para servir la salsa.

saltamontes. m. Insecto ortóptero de cuerpo alargado color pardo, verdoso o negruzco, con las patas anteriores cortas y las posteriores muy robustas y largas, adaptadas al salto. || No varía en pl.

saltar. intr. **1** Levantarse del suelo con impulso y agilidad. También tr.: *saltar una zanja*. **2** Arrojarse desde una altura. **3** Salir un líquido hacia arriba con fuerza. **4** Romperse o abrirse violentamente una cosa: *saltar una costura*. **5** Desprenderse una cosa de donde estaba unida: *saltar un botón*. **6** Lanzarse sobre alguien o algo: *saltar sobre una presa*. **7** Reaccionar bruscamente: *en cuanto menciones ese asunto, Ricardo salta*. | **saltarse.** prnl. **8** Pasar de una cosa a otra, dejándose las intermedias: *saltarse un párrafo*. **9** No cumplir una ley, reglamento, etc. **10 saltar** algo **a la vista.** loc. Destacar, sobresalir.

saltarín, na. adj. y s. **1** Que danza y baila. **2** Inquieto, bullicioso.

salteador, ra. m. y f. Persona que saltea en los caminos.

saltear. tr. **1** Salir a los caminos para robar a la gente. **2** Acometer. **3** Hacer algo discontinuamente sin seguir un orden. **4** Sofreír un alimento.

salterio. m. **1** Libro de coro que contiene sólo los salmos. **2** Parte del breviario que contiene las horas canónicas de toda la semana. **3** Antiguo instrumento de cuerda.

saltimbanqui. com. Equilibrista, titiritero.

salto. m. **1** Acción de saltar. **2** Despeñadero muy profundo. **3** Caída de un caudal importante de agua, especialmente en una instalación industrial. **4** Interrupción, discontinuidad. **5** Progreso importante: *el descubrimiento supuso un salto en la ciencia*. **6** Palpitación violenta del corazón.

saltón, na. adj. Se dice de algunas cosas que sobresalen más de lo normal: *ojos saltones*.

salubre. adj. Sano, saludable.

salubridad. m. Calidad de salubre.

salud. f. **1** Estado en que el organismo ejerce normalmente todas sus funciones. **2** P. ext., buen estado y funcionamiento de una nación, entidad, etc. **3** Estado de gracia espiritual. **4** interj. Se usa como fórmula de saludo y al brindar. **Ant.** 1 enfermedad.

saludable. adj. **1** Que sirve para conservar o restablecer la salud corporal. **2** Que muestra buena salud. **3** Provechoso para un fin.

saludar. tr. **1** Decirle a alguien ciertas fórmulas de cortesía o hacerle ciertos gestos al encontrarse con él o al despedirse. También prnl. **2** Enviar saludos.

saludo. m. **1** Acción de saludar. **2** Palabra, gesto o fórmula para saludar. | pl. **3** Expresiones corteses.

salutación. f. Acción de saludar.

salva. f. Saludo o demostración de respeto que se hace en el ejército disparando armas de fuego. Más en pl.

salvación. f. **1** Acción de salvar. **2** En religión, consecución de la gloria y bienaventuranza eternas.

salvado. m. Cáscara del grano que se separa de éste al desmenuzarlo y cribarlo.

salvador, ra. adj. y s. **1** Que salva. **2** P. ant., Jesucristo. || En esta acepción se escribe con mayúscula.

salvaguardar. tr. Defender, proteger.

salvaguardia. m. **1** Guarda que se pone para la custodia de una cosa. | f. **2** Salvoconducto.

salvajada. f. Dicho o hecho propio de un salvaje.

salvaje. adj. **1** Se dice de los pueblos primitivos, que no han adoptado la cultura y costumbres de la civilización occidental. También com. **2** Silvestre, sin cultivar. **3** Se dice del animal que no es doméstico. **4** Cruel, violento y sin control. **Sin.** 2 agreste 3 bravío, montaraz.

salvajismo. m. Modo de ser o de obrar propio de salvajes.

salvamanteles. m. Pieza de diversos materiales que se pone sobre el mantel para evitar que se manche o se queme. || No varía en pl.

salvar. tr. **1** Librar de un riesgo o peligro. También prnl. **2** Dar Dios la gloria y bienaventuranza eternas. También prnl. **3** Evitar un inconveniente, dificultad o riesgo. También prnl. **4** Vencer un obstáculo, pasando por encima o a través de él: *salvó de un salto el foso*. **Sin.** 1 liberar 4 superar.

salvavidas. m. Utensilio empleado para mantener a flote a una persona en el agua. || No varía en pl.

salve. f. **1** Una de las oraciones dirigidas a la Virgen. | interj. **2** Fórmula latina de saludo.

salvedad. f. Razonamiento o advertencia que se emplea como excusa, descargo o limitación de lo que se va a decir o hacer.

salvia. f. Planta arbustiva con tallos de color verde blanquecino, hojas pegajosas y flores azules, violáceas o amarillas. El cocimiento de las hojas se usa como condimento y astringente.

salvo, va. adj. **1** Ileso, librado de un peligro. | adv. m. **2** Fuera de, excepto.

salvoconducto. m. **1** Documento expedido por una autoridad para que el que lo lleve pueda transitar sin riesgo. **2** Libertad para hacer algo sin temor de castigo. **Sin.** 1 pasaporte, salvaguardia.

samaritano, na. adj. **1** De Samaria, antigua región y ciudad de Palestina. | m. y f. **2** Persona que ayuda a otra.

samba. f. Danza brasileña, de origen africano.

sambenito. m. **1** Desprestigio o calificativo desfavorable que pesa sobre alguien como consecuencia de cierta acción. **2** Esclavina o escapulario que se ponía a los penitentes reconciliados por el tribunal de la Inquisición.

samovar. m. Recipiente de origen ruso, empleado para calentar el agua del té, provisto de un tubo interior con un infiernillo.

samoyedo, da. adj. **1** Se dice de un pueblo mongol que habita las costas del mar Blanco y el N. de Siberia. También s. **2** Se dice de una raza de perros, propia de las regiones boreales, de complexión fuerte y pelo abundante, generalmente blanco.

samurái. (voz japonesa) adj. y m. En el Japón medieval, se dice de la clase inferior de los nobles, constituida por guerreros que servían a algún señor feudal. || pl. *samuráis.*

san. adj. apóc. de *santo.* Se usa solamente antes de los nombres propios de santos, excepto los de Tomás o Tomé, Toribio y Domingo.

sanar. tr. **1** Restituir a uno la salud que había perdido. | intr. **2** Recobrar el enfermo la salud.

sanatorio. m. Establecimiento convenientemente dispuesto para la estancia de enfermos que necesitan someterse a tratamientos médicos o quirúrgicos.

sanción. f. **1** Pena que la ley establece para el que la infringe. **2** Castigo por cualquier falta. **3** Autorización o aprobación que se da a cualquier acto, uso o costumbre. **4** Acto solemne por el que el jefe del Estado confirma una ley o estatuto.

sancionar. tr. **1** Aplicar una sanción o castigo. **2** Autorizar cualquier acto, uso o costumbre. **3** Dar fuerza de ley a una disposición.

sanctasanctórum. m. **1** Parte interior y más sagrada del tabernáculo de los judíos. **2** Parte más reservada y misteriosa de un lugar. **3** Lo que para alguien es de singular aprecio. || No varía en pl.

sandalia. f. **1** Calzado compuesto de una suela que se asegura con correas o cintas. **2** P. ext., zapato ligero y muy abierto.

sándalo. m. **1** Planta herbácea, labiada y olorosa, originaria de Persia y que se cultiva en los jardines. **2** Árbol cuya madera desprende excelente olor; crece en Asia y Oceanía. **3** Leño oloroso de este árbol.

sandez. f. **1** Cualidad de necio, bobo. **2** Tontería, despropósito.

sandía. f. **1** Planta cucurbitácea, de tallo flexible con zarcillos, hojas lobuladas y fruto esférico de piel verde y pulpa roja, dulce y jugosa. **2** Fruto de esta planta.

sandinista. adj. y com. **1** Partidario de los ideales de Augusto César Sandino. **2** Perteneciente al Frente Sandinista de Liberación Nacional, movimiento que derrocó en Nicaragua la dictadura de Anastasio Somoza.

sandio, dia. adj. y s. Necio o simple.

sandunga. f. **1** Gracia, donaire, salero. **2** *amer.* Jarana, jolgorio, parranda.

sándwich. (voz ingl.) m. Loncha o trozo de un alimento servido entre dos rebanadas de pan. || pl. *sándwiches.* S<small>IN</small>. emparedado.

saneado, da. adj. Se dice de los bienes, la renta o el haber que están libres de cargas o descuentos.

sanear. tr. **1** Dar condiciones de salubridad a un terreno, edificio, etc. **2** Reparar o remediar una cosa, particularmente hacer productivo un negocio.

sanedrín. m. Consejo supremo temporal y religioso de los judíos.

sanfermines. m. pl. Festejos que se celebran en Pamplona durante una semana, que se inicia el 7 de julio, festividad de San Fermín.

sangrar. intr. **1** Echar sangre. | tr. **2** Abrir o punzar una vena y dejar salir determinada cantidad de sangre. **3** Dar salida a un líquido, abriendo un conducto por donde corra. **4** Hacer una incisión en un árbol para obtener resina u otra sustancia. **5** Sacar beneficio de alguien, generalmente dinero: *su hijo les está sangrando.* **6** En impr., empezar un renglón más adentro que los otros de la plana.

sangre. f. **1** Líquido que circula por las arterias y las venas. **2** Linaje o parentesco. **3** Muerte o matanza: *un delito de sangre.* **4 sangre azul.** Linaje noble. **5 sangre fría.** Serenidad. **6 sudar sangre.** loc. Esforzarse o sufrir mucho.

sangría. f. **1** Acción de sacar sangre a alguien. **2** Salida que se da a las aguas de un río o canal. **3** Pequeño corte que se hace en un árbol para que

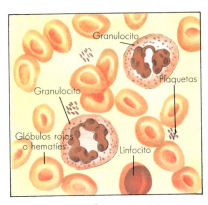

Sangre

fluya la resina. **4** Pérdida pequeña pero continua de algo. **5** Bebida refrescante hecha con vino, agua, azúcar y frutas.

sangriento, ta. adj. **1** Que echa sangre. **2** Teñido o mezclado con sangre. **3** Muy cruel, despiadado: *criminal sangriento; batalla sangrienta.*

sanguijuela. f. **1** Gusano anélido de cuerpo segmentado, con una ventosa en cada extremo, con las que se adhiere a sus víctimas para sorberles la sangre a través de su boca chupadora. Vive en lagunas, pozos y arroyos. **2** Persona que se aprovecha de otras, sobre todo de su dinero.

sanguina. f. **1** Lápiz rojo oscuro hecho con hematites. **2** Dibujo hecho con este lápiz.

sanguinario, ria. adj. Cruel, sangriento. **SIN.** inhumano, despiadado.

sanguíneo, a. adj. **1** De la sangre. **2** Que contiene sangre. **3** De color de sangre. **4** Se dice de un tipo de carácter violento y muy irritable.

sanguinolento, ta. adj. **1** Que echa sangre. **2** Mezclado con sangre.

sanidad. f. **1** Cualidad de sano. **2** Conjunto de servicios del Estado para preservar la salud pública.

sanitario, ria. adj. **1** Relacionado con la sanidad: *prácticas sanitarias.* **2** Se dice de las instalaciones de agua dispuestas en los cuartos de baño para usos higiénicos. También m. | m. y f. **3** Persona que trabaja en sanidad.

sano, na. adj. **1** Que goza de perfecta salud. También s. **2** Bueno para la salud: *alimentación sana; aire sano.* **3** Sin daño o desperfecto. **4** Noble, de buena intención. **SIN.** 1 saludable, robusto 3 ileso, entero □ **ANT.** 1 enfermo 2 nocivo.

sánscrito, ta o **sanscrito, ta.** adj y s. Se dice de la antigua lengua de los brahmanes y de lo referente a ella.

sansón. m. Hombre muy fuerte.

santabárbara. f. **1** Lugar destinado en las embarcaciones para guardar la pólvora. **2** Cámara que lleva a este compartimento.

santero, ra. adj. **1** Que tributa a las imágenes un culto excesivo y supersticioso. | m. y f. **2** Persona que cuida de un santuario. **3** Persona que pide limosna, llevando de casa en casa la imagen de un santo. **4** Persona que pinta, esculpe o vende santos. **5** Curandero que invoca a los santos.

santiamén (en un). loc. adv. En un instante.

santidad. f. **1** Cualidad de santo. **2** Tratamiento que se da al Papa.

santificar. tr. **1** Hacer santo. **2** Honrar a los santos y a lo sagrado. **3** Participar en las celebraciones religiosas: *santificar las fiestas.*

santiguar. tr. y prnl. **1** Hacer la señal de la cruz desde la frente al pecho y desde un hombro al otro.

Sanguijuela

| **santiguarse.** prnl. **2** Escandalizarse. **SIN.** 1 persignar.

santo, ta. adj. **1** Perfecto y libre de toda culpa. **2** Se dice de la persona así declarada por la Iglesia. También s. **3** De vida muy virtuosa. También s. **4** Consagrado a Dios o relacionado con la religión. **5** Con ciertos sustantivos, encarece su significado: *esperó todo el santo día.* | m. **6** Grabado, ilustración: *vamos a mirar si este libro tiene santos.* **7** Respecto de una persona, festividad del santo cuyo nombre lleva. **SIN.** 4 sagrado.

santón. m. **1** El que profesa vida austera y penitente fuera de la religión cristiana. **2** Santurrón, hipócrita.

santoral. m. **1** Libro con la vida de los santos. **2** Lista de los santos y sus festividades. **3** Libro de coro con los oficios de los santos.

santuario. m. **1** Templo en que se venera la imagen o reliquia de un santo. **2** Lugar sagrado. **3** Lugar reservado que constituye el refugio de alguien. **4** Lugar en el que se destaca un arte, actividad, etc.

santurrón, na. adj. y s. **1** De devoción exagerada o fingida. **2** Mojigato, gazmoño.

saña. f. **1** Crueldad con que se produce un daño. **2** Furor, ira. **SIN.** 2 furia □ **ANT.** 1 piedad.

sañudo, da. adj. Que muestra saña.

sapiencia. f. Sabiduría. **ANT.** ignorancia.

sapindáceo, a. adj. y f. **1** Se apl. a las plantas angiospermas dicotiledóneas, arbóreas o sarmentosas con flores en espiga y fruto capsular; como el jaboncillo. | f. pl. **2** Familia de estas plantas.

sapo. m. Anfibio anuro de cuerpo rechoncho, piel gruesa y verrugosa, de color pardo verdoso, patas posteriores fuertes y ojos sobresalientes.

saponificar. tr. y prnl. Convertir en jabón un cuerpo graso.

sapotáceo, a. adj. y f. **1** Se dice de las plantas angiospermas dicotiledóneas, con hojas alternas, flores axilares y frutos en baya; como el zapote. | f. pl. **2** Familia de estas plantas.

saprófago, ga. adj. Se dice de los seres vivos que se alimentan de materias en descomposición.

saprofito, ta. adj. **1** Se dice de las plantas que viven a expensas de materias orgánicas en descomposición. **2** Se dice de los microbios que viven normalmente en el organismo, a expensas de las materias en putrefacción, y que pueden producir enfermedades.

saque. m. **1** Acción de sacar; especialmente en tenis y otros deportes de pelota. **2** Capacidad para comer.

saquear. tr. **1** Apoderarse violentamente los soldados de lo que hallan en un lugar. **2** Entrar en un sitio robando cuanto se halla.

sarampión. m. Enfermedad vírica infecciosa, propia de la infancia, que produce fiebre y numerosas manchas rojas en la piel.

sarao. m. **1** Fiesta o reunión nocturna con baile y música. **2** Embrollo, lío.

sarasa. m. Hombre afeminado, marica.

sarcasmo. m. **1** Burla irónica, mordaz. **2** Figura retórica que consiste en emplear esta burla.

sarcástico, ca. adj. **1** Que denota sarcasmo. **2** Se dice de la persona que tiende a emplearlo.

sarcófago. m. Sepulcro, generalmente el de piedra.

sarcoma. m. Tumor maligno de rápido crecimiento que se desarrolla en el tejido conjuntivo embrionario de numerosos órganos.

sardana. f. Danza en corro, tradicional de Cataluña.

sardina. f. Pez teleósteo de cuerpo alargado, con los costados plateados, y la mandíbula inferior sobresaliente; muy utilizado en alimentación.

sardineta. f. Golpe rápido que se da con los dedos corazón e índice juntos.

sardo, da. adj. y s. **1** De Cerdeña. | m. **2** Lengua hablada en Cerdeña.

sarga. f. **1** Tejido que forma líneas diagonales. **2** Planta arbustiva que crece junto a los ríos y cuyas ramas, largas y flexibles, se usan en cestería.

sargazo. m. Alga marina de estructura laminar y color pardo que se halla en mares cálidos y templados de todo el mundo, en ocasiones formando grandes colonias.

sargento. com. **1** Militar de la clase de suboficiales, que tiene empleo superior al de cabo primero. **2** Persona mandona y excesivamente rígida.

sarmentoso, sa. adj. Que se parece a los sarmientos.

sarmiento. m. Vástago de la vid, largo, delgado, flexible y nudoso, de donde brotan las hojas y los racimos.

sarna. f. Enfermedad contagiosa caracterizada por la aparición de pústulas en la piel y un intenso picor; está producida por el *arador de la sarna*, un tipo de arácnido. **SIN.** roña.

sarpullido. m. Erupción leve y pasajera en la piel, formada por muchos granitos o ronchas.

sarraceno, na. adj. **1** Se dice de una tribu que habitó en el N. de África. También s. **2** Relacionado con esta tribu. **3** Moro, musulmán. También s.

sarracina. f. **1** Pelea confusa o de mucha gente. **2** P. ext., riña o pendencia en que hay heridos o muertos.

sarro. m. **1** Sedimento que dejan en las vasijas algunos líquidos. **2** Sustancia amarillenta, de naturaleza calcárea, que se adhiere al esmalte de los dientes.

sarta. f. **1** Serie de cosas metidas por orden en un hilo, cuerda, etc. **2** Serie de sucesos o cosas no materiales, de la misma clase: *sarta de mentiras, de disparates.* **SIN.** 1 y 2 ristra 2 retahíla.

sartén. f. **1** Recipiente circular, más ancho que hondo, de fondo plano y con mango, que sirve para freír o guisar algo. **2** Sartenada.

sartenada. f. Lo que se fríe de una vez en la sartén.

sasánida. adj. y com. Se dice de una dinastía persa que reinó desde el año 227 hasta el 651.

sastre, tra. m. y f. **1** Persona que tiene por oficio cortar y coser trajes. **2** En aposición, se dice de algunas prendas de mujer, de corte masculino.

sastrería. f. Taller de sastre.

satán o **satanás.** m. **1** Lucifer. Se escribe con mayúscula. **2** Persona perversa.

satánico, ca. adj. **1** Relacionado con Satán o Satanás. **2** Muy malo, perverso.

satélite. m. **1** Cuerpo celeste opaco que gira alrededor de un planeta primario. **2** Vehículo que se coloca en órbita alrededor de la Tierra. **3** Persona o

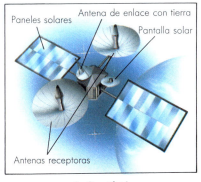

Satélite artificial

satén – secante

cosa que depende de otra y la sigue continuamente. **4** Estado independiente dominado política y económicamente por otro más poderoso. También adj.

satén. m. Tejido parecido al raso.

satinar. tr. Dar al papel o a la tela tersura y lustre.

sátira. f. **1** Escrito donde se censura o ridiculiza a alguien o algo. **2** Discurso o dicho agudo, picante o mordaz.

satírico, ca. adj. Relacionado con la sátira o que la contiene. **Sin.** mordaz, sarcástico.

satirizar. tr. Zaherir, ridiculizar.

sátiro. m. **1** En la mitología griega y romana, divinidad que personificaba el culto a la naturaleza y se representaba con cuerpo mitad hombre, mitad cabra. **2** Hombre lascivo.

satisfacción. f. **1** Acción de satisfacer o satisfacerse. **2** Alegría, placer, gusto: *su mayor satisfacción es ver crecer a sus hijos.* **3** Razón, acción o modo con que se repara una ofensa o daño.

satisfacer. tr. **1** Saciar un deseo, necesidad, etc. **2** Dar solución a una duda o a una dificultad. **3** Pagar una deuda. **4** Cumplir ciertas condiciones o exigencias: *el candidato satisface los requisitos.* **5** Reparar un agravio u ofensa. También prnl. | intr. **6** Producir gran placer: *me satisface veros.* || **Irreg.** Se conj. como *hacer.* **Sin.** 1 colmar, hartar 6 complacer, agradar ☐ **Ant.** 6 desagradar.

satisfactorio, ria. adj. **1** Que satisface. **2** Grato, próspero.

satisfecho, cha. adj. **1** Complacido, contento. **2** Orgulloso de sí mismo.

sátrapa. m. **1** Gobernador de una provincia de la antigua Persia. **2** Hombre astuto.

saturar. tr. **1** Hartar, saciar. **2** Impregnar un fluido de otro cuerpo hasta el mayor punto de concentración. **3** En quím., combinar dos o más cuerpos en las proporciones máximas en que pueden unirse.

saturnismo. m. Enfermedad crónica producida por intoxicación con sales de plomo.

sauce. m. Planta arbórea o arbustiva salicácea, de hojas lanceoladas, con el envés cubierto de vello blanquecino, que crece en las orillas de los ríos.

saúco. m. Planta arbustiva con flores en inflorescencias y fruto en baya de color negruzco o rojo, que crece en regiones montañosas de Europa.

saudí o **saudita.** adj. y com. De Arabia Saudí.

sauna. f. **1** Baño de calor que produce una rápida y abundante sudoración, y que se toma con fines higiénicos o terapéuticos. **2** Local donde se toman estos baños.

saurio. adj. y m. **1** Se dice de los reptiles caracterizados por tener cuatro patas y cola, cuerpo cubierto por escamas epidérmicas, sangre fría, respiración pulmonar y reproducción generalmente ovípara. | m. pl. **2** Suborden de estos reptiles, al que pertenecen los lagartos, lagartijas, camaleones, iguanas, etcétera.

savia. f. **1** Jugo nutritivo que circula por los vasos de las plantas superiores. **2** Energía, vitalidad.

saxofón o **saxófono.** m. Instrumento musical de viento, metálico, con boquilla de madera y varias llaves.

saya. f. Falda.

sayal. m. Tela de lana burda.

sayo. m. **1** Prenda de vestir holgada y sin botones que cubría el cuerpo hasta la rodilla. **2** Cualquier prenda muy amplia.

sayón. m. **1** En la Edad Media, ministro de justicia que hacía las citaciones y ejecutaba los embargos. **2** Verdugo. **3** Cofrade que en las procesiones de Semana Santa va vestido con túnica larga.

sazón. f. **1** Punto o madurez de las cosas. **2** Gusto y sabor que se percibe en los alimentos. **3** Ocasión, coyuntura.

sazonar. tr. y prnl. **1** Condimentar los alimentos. **2** Poner las cosas en la sazón y madurez que deben tener.

scherzo. (voz it.) m. Composición instrumental de ritmo vivo y carácter alegre que constituye, por lo regular, uno de los movimientos de la sinfonía y sonata clásicas.

scout. (voz ingl.) m. Explorador.

se. Forma reflexiva del pronombre personal de tercera persona. Funciona como comp. directo (*se arregla*) e indirecto (*se arregla el peinado*) y no admite preposición. Puede usarse pospuesto y unido al verbo (*romperse, peinándose*), aunque en la mayoría de las formas verbales este uso está anticuado. Sirve además para formar los verbos pronominales y oraciones impersonales y de pasiva (*se oyen voces a lo lejos*).

sebáceo, a. adj. **1** De sebo o con sus propiedades. **2** Se dice de las glándulas secretoras de la sustancia grasa que cubre el pelo y la piel.

sebo. m. **1** Grasa sólida y dura que se obtiene de algunos animales, y que se utiliza para hacer velas, jabones, etc. **2** Cualquier género de gordura.

seborrea. f. Aumento patológico de la secreción de las glándulas sebáceas de la piel.

secadero, ra. m. Lugar para secar natural o artificialmente ciertos frutos o productos.

secado. m. Acción de secar.

secador, ra. adj. **1** Que seca. | m. y f. **2** Aparato o máquina para secar las manos, el cabello, la ropa, etc.

secano. m. Tierra de labor que no tiene riego y sólo participa del agua llovediza.

secante. adj. **1** Que seca. **2** Se dice de un tipo de papel esponjoso para secar lo escrito. También m.

Saurios

3 Se dice de las líneas o superficies que cortan otras líneas o superficies. También f.

secar. tr. Hacer que algo o alguien quede seco: *secar la ropa al sol*. También prnl.: *se ha secado el río*. **Sin.** agostar, enjugar, marchitar □ **Ant.** mojar.

sección. f. **1** Separación que se hace en un cuerpo sólido. **2** Cada una de las partes en que se divide un todo o un conjunto de personas. **3** Representación de un terreno, edificio, etc., cortados por un plano. **4** En geom., figura que resulta de la intersección de una superficie o un sólido con otra superficie. **Sin.** 1 corte, cortadura 2 sector, departamento.

seccionar. tr. Dividir en secciones, fraccionar, cortar.

secesión. f. **1** Acto de separarse de una nación parte de su pueblo y territorio. **2** Separación de un grupo de personas del conjunto al que pertenecía. **Ant.** 1 y 2 unión.

secesionismo. m. Tendencia u opinión favorable a la secesión política.

seco, ca. adj. **1** Que carece de jugo o humedad. **2** Falto de agua: *río seco*. **3** Se dice del guiso sin caldo: *arroz seco*. **4** Falto de verdor o lozanía: *árbol seco*. **5** Flaco, de pocas carnes. **6** Poco abundante o estéril: *seco de ideas*. **7** Poco cariñoso o amable. **8** Árido o excesivamente sobrio: *estilo seco*. **9** Se dice del vino o aguardiente sin azúcar. **10** Se dice del sonido ronco y áspero: *tos seca*. **11** Se apl. al golpe fuerte, rápido y que no resuena. **12** Muerto: *se quedó seco de un ataque*. **13** Totalmente sorprendido: *me dejas seco con lo que me cuentas*. **Sin.** 4 mustio 5 enjuto, delgado □ **Ant.** 1 húmedo, mojado.

secreción. f. Acción de secretar.

secretar. tr. Segregar las glándulas ciertas sustancias.

secretaría. f. **1** Destino o cargo de secretario. **2** Oficina del secretario.

secretariado. m. **1** Profesión y estudios de secretario. **2** Cuerpo o conjunto de secretarios.

secretario, ria. m. y f. **1** Persona encargada de

escribir la correspondencia, extender las actas, dar fe de los acuerdos y custodiar los documentos de una oficina, asamblea o corporación. **2** Denominación que recibe el máximo dirigente de algunos partidos políticos.

secretear. intr. Hablar en secreto una persona con otra.

secreter. m. Mueble utilizado como escritorio con pequeños cajones para guardar papeles y algunos utensilios.

secreto, ta. adj. **1** Oculto, ignorado, escondido. | m. **2** Lo que cuidadosamente se tiene reservado y oculto. **3** Reserva, sigilo: *se hablaban unos a otros con gran secreto*. **4** Conocimiento que alguno exclusivamente posee de algo.

secta. f. **1** Doctrina religiosa o ideológica que se diferencia o independiza de otra. **2** Conjunto de seguidores de una parcialidad religiosa o ideológica. **Sin.** 1 cisma, herejía.

sectario, ria. adj. y s. **1** Que profesa y sigue una secta. **2** Secuaz, fanático.

sector. m. **1** Parte de una clase o de una colectividad que presenta caracteres peculiares: *el sector metalúrgico*. **2** Parte de un espacio, territorio, etc. **3** Porción de círculo comprendida entre un arco y los dos radios que pasan por sus extremidades. **Sin.** 2 sección.

secuaz. adj. y com. Que sigue el partido, doctrina u opinión de otro. **Sin.** adicto, partidario.

secuela. f. Consecuencia de una cosa, generalmente negativa.

secuencia. f. **1** Continuidad, sucesión ordenada. **2** Serie o sucesión de cosas que guardan entre sí cierta relación. **3** En cinematografía, sucesión no interrumpida de planos o escenas que se refieren a una misma parte o aspecto de una película. **4** En mat., conjunto de cantidades u operaciones ordenadas de modo que cada una determina la siguiente.

secuestrar. tr. **1** Aprehender y retener por la fuerza a una persona para exigir dinero por su rescate, o para otros fines. **2** Embargar judicialmente.

secuestro. m. **1** Acción de secuestrar. **2** Bienes secuestrados.

secular. adj. **1** Seglar. **2** Se dice del clero o sacerdote que no vive en un convento ni pertenece a ninguna orden religiosa. **3** Que dura un siglo, o desde hace siglos: *tradición secular*.

secularizar. tr. **1** Hacer secular lo que era eclesiástico. También prnl. **2** Autorizar a un religioso para que pueda vivir fuera de clausura.

secundar. tr. Ayudar, favorecer.

secundario, ria. adj. **1** Segundo en orden. **2** No principal, accesorio.

secuoya. f. Árbol conífero de gran altura, copa estrecha y tronco muy lignificado; algunos ejemplares puede llegar hasta los 100 m.

sed. f. **1** Gana y necesidad de beber. **2** Necesidad de agua o de humedad que tienen ciertas cosas, especialmente los campos. **3** Deseo ardiente de una cosa.

seda. f. **1** Líquido viscoso segregado por ciertas glándulas de algunos artrópodos. **2** Hilo formado con varias de estas hebras producidas por el gusano de seda. **3** Tejido elaborado con estos hilos.

sedal. m. Hilo fino y muy resistente que se usa para pescar.

sedante. adj. **1** Que seda. **2** Se dice del fármaco que disminuye la agitación nerviosa e induce al sueño. También m.

sedar. tr. Apaciguar, calmar, particularmente administrando algún fármaco.

sede. f. **1** Lugar donde tiene su domicilio una entidad económica, literaria, deportiva, etc. **2** Capital de una diócesis. **3** Territorio de la jurisdicción de un prelado. **4** Jurisdicción y potestad del Sumo Pontífice. **5** Asiento o trono de un prelado.

sedentario, ria. adj. **1** Se dice del pueblo o tribu que se dedica a la agricultura, asentado en algún lugar, por oposición al nómada. **2** Se dice del oficio, vida, etc., de poca agitación o movimiento.

sedente. adj. Que está sentado.

sedería. f. **1** Conjunto de tejidos de seda. **2** Industria de la seda. **3** Tienda donde se venden géneros de seda, telas y artículos de mercería.

sedición. f. Alzamiento colectivo y violento contra un poder establecido.

sedicioso, sa. adj. **1** Persona que promueve una sedición o toma parte en ella. También s. **2** Se dice de los actos o palabras de esta persona.

sediento, ta. adj. **1** Que tiene sed. También s. **2** Se dice de los campos o plantas que necesitan humedad o riego. **3** Que desea una cosa con ansia.

sedimentar. tr. **1** Depositar sedimento un líquido. También intr. | **sedimentarse.** prnl. **2** Formar sedimento las materias suspendidas en un líquido. **3** Consolidarse algo inmaterial, como los conocimientos.

sedimento. m. **1** Materia que habiendo estado suspensa en un líquido, se posa en el fondo. **2** En geol., depósito de materiales arrastrados mecánicamente por las aguas o el viento.

sedoso, sa. adj. Parecido a la seda, sobre todo en el tacto.

seducción. f. Acción de seducir.

seducir. tr. **1** Engañar, empujar suavemente al mal. **2** Utilizar engaños con una persona para mantener con ella relaciones sexuales. **3** Atraer, gustar, agradar: *le sedujo el paisaje*. || **Irreg.** Se conj. como *conducir*.

sefardí o **sefardita.** adj. y com. **1** Judío descendiente de judíos españoles, o que practica los ritos judeoespañoles. | m. **2** Dialecto judeoespañol. || pl. *sefardíes* o *sefardís*.

segador, ra. adj. y s. **1** Que siega. | f. **2** Máquina para segar.

segar. tr. **1** Cortar mieses o hierba. **2** Cortar, cercenar: *segar la cabeza*. **3** Cortar, impedir el desarrollo de algo. || **Irreg.** Se conj. como *acertar*.

seglar. adj. No religioso, eclesiástico o monacal. **Sin.** secular, lego.

segmentar. tr. y prnl. Cortar o partir en segmentos.

segmento. m. **1** Parte cortada o dividida de una cosa. **2** En geom., parte del círculo comprendida entre un arco y su cuerda.

segregacionista. adj. y com. Partidario de la segregación racial.

segregar. tr. **1** Separar, apartar. **2** Particularmente, hacerlo con grupos raciales, sociales, religiosos, etc. **3** En fisiol., expulsar las glándulas las sustancias elaboradas por ellas y que el organismo utiliza en alguna de sus funciones, como el jugo gástrico, el sudor, la saliva, etc.

seguidilla. f. **1** Composición métrica que puede constar de cuatro o siete versos, muy usada en los cantos populares y en el género jocoso. | pl. **2** Canción y baile popular español, de ritmo vivo y alegre.

seguidor, ra. adj. y s. **1** Que sigue a alguien o algo. **2** Partidario.

seguimiento. m. Acción de seguir.

seguir. tr. **1** Ir después o detrás de una persona o cosa. También prnl. **2** Acompañar con la vista el movimiento de un cuerpo. **3** Ir en compañía de alguien: *sigue a su padre a todas partes*. **4** Continuar lo empezado. **5** Profesar o ejercer una ciencia, arte o empleo. **6** Observar con interés, estar atento: *seguir el desarrollo de los acontecimientos*. **7** Entender, comprender: *me cuesta seguirle cuando habla*. **8** Ser partidario de un doctrina, opinión, tendencia, etc. **9** Hacer caso de consejos, normas, etc.: *seguir las reglas*. | intr. **10** Mantenerse en el mismo estado, lugar o circunstancia: *la casa sigue allí*. | **seguirse.** prnl. **11** Deducirse una cosa de otra, o ser consecuencia de ella. || **Irreg.** Se conj. como *pedir*. **Sin.** 1 suceder 3 acompañar, escoltar 4 proseguir 9 respetar ☐ **Ant.** 4 dejar, abandonar.

según. prep. **1** Conforme o con arreglo a: *según la ley*. **2** Con proporción o correspondencia a; de la misma manera que, por el modo en que: *según nos mira, parece que va a preguntarnos algo*. **3** Indica eventualidad o contingencia: *iré o me quedaré, según*.

segundero. m. Manecilla que señala los segundos en el reloj.

segundo, da. adj. **1** Que sigue inmediatamente en orden al o a lo primero. | m. **2** Persona que sigue en jerarquía al jefe o principal. **3** Cada una de las sesenta partes en que se divide el minuto de tiempo. **4** Tiempo muy breve, instante: *lo arregló en un segundo*. **5** Cada una de las sesenta partes en que se divide el minuto de circunferencia. | f. pl. **6** Intención oculta o maliciosa: *eso lo dijo con segundas*.

seguntino, na. adj. y s. De Sigüenza.

segur. f. **1** Hacha grande para cortar. **2** Hoz o guadaña.

seguramente. adv. m. **1** De modo seguro. **2** Probablemente, acaso. **Sin.** 2 posiblemente.

seguridad. f. **1** Cualidad de seguro. **2** Garantía de que algo va a cumplirse. **3 Seguridad Social.** Conjunto de organismos dependientes del Estado que cubren algunas necesidades de la población, como seguro médico, pensiones de jubilación, desempleo, etc.

seguro, ra. adj. **1** Libre y exento de todo peligro, daño o riesgo. **2** Cierto, indudable: *es seguro que vendrán*. **3** Firme, constante. | m. **4** Contrato por el cual una persona, natural o jurídica, se obliga a resarcir daños que ocurran en las personas o cosas que corran un riesgo. **5** Dispositivo que impide que un objeto se abra o se ponga en funcionamiento, involuntariamente. | adv. m. **6** Sin aventurarse a ningún riesgo: *trabajar seguro*. **7** Con certeza: *seguro que ya ha llegado*.

seis. adj. **1** Cinco y uno. **2** Sexto, ordinal. | m. **3** Signo o conjunto de signos con que se representa este número.

seiscientos, tas. adj. **1** Seis veces ciento. **2** Que sigue inmediatamente por orden al quinientos noventa y nueve. | m. **3** Conjunto de signos con que se representa este número.

seise. m. Cada uno de los niños de coro, seis por lo común, que bailan y cantan en la catedral de Sevilla en determinadas festividades.

seísmo. m. Terremoto.

selacio, cia. adj. y m. **1** Se dice de los peces marinos cartilaginosos, de cuerpo fusiforme. También se llaman *elasmobranquios*. | m. pl. **2** Orden de estos peces, al que pertenecen la tintorera y la raya.

selección. f. **1** Acción de seleccionar. **2** Conjunto de los seleccionados. **3** Conjunto de deportistas seleccionados para participar en un torneo o competición, generalmente representando a un país. **Sin.** 1 clasificación.

seleccionar. tr. Elegir, escoger.

selectividad. f. **1** Cualidad de selectivo. **2** En España, examen de acceso a la universidad.

selectivo, va. adj. Que implica selección: *criterios selectivos*.

selecto, ta. adj. **1** Que es o se tiene por mejor entre otras cosas de su especie: *ambiente selecto*. **2** Con capacidad para seleccionar lo mejor: *gusto selecto*.

selector, ra. adj. **1** Que selecciona. | m. **2** Dispositivo que en un aparato o sistema permite elegir sus distintas funciones.

selenio. m. Elemento químico sólido no metal, de color gris oscuro a rojo y brillo metálico, que se halla en la naturaleza en compuestos de plomo y cobre. Se utiliza en la industria del vidrio y la cerámica, y por sus propiedades fotoeléctricas, en cinematografía y televisión. Su símbolo es *Se*.

selenita. com. **1** Supuesto habitante de la Luna. | f. **2** Yeso cristalizado en láminas brillantes.

self-service. (voz ingl.) m. Autoservicio.

sellar. tr. **1** Imprimir el sello. **2** Comunicar a una cosa determinado carácter. **3** Concluir, poner fin. **4** Cerrar, cubrir. **Sin.** 1 timbrar.

sello. m. **1** Utensilio de metal o caucho que sirve para estampar lo que está grabado en él. **2** Lo que queda estampado con este utensilio. **3** Trozo pequeño de papel con timbre oficial, empleado para dar valor a ciertos documentos o para hacer envíos por correo. **4** Disco de metal, cera, lacre, etc., con que se cierran cartas y paquetes, impidiendo que sean abiertos. **5** Sortija que tiene grabada en su parte superior las iniciales de una persona, su escudo, etc. **6** Carácter distintivo comunicado a una obra u otra cosa.

selva. f. **1** Terreno extenso, sin cultivar y muy poblado de árboles. **2** En geog., tipo de bosque ecuatorial y tropical. **3** Lugar lleno de dificultades y peligros en el que impera la ley del más fuerte.

semáforo. m. **1** Aparato eléctrico de señales luminosas para regular la circulación. **2** Telégrafo óptico de las costas, para comunicarse con los barcos. **3** Cualquier sistema de señales ópticas.

semana. f. **1** Serie de siete días naturales consecutivos, comenzando por el domingo y acabando por el sábado. **2** Período de siete días consecutivos.

semanal. adj. **1** Que sucede o se repite cada semana. **2** Que dura una semana.

semanario. m. **1** Periódico que se publica semanalmente. **2** Conjunto de siete objetos iguales o relacionados.

semántica. f. Parte de la lingüística que estudia el significado de las palabras.

semblante. m. **1** Cara o rostro humano, sobre todo cuando reflejan algún sentimiento. **2** Apariencia de las cosas.

semblanza. f. Bosquejo biográfico.

sembrado, da. adj. **1** Cubierto de cosas esparcidas. | m. **2** Tierra sembrada.

sembrar. tr. **1** Arrojar y esparcir las semillas en la tierra preparada para este fin. **2** Desparramar, esparcir. **3** Dar motivo, causa o principio a una cosa: *sembrar el pánico*. || **Irreg.** Se conj. como *acertar*. **Sin.** 2 diseminar 3 provocar ❏ **Ant.** 1 cosechar.

semejante. adj. **1** Que se parece a alguien o algo. **2** Se usa con sentido de comparación o ponderación: *no es lícito valerse de semejantes medios*. **3** Empleado con carácter de demostrativo, equivale a *tal: no he visto a semejante hombre*. | m. **4** Cualquier persona respecto a otra. **Sin.** 1 similar 4 prójimo.

semejanza. f. **1** Cualidad de semejante. **2** Símil retórico. **Sin.** 1 afinidad, analogía, igualdad ❏ **Ant.** 1 diferencia.

semejar. intr. y prnl. Parecerse.

semen. m. Líquido que segregan las glándulas genitales masculinas, que contiene los espermatozoides.

semental. adj. y m. Se apl. al animal macho que se destina a la reproducción.

sementera. f. **1** Acción de sembrar. **2** Tierra sembrada. **3** Cosa sembrada. **4** Tiempo a propósito para sembrar. **Sin.** 1 siembra.

semestral. adj. **1** Que sucede o se repite cada semestre. **2** Que dura un semestre.

semestre. m. Espacio de seis meses.

semicilindro. m. Cada una de las dos mitades del cilindro separadas por un plano que pasa por el eje.

semicircular. adj. De forma de semicírculo.

semicírculo. m. Cada una de las dos mitades del círculo separadas por un diámetro. **Sin.** hemiciclo.

semicircunferencia. f. Cada una de la dos mitades de la circunferencia separadas por un diámetro.

semiconductor. adj. y m. Se dice de los materiales cuya resistividad disminuye al aumentar la temperatura, y de los cuerpos cuya resistividad tiene un valor intermedio entre el de los metales y los aislantes.

semicorchea. f. Nota musical cuyo valor es la mitad de la corchea.

semidiós, sa. m. y f. **1** Héroe o heroína que pasaba a constituirse como divinidad en la mitología griega y romana. **2** En mit., hijo nacido de la unión de un dios con un humano.

semiesfera. f. Cada una de las dos mitades de una esfera dividida por un plano.

semifinal. f. Cada una de las dos penúltimas competiciones de un campeonato o concurso. Más en pl.

semifinalista. adj. y com. Que participa en una semifinal.

semifusa. f. Nota musical cuyo valor es la mitad de una fusa.

semilla. f. **1** Parte del fruto de los vegetales que contiene el germen de una nueva planta. **2** Cosa que es causa u origen de otra. | pl. **3** Granos que se siembran.

semillero. m. **1** Sitio donde se siembra y crían los vegetales que después han de transplantarse. **2** Sitio donde se guardan y conservan colecciones de semillas. **3** Origen y principio de algunas cosas: *semillero de vicios*.

seminario. m. **1** Establecimiento destinado a la formación de jóvenes eclesiásticos. **2** Curso de breve duración en que profesores y alumnos investigan en común sobre alguna disciplina.

seminarista. m. Alumno de un seminario.

semiología. f. Ciencia que se ocupa del estudio de los signos en una comunidad, y de la que forma parte la lingüística.

semiótica. f. **1** Semiología. **2** Parte de la medicina, que trata de los signos de las enfermedades.

semiplano. m. Cada una de las dos porciones de plano limitadas por una cualquiera de sus rectas.

semirrecta. f. Cada una de las dos porciones en que queda dividida una recta.

semita. adj. y com. **1** Descendiente de Sem; se dice de los árabes, hebreos y otros pueblos, que desarrollaron las grandes culturas mesopotámicas posteriores a la sumeria, especialmente la acadia y babilonia, y posteriormente la judía y la árabe. **2** Judío.

semítico, ca. adj. Relacionado con los semitas.

semivocal. adj. y f. Vocal *i* o *u* al final de un diptongo, como en *aire, aceite, causa, feudo*.

sémola. f. Pasta de harina en granos muy menudos, que se usa para sopa.

semoviente. adj. Se dice de los bienes que consisten en ganado.

sempiterno, na. adj. Que durará siempre. **Sin.** eterno, perpetuo □ **Ant.** mortal, perecedero.

senado. m. **1** Cuerpo colegislador formado por personas elegidas por sufragio o designadas por razón de su cargo, título, etc., cuya función es la de ratificar, modificar o rechazar lo aprobado en el Congreso de los Diputados. Suele escribirse con mayúscula. **2** Edificio donde los senadores celebran sus sesiones. **3** Asamblea de patricios que formaba el Consejo de la antigua Roma.

senador, ra. m. y f. Miembro del senado.

senatorial o **senatorio, ria.** adj. Relacionado con el senado o los senadores.

sencillez. f. Cualidad de sencillo.

sencillo, lla. adj. **1** Que no ofrece dificultad: *una pregunta sencilla*. **2** Formado por un elemento o por pocos. **3** Que carece de ostentación y adornos. **4** Se dice de lo que tiene menos cuerpo que otras cosas de su especie. **5** Humilde: *gentes sencillas*. **6** Se dice del disco grabado, que sólo contiene una o dos grabaciones en cada cara. Más c. m. | m. **7** *amer*. Dinero suelto. **Sin.** 1 fácil 2 simple 3 natural 5 llano □ **Ant.** 1 complicado, difícil.

senda. f. **1** Camino más estrecho que la vereda. **2** Procedimiento o medio para hacer o lograr algo.

sendos, das. adj. pl. Uno o una para cada cual de dos o más personas o cosas: *los dos hermanos iban montados en sendas bicicletas*.

senectud. f. Vejez. **Sin.** ancianidad □ **Ant.** infancia, juventud.

senil. adj. **1** Relacionado con los viejos o con la vejez. **2** Que presenta decadencia física o psíquica.

sénior. m. **1** Deportista que ha sobrepasado la categoría de junior. **2** Voz que, pospuesta a un nombre de persona, designa a la mayor entre dos que se llaman igual, generalmente padre e hijo. || pl. *séniors*.

seno. m. **1** Pecho, mama. **2** Espacio o hueco entre el vestido de una mujer y su pecho. **3** Concavidad, hueco. **4** Parte interna de alguna cosa. **5** Golfo, porción de mar que se interna en la tierra. **6** Amparo, abrigo, protección: *se crió en el seno de una familia acomodada*. **7** En un triángulo rectángulo, cociente entre las longitudes del cateto opuesto al ángulo rectángulo y el de la hipotenusa.

sensación. f. **1** Impresión que producen las cosas a través de los sentidos. **2** Emoción que produce un suceso, noticia, etc.: *la novela causará sensación*. **3** Presentimiento: *me da la sensación de que pronto volverá*. **Sin.** 1 percepción.

sensacional. adj. **1** Que causa sensación. **2** Muy bueno, muy grande o llamativo.

sensacionalismo. m. Tendencia de algunos medios de comunicación a producir una fuerte sensación en la opinión pública.

sensatez. f. Cualidad de sensato. **Sin.** cordura, prudencia □ **Ant.** imprudencia.

sensato, ta. adj. Prudente, cuerdo, juicioso. **Ant.** insensato.

sensibilidad. f. **1** Cualidad de sensible. **2** Capacidad propia de los seres vivos de percibir sensaciones y de responder a muy pequeñas excitaciones, estímulos o causas. **3** Grado de eficacia o precisión de ciertos aparatos científicos, ópticos, etc.

sensibilizar. tr. **1** Hacer sensible. También prnl. **2** Despertar sentimientos morales, estéticos, etc.: *sensibilizar a la sociedad contra el racismo*. También prnl. **3** Hacer sensibles a la acción de la luz ciertas materias fotográficas.

sensible. adj. **1** Que siente, física o moralmente. **2** Que puede ser conocido por medio de los sentidos: *mundo sensible*. **3** Perceptible, manifiesto. **4** Se dice de la persona que se deja llevar por sus sentimientos y a la que es fácil herir. **5** Capaz de descubrir el valor estético de las cosas. **6** Se dice de las cosas que ceden fácilmente a la acción de ciertos agentes naturales: *placa sensible a la luz*.

sensiblería. f. Sentimentalismo exagerado.

sensitivo, va. adj. **1** Relacionado con las sensaciones producidas en los sentidos, especialmente en la piel. **2** Capaz de experimentar sensaciones. **3** Que estimula la sensibilidad.

sensor. m. Dispositivo que detecta variaciones en una magnitud física y las convierte en señales útiles para un sistema de medida o control.

sensorial. adj. Relacionado con los sentidos.

sensorio, ria. adj. Sensorial: *órganos sensorios*.

sensual. adj. **1** Relacionado con las sensaciones percibidas a través de los sentidos. **2** Se dice de los gustos y placeres de los sentidos, de las cosas que los incitan o satisfacen y de las personas aficionadas a ellos. **3** Relacionado con el deseo sexual. **SIN.** 1 sensitivo 2 deleitoso, placentero.

sensualidad. f. **1** Cualidad de sensual. **2** Propensión excesiva a los placeres de los sentidos.

sentado, da. adj. **1** Juicioso, centrado. | f. **2** Tiempo que está sentada una persona. **3** Acción de permanecer sentado en el suelo durante mucho tiempo un grupo de personas para manifestar una protesta o apoyar una petición. **4 de una sentada.** loc. adv. De una vez.

sentar. tr. **1** Poner o colocar a uno de manera que quede apoyado y descansando sobre las nalgas. También prnl. **2** Dar por supuesta o por cierta alguna cosa: *dar algo por sentado*. **3** Establecer, fundamentar: *sentar precedente*. **4** Asegurar, ajustar: *sentar una costura*. También intr. | intr. **5** Resultar algo beneficioso o adecuado, o por el contrario perjudicial o inadecuado: *le sentó mal la comida. Ese peinado te sienta muy bien*. **6** Posarse un líquido. También prnl. || **Irreg.** Se conj. como *acertar*.

sentencia. f. **1** Dictamen de un juez o jurado y, p. ext., de cualquier otra persona. **2** Máxima, dicho breve que encierra una enseñanza. **3** Oración o período gramatical.

sentenciar. tr. **1** Dar o pronunciar sentencia. **2** Condenar por sentencia. **3** Expresar parecer, juicio o dictamen. **4** Destinar a alguien o algo para un fin.

sentencioso, sa. adj. **1** Que encierra una sentencia. **2** Que se expresa con excesiva gravedad.

sentido, da. adj. **1** Que incluye o expresa un sentimiento. **2** Se dice de la persona muy sensible o que se ofende con facilidad. | m. **3** Facultad del hombre y los animales para percibir, por medio de determinados órganos corporales, las impresiones de los objetos externos. **4** Conciencia: *perder el sentido*. **5** Entendimiento, lógica o razón de ser: *su conducta carecía de sentido*. **6** Cada uno de los significados de una palabra o de las interpretaciones de un texto, señal, etc. **7** Dirección: *el sentido de las agujas del reloj*. **8 sentido común.** Facultad de juzgar razonablemente las cosas. **SIN.** 2 susceptible, delicado 6 significación, lectura.

sentimental. adj. **1** Relacionado con los sentimientos. **2** Que expresa sentimientos tiernos o tiende a ellos. **3** De sensibilidad exagerada. **4** Relacionado con el amor: *relaciones sentimentales*.

sentimentalismo. m. Cualidad de sentimental, especialmente cuando es exagerado.

sentimiento. m. **1** Acción de sentir. **2** Impresión que causan en alguien las cosas espirituales, y capacidad de las personas para percibirlas, emocionarse ante ellas, etc.: *aquello le produjo un sentimiento de temor; es un hombre sin sentimientos*. **3** Estado de ánimo ante un suceso triste: *le acompaño en el sentimiento*.

sentina. f. **1** Cavidad inferior de la nave donde se reúnen las aguas que se filtran por los costados y cubierta del buque. **2** Lugar lleno de basuras y mal olor. **3** Lugar donde abundan los vicios. **SIN.** 1 sumidero 2 cloaca.

sentir. tr. **1** Experimentar sensaciones producidas por causas externas o internas. **2** Oír. **3** Experimentar una impresión, placer o dolor corporal o espiritual. **4** Lamentar. **5** Juzgar, opinar: *digo lo que siento*. | **sentirse** prnl. **6** Seguido de algunos adjetivos, hallarse o estar como éstos expresan: *sentirse enfermo*. **7** Considerarse, reconocerse: *sentirse muy obligado*. || **Irreg.** Conjugación modelo:

> **Indicativo**
> Pres.: *siento, sientes, siente, sentimos, sentís, sienten*.
> Imperf.: *sentía, sentías*, etc.
> Pret. indef.: *sentí, sentiste, sintió, sentimos, sentisteis, sintieron*.
> Fut. imperf.: *sentiré, sentirás*, etc.
> **Potencial:** *sentiría, sentirías*, etc.
> **Subjuntivo**
> Pres.: *sienta, sientas, sienta, sintamos, sintáis, sientan*.
> Imperf.: *sintiera, sintieras*, etc., o *sintiese, sintieses*, etc.
> Fut. imperf.: *sintiere, sintieres*, etc.
> **Imperativo:** *siente, sentid*.
> **Participio:** *sentido*.
> **Gerundio:** *sintiendo*.

sentir. m. **1** Sentimiento. **2** Opinión, dictamen.

seña. f. **1** Indicio para dar a entender una cosa. **2** Gesto, signo, etc., determinado entre dos o más personas para entenderse. **3** Señal que se emplea para luego acordarse de algo. | pl. **4** Indicación del domicilio de una persona, empresa, etc. **SIN.** 1 señal, signo, nota 2 además 4 dirección.

señal. f. **1** Marca que se pone o hay en las cosas para distinguirlas de otras. **2** Signo o medio que se emplea para hacer o reconocer algo. **3** Objeto, sonido, luz, etc., cuya función es avisar o informar sobre algo: *señal de tráfico*. **4** Indicio inmaterial de una cosa. **5** Cicatriz o marca en la piel, y p. ext., en cualquier superficie. **6** Cantidad sobre el total que se adelanta en algunos contratos, compras, etc.: *dejó mil pesetas de señal.*

señalado, da. adj. Insigne, famoso.

señalar. tr. **1** Hacer una señal sobre algo. **2** Llamar la atención hacia alguien una persona o cosa, designándola con la mano. **3** Determinar persona, día, hora o lugar para algún fin. **4** Indicar, revelar: *le señaló el camino en un plano.* | **señalarse.** prnl. **5** Distinguirse o singularizarse.

señalizar. tr. Colocar señales que sirvan de guía, aviso, etc.

señero, ra. adj. **1** Destacado, ilustre. **2** Solo, solitario.

señor, ra. m. y f. **1** Dueño, amo: *el señor de la casa.* **2** Persona madura. **3** Término de cortesía para referirse a una persona adulta. **4** Noble. **5** Persona elegante, educada y de nobles sentimientos. | m. **6** Dios. || En esta acepción se escribe con mayúscula. | f. **7** Esposa: *le acompañaba su señora.* | adj. **8** Antepuesto a algunos nombres, sirve para encarecer el significado de los mismos: *un señor disgusto.*

señorear. tr. **1** Dominar o mandar en una cosa como dueño de ella. También prnl. **2** Estar una cosa en situación superior o en mayor altura del lugar que ocupa otra. **Sin.** 2 imperar, sobresalir.

señoría. f. **1** Tratamiento que se da a personas con cierta dignidad. **2** Dominio sobre una cosa. **3** Soberanía de ciertos Estados medievales que se gobernaban como repúblicas: *la señoría de Venecia.*

señorial. adj. **1** Relacionado con el señorío. **2** Majestuoso, noble.

señorío. m. **1** Dominio sobre una cosa. **2** Territorio perteneciente al señor. **3** Dignidad de señor. **4** Elegancia, educación y comportamiento propios de un señor.

señorito, ta. m. y f. **1** Hijo de un señor o de una persona importante. **2** Amo, respecto a los criados. **3** Joven acomodado y ocioso. **4** Persona excesivamente fina y remilgada. También adj. | f. **5** Término de cortesía dado a las solteras. **6** Tratamiento que se da a maestras, secretarias, dependientas, etc.

señuelo. m. **1** Cualquier cosa que sirve para atraer las aves. **2** Ave destinada a atraer a otras. **3** Cualquier cosa que sirve para atraer. **Sin.** 1-3 reclamo.

seo. f. Catedral.

sépalo. m. Cada una de las piezas que forman el cáliz de la flor.

separación. f. **1** Acción de separar. **2** Interrupción de la vida conyugal, sin quedarse extinguido el vínculo matrimonial.

separar. tr. **1** Establecer distancia, o aumentarla, entre alguien o algo. También prnl. **2** Privar a alguien de un empleo, cargo o condición. **3** Formar grupos dentro de un todo. **4** Reservar o guardar una cosa: *me separó uno de los cachorros de la camada.* | **separarse.** prnl. **5** Tomar direcciones distintas personas, animales o vehículos que iban juntos o por el mismo camino: *nos separamos en la estación.* **6** Interrumpir los cónyuges la vida en común sin que se extinga el vínculo matrimonial. **Sin.** 1 alejar, apartar 2 deponer, destituir ☐ **Ant.** 1 unir.

separata. f. Impresión por separado de un artículo publicado en una revista o libro.

separatismo. m. Doctrina política que propugna la separación de algún territorio para alcanzar su independencia o anexionarse a otro país.

sepelio. m. Entierro, con sus correspondientes ceremonias.

sepia. f. **1** Jibia, molusco. **2** Materia colorante de tono rojizo que se obtiene de este molusco y se emplea en pintura. | m. **3** Este color.

septentrional. adj. **1** Del Norte. **2** Situado en el Norte u orientado hacia este punto. **Ant.** 1 y 2 meridional.

septeto. m. **1** Composición para siete instrumentos o voces. **2** Conjunto de estos siete instrumentos o voces.

septicemia. f. Enfermedad infecciosa grave, producida por el paso a la sangre de diversos gérmenes patógenos.

septiembre. m. Noveno mes del año; tiene treinta días.

séptimo, ma. adj. **1** Que sigue inmediatamente en orden al sexto. **2** Se dice de cada una de las siete partes iguales en que se divide un todo. También s.

septuagenario, ria. adj. y s. Que ha cumplido la edad de setenta años y no llega a los ochenta.

septuagésimo, ma. adj. **1** Que ocupa en orden el lugar setenta. **2** Se dice de cada una de las setenta partes iguales en que se divide un todo.

septuplicar. tr. y prnl. Multiplicar por siete una cantidad.

séptuplo, pla. adj. y m. Se apl. a la cantidad que incluye en sí siete veces a otra.

sepulcro. m. **1** Obra que se construye para dar en ella sepultura al cadáver de una persona. **2** Urna con una imagen de Jesucristo difunto.

sepultar. tr. **1** Poner en la sepultura a un difunto. **2** Esconder, ocultar. También prnl. **3** Sumergir, abismar. También prnl.

sepultura. f. **1** Acción de sepultar. **2** Hoyo que

sepulturero se hace en tierra para enterrar un cadáver. **3** Lugar en que está enterrado un cadáver.

sepulturero, ra. m. y f. Persona que tiene por oficio abrir las sepulturas y sepultar a los muertos.

sequedad. f. Cualidad de seco. Sɪɴ. aspereza, dureza ☐ Aɴᴛ. humedad, amabilidad.

sequía. f. Largo período de tiempo seco, sin lluvias.

séquito. m. Conjunto de gente que acompaña a una personalidad. Sɪɴ. acompañamiento, comitiva, cortejo.

ser. v. copul. **1** Afirma del sujeto lo que significa el atributo: *Martín es médico.* | v. aux. **2** Sirve para la conjugación de la voz pasiva. | intr. **3** Haber o existir: *seremos cuatro en la cena.* **4** Servir: *ese recipiente no es para líquidos.* **5** Suceder: *¿cómo fue el accidente?* **6** Valer, costar: *son 3.000 pesetas.* **7** Pertenecer, corresponder: *este jardín es de la comunidad.* **8** Tener principio, origen o naturaleza: *es de Madrid.* | v. impers. **9** Introduce expresiones de tiempo: *es tarde.* ‖ **Irreg.** Conjugación modelo:

Indicativo
Pres.: *soy, eres, es, somos, sois, son.*
Imperf.: *era, eras, era, éramos, erais, eran.*
Pret. indef.: *fui, fuiste, fue, fuimos, fuisteis, fueron.*
Fut. imperf.: *seré, serás,* etc.
Potencial: *sería, serías,* etc.
Subjuntivo
Pres.: *sea, seas, sea, seamos, seáis, sean.*
Imperf.: *fuera* o *fuese, fueras* o *fueses,* etc.
Fut. imperf.: *fuere, fueres,* etc.
Imperativo: *sé, sed.*
Participio: *sido.*
Gerundio: *siendo.*

---

ser. m. **1** Esencia y naturaleza. **2** Vida, existencia: *dar el ser.* **3** Cualquier persona, animal o cosa: *los seres vivos.*

sera. f. Espuerta grande, generalmente sin asas.

serafín. m. **1** Cada uno de los espíritus bienaventurados que forman el segundo coro. **2** Persona de gran hermosura.

serbal. m. Árbol rosáceo que mide entre 10 y 20 m de altura, con fruto comestible de color verde rojizo. Crece en la región mediterránea.

serbio, bia. adj. y s. **1** De Serbia. | m. **2** Variedad del serbocroata hablada en Serbia.

serbocroata. adj. **1** Relacionado con Serbia y Croacia. | m. **2** Lengua eslava hablada en Serbia y Croacia.

serenar. tr. y prnl. **1** Sosegar, tranquilizar. También intr. **2** Volver sensato, prudente.

serenata. f. **1** Música en la calle y durante la noche, para festejar a una persona. **2** Composición poética o musical destinada a este objeto.

serenidad. f. **1** Cualidad de sereno. **2** Título de honor de algunos príncipes.

sereno, na. adj. **1** Claro, despejado de nubes. **2** Apacible, sosegado. | m. **3** Humedad que hay por la noche en la atmósfera. **4** Persona que vigilaba las calles durante la noche.

serial. adj. **1** De una serie. | m. **2** Obra radiofónica o televisiva que se emite por capítulos, de argumento sensiblero y muy enredado.

seriar. tr. Poner en serie.

sericicultura o **sericultura.** f. Cría de gusanos de seda para la obtención industrial de este tejido.

serie. f. **1** Conjunto de cosas relacionadas entre sí y que se suceden unas a otras. **2** P. ext., cualquier conjunto de personas o cosas. **3** Programa de radio o televisión que se emite por capítulos. **4 en serie.** loc. adj. y adv. Se aplica a la fabricación de muchos objetos iguales entre sí. **5 fuera de serie.** loc. adj. Sobresaliente en su línea. También com.

seriedad. f. Cualidad de serio.

serigrafía. f. Procedimiento de impresión sobre cualquier materia, que, con tintas especiales, se realiza a través de una pantalla de seda o nailon.

serio, ria. adj. **1** Severo y grave en su actitud y comportamiento. **2** Poco propenso a reírse y divertirse. **3** Formal y cumplidor. **4** Que no se destina a hacer reír o divertir: *tema serio.* **5** Importante, de gravedad: *un problema serio.* **6** Clásico, sobrio, poco llamativo: *colores serios.* Sɪɴ. 1 adusto, seco 3 sensato ☐ Aɴᴛ. 2 divertido 3 informal 4 cómico.

sermón. m. **1** Discurso religioso, especialmente el predicado por los sacerdotes. **2** Reprimenda insistente y larga. Sɪɴ. 2 amonestación, reprensión.

sermonear. intr. **1** Predicar. | tr. **2** Amonestar o reprender.

serología. f. Tratado de los sueros y de sus reacciones inmunológicas.

serón. m. Especie de sera más larga que ancha, normalmente para llevar la carga en una caballería.

serosidad. f. **1** Líquido que segregan ciertas membranas. **2** Líquido que se acumula en las ampollas de la epidermis.

seroso, sa. adj. **1** Relacionado con el suero o la serosidad. **2** Que produce serosidad. **3** Se dice de las membranas que recubren diversas cavidades del organismo.

serpentear. intr. Avanzar formando vueltas y ondas como la serpiente.

serpentín. m. Tubo largo en espiral que sirve para facilitar el enfriamiento del producto de la destilación en los alambiques.

Serpientes

serpentina. f. Tira de papel enrollada que en ciertas fiestas se arrojan unas personas a otras de modo que se desenrolle en el aire.

serpiente. f. Nombre común de los ofidios. Sin. sierpe.

serrallo. m. Lugar donde tienen los musulmanes a sus mujeres. Sin. harén.

serranía. f. Espacio de terreno cruzado por montañas y sierras.

serranilla. f. Composición lírica escrita por lo general en versos cortos, cuyo tema es el encuentro de un caballero y una serrana.

serrano, na. adj. y s. De una sierra.

serrar. tr. Cortar con sierra madera u otra cosa. || **Irreg.** Se conj. como *acertar*. Sin. aserrar.

serrería. f. Taller mecánico para serrar maderas.

serrín. m. Conjunto de partículas que se desprenden de la madera cuando se sierra.

serrucho. m. Sierra de hoja ancha y generalmente con sólo una manija.

serventesio. m. **1** Composición de la poética provenzal, de asunto generalmente moral o político, y a veces satírico. **2** Cuarteto en que riman el primer verso con el tercero y el segundo con el cuarto.

servicial. adj. Dispuesto a complacer y atender a los demás.

servicio. m. **1** Acción de servir. **2** Conjunto de criados: *dar órdenes al servicio*. **3** Organización y personal destinados a cumplir ciertas necesidades públicas: *servicio médico*. **4** Favor que se hace a alguien. **5** Utilidad, provecho: *esta cafetera aún nos hace servicio*. **6** Conjunto de vajilla y otras cosas, para servir los alimentos: *servicio de té*. **7** Retrete, aseo. También en pl. **8** Saque de pelota en juegos como el tenis. **SIN.** 2 servidumbre 4 ayuda, beneficio.

servidor, ra. m. y f. **1** Persona que sirve como criado. **2** Persona adscrita al manejo de un arma o de otro artefacto. **3** Nombre que por cortesía se da a sí misma una persona respecto de otra.

servidumbre. f. **1** Condición de siervo. **2** Conjunto de criados que sirven en una casa. **3** Obligación inexcusable de hacer una cosa. **4** Dependencia que tiene alguien a alguna cosa y que limita su libertad. **SIN.** 1 esclavitud, vasallaje 2 servicio 4 sujeción, yugo.

servil. adj. **1** Relacionado con los siervos. **2** Bajo, humilde y de poca estimación. **3** Excesivamente sumiso y adulador.

servilismo. m. Cualidad de servil. **SIN.** abyección, adulación.

servilleta. f. Trozo de tela o papel para limpiarse en la mesa.

servilletero. m. **1** Aro en que se pone enrollada la servilleta. **2** Recipiente para varias servilletas.

servir. intr. **1** Trabajar para una persona o entidad como criado, empleado, etc.: *servir en una casa, en el ejército*. También tr. **2** Ser una persona, instrumento, etc., apropiados para cierto fin. **3** Valer, ser de uso o utilidad: *esta bolsa no sirve, está rota*. | tr. **4** Llenar el plato o el vaso al que va a comer o beber. **5** Suministrar mercancías u otra cosa: *ese almacén sirve a todas las tiendas del barrio*. También prnl. |**servirse.** prnl. **6** Valerse de una persona o cosa para conseguir algo: *se sirvió de sus contactos para enterarse*. || **Irreg.** Se conj. como *pedir*.

servodirección. f. Mecanismo de un vehículo que hace más suave y manejable su dirección. Se llama también *dirección asistida*.

servofreno. m. Freno cuya acción es ampliada por un dispositivo eléctrico o mecánico.

sésamo. m. **1** Ajonjolí, planta. **2** Semilla de esta planta. **3** Pasta de nueces, almendras o piñones con ajonjolí.

sesear. intr. Pronunciar la *z*, o la *c* ante *e, i*, como *s*.

sesenta. adj. **1** Seis veces diez. **2** Que sigue inmediatamente por orden al cincuenta y nueve. | m. **3** Conjunto de signos con que se representa el número sesenta.

sesgar. tr. **1** Cortar o partir en sesgo. **2** Torcer a un lado una cosa.

sesgo, ga. adj. **1** Cortado o situado oblicuamente. | m. **2** Hecho de ser algo oblicuo o estar torcido hacia un lado. **3** Curso o rumbo que toma un asunto, negocio, etc. **SIN.** 1 oblicuo, torcido.

sesión. f. **1** Cada una de las juntas de un concilio, congreso u otra corporación. **2** Conferencia o consulta entre varios para determinar una cosa. **3** Proyección cinematográfica o representación teatral. **4** Tiempo durante el cual se desarrolla cierta actividad, se somete a un tratamiento, etc.

seso. m. **1** Cerebro. Más en pl. **2** Prudencia, madurez: *tener poco seso*.

sestear. intr. **1** Pasar la siesta durmiendo o descansando. **2** Recogerse a la sombra el ganado durante el día, para protegerse del sol.

sestercio. m. Moneda de plata de los antiguos romanos.

sesudo, da. adj. Que tiene seso, prudencia. **SIN.** sensato.

set. (voz ingl.) m. **1** En tenis, cada una de las etapas de que se compone un partido. **2** Juego formado por varios elementos con función común. **3** Plató cinematográfico.

seta. f. Cualquier especie de hongos de forma de sombrero sostenido por un pie.

setecientos, tas. adj. **1** Siete veces cien. **2** Que sigue inmediatamente por orden al seiscientos noventa y nueve. | m. **3** Conjunto de signos con que se representa este número.

setenta. adj. **1** Siete veces diez. **2** Que sigue inmediatamente por orden al sesenta y nueve. | m. **3** Conjunto de signos con que se representa el número setenta.

setiembre. m. Septiembre.

seto. m. Cercado hecho de palos o varas entretejidas o con plantas espesas.

setter. (voz ingl.) adj. y com. Se dice de un raza inglesa de perros de caza, de pelo largo y sedoso.

seudo-. pref. Significa *supuesto, falso: seudópodo*.

seudónimo, ma. adj. **1** Se dice del autor que oculta con un nombre falso el suyo verdadero. **2** Se apl. también a la obra de este autor. | m. **3** Nombre empleado por alguien, generalmente un autor, en vez del suyo verdadero.

seudópodo. m. Extensión del citoplasma de cier-

Setas

tas células y seres unicelulares, que tiene función locomotora y para captar alimentos.

severidad. f. Cualidad de severo.

severo, ra. adj. **1** Estricto, intolerante. **2** Que sigue rígidamente las normas. **3** Grave, serio. **Sin.** 1 rígido, intransigente.

sevillanas. f. pl. Baile y canción de tono alegre, propios de Sevilla.

sexagesimal. adj. Se apl. al sistema de contar o de subdividir de sesenta en sesenta.

sex-appeal. (voz ingl.) m. Atractivo físico y sexual de una persona.

sexenio. m. Tiempo de seis años.

sexo. m. **1** Condición orgánica que distingue al macho de la hembra. **2** Conjunto de seres pertenecientes a un mismo sexo. **3** Órganos sexuales. **4** Sexualidad.

sexología. f. Ciencia que estudia psicológica y fisiológicamente la vida sexual humana.

sextante. m. Aparato portátil empleado para medir la altura de los astros y los ángulos horizontales.

sexteto. m. **1** Composición para seis instrumentos o voces. **2** Conjunto de estos seis instrumentos o voces. **3** Estrofa de seis versos de arte mayor.

sexto, ta. adj. **1** Que sigue inmediatamente en orden al quinto. **2** Se dice de cada una de las seis partes en que se divide un todo. También s.

sextuplicar. tr. y prnl. Multiplicar por seis una cantidad.

sexual. adj. Relacionado con el sexo.

sexualidad. f. **1** Conjunto de condiciones anatómicas y fisiológicas que caracterizan a cada sexo. **2** Conjunto de prácticas, comportamientos, etc., relacionados con la búsqueda del placer sexual y la reproducción.

sexy. (voz ingl.) adj. Erótico, de gran atractivo sexual.

sha. m. Título del antiguo soberano de Irán o Persia. También se escribe *sah*.

shériff o **shérif.** m. **1** En ciertas circunscripciones de EE. UU., representante de la justicia. **2** En la antigua Inglaterra y en el Reino Unido, representante de la corona en los condados. || pl. *shériffs* o *shérifs*.

shock. (voz ingl.) m. Estado de profundo desequilibrio nervioso.

shogun. (voz japonesa) m. En la Edad Media, título de los jefes militares japoneses nombrados por el emperador.

short. (voz ingl.) m. Pantalón muy corto.

show. (voz ingl.) m. **1** Espectáculo de variedades. **2** Situación en que se llama mucho la atención.

showman. (voz ingl.) m. Presentador, productor y animador de un espectáculo de variedades. || La forma femenina es *show-woman*.

si. conj. **1** Denota una condición: *si sales ahora, llegarás a tiempo*. **2** A veces denota aseveración terminante: *si ayer lo aseguraste, ¿cómo lo niegas hoy?* **3** Introduce expresiones que indican deseo: *si yo pudiera ayudarte*. **4** Expresa ponderación: *es atrevido, si los hay*. | m. **5** Séptima nota de la escala musical.

sí. **1** Forma reflexiva del pronombre personal de tercera persona. Siempre lleva preposición. | adv. **2** Se emplea para responder a una pregunta afirmativamente. **3** A veces se usa como intensificador: *eso sí que es un coche*. | m. **4** Consentimiento, permiso: *tengo el sí de mi padre*. || pl. *síes*.

siamés, sa. adj. y s. **1** De Siam, antiguo nombre de Tailandia. **2** Se apl. a cada uno de los hermanos gemelos que nacen unidos por alguna parte del cuerpo. **3** Se dice de una raza de gatos muy estilizados, de pelaje claro, oscuro en cara y extremidades.

sibarita. adj. y com. Se dice de la persona aficionada al lujo y el refinamiento.

sibila. f. Mujer sabia a quien los antiguos griegos y romanos atribuyeron espíritu profético.

sibilante. adj. **1** Sonido que se pronuncia como una especie de silbido. **2** Se dice de la letra que representa este sonido, como la *s*.

sibilino, na. adj. **1** Relacionado con las sibilas. **2** Misterioso, oscuro.

sic. adv. lat. que se usa en impresos y manuscritos para dar a entender que una palabra o frase empleada en ellos es textual.

sicario. m. Asesino a sueldo.

sicomoro o **sicómoro.** m. Árbol moráceo de tronco amarillento y fruto en forma de higo. Originario de Egipto, su madera es muy apreciada en ebanistería.

sida. m. Sigla de *Síndrome de Inmuno-Deficiencia Adquirida,* enfermedad contagiosa vía sexual y sanguínea, que destruye el sistema inmunológico del organismo.

sidecar. m. Asiento adicional, apoyado en una rueda, que se adosa al costado de una motocicleta.

sideral o **sidéreo, a.** adj. Relacionado con los astros y las estrellas. **SIN.** astral, estelar.

siderurgia. f. Arte de extraer el hierro y trabajarlo.

sidra. f. Bebida alcohólica, que se obtiene por la fermentación del zumo de manzana.

siega. f. **1** Acción de segar. **2** Tiempo en que se siega. **3** Mieses segadas.

siembra. f. **1** Acción de sembrar. **2** Tiempo en que se siembra. **3** Tierra sembrada.

siempre. adv. t. **1** En todo o en cualquier tiempo o momento. **2** Cada vez que se da determinada circunstancia: *siempre que pierde, se enfada.* **3** En todo caso: *una pequeña ayuda, siempre es mejor que nada.*

sien. f. Cada una de las dos partes laterales de la cabeza comprendidas entre la frente, la oreja y la mejilla.

sierpe. f. **1** Serpiente. **2** Persona colérica. **3** Cosa que se mueve con ondulaciones, como las serpientes.

sierra. f. **1** Herramienta con una hoja de acero dentada que sirve para cortar madera u otros cuerpos duros. **2** Cordillera poco extensa.

siervo, va. m. y f. **1** Esclavo de un señor. **2** Nombre que una persona se da a sí misma respecto de otra para mostrar sumisión.

siesta. f. **1** Tiempo después del mediodía, en que aprieta más el calor. **2** Sueño que se echa después de comer.

siete. adj. **1** Seis y uno. **2** Séptimo, ordinal. | m. **3** Signo que representa este número. **4** Rasgón en la ropa, con forma de ángulo.

sietemesino, na. adj. y s. Se apl. al niño que nace a los siete meses de embarazo.

sífilis. f. Enfermedad venérea infecciosa, que se transmite por contacto sexual o por herencia. || No varía en pl.

sifón. m. **1** Tubo encorvado que sirve para sacar líquidos del vaso que los contienen, haciéndolos pasar por un punto superior a su nivel. **2** Botella cerrada herméticamente y provista de este tubo, para servir agua con ácido carbónico. **3** Agua carbónica de esta botella. **4** Tubo doblemente acodado en que el agua detenida dentro de él impide la salida de los gases de las cañerías al exterior. **5** Cada uno de los dos largos tubos que tienen ciertos moluscos lamelibranquios.

sigilo. m. **1** Secreto, misterio. **2** Silencio, cuidado de no hacer ruido.

sigla. f. **1** Letra inicial empleada como abreviatura: *S. D. M. son las siglas de Su Divina Majestad.* **2** Palabra o rótulo formado con estas iniciales, como *ONU* o *CE.*

siglo. m. **1** Espacio de cien años. **2** Seguido de la preposición *de,* época muy notable en algún aspecto. **3** Largo espacio de tiempo. **4** Vida civil en oposición a la religiosa. **SIN.** 1 centuria.

sigma. f. Decimoctava letra del alfabeto griego, que se corresponde con nuestra *s.* Su grafía mayúscula es Σ, y la minúscula es σ en comienzo o interior de palabra y ς en final de palabra.

signatario, ria. adj. y s. Que firma.

signatura. f. Señal de números y letras que se pone a un libro o a un documento para catalogarlos.

significación. f. **1** Acción de significar. **2** Significado de una palabra o frase. **3** Importancia.

significado, da. adj. **1** Conocido, importante. | m. **2** Sentido de una palabra, frase o cualquier otra cosa: *el significado de un cuadro.* **3** Concepto que unido al de significante constituye el signo lingüístico.

significante. m. Fonema o conjunto de fonemas, que unidos al significado, constituyen el signo lingüístico.

significar. tr. **1** Ser una cosa signo de otra: *la calavera significa peligro.* **2** Ser una palabra o frase expresión de una idea. **3** Manifestar, dar una opinión. También prnl. **4** Equivaler algo a lo que se expresa: *ese proyecto significa un gran avance técnico.* | intr. **5** Tener importancia. | **significarse.** prnl. **6** Distinguirse.

significativo, va. adj. **1** Que da a entender o conocer con propiedad una cosa. **2** Que tiene importancia.

signo. m. **1** Objeto, fenómeno o acción material que representa y sustituye a otro objeto, fenómeno o señal: *$ es el signo del dólar.* **2** Cualquiera de los caracteres que se emplean en la escritura y en la imprenta. **3** Indicio, señal: *las ojeras suelen ser signo de cansancio.* **4** Cada una de las doce partes iguales en que se divide el Zodiaco.

siguiente. adj. **1** Que sigue a otro. **2** Que se expresa a continuación. **SIN.** 1 ulterior, posterior ❑ **ANT.** 1 anterior.

sílaba. f. Sonido o sonidos articulados que constituyen un solo núcleo fónico entre dos depresiones sucesivas de la emisión de voz.

silbar. intr. **1** Dar o producir silbidos. **2** Agitar el aire produciendo silbidos. **3** Manifestar desagrado y desaprobación el público, con silbidos. También tr.

silbato. m. Instrumento pequeño y hueco que soplando en él con fuerza produce un silbido.

silbido o **silbo.** m. Sonido agudo que resulta al hacer pasar con fuerza el aire por un sitio estrecho.

silenciador. m. Dispositivo que se aplica al tubo de escape de los motores de explosión, o al cañón de algunas armas de fuego, para disminuir el ruido.

silenciar. tr. **1** Callar, omitir. **2** Imponer silencio.

silencio. m. **1** Abstención de hablar. **2** Falta de ruido. **Sin.** 1 reserva 2 sigilo.

silencioso, sa. adj. **1** Que guarda silencio. **2** Se dice del lugar o tiempo en que hay silencio. **3** Que no hace ruido.

sílex. m. Variedad de cuarzo, pedernal. || No varía en pl.

sílfide. f. **1** Ninfa, ser fantástico o espíritu elemental del aire. **2** Mujer muy hermosa y esbelta.

silicato. m. Sal compuesta de ácido silícico y una base.

sílice. f. Dióxido de silicio.

silicio. m. Elemento químico sólido no metal que se extrae de la sílice, de estructura cristalina parecida a la del diamante y de gran dureza. Se utiliza como semiconductor, en paneles fotovoltaicos y en circuitos electrónicos integrados. Su símbolo es *Si*.

silicona. f. Nombre genérico de varios productos sintéticos, muy elásticos y resistentes al calor y a la humedad, cuyo principal componente es el silicio.

silicosis. f. Enfermedad producida por la filtración en el aparato respiratorio del polvo de sílice. || No varía en pl.

silla. f. **1** Asiento con respaldo, para una sola persona. **2** Aparejo para montar a caballo. **3** Asiento o trono de ciertos prelados. **4** Asiento con ruedas para llevar a los niños pequeños. **5 silla de ruedas.** La que, con ruedas laterales grandes, permite que se desplace una persona imposibilitada. **6 silla eléctrica.** La dispuesta para electrocutar a los condenados a muerte.

sillar. m. Cada una de las piedras labradas que forman parte de una construcción.

sillería. f. **1** Conjunto de sillas, sillones, etc., con que se amuebla una habitación. **2** Conjunto de asientos unidos unos a otros; como los del coro de las iglesias, etc. **3** Taller o tienda de sillas. **4** Construcción hecha de sillares.

sillín. m. Asiento de la bicicleta y otros vehículos análogos.

Sílex

sillón. m. Silla con brazos, mayor y más cómoda que la común.

silo. m. **1** Lugar subterráneo y seco para guardar trigo u otros granos, y por ext., depósito para cereales. **2** Cualquier lugar subterráneo y profundo.

silogismo. m. En lógica, argumento formado por tres proposiciones, la última de las cuales se deduce necesariamente de las otras dos.

silueta. f. **1** Perfil de una figura. **2** Dibujo sacado siguiendo los contornos de un objeto. **3** Forma que presenta a la vista la masa de un objeto más oscuro que el fondo sobre el cual se proyecta. **4** Tipo de una persona.

silúrico, ca o **siluriano, na.** adj. **1** Se dice del tercer período de la era paleozoica. **2** Relacionado con este período.

silva. f. **1** Combinación métrica en versos endecasílabos y heptasílabos, que riman sin sujeción a un orden prefijado. **2** Composición poética escrita con esta combinación. **3** Colección de escritos diversos que no guardan relación entre sí.

silvestre. adj. **1** Criado naturalmente y sin cultivo en selvas o campos. **2** Agreste, rústico. **Sin.** 1 montaraz 2 inculto.

silvicultura. f. **1** Cultivo de los bosques o montes. **2** Ciencia que trata de este cultivo.

sima. f. **1** Cavidad grande y muy profunda en la tierra. | m. **2** Subcapa más interna de las dos de que consta la corteza terrestre.

simbiosis. f. Asociación de individuos animales o vegetales de diferentes especies, en la que ambos asociados sacan provecho de la vida en común. || No varía en pl.

simbólico, ca. adj. Relacionado con el símbolo o expresado por medio de él.

simbolismo. m. **1** Sistema de símbolos con que se representan creencias, conceptos o sucesos. **2** Movimiento literario y artístico surgido en Francia en la segunda mitad del s. xix.

simbolizar. tr. Servir una cosa como símbolo de otra.

símbolo. m. **1** Imagen, figura, etc., con que se representa un concepto moral o intelectual. **2** En quím., letra o letras con que se designa un elemento simple. **Sin.** 1 signo, emblema.

simetría. f. **1** Proporción adecuada de las partes de un todo. **2** Armonía de posición de las partes o puntos similares unos respecto de otros, y con referencia a punto, línea o plano determinado.

simiente. f. Semilla.

símil. m. **1** Comparación entre dos cosas. **2** Figura retórica que consiste en comparar expresamente una cosa con otra.

similar. adj. Que tiene semejanza o analogía con una cosa.

similitud. f. Semejanza.

simio, mia. m. y f. **1** Antropoide, mamífero primate. **2** Mono, nombre común de los primates cuadrumanos. | m. pl. **3** Suborden de los mamíferos antropoides.

simonía. f. Acción de comerciar con cosas espirituales o religiosas, como sacramentos, cargos eclesiásticos, etc.

simpatía. f. **1** Inclinación afectiva entre personas, generalmente espontánea y mutua. **2** Por ext., inclinación semejante hacia animales o cosas. **3** Cualidad de simpático.

simpático, ca. adj. **1** Que inspira o muestra simpatía. **2** Agradable o gracioso: *nos envió una postal muy simpática*. **3** Se dice de la parte del sistema neurovegetativo que rige el funcionamiento visceral interviniendo en la regulación de las funciones automáticas e involuntarias del organismo.

simpatizante. adj. y com. Que simpatiza.

simpatizar. intr. Sentir simpatía.

simple. adj. **1** Formado por un solo elemento o por pocos. **2** Sencillo, que no es doble ni está duplicado. **3** Fácil, sin complicación: *un aparato de simple manejo*. **4** Falto de malicia o picardía. También com. **5** Tonto. También com. **6** Se dice del traslado o copia de una escritura, que se saca sin firmar ni autorizar. **Sin.** 4 ingenuo 5 bobo ☐ **Ant.** 1 y 3 complejo 3 difícil, complicado 4 pícaro.

simpleza. f. Tontería, estupidez.

simplicidad. f. Cualidad de simple, sencillo o ingenuo.

simplificar. tr. Hacer más simple, sencillo o fácil.

simplista. adj. y com. Que simplifica o tiende a simplificar.

simplón, na. adj. y s. Simple, ingenuo.

simposio. m. Conferencia o reunión en que se examina y discute determinado tema.

simulacro. m. Ficción, imitación, falsificación: *simulacro de juicio*.

simular. tr. Representar una cosa, fingiendo o imitando lo que no es.

simultanear. tr. Realizar en el mismo espacio de tiempo dos tareas o actividades.

simultáneo, a. adj. Que se hace u ocurre al mismo tiempo que otra cosa. **Sin.** contemporáneo, sincrónico ☐ **Ant.** incompatible.

simún. m. Viento abrasador que suele soplar en los desiertos de África y Arabia.

sin. prep. **1** Denota carencia o falta: *café sin azúcar*. **2** Fuera de, aparte de. **3** Delante del infinitivo del verbo, equivale a una negación: *sin hacer ruido*.

sinagoga. f. **1** Congregación o junta religiosa de los judíos. **2** Edificio donde se reúnen para orar y oír su doctrina.

sinalefa. f. Enlace de sílabas que forma una sola, a partir de la última de un vocablo y de la primera del siguiente, cuando aquél acaba en vocal y éste empieza con vocal, precedida o no de *h* muda.

sincerarse. prnl. Hablar con alguien para contarle algo con plena confianza.

sinceridad. f. Cualidad de sincero. **Sin.** franqueza ☐ **Ant.** hipocresía, doblez.

sincero, ra. adj. **1** Que dice lo que piensa o siente. **2** Que muestra la verdad. **Sin.** 1 franco 2 verdadero ☐ **Ant.** 1 hipócrita 2 falso.

sinclinal. adj. y m. Se dice del plegamiento de las capas del terreno en forma cóncava.

síncopa. f. Supresión de uno o más sonidos dentro de un vocablo.

sincopado, da. adj. **1** En mús., se dice de la nota que se halla entre dos o más notas de menos valor, pero que juntas valen tanto como ella. **2** Se dice del ritmo o canto que tiene notas sincopadas.

sincopar. tr. **1** Hacer síncopa. **2** Abreviar.

síncope. m. **1** Pérdida repentina del conocimiento debida a la suspensión repentina de la acción del corazón. **2** Síncopa. **Sin.** 1 desfallecimiento, desmayo.

sincretismo. m. **1** Sistema en que se concilian doctrinas diferentes. **2** En ling., fenómeno por el que diversas funciones coinciden en una forma única.

sincronía. f. **1** Sincronismo, coincidencia de hechos o fenómenos en el tiempo. **2** En ling., término propuesto por F. de Saussure para designar un estado de lengua en un momento dado.

sincrónico, ca. adj. **1** Se dice de las cosas que ocurren a un mismo tiempo. **2** En ling., se dice de las leyes y relaciones internas propias de una lengua o dialecto en un momento dado.

sincronismo. m. Hecho de ser sincrónicas dos o más cosas.

sincronizar. tr. Hacer sincrónicos dos o más movimientos o fenómenos.

sindéresis. f. Discreción, capacidad para juzgar rectamente. || No varía en pl.

sindical. adj. Relacionado con el sindicato o el síndico.

sindicalismo. m. Sistema de organización obrera por medio del sindicato.

sindicalista. adj. **1** Relacionado con el sindicalismo. | com. **2** Partidario del sindicalismo.

sindicar. tr. **1** Formar un sindicato. | **sindicarse.** prnl. **2** Entrar a formar parte de un sindicato.

sindicato. m. Asociación de trabajadores creada con el fin de defender sus intereses económicos y laborales.

síndico. m. **1** Encargado de liquidar el activo y el pasivo del deudor, en un concurso de acreedores o en una quiebra. **2** Persona elegida por una comunidad o corporación para cuidar de sus intereses.

síndrome. m. Conjunto de síntomas característicos de una enfermedad.

sinécdoque. f. Figura retórica que consiste en extender, restringir o alterar de algún modo la significación de las palabras, para designar un todo con el nombre de una de sus partes, o viceversa: *cuarenta velas*, por *cuarenta naves*.

sinecura. f. Empleo o cargo retribuido que ocasiona poco o ningún trabajo. S**in**. prebenda, momio.

sine die. expr. lat. Significa sin plazo fijo, sin fecha.

sinéresis. f. Reducción a una sola sílaba, en una misma palabra, de vocales que normalmente se pronuncian en sílabas distintas, como *aho-ra* por *a-ho-ra*.

sinergia. f. **1** Concurso activo y concertado de varios órganos para realizar una función. **2** Unión de varias fuerzas o causas para lograr mayor efectividad.

sinestesia. f. Sensación secundaria o asociada que se produce en una parte del cuerpo a consecuencia de un estímulo aplicado en otra parte del mismo.

sinfín. m. Infinidad, sinnúmero. || No se usa en pl.

sinfonía. f. **1** Conjunto de voces e instrumentos que suenan acordes a la vez. **2** Composición de música instrumental, que precede, por lo común, a las óperas y otras obras teatrales. **3** Conjunto armónico: *sinfonía de colores*.

singladura. f. **1** Distancia recorrida por una nave en veinticuatro horas. **2** Rumbo de la nave. **3** P. ext., rumbo, camino, desarrollo.

single. (voz ingl.) adj. y m. **1** En discografía, se aplica al disco sencillo. **2** En dep., sobre todo en tenis, se dice del partido individual.

singular. adj. **1** Extraordinario, raro o excelente. **2** Solo, sin otro de su especie. **3** En ling., se dice de la palabra que se refiere a una sola persona o cosa. A**nt**. 2 y 3 plural.

singularidad. f. **1** Cualidad de singular. **2** Particularidad, distinción.

singularizar. tr. **1** Distinguir entre otros. También prnl. **2** Dar número singular a palabras que ordinariamente no lo tienen.

sinhueso. f. fam. Lengua, órgano.

siniestrado, da. adj. y s. Que ha padecido un siniestro.

siniestro, tra. adj. **1** Perverso, malintencionado. **2** Oscuro, tenebroso: *una calle siniestra*. **3** Situado a la izquierda. | m. **4** Daño o pérdida importantes que sufren las personas o las cosas. | f. **5** La mano izquierda. S**in**. 1 maligno, avieso 2 lúgubre, tétrico A**nt**. 3 derecho.

sinnúmero. m. Número incalculable de personas o cosas. || No se usa en pl. S**in**. multitud.

sino. conj. adv. **1** Contrapone a un concepto negativo otro afirmativo: *no lo hizo Juan, sino Pedro*. **2** Denota a veces idea de excepción: *nadie lo sabe sino él*. | m. **3** Hado, destino.

sinodal. adj. Perteneciente o relativo al sínodo.

sínodo. m. **1** Concilio de los obispos. **2** Junta de ministros protestantes encargados de decidir sobre asuntos eclesiásticos.

sinología. f. Estudio de la lengua, la literatura y las instituciones de China.

sinonimia. f. **1** Circunstancia de ser sinónimos dos o más vocablos. **2** Figura que consiste en usar voces sinónimas para amplificar o reforzar la expresión de un concepto.

sinónimo, ma. adj. y m. Se dice de los vocablos y expresiones que tienen el mismo significado o muy parecido.

sinopsis. f. **1** Esquema. **2** Exposición general de una materia o asunto, presentados en sus líneas esenciales. **3** Sumario o resumen. || No varía en pl.

sinovia. f. Humor viscoso que lubrica las articulaciones de los huesos.

sinrazón. f. Acción injusta o no razonable. S**in**. desafuero, injusticia, desatino ☐ A**nt**. justicia.

sinsabor. m. Pesar, pesadumbre.

sintáctico, ca. adj. Relacionado con la sintaxis.

sintagma. m. En ling., grupo de elementos que, en una oración, funciona como una unidad.

sintaxis. f. **1** Parte de la gramática, que estudia la forma en que se coordinan y unen las palabras para formar las oraciones, y la función que desempeñan dentro éstas. **2** En inform., forma correcta en que deben estar dispuestos los signos que componen una instrucción. || No varía en pl.

síntesis. f. **1** Composición de un todo por la reunión de sus partes. **2** Resumen. **3** Formación de una sustancia compuesta mediante la combinación de elementos químicos o de sustancias más sencillas. ‖ No varía en pl.

sintético, ca. adj. **1** Perteneciente o relativo a la síntesis. **2** Que se obtiene mediante síntesis: *producto sintético.*

sintetizador, ra. adj. y s. **1** Que sintetiza. | m. **2** Dispositivo electrónico que permite reproducir sonidos mediante la modificación de su frecuencia, intensidad, etc., simulando sonidos de otros instrumentos o creando otros distintos.

sintetizar. tr. Hacer síntesis.

sintoísmo. m. Religión primitiva y popular de los japoneses.

síntoma. m. **1** Fenómeno revelador de una enfermedad. **2** Señal, indicio.

sintonía. f. **1** Hecho de estar sintonizados dos sistemas de transmisión y recepción. **2** Armonía, entendimiento. **3** En radio y televisión, música que señala el comienzo o el final de una emisión.

sintonizar. tr. **1** En la telegrafía sin hilos, hacer que el aparato de recepción vibre al mismo tiempo que el de transmisión. **2** Adaptar convenientemente las longitudes de onda de dos o más aparatos de radio. | intr. **3** Existir armonía entre personas e ideas.

sinuoso, sa. adj. **1** Que tiene curvas o recodos. **2** Se dice del carácter o de las acciones que tratan de ocultar el fin a que se dirigen.

sinusitis. f. Inflamación de los senos del cráneo que comunican con la nariz. ‖ No varía en pl.

sinvergüenza. adj. y com. **1** Pícaro, bribón. **2** Desvergonzado.

sionismo. m. Movimiento judío que pretende recobrar Palestina como patria.

siquiera. conj. ad. **1** Equivale a *bien que* o *aunque.* | adv. c. y m. **2** Equivale a *por lo menos* en conceptos afirmativos, y a *tan sólo* en conceptos negativos: *déjame uno siquiera.* **3** Refuerza una negación: *no habló siquiera.*

sirena. f. **1** En la mitología griega, ninfa marina con busto de mujer y cuerpo de ave o pez. **2** Sonido que se oye a mucha distancia y se usa como señal de aviso en buques, automóviles, fábricas, etc.

sirenio. adj. y m. **1** Se dice de los mamíferos marinos que tienen el cuerpo pisciforme, terminado en una aleta caudal horizontal; como el manatí. | m. pl. **2** Orden de estos animales.

sirga. m. Maroma que sirve para tirar las redes, arrastrar las naves, etc.

siroco. m. **1** Viento sudeste, seco y cálido. **2** Ataque, patatús.

sirviente, ta. m. y f. **1** Servidor, criado. | m. **2** Persona adscrita a un arma, maquinaria, etc.

sisa. f. **1** Acción de sisar. **2** Parte que se sisa. **3** Abertura hecha en las prendas de vestir para que ajusten al cuerpo, sobre todo la que corresponde a la axila.

sisal. m. Fibra flexible y resistente obtenida de la pita y que se emplea para fabricar cuerdas.

sisar. tr. **1** Robar una pequeña parte de algo, sobre todo del dinero de la compra. **2** Hacer sisas en las prendas de vestir.

sisear. intr. y tr. Emitir repetidamente el sonido de *s* y *ch,* generalmente para manifestar desaprobación o desagrado.

sismo. m. Seísmo.

sismógrafo. m. Instrumento que registra durante un seísmo la dirección y amplitud de las oscilaciones y sacudidas de la tierra.

sismología. f. Ciencia que trata de los seísmos o terremotos.

sismómetro. m. Instrumento que mide durante un terremoto la fuerza de las oscilaciones y sacudidas.

sisón. m. Ave zancuda, de unos 45 cm, cabeza pequeña y pico y patas amarillos, común en Europa.

sistema. m. **1** Conjunto de reglas o principios sobre una materia organizados y enlazados entre sí. **2** Conjunto de cosas que ordenadamente relacionadas entre sí contribuyen a determinado objeto. **3** Conjunto de órganos que intervienen en alguna de las principales funciones vegetativas animales. **4** Método, procedimiento.

sistemático, ca. adj. **1** Que sigue o se ajusta a un sistema. **2** Se dice de la persona que procede por principios, y con rigidez en su forma de vida, opiniones, etc.

sistematizar. tr. Reducir a sistema u organizar como sistema.

sístole. f. **1** Movimiento de contracción del corazón y de las arterias para empujar la sangre que contiene. **2** Licencia poética consistente en usar como breve una sílaba larga.

sitial. m. Asiento de ceremonia.

sitiar. tr. **1** Cercar una plaza o fortaleza. **2** Rodear o acorralar a alguien. **Sin.** 1 asediar.

sitio. m. **1** Acción de sitiar. **2** Espacio ocupado por alguien o algo, o que puede serlo. **3** Paraje o terreno determinado o a propósito para algo. **Sin.** 1 asedio, cerco.

sito, ta. adj. Situado o fundado.

situación. f. **1** Acción de situar. **2** Lugar donde está situado alguien o algo. **3** Disposición o estado de alguien o algo: *no estás en situación de rechazarlo.* **Sin.** 1 colocación, posición 3 condición.

situar. tr. **1** Poner a una persona o cosa en determinado sitio o situación. También prnl. | **situarse.** prnl. **2** Lograr una posición social, económica o política privilegiada. **Sin.** 1 colocar.

siux. adj. **1** Pueblo amerindio que habita en reservas del norte de EE. UU. **2** De este pueblo. También com. También se escribe *sioux*.

sketch. (voz ingl.) m. En cine, teatro y televisión, escena, historieta, pieza breve, generalmente cómica.

slip. (voz. ingl.) m. **1** Calzoncillo pequeño y ajustado. **2** Bañador masculino de estas características.

smog. (voz. ingl.) m. Especie de niebla artificial que cubre algunas ciudades a causa de la contaminación.

smoking. (voz ingl.) m. Esmoquin.

snack bar. (voz ingl.) m. Establecimiento con bar y restaurante, donde se sirven platos rápidos.

so. prep. **1** Bajo, debajo de. Hoy tiene uso con los sustantivos *capa, color, pena,* etc. | interj. **2** Se emplea para hacer que se paren las caballerías. | m. **3** Refuerza el significado de algunos adjetivos despectivos: *so bruto*.

sobaco. m. Concavidad que forma el arranque del brazo con el cuerpo.

sobado, da. adj. **1** Manido, muy usado. **2** Se aplica al bollo o torta a cuya masa se ha agregado aceite o manteca. También s.

sobaquera. f. Abertura que se deja, o pieza que se pone en algunos vestidos, en la parte que corresponde al sobaco.

sobar. tr. **1** Manejar y oprimir una cosa repetidamente para que se ablande o suavice. **2** Tocar, palpar, manosear. **3** Pegar, golpear.

soberanía. f. **1** Cualidad de soberano. **2** Autoridad suprema del poder público. **3** Excelencia, superioridad. **Sin.** 3 alteza, grandeza □ **Ant.** 3 inferioridad.

soberano, na. adj. **1** Que ejerce o posee la autoridad suprema e independiente. También s. **2** Referido a países o territorios, independientes. **3** Elevado, excelente. **4** Muy grande o importante: *una soberana tontería.* | m. y f. **5** Monarca.

soberbia. f. **1** Cualidad y comportamiento de la persona altiva y arrogante, que desprecia y humilla a los demás. **2** Magnificencia excesiva, especialmente hablando de edificios. **Sin.** 1 altivez, arrogancia □ **Ant.** 1 humildad.

soberbio, bia. adj. **1** Que tiene o muestra soberbia. **2** Grandioso, magnífico: *un soberbio collar de diamantes.* **3** Muy grande o importante. **Sin.** 1 altivo, arrogante.

sobón, na. adj. y s. Aficionado a sobar.

sobornar. tr. Corromper a alguien con dinero o regalos para conseguir de él una cosa.

soborno. m. **1** Acción de sobornar. **2** Dinero, regalo, etc., con que se soborna.

sobra. f. **1** Exceso y demasía en cualquier cosa. | pl. **2** Lo que queda de la comida al levantar la mesa. **3** P. ext., lo que sobra o queda de otras cosas. **4** Desperdicios o desechos.

sobrado, da. adj. **1** Demasiado, que sobra. **2** Rico, acomodado. | m. **3** Desván.

sobrar. intr. **1** Haber más de lo que se necesita para una cosa. **2** Quedar, restar. **3** Ser alguien o algo innecesario o mal recibido: *tu sarcasmo sobra.* **Sin.** 1 exceder, superar □ **Ant.** 1 faltar.

sobrasada. f. Embuchado grueso típico de Mallorca, con carne de cerdo muy picada, sal y pimentón.

sobre. prep. **1** Encima de. **2** Acerca de. **3** Además de: *tuvieron más gastos sobre los previstos.* **4** Indica aproximación: *vendré sobre las diez.* **5** Con más altura que otra cosa, dominándola: *la torre destacaba sobre la ciudad.* **6** Con dominio y superioridad. **7** En composición, aumenta la significación, o añade la suya al nombre o verbo con que se junta: *sobredosis, sobresueldo.* | m. **8** Cubierta, generalmente de papel, en que se incluye una carta, tarjeta, etc. **9** Envoltorio parecido empleado para usos muy distintos: *un sobre de té.* **Ant.** 1 debajo.

sobreabundar. intr. Abundar en exceso.

sobrealimentar. tr. **1** Dar más alimento del necesario. También prnl. **2** Hacer mayor la presión del combustible de un motor de explosión, aumentando su potencia.

sobrecarga. f. **1** Lo que se añade a una carga regular. **2** Hecho de sobrepasar la capacidad de funcionamiento de un aparato, sistema, etc. **3** Molestia, pena, preocupación.

sobrecargar. tr. Cargar con exceso.

sobrecargo. m. **1** El que en los buques mercantes lleva a su cuidado y bajo su responsabilidad el cargamento. **2** Tripulante de avión que tiene a su cargo supervisar diversas funciones auxiliares.

sobrecoger. tr. y prnl. Asustar, intimidar, impresionar. **Sin.** turbar, afectar □ **Ant.** tranquilizar.

sobrecubierta. f. **1** Segunda cubierta que se pone como protección a algo. **2** Cubierta de un barco, situada sobre la principal.

sobredosis. f. Dosis excesiva de un medicamento o droga. || No varía en pl.

sobreexcitar. tr. y prnl. Aumentar las propiedades vitales del organismo o de parte de él.

sobrehilar. tr. Dar puntadas sobre el borde de una tela cortada, para que no se deshilache.

sobrehumano, na. adj. Que excede a las posibilidades del hombre; suele usarse hiperbólicamente: *esfuerzos sobrehumanos.*

sobrellevar. tr. y prnl. Soportar los trabajos y molestias de la vida, resignándose a ellos. **Sin.** sufrir, aguantar.

sobremesa. f. Tiempo que se está a la mesa después de haber comido.

sobrenatural. adj. **1** Que excede los términos de la naturaleza. **2** Que no pertenece al mundo terrenal. **3** Extraordinario, sobrecogedor.

sobrenombre. m. Nombre que se añade a veces al nombre de una persona o con el que se la conoce o distingue. **Sin.** alias, apodo.

sobrentender. tr. y prnl. Entender algo que no está expreso, pero que se deduce. También se dice *sobreentender.* ‖ **Irreg.** Se conj. como *entender.*

sobrepasar. tr. **1** Rebasar un límite, excederlo. **2** Superar, aventajar.

sobrepelliz. f. Vestidura blanca que se ponen sobre la sotana los eclesiásticos.

sobreponer. tr. **1** Añadir una cosa o ponerla encima de otra. | **sobreponerse.** prnl. **2** Dominar los impulsos o los sentimientos: *sobreponerse a un disgusto.* ‖ **Irreg.** Se conj. como *poner.*

sobreprecio. m. Recargo sobre el precio normal. **Sin.** aumento ☐ **Ant.** rebaja.

sobrero. adj. y m. Se aplica al toro que se tiene de más por si se inutiliza algún otro de los destinados a una corrida.

sobresaliente. adj. **1** Que sobresale. | m. **2** Calificación superior al notable. | com. **3** Suplente, sobre todo entre comediantes y toreros.

sobresalir. intr. **1** Exceder una persona o cosa a otras en la forma, tamaño, etc. **2** Destacar, distinguirse entre otros. ‖ **Irreg.** Se conj. como *salir.*

sobresaltar. tr. y prnl. Asustar algo que ocurre, aparece, etc., de repente. **Sin.** impresionar ☐ **Ant.** aquietar.

sobresalto. m. Hecho de sobresaltar o sobresaltarse.

sobresdrújulo, la. adj. Se apl. a las voces acentuadas en la sílaba anterior a la antepenúltima: *devuélvemelo.*

sobreseer. intr. **1** Desistir de la pretensión o empeño que se tenía. **2** Cesar en el cumplimiento de una obligación. **3** En der., cesar en una instrucción sumarial; y p. ext., dejar sin curso ulterior un procedimiento. También tr.

sobrestimar. tr. Estimar una persona o cosa por encima de su valor.

sobresueldo. m. Retribución o consignación que se añade al sueldo fijo.

sobretodo. m. Prenda parecida al abrigo, pero más ligera.

sobrevenir. intr. Suceder una cosa además o después de otra. ‖ **Irreg.** Se conj. como *venir.*

sobrevivir. intr. Vivir alguien después de la muerte de otro, después de un determinado plazo o de cierto suceso peligroso: *sobrevivió al incendio.*

sobrevolar. tr. Volar sobre un lugar, ciudad, territorio, etc. ‖ **Irreg.** Se conj. como *contar.*

sobriedad. f. Cualidad de sobrio. **Sin.** frugalidad, templanza, moderación ☐ **Ant.** inmoderación.

sobrino, na. m. y f. Respecto de una persona, hijo o hija de su hermano o hermana, o de su primo o prima.

sobrio, bria. adj. **1** Moderado en sus palabras, acciones, etc.: *sobrio en el beber.* **2** Que carece de adornos superfluos o de otras características que lo hagan llamativo y exagerado: *un estilo sobrio.* **3** Que no está borracho. **Sin.** 1 frugal, parco, austero 3 sereno ☐ **Ant.** 1 inmoderado 2 recargado.

socaire. m. Entre marineros, abrigo o defensa que ofrece una cosa en su lado opuesto a aquel de donde sopla el viento.

socarrar. tr. y prnl. Quemar o tostar ligera y superficialmente.

socarronería. f. Burla disimulada e ingeniosa.

socarrón, na. adj. y s. Que obra con socarronería o la refleja.

socavar. tr. **1** Excavar por debajo alguna cosa, dejándola sin apoyo. **2** Ir destruyendo o debilitando a alguien o algo: *socavar la salud.*

socavón. m. **1** Hundimiento en el suelo. **2** Cueva excavada en la ladera de un monte, que a veces se prolonga formando galería subterránea.

sochantre. m. Director del coro en los oficios divinos.

sociable. adj. **1** Inclinado a convivir y tratar con otros. **2** Amable, afable. **Sin.** 2 tratable ☐ **Ant.** 1 y 2 insociable.

social. adj. **1** Relacionado con la sociedad. **2** Relacionado con los problemas de la sociedad o interesado por ellos: *reivindicaciones sociales.* **3** Relacionado con una compañía o sociedad, o con los socios o compañeros, aliados o confederados.

socialdemocracia. f. Denominación genérica de corrientes y tendencias socialistas que aceptan la democracia parlamentaria y el pluralismo político.

socialismo. m. **1** Término que abarca diversas doctrinas y sistemas de organización social, política y económica, que tienden a la propiedad colectiva y a la administración estatal de los medios de producción. **2** Movimiento político que intenta establecer alguno de estos sistemas.

socialista. adj. y com. Relacionado con el socialismo o partidario de él.

socializar. tr. **1** Transferir al Estado, u otro órgano colectivo, las propiedades, industrias, etc., particulares. **2** Promover condiciones sociales que favorezcan en los seres humanos el desarrollo integral de su persona. **Sin.** 1 nacionalizar ☐ **Ant.** 1 privatizar.

sociedad. f. **1** Conjunto de personas que conviven y se relacionan dentro de un mismo ámbito. **2**

Socorrismo

Agrupación organizada de personas o animales: *las hormigas viven en sociedad*. **3** Conjunto de personas o instituciones que actúan unidas para conseguir un mismo fin.

socio, cia. m. y f. **1** Persona asociada con otra u otras para algún fin. **2** Individuo que pertenece a una sociedad o agrupación: *es socio de un club*. **3** Amigo, compinche.

sociocultural. adj. Relacionado con el estado cultural de una sociedad o grupo social.

sociología. f. Ciencia que estudia todo lo referente a las sociedades humanas, y las relaciones entre sus individuos y sus leyes.

socorrer. tr. Ayudar en un peligro o necesidad.

socorrido, da. adj. Se apl. a los recursos que fácilmente y con frecuencia resuelven una dificultad: *una excusa muy socorrida*.

socorrismo. m. Organización y adiestramiento para prestar socorro en caso de accidente, especialmente en el agua.

socorro. m. **1** Acción de socorrer. **2** Dinero, alimento u otra cosa con que se socorre. | interj. **3** Se usa para pedir ayuda.

socrático, ca. adj. y s. Relacionado con la doctrina de Sócrates, o que la sigue.

soda. f. Bebida de agua gaseosa.

sodio. m. Elemento químico metálico, de color blanco y brillo argentino, blando, muy ligero y que reacciona violentamente al contacto con el agua; sus sales son muy abundantes en la naturaleza. Su símbolo es *Na*.

sodomía. f. **1** Coito anal. **2** Relación homosexual entre varones. **Sin.** 2 pederastia.

soez. adj. Grosero, ordinario. **Sin.** basto, bajo □ **Ant.** fino.

sofá. m. Asiento para dos o más personas, mullido y con brazos y respaldo.

sofión. m. **1** Bufido, demostración de enfado. **2** Especie de escopeta de boca ancha.

sofisma. m. Razón o argumento aparente con que se quiere defender o persuadir lo que es falso.

sofista. adj. y com. **1** Que se vale de sofismas. | m. **2** En la Grecia antigua, todo el que se dedicaba a la filosofía, y de manera especial a los problemas antropológicos.

sofisticado, da. adj. **1** Muy refinado y elegante, aunque en ocasiones, falto de naturalidad. **2** Complejo, completo: *un mecanismo muy sofisticado*.

sofisticar. tr. **1** Hacer sofisticado. **2** Adulterar o falsificar un argumento.

soflama. f. **1** Bochorno o ardor que sube al rostro. **2** desp. Discurso, perorata.

sofocar. tr. **1** Ahogar, impedir la respiración. **2** Apagar, extinguir. **3** Abochornar, avergonzar. También prnl. | **sofocarse.** prnl. **4** Irritarse, disgustarse.

sofoco. m. **1** Sensación de ahogo: *abre la ventana, que siento sofoco*. **2** Sensación de calor, generalmente acompañada de sudor y enrojecimiento. **3** Grave disgusto.

sofocón. m. Disgusto fuerte.

sofoquina. f. Sofoco intenso.

sofreír. tr. Freír ligeramente. || **Irreg.** Se conj. como *reír*.

sofrología. f. Disciplina de la psiquiatría que estudia los cambios de conciencia en el ser humano y sus aplicaciones terapéuticas.

soga. f. Cuerda gruesa.

soja. f. Planta herbácea de aproximadamente 1 m de altura, tallo recto, flores en racimo y fruto en

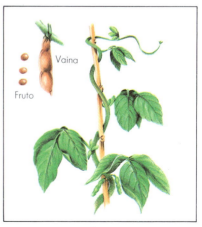

Soja

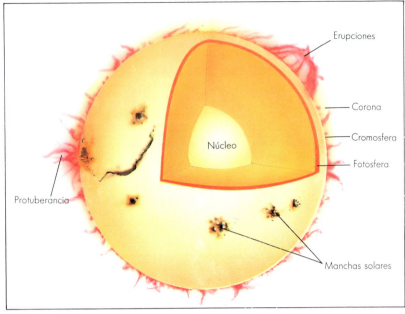

Estructura del Sol

legumbre, de cuya semilla se extrae aceite vegetal; se usa como alimento y como fibra textil.

sojuzgar. tr. Dominar, someter con violencia. Sin. avasallar, subyugar.

sol. m. **1** Estrella luminosa centro de nuestro sistema planetario. En esta acepción se escribe con mayúscula. **2** Luz, calor o influjo del Sol: *un día de sol*. **3** Lugar o parte de un lugar donde da el sol: *sentarse al sol*. **4** Se usa como calificativo o apelativo cariñoso. **5** Antigua unidad monetaria de Perú. **6** Quinta nota de la escala musical.

solana. f. Lugar donde el sol da de lleno.

solanáceo, a. adj. y f. **1** Se dice de las plantas herbáceas, arbustivas y arbóreas que tienen flores acampanadas, fruto en baya o cápsula y raíz generalmente bulbosa y comestible, como la patata, el tomate, la berenjena, el tabaco, etc. | f. pl. **2** Familia de estas plantas.

solanera. f. **1** Efecto que produce en una persona el tomar mucho el sol. **2** Paraje expuesto sin resguardo del sol. **3** Sol muy fuerte.

solano. m. Viento del Este.

solapa. f. **1** Parte del vestido, correspondiente al pecho, y que suele ir doblada hacia fuera sobre la misma prenda de vestir. **2** En general, cualquier cosa o parte de ella montada sobre otra, a la que cubre total o parcialmente.

solapado, da. adj. Poco claro; disimulado u oculto.

solapar. tr. **1** Cubrir una cosa a otra en su totalidad o en parte. **2** Ocultar maliciosa y cautelosamente la verdad o la intención. | **solaparse.** prnl. **3** Coincidir una cosa con otra.

solar. adj. Del Sol: *rayos solares*.

solar. m. **1** Porción de terreno donde se ha edificado o que se destina a edificar en él. **2** Casa, descendencia, linaje noble: *su padre venía del solar de Vegas*. | adj. **3** Se dice de la casa más antigua y noble de una familia.

solar. tr. Revestir el suelo con ladrillos, losas u otro material. || **Irreg.** Se conj. como *contar*.

solariego, ga. adj. **1** Del solar de antigüedad y nobleza. También s. **2** Antiguo y noble.

solárium o **solario.** m. Terraza o lugar dispuesto para tomar baños de sol.

solaz. m. Ocio, descanso, esparcimiento.

soldada. f. Sueldo o salario, especialmente el del soldado.

soldadesca. f. **1** desp. Conjunto de soldados. **2** Tropa indisciplinada.

soldado. com. **1** Persona que sirve en la milicia. **2** Militar sin graduación.

soldador, ra m. y f. **1** Persona que tiene por oficio soldar. **2** Instrumento para soldar.

soldadura. f. **1** Acción de soldar. **2** Material para soldar.

soldar. tr. Unir sólidamente dos cosas fundiendo sus bordes, o aplicando alguna sustancia igual o semejante a las que se quiere unir. || **Irreg.** Se conj. como *contar*.

solear. tr. y prnl. Exponer al sol.

solecismo. m. Incorrección lingüística, sobre todo sintáctica.

soledad. f. **1** Carencia de compañía. **2** Pesar y melancolía que se sienten por la ausencia o pérdida de alguna persona o cosa. **3** Lugar desierto, tierra no habitada. **Sin.** 1 compañía, acompañamiento.

solemne. adj. **1** Celebrado públicamente con pompa y esplendor: *exequias solemnes*. **2** Formal, válido, acompañado de todos los requisitos necesarios: *compromiso, declaración, promesa solemne*. **3** A veces se usa como simple intensificador: *solemne disparate*. **Sin.** 1 pomposo 2 serio, grave.

solemnidad. f. **1** Cualidad de solemne. **2** Acto o ceremonia solemne. **3** Festividad eclesiástica.

solemnizar. tr. **1** Celebrar algo de manera solemne. **2** Engrandecer, autorizar o encarecer una cosa.

solenoide. m. Circuito formado por un hilo conductor enrollado en espiral, por el que circula una corriente eléctrica y en cuyo interior se crea un campo magnético.

sóleo. m. Músculo de la pantorrilla que se une a los gemelos por su parte inferior para formar el tendón de Aquiles.

soler. intr. **1** Tener costumbre: *suele pasear todas las mañanas*. **2** Ser frecuente: *aquí suele llover*. || **Irreg.** Se conj. como *mover*.

solera. f. **1** Carácter tradicional de las cosas, costumbres, etc. **2** Antigüedad de los vinos. **3** Madre del vino. **4** Madero sobre el que descansan o se ensamblan otros.

solfa. f. **1** Solfeo. **2** Conjunto de signos con que se escribe la música. **3** Zurra de golpes.

solfear. tr. Cantar marcando el compás y pronunciando los nombres de las notas.

solfeo. m. **1** Acción de solfear. **2** Técnica de leer correctamente los textos musicales y estudios que se realizan para adquirirla.

solicitar. tr. **1** Pedir una cosa de manera respetuosa, o a través de ciertas gestiones: *solicitar una beca*. **2** Requerir la presencia, amistad, etc., de una persona. **3** Requerir de amores a una persona. **Sin.** 1 instar, demandar, rogar ◻ **Ant.** 1 conceder.

solícito, ta. adj. **1** Diligente, servicial. **2** Cariñoso, afectuoso.

solicitud. f. **1** Acción de solicitar. **2** Documento en que se solicita algo. **3** Cualidad de solícito. **Sin.** 1 demanda 2 instancia 3 amabilidad, cariño.

solidaridad. f. Adhesión a la causa o a la empresa de otros.

solidario, ria. adj. Que actúa con solidaridad o la muestra.

solidarizar. tr. y prnl. Hacer solidario.

solideo. m. Casquete que usan algunos eclesiásticos y que cubre la coronilla.

solidez. f. Cualidad de sólido. **Sin.** consistencia.

solidificar. tr. y prnl. Hacer sólido un fluido.

sólido, da. adj. **1** Se dice del estado de la materia en que las moléculas tienen entre sí el mayor grado de cohesión. También m. **2** Firme, macizo, denso y fuerte. **3** Establecido con razones fundamentales: *argumentos sólidos*. | m. **4** En geom., objeto material de tres dimensiones.

soliloquio. m. **1** Discurso de una persona que no dirige a otra la palabra. **2** Lo que habla de este modo un personaje de una obra dramática o de otra semejante.

solio. m. Trono con dosel.

solípedo, da. adj. y m. Se dice de los cuadrúpedos que tienen un solo dedo, cuya uña constituye una fuerte funda protectora denominada *casco*, como el caballo, el asno y la cebra.

solista. com. **1** Persona que ejecuta un solo de una pieza vocal o instrumental. **2** Cantante de un grupo musical.

solitario, ria. adj. **1** Desamparado, desierto. **2** Solo, sin compañía. **3** Retirado, que ama la soledad o vive en ella. También s. | m. **4** Diamante que se engasta solo en una joya. **5** Juego de naipes para una sola persona. | f. **6** Tenia, gusano intestinal.

soliviantar. tr. y prnl. **1** Inducir a una persona a adoptar una actitud rebelde u hostil. **2** Agitar, inquietar. **3** Irritar, disgustar mucho. **Sin.** 1 y 3 sublevar.

sollozar. intr. Producir por un movimiento convulsivo varias inspiraciones bruscas, entrecortadas, seguidas de una espiración; es un fenómeno nervioso que suele acompañar al llanto.

sollozo. m. Acción de sollozar.

sólo. adv. m. Sin otra persona o cosa. Se escribe también sin acento.

solo, la. adj. **1** Único en su especie. **2** Que está sin otra cosa o se considera separado de ella. **3** Referido a personas, sin compañía. **4** Que no tiene quien le ampare o consuele: *sentirse solo*. **5** Desierto. | m. **6** En mús., composición para una única voz o instrumento. **7 a solas.** loc. adv. Sin compañía.

solomillo – sonado

solomillo. m. **1** En las reses destinadas a la alimentación, capa muscular que se extiende entre las costillas y el lomo. **2** Filete sacado de esta parte.

solsticio. m. Época en que el Sol se halla en uno de los dos trópicos, lo cual sucede del 21 al 22 de junio para el de Cáncer (solsticio de verano), y del 21 al 22 de diciembre para el de Capricornio (solsticio de invierno).

soltar. tr. **1** Desatar o aflojar lo que estaba atado, unido o sujeto. También prnl.: *soltarse los puntos de una media.* **2** Dar libertad o salida a una persona o cosa detenida o confinada. **3** Decir, contar. **4** Romper en una señal de afecto interior, como risa, llanto, etc.: *soltar una carcajada.* **5** Expulsar, despedir: *soltar mal olor.* **6** Dar: *soltar un golpe.* | **soltarse.** prnl. **7** Empezar a hacer algunas cosas; como hablar, andar, escribir, etc. **8** Perder la timidez. **9** Adquirir habilidad y desenvoltura en algo. || **Irreg.** Se conj. como *contar*.

soltero, ra. adj. y s. Que aún no está casado.

solterón, na. adj. y s. Soltero ya entrado en años.

soltura. f. Habilidad y desenvoltura: *tiene mucha soltura conduciendo.* **Sin.** agilidad, facilidad.

soluble. adj. **1** Que se puede disolver o desleír. **2** Que se puede resolver: *problema soluble*.

solución. f. **1** Acción de solucionar. **2** Desenlace, forma en que se resuelve una obra, asunto, etc. **3** Acción de disolver. **4** Mezcla homogénea que se obtiene al disolver una o más sustancias llamadas *solutos* en otra llamada *disolvente: una solución acuosa.* **Sin.** 2 fin, resultado 4 disolución ◻ **Ant.** 2 planteamiento, comienzo.

solucionar. tr. Satisfacer una duda o acabar con una dificultad o problema.

solutrense. adj. **1** Se dice del período de la edad de la piedra tallada, perteneciente al paleolítico superior. También m. **2** De este período.

solvencia. f. Carencia de deudas o capacidad para satisfacerlas. **Ant.** insolvencia.

solventar. tr. **1** Arreglar cuentas, pagando la deuda a que se refieren. **2** Dar solución a algo: *solventar un problema*.

solvente. adj. **1** Que tiene recursos suficientes para pagar sus deudas. **2** Capaz de cumplir con su obligación, cargo, etc., y particularmente, capaz de cumplirlos con eficacia.

somanta. f. Tunda, zurra.

somatén. m. **1** Cuerpo de gente armada, que no pertenece al ejército. **2** Miembro de este grupo. **3** En Cataluña, rebato: *tocar a somatén*.

somático, ca. adj. Físico o corporal, en oposición a psíquico.

somatizar. tr. Transformar inconscientemente una afección psíquica en orgánica.

sombra. f. **1** Proyección oscura que un cuerpo lanza en el espacio en dirección opuesta a aquella por donde viene la luz. **2** Lugar donde no da el sol o se está protegido de él: *ponte a la sombra.* **3** Oscuridad, falta de luz. Más en pl.: *las sombras de la noche.* **4** Representación en un dibujo, con tonos oscuros, de las partes menos luminosas. **5** Oscuridad, ignorancia. **6** Pequeña cantidad de algo: *una sombra de duda.* **7 mala sombra.** Mala intención o mala suerte. **8 sombra de ojos.** Cosmético para dar color a los párpados.

sombrajo. m. Resguardo de ramas, mimbres, etc., para hacer sombra.

sombrear. tr. **1** Dar o producir sombra. **2** Poner sombra en una pintura o dibujo.

sombrerillo. m. Parte abombada de las setas a modo de sombrilla.

sombrero. m. **1** Prenda de vestir que cubre la cabeza y está formada de copa y ala. **2** Sombrerillo de los hongos. **3** Techo que cubre el púlpito.

sombrilla. f. Utensilio semejante a un paraguas para protegerse del sol.

sombrío, a. adj. **1** Lugar de poca luz en que frecuentemente hay sombra. **2** Tétrico, melancólico.

somero, ra. adj. **1** Casi encima o muy inmediato a la superficie. **2** Ligero, superficial.

someter. tr. y prnl. **1** Sujetar a dominio o autoridad a personas, pueblos, etc. **2** Hacer que alguien o algo reciba cierta acción: *someter al calor.* **3** Confiar algo a la voluntad o juicio de otro: *sometí el caso a un buen abogado.* **Sin.** 1 subyugar, sojuzgar 2 exponer 3 encargar ◻ **Ant.** 1 rebelarse.

somier. m. Soporte de muelles, láminas de madera, etc., sobre el que se pone el colchón.

somnífero, ra. adj. y m. Que da sueño. **Sin.** soporífero.

somnolencia. f. **1** Pesadez y torpeza de los sentidos motivadas por el sueño. **2** Sueño, ganas de dormir. **3** Pereza, falta de actividad.

somnoliento, ta. adj. Que tiene somnolencia.

somontano, na. adj. y s. Terreno o región situados al pie de una montaña.

somonte. m. Terreno situado en la falda de una montaña.

somormujo. m. Ave acuática de plumaje castaño y blanco, y las patas con dedos lobulados y adaptados al agua.

son. m. **1** Sonido agradable, armonioso. **2** Tenor, modo o manera: *por este son; en son de paz.* **3 al son de** un instrumento. loc. adv. Con acompañamiento de ese instrumento. **4 sin ton ni son.** loc. adv. Sin razón, sin fundamento.

sonado, da. adj. **1** Famoso, conocido. **2** Se dice del boxeador que ha perdido facultades mentales a consecuencia de los golpes recibidos.

sonajero. m. Juguete para bebés con cascabeles y otras cosas que suenan al moverlas.

sonámbulo, la. adj. y s. Persona que padece sueño anormal, durante el cual se levanta, anda, habla.

sonar. intr. **1** Hacer ruido una cosa. **2** Tener una letra valor fónico. **3** Resultar conocido, familiar: *no me suena ese apellido.* **4** Tener una cosa visos o apariencias de algo: *la proposición sonaba interesante y la aceptaron.* | tr. **5** Hacer que algo produzca sonidos o ruido. **6** Limpiar de mocos las narices, haciéndolos salir con una espiración violenta. Más c. prnl. || **Irreg.** Se conj. como *contar.* **Sin.** 5 tañer, tocar.

sonar o **sónar.** m. m. Aparato de detección submarina, que funciona mediante la emisión de ondas ultrasonoras.

sonata. f. Composición para uno o dos instrumentos, estructurada en tres o cuatro tiempos.

sonda. f. **1** Acción de sondar. **2** Cuerda con un peso de plomo para medir la profundidad de las aguas y explorar el fondo. **3** Tubo delgado que se introduce en el organismo para administrarle alimentos, extraer líquidos o explorar cavidades. **4** Cohete, globo u otro sistema que se envía al espacio para explorar. **5** Barrena para abrir en los terrenos taladros muy profundos.

sondar. tr. **1** Echar la sonda al agua para conocer la profundidad y calidad del fondo. **2** Averiguar la naturaleza del subsuelo con una sonda. **3** Introducir una sonda en el organismo.

sondear. tr. **1** Sondar las aguas o el subsuelo. **2** Inquirir con cautela la intención de uno, o las circunstancias de algo.

soneto. m. Composición poética que consta de 14 versos, generalmente endecasílabos, distribuidos en dos cuartetos y dos tercetos.

sonido. m. **1** Sensación producida en el órgano del oído por el movimiento vibratorio de los cuerpos, transmitido por un medio elástico, como el aire. **2** Conjunto de técnicas y aparatos para grabar y reproducir música, voces, etc.: *sonido digital.* **3** Valor y pronunciación de las letras.

sonoridad. f. **1** Cualidad de sonoro. **2** Cualidad de la sensación auditiva que permite calificar los sonidos de fuertes y débiles.

sonorizar. tr. **1** Incorporar los sonidos, ruidos, etc., a la banda de imágenes de una cinta cinematográfica. **2** Ambientar una escena, programa, etc., con efectos sonoros. **3** En ling., convertir en sonoro un sonido sordo.

sonoro, ra. adj. **1** Que suena o puede sonar. **2** Que suena bien, o suena mucho y agradablemente. **3** Dotado de sonido: *cine sonoro.* **4** Grandilocuente, elevado: *estilo sonoro.* **5** En fon., se dice del fonema o sonido que se articula con vibración de las cuerdas vocales.

sonreír. intr. **1** Reírse levemente. También prnl. **2** Mostrarse favorable o halagüeño un asunto, suceso, esperanza, etc.: *el futuro te sonríe.* || **Irreg.** Se conj. como *reír.*

sonrisa. f. Acción de sonreír.

sonrojar. tr. y prnl. Subir los colores a la cara, por vergüenza. **Sin.** ruborizar, avergonzar.

sonrojo. m. Acción de sonrojar o sonrojarse. **Sin.** rubor □ **Ant.** impavidez.

sonrosar. tr. y prnl. Dar color rosado.

sonsacar. tr. Procurar obtener algo de alguien con habilidad: *le sonsacó nuestro secreto.*

sonsonete. m. **1** Sonido producido por golpes pequeños y repetidos que imitan una música. **2** Ruido generalmente poco intenso, pero continuado, y por lo común desagradable.

soñador, ra. adj. Que sueña o fantasea, sin tener en cuenta la realidad.

soñar. tr. e intr. **1** Representar en la fantasía algo mientras dormimos. **2** Discurrir fantásticamente, sin tener en cuenta la realidad. | intr. **3** Desear mucho algo: *soñar con grandezas.* || **Irreg.** Se conj. como *contar.*

soñarrera o **soñera.** f. Ganas intensas de dormir.

soñolencia. f. Somnolencia.

soñoliento, ta. adj. Somnoliento.

sopa. f. **1** Plato compuesto de caldo e ingredientes cocidos en él, como verduras o pasta. **2** Pedazo de pan empapado en caldo o salsa. **3** Pasta para hacer con caldo: *sopa de estrellas.* | pl. **4** Rebanadas de pan para echarlas en el caldo. **5** Plato caldoso hecho con estas rebanadas: *sopas de leche.* **6 como una sopa** o **hecho una sopa.** loc. Muy mojado.

sopapo. m. Golpe que se da con la mano en la cara.

sopero, ra. adj. **1** Se dice del plato hondo. También m. **2** Se dice de la cuchara apropiada para tomar la sopa. También f. **3** Aficionado a la sopa. También s. | f. **4** Recipiente para servir la sopa en la mesa.

sopesar. tr. **1** Levantar algo para tantear el peso que tiene. **2** Examinar con atención el pro y el contra de un asunto.

sopetón. m. **1** Golpe fuerte y repentino dado con la mano. **2 de sopetón.** loc. adv. De improviso.

sopicaldo. m. Caldo con sopas.

soplamocos. m. Golpe que se da en la cara, sobre todo en las narices. || No varía en pl.

soplar. intr. **1** Despedir aire con violencia por la boca. También tr. **2** Correr el viento. **3** Beber mucho. También prnl. | tr. **4** Apartar o apagar algo a soplidos: *soplar una vela.* **5** Inflar una cosa con aire. También prnl. **6** Insuflar aire en la pasta de vidrio para darle forma. **7** Hurtar, robar. **8** Decir a alguien lo que debe decir y no acierta o ignora: *le soplaron en el examen.*

soplete – sostén

9 Acusar, delatar. **Sin.** 7 birlar 8 apuntar 9 chivarse □ **Ant.** 1 inspirar.

soplete. m. Aparato en el que se inyecta una mezcla de oxígeno y un gas combustible, para que produzca una potente llama; se usa para soldar y fundir metales.

soplido. m. Acción de soplar. **Sin.** soplo.

soplillo. m. Instrumento pequeño, de forma circular, generalmente de esparto y con mango, que se usa para avivar el fuego.

soplo. m. **1** Acción de soplar. **2** Instante brevísimo de tiempo. **3** Información que se da en secreto y con cautela. **4** Denuncia de una falta de otro, delación. **Sin.** 1 soplido.

soplón, na. adj. y s. Se dice de la persona que acusa en secreto a otras o actúa como confidente.

soponcio. m. Desmayo, patatús.

sopor. m. **1** Adormecimiento, somnolencia. **2** Estado de sueño profundo, provocado por una enfermedad y que precede al coma.

soporífero, ra. adj. y m. Que produce sueño. **Sin.** somnífero.

soportal. m. **1** Espacio cubierto que en algunas casas precede a la entrada principal. **2** Pórtico, a manera de claustro, que tienen algunos edificios o plazas en sus fachadas. Más en pl.

soportar. tr. **1** Sostener o llevar sobre sí una carga o peso. **2** Aguantar, resistir. **Sin.** 2 tolerar.

soporte. m. **1** Apoyo o sostén. **2** En pint., material sobre el que se pinta. **3** En inform., cinta, disquete, etc., en que se almacena información.

soprano. m. **1** En mús., voz más aguda de las voces humanas. | com. **2** Persona que tiene esta voz.

sor. f. Tratamiento que se da a las monjas.

sorber. tr. **1** Beber aspirando. **2** Aspirar otras cosas aunque no sean líquidas. **3** Empapar, absorber: *sorber las esponjas, los desagües.* **4** Seguir o hacer algo con gran interés: *me gustó tanto la obra, que la sorbí en una mañana.*

sorbete. m. Nombre de ciertos helados o refrescos a los que se da cierto grado de congelación.

sorbo. m. **1** Acción de sorber un líquido. **2** Porción que se sorbe de una vez. **3** Cantidad pequeña de un líquido.

sordera. f. Privación o disminución de la facultad de oír.

sórdido, da. adj. **1** Sucio, pobre y miserable. **2** Mezquino, avariento. **3** Indecente o escandaloso.

sordina. f. Pieza que sirve para disminuir la intensidad del sonido en algunos instrumentos.

sordo, da. adj. **1** Que no oye, o no oye bien. También s. **2** Silencioso y sin ruido. **3** Que suena poco o sin timbre claro: *ruido sordo.* **4** Insensible a las súplicas o al dolor ajeno, o indócil a las persuasiones, consejos o avisos. **5** En fon., se dice del fonema o sonido que se articula sin vibración de las cuerdas vocales. **Sin.** 1 teniente 2 callado 4 indiferente.

sordomudo, da. adj. y s. Privado de la facultad de hablar, por ser sordo de nacimiento.

sorgo. m. Planta herbácea, de raíz fibrosa, y cuyos frutos se emplean para fabricar harina.

sorna. f. Tono irónico con que se dice algo.

soro. m. Agrupación de esporangios en los frondes de los helechos.

soroche. m. *amer.* Mal de la montaña o de las alturas.

sorprendente. adj. **1** Que sorprende o admira. **2** Raro, extraño.

sorprender. tr. **1** Coger desprevenido. **2** Admirar o maravillar con algo imprevisto o raro. También prnl. **3** Descubrir lo que otro ocultaba o disimulaba.

sorpresa. f. **1** Acción de sorprender. **2** Cosa que sorprende o con que se sorprende: *encontraron una sorpresa; tu regalo es una sorpresa.*

sortear. tr. **1** Someter a personas o cosas a la decisión de la suerte. **2** Evitar con maña o eludir un compromiso o dificultad: *sortear un peligro.*

sortija. f. Anillo para el dedo, especialmente el que tiene adornos.

sortilegio. m. Adivinación que se hace a través de medios mágicos.

S.O.S. m. Señal internacional de socorro.

sosa. f. **1** Nombre común del carbonato de sodio. **2** Nombre común del hidróxido de sodio, base de gran importancia industrial y el producto cáustico más conocido.

sosaina. adj. y com. Persona sosa.

sosegar. tr. y prnl. **1** Aplacar, calmar. | intr. y prnl. **2** Descansar. || **Irreg.** Se conj. como *acertar.* **Sin.** 1 aquietar 2 reposar.

sosería o **sosera.** f. **1** Insulsez, falta de gracia y de viveza. **2** Dicho o hecho insulso y sin gracia.

sosia o **sosias.** m. Persona que guarda con otra un gran parecido.

sosiego. m. Quietud, tranquilidad.

soslayar. tr. **1** Poner una cosa ladeada, para pasarla por un lugar estrecho. **2** Evitar, eludir.

soso, sa. adj. **1** Que no tiene sal, o tiene poca. **2** Que no tiene gracia o viveza. **Sin.** 1 y 2 insípido, insulso 2 inexpresivo □ **Ant.** 1 y 2 salado.

sospechar. tr. **1** Creer o imaginar una cosa por conjeturas: *conociéndole, sospecho que llegará tarde.* | intr. **2** Desconfiar, dudar: *sospechar de alguien.* **Sin.** 1 barruntar, suponer, temer 2 recelar.

sospechoso, sa. adj. **1** Que da motivo para sospechar. | m. y f. **2** Individuo de conducta sospechosa.

sostén. m. **1** Acción de sostener. **2** Persona o

cosa que sirve de apoyo moral y protección. **3** Sujetador, prenda interior femenina.

sostener. tr. **1** Mantener firme o sujeta una cosa. También prnl. **2** Defender una teoría, idea, etc. **3** Prestar apoyo, dar aliento o auxilio. **4** Dar a alguien lo necesario para su manutención. **5** Hacer algo de forma continua: *sostener una conversación.* | **sostenerse.** prnl. **6** Mantenerse un cuerpo sin caer. || **Irreg.** Se conj. como *tener.* **Sin.** 1 y 2 sustentar.

sostenido, da. adj. **1** En mús., se dice de la nota cuya entonación excede en un semitono mayor a la que corresponde a su sonido natural: *do sostenido.* | m. **2** Signo que representa dicha alteración.

sota. f. Décima carta de cada palo de la baraja española, que tiene estampada la figura de un paje o infante.

sotabanco. m. **1** Piso habitable colocado por encima de la cornisa general de la casa. **2** Hilada que se coloca encima de la cornisa para levantar los arranques de un arco o bóveda. **Sin.** 1 buhardilla.

sotabarba. f. Barba que se deja crecer por debajo de la barbilla.

sotana. f. Vestidura talar, negra y abotonada, que usan algunos eclesiásticos.

sótano. m. Pieza subterránea, entre los cimientos de un edificio.

sotavento. m. **1** Costado de la nave opuesto al barlovento, o sea a aquel del que sopla el viento. **2** Parte que cae hacia aquel lado.

soterrar. tr. **1** Enterrar. **2** Esconder algo. || **Irreg.** Se conj. como *acertar.* **Sin.** 1 inhumar 2 ocultar, guardar.

soto. m. **1** Sitio que en las riberas o vegas está poblado de árboles y arbustos. **2** Sitio poblado de malezas, matas y árboles.

sotobosque. m. Vegetación formada por matas y arbustos que crece bajo los árboles de un bosque.

soufflé o **sufflée.** (voz fr.) adj. y m. Alimento hecho con claras de huevo a punto de nieve, al que a veces se añaden otros ingredientes.

soviet. (voz rusa) m. **1** Órgano de gobierno local en la antigua URSS. **2** Agrupación de obreros y soldados durante la Revolución rusa. || pl. *soviets.*

soviético, ca. adj. **1** Relacionado con el soviet. **2** De la antigua URSS. También s.

spaghetti. (voz it.) m. pl. Espagueti.

sparring. (voz. ingl.) m. Boxeador con que entrena otro púgil.

sport. (voz ingl.) adj. Se apl. a las prendas de vestir más cómodas o informales.

spot. (voz. ingl.) m. Espacio publicitario en televisión y cine.

spray. (voz ingl.) m. Envase de algunos líquidos mezclados con gas a presión, de manera que al oprimir una válvula salga el líquido pulverizado.

sprint. (voz ingl.) m. Esfuerzo momentáneo, generalmente final, en una carrera deportiva.

sputnik. (voz rusa) m. Nombre dado a los primeros satélites artificiales que lanzaron los rusos.

squash. (voz ingl.) m. Deporte que se practica entre dos jugadores, en un pequeño frontón cerrado y empleando una raqueta especial.

staff. (voz ingl.) m. Conjunto de personas que, bajo el mando del director de una institución, coordina su actividad o le asesora.

stand. (voz ingl.) m. Caseta o puesto en ferias y exposiciones.

standing. (voz ingl.) m. Situación social y económica, especialmente si es alta: *viviendas de alto standing.*

status. (voz lat.) m. Nivel económico y social. || No varía en pl.

stock. (voz ingl.) m. Cantidad de mercancías en depósito o reserva.

stop. (voz ingl.) m. **1** Parada. **2** Señal de tráfico que indica parada obligatoria. **3** En el curso de un telegrama, punto.

strip-tease. (voz ingl.) m. Espectáculo en el que una persona, por lo general una mujer, se desviste lenta y sugestivamente.

su, sus. 1 Adjetivo posesivo de tercera persona. Se usa siempre antepuesto al nombre. | pl. **2** A veces tiene carácter indeterminado y equivale a *aproximadamente: distará sus dos kilómetros.*

suasorio, ria. adj. Que persuade. **Sin.** convincente.

suave. adj. **1** Liso y agradable al tacto. **2** Esponjoso. **3** Dulce, agradable para los sentidos: *voz suave.* **4** Dócil, tranquilo: *carácter suave.*

suavidad. f. Cualidad de suave. **Sin.** blandura, dulzura □ **Ant.** aspereza.

suavizar. tr. y prnl. Hacer suave. **Sin.** ablandar, dulcificar □ **Ant.** endurecer, irritar.

sub-. pref. Significa 'debajo', en sentido recto o figurado: *subterráneo, subdirector.*

subalterno, na. adj. y s. **1** Inferior, que está bajo las órdenes de otra persona. **2** Se dice del empleado de categoría inferior que realiza servicios que no requieren aptitudes técnicas.

subarrendar. tr. Dar o tomar en arriendo una cosa, no del dueño de ella, sino de otro arrendatario de la misma. || **Irreg.** Se conj. como *acertar.*

subasta. f. **1** Venta pública de bienes o alhajas que se hace al mejor postor. **2** Adjudicación que en la misma forma se hace de una contrata, generalmente de servicio público. **Sin.** 1 almoneda.

subastar. tr. Vender efectos o contratar servicios, arriendos, etc., en pública subasta.

subconsciencia. f. Estado inferior de la conciencia psicológica en que, por la poca intensidad o duración de las percepciones, el individuo no se da cuenta de ellas.

subconsciente. adj. **1** Relacionado con la subconsciencia. | m. **2** Conjunto de procesos mentales que desarrollan una actividad independiente de la voluntad del sujeto.

subcutáneo, a. adj. Que está inmediatamente debajo de la piel.

subdesarrollo. m. Desarrollo económico y social incompleto o deficiente de un país en relación al alcanzado por otros países.

subdirector, ra. m. y f. Persona que sirve inmediatamente a las órdenes del director o le sustituye.

súbdito, ta. adj. y s. **1** Sujeto a la autoridad de un superior. | m. y f. **2** Natural o ciudadano de un país en cuanto sujeto a las autoridades políticas de éste.

subdividir. tr. y prnl. Dividir una parte señalada por una división anterior.

subestimar. tr. Estimar a alguien o algo por debajo de su valor.

subido, da. adj. **1** Muy fuerte o intenso: *rojo subido*. **2** Se usa como intensificador: *tener el guapo subido*. | f. **3** Acción de subir. **4** Cuesta, terreno que va subiendo.

subir. intr. **1** Pasar de un lugar a otro superior o más alto. También tr. y prnl. **2** Crecer o aumentar: *subir el río, la fiebre*. También tr.: *los comerciantes han subido los precios*. **3** Prosperar económica o socialmente. **4** Importar, costar: *ese modelo ya sube mucho*. **5** Entrar en un vehículo o montar a una caballería. También tr. y prnl. **6** Elevar el sonido de la voz o de un instrumento a un tono más agudo. | tr. **7** Hacer más alto, aumentar hacia arriba. **8** Levantar o enderezar: *sube la cabeza*. **Sin.** 1 trepar, remontar 1-4 ascender 3 medrar 8 estirar □ **Ant.** 1-4 bajar, descender.

súbito, ta. adj. **1** Improvisto, repentino: *muerte súbita*. **2** Precipitado, impetuoso, violento. | adv. m. **3** De repente.

subjetivo, va. adj. **1** Relacionado con el sujeto, el propio individuo. **2** Relacionado con nuestro modo de pensar o sentir, y no con objeto en sí mismo.

subjuntivo, va. adj. y m. Se dice del modo del verbo con significación de duda, posibilidad o deseo.

sublevar. tr. **1** Alzar en rebelión o motín: *sublevar al pueblo*. También prnl. **2** Irritar, indignar: *me subleva que te hable así*. **Sin.** 1 alzar, amotinar, levantar □ **Ant.** 1 someter.

sublimar. tr. **1** Engrandecer, exaltar. **2** En fís., pasar directamente del estado sólido al estado de vapor. También prnl.

sublime. adj. Excelente, admirable: *pensamiento, escritor sublime*.

subliminal. adj. Se dice las percepciones sensoriales o de otras actividades psíquicas, de las que el sujeto no llega a tener conciencia.

sublingual. adj. Relacionado con la región inferior de la lengua.

submarinismo. m. Conjunto de actividades realizadas bajo la superficie del agua, con fines científicos, deportivos, militares, etc.

submarinista. adj. y com. Que practica el submarinismo.

submarino, na. adj. **1** Que está o se efectúa bajo la superficie del agua: *topografía submarina*. | m. **2** Buque de guerra capaz de navegar en la superficie del mar o sumergido.

submúltiplo, pla. adj. y m. Se apl. al número o cantidad que otro u otra contiene exactamente dos o más veces.

subnormal. adj. y com. Se dice de la persona afectada de una deficiencia mental.

subordinación. f. **1** Sujeción, dependencia. **2** En ling., relación de dependencia entre dos elementos de

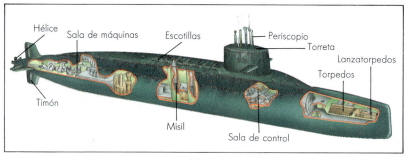

Submarino

categoría gramatical diferente, por ejemplo entre la preposición y su régimen. **3** En ling., relación entre dos oraciones, una de las cuales es dependiente de la otra.

subordinado, da. adj. **1** Sujeto a otra persona o dependiente de ella. Más c. s. **2** En ling., se dice del elemento gramatical o de la oración que dependen de otro. También f.

subordinar. tr. **1** Sujetar personas o cosas a la dependencia de otras. También prnl. **2** Clasificar algunas cosas como inferiores en orden respecto a otras. **3** En ling., regir un elemento gramatical a otro de categoría diferente. También prnl. Sin. 1 someter □ Ant. 1 sublevar.

subproducto. m. Producto que en cualquier operación se obtiene además del principal.

subrayar. tr. **1** Señalar por debajo con una raya una letra o un texto. **2** Pronunciar con énfasis las palabras. **3** Recalcar, destacar.

subrepticio, cia. adj. Que se hace ocultamente, a escondidas.

subrogar. tr. y prnl. En der., poner una persona o cosa en lugar de otra: *subrogar un contrato en favor de alguien*.

subsanar. tr. Reparar o remediar un defecto, o resarcir un daño.

subscribir. tr. Suscribir.

subsecretario, ria. m. y f. **1** Persona que hace las veces del secretario. **2** Secretario general de un ministro.

subsidiario, ria. adj. **1** Que se da como subsidio. **2** Se dice de la acción o responsabilidad que suple o robustece a otra principal.

subsidio. m. Ayuda económica que se da para cubrir ciertas necesidades, generalmente sociales, como vejez, desempleo, pobreza, etc.

subsiguiente. adj. Que viene inmediatamente después de algo o a consecuencia de ello.

subsistencia. f. **1** Permanencia, estabilidad y conservación de las cosas. **2** Conjunto de medios necesarios para el sustento de la vida humana. Más en pl.

subsistir. intr. **1** Permanecer, durar una cosa o conservarse. **2** Mantener la vida, seguir viviendo.

substancia. f. Sustancia.
substancial. adj. Sustancial.
substanciar. tr. Sustanciar.
substancioso, sa. adj. Sustancioso.
substantivo, va. adj. Sustantivo.
substituir. tr. Sustituir.
substituto, ta. m. y f. Sustituto.
substraer. tr. Sustraer.
substrato. m. Sustrato.

subsuelo. m. Parte profunda del terreno, por debajo de la superficie terrestre.

subsumir. tr. **1** Incluir algo como componente en una síntesis o clasificación más abarcadora. **2** Considerar algo como parte de un conjunto más amplio o como caso particular sometido a un principio general.

subterfugio. m. Evasiva, excusa.

subterráneo, a. adj. **1** Que está debajo de tierra. | m. **2** Pasadizo o conducto hecho por debajo de la tierra. **3** *amer.* Tren urbano.

subtítulo. m. **1** Título secundario. **2** Escrito que aparece en la pantalla cinematográfica, simultáneo a las imágenes, que corresponde a la traducción de los textos, cuando la película se emite en versión original.

suburbano, na. adj. **1** Se dice del edificio, terreno o campo próximo a la ciudad. **2** Se dice del ferrocarril que comunica la ciudad con los suburbios. **3** De los suburbios.

suburbio. m. Barrio cercano a una ciudad o dentro de su jurisdicción, particularmente cuando está habitado por gente humilde.

subvención. f. Auxilio económico, generalmente oficial, para costear o favorecer una actividad, industria, etc.

subversión. f. Actuación dirigida a atentar contra la seguridad interior del Estado o contra sus gobernantes.

subversivo, va. adj. Capaz de destruir el orden establecido: *elementos subversivos*.

subyacer. tr. **1** Hallarse algo debajo de otra cosa. **2** Hallarse un sentimiento o cualidad oculto tras otra cosa: *bajo su silencio subyacía la tristeza*. || **Irreg.** Se conj. como *yacer*.

subyacente. adj. Que subyace.

subyugar. tr. y prnl. Someter, sojuzgar. Sin. dominar □ Ant. rebelar.

succión. f. Acción de succionar.

succionar. tr. **1** Extraer algún líquido con los labios. **2** Absorber.

sucedáneo, a. adj. y m. **1** Sustancia que, por tener propiedades parecidas a las de otra, puede reemplazarla. **2** Que reemplaza o sustituye a otra cosa.

suceder. intr. **1** Seguir en orden una persona o cosa a otra. También tr. **2** Entrar como heredero o legatario en la posesión de los bienes de un difunto. **3** Efectuarse un hecho, ocurrir. || Se usa en tercera persona: *¿qué sucede aquí?* Sin. 1 sustituir, reemplazar 2 heredar 3 acaecer □ Ant. 1 preceder.

sucesión. f. **1** Acción de suceder. **2** Conjunto de bienes, derechos y obligaciones transmisibles a un heredero o legatario. **3** Prole, descendencia directa.

sucesivo, va. adj. Que sucede o sigue a otra cosa.

suceso. m. **1** Cosa que sucede, especialmente si es importante. **2** Hecho delictivo o accidente desgraciado: *crónica de sucesos*.

sucesorio, ria. adj. Relacionado con la sucesión.

sucesor, ra. adj. y s. Que sucede a alguien como heredero o continuador.

suciedad. f. **1** Cualidad de sucio. **2** Inmundicia, porquería. **3** Dicho o hecho sucio. **Ant.** 1 y 2 limpieza.

sucinto, ta. adj. Breve, resumido. **Sin.** conciso. ☐ **Ant.** amplio.

sucio, cia. adj. **1** Que tiene manchas o impurezas. **2** Que se ensucia fácilmente: *los colores claros son más sucios*. **3** Que produce suciedad. **4** Se dice de la persona descuidada en su aseo personal. **5** Deshonesto, obsceno. **6** Se dice del color confuso y turbio: *blanco sucio*. **7** Se dice del juego o de la forma de actuar en que no se siguen las reglas o se hacen trampas. También adv.

sucre. m. Unidad monetaria de Ecuador.

suculento, ta. adj. Jugoso, sustancioso, muy nutritivo.

sucumbir. intr. **1** Ceder, rendirse, someterse: *sucumbir ante el enemigo*. **2** Morir, perecer. **3** En der., perder el pleito. **Ant.** 1 resistir.

sucursal. adj. y f. Establecimiento que sirve de ampliación a otro central del cual depende.

sudadera. f. **1** Sudor copioso. **2** Prenda amplia que cubre la parte superior del cuerpo y que se utiliza para hacer deportes.

sudafricano, na. adj. y s. De África del Sur, o de la República Sudafricana. Se dice también *surafricano*.

sudamericano, na. adj. y s. De América del Sur o Sudamérica. Se dice también *suramericano*.

sudar. intr. **1** Expulsar el sudor. También tr. **2** Destilar los árboles, plantas y frutos gotas de su jugo. También tr. **3** Destilar agua a través de sus poros algunas cosas impregnadas de humedad: *sudar un botijo*. **4** Trabajar o esforzarse mucho.

sudario. m. Tela en que se envuelve un cadáver.

sudeste. m. **1** Punto del horizonte entre el Sur y el Este, a igual distancia de ambos. **2** Viento que sopla de esta parte.

sudista. adj. y com. En la guerra de Secesión de EE. UU., partidario del Sur.

sudoeste. m. **1** Punto del horizonte entre el Sur y el Oeste, a igual distancia de ambos. **2** Viento que sopla de esta parte.

sudor. m. **1** Líquido claro y transparente que segregan las glándulas sudoríparas de la piel de los mamíferos. **2** Jugo que sudan las plantas. **3** Gotas que se destilan de las cosas que tienen humedad. **4** Trabajo, fatiga. **Sin.** 1 transpiración 1-3 exudación.

sudoríparo, ra. adj. Que segrega sudor.

sudoroso, sa. adj. **1** Cubierto de sudor. **2** Propenso a sudar.

sueco, ca. adj. y s. De Suecia.

suegro, gra. m. y f. Padre o madre del marido respecto de la mujer o de la mujer respecto del marido.

suela. f. **1** Parte del calzado que toca el suelo. **2** Cuero de vacuno curtido. **3** Pedazo de cuero que se pega a la punta del taco de billar. **4 de siete suelas.** loc. adj. Muy fuerte, intenso o destacado. **5 no llegarle** a uno **a la suela del zapato.** loc. Ser muy inferior a él.

sueldo. m. Remuneración asignada por el desempeño de un cargo o servicio profesional.

suelo. m. **1** Superficie de la Tierra. **2** Terreno en que viven o pueden vivir las plantas. **3** Superficie artificial que se hace para que el piso esté sólido y llano. **4** Piso de un cuarto o vivienda: *un suelo de mármol*. **5** Terreno edificable. **6** Territorio: *el suelo patrio*. **7** Base de un recipiente u otra cosa.

suelto, ta. adj. **1** Poco compacto. **2** Separado, que no forma conjunto. **3** Ligero, ágil. **4** Libre, desenvuelto. **5** Que tiene diarrea. **6** Se dice del conjunto de monedas fraccionarias, y de cada pieza de esta clase. También m.: *no tengo suelto*. | m. **7** Escrito breve insertado en un periódico. **Sin.** 4 atrevido 5 descompuesto ☐ **Ant.** 1 sólido 3 pesado.

sueño. m. **1** Acto de dormir. **2** Representación en la fantasía de sucesos o cosas mientras se duerme. **3** Estos mismos sucesos o cosas representados. **4** Gana de dormir: *tener sueño*. **5** Proyecto, deseo o esperanza sin probabilidad de realizarse. **6** Meta que alguien se propone. **7** Cosa muy bonita.

suero. m. **1** Componente de un líquido orgánico, principalmente sangre, leche o linfa, que permanece líquido después de la coagulación de éstos. **2** Solución de agua de sales que se inyecta en el organismo para evitar la deshidratación o como alimento. **3** El extraído de un animal inmunizado que se utiliza como vacuna.

sueroterapia. f. Tratamiento de las enfermedades mediante sueros.

suerte. f. **1** Encadenamiento de sucesos, considerado como fortuito o casual: *así lo quiso la suerte*. **2** Circunstancia favorable o adversa: *tener buena, o mala suerte*. **3** Suerte favorable: *tener suerte*. **4** Azar: *decidir algo a la suerte*. **5** Tipo, género o condición: *no quiero implicarme en esa suerte de negocios*. **6** Manera de hacer algo. **7** Cada uno de los lances de la lidia taurina.

suéter. m. Jersey.

suevo, va. adj. **1** Se apl. a unas tribus germánicas que en el s. v invadieron las Galias y parte de España. **2** De estas tribus. También s.

suficiencia. f. **1** Capacidad, aptitud. **2** Presunción, engreimiento: *aires de suficiencia*.

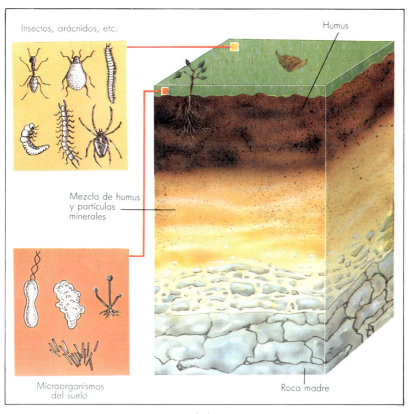

Suelo

suficiente. adj. **1** Bastante. **2** Apto, idóneo. **3** Pedante, engreído. | m. **4** Calificación equivalente al aprobado.

sufijo, ja. adj. y m. Se dice del afijo que va pospuesto.

sufragáneo, a. adj. Que depende de la jurisdicción y autoridad de alguno: *obispo sufragáneo*.

sufragar. tr. **1** Costear, satisfacer. | intr. **2** *amer.* Votar a un candidato.

sufragio. m. **1** Sistema electoral para la provisión de cargos públicos o para decidir sobre algún asunto de interés. **2** Voto: *recuento de sufragios*. **3** Ayuda, favor

sufragista. com. Partidario de un movimiento surgido en Inglaterra en el siglo xix, que exigía el sufragio femenino.

sufrido, da. adj. **1** Que sufre con resignación. **2** Se dice del color, tela, etc., que disimula lo sucio.

sufrimiento. m. Acción de sufrir.

sufrir. tr. **1** Sentir un daño o dolor. **2** Recibir con resignación un daño moral o físico. También prnl. **3** Resistir, soportar. **4** Someter a cierta prueba o examen. **Sin.** 1 y 2 padecer 3 aguantar ☐ **Ant.** 1 y 2 gozar.

sugerencia. f. Insinuación, inspiración.

sugerir. tr. **1** Inspirar una idea a otra persona. **2** Insinuar. || **Irreg.** Se conj. como *sentir*.

sugestión. f. **1** Acción de sugestionar. **2** Acción de sugerir. **3** Idea sugerida.

sugestionar. tr. **1** Dominar la voluntad de una persona, haciendo que actúe o se comporte de una determinada manera. | **sugestionarse.** prnl. **2** Obsesionarse.

sugestivo, va. adj. **1** Que sugiere. **2** Atractivo, prometedor.

suicida. adj. y com. **1** Persona que se suicida. | adj. **2** Se dice del acto o de la conducta que daña o destruye al propio agente.

suicidarse. prnl. Quitarse voluntariamente la vida.

suicidio. m. Acción de suicidarse.

suido. adj. y m. **1** Se dice de los mamíferos artiodáctilos, paquidermos, con hocico desarrollado y caninos largos y fuertes, que sobresalen de la boca; como el jabalí. | m. pl. **2** Familia de estos animales.

suite. (voz fr.) f. **1** Obra musical que consta de una serie de piezas parecidas que forman un conjunto. **2** En hoteles de lujo, conjunto de habitaciones que constituyen una unidad de alojamiento. **3** Séquito.

suizo, za. adj. y s. **1** De Suiza. | m. **2** Bollo esponjoso de harina, huevo y azúcar.

sujeción. f. **1** Acción de sujetar. **2** Unión con que una cosa está sujeta. **3** Dominación o dependencia respecto a alguien o algo.

sujetador, ra. adj. y s. **1** Que sujeta. | m. **2** Prenda interior femenina que sujeta y realza el pecho. **3** Pieza del biquini que cubre el pecho.

sujetar. tr. y prnl. **1** Coger algo de forma que no se caiga o no se suelte: *sujétate a mí.* **2** Someter. **3** Acomodar o ajustar una persona o cosa a otra: *sujétense los cinturones.* **Sin.** 1 asir 2 avasallar, dominar ☐ **Ant.** soltar.

sujeto, ta. adj. **1** Expuesto o propenso a una cosa. | m. **2** Asunto o materia de la que se habla o escribe. **3** Cualquier persona. **4** En la oración gramatical, término que expresa la idea de la cual se afirma algo.

sulfamida. f. Sustancia química empleada en el tratamiento de enfermedades infecciosas.

sulfatar. tr. **1** Impregnar o bañar con un sulfato. | **sulfatarse.** prnl. **2** Inutilizarse las pilas al ser atacada su cubierta por el ácido sulfúrico que contienen.

sulfato. m. En quím., sal del ácido sulfúrico, resultante de la sustitución de átomos de hidrógeno de su molécula por átomos de un determinado metal, como el sodio, bario o calcio.

sulfurar. tr. **1** Combinar un cuerpo con el azufre. **2** Irritar, encolerizar. Más c. prnl.

sulfúrico. adj. **1** Del azufre o que lo contiene. **2** Se dice de un ácido incoloro e hidrosoluble, que se obtiene del azufre; se emplea como fertilizante, detergente, etc.

sultán. m. **1** Emperador de los turcos. **2** Príncipe o gobernador musulmán.

sultanato. m. **1** Dignidad de sultán. **2** Territorio bajo su autoridad y tiempo que dura su gobierno.

suma. f. **1** Operación matemática que resulta al reunir en una sola varias cantidades. **2** Conjunto de muchas cosas, y sobre todo de dinero. **3** Recopilación o resumen de las partes de una ciencia. **Sin.** 1 adición 3 compendio ☐ **Ant.** 1 resta.

sumar. tr. **1** Efectuar la operación de la suma. **2** Reunir, juntar: *este deportista suma varias victorias.* **3** Alcanzar una cuenta, factura, etc., cierta cantidad. | **sumarse.** prnl. **4** Agregarse, adherirse: *sumarse a una huelga.* **Sin.** 1 adicionar ☐ **Ant.** 1 restar.

sumario, ria. adj. **1** Reducido a compendio, breve, sucinto: *exposición sumaria.* **2** En der., se dice de determinados juicios civiles en que se procede brevemente y se prescinde de algunas formalidades o trámites del juicio ordinario. | m. **3** Resumen, compendio o suma.

sumergible. adj. **1** Que se puede sumergir. | m. **2** Buque sumergible. **Sin.** 2 submarino.

sumergir. tr. y prnl. **1** Meter una cosa debajo del agua o de otro líquido. **2** Abismar, hundir.

sumerio, ria. adj. y s. De Sumeria, antigua región de Mesopotamia.

sumidero. m. Conducto o canal de desagüe.

suministrar. tr. Proveer a alguien de algo que necesita.

suministro. m. **1** Acción de suministrar. **2** Mercancías, productos, etc., que se suministran.

sumir. tr. **1** Hundir en el agua o bajo tierra. También prnl. **2** Conducir a una situación penosa, lamentable: *sumir en la desesperación.* También prnl. **3** Concentrar en profundos pensamientos, recuerdos.

sumisión. f. **1** Acción de someter. **2** Cualidad de sumiso. **Sin.** 1 acatamiento 2 obediencia ☐ **Ant.** 2 rebeldía.

sumiso, sa. adj. **1** Obediente, subordinado. **2** Rendido, subyugado.

súmmum. m. Lo sumo, el colmo.

sumo, ma. adj. **1** Que no tiene superior: *sumo sacerdote.* **2** Muy grande, enorme: *sumo cariño.* **Sin.** 1 supremo 2 máximo ☐ **Ant.** 2 ínfimo.

suntuario, ria. adj. Relacionado con el lujo: *impuesto suntuario.*

suntuoso, sa. adj. Lujoso, espléndido, ostentoso.

supeditar. tr. **1** Subordinar, condicionar una cosa al cumplimiento de otra. | **supeditarse.** prnl. **2** Ajustarse o acomodarse a algo: *supeditarse a un horario.*

super-. pref. Significa 'preeminencia', 'grado sumo', 'exceso' o 'por encima de': *superintendente, superestructura.*

superar. tr. **1** Aventajar, exceder: *superó a sus rivales.* **2** Rebasar un límite. **3** Vencer un obstáculo, prueba, dificultad, etc.: *superar un examen.* | **superarse.** prnl. **4** Mejorar en cierta actividad, ser aún mejor.

superávit. m. **1** Exceso del haber sobre el debe en una cuenta, o de los ingresos sobre los gastos. **2** Exceso en cualquier ámbito.

superchería. f. **1** Engaño, trampa, fraude. **2** Superstición.

superdotado, da. adj. y s. Persona que posee cualidades, especialmente intelectuales, que exceden de lo normal.

superestructura. f. Parte de una construcción que está por encima del nivel del suelo.

superficial. adj. **1** De la superficie, que está o se queda en ella. **2** Aparente, sin solidez. **3** Frívolo, sin fundamento. **Sin.** 1 somero 3 insustancial, ligero ☐ **Ant.** 1 interior 3 profundo.

superficie. f. **1** Límite o término de un cuerpo, que lo separa y distingue de lo que no es él. **2** En geom., extensión en que sólo se consideran dos dimensiones, que son longitud y latitud. **3** Parte de las cosas que se aprecia a simple vista, cuando no se profundiza en ellas.

superfluo, flua. adj. No necesario.

superhombre. m. **1** Tipo de hombre muy superior a los demás. **2** Nombre que dio Nietzsche a su ideal superior de hombre.

superior. adj. **1** Se dice de lo que está más alto y en lugar preeminente respecto de otra cosa. **2** Que excede a otras cosas en calidad, categoría, etc. **3** Se dice de la persona que tiene a otras a sus órdenes. También com.: *se cuadró ante el superior*.

superior, ra. m. y f. Persona que manda, gobierna o dirige una comunidad religiosa.

superlativo, va. adj. **1** Muy grande y excelente en su línea. **2** Se dice del adjetivo que denota una cualidad en grado máximo. También m.

supermercado. m. Establecimiento comercial en que se venden todo tipo de artículos, y en que el cliente se sirve a sí mismo y paga a la salida.

supernumerario, ria. adj. **1** Que excede o está fuera del número señalado o establecido. | adj. y s. **2** Se dice del militar en situación análoga a la de excedencia. **3** Se dice del empleado que no figura en plantilla.

superponer. tr. **1** Añadir una cosa o ponerla encima de otra, sobreponer. **2** Anteponer una cosa a otra, darle mayor importancia. || **Irreg.** Se conj. como *poner*.

superproducción. f. **1** Exceso de producción. **2** Obra cinematográfica o teatral espectacular y muy costosa.

superrealismo. m. Surrealismo.

supersónico, ca. adj. **1** Se dice de la velocidad superior a la del sonido. **2** Se dice del avión que supera la velocidad del sonido.

superstición. f. **1** Creencia en hechos sobrenaturales, en la que se atribuyen poderes a ciertos objetos, se dan determinadas interpretaciones a algunos sucesos, coincidencias, etc. **2** Creencia ridícula y llevada al fanatismo sobre materias religiosas.

supersticioso, sa. adj. **1** Relacionado con la superstición. **2** Se dice de la persona que cree en ella. También s.

supervalorar. tr. Dar a las personas o cosas más valor del que realmente tienen.

supervisar. tr. Ejercer la inspección superior en trabajos realizados por otros.

supervivencia. f. Acción de sobrevivir.

supino, na. adj. **1** Tendido sobre la espalda. **2** Se dice de la ignorancia o estupidez muy grande. | m. **3** En la gramática latina, una de las formas nominales del verbo.

suplantar. tr. Sustituir ilegalmente a una persona.

suplementario, ria. adj. Que suple o complementa a otra cosa: *ángulo, arco suplementario*.

suplemento. m. **1** Lo que suple o complementa a otra cosa. **2** Capítulo, apéndice, cuadernillo, etc., que se añade a un libro o publicación.

suplencia. f. Acción de suplir una persona a otra, y tiempo que dura esta acción.

supletorio, ria. adj. **1** Que suple. **2** Se dice del teléfono que depende de otro principal.

súplica. f. **1** Acción de suplicar. **2** Memorial y escrito en que se suplica. **3** En der., cláusula final de un escrito dirigido a la autoridad administrativa o judicial en solicitud de una resolución.

suplicar. tr. **1** Rogar, pedir con humildad y sumisión una cosa. **2** En der., recurrir contra el auto o sentencia de vista del tribunal superior ante el mismo.

suplicatorio, ria. adj. **1** Que contiene súplica. | m. **2** En der., instancia que un juez o tribunal eleva a un cuerpo legislativo, pidiendo permiso para proceder en justicia contra algún miembro de ese cuerpo.

suplicio. m. **1** Lesión corporal, o muerte, infligida como castigo. **2** Lugar donde el reo padece este castigo. **3** Gran dolor físico o moral. **Sin.** 1 y 3 tortura, tormento 2 patíbulo.

suplir. tr. **1** Completar o añadir lo que falta en una cosa, o remediar la carencia de ella: *su interés suple su inexperiencia*. **2** Sustituir a alguien.

suponer. tr. **1** Dar por sentada y existente una cosa. **2** Traer consigo, importar: *una casa así supone muchos gastos*. **3** Tener importancia para alguien: *esa amistad supone mucho para él*. || **Irreg.** Se conj. como *poner*.

suponer. m. Suposición, conjetura.

suposición. f. **1** Acción de suponer. **2** Lo que se supone o da por sentado.

supositorio, ria. m. Preparación farmacéutica en pasta, de forma cónica u ovoide, que suele aplicarse por vía anal.

supra. adv. lat. que se une a algunas voces como prefijo, con la significación de 'sobre', 'arriba', 'más allá': *suprasensible*.

suprarrenal. adj. Situado encima de los riñones.

supremacía. f. **1** Superioridad, preeminencia. **2** Grado o categoría superior dentro de una jerarquía.

supremo, ma. adj. **1** Superior en su clase. **2** Refiriéndose a sustantivos que expresan tiempo, último y más importante: *instante supremo*. **Sin.** 1 sumo, altísimo.

supresión. f. Acción de suprimir.

suprimir. tr. **1** Hacer cesar, hacer desaparecer: *suprimir un impuesto*. **2** Omitir, callar, pasar por alto. **Sin.** 1 abolir, anular ☐ **Ant.** 1 establecer, autorizar.

supuesto, ta. adj. **1** Falso o todavía no comprobado: *un nombre supuesto; el supuesto estafador*. | m. **2** Suposición, hipótesis. **3 por supuesto.** loc. adv. Se emplea para asentir.

supurar. intr. Formar o echar pus.

sur. m. **1** Punto cardinal del horizonte, diametralmente opuesto al Norte. **2** Lugar de la Tierra o de la esfera celeste que cae del lado del polo antártico. **3** Viento que sopla de la parte austral del horizonte. **Sin.** 1 mediodía.

sura. m. Cada uno de los capítulos en que se divide el Corán.

surcar. tr. **1** Hacer surcos en la tierra al ararla. **2** Hacer rayas en alguna cosa. **3** Ir o caminar por un fluido rompiéndolo o cortándolo: *la nave surca el mar*.

surco. m. **1** Hendidura que se hace en la tierra con el arado. **2** Señal o hendidura prolongada que deja una cosa que pasa sobre otra. **3** Marca semejante en otra cosa, como las ranuras de los discos fonográficos. **4** Arruga en la piel.

sureño, ña. adj. De la parte sur de un país.

sureste. m. Sudeste.

surf o **surfing.** (voz ingl.) m. Deporte acuático que consiste en mantener el equilibrio sobre una tabla arrastrada por las olas.

surgir. intr. **1** Manifestarse, brotar, aparecer: *surgir una moda*. **2** Brotar el agua. **3** Alzarse, destacar en altura: *el castillo surgió en el horizonte*. **Sin.** 2 manar 3 elevarse.

surmenage. (voz fr.) m. Fatiga o agotamiento por exceso de trabajo intelectual.

suroeste. m. Sudoeste.

surrealismo. m. Movimiento literario y artístico que intenta sobrepasar lo real impulsando con automatismo psíquico lo imaginario o irracional.

surrealista. adj. y com. Que está relacionado con el surrealismo o sigue este movimiento.

surtido, da. adj. **1** Se apl. al artículo de comercio que se ofrece como mezcla de diversas clases: *galletas surtidas*. | m. **2** Acción de surtir. **3** Conjunto de cosas distintas dentro de una misma gama.

surtidor, ra. adj. y s. **1** Que surte o provee. | m. **2** Chorro de agua que brota o sale hacia arriba. **3** Bomba para extraer líquido de un depósito, como las instaladas en las gasolineras.

surtir. tr. y prnl. **1** Proveer a alguien de una cosa. | intr. **2** Brotar, salir el agua. **Sin.** 1 abastecer, suministrar 2 manar, surgir.

susceptible. adj. **1** Capaz de admitir una modificación o de recibir cierto efecto o acción: *susceptible de mejorar*. **2** Se dice de la persona que se ofende fácilmente. **Sin.** 2 quisquilloso.

suscitar. tr. Causar, promover: *suscitar comentarios*.

suscribir. tr. **1** Firmar al pie o al final de un escrito. **2** Convenir con la opinión o la decisión de alguien: *suscribo sus palabras*. **3** Inscribir a alguien en una asociación, entidad, etc. Más como prnl. **4** Abonar a alguien para que reciba una publicación periódica. Más como prnl. || Su p. p. es irreg.: *suscrito*.

suscripción. f. Acción de suscribir o suscribirse.

susodicho, cha. adj. y s. Dicho arriba, mencionado anteriormente.

suspender. tr. **1** Levantar, colgar una cosa en algo o en el aire. **2** Detener, diferir. También prnl. **3** Causar admiración, maravillar. **4** Privar a alguien, temporalmente, de su sueldo o empleo. | tr. e intr. **5** No aprobar un examen. **Sin.** 2 interrumpir 3 admirar, maravillar.

suspense. (voz ingl.) m. **1** Emoción, vivo interés e incertidumbre que produce algo. **2** En cine y literatura, situación de ánimo emocional, generalmente angustiosa, producida por un desenlace diferido o indeciso.

suspensión. f. **1** Acción de suspender. **2** En cine y literatura, suspense. **3** Conjunto de piezas y mecanismos destinados a hacer elástico el apoyo de la carrocería de los vehículos sobre las ruedas. **4** Mezcla de un líquido y pequeñas partículas sólidas no solubles en él.

suspensivo, va. adj. Que tiene virtud o fuerza de suspender.

suspenso, sa. adj. **1** Admirado, perplejo. | m. **2** Nota que indica que se ha suspendido un examen. **3** *amer*. Expectación impaciente o ansiosa por el desarrollo de una acción o suceso. **Sin.** 2 cate.

suspicacia. f. Cualidad de suspicaz. **Sin.** desconfianza ☐ **Ant.** confianza.

suspicaz. adj. Propenso a concebir sospechas o a sentir desconfianza. **Sin.** desconfiado.

suspirar. intr. Dar suspiros.

suspiro. m. **1** Aspiración fuerte y prolongada seguida de una espiración, a veces va acompañada de un gemido y suele denotar pena, ansia o deseo. **2** Espacio muy breve de tiempo. **3** Persona muy delgada.

sustancia. f. **1** Lo más importante o esencial de algo. **2** Ser, esencia, naturaleza de las cosas. **3** Jugo que se extrae de ciertas materias alimenticias. **4** Juicio, madurez.

sustancial. adj. **1** Relacionado con la sustancia. **2** Sustancioso. **3** Esencial, principal.

sustanciar. tr. **1** Compendiar, extractar. **2** En der., conducir un asunto o juicio por la vía procesal adecuada hasta ponerlo en estado de sentencia.

sustancioso, sa. adj. **1** Que tiene valor o importancia: *una sustanciosa suma de dinero*. **2** Muy nutritivo.

sustantivo, va. adj. **1** Que tiene existencia real, independiente, individual. **2** De gran importancia. **3** En ling., relacionado con el sustantivo o que desempeña su función. | m. **4** Parte variable de la oración que designa a los seres y objetos y cuya principal función es la de núcleo del sintagma.

sustentar. tr. **1** Sostener un cuerpo a otro. **2** Alimentar, mantener. También prnl. **3** Conservar: *sustentar esperanzas*. **4** Defender una opinión, teoría, etc. **5** Basar o fundamentar una cosa en otra. | **sustentarse.** prnl. **6** Mantenerse un cuerpo en un medio sin caer. **Sin.** 1 soportar, sujetar.

sustento. m. **1** Alimento y otras cosas necesarias para vivir. **2** Sostén o apoyo.

sustituir. tr. Poner a una persona o cosa en lugar de otra. || **Irreg.** Se conj. como *huir*.

sustituto, ta. m. y f. Persona que hace las veces de otra en un empleo o servicio.

susto. m. **1** Impresión repentina de sorpresa o miedo. **2** Preocupación intensa por alguna adversidad o daño que se teme. **3** Miedo.

sustraer. tr. **1** Apartar, separar, extraer: *sustraer una bola del bombo*. **2** Hurtar, robar. **3** Restar, hallar la diferencia entre dos cantidades. | **sustraerse.** prnl. **4** Desentenderse de una obligación, problema, etc. || **Irreg.** Se conj. como *traer*.

sustrato. m. **1** Sustancia, ser de las cosas. **2** Terreno que queda debajo de otro. **3** Lengua que, hablada en un territorio en el cual se ha implantado otra, comunica a ésta alguno de sus rasgos fonéticos o gramaticales. **4** Parte o aspecto interior de algo que aflora a la superficie.

susurrar. intr. **1** Hablar muy bajo. También tr. **2** Moverse algo con ruido suave: *susurrar el aire, un arroyo*.

susurro. m. Acción de susurrar.

sutil. adj. **1** Fino, delicado, tenue: *un sutil velo*. **2** Agudo, perspicaz, ingenioso: *un humor sutil*.

sutileza. f. **1** Cualidad de sutil. **2** Dicho o concepto excesivamente agudo, pero falto de profundidad o exactitud. **Sin.** 1 agudeza, ingenio, perspicacia ☐ **Ant.** 1 torpeza.

sutura. f. **1** Línea sinuosa, a modo de sierra, que forma la unión de ciertos huesos del cráneo. **2** En bot., línea por la cual están unidos los bordes del carpelo o los de dos ovarios entre sí. **3** En cir., costura con que se unen los bordes de una herida.

suturar. tr. Coser una herida.

suyo, suya, suyos, suyas. Pronombre y adjetivo posesivo de tercera persona en género masculino y femenino; y ambos números: singular y plural. Indica pertenencia o relación con una persona o cosa: *una amiga suya*. También s.

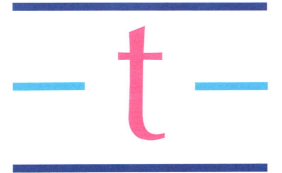

t. f. Vigesimoprimera letra del abecedario español y decimoséptima de sus consonantes. Su nombre es *te*.

taba. f. **1** Astrágalo, hueso del pie. **2** Juego en que se tira al aire una taba de carnero o un objeto semejante y el resultado depende del lado del que caiga.

tabacal. m. Sitio sembrado de tabaco.

tabacalero, ra. adj. **1** Relativo al tabaco. | m. y f. **2** Persona que trabaja el tabaco o lo vende.

tabaco. m. **1** Planta solanácea, originaria de las Antillas, que llega a alcanzar 2 m de altura y sus hojas 60 ó 70 cm de largo, con propiedades narcóticas gracias a la nicotina que contiene; sus hojas, secadas y curadas, sirven para elaborar cigarrillos y cigarros, y para ser mascadas y aspiradas. **2** Hoja de esta planta. **3** Productos elaborados con las hojas de dicha planta. **4** Enfermedad de algunos árboles.

tabal. m. Tambor, tamboril, atabal.

Tabaco

tabalear. tr. y prnl. **1** Menear. | intr. **2** Golpear con los dedos en una tabla imitando el toque del tambor. **Sin.** 1 tambalear 2 tamborilear.

tabanco. m. Puesto para la venta de comestibles.

tábano. m. **1** Insecto díptero que mide entre 20 y 25 mm de longitud, tiene dos alas transparentes y boca picadora-chupadora; las hembras se alimentan de sangre, que chupan de los mamíferos. **2** Persona pesada o molesta.

tabanque. m. Rueda de madera que mueven con el pie los alfareros para hacer girar el torno.

tabaque. m. **1** Cestillo de mimbres en que se pone la fruta, verdura, etc. **2** Clavo algo mayor que la tachuela común.

tabaquero ra. adj. y s. **1** Tabacalero. | f. **2** Caja o estuche para guardar tabaco.

tabaquismo. m. Intoxicación por el tabaco.

tabardo. m. **1** Prenda de abrigo de paño tosco. **2** Especie de abrigo sin mangas.

tabarra. f. **1** Persona o cosa molesta y pesada por su insistencia. **2** Esa misma molestia y pesadez: *dar la tabarra*. **Sin.** 2 lata.

tabarro. m. Tábano.

taberna. f. Establecimiento público donde se venden bebidas, principalmente alcohólicas, y a veces se sirven comidas. **Sin.** bodega, tasca.

tabernáculo. m. **1** Lugar donde los hebreos tenían colocada el arca del Testamento. **2** Sagrario donde se guarda el Santísimo Sacramento. **3** Tienda en que habitaban los antiguos hebreos.

tabernero, ra. m. y f. **1** Persona que trabaja en la taberna. **2** Dueño de una taberna. **Sin.** 1 y 2 bodeguero, cantinero.

tabicar. tr. **1** Cerrar con tabique. **2** Cerrar o tapar. También prnl.: *tabicarse las narices*. **Sin.** 1 tapiar 2 taponar.

tabique – tachón

tabique. m. **1** Pared delgada con que se dividen las distintas dependencias de un edificio. **2** División o separación: *el tabique de las fosas nasales*.

tabla. f. **1** Pieza de madera más larga que ancha y de poco grueso. **2** Pieza plana y de poco espesor de alguna otra materia: *tabla de mármol*. **3** Cara más ancha de un madero u otra cosa semejante. **4** Doble pliegue ancho y plano de una tela o prenda. **5** Índice, por lo general alfabético, de las materias de un libro. **6** Lista o catálogo. **7** Cuadro de números, símbolos, etc., dispuestos de forma adecuada para realizar cálculos, comprobar su clasificación, etc.: *tabla de multiplicar*. **8** Plancha sobre la que se practican diferentes deportes acuáticos, como el surf o algunas modalidades de esquí. **9** Faja de tierra de labor. **10** Cada uno de los cuadros de tierra que resultan al dividir un campo de labor. **11** Parte más ancha de un río, por donde las aguas corren con suavidad. | pl. **12** Estado, en el juego de damas o en el de ajedrez, en el que ninguno de los jugadores puede ganar la partida. **13** Empate en cualquier asunto, que queda indeciso: *quedar en tablas un negocio*. **14** El escenario del teatro: *salir a las tablas*. **15** Soltura en cualquier actuación ante el público: *esa presentadora tiene muchas tablas*. **16** En taurom., carrera o valla que circunda el ruedo. **17** En taurom., tercio del ruedo inmediato a la barrera. **18 a raja tabla.** loc. adv. Rigurosamente o cueste lo que cueste. **Sin.** 1 listón.

tablado. m. **1** Suelo de tablas. **2** Pavimento del escenario de un teatro. **3** Suelo de la cama sobre el que se tiende el colchón. **Sin.** 1 tarima.

tablao. m. **1** Tablado donde se celebran actuaciones de cante y baile flamencos. **2** P. ext., el local, también llamado *tablao flamenco*.

tablazón. f. **1** Estructura de tablas. **2** Conjunto de tablas con que se hacen las cubiertas de las embarcaciones.

tableado. m. Conjunto de tablas que se hacen en una tela.

tablear. tr. **1** Dividir en tablas: *tablear un madero, un terreno*. **2** Hacer tablas en la tela.

tablero. m. **1** Tabla o conjunto de tablas unidas. **2** Tabla de una materia rígida. **3** Tabla cuadrada con cuadritos de dos colores alternados, o sobre la que están representados ciertos símbolos, figuras, etc., para jugar al ajedrez, a las damas y otros juegos de mesa. **4** Panel con alguna información o sobre el que se anotan ciertos datos. **5** Encerado en las escuelas. **6** Cuadro al que está sujeta la canasta en baloncesto. **Sin.** 4 tablón.

tableta. f. **1** Pastilla: *tableta de chocolate*. **2** Pastilla medicinal de distintas formas.

tabletear. intr. **1** Hacer ruido con tabletas o tablas. **2** Sonar algún ruido a manera de tableteo, como los truenos o las ametralladoras.

tablilla. f. Cada uno de los trozos de baranda de la mesa de billar comprendidos entre dos troneras.

tablón. m. **1** Tabla gruesa. **2** Panel para colocar avisos e informaciones: *tablón de anuncios*. **3** Embriaguez, borrachera. **Sin.** 3 cogorza.

tabú. m. **1** En la religión de ciertos pueblos de Polinesia, prohibición de ver, oír o tocar a determinadas personas o cosas, de tomar ciertos alimentos, de visitar ciertos lugares, etc. **2** Aquello que no puede mencionarse o tratarse debido a ciertos prejuicios o convenciones sociales. **3** Palabra que por tener ciertas connotaciones se trata de evitar y suele sustituirse por otra que no las tenga. ‖ pl. *tabúes* o *tabús*.

tabulador. m. Función y pieza de las máquinas de escribir y ordenadores que permite hacer cuadros y listas con facilidad conservando los espacios y márgenes pertinentes.

tabular. tr. **1** Expresar valores, magnitudes u otros datos por medio de tablas. **2** Fijar márgenes y espacios por medio del tabulador.

taburete. m. **1** Asiento sin brazo ni respaldo. **2** Silla de respaldo muy estrecho.

tac. m. Ruido que producen ciertos movimientos acompasados, como el latido del corazón, etc. Se usa más repetido.

taca. f. **1** Alacena pequeña. **2** Armario pequeño.

tacada. f. **1** Golpe dado con la boca del taco a la bola de billar. **2** Serie de carambolas seguidas.

tacañear. intr. Obrar con tacañería.

tacañería. f. **1** Cualidad de tacaño. **2** Acción propia de él.

tacaño, ña. adj. y s. Se dice de la persona que no le gusta gastar el dinero, ni dar o repartir cualquier otra cosa. **Sin.** avaro, roñoso □ **Ant.** espléndido, generoso.

tacatá o **tacataca.** m. Andador, estructura con ruedas en la que los niños aprenden a andar.

tacha. f. **1** Falta o defecto. **2** Cosa que deshonra o humilla. **3** Motivo legal para desestimar en un pleito la declaración de un testigo. **4** Especie de clavo pequeño, mayor que la tachuela común. **Sin.** 1 imperfección, tara 2 lacra.

tachadura. f. **1** Acción de tachar. **2** Tachón.

tachar. tr. **1** Hacer rayas o escribir sobre lo ya escrito para que no pueda leerse o para anularlo. **2** Culpar, censurar, achacarle algo a alguien: *le tachan de ser excesivamente severo*. **3** Alegar contra un testigo algún motivo legal para que no sea creído en el pleito. **Sin.** 1 rayar 2 acusar.

tachón. m. **1** Raya o señal para borrar un escrito. **2** Tachuela grande, con que se adornan cofres, puertas, etc.

tachonar o **tachonear.** tr. **1** Adornar con tachuelas. **2** Salpicar: *el cielo está tachonado de estrellas*.

tachuela. f. Clavo corto de cabeza grande.

tácito, ta. adj. **1** Callado, silencioso. **2** Que no se expresa formalmente, sino que se supone o infiere: *condición tácita*. **Sin.** 2 implícito □ **Ant.** 2 explícito.

taciturno, na. adj. **1** Callado, silencioso. **2** Triste, melancólico. **Sin.** 1 retraído 2 apesadumbrado.

taco. m. **1** Pedazo de madera u otra materia, grueso y corto. **2** Conjunto de hojas de papel superpuestas y colocadas formando un montón. **3** Bloc del calendario, y p. ext., de cheques, papeletas, etc. **4** Vara de madera, dura y pulimentada, con la que se impulsan las bolas de billar. **5** Baqueta para limpiar el cañón de las armas de fuego. **6** Trozo en forma de prisma de algún alimento: *tacos de jamón*. **7** Palabrota. **8** Embrollo, lío: *hacerse un taco*. **9** En México, tortilla de maíz rellena de carne y otros ingredientes. **10** *amer.* Tacón. | pl. **11** Años de edad: *tiene 30 tacos*. **Sin.** 8 follón.

tacómetro. m. Aparato que mide el número de revoluciones de un eje.

tacón. m. **1** Pieza más o menos alta que va unida a la suela del zapato en la parte que corresponde al talón. **2** Esta pieza cuando es alta; p. ext., zapato que la lleva: *no puede correr, lleva tacones*.

taconazo. m. Golpe dado con el tacón, especialmente contra el otro tacón.

taconear. intr. **1** Pisar haciendo ruido con los tacones. **2** Golpear el suelo con los tacones, p. ej., al bailar. **Sin.** 2 zapatear.

táctica. f. **1** Sistema o método utilizado para conseguir un fin. **2** Conjunto de reglas a que se ajustan en su ejecución las operaciones militares. **Sin.** 1 técnica.

táctico, ca. adj. **1** Relativo a la táctica. | m. y f. **2** Persona hábil en cualquier táctica.

táctil. adj. Referente al tacto.

tacto. m. **1** Uno de los sentidos corporales, por el que se aprecia la forma, tamaño, textura y temperatura de las cosas. **2** Sensación que se experimenta a través de este sentido: *la superficie tenía un tacto áspero*. **3** Acción de tocar o palpar. **4** En med., exploración de una superficie orgánica, cutánea o mucosa, con las yemas de los dedos y sin oprimir mucho la parte explorada. **5** Tino, acierto, delicadeza: *se lo preguntó con mucho tacto*. **Sin.** 1 sensibilidad 5 diplomacia.

taekwondo. (voz coreana) m. Arte marcial coreano con técnicas de lucha parecidas al kárate, pero en el que se usan principalmente los ataques de pierna y salto.

tafetán. m. Tela delgada de seda, muy tupida.

tafilete. m. Cuero fino, mucho más delgado que el cordobán.

tagalo, la. adj. y s. **1** Se dice de un pueblo filipino de origen malayo, que habitaba en la isla de Luzón y constituye el principal grupo étnico indígena de las islas Filipinas. | m. **2** Lengua indonesia de la familia malayo-polinesia hablada por este pueblo.

tahalí. m. **1** Tira de cuero u otra materia que cruza desde el hombro derecho hasta la cintura por su parte izquierda, donde se pone la espada. **2** Caja de cuero donde se solían llevar reliquias y oraciones.

tahona. f. Panadería en que se cuece pan.

tahúr, ra. m. y f. **1** Persona que juega frecuentemente y por dinero a las cartas o a los dados, en particular la que frecuenta las casas de juego. **2** Jugador que hace trampas. **Sin.** 2 fullero.

taifa. f. Cada uno de los reinos independientes surgidos en la España musulmana tras la caída del califato de Córdoba en 1031.

taiga. f. Formación vegetal del bosque boreal en el que suelen dominar las especies del grupo de las coníferas, que se extiende por Siberia y la parte septentrional de América del Norte.

taimado, da. adj. y s. Astuto, ladino. **Ant.** ingenuo.

taíno, na. adj. y s. **1** Se dice de un pueblo amerindio, de lengua arahuaca, actualmente extinguido, que en el momento de la conquista habitaba en las Grandes Antillas. | m. **2** Lengua de estos pueblos.

tajada. f. **1** Porción cortada de una cosa, en especial de un alimento. **2** Corte o raja hecha con un instrumento cortante. **3** Embriaguez, borrachera. **4 sacar** uno **tajada.** loc. Conseguir con maña alguna ventaja o beneficio. **Sin.** 1 rodaja 2 tajo 3 cogorza.

tajadera. f. **1** Cuchilla a modo de media luna, con que se taja una cosa. **2** Cortafrío.

tajado, da. adj. **1** Costa, roca o peña cortada verticalmente. **2** Borracho.

tajamar. m. **1** Tablón recortado en la parte exterior de la roda para cortar el agua cuando el buque navega. **2** En arquit., construcción que se añade a los pilares de los puentes, en forma angular, para dividir en dos la corriente de los ríos. **3** *amer.* Malecón, dique. **4** *amer.* Presa o balsa.

tajante. adj. Concluyente, terminante. **Sin.** rotundo.

tajar. tr. **1** Dividir una cosa en dos o más partes con un instrumento cortante. | **tajarse.** prnl. **2** Emborracharse. **Sin.** 1 cortar, partir 2 embriagarse.

tajo. m. **1** Cortadura en un terreno: *el tajo de un río*. **2** Corte profundo y limpio, dado con un arma blanca. **3** Tarea, trabajo: *tener mucho tajo*. **4** Lugar de trabajo. **5** Pedazo de madera grueso que sirve en las cocinas para partir y picar la carne. **6** Trozo de madera grueso y pesado sobre el que se cortaba la cabeza a los condenados. SIN. 3 y 4 curro.

tajuelo o **tajuela.** m. Asiento rústico, por lo general de tres pies.

tal. adj. **1** Igual, semejante: *jamás oí tal cosa*. **2** Tanto o tan grande: *había tal cantidad de comida, que sobró más de la mitad*. **3** Se emplea a veces como pronombre demostrativo: *no conozco a tal hombre*. **4** Se usa también para indicar algo no especificado y a veces se emplea repetido: *nos dijo que hiciéramos tal y tal*. **5** Empleado como neutro, equivale a *cosa* o *cosa tal*: *para conocer un pueblo, no hay tal como convivir con sus gentes*. **6** Aplicado a un nombre propio, da a entender que el sujeto es poco conocido: *Fulano de tal*. **7** Con el artículo determinado, hace referencia a alguien ya nombrado o conocido: *la tal Laura se acercó a mí*. | adv. m. **8** Se usa como primer término de una comparación, seguido de *como, cual*: *te lo cuento tal como me lo contaron a mí*. **9** Así, de esta manera: *tal me habló, que no supe qué responderle*. **10 con tal de** o **con tal que.** conj. cond. En el caso de o de que, con la condición de o que: *procuraré complacerte, con tal que no me pidas imposibles*. **11 tal cual.** loc. adj. y adv. De la misma forma, igual que estaba: *me gusta el vestido tal cual*. **12 tal para cual.** loc. Denota igualdad o semejanza entre dos personas; generalmente se usa en sentido despectivo: *esos dos son tal para cual*.

tala. f. **1** Acción de talar. **2** Defensa formada con árboles cortados por el pie y colocados a modo de barrera.

talabarte. m. Cinturón que lleva pendientes los tiros de que cuelga el sable o la espada.

talabartero, ra. m. y f. Persona que trabaja el cuero.

talabricense. adj. y s. De Talavera de la Reina.

taladrador, ra. adj. y s. **1** Que taladra. | f. **2** Máquina para taladrar.

taladrar. tr. **1** Horadar una cosa. **2** Herir los oídos algún sonido agudo. SIN. 1 agujerear, perforar.

taladro. m. **1** Instrumento con que se agujerea una cosa. **2** Agujero hecho con el taladro u otro instrumento semejante. **3** Acción de taladrar. SIN. 2 boquete, orificio.

tálamo. m. **1** Cama de los recién casados o lecho conyugal. **2** Extremo ensanchado del pedúnculo donde se asientan las flores.

talanquera. f. **1** Valla o pared que sirve de defensa. **2** Cualquier sitio o paraje que sirve de defensa. **3** Seguridad y defensa. SIN. 2 refugio.

talante. m. **1** Actitud de una persona o estado de ánimo ante una determinada situación: *es de talante conciliador*. **2** Disposición con que se hace algo: *responder de mal talante*. SIN. 1 carácter 2 agrado, gana.

talar. adj. Se dice del traje que llega hasta los talones, especialmente el que usan los religiosos.

talar. tr. **1** Cortar por el pie masas de árboles. **2** Destruir, arrasar. SIN. 1 cercenar 2 demoler.

talasocracia. f. Dominio de los mares en el aspecto político o económico: *la talasocracia ateniense*.

talasoterapia. f. Uso terapéutico de los baños o del aire del mar.

talayote o **talayot.** m. Monumento megalítico de las Baleares semejante a una torre de poca altura.

talco. m. Mineral silicato de magnesio, de estructura hojosa muy suave al tacto, de color verde claro, blanco o gris y brillo perlado; se emplea en la fabricación de pinturas, cerámica y papel, y en dermatología, para el cuidado de pieles delicadas.

taled. m. Especie de manto con que se cubren los judíos la cabeza y el cuello en la sinagoga.

talega. f. **1** Saco o bolsa ancha y corta. **2** Lo que se guarda en ella. **3** Caudal monetario, dinero. SIN. 1 talego.

talego. m. **1** Saco largo y angosto. **2** Persona sin esbeltez ni gracia en el cuerpo. **3** Cárcel. **4** Mil pesetas. **5** Porción de hachís equivalente a mil pesetas. SIN. 1 talega 3 trena, trullo.

taleguilla. f. **1** dim. de talega. **2** Calzón de los toreros.

talento. m. **1** Conjunto de facultades o aptitudes para una cosa: *tiene talento como pintor*. **2** Entendimiento, inteligencia. **3** Persona muy inteligente o destacada en alguna ciencia o actividad: *un talento de la música*. **4** Antigua moneda de los griegos y los romanos. SIN. 1 y 2 capacidad, ingenio 3 genio.

talgo. (siglas de *Tren Articulado Ligero Goicoechea Oriol*). m. Tren articulado español, cuyo sistema está basado fundamentalmente en la reducción de peso, bajo centro de gravedad y ejes dirigidos con ruedas independientes.

talio. m. Elemento químico metálico, blando y maleable, de brillo plateado, que se oscurece con la

Talco

Tallo de una planta leñosa

oxidación; se emplea en sistemas de comunicación y en la fabricación de pesticidas. Su símbolo es *Tl*.

talión. m. Pena que consiste en hacer sufrir al delincuente un daño igual al que causó.

talismán. m. Objeto, figura o imagen a los que se atribuyen virtudes o poderes mágicos o portentosos. S<small>IN</small>. amuleto, fetiche.

talla. f. **1** Acción de tallar. **2** Obra de escultura en madera o piedra. **3** Estatura: *hombre de poca talla*. **4** Importancia, valor, altura moral o intelectual: *un artista de gran talla*. **5** Instrumento para medir la estatura. **6** Medida de la ropa y de la persona que la usa: *unos pantalones de la talla 40*. **7 dar la talla.** loc. Tener una persona las cualidades o requisitos que se le precisan. S<small>IN</small>. 1 grabado.

tallador, ra. m. y f. Persona que graba en hueco o medallas.

tallar. tr. **1** Hacer obras de talla, escultura. **2** Labrar piedras preciosas, y otras cosas como el cristal. **3** Abrir metales, grabar en hueco. **4** Medir la estatura de una persona. **5** Tasar, apreciar. S<small>IN</small>. 1 esculpir.

tallarín. m. Tira muy estrecha de pasta alimenticia que se emplea para diversos platos. Más en pl.

talle. m. **1** Cintura del cuerpo humano. **2** Forma que se da al vestido proporcionándolo al cuerpo. **3** Parte del vestido que corresponde a la cintura. **4** Disposición o proporción del cuerpo humano: *una mujer de esbelto talle*. **5** Traza, apariencia.

tallecer. intr. Entallecer.

taller. m. **1** Lugar en que trabajan obreros, artistas, etc. **2** Lugar donde se reparan máquinas, y particularmente automóviles. **3** Escuela, seminario: *taller de teatro*. **4** En bellas artes, conjunto de colaboradores de un maestro.

tallista. com. Persona que hace obras de talla, especialmente en madera o piedras preciosas.

tallo. m. **1** Órgano de las plantas que crece en sentido contrario al de la raíz y del que brotan las hojas, flores y frutos. **2** Renuevo de las plantas. **3** Germen que ha brotado de una semilla, bulbo o tubérculo.

talludo, da. adj. **1** Que ha echado tallo grande. **2** Se dice de una persona cuando va pasando de la juventud.

talo. m. Cuerpo vegetativo de las talofitas equivalente al conjunto de raíz, tallo y hojas de las plantas cormofitas.

talofito, ta. adj. y f. **1** Se apl. a los vegetales de organización muy sencilla, cuyas células forman un talo no diferenciado en tejidos, fibras y vasos. | f. pl. **2** Grupo de estas plantas.

talón. m. **1** Parte posterior del pie humano. **2** Parte del calzado que cubre esta zona: *el talón del* *zapato*. **3** Parte blanda y flexible que tienen los cascos de las caballerías. **4** Parte del arco del violín inmediata al mango. **5** Cada uno de los rebordes reforzados de la cubierta del neumático. **6** En arquit., moldura sinuosa cuyo perfil se compone de dos arcos de círculo contrapuestos y unidos entre sí. **7 talón de Aquiles.** Punto vulnerable de alguien o algo. **8 pisarle** a uno **los talones.** loc. Seguirle de cerca.

talón. m. **1** Hoja de un talonario. **2** Cheque.

talonario. m. Bloque de hojas impresas, con datos que a veces han de ser completados por quien las expide, que se pueden separar de una matriz para entregarlas a otra persona: *talonario de cheques.*

talud. m. Inclinación del paramento de un muro o de un terreno. **Sin.** rampa, cuesta.

tamaño, ña. adj. **1** Semejante, igual; se usa como intensificador: *¿quién iba a creer tamaña idiotez?* | m. **2** Volumen de una cosa: *una piedra de gran tamaño.* **3** Importancia, alcance. **Sin.** 3 valía.

tamaricáceo, a. adj. y f. **1** Se dice de los árboles o arbustos angiospermos dicotiledóneos, abundantes en los países mediterráneos y en Asia Central, como el taray. | f. pl. **2** Familia de estas plantas.

tamarindo. m. **1** Árbol de unos 25 m de altura, tronco grueso y copa extensa, con flores amarillentas y fruto en legumbre de sabor agradable, usado como laxante. **2** Fruto de este árbol.

tambalear. intr. y prnl. Moverse una cosa a uno y otro lado. **Sin.** balancear.

también. adv. afir. **1** Se usa para afirmar la igualdad, semejanza, conformidad o relación de una cosa con otra: *si tú estás cansado, yo también.* **2** Además: *también vinieron sus hermanos.* **Sin.** 1 y 2 asimismo.

tambor. m. **1** Instrumento musical de percusión de forma cilíndrica, hueco, cubierto en sus dos bases con membranas de piel estirada, que se toca con dos palillos. **2** Persona que toca este instrumento. **3** Nombre que se da a algunos objetos o piezas de forma cilíndrica: *el tambor del revólver.* **4** Envase grande, generalmente de forma cilíndrica: *un tambor de detergente.* **5** Aro sobre el que se tiende una tela para bordarla. **6** Tímpano del oído. **7** Tamiz por donde pasan el azúcar los reposteros. **8** En arquit., muro cilíndrico que sirve de base a una cúpula. **9** En arquit., cuerpo central cilíndrico del capitel. **10** Disco de acero acoplado a la cara interior de las ruedas, sobre el que actúan las zapatas del freno.

tamboril. m. Tambor pequeño que se toca con un solo palillo en las danzas populares.

tamborilero, ra. m. y f. Persona que toca el tamboril.

tamborrada. f. Fiesta popular donostiarra.

tamiz. m. Cedazo muy tupido. **Sin.** criba.

tamizar. tr. **1** Pasar una cosa por tamiz. **2** Suavizar o variar la luz a través de un filtro, pantalla, etc. **3** Elegir con cuidado. **Sin.** 1 y 3 cribar.

tamo. m. **1** Pelusa del lino, algodón o lana. **2** Paja muy menuda de varias semillas trilladas. **3** Pelusilla que se cría debajo de los muebles.

tampoco. adv. neg. Niega una cosa después de haberse negado otra: *ella no lo sabe y nosotros tampoco.*

tampón. m. **1** Almohadilla empapada en tinta que se emplea para entintar sellos, estampillas, etc. **2** Cilindro de material absorbente que utilizan las mujeres durante la menstruación, como artículo higiénico.

tam-tam. m. **1** Instrumento de percusión de origen asiático a modo de disco de bronce que, suspendido en el aire, se hace sonar golpeándolo con un mazo. **2** En África, especie de tambor que se toca con las manos. || No varía en pl.

tamujo. m. Planta arbustiva de unos 100 a 150 cm de altura, con cuyas ramas, largas, flexibles y espinosas, se fabrican escobas.

tan. adv. c. **1** Apóc. de *tanto.* Se emplea como intensificador de adjetivos, participios y adverbios, a los que precede: *no será tan caro.* **2** Denota idea de comparación: *tan duro como el hierro.*

tanagra. f. Estatuilla que se fabricaba en Tanagra de Beocia, y p. ext., las análogas de otras localidades griegas.

tanatorio. m. Local o edificio con diferentes dependencias para velar a los muertos y en el que se realizan otros servicios funerarios.

tanda. f. **1** Cada uno de los grupos de personas, animales o cosas que se alternan en algún trabajo. **2** Número indeterminado de cosas de un mismo género: *una tanda de azotes.* **3** Partida de algunos juegos: *una tanda de billar.* **4** *amer.* Sección de una representación teatral. **Sin.** 1 turno 2 sarta.

tándem. m. **1** Bicicleta de dos asientos colocados uno tras otro. **2** Tiro de dos caballos enganchados uno tras el otro. **3** Grupo de dos o más personas para efectuar una obra común. || pl. *tándemes.*

tanga. f. **1** Chito, juego. | m. **2** Biquini o bañador muy reducido. **3** Braga o calzoncillos muy pequeños.

tángana. f. **1** Tanga, juego y pieza de este juego. **2** Bronca.

tangencial. adj. **1** Relativo a la tangente, recta. **2** Se dice de la idea, argumento, etc., que está relacionado con el asunto de que se trata sin ser esencial a él. **Sin.** 2 secundario ❏ **Ant.** 2 básico.

tangente. adj. **1** Se dice de las líneas o superficies que se tocan sin cortarse. | f. **2** Recta que tiene un solo punto común con una curva o una superficie.

tangible. adj. **1** Que puede tocarse. **2** Que se percibe de manera precisa: *resultados tangibles.* **Sin.** 1 material 2 evidente ❏ **Ant.** 1 intangible.

tango. m. **1** Baile argentino, de compás de cuatro por cuatro, que se baila por parejas. **2** Música de este baile y letra con que se canta.

tanguista. com. Persona contratada para que baile con los clientes en algunos locales.

tanino. m. Sustancia astringente contenida en los troncos de algunos árboles, como el roble y el castaño, que sirve para curtir las pieles.

tanque. m. **1** Vehículo blindado de guerra, que se desplaza sobre dos cintas articuladas que le permiten el acceso a todo tipo de terrenos y está provisto de un cañón y otro tipo de armamento. **2** Depósito de agua u otro líquido. SIN. 2 cisterna.

tanqueta. f. Vehículo blindado, de menor tamaño que el tanque y más ligero.

tantalio. m. Elemento químico metálico, denso, dúctil y maleable, que se encuentra en la casiterita y en las rocas graníticas, y se usa como aleación de aceros especiales, en rectificadores de corriente y como material refractario. Su símbolo es *Ta*.

tántalo. m. Ave zancuda, de aproximadamente 1 m de longitud, plumaje blanco con los extremos de las alas y la cola negras, cuello largo y patas y pico rojos, que vive en regiones pantanosas de África tropical y meridional.

tantear. tr. **1** Considerar detenidamente una cosa antes de ejecutarla. **2** Intentar averiguar las intenciones, opiniones, cualidades, etc., de una persona: *tantéale a ver si lo sabe.* **3** Examinar una cosa con cuidado: *tanteó la porcelana en busca de imperfecciones.* **4** Apuntar los tantos en el juego. También intr. **5** Comenzar un dibujo. **6** En der., ejercer la facultad de tanteo. SIN. 1 sopesar 2 sondear.

tanteo. m. **1** Acción de tantear. **2** Número determinado de tantos que se ganan en el juego. **3** En der., facultad que una persona tiene de adquirir una cosa con preferencia a otro comprador y al mismo precio que él: *el tanteo en un arrendamiento.* SIN. 2 puntuación, resultado.

tanto, ta. adj. **1** Se dice de una cantidad indefinida: *me pidió tanto y acepté.* || Se usa como correlativo de *como* en construcciones comparativas: *conoce tanta gente como tú.* **2** Tan grande o muy grande: *no sé qué hacer con tantas cosas.* | pron. dem. **3** Equivale a *eso:* ¿*a tanto le ha llevado su ambición?* | adv. c. **4** De tal modo, hasta tal punto: *no debes trabajar tanto.* | m. **5** Cantidad determinada. **6** Unidad de cuenta en muchos juegos, o su equivalente. | pl. **7** Número que se ignora o no se quiere expresar: *a tantos de julio; debe tener treinta y tantos.* **8 al tanto** de una cosa. loc. adv. Al corriente de ella. **9 en tanto,** o **entre tanto.** loc. adv. Mientras, durante. **10 las tantas.** loc. Cualquier hora muy avanzada del día o de la noche. **11 por (lo) tanto.** loc. adv. y conj. Por consiguiente. **12 tanto por ciento.** Número que con referencia a la centena, representa proporcionalmente una parte de un todo.

tañer. tr. **1** Tocar un instrumento musical. **2** Sonar la campana. || **Irreg.** Conjugación modelo:

Indicativo
Pres.: *taño, tañes,* etc.
Imperf.: *tañía, tañías,* etc.
Pret. indef.: *tañí, tañiste, tañó, tañimos, tañisteis, tañeron.*
Fut. imperf.: *tañiré, tañirás,* etc.
Potencial: *tañería, tañerías,* etc.
Subjuntivo
Pres.: *taña, tañas,* etc.
Imperf.: *tañera, tañeras,* etc., o *tañese, tañeses,* etc.
Fut. imperf.: *tañere, tañeres,* etc.
Imperativo: *tañe, tañed.*
Participio: *tañido.*
Gerundio: *tañendo.*

---

tañido. m. **1** Sonido del instrumento que se toca, y particularmente de la campana. **2** Acción de tañer. SIN. 1 son.

taoísmo. m. Una de las tres religiones de China, basada en el *tao* o absoluto, fuerza o causa primordial de la existencia del Universo y la razón de ser de todas las cosas.

taoísta. com. Persona que profesa el taoísmo.

tapa. f. **1** Pieza que cierra por la parte superior, cajas, cofres y cosas semejantes: *la tapa del piano.* **2** Capa de suela o de otro material, del tacón de un zapato. **3** Cubierta de un libro encuadernado. **4** Carne del medio de la pierna trasera de la ternera. **5** Alimento que se sirve como acompañamiento de una bebida. **6** Vuelta que cubre el cuello entre las solapas de las chaquetas, abrigos, etc. **7 tapa de los sesos.** El cráneo. SIN. 1 tapadera.

tapaboca. m. **1** Golpe en la boca. **2** Bufanda.

tapacete. m. Toldo que cubre la carroza o escotilla de un buque.

tapacubos. m. Tapa metálica que cubre exteriormente, por los laterales, la llanta de la rueda. || No varía en pl.

tapaculo. m. Fruto del rosal silvestre, escaramujo.

tapadera. f. **1** Pieza que se ajusta a la boca de alguna cavidad para cubrirla. **2** Persona, empleo, asunto, etc., que encubre o disimula lo que alguien desea que se ignore. SIN. 1 tapa.

tapadillo (de). loc. adv. A escondidas.

tapajuntas. m. Listón moldeado que se pone para tapar la unión del cerco de una puerta o ventana con la pared. || No varía en pl.

tapar. tr. **1** Cubrir o cerrar lo que está descubierto o abierto. **2** Abrigar o cubrir. También prnl. **3** Poner algo delante de una cosa de modo que ésta quede oculta: *apártate un poco, me tapas la televisión.* **4** Encubrir, ocultar un defecto. **Sin.** 2 arropar 4 disimular □ **Ant.** 1 abrir 4 descubrir.

taparrabo o **taparrabos.** m. **1** Trozo de tela u otro material con que se tapan los genitales los indígenas de algunas tribus. **2** Bañador o calzón muy reducido.

tapete. m. **1** Cubierta de tela, ganchillo, plástico, etc., que se coloca sobre las mesas u otros muebles. **2 estar sobre el tapete** una cosa. loc. Estar discutiéndose, examinándose, o sometida a resolución.

tapia. f. **1** Pared que sirve de cerca o límite. **2 como una tapia** o **más sordo que una tapia.** loc. Muy sordo.

tapiar. tr. **1** Cerrar con tapia. **2** Cerrar un hueco haciendo en él un muro o tabique: *tapiar una puerta.*

tapicería. f. **1** Arte y oficio de tapicero. **2** Conjunto de telas para tapizar muebles, hacer cortinas, etc. **3** Taller donde trabaja el tapicero. **4** Conjunto de tapices.

tapicero. m. **1** Artesano que teje tapices o los arregla y compone. **2** El que tiene por oficio poner alfombras, tapices y cortinajes, forrar almohadones, sofás, etc.

tapioca. f. Fécula que se saca de la raíz de la mandioca y se emplea como alimento, sobre todo en sopas.

tapir. m. Mamífero ungulado que mide unos 2 m de longitud y 1 de altura, tiene los labios superiores y la nariz prolongados en forma de pequeña trompa, y pelaje blanco y negro en las especies asiáticas y con diversas tonalidades de pardo, desde el rojizo al amarillento, en las americanas; su carne es comestible.

tapiz. m. Paño grande, tejido, en que se copian cuadros y con el que se adornan paredes.

tapizar. tr. **1** Forrar con tela las paredes, sillas, sillones, etc. **2** Cubrir las paredes con tapices. **3** Cubrir una superficie cierta cosa: *las hojas de los árboles tapizan el suelo.*

tapón. m. **1** Pieza de corcho, cristal, madera, etc., con que se tapan botellas, frascos, toneles y otros recipientes. **2** Acumulación de cerumen en el oído. **3** Cualquier persona o cosa que produce entorpecimiento u obstrucción. **4** Particularmente, embotellamiento de vehículos. **5** En baloncesto, acción de interceptar un balón lanzado hacia la canasta. **6** Persona baja y algo gruesa. **Sin.** 3 obstáculo 4 atasco.

taponar. tr. **1** Cerrar con tapón un orificio cualquiera. **2** Obstruir, obstaculizar.

taponazo. m. Golpe o estruendo que se produce con el tapón de una botella al destaparla.

Tapir

tapsia. f. Planta herbácea vivaz, de la familia de las umbelíferas, de flores amarillas y fruto seco.

tapujo. m. Reserva o disimulo con que se disfraza u oculta la verdad: *habló sin tapujos.* **Sin.** engaño.

taquicardia. f. Frecuencia excesiva del ritmo de las contracciones cardíacas, producida por una enfermedad o por la práctica de un ejercicio violento.

taquigrafía. f. Arte de escribir muy deprisa, por medio de ciertos signos y abreviaturas.

taquilla. f. **1** Despacho de billetes, entradas de cine, etc., y p. ext., conjunto de lo que en él se despacha o recauda. **2** Armario para guardar ropa u otras cosas personales, como los que hay en gimnasios, vestuarios, etc.

taquillero, ra. adj. **1** Artista, espectáculo, película, etc., que atrae mucho público. | m. y f. **2** Persona encargada de un despacho de billetes o entradas de cine, teatro, fútbol, etc.

taquillón. m. Mueble de diversos estilos, bajo y de mayor longitud que anchura, que se usa especialmente en el recibidor.

taquimecanografía. f. Conocimientos o estudios que combinan la taquigrafía y la mecanografía.

taquímetro. m. **1** Instrumento topográfico utilizado para medir ángulos. **2** Tacómetro.

tara. f. **1** Peso del continente de una mercancía: vehículo, recipiente, etc. **2** Peso de un vehículo en vacío. **3** Defecto físico o psíquico.

tarabilla. f. **1** Persona que habla mucho y sin orden ni concierto. **2** Conjunto de palabras dichas de este modo. **3** Juguete que zumba al hacerle girar. **4** Trocito de madera que sirve para cerrar las puertas o ventanas. **5** Listón de madera que mantiene tirante la cuerda del bastidor de una sierra.

taracea. f. **1** Técnica de marquetería que consiste en incrustar en la madera trozos pequeños de otras maderas o materiales, como concha o nácar, formando figuras geométricas o motivos decorativos. **2** Pieza realizada con dicha técnica.

tarado, da. adj. **1** Que padece tara física o psíquica. **2** Tonto, idiota. **SIN.** 2 estúpido, torpe.

tarambana. com. y adj. Persona alocada, informal o irreflexiva.

tarangallo. m. Palo pendiente del collar que se les pone a veces a los perros para que no persigan la caza.

tarantela. f. **1** Baile napolitano de movimiento muy vivo. **2** Aire musical con que se ejecuta este baile.

tarántula. f. Arácnido que mide generalmente unos 3 cm de longitud, tiene el dorso de color negro y la parte ventral rojiza, tórax velloso, casi redondo en el abdomen, y patas fuertes; produce una dolorosa picadura.

tarar. tr. Señalar la tara, peso.

tararear. tr. Cantar en voz baja y sin articular palabras.

tarasca. f. **1** Figura de serpiente monstruosa, que en algunas partes se saca en la procesión del Corpus. **2** Mujer fea, descarada y de mal genio.

tarascada. f. **1** Herida hecha con los dientes o con las uñas. **2** Respuesta áspera o dicho desatento. **SIN.** 1 dentellada, bocado.

taray. m. **1** Arbusto tamaricáceo, común en las orillas de los ríos. **2** Fruto de ese arbusto.

tarazón. m. Trozo que se corta de una cosa, y comúnmente, de carne o pescado.

tardanza. f. Detención, demora. **SIN.** dilación, retraso.

tardar. intr. **1** Detenerse, no llegar oportunamente, retrasar la ejecución de algo. **2** Emplear cierto tiempo en hacer las cosas: *tardó una hora en arreglarlo*. **3 a más tardar.** loc. adv. Señala el plazo máximo en que ha de suceder algo: *iré la semana que viene, a más tardar*. **SIN.** 1 demorarse 2 invertir ☐ **ANT.** 1 adelantarse.

tarde. f. **1** Tiempo que hay desde mediodía hasta anochecer. **2** Últimas horas del día. | adv. s. **3** A hora avanzada del día o de la noche: *cenar tarde*. **4** Después de haber pasado el tiempo oportuno, o en tiempo futuro relativamente lejano: *nos enteramos tarde*. **5 de tarde en tarde.** loc. adv. De cuando en cuando, transcurriendo largo tiempo de una a otra vez. **SIN.** 2 atardecer ☐ **ANT.** 1 mañana 4 temprano.

tardío, a. adj. **1** Que tarda en madurar algún tiempo más del regular: *melocotones tardíos*. **2** Que sucede después del tiempo oportuno en que se necesitaba o esperaba: *lluvia tardía*. **3** Pausado, lento. **SIN.** 1 retrasado 3 tardo ☐ **ANT.** 1 y 2 temprano 2 precoz.

tardo, da. adj. **1** Lento, perezoso en obrar. **2** Que sucede después de lo que convenía o se esperaba. **3** Torpe en la comprensión o explicación. **SIN.** 1 pausado 3 lerdo, duro ☐ **ANT.** 3 despierto.

tardón, na. adj. y s. Que tarda mucho. **SIN.** lento ☐ **ANT.** rápido.

tarea. f. **1** Cualquier obra o trabajo. **2** Trabajo que debe hacerse en tiempo limitado. **SIN.** 1 y 2 labor, faena.

tarifa. f. **1** Catálogo de los precios, derechos o impuestos que se deben pagar por alguna cosa o trabajo. **2** Precio de algo según ciertas condiciones o circunstancias.

tarifar. tr. **1** Señalar o aplicar una tarifa. | intr. **2** Reñir con uno, enemistarse.

tarima. f. Entablado o plataforma a poca altura del suelo.

tarja. f. **1** Escudo grande que cubría todo el cuerpo. **2** Antigua moneda de vellón que mandó acuñar Felipe II.

tarjeta. f. **1** Trozo de cartulina, pequeño y rectangular, con el nombre, título, profesión y dirección de una persona, que se emplea para visitas y otros usos. **2** Pieza rectangular y plana con usos muy diversos. **3 tarjeta amarilla o roja.** En fútbol y otros deportes, la que levanta el árbitro para amonestar o expulsar a un jugador. **4 tarjeta de crédito.** Medio de pago que sustituye al dinero en efectivo y, a veces, permite diferir o dividir el pago.

tarjetero. m. Cartera o estuche para llevar tarjetas de visita o profesionales.

tarlatana. f. Tejido ralo de algodón, semejante a la muselina, pero de mayor consistencia.

tarot. m. Juego de naipes más largos que los corrientes, que tiene 78 cartas, distribuidas en los cuatro palos tradicionales y 22 naipes con una figura diferente cada uno, llamados arcanos mayores; se utiliza para predecir el futuro.

tarro. m. **1** Recipiente de vidrio o porcelana, generalmente cilíndrico y más alto que ancho. **2** Cabeza: *me duele el tarro*.

tarro. m. Ave palmípeda, parecida al pato común, aunque más esbelta y de patas más largas; mide de 60 a 65 cm de longitud, y tiene plumaje blanco o canelo según las especies.

tarso. m. **1** Parte posterior del pie de los anfibios, reptiles y mamíferos; en los humanos se articula con la tibia, el peroné y los metatarsianos. **2** Parte más delgada de las patas de las aves. **3** La última de las cinco piezas o *artejos* de que están compuestas las patas de los insectos.

tarta. f. Pastel grande, de forma generalmente redonda.

tartaja. adj. y com. Que tartajea.

tartajear. intr. Hablar pronunciando las palabras con dificultad o trocando sus sonidos. Sin. tartamudear.

tartamudear. intr. Hablar o leer con pronunciación entrecortada y repitiendo las sílabas, por problemas psicológicos o físicos. Sin. tartajear.

tartamudez. f. Trastorno del habla caracterizado por una alteración en la fluidez y el ritmo al hablar.

tartamudo, da. adj. y s. Que tartamudea.

tartán. m. **1** Tela de lana con cuadros o listas cruzadas de diferentes colores. **2** Conglomerado de asfalto y materias plásticas, muy resistente e inalterable al agua, que se usa para el revestimiento del suelo de pistas deportivas.

tartana. f. **1** Carruaje de dos ruedas con cubierta abovedada y asientos laterales. **2** Coche viejo o muy estropeado.

tártaro, ra. adj. **1** Se dice de un conjunto de pueblos turcos y mongoles, que en el s. VIII ocupaban Mongolia oriental y en el XIII invadieron el este de Europa. | m. **2** Lengua hablada por los tártaros.

tartera. f. Recipiente que se cierra herméticamente y sirve para llevar la comida al trabajo, al campo, etc. Sin. fiambrera.

tartesio, sia. adj. y s. **1** De Tartessos. **2** Se dice de un pueblo hispánico prerromano procedente de África que habitaba en el sur de la península Ibérica, y cuya capital fue Tartessos.

tarugo. m. **1** Pedazo de madera corto y grueso. **2** Pedazo grueso de pan. **3** Persona ignorante o poco inteligente. Sin. 1 taco 2 cuscurro 3 zoquete.

tarumba. adj. y com. Loco, atolondrado: *volverse uno tarumba*.

tas. m. Yunque pequeño que usan los plateros, hojalateros y plomeros.

tasa. f. **1** Acción de tasar. **2** Precio máximo o mínimo a que por disposición de la autoridad puede venderse una cosa. **3** Medida, regla: *tasa de mortalidad*.

tasación. f. Valoración de las cosas.

tasador, ra. adj. y s. **1** Que tasa. | m. y f. **2** Persona que ejerce el oficio público de tasar.

tasajo. m. **1** Pedazo de carne seco y salado o acecinado para que se conserve. **2** P. ext., pedazo cortado o tajado de cualquier carne.

tasar. tr. **1** Poner tasa, valor o precio a las cosas. **2** Poner medida en algo, restringirlo para que no haya exceso. Sin. 1 evaluar, valorar 2 controlar.

tasca. f. Taberna, bar.

tascar. tr. Cortar ruidosamente la hierba o el verde los animales cuando pacen.

tata. f. Nombre infantil con que se designa a la niñera.

tatarabuelo, la. m. y f. Tercer abuelo, bisabuelo de los padres de una persona.

tataranieto, ta. m. y f. Tercer nieto, bisnieto de los hijos de una persona.

tatarear. tr. Cantar sin palabras significativas, tararear.

¡tate! interj. Se emplea para denotar sorpresa, que alguien se ha dado cuenta de algo o para avisar de algún peligro: *¡tate, que te veo venir!*

tatuaje. m. **1** Acción de tatuar. **2** Lo que queda tatuado.

tatuar. tr. y prnl. Grabar dibujos en la piel humana, introduciendo materias colorantes bajo la epidermis.

taula. f. Monumento megalítico de las islas Baleares, que consiste en dos grandes losas, casi siempre labradas, apoyadas una sobre la otra.

taumaturgia. f. Facultad de realizar prodigios.

taurino, na. adj. Relativo al toro, o a las corridas de toros.

tauro. m. Segundo signo del Zodiaco. || Suele escribirse con mayúscula.

tauromaquia. f. Arte de lidiar toros.

tautología. f. Repetición de un mismo pensamiento expresado de distintas maneras; suele tomarse en mal sentido como repetición inútil.

taxáceo, a. adj. y f. **1** Se dice de las plantas arbóreas coníferas de semillas rodeadas por envolturas generalmente carnosas y coloreadas, como el tejo. | f. pl. **2** Familia de estas plantas.

Taula de Torrellafuda (Menorca)

taxativo, va. adj. Que limita, circunscribe y reduce un caso a determinadas circunstancias: *una medida taxativa*.

taxi. m. Coche de alquiler con chófer provisto de taxímetro, que realiza su servicio generalmente dentro de las ciudades.

taxidermia. f. Arte y técnica de disecar animales para conservarlos con apariencia de vivos.

taxidermista. com. Persona que se dedica a la taxidermia.

taxímetro. m. Aparato de que van provistos la mayoría de los coches de alquiler con chófer; marca automáticamente la cantidad devengada con arreglo a la distancia recorrida.

taxista. com. Persona que conduce un taxi.

taxadiáceo, a. adj. y f. **1** Se dice de las plantas arbóreas coníferas de hojas esparcidas, con el tronco lignificado, como la secuoya. | f. pl. **2** Familia de estas plantas.

taxonomía. f. Ciencia que trata de la clasificación y nomenclatura científica de los seres vivos.

taza. f. **1** Vasija pequeña, con asa, que se usa para tomar líquidos. **2** Lo que cabe en ella: *tomó una taza de caldo*. **3** Receptáculo del retrete. **4** Receptáculo redondo donde vacían el agua las fuentes.

tazón. m. Vasija para beber, mayor que la taza y generalmente sin asa.

te. Forma del pron. pers. de segunda persona con función de complemento directo o indirecto, en ambos géneros y números. Se usa en combinación con los pron. de complemento directo *lo, la*, etc., a los que precede: *te las llevó*. Cuando se combina con *se*, éste va delante: *se te olvidó decírnoslo*. No admite preposición, y cuando se pospone al verbo es enclítico: *te persiguen; persiguiéndote*.

té. m. **1** Planta arbustiva, originaria de China, de flores blancas y hojas lanceoladas, con las que se elabora una apreciada infusión. **2** Hoja de este arbusto, seca, enrollada y tostada ligeramente. **3** Infusión, en agua hirviendo, de las hojas de este arbusto. **4** Reunión de personas que se celebra por la tarde y durante la cual se sirve té.

tea. f. Astilla o palo de madera impregnados en resina y que, encendidos, sirven para alumbrar o prender fuego. **Sin.** antorcha.

teáceo, a. adj. y f. **1** Se dice de árboles y arbustos angiospermos dicotiledóneos, siempre verdes, propios de las regiones tropicales o subtropicales; como la camelia y el té. | f. pl. **2** Familia de estas plantas.

teatral. adj. **1** Relativo al teatro. **2** Se dice de las personas, de sus gestos y actitudes, en las que se descubre cierto estudio y deliberado propósito de llamar la atención: *hablaba en un tono teatral*. **Sin.** 2 dramático, efectista ☐ **Ant.** 2 natural.

teatralizar. tr. **1** Dar forma teatral o representable a un tema o asunto. **2** Dar carácter espectacular o efectista a una actitud o expresión.

teatro. m. **1** Edificio o lugar destinado a la representación de obras dramáticas o a otros espectáculos públicos propios de la escena. **2** Género literario que comprende las obras concebidas para ser representadas ante un público. **3** Conjunto de todas las producciones dramáticas de un pueblo, época o autor. **4** Actividad de componer, interpretar o poner en escena obras dramáticas: *dedicarse al teatro*. **5** Fingimiento o exageración: *no lo sintió en absoluto, todo era puro teatro*. **6** Conjunto de espectadores que estan viendo una representación teatral: *el teatro entero le ovacionó*. **7** Lugar donde se ejecuta o sucede alguna cosa: *este llano fue teatro de una batalla*. **Sin.** 2 drama 5 comedia, cuento 7 escenario.

tebano, na. adj. y s. De Tebas.

tebeo. m. Revista infantil de historietas cuyo asunto se desarrolla en series de dibujos.

teca. f. **1** Árbol de gran altura, hojas opuestas, casi redondas, flores blanquecinas en panojas terminales, y drupas globosas y corchosas, que contienen una nuez muy dura; su madera se emplea en construcciones navales. **2** Cajita donde se guarda una reliquia. **3** En botánica, célula en cuyo interior se forman las esporas de algunos hongos.

-teca. Elemento compositivo que indica el lugar en que se guarda algo: *filmoteca*.

techar. tr. Cubrir un edificio formando el techo.

techo. m. **1** Parte superior de una construcción, que lo cubre y cierra. **2** Cara inferior del mismo, superficie que cierra en lo alto una habitación o espacio cubierto. **3** Casa, habitación o domicilio: *dormir bajo techo*. **4** Altura o límite máximo a que puede llegar y del que no puede pasar un asunto, negociación, etc. **5** Altura máxima alcanzable por una aeronave. **Sin.** 1 cubierta, tejado 4 tope.

techumbre. f. **1** Techo de un edificio. **2** Conjunto de la estructura y elementos de cierre de los techos. **Sin.** 1 y 2 cubierta, tejado.

tecla. f. **1** Pieza que se presiona con los dedos en algunos instrumentos musicales para obtener el sonido. **2** Pieza que se presiona con los dedos en las máquinas de escribir, calcular, ordenadores, etc.

teclado. m. Conjunto ordenado de teclas de un instrumento musical, de una máquina de escribir, etc.

teclear. intr. Presionar las teclas de una máquina de escribir, de un instrumento musical, etc.

tecnecio. m. Elemento químico metálico y radiactivo, del grupo del manganeso. Su símbolo es *Tc*.

-tecnia. Elemento compositivo que significa 'arte' o 'técnica': *pirotecnia*.

técnica. f. **1** Conjunto de procedimientos de que se sirve una ciencia, arte, oficio, etc. **2** Habilidad para hacer uso de esos procedimientos. **3** Método, táctica. **Sin.** 2 destreza.

tecnicismo. m. **1** Cualidad de técnico. **2** Cada una de las voces técnicas empleadas en el lenguaje de un arte, ciencia, oficio, etc.

técnico, ca. adj. **1** Relativo a las aplicaciones de las ciencias, artes, oficios, etc. **2** Se dice de las palabras o expresiones propias de una ciencia, profesión, etc. | m. y f. **3** Persona que posee los conocimientos especiales de un arte, ciencia, oficio, etc. **Sin.** 1 tecnológico 3 especialista.

tecnicolor. m. Nombre comercial de un procedimiento que permite reproducir en la pantalla cinematográfica los colores de los objetos.

tecnocracia. f. Gobierno de la sociedad y del Estado por los técnicos o especialistas de las distintas especialidades.

tecnócrata. adj. y com. **1** Partidario de la tecnocracia. **2** Persona que ocupa un cargo público por la preeminencia de sus conocimientos técnicos.

tecnología. f. **1** Conjunto de los conocimientos, instrumentos, métodos, etc., empleados en las profesiones industriales. **2** Tratado de los términos técnicos. **3** Lenguaje propio, exclusivo, de una ciencia, arte, oficio, etc. **Sin.** 1 técnica.

tectónico, ca. adj. **1** Relativo a la estructura de la corteza terrestre. | f. **2** Parte de la geología, que trata de dicha estructura.

tedéum. m. Cántico católico para dar gracias a Dios. || No varía en pl.

tedio. m. **1** Aburrimiento extremo. **2** Repugnancia, fastidio o molestia. **Sin.** 1 hastío 2 pesadez ◻ **Ant.** 1 interés.

tedioso, sa. adj. Que produce tedio.

teflón. m. Material plástico y antiadherente, muy resistente a los agentes químicos, que se usa para revestimientos.

tegumento. m. **1** Tejido que cubre algunas partes de las plantas. **2** Membrana que cubre el cuerpo del animal o alguno de sus órganos internos.

teína. f. Alcaloide del té, análogo a la cafeína.

teísmo. m. Sistema de filosofía de la religión que afirma la existencia de un Dios, personal, inteligente y libre, que ha creado, conserva y gobierna el mundo.

teja. f. **1** Pieza de barro cocido hecha en forma acanalada, y a veces plana, para cubrir exteriormente los techos. **2** Dulce que consiste en una pasta muy delgada con forma acanalada. **3** Color marrón rojizo semejante al de las tejas de barro. **4** Sombrero que llevaban algunos eclesiásticos, con las alas levantadas y abarquilladas. Se llama también *sombrero de teja*. **5 a toca teja.** loc. adv. En dinero contante, y pagándolo todo de una vez.

tejadillo. m. **1** Tapa o cubierta de la caja de un coche. **2** Tejado de una sola vertiente adosado a un edificio.

tejado. m. Parte superior del edificio, cubierta comúnmente por tejas.

tejano, na. adj. y s. **1** De Texas, estado de EE. UU. | m. pl. **2** Pantalones vaqueros.

tejar. m. Sitio donde se fabrican tejas, ladrillos y adobes.

tejar. tr. Cubrir de tejas.

tejedor, ra. adj. **1** Que teje. **2** *amer.* Intrigante, enredador. También s. | m. y f. **3** Persona que tiene por oficio tejer. | f. **4** Máquina de hacer punto.

tejeduría. f. **1** Arte de tejer. **2** Taller o lugar en que están los telares y trabajan los tejedores.

tejemaneje. m. **1** Afán, destreza y agilidad con que se hace una cosa o se maneja un negocio. **2** Asunto turbio o poco honrado. **Sin.** 1 ajetreo 2 chanchullo.

tejer. tr. **1** Formar en el telar la tela con la trama y la urdimbre. **2** Entrelazar hilos, cordones, espartos, etc., para formar telas, trencillas, esteras u otras cosas semejantes. **3** Hacer punto a mano o con tejedora. **4** Formar ciertos animales sus telas y capullos. **5** Discurrir, formar planes o ideas. **6** Intrigar, enredar. **Sin.** 5 idear, proyectar 6 maquinar, urdir.

tejido. m. **1** Disposición de los hilos de una tela. **2** Cosa tejida, tela. **3** Cada una de las estructuras de células de la misma naturaleza y origen, que desempeñan en conjunto una determinada función en los organismos vivos. **Sin.** 2 paño.

tejo. m. **1** Pedazo redondo de teja o cosa semejante que sirve para lanzarlo en algunos juegos, como el de la chita o del chito. **2** Juego de la chita o del chito. **3 tirar los tejos.** loc. Cortejar, galantear.

tejo. m. Árbol conífero de unos 25 m de altura, siempre verde, con tronco grueso, ramas casi horizontales y copa ancha. Crece en Europa, norte de África y sudoeste de Asia.

tejón. m. Mamífero carnívoro, que mide entre 75 y 90 cm de longitud, de los que 20 corresponden a la cola; su piel es gris, con franjas blancas y negras en la cabeza y tiene el hocico largo y puntiagudo; habita en Europa y Asia central.

tejonera. f. Madriguera donde se crían los tejones.

tejuelo. m. **1** Cuadrito de piel o de papel que se pega al lomo de un libro para poner el rótulo. **2** El rótulo mismo, aunque no sea sobrepuesto.

tela. f. **1** Material hecho de muchos hilos que, entrecruzados, forman como una hoja o lámina. **2** Obra semejante a ésa, pero formada por alambres, hilos de plástico, etc.: *tela metálica*. **3** Membrana,

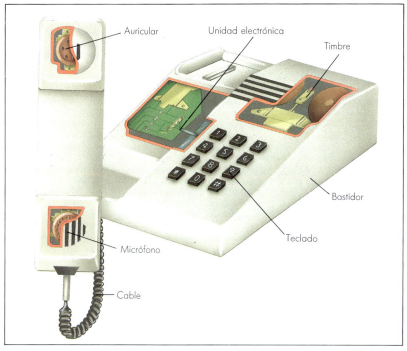

Teléfono

tejido de forma laminar de consistencia blanda. **4** Nata o capa que se forma sobre la superficie de algunos líquidos. **5** Pintura sobre lienzo: *una tela de Velázquez*. **6** Asunto o materia: *ya tienen tela para un buen rato*. **7** Dinero, caudal. | adv. **8** Mucho, muy: *les costó tela encontrarle*. **9 en tela de juicio.** loc. adv. En duda; se usa sobre todo con los verbos *estar, poner* y *quedar*: *puso mi opinión en tela de juicio*. S<small>IN</small>. 1 lienzo, paño 3 tegumento 7 pasta.

telar. m. Máquina para tejer.

telaraña. f. Tela que forma la araña.

tele. f. apóc. de *televisión*.

tele-. pref. Significa 'lejos', 'a distancia': *telequinesia, telegrafía*.

telecomunicación. f. Sistema de comunicación a distancia por medio de cables u ondas electromagnéticas. Puede ser telegráfica, telefónica, radiotelegráfica, etc.

telediario. m. Programa de televisión que informa de los acontecimientos y noticias de actualidad y se emite diariamente.

teledirigido, da. adj. Se dice del mecanismo que se dirige desde lejos, especialmente por medio de ondas hertzianas.

telefax. m. **1** Aparato que permite transmitir por medio del cable telefónico documentos, dibujos, fotografías, etc. **2** Documento transmitido por este aparato. También se dice *fax*. || No varía en pl.

teleférico. m. Sistema de transporte en que los vehículos van suspendidos de un cable de tracción.

telefilme. m. Película hecha para la televisión o que se emite por este medio.

telefonazo. m. Llamada telefónica.

telefonear. intr. Llamar a alguien por teléfono, para comunicar con él.

telefonía. f. **1** Arte de construir, instalar y manejar los teléfonos. **2** Servicio público de comunicaciones telefónicas.

telefonista. com. Persona que se ocupa del servicio de los aparatos telefónicos o de una centralita.

teléfono. m. **1** Sistema de comunicación mediante un conjunto de aparatos e hilos conductores con los

telefotografía – telurio

cuales se transmite a distancia la palabra y toda clase de sonidos por la acción de la electricidad. **2** Cualquiera de los aparatos para hablar según este sistema y número que se asigna a cada uno.

telefotografía. f. Fotografía transmitida a distancia mediante sistemas electromagnéticos; se llama también *facsímil.*

telegrafía. f. **1** Técnica de construir, instalar y manejar los telégrafos. **2** Servicio público de comunicaciones telegráficas.

telegrafiar. tr. Comunicar o enviar un mensaje por medio del telégrafo.

telegráfico, ca. adj. **1** Relativo al telégrafo o a la telegrafía. **2** Se dice del estilo excesivamente escueto, semejante al empleado en los telegramas.

telegrafista. com. Persona que se ocupa en la instalación o el servicio de los aparatos telegráficos.

telégrafo. m. **1** Sistema de comunicación que permite transmitir con rapidez y a distancia comunicaciones escritas mediante un código. **2** Aparato utilizado en dicho sistema para enviar y recibir los mensajes.

telegrama. m. **1** Mensaje transmitido a través del telégrafo. **2** Papel normalizado en que se recibe dicho mensaje.

telele. m. Patatús, soponcio.

telemática. f. Ciencia que reúne los adelantos de las técnicas de la telecomunicación y la informática.

telemetría. f. Arte de medir distancias entre objetos lejanos.

telémetro. m. Sistema óptico que permite apreciar desde el punto de mira la distancia a que se halla un objeto lejano.

telenovela. f. Novela filmada y grabada para ser retransmitida por capítulos a través de la televisión.

teleobjetivo. m. Objetivo especial destinado a fotografiar objetos distantes.

teleósteo, a. adj. y m. **1** Se aplica a los peces que tienen el esqueleto completamente osificado, aleta caudal simétrica, mandíbula superior unida al cráneo y, en muchos casos, carecen de vejiga natatoria. | m. pl. **2** Superorden de estos peces, que comprende la mayoría de los peces vivientes, tanto marinos como de agua dulce.

telepatía. f. Fenómeno parapsicológico, consistente en la transmisión de pensamientos o sensaciones entre personas distantes entre sí, sin el concurso de los sentidos.

telequinesia. f. En parapsicología, desplazamiento de objetos sin causa física observable, por lo general en presencia de un médium.

telera. f. **1** Travesaño que sirve para graduar la inclinación de la reja del arado. **2** Redil formado con pies derechos y tablas.

telerruta. f. Servicio oficial que informa a los usuarios del estado de las carreteras.

telescopio. m. Aparato óptico que permite ver objetos muy lejanos, particularmente cuerpos celestes.

telesilla. m. Asiento suspendido de un cable de tracción, para el transporte de personas a la cumbre de una montaña o a otro lugar elevado.

telespectador, ra. m. y f. Espectador de televisión.

telesquí. m. En deportes, tipo de teleférico para esquiadores en que éstos suben a los sitios más elevados con los esquís puestos. || pl. *telesquís* o *telesquíes.*

teletexto. m. Sistema de transmisión de textos escritos mediante onda hertziana como la señal de televisión, o por cable telefónico.

teletipo. m. Sistema de transmisión de textos, vía telegráfica, a través de un teclado que permite la emisión, recepción e impresión del mensaje.

televidente. com. Persona que contempla las imágenes transmitidas por la televisión. **Sin.** telespectador.

televisar. tr. Transmitir imágenes por televisión.

televisión. f. **1** Transmisión de la imagen a distancia, valiéndose de las ondas hertzianas. **2** Televisor. **3** Empresa dedicada a las transmisiones televisivas. **Sin.** 2 tele.

televisor. m. Aparato receptor de televisión. **Sin.** tele.

télex. m. **1** Sistema de comunicación por teletipos entre particulares. **2** Servicio público de teletipos y sus centrales automáticas, líneas, etc. **3** Mensaje o despacho enviado o recibido por télex. || No varía en pl.

telilla. f. Tela o nata que crían algunos líquidos.

telina. f. Molusco lamelibranquio marino, abundante en las costas españolas.

telón. m. **1** Cortina muy grande que se pone en el escenario de un teatro o la pantalla de un cine, de modo que pueda bajarse y subirse o correrse y descorrerse. **2 telón de acero.** Frontera política e ideológica que separaba a los países que pertenecían al bloque soviético de los occidentales.

telonero, ra. adj. y s. **1** Se dice del artista u orador que, en un espectáculo, concierto, conferencia, etc., actúa en primer lugar o entre actuación y actuación, como menos importante. | m. y f. **2** Persona que maneja el telón de un escenario.

telson. m. Último segmento del cuerpo de los crustáceos.

telúrico, ca. adj. Relativo a la Tierra como planeta.

telurio o **teluro.** m. Elemento químico muy escaso, análogo al selenio. Su símbolo es *Te.*

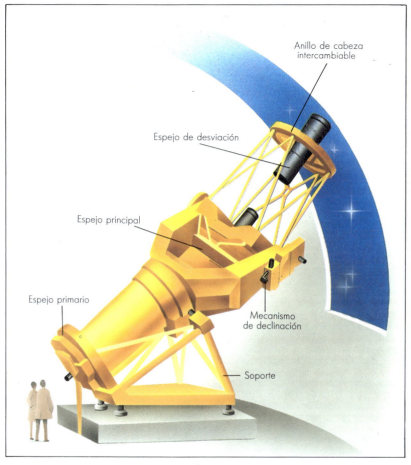

Telescopio

tema. m. **1** Asunto, materia o idea sobre los que trata una obra, discurso, conversación, etc. **2** Cuestión, negocio: *no quiso intervenir en el tema.* **3** En ling., radical que permite la inmediata inserción de los elementos de la flexión. **4** En mús., fragmento de una composición, con arreglo al cual se desarrolla el resto de ella. **5** Canción o composición musical. **6** Cada una de las lecciones o unidades de estudio de una asignatura, oposición, etc. **7** Manía o idea fija: *cada loco con su tema.* **Sin.** 1 contenido, fondo 2 materia.

temario. m. Conjunto de temas y materias que se proponen para su estudio en una conferencia, congreso, etc.

temática. f. Conjunto de los temas parciales contenidos en un asunto general.

temático, ca. adj. **1** Relativo al tema. **2** Se dice de cualquier elemento que, para la flexión, modifica la raíz de un vocablo. | f. **3** Tema o conjunto de temas sobre los que trata una obra, exposición, etc.

temblar. intr. **1** Agitarse con movimiento frecuente e involuntario: *temblar de frío.* **2** Vacilar, moverse rápidamente una cosa a uno y otro lado: *el flan*

tembleque – templo

tiembla. **3** Tener mucho miedo o estar muy nervioso. ‖ **Irreg.** Se conj. como *acertar.* **Sin.** 1 y 3 estremecerse 2 vibrar, oscilar.

tembleque. m. Temblor intenso.

temblor. m. **1** Movimiento involuntario del cuerpo, repetido y continuado, debido al frío, al miedo, al nerviosismo, etc. **2** Movimiento semejante en cualquier otra cosa. **3** Terremoto. **Sin.** 1 tembleque, tiritona.

tembloroso, sa. adj. Que tiembla mucho.

temer. tr. **1** Tener miedo o temor a una persona o cosa. También intr. **2** Sospechar un daño u otra cosa negativa: *temo que se hayan perdido.* **3** Creer, opinar: *me temo que te has equivocado.* **Sin.** 2 recelar.

temerario, ria. adj. **1** Imprudente, que se expone o expone a otras personas a riesgos innecesarios: *le multaron por conducción temeraria.* **2** Que se dice, hace o piensa sin fundamento: *juicio temerario.* **Sin.** 1 arriesgado 2 infundado, irreflexivo.

temeridad. f. **1** Cualidad de temerario. **2** Acción temeraria. **3** Juicio temerario. **Sin.** 1 y 2 imprudencia.

temeroso, sa. adj. **1** Que causa temor: *oscuridad temerosa.* **2** Que siente temor: *temeroso de Dios.*

temible. adj. Digno de ser temido. **Sin.** aterrador, temeroso.

temor. m. **1** Sentimiento que provoca la necesidad de huir ante alguna persona o cosa, evitarla o rechazarla por considerarla peligrosa o perjudicial. **2** Presunción o sospecha, particularmente de un posible daño o perjuicio: *mi temor es que lleguemos tarde.* **Sin.** 1 miedo, horror 2 duda, recelo ◻ **Ant.** 1 valentía.

témpano. m. Pedazo de cualquier cosa dura, extendida o plana, especialmente de hielo.

témpera. f. **1** Tipo de pintura al temple, espesa, que utiliza los colores diluidos en agua. **2** Obra realizada con este tipo de pintura.

temperamento. m. **1** Forma de ser de cada persona. **2** Característica de la persona enérgica y emprendedora. **3** Constitución particular de cada individuo: *temperamento sanguíneo.* **Sin.** 1 y 3 carácter 2 genio 3 naturaleza.

temperar. tr. **1** Moderar, debilitar. También prnl. **2** En med., calmar el exceso de acción o de excitación orgánicas por medio de calmantes y antiespasmódicos. ‖ intr. **3** *amer.* Cambiar temporalmente de clima o aires una persona. **Sin.** 1 atenuar, mitigar.

temperatura. f. **1** Grado mayor o menor de calor en los cuerpos. **2** Grado mayor o menor de calor de la atmósfera. **3** Fiebre, calentura: *le ha subido la temperatura.*

tempero. m. Sazón y buena disposición en que se halla la tierra para las sementeras y labores.

tempestad. f. **1** Perturbación atmosférica que se manifiesta por variaciones en la presión ambiente y por fuertes vientos, acompañados a menudo de truenos, lluvia, nieve, etc. **2** Perturbación de las aguas del mar, causada por la intensidad y violencia de los vientos. **3** Agitación o excitación grande en el estado de ánimo de las personas: *una tempestad de odios.* **Sin.** 1 borrasca, temporal, tormenta 2 marejada ◻ **Ant.** 1 y 2 calma.

tempestuoso, sa. adj. **1** Que causa o constituye una tempestad. **2** Expuesto o propenso a tempestades. **Sin.** 1 borrascoso, tormentoso.

templado, da. adj. **1** Que no está frío ni caliente, sino en término medio. **2** Se apl. al clima suave, en el que no hace frío ni calor extremo. **3** Se dice de la persona que no comete excesos. **Sin.** 1 tibio 3 parco, sobrio ◻ **Ant.** 2 duro, riguroso.

templanza. f. **1** En la religión católica, virtud cardinal que consiste en la moderación en los placeres y pasiones. **2** Benignidad del aire o clima de un país. **Sin.** 1 austeridad, continencia 2 bonanza ◻ **Ant.** 1 incontinencia, lujuria.

templar. tr. **1** Moderar o suavizar la fuerza de una cosa. **2** Quitar el frío de una cosa, calentarla ligeramente. **3** Enfriar bruscamente en agua, aceite, etc., un material calentado por encima de determinada temperatura: *templar el acero.* **4** Poner en tensión moderada una cosa: *templar una cuerda.* **5** Sosegar un sentimiento o estado de ánimo violento o excitado. **6** Afinar un instrumento musical. **7** En taurom., ajustar el movimiento de la capa o la muleta a la embestida del toro. ‖ intr. y prnl. **8** Empezar a calentarse una cosa: *el tiempo ha templado mucho.* ‖ **templarse.** prnl. **9** Contenerse, evitar el exceso en una materia. **10** *amer.* Enamorarse, amartelarse. **Sin.** 1 aplacar, atenuar, mitigar 2 caldear, entibiar 4 tensar ◻ **Ant.** 1 avivar, excitar 2 enfriar 4 destensar 6 desafinar 8 refrescar.

templario. adj. y m. Caballero de la orden religiosa y militar del Temple.

temple. m. **1** Carácter o estado de ánimo de una persona. **2** Capacidad de una persona para enfrentarse con serenidad a situaciones difíciles o peligrosas. **3** Punto de dureza o elasticidad que se da a un metal, al cristal, etc., templándolos. **4** En taurom., acción de templar. **5 pintura al temple.** Se aplica a la pintura en la que sus pigmentos se disuelven en agua con cola, que se utliza sobre muros, madera, etc. **Sin.** 1 humor, genio 2 serenidad.

templete. m. **1** Armazón pequeña, en forma de templo, que sirve para resguardar algo, generalmente una imagen. **2** Pabellón o quiosco en parques y jardines.

templo. m. **1** Edificio o lugar destinado pública y exclusivamente a un culto. **2** Lugar real o imaginario en que se rinde o se supone rendir culto al saber, la justicia, etc. **Sin.** 1 y 2 santuario.

témpora. f. Tiempo de ayuno en el comienzo de cada una de las cuatro estaciones del año. Más en pl.

temporada. f. **1** Espacio de varios días, meses o años que se consideran aparte formando un conjunto: *temporada de verano.* **2** Tiempo durante el cual sucede alguna cosa o se realiza habitualmente: *temporada de ferias.* **3 de temporada.** loc. adj. Propio de cierta época, no de manera permanente: *alimentos de temporada.*

temporal. adj. **1** Relativo al tiempo. **2** Que dura por algún tiempo, pero no es fijo ni permanente: *desacuerdo temporal.* **3** Secular, profano: *poder temporal.* **4** En fisiol., relativo a las sienes: *lóbulo temporal.* **5** Se dice de cada uno de los dos huesos craneales que se corresponden con las sienes. También m. | m. **6** Tormenta muy fuerte en la tierra o en el mar. **7** Período de lluvias persistentes y con temperaturas moderadas. **Sin.** 2 eventual, transitorio 3 seglar 7 tempestad ☐ **Ant.** 2 permanente, perenne.

temporalidad. f. Cualidad de temporal o secular.

temporero, ra. adj. y s. Persona destinada temporalmente al ejercicio de un oficio o empleo.

tempranero, ra. adj. **1** Que se da antes de su tiempo normal: *frutos tempraneros.* **2** Que madruga o suele hacerlo.

temprano, na. adj. **1** Adelantado, que ocurre o se da antes del tiempo normal: *patatas tempranas.* **2** Se dice de la primera época, momento, etc., de un determinado tiempo: *edad temprana.* | adv. t. **3** En las primeras horas del día o de la noche: *levantarse temprano.* **4** En tiempo anterior al oportuno, convenido o acostumbrado para algún fin, o muy pronto: *llegó temprano a la cita.*

ten con ten. loc. Tiento, moderación, diplomacia: *si no quieres discutir con él, tendrás que tener un ten con ten.*

tenacidad. f. Cualidad de tenaz. **Sin.** constancia, firmeza.

tenacillas. f. pl. **1** Tenaza pequeña que sirve para coger terrones de azúcar, dulces y otras cosas. **2** Instrumento, a manera de tenaza, que sirve para rizar el pelo.

tenada. f. Cobertizo para el ganado, tinada.

tenaz. adj. **1** Firme, constante, obstinado. **2** Que está muy sujeto, adherido, etc., a algo, de lo que es difícil separar o quitar: *una mancha tenaz.* **3** Que opone mucha resistencia a romperse o deformarse. **Sin.** 1 pertinaz, perseverante 2 persistente 3 resistente, rígido.

tenaza. f. **1** Instrumento de metal, compuesto de dos brazos movibles trabados por un eje; sirve para coger o sujetar una cosa, arrancarla o cortarla. Más en pl. **2** Último artejo de las patas de algunos artrópodos. **Sin.** 2 pinza.

tenca. f. Pez teleósteo de agua dulce, de unos 20 cm; tiene ojos anaranjados y dos barbillas en la mandíbula inferior. Su carne es comestible.

tendal. m. **1** Cubierta de tela para hacer sombra. **2** Lienzo que se pone debajo de los olivos para que caigan en él las aceitunas cuando se recogen. **3** Conjunto de cosas tendidas para que se sequen. **4** Secadero de frutos.

tendedero. m. **1** Lugar donde se tiende una cosa. **2** Dispositivo de alambres, cuerdas, etc., donde se tiende la ropa.

tendencia. f. **1** Propensión, inclinación: *tiene tendencia a la melancolía.* **2** Movimiento religioso, económico, político, artístico, etc., que se orienta en determinada dirección.

tendencioso, sa. adj. Que manifiesta o incluye tendencia hacia determinados fines o doctrinas: *escrito tendencioso.* **Sin.** subjetivo, partidista.

tendente. adj. Que tiende, se encamina o refiere a algún fin.

tender. tr. **1** Desdoblar, extender, desplegar: *tendió el mantel sobre la mesa.* **2** Colocar a una persona o animal sobre una superficie, horizontalmente. También prnl.: *se tendió en el sofá.* **3** Extender o colgar la ropa mojada para que se seque. **4** Suspender, colocar una cosa apoyándola en dos o más puntos: *tender un puente.* | intr. **5** Demostrar una determinada tendencia u orientación: *tiende a deprimirse.* **6** Parecerse o acercarse a cierta cualidad, característica, etc.: *un amarillo que tiende a dorado.* || **Irreg.** Se conj. como *entender.* **Sin.** 1 estirar 2 acostar 5 propender ☐ **Ant.** 1 doblar 3 recoger.

tenderete. m. **1** Puesto de venta al por menor, instalado al aire libre. **2** Conjunto de cosas que se dejan tendidas en desorden.

Tenca

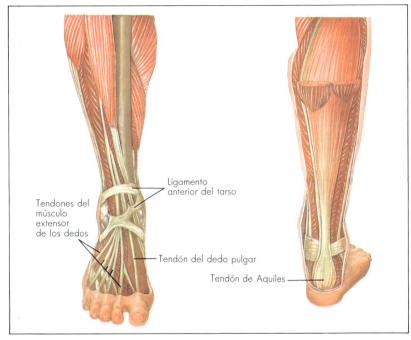

Tendones del pie

tendero, ra. m. y f. Persona que tiene una tienda o trabaja en ella, particularmente si es de comestibles.

tendido, da. adj. **1** Se dice del galope del caballo o de otro animal cuando es muy fuerte y rápido. | m. **2** Acción de tender. **3** Gradería descubierta y próxima a la barrera en las plazas de toros. **4** Conjunto de cables, etc., que constituye una conducción eléctrica.

tendón. m. **1** Haz de fibras conjuntivas que une los músculos a los huesos. **2 tendón de Aquiles.** El grueso y fuerte que, en la parte posterior e inferior de la pierna, une el talón con la pantorrilla.

tenebrario. m. Candelabro triangular, con pie muy alto y con quince velas, que se enciende en los oficios de tinieblas de Semana Santa.

tenebrismo. m. Tendencia pictórica, introducida por Caravaggio, que opone con fuerte contraste luz y sombra.

tenebroso, sa. adj. Oscuro, cubierto de tinieblas. Sɪɴ. lóbrego, tétrico □ Aɴᴛ. claro, diáfano.

tenedor, ra. m. y f. **1** Persona que tiene o posee una cosa. **2** Persona que posee legítimamente una letra de cambio u otro valor endosable. | m. **3** Utensilio de mesa, que consiste en un astil con tres o cuatro púas iguales y sirve para clavarlo en los alimentos sólidos y llevarlos a la boca. **4** Signo con la forma de este utensilio que en España indica la categoría de los comedores o restaurantes según el número de tenedores representados. **5 tenedor de libros.** Empleado que tiene a su cargo los libros de contabilidad en una oficina. Sɪɴ. 1 propietario, dueño.

teneduría. f. Cargo y oficina del tenedor de libros.

tenencia. f. **1** Posesión de una cosa. **2** Cargo u oficio de teniente. **3** Oficina en que lo ejerce.

tener. tr. **1** Poseer una cosa o disfrutar de ella: *tiene un apartamento en la playa*. **2** Corresponder a alguien cierta cualidad, estado, etc.: *tiene mucha paciencia*. **3** Contener o comprender en sí: *el libro no tiene ilustraciones*. **4** Disponer de lo que se expresa: *si quieres consejo, me tienes a mí*. **5** Construido con algunos nombres, hacer o experimentar lo que éstos expresan: *tener un día aburrido*. **6** Con los nombres que significan tiempo, expresa duración o edad: *tiene treinta años*. **7** Asir o mantener asida una cosa: *ten fuerte la cuerda*. **8** Guardar, cumplir: *tener la prome-*

sa. **9** Hospedar o recibir en su casa. **10** Estar en precisión de hacer una cosa u ocuparse de ella: *tiene una junta a las seis.* | tr. y prnl. **11** Mantener, sostener: *no podía tenerse en pie.* **12** Dominar, sujetar, detener: *ten la lengua.* **13** Juzgar, reputar: *tenerse por sabio.* **14** Estimar, apreciar: *tener a alguien en buen concepto.* | **tenerse.** prnl. **15** Hacer asiento un cuerpo sobre otro: *este taburete no se tiene bien.* | aux. **16** Construido con un participio, equivale a *haber: ya lo tengo elegido.* **17** Construido con la conjunción *que* y el infinitivo de otro verbo, estar obligado a: *tendré que salir.* **18 conque esas tenemos.** loc. Denota sorpresa o enfado. **19 no tener** alguien o algo **por donde cogerlo.** loc. Ser muy malo. **20 tener** algo **presente.** loc. Recordar una cosa y tomarla en consideración. **21 tener que ver** una persona o cosa con otra. loc. Haber entre ellas alguna conexión, relación o semejanza. S<small>IN</small>. 3 abarcar, incluir 7 agarrar, sujetar 9 alojar 12 reprimir ☐ A<small>NT</small>. 7 soltar 9 echar. || **Irreg.** Conjugación modelo:

Indicativo
Pres.: *tengo, tienes, tiene, tenemos, tenéis, tienen.*
Imperf.: *tenía, tenías,* etc.
Pret. indef.: *tuve, tuviste, tuvo, tuvimos, tuvisteis, tuvieron.*
Fut. imperf.: *tendré, tendrás,* etc.
Potencial: *tendría, tendrías,* etc.
Subjuntivo
Pres.: *tenga, tengas,* etc.
Imperf.: *tuviera, tuvieras,* etc., o *tuviese, tuvieses,* etcétera.
Fut. imperf.: *tuviere, tuvieres,* etc.
Imperativo: *ten, tened.*
Participio: *tenido.*
Gerundio: *teniendo.*

---

tenia. f. Gusano platelminto, con forma de cinta, que puede alcanzar varios metros de longitud y vive parásito en el intestino del hombre o de otros mamíferos.

teniente. adj. **1** Que tiene o posee una cosa. **2** Algo sordo. | com. **3** Persona que ejerce el cargo o ministerio de otro como sustituto: *teniente de alcalde.* **4** En el ejército y otros cuerpos militarizados, oficial cuyo empleo es el inmediatamente inferior al de capitán.

tenis. m. **1** Juego de pelota que se practica en un terreno llano rectangular, dividido por una red intermedia, que se juega con una pala especial llamada *raqueta;* consiste en arrojar la pelota de una parte a otra del campo por encima de la red. **2 tenis de mesa.** Pimpón. || No varía en pl.

tenista. com. Persona que juega al tenis.

tenor. m. **1** Contenido literal de un escrito u oración. **2 a tenor de,** o **de lo que.** loc. adv. De la misma manera que, a juzgar por.

tenor. m. **1** En música, voz media entre la de contralto y la de barítono. **2** Persona que tiene esta voz, e instrumento cuyo ámbito corresponde a la tesitura de tenor.

tenora. f. Instrumento músico de viento parecido a un oboe, con que se acompaña la sardana.

tenorio. m. Hombre seductor, audaz y pendenciero.

tensar. tr. Poner tensa alguna cosa: *tensar un cable.* || Doble part.: *tensado* (reg.) y *tenso* (irreg.). S<small>IN</small>. atirantar, estirar ☐ A<small>NT</small>. aflojar, destensar.

tensión. f. **1** Estado de un cuerpo sometido a la acción de fuerzas que lo estiran. **2** Fuerza que impide separarse unas de otras a las partes de un mismo cuerpo cuando se halla en dicho estado. **3** Intensidad de la fuerza con que los gases tienden a dilatarse. **4** Grado de energía eléctrica que se manifiesta en un cuerpo: *alta tensión.* **5** Estado anímico de excitación, impaciencia, esfuerzo o exaltación producido por determinadas circunstancias o actividades. **6** Estado de oposición u hostilidad latente entre personas o grupos humanos. **7 tensión arterial.** Presión que ejerce la sangre sobre la pared de las arterias. S<small>IN</small>. 1 y 6 tirantez 5 nerviosismo, estrés ☐ A<small>NT</small>. 1 y 5 relajación 1 y 6 distensión.

tenso, sa. adj. En estado de tensión. S<small>IN</small>. tirante.
tensor, ra. adj. y s. Que tensa u origina tensión.
tentación. f. **1** Estímulo que induce a obrar mal. **2** Impulso repentino que excita a hacer una cosa: *tuve tentaciones de comprarlo.* **3** Persona o cosa que induce a algo. S<small>IN</small>. 1 y 2 ganas.

tentáculo. m. Cualquiera de los apéndices móviles y blandos de muchos animales invertebrados, que actúan principalmente como órganos táctiles y de presión.

tentadero. m. Corral o sitio cerrado en que se hace la tienta de becerros.

tentar. tr. **1** Palpar, tocar. **2** Examinar y reconocer por medio del tacto lo que no se puede ver. **3** Inducir o estimular a alguien, generalmente a algo malo. **4** Resultar muy atractiva para alguien una cosa: *rechazó esa oferta de trabajo, aunque le tentaba mucho.* **5** En taurom., practicar la tienta. || **Irreg.** Se conj. como *acertar.* S<small>IN</small>. 3 incitar, provocar ☐ A<small>NT</small>. 3 disuadir.

tentativa. f. **1** Acción con que se intenta, experimenta, prueba o tantea una cosa. **2** En der., principio de ejecución de un delito que no llega a realizarse. S<small>IN</small>. 1 intento, propósito.

tentempié. m. **1** Refrigerio, piscolabis. **2** Tentetieso.

tentetieso. m. Juguete que, al moverlo, vuelve siempre a su posición inicial, ya que está provisto de un contrapeso.

tenue. adj. **1** Débil, delicado, suave. **2** Muy fino o poco denso.

teñir. tr. **1** Dar a una cosa un color distinto del que tenía. También prnl.: *teñirse el pelo.* **2** Comunicar a algo un pensamiento, sentimiento, opinión, etc.: *su obra está teñida de desencanto.* **3** En pintura, rebajar o apagar un color con otros más oscuros. ‖ **Irreg.** Se conj. como *ceñir.*

teocracia. f. Gobierno ejercido directamente por Dios o sometido a las leyes divinas a través de sus ministros o representantes, como el de los antiguos hebreos.

teodicea. f. Ciencia que trata de Dios y de sus atributos y perfecciones a la luz de los principios de la razón, independientemente de las verdades reveladas.

teodolito. m. Instrumento de precisión para medir ángulos en sus planos respectivos.

teogonía. f. Origen o nacimiento de los dioses del paganismo y relato en que se expone.

teologal. adj. Relativo a la teología.

teología. f. Ciencia que trata sobre Dios y sobre el conocimiento que el hombre tiene de Él, mediante la fe o la razón.

teologizar. intr. Discurrir sobre principios o razones teológicas.

teólogo, ga. m. y f. Persona que se dedica a la teología.

teorema. m. **1** Proposición que afirma una verdad demostrable. **2** En mat., proposición por medio de la cual, partiendo de un supuesto *(hipótesis)*, se afirma una verdad *(tesis)* que no es evidente por sí misma.

teorético, ca. adj. **1** Se dice de lo que se dirige al conocimiento, no a la acción o a la práctica. | f. **2** Estudio del conocimiento.

teoría. f. **1** Conocimiento especulativo considerado con independencia de toda aplicación. **2** Serie de leyes que sirven para relacionar determinado orden de fenómenos. **3** Hipótesis cuyas consecuencias se aplican a toda una ciencia o a parte muy importante de la misma. **4** Explicación que una persona a algo, o propia opinión que tiene sobre alguna cosa: *¿cuál es tu teoría acerca de lo que ha pasado?* **Sin.** 1 teórica ▫ **Ant.** 1 praxis.

teórico, ca. adj. **1** Relativo a la teoría. **2** Que conoce las cosas o las considera sólo especulativamente. **3** Sin aplicación práctica. | m. y f. **4** Persona conocedora de la teoría de alguna ciencia, arte, etc. | f. **5** Teoría, conjunto de conocimientos de una ciencia, arte, etc., independientemente de su aplicación práctica. **Sin.** 2 hipotético 4 ideólogo ▫ **Ant.** 1 y 2 práctico.

teorizar. tr. e intr. Tratar un asunto sólo en teoría.

teosofía. f. Conocimiento profundo de la divinidad, mediante la meditación personal y la iluminación interior.

teósofo, fa. m. y f. Persona que profesa la teosofía.

tépalo. m. En bot., cada una de las piezas que componen los periantios sencillos.

tepe. m. Pedazo de tierra cubierto de césped y muy trabado con las raíces de esta hierba, que sirve para hacer paredes.

tequila. f. Bebida mexicana, de alta graduación, que se destila de una especie de maguey.

terapeuta. com. Persona que profesa la terapéutica.

terapéutica. f. Parte de la medicina, que tiene por objeto el tratamiento de las enfermedades.

terapia. f. Terapéutica.

teratología. f. Estudio de las anomalías del organismo animal o vegetal, de sus causas y de su mecanismo de producción.

terbio. m. Elemento químico metálico del grupo de las tierras raras. Su símbolo es *Tb.*

tercer. adj. apóc. de tercero.

tercerilla. f. Composición métrica de tres versos de arte menor, dos de los cuales riman o hacen consonancia.

tercermundismo. m. Conjunto de rasgos económicos, culturales, etc., propios del Tercer Mundo; se usa frecuentemente para designar dichos rasgos en otros países no subdesarrollados.

tercero, ra. adj. **1** Que sigue inmediatamente en orden al o a lo segundo. También s. **2** Que media entre dos o más personas para el ajuste o ejecución de una cosa. Más como s. **3** Se dice de las tres partes iguales en que se divide un todo. | m. **4** Alcahuete.

tercerola. f. **1** Arma de fuego usada por la caballería. **2** Barril de mediana capacidad. **3** Flauta más pequeña que la ordinaria y mayor que el flautín.

terceto. m. **1** Combinación métrica de tres versos de arte mayor, generalmente endecasílabos, que riman el primero con el tercero. **2** Composición poética de tres versos de arte menor con rima consonante, dos de cuyos versos riman entre sí. **3** En mús., composición para tres voces o instrumentos. **4** En mús., conjunto de estas tres voces o instrumentos. **Sin.** 3 y 4 trío.

tercia. f. **1** Cada una de las tres partes iguales en que se divide un todo. **2** Segunda de las cuatro partes iguales en que dividían los romanos el día. **3** Una de las horas menores del oficio divino, la inmediata después de la prima.

terciado, da. adj. De tamaño mediano.

terciana. f. Fiebre intermitente que repite cada tres días.

terciar. intr. **1** Interponerse, mediar. **2** Intervenir en algo que ya habían comenzado otros. | tr. **3** Poner una cosa atravesada diagonalmente. **4** Dividir una cosa en tres partes. | **terciarse.** prnl. **5** Venir bien una cosa, disponerse bien: *si se tercia, hablaré con él.* S**in.** 2 inmiscuirse.

terciario, ria. adj. **1** Tercero en orden o grado. **2** Se dice del arco de piedra que se hace en las bóvedas formadas con cruceros. **3** En geol., se dice de la época más antigua de la era cenozoica. También m. **4** Relativo a esta época.

tercio. m. **1** Cada una de las tres partes iguales en que se divide un todo. **2** Regimiento de infantería española de los siglos xvi y xvii. **3** Denominación que se da a algunos cuerpos o batallones, p. ej., de la Guardia Civil. **4** En taurom., cada una de las tres partes en que se considera dividida la lidia de toros: *tercio de varas*. **5** En taurom., cada una de las tres partes concéntricas en que se considera dividido el ruedo.

terciopelo. m. **1** Tela de seda muy tupida y con pelo, formada por dos urdimbres y una trama. **2** Tela con pelillo, semejante a la anterior, pero tejida con hilos que no son de seda.

terco, ca. adj. **1** Pertinaz, obstinado. **2** Difícil de dominar. A**nt.** 1 y 2 dócil.

terebinto. m. Arbolillo con tronco ramoso y lampiño y madera dura y compacta, que exuda por la corteza gotitas de trementina blanca muy olorosa.

teresiano, na. adj. **1** Relativo a Santa Teresa de Jesús. **2** Se dice de la religiosa de votos simples, perteneciente a un instituto religioso afiliado a la tercera orden carmelita, y que tiene por patrona a Santa Teresa. También f.

tergal. m. Fibra sintética de poliéster.

tergiversar. tr. Desfigurar o interpretar erróneamente palabras o sucesos.

termal. adj. Relativo a las termas o caldas: *aguas termales.*

termas. f. pl. **1** Baños de aguas minerales calientes. **2** Baños públicos de los antiguos romanos.

termes. m. Nombre común de diversos insectos de color blanquecino y vida social organizada en castas; de gran voracidad, atacan la madera, cuero, libros, etc. También se les llama *termitas* o *comején*. || No varía en pl.

térmico, ca. adj. Relativo al calor o a la temperatura.

terminación. f. **1** Acción de terminar. **2** Parte final de una obra o cosa. **3** En ling., letra o letras que se añaden a la raíz de los vocablos y que forman los morfemas gramaticales o los sufijos. S**in.** 1 y 2 conclusión, término ☐ A**nt.** 1 y 2 comienzo.

terminal. adj. **1** Final, último. **2** Se dice de lo que está en el extremo de cualquier parte de la planta: *flores terminales*. **3** Se dice del enfermo que se encuentra en la fase final de una enfermedad incurable. | m. **4** Extremo de un conductor, preparado para facilitar su conexión con un aparato. **5** En inform., dispositivo de entrada y salida de datos conectado a un procesador de control al que está subordinado. | f. **6** Cada uno de los extremos de una línea de transporte público.

terminante. adj. Claro, preciso, concluyente: *palabras terminantes.*

terminar. tr. **1** Poner término a una cosa, acabarla: *por fin terminé el trabajo*. **2** Gastar, agotar. También prnl.: *se han terminado las galletas*. | intr. **3** Tener término una cosa. También prnl. **4** Acabar con algo o destruirlo. **5** Tener algo determinada forma o remate en su extremo: *la vara terminaba en punta*. S**in.** 1 concluir, finalizar 4 exterminar ☐ A**nt.** 1 comenzar, empezar.

término. m. **1** Extremo, límite o final de una cosa: *las vacaciones llegan a su término*. **2** Señal que fija los límites de campos y terrenos. **3** Línea divisoria de Estados, provincias, distritos, etc. **4** Tiempo determinado: *deberá entregarlo en el término de un año*. **5** Palabra, vocablo. **6** Objeto, fin. **7** Estado o situación en que se halla una persona o cosa. **8** Forma o modo de portarse o hablar. Más en pl.: *le dijo que no se dirigiera a él en esos términos*. **9** Cada uno de los dos elementos necesarios en la relación gramatical. **10** Palabra o sintagma introducidos por una preposición. **11** Cada una de las partes que integran una proposición o un silogismo. **12 término medio.** En mat., cantidad que resulta de sumar otras varias y dividir la suma por el número de ellas. **13** Aspecto, situación, etc., intermedios entre dos extremos. S**in.** 1 fin 3 frontera, linde 4 plazo 5 voz 7 punto ☐ A**nt.** 1 comienzo.

terminología. f. Conjunto de términos o vocablos propios de determinada profesión, ciencia o materia. S**in.** vocabulario.

termita. f. Termes.

termitero, ra. m. y f. Nido de termes.

termo. m. **1** Recipiente con dobles paredes, entre las cuales se ha hecho el vacío y cierre hermético, que conserva la temperatura de las sustancias introducidas en él. **2** apóc. de *termosifón.*

termo-. pref. Significa 'calor': *termómetro, termoquímica.*

termodinámica. f. Parte de la física, que estudia las relaciones entre el calor y las restantes formas de energía.

termoelectricidad. f. **1** Energía eléctrica producida por el calor. **2** Parte de la física, que estudia esta energía.

termometría. f. Parte de la física, que trata de la medición de la temperatura.

termómetro. m. **1** Instrumento que sirve para medir la temperatura. **2 termómetro clínico.** El de máxima precisión, que se usa para tomar la temperatura a los enfermos y cuya escala está dividida en décimas de grado.

termonuclear. adj. Se dice de las mutaciones que se producen espontáneamente en el núcleo del átomo, bajo la acción de una temperatura muy elevada, como ocurre en la bomba de hidrógeno.

termoquímica. f. Parte de la termodinámica aplicada a la química, que trata del estudio de la energía calorífica absorbida o desprendida en el transcurso de una reacción.

termosifón. m. **1** Aparato que sirve para calentar agua y distribuirla por medio de tuberías a las distintas partes de una casa. **2** Aparato de calefacción por medio de agua caliente. Se suele emplear su apóc., *termo.* **Sin.** 1 calentador.

termostato o **termóstato.** m. Aparato que se conecta a una fuente de calor y que, mediante un contacto automático que interrumpe o reanuda el suministro de energía, mantiene constante la temperatura.

terna. f. **1** Conjunto de tres personas, propuestas para que se designe de entre ellas la que haya de desempeñar un cargo o empleo. **2** Conjunto de tres diestros que intervienen en una corrida.

ternario, ria. adj. **1** Compuesto de tres elementos, unidades o guarismos. | m. **2** Espacio de tres días dedicados a una devoción. **Sin.** 1 tripartito.

ternero, ra. m. y f. Cría de la vaca. **Sin.** becerro, choto.

ternilla. f. Cartílago.

terno. m. **1** Conjunto de tres cosas de una misma especie. **2** Pantalón, chaleco y chaqueta confeccionados con una misma tela. **3** Conjunto del oficiante y sus dos ministros, diácono y subdiácono, que celebran una misa. **Sin.** 1 trío.

ternura. f. Cualidad de tierno.

terquedad. f. **1** Cualidad de terco. **2** Porfía, obstinación. **Sin.** 1 y 2 cabezonería.

terracota. f. **1** Arcilla modelada y endurecida al horno. **2** Escultura de pequeño tamaño hecha de arcilla cocida.

terrado. m. Sitio de una casa, descubierto y generalmente elevado. **Sin.** azotea, terraza.

terraja. f. **1** Tabla recortada, que sirve para hacer molduras de yeso, estuco o mortero. **2** Herramienta formada por una barra de acero con una caja rectangular en el centro, donde se ajustan las piezas que sirven para labrar las roscas de los tornillos.

terraplén. m. **1** Macizo de tierra con que se rellena un hueco, o que se levanta para hacer una defensa, un camino u otra obra semejante. **2** Desnivel de tierra, cortado.

terraplenar. tr. **1** Llenar de tierra un vacío o hueco. **2** Acumular tierra para levantar un terraplén.

terráqueo, a. adj. Relativo a la Tierra: *globo terráqueo.* **Sin.** terrestre.

terrario o **terrárium.** m. Instalación en la que se exhiben, a semejanza del acuario para los animales acuáticos, ciertos animales terrestres, particularmente reptiles y anfibios.

terrateniente. com. y adj. Dueño o poseedor de tierra o hacienda. **Sin.** hacendado, latifundista.

terraza. f. **1** Sitio abierto de una casa, a veces, semejante a un balcón grande. **2** Cubierta plana y practicable de un edificio, azotea. **3** Terreno situado delante de un café, bar, restaurante, etc., para que los clientes puedan sentarse al aire libre. **4** En geol., cada uno de los espacios de terreno llano, dispuestos en forma de escalones, en la ladera de una montaña. **5** Cabeza.

terrazo. m. **1** Pavimento formado por chinas o trozos de mármol aglomerados con cemento y cuya superficie se pulimenta. **2** En pintura, terreno representado en un paisaje.

terremoto. m. Temblor o sacudida de la corteza terrestre, ocasionado por desplazamientos internos, que se transmite a grandes distancias en forma de ondas.

terreno, na. adj. **1** Terrenal. | m. **2** Sitio o espacio de tierra. **3** Campo o esfera de acción en que con mayor eficacia pueden mostrarse el carácter o las cualidades de personas o cosas: *el terreno de la lingüística.* **4** Lugar en que se desarrolla un encuentro deportivo: *terreno de juego.* **5** Conjunto de sustancias minerales que tienen origen común, o cuya formación corresponde a una misma época. **6 ganar** uno **terreno.** loc. Adelantar en una cosa o conseguir ventaja. **7 perder** uno **terreno.** loc. Quedarse en desventaja. **8 sobre el terreno.** loc. En los lugares de que se trata, o durante la realización concreta de algo. **Sin.** 4 estadio.

terrero, ra. adj. **1** Relativo a la tierra. **2** Se dice de la cesta, saco, etc., empleados para transportar tierra. **3** Se dice del vuelo rastrero de ciertas aves. | m. **4** Montón de broza o desechos sacados de un lugar, especialmente de una mina.

terrestre. adj. **1** Relativo a la Tierra: *órbita terrestre.* **2** Que sirve o se da en la tierra, en oposición a *marino* o *aéreo.* **Sin.** 1 terráqueo.

terrible. adj. **1** Digno de ser temido; que causa terror. **2** De muy mal genio y carácter intratable. **3**

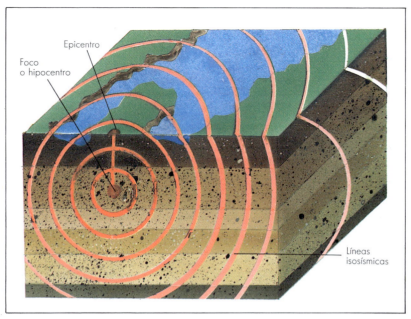

Esquema de un terremoto

Desmesurado, extraordinario: *tengo un sueño terrible*. **Sin.** 1 temible 1 y 2 horrible □ **Ant.** 2 amable.

terrícola. com. Habitante de la Tierra.

terrier. adj. y com. Raza de perros, de talla pequeña o mediana, de origen británico y muy aptos para la caza.

territorial. adj. Relativo a un territorio: *audiencia territorial*.

territorialidad. f. **1** Cualidad o condición de territorial. **2** Privilegio jurídico en virtud del cual los domicilios de los agentes diplomáticos, los barcos y los aviones se consideran, dondequiera que estén, como si formasen parte del territorio de su propia nación. **3** Defensa que los animales hacen de su propio territorio frente a otros de su misma especie.

territorio. m. **1** Parte de la superficie terrestre perteneciente a una nación, región, provincia, etc. **2** Término que comprende una jurisdicción. **3** Espacio habitado por un animal y que defiende como propio.

terrizo, za. adj. **1** Que es de tierra o está hecho de ella. | m. y f. **2** Barreño.

terrón. m. **1** Masa pequeña y suelta de tierra compacta. **2** Masa pequeña y compacta de algunas sustancias en polvo o granos: *terrón de azúcar*. | pl. **3** Hacienda rústica. **Sin.** 1 terruño 2 azucarillo.

terror. m. **1** Miedo, espanto, pavor. **2** Cosa que lo produce. **3** Género literario y cinematográfico cuya finalidad es producir en el lector o el espectador una sensación de miedo o angustia a través del argumento. **Sin.** 1 pánico.

terrorífico, ca. adj. **1** Que infunde terror. **2** Terrible, muy grande o intenso: *hace un calor terrorífico*. **Sin.** 1 espantoso, espeluznante.

terrorismo. m. **1** Forma violenta de lucha política, mediante la cual se persigue la destrucción del orden establecido o la creación de un clima de temor e inseguridad. **2** Dominación por el terror.

terrorista. adj. **1** Partidario del terrorismo. También com. **2** Que practica actos de terrorismo. También com. **3** Relativo al terrorismo.

terroso, sa. adj. **1** Que participa de la naturaleza y propiedades de la tierra. **2** Que tiene mezcla de tierra.

terruño. m. **1** Trozo de tierra. **2** Comarca o tierra, especialmente el país natal. **3** Terreno, especialmente hablando de su calidad.

tersar. tr. Poner tersa una cosa.

terso, sa. adj. **1** Liso, sin arrugas. **2** Limpio, bruñido, resplandeciente. **3** Tratándose del lenguaje, es-

tertulia – teta

tilo, etc., puro. **Sin.** 1 estirado 2 reluciente 3 limado □ **Ant.** 1 arrugado 2 sucio, mate.

tertulia. f. **1** Grupo de personas que se reúnen habitualmente para conversar o recrearse. **2** Conversación que siguen: *una tertulia literaria.* **Sin.** 2 charla.

tesauro. m. Diccionario, catálogo, antología.

tesela. f. Cada una de las piezas de mármol, piedra, barro cocido, etc., que forman un mosaico.

tesina. f. Trabajo científico sobre un determinado estudio, de menor profundidad y extensión que la tesis.

tesis. f. **1** Conclusión, proposición que se mantiene con razonamientos. **2** Opinión o teoría que mantiene alguien. **3** Trabajo científico que presenta ante un tribunal el aspirante al título de doctor en una facultad. || No varía en pl.

tesitura. f. **1** Situación, circunstancia, coyuntura: *estamos en una compleja tesitura.* **2** Altura propia de cada voz o de cada instrumento.

tesla. m. Unidad de inducción magnética en el sistema basado en el metro, el kilogramo, el segundo y el amperio. Su símbolo es *T.*

teso, sa. adj. **1** *amer.* Tieso. | m. **2** Colina baja que tiene alguna extensión llana en la cima.

tesón. m. Firmeza, constancia, inflexibilidad. **Sin.** perseverancia □ **Ant.** inconstancia.

tesorería. f. **1** Cargo u oficio de tesorero. **2** Oficina o despacho del tesorero. **3** Parte del activo de un negocio disponible en metálico o fácilmente realizable.

tesorero, ra. m. y f. Persona encargada de custodiar los caudales de una dependencia pública o particular.

tesoro. m. **1** Cantidad de dinero, valores u objetos preciosos, reunida y guardada o escondida: *el tesoro de la catedral.* **2** Erario de una nación. **3** Persona o cosa digna de estimación: *este libro es un tesoro;* se usa como apelativo cariñoso: *ven aquí, tesoro.* **Sin.** 2 hacienda.

test. m. **1** Prueba psicológica para medir las diversas facultades intelectuales del individuo. **2** Cualquier prueba para comprobar algo o conseguir cierto dato. **3** Tipo de examen en el que hay que contestar, con una palabra o una cruz en la casilla que corresponda, a la solución de la pregunta. || pl. *tests.*

testa. f. **1** Cabeza. **2** Frente.

testáceo, a. adj. y m. Se dice de los animales que tienen concha.

testado, da. adj. **1** Persona que ha muerto habiendo hecho testamento, y de la sucesión por éste regida. **2** Comprobado, sometido a test.

testador, ra. m. y f. Persona que hace testamento.

testaferro. m. El que presta su nombre en un contrato, pretensión o negocio que en realidad es de otra persona.

testamentaría. f. Ejecución de lo dispuesto en el testamento.

testamento. m. **1** Declaración que de su última voluntad hace una persona, disponiendo de bienes y de asuntos que le atañen para después de su muerte. **2** Documento donde consta en forma legal la voluntad del testador. **3** Escrito en el que una persona expresa los puntos fundamentales de su pensamiento o las principales características de su arte, en forma que se considera definitiva. **4** Serie de resoluciones que por interés personal dicta una autoridad cuando va a cesar en sus funciones.

testar. intr. **1** Hacer testamento. | tr. **2** Someter a test a una persona o cosa para comprobar sus conocimientos o sus propiedades y calidad: *testar un nuevo producto.* **Sin.** 2 probar.

testarazo. m. **1** Testarada, golpe dado con la cabeza. **2** Golpe, porrazo.

testarudo, da. adj. y s. Porfiado, terco. **Sin.** tozudo □ **Ant.** dócil.

testera. f. **1** Fachada de una casa. **2** Adorno para la frente de las caballerías. **Sin.** 1 frente.

testículo. m. Cada una de las dos gónadas masculinas, productoras de espermatozoides y de testosterona.

testificar. tr. **1** Declarar como testigo. **2** Afirmar o probar una cosa. **Sin.** 2 atestiguar, testimoniar.

testigo. com. **1** Persona que da testimonio de una cosa. **2** Persona que presencia o adquiere conocimiento directo de una cosa. | m. **3** Cosa que prueba la verdad de un hecho: *estos agujeros son testigos de la carcoma.* **4** Dispositivo que sirve como indicador. **5** Barra que en atletismo se transmiten los corredores en las carreras de relevos. **Sin.** 1 declarante.

testimonial. adj. **1** Que constituye o sirve como testimonio. | f. pl. **2** Documento que asegura y da fe de lo contenido en él.

testimoniar. tr. e intr. Atestiguar, o servir de testigo.

testimonio. m. **1** Declaración en que se afirma o asegura alguna cosa. **2** Prueba, justificación y comprobación de la certeza o existencia de una cosa. **3** Documento autorizado por notario en que se da fe de un hecho. **Sin.** 1 aseveración.

testosterona. f. Hormona sexual masculina.

testuz. amb. **1** En algunos animales, como el caballo, frente. **2** En otros, como el toro o el buey, nuca.

teta. f. **1** Cada uno de los órganos glandulosos que tienen los mamíferos en número par y sirven en las hembras para la secreción de la leche. **2** Leche que segregan estos órganos. **Sin.** 1 mama, ubre.

tétanos. m. Enfermedad grave debida al bacilo de Nicolaier, que penetra en el organismo por las heridas; sus toxinas atacan al sistema nervioso central y provocan contracciones permanentes y tónicas en los músculos. || No varía en pl.

tetera. f. Recipiente que se usa para hacer y servir el té.

tetilla. f. **1** Teta de los machos de los mamíferos. **2** Tetina.

tetina. f. Pezón de goma que se pone a los biberones.

tetón. m. Pedazo seco de la rama podada que queda unido al tronco.

tetrabranquial. adj. y m. **1** Se dice de los cefalópodos cuyo aparato respiratorio está formado por cuatro branquias. | m. pl. **2** Grupo taxonómico constituido por estos cefalópodos.

tetraciclina. f. Antibiótico de amplio espectro antimicrobiano, derivado de la aureomicina.

tetracordio. m. Serie de cuatro sonidos que forman un intervalo de cuarta.

tetraedro. m. Sólido terminado por cuatro planos o caras triangulares.

tetrágono. adj. y s. **1** Polígono de cuatro ángulos y cuatro lados. | m. **2** Superficie de cuatro ángulos y cuatro lados, cuadrilátero.

tetralogía. f. **1** Conjunto de cuatro obras trágicas de un mismo autor, presentadas a concurso en los juegos solemnes de la Grecia antigua. **2** Conjunto de cuatro obras literarias, cinematográficas, etc., que tienen entre sí enlace histórico o unidad de pensamiento.

tetrápodo, da. adj. y m. **1** Se dice de los animales vertebrados terrestres que poseen dos pares de extremidades. | m. pl. **2** Grupo de estos animales, que comprende a los reptiles, anfibios, aves y mamíferos.

tetrarca. m. Nombre dado antiguamente a los gobernadores de algunos territorios.

tetrarquía. f. **1** Dignidad de tetrarca. **2** Territorio de su jurisdicción. **3** Tiempo de su gobierno.

tetrasílabo. adj. De cuatro sílabas.

tetrástrofo, fa. adj. Se dice de la composición que consta de cuatro estrofas.

tétrico, ca. adj. **1** Triste, grave, melancólico. **2** Fúnebre, relacionado con la muerte: *relatos tétricos*. **Sin.** 1 sombrío 2 macabro.

teutón, na. adj. y s. **1** Se dice de un pueblo de raza germánica que habitó antiguamente cerca de la desembocadura del Elba. **2** Alemán.

tex. m. En la industria textil, unidad que sirve para numerar directamente la masa de un hilo o mecha.

textil. adj. **1** Se dice de la materia capaz de reducirse a hilos y ser tejida. **2** Relativo a los tejidos, fibras para tejer y a la industria derivada de ellos.

texto. m. **1** Cualquier escrito o documento: *textos históricos*. **2** Lo que constituye el cuerpo de la obra, en oposición a las glosas, notas o comentarios que sobre ello se hacen. **3** Pasaje citado en una obra literaria. **4** Libro de texto.

textual. adj. **1** Perteneciente o relativo a los textos. **2** Que reproduce literalmente palabras o textos: *cita textual*. **Sin.** 2 exacto, literal.

textura. f. **1** Disposición y orden de los hilos de una tela. **2** Disposición que tienen entre sí las partículas de un cuerpo. **3** Tacto de una determinada materia: *esta lana tiene una textura áspera*.

tez. f. Cutis, piel de la cara: *tez morena*.

theta. f. Octava letra del alfabeto griego que equivale a nuestra *t*. La mayúscula se escribe Θ, y la minúscula θ.

ti. Pronombre personal de segunda persona singular usado como complemento. Se usa siempre con preposición, y cuando ésta es *con*, forma la voz *contigo*.

tialina. f. Fermento que forma parte de la saliva y actúa sobre el almidón de los alimentos, transformándolo en azúcar.

tialismo. m. Secreción permanente y excesiva de saliva.

tiara. f. **1** Gorro alto, de tela o de cuero, que usaron los persas. **2** Tocado alto con tres coronas, que remata en una cruz sobre un globo, que usaron los papas como símbolo de su autoridad. **3** Dignidad de Sumo Pontífice.

tiberio. m. Ruido, alboroto. **Ant.** calma.

tibia. f. **1** Hueso principal y anterior de la pierna, que se articula con el fémur, el peroné y el astrágalo. **2** Una de las piezas de las patas de los insectos.

tibieza. f. Cualidad de tibio.

tibio, bia. adj. **1** Templado, entre caliente y frío. **2** Poco intenso y apasionado. **3 poner tibio** a alguien. loc. Insultarle o criticarle, ponerle verde. **4 ponerse** uno **tibio.** loc. Comer mucho. **5** Ensuciarse o mojarse mucho. **Sin.** 2 desapasionado □ **Ant.** 2 apasionado.

tibor. m. Vaso grande de barro, originario de China o Japón, con forma de tinaja y decorado exteriormente.

tiburón. m. **1** Pez selacio marino, escuálido, de cuerpo fusiforme y muy esbelto, con hendiduras branquiales laterales y boca situada en la parte inferior de la cabeza, provista de varias filas de dientes comprimidos, agudos y cortantes. Son de movimientos muy rápidos y gran voracidad. **2** Intermediario que adquiere solapadamente el número de acciones de una empresa o entidad, necesario para hacerse con su control. **Sin.** 1 escualo.

tic. m. Movimiento convulsivo producido por la contracción involuntaria de uno o varios músculos. || pl. *tics*.

ticket. (voz ingl.) m. Tique.

tico, ca. adj. y s. De Costa Rica.

tictac o **tic-tac.** m. Ruido acompasado que produce un reloj.

tiempo. m. **1** Duración de las cosas sujetas a cambio o de los seres que tienen una existencia finita. **2** Período tal como se especifica; si no, se entiende que es largo: *arreglarlo nos llevará tiempo*. **3** Época durante la cual vive alguna persona o sucede alguna cosa: *en tiempo de Trajano*. **4** Estación del año. **5** Edad; se usa sobre todo para referirse a los bebés o crías de animales. **6** Edad de las cosas desde que empezaron a existir. **7** Ocasión o coyuntura de hacer algo: *tiempo de reposo*. **8** Cada una de las divisiones de la conjugación correspondiente a la época relativa en que se ejecuta o sucede la acción del verbo: *pretérito, presente* y *futuro*. **9** Cada uno de los actos sucesivos en que se divide la ejecución de una cosa. **10** Cada una de las partes en que se dividen los partidos de ciertos deportes, como el fútbol o el baloncesto. **11** Fase de un motor. **12** En mús., cada una de las partes de igual duración en que se divide el compás. **13** Estado atmosférico. **14 tiempo compuesto.** Forma verbal construida por el auxiliar *haber* y el participio pasado del verbo de que se trate. **15 tiempo muerto.** En baloncesto y otros deportes, espacio de tiempo durante el que se interrumpe el partido, a petición de uno de los entrenadores, para poder reunirse con los jugadores. **16 tiempo simple.** El constituido por una sola forma verbal. **17 a tiempo.** loc. adv. En el momento oportuno o puntualmente. **18 a un tiempo.** loc. adv. Simultáneamente. **19 con tiempo.** loc. adv. Anticipadamente. **20 del tiempo.** loc. adj. De la temporada: *fruta del tiempo*. **21** A temperatura ambiente: *leche del tiempo*.

tienda. f. **1** Establecimiento donde se venden al público artículos al por menor. **2** *amer.* Establecimiento en que se venden tejidos. **3** Armazón de palos o tubos clavados o sujetos en la tierra y cubierta con telas, pieles, etc., que sirve de alojamiento en el campo. **4 tienda de campaña.** Tienda para acampar.

tienta. f. **1** Prueba que se hace a los becerros y becerras para probar su bravura. **2 a tientas.** loc. adv. Guiándose con el tacto al moverse en la oscuridad. **3** Con desconcierto o incertidumbre.

tiento. m. **1** Acción de tentar o palpar, ejercicio del tacto. **2** Habilidad para actuar o tratar a las personas. **3** Cordura o sensatez en lo que se hace: *conduce con tiento*. **4** Palo que usan los ciegos para que les sirva de guía. **5** Balancín de los equilibristas. **6** Seguridad y firmeza de la mano para ejecutar alguna acción. **7** Floreo o ensayo que hace el músico antes de tocar un instrumento para ver si está bien templado. **8** Tentáculo de algunos animales que actúa como órgano táctil o de presión. **9** Golpe que se da a alguien. **10** Trago que se da de una bebida o bocado a un alimento. *le dio un buen tiento al bocadillo*. **Sin.** 3 cautela, cuidado, prudencia 6 pulso 9 porrazo.

tierno, na. adj. **1** Blando, fácil de cortar o doblar: *un filete tierno*. **2** Se apl. a la edad de la niñez. **3** Que produce sentimientos de simpatía y dulzura. **4** Afectuoso, cariñoso y amable: *una persona muy tierna*. **5** Inexperto: *en ciertos aspectos, aún está tierno*. **Ant.** 1 duro 2 viejo 4 seco.

tierra. f. **1** Planeta que habitamos. || Con este significado se escribe con mayúscula. **2** Parte superficial del globo terráqueo no ocupada por el mar. **3** Materia inorgánica desmenuzable de la que se compone principalmente el suelo natural. **4** Suelo o piso. **5** Terreno dedicado a cultivo o propio para ello. **6** País, región. **7** Territorio o distrito constituido por intereses presentes o históricos. **8** El mundo, en oposición al cielo o a la vida eterna: *hacer el bien en la tierra*. **9 tierra firme.** Continente, en oposición a isla. **10** Terreno sólido y edificable por su consistencia y dureza. **11 Tierra Prometida.** La que Dios prometió al pueblo de Israel. **12 tierra santa.** Lugares de Palestina donde nació, vivió y murió Jesucristo. **13 tierras raras.** Grupo formado por los elementos químicos llamados también *lantánidos*. **Sin.** 6 patria.

tieso, sa. adj. **1** Duro, firme, rígido. **2** Tenso, tirante. **3** Afectadamente estirado, circunspecto o mesurado. **4** Inflexible, terco. **5 dejar tieso** a alguien. loc. Impresionarle mucho. **6** Matarle. **7 quedarse tieso.** Quedarse muy impresionado. **8** Dormirse o morirse. **Ant.** 4 flexible.

tiesta. f. Canto de las tablas que sirven de fondos o tapas en los toneles.

tiesto. m. **1** Pedazo de cualquier vasija de barro. **2** Vaso de barro u otros materiales que sirve para cultivar plantas.

tifáceo, a. adj. y f. **1** Se dice de plantas angiospermas monocotiledóneas y acuáticas; como la espadaña. | f. pl. **2** Familia de estas plantas.

tifoideo, a. adj. **1** Relativo al tifus, o parecido a esta enfermedad. **2** Perteneciente a la fiebre tifoidea.

tifón. m. **1** Huracán de las costas orientales de Asia. **2** Tromba marina.

tifus. m. Género de enfermedades infecciosas, graves, con alta fiebre, delirio o postración, aparición de costras negras en la boca y a veces presencia de manchas punteadas en la piel. || No varía en pl.

Tigres

tigre, tigresa. m. y f. **1** Mamífero carnívoro de gran tamaño, de pelaje rojizo con rayas negras. Habita principalmente en la India. **2** Persona cruel y sanguinaria. **3** *amer.* Jaguar.

tijera. f. **1** Instrumento para cortar compuesto de dos hojas de acero de un solo filo, que pueden girar alrededor de un eje que las traba. Más en pl. **2** Aspa que sirve para apoyar un madero que se ha de aserrar o labrar. **3** En fútbol, patada que se da en el aire haciendo amago con una pierna y golpeando con la otra. **4** Presa para inmovilizar al contrario sujetándolo con las piernas cruzadas. **5** Ejercicio que consiste en cruzar las piernas en el aire con la espalda apoyada en el suelo.

tijereta. f. **1** Insecto cuyo abdomen termina en dos piezas córneas móviles. **2** Cada uno de los zarcillos que por pares nacen a trechos en los sarmientos de las vides. **3** Movimiento que se hace en el aire cruzando las piernas como una tijera.

tijeretazo o **tijeretada.** m. o f. Corte hecho de un golpe con las tijeras.

tijeretear. tr. **1** Dar varios cortes con las tijeras a una cosa. **2** Disponer uno, según su arbitrio y dictamen, en negocios ajenos.

tila. f. **1** Tilo. **2** Flor del tilo. **3** Infusión que se hace con estas flores.

tílburi. m. Carruaje de dos ruedas grandes, ligero y sin cubierta, a propósito para dos personas y tirado por una sola caballería.

tildar. tr. **1** Señalar a alguien con una nota o calificativo negativos: *le tildaron de orgulloso.* **2** Poner tilde a las letras que lo necesitan. S<small>IN</small>. 1 acusar 2 acentuar.

tilde. amb. Más como f. **1** Rasgo que se pone sobre algunas letras, como el que lleva la *ñ* o el que denota acentuación. **2** Cualidad negativa que tiene alguien o que se le atribuye. | f. **3** Cosa mínima. S<small>IN</small>. 2 tacha.

tiliáceo, a. adj. y f. **1** Se dice de plantas angiospermas dicotiledóneas, a las que pertenecen el tilo y la patagua. | f. pl. **2** Familia de estas plantas.

tilín. m. **1** Sonido de la campanilla. **2 hacer tilín.** loc. Gustar, agradar.

tilo. m. Árbol que llega a 20 m de altura, con tronco recto y grueso, de corteza lisa algo cenicienta, ramas fuertes, copa amplia, madera blanca y blanda; hojas acorazonadas y serradas por los bordes, flores de cinco pétalos, blanquecinas, olorosas y medicinales, y fruto redondo y velloso.

timador, ra. m. y f. Persona que tima.

timar. tr. **1** Quitar o hurtar con engaño. **2** Engañar a otro con promesas o esperanzas. | **timarse.** prnl. **3** Entenderse con la mirada. S<small>IN</small>. 1 y 2 estafar.

timba. f. **1** Partida de juego de azar. **2** Casa de juego, garito.

timbal. m. **1** Especie de tambor de un solo parche, con caja metálica en forma de media esfera. **2** Tambor, atabal. **3** Masa de harina y manteca, por lo común en forma de cubilete, que se rellena de carne u otros alimentos.

timbrar. tr. **1** Estampar un timbre, sello o membrete. **2** Dar el timbre adecuado a la voz. **3** Poner el timbre en el escudo de armas. S<small>IN</small>. 1 sellar.

timbre. m. **1** Aparato mecánico o eléctrico de llamada o de aviso. **2** Modo propio y característico de sonar un instrumento músico o la voz de una persona: *timbre metálico.* **3** Cualidad de los sonidos o de la voz, que diferencia a los del mismo tono y depende de la forma y naturaleza de los elementos que entran en vibración. **4** Sello, y especialmente el que se estampa en seco. **5** Sello que en el papel donde se extienden algunos documentos públicos estampa el Estado. **6** Renta del Tesoro constituida por el importe de los sellos, papel sellado y otras imposiciones. **7** Acción gloriosa o cualidad personal que ensalza y ennoblece: *timbre de gloria.*

timeleáceo, a. adj. y f. **1** Se dice de plantas angiospermas dicotiledóneas, a las que pertenecen la adelfilla y el torvisco. | f. pl. **2** Familia de estas plantas.

timidez. f. Cualidad de tímido. S<small>IN</small>. apocamiento, cortedad □ A<small>NT</small>. audacia, resolución.

tímido, da. adj. **1** Se dice de la persona apocada y vergonzosa. **2** Ligero, débil, leve: *el enfermo manifestaba una tímida mejoría.* S<small>IN</small>. 1 cohibido, cortado 2 sutil □ A<small>NT</small>. 1 atrevido 2 fuerte.

timo. m. Acción de timar: *el timo de la estampita.*

timo. m. Glándula endocrina propia de los animales vertebrados, que estimula el crecimiento de los huesos y favorece el desarrollo de las glándulas genitales.

timón. m. **1** Pieza de madera o de hierro que sirve para gobernar una embarcación. **2** P. ext., se llaman

timonear – tío

igual las piezas similares de submarinos, aeroplanos, etc. **3** Palo derecho que sale de la cama del arado en su extremidad. **4** Lanza o pértiga del carro. **5** Varilla del cohete que le sirve de contrapeso y le marca la dirección. **6** Dirección o gobierno de un negocio.

timonear. intr. **1** Gobernar el timón. **2** Dirigir un negocio o asunto.

timonel. com. Persona que gobierna el timón de la nave.

timorato, ta. adj. **1** Tímido, indeciso, apocado. **2** De moralidad exagerada, puritano, mojigato. **Ant.** 1 atrevido 2 liberal.

timpanitis. f. **1** Otitis del oído medio. **2** Hinchazón de alguna cavidad del cuerpo producida por gases. || No varía en pl.

tímpano. m. **1** Membrana del oído que transmite el sonido al oído medio. **2** En arquit., espacio triangular que queda entre las dos cornisas inclinadas de un frontón y la horizontal de su base, o entre las arquivoltas y el dintel de una portada. **3** Tambor, atabal. **4** Instrumento musical compuesto de varias tiras desiguales de vidrio colocadas de mayor a menor, y que se toca con una especie de macillo. **5** Cada uno de los dos lados, fondo o tapa de una cuba.

tina. f. **1** Tinaja, vasija grande de barro. **2** Vasija de madera, de forma de media cuba. **3** Pila para bañarse.

tinada. f. **1** Montón o hacina de leña. **2** Cobertizo para tener recogidos los ganados.

tinaja. f. **1** Vasija grande de barro, mucho más ancha por el medio que por el fondo y por la boca. **2** Líquido que cabe en esta vasija. **Sin.** 1 tina.

tinajero, ra. m. y f. **1** Persona que hace o vende tinajas. | m. **2** Sitio o lugar donde se ponen o empotran las tinajas.

tinerfeño, ña. adj. y s. De Tenerife.

tinge. m. Búho mayor y más fuerte que el común.

tinglado. m. **1** Cobertizo. **2** Tablado, armazón levantado del suelo. **3** Enredo, maquinación: *no sé en qué tinglados anda metido*. **Sin.** 3 lío.

tiniebla. f. **1** Falta de luz. Más en pl. | pl. **2** Suma ignorancia y confusión.

tino. m. **1** Hábito o facilidad de acertar a tientas con las cosas que se buscan. **2** Acierto y destreza para dar en el blanco. **3** Juicio y cordura para el gobierno y dirección de un negocio. **4 sin tino** loc. adv. Sin tasa, sin medida: *beber sin tino*. **Sin.** 2 puntería 3 prudencia ☐ **Ant.** 3 desatino, imprudencia.

tinta. f. **1** Líquido de color que se emplea para escribir, imprimir, dibujar, etc. **2** Color que se sobrepone a cualquier cosa, o con que se tiñe. **3** Sustancia espesa y oscura que arrojan como defensa los cefalópodos, pulpos, calamares, etc. | pl. **4** Matices, degradaciones de color. **5 medias tintas.** Hechos, dichos o juicios vagos, nada precisos. **6 cargar** o **recargar** uno **las tintas.** loc. Exagerar el alcance o significación de un dicho o hecho. **7 de buena tinta.** loc. Referido a noticias, informaciones, etc., de buena fuente. **8 sudar tinta.** loc. Realizar un trabajo con mucho esfuerzo.

tintar. tr. y prnl. Teñir.

tinte. m. **1** Acción de teñir. **2** Color con que se tiñe. **3** Establecimiento donde se limpian o tiñen telas, ropas y otras cosas. **4** Carácter que comunica a algo determinado aspecto: *sus obras tienen un tinte barroco*. **5** Cualidad superficial o falsa apariencia. **Sin.** 4 matiz, tono.

tintero. m. **1** Vaso o recipiente en que se pone la tinta de escribir. **2** Depósito que en las máquinas de imprimir recibe la tinta.

tintín. m. Sonido de la esquila, campanilla o timbre, vasos, etc.

tintinar o **tintinear.** intr. Producir el sonido especial del tintín.

tinto, ta. **1** p. p. irreg. de teñir. | adj. **2** Vino de color oscuro. También m. **3** Rojo oscuro. **Sin.** 2 tintorro 3 cárdeno.

tintóreo, a. adj. Se apl. a las plantas de donde se extraen sustancias colorantes.

tintorería. f. Establecimiento donde se tiñe o limpia la ropa.

tintorero, ra. m. y f. **1** Persona que trabaja en una tintorería. | f. **2** Tiburón muy semejante al cazón que alcanza de 3 a 4 m de longitud, con el dorso y costados de color azulado o gris pizarra. Habita en alta mar en el Mediterráneo y el Atlántico.

tintorro. m. Vino tinto.

tintura. f. **1** Acción de teñir. **2** Sustancia con que se tiñe. **3** Líquido en que se ha hecho disolver una sustancia que le comunica color. **4** Solución de cualquier sustancia medicinal en un líquido que disuelve de ella ciertos principios: *tintura de yodo*. **Sin.** 2 tinte, colorante 3 disolución.

tiña. f. **1** Cualquiera de las enfermedades producidas por diversos parásitos en la piel, especialmente en la del cráneo, y de las cuales unas producen costras y ulceraciones, y otras ocasionan sólo la caída del cabello. **2** Gusanillo que daña las colmenas. **3** Suciedad, porquería. **4** Ruindad, tacañería. **Sin.** 3 mugre 4 mezquindad.

tiñoso, sa. adj. y s. **1** Que padece tiña. **2** Sucio, asqueroso. **3** Escaso, miserable y ruin.

tío, a. m. y f. **1** Respecto de una persona, hermano o hermana de su padre o madre. **2** En algunos lugares, tratamiento que se da a la persona casada o entrada ya en edad. **3** Persona de quien se pondera algo bueno o malo: *¡vaya cara tiene el tío!* **4** Individuo, sujeto: *no conozco a ese tío.* **5 no hay tu tía.** loc. Expresa dificultad o imposibilidad de hacer algo. **Sin.** 4 tipo.

tiorba. f. Instrumento músico semejante al laúd, pero con dos mangos y con ocho cuerdas más para los bajos.

tiovivo. m. Atracción de feria que consiste en varios asientos, con formas de animales, vehículos, etc., colocados en un círculo giratorio.

tipejo. m. Persona ridícula y despreciable.

tipi. m. Tienda de forma cónica, formada por una armazón de postes de madera y recubierta de pieles, utilizada por los indios de las praderas de Norteamérica.

típico, ca. adj. **1** Característico o representativo de un tipo. **2** Peculiar de un grupo, país, región, época, etc.: *trajes típicos.*

tipificar. tr. **1** Ajustar varias cosas semejantes a un tipo o norma común. **2** Representar una persona o cosa el tipo de la especie o clase a que pertenece. **Sin.** 1 estandarizar, normalizar 2 simbolizar.

tipismo. m. **1** Cualidad o condición de típico. **2** Conjunto de caracteres o rasgos típicos. **Sin.** 1 peculiaridad 2 tradición.

tiple. m. **1** La más aguda de las voces humanas, soprano. **2** Guitarra pequeña de voces muy agudas. | com. **3** Persona que tiene voz de tiple.

tipo. m. **1** Modelo, ejemplar: *pertenece al tipo de comedias de capa y espada.* **2** Símbolo representativo de cosa figurada: *es del tipo de personas que no soporto.* **3** Clase, naturaleza de las cosas: *lee libros de todo tipo.* **4** Figura o talle de una persona: *tener buen o mal tipo.* **5** Individuo, sujeto; tiene frecuentemente matiz despectivo. **6** Unidad taxonómica superior del reino animal, sinónima de *tronco* o *filo.* Equivale a la *división* del reino vegetal. **7** En impr., pieza de metal en que está realzada una letra u otro signo. **8** En impr., cada una de las clases de letra. **9** Figura principal de una moneda o medalla. **10 jugarse el tipo.** loc. Jugarse la vida, ponerse en peligro. **11 mantener el tipo.** loc. Comportarse con valentía o decisión ante un apuro, dificultad o peligro. **Sin.** 1 arquetipo, ejemplo 2 patrón 3 categoría 4 porte.

tipografía. f. **1** Técnica de impresión mediante formas que contienen en relieve los tipos, que una vez entintados, se aplican, presionándolos, sobre el papel. **2** Taller donde se imprime. **Sin.** 2 imprenta.

tipográfico, ca. adj. Relativo a la tipografía.

tipógrafo, fa. m. y f. Operario de tipografía. **Sin.** impresor.

tipología. f. **1** Ciencia que estudia los distintos tipos raciales en que se divide la especie humana. **2** Ciencia que estudia los varios tipos de la morfología del hombre en relación con sus funciones vegetativas y psíquicas.

tipometría. f. Medición de los puntos tipográficos.

tipómetro. m. Regla graduada que se utiliza en artes gráficas para medir el tamaño de las letras, la separación entre las líneas, etc.

típula. f. Insecto díptero semejante al mosquito.

tique o **tíquet.** m. Billete, vale, factura, recibo.

tiquis miquis o **tiquismiquis.** m. pl. **1** Escrúpulos o reparos por algo que no tiene importancia. **2** Expresiones o dichos ridículamente corteses o afectados. | adj. y com. **3** Persona muy remilgada. **Sin.** 1 melindres 2 ñoñería 3 cursi.

tira. f. **1** Pedazo largo y estrecho de tela, papel, cuero u otra cosa delgada. **2** En periódicos, revistas, etc., línea de viñetas que narran una historia. **3 la tira.** Gran cantidad de algo. **Sin.** 1 cinta.

tirabuzón. m. **1** Instrumento para sacar los tapones de corcho. **2** Rizo de cabello, largo y pendiente en espiral. **Sin.** 1 sacacorchos.

tirachinas. m. Tirador compuesto de una horquilla y dos gomas unidas por una badana. || No varía en pl.

tirado, da. adj. **1** Se dice de las cosas muy baratas o que abundan mucho. **2** Muy fácil: *el examen estaba tirado.* **3** Despreciable, bajo, ruin. También s. | f. **4** Acción de tirar. **5** Distancia que hay de un lugar a otro, o de un tiempo a otro: *hasta tu casa tienes una buena tirada.* **6** Serie de cosas que se dicen o escriben de un tirón. **7** Acción de imprimir. **8** Número de ejemplares de que consta una edición. **Sin.** 1 regalado 2 chupado 3 miserable 5 trecho 6 sarta □ **Ant.** 1 caro.

tirador, ra. m. y f. **1** Persona que tira o dispara, especialmente la que lo hace con cierta destreza y habilidad. **2** Persona que estira generalmente metales para reducirlos a hilos. | m. **3** Instrumento con que se estira. **4** Agarrador del cual se tira para cerrar o abrir una puerta, un cajón, etc. **5** Cordón, cadenilla, etc., de la que se tira para hacer sonar una campanilla o un timbre. **6** Tirachinas. **7** Pluma metálica que sirve de tiralíneas. **8** *amer.* Cinturón ancho que usa el gaucho. **9** *amer.* Tirante, cada una de las tiras que sujetan el pantalón. Más en pl. **Sin.** 1 pistolero 4 picaporte.

tiralíneas. m. Instrumento que sirve para trazar líneas de tinta más o menos gruesas. || No varía en pl.

tiranía. f. **1** Gobierno ejercido por un tirano. **2** Abuso o imposición en grado extraordinario de cualquier poder, fuerza o superioridad. **3** Dominio excesivo que un afecto o pasión ejerce sobre la voluntad: *vive bajo la tiranía del alcohol.* **Sin.** 1 autocracia 2 despotismo, opresión □ **Ant.** 1 democracia.

tiranicidio. m. Muerte dada a un tirano.

tiranizar. tr. **1** Gobernar un tirano algún Estado. **2** Dominar tiránicamente.

tirano, na. adj. **1** Se apl. a quien tiene contra derecho el gobierno de un Estado, y principalmente al que lo rige sin justicia y a medida de su voluntad. También s. **2** Se dice del que abusa de su poder, superioridad o fuerza. También s. **3** Se dice del sentimiento o pasión que domina a una persona. Sin. 1 autócrata, dictador 2 déspota.

tirante. adj. **1** Tenso. **2** Se dice de las relaciones entre personas, estados, etc., en las que existe enemistad o están próximas a romperse. **3** Comprometido o embarazoso: *un momento tirante.* | m. **4** Cada una de las dos tiras de piel o tela, comúnmente con elásticos, que sirven para sujetar de los hombros el pantalón u otras prendas de vestir. **5** Cuerda o correa que, asida a las guarniciones de las caballerías, sirve para tirar de un carruaje. **6** Pieza de madera o barra de hierro que impide la separación de los pares de un tejado. **7** Pieza generalmente de hierro, o acero, destinada a soportar un esfuerzo de tensión. Sin. 3 violento ❑ Ant. 1 flojo 2 cordial 3 relajado.

tirantez. f. **1** Cualidad de tirante. **2** Distancia en línea recta entre los extremos de una cosa. **3** Dirección de los planos de hilada de un arco o bóveda.

tirapié. m. Correa que usan los zapateros para sujetar el zapato con su horma al coserlo.

tirar. tr. **1** Lanzar en dirección determinada: *tirar una flecha.* **2** Derribar a alguien o algo: *le tiró al suelo.* **3** Desechar algo, deshacerse de ello: *tiró los periódicos atrasados.* **4** Disparar un mecanismo: *tirar una foto.* **5** Reducir a hilo un metal. **6** Tratándose de líneas o rayas, hacerlas. **7** Con voces que expresan daño corporal, ejecutar la acción significada por estas voces: *tirar una coz.* **8** Malgastar dinero o desperdiciar cualquier otra cosa. **9** En algunos juegos, echar una carta, dado, etc. **10** Dejar impresos en el papel, en una prensa, los caracteres o letras de imprenta: *tirar un panfleto.* | intr. **11** Hacer fuerza para traer algo hacia sí o para arrastrarlo. **12** Ejercer atracción: *el imán tira del hierro.* **13** Agradar, sentirse atraído por algo: *no le tira demasiado la lectura.* **14** Quedar justa una prenda de vestir o una parte de ella: *esta chaqueta tira de mangas.* **15** Seguido de la preposición *de* y un nombre de arma o instrumento, sacarlo o tomarlo en la mano para emplearlo: *tirar de navaja.* **16** Tomar una determinada dirección: *tiró a la izquierda.* **17** Durar o mantenerse trabajosamente una persona o cosa; suele utilizarse en gerundio: *el enfermo va tirando.* **18** Tender, propender: *un blanco que tira a gris.* **19** Asemejarse o parecerse una persona o cosa a otra. | **tirarse.** prnl. **20** Abalanzarse, precipitarse sobre alguien o algo para atacar: *se nos tiró un perro.* **21** Arrojarse, dejarse caer. **22** Echarse, tenderse en el suelo o encima de algo. **23** Pasar el tiempo haciendo lo que se expresa: *me tiré dos horas esperándole.* **24** vulg. Poseer sexualmente a una persona. Sin. 1 arrojar 2 abatir 6 trazar 7 arrear, sacudir 8 despilfarrar, derrochar 11 halar 24 cepillarse ❑ Ant. 1 coger 8 ahorrar 11 empujar 12 y 13 repeler 22 levantarse.

tirilla. f. Lista o tira de tela que forma el cuello de una camisa o lo une con el escote.

tirio, ria. adj. y s. **1** De Tiro. **2 tirios y troyanos.** loc. Partidarios de opiniones o intereses opuestos.

tirita. f. Marca registrada de una tira de esparadrapo u otro material adhesivo, de tamaños diversos, con un preparado especial en su centro, para desinfectar y proteger heridas pequeñas.

tiritar. intr. Temblar o estremecerse de frío o de fiebre.

tiritera o **tiritona.** f. Temblor producido por el frío del ambiente o al iniciarse la fiebre.

tiro. m. **1** Acción de tirar. **2** Disparo de un arma de fuego. **3** Estampido que produce. **4** Señal o herida causadas por dicho disparo. **5** Cantidad de munición proporcionada para cargar una vez un arma de fuego. **6** Alcance de cualquier arma de fuego o arrojadiza. **7** Lugar donde se tira al blanco. **8** Conjunto de caballerías que tiran de un carruaje. **9** Cuerda o correa sujeta a las guarniciones de las caballerías, que sirve para tirar de un carruaje o de otras cosas. **10** Corriente de aire que se produce en un horno, chimenea, etc., para avivar el fuego. **11** Distancia entre la parte donde se unen las perneras de un pantalón y la cinturilla. **12** Tramo de escalera. **13** Seguido de la preposición *de* y el nombre del arma disparada, o del objeto arrojado, se usa como medida de distancia: *eso está a un tiro de piedra.* Sin. 3 detonación 4 balazo 9 tirante.

tiroides. adj. y m. Glándula endocrina de los animales vertebrados, situada por debajo y a los lados de la tráquea y de la parte posterior de la laringe; en el hombre está delante y a los lados de la tráquea y de la parte inferior de la laringe. || No varía en pl.

tirolés, sa. adj. y s. **1** De Tirol. **2** m. Dialecto hablado en esta región alpina. **3** Mercader de juguetes y quincalla.

tirón. m. **1** Acción de tirar con violencia. **2** Estirón. **3** Contracción que agarrota un músculo. **4 de un tirón.** loc. adv. De una vez, de un golpe.

tirotear. tr. y prnl. Disparar repetidamente armas de fuego portátiles.

tiroteo. m. Acción de tirotear.

tiroxina. f. Hormona elaborada por la glándula tiroides que regula en el organismo animal el metabolismo basal y el desarrollo.

tirria. f. Odio o manía que se tiene a alguien o algo. Sin. antipatía, aversión, inquina ❑ Ant. simpatía.

tisana. f. Bebida medicinal que resulta del cocimiento ligero de una o varias hierbas.

tisanuro. adj. y m. **1** Se dice de los insectos que carecen de alas y se desarrollan sin metamorfosis. | m. pl. **2** Orden de estos animales.

tísico, ca. adj. **1** Que padece de tisis. También s. **2** Perteneciente a la tisis.

tisis. f. **1** Tuberculosis pulmonar. **2** Cualquier enfermedad en la que el enfermo se consume lentamente, tiene fiebre y presenta ulceración en algún órgano. || No varía en pl.

tisú. m. Tela de seda entretejida con hilos de oro o plata. || pl. *tisúes* o *tisús*.

titán. m. **1** Nombre aplicado a cada uno de los seis hijos de Gea y Urano. **2** Sujeto de excepcional poder. **3** Persona de gran fortaleza física o sobresaliente en cualquier aspecto. **4** Grúa gigantesca.

titánico, ca. adj. **1** Relativo a los titanes. **2** Desmesurado, excesivo. SIN. 2 colosal, enorme, gigantesco.

titanio. m. Elemento químico; es un metal pulverulento de color gris, casi tan pesado como el hierro y fácil de combinar con el nitrógeno. Su símbolo es Ti.

títere. m. **1** Figurilla que se mueve con alguna cuerda o introduciendo una mano en su interior. **2** Persona que actúa manejada por otra o que carece de iniciativa. | pl. **3** Espectáculo público con muñecos o en el que participan titiriteros. SIN. 1·y 2 marioneta.

tití. m. Nombre que se aplica a diferentes especies de monos de tamaño pequeño, y propios de América meridional. || pl. *titís*.

titilar. intr. **1** Agitarse con ligero temblor alguna parte del organismo animal. **2** Centellear con ligero temblor un cuerpo luminoso: *las estrellas titilaban*. SIN. 1 temblar 2 rutilar.

titiritar. intr. Temblar de frío o de miedo.

titiritero, ra. m. y f. **1** Persona que maneja los títeres. **2** Persona que realiza ejercicios de equilibrio y agilidad, piruetas, etc.

titubear. intr. **1** Vacilar al hablar o al hacer una elección. **2** Quedarse perplejo en algún punto o materia. **3** Oscilar, perdiendo la estabilidad. SIN. 1 balbucir 2 dudar 3 trastabillar.

titubeo. m. Acción de titubear.

titulación. f. **1** Acción de titular o titularse. **2** Título académico. **3** Conjunto de títulos de propiedad que afectan a una finca rústica o urbana.

titulado, da. m. y f. **1** Persona que posee un título académico. **2** Persona que tiene una dignidad nobiliaria.

titular. tr. **1** Poner título o nombre a una cosa. | intr. **2** Obtener una persona título nobiliario. **3** Valorar una disolución. | **titularse.** prnl. **4** Obtener un título académico. SIN. 1 llamar.

titular. adj. y com. **1** Se dice del que ejerce cargo, oficio o profesión con el título necesario para ello. **2** Que consta en algún documento como propietario o beneficiario de algo. **3** Que tiene algún título, por el cual se denomina. | m. pl. **4** Títulos de las noticias y artículos que, en periódicos y revistas, aparecen en letras de cuerpo mayor.

título. m. **1** Nombre de una obra literaria, artística, etc. **2** Dignidad nobiliaria. **3** Persona que posee esta dignidad nobiliaria. **4** Distinción u honor que consigue una persona, particularmente en un campeonato, concurso, etc.: *título de los pesos medios*. **5** Cada una de las partes principales en que suelen dividirse las leyes, reglamentos, etc. **6** Demostración auténtica de un derecho u obligación, de unos bienes, o de una dignidad o profesión: *título de propiedad*. **7** Rótulo con que se indica el contenido o destino de una cosa o la dirección de un envío. **8** Causa, razón, motivo o pretexto: *¿a título de qué te enfadas?* **9** Origen o fundamento jurídico de un derecho u obligación. **10** Cierto documento que representa deuda pública o valor comercial. **11 a título de.** loc. adv. En calidad de. SIN. 1 encabezamiento 4 aristócrata, noble □ ANT. 4 plebeyo.

tiza. f. **1** Arcilla terrosa blanca o de otros colores que se usa para escribir en los encerados. **2** Compuesto de yeso y greda que se usa en el juego de billar para frotar la suela de los tacos.

tiznar. tr. **1** Manchar con tizne, hollín u otra materia. También prnl. **2** Deslustrar o manchar la fama o el prestigio de alguien.

tizne. amb. **1** Humo que se pega a las sartenes, cazuelas, etc. Más como m. | m. **2** Tizón o palo a medio quemar.

tiznón. m. Mancha de tizne u otra materia semejante.

tizón. m. **1** Palo a medio quemar. **2** Parte de un sillar o ladrillo que se acopla con otros en una construcción. **3** Hongo parásito del trigo y otros cereales, que invade las espigas formando zonas de color negruzco.

tizonada. f. **1** Golpe dado con un tizón. **2** Tormento del fuego en el infierno. Más en pl.

tizonazo. m. Tizonada.

toalla. f. **1** Trozo de tejido de rizo, esponjoso, para secarse. **2** Este tejido. **3 tirar** o **arrojar la toalla.** loc. En boxeo, gesto que significa abandonar el combate. **4** P. ext., abandonar cualquier actividad o asunto.

toallero. m. Mueble o soporte para colgar toallas.

toar. tr. Atoar, remolcar una nave.

toba. f. **1** Piedra caliza, muy porosa y ligera, formada por la cal que llevan en disolución las aguas de ciertos manantiales. **2** Capa o corteza que se cría en algunas cosas. **3** Cardo borriquero. **4** Colilla del cigarro. **5** Golpe dado con el dedo índice o el corazón, haciéndolos resbalar en el pulgar.

tobar. m. Cantera de toba.

tobera. f. **1** Abertura tubular por donde entra el aire en un horno. **2** En algunos motores o mecanismos, tubo que regula la salida de los gases.

tobillera. f. Venda, generalmente elástica, con la que se sujeta el tobillo.

tobillo. m. Parte del cuerpo humano correspondiente a la unión del pie y la pierna, y en la que existe una protuberancia de cada uno de los dos huesos llamados tibia y peroné.

tobogán. m. **1** Rampa en declive por la que las personas, sentadas o tumbadas, se dejan resbalar por diversión. **2** Especie de trineo bajo formado por una armadura de acero montada sobre dos patines largos y cubierta por una tabla o plancha acolchada. **3** Pista hecha en la nieve, por la que se deslizan a gran velocidad estos trineos especiales.

toca. f. **1** Prenda de tela, de diferentes hechuras, con que se cubría la cabeza por abrigo, comodidad o adorno. **2** Prenda de lienzo blanco que, ceñida al rostro, usan las monjas para cubrir la cabeza.

tocadiscos. m. Aparato que consta de un plato giratorio, sobre el que se colocan los discos fonográficos, y de un amplificador conectado a uno o más altavoces. ‖ No varía en pl.

tocado, da. adj. **1** Que lleva la cabeza cubierta con un gorro, sombrero, etc. | m. **2** Prenda o adorno que se pone sobre la cabeza. **3** Peinado y adorno de la cabeza, en las mujeres: *tocado de novia*.

tocado, da. adj. **1** Medio loco o perturbado. Se dice en especial de los boxeadores que están aturdidos por los golpes recibidos. **2** Que tiene una lesión leve u otra dolencia o defecto. **3** Se dice de la fruta que ha empezado a estropearse. **Sin.** 1 chiflado, lelo 3 pasado.

tocador. m. **1** Mueble con un espejo utilizado por una persona para peinarse y arreglarse. **2** Habitación destinada a este fin. **Sin.** 1 coqueta.

tocar. tr. **1** Poner las manos sobre algo para percibirlo a través del tacto, acariciarlo, etc. **2** Llegar a una cosa con la mano, sin asirla: *a ver si tocas el techo*. **3** Tropezar ligeramente una cosa con otra: *la barca tocó fondo*. **4** Estar una cosa junto a otra o en contacto con ella. También intr. y prnl.: *nuestras casas se tocan*. **5** Hacer sonar un instrumento, interpretar música con él. **6** Avisar haciendo sonar una campana u otro instrumento: *tocar a rebato*. **7** Revolver o curiosear en algo: *no le gusta que toquen sus cosas*. **8** Alterar o modificar algo: *esta poesía está bien, no hay que tocarla*. **9** Tratar o hablar leve o superficialmente sobre algo: *no vuelvas a tocar ese tema*. | intr. **10** Haber llegado el momento oportuno de hacer algo: *toca pagar*. **11** Ser de la obligación de uno, corresponderle hacer algo: *te toca fregar los platos*. **12** Importar, ser de interés: *esa medida no nos toca*. **13** Pertenecer a uno parte de una cosa que se reparte entre varios: *te ha tocado la mejor parte*. **14** Caer en suerte una cosa: *tocar la lotería*. **Sin.** 1 palpar 2 alcanzar 4 rozar 7 curiosear 8 alterar 9 mencionar 12 afectar 13 corresponder.

tocarse. prnl. Cubrirse la cabeza con una gorra, sombrero, pañuelo, etc.

tocata. f. Pieza musical compuesta para ser interpretada generalmente con instrumentos de teclado.

tocayo, ya. m. y f. Respecto de una persona, otra que tiene su mismo nombre.

tocho, cha. adj. **1** Tosco, inculto, tonto, necio. | m. **2** Libro muy grueso o largo y pesado. **3** Lingote de hierro.

tocino. m. **1** Gruesa capa de grasa que tienen ciertos mamíferos, especialmente el cerdo. **2** Persona bruta o ignorante. También adj. **3** Persona muy gruesa. **4 tocino de cielo.** Dulce compuesto de yema de huevo y almíbar cocidos y cuajados.

tocología. f. Parte de la medicina, que trata de la gestación, del parto y del puerperio. **Sin.** obstetricia.

tocólogo, ga. m. y f. Especialista en tocología.

tocomocho. m. Denominación vulgar del timo en el que uno hace ver que tiene un décimo de lotería premiado, pero que no puede cobrarlo por ciertas razones, cediéndolo por menos dinero.

tocón. m. Parte del tronco de un árbol que queda unida a la raíz cuando lo talan.

todavía. adv. t. **1** Expresa continuación de algo comenzado en un tiempo anterior: *¿todavía estás comiendo?* | adv. m. **2** Con todo eso, no obstante: *es muy ingrato, pero todavía le quiere*. **3** Tiene sentido concesivo corrigiendo una frase anterior: *¿para qué quieres una casa tan grande? Todavía si tuvieras hijos...* | adv. c. **4** Denota encarecimiento o ponderación: *es todavía más aplicado que su hermano*.

todo, da. adj. **1** Se dice de lo que se toma o se considera por entero o en conjunto: *todo el mundo está de acuerdo*. También pron.: *no sé qué regalo elegir; me gustan todos*. **2** Se usa para ponderar el exceso de algo o intensificar una cualidad: *este pescado es todo espinas*. **3** Seguido de un sust. en singular y sin artículo, cualquiera: *toda persona.* | pl. **4** Puede equivaler a *cada*: *cobra todos los meses.* | m. **5** Cosa íntegra, o que consta de la suma y conjunto de sus partes integrantes, sin que falte ninguna. | adv. m. **6** Por completo, enteramente: *cómetelo todo*. **7 sobre todo.** loc. adv. Ante todo. **Sin.** 1 entero 5 bloque, conjunto ☐ **Ant.** 1 nada 5 parte.

todopoderoso, sa. adj. **1** Que todo lo puede. **2** Con mayúscula, Dios. También m.

toga. f. **1** Manto de mucho vuelo que constituía la prenda principal exterior del traje de los antiguos romanos, y se ponía sobre la túnica. **2** Traje exterior que usan los magistrados, letrados, catedráticos, etc., encima del ordinario.

togado, da. adj. y s. Que viste toga. Se dice principalmente de los magistrados superiores.

toilette. (voz fr.) f. **1** Tocador para arreglarse. **2** Aseo personal. **3** Lavabos, servicios.

toisón. m. Insignia de los caballeros de la Orden de caballería del Toisón de Oro; consiste en un collar del que cuelga un vellón de carnero.

toldilla. f. Cubierta parcial que tienen algunos buques a la altura de la borda, en la parte trasera.

toldo. m. Pabellón o cubierta de tela, que se tiende para hacer sombra en algún paraje.

tole. m. **1** Confusión y griterío popular. **2** Rumor de desaprobación. || En ambos casos, suele usarse repetido: *¡vaya tole tole se montó!* **Sin.** 1 alboroto, bulla 2 murmuración.

tolerancia. f. **1** Acción de tolerar. **2** Respeto hacia las opiniones o prácticas de los demás. **3** Margen o diferencia que se consienten en la calidad o cantidad de las cosas o las obras contratadas o convenidas. **Sin.** 1 aguante, paciencia 2 condescendencia □ **Ant.** 1 y 2 intolerancia.

tolerar. tr. **1** Sufrir, llevar con paciencia. **2** Permitir algo que no se tiene por lícito, sin aprobarlo expresamente. **3** Resistir especialmente alimentos, medicinas, etc.: *no tolera algunos antibióticos*. **Sin.** 1 y 3 aguantar, soportar 2 consentir □ **Ant.** 2 prohibir.

tolete. m. Estaca a la que se ata el remo de una embarcación.

tolmo. m. Peñasco elevado que tiene semejanza con un gran hito o mojón.

tolteca. adj. y com. **1** Se dice de cada una de las tribus precolombinas que habitaron el altiplano central mexicano. | m. **2** Idioma hablado por estas tribus.

tolueno. m. Hidrocarburo usado en la fabricación de la trilita y de ciertas materias colorantes.

tolva. f. Caja en forma de tronco de pirámide o de cono invertido y abierta por debajo, dentro de la cual se echan granos u otros cuerpos para que caigan poco a poco.

toma. f. **1** Acción de tomar o recibir una cosa. **2** Conquista, asalto u ocupación por armas de una plaza o ciudad. **3** Porción de algo que se toma o recibe de una vez: *una toma de medicamento*. **4** Acción de filmar o fotografiar e imágenes obtenidas. **5** Lugar por donde se deriva una corriente de fluido o electricidad. **Ant.** 1 entrega 2 rendición.

tomadura. f. **1** Acción de tomar. **2 tomadura de pelo.** Burla o engaño.

tomahawk o **tomawak.** (voz algonquina) m. Hacha de guerra de los indios de América del Norte.

tomar. tr. **1** Coger o asir algo con la mano o por otros medios: *tomar agua de la fuente*. **2** Recibir o aceptar. **3** Ocupar o adquirir por la fuerza: *tomar una ciudad*. **4** Comer o beber: *tomar el desayuno*. **5** Adoptar o llevar a cabo: *tomar precauciones*. **6** Contraer, adquirir: *tomar un vicio*. **7** Contratar a una persona para que preste un servicio: *tomar un criado*. **8** Hacerse cargo de algo: *tomó la jefatura*. **9** Montar en un medio de transporte: *tomar un taxi*. **10** Entender, juzgar e interpretar una cosa en determinado sentido: *tomar a broma una cosa*. **11** Seguido de la prep. *por*, suele indicar juicio equivocado: *tomarle a uno por ladrón*. **12** Filmar o fotografiar: *tomó con la cámara la puesta de sol*. **13** Recibir lo que expresan ciertos sustantivos: *tomar aliento*. **14** Construido con ciertos nombres verbales, significa lo mismo que los verbos de donde tales nombres se derivan: *tomar resolución*, resolver. **15** Construido con un nombre de instrumento, ponerse a ejecutar la acción para la que sirve el instrumento: *tomar la pluma*, ponerse a escribir. **16** Empezar a seguir una dirección, entrar en una calle, camino o tramo, encaminarse por ellos. También intr.: *al llegar a la esquina, tomó por la derecha*. **17** Poseer sexualmente. | intr. **18** *amer.* Beber alcohol. **19 tomarla con** alguien o algo. loc. Contradecirle o atacarle en cuanto dice o hace. **Sin.** 1 agarrar 3 adueñarse 9 coger □ **Ant.** 1 dar, soltar 2 rechazar 8 renunciar.

tomatal. m. Sitio en que abundan las tomateras.

tomatazo. m. **1** aum. de tomate. **2** Golpe dado con un tomate.

tomate. m. **1** Fruto de la tomatera, rojo, blando y brillante, compuesto en su interior de varias celdillas llenas de simientes. **2** Tomatera. **3** Salsa hecha con este fruto: *macarrones con tomate*. **4** Agujero hecho en una prenda de punto: *tienes un tomate en el calcetín*. **5** Lío, enredo o asunto poco claro: *ahí hay tomate*. **6 como un tomate.** loc. Muy colorado.

tomatera. f. Planta herbácea, originaria de América, de 1 a 2 m de altura, que se cultiva mucho en las huertas por su fruto.

tomavistas. m. y adj. Máquina fotográfica que se utiliza para filmar películas cinematográficas. || No varía en pl. **Sin.** cámara.

tómbola. f. **1** Rifa pública de objetos diversos, a veces con fines benéficos. **2** Local en que se efectúa esta rifa.

tomento. m. Capa de pelos cortos, suaves y entrelazados, que cubre la superficie de los órganos de algunas plantas.

tomillar. m. Sitio poblado de tomillos.

Tomillo

tomillo. m. Planta labiada de hoja perenne muy olorosa, que se usa en perfumería y como condimento.

tomismo. m. **1** Sistema escolástico contenido en las obras de Santo Tomás de Aquino. **2** Doctrina de los seguidores de Santo Tomás de Aquino, en especial entre los siglos XIII y XVII.

tomista. adj. y com. Relacionado con el tomismo o partidario de esta doctrina.

tomo. m. **1** Cada uno de los volúmenes en que está dividida una obra escrita. **2 de tomo y lomo.** loc. adj. De consideración e importancia: *un mentiroso de tomo y lomo.*

ton. Sólo en la loc. adv. **sin ton ni son:** sin motivo u ocasión, o fuera de orden y medida.

tonada. f. **1** Composición métrica concebida para ser cantada. **2** Música de esta canción.

tonadilla. f. **1** Tonada alegre y ligera. **2** Canción popular española.

tonadillero, ra. m. y f. Persona que compone o canta tonadillas.

tonalidad. f. **1** Sistema de sonidos que sirve de base a una composición musical. También se dice *tono.* **2** Sistema de colores y tonos. **3** En ling., entonación.

tonel. m. Cuba grande. S<small>IN</small>. barril.

tonelada. f. **1** Unidad de peso o capacidad que se usa para calcular el desplazamiento de los buques. **2 tonelada métrica.** Unidad de peso que equivale a 1.000 kg o a 10 quintales.

tonelaje. m. **1** Cabida de una embarcación, arqueo. **2** Número de toneladas que pesa una cosa.

tonelería. f. **1** Arte y oficio de construir toneles. **2** Taller en que se construyen. **3** Conjunto o provisión de toneles.

tonelero, ra. adj. **1** Relativo al tonel. | m. y f. **2** Persona que hace toneles.

tongada. f. **1** Capa con que se cubre o baña una cosa. **2** Cosa extendida encima de otra.

tongo. m. En competiciones deportivas, hecho de dejarse ganar, generalmente por dinero: *en este combate ha habido tongo.*

tónico, ca. adj. **1** Que entona, o vigoriza. También m. **2** Se dice de la nota primera de una escala musical. También f. **3** Se dice de la vocal o sílaba que recibe el impulso del acento prosódico. También f. | m. **4** Medicamento o preparado para dar fuerzas y abrir el apetito. **5** Cosmético que se aplica sobre la piel para refrescarla o suavizarla: *tónico sin alcohol.* | f. **6** Bebida refrescante, gaseosa, que contiene quinina y ácido cítrico. Se llama también *agua tónica.*

tonificar. tr. **1** Dar vigor al organismo. **2** Refrescar. S<small>IN</small>. 1 entonar, vigorizar ☐ A<small>NT</small>. 1 debilitar.

tonillo. m. **1** Tono monótono y desagradable con que algunos hablan, rezan o leen. **2** Acento particular de la palabra o de la frase propio de una región o de un lugar. S<small>IN</small>. 1 soniquete 2 deje.

tono. m. **1** Mayor o menor elevación del sonido. **2** Inflexión de la voz y modo particular de decir algo. **3** Carácter de la expresión de una obra artística. **4** Energía, vigor. **5** Escala musical que se forma partiendo de una nota fundamental, que le da nombre. **6** Señal sonora que indica que se ha establecido la comunicación, en el teléfono e instalaciones semejantes. **7** Cada una de las distintas gradaciones de una gama de color: *tonos oscuros.* S<small>IN</small>. 2 entonación.

tonsura. f. **1** Acción de tonsurar. **2** Grado preparatorio para recibir las antiguas órdenes menores. **3** Coronilla afeitada de algunos monjes y religiosos.

tonsurar. tr. **1** Cortar el pelo o la lana a personas o animales. **2** Dar a uno el grado de tonsura.

tontada. f. Tontería, simpleza.

tontaina. com. y adj. Persona tonta.

tontear. intr. **1** Hacer o decir tonterías. **2** Coquetear, flirtear: *sólo está tonteando con ese chico.*

tontería. f. **1** Cualidad de tonto. **2** Dicho o hecho tonto o sin importancia: *se enfadaron por una tontería.* S<small>IN</small>. 2 bobada.

tontillo. m. Faldellín con aros de ballena o de otra materia que usaron las mujeres para ahuecar las faldas.

tontorrón, na. adj. y s. aum. de tonto.

tonto, ta. adj. **1** Se aplica a la persona de poco entendimiento o inteligencia o a lo que dice y hace. También s. **2** Falto de picardía o malicia. También s. **3** Sin sentido: *este ha sido un gasto tonto.* **4** Presumido o engreído. También s. **5** Pesado o molesto: *hoy* *está tonto el día.* **6** Totalmente asombrado. | m. **7** El que en ciertas representaciones hace el papel de simple o gracioso. **8 a lo tonto.** loc. adv. Como quien no quiere la cosa. **9 a tontas y a locas.** loc. adv. Sin orden ni concierto. Sin. 2 ingenuo 3 absurdo 6 pasmado ☐ Ant. 1 listo.

tontuna. f. Tontería.

toña. f. **1** Juego en que se hace saltar del suelo un palito de doble punta sacudiéndolo con otro palo. **2** Patada o golpe. **3** Borrachera.

top. (voz ingl.) m. Prenda femenina, generalmente corta, que se ajusta a la parte superior del cuerpo.

topacio. m. Piedra fina, amarilla y muy dura, usada en joyería.

topada. f. Golpe que dan con la cabeza los toros, carneros, etc. Sin. topetazo.

topar. tr., intr. y prnl. **1** Chocar una cosa con otra. **2** Hallar casualmente: *nos topamos en el parque.* Sin. 2 encontrar(se).

tope. m. **1** Parte por donde una cosa puede topar con otra. **2** Pieza que en algunas armas e instrumentos sirve para impedir que se pase de un punto determinado. **3** Pieza que se pone a algo para amortiguar los golpes. **4** Extremo hasta lo que algo puede llegar. **5 a tope.** loc. adv. Con gran intensidad: *trabajar a tope.* **6** Completamente lleno. **7 hasta los topes.** loc. adv. Hasta lo máximo o completamente lleno.

topera. f. Madriguera del topo.

topetada. f. **1** Topada. **2** Golpe que da uno con la cabeza en alguna cosa.

topetar. tr. e intr. **1** Dar con la cabeza en alguna cosa con golpe e impulso. **2** Topar, chocar.

topetazo o **topetón.** m. **1** Topada. **2** Golpe al chocar dos cuerpos.

tópico, ca. adj. **1** Relativo a determinado lugar. **2** Se dice del lugar común, de las expresiones, frases, etc., muy utilizadas, por lo que carecen de originalidad. También m. **3** Se dice del medicamento de uso externo. También m.

topless. (voz ingl.) m. **1** Hecho de estar una mujer con los pechos al descubierto. **2** Local de copas, espectáculos, etc., donde trabajan mujeres desnudas de cintura para arriba. || No varía en pl.

topo. m. **1** Mamífero insectívoro del tamaño del ratón. Vive en galerías subterráneas que excava con sus fuertes uñas. **2** Persona corta de vista. **3** Persona infiltrada en una organización.

topografía. f. **1** Conjunto de técnicas y conocimientos para describir y delinear la superficie de un terreno. **2** Conjunto de particularidades que presenta un terreno en su configuración superficial.

topógrafo. m. y f. Persona que se dedica a la topografía o está especializada en ella.

topología. f. Rama de las matemáticas que estudia las propiedades de las figuras con independencia de su tamaño o forma.

toponimia. f. Estudio del origen y el significado de los nombres propios de lugar.

toponímico, ca. adj. Relativo a la toponimia o a los topónimos.

topónimo. m. Nombre propio de lugar.

toque. m. **1** Acción de tocar una cosa. **2** Sonido de las campanas o de ciertos instrumentos, con que se anuncia alguna cosa: *toque de diana.* **3** Llamamiento, advertencia que se hace a uno: *toque de atención.* **4** Aplicación ligera y muy localizada de alguna cosa: *darse un toque de maquillaje.* **5** Rasgo, característica: *las flores daban a la mesa un toque romántico.* **6 toque de queda.** Medida gubernativa que, en circunstancias excepcionales, prohíbe el tránsito o permanencia en las calles de una ciudad durante determinadas horas, generalmente nocturnas. Sin. 2 tañido 5 nota.

toquetear. tr. Tocar reiterada e insistentemente. Sin. manosear.

toquilla. f. Pañuelo de punto, generalmente de lana, que se usa como prenda de abrigo. Sin. chal.

tora. f. **1** Tributo que pagaban los judíos por familias. **2** Con mayúscula, libro de la ley de los judíos.

torácico, ca. adj. Relacionado con el tórax.

torada. f. Manada de toros.

tórax. m. **1** Pecho del hombre y de los animales. **2** Cavidad del pecho. **3** Región media de las tres en que está dividido el cuerpo de los insectos, arácnidos y crustáceos. || No varía en pl.

torbellino. m. **1** Remolino de viento. **2** Abundancia de cosas que ocurren en un mismo tiempo: *le asaltó un torbellino de recuerdos.* **3** Persona demasiado viva e inquieta. Sin. 1 vórtice.

torca. f. Depresión circular en un terreno con bordes escarpados.

Topacio

torcal. m. Terreno donde hay torcas.

torcaz. adj. Se dice de una especie de paloma que tiene una mancha blanca a cada lado del cuello y una franja blanca en las alas.

torcecuello. m. Ave trepadora, que suele anidar en los huecos de los árboles.

torcedura. f. Acción de torcer o torcerse.

torcer. tr. y prnl. **1** Dar vueltas a una cosa sobre sí misma. **2** Encorvar o doblar una cosa: *el árbol se ha torcido.* **3** Dar bruscamente a un miembro del cuerpo una dirección contraria a la que sería normal, generalmente produciendo una distensión: *se torció el pie.* **4** Desviar una cosa de la dirección que llevaba, para tomar otra. También intr.: *el camino tuerce a mano derecha.* | tr. **5** Desviar algo de su dirección: *torcer los ojos.* **6** Adoptar una expresión de desagrado o enojo: *torcer el morro.* | **torcerse.** prnl. **7** Dificultarse y frustrarse un negocio o pretensión que iba por buen camino. || **Irreg.** Se conj. como *mover.* **Sin.** 1 y 2 retorcer ▫ **Ant.** 1 enderezar 2 estirar.

torcida. f. Mecha que se pone en las velas, candiles, etc.

torcido, da. adj. **1** Que no es recto. **2** Se dice de la persona que no obra con rectitud, y de su conducta.

tórculo. m. Prensa, y en especial la que se usa para estampar grabados en cobre, acero, etc.

tordo, da. adj. y s. **1** Se dice de la caballería que tiene el pelo mezclado de negro y blanco. | m. **2** Pájaro de pico delgado y negro, lomo gris aceitunado y vientre blanco amarillento con manchas pardas.

torear. intr. y tr. **1** Lidiar los toros en la plaza. | tr. **2** Engañar a alguien o burlarse de él: *le torea con falsas esperanzas.* **3** Evitar a alguien: *torear a los acreedores.* **4** Tratar personas o asuntos difíciles con mucho tacto y habilidad.

toreo. m. **1** Acción de torear. **2** Arte de torear.

torero, ra. adj. **1** Relacionado con el toreo o los toreros: *aire torero.* | m. y f. **2** Persona que se dedica a torear en las plazas. | f. **3** Chaquetilla ceñida al cuerpo y que no pasa de la cintura. **4 saltarse** algo **a la torera.** loc. No cumplir en absoluto una obligación, compromiso, reglamento, etc. **Sin.** 2 diestro.

torga. f. Especie de horca que se pone al cuello de algunos animales para que no salten las cercas.

toril. m. Sitio donde se tienen encerrados los toros que se van a lidiar.

torio. m. Elemento químico metálico radiactivo que, en estado puro, es de aspecto plateado y al desintegrarse produce radón. Su símbolo es *Th.*

tormenta. f. **1** Perturbación o tempestad de la atmósfera o del mar. **2** Violenta manifestación de una pasión o un estado de ánimo.

tormento. m. **1** Acción de atormentar. **2** Angustia o dolor físico muy intensos. **3** Persona o cosa que la ocasiona. **4** Dolor corporal que se causaba al reo para obligarle a confesar o declarar. **Sin.** 2 sufrimiento 4 suplicio, tortura ▫ **Ant.** 2 gozo.

tormentoso, sa. adj. **1** Que ocasiona tormenta. **2** Se dice del tiempo en que hay o amenaza tormenta.

tormo. m. **1** Peñasco. **2** Pequeña masa suelta de tierra compacta. **3** Pequeña masa suelta de otras sustancias. **Sin.** 1 tolmo 2 terrón.

tornaboda. f. **1** Día o días después de la boda. **2** Celebración de estos días.

tornadizo, za. adj. y s. Se dice del que cambia con facilidad de creencia u opinión.

tornado. m. Viento impetuoso giratorio. **Sin.** huracán.

tornar. tr. y prnl. **1** Cambiar a una persona o cosa su naturaleza o su estado: *su amor se tornó en odio.* | intr. **2** Regresar al lugar de donde se partió. **Sin.** 1 y 2 volver 2 retornar.

tornasol. m. **1** Gisarol, planta. **2** Cambiante, reflejo o viso que hace la luz en algunas telas o en otras cosas muy tersas. **3** Materia colorante azul que sirve de reactivo para reconocer los ácidos, que la vuelven roja.

tornasolado, da. adj. Que tiene o hace visos o tornasoles.

tornear. tr. **1** Labrar o redondear una cosa al torno. | intr. **2** Dar vueltas alrededor o en torno. **3** Combatir o pelear en el torneo.

torneo. m. **1** Combate a caballo entre varias personas que se practicaba en la Edad Media. **2** Competición deportiva entre varios participantes: *torneo de tenis.* **Sin.** 1 justa 2 campeonato.

tornero, ra. m. y f. **1** Artífice que hace obras al torno. **2** Persona que hace tornos. | f. **3** Monja destinada para atender en el torno.

tornillo. m. **1** Cilindro de metal, madera, etc., con resalto en hélice, que entra y se enrosca en la tuerca. **2** Clavo con resalto en hélice.

torniquete. m. **1** Instrumento quirúrgico para evitar o contener las hemorragias. **2** Puerta con varias hojas, por la que sólo pueden pasar las personas de una en una.

torno. m. **1** Cilindro horizontal móvil, alrededor del cual va enrollada una soga o cable y sirve para elevar pesos. **2** Máquina que, por medio de una rueda, de una cigüeña, etc., hace que alguna cosa dé vueltas sobre sí misma: *torno de alfarero.* **3** Armazón giratorio que se ajusta al hueco de una pared y sirve para pasar objetos de una parte a otra, como en algunos conventos. **4** Instrumento eléctrico que emplean los dentistas en la limpieza y acondicionamiento de los dientes. **5 en torno a.** loc. adv. Aproximadamente.

toro. m. **1** Mamífero rumiante, de cabeza gruesa con dos cuernos, piel dura con pelo corto y cola larga, cerdosa hacia el extremo. **2** Hombre muy robusto y fuerte. | m. pl. **3** Corrida, lidia de toros: *la fiesta de los toros*.

toro. m. **1** En arq., moldura convexa de sección semicilíndrica. **2** En geom., superficie de revolución engendrada por una circunferencia que gira alrededor de una recta de su plano, que no pasa por el centro.

toronja. f. Cítrico parecido a la naranja, pero de mayor tamaño y, generalmente, color amarillo. También se llama *pomelo*.

toronjil. m. Planta labiada cuyas flores y hojas se usan por sus efectos tónicos y antiespasmódicos.

toronjo. m. Variedad de cidro que produce las toronjas.

torpe. adj. **1** Que es de movimiento lento, tardo y pesado. **2** Desmañado, falto de habilidad y destreza. **3** Poco inteligente o ingenioso. Sin. 2 inhábil 3 incapaz ☐ Ant. 2 hábil 3 listo.

torpedear. tr. **1** Atacar con torpedos. **2** Hacer fracasar un asunto o proyecto.

torpedero, ra. adj. y m. **1** Se dice del barco de guerra destinado a disparar torpedos o del avión adaptado para lanzarlos. | m. **2** Especialista en la preparación y lanzamiento de torpedos.

torpedo. m. **1** Proyectil submarino autopropulsado. **2** Pez marino selacio de cuerpo aplanado y orbicular, que produce una descarga eléctrica para atacar o como defensa.

torpeza. f. **1** Cualidad de torpe. **2** Acción o dicho torpe.

torpor. m. Torpeza de movimiento o acción de un miembro, músculo o fibra del cuerpo.

torrado. m. **1** Garbanzo tostado. **2** Cabeza.

torrar. tr. Tostar al fuego.

torre. f. **1** Edificio más alto que ancho que servía para defenderse de los enemigos. **2** Cualquier otro edificio de mucha más altura que superficie: *la torre de la iglesia*. **3** Pieza del juego de ajedrez. **4** Estructura metálica que soporta los cables conductores de energía eléctrica. **5** En los buques de guerra, reducto acorazado en el que se colocan las piezas de artillería. **6** Conjunto de cosas, apiladas unas encima de otras: *una torre de libros*. Sin. 1 alminar 3 roque 5 torreta.

torrefacto, ta. adj. Tostado al fuego.

torrejón. m. Torre pequeña o mal formada.

torrencial. adj. **1** Parecido al torrente. **2** Se dice de la lluvia muy intensa y abundante.

torrente. m. **1** Corriente impetuosa de aguas que sobreviene en tiempos de muchas lluvias. **2** Muchedumbre de personas que afluyen a un lugar.

torrentera. f. Cauce de un torrente. Sin. barranco.

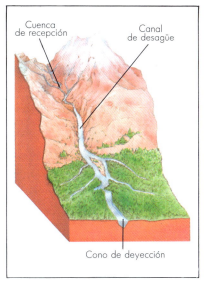

Torrente

torreón. m. Torre grande, para defensa de una plaza o castillo.

torrero, ra. m. y f. Persona que tiene a su cuidado una torre de vigilancia o un faro.

torreta. f. **1** En los buques de guerra, tanques y aviones, torre o estructura acorazada donde se colocan ametralladoras y cañones. **2** Estructura situada en una parte elevada, y en la que se concentran los hilos de una red aérea.

torrezno. m. Pedazo de tocino frito o para freír. Sin. corteza.

tórrido, da. adj. **1** Muy ardiente o caluroso. **2** Se apl. al clima en el que las temperaturas son muy altas y a las zonas geográficas en que existe este clima.

torrija. f. **1** Rebanada de pan empapada en vino, leche u otro líquido, rebozada, frita y endulzada. **2** Borrachera.

torrontero. m. Montón de tierra que dejan las avenidas impetuosas de las aguas.

torsión. f. Acción de torcer o torcerse algo en forma helicoidal.

torso. m. **1** Tronco del cuerpo humano. **2** Estatua sin cabeza, brazos y piernas. Sin. 2 busto.

torta. f. **1** Masa de harina, de figura redonda, que se cuece a fuego lento. **2** Golpe dado con la palma de la mano, generalmente en la cara. **3** Cualquier golpe. **4 ni torta.** loc. Nada en absoluto: *no entender ni torta*.

tortazo. m. Bofetada en la cara. Sin. torta.

tortera. adj. y f. Se apl. a la cazuela o cacerola casi plana que sirve para hacer tortas.

tortícolis. f. Dolor en el cuello producido por una contracción de los músculos que obliga a tenerlo torcido o inmovilizado. || No varía en pl.

tortilla. f. Fritada de huevo batido, de forma redonda o alargada, en la cual se incluye a veces algún otro alimento.

tortolito, ta. adj. y s. **1** Atortolado, sin experiencia. | m. pl. **2** Tórtolos.

tórtolo, la. m. y f. **1** Ave parecida a la paloma, pero más pequeña, de pico agudo, negruzco y pies rojizos. | m. **2** Hombre muy enamorado. | m. pl. **3** Pareja de enamorados.

tortuga. f. **1** Nombre de diversos reptiles quelonios provistos de una coraza dura a la que están soldados a través de las costillas. Existen especies acuáticas y terrestres. **2** Persona o vehículo muy lentos.

tortuoso, sa. adj. **1** Que tiene vueltas y rodeos: *un sendero tortuoso.* **2** Solapado, cauteloso.

tortura. f. **1** Acción de torturar. **2** Sufrimiento, dolor o aflicción muy grandes. Sin. 1 y 2 martirio, suplicio.

torturar. tr. y prnl. **1** Dar tortura. **2** Atormentar: *no te tortures, ya no tiene remedio.* Sin. 1 y 2 martirizar.

torunda. f. Bola de algodón envuelta en gasa esterilizada, con diversos usos en curas y operaciones quirúrgicas.

torva. f. Remolino de lluvia o nieve.

torvisco. m. Arbusto de hojas lanceoladas, flores blanquecinas en racimillos terminales y fruto en drupa de color rojo.

torvo, va. adj. Fiero, espantoso, airado: *nos miró con aire torvo.* Sin. amenazador □ Ant. agradable.

tory. (voz ingl.) adj. y m. En el Reino Unido, se dice del partido conservador. || pl. *tories.*

torzal. m. Unión de varias hilos trenzados y torcidos.

tos. f. **1** Movimiento convulsivo y ruidoso del aparato respiratorio. **2 tos ferina.** Enfermedad infectocontagiosa que ataca especialmente a los niños y se manifiesta con ataques de tos muy intensos y sofocantes.

tosco, ca. adj. **1** Grosero. **2** Inculto. También s. **3** Hecho con poco cuidado o con materiales poco valiosos: *una escultura tosca.*

toser. intr. **1** Tener y padecer la tos. **2 toser** una persona **a** otra. loc. Enfrentarse o discutir con ella: *no hay quien le tosa.*

tosiguera. f. Tos pertinaz.

tosquedad. f. Cualidad de tosco.

Tortuga

tostada. f. Rebanada de pan que, dorada al fuego o al calor, suele untarse con mantequilla, mermelada u otra cosa.

tostadero. m. **1** Lugar o instalación en que se tuesta algo. **2** Lugar de excesivo calor.

tostado, da. adj. De color subido y oscuro. Sin. moreno, dorado.

tostador, ra. adj. y s. **1** Que tuesta. | m. y f. **2** Instrumento para tostar pan.

tostar. tr. y prnl. **1** Poner una cosa al fuego, para que vaya tomando color, sin quemarse. **2** Poner morena o curtir al sol o al viento la piel del cuerpo. **3** Calentar demasiado. || **Irreg.** Se conj. como *contar.* Sin. 1 asar, dorar 2 y 3 torrar.

tostón. m. **1** Cochinillo asado. **2** Garbanzo tostado. **3** Tabarra, lata, pesadez.

total. adj. **1** General, que lo comprende todo en su especie: *esto necesita un cambio total.* **2** Muy bueno: *¡qué día más total!* | m. **3** Totalidad. **4** En mat., cantidad equivalente a dos o más homogéneas. | adv. **5** En suma, en conclusión: *total, que no ocurrió nada.* Sin. 1 completo 2 excelente 4 suma.

totalidad. f. **1** Todo, cosa íntegra. **2** Conjunto de todas las cosas o personas que forman una clase o especie: *la totalidad de los ciudadanos.*

totalitario, ria. adj. Que se basa en el totalitarismo.

totalitarismo. m. Régimen político que concentra la totalidad de los poderes estatales en manos de un grupo o partido que no permite la actuación de otros partidos.

totalitarista. adj. y com. Partidario del totalitarismo.

totalizar. tr. Sacar el total que forman varias cantidades. Sin. sumar.

tótem. m. **1** Ser u objeto de la naturaleza, generalmente un animal, que en la mitología de algunas sociedades se toma como emblema protector. **2** Emblema tallado o pintado que representa estos seres u objetos. **3** Columna o poste con las figuras de dichos seres u objetos que labran los indios de tierras americanas cercanas a Alaska. || pl. *tótems* o *tótemes*.

totovía. f. Pájaro parecido a la alondra, con la cola muy corta y una cresta redondeada.

tótum revolútum. (expr. lat.) m. Conjunto de muchas cosas sin orden. SIN. revoltijo.

tour. (voz fr.) m. **1** Excursión, viaje. **2** Tournée. **3** Nombre de algunas carreras ciclistas.

tournée. (voz fr.) f. **1** Recorrido por diversos lugares por deporte, turismo, etc. **2** Gira artística de un cantante, de una compañía de teatro, etc.: *está de tournée por Francia*.

toxicidad. f. Cualidad de tóxico.

tóxico, ca. adj. y m. Se dice de las sustancias venenosas o que producen efectos negativos en el organismo. SIN. venenoso.

toxicología. f. Parte de la medicina, que trata de las sustancias tóxicas y sus efectos sobre el organismo.

toxicólogo, ga. m. y f. Especialista en toxicología.

toxicomanía. f. Consumo habitual de drogas y dependencia patológica de las mismas. SIN. drogodependencia.

toxicómano, na. adj. y s. Que padece toxicomanía. SIN. drogadicto.

toxina. f. Sustancia elaborada por los seres vivos y que actúa como veneno, produciendo trastornos fisiológicos.

tozudez. f. Cualidad de tozudo.

tozudo, da. adj. y s. Obstinado, testarudo. SIN. terco □ ANT. condescendiente.

tozuelo. m. Cerviz gruesa, carnosa y crasa de un animal.

traba. f. **1** Acción de trabar. **2** Instrumento con que se junta y sujeta una cosa con otra. **3** Impedimento o estorbo: *ponerle trabas a alguien*. SIN. 2 atadura.

trabadero. m. Parte entre los menudillos y la corona del casco de las caballerías.

trabado, da. adj. **1** Se dice del caballo o yegua que tiene blancos la mano derecha y el pie izquierdo, o viceversa. **2** Robusto.

trabajado, da. adj. Se dice de lo que se ha realizado con mucho cuidado y esmero: *es un jarrón muy trabajado*.

trabajador, ra. adj. **1** Que trabaja mucho. | m. y f. **2** Persona que trabaja a cambio de un salario. SIN. 1 laborioso 2 obrero, asalariado.

trabajar. intr. **1** Realizar cualquier actividad, física o intelectual. **2** Tener una ocupación estable, ejercer una profesión, arte u oficio. **3** Estar cumpliendo esta profesión u ocupación: *trabaja de lunes a viernes*. **4** Utilizar un determinado material o comercializar con cierto producto: *esa empresa trabaja con productos químicos*. También tr. **5** Poner fuerza y afán para vencer alguna cosa. **6** Mantener relaciones comerciales con otra persona o empresa. También tr.: *no trabajamos esa marca*. | tr. **7** Ejercitar alguna cosa o insistir sobre ella para perfeccionarla, desarrollarla, etc.: *trabajar el piano*. **8** Dar forma a un material: *trabajar el vidrio*. | **trabajarse.** prnl. **9** Ablandar a alguien o saberle tratar para conseguir algo de él: *se está trabajando al jefe*. SIN. 1 laborar 5 esforzarse 7 practicar.

trabajo. m. **1** Acción de trabajar. **2** Ocupación que ejerce habitualmente una persona a cambio de un salario: *quiere cambiar de trabajo*. **3** Producto de una actividad intelectual, artística, etc.: *presentará su trabajo de investigación*. **4** Esfuerzo humano aplicado a la producción de riqueza. **5** En fís., producto escalar de la fuerza por la distancia que recorre su punto de aplicación. **6** Dificultad o impedimento: *lo encontraron con gran trabajo*. **7 trabajos forzados.** Aquellos que debe realizar el presidiario como parte de la pena de su delito.

trabajoso, sa. adj. Que cuesta o causa mucho esfuerzo. SIN. laborioso.

trabalenguas. m. Palabra o locución difícil de pronunciar, en especial cuando sirve de juego. || No varía en pl.

trabanca. f. Mesa formada por un tablero sobre dos caballetes.

trabanco. m. Palo que se pone a los perros pendiente del collar para que no persigan la caza.

trabar. tr. **1** Juntar una cosa con otra. **2** Poner trabas. **3** Espesar un caldo o una masa. También prnl. | **trabarse.** prnl. **4** Enredarse, atascarse. **5** Entorpecérsele a uno la lengua al hablar. SIN. 1 atar 2 obstaculizar 4 liarse □ ANT. 1 soltar 2 facilitar 3 licuar, aclarar.

trabazón. f. **1** Enlace de dos o más cosas. **2** Conexión de una cosa con otra. SIN. 1 unión 2 relación.

trabilla. f. **1** Tira de tela, cuero, etc., por la que se pasa un cinturón, correa, etc. **2** Tira que llevan atrás algunos abrigos, chaquetas, etc., para que se ajusten a la espalda. **3** Tira de tela o de cuero que pasa por debajo del pie para sujetar los bordes inferiores del pantalón o prendas semejantes.

trabón. m. **1** Argolla fija de hierro, a la cual se atan por un pie los caballos para tenerlos sujetos. **2** Tablón que sujeta la cabeza de la viga prensadora de los lagares de aceite.

trabucar. tr. y prnl. **1** Trastornar el orden correcto de algo. **2** Ofuscar, confundir: *se trabuca al hablar*.

trabucazo. m. Disparo del trabuco, y herida y daño que produce.

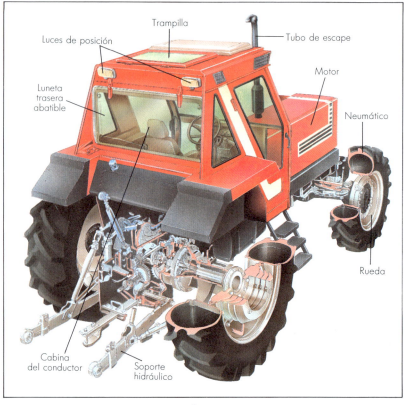

Tractor

trabuco. m. Arma de fuego más corta y de mayor calibre que la escopeta ordinaria y con la boca ensanchada.

trabuquete. m. **1** Catapulta pequeña. **2** Traína pequeña.

traca. f. Serie de petardos que estallan sucesivamente.

tracción. f. Acción de mover o arrastrar una cosa, especialmente vehículos y carruajes: *tracción animal.* **Sin.** arrastre.

tracoma. m. Conjuntivitis granulosa.

tracto. m. **1** Formación anatómica que media entre dos lugares del organismo y realiza una función de conducción: *tracto intestinal.* **2** Haz de fibras nerviosas que tienen el mismo origen y terminación y cumplen la misma función fisiológica.

tractor. m. **1** Que produce tracción. | m. **2** Vehículo automotor cuyas ruedas se adhieren fuertemente al terreno, y se emplea, especialmente, para realizar tareas agrícolas.

tractorista. com. Persona que conduce un tractor.

tradición. f. **1** Comunicación de hechos, noticias, composiciones literarias, doctrinas, costumbres, etc., transmitidas de generación en generación. **2** Conjunto de lo que se transmite de este modo: *tradición literaria.* **Sin.** 1 crónica, leyenda.

tradicional. adj. **1** Relacionado con la tradición, o que se transmite por medio de ella. **2** Tradicionalista. **Ant.** 1 y 2 innovador 2 progresista.

tradicionalismo. m. **1** Apego a antiguas costumbres, ideas, etc. **2** Sistema político que consiste en mantener o restablecer las instituciones antiguas en el régimen de la nación y en la organización social. **3** Doctrina filosófica que pone el origen de las ideas en la revelación divina. **Sin.** 1 y 2 conservadurismo.

tradicionalista. adj. **1** Partidario del tradicionalismo. También com. **2** Relativo a esta doctrina o sistema. **3** Carlista. También com. **Sin.** 1 conservador.

traducción. f. **1** Acción de traducir. **2** Obra del traductor. **3** Interpretación que se da a un texto. **Sin.** 3 sentido.

traducir. tr. **1** Expresar en una lengua lo que está escrito o se ha expresado antes en otra. **2** Explicar, interpretar: *tradúceme lo que has dicho, no te entiendo*. **3** Convertir, transformar. || **Irreg.** Se conj. como *conducir*. **Sin.** 1 verter 3 trocar.

traductor, ra. adj. **1** Que traduce. | m. y f. **2** Persona que se dedica a traducir obras. | f. **3** Máquina electrónica que traduce de un idioma a otro palabras o frases.

traer. tr. **1** Trasladar a una persona o cosa al lugar en donde se habla o que se expresa: *traer una carta*. **2** Tirar hacia sí. **3** Causar, ocasionar: *esto nos traerá un disgusto*. **4** Llevar puesto o consigo: *trae un vestido nuevo*. **5** Tener o poner a alguien en cierto estado o situación: *ese viejo asunto le trae de cabeza*. **6** Contener lo que se expresa un libro, revista u otra publicación: *el periódico trae un artículo magnífico*. **Sin.** 1 conducir 2 atraer 3 acarrear ☐ **Ant.** 1 llevar. || **Irreg.** Conjugación modelo:

Indicativo Pres.: *traigo, traes, trae, traemos, traéis, traen.*
Imperf.: *traía, traías,* etc.
Pret. indef.: *traje, trajiste, trajo, trajimos, trajisteis, trajeron.*
Fut. imperf.: *traeré, traerás,* etc.
Potencial: *traería, traerías,* etc.
Subjuntivo
Pres.: *traiga, traigas, traiga, traigamos, traigáis, traigan.*
Imperf.: *trajera, trajeras,* etc., o *trajese, trajeses,* etc.
Fut. imperf.: *trajere, trajeres,* etc.
Imperativo: *trae, traed.*
Participio: *traído.*
Gerundio: *trayendo.*

---

tráfago. m. **1** Tráfico. **2** Conjunto de negocios y ocupaciones que ocasionan mucha fatiga o molestia.

traficante. adj. y com. Que trafica o comercia.

traficar. intr. Negociar, particularmente con algo ilegal o de forma irregular: *traficar con drogas*. **Sin.** comerciar.

tráfico. m. **1** Acción de traficar. **2** Tránsito de vehículos por calles, carreteras.

trafulcar. tr. Confundir, trabucar.

tragacanto. m. **1** Arbusto papilionáceo, de cuyo tronco y ramas fluye una goma blanquecina muy usada en farmacias y en la industria. **2** Esta misma goma.

tragacete. m. Antigua arma arrojadiza.

tragaderas. f. pl. **1** Faringe. **2** Credulidad: *tener uno buenas tragaderas*. **3** Excesiva tolerancia, especialmente en temas relacionados con la moral. **4** Capacidad para comer y beber mucho.

tragaldabas. com. Persona muy tragona. || No varía en pl. **Sin.** tragón, glotón.

tragaluz. m. Ventana abierta en un techo o en la parte superior de una pared. **Sin.** claraboya.

tragaperras. f. y adj. Máquina que funciona automáticamente, mediante la introducción de una moneda, especialmente la que da premios en juegos de azar. || No varía en pl.

tragar. tr. y prnl. **1** Hacer que una cosa pase de la boca al estómago. **2** Comer vorazmente. **3** Absorber: *las aguas se tragaron la barca*. **4** Dar fácilmente crédito a las cosas: *se tragó el cuento*. **5** Tolerar algo humillante o que disgusta. **6** Absorber, consumir, gastar: *las obras se tragaron más dinero del que creíamos.* | intr. **7** No tener más remedio que admitir o aceptar algo. **8 no tragar** a una persona o cosa. loc. Sentir antipatía hacia ella. **Sin.** 1 deglutir 2 engullir 5 soportar.

tragedia. f. **1** Obra dramática de tema serio cuyo desenlace suele ser desgraciado. **2** Género que constituyen estas obras. **3** Composición lírica destinada a lamentar sucesos desgraciados. **4** Suceso fatal o desgraciado. **Sin.** 1, 2 y 3 drama 4 catástrofe, desgracia.

trágico, ca. adj. **1** Relacionado con la tragedia. **2** Se dice del autor de tragedias y del actor que representa papeles trágicos. **3** Infausto, muy desgraciado.

tragicomedia. f. **1** Poema dramático que tiene condiciones propias de los géneros trágico y cómico. **2** Suceso en la vida real que conjuga ambos aspectos.

tragicómico, ca. adj. **1** Relacionado con la tragicomedia. **2** Que participa de las cualidades de lo trágico y de lo cómico.

trago. m. **1** Porción de líquido que se bebe o se puede beber de una vez. **2** Bebida alcohólica: *tomar un trago*. **3** Situación desafortunada, difícil o apurada: *en la aduana pasamos un mal trago*.

tragonear. tr. Tragar mucho y con frecuencia.

tragón, na. adj. y s. Que come mucho. **Sin.** comilón.

traición. f. **1** Violación de la fidelidad o lealtad que se debe guardar o tener. **2** Delito que se comete contra la patria o contra el Estado, en servicio del enemigo. **3 alta traición.** La cometida contra la soberanía o la seguridad o independencia del Estado. S<small>IN</small>. 1 deslealtad, infidelidad ☐ **A<small>NT</small>.** 1 lealtad.

traicionar. tr. **1** Cometer traición. **2** Ser alguien o algo el motivo de que algo fracase: *le traicionaron los nervios*. **3** Ser infiel una persona a su pareja.

traicionero, ra. adj. y s. **1** Traidor. **2** Que se hace a traición: *una acción traicionera*.

traído, da. adj. Usado, gastado.

traidor, ra. adj. **1** Que comete traición. También s. **2** Que implica o denota traición o falsedad: *ojos traidores*.

tráiler. m. **1** Resumen o avance de una película. **2** Remolque de un automóvil, especialmente el de los camiones de gran tonelaje. ‖ pl. *tráilers*.

trailla. f. **1** Cuerda o correa con que se lleva al perro atado a las cacerías. **2** Tralla. **3** Cogedor grande, arrastrado por caballerías o impulsado por motor, para igualar terrenos.

traína. f. Red de fondo, especialmente para la pesca de sardinas.

trainera. adj. y f. Se dice de la barca alargada y de poco fondo para pescar con traína y que se usa también en competiciones deportivas.

traíña. f. Arte de cerco y jareta que se emplea para la pesca de la sardina, anchoa y otros peces.

trajano, na. adj. Relativo al emperador romano Trajano: *columna trajana*.

traje. m. **1** Vestido completo de una persona. **2** Conjunto masculino de chaqueta, pantalón y a veces chaleco. **3** Vestido peculiar de una clase de personas, de una época o de los naturales de un país: *traje regional*. **4 traje de baño.** Bañador. **5 traje de chaqueta** o **sastre.** Vestido femenino de dos piezas: falda y chaqueta. **6 traje de luces.** El de seda, bordado de oro o plata, con lentejuelas, que usan los toreros. S<small>IN</small>. 1 ropa.

trajear. tr. y prnl. Proveer de traje a alguien.

trajín. m. **1** Acción de trajinar. **2** Actividad o movimiento intensos: *el trajín de la ciudad*.

trajinar. tr. **1** Llevar mercancías de un lugar a otro. | intr. **2** Andar de un lado para otro, trabajando o haciendo cosas. | **trajinarse.** prnl. **3** vulg. Poseer sexualmente a alguien. También tr. e intr.

tralla. f. **1** Trencilla de cordel o de seda que se pone al extremo del látigo para que restalle. **2** Látigo provisto de este cordel.

trallazo. m. **1** Golpe dado con la tralla, y chasquido que produce. **2** En fútbol, disparo muy potente.

trama. f. **1** Conjunto de hilos que, cruzados y enlazados con los de la urdimbre, forman una tela. **2** Disposición interna de una cosa. **3** Argumento de una obra literaria, cinematográfica, etc. **4** Confabulación: *descubrieron la trama de los golpistas*. **5** En biol., conjunto de células y fibras que forman la estructura de un tejido. **6** En fotograbado, retícula que se emplea para descomponer una imagen en puntos. S<small>IN</small>. 3 guión 4 complot.

tramador, ra. adj. y s. Que trama los hilos de un tejido.

tramar. tr. **1** Preparar con astucia un engaño, trampa, etc. **2** Disponer con habilidad la ejecución de una cosa complicada o difícil: *tramaron un plan para escapar*. **3** Atravesar los hilos de la trama por entre los de la urdimbre para tejer la tela. **4** En fotograbado, descomponer una imagen en puntos mediante la trama. S<small>IN</small>. 1 urdir 2 maquinar.

tramitación. f. **1** Acción de tramitar. **2** Serie de trámites necesarios para resolver un asunto.

tramitar. tr. Hacer pasar un negocio por los trámites debidos.

trámite. m. Cada una de las gestiones o diligencias necesarios para resolver un asunto: *ya he resuelto todos los trámites para el ingreso*.

tramo. m. **1** Cada uno de los trechos o partes en que está dividida una superficie, camino, andamio, etc. **2** Parte de una escalera comprendida entre dos descansillos.

tramontana. f. **1** Norte o septentrión. **2** Viento que sopla de esta parte.

tramontano, na. adj. Se dice de lo que está del otro lado de los montes.

tramontar. intr. Pasar del otro lado de los montes: *el Sol ha tramontado*.

tramoya. f. **1** Máquina para simular en el teatro transformaciones o efectos especiales. **2** Conjunto de estas máquinas. **3** Enredo dispuesto con ingenio y disimulo.

tramoyista. com. **1** Persona que construye o dirige las tramoyas de teatro. **2** Operario que las coloca o las hace funcionar. **3** Persona amiga de intrigas y enredos. También adj.

trampa. f. **1** Cualquier sistema o dispositivo para cazar animales sirviéndose del engaño. **2** Plan concebido para engañar a alguien. **3** Puerta en el suelo que comunica con una dependencia inferior. **4** Tablero horizontal y movible de los mostradores de tiendas y bares. **5** Contravención de una ley, norma o regla: *hacer trampas en el juego*. **6** Deuda cuyo pago se demora: *está lleno de trampas*. S<small>IN</small>. 1 cepo 2 estratagema 3 trampilla.

trampear. intr. **1** Vivir sorteando apuros económicos y pidiendo dinero. **2** Vivir o mantenerse trabajosamente una persona.

trampero, ra. m. y f. Persona que pone trampas para cazar.

trampilla. f. Ventanilla en el suelo de las habitaciones altas.

trampolín. m. **1** Plano inclinado y elástico en el que toma impulso el gimnasta. **2** Plataforma elevada para saltar al agua. **3** Plataforma dispuesta en un plano inclinado sobre la que se lanza un esquiador. **4** Persona, cosa o suceso que se aprovecha para ascender o prosperar: *esa película fue su trampolín al éxito*.

tramposo, sa. adj. y s. Que hace trampas en el juego.

tranca. f. **1** Palo grueso y fuerte. **2** Palo con que se aseguran las puertas y ventanas cerradas. **3** Borrachera. **4 a trancas y barrancas.** loc. adv. Con dificultad. Sin. 1 garrote 3 curda.

trancar. tr. **1** Cerrar una puerta con una tranca o un cerrojo. | intr. **2** Dar trancos o pasos largos.

trancazo. m. **1** Golpe que se da con la tranca. **2** Gripe o resfriado fuerte: *tengo un trancazo horrible*.

trance. m. **1** Momento crítico y decisivo. **2** Tiempo próximo a la muerte: *último trance*. **3** Estado en que un médium manifiesta fenómenos paranormales. **4** Estado de suspensión de los sentidos durante el éxtasis místico.

tranco. m. **1** Paso muy largo. **2** Umbral de la puerta.

tranquear. intr. **1** Dar trancos o pasos largos. **2** Remover con trancas o palos.

tranquilidad. f. Cualidad de tranquilo. Sin. calma, paz ☐ Ant. inquietud, barullo.

tranquilizante. adj. y m. Se dice de los fármacos de efecto tranquilizador o sedante.

tranquilizar. tr. y prnl. Poner tranquila a una persona o cosa. Sin. calmar ☐ Ant. inquietar.

tranquillo. m. Hábito especial que se logra a fuerza de repetición y con el que se consigue realizar más fácilmente un trabajo: *cogerle el tranquillo a algo*.

tranquilo, la. adj. **1** Quieto, sosegado. **2** De carácter pacífico: *es un hombre tranquilo, enemigo de discusiones y peleas*. **3** Despreocupado y algo irresponsable. También s. **4** Libre de remordimientos. Ant. 1 inquieto 2 violento 3 consciente 4 culpable.

trans-. pref. **1** Significa 'más allá': *transandino*. **2** Expresa 'cambio': *transformación*. Existe la variante *tras-*.

transacción. f. Acuerdo comercial entre personas o empresas.

transalpino, na. adj. **1** Se dice de las regiones que desde Italia aparecen situadas al otro lado de los Alpes. **2** Relacionado con ellas. También *trasalpino*.

transandino, na. adj. **1** Se dice de las regiones situadas al otro lado de la cordillera de los Andes. **2** Relacionado con ellas. **3** Se dice del tráfico y de los medios de locomoción que atraviesan los Andes. También *trasandino*.

transatlántico, ca. adj. **1** Se dice de las regiones situadas al otro lado del Atlántico. **2** Relacionado con ellas. **3** Se dice del tráfico y de los medios de locomoción que atraviesan el Atlántico. | m. **4** Buque de grandes dimensiones destinado a hacer travesías por mares y océanos. También *trasatlántico*.

transbordador, ra. adj. **1** Que transborda. | m. **2** Barco para el transporte de mercancías, viajeros o vehículos, que circula regularmente entre dos puntos de un río, canal, etc. **3 transbordador espacial.** Nave espacial con forma de avión que despega en vertical y regresa a la Tierra aterrizando como un avión convencional. También *trasbordador*.

transbordar. tr. y prnl. Trasladar efectos o personas de una embarcación a otra, de un tren a otro, o de la orilla de un río a la otra. También *trasbordar*.

transbordo. m. Acción de transbordar, en especial de un tren a otro. También *trasbordo*.

transcribir. tr. **1** Copiar un escrito. **2** Transliterar, escribir con un sistema de caracteres lo que está escrito en otro. **3** Representar elementos fonéticos, fonológicos, léxicos o morfológicos de una lengua o dialecto mediante un sistema de escritura. También *trascribir*. Su p. p. es irreg.: *transcrito*.

transcripción. f. Acción de transcribir. También *trascripción*.

Transbordador espacial Atlantis

transcurrir – transitoriedad

transcurrir. intr. Pasar, correr el tiempo: *transcurrieron los meses*. También *trascurrir*.

transcurso. m. **1** Acción de transcurrir. **2** Período de tiempo: *llegará en el transcurso de un año*. También *trascurso*.

transeúnte. adj. y com. **1** Que transita o camina por un lugar. **2** Que está de paso, que reside transitoriamente en un sitio. **SIN.** 1 peatón, viandante 2 pasajero.

transexual. adj. y com. Persona que posee un sentimiento acusado de pertenecer al sexo opuesto, que se cristaliza en el deseo de transformación corporal.

transexualidad. f. Cualidad o condición de transexual.

transferencia. f. **1** Acción de transferir. **2** Operación por la que se transfiere una cantidad de una cuenta bancaria a otra. También *trasferencia*.

transferible. adj. Que puede ser transferido o traspasado. También *trasferible*.

transferir. tr. **1** Pasar o llevar una cosa de un lugar a otro. **2** Ceder a otro el derecho o dominio que se tiene sobre una cosa. **3** Remitir fondos bancarios de una cuenta a otra. **4** Extender o trasladar el sentido de una voz para que signifique figuradamente una cosa distinta. También *trasferir*. ‖ **Irreg.** Se conj. como *sentir*. **SIN.** 1 trasladar 3 traspasar.

transfiguración. f. **1** Acción de transfigurar. **2** Por ant., la de Jesucristo. También *trasfiguración*.

transfigurar. tr. y prnl. Hacer cambiar de forma o aspecto a una persona o cosa: *al sonreír se transfigura*. También *trasfigurar*.

transformación. f. Acción de transformar. ‖ También *trasformación*. **SIN.** cambio.

transformador, ra. adj. y s. **1** Que transforma. ǀ m. **2** Aparato eléctrico para convertir la corriente de alta tensión y débil intensidad en otra de baja tensión y gran intensidad, o viceversa. También *trasformador*.

transformar. tr. y prnl. **1** Hacer cambiar de forma a una persona o cosa. **2** Transmutar una cosa en otra. **3** Hacer cambiar de costumbres a una persona. También *trasformar*. **SIN.** 1 modificar 2 cambiar 3 alterar.

transformativo, va. adj. Que tiene virtud o fuerza para transformar. También *trasformativo*.

transformismo. m. **1** Doctrina según la cual los caracteres típicos de las especies animales y vegetales no son por naturaleza fijos e inmutables, sino que pueden variar por la acción de diversos factores intrínsecos y extrínsecos. **2** Actividad y espectáculo del transformista. También *trasformismo*. **SIN.** 1 evolucionismo.

transformista. adj. **1** Relativo al transformismo. ǀ com. **2** Artista que cambia rapidísimamente de traje y aspecto para imitar a muchos personajes. También *trasformista*.

tránsfuga. com. **1** Persona que pasa huyendo de una parte a otra. **2** Persona que pasa de un partido a otro. También *trásfuga, tránsfugo* y *trásfugo*.

transfundir. tr. **1** Echar un líquido poco a poco de un vaso a otro. **2** Comunicar una cosa entre diversas personas sucesivamente. También prnl. También *trasfundir*.

transfusión. f. Operación que consiste en hacer pasar cierta cantidad de sangre de un individuo a otro. También *trasfusión*.

transgredir. tr. Quebrantar, violar un precepto o ley. También *trasgredir*. ‖ **Defect.** Se conj. como *abolir*. **SIN.** infringir ▢ **ANT.** cumplir.

transgresión. f. Acción de transgredir. También *trasgresión*.

transgresor, ra. adj. y s. Que transgrede. También *trasgresor*.

transiberiano, na. adj. Se dice del tráfico y de los medios de locomoción que atraviesan Siberia.

transición. f. **1** Acción de pasar de un estado o modo de ser a otro distinto. **2** Paso de una idea o materia a otra. **3** Cambio de tono y expresión. **4** En España, período que comprende desde 1975, año de la muerte de Franco, hasta 1978, fecha de la proclamación de la nueva Constitución.

transido, da. adj. Muy angustiado o abatido por un sufrimiento, penalidad, etc.: *transido de dolor*.

transigencia. f. **1** Cualidad de transigente. **2** Lo que se hace o consiente transigiendo.

transigente. adj. y com. Que transige. **SIN.** tolerante ▢ **ANT.** intransigente.

transigir. intr. y tr. Consentir en parte con lo que no se cree justo, razonable o verdadero. **SIN.** aceptar, tolerar ▢ **ANT.** oponerse.

transistor. m. **1** Dispositivo electrónico constituido por un pequeño bloque de materia semiconductora, que cuenta con tres electrodos: emisor, colector y base. **2** Aparato de radio.

transitar. intr. Pasar por vías o parajes públicos.

transitivo. adj. Se dice del verbo que necesita de un objeto directo para completar su significado, como p. ej. *tener*; se dice también de la oración construida con estos verbos. **ANT.** intransitivo.

tránsito. m. **1** Acción de transitar. **2** Movimiento de personas, vehículos, etc., que van de un lugar a otro. **3** En conventos, seminarios, etc., pasillo o corredor. **4** En la religión católica, muerte de las personas santas o de vida virtuosa. **5** Con mayúscula, fiesta con que la Iglesia católica conmemora la muerte de la Virgen María, el 15 de agosto.

transitoriedad. f. Cualidad de transitorio.

transitorio, ria. adj. **1** Pasajero, temporal. **2** Caduco, perecedero, fugaz. **Ant.** 1 definitivo 1 y 2 permanente.

transliteración. f. Acción de transliterar. También *trasliteración*.

transliterar. tr. Representar los signos de un sistema de escritura mediante los signos de otro. También *trasliterar*.

translúcido, da. adj. Traslúcido.

transmediterráneo, a. adj. Se dice del comercio y de los medios de locomoción que atraviesan el Mediterráneo. También *trasmediterráneo*.

transmigrar. intr. **1** Pasar de un país a otro para establecerse en él. **2** Pasar un alma de un cuerpo a otro, según la teoría de la metempsicosis. También *trasmigrar*.

transmisión. f. **1** Acción de transmitir. **2** Conjunto de mecanismos que comunican el movimiento de un cuerpo a otro, alterando generalmente su velocidad, su sentido o su forma: *la transmisión de un coche.* | pl. **3** Servicio de un ejército encargado de los enlaces. También *trasmisión*.

transmisor, ra. adj. y s. **1** Que transmite o puede transmitir. | m. **2** Aparato telegráfico o telefónico que sirve para producir las ondas hertzianas que han de actuar en el receptor. **3** Aparato que sirve para transmitir órdenes relativas al movimiento de las máquinas, en maniobras de barcos o ferroviarias. **4** Aparato que transforma una onda acústica en onda eléctrica, o produce señales para ser transmitidas por cable, mediante onda electromagnética. También *trasmisor*.

transmitir. tr. **1** Hacer llegar a alguien algún mensaje. **2** Comunicar una noticia por telégrafo o teléfono o cualquier otro medio de comunicación. **3** Difundir una estación de radio y televisión, programas, espectáculos, etc. **4** Trasladar, transferir. **5** Comunicar estados de ánimo o sentimientos: *nos transmitió su euforia.* **6** Comunicar el movimiento de una pieza a otra en una máquina. También prnl. **7** Ceder o traspasar a otro un derecho u otra cosa. También *trasmitir*. **Sin.** 1 y 2 enviar 3 retransmitir.

transmutar. tr. y prnl. Cambiar o convertir una cosa en otra. También *trasmutar*. **Sin.** transformar.

transoceánico, ca. adj. **1** Que está situado al otro lado del océano. **2** Que atraviesa un océano. También *trasoceánico*.

transparencia. f. **1** Cualidad de transparente. **2** Diapositiva. También *trasparencia*.

transparentarse. prnl. **1** Dejarse ver la luz u otra cosa a través de un cuerpo transparente. **2** Ser transparente un cuerpo. **3** Dejarse descubrir o adivinar algo: *la alegría se transparentaba en sus ojos.* También *trasparentarse*.

transparente. adj. **1** Se dice del cuerpo a través del cual pueden verse los objetos con claridad. **2** Traslúcido. **3** Que se deja adivinar o vislumbrar sin declararse o manifestarse. | m. **4** Ventana de cristales que ilumina y adorna el fondo de un altar. También *trasparente*. **Sin.** 3 claro ⬜ **Ant.** 1 y 2 opaco.

transpirable. adj. Se dice de lo que puede transpirar o transpirarse. También *traspirable*.

transpiración. f. **1** Acción de transpirar. **2** Salida de vapor de agua, que se efectúa a través de las membranas de las células superficiales de las plantas, y especialmente por los estomas. También *traspiración*.

transpirar. intr. y tr. **1** Expulsar un líquido a través de los poros de la piel, y especialmente el sudor. También prnl. **2** Destilar una cosa agua a través de sus poros. **3** Dejar pasar el sudor un determinado tejido. También *traspirar*. **Sin.** 1 y 2 sudar.

transpirenaico, ca. adj. **1** Se dice de las regiones situadas al otro lado de los Pirineos. **2** Relativo a ellas. **3** Se dice del comercio y de los medios de locomoción que atraviesan los Pirineos. También *traspirenaico*.

transponer. tr., intr. y prnl. Trasponer.

transportador, ra. adj. y s. **1** Que transporta. | m. **2** Círculo graduado que sirve para medir o trazar los ángulos de un dibujo geométrico. También *trasportador*.

transportar. tr. **1** Llevar a alguien o algo de un lugar a otro. **2** Entusiasmar, extasiar. También prnl. También *trasportar*. **Sin.** 1 trasladar.

transporte. m. **1** Acción de transportar. **2** Vehículo utilizado para transportar personas o cosas. También *trasporte*. **Sin.** 1 acarreo, traslado.

transportista. com. Persona que se dedica a hacer transportes. También *trasportista*.

transposición. f. Trasposición.

transuránico, ca o **transuránido, da.** adj. Se dice de los elementos químicos situados en la tabla periódica después del uranio.

transustanciación. f. Conversión total de una sustancia en otra. Se usa especialmente hablando del pan y el vino convertidos en el cuerpo y sangre de Cristo en la Eucaristía.

transustancial. adj. Que se transustancia.

transustanciar. tr. y prnl. Convertir totalmente una sustancia en otra.

transvasar. tr. Trasvasar.

transvase. m. Trasvase.

transverberación. f. Acción de herir atravesando de lado a lado. También *trasverberación*.

transversal. adj. **1** Que se halla o se extiende atravesado de un lado a otro. **2** Que se aparta o desvía de la dirección principal o recta. | f. **3** Calle transversal. También *trasversal*.

transverso, sa. adj. Colocado o dirigido al través. También *trasverso*.

tranvía. m. Vehículo de tracción eléctrica, para el transporte de viajeros, que circula sobre raíles en el interior de una ciudad.

tranviario, ria. adj. **1** Relacionado con los tranvías. | m. y f. **2** Persona empleada en el servicio de tranvías.

trapa. f. Monasterio trapense. ‖ Suele escribirse con mayúscula.

trapacería. f. **1** Artificio engañoso e ilícito con que se perjudica y defrauda a una persona en alguna compra, venta o cambio. **2** Fraude, engaño.

trapajoso, sa. adj. **1** Roto, desaseado. **2** Se dice de la lengua o de la persona que pronuncia confusamente las palabras. **Ant.** 1 pulcro, elegante.

trápala. f. **1** Ruido, confusión de gente. **2** Ruido acompasado del trote o galope de caballo. **3** Embuste, engaño. | com. **4** Persona que habla mucho y sin interés.

trapalear. intr. **1** Hacer ruido con los pies andando de un lado a otro. **2** Decir o hacer cosas sin interés.

trapaza. f. Trapacería.

trapecio. m. **1** Barra horizontal suspendida de dos cuerdas por sus extremos y que sirve para ejercicios gimnásticos. **2** Cuadrilátero irregular que tiene paralelos solamente dos de sus lados, los cuales se llaman bases. **3** Hueso del carpo. **4** Cada uno de los dos músculos que se extienden desde el occipucio hasta los respectivos omóplatos y las vértebras dorsales.

trapecista. com. Gimnasta o artista de circo que realiza ejercicios en el trapecio.

trapense. adj. y com. De la orden de la Trapa.

trapería. f. **1** Conjunto de muchos trapos. **2** Sitio donde se venden trapos y otros objetos usados.

trapero, ra. m. y f. **1** Persona que tiene por oficio recoger, comprar y vender trapos y otros objetos usados. **2** Persona sucia o mal vestida. También adj. **Sin.** 1 chamarilero.

trapezoide. m. **1** Cuadrilátero irregular que no tiene ningún lado paralelo a otro, ni lados ni ángulos iguales. **2** Hueso del carpo.

trapiche. m. Molino para extraer el jugo de algunos frutos de la tierra, como la aceituna o la caña de azúcar.

trapichear. intr. **1** Ingeniarse, buscar medios, no siempre lícitos, para lograr algún fin. **2** Comerciar con cosas poco importantes.

trapicheo. m. Acción de trapichear.

trapichero, ra. m. y f. Persona que trapichea.

trapío. m. **1** Gracia o garbo de algunas mujeres. **2** Buena planta y gallardía del toro de lidia.

trapisonda. f. **1** Bulla, riña, alboroto. **2** Embrollo, enredo.

trapisondista. com. Persona que arma trapisondas o anda en ellas.

trapo. m. **1** Pedazo de tela desechado por viejo, por roto o por inútil. **2** Paño utilizado en las tareas domésticas. **3** Vela de una embarcación: *soltar el trapo.* **4** Capote que usa el torero en la lidia. | pl. **5** Prendas de vestir, especialmente de la mujer. **6 trapos sucios.** Defectos o asuntos poco claros de una persona o cosa. **7 a todo trapo.** loc. adv. A toda vela, a toda velocidad. **8 como** o **hecho un trapo.** loc. adv. Muy cansado o abatido. **9** Humillado o avergonzado.

traque. m. **1** Estallido del cohete. **2** Guía de pólvora fina que une las partes de un fuego de artificio. **3** Ventosidad con ruido.

tráquea. f. En los vertebrados de respiración pulmonar, conducto que va de la faringe a los bronquios, que en el hombre está situado delante del esófago.

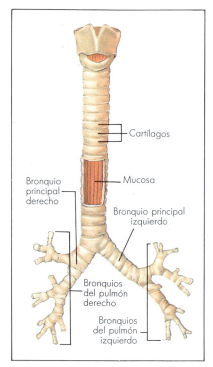

Tráquea

traqueal. adj. **1** Relacionado con la tráquea. **2** Se dice del animal que respira por medio de tráqueas.

traqueotomía. f. Abertura que se hace artificialmente en la tráquea para facilitar la respiración a ciertos enfermos.

traquetear. intr. Moverse algunas cosas agitándose y haciendo un ruido característico, p. ej., algunos vehículos.

traqueteo. m. **1** Ruido continuo del disparo de los cohetes, en los fuegos artificiales. **2** Movimiento de una persona o cosa que se golpea al transportarla de un lugar a otro; y ruido que produce.

tras. prep. **1** Después de, a continuación de, aplicado al espacio o al tiempo: *tras este tiempo vendrá otro mejor.* **2** En busca o seguimiento de: *se fue deslumbrado tras los honores.* **3** Detrás de, en situación posterior: *se escondió tras la puerta.*

trasatlántico, ca. adj. y s. Transatlántico.

trascendencia. f. **1** Importancia o valor de algo. **2** Consecuencia grave de algo: *el accidente no tuvo trascendencia.* También *transcendencia.*

trascendental. adj. **1** De mucha importancia o valor. **2** Que se comunica o extiende a otras cosas. **3** Se dice de lo que traspasa los límites de la ciencia experimental. También *transcendental.* **Ant.** 1 insignificante.

trascendente. adj. Que trasciende. También *transcendente.*

trascender. intr. **1** Empezar a ser conocido o sabido algo que estaba oculto: *trascender una noticia.* **2** Extender o comunicarse los efectos de unas cosas a otras, produciendo consecuencias. **3** Ir más allá, sobrepasar cierto límite. También tr. | tr. **4** Averiguar alguna cosa: *no consigo trascender sus intenciones.* También *transcender.* || **Irreg.** Se conj. como *entender.* **Sin.** 1 divulgarse 2 propagarse 4 comprender ◻ **Ant.** 1 ignorarse 2 ceñirse.

trascordarse. prnl. Perder la noticia puntual de una cosa, por olvido o por confusión con otra. || **Irreg.** Se conj. como *contar.*

trascribir. tr. Transcribir.

trascurrir. tr. Transcurrir.

trasdós. m. **1** Superficie exterior convexa de un arco o bóveda. **2** Pilastra que está inmediatamente detrás de una columna.

trasegar. tr. **1** Trastornar, revolver. **2** Cambiar un líquido de una vasija a otra. **3** Tomar bebidas alcohólicas. || **Irreg.** Se conj. como *acertar.*

trasero, ra. adj. **1** Que está, se queda o viene detrás. | m. **2** Culo, asentaderas. | f. **3** Parte posterior de algo.

trasfondo. m. Lo que está o parece estar más allá del fondo visible de una cosa o detrás de la apariencia o intención de una acción: *se notaba un trasfondo de amargura en sus palabras.*

trasgo. m. **1** Duende, espíritu enredador. **2** Niño revoltoso.

trashumancia. f. Acción de trashumar.

trashumante. adj. y com. Que trashuma.

trashumar. intr. Pasar el ganado desde las dehesas de invierno a las de verano, y viceversa.

trasiego. m. **1** Acción de trasegar. **2** Ajetreo: *el trasiego de la mudanza nos ha dejado agotados.* **Ant.** 2 calma.

traslación. f. **1** Acción de trasladar o trasladarse. **2** Movimiento de la Tierra alrededor del Sol. **3** Metáfora. También *translación.*

trasladar. tr. **1** Llevar o cambiar una persona o cosa de un lugar a otro. También prnl. **2** Hacer pasar a una persona de un puesto o cargo a otro de la misma categoría: *le han trasladado a la nueva sucursal.* **3** Cambiar la fecha de celebración de un acto. **4** Traducir de una lengua a otra. **Sin.** 1 transportar 2 destinar 3 aplazar.

traslado. m. **1** Acción de trasladar. **2** Comunicación que se da a alguna de las partes que litigan, de las pretensiones o alegatos de la otra.

traslaticio, cia. adj. Se dice del sentido que toma un vocablo, distinto del suyo recto o más corriente. También *translaticio.* **Sin.** figurado.

traslativo, va. adj. Que transfiere. También *translativo.*

traslúcido, da o **trasluciente.** adj. Se dice del cuerpo que deja pasar la luz, pero a través del cual no pueden apreciarse claramente los objetos situados detrás de él. También *translúcido* y *transluciente.* **Ant.** opaco.

traslucir. tr. y prnl. **1** Permitir algo que a través de ello se deduzca o perciba otra cosa: *su sonrisa traslucía amargura.* | **traslucirse.** prnl. **2** Verse algo a través de un cuerpo traslúcido. También *translucir.* || **Irreg.** Se conj. como *lucir.* **Sin.** 1 denotar 2 transparentarse.

trasluz. m. **1** Luz que pasa a través de un cuerpo traslúcido. **2 al trasluz.** loc. adv. Puesto el objeto entre la luz y el ojo, para que se trasluzca.

trasmallo. m. Arte de pesca formado por tres redes superpuestas, de las que la más tupida es la central.

trasmano (a). loc. adv. Fuera del alcance habitual o de los caminos frecuentados.

trasmocho, cha. adj. **1** Se dice del árbol descabezado para que produzca brotes. También m. **2** Se dice del monte cuyos árboles han sido descabezados.

trasnochado, da. adj. Anticuado o pasado de moda. **Ant.** actual, vigente.

trasnochar. intr. Pasar uno la noche, o gran parte de ella, sin dormir.

traspapelar. tr. y prnl. Perder un papel o documento por estar mal colocado entre otros.

traspasar. tr. **1** Atravesar de parte a parte, especialmente con un arma o instrumento. **2** Pasar adelante, hacia otra parte o a otro lado: *traspasar un arroyo*. **3** Ceder a alguien el derecho o dominio que se tiene sobre algo: *traspasar un negocio*. **4** Quebrantar un precepto, norma, etc.: *traspasar el límite de velocidad*. **5** Hacerse sentir intensamente un dolor físico o moral. **Sin.** 2 cruzar 3 renunciar 4 transgredir.

traspaso. m. Acción de traspasar, en especial un local o negocio.

traspié. m. **1** Resbalón, tropezón. **2** Equivocación o indiscreción.

trasplantar. tr. **1** Trasladar plantas del sitio en que están arraigadas y plantarlas en otro. **2** Insertar en un cuerpo humano o de animal un órgano sano o parte de él, procedente de otro individuo. **3** Introducir en un país o lugar ideas, costumbres, etc., procedentes de otro. También prnl. También *transplantar*. **Sin.** 2 y 3 implantar.

trasplante. m. **1** Acción de trasplantar. **2** Intervención que consiste en implantar a un ser vivo alguna parte orgánica procedente de otro individuo o del mismo. También *transplante*.

trasponer. tr., intr. y prnl. **1** Poner a alguien o algo en lugar distinto del que ocupaba. **2** Pasar al otro lado de un lugar: *trasponer un límite*. **3** Ocultarse el Sol. | **trasponerse.** prnl. **4** Quedarse medio dormido. También *transponer*. || **Irreg.** Se conj. como *poner*. **Sin.** 1 trasladar 2 cruzar 4 adormecerse ☐ **Ant.** 3 despejar 4 espabilarse.

trasportín. m. **1** Soporte de una bicicleta o motocicleta para llevar cargas pequeñas. **2** Traspuntín.

trasposición. f. **1** Acción de trasponer o trasponerse. **2** Figura retórica que consiste en alterar el orden normal de las voces en la oración. También *transposición*. **Sin.** 2 hipérbaton.

traspunte. com. Persona encargada en el teatro de avisar a los actores de cuándo han de salir a escena, apuntándoles además las primeras palabras que deben decir. **Sin.** apuntador.

traspuntín. m. Asiento suplementario y plegable de algunos coches.

trasquilar. tr. **1** Cortar el pelo de forma desigual. También prnl. **2** Cortar el pelo o la lana a algunos animales. **Sin.** 1 pelar 2 esquilar.

trastabillar. intr. **1** Dar traspiés o tropezones. **2** Tambalear, vacilar, titubear. **3** Tartamudear.

trastada. f. **1** Faena, mala pasada. **2** Travesura.

trastajo. m. Mueble o utensilio inútil. **Sin.** trasto.

trastazo. m. Golpe, porrazo.

traste. m. **1** Cada uno de los resaltos de metal o hueso que se colocan en el mástil de la guitarra u otros instrumentos semejantes. **2 dar al traste con** una cosa. loc. Destruirla, echarla a perder. **3 irse** algo **al traste.** loc. Fracasar, arruinarse.

trastear. tr. **1** Poner los trastes a un instrumento. **2** Pisar las cuerdas de los instrumentos de trastes.

trastear. intr. **1** Cambiar trastos de una parte a otra. **2** Hacer travesuras. | tr. **3** Dar el espada al toro pases de muleta. **4** Manejar con habilidad un asunto. **Sin.** 1 revolver 2 enredar.

trastejar. tr. **1** Reponer o poner bien las tejas de un edificio. **2** Repasar, arreglar.

trastejo. m. **1** Acción de trastejar las tejas de un edificio. **2** Movimiento continuo y sin orden.

trasteo. m. Acción de trastear.

trastero, ra. adj. y m. Se dice de la habitación destinada para guardar trastos. **Sin.** desván.

trastienda. f. **1** Cuarto o pieza situados detrás de la tienda. **2** Cautela o reserva en el modo de proceder: *actúa con trastienda*.

trasto. m. **1** Cualquiera de los muebles o utensilios de una casa. **2** Cosa o mueble viejos o inútiles. **3** Bastidor o artificio que forma parte de la decoración del teatro. **4** Persona muy inquieta o enredadora; se aplica especialmente a los niños. | pl. **5** Utensilios o herramientas de alguna actividad: *los trastos de pescar*. **6 tirarse los trastos a la cabeza.** loc. Discutir violentamente dos o más personas. **Sin.** 1 cachivache.

trastocar. tr. y prnl. **1** Revolver. | **trastocarse.** prnl. **2** Enloquecer. || **Irreg.** Se conj. como *contar*. **Sin.** 1 alterar 2 perturbar ☐ **Ant.** 1 ordenar.

trastornar. tr. **1** Inquietar, alterar a alguien. También prnl.: *se trastornó mucho al saberlo*. **2** Desordenar. También prnl. **3** Causar molestia: *a mí no me trastorna ir a buscarle*. **Sin.** 1 perturbar 2 trastocar 3 molestar ☐ **Ant.** 1 tranquilizar 2 ordenar.

trastorno. m. **1** Acción de trastornar. **2** Enfermedad o alteración en la salud: *trastorno mental*.

trastrabado, da. adj. Se dice del caballo o yegua que tiene blancos la mano izquierda y el pie derecho, o viceversa.

trastrabillar. intr. **1** Trabarse la lengua al hablar. **2** Tropezar. **Sin.** 1 tartajear.

trastrocar. tr. y prnl. Cambiar unas cosas por otras, o confundirlas con ellas: *trastrueca todo lo que dije*. || **Irreg.** Se conj. como *contar*.

trasunto. m. **1** Copia o traslado que se saca del original. **2** Figura o representación que imita fielmente una cosa. **Sin.** 1 remedo ☐ **Ant.** 1 original.

trasvasar. tr. Pasar una cosa de un lugar a otro, especialmente un líquido. También *transvasar*.

trasvase. m. **1** Acción de trasvasar. **2** Conjunto de obras destinadas a la canalización del agua de un río a otro. También *transvase*.

trata. f. **1** Tráfico o comercio con personas. **2 trata de blancas.** Tráfico con mujeres jóvenes, para dedicarlas a la prostitución.

tratable. adj. **1** Que se puede o deja tratar fácilmente. **2** Cortés, razonable y amable: *el jefe es muy tratable*. **Sin.** 1 y 2 sociable.

tratadista. com. Autor que escribe tratados sobre una materia determinada.

tratado. m. **1** Convenio, conclusión de un negocio: *un tratado entre gobiernos*. **2** Escrito o discurso sobre una materia determinada, generalmente extenso y profundo. **Sin.** 1 trato, acuerdo 2 estudio.

tratamiento. m. **1** Acción de tratar. **2** Título de cortesía, como, p. ej., *señor* o *excelencia*. **3** Sistema o método para curar enfermedades: *tratamiento hidroterápico*. **4** Procedimiento empleado en la elaboración o transformación de un producto.

tratante. adj. **1** Que trata. | com. **2** Persona que se dedica a comprar géneros para revenderlos: *tratante de ganado*.

tratar. tr. **1** Portarse con alguien de una determinada manera. También prnl. **2** Cuidar bien o mal una cosa. **3** Tener relación con alguien. También intr. y prnl.: *hace años que se tratan*. **4** Dar un tratamiento: *le trató de usted*. **5** Someter a una persona o cosa a cierto tratamiento, acción, proceso, etc.: *tratar los metales*. **6** Discutir un asunto: *la conferencia trató de Cervantes*. | intr. **7** Procurar el logro de algún fin: *trata de vivir bien*. **8** Comerciar: *tratar en ganado*. **9** Referirse a cierto tema u ocuparse de él un escrito, discurso, etc. También prnl.: *¿qué te preocupa? ¿se trata del trabajo?* **Sin.** 2 atender 3 relacionarse 7 intentar.

trato. m. **1** Acción de tratar o tratarse. **2** Ajuste o convenio. **3** Tratamiento de cortesía. **4 trato hecho.** loc. Fórmula con que se da por definitivo un acuerdo o convenio. **Sin.** 2 pacto □ **Ant.** 2 desacuerdo.

trauma. m. **1** Traumatismo. **2** Choque o sentimiento emocional que deja una impresión duradera en el subconsciente.

traumático, ca. adj. **1** Relacionado con el traumatismo. **2** Relacionado con el trauma emocional, o que lo provoca.

traumatismo. m. Lesión interna o externa de los tejidos.

traumatizar. tr. y prnl. Causar un trauma emocional: *le traumatizó la noticia*.

traumatología. f. Parte de la medicina referente a los traumatismos y sus efectos.

traumatológico, ca. adj. Relacionado con la traumatología.

traumatólogo, ga. m. y f. Especialista en traumatología.

trávelin. m. Técnica cinematográfica que consiste en seguir el objeto con una cámara móvil, acercándola o alejándola de él.

travelling. (voz ingl.) m. Trávelin.

través. m. **1** Inclinación o torcimiento: *se sentó de través*. **2** Desgracia, fatalidad. **3 a través de.** loc. adv. Por medio de, por conducto de: *lo consiguió a través de un amigo*. **4** Por entre: *a través de la muchedumbre*.

travesaño. m. **1** Pieza que atraviesa de una parte a otra. **2** Pieza que forma cada uno de los peldaños de las escaleras portátiles.

travesear. intr. Andar inquieto o revoltoso de una parte a otra. **Sin.** enredar.

travesero, ra. adj. **1** Se dice de lo que se pone de través. | m. **2** Travesaño, almohada.

travesía. f. **1** Callejuela que atraviesa entre calles principales. **2** Parte de una carretera comprendida dentro del casco de una población. **3** Viaje, particularmente el que se realiza en un barco o en un avión. **Sin.** 3 recorrido, ruta, crucero.

travestí o **travesti.** com. **1** Travestido. **2** Transexual.

travestido, da. adj. y s. Que se viste con ropa del sexo contrario al suyo; p. ej., cuando lo hace formando parte de un espectáculo.

travestirse. prnl. Vestirse una persona con la ropa del sexo contrario. ‖ **Irreg.** Se conj. como *pedir*.

travestismo. m. Tendencia a vestirse con ropas del sexo opuesto y a adoptar gestos y actitudes propias de éste, para obtener placer sexual.

travesura. f. Acción con la que se causa algún daño o perjuicio de poca importancia y que realiza alguien, generalmente un niño, por divertirse o jugar. **Sin.** trastada.

traviesa. f. **1** Madero o pieza que se atraviesa en una vía férrea para asentar sobre ella los rieles. **2** Cualquiera de los cuchillos de armadura que sirven para sostener un tejado.

travieso, sa. adj. **1** Inquieto, revoltoso; se dice comúnmente de los niños. **2** Pícaro o malicioso: *una cara traviesa*. **Sin.** 1 bullicioso, retozón.

trayecto. m. **1** Espacio que se recorre. **2** Acción de recorrerlo: *nos perdimos en el trayecto*.

trayectoria. f. **1** Línea descrita en el espacio por un punto en movimiento. **2** Curso o dirección que sigue alguien o algo al desplazarse. **3** Curva que traza un proyectil al ser lanzado o en su movimiento. **4** Hablando de cosas inmateriales, dirección o evolución: *la trayectoria de su vida ha sido bien sencilla*.

traza. f. **1** Planta o diseño para la construcción de

trazado – tren

un edificio u otra obra. **2** Aspecto o apariencia de alguien o algo: *esas nubes no tienen buena traza*.

trazado, da. m. **1** Acción de trazar. **2** Traza, diseño. **3** Recorrido o dirección de un camino, canal, línea ferroviaria, carretera, etc.

trazar. tr. **1** Hacer trazos. **2** Diseñar el plano de un edificio o la traza de otra obra. **3** Dibujar los rasgos característicos de una persona o cosa. S<small>IN</small>. 1 dibujar 2 delinear 3 describir.

trazo. m. **1** Línea, raya. **2** Parte de la letra manuscrita. **3** Línea que constituye la forma o el contorno de algo.

trébedes. f. pl. Triángulo de hierro con tres pies, que sirve para poner al fuego sartenes, cazuelas, etc.

trebejo. m. **1** Utensilio, instrumento. Más en pl. **2** Juguete. **3** Cada una de las piezas del juego de ajedrez.

trébol. m. **1** Planta herbácea papilionácea, de flores blancas o moradas, que se cultiva como planta forrajera. **2** Uno de los palos de la baraja francesa. Más en pl.

trebolar. m. Terreno poblado de trébol.

trece. adj. **1** Diez y tres. También m. **2** Decimotercero. | m. **3** Conjunto de signos con que se representa este número. **4 mantenerse**, o **seguir** uno **en sus trece.** loc. Obstinarse en una cosa o mantener a todo trance su opinión.

treceavo, va. adj. y m. Se dice de cada una de las trece partes iguales en que se divide un todo.

trecén. m. Decimotercera parte del valor de las cosas vendidas que se pagaba al señor jurisdiccional.

trecho. m. Espacio de lugar o tiempo.

trefilar. tr. Pasar un metal por la hilera para hacer alambre, varilla o hilo más delgado.

tregua. f. **1** Suspensión de hostilidades, por tiempo determinado, entre partes beligerantes. **2** Interrupción temporal de algo.

treinta. adj. **1** Tres veces diez. También m. **2** Trigésimo. | m. **3** Conjunto de signos con que se representa este número.

treintavo, va. adj. y m. Se dice de cada una de las treinta partes en que se divide un todo.

treintena. f. Conjunto de treinta unidades.

trematodo, da. adj. y m. **1** Se dice de los gusanos platelmintos que viven parásitos en otros animales. | m. pl. **2** Orden de estos animales.

tremebundo, da. adj. Horrendo, que hace temblar. S<small>IN</small>. terrible.

tremedal. m. Terreno pantanoso que tiembla cuando se anda sobre él.

tremendismo. m. **1** Sensacionalismo. **2** Corriente estética desarrollada en España en el s. xx, que se

Trébol en flor

caracteriza por la exagerada expresión de los aspectos más crudos de la realidad.

tremendista. adj. **1** Sensacionalista. También com. **2** Se dice de la obra o el artista encuadrados en el tremendismo.

tremendo, da. adj. **1** Muy grande. **2** Digno de ser temido. S<small>IN</small>. 1 desmesurado 2 temible.

trementina. f. Resina de los pinos, abetos, alerces y terebintos. Es muy aromática y se usa en industria y en medicina.

tremó. m. Marco que se pone a los espejos que están fijos en la pared.

tremolar. tr. e intr. Enarbolar los pendones, banderas o estandartes, moviéndolos en el aire. S<small>IN</small>. ondear.

tremolina. f. **1** Movimiento ruidoso del aire. **2** Bulla, griterío: *se armó la tremolina*. S<small>IN</small>. 2 confusión.

trémolo. m. Sucesión rápida de muchas notas musicales iguales, de la misma duración.

tremulante, tremulento, ta o **trémulo, la.** adj. **1** Que tiembla. **2** Se dice de las cosas que tienen un movimiento semejante al temblor, como la luz. S<small>IN</small>. 1 tembloroso.

tren. m. **1** Transporte formado por una serie de vagones enlazados o articulados unos tras otros y arrastrados por una locomotora. **2** Modo de vida de una persona, especialmente si está rodeada de lujos y comodidades, realiza muchas actividades, etc.: *no puedo seguir este tren de vida* **3** Marcha, ritmo: *vamos a buen tren*. **4 tren de aterrizaje.** Dispositivo de aterrizaje de un avión. **5 a todo tren.** loc. adv. Con gran lujo y comodidad. **6** Con la máxima velocidad. **7 estar como un tren.** loc. Tener buen tipo una persona, ser muy atractiva. **8 para parar un tren.** loc. Mucho o muchos: *había gente para parar un tren*.

trena. f. Cárcel, prisión.
trenca. f. Abrigo corto con capucha.
trencilla. f. **1** Adorno en forma de trenza. | m. **2** Árbitro de fútbol.
treno. m. **1** Canto fúnebre. **2** P. ant., cada una de las lamentaciones del profeta Jeremías.
trenza. f. **1** Entrecruzamiento de tres o más hebras, cordones, etc. **2** La que se hace entretejiendo el cabello largo.
trenzado. m. **1** Trenza. **2** En danza, salto ligero cruzando los pies.
trenzar. tr. Entretejer tres o más ramales, cordones, etc., cruzándolos alternativamente para formar un solo cuerpo alargado.
trepa. f. **1** Acción de trepar. | com. y adj. **2** Persona con pocos escrúpulos, que se vale de cualquier medio para prosperar. **Sin.** 2 arribista.
trepador, ra. adj. **1** Que trepa. **2** Se dice de las aves que trepan con facilidad, como el cuclillo y el pájaro carpintero. También f. **3** Se dice de las plantas que trepan agarrándose a los árboles o a las paredes. | f. pl. **4** Orden de las aves que trepan.
trepajuncos. m. Arandillo, pájaro. || No varía en pl.
trepanar. tr. Horadar el cráneo u otro hueso con fines curativos o diagnósticos.
trépano. m. Instrumento quirúrgico para trepanar.
trepar. intr. **1** Subir a un lugar alto o dificultoso. También tr. **2** Crecer las plantas agarrándose a árboles y paredes. **3** Prosperar social o laboralmente sirviéndose de cualquier medio, sin escrúpulos.
trepidante. adj. De ritmo vivo o desarrollo intenso y rápido: *acción trepidante*. **Sin.** vibrante.
trepidar. intr. Temblar con fuerza. **Sin.** vibrar.
treponema. f. Bacteria espiroqueta, una de cuyas especies produce la sífilis.
tres. adj. **1** Dos y uno. También m. **2** Tercero. | m. **3** Signo o conjunto de signos con que se representa este número. **4** Naipe con tres señales.
tresbolillo (a, o **al).** loc. adv. Manera de colocar las plantas, poniéndolas en filas paralelas, de modo que las de cada fila correspondan a la mitad de los huecos de la fila inmediata, formando triángulos equiláteros.
trescientos, tas. adj. **1** Tres veces cien. También m. **2** Tricentésimo. | m. **3** Conjunto de signos con que se representa el número trescientos.
tresillo. m. **1** Sofá de tres plazas. **2** Conjunto de sofá y dos butacas a juego. **3** Juego de naipes entre tres personas en el que gana el que hace mayor número de bazas. **4** Sortija con tres piedras que hacen juego. **5** En mús., conjunto de tres notas iguales interpretadas en el tiempo correspondiente a dos de ellas.

treta. f. Plan preparado con astucia y en secreto para conseguir algo. **Sin.** artificio, artimaña, estratagema, ardid.
tríada. f. Conjunto de tres seres o cosas estrechamente vinculados entre sí.
trial. (voz ingl.) m. Modalidad de motociclismo que se practica en el campo, consistente en una prueba de habilidad, por terrenos accidentados.
triangular. adj. De forma de triángulo.
triangular. tr. **1** En arq., disponer las piezas de una armazón en forma de triángulo. **2** En topog., ligar por medio de triángulos ciertos puntos determinados de una comarca para levantar el plano de la misma.
triángulo. m. **1** Figura formada por tres rectas que se cortan mutuamente. **2** Instrumento musical de percusión en forma de triángulo.
triásico, ca. adj. y m. Se dice del primer período de la era secundaria.
tribal. adj. Relativo a la tribu: *organización tribal*.
tribu. f. **1** Grupo homogéneo y autónomo, social y políticamente, que ocupa un territorio propio. **2** Agrupación de pueblos antiguos: *las doce tribus de Israel*. **3** Cada uno de los grupos taxonómicos en que muchas familias se dividen, los cuales se subdividen, a su vez, en géneros.
tribulación. f. **1** Congoja, pena. **2** Adversidad. **Sin.** 1 aflicción 2 desgracia ◻ **Ant.** 1 y 2 dicha, alegría.
tríbulo. m. Nombre genérico de varias plantas espinosas.
tribuna. f. **1** Plataforma elevada desde donde alguien habla o se dirige al público. **2** Localidad preferente en un campo de deporte. **3** Plataforma elevada en ciertos espectáculos públicos, como desfiles, procesiones, etc. **4** Medio a través del cual se expresa alguien, p. ej., la prensa.
tribunal. m. **1** Lugar destinado a los jueces para administrar justicia. **2** Conjunto de jueces ante el cual se efectúan exámenes, oposiciones, etc. | pl. **3** Vía judicial: *amenazó con llevarle a los tribunales*. **4 Tribunal Constitucional.** El establecido en un Estado para vigilar la correcta interpretación y aplicación de la Constitución. **5 Tribunal Supremo.** El más alto de la justicia ordinaria, cuyos fallos no son recurribles ante otra autoridad.
tribuno. m. **1** Magistrado romano que tenía la facultad de poner el veto a las resoluciones del Senado y de proponer plebiscitos. **2** Orador popular.
tributación. f. **1** Acción de tributar. **2** Tributo. **3** Régimen y sistema tributario.
tributar. tr. **1** Pagar tributos. También intr. **2** Manifestar admiración, respeto, afecto: *el público le tributó una fuerte ovación*.

tributario, ria. adj. **1** Relativo al tributo: *derecho tributario.* **2** Que paga tributo. También s. **3** Se dice del curso de agua con relación al río o mar en que desemboca. **4** Que es consecuencia o está ligado a aquello que se expresa. **Sin.** 2 rentero, vasallo 3 afluente.

tributo. m. **1** Cantidad de dinero que debe pagar un ciudadano al Estado para que haga frente a las cargas y servicios públicos. **2** Cantidad de dinero o especie que entregaba el vasallo a su señor, a la Iglesia o a un soberano. **3** Cualquier carga o inconveniente que se deriva del uso o disfrute de alguna cosa. **4** Sentimiento de admiración, respeto o afecto hacia alguien: *rendir tributo a la belleza.*

tricentenario. m. **1** Tiempo de trescientos años. **2** Fecha en que se cumplen trescientos años de algún suceso famoso, y fiestas con las que se celebra.

tricentésimo, ma. adj. **1** Que sigue inmediatamente en orden al doscientos noventa y nueve. **2** Se dice de cada una de las trescientas partes iguales en que se divide un todo. También m.

tríceps. adj. y m. Se dice del músculo formado por tres partes unidas en un tendón común; particularmente se dice del tríceps braquial, que permite extender el antebrazo. ‖ No varía en pl.

triciclo. m. Vehículo de tres ruedas, especialmente el de pequeño tamaño y provisto de pedales, que utilizan los niños.

triclínico, ca. adj. y m. Se dice del sistema cristalográfico constituido por tres ejes de desigual longitud, que se cortan oblicuamente.

triclinio. m. **1** Diván en el que comían los antiguos griegos y romanos. **2** Comedor de los antiguos griegos y romanos.

tricolor. adj. De tres colores.

tricornio. adj. y m. Se dice del sombrero que forma tres picos, con el ala dura y doblada, característico de la Guardia Civil.

tricot. (voz fr.) m. Punto, tejido.

tricotadora. f. Tricotosa.

tricotar. tr. Hacer punto a mano o con máquina. **Sin.** tejer.

tricotomía. f. **1** División en tres partes de un tallo o una rama. **2** En lóg., método de clasificación o división en tres partes y su aplicación.

tricotosa. f. Máquina para tricotar, especialmente la de uso doméstico.

tricromía. f. Procedimiento fotográfico y fotomecánico de reproducción de todos los colores mediante la estampación sucesiva de amarillo, rojo y azul.

tricúspide. f. **1** Que tiene tres puntas. **2** Se dice de la válvula del corazón que está entre la aurícula y el ventrículo izquierdos.

tridente. adj. **1** De tres dientes o puntas. ‖ m. **2** Cetro en forma de arpón que tienen en la mano las figuras de Neptuno o Saturno.

tridentino, na. adj. y s. **1** De Trento. **2** Relativo al concilio ecuménico que se reunió en esta ciudad a partir de 1545.

tridimensional. adj. De tres dimensiones.

triduo. m. Celebraciones religiosas que se practican durante tres días.

triedro. adj. y m. Se dice del ángulo poliedro de tres caras.

trienal. adj. **1** Que sucede o se repite cada trienio. **2** Que dura un trienio.

trienio. m. **1** Tiempo de tres años. **2** Incremento económico de un sueldo o salario correspondiente a cada tres años de servicio activo.

triente. m. **1** Moneda bizantina que valía un tercio de sólido. **2** Moneda de oro acuñada por los visigodos en España.

triestino, na. adj. y s. **1** De Trieste. ‖ m. **2** Dialecto hablado en la región de Trieste.

trifásico, ca. adj. Se dice de un sistema de tres corrientes eléctricas alternas iguales, procedentes del mismo generador, y desplazadas en el tiempo, cada una respecto de las otras dos, en un tercio de período.

trifoliado, da. adj. **1** Que tiene hojas compuestas de tres foliolos. **2** Se dice del arco con tres lóbulos.

triforio. m. Galería que rodea el interior de una iglesia sobre los arcos de las naves y que suele tener ventanas de tres huecos.

trifulca. f. Pelea con mucho alboroto. **Sin.** disputa, riña.

trifurcarse. prnl. Dividirse una cosa en tres ramales, brazos o puntas: *trifurcarse una rama.*

trigal. m. Campo sembrado de trigo.

trigémino, na. adj. **1** Formado por tres elementos. ‖ m. **2** Cada uno de los miembros del quinto par craneal.

trigésimo, ma. adj. **1** Que sigue inmediatamente en orden al vigesimonoveno. **2** Se dice de cada una de las treinta partes iguales en que se divide un todo. También m.

triglifo o **tríglifo.** m. Adorno del friso del orden dórico en forma de rectángulo saliente y surcado por tres canales.

trigo. m. **1** Planta gramínea, con espigas terminales compuestas de tres o más carreras de granos, de los cuales, molidos, se saca la harina con que se hace el pan. **2** Grano de esta planta. **3 no ser trigo limpio** alguien. loc. No ser tan claro y honrado como parecía a primera vista.

trigonometría. f. Parte de las matemáticas, que trata del cálculo de los elementos de los triángulos.

trigonométrico, ca. adj. Relacionado con la trigonometría.

trigueño, ña. adj. Del color del trigo, entre moreno y rubio. **Sin.** castaño.

triguera. f. Planta perenne gramínea muy parecida al alpiste.

triguero, ra. adj. **1** Relativo al trigo. **2** Que se cría entre el trigo: *espárrago triguero*. **3** Se dice del terreno en que se da bien el trigo.

trilátero, ra. adj. De tres lados.

trilingüe. adj. **1** Se dice del territorio en que se hablan tres lenguas. **2** Que habla tres lenguas. **3** Escrito, traducido o elaborado en tres lenguas: *diccionario trilingüe*.

trilita. f. Trinitrotolueno.

trilito. m. Dolmen de dos piedras clavadas verticalmente en el suelo, que sostienen una tercera, horizontal.

trilla. f. **1** Trillo. **2** Acción de trillar. **3** Tiempo de trilla.

trillado, da. adj. Común y sabido.

trilladora. f. Máquina para trillar.

trillar. tr. **1** Separar el grano de la paja triturando la mies esparcida en la era. **2** Utilizar algo con exceso; particularmente, tratar muchas veces un tema, de forma que pierda originalidad.

trillizo, za. adj. y s. Se dice de cada uno de los hermanos nacidos de un parto triple.

trillo. m. Instrumento para trillar que consiste en un tablón con pedazos de pedernal o cuchillas de acero encajadas en una de sus caras.

trillón. m. Un millón de billones, que se expresa por la unidad seguida de dieciocho ceros.

trilobites. m. Artrópodo marino fósil del paleozoico. ‖ No varía en pl.

trilobulado, da. adj. Que tiene tres lóbulos.

trilogía. f. Conjunto de tres obras que mantienen entre sí una unidad argumental.

trímero. adj. y m. **1** Se dice de los insectos coleópteros que tienen en cada tarso tres artejos bien desarrollados, como la mariquita. | m. pl. **2** Suborden de estos animales.

trimestral. adj. **1** Que sucede o se repite cada tres meses: *vacaciones trimestrales*. **2** Que dura tres meses.

trimestre. m. **1** Espacio de tres meses. **2** Renta, sueldo, pensión etc., que se cobra o paga al fin de cada trimestre.

trimotor. adj. y m. Avión de tres motores.

trinar. intr. **1** Gorjear. **2** Hacer trinos. **3** Rabiar, impacientarse: *está que trina*.

trinca. f. **1** Conjunto de tres cosas de una misma clase. **2** Pandilla reducida de amigos. **3** Conjunto de personas designadas para discutir y argumentar en exámenes y oposiciones.

trincar. tr. **1** Coger o agarrar fuertemente. **2**

Trilobites

Apresar, encarcelar: *la policía le trincó en el aeropuerto*. **3** Robar, hurtar.

trincar. tr. y intr. Beber alcohol.

trincha. f. Ajustador para ceñir ciertas prendas al cuerpo por medio de hebillas y botones.

trinchar. tr. Partir en trozos la comida, sobre todo la carne asada, para servirla.

trinchera. f. **1** Defensa excavada en la tierra para protegerse los soldados. **2** Corte hecho en un terreno para camino, con taludes a ambos lados. **3** Gabardina impermeable que recibe este nombre por haberla usado algunas tropas durante la Primera Guerra Mundial.

trinchero. m. Mueble de comedor que sirve principalmente para trinchar.

trinchete. m. Cuchilla de zapatero.

trineo. m. Vehículo montado sobre patines o esquís, para deslizarse sobre el hielo y la nieve.

trinidad. f. **1** Unión de tres personas distintas que forman un solo dios: *la Trimurti india es una trinidad*. **2** Particularmente, en la religión cristiana, la que está compuesta por el Padre, el Hijo y el Espíritu Santo, también llamada *Santísima Trinidad*.

trinitario, ria. adj. y s. **1** De la orden de la Santísima Trinidad. **2** De Trinidad (Cuba). | f. **3** Planta violácea de flores moradas, rosadas o amarillas, que crece en Europa y se usa como ornamento; se llama también *pensamiento*.

trinitrotolueno. m. Producto derivado del tolueno en forma de sólido cristalino. Es un explosivo muy potente que se emplea con fines militares.

trino. m. **1** Gorjeo de los pájaros. **2** Sucesión rápida y alternada de dos notas de igual duración, entre las cuales media la distancia de un tono o de un semitono.

trino, na. adj. Que contiene en sí tres cosas distintas; suele usarse aplicado a Dios, para hacer referencia al misterio de la Santísima Trinidad.

trinomio. m. Expresión de tres términos algebraicos unidos por los signos más o menos.

trinque. m. Bebida, acción de tomar alcohol: *darle al trinque.*

trinquete. m. **1** Verga mayor que se cruza sobre el palo de proa. **2** Vela que se sujeta en ella. **3** Palo que se arbola inmediato a la proa.

trío. m. **1** Grupo de tres personas o cosas. **2** Composición musical para tres voces o instrumentos. **3** Conjunto que las interpreta.

triodo o **tríodo.** m. Válvula electrónica de vacío compuesta de tres electrodos.

trióxido. m. Cuerpo resultante de la combinación de un radical con tres átomos de oxígeno.

tripa. f. **1** Intestino. **2** Trozo de intestino de un animal utilizado como material o en alimentación. **3** Vientre, especialmente el grueso o abultado. | pl. **4** Relleno de algunas cosas o parte interior de algo: *al cojín se le salen las tripas.* **5 hacer** uno **de tripas corazón.** loc. Esforzarse para vencer el miedo, asco o disgusto que produce una cosa.

tripada. f. Panzada, hartazgo.

tripanosoma. m. Cada uno de los protozoos que viven en la sangre del hombre y de algunos vertebrados superiores, y una de cuyas especies, la *trypanosoma cruzi*, es la causante de la enfermedad del sueño.

tripartito, ta. adj. **1** Dividido en tres partes, órdenes o clases. **2** Constituido por tres partidos políticos: *coalición tripartita.* **3** Realizado entre tres: *acuerdo tripartito.*

tripe. m. Tejido de lana parecido al terciopelo.

tripear. intr. Comer con glotonería.

tripería. f. **1** Tienda donde se venden tripas. **2** Conjunto de tripas.

tripero, ra. m. y f. **1** Persona que vende tripas. **2** Persona glotona. | m. **3** Faja para abrigar el vientre.

tripi o **tripis.** m. Dosis de LSD.

triple. adj. **1** Se dice del número que contiene a otro tres veces. También m. **2** Compuesto de tres elementos: *arco triple.* | m. **3** Enchufe con tres salidas.

triplicar. tr. **1** Multiplicar por tres. También prnl. **2** Hacer tres veces una misma cosa.

trípode. m. **1** Armazón de tres pies para sostener aparatos fotográficos, topográficos, etc. **2** Mesa o banquillo con tres patas.

trípoli. m. Roca silícea que se empleaba para pulimentar; es la sustancia inerte que suele mezclarse con la nitroglicerina para fabricar la dinamita.

tripón, na. adj. Que tiene mucha tripa.

tríptico. m. **1** Pintura, grabado o relieve en tres hojas, unidas de tal modo que las laterales pueden doblarse sobre la del centro. **2** Libro o tratado que consta de tres partes.

triptongo. m. Conjunto de tres vocales (débil, fuerte y débil) que forma una sola sílaba. Los triptongos usados en castellano son los siguientes: *iai, iei, ieu, iau, ioi, uai* o *uay, uei* o *uey* y *uau.*

trípudo, da. adj. y s. Tripón.

tripulación. f. Conjunto de personas que se encargan del manejo de una embarcación o vehículo aéreo o espacial, o de atender a los pasajeros.

tripulante. com. Persona que forma parte de una tripulación.

tripular. tr. **1** Conducir, especialmente, un barco, avión o vehículo espacial. **2** Dotar de tripulación a una nave.

trique. m. Estallido leve.

triquina. f. Gusano nematelminto de unos 3 mm de largo, cuya larva se enquista en forma de espiral en los músculos del cerdo y del hombre.

triquinosis. f. Enfermedad producida por la presencia de triquinas en el organismo. || No varía en pl.

triquiñuela. f. Treta para conseguir algo. **Sin.** artimaña.

triquitraque. m. **1** Ruido de golpes repetidos y desordenados. **2** Esos mismos golpes. **3** Rollo de papel con pólvora.

trirreme. m. Embarcación antigua de tres órdenes de remos.

tris. m. Tiempo muy corto u ocasión muy cercana: *estuvo en un tris de conseguirlo.*

trisar. intr. Cantar o chirriar la golondrina y otros pájaros.

trisca. f. **1** Ruido que se hace al romper algo con los pies. **2** Bulla, algazara, estruendo.

triscar. intr. **1** Retozar o juguetear. **2** Hacer ruido con los pies. | tr. **3** Torcer alternativamente a uno y otro lado los dientes de la sierra para que la hoja corra sin dificultad por la hendidura.

trisílabo, ba adj. y m. De tres sílabas.

trismo. m. Contracción de los músculos de la mandíbula inferior, que impide abrir la boca.

triste. adj. **1** Afligido, apenado. **2** De carácter melancólico. **3** Que denota pesadumbre o melancolía, o la produce: *noticia triste.* **4** Oscuro, apagado: *colores tristes.* **5** Funesto, aciago. **6** Doloroso o injusto: *es triste haber trabajado tanto para nada.* **7** Insignificante, insuficiente, escaso: *triste consuelo.* A veces, se usa simplemente como intensificador: *no había ni una triste silla para sentarse.* | m. **8** Canción popular de algunos países sudamericanos de tono melancólico y acompañada con la guitarra. **Sin.** 1 consternado 5 fatal 6 desgraciado 7 miserable □ **Ant.** 1 contento 1-5 alegre 4 vivo 5 feliz, afortunado.

tristeza. f. Pena, melancolía, amargura **Ant.** alegría.

tristón, na. adj. Un poco triste.

Tritón

tritón. m. **1** Anfibio urodelo, de cola larga y comprimida, provisto de una especie de cresta que se prolonga en los machos por encima del lomo. **2** Cada una de ciertas deidades marinas a que se atribuía figura de hombre desde la cabeza hasta la cintura y de pez, el resto.

trituración. f. Acción de triturar.

triturador, ra. adj. y s. **1** Que tritura. | f. **2** Máquina para triturar.

triturar. tr. **1** Moler, desmenuzar. **2** Maltratar, molestar: *estos zapatos me están triturando*. Sin. 1 pulverizar.

triunfal. adj. Relacionado con el triunfo.

triunfalismo. m. Actitud de seguridad en sí mismo y superioridad sobre los demás, fundada en la propia sobrestimación.

triunfalista. adj. **1** Relacionado con el triunfalismo. **2** Que lo demuestra. También com.

triunfante. adj. Que triunfa o sale victorioso. Sin. triunfador.

triunfar. intr. **1** Quedar victorioso, resultar vencedor. **2** Tener alguien éxito en sus aspiraciones: *triunfar en la vida*. Sin. 1 y 2 ganar ☐ Ant. 1 perder 2 fracasar.

triunfo. m. **1** Acción de triunfar. **2** Trofeo que acredita el haber triunfado. **3** Carta del mismo palo de la que gana en ciertos juegos de naipes, por lo cual tiene más valor. **4 costar** algo **un triunfo.** loc. Costar gran esfuerzo o sacrificio.

triunvirato. m. **1** Magistratura de la república romana en que intervenían tres personas. **2** Conjunto de tres personas que dirigen cualquier empresa o asunto.

triunviro. m. Cada uno de los tres magistrados romanos que tuvieron a su cuidado, en ciertas ocasiones, el gobierno y administración de la República.

trivalente. adj. **1** Que tiene tres valores o triple valor. **2** En quím., que actúa con tres valencias.

trivial. adj. **1** Que carece de importancia, interés o novedad: *conversaban de cosas triviales*. **2** Relativo al trivio. Sin. 1 común, manido ☐ Ant. 1 extraordinario.

trivialidad. f. **1** Cualidad de trivial. **2** Dicho o hecho sin importancia. Sin. 2 banalidad.

trivializar. tr. Quitar o no darle importancia a algo.

trivio. m. Entre los romanos, y durante toda la Edad Media, conjunto de las tres artes liberales relativas a la elocuencia: gramática, retórica y dialéctica.

triza. f. **1** Pedazo pequeño o partícula dividida de un cuerpo. **2 hacer trizas.** loc. Romper o deshacer en trozos muy menudos. **3** Herir o lastimar gravemente.

trocaico, ca. adj. **1** Relacionado con el troqueo. **2** Se dice del verso latino de siete pies, de los que unos son troqueos y los demás espondeos o yambos.

trocánter. m. Prominencia que algunos huesos largos tienen en su extremidad. Se dice más especialmente de la protuberancia de la parte superior del fémur.

trocar. tr. **1** Cambiar una cosa por otra. **2** Alterar, producir cambios. También prnl.: *trocarse la suerte*. **3** Equivocar, decir una cosa por otra: *no se le puede hacer caso, todo lo que le cuentan lo trueca*. || **Irreg.** Se conj. como *contar*. Sin. 1 canjear.

trocear. tr. **1** Dividir en trozos. **2** Inutilizar un proyectil abandonado haciéndolo estallar. Sin. 1 partir.

trocha. f. **1** Vereda estrecha que sirve de atajo. **2** Camino abierto en la maleza.

trochemoche (a), o **a troche y moche.** loc. adv. En abundancia y con gran desorden: *empezaron a golpearse a troche y moche*.

trocla. f. Polea.

tróclea. f. Articulación en forma de polea, que permite que un hueso adyacente pueda girar en el mismo plano.

trofeo. m. **1** Objeto que reciben los ganadores en señal de victoria. **2** Victoria o triunfo conseguido. **3** Objeto o despojo del enemigo, del que se apodera el vencedor en una guerra o batalla. **4** Conjunto de armas e insignias militares agrupadas con cierta simetría.

trófico, ca. adj. **1** Relacionado con la nutrición. **2 cadena trófica.** La formada por el conjunto de seres que van alimentándose, sucesivamente, unos de otros: vegetales, herbívoros, carnívoros.

trofología. f. Tratado o ciencia de la nutrición.

trofólogo, ga. m. y f. Especialista en trofología.

troglodita. adj. y com. **1** Habitante de las cavernas. **2** Se dice de la persona bruta, cruel o muy tosca. Sin. 1 y 2 cavernícola.

troica o **troika.** (voz rusa) f. **1** Vehículo ruso a modo de trineo, arrastrado por tres caballos. **2** Carruaje tirado por tres caballos. **3** Grupo de tres gobernantes, particularmente el formado en la antigua Unión Soviética por el presidente de la república, el jefe del gobierno y el secretario general del partido comunista.

troj o **troja.** f. **1** Espacio limitado por tabiques, para guardar frutos y especialmente cereales. **2** Sitio donde se almacenan las aceitunas.

trola. f. Engaño, falsedad, mentira. **Ant.** verdad.

trole. m. Pértiga de hierro que sirve para transmitir a un receptor móvil la corriente del cable conductor por medio de una polea o un arco que lleva en su extremidad.

trolebús. m. Vehículo eléctrico, sin carriles, que toma la corriente de un cable aéreo por medio de un trole doble.

trolero, ra. adj. Mentiroso, embustero.

tromba. f. **1** Columna de agua que se levanta en el mar por efecto de un torbellino. **2** Gran cantidad de agua de lluvia caída en poco tiempo. **3 en tromba.** loc. adv. Bruscamente y todos a la vez: *los periodistas acudieron en tromba.* **Sin.** 1 tifón.

trombo. m. Coágulo de sangre en el interior de un vaso o vena.

trombocito. m. Plaqueta de la sangre.

tromboflebitis. f. Trombosis por inflamación de una vena. Es frecuente en las piernas. ‖ No varía en pl.

trombón. m. **1** Instrumento musical metálico, parecido a una trompeta grande y cuyos sonidos se obtienen alargando las varas que lleva. | com. **2** Persona que toca este instrumento.

trombosis. f. Proceso de formación de un trombo en el interior de un vaso. ‖ No varía en pl.

trompa. f. **1** Prolongación muscular, hueca y elástica de la nariz de algunos animales, como el elefante. **2** Aparato chupador, dilatable y contráctil que tienen algunos insectos. **3** Prolongación, generalmente retráctil, del extremo anterior del cuerno de muchos gusanos. **4** Instrumento musical de viento que consiste en un tubo de metal enroscado circularmente y que va ensanchándose desde la boquilla al pabellón. **5** Embriaguez, borrachera. | com. **6** Persona que toca la trompa. | adj. **7** Borracho: *estar trompa.* **8 trompa de Eustaquio.** Conducto que pone en comunicación el oído medio con la faringe. **9 trompa de Falopio.** Cada uno de los conductos que unen la matriz con los ovarios.

trompazo. m. Golpe fuerte. **Sin.** batacazo.

trompeta. f. **1** Instrumento musical de viento que consiste en un tubo largo de metal que va ensanchándose desde la boquilla al pabellón. **2** Clarín. | com. **3** Trompetista.

trompetero, ra. m. y f. **1** Persona que hace trompetas. | m. **2** Mosquito que zumba mucho al volar. También adj. **3** Pez teleósteo acantopterigio, con dos aletas y el primer radio de la anterior, grueso y fuerte.

trompetilla. f. Instrumento en forma de trompeta que servía para que los sordos recibieran los sonidos, aplicándoselo al oído.

trompetista. com. Persona que toca la trompeta.

trompicón. m. **1** Cada tropezón o paso tambaleante de una persona. **2** Tumbo o vaivén de un vehículo. **3** Porrazo, golpe fuerte. **4 a trompicones.** loc. adv. A tropezones, a golpes. **5** Con dificultad, con discontinuidad.

trompo. m. **1** Peón o peonza. **2** Giro o giros que hace un vehículo sobre sí mismo, al derrapar. **3** Molusco gasterópodo marino, abundante en las costas españolas, de concha gruesa, cónica, angulosa en la base.

tronada. f. Tempestad de truenos.

tronado, da. adj. Loco.

tronar. impers. **1** Sonar truenos. | intr. **2** Despedir o causar ruido o estampido: *tronaban los cañones.* **3** Hablar, escribir, pronunciar discursos violentos contra alguien o algo: *el jefe está que truena.* ‖ **Irreg.** Se conj. como *contar.*

tronca. f. Tocón de un árbol.

tronchante. adj. Cómico, gracioso, que produce risa.

tronchar. tr. y prnl. **1** Partir con violencia un vegetal por su tronco, tallo o ramas principales: *el viento tronchó el árbol.* **2** Partir con violencia cualquier cosa de forma parecida a un tronco: *tronchar un palo.* **3** Cansar muchísimo. | **troncharse.** prnl. **4** Partirse de risa, reírse mucho. **Sin.** 1 y 2 romper 3 agotar.

troncho. m. **1** Tallo grueso de las hortalizas. **2** Persona torpe.

tronco. m. **1** Tallo fuerte y macizo de árboles y arbustos. **2** Cuerpo humano o de cualquier animal, prescindiendo de la cabeza y de las extremidades. **3** Cuerpo truncado: *tronco de pirámide.* **4** Conducto o canal principal del que salen o al que conducen otros menores: *tronco arterial.* **5** Ascendiente común de dos o más ramas, líneas o familias. **6 como un tronco.** loc. Profundamente dormido.

troncocónico, ca. adj. En forma de cono truncado.

tronera. f. **1** Abertura en el costado de un buque, muralla, etc., para disparar los cañones y otras armas de artillería. **2** Ventana pequeña y estrecha por donde entra poca luz. **3** Cada uno de los agujeros o aberturas que hay en las mesas de billar u otros juegos, para que por ellos entren las bolas.

tronío. m. **1** Ostentación en el gasto de dinero. **2** Señorío, clase. **Sin.** 1 lujo 2 garbo.

trono. m. **1** Asiento con gradas y dosel que usan los monarcas y otras personas de alta dignidad, especialmente en los actos de ceremonia: *salón del trono*. **2** Dignidad de rey o soberano. **3** Retrete: *se pasa el día sentado en el trono.* | pl. **4** Tercer coro de los ángeles.

tronzar. tr. y prnl. **1** Dividir o hacer trozos. **2** Cansar excesivamente, rendir de fatiga corporal. **Sin.** 1 partir, romper 2 agotar.

tropa. f. **1** Conjunto de soldados y cabos. **2** Muchedumbre de personas, generalmente las reunidas con un fin determinado. **3** *amer*. Recua de ganado. **4** Manada de ganado que se conduce de un punto a otro. | pl. **5** Conjunto de cuerpos que componen un ejército, división, guarnición, etc.

tropel. m. **1** Movimiento acelerado y ruidoso de varias personas o cosas que se mueven con desorden. **2** Conjunto de cosas mal ordenadas o amontonadas sin concierto: *te espera un tropel de papelotes.*

tropelía. f. Hecho violento y contrario a las leyes: *cometer tropelías.* **Sin.** abuso, arbitrariedad.

tropeoláceo, a. adj. y f. **1** Se dice de plantas angiospermas dicotiledóneas, muy afines a las geraniáceas, como la capuchina. | f. pl. **2** Familia de estas plantas.

tropezar. intr. **1** Dar con los pies en algún obstáculo, perdiendo el equilibrio. **2** Detenerse o ser impedida una cosa por encontrar un estorbo: *el proyecto ha tropezado en tesorería.* **3** Cometer un error o una falta. **4** Reñir o enfrentarse con alguien: *ya ha tropezado varias veces con su jefe.* **5** Encontrar casualmente a una persona. | **tropezarse.** prnl. **6** Rozarse un pie con otro. || **Irreg.** Se conj. como *acertar.*

tropezón, na. adj. **1** Que tropieza con frecuencia. | m. **2** Acción y efecto de tropezar. **3** Falta, error, desliz. **4** Pedazo pequeño de jamón u otro alimento que se mezcla con las sopas, cremas, legumbres, etc. Más en pl. **Sin.** 2 traspié 2 y 3 tropiezo.

tropical. adj. **1** Relacionado con los trópicos. **2** Exagerado, desmesurado: *había un atasco tropical.*

trópico. m. **1** Cada uno de los dos círculos menores que se consideran en el globo terrestre en correspondencia con los dos de la esfera celeste. **2** Región comprendida entre estos círculos. **3 trópico de Cáncer.** El del hemisferio boreal. **4 trópico de Capricornio.** El del hemisferio austral.

tropiezo. m. **1** Aquello en que se tropieza. **2** Falta, culpa o equivocación: *no podemos permitirnos ningún tropiezo.* **3** Dificultad o impedimento en un trabajo, negocio o pretensión. **4** Riña o discusión: *tuve un tropiezo con él.* **Sin.** 1 y 3 obstáculo 2 error.

tropismo. m. Movimiento total o parcial de las plantas y los microorganismos.

tropo. m. Figura retórica que consiste en emplear las palabras en sentido distinto del que propiamente les corresponde, como la metáfora o la metonimia.

tropopausa. f. Zona de la atmósfera, que separa la troposfera de la estratosfera. Su espesor varía entre 5 y 10 km.

troposfera. f. Región inferior de la atmósfera, hasta una altura de unos 12 km, donde tienen lugar la mayoría de los fenómenos que afectan al tiempo, clima, etc.

troquel. m. **1** Molde empleado para acuñar monedas, medallas, etc. **2** Máquina con bordes cortantes para recortar, por presión, planchas, cartones, cueros, etc. **Sin.** 1 cuño.

troquelar. tr. **1** Imprimir y sellar una pieza de metal por medio del troquel. **2** Hacer monedas de este modo. **3** Cortar cartón, cuero, etc., con el troquel. **Sin.** 1 y 2 acuñar.

troqueo. m. **1** Pie de la poesía griega y latina, compuesto de dos sílabas, la primera larga y la otra breve. **2** En la poesía española se llama así al pie compuesto de una sílaba acentuada y otra átona.

trotacalles. com. Persona muy callejera. || No varía en pl.

trotaconventos. f. Alcahueta, celestina. || No varía en pl.

trotamundos. com. Persona aficionada a viajar y recorrer países. || No varía en pl.

trotar. intr. **1** Ir el caballo al trote. **2** Cabalgar una persona en caballo que va al trote. **3** Andar mucho o con prisa una persona.

trote. m. **1** Modo de andar las caballerías y otros animales semejantes, que consiste en avanzar saltando, con apoyo alterno del pie y la mano contrapuestos. **2** Mucho uso que se le da a una cosa. **3 al trote.** loc. adv. Trotando. **4** Aceleradamente. **5 no estar** alguien o algo **para muchos trotes.** loc. No estar en buenas condiciones para alguna cosa.

trotón, na. adj. **1** Se apl. a la caballería cuyo paso ordinario es el trote. | m. **2** Caballo, animal.

trotskismo. m. Teoría y práctica política de León Trotski que preconiza la revolución permanente internacional, contra el criterio estaliniano de consolidar el comunismo en un solo país.

trova. f. **1** Canción amorosa compuesta o cantada por los trovadores. **2** Composición métrica escrita generalmente para ser cantada. **3** Conjunto de palabras sujetas a medida y cadencia. **4** Composición métrica formada a imitación de otra. **Sin.** 3 verso.

trovador, ra. adj. y s. **1** Que trova o compone versos. | m. **2** Poeta de la Edad Media, especialmente el que escribía y recitaba en provenzal, lengua de oc. **Sin.** 1 poeta.

trovar. intr. **1** Hacer versos. **2** Componer trovas. | tr. **3** Imitar una composición métrica, aplicándola a otro asunto.

trovero, ra. m. y f. **1** Persona que improvisa y

canta trovos. | m. **2** Poeta de la lengua de oil, en la literatura francesa de la Edad Media.

trovo. m. Composición métrica popular de asunto amoroso.

troyano, na. adj. y s. De Troya, antigua ciudad de Asia Menor.

troza. f. Tronco aserrado por los extremos para sacar tablas.

trozar. tr. **1** Romper, hacer pedazos. **2** Entre madereros, dividir en trozas un árbol. S<small>IN</small>. 1 partir.

trozo. m. Pedazo de una cosa que se considera aparte del resto.

trucaje. m. **1** Acción de trucar. **2** Conjunto de técnicas para simular ciertos sonidos, imágenes o producir ciertos efectos, especialmente en cine.

trucar. intr. **1** Preparar algo con trucos y efectos para conseguir un determinado fin o impresión: *trucar una fotografía*. **2** Realizar cambios en el motor de un vehículo para darle mayor potencia.

trucha. f. Pez teleósteo de agua dulce, de la familia del salmón, es apreciada por su carne, fina y sabrosa.

truchero, ra. adj. **1** Se dice de los ríos u otras corrientes de agua en que abundan las truchas. | m. y f. **2** Persona que pesca truchas, o las vende.

truco. m. **1** Cada una de las mañas o habilidades que se adquieren en el ejercicio de un arte, oficio o profesión: *los trucos de la abogacía*. **2** Ardid o trampa que se utiliza para el logro de un fin. **3** Artificio para producir determinados efectos en el ilusionismo, en la fotografía, en la cinematografía, etc.

truculencia. f. Cualidad de truculento.

truculento, ta. adj. Excesivamente cruel o atroz. S<small>IN</small>. tremebundo.

trueno. m. **1** Estampido o estruendo producido en las nubes por una descarga eléctrica. **2** Ruido o estampido que causa el tiro de cualquier arma o artificio de fuego.

trueque. m. **1** Acción de trocar o cambiar. **2** Intercambio directo de bienes y servicios, sin mediar la intervención de dinero. S<small>IN</small>. 1 cambio.

trufa. f. **1** Variedad muy aromática de un hongo que se desarrolla debajo de la tierra. **2** Dulce de chocolate, mezclado generalmente con algún licor y en forma de bombón. **3** Nariz del perro.

trufar. tr. Rellenar de trufas las aves, embutidos y otros manjares, o inferirlas en ellos.

truhán, na. adj. y s. **1** Se dice de la persona que vive de engaños y estafas. **2** Se apl. a la persona que pretende hacer reír o divertir a las demás con bufonadas, chistes y muecas. S<small>IN</small>. 1 pícaro, pillo.

truhanada. f. Truhanería.

truhanería. f. **1** Acción truhanesca. **2** Conjunto de truhanes.

Trucha

truja. f. Lugar donde se almacena la aceituna.

trujal. m. **1** Prensa donde se estrujan las uvas o se exprimen las aceitunas. **2** Molino de aceite.

trullo. m. **1** Lagar con depósito inferior donde cae directamente el mosto cuando se pisa la uva. **2** En argot, cárcel o calabozo.

truncado, da. adj. **1** Se dice del cilindro terminado por dos planos no paralelos. **2** Se dice del cono al que le falta el vértice.

truncar. tr. **1** Cortar una parte a alguna cosa. **2** Cortar la cabeza al cuerpo del hombre o de un animal. **3** Interrumpir una acción u obra dejándola incompleta o impidiendo que se lleve a cabo: *el accidente truncó su carrera*. **4** Omitir palabras en frases o pasajes de un escrito, en especial cuando se hace intencionadamente. S<small>IN</small>. 2 decapitar 3 frustrar.

truque. m. Juego de envite en el que gana quien echa la carta de mayor valor.

trust. (voz ingl.) m. Grupo de empresas bajo una misma dirección con el fin de controlar el mercado de un producto determinado o de un sector.

tsetsé. f. Mosca africana que inocula el tripanosoma y contagia la enfermedad del sueño.

tú. pron. pers. de segunda persona sing. com. **1** Funciona como sujeto y vocativo: *¿has sido tú?* **2 de tú a tú.** loc. adv. Sin tratamientos formales, de igual a igual.

tu, tus. adj. posesivos apóc. de *tuyo, tuya, tuyos, tuyas*, que sólo se emplean antepuestos al sustantivo: *tu amigo*.

tuareg. adj. y com. Se dice de un pueblo nómada norteafricano que habita en el desierto del Sáhara. || No varía en pl.

tuatúa. f. *amer.* Árbol euforbiáceo americano, con hojas moradas, parecidas a las de la vid, y fruto del tamaño de una aceituna.

tuba. f. Instrumento musical parecido al bugle, cuya tesitura corresponde a la del contrabajo.

tuberculina. f. Preparación hecha con gérmenes tuberculosos y utilizada en el tratamiento y diagnóstico de la tuberculosis.

tubérculo. m. **1** Parte de un tallo subterráneo o de una raíz, que se desarrolla considerablemente al acumularse en sus células una gran cantidad de sustancias de reserva, como, p. ej., la patata y el boniato. **2** Tumor generalmente de color blanco amarillento, redondeado y duro al principio, que más tarde se reblandece y que adquiere el aspecto y la consistencia del pus. **3** Protuberancia que presenta el dermatoesqueleto o la superficie de varios animales.

tuberculosis. f. Enfermedad infecto-contagiosa del hombre y de muchas especies animales producida por el bacilo de Koch. || No varía en pl.

tuberculoso, sa. adj. **1** Relacionado con el tubérculo. **2** Que padece tuberculosis. También s.

tubería. f. Conducto formado por tubos, generalmente para el paso de un fluido. **Sin.** cañería.

tuberoso, sa. adj. Que tiene forma de tubérculo o de tumor.

tubo. m. **1** Pieza hueca, generalmente de forma cilíndrica y abierta por ambos extremos, que se hace de distintas materias y se destina a varios usos. **2** Recipiente de forma cilíndrica: *un tubo de píldoras*. **3** Recipiente flexible con un tapón en un extremo y un pliegue en el otro, destinado a contener sustancias blandas, como pinturas, pomadas, etc. **4** Nombre que reciben algunos conductos de organismos animales y vegetales: *tubo digestivo*. **5 tubo de ensayo.** El de cristal, cerrado por uno de sus extremos, usado para los análisis químicos y en los laboratorios.

tubular. adj. **1** Perteneciente al tubo. **2** Que tiene su forma o está compuesto por tubos.

tucán. m. Ave americana de unos 30 cm de largo, trepadora, de pico arqueado, muy grueso y casi tan largo como el cuerpo.

tuciorismo. m. Doctrina de teología moral que en puntos discutibles sigue la opinión más segura y favorable a la ley.

tudense. adj. y com. De Túy.

tudesco, ca. adj. y s. **1** De cierto país de Alemania en la Sajonia inferior. **2** P. ext., alemán.

tuerca. f. Pieza con un hueco labrado en espiral que ajusta exactamente en el filete de un tornillo.

tuerto, ta. adj. y s. **1** Que le falta un ojo o carece de vista en él. **2** Torcido, que no está recto.

tueste. m. Acción de tostar.

tuétano. m. **1** Sustancia blanca contenida dentro de los huesos. **2** Parte interior de una raíz o tallo de una planta. **3 hasta los tuétanos.** loc. adv. Hasta lo más íntimo o profundo, física o moralmente: *me afectó hasta los tuétanos*.

tufarada. f. Olor fuerte o desagradable que se percibe de pronto. **Sin.** tufo.

tufillas. com. Persona que se enoja fácilmente. || No varía en pl.

tufo. m. **1** Emanación gaseosa que se desprende de las fermentaciones y de las combustiones imperfectas. **2** Olor fuerte y muy desagradable. **3** Soberbia, vanidad. Más en pl.: *darse tufos*. **4** Sospecha, impresión, corazonada.

tugurio. m. **1** Habitación pequeña y mezquina. **2** Local sucio y descuidado o de mala reputación. **3** Choza de pastores. **Sin.** 1 cuchitril, cueva.

tul. m. Tejido transparente de seda, algodón o hilo, que forma una pequeña malla.

tulio. m. Elemento químico metálico del grupo de las tierras raras, denso, cuyas sales tienen color verde grisáceo. Su símbolo es *Tm*.

tulipa. f. **1** Tulipán pequeño. **2** Pantalla de lámpara con forma de tulipán.

tulipán. m. **1** Planta herbácea, liliácea, vivaz, con raíz bulbosa, tallo liso, hojas grandes y lanceoladas y flor única, de hermosos colores e inodora. **2** Flor de esta planta.

tullido, da. adj. y s. Que ha perdido el movimiento del cuerpo o de alguno de sus miembros.

tullir. tr. **1** Hacer que alguien quede tullido. | **tullirse.** prnl. **2** Quedarse tullido. || **Irreg.** Se conj. como *mullir*. **Sin.** 1 lisiar.

tumba. f. Obra levantada de piedra o excavada en la tierra en que está sepultado un cadáver. **Sin.** sepulcro, sepultura.

tumbaga. f. **1** Aleación metálica muy quebradiza, compuesta de oro y de igual o menor cantidad de cobre, que se emplea en joyería. **2** Sortija hecha de esta aleación.

tumbar. tr. **1** Hacer caer o derribar a una persona o cosa. **2** Tender, acostar. También prnl. **3** Quitar a uno el sentido una cosa fuerte: *le tumban cuatro copas*. **4** Suspender a alguien: *le tumbaron en matemáticas*. **Sin.** 1 abatir, tirar 3 aturdir 4 catear.

tumbo. m. **1** Vaivén violento. **2** Caída violenta. **3 dar tumbos.** loc. Tambalearse. **4** Desenvolverse con tropiezos y dificultades.

tumbona. f. Silla con largo respaldo, reclinable o no, sobre la que se puede estar tumbado.

tumefacción. f. Hinchazón de una parte del cuerpo.

tumefacto, ta. adj. Inflamado, hinchado.

túmido, da. adj. **1** Tumefacto. **2** Se dice del arco o bóveda que es más ancho hacia la mitad de la altura que en los arranques.

tumor. m. **1** Hinchazón y bulto que se forma anormalmente en alguna parte del cuerpo. **2** Alteración patológica de un órgano o de una parte de él, produ-

tumoración. f. **1** Tumefacción, bulto. **2** Tumor.
tumoroso, sa. adj. Que tiene tumores.
túmulo. m. **1** Sepulcro levantado de la tierra. **2** Montecillo artificial con que algunos pueblos antiguos solían cubrir una sepultura. **3** Armazón de madera, sobre la que se coloca el féretro, para la celebración de las honras de un difunto.
tumulto. m. **1** Alboroto producido por una multitud. **2** Confusión agitada o desorden ruidoso. **Sin.** 1 motín 2 algarada.
tumultuario, ria. adj. Tumultuoso.
tumultuoso, sa. adj. **1** Que causa o levanta tumultos. **2** Que está o se efectúa sin orden ni concierto: *una pelea tumultuosa.*
tuna. f. **1** Grupo de estudiantes, generalmente universitarios, que forman un conjunto musical y van vestidos de época. **2** Vida holgazana, libre y vagabunda.
tunante, ta. adj. y s. Pícaro, bribón, taimado.
tunda. f. **1** Acción de tundir los paños. **2** Castigo riguroso de palos, azotes, etc. **3** Trabajo o esfuerzo que agota. **Sin.** 2 paliza, zurra.
tundidor, ra. m. y f. **1** Persona que tunde paños y pieles. | f. **2** Máquina para tundir.
tundidura. f. Tunda de los paños.
tundir. tr. **1** Cortar o igualar con tijera o tundidora el pelo de los paños o de las pieles. **2** Castigar con golpes, palos o azotes. **3** Agotar, rendir a uno el cansancio o un esfuerzo. **Sin.** 2 zurrar 3 moler.
tundra. f. Terreno abierto y llano, de clima subglacial y subsuelo helado, falto de vegetación arbórea; suelo cubierto de musgos y líquenes, y pantanoso en muchos sitios. Se extiende por Siberia y Alaska.
túnel. m. Paso subterráneo abierto artificialmente para establecer una comunicación a través de un monte, por debajo de un río u otro obstáculo.
tungro, gra. adj. y s. Se dice de un pueblo de la antigua Germania, que se estableció entre el Rhin y el Escalda poco antes de la era cristiana.
tungsteno. m. Volframio.
túnica. f. **1** Vestidura sin mangas, que usaban los antiguos debajo de la ropa. **2** Vestidura exterior amplia y larga. **3** Telilla o película que en algunas frutas o bulbos está pegada a la cáscara y cubre más inmediatamente la carne.
tunicela. f. **1** Pequeña túnica de los antiguos. **2** Vestidura episcopal, a modo de dalmática, que usaba el diácono debajo de la casulla durante la celebración de ciertos actos.
tuno, na. adj. **1** Pícaro, tunante. | m. **2** Componente de una tuna o estudiantina.
tuntún (al o **al buen).** loc. adv. Sin reflexión, al azar: *lo dijo al buen tuntún.*

tupé. m. **1** Cabello que cae sobre la frente o se lleva levantado sobre ella. **2** Penacho o copete de algunas aves.
tupí. adj. y com. **1** Se dice de los indios que habitaban en la costa de Brasil al llegar allí los portugueses. | m. **2** Lengua de estos indios, perteneciente a la gran familia lingüística guaraní, llamada también *tupí-guaraní.*
tupido, da. adj. Que tiene sus elementos o componentes muy juntos o apretados.
tupir. tr. y prnl. Apretar mucho una cosa, hacerla tupida, compacta. **Sin.** espesar ☐ **Ant.** esponjar, ahuecar.
tur. m. Período o campaña de servicio obligatorio de un marinero.
turba. f. **1** Combustible fósil formado de residuos vegetales acumulados en sitios pantanosos, y que al arder produce humo denso. **2** Estiércol mezclado con carbón mineral, empleado también como o combustible.
turbación. f. **1** Acción de turbar. **2** Confusión, desorden, desconcierto.
turbal. m. Turbera.
turbamulta. f. Multitud confusa y desordenada. **Sin.** horda.
turbante. m. **1** Tocado propio de las naciones orientales, que consiste en una faja larga de tela que rodea la cabeza. **2** Tocado femenino inspirado en el anterior.
turbar. tr. y prnl. **1** Alterar o conmover el estado o curso natural de una cosa. **2** Sorprender o aturdir a uno, de modo que no acierte a hablar o a proseguir lo que estaba haciendo: *al verte se turbó.* **3** Interrumpir, violenta o molestamente, la quietud, el silencio, etc. **Sin.** 1 y 2 conmocionar 3 molestar.
turbelario, ria. adj. y m. **1** Se dice de los gusanos platelmintos, de cuerpo no laminar y no segmentado (como una hoja), con la superficie revestida de cilios y provista de glándulas mucosas. | m. pl. **2** Clase de estos gusanos.
turbera. f. Yacimiento de turba.
turbiedad. f. **1** Cualidad de turbio. **2** Cantidad de partículas en suspensión en un curso de agua.
turbina. f. Máquina destinada a transformar en movimiento giratorio de una rueda de paletas la energía cinética de un fluido.
turbinto. m. Árbol de América meridional, con tronco alto, flores pequeñas blancas y fruto en baya, de olor fuerte y picante, con el que se prepara una bebida.
turbio, bia. adj. **1** Mezclado o alterado con algo que oscurece o quita la claridad y transparencia que le son propias. **2** Revuelto, dudoso, turbulento, azaroso: *mantenía oculto su turbio pasado.* **3** Confuso, poco

claro: *al cabo de varias copas, lo veía todo turbio*. **Sin.** 1 opaco 3 borroso ☐ **Ant.** 1 y 3 claro, diáfano.

turbión. m. **1** Aguacero con viento fuerte, que viene repentinamente y dura poco. **2** Multitud de cosas que vienen o suceden juntas y violentamente.

turbo. m. **1** Turbocompresor. | adj. **2** Se dice de los motores que tienen turbocompresor y de los vehículos que los llevan.

turboalternador. m. Conjunto de un alternador eléctrico y de la turbina que lo mueve.

turbocompresor. m. Compresor de alta presión movido por una turbina.

turbogenerador. m. Generador eléctrico movido por una turbina de gas, de vapor o hidráulica.

turbohélice. m. Motor de aviación en que una turbina mueve la hélice.

turborreactor. m. En aviación, motor de reacción del que es parte funcional una turbina de gas.

turbulencia. f. **1** Alteración de las cosas claras y transparentes. **2** Confusión o alboroto. **3** En fís., extensión en la cual un fluido tiene un movimiento turbulento.

turbulento, ta. adj. **1** Confuso, alborotado y desordenado. **2** Que presenta turbulencias. **3** Se dice de la persona agitadora, que promueve disturbios, discusiones, etc.

turca. f. Borrachera, embriaguez.

turco, ca. adj. y s. **1** Se dice del individuo de un numeroso pueblo que, procedente del Turquestán, se estableció en Asia Menor y en la parte oriental de Europa, a las que dio nombre. **2** De Turquía. | m. **3** Lengua árabe hablada en Turquía y otras regiones. **Sin.** 1 y 2 otomano.

turdetano, na. adj. y s. Se dice de un pueblo hispánico prerromano, que ha de considerarse heredero de los tartesios y que habitaba el valle inferior del Guadalquivir.

túrdiga. f. Tira de pellejo.

turgencia. f. Cualidad de turgente.

turgente. adj. Firme y levantado. **Ant.** fláccido, lacio.

túrgido, da. adj. poét. Turgente.

turíbulo. m. Incensario.

turión. m. Yema que nace de un tallo subterráneo; como en los espárragos.

turismo. m. **1** Afición a viajar por gusto de recorrer un país o región. **2** Organización de los medios conducentes a facilitar estos viajes. **3** Automóvil de uso privado.

turista. com. Persona que recorre un país por recreo.

turístico, ca. adj. Relacionado con el turismo.

turma. f. Testículo o criadilla.

turmalina. f. Mineral formado por un silicato de alúmina con boro, magnesio, cal, óxido de hierro y otras sustancias en proporciones pequeñas; de color generalmente negro o pardo.

Turmalina

túrmix. (Nombre genérico de una marca registrada.) f. Batidora eléctrica. ‖ No varía en pl.

turnar. intr. Alternar con una o más personas en el reparto de una tarea, en el desempeño de algún cargo, etc. Más como prnl.: *nos turnamos para fregar los platos*.

turno. m. **1** Orden en que van sucediéndose las personas para realizar una tarea, desempeñar un cargo, etc. **2** Ocasión en que a alguien le corresponde hacer algo. **3** Cada una de las intervenciones que, en pro o en contra de una propuesta, permiten los reglamentos de las cámaras legislativas o corporaciones. **Sin.** 1 y 2 vez.

turolense. adj. y com. De Teruel.

turón. m. Mamífero carnívoro de unos 35 cm de longitud y pelaje generalmente pardo. Posee unas glándulas cerca del ano con las que despide un líquido fétido en caso de amenaza. Habita en zonas de monte donde abunda la caza, de la cual se alimenta.

turquesa. f. **1** Mineral amorfo, formado por un fosfato de alúmina con algo de cobre y hierro, de color azul verdoso, que se emplea en joyería. **2** Color azul verdoso como el de esta piedra.

turrar. tr. Tostar o asar en las brasas.

turrón. m. Dulce típico de Navidad consistente en una pasta hecha de almendras, avellanas u otros frutos secos, tostada y mezclada con miel y azúcar, que se toma en forma de pastillas o porciones.

turronero, ra. m. y f. Persona que hace o vende turrón.

turulato, ta. adj. Alelado, sobrecogido, estupefacto.

turullo. m. Cuerno que usan los pastores para llamar y reunir el ganado.

turuta. m. Corneta de un regimiento.

tusón. m. **1** Vellón de la oveja o del carnero. **2** Potro que no ha llegado a dos años.

tute. m. **1** Juego de naipes, en que gana la partida el que reúne los cuatro reyes o los cuatro caballos. **2** Reunión, en este juego, de los cuatro reyes o los cuatro caballos. **3** Esfuerzo o trabajo excesivo. **4** Uso continuado que se da a algo: *este coche lleva mucho tute.*

tutear. tr. y prnl. Hablar de tú a alguien.

tutela. f. **1** Autoridad que, en defecto de la paterna o materna, se confiere para cuidar de la persona que no tiene completa capacidad civil, y de sus bienes. **2** Cargo de tutor. **3** Dirección, amparo.

tutelar. tr. **1** Ejercer la tutela de una persona. **2** Dirigir, amparar o favorecer algo: *un mecenas tuteló su obra.*

tutelar. adj. **1** Que dirige, ampara, protege o defiende: *hada tutelar.* **2** Perteneciente a la tutela legal.

tuteo. m. Acción de tutear.

tutifruti. (voz it.) m. Helado de varias frutas.

tutiplén (a). loc. adv. En abundancia, a porrillo: *en la pelea hubo golpes a tutiplén.*

tutor, ra. m. y f. **1** Persona que ejerce la tutela. **2** Defensor, protector. **3** Profesor que orienta y aconseja a los alumnos de un curso o asignatura.

tutoría. f. Autoridad, cargo o actividad del tutor.

tuya. f. Árbol cupresáceo americano.

tuyo, tuya, tuyos, tuyas. pron. y adj. posesivo segunda persona m. y f., sing. y pl. **1** Indica pertenencia o relación respecto a la segunda persona, y cuando acompaña a un sustantivo, se usa pospuesto a éste. **2 la tuya.** Intención o voluntad determinada del sujeto a quien se habla: *te saliste con la tuya.* **3** Ocasión favorable para la persona a quien se habla: *ahora es la tuya.* **4 lo tuyo.** Lo más característico de la persona a quien se habla: *hacer cuentas no es lo tuyo.* **5 los tuyos.** Personas unidas por parentesco, amistad, etc., a la persona a quien nos dirigimos: *has venido para estar con los tuyos.* **6 hacer de las tuyas.** loc. Obrar o proceder según le es propio a la persona a la que se habla, particularmente en un sentido negativo.

tweed. (voz ingl.) m. Paño escocés de lana, rayón o algodón, cálido, fuerte y resistente, que rechaza el agua por la pelusa que tiene en su superficie.

twist. (voz ingl.) m. Baile de origen estadounidense, que surgió en 1961, caracterizado por un rítmico balanceo de derecha a izquierda.

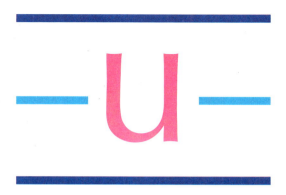

u. f. **1** Vigesimosegunda letra del abecedario español y última de sus vocales. ‖ Es muda en las sílabas *que, qui: queja, quicio;* y en *gue, gui: guerra, guión.* Cuando en una de estas dos últimas tiene sonido, debe llevar diéresis: *vergüenza, argüir.* | conj. disy. **2** Se emplea en vez de *o* ante palabras que empiezan por *o, ho.* ‖ pl. *úes.*

ubérrimo, ma. adj. superl. Muy abundante y fértil: *cosecha ubérrima.* **Sin.** fecundo ☐ **Ant.** estéril.

ubicar. intr. y prnl. **1** Estar situado: *se ubicó a la salida de la sala.* | tr. **2** amer. Situar. **Sin.** 1 encontrarse, hallarse 2 poner.

ubicuo, cua. adj. **1** Que está presente a un mismo tiempo en todas partes. **2** Se apl. a la persona de gran actividad que está en continuo movimiento para no perderse nada. **Sin.** 1 omnipresente.

ubre. f. En los mamíferos, cada una de las tetas de la hembra. **Sin.** mama, teta.

ucase. m. **1** Decreto del zar. **2** Orden o mandato injusto, tiránico y tajante.

UCI. (Siglas de *Unidad de Cuidados Intensivos.*) f. Sección hospitalaria con aparatos y personal especializado para atender casos de enfermedad muy graves y que requieren atención continuada.

¡uf! interj. Denota cansancio, fastidio, sofoco o repugnancia: *¡uf, por fin terminamos!*

ufanarse. prnl. Engreírse, jactarse, gloriarse: *se ufanaba de su triunfo.* **Sin.** envanecerse.

ufano, na. adj. **1** Orgulloso. **2** Satisfecho, alegre. **3** Resuelto, decidido. **Sin.** 1 arrogante, presuntuoso 2 contento ☐ **Ant.** 1 sencillo 2 triste.

UFO. (Siglas de *Unidentified Flying Object.*) m. Ovni, denominación que se da a ciertos objetos voladores observados desde la Tierra, de origen desconocido.

ufología. f. Ciencia que estudia la hipotética existencia de objetos volantes no identificados y el acercamiento a nuestro planeta de seres extraterrestres.

UHF. (Siglas de *Ultra High Frequency.*) m. Banda de ondas electromagnéticas cuya frecuencia se distribuye entre los 300 y 3.000 Mhz.

ujier. m. **1** Portero de estrados de un palacio o tribunal. **2** Empleado subalterno de algunos tribunales y cuerpos del Estado.

ukelele. m. Instrumento musical de cuatro cuerdas originario de Indonesia.

ulano. m. Soldado de caballería ligera armado de lanza, en los ejércitos austriaco, alemán y ruso.

úlcera. f. **1** Lesión en la piel o mucosa de un órgano con destrucción de tejidos: *úlcera gástrica.* **2** Daño en la parte leñosa de las plantas, que se manifiesta por exudación de savia corrompida. **Sin.** 1 llaga.

ulmáceo, a. adj. y f. **1** Se dice de los árboles o arbustos dicotiledóneos, con ramas alternas, lisas o corchosas; hojas aserradas; flores hermafroditas o unisexuales, y fruto seco con una sola semilla, aplastada, como el olmo y el almez. | f. pl. **2** Familia de estas plantas.

ulterior. adj. **1** Que está en la parte de allá: *la finca ulterior a aquel cercado es también suya.* **2** Posterior: *las direcciones aparecen en páginas ulteriores.* **Sin.** 2 consecutivo, siguiente ☐ **Ant.** 2 anterior.

ultimar. tr. **1** Acabar, terminar: *ultimar unas negociaciones.* **2** amer. Matar. **Sin.** 1 concluir.

ultimátum. m. **1** Última proposición escrita en la que un Estado amenaza a otro con llevar a cabo medidas si no cumple las condiciones exigidas. **2** Decisión definitiva. ‖ pl. *ultimátums* o *ultimatos.*

último, ma. adj. **1** Se dice de la persona o cosa que no tiene nada detrás. También s.: *el último de la* lista. **2** Lo más remoto: *el último sitio donde hubiera mirado*. **3** Lo más reciente: *los últimos avances de la moda*. **4** Definitivo: *es mi última palabra*. **5 estar** uno **en las últimas.** loc. Estar a punto de morir. **6** Estar muy apurado de una cosa, especialmente de dinero. **7 por último.** loc. adv. Después o detrás de todo, finalmente. **8 ser** una cosa **lo último.** loc. Ser el colmo de lo inconveniente o insoportable. **Sin.** 1 postrero 3 actual ☐ **Ant.** 1-3 primero.

ultra. adv. **1** Además de. | adj. **2** Se dice del extremista político, generalmente violento. También com. **3** Relativo a ellos. **Sin.** 2 exaltado.

ultra-. 1 Pref. que significa 'más allá de', 'al otro lado de': *ultramar*. **2** Partícula inseparable de algunos adj., expresa idea de exceso: *ultrafamoso*.

ultraísmo. m. Movimiento literario que nació en España en 1919 y se extendió a Hispanoamérica. Propugnaba la ruptura con el pasado y la expresión poética con abundancia de metáforas y sin ornamentación.

ultrajar. tr. Injuriar o despreciar gravemente a alguien de obra o de palabra. **Sin.** agraviar, vejar.

ultraje. m. **1** Injuria. **2** Ofensa, insulto. **Sin.** 1 afrenta.

ultramar. m. Conjunto de territorios del otro lado de un océano.

ultramarino, na. adj. **1** De ultramar. | adj. y s. **2** Se dice de los comestibles que, traídos en un principio de ultramar, se conservan durante algún tiempo. | m. pl. **3** Tienda de comestibles. **Sin.** 1 transoceánico.

ultramontano, na. adj. **1** Que está más allá o de la otra parte de los montes. **2** Se dice del que defiende la autoridad del Papa y de la Iglesia sobre el Estado. También s. **3** Perteneciente o relativo a ellos y a su doctrina.

ultranza (a). loc. adv. **1** Sin vacilar, resueltamente: *mantuvo su postura a ultranza*. **2** Hasta el límite.

ultrarrojo. adj. Se dice de la radiación electromagnética del espectro luminoso que está después del color rojo, en la parte invisible.

ultrasonido. m. Sonido cuya frecuencia de vibraciones es superior al límite perceptible por el oído humano.

ultratumba. f. **1** Ámbito más allá de la muerte. | adj. **2** Se dice de lo que se supone que existe más allá de la muerte.

ultravioleta. adj. Se dice de la radiación electromagnética del espectro luminoso a continuación del color violeta.

ulular. intr. **1** Dar gritos o alaridos. **2** Producir un sonido parecido al viento. **Sin.** 1 y 2 aullar.

umbela. f. **1** Grupo de flores o frutos que nacen en un mismo punto del tallo y se elevan a igual o casi igual altura. **2** Tejadillo voladizo sobre un balcón o ventana.

umbelífero, ra. adj. y f. **1** Se dice de plantas angiospermas dicotiledóneas, que tienen flores en umbela; como el cardo corredor, el apio, el perejil, el hinojo, el comino y la zanahoria. | f. pl. **2** Familia de estas plantas.

umbilical. adj. Perteneciente al ombligo.

umbral. m. **1** Parte inferior del vano de una puerta, contrapuesta al dintel. **2** Entrada, principio de cualquier cosa: *el umbral de una nueva era*. **3** Valor a partir del cual empiezan a ser perceptibles los efectos de un agente físico: *umbral luminoso*. **4** En arquit., madero que se atraviesa en lo alto de un vano, para sostener el muro que hay encima. **Sin.** 2 inicio, origen ☐ **Ant.** 2 fin, término.

umbrela. f. Parte superior de las medusas, que tiene forma de sombrilla.

umbrío, a. adj. **1** Lugar donde da poco el sol. | f. **2** Parte de terreno en que casi siempre hace sombra, por estar expuesta al N. **Ant.** 1 y 2 solana.

un, una. art. indet. **1** Presenta o introduce sustantivos que designan personas o cosas desconocidas o no mencionadas todavía: *estaba sentado en un banco*. | adj. indef. **2** Uno cualquiera: *se lo oí decir a un hombre*. | adj. num. **3** Uno: *póngame un café*.

unánime. adj. **1** Se dice de las personas que coinciden en el mismo sentimiento, opinión. **2** Se apl. a este mismo sentimiento, opinión: *rechazo unánime*. **Sin.** 1 acorde, conforme ☐ **Ant.** 1 disconforme.

unanimidad. f. Conformidad total entre varios pareceres.

unción. f. **1** Acción de ungir o untar. **2** Extremaunción. **3** Devoción, recogimiento y perfección con que uno se dedica a algo: *le escuchaba con unción*.

uncir. tr. Atar o sujetar al yugo bueyes, mulas u otras bestias.

undécimo, ma. adj. **1** Que sigue inmediatamente en orden al o a lo décimo. **2** Se dice de cada una de las once partes iguales en que se divide un todo. También m.

underground. (voz ingl.) adj. y m. Se dice de las manifestaciones artísticas o literarias que se apartan de la tradición o de las corrientes contemporáneas e ignoran voluntariamente las estructuras culturales establecidas.

ungir. tr. **1** Aplicar a una cosa aceite u otra materia grasa, extendiéndola superficialmente. **2** Signar con óleo sagrado a una persona, para denotar el carácter de su dignidad, o para la recepción de un sacramento. **Sin.** 1 untar.

ungüento. m. Cualquier materia pastosa, medicinal o cosmética, con que se unta el cuerpo. **Sin.** pomada, crema.

unguis. m. Hueso muy pequeño y delgado de la parte anterior e interna de cada una de las órbitas,

Ungulados

que contribuye a formar los conductos lagrimal y nasal. || No varía en pl.

ungulado, da. adj. y m. **1** Se dice de los mamíferos con dedos terminados en pezuña. | m. pl. **2** Grupo de estos animales.

ungular. adj. Que pertenece o se refiere a la uña.

unicameral. adj. Poder legislativo formado por una sola cámara de representantes.

unicelular. adj. Que consta de una sola célula.

unicidad. f. Calidad de único. A<small>NT</small>. pluralidad.

único, ca. adj. **1** Solo en su especie: *fue el único que aprobó*. **2** Extraordinario, fuera de lo normal: *un espectáculo único*. S<small>IN</small>. 1 aislado, solo 2 singular, excepcional ❑ A<small>NT</small>. 2 corriente.

unicornio. m. **1** Animal fabuloso que imaginaron los antiguos poetas, de figura de caballo y con un cuerno recto en mitad de la frente. **2** Rinoceronte.

unidad. f. **1** Propiedad de lo que es uno e indivisible. **2** Cada uno de los elementos diferenciables de un conjunto: *en cada paquete entran 20 unidades*. **3** Unanimidad. **4** Cantidad o magnitud que sirve como término de comparación de las demás de su especie. **5** Cada una de las secciones de un organismo que tienen cierta independencia: *unidad militar*. **6** Cualidad de la producción literaria o artística en la que sólo hay un asunto o pensamiento principal. **7** En mat., el primer número natural, el número 1. S<small>IN</small>. 3 unión ❑ A<small>NT</small>. 3 desunión.

unifamiliar. adj. Que corresponde a una sola familia: *vivienda unifamiliar*.

unificar. tr. y prnl. **1** Hacer de muchas cosas una o un todo, uniéndolas, mezclándolas o reduciéndolas a una misma especie: *unificar esfuerzos*. **2** Igualar: *unificar precios*. S<small>IN</small>. 1 aunar, juntar, unir 2 equiparar ❑ A<small>NT</small>. 2 diversificar.

uniformar. tr. **1** Hacer uniformes dos o más cosas. También prnl. **2** Dar un uniforme a las personas de un mismo grupo. S<small>IN</small>. 1 igualar ❑ A<small>NT</small>. 1 diversificar.

uniforme. adj. **1** Con la misma forma. **2** Igual, conforme, semejante, sin alteraciones ni cambios bruscos: *un tono de voz uniforme*. | m. **3** Traje igual y reglamentario de las personas de un cuerpo, comunidad. S<small>IN</small>. 2 homogéneo, constante ❑ A<small>NT</small>. 2 desigual.

unigénito, ta. adj. **1** Se apl. al hijo único. | m. **2** Precedido de *el*, Jesucristo, el Hijo de Dios. || En esta acepción se escribe con mayúscula.

unilateral. adj. **1** Se dice de lo que se refiere o se circunscribe solamente a una parte o a un aspecto de algo: *un juicio unilateral*. **2** Que está colocado solamente a un lado: *panojas unilaterales*. S<small>IN</small>. 1 parcial.

unión. f. **1** Acción de unir o unirse. **2** Punto en el que se unen varias cosas: *se ha soltado la unión de los cables*. **3** Unanimidad. **4** Matrimonio. **5** Asociación

unipersonal – uña

de personas o entidades para un fin común. Sin. 1 conexión 2 enlace 4 boda 5 alianza □ Ant. 1 desunión.

unipersonal. adj. **1** Que consta de una sola persona: *vivienda unipersonal*. **2** Que corresponde o pertenece a una sola persona: *decisión unipersonal*. **3** En gram., se dice de los verbos que sólo se conjugan en la 3.ª pers. sing.: *granizaba, llovía*. Sin. 1 individual, personal □ Ant. 1 común, general.

unir. tr. **1** Juntar dos o más cosas entre sí, haciendo de ellas un todo: *se unió a la manifestación*. **2** Mezclar o trabar algunas cosas entre sí: *unir una salsa*. **3** Poner de acuerdo voluntades, ánimos u opiniones: *se unieron para protestar*. **4** Casar. Sin. 1 aunar 2 ligar 3 armonizar □ Ant. 1-3 separar.

unisex. (voz ingl.) adj. Se dice de la moda o de ciertos establecimientos adecuados tanto para hombres como para mujeres: *peluquería unisex*. ‖ No varía en pl.

unisexual. adj. Se dice del individuo vegetal o animal que tiene un solo sexo.

unísono, na. adj. **1** Con el mismo sonido. | m. **2** Trozo de música en que las varias voces o instrumentos suenan en idénticos tonos. **3 al unísono.** loc. adv. Sin discrepancia, con unanimidad.

unitario, ria. adj. **1** Que tiene unidad o que tiende a ella: *un grupo unitario*. **2** Partidario del unitarismo religioso. Ant. 1 misceláneo, múltiple.

universal. adj. **1** Relativo al universo: *armonía universal*. **2** Que comprende o es común a todos en su especie, sin excepción: *la supervivencia es una ley universal*. **3** Que pertenece o se extiende a todo el mundo, a todos los países, a todos los tiempos: *historia universal*. | m. pl. **4** En fil., conceptos o ideas generales. Sin. 1 cósmico 3 mundial □ Ant. 3 local.

universalidad. f. Calidad de universal.

universidad. f. **1** Institución de enseñanza superior que comprende diversas facultades, y que confiere los grados académicos correspondientes. **2** Edificio o conjunto de edificios destinado a ella. **3** Conjunto de personas que trabajan en ella.

universitario, ria. adj. **1** Relativo a la universidad. | m. y f. **2** Profesor, graduado o estudiante de universidad.

universo. m. **1** Conjunto de las cosas creadas, mundo. **2** La totalidad de los habitantes de la Tierra. **3** Medio en que uno vive. **4** Conjunto de individuos con características comunes. Sin. 1 cosmos.

unívoco, ca. adj. y s. **1** De un solo significado. **2** Se dice de lo que tiene igual naturaleza o valor que otra cosa. Sin. 1 claro □ Ant. 1 ambiguo.

uno, na. adj. **1** Se dice de lo que no se puede dividir. **2** Se dice de la persona o cosa identificada o unida, física o moralmente, con otra: *es uno con el jefe*. **3** Idéntico, lo mismo: *eso y nada es todo uno*. **4** Único, solo, sin otro de su especie. **5** Con sentido distributivo se usa contrapuesto a *otro: el uno leía, el otro estudiaba*. | pl. **6** Algunos, unos indeterminados: *unos años después*. | pron. indef. **7** Persona o personas cuyo nombre se ignora: *uno del grupo se puso a protestar*. | m. **8** Unidad, el primero de los números naturales. **9** Signo que lo representa *(1)*. **10** Cantidad que se utiliza como término de comparación. **11 a una.** loc. adv. A un tiempo, juntamente. **12 una de dos.** loc. que se emplea para contraponer en disyuntiva dos cosas o ideas: *una de dos: o te enmiendas, o me voy*. Sin. 1 indiviso 4 aislado.

untar. tr. **1** Extender una materia, generalmente grasa, sobre una superficie: *untar mantequilla*. **2** Sobornar: *le untaron para que les concediese la contrata*. | **untarse.** prnl. **3** Mancharse. Sin. 1 bañar, embadurnar 2 comprar, corromper 3 pringarse.

unto. m. **1** Materia grasa apropiada para untar. **2** Gordura o grasa de los animales. **3** *amer*. Betún para el calzado. Sin. 1 ungüento.

untuoso, sa. adj. Graso, pegajoso.

uña. f. **1** Revestimiento córneo del extremo de los dedos. **2** Casco o pezuña. **3** Punta corva en que acaba la cola del alacrán. **4** Espina corva de algunas plantas. **5** Pedazo de rama que queda unido al tronco al podarla. **6 de uñas.** loc. adv. Con enfado y agresividad, enemistado. Se usa con los verbos *estar*

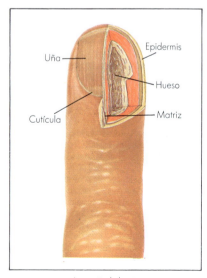

Anatomía de la uña

y *ponerse*. **7 ser uña y carne** dos o más personas. loc. Ser amigas inseparables, estar muy compenetradas. **Sin.** 4 pincho.

uñero. m. **1** Inflamación en la raíz de la uña. **2** Herida que produce la uña cuando crece mal y se introduce en la carne.

upar. tr. Levantar, aupar.

uperización o **uperisación.** f. Procedimiento de esterilización de la leche, consistente en calentar ésta, en tres etapas, hasta los 150° C, a la vez que se la somete a la acción de vapor sobrecargado y purificado.

uralaltaico, ca. adj. **1** Relativo a los Urales y al Altai. **2** Se dice de una gran familia de lenguas aglutinantes, cuyos principales grupos son el mogol, el turco y el ugrofinés, y de los pueblos que hablan estas lenguas. También s.

uralita. f. Cierto material de construcción constituido por una mezcla de amianto y cemento.

uranio. m. Elemento químico metálico radiactivo, dúctil y maleable, cuyos compuestos se usan en fotografía y para dar color a los vidrios. Tiene un isótopo capaz de una fisión continuada y se ha usado en la bomba atómica. Su símbolo es *U*.

Urano. Planeta del sistema solar descubierto por Herschel en 1781. Su núcleo es pétreo, sobre el planeta existe un océano de hielo y le rodea una atmósfera de 5.000 km de altura, que contiene hidrógeno y metano. El eje de rotación está inclinado 98° respecto del plano de su órbita, y tiene cinco satélites: Ariel, Umbriel, Titania, Oberón y Miranda.

urbanidad. f. Comportamiento correcto y educado de una persona. **Sin.** civismo, educación.

urbanismo. m. Conjunto de conocimientos que se refieren al estudio de la creación, desarrollo, reforma y planificación de las ciudades, teniendo en cuenta las necesidades materiales de la vida humana.

urbanización. f. **1** Acción de urbanizar. **2** Conjunto residencial urbanizado.

urbanizar. tr. **1** Construir en un terreno, previamente delimitado, viviendas y dotarlo de todos los servicios urbanos necesarios para ser habitado. **2** Hacer urbano y sociable a alguien. También prnl.: *se ha urbanizado mucho en esa escuela*. **Sin.** 2 educar, refinar.

urbano, na. adj. **1** Relativo a la ciudad. **2** Cortés, atento y educado. | m. **3** Individuo de la policía urbana o municipal. **Sin.** 1 ciudadano ☐ **Ant.** 1 rural.

urbe. f. Ciudad, especialmente la muy grande y populosa. **Sin.** capital, metrópoli.

urdimbre. f. **1** Conjunto de hilos que se colocan en el telar paralelamente unos a otros para formar un tejido. **2** Estambre o tela ya urdida. **3** Acción de urdir o maquinar algo. **Sin.** 3 intriga.

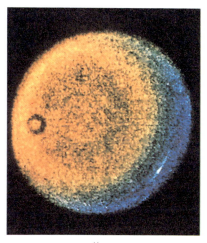

Urano

urdir. tr. **1** Preparar los hilos para tejer. **2** Preparar algo en secreto, tramar: *urdir una intriga*. **Sin.** 1 tejer 2 conspirar, fraguar, intrigar.

urea. f. Sustancia que contiene gran cantidad de nitrógeno y constituye la mayor parte de la materia orgánica contenida en la orina en su estado normal. Es muy soluble en el agua, cristalizable, inodora e incolora.

uremia. f. Enfermedad ocasionada por la acumulación en la sangre de las sustancias nocivas que normalmente son eliminadas por el riñón.

uréter. m. Cada uno de los conductos por donde desciende la orina a la vejiga desde los riñones.

uretra. f. Conducto por el que los mamíferos expelen la orina desde la vejiga.

urgencia. f. **1** Cualidad de urgente: *había urgencia en su voz*. **2** Necesidad o falta apremiante de algo: *tiene urgencia de dinero*. **3** Caso urgente: *tuvo que salir por una urgencia*. | pl. **4** Departamento de los hospitales para atender a enfermos y heridos que necesitan cuidados médicos inmediatos. **Sin.** 1 premura, prisa 3 emergencia ☐ **Ant.** 1 parsimonia.

urgente. adj. **1** Que urge: *un problema urgente*. **2** Se apl. especialmente al correo que recibe un tratamiento especial por el que llega antes a su destino. **Sin.** 1 acuciante.

urgir. intr. **1** Correr prisa algo: *el jefe dice que este trabajo le urge*. **2** Ser muy necesario: *me urge cambiar de aires*. **3** Obligar a algo una ley o precepto. **Sin.** 1 apremiar 3 instar.

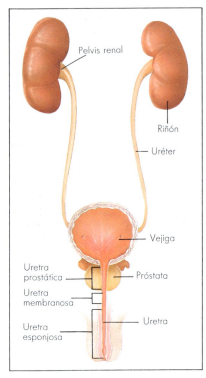

Aparato urinario

urinario, ria. adj. **1** Relativo a la orina. | m. **2** Lugar destinado para orinar. **Sin.** 2 aseo.

urna. f. **1** Arca, caja, a veces de cristal, para depositar las papeletas en sorteos, votaciones y otros usos. **2** Caja de cristales planos a propósito para tener dentro visibles y resguardados del polvo objetos preciosos. **3** Cofre para guardar las cenizas de un difunto, dinero, etc.

uro. m. Bóvido salvaje muy parecido al toro. Se extinguió a principios del s. XVII.

urodelo, la. adj. y m. **1** Se dice de batracios que durante toda su vida conservan una larga cola que utilizan para nadar y tienen cuatro extremidades; en algunos persisten en estado adulto las branquias; como la salamandra. | m. pl. **2** Orden de estos animales.

urogallo. m. Ave gallinácea de plumaje pardo negruzco, tarsos emplumados y cola en forma de abanico en el macho.

urología. f. Parte de la medicina que estudia el aparato urinario y sus trastornos.

urraca. f. **1** Ave paseriforme con pico y pies negruzcos, y plumaje blanco en el vientre y arranque de las alas, y negro con reflejos metálicos en el resto del cuerpo; se domestica con facilidad y es capaz de repetir palabras y trozos cortos de música. **2** Persona habladora. **3** Persona que recoge y guarda todo tipo de objetos.

úrsido, da. adj. y m. **1** Se dice de los mamíferos carnívoros, conocidos vulgarmente por osos. | m. pl. **2** Familia de estos mamíferos.

ursulina. f. Congregación religiosa fundada por Santa Ángela de Brescia en el s. XVI para educación de niñas y cuidado de enfermos. También adj.

urticáceo, a. adj. y f. **1** Se apl. a las plantas angiospermas dicotiledóneas, de hojas sencillas y casi siempre provistas de pelos que segregan un jugo urticante, flores pequeñas, fruto desnudo y semilla de albumen carnoso, como la ortiga. También f. | f. pl. **2** Familia de estas plantas.

urticante. adj. Que produce picor o escozor semejante a las picaduras de ortiga.

urticaria. f. Erupción alérgica de la piel, con manchas y granos rojos y mucho picor.

usado, da. adj. **1** Gastado y deslucido por el uso. **2** Habituado, ejercitado en alguna cosa. **Sin.** 1 raído, viejo 2 ducho.

usanza. f. Uso, costumbre, moda.

usar. tr. **1** Hacer que una cosa sirva para algo: *usa tu cabeza*. **2** Disfrutar uno alguna cosa, sea o no dueño de ella: *¿me dejas usar tu coche?* **3** Hacer o practicar alguna cosa habitualmente o por costumbre:

Urogallo

usaba dar un paseíto al caer la tarde. **4** Llevar una prenda de vestir, un adorno personal o tener por costumbre ponerse algo: *usa un viejo sombrero.* | **usarse.** prnl. **5** Estar de moda: *ese peinado ya no se usa.* **Sin.** 1 utilizar, emplear 3 acostumbrar, soler.

uso. m. **1** Acción de usar: *sus zapatos están gastados por el uso.* **2** Ejercicio o práctica general de una cosa: *el uso de las armas.* **3** Costumbre o práctica que está de moda o es característica de una persona, una época, etc.: *usos urbanos.* **4 uso de razón.** Capacidad de raciocinio que se adquiere pasada la primera niñez. **5 al uso.** loc. adv. Según la moda o la costumbre. **Sin.** 1 utilización, empleo 2 fin 3 hábito, usanza.

usted. 1 Pronombre personal de segunda persona singular, m. y f. Se suele emplear como tratamiento de respeto, seguido del verbo en 3.ª persona: *puede usted pasar.* | pl. **2** En América y Andalucía se emplea con el verbo en 2.ª persona en lugar de *vosotros: muchachos, ¿dónde van ustedes?*

usual. adj. Que se usa o se hace habitual o frecuentemente: *llegará con su retraso usual.*

usuario, ria. adj. y s. **1** Que habitualmente utiliza algo: *los usuarios de ordenador.* **2** Que usa algo ajeno por derecho o concesión.

usucapión. f. En der., adquisición de un derecho mediante su ejercicio en las condiciones y durante el tiempo previsto por la ley.

usucapir. tr. En der., adquirir una cosa por usucapión. || **Defect.,** sólo tiene las tres formas no personales: *usucapir, usucapiendo* y *usucapido.*

usufructo. m. **1** Derecho a disfrutar bienes ajenos con la obligación de conservarlos: *tiene la casa en usufructo.* **2** Utilidades, frutos o provechos que se sacan de cualquier cosa. **Sin.** 1 disfrute, uso.

usura. f. **1** Interés, ganancia excesiva por un préstamo. **2** El mismo préstamo. **3** Cualquier ganancia excesiva que se obtiene de algo.

usurero, ra. m. y f. **1** Persona que presta algo con usura. **2** P. ext., persona que en cualquier negocio obtiene un beneficio desmedido.

usurpación. f. **1** Acción de usurpar. **2** Cosa usurpada; especialmente el terreno. **3** Delito que se comete apoderándose con violencia o intimidación de inmueble o derecho real ajeno.

usurpar. tr. **1** Apoderarse de un bien o derecho ajeno, generalmente por medios violentos. **2** Apoderarse de la dignidad, empleo u oficio de otro, y usarlos como si fueran propios: *ha usurpado las funciones del secretario.* **Sin.** 1 y 2 arrebatar.

ut supra. loc. adv. lat. Se emplea en ciertos documentos para referirse a una fecha, cláusula o frase escrita más arriba, y evitar su repetición.

utensilio. m. **1** Lo que sirve para el uso manual y frecuente: *utensilio de cocina, de la mesa.* Más en pl. **2** Herramienta o instrumento de un oficio o arte. Más en pl. **Sin.** 1 y 2 útil.

uterino, na. adj. Relativo al útero.

útero. m. Matriz, órgano en el que se aloja y desarrolla el feto durante la gestación.

útil. adj. **1** Provechoso, beneficioso: *una decisión útil.* **2** Que puede utilizarse para algo: *esta herramienta te será muy útil.* **3** Se dice de los días hábiles para la realización de algo, normalmente fijados por la ley o la costumbre. **4** m. Utensilio, herramienta. Más en pl.: *útiles de costura.* **Sin.** 1 práctico, ventajoso 2 eficaz ⬜ **Ant.** 1 dañino 2 inútil.

utilidad. f. **1** Cualidad de útil: *la utilidad de una herramienta.* **2** Provecho, conveniencia, interés o fruto que se saca de una cosa: *no veo la utilidad de tu propuesta.* **Sin.** 2 beneficio, ventaja ⬜ **Ant.** 1 inutilidad 2 pérdida.

utilitario, ria. adj. **1** Que antepone la utilidad de algo a cualquiera de sus restantes cualidades: *se guía siempre por criterios utilitarios.* | adj. y m. **2** Automóvil pequeño, de bajo consumo y precio reducido. **Sin.** 1 práctico.

utilitarismo. m. Doctrina filosófica moderna que considera la utilidad como principio de la moral.

utilizar. tr. y prnl. Aprovecharse o servirse de algo o alguien: *utilizó la tela sobrante para hacer unos cojines.* **Sin.** emplear, explotar, usar.

utillaje. m. Conjunto de herramientas, instrumentos, máquinas, utilizados en una actividad u oficio: *el utillaje de un fontanero.* **Sin.** equipo.

utopía o **utopia.** f. Proyecto, sistema o gobierno ideal, pero irrealizable. **Sin.** ideal ⬜ **Ant.** realidad.

utópico, ca. adj. **1** Relativo a la utopía. **2** Partidario de una utopía. También s.

utrero, ra. m. y f. Novillo o novilla desde los dos hasta los tres años.

uva. f. **1** Fruto de la vid; es una baya verde o morada que se agrupa formando racimo. **2 mala uva.** Mala intención o mal humor.

uve. f. **1** Nombre de la letra *v.* **2 uve doble.** Nombre de la letra *w.*

UVI. (siglas de Unidad de Vigilancia Intensiva.) f. UCI.

úvula. f. Parte media y colgante del velo palatino, de forma cónica y textura membranosa y muscular. **Sin.** campanilla.

uxoricidio. m. Muerte causada a la mujer por su marido. **Sin.** parricidio.

uzbeko, ka. adj. **1** Se dice de un pueblo mongol, de idioma turco, que se extiende por la región de Asia Central que va desde el mar Caspio hasta China. **2** De Uzbekistán. También s.

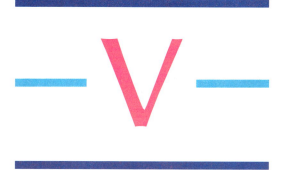

v. f. **1** Vigesimotercera letra del abecedario español, y decimoctava de sus consonantes. Su nombre es *uve* o *ve*. Actualmente representa el mismo sonido que la *b* en todos los países de la lengua española. **2** En mayúsculas, letra numeral que tiene el valor de cinco en la numeración romana. **3 v doble.** W.

vaca. f. **1** Hembra del toro. **2** Carne y piel de este animal. **3** Persona muy gorda. **4 vaca marina.** Manatí.

vacación. f. Suspensión de una actividad habitual, especialmente del trabajo o los estudios, por algún tiempo. Más en pl.

vacante. adj. y f. Libre, sin ocupar o cubrir: *un cargo, una plaza vacante*. **Sin.** disponible.

vacar. intr. **1** Cesar por algún tiempo en los habituales negocios, estudios o trabajo. **2** Quedar libre un empleo, cargo, dignidad, etc.

vaciado. m. Acción de vaciar en un molde un objeto de metal, yeso, etc.

vaciar. tr. **1** Dejar vacío: *vaciar una botella, vaciar el bolsillo*. También prnl. **2** Sacar, verter, arrojar. También prnl. **3** Hacer una escultura llenando un molde con metal fundido, yeso, etc. **4** Afilar instrumentos cortantes. | intr. **5** Desaguar. **Ant.** 1 llenar.

vaciedad. f. Necedad, sandez.

vacilación. f. **1** Acción de vacilar. **2** Indecisión, irresolución.

vacilar. intr. **1** Moverse indeterminadamente, tambalearse. **2** Fluctuar, oscilar. **3** Dudar, estar indeciso. **4** Presumir, fanfarronear. | tr. e intr. **5** Tomar el pelo. **Sin.** 3 titubear.

vacile. m. Guasa, tomadura de pelo.

vacilón, na. adj. **1** Guasón, bromista. **2** Presumido, fanfarrón.

vacío, a. adj. **1** Desocupado o falto de contenido. **2** Ocioso, insustancial: *un comentario vacío*. | m. **3** Espacio sin aire ni materia alguna: *caer al vacío*. **4** Concavidad, hueco. **5** Falta, carencia, ausencia: *su muerte dejó un gran vacío*. **Sin.** 1 libre, desierto 2 vacuo ☐ **Ant.** 1 lleno 2 profundo.

vacuidad. f. Cualidad de vacuo.

vacuna. f. Virus o material orgánico que una vez preparado se inocula a una persona o animal para preservarlos de una enfermedad determinada.

vacunación. f. Acción de vacunar.

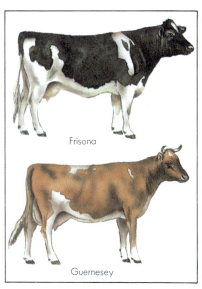

Vacas

Vacunación contra la viruela

vacunar. tr. y prnl. **1** Inocular una vacuna a una persona o animal para preservarlos de una enfermedad. **2** Inmunizar contra algo malo.

vacuno, na. adj. y m. Bovino.

vacuo, cua. adj. Vacío, insustancial: *una respuesta vacua*.

vadear. tr. **1** Pasar un río u otra corriente de agua por donde se pueda hacer pie. **2** Solucionar, superar: *vadear la crisis.* | **vadearse.** prnl. **3** Manejarse, arreglarse.

vademécum. m. **1** Libro con las nociones básicas de una ciencia o arte, especialmente el que usan los médicos para consultar la información referente a los medicamentos comercializados. **2** Cartapacio.

vado. m. **1** Lugar de un río con fondo firme, llano y poco profundo, por donde se puede pasar sin necesidad de embarcación. **2** Parte rebajada del bordillo de la acera para facilitar el acceso de vehículos, y donde no se puede aparcar.

vagabundear. intr. Andar vagabundo. Sin. errar, vagar.

vagabundo, da. adj. **1** Que anda errante de un lugar a otro. **2** Que no tiene ni trabajo ni residencia fija. También s.

vagancia. f. **1** Cualidad de vago, poco trabajador. **2** Condición del que está sin oficio u ocupación. Sin. 1 pereza, gandulería, indolencia.

vagar. intr. Andar errante, sin rumbo.

vagido. m. Gemido o llanto del recién nacido.

vagina. f. Conducto membranoso y fibroso del aparato reproductor de las hembras de los mamíferos que se extiende desde la vulva hasta la matriz.

vago, ga. adj. **1** Holgazán, perezoso. También s. **2** Impreciso, confuso. | m. **3** Uno de los dos nervios del décimo par craneal, con una extensa distribución por cabeza, cuello, tórax y abdomen. Sin. 1 remolón 2 indeterminado □ Ant. 1 diligente, trabajador.

vagón. m. Carruaje de viajeros, mercancías y equipajes, en los ferrocarriles.

vagoneta. f. Vagón pequeño y descubierto, para transporte.

vaguada. f. Parte más honda de un valle, por donde pasan las aguas. Sin. cañada, rambla.

vaguear. intr. Holgazanear.

vaguedad. f. **1** Cualidad de vago, impreciso. **2** Expresión o frase vaga.

vahído. m. Desvanecimiento.

vaho. m. **1** Vapor que despiden los cuerpos en determinadas condiciones. | pl. **2** Método curativo que consiste en respirar vapores de alguna sustancia balsámica.

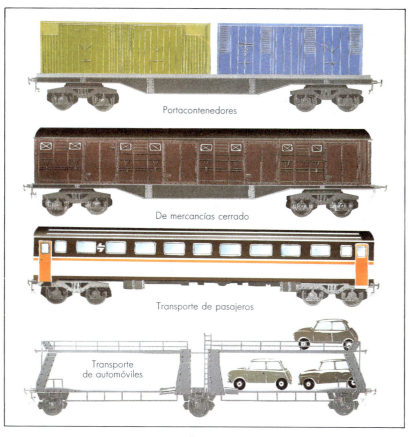

Vagones

vaina. f. **1** Funda de algunas armas e instrumentos metálicos. **2** Cáscara alargada que encierra algunas semillas. | m. **3** Persona voluble o informal.

vainica. f. Deshilado menudo que se hace en una tela como remate o adorno.

vainilla. f. **1** Planta aromática americana con tallos muy largos, verdes; hojas enteras, ovales; flores grandes, verdosas, y fruto capsular en forma de judía, con muchas semillas pequeñas. **2** Fruto de esta planta, muy oloroso, usado como aromatizante en repostería.

vaivén. m. **1** Movimiento alternativo de un cuerpo que después de recorrer una trayectoria vuelve a describirla, en sentido contrario. **2** Inconstancia. **3** Cambio imprevisto en el desarrollo o duración de algo: *los vaivenes de la fortuna.*

vajilla. f. Conjunto de platos, fuentes, vasos, tazas, etc., para el servicio de la mesa.

valdepeñas. m. Vino de la zona de Valdepeñas (España). || No varía en pl.

vale. m. **1** Papel o documento que acredita una deuda, la entrega de algo, etc. **2** Bono o tarjeta para adquirir algo. **3** Entrada gratuita para un espectáculo público.

valedor, ra. m. y f. Persona que vale o ampara a otra.

valencia. f. **1** En biol., poder de un anticuerpo para combinarse con uno o más antígenos. **2** En

valenciano – válvula

quím., número de enlaces con que puede combinarse un átomo o radical.

valenciano, na. adj. y s. De Valencia. | m. **2** Variedad del catalán, que se habla en gran parte de la Comunidad Valenciana y se siente allí comúnmente como lengua propia.

valentía. f. **1** Cualidad de valiente. **2** Hecho o hazaña heroica. **Sin.** 1 arrojo, coraje, gallardía ◻ **Ant.** 1 cobardía.

valer. tr. **1** Tener las cosas un precio determinado. **2** Equivaler, tener un valor comparable. **3** Producir, proporcionar: *esa respuesta le valió una reprimenda*. **4** Amparar, proteger. | intr. **5** Ser útil o provechoso: *esta herramienta me vale*. **6** Tener vigencia: *este pasaporte no vale; está caducado*. | **valerse.** prnl. **7** Servirse de algo: *se valió de su influencia*. **8** Manejarse, arreglarse. **9 ¡vale!** interj. De acuerdo. ‖ **Irreg.** Conjugación modelo:

> **Indicativo**
> Pres.: *valgo, vales, vale, valemos, valéis, valen.*
> Imperf.: *valía, valías, valía,* etc.
> Pret. indef.: *valí, valiste,* etc.
> Fut. imperf.: *valdré, valdrás, valdrá, valdremos, valdréis, valdrán.*
> **Potencial:** *valdría, valdrías, valdría, valdríamos, valdríais, valdrían.*
> **Subjuntivo**
> Pres.: *valga, valgas, valga, valgamos, valgáis, valgan.*
> Imperf.: *valiera* o *valiese, valieras* o *valieses,* etc.
> Fut. imperf.: *valiere, valieres,* etc.
> **Imperativo:** *val* o *vale, valed.*
> **Participio:** *valido.*
> **Gerundio:** *valiendo.*

valer. m. Valor, valía.

valeriana. f. Planta herbácea, vivaz, de tallo recto, hueco y algo velloso; hojas compuestas y flores blancas o rojizas en corimbos terminales, y fruto seco con una sola semilla. Su raíz se usa como sedante.

valeroso, sa. adj. Valiente.

valetudinario, ria. adj. y s. Enfermizo.

valía. f. Valor, aprecio.

validar. tr. Dar fuerza o firmeza a una cosa; hacerla válida.

validez. f. Cualidad de válido. **Sin.** eficacia.

valido. m. Privado, favorito del rey.

válido, da. adj. Que vale, eficaz: *una excusa válida*. **Sin.** vigente, efectivo.

valiente. adj. **1** Que se enfrenta al peligro o la dificultad con esfuerzo, ánimo y valor. También com. **2** Grande y excesivo. Se usa en sentido irónico: *¡valiente amigo tienes!*

valija. f. **1** Saco para llevar la correspondencia. **2 valija diplomática.** Cartera cerrada y precintada con la correspondencia oficial entre un gobierno y sus agentes diplomáticos en el extranjero.

valimiento. m. Privanza o aceptación particular que una persona tiene con otra, especialmente si es superior. **Sin.** ascendiente, amparo, protección ◻ **Ant.** desamparo.

valioso, sa. adj. Que vale mucho o tiene mucha estimación o poder.

valla. f. **1** Vallado. **2** Cartelera publicitaria en las calles. **3** Obstáculo para saltar en algunas competiciones hípicas o atléticas. **Sin.** 1 empalizada, cercado.

valladar. m. **1** Vallado. **2** Obstáculo, impedimento.

vallado. m. Cerco que se levanta para defensa o límite de un lugar.

vallar. tr. Cercar con vallado.

valle. m. **1** Llanura de tierra entre montañas. **2** Cuenca de un río. **Sin.** 2 vega.

vallisoletano, na. adj. y s. De Valladolid.

valón, na. adj. y s. **1** Del territorio belga que ocupa aproximadamente la parte meridional. | m. **2** Dialecto del antiguo francés hablado en este territorio.

valor. m. **1** Grado de utilidad o aptitud de las cosas, para cumplir el objetivo a que se destinan. **2** Cualidad de las cosas, en virtud de la cual se da por poseerlas cierta cantidad de dinero o equivalente. **3** Significación, importancia. **4** Valentía. **5** Osadía, desvergüenza. **6** En mat., cualquiera de las determinaciones posibles de una cantidad, magnitud, etc., variable. **7** En mús., duración del sonido que corresponde a cada nota. | pl. **8** Títulos de participación en haberes de sociedades, de fondos pecuniarios o de servicios que son materia de operaciones mercantiles. **Sin.** 1 y 2 valía 2 precio 3 alcance 4 arrojo, coraje.

valoración. f. Acción de valorar.

valorar. tr. **1** Señalar el valor o precio de algo. **2** Reconocer o apreciar el valor o mérito de alguien o algo. **3** Aumentar el valor de una cosa. También prnl. **Sin.** 1 evaluar, justipreciar, tasar.

valorizar. tr. **1** Valorar, evaluar. **2** Aumentar el valor de algo.

valquiria. f. Divinidad de la mitología escandinava que designaba en los combates los héroes que debían morir. Más en pl.

vals. m. **1** Baile de origen alemán, ejecutado por parejas, que avanzan mientras van girando. **2** Música de este baile, de ritmo ternario. ‖ pl. *valses*.

valuar. tr. Establecer el valor de algo.

valva. f. Cada una de las piezas duras y movibles que constituyen la concha de los moluscos lamelibranquios.

válvula. f. **1** Pieza que abre o cierra un conducto.

2 Pliegue membranoso que impide el retroceso del líquido que circula por los vasos o conductos del cuerpo. **3** Lámpara de radio. **4 válvula de escape.** En las calderas de las máquinas de vapor, la que deja salir parte de éste cuando su presión es excesiva. **5** Desahogo, respiro: *la lectura le sirve de válvula de escape.* **Sin.** 1 grifo, obturador.

vampiresa. f. **1** Mujer que aprovecha su capacidad de seducción amorosa para sacar beneficio de sus conquistas. **2** Mujer fatal.

vampiro. m. **1** Espectro que, según creencia popular, chupa por las noches la sangre de los vivos. **2** Murciélago americano que se alimenta de insectos y chupa la sangre de las personas y animales dormidos. **3** Persona codiciosa que se enriquece por malos medios.

vanadio. m. Elemento químico metálico que se presenta en ciertos minerales y que se ha obtenido en forma de polvo gris. Se usa como ingrediente para aumentar la resistencia del acero. Su símbolo es *V.*

vanagloria. f. Jactancia del propio valor.

vanagloriarse. prnl. Jactarse del propio valor.

vandálico, ca. adj. Relacionado con los vándalos o el vandalismo.

vandalismo. m. **1** Devastación propia del pueblo vándalo. **2** Espíritu de destrucción que no respeta nada.

vándalo, la. adj. y s. **1** De un antiguo pueblo germano que invadió España y el N de África en los ss. v y vi. **2** Que actúa con brutalidad y espíritu destructor: *unos vándalos destrozaron el escaparate.*

vanguardia. f. **1** Parte de una fuerza armada, que va delante del cuerpo principal. **2** Conjunto de personas, ideas, precursoras o renovadoras en relación a la sociedad que les rodea: *la vanguardia tecnológica.* **3 a, a la** o **en vanguardia.** loc. adv. A la cabeza, en el punto más avanzado. **Ant.** 1 retaguardia.

vanguardismo. m. Nombre genérico con que se designan ciertas escuelas o tendencias artísticas, nacidas en el s. xx, tales como el cubismo, el ultraísmo, etc., con intención renovadora, de avance y exploración.

vanguardista. adj. y com. Relacionado con el vanguardismo o que sigue una vanguardia.

vanidad. f. **1** Arrogancia, presunción, envanecimiento. **2** Pompa, ostentación. **3** Cualidad de vano. **Sin.** 1 vanagloria, presunción □ **Ant.** 1 modestia.

vanidoso, sa. adj. y s. Que tiene vanidad y la muestra.

vano, na. adj. **1** Falto de realidad o entidad: *esperanzas vanas.* **2** Hueco, vacío y falto de solidez: *palabras vanas.* **3** Inútil, infructuoso o sin efecto. **4** Arrogante, presuntuoso. **5** Se dice de algunos frutos de cáscara cuando su semilla o sustancia interior está

Vampiro

seca o podrida. | m. **6** Hueco de un muro que sirve de puerta o ventana.

vapor. m. **1** Estado gaseoso que, por la acción del calor, adoptan ciertos cuerpos, en especial el agua. **2** Buque de vapor.

vaporización. f. Acción de vaporizar o vaporizarse.

vaporizador. m. **1** Aparato para vaporizar. **2** Aparato para pulverizar un líquido.

vaporizar. tr. y prnl. **1** Convertir un líquido en vapor por la acción del calor. **2** Pulverizar un líquido.

vaporoso, sa. adj. **1** Ligero, fino, sutil: *seda vaporosa.* **2** Que expulsa o produce vapores. **Sin.** 1 vago □ **Ant.** 1 denso, pesado.

vapulear. tr. **1** Azotar. **2** Zarandear a una persona. **3** Reprender, criticar, hacer duros reproches.

vaquería. f. Lugar donde hay vacas o se vende su leche.

vaquero, ra. adj. **1** Propio de los pastores de ganado bovino. **2** Se dice de un tipo de tela muy resistente, generalmente de color azul, y de lo que se fabrica con esta tela. | m. y f. **3** Pastor o pastora de reses vacunas. | m. **4** Pantalón de tela vaquera. Más en pl.

vaqueta. f. Cuero de ternera curtido.

vara. f. **1** Rama delgada, limpia y sin hojas. **2** Palo largo y delgado. **3** Bastón de mando. **4** Medida de longitud (835 mm y 9 décimas). **5** Cada una de las dos piezas de madera del carro entre las que se engancha la caballería.

varadero. m. Lugar donde varan las embarcaciones para resguardarlas o para limpiar sus fondos o repararlas.

varal. m. Vara larga y gruesa.

varapalo. m. **1** Palo largo a modo de vara. **2** Golpe dado con palo o vara. **3** Castigo, reprimenda. **4** Pesadumbre o desazón grande. **Sin.** 2 cachiporrazo.

varar. intr. **1** Encallar una embarcación. **2** Quedar parado o detenido un negocio. | tr. **3** Poner en seco una embarcación.

várdulo, la. adj. y s. De un pueblo hispánico prerromano que habitaba el territorio de la actual provincia de Guipúzcoa.

varear. tr. **1** Dar golpes con una vara o palo, por ejemplo para derribar los frutos de algunos árboles o para ahuecar algo. **2** Herir a los toros con varas.

variable. adj. **1** Que varía o puede variar. **2** Inestable, inconstante. | f. **3** En mat., magnitud que puede tener un valor cualquiera de los comprendidos en un conjunto. **SIN.** 1 y 2 cambiante, mudable 2 voluble ☐ **ANT.** 1 y 2 constante.

variación. f. **1** Acción de variar. **2** Cada una de las imitaciones melódicas de un mismo tema. **SIN.** 1 alteración, cambio, mudanza.

variado, da. adj. Que tiene variedad.

variante. f. **1** Cada una de las diversas formas con que se presenta algo: *las variantes de un tema narrativo*. **2** Variedad, diferencia. **3** Desviación de un trecho de una carretera o camino. | m. **4** Fruto o verdura conservada en vinagre. Más en pl.

variar. tr. **1** Hacer que una cosa sea diferente en algo de lo que antes era. **2** Dar variedad: *variar los temas*. | intr. **3** Cambiar, ser diferente: *es sorprendente cómo varía el paisaje de esta región*.

varicela. f. Enfermedad contagiosa benigna, que produce una erupción parecida a la de la viruela.

varice o **várice.** f. Variz.

variedad. f. **1** Diferencia, diversidad: *había una gran variedad de público*. **2** Conjunto de cosas diversas: *nos enseñó una gran variedad de artículos*. | pl. **3** Espectáculo teatral ligero, compuesto de números diversos, sin relación entre ellos. **SIN.** 1 heterogeneidad 2 gama.

varietés. (voz fr.) f. pl. Espectáculo de variedades.

varilarguero. m. Picador de toros.

varilla. f. **1** Barra larga y delgada. **2** Cada una de las piezas de diversas materias que forman el armazón del abanico, paraguas, sombrilla, etc.

vario, ria. adj. **1** Diverso, diferente. **2** Que tiene variedad. | adj. y pron. indef. pl. **3** Algunos, unos cuantos: *me presentaron a varias personas*. | m. pl. **4** Apartado de cualquier conjunto que reúne elementos diferentes, sin clasificar. **SIN.** 1 distinto 2 desigual, variable.

variopinto, ta. adj. **1** Que ofrece diversidad de colores o de aspecto. **2** Mezclado, diverso, heterogéneo.

variz. f. Dilatación permanente de una vena por la acumulación de sangre en ella.

varón. m. Hombre, persona del sexo masculino.

varonil. adj. **1** Del varón. **2** Propio de él. **SIN.** 1 y 2 viril.

vasallaje. m. **1** Vínculo de dependencia y fidelidad de un vasallo para con su señor. **2** Rendimiento o reconocimiento con dependencia a cualquier otro, o de una cosa a otra. **3** Tributo pagado por el vasallo a su señor.

vasallo, lla. adj. **1** Sujeto a un señor por vínculo de vasallaje. **2** Feudatario, que estaba obligado a pagar feudo. | m. y f. **3** Súbdito.

vasar. m. Estante o anaquel en la cocina.

vasco, ca. adj. y s. **1** Del País Vasco o del País Vascofrancés. | m. **2** Vascuence.

vascuence. m. Lengua hablada en el País Vasco, en Navarra y en el País Vasconfrancés. **SIN.** euskera.

vascular. adj. Relacionado con los vasos vegetales o animales.

vasectomía. f. Operación quirúrgica de esterilización masculina, que consiste en cerrar el conducto deferente por el que salen los espermatozoides del testículo.

vaselina. f. **1** Sustancia grasa obtenida de la parafina y de aceites densos del petróleo, empleada en farmacia y perfumería. **2** En algunos deportes, lanzamiento suave por encima del portero.

vasija. f. Recipiente para líquidos o alimentos.

vaso. m. **1** Pieza cóncava, capaz de contener alguna cosa. **2** Recipiente, por lo común de forma cilíndrica, para beber. **3** Cantidad de líquido que cabe en él. **4** Conducto por el que circula en el organismo la sangre o la linfa. **5** Conducto por el que circula la savia o el látex en los vegetales.

vasoconstricción. f. Estrechamiento de los vasos sanguíneos por contracción de la pared arterial, que lleva consigo un aumento de la presión arterial.

vasodilatación. f. Ensanchamiento de los vasos sanguíneos, por dilatación de la pared arterial, que lleva consigo un descenso de la presión arterial.

vástago. m. **1** Renuevo del árbol o planta. **2** Conjunto del tallo y las hojas. **3** Descendiente. **4** Barra que transmite el movimiento en un mecanismo. **SIN.** 1 brote, pimpollo 3 sucesor, hijo, retoño.

vasto, ta. adj. Dilatado, extenso, grande.

vate. m. **1** Poeta. **2** Adivino.

vaticinar. tr. Pronosticar, adivinar. **SIN.** augurar, predecir, profetizar.

vaticinio. m. Predicción, adivinación.

vatio. m. Unidad de potencia eléctrica, equivalente a un julio por segundo. Su abr. es *W*.

vaudeville. (voz fr.) m. Vodevil.

vecinal. adj. Relacionado con el vecindario o los vecinos de un pueblo.

vecindad. f. **1** Hecho de ser vecino. **2** Conjunto de vecinos. **3** Contorno, cercanías. **SIN.** 2 vecindario.

vecindario. m. Conjunto de vecinos de una población, barrio, etc.

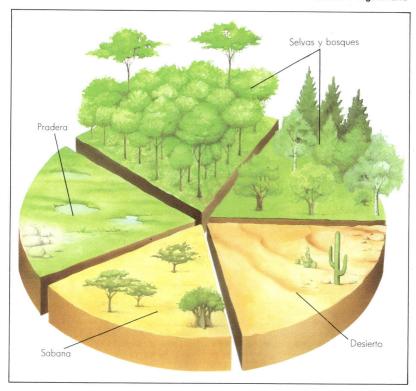

Tipos de vegetación

vecino, na. adj. **1** Se dice de los que habitan en una misma población, calle, casa. También s. **2** Cercano: *poblaciones vecinas*. **3** Semejante. **Sin.** 2 próximo, inmediato 3 parecido, similar □ **Ant.** 2 lejano.

vector. adj. Representación de una magnitud física (velocidad, aceleración, fuerza) que, para quedar definida, precisa de orientación espacial.

veda. f. **1** Acción de vedar. **2** Espacio de tiempo en que está vedado cazar o pescar.

vedado, da. adj. **1** Prohibido. | m. **2** Campo acotado o cerrado por ley u ordenanza.

vedar. tr. Prohibir por ley o mandato. **Ant.** permitir.

vedette. (voz fr.) f. Artista principal de un espectáculo de variedades.

vedismo. m. Religión contenida en los libros llamados Vedas. Es la más antigua de las religiones indias.

vega. f. **1** Parte de tierra baja, llana y fértil. **2** *amer.* Terreno sembrado de tabaco. **3** *amer.* Terreno muy húmedo.

vegetación. f. **1** Conjunto de los vegetales propios de un clima, región, etc. | pl. **2** Carnosidades que se desarrollan en la región nasofaríngea.

vegetal. adj. **1** Relacionado con las plantas o procedente de ellas: *aceite vegetal*. **2** Que vegeta. | m. **3** Ser orgánico que vive y se desarrolla, pero no tiene sensibilidad ni se mueve voluntariamente.

vegetar. intr. **1** Germinar, nutrirse y crecer las plantas. También prnl. **2** Vivir una persona con vida meramente orgánica. **3** Disfrutar de vida tranquila, sin trabajos ni preocupaciones.

vegetarianismo. m. Régimen alimenticio de los vegetarianos.

vegetariano, na. adj. **1** Persona que se alimenta exclusivamente de vegetales o sustancias de origen

vegetativo – venablo

vegetal. También s. **2** Relacionado con este régimen alimenticio.

vegetativo, va. adj. **1** Que vegeta. **2** Se apl. a las funciones básicas de nutrición o reproducción.

vehemencia. f. Cualidad de vehemente. **Sin.** ardor, pasión, entusiasmo, brío □ **Ant.** tranquilidad.

vehemente. adj. Que actúa o se manifiesta con viveza, ímpetu o violencia: *hizo un vehemente gesto de negación; un orador vehemente.*

vehículo. m. **1** Medio de transporte, como automóviles, embarcaciones, etc. **2** Lo que sirve para conducir o transmitir fácilmente una cosa: *el cobre es un buen vehículo de la electricidad.*

veinte. adj. **1** Dos veces diez. **2** Vigésimo, ordinal. También pron. | m. **3** Conjunto de signos y cifras con que se representa este número.

vejación. f. Acción de vejar.

vejar. tr. Maltratar a alguien, menospreciarle o burlarse de él. **Sin.** humillar, ofender □ **Ant.** alabar, enaltecer.

vejatorio, ria. adj. Que veja o puede vejar: *condiciones vejatorias.* **Sin.** humillante.

vejestorio. m. desp. Persona muy vieja.

vejez. f. **1** Cualidad de viejo. **2** Edad senil, último período de la vida. **Sin.** 2 ancianidad.

vejiga. f. **1** Órgano en forma de bolsa en la que va depositándose la orina segregada por los riñones. **2** Ampolla de la epidermis.

vela. f. **1** Cilindro de cera, sebo, etc., atravesado por una mecha que se prende para alumbrar. **2** Acción de velar y tiempo que se vela: *estar una noche en vela.* **3** Moco que cuelga de la nariz. **Sin.** 1 cirio, candela.

vela. f. **1** Pieza de lona fuerte para recibir el viento que impulsa la nave. **2** Deporte en que se compite con embarcaciones de vela.

velada. f. **1** Reunión nocturna con fines culturales o recreativos. **2** Fiesta musical, literaria o deportiva que se hace por la noche. **3** Acción de velar.

velador. m. **1** Mesita de un solo pie. **2** *amer.* Mesilla de noche.

velamen o **velaje.** m. Conjunto de velas de una embarcación.

velar. intr. **1** Estar sin dormir el tiempo destinado al sueño. **2** Cuidar a un enfermo o acompañar el cadáver de un difunto. También tr. **3** Asistir por horas o turnos delante de la Eucaristía. También tr.

velar. tr. **1** Cubrir con velo. También prnl. **2** Cubrir, ocultar. **3** En fotografía, borrarse total o parcialmente la imagen en la placa o en el papel por exceso de luz.

velar. adj. **1** Relacionado con el velo del paladar. **2** En fon., se dice del sonido cuya articulación se caracteriza por la aproximación o contacto del dorso de la lengua y del velo del paladar, como *k* o *j*.

velatorio. m. Acto de velar a un difunto y lugar donde se vela.

veleidad. f. **1** Carácter o acto caprichoso. **2** Inconstancia. **Sin.** 1 capricho, antojo 2 ligereza.

veleidoso, sa. adj. Inconstante, cambiante, caprichoso.

velero, ra. adj. **1** Se dice de la embarcación muy ligera o con muy buenas condiciones para navegar. | m. **2** Barco de vela.

veleta. f. **1** Pieza metálica giratoria que, colocada en lo alto de un edificio, señala la dirección del viento. | com. **2** Persona inconstante y mudable. **Sin.** 2 voluble.

vello. m. **1** Pelo corto y suave que cubre algunas partes del cuerpo. **2** Pelusilla de que están cubiertas algunas frutas y plantas.

vellón. m. **1** Toda la lana junta que se ha esquilado a un carnero u oveja. **2** Aleación de plata y cobre con que se hizo moneda antiguamente.

velo. m. **1** Cortina o tela que cubre una cosa. **2** Prenda de tul, gasa u otra tela fina, con que se cubren las mujeres la cabeza. **3** Manto con que cubren la cabeza y la parte superior del cuerpo las religiosas. **4** Cualquier cosa que cubre otra.

velocidad. f. **1** Rapidez en el movimiento. **2** Relación entre el espacio recorrido y el tiempo empleado en recorrerlo. **3** En el motor de un vehículo, cualquiera de las posiciones de un dispositivo de cambio de velocidades. **Sin.** 1 ligereza, presteza □ **Ant.** lentitud.

velocímetro. m. Aparato que en un vehículo indica la velocidad a la que se desplaza.

velocípedo. m. Vehículo con dos o tres ruedas, movido por pedales.

velocista. com. Deportista que participa en carreras de corto recorrido.

velódromo. m. Lugar destinado para carreras en bicicleta.

velomotor. m. **1** Bicicleta con un motor propulsor. **2** Motocicleta de pequeña cilindrada.

velón. m. Lámpara de metal, para aceite, compuesta de un vaso con uno o varios mecheros.

velorio. m. **1** Reunión que durante la noche se celebraba en las casas de los pueblos. **2** Velatorio.

veloz. adj. **1** Rápido en el movimiento. **2** Ágil. **Sin.** 1 raudo 2 ligero.

vena. f. **1** Vaso o conducto por donde vuelve al corazón la sangre que ha corrido por las arterias. **2** Filón: *una vena de plata.* **3** Nervio de las hojas de las plantas. **4** Fibra de la vaina de ciertas legumbres. **5** Humor, disposición del ánimo. **Sin.** 2 veta.

venablo. m. Dardo o lanza corta.

Veleros

venado. m. Ciervo.
venal. adj. De las venas.
venal. adj. 1 Vendible, expuesto a la venta. 2 Que se deja sobornar.
vencedor, ra. adj. y s. Que vence.
vencejo. m. 1 Ave insectívora parecida a la golondrina, de cola larga y ahorquillada y plumaje blanco en la garganta y negro en el resto del cuerpo. 2 Lazo o ligadura con que se ata una cosa.
vencer. tr. 1 Derrotar, rendir al enemigo o adversario. 2 Dominar por completo: *vencer el sueño, la tentación*. También prnl. 3 Aventajar, exceder. 4 Superar las dificultades. 5 Ladear, torcer o inclinar una cosa. También prnl.: *se ha vencido la pata de la silla*. | intr. 6 Cumplirse un término o plazo.

vencimiento. m. 1 Cumplimiento del plazo de una deuda, obligación, etc. 2 Inclinación, torcimiento. 3 Acción de vencer o ser vencido.
venda. f. Tira de tela o gasa para cubrir heridas, sujetar un miembro, un hueso lesionado, etc.
vendaje. m. Ligadura con vendas.
vendar. tr. Atar o cubrir con vendas.
vendaval. m. Viento fuerte.
vendedor, ra. adj. y s. Que vende.
vender. tr. 1 Traspasar la propiedad de algo por un precio convenido. 2 Traicionar, delatar: *su cómplice le vendió a la policía*. | **venderse.** prnl. 3 Dejarse sobornar. 4 Decir o hacer uno por descuido algo que descubre lo que quería ocultar: *su sonrisa le vendió*. **SIN.** 1 enajenar, expender ◻ **ANT.** 1 comprar.

vendetta. (voz it.) f. Venganza.

vendimia. f. **1** Recolección y cosecha de la uva. **2** Tiempo en que se hace.

vendimiar. tr. Recoger el fruto de las viñas.

venencia. f. Utensilio para sacar pequeñas cantidades de vino o mosto de una cuba.

veneno. m. **1** Sustancia que, introducida en el organismo, ocasiona graves trastornos e incluso la muerte. **2** Cosa nociva para la salud o la moral. **3** Mala intención, ira o rencor en palabras o hechos.

venenoso, sa. adj. Que tiene veneno. **Sin.** tóxico.

venera. f. **1** Concha semicircular de dos valvas, una plana y otra muy convexa, del molusco llamado *vieira*. **2** Insignia distintiva de cada una de las órdenes militares.

venerable. adj. **1** Digno de veneración, de respeto. **2** Se aplica como tratamiento a prelados y otras dignidades eclesiásticas. **3** Primer título, al que siguen el de beato y el de santo, que se concede en Roma a los que mueren con fama de santidad. También com.

veneración. f. Acción de venerar.

venerar. tr. **1** Respetar mucho. **2** Dar culto. **Sin.** 1 honrar, reverenciar, acatar 2 adorar ◻ **Ant.** 1 despreciar.

venéreo, a. adj. Se dice de las enfermedades que se contraen por contacto sexual.

venero. m. **1** Manantial de agua. **2** Raya o línea horaria en los relojes de sol. **3** Origen y principio de una cosa. **4** Yacimiento mineral.

venezolano, na. adj. y s. De Venezuela.

venganza. f. Acción de vengar o vengarse. **Sin.** desquite, revancha.

vengar. tr. y prnl. Ocasionar un daño a alguien como respuesta a otro recibido de él. **Sin.** reparar, vindicar ◻ **Ant.** perdonar.

vengativo, va. adj. y s. Inclinado a tomar venganza.

venia. f. **1** Permiso, licencia. **2** Inclinación que se hacía con la cabeza. **Sin.** 1 gracia, indulgencia.

venial. adj. Se dice de lo que se opone levemente a la ley o precepto: *pecado venial*.

venialidad. f. Cualidad de venial.

venida. f. **1** Acción de venir. **2** Regreso.

venidero, ra. adj. Que está por venir o suceder. **Sin.** futuro.

venir. intr. **1** Trasladarse o llegar hasta donde está el que habla. También prnl. **2** Llegar el tiempo en que una cosa ha de suceder: *tras el verano viene el otoño*. **3** Proceder o inferirse una cosa de otra: *todo esto viene de una falta de previsión*. **4** Ajustarse, acomodarse o resultar: *este vestido me viene ancho*. **5** Figurar o aparecer en un libro, periódico, etc.: *esa noticia, ¿en qué página viene?* **6** Empezar a sentir un deseo, sentimiento, etc.: *me vienen ganas de decirle la verdad*. ‖ **Irreg.** Conjugación modelo:

Indicativo

Pres.: *vengo, vienes, viene, venimos, venís, vienen.*
Imperf.: *venía, venías,* etc.
Pret. indef.: *vine, viniste, vino, vinimos, vinisteis, vinieron.*
Fut. imperf.: *vendré, vendrás, vendrá, vendremos, vendréis, vendrán.*
Potencial: *vendría, vendrías, vendría, vendríamos, vendríais, vendrían.*

Subjuntivo

Pres.: *venga, vengas, venga, vengamos, vengáis, vengan.*
Imperf.: *viniera* o *viniese, vinieras* o *vinieses,* etc.
Fut. imperf.: *viniere, vinieres,* etc.
Imperativo: *ven, venid.*
Participio: *venido.*
Gerundio: *viniendo.*

---

venoso, sa. adj. **1** Que tiene venas. **2** Relacionado con las venas.

venta. f. **1** Acción de vender. **2** Contrato en virtud del cual se transfiere a dominio ajeno una cosa por el precio pactado. **3** Posada en un camino.

ventaja. f. **1** Superioridad de una persona o cosa respecto de otra. **2** Utilidad, conveniencia: *las ventajas del ahorro*. **3** Margen que un jugador concede a otro presuntamente inferior.

ventajista. adj. y com. Persona que sin miramientos procura obtener ventaja en los negocios, en el juego, etc. **Sin.** aprovechado.

ventajoso, sa. adj. Se dice de lo que tiene ventaja o la produce.

ventana. f. **1** Abertura en una pared para dar luz y ventilación. **2** Armazón con que se cierra esa abertura. **3** Cada uno de los orificios de la nariz. **Sin.** 1 tragaluz.

ventanal. m. Ventana grande.

ventanilla. f. **1** Pequeña ventana en la pared o tabique de despachos y oficinas para comunicar con el público. **2** Abertura provista de cristal que tienen en su costado los coches, vagones del tren y otros vehículos. **3** En algunos sobres, abertura rectangular cubierta con material transparente, donde se ve la dirección del destinatario.

ventarrón. Viento que sopla con mucha fuerza.

ventear. impers. **1** Soplar el viento o hacer aire fuerte. | tr. **2** Olfatear los animales el viento para orientarse. También intr. **3** Sacar una cosa al viento para sacudirla o airearla.

ventero, ra. m. y f. Persona que tiene a su cargo una venta, posada.

ventilación. f. **1** Acción de ventilar. **2** Abertura para ventilar un aposento. **3** Corriente de aire que se establece al ventilarlo.

ventilador. m. **1** Instrumento o aparato que impulsa o remueve el aire en una habitación. **2** Abertura que se deja hacia el exterior en una habitación, para renovar el aire.

ventilar. tr. **1** Hacer correr o penetrar el aire en algún sitio. También prnl. **2** Agitar en el aire. **3** Exponer algo al viento. **4** Resolver, terminar.

ventisca. f. **1** Borrasca de viento, o de viento y nieve. **2** Viento fuerte, ventarrón.

ventiscar. impers. **1** Nevar con viento fuerte. **2** Levantarse la nieve por la fuerza del viento.

ventisquero. m. **1** Ventisca. **2** Altura de los montes más expuesta a las ventiscas. **3** Sitio, en las alturas de los montes, donde se conserva la nieve y el hielo.

ventolera. f. **1** Golpe de viento fuerte y de poca duración. **2** Determinación inesperada y desconcertante: *le dio la ventolera de irse*.

ventorrillo. m. **1** Ventorro. **2** Bodegón o casa de comidas en las afueras de una población.

ventorro. m. desp. Venta, posada

ventosa. f. **1** Pieza cóncava de material elástico en la que, al ser oprimida contra una superficie lisa, se produce el vacío y queda adherida a dicha superficie. **2** Órgano exterior de algunos animales que les permite adherirse o agarrarse, mediante el vacío, al andar o hacer presa.

ventosear. intr. Expulsar del cuerpo los gases intestinales.

ventosidad. f. Gases intestinales, especialmente cuando se expelen.

ventoso, sa. adj. Con viento o aire.

ventral. adj. Relacionado con el vientre.

ventricular. adj. Relacionado con el ventrículo.

ventrículo. m. **1** Cada una de las dos cavidades del corazón, que reciben la sangre de las aurículas, y mediante la contracción de sus paredes musculares, la envían a las arterias. **2** Cada una de las cuatro cavidades del encéfalo de los vertebrados.

ventrílocuo, cua. adj. y s. Se dice de la persona capaz de hablar sin mover la boca ni los labios, y de modificar la voz de manera que parezca otra persona la que habla.

ventriloquia. f. Arte del ventrílocuo.

ventura. f. **1** Felicidad. **2** Suerte. **3** Casualidad. **Sin.** 1 dicha 3 contingencia.

venturoso, sa. adj. **1** Que tiene buena suerte. **2** Que implica o trae felicidad.

venus. f. **1** Mujer muy hermosa. **2** Nombre de ciertas estatuillas prehistóricas femeninas elaboradas en piedra, marfil o hueso.

ver. tr. **1** Percibir por los ojos los objetos mediante la acción de la luz. **2** Observar, considerar: *no veo la diferencia*. **3** Examinar. **4** Visitar a una persona o estar con ella para tratar de algún asunto. También prnl. **5** Prever o deducir el futuro de lo que sucede en el presente: *veo que seguirá lloviendo*. **6** Ser un lugar escenario de algo: *esta casa ha visto ya varias generaciones*. | **verse.** prnl. **7** Hallarse en algún estado o situación: *nunca se verán mejor*. ‖ **Irreg.** Conjugación modelo:

Indicativo
Pres.: *veo, ves, ve, vemos, veis, ven.*
Imperf.: *veía, veías, veía, veíamos, veíais, veían.*
Pret. indef.: *vi, viste, vio,* etc.
Fut. imperf.: *veré, verás, verá,* etc.
Potencial: *vería, verías, vería,* etc.
Subjuntivo
Pres.: *vea, veas, vea, veamos, veáis, vean.*
Imperf.: *viera* o *viese, vieras* o *vieses,* etc.
Fut. imperf.: *viere, vieres, viere,* etc.
Imperativo: *ve, ved.*
Participio: *visto.*
Gerundio: *viendo.*

---

ver. m. **1** Sentido de la vista. **2** Aspecto, apariencia: *tener buen ver*.

vera. f. **1** Orilla. **2** Lado.

veracidad. f. Cualidad de veraz.

veraneante. adj. y com. Que veranea.

veranear. intr. Pasar las vacaciones de verano en un lugar diferente de aquel en que se reside.

veraneo. m. Acción de veranear.

veraniego, ga. adj. Relacionado con el verano. **Sin.** estival.

veranillo. m. Tiempo breve en que suele hacer calor durante el otoño.

verano. m. Estación más calurosa del año que en el hemisferio norte transcurre entre el 22 de junio y el 23 de septiembre, y en el hemisferio sur, entre el 22 de diciembre y el 21 de marzo. **Sin.** estío.

veras (de). loc. adv. De verdad.

veraz. adj. **1** Verdadero: *una noticia veraz*. **2** Que habla o actúa de acuerdo con la verdad.

verbal. adj. **1** Se dice de lo que se refiere a la palabra, o se sirve de ella: *memoria verbal, expresión verbal*. **2** Que se hace o estipula sólo de palabra, y no por escrito: *contrato verbal*. **3** Relacionado con el verbo: *accidentes verbales*.

verbena. f. **1** Fiesta y feria popular. **2** Planta herbácea anual, con tallo erguido y ramoso por arriba y flores de varios colores, en espigas largas y finas, que se emplea como astringente y antipirético.

verbigracia. adv. Por ejemplo.

verbo. m. **1** Parte conjugable de la oración que expresa la acción y el estado del sujeto y ejerce la función sintáctica de núcleo del predicado. **2** Palabra, representación oral de una idea.

verborrea. f. Abundancia de palabras inútiles. **SIN.** palabrería.

verbosidad. f. Verborrea.

verdad. f. **1** Conformidad de las cosas con el concepto que de ellas forma la mente. **2** Conformidad de lo que se dice con lo que se siente o se piensa. **3** Juicio o proposición que no se puede negar racionalmente. **4** Veracidad. **5** Expresión clara y directa con que se reprende a alguien o se dice lo que se piensa de él. Más en pl.: *le dijo dos verdades*. **6** Realidad: *es un juguete, no es de verdad*.

verdadero, ra. adj. **1** Que contiene verdad. **2** Real, auténtico. **3** Sincero, veraz: *amor verdardero*. **SIN.** 1 cierto 2 positivo ☐ **ANT.** 1-3 falso.

verde. adj. **1** De color semejante al de la hierba fresca, la esmeralda, etc. También s. **2** Se dice de los vegetales que aún conservan alguna savia. **3** Que aún no está maduro: *esta manzana está verde; el proyecto aún está verde*. **4** Obsceno, indecente. **5** Referido a *zona, espacio*, etc., destinado a parque o jardín. **6** Se apl. a ciertos partidos ecologistas y a sus miembros. También m. pl.

verdear. intr. **1** Mostrar una cosa el color verde que en sí tiene. **2** Ir tomando una cosa color verde. **3** Verdecer.

verdecer. intr. Empezar a brotar plantas en los campos, o cubrirse los árboles de hojas y tallos.

verdeo. m. Recolección de las aceitunas antes de que maduren.

verderón. m. Ave canora paseriforme del tamaño y forma del gorrión, con plumaje verde y manchas amarillentas.

verdín. m. **1** Capa verde de plantas criptógamas, que se cría en las aguas dulces, principalmente en las estancadas, y en lugares húmedos. **2** Capa verde que se forma en la corteza de algunos frutos cuando se pudren. **3** Cardenillo del cobre.

verdor. m. **1** Color verde, especialmente el vivo de las plantas. **2** Vigor, lozanía.

verdoso, sa. adj. Que tira a verde.

verdugo. m. **1** Persona que ejecuta las penas de muerte. **2** Gorro de lana que cubre la cabeza y el cuello, dejando la cara descubierta. **3** Moldura convexa de perfil semicircular. **4** Persona muy cruel. **5** Vástago del árbol. **SIN.** 5 brote.

verduguillo. m. **1** Roncha que suele levantarse en las hojas de algunas plantas. **2** Estoque muy delgado.

verdulería. f. Tienda o puesto de verduras.

verdulero, ra. m. y f. **1** Persona que vende verduras y frutas. | adj. y f. **2** Mujer descarada y ordinaria.

verdura. f. **1** Hortaliza, y especialmente la que se come cocida. **2** Color verde, verdor.

verecundia. f. Vergüenza.

vereda. f. **1** Camino estrecho. **2** *amer*. Acera de las calles. **SIN.** 1 senda.

veredicto. m. **1** Decisión, dictamen sobre un hecho de un jurado o tribunal. **2** Juicio, parecer: *el veredicto de la crítica ha sido poco favorable*. **SIN.** 1 fallo, sentencia, resolución.

verga. f. **1** Palo colocado horizontalmente en un mástil para sujetar la vela. **2** Pene. **3** Palo delgado.

vergajo. m. Verga del toro que, seca y retorcida, se usa como látigo.

vergel. m. Huerto con variedad de flores y árboles frutales. **SIN.** jardín, oasis, parque.

vergonzante. adj. Que tiene vergüenza; se dice especialmente del que pide limosna disimuladamente.

vergonzoso, sa. adj. **1** Que causa vergüenza. **2** Que se avergüenza con facilidad. También s.

vergüenza. f. **1** Sentimiento que produce una falta cometida, o una acción deshonrosa y humillante. **2** Pundonor, amor propio: *si tuviera algo de vergüenza, no vendría*. **3** Timidez: *le da vergüenza hablar con ella*. **4** Acto o suceso escandaloso e indignante: *esos precios me parecen una vergüenza*. | pl. **5** Partes externas de los órganos sexuales humanos. **SIN.** 1 bochorno, sonrojo 2 dignidad 3 apocamiento 4 escándalo, abuso.

vericueto. m. Lugar accidentado por donde se pasa con dificultad.

verídico, ca. adj. Verdadero: *una historia verídica*.

verificación. f. Acción de verificar.

verificar. tr. **1** Comprobar la verdad o autenticidad de algo: *verificar información*. **2** Realizar, efectuar. También prnl.: *se ha verificado un reajuste de personal*. | **verificarse.** prnl. **3** Resultar cierto y verdadero lo que se dijo o pronosticó: *todas sus predicciones se han verificado*. **SIN.** 1 demostrar, evidenciar 2 ejecutar.

verja. f. Enrejado que sirve de puerta, ventana o cerca.

vermicular. adj. **1** Que tiene gusanos o los produce. **2** Que se parece a los gusanos.

vermú o **vermut.** m. Aperitivo compuesto de vino blanco, ajenjo y otras sustancias amargas y tónicas. || pl. *vermús* o *vermuts*.

vernáculo, la. adj. Nativo, de nuestra región o país; se dice especialmente de la lengua.

verónica. f. **1** Planta herbácea, de flores azules agrupadas en espigas axilares, cimas o racimos, propia de Asia y Europa. **2** Lance de tauromaquia ejecutado con la capa extendida con ambas manos enfrente de la res, y en la que el torero está casi de perfil.

verosímil. adj. Que tiene apariencia de verdadero, creíble. **Sin.** posible, probable ❏ **Ant.** inverosímil.

verosimilitud. f. Cualidad de verosímil.

verraco. m. **1** Cerdo semental. **2** Escultura prerrománica que representa un toro o cerdo, y que probablemente fuera adorada como divinidad protectora del ganado.

verruga. f. Excrecencia cutánea, por lo general redonda.

versado, da. adj. Instruido, experto. **Sin.** ducho, ejercitado, conocedor ❏ **Ant.** desconocedor.

versallesco, ca. adj. **1** Relacionado con Versalles, palacio y sitio real cercano a París. **2** Se dice del lenguaje y de los modales afectadamente corteses, por alusión a las costumbres de la corte francesa establecida en dicho lugar y que tuvo su mayor apogeo en el s. XVIII.

versar. intr. Tratar de una determinada materia un libro, discurso o conversación.

versátil. adj. **1** De genio o carácter voluble e inconstante. **2** Adaptable a muchas cosas. **3** Que se puede volver hacia atrás, como los dedos de algunas aves.

versatilidad. f. Cualidad de versátil.

versículo. m. Cada división breve de los capítulos de ciertos libros, como la Biblia.

versificación. f. Acción de versificar.

versificar. intr. **1** Componer versos. | tr. **2** Poner en verso.

versión. f. **1** Traducción de una lengua a otra. **2** Modo que tiene cada uno de referir un mismo suceso: *su versión era muy subjetiva*. **3** Cada narración o descripción distinta de un mismo hecho, del texto de una obra o de la interpretación de un tema.

verso. m. **1** Palabra o conjunto de palabras sujetas a medida y ritmo o sólo a ritmo. **2** Se emplea también por contraposición a prosa: *comedia en verso*. **3** Versículo. **4** Estrofa.

vértebra. f. Cada uno de los huesos que, articulados entre sí, forman la columna vertebral.

vertebrado, da. adj. **1** Estructurado, dividido. **2** Se dice de una gran división formada por los animales cordados que tienen esqueleto con columna vertebral y cráneo, y sistema nervioso central constituido por médula espinal y encéfalo. También m. | m. pl. **3** Subtipo de estos animales.

vertebral. adj. Relacionado con las vértebras: *columna vertebral*.

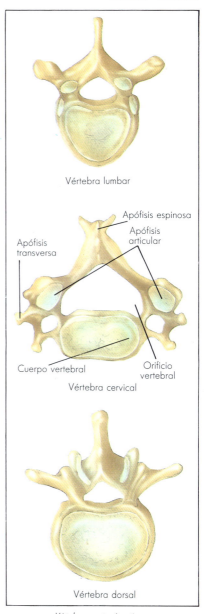

Vértebra: anatomía y tipos

vertedera. f. Pieza del arado para voltear y extender la tierra que se va levantando.

vertedero. m. **1** Sitio donde o por donde se vierten basuras o escombros. **2** Escape para dar salida a los excesos de agua en presas, alcantarillado, cisternas, etc. **Sin.** 1 basurero, escombrera.

verter. tr. **1** Derramar o vaciar líquidos o cosas menudas, como sal, harina, etc. También prnl. **2** Inclinar una vasija o volverla boca abajo para vaciar su contenido. También prnl. **3** Traducir de una lengua a otra. **4** Expresar un concepto, un sentimiento, etc. **5** Desembocar una corriente de agua. También intr. || **Irreg.** Se conj. como *entender*.

vertical. adj. y f. **1** En geom., se dice de la recta o plano perpendiculares al del horizonte. **2** En figuras, dibujos, escritos, impresos, etc., se dice de la línea, disposición o dirección que va de la cabeza al pie.

verticalidad. f. Cualidad de vertical.

vértice. m. **1** Punto en que concurren los dos lados de un ángulo. **2** Punto donde concurren dos o más planos. **3** Cúspide.

vertidos. m. pl. Materiales de desecho que las instalaciones industriales o energéticas arrojan a vertederos o al agua.

vertiente. f. **1** Declive por donde corre el agua. **2** Falda de una montaña, o conjunto de las de una cordillera con la misma orientación. **3** Cada plano inclinado de un tejado. **4** Aspecto, punto de vista.

vertiginosidad. f. Cualidad de vertiginoso.

vertiginoso, sa. adj. **1** Relacionado con el vértigo. **2** Que causa vértigo. **3** Muy rápido o acelerado.

vértigo. m. **1** Trastorno del sentido del equilibrio caracterizado por una sensación de movimiento rotatorio del cuerpo o de los objetos que lo rodean. **2** Mareo, vahído. **3** Actividad exagerada: *el vértigo de las grandes ciudades*.

vesania. f. **1** Demencia. **2** Furia, cólera.

vesánico, ca. adj. Relacionado con la vesania.

vesícula. f. **1** Vejiga pequeña en la epidermis. **2 vesícula biliar.** Órgano, en forma de bolsita, en que el hígado va depositando la bilis.

vesicular. adj. De forma de vesícula.

vespertino, na. adj. Relacionado con la tarde o que tiene lugar en ella.

vestal. adj. **1** Relacionado con la diosa Vesta. **2** Se dice de las doncellas romanas consagradas a esta diosa. También f.

vestíbulo. m. **1** Atrio o portal a la entrada de un edificio. **2** Recibimiento. **3** Una de las cavidades comprendidas en el laberinto del oído de los vertebrados. **Sin.** 1 hall, zaguán.

vestido. m. **1** Cualquier prenda para cubrirse el cuerpo. **2** Conjunto de las principales prendas que sirven para este uso. **3** Prenda de vestir exterior femenina formada por una sola pieza.

vestidura. f. **1** Vestido. **2** Vestido que, sobrepuesto al ordinario, usan los sacerdotes para el culto divino. Más en pl.

vestigio. m. **1** Huella, señal. **2** Monumento o ruina que se conserva de pueblos antiguos. **3** Indicio.

vestimenta. f. Vestidura.

vestir. tr. **1** Cubrir o adornar el cuerpo con el vestido. **2** Llevar un determinado vestido, color, etc. También intr.: *vestir de uniforme*. **3** Confeccionar o proporcionar el vestido a otro. También prnl.: *se viste en esa boutique*. **4** Guarnecer o cubrir con algo. También prnl. | intr. **5** Ser una prenda, material, etc., muy elegante: *el terciopelo viste mucho*. **6** Llevar vestido con o sin gusto: *Luis viste bien*. | **vestirse.** prnl. **7** Sobreponerse una cosa a otra, cubriéndola: *el cielo se vistió de nubes*. || **Irreg.** Se conj. como *pedir*. **Sin.** 1 engalanar, trajear ☐ **Ant.** 1 desnudar.

vestuario. m. **1** Conjunto de prendas de vestir. **2** Conjunto de trajes necesarios para una representación escénica. **3** En los campos de deportes, piscinas, etc., lugar destinado a cambiarse de ropa.

veta. f. **1** Faja o lista de una materia que se distingue de la masa en que se halla interpuesta. **2** Vena, filón de mineral. **Sin.** estría, franja.

vetar. tr. Poner veto.

veteado, da. adj. Que tiene vetas.

vetear. tr. Señalar o pintar vetas, como las de la madera, el mármol, etc.

veteranía. f. Cualidad de veterano.

veterano, na. adj. y s. **1** Se dice de los militares que son expertos por haber servido mucho tiempo o haber participado en la guerra. **2** Experimentado en cualquier profesión o ejercicio. **Sin.** 1 aguerrido 2 ducho, experto ☐ **Ant.** 2 novel, novato.

veterinario, ria. adj. **1** Relacionado con la veterinaria. | m. y f. **2** Persona que se halla legalmente autorizada para profesar y ejercer la veterinaria. | f. **3** Ciencia que estudia, previene y cura las enfermedades de los animales.

veto. m. **1** Derecho que tiene una persona o corporación para vedar o impedir una cosa. **2** Oposición, prohibición.

vetón, na. adj. y s. Se dice de un pueblo prerromano de la antigua Lusitania que habitaba parte de las actuales provincias de Zamora, Salamanca, Ávila, Cáceres, Toledo y Badajoz.

vetustez. f. Cualidad de vetusto.

vetusto, ta. adj. Muy antiguo o de mucha edad.

vez. f. **1** Cada realización de una acción: *te llamé varias veces*. **2** Tiempo u ocasión determinada en que se ejecuta una acción: *ya nos veremos otra vez*. **3** Tiempo u ocasión de hacer una cosa por turno: *le* *llegó la vez de entrar.* | pl. **4** Función de una persona o cosa. ‖ Se usa sobre todo con el verbo *hacer: hacer las veces de jefe.* **5 a la vez.** loc. adv. A un tiempo, simultáneamente. **6 a veces.** loc. adv. En ocasiones. **7 de una vez.** loc. adv. Con una sola acción; también, definitivamente: *a ver si acabamos de una vez.* **8 en vez de.** loc. adv. En sustitución de alguien o algo; también, al contrario, lejos de. **9 tal vez.** loc. adv. Quizá.

vía. f. **1** Camino por donde se transita. **2** Calzada para la circulación de vehículos. **3** Raíl del ferrocarril o del tranvía. **4** Conducto: *vías respiratorias.* **5** Sistema de transporte o comunicación: *vía satélite.* **6** Sistema, método o procedimiento. **7** En der., ordenamiento procesal: *vía ejecutiva, sumarísima.* **8** Entre los ascéticos, modo y orden de vida espiritual. **9 en vías de.** loc. adv. En curso, en camino de: *un país en vías de desarrollo.* **SIN.** 1 calle, senda 3 carril.

viabilidad. f. Cualidad de viable.

viable. adj. **1** Que puede vivir. **2** Transitable. **3** Que puede llevarse a cabo.

vía crucis. m. **1** Camino señalado con diversas estaciones de cruces o altares, y que se recorre rezando en cada una de ellas, en memoria de los pasos que dio Jesucristo caminando al Calvario. **2** Sufrimiento continuado de una persona.

viaducto. m. Puente para el paso de un camino o vía férrea sobre una hondonada.

viajante. adj. y com. **1** Que viaja. | com. **2** Representante comercial que hace viajes para negociar compras o ventas.

viajar. intr. Trasladarse de un lugar a otro, generalmente distante, por cualquier medio de locomoción.

viaje. m. **1** Acción de viajar. **2** Recorrido o itinerario: *haremos el mismo viaje.* **3** Carga que se lleva de una vez: *con este viaje terminamos la mudanza.* **4** Estado de alucinación producido por una droga. **5** Acometida inesperada con arma blanca y corta. **6** P. ext., golpe, empujón o embestida.

viajero, ra. adj. y s. Que viaja.

vial. adj. Relacionado con la vía: *seguridad, circulación vial.*

vianda. f. Comida, especialmente carne y pescado.

viandante. com. Persona que camina o transita por un lugar.

viario, ria. adj. Relacionado con los caminos y carreteras: *red viaria.*

viático. m. Sacramento de la Eucaristía que se administra a un enfermo en peligro de muerte.

víbora. f. **1** Serpiente de cabeza triangular, con dos dientes retráctiles y huecos en forma de gancho, con los que al morder inocula el veneno, que puede resultar mortal. **2** Persona con malas intenciones.

Víbora

vibración. f. **1** Acción de vibrar. **2** Cada uno de los movimientos vibratorios o doble oscilación de las moléculas o partículas de un cuerpo elástico, que pasa por una posición central de equilibrio. **3** Movimiento repetido de los órganos de las cavidades productoras del sonido que crea una onda sonora al salir el aire. | pl. **4** Corriente de simpatía o antipatía que se supone emana una persona: *buenas, malas vibraciones.*

vibrador, ra. adj. **1** Que vibra. | m. **2** Aparato que transmite las vibraciones eléctricas.

vibrante. adj. **1** Que vibra. **2** En fon., se dice del sonido cuya pronunciación se caracteriza por un rápido contacto oclusivo, simple o múltiple, entre los órganos de la articulación. La *r* de *hora* es vibrante simple, y la de *honra,* vibrante múltiple. También f.

vibrar. intr. **1** Hacer un cuerpo pequeños y rápidos movimientos más o menos intensos. **2** Sonar la voz de forma entrecortada. **3** Emocionarse, conmoverse: *el público vibró en el concierto.*

vibratorio, ria. adj. Que vibra o es capaz de vibrar.

vicaría. f. **1** Oficio o dignidad de vicario. **2** Oficina o tribunal en que despacha el vicario. **3** Territorio de la jurisdicción del vicario.

vicariato. m. Vicaría.

vicario, ria. adj. y s. **1** Que tiene el poder y las facultades de otro, o le sustituye. | m. **2** Juez eclesiástico nombrado y elegido por los prelados para que ejerza sobre sus súbditos la jurisdicción ordinaria.

vicealmirantazgo. m. Dignidad de vicealmirante.

vicealmirante. m. Oficial general de la armada, inmediatamente inferior al almirante.

vicecanciller. m. Persona que hace las veces de canciller.

vicecancillería. f. **1** Cargo de vicecanciller. **2** Oficina del vicecanciller.

vicecónsul. m. Persona de categoría inmediatamente inferior al cónsul.

viceconsulado. m. **1** Empleo o cargo de vicecónsul. **2** Oficina de este funcionario.

vicepresidencia. f. Cargo de vicepresidente.

vicepresidente, ta. m. y f. Persona que suple a quien ejerce la presidencia.

vicerrector, ra. m. y f. Persona que hace las veces del rector.

vicesecretaría. f. Cargo de vicesecretario.

vicesecretario, ria. m. y f. Persona que hace o está facultada para hacer las veces del secretario.

vicetiple. f. **1** Cantante de voz más grave que la de la tiple o soprano. **2** En zarzuelas, operetas y revistas, cada una de las cantantes que intervienen en los números de conjunto.

viceversa. adv. m. Al contrario, al revés.

vichy. (voz fr.) m. Tela fuerte de algodón, de rayas o cuadros, usada para batas y delantales.

viciar. tr. **1** Dañar o corromper física o moralmente. También prnl. **2** Adulterar, falsificar, alterar: *viciar la información*. **3** Deformar. También prnl.: *se ha viciado el contrafuerte del zapato*. **4** En der., anular la validez de un acto.

vicio. m. **1** Excesiva afición a algo, especialmente si es perjudicial: *el vicio de beber*. **2** Cosa a la que es fácil aficionarse: *estas maquinitas de juegos son un vicio*. **3** Hábito o característica que se considera moralmente negativa. **4** Deformación, desviación o alabeo en un objeto o superficie. **5** Lozanía y frondosidad excesivas, perjudiciales para el desarrollo de la planta. **6 de vicio.** loc. adv. Sin necesidad o motivo: *quejarse de vicio*. También, muy bien: *comimos de vicio*. Sɪɴ. 3 falta, imperfección, tacha ◻ Aɴᴛ. 3 virtud.

vicioso, sa. adj. **1** Que tiene o causa vicio. **2** Entregado a los vicios. También s.

vicisitud. f. **1** Sucesión de acontecimientos favorables y adversos: *las vicisitudes de la fortuna*. **2** Percance, contrariedad.

víctima. f. **1** Persona que padece daño por culpa ajena o causa fortuita: *las víctimas del incendio*. **2** Persona muerta en dichas condiciones: *no se registraron víctimas*. **3** Persona que sufre las consecuencias de algo: *víctima de una mala educación*. **4** Persona o animal sacrificado o destinado al sacrificio.

victoria. f. **1** Acción de vencer. **2** Coche de dos asientos, abierto y con capota.

victorioso, sa. adj. y s. Que ha conseguido una victoria en cualquier línea. Sɪɴ. triunfante.

vicuña. f. **1** Mamífero artiodáctilo rumiante, de cuello y orejas largas y patas muy esbeltas; tiene

Vicuñas

pelo largo y sedoso, amarillento y rojizo. Vive en los Andes de Perú y Bolivia. **2** Lana de este animal. **3** Tejido hecho con esta lana.

vid. f. Planta vivaz y trepadora, con hojas palmeadas, flores de color verde, y cuyo fruto es la uva.

vida. f. **1** Estado de actividad de los seres orgánicos por el cual estos crecen, se reproducen y mueren. **2** Espacio de tiempo que transcurre desde el nacimiento hasta la muerte. **3** Duración de las cosas. **4** Modo de vivir. **5** Medios para vivir: *ganarse, buscarse la vida*. **6** Existencia de seres vivos: *un planeta con vida*. **7** Persona, ser humano: *salvar una vida*. **8** Expresión, viveza: *una mirada sin vida*. **9** Animación, vitalidad.

vidente. adj. **1** Que ve. | com. **2** Persona capaz de adivinar el futuro y conocer otras cosas ocultas.

vídeo. m. **1** Técnica para grabar cintas de imagen y sonido por métodos electromagnéticos. **2** Aparato que registra o reproduce imágenes y sonidos según esta técnica.

videocámara. f. Cámara de vídeo.

videocasete o **videocinta.** f. Cinta magnética en que se registran imágenes y sonidos.

videoclip. m. Filmación en vídeo con que se acompaña o se promociona una canción.

videoclub. m. Establecimiento donde se alquilan y venden cintas de vídeo grabadas.

videodisco. m. Disco en que se registran imágenes y sonidos que, mediante un rayo láser, pueden ser reproducidos en un televisor.

videófono. m. Sistema formado por la combinación del teléfono y la televisión, de forma que los interlocutores puedan verse en una pantalla.

videojuego. m. Juego electrónico para ordenador.

videoteca. m. **1** Colección de cintas de vídeo grabadas. **2** Lugar donde se guardan. **3** Videoclub.

videoteléfono. m. Videófono.

videotexto. m. Sistema de intercomunicación que suministra a la pantalla de televisión de un usuario, conectada con un centro de datos, informaciones varias solicitadas por aquél.

vidorra. f. Vida cómoda y regalada.

vidriado. adj. y m. **1** Se dice del barro o loza con barniz vítreo. | m. **2** Este barniz.

vidriar. tr. Dar a las piezas de barro o loza un barniz que, fundido al horno, toma la transparencia y brillo del vidrio.

vidriera. f. Bastidor con vidrios de diferentes colores con que se cierran puertas y ventanas.

vidrio. m. **1** Sustancia dura, frágil, transparente, formada por la combinación de la sílice con potasa o sosa y pequeñas cantidades de otras bases. **2** Cualquier lámina u objeto de este material.

vidrioso, sa. adj. **1** Que fácilmente se rompe, como el vidrio. **2** Comprometido, embarazoso, que debe tratarse con cuidado. **3** Se dice de los ojos cuando parecen estar cubiertos por una capa transparente y líquida.

vieira. f. **1** Molusco lamelibranquio cuya concha es la venera. Es comestible y muy común en los mares de Galicia. **2** Esta concha, insignia de los peregrinos de Santiago.

viejales. com. Persona vieja. || No varía en pl.

viejo, ja. adj. **1** Que tiene mucha edad. También s. **2** De aspecto poco joven. También s. **3** Antiguo, del tiempo pasado. **4** Que no es reciente: *pan viejo*. **5** Deslucido, estropeado: *estos zapatos están viejos*. **6** Expresión cariñosa o despectiva para referirse a los padres. También s. **Sin.** 1 anciano, abuelo 3 arcaico.

viento. m. **1** Corriente de aire producida en la atmósfera por causas naturales. **2** Cuerda o alambre que se ata a una cosa para mantenerla derecha o moverla hacia un lado, como en las tiendas de campaña y en las lonas de los circos. **3** Conjunto de instrumentos de viento. **4** Cosa que mueve sentimientos y pasiones: *los vientos de la revolución*.

vientre. m. **1** Cavidad del cuerpo de los animales vertebrados, en la que se contienen los órganos principales del aparato digestivo, genital y urinario. **2** Vísceras contenidas en esta cavidad. Región exterior del cuerpo, correspondiente al abdomen. **3 hacer de vientre.** loc. Defecar.

viernes. m. Día de la semana, entre el jueves y el sábado. || No varía en pl.

vierteaguas. m. Resguardo que se pone en los salientes de los paramentos, puertas, ventanas, etc., para que escurra el agua de lluvia. || No varía en pl.

vietnamita. adj. y com. **1** De Vietnam. | m. **2** Lengua hablada en este país.

viga. f. **1** Pieza larga de madera, hierro o cemento que se utiliza para formar los techos en los edificios y sostener y asegurar las construcciones. **2** Impropiamente, pilar, columna.

vigencia. f. Cualidad de vigente.

vigente. adj. Actual, de moda, o en vigor.

vigésimo, ma. adj. **1** Que sigue inmediatamente en orden al decimonoveno. También pron. **2** Se dice de cada una de las veinte partes iguales en que se divide un todo.

vigía. com. **1** Persona que vigila desde un lugar alto. | f. **2** Torre en alto para observar el horizonte y dar aviso de lo que se descubre.

vigilancia. f. **1** Acción de vigilar. **2** Servicio organizado y dispuesto para vigilar.

vigilante. adj. **1** Que vigila. | com. **2** Persona encargada de vigilar, especialmente en calles, edificios, etc.

vigilar. intr. y tr. Observar atentamente a una persona o cosa para que no la ocurra nada, impedir que haga algo, etc. **Sin.** custodiar, guardar.

vigilia. f. **1** Acción de estar despierto o en vela. **2** Falta de sueño o dificultad de dormirse. **3** Víspera de una festividad religiosa. **4** Abstinencia de comer carne algunos días de la semana por motivos religiosos.

vigor. m. **1** Fuerza, actividad notable. **2** Viveza o eficacia en las acciones. **3** Hecho de tener validez leyes, ordenanzas, etc., o de seguir practicándose modas y estilos. **Sin.** 1 dinamismo, energía, vitalidad ☐ **Ant.** 1 debilidad.

vigorizar. tr. y prnl. **1** Dar vigor. **2** Animar, esforzar.

vigoroso, sa. adj. Que tiene vigor.

vigueta. f. Barra de hierro laminado destinada a la edificación.

vihuela. f. Instrumento de cuerda parecido al laúd, que alcanzó en España su apogeo durante el s. XVI.

vikingo, ga. adj. **1** Se dice de un grupo de pueblos de navegantes escandinavos que entre los ss. VIII y XI realizaron correrías por las costas de Europa occidental. **2** De este pueblo. También s.

vil. adj. **1** Bajo, despreciable. **2** Indigno, infame. **3** Se dice de la persona que falta a la confianza que en ella se pone. También s.

vilano. m. Apéndice de filamentos que corona el fruto de muchas plantas y le sirve para ser transportado por el aire.

vileza. f. **1** Cualidad de vil. **2** Acción vil. **Sin.** 1 y 2 bajeza, infamia, ruindad ☐ **Ant.** 1 dignidad.

vilipendiar. tr. Despreciar, humillar. **Sin.** desacreditar, ofender, infamar ☐ **Ant.** honrar.

vilipendio. m. Desprecio, humillación.

vilipendioso, sa. adj. Que causa vilipendio.

villa. f. **1** Casa de recreo en el campo. **2** Población con privilegios e importancia histórica. **3 casa de la villa.** Ayuntamiento.

villancico. m. **1** Cancioncilla popular breve que frecuentemente servía de estribillo. **2** Canción popular cuyo tema es el nacimiento de Cristo y se canta en Navidad.

villanía. f. **1** Baja condición de nacimiento o estado. **2** Acción ruin. **3** Expresión indecorosa.

villano, na. adj. **1** Se decía del vecino de una villa o aldea, frente al noble o hidalgo. También s. **2** Ruin, indigno. | m. **3** Baile español de los ss. XVI y XVII. **SIN.** 1 aldeano, lugareño.

villorrio. m. desp. Población pequeña, aldea.

vilo (en). loc. adv. **1** Sin apoyo o fundamento. **2** Con indecisión, inquietud y zozobra.

vinagre. m. **1** Líquido agrio producido por la fermentación del vino, que se emplea como condimento. **2** Persona áspera y desapacible.

vinagrera. f. **1** Recipiente para el vinagre. | pl. **2** Utensilio para el servicio de mesa con recipientes para el aceite y vinagre.

vinagreta. f. Salsa de aceite, cebolla y vinagre, a veces con otros ingredientes troceados.

vinajera. f. **1** Cada uno de los dos jarrillos con que se sirven en la misa el vino y el agua. | pl. **2** Conjunto de ambos jarrillos y de la bandeja donde se colocan.

vinatero, ra. adj. **1** Relacionado con el vino: *industria vinatera*. | m. y f. **2** Persona que vende vino.

vinazo. m. Vino muy fuerte y espeso.

vinculación. f. Acción de vincular o vincularse.

vincular. tr. **1** Unir o relacionar una persona o cosa con otra: *el trabajo les vincula*. También prnl. **2** Perpetuar o continuar una cosa. Más c. prnl. **3** Someter, supeditar. **4** Sujetar a una obligación: *este juramento les vincula*.

vínculo. m. **1** Lo que ata, une o relaciona a las personas o las cosas: *vínculos familiares*. **2** En der., sujeción de los bienes al perpetuo dominio de una familia, sin poder partirlos o enajenarlos. **SIN.** 1 lazo, ligadura, unión.

vindicación. f. Acción de vindicar.

vindicar. tr. **1** Vengar. También prnl. **2** Defender, generalmente por escrito, de una injuria o calumnia. **3** Reivindicar: *vindicaba su derecho a ser oído*.

vindicativo, va. adj. **1** Que defiende la fama u opinión de alguien. **2** Que sirve para reivindicar. **3** Vengativo.

vínico, ca. adj. Relacionado con el vino.

vinícola. adj. Relacionado con la fabricación del vino.

vinicultor, ra. m. y f. Persona que se dedica a la vinicultura.

vinicultura. f. Elaboración y crianza de vinos.

vinificación. f. Conjunto de operaciones realizadas, a partir de la uva, en el proceso de elaboración de los vinos.

vinilo. m. Radical no saturado, que posee una gran reactividad y tiende a formar compuestos polimerizados. También se llama *etileno*.

vino. m. **1** Bebida alcohólica que se obtiene por fermentación del zumo de las uvas. **2** P. ext., zumo de otras plantas o frutos que fermenta.

viña. f. Terreno plantado de vides.

viñador, ra. m. y f. **1** Persona que cultiva las viñas. **2** Guarda de una viña.

viñedo. m. Terreno plantado de vides.

viñeta. f. **1** Dibujo que se pone como adorno al principio o fin de los libros y capítulos, o en los márgenes de las páginas. **2** Cada uno de los cuadros que forman una historieta gráfica. **3** Dibujo para un fin muy determinado.

viola. f. **1** Instrumento de cuerda parecido al violín, aunque mayor, de cuerdas más fuertes y sonido más grave. | com. **2** Persona que toca este instrumento.

violáceo, a. adj. **1** De color violeta. **2** Se dice de las plantas angiospermas dicotiledóneas, con hojas alternas, flores en racimos axilares y fruto en cápsula. También f. | pl. **3** Familia de estas plantas, a la que pertenecen la violeta y el pensamiento.

violación. f. Acción de violar.

violador ra. adj. y s. Que viola.

violar. tr. **1** Infringir, quebrantar. **2** Obligar a una persona a realizar el acto sexual mediante la fuerza o la intimidación, o cuando dicha persona es menor de doce años, está sin sentido o padece algún trastorno mental.

violencia. f. **1** Cualidad de violento. **2** Hecho de utilizar la fuerza y la intimidación para un fin. **3** En der., coacción: *violencia en un contrato*.

violentar. tr. **1** Aplicar medios violentos a cosas o personas para vencer su resistencia: *violentar una cerradura*. También prnl. **2** Violar a una persona. **3** Comprometer, poner en situación apurada. También prnl. **4** Dar a algo una interpretación falsa o errónea: *violentar las palabras de alguien*. **SIN.** 1 atropellar, forzar.

violento, ta. adj. **1** Que actúa con violencia. **2** Arrebatado, impetuoso: *genio violento*. **3** Incómodo, embarazoso. **4** Fuera de su estado o postura natural: *un giro violento*.

violeta. f. **1** Planta herbácea, de flores moradas de olor muy suave y fruto en cápsula. **2** Flor de esta planta. | m. **3** Color morado claro, como el de esta flor. También adj.

violín. m. **1** Instrumento musical de sonido agudo y brillante, con cuerdas que se tocan con un arco. **2** Violinista.

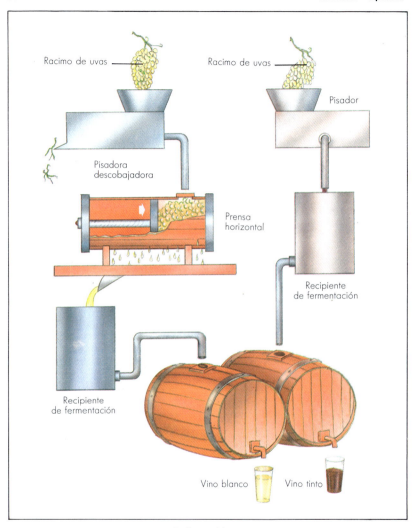

Producción del vino

violinista. com. Persona que toca el violín.

violón. m. **1** Contrabajo, instrumento parecido al violín pero más grande y de diapasón más bajo. | com. **2** Persona que lo toca.

violonchelista. com. Persona que toca el violonchelo.

violonchelo. m. **1** Instrumento musical de cuerda y arco, parecido al violón, aunque más pequeño. **2** Violonchelista.

viperino, na. adj. **1** Relacionado con la víbora. **2** Que tiene sus propiedades. **3** Malintencionado, que busca dañar o desprestigiar.

viraje. m. **1** Acción de cambiar de dirección un vehículo. **2** Cambio de orientación en ideas, conducta, intereses, actitudes, etc.

virar. intr. **1** Girar cambiando de dirección, especialmente referido a un vehículo. También tr. **2** Evolucionar, cambiar de ideas o conducta. | tr. **3** En fotografía, someter un negativo o positivo a determinadas reacciones químicas con el fin de modificar su color.

virgen. adj. **1** Se dice de la persona que no ha tenido relaciones sexuales. También com. **2** Se apl. a la tierra sin cultivar o explorar. **3** Que está en su estado original, que no ha recibido ningún tratamiento artificial o que aún no ha sido utilizado: *una cinta virgen.* | f. **4** María, la madre de Jesucristo. || En esta acepción se escribe con mayúscula.

virginal. adj. **1** Relacionado con la virgen. **2** Puro, limpio, inmaculado.

virginidad. f. Estado de virgen.

virgo. m. **1** Himen. **2** Sexto signo del Zodiaco, que el Sol recorre aparentemente del 23 de agosto al 23 de septiembre. || En esta acepción se escribe en mayúscula. | com. **3** Persona nacida bajo este signo.

viguería. f. Cosa delicada, exquisita y bien hecha.

viguero, ra. adj. **1** Bonito, delicado. **2** Que hace viguerías. También s.

vírgula. f. Trazo corto y fino, como la coma, la tilde o el signo que se coloca sobre la ñ.

vírico, ca. adj. Relacionado con los virus.

viril. adj. Varonil. **Ant.** femenino.

virilidad. f. Cualidad de viril.

virología. f. Parte de la microbiología que estudia los virus.

virreinato o **virreino.** m. **1** Dignidad o cargo de virrey o virreina. **2** Tiempo que dura. **3** Distrito que gobiernan.

virrey, virreina. m. y f. **1** Persona que gobierna un territorio en nombre y autoridad del rey. | f. **2** Mujer del virrey.

virtual. adj. **1** Que tiene virtud para producir un efecto aunque no lo produzca. **2** Implícito, tácito. **3** En fís., que tiene existencia aparente y no real. **Sin.** 1 posible ☐ **Ant.** 2 explícito.

virtualidad. f. Cualidad de virtual.

virtud. f. **1** Cualidad de una persona, considerada buena y correcta. **2** Conducta moralmente adecuada: *una vida de virtud.* **3** Capacidad para obrar o surtir efecto: *un preparado con virtudes calmantes.* **Sin.** 2 corrección, honestidad 3 facultad, poder, propiedad.

virtuosismo. m. Gran dominio de la técnica de un arte, particularmente en música.

virtuoso, sa. adj. y s. **1** Que tiene virtud y obra según ella: *vida virtuosa.* **2** Se dice del artista que domina extraordinariamente una técnica o arte, particularmente en música: *un virtuoso del violín.*

viruela. f. **1** Enfermedad infecciosa, contagiosa y epidémica, caracterizada por la erupción de pústulas que, al desaparecer, dejan huellas en la piel. **2** Cada una de estas pústulas o ampollas.

virulencia. f. Cualidad de virulento.

virulento, ta. adj. **1** Ocasionado por un virus o que participa de su naturaleza. **2** Muy fuerte o violento: *tos virulenta.* **3** Mordaz, hiriente: *un discurso virulento.* **Sin.** 1 vírico 2 intenso, sañudo 3 acre.

virus. m. **1** Microorganismo intracelular obligatorio, constituido por ácido nucleico (ADN o ARN) y proteína; causa de numerosas enfermedades. **2** En inform., programa que se incorpora a un ordenador a través de disquetes u otros sistemas de comunicación, y que se ejecuta automáticamente en determinados momentos, modificando o destruyendo los datos contenidos en el ordenador. || No varía en pl.

viruta. f. Laminilla delgada de madera o metal que salta con el cepillo, la lija y otras herramientas.

vis. f. Fuerza, vigor: *vis cómica.*

visado. m. Acción de visar la autoridad un documento: *visado de entrada a un país.*

visaje. m. Mueca, gesto.

visar. tr. **1** Examinar la autoridad un documento, certificación, pasaporte, etc., poniéndole el visto bueno. **2** Dirigir la puntería o la visual de un arma de fuego.

víscera. f. Cada uno de los órganos contenidos en las principales cavidades del cuerpo.

visceral. adj. **1** Relacionado con las vísceras. **2** Se dice de los sentimientos muy profundos y arraigados: *odio, amor visceral.*

viscosidad. f. **1** Cualidad de viscoso. **2** Materia viscosa. **3** En fís., propiedad de los fluidos debida al movimiento de sus moléculas, que se gradúa por la velocidad de salida de aquéllos a través de tubos capilares.

viscoso, sa. adj. **1** Denso y pegajoso. | f. **2** Cierto tipo de tejido textil artificial. **Sin.** 1 gelatinoso.

visera. f. **1** Parte delantera de las gorras y otras prendas semejantes para proteger la vista. **2** Pieza movible, sobre el parabrisas de un automóvil, para proteger del sol al conductor y al acompañante. **3** Parte del yelmo que cubría el rostro.

visibilidad. f. **1** Cualidad de visible. **2** Posibilidad de ver a mayor o menor distancia según las condiciones atmosféricas: *la niebla ha reducido la visibilidad.*

visible. adj. **1** Que se puede ver. **2** Cierto, evidente.

visigodo, da. adj. **1** Se dice de una de las dos ramas del pueblo godo, que en los ss. VI-VIII fundó un reino en Hispania, con capital en Toledo. **2** De este pueblo. También s.

visigótico, ca. adj. Relacionado con los visigodos.

visillo. m. Cortinilla fina y casi transparente que se coloca en la parte interior de las ventanas.

visión. f. **1** Acción de ver. **2** Capacidad de ver: *tiene problemas de visión.* **3** Capacidad o habilidad para algo: *visión para los negocios.* **4** Comprensión inmediata y directa de las cosas, de manera sobrenatural. **5** Punto de vista particular sobre algo. **6** Persona fea y ridícula.

visionar. tr. Ver una película cinematográfica o de vídeo antes de su distribución o estreno.

visionario, ria. adj. y s. Se dice del que se figura que ve cosas fantásticas.

visir. m. Ministro de un soberano musulmán.

visita. f. **1** Acción de visitar. **2** Persona o personas que visitan. **3** Cualquier tipo de inspección, reconocimiento. audiencia: *visita médica.* **Sin.** 3 examen, revista, entrevista, recepción.

visitador, ra. adj. y s. **1** Que visita. | m. y f. **2** Religioso o religiosa encargado de inspeccionar los diversos monasterios de su provincia. **3** Representante o vendedor que visita a domicilio. **4** Persona que hace visitas de inspección.

visitante. adj. y com. Que visita.

visitar. tr. **1** Ir a ver a uno a su casa o al lugar donde se encuentre, por cortesía, amistad, etc. **2** Recorrer un lugar para conocerlo. **3** Ir el médico a casa del enfermo. **4** Acudir a un lugar para examinarlo, reconocerlo, etc.: *el ministro visitó los astilleros.*

vislumbrar. tr. **1** Ver un objeto confusamente por la distancia o falta de luz. **2** Conjeturar por leves indicios. **Sin.** 1 y 2 atisbar, columbrar, entrever 2 barruntar.

vislumbre. f. **1** Reflejo de una luz lejana. **2** Conjetura, indicio. Más en pl.

viso. m. **1** Brillo o tonalidad diferente de color que produce la luz en una superficie: *un tejido con visos malvas.* **2** Apariencia de las cosas: *lo que dice tiene visos de verdad.* **3** Forro que se coloca debajo de una tela clara para que por ella se transparente.

visón. m. **1** Mamífero carnívoro de cuerpo delgado, patas con membrana interdigital y un pelaje suave de color castaño muy apreciado. **2** Piel de este animal. **3** Prenda hecha de su piel: *lucía un visón.*

visor. m. **1** Lente o sistema óptico para enfocar una imagen. **2** Dispositivo empleado en ciertas armas de fuego para una mayor precisión en el disparo.

víspera. f. **1** Día inmediatamente anterior a otro determinado, especialmente si es fiesta. **2** Cosa que antecede a otra. | pl. **3** Una de las horas del oficio canónico.

vista. f. **1** Sentido corporal con que se perciben los objetos mediante la acción de la luz. **2** Acción de ver. **3** Ojo o conjunto de ambos. **4** Mirada: *bajar la vista.* **5** Sagacidad, habilidad. **6** Apariencia o disposición de los objetos al verlos. **7** Extensión de terreno que se ve desde un punto. También en pl.: *las vistas desde el mirador eran maravillosas.* **8** Cuadro, estampa que representa un lugar, monumento, etc. **9** En der., actuación en que se relaciona ante el tribunal un juicio o incidente para dictar el fallo, oyendo a los defensores o interesados que concurren a ella. | pl. **10** Ventana, puerta u otra abertura de un edificio. | m. **11** Empleado de aduanas encargado de registrar los géneros. **Sin.** 2 visión 7 paisaje, panorama ☐ **Ant.** 2 ceguera.

vistazo. m. Mirada superficial y ligera: *echar un vistazo.*

vistoso, sa. adj. Que atrae mucho la atención por su brillantez, colorido, originalidad, etc.

visto, ta. 1 p. p. irreg. de ver. | adj. **2** Muy conocido, por lo que no resulta poco original: *ese tema está muy visto.* **3** Considerado: *estar algo bien o mal visto.* **4 visto bueno.** Fórmula que se pone al pie de algunas certificaciones y documentos para indicar que se hallan autorizados. Se abrevia como *V.B.* **5** Conformidad o autorización de alguien.

visual. adj. **1** Relacionado con la vista o visión. | f. **2** Línea recta que se considera tirada desde el ojo del espectador hasta el objeto.

visualizar. tr. **1** Hacer visible lo que no puede verse a simple vista: *el microscopio permite visualizar ciertos microorganismos.* **2** Representar mediante imágenes ópticas fenómenos de otro carácter. **3** Formar en la mente una imagen visual de un concepto abstracto o de algo que no se tiene a la vista.

vital. adj. **1** Relacionado con la vida. **2** De suma importancia: *cuestión vital.* **3** Que posee un gran impulso o energía para actuar, desarrollarse o vivir.

vitalicio, cia. adj. **1** Que dura desde que se obtiene hasta el fin de la vida: *renta vitalicia, cargo vitalicio.* | m. **2** Póliza de un seguro de vida. **3** Pensión de por vida.

vitalidad. f. **1** Cualidad de tener vida. **2** Actividad, eficacia. **3** Fuerza, energía.

vitalizar. tr. Dar fuerza o vigor.

vitamina. f. Nombre genérico de diversas sustancias orgánicas que forman parte, en cantidades pequeñísimas, de la mayoría de los alimentos, y que son indispensables para el crecimiento y para el equilibrio normal de las principales funciones vitales.

vitaminado, da. adj. Que contiene ciertas vitaminas: *producto vitaminado.*

vitamínico, ca. adj. Relacionado con las vitaminas.

vitelo. m. Citoplasma del óvulo de los animales.

vitícola. adj. Relacionado con la viticultura.

viticultor, ra. m. y f. Persona que se dedica a la viticultura.

viticultura. f. Cultivo de la vid y técnica necesaria.

vitivinicultura. f. Técnica para cultivar las vides y elaborar vino.

vitola. f. **1** Banda o anilla de los cigarros puros. **2** Aspecto, traza.

¡vítor! interj. **1** Expresa alegría o aplauso. | m. **2** Aclamación. Más en pl.

vitorear. tr. Aplaudir, aclamar con vítores. **Sin.** ovacionar, proclamar, glorificar □ **Ant.** silbar.

vitral. m. Vidriera de colores.

vítreo, a. adj. **1** De vidrio o que tiene sus propiedades. **2** Parecido al vidrio: *esmalte vítreo*.

vitrificación. f. Acción de vitrificar.

vitrificar. tr. y prnl. **1** Convertir en vidrio. **2** Hacer que una cosa adquiera la apariencia del vidrio.

vitrina. f. Escaparate, armario o caja con puertas o tapas de cristales para exponer cualquier objeto.

vitriolo. m. Nombre genérico y comercial de diversos sulfatos hidratados.

vitualla. f. Víveres, especialmente los necesarios para una tropa, expedición, etc. Más en pl.

vituperación. f. Acción de vituperar.

vituperar. tr. Censurar, hablar mal de una persona o cosa.

vituperio. m. **1** Acción de vituperar. **2** Ofensa, afrenta, deshonra.

viudedad. f. **1** Viudez. **2** Pensión que les queda a los viudos.

viudez. f. Estado de viudo.

viudo, da. adj. y s. Se dice de la persona a quien se le ha muerto su cónyuge y no ha vuelto a casarse.

vivac. m. Campamento que se instala provisionalmente en un lugar para pasar la noche. || pl. *vivaques*.

vivacidad. f. Cualidad de vivaz.

vivales. adj. y com. Persona vividora y fresca. || No varía en pl.

vivaque. m. Vivac.

vivaquear. intr. Pasar la noche en un vivac.

vivar. m. **1** Madriguera de algunos animales. **2** Vivero de peces.

vivaracho, cha. adj. Muy vivo de carácter, avispado y alegre.

vivaz. adj. **1** Activo y vigoroso. **2** Agudo, sagaz. **3** Se dice de la planta que vive más de dos años.

vivencia. f. Experiencia vivida por alguien.

víveres. m. pl. Alimentos, especialmente como provisión.

vivero. m. **1** Criadero de árboles y plantas. **2** Lugar donde se mantienen o se crían peces, moluscos y otros animales. **3** Origen de algunas cosas: *un vivero de problemas*.

viveza. f. **1** Rapidez o agilidad en las acciones. **2** Energía, entusiasmo. **3** Agudeza, sagacidad. **4** Esplendor y brillo en los colores. **5** Gracia y expresión en la mirada. **Sin.** 1 presteza 2 pasión.

vividor, ra. adj. y s. Persona que vive a expensas de los demás o sabe sacarle provecho a todo.

vivienda. f. Construcción o habitación adecuadas para que vivan las personas. **Sin.** morada, casa.

viviente. adj. y com. Que vive.

vivificar. tr. **1** Dar vida. **2** Confortar, reanimar.

vivíparo, ra. adj. y s. Se dice de los animales cuyas crías efectúan su desarrollo embrionario dentro del cuerpo de la madre y salen al exterior en el acto del parto, como los mamíferos.

vivir. intr. **1** Tener vida. **2** Durar con vida. **3** Durar las cosas. **4** Pasar y mantener la vida con lo necesario para una persona, familia, grupo, etc.: *vivo de mi trabajo*. **5** Habitar en un lugar. **6** Llevar un determinado tipo de vida: *vive como un rey*. **7** Permanecer en un lugar o en un estado o condición: *vivió varios años en Segovia*. **8** Compartir la vida con otra persona, especialmente una pareja sin estar casados. **9** Estar presente alguien o algo en la memoria. | tr. **10** Experimentar: *hemos vivido momentos de inquietud*. **11** Sentir algo profundamente: *cuando actúa vive su papel*.

vivir. m. Conjunto de recursos o medios de vida.

vivisección. f. Disección de los animales vivos para hacer estudios fisiológicos.

vivo, va. adj. **1** Que tiene vida. También s. **2** Que dura, subsiste, físicamente o en la memoria: *muchas leyendas siguen vivas hoy*. **3** Se dice del fuego, llama, etc., encendidos: *brasa viva*. **4** Intenso, fuerte: *un vivo sentimiento*. **5** Apasionado, enérgico: *una discusión muy viva*. **6** Muy expresivo: *una mirada viva*. **7** Agudo, sutil, ingenioso: *una inteligencia viva*. **8** Listo, que aprovecha las circunstancias en beneficio propio. También s. **9** Rápido, ágil: *ritmo vivo*. | m. **10** Borde, canto, orilla. **Sin.** 2 actual □ **Ant.** 1 muerto.

vizcacha. f. Roedor de unos 60 cm, cola larga y patas traseras más desarrolladas. Vive en Perú, Bolivia, Chile y Argentina.

vizcondado. m. Título, dignidad y territorio del vizconde o la vizcondesa.

vizconde, vizcondesa. m. y f. **1** Título de nobleza inmediatamente inferior al conde. **2** Antiguo sustituto del conde. | f. **3** Mujer del vizconde.

vocablo. m. Palabra de una lengua.

vocabulario. m. **1** Conjunto de palabras de un idioma. **2** Conjunto de palabras pertenecientes al uso de una determinada región, actividad, campo semántico, etc. **3** Libro o catálogo que contiene cualquiera de estos repertorios. **4** Conjunto de palabras que usa o conoce una persona. **Sin.** 3 diccionario, glosario.

vocación. f. **1** Inclinación a una profesión o carrera. **2** Inspiración especial para adoptar el estado religioso o para llevar una forma de vida ejemplar.

vocacional. adj. Relacionado con la vocación.

vocal. adj. **1** Relacionado con la voz. **2** Expresado con la voz. | f. **3** Sonido del lenguaje humano, producido al expulsar el aire, con vibración laríngea, y sin oclusión que impida su paso; el alfabeto español tiene cinco vocales (*a, e, i, o, u*). **4** Cada una de las letras que representan este sonido. | com. **5** Persona que tiene voz en un consejo, junta, etc.

vocalista. com. Cantante de un grupo musical.

vocalización. f. **1** Transformación de una consonante en vocal. **2** Acción de vocalizar.

vocalizar. intr. **1** Articular claramente las vocales, consonantes y sílabas de las palabras para hacerlas inteligibles. También tr. **2** Transformar en vocal una consonante. También prnl. **3** Solfear sin nombrar las notas, empleando solamente una de las vocales.

vocativo. m. Caso de la declinación para invocar, llamar o nombrar a una persona o cosa personificada.

vocear. intr. **1** Dar voces, gritos. | tr. **2** Publicar a voces una cosa. **3** Llamar a uno en voz alta o dándole voces. **4** Aclamar a alguien nombrándole. **5** Manifestar con claridad: *aquel gesto voceaba su frustración*.

vocería o **vocerío.** f. o m. Confusión de voces altas y desentonadas. **Sin.** algarabía, griterío.

vociferante. adj. Que vocifera.

vociferar. intr. Vocear, hablar a voces.

vocinglero, ra. adj. y s. **1** Que da muchas voces. **2** Que habla mucho e inútilmente.

vodevil. m. Comedia ligera y desenfadada, con situaciones equívocas para provocar la risa en el espectador.

vodka o **vodca.** amb. Aguardiente de cereales, de fuerte graduación, típico de Europa oriental.

voladizo, za. adj. y m. Que sobresale de una pared.

volado, da. adj. **1** En arquit., voladizo. **2** En impr., se dice del carácter de pequeño tamaño, que se coloca en la parte superior del renglón. **3** Intranquilo: *se fue volado al saber la noticia*.

volador, ra. adj. **1** Que vuela. | m. **2** Cohete de fuegos artificiales, que se lanza al aire. **3** Pez teleósteo marino con largas aletas pectorales que le permiten elevarse sobre el agua y volar a alguna distancia. **4** Molusco parecido al calamar, pero de mayor tamaño.

voladura. f. Acción de volar una cosa, generalmente por medio de una explosión.

volandas (en). loc. adv. **1** Por el aire o levantado del suelo. **2** Rápidamente.

volandero, ra. adj. **1** Suspendido en el aire y movido a su impulso: *hojas volanderas*. **2** Accidental, casual, imprevisto. **3** Que no se fija ni detiene en ningún lugar: *una persona volandera*. También s.

volante. adj. **1** Que vuela. **2** Que va de una parte a otra sin asiento fijo: *brigada volante*. | m. **3** Adorno de algunas prendas, cortinajes, etc., que consiste en una tira de tela fruncida. **4** Pieza en forma de aro con que se maneja la dirección de algunos vehículos. **5** Rueda grande y pesada de una máquina que sirve para regular su movimiento y transmitirlo al resto del mecanismo. **6** Anillo provisto de dos topes que regula el movimiento de un reloj. **7** Hoja de papel en la que se escribe alguna comunicación: *el volante de un médico*. **8** Objeto de madera o corcho con plumas que se lanza al aire con una raqueta.

volapié. m. Suerte taurina en la que el torero clava el estoque al toro, avanzando hacia él, mientras el animal está parado.

volar. intr. **1** Moverse un animal por el aire sosteniéndose con las alas. **2** Elevarse en el aire y moverse de un punto a otro en un aparato de aviación. **3** Elevarse una cosa en el aire y moverse algún tiempo por él. También prnl.: *se han volado los papeles*. **4** Caminar con gran prisa. **5** Hacer las cosas con rapidez. **6** Propagarse con rapidez una noticia. **7** Pasar muy deprisa el tiempo: *los años vuelan*. **8** Desaparecer rápida e inesperadamente: *ha volado el monedero*. **9** Huir. | tr. **10** Hacer saltar en el aire por medio de una explosión: *volaron el puente*. || **Irreg.** Se conj. como *contar*. **Sin.** 4 y 5 correr, acelerar 8 volatilizarse 9 escapar.

volátil. adj. **1** Que vuela o se mueve por el aire. También com. **2** Se dice de los líquidos que se volatilizan rápidamente al estar destapados. **3** Mudable, inconstante.

volatilizar. tr. **1** Transformar un cuerpo sólido o líquido en gas. También prnl. | **volatilizarse.** prnl. **2** Desaparecer.

Volapié

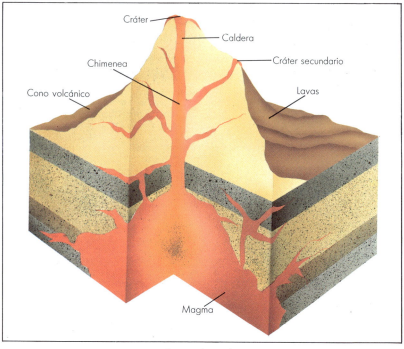

Estructura de un volcán

volatinero, ra. m. y f. Persona que hace acrobacias sobre una cuerda o alambre.

volcán. m. **1** Abertura en una montaña por donde salen humo, llamas y materias encendidas o derretidas. **2** Sentimiento muy fuerte, pasión ardiente. **3** Persona ardorosa, apasionada: *ese cantaor es un volcán.*

volcánico, ca. adj. **1** Relacionado con el volcán. **2** Ardiente, fogoso: *temperamento volcánico.*

volcar. tr. **1** Volver una cosa hacia un lado o totalmente, de modo que caiga lo contenido en ella, o quede invertida. También intr.: *el coche volcó en la curva.* | **volcarse.** prnl. **2** Hacer todo lo posible por ayudar o favorecer a alguien. || **Irreg.** Se conj. como *contar.*

volea. f. Acción de volear.

volear. tr. **1** Golpear en el aire una cosa para impulsarla: *volear la pelota.* **2** Sembrar a voleo.

voleibol. m. Juego entre dos equipos de seis jugadores, que consiste en lanzar con las manos el balón por encima de una red al campo contrario.

voleo (a, o **al).** loc. adv. **1** Modo de sembrar arrojando la semilla esparcida en el aire. **2** Sin pensar algo, arbitrariamente: *elegir algo al voleo.*

volframio. m. Elemento químico metálico, blanco o gris acerado, muy duro y denso, que se utiliza para fabricar lámparas incandescentes, hornos eléctricos, contadores eléctricos y en aleaciones. Su símbolo es *W.*

volición. f. Acto de la voluntad.

volitivo, va. adj. Se dice de los actos y fenómenos de la voluntad.

volquete. m. Carro o vehículo automóvil que puede volcar su carga girando el cajón sobre su eje.

voltaje. m. Cantidad de voltios que actúan en un aparato o sistema eléctrico.

voltámetro. m. Aparato que mide la cantidad de electricidad por medio de la electrólisis.

voltear. tr. **1** Dar vueltas a una persona o cosa. También prnl. e intr. **2** Poner una cosa al revés de como estaba. **3** Trastrocar o mudar una cosa a otro estado o sitio.

voltereta. f. Vuelta dada en el aire o sobre una superficie, enroscando el cuerpo hacia las rodillas.

voltímetro. m. Aparato para medir potenciales eléctricos.

voltio. m. Unidad de potencial eléctrico y de fuerza electromotriz en el Sistema Internacional; equivale a la diferencia de potencial entre dos conductores cuando al transportar entre ellos un culombio se realiza un trabajo equivalente a un julio. Su símbolo es *V*.

volubilidad. f. Cualidad de voluble.

voluble. adj. Versátil, de carácter inconstante.

volumen. m. **1** Corpulencia de una cosa, espacio que ocupa. **2** Cuerpo material de un libro encuadernado: *una enciclopedia en nueve volúmenes*. **3** Intensidad de la voz o de otros sonidos: *bajar, subir el volumen*. **4** Importancia, magnitud. **5** Cifra de ventas o cuantía de relaciones comerciales. **6** Cuerpo geométrico de tres dimensiones.

volumetría. f. Ciencia que estudia la determinación y medida de los volúmenes.

voluminoso, sa. adj. Que tiene mucho volumen, que ocupa mucho.

voluntad. f. **1** Facultad de hacer o no hacer una cosa. **2** Ejercicio de dicha facultad. **3** Libre albedrío o determinación: *lo hizo por voluntad propia*. **4** Esfuerzo, constancia. **5** Intención, propósito: *buena o mala voluntad*. **6** Amor, cariño: *ganarse la voluntad de alguien*. **7** Disposición, mandato: *cumplir la voluntad de los mayores*. **8** Consentimiento, permiso. **Sin.** 2 resolución 4 tesón, ánimo 6 afecto, afición 8 aquiescencia ☐ **Ant.** 4 desánimo.

voluntariedad. f. **1** Cualidad de voluntario. **2** Deseo o propósito por mero capricho.

voluntario, ria. adj. **1** Que se hace por propia voluntad y no por obligación o deber. | m. y f. **2** Persona que se presta a un trabajo o servicio por propia voluntad.

voluntarioso, sa. adj. **1** Deseoso de hacer alguna cosa o que pone en ella gran esfuerzo y empeño. **2** Terco, testarudo.

voluptuosidad. f. Gusto por los placeres sensuales.

voluptuoso, sa. adj. **1** Que incita o satisface los placeres de los sentidos, especialmente el sexual. **2** Dado a este tipo de placeres sensuales. También s.

voluta. f. Adorno con forma de espiral, propio de los capiteles jónicos.

volver. tr. **1** Dar vuelta a algo. **2** Cambiar de sentido o dirección. También intr. y prnl. **3** Cambiar de aspecto, estado, opinión, etc. Más como prnl.: *volverse loco*. | intr. **4** Regresar al punto de partida: *volver al hogar*. También prnl. **5** Repetirse algo, producirse de nuevo: *me ha vuelto el mareo. Ha vuelto a engañarnos*. **6** Reanudar, retomar. | **volverse.** prnl. **7** Girar la cabeza o el cuerpo para mirar lo que estaba a la espalda. **Sin.** 1 voltear 2 virar 3 mudar 4 retornar 5 reiterar. || **Irreg.** Se conj. como *mover*, salvo el participio, que es *vuelto*.

vomitar. tr. **1** Arrojar violentamente por la boca lo contenido en el estómago. También intr. **2** Arrojar de sí violentamente una cosa algo que tiene dentro. **3** Tratándose de injurias, maldiciones, etc., proferirlas.

vomitera. f. Vomitona.

vomitivo, va. adj. y m. **1** Que provoca el vómito. **2** Repugnante.

vómito. m. **1** Acción de vomitar. **2** Lo que se vomita.

vomitona. f. Vómito grande.

vomitorio, ria. adj. y m. **1** Vomitivo. | m. **2** Puerta o abertura en los circos o teatros antiguos, y en locales modernos análogos, para entrar y salir de las gradas.

voracidad. f. Cualidad de voraz. **Sin.** ansia, avidez, glotonería ☐ **Ant.** desgana.

vorágine. f. **1** Remolino impetuoso que forma el agua. **2** Confusión, desorden y precipitación en los sentimientos, forma de vida, etc.

voraz. adj. **1** Que come mucho y con ansia. **2** Que destruye o consume algo rápidamente: *celos voraces*. **Sin.** 1 ansioso, ávido, glotón.

vórtice. m. **1** Torbellino, remolino. **2** Centro de un ciclón.

vorticela. f. Protozoo ciliado que vive en aguas dulces y posee un pedúnculo de fijación.

vos. Pronombre personal de segunda persona en género masculino o femenino y número singular. Antigua fórmula de tratamiento que exige el verbo en plural, aunque concierta en singular con el adjetivo aplicado a la persona a quien se dirige: *vos, don Pedro, sois docto*. En algunos países de Hispanoamérica se emplea como sustituto de *tú* en concordancia con una forma verbal característica: *vos tenés; vos comprás*, por *tú tienes; tú compras*.

voseo. m. Uso del pron. *vos* en lugar de *tú*, como tratamiento de confianza, que se da en algunos países de Hispanoamérica.

vosotros, tras. Pronombre personal de segunda persona en número plural. Funciona como sujeto; como complemento, se construye con preposición: *a vosotros, con vosotros*.

votación. f. **1** Acción de votar. **2** Conjunto de votos emitidos. **3** Sistema de emisión de votos.

votante. adj. y com. Que vota o emite el voto.

votar. intr. **1** Dar uno su voto o decir su dictamen en una reunión o cuerpo deliberante, o en una elección. También tr. | tr. **2** Decidir por votación.

votivo, va. adj. Ofrecido por voto o relacionado con él.

voto. m. **1** Parecer o dictamen que se da en una junta sobre las opciones presentadas. **2** Derecho que se tiene a emitir dicho parecer o dictamen. **3** Promesa hecha a Dios, a la Virgen o a un santo. **4** Cualquiera de las promesas que constituyen el estado religioso y admite la Iglesia, como el de pobreza, castidad y obediencia. **5** Ruego con que se pide a Dios una gracia. **6** Juramento, maldición, u otra expresión de ira. **7** Deseo: *con mis mejores votos.*

voz. f. **1** Sonido que el aire expelido de los pulmones produce al salir de la laringe, haciendo que vibren las cuerdas vocales. **2** Cualidad, timbre o intensidad de este sonido: *voz grave.* **3** Sonido que forman algunas cosas inanimadas. **4** Grito. Más en pl. **5** Vocablo: *una voz francesa, culta.* **6** Cantante. **7** Facultad de hablar, aunque no de votar, en una asamblea. **8** Medio de expresión: *este periódico es la voz del partido.* **9** En gram., accidente gramatical que expresa si el sujeto del verbo es agente (voz activa): *la policía encontró los cuadros;* o paciente (voz pasiva): *los cuadros fueron encontrados por la policía.* **10** En mús., cada una de las líneas melódicas que forman una composición polifónica: *fuga a cuatro voces.*

vozarrón. m. Voz muy fuerte y grave.

vudú. m. Culto muy difundido entre las comunidades negras de las Antillas y sur de los Estados Unidos. Es una mezcla de las religiones animistas de África, del politeísmo de pueblos guineanos, y del cristianismo. Emplea prácticas mágicas y fetichistas.

vuecencia. com. Síncopa de *vuestra excelencia,* empleada como tratamiento de respeto.

vuelco. m. **1** Acción de volcar o volcarse. **2** Cambio brusco y total. **3 darle** a uno **un vuelco el corazón.** loc. Sentir un sobresalto; también, tener un presentimiento.

vuelo. m. **1** Acción de volar. **2** Trayecto de un avión u otra aeronave entre el punto de origen y el de destino. **3** Amplitud de una vestidura en la parte que no se ajusta al cuerpo, y p. ext., en otras prendas, como cortinas o manteles. **4** Parte de una construcción que sale fuera del paramento de la pared que la sostiene.

vuelta. f. **1** Acción de volver: *su vuelta a casa.* **2** Movimiento de una cosa alrededor de un punto, o girando sobre sí misma, hasta invertir su posición inicial. **3** Curvatura en una línea, camino, etc. **4** Cada uno de los giros que da una cosa alrededor de otra o de sí misma. **5** Paseo: *dimos una vuelta antes de cenar.* **6** En ciclismo y otros deportes, carrera en etapas. **7** Cada una de las partes o etapas en que se dividen ciertas actividades. **8** Devolución: *te dejo el libro, pero con vuelta.* **9** Dinero que se devuelve a alguien, porque le sobra después de hacer un pago. **10** Parte de una cosa, opuesta a la que se tiene a la vista. **11** Tira de tela cosida en el borde de las mangas u otras partes de las prendas de vestir, o parte de ellas que queda doblada: *unos pantalones con vuelta.*

vuestro, tra, tros, tras. Pronombres y adjetivos posesivos de segunda persona, para varios poseedores y una o varias cosas poseídas: *vuestra casa, vuestros libros.*

vulcanización. f. Incorporación química de azufre a los distintos tipos de caucho para conferir a éstos elasticidad y resistencia.

vulcanizar. tr. Combinar azufre con la goma elástica para que ésta conserve su elasticidad en frío y en caliente y sea más resistente.

vulcanología. f. Parte de la geología que estudia los fenómenos volcánicos.

vulcanólogo, ga. m. y f. Persona que se dedica al estudio de la vulcanología.

vulgar. adj. **1** Común o general, por contraposición a especial o técnico: *nombre vulgar de una especie.* **2** Falto de originalidad: *un diseño vulgar.* **3** Grosero, ordinario: *una expresión vulgar.* **4** Relativo al vulgo. **5** Se dice de las lenguas derivadas del latín por oposición a éste. S<small>IN</small>. 2 basto 4 popular 5 romance □ A<small>NT</small>. 2 original 3 refinado.

vulgaridad. f. **1** Cualidad de vulgar. **2** Cosa vulgar, falta de originalidad o elegancia. S<small>IN</small>. 1 ordinariez, tosquedad □ A<small>NT</small>. 1 finura.

vulgarismo. m. Palabra, expresión o frase vulgar.

vulgarizar. tr. **1** Hacer vulgar o común una cosa. También prnl. **2** Exponer una ciencia o una materia técnica en forma asequible a la gente. S<small>IN</small>. 1 generalizar 2 difundir, divulgar.

vulgo. m. Conjunto de la gente popular, sin una cultura ni una posición económica elevada. S<small>IN</small>. plebe, pueblo.

vulnerabilidad. f. Cualidad de vulnerable.

vulnerable. adj. Que puede ser herido o dañado física o moralmente.

vulneración. f. Acción de vulnerar.

vulnerar. tr. **1** Transgredir una ley o precepto. **2** Dañar, perjudicar. S<small>IN</small>. 1 quebrantar, violar.

vulva. f. Partes que rodean y constituyen la abertura externa de la vagina.

w. f. Vigesimocuarta letra del abecedario español, y decimonovena de sus consonantes. Su nombre es *uve doble*. Sólo se emplea en voces de procedencia extranjera.

wagon-lit. (voz fr.) m. En un ferrocarril, coche cama.

walkiria. f. Valquiria.

wáter. m. **1** Retrete, excusado. **2** Habitación con instalaciones sanitarias. **Sin.** 1 aseo, servicio.

water-closet. (voz ingl.) m. Wáter.

waterpolo. (voz ingl.) m. Deporte de pelota entre dos equipos, que se juega en una piscina.

watt. m. Nombre del vatio en la nomenclatura internacional.

wau. amb. Nombre de la *u* semiconsonante explosiva agrupada con la consonante anterior; p. ej., *agua;* o semivocal implosiva agrupada con la vocal precedente; p. ej., *sauna*.

w.c. abr. de *water-closet*.

wéber. m. Nombre del weberio en la nomenclatura internacional.

weberio. m. Unidad de flujo de inducción magnética en el sistema internacional de unidades.

weekend. (voz ingl.) m. Fin de semana.

western. (voz ingl.) m. **1** Película cuyo escenario es el oeste de EE.UU. **2** Género cinematográfico al que pertenecen estas películas.

Waterpolo

whisky o **whiski.** m. Güisqui.

wind surfing o **windsurf.** (voz ingl.) m. Deporte acuático que se practica sobre una tabla, impulsada por la acción del viento contra una vela, que el deportista dirige.

wólfram o **wolframio.** m. Volframio.

won. m. Unidad monetaria de la República de Corea y de la República Democrática Popular de Corea.

x. f. **1** Vigesimoquinta letra del abecedario español, y vigésima de sus consonantes. Su nombre es *equis*. **2** Letra numeral que tiene el valor de diez en la numeración romana. **3** En mat., signo con que se representa la incógnita, o la primera de las incógnitas, si son dos o más.

xana. f. Ninfa de las fuentes y de los montes en la mitología popular asturiana.

xara. f. La ley de los mahometanos derivada del Corán.

xantofila. f. Pigmento que da el color amarillo a las plantas.

xenofobia. f. Odio u hostilidad hacia los extranjeros.

xenófobo, ba. adj. Que siente xenofobia.

xenón. m. En quím., gas noble que se encuentra en pequeñas cantidades en el aire. Su símbolo es X.

xero-. pref. Significa 'seco': *xerógrafo*.

xerocopia. f. Copia fotográfica obtenida por medio de la xerografía.

xerocopiar. tr. Reproducir en copia xerográfica.

xerófilo, la. adj. Se apl. a todas las plantas y asociaciones vegetales adaptadas a la vida en un medio seco.

xerofítico, ca. adj. Xerófilo.

xeroftalmia o **xeroftalmía.** f. Enfermedad de los ojos caracterizada por la sequedad de la conjuntiva y opacidad de la córnea.

xerografía. f. **1** Procedimiento que se utiliza para imprimir en seco. **2** Fotocopia obtenida por este procedimiento.

xerografiar. tr. Reproducir textos o imágenes por medio de la xerografía.

xerográfico, ca. adj. **1** Relacionado con la xerografía. **2** Obtenido mediante la xerografía: *copia xerográfica*.

xerógrafo, fa. m. y f. Persona que tiene por oficio la xerografía.

xerox. f. **1** Marca comercial de una máquina empleada en la xerografía. **2** Xerocopia.

xi. f. Decimocuarta letra del alfabeto griego, que corresponde a la que en el nuestro se llama *equis*. La letra mayúscula se escribe Ξ, y la minúscula, ξ.

xifoideo, a. adj. Relacionado con el apéndice xifoides.

xifoides. adj. Cartílago en que termina el esternón. También m. ‖ No varía en pl.

xilo-. pref. Significa 'madera': *xilografía*.

xilófago, ga. adj. y s. Se dice de los insectos que roen la madera.

xilófono. m. Instrumento de percusión formado por una serie de listones de madera o metal.

xilografía. f. **1** Arte de grabar en madera. **2** Impresión tipográfica hecha con planchas de madera grabadas.

xilográfico, ca. adj. Relacionado con la xilografía.

xilógrafo, fa. m. y f. Persona que graba en madera.

xiloprotector, ra. adj. y s. Se dice del producto o sustancia que sirve o se emplea para proteger la madera.

xilórgano. m. Instrumento musical antiguo, compuesto de unos cilindros o varillas de madera compacta y sonora.

Y

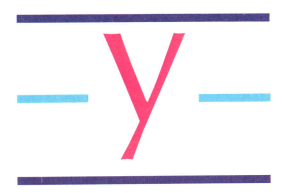

y. f. **1** Vigesimosexta letra del abecedario español, y vigesimoprimera de sus consonantes. Su nombre es *i griega* o *ye.* | conj. cop. **2** Une palabras o cláusulas en concepto afirmativo. Cuando son varios los vocablos o miembros del período que han de ir enlazados, sólo se expresa, por regla general, antes del último: *ciudades, villas, lugares y aldeas.*

ya. adv. t. **1** Denota el tiempo pasado: *ya nos lo habían dicho.* **2** En el tiempo presente con relación al pasado: *estuvo aquí, pero ya se ha ido.* **3** En tiempo u ocasión futura: *ya veremos lo que decide.* **4** Finalmente o últimamente: *¿ya estáis de acuerdo?* **5** Luego, inmediatamente: *ya voy.* | conj. dist. **6** Relaciona dos posibilidades que se alternan o llegan a la misma conclusión: *ya con placer, ya con dolor.* **7** Sirve para conceder o apoyar lo que nos dicen: *ya entiendo; ya se ve.*

yac. m. Bóvido que habita en las montañas del Tíbet, generalmente de color oscuro, notable por las largas lanas que le cubren las patas y la parte inferior del cuerpo. Se escribe también *yak.*

Yac

yacaré. m. Caimán sudamericano, de 2 m de longitud y color negruzco.

yacer. intr. **1** Estar echada o tendida una persona: *yacía de costado.* **2** Estar un cadáver en la sepultura. **3** Tener relaciones sexuales. **Sin.** 2 reposar 3 fornicar □ **Ant.** 1 erguirse. || **Irreg.** Conjugación modelo:

Indicativo
Pres.: yazco (yazgo o yago), yaces, yace, yacemos, yacéis, yacen.
Imperf.: yacía, yacías, etc.
Pret. indef.: yací, yaciste, etc.
Fut. imperf.: yaceré, yacerás, etc.
Potencial: yacería, yacerías, etc.
Subjuntivo
Pres.: yazca, yazcas, yazca, yazcamos, yazcáis, yazcan, o yazga, yazgas, yazga, yazgamos, yazgáis, yazgan, o yaga, yagas, yaga, yagamos, yagáis, yagan.
Imperf.: yaciera o yaciese, yacieras o yacieses, etc.
Fut. imperf.: yaciere, yacieres, etc.
Imperativo: yace (yaz), yaced.
Participio: yacido.
Gerundio: yaciendo.

---

yacija. f. **1** Cama, o cosa en que se está acostado. **2** Sepultura. **Sin.** 1 lecho 2 sepulcro.

yacimiento. m. Sitio donde se halla naturalmente una roca, un mineral, un fósil, o restos arqueológicos: *yacimientos de hulla.*

yambo. m. Árbol de la familia de las mirtáceas, procedente de la India Oriental y muy cultivado en las Antillas, que tiene las hojas opuestas y lanceoladas, la inflorescencia en cima y cuyo fruto es la pomarrosa.

yambo. m. Pie de la poesía griega y latina, compuesto de dos sílabas: la primera breve, y la otra larga.

yanacona. adj. y com. Se dice del indio que estaba al servicio personal de los españoles en algunos países de la América Meridional.

yanqui. adj. y com. **1** En Estados Unidos, de los estados del N. de la Unión. **2** P. ext., estadounidense, americano. **Sin.** 1 nordista ☐ **Ant.** 1 confederado, sudista.

yantar. tr. Comer. Se usa más en lenguaje literario.

yarda. f. Medida inglesa de longitud, equivalente a 91 centímetros.

yate. m. Barco de recreo, de velas o de motor.

yaz. m. Jazz, género musical derivado de ritmos y melodías de los negros estadounidenses.

ye. f. Nombre de la letra *y*.

yedra. f. Hiedra.

yegua. f. **1** Hembra del caballo. | adj. **2** *amer.* Tonto. **Sin.** 1 jaca.

yeísmo. m. Pronunciación de la *ll* como *ye*, diciendo, p. ej., *gayina*, por *gallina*.

yelmo. m. Parte de la armadura antigua, que resguardaba la cabeza y el rostro.

yema. f. **1** Porción central del huevo de las aves. **2** En las plantas, renuevo vegetal en forma de botón que da origen a que se desarrollen ramas, hojas o flores. **3** Lado de la punta del dedo, opuesto a la uña. **4** Dulce seco compuesto de azúcar y yema de huevo. **Sin.** 2 capullo, retoño.

yen. m. Unidad monetaria de Japón.

yerba. f. Hierba.

yermo, ma. adj. y s. **1** Inhabitado. **2** Incultivado. **Sin.** 1 desierto 2 baldío, erial ☐ **Ant.** 1 poblado 2 fértil, sembrado.

yerno. m. Respecto de una persona, marido de su hija.

yero. m. **1** Planta herbácea, de tallo erguido, hojas compuestas, flores rosáceas, y fruto en vainas infladas. Más en pl. **2** Semilla de esta planta, que se utiliza como alimento del ganado. Más en pl.

yerro. m. **1** Equivocación por descuido o inadvertencia. **2** Falta contra los preceptos morales o religiosos. **Sin.** 1 fallo, error 2 culpa, pecado ☐ **Ant.** 1 acierto.

yerto, ta. adj. Tieso, rígido, especialmente a causa del frío. **Sin.** inmóvil.

yesca. f. **1** Materia muy seca y fácilmente inflamable. **2** P. ext., lo que está muy seco, y por consiguiente, dispuesto a encenderse. **3** Lo que intensifica cualquier pasión o sentimiento: *tu triunfo fue yesca para su envidia*. **Sin.** 2 y 3 leña.

yesería. f. **1** Fábrica de yeso. **2** Sitio en que se vende. **3** Obra hecha de yeso.

yeso. m. **1** Sulfato de calcio hidratado, compacto o terroso, generalmente blanco, que tiene la propiedad de endurecerse rápidamente cuando se amasa con agua, y se emplea en la construcción y en la escultura. **2** Obra de escultura vaciada en este material.

yeti. m. Ser fantástico, parecido al hombre, que, según ciertas leyendas, habita en la vertiente sur del Himalaya. También se le conoce como *el abominable hombre de las nieves*.

yeyuno. m. Segunda porción del intestino delgado de los mamíferos, situada entre el duodeno y el íleon.

yiu-yitsu. (voz japonesa) m. Sistema de lucha sin armas, a base de golpes.

yo. **1** Nominativo del pronombre personal de primera persona en género masculino o femenino y número singular: *yo lo sé*. | m. **2** Sujeto humano en cuanto persona.

yodo. m. Elemento químico halógeno, de color gris negruzco, que se volatiliza a una temperatura poco elevada, y se emplea como desinfectante. Su símbolo es *I*.

yoduro. m. Cuerpo resultante de la combinación del yodo con otro elemento.

yoga. m. **1** Conjunto de disciplinas físico-mentales de la India, destinadas a conseguir la perfección espiritual y la unión con lo absoluto. **2** P. ext., conjunto de prácticas derivadas de estas disciplinas y dirigidas a obtener mayor dominio del cuerpo y de la concentración mental.

yogui. com. Practicante del yoga.

yogur. m. Producto derivado de la leche, que se obtiene por fermentación.

yogurtera. f. Recipiente para hacer yogur.

yola. f. Embarcación estrecha y ligera movida a remo y con vela.

yonqui. com. En el lenguaje de la droga, persona adicta a las drogas duras.

yóquey o **yoqui.** m. Jinete profesional de carreras de caballos. También se escribe *jockey*.

yoyó. m. Juguete en forma de pequeño disco giratorio que se hace subir y bajar mediante un cordón.

yuan. m. Unidad monetaria de la República Popular China.

yuca. f. **1** Planta americana, de la familia de las liliáceas, con tallo arborescente, cilíndrico, de 15 a 20 cm, coronado por un penacho de hojas largas y rígidas, flores blancas y raíz gruesa. **2** Nombre vulgar de algunas especies de mandioca.

yudo. m. Sistema tradicional de lucha japonés, que se practica como deporte y que también tiene por objeto saber defenderse sin armas, utilizando la fuerza del contrario en beneficio propio.

yudoca. com. Persona que practica el yudo.

yuglandáceo, a. adj. y f. **1** Se dice de las plantas dicotiledóneas con fruto en drupa con semillas sin albumen, como el nogal. | f. pl. **2** Familia de estas plantas.

yugo. m. **1** Instrumento de madera al cual se uncen por el cuello las mulas, los bueyes, etc., y en el que va sujeta la lanza del carro o el timón del arado. **2** Especie de horca, por debajo de la cual, en tiempos de la antigua Roma, hacían pasar sin armas a los enemigos vencidos. **3 sacudir** uno **el yugo.** loc. Librarse de opresión o dominio molesto o afrentoso.

yugular. adj. **1** Se dice de cada una de las dos venas que hay a uno y otro lado del cuello, y que recogen la mayor parte de la sangre del cerebro. Más c. f. **2** Relativo al cuello.

yugular. tr. **1** Degollar, cortar el cuello. **2** Detener súbita o rápidamente una enfermedad por medios terapéuticos. **3** Hablando de determinadas actividades, acabar pronto con ellas. S<small>IN</small>. 1 decapitar.

yunque. m. **1** Prisma de hierro acerado, a veces con punta en uno de los lados, que se emplea para forjar metales. **2** Persona firme y paciente en las adversidades. **3** Uno de los tres huesecillos que hay en la parte media del oído de los mamíferos, situado entre el martillo y el estribo.

yunta. f. Par de bueyes, mulas u otros animales que sirven en la labor del campo o en los acarreos.

yuppie. (voz ingl.) com. Joven profesional, de posición social y económica elevada. Es una voz derivada de las siglas de *Young Urban Professional* (profesional joven urbano).

yute. m. **1** Material textil que se saca de la corteza interior de varios árboles oriundos de Asia y África. **2** Tejido de esta fibra.

yuxtalineal. adj. Se dice de la traducción que acompaña a su original, o del cotejo de textos cuando se disponen a dos columnas de modo que se correspondan línea por línea para su comparación más cómoda.

yuxtaponer. tr. y prnl. Poner una cosa junto a otra o inmediata a ella. || **Irreg.** Se conj. como *poner*. S<small>IN</small>. acercar, juntar ☐ A<small>NT</small>. separar.

yuxtaposición. f. **1** Acción de yuxtaponer. **2** Unión de dos o más elementos lingüísticos sin auxilio de conjunción.

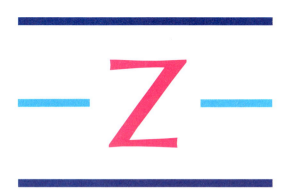

z. f. Vigesimoséptima y última letra del abecedario español, y vigesimosegunda de sus consonantes. Se llama *zeda* o *zeta*.

zabordar. intr. Encallar un barco en tierra. **Sin.** varar.

zacatín. m. Plaza o calle donde en algunos pueblos se vendían ropas.

zafado, da. adj. y s. Descarado, atrevido.

zafar. tr. **1** Soltar lo que estaba amarrado o sujeto. | **zafarse.** prnl. **2** Escaparse o esconderse para evitar un encuentro o riesgo. **3** Irse de un lugar. **4** Excusarse de hacer una cosa: *me zafé del compromiso*. **Sin.** 2 escabullirse, retirarse 4 desembarazarse, eludir.

zafarrancho. m. **1** Acción de desocupar y preparar una parte de la embarcación para que pueda realizarse determinada actividad. **2** Riña, destrozo. **3** Limpieza general. **4 zafarrancho de combate.** Preparación de todo lo que se necesita para llevar a cabo una acción bélica inmediata. **Sin.** 2 refriega, trifulca.

zafio, fia. adj. Tosco, grosero. **Sin.** inculto, rudo □ **Ant.** culto, educado.

zafirina. f. Calcedonia azul.

zafiro. m. Corindón cristalizado de color azul. Es una piedra preciosa.

zafra. f. **1** Vasija de metal ancha y poco profunda, con agujeros en el fondo, en que los vendedores de aceite colocan las medidas para que escurran. **2** Vasija grande de metal en que se guarda aceite. **3** Cosecha de la caña de azúcar. **4** Fabricación del azúcar de caña, y p. ext., del de remolacha. **5** Tiempo que dura esta fabricación. **6** Escombro de una mina o cantera.

zafre. m. Óxido de cobalto mezclado con cuarzo, que se emplea principalmente para dar color azul a la loza y al vidrio.

zaga. f. **1** Parte trasera de una cosa. **2** En ciertos deportes, defensa de un equipo. **Sin.** 2 retaguardia □ **Ant.** 1 y 2 delantera.

zagal, la. m. y f. **1** Persona joven. **2** Pastor o pastora joven, subordinado a otro pastor. **Sin.** 1 chico, mozo.

zagalón, na. m. y f. Adolescente muy crecido. **Sin.** mocetón.

zagual. m. Remo corto de una sola pieza, con pala de forma acorazonada, que no se apoya en ningún punto de la nave.

zaguán. m. Espacio cubierto, situado dentro de una casa e inmediato a la puerta de la calle. **Sin.** vestíbulo, portal.

zaguero, ra. adj. **1** Que va, se queda o está detrás. | m. **2** En los partidos de pelota por parejas, el jugador que ocupa la parte de atrás de la cancha. **3** En el fútbol, defensa. **Sin.** 1 trasero, último □ **Ant.** 1 primero 3 delantero.

zahareño, ña. adj. **1** Se apl. al pájaro bravo, difícil de domesticar. **2** Esquivo, intratable.

zaherir. tr. **1** Reprender, mortificar. **2** Humillar: *le zahirió en público*. || **Irreg.** Se conj. como *sentir*. **Sin.** 2 ultrajar, vejar.

zahína. f. Sorgo, planta.

zahón. m. Especie de calzón de cuero o tela, con perneras abiertas que llegan a media pierna, y que se ponen sobre los pantalones para protegerlos. Más en pl.

zahonado, da. adj. Se dice de los pies y manos que en algunas reses tienen distinto color por delante.

zahorí. m. **1** Persona a quien se atribuye la facultad de ver lo que está oculto, incluso debajo de la tierra. **2** Persona perspicaz y escudriñadora. || pl. *zahoríes* o *zahorís*.

zahúrda. f. Pocilga. **Sin.** cochiquera.

zaida. f. Ave zancuda, parecida a la grulla, de la cual se distingue por un moño eréctil de plumas oscuras y filiformes.

zaino, na o **zaíno, na.** adj. **1** Traidor, falso. **2** Se aplica al caballo o yegua castaño oscuro. **3** En el ganado vacuno, el de color negro que no tiene ningún pelo blanco. SIN. 1 hipócrita.

zalagarda. f. **1** Emboscada. **2** Riña, pelea. **3** Lazo para cazar animales. **4** Alegría fingida. SIN. 1 ardid, trampa.

zalamería. f. Demostración de cariño afectada y empalagosa. SIN. halago, coba.

zalamero, ra. adj. y s. Que hace zalamerías.

zalea. f. Cuero de oveja o carnero, curtido de modo que conserve la lana.

zalear. tr. Espantar y hacer huir a los perros y otros animales.

zalema. f. **1** Reverencia en muestra de sumisión. **2** Zalamería.

zamacuco, ca. m. y f. **1** Persona torpe o tonta. **2** Persona que, callándose o simulando torpeza, hace su voluntad o lo que le conviene. | m. **3** Borrachera. SIN. 1 tarugo, cazurro.

zamarra. f. **1** Prenda de vestir rústica, hecha de piel con su lana o pelo. **2** Piel de carnero. **3** Chaqueta de abrigo. SIN. 1 zamarro.

zamarrear. tr. **1** Sacudir, mover de un lado a otro la res o presa que el perro o una fiera tiene asida entre los dientes. **2** Maltratar. **3** Poner en apuros.

zamarrilla. f. Planta labiada, aromática, con tallos leñosos y flores blancas o encarnadas.

zamarro. m. Zamarra, prenda de abrigo.

zambarco. m. **1** Correa ancha que ciñe el pecho de las caballerías de tiro, para sujetar a ella los tirantes. **2** Correa con hebilla en un extremo.

zambo, ba. adj. y s. **1** Persona que tiene juntas las rodillas y separadas las piernas hacia afuera. **2** *amer.* Se dice del hijo de negro e india, o al contrario. SIN. 1 patizambo.

zambomba. f. **1** Instrumento musical de tradición popular, formado por un cilindro hueco y cerrado por un extremo con una piel tensa y una varilla central, que produce un sonido ronco y monótono. | interj. **2** Manifiesta sorpresa.

zambombazo. m. **1** Porrazo, golpazo. **2** Explosión, estampido.

zambombo. m. Hombre tosco y grosero.

zambra. f. **1** Fiesta que celebraban los moriscos. **2** Fiesta con baile que celebran los gitanos en Andalucía. **3** Alboroto. SIN. 1 jolgorio, juerga.

zambucar. tr. Esconder rápidamente una cosa entre otras.

zambullida. f. **1** Acción de zambullir. **2** Treta de la esgrima.

zambullir. tr. y prnl. **1** Meter debajo del agua con ímpetu o de golpe: *zambullirse en una piscina.* | **zambullirse.** prnl. **2** Esconderse o meterse en alguna parte, o cubrirse con algo: *se zambulló en la cama con alivio.* || **Irreg.** Se conj. como *mullir.* SIN. 1 sumergir.

zampabollos. m. Comilón, tragón. || No varía en pl.

zampar. tr. **1** Comer o beber apresurada y excesivamente: *se zampó diez pasteles él solito.* **2** Esconder rápidamente una cosa entre otras: *zampó los papeles en el cajón al ver que venías.* **3** Arrojar, impeler con violencia una cosa. También prnl.: *se zampó de cabeza contra la farola.* | **zamparse.** prnl. **4** Meterse de golpe en una parte. **5** Presentarse en un sitio: *se zampó en la fiesta.* SIN. 1 devorar, engullir.

zampatortas. com. **1** Persona que come con exceso y brutalidad. **2** Persona que muestra incapacidad y torpeza. || No varía en pl.

zampeado. m. Obra que se hace de cadenas de madera y macizos de mampostería, para fabricar sobre terrenos falsos o invadidos por el agua.

zampear. tr. Afirmar el terreno con zampeados.

zampón, na. adj. y s. Comilón, tragón.

zampoña. f. **1** Instrumento rústico, a modo de flauta, o compuesto de muchas flautas. **2** Dicho trivial o sin sustancia.

zampuzar. tr. y prnl. Zambullir.

zanahoria. f. **1** Planta herbácea umbelífera con flores blancas y púrpuras en el centro, de fruto seco y comprimido, y raíz gruesa, amarilla o rojiza, que se utiliza como alimento. **2** Raíz de esta planta.

zanahoriate. m. Zanahoria confitada.

zanca. f. **1** Parte más larga de las patas de las aves, desde los dedos hasta la primera articulación por encima de ellos. **2** Pierna de persona o de animal, sobre todo cuando es larga y delgada. **3** Madero inclinado que sirve de apoyo a los peldaños de una escalera.

zancada. f. Paso largo.

zancadilla. f. **1** Acción de cruzar uno la pierna delante de la de otra persona para hacerla caer. **2** Engaño con el que se pretende perjudicar a alguien. SIN. 2 traba, obstáculo.

zancajo. m. **1** Hueso del pie, que forma el talón. **2** Parte del pie, donde sobresale el talón. **3** Hueso grande de la pierna. **4** Parte del zapato o media, que cubre el talón.

zancajoso, sa. adj. **1** Que tiene los pies torcidos y vueltos hacia afuera. **2** Que tiene los zancajos grandes, o rotos y sucios los del calzado.

zancarrón. m. Cualquiera de los huesos de la pierna, especialmente el de las reses, cuando está o ha sido despojado de carne.

zanco. m. Cada uno de los palos altos, con salientes sobre los que se ponen los pies, para andar en alto.

zancudo, da. adj. **1** Que tiene las zancas largas. **2** Se dice de las aves que tienen los tarsos muy largos y la parte inferior de la pierna desprovista de plumas, como la cigüeña y la grulla. También s. | f. pl. **3** Orden de estas aves. | m. **4** *amer.* Mosquito.

zanganada. f. Hecho o dicho impertinente y torpe.

zanganear. intr. **1** Hacer el vago. **2** Decir o hacer cosas inoportunas o insustanciales.

zángano. m. **1** Macho de la abeja reina. **2** Hombre holgazán que se aprovecha del trabajo de los demás. **3** Hombre flojo y torpe. **SIN.** 2 y 3 vago ◻ **ANT.** 2 y 3 trabajador.

zangarrear. intr. Tocar o rasguear sin arte en la guitarra.

zangarriana. f. **1** Especie de hidropesía de los animales. **2** Enfermedad leve y pasajera, que repite con frecuencia. **3** Tristeza, melancolía, disgusto. **ANT.** 3 alegría, jovialidad.

zangolotear. tr. y prnl. **1** Mover continua y violentamente una cosa. | intr. **2** Moverse una persona de una parte a otra sin concierto ni propósito. | **zangolotearse.** prnl. **3** Moverse ciertas cosas por estar sueltas o mal encajadas. **SIN.** 1 sacudir, zarandear 2 vagar.

zangón. m. Muchacho alto, que anda ocioso, teniendo edad para trabajar.

zanguanga. f. Ficción de una enfermedad o impedimento, para no trabajar.

zanguango, ga. adj. y s. Indolente, embrutecido por la pereza. **SIN.** holgazán.

zanja. f. **1** Excavación larga y estrecha que se hace en la tierra. **2** *amer.* Surco producido por una corriente de agua. **SIN.** 1 cuneta, foso.

zanjar. tr. **1** Resolver un asunto, o concluirlo: *ya han zanjado la venta*. **2** Abrir zanjas.

zanquear. intr. **1** Torcer las piernas al andar. **2** Andar mucho a pie y con prisa.

zanquilla, ta. com. Persona que tiene las piernas delgadas y cortas. Más en pl.

zapa. f. **1** Pala con un corte acerado, que usan los zapadores o gastadores. **2** Excavación de galería subterránea o de zanja al descubierto.

zapador. m. Soldado destinado a trabajar en obras de excavación. **SIN.** gastador.

zapapico. m. Herramienta con mango de madera y dos bocas opuestas, terminada la una en punta y la otra en corte estrecho.

zaparrastrar. intr. Llevar arrastrando los vestidos de modo que se ensucien: *ir zaparrastrando*.

zapata. f. **1** Pieza del freno de algunos vehículos que actúa por fricción contra el eje o contra las ruedas. **2** Pedazo de cuero o suela que a veces se pone debajo del quicio de la puerta para que no rechine. **3** Tablón que se clava en la parte inferior de la quilla para defenderla de las varadas.

zapatazo. m. **1** Golpe dado con un zapato, y ruido que resulta de ello. **2** Golpe fuerte que se da contra cualquier cosa que suena.

zapateado. m. **1** Baile español que se ejecuta en compás ternario y con zapateo. **2** Música de este baile.

zapatear. intr. **1** Golpear con el zapato. También tr. **2** En algunos bailes, dar golpes en el suelo con los pies calzados siguiendo un determinado ritmo. **SIN.** 1 patalear 1 y 2 taconear.

zapateo. m. Acción y efecto de zapatear.

zapatería. f. **1** Tienda donde se venden zapatos. **2** Taller donde se fabrican o reparan zapatos. **3** Oficio de hacer o reparar zapatos.

zapatero, ra. m. y f. **1** Persona que por oficio hace zapatos, los arregla o los vende. | m. **2** Pez teleósteo, de unos 25 cm de largo, plateado, con cabeza puntiaguda, cola ahorquillada y muy abierta, que vive en los mares de América tropical. | adj. **3** Relativo al zapato. **4** Se apl. a las legumbres y otros alimentos duros o correosos, especialmente después de cocidos: *las patatas te han quedado zapateras*.

zapateta. f. **1** Golpe que se da en el pie o zapato. **2** Brinco que se da chocando los zapatos entre sí. | pl. **3** Golpes que se dan con el zapato en el suelo en ciertos bailes.

zapatilla. f. **1** Zapato ligero y de suela muy delgada. **2** Zapato cómodo o de abrigo para estar en casa. **3** Zapato deportivo ligero, generalmente con cordones y suela de goma. **4** Pieza de cuero, goma, etc., que sirve para mantener herméticamente adheridas dos partes diferentes.

zapatillazo. m. Golpe dado con una zapatilla.

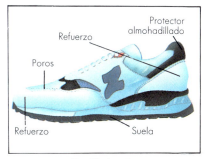

Zapatilla deportiva

zapato. m. Calzado que no pasa del tobillo, con la parte inferior de suela y lo demás de piel, fieltro, paño u otro tejido.

¡zape! interj. Se emplea para ahuyentar a los gatos o para manifestar extrañeza, miedo o precaución.

zapear. tr. **1** Espantar al gato con la interjección zape. **2** Ahuyentar a uno.

zapote. m. **1** Árbol americano de la familia de las sapotáceas, de unos 10 m de altura, con tronco recto, liso, de corteza oscura y madera blanca poco resistente, copa redonda y espesa, hojas alternas y rojizas, y fruto comestible. **2** Fruto de este árbol.

zapoteca. adj. y com. Se dice de un pueblo amerindio que habita en los estados mexicanos de Oaxaca, Veracruz y Chiapas.

zaque. m. Odre pequeño.

zaquear. tr. **1** Mover o trasegar líquidos de unos zaques a otros. **2** Transportar líquidos en zaques.

zar. m. Título que se daba al emperador de Rusia y al soberano de Bulgaria.

zarabanda. f. **1** Danza popular española de los ss. XVI y XVII frecuentemente censurada por los moralistas. **2** Copla que se cantaba con esta danza. **3** Alboroto, ruido. **SIN.** 3 bulla, jaleo, jolgorio.

zaragata. f. Pendencia, alboroto. **SIN.** pelea.

zaragatona. f. **1** Planta herbácea con tallo velludo, ramoso, de 20 a 30 cm de altura, hojas opuestas, lanceoladas y estrechas, flores pequeñas, verdosas, en espigas ovales, y fruto capsular. **2** Semilla de esta planta, de la que se extrae una sustancia medicinal.

zaragüelles. m. pl. **1** Especie de calzones anchos, que se usaban antiguamente, y ahora llevan los campesinos de Valencia y Murcia. **2** Calzones muy anchos, largos y mal hechos.

zarajo. m. Trenzado de tripas de cordero que se conserva colgado al humo y que luego se asa al horno.

zaranda. f. Criba, colador. **SIN.** tamiz.

zarandaja. f. Cosa menuda, sin valor. Más en pl.: *déjate de zarandajas y ponte a estudiar*. **SIN.** insignificancia.

zarandear. tr. **1** Mover una persona o cosa de un lado para otro, agitar. **2** Cribar, colar. También prnl. | **zarandearse.** prnl. **3** *amer.* Contonearse. **SIN.** 1 sacudir.

zarandero, ra. m. y f. Persona que mueve la zaranda.

zarandillo. m. **1** Zaranda pequeña. **2** El que con viveza y soltura anda de una parte a otra.

zarapito. m. Ave zancuda, del tamaño del gallo, que anda entre juncos y se alimenta de insectos, moluscos y gusanos.

zarcear. tr. **1** Limpiar los conductos y cañerías, introduciendo en ellas zarzas. | intr. **2** Entrar el perro en los zarzales para buscar la caza. **3** Andar apresuradamente de una parte a otra.

zarcillo. m. **1** Pendiente, arete. **2** Órgano largo, delgado y voluble que tienen ciertas plantas, para asirse a tallos u otros objetos: *los zarcillos de la vid*.

zarco, ca. adj. De color azul claro: *ojos zarcos*.

zarevich. m. **1** Hijo del zar. **2** En particular, príncipe primogénito del zar reinante.

zarigüeya. f. Mamífero marsupial americano, de extremidades posteriores con pulgar oponible, cola prensil y lisa, de costumbres nocturnas y omnívoro.

zarina. f. **1** Emperatriz de Rusia. **2** Esposa del zar.

zarpa. f. **1** Mano o garra de ciertos animales, como el león y el tigre. **2** P. ext., mano de una persona: *¡quítame las zarpas de encima!*

zarpar. intr. Levar anclas, hacerse a la mar un barco del lugar en que estaba fondeado o atracado.

zarpazo. m. **1** Golpe dado con la zarpa. **2** Golpazo, batacazo.

zarramplín. m. **1** Hombre chapucero y de poca habilidad en una profesión u oficio. **2** Pelagatos, pobre diablo.

zarrapastroso, sa. adj. y s. Desaseado, andrajoso, desaliñado. **ANT.** aseado, limpio.

zarria. f. **1** Barro o lodo pegado en la parte inferior de la ropa, cascarria. **2** Pingajo, harapo.

zarza. f. Arbusto de la familia de las rosáceas, con tallos sarmentosos, arqueados en las puntas, de 4 a 5 m de largo, hojas divididas en cinco hojuelas elípticas, aserradas, flores blancas o rosas en racimos terminales, y cuyo fruto es la zarzamora.

zarzagán. m. Cierzo muy frío, aunque no muy fuerte.

zarzal. m. Sitio poblado de zarzas.

zarzamora. f. **1** Fruto de la zarza, de color morado oscuro y sabor dulce. **2** Zarza, arbusto rosáceo.

Zarzamora

zarzaparrilla. f. **1** Arbusto de la familia de las liliáceas, con tallos delgados, volubles, de 2 m de largo y espinosos, hojas pecioladas, y acorazonadas, flores verdosas en racimos axilares, fruto en bayas globosas y raíces fibrosas. **2** Bebida refrescante preparada con esta planta.

zarzaperruna. f. Rosal silvestre, escaramujo.

zarzarrosa. f. Flor del escaramujo.

zarzo. m. Tejido de varas, cañas, mimbres o juncos, que forma una superficie plana.

zarzuela. f. **1** Obra dramática y musical en la que se alternan el habla y el canto. **2** Letra y música de esta obra. **3** Plato consistente en varias clases de pescados y mariscos condimentados con una salsa.

¡zas! Voz expresiva del sonido que hace un golpe, o del golpe mismo.

zascandil. m. Hombre informal, enredador, que no para quieto en ningún sitio. **SIN.** revoltoso, inquieto.

zascandilear. intr. Vagar de un lado a otro sin hacer nada de provecho. **SIN.** enredar.

zatara o **zata.** f. Armazón de madera, a modo de balsa, para transportes fluviales.

zeda. f. Nombre de la letra z.

zéjel. m. Composición estrófica de origen árabe, que se compone de una estrofilla inicial o estribillo, y de un número variable de estrofas de tres versos monorrimos seguidos de otro verso de rima constante igual a la del estribillo.

zenit. m. Cenit.

zepelín. m. Globo dirigible.

zeta. f. **1** Nombre de la letra z. **2** Sexta letra del alfabeto griego. La letra mayúscula se escribe Z, y la minúscula, ζ.

zigoto. m. Huevo, célula germinal femenina de animales y plantas.

zigurat. m. Torre en forma de pirámide escalonada, que formaba parte de los templos caldeos, asirios y babilónicos.

zigzag. m. Serie de líneas que forman alternativamente ángulos entrantes y salientes. || pl. zigzagues o zigzags.

zigzaguear. intr. Serpentear, andar en zigzag.

zinc. m. Cinc. || pl. zines.

zipizape. m. Riña ruidosa o con golpes. **SIN.** alboroto, pelea **ANT.** tranquilidad.

zoca. f. Plaza de una población.

zócalo. m. **1** Cuerpo inferior de un edificio u obra, para elevar los basamentos a un mismo nivel. **2** Friso o franja que se pinta o coloca en la parte inferior de una pared. **3** Miembro inferior del pedestal. **4** Especie de pedestal. **5** En México, plaza principal de una ciudad.

zocato, ta. adj. **1** Zurdo. También s. **2** Se dice del fruto que se pone amarillo y acorchado sin madurar.

zoco. m. En Marruecos y otras ciudades del N. de África, lugar en que se celebra un mercado.

zodiacal. adj. Relativo al Zodiaco.

zodiaco o **zodíaco.** m. Faja celeste por el centro de la cual pasa la eclíptica; comprende las 12 constelaciones que recorre el Sol en su curso anual aparente: Aries, Tauro, Géminis, Cáncer, Leo, Virgo, Libra, Escorpión, Sagitario, Capricornio, Acuario y Piscis.

zoilo. m. Crítico presumido, censurador, murmurador.

zombi. m. **1** En el culto del vudú, persona resucitada que carece de voluntad y se comporta como un autómata. **2** Atontado. También adj. **SIN.** 2 pasmado, aturdido.

zona. f. **1** Extensión de terreno cuyos límites están determinados por razones administrativas, políticas, etc. **2** Cualquier parte de un terreno o superficie encuadrada entre ciertos límites: zona en obras. **3** En geografía, cada una de las cinco partes en que se considera dividida la superficie de la Tierra por los trópicos y los círculos polares. **4** En geometría, parte de la superficie de la esfera comprendida entre dos planos paralelos. **SIN.** 1 región 2 sector.

zonzo, za. adj. y s. **1** Soso, insulso, insípido. **2** Tonto, simple, mentecato.

zoo. m. Expresión abreviada, con el significado de 'parque' o 'jardín zoológico'.

zoo- o **-zoo.** Elemento compositivo que tiene el significado de 'animal': zoolatría, protozoo.

zoófago, ga. adj. y s. Que se alimenta de materias animales: insecto zoófago.

zoófito, ta. adj. y m. **1** Se decía de ciertos animales en los que se creía reconocer algunos caracteres propios de seres vegetales. | m. pl. **2** Grupo de la antigua clasificación zoológica, que comprendía los animales que tienen aspecto de plantas.

zoografía. f. Parte de la zoología, que tiene por objeto la descripción de los animales.

zoolatría. f. Adoración, culto de los animales, a los que se tiene por encarnación de la divinidad, propio de algunos pueblos primitivos.

zoología. f. Ciencia que estudia los animales.

zoológico, ca. adj. **1** Relativo a la zoología. | **2** Lugar donde se muestran al público animales salvajes o poco comunes.

zoólogo, ga. m. y f. Persona que profesa la zoología o en ella tiene especiales conocimientos.

zoom. (voz ingl.) m. Objetivo de foco variable en una cámara fotográfica o cinematográfica.

zoomorfo, fa. adj. Que tiene forma o apariencia de animal.

zoospermo. m. Espermatozoide.

zoospora. f. Espora provista de cilio o flagelos motores.

zootecnia. f. Técnica de la cría de animales domésticos.

zopas. com. Persona que cecea mucho. ‖ No varía en pl.

zopenco, ca. adj. y s. Tonto, bruto. Sin. zoquete, torpe, memo.

zopo, pa. adj. **1** Pie o mano torcidos o contrahechos. **2** Se dice de la persona que tiene torcidos o contrahechos los pies o las manos.

zoqueta. f. Especie de guante de madera con que el segador protege la mano izquierda.

zoquete. m. **1** Pedazo de madera corto y grueso. **2** Pedazo de pan grueso e irregular. **3** Persona torpe. También adj. Sin. 3 zote, zopenco.

zorcico. m. **1** Composición musical del País Vasco, en compás de cinco por ocho. **2** Letra de esa composición musical. **3** Baile que se ejecuta con esta música.

zorito, ta. adj. Zuro.

zorollo. adj. Blando, tierno.

zorongo. m. **1** Pañuelo doblado en forma de venda, que los aragoneses y navarros llevan alrededor de la cabeza. **2** Moño ancho y aplastado. **3** Baile popular andaluz. **4** Música y canto de este baile. Sin. 1 cachirulo.

zorra. f. **1** Zorro común. **2** Hembra de esta especie. **3** Persona astuta y solapada. **4** Prostituta. **5** Embriaguez, borrachera. Sin. 1 raposo 4 puta, ramera.

zorrastrón, na. adj. y s. Pícaro, astuto.

zorrear. intr. **1** Dedicarse una mujer a la prostitución. **2** Frecuentar un hombre las prostitutas.

zorrera. f. **1** Cueva de zorros. **2** Habitación en que hay mucho humo.

zorrería. f. **1** Astucia, cautela de la zorra para buscar su alimento. **2** Astucia, ardid. Sin. 2 sagacidad.

zorro. m. **1** Mamífero carnívoro de menos de 1 m de longitud incluida la cola, hocico alargado, de pelaje color pardo rojizo y muy espeso, especialmente en la cola, de punta blanca. **2** Persona astuta. **3** Piel de este animal, empleada en peletería. ‖ pl. **4** Tiras de piel, tela, etc., que, unidas y puestas en un mango, sirven para sacudir el polvo. Sin. 2 ladino.

zorronglón, na. adj. y s. Que ejecuta de mala gana y murmurando o refunfuñando las cosas que le mandan.

zorzal. m. Nombre popular de varias aves paseriformes; el común tiene el dorso de color pardo y el pecho claro con pequeñas motas.

zote. adj. y com. Ignorante, torpe.

zozobra. f. **1** Acción de zozobrar. **2** Inquietud,

Zorro

aflicción. **3** Oposición y contraste de los vientos, que impiden la navegación. Sin. 2 ansiedad, congoja ❑ Ant. 2 tranquilidad.

zozobrar. intr. **1** Peligrar la embarcación por la fuerza y contraste de los vientos. **2** Perderse o irse a pique. También prnl. **3** Estar en gran riesgo y muy cerca de perderse el logro de una cosa: *zozobrar un negocio.* | **zozobrarse.** prnl. **4** Acongojarse. Sin. 2 naufragar.

zuavo. m. **1** Soldado argelino de infantería, al servicio de Francia. **2** Soldado francés que lleva el mismo uniforme.

zubia. f. Lugar o sitio por donde corre, o donde afluye, mucha agua.

zueco. m. **1** Zapato de madera de una pieza que usan en varios países los campesinos. **2** Zapato de cuero con suela de corcho o de madera, sin talón. Sin. 1 abarca 1 y 2 zanco.

zulaque. m. Pasta usada para tapar las juntas de las cañerías.

zulla. f. Planta herbácea, vivaz, papilionácea, que constituye un excelente pasto para el ganado.

zulo. (voz vasc.) m. **1** Agujero, hoyo. **2** Escondite, guarida subterránea.

zulú. adj. y com. **1** Pueblo de raza negra que habita en el sudoeste de África. Más en m. pl. | m. **2** Lengua hablada por este pueblo. ‖ pl. *zulúes* o *zulús*.

zumaque. m. Arbusto de unos 3 m de altura, con tallos leñosos, hojas compuestas, flores en panoja, y fruto drupáceo.

zumaya. f. **1** Autillo, ave parecida a la lechuza. **2** Chotacabras, ave trepadora. **3** Ave zancuda, de plumaje de color verde negruzco en el lomo y la cabeza, ceniciento en las alas y cola, y blanco en las partes inferiores.

zumba. f. **1** Cencerro grande que lleva la caballería de una recua. **2** Juguete que produce un zumbido. **3** Chanza. **4** *amer.* Tunda, zurra. **Sin.** 3 chunga, choteo.

zumbar. intr. **1** Producir una cosa ruido o sonido continuado y sordo: *una mosca zumbaba insistente.* | tr. **2** Tratándose de golpes, dar, propinar: *le zumbaron ayer por la tarde.* **3** Burlarse. **4 ir zumbando.** loc. Ir deprisa. **Sin.** 1 silbar 2 atizar, cascar 3 pitorrearse.

zumbel. m. Cuerda que se arrolla al peón o trompo para hacerle bailar.

zumbido. m. **1** Acción de zumbar: *el zumbido de las abejas.* **2** Sonido sordo y continuo.

zumbón, na. adj. y s. **1** Que zumba. **2** Que se burla con frecuencia.

zumo. m. **1** Líquido que se extrae de las frutas, vegetales, etc. **2** Utilidad o provecho que se saca de una cosa: *el jefe nos está exprimiendo el zumo al máximo.* **Sin.** 1 néctar, extracto 1 y 2 jugo.

zunchar. tr. Colocar zunchos para reforzar alguna cosa.

zuncho. m. **1** Abrazadera, anillo metálico usado como refuerzo. **2** Refuerzo metálico, generalmente de acero, para juntar y atar elementos constructivos de un edificio en ruinas. **Sin.** 1 arandela.

zupia. f. **1** Poso del vino. **2** Vino turbio. **3** Líquido de mal aspecto y sabor. **4** Lo más inútil y despreciable de cualquier cosa.

zurcido. m. Unión o costura de las cosas zurcidas.

zurcir. tr. **1** Coser la rotura de una tela. **2** Remendar con puntadas muy juntas y entrecruzadas un tejido roto.

zurdo, da. adj. y s. **1** Que usa la mano izquierda del mismo modo que la mayoría de las demás personas usan la derecha. **2** Relativo a la mano o pierna izquierda. **Sin.** zocato ☐ **Ant.** 1 y 2 diestro.

zurear. intr. Hacer arrullos la paloma.

zurito, ta. adj. Zuro.

zuro, ra. adj. **1** Se dice de las palomas y palomos silvestres. | m. **2** Corazón o raspa de la mazorca del maíz después de desgranada.

zurra. f. **1** Castigo, especialmente de azotes o golpes. **2** Acción de zurrar las pieles. **Sin.** 1 tunda, somanta.

zurrapa. f. Brizna, pelillo o sedimento que se halla en los líquidos, y que poco a poco se va sentando en el fondo formando el poso. Más en pl.

zurrar. tr. **1** Castigar a uno, especialmente con azotes o golpes. **2** Curtir y suavizar las pieles quitándoles el pelo.

zurriagazo. m. **1** Golpe dado con el zurriago. **2** Golpe dado con una cosa flexible.

zurriago. m. **1** Látigo con que se castiga o zurra. **2** Correa larga y flexible con que se hace bailar el trompo.

zurriburri. m. **1** Conjunto de personas de baja categoría. **2** Barullo, confusión.

zurrir. intr. Sonar bronca, desapacible y confusamente alguna cosa. **Sin.** chirriar, rechinar.

zurrón. m. **1** Bolsa grande de cuero que usan los pastores. **2** Cualquier bolsa de cuero. **3** Cáscara primera y más tierna de algunos frutos.

zurullo. m. **1** Pedazo de materia blanda más grueso que el resto. **2** Mojón, excremento sólido.

zurupeto. m. **1** Corredor de bolsa no matriculado. **2** Intruso en la profesión notarial.

zutano, na. m. y f. Vocablo usado como complemento, y a veces en contraposición de *fulano* y *mengano*, para aludir a una tercera persona indeterminada: *me da igual lo que digan fulano, mengano, zutano y el resto.*

APÉNDICES

NORMAS ORTOGRÁFICAS
- Uso de grafías consonánticas
- Uso de las mayúsculas
- Normas de acentuación
- Normas de puntuación
- Normas de partición de palabras

MODELOS DE CONJUGACIÓN REGULAR

REPERTORIO DE SIGLAS

NORMAS ORTOGRÁFICAS

La ortografía es la parte de la gramática que indica el uso correcto de los signos gráficos utilizados en la escritura. Estos signos pueden dividirse en dos grandes grupos: las **grafías** o letras, que son representaciones de los distintos fonemas o sonidos de la lengua, y los **signos ortográficos auxiliares** (el acento, la diéresis y los signos de puntuación), que transcriben elementos fónicos como la intensidad o la entonación. Grafías y signos auxiliares pretenden reproducir lo más fielmente posible los rasgos orales del lenguaje y a la vez fijarlos, creando una cierta uniformidad que facilite la comunicación.

Sin embargo, no existe una correspondencia exacta entre la realización hablada del lenguaje y su transcripción por escrito. Estos desajustes se deben al carácter dinámico del lenguaje, cuyas realizaciones varían temporal y geográficamente. Los principales problemas ortográficos se darán en el uso de los signos más afectados por los cambios lingüísticos, como es el caso de las letras que representan fonemas que han experimentado variaciones, pero también pueden aparecer a la hora de aplicar ciertas reglas creadas por convención para fijar el lenguaje. Estas normas han sido determinadas mediante la aplicación de dos criterios: la etimología y el uso lingüístico de los grandes escritores, considerado representativo del estado de una lengua y a la vez ejemplo de su uso.

La ortografía se funda, por tanto, en estos tres aspectos: la correspondencia convencional entre la lengua oral y los signos que la transcriben, la etimología, y el modelo de ciertos usos.

USO DE GRAFÍAS CONSONÁNTICAS

Los principales problemas ortográficos que plantea el castellano vienen dados por el ligero desajuste existente entre nuestro sistema fonético, constituido por 24 fonemas, y el alfabeto, formado por 27 letras (o 29 cuando se incluían la *ch* y la *ll*). Como ya se ha indicado, este desajuste es fruto de la propia evolución del idioma, que ha reducido por asimilación ciertos fonemas cuya grafía se ha conservado. No hay, por tanto, una correspondencia perfecta entre fonemas y letras: ciertas letras se utilizan para representar a más de un fonema y, viceversa, ciertos fonemas son representados por más de una letra. Por otra parte, existe una grafía, la *h,* que actualmente no corresponde a ningún fonema pero que se mantiene en la escritura por razones etimológicas. Este sería el sistema actual de correspondencias entre fonemas y letras del castellano:

Fonema	Letra
/a/	a
/b/	b: *baca*
	v: *vaca*
/ĉ/	ch
/d/	d
/e/	e
/f/	f
/g/	g: *gato*
	gu: *guetto*
/i/	i: *oí*
	y: *hoy*

Fonema	Letra
/x/	j: *cojo*
	g: *coge*
/k/	c: *cosa*
	qu: *quiso*
	k: *kilo*
/l/	l
/ḷ/	ll
/m/	m
/n/	n
/ņ/	ñ
/o/	o

Fonema	Letra
/p/	p
/r/	r
/r̄/	r: *raso*
	rr: *arrasó*
/s/	s
/t/	t
/u/	u
/y/	y
/θ/	c: *cita*
	z: *zote*

Los principales problemas ortográficos se presentan en el uso de las parejas **b/v, c/z, g/j, ll/y, r/rr** y el de grafías como la **h**, la **k**, la **m** o la **x**.

b / v

Se escribe **b**:

1. En todos los verbos cuyos infinitivos terminan en **-ber** *(beber)*, **-bir** *(escribir)*, **-buir** *(distribuir)*, y en sus compuestos.

    excepciones: *precaver, ver, volver, hervir, servir, vivir,* y sus compuestos.

2. En todas las formas verbales del pretérito imperfecto de indicativo de los verbos de la primera conjugación *(amaba, ganabas, volaba, gastábamos, jugábais, terminaban)*, y también en las del verbo **ir** *(iba, ibas, iba,* etc.).
3. En las palabras que comienzan por las sílabas **ban-** *(bandeja)*, **bar-** *(barcaza)*, **bas-** *(bastante)*, **bat-** *(batista)*, **bor-** *(bordar)* y **bot-** *(botijo)*.

    excepciones: *vándalo, vanguardia, vanidad;*
    vara, varear, variar, varilla, varón;
    vasallo, vasco, vasija, vástago, vasto;
    vate, Vaticano, vaticinar;
    voracidad, vorágine;
    votar.

4. En las palabras que comienzan por las sílabas **bibli-** *(biblioteca)*, **bu-** *(burro)*, **bur-** *(burla)* y **bus-** *(buscar)*.

    excepción: *vuestro.*

5. En las palabras que comienzan por las sílabas **bene-** *(beneficencia)* o **bien-** *(bienhechor)*.
6. En las palabras que comienzan por las sílabas **ab-** *(absurdo)*, **abs-** *(abstención)*, **ob-** *(objeto)*, **obs-** *(obstrucción)* y **sub-** *(suburbio)*.
7. En las sílabas en las que el fonema /b/ va seguido de otro fonema consonántico: *ablativo, bramar, amable, brécol, hablilla, abrigo, bloque, abrojo, blusón, bruja.*
8. En las palabras terminadas en los sufijos **-bilidad** *(afabilidad)*, **-bundo** *(errabundo)*, **-bunda** *(meditabunda)*, **-ílabo** *(polisílabo)*, **-ílaba** *(monosílaba)*.

    excepción: *movilidad.*

9. En las palabras que terminan por el fonema /b/: *Jacob, Job.*

Se escribe **v**:

1. En todas las formas verbales del pretérito perfecto simple y en las del pretérito imperfecto y

el futuro del subjuntivo de los verbos **andar, estar** y **tener**, y de sus compuestos: *anduve, anduviera, anduviese, anduviere, estuve, estuviera, estuviese, estuviere, tuve, tuviera, tuviese, tuviere*.
2. En todas las formas del presente de indicativo del verbo **ir**.
3. En los verbos cuyo infinitivo termina en **-servar** *(conservar, preservar,* etc.*)*.

   excepción: *desherbar.*

4. En las palabras que empiezan por las sílabas **vice-** *(viceministro)*, **viz-** *(vizconde)*, **vi-** *(virrey)*, y en los topónimos que comienzan por **Villa-** *(Villalba)* y **Villar-** *(Villarejo)*.
5. Después de las sílabas **ad-** *(advenedizo)*, **cla-** *(clavel)*, **con-** *(convidar)*, **di-** *(diverger)*, **in-** *(invernar)*, **jo-** *(jovialidad)*, **pri-** *(privado)*.

   excepción: *dibujo.*

6. En los adjetivos terminados por los sufijos **-ava** *(onceava)*, **-ave** *(suave)*, **-avo** *(octavo)*, **-eva** *(nueva)*, **-eve** *(leve)*, **-evo** *(longevo)*, **-iva** *(cautiva)* e **-ivo** *(pasivo)*.

   excepciones: el gentilicio *árabe* y sus compuestos;
   los adjetivos compuestos de *sílaba: bisílabo,* etc.

7. En las palabras terminadas en **-ivoro** *(herviboro)*, **-ivora** *(carnívora)*, **-viro** *(triunviro)* y **-vira** *(Elvira)*.

c / z

Se escribe **c**:

1. Delante de **-e-** *(cepillo, aceite)* o **-i-** *(cine, cocina)*

   excepciones: palabras no castellanas: *zéjel, zepelín, eczema, zebedeo,* etc.
   voces onomatopéyicas: *zis-zas, zigzag, zigzaguear, zipizape,* etc.

2. Delante de **-c-** *(acción, acceso)* y **-t-** *(directo, actuación)*.

Se escribe **z**:

1. Delante de **-a-** *(azalea)*, **-o-** *(zócalo)* y **-u-** *(zumbar)*.

g / j

Se escribe **g**:

1. En los verbos terminados en **-igerar** *(aligerar)*, **-ger** *(coger)*, **-gir** *(rugir)*.

   excepciones: *tejer* y *crujir.*

2. En las palabras que empiezan por los prefijos **geo-** *(geodesia)*, **gem-** *(gema)*, **gen-** *(genética)* y **gest-** *(gestual)*.
3. En las palabras terminadas en **-gélico** *(angélico)*, **-gen** *(aborigen)*, **-genario** *(octogenario)*, **-génico** *(fotogénico)*, **-genio** *(ingenio)*, **-génito** *(unigénito)*, **-gesimal** *(cegesimal)*, **-gésimo** *(vigésimo)*, **-gíneo** *(virgíneo)*, **-ginoso** *(cartilaginoso)*, **-gismo** *(neologismo)*, **-gia** *(magia)*, **-gio** *(prodigio)*, **-gión** *(religión)*, **-gional** *(regional)*, **-gionario** *(legionario)*, **-gioso** *(prodigioso)*, **-gírico** *(panegírico)*, **-igena** *(indígena)*, **-ígeno** *(cancerígeno)*, **-ogía** *(filología)*, **-ógico** *(teológico)*, y sus correspondientes variaciones de género y número.

   excepciones: *comején, ojén, aguajinoso, espejismo* y *salvajismo.*

Se escribe **j**:

1. En las formas verbales de aquellos verbos cuyo infinitivo no tenga **g** ni **j**: *atraje* (de *atraer*), dijera (de *decir*), condujeron (de *conducir*).
2. En las palabras que empiezan por las sílabas **aje-** *(ajedrez)* y **eje-** *(ejecutor)*.

   excepciones: *agente, agencia* y *agenda,* así como sus derivados y compuestos.

3. En las palabras terminadas en las sílabas **-je** *(viaje)*, **-jero** *(pasajero)*, **-jería** *(mensajería)* y **-jín** *(cojín)*.

excepciones: *ambage, auge, cónyuge, esfinge, falange, faringe, laringe; ligero, flamígero, belígero; magín.*

h

Se escriben con **h**:

1. Todas las formas de los verbos **haber, hablar, habitar, hacer** y **hallar**.
2. Las palabras que en su origen tenían una **f**: *harina, hierro,* etc.
3. Las palabras que empiezan por las sílabas **hia-** *(hiato)*, **hie-** *(hierático)*, **hue-** *(hueso)*, **hui-** *(huida)*, **hog-** *(hogaza)*, **holg-** *(holgazanear)*, **hosp-** *(hospedaje)* y **hum-** *(humano)*.
4. Las palabras formadas con los prefijos de origen griego **helio-** *(heliotropo)*, **hema-** *(hematites)*, **hemi-** *(hemiciclo)*, **hemo-** *(hemoglobina)*, **hetero-** *(heterosexual)*, **home-** *(homeopatía)*, **homo-** *(homólogo)*, **hidr-** *(hidráulico)*, **higr-** *(higrómetro)*, **hiper-** *(hipérbole)* e **hipo-** *(hipódromo)*.
5. Los compuestos y derivados de las palabras que se escriben con **h**: *hablador, habitación, harinero, humanidad, deshonestidad,* etc.

excepciones: *oquedad* (de hueco);
orfandad y *orfanato* (de huérfano);
osario, osamenta y *óseo* (de hueso);
oval, ovalado, óvalo, ovario, óvulo, ovíparo, ovo y *ovoide* (de huevo);
oscense (de *Huesca*).

k

La letra **k** es una de las tres formas con las que el castellano representa el fonema /k/. Se utiliza sólo en la transcripción de ciertos extranjerismos incorporados al castellano: *káiser, kantiano, kéfir, kilo, kiosco, kirsch, kummel,* etc.

Este mismo fonema tiene otras dos formas de representación:

a) mediante la letra **c**, delante de **-a-** *(casa)*, **-o-** *(cosa)* y **-u-** *(cuna)*.
b) mediante la grafía **qu** (la **u** es muda), delante de **-e-** *(queso)* o **-i-** *(quiso)*.

ll / y

Se escribe **ll**:

1. En todas las palabras terminadas en **-illa** *(pastilla, orilla)*, **-illo** *(pasillo, tomillo)* y **-ullo** *(arrullo, capullo)*.
2. En los verbos terminados en **-illar** *(trillar)*, **-ullar** *(aullar)* y **-ullir** *(mullir)*.

Se escribe **y**:

1. En las formas plurales de los sustantivos terminados por el fonema /i/: *reyes, leyes,* etc.
2. En las formas verbales de los verbos cuyo infinitivo no tiene **ll** ni **y**: *cayó* (de *caer*), *huyamos* (de *huir*), *oyendo* (de *oír*).

m

En lugar de **n**, se escribe **m** en los siguientes casos:

1. Delante de **-b-** *(embalsamar, imbuir, embrutecer)* y de **-p-** *(empate, amparo, ímpetu)*.
2. Delante de **-n-**: *amnesia, amniótico,* etc.

excepciones: en todos los compuestos formados por **con-** *(connatural)*, **en-** *(ennoblecer)* y **sin-** *(sinnúmero)*.

r

Se escribe **r** en lugar de **rr**:

1. Al principio de palabra: *rojo, raíl, rueda*.
2. Detrás de **l** *(alrededor)*, **n** *(enrevesado)* y **s** *(israelita)*.

x

Se escribe **x** en lugar de **s**:
1. Al comienzo de palabra y antes de vocal o de **h**: *exaltación, exhalar*.
2. En las palabras formadas por los prefijo **ex-** *(extender, extraer)* y **extra-** *(extravertido, extraordinario)*.
3. Generalmente, delante de **-cr-** *(excremento)*, **-pla-** *(explanada)*, **-pli-** *(explicar)*, **-plo-** *(explorar)*, **-pre-** *(expresión)*, **-pri-** *(exprimir)* y **-pro-** *(expropiación)*.

Por otra parte, se escribe **x** en lugar de **j** en ciertas palabras de origen mexicano *(México, Texas)*, que han conservado la grafía antigua.

observación: La pronunciación es Méjico y Tejas (y no Mé*k*sico o Te*k*sas).

USO DE LAS MAYÚSCULAS

Las mayúsculas son letras de mayor tamaño que tienen por función destacar en el lenguaje escrito ciertos aspectos del mensaje, y su utilización está regulada por una serie de normas fijadas por convención.

La letra inicial de cualquier palabra se escribe con mayúscula en los siguientes casos:
1. Al comienzo de un escrito *(Érase una vez...)*, o detrás de un punto, de una interrogación *(¿Vienes a cenar?)* o de una exclamación *(¡Vivan los novios!)*.
2. Detrás de los dos puntos que siguen al encabezamiento de una carta *(Estimado cliente: Le notificamos...)*, o a una cita *(Me dijo: «No fui yo»)*.
3. Cuando se trata de un nombre propio: *Pedro Antonio de Alarcón, Jamaica*. Cuando el nombre propio consta de artículo, como sucede con algunos topónimos, éste se escribe también con mayúscula: *La Habana, El Cairo*.
4. Los apodos y sobrenombres que acompañan o sustituyen a ciertos nombres propios de persona: *Carlos II el Hechizado, el Rey Sol, Lagartijo*.
5. Los nombres que indican títulos, cargos o tratamientos, cuando designan a una persona determinada: *el Duque de Alba, el Papa, el Rey, Su Santidad*. Sin embargo se escriben con minúscula cuando se utilizan en sentido genérico: *el rey es el jefe de la nación*.
6. Los nombres propios de instituciones, corporaciones o de ciertos acontecimientos históricos: *Museo del Prado, Biblioteca Nacional, la Defenestración de Praga*.
7. Los títulos de obras literarias, teatrales, cinematográficas, artísticas *(Romancero Gitano, El Alcalde de Zalamea, La Diligencia, Las Meninas)* y los nombres de periódicos, revistas, etc. *(El País, La Codorniz, Fotogramas)*.
8. Ciertos colectivos como *Estado* o *Iglesia*, cuando se utilizan en sentido institucional.
9. Las abreviaturas de las fórmulas de tratamiento: *Sr. D. (Señor Don...)*.
10. Las abreviaturas de los puntos cardinales *N* (norte), *S* (sur), *E* (este) y *O* (oeste), y todas sus combinaciones *(NO, SE, etc.)*.

observaciones: En las letras dobles, como la **ch** o la **ll**, sólo se escribe con mayúscula la primera de ellas: *Chile, Llorente*.
En castellano es obligatorio acentuar las vocales mayúsculas cuando lleven tilde: *Ágata; las Églogas de Garcilaso*, etc.

NORMAS DE ACENTUACIÓN. EL ACENTO ORTOGRÁFICO

El **acento ortográfico** o **tilde** es un signo (´) que, siguiendo ciertas reglas, se escribe sobre una vocal para indicar que la sílaba de la que forma parte es tónica. Viene a ser la representación gráfica del *acento tónico* o *fonético*.

Las normas de acentuación del castellano son las siguientes:

NORMAS GENERALES

Se acentúan las siguientes palabras:
1. Las **agudas** terminadas en **vocal**, en **-n** o en **-s**: *habló, camión, compás.*
2. Las **graves** que **no** terminen en **vocal**, en **-n** o en **-s**: *lápiz, mármol, débil.*
3. Todas las **esdrújulas** y las **sobreesdrújulas**: *artístico, árboles, ético, dijéronles, tomémoslo.*

NORMAS ESPECIALES

1. No se acentúan las **palabras agudas** terminadas en **-n** o en **-s**, cuando dichas consonantes van precedidas de otra consonante: *Milans, Canals.* Por el contrario, las **palabras graves** de igual terminación (*consonante* + **-n** /**-s**) sí van acentuadas: *bíceps, fórceps.*
2. No se acentúan las **palabras monosílabas** (*vas, soy, ley, pan, pie, fe,* etc.) y las formas verbales monosilábicas *fue, fui, dio* y *vio.*
3. Se acentúan ciertas palabras (principalmente monosilábicas) para diferenciarlas de otras de la misma grafía pero que son átonas o poseen distinta categoría gramatical. Esta tilde con función diferenciadora se denomina **tilde diacrítica**. Es obligatoria en los siguientes casos:

Categoría gramatical	Forma	Forma	Categoría gramatical
pronombre personal	mí	mi	adjetivo posesivo
	tú	tu	
	él	el	artículo
pronombre reflexivo o adverbio de afirmación	sí	si	conjunción condicional
pronombres interrogativos o exclamativos	qué	que	pronombres relativos
	quién	quien	
	cuál	cual	
	cuánto	cuanto	
	cúyo	cuyo	
	dónde	donde	
	cuándo	cuando	
	cómo	como	
verbo *saber* o verbo *ser*	sé	se	pronombre reflexivo
sustantivo	té	te	pronombre personal
verbo *dar*	dé	de	preposición
adverbio de cantidad	más	mas	conjunción adversativa
adverbio de tiempo (= *todavía*)	aún	aun	adverbio de cantidad (= *incluso*)

Aunque sin carácter obligatorio, se suele utilizar también la tilde diacrítica en los siguientes casos:

Categoría gramatical	Forma	Forma	Categoría gramatical
pronombres demostrativos	éste	este	adjetivos demostrativos
	ése	ese	
	aquél	aquel	
adverbio (= *solamente*)	sólo	solo	adjetivo (= *sin compañía*)

4. Se acentúa la conjunción disyuntiva **o** cuando va entre cifras, para evitar confundirla con la cifra cero *(0): había 4 ó 5 personas.*
5. Cuando la sílaba tónica forma un **diptongo** o un **triptongo**, el acento se escribe sobre la vocal abierta *(a, e, o): cantáis, temiéramos, volvió, averiguáis.* Si el diptongo está formado por dos vocales cerradas *(i, u)*, se acentúa la segunda: *huí, casuística.*
6. En las palabras que contienen **hiato** (vocales contiguas que se pronuncian en sílabas separadas), se acentúa la vocal cerrada: *tenía, hacía, oíd.*

    excepciones: no se acentúan los infinitivos y los participios de los verbos terminados en **-uir** *(destruir, destruido; huir, huido; construir, construido,* etc.), por considerarse que no se produce hiato.

7. En las **palabras compuestas** se siguen los siguientes criterios de acentuación:

    a) cuando los elementos que la forman se escriben **sin guión**, sólo se acentúa el último componente: *sinfín, socioeconómico, decimoséptimo.*

    excepción: los adverbios terminados en **-mente** se acentúan si el adjetivo original llevaba tilde: *fácilmente, dócilmente.*

    b) cuando los elementos que la forman se escriben **con guión**, cada componente lleva la tilde que le correspondería como palabra simple: *histórico-artístico, gallego-portugués.*

8. Para los **extranjerismos** se aplican las siguientes normas:

    a) cuando son de **origen latino** se siguen las reglas de acentuación castellanas: *curriculum, item;*

    b) en los **nombres propios** sólo se pondrá acento cuando lo tengan en su lengua original: *Valéry, Washington* (y no *Washingtón*).

NORMAS DE PUNTUACIÓN. LOS SIGNOS

Los signos de puntuación son una representación gráfica de ciertos elementos prosódicos del lenguaje, como las pausas o la entonación, y en este sentido precisan la actitud del hablante. Por otra parte, desempeñan en la lengua escrita una serie de funciones estructurales, delimitando y matizando las distintas unidades de sentido que configuran el discurso.

Al tratarse también de signos fijados por convención, su uso está regulado por una serie de normas que son las siguientes:

Punto (.)

Desde un punto de vista prosódico, señala pausa completa y entonación descendente. Desde el punto de vista del contenido, indica que lo que precede posee sentido completo. Estructuralmente sirve para delimitar las oraciones del discurso. Después de un punto se escribe siempre mayúscula.

El punto se utiliza también para indicar abreviatura: *avda.* = avenida.

El llamado *punto y aparte* indica una pausa más larga, que temáticamente marca el fin de exposición de una idea o de un aspecto del contenido global del mensaje. Cada uno de los bloques de texto comprendido entre dos puntos y aparte se denomina *párrafo* y el contenido de cada párrafo se corresponde con un estadio distinto del desarrollo del mensaje. Después de un punto y aparte se continúa en otra línea, generalmente dejando un margen mayor que en los restantes renglones *(sangrado)* para contribuir a representar gráficamente la separación temática existente entre los distintos párrafos.

Cuando el punto coincide en la misma frase con otros signos de puntuación, su colocación viene regulada por las siguientes normas:

1. Después de paréntesis o comillas el punto se escribe detrás de los paréntesis o comillas si éstos se abrieron una vez iniciada la oración: *Aquel camarero me aseguró que le era imposible «olvidar una cara».*

    Por el contrario, cuando dichos signos abren una oración, el punto se sitúa delante de los paréntesis o comillas: *«Me resulta imposible olvidar una cara.» Esto me aseguró aquel camarero.*

2. Se escribe punto para separar las unidades de mil y las unidades de millón en las cantidades escritas en cifras: *3.957.371.*
    Sin embargo no debe escribirse punto para separar cifras en los años *(1927)*, los números de páginas *(pág. 1332)* ni los números de teléfono *(4325471)*.

Coma (,)

Desde un punto de vista prosódico indica una pausa breve y de entonación variable dentro de la oración. Estructuralmente sirve para matizar la división de la oración en miembros más cortos, y puede tener una función coordinante o subordinante. Tiene los siguientes usos:
1. Para separar los distintos elementos de una enumeración, tanto palabras como proposiciones: *este bizcocho lleva leche, huevos, azúcar, harina, ralladura de limón y un chorrito de licor; llegué, vi y vencí.*
2. Para aislar y destacar un nombre en vocativo dentro de la frase: *escucha, Carlitos, no quiero repetírtelo dos veces.* Si el vocativo va al final de la oración aparecerá precedido de coma: *no quiero repetírtelo dos veces, Carlitos.*
3. Para separar incisos explicativos dentro de la oración: *los turistas, agotados por el guía, se quedaron en el hotel; los turistas, a los que el guía había agotado a conciencia, se quedaron en el hotel.*
4. Cuando en una oración compuesta la proposición subordinada va delante de la principal, se separa de ésta por medio de una coma: *cuando por fin decidió aparecer en escena, el público le recibió con abucheos.*
5. Se separan del resto de la oración mediante una coma los adverbios y locuciones adverbiales: *pues, por tanto, por consiguiente, así pues, pues bien, ahora bien, antes bien, sin embargo, no obstante, con todo, por el contrario.*

Punto y coma (;)

Marca una pausa de mayor duración que la de la coma y menor que la del punto y, a diferencia de éste, no indica final de oración. Desde un punto de vista prosódico corresponde a una entonación descendente. Se utiliza en los siguientes casos:
1. Dentro de un período que ya lleva comas, para separar dos de sus miembros: *a su derecha se extendía una llanura inmensa, infinita, eterna; a su izquierda corría un río apagado.*
2. Para separar oraciones coordinadas adversativas: *comenzó quejándose de todo lo divino y humano; sin embargo, al final de la velada acabó riéndose de sí mismo.*
3. Para separar en el hecho de su consecuencia: *no se encontraba muy bien; por eso no vino.*

Dos puntos (:)

Desde un punto de vista prosódico señalan una pausa, algo mayor que la del punto y coma, seguida de entonación descendente. Desde un punto de vista lógico, indican que la exposición del mensaje todavía no ha concluido. Tienen los siguientes usos:
1. Delante de una cita textual: *sacó la pistola y dijo nervioso: «Arriba las manos».*
2. Delante de una enumeración de carácter explicativo: *aquella no fue precisamente una boda «íntima»: toda la prensa, las correspondientes parentelas, y un sinfín de invitados más o menos allegados entre los que se camuflaba sin demasiado empeño algún que otro gorrón.*
3. Detrás de la fórmula de encabezamiento de una carta: *Estimado señor: ...*

Puntos suspensivos (...)

Indican una pausa o interrupción, o bien la conclusión imperfecta de una frase. Prosódicamente corresponden a una entonación sostenida. Se utilizan en los siguientes casos:
1. Cuando se considera que el destinatario del mensaje ya conoce el resto de la frase: *ya sabes que más vale pájaro en mano...*

2. Para indicar una interrupción del discurso debida a duda, temor, etc.: *no sé si será mejor que vayamos o..., bueno, ya veremos.*
3. Para indicar la supresión de parte de una cita. En este caso se escriben entre corchetes [...]: *para Marco Polo, el unicornio, que tiene «piel de búfalo, pies como los del elefante, [...] y un cuerno en medio de la frente» es un vulgar rinoceronte [...].*

Guión (-)

Es un signo meramente gráfico, sin correspondencia prosódica. Se utiliza con las siguientes funciones:

1. Para separar una palabra que no cabe entera en el renglón: *cantan-te.* (Ver el apartado siguiente de este apéndice, **Normas de partición de palabras.**)
2. Para unir los elementos de algunas palabras compuestas: *castellano-aragonés.*
3. Para separar las cifras que indican un período de tiempo comprendido entre dos años: *la guerra civil española (1936-1939) ha sido interpretada por varios historiadores como el enfrentamiento de las dos Españas.*

Raya (—)

Tampoco tiene correspondencia prosódica. Se utiliza en estos casos:

1. Como sustituto del paréntesis: *la luna —apenas una curva línea de luz en la negrura— contribuía a hacer más honda la oscuridad.*
2. Para indicar las intervenciones de los distintos personajes que participan en un diálogo:

    «—¿Cómo llegas tan tarde?
    —Lo siento, chico, el tráfico estaba terrible.
    —Ya, ya: si no es el tráfico es el despertador, y si no es el destino que aviesamente te persigue.»

Interrogación (¿ ?)

Indican que la oración contenida entre estos signos es la formulación de una pregunta y representan prosódicamente a la entonación interrogativa, de carácter ascendente.

En castellano es un signo doble, que tiene una forma para señalar el inicio de la interrogación (¿) y otra para indicar su final (?). A veces se utiliza sólo el signo interrogativo de cierre, aislado entre paréntesis (?), para indicar duda: *lo más divertido (?) de todo este asunto fue su final.*

El uso de los signos de interrogación está sujeto a las siguientes reglas:

1. La frase interrogativa se escribe con mayúscula inicial cuando se trata de una oración completa: *¿estás seguro? No vayas luego a arrepentirte.*
2. Cuando la interrogación no es una oración completa se escribe con minúscula cuando va en segundo lugar: *Pero, ¿estás seguro?, ¿no te arrepentirás más tarde?*
    Sin embargo, si va en primer lugar se escribe con mayúscula: *¿Estás seguro?, porque no quiero que luego me vengas con arrepentimientos tardíos.*
3. Después de cerrar el signo de interrogación *nunca* se escribe punto.

Exclamación (¡ !)

Indican que la frase que encierran está marcada por la subjetividad del hablante, y puede expresar diversas emociones (*temor, ira, dolor, alegría*, etc.). Desde un punto de vista prosódico representan los diversos grados de la entonación exclamativa, de acuerdo con el significado de la frase.

Como la interrogación, en castellano se representa por un signo doble, que consta de apertura (¡) y cierre (!). Cuando el signo de cierre se utiliza solo y aislado entre paréntesis expresa asombro: *no paró de repetir lo encantador (!) que había sido tu primo.*

Las reglas que rigen su uso son las mismas que para la interrogación:

1. Cuando la exclamación es una oración completa, se escribe con mayúscula inicial: *¡Mira qué calladito se lo tenía!*

2. Cuando no es una oración completa, se escribe con mayúscula si aparece en la primera parte de la oración: *¡Quién lo iba a decir!, porque, desde luego, bien calladito que lo tenías.*
   En cambio se escribe con minúscula cuando aparece en segundo lugar: *Nunca lo hubiera creído, ¡qué calladito te lo tenías!*
3. Detrás de exclamación nunca se escribe punto.

Paréntesis ( )

Se trata también de un signo doble que sirve para separar algún tipo de observación (aclaraciones, incisos, etc.) del resto del discurso. Se suelen utilizar con las siguientes funciones:

1. Para indicar los apartes de los personajes en los textos teatrales.
2. Para intercalar datos o ciertas precisiones necesarias: *en París (Texas) tendrá lugar el próximo encuentro de ganaderos; se trata de una lujosa edición (13.000 ilustraciones a todo color, mapas, etc.).*
3. Para enmarcar oraciones incidentales que se desarrollan al margen del discurso: *los del gas han llamado para avisar que vendrían a las tres y media (yo no confiaría demasiado en ello) para revisar la instalación.*

Corchetes [ ]

Tienen una función parecida a la de los paréntesis, pero sólo se utilizan en los siguientes casos:

1. En las transcripciones de algún texto (copia, citas, etc.), bien para introducir alguna observación personal del transcriptor, o bien para sustituir conjetural o aclaratoriamente algo no transcrito: *las cualidades que El Crotalón atribuye [a los clérigos] son desde luego las propias de los «falsos filósofos» [criticados por Luciano]; nadi[e] puede ser dichoso, / señora, ni desdichado, / sino que os haya mirado* (Garcilaso de la Vega).
2. Para introducir una nueva aclaración dentro de un texto que ya va entre paréntesis: *evoluciona luego hacia un estilo más realista (tras una etapa de transición que viene a coincidir con el desarrollo de la Primera Guerra Mundial [1914-1918]).*

Comillas « »

Es otro signo ortográfico doble que tiene las siguientes funciones:

1. Para enmarcar una frase que se reproduce textualmente: *como dice el abuelo: «que me quiten lo bailado».*
   Cuando dentro de un texto ya entrecomillado se desea introducir otra frase textual se suelen utilizar las comillas simples (' '): *Llegó como una furia diciendo: «Ya sabía yo que otra vez me tocaría escuchar el inevitable 'vuelva usted mañana'.»*
2. Para indicar que una palabra, expresión o frase tiene un segundo sentido, generalmente irónico: *ya he notado «cuánto» te alegras de verle.*
3. Para destacar un nombre propio o un sobrenombre: *salía ya la aurora, «la de los rosados dedos»; todavía se desconoce quién fue «Jack el Destripador».*

NORMAS DE PARTICIÓN DE PALABRAS

Cuando una palabra no cabe entera al final de una línea puede dividirse en dos partes mediante un guión (-), pero respetando los límites silábicos y siguiendo las siguientes normas:

1. Cuando una consonante va entre dos vocales se agrupa con la segunda: *du-ro, co-la-da, to-mi-llo.*
2. En los grupos formados por dos consonantes entre dos vocales, la primera consonante se agrupa con la vocal primera y la segunda consonante con la última vocal: *ac-tuar, con-no-ta-ción.*

excepción: los grupos consonánticos **pr, pl, br, bl, fr, fl, tr, dr, cr, cl, gr** y **gl** se unen a la última vocal: *ca-pri-no, so-plar, re-bro-te, su-bli-mar, re-fres-co, re-flu-jo, de-trás, pe-dra-da, de-cli-nar, de-gra-dar, de-glu-ción.*

3. En los grupos formados por tres consonantes, las dos primeras se agrupan con la vocal primera y la tercera consonante con la última vocal: *cons-ti-tu-ción, cons-tar.*

   excepción: cuando la segunda y la tercera consonante forman parte de alguno de los grupos consonánticos mencionados en el punto 2, la primera consonante del grupo se une a la vocal primera y las otras dos consonantes se agrupan con la última vocal: *con-tra-riar, des-bro-zar.* Lo mismo sucede en las agrupaciones de cuatro consonantes, cuando las dos últimas pertenecen a alguno de los grupos exceptuados: *cons-tru-yó.*

4. Las palabras que contengan una **h** precedida de otra consonante, se dividen considerando a la **h** como principio de sílaba: *des-hie-lo, in-hi-bi-ción.*
5. Dos vocales juntas nunca se separan, aunque formen sílabas distintas: *rau-do* (no *ra-udo*), *en-deu-da-do* (no *en-de-udado*), *pe-rio-do* (no *pe-rí-odo*).
6. Nunca debe partirse una palabra de modo que quede una vocal aislada a final o a principio de renglón: *ama-bi-li-dad* (no *a-mabilidad*), *pas-to-reo* (no *pastore-o*).
7. En las palabras compuestas, tanto las formadas por palabras con sentido independiente *(francoespañol)* como las formadas por prefijación *(proandalucista)*, puede optarse entre separar cada uno de sus componentes *(franco-español; pro-andalucista)* o seguir las normas de partición generales *(fran-coes-pa-ñol; proan-da-lu-cis-ta).*
8. Los extranjerismos se separarán conforme a su lengua de origen: *Mül-ler, Mus-set.*
9. En español no se admite la partición de las letras dobles (la **ch**, la **ll** y la **rr**): *ca-chear* (no *cac-hear*), *re-so-llar* (no *resol-lar*), *co-rre-gir* (no *cor-regir*).
10. No admiten partición los acrónimos ni las siglas.

MODELOS DE LA CONJUGACIÓN REGULAR

PRIMERA CONJUGACIÓN: CANTAR

FORMAS PERSONALES				
INDICATIVO				
Presente	*Pretérito imperfecto*	*Pretérito indefinido*	*Futuro imperfecto*	*Condicional simple*
canto	cantaba	canté	cantaré	cantaría
cantas	cantabas	cantaste	cantarás	cantarías
canta	cantaba	cantó	cantará	cantaría
cantamos	cantábamos	cantamos	cantaremos	cantaríamos
cantáis	cantabais	cantasteis	cantaréis	cantaríais
cantan	cantaban	cantaron	cantarán	cantarían
Pretérito compuesto	*Pretérito pluscuamperfecto*	*Pretérito anterior*	*Futuro perfecto*	*Codicional compuesto*
he cantado	había cantado	hube cantado	habré cantado	habría cantado
has cantado	habías cantado	hubiste cantado	habrás cantado	habrías cantado
ha cantado	había cantado	hubo cantado	habrá cantado	habría cantado
hemos cantado	habíamos cantado	hubimos cantado	habremos cantado	habríamos cantado
habéis cantado	habíais cantado	hubisteis cantado	habréis cantado	habríais cantado
han cantado	habían cantado	hubieron cantado	habrán cantado	habrían cantado

SUBJUNTIVO		
Presente	*Pretérito imperfecto*	*Futuro imperfecto*
cante	cantara o cantase	cantare
cantes	cantaras o cantases	cantares
cante	cantara o cantase	cantare
cantemos	cantáramos o cantásemos	cantáremos
cantéis	cantarais o cantaseis	cantareis
canten	cantaran o cantasen	cantaren
Pretérito compuesto	*Pretérito pluscuamperfecto*	*Futuro perfecto*
haya cantado	hubiera o hubiese cantado	hubiere cantado
hayas cantado	hubieras o hubieses cantado	hubieres cantado
haya cantado	hubiera o hubiese cantado	hubiere cantado
hayamos cantado	hubiéramos o hubiésemos cantado	hubiéremos cantado
hayáis cantado	hubierais o hubieseis cantado	hubiereis cantado
hayan cantado	hubieran o hubiesen cantado	hubieren cantado

IMPERATIVO	
Presente	
canta tú cante él	cantemos nosotros cantad vosotros canten ellos

FORMAS NO PERSONALES		
INFINITIVO	GERUNDIO	PARTICIPIO
Simple cantar	**Simple** cantando	cantado
Compuesto ser cantado	**Compuesto** habiendo cantado	

SEGUNDA CONJUGACIÓN: CORRER

FORMAS PERSONALES					
INDICATIVO					
Presente	*Pretérito imperfecto*	*Pretérito indefinido*	*Futuro imperfecto*	*Condicional simple*	
corro	corría	corrí	correré	correría	
corres	corrías	corriste	correrás	correrías	
corre	corría	corrió	correrá	correría	
corremos	corríamos	corrimos	correremos	correríamos	
corréis	corríais	corristeis	correréis	correríais	
corren	corrían	corrieron	correrán	correrían	
Pretérito compuesto	*Pretérito pluscuamperfecto*	*Pretérito anterior*	*Futuro perfecto*	*Codicional compuesto*	
he corrido	había corrido	hube corrido	habré corrido	habría corrido	
has corrido	habías corrido	hubiste corrido	habrás corrido	habrías corrido	
ha corrido	había corrido	hubo corrido	habrá corrido	habría corrido	
hemos corrido	habíamos corrido	hubimos corrido	habremos corrido	habríamos corrido	
habéis corrido	habíais corrido	hubisteis corrido	habréis corrido	habríais corrido	
han corrido	habían corrido	hubieron corrido	habrán corrido	habrían corrido	
SUBJUNTIVO					
Presente		*Pretérito imperfecto*		*Futuro imperfecto*	
corra		corriera o corriese		corriere	
corras		corrieras o corrieses		corrieres	
corra		corriera o corriese		corriere	
corramos		corriéramos o corriésemos		corriéremos	
corráis		corrierais o corrieseis		corriereis	
corran		corrieran o corriesen		corrieren	
Pretérito compuesto		*Pretérito pluscuamperfecto*		*Futuro perfecto*	
haya corrido		hubiera o hubiese corrido		hubiere corrido	
hayas corrido		hubieras o hubieses corrido		hubieres corrido	
haya corrido		hubiera o hubiese corrido		hubiere corrido	
hayamos corrido		hubiéramos o hubiésemos corrido		hubiéremos corrido	
hayáis corrido		hubierais o hubieseis corrido		hubiereis corrido	
hayan corrido		hubieran o hubiesen corrido		hubieren corrido	
IMPERATIVO					
Presente					
corre tú corra él			corramos nosotros corred vosotros corran ellos		

FORMAS NO PERSONALES		
INFINITIVO	GERUNDIO	PARTICIPIO
Simple correr	**Simple** corriendo	corrido
Compuesto ser corrido	**Compuesto** habiendo corrido	

TERCERA CONJUGACIÓN: VIVIR

FORMAS PERSONALES				
INDICATIVO				
Presente	*Pretérito imperfecto*	*Pretérito indefinido*	*Futuro imperfecto*	*Condicional simple*
vivo	vivía	viví	viviré	viviría
vives	vivías	viviste	vivirás	vivirías
vive	vivía	vivió	vivirá	viviría
vivimos	vivíamos	vivimos	viviremos	viviríamos
vivís	vivíais	vivisteis	viviréis	viviríais
viven	vivían	vivieron	vivirán	vivirían
Pretérito compuesto	*Pretérito pluscuamperfecto*	*Pretérito anterior*	*Futuro perfecto*	*Condicional compuesto*
he vivido	había vivido	hube vivido	habré vivido	habría vivido
has vivido	habías vivido	hubiste vivido	habrás vivido	habrías vivido
ha vivido	había vivido	hubo vivido	habrá vivido	habría vivido
hemos vivido	habíamos vivido	hubimos vivido	habremos vivido	habríamos vivido
habéis vivido	habíais vivido	hubisteis vivido	habréis vivido	habríais vivido
han vivido	habían vivido	hubieron vivido	habrán vivido	habrían vivido

SUBJUNTIVO		
Presente	*Pretérito imperfecto*	*Futuro imperfecto*
viva	viviera o viviese	viviere
vivas	vivieras o vivieses	vivieres
viva	viviera o viviese	viviere
vivamos	viviéramos o viviésemos	viviéremos
viváis	vivierais o vivieseis	viviereis
vivan	vivieran o viviesen	vivieren
Pretérito compuesto	*Pretérito pluscuamperfecto*	*Futuro perfecto*
haya vivido	hubiera o hubiese vivido	hubiere vivido
hayas vivido	hubieras o hubieses vivido	hubieres vivido
haya vivido	hubiera o hubiese vivido	hubiere vivido
hayamos vivido	hubiéramos o hubiésemos vivido	hubiéremos vivido
hayáis vivido	hubierais o hubieseis vivido	hubiereis vivido
hayan vivido	hubieran o hubiesen vivido	hubieren vivido

IMPERATIVO	
Presente	
vive tú	vivamos nosotros
viva él	vivid vosotros
	vivan ellos

FORMAS NO PERSONALES		
INFINITIVO	GERUNDIO	PARTICIPIO
Simple vivir	**Simple** viviendo	vivido
Compuesto ser vivido	**Compuesto** habiendo vivido	

CASOS ESPECIALES

Ciertos verbos de conjugación perfectamente regular presentan algunas anomalías ortográficas (variaciones de acentuación o de grafía) que aparentemente les apartan de las conjugaciones modelo antes expuestas. Sin embargo no se consideran verbos irregulares, ya que su radical no varía fonéticamente y sus desinencias se adecuan a alguno de los tres modelos posibles.

Los verbos regulares afectados por este tipo de anomalías meramente ortográficas son los siguientes:

I. Verbos con alteraciones de acentuación:

1. Ciertos verbos terminados en **-iar** *(aliar, ampliar, averiar, confiar, desafiar, desviar, liar, resfriar, rociar, variar,* etc.), en los que la *-i-* final del radical es tónica y va acentuada en las tres personas del singular y en la tercera del plural de los presentes de indicativo, subjuntivo e imperativo.
2. Algunos verbos terminados en **-uar** *(acentuar, actuar, continuar, desvirtuar, efectuar, evaluar, graduar, habituar, perpetuar, situar,* etc.), en los que la *-u-* final del radical es tónica y lleva tilde en las tres personas del singular y en la tercera del plural de los presentes de indicativo, subjuntivo e imperativo.

II. Verbos con alteraciones de grafía:

1. Los verbos terminados en **-car**, **-gar**, **-guar** y **-zar** modifican la *-c-*, la *-g-* o la *-z-* final de su radical en aquellas formas verbales cuya desinencia comienza por *-e-* (1.ª persona del singular del pretérito indefinido de indicativo y todas las personas del presente de subjuntivo):

Terminación	Modificación ortográfica	Ejemplos		
		Infinitivo	Indicativo (pretérito)	Subjuntivo (presente)
-car	c → qu	sacar	saqué	saque, etc.
-gar	g → gu	llegar	llegué	llegue, etc.
-guar	gu → gü	averiguar	averigüé	averigüe, etc.
-zar	z → c	alcanzar	alcancé	alcance, etc.

2. Los verbos terminados en **-cer**, **-cir**, **-ger**, **-gir**, **-guir** y **-quir** modifican la *-c-*, la *-g-* o la *-qu-* final de su radical en aquellas formas verbales cuya desinencia comience por *-a-* o por *-o-* (1.ª persona del singular del presente de indicativo y todas las formas del presente de subjuntivo):

Terminación	Modificación ortográfica	Ejemplos		
		Infinitivo	Indicativo (pretérito)	Subjuntivo (presente)
-cer	c → z	mecer	mezo	meza, etc.
-cir		zurcir	zurzo	zurza, etc.
-ger	g → j	proteger	protejo	proteja, etc.
-gir		rugir	rujo	ruja, etc.
-guir	gu → g	distinguir	distingo	distinga, etc.
-quir	qu → c	delinquir	delinco	delinca, etc.

3. En los verbos terminados en **-llir**, **-ñer** y **-ñir** desaparece la *-i-* desinencial átona en aquellas formas verbales que la tenían (la 3.ª persona del singular y del plural del pretérito indefinido de indicativo, todas las personas del imperfecto y del futuro de subjuntivo y en el gerundio):

	Ejemplos				
Terminación	*Infinitivo*	*Indicativo*	*Subjuntivo*		*Gerundio*
		(pretérito)	*(imperfecto)*	*(futuro)*	
-llir	bullir	bulló	bullera, etc.	bullere, etc.	bullendo
		bulleron	bullese, etc.		
-ñer	tañer	tañó	tañera, etc.	tañere, etc.	tañendo
		tañeron	tañese, etc.		
-ñir	astreñir	astriñó	astriñera, etc.	astriñere, etc.	astriñendo
		astriñeron	astriñese, etc.		

Repertorio de siglas

ACR	Alta Comisaría para Refugiados (España)	**AP**	Alianza Popular (España); *Associated Press* (Prensa Asociada)
ACUDE	Asociación de Consumidores y Usuarios de España	**APA**	Asociación de Padres de Alumnos (España)
ADECU	Asociación para la Defensa de los Consumidores y Usuarios (España)	**APDH**	Asamblea Permanente de los Derechos Humanos (España)
ADELPHA	Asociación para la Defensa Ecológica y del Patrimonio Histórico-Artístico	**APETI**	Asociación Profesional Española de Traductores e Intérpretes
ADENA	Asociación para la Defensa de la Naturaleza (España)	**APG**	Asamblea Popular Gallega
ADN	v. DNA	**API**	Asociación de la Prensa Internacional (Bruselas)
AECI	Agencia Española de Cooperación Internacional	**ARN**	v. RNA
AEDE	Asociación de Editores de Diarios de España	**ASEPEYO**	Asistencia Sanitaria Económica para Empleados y Obreros (España)
AEDENAT	Asociación Ecologista de Defensa de la Naturaleza	**ASTANO**	Astilleros y Talleres del Noroeste, S. A. (España)
AFANIAS	Asociación de Familias con Niños y Adultos Subnormales	**ATS**	Ayudante Técnico Sanitario
AI	*Amnesty International* (Amnistía Internacional)	**AVE**	Alta Velocidad (tren, España: TGV)
AIDS	*Acquired Inmunodeficiency Syndrome* (Síndrome de Inmunodeficiencia Adquirida, **SIDA**)	**AVIACO**	Aviación y Comercio, S. A. (España)
ALADI	Asociación Latinoamericana de Integración	**BAE**	Biblioteca de Autores Españoles
ANAFE	Asociación Nacional de Árbitros de Fútbol (España)	**BASIC**	*Beginner's All-Purpose Symbolic Instruction Code* (Código de Instrucción Simbólico de Uso Múltiple para Principiantes), lenguaje de programación.
ANALE	Asociación Nacional de Editores de Libros de Enseñanza (España)	**BBC**	*British Broadcasting Corporation*

	(Compañía Británica de Radiodifusión)	**CEPSA**	Compañía Española de Petróleos, S. A.
BOE	Boletín Oficial del Estado (España)	**CESC**	Conferencia Europea de Seguridad y Cooperación
BR	*Brigate Rosse* (Brigadas Rojas, Italia)	**CGPJ**	Consejo General del Poder Judicial (España)
BUP	Bachillerato Unificado Polivalente (España)	**CICR**	Comité International de la Croix Rouge (Comité Internacional de la Cruz Roja, Ginebra)
CAD	*Computer Aided Design* (Diseño Asistido por Computador: **DAC**)	**CIO**	Comité Internacional Olímpico
		CIR	Centro de Instrucción de Reclutas (España)
CAE	*Computer Aided Engineering* (Ingeniería Asistida por Computador: **IAC**)	**CiU**	*Convergència i Unió* (partido político catalán)
CAL	*Conversational Algebraic Language* (Lenguaje Algebraico Conversacional), lenguaje de programación	**CMEA**	*Council for Mutual Economic Assistance* (Consejo de Asistencia Económica Mutua, COMECON)
CAMPSA	Compañía Arrendataria del Monopolio de Petróleos, S. A. (España)	**CNAG**	Confederación Nacional de Agricultores y Ganaderos (España)
CAT	*Computer Aided Translation* (Traducción Asistida por Computador)	**CNT**	Confederación Nacional del Trabajo (sindicato, España)
		COE	Comité Olímpico Español
CATV	*Cable Television* (Televisión por Cable); *Community Antenna Television* (Antena de Televisión Colectiva)	**COI**	Comité Olímpico Internacional
		COMECON	v. CMEA
		CONCA	Confederación Española de Cámaras Agrarias
CCOO	Comisiones Obreras (sindicato, España)	**COPE**	Cadena de Ondas Populares Españolas
CDG	*Centre Dramàtic de la Generalitat* (Centro Dramático de la Generalitat de Cataluña, España)	**COPYME**	Confederación de la Pequeña y Mediana Empresa (España)
		COU	Curso de Orientación Universitaria (España)
CDN	Centro Dramático Nacional (España)	**CP**	Código Postal
		CPME	Confederación de la Pequeña y Mediana Empresa (España)
CDS	Centro Democrático y Social (partido político, España)	**CS**	*Conseil de Sécurité* (Consejo de Seguridad de la ONU)
CE	Comunidad Europea		
CEA	*Confederation Européenne de L'Agriculture* (Confederación Europea de la Agricultura, Suiza)	**CSIC**	Consejo Superior de Investigaciones Científicas (España)
		CSJM	Consejo Supremo de Justicia Militar (España)
CEAPA	Confederación Española de Asociaciones de Padres de Alumnos	**CSN**	Consejo de Seguridad Nuclear (España)
		CSP	Cuerpo Superior de Policía (España)
CECA	*Communauté Européenne du Charbon et de l'Acier* (Comunidad Europea del Carbón y del Acero, Luxemburgo)	**CSPM**	Consejo Superior de Protección de Menores (España)
		CTNE	Compañía Telefónica Nacional de España
CEDADE	Círculo Español de Amigos de Europa	**DAC**	v. CAD
		DGS	Dirección General de Seguridad (España), actualmente DSE
CEE	*Communauté Économique Européenne* (Comunidad Económica Europea: **CE**); Centro de Estudios de la Energía (España); Confederación Empresarial Española	**DIU**	Dispositivo Intrauterino (anticonceptivo)
		DNA	*Deoxyribonucleic Acid* (Ácido desoxirribonucleico: **ADN**)

DNEF	Delegación Nacional de Educación Física y Deportes (España)		tion (Organización para la Agricultura y la Alimentación, de la ONU)
DNI	Documento Nacional de Identidad (España)	FBI	*Federal Bureau of Investigation* (Oficina Federal de Investigación)
DOMUND	Domingo Mundial de Propagación de la Fe	FEA	Falange Española Auténtica; Federación Española de Atletismo
DSE	Dirección de la Seguridad del Estado (España)	FECOM	*Fond Européen de Coopération Monétaire* (Fondo Europeo de Cooperación Monetaria)
EAJ	*Eusko Alderdi Jetzalea* (Partido Nacionalista Vasco: PNV)	FEF	Federación Española de Fútbol
EAU	Emiratos Árabes Unidos	FE-JONS	Falange Española de las JONS
EBU	v. EUROVISION	FENOSA	Fuerzas Eléctricas del Noroeste, S. A. (España)
EC	*Esquerra de Catalunya* (Izquierda de Cataluña, España)	FEVE	Ferrocarriles de Vía Estrecha (España)
ECU	*European Currency Unit* (Unidad de Cuenta Europea)	FGS	Fondo de Garantía Salarial (España)
EE	*Euskadiko Ezquerra* (Izquierda Vasca, España)	FIEP	*Fédération Internationale d'Éducation Physique* (Federación Internacional de Educación Física, Bruselas)
EEUU	Estados Unidos		
EG	*Esquerda Galega* (Izquierda Gallega, España)		
EGB	Educación General Básica (España)	FIFA	*Fédération Internationale de Football Association* (Federación Internacional de Fútbol Asociación, París)
ELP	Ejército de Liberación de Palestina (de la OLP)		
EM	Estado Mayor (España)	FILE	Fundación Internacional de Lengua Española
EMF	*European Monetary Fond* (Fondo Monetario Europeo)	FISA	*Fédération Internationale du Sport de l'Automovile* (Federación Internacional del Deporte del Automóvil)
ENAGAS	Empresa Nacional de Gas (España)		
ENP	Empresa Nacional de Petróleo (España)		
ENPETROL	Empresa Nacional de Petróleos (España)	FIT	*Fédération Internationale des Traducteurs* (Federación Internacional de Traductores, París)
ENSIDESA	Empresa Nacional Siderúrgica (España)		
ENV	*Esquerra Nacionalista Valenciana* (Izquierda Nacionalista Valenciana, España)	FM	*Frequency Modulation* (Frecuencia Modulada)
		FMI	*Fonds Monétaire International* (Fondo Monetario Internacional)
ERC	*Esquerra Republicana de Catalunya* (Izquierda Republicana de Cataluña, España)	FOIM	v. FBI
		FOP	Fuerzas del Orden Público (España)
ERT	Explosivos Río Tinto (España)		
ESA	*European Space Agency* (Agencia Espacial Europea)	FORATOM	*Forum Atomique Européen* (Foro Atómico Europeo, París)
ETA	*Euskadi Ta Askatasuna* (Patria Vasca y Libertad)	FORPPA	Fondo de Ordenación y Regulación de Productos y Precios Agrícolas (España)
ETS	Escuelas Técnicas Superiores (España)		
EUROVISIÓN	Unión Europea de Radiodifusión	FORTRAN	*Formula Translation*
		FP	Formación Profesional (España)
		FROM	Fondo de Regulación y Ordenación del Mercado (España)
FAL	Frente Árabe de Liberación, de la OLP	FSK	*Frequency Shift Keying* (Modulación Digital por Desplazamiento de Frecuencia)
FAO	*Food and Agriculture Organiza-*		

GAL	Grupos Antiterroristas de Liberación (España)	IGN	Instituto Geográfico Nacional (España)
GB	*Great Britain* (Gran Bretaña)	IHAC	Instituto Hispanoárabe de Cultura (España)
GEO	Grupos Especiales de Operaciones (policía española)	ILG	*Instituto de Lingua Galega* (Instituto de la Lengua Gallega, España)
GH	*Growth Hormone* (Hormona del Crecimiento)	ILP	*Index Librorum Prohibitorum* (Índice de Libros Prohibidos)
GOSBANK	*Gosudarstvenni Bank* (Banco del Estado de la URSS)	IMEC	Instrucción Militar de la Escala de Complemento (España)
GRAPO	Grupos de Resistencia Antifascista Primero de Octubre (España)	IMF	*International Monetary Fund* (Fondo Monetario Internacional, Washington: FMI)
HB	*Herri Batasuna* (Unidad Popular, España), partido político	IMPA	*International Movement for Peace Action* (Movimiento Internacional de Acción para la Paz)
HDVS	*High Definition Video System* (Sistema de Vídeo de Alta Definición)	IMPE	Instituto de la Pequeña y Mediana Empresa (España)
HF	*High Frequency* (Alta Frecuencia)	IMPI	Instituto de la Pequeña y Mediana Industria (España)
HI-FI	*High Fidelity* (Alta Fidelidad)	INB	Instituto Nacional de Bachillerato (España)
HISPANOIL	Hispánica de Petróleos (España)		
HT	*High Tension* (Alta Tensión)	INC	Instituto Nacional de Consumo (España)
HUNOSA	Empresa Nacional Hullera del Norte, S. A. (España)	INDO	Instituto Nacional de Denominaciones de Origen (España)
IAC	v. CAE	INDUBAN	Banco de Financiación Industrial (España)
IAEA	*International Atomic Energy Agency* (Organismo Internacional de Energía Atómica, Nueva York: OIEA)	INE	Instituto Nacional de Estadística (España)
		INEF	Instituto Nacional de Educación Física (España)
IB	Iberia, Líneas Aéreas de España, S. A.	Inem	Instituto Nacional de Empleo (España)
IBM	*International Business Machines* (Asociación Internacional de Material Electrónico)	INEM	Instituto Nacional de Enseñanza Media (España)
ICADE	Instituto Católico de Dirección de Empresas (España)	INI	Instituto Nacional de Industria (España)
ICAI	Instituto Católico de Artes e Industrias (España)	INLE	Instituto Nacional del Libro Español
ICE	Instituto de Ciencias de la Educación (España)	INSALUD	Instituto Nacional de la Salud (España)
ICI	Instituto de Cooperación Iberoamericana (España)	INSERSO	Instituto Nacional de Servicios Sociales (España)
ICO	Instituto de Crédito Oficial (España)	INTERPOL	*International Police* (Policía Internacional)
ICONA	Instituto Nacional para la Conservación de la Naturaleza (España)	IOC	*International Olympic Committee* (Comité Olímpico Internacional: COI)
IDI	*Institut de Droit International* (Instituto de Derecho Internacional)	IPC	Índice de Precios al Consumo
		IRA	*Irish Republican Army* (Ejército Republicano Irlandés)
IDO	Instituto de Documentación de Origen (España)	IRPF	Impuesto sobre la Renta de las Personas Físicas (España)
IEE	Instituto de Estudios Económicos (España)	IRTP	Impuesto sobre el Rendimiento del Trabajo Personal (España)

IRYDA	Instituto Nacional de Reforma y Desarrollo Agrario (España)	**MIR**	Médico Interno Residente (España)
IS	*International Socialiste* (Internacional Socilista)	**MLM**	Movimiento de Liberación de la Mujer (España)
ISBN	*International Standard Book Number* (Número Internacional Uniforme para los Libros)	**MOC**	Movimiento de Objetores de Conciencia (España)
ITE	Impuesto de Tráfico de Empresas (España)	**MOPU**	Ministerio de Obras Públicas y Urbanismo (España)
ITT	*International Telegraph and Telephone Corporation* (Compañía Internacional de Telégrafos y Teléfonos)	**MUA**	Mando Único Antiterrorista (España)
		MUFACE	Mutualidad General de Funcionarios Civiles del Estado (España)
IU	Izquierda Unida (España), partido político	**NAFTA**	*North Atlantic Free Trade Area* (Zona del Libre Comercio del Atlántico Norte)
IVA	Impuesto sobre el Valor Añadido (España)	**NAP**	*North Atlantic Pact* (Pacto del Atlántico Norte)
JEN	Junta de Energía Nuclear (España)	**NASA**	*National Aeronautics and Space Administration* (Administración Nacional de Aeronáutica y del Espacio, EE.UU.)
JONS	Juntas de Ofensiva Nacional Sindicalista (España)	**NATO**	*North Atlantic Treaty Organization* (Organización del Tratado del Atlántico Norte)
KAS	*Komité Abertzale Batzordea* (Comité Patriota Socialista, España)	**NIF**	Número de Identificación Fiscal (España)
KGB	*Kimitet Gosudárstvennoe Bezopásnosti* (Comité de Seguridad del Estado, URSS)	**NU**	Naciones Unidas (v. ONU)
		OCDE	*Organisation de Cooperation et de Developpement Économiques* (Organización para la Cooperación y el Desarrollo Económico, París)
LAU	Ley de Autonomía Universitaria (España)		
LOAPA	Ley Orgánica de Armonización del Proceso Autonómico (España)	**OCU**	Organización de Consumidores y Usuarios (España)
LODE	Ley Orgánica Reguladora del Derecho a la Educación (España)	**OEA**	Organización de Estados Americanos (Washington)
LOGSE	Ley de Ordenación General del Sistema Educativo (España)	**OEI**	Oficina de Educación Iberoamericana (Madrid)
LRU	Ley Orgánica de Reforma Universitaria (España)	**OIT**	*Organisation Internationale du Travail* (Organización Internacional del Trabajo, París)
LT	*Low Tension* (Baja Tensión)	**OLP**	Organización para la Liberación de Palestina
LW	*Long Wave* (Onda Larga)		
		OMS	*Organisation Mondiale de la Santé* (Organización Mundial de la Salud)
MC	Mercado Común (v. CEE)		
MCE	Mercado Común Europeo (v. CEE)	**OMT**	Organización Mundial del Turismo (Madrid)
MEC	Ministerio de Educación y Ciencia (España)	**ONCE**	Organización Nacional de Ciegos de España
MERCASA	Mercados Centrales de Abastecimientos, S. A. (España)	**ONU**	Organización de las Naciones Unidas
MERCOSA	Empresa Nacional de Mercados de Origen de Productos Agrarios, S. A. (España)	**OPAEP**	*Organisation des Pays Arabes Exportateurs de Pétrole* (Organización de los Países Ára-

	bes Exportadores de Petróleo: OPEP)	RTVE	Radiotelevisión Española
OPEC	*Organization of the Petroleum Exporting Countries* (Organización de los Países Exportadores de Petróleo: OPEP)	RU	Reino Unido
		SER	Sociedad Española de Radiodifusión
OPEP	v. OPAEP y OPEC	SGAE	Sociedad General de Autores de España
ORA	Operación de Regulación de Aparcamientos (España)	SIMO	Salón Informativo de Material de Oficina (España)
OTAN	v. NATO	SMI	Sistema Monetario Internacional
OUA	*Organisation de l'Unité Africaine* (Organización de la Unidad Africana)	SOC	Sindicato de Obreros del Campo
		Sonar	*Sound Navigation Ranging* (Detección Submarina por Ondas Sonoras)
OVNI	Objeto Volante No Identificado		
PCE	Partido Comunista de España		
PETRONOR	Refinería de Petróleos del Norte, S. A. (España)	TALGO	Tren Articulado Ligero Goicochea-Oriol (España)
PIB	Producto Interior Bruto	TCH	Telegrafía Con Hilos
PM	Policía Militar	TER	Tren Español Rápido
PNB	Producto Nacional Bruto (España)	TGV	*Train à Grande Vitesse* (Tren de Alta Velocidad, Francia: AVE)
PNN	Producto Nacional Neto (España); Profesor No Numerario (España)	TIR	*Transport International Routier* (Transporte Internacional por Carretera)
PNV	Partido Nacionalista Vasco (España)		
PSC	*Partit Socialista de Catalunya* (Partido Socialista de Cataluña, España)	TSA	Tabacalera, S. A. (España)
		TVE	Televisión Española
PSOE	Partido Socialista Obrero Español	UCI	Unidad de Cuidados Intensivos
PSUC	*Partit Socialista Unificat de Catalunya* (Partido Socialista Unificado de Cataluña, España)	UEFA	*Union of European Football Assotiations* (Unión de Asociaciones Europeas de Fútbol)
		UFO	*Unidentified Flying Object* (Objeto Volante No Identificado: OVNI)
PTE	Partido de los Trabajadores (España)	UGT	Unión General de Trabajadores (sindicato, España)
PVP	Precio de Venta al Público		
PYME	Pequeña y Mediana Empresa (España)	UIT	*Union Internationale des Télécommunications* (Unión Internacional de Telecomunicaciones)
RACE	Real Automóvil Club de España		
Radar	*Radio Detection and Ranging* (Detección y Localización por Radio)	UNED	Universidad Española de Educación a Distancia
		UNESCO	*United Nations Educational, Scientific and Cultural Organization* (Organización de las Naciones Unidas para la Educación, la Ciencia y la Cultura)
RAE	Real Academia Española		
RAF	*Royal Air Forces* (Reales Fuerzas Aéreas, RU)		
RAG	Real Academia Gallega	UNICEF	*United Nations Children's Fund* (Organización de las Naciones Unidas para la Infancia)
RALV	Real Academia de la Lengua Vasca		
RENFE	Red Nacional de los Ferrocarriles Españoles	UNIPYME	Unión de Organizaciones de la Pequeña y Mediana Empresa (España)
RNA	*Ribonucleic Acid* (Ácido ribonucleico: **ARN**)		
		UPG	*Union do Poblo Galego* (Unión del Pueblo Gallego, España)
RNE	Radio Nacional de España		

UPN	Unión del Pueblo Navarro	**VHS**	*Video Home System* (Sistema de Vídeo Doméstico)
URSS	Unión de Repúblicas Socialistas Soviéticas	**VIP**	*Very Important Person* (Persona Muy Importante)
USA	*United States of America* (Estados Unidos de América)	**VRT**	*Video Recording Tape* (Cinta de Grabación de Vídeo)
USO	Unión Sindical Obrera (sindicato, España)	**VTR**	*Videotape Recording* (Grabación en Cinta de Vídeo)
UVI	Unidad de Vigilancia Intensiva		
VHF	*Very High Frequencies* (Muy Altas Frecuencias)	**XUV**	*X Ray and Ultraviolet* (Rayos X y Ultravioleta)